BIBLIOGRAPHIE GÉNÉRALE

DES GAULES

RÉPERTOIRE SYSTÉMATIQUE ET ALPHABÉTIQUE
DES OUVRAGES, MÉMOIRES ET NOTICES
CONCERNANT L'HISTOIRE, LA TOPOGRAPHIE, LA RELIGION
LES ANTIQUITÉS ET LE LANGAGE DE LA GAULE
JUSQU'A LA FIN DU Ve SIÈCLE

1re période : Publications faites depuis l'origine de l'imprimerie jusqu'en 1870 inclusivement

PAR

CH.-ÉMILE RUELLE

BIBLIOTHÉCAIRE A LA BIBLIOTHÈQUE SAINTE-GENEVIÈVE
CORRESPONDANT DE LA COMMISSION DE LA TOPOGRAPHIE DES GAULES

OUVRAGE
HONORÉ D'UNE MÉDAILLE DE L'ACADÉMIE DES INSCRIPTIONS ET BELLES-LETTRES

(*Concours de Bibliographie savante fondé par Ch.-J. Brunet*)

PARIS

CHEZ L'AUTEUR

1, RUE DE LILLE, 1

LIBRAIRIE DE LA SOCIÉTÉ BIBLIOGRAPHIQUE
35, RUE DE GRENELLE, 35

J.-B. DUMOULIN
13, QUAI DES AUGUSTINS, 13

LIBRAIRIE DE FIRMIN-DIDOT ET Cie
56, RUE JACOB, 56

HONORÉ CHAMPION
15, QUAI MALAQUAIS, 15

1880

BIBLIOGRAPHIE GÉNÉRALE

DES GAULES

PARIS

TYPOGRAPHIE GEORGES CHAMEROT

19, RUE DES SAINTS-PÈRES, 19

A LA MÉMOIRE

DE MON PÈRE

AGRÉGÉ DE L'UNIVERSITÉ

ANCIEN PROFESSEUR DE RHÉTORIQUE

AVERTISSEMENT

Ce travail est circonscrit dans les périodes préhistorique, gauloise ou celtique et gallo-romaine. Il ne se rattache donc que par un côté spécial aux publications analogues du père Le Long, de son continuateur Fevret de Fontette, et de Girault de Saint-Fargeau.

Jacques Le Long publia sa *Bibliothèque historique* en 1719. Il y a plus d'un siècle (1768), Fevret de Fontette, ou plutôt, comme le dit Quérard, la société de savants dont il fut le Mécène, reprit ce catalogue et l'augmenta dans une large mesure en y faisant entrer la plupart des ouvrages composés postérieurement à la première édition. Pour donner une idée de cette œuvre, il suffit de rappeler qu'elle comprend près de cinquante mille articles, que Fontette y a inséré le dépouillement détaillé des trois ou quatre recueils littéraires en vogue à cette époque, notamment le *Journal des Savants,* le *Mercure* et les *Mémoires de Trévoux,* enfin que la nouvelle édition donne souvent, à la suite des indications bibliographiques, un aperçu de l'opinion émise par les auteurs sur tel ou tel point d'histoire encore discuté aujourd'hui. Ajoutons que Fontette, puissamment secondé par le gouvernement de Louis XV, fit appel à tout ce que la France comptait alors d'érudits et de compagnies scientifiques.

En 1845, la bibliographie historique a produit un ouvrage où l'on retrouve une partie du précédent, mais sous une forme sommaire et peu précise. Quant à la partie nouvelle de la *Bibliographie topographique,* tout ce que l'on veut en dire ici, c'est qu'elle dut s'arrêter au moment même où les études de topographie, d'histoire et d'archéologie nationales entraient dans une période de recrudescence. En effet, depuis trente ou quarante ans, concours ouverts par l'Institut, le ministère de l'Instruction publique et la plupart des Sociétés académiques, subventions de l'État, exemples venus d'en haut, tout a favorisé le mouvement historique, et cet ensemble d'efforts a porté ses fruits. De là sont sortis des livres et des dissertations qui se comptent par milliers. La nomenclature, d'ailleurs plus ou moins complète, de cette littérature constitue la portion vraiment neuve de notre répertoire.

Le dépouillement des principales bibliographies antérieures (1), de presque toutes nos collections académiques conservées à la Bibliothèque des Sociétés savantes (2) et d'innombrables catalogues français ou étrangers, m'a permis de réunir plus de dix mille titres d'ouvrages qui se rattachent par divers points à l'histoire des Gaules; et encore ce résultat est-il loin de me paraître définitif, si tant est que, dans une telle matière, ce but puisse être jamais atteint. L'essentiel, au surplus, n'est pas de tout indiquer, mais plutôt de mettre sur la voie des sources (3), et si une pensée réconfortante a été nécessaire pour mener ce travail aride au point où il est parvenu, c'est celle-ci, que, même dans cet état encore imparfait, il peut déjà donner aux travailleurs la patience d'attendre qu'on l'améliore.

La *Bibliographie des Gaules* se compose de deux parties :

1° Catalogue méthodique, où les matières, *indiquées sommairement*, sont disposées de façon à former, suivant le cas, des groupes systématiques ou topographiques;

2° Catalogue alphabétique, donnant sous le nom de chaque auteur le détail, *aussi complet que possible*, de ceux de ses travaux qui se rapportent à nos origines.

La première partie se subdivise en cinq séries :

1re série. Généralités;
2e — Questions topographiques;
3e — Départements;
4e — Régions;
5e — Étranger.

Dans cette première partie, les articles ont été classés d'après les indications de matière ou de lieu contenues dans leurs titres.

Le plan, absolument neuf, qui a présidé à ce classement est de la plus grande simplicité.

(1) Il convient de citer parmi les recueils généraux que j'ai dépouillés la *France littéraire* de J. M. Quérard, la *Littérature française contemporaine* de MM. Ch. Louandre, Félix Bourquelot et Alfred Maury, le *Catalogue général de la Librairie française*, rédigé par M. Otto Lorenz, la *Revue de bibliographie analytique* publiée par MM. Miller et Aubenas. Il est à peine utile d'ajouter que la *Revue des Sociétés savantes des départements*, le *Journal de la Librairie*, depuis son origine jusqu'à 1870, et la dernière édition du *Manuel du libraire* de J. Ch. Brunet, m'ont été du plus grand secours.

(2) J'ai aussi recueilli des indications précieuses et inespérées à la bibliothèque du Musée gallo-romain, à Saint-Germain en Laye, qui possède un grand nombre de publications qu'on chercherait en vain ailleurs, notamment dans les antiquités préhistoriques. La publication de son catalogue serait un utile complément du présent travail.

(3) Cette considération m'a déterminé à mentionner un grand nombre d'ouvrages (guides, catalogues, etc.) d'un intérêt secondaire au point de vue historique, mais très profitables par les renseignements qu'ils peuvent renfermer concernant l'histoire littéraire d'une question archéologique.

La *Bibliographie des Gaules* pourra fournir aussi d'utiles indications aux personnes qui s'occupent spécialement d'archéologie grecque et surtout d'archéologie romaine.

Lorsque l'ouvrage mentionné se rapporte à une circonscription départementale (d'avant 1871), ou à quelqu'une de ses divisions officielles, arrondissement, canton, localité, l'article prend place dans la série des *Départements*. Là encore une disposition toujours uniforme facilite la recherche : 1° tout le département; 2° arrondissements; 3° cantons; 4° chef-lieu du département; 5° localités diverses, l'ordre alphabétique étant appliqué ici et partout, dès qu'il y a pluralité.

S'agit-il d'une circonscription territoriale n'ayant plus cours qu'historiquement ou formée d'une façon arbitraire, par exemple : Ile de France, Angoumois, région du Sud-Est, l'article est renvoyé dans la série des *Régions,* qui reçoit toutes les divisions territoriales dont une partie au moins est française. La série *étrangère* comprend indifféremment les circonscriptions officielles et arbitraires, avec cette réserve que les localités de cet ordre sont toujours classées sous le nom de la puissance à laquelle elles se rattachaient officiellement en 1870, date que j'ai adoptée pour limite, au point de vue de la publication.

Certaines localités mentionnées dans les auteurs de l'antiquité, sur les monuments ou sur les monnaies, n'ont pas encore un emplacement universellement admis, par exemple, Alesia, Agendicum : elles ont été mises à part et forment la série des *Questions topographiques.*

Restent les titres d'ouvrages ne contenant aucune dénomination géographique. Ils sont tous groupés dans la première série, dite série des *généralités,* où leur grand nombre m'a forcé d'introduire des subdivisions. Ce nombre aurait été encore plus considérable, si j'avais suivi le conseil, très bon en théorie, qui m'a été donné d'y joindre un rappel des articles classés ailleurs topographiquement; mais la crainte de grossir, disons mieux, de doubler cette première partie est une des considérations qui m'ont arrêté. Du reste, le même but pourra être atteint jusqu'à un certain point, au moyen de la table alphabétique qui termine le volume.

La série générale se décompose en vingt sections :

1re section. Introduction.
2e — Bibliographie.
3e — Histoire de la Gaule.
4e — Guerre des Gaules (59-51 av. J-C.).
5e — Religion et Philosophie : *A.* Paganisme. — *B.* Druides. — *C.* Ascia. — *D.* Christianisme.
6e — Institutions et Mœurs : *A.* Institutions. — *B.* Mœurs et usages.
7e — Topographie.
8e — Itinéraires. Voies romaines.
9e — Archéologie générale et variée.
10e — Antiquités préhistoriques : *A.* Études diverses. — *B.* Antiquités lacustres.
11e — Art gaulois et gallo-romain.

12e section. Monuments dits celtiques.
13e — Monuments divers.
14e — Sépultures.
15e — Sciences et Industrie : *A*. Sciences. — *B*. Industrie. — *C*. Céramique. — *D*. Métrologie. Lieue gauloise.
16e — Archéologie militaire : *A*. Questions diverses. — *B*. Camps et forts. — *C*. Armes.
17e — Numismatique : *A*. Numismatique générale. — *B*. Numismatique gallo-romaine. — *C*. Numismatique gallo-grecque, romaine et gallo-romaine. — *D*. Sphragistique.
18e — Épigraphie : *A*. Inscriptions diverses. — *B*. Inscriptions gauloises. — *C*. Inscriptions latines. — *D*. Table de Claude.
19e — Linguistique : *A*. Langue gauloise. — *B*. Questions diverses. — *C*. Langue celtique d'Outre-Manche.
20e — Histoire littéraire : *A*. Questions diverses. — *B*. Écrivains nés ou ayant résidé dans les Gaules.

Je ne me suis pas assujetti à un ordre constant et rigoureux pour le classement des articles dans chacune de ces sections. Tantôt c'est l'ordre chronologique des publications qui a prévalu, tantôt c'est le groupement de matières analogues, tantôt enfin c'est la combinaison de l'un et de l'autre. Le principe toujours observé, ç'a été de faciliter et d'abréger la recherche du lecteur. Certaines anomalies apparentes s'expliqueront ainsi et seront justifiées par la pratique du répertoire.

La seconde partie n'a pas de subdivisions. Le nom de chaque auteur est suivi du titre de ses travaux, dans l'ordre chronologique de publication. Les articles qui n'ont pu être datés, même approximativement, sont placés après les autres. C'est aussi dans le catalogue alphabétique que figurent d'ordinaire les observations et les rapprochements auxquels peuvent donner lieu les articles mentionnés. J'ai signalé généralement les comptes rendus bibliographiques dont j'ai pu prendre connaissance ou qui m'ont paru avoir quelque autorité. Plus faciles à trouver d'ordinaire que les publications elles-mêmes, ils ont l'avantage, en transmettant les opinions et les solutions qu'elles contiennent, d'épargner au lecteur la peine, parfois inutile, de rechercher et de lire le travail analysé.

Un inventaire bibliographique, quel qu'en soit le caractère particulier, n'est autre chose, en somme, que la mise en œuvre des recherches d'autrui. C'est dire à combien de personnes revient le mérite d'avoir contribué à cet ouvrage et donner en même temps la mesure de la reconnaissance qui leur est due par l'auteur. Je signalerai seulement les secours efficaces gracieusement offerts par les savants qui composent la Commission de la topographie des Gaules, les ressources et les précieux conseils que je dois à quelques-uns de nos maîtres, notamment MM. Adrien de Longpérier, Ferdinand Denis, Louis Barbier, Paul Lacroix, et à des libraires spéciaux, tels que M. Dumoulin et le regrettable Auguste Aubry. Je rappellerai aussi l'empressement avec lequel près de cinq cents archéologues ont répondu, de tous les points de la France, à diverses questions concernant leurs publications ou celles de leurs confrères académiques. Puis-je me flatter que ce travail va leur rendre avec usure ce qu'ils m'ont prêté? Ce serait ma plus douce récompense.

Je ne puis oublier que, si la publication de la *Bibliographie des Gaules* qui, dans le principe, devait être faite par les soins du gouvernement, est devenue réalisable, c'est grâce aux encouragements, aux marques de confiance et d'intérêt que j'ai reçus de plusieurs personnes amies de cet ordre d'études ou soucieuses de concourir à la mise au jour d'un travail exécuté sous leurs yeux. Je me fais un agréable devoir d'insérer ci-après la liste de ces premiers souscripteurs, auxquels j'adresse l'expression de ma vive et sincère gratitude.

PRINCIPALES ABRÉVIATIONS

Acad.	Académie.
Ann.	Annales.
Antiq.	Antiquités.
Archéol.	Archéologie, archéologique.
Assoc.	Association.
Biblioth. hist.	Bibliothèque historique du père J. Le Long. — Lorsque le tome est indiqué, il s'agit de l'édition en 5 vol.
Bull.	Bulletin.
Cat. méth.	Catalogue méthodique, 1re partie de l'ouvrage.
Cat. alph.	Catalogue alphabétique, 2e partie de l'ouvrage.
Cp.	Comparer.
C. r.; cc. rr.	Compte rendu; comptes rendus.
Ch.	Chapitre.
Comm.	Commission.
Diss.	Dissertation.
Éd.	Édition.
Fig.	Figure.
Géogr.	Géographique.
Histor.	Historique.
Inscr.	Inscription.
L.	Livre.
L'a.	L'abbé.
Le p.	Le père.
M.	Même.
Méd.	Médaille.
Mém.	Mémoire ou mémoires.
Mont.	Monument.
Not.	Notice.
Nouv.	Nouveau, nouvelles.
P.	Page.
Pl.	Planche.
Rech.	Recherches.
Rec.	Recueil.
Rem.	Remarque.
Rev.	Revue.
S.	Série.
S. d.	Sans date.
S. l. n. d.	Sans lieu ni date.
S. l. m. d.	Sous la même date.
Soc.	Société.
T.	Tome.
Vol.	Volume.

LISTES DES SOUSCRIPTEURS

A LA

BIBLIOGRAPHIE DES GAULES

PREMIÈRE LISTE

Souscription à plusieurs exemplaires (1)

Société bibliographique	60 exemplaires.
Librairie Champion	60 —
— Firmin-Didot	50 —
— Dumoulin	50 —
Commission de la topographie des Gaules	10 —
Librairie V. Palmé	7 —
— Barthes et Lowell (Londres)	4 —
— Asher (Berlin)	3 —
— Dufey-Robert (Troyes)	3 —
— Baur	3 —
— Calvary (Berlin)	3 —
— Reinwald	3 —
— Hénaux	3 —
M. Constantin Sathas	2 —
M. le baron James de Rothschild	2 —
Librairie Pedone-Lauriel	2 —
— Alphonse Picard	2 —
— Alfred Lainé	2 —
— Ernest Leroux	2 —
— P. Prévost (Abbeville)	2 —
— Lachèse (Angers)	2 —
— Louis Hurtau	2 —
— Léon Techener	2 —
— Dulau (Londres)	2 —
M. L. Potier, ancien libraire	2 —
M. Adrien de Longpérier, membre de l'Institut	2 —

(1) La résidence n'est pas indiquée lorsque le souscripteur habite Paris.

Librairie Bouygues frères (Aurillac) . . . . 2 exemplaires.
— Daffis . . . . 2 —
— Hartgé et Le Soudier . . . . 2 —
Université catholique de Lyon . . . . 2 —

Souscription à un exemplaire

(par ordre de date)

M. Édouard Gœpp, chef de bureau au Ministère de l'Instruction publique.
M. Gustave Ducoudray, bibliothécaire des Sociétés savantes.
M. Henri Ruelle, chef de section, à Argenteuil, du chemin de fer de Grande Ceinture.
Mlle Ruelle.
M. le baron J. de Witte, membre de l'Institut.
M. Peigné-Delacourt.
M. Eugène Poujade.
M. Démétrios Bikélas.
M. Périn, juge honoraire à Soissons.
M. Joseph Vaesen, archiviste paléographe.
M. Eugène de Rozières, membre de l'Institut.
M. J. Larocque, professeur.
M. V. Mainfroy, professeur de langue allemande au Collège d'Agde.
M. le baron de Tourtoulon, à Château-Randon, près Montpellier.
Librairie Trübner, à Londres.
M. J.-F. Gaudé, instituteur à Sauvigny (Meuse).
M. F. de Caussade, conservateur à la bibliothèque Mazarine.
Société archéologique de l'Orléanais.
M. Félix Régnart, médecin dentiste.
M. le docteur Robert Wickham.
M. A. Boucherie, maître de conférences à la Faculté des lettres de Montpellier.
Librairie Baudry.
M. Ernest Desjardins, membre de l'Institut.
M. Alexandre Bertrand, conservateur du Musée gallo-romain, à Saint-Germain en Laye.
M. Ch. Robert, membre de l'Institut.
M. P. de Cessac, au Mouchetard, près Guéret.
M. Ph. Tamizey de Larroque, correspondant de l'Institut, à Gontaud (Lot-et-Garonne).
M. Henry Pitty, chimiste.
M. le comte A. de Marsy, correspondant de la Commission de la topographie des Gaules, à Compiègne.
M. Henri Martin, sénateur, membre de l'Institut.
M. Ch. Jourdain, membre de l'Institut.
M. Léopold Delisle, membre de l'Institut.
Librairie Allouard.
— Ragon, à Poitiers.

M. F. Pouy, correspondant du Ministère pour les travaux historiques, à Amiens.
M. le marquis Léonce d'Heilly, capitaine d'État-Major, à Amiens.
M. le chanoine Germain Pont, à Moutiers.
M. Ernest Prarond, à Abbeville.
M. Edm. Montagne, professeur à Sainte-Barbe-des-Champs, à Fontenay aux Roses.
M. Bulliot, président de la Société éduenne, à Autun.
M. P.-P. Mathieu, ancien professeur au Lycée de Clermont-Ferrand.
M. Georges de Montgermont.
Mme Horson, à Versailles.
Dom Albert Noel, pour les Bénédictins de Solesmes.
M. Valentin-Smith père, membre du Conseil général de l'Ain, à Trévoux.
M. Max. Deloche, membre de l'Institut.
M. le chanoine Desnoyers, à Orléans.
M. Victor Duruy, membre de l'Institut.
M. P. Jolibois.
M. Léon Pajort.
M. Gautier, caissier à la Banque de France.
Société des Antiquaires de la Morinie, à Saint-Omer.
M. Ém. Pepin Lehalleur, directeur de la Société d'assurance immobilière de Paris.
M. l'abbé Duclos, curé de Saint-Eugène.
M. A. Sarradin, professeur au Lycée de Nantes.
M. Paul Lacroix (bibliophile Jacob).
Le Musée Calvet, à Avignon.
M. Boucher de Molandon, président de la Société archéologique de l'Orléanais, à Orléans.
M. Louis-Ad.-Philéas Morillon.
M. R.-J. Piérart, à Saint-Maur.
M. Louis Passy, député.
M. Georges Callier de Villepreaux, à Villepreaux (Creuse).
M. H. d'Arbois de Jubainville, correspondant de l'Institut, archiviste à Troyes.
Librairie Treuttel et Wurtz, à Strasbourg.
M. Ad. Magen, secrétaire perpétuel de la Société académique d'Agen.
Société archéologique de Montpellier.
M. A. Ricard, corr. de la Commission de topographie des Gaules, à Montpellier.
M. le marquis de Ripert-Monclar, archiviste-paléographe, consul de France.
M. Contet.
M. R.-Angus Smith, à Manchester.
La Bibliothèque de l'Université de Strasbourg.
M. Léon Bénard, professeur au Lycée de Châteauroux.
Mme Vve Richard Valogne.
Librairie Louis Mohr, à Strasbourg.
Public Library, à Boston.
Astor Library, à New-York.
M. Paul Ristelhuber, auteur de *l'Alsace ancienne et moderne*, à Strasbourg.
Librairie Didier et Cie.
M. de Matty de Latour, ancien ingénieur en chef des Ponts et Chaussées, à Saint-Servan.
École française d'Athènes.

Société des Langues romanes, à Montpellier.
Librairie C. Haar.
— Adolphe Labitte.
— L. Clouzot, à Niort.
— L. Grandin, à Bourg
— C. Klincksieck.
— Henri Delaroque.
— Paul Dupont.
— Maisonneuve.
— Bernard Quaritch, à Londres.
— Garnier frères.
M. Jules de Gères, à Mony, par Cadillac (Gironde).
Le r. p. Sommervogel, à Lyon.
Librairie A. Catelan, à Nîmes.
— Édouard Rouveyre.
M. Louis Barbier, ancien administrateur de la Bibliothèque du Louvre.
Librairie C. Borrani.
— Hachette et Cie.
— C. Muquardt, à Bruxelles.
— Aug. Aubry.
M. Bazaine, ancien ingénieur des Ponts et Chaussées.
Librairie F. Vieweg.
— Challamel.
M. Barbier, juge d'instruction à Châtellerault.
Librairie Leo Liepmannssohn, à Berlin.
— H. Allard.
— A. Lemoigne.
— A. Voisin.
M. A. de Rochas d'Aiglun, commandant du Génie, inspecteur des études à l'Ecole polytechnique.
Librairie Cretté.
M. Arnaud Detroyat, à Bayonne.
Les Archives nationales.
Le Collège de France.
La Faculté de Droit de Paris.
M. Édouard Dulaurier, membre de l'Institut
M. Éd. Durassier.
L'École des Ponts et Chaussées.
M. Jules Desnoyers, membre de l'Institut.
M. le vicomte Am. de Caix de Saint-Amour, directeur du *Musée archéologique*.
Librairie Ad. Tumerel, à Saint-Omer.
M. le général comte de Clermont-Tonnerre.
Librairie Henri Menu.
— Baer et Cie.
La Faculté de Droit de Lyon.
M. Charles Leblois.
Librairie Sandoz et Fischbacher.
L'Académie des Sciences, Belles-Lettres et Arts de Bordeaux.
M. Paul Viaudey.

M. Félix Delore.
M. le comte Auguste de Bastard, membre honoraire du Comité des travaux historiques.
Le Bibliothécaire de l'École Sainte-Geneviève.
Librairie Otto Lorenz (pour M. W. Fl.).
M. Jules Riboulet, à Nîmes.
Librairie Théophile Belin.
M. le docteur Halléguen, correspondant du Ministère de l'Instruction publique.
M. A. Rilliet, professeur à Genève.
M. A. Molleval.
M. H. Gariel, bibliothécaire de la ville de Grenoble.
M. l'abbé Manuel, missionnaire apostolique, curé de Cirez-les-Mello, près Creil.
M. H. de Vivès, bibliothécaire à la bibliothèque Sainte-Geneviève.

BIBLIOGRAPHIE DES GAULES

1RE PARTIE. — CATALOGUE MÉTHODIQUE

1RE SÉRIE. — GÉNÉRALITÉS

1re SECTION. — INTRODUCTION

(*Publications se rapportant indirectement à l'histoire des Gaules*)

1. VINCENT de Beauvais. Speculum quadruplex, naturale, doctrinale, morale, historiale. — 1re éd., 1473 à 1476, 7 vol. in-fol. en 10 parties.

   Sur l'histoire et la légende celtique, voir le *Speculum historiale* (1).

2. ANNIUS de Viterbe. — (J. Nanni, dit) Antiquitatum variarum volumina XVIII. 1498, in-fol.

3. CHASSENEUX (B. de), en latin *Chassanæus.* Catalogus gloriæ mundi. 1529, in-fol.

4. CORVILLARD (A.). Antiquités et singularités du monde. 1557.

5. BECANUS (J. Goropius, dit). Opera hactenus inedita. 1580, in-fol.

6. TRITHEMIUS (J.). Opera historica. 1601, in-fol.

7. BARTH (G.). Adversariorum commentariorum libri LX. 1624, in-fol.

(1) Le *Catalogue méthodique* n'étant qu'une nomenclature sommaire (sauf pour les anonymes), il sera bon de ne considérer une recherche comme complète qu'après s'être reporté à la seconde partie, *Catalogue alphabétique*, pour toute publication signée de son auteur. — Les écrits anonymes sont indiqués par un astérisque. Ceux dont l'auteur est resté inconnu ne figurent que dans cette première partie.

8. ACHERY (dom Jean-Luc d'). Spicilegium. 1re éd., 1655-1677. 13 vol. in-4. — 2e éd., 1723. 3 vol. in-fol.

9. MABILLON (J.). Vetera Analecta. 1675-85, 4 vol. in-8. — 2e éd. 1723, in-fol.

10. CHIFFLET (P.-F.). Opuscula. 1675, in-8. — 1688, 7 vol. in-4 (dans les *Chiffletiana Miscellanea*).

11. GRÆVIUS (J.-G.), GRONOVIUS (J.), etc. Thesaurus antiquitatum græcarum et romanarum. 39 vol. in-fol. (depuis 1694).

12. POLENUS (J.). Utriusque Thesauri antiquitatum nova supplementa. 1737... 5 vol. in-fol.

13. MARTÈNE (E.). Thesaurus novus anecdotorum. 1717, 5 vol. in-fol.

14. — Veterum scriptorum et monumentorum ecclesiasticorum dogmaticorum, moralium amplissima collectio. 1724-33, 9 vol. in-fol.

15. LABAT (Daniel). * Conciliorum Galliæ... collectio... 1789, in-fol.

16. PERTZ (G.-H.) Monumenta Germaniæ historica, etc. 1826-74, 25 vol. in-fol.

17. PARDESSUS, éd. * Diplomata, chartæ, epistolæ, leges aliaque instrumenta ad res gallo-francicas spectantia, nunc nova ratione ordinata, plurimumque aucta, jubente ac moderante Academia inscriptionum et humaniorum litterarum. (T. I : Instrumenta ab anno CDXVII ad annum DCLI.) *Paris*, Didot, 1843-1849. 2 vol. in-fol.

18. * Congrès historiques fondés par l'Institut historique et publiés dans son journal.

19. SALLENGRE (A.-L. de). * Mémoires de littérature et d'histoire, par M. de S. 1715, 17 vol. in-8.

20. DES MOLETS (le p.) et GOUJET (l'a.). Continuation des Mém. de littérature et d'histoire. 1726-1731, in-12.

21. LIRON (Dom J.). Singularités historiques et littéraires. 1734-40, in-12.

22. LEBEUF (l'abbé J.). Recueil de dissertations sur différents sujets d'histoire et de littérature. 1843, in-12.

Édité par J. P. C. G. (Claude Gauchet, pseudonyme de Jérôme Pichon.)

23. — Lettres de l'abbé Lebeuf, publiées par Quantin et Cherest. 1865-67, 2 vol. in-8.

24. * Mémoires pour servir à l'histoire des sciences et des beaux-arts. *Trévoux* et *Paris*, *J. Boudot*, 1701-1767, 813 tomes en 271 vol. in-12.

25. HÉDOUVILLE (de Sallo), etc. * Journal des Savants. 111 vol. in-8 de 1665 à 1792, puis, de 1816 à 1878, 63 vol. in-4.

26. * JOURNAL des Savants combinés (*sic*) avec les Mémoires de Trévoux. .... 1754-1763, 79 vol. in-12.

27. PITISCUS (S.). Dictionnaire des antiquités, etc. (traduction abrégée). 1766, in-8.

28. BRILLANT (l'a.) édr. * Dictionnaire universel, français et latin, vulgairement appelé *Dictionnaire de Trévoux*. 1771, 8 vol. in-fol.; 7e et dern. éd.

29. MORÉRI (L.). Le Grand Dictionnaire historique. 1759, 10 vol. in-fol.

30. BARTHÉLEMY (J.-J.). Œuvres diverses, édition donnée par le baron de Sainte-Croix. An VI (1798), 2 vol. in-8 ou 4 vol. in-18.

31. — Œuvres complètes. 1821, 4 vol. in-8 et atlas in-4.

32. BARTHÉLEMY (J.-J.). Œuvres complètes, mises dans un nouvel ordre. 1825-1829, in-8.

33. GOMICOURT (A.-P. Damiens de). * Mélanges historiques et critiques. Paris, 1768, 2 vol. in-12.

34. PRUDHOMME (L.). * Dictionnaire universel... de la France, par une société de gens de lettres. An XII (1804-5), 5 vol. in-4.

35. MONGEOT (Rastoul de). * Dictionnaire universel et classique d'histoire et de géographie. 1862, in-8.

36. RAEPSAET (J.-J.). Œuvres complètes. 1838, in-8.

37. CLÉMENT (dom F.). L'Art de vérifier les dates. 1re édition, 1750, in-4. — 4e éd., 1818-19, 18 vol. in-8 et 5 vol. in-4.

38. ZUMPT. Annales veterum regnorum et populorum. 1819, in-4.

39. FORTIA d'Urban (mis de). Mémoires pour servir à l'histoire ancienne du globe terrestre. 1805-09, in-12.

40. RIANCEY (H. et Ch. de). Histoire du monde ou histoire universelle, etc. 1863-1871, 10 vol. in-8.

41. RUSSEL (W.). History of ancient Europe from the earliest times, etc. 1815, in-8.

42. LESTANG (Antoine de —, sieur de Belestang). Histoire des Gaules et conquêtes des Gaulois en Italie, Grèce et Asie. 1618, in-4.

43. MORTILLET (G. de). Les Gaulois de Marzabotto dans l'Apennin. 1870, in-8.

44. MÈGE (A. du). Mémoire sur les antiquités des Volces-Tectosages, établis dans l'Asie Mineure. 1814, in-8.

45. RING (Max. de). Histoire des peuples opiques, etc. 1859, in-8.

46. LINDENBROG (Erp.). Chronica von dem Kriege welchen die Cimbrier mit den Römern geführt... 1789, in-4.

47. KUMSBERG (H.). Wanderungen in das germanische Altherthum. 1861, in-8.

48. PUTEANUS (E.). Historiæ Insubricæ libri VI. 1814, in-8.

49. MERCADIER (J.-B.). Recherches sur les ensablements des ports de mer. 1788, in-4.

50. QUÉNAULT (L.). Les Mouvements de la mer sur les côtes de l'océan Atlantique, de la Méditerranée, etc., avec 2 cartes, etc. 1869, in-8.

51.* Sources grecques de l'histoire de France. -- *Bull. de la Soc. de l'hist. de France,* année 1836, p. 28 ; année 1839, p. 15. In-8.

52. BOUQUET (dom), etc. Recueil des historiens des Gaules et de la France, t. I et II. 1738, in-fol. Nouv. éd. 1868.

Voir, au point de vue de cette section, « Syllabus auctorum ex quibus aliquid excerpitur », t. I. p. CLXVIII ; « Syllabus monumentorum », t. II, p. CXX, nomenclature des auteurs grecs et latins qui ont parlé *ex professo* ou incidemment de faits ou de questions intéressant l'histoire et la topographie de la Gaule.

53. MÜLLER (Ch. et Th.), éditeurs. Fragmenta historicorum græcorum. 1841, 4 vol. in-8.

54. POLYBE. Histoires (1).

55. CICÉRON. Plaidoyer pour Marcus Fontéius.

Gestion de Fontéius en Gaule.

56. DIODORE de Sicile. Bibliothèque historique.

Voir sur la Gaule, les Gaulois et les Galates, les livres 1, 4, 5, 14, 22, 25, 29, 30, 31.

57. TITE-LIVE. Histoires.

Mentions relatives aux Gaulois d'après dom Bouquet, Historiens des Gaules, vol. I :

Livre	An	de Rome	Liv.	An	de Rome
Livre 5.	An 357	de Rome	Liv. 27.	An 544	de Rome
— 6.	386	—	— 28.	547	—
— 7.	387	—	— 29.	549	—
— 8.	415	—	— 30.	550	—
— 9.	441	—	— 31.	552	—
— 10.	451	—	— 32.	554	—
— 11.	470	—	— 33.	556	—
— 12.	469	—	— 34.	558	—
— 20.	515	—	— 35.	561	—
— 21.	535	—	— 36.	562	—
— 22.	536	—	— 37.	563	—
— 23.	538	—	— 38.	563	—
— 24.	539	—	— 39.	567	—
— 25.	541	—	— 40.	571	—
— 26.	542	—	— 41-45	575-586	—

Epitome. Livres 46, 47, 53, 56, 60, 61, 63, 65, 67, 68, 73, 90, 94, 97, 102-108, 110, 114, 117, 119, 134, 137, 139 (an. 587-743).

58. SILIUS ITALICUS. Punicorum bellorum libri XVII.

Voir notamment le livre 15 de ce poème.

59. SUÉTONE. Vies des douze Césars.

60. PLUTARQUE. Vies des hommes illustres.

Consulter notamment les vies de Camille, Marius, Pyrrhus, Jules César, Marcellus, etc.

(1) Pour les textes de l'antiquité et les autres ouvrages souvent reproduits, on ne trouvera qu'à la seconde partie (catalogue alphabétique) le détail des éditions et des traductions principales.

61. APPIEN. Appiani Alexandrini Historia romana.

62. JUSTIN. Historiarum philippicarum ex Trogo Pompeio libri XLIV.

Sur la Gaule, les Gaulois ou les Galates, voir les livres 6, 20, 24, 25, 26, 27, 28, 32, 38, 43, 44.

63. DION CASSIUS. Historia romana.

64. LUCAIN. La Pharsale.

65. FLORUS (L.-A.). Rerum romanarum libri duo.

66. AURÉLIUS VICTOR. Histoire romaine.

67. JULIEN. Œuvres de l'empereur Julien.

68. ÆMILIUS PROBUS. De excellentibus ducibus exterarum gentium.

69. AMMIEN MARCELLIN. Historiarum libri qui extant XIII (de XIV à XXVI).

Consulter notamment le l. 15, ch. 9-11.

70. EUTROPE. Breviarium historiæ romanæ.

71. OROSE (Paul). Adversus paganos historiarum libri VII.

72. SULPICE SÉVÈRE. Sacræ historiæ a mundi exordio ad sua usque tempora deductæ, libri II.

73. KRIECK (Nicolaus). Diatribe de peregrinationibus Romanorum. 1704, in-4.

74. MONTESQUIEU (baron de). Considérations sur les causes de la grandeur des Romains et de leur décadence.

75. GIBBON (E.-D.). The History of the decline and fall of the roman empire.

76. CHATEAUBRIAND (vte F.-A. de). Études ou discours historiques sur la chute de l'empire romain, la naissance et les progrès du Christianisme et l'invasion des barbares. 1831-1833, 4 vol. in-8.

77. SISMONDI (J.-C.-L. Simonde de). Histoire de la chute de l'empire romain et déclin de la civilisation. 1835, 2 vol. in-8.

78. FORTIA d'Urban (mis de). * Mémoires pour servir à l'histoire romaine pendant les cent vingt-six ans qui ont précédé l'ère chrétienne. 1821, in-8.

79. COEFFETEAU (N.). Histoire romaine ... avec l'Epitome de L. Florus, trad. en français. 1621 et 1625, in-fol.

80. THIERRY (Am.). Tableau de l'empire romain, depuis la fondation de Rome jusqu'à la fin du gouvernement impérial en Occident. 1862, in-8.

81. THÉODORE MÉTOCHITE. Historiæ romanæ a Jul. Cæsare ad Constantinum..... 1618, in-4.

82. EGNATIUS (J.-B.). Historia Cæsarum. 1568, in-8.

83. TRISTAN DE SAINT-AMAND (J.). Commentaires historiques, contenant en abrégé les vies, éloges et censures des empereurs, etc. 1635, in-fol.

84. — Commentaires historiques, contenant l'histoire générale des empereurs romains, etc. 1644 ou 1657, 3 vol. in-fol.

85. MESSÍA (P.) ou MEXIA. Vite di tutti gl' imperatori romani. 1597, in-4.

86. CUSPINIANUS (J.). Vitæ imperatorum. 1601, in-fol.

87. STRADA a ROSSBERG (O.). De Vitis imperatorum et Cæsarum rom., etc. 1615, in-fol.

88. ANGELONI (F.). La Historia Augusta da Giulio Cesare infino a Costantino il Magno, etc. 1641.—Autre éd. 1685, in-fol.

89. LACARRY (G.). Historia romana a Jul. Cæsare ad Constantinum Magnum per numismata. 1671, in-4.

90. — Historia christiana imperatorum, consulum et præfectorum prætorii Orientis, Italiæ, Illyrici et Galliarum, etc. 1675, in-4.

91. TILLEMONT (L.-S. Le Nain de). * Histoire des empereurs et des autres princes qui ont régné dans les six premiers siècles de l'Église. 1690-1738, 6 vol. in-4.

92. BIE (J. de). Imperatorum romanorum a Jul. Cæsare ad Heraclium usque numismata aurea. 1738, in-4.

93. CREVIER (J.-B.-L.). Histoire des empereurs romains depuis Auguste jusqu'à Constantin. 1750-56, 6 vol. in-4.

94. BEAUVAIS. Histoire des empereurs romains. 1767, in-12.

95. ROYOU (J.-C.). Histoire des empereurs romains, depuis Auguste jusqu'à Constance Chlore, etc. 1808, 4 vol. in-8.

96. WITTE (b^on J. de). Recherches sur les empereurs qui ont régné dans les Gaules au IIIe siècle de l'ère chrétienne. 1868, in-4.

97. — Lettre à M. Chalon sur les empereurs qui ont régné dans les Gaules au IIIe siècle. 1853, in-8.

98. LÆTUS (Pomponius). Romanæ historiæ compendium ab interitu Gordiani junioris usque ad Justinum III, etc. 1499, in-4.

99. CUPER (G.). Historia trium Gordianorum. 1697, in-8.

100. DUBOS (l'abbé J.-B.). * Histoire des quatre Gordiens, prouvée et illustrée par les médailles. 1695, in-12.

101. GALLAND (A.). * Lettre touchant l'*Histoire des quatre Gordiens*.... (de l'abbé Dubos). 1696, in-12.

102. DUNTZER (H.). Postumus, Victorinus und Tetricus in Gallien. 1867, gr. in-8.

103. BERNHARDT (Th.). Geschichte Roms von Valerian bis zu Diokletians Tod, etc. 1867, in-8.

104. BLETTERIE (Ph.-R. de La). Vie de l'empereur Julien. 1734, in-12. — Autres éditions.

105. JONDOT. Histoire de l'empereur Julien. 1817, 2 vol. in-8.

Voir aussi la notice placée par R. Tourlet en tête de sa traduction complète de Julien.

106. DESJARDINS (Abel). L'empereur Julien. 1845, in-8.

107. — De civitatum defensoribus sub imperatoribus romanis. 1845, in-8.

108. MUECKE (I.-F.-Alph.). Flavius Claudius Julianus. I^te abth. Julians Kriegsthaten. 1866, gr. in-8.

109. LE BLANT (Edmond). Note sur le rachat des captifs au temps des invasions barbares. 1864, in-8.

110. DURUY (V.). Histoire des Romains et des peuples soumis à leur domination. 1843, in-8.

Voir aussi sa nouvelle *Histoire des Romains*, publiée de 1870 à 1874, in-8, t. I-IV.

111. SCHWEGLER (A.). Römische Geschichte (bis zum Einbruch der Gallier). 1853-58, in-8.

112. CAYX (Ch.). Histoire de l'empire romain depuis la bataille d'Actium jusqu'à la chute de l'empire d'Occident. 1836, in-8.

113. THIERRY (Am.). Récits de l'histoire romaine au Ve siècle... 1860, in-8.

114. LE BAS (Ph.). Précis d'histoire du moyen âge, depuis l'invasion de l'empire romain par les barbares, etc. 1839, in-8.

115. BUAT (cte du). Histoire ancienne des peuples de l'Europe. 1772, 12 vol. in-12.

116. WILLIAMS (J.). Essays on various subjects, philolog., philosoph., ethnolog. and archæolog. of the civilized nations of ancient Europe. 1858, in-8.

117. PEYSSONNEL (Ch. de). Observations historiques et géographiques sur les peuples barbares qui ont habité les bords du Danube et du Pont-Euxin. 1765, in-4.

118. PICTET (Ad.). Origines indo-européennes. 1850, in-8.

119. GUIGNES (J. de). Recherches sur quelques-uns des peuples barbares qui ont envahi l'empire romain et se sont établis dans la Germanie, les Gaules et autres provinces du Nord. 1761, in-4.

120. * Les Francs, leur origine et leur histoire dans la Pannonie, la Mésie, la Thrace... la Germanie et la Gaule, depuis les temps les plus reculés jusqu'à la fin du règne de Clotaire, dernier fils de Clovis, fondateur de l'empire français. Rennes, 1867, 2 vol. in-8.

121. TAILLIAR (E.). Des Lois historiques et de leur application aux cinq premiers siècles de l'ère chrétienne. 1837-1838, gr. in-8.

122. HOLTZMANN (Ad.). Kelten und Germanen, etc. 1855, in-4.

123. RENARD. Identité de race des Gaulois et des Germains. 1847, in-8. — Autre éd., 1856, in-8.

124. DELOCHE (Max.). Du Principe des nationalités. 1860, in-8.

125. DIEFENBACH. Origines Europeæ, die alten Vœlker Europa's. 1861, in-8.

126. LITTRÉ (E.). Études sur les Barbares et le moyen âge. *Paris, Didier*, 1867, in-12. — 3e éd. 1874.

§ 1. Le IVe siècle de l'ère chrétienne.

127. JORNANDES. De rebus Gothorum, suivi de : Paulus Diaconus Forojuliensis de gestis Longobardorum... 1515, in-fol.

128. JORNANDES, ISIDORE et PAUL DIACRE. Historiæ antiquæ diversarum gentium scriptores tres... 1611, in-4.

129. * SCRIPTORES rerum gothicarum et longobardicarum ex bibliotheca Bon. Vulcanii et aliorum. *Lugduni Bat.*, 1617, in-8.

130. GROTIUS (H.). Historia Gothorum et Longobardorum. 1655, in-8.

131. BLADÉ (G.-F.). Les Wisigoths jusqu'à l'époque d'Alaric.

I. Origines gothiques.

II. Langue.

III. Religion.

IV. Droit.

V. Poésie. Traditions épiques et légendaires.

VI. Les Goths depuis leur départ de la Scandinavie.

132. — Les Wandales et les Alains jusqu'à leur invasion en Gaule.

I. Introduction bibliographique.

II. Origine, langue et mœurs des Wandales.

III. Les Wandales jusqu'à leur réunion aux Alains.

IV. Les Alains jusqu'à leur établissement en Pannonie.

V. Les Wandales et les Alains depuis leur établissement en Pannonie. 1863, in-8.

133. CALLIMACHUS (Phil. Bonaccorsi, dit). Attila. Vers 1489, in-4. — 1531, in-8. — 1541, etc.

134. THOMAS D'AQUILÉE (J.-B. Pigna). La Guerra d' Attila, Flagello di Dio. 1568, in-4.

135. TRASSE (N.). Dissertation historique et critique sur l'invasion d'Attila, roi des Huns. 1753, in-12.

136. GUIGNES (J. de). Histoire générale des Huns, des Turcs, des Mogols, et des autres Tartares occidentaux, etc., avant et après J.-C., etc. 1756, 5 vol. in-4.

137. PRAY (G.). Annales veteres Hunnorum, Avarorum et Hungarorum ab anno a C. N. 210. 1761, in-fol.

138. — Dissertationes historico-criticæ (decem) in Annales veteres Hunnorum, Avarorum et Hungarorum. 1775, in-fol.

139. GIBBON (Ed.). Attila's Leben aus dem Englisch. 1787, in-8.

140. FESSLER (D.). Attila, König der Hunnen. 1803, in-8.

141. * Attila, König der Hunnen. — *Die Zeiten*, 1810, t. XXIII, p. 3, 147, 323, et t. XXIV, p. 1.

142. RAUSCHNICK. Attila, König der Hunnen. 1822, in-8.

143. TOURNEUR. Attila dans les Gaules en 451. 1834, in-8.

144. THIERRY (Am.). Histoire d'Attila et de ses successeurs. 1856, 2 vol. in-8. 2e éd. 1864.

145. GARINET (J.). Étude sur l'invasion des Gaules par Attila. 1866, in-8.

146. PARAT (l'abbé). Attila, ou recueil des traditions de l'Aube, etc., sur le roi des Huns. 1869, in-8.

147. BARTHÉLEMY (A. de). La Campagne d'Attila, invasion des Huns dans les Gaules en 451. 1870, in-8.

148. * Aetius und Attila. — *Hormayr's Archiv*, 1813, n° 156.

Voir, sur Attila, le *Répertoire des sources historiques*, de l'abbé Ul. Chevalier, *Bio-bibliographie*, art. Attila.

149. THIERRY (Am.). Aëtius et Bonifacius. 1851, in-8.

2e SECTION. — BIBLIOGRAPHIE

150. DU CHESNE (A.). Bibliothèque des auteurs qui ont écrit l'histoire de France. 1618, in-8, et 1627, in-8.

151. FABRICIUS (J.-A.). Isagoge in notitiam scriptorum historiæ gallicæ qua continetur I. Bibliotheca chronologica, etc., etc. 1708, in-8°.

152. OSTERN (B.). Bibliotheca exotica. 1625, in-4.

Voir aussi le n° 170.

153. GUIGARD (J.). Indicateur du *Mercure de France* (1672-1789). 1869, in-8.

154. BENGHEM (C.-A.). Bibliographia historica, chronologica et geographica, etc. 1685, in-12.

155. STRUVE (B.-G.). Selecta Bibliotheca historica. 1705.

Ouvrage augmenté par Meusel. (Voir plus loin n° 165.)

156. * Bibliothèque universelle des historiens. *Paris, Giffart*, 1707, 2 vol. in-8.

157. * Catalogue des principaux historiens, avec des remarques critiques sur la bonté de leurs ouvrages et sur le choix des meilleures éditions.

Appendice de 350 pages au livre intitulé : « *Méthode pour étudier l'histoire*, qui contient le Traité de l'usage de l'histoire, par M. l'abbé de Saint-Réal, un discours sur les Historiens français, par M. de Saint-Evremont. 2e partie. Paris, 1713, in-12. » Ce catalogue renferme une nomenclature des ouvrages publiés jusqu'à cette époque sur l'histoire et les antiquités des contrées germaniques.

158. FABRICIUS (J.-A.). Bibliographia antiquaria. 1713, in-4. (Autres éditions.)

159. MAITTAIRE (M.). Annales typographici, ab artis inventæ origine ad annum 1557 (cum appendice ad ann. 1664). 1719-25, 5 vol. in-4.

160. LE LONG (J.). Bibliothèque historique de la France. 1719, in-folio.

— 2e éd. revue et augmentée sous la direction de Fevret de Fontette. *Paris*, 1768-1778, 5 vol. in-fol.

161. NICERON (J.-P.). Mémoires pour servir à l'histoire des hommes illustres de la république des lettres. 1727-45, 43 vol. in-12.

162. DE BURE (G.-Fr.). Bibliographie instructive. 1763-68, 7 vol. in-8.

163. BRÉQUIGNY (De) et PARDESSUS. Table chronologique des diplômes, chartes, titres et actes imprimés concernant l'histoire de France. 1769-1863, 7 vol. in-fol.

Tome Ier, Actes de 142 à 1031.

164. HÉBRAIL (l'abbé Jacq.) et LA PORTE (l'abbé Jos. de). * La France littéraire. 1769, 2 vol. in-8.
— Supplément, 1778.
— Second supplément, 1784.

165. MEUSEL (J.-G.). Bibliotheca historica. 1782-1804, 22 vol. in-8.

166. ERSCH (J.-S.). La France littéraire de 1771 à 1806. 5 vol. in-8.

167. ROUX et DUJARDIN-SAILLY. Jour-

nal typographique et bibliographique. 1797 à 1810. 13 vol. in-8.

168. FABRICIUS (J.-A). Bibliotheca latina, éd. d'Ernesti. 1771, 3 vol. in-8.

169. OBERLIN (Jer.-Jac.). Orbis antiqui monumentis suis illustrati primæ lineæ. 1776, in-16.

170. * Bibliographie étrangère, ou Indicateur raisonné et analytique des ouvrages intéressants en tous genres, publiés en langues anciennes et modernes dans les divers pays étrangers à la France, pendant les années 1801 à 1829. 29 vol. in-8.

171. REUSS (J.-D.). Repertorium commentationum a societatibus litterariis editarum secundum disciplinarum ordinem digestum. 1801-21, 16 vol. in-4.

Voir le t. 8. — Voir aussi, plus loin, le no 201.

172. * Catalogue par ordre alphabétique des cartes et plans qui sont sur les planches gravées au dépôt général de la marine. *Paris*, 1805, in-4.

173. JOHANNEAU (Éloi). Bibliographie celtique. 1809, in-8.

174. BEUCHOT. Bibliographie de la France, ou Journal général de l'imprimerie et de la librairie. Depuis 1811. In-8. (1 vol. par an.)

175. PEIGNOT (G.). Répertoire bibliographique universel. 1812, in-8.

176. LABORDE (cte A. de). Rapport de la commission chargée de l'examen des mémoires envoyés à l'Acad. des inscr. par le ministre de l'intérieur (1819).

177. BARBIER (Al.). Dictionnaire des ouvrages anonymes et pseudonymes. 1822-27, in-8.

Nouvelle édition en cours de publication.

178. MANNE (de). Nouveau Recueil d'ouvrages anonymes et pseudonymes. 1834, in-8.

179. — Nouveau Dictionnaire des ouvrages anonymes et pseudonymes. 1862, in-8.

180. QUÉRARD (J.-M.). La France littéraire, ou Dictionnaire bibliographique, etc. [pour le XVIIIe et le XIXe siècle, jusqu'à 1826]. 1827-39, 10 vol. in-8.
— Corrections, additions, etc., par le même. 1854-64 [A-RO], 2 vol. in-8.

181. — La Littérature française contemporaine [1827-38]. 1842, t. I-II, in-8.

182. — — Continuation par C. Louandre, F. Bourquelot et A. Maury : la Littérature française contemporaine (XIXe siècle). 1842-1857, t. III-VI; in-8.

183. LORENZ (O.). Catalogue général de la librairie française pendant vingt-cinq ans (1840-1865). 1867-71, 4 vol. gr. in-8.

184. — Suite pour les années 1866 à 1875. 1876-78, 2 vol. gr. in-8.

185. HOFFMANN (S.-F.-G.). Lexicon bibliographicum; index edit. et interpret. scriptorum græc. tum sacrorum tum profan. 1832-36, 3 vol. in-8. — 2e éd., 1838-45.

Voir aussi le no 198.

186. KAYSER (Chr. Gottl.). Index locupletissimus librorum qui... in Germania et in terris confinibus prodierunt. 1750-1858, 14 vol. in-4.

187. BRUNET (J.-Ch.). Manuel du libraire et de l'amateur de livres. 1re éd. 1810; 5e éd. 1860-65, 6 vol. in-8.

188. — Supplément à la 5e éd. 1878. (Se continue.)

189. DESNOYERS (Jules). Bibliographie historique et archéologique de la France. 1834, in-8.

190. — Indication des principaux ouvrages propres à faciliter les travaux relatifs à l'histoire de France. 1836, in-8.

191. MONTEIL (A.). Traité de matériaux mss. de divers genres d'histoire. 1836, 2 vol. in-8.

192. LACROIX (Paul). Dissertations (deux) sur la « Bibliothèque historique de la France ». 1838, in-8.

193. MILLER (Emm.) et AUBENAS (A.). Revue de bibliographie analytique. 1840-1845, 6 vol. in-8.

194. ŒTTINGER (E.-M.). Archives historiques. 1841, gr. in-8.

195. GIRAULT, de Saint-Fargeau. Bibliographie historique et topographique de la France, ou Catalogue de tous les ouvrages imprimés en français, depuis le XVe siècle jusqu'au mois d'avril 1845, etc. In-8.

196. QUÉRARD (J.-M.). Les Auteurs dé-

guisés de la littérature française au XIXe siècle. 1845, in-8.

197. — Les Supercheries littéraires dévoilées. 1846-54, 5 vol. in-8. Nouv. édition par Gust. Brunet, depuis 1869.

198. ENGELMANN (Guill.). Bibliothèque des auteurs classiques grecs et romains. 7e éd. 1858, in-8.

199. ŒTTINGER (E.-M.). Bibliographie biographique. 1850, gr. in-8.

— 2e éd. 1854, 2 vol. in-4.

200. * BIBLIOTHÈQUE impériale (*puis* nationale), département des imprimés. Catalogue de l'histoire de France. *Paris, F. Didot*, 1855-70, 10 vol. in-4.

201. KONER (W.). Repertorium... Répertoire des mémoires relatifs à l'histoire, publiés, de 1800 à 1850, dans les recueils des académies, etc. 1856. 3 vol. in-8.

202. DENIS (Ferdinand), PINÇON (P.) et DE MARTONNE. Bibliographie universelle (manuel Roret, in-12), publié à part. 1857, gr. in-8.

203. CHÉRON (A.-P.). Catalogue général de la librairie française au XIXe siècle (1800-1855). Tomes I-III (A-DU). 1857-59, gr. in-8.

204. ENGELMANN (Guill.). Bibliotheca geographica. 1858, in-8.

205. POTTHAST (A.). Bibliotheca historica medii ævi, von 375-1500. 1862, in-8. — Supplément.

206. DUREAU (A.). Notes bibliographiques pour servir à l'étude de l'histoire et de l'archéologie. 1863-1865, 3 vol. in-12.

207. BRUNET (Gust.). La France littéraire au XVe siècle, ou Catalogue raisonné des ouvrages en tout genre imprimés en langue française jusqu'en l'an 1500. 1865, in-8.

208. DELISLE (Léopold). Bibliographie des cartulaires, etc. 1866, in-8.

209. CHANTRE (E.). Bibliographie des ouvrages relatifs aux études préhistoriques. 1867. A la fin de ses Études paléoethnologiques.

Consulter, à titre de compléments de cette section, le *Répertoire des sources historiques du moyen âge*, par l'a. Ul. Chevalier, et les *Sources de l'histoire de France*, par Alfred Franklin.

3e SECTION. — HISTOIRE DE LA GAULE

210. DU CHESNE (A.). Series auctorum omnium qui de Francorum historia scripserunt. 1633 et 1635, 2 vol. in-fol.

211. — Historiæ Francorum scriptores coætanei. 1636-49, 5 vol. in-fol.

212. BOUQUET (dom M.), etc. Rerum Gallicarum scriptores. 1738 et suiv., 23 vol. in-fol. — Réimpression, 1869 et suiv., in-fol.

213. GUIZOT (Fr.). Collection des mémoires relatifs à l'histoire de France depuis la fondation de la monarchie française jusqu'au XIIIe siècle. 1823-1835, 31 vol. in-8.

214. GRÉGOIRE DE TOURS (et FRÉDÉGAIRE). Histoire des Francs.

215. — Histoire ecclésiastique.

216. HAUTE-SERRE (A. Dadin de), en latin Altaserra. Notæ in X libros Historiæ Francorum Gregorii et supplementa Fredegarii. 1679, in-4.

217. PROSPER TIRO. Chronique abrégée de l'histoire des Gaules. 1711, in-fol.; — 1752, in-fol.

218. ADON, de Vienne. Chronica.

219. KRIES (Dr C.-G.). De Gregorii, Turonensis episcopi, vita et scriptis. 1830, in-8.

220. CLAUDIUS (pseudonyme). Sur l'Histoire des Francs de Grégoire de Tours. 1837, in-24.

221. LECOY DE LA MARCHE (A.). Autorité de Grégoire de Tours. 1861, in-8.

222. BORDIER (Henri). De l'Autorité de Grégoire de Tours, en réponse à M. L. de La Marche, en appendice de la traduction de Grégoire de Tours. 1861, in-8.

223. ÉPINOIS (H. de L.). De la Valeur des écrits de Grégoire de Tours. 1862, in-8.

224. JEHAN, de Saint-Clavien (L.-F.). Les Légendes vengées, ou saint Grégoire de Tours historien des traditions apostoliques de nos églises. 1870, in-12.

225. AIMOIN. Historiæ Francorum, etc. 1567, in-16.

226. VITAL (Orderic). Histoire de la Normandie.

Détails sur l'ancienne Gaule en général.

227. * De Origine atque primordiis gentis Francorum carmen authoris qui Caroli Calvi, cui inscriptum est, ætate vixit, nunc primum prodit cum notis historicis, etc. Opera et studio R. P. Thomæ Aquinatis a Sancto Joseph, carmelitæ excalceati. *Parisiis, Bertier*, 1644, in-4.

Ce poëme anonyme, écrit, à ce que l'on croit, vers 840, a été réimprimé dans les *Preuves de la véritable Maison de France*, de Du Bouchet (Paris, 1646, in-fol.), dans les *Vindiciæ hispanicæ*, de Chifflet, et dans le 3e vol. du *Recueil de dom Bouquet*. L'éd. de 1644, la 1re publiée, l'a été par Christophe Paturel, dit, en religion, le P. Thomas d'Aquin de Saint-Joseph. — Voir BRUNET, *Manuel*, vol. IV, col. 229.

228. ÆMILIUS (Paulus). De Rebus gestis Francorum. *Paris*, s. a. Nouvelle éd. continuée jusqu'en 1223, en 6 livres. (Vers 1510) in-fol.

Voir Biblioth. hist. de Meusel, t. VIII, p. 11.

229. MORIN (Fr.). * Compendium, sive breviarium primi voluminis annalium, sive historiarum, de origine rerum et gentis Francorum. 1515, in-fol.

230. GEBWILLER (J.). Origo Francorum, etc. 1519, in-4.

231. GILLES (N.). Annales et chroniques de France depuis la destruction de Troyes. 1520, in-fol. — Autres éd.

232.* La Légende des Flamands et Artésiens, ou leur chronique abrégée depuis Clovis Ier jusqu'en 1498. 1522, in-4 et 1536, in-8.

233. * ROZIER ou Epithome historial de France, diuisé en trois parties. En la premiere est traicté depuis la création du monde jusques au roy Pharamon, premier roy de France, contenāt les genealogies et descētes des Gaulloys ou Françoys, Troyens, Latins, Allemans, Bretons, Anglois, Brebançōs et autres jusques audit Pharamon, etc. *Paris, François Regnault*, libr., 1528, in-fol. goth., fig. 2e éd. (la 1re est de 1522).

234. LE ROUILLE (G.). Le Recueil de l'antiquité et préexcellence de la Gaule et des Gaulois. 1531, etc.

235. MERULA (G.). De Gallorum cisalpinorum antiquitate ac origine. 1538, in-8; — 1592, in-8, etc.

236. LE MAIRE DE BELGES. Les Illustrations de Gaule, etc. 1548-49, in-4.

237. FERRONUS (A.). De Rebus gestis Gallorum, libri IX. *Lutetiæ*, 1550, in-fol.

238. POSTEL (G.). Histoire des expéditions, depuis le déluge, faites par les Gaulois, etc. 1552, in-16.

239. BELLAY (G. de). Epitome de l'antiquité des Gaules et de France. 1556, in-4.

240. CHAMPIER (Cl.). Les Singularitez des Gaules. 1538, in-16.

241. TILLET (J. du). * Faits mémorables advenus depuis Pharamond jusques à l'an 1557. In-12.

242. TABŒTIUS (J.). De Republica et lingua francica et gothica, etc. 1559, in-4.

243. PASQUIER (Ét.). Recherches de la France. 1560, p. in-8, etc., etc.—Dernière éd., 1849, 2 vol. in-12.

244. MOULIN (Ch. du). Traité de l'origine, progrès et excellence du royaume de France. 1561, in-8.

245. HOTOMANUS (Fr. Hotman de la Tour). Franco-Gallia, 1575, in-8.
— Histoire celtique. 1634, in-8.

246. MATHAREL (Ant.). Ad Fr. Hotomani Franco-Galliam Responsio, etc. 1575, in-8.

247. LE MASLE (J.). Discours (en vers) de l'origine des Gaulois, ensemble des Angevins et des Manceaux. 1575, in-8.

248. HAILLAN (B. de Girard, sr du). Histoire générale des rois de France, etc. 1576-1584, in-fol.

249. MASSON (J. Papire). Annalium libri IV. 1577, in-4. — Autres éditions.

250. BELLEFOREST (Fr. de). Les Grandes Annales et histoires générales de France. 1579, 2 vol. in-fol.

251. FAUCHET (Cl.). Les Antiquités gauloises. 1579, in-4. — Autres éd.

252. VIGNIER (N.). Traité de l'estat et

origine des anciens François. 1582, in-4.

253. — Bibliothèque historique. 1588, 3 vol. in-fol.

254. TAILLEPIED ou TALLEPIED (F.-N.). Histoire de l'état et république des Druides, Eubages, etc. 1585, in-8.

255. POPELINIÈRE (de La). Histoire des Histoires. 1599, in-8.

256. DU PRÉ (Cl.), s[r] DE VAUX-PLAISANT. Abrégé fidèle de la vraye origine et généalogie des François, etc. 1604, in-8.

257. PERRIER (Aymar Du). Discours historique touchant l'état général des Gaules, etc. 1610, in-12.

258. RIVIÈRE (P. de La). Œuvres et histoires gauloises, etc. 1612, in-4.

259. * HISTOIRE véritable du géant Theutobochus, roi des Theutons, Cimbres et Ambrosins, défait par Marius, lequel fut enterré près du château nommé Chaumont, maintenant Langon, proche la ville de Romans en Dauphiné, etc. *Paris*, *Bourriquant*, 1613, in-8, 15 p.

Voir BARBIER, *Anonymes*, 3e éd.

260. FREHER (Marquard). Corpus Francicæ historiæ veteris. 1613, in-fol.

261. SCHRIECK (A. Van). Originum rerumque celticarum et belgicarum libri XXIII. 1614-20. 3 vol. in-fol.

262. — Adversaria de originibus Celticis et Belgicis.

263. — Monitorum secundorum libri quinque, etc. 1615, in-fol.

264. COURT (L.-P. de La). Le Tableau des Gaules en forme de colloque, etc. 1616, in-12.

265. PONTANUS (J.-I.). Origines Francicæ. 1616, in-4.

266. LESTANG (A. de — s[r] de Belestang). Histoire des Gaules et conquêtes des Gaulois en Italie, etc. 1618, in-4.

267. CHARRON (J.). Histoire universelle de toutes les nations et spécialement des Gaulois et Français. 1621, in-fol.

268. DUPLEIX (Sc.). Histoire générale de France. 1621-43, 5 vol. in-fol.— Autre éd. 1631-49.

269. CASSAN, de Béziers (J.). Les Dynasties, ou Traité des anciens rois des Gaulois, etc. 1621, in-8.

270. — Premier fondement et progrès de la monarchie gauloise. 1626, in-8.

271. SERRES (J. de). Historia regum Gallorum, etc. 1627, in-fol.

272. BERGIER (N.). Le Dessein de l'histoire de Reims. Remarques sur la fondation des villes de France. 1635, in-4.

273. GOSSELIN (A.). Historia veterum Gallorum. 1636, in-8.

274. BOCHART (Sam.). De Ant. Gosselini veteris Galliæ Historia judicium. 1638, in-12.

275. MEZERAY (Fr.-E. de). Histoire de France depuis Pharamond. 1643-51, 3 vol. in-fol.

Voir plus loin le n° 285.

276. VALOIS (Ad. de). Gesta Francorum, etc. 1646-58, 3 vol. in-fol.

Histoire des Gaulois et des Francs, de 254 à 752.

277. BOXHORNIUS (M.-Z.). Originum Gallicarum Liber, etc. 1654, in-4.

278. BOREL (P.). Trésor des recherches et antiquités gauloises et françaises. *Paris*, 1655, in-4.

279. LINNÉ (J.). Notitia regni Franciæ. 1655, in-4.

280. PRIOLUS (B.). De Rebus gallicis historiarum libri XII. 1665, in-4.

281. LACARRY (G.). Historia Galliarum sub præfectis prætorii Galliarum. 1672, in-4.

282. — Historia coloniarum à Gallis, etc. 1677, in-4.

283. AUDIGIER. Origine des Français. 1676, 2 vol. in-12.

284. MARCEL (G.). Histoire de l'origine et des progrès de la monarchie française. 1683, 4 vol. in-12.

285. MÉZERAY (Fr.-E. de). Histoire des Gaulois. 1685, in-fol.

286. PEZRON (Dom P.-Y.). Antiquités de la nation et de la langue des Celtes, autrement appelés Gaulois. 1703. in-12.

287. HILLERUS (M.). De Origine gentium Celticarum. 1707, in-4.

288. KREBS (E.-A.). De Francorum

Saliorum et Salicorum origine. 1713, in-4.

289. VAISSETE (dom). * Dissertation sur l'histoire des François, où l'on examine s'ils descendent des Tectosages, etc. 1722, in-12.

290. DUBOS. Histoire critique de l'établissement de la monarchie françoise dans les Gaules. 1734, etc., 3 vol. in-4.

291. LEBEUF (Abbé). Dissertation où l'on fixe l'époque de l'établissement des Francs dans les Gaules. 1736, in-12.

292. BIET (l'a.). Dissertation sur la véritable époque de l'établissement fixe des Francs dans les Gaules, etc. 1736, in-12.

293. BASTIE (J. Bimard de La). Dissertations. Lettres à divers (notamment à M. de Valbonnays) sur le règne d'Albion dans les Gaules. 1739.

294. MELOT (Anicet). Dissertation sur la prise de Rome par les Gaulois. 1743.

295. FÉLIGONDE (Pélissier de). [Ms.] Dissertation sur l'origine des Gaulois.

296. PELLOUTIER (Simon). Histoire des Celtes, et particulièrement des Gaulois et des Germains. 1740-50, 2 vol. in-12, puis 1770-71, 2 vol. in-12 et in-4.

297. GIBERT (J.-B.). Mémoires pour servir à l'histoire des Gaules et de la France. 1744, in-12.

298. PELLOUTIER (S.). Lettres à M. Jordan, pour servir de réponse aux objections qui lui ont été faites par M. Gibert.

299. — * Lettre de M. P. à M. de B. sur les Celtes.

300. LEBEUF (l'a.). Dissertation dans laquelle on recherche depuis quel temps le nom de France a été en usage pour désigner une portion des Gaules. 1740, in-12.

301. — Dissertation sur plusieurs points de l'histoire des enfants de Clovis. 1742, in-12.

302. CHAPELLE (J. Ribaud de La). * Dissertation sur le règne de Clovis. 1741, in-8.

303. MARTIN (dom J.). Éclaircissements historiques sur les origines celtiques et gauloises. 1744, in-12.

304. BELLANGER. * Lettre sur les « Mémoires pour servir à l'histoire des Gaules et de la France. » (Ci-dessus, n° 297.)

305. GIBERT (J.-B.). Lettre à M. N., en réponse à la critique de M. Bellanger sur l'histoire des Gaules et de la France. 1745, in-12.

306. LE LONG (J.). Première Lettre sur le livre de M. Gibert, intitulé *Mémoires*, etc. — Seconde lettre.

307. FAYS (Abbé Dordelu du). Observations historiques sur la nation gauloise. 1746, in-12.

308. ARMERGE (Abbé A.). Réflexions critiques sur les observations de M. l'abbé Dordelu. 1747, in-12.

309. CHAPELLE (Ribaud de la). * Dissertation sur l'origine des Francs, etc. 1748, in-16.

310. DANIEL (le p. Gabr.). Histoire de France depuis l'établissement de la monarchie française dans les Gaules. 1755 à 1758, 24 vol. in-12. — Autres éditions et abrégé.

311. MARTIN (dom J.). Histoire des Gaules et conquêtes des Gaulois. 1752-54, in-4.

312. FONTENAILLES (Pierre Le Roy de). * Histoire ancienne des Francs. 1753, in-8.

313. GOMICOURT (Aug.-Pierre Damiens de). * Dissertation historique et critique pour servir à l'histoire de la monarchie française, 1754, in-12.

314. SCHŒPFLIN (J.-D.). Vindiciæ Celticæ. 1755, in-8.

315. TOUR D'AUVERGNE (Corret de La). Origines gauloises. 1756, in-8 ; — 1796, in-8.

316. BULLET (J.-B.). Dissertations sur différents sujets de l'histoire de France. 1759, in-fol.

317. OBERLIN (Jér.-Jacq.). Epitome rerum Gallicarum ab origine gentis usque ad romanorum Imperium. 1762, in-4.

318. LE BRIGANT. * Dissertation adressée aux académies savantes de l'Europe sur les Celtes-Brigantes. *Breghente* (dans le Tyrol), 1762, in-12.

319. VELLY (Abbé), VILLARET (C.), GARNIER (Abbé) et DUFAU. Histoire de France. 1765-85, in-12.

Voir aussi le n° 327.

320. VELLY (Paul-Fr.), etc. Histoire de la Gaule, etc. 1770-89, 15 vol. in-4.

321. SABBATHIER (Fr.). Recueil de dissertations sur l'histoire de France. 1770, in-8.

322. MÜLLER (J.). Bellum Cimbricum. 1772, in-8.

323. ROBIN (l'abbé Ch.). Le Mont Glonne, ou Recherches sur l'origine des Celtes, Angevins et Armoricains. 1774, in-12.

324. RITTER (J.-D.). Die Geschichte der Gallier. 1774, in-8.

325. SCHOEPFLIN (J.-D.). Éclaircissements sur l'*Histoire des Celtes* (de Pelloutier). 1777, in-4.

326. PELLOUTIER (S.). Réponse de Pelloutier à des objections de M. Schœpflin contre son Histoire des Celtes.

327. LAUREAU. Histoire de France avant Clovis, pour servir d'introduction à celle de MM. Velly, Villaret et Garnier. 1785, in-12; — 1789, in-4.

328. MILLIN (A.-L.). * Un Empereur romain et un roi des Gaules. 1789, in-8.

329. LORENZ (J.-M.). Summa historiæ gallo-francicæ. 1790-93, in-8.

330. BACON-TACON (P.-J.-J.). Recherches sur les origines celtiques, principalement sur celles du Bugey considéré comme berceau du delta celtique. 1798, 2 vol. in-8.

331. LAVEAUX (J.-Ch.). Histoire des premiers peuples libres qui ont habité la France. 1799, 3 vol. in-8.

332. MARC (J.-A.). * Lettres écrites sous le règne d'Auguste, précédées d'un précis historique sur les Gaulois. 1803, in-8.

333. DAVIES (Edw.). Celtic Researches on the origin of the ancient Britons. 1804, in-8.

334. PICOT (Jean). Histoire des Gaulois. 1804, in-8.

335. PERELLE-JUBÉ (Bon de La). Histoire des guerres des Gaulois et des Français en Italie, etc. 1805, in-8.

336. ANQUETIL (L.-P.). Histoire de France depuis les Gaulois. 1805, 14 vol. in-12. — Autres éditions en grand nombre.

337. — Précis de l'histoire universelle, etc. 1818, 8 vol. in-8. — Autres éd.

338. CAMBRY (J.). Mémoires sur les Celtes, les Cavares et les Saliens. 1805, in-8.

Introd. à l'hist. d'Avignon.

339. WALCKENAER (Ath.). Mémoire sur les anciens habitants des Gaules. 1811 (publié en 1839), in-4.

340. SISMONDI (J.-C.-L. Simonde de). Histoire des Français. 1821-43, in-8.

341. MARINCOURT (Serpette de). Histoire de la Gaule. 1822, in-8; — 1841, in-8.

342. BERLIER (Th.). Précis historique sur l'ancienne Gaule. 1822, in-8.

343. L. (de). * De l'Influence de la civilisation, suivi d'une Analyse raisonnée des origines gauloises. 1822, in-8.

344. GUIZOT (Fr.). Essai sur l'histoire de France. 1824, in-8.

345. SÉGUR (de). Histoire de France. 1824, etc., 22 vol. in-18.

346. THIERRY (Am.). Histoire des Gaulois. 1828, etc., in-8.

347. LAVALLÉE (Th.). Histoire des Français, depuis le temps des Gaulois jusqu'en 1830. 1838-39, 3 vol. in-8.

Éditions nombreuses.

348. SCHAYES (A.-G.-B.). Dissertation sur cette question : Les Gaulois habitaient-ils des villes avant la domination romaine dans les Gaules? 1830, in-4.

349. QUENSON. Aperçu historique sur les Gaules. 1831-1836, in-8.

350. DUMAS père (Alexandre). Gaule et France. 1833, etc., in-8.

351. LORIOL. La France. 1834, in-8.

Compilation historique et géographique, publiée sous la direction de Loriol.

352. FAURIEL. Histoire de la Gaule méridionale, etc. 1836, in-8.

353. HUGO (Abel). France historique et monumentale. 1836-43, in-8.

354. BRANDES. Das ethnographische Verhæltniss der Kelten, etc. 1837, in-8.

355. MICHELET (J.). Histoire de France jusqu'au XIXe siècle. 1837-67, 16 vol. in-8.

356. GUÉRARD (Benj.). Notice d'un manuscrit de la Bibliothèque du Roi, 4628 A [fonds français]. 1838, in-8.

357. BRETON (Fr.-P.-H.-Ernest), avec JOUFFROY (Achille de). Introduction à l'histoire de France. 1838, in-fol.

358. LEBER. Collection des meilleures dissertations sur l'histoire de France. 1838-39, 20 vol. in-8.

359. CLAVEL (B.). Histoire des Gaules. 1838, in-8.

360. GABOURD (Am.). Histoire de France depuis les origines gauloises. 1839 et 1840, 2 vol. in-12.

361. LAURENTIE (P.-Séb.). Histoire de France depuis les origines gauloises. 1839-45, etc., in-8.

362. DIEFENBACH (L.). Celtica, I; Celtica, II. 1839-1840, in-8.

363. THIERRY (Aug.). Récits des temps mérovingiens. 1840, in-8. — Autres éd.

364. HUSCHBERG (J.-Fr.). Histoire des Allemands et des Francs, jusqu'à la fondation de la monarchie franque par Clovis. 1840, in-8.

365. THIERRY (Am.). Histoire de la Gaule sous l'administration romaine. 1840-1842, in-8. — Autres éditions.

366. THONNELIER. — Sur les Origines sémitiques de la nation et de la langue celtique. 1840, in-4.

367. BRISSAC (de) et BAUDOUIN (L.-N.-P.). Histoire des Français depuis la chute de l'empire romain d'Occident jusqu'à l'empire français. 1842, in-8.

368. LE BAS (Phil.). L'Univers pittoresque (la France). 1845 et suiv., 14 vol. in-8.

369. MARTIN (Henri). Histoire de France depuis les temps les plus reculés. 3e éd., 1837-54. 19 vol. in-8. — 4e éd. 1856-60. — 5e depuis 1867.

370. JUBAINVILLE (H. d'Arbois de). Quelques observations sur les six premiers volumes de l'histoire de France de Henri Martin. 1857, in-8.

371. POQUET (Abbé). Conférences archéologiques, sur l'époque païenne; période gauloise. 1846, etc., in-8.

372. OZANEAUX (J.-G.). Histoire de France depuis l'origine de la nation. 1846, in-8. — 1852, in-12.

373. ROUFFIAC et ROUHIER. Histoire nationale. Les Gaulois dans leur transformation. 1847, in-8.

374. GENOUDE (de). Histoire de France. 1847, 17 vol. in-8.

375. ROCHE (A.) et CHASLES (Ph.). Histoire de France depuis les temps les plus reculés. 1847, in-8.

376. CHALLAMEL (Aug.). Histoire de France. 1852, in-4.

377. LE HUÉROU (J.-M.). Recherches sur les origines celtiques. In-4, s. d., puis 1853.

378. GANDY (G.). Histoire de France depuis les Gaulois jusqu'aux États généraux en 1789. 1854, in-8.

379. FALLUE (L.). Annales de la Gaule. 1855, in-8.

380. PRICHARD (J.-C.). Eastern Origin of the celtic nations. 1857, in-8.

381. CARRO (A.). Voyage chez les Celtes. 1857, in-8.

382. PIERROT (Fa.). Histoire de France depuis les âges les plus reculés. 1857-1860, in-8.

383. FRÉRET (N.). De l'Origine des Français et de leur établissement dans la Gaule. 1858, in-4.

384. BELLOGUET (Roger de). Ethnogénie gauloise. 1858-72, 4 vol. gr. in-8.

385. BORDIER (H.) et CHARTON (Éd.). Histoire de France depuis les temps les plus anciens. 1859, 2 vol. in-4.

386. HAAS (C.-P. Marie). La France depuis les temps les plus reculés, etc. 1859, 4 vol. in-8.

387. CLINCHAMP (G. de). Recherches archéologiques sur l'établissement de la monarchie française dans les Gaules. 1859, in-8.

388. CONTZEN (L.). Die Wanderungen der Kelten. 1861, in-8.

389. LONGPÉRIER (A. de). Orgitirix, fils d'Atepillus. 1861, in-8.

390. TROGNON (A.). Histoire de France. 1863-65, in-8.

391. MONTENON (de). La Dynastie mérovingienne. 1863, gr. in-8.

392. BACH (Le P.). Essai philologique sur les origines gauloises de quelques villes. 1864, gr. in-8.

393. VALENTIN-SMITH. De l'Origine des peuples de la Gaule transalpine. 1864, in-8.

394. BERTRAND (Al.). Les Anciennes Populations de la Gaule. 1864, gr. in-8.

395. GOURGUES (Vte A. de). Sur quelques questions rélatives à l'époque celtique. In-8.

396. GOUET (A.). Histoire nationale de France. 1864-66, in-8.

397. VOISIN (l'a. A.). La France avant César, par Marin de Tyr. 1864-1866, in-4.

398. QUICHERAT (J.). Rapports sur diverses communications manuscrites, etc., relatives à la topographie et aux antiquités celtiques.

Revue des Sociétés savantes, passim.

399. DURUY (V.). Introduction générale à l'histoire de France. 1865, gr. in-8.

400. GEORGIEWSKI (A.). Gally... Les Gaulois au temps de César. 1865, in-8.

401. GAULLE (Ch. de). Les Celtes au XIXe siècle. Appel aux représentants actuels de la race celtique. 1865, in-8.

402. RIALLE (J. Girard de). Étude d'histoire primitive : les Aryo-Celtes. 1867, in-18.

403. CAUMONT (A. de). Résumé d'une conférence sur ce sujet : « Que sait-on de nos premiers pères ou des hommes qui ont habité la France dans les temps les plus reculés ? » 1868, in-8.

404. GAIDOZ (H.). La Revue celtique, recueil périodique (depuis 1869). In-8.

405. LÉVÊQUE (G.). Recherches sur l'origine des Gaulois. 1869, in-8.

406. BURGAULT (Émile). Aperçus historiques sur les origines et les religions des anciens peuples de l'Espagne et de la Gaule, 1870, in-8.

407. DARESTE (Cl.). Histoire de France depuis les origines. 1870, 8 vol. in-8.

408. ROSSIGNOL (Cl.). La Gaule et Plutarque. 1870, in-4.

409. VIALLON. Clovis le Grand, premier roi chrétien.... In-12.

410. GUIZOT (Fr.). L'Histoire de France jusqu'en 1789, racontée à mes petits-enfants. 1870-75, 5 vol. in-4.

411. GILLES (L.). Campagne de Marius dans la Gaule, suivie de Marius, Marthe, Julie, devant la légende des Saintes Maries. 1870, in-8.

4e SECTION. — GUERRE DES GAULES

412. CÉSAR (Jules). C. Jul. Cæsaris Commentarii de bello Gallico.

413. CELSUS (J.). Tractatus de vita et moribus Jul. Cæsaris. 1470.

Ouvrage restitué depuis à Pétrarque. Cp. n° 423.

414. — Tractatus de vita et rebus Jul. Cæsaris. Cæsaris Commentarii de bello Gallico. S. l. 1473, in-fol.

415. LENOIR (M.). Les Euures et brefues expositions de Julius Cesar sur le fait des batailles de Gaule. 1502, in-4. — Autre éd. 1517, in-4.

416. RAMUS (P.) ou Pierre La Ramée. De Militia C. J. Cæsaris. 1559, in-8. Trad. franç. par Mich. de Castelnau. 1583, in-8.

417. LESCONVEL (P.). * Aventures de Jules César dans les Gaules. 1695, in-12.

418. BURY (R. de). Essai sur la vie de Jules César. 1756, in-12.

419. VALART (L'a. J.). * Conquête de la Gaule faite et écrite par Jules César. 1761, in-12.

420. BERLIER (Th.). Guerre des Gaules, trad. des mémoires dits Commentaires de César, avec un grand nombre de notes géogr., etc., 1822, in-8.

421. BEAUCHAMP (A. de). Vie de Jules César, suivie du tableau de ses campagnes, avec des observations critiques. 1823, in-8.

422. HERZOG (Chr. G.). Bellum gallicum grammatisch und historisch erklärt. 1825, in-8.

423. PÉTRARQUE (Fr.). Historia Jul. Cæsaris. Edid. Chr. *Schneider*, 1827, in-8.

424. APITZ. Schedæ criticæ in Cæsaris bellum Gallicum. 1835, in-8.

425. NAPOLÉON Ier. Précis des guerres de César. 1836, in-8.

426. HENNE. De Cæsare rerum a se gestarum scriptore. 1843, in-8.

427. HENRICH (B.). De Cæsaris in Galliæ militia. 1846, in-4.

428. SCHNEIDER (C.-E. Chr.). Vier Abhandlungen zu Cæsar. 1849-51, in-4.

429. CRUSIUS (G.-Ch.). Wörterbuch zu Cäsar. 1853, gr. in-8.
— 6e éd. 1861.

430. HOEFER (Fd). J. César. 1854, in-8.
Dans la *Biographie générale.*

431. KIEHL. Cæsars Feldzüge in Gallien. 1854, in-4.

432. RUSTOW (W.). Heerwesen und Kriegführung Cæsars. 1855, in-8.

433. SCHÖLLER (F.). Cæsaris vita, et observationes criticæ in librum VII, de bello Gallico. 1855, in-8.

434. LAMARTINE (A. de). Jules César. 1856, in-8.

435. KÖCHLY (H.) et RÜSTOW (W.). Einleitung zum Cæsars commentar über die Gallie. 1857, in-8.

436. GŒLER (Fr. Aug. von). Cæsar's Gallischer Krieg. 1858-1860, gr. in-8.

437. COYNART (Gal R. de). Guerre de César dans les Gaules, par M. le général de Gœler. (Analyse.) 1860, in-8.

438. JAL (A.). La Flotte de César. 1861, in-12.

439. FALLUE (Léon). Analyse raisonnée des Commentaires de Jules César. 1826, in-8.

440. AUBERTIN (Ch.). Quelques Mots de réponse à l'*Analyse raisonnée des Commentaires de J. César*, par M. Léon Fallue. 1864, in-16, 4 p.

441. JACOBS (Alfred). Exploration en Gaule pour l'éclaircissement des Commentaires de César. — Alesia. Uxellodunum, etc. 1862, in-8.

442. SAULCY (F. de). Les Campagnes de Jules César dans les Gaules. 1862, in-8.

443. MELVILLE (Jules). Jules César, ou la conquête des Gaules. 1863, in-12.

444. BRÉAN (A.). C. J. César dans la Gaule. 1864, in-8.

445. NAPOLÉON III. * Histoire de Jules César. 1865-66, 2 vol. in-4.

446. LAROUSSE (P.). * Examen philologique et littéraire de l' « Histoire de Jules César » (par Napoléon III). 1865, in-8.

447. GERLACHE (bon de). Quelques Observations critiques sur l' « Histoire de Jules César » par Napoléon III. 1865, in-8.

448. RÜSTOW (W.). Commentar zu Napoléon's III « Histoire de Jules César ». 1867, in-8.

449. MAISSIAT (J.). J. César en Gaule, t. I, 1865; t. II, 1876, gr. in-8.

450. SALIS (cte de). Date de la naissance de Jules César. 1866, in-8.

451. SAINT-ALBIN-BERVILLE. Étude sommaire sur Jules César. 1867, in-8.

452. THOMANN (K.). Atlas zur Cæsaris gallischen Kriege. 1868, in-8.

453. * Atlas zu Cæsar's gall. Krieg. *Stuttgart*, 1868, gr. in-8, 15 cartes.

454. LABARRE (F.). Gallische Zustand zu Cæsars Zeit. 1870, in-4.

455. TAILLIAR (E.). Études sur les Gaulois contemporains de Jules César. 1870, in-8.

456. EICHERT (O.). Wörterbuch zu Caius Jul. Cæsar. 1867, in-16.

457. CHAPELLE (Ribaud de La). Histoire de Vercingétorix. 1834, in-8.

458. * Découverte d'une nouvelle médaille de Vercingétorix. — *Rev. num.*, 2e série, t. XII. 1847, in-8.

459. SAUSSAYE (L. de La). Attribution d'une médaille d'or inédite à Vercingétorix. 1847, in-8.

460. IMBERDIS (A.). Portrait de Vercingétorix. 1858, in-4.

461. GIRARD (A.). Histoire de Vercingétorix, roi des Arvernes. 1864, in-8.

462. MARTIN (Henri). Vercingétorix. 1864, in-18.

463. DELACROIX (A.). Vercingétorix et sa statue. 1865, in-8.

464. DESJARDINS (A.). Le Monument de Vercingétorix. 1869, in-8.

465. MATHIEU (P.-P.). Défense de la Gaule par Vercingétorix. 1870, in-8.

466. MIGNARD. Étude sur Vercingétorix. 1870, in-8.

467. MATHIEU (P.-P.). Vercingétorix et son époque. 1870, in-8.

468. SARRETTE (A.). Guerres d'Arioviste contre les Eduens et contre César. 1864, in-8.

469. QUIQUEREZ (A.). Observations sur l'ouvrage du c[el] Sarrette, *Guerres d'Arioviste*. 1864, in-8.

470. MARIGUES DE CHAMP-REPU. Viridovix, chef des Unelliens, et Sabinus, lieutenant de César. 1863, in-8.

471. CÉSAR (C.-J.). C. Julii Cæsaris oratio Vesontione Belgiæ ad milites habita. 1475, in-4.

472. NAULT. La Mort d'Ambiorixène vengée par celle de J. César, assassiné par Brutus. 1688, in-12.

473. COHAUSEN (A. von). Cæsar's Kriegsbrucken. 1867, in-8.
— Untersuchungen über d. Kriegführung d. Römer gegen d. Deutschen. 1862, in-8, 1 carte.

474. CRAZANNES (Chaudruc de). Nouvelles Considérations au sujet d'un passage des Commentaires de César. In-8.

475. SARRETTE (A.). Quelques Pages des Commentaires de César : Parisiens, Belges, Arvernes, etc. 1863, in-8.

476. CREULY (g[al]) et BERTRAND (Al.). Quelques Difficultés du second livre des Commentaires étudiées sur le terrain. 1862, in-8.

477. RAVALIÈRE (P.-A. Lévesque de la). Eclaircissement sur un passage du IVe livre de la *Guerre des Gaules*. 1746.

Passage du Rhin par Jules César placé à Clèves.

478. CAYROL (De). Observations sur les positions occupées par l'armée romaine que commandait César, depuis Durocortorum jusqu'à Bratuspantium, dans sa campagne contre les Bellovaques. 1849, in-8.

479. BÉCU (Sainte-Marie). Du Temps que César mit à franchir la distance qui séparait son camp des bords de l'Aisne de Noviodunum. 1862, in-8.

480. COHAUSEN (A. von). Cæsar's Feldzüge gegen die germanischen Hämme am Rhein. 1867, gr. in-8.

481. — Cæsar am Rhein. Forschungen und Bemerkungen zu der Geschichte Cæsars von L. Napoleon. 1869, in-4.

482. DEDERICH (A.). Julius Cæsar am Rhein nebst Anhang über die Germania der Tacitus, etc. 1870, in-4.

483. MÖHRING. Julius Cäsar im nordœstlich. Gallien und am Rhein, etc. 1870, in-4, 47 p.

5e SECTION. — RELIGION ET PHILOSOPHIE

A. *Paganisme*

484. MORISSE (P.) * Histoire de l'origine de toutes les religions qui jusqu'à présent ont été au monde. 1579, in-8.

485. LESCALOPIER (P.) De Diis... veterum Gallorum. 1660, in-fol.

486. ROSS. Les Religions du monde, etc. 1666, in-4.

487. BAILLY (J.-S.). Sur l'Origine de la fable et des anciennes religions. 1781-82, in-8.

488. DUPUIS. Origine de tous les cultes. 1795, 7 vol. in-8. Autres éditions.

489. MILLIN (A.-L.). Galerie mythologique ou Recueil de monuments, etc. 1811, in-8.

490. HUG (I.-L.). Untersuchungen über den Mythos der berühmtern Völker der alten Welt. 1812, in-4.

491. DULAURE (J.-A.). Histoire abrégée des différents cultes. 1825, in-8.

492. BRZOSKA. De Geographia mythica. 1831, in-8.

493. PARISOT (V.). * Dictionnaire mythologique. 1832, in-8.

494. VOLLMER (W.). Vollständiger Wörterbuch der Mythologie aller Nationen. 1836, in-8.

495. LAMARIOUZE (Ch. de). Dissertation sur la religion des Celtes. 1839, in-8.

496. SCHWENEK (C. von). Die Mythologie der... Germanen. 1843-53, 7 vol. in-8.

497. GRIMM (J.). Deutsche Mythologie. 1844, 2 vol. in-8.

498. SMITH (G.). The Religion of ancient Britain, etc. 1846, in-8.

499. BARTHÉLEMY (A. de). Lettres à M. Ch. Jeannel sur les anciennes religions des Gaules. 1850-51, in-8.

500. BRETAGNE. Lettre à M. E. Hucher, etc. 1854, in-8.

Autels gaulois.

501. MONIN (H.). Philologie gauloise. Dieux et déesses. 1863, in-8.

502. MORTILLET (G. de). Le Signe de la croix avant le christianisme. 1866, in-8.

503. LEFLOCQ (J.). Études de mythologie celtique. 1869, in-12.

504. BRIDEL. Lettre sur l'ancienne mythologie des Alpes. 1810, in-8.

505. DEPPING (G.-B.). Sur une Dissertation de M. Munter, intitulée : *Die ælteste Religion der Nordens, vor der Zeiten Odens.*

Voir aussi le mémoire de G.-B. Depping : *Sur la littérature, la mythologie, les mœurs des hommes du Nord*, 1835, in-8, placé comme « introduction » en tête de l'Histoire de Normandie, de Th. Licquet. (Voir ce nom.)

506. DE BOZE (Claude Le Gros de). Explication d'une inscription antique [taurobolique]. 1705, in-8.

507. FRÉRET (N.). Sur l'Usage des sacrifices humains... chez les Gaulois. 1753, in-4.

508. PICART (B.). Cérémonies et coutumes religieuses de tous les peuples. 1723-43, in-fol.

509. MARTIN (dom J.). La Religion des Gaulois, etc. 1727, in-4.

510. SCHEDIUS (E.). De Diis Germanis, etc. 1728, in-8.

511. PELLOUTIER (S). * Lettre à M. de M. sur la « Religion des Gaulois. » 1737, in-12.

512. — Observations... sur l'abolition des sacrifices humains dans les Gaules. 1731, in-12.

513. RAMECOURT (Le Gay de). Mémoire sur la religion et les funérailles des anciens Gaulois. 1741.

514. FRÉRET. Observations sur la religion des Gaulois et sur celle des Germains. 1747, in-4.

515. — Sur la Nature et les dogmes les plus connus de la religion gauloise.

516. FÉNEL (l'abbé). Plan systématique de la religion et des dogmes des anciens Gaulois. 1747, in-4.

517. ALDENBRUCK (A.). De Religione antiquorum Ubiorum. 1749, in-4.

518. LAMBERT (le p.). [Ms.] Réflexions critiques sur un passage des Commentaires de César, qui concerne la religion des anciens Gaulois. 1752.

519. BASTIDE DU CLAUX (De Chiniac de La). Discours sur la nature et les dogmes de la religion gauloise. 1769, in-12.

520. BULLET (J.-B.). Dissertation sur la mythologie française. 1771, in-12.

521. LONGUEVAL (le p. J.). Discours sur la religion et les mœurs des anciens Gaulois. (Collection de Leber.)

522. BOULLEMIER (l'a. Ch.). [Ms.] Remarques sur un passage de César, concernant la religion des Gaulois. 1774.

523. ZURLAUBEN (de). Observations sur plusieurs monuments de l'antiquité, etc. 1774, in-8.

524. MALLET (P.-H.). Monuments de la mythologie et de la poésie des Celtes. 1776, in-4.

525. BECKER (J.). Beiträge zur römisch-keltischer Mythologie. 1867, gr. in-8.

526. — Zur Kunde römisch-keltischen Götterwesens. Bonn, s. a. (?), in-8.

527. LENOIR (Alexandre). Dissertation sur quelques divinités romaines qui ont passé dans les Gaules. 1816, in-8.

528. URSIN (P.-F.-M.). Sur les Dogmes mythologiques empruntés aux Celtes par les Romains. 1820, in-8.

529. MONE (Fr.). Geschichte des Heidenthums im nœrdlichen Europa. 1822, 2 vol. in-8.

530. JOHANNEAU (Éloi). Notice sur la situation du paradis des Gaulois. In-8.

531. COQUEBERT-MONTBRET (de). Conjectures sur la religion des anciens habitants de la Grande-Bretagne et

sur ses rapports avec la religion des Gaulois. 1826, in-8.

532. MÈGE (A. du). Mémoires sur les monuments religieux des Garumni et des Convenæ pendant la domination romaine. 1827, in-8.

533. PICTET (Ad.). Du Culte des Cabires chez les anciens Irlandais. 1824, in-8.

534. PENHOUET (comte de). Sur l'Ophiolatrie appliquée aux monuments celtiques. 1833, in-8.

535. BARRAUD (l'a.). Culte des fontaines. — Culte des arbres. 1847, in-8.

536. HETZRODT (J.-B.-M.). Mémoire sur le culte des pierres chez les anciens Gaulois. 1825, in-8.

537. POUPART (le p. Sp.). Lettre en forme de dissertation sur les bois sacrés. 1710, in-12.

538. TOUBIN. Du Culte des arbres chez les anciens, étude archéologique. 1862, in-8.

539. MONNIER (D.). Traditions populaires comparées. Mythologie. Règnes de l'air et de la terre. 1854, in-8.

540. BANIER (l'a.). Dissertation sur les déesses mères. 1730, in-4.

541. GRANGES. Mémoire sur les déesses mères. 1855, in-8.

542. ROACH-SMITH (Ch.). Mémoire sur les déesses mères. 1862, in-8.

543. MÈGE (A. du). Divinités locales. 1843, in-8.

544. — Mémoire sur quatre autels trouvés dans les Pyrénées. 1830, in-8.

545. * Divinités celtiques. — *Ann. de philos. chrét.*, t. XVI, 1838. In-8.

546. MAURY (L.-F.-Alfred). Les Fées au moyen âge, recherches sur leur origine, leur histoire et leurs attributs. 1843, in-12.

547. — Croyances et légendes de l'Antiquité. Les religions de la Perse et de l'Inde. Deux divinités gauloises, etc. 1863, in-12.

548. BARRY (Edw.). Quelques dieux de trop dans la mythologie des Pyrénées. 1866, in-8.

549. AYMARD (A.). Note concernant le dieu Adidon, 1858, in-8.

550. CALMEIL. Étude sur une figurine d'Angerone, déesse du silence. 1852, in-8.

551. SICHEL (le d[r]). Résumé des recherches sur la déesse Angerone et son culte chez les Romains. 1867, in-8.

552. MAURY (Alfred). De l'Apollon gaulois. 1860, in-8.

553. CRAZANNES (baron Chaudruc de). Lettre à M. Alfred Maury sur l'Apollon gaulois. 1861, in-8.

554. PONS. (A.-Th.-Z.). Notice sur Belatucadrus, divinité des anciens Bretons. 1809, in-8.

555. JOHANNEAU (Éloi). Lettre à M. Siauve sur l'origine astronomique et étymologique du nom de Belenus, dieu des Gaules, de la Norique et de l'Illyrie. In-8.

556. CRAZANNES (baron Chaudruc de). Dissertation sur Bélisana, déesse des Gaulois. 1842, in-8.

557. — Cabellio et Abellio (divinités gauloises). 1850, in-8.

558. MAURY (L.-F.-Alfred). Recherches sur la divinité mentionnée dans les inscriptions latines sous le nom de Camulus. 1849, in-8.

559. LE BEUF (l'a.). Lettre au sujet de deux figures gaul., avec des rech. sur les Cervolus et Vetula. 1738, in-12.

560. ROESSLER (Ch.). Note sur un buste antique représentant Cybèle. 1867, in-8.

561. ABEL (Ch.). — Notice sur la signification du mot Dirona, nom d'une divinité topique. 1864. In-8.

562. FRÉRET (N.). Recherches sur le dieu Endovellicus, et sur quelques autres antiquités ibériques. 1714, in-4.

563. HUILLARD-BRÉHOLLES. — Note sur une pierre sculptée qui paraît représenter la déesse Epona. 1865, in-8.

564. MÈGE (A. du). — Notes sur quelques inscriptions votives découvertes dans la vallée de la Nesta et consacrées au dieu Ergé. 1848, in-8.

565. JUBAINVILLE (H. d'Arbois de). Ersus, Euzus. 1870, in-8.

566. BOURQUELOT (F.). — Notice sur Gargantua. 1864, in-8.

567. GAIDOZ (Henri). Gargantua, essai de mythologie celtique. 1868, in-8.

568. LIEBRECHT (H.). Le Vrai Nom de Gargantua. 1870.

Avec un P. S. par H. Gaidoz.

569. BARRY (A. Edw.). Le Dieu Hercule Andossus. 1862, in-8.

570. — Courte Réponse à un érudit du nord de la France au sujet du mot Andossus. 1865, in-8.

571. BECKER (J.). Hercules Andossus. In-8.

572. LONGPÉRIER (A. de). Figurine antique de bronze représentant Hercule Ogmius. 1849, in-8.

Cp. Lucien, *Hercules*.

573. ALPEN (van). Dissertation sur l'Hercule surnommé Saxanus, et sur l'Hercule surnommé Magasanus. 1826, in-8.

574. HALDAT (de). — Rapport sur la découverte d'un autel votif et d'une inscription consacrés à Hercule Saxane.... 1829, in-8.

575. — Observations sur l'autel votif possédé par la ville de Nancy, et dédié à Hercule des rochers. 1833, in-8.

576. FRENDENBERG. Das Denkmal des Hercules Saxanus im Brohlthal. 1862, in-4.

577. VERTOT (l'a.). Du Dieu Irminsul, adoré chez les anciens Saxons. 1715, in-4.

578. JOHANNEAU (Éloi). — Notice sur une idole des anciens Saxons, nommée Irmensul, etc.

Description de cette idole extr. et trad. du latin de H. Meibomius. 1809, in-8.

579. MÈGE (A. du). — Notices sur un autel dédié au Soleil, à la Lune, à Isis, etc. 1820 et 1827, in-8.

580. SIMON (Victor). Note sur un monument de la déesse Isis. 1851-52, in-8.

581. BARTHÉLEMY (A. de). La Divinité gauloise assimilée à Dis Pater par les Romains. 1870, in-8.

582. BARRY (C.-E.-A. Edward). — Le Dieu Leherenn d'Ardiège. 1853, in-8.

583. CRAZANNES (baron Chaudruc de). Lettre à M. A. Maury sur diverses appellations de Mars considéré comme divinité topique des Gaulois. 1861, in-8.

584. BON et BOZE. — Sur une Figure du dieu Mercure, etc. 1737, in-4, 1 pl.

585. BOWLES (W.-L.). — Hermes Britannicus. A dissertation on the celtic deity Teutates, the Mercurius of Cæsar. 1828, in-8.

586. * Découverte d'une statuette de Mercure adoré dans les Gaules. — *Ann. de philos. chrét.*, t. IV. In-8.

587. STARK (K.-B.). — Die Mithrasteine von Dormagen..... 1869, in-8.

588. BEAULIEU (J.-L. de). — Des Divinités topiques Nedina et Rosmesta. 1837, in-8.

589. POUGENS. — Doutes et conjectures sur la déesse Nehalennia. 1807, in-8.

590. ANDRÉ (Aug.). Notice sur la déesse Oca. 1829, in-8.

591. SIMON (Victor). Notice sur un monument élevé au dieu Proxsumius. 1857, in-8.

592. LE VER (le marquis Aug.). Dissertation sur l'abolition du culte de Roth. 1829, in-8.

593. ATHENAS. Sur l'Interprétation étymologique d'une inscription à la déesse Sandrandiga. 1808, in-8.

594. MONTFAUCON (le p. B. de). Discours sur les monuments antiques... et sur une inscription... qui prouve que du temps de Marc-Aurèle il y avait à Paris... un collège du dieu Silvain. 1724, in-fol.

Dans l'*Antiquité expliquée*.

595. BECKER (J.). Ueber die... Göttin Vagdavera. 1852, in-8.

596. JANSSEN (L.-J.-F.). Epigraphische aanderkreusingen. I. over de godin Vagdaver, etc. 1854, in-8.

597. CHIFFLET (vte de). Ex-voto au dieu Télesphore. 1866, in-8.

B. Druides.

598. LE FÈVRE (J.). — Les Fleurs et antiquités des Gaulois ; où il est traité des anciens philosophes gaulois, appelés Druides. 1532, in-8.

599. TAILLEPIED (F.-N.) * Histoire de l'estat et république des Druides, etc. 1585, p. in-8.

600. VOSSIUS (J.-G.). De Gallis Gallorumque Diis, Druidis, etc. 1631, in-4.

601. GAUDENZIO (P.). * De Pythagorea animarum transmigratione. 1640, p. in-4.

Chap. XVI. De Druidis, etc.

602. FREY (J.-C.). — Philosophia Druidarum. 1646, in-8.

603. PUFFENDORFF (E.). Dissertatio de Druidibus. 1650, in-4.

604. STOLBERGK (C.). De Druidibus. 1650, in-4.

605. SMITH (Th.). Syntagma de Druidum moribus ac institutis. 1664, in-8.

606. BOULAY (E.-E. du). Historia veterum academiarum Galliæ Druidicarum, etc. 1665, in-fol.

Histoire de l'Université, t. I, p. 1-78.

607. DICKINSON (Ed.). De Origine Druidum. 1670, in-4.

608. EYRING (E.). De Druidibus. 1680, in-4.

609. SCHURTZ FLEISCH (C.-S.). Dissertatio de veterum Druidum institutis. 1697, in-4.

610. WAGEMANN (Ch.). Vom Druiden-Fuss am Haynenkamm, etc. 1712, in-8.

611. TOLAND (J.). Lettres critiques sur les Druides.

Dans ses Œuvres posthumes. 1726, 2 vol. in-8.

612. — History of the Druids, etc. Nouv. éd. 1844, in-8. — Même ouvrage, trad. par A. Eidoux.

613. HARTLIEB. De Druidis. 1731, in-4.

614. BERNARD (J.). De Statu mortuorum ex mente Druidum. 1732, in-4.

615. RIVET (dom A.). Des Druides.

Histoire littéraire de la France. 1733, t. I, in-4.

616. LE LONG (J.). — Dissertation sur les Druides des Gaules.

Explication de divers monuments singuliers, etc. 1739, in-4, p. 122-132.

617. BRUCKER (J.). De Philosophia Celtarum sive Gallorum, Britanmorum, Germanorum.

Historia critica Philosophiæ, t. I, p. 313-342, l. II, ch. IX. 1742, in-4.

618. FRICKIUS (F.-G). Commentatio de Druidis Occidentalium populorum Philosophis. 1744, in-4.

619. DUCLOS. Mémoire sur les Druides. 1753, in-4.

620. FRÉRET (N.). Sur l'Étymologie du nom des Druides. 1753, in-4.

21. SCHOEPFLIN (J.-D.). De Religione Celtica et Druidibus.

Vindiciæ celticæ. 1754, in-8.

622. WALDIUS (S.). De Veteribus Gallorum Druidibus.

623. MENARDUS (Fr.). Orationes legitimæ, quarum prima de Visco Druidarum.

624. SCHARFIUS (J.-F.). Meletema de Gallorum Druidis. In-4.

625. DREUX du Radier. Discours historiques sur les Druides. 1758, in-4.

626. BACALAN (de). [*Ms.*] Dissertation sur le gouvernement des anciens Druides. 1763, in-8.

627. HANGEST (D.). [Ms.] Mémoire sur les Druides.

628. BEAUDEAU (l'a.). Mémoire à consulter pour les anciens Druides gaulois. 1777, in-8.

629. SIAUVE (E.-M.). Mémoires sur les temples des Druides et les antiquités du Poitou. 1805, in-8.

630. DAVIES (E.). * Mythology and rites of the British Druids. 1809, in-8.

631. ROSNY (A.-J.-N. de). Recherches historiques sur les Druides. 1810, in-8.

632. BARTH (K.). — Die Druiden der Kelten, etc. 1826, in-8.

633. ARNOUVILLE (Ed. Choppin d'). Les Druides.

Dans l'*Encyclopédie moderne*. 1827, in-8.

634. JOHANNEAU (Éloi). Notice sur les monuments druidiques. 1827, in-8.

Voir plus loin 12e section, MONUMENTS DITS CELTIQUES.

635. RAHAN. De Gallorum Druidis. In-4.

636. ROTHE. Om Druiderne. 1828, in-4.

637. * Sur la Vierge mère honorée chez les Druides. — *Ann. de philos. chrét.*, t. VII, 1833, in-8.

638. GLATIGNY (G. de). Dissertation sur les anciens Gaulois, et en particulier sur les Druides.

Œuvres posthumes. 1757, in-12.

639. HERBERT (Algernon). Essay on the Neodruidic heresy in Britannia. 1838, in-4.

640. TRÉMOLIÈRE (P.). Druidisme. Les Celtes ou Gaulois étaient-ils polythéistes? 1841, in-8.

641. SAUSSAYE (L. de La). Types de médailles celtiques. I. Le druide Abaris. 1842, in-8.

642. SAINT-GEORGES (D. de). Histoire des Druides, et particulièrement de ceux de Calédonie, etc. 1845, in-8.

643. KÜHNHOLTZ (A.). Recherches archéologiques sur les Druides et les Druidesses, 1847, in-8.

644. BOUCHÉ (J.-B.). Druides et Celtes, etc. 1848, in-18.

645. LE BLANC D'AMBONNE (Th.-P.). Etude sur le symbolisme druidique. 1849, in-18.

646. VILLEMARQUÉ (Hersart de La). Poèmes des bardes bretons du VIe siècle. 1850, in-8.

647. GATIEN-ARNOULT. Doctrine druidique sur la destinée de l'homme, etc. 1852, in-8.

648. — Histoire de la philosophie en France. 1859, in-8.

Voir la « Période gauloise ».

649. HERRIG. De Druidibus. 1853, in-8.

650. YUNG (E.). De Scholis romanis in Gallia comata. 1855, in-8.

651. PICTET (Ad.). Le Mystère des Bardes de l'île de Bretagne. 1859, in-8.

652. BACH (le p.). Lettres sur la religion et la civilisation druidiques, 1860, in-8.

653. READE (W.). The Veil of Isis, or the mysteries of the Druids. 1861, in-8.

654. LARROQUE (Ph. Tamizey de). De quelques erreurs de l'Histoire de France de M. H. Martin. 1863, in-8.

§ 1. Les Druides.

655. SAUSSAYE (L. de La). Dissertation sur le lieu de l'assemblée annuelle des Druides. 1863, in-8.

656. STREBER (Fr.). Ueber eine gallische Silbermünze mit dem angeblichen Bilde eines Druiden. 1863, in-4.

657. PEZZANI (A.). Les Druides, synthèse philosophique, etc. 1865, in-12.

658. LEFLOCQ (J.). Les Mystères des Bardes de l'île de Bretagne. 1868, in-8.

659. MARTIN (Henri). Les Mystères des Bardes de l'île de Bretagne. Réfutation du travail de M. Leflocq. 1870, in-8.

C. Ascia.

660. MURATORI (L.-A.). Sopra l'ascia sepolcrale. 1738, in-4.

661. LANDE (Mangon de La). Recherches sur la question de l'ascia. 1835, in-8.

662. NOLHAC (J.-B.-M.). De la hache sculptée au haut de plusieurs monuments funéraires antiques et des mots « sub ascia dedicavit, » etc. 1840, in-8.

663. BARTHÉLEMY (A. de). Essai sur la formule funéraire « Sub ascia dedicavit ». 1844, in-8.

664. CHARMA (A.). Notice sur quelques énigmes archéologiques. « *Sub ascia* ». 1863, in-18.

665. MÉNARD (A.). Note sur la question de l'ascia. 1865, in-8.

666. AUBER (l'a.). Notice sur l'ascia. 1866, in-8.

667. DEVALS aîné. Encore l'ascia, etc. 1866, in-8.

668. SANSAS. Premières traces du christianisme, etc. Symbolisme de l'ascia. 1866, in-8.

669. GERVAIS (Ch.). — Sur l'ascia. 1866-1867, in-8.

D. Christianisme.

670. GRÉGOIRE DE TOURS. De Gloria martyrum et confessorum, libri III.

671. — De Vita Patrum liber unus.

672. LUSIGNAN (E.). Notitia antiqua Episcoporum Galliæ. 1520, in-8.

673. SURIUS (L.). De Vitis sanctorum ab Aloysio Lipomano olim conscriptis. 1581, etc.

674. BARONIUS (C.). Annales ecclesiastici. 1588-1607, 12 vol. in-fol.— Nouv. éd. continuée par Aug. Theiner, in-4.

675. CHENU (J.). Archiepiscoporum et Episcoporum Galliæ chronologica historia, etc. 1621, in-4.

676. ROBERT (Cl.). Gallia christiania, etc... 1626, in-fol.

677. VAL (du). Recueil des Vies des Saints. 1626, in-fo.

678. SIRMOND (le p. J.). Concilia antiqua Galliæ tres in tomos ordine digesta. 1629, in-fol.

679. BOSQUET (Fr. de). Ecclesiæ Gallicanæ historiarum, libri quatuor, etc. 1633-36, in-4.

680. SAUSSAY (André du). Martyrologium Gallicanum. 1638, in-fol.

681. — Origines ecclesiarum Galliæ.

(Vers 1640.) Mention dans le *Polybiblion*, année 1875, t. XIII, p. 555.

682. LABBE (le p. Ph.). Hagiologium Franco-Galliæ... 1643, in-4.

683. BOLLAND (J.), puis HENSCHEN (G.). Acta Sanctorum, etc. 1643-1794, 54 vol. in-fol. — Réimpression et continuation, 1860-1869, 60 vol. in-fol.

684. * Conciliorum omnium generalium et provincialium collectio regia. *Parisiis, e typographia Regia*, 1644, 37 vol. in-fol.

685. LABBE (le p. Ph.). Conciliorum Synodorumque Galliæ brevis et accurata historia. 1646, in-fol.

686. LAUNOY (J. de). Dissertationes tres de VII episcoporum in Galliam adventu, de primis Galliæ martyribus, etc. 1651, in-8. — 2e éd. 1670, in-8.

687. BONDONNET (dom). Réfutation des trois dissertations de M. de Launoy touchant la mission apostolique dans les Gaules au Ve siècle. 1653, in-4.

688. SAINTE-MARTHE (Sc. et L. de). Gallia Christiana, etc. 1656, 4 vol. in-fol.

689. MARCA (P. de). Epistola de tempore quo primum in Galliis suscepta est Christi fides. 1658, in-8.

690. LAUNOY (J. de). Dispunctio epistolæ de tempore quo primum in Galliis suscepta est Christi fides. 1659, in-8.

691. LANDE (P. de La). Conciliorum antiquorum Galliæ a Jacobo Sirmondo editorum supplementa. 1660, in-fol.

692. LABBE (le p. Ph.). Synopsis historica conciliorum. 1661, in-4.

693. LE COINTE (Ch.). Annales ecclesiastici Francorum. 1665-83, 8 v. in-fol.

694. LABBE (le p. Ph.) et COSSART (le p. G.). Conciliorum collectio maxima. 1671-72, 18 vol. in-fol.

695. OUVRARD (l'a. R.). Défense de l'ancienne tradition des églises de France. 1678, in-8.

696. ALEXANDRE (le p. N.). Dissertatio de prædicationis Evangilicæ exordio. 1679, in-8; 1699, in-fol.

697. MAUCONDUIT. * Dissertation pour la défense des deux saintes Marie-Madeleine. 1685, in-12.

Voir sur cette question la série régionale, section de la PROVENCE.

698. GIRY (Fr.). Vies des Saints... 1683, in-fol. — 2e édition, 1715, in-fol. — 3e édition, 1875, in-12.

699. MAIMBOURG (le p. L.). Histoire de l'Arianisme. 1686-1687, 14 vol. in-4 ou 26 vol. in-12.

700. FAYDIT (l'abbé P. V.). * Conformité des églises de France avec celles d'Asie et de Syrie... 1689, in-12.

701. RUINART (dom). Acta primorum Martyrum sincera. *Paris*, 1689.

702. LABONAZIE (B.). Dissertatio de tempore quo primo Evangelium est prædicatum in Galliis. 1691, in-12.

703. FLEURY (Cl.) et FABRE (Cl.). Histoire ecclésiastique jusqu'en 1414... 1691, etc., in-4 et in-12.

704. TILLEMONT (Séb. Le Nain de). Mémoires pour servir à l'histoire ecclésiastique. 1695-1712, in-4.

705. BASNAGE. Histoire de l'Eglise depuis J.-C. 1699, 2 vol. in-fol.

706. HARDOUIN (le p. J.). Collectio maxima conciliorum generalium et provincialium. 1700-16, 12 vol. in-fol.

707. ABBADIE. Nouvelle dissertation touchant le temps auquel la religion chrétienne a été établie dans les Gaules. 1703, in-12.

708. BAILLET (A.). Vie des Saints de France. 1701-1714, in-fol.

709. GUÉRET (le p. J.). [Ms.] La France chrétienne, ou les Saints de France, etc.

710. CHASTELAIN (Cl.). Martyrologe universel. 1709, in-4.

711. SAINT-ALLAIS (de). Martyrologe universel, rédigé sur l'ouvrage de l'a. Chastelain... 1823, in-8.

712. BARTHÉLEMY (Ch.). Annales hagiologiques de France, etc. 1860-1865. 6 vol. gr. in-8.

713. SAINTE-MARTHE (dom Denis) (continuation par l'Académie des inscrip-

tions et belles-lettres). Gallia Christiana nova... Depuis 1715, 16 vol. in-fol.

714. MANSI (le p. J. D.). Sacrorum conciliorum nova et amplissima collectio. 1748-62, 6 vol. in-fol.

715. KEYSLER (J.-G.). Antiquitates selectæ septentrionales et celticæ, quibus plurima loca conciliorum et capitularium explanantur per dogmata Theologiæ ethnicæ Celtarum, etc. 1720, in-8.

716. LAUNOY (J. de). Auctarium. Sur la venue de Madeleine à Marseille. 1710, in-8.

Dans ses *Varia opuscula*.

717. LAUNOY (Jean). Opera omnia. 1731, 10 vol. in-fol.

718. LONGUEVAL (le p. J.). Histoire de l'Eglise gallicane. 1730-1749, 18 vol. in-8. — Autres éd.

719. LIRON (dom). Dissertation sur l'établissement de la religion chrétienne dans les Gaules.

Singularités historiques, t V, 1740, in-12.

720. ESNAULT (l'a.). Dissertation sur l'établissement de la foi dans les Gaules, etc. 1746, in-12.

721. BULLET (J.-B.). De Apostolica Ecclesiæ Gallicanæ origine, etc. 1752, in-12.

Sur la prétendue prédication de saint Philippe en Gaule.

722. — Histoire de l'établissement du Christianisme en Gaule. 1764, in-4.

723. DUCREUX (l'a.). * Les Siècles chrétiens, ou histoire du Christianisme... 1775-87, 10 vol. in-12.

724. RIVAZ (l'a. J. de). Éclaircissements sur l'époque de la persécution des Gaules sous Dioclétien et Maximien. 1779, in-8.

725. MACEDA. De celeri propagatione Evangelii in universo mundo. 1798, in-4.

726. CHATEAUBRIAND (vte F. A. de). Le Génie du Christianisme. — Éditions diverses, œuvres complètes et œuvres choisies.

727. — Les Martyrs. — Même observation.

728. BERAULT-BERCASTEL (A.-H.). Histoire de l'Église, nouv. édition continuée depuis 1721 jusqu'en 1820 (par l'abbé Aimé Guillon). 1820-21, 22 vol. in-8. — Autres éditions.

729. * De la Conversion de Clovis et de l'influence du Christianisme dans les Gaules. — *Ann. de philos. chrét.*, t. VII, 1834.

730. BEUGNOT. Histoire de la destruction du paganisme en Occident. 1835, 2 vol. in-8.

731. FORTIA d'Urban (mis de). Mémoires pour servir à l'histoire de l'introduction du Christianisme dans les Gaules. 1838, in-8.

732. NICOLLE (A.). Geneviève et le roi païen, ou Essai sur l'établissement du Christianisme dans les Gaules. 1841, in-8.

733. REGNAULT. Histoire des premiers siècles de l'Église. (Vers 1850.)

Mention dans le *Polybiblion*, année 1875, t. XIII, p. 555.

734. GATIEN-ARNOULT. Sur l'État politique des Chrétiens de Gaule à la fin du second siècle. 1854, in-8.

735. ARBELLOT (l'a.). Dissertation sur l'apostolat de saint Martial et sur l'antiquité des églises de France. 1855, puis 1860, in-8.

736. QUICHERAT (J.). Lettre à M. l'a. Arbellot, etc. 1855, in-8.

737. OZOUVILLE (W.). Origines chrétiennes de la Gaule. Lettres à dom Piolin, de Solesme. 1855-1856, in-8.

738. BROGLIE (duc A. de). L'Église et l'Empire romain au IVe siècle. 1856-59, 3 vol. in-8. — Autres éditions.

739. PASCAL (l'a. J.-B.-E.). Discussion sur l'époque de l'établissement de la foi chrétienne dans les Gaules, etc. 1857, in-8.

740. JEHAN, de Saint-Clavien. Dictionnaire des origines du Christianisme. 1856, in-8.

741. LE BLANT (E.). Réponse à une lettre du 13 janvier 1680. 1858, in-8.

Sur l'existence de monuments épigraphiques relatifs aux origines du christianisme dans les Gaules.

742. LEPELLETIER (A.). Défense du christianisme au point de vue de l'o-

rigine apostolique des principales églises de France. 1860, in-8.

743. BEAUSSET-ROQUEFORT (m^is de). Étude historique sur la première prédication de l'Evangile en France. 1862, in-8.

744. GAYDOU (le p.). Les Premières Églises des Gaules, etc. 1862, in-8.

745. MARTIN (l'a.). Les Origines du Christianisme dans les Gaules. 1865, in-8.

746. MARTIGNY (l'a.). Dictionnaire des Antiquités chrétiennes. 1865, gr. in-8. — Nouv. éd. rev. et augm. 1877.

747. FISQUET (H.). La France pontificale (Gallia Christiana). Depuis 1864, in-12.

En cours de publication.

748. SANDRET (L.). L'Ancienne Église de France... 1866-68, in-8.

749. HUILLARD-BRÉHOLLES. Les Origines du Christianisme en Gaule. 1866, in-8.

750. SALMON (Ch.) Recherches sur l'époque de la prédication de l'Evangile dans les Gaules, etc. 1866, in-8.

751. MORTILLET (G. de). Le Signe de la Croix avant le christianisme. 1866, in-8.

752. RICHARD (l'a.). Origines chrétiennes de la Gaule et date de St Firmin, contre Tillemont, etc. 1868, in-8.

753. TAILLIAR (E.). Essai sur l'origine et les développements du Christianisme dans les Gaules. 1868, in-8.

754. JEHAN, de St-Clavien. Le Christianisme dans les Gaules, etc. 1869, in-8.

755. — Les Légendes vengées, ou saint Grégoire de Tours, historien des traditions apostoliques de nos églises. 1869, in-8.

756. FRUGÈRE (l'a.). Apostolicité de l'Église du Velay. Origines du Christianisme dans les Gaules. 1869, in-8.

757. ROLLAND (l'a.). Dissertation sur l'époque de l'apostolat de saint Gatien, premier évêque de Tours, et les Origines des églises de France. 1869, in-8.

758. BOURASSÉ (l'a. J.). Lettre à M. l'abbé Rolland sur quelques principes de critique. 1870, in-8.

759. ARBELLOT (l'a.) Observations critiques à MM. Bourassé et Chevalier sur la légende de saint Austremoine et les origines chrétiennes de la Gaule. 1870, in-8.

760. GORDIÈRE (l'a.). Recherches sur la prédication de l'Évangile dans les Gaules au Ier siècle.

761. — Apostolicité des églises de France. 1870-71, in-8.

Sur les origines chrétiennes de la Gaule, voir la Bibl. hist. du père Le Long, éd. de Fontette, t. Ier, ch. IV, et le *Polybiblion*, 1er semestre 1875.

Liste des conciles tenus dans les Gaules jusqu'à l'an 500 :

Vers 197, Lyon.
314, Arles.
353 ou 354, Arles.
355, Poitiers ou Toulouse.
356, Béziers.
360, Paris.
374, Valence.
Vers 384, Bordeaux,
385, Trèves.
389, Nîmes.
429, Troyes.
439, Riez.
441, Orange.
442, Vaison, Arles.
444, Besançon.
451, Arles.
453, Angers.
455, Arles.
461, Tours.
463, Arles.
Vers 465, Vannes.
470, Châlons-s.-S.
473, Bourges.
474, Vienne.
Vers 475, Arles, Lyon.
500 ou 501, Lyon.

(Lud. Lalanne, *Dictionn. de l'Histoire de France.*)

Voir, dans la série départementale, la section de chacune de ces villes.

6e SECTION. — INSTITUTIONS ET MŒURS

A. *Institutions.*

762. * Notitia utraque cum Orientis tum Occidentis ultra Arcadii Honoriique Cæsarum tempora. Bâle, Froben, 1552, in-fol.; pl.

— Nouv. éd. avec commentaire de Gui Panciroł. Venise, 1593 et 1602, in-fol.

— — avec corrections et additions. Lyon, Hugues de la Porte. 1608, in-fol; pl. — Genève, 1623, in-fol.

— Edition de Ph. Labbe. 1651, in-12.

— Autres éd. dans le *Corpus historiæ byzantinæ* publié à Paris, 1685, in-fol., et à Venise, 1729, in-fol. — Dans le *Thesaurus antiq. rom.* de Grævius. 1694, in-fol. — Ed. de E. Bœcking, 1839-1853, 2 vol. in-8. — Dernière éd. par Otto Seeck. Berlin, Weidmann, 1876, gr. in-8.

763. SEYSSEL (Cl. de). La Grande Monarchie de France, avec un traité de la loi salique. 1540 et 1558, in-8.

764. POSTEL (G.). La Loy Salique, etc. 1552, in-16. — Autres éd.

765. HÉROLD (Basile-Jean). Lex Salica.

Dans son recueil intitulé *Leges antiquæ Germanorum*, 1557, in-fol.

766. FORCADEL (E.), en latin Steph. Forcatulus. De Gallorum imperio et philosophia, libri octo. 1579, in-4. — Autres éditions.

767. VIGNIER (Nicolas). Traicté de l'estat et origine des anciens François. 1582, in-4.

768. LINDENBROG (F.). Codex legum antiquarum, in quo continentur leges Wisigothorum, etc. 1613, in-fol.

769. WENDELINUS (G.). Leges Salicæ illustratæ. 1649, in-fol.

770. ECKHARD, en latin Eccardus. Leges Francorum, Salicæ et Ripuariorum. 1720, in-fol.

771. SCHILTER (J.). Lex Salica.

Dans le t. II de son *Thesaurus antiq. teutonicarum*, 1727, in-fol.

772. * Lex salica. Édition triple, d'après le ms. de Fulde, celui de Wolfenbutel et celui du Roi (n° 5189).

Dans les Historiens des Gaules de dom Bouquet, t. IV, 1741, in-fol. — Réimpression du vol. 1870, in-fol.

773. VIC (Cl. de) et VAISSÈTE. En quel temps le siège du préfet des Gaules fut transféré de Trèves à Arles.

Note XLVIII du t. I de l'*Histoire du Languedoc*. 1730, in-fol.

774. HUME (D.). Discours politiques de M. Hume, traduits de l'anglais par l'a. Leblanc. *Amsterdam* et *Paris*, 1754, 2 vol. in-12.

Sur la population des anciens peuples, notamment des Gaulois.

775. WALLACE, trad. par de Joncourt. Essai sur la différence du nombre d'hommes dans les temps anciens et dans les temps modernes. 1754, in-8. — Autre trad^{on} par E. 1769, in-8.

776. * Inauguration de Pharamond, ou exposition des loix fondamentales de la monarchie françoise, avec les preuves de leur exécution perpétuées sous les trois races de nos rois. *S. l.*, 1772, pet. in-8.

777. BURIGNY (J. Levesque de). Mémoire sur ce que l'on sait du gouvernement politique des Gaules lorsque les Romains en firent la conquête. 1780, in-4.

778. LEGRAND D'AUSSY. Histoire de la vie privée des Français, depuis l'origine de la nation. 1782, 3 vol. in-8.

779. FOURNEL (J.-F.). * État de la Gaule au ve siècle, à l'époque de la conquête des Francs... An XIII-1805, 2 vol. in-12.

780. DULAURE (J.-A.). Des Sénats des Gaules. 1807, in-8.

781. NAUDET (J.). Des Changements opérés dans toutes les parties de l'administration de l'empire romain, sous les règnes de Dioclétien, de Constantin, etc. 1817, in-8.

782. RAEPSAET (J.-J.). Histoire... des Etats généraux et provinciaux des

Gaules, particulièrement des Pays-Bas... 1819, in-8.

783. * Variétés historiques. 4 mai. Des variations de notre ancien droit public depuis les Gaulois jusqu'à la promulgation de la charte constitutionnelle. Paris, 1820, in-8, 16 p.

784. BARKOW, édr. Lex Romana Burgundionum. 1827, in-8.

785. * Précis statistique et historique de la Gaule, de la France ancienne et de la France actuelle. *Paris*, 1826, in-4, de 82 p.

786. MÈGE (A. du). Mémoires sur le gouvernement des Gaules. 1827, in-8.

787. MONTEIL (Alexis). Hist. des Français de divers états. 1827 et suiv., 10 vol. in-8. — Autres éd.

788. ROTH (F.). État civil des Gaules à l'époque de la conquête des Francs. 1827, in-4.

789. ROCHES (E. Ed. de Generès des). Histoire abrégée des chefs de tribus dont l'autorité fut reconnue dans les Gaules, etc. 1830, in-12.

790. ROLLE (J.). Précis de l'histoire du droit civil chez les Grecs, les Romains, les Gaulois et les Français. 1833, in-18.

791. RENÉE (Am.). Condition des esclaves dans la Gaule, sous l'empire romain. 1834, in-8.

792. TAILLIAR (E.). Notices sur les institutions gallo-frankes. 1835, in-8.

Cp. ci-dessous le no 826.

793. WILBERT (A.). Gouvernement des provinces, organisations des municipalités romaines. 1837, in-8.

794. CASSAGNAC (Ad. Granier de). Histoire des classes ouvrières et des classes bourgeoises. 1838, in-8.

795. MALLE (Dureau de La). Économie politique des Romains. 1840, in-8.

796. RABANIS (F.-J.). Recherches sur les Dendrophores, etc. 1841, in-8.

797. — De Franco-Gallicæ gentis unitate a XVIIi seculi eruditis controversa. 1840, in-8.

798. LEHUÉROU (J.-M.). Histoire des institutions mérovingiennes, etc. 1842-43, in-8.

799. KLÉMENT (K.-J.). Die Lex salica. 1843, in-8.

800. PARDESSUS (J.-M.). Loi salique, etc. 1843, in-4.

801. VACQUIÉ. Sur l'Administration de la justice criminelle chez les Francs et les Gaulois. 1843, in-8.

802. PRÉTIGNY (J. de). Études sur l'histoire des lois et des institutions de l'époque mérovingienne. 1843-1846, 3 vol. in-8 en 5 parties.

803. PERRECIOT (Cl. T.). De l'État civil des personnes et de la condition des terres dans les Gaules, etc. 1845, in-8.

804. GRIMM (J.). Historia legis salicæ. 1848, in-8.

805. GUIZOT (Fr.). Histoire des origines du gouvernement représentatif. 1851, 2e éd. 1855, 2 vol. in-8 ou in-12.

806. KŒNIGSWARTER (L.). Histoire de l'organisation de la famille en France. 1851, in-8. — Nouv. éd. 1870, in-8.

807. JONNÈS (A. Moreau de). Statistique des peuples de l'antiquité... Les Gaulois. 1851, 2 vol. in-8.

808. CHÉRUEL (P.-A.). Dictionnaire des institutions, mœurs et coutumes de la France. 1855, 2 vol. in-12.

809. GARNIER. État des Gaulois après la conquête des Francs. 1858, in-8.

810. LEVASSEUR (E.). Histoire des classes ouvrières en France, depuis la conquête de J. César, etc. 1859, in-8.

811. CELLIER (F. du). Histoire des classes laborieuses en France depuis la conquête de la Gaule. 1860, in-8.

812. ROZIÈRE (Eug. de). Recueil général des formules usitées dans l'empire des Francs du ve au xe siècle. 1859-1871, 3 vol. in-8.

813. DELACROIX (A.). Unité religieuse, artistique, industrielle et nationale de toutes les Gaules. (Vers 1860.) In-8.

814. CHÉRUEL (A.). De l'État des villes de la Gaule, après la conquête romaine, et spécialement sous le règne d'Auguste. 1861, in-8.

815. BAUDI DI VESMES, trad. par Ed. Laboulaye. Des impositions de la Gaule dans les derniers temps de l'empire romain. 1862, in-8.

816. SERRIGNY (D.). Mémoire sur le régime municipal en France. 1861, in-8.

Reproduit dans l'article suivant.

817. — Droit public administratif romain, etc. 1862, 2 vol. in-8.

818. BERNARD (Aug.). La Gaule, gouvernement représentatif. 1864, in-8.

819. MAURIN (L.). Aperçu sur le système administratif et financier des travaux publics dans les provinces romaines. 1864-65, etc.

820. SCHERRER. Die Gallier und ihre Verfassung. 1865, in-8.

821. HUMBERT. Mémoire sur les douanes et les octrois chez les Romains. 1867, in-8.

822. SAINT-HILLIER. Considérations nouvelles relatives à l'histoire de l'impôt du quarantième dans les Gaules. 1867, in-8.

823. REVILLOUT. Mémoire sur le quarantième des Gaules. 1868, in-8.

824. LAUNAY (Belin de). Progrès et influence des corporations pendant l'empire romain. 1868, in-8.

825. BARTHÉLEMY (A. de). Les Assemblées nationales dans les Gaules avant et après la conquête romaine. 1868, in-8.

826. TAILLIAR (E.). Étude sur les institutions dans leurs rapports avec les monuments. 2e étude, domination romaine. Période antérieure à l'avènement de Dioclétien. 1868, in-8.

B. Mœurs et usages.

827. * De Balneis omnia quæ extant apud græcos, latinos et arabas scriptores qui hanc materiam tractaverunt. 1553, in-fol.

Voir sur les bains, plus loin, la 13e section, MONUMENTS DIVERS.

828. PICARD (J.). De prisca Celtopædia libri V. 1556, in-4.

829. RAMUS (P.) ou P. La Ramée. De Moribus veterum Gallorum. 1562, in-16.

830. — Traicté des façons et coustumes des anciens Gaulloys, traduit du latin par Michel de Castelnau. 1584, in-8.

831. PURBACHIUS (W.). Liber de moribus veterum Gallorum. 1584, in-8.

832. BOULENGER (J.). [Ms.] Tractatus de Gallorum moribus et disciplina. 1589.

833. SAINT-AMANT (Tristan de). Traité du lys, symbole divin de l'espérance. 1656, in-4.

834. SCHEFFER (J.). De Re vehiculari veterum libri duo. 1671, p. in-8.

835. VERTOT (l'a. de). Dissertation dans laquelle on tâche de démesler la véritable origine des François par un parallèle de leurs mœurs avec celles des Germains. 1717, in-4.

836. MONTFAUCON (B. de). Des Habits des Gaulois, de leurs monnaies, de leurs armes, etc.

Antiquité expliquée, 1719-24, in-fol.

837. PICART (B.). Cérémonies et coutumes religieuses de tous les peuples du monde représentées par des figures. 1723-43, 9 vol. in-fol.

838. — Histoire générale des cérémonies, mœurs et coutumes religieuses de tous les peuples du monde. 1741, 7 vol. in-fol.

839. LE LONG (J.). L'Hymen celtique. 1739, p. in-8.

840. LE GENDRE (l'a.). Les Mœurs et Coutumes des Français... précédées des Mœurs des anciens Germains, etc., trad. du latin de Tacite. 1753, in-12.

841. CHENAYE DES BOIS (Fr. Alex. Aubert de La). * Dictionnaire historique des mœurs, usages et coutumes des François. 1767, 3 vol. in-8.

842. RICHARD (l'a.). [Ms.] Mémoire sur les mœurs des anciens Gaulois.

Rédigé avant 1768.

843. COSTARD (J.-P.), FALLET (N.) et CONTANT. * Dictionnaire universel... des mœurs, lois, usages et coutumes civils, militaires et politiques... 1772, 4 vol. in-8.

844. SAUVIGNY (Ed.-L.) et BILLARDON (de). Essais historiques sur les mœurs des François. 1785, 5 vol. gr. in-8.

Avec la traduction des ouvrages de Grégoire de Tours.

845. LENS (A.). Le Costume... de plusieurs peuples de l'antiquité [entre autres les Germains et les Gaulois]. 1786, in-4.

846. ERCEVILLE (B.-G. Rolland d'). Recherches sur les prérogatives des dames chez les Gaulois. 1787, in-12.

847. JOHANNEAU (Éloi). Extrait de l'ouvrage du président Rolland, sur les privilèges et l'influence des femmes chez les Gaulois, etc. 1810, in-8.

848. BÉVY (de). Histoire de la noblesse héréditaire et successive des Gaulois etc. 1791, in-4.

Tome Ier, seul paru.

849. MALLIOT. Recherches sur les costumes, les mœurs... des anciens peuples, etc. 1804, 3 vol. in-4.

850. SPALLART (R. de). Tableau historique des costumes, des mœurs et des usages des principaux peuples de l'antiquité et du moyen âge, trad. de l'allemand par L. Jaubert et Breton. 1804-1809, 7 vol. in-8 et 7 cah. in-fol.

851. ROUILLON-PETIT. Histoire de France considérée sous le rapport des sciences, arts, mœurs, usages, etc. 1812, in-12.

852. GIRAULT (Cl.-X.). De la Fête du nouvel an chez les Hébreux, les Celtes, les Romains et les Francs. 1815, in-8.

853. VIEL-CASTEL (cte H. de). Collection de costumes, armes et meubles, pour servir à l'histoire de France... 1828-33, 3 vol. gr. in-4.

854. GUIZOT (Fr.). Histoire de la civilisation en Europe. 1828, in-8.— 7e éd. 1860, in-8.

855. — Histoire de la civilisation en France depuis la chute de l'empire romain. 1830, in-8. — 7e éd. 1859, 4 vol. in-8.

856. HEEREN (A. H. L. de), traduit par W. de Suckau. De la Politique et du commerce des peuples de l'antiquité. 1830-42, 7 vol. in-8. Cartes.

857. THOMS (W.-J.). Lays and legends of various nations, illustrative of their traditions, popular litterature, etc... 1834, in-12.

858. VILLENAVE (M.-G.-Th.). Influence des Gaulois sur la civilisation des Grecs et des Romains. 1834, in-8.

859. * Costumes français depuis Clovis jusqu'à nos jours. *Paris, Miflière*, 1834-36, 2 vol. in-8 (tomes I et II), 320 costumes en couleur.

860. LINCY (Le Roux de). Le Livre des légendes, introduction. 1836, in-8.

861. GEMBLOUX (Cl.-Ch. Pierquin de). Le Bonnet de la Liberté et le Coq gaulois. 1840, in-8.

862. CHAMPAGNY (cte F.-J.-M.-Th. de). Les Césars. Tableau du monde romain sous les premiers empereurs. 1841-43, 4 vol. in-8. — 3e éd., 3 vol. in-12.

863. * Mœurs, usages et costumes de tous les peuples du monde, etc. *Bruxelles*, 1842-47, 5 vol. gr. in-8, 200 pl. color.

864. MAURY (L.-F.-Alfred). Essai sur les légendes pieuses du moyen âge, etc. 1843, in-8.

865. TRÉMOLIÈRE (P.). De la Civilisation gauloise à l'époque de l'établissement des Romains dans la Narbonnaise. 1843, in-8.

866. MARTIN (L.-A.). Histoire morale de la Gaule depuis les temps les plus reculés jusqu'à la chute de l'empire romain. 1848, in-8.

867. DEZOBRY (Ch.). Rome au siècle d'Auguste, ou voyage d'un Gaulois à Rome, etc. 1850, 4 vol. in-8. — Autres éd.

868. LACROIX (Paul). Costumes historiques de la France, d'après les monuments les plus authentiques. 1852, in-8.

869. FRÉVILLE (E. de). De la Civilisation et du commerce de la Gaule septentrionale avant la conquête romaine. 1855, in-8.

870. OZANAM (A.-F.). La Civilisation au ve siècle, introduction à une histoire de la civilisation aux temps barbares. 1855, in-8.

Dans le t. Ier de ses Œuvres complètes.

871. QUIQUEREZ (Aug.). Souvenirs... des temps celtiques. 1856, in-8.

872. HUMBERT (G.). Régime nuptial des Gaulois. 1857-58, in-8.

873. WILBERT (A.). Considérations sur l'histoire de l'enseignement du ive siècle, etc. 1858, in-8.

874. BIAL (P.). Histoire de la civilisation celtique. 1859, in-8.

875. HUCHER (E.). Lettre sur la mé-

daille gauloise portant la légende *Verotal* et sur le costume des Gaulois. 1860, in-8.

876. FRANCS (L.-B. Des). Études sur Grégoire de Tours, ou de la civilisation en France au VIIe siècle. 1862, in-8.

877. AURÈS (A.). Notes sur l'emploi des parfums dans les théâtres et dans les amphithéâtres antiques. 1864, in-8.

878. COURNAULT (C.). De l'Usage des rouelles chez les Gaulois. 1865, in-8.

879. CARTAILHAC (P.-E.). Les Civilisations primitives à l'Exposition universelle de 1867. Lettre à M. le Dr Noulet. 1867, in-8.

880. THOMAS (J.). Étude sur les traits caractéristiques des anciens Celtes. 1867, in-4.

881. CÉNAC-MONCAUT. Histoire du caractère et de l'esprit français, depuis les temps les plus reculés jusqu'à nos jours. 1867-68, in-18.

882. BEDDOÉ'S (dor St John). Note sur les caractères physiques de la race celtique. 1868, in-8.

883. PONROY (A.). Le Monde gallo-romain, etc. 1868, in-8.

884. LE MEN (R.-F.). L'Aguilanneuf. 1869, in-8.

7e SECTION. — GÉOGRAPHIE.

885. D'AVEZAC. Grands et petits géographes grecs et latins, esquisse bibliographique. 1856, in-8.

886. GÉOGRAPHES GRECS (Petits). Édition de J. Hudson, 1697-1712, 4 vol. in-8 (avec dissertations de H. Dodwell). — Même récension, revue par J.-B. Gail. 1826-31, 3 vol. in-8. — Éd. hellénique de Vienne. 1807-08, 2 vol. in-8. — Éd. de C. Müller (collection Didot). 1855-61, 2 vol. gr. in-8 (29 cartes).

887. MILLER (Emm.) édr. Marcien d'Héraclée, Artémidore, Isidore de Charax, etc. 1839, in-8.

888. PYTHÉAS, de Marseille. Fragments.

889. BOUGAINVILLE (J.-P.). Éclaircissements sur la vie et les ouvrages de Pythéas. 1753, in-4.

890. D'ANVILLE (J.-B. Bourguignon). Mémoire sur la navigation de Pythéas à Thulé, etc. 1774, in-4.

891. MURRAY (J.-P.). De Pythea Massiliensi. 1775, in-4.

892. AZUNI (M.) Ueber die Secreisen des Pytheas von Marseille. 1803, gr. in-8.

893. FUHR (M.). De Pythea Massiliensi. 1835, in-8.

Voir aussi *Jahn's Archiv*, t. IV, 1836, p. 223-236.

894. — Pytheas aus Massilia. 1842, in-4.

895. LELEWEL (J.). Pythéas et la Géographie de son temps. 1836, gr. in-8, 3 cartes. — Éd. en allemand. 1838, gr. in-8.

896. NILSON (S.). Einige Bemerkungen zu Pytheas, etc. 1838, gr. in-8.

897. BESSELL (W.). Pytheas von Massilien, etc. 1858, in-8.

898. ZIEGLER. Die Reise des Pytheas nach Thule. 1861, in-8.

899. SCYLAX. Periplus (maris Mediterranei).

900. STRABON. Géographie.

Livre IV.

901. PAGANANUS (Alex.) édr. Pomponius Mela, Julius Solinus, itinerarium Antonini Aug., Vibius Sequester, P. Victor, etc. 1521, in-32.

902. POMPONIUS MELA. De Situ orbis.

903. VOSSIUS (Is.). Observationes ad Pomponium Melam de Situ orbis. 1658, in-4.

904. PLINE l'Ancien. Histoire naturelle.

Gaule et Germanie, livre IV, ch. 28 à 33.

905. SOLIN (J.). Julii Solini Polyhistor.

906. DENYS le Périégète. Périple.

907. PTOLÉMÉE (Cl.). Géographie.

908. * VETUS ORBIS : Descriptio græci scriptoris sub Constantio et Constante imperatoribus, græce nunc primum edita, cum duplici versione et notis Jac. Gothofredi. *Genevæ*, ex typographia *P. Chouët*, 1628, in-4.

909. AMMIEN MARCELLIN. Brevis Descriptio Galliarum. (Extraits de son *Histoire romaine.*)

910. AUSONE. Claræ Urbes.

Voir aussi ses autres œuvres, *passim*.

911. AVIENUS (Rufus Festus). 1° Descriptio orbis terræ (d'après Denys le Périégète) ; 2° Ora maritima.

912. RUTILIUS NUMATIANUS (Cl.). De Reditu suo.

913. VIBIUS SEQUESTER. De Fluminibus, etc.

914. ÉTIENNE, de Byzance. De Urbibus.

915. * Notitia dignitatum imperii, tam civilium, quam militarium, per Gallias, antequam Franci, Burgundiones et Gothi eas occuparent, ex Notitia imperii occidentis (ante, et) ultra Arcadii Honoriique tempora.

Ces extraits sont utiles pour la Géographie. On les trouve rassemblés après le discours préliminaire du tome Ier de *l'Hist. critique de la monarchie française* de l'abbé Dubos. On peut voir aussi le commentaire latin de Gui Panciroli, publié avec toute la Notice. *Genevæ*, 1623, etc., in-fol. (Le Long, *Biblioth. hist.*, t. I, n° 388.)

Voir ci-dessus le n° 762.

916 * ANONYMUS RAVENNAS. Geographia, ex editione Plac. Porcheron. 1588, in-8.

917. — De Gallia, Burgundia et Francis. Edid. Porcheron (Pl.) et Gronovius (Jacq.). 1689, etc.

918. — Gallia ab anonymo Ravennate descripta ; e codd. mss. recognovit commentariisque ill. etc. Alfr. Jacobs, etc. 1858, in-8.

919. — Ravennatis anonymi Cosmographia et Guidonis geographia. Edid. Pinder et Parthey. 1860, in-8, cartes.

920. STOPPEL (J.). Repertorium... in se continens totius iam cogniti orbis terras, maria, etc. 1519, in-fol.

921. MARLIANUS (R.). Index nominum, urbium et populorum qui in commentariis C. Jul. Cæsaris habentur. 1522, in-4.

922. — Veterum Galliæ locorum... descriptio, eorum maxime quæ apud Cæsarem et Cornelium Tacitum sunt. 1575, in-8.

923. CORROZET (G.). Les Antiques érections des Gaules, etc. 1531, in-16. — Autre édition. 1536, in-16.

924. CHAMPIER (C.). Le Catalogue des antiques érections des villes et cités, etc. 1560, in-8, et 1573, in-16.

925. — Le Bastiment, erection et fondation des villes et citez assises es trois Gaules, etc., revue et augmentée par J. Lebon. 1590, in-16.

926. BOVELLES (Ch. de). De Hallucinatione Gallicorum nominum. 1533, in-4.

927. MERULA (G.). De Gallorum cisalpinorum antiquitate et origine, libri tres. 1538, in-8. — Autres éditions.

928. CASTILLONEUS (B.). De Gallorum Insubrum antiquis sedibus liber. 1541, in-4. — Nouv. éd. 1593, p. in-8.

929. COGNAT (G.). Brevis admodum totius Galliæ descriptio. 1552, in-8.

930. MERCATOR (G.). Tabula Galliæ Ptolemæi quæ Græcis Celtogalatia dicitur. 1554, in-fol.

Cp. n° 946.

931. ORTELIUS (A.). Thesaurus orbis terrarum. 1570, in-fol. — Autres éd.

932. — Thesaurus geographicus recognitus et auctus. 1596, etc., in-fol. etc.

933. — Synonymia geographica. 1578, in-4.

934. — Gallia vetus, ad Julii Cæsaris Commentaria. 1598, etc., in-fol.

935. — Theatrum orbis terrarum, tabulis aliquot novis vitaque auctoris illustratum. 1603, in-fol.

936. — Théâtre de l'Univers, contenant les cartes de tout le monde. 1598, in-fol.

937. — Theatri orbis terrarum parergon, sive veteris geographiæ tabulæ. 1595, etc., in-fol.

938. BRAUN (G.). Urbium præcipuarum mundi theatrum quintum. Texte en français. 1561, in-fol.

939. — Civitates orbis terrarum, in æs incisæ, etc. 1576, in-fol.

940. ESTIENNE (Ch.). Dictionarium historicum, geographicum, poeticum. 1566, 4 vol. in-fol.

941. *Extima Galliarum ora : Antuerpiæ, Plantin. 1580, in-4.

942. * Libellus Provinciarum Galliæ atque civitatum metropolitanarum.

Imprimé avec l'Itinéraire d'Antonin à Basle, 1580, in-16.

943. HEUTERUS (Pontus). Brevis totius Galliæ conditionis descriptio... limites ejus partesque tempore Julii Cæsaris, etc. 1600, in-4.

944. QUAD (M.). Enchiridion geographicum. 1604, in-4.

945. — Fasciculus geographicus complectens præcipuarum totius orbis regionum tabulas circiter centum, etc. 1608, in-fol.

946. MERCATOR (G.). Tabulæ geographicæ ad mentem Ptolemæi restitutæ et emendatæ. 1578, in-fol.

947. MERULA (P.). Cosmographiæ generalis libri tres. 1605, in-4.

948. * Nomenclator geographicus omnium Galliæ, Germaniæ et Britanniæ locorum, quorum apud Cæsarem fit mentio. 1606, in-4.

949. SCALIGER (J.-J.). Notitiæ Galliæ et super appellationibus locorum aliquot et gentium apud Cæsarem. 1610, in-4.

950. CLUVIER (Ph.). Germania cisrhenana, ut inter Cæsaris et Trajani fuit imperia, cum descriptione ejusdem.

Germania antiqua. 1616, in-fol.

951. BOCHART (S.). Geographiæ sacræ pars prior, Phaleg, seu de dispersione gentium, etc. 1616-1651, in-fol.

952. CHARTIER (A.). Description de la Gaule. 1617, in-4.

953. BERTIUS. — Tabularum geographicarum libri VII. 1617, in-8 (cartes et texte).

954. MAGINI (J.-A.). Geographia, tum vetus, tum nova. 1617, in-4.

955. MASSON (P.). Descriptio fluminum Galliæ. 1618, in-12.

956. MERCATOR (G.). Atlas sive cosmographicæ meditationes... 1623, gr. in-fol., 156 cartes.

957. CLUVIER (Ph.). Introductio in universam geographiam. 1629, in-12. — Trad. par le p. Ph. Labbe, 1697.

958. GOELNITZ (A.). Ulisses belgico-gallicus. 1631, in-16, et 1655 p. in-12.

959. TASSIN. Les Plans et Profils de toutes les principales villes... de France, etc... 1634, 2 vol. in-4.

960. *Théâtre géographique du royaume de France, contenant les cartes gravées de Jean Le Clerc, et les descriptions de Gabriel-Michel de la Rochemaillet. Paris, 1632 et 1636, in-fol.

961. MONET (P.). Galliæ veteris recentisque geographia. 1634, in-12.

962. MERULA (P.). Cosmographiæ generalis libri III. Item geographiæ particularis libri IV, quibus Europa in genere, etc. 1636, 3 vol. in-8.

Le livre III de la 2e partie est consacré à la Gaule.

963. BOISSEAU (J.). Topographie française, ou représentation de plusieurs villes... et vestiges d'antiquités du royaume de France. 1641, in-fol.

964. — Carte du théâtre des Gaules. 1642, in-fol.

965. DUVAL (D. J.). Extrait d'une lettre sur les recherches géographiques de quelques villes de l'ancienne Gaule. 1643, etc.

966. COULON (le p. L.). Les Rivières de France, ou description géographique et historique, etc. 1644, in-8.

967. LABBE (Ph.). Pharus Galliæ antiquæ ex Cæsare, etc. 1644, p. in-12.

968. SANSON (N.). In Pharum Galliæ antiquæ Philippi Labbe... disquisitiones geographicæ, etc. 1647-48, in-12.

969. BRIET (dom Ph.). Parallela geographiæ veteris et novæ. 1648, 3 vol. in-4.

970. SANSON (N.). Remarques sur la carte de l'ancienne Gaule. 1649, in-4.

971. — Gallia vetus, ex Caii Julii Cæsaris Commentariis. 1649 et 1658, in-fol.

972. — Description de la Gaule ou de la France, tirée de Ptolémée, en latin et en français. 1649, in-4.

973. — La France décrite en plusieurs cartes et différents traités de géographie et d'histoire, etc... 1651, in-fol.

974. MÉRIAN (M.). Topographia Galliæ. 1655-61, 13 parties, in-fol.

975. — Carte de l'empire romain. 1655, in-fol.

976. DU VAL (P.). Description de la France et de ses provinces, etc... 1655 et 1658, in-12.

977. ZEILLER (M.). Topographia Galliæ, etc. 1655, in-fol.

978. HORNIUS (G.). Orbis antiqui delineatio, etc. 1657, in-fol.

979. BLAEU (G. et J.). Description générale de la France. 1660, in-fol.

980. * Topographia Galliæ, Laudt-enplaets-beschrijvinge van... Vrankryck, verdeelingen... wateren, bergen, bosschen... Verhael van den Gauloisen... en de Francken. *Amsterdam*, 1662, 2 vol. in-12, avec plans et vues des villes.

981. LE COINTE (Ch.). De Provinciis Viennensi, Narbonensi, Germanicâ et Alpinis duabus.

Annales ecclesiastici, t. I, 1665.

982. VALOIS (Adr. de), en latin Valesius. Notitia Galliarum. 1675, in-fol.

983. FONCEMAGNE (de). Observations critiques sur deux endroits de la *Notice des Gaules* de M. de Valois. 1733, in-4.

984. BONAMY. Remarques sur quelques noms de lieux de la *Notice des Gaules* de M. de Valois. 1744, in-4.

985. SANSON (G.). [Ms.] Lettres et Disquisition sur la *Notice des Gaules* d'Adrien de Valois, etc.

986. BAUDRAND. Geographia antiqua. 1683, in-8.

987. SANSON (G.). « In Geographiam antiquam » Baudrandi Disquisitiones geographicæ. 1683, in-12.

988. MARCEL (G.). Des Peuples et des villes qui ont été les plus considérables dans les Gaules avant l'établissement de la monarchie française.

Hist. des origines... de la Monarchie française, 1686, t. I, in-12.

989. MARCA (P. de). Descriptio Galliæ locorum juxta Hispaniam, Pyrenæosque montes. 1688, in-fol.

990. CLUVIER (Cluverius). Geographia vetus et nova. 1694, in-4.

991. MANDAJORS (L. des Ours de). Nouv. découvertes sur l'état de l'ancienne Gaule du temps de César. 1696, in-12.

992. SALINS (H. de). Réponse aux passages tirés du livre de Louis des Ours de Mandajors, sur les Nouvelles découvertes, etc. 1697, in-8.

993. CELLARIUS (C.). De Gallia Narbonensi, Lugdunensi (seu Celtica) et Aquitanica; nec non de Gallia Belgica cum Tabulis geographicis.

Notitia orbis antiqui, etc. 1701-1706, in-4.

994. — Geographia antiqua in compendium redacta. Nouv. éd., 1774, gr. in-fol.

995. — Notitia orbis antiqui, etc., avec le complément de Schwartz. 1776, in-4.

996. * Catalogue des livres et traités de géographie des sieurs Nic. Sanson, Guil. et Ad. Sanson, géographes. 1702, p. in-12.

997. CORNEILLE (Th.). Dictionnaire universel géographique et historique. 1708-09, 3 vol. in-fol.

998. DUPONT (E.). Catalogue alphabétique des noms de lieux cités dans les listes des saints, etc. 1866, in-8.

999. LASOR (A.). Universus terrarum orbis scriptorum calamo delineatus... 1713, 2 vol. in-fol.

1000. LONGUERUE (l'abbé Dufour de). Description historique et géographique de la France ancienne et moderne. 1722, in-fol.

1001. MOULLART-SANSON. Gallia provincia Romanorum, Braccata, Narbonensis et Viennensis dicta. 1723, in-fol.

1002. BEAUNIER (dom). État des archevêchés, évêchés, abbayes et prieurés de France, de nomination et collation royale. 1726.

1003. LAUNAY (l'abbé C.-M. de). Dictionnaire universel de la France ancienne et moderne, et de la nouvelle France. 1726, in-12.

1004. MARTINIÈRE (Bruzen de La). Dictionnaire géographique, historique et critique. 1726-1730, in-fol.

1005. SAUGRAIN (C.-M.). Dictionnaire universel de la France ancienne et moderne. 1726, in-fol.

1006. BARRE (de La). Mémoire sur les divisions que les empereurs romains ont faites des Gaules en plusieurs provinces. 1727, in-4.

1007. MANDAJORS (P. J. des Ours de). Des Limites de la France et de la Gothie. 1727, in-4.

1008. SECOUSSE. Projet d'une nouvelle notice des Gaules et des pays soumis aux Français depuis la fondation de la monarchie. 1728, in-4.

1009. BOUQUET (dom M.). Excerpta ex antiquis geographis de Gallis. 1734, in-fol.

Historiens des Gaules, t. I.

1010. — Index geographicus. 1738 et suiv., in-fol.

Table placée à la fin de chaque volume du recueil des *Historiens des Gaules*. « Cette table peut servir de Dictionnaire géographique des peuples, villes et lieux de l'ancienne Gaule. » (*Biblioth. historique.*)

1011. FONCEMAGNE (de). Remarques critiques sur une nouvelle explication des mots Austria et Neustria. 1740, in-4.

1012. PLESSIS (dom M. Toussaints du). Lettres touchant la signification du mot *Dun* chez les Celtes. 1735, 36, 40, in-8.

1013. LEBEUF (l'a.). Réponse aux observations de dom du Plessis, touchant le mot celtique *Dunum*, etc. 1736, in-12.

1014. — Réflexions sur la nouvelle réponse de dom du Plessis, adressées à M. Maillart sur le mot *Dunum*. 1736, in-12.

1015. — Lettre à M. Clerot sur un ouvrage de S. Victrice et sur le mot celtique *Dunum*. 1737, in-12.

1016. — Lettres au sujet de *Noviodunum Suessionum*, et de la signification du mot *Dum* ou *Dunum*. 1736, in-12.

1017. FALCONNET. Remarques sur la signification du mot *Dunum*. 1753, in-4.

1018. FENEL (l'abbé). Remarques sur la signification du mot *Dunum*. 1753, in-4.

1019. FRÉRET (N.) [Ms.]. Mémoire sur la signification de *Dunum*.

1020. JOUANNAUX (C.). La Géographie des légendes. 1737. in-12.

1021. ROBERT (G.). Description des Gaules, tirée des cartes imprimées et manuscrites des s[rs] Sanson, corrigées sur les remarques de D. Bouquet, bénédictin, etc., sur les Dissertations de M. Le Beuf, chanoine d'Auxerre. 1738 (carte).

Cette carte contient l'indication des voies romaines. (*Biblioth. hist.* t. I, n° 36.)

1022. * Recherches géograph. sur quelques villes de l'ancienne Gaule. — *Mém. de Trévoux*. 1739, p. 1643-1648. — Extrait d'une lettre de D. Duval, bénédictin, contre les recherches précédentes. — *Mercure*, 1739, sept., p. 2162-2167. — Réponse à cet extrait, etc. — *Mém. de Trévoux*, 1740, juillet, p. 1463-177.

1023. * Varia geographica, scilicet Jo. Frid. Gronovii Dissertatio de Gothorum sede; libellus provinciarum romanarum et civitatum provinciarum Gallicarum cum notis Andr. Schotti et Laur.-Theod. Gronovii. Casp. Hagenbuchii exercitatio geographico-critica, etc. *Lugd. Batav.*, 1739, in-8.

1024. D'ANVILLE (J.-B. Bourguignon). Eclaircissements géographiques sur l'ancienne Gaule. 1741, in-12.

1025. — La Gaule dans son état au temps de la conquête par César, pour l'histoire romaine de MM. Rollin et Crevier. 1745, in-4.

1026. PRÉTOT (E.-A.-Ph. de). * Essai de géographie, avec un dictionnaire français-latin et latin-français. 1744, in-8.

1027. CASSINI (C.-Fr.). Carte de la France, publiée sous la direction de l'Académie des Sciences. 1744-87, in-fol.

1028. — Avertissement ou introduction à la carte générale et particulière de la France. 1755, in-4.

1029. PRÉCY (l'abbé). Description de la Gaule celtique. (Vers 1750.)

1030. JULIEN (R.-J.). Catalogue général des meilleures cartes géographiques et topographiques. 1752, in-12.

1031. MARTIN (dom). Observations sur la géographie et la topographie des Gaules, avec un dictionnaire topographique. 1752, in-4.

1032. — Les Différentes divisions des Gaules. 1752, in-4.

1033. — Gallia antiqua (carte). 1754, in-fol.

1034. PIGANIOL DE LA FORCE. Nouvelle description de la France et la description des villes et monuments remarquables. 1732-54, 15 vol. in-12.

1035. BELLEY (l'abbé). Mémoire sur l'ordre politique des Gaules, qui a occasionné le changement de nom de plusieurs villes. 1753, in-4.

1036. BULLET (J.-B.). Description étymolog. des villes, rivières, montagnes, forêts... des Gaules, Espagne, Italie... dont les Gaulois ont été les premiers habitants.

Mémoires sur la langue celtique. 1754-70, in-fol.

1037. D'ANVILLE. Gallia antiqua, ex ævi Romani monumentis eruta. 1760, in-fol. (Carte.)

1038. — Orbis veteribus notus. Orbis romanus. (Cartes.)

1039. MORNAS (Buy de). Description de l'ancienne Gaule. 2 cartes in-fol. 1762.

1040. RIZZI ZANNONI (J.-A.-B.). Galliæ veteris Tabula, populos, civitates, pagos... complectens, etc. 1764, in-fol.

1041. — Atlas historique de la France ancienne et moderne. 1765, in-4.

1042. REGLEY (l'abbé). Atlas chorographique, historique et portatif des élections du royaume de France; généralité de Paris. 1766, in-8.

1043. VINCENT (J.-Cl.) Deux Lettres concernant une Notice des provinces des Gaules, etc. 1768, in-8.

1044. CHENAYE-DES-BOIS (Aubert de La). Dictionnaire hist. des antiquités, curiosités et singularités des villes... de France. 1769, in-12.

1045. EXPILLY (l'abbé Cl.). Dictionnaire géographique des Gaules et de la France. 1762 à 70, 6 vol. in-fol.

1046. PASUMOT. Mémoires géographiques sur quelques antiquités de la Gaule. 1765, in-12.

1047. CHAUDON (J.). Dictionnaire des noms latins de la géographie ancienne et moderne, 1777, in-8.

1048. D'ANVILLE. Mémoires sur les cartes de l'ancienne Gaule qu'il a dressées. 1779, in-4.

1049. LONGUEVAL (le p. J.). Notice abrégée de l'ancienne géographie de la Gaule.

Hist. de l'Église gallicane, t, I, 1730, in-4.

1050. PÉROUSE (P.-A. de). Lettre sur la Notice abrégée de l'ancienne Gaule, par le p. Longueval. 1762.

1051. DUNAND (le p. J.). Sur l'Origine des villes, etc. Mémoire sur cette question : Les Gaulois ont-ils eu des villes avant les Romains? 1780, in-4.

1052. CASSINI de Thury. Description géométrique de la France. 1783, in-4.

1053. PFEFFEL (H.). Commentarii de limite Galliæ. 1785, in-4.

1054. MERLE (dom). * Introduction à l'histoire de France, etc., avec la carte géographique de la Gaule celtique. 1787, in-12.

1055. MOITHEY (M.-A.). Dictionnaire hydrographique de la France. 1787, in-8.

1056. MANNERT (C.). Geographie der Griechen und Römer, etc. 1788-1825. 15 vol. in-8.

1057. * Catalogue alphabétique des noms de lieux cités dans les listes générales des saints d'après le martyrologe universel de C. Chastelain. — *Ann.-Bull. de la Soc. de l'Hist. de France*, t. IV. 1866.

1058. KŒLER (J.-D.). Descriptio orbis antiqui. S. d., in-fol.

Voir notamment les cartes 3 et 4.

1059. — Allgemeine Geographie der Alten. 1803, in-8.

1060. BUACHE (J.-N.). Observations sur la carte de Peutinger et sur la géographie de l'Anonyme de Ravenne. 1804, in-4.

1061. * Catalogue par ordre alphabétique des cartes et plans qui sont sur les planches gravées au dépôt général de la marine. 1805, in-4.

1062. JOHANNEAU (Éloi). Questions sur les origines étymologiques des mots et des choses, des lieux... de la France, etc. 1807, in-8.

1063. * Antiquarian and topographical Cabinet, etc... 1807-11, 10 vol. in-12.

1064. HOLSTENIUS (L.), trad. Fortia d'Urban. Plan d'un atlas historique portatif, etc... 1809, in-8.

1065. WALCKENAER (C.-A.). Recherches sur la géographie ancienne et du moyen âge. 1814, in-4.

1066. BARBIÉ DU BOCAGE (Fr.). Gallia ulterior vel transalpina.... (Carte.) 1818.

1067. REICHARD. Orbis terrarum antiquus. 1818-31, in-fol.

1068. BRUÉ (A.-H.). Atlas géographique, historique, etc... de la France... 1820-1828, in-fol.

1069. GOLBÉRY (de) et DULAURE (A.). Les Villes de la Gaule rasées et rebâties. 1821, in-8.

1070. * Dictionnaire géographique universel, par une société de géographes. *Paris*, 1823-1833, 10 vol. in-8.

1071. AUPICK et PERROT. Nouvel Atlas de la France... Cartes de l'ancienne France, etc. 1823-27, in-fol.

1072. REICHARD (Chr.-Th.). Thesaurus topographicus geographiæ antiquæ criticus. 1824, in-fol.

1073. FIEDLER (F.). Geographie des transalpinischen Gallien nach C. Jul. Cæsars Commentarien, etc. (avec une carte). 1825, in-8.

1074. BRUÉ (A.-H.). Atlas universel de géographie physique, ancienne et moderne. 1826, in-fol.

1075. GIRAULT (E.), de Saint-Fargeau. Dictionnaire de la géographie physique et politique de la France, etc. 1826, in-8.

1076. MASSELIN (J.-G.). Dictionnaire universel des géographies physique, historique et politique du monde ancien, du moyen âge et des temps modernes, etc. 1827, in-8.

1077. GUILMOT. Considérations sur la géographie de l'ancienne Gaule, etc. 1827-28, in-8.

1078. MÜLLER (J.-V.). Lexicon manuale geographiam antiquam et medium... illustrans. 1831, in-8.

1079. GUÉRARD (B.-E.-Ch.). Essai sur le système des divisions territoriales de la Gaule, etc. 1832, in-8.

1080. PELET (gal), directeur. Carte topographique de la France, commencée par le corps des ingénieurs géographes, continuée par le corps d'État-major et gravée au Dépôt de la Guerre sous la direction du lieutenant général Pelet. 1833 et suiv., in-fol.

1081. PUISSANT. Notes sur la carte de France, que publie le Dépôt de la Guerre... 1836, in-4. (Cp. n° 1119.)

1082. SAULCY (F. de). Étude topographique sur l'*Ora maritima* de Rufus Festus Avienus. 1835, in-8.

1083. HUGO (A.). France pittoresque, ou description... des départements et colonies de la France. 1835, 3 vol. in-4.

1084. LELEWELL (J.). Kleine geographische Schriften. 1836, in-8.

1085. GUÉRARD (B.-E.-Ch.). Provinces et pays de la France. 1836, in-12.

1086. — Polyptyque de l'abbé Irminon. 1836-1844, in-4.

1087. SCHIRLITZ (Ch.). Handbuch der alten Geographie für Schulen, etc. 1837, in-8, 2 cartes.

1088. MIONNET (Th.-Éd.). Atlas de géographie numismatique. 1838, in-4.

1089. RIGOLLOT (dr). Éclaircissements historiques sur quelques points de géographie ancienne. 1839, in-8.

1090. WALCKENAER (baron Ath.). Géographie ancienne, historique et comparée des Gaules cisalpine et transalpine, etc. 1839, 3 vol. in-8; atlas, nouv. édit. 1862, 2 vol. gr. in-8.

1091. GUÉRARD (B.-E.-Ch.). Appendice par F. MORAND. Cartulaire de l'abbaye de St-Bertin. 1840, in-4.

1092. GUADET (J.). * Palais et maisons des rois de France. 1841, in-12.

1093. GUÉRARD. Cartulaire de l'abbaye de Saint-Père de Chartres... 1840, in-4.

1094. MAS-LATRIE (de). * Monastères de France. 1840, in-12.

1095. — * Liste alphabétique des évêchés de la chrétienté anciens et modernes. 1843-1845, in-12.

1096. PONTON D'AMÉCOURT (vte G. de). Vies des saints français... au point de vue... de la géographie historique. 1870 et 1873, gr. in-8. (Se continue.)

1097. LONGPÉRIER (A. de). * Liste des noms de lieux où l'on a battu monnaie, etc. (placés dans l'ordre alphabétique des noms latins). 1841, in-12.

1098. TARDIEU. Atlas de géographie ancienne et moderne, avec un texte par Amédée TARDIEU. 1842, in-fol.

1099. GIRAULT (E.), de St-Fargeau. Dictionnaire géographique, historique, industriel et commercial de toutes les communes de la France. 1844, 3 vol. in-4.

1100. MÜHLMAN (G.-Ed.). Verzeichniss der geographischen, mythologischen und geschichtlichen Namen (noms latins). 1845, gr. in-8.

1101. QUICHERAT (L.). Vocabulaire des noms géographiques, etc., de la langue latine. 1846, in-8. Autres éd.

Appendice du *Dictionnaire latin-français* de Quicherat et Daveluy.

1102. DUFOUR (A.-H.). Atlas de géographie ancienne, etc... 1847, in-4.

1103. UKERT (F.-A.). Geographie der Griechen und Römer. 1847, in-8.

1104. FIEDLER (F.). Gallia antiqua (carte lithogr. in-fol.). 1827, etc.

1105. BADIN et QUANTIN. Géographie départementale, etc. 1847-48, in-12.

Départements publiés en 1847 : Aisne, Aube, Cher, Côte-d'Or, Indre, Marne, Haute-Marne, Nièvre, Saône-et-Loire, Seine-et-Marne, Seine-et-Oise ;
— En 1848 : Eure-et-Loir, Loiret, Oise.

1106. MAURY (Alfred). Recherches historiques et géographiques sur les grandes forêts de la Gaule, etc. 1849, in-8.

1107. — Les Forêts de la France dans l'antiquité et au moyen âge. 1856, in-4.

1108. DESJARDINS (E.). Rapport sur l'ouvrage de M. Alfr. Maury, intitulé *les Forêts de la France, etc.* 1857, in-8.

1109. MAURY (Alfred). Les Forêts de la Gaule et de l'ancienne France, etc. 1867, in-8. (Cp. le n° 1166.)

1110. FRÉRET (N.). Observations générales sur la géographie ancienne (discussion sur la latitude de Marseille, etc.). 1850, in-4.

1111. FORBIGER (A.). Kurzer Abriss der alten Geographie. 1850, gr. in-8.

1112. GUÉRARD (B.-E.-Ch.). Cartulaire de l'église Notre-Dame de Paris... 1850, in-4.

1113. — Polyptyque de l'abbaye de St-Remi de Reims. 1853, in-4.

1114. MOLLER (J.-H.), éd[r]. Orbis terrarum antiquus. Schul-Atlas der alten Welt nach d'Anville, Mannert, etc. 1852, gr. in-4. — 23e éd. en 1875, 15 cartes coloriées.

VIII. Gallia, Germania, Britannia.

1115. SPRUNER (C. de). Atlas antiquus. 1850, in-fol.

1116. — et BRETSCHNEIDER (C.-A.). Historisch - geographischer Wand - Atlas. 1862-64, in-fol.

1117. MENKE (Th.). Atlas antiquus. 1854, in-fol. — Autres éditions.

1118. SPRUNER et MENKE. Atlas antiquus. 1865, in-fol.

1119. BLONDEL (le c[el]). Notice sur la grande carte topographique de la France, dite carte de l'État-major. 1853, in-8.

1120. BERNARD (A.). Cartulaire de l'abbaye de Savigny... Petit cartulaire de l'abbaye d'Ainay. 1853, in-4.

1121. DESNOYERS (J.). Topographie ecclésiastique de la France, pendant le moyen âge et dans les temps modernes, etc. 1853, etc., in-12 et in-8.

1122. BESCHERELLE aîné et DEVARS. Grand dictionnaire de géographie universelle ancienne et moderne. 1856, 2 vol. gr. in-4.

1123. DOMENY, de Rienzi. Dictionnaire usuel et scientifique de géographie... suivi d'un Dictionnaire des villes et des communes de France. 5e éd., 1856, in-8.

1124. VIVIEN de Saint-Martin. La France. Deux fragments de son histoire géographique. 1856, in-8.

1125. GUÉRARD (B.-E.-Ch.). Cartulaire de l'abbaye de St-Victor de Marseille. 1857, in-4.

1126. BOURQUELOT (F.). De la Transformation des noms de plusieurs villes gauloises pendant la domination romaine. 1857, in-8.

1127. GUÉRARD (Ad.). Géographie synoptique, historique, statistique... de la France, etc. Suivie d'un Aperçu général de la Gaule au temps des Romains, etc. 1857, in-4.

1128. BAILLET (A.). Étude sur la division de la Gaule en 17 provinces. 1858, in-8.

1129. JACOBS (A.). Géographie de Grégoire de Tours; le pagus et l'administration romaine en Gaule. 1858, in-8.

1130. — Géographie historique de la Gaule; — le pagus. 1858, in-8.

1131. — Géographie de la Gaule, fleuves. 1859, in-8.

1132. — Géographie hist. de la Gaule. Additions et rectifications à la liste des fleuves et rivières de la Gaule. 1860, in-8.

1133. — Géographie de Frédégaire, de ses continuateurs, etc. 1859, in-8.

1134. — Géographie des diplômes mérovingiens. 1862, in-8.

1135. JOUGLAR. Notice sur les limites de la Narbonnaise et de la Novempopulaine, etc. 1859, in-4.

1136. MORIN (C.). Fragments de philologie pour servir à la géographie de la Gaule. 1859, in-8.

1137. QUICHERAT (J.). Rapport sur une opinion relative aux oppidum gaulois, etc. 1859, in-8.

1138. * Instructions sur la topographie de la Gaule, jusqu'au ve siècle. 1860.

Circulaire du ministre de l'Instruction publique insérée dans la *Revue des Sociétés savantes*.

1139. MAC-CARTHY (O.). Lexique de géographie comparée. 1860, in-12.

A la suite de l'édition des *Commentaires de César sur la guerre des Gaules*, donnée par C. Ozaneaux.

1140. ROUGERIE (P.-E.). Recherches sur les limites des peuplades gauloises. 1860, in-8.

1141. KIEPERT (H.). Atlas antiquus. 10 cartes. 1861, in-fol.

1142. JUBAINVILLE (d'Arbois de). Observations sur le sens du mot gaulois *Durum*. 1867, in-8.

1143. CAMBOULIU. Note sur les limites méridionales de la Celtique, entre les sources de la Garonne et la Méditerranée. 1861, in-8.

1144. DELOCHE (M.). Études sur la géographie historique de la Gaule, etc. 1861-64, in-4.

1145. * Recherches sur l'étymologie de quelques noms de lieux. 1861, in-8.

1146. * Carte des Gaules sous le proconsulat de César, exécutée et publiée par la Commission de la topographie des Gaules. 1 feuille tirée en couleur. *Paris, Impr. imp.*, 1861, in-fol.

1147. * Rapport adressé à l'empereur par le ministre de l'instruction publique, sur les travaux de la Commission de la topographie des Gaules. 1861, in-8.

1148. CREULY (g^al^). Carte de la Gaule sous le proconsulat de César. Examen des observations critiques auxquelles cette carte a donné lieu en Belgique et en Allemagne. 1863, in-8.

1149. * Carte de la Gaule au commencement du ve siècle (en 4 feuilles tirées en noir), exécutée et publiée par la Commission de la topographie des Gaules. *Paris, Impr. imp.*, 1864, in-fol.

Voir aussi plus loin le n° 1180.

1150. NOULENS. Noms de lieu en *ac* et en *an*. 1861-62, in-8.

1151. JOMARD (E.-F.). Les Monuments de la géographie, ou Recueil d'anciennes cartes, etc. 1862, in-4.

1152. Dictionnaire topographique de la France, publié sous les auspices du ministre de l'instruction publique. depuis 1862, in-4.

Départements publiés (voir le détail dans chaque département) :

Aisne, par Matton; — Aube, par Boutiot et Socard; — Dordogne, par A. de Gourgues; — Eure-et-Loir, par L. Merlet; — Gard, par Germer-Durand; — Hérault, par Thomas; — Meurthe, par H. Lepage; — Meuse, par Liénard; — Morbihan, par Rosenzweig; — Moselle, par de Bouteiller; — Nièvre, par G. de Soultrait; — Basses-Pyrénées, par Raymond; — Haut-Rhin, par Stoffel; — Yonne, par Max. Quantin.

1153. * Verzeichniss der römischen Provinzen um 297. *Berlin*, 1863, in-4.

1154. PONTON D'AMÉCOURT (v^te^ G. de). Essais sur la numismatique mérovingienne comparée à la géographie de Grégoire de Tours. 1864, gr. in-8.

1155. BIAL (P.). Chemins, habitations et oppida de la Gaule au temps de César. 1re partie. 1864, in-8.

1156. HOUZÉ (A.). Études sur la signification des noms de lieux en France 1864, in-8. — Études sur quelques noms de lieux. 1866, in-8.

1157. BARTHÉLEMY (A. de). Liste des noms de lieux inscrits sur les monnaies mérovingiennes. 1865, in-8.

1158. QUICHERAT (J.). Examen de cet ouvrage. 1866, in-8.

1159. VALENTIN-SMITH. Divisions territoriales de la Gaule transalpine à l'époque gallo-romaine. 1865, in-8.

1160. BOURQUELOT (F.). De la Formation des *Civitates* dans la Gaule. 1866, in-8.

1161. MOMMSEN (Th.). Trad. du titre : Mémoires sur les provinces romaines depuis Dioclétien jusqu'au commencement du ve siècle. 1866, in-8.

1162. PICOT (E.). Mémoires sur les provinces romaines, etc. 1866-67, in-8.

1163. MOMMSEN (Th.) Mémoires sur les provinces romaines et sur les listes qui nous ensont parvenues, avec un appendice par Ch. MÜLLENHOFF, etc. 1867, in-8.

1164. BRUNET DE PRESLE (W.). Note sur la manière de marquer les limites territoriales à l'époque gallo-romaine. 1867, in-8.

1165. BEAUCHET-FILLEAU. Étude sur un point de géographie gauloise. 1867, in-8.

Délimitation des territoires des Pictones et des Santones.

166. BACH (le p.). Recherches philologiques sur les forêts des Gaules et sur les origines qui s'y rapportent. 1867, in-8.

1167. * Dictionnaire archéologique publié par les soins de la Commission de la topographie des Gaules. — (Spécimen.) — *Rev. archéol.*, 2e série, t. XIV, année 1866, p. 35 à 39, 121 à 136, 208 à 217.

1168. COMMISSION DE LA TOPOGRAPHIE DES GAULES. * Dictionnaire archéologique de la Gaule. — Époque celtique. *Paris, Impr. imp.*, t. Ier, 1867-77, gr. in-4. Tome II sous presse.

1169. GAIDOZ (H.). La Commission de la topographie des Gaules et ses travaux. 1868, in-8.

1170. JUBAINVILLE (d'Arbois de). Recherches étymologiques sur le nom de quelques affluents de la Seine. 1867, in-8.

1171. MAHIEU (l'abbé A.). De la Signification des noms de lieux. 1867, in-8.

1172. QUICHERAT (J.). Formation des anciens noms de lieu. 1867, in-18.

1173. BRAMBACH. Notitia provinciarum et civitatum Galliæ. 1868, in-8.

1174. LANCELOT. Les *Pagi* de l'ancienne Gaule, manuscrits fr. de la Biblioth. imp., nos 3547 et suiv. 1868, in-8.

1175. DESJARDINS (Ernest). Géographie de la Gaule d'après la table de Peutinger. 1869, in-8.

1176. LONGNON (A.). — Études sur 3 *pagi* de la Gaule. 1869, in-8.

1177. LOURIOU (J.-F.-A). Essai d'interprétation de quelques noms de lieux gaulois qui se trouvent dans les Commentaires de la guerre des Gaules. 1869, in-8.

1178. JOANNE (A.). Dictionnaire géographique, administratif, postal, statistique, archéologique, etc... de la France, de l'Algérie et des Colonies, etc... 1869, in-8.

1179. DESCHAMPS (P.). * Dictionnaire de géographie ancienne et moderne à l'usage du libraire et de l'amateur de livres, etc. 1870, in-8.

Ouvrage faisant suite au *Manuel* de J.-Ch. Brunet.

1180. * Carte de la Gaule au moment de la conquête romaine, exécutée et publiée par la Commission de la topographie des Gaules. 4 feuilles en chromo-lithographie. *Paris, Impr. imp.*, 1870, in-fol.

8e SECTION. — ITINÉRAIRES. VOIES ROMAINES.

1181. WESSELING. Vetera Romanorum itineraria. 1735, in-4.

1182. FORTIA d'Urban (mis de) et MILLER (Emm.), édr. Recueil des itinéraires anciens. 1845, in-4. 10 cartes

1183. RENIER (Léon). Itinéraires romains de la Gaule. 1850, in-12.

1184. * Itinerarium provinciarum omnium Antonini Augusti cum fragmento ejusdem nec non indice haudquaquam aspernando. *Parisiis, H. Stephanus,* in-16. 1re édition, publiée par Geoffroy Tory de Bourges. 1512, in-8.

1185. Itinerarium Antonini. Éd. Aldine, 1518, in-8.

1186. * Itinerarium Anthonini Augusti et Burdigalense quorum hoc nunc primum est editum : illud ad diversos manu scriptos codices et impressos comparatum et emendatum ; et Hieronymi Suritæ Cæsaraugustani doctissimo Commentario explicatum. *Coloniæ Agrippinæ.* 1600, in-8.

1187. SCHOTT (André). Itinerarium Antonini imperatoris, necnon itinerarium Burdigalense. 1600, in-8.

1188. BURTON (W.). Commentary on Antoninus, his itinerary, etc. 1658, in-fol.

1189. GAUTHIER (Hubert). Itinéraires. Carte de l'ancienne Gaule... selon l'itinéraire d'Antonin.

Construction des chemins, plus loin, n° 1233.

1190. * Iter Britanniarum or that part of the itinerary of Antoninus which relates to Britain... 1799, in-4.

Voir le titre complet, série étrangère, section de l'Angleterre.

1191. TOULOUZAN. * Itinéraire maritime d'Antonin. S. d., in-8.

1192. HENRY (D.-J.-M.). Voie de Rome en Espagne et examen critique de l'itinéraire d'Antonin, etc. 1820, in-8.

1193. Itinerarium Antonini Augusti et Hierosolymitanum. Éd. Parthey et Pinder. *Berol.* 1848, in-8.

1194. AVEZAC (d'). Bibliographie de la table peutingérienne. 1852, in-8.

1195. VELSER. (M.), éditeur. Tabula itineraria, ex illustri Peutingerorum bibliotheca, beneficio Marci Velseri Augustani in lucem edita : *Augustæ Vindelicorum et Venetiis.* 1591, in-4. [Eadem integra : Antverpiæ [Moretus]. 1598, in-4 (en 8 bandes).

Voir aussi, plus loin, le n° 1229.

1196. BERTZ (P.). Table de Peutinger.

Theatrum geographiæ veteris. 1618, in-4, 2e partie.

1197. ORTELIUS (A.). Table de Peutinger.

Theatri orbis terrarum Parergon, etc. 1624, in-fol. — Autres éditions.

1198. * Table de Peutinger.

Dans le grand Atlas de Jansson, t. VI, 1653, 1659, etc.

1199. HORN (G.). Table de Peutinger.

Orbis antiqui delineatio. 1657, gr. in-fol.

1200. — Marci Velseri opera... Tabulæ Peutingerianæ integræ cum mappis geogr. æri incisis, edid. Chr. Arnold. 1682, in-fol.

1201. LOTTER (J.-G.). Histoire de la table de Peutinger. 1729, in-4.

1202. FRÉRET (N.). Sur la table itinéraire publiée par Velser sous le nom de Table de Peutinger. 1738, in-4.

1203. LEBEUF (l'a.). Supplément à la notice de la Table de Peutinger. 1744, in-4.

1204. SCHEYB (F.-C.). Peutingeriana tabula itineraria, quæ in Augusta Bibliotheca Vindobonensi nunc servatur, adcurate exscripta. 1753, in-fol.

1205. BUACHE (J.-N.). Observations sur la carte... appelée communément Carte de Peutinger. 1804, in-4.

1206. CHRISTIANOPOULOS (J.-D. Podocatharos). Tabula itineraria militaris romana antiqua.

Table de Peutinger, 4 dissertations sur des questions itinéraires. 1809.

1207. GÜNTHNER (S.). Sur l'Auteur de la Table de Peutinger. 1812, in-8.

1208. BRUÉ. Table de Peutinger. 1820 in-fol.

Carte de son Atlas.

1209. MALTE-BRUN. Table de Peutinger au 6e du ms. de Vienne. 1824, in-fol.

1210. MANNERT (C.). Tabula itineraria Peutingeriana. 1824, in-fol. 12 pl.

1211. KATANCSICH (M.-P.). Orbis antiquus ex tabula itineraria quæ Theodosii et Peutingeri audit... 1825, in-4.

1212. * Note sur une carte de la Gaule, tirée par Léon Renier de la carte de Peutinger, d'après l'*Annuaire de la Soc. des Antiq. de France*, 1850 ; — reproduction de la carte, segments 1 et 2. — *Bull. de la Soc. des sc. histor. et nat. de l'Yonne*, t. IX. *Auxerre*, 1855, in-8, p. 125-127.

Étude partielle de l'ouvrage indiqué plus haut sous le n° 1183.

1213. MAURY (Alfred). Note sur un nouvel examen de la partie de la carte de Peutinger où est figurée la Gaule. 1864, in-8.

1214. PAULUS (E.) Erklärung der Peutinger-Tafel. 1866, in-8.

1215. DESJARDINS (E.). La Table de Peutinger, etc. 1869-78, gr. in-4. (Cp. le nº 1175.)

1216. *Itinerarium a Burdigalis Hierusalem usque et ad Heracleam et per urbem Romam Mediolanum usque (absque loci et typographi nomine). 1589, p. in-12.

1217. JACOBS (Alfred). Les trois itinéraires des Aquæ Apollinares. 1859, in-8.

1218. GARRUCCI (le p. R.). Sur un Nouvel Itinéraire découvert dans les Aquæ Apollinares. — Note sur la partie de la route qui traversait l'ancienne Gaule. 1862, in-8.

219. DESJARDINS (E.). Explication d'un passage de l'itinéraire inscrit sur le quatrième vase apollinaire de Vicarello. 1870, in-8.

1220. CREULY. (g^al). Copie rectifiée du milliaire de Tongres. 1861, in-8.

1221. RUTILIUS NUMATIANUS (Cl.). Itinerarium, sive de reditu.

1222. TERNINCK (A.). Promenades archéologiques sur la chaussée Brunehaut. 1843, in-8.

1223. * Lettre sur un chemin des environs de Beauvais, appelée Chaussée de Brunehaut.

Voir aussi sur la chaussée de Brunehault la série étrangère, section de la Belgique.

1224. PEIGNÉ-DELACOURT. Communication sur le chemin de la Barbarie. 1862, in-8.

1225. PRIOUX (Stanislas). Le Chemin de la Barbarie près Reims. 1863, in-8.

1226. ESTIENNE (Ch.). * La Guide des chemins de France. 1552, in-8.

1227. FABRICIUS (G.) Romanarum antiquitatum libri II. Itinerum liber I, etc. 1560, in-8.

1228. * Hodœpicorum sive itinerum totius fere orbis libri VII. *Basileæ, ad Perneam Lecytham.* 1580, in-8. — 2e éd. intitulée : Itinerarium totius orbis sive opus peregrinationum variarum, ex recensione Nic Reusneri. *Basileæ, per Conrad. Waldkirch,* 1592, in-8.

1229. VELSERUS (M.). Marci Velseri, Matthæi fil., Ant. nepotis, rerum Augustanarum Vindelicarum libri octo. 1594, in-fol.

1230. ISACIUS (J.). Itinerarium Galliæ Narbonensis, cum duplici appendice, id est universæ fere Galliæ descriptione, etc. 1606, in-12.

1231. SINCERUS (Jod.). Itinerarium Galliæ, cum appendice de Burdigala. 1616, in-12.

1232. BERGIER (N.). Histoire des grands chemins de l'empire romain. 1628, in-4.

1233. GAUTHIER (H.) Traité de la construction des chemins, tant de ceux des Romains que des modernes dans toute sorte de lieux. 2e éd. 1715, in-8.

1234. D'ANVILLE (J.-B. Bourguignon). Recherches sur plusieurs parties des itinéraires romains du milieu de la Gaule, avec carte.

Passim dans les *Éclaircissements géographiques,* 1741, in-12, 1re dissertation.

1235. — Traité des mesures itinéraires anciennes et modernes (en tête de ses *Éclaircissements géographiques.* 2e éd. 1769, in-8.

Voir plus loin la 15e section, *D* (*Métrologie*).

1236. REVILLAS. Dissertazione sopra la colonna dagli antichi chiamata « milliarium aureum. » 1742, in-4.

1237. FRÉRET (N.). Sur les Colonnes itinéraires de la France, où les distances sont marquées par le mot *Leugæ.* 1743, in-4.

1238. GIBERT. Tableau des mesures itinéraires anciennes, etc. 1756, in-8.

1239. DENIS (L.). Itinéraire historique et topographique des grandes routes de France. 1768, in-32.

1240. — Guide royal du Dictionnaire topographique des grandes routes de Paris, aux villes, bourgs et abbayes du royaume. 1774, 2 vol. in-12, gravées.

1241. DAUDET, de Nîmes. * Guide des chemins de la France, contenant toutes ses routes générales et particulières. 1768, in-12.

1242. LOUETTE. * Itinéraire complet de la France, ou tableau de toutes les routes et chemins de traverse. 1790, 2 vol. in-8.

1243. GÜNZROT (J.-Ch.). Die Wagen und Fuhrwerke der Griechen und Römer und anderer alten Völker... 1817-1830, 4 vol. in-4.

1244. LANGLOIS (Hyacinthe). * Itinéraire complet du royaume de France. 4e éd. 1824, in-8.

1245. FRIZAC. Mémoire sur la voirie des anciens. 1830, in-8.

1246. LANDE (J.-F. Mangon de La). Mesures itinéraires sous Jules-César. 1831, in-8.

1247. WALCKENAER (bon Ch.). Géographie ancienne... suivie de l'Analyse géographique des itinéraires anciens. 1839, in-8.

1248. * Itinéraires antiques et itinéraires de la Gaule.—*Bull. de la Soc. de l'Hist. de France*, année 1845-46, p. 23, 31 ; — année 1849-50, p. 288.

1249. BERTRAND (Alexandre). Les Voies romaines en Gaule. 1863, in-8.

1250. — Un Mot sur les mesures itinéraires en Gaule à l'époque gallo-romaine. 1863, in-8.

1251. RAGON. Grande Voie romaine d'Agrippa, de Lyon à Boulogne-sur-Mer. 1863, in-8.

Section comprise dans le dépt de l'Yonne.

1252. QUICHERAT (J.). Rapports, etc. Étude par les monuments de la voie antique du petit St-Bernard, etc... 1863, in-8.

1253. BARTHÉLEMY (A. de). L'Itinéraire de Bordeaux à Jérusalem. 1864, in-8.

1254. BRÉAN (Ad.). Itinéraire de l'expédition de César à Agendicum à Gergovia Boiorum et à Avaricum. 1865, in-8.

1255. MATTY DE LA TOUR (de). Études sur les voies romaines, notamment celle de Besançon à Langres. In-4.

Sur le grand ouvrage, encore inédit, de Matty de la Tour, relatif aux voies romaines de la Gaule, voir au Catalogue alphabétique le nom de cet auteur.

1256. LONGUEMAR (de). Rapport sur l'ouvrage manuscrit de M. de Matty de La Tour, relatif aux voies romaines. 1868, in-8.

1257. AURÈS (Aug.). Concordances des vases apollinaires et de l'Itinéraire de Bordeaux à Jérusalem dans toutes les parties qui leur sont communes, et comparaison de ces textes avec l'Itinéraire d'Antonin et avec la Table Théodosienne. 1866-67-68, in-8.

1258. CAILLEMER (Ex.). Note sur les railways, ou chemins à rainures, dans l'antiquité grecque. 1868, in-8.

1259. LONGUEMAR (de). Études sur les voies romaines en général. 1868, in-8.

9e SECTION. — ARCHÉOLOGIE GÉNÉRALE ET VARIÉE.

1260. FAUCHET (Cl.). Recueil des antiquités gauloises et françaises. 1579, etc., in-4.

1261. DU CHESNE (André). Les Antiquités et recherches des villes de France. 1638, 2 vol. in-8.

1262. RAULIN (H.). Panégyre orthodoxe etc., sur l'antiquité... des fleurs de lys. 1626, in-8.

1263. CHIFFLET (J.-J.). Lilium francicum veritate historica, botanica et heraldica illustratum. 1658, in-fol.

1264. SPON (J.). Recherches curieuses d'antiquité, etc. 1683, in-4.

1265. — Miscellanea eruditæ antiquitatis, etc... 1685, in-fol.

1266. MONTFAUCON (B. de). L'Antiquité expliquée et représentée en figures. 1709-24, 15 vol. in-fol. — Trad. anglaise de D. Humphrey avec supplément. 1721, 9 vol. in-fol.

1267. KEYSLER (G.). Antiquitates selectæ septentrionales et celticæ. 1720, in-4.

1268. FÉLIBIEN (dom M.). Dissertation sur les antiquités celtiques.

Histoire de Paris, 1725, in-fol., t. Ier.

1269. BAXTER (W.). Glossarium antiquitatum Romanarum, etc. 1731, in-8.

1270. MAFFEI (S.). Galliæ antiquitates quædam selectæ, cum 9 tabulis, etc. 1734, in-4.

1271. ROSINI (J.) Antiquitatum Romanarum corpus absolutissimum, etc. 1743, in-4. — Autres éd.

1272. * Thrésor des antiquités de la couronne de France représentées en figures d'après leurs originaux. *La Haye*, 1745, 2 vol. in-fol.

1273. OUDENDORP (Fr.). Brevis veterum monumentorum ab a. v. Papembrockio academiæ Lugd. Bat. legatorum descriptio. 1746, in-4.

1274. CAYLUS (A.-Cl.-Ph. de Tubières, etc., c^te de). Recueil d'antiquités égyptiennes, étrusques, grecques, rom. et gauloises. 1752-1767, 7 vol. in-4.

1275. HANCARVILLE (Fr.-H., dit d'). * Antiquités étrusques, grecques et romaines du cabinet Hamilton... 1766-67, 4 vol. in-fol.

1276. FURGAULT (N.). Dictionnaire d'antiquités grecques et romaines. 1768, in-fol.

1277. CHENAYE des Bois (de La). Dictionnaire historique des antiquités, curiosités et singularités des villes, bourgs et bourgades de France. 1769, 3 vol. in-12.

1278. SAUVAGÈRE (Le Boyer d'Artezet de La). Recueil d'antiquités dans les Gaules. 1770, in-4.

1279. — Recueil de dissertations et recherches hist. et critiques. 1776, in-8.

1280. CLÉRISSEAU (C.). Antiquités de la France. 1778, in-fol.

1281. OBERLIN (J.-J.). Musæum Schæpflini. 1785, in-4.

1282. * Encyclopédie méthodique (de Diderot et d'Alembert). Antiquités, mythologie, etc.

Partie rédigée, principalement par Mongez, en forme de dictionnaire. *Paris, Panckoucke*, 1786 à 1794, 7 vol. in-4 dont 2 de planches.

Publié à part, 1804, 4 vol. in-4.

1283. JOHNSTONE. Antiquitates celtonormanicæ. 1786, in-4.

1284. MILLIN (A.-L.). Antiquités nationales. 1790-1798, in-4 et in-fol.

1285. PARDESSUS. Notice sur les voyages d'antiquités celtiques de M. E. Johanneau. 1807, in-8.

1286. VISCONTI (E.-L.). Iconographie romaine. 1817, in-fol.

1287. DULAURE (J.-A.). Des Cités, des lieux d'habitation, des forteresses des Gaulois ; de leur architecture civile et militaire avant la conquête des Romains. 1820, in-8.

1288. TAYLOR (le b^on), NODIER (Ch.) et CAILLEUX (de). Voyages pittoresques et romantiques dans l'ancienne France. 1820-54, 20 vol. in-fol.

1289. ATHENAS (P.-L.). Plan général de recherches archéologiques. 1821, in-8.

1290. DIBDIN. Voyage bibliographique, archéologique et pittoresque en France, traduit... par Th. Licquet et G.-A. Crapelet. 1825, 4 vol. in-8.

1291. RAOUL-ROCHETTE (D.). Cours d'archéologie. 1828-35, in-8.

1292. BOTTIN (S.). Mélanges d'archéologie. 1831, in-8.

1293. BOUTTEVILLE. Antiquités nationales. 1837, in-12.

1294. * Tempio, aquedotto ed altre antichità romane scoperte in Francia. *Bull. de l'Inst. de corr. arch.* 1837, in-8, p. 47.

Aqueduc à Dourlers (Nord). — Temple à Margeaix (H^te-Loire). — Tête de taureau en bronze à Ciernay (Côte-d'Or). — 40 vases près d'Angers.

1295. * Réflexions sur l'utilité de la recherche et de la conservation de nos antiquités nationales. *Rouen, Legrand*, 1839, in-8, 24 p.

1296. O'SULLIVAN. Aperçu sur les antiquités et la littérature irlandaise. 1841, in-8.

Recherches sur les Celtes.

1297. CHAMPOLLION-FIGEAC. Traité élémentaire d'archéologie, monuments d'architecture, de sculpture et de peinture, etc. 1842, in-32.

1298. GUÉNEBAULT. Dictionnaire iconographique. 1843, in-8.

1299. BATISSIER (L.). Éléments d'archéologie nationale, précédés d'une histoire de l'art monumental chez les anciens. 1843, in-12. — Nouv. éd. 1853.

1300. CLARAC (de). Continué par L.-Alfred Maury sous la direction de V^or Texier, graveur. Musée de sculpture antique et moderne. 1827-53, 6 vol. in-8 de texte et 6 vol. in-4 de pl.

1301. CROSNIER (l'a.). Éléments d'archéologie. 1846, in-8.

1302. ROULEZ (J.-E.-Gh.). Cours d'antiquités romaines. 1849, in-8.

1303. CORBLET (l'a. J.). Précis d'archéologie celtique. 1850, in-8.

1304. — Manuel élémentaire d'archéologie nationale. 1852, in-8.

1305. — Examen des progrès de l'archéologie, depuis 1848. 1855, in-8.

Voir plus loin n° 1331.

1306. ROACH-SMITH. Notes on the antiquities of Treves, Mayence, Wiesbaden, Niederbieber, Bonn and Cologne. 1851, in-8. Pl.

1307. BERTY (A.). Vocabulaire archéologique français-anglais et anglais-Français. 1853, in-8.

1308. STARK (K.-B.). Stadtleben Kunst und Alterthum in Frankreich. 1855, in-8.

1309. LOTTIN DE LAVAL. Manuel complet de lottinoplastique. 1857, in-32.

1310. — Procédé de moulage de M. Lottin de Laval. 1860, in-8.

1311. CLÉMENT DE RIS. Les Musées de province. 1859-61, 2 vol. in-8.

1312. QUICHERAT (J.). Rapport sur une opinion relative aux oppidums gaulois, etc... 1859, in-8.

1313. WYLIE (W.-M.). Archæologia, 1859, in-8.

1314. LINDENSCHMIDT (L.). Vaterlændischen Alterthümer des fürstlich-Hohenzollern'schen Sammlung, zu Sigmaringen. 1860, in-8.

1315. COMITÉ DES TRAVAUX HISTORIQUES, section d'Archéologie. Discours et rapports lus à la Sorbonne, lors de la distribution des récompenses aux Sociétés savantes, tour à tour par A. Chabouillet, m^is E. de La Grange, Léon Renier, et publiés dans la *Revue des Sociétés savantes.*

Détail jusqu'à 1870 :
Chabouillet, 25 nov. 1861, *Rev. des Soc. sav.*, 2e série, t. VI, p. 472;
La Grange, 11 avril 1863, 3e s., t. I, p. 499;
La Grange, 2 avril 1864, 3e s., t. III, p. 369;
Renier, 22 avril 1865, 4e s., t. I, p. 298;
Renier, 7 avril 1866, t. III, p. 489;
La Grange, 27 avril 1867, t. VI, p. 42;
La Grange, 18 avril 1868, t. VII, p. 337;
Chabouillet, 3 avril 1869, t. IX, p. 280;
Chabouillet, 23 avril 1870, 5e s., t. I, p. 392.

1316. MÉMOIRES lus à la Sorbonne. Section d'archéologie. 1861-68, 7 vol. in-8.

1317. SOMMERARD (E. du). Catalogue et description des objets d'art... exposés au musée des Thermes... 1862, in-8.

1318. DEY (A.). Un Mot sur deux découvertes antiques. 1862.

1319. AIGUEPERSE (A.-J.-B. d'). Œuvres archéologiques et littéraires. 1862, in-8.

1320. CAUMONT (de). Abécédaire, ou Rudiment d'archéologie (ère gallo-romaine). 1862, in-8.

1321. BERTY (A.) et LACOUR (L.). Annuaire de l'archéologue, du numismate et de l'antiquaire. 1862 etc., in-8.

1322. BORGHESI (B.). Œuvres complètes de Bartolomeo Borghesi (depuis 1862). 9 vol. in-4.

1323. PELADAN (A.) fils. De l'État actuel de l'archéologie celtique. 1863, in-8.

1324. BOISSIER (G.). Les Derniers travaux d'archéologie grecque et romaine en France et à l'étranger. 1864, in-8.

1325. MARTIGNY (l'abbé). Dictionnaire des antiquités chrétiennes.... 1865, in-8.

1326. SAINT-OLIVE (P.). Archéologie romaine. 1865, in-8.

1327. EXPOSITION universelle de 1867, à Paris. *Catalogue général publié par la Commission impériale. Histoire du travail, et Monuments historiques. *Paris, Dentu ; Londres, Johnson.* 1867, in-12, 657 p.

1re salle (époque avant l'emploi des métaux), par G. de Mortillet ; 2e salle (Gaule avant et pendant la domination romaine), par A. et H. de Longpérier ; les autres salles françaises (époques postérieures), par Darcel ; la Suisse, par le Dr Clément de St-Aubin.

1328. SOMMERARD (E. du). Exposition universelle de 1867, à Paris. Rapports du jury international, etc. 1867, in-8.

1329. LONGUEMAR (de). Rapport sur l'archéologie française, à l'Exposition de 1867. 1867, in-8.

1330. GARRIGOU (le dr F.). Lettres sur l'Exposition universelle. de 1867, adressées à l'*Union médicale.* 1867, in-8.

1331. MAURY (L.-F.-Alfred). Rapport sur les progrès de l'archéologie (depuis 20 ans). 1868, gr. in-8.

1332. FALLUE (L.). Sur les Études archéologiques nécessaires aux artistes qui abordent des sujets touchant à l'histoire. 1868, in-8.

1333. LEMAITRE (A.). Des Musées archéologiques et numismatiques de France. 1868, in-8.

1334. TROYON (F.). Monuments de l'antiquité dans l'Europe barbare, etc. 1868, in-8.

1335. MORTILLET (G. de). Promenades au musée de St-Germain. 1869, in-8.

1336. MARTIN (Henri). Études d'archéologie celtique et notes de voyage. 1870-72, in-8.

1337. HUGUET (M.-P.). Rapport sur un travail celtique de M. Henri Martin. 1869, in-8.

1338. LECOQ-KERNEVEN (J.-M.-R.). Traité de la composition et de la lecture de toutes inscriptions monétaires, monogrammes, etc. 1869, in-8.

1339. PONTON D'AMÉCOURT (vte G. de). Vies des saints français... au point de vue... de l'archéologie, etc. 1870 et 1873, gr. in-8.

10e SECTION. — ANTIQUITÉS PRÉHISTORIQUES.

A. *Études diverses.*

1340. BOTIDOUX (Le Deist de). Les Celtes antérieurement aux temps historiques. 1817, in-8.

1341. FONTENELLE (J.). Fossile humain de Moret. — Encore un mot sur le fossile, etc. 1824, in-8.

1342. HUOT. Notice géologique sur le prétendu fossile humain de Moret. 1824, in-8.

1343. PRESTWICH (J.). Lettre sur le prétendu fossile humain de Moret. 1824, in-8.

1344. CUVIER (G.). Recherches sur les ossements fossiles, où l'on rétablit les caractères de plusieurs animaux dont les révolutions du globe ont détruit les espèces. 1825, in-4.

1345. PÉGHOUX. Fossiles humains trouvés près Martres-de-Veyre. 1830, in-8.

1346. * Découverte de fossiles humains antédiluviens. — *Ann. de philos. chrét.* t. I, II, 1830, in-8.

1347. * Sur les Fossiles humains, trouvés à Saint-Arnould. avec réponse. — *Même recueil*, t. III, 1831, in-8.

1348. YVAN (le Dr). Ossements humains trouvés à Bize. 1831, in-8.

1349. * Caverne à ossements, à Villiers. — *Ann. de philos. chrét.*, t. V, 1832, in-8.

1350. CHESNEL (mis de). Quelques réflexions sur les ossements humains fossiles. 1833, etc., in-8.

1351. TOURNAL. Considérations générales sur le phénomène des cavernes à ossements. 1833, in-8.

1352. MOURCIN (J.-Th. de — de Meymé-Lassaugerie). De l'État et de la civilisation des Gaulois et principalement de leurs outils de pierre. 1834. (Ouvrage resté inédit.)

1353. * Fossiles humains. — *Ann. de philos. chrét.*, t. XIV. 1836, in-8.

1354. BERNARD. Découverte d'ossements humains fossiles dans la grotte de Gigny (Jura). 1835, in-4.

1355. FABREGUETTE et CAPORAL. Lettres annonçant l'envoi d'un fragment de rocher de l'île de Crète dans lequel sont engagés des ossements humains regardés comme fossiles. 1836, in-4.

1356. BLAINVILLE (de). Sur les Ossements fossiles attribués au géant Teutobochus. 1836, in-4.

1357. GEOFFROY-SAINT-HILAIRE (Ét.). Sur des Ossements humains provenant des cavernes de Liège. 1838, in-4.

1358. JONNÈS (Moreau de). Remarques

sur le prétendu fossile humain de la Guadeloupe. 1841, in-4.

1359. SAINT-VINCENT (Bory de). Lettre sur une caverne à ossements découverte dans les environs d'Alger. 1841, in-4.

1360. DESNOYERS (J.). Notes sur les cavernes et les brèches à ossements des environs de Paris. 1842, in-4.

1361. ROBERT (F.). Sur des Ossements humains trouvés dans un bloc de calcaire marneux aux environs d'Alais. 1844, in-4.

1362. BROTONNE (F. de). Civilisation primitive, ou Essai de restitution de la période antéhistorique. 1845, in-8.

1363. LASSAIGNE. Examen chimique des os provenant de la découverte faite dans une carrière et d'une pétrification. 1845, in-4.

1364. PERTHES (J. Boucher de Crèvecœur de). L'Industrie primitive, etc. 1846, in-8.

1365. — Antiquités celtiques et antédiluviennes. Mémoire sur l'industrie primitive et les arts à leur origine. 1846-65, 3 vol. in-8.

1366. * Découverte d'un fossile humain dans les roches de Denise (Haute-Loire), en 1848.

Mention de cette découverte dans les *Annales de la Soc. acad. du Puy*, t. XIII, 1847-48. *Puy*, 1849, in-8, p. 28.

1367. DOZOUS. Lettre sur des ossements humains considérés comme fossiles. 1851, in-4.

1368. GASSIES (J.-B.). Notice sur quelques faits relatifs à la fabrication des haches celtiques. 1852, in-8.

1369. MAURY (L.-F. Alfred). Des Ossements humains et des ouvrages de main d'homme enfouis dans les roches et les couches de la terre, etc. 1852, in-8.

1370. SERRES. Note sur la paléontologie humaine. 1853, in-4.

Squelettes gaulois à Villers-Saint-Sépulcre.

1371. * Armes offensives en silex. — *Rev. arch.*, IX, 1853, in-8, p. 504.

1372. LYELL (Ch.). Principles of geology; 9e éd. 1855, in-8.

1373. — Manuel de géologie élémentaire ou changements anciens de la terre et de ses habitants. 1857, 2 vol. in-8.

1374. ROUGEMONT (F. de). Le Peuple primitif, sa religion, son histoire, sa civilisation. 1855-57, 3 vol. in-8.

1375. JONNÈS (A. Moreau de). La France avant ses premiers habitants. 1856, in-8.

1376. CARRO. Voyage chez les Celtes, ou de Paris au mont St-Michel par Carnac... 1857, in-8.

1377. * Découverte d'instruments faits de main d'homme antérieurs au déluge. — *Ann. de philos. chrét.*, t. LIX, 1858, in-8.

1378. GAUDRY (A.). Contemporanéité de l'espèce humaine et de diverses espèces animales aujourd'hui éteintes. 1859, in-4.

1379. — Sur le Résultat de fouilles géologiques entreprises aux environs d'Amiens. 1859, in-4.

1380. — Lettre à M. Flourens. 1859, in-4.

Os de cheval et de bœuf trouvés dans la même couche de diluvium d'où l'on a tiré des haches en silex.

1381. PERTHES (Boucher de). Antiquités antédiluviennes. 1859, in-8.

1382. — Antiquités antédiluviennes. Réponse à MM. les Antiquaires et Géologues présents aux assises archéologiques de Laon. 1859, in-8.

1383. — De l'Homme antédiluvien et de ses œuvres. 1860, in-8.

1384. PRESTWICH (J.). Lettre à M. Élie de Beaumont. 1859, in-8.

1385. — Mémoire sur la découverte d'instruments en silex associés à des restes de mammifères d'espèces non remaniées de la dernière période géologique. 1859, in-8.

1386. COLLOMB (Éd.). Existence de l'homme sur la terre antérieurement à l'apparition des anciens glaciers. 1860, in-8.

1387. GEVREY (C.). Dissertation sur les haches celtiques. 1860, in-8.

1388. LARTET (Ed.). Ancienneté géologique de l'espèce humaine dans l'Europe occidentale. 1860, in-8.

1389. PICTET (F.-J.). De la Question de l'homme fossile. 1860, in-8.

1390. * Haches en silex antédiluviennes, leur découverte, etc. — *Ann. de philos. chrét.*, 4e série, t. XX, 1860, in-8, p. 160 et 435.

1391. BOITARD et JOUBERT (Ch.). Études antédiluviennes; Paris avant l'homme; l'homme fossile, etc. Suivi d'une nomenclature des trois règnes de la nature antédiluvienne. 1861, in-8.

1392. MORLOT (A.). Leçon d'ouverture d'un cours sur la haute antiquité. 1861, in-8.

1393. DELANOUE (J.). De l'Ancienneté de l'espèce humaine, etc. 1862, in-8.

1394. GARNIER (J.). Silex taillés des temps antéhistoriques. 1862, in-8.

1395. LACHÈZE (P.). Cavernes à ossements. Monuments cyclopéens en Gaule. Caverne à ossements. Emplacement d'Anderitum. 1862, in-8.

1396. BEAUVOIS (E.). Les Antiquités primitives du Danemark : l'âge de pierre. 1863, in-8.

1397. BOURGEOIS (l'a.). Simple causerie sur les découvertes récentes relatives à l'homme fossile. 1863, in-8.

1398. — Essai de détermination des caractères propres à distinguer les instruments à silex des diverses époques. 1864, in-4.

1399. GARRIGOU (le dr F.). L'Homme fossile; historique général de la question et discussion de la découverte d'Abbeville. 1863, in-8.

1400. PERTHES (Boucher de). Note sur une mâchoire humaine découverte à Abbeville... 1863, in-8.

1401. QUATREFAGES (de). Note sur une mâchoire humaine découverte par M. Boucher de Perthes. 1863, in-8.

1402. ROBERT (E.). Interprétation naturelle des pierres et des os travaillés par les habitants primitifs des Gaules. 1863, in-8.

1403. TOURNAL. Monuments antéhistoriques et monuments primitifs de la Gaule. 1863, in-8.

1404. LYELL (Ch.). L'Ancienneté de l'homme prouvée par la géologie (trad. par Chaper). 1863-64, in-8. — 2e éd. revue par E.-T. Hamy, 1872, in-8.

1405. — L'Ancienneté de l'homme; appendice. L'homme fossile en France. Sur les communications faites à l'Institut par MM. Boucher de Perthes, Boutin, P. Cazalis de Fondouce, etc. 1864, in-8.

1406. CAUMONT (A. de). L'Age de pierre et l'âge de bronze. 1864, in-8.

1407. DEVALS aîné. Les Habitations troglodytiques. 1864, in-18; 1866, in-4; 1869, in-8.

1408. DEVÉRIA (Th.). La Race supposée proto-celtique est-elle figurée dans les monuments égyptiens? 1864, in-8.

1409. EVANS. Instruments de silex dans le diluvium. Traduit de l'anglais par S. Ferguson fils. 1864, in-8.

1410. MOULINS (Ch. des). La Patine des silex travaillés de main d'homme, et quelques recherches sur les questions diluviale et alluviale.

Extrait (chap. V) d'un Mémoire intitulé : *Le Bassin hydrographique de Couzeau*. 1864, in-8.

1411. NADAILLAC (de). Mémoire sur les silex taillés antédiluviens et celtiques. 1864, in-8.

1412. BODIN (l'a.). Couteaux et nuclei de silex. 1865, in-8.

1413. GERVAIS (le dr P.). De l'Ancienneté de l'homme. 1865, in-4.

1414. PERTHES (Boucher de). De la Mâchoire humaine de Moulin-Quignon. Nouvelles découvertes en 1863 et 1864. 1865, in-8.

1415. — Des Outils de pierre. 1865, in-8. — 1867, in-8.

1416. QUICHERAT (J.). Rapport sur le dernier mémoire de M. Boucher de Perthes. 1868, in-8.

Sur les outils de pierre.

1417. ROBERT (E.). Paléontologie, observations critiques sur l'âge de pierre. 1865, in-8.

1418. BOURGEOIS (l'a.). Réponse aux « Observations critiques » de M. Eug. Robert, etc. 1865, in-8.

1419. SAMBUCY-LUZENÇON (cte de). Essais archéo-anthropologiques. 1865, in-8.

1420. DAMOUR (A.). Sur la Composition des haches en pierre trouvées dans les monuments celtiques et chez les tribus sauvages. 1866, in-8.

1421. LUBBOCK (J.-W.). Pre-historic

times, etc. — Trad. sous le titre de *L'Homme avant l'histoire*, etc., par Ed. Barbier. 1867, in-8.

1422. BERTHOUD (S.-Henry). L'homme depuis cinq mille ans. 1865, in-8. — Autres éditions.

1423. ROUGEMONT (F. de). L'Âge du bronze ou les Sémites d'Occident. 1866, in-8.

1424. JESSÉ (mis de). Sur les Haches celtiques. 1866, in-8.

1425. PEIGNÉ-DELACOURT. Notice raisonnée sur deux instruments inédits de l'âge de pierre, un tranche-tête et une lancette, avec 6 grav. 1866, in-4.

1426. VILLENEUVE (cte de). Les Hachettes en silex, etc. 1866, in-8.

1427. * Liste des cavernes à ossements et grottes sépulcrales, signalées jusqu'à ce jour à la direction de la *Revue* [*archéologique*]. (Note de la direction.) — *Rev. archéol.*, 2e série, t. XIII, année 1866, p. 264-267.

Voir au Catalogue alphabétique le nom de GAFFAREL.

1428. * Répertoire de la carte des cavernes.

Dictionn. archéolog. de la Gaule, t. Ier.

1429. Congrès international d'anthropologie et d'archéologie préhistoriques (comptes-rendus sommaires dans les *Matériaux pour l'histoire de l'homme*).

Comptes-rendus détaillés (chacun en 1 vol. in-8) :

1re session, à Neufchâtel, 1866. *Paris, Reinwald*, 1866.

2e, à Paris, 1867. *Ibid.*, 1868, in-8.

3e, à Norwich, 1868. (Texte anglais.) *Londres*, 1869.

4e, à Copenhague, 1869. *Copenhague*, 1875. Cp. no 1448.

5e, à Bologne, 1871. *Bologne; Paris, J.-B. Baillière*, 1873.

6e, à Bruxelles, 1872. *Bruxelles; Paris, J.-B. Baillière*, 1873.

7e, à Stockholm, 1874. *Stockholm*, 1875. (Édition détruite dans l'incendie de l'imprimerie royale de Suède). — V. le rapport d'Alex. Bertrand sur ce congrès, *Archives des Missions scientif. et litt.*, 3e série, t. III, 1876, p. 1-36.

1430. FALLUE (L.). De l'Art récemment qualifié antédiluvien, etc. 1867, in-8.

1431. GANSANGE. Ueber Stein-denkmäler und den Stein-cultur in Æltesterzeit. 1867, gr. in-8.

1432. MORTILLET (G. de). Promenades préhistoriques à l'Exposition universelle de 1867. 1867, in-8.

1433. CHANTRE (E.). Études paléoethnologiques ou recherches géologico-archéologiques sur l'industrie et les mœurs de l'homme des temps antéhistoriques dans le nord du Dauphiné et les environs de Lyon. 1867, in-4.

1434. BOURLOT (J.). Histoire de l'homme préhistorique, anté et postdiluvien. 1867-68, in-8.

1435. BRAULT (le dr). Des Ages antéhistoriques. 1868, in-8.

1436. SIMPSON (James). Archaic sculptures of cups, circles, etc. 1867.

1437. CLEUZIOU (H. du). Des Instruments classés sous le nom de haches de pierre et de haches de bronze. 1868, in-8.

1438. GARRIGOU (le dr F.). A M. Éd. Filhol père. Lettre. 1868, in-8.

1439. GONGARA (y Martinez). Antiguedades prehistóricas. 1868, in-8.

1440. GUÉRIN (R.). Les Objets antéhistoriques du musée Lorrain. 1868, in-8.

1441. TUBINO (Fr.-M.). Estudios prehistóricos, cuaderno 1 (unico). 1868, in-8.

1442. VERNEILH (J. de). Coup d'œil sur la galerie de l'histoire du travail à l'Exposition universelle. 1868, in-8.

1443. VILLEMARQUÉ (A. Hersart de La). Les Pierres et les textes celtiques. 1868, in-8.

1444. ANCELIN (A.). Conférence sur l'archéologie préhistorique en Europe, etc. 1868, in-8.

1445. NADAILLAC (de). L'Ancienneté de l'homme. 1868-1869, in-8.

1446. DANIEL (l'a.). Le Préceltisme. 1848, in-8.

1447. BOURGEOIS (l'a.). Nouvelle affirmation de l'homme tertiaire. 1869, in-8.

1448. MARSY (A. de). Compte-rendu sommaire du congrès d'archéologie préhistorique de Copenhague. 1870, in-8.

1449. FARES (F.). L'Homme préhistorique. 1870, in-8.

1450. QUICHERAT (J.). Rapport sur un projet de classification des antiquités préhistoriques, présenté par M. Devals. 1870, in-8.

1451. THOMPSON (J.-P.). Man in Genesis and in Geology. 1870, in-8.

Voir, comme complément de cette section, la revue intitulée *Matériaux pour servir à l'histoire de l'homme*, fondée par G. de Mortillet en 1864, et le catalogue ms. de la bibliothèque du Musée gallo-romain, à St-Germain-en-Laye.

B. Antiquités lacustres.

1452. KELLER (F.). Keltische Pfahlbauten in den Schweizerseen. 1854, in-4.

1453. — Rapports sur les habitations lacustres de la Suisse. 1854-66, in-4.

1454. TROYON (F.). Habitations lacustres des temps anciens et modernes. 1860, in-8.

1455. KELLER (le dr F.). Remarques critiques sur le livre intitulé : *Habitations lacustres des temps anciens et modernes*, de Fc Troyon. 1863, in-8.

1456. LUBBOCK (J.-W.). Résumé des ouvrages des écrivains suisses sur les antiquités lacustres. (En anglais) — *Natural history rewiew*, 9 janv. 1862.

1457. SERRES (Marcel de). Des Pierres de fronde trouvées dans les habitations lacustres de la Suisse et dans les terrains d'alluvion de l'Amérique du Sud. 1862, in-8.

1458. SIMIAN (A.-P.). Les Cités lacustres en Suisse, en Irlande et en Dauphiné. 1863, in-8.

1459. MORLOT (A.). Sur le 5e Rapport de M. Keller sur les habitations lacustres de la Suisse. 1864, in-8.

1460. DESPINES (le bon). Remarques comparatives entre les habitations lacustres des lacs de la Suisse et de la Savoie. 1865, in-8.

1461. BONSTETTEN (de). Les Anneaux ont-ils servi de monnaies chez les populations lacustres? 1870, in-8.

Voir aussi, dans la série des Régions, la section SAVOIE, et, dans celle des Départements, les sections SAVOIE et HAUTE-SAVOIE. — V. dans le Catalogue alphabétique les noms F. KELLER et RABUT.

11e SECTION. — ART GAULOIS ET GALLO ROMAIN.

1462. FÉLIBIEN (dom Michel). Dissertation sur les antiquités celtiques.
Histoire de Paris, t. I, 1725, in-fol.

1463. DESLANDES. Lettre sur une antiquité celtique. 1727, in-4.

1464. BAULAIRE (L.). Description d'une statue antique d'un prêtre gaulois. 1753, in-4.

1465. ZURLAUBEN (de). Sur une Clef antique. 1768, in-8.

1466. SAUVAGÈRE (L.-L. Le Roger d'Artezet de La). Recueil d'antiquités dans les Gaules. 1770, in-4.

1467. FORKEL (J.-N.). Allgemeine Geschichte der Musik. 1788-1801, 2 vol. in-4.

Voir notamment, t. II, p. 93-112.

1468. BECKER (G.-G.). Augusteum (galerie royale de Dresde). 1804-12, 3 vol. in-fol.

1469. WILLEMIN (N.-X.). Monuments français inédits pour servir à l'histoire des arts, etc. 1806-1834, in-fol.

1470. LENOIR (Alex.). Notice sur l'usage des vases lacrymatoires. 1809, in-8.

1471. — Peintures, vases et bronzes d'antiques de la Malmaison. 1810, in-8.

1472. DUBOIS (L.-J.-J.). Catalogue d'antiquités égyptiennes... et celtiques, etc., du comte de Choiseul-Gouffier, de Dufourny, de Minaut et de Grivaud. 1818-20, in-8.

1473. MÈGE (Al. du). Sur quelques monuments inédits représentant Claude le Gothique, Nera Pivesuvia et les deux Tetricus. 1834, in-4.

1474. LECOMTE (Augustin). Discours... sur cette question : Établir la différence de la musique des Celtes et de celle des Grecs avec le chant ambrosien et le mosarabique, etc. 1835, in-8, 1 pl.

1475. ARTAUD. Histoire abrégée de la

peinture en mosaïque, suivie de la description des mosaïques de Lyon et du midi de la France. 1835, in-4.

1476. WITTE (bon J. de). Description des antiquités et objets d'art qui composent le cabinet de feu M. le chevalier E. Durand, etc. 1836, in-8.

1477. — Description des vases peints et des bronzes antiques qui composent la collection de M. de M... (de Magnoncourt). 1839, in-8.

1478.—Description de la collection d'antiquités de M. le vicomte Beugnot. 1840, in-8.

1479. RIGOLLOT (le dr). Mémoire sur une petite statue de Midas. 1845, in-8.

1480. CRAZANNES (bon Chaudruc de). Statuette gauloise en fer. 1848, in-8.

1481. GIRARDIN (J.). Analyse de plusieurs produits d'art d'une haute antiquité. 1846, in-8.

1482. ROBERT (Ch.). Sur une fibule gallo-romaine en bronze avec trace d'émaux. 1850, in-8.

1483. THIOLLET. Notes sur diverses sculptures gallo-romaines [à Sens, à Bourges, à Besançon, à Tours et à Champlieu]. 1852, in-8.

1484. PROTAT. Rapport sur un dé à jouer, dit romain. 1853-54, in-8. 1 pl.

1485. SMITH (Ch. R.). Catalogue of the Museum of London antiquities. 1854, in-8.

1486. MATHON fils. Épingle à cheveux de l'époque mérovingienne, 1856, in-8.

1487. LONGPÉRIER (A. de). Antiquités gauloises ; le guerrier mourant du Capitole. 1856, in-4.

1488. SIMON (V.). Notice sur quelques objets d'art antiques. 1856, in-8.

1489. CREULY (gal). Musées archéologiques et collections particulières. — IV. Musée de Dijon. 1860, in-8.

1490. LEDAIN (l'a.). Notice sur les antiquités des musées de Mayence et de Wiesbaden et sur quelques antiquités des bords du Rhin et de ceux de la Moselle inférieure. 1861, in-8.

1491. BARRY (E.). Étude sur les lampes rom. en bronze faisant partie de la collection de M. E. Barry. 1861, in-8.

1492. FLEURY (E.). La Civilisation et l'art des Romains dans la Gaule Belgique. 1861, in-8.

1493. RENNERIE (J. de la). Antiquités celtiques. 1863, in-8.

1494. GAILHABAUD (Jules). L'Art dans ses diverses branches chez tous les peuples et à toutes les époques jusqu'en 1789. 1863-65, 36 livr. in-4, pl.

1495. HUCHER (E.). De l'Art gaulois. 1864, in-8.

1496. BARTHÉLEMY (A. de). L'Art gaulois. 1864, in-8.

1497. FOURNALÈS. Notice sur quelques objets d'antiquité. 1865, in-8.

1498. WITTE (bon J. de). Catalogue de la collection d'antiquités de M. Alexandre Castellani. 1866, in-8.

1499. ROMAN (J.). Petits bronzes romains inédits. 1866, in-8.

1500. PEIGNÉ - DELACOURT. Porte-lampes du ve siècle, etc. 1866, in-8.

1501. FALLUE (L.) * De l'Art chez les peuples primitifs après leurs migrations dans la Gaule. 1867, in-8.

1502. CLOSMADEUC (le dr G. de). A propos d'une brochure récente (De l'art chez les peuples primitifs après leurs migrations dans la Gaule, par M. L. Fallue), etc., etc.

1503. L'HÔTE. Histoire de l'art romain dans les Gaules, les bains antiques, quelques basiliques de Saintonge. 1867-68, in-8.

1504. LONGPÉRIER (A. de). Notice des bronzes antiques exposés dans les galeries du Musée impérial du Louvre. 1868, in-8.

Indication d'un grand nombre d'objets trouvés dans les Gaules : l'Apollon de Lillebonne, le trésor d'Angers, etc.

1505. — Notice sur un vase gaulois de la collection du Louvre. 1869, in-8.

1506. DUPLESSIS. Note sur un sufflamen en fer. 1868, in-8.

1507. CHABOUILLET (A.). Sur une main de bronze appartenant à une peuplade gauloise nommée en grec : ΟΥΕΛΑΥΝΙΟΥΣ. 1869, in-8.

1508. TUDOT (E.). Collection de figurines en argile, œuvres premières de l'art gaulois, avec les noms des céramistes qui les ont exécutées, recueillies, dessinées et décrites. 1870, in-4.

12e SECTION. — MONUMENTS DITS CELTIQUES

Destination non désignée dans le titre.

1509. CAYLUS (cte de). Observation et figures de divers anciens monuments de pierre qui se voient en plusieurs provinces maritimes de France.

Recueil d'antiquités, t. VI, 1764, in-4, p. 361-390.

1510. CAMBRY (J.). Monuments celtiques. 1805, 1 vol. in-8. *Paris.*

1511. BARAILLON (J.-F.). Recherches sur plusieurs monuments celtiques et romains. 1806, in-8.

1512. FOREST. Recherches sur les monuments celtiques. 1827, in-8.

1513. O'SULLIVAN. Recherches sur les monuments dits celtiques (dans l'*Histoire d'Irlande*, de Th. Moore. 1831, in-8).

1514. BATHURST DEANE. Remarks on certain celtic monuments. 1833, in-4.

1515. DULAURE. Des Monts celtiques appelés pierres branlantes. 1836, in-8.

1516. PILLAIE (de la). Tableaux synoptiques présentant un essai sur la classification des monuments celtiques. 1836-37, in-8.

1517. BOURASSÉ (l'a.). Rapport entre les monuments celtiques et les monuments des plus anciens peuples de l'Asie. 1842, in-8.

1518. PROU. Études sur les monuments celtiques. 1846, in-8.

1519. BIOT (E.). Mémoire sur quelques anciens monuments de l'Asie analogues aux pierres druidiques. 1849, in-8.

1520. MÉRIL (E. du). Mélanges archéologiques et littéraires. 1850, in-8.

Ouvrage contenant un travail relatif aux monuments dits celtiques.

1521. MÉRIMÉE (P.). Résumé de l'opinion de M. Worsaae sur les monuments dits celtiques. 1853 (*Moniteur*).

1522. GALLES (L.). Considérations sur les pierres druidiques nommées dolmens. 1854, in-12.

1523. CARRO (Ant.). Voyages chez les Celtes, ou de Paris au Mont-St-Michel, par Carnac, suivi d'une Notice sur les monuments celtiques des environs de Paris. 1857, in-8.

1524. MOUILLARD (l'a.). Les Monuments druidiques. 1858, in-8.

1525. CHATELLIER (du). Utilité de l'exploration des monuments celtiques. 1861, in-8.

1526. VOISIN (l'abbé). Monuments de pierre : Que la plupart de nos monuments de pierres seraient des fins ou limites de fiefs. 1861, in-8.

1527. BERTRAND (Alexandre). Les Monuments primitifs de la Gaule. — Monuments dits celtiques. — Dolmens et tumulus. 1863, in-8.

Conclusions du Mémoire couronné par l'Institut en 1862.

1528. — De la Distribution des dolmens sur la surface de la France. Nouvelle note avec carte. 1864, in-8.

1529. LONGUEMAR (Le Touzé de). Compte rendu de quelques explorations archéologiques exécutées par MM. de Gennes, etc... Fouilles de dolmens. 1863, in-8.

1530. ROSENZWEIG (L.). Notice sur les lec'hs bretons. 1863, in-8.

1531. CARRO (A.). Mémoire sur les monuments primitifs dits celtiques et antéceltiques. Essai d'explication de leur origine et de leur destination. 1863, in-8.

1532. — Sur l'origine et l'usage des dolmens. 1866, in-8.

1533. FÉRAUD (L.-Ch.). Monuments dits celtiques dans la province de Constantine. 1862-64, in-8.

1534. DOGNÉE (E.). Classification des monuments antérieurs à la domination romaine dans la Gaule. Notes 1864, in-8.

1535. MARTIN (Henri). Considérations sur quelques questions adressées au Congrès des Soc. sav. 1864, in-8.

Origine des monuments celtiques.

1536. ROBERT (le dr Eug.). Destinations principales des monuments celtiques avec quelques aperçus sur les ossements et les poteries contenues dans les hypogées. 1864, in-8.

1537. — Age présumable des monuments celtiques, etc. 1864, in-8.

1538. BONSTETTEN (de). Essai sur les dolmens. 1865, in-4. 1 carte, planches, dessins sur bois.

1539. LEGUAY (L.). Explication des expressions *Barrow* et *Gal-Gal*. 1865, etc.

1540. D'AULT-DUMESNIL (Geoffroi). Phénomènes de dénudation et de désagrégation : Recherches sur la provenance des granits qui ont servi à élever les monuments dits celtiques. 1866, in-8.

1541. CAUMONT (A. de). Archéologie des écoles primaires comprenant les monuments celtiques, gallo-romains et du moyen âge. 1867, in-12.

1542. — Les dolmens sont des cavités sépulcrales autrefois au centre des tumulus. 1863, in-8.

1543. TEXIER (V.). Pierres celtiques, etc. 1867, in-8.

1544. MARTIN (H.). Origine des monuments mégalithiques. 1868, in-8.

1545. TAILLIAR (E.). Des Lieux consacrés et des monuments de pierre chez les nations celtiques du centre et du nord de la Gaule. 1869, in-8.

1546. LUCKIO (W.-E.). Sur la dénomination de dolmens ou cromlec'hs. 1869, in-8.

Voir, à titre de complément, la série départementale, section MORBIHAN.

13e SECTION. — MONUMENTS DIVERS

1547. COCCIUS ou Cock (Jér.). Præcipua aliquot romanæ antiquitatis ruinarum monimenta... 1551, in-fol.

1548. — Operum antiquorum romanorum, hinc inde exstructorum reliquiæ. 1562, in-fol.

1549. * De Balneis omnia quæ extant apud Græcos, Latinos et Arabas scriptores qui hanc materiam tractaverunt. *Venetiis*, apud Valigrisum (*alias* apud Juntas), 1553, in-fol.

1550. BACCIUS (A). De Thermis, lacubus, fontibus, balneisque totius orbis. 1571, in-fol.

1551. DEMONTIOSUS (L.). Gallus Romæ hospes, ubi multa antiquorum monimenta explicantur. 1585, in-4.

1552. LIPSE (Juste). De Amphitheatris quæ extra Romam libellus. 1589, in-4, 1675, in-8 (t. III, *Op. omn.*)

1553. RUES (Fr. des). * Les Antiquités, fondations et singularités des plus célèbres villes, châteaux... de France. 1608, etc., in-12, etc.

1554. BACCIUS (A.). De Thermis Elpidiani civis romani, etc. 1622, in-fol.

1555. CHASTILLON (Cl.). Topographie française, représentation de plusieurs villes et châteaux de France. 1641, in-fol.

1556. JOUBERT (L.). De Balneis Romanorum et Græcorum. 1645, in-4.

1557. SERLIO. Veteres arcus. 1690, in-fol.

1558. BIANCHINI. La Historia universale provata con monumenti. 1697, in-4.

1559. HAHNIUS (S.-F.). Collectio monumentorum veterum ac recentium ineditorum, etc. 1724-26, 2 vol. in-8.

1560. MAFFEI. De Amphitheatro ac præsertim de Veronensi. — De amphitheatris et theatris Galliæ. 1728, in-8.

1561. MONTFAUCON (dom Bernard de). Les Monuments de la monarchie française, etc. 1729-33, 5 vol. in-fol.

1562. * Trésor des antiquités de la couronne de France, représentées en figures, d'après les originaux, etc. 1745, 2 vol. in-fol.

Ouvrage composé des 304 pl. qui avaient

servi à l'édition des *Monuments de la monarchie française*, du p. de Montfaucon. Voir Brunet, *Manuel*, t. V, col. 939.

1563. BOZE (de). Observations sur divers monuments singuliers. 1736, in-4.

1564. PLOETTNER. De Arcubus triumphalibus. 1750, in-8.

1565. CAMERON (Ch.). Les Thermes d'Agrippa, de Néron, de Titus, de Domitien, de Trajan, etc. 1772, in-fol.

1566. — Description des bains des Romains, enrichie des plans de Palladio, et d'une dissertation sur l'état des arts, etc. En anglais et en français. 1772, gr. in-fol.

1567. SAINT-GENOIS (J.). Monuments anciens essentiellement utiles à la France, aux provinces de Hainault, Flandre, Brabant, etc. 1782-1806, in-fol.

1568. BIANCONI (G.-L.). Descrizione dei circi, particolarmente di quello di Caracalla e dei giuochi in essi celebrati. 1789, etc., in-fol., etc.

1569. LENOIR (A.). Description historique des monuments de sculpture réunis aux musées des monuments français. Nouv. éd. 1793, in-8.

1570. — Musée des monuments français, etc... 1800-1820, 8 vol. in-8.

1571. — Histoire des arts en France, prouvée par les monuments, etc. 1811, in-4.

1572. DULAURE (J.-A.). Description des principaux lieux de France... An II, 6 vol. in-18.

1573. MILLIN (L.-A.). Antiquités nationales, etc. 1790-98, 5 vol. in-4 et in-fol. Fig.

1574. — Monuments antiques inédits ou nouvellement expliqués. Collection de statues, bas-reliefs, bustes, peintures, mosaïques, gravures, etc., etc. 1802-1804, 2 vol. in-4.

1575. BLEAU. Discours sur l'importance des monuments. 1803, in-8.

1576. PETIT-RADEL. Notice historique et comparée sur les aqueducs anciens et sur la dérivation de la rivière d'Ourcq. 1803, in-8.

1577. VINCELLE (Cl.-M. Grivaud de la). Recueil de monuments antiques... découverts dans l'ancienne Gaule. 1817, in-4.

1578. * Nouveau Voyage pittoresque de la France, orné de 360 gravures, etc. *Paris, Osterwald l'aîné*, 1817, 3 vol. in-4.

1579. WILLEMIN (N.-X.). Monuments français inédits, etc. 1806-39, 3 vol. p. in-fol.

1580. ROQUEFORT (J.-B. Boniface de). Vues pittoresques et perspectives des salles du musée des monuments français, etc., gravées par Lavallée et Réville, d'après les dessins de Vauzelle, avec texte de Roquefort. 1818-1821, in-fol.

1581. LENOIR (Alex.). Atlas des monuments des arts libéraux et industriels de la France, depuis les Gaulois, etc. 1820-27, in-fol.

1582. BRÈS (J.-P.). Souvenir du musée des monuments français; collection de 40 dessins, dessinés par M. J.-E. Biet, et gravés par MM. Normand. 1821, in-fol.

1583. ATHÉNAS (P.-L.). Autels druidiques. 1825.

1584. PALLADIO (A.). Œuvres complètes. Nouvelle édition, etc... 1825-42, 2 vol. in-fol.

Voir notamment son traité des Thermes. 1838.

1585. CAUMONT (c^te A. de). Cours d'antiquités monumentales. 1830-36, 6 vol. in-8.

1586. LABORDE (c^te A. de). Les Monuments de la France classés chronologiquement, etc., avec un texte explicatif. 1830-40, in-fol.

1587. PUIGGARRI. Notice sur un monument consacré à l'empereur Gordien III. 1830, in-8.

1588. VITET (L.). Rapport sur les monuments, etc., de l'Oise, l'Aisne, la Marne, du Nord et du Pas-de-Calais. 1831, in-8.

1589. KAFTANGIOGLU (L.). Osservazione sopra rarij monumenti antichi della Francia e dell'Italia, etc. 1832, in-8.

1590. * Carte archéologique de la France, projet de statistique des monuments gaulois et romains de la France par les employés du cadastre. — *Bull. de la*

Soc. de l'Hist. de France, années 1836, 1841 et 1842, in-8.

1591. JOUFFROY (A. de). Introduction à l'histoire de France. (Travail sur l'archéologie gauloise et française.) 4 parties. 1838, in-fol.

1592. * Instructions du Comité historique des arts et monuments. Première époque, indépendance gauloise. 1839, in-4.

1593. PELET (A.). Description des monuments romains de la France, exécutés en modèles à l'échelle d'un centimètre par mètre. 1839, in-8.

1594. GAILHABAUD (J.). Monuments anciens et modernes... 1839-50, in-4.

1595. BRETON (Fr.-P.-H.-E.). Les Monuments de tous les peuples, etc. 1843, in-8.

1596. CAUMONT (cte A. de). Notice sur les villæ ou maisons de campagne gallo-romaines. 1840, in-8.

1597. MAGNIN (Ch.). Liste des théâtres, amphithéâtres et cirques romains dont il existe des vestiges en France, etc. 1840, in-12.

1598. BECKER (W.-A.). Gallus, oder rœmischen Scenen. 1840, in-8.
Description des bains romains.

1599. MÉRIMÉE (Prosper). Rapport sur les monuments historiques, adressé au ministre de l'intérieur. 1843, in-4.

1600. RAMÉE (D.). Manuel de l'histoire... de l'architecture... et particulièrement de l'archit. en France (antiquité et moyen âge). 1843, 2 vol. in-12.

1601. — Histoire de l'architecture en France, depuis les Romains jusqu'au XVIe siècle. 1845, in-12.

1602. CRAZANNES (Chaudruc de). Sur des monuments gallo-romains. 1846, in-8.

1603. GAILHABAUD (J.). L'Architecture du Ve au XVIIe siècle, et les arts qui en dépendent. 1850-59, 4 vol. gr. in-4, atlas in-fol.

1604. HENNIN. Les Monuments de l'histoire de France... 1856-1867, in-8.

1605. MARSONNIÈRE (de la). Monuments romains (leur destruction). 1857, in-8.

1606. FOUQUET (le dr A.). Pierres à bassins. 1858, in-8.

1607. BATISSIER (L.). Histoire de l'art monumental dans l'antiquité et au moyen âge. 2e éd. 1860, gr. in-8.

1608. BOINDIN. Forme et construction du théâtre des anciens, etc. 1717, in-4. 2 pl.

1609. SAINTE-SUZANNE (F. de Boyer de). Les Divisions du théâtre antique chez les Romains. 1862, in-8.

1610. CAUMONT (cte A. de). Note sur le grand cirque de Rome et sur quelques aqueducs de la Gaule. 1861, in-8.

1611. — Note additionnelle sur les ruines de quelques théâtres gallo-romains (de Boyer de Sainte-Suzanne). 1862, in-8.

1612. BARRANGER. Étude archéologique sur le culte des pierres chez tous les peuples. 1863, in-8 (Cp. n° 536).

1613. BOURGEREL (G.). Fragments d'architecture et de sculpture dessinés d'après nature et autogr. 1863, in-8.

1614. COMMAILLE (A.). Des Aqueducs, des bains et des thermes dans l'antiquité romaine, etc. 1863, in-8.

1615. LERSCH (B.-M.). Geschichte der Balneologie, etc. 1863, in-8.

1616. CHATEAU (L.). Histoire et caractères de l'architecture en France depuis l'époque druidique jusqu'à nos jours. 1864, in-12.

1617. MARY-LAFON (J. Bernard Lafon, dit). La France ancienne et moderne. 1864, in-8.

1618. LONGUEMAR (A. de). Note sur un procédé d'enlèvement des mosaïques. 1865, in-8.

1619. COCHET (l'abbé). Note sur les ports et havres dans l'antiquité et au moyen âge. 1866, in-8.

1620. MACPHERSON (J.). The Baths and Wills of Europe, etc. 1869, in-8.

14e SECTION. — SÉPULTURES

1621. FENDT (T.). Monumenta sepulcrorum cum epigraphis, etc. 1551, in-fol.

1622. LILIUS (Gregor.). Pinax iconicus antiquorum ac variorum in sepulcris rituum ex Lilio Gregorio excerpta. 1556, in-8.

1623. PORCHACCHI (Th.). *Funerali antichi di diversi popoli et nationi... descritti in dialogo da Th. P. 1574, pet. in-fol, fig.

1624. GUICHARD (Cl.). Funérailles et autres manières d'ensevelir des Romains, etc. 1581, in-4.

1625. KIRCHMANN (J.). De Funeribus Romanorum. 1605, in-8; 1672, in-12.

1626. GUÉNEBAULT (J.-G.-D.). Le Réveil de Chyndonax, prince des Vacies, druydes celtiques Diïonois, avec la sainteté, religion et diversité des cérémonies observées aux anciennes sépultures. 1621, in-4.

1627. MEURSIUS (J.). De Funere, liber singularis. 16.., in-8.

1628. WEEVER (J.). Ancient funeral monument within Great Britain, etc. 1631, in-fol.

1629. CHIFFLET. Germaniæ matris sacrorum titulus sepulcralis explicatus; verus exequiarum ritus una detectus. 1634, in-4.

1630. PERUCCI (F.). Pompe funebri di tutte le nazioni del mondo, etc. 1639, in-fol.

1631. CHIFFLET. Anastasis Childerici I, Francorum regis, sive thesaurus sepulchralis, etc... 1655, in-4.

Cp. le n° 1666.

1632. MURET. Cérémonies funèbres de toutes les nations. 1679, in-12.

1633. SCHMINCKIUS. De Urnis sepulcralibus et armis lapideis Cattorum. 1714, in-4.

1634. R*** (le p. B. Routh). Recherches sur la manière d'inhumer des anciens à l'occasion des tombeaux de Civaux en Poitou. 1738, in-12.

1635. LEBEUF (l'a. J.). Examen d'un passage de Grégoire de Tours sur le temps où l'on a commencé d'enterrer les morts dans les cités. 1754, in-4.

1636. GIRAUD (P.). Les Tombeaux, ou Essai sur les sépultures, etc. 1801, in-4.

1637. POMMEREUIL (le gal). Mémoire sur les funérailles et les sépultures. 1801, in-8.

1638. MONGEZ (A.). Mémoire sur les cercueils de pierre, que l'on trouve en grand nombre dans plusieurs provinces de l'ancienne France. 1818, in-4.

1639. VINCELLE (Cl. M. Grivaud de la). Mémoire sur l'usage des vases appelés lacrymatoires. 1807, in-4.

1640. PELLIEUX (J.-N.). Notice sur des briques antiques, suivie de remarques sur la position du corps dans les anciens tombeaux. 1809, in-8.

1641. GALLARDOT et PERCY (bon P.-Fr.). * Notice sur les autels et les tombeaux des anciens peuples du nord de l'Europe. 1811, in-8.

1642. MONGEZ. Mémoire sur les pierres tranchantes trouvées dans les sépultures anciennes (avec une planche). 1821, in-4.

1643. WILLAUME. Recherches sur les sépultures souterraines de quelques peuples anciens; et description d'un cimetière de Madrid. 1818, in-8.

1644. GIRAULT (Cl.-X.). Opinion sur les gobelets mis dans les mains des personnages représentés sur les monuments funéraires. 1820, in-8.

1645. JAMIESON, tradr H.-B*** (Boulard). De l'Origine de la crémation. 1821, in-8.

1646. MONTRICHARD (mis de). [*Ms*] Mémoire sur l'usage de plusieurs tours antiques et des pyramides de terres appelées *Tombes*, dans les Pays-Bas, et *Poïttes*, ou Pappes, en Bresse.

1647. LEGRAND D'AUSSY. Sépultures nationales. 1824, in-8.

1648. GERVILLE (C. de). Essai sur les sarcophages, leur origine, la durée de leur usage. 1836, in-8.

1649. DUPARC. Remarques sur les tombeaux et les cérémonies funèbres. 1841, in-8.

1650. BEAULIEU (de). Des Sarcophages en plomb et de l'époque à laquelle ils commencèrent à être en usage en Gaule. 1842, in-8.

1651. BRETON (E.). Études sur les tombeaux des anciens. 1842-43, in-8.

1652. SANTERRE (l'abbé). Dissertation sur les ossements de cheval que l'on rencontre ordinairement près des autels et des tombeaux gaulois. 1842, in-8.

1653. * Cimetières gallo-romains, romains et mérovingiens d'une époque inconnue.

Soc. de l'Hist. de France, année 1843, p. 178; 1844, p. 133, 166; 1845-1846, p. 154-157; 1847-1848, p. 40; 1849-1850 p. 236; 1853, p. 167; 1853, p. 168; 1847-1848, p. 160; 1849-1850, p. 236; 1851-1852, p. 43; 1854, p. 168; 1844, p. 138; 1849-1850, p. 13, 328; 1851-1852, p. 29-172.

1654. LATAPIE. Des Funérailles chez les peuples de l'antiquité. 1846, in-8.

1655. BARRY (C. et A.-E.). Note sur le tombeau de la famille étrusque des Volumnii. 1849, in-8.

1656. RIGOLLOT (dr). Recherches historiques sur les peuples de la race teutonique qui envahirent les Gaules au ve siècle, et sur le caractère des armes, des boucles et des ornements recueillis dans leurs tombeaux, particulièrement en Picardie. 1850, in-8.

1657. UHRICH (cel). Notice sur quelques monuments funéraires romains et gallo-romains. 1850-51, in-8.

1658. DURAND (G.-J.). Notice sur les anciens ouvrages en terrassements connus sous le nom de tumulus ou mottes. 1852, in-8.

1659. JEANTIN. Notice sur un champ d'incinération suévique. 1re partie, 1852-53, in-8.

1660. COCHET (l'abbé). Sépultures romaines et sépultures mérovingiennes. 1853, in-8.

1661. PERREAU (A.). Recherches sur les anciens tumuli. 1854-55, in-8.

1662. MARTONNE (A. de). Sur le respect des sépultures chez les différents peuples. 1855, in-8.

1663. FEYDEAU (E.-A.). Histoire des usages funèbres et des sépultures des peuples anciens. 1857-61, 3 vol. in-4.

1664. COCHET (l'abbé). Sépultures gauloises, etc. 1857, in-8.

1665. — De la Coutume d'inhumer... dans des tonneaux en terre cuite. 1859, in-8.

1666. — Le Tombeau de Childéric. 1859, gr. in-8.

1667. — Archéologie céramique et sépulcrale, ou l'art de classer les sépultures anciennes à l'aide de la céramique. (2 éditions) 1860, in-4.

1668. CAUMONT (cte A. de). Nécrologie gallo-romaine, ou excursions dans les musées lapidaires de France. 1861, in-8.

1669. THAURIN (J.-M.). Note historique et archéologique sur le cippe funéraire antique du batelier Aprinus. 1861, in-8.

1670. BOUCHET (Ch.). Des Sépultures en forme de puits. 1862, in-8.

1671. BARRANGER. Incinération des morts. 1862, in-8.

1672. FOUQUET (le dr A.). De quelques tumulus sans monuments intérieurs. 1867, in-8.

1673. CASTAN (A.). Note adressée au directeur du *Bulletin monumental* sur un point d'archéologie celtique. 1862, in-8.

Sépultures celtiques et gallo-romaines.

1674. MARTIN-DAUSSIGNY. Étude sur la dédicace des tombeaux gallo-romains. In-8.

1675. COCHET (l'abbé). Archéologie sépulcrale. 1863, in-4.

1676. LONGUEMAR (A. de). Résumé de diverses découvertes de sépultures anciennes. 1863, in-8.

1677. * Coup d'œil sur la sépulture dans l'antiquité et au moyen âge.—*Bull. de la Soc. nivernaise des sc., lett. et arts*, à Nevers. 2e série, t. I. 1863, gr. in-8, p. 42 à 53.

1678. RENNERIE (J. de la). Les Sarcophages. 1863, in-8.

1679. QUICHERAT (J.). Rapport sur des explorations de sépultures antiques à

Villeneuve-le-Roi et Villeneuve-Saint-Georges, près Paris, et à Menerbes (Vaucluse). 1864, in-8.

1680. ROCHAMBEAU (A. Lacroix de). Mémoire sur les sépultures en forme de puits, depuis les temps les plus reculés jusqu'à nos jours. 1864, in-8.

1681. BEAUCHET-FILLEAU. Notice sur les sépultures antiques et mérovingiennes. 1864-65, in-8.

1682. SIMON (V.). Notice sur les sépultures des anciens. 1844, in-8.

1683. — Observations sur des sépultures antiques. 1851, in-8.

1684. AUCAPITAINE (b[on] H.). Sépultures antiques et dans des vases de terre cuite. 1865, in-8.

1685. COCHET (l'abbé). Lettre relative à la question des sépultures anciennes et des tumuli. 1866, in-8.

1686. QUICHERAT (J.). Rapport sur l'état de la question des puits funéraires d'après les dernières fouilles de MM. Baudry et Bréan. 1866, in-8.

Voir, au Catalogue alphabétique, les noms BAUDRY (abbé F.) et BREAN.

1687. * Nouvelles archéologiques et bibliographiques. Sépultures gallo-romaines, etc. — *Bull. de la Soc. des antiq. de Normandie*, 7e ann. 1er trim. t. IV. 1866, in-8, p. 108-114.

1688. CHAMARD (dom). Lettre sur les anciens puits funéraires. 1867, in-8.

1689. MARTIGNY (l'abbé). Explication d'un sarcophage chrétien du musée lapidaire de Lyon, notice préliminaire sur les sarcophages chrétiens en général et sur ceux de la Gaule en particulier. 1867, in-8.

1690. ROCHAMBEAU (A. Lacroix de). Note sur les sépultures en forme de puits. 1867, in-8.

1691. CLOSMADEUC (le d[r] de). Du Mode de sépulture et des ossements des dolmens du Morbihan. 1868, in-8.

1692. FAIDHERBE (le g[al]). Recherches anthropologiques sur les tombeaux mégalithiques de Roknia. 1868, in-8.

1693. COCHET (l'abbé). Études sur les fosses de nos forêts. Explorations archéologiques. 1869, in-8.

1694. — Mémoire sur les cercueils de plomb dans l'antiquité et au moyen âge. 1869, in-8.

Voir, dans le livre de Fabricius, *Bibliotheca antiquaria*, l'article intitulé : *De funeribus Christianorum*. — Voir comme complément de cette section la série départementale, section MORBIHAN.

15e SECTION. — SCIENCES ET INDUSTRIE

A. *Sciences.*

1695. RICHARD (l'a.) [*Ms.*] Discours sur l'état des sciences dans les Gaules avant la conquête des Romains. 1762.

1696. VILLENAVE. État des sciences dans les Gaules avant l'ère vulgaire. 1834, in-8.

1697. LANCELOT. [*Ms ?*] État politique, civil et religieux des Gaules ; connaissances que les Gaulois avaient acquises dans les sciences, etc. 1839.

1698. LACKMANN (A.-H.). De Computatione annorum... priscis Hyperboreis usitata. 1744, in-4.

1699. LE BOYER (J.). Astronomie : sur le calendrier des Celtes. 1818, in-8.

1700. BACH (le r. p.). * Recherches sur la faune des Gaules et sur les origines qui s'y rapportent. 1868, in-8.

1701. SOURDEVAL (de). Le Cheval de race ancien et moderne. 1863, in-8.

1702. GREPPO (J.-G.-H.). Études archéologiques sur les eaux thermales et minérales de la Gaule à l'époque romaine. 1847, in-8.

B. *Industrie.*

1703. HEEREN (A. H. L. de). Voir ci-dessus n° 856.

1704. DUESBERG (J.). Histoire du commerce, de la géographie et de la navigation chez tous les peuples et dans tous les États... d'après l'ouvrage allemand de M. Hoffmann, avec des notes et des additions. 1849, in-8.

1705. MORTILLET (G. de). Origine de la navigation et de la pêche. 1867, in-8.

1706. LINAS (Ch. de). L'Histoire du travail à l'Exposition universelle de 1867. 1868, in-8.

1707. CAMBRY (J.). Notice sur l'agriculture des Celtes et des Germains. 1806, in-8.

1708. RE (F.). Saggio storico sopra agricoltura antica dei paesi posti fra l'Adriatico. 1817, in-8.

1709. BERGERIE (J.-B. Rougier, bon de La). Agriculture ancienne des Romains considérée dans ses rapports avec celle des Gaulois... 1814, in-8.

1710. — Histoire de l'agriculture des Gaulois... 1829, in-8.

1711. FLOBERT. De statu et conditione agricolarum Gallicana rura colentium supremis Romani imperii temporibus. 1853, in-8.

1712. CANCALON (V.). Agriculture chez les Gaulois. 1857, in-8.

1713. LONGPÉRIER (A. de). Monnaie de Probus. 1858, in-8.

Plantation de la vigne dans les Gaules.

1714. THAURIN (J.-M.). Les Machines agricoles dans l'antiquité. — Moissonneuses, etc. 1859, in-8.

1715. BORNET. Note sur les charrues antiques. 1863, in-8.

1716. BACH (le r. p.). Note sur les habitations gauloises, 1868, in-8.

1717. BARAILLON (J. Fr.). Recherches sur les premiers ouvrages de tuilerie (à l'époque gallo-romaine). 1802.

Ouvrage dont la publication n'est pas certaine.

1718. REVER (Fr.). Notice sur l'emploi des chaînes de briques dans les constructions romaines. 1826, in-8.

1719. HAROU-ROMAIN. Lettre sur l'emploi de la brique dans les constructions romaines. 1826, in-8.

1720. REVER (Fr.). [Lettre] à M. l'éditeur du *Lycée armoricain,* sur le genre de maçonnerie que les Romains employaient dans les Gaules. 1827, in-8.

1721. LA FAYE (de). Recherches sur la préparation que les Romains donnaient à la chaux, etc. 1852, in-8.

1722. JARS. Voyages métallurgiques ou recherches, etc. 1744-77, 3 vol. in-4.

1723. VELTHEIM (A.-F. cte de). Aufsätze historisch - antiquarisch - mineralogisches Inhalts. 1800, in-8.

1724. KARSTEN (C.-J.-B.). System der Metallurgie. 1830-32, 5 vol. in-8.

1725. ROSSIGNOL (J.-P.). Les Métaux dans l'antiquité, etc. 1863, in-8.

1726. GAIDOZ (H.). De l'Exploitation des métaux en Gaule. 1868, in-8.

1727. DAUBRÉE (A.). Aperçu historique sur l'exploitation des métaux dans la Gaule. 1868, in-8.

1728. GARRAULT (Fr.), sieur des Georges. Des Mines d'argent trouvées en France. 1574, in-8.

1729. SIMON (V.). Recherches sur l'usage du fer chez les anciens. 1842-43, in-8.

1730. TARTOIS. Procédés d'exploitation du fer dans les temps anciens. 1846, in-8.

1731. QUICHERAT (J.). Rapport sur les monuments de la sidérurgie gauloise découverts par M. Quiquerez dans le Jura bernois. 1867, in-8.

1732. MONGEZ (Ant.). Mémoire sur le bronze des anciens. 1801-27, in-4.

1733. — Mémoire sur l'étain des Romains. 1806, in-4.

1734. HOUSSEL (Ch.). Le Bronze et le Fer dans l'antiquité et le moyen âge. 1861, in-8.

1735. BORREL (F.). Mémoire sur les chaussées de routes en galets roulés, etc. 1837, in-8.

1736. SALLES (Delisle de). Lettre de Brutus sur les chars anciens et modernes. 1771, in-8.

1737. FABRICY (le p. Gab.). Recherches sur l'équitation et de l'usage des chars équestres chez les anciens. 1764-65, in-8.

1738. SAVY (A.). Vieux Fers à cheval romains. 1860, in-8.

1739. QUIQUEREZ (Aug.). Les anciens Fers de chevaux dans le Jura, avec planches. 1864, in-8.

1740. DELACROIX (A). La Busandale,

appendice au [précédent] mémoire de M. Quiquerez. 1864, in-8, pl.

1741. NICART (Pol.). Les Anciens ont-ils connu la ferrure à clous? 1866, in-8.

1742. DUPLESSIS. Recherches... sur l'origine de la ferrure du cheval. 1867, in-8.

1743. — Étude sur l'origine de la ferrure du cheval chez les Gaulois, etc. 1867, in-8.

* Résumé, fait par l'auteur, du mémoire précédent. — Voir, sur cette question, J. QUICHERAT (*Revue des Soc. sav.*, 5e série, t. VI, 1873, p. 250.).

1744. FOURGEAUD - LAGRÈZE (N.-F.). * Note étymologique, etc., sur le coquemart, pot romain... par N. F. L. 1868, in-8.

1745. JOHANNEAU (Éloi). Notice sur l'étymologie du nom de la chemise... et de quelle étoffe elle était chez les Gaulois. 1809, in-8.

1746. MONGEZ (Ant.). Note sur des poteries antiques de couleur rouge. 1808, in-4.

1747. JOHANNEAU (É.). Notice sur [un grand bassin de pierre, etc. 1810, in-8.

C. *Céramique.*

1748. LE PRÉVOST (Aug.). Mémoire sur une collection de vases antiques. 1832, in-4.

1749. LENORMANT (Ch.) et DE WITTE. Élite des monuments céramographiques. 1837 à 1861, 4 vol. gr. in-4.

1750. LE MAISTRE (L.-F.). De la Poterie chez les Gallo-Romains. 1842, in-8.

1751. SCHWEIGHÆUSER (J.-G.). Supplément à la Notice de M. Lemaistre sur la Poterie gallo-romaine. 1844, in-8.

1752. BRONGNIART (A.). Traité des arts céramiques et des poteries, etc. 1844, etc., 2 vol. in-8.

1753. COCHET (l'a.). Liste alphabétique de tous les noms de potiers et de verriers gallo-romains trouvés dans la Seine-Inférieure, etc., etc. 1855, in-8.

1754. TUDOT (Ed.). Collection de figurines en argile de l'époque gallo-romaine avec les noms des céramistes qui les ont exécutées, etc. 1859, in-4.

1755. COCHET (l'a.). Archéologie céramique ou sépulcrale, etc. 1860, in-8.

1756. — Note sur des marmites en bronze conservées dans quelques collections archéologiques, etc. 1862, in-8.

1757. DETLEFSEN (D.). Les Marques de fabrique sur la verrerie romaine. 1863, in-8.

1758. TOURNAL. Note sur la céramique, faïences et porcelaines. 1863 et 1864, in-8.

1759. GRESLOU (J.). Recherches sur la céramique, etc. 1864, in-8.

1760. SIMON (V.). Notice sur des vases en terre cuite appartenant aux premiers temps chrétiens. 1864, in-8.

1761. PARENTEAU (F.). Essai sur les poteries antiques de l'ouest de la France. 1865, in-8.

1762. — Notice sur un atelier de fondeur gallo-romain du premier siècle, découvert à Rezé. 1865, in-8.

1763. ESMONNOT. Quelques mots sur l'étude de la céramique antique. 1866, in-8.

1764. CHARVET (J.). [*Ms.*] Poteries gauloises, gallo-romaines et mérovingiennes. *Collection J. Charvet.* 1866, in-fol.

Album conservé au musée gallo-romain de Saint-Germain.

1765. BERTRAND (Alf.). Réponse à cette question : « La portion de la Gaule qui a formé le Bourbonnais a-t-elle été le berceau de potiers et de modeleurs dès les premiers siècles? » 1867, in-8.

1766. BAUDOT (H.). Notice sur les vases antiques en verre représentant les jeux et les combats du cirque, etc. 1869, in-4.

1767. MAZE-CENSIER (Alph.). Recherches sur la céramique, notes d'un collectionneur. 1870, in-4. 29 pl.

D. *Métrologie. — Lieue gauloise.*

1768. GARRAULT (F.). Des Poids, mesures, nombres et monnaies des Gaulois. 1595, in-8.

1769. SABATIER (J.). Poids antiques de bronze. 1867, in-8.

1770. SIMON (V.). Notice sur des poids antiques en terre cuite. 1864, in-8.

1771. AURÈS (Aug.). Étude sur les dimensions de la colonne Trajane. 1862, in-8.

1772. — Nouvelle théorie du module déduite du texte même de Vitruve, etc., etc. 1862, in-4.

1773. — Notice sur le système métrique des Gaulois. 1866, in-8.

1774. — Étude, au point de vue de la métrologie gauloise, des dimensions de trois inscriptions antiques. 1868, in-8.

1775. — Note sur le pied gaulois. 1868, in-8.

1776. — Métrologie gauloise. Détermination du pied gaulois, etc. 1869, in-8.

1777. BOREL, DANSE, BUCQUET. [*Ms.*] Éclaircissements sur les mesures itinéraires des Gaulois, etc. (avant 1768.)

1778. FRÉRET (Nicolas). Sur les Colonnes itinéraires de la France où les distances sont marquées par le mot *leugæ*. 1743, in-4.

1779. — Sur la comparaison des mesures itinéraires des Romains avec celles qui ont été prises géométriquement par MM. Caffin dans une partie de la France. 1843, in-4.

1780. BOUCHOTTE (E.). Étude sur la valeur du stade, la coudée, etc... 1859-60, in-8.

1781. SCHŒPFLIN (J.-D.). Sur la découverte faite à Nœtlingen, en 1748, d'une colonne itinéraire, où la distance est marquée par le mot *leugæ*. 1854, in-4.

1782. D'ANVILLE (J.-B. Bourguignon). Demande faite à l'Académie sur la différence du pas militaire du soldat romain et de celui du soldat français. 1754, in-4.

1783. — Mémoire sur le mille romain (avec une carte). 1755, in-4.

1784. ROGER (b^on^). Essai sur les mesures itinéraires employées par César dans ses Commentaires, etc. 1828, in-8.

1785. SAINT-FERGEUX (Th. Pistollet de). Ancienne lieue gauloise. 1852, in-8.

1786. MÉNARD (A.). Discussion sur l'ancienne lieue gauloise, etc. 1853, in-8.

1787. MILET, PEIGNÉ-DELACOURT et SAINTE-MARIE BÉCU. Lectures sur la longueur des étapes romaines. 1862, in-8.

1788. QUICHERAT (J.). Rapport sur les pièces produites à l'appui d'une réclamation de M. Pistollet, etc. 1862, in-8.

1789. — Nouvelles observations sur la lieue gauloise. 1863, in-8.

1790. BERTRAND (Alex.). Un mot sur les mesures itinéraires en Gaule à l'époque gallo-romaine. 1863, in-8.

1791. AURÈS (Aug.). De la Lieue gauloise, du pas et du pied gaulois. 1864, in-8.

Voir ci-dessus la 8e section (ITINÉRAIRES).

16e SECTION. — ARCHÉOLOGIE MILITAIRE

A. *Questions diverses.*

1792. DANIEL (le p. G.). Histoire de la milice française... 1724, 2 vol. in-4.

1793. GUISCHARDT (Ch.). Mémoires militaires sur les Grecs et les Romains... 1758, in-4.

1794. — Mémoires critiques et historiques sur plusieurs points d'antiquités militaires. 1773, in-4.

1795. LO-LOOZ. Recherches d'antiquités militaires... 1770, in-4.

1796. — Défense du chevalier de Folard, etc. 1778, in-8.

1797. SIGRAIS (Bourdon de). Considérations sur l'esprit militaire des Gaulois. 1774, in-12.

1798. CRISSÉ (c^te^ Turpin de). Institutions militaires. 1783, 2 vol. in-4.

1799. ARNETH (J.). Zwölf Römische Militär-diplome, etc. 1843, in-4.

1800. CHRIST (W.). Das Römische Militär-diplome von Weissemburg. 1868, in-8.

1801. FULDA. Découvertes archéologiques faites à Clèves. (Diplômes militaires, etc.) 1869, in-4.

Voir aussi le Recueil de diplômes militaires publié par Léon Renier. 1876, etc. in-4.

1802. LEBEAU aîné. De la Légion romaine. 1752-1777, in-4.

1803. PRÉVOST (le c[t]). Réfutation de l'erreur qui consiste à attribuer aux soldats romains une supériorité sur les soldats des nations modernes, etc., etc. 1867, in-8.

1804. ROBERT (Ch.). Histoire des légions du Rhin. 1867, in-4.

1805. — Les Légions du Rhin et les Inscriptions des carrières. 1867, in-4.

1806. — Coup d'œil général sur les légions romaines pour servir d'introduction à l'ouvrage intitulé : *Les Légions du Rhin et les Inscriptions des carrières*. 1870, in-4.

1807. ROBERT (Ch.). Les Armées romaines en Gaule et leurs emplacements, in-8.

1808. ROMAN (J.). De l'Organisation militaire de l'empire romain et des médailles légionnaires. 1867, in-8.

1809. CHRIST (K.). Römische Legionsstempel aus dem Odenwalde. 1870, in-8.

1810. SCHŒPFLIN (J.-D.). Dissertation sur un monument de la huitième Légion d'Auguste. 1731, in-4, 1 pl.

1811. RING (Max. de). La huitième Légion romaine. In-8. (*Revue d'Alsace.*)

1812. BOUDANT (l'a.). Étude de campement de la onzième et de la douzième légion, et sur les villes brûlées par Vercingétorix. 1867, in-8.

1813. MEYER (H.). Geschichte der 11ten und 21ten Legion. In-4.

1814. BARRAL. Lettre sur les signaux des Gaulois, en réponse à un mémoire de M. Mongez. 1808, in-8.

1815. BAUDOUIN. Lettre sur les signaux des Gaulois. 1809, in-8.

1816. LOISELEUR. Note sur le tumulus de la Ronce et sur une ligne de signaux télégraphiques gaulois. 1865, in-8.

1817. BORN (J.-P.). * Notice historique sur les ponts militaires depuis les temps les plus reculés jusqu'à nos jours, par B***. 1838, in-8.

1818. VIOLLET-LE-DUC (C.). Casque antique trouvé dans un ancien bras de la Seine. 1862, in-8.

1819. FALLUE (Léon). Casques gaulois du musée de Falaise. 1866, in-8.

B. Camps et Forts.

1820. * Hygini et Polybii de castris Romanorum quæ extant. 1660, in-4.

1821. CHOUL (G. du). Discours sur la castramétation et discipline militaire des Romains, etc... 1555, in-8.

1822. FONTENU (l'a. de). Sur quelques camps connus en France sous le nom de Camps de César. 1731 à 1740, in-4.

1823. LAFUITE. Sur l'Art de la fortification chez les anciens. 1819, in-8.

1824. DAYRENS et DU MÈGE. Sur les Camps romains. 1827, in-8.

1825. FALLUE (L.). Mémoire sur les travaux militaires antiques des bords de la Seine et sur ceux de la rive saxonique (camps romains et gallo-romains). 1835, in-8.

1826. — Dissertation sur les oppida gaulois, les camps refuges gallo-romains, etc. *S. l. n. d.* (1855), in-8.

1827. HOUBEN (Ph.). Denkmæler von Castra Vetera und Colonia Trajana in Ph. Houben's antiquarium zu Xanten. 1839, in-4.

Avec éclaircissements par le d[r] Franz Fiedler.

1828. * Camps romains en France. — *Rev. arch.*, t. IX, 1853, p. 505, 716. (Voir la table décennale de 1860-69.)

1829. COSTE (A.). Description de plusieurs emplacements d'anciens camps près des bords de la Loire. 1862, in-8.

1830. DUHOUSSET (le c[t]). Camp de César et tumuli de la Perse. 1863, in-8.

1831. GROS. Fortifications anciennes. 1850, in-8.

1832. PRÉVOST (F.). Mémoire sur les anciennes constructions militaires connues sous le nom de forts vitrifiés. 1863, in-8.

1833. MASQUELEZ (Alf.-E.-Alex.-Eug.). Étude sur la castramétration des Romains et sur leurs institutions militaires, avec 2 pl. 1864, in-8.

1834. MARION (J.). Note sur les forts vitrifiés d'Inverness (Écosse). 1866, in-8.

1835. MONTAIGLON (A. de). Sur le procédé de fabrication des forts vitrifiés. Observations sur la note de M. Marion. 1866, in-8.

1836. PRÉVOST (F.). Dissertation sur les forts vitrifiés trouvés en France, en Écosse et en Allemage. 1867, in-12.

1837. SCHUERMANS (H.). Réponse à la question suivante : « Les forts entourés de pierres ou de palissades de bois, figurés sur la colonne Trajane, offrent évidemment le point de départ de nos châteaux féodaux du xe et du xie siècles. Quels documents? etc. » 1867-68, in-8.

1838. BIAL (P.). Formes et dimensions des camps romains au temps de César. 1868, in-8.

1839. VALENTIN-SMITH. Rapport sur un mémoire ms. de M. Matton, intitulé : « Emplacement des camps de César et de Titurius Sabinus, dans la première guerre des Belges, de l'an 57 av. J.-C., etc. » 1868, in-8.

1840. CÉNAC-MONCAUT. Recherches sur les camps gaulois et les camps romains du Béarn. 1870, in-8.

C. Armes.

1841. SCHMINCKIUS. De urnis sepulcralibus et armis lapideis. 1714, in-4.

1842. CAYLUS (cte de), RAVALIÈRE (Lévesque de La) et BARTHÉLEMY (J.-J.). Sur des armes de cuivre découvertes à Genzac. 1759, in-4.

1843. * Encyclopédie méthodique, partie contenant les casques et armures. 1 vol. in-4, 97 pl.

1844. MONGEZ (Ant.). Mémoire sur l'épée gauloise, et sur les procédés que les anciens ont suivis pour convertir le fer en acier (avec trois planches). 1802, in-4.

1845. BEAUNIER (F.). Recueil... des armes, etc. avec un texte explicatif, suivi d'une notice historique, etc. 1810, 2 vol. in-fol.

1846. BIZEUL. Sur des fragments d'armes antiques. 1832, in-8.

1847. SCHREIBER (H.). Die erzene Streitkeile, zumal in Deutschland. (Les haches de combat en bronze, particulièrement celles d'Allemagne.) 1842, in-4.

1848. LAGOY (mis de). Recherches numismatiques sur l'armement et les instruments de guerre des Gaulois. 1849, in-4.

1849. ARDANT (Maurice). Poignards gaulois. 1859, in-8.

1850. LINDENSCHMIDT. Die vaterlændischen Alterthümer der fürstlich. Hohenzoller'schen Sammlung zu Sigmaringen. 1860, in-8.

A voir pour l'étude du pilum et d'autres armes.

1851. MÉRIMÉE (Prosper). Découverte du véritable usage de l'*Amentum*. 1860, in-8.

1852. COCHET (l'a.). L'Angon des Francs. 1861, in-8.

1853. PENGUILLY-L'HARIDON. Note sur l'emmanchement des haches de bronze. 1861, in-8.

1854. — Notice sur les armes romaines. 1862, in-8.

1855. * Découvertes fossiles de pierres de fronde et de différents instruments de fabrication humaine en Suisse et en Amérique.— *Ann. de philos. chrét.*, série 5, t. VI. 1862, p. 239-241.

1856. LAGARDE (Denis). Armes et ustensiles celtiques. 1864-65, in-8.

1857. *Armes en fer trouvées sous un tumulus allémanique avec de nombreuses armes en silex.— *Rev. archéol.*, 2e série, t. XI, année 1865, p. 406 à 407.

1858. FALLUE (L.). De l'Armement des Romains et des Celtes, etc. 1866, in-8.

1859. * Projet de classification des haches en bronze, des poignards et épées en bronze. — *Rev. archéol.*, 2e série, t. XIII, année 1866, p. 59 à 62, 180 à 185. — Tirage à part.

1860. EGGER (Émile). Note sur le mot *ussos* (ὑσσός), par lequel les auteurs grecs traduisent le latin *pilum*. 1866, in-8.

1861. QUICHERAT (J.). Le Pilum de l'infanterie romaine. 1866, in-8.

1862. — Lettre à la *Revue critique* à propos d'un article de M. J. Klein sur le *pilum*. 1867, in-8.

1863. ROCHAS D'AIGLUN (A. de). De l'Organisation des armes spéciales chez les Romains. 1867, in-8.

17e SECTION. — NUMISMATIQUE

A. *Numismatique générale.*

1864. HAIMENSFELD (M.-G.). Catholicon rei monetariæ, etc. 1620, in-4.

Contient une Bibliographie numismatique. — Cp. plus loin le n° 1879.

1865. LABBE (le p. Ph.). Bibliotheca nummaria.

1866. LIPSIUS (J.-G.). Bibliotheca numaria etc. 1801, in-8. — Suite par J.-J. Leitzmann (1800-1841). 1841, in-8; 1867, in-8.

1867. HAULTIN (J.-B.). Histoire des empereurs romains depuis J. César jusqu'à Postumius, avec toutes les médailles d'argent qu'ils ont fait battre de leur temps. 1645, in-fol. pl.

1868. SPANHEIM (Ez.). Dissertationes de præstantia et usu numismatum antiquorum. 1664, in-4. — Autres éditions.

1869. OISELIUS. Thesaurus numismatum antiquorum. 1677, in-4.

1870. PATIN (Ch.). Thesaurus numismatum (musæi sui). 1672, in-4.

1871. — Thesaurus numismatum... a P. Mauroceno reip. (Venetæ) legatus. 1683, in-4, fig.

1872. — Histoire des médailles, ou introduction à la connaissance de cette science. 1695, in-12.

1873. HARDOUIN (J.). De Nummis antiquis coloniarum et municipiorum. 1689, in-4.

1874. — De Nummis antiquis populorum et urbium. 1709, in-fol.

1875. VAILLANT (J. Foy). Selectiora numismata in ære maximi moduli e museo Fr. de Camps. 1694, in-4. — Autres éd. 1696, in-4. (Cp. n° 1908.)

1876. — Numismata ærea imperatorum, etc., in coloniis, municipiis et urbibus jure latio donatis... percussa. 1695-97, in-fol.

1877. BEGER (L.). Thesaurus Brandenburgensis selectus, sive gemmarum et numismatum græc. et roman., etc. 1696-1701, fol.

1878. GOEZIUS. De Nummis dissertationes xx. 1716, in-12, pl.

1879. BANDURI (le p. A.). Numismata imperatorum Romanorum, etc. 1718, 2 vol. in-fol. — Supplément par Jérôme Tanini. 1791, in-fol.

Contient une Bibliographie numismatique, publiée à part en 1719, in-4, par J.-A. Fabricius.

1880. HAYM (N.-Fr.). Tesoro britannico, tomo I, overo il museo nummario... 1719-20, in-4.

1881. BRENNER (E.). Thesaurus nummorum sueco-gothicorum vetus, etc. 1731, etc., in-4.

1882. LOON (G. van). Aloude Hollansche historie den keyzeren, koningen, hertogen en graaven. 1734, 2 vol. in-fol.

Médailles des empereurs et des rois, etc., de l'an 1 à 923.

1883. GESSNERUS (J.-J.). Specimen rei nummariæ, etc. 1735-38, 2 vol. in-fol.

1884. BEAUVAIS (G.). * Dissertation sur la manière de connaître les médailles antiques d'avec les contrefaites. 1739, in-4. — Autres éd. (signées), 1760, in-12, 1794, in-4.

1885. PEMBROCH (Th.). Numismata antiqua. 1746, 2 vol. in-4.

1886. WISE (Fr.). Nummorum antiquorum scriniis bodleianis reconditorum catalogus, etc. 1750, in-fol.

1887. MUSELLIUS (J.). Numismata antiqua... 1756-1760, 5 parties, in-fol.

1888. CAYLUS (A.-Cl.-Ph. de Tubières,

c[te] de). Numismata aurea imperatorum, romanorum ex cimelio regis christianiss. delineata et æri incisa. In-fol.

1889. HIRSCH (J.-C.). Des deutschen Reichsmünz-Archiv, etc. 1756-68, 9 vol. et index in-fol.

1890. — Bibliotheca numismatica, etc. 1760, in-fol.

1891. FRÖHLICH (E.). Notitia elementaris numismatum antiquorum urbium, etc. 1758, in-4.

Voir aussi, par Fröhlich et Khell, le Catalogue du cabinet impérial des médailles de Vienne. 1779, 2 vol. in-fol.

1892. MANGEART. Introduction à la science des médailles. 1763, in-fol.

1893. PELLERIN (J.). Recueil de médailles de peuples et de villes, etc. — Suppléments. 1763, 1765-67, 1778. — Cp. n° 1899.

1894. GUSSEME (T.-A.). Diccionario numismatico general, etc. 1773-77, 6 vol. in-4.

1895. ECKHEL (J.). Numi veteres anecdoti ex museis Vindobonensi Florentino, etc. 1775, 2 parties in-4.

1896. — Sylloge prima (unica) numorum anecdotorum thesauri Cæsarei. 1786, gr. in-4, 10 pl.

Appendice de l'ouvrage précédent.

1897. — Choix de pierres gravées du cabinet impérial des antiques. 1788, in-fol. 40 pl.

1898. — Doctrina numorum veterum. 1792-98, 8 vol. in-4.

Voir aussi : *Elementa rei numariæ veterum, sive prolegomena doctrinæ numorum*. 1842, in-4.

1899. NEUMANN (Fr.). Populorum et regum numi veteres inediti. — Animadversiones in numos a Pellerinio vulgatos. 1779 et 1783, in-4.

1900. COMBE (C.). Nummorum veterum populorum et urbium qui in museo Guill. Hunteri asservantur descriptio. 1782, in-4. (Cp. n° 1966.)

1901. RASCHE (J.-C.). Lexicon universæ rei numariæ veterum, etc... 1785-1805, 14 vol. in-8.

1902. VANDAMNE (P.). *Catalogue d'une collection de médailles antiques faite par Mme la c[sse] de Bentinck. 1787, 2 vol. in-4. — Supplément, 1788, in-4.

1903. GOSSELIN et TERSAN (de). Catalogue des médailles antiques et modernes... du cabinet de d'Ennery. 1788, in-4.

1904. NIELSEN. Beskrivelse over danke mynter og medailler i den kongelige samling, etc. 1791, 2 vol. in-fol.

1905. PINKERTON (J.). Dissertations sur la rareté, les différentes grandeurs et la contrefaction des médailles antiques. 1795, in-8.

1906. MONGEZ (A.). Mémoire sur les types des monnaies comparés à ceux des médailles. An VII, in-4.

1907. MIONNET (T.-E.). Description des médailles antiques, etc. 1806-1813, etc., in-8. — Atlas de géographie numismatique, in-4.

1908. SESTINI (l'a.). Descriptio selectiorum numismatum, e museo abbatis de Camps, postea d'Estrées... 1808, in-4.

1909. — Descrizione delle medaglie antiche che si conservano nel museo Hedervariano. 1818, in-4.

1910. COMBE (Taylor). Veterum populorum et regum numi qui in Museo Britannico adservantur... descriptio. 1814, gr. in-4, 15 pl.

1911. RAMUS (Chr.). Catalogus numorum veterum græc. et latin. musei regis Daniæ. 1816, 2 vol. in-4.

1912. MARCHANT (baron N.-D.). Lettres sur la numismatique et l'histoire, nouvelle édition annotée (34 lettres). 1818-28, etc., in-8.

1913. *Mélanges de numismatique et d'histoire. 1826-1827, in-8.

1914. DUMERSAN (T.-M.). *Notice sur des monuments exposés dans le cabinet de la Bibliothèque du Roi. 1819, in-12.

1915. GARNIER (le m[is]). Histoire de la monnaie depuis les temps les plus reculés jusqu'au règne de Charlemagne. 1819, in-8.

1916. MONGEZ (A.). Mémoire sur l'art du monnayage chez les anciens et les modernes. 1829, in-4.

1917. KOLBE (signé Gérard-Jacob-K.). Traité élémentaire de numismatique ancienne, etc. 1825, in-8.

1918. — Notice sur la rareté des médailles antiques, leur valeur et leur prix. 1828, in-8, pl.

1919. DOMINICIS (F. de). Repertorio numismatico. 1827, 2 vol. in-4.

1920. DUMERSAN (T.-M.). Description des médailles de M. Allier de Hauteroche. 1829, in-4.

1921. COMBE (Taylor). Nummi veteres civitatum, regum... in museo R. P. Knight asservati... 1830, in-4.

1922. HENNIN. Manuel de numismatique ancienne, etc. 1830, in-8.

1923. PINDER. Numismata antiqua inedita. 1834, in-4, pl.

1924. LENORMANT (Ch.). Trésor de numismatique et de glyptique. 1834-1850, 20 parties p. in-fol.

1925. * Médailles antiques. — *Bull. de la Soc. de l'Hist. de France*, années 1834, p. 109, 122, 290, 230, 340; 1838, p. 4, 6; 1841-1842, p. 337; 1844, p. 105; 1847-1848, p. 193.

1926. PONS (Th.-Z.). Opuscules de numismatique (posthumes). 1836, in-8.

1927. GARRIGOU (A.). Mémoire sur quatorze monnaies antiques. 1837, in-8.

1928. ARNETH (J.). Synopsis nummorum antiquorum qui in museo Cæs. Vindobonensi adservantur. 1837-42, 2 vol. in-4.

1929. WITTE (baron J.-J.-A.-M. de). Collection d'antiquités de M. de M. (Magnoncourt). 1839, in-8.

1930. AKERMAN (J.-Y.). A numismatic Manual. 1840, in-8.

1931. — Ancient coins of cities and princes. 1846, in-8.

1832. CONBROUSE. Catalogue raisonné des monnaies nationales de France. 1840, 2 vol. in-4.

1933. LONGPÉRIER (A. Prevost de). Essai d'appréciations générales en numismatique. 1840, in-8.

A consulter bien que la numismatique gauloise n'y soit pas directement en question.

1934. — Description des médailles du cabinet de M. de Magnoncourt. 1840, in-8.

1935. — Catalogue de médailles grecques, gauloises, etc., de la collection de M. H... d'Orléans. 1841, in-8.

1936. LACROIX (Paul). Catalogue des livres... de numismatique et d'archéologie provenant de la bibliothèque de feu T.-E. Mionnet. 1842, in-8.

1937. LAGOY (m^is de). Mélanges de numismatique, médailles inédites, grecques, gauloises, romaines et du moyen âge. 1845, in-4.

1938. LECOINTRE-DUPONT (E.). Notes sur quelques médailles antiques. 1847, in-8.

1939. SABATIER (J.). Iconographie d'une collection de 5,000 médailles romaines, byzantines et celtibériennes. 1847-1860, in-fol.

1940. — Du prix et de la vente des monnaies antiques. In-8, 4 pl.

1941. UHRICH (c^el). Notice sur des monnaies anciennes. 1849-50, in-8.

1942. FONTENAY (J. de). Manuel de l'amateur de jetons. In-8, nombr. grav.

1943. SCHLICKEYSEN (A.-F.-G.). Explication des abréviations, chiffres et lettres qui se trouvent sur les monnaies, médailles, méreaux et jetons. 1855, in-8.

1944. * Catalogue de monnaies et médailles antiques, du moyen âge et modernes, antiquités romaines et gauloises et pierres gravées formant le cabinet de M. Bénard. 1855, in-8.

1945. WITTE (b^on J. de). Description des médailles et des antiquités du cabinet de M. l'abbé H. G*** (Greppo). 1856, gr. in-8.

1946. COCHET (l'a.). Renseignements sur l'âge des monnaies trouvées dans les Gaules. 1856, in-8.

1947. PAGNON. Art de reconnaître les médailles. 1857, in-12.

1948. BARTHÉLEMY (A. de). La Numismatique en 1857, etc. 1858-1863, in-8.

1949. LEFEBVRE (J.). Traité élémentaire de numismatique. 1861-63, in-8.

1950. PAYSANT. Sur les médailles romaines offertes à la Société des Antiq. de Normandie par M. A. Charma. 1862. — Suite, 1864, in-8.

1951. BARTHÉLEMY (A. de). Étude sur les monnoyers, les noms de lieux de la fabrication de la monnaie, etc. 1865, in-8.

1952. * Bibliographie numismatique et archéologique des membres de la Société française de numismatique et d'archéologie de Paris.

Dans l'*Annuaire de cette Société*, années 1866 et suivantes.

1953. Bibliographie numismatique des années 1864 et suiv.

Par A. de Marsy, de Ponton d'Amécourt, etc., dans le même recueil.

1954. LONGPÉRIER (H. de). Recherches sur les insignes de la questure et sur les récipients monétaires. 1868, in-8.

1955. MÜLLER (F.). Catalogue de livres sur l'histoire numismatique, métallique, etc. 1870, in-8.

1956. CASTAN (A.). Un Jeton de jeu de l'époque romaine. 1870, in-8.

1957. LACROIX (Paul). Description des manuscrits relatifs à la numismatique conservés dans les bibliothèques de Paris. 1870, gr. in-8.

1958. * Trouvailles de monnaies faites en France jusqu'au 4 septembre 1870. — *Annuaire de la Soc. franç. de numismatiq. et d'archéologie,* t. III, 3e partie, fin 1870, gr. in-8, p. 370-408.

B. Numismatique gauloise.

1959. HAULTIN (J.-B.). Figures de monnayes de France. 1619, in-4.

1960. TRISTAN (St-Amant.). Triplex nummus antiquus Christi Domini Perperenæ civitatis, Hanniballiani regis. 1650, in-8.

1961. — J. Tristani ad Jac. Sirmondum epistola. 1650, in-8.

1962. SIRMOND (J.). Antitristanus I sive ad J. Tristani S. Amanti de triplici nummo antiquo epistolam responsio. 1650, in-8.

— Antitristanus II. 1650, in-8.

1963. BOUTEROUE (Cl.). Des Monnaies des Gaulois.

Recherches sur les monnaies. 1666, in-fol, p. 38-70.

1964. LE BLANC. Traité historique des monnaies, etc. 1690, in-4, fig.

1965. ODERICO (G.-L.). De argenteo Oristirigis nummo conjecturæ. 1767, in-4.

1966. COMBE (Taylor). Description of the Anglo-Gallic coins in British Museum. 1827, in-4.

1967. CARTIER (Ét.). Deuxième lettre sur l'hist. monétaire de France. — Numismatique gauloise, gallo-grecque et gallo-romaine. 1836, in-8.

1968. LAGOY (mis de). Essai sur les médailles de Cunobelinus. 1836, in-4.

1969. — Notice sur l'attribution de quelques médailles des Gaules, etc. 1837, in-4.

1970. LANDE (de la). Notice sur la médaille du chef picton Divitiacus. 1836, in-8.

1971. REY (Ét.). Symbole de la fleur de lys, sur les médailles gauloises. 1837, in-8.

1972. DONOP (de). Les Médailles gallo-gaéliques. 1838, in-4.

1973. LENORMANT (Ch.). Considérations générales sur les monnaies de Gaule. 1838, in-8.

1974. RIGOLLOT (dr). Notice sur quelques monnaies gauloises inédites. 1838, in-8.

1975. CRAZANNES (bon Chaudruc de). Lettre à M. de la Saussaye sur les monniaes gauloises, au type de la roue ou de la croix. 1839, in-8.

1976. SAULCY (de). Sur une dissertation de M. de Crazannes, etc., (l'article précédent). 1840, in-8.

1977. CONBROUSE (G.). Catalogue raisonné des monnaies nationales de France. 1839-41, in-4.

1978. DUCHALAIS (A.). Du Poids de l'aureus romain dans la Gaule. 1840, in-8.

1979. LANDE (de La). Médaille du chef gaulois Induciomare. 1840, in-8.

1980. LELEWEL (J.). Études numismatiques et archéol. Type gaulois ou celtique. 1840, in-8.

1981. SAUSSAYE (L. de La). Le véritable Symbole de la nation gauloise, démontré par les médailles. 1840, in-8.

1982. BARTHÉLEMY (A. de). Attribution d'une médaille gauloise au pagus Corilipus. 1842, in-8.

1983. — Types gaulois, — l'Aigle et le

Serpent, — le Cheval et le Char. 1842, in-8. — Le dieu Bemulociovir. — Type de l'épée. 1843, in-8.

1984. CONBROUSE (G.). Monétaire des Mérovingiens, recueil de 220 monnaies, etc. 1843, in-4.

1985. LAMBERT (E.). Essai sur les monnaies gauloises. 1844, in-4.

1986. ROBERT (Ch.). Monnaie gauloise au type du Coq. 1844, in-8.

1987. SAUSSAYE (L. de La). Médaille de Consuanetes. 1844, in-8.

1988. * Monnaies gauloises.

Mentions diverses dans le *Bull. de la Soc. de l'Hist. de France*, année 1844, p. 107; 1845-1846, p. 360, 361; 1847-1848, p. 192; 1849-1850, p. 96; 1853, p. 167; 1854, p. 178.

1989. FORTE-MAISON (Moët de la). Explication des monnaies gauloises en général. 1841 etc., in-4, 2 pl.

1990. CRAZANNES (Chaudruc de). Sur une Médaille gauloise. 1845, in-8.

1991. BARTHÉLEMY (A. de). Observations sur quelques points de numismatique gauloise; médaille de Q. DOCI, etc. 1846, in-8.

1992. BEALE-POST (le rév.). The Coins of Cunobeline and of the ancient Britons. 1846, in-8.

1993. DEVILLE (A.). Mémoire sur des médailles gauloises de plomb. 1846, in-8.

1994. DUCHALAIS (Ad.). Description des médailles gauloises de la Bibliothèque royale. 1846, in-8.

1995. JEUFFRAIN (A.). Essai sur les médailles muettes émises par les Celtes gaulois. 1846, in-8.

1996. BIRCH (S.). On the Reading of the coins of Cunobelinus. 1847, in-8.

1997. BARTHÉLEMY (A. de). Lettres à M. Lecointre-Dupont sur les magistrats et les corporations préposées à la fabrication des monnaies, etc., etc. 1847 à 1852, in-8.

1998. DUCHALAIS (Ad.). Observations sur quelques points de numismatique gauloise. 1847, in-8.

1999. SAUSSAYE (L. de la). Médaille de Vercingétorix. 1847, in-8.

2000. BARRY (A.-Edw.). Essai d'attribution d'une médaille gauloise inédite. 1848, in-8, pl.

2001. BEALE-POST (le rév.). Médailles de Caractacus (chef breton). 1850, in-8.

2002. HERMAND (A.). Observations en réponse à quelques opinions de M. Duchalais (médailles gauloises). 1849-50, in-8.

2003. HUCHER (E.). Étude sur le symbolisme des plus anciennes médailles gauloises. 1850, etc., in-8.

2004. HERMANN (K.-Fr.). Eine gallische Unabhængigkeitsmunze aus rœmischer Kaiserzeit, etc... 1851, in-12.

2005. SAUSSAYE (L. de La). Conjectures sur la numismatique de la Gaule. 1851, in-8.

2006. BREULIER (A.). Études sur la numismatique gauloise. 1852, in-8.

2007. — Considérations nouvelles sur la numismatique gauloise. 1852, in-8.

2008. BARTHÉLEMY (A. de). Lettre à M. le b^on Chaudruc de Crazannes sur les articles de M. Breulier, relatifs à la numismatique gauloise. 1852, in-8.

2009. HUCHER (E.). Lettres à M. de la Saussaye sur la numismatique gauloise. 1833, etc., in-8.

2010. COLSON (A.). Monnaies romaines de bronze coulées dans les Gaules. 1854, in-8.

2011. LENORMANT (Ch.). Sur les plus anciens monuments numismatiques de la série mérovingienne. 1854, in-8.

2012. PÉTIGNY (de). Monnoyage de la Gaule depuis le commencement du ve siècle jusqu'à la chute de l'empire d'Occident. 1851.

2013. CARTIER fils (E.) Fragment d'un Manuel de numismatique française. Introduction. (§ 1) Monnaies gauloises, etc. 1855, in-8.

2014. LAGOY (m^is de). Mélange de quelques médailles arsacides et gauloises. 1855, in-8.

2015. MEYNAERTS. Notice sur une médaille gauloise [dessinée dans l'ouvrage intitulé *Type gaulois*, de Lelewel, etc., portant l'inscription ΠΑΑΑ.]. 1855, in-8.

2016. CRAZANNES (b^on Chaudruc de).

Numismatique gauloise. Lettre à M. Chalon, président de la Soc. de numismat. belge. 1856, in-8.

2017. — Du Cheval-enseigne représenté sur les médailles gauloises. 1856, in-8.

2018. DUBOIS-CEYS (G.). Sur un Revers unique de Carausius. 1856, in-8.

2019. LAGOY (m^is^ de). Médailles gauloises imitées des deniers consulaires. In-4. — Supplément, 1856.

2020. LONGPÉRIER (A. de). Note sur la forme de la lettre E dans les légendes de quelques médailles gauloises. 1856, in-8. — Note sur la forme de la lettre F. 1860.

2021. LENORMANT (Ch.). Révision de la numismat. gauloise. Première lettre à M. de La Saussaye. 1856-58, in-8.

2022. HUCHER (E.). Lettre à M. le m^is^ de Lagoy sur la numismatique gauloise. 1857, in-8.

2023. CRAZANNES (Chaudruc de). Lettre à M. Hucher sur la numismatique gauloise. 1859, in-8.

2024. HUCHER (E.). Lettre à M. le b^on^ Chaudruc de Crazannes sur la numismatique gauloise. 1859, in-8.

2025. — Lettre à M. de Saulcy sur la numismatique gauloise. 1859, in-8. — 2e Lettre, 1863. — 3e Lettre, 1867.

2026. SABATIER (J.). Description générale des médaillons contorniates, avec 18 pl. 1860-1861, in-8.

2027. LAMBERT (E.). Description de quelques médailles gauloises. 1862, in-8.

2028. ROBERT (Charles). 1re Lettre à M. de Longpérier sur quelques collections du Piémont et de la Lombardie ; monnaie celtique; aureus inédit de Postume. 1859, in-8.

2029. SAULCY (F. de). Recueil de lettres à M. A. de Longpérier sur la numismatique gauloise. 1859 à 1870, in-8.

Pour le sujet de chaque lettre, voir le Catalogue alphabétique.

2030. * Lettre à M. Adrien de Longpérier sur la médaille gauloise portant la légende *Verotal* et sur le costume des Gaulois. *Paris*, 1860, in-8, 16 p. et pl.

Extr. de la *Revue numismatique*.

2031. STREBER (d^r^). Ueber die sogenannten Regenbogen-Schusselchen. 1860-61, in-4.

2032. BECKER (J.). 3 Keltischen Münzen an die Römer-Büchner'schen Sammlung. 1861, in-4.

2033. EVANS (J.). Lettre à M. de Longpérier sur la médaille à la légende *Biragos*. 1861, in-8.

Médaille jugée bretonne par les uns et gauloise par d'autres.

2034. WIDRANGES (c^te^ Hipp. de). Notice sur des anneaux et des rouelles, antique monnaie des Gaulois, etc., etc. 1861, in-8.

2035. HUCHER (E.). Compte rendu de la note de M. de Widranges sur la médaille ΚΑΛΕΤΕΔΟΥ. 1862, in-8.

Voir aussi la série régionale, section des Éduens.

2036. — Des Gaulois et de leurs médailles. 1863, in-8.

2037. — Monuments des anciens idiomes gaulois par M. Monin.

Examen de cet ouvrage au point de vue de la numismatique. 1863, in-8.

2038. STREBER (Fr.). Ueber eine gallische Silbermünze, etc. 1863, in-4.

2039. LONGPÉRIER (A. de). Note sur la terminaison OS dans les légendes de quelques monnaies gauloises. 1863, in-8.

2040. — Monnaies gauloises; Catalauni. 1863, in-8.

2041. — Ueber die Regenbogen-Schüsselchen, etc. 1863, in-8. (Analyse.)

2042. — De l'Anousvara dans la numismatique gauloise. 1864, in-8.

2043. LONGPÉRIER (H. de). Des Rouelles et des Anneaux antiques considérés comme agents de suspension.

2044. BARTHÉLEMY (A. de). Art gaulois. Brique estampée trouvée dans le midi de la France. 1864, in-8.

Considérée au point de vue numismatique.

2045. — L'Art gaulois. Coins monétaires. 1864, in-8.

2046. ROBERT (Ch.). Monnaie gauloise au type du personnage assis. Réfutation du système de Streber. 1864, in-8.

2047. BARTHÉLEMY (A. de). Numismatique mérovingienne. — Étude sur les monnoyers, les noms de lieu et la fabrication de la monnaie. 1865, in-8.

2048. — Liste des noms de lieux inscrits sur les monnaies mérovingiennes. 1865, in-8.

2049. HUCHER (E.). Attribution de quelques monnaies gauloises anépigraphes. 1865, in-8.

Type cénoman et type namnète.

2050. — Révision des légendes des monnaies de la Gaule données par Ad. Duchalais. 1866, in-8.

2051. PROMIS (Domenico). Ricerche sopra alcune monete scoperte nel Vercellese. 1866, in-8.

2052. SAULCY (F. de). Aperçu général sur la numismatique gauloise. 1866, in-8.

2053. — Monnaies du vergobret éduen Divitiacus. 1867, gr. in-8.

2054. — Numismatique des Éduens et des Séquanes. 1867, in-8.

2055. — Numismatique des chefs gaulois mentionnés dans les *Commentaires de César*. 1868, in-8.

2056. COLIN (J.). Inscriptions et médailles portant le nom de *Torigix*. 1867, in-8.

2057. FILLIOUX (A.). Nouvel Essai d'interprétation et de classification des monnaies de la Gaule. 1867, in-8.

2058. SAINT-FERJEUX (Pistollet de). Notice sur les monnaies des Lingons et sur quelques monnaies des Leukes, des Séquanais et des Éduens. 1867, in-8.

2059. BARTHÉLEMY (A.). Progrès de la numismatique gauloise et française. 1868, gr. in-8.

Appendice au rapport de M. d'Arbois de Jubainville concernant la philologie celtique.

2060. HUCHER (E.). L'Art gaulois, ou les Gaulois d'après leurs médailles. 1868, in-4.

2061. ROBERT (Ch.). Essai de rapprochement entre le type des monnaies celtiques, du Danube et celui de quelques anépigraphes de la Gaule Cisrhénane. 1868, in-8.

2062. PFAFFENHOFFEN (F. de). Lettre à M. A. de Longpérier sur quelques monnaies celtiques. 1869-70, in-8.

2063. — Lettres à M. A. de Longpérier sur des monnaies... dites Regenbogen Schüsseln. 1869-70, in-8.

2064. HUCHER (E.). Notes sur les médailles gauloises offrant le triskèle, l'astre à quatre rayons et les légendes Atevla et Caledv. 1870, in-8.

Pour la numismatique ibérienne, voir plus loin la série régionale, section des CELTIBÉRIENS.

C. *Numismatique gallo-grecque romaine et gallo-romaine.*

2065. VICO (E.) [en latin, Æneas Vicus]. Omnium Cæsarum verissimæ imagines, etc. 1548, in-4, fig. — 1553, in-4.

2066. — Ex libris XXIII commentariorum in vetera imperatorum Romanorum numismata. 1560 et 1562, in-4.

2067. ZANTANUS (A.). Omnium Cæsarum (Rom.) imagines ex antiquis numismatis. 1554, in-4.

2068. STRADA (J. — de Rosberg). Imperatorum Romanorum omnium orientalium et occidentalium imagines, etc. 1559, in-fol.

2069. GOLTZIUS (H.). Les Images ou médailles de tous les empereurs depuis Jules César, etc. 1561, in-fol.

2070. — C. Julius Cæsar sive Historiæ imperatorum Romanorum ex antiquis numismatibus restitutæ liber primus. 1563, in-fol.

2071. OCCO (A.). Numismata imperatorum Romanorum a Pompeio ad Heraclium. 1579, in-4. — 1601, in-4. — 1683, puis 1730, in-fol. — 1764, in-fol.

Voir aussi Mediobarbus (nº 2078).

2072. BIE (J. de). Imperatorum Romanorum numismata ærea, etc. 1615, etc., in-4.

2073. HEMELARIUS (J.). Numismata aurea imperatorum Romanorum a J. Cæsare ad Heraclium. 1627, in-4, fig.

2074. LE MENESTRIER (J.-B.). Medales illustres des anciens empereurs et impératrices de Rome. 1642, in-8.

2075. *Numismata aurea, argentea, ærea regum et imperatorum Romanorum a

Romulo usque ad Justinianum, Caroli ducis Croyiaci et Arschotani cura congesta atque ære incisa nunc commentarii illustrata, cum dialogis Ant. Augustini latine redditis. *Antuerpiæ*, 1654, in-fol., fig.

2076. PATIN (Ch.). Familiæ romanæ in antiquis numismatibus ex bibliotheca Fulvii Ursini, etc. 1663, in-fol.

2077. — Imperatorum Romanorum numismata, etc. 1671, in-fol.

2078. MEDIOBARBUS (B.) Imperatorum Romanorum numismata a Pompeio ad Heraclium. *Milan*, 1683, 2 vol. in-fol.

2079. CAMELUS (Fr.). Nummi antiqui consulum, augustorum, regum, etc., in Thesauro Christinæ reginæ Romæ asservati, etc. 1690, in-4.

2080. VAILLANT (J. Foy). Numismata ærea impp. Augustarum et Cæsarum in Coloniis municipiis et urbibus jure latio donatis... 1688, in-fol. — 1695-97, in-fol. — 1743, 3 vol. in-4 (avec suppl. de Fr. Baldinus).

2081. — Numismata impp. Augustarum et Cæsarum a populis Romanæ ditionis, græce loquentibus, ex omni modulo percussa. 1700, in-fol.

2082. — Antiqua imper. roman. numismata ex ære maximo; olim ab abbate de Camps collecta. 1737, in-4.

2083. KHELL (J.). Ad numismata imperat. romanor. a Vaillantio edita supplementum. 1767, in-4.

2084. LANDUS (C.). Selectiorum numismatum præcipue romanorum expositiones. 1695, in-4.

2085. BEGER (L.). Thesaurus Brandburgius selectus. 1696-1701, 3 vol. in-fol.

2086. — Regum et imperatorum romanorum numismata. 1700, in-fol.

2087. GÉNÉBRIER. * Dissertation sur une médaille de Magnia Urbica, etc. 1704, in-12.

2088. BANDURI. Numismata imperatorum romanorum. 1718, 2 vol. in-fol., fig.

2089. POLLUCHE (D.). Dissertation sur une médaille de Posthume. 1726, in-16.

2090. PATAROL. Series Augustorum, Augustarum, Cæsarum, tam in Oriente quam Occidente a C. J. Cæsare ad Carolum VII. 1743, in-4.

2091. COOKE (W.). Medallic History of imperial Rome... 1781, 2 vol. in-4.

2092. MONTÉGUT (J.-Fr. de). Observations sur une médaille grecque de Caïus Vibius Sabinianus Gallus. 1787, in-4.

2093. WHELAN. Historical numismatic Atlas of the roman empire. (S. d.?)

Grand atlas donnant une médaille de chaque empereur.

2094. SAINT-DIDIER (J.-Fr.-C. de Péna, m[is] de). * Leçons élémentaires de numismatique romaine, puisées dans l'examen d'une collection particulière. 1823, in-8.

2095. DUPRÉ (P.). Dissertation sur les médailles attribuées aux fils de l'empereur Posthume. 1825, in-8.

2096. CADALVÈNE (Éd. de). Recueil de médailles grecques inédites. 1828, in-4, 5 pl. et nombr. vign.

Médailles gallo-grecques.

2097. LAPLANE (H. de). Notice sur une médaille inédite de l'empereur Pescennius Niger, en bronze, de coin romain. 1832, in-8.

2098. SMYTH (W.-H.). Descriptive Catalogue of a cabinet of roman imperial largebrass medals. 1834, in-4.

2099. SAULCY (F. de). Médailles de l'impératrice Anastasie, femme de Tibère Constantin. 1835, in-8.

2100. DUPRÉ (P.). Recherches sur quelques types de médailles antiques latines. 1836, in-8.

2101. * Monnaies romaines. — *Bull. de la Soc. de l'Hist. de France.* 1835, p. 228; 1838, p. 4; 1839, p. 5; 1844, p. 131, 134, 168, 170; 1845-1846, p. 27, 52, 136, 194; 1847-1848, p. 40, 109, 192, 368; 1849-1850, p. 14, 141, 187, 189, 221, 328; 1851-1852, p. 14, 203; 1853, p. 167, 172.

2102. COLSON (A.). Notice sur une médaille grand bronze au revers phallophore de Julia Mamée. 1845, in-8.

2103. WITTE (b[on] J. de). Médailles inédites de Postume. 1845, in-8.

2104. ROBERT (Ch.). Note sur des monnaies de Postume. 1848, in-8.

2105. LAPOUJADE (J.-F.). Inscriptions

et abréviations des médailles des familles romaines, recueillies et expliquées d'après les meilleurs ouvrages latins. 1849, in-8.

2106. DESCHAMPS DE PAS (L.). Découverte de médailles romaines. 1850, in-8.

2107. HERMANN (Ch.-F.). Eine gallische Unabhängigkeitsmünze aus römischer Kaiserzeit. 1851, in-12.

2108. BOULANGÉ (G.). Note sur les indications des ateliers monétaires des Romains. 1re partie. 1851-52, in-8.

2109. BERRY. Études sur les monnaies et le monnayage des Romains. 1852, in-8.

2110. * Monnaies de Jules César. — *Rev. arch.*, t. IX, 1853, p. 347.

2111. COSTER (de). Quelques Quinaires romains [ou plutôt gallo-romains] en argent, inédits. 1854, in-8.

2112. COHEN (H.). Description générale des monnaies de la république romaine, communément appelées médailles consulaires. 1857, in-4.

2 [illegible] FEUARDENT. Essai d'attribution d'époque, à l'émission des pièces d'Hannibalien. 1857, in-8.

2114. GAZAN (col). Médailles romaines. 1858, in-8.

2115. LONGPÉRIER (A. de). Monnaie de Probus. 1858, in-8.

2116. WITTE (bon J. de). Médailles de Bonosus. 1859, in-8.

2117. CRAZANNES (bon Chaudruc de). Lettre à M. de la Saussaye, sur une médaille de l'impératrice Julia Mamæa au prétendu type de Junon Phallophore. 1859, in-8.

2118. COHEN (H.). Description historique des monnaies frappées sous l'empire romain, communément appelées médailles impériales. 1859 à 1862, 6 vol. in-8. — Supplément.

2119. GERMER-DURAND (E.). Note sur quelques monnaies impériales d'argent. 1860, in-8.

2120. LAGARDE (Denis). Une Monnaie de l'empereur Gratien. 1860, in-8.

2121. — Notice sur une découverte de monnaies romaines. 1865, in-8.

2122. DEVILLE (A.). Essai sur les médailles de la famille de Gallien. 1861, in-8.

2123. COMMAILLE (A.). Mémoire sur la composition des monnaies et médailles romaines antiques. 1863, in-8.

2124. MOMMSEN (Th.). Histoire de la monnaie romaine traduite par le duc de Blacas et publiée par le bon de Witte. 1865-72, 5 vol. in-8.

2125. ROBERT (Ch.). Mélanges de numismatique, I; médaillons inédits de Valentinien Ier et de Valens. 1866, in-8.

2126. SABATIER (J.). Médailles romaines inédites (2 pl., 1 vignette) p. 61 à 99. 1866, in-8.

2127. — Monnaies romaines de bronze, nature du métal, modules, poids, dénomination et valeur des divers nominaux, unité monétaire. 1867, in-8.

2128. THOMSEN (C.-J.). Description des monnaies romaines. 1866, in-8.

2129. COLSON (A.). Notice sur quelques monnaies impériales romaines en or de la collection du dr Colson. 1867, in-8.

2130. EICHHOFF. L'Impératrice Victoria; la plus ancienne mention de la France sur une monnaie. 1867, gr. in-8.

2131. WITTE (bon J. de). Lettre à M. R. Chalon sur une inscription portant le nom de Tetricus. 1867, in-8.

2132. — Monnaies romaines de l'époque impériale, etc. 1869-70, in-8.

2133. AILLY (bon d'). Recherches sur la monnaie romaine depuis son origine jusqu'à la mort d'Auguste. 1868-69, in-4.

2134. DURIEUX (A.). Description de deux monnaies grecques d'argent et d'une monnaie romaine de bronze. 1870, in-8.

D. Sphragistique.

2135. GORLÆUS (A.). Dactyliotheca. 1695, in-4.

2136. BERGER (L.). Contemplatio gemmarum quarundam dactyliothecæ Gorlæi. 1697, in-4. — Texte français, 1778, 2 vol. in-4. (216 bagues.)

2137. HEINECCIUS (J.-M.). De veterum

Germanorum aliarûmque nationum sigillis. 1719, in-fol.

2138. GLAFEY (A.-F.). Specimen decadem sigillorum complectens quibus historiam Italiæ, Galliæ atque Germaniæ illustrat. 1749, in-4.

2139. CAYLUS (cte de). Recueil des pierres gravées du cabinet du roi, gravées à l'eau-forte sur 306 pl., p. in-4.

2140. BRACCI (D.-A.). Commentaria de antiquis sculptoribus qui sua nomina inciderunt in gemmis et cammeis. 1784-86, 2 vol. in-fol.

2141. MURR (Chr.-Th. de). Bibliothèque glyptographique. 1804, in-8.

2142. BAUDOT (P.-L.). Extrait d'une lettre à M. Millin, sur une pierre sigillaire antique d'un oculiste romain. 1809, in-8.

2143. MARCHANT (N.-D.). Cachets antiques des médecins oculistes. 1816, in-4.

2144. TOCHON (d'Annecy). Cachets antiques des médecins oculistes. 1816, in-4.

2145. SICHEL. Cinq Cachets inédits de médecins et oculistes romains. 1845, gr. in-8.

2146. DUCHALAIS (A.). Observations sur les cachets des médecins oculistes anciens. 1846, in-8.

2147. UHRICH (col). Empreinte d'une bague romaine. 1850-51, in-8.

2148. JANSSEN. Nederlandsch-Romeinsche Daktylioteck, etc. 1852, in-8.

2149. HAZARD (A.). Nouveau Cachet d'oculiste romain, 2 p. 1854, in-8.

2150. CHABOUILLET. Catalogue général et raisonné des camées et pierres gravées de la Bibliothèque impériale, etc., etc. 1858, in-12.

2151. GROTEFEND (C.-L.). Drei und siebenzig Stempel rœmischer Augenaerzte. 1858, in-8.

2152. — Die Stempel der rœmisch en Augenærzte gesæmmelt und erklært. 1867, in-8.

2153. BARRAUD (l'a.). Des Bagues à toutes les époques, etc. 1864, in-8.

2154. SOLAND (A. de). Bracelets celtiques. 1864, in-8.

2155. MORTILLET (G. de). Recherches sur une série d'anneaux d'une forme particulière. 1866, in-8.

2156. SICHEL (J.). Nouveau Recueil de pierres sigillaires d'oculistes romains. 1866, in-8.

2157. BERTRAND (Alexandre). Projet de classification de bracelets en bronze. 1867, in-8.

2158. CASTAN (A.). Un Cachet inédit d'oculiste romain. 1867, etc., in-8.

18e SECTION. — ÉPIGRAPHIE

A. *Inscriptions diverses.*

2159. * Epigrammata antiquæ urbis. *Rome*, impr. par *Jacques Mazocchi*, 1517, publié en 1521.

Voir sur ce recueil d'inscriptions Léon Renier, *Rev. arch.*, t. XIII, 1856-57, p. 50.

2160. APIANUS (P.). Inscriptiones sacrosanctæ vetustatis. 1534, p. in-fol.

2161. PEUTINGER (C.). Inscriptiones antiquæ Augustæ Vindelicorum, etc. 1590, in-4.

2162. REINESIUS (Th.). Syntagma inscriptionum antiquarum, etc. 1682, in-fol.

2163. SMET (M.). Inscriptiones antiquæ. Auctarium a J. Lipsio. 1688, in-fol.

2164. FLEETWOOD (G.). Inscriptionum antiquarum sylloge. 1691, in-8.

2165. FABRETTI (R.). Inscriptionum antiquarum quæ in ædibus paternis [Urbini] asservantur explicatio. 1702, in-fol.

2166. GRUTER (J.). Inscriptiones antiquæ totius orbis romani, etc. 1707, in-fol.

2167. GUDIUS (M.). Inscriptiones antiquæ. 1731, in-fol.

2168. MURATORI (L.-A.). Novus Thesaurus veterum inscriptionum. 1739-1742, in-fol.

169. MAFFEI (Scip.). * Museum Veronense. 1749, in-8.

2170. HULTMANN. Miscellaneorum epigraphicorum liber singularis. 1758, in-8.

2171. MORCELLI (St.-A.). De Stylo inscriptionum latinarum libri III. 1789, in-4.

2172. — Inscriptiones [latinæ] commentariis subjectis. 1783, in-4.

2173. — Operum epigraphicorum volumina V. 1818-1823, in-4.

2174. — Lexicon epigraphicum Morcellianum. 1835-43, 4 vol. in-4.

2175. OSANN (Fr.). Sylloge inscriptionum antiquarum græcarum et latinarum. 1822-1834, in-fol.

2176. BŒCKH (Aug.). Corpus inscriptionum græcarum. 1825 etc., in-fol.

Pars XXXIV, Inscr. Galliarum (nos 6764-6801).
P. XXXV, Inscr. Hispaniæ (6802-6805).
P. XXXVI, Inscr. Britanniæ (6806 et 6807).
P. XXXVII, Inscr. Germaniæ (6808, 6809 et 6810).

2177. VIDUA (C.). Inscriptiones antiquæ in Turino itinere collectæ. 1826, gr. in-8.

2178. MÈGE (Alex. du). Inscriptions en caractères celtibériens. 1827, in-8.

2179. — Inscriptions hébraïques traduites. 1837, in-8.

2180. — Inscriptions antiques. 1843, in-8.

2181. RIENZI (L. Domeny de). Question importante de manuscrits et inscriptions antiques, réponse à M. le mis Fortia d'Urban. 1832, in-8.

2182. JANSSEN (L.-J.-F.). Musei Lugduno-batavi inscriptiones græcæ et latinæ. 1842, gr. in-8.

2183. ROUARD. De l'Importance de l'épigraphie en général et de l'épigraphie locale en particulier. 1849, in-8.

2184. POQUET (l'a.). Instructions sur la manière de relever les inscriptions. 1852, in-4.

2185. X*** (l'abbé J.-J. Bourassé). * Dictionnaire d'épigraphie chrétienne... 1852, 2 vol. in-4.

2186. RENIER (Léon). Mélanges épigraphiques, etc. 1855, in-8.

2187. LE BLANT (E.). Inscriptions chrétiennes de la Gaule antérieures au VIIIe siècle. 1857-66, in-4, pl. etc.

2188. — Sur la Gravure des inscriptions antiques. 1859, in-8.

2189. — Manuel d'épigraphie chrétienne, d'après les marbres de la Gaule, accompagné d'une bibliographie spéciale. 1869, in-8.

2190. MIGNARD. Observations sur deux inscriptions runiques et sur le système de l'âge des métaux. 1866, in-8.

2191. HUEBNER (E. de). Mechanische Copien von Inschriften. 1870, in-8.

B. *Inscriptions gauloises.*

2192. CRAZANNES (bon Chaudruc de). Inscription gallo-romaine citée comme témoignage historique. 1855, in-8.

2193. POSTE (B.). Celtic Inscriptions on gaulish and british coins. 1861, in-8.

2194. BECKER. Die inschriftlichen Ueberreste der Keltischen Sprache. 1863, 3 vol. in-8.

2195. LOTTNER. Gaulish Inscription. 1863, in-8.

2196. PICTET (A.). Essai sur quelques inscriptions en langue gauloise. 1859, in-8.

2197. — Nouvel Essai sur les inscriptions gauloises. 1867, in-8.

2198. CHABOUILLET (A.). Observations sur un passage du Nouvel Essai sur les inscriptions gauloises, de M. Pictet. 1867, in-8.

Voir aussi le Dictionnaire archéologique de la Gaule, *passim*.

C. *Inscriptions latines.*

2199. PEUTINGER (C.). Inscriptiones vetustæ romanæ et earum fragmenta in Augusta Vindeliciæ, etc. 1520, in-fol.

2200. PAGI (Ant.). Dissertatio hypatica

seu de consulibus Cæsareis. 1682, in-4.

A propos de l'inscription de Fréjus.

2201. MAHUDEL. Explication d'une inscription taurobolique. 1705, in-4.

Voir série départementale, DROME, commune de *Tain*.

2202. MONGEZ. Mémoire sur des inscriptions latines trouvées en 1825 à Lyon et à Nîmes.

2203. MAITTAIRE. Fragmenta britannica tabulæ Heracleensis... 1736, in-4.

Cp. les publications relatives aux tables de Malaga et de Salpensa, série étrangère, section de l'ESPAGNE.

2204. GERRARD (J.). Siglarium Romanum. 1792, in-4.

2205. CHAIZE (le p. de la). Sur l'Inscription d'une urne antique. 1805, in-8, avec une planche.

2206. SIXTO GARCIA (P.-D. Cayetano). Revue générale et examen critique des principales inscriptions latines qui ont paru depuis la Restauration jusqu'à présent dans les journaux français. 1819, in-8.

2207. ORELLI (J.-C.) et HENZEN, edid. Inscriptionum latinarum amplissima Collectio. 1828-56, 3 vol. gr. in-8.

2208. RITSCHL. Priscæ latinitatis epigraphicæ supplementum V. 1864-65, in-4.

2209. KELLERMANN (O.). Vigilum romanorum latercula duo, etc. 1835, in-fol.

2210. MASSMANN (J.-F.). Libellus aurarius, sive Tabulæ ceratæ... Romanæ... nuper repertæ. 1840, in-4.

2211. LEPSIUS (C.-R.). Inscriptiones umbricæ et oscæ. 1841, in-8.

2212. ORELLI (J.-G.). Inscriptiones helveticæ. 1844, gr. in-8.

2213. MÈGE (Alex. du). Recueil de quelques inscriptions romaines. 1846-1848, in-8.

2214. TEXIER (l'a.). Manuel d'épigraphie. Première partie. Époque romaine. 1850, in-8.

2215. ZELL (Ch.). Handbuch der römischen Epigraphik. 1re partie : Delectus inscriptionum romanarum. 1850, gr. in-8.

2216. ZUMPT (Aug. W.). Commentationum epigraphicarum ad antiquitates romanas pertinentium volumina duo. 1850-1854, in-4.

2217. MOMMSEN (Th.). Epigraphische Analecten. 1852, in-8.

2218. STEINER (J.-W.-Ch. von). Codex inscriptionum Romanarum Rheni et Danubii. 1851-64, in-8.

2219. JORDAO (L.-M.). Portugalliæ inscriptiones Romanæ. 1859, in-4.

2220. CREULY (gal). Questions de chronologie et d'histoire à propos d'une épitaphe du ve siècle. 1860, in-8.

2221. BOURQUELOT (F.). Inscriptions antiques de Luxeuil et Aix-les-Bains. 1862, in-8.

2222. ACADÉMIE des Sc. et Lettres de Berlin. Corpus inscriptionum latinarum. *Berolini*, *Reimer*, 1863-73 (se continue), in-fol.

5 vol. publiés, notamment le t. V, 1re partie (Inscriptions de la Gaule Cisalpine) par Th. Mommsen. Voir aussi vol. III, § x (Galatia).

2223. BRAMBACH (G.). Corpus inscriptionum Rhenanarum. 1867, in-4.

2224. FABRETTI (A.). Corpus inscriptionum italicarum antiquioris ævi ordine geograph. digestum, et glossarium italicarum, vocabula, umbrica, sabina, etc. 1867, in-4. — Supplément, 1872.

2225. LEEMANS (C.). Drei neu entdecke römische Inschriften. 1869, in-8.

2226. GUILHERMY (F. de). Inscriptions de la France du ve au xviiie siècle. In-8.

Une seule inscription du ve siècle.

2227. CARRIÈRE (l'a. M.-B.). Inscriptions latines. 1870, in-8.

D. *Table de Claude.*

2228. LIPSE (Juste). Édition de Tacite contenant la Table de Claude. 1574, 1595, etc., in-8.

2229. BRISSON. De Formulis, etc. 1592, in-8.

3e édition de la Table de Claude.

2230. HAUBOLD. Monumenta legalia extra libros juris sparsa. 1830, in-8.

Contient la Table de Claude.

2231. ZELL (C.). Claudii imperatoris

oratio pro civitate Gallis danda. 1833, in-4.

Mention des éditeurs antérieurs, savoir : Paradin, *Mém. de l'hist. de Lyon*, 1573. — J. Lips, *Comment. in Tacitum*, 1574. — Brisson, *De formulis*, etc., 1592. — Gruter, *Thes. inscr.* 1602, 502. — J. Spon, *Rech. des antiquités de Lyon* (avec trad. fr. de la table), 1673. — Cl. Menestrier, *Hist. civ. et consul. de Lyon*, 1696 (idem). — Græviús, *Thes. Gruteriani editio*, 1707. — Haubold, *Monumenta legalia extra libros juris sparsa*, édid. Spangenberg, 1830, p. 190.

2232. MONFALCON (J.-B.). Monographie de la Table de Claude. 1851, gr. in-4.

2233. BENECH. Table de Claude. 1852, in-8.

Voir comme complément de cette section l'article *Inscriptiones* (*latinæ*), dans Engelmann, *Biblioth. scriptor. classic.*, éd. de 1858, p. 497-531. (Plus de 1.000 titres de publications relatives à l'épigraphie romaine et gallo-romaine.)

19e SECTION. — LINGUISTIQUE

A. Langue gauloise.

2234. GESNER (Conr.). Mithridates. De differentiis linguarum, etc. 1555, in-12.

2235. PERIONIUS (J.). De Gallicæ linguæ origine. 1555, in-8.

2236. ISACIUS (J.). De Lingua Gallorum veteri dissertatio.

Itinerarium Galliæ Narbonensis. 1606, in-12 (Appendice).

2237. GUICHARD (E.). L'Harmonie étymologique des langues... 1610, in-8.

2238. DURET (Cl.). Trésor de l'histoire des langues de cet univers, etc. 1619, in-4.

2239. MÉNAGE (G.). Dictionnaire étymologique de la langue française. 1650, 2 vol. in-fol.; 1692, 1 vol. in-fol.; 1750, 2 vol. in-fol.

2240. BOREL (P.). Dictionnaire des termes du vieux français, ou Trésor des recherches et antiquités gauloises et françaises. 1655, in-4.

Voir au Catalogue alphabétique le nom de G. MÉNAGE.

2241. JUNIUS. Gothicum glossarium, etc. 1665, in-4.

2242. LEMPEREUR (le p. J.). Dissertation sur la langue celtique, etc.

Recueil de dissertations. 1706, in-12. Cp. n° 286.

2243. LEIBNIZ (G.-G.) et ECCARD (J.-G.). Collectanea etymologica. 1717, in-8. (Cp. n° 287 *a.*)

2244. DESLANDES. Lettre sur la langue celtique. 1725, p. in-8.

2245. LŒSCHER (V.-E.). Literator Celta, etc. 1726, in-8.

2246. B***. Sur la question si les anciens Gaulois parlaient grec. 1730, p. in-8.

2247. ROSTRENEN (Grégoire de). Dictionnaire celtique. 1732, in-4.

2248. — Grammaire française celtique ou française-bretonne. 1738, in-8.

2249. * Dissertation sur l'ancienne langue gauloise. — *Mercure*, 1742, janv., p. 6; févr., p. 37; mars, p. 424.

2250. DUCLOS. [1er] Mémoire sur l'origine et les révolutions des langues celtique et française. 1743, in-4.

2251. SUSMILCH. Réflexions sur les convenances de la langue celtique et en particulier de la teutonique avec celles de l'Orient. 1746, in-4.

2252. LE PELLETIER (dom L.). Dictionnaire de la langue bretonne. 1752, in-fol.

Détails sur la langue gauloise.

2253. BULLET (J.-B). Mémoires sur la langue celtique, etc. 1754-70, 3 vol. in-fol.

2254. RAVALIÈRE (Lévesque de la). Sur la langue vulgaire de la Gaule, depuis César jusqu'au règne de Philippe-Auguste. 1756, in-4.

2255. BONAMY. Mémoire sur l'introduction de la langue latine dans les Gaules, etc. 1756, in-4.

2256. JONES (Rowland). The Origin of language and nations... defined and fixed after the method of an english, celtic, greek and latin lexicon. 1764, in-8.

2257. FÉLIGONDE (Pélissier de). [*Ms.*] Dissertation sur la langue originaire des Gaulois (avant 1768).

2258. IHRE (J.). Glossarium sueogothicum, etc. 1769, in-fol.

2259. LE BRIGANT (J.). Observations sur les langues anciennes et modernes. 1762, in-12.

Vocabulaire celte, etc.

2260. — Nouvel Avis concernant la langue primitive retrouvée. 1770, in-12.

2261. — Éléments de la langue des Celtes-Gomérites ou Bretons, etc. 1779, in-8.

2262. — Détachements de la langue primitive, celle des Parisiens, avant l'invasion des Germains, la venue de César et le ravage des Gaules. 1787, in-8.

2263. — Démonstration singulière que presque toutes les langues de la terre ne sont que le celte gomérique, etc. in-4.

Mentionné par Quérard, *France littéraire.*

2264. — Notions générales ou encyclopédiques. 1791, in-12.

Étymologies prétendues celtiques.

2265. GÉBELIN (Ant. Court de). Le Monde primitif analysé et comparé avec le monde moderne. 1773 à 1782, 9 vol. in-4.

Voir principalement le t. V (*Dictionnaire étymologique de la langue française*). — Cp. l'art. suivant.

2266. — Nouveau Dictionnaire étymologique de la langue française. 1835, in-4.

2267. FRANÇOIS (dom J.). * Dictionnaire roman, wallon, celtique et tudesque, etc. 1777, in-4.

2268. SAINT-MARS (de). Essai d'un dictionnaire d'étymologies gauloises, etc. 1785, in-8.

2269. DUMOULIN (A.). Grammatica latino-celtica. 1800, in-8.

2270. TOUR D'AUVERGNE (T. Malot Corret de La). * Glossaire polyglotte, ou Tableau comparatif d'un grand nombre de mots grecs, latins, français, etc. In-8. *S. l. n. d.* (vers 1800).

2271. ADELUNG J.-Chr.). Mithridates, etc. 1806-17, 5 vol. in-8.

2272. — Mithridates, ou Connaissance générale de langues, etc... Traduit par le dr J.-S. Vater. 1809, in-8.

2273. LANJUINAIS (de). Des Langues et des Nations celtiques, article extrait et traduit du *Mithridates* d'Adelung. 1809 et 1810, in-8.

2274. GOLDMANN. De Linguarum Vasconum, Belgarum et Celtarum discrimine. 1806, in-4.

2275. ERRO. Observaciones filosóficas en favor del alfabeto primitivo, etc. 1807 in-4.

2276. LEGONIDEC (J.-Fr.-M.-A.). Grammaire celto-bretonne. *Paris*, 1807, puis 1839, in-8.

2277. — Dictionnaire celto-breton, 1821, in-8.

Voir aussi l'art. suivant.

2278. — Dictionnaire français-breton et breton-français. 1847-50, 2 vol. in-4.

Publié et augmenté par H. de la Villemarqué.

2279. BAST (J. de). Recherches historiques et littéraires sur les langues celtique, gauloise et tudesque. 1815-18, 3 vol. in-4.

2280. LE BOYER (J.). Considérations sur la langue celtique. 1818, in-8.

2281. — La langue des Bas-Bretons est-elle l'ancienne langue celtique? 1823, in-8.

2282. KERDANET (Miorcec de). Histoire de la langue des Gaulois, etc. 1821, in-8.

2283. LEICHTTEN (J.). Forschungen im Gebiete der Geschichte... 1822, in-12.

Sur la langue celtique,

2284. SIMONIN. Considérations sur la langue celtique. 1822, in-8.

2285. MEIDINGER (H.). Dictionnaire étymologique et comparatif des langues teuto-gothiques, etc. 1833, in-8.

2286. BOPP (Fr.). Vergleichende Grammatik... Grammaire comparée des langues indo-européennes, etc. 1833-49, in-4. 2e éd. refondue, 1857, in-4. — Trad. en français par Michel Bréal. 1866-72, 4 vol. gr. in-8.

2287. — Ueber die celtischen Sprachen. 1839, in-8.

2288. — Glossarium sanscriticum in quo omnes radices... cum... celticis comparantur. 1840, in-8.

2289. PEIGNOT (G.). Essai analytique sur l'origine de la langue française. 1835, in-8.

2290. TOUCHE (T. Chasle de la). Recherches sur l'ancienne langue celtique. 1836-37, in-8.

2291. EICHHOFF (F.-G.). Parallèle des langues de l'Europe et de l'Inde, ou Etude des principales langues romanes, germaniques, slavones et celtiques comparées entre elles et à la langue sanscrite. 1836, in-4.

2292. ENDLICHER (E.). Petit Glossaire gaulois. 1836, in-8.

Cp. plus loin n° 2323.

2293. DIEZ (Fr.-Chr.). Grammatik der romanischen Sprachen. 1836-42. — Trad. par Gaston PARIS avec Aug. BRACHET, puis avec MOREL-FATIO. 1873-76, 3 vol. gr. in-8.

Cp. n° 2306.

2294. PICTET (Ad.). Affinité des langues celtiques avec le sanscrit. 1837, in-8.

2295. * Langue celtique. — *Bull. de la Soc. de l'Hist. de France.* Années 1837, p. 7; 1840, p. 43; 1844, p. 162; 1851-1852, p. 218.

2296. DIEFENBACH (L.). Celtica sprachliche Documente zur Geschichte der Kelten. 1839-1840, 2 vol. in-8.

2297. BRUCE-WHYTE. Histoire des langues romanes et de leur littérature depuis leur origine jusqu'au XVIe siècle. — Trad. par EICHHOFF. 1841, 3 vol. in-8.

2298. GALLI (C.). Essai sur le nom et la langue des anciens Celtes. 1843, in-12.

2299. EDWARDS (W.-F.). Recherches sur les langues celtiques. 1844, in-8.

2300. GRIMM (J.). Ueber Marcellus Burdigalensis. 1847, in-4.

Mots celtiques employés par le médecin gallo-romain Marcellus.

2301. SPASCHUCH (N.). Keltische Studien, etc. 1848, in-8.

2302. MÉRIL (Edélestang du). Mélanges archéologiques et littéraires. 1850, in-8.

Linguistique celto-runique, etc.

2303. MOMMSEN (Th.). Die Nordetruskische Alphabete auf Inschriften und Munzen. 1852, in-4.

2304. SCHACHT (L.). De Elementis Germanicis potissimum linguæ francogalliæ. 1853, in-8.

2305. ZEUSS. Grammatica celtica. 1853, in-8. — 2e éd. donnée par H. Ebel, 1868, in-8.

2306. DIEZ (Fr. Chr.). Etymologisches Wörterbuch der romanischen Sprachen. 1853, in-8. — 4e éd., 1878, gr. in-8.

2307. MONTE (P.). Saggio di vocabolario della Gallia cisalpina e celtica. 1856, in-8.

2308. GLUCK (Chr.-W.). Die Keltischen Namen bei Cæsar in ihrer Echtheit festgestellt und erläutert. 1857, in-8.

2309. LENGLET, MORTIER et VANDAMNE. Nouvelles et véritables étymologies tirées du gaulois. 1857, in-8.

2310. CASSAGNAC (Granier de). Antiquités des patois. Antériorité de la langue française sur le latin. 1859, in-8.

2311. MORIN (C.). Fragments de philologie pour servir à la géographie celtique. 1859, in-8.

2312. PICTET (Ad.) Essai sur quelques inscriptions en langue gauloise. 1859, in-8.

2313. LOTTNER. Italic Imperfect in the keltic language. (Vers 1860) in-8.

2314. CUNO. Keltisch-italische Studien. 1860-61, in-8.

2315. MONIN (H.). Monuments des anciens idiomes gaulois. Textes. Linguistique. 1861, in-8.

2316. LE HÉRICHER. Histoire et glossaire du normand, de l'anglais et de la langue française, etc. 1862, in-8.

2317. HEGEWALD. Essai sur la langue gauloise. 1863, in-8.

2318. BOURQUELOT (F.). Étude sur les noms propres et leur valeur historique au temps des deux premières dynasties franques. 1865, in-8.

2319. LE BLANT (Edm.). Note sur le

rapport de la forme des noms propres avec la nationalité, à l'époque mérovingienne. 1865, in-8.

2320. JUBAINVILLE (H. d'Arbois de). Note sur les analogies probables de la déclinaison celtique avec la déclinaison sanscrite. 1866, in-8.

2321. GOUREAU (le cel Ch.). Recherches sur les étymologies celtiques. 1866-1867, in-8.

2322. LESKIEN (A.) et SCHMIDT (J.). Beiträge zur vergleichende Sprachforschung auf dem Gebiete der... celtischen... Sprachen. 1867-71, 7 vol. gr. in-8.

2323. JUBAINVILLE (H. d'Arbois de). Le Glossaire gaulois d'Endlicher. 1868, in-8.

2324. —.* Rapport sur les progrès de la philologie celtique en France. 1868, in-8.

2325. PICTET (Adolphe). Étude sur les noms d'hommes gaulois empruntés aux animaux. 1865, in-8.

2326. TIXIER (V.). Vestiges de l'époque romaine : langue et peinture. 1866, etc., in-8.

2327. TRANOIS (C.). Glossaire explicatif de quelques radicaux et de quelques formes qui entrent fréquemment en composition dans les noms gaulois ou celtiques. 1867, in-8.

2328. STARK (Frz.). Keltische Forschungen (über keltischen Namen). 1868-69, in-8.

2329. MICHALOWSKI (Félix). Origines celtiques. 1869, in-8.

2330. MOWAT (Robert). Noms propres anciens et modernes; études d'onomatologie comparée. 1869, in-8.

2331. JUBAINVILLE (H. d'Arbois de). Étude sur la déclinaison des noms propres dans la langue française à l'époque mérovingienne. 1870, in-8.

2332. LE HERICHER. Glossaire étymologique des noms propres d'homme en France et en Angleterre. 1870, in-4.

2333. PERROT (Georges). De la Disparition de la langue gauloise en Galatie. 1870, in-8.

2334. KUEHN et SCHLEICHER. Beitræge zur vergleichenden Sprachforschung auf dem Gebiete der arischen, celtischen... Sprachen, etc.

Recueil périodique, gr. in-8; 8 vol. depuis 1858.

2335. ROCHES (des). Examen de la question : Si la langue des Étrusques a du rapport avec celle des peuples belges? etc.

2336. OUDIN (le p. F.). [*Ms.*] Glossaire celtique. 1754, in-8.

2337. [*Ms.*] *Discours sur l'ancienne langue gauloise. In-fol.

Ce manuscrit est cité p. 438 du Cat. de Bellanger. (*Bibl. hist.*, t. I, n° 3774.)

B. Questions diverses.

2338. JOHANNEAU (Éloi). Origine du rapport singulier du nom de l'*année* avec celui du soleil et du loup, en celtique et en grec, 1810, in-8.

2339. FRÉRET (N.). Remarques sur le mot *Barritus* ou *Barditus*, dont il a été parlé dans Tacite. 1756, in-4.

2340. STÆBER (Aug.). Origine et signification des noms *Belch, Balon. S. d.* in-8.

2341. GINDRE (P.). Dissertation sur le monosyllabe *ca*. 1864 et 1865, in-8.

2342. BEL. Additions aux observations de M. Gindre sur le sens des syllabes *ca, cha, chau,* etc. 1865, in-8.

2343. SCHŒPFLIN. (J. D.) Vocabulum *gallicum* usitatissimum Romanis, nonnisi diversa enunciatio vocis *Guelt, Kelt,* extitisse videtur.

Vindiciæ celticæ, 1754, in-4.

2344. PASUMOT. De l'Origine et de l'étymologie des mots *Celte* et *Gaule*.

Mémoires géographiques, 1765, Ier mém., 1re partie.

2345. TRANOIS (C.). Histoire étymologique des mots *Celtæ, Galli,* etc. 1865, in-8.

Cp. Alex. Bertrand, De la valeur des expressions Κελτοί et Γαλάται, Κελτική et Γαλατία dans Polybe (*Rev. archéol.*, 1876).

2346. JOHANNEAU (Éloi). Origine du mot celtique *Daougan*. 1810, in-8.

2347. FALCONNET. Remarques sur la signification du mot *Dunum*. 1753, in-4.

2348. FÉNEL (l'a.). Remarques sur la

signification du mot *Dunum*. 1753, in-4.

Cp. ci-dessus les nos 1012 et suivants.

2349. AUBER (l'a.). De la Signification du mot IEVRV, etc. 1855, in-8.

2350. BECKER (J.). Ueber das Wort IEVRV in gallo-römischen Inschriften. In-8.

2351. VILLEMARQUÉ (H. de la). Recherches sur la signification du mot IEVRV dans les inscriptions de la Gaule. 1862, in-8.

2352. LONGPÉRIER (A. de). Notes sur les noms *Voluntillus* et *Ambillus* (liste des noms gaulois en *illus*). 1860, in-8.

C. Langue celtique d'Outre-Manche.

2353. ROBERTS (dr Griffith). Dosparth byrr Aryrham... (Welsh grammar...). 1567, p. in-8.

2354. DAVIES (J.). Antiquæ linguæ britannicæ rudimenta. 1621, etc., in-8.

2355. — Antiquæ linguæ britannicæ... et linguæ latinæ Dictionarium duplex. 1632, in-fol.

2356. O' CLERY (M.). Lexicon hibernicum præsertim pro vocabulis antiquioribus et obscuris. 1643, in-8.

2357. BOXHORNIUS (M.-Z.). Originum gallicarum liber, cui accedit antiquæ linguæ britannicæ lexicon britannico-latinum. 1654, in-4.

2358. MAC CURTIN ou Mac Cuirtin (H.). The Elements of the irish language, etc. 1728, in-12.

2359. VALLANCEY (Ch.). An Essay on the antiquity of the irish with the punic language, etc. 1772, in-8.

2360. — Grammar of the iberno-celtic or irish language.., essay on the celtic language... 2e éd. 1782, in-8.

2361. SCHAW (W.). An Analysis of the gaelic language. 1778, in-8 et in-4.

2362. — Gallic and english Dictionary, etc. 1780, 2 vol. in-4.

2363. * A classical Dictionary of the vulgar tongue (Dictionnaire des mots gallois de la langue anglaise). *London*, 1785, in-8.

2364. OWEN (W.). Dictionary of the welsh language, explained in english, etc. 1793-94, 2 vol. gr. in-8.

2365. KELLY (J.). A practical Grammar of the ancient Gaele, etc. 1805, in-4.

2366. MAC FARLANE (P.). New and copious english and gaelic Vocabulary, etc. 1815, in-8.

2367. ARMSTRONG (R.-A.). Gaelic Dictionary, in two parts : 1° Gaelic and English ; 2° English and Gaelic. 1825, in-4.

2368. * Dictionarium Scoto-Celticum : a dictionary of the Gaelic language, comprising an ample vocabulary of Gaelic words as preserved in vernacular speech, manuscripts, or printed works, with their signification and various meanings in english and latin and vocabularies of latin and english words, with their translation into Gaelic to which are prefixed an introduction and a compendium of Gaelic grammar. Compiled and published under the direction of the Highland Society of Scotland. *Edinburgh, Blackwood*, 1828, 2 forts vol. in-4.

2369. * The Cambrian Quaterly Magazine and celtic repertory. Vol. I-III. 1829-31, gr. in-8.

2370. HOFFMANN (S.-F.-W.). Die Iberer im westen und osten. Ethnographische Untersuchung mit Rücksicht auf Cultur und Sprache. 1838, in-8.

2371. WILLIAMS (J.). Enwogion Cymrii, a biographical dictionary of eminent Welshmen... 1852, in-8.

2372. — Gomer, or analysis of the language and knowledge of the ancient Cymry. 1854, in-8.

2373. BARBER (G.-D.). Ancient oral records of the Cimri, or Britons, in Asia and Europe, etc. 1855, in-8.

2374. * Celtic Hexapla : being the song of Salomon in all the living dialects of the Gaelic and Cambrian languages. *London, George Barclay*, 1858, in-4.

2375. KENNEDY (J.). Essays ethnologica and linguistic. 1861, in-8.

2376. KELLY (J.). Manx dictionary (Manx-English and English-Manx). 1866, in-8.

2377. — Practical Grammar of the ancient Gaelic, etc. 1878, in-8.

2378. MORIN (E.). Esquisses comparatives des dialectes néoceltiques ; 1re partie, dialectes britanniques. 1870, in-8.

2379. LE HÉRICHER. Histoire de la langue anglaise. 1870, in-8.

Partie celtique au commencement.

2380. FORBES. Ancient Languages of Gaul, Britain and Ireland. In-8.

Voir aussi, dans la série régionale, la section BRETAGNE, et, dans la série étrangère, la section ANGLETERRE, ÉCOSSE, IRLANDE. — Compulser le *Recueil de la Highland Society of Scotland*, la *Revue celtique*, dirigée par Henri Gaidoz, et l'*Ethnogénie gauloise* de Roget de Belloguet.

20e SECTION. — HISTOIRE LITTÉRAIRE

A. *Questions diverses.*

2381. BOULAY (E. du). De vetustissimis Galliarum Academiis, etc.

Historia Universitatis Parisiensis, t. I. 1665, in-fol. — Cp. ci-dessus, le n° 828.

2382. GALLAND. Discours sur quelques anciens poètes et sur quelques romans gaulois peu connus. 1717, in-4.

2383. ANSELME (l'a.). Que les lettres ont été cultivées dès les premiers temps, principalement dans les Gaules. 1729, in-4.

2384. RIVET (Ant.), CLÉMENCET, CLÉMENT, FRANÇOIS ; continuation par l'Académie des inscriptions et belles-lettres. Histoire littéraire de la France, etc. 1733 à 1873, 26 vol. in-4. — Réimpression sous la direction de Paulin Paris. 1868-74, in-4. (T. 1-15.)

2385. MOHEDANO. Historia literaria de España. 1768-69, 3 vol. in-4.

Les Celtes, les Phéniciens et les Grecs en Espagne.

2386. BASTIDE l'aîné (de la) et DUSSIEUX. Histoire de la littérature française depuis les temps les plus reculés, etc. 1772, in-12.

2387. LE BRIGANT. Les premiers Siècles de la littérature en France. 1787, in-8.

2388. MARCHANGY (de). La Gaule poétique, ou l'Histoire de France considérée dans ses rapports avec la poésie, l'éloquence et les beaux-arts. 1813-17, etc., in-8.

2389. RUE (l'a. G. de La). Essais historiques sur les bardes, les jongleurs et les trouvères normands et anglo-normands... 1834, etc., 3 vol. in-8.

2390. VALLET de Viriville. Histoire de l'instruction publique... depuis le christianisme jusqu'à nos jours. 1849, in-4.

2391. LEBLANC (H. J.). Essai historique et critique sur l'étude et l'enseignement des lettres profanes dans les premiers siècles de l'Eglise. 1852, in-8.

2392. RENAN (Ernest). La Poésie des arts celtiques. 1854, in-8.

2393. PRICE (Th.-Carnhuanawe). Literary Remains. 1854-55, 2 vol. in-8.

2394. YUNG (Eug.). De Scholis romanis in Gallia comata. 1855, in-8.

2395. NASH (D.-W.). Taliesin, or the Bards and Druids of Britain. Remains of the earliest Welsh Bards... 1858, in-8.

2396. AMPÈRE (J.-J.). Histoire littéraire de la France avant Charlemagne. 2e éd. 1867, 2 vol. in-8.

2397. SMET (J.-J. de). Etat de l'enseignement des sciences et des lettres dans les Gaules, etc. 1869, in-8.

B. *Écrivains nés ou ayant résidé dans les Gaules* (1).

2398. PYTHÉAS, de Marseille [IVe siècle avant J.-C.].

Voir ci-dessus les nos 888 et suiv.

(1) Voir, pour les éditions, le Catalogue alphabétique, au nom de chaque écrivain. — Consulter aussi, à titre de complément pour les détails biographiques et bibliographiques sur les auteurs gallo-romains, l'*Histoire littéraire de la France*, t. I-II, et la *Bibliotheca scriptorum classicorum* de W. Engelmann. (Voir ce nom au Catalogue alphabétique.)

2399. PÉTRONE, de Marseille [mort en 66 ap. J.-C.]. Satyricon.

2400. TROGUE POMPÉE [Ier siècle de notre ère]. Abrégé de son Histoire des Macédoniens, ou *Philippiques*, par Justin.

2401. FAVORINUS ou PHAVORINUS, d'Arles [mort vers 135]. Fragments de ses « Tropes pyrrhoniens ».

2402. St IRÉNÉE, év. de Lyon depuis 177. [Né vers 140, mort en 202.] Ecrits théologiques.

2403. LACTANCE [1re moitié du IVe siècle; vécut à Trèves pendant onze ans]. Écrits théologiques.

2404. EUMÈNE, d'Autun [né en 250; mort après 311]. Panégyriques.

2405. MAMERTUS (Claudianus) [fl. à Trèves vers 290]. Panégyrique de Maximien Hercule; Genethliacon, etc.

2406. GERMAIN (A.-Ch.). De Mamerti Claudiani scriptis et philosophia. 1840, in-8.

2407. AUSONE, de Bordeaux [né en 309; mort vers 394]. Poésies.

2408. DEMOGEOT (J.). Études historiques et littéraires sur Ausone. 1837, in-8.

2409. THIERRY (Amédée). D'Ausone et de la littérature latine en Gaule au IVe siècle. 1829, in-4.

2410. AXIUS PAULUS, auteur présumé du *Querolus*. [IVe siècle.]

2411. DEZEIMERIS (R.). Note sur le *Querolus*. 1868, in-8.

2412. St PHÉBADE, évêque d'Agen depuis 348. Écrits théologiques.

2413. St HILAIRE, évêque de Poitiers depuis 350 [mort en 367]. Écrits théologiques.

2414. SALLUSTE (Secundus Sallustius Promotus) [né vers 305, mort vers 370. — Fut préfet des Gaules]. Traité « De Diis et mundo ». (Attribution incertaine.)

2415. MARCELLUS [né à Bazas; mort en 408]. Liber de medicamentis empiricis, physicis et rationalibus.

2416. GRIMM. (J.). Ueber Marcellus Burdigalensis. 1847, in-4.

2417. SULPICE-SÉVÈRE [né en Aquitaine vers 363; mort à Marseille vers 420]. Histoire sacrée; — Histoire de St Martin; — Dialogues.

2418. St PAULIN, év. de Nole [né à Bordeaux en 353; mort en 431]. Poésies; — Lettres, etc.

2419. LE BRUN DES MARETTES. Vie de saint Paulin [de Nole]. 1702, in-8.

2420. RABANIS (J.). Saint Paulin de Nole. Études historiques et littéraires. 1840, in-8.

2421. BUSE (Ad.). Saint Paulin [de Nole] et son temps (en allemand). 1856, 2 vol. in-18.

2422. RUTILIUS NUMATIANUS (Cl.) [né à Toulouse ou à Poitiers; fl. en 417]. Itinéraire [de Rome en Gaule].

2423. St EUCHER [év. de Lyon en 426, *alias* en 434]. Œuvres diverses.

2424. St PROSPER d'Aquitaine [né en 403; mort vers 465]. Chronique. — Poème contre les ingrats (ceux qui ne reconnaissent pas la grâce).

2425. HAGEN (Joh. van der). Observationes in Prosperi Aquitani chronicon integrum, ejusque 84 annorum cyclum, etc. 1733-36, in-4.

2426. FAUSTE [né vers 390; abbé de Lérins en 433, év. de Riez en 462]. Traité du libre arbitre et de la grâce.

2427. SALVIEN, prêtre de Marseille [né à Cologne ou à Trèves, vers 390; mort en 484]. Lettres; — Contre l'avarice; — Sur le gouvernement de Dieu.

2428. VERDIÈRE (le p. Ch.). Comparantur Augustini et Salviani judicia de suorum temporum calamitatibus. 1843, in-8.

2429. MÉRY. Salvien, prêtre de Marseille, et son époque. 1849, in-8.

2430. St RURICE [évêque de Limoges vers 440]. Lettres.

2431. OROSE, év. de Marseille. Œuvres diverses.

2432. St HILAIRE, év. d'Arles [né en 401; mort en 449]. Homélies; — Explication du symbole; — Vie de saint Honorat.

2433. PROSPER TIRO [né probablement en Aquitaine, vers 480]. Chronique (abrégé de celle de saint Prosper) jusqu'à l'an 455.

2434. ARNOBE le jeune, moine de Lérins. [fl. de 450 à 460]. Commentaire sur les psaumes.

2435. VICTORIUS d'Aquitaine [fl. vers 460]. Canon pascal.

2436. St SIDOINE APOLLINAIRE, év. de Clermont en 471 [né à Lyon vers 430; mort en 489]. Œuvres diverses.

2437. GERMAIN (A.-Ch.). Essai sur Apollinaris Sidonius. 1840, in-8.

2438. CHAIX (l'abbé). Saint Sidoine Apollinaire et son siècle. 1868, in-8.

Voir aussi Eug. BARET, introduction placée en tête de son édition, complète et critique, de Sidoine Apollinaire. 1878, in-4.

2439. PAULIN, de Périgueux [fl. en 463; mort vers 477]. Vie de saint Martin (poème), etc.

2440. GENNADIUS, prêtre de Marseille. [fl. en 454; mort en 493]. De Dogmatis ecclesiasticis.

2441. POMÈRE (Julien), d'Aquitaine [abbé en 491 (?); mort en 498]. Sur la vie contemplative.

2442. GRÉGOIRE, de Tours [né en 539 ou 544; mort en 595]. Histoire des Francs, etc.

Voir ci-dessus n°s 214 et suiv.

2443. FORTUNAT, év. de Poitiers [né vers 530; mort en 609]. Poésies; — Vie de saint Martin, etc.

2e SÉRIE. — QUESTIONS TOPOGRAPHIQUES

N. B. — Cp. : 1° la *Bibliothèque historique*, t. Ier, n°s 23-389; 2° le *Catalogue de la Bibliothèque nationale*, Histoire de France, t. Ier, L[5], et surtout t. X, suppl. de L[5]; 3° le *Catalogue ms. de la bibliothèque du musée gallo-romain de Saint-Germain-en-Laye*.

ADMAGETOBRIGA

Voir plus loin AMAGETOBRIGA.

ADUATUCA

2444. CREULY (g[al]) et BERTRAND (Alex.). Quelques difficultés du second livre des Commentaires étudiées sur le terrain. — Aduatuca. 1861, in-8.

2445. PRÉVOST (F.). Note sur l'interprétation d'un dispositif employé par les défenseurs de l'oppidum des Aduatuques. 1862, in-8.

2446. BOCQUET (O.). Note sur la position de l'oppidum Aduatucorum. 1863, in-8.

AGENDICUM

2447. PASQUES. * Notice et dissertation sur Provins. Est-il l'Agendicum des Commentaires de César? 1820, in-8.

2448. DOÉ (J.-M.). Dissertation sur l'emplacement d'Ag. (1), ville des Senones, dans la Gaule Celtique. 1820, in-8.

Voir aussi dans le J. César de la collection Lemaire, t. Ier, 1819, p. 471 : *Dissertatio de urbe Agendico.*

2449. BARRAU (J.-J.). Dissertation sur la question : Provins est-il l'Ag. des Commentaires de Jules-César? 1821, in-12.

2450. CORRARD DE BREBAN. Dissertation sur l'emplacement d'Ag., etc. 1831, in-8.

2451. THIÉRON. Rapport à la Société d'agr., etc., de l'Aube, sur la question de savoir si l'Ag. des Commentaires de Jules-César [VI, 44, et VII, 10] est Sens ou Provins. 1839, in-8.

2452. * Sens est-il l'Ag. de J. César? —

(1) La forme abrégée est toujours celle qui figure au titre de la section.

Almanach statistique et hist. de l'Yonne, année 1842, in-12, p. 169-172 (article signé M.).

2453. LONGPÉRIER (Adr. de). Attribution d'une médaille gauloise à *Agedincum Senonum*. 1844, in-8.

2454. ALLOU (Aug.). Mémoire sur l'Ag. des Commentaires de César, etc. 1846, in-8.

2455. GÉROST. Mémoire sur l'emplacement d'Ag. 1846, in-8.

2456. LONGPÉRIER (Adr. de). Notice sur une inscription inédite trouvée à Sens (contenant le nom d'Agedincum). 1847, in-8.

2457. SALMON (Ph.). Agendicum, Vellaunodum et Genabum, étude historique. 1866, in-8.

ALESIA

2458. PIQUELIN (J.). *Vie (la) et légende de Madame saincte Reigne, vierge et martyre. *Troyes, Jehan Lecoq*, pet. in-8 goth.

Voir Brunet, 5e éd. t. V, col. 1203.

2459. CHASSENEUX (B. de), en latin Chassanæus. Catalogus gloriæ mundi. 1529, in-fol. — Autres éditions.

A voir sur l'emplacement d'Alise-Ste-Reine.

2460. JUSTE-LIPSE. Sur la circonvallation d'Al., 1 pl.

Poliorcetica, 1675, in-8.

2461. LEMPEREUR (J.). Dissertation... sur la ville Alesia.

Dissertations historiques, 1706, in-12.

2462. MANDAJORS (L. des Ours de). * Dissertation sur les frontières de la Gaule et de la province romaine, où l'on découvre la fameuse Al. assiégée par César. 1707, in-4, et 1712, in-12.

2463. — Éclaircissement sur la dispute d'Alise en Bourgogne et de la ville d'Alez au sujet de la fameuse Alesia, assiégée par César. 1715, in-12.

2464. — * La Suite de l'entier éclaircissement de la dissertation sur Al. (par un capucin).

Reproduit dans les *Dissertations historiques*, 1712, in-12.

2465. — * Apologie de l'auteur de la dissertation sur Al. ... avec... la suite de cette apologie. In-4.

Reproduit dans les *Dissert. historiq.*

2466. — Conclusion de la dispute d'Al. et de la ville d'Alez, etc. *Avignon* [*s. d.*], in-12.

2467. MAUTOUR (Ph.-B. Moreau de). Conjectures sur un grand nombre de tombeaux, qui se trouvent dans un lieu particulier de l'Auxois, en Bourgogne, 1723, in-4.

2468. D'ANVILLE (J.-B.-B.). Explication topographique du siège d'Al.

Éclaircissements géogr. 1741, in-12, p. 436-97.

2469. * Alesia. Étude sur la septième campagne de César en Gaule. *Paris*, 1744, in-4.

2470. GUISCHARDT (Ch.). Histoire du siège d'Al.

Mém. militaires. 1758, in-4, t. I, p. 225-50.

2471. ROSNY (N. de). Dissertation sur le siège d'Alise, extrait des Commentaires de César.

Hist. de la ville d'Autun, 1803, in-4.

2472. BERLINGHIERI (L.-P.). Examen des opérations de César au siège d'Al. 1812, in-8.

2473. BAUDOT (P.-L.). Notice sur quelques objets d'antiquité, trouvés dans l'emplacement d'Al. Mandubiorum. 1813, in-8.

2474. BARBIÉ DU BOCAGE (J.-D.). Alesia... a Cæsare obsessa. (Carte.)

Dans le *Jules César* de la collection Lemaire. 1818, in-8.

2475. GIRAULT (Cl.-X.). Rapport sur les fouilles exécutées dans l'été de 1819 sur le plateau du mont Auxois, etc. 1820, in-8.

2476. MAILLARD DE CHAMBURE (Ch.-Hip.). * Mémoire sur le dieu Moritagus, et l'inscription trouvée en 1652 parmi les ruines d'Alize, etc. 1822, in-8.

2477. JOLLOIS. Voie de Sens à Alise, traversant l'Yonne.

Notice sur quelques antiquités découvertes dans le département de l'Yonne. 1836, in-8.

2478. MESNIL (du). Notice sur Alesia. 1839, in-8.

2479. LE MAISTRE. Voie de Sens à Alise dans l'Yonne. 1849, in-8.

2480. BERLIER fils. Réfutation de l'opinion qui tendait à placer Al. ... près la ville d'Alais. 1841, in-4.

2481. DELACROIX (A.). Alesia. Découverte d'Al.; pays d'Alaise; guerre de Séquanie, etc. 1856, in-4.

2482. DEY (Ar.). Alesia. 1856, in-8.

Mém., le premier qui ait paru pour contredire la *Découverte d'Alesia* par M. Delacroix.

2483. SAINT-THOMAS [pseudonyme]. Découverte des plaines de Marengo, à propos de la découverte d'Al. Lettre à M. Dey. In-8.

2484. DESJARDINS (Ernest). Mémoire relatif au travail lu à la Société d'émulation du Doubs par M. A. Delacroix, intitulé : Découverte d'Al. 1856, in-8.

2485. — Alesia, par A. Delacroix.

Journal de Saône-et-Loire, 28 juin 1856.

2486. — Découverte d'Alise, Alesia, par A. Delacroix. 1856, in-8.

2487. JOMARD. Extrait d'un mémoire sur l'emplacement d'Al. 1856, in-8.

2488. ROSSIGNOL (Cl.). Alise. Étude sur une campagne de Jules César. 1856, in-4.

2489. — Saint-Seine-l'Abbaye. Croquis historique et archéologique. In-4.

2490. REVILLOUT (V.). Alaise, Alise; ni l'une ni l'autre ne peut être Al. 1856, in-8.

2491. COYNART (c^{el} R. de). Étude historique, etc., sur la cité gauloise d'Al. 1856, in-8.

2492. — Le Siège d'Al. 1857, in-8.

2493. — L'Al. de César laissée à sa place. Lettre à M. J. Quicherat. 1857, in-8.

2494. — Reliefs en plâtre des deux pays d'Alise et d'Alaise offerts à l'Académie des inscriptions. 1857, in-8.

2495. BAVOUX (V.). Rapport sur une excursion à Alaise. 1857, in-8.

2496. CASTAN (Aug.). Antiquités gauloises, pour servir à la question d'Al. 1857, in-8.

2497. GLEY. Découverte d'Al. Rapport. 1857, in-8.

2498. QUICHERAT (J.). Alise n'est point Alesia. 1857, in-8.

2499. — L'Alesia de César rendue à la Franche-Comté, etc. 1857, in-8.

2500. ROSSIGNOL (Cl.). Examen critique de la traduction d'un texte fondamental dans la question d'Alise. 1857, in-4.

2501. — L'Alesia de César maintenue dans l'Auxois. 1857, in-4.

2502. TOUBIN (Ch.). Alesia, Alaise séquane, Alise en Auxois. 1857, in-8.

2503. VARAIGNE (Ch.-F.). Nouveaux documents archéologiques sur Alaise. 1857, in-4.

2504. MIGNARD. Comptes rendus des travaux de la Commission des antiquités de la Côte-d'Or concernant Alise. 1857 à 1868, in-4.

2505. CASTAN (Aug.). Rapports à la Société d'émulation du Doubs sur les fouilles exécutées à Alaise. 1858-64, in-4 et in-8.

Voir les titres spéciaux dans les articles suivants.

2506. AUMALE (H. d'Orléans, duc d'). Alesia. Etude sur la septième campagne de César. 1858, puis 1859, gr. in-8.

2507. CASTAN (Aug.). Les Tombelles celtiques du massif d'Alaise (1er et 2e rapport à la Soc. d'émulation du Doubs). 1858, in-8.

2508. COYNART (c^{el} R. de). Lettre (sur l'emplacement d'Al.). 1858, in-8.

2509. DESJARDINS (Ernest). Lettre à M. E. Renan sur Al. 1858, in-12.

2510. — Alesia, historique de la question, principales publications, résumé des débats. 1858, in-8.

2511. FALLUE (Fr.-L. Léon). Sur les mouvements stratégiques de César et de Vercingétorix avant le siège d'Alise... 1858, in-8.

2512. GIGUET. Sur l'Al. des Commentaires de César. 1858, in-8.

2513. GŒLER (Aug. von). Cæsars gallischer Krieg in dem Jahre 52 vor Chr. Avaricum, Gergovia, Alesia. 1858, gr. in-8.

2514. PASCAL (l'a. J.-B.-T.). Alise-Sainte-Reine avant et après l'ère chrétienne, précis historique et critique. 1858, in-8.

2515. PREVOST (F.). Recherches sur le blocus d'Al. 1858, in-8.

2516. QUICHERAT (J.). La Question d'Alesia dans la *Revue des Deux-Mondes*. 1858, in-8. (Cp. n° 2506.)

2517. — Conclusions pour Alaise dans la question d'Al. 1858, in-8.

2518. BEAUNE (H.). Temple gallo-romain à Pouillenay. 1859, in-4.

2519. DESJARDINS (Ernest). Alésia, 7e campagne de J. César. Résumé du débat, réponse à l'art. de la *Revue des Deux-Mondes* du 1er mai 1858, conclusion suivie d'un appendice renfermant des notes inédites écrites de la main de Napoléon Ier, sur les Commentaires de J. César. 1859, in-8.

2520. ROSSIGNOL (Cl.). De l'Oppidum gaulois à propos d'Al. 1859, in-4.

2521. DEVILLE (Ach.). Considérations sur l'Al. des Commentaires de J. César. 1859, in-8.

2522. SAULCY (F. de). Lettre à M. le gal Creuly sur la numismatique gauloise, à propos de la question d'Al. 1859, in-8.

2523. BREUILLARD (l'a.). Sainte-Reine d'Alise, ou réponse au colonel Goureau. 1860, in-12.

2524. DELACROIX (A.) et CASTAN (A.). Guide de l'étranger à Besançon et en Franche-Comté, accompagné d'une carte du siège d'Al. 1860, in-12.

2525. DELACROIX (A.). Alaise et Séquanie. 1860, in-8.

2526. CLERC (le président). Premier chapitre d'une étude complète sur Alaise. 1860, in-8.

2527. DELACROIX (A.). Note incomplète à propos de l'étude complète sur Alise, de M. Clerc. 1861, in-8.

2528. — Alaise à la barre de l'Institut. 1861, in-8.

2529. BIAL (Paul). La Vérité sur Alise-Sainte-Reine, etc. 1861, in-8.

2530. CASTAN (Aug.). 3e rapport sur les fouilles d'Alaise. 1861, in-8.

2531. CHIFFLET (le vte). Étude sur l'Al. de la Franche-Comté. 1861, in-8.

2532. GIGUET. Dissertation sur Al. 1861, in-8.

2533. CORNAT. Rapport à la Soc. arch. de Sens sur les dissertations de M. Giguet concernant Al. 1861, in-8.

2534. LACROIX (Paul). Rapport sur le Bulletin de la Société archéologique de Sens, t. VII. 1861, in-8.

Noms divers paraissant dériver d'Alesia, Alexia.

2535. LONGPÉRIER (A. de). Monnaie de plomb d'Alise. 1861, in-8. (Cp. no 2594.)

2536. QUICHERAT (J.). Nouvelle défaite des défenseurs d'Alise sur le terrain d'Al. 1861, in-8.

2537. SAULCY (F. de). Fouilles d'Alise-Sainte-Reine. 1861, in-8.

2538. * Armes et objets divers provenant des fouilles exécutées à Alise-Sainte-Reine. — *Rev. archéol.*, 2e série, t. IV, année 1861, p. 66 à 68.

2539. * Visite de l'empereur à Alise-Ste-Reine. — *Rev. archéol.*, 2e série, t. IV, année 1861, p. 73.

2540. * Épée romaine (fouilles d'Alise-Ste-Reine). — *Rev. archéol.*, id., p. 141.

2541. CASTAN (Aug.). Les Vestiges du siège d'Al. (4e rapport). 1862, in-8.

2542. COYNART (cel R. de). Articles divers sur la question d'Al. publiés dans le *Moniteur de l'Armée* en 1862.

2643. QUICHERAT (Jules). La Question d'Al. dans le *Moniteur de l'Armée*. 1862, in-8.

2544. DELACROIX (A.). Alaise et la carte de l'état-major. 1862, in-8.

2545. MAIRET (E. Bousson de). L'Al. de César, résumé de la question. 1862, in-8.

2546. STOFFEL (G.). Étude sur l'emplacement d'Al. 1862, in-8.

2547. * Nouvelles des fouilles d'Alise-Ste-Reine et de St-Pierre-en-Chastre. — *Rev. archéol.*, 2e série, t. V. 1862, p. 409.

2548. FALLUE (Léon). Du plateau et des eaux d'Al. pendant le siège de cette place. 1862, in-8.

2549. — Réponse au dernier mot sur Al., de M. Prévost. 1862, in-8.

2550. — Examen critique des nouvelles fouilles d'Alise-Ste-Reine. 1863, in-8.

2551. — Alesia. De l'approvisionnement d'eau pendant le siège de cette place. In-4.

2552. — Un dernier mot sur Alise-Ste-Reine. In-8.

2553. ARÈNE. Fouilles à Izernore. 1863, in-4.

Cp. ci-dessous les nos 2584 et 2598.

2554. MÉNARD (Louis). Lettres sur les Alises et les Alèzes des Grecs. 1862, in-8.

2555. BARTHÉLEMY (A. de). Monnaies mérovingiennes d'Alise - Ste - Reine. 1863, in-8.

2556. BOURIANE (G.-M. de). Alésia. 1863, in-8.

2557. CASTAN (Aug.). 5e rapport sur les fouilles d'Alaise. 1863, in-8.

2558. — Les Champs de bataille et les monuments du culte druidique au pays d'Alaise (6e rapport). 1864, in-8.

2559. CERNESSON (J.). L'Auxois et le Lassois-Fontanet. 1863, in-4.

2560. CHARLEUF (G.). Quelques mots sur Alise-Ste-Reine, avec deux planches de médailles gauloises. 1863, in-8.

2561. CORBET. Médailles gauloises trouvées à Izernore. 1863, in-8.

2562. QUICHERAT (J.). Rapport sur le 6e volume (3e série) des Mémoires de la Société d'émulation du Doubs, contenant le compte rendu de M. Castan sur ce qui a été retrouvé des vestiges du siège d'Al. 1863, in-8.

2563. CORRARD DE BREBAN. Souvenir d'une visite aux ruines d'Alise et au château de Bussy-Rabutin. 1863, in-8.

2564. DEFAY (H.). Étude sur la bataille qui a précédé le blocus d'Alise. 1863, in-8.

2565. DELACROIX (A.). La Question d'Alaise et d'Alise en 1863. 1863, in-8.

2566. — Alaise et le *Moniteur*. 1864, in-8.

2567. GOUJET (G.). Lieu de la bataille livrée avant le siège d'Al. 1863, in-4.

2568. PELADAN (A.) fils. Note sur Al. 1863, in-8.

2569. SAINT-FERJEUX (Pistollet de). Observation sur le lieu où a été livrée la bataille... avant le siège d'Al. 1863, in-8.

2570. CUCHERAT (l'a. F.). Alexia et les Aulerci-Brannovices au tribunal de vingt siècles et de J. César. 1864, in-8.

2571. DANSIN (H.). Une excursion à Alise. 1864, in-8.

2572. GOUREAU (cel Ch.). Recherches sur la bataille de cavalerie entre les Gaulois et les Romains à la suite de laquelle Alise a été bloquée. 1864, in-8.

2573. JOCQUIN (J.-J.). Ethnographie de l'Auxois. 1864, in-8.

2574. REFFYE (V. de). Les Armes d'Alise. Lettre à M. le dr Keller, président de la Société des antiquaires de Zurich. 1864, in-8.

2575. STHÈNE. Notice sur Alise-Sainte-Reine. 1864, in-8.

2576. CASTAN (Aug.). Les Préliminaires du siège d'Al. (7e rapport). 1864, in-8.

2577. SARRETTE (le comnt A.). Alésia, étude d'archéologie militaire. 1864, in-8, 1 pl.

2578. — La Question d'Alesia mathématiquement résolue en faveur d'Alaise. 1865, in-8.

2579. BEL. Y aurait-il lieu d'admettre une troisième Alise? 1865, in-8.

2580. FALLUE (Léon). De l'Armement des Romains et des Celtes à l'époque de la guerre des Gaules d'après les Commentaires de César, à propos des armes trouvées devant Alise. 1865, in-8.

2581. GALLOTI (Léon). Étude des travaux du siège d'Al. 1865, in-8.

2582. — Le mont Auxois. 1865, in-8.

2583. * Note sur l'identité des noms Alesia, Alisia et Alise. — *Rev. archéol.*, 2e série, t. XI, année 1865, p. 244-47.

2584. MAISSIAT (J.). Alesia-Izernore dans le département de l'Ain. 1865, in-8.

Cp. *Jules César en Gaule*, par le même, t. II, p. 354 et suiv.

2585. QUICHERAT (J.). Examen des armes trouvées à Alise-Sainte-Reine. 1865, in-8.

Voir aussi son *Voyage archéologique dans l'Est de la France*, même date.

2586. DEBOMBOURG (G.). * Coups de

plume et coups de pioche à propos d'Alise. 1866, in-8.

2587. FIVEL (Th.). L'Alesia de César près de Novalaise, en Savoie. 1866, in-8, 9 pl.

2588. DUCIS (l'a.). Les Allobroges à propos d'Alesia. Discussion historique et géographique. 1866, in-8.

2589. HUGO (le cte Léopold). Inscription d'Alise. 1866, in-8.

2590. MAURY (L.-F.-Alfred). Sur un nouvel essai d'interprétation des inscriptions gauloises et en particulier de celle d'Alise par M. le cte Hugo. 1866, in-8.

2591. QUICHERAT (J.). La Question d'Alesia en Normandie. 1866, in-8.

2592. SARRETTE (le comnt A.). Démonstration militaire du problème d'Al. 1866, in-8.

2593. SAINT-GENIS (V. de). Réflexions sur l'Al. de Savoie, etc. 1866, in-8.

2594. SAULCY (F. de). Note sur les monnaies gauloises trouvées à Alise-Ste-Reine, etc. 1866, in-8.

Cp. dans le *Dictionn. archéol. de la Gaule*, époque celtique, t. Ier, une représentation et une liste de 63 monnaies gaul. trouvées à Alise.

2595. TESSIER (J.). Novalaise en Savoie. Conférences. 1866, in-8.

2596. * Note sur les monnaies antiques recueillies dans les fouilles d'Alise. (Extr. du t. II de l'Histoire de J. César.) — *Rev. archéol.*, 2e série, t. XIV, 1866, p. 1 à 7.

2597. BARTHÉLEMY (A. de). Alesia, son véritable emplacement. 1867, in-8.

2598. GRAVOT (A.). Étude sur l'Alesia de César; Alise-Izernore. 1867, in-8.

2599. HÉLIE (Aug.). Alise et Vercingétorix avec une carte. 1867, in-18.

2600. SAILLY (de). Sur la ferrure du cheval..., à propos d'un objet antique trouvé à Alise-Ste-Reine. 1868, in-8.

2601. BREUZE (Léon). L'Alesia de César au tribunal des savants. 1869, in-8.

2602. QUICHERAT (J.). Réponse à une demande de discussion de l'opinion qui place l'Alesia de César en Savoie. 1869, in-8.

2603. THURIET (Ch.). Le Menhir de Norvaux et le muraillement de la Châtelle (pourtour d'Alaise). 1869, in-8.

2604. SAINT-ANDÉOL (F. de). Ce qu'est l'Alaise de Novalaise. 1870, in-8.

AMAGETOBRIGA.

2605. GIRAULT (Cl.-X.). Dissertation sur la position de l'ancienne ville d'Amagetobriga, etc. 1809, in-8. — 1811, in-8.

Placée à Pontailler (Haute-Saône).

2606. GRAVIER. Dissertation sur la nouvelle position assignée par M. le bon Valckenaer (*sic*) à la ville d'Amagetobrie et au champ de bataille de César et d'Arioviste. 1845, in-8.

Voir aussi dans la série départementale la section HAUTE-SAÔNE et notamment les articles sur *Gray* et sur *Pontailler*.

ANATILIA

2607. VÉRAN (J.-D.). Lettre à M. Millin sur l'ancienne An. 1809, in-8.

Voir, dans la série régionale, la section ANATILII.

ANDERITUM

2608. DELAPIERRE. Note sur l'emplacement d'Anderitum, etc. (Lozère). 1860, in-8.

Voir aussi, à la série régionale, la section GABALI.

ANDESINA

2609. BEAULIEU (C.). De la station Indesina. 1849, in-8.

2610. DIGOT (A.). Recherches sur le véritable nom et l'emplacement de la ville que la Table théodosienne appelle And. ou Indesina. 1850, in-8.

Placement d'Andesina à Bourbonne-les-Bains par d'Anville, à Nancy ou Essey par Walckenaer, à Chermizey (Vosges) par Fortia d'Urban, à Laneuveville (Meurthe) par Beaulieu, à Grand (Vosges) par Aug. Digot. (D'après H. de Saulcy, *Journal de la Soc. d'arch. lorraine*, t. II, 1853, p. 29.)

ANTRE

[Département du Jura, canton de Moirans]

Voir AVENTICUM.

ARGENTOVARIA

2611. GOLBÉRY (P. Aimé de). Mémoire sur Argentuaria. 1829, in-8.

Identifiée avec Herbourg, près Colmar.

2612. GERVAIS (Ch.). Analyse du mémoire précédent. 1829, in-8.

2613. COSTE (A.). A propos de la station d'Argentovaria. 1863, in-8.

2614. — Argento-Varia, station gallo-romaine retrouvée à Greussenheim (Haut-Rhin). 1864, in-8; 1 carte.

ARRISITUM

2615. MANDAJORS (L. des Ours de). Recherches sur l'évêché d'Arisidium ou Aresetum. 1729, in-4, carte.

Placé dans le diocèse d'Alais.

2616. CLAMENS. Recherches historiques sur l'ancien évêché d'Arr. 1870, in-8.

ATES

2617. MOUTON. Notice sur la cité d'Ates, ch.-l. du canton attuarien en Bourgogne. 1866, in-12.

AUGUSTA VEROMANDUORUM

Voir aux départements celui de l'Aisne.

AUGUSTODUNUM

Voir Bibracte.

AUGUSTORITUM

2618. D'ANVILLE (J.-B. B.). Dissertation sur Aug.

Éclaircissements géograph, 1741, in-12.

2619. BELLEY (l'a.). Dissertation sur Aug. 1753, in-4.

Placé chez les Lémovices.

2620. BOURGEOIS. [*Ms.*] Dissertation... sur la position de l'Aug. et du Limonum de Ptolémée. (Avant 1768.)

Voir aux départements ceux de la Vienne, art. sur *Poitiers*, et de la Haute-Vienne, art. sur *Limoges*.

AVARICUM

2621. * Dissertation en forme de Lettre sur l'ancienne ville Avar. (Bourges) et sur Genabum (que l'auteur prétend être Gien). *Mém. de Trévoux*. 1709, avril, p. 621.

2622. GOELER (von). Avaricum. 1858, gr. in-8. (Voir ci-dessus, n° 2513.)

2623. MAISSIAT (J.). Siège d'Avar.

Jules César en Gaule, t. Ier, 1865, p. 212.

2624. LIÈGE (du). Rapport sur une note de M. Bariau, relative à la signification du mot *Avar*. 1867, in-8.

AVENTICUM

2625. * Dissertation sur la ville d'Antre. *Bezançon*, 1697, in-8.

Identifiée avec Aventicum.

2626. ANDRÉ (le p. — de Saint-Nicolas). * Lettre... sur la prétendue découverte de la ville d'Antre, en Franche-Comté. 1698, in-12.

2627. LEMPEREUR (le p. J.). Deux dissertations sur la ville nommée anciennement Av.

Dissertations historiques. 1706, in-12.

2628. DUNOD (le p. P. J.). La Découverte entière de la ville d'Antre, en Franche-Comte, etc. 1709, in-8.

Cp. F. I. Dunod de Charnage, *Hist. des Sequanois*, Dissertation V.

2629. WILD (Marquard). Apologie pour la vieille cité d'Avenches ou Av., en Suisse. 1710, in-8.

2630. CUPER (G.). Fasciculus epistolarum Gilberti Cuperi ad Marq. Wildium, etc. 1744, in-12.

Revendication d'Av. pour la Suisse.

2631. SCHMIDS. Recueil d'antiquités trouvées à Avenches, à Culm, etc. 1760, etc., in-4.

2632. AUBERT (D.). [*Ms.*] Découverte de la ville d'Antre, en Franche-Comté. (3 Lettres rédigées avant 1768.)

2633. BURSIAN (C.). Zwei Bronzestætten aus Avenches. 1865, in-8.

2634. * Antiquités d'Avenches. *Rev. arch.*, VII, 1850, p. 452.

Voir, à la série étrangère, la section Suisse et notamment les articles sur *Avenches*.

BANDRITUM

2635. PASUMOT (Fr.). Emplacement de B.

Mém. géogr. 1765, in-12, n° 4.

2636. COUARD. Note à propos de Clanum et de B. 1863, in-8.

BENEARNUM

2637. LARTIGAU. Étude sur Ben. 1868, in-8.

BIBRAX

Voir, dans la série départementale, la section AISNE, articles sur *Laon*.

BIBRACTE, AUGUSTODUNUM

2638. THOMAS (E.). De antiquis Bibracte seu Augustoduni monumentis Libellus. 1650, in-4.

2639. NAULT. Histoire de l'ancienne Bib. 1668, in-12.

2640. * Histoire de l'ancienne Bib. appelée Autun. *Autun*, chez *De la Mothe-tort*. 1688, in-12.

2641. MAUTOUR (Moreau de). [*Ms.*] Discours sur l'ancienne ville Bib. 1704.

2642. LEMPEREUR (J.). Dissertation historique sur l'ancienne Bib. 1704, in-12, et 1706, in-12.

2643. SALINS (de). Lettre contenant des réflexions sur la Dissertation sur l'ancienne Bib. (par Lempereur). 1708, in-12.

2644. — Lettre servant à réfuter l'Extrait de la Dissertation de B.-P. Moreau de Mautour sur Bib. 1708, in-12.

2645. * Bibractæ seu Belnæ antiqua monumenta.

Peut-être par de Salins? Voir *Bibl. histor.* t. III, n° 35954.

2646. BAUDOT (F.). Lettre... sur l'ancienneté de la ville d'Autun ou de Bibracte. 1710, in-12.

2647. MANDAJORS (P.-J. des Ours de). Réflexions, etc. [sur Augustodunum.] 1712, in-12.

2648. MAUTOUR (Ph.-B. Moreau de). Observations sur une inscription... concernant la ville de Bibracte.

Mém. de littérature, de Desmolets, t. IV, 1727, p. 296.

2649. D'ANVILLE (J.-B.-B.). Dissertation sur Bib.

Éclaircissements géograph., 1741, in-12. 2e diss.

2650. — * Lettre sur la situation de Bibracte. 1750, in-12.

Bibracte placée au Mont-Beuvray.

2651. LEBEUF (l'a. J.). * Réponse à la Lettre sur la situation de Bib.

2652. GERMAIN (l'a.). [*Ms.*] Problème historique sur Bib. (Avant 1751.)

Bibracte placée à Autun.

2653. MICHAULT (J.-B.). Remarques sur Bib.

Mélanges historiq. et philolog., t. II, 1754, in-12, p. 156.

2654. GARENNE (X.). Bibracte. 1867, in-8.

2655. BULLIOT (J.-G.). La Question de Bib. 1867, in-8.

2656. MÉRANDON (Ch.). La Bib. du Beuvray et ses inventeurs. 1869, in-8.

2657. BULLIOT (J.-G.). Mémoire sur les fouilles de Bib. en 1868-69. 1870, in-8.

2658. — Étude sur l'ex-voto de la DEA BIBRACTE. 1870, in-8.

Cp. *Dictionn. archéol de la Gaule* (époque celtique), articles BIBRACTE et GLUX. — Consulter les *Mém. de la Soc. éduenne*, à Autun, surtout depuis 1867.

BRATUSPANTIUM

2659. BONAMY. Conjectures sur la position de deux anciennes villes des Gaules nommées Br. et Médiolanum. 1761, in-4.

2660. BUCQUET. [*Ms.*] Dissertation sur la position de Br. 1762.

Br. placé à Beauvais.

2661. ESSIGNY (G. d'). Dissertation sur Br.

Histoire de Roye, 1818, in-8.

2662. GRAVES. Sur Br.

Notice historique, etc., sur le dép. de l'Oise. 1836, in-8. — Voir aussi l'*Annuaire de l'Oise*, in-8, *passim*.

2663. BARRAUD (l'a.). Recherches relatives à la situation géographique de Br. 1845, in-8.

2664. DEVIC (l'a. D.). Dissertation et notice sur une ancienne ville gauloise du Beauvoisis nommée par César dans ses Comm. Br. 1843, in-8.

2665. GRATTIER (A. de). Essai sur l'emplacement de Noviodunum Suessionum et de Br. 1861, in-8.

2666. MAILLET (l'a.). Note sur Bratuspantium. 1866, in-8.

Voir aussi dans la série départementale la section OISE, notamment l'article *Beauvais*.

BRIVATES PORTUS

2667. ATHÉNAS (P.-L.). Mémoire sur la véritable position du Briv. P. de Ptolémée. 1819, in-8.

2668. DESVAUX. Sur la véritable position du Briv. P. de Ptolémée. 1846, in-8.

CALAGURRIS

2669. GAUTIER (A.). Nouvelles Recherches sur la ville de Calagurris Convenarum. 1869, in-4.

CARACOTINUM

2670. CAYLUS (c[te] de). Sur un lieu romain appelé Car. et sur le plan du château de Groville (*al.* Graville) qui s'y voit. In-4.

Recueil d'antiquités, t. IV, p. 385.

2671. FALLUE (L.). Des villes gauloises Lotum, Juliobona et Car. In-8.

Voir à la série départementale la section SEINE-INFÉRIEURE et notamment les articles sur *Harfleur*.

CENABUM

Voir GENABUM.

CHORA

2672. LEBEUF (l'a. J.). Lettre à M. Maillard au sujet d'un lieu nommé anciennement Choia, du diocèse d'Auxerre. 1742, in-12.

2673. D'ANVILLE (J.-B.-B.). Réponse à la lettre de l'abbé Lebeuf sur Ch. 1742, in-12.

2674. LEBEUF (l'a. J.). Notice sur deux lieux appelés anciennement Choia et Contraginnum. (Réplique.) 1742, in-12.

2675. PASUMOT (Fr.). Dissertation sur la position d'un lieu nommé Choia ou Ch.

Mém. géogr. 1765, in-12, n° 2.

2676. BAUDOUIN. Détails sur la partie de voie romaine d'Auxerre à Avallon comprise entre Sermizelles et St-Moré, et recherches sur Ch. 1848, in-8.

Voir aussi, dans le dép. de l'YONNE, les articles relatifs aux voies rom. partant d'Auxerre, et les articles sur *St-Moré*.

CLANUM

2677. GOUARD. Note à propos de Clanum et de Bandritum. 1863, in-8.

COBIAMACHUS

2678. BURIGNY (J. Levesque de). Note sur trois places de l'ancienne Gaule dont aucun géographe n'a fait mention. 1779, in-4.

COBIAMACHUS, CRODONUM, VULCHALO.

COLONIA EQUESTRIS

2679. DUNOD (le p. P. J.). La Découverte d'Equestris, la ville de Poligni-Groson, en Franche-Comté.

Découverte entière d'Antre. 2e éd., 1709, in-12. Dissertation V.

2680. TSCHUDY (Gilles de). Epistola ad Beatum Rhenanum de Equestris Coloniæ, Octoduri, etc., nomine et situ.

Mention dans la *Biblioth. histor.*, t. I, n° 268. — Voir aussi *ibid*, n° 266.

COMBARITUM

2681. BOREAU. Notice sur la position de la station romaine de Comb. 1853, in-8.

CONTRAGINNUM

2682. LEBEUF (l'a. J.). Sur Contr. (Cp. n° 2674.)

CORIALLUM

2683. TERNISIEN. Mém. sur les voies romaines par rapport à la position géograph. de Cor. (Cherbourg). 1867, in-8.

CRODONUM

Voir COBIAMACHUS.

DIVODURUM

2684. SOLEIROL. Un Monument de Divod. 1859, in-8.

DIVONA

2685. CRAZANNES (bon Chaudruc de). Dissertation sur Div. des Cadurci. 1842, in-8.

2686. — Attribution d'une médaille à Divona. 1842, in-8.

Voir aussi l'introduction du *Cartulaire de de Beaulieu*, publié par Max. Deloche.

EBUROBRIGA

2687. PIERRE (l'a.). Position de la station Eb. 1783 et 84, in-12.

Placé à Avroles (Yonne).

2688. LE MAISTRE (L.). Eburobriga-Avroles.

Notice sur Flogny, 1849, in-8, n° 4, C.

FORUM HADRIANI

2689. REUVENS (C.-J.-C.). * Notice et plan des constructions romaines trouvées dans les fouilles faites en 1827-29, sur l'emplacement présumé du F. H. 1830, in-fol.

FORUM SEGUSIAVORUM

Voir, dans la Série régionale, les sections FOREZ et LYONNAIS ; — dans la Série départementale, la LOIRE, articles sur *Feurs*. — Voir aussi, au Catalogue alphabétique, le nom Aug. BERNARD.

FORUM VOCONII

2690. BOMY (J. de). Recherches anciennes du nom ancien de Brignoles. 1628, in-8.

Cp. *Biblioth. histor.*, t. I, n° 277.

2691. * For. Voc. aux Arcs-sur-Argens (Var). *Paris*, *Dumoulin*, 1864, in-8, 40 p., 2 pl.

2692. AUBE (F.). Le For. Voc. au Luc, en Provence. 1864, in-8.

2693. TRUC. For. Voc. aux Arcs. 1865, in-8.

2694. THOUROND (V.-Q.). For. Voconticum. — Deux Mémoires, produits par MM. Truc et Aube, ayant pour titre, etc. (Voir ci-dessus.) 1865, in-8.

2695. LIOTARD (l'a.). Notice sur le F. V. au Cannet du Luc (Var). 1865, in-8.

GENABUM, CENABUM

2696. * Dissertation en forme de lettre... sur Gen. 1709, in-12. Cp. n° 2621.

2697. POLLUCHE (D.). [*Ms.*] Réflexions sur l'explication que donnent les nouveaux éditeurs des Historiens de France au Genabum des anciens (selon M. Lebeuf). Vers 1749.

2698. — [*Ms.*] Observations sur un article du *Journal de Trévoux* (août 1739) où l'on soutient que Gen. doit s'entendre de Gien.

2699. LE TORS. Lettre sur le Genabum des Carnutes. 1737, in-4.

2700. PLESSIS (dom M. Toussaints du). Dissertation sur le Genabum ou Cenabum des anciens. 1733, in-4.

2701. LANCELOT. Dissertation sur Gen. 1733, in-4.

2702. D'ANVILLE (J.-B.-B.). Dissertation sur Gen.

Éclaircissements géograph., etc. 1741, in-12. — Genabum placé à Orléans.

2703. POLLUCHE (D.). Dissertation sur le Genabum [de dom du Plessis]. 1760, in-8.

2704. VERNINAC (dom Jean). [*Ms.*] Dissertation pour montrer que le Genabum de César est Orléans, etc. (Avant 1768.)

2705. LANDE (Mangon de la). Dissertation sur Gen., etc. 1831, in-8.

2706. PETIT. Dissertation sur Genabum-Gien ; Vellaunodunum-Triguères. 1863, in-8.

2707. BRÉAN (Ad.). Étude sur Gen. 1863, in-8.

2708. BEAUVILLIERS (Max.). Article sur la discussion entre Orléans et Gien, à propos de Gen... 1863, in-8.

2709. LE ROY. Position de Gen. et de Vellaunodunum. 1864, in-8.

2710. PIBRAC (A. Dufour cte de). Notice sur une inscription romaine portant CENAB. 1864-66, in-8.

2711. COLLIN. Question de Gen. Existet-il des vestiges apparents d'un pont dans le lit de la Loire, en face de Gien-le-Vieux? 1865, in-8.

2712. DESJARDINS (Ernest). Vraie position de l'antique Genabum (Cenabum). 1865, in-8.

2713. — Nouvelle note sur l'inscription latine relative au nom géographique de Cenabum et sur l'emplacement de cette ville. 1866, in-8.

2714. LOISELEUR. Essai d'interprétation de l'inscription trouvée à Orléans, où figure le mot CENAB. 1866, in-8.

2715. SALMON (Ph.). Genabum. 1866, in-8. — Cp. nº 2457.

2716. CHALLE (A.). Sur l'emplacement de Gen., Observations en réponse au Mémoire de M. Salmon. 1866, in-8.

2717. BIMBENET (E.). Genabum, essai sur quelques passages des Commentaires de César. 1866, in-8.

2718. — Recherches philologiques sur le sens de la double dénomination de *Gen-ab* et d'*Aurelia* donnée dans l'antiquité gaëlique à la ville d'Orléans, etc., etc. 1868, in-8.

2719. PELLETIER (l'a. V.). Gien-sur-Loire et le Gen. des Commentaires de César. 1866, in-8.

2720. MOLANDON (Boucher de). Nouvelles Etudes sur l'inscription romaine récemment trouvée à Mesves (Nièvre), conséquences de cette découverte pour la détermination géographique de Gen. 1867, in-8.

GERGOVIA

2721. VILLEVAUT (Jean). * Discours mémorable du siège mis par César devant Gergovie... 1589, in-8.

2722. LANCELOT. Recherches sur Gergovie et quelques autres villes de l'ancienne Gaule. 1729, in-4.

2723. SCHŒPFLIN (J.-D.). De loco ubi victus Ariovistus, rex Germanorum, à C. Jul. Cæsare.

Alsatia illustrata, t. I, 1751, in-fol.

2724. LEBEUF (l'a. J.). Antiquités d'Auvergne. 1759, in-4.

Mémoire où il est traité de Gergovia.

2725. GARMAGE. Rapport sur la fouille faite sur la montagne de Gerg. en septembre 1755. 1757, p. in-8.

2726. CAYLUS (c^te^ de). Remarque sur l'ancienne ville de Gergovia (avec plan).

Recueil d'antiquités, t. V, 1762, in-4, p. 281.

2727. PASUMOT (Fr.). Dissertation topographique sur le siège de Gergov. (par César).

Mém. géographiques, 1765, in-8, nº 6.

2728. LE MASSON. [*Ms.*] Dissertation sur la position de Gerg. (Avant 1768.)

2729. VERNINES (du Fraisse de). [*Ms.*] Mémoire sur la position de Gerg. (Avant 1768.)

2730. MARTINON. [*Ms.*] Dissertation sur la position de Gerg. (Avant 1768.)

2731. COUHERT - DETRUCHAT (J.). Voyage, etc. Monument celtique trouvé dans les ruines de l'antique Gerg. 1810, in-16.

2732. AIGUEPERSE (d'). Une Visite à Gerg. 1847, in-8.

2733. VIAL. Mémoire sur Gerg. 1851, in-8.

2734. GŒLER (Aug. von). Gergovia. 1858, gr. in-8. — Cp. nº 2513.

2735. OLLERIS. Examen des diverses opinions émises sur le siège de Gerg. 1861, in-8.

2736. AUCLER. Note sur les ruines découvertes sur le plateau de Gerg. en 1861. 1862, in-8.

2737. NADEAU (L.). Gergovia, le Mont-Dore et Royat. Voyage en Auvergne. 1862, in-12.

2738. * Gergovia, Vercingétorix, César et Napoléon III. *Clermont-Ferrand, Veysset*, 1862, in-18, 36 p. et vign.

2739. MATHIEU (P.-P.). Vercingétorix et César à Gerg., chez les Arvernes, etc. 1862, in-8.

2740. — Nouvelles observations sur les camps romains de Gerg. 1863, in-8, carte et plans.

2741. — Souterrains et dolmen découverts près du domaine de Gergovie. 1864, in-8, 8 p.

Voir, sur GERGOVIA, la collection des *Annales d'Auvergne*, puis les *Mémoires* publiés annuellement par l'Académie des sciences, etc., de Clermont-Ferrand.

GERGOVIA BOIORUM

Alias : GORGOBINA

2742. GEMBLOUX (Pierquin de). Histoire et antiquités de Gerg. Boiorum chez les Éduens fédérés. 1843, in-8.

2743. CROSNIER (l'a.). La Gerg. Boiorum, son emplacement. 1855, in-8.

Placée aux environs de St-Pierre-le-Moûtier.

2744. CLAIRFOND. Recherches sur la Gergovie des Boïens. 1860, in-8.

Voir, sur GORGOBINA, le *Dictionn. archéolog. de la Gaule,* époque celtique. t. I, p. 453 *b*.

GLANUM

Voir, à la série départementale, la section BOUCHES-DU-RHÔNE, notamment les articles sur *Saint-Remy*.

GRAMMATUM

2745. COSTE (A.). Recherches archéolog. concernant la station Gr. 1865, in-8.

HERMONIACUM

2746. LEBEAU. Lettre sur H. 1825, in-8.

2747. LE GLAY (A. Edward). Notice sur H. 1836, in-18.

INDESINA

Voir ANDESINA.

ITINÉRAIRE D'ANNIBAL EN GAULE

2748. POLYBE. Histoire romaine.

Voir le livre 3.

2749. TITE-LIVE. Histoires.

Voir les livres 21, 22, 23, 30 et 37.

2750. SILIUS ITALICUS. Les Guerres puniques.

Voir notamment le chant 15.

2751. SIGNOT (J.). * Totale et vraye (*sic*) description de tous les passages... par lesquelz on peut passer et entrer des Gaules es Ytalies, et signamment où passèrent Hannibal, Julius Cesar, etc. 1515, in-4. — Autres éditions, 1518, 1539 (avec titres différents).

2752. BOUCHE (H.). Du Passage d'Ann. dans les Gaules.

Hist. de Provence. 1664, in-fol., t. Ier, p. 396 et suiv. Passage du Rhône entre Avignon et Orange.

2753. LABBE (le p. Ph.). De Itinere Annibalis ex Africa per Galliam in Italiam euntis. 1664, in-4.

2754. NASSAU (cte G.-L. de). Annibal et Scipion, ou les grands capitaines, avec les ordres et plans de bataille et les annotations, etc. 1675, pet. in-12.

2755. MENESTRIER (le p. Cl.). Sur le passage d'Ann. à travers les Gaules.

Hist. de la ville de Lyon, 1696, in-fol.

2756. — Lettre sur le passage d'Ann. en Gaule. 1697, in-4, et 1698, in-fol.

2757. — [*Ms.*] * Dissertation critique sur la route d'Ann. dans les Gaules quand il passa en Italie.

Cette dissertation manuscrite est conservée dans les registres de l'Acad. royale des inscriptions et belles-lettres, en l'année 1713.

2758. MANDAJORS (P.-J. des Ours de). Du Camp d'Ann. sur les bords du Rhône. 1723, in-4.

2759. — Nouvel examen de la route d'Ann. entre le Rhône et les Alpes. 1729, in-4.

2760. — Dissertation sur la route d'Ann. entre le Rhône et les Alpes.

Hist. de la Gaule Narbonnaise, 1733, p. 520.

2761. FOLARD (le chev J.-Ch. de). Observation sur la marche d'Ann. entre le Rhône et les montagnes du Dauphiné.

Dans la traduction de Tite-Live, par dom V. Thuillier. 1727-30, in-4.

2762. BOZE (de). Bouclier trouvé au Passage (Isère) [et présumé Carthaginois]... In-4.

2763. D'ANVILLE (J.-B.-B.). Carte pour l'expédition d'Ann.

Dans l'*Histoire ancienne* de Rollin. 1739, in-8.

2764. FABRE (le p. — de Tarascon). Passage du Rhône par les Carthaginois.

Panégyrique d'Arles. 1744, in-4. (Extraits dans le *Journal des Savants* de 1744, p. 567, etc.)

2765. GUAZZESI (L.). Osservazioni storiche intorno ad alcuni fatti di Annibale. 1752, in-4.

— Reprod. dans *Tutte le opere*, etc. 1766, in-4.

2766. GROSLEY. Passage d'Ann. (par le Mont-Cenis).

Nouv. Mémoires sur l'Italie. 1765.

2767. SAINT-SIMON (Max.-H., mis de).

Discours pour servir de préface à l'*Histoire de la Guerre des Alpes*. 1769, in-8, et (en tête de l'ouvrage) 1769, in-fol., et 1787, in-4.

Passage d'Ann. par le mont Viso.

2768. ABAUZIT (F.). Dissertation sur le passage d'Ann. à travers les Alpes.

Œuvres diverses, 1770 et 1773, 3 vol. in-8.

2769. SAUSSURE (H.-B. de). Voyage dans les Alpes. 1779-86, in-8, et 1780-96, in-4.

Notamment t. IV, in-8, § 987 (Pass. par le mont Cenis).

2770. DUTEMS. Son opinion sur l'itin. d'Ann.

Itinéraire des routes les plus fréquentées. 1788, in-12.

2771. LORGES (Chrétien de). Essais historiques sur le grand St-Bernard. 1789, in-12.

2772. WHITAKER (J.). The Course of Annibal over the Alps ascertained. *Londres*, 1794, 2 vol. in-8.

Pass. par le Gr. St-Bernard.

2773. STOLBERG (c^te^ Fr.-X. de). Voyage d'Ann. dans les Alpes.

Reisen in der Germania, etc. 1794, t. Ier.

2774. GIBBON (E.). Son opinion sur l'itinéraire d'Ann.

Miscellaneous Works and Memoirs, 1798, 2 vol. in-4, et 1814, 5 vol. in-8.

2775. ALBANIS-BEAUMONT (J.-F.). Description des Alpes grecques et cottiennes, etc. 1802, 4 vol. gr. in-4, fig. et atlas in-fol.

2776. VILLARS. *Sur l'endroit où Ann. et Bonaparte ont passé les Alpes. 1802, in-4.

2777. BOURRIT. Description des cols des Alpes. 1803, 2 vol. in-8.

2778. FORTIA D'URBAN (m^is^ de). Passage d'Ann. à travers le département de Vaucluse.

Dans les *Antiquités et notes du dép. de Vaucluse*. 1808.
— 2e éd. intitulée *Dissertation sur le passage du Rhône et des Alpes par Annibal*. 1819, in-8.
— 3e éd., même titre, 1821, in-8.

2779. VINCENS (A.). Rapport sur une dissertation [*Ms?*] de M. Martin de Bagnols, tendant à déterminer le point précis où l'armée d'Annibal passa le Rhône. 1811, in-8.

2780. VAUDONCOURT (F.-G., g^al^ de). Histoire des campagnes d'Ann. en Italie, pendant la 2e guerre punique, etc. 1812, 3 vol. in-4 et 1 vol. de pl.

2781. DELANDINE (A.-Fr.). Mémoire sur cette question : De quel côté Ann. parvint-il des Gaules en Italie?

Mém. bibliograph. et litt. 1813, in-8, p. 125 et s.

2782. RIVAZ (de). Mém. pour prouver que le passage d'Ann. a eu lieu au Grand St-Bernard. 1813.

2783. GAIL (J.-B.). Passage du Rhône par Annibal. 1818, in-8.

2784. *Annales des faits militaires (suite des *Victoires et Conquêtes des Français*). *Paris, Panckoucke*, 1818.

Voir, sur l'itinéraire d'Ann., t. I, cahiers 6, 7, 8.

2785. DELUC (J.-A.). Histoire du passage des Alpes par Ann. 1818, in-8, et 1826, in-8; 1 carte.

Reprise de l'opinion restée inédite de l'Écossais Melville, modifiée en quelques points.

2786. — Lettres sur le même sujet. 1819-22, in-8.

2787. HENRI (D.-J.-M.). Recherches sur la géographie ancienne du dép. des Basses-Alpes. 1819, in-8.

2788. *(Titre allemand incertain.) Passage d'Hannibal à travers les Alpes. — *Morgenblatt*, journal de Stuttgardt, février 1820, in-4.

2789. WICKHAM (H.-L.) et CRAMER (J.-A.). *A Dissertation on the passage of Hannibal over the Alps. *Oxford*, 1820 et 1828, in-8.
— Trad. en allemand par F.-H. Müller. 1830, in-8.

2790. *A Dissertation of the passage over the Alps (par un membre de l'Université d'Oxford). *Oxford* et *Londres*, 1820, in-8.

La même que l'article précédent?

2791. BRACHET (J.-U.-F.). Voy. d'un Hollandais dans le dép. de Vaucluse. (Contient une dissertation sur le passage du Rhône par Ann. 1820 et 1821, in-12.

2792. LAWES-LONG (H.). The March of Hann. from the Rhone to the Alps. 1821, in-8.

2793. FORTIA D'URBAN (m^is^ de). Supplément au Tite-Live, de la collection Lemaire. 1823, in-8.

2794. LARENAUDIÈRE (Ph. de). Dissertatio de Alpibus ab Annibale superatis. 1823, in-8.

Dans le Tite-Live de la collection Lemaire, t. IV, p. 475-513, et séparément.

2795. ZANDER (C.-L.-E.). Der Heerzug Hannibals über die Alpen, etc. 1823, gr. in-8, 1 carte. — 2e éd. 1829.

2796. DROJAT (Fr.). Passage d'Ann. au travers de la Gaule. 1825, in-8.

2797. * A critical Examination of Mrs Whitaker's course of Hannibal. *Londres*, 1825, in-8. — Cp. no 2772.

2798. LARAUZA (J.-L.). Histoire critique du pass. des Alpes par Ann. 1826, in-8.

2799. DELUC (J.-A.). Remarques sur l'ouvrage de M. J.-L. Larauza, intitulé *Histoire critique*, etc. — Seconde réclamation, etc. 1826, in-8.

2800. ATHÉNAS (P.). Du Passage des Alpes par Ann. et de l'emploi du vinaigre pour rompre les pierres. 1827.

2801. * A Dissertation... Diss. sur le passage des Alpes par Annibal. *Londres, Colburn*, 1828, in-8, cartes et plans.

2802. BROCKEDON. Illustrations of the passes of the Alps. 1828-29.

2803. REY. Dissertation sur l'emploi du vinaigre à la guerre, etc. 1829, in-8.

Digression sur l'itin. d'Ann. et relevé de 91 opinions. Voir ci-dessous les notes à la fin de cette section.

2804. * Hannibal's Passage of the Alpes (par un membre de l'Université de Cambridge). *Londres*, 1830, in-12.

2805. LA DOUCETTE (bon J.-C.-F. de). * Du mont Viso et de son souterrain. *S. d.*, in-8.

2806. UKERT (F.-A.). Hannibal's Zug über die Alpen.

Geographie der Griechen und Rœmer, éd. de 1832, p. 561 et s.

2807. REICHARD (Chr.-G.). Hannibal's Zug über die Alpen.

Dans *Geographische Nachweisungen der Kriegsvorfalle Cæsars... in Gallien*. 1832, in-8.

2808. FRANKE (C.). De via qua Hann. ad Alpes progressus est. 1842, in-4.

2809. FROMENT. Lettre à MM. les membres de l'Institut histor. Notice sur le pass. du Rhône par Ann. 1844, in-8.

2810. GÉRARD (le cel). Résumé des campagnes d'Ann. 1844, in-8.

2811. THIERS (Ad.).

Voir, à titre de rapprochement, dans son *Histoire du Consulat et de l'Empire*, livre 4, le passage des Alpes par le gal Bonaparte.

2812. IMBERT-DESGRANGES. Dissertation sur le passage d'Ann. à travers les Alpes. 1846, in-8.

Par la vallée du Queyras (Hautes-Alpes).

2813. RAUCHENSTEIN (F.). Der Zug Hannibal's über die Alpen, etc. 1850, in-4.

2814. REPLAT (J.). Le Passage d'Ann. dans les Alpes. 1851, in-12.

2815. MACÉ (A.). Notes (*passim*) sur le passage d'Annibal à travers les Alpes.

Description du Dauphiné, d'Aymar du Rivail, traduite avec notes, etc. 1852, in-8.

2816. SCHAUB. Réfutation de l'ouvrage de J. Replat et défense de l'opinion de Deluc. 1854, in-8.

2817. ELLIS (R.). A Treatise of Hannibal's passage of the Alpes. 1854, in-8.

2818. LAW (W.-J.). A Criticism of Mr Ellis's new theory, etc. 1855, in-8.

2819. CHAPPUIS. Passage d'Ann. à travers les Alpes. 1860, in-8.

2820. GÉNÉRAT (Th.). Étude géogr. et ethnograph... sur le passage du Rhône par Ann. 1860, in-8.

2821. PROMIS (C.). Le Antichità di Aosta, Augusta prætoria Salassorum, misurate, disegnate, illustrate. 1862, in-4.

2822. CHAPPUIS (Ch.). Étude archéologique et géographique sur la vallée de Barcelonnette à l'époque celtique. 1862, in-8.

2823. BARRE-DUPARC (de la). Hannibal en Italie. 1863, in-8.

2824. IMBERT-DESGRANGES. Nouvelle lecture sur le passage d'Ann. 1863, in-8.

Critique des conclusions d'Antonin Macé.

2825. MACÉ (A.). Réponse au mémoire de M. Desgranges. 1863, in-8.

2826. PARISOT. A propos du mém. d'Henry Lawes-Long sur la marche d'Ann. du Rhône aux Alpes. 1863, in-8. — Cp. no 2792.

2827. PONT (l'a. G.). Passage d'Ann. par les Alpes grecques. 1863, in-8.

2828. ROSSIGNOL (Cl.). Dissertation critique sur le passage d'Annibal à travers la Gaule. 1863, in-8.

2829. CHAPPUIS (Ch.). Examen critique de l'opinion de Cælius Antipater sur le passage d'Annibal dans les Alpes. 1864, etc., in-8.

2830. RAUCHENSTEIN (F.). Hochmals Hannibal's Alpenübergang. 1864, in-4.

2831. VOIGT (F.). De primis Hannibalici belli annis. 1864, in-4.

2832. MACDOUGAL (P.-L.). Les Campagnes d'Annibal, trad. de l'anglais par le cap. Testarode. 1865, in-8, pl.

2833. WEIL (H.). Litteratur über Hannibal's Alpenübergang. 1865, in-8.

A propos des recherches de Chappuis, etc.

2834. CLON (Chr.). Sur l'itinéraire d'Ann. (Titre allemand incertain.) 1866, in-8.

2835. DUCIS (l'a.). Les Allobroges et Annibal. 1868.

2836. — Encore Annibal. 1868.

2837. — Brigantio en Tarentaise. 1868.

2838. — Polybe et le Grand Saint-Bernard. 1868.

2839. — Le Passage d'Annibal du Rhône aux Alpes. 1868, in-8, 112 p.

2840. HENNEBERT (E.). Histoire d'Annibal. 1870-78, 2 vol. in-8.

2841. COCHARD. [*Ms.*] Annibal a-t-il campé sur le sol qu'occupe la ville de Lyon?

2842. DERRIEN (R.-M.). * Notice historique et descriptive sur la route du mont Cenis. *S. d.*, in-4.

Consulter : R. de Verneuil, *Étude hist. et milit. sur le passage du Rhône et des Alpes, par Ann.* etc., Paris, 1873, in-8, et A. Maissiat, *Annibal en Gaule*, Paris, Didot, 1874, in-8 (1er vol. de ses *Recherches historiques*). Cp. l'analyse de cet ouvrage par A. Bouché-Leclerq (*Revue critique*, n° du 19 sept. 1874).

Cette analyse contient un relevé des solutions proposées (au nombre de 90) avec le nom de leurs auteurs, relevé fait en 1835 (Cp. le n° 2802), savoir :

Petit St-Bernard, 33 ;
Mont Genèvre, 24 ;
Grand St-Bernard, 19 ;
Mont Cenis, 11 (entre autres J. Maissiat) ;
Mont Viso, 3.

Rey ajoute :
Roche (*Not. sur les Centrons*), 1.

Consulter aussi, sur la bibliographie de la question, le *Tite-Live* de la collection Lemaire, t. IV, p. 501-513, le *Dictionnaire de géographie univ.*, de Vivien de Saint-Martin, art. *Alpes*, et surtout Hennebert, *Hist. d'Annibal*, t. I, appendice A, et t. II, appendice A.

Cp. dans la série régionale, la section Alpes.

PORTUS ITIUS

2843. L'APOSTRE (G.). Calais ; Port-Iccien et ses antiquités. 1615, in-12.

2844. CHIFFLET (J.-J.). Portus Iccius Julii Cæsaris demonstratus. (Placé à Mardick). 1626, in-4.

2845. SANSON (N.). [*Ms.*] Le Portus Icius de César démontré à Boulogne, contre le même port Iccius démontré à Wissan, par Guillaume Cambdene, Anglois ; celui démontré à Calais par G. Lapostre ; démontré à Saint-Omer par Abraham Ortélius. In-4.

2846. HALLEY. Mémoire pour déterminer dans quel temps et dans quel endroit Jules César a fait sa première descente en Angleterre. 1691, in-4.

2847. SONNER (G.). Julii Cæsaris portus Iccius illustratus. Éd. d'Edm. Gibson. 1694, in-4.

2848. FLEMING (L.). Laurentii Fleming de trajectu Julii Cæsaris in Britanniam Dissertatio. 1697, in-8.

2849. LAGERLOF (P.). De Trajectu Cæsaris in Britanniam, 1697, in-8.

2850. CLARKE (Sam.). Opinion de Samuel Clarke sur le Portus Itius, dans son édition des Commentaires de César (De B. G, v, 2). 1712, in-fol.

2851. BERNARD (P.). Le Portus Iccius.

Annales de Calais. 1715, in-4.

2852. ECCARD ou ECKHART (J.-G.). Observatio de Portu Iccio. 1721, in-12.

2853. LE QUIEN (Le p. M.). Dissertation sur le port Iccius. 1730, in-12.

Le P. I. placé à Boulogne.

2854. SCHŒPFLIN (J.-D.). De Portu Iccio.

Dans ses *Illustres ex Britanniæ historia controversiæ*, 1731, in-4, et ses *Commentationes historiæ*. 1741, in-4.

2855. MAILLARD. Extrait d'une lettre à M. l'abbé Lebeuf, au sujet des voyages faits par César en Angleterre (sur le Portus Itius, etc. 1736, in-12.

2856. VOIDEUIL. Lettre à M. d'H. sur le port Iccius de César. 1739, in-12.

Le P. I. placé à Wissant.

2857. FONTENU (l'abbé de). Camp de l'Étoile et de Wissant. 1740, in-4.

2858. CAMP. [*Ms.*] Recherches sur l'étymologie du nom de Sithiu, et sur la fondation du lieu nommé Castrum Nobiliacum. 1754, in-4.

2859. D'ANVILLE (J.-B. B.). Mémoire sur le Portus Itius et sur le lieu de débarquement de César dans la Grande-Bretagne (avec une carte). 1761, in-4.

2860. SMOLLET. Histoire d'Angleterre depuis la descente de J. César jusqu'au traité d'Aix-la-Chapelle. Trad. Targe. 1759, in-8.

2861. WASTELAIN (le p. Ch.). Examen de la situation du port Iccius.

Description de la Gaule Belgique, 1761, in-4, p. 378-383.
Attribution à Boulogne-sur-Mer.

2862. CHAPELLE (Ribaud de La). Mémoire sur le port Itius de César. 1766, in-12.

2863. FABRICIUS (J.-A.). (Édition d'Ernesti.) Bibliographie de la question du Portus Itius ou Iccius (opinions de 30 auteurs).

Bibliotheca latina, 1773, in-8, t. I, p. 251.

2864. MANN (l'abbé). Dissertation dans laquelle on détermine précisément le port où Jules-César s'est embarqué pour la Grande-Bretagne. 1778, in-4.

2865. MILLON (Ch.). * Histoire des descentes [au nombre de 100] qui ont eu lieu en Angleterre, depuis Jules César, etc. 1798, in-8.

2866. PONCET DE LA GRAVE (G.). Histoire générale des descentes faites, tant en Angleterre qu'en France depuis Jules César. 1799 ou 1801, in-8.

2867. GUÉNARD (Mme). * Histoire des soixante-trois descentes faites dans les trois royaumes d'Angleterre par les Français, les Saxons, les Danois, depuis Jules César, etc. 1804, in-18.

2868. MOREL-DISQUE. Mémoire sur le Portus Itius. 1807, in-4.

2869. LINGARD (J.). Histoire d'Angleterre. 1825, etc., in-12.

Discussion sur le lieu d'embarquement de Jules César.

2870. COUSIN (L.). Rapport sur des fouilles archéologiques faites à Wissant en 1855. 1855, in-8.

2871. COURTOIS (A.). Polygraphie audomaroise au génie Zétésien. Origine de St-Aumer (*sic*) et du Portus Iccius. 1857, in-8.

2872. BIDDEL-AIRY, trad. par J. Garnier. Sur le lieu d'où Jules César partit de la Gaule pour l'invasion de la Bretagne. 1860, in-8.

2873. COURTOIS (A.). Notice sur Osterwic, nom présumé de l'ancien port de Sangate et du Portus superior de César. 1860, in-8.

2874. SAULCY (F. de). Lettre [relative au Portus Itius] à M. Garnier, secrétaire perpétuel de la Société des antiquaires de Picardie. 1862, in-8.

2875. HAIGNERÉ (l'a. D.). Étude sur le Portus Itius de Jules César. Réfutation d'un mémoire de M. F. de Saulcy. 1862, in-8.

2876. POUCQUES D'HERBINGHEN (A. de). Wissant désigné comme étant le Portus Itius des Commentaires de Jules César. 1864, in-8.

2877. COURTOIS (A.). N'est-ce pas Wissant qui répond le mieux à la situation de Portus Itius? 1865, in-8.

2878. ROBITAILLE (l'abbé). Étude comparée des recherches de M. de Saulcy et de l'abbé Haigneré. 1867, in-8.

2879. LAROIÈRE (de). Étude sur le Sinus Itius. 1870, in-8, 3 cartes.

Consulter, à titre de complément, les premiers chapitres de la plupart des histoires d'Angleterre.

Sur la question du Portus Itius, voir aussi la solution de Flament de Charnacé (emplacement à Calais), dans les comptes rendus de l'Acad. des inscr., séance du 25 juin 1858.

Voir, dans le *Recueil des Historiens des Gaules*, tome XI, p. 133, note *d*, la mention d'une opinion assez commune à Boulogne-sur-Mer, d'après laquelle le Portus Iccius aurait été situé sur l'emplacement de la petite localité appelée Isques, à 1 kil. de cette ville.

JULIOBONA

2880. BELLEY (l'a.). Dissertation sur Juliobona. 1753, in-4.

Voir, dans la série départementale, la section SEINE-INFÉRIEURE, articles sur *Lillebonne*. — Cp. n° 2886.

LIMONUM

2881. MAILLART. Lettre à M. Lebeuf sur le Lemovicum de César, sur le Limonum de Ptolémée, et sur le Vetus Pictavis des *Annales de France*. 1735, in-12.

2882. D'ANVILLE (J.-B.-B.). Dissertation sur Limonum, ancienne ville des peuples Pictones.

Éclaircissements géograph. 1741, in-12.

2883. LANDE (Mangon de la). Emplacement de Limonum ou Poitiers. 1837, in-8.

LITANOBRIGA

2884. MILLESCAMPS. Note sur la voie romaine de Senlis à Beauvais et l'emplacement de Litanobriga. 1868, in-8.

2885. CAUDEL (l'abbé). Rech. sur l'emplacement de Litanobriga. 1870, in-8.

LOTUM

2886. FALLUE (L.). Des Villes gauloises Lotum, Juliobona et Caracotinum. In-8.

MARE CONCLUSUM

2887. ATHÉNAS (P.-L.). Mare Conclusum de César. Réponse à une opinion de M. de Penhouet. 1826, in-8. Cp. 3097.

2888. PENHOUET (de). Développement de l'opinion émise sur le mot Mare Conclusum. 1827, in-8.

2889. ATHÉNAS (P.-L.). Mare Conclusum de César, réponse à la dissertation de M. de Penhouet intitulée *Développement*, etc... 1827.

MAURIACUS

2890. GRANGIER (J.). De loco ubi victus Attila fuit olim, dissertatio, etc. 1641, in-8.

2891. SABBATHIER (Fr.). [*Ms.*] Mémoire sur le lieu où Attila fut défait par l'armée d'Aétius, etc. 1764-1765.

2892. GROSLEY. Recherches qui fixent en Champagne, à quatre lieues de Troyes, le lieu de la grande défaite d'Attila.

Mémoires hist. et crit. pour l'Histoire de Troyes. 1811-12, 2 vol. in-8.

2893. KOSEGARTEN. Die Schlacht in den Katalaunischen Felden. 1811.

2894. CAMUT-CHARDON. Notice sur la bataille d'Attila, en 451. 1854, in-8.

2895. JUBAINVILLE (H. d'Arbois de). Rapport sur le travail de M. Camut-Chardon, intitulé *Notice*, etc. 1854, in-8.

2896. — Nouvelle hypothèse sur la situation du Campus Mauriacus. 1860, in-8.

2897. — Encore un mot sur la bataille de Mauriacus. 1870, in-8.

MEDIOLANUM

2898. BONAMY. Conjectures sur la position de... Mediolanum. 1756, in-4. (Voir n° 2659.)

Med. placé à Malain (Côte-d'Or).

METIOSEDUM

2899. LEBEUF (l'a. J.). Observation sur la position de Metiosedum, voisin de Paris, etc.

Divers écrits, etc. 1738, in-12, t. II, p. 142-178. — Met. placé à Josay.

MINARIACUM

2900. TOURNAY (A. de). Minariacum. 1858, in-8.

NASIUM

2901. DULAURE (J.-A.). Explication de quelques inscriptions trouvées dans les ruine de Nasium. 1809, in-8.

Placé à Nais, près Ligny (Meuse).

2902. DENIS (C.-F.). Essai archéologique sur Nasium, etc. 1818, in-8.

NOVIOMAGUS

2903. MOUTON (J.). Noviomagus des Tables de Peutinger. 1869, in-8.

2904. MARCHAL (M.-J.). Recherches sur la station romaine de Noviomagus. 1870, in-8.

OCTODURUM

2905. TSCHUDI (G. de). De... Octoduri situ. (Voir ci-dessus, n° 2680.)

OSISMOR

2906. KERDANET (Miorec de). Opinion sur l'emplacement d'Os. 1829, in-12.

PRÆTORIUM

2907. BEAUFORT (E. de). Notice sur la station romaine de Præt. 1864-65, in-8.

2908. * Carte des voies romaines vers Prætorium, 2 p. avec pl. — *Mém. de la Soc. des antiq. de l'Ouest*, t. XXIX, année 1864-1865, in-8.

Voir aussi, à la série régionale, la section Lemovices.

QUENTOVIC

2909. * Remarques sur Quentovicus, ancienne ville du Ponthieu, détruite par les Normands, par M. D. T. (*Journal de Verdun*, p. 35-39, janv. 1758.)

« Ce port... n'est, selon l'auteur, ni Quen-le-Vieil, ni Saint-Josse-sur-Mer, ni Berk; mais plutôt Britannia, que Sanson place à Abbeville. » *Biblioth. histor.*, t. I, n° 531.

2910. COUSIN (L.). Rapport fait à la Soc. des antiq. de la Morinie sur les fouilles archéologiques, etc. (territoire d'Étaples). 1843, in-8.

2911. ROBERT (l'abbé). Notice sur Q. 1850, in-8.

2912. — Nouveau Mémoire sur Q. 1862, in-8.

2913. COUSIN (L.). Nouveaux éclaircissements sur l'emplacement de Q. 1862-64, in-8.

2914. SOUQUET (G.). Histoire chronologique de Q. et d'Étaples. 1863, in-8.

2915. LAURENT (l'a.). Examen des *Nouveaux éclaircissements* de M. L. Cousin sur l'emplacement de Q. 1865, in-8.

2916. — Un mot sur l'emplacement de Q. Examen des raisons de M. Souquet pour le fixer à Étaples. 1864, in-8. — Encore un mot sur Q. In-8.

RATIATUM

2917. BELLEY (l'a.). Dissertation sur Ratiatum, ancienne ville des Gaules. 1753, in-4.

2918. LAGEDANT (D.). Essai sur la position précise de Ratiatum. 1758, in-12.

2919. DUGAST-MATIFEUX. Dissertations sur Ratiatum, ancienne ville de la Gaule, par l'abbé Belley, d'Anville et D. Lagedant. Notice par Dugast-Matifeux. 1867, in-8.

ROBRICA

2920. BOREAU (A.). * Notice sur la position de la station romaine Robrica. 1859, in-8.

2921. — Nouveaux documents sur la station romaine Robr. 1861, in-8.

2922. QUICHERAT (J.). Rapport sur une attribution proposée dans la Société académique de Maine-et-Loire pour l'emplacement de Riobrica. 1861, in-8.

ROFIACUM

2923. CARLET (l'a. Th.). Rofiacum. 1867, in-8.

Rof. placé dans le dép. de l'Oise.

SAMAROBRIVA

2924. B*** (P.-G.). Recherches sur Samarobriva. (Ouvrage composé vers 1807.) 1833, in-4.

2925. LANDE (Mangon de la). Dissertation sur Sam. 1825, in-8.

Conclusion en faveur de Saint-Quentin.

2926. BRUNEAU. Rapport sur Sam., etc. 1826, in-8.

Critique du mémoire précédent.

2927. LANDE (Mangon de la). Mémoire en réponse au Rapport précité. 1827, in-8.

2928. RIGOLLOT (dr). Mém. sur l'ancienne ville gauloise de Sam. 1827, in-8.

Conclusion en faveur d'Amiens.

2929. LANDE (Mangon de la). Mémoire en réponse à celui de M. Rigollot sur Sam. 1828, in-8.

2930. — Mémoire en réponse, ou 4e dissertation sur Samarobriva, etc. 1829, in-8.

2931. STABENRATH (de). Rapport sur un [4e] mémoire de M. Mangon de Lalande sur Sam. 1830, in-8.

2932. CAYROL (de). * Samarobriva, etc. 1832, in-8.

2933. RIGOLLOT (d^r). Rapport... sur une notice [ms.] de M. l'a. Baudard... sur Sam. 1832, in-8.

2934. QUENTIN (Ch.). * Samarobrive, ou Saint-Quentin. Notes critiques et géographiques sur la Samarobriva de M. Ch. (Cayrol). 1833, in-8.

SEGORA

2935. CAUMONT (c^te de). Véritable position de la station Segora. 1852, in-8.

Dans la commune de Faye-l'Abbesse (Deux-Sèvres).

2936. FAYE. Un dernier mot sur Seg. 1854, in-8.

MONS SELEUCUS

2937. LADOUCETTE (b^on J.-Ch. de). Sur les antiquités de Mons Seleucus.

Dans ses *Lettres écrites des Eaux de Monestier*. An XIII, in-12. — Voir aussi l'*Histoire des Hautes-Alpes*, du même (1820), et l'*Annuaire des Hautes-Alpes*, année 1807, in-12.

2938. THURY (Héricart de) puis HORY. * Archéologie de Mons Seleucus, aujourd'hui La Batie-Mont-Saléon. 1806, in-8.

Travail faussement attribué au baron de Ladoucette. Voir au Catalogue alphabétique le nom THURY (Héricart de), et lire à ce sujet le travail indiqué sous le n° suivant.

2939. LADOUCETTE (b^on J.-Ch. de). Réclamation relative à Mons Seleucus. 1829, in-8.

SOLONIUM

2940. CRAZANNES (b^on Chaudruc de). Attribution à Solonium, Solonum ou Solo, dans la Gaule Narbonnaise, de la médaille gauloise, avec la légende *Solos*. 1844, in-8.

TAUROËNTUM

2941. MARIN (L.-C.). Mémoire sur l'ancienne ville de Taur. 1782, in-12.

2942. MILLIN (A.-L.). Tauroëntum.

Voyage dans les départements du Midi. 1807-11, t. III, p. 367.

2943. GIRAUD (l'a. M.). Histoire du prieuré de Saint-Damien établi sur les ruines de l'ancien Taur. 1849, in-8.

2944. — Mémoire sur l'ancien Taur. 1853, in-8.

2945. — Nouvelles recherches... sur Taur. 1862, in-8, 2 pl.

UBIIRUM

2946. PASUMOT. * Dissertation sur la position d'un ancien lieu appelé Ubiirum. S. *l. n. d.* in-8, carte. — Extrait des *Annales des Voyages*, t. XI, 1810.

UXELLODUNUM

2947. LA MONTRE. Parallèle de la situation de l'ancienne ville de Cahors et de celle d'Uxellodunum. 1698, in-12.

2948. AUGIER. Lettre sur Ux. 1725, in-8.

2949. VAYRAC (l'a. de). * Dissertation sur la véritable situation d'Ux. 1725, in-8. (Pech d'Ussolum.)

2950. POMPIGNAN (Le Franc de). Sur Uxellodunum.

Œuvres diverses, 1753, in-12.

2951. CAYLUS (c^te de). Observations sur la ville d'Ux. (Capdenac).

Dans son *Rec. d'ant.*, t. V, 1762, p. 277.

2952. CHAMPOLLION-FIGEAC. Nouvelles recherches sur la ville d'Ux. 1820, in-4.

2953. DELPON (J.-A.). Essai sur la position d'Ux.

Statistique du Lot, 1831, 2 vol. in-8.

2954. BIAL (P.). Note sur la fouille d'un tumulus du Puy d'Issolud (Uxellodunum). 1860, in-8.

2955. CREULY (g^al) et JACOBS (Alfred). Géographie historique de la Gaule. Examen hist. et topog. des lieux proposés pour représenter Ux. 1860, in-8.

2956. CESSAC (J.-B.). Études historiques sur Ux.; aperçus critiques touchant l'examen hist. et topograph. des lieux proposés pour représenter Ux., etc. 1862, in-8.

2957. — Études historiques. Commentaires de César, Ux., notices complémentaires. 1862, in-8.

2958. — Études historiques. Commentaires de César. Ux. Observations touchant les fouilles exécutées à Luzech. 1863. in-8.

2959. — Études historiques. Commentaires de César. Un dernier mot sur Ux. 1863, in-8.

2960. PÉRIÉ (R.). Lettre sur Ux. 1863, in-8.

2961. COMBET. Conducteur de l'antiquaire à la recherche d'Ux. vers le pays des Cadurkes. 1863, in-12.

2962. — [*Ms.*] Recherches topographiques sur la ville d'Ux. (Uzerche).

2963. LARROQUE (Ph. Tamizey de). De la Question de l'emplacement d'Uxellodunum. 1864, in-8.

Contient une bibliographie de la question.

2964. BERTRANDY. [Trois] Lettres sur Ux., adressée à M. Lacabane. 1865, in-8.

2965. BOURIANES (M. de). Dissertation sur Ux. [Puy d'Issolu]. 1865, in-8.

2966. CESSAC (J.-B.). Études historiques. Commentaires de César. Ux. retrouvé. 1865, in-8.

2967. CUQÛEL (l'abbé). Ux. à Murs-ceint. 1865, in-8.

2968. MORIN (A.). Recherches sur Ux. 1865, in-4.

2969. NADAL (J.-R.-D.). Ux., Études historiques et critiques sur l'emplacement de cette ville celtique. 1865, in-8.

2970. SARRETTE (A.). Ux., aspect tout nouveau de cette question. (Ussell-sur-Sartonne, Corrèze). 1865, in-8.

2971. CESSAC (J.-B.). Mémoire sur les dernières fouilles d'Ux. 1866, in-8.

2972. GALLOTTI (L.). Lettre à M. Ph. Tamizey de Larroque sur l'emplacement d'Ux. 1866, in-8.

2973. LARROQUE (Ph. Tamizey de). De l'Opinion de l'Empereur sur l'emplacement d'Ux. 1866, in-8.

2974. MATHIEU (P.-P.). Rapport sur un mémoire de M. Ad. Morin et sur trois lettres de M. Bertrandy concernant Ux. 1866, in-8.

2975. CESSAC (J.-B.). Le véritable Emplacement d'Ux. 1867, in-8.

2976. GUIRONDET (L.). Uxellodunum. 1867, in-8.

2977. B*** (H. de). Ussel-Uxellodunum. In-8, 8 p.

VELLAUNODUNUM

2978. LANCELOT. Erreur de ceux qui ont pris Montargis pour le Vellaudunum de César. 1729.

Dans son *Mém. sur Gergovia.* (Voir ci-dessus n° 2722.)

2979. MAILLART. Lettre à M. Lebeuf sur le Villaudunum (ou Villaunodunum) de César. 1736, in-12.

2980. — Lettre à M. Le Tors. 1737, in-12.

Vellaunodunum placé à Château-Landon.

2981. * Observations sur la position de Vell., etc. — *Mercure*, 1737, in-12, septembre, p. 1963-1968.

2982. LE TORS. Lettre sur Vell., ancienne ville des Sénonois, etc. 1737, in-8.

2983. LEBEUF (l'a.). Dissertation, où l'on prouve que Vell. des Commentaires de César était aux environs d'Auxerre, etc. 1738, in-12.

2984. PRÉCY (l'a.). [*Ms.*] Dissertation sur l'ancien Vell. de César. (Vers 1738.)

2985. COSSON (l'a.). Ruines de Vell. 1853, in-8.

2986. — Notice sur l'aqueduc de Vell. 1858, in-8.

2987. — Nouvelle Note relative à l'aqueduc de Vell. (lue en 1860). 1862, in-8.

2988. PETIT. Dissertation sur... Vell. 1863, in-8. (Voir ci-dessus n° 2706.)

2989. LE ROY. Position de... Vell. 1864, in-8. (Voir ci-dessus le n° 2709.)

2990. SALMON (Ph.). Vellaunodunum. Étude historique. 1866. (Voir ci-dessus n° 2457.)

Voir aussi, à la série départementale, la section Loiret, notamment les articles sur *Sceaux*.

VICUS HELENA

2991. VINCENT (A.-J.-H.). Considérations sur la position géographique du Vicus Helena. 1840, in-8.

2992. LE GLAY (Edw.). Lettre à M. A.-J.-H. Vincent sur l'emplacement du Vicus Helena. 1841, in-8.

2993. BEAULAINCOURT (cte A. de). Du Vicus Helena de Sidoine Apollinaire. 1870, in-8.

3e SÉRIE. — RÉGIONS

(Circonscriptions comprises entièrement ou en partie dans les limites de la France)

[N. B. — Cp. : 1° la *Bibliothèque historique*, t. III, nos 34,134-39,069 ; 2° le *Catalogue de la Bibliothèque nationale*, t. VIII, Lk².

AGENAIS

2994. LABRUNIE (J.), édité par Ad. Magen. Extraits des Essais historiques d'Argenton sur l'Agenais. 1856, in-8. (Limites du territoire des Nitiobriges, etc.)

AGÉSINATES

2995. CASTAIGNE (E.). Mémoire sur les Agésinates de Pline l'Ancien. 1866, in-8.

ALBICES

2996. SAINT-QUENTIN (Remerville de). Dissertation sur les Albices et les Albicériens, ancien peuple de Provence. 1701, in-12.

ALLOBRIGES

2997. QUICHERAT (J.). D'un Peuple allobrige différent des Allobroges. 1869, in-8.

ALLOBROGES

2998. CHAMPIER (S.). Cy commence ung petit livre du royaulme des Allobroges, dict lõgtẽps apres Bourgõgne ou Viẽnois... 1529, in-8.

2999. BOISSAT (P. de). De la Prouesse et réputation des anciens Allobroges. 1602-1603, in-4.

3000. RIVAIL (Aymar du), édité par A. de Terrebasse. De Allobrogibus, libri novem. 1845, in-8. — Trad. partielle par Antonin Macé. 1852, in-12.

3001. SIMIAN (A.-P.). Les Allobroges habitaient-ils au nord de la mer? 1864, in-8.

3002. DUCIS (l'a.). Les Allobroges à propos d'Alesia. 1866, in-8.

3003. DEBOMBOURG (G.). Les Allobroges. 1866, in-8.

3004. DUCIS (l'a.). Origines des Allobroges. 1868, in-8.

3005. GUILLEMAUD (J.). Ventia et Solonion. Étude sur la campagne du préteur Promptinus dans le pays des Allobroges, etc. 1869, in-8.

RÉGION DES ALPES

3006. SCHEUCHZERUS. Helveticus, sive itinera per Helvetiæ Alpinas regiones. 1723, 2 vol. in-4.

3007. SAUSSURE (H.-B. de). Voyage dans les Alpes. 1780, etc., in-4 et in-8.

3008. ZURLAUBEN (B.-F.-A.-J.-D. bon de). Mémoires sur les Alpes Pennines, etc. (Vers 1782.)

3009. BEAUMONT (J.-Fr. Albanis de). Description des Alpes Grecques et Cottiennes, etc., 1802, 4 parties en 2 vol. in-4 et atlas in-fol. — 2e partie, 1806, 2 vol. in-fol.

3010. VEAUGEOIS. Notice abrégée du journal d'un voyage archéologique, fait en 1820, dans les Alpes de la Savoie, etc. 1821, in-8.

3011. REY (Ét.). Mémoire sur la montagne du Grand Saint-Bernard durant la période romaine, etc. 1842, in-8.

3012. DUCIS (l'a.). Questions archéologiques sur les Alpes entre le lac Léman et le mont Genèvre. 1865, in-8.

3013. FAUCHÉ-PRUNELLE (A.). Essai sur les anciennes institutions autonomes et populaires des Alpes Cottiennes-Briançonnaises. 1857, 2 vol. in-8.

3014. KOCH (M.). Die Alpen-Etrusker. 1853, in-8.

Voir la section SAVOIE (province) et, aux départements, ceux de la SAVOIE et de la HAUTE-SAVOIE, des HAUTES et des BASSES-ALPES, des ALPES-MARITIMES.

ALSACE

3015. WIMPFELINGIUS (J.). Germania ad rempublicam Argentinensem. 1501, p. in-4.

3016. MURNERUS (Th.). Ad rempublicam Argentinam Germania nova. *S. d.*, p. in-4.

3017. MÉRIAN (M.). Topographia Alsatiæ. 1644-45, in-fol.

3018. CHIFFLET (J.-J.). Alsatia vindicata. 1650, in-fol.

3019. BEBEL (J.-B.). De Triboccis seu Alsatis. 1694, in-4.

3020. ECKHARDT (J.-G.). Dissertatio qua Colmariæ Argentorati aliorumque Alsatiæ et Germaniæ locorum antiquitates... exponuntur. In-4.

3021. LAGUILLE (le p. L.). Histoire de la province d'Alsace, depuis Jules César. 1727, in-fol, etc.

3022. SCHŒPFLIN (J.-D.). Alsatia illustrata, Celtica, Romana, Francica, etc. 1751-62, 2 vol. in-fol.

3023. OBERLIN (J.-J.). Alsatia litterata sub Celtis, etc. 1782, in-4.

3024. *Geschichte und Beschreibung des Elsasses und seinen Bewöhner von den ältesten bis in die neuesten Zeiten. *Basel*, 1782, in-8, carte.

3025. TURKHEIM. Mémoire sur l'Alsace et la ville de Strasbourg. 1789, in-4.

3026. AUFSCHLAGER (J.-F.). L'Alsace. Nouvelle description historique et topographique, etc. 1825, 2 vol. in-8.

3027. SCHWEIGHÆUSER (J.-G.) avec de GOLBÉRY. Antiquités de l'Alsace. 1825-28, 20 livraisons in-fol.

3028. BOYER. Hist. d'Alsace. 1855, in-8.

3029. COSTE (A.). L'Alsace romaine. 1859, in-8.

3030. RING (M. de). Voies romaines en Alsace. 1859, in-8.

3031. — Tombes celtiques de l'Alsace. 1859-61 et 1865, 2 vol. in-fol.

3032. QUICHERAT (J.). Rapport sur les fouilles de tumulus exécutées en Alsace par M. de Ring, etc. 1862, in-8.

3033. GÉRARD (Ch.). L'ancienne Alsace à table, étude hist. et arch., etc. 1862, in-8.

3034. CAUMONT (cte A. de). Bornes milliaires conservées sur place en Alsace. 1865, in-8.

3035. QUICHERAT (J.). Rapport sur les antiquités celtiques du mont Saint-Odile (Alsace) et du val Saint-Ulrich qui y attient, etc. 1865, in-8.

3036. RISTELHUBER (P.). L'Alsace ancienne et moderne, ou Dictionnaire topographique, etc. 1865, in-8.

3037. QUICHERAT (J.). Rapport sur des inscriptions romaines trouvées en Alsace, etc. 1867 et 1870, in-8.

Voir aussi. dans la série départementale, les sections HAUT-RHIN et BAS-RHIN.

AMBARRI

3038. DEBOMBOURG (G.). Les Ambarres. 1866, in-8.

AMBLUARETI

3039. NOËLAS (F.) Les Ambluareti et le camp de la 11e légion à Ambierle [Loire]. 1867, in-8.

AMBRONS

3040. OUDIN (le p. Fr.) Recherches sur les Ambrons. 1741, in-8.

3041. BOCHAT (Loys de). Dissertation sur les Ambrons, etc.

Mémoires sur l'Hist. anc. de la Suisse, t. II. 1749, in-4, p. 586.
Voir aussi MICHAULT, *Mélanges historiques*. 1754, 2 vol. in-12.

ANATILII

3042. LAGOY (mis de). Attribution d'une nouvelle médaille aux Anatilii. 1847, in-8.

ANGOUMOIS

3043. BOURIGNON (F.-M.), de Saintes. Recherches topographiques, etc., sur les antiquités de Saintonge et d'Angoumois. 1789, in-8.

3044. MARVAUD (F.). Études historiques sur l'Angoumois. 1835, in-8.

3045. VIGIER de la Pile (F.). Histoire de l'Angoumois. 1846, in-4.
Avec additions d'après F. de Corlieu et G. de la Charlonye.

3046. CASTAIGNE (E.). Essai d'une bibliothèque historique de l'Angoumois. 1847, in-8.

Voir aussi, dans la série départementale, la section CHARENTE.

ANJOU

3047. BOURDIGNÉ (Jean de). Lystoire agregative des annalles et cronicques Danjou... 1529, in-fol. — Nouv. éd. avec notes de Godard-Faultrier. 1842, 2 vol. gr. in-8.

3048. DU FAU (Robin). Bref discours sur l'excellence, grandeur et antiquité du pays d'Anjou. 1582, in-8.

3049. HIRET (J.). Des Antiquitez d'Anjou. 1605, etc.

3050. LOYER (P. de). Edom, ou les Colonies iduméanes et phéniciennes (en Anjou). 1620, in-8.

3051. SAUVAGÈRE (le Boyer d'Artezet de la). Recueil de dissertations ou recherches hist. et critiq. sur le temps où vivait le solitaire saint Florent au mont Glonne en Anjou, etc. 1776, in-8.

3052. BODIN (J.-F.). Recherches sur Saumur et le haut Anjou. 1812-14, 2 vol. in-8.

3053. — Recherches historiques sur l'Anjou et ses monuments, etc. 1822-23, 2 vol. in-8. (Angers et Bas-Anjou.)

3054. GODARD-FAULTRIER (V.). L'Anjou et ses monuments. 1839-41, 2 vol. in-8.

3055. MATTY DE LA TOUR (de). [*Ms.*] Villes et voies romaines de l'Anjou. (Vers 1855.)

3056. WISMES (J.-B.-Olivier, b^on de). Le Maine et l'Anjou historiques, archéologiques et pittoresques, 2 vol. in-fol. (Terminé en 1862.)

3057. * Carte gallo-romaine de l'Anjou. — *Répertoire archéolog. de l'Anjou*, publié par la Soc. d'agr. sc. et arts d'Angers (Commission archéol. de Maine-et-Loire). 1866, in-8, p. 370.

Voir aux départements celui de MAINE-ET-LOIRE.

AQUITAINE, GUIENNE.

3058. BOUCHET (Jehan). Les Annales d'Aquitaine. 1545 et 1644, in-fol.

3059. HAYE (J. de la). Les Mémoires et recherches de la France et de la Gaule Aquitaine. 1581, in-fol.

3060. VINET (El.). Tractatus de schola Aquitanica. 1583, in-12.

3061. MARCA (Pierre de). Observations géographiques sur l'Aq. ancienne.
Hist. de Béarn, 1640, in-fol.

3062. BAIOLE (le p. J.). Histoire sacrée d'Aquitaine. 1644, in-4.

3063. HAUTESERRE (Ant. Dadin de), en latin ALTESERRA. Rerum Aquitanicarum libri quinque. 1648, in-4.

3064. LOUVET. Traité en forme d'abrégé de l'histoire d'Aq., etc. 1659, in-4.

3065. BOUDOT (l'a. P.-J.). * Essai historique sur l'Aquitaine. 1753, p. in-8.

3066. * Lettre sur les voies romaines de la province de Guyenne. — *Mercure*, oct. 1765, in-8.

3067. VERNEILH-PUIRASSEAU (de). Histoire politique et statistique de l'Aquitaine... 1822-27, 3 vol. in-8.

3068. ARDANT (Maurice). Antiquités; monnaies d'Aquitaine. 1832, in-8.

3069. GUILHE (Q.-Ch.). Études sur l'histoire de Bordeaux, de l'Aquitaine et de la Guienne, etc. 1835, in-8.
Ouvrage en partie historique, en partie romanesque.

3070. CRAZANNES (b^on Chaudruc de). Éclaircissement sur une voie antique traversant l'Aquitaine-Novempopulaine, etc. 1844, in-8.

3071. DUCOURNEAU (A). La Guienne historique et monumentale. 1844, in-8.

3072. CRAZANNES (b^on Chaudruc de). Lettre à M. L. de la Saussaye, sur la numismatique de la Gaule Aquitaine. 1854, in-8.

3073. — A M. L. C..., en réponse à ses observations sur une lettre à M. de la Saussaye. 1855, in-8.

3074. — Du Cheval enseigne sur les médailles gauloises, et particulièrement sur celles d'Aquitaine. 1856, in-8.

3075. COURTEMBLAY (Rocquain de). Variations des limites géographiques... de l'Aquitaine, etc. 1855 et 1861, in-8.

3076. ARDANT (M.). Hannibalianus, légat d'Aquitaine. 1858, in-8.

3077. CRAZANNES (bon Chaudruc de). Numismatique d'Aq. 1859, in-8.

3078. BARRY (C.-E.-A.-Edward). Lampes romaines de provenance aquitanique. 1861, in-8.

3079. BLADÉ (F.). Géographie d'Aquitaine. 1861, in-8.

3080. CRAZANNES (bon Chaudruc de). Des quelques passages des auteurs anciens relatifs aux Aquitains avant l'occupation romaine. 1861, in-8.

3081. — Les Neuf Peuples principaux... de l'Aquitaine Novempopulaine. 1861, in-8.

3082. DUFOUR (J.-M.). Histoire des rois et des ducs d'Aquitaine, etc. 1862, in-8.

3083. CREULY (gal). Étude sur l'Aquitaine des Romains. 1869, in-8.

3084. LAVILLATE (J. Coudert de). Le Christianisme dans l'Aquitaine.

Voir aux départements ceux de la GIRONDE et de LOT-ET-GARONNE.

RÉGION DE L'ARDENNE

3085. JEANTIN. Les Marches de l'Ardenne et des Woëpvres, etc. 1854, in-8.

3086. FAREZ (Fénelon). Lettre sur la médaille attribuée à l'Ardenne par M. Lelewel, et à la Bretagne par M. de Saulcy. 1860, in-8.

L'auteur établit que c'est une monnaie de Pæstum, colonie romaine.

ARMORIQUE

3087. MORIN (J. de). [*Ms.*] Mémoires et recherches touchant les antiquités et singularités de la Bretagne Armorique. (Fin du XVIe siècle.)

3088. LIRON (dom J.). Apologie pour les Armoricains, etc. 1708, in-12.

3089. LOBINEAU (dom). Contre-apologie, etc. 1708, in-8.

3090. — Défense de la nouvelle histoire de Bretagne, ou Réflexions sur l'Apologie des Armoricains. 1708, in-8.

3091. MORICE (dom). Des Anciens peuples de la Bretagne Armorique et de leurs principales villes.

Hist. de Bretagne, t. I. 1750, in-fol.

3092. TOUR D'AUVERGNE (Th.-M. Corret de la). Origines gauloises, ou Recherches sur la langue, l'origine et les antiquités des Celto-Bretons de l'Armorique. 1792, in-8. — Nouv. édit. 1801.

3093. FRÉMINVILLE (de). Notice sur les premiers monuments chrétiens de l'Armorique. 1820, in-8.

3094. URSIN (P.-F.-M.). Sur l'Origine des peuples de l'Armorique et du pays de Galles. 1824, in-8.

3095. * Le Lycée armoricain. *Nantes*, impr. de *Mellinet-Malassis*, janvier 1823, août 1831, 18 vol. in-8.

Voir Barbier, *Anonymes*, 3e éd., II, 1355, *c*.

3096. PENHOUET (cte de). Médailles attribuées aux Armoricains avant la conquête du pays par les Romains. 1826, in-4.

3097. — Aperçu sur les anciens Venètes de l'Armorique, considérés d'origine phénicienne. 1826, in-8.

3098. RICHER (E.). Du Dragon et des traditions auxquelles il a donné lieu. 1826, in-8.

3099. ATHÉNAS (P.-L.). De l'Époque à laquelle la Bretagne continentale a reçu le nom d'Armorique. 1832, in-8.

3100. FRÉMINVILLE (de). Mémoire sur les Carneilloux ou anciens cimetières des Celtes armoricains. 1838, in-8.

3101. COURSON (Aur. de). Origine et institutions des peuples de la Gaule Armoricaine. 1843, in-8.

3102. LE MAOUT (Ch.). Annales armoricaines, etc. 1846, in-16.

3103. DEVILLE (Ach.). Dissertation sur un ornement [phalère] figuré sur les médailles gauloises de l'Armorique. 1847, in-8.

3104. LAMBERT (E.). Réponse à la dissertation de M. A. Deville sur un symbole gaulois, etc. 1847, in-4.

3105. LONGPÉRIER (Adr. de). Nouvelles observations sur un objet représenté au revers de quelques monnaies gauloises de l'Armorique. Dissertation sur les phalères. 1848, in-8.

3106. * Carte géographique de l'Armorique à l'époque romaine. — *Rev. arch.*, t. VIII, 1851, p. 391.

3107. LEMIÈRE. Monnaies armoricaines. In-8.

3108. LALLEMAND (Alfred). Campagne de César l'an 56 av. Jésus-Christ. Vénétie Armoricaine, etc. 1860, in-18.

3109. — Campagne de César dans la Vénétie Armoricaine. Nouveaux éclaircissements sur le livre III des Commentaires, etc. 1861, in-18.

3110. HALLÉGUEN (d^r E.). Évêchés gallo-romains du ve siècle, dans l'extrême Armorique. 1862, in-8.

3111. — Évêchés de la Basse-Armorique, Basse-Bretagne, du ve au IXe siècle; suite aux Évêchés gallo-romains du ve siècle. 1862, in-8.

3112. — Armorique et Bretagne, etc. 1865-72-74, 2 vol. in-8 en 3 parties.

Titre du t. Ier : *L'Armorique bretonne*, etc.

3113. LALLEMAND (A.). Histoire de la Vénétie Armoricaine. 1862, in-8.

3114. MORIN (E.). Introduction à l'histoire de l'Armorique au ve siècle. 1865, in-8.

3115. DANIEL (l'a.). Étude sur un point d'histoire armoricaine de la fin du IVe siècle. 1866, in-8.

3116. LECOQ-KERNEVEN. Carte numismatique de la péninsule armoricaine. 1867, gr. in-8. (Avec texte.)

3117. GUIBERT (d^r). Ethnologie armoricaine. 1868, in-8.

3118. HALLÉGUEN (d^r E.). Aperçu de l'histoire de l'Armorique bretonne, etc. 1868, in-8.

3119. BACH (le p.). Cités armoricaines. 1869, in-8., 21 p.

Voir aussi BRETAGNE et, dans la série départementale, la section MORBIHAN.

ARNEMETICI

3120. GERMER-DURAND (E.). Note sur les Arnemetici, peuplades des Volces Arécomiques, 3 p.

ATRÉBATES, ARTOIS

3121. * La Légende des Flamands et Artésiens, ou leur chronique abrégée depuis Clovis Ier jusqu'en 1498. *Paris*, 1522, in-4, et *Paris*, 1536, in-8.

3122. RAMECOURT (Le Gay de). Essai sur l'Histoire d'Artois, depuis les plus anciens temps jusqu'à la naissance de Jésus-Christ. 1741.

3123. — [*Ms.*] Dissertation sur les pays occupés par les Atrébates et les Morins.

3124. CRESPIOEUL (de). [*Ms.*] Mémoire sur les Atrébates, où l'on examine si la ville d'Arras est celle que d'anciens auteurs ont appelée Nemetacum et Nemetocenna. 1746.

3125. CANIVET. Dissertation, en forme de lettre, sur plusieurs antiquités de l'Artois. 1751, in-12.

3126. CAMP. [*Ms.?*] Discours sur l'utilité de la recherche des antiquités qui se trouvent en Artois. 1754.

3127. — [*Ms.?*] Suite du Discours, etc., dans lequel il est fait mention... de chaussées construites par les Romains. 1756.

3128. — [*Ms.?*] Mémoire sur le commerce et les manufactures des Atrébates sous les Gaulois et les Romains.

Cp. dans la *Biblioth. histor.*, t. III, les n°s 38955 et suivants.

3129. CAYLUS (c^{te} de). Mémoire sur un chemin des Romains dans l'Artois, avec une carte. 1761, in-4.

3130. LUCAS (le p.). Dissertation historique sur le nom de Caracalla, donné à l'empereur Bassien Antonin, à l'occasion d'une robe qu'il prit chez les Atrébates Morins.

Extrait détaillé dans le *Mercure* d'octobre 1760.

3131. DELYS (l'a.). [*Ms.*] Dissertation sur la conversion des Atrébates au Christianisme, et sur la laine qui tomba en Artois du temps de saint Jérôme, à laquelle on a donné le nom de Manne. 1763.

3132. DESLYONS (le b^on^). Diss. sur le pays des Atrébates, des Morins et sur le comté d'Artois ancien et moderne. 1778. — Mémoires pour servir à l'histoire de la province d'Artois jusqu'à l'établissement de la monarchie françoise dans les Gaules. 1778, in-12.

3133. DEVIENNE (dom). Histoire de la province d'Artois. 1784-87, 2 vol. in-8.

3134. ROGER. Bibliothèque historique, monumentale, etc... de la Picardie et de l'Artois. 1844, 3 vol. in-8.

3135. LECESNE. Notice sur Comius, chef des Atrébates. 1855, in-8, 30 p.

3136. TERNINCK (A.). Sépultures antiques de l'Artois. 1856, in-8.

3137. — Quelques mots sur les gouffres, abîmes et fontaines de l'Artois. 1857, in-8.

3138. HERMAND. Histoire monétaire des Morins et des Atrébates, 1864, in-8.

3139. TERNINCK (A.). Étude sur l'Atrebatie avant le vie siècle. 1866-70, gr. in-8.

ARVERNI, AUVERGNE

3140. PINCONI. Discours ou description de la Limagne d'Auvergne. (Traduit de l'italien.) 1561, in-4.

3141. BRANCHE (J.). Vie des saincts d'Auvergne. 1652, in-12.

3142. DUFFRAISSE ou DU FRAISSE DE VERNINES (J.). Vie de saint Austremoine. 1688, in-8.

3143. LEBEUF (l'a. J.). Antiquités d'Auvergne. 1759, in-4.

3144. CORTIGIER. [*Ms.*] Dissertation sur les familles sénatoriales des Gaules et de l'Auvergne. 1758.

3145. MARTINON. [*Ms.*] Dissertation sur les familles sénatoriales de l'Auvergne. 1761.

3146. DESCHAMPS (dom). [*Ms.*] Dissertation sur les rois d'Auvergne. 1765. Analyse dans le *Mercure* de mars 1765.

3147. DUFFRAISSE DE VERNINES. [*Ms*]. Diss. sur l'étendue de l'ancien royaume des Auvergnats.

3148. — [*Ms.*] Mémoire sur les mœurs et le gouvernement des Auvergnats dans les temps qu'ils furent gouvernés par les rois.

3149. — [*Ms.*] Mémoire sur les voies romaines en Auvergne.

3150. DESISTRIÈRES-MURAT (vte). *Discours sur l'origine des Arvernes ou Auvergnats, etc. 1766, in-12.

3151. — Histoire d'Auvergne. 1782, 2 vol. in-12.

3152. LEGRAND D'AUSSY (P.-J.-B.). Voyage fait en 1787-88 dans la ci-devant Haute et Basse Auvergne, etc. 1795, 3 vol. in-8.

3153. RABANI-BEAUREGARD (A.) et GAULT. Tableau de la ci-devant province d'Auvergne, avec l'explication des monuments et antiquités du département du Puy-de-Dôme. 1802, in-8.

3154. DELARBRE (l'a. Ant.). Notice sur l'ancien royaume des Auvergnats et sur la ville de Clermont. 1805, in-8.

3155. COUHERT - DETRUCHAT (J.). Voyage en Auvergne, etc. 1810, in-16. (Voir ci-dessus n° 2731.)

3156. CHAPELLE (Ribaud de la). [*Ms.*] Dissertation sur l'époque de l'établissement du christianisme en Auvergne.

3157. GONOD (B.). *Chronologie des principaux événements qui se sont passés en Auvergne, depuis les temps les plus reculés. *S. l. n. d.* (1827?), in-12.

3158. LECOQ (H.). Indicateur d'Auvergne ou Guide des voyageurs, etc. 1835, in-8.

3159. * Catalogue des divers ouvrages, mémoires, cartes ou dessins relatifs à l'Auvergne. — *Annales scientif., etc., de l'Auvergne*, t. VIII, 1835, p. 279-302.

3160. MÉRIMÉE (Prosper). Notes d'un voyage en Auvergne, etc. 1838, in-8.

3161. BOUILLET (J.-B.), directeur. Tablettes historiques de l'Auvergne. 1840-46, 6 vol. in-8.

3162. MOURGNYE (F.-N.). Essai historique sur les premiers habitants de l'Auvergne. 1841, in-8.

3163. MICHEL, DONIOL, DURIF, MANDET, etc. L'Ancienne Auvergne et le Velay, etc. 1843-47, 4 vol. in-fol., pl.

3164. DELZONS (b^on^). Étude sur l'histoire du haut pays d'Auvergne. 1844, in-8.

3165. — Études sur les noms propres des villages et des familles dans le haut pays d'Auvergne. 1846, in-8.

3166. GONOD (B.). Observations sur les « Études » de M. le baron Delzons concernant le haut pays d'Alvergne. In-8.

3167. — Catalogue des ouvrages... concernant l'Auvergne, etc. 1849, in-8.

3168. LENORMANT (Ch.). Monnaies des Arvernes. 1856 et 1858, 2 parties in-8.

3169. MATHIEU (P.-P.). Des Colonies et des voies romaines en Auvergne. 1857, in-8.

3170. PEYGHOUX. Essai sur les monnaies des Arverni. 1857, in-8.

3171. MIOCHE. Dissertation sur les monnaies frappées en Auvergne. 1858, in-8.

3172. IMBERDIS (André). L'Auvergne depuis l'ère gallique, etc. 1863, in-8.

3173. BOUILLET (J.-B.). Notice sur les estampilles ou noms de potiers observés sur les vases gallo-romains découverts en Auvergne. 1864, in-8.

3174. DANGLARD (l'a.). De litteris apud Arvernos a primo ad sextum usque seculum. 1864, in-8.

3175. CHAIX (l'a.). Essai sur les origines des Arvernes. 1865, in-8.

3176. * Catalogue des livres et estampes concernant l'ancienne province d'Auvergne réunis par feu M. G. Desbouis. *Paris, L. Potier*, 1865, in-8.

3177. DULAURE (J.-Ant.). Description de l'Auvergne.

Description de la France, t. V, in-18.

3178. TUDOT (E.). Un Céramiste arverne. 1861, in-8.

3179. MATHIEU (P.-P.). L'Auvergne anté-historique. 1870, in-8.

Voir aussi, dans la série départementale, les sections PUY-DE-DÔME, CANTAL, HAUTE-LOIRE.

ARVII

3180. D'ANVILLE (J.-B.-B.). Découverte d'une cité jusqu'à présent inconnue dans l'ancienne Gaule. 1761, in-4.

Cité des Arvii, dans la Sarthe.

3181. PRÉVOST (F.). Notice sur les Arvii voisins de l'Anjou. 1864, in-12.

ATACINS

3182. BUZAIRIES (L.-A.). Recherches sur l'histoire de la numismatique des Atacins. 1867, in-4.

ATRÉBATES

Voir ARTOIS.

ATUATUCI

3183. PREVOST (F.). Interprétation d'un dispositif employé par les défenseurs de l'oppidum des Aduatuques. 1865, in-8.

AULERCI

3184. ODOLANT-DESNOS (P.-J.). [*Ms.*] Dissertation sur les Aulerces, avec plusieurs autres sur les anciens peuples qui ont habité la partie, etc., etc. (Avant 1768), in-4.

3185. MUSSET (L.-A.-M. de). Mémoire sur les Aulerces. 1823, in-8.

3186. MALLE (Dureau de la). Mémoire sur la position... des Aulerci, etc. 1839, in-8.

3187. BARTHÉLEMY (A. de). Médailles des Aulerci Eburovices. 1847, in-8.

3188. HUCHER (E.). Études sur le symbolisme des plus anciennes médailles gauloises comprenant la monographie des monnaies des Aulerces Cénomans antérieures au système épigraphique. 1850, in-8.

AULERCES DIABLINTES

Voir DIABLINTES.

AUNIS

3189. LESSON (R.-P.). Lettres... sur la Saintonge et sur l'Aunis. 1842, in-8.

3190. BRIAND (l'a.). Histoire de l'Église

santone et aunisienne depuis son origine. 1843, 2 vol. in-8.

Voir aussi SANTONES, SAINTONGE.

AUSTRASIE

3191. VASSEBOURG (Rich. de). Antiquités du royaume d'Austrasie et de Lorraine jusqu'à François Ier, etc. 1549, 2 vol. in-fol.

3192. DIGOT (Aug.). Histoire du royaume d'Austrasie. 1863, in-8.

AUVERGNE

Voir ci-dessus ARVERNI.

AVALLONNAIS

3193. BAUDOUIN. Quelques mots sur l'Avallonnais à l'époque celtique, etc. 1859, in-8.

3194. PETIT (Ernest). Avallon et l'Avallonnais. Étude historique. 1866, in-8.

Voir aux départements celui de l'YONNE, notamment les articles sur *Avallon*.

AVRANCHIN

3195. BOUDENT-GODELINIÈRE. Essai historique et statistique sur l'Avranchin. 1845, 2 vol. in-8.

3196. LE HÉRICHER (Ed.) Avranchin monumental et historique. 1847-63, 3 vol. in-8.

AUXOIS

Voir ci-dessous la section VADICASSES, aux Questions Topographiques, la section ALESIA, et, aux Départements, celui de la CÔTE-D'OR.

BARROIS

3197. MAILLET (Cl. de). Mémoires alphabétiques pour servir à l'histoire du Barrois. 1749, in-8.

3198. — Essai sur l'histoire du Barrois. 1757, in-12.

3199. LUTON-DURIVAL (N.). Mémoire sur la Lorraine et le Barrois, etc. 1753, in-4.

3200. — Table alphabétique des villes, bourgs, villages et hameaux de la Lorraine et du Barrois. 1749-66.

3201. — Introduction à l'histoire de la Lorraine et du Barrois. 1775, in-8.

3202. — Description de la Lorraine et du Barrois. 1778-83, 4 vol. in-8.

3203. CHEVRIER (Fr.-Ant.). Histoire de Lorraine et de Bar. 1758, 7 vol. in-12.

Voir LORRAINE.

BASQUES

3204. ECHAUE (Balthazar d'). Discursos de la antiguedad de la lengua cantabra, etc. 1607, in-4.

3205. OIHENART (A.). Notitia utriusque Vasconiæ, etc. 1638, pet. in-fol.

3206. PEROCHEGUI. Origen de la nacion bascongada, etc. 1760, in-8.

3207. BASTIDE (Vergile de la). Dissertation sur les Basques. 1786, in-8.

3208. ZAMALOCA (D.-J. de). Historia de las naciones bascas. 1818, 3 vol. in-8.

3209. HUMBOLDT (Guill. de). Berichtigungen... zum 1ten Abschnitte des 2ten Bandes des *Mithridates* über die cantabrische oder baskische Sprache. 1817, in-8.

Mithridates, d'Adelung et Vater, vol. IV.

3210. — Prüfung der Untersuchungen über die Urbewöhner Hispaniens, vermittelst der waskischen Sprache. 1821, in-4. — Traduction française. *Paris*, in-8.

3211. BIDASSOUET (l'a. d'Iharce de). Histoire des Cantabres ou des premiers colons de toute l'Europe, etc. 1825, in-8.

« Exagérations fantastiques de l'ancienne école euskarienne. » (Vivien de Saint-Martin, *Nouveau Dictionn. de géogr.*)

3212. DARRIGOL (l'a.). * Dissertation critique et apologétique sur la langue basque. 1827, in-8.

3213. CHABEAUSSIÈRE (Junior de la). Essai sur les Basques. In-8.

3214. * Essai sur les pays basques. 1836, in-8.

3215. CHAHO (J.-Aug.), continuation par le vte de BELZUNCE. Histoire primitive des Euskariens-Basques, etc. 1847, 3 vol. in-8.

3216. BAUDRIMONT (A.). Histoire des Basques, etc. 1854, in-8.

3217. SALABERRY d'Ibarolles. Vocabulaire basque-français. 1856, in-12.

3218. MAHN (C.-A.-F.). Denkmæler der baskischen Sprache, etc. 1857, in-8.

3219. MICHEL (Francisque). Le Pays basque, sa population, sa langue, etc. 1857, in-8.

3220. CÉNAC-MONCAUT. Voyage archéologique et historique dans le pays basque, etc. 1857, in-8.

3221. LEJOSNE (L.). Mémoire sur l'origine des Basques. 1858-59, in-8.

3222. DANOS (E.). Rapport sur ce Mémoire. 1859, in-8.

3223. CHARENCEY (H. de). Recherches sur les origines de la langue basque. 1859, in-8.

3424. — Rech. sur les lois de la phonétique de la langue basque. 1866, in-8.

3225. BLADÉ (J.-F.). Études sur l'origine des Basques. 1869, in-8.

3226. GARAT (D.-J.). Origines des Basques, etc. 1869, in-18.

3227. PHILLIPS (G.). Das baskische Alphabet, etc. 1870, in-8.

Voir ci-dessous, la section Béarn et, dans la série départementale, la section Basses-Pyrénées.

Cp. dans la *Biographie générale* de Didot, l'article *Louis-Lucien, prince* Bonaparte (t. XXXVII, p. 447, carton 117), et dans le *Nouveau Dictionnaire de géographie*, de Vivien de Saint-Martin, l'art. *Basques*.

BÉARN

3228. BELLOY (de). Description du pays... de Béarn. 1608, in-8.

3229. OLHAGARAY (P.). Histoire de Foix, Béarn et Navarre. 1609, in-4.

3230. MARCA (P. de). Histoire de Béarn. 1640, in-fol.

3231. — Antiquités du Béarn. Édité par G. Bascle de Lagrèze. 1846, in-8.

3232. BAURE (Faget de). Essai historique sur le Béarn. 1818, in-8.

3233. MAZURE. Histoire du Béarn et du pays des Basques. 1839, in-8.

3234. LAGRÈZE (Bascle de). Essai sur l'histoire monétaire et numismatique du Béarn. 1855, in-8.

3235. CÉNAC-MONCAUT. Voyage archéologique et historique dans l'ancienne vicomté de Béarn. 1856, in-8.

Voir, dans la série départementale, la section Basses-Pyrénées.

BEAUCE

3236. PELLETIER (V.). Inscription latine en l'honneur de la Beauce, trouvée au musée du Vatican. 1857, in-8.

Voir le département d'Eure-et-Loir.

BEAUJOLAIS

3237. ALLEON-DULAC. Mémoire pour servir à l'histoire des provinces de Lyonnais, Forez et Beaujolais. 1765, 2 vol. in-8.

Voir les départements de la Loire et du Rhône.

BELINDI

3238. LAGOY (m^is de). Attribution de deux médailles d'argent aux Belindi d'Aquitaine. 1842, in-8.

BELLOVAQUES, BEAUVOISIS

3239. LOUVET (P.). Hist. et antiquités du pays de Beauvaisis. 1631, in-8.

3240. — Histoire et antiquités du diocèse de Beauvais. 1635, in-8.

3241. LOISEL (Ant.) et LOUVET (P.). Mémoires de l'histoire civile et ecclésiastique du Beauvoisis. 1704, in-12.

3242. WOILLEZ (d^r E.-J.). Archéologie des monuments religieux de l'ancien Beauvoisis. 1839-1849, etc., gr. in-4.

3243. COPPIN (E.). Les Révoltes des Bellovaques, histoire du Beauvaisis pendant la domination romaine. 1859, in-8.

3244. BAILLIENCOURT (de). Étude topographique sur la dernière campagne de Jules César contre les Bellovaques. 1862, in-8.

3245. MAZIÈRE (L.). Campagne de César contre les Bellovaques. 1862, in-8.

3246. PEIGNÉ-DELACOURT. Campagnes

de César contre les Bellovaques. Études sur le terrain. 1862, in-8.

3247. DEVIC (l'a.). Étude sur les IIe et IIIe livres des Commentaires de César pour servir à l'histoire des Bellovaques, etc. 1865, in-8.

3248. PRAIRIE (de la). Compte rendu du travail précédent. 1865, in-8.

3249. ROSE (l'a.). Le Théâtre de la dernière guerre des Bellovaques contre J. César. 1866, in-8.

3250. GRATTIER (A. de). Campagne de Jules César contre les Bellovaques. 1867, in-8.

3251. SARRETTE (A.). Exposition d'un système sur la campagne de César contre les Bellovaques. 1867, in-8.

3252. PLESSIER (Léon et E.) et PEIGNÉ-DELACOURT. Étude nouvelle sur la campagne de Jules César contre les Bellovaques. 1869, in-8.

Voir le dép. de l'Oise.

BERRY

Voir Bituriges.

BIGORRE

3253. DES MOULINS (Ch.). Notice sur quelques monuments du Bigorre. 1844, in-8.

3254. CÉNAC-MONCAUT. Voyage archéologique et historique dans l'ancien comté de Bigorre. 1856, in-8.

3255. LAGRÈZE (Bascle de). Histoire religieuse de la Bigorre. 1863, in-12.

BITURIGES, BERRY

3256. CHAUMEAU (J.). Histoire du Berry, etc. 1566, in-fol.

3257. LABBE (le p. Ph.). Histoire du Berry. 1647, in-12.

3258. CATHERINOT. Les Antiquités romaines du Berry. 1682, in-4.

3259. — Bourges souterrain. 1685, in-4.

Voir aussi : Les Romains Berruyers. *S. l. n. d.* (25 janvier 1685), in-4.

3260. THAUMASSIÈRE (Thaumas de la). Histoire du Berry et du diocèse de Bourges. 1689, in-fol.

3261. PALLET (F.). Nouvelle Histoire du Berry, etc. 1783-86, 5 vol. in-8.

Description des monuments gaulois, etc. (Publiée aussi à part, 1785, in-8.)

3262. HAZÉ. Notices pittoresques sur les antiquités et les monuments du Berry. 1834, in-4, plan et fig.

3263. GEMBLOUX (Pierquin de). Histoire monétaire et philologique du Berry. 1840, in-8.

3264. — Monographie numismatique berrichonne. 1840, in-4.

3265. RAYNAL (J.). Histoire du Berry, depuis les temps les plus reculés. 1845-47, in-8.

3266. LUTHO (l'a.). Vie de saint Ursin, apôtre du Berry. 1858, in-8.

3267. BOURGOIN (dr). Lettre à M. Desplanque sur quelques voies romaines du Berry, etc., sur le système itinéraire de la Gaule centrale. 1863, in-8.

3268. BOYER (Hipp.). César chez les Bituriges. 1864, in-8.

3269. COUGNY (de). Lettre à M. de Caumont sur quelques antiquités du Berry. 1865, in-8.

3270. SALIGNY (Ferrand de). Notes sur les antiquités romaines du Berry, rédigées en 1806. 1870, in-8.

BOCAGE (Normand)

3271. SEGUIN (R.). Histoire archéologique des Bocains, contenant les antiquités naturelles, civiles, religieuses et littéraires du Bocage. 1822, in-18.

BOIENS

De Gaule et d'Outre-Rhin.

3272. AVENTINI (J.). Annalium Boiorum, libri VII. 1615, in-fol.

3273. LE COINTE (C.). De Boiis, eorumque antiquis sedibus.

Annales ecclesiast. franc., t. II, 1665, in-fol. p. 213-19.

3274. FRASNAY (le p. de). Lettre à M. D. L. au sujet des Boïens. 1737, in-12.

3275. HEUMANN. Tractatio de Boiis præfixa Explanationi Codicis juris Bavarici. 1747, in-4.

3276. SAINT-AMANS (Boudon de). Précis historique des émigrations des Boiens. An IX (1802), in-8.

Voir aussi sa *Lettre à M. Malte-Brun sur l'origine des Boïens.* 1812, in-8.

3277. VINCENT (F.-V.). Recherches sur l'origine des Boïes et sur le lieu de l'établissement d'une colonie de ces peuples dans la Gaule, etc. 1843, in-8.

3278. MOTTE (Bruyère de la). La Question des Boïens devant la Société d'émulation de l'Allier. 1865, in-8.

3279. SAULCY (F. de). Monnaies frappées par les Boïens en Pannonie. 1868, in-8.

BOULONNAIS

3280. COUSIN (Louis). Trois voies romaines du Boulonnais. 1858-59, in-8, 24 p.

3281. HAIGNERÉ (l'a. D.). Quatre Cimetières mérovingiens du Boulonnais, etc. 1866, in-8; pl.

BOURBONNAIS

3282. AUBERY (J.) ou AUBRY. Antiquités du pays et du duché de Bourbonnais. 1604, in-8.

3283. COIFFIER, de Moret. Histoire du Bourbonnais. 1814, in-8.

3284. ALLIER (Ach.). L'Ancien Bourbonnais, etc. 1833-38, 2 vol. et atlas in-fol.

3285. BERTRAND (Alfred). Lettres et Notices sur les antiquités du Bourbonnais, etc. 1853-55, in-8.

3286. TUDOT (E.). Marques et signatures de céramistes trouvées dans le Bourbonnais. 1857, in-8.

3287. SOULTRAIT (G. de). Numismatique bourbonnaise. 1858, in-8.

Voir aux départements celui de l'ALLIER.

BOURGOGNE

Voir BURGONDES.

BRESSE

3288. GUICHENON (Sam.). Histoire de Bresse et de Bugey, Gex et Valromey. 1650, in-fol.

3289. COLLET (Ph.). Dissertation sur les noms des peuples qui ont autrefois habité le pays de Bresse.

Explication des statuts de Bresse. 1698, in-fol.

3290. DELANDINE. Dissertation historique sur des antiquités de Bresse et de Lyon. 1780, in-8.

3291. * Bourg et la Bresse, esquisse historique. Appendice à l'Annuaire de l'Ain pour 1859.

Voir ci-dessous la section des SÉGUSIAVES, et, aux départements, celui de l'AIN.

BRETAGNE

3292. BOUCHARD (Alain). *Les Grãdes Croniques de Bretaigne, etc. 1514, in-fol.

3293. ARGENTRÉ (Bertrand d'). L'Histoire de Bretaigne, etc. 1588, in-fol. — Autres éditions.

3294. VIGNIER (N.). Traité de l'ancien État de la petite Bretagne, etc. 1619, in-4.

3295. LE BAUD (P.). Histoire de Bretagne, etc. 1638, in-fol.

3296. LEGRAND (Fr.-A.). La Vie des Saints de la Bretagne armorique, augmentée par Guy Autret. 1680, in-4. — Autres éditions.

3297. DANIEL (G.). Dissertation sur le nom de Bretagne.

Histoire de France, t. I, 1696, in-4, p. 498.

3298. LOBINEAU (dom G.-A.). Histoire génle de Bretagne, etc. 1707, 2 vol. in-fol.

3299. — La Vie des Saints de Bretagne, etc. 1725, in-fol.

3300. VERTOT (l'a. de). Histoire critique de l'établissement des Bretons dans les Gaules, etc. 1720, 2 vol. in-12.

3301. * Explication historique et littérale des trois inscriptions romaines que l'on voit à Nantes, à Rennes et à Saint-Méloir, en Bretagne. — *Mém. litt. de Des-Molets,* t. V, 1727, in-8.

3302. GALET (l'a. J.). * Dissertation historique sur l'origine des Bretons, etc. 1739, 2 vol. in-12.

3303. PARIS. Histoire ecclés. et civile de la Bretagne. 1742-46, 5 vol. in-fol.

3304. MORICE (dom P.-H.). Mémoires

pour servir de preuves à l'hist. eccl. de Bretagne. 1742-46, 3 vol. in-fol.

3305. — Histoire de Bretagne, etc. 1750-1756, 2 vol. in-fol.

3306. SAUVAGÈRE (de la). Rech. hist. sur les pierres extraordinaires et quelques camps des anciens Romains, qui se remarquent dans la prov. de Bretagne. 1755, in-12; et 1770, in-8.

3307. CAYLUS (cte de). De plusieurs Voies romaines dont on trouve des vestiges dans la province de Bretagne.

Rec. d'antiquités, t. VI, p. 370.

3308. OGÉE (J.). Atlas itinéraire de Bretagne, etc. 1769, in-4.

3309. — Dictionnaire historique et géographique de la province de Bretagne. 1778-80, 4 vol. in-4. — 2e éd. par l'a. Manet. 1840-44, 2 vol. gr. in-8.

3310. LA TOUR D'AUVERGNE CORRET (T.-M.). * Nouvelles recherches sur la langue, l'origine et l'antiquité des Bretons... 1792, in-8. (Signé M. L. T. D. C.)

3311. PENHOUET (cte de). Recherches historiques sur la Bretagne, d'après ses monuments, etc. 1814, in-4.

3312. LEGONIDEC. Réfutation de l'ouvrage historique de M. de Penhouet sur la Bretagne, etc. 1847, in-8.

3313. POTEL (J.-J.). La Bretagne et ses monuments, album de 50 vues, etc. 1814, in-fol.

3314. DELAPORTE (J.-B.). Recherches sur la Bretagne. 1819-23, 2 vol. in-8.

3315. — Sur les Antiquités et les monuments de la Bretagne. 1820, in-8.

3316. MANGOURIT. Fragment sur les monuments historiques de Bretagne. 1820, in-8.

3317. POIGNAND (J.-C.-D.). Antiquités historiques et monumentales à visiter de Montfort à Corseul, par Dinan, et, au retour, par Jugon, avec addition des antiquités de Saint-Malo et de Dol, etc. 1820, in-8.

3318. MANET (l'a. F.-G.-P.-B.). Histoire de la petite Bretagne ou Bretagne armorique. 1834, 3 vol. in-8.

3319. DARU (cte P.-A.-N.-B.). Histoire de Bretagne. 1826, in-8.

3320. LE BOYER (J.). Encore un mot sur le Terri-ben des Bretons. 1826, in-8

3321. TASLÉ (J.). Histoire de Bretagne. 1827, in-8.

3322. FRÉMINVILLE (de). Antiquités de la Bretagne. 1827-1838, 4 vol. in-8.

3323. PENHOUET (A.-B.-L. Maudet de). * Esquisses sur la Bretagne, ou vues de châteaux historiques, abbayes et monuments anciens, etc. 1829, in-4.

3324. BOTTIN. Mélanges d'archéologie sur la Bretagne. 1831, in-8.

3325. VILLEMARQUÉ (Th. Hersart de la). Barzas-Breiz. Chants populaires de la Bretagne recueillis et publiés avec une traduction française, des éclaircissements, etc. 1839, etc., 2 vol. in-8.

3326. COURSON (Aur. de). Essai sur l'hist., la langue et les institutions de la Bretagne armoricaine. 1840, in-8.

3327. — Histoire des peuples bretons dans la Gaule et dans les Iles Britanniques, etc. 1846, in-8.

3328. BIZEUL (L.-J.-M.). Voies romaines en Bretagne. 1843, in-8.

3329. PITRE-CHEVALIER. La Bretagne ancienne et moderne. 1844, in-8.

3330. JANIN (Jules-G.). La Bretagne historique, politique et monumentale. 1844, in-8.

3331. LEGONIDEC, édition de HERSART DE LA VILLEMARQUÉ. Dictionnaire français-breton et br.-fr.; précédé de la Grammaire bretonne, etc. 1847-50, 2 vol. in-4.

1re édition, 1821.

3332. LE JEAN (G.). La Bretagne, son histoire et ses historiens. 1850, in-8.

3333. DESCHAMPS DE PAS (L.). Notice sur quelques monuments de l'ancienne province de Bretagne. 1850, in-8.

3334. LE HUÉROU (J.-M.). Recherches sur les origines celtiques et sur la première colonisation de la Gaule, de la Bretagne, etc. S. *d.* et 1853, in-4.

3335. BARTHÉLEMY (A. de). Mélanges historiques et archéologiques sur la Bretagne. 1853-54-56-68. 4 fasc. in-8.

3336. RENIER (Léon). Rapport sur une mission... en Bretagne. 1854, in-8.

3337. * Figures d'homme et de cheval trouvées en Bretagne sur du granit.

— *Ann. de philos. chrét.*, t. LI, 1855, in-8.

3338. GESLIN DE BOURGOGNE et A. de BARTHÉLEMY. Anciens évêchés de Bretagne. 1859-64, 5 vol. in-8 et atlas.

3339. BORDERIE (A. Le Moyne de la). * Mélanges d'histoire et d'archéologie bretonne. 1855, 1858, 2 vol. in-18. (Signé A. L. B.).

3340. VILLEMARQUÉ (Hersart de la). La Légende celtique en Irlande, en Cambrie et en Bretagne. 1859, in-8.

3341. HALLÉGUEN (dr Eug.). Les Celtes, les Armoricains, les Bretons; nouvelles recherches... sur l'Armorique bretonne. 1859, in-8.

3342. — Introduction historique à l'ethnologie de la Bretagne. 1862, in-8.

3343. MORIN (E.). État des forces romaines en Bretagne vers le ve siècle. 1861, in-8.

3344. — Les Britanni. 1862, in-8.

3345. COURSON (Aur. de), éditeur. Cartulaire de l'abbaye de Redon. 1863, in-4.

Prolégomènes : *La Bretagne, du ve au xiie siècle.* — Voir A. de la Borderie, *le Cartulaire de Redon*, etc.

3346. FAUX (dr). Quelques réflexions sur d'anciennes monnaies bretonnes... 1863, in-8.

3347. COURSON (Aur. de), COURCY (Pol de), MOTTAY (Gaultier du). La Bretagne contemporaine; sites pittoresques, monuments, etc. 1865, 3 vol. gr. in-fol.

3348. EUGENOT (l'a.). Brittones et Britanni. Examen d'une nouvelle théorie sur le nom de Bretagne. 1870, in-8.

Voir, ci-dessus, la section ARMORIQUE, et, aux départements, ceux des CÔTES-DU-NORD, ILLE-ET-VILAINE, FINISTÈRE, LOIRE-INFÉRIEURE et MORBIHAN.

BRIGANTES

3349. LE BRIGANT (J.). Dissertation... sur une nation de Celtes nommée *Brigantes* ou *Brigains*, etc. 1762, in-12.

Voir d'autres ouvrages de cet auteur au Catalogue alphabétique.

BUGEY

3350. GUICHENON (Sam.). Histoire de Bresse et de Bugey, Gex et Valromey. 1650, in-fol.

3351. BACON-TACON (P.-J.-J.). Recherches sur les origines celtiques, principalement sur celles du Bugey. 1798, 2 vol. in-8. (Nouveau titre, 1808.)

3352. BRILLAT [SAVARIN] (Anth.). Sur l'Archéologie de la partie orientale du département de l'Ain (le Bugey). 1820, in-8.

3353. MONNIER (D.). Études archéologiques sur le Haut et le Bas Bugey. 1841, in-8.

3354. GUILLEMOT (P.). Monographie historique de l'ancienne province du Bugey. 1847-52, in-8.

BURGONDES, BOURGOGNE

3355. CHAMPIER (Symph.). Cy commence ung petit livre du royaulme des Allobroges, dict lōgtēps après Bourgōgne ou Vieñois... 1529, in-8.

3356. PARADINUS (G.). De antiquo statu Burgundiæ liber. 1542, in-4.

3357. CHASSENEUX (B. de), en latin CHASSANÆUS. Antiquitates quarumdam Burgundiæ civitatum, etc. 1547, in-fol.

3358. VIGNIER (Nic.). Rerum Burgundionum chronicon, etc. 1575, in-4.

3359. SAINT-JULIEN (P. de). De l'Origine des Bourguignons. 1581, in-fol.

3360. SCHURTZFLEISCH (C.-S.). Historia veteris regni populique Burgondionum. 1679, in-4.

3361. MARE (Ant.-Ph. de la). Historicorum Burgundiæ conspectus. 1689, in-4. (Édité par le fils de l'auteur.)

3362. DUNOD DE CHARNAGE (Fr.-Ign.). Histoire des Sequanois, des Bourguignons, etc. 1735-37-40, 3 vol. in-4.

3363. PLANCHER (dom U.), puis dom MERLE. * Histoire générale et particulière de Bourgogne. 1739-48 et 1781, 4 vol. in-fol.

3364. PAPILLON (l'a. Ph.). Bibliothèque des auteurs de Bourgogne. 1742-45, 2 vol. in-fol.

3365. HAGENBUCH, CHARDON DE LA ROCHETTE éditeur. Epistolæ epigraphicæ ad Joannem Bouhierium. 1757, in-4.

3366. [*Ms.*] * Inscriptiones antiquæ qua-

quaversum per Burgundiam sparsæ.

Mention dans la *Biblioth. histor.*, t. III, n° 35,888.

3367. MILLE (A. Et.). * Abrégé chronologique de l'histoire ecclésiastique, civile et littéraire de Bourgogne, etc. 1771-73, 3 vol. in-8; 1 carte.

3368. BÉGUILLET (E.). Précis de l'histoire de Bourgogne, de Mille. 1771, in-8.

3369. COURTÉPÉE (l'a. Cl.). Description historique et topographique du duché de Bourgogne. 1774-85, 7 vol. in-8.

— Nouv. éd. 1847-49, 4 vol. in-8.

E. Béguillet a collaboré aux t. I et II.

3370. — Histoire abrégée du duché de Bourgogne. 1777, in-12.

3371. * Nouvel état général et alphabétique des villes, bourgs et paroisses de la province de Bourgogne. *Dijon*, 1783, in-4.

3372. MIMEURE (Fyot de). * Notice sur la ville de Dijon, ses environs et quelques autres villes de l'ancienne Bourgogne. 1817, in-8.

3373. PEIGNOT, MAILLARD DE CHAMBURE et BOUDOT. Voyage pittoresque en Bourgogne... 1833, in-fol.

3374. BELLOGUET (Roget, bon de). Questions bourguignonnes. 1846, in-8.

3375. TISSERAND (L.). Relations historiques de la Bourgogne et du Sénonais. 1853, in-8.

3376. MIGNARD (Th.-J.-A.-P.). Voies romaines en Bourgogne. 1853, in-8.

3377. — Excursion archéologique dans la Bourgogne septentrionale. 1855, in-8.

3378. PLANTET et JEANNEZ. Essai sur les monnaies du comté de Bourgogne depuis l'époque gauloise, etc., 1856, in-4.

3379. BOUGAUD (l'a.). Les Actes de saint Bénigne, apôtre de la Bourgogne. Étude historique, etc. 1859, in-8.

3380. MARION (J.). Les Actes de saint Bénigne, apôtre de la Bourgogne. 1860, in-8.

3381. VALENTIN-SMITH. De la Famille chez les Burgondes. 1863, in-8.

3382. SECRÉTAN (Ed.). Le Premier royaume de Bourgogne. 1868, in-8.

Voir, aux départements, les sections AIN, CÔTE-D'OR, SAÔNE-ET-LOIRE, YONNE.

CADURCI, QUERCY

3383. LE FRANC (J.-J.). De Antiquitatibus Cadurcorum. 1751, in-4.

3384. FOULHIAC (l'a.). Annales du Quercy.

Ms. conservé à la bibliothèque de Cahors.

3385. LACOSTE. [*Ms.*] Histoire générale du Quercy.

3386. MALLEVILLE (Jacques de Casals, sieur de). [*Ms.*] Chronique de Quercy intitulée *Esbats de Malleuille sur le pays du Quercy.*

3387. CATHALA-COUTURE (Ant. de). Histoire... du Quercy. 1785, 3 vol. in-8.

3388. CRAZANNES (bon Chaudruc de). Notice sur une médaille... de Lucterius, chef des Cadurci. 1845, in-8.

3389. — État des rech. et des travaux archéolog. dans les dépts du Lot, de Lot-et-Garonne et du Gers. 1838, in-8.

3390. CALVET (F.). Essais archéologiques et historiques sur l'ancien Quercy. 1841, in-8.

3391. DUFOUR (Ém.). Études historiques sur l'ancienne province du Quercy. 1860, in-8.

3392. DELOCHE (Max.). Cartulaire de l'abbaye de Beaulieu, etc. 1860, in-4.

Voir l'Introduction.

3393. — Géographie historique au moyen âge. Des divisions territoriales du Quercy, etc. 1861, in-8.

3394. PÉRIÉ (R.). Histoire... du Quercy, etc. 1861, in-8.

3395. LACABANE (J.-L.). Observations sur la géographie et sur l'histoire du Quercy et du Limousin. 1862, in-8.

3396. DUFOUR (Ém.). Études historiques sur le Quercy. Hommes et choses. 1864, gr. in-8, 212 p.

Voir, aux départements, ceux du LOT et de TARN-ET-GARONNE.

CÆNICENSES

3397. LAGOY (mis de). Médailles... des Cænicenses. 1834, in-4.

3398. DELMAS. Notice sur les peuples de la Gaule Narbonnaise, que Pline nomme Cenicenses. 1837, in-8.

CALETES, CAUX

3399. CLÉROT. Dissertation sur l'origine des peuples du pays de Caux. 1736-1737, in-0.

3400. PLESSIS (dom M. Toussaints du). Étendue et anciens habitants du pays de Caux, appelés Caletes.

3401. LANDE (Mangon de la). Notice archéologique sur le pays de Caux. 1826, in-8.

3402. — [*Ms.*] Recherches sur les peuples que César nomme Caletes.

3403. HOUEL (Ch.-J.). Annales des Cauchois depuis les temps celtiques, etc. 1847, 3 vol. in-8.

3404. FALLUE (Léon). Classement de la médaille gauloise SENODON CALEDU et recherches sur l'ancienne cité des Caletes. 1855, in-8.

CAMBIOVICENCES

3405. BARAILLON (J.-F.). Recherches sur les Cambiovicences. 1806, in-8.

CAMBRÉSIS

3406. BOULY (Eug.). Histoire de Cambrai et du Cambrésis. 1843, 2 vol. in-8.

3407. — Documents archéologiques sur le Cambrésis. 1847, in-8.

3408. LE GLAY (Edw.). Glossaire topographique de l'ancien Cambrésis, etc. 1849, in-8.

3409. BRUYELLE (Ad.). Chaussées romaines du Cambrésis. 1859, in-8.

3410. WILBERT (Alc.). Situation du Pagus Cameracensis, etc. 1865, in-8.

CARNUTES, PAYS CHARTRAIN

3411. BOTERAIS, en latin BOTEREIUS (Rod.). Urbis gentisque Carnutum historia. 1624, in-8.

3412. CHEVART (V.). Histoire de Chartres et de l'ancien pays Chartrain... An X (1802), 2 vol. in-8.

3413. FRÉMINVILLE. Mémoire sur les monuments druidiques du pays Chartrain. 1820, in-8.

3414. ATHÉNAS (P.-L.). Du Pays des Carnotes. 1822, in-8.

3415. — Sur le Pays des soldats carnotes. 1827, in-8.

3416. OZERAY (M.-J.-F.). Histoire générale... de la cité des Carnutes et du pays Chartrain. 1834-37, 2 vol. in-8.

3417. — Discussion... et coup d'œil sur les critiques... de l'histoire... de la cité des Carnutes. 1841, in-8.

3418. SAUSSAYE (L. de la). Attribution d'une médaille en bronze à Tasget, roi des Carnutes. — Médaille de Comm, roi des Atrébates. 1837, in-8.

3419. CARTIER (E.). Appendice aux Mém. sur les monnaies bléso-chartraines antérieures au xe siècle. 1845, in-8.

3420. MONVEL (M. Boutet de). Étude sur les expéditions de Jules César dans les Carnutes. 1862-63, in-8.

3421. QUÉNAULT (L.). Recherches sur la Basse-Normandie... et le pays Chartrain. 1864, in-12.

Voir, aux départements, celui d'EURE-ET-LOIR.

CÉNOMANS

Des Gaules transalpine et cisalpine.

3422. ZANCHIUS (J.-Chr.). De Origine Orabiorum sive Cenomanorum libri tres. 1531, in-8.

3423. SAMBUCA (l'a. Ant.). Memorie istorico-critiche intorno all'antico stato de' Cenomani [cisalpini] ed ai loro confini. 1750, in-fol.; pl.

3424. VOISIN (l'a. Aug.). Les Cénomans anciens et modernes, etc. 1862, in-8.

Voir, ci-dessous, la section MAINE, et, aux départements celui de la SARTHE.

CENTRE DE LA FRANCE

Et de la Gaule.

3425. POULETT SCROPE (G.), trad. de VIMONT. Géologie des volcans éteints du centre de la France. In-8.

3426. TAILLIAR (E.). Le Centre et le Nord de la Gaule au siècle d'Auguste et sous les Antonins. 1868, in-8.

CENTRONS

3427. ROCHE. Notice historique sur les anciens Centrons. 1819, in-8.

3428. PONT (l'a. G.). Les Kentrons de Tarentaise et de Belgique. 1864, in-12.

3429. PINGET (X.). Les Tarins et les Centrons; ancienneté relative des deux noms. 1867, in-8.

CHAMPAGNE

3430. BAUGIER (E.). Mémoires historiques de la province de Champagne. 1721, 2 vol. in-8.

3431. MONTROL (F. de). Résumé de l'histoire de Champagne, etc. 1826, in-18. — Nouv. éd. 1878, in-12.

3432. DETORCY DE TORCY (C.-M.). Recherches sur la Champagne. 1832, in-8.

3433. RAGON et FABRE D'OLIVET. Précis de l'histoire de la province de Champagne... 1835, in-18.

3434. GAUSSEN (A.). Portefeuille archéologique de la Champagne. 1852-1860, etc., in-fol.

3435. BARTHÉLEMY (de). Mémoire sur l'ancienne division géographique de la Champagne. 1854, in-8.

3436. BOITEL (l'a). Les Gaulois, les druides et les sibylles dans la Champagne. 1864, in-8.

3437. — Les Beautés de l'histoire de la Champagne. 1865-1868, 2 vol. in-12.

3438. * Archives curieuses de la Champagne et de la Brie. *Troyes*, in-8.

Contient une bibliographie champenoise de 1483 à 1600.

3439. DENIS (Aug.). Recherches sur les auteurs... qui ont écrit sur l'ancienne province de Champagne, etc. 1870, in-8.

Voir, à la série départementale, les sections Aisne, Ardennes, Aube, Marne, Haute-Marne, Meuse, Seine-et-Marne, Yonne.

PAYS CHARTRAIN

Voir Carnutes.

COMTAT - VENAISSIN

Voir ci-dessous à la lettre V.

COTENTIN

3440. GERVILLE (C. de). Recherches sur les villes et les voies romaines dans le Cotentin. 1830, in-8.

3441. RAGONDE (T.-L.). Histoire du Cotentin. 1832, in-8.

3442. QUÉNAULT (L.). Topographie ancienne des côtes du Cotentin. 1845, in-8.

3443. — Recherches archéologiques et historiques sur le Cotentin. 1864, in-8.

3444. DUPONT (G.). Histoire du Cotentin et de ses îles. 1870-73, 2 vol. in-8.

CURIOSOLITES

3445. * De l'Ancienne ville des Curiosolites. — *Mém. de l'Acad. des inscr.*, t. I (histoire), 1717, in-4, p. 294.

3446. * Extrait d'une Lettre au sujet des antiquités de Corseult [Côtes-du-Nord] en Bretagne. — *Mercure*, 1743, juillet, p. 1500-1505.

3447. LE PELETIER DE SOUZY (M.). Découverte des ruines de l'ancienne ville des Curiosolites. (Cp. le nº 3445.)

3448. NOUAL DE LA HOUSSAYE (Al.). Dissertation historique sur Corseult et les Curiosolites. 1807, in-8.

3449. BIZEUL (L.-J.). La cité d'Alet et les Curiosolites. 1853, in-8.

3450. ODORICI (L.). Fouilles faites dans le bourg de Corseul, 1854, in-8, 2 p.

3451. COURSON (Aur. de). Des Curiosolites de César et des Corisopites de la Notice des provinces. 1860, in-8.

DAUPHINÉ

3452. PERIER (Aymar du). Discours historique touchant l'état général des Gaules et principalement des provinces de Dauphiné et de Provence. 1610, in-8.

3453. CHORIER (Nic.). Histoire générale du Dauphiné. 1661, etc.

3454. LANCELOT. Discours sur les sept merveilles du Dauphiné. 1729, in-4.

3455. CHAPUIS-MONTLAVILLE. Histoire du Dauphiné. 1828-1829, 2 vol. in-8.

3456. PITOT (J.-J.-A.). Recherches sur les antiquités dauphinoises. 1833, in-8.

3457. BATINES (P.-C. de) et OLLIVIER.

Mélanges... relatifs à l'histoire littéraire du Dauphiné. 1838-39, gr. in-8.

3458. RIVAIL (Aymar du), A. de TERREBASSE, éditeur. De Allobrogibus libri novem, etc. 1845, in-8. — Traduction partielle par Ant. MACÉ. 1852, in-8.

3459. MACÉ (Ant.). Études sur la géographie du Dauphiné, etc. 1855, in-8.

3460. — Le Dauphiné et la Maurienne au XVIIe siècle, etc., etc. 1858, in-12.

Mentions de découvertes archéologiques.

3461. — Les Chemins de fer en Dauphiné. 1860, in-12.

Fouilles exécutées dans les travaux de construction.

3462. — Mémoire sur quelques points controversés de la géographie des pays qui ont constitué le Dauphiné et la Savoie, etc. 1862, in-8.

3463. FAUCHÉ-PRUNELLE. Recherches des anciens vestiges germaniques en Dauphiné. 1863, in-8.

3464. REVILLOUT (V.). Politique des Romains dans le Dauphiné. 1863, in-8.

3465. GUY-ALLARD, édité par (CHARBOT, H. BLANCHET et) H. GARIEL. Dictionnaire historique... géographique... du Dauphiné, etc. 1864-65, 2 vol. gr. in-8.

3466. CHANTRE (E.). Études paléoethnologiques ou rech. géologico-archéolog. sur l'industrie et les mœurs de l'homme des temps antéhistoriques dans le nord du Dauphiné, etc. 1867, in-4.

3467. GUILLEMINET. Géographie ancienne du Dauphiné. 1869, in-8.

3468. ROMAN (J.). Carte numismatique du Dauphiné. 1870, gr. in-8.

3469. CHAMPOLLION-FIGEAC (J.-J.). * Mélanges historiques sur le Dauphiné, etc. In-8.

3470. VALBONNAIS (J.-P. Moret de Bourchenu, m^is de). * Mémoires pour servir à l'histoire de Dauphiné, etc. *S. l. n. d.*, in-fol.

Voir, aux départements, les sections DRÔME, ISÈRE, HAUTES-ALPES.

DIABLINTES

3471. LEBEUF (l'a. J.). Observations historiques et géographiques sur (les Diablintes) le pays du Maine, etc. 1740, in-12.

3472. FOSSE (l'a. de la). Remarques sur les « Observations » de M. Lebeuf au sujet des peuples Diablintes, etc. 1740, in-12.

3473. POTTIER. Remarques sur la position des Diablintes. 1740, in-12.

3474. LEBEUF (l'a.). Réponse [aux Remarques de Pottier] au sujet de la position des Diablintes. 1741, in-12.

3475. * Lettre au sujet des Diablintes.— *Mercure*, octobre 1742, p. 2181-2193.

3476. BARBE (H.). Jublains. Notes... pour servir à l'histoire... de la cité des Aulerces Diablintes. 1865, in-8. Atlas in-4.

3477. TROUILLARD (Ch.). Dislocation du pays des Diablintes, étude sur le Bourg-Nouvel. 1867, in-8.

Voir, aux départements, celui de la SARTHE, articles sur *Jublains*, et celui de la MAYENNE.

DOMBES

3478. COLLET et le p. Cl. MENESTRIER. Lettres de Collet et du père Menestrier, sur l'histoire de la Dombe. 1696, in-8.

3479. NEUVÉGLISE. Abrégé de l'histoire de Dombes. 1696, in-4. — Réponse à l'auteur de cet ouvrage. 1698, in-8.

3480. JOLIBOIS (l'a.). Dissertation sur l'histoire ancienne du pays de Dombes. 1840, in-8.

3481. VALENTIN-SMITH, éditeur. Bibliotheca Dumbensis, ou Recueil de chartes, titres ou documents relatifs à l'histoire de Dombes. 1852-60, in-4.

3482. AUBRET (L.), édité par C. GUIGUE. Mémoire pour servir à l'histoire de Dombes. In-4, livr. 1-42, 1865-72 (en cours de publication).

DORMOIS

3483. BARTHÉLEMY (A. de). Le Dormois (pagus Dulcomentis ou Dolomensis). 1854, in-8.

ÉBUROVIQUES

3484. BONNIN (Th.). Antiquités gallo-rom. des Éburoviques, etc. 1860, in-fol.

ÉDENATES

3485. DELOYE (A.). Des Édenates et des monnaies de la ville de Seyne en Provence. 1850, in-8.

ÉDUENS

3486. CHASSENEUX (B. de), en latin Chassanæus. Catalogus gloriæ mundi. 1529, in-fol. Autres éditions.

A voir sur les armes des Éduens.

3487. LEMPEREUR (le p. J.). [*Ms.*] Histoire des anciens Éduens, ou Mémoires sur l'histoire des Gaules.

3488. MONARD (L. de). Numismatique des Éduens. 1844, in-8.

3489. SAUSSAYE (L. de la). Monnaies des Eduens. 1845, in-8.

3490. BULLIOT (J.-G.). Essai sur le système défensif des Romains dans le pays Éduen. 1856, in-8.

3491. SAULCY (F. de). Numismatique gauloise, deniers à la légende ΚΑΛΕΤΕΔΟΥ [attribués aux Éduens]. 1858, in-8.

3492. SAUSSAYE (L. de la). Monnaies des Éduens. 1860, in-8.

3493. BULLIOT. Le Culte des eaux sur les plateaux éduens. 1867, in-8.

3494. SAULCY (de). Numismatique des Éduens et des Séquanes. 1867, in-8.

3495. — Lettre à M. A. de Barthélemy, sur la numismatique des Éduens et des Séquanes. 1868, in-8.

Voir les publications de la Société éduenne, à Autun. Cp., à la série départementale, la section SAÔNE-ET-LOIRE.

ÉLUSATES

3496. CRAZANNES (bon Chaudruc de). Attribution aux Élusates d'Aquitaine d'une médaille découverte sur leur territoire. 1847, in-8.

ESSUI

3497. CAPPERON (l'a). Lettre à M. *** sur les Essui. 1722, in-8.

3498. GANNERON (dom). [*Ms.*] Mémoires sur les Essui, etc.

3499. CAYLUS (cte de). Remarques sur les Essui de César et les Itessui de Pline, etc.

Recueil d'antiquités, t. IV, p. 381.

EST DE LA FRANCE

3500. QUICHERAT (Jules). Compte rendu d'un voyage archéologique, fait dans l'Est de la France. 1865, in-8.

3501. BACH (le p.). Mémoires sur les habitations gauloises et sur les vestiges qu'on en trouve dans les provinces de l'Est. 1866, in-8.

FLANDRES

Française et Belge.

3502. MEYER (J.). Annales rerum Flandricarum. 1561, in-fol. (Revoir aussi le no 3121.)

3503. GRAMMAYE (J.-B.). Antiquitates Flandriæ. 1611, in-4.

Voir aussi ses *Œuvres complètes*. 1708, in-fol.

3504. GAZET (G.). Histoire ecclésiastique de Flandre. 1614, in-4.

3505. BUZELINUS. Gallo-Flandria sacra et profana. 1624-25, 2 vol. in-fol.

3506. SANDER (Ant.). Flandria illustrata, 1641-44, 2 vol. in-fol, etc.

3507. LE MIRE (Aubert). J.-F.-F. FOPPENS, édr. Auberti Mirei opera diplomatica et historica. 1723-48, 4 vol. in-4.

3508. MANN (l'a.). Mém. sur l'ancien état de la Flandre maritime, etc. 1780, in-4.

3509. BAST (J. de). Recueil d'antiquités ... trouvées dans la Flandre proprement dite. 1808, in-4. 1er suppl., 1809. 2e suppl. 1813.

3510. WARNKOENIG (L.-A.). Flandrische Staats-und Rechtsgeschichte, etc. 1825-42, 3 vol. in-8.

3511. — Trad. fr. par A.-E. GHELDOLF. 1834-39, 3 vol. in-8.

3512. BAECKER (L. de). Discours sur les antiquités de la Flandre maritime. 1853, in-8.

3513. — La Flandre maritime, avant et pendant la domination romaine. 1854, in-8, 22 p.

PAYS DE FOIX

3514. PEZET (l'a.). * Histoire du pays de Foix, contenant un précis sur les divers peuples qui ont successivement occupé ce pays. *Paris, Debécourt*, 1840, in-8.

Voir, aux départements, celui de l'ARIÈGE.

FOREZ

3515. MURE (J.-M. de la). Histoire universelle du Forez. 1674, in-4.

3516. ALLEON-DULAC. Mémoire pour servir à l'histoire naturelle des provinces de Lyonnais, Forez et Beaujolais. 1765, 2 vol. p. in-8.

3517. BERNARD (Aug.) jeune. Histoire du Forez. 1835-36, 2 vol. in-8.

3518. — Biographie et bibliographie foréziennes, etc. 1836, in-8.

3519. L*** (H.). Quelques mots sur l'histoire du Forez, par Aug. Bernard jeune. In-8.

3520. TOUR-VARAN (de la). Bibliothèque forézienne. 1860, etc., in-8.

3521. ASSIER DE VALENCHES (d'). Le Forez gallo-romain. 1863, in-8.

3522. CHAVERONDIER (A.) et MAURICE. Catalogue d'ouvrages relatifs au Forez, etc. 1868-70, in-8.

Voir, aux départements, celui de la LOIRE.

FRANCHE-COMTÉ

3523. GOLLUT. Mémoire historique de la république séquanoise et des princes de la Franche-Comté de Bourgogne, etc. 1592, etc., in-fol. — Nouv. éd. par Ch. Duvernois et E. Bousson de Mairet. 1846, gr. in-8. — Nouv. titre, 1856.

3524. CHEVALIER (Fr.-F.). Voies romaines de Franche-Comté.

Histoire de Poligny, 1768, in-4.

3525. JOLY (le p. R.). * La Franche-Comté ancienne et moderne. 1779, in-12. Cartes géogr.

3526. PRUDENT (L.-P.). Dissertation sur les antiquités romaines trouvées en Franche-Comté. 1838, in-8.

3527. CLERC (le président Éd.). La Franche-Comté à l'époque romaine. 1847, in-8. — 2e éd. 1853.

3528. ROUGEBIEF (Eug.). Histoire de la Franche-Comté ancienne et moderne, etc. 1850, in-8 ; 11 grav.

3529. CLERC (le présnt Éd.). Essai sur l'histoire de la Franche-Comté. 1870, in-8. (1re éd. 1840-46, 2 vol. in-8.)

Voir, aux départements, ceux du DOUBS, du JURA et de la HAUTE-SAÔNE.

GABALI, GÉVAUDAN

3530. LOUVRELEUL (l'a. J.-B.). Mémoires historiques sur le... Gévaudan, etc. 1726, 2 parties, in-12. — Nouv. éd. 1825, in-8.

3531. WALCKENAER (bon Ch.-Ath.). Étendue et limites du territoire des Gabali et sur la position de leur capitale Anderitum. 1821, in-4. 2 Cartes, in-fol.

3532. CAYX (J.-A.). Sur l'Anderitum des Gabales. (Voir l'art. suivant.)

3533. — Nouvelles recherches sur l'étendue du pays des Gabali, etc. 1826, in-8. Carte.

3534. PROUZET (l'a.). Annales pour servir à l'histoire du Gévaudan, etc. 1843-1845, 2 vol. in-8.

3535. BURDIN (G. de). Documents historiques sur la province du Gévaudan. 1846-47, 2 vol. in-8.

3536. IGNON (J.-J.-M.). Carte de France. — Voies romaines et emplacement de la capitale des Gabali. 1847-1849, in-8.

3537. PASCAL (l'a. J.-B.-E.). Étude de géographie ancienne du pays de Gabalum ou Gévaudan, dans le poème du Propempticon, de Sidoine Apollinaire [vers 23]. 1852, in-8.

3538. * Archéologie de la France et assises scientifiques du Gévaudan, tenues à Mende les 24, 25 et 27 août 1857. — *Bull. de la Soc. d'agr., etc., de la Lozère*, à Mende, année 1857, p. 381.

3539. ROUSSEL (Th.). Ancienne topographie des Gaules. — Projet d'un travail conçu par l'Empereur, et observations présentées sur ce sujet en ce qui concerne le Gév. 1858, in-8.

3540. — Des Anciennes monnaies gabalitaines et en particulier de la monnaie de l'empereur Justin II, attribuée au Gévaudan. 1858, in-8.

3541. DELAPIERRE. Victorius, poète gabalitain. 1866, in-8.

3542. ANDRÉ (F.). Des voies romaines dans le Gévaudan. Station de Condate. 1867, in-8.

Voir aussi, dans la série des Questions topographiques, la section *Anderitum* et, dans les départements, celui de la LOZÈRE.

GASCOGNE

3543. OÏTHENART (A.). Notitia utriusque Vasconiæ. 1638, in-4.

3544. LOUVET. Traité en forme d'abrégé de l'histoire d'Aquitaine, Guyenne et Gascogne. 1659, in-4.

3545. LOUBENS. Histoire de l'ancienne province de Gascogne, Bigorre et Béarn, etc. 1839, in-8.

3546. MONLEZUN (l'a. J.-J.). Histoire de la Gascogne, etc. 1846-51, 6 vol. in-8.

Voir, aux départements, les sections GERS, LANDES, BASSES et HAUTES-PYRÉNÉES, HAUTE-GARONNE, LOT-ET-GARONNE, TARN-ET-GARONNE.

GATINAIS

3547. MORIN (dom Guill.). Histoire générale du pays de Gastinois, Senonois et Hurpois. 1630, in-4.

3548. LEBEUF (l'a). Lettre sur un amphithéâtre du Gâtinais. 1727, in-12.

GÉVAUDAN

Voir GABALI.

PAYS DE GEX

3549. BROSSARD (J.). Histoire du pays de Gex. 1851, in-8.

Voir le département de l'AIN.

GUIENNE

Voir AQUITAINE.

HELVIENS

3550. SAINT-ANDÉOL (F. de). Aperçu géographique sur le pays des Helviens. 1860, in-8.

Voir le département de l'ARDÈCHE.

RÉGION DU JURA

(*France et Suisse.*)

3551. QUIQUEREZ (Aug.). Antiquités du Jura bernois. 1857, in-8.

3552. — Nouvelles recherches archéologiques dans le Jura. 1864, in-8.

3553. JOUHAN (J.-L.). Le Jura, guide pittoresque, etc. 1863, in-16.

Voir, aux départements, le JURA.

LANGUEDOC

3554. NOGUIER (A.). Histoire tolosaine ou la province de Languedoc depuis son origine, etc. 1556, in-fol.

3555. CASSAN (J.). Panégyrique ou discours sur l'antiquité et excellence du Languedoc. 1617, in-8.

3556. ANDOQUE. (P.). Histoire du Languedoc, etc. 1623, in-fol.

Note de Brunet (5e éd., no 24723) : « Peu estimé, mais assez rare. »

3557. CATEL (G. de). Mémoires de l'histoire du Languedoc. 1633, in-fol.

3558. FLÉCHIER (Esprit). [*Ms.*] Recueil de toutes les antiquités qui se trouvent dans la province du Languedoc. 6 vol. in-fol.

3559. VIC (dom Cl. de) et VAISSÈTE (dom Jos.). * Histoire générale de Languedoc, etc. 1730-1745, 5 vol. in-fol. — Hist. du Languedoc, de dom de Vic et dom Vaissète, commentée et continuée par Alex. de la Haye du Mège. 1838-1847, 10 vol. in-8. — Hist. du Languedoc par dom de Vic et dom Vaissète; nouv. éd. publiée sous la direction de M. Éd. Dulaurier. Édition, accompagnée de dissertations et notes nouvelles par Ém. Mabille, Edw. Barry et Aug. Molinier. 1873-77 (se continue). L'ouvrage aura 14 vol. in-4. T. Ier, V, XIII, XIV (ces deux derniers par E. Roschach).

3560. BASTIDE (Vergile de la). Mém. sur la découverte d'un grand chemin des Romains, nouvellement faite dans la prov. de Languedoc. 1731, in-12.

Cp. le Dictionnaire d'Expilly, art. *Beaucaire*.

3561. BOUROTTE (dom Fr.-Nic.). * Mémoire sur la description géogr. et historique du Languedoc. 1759, in-4.

3562. DOMERGUE (J.-J.). * Essai sur le gouvernement du Languedoc, etc. 1773, in-8. (Signé J.-J. D***.)

3563. NICOLAÏ (G. de). Précis d'une longue suite de mémoires historiques et géographiques, dans lesquels on examine si le Rhône appartient à la province de Languedoc. 1754, in-4.

3564. ASTRUC. Mémoires pour servir à l'hist. nat. du Languedoc. 1737, in-4.

Contient des parties relatives à l'archéologie, notamment l'article ci-après.

3565. — Description des voies romaines du Languedoc, et en particulier de la voie Domitie, depuis Beaucaire jusqu'à Uchau, près de Nismes, avec une carte de cette voie.

3566. RENOUVIER (J.). Monuments... pris dans quelques anciens diocèses du Bas-Languedoc. 1836-41, in-4.

3567. JULIA (H.). Histoire de Béziers ou Recherches sur la province de Languedoc. 1845, in-8.

3568. MAGALON (J.-D.). Histoire du Languedoc depuis les temps les plus reculés jusqu'à nos jours. T. Ier (unique?), 1846, in-8.

3569. MÈGE (Al. de la Haye, du). Notice sur quelques monuments antiques, découverts dans les départements de l'Hérault, du Tarn et de la Haute-Garonne. 1852, in-8.

3570. BOUCOIRAN (D.). Languedoc et Provence, guide... dans Nîmes et les environs... 1863, in-12.

Voir, dans les départements, les sections HAUTE-GARONNE, TARN, AUDE, HÉRAULT, GARD, LOZÈRE, ARDÈCHE, HAUTE-LOIRE.

LAONNOIS

3571. MELLEVILLE. Note sur un objet travaillé de main d'homme trouvé dans les limites du Laonnois. 1862, in-8.

PLATEAU DU LARZAC

3572. GAUJAL (de). Mémoire sur les antiquités du Larzac. 1836, in-8.

3573. SAMBUCY-LUZENÇON (c^{te} F. de). Considérations sur une caverne du Larzac. 1861 à 1865.

3574. — Les Dolmens du Larzac. 1865, in-8.

3575. — Mémoire sur trois nouvelles cavernes de Larzac et sur les objets qui y sont découverts. 1869, in-8.

LEMOVICES, LIMOUSIN

3576. LOMBARDELLI (Gr.). Vita di San Martiale. 1595, in-4.

3577. BONNEFOY (J.-F. de). Réponse à la lettre que le s^r Maldamnat a écrite à un sien ami de Limoges, etc. 1668, in-4.

Sur la mission de saint Martial en Gaule.

3578. BONAVENTURE, de Saint-Amable (le p.). Hist. de s^t Martial, apôtre des Gaules, etc. 1676-85, 3 vol. in-fol.

3579. MAILLART. Lettre à M. l'abbé Lebeuf, sur le Lemovicum de César, sur le Limonum de Ptolémée, et sur le Vetus Pictavis des Annales de France. 1735, in-12.

3580. CORNUAU. Carte du Limousin. 1782, in-fol.

Voies romaines.

3581. ROMANET (Barny de). Histoire de Limoges et des Haut et Bas-Limousins. 1821, in-8.

3582. ARDANT (M.). Notice sur 2 médailles d'or et 7 consulaires, trouvées en Limousin. 1829, in-8.

3583. CORDIER. Dissertatio de tempore quo sanctus Martialis in Aquitaniam missus est. 1836, in-4.

3584. MÉRIMÉE (Prosper). Voyage en Auvergne et dans le Limousin. 1838, in-8.

3585. LEYMARIE (A.). Le Limousin historique, histoire générale de l'ancienne province. 1838, in-4, et 1839, in-8.

3586. MARVAUD (Fr.). Histoire du Bas-Limousin. 1842, in-8.

3587. TEXIER. Manuel d'épigraphie et recueil des inscriptions du Limousin. 1851, in-8.

3588. BALDIT (l'a.). Recherches sur l'épiscopat des saints Martial, Séverien et Privat. 1854, in-8.

3589. ARBELLOT (l'a.). Dissertation sur l'apostolat de saint Martial, etc. 1855, in-8.

3590. LEYMARIE (A.). Histoire du Limousin. 1855, in-8.

3591. ARDANT (Maur.). Géographie romaine du Limousin. 1857, in-8.

3592. DELOCHE (Max.). Les Lemovices de l'Armorique mentionnés par César. 1857, in-8.

3593. RÉGNAULT (A.). Rapport sur les Lemovices de l'Armorique de M. Deloche. 1857, in-8.

3594. BUISSON DE MAVERGNIER (E.). Documents relatifs à la géographie du Limousin pendant la domination romaine. 1858, in-8.

3595. DELOCHE (Max.). Description des monnaies mérovingiennes du Limousin. 1858, in-8, planches.—1863, in-8.

3596. — Cartulaire de Beaulieu. 1859, in-4.

Voir l'Introduction.

3597. ARBELLOT (l'a.). Topographie romaine du Limousin. 1860, in-8; 6 p.

3598. — Documents inédits sur l'apostolat de saint Martial. 1861, in-8.

3599. DELOCHE (Max.). Divisions territoriales du Limousin, etc. 1861-64, in-4.

3600. LACABANE. Observations sur la géographie et l'histoire du Quercy et du Limousin. 1862, in-8.

3601. BUISSON DE MAVERGNIER (E.). Voirie romaine en Limousin, etc. 1863, in-8.

3602. — Origines gallo-rom. des Lemovikes. 1864, in-8.

3603. LECLER (l'a. A.). Monuments druidiques du Limousin et de la Marche. 1865, in-8.

3604. — Recherches sur les monuments préhist. du Limousin. 1870, in-8.

3605. ARBELLOT (l'a.). Guide en Limousin. In-12.

3606. TRIPON. Historique monumental du Limousin. In-4.

Voir, ci-dessous, MARCHE, et, aux départements, ceux de la HAUTE-VIENNE, de la CORRÈZE et de la CREUSE.

LEUCI

3607. SAULCY (F. de). Monnaies des Leuks ou Leuquois, médailles de Solimariaca. 1836, in-8.

3608. GAUDÉ (F.-F.). Les Voies romaines de la partie occidentale de la cité des Leuci (Toul). 1864, in-8.

3609. GUILLAUME (l'a.). Histoire du diocèse de Toul et de celui de Nancy depuis l'établissement du christianisme chez les Leuci... 1866, in-8.

Voir aussi les SENONES et, aux départements, celui de la MEURTHE (1).

LIMAGNE

3610. SIMEONI (G.). Discours ou description de la Limagne d'Auvergne, avec plusieurs médailles. 1561, in-4.

Voir aussi ARVERNI, AUVERGNE, et, aux départements, celui du PUY-DE-DÔME.

LIMOUSIN

Voir LEMOVICES.

LIXOVII

3611. SAULCY (F. de). Restitution aux Lixoviens de la monnaie attribuée par le bon Marchant, aux Gaulois Éduens. — Nouvelle monnaie de la même nation. 1837, in-8.

3612. SAUSSAYE (L. de la). Médaille inédite des Lixovii. 1841, in-8.

3613. SAULCY (F. de). Semis inédit des Lixovii. 1857, in-8.

RÉGION DE LA LOIRE

3614. WALCKENAER (bon Ch.-Ath.). Changements qui se sont opérés dans le cours de la Loire, etc. (avec 2 cartes.) 1822, in-4.

3615. MANTELLIER (P.). Histoire de la communauté des marchands fréquentant la rivière de Loire, etc. 1864, 1867, 1868, 3 parties gr. in-8.

LORRAINE

3616. VASSEBOURG (Rich. de). Antiquités du royaume d'Austrasie et de Lorraine, etc. 1549, 2 vol. in-fol.

3617. CALMET (dom Aug.). * Disserta-

(1) Nous avons déjà fait observer que les divisions territoriales adoptées sont antérieures à l'année 1871.

tion sur les grands chemins de Lorraine. 1727, in-4.

Diss. reproduite avec additions en tête de son *Histoire de Lorraine*. In-fol.

3618. — Histoire ecclésiastique et civile de la Lorraine, etc. 1745-57, 7 vol. in-fol.

3619. LUTON-DURIVAL (Nic.). Table alphabétique des villes, bourgs, villages et hameaux de la Lorraine et du Barrois. 1749 et 1766, in-8.

3620. — Mémoire sur la Lorraine et le Barrois, etc. 1753, in-4.

3621. CALMET (dom Aug.). Notice de la Lorraine, etc. 1756, 2 vol. in-fol.

3622. CHEVRIER (Fr.-Ant.). Histoire... de Lorraine et de Bar. 1758, 7 vol. in-12.

3623. LUTON-DURIVAL (N.). Introduction à l'histoire de la Lorraine et du Barrois. 1775, in-8.

3624. — Description de la Lorraine et du Barrois. 1778-83, 4 vol. in-8.

3625. BEXON (l'a.). Histoire de Lorraine. 1777, in-8.

3626. LEUPOL (L.) [François LELOUP, de Cheroy, dit] et Eug. de MIRECOURT [Eug. JACQUOT, dit]. La Lorraine : antiquités, chroniques, légendes, etc. 1839-40, 3 vol. in-8 ; grav.

3627. BEAULIEU (J.-L. de). Archéologie de la Lorraine. 1840-43, 2 vol. in-8 ; 5 pl.

3628. RICHARD (Nic.-L.-Ant.). Traditions populaires... de l'ancienne Lorraine. 1846, in-16.

3629. BEAUPRÉ (J.-N.). Nouvelles Recherches de bibliographie lorraine. 1853, in-8. — Suite, 1856.

3630. DIGOT (Auguste). Histoire de Lorraine. 1856-1857, in-8.

3631. CHAUTARD (J.). Description de différentes monnaies trouvées en Lorraine. 1864, in-8.

3632. — Mém. sur l'emplacement de la bataille gagnée par Jovin sur les Germains, dans la Lorraine. 1865, in-8.

3633. ANCELON (E.-A.). Mémoire sur l'origine des populations lorraines. 1866, in-8.

3634. GODRON (D.-A.). L'Age de pierre en Lorraine. 1868, in-8.

3635. LAURENT (J.). Catalogue de monnaies lorraines du musée d'Épinal. 1868, in-8.

3636. ALIX (Th.). Dénombrement du duché de Lorraine en 1594. 1870, in-8.

Voir ci-dessus la section BARROIS, et, aux départements, la MEURTHE, la MEUSE, la MOSELLE et les VOSGES.

LYONNAIS

3637. BUISSOUD (P.). Lugdunum sacroprofanum... 1647, in-4. (Programme de l'ouvrage, qui n'a pas été publié.)

3638. HAGENBUCH, CHARDON DE LA ROCHETTE (G.), éditeur. Hagenbuchii epistolæ epigraphicæ. 1757, in-4.

Inscriptions du Lyonnais.

3639. ALLEON-DULAC. Mémoire pour servir à l'histoire des provinces de Lyonnais, Forez et Beaujolais. 1765, 2 vol. in-8.

3640. BERNARD (A.). Mémoire sur les origines du Lyonnais. 1846, in-8.

3641. — Cartulaire de l'abbaye de Savigny... petit cartulaire de l'abbaye d'Ainay. 1853, 2 vol. in-4.

Voir l'Introduction.

3642. DEBOMBOURG. Histoire du Franc-Lyonnais. 1857, in-8.

3643. * Manuel du bibliophile et de l'archéologue lyonnais. *Paris, Aubry*, 1857, in-8.

Voir, aux départements, celui du RHÔNE.

LYONNAISE

3644. LONGPÉRIER (A. de). Quelques Inscriptions latines découvertes dans la Lyonnaise. 1846, in-8.

MACONNAIS

3645. FERRY (H. de). L'Ancienneté de l'homme dans le Mâconnais. 1867, in-4.

3646. — avec le dr PRUNER-BEY. Le Mâconnais préhistorique. 1870, in-4.

MAINE

3647. BODREAU (J.). Les Antiquités du pays du Maine.

Coutumes du Maine. 1645, in-fol.

3648. ORRY (J.). [*Ms.*] Mémoires et recherches des antiquités du Maine. (Avant 1768.)

3649. LE PAIGE (H.-R.). Dictionnaire topographique... de la province et du diocèse du Maine. 1777, in-8. — 1787, 2 vol. in-8.

3650. RENOUARD. Essais historiques et littéraires sur la ci-devant province du Maine. 1811, in-12.

3651. DUGUÉ. Notice sur des monuments de l'ancien Maine. 1829, in-8.

3652. SICOTIÈRE (L. de la). Excursion dans le Maine. 1841, in-8.

3653. HAURÉAU (B.). Histoire littéraire du Maine. 1843-52, 4 vol. in-8. — Nouv. éd. 1870-78, 10 vol. in-12.

3654. DESPORTES (N.). Bibliographie du Maine, etc. 1844, in-8.

3655. HUCHER (E.). Essai sur les Monnaies frappées dans le Maine. — Suppléments, 1845, in-8.

3656. — Sigillographie du Maine, etc. 1853, in-8.

3657. VOISIN (l'a.). Divisions territoriales du Maine. 1849, in-8.

3658. LOTTIN (l'a.) et LASSUS. Ancienne province du Maine, recueil de documents rares ou inédits, etc. 1856, 3 livr. in-fol.

3659. LEPELLETIER (dr A.), de la Sarthe. Histoire complète de la province du Maine, etc. 1861-62, 2 vol. in-8.

3660. WISMES (J.-B.-O., bon de). Le Maine et l'Anjou historiques, archéolog. et pittoresques. 1862, 2 vol. in-fol.

3661. VOISIN (l'a.). Les Noms de lieux du Maine. 1869-70, in-8.

MANDUBII

3662. MACER (J.). Panegyricus de laudibus Mandubiorum. 1555, in-8.

MARCHE

3663. JOULLIETTON. Histoire de la Marche. 1814-15, 2 vol. in-8.

3664. ARDANT (Maur.). Note sur la découverte de médailles antiques dans la Marche et le Limousin. 1853, in-8.

3665. FILLIOUX (A.). Découvertes archéologiques faites récemment dans la Marche. 1858, in-8.

3666. CESSAC (P. de). Sur la non-existence, dans la Marche, des peuplades gauloises que les historiens du pays y ont indiquées. 1867, in-8.

Voir aussi LIMOUSIN et, aux départements, ceux de la CREUSE et de la HAUTE-VIENNE.

MEDIOMATRICI

3667. CAJOT (dom J.). * Les Antiquités de Metz ou recherches sur l'origine des Médiomatriciens, leur premier établissement dans les Gaules, leurs mœurs, leur religion. 1760, in-12.

RÉGION DE LA MÉDITERRANÉE

3668. ROCHELLE (J. Roux de). Mémoire sur l'ancienne géographie historique des pays voisins de la Méditerranée. 1835, in-8.

MIDI DE LA FRANCE

3669. LOUVET. Traité en forme d'abrégé de l'histoire d'Aquitaine, Guyenne et Gascogne. 1659, in-4.

3670. MILLIN. Voyage dans les départements du Midi. 1807-1811, 5 vol. in-8.

3671. GRANGENT, DURAND, etc. Description des monuments antiques du Midi de la France. 1819, in-fol.

3672. VEAUGEOIS. Notice abrégée du voyage... fait en 1820... dans les dépts méridionaux, etc. 1821, in-8.

3673. MÈGE (Alex. de la Haye du). Dissertation sur les premiers habitants de la Gaule méridionale. 1827, in-8.

3674. DUBARRY. Rech. sur les amphithéâtres du Midi. 1834, 2 vol. in-4. (Voir aussi *Rev. arch.* 1843, p. 202.)

3675. MÉRIMÉE (Prosper). Voyage dans le Midi de la France. 1836, in-8.

3676. FAURIEL (Cl.-Ch.). Histoire de la Gaule méridionale, etc. 1836, 4 vol. in-8.

3677. PERROT (J.-F.-A.). Lettres sur Nismes et le Midi, etc. 1840, 2 vol. in-8 ; pl.

3678. MARY-LAFON (J.-B. LAFON, dit). Histoire politique... du Midi de la France. 1841-44, 4 vol. in-8.

3679. WITTE (bon J. de). Notice sur quelques antiquités du Midi de la France. 1841, in-8.

3680. *Monuments celtiques du Midi de la France. — *Rev. arch.*, t. IX, 1853, p. 503 et 511.

3681. LAPOUYADE (J.-F.). Notice sur quelques monuments anciens du Midi de la France. 1854, in-8.

3682. BARRY (Edward). Lampes inédites du Midi de la France. 1861, in-4.

3683. QUICHERAT (J.). Rapport sur une communication relative aux piles ou obélisques du Midi de la France. 1863, in-8.

3684. DUSAN (Bruno), directeur. Revue archéologique du Midi de la France, 1866-67, etc., in-8.

3685. BARRY (Edw.). Note sur la numismatique de la Gaule méridionale antérieurement à la conquête romaine. 1869, in-8.

MORINI, MORINIE

3686. MALBRANCQ (J. de). De Morinis, 1639-1654, 3 vol. in-4. — Traduction du 1er livre par G.-E. Sauvage. 1866, in-12.

3687. PRAROND (E.). Jacques Malbrancq ou quelques remarques sur la confiance qu'il faut accorder à cet historien. 1861, in-8.

3688. SAUSSAYE (L. de la). Médaille des Morini et des Remi. 1847, in-8.

3689. PIERS (H.-B.). Dissertation sur cette expression de Virgile : « Extremi hominum Morini. » *S. d.*, in-8.

3690. LEFILS (Fl.). Recherches sur la configuration des côtes de la Morinie. 1859, in-8; 2 cartes.

3691. HERMAND. Numismatique gallo-belge ou Histoire monétaire des Morins et des Atrébates. 1864, in-8.

Voir, aux départements, celui du PAS-DE-CALAIS, articles sur *Saint-Omer*.

MORVAND

3692. DUVIVIER (Ant.). César et le Morvand. 1843, in-8.

3693. GEMBLOUX (dr Pierquin de). Les Huns dans le Morvand. 1843, in-8.

3694. BAUDIAU (J.-F.). Le Morvand. 1854, in-8.

MORVOIS

3695. LONGNON (Aug.). Le Morvois (pagus Morivensis). 1869, in-8.

Territoire de Pont-sur-Seine (Aube).

RÉGION DE LA MOSELLE

3696. AUSONE. Mosella, poème.

3697. KUPFENDER (G.). Principium Mosellæ Ausonii. 1676, in-4.

Voir, dans la *Bibliothèque* d'Engelmann, l'art. AUSONIUS.

NAMNÈTES

3698. TRAVERS (l'a. Nic.). Dissertation sur Volianus ou Bouljanus, divinité des Namnètes. 1723, in-8.

3699. BIZEUL (L.-J.-M.). Des Namnètes aux époques celtique et romaine. 1853-1856, in-8.

3700. PARENTEAU (F.). Monnaies des Namnètes. 1861, in-8.

NARBONNAISE

3701. PONTANUS (J.-Is.). Itinerarium Galliæ Narbonensis, etc. 1606, in-12.

3702. BALUZE (E.). Concilia Galliæ Narbonensis. 1668, in-8.

3703. MANDAJORS (J.-P. des Ours de). * Histoire critique de la Gaule Narbonnaise. 1733, in-12.

3704. *Gallia Braccata seu Narbonensis, in tres provincias distributa. In-fol. (carte).

Dans l'*Histoire de Languedoc*, de doms de Vic et Vaissète, t. Ier, 1738.

3705. MÉNARD (L.). Description de la province Narbonnaise. 1759-64, in-4.

3706. SAUSSAYE (L. de la). Numismatique de la Gaule Narb. 1842, in-4.

3707. HERZOG (E.). De quibusdam prætorum Galliæ Narbonensis municipalium inscriptionibus. 1862, in-8.

3708. ALLMER (A.). Organisation de la province Narbonnaise. 1870, in-8.

NAVARRE

Française et Espagnole.

3709. POÇA (Andres de). De la antigua

lengua, poblaciones, y comarcas de las Españas, en que de paso se tocan algunas cosas de la Cantabria. 1587, in-4.

3710. CHAPPUYS (G.). Histoire du royaume de Navarre. 1596, in-8.

3711. OLHAGARAY (P.). Histoire de Foix, Béarn et Navarre. 1609, in-4.

3712. FAVYN (A.). Histoire de Navarre. 1612, in-fol.

3713. MORET (Jos. de). Investigaciones historicas de las antiguedades del Reyno de Navarra. 1665, in-fol.

3714. SCHOEPFLIN. Diatriba de origine et factis regni Navarri. 1720, in-4.

3715. RANCY (de). Description géographique, historique et statistique de la Navarre. 1817, in-8.

2716. VANGUAS Y MIRANDA. Diccionario de antiguedades del reyno de Navarra. 1840-43, 4 vol. in-4.

3717. CÉNAC-MONCAUT. Voyage archéologique et historique dans l'ancien royaume de Navarre. 1857, in-8.

NERVII

3718. CAYEU (de). * Dissertation sur l'emplacement du champ de bataille où César défit l'armée des Nervii, par M. de C. 1832, in-8.

NEUSTRIE

Voir Normandie.

NITIOBRIGES

3719. LABRUNIE (J.). Limites du territoire des Nitiobriges. 1856, in-8.

Voir ci-dessus le n° 2994.

NIVERNAIS

3720. GUY COQUILLE. Histoire du Nivernois. 1622, in-4.

3721. ROCHELLE (J. Née de la). Mémoires pour servir à l'histoire du Nivernois, etc. 1747, in-12.

3722. PARMENTIER (Ant.-Ch.). Histoire abrégée de la province de Nivernais. 1765, in-4.

3723. MORELLET, BARAT et BUSSIÈRES. Le Nivernais historique et pittoresque. 1838-1842, 2 vol. in-4.

NORD DE LA FRANCE

Et de la Gaule.

3724. LAMBIEZ (J.-B.). Hist. monumentaire du Nord des Gaules. 1812, in-8.

3725. SCHAYES (A.-G.-B.). Réfutation de l'opinion de M. Rapsaet qui attribue au repeuplement du pays des Éburons, des Nerviens et des Atuatiques par des Ambianois et des Vermandois l'origine de la langue wallonne. *S. d.*, in-8.

3726. BRUN-LAVANNE, directeur. Revue du Nord... 1833-37, 8 vol. in-8.

3727. MELICOQ (Lafons, bon de) et ARTHUR DINAUX. Archives historiques du Nord de la France et du Midi de la Belgique. (Depuis 1829), in-8.

3728. BAECKER (L. de). De la Religion du Nord de la France avant le christianisme. 1854, in-8.

3729. TERNINCK (A.). Recherches sur les sépultures anciennes dans le Nord de la France. 1856, etc., in-8.

3730. TAILLIAR (E.). Essai sur l'histoire des institutions du Nord de la France (ère celtique). 1852, in-8.

3731. — Recherches et documents pour l'histoire des communes du Nord de la France. 1855, in-8.

3732. — Origines des communes du Nord de la France (1re période, ère gallo-romaine). 1857, in-8.

3733. — Les Voies romaines dans le Nord de la Gaule. 1861, in-8.

3734. — Essai sur l'histoire du régime municipal romain dans le Nord de la Gaule. 1861, in-8.

3735. — Le Centre et le Nord de la Gaule au siècle d'Auguste et sous les Antonins. 1868, in-8.

3736. HERMAND (Al.). Numismatique gallo-belge, etc. 1864, in-8. (Cp. n° 3691.)

3737. COUSIN (Louis). Notice sur des antiquités celtiques ou gallo-romaines du Nord de la France. 1865, in-8; 1 carte.

3738. — Observations sur le projet de carte itinéraire de la Gaule au commencement du ve siècle, relativement aux chemins existant alors dans les pays qui ont formé la Flandre maritime et le Boulonnais. 1868, in-8.

NORD-EST DE LA FRANCE

Et de la Gaule.

3739. CAUMONT (cte A. de). Rapport verbal sur une excursion archéologique en Lorraine, en Alsace, à Fribourg, etc. 1850, in-8.

3740. ABEL (Ch.). César dans le N.-E. des Gaules. 1852, in-8. (Cp. n° 3743.)

3741. ROBERT (Ch.). Études numismatiques sur une partie du N.-E. de la France. 1852, etc., in-4.

3742. JEANTIN. Les Marches de l'Ardenne et des Voëpvres, ou le Barrois, le Wallon et le pays de Chiny, étudiées sur les sols, dans les chartes et par les noms de lieux. 1854, in-8.

3743. ABEL (Ch.). César dans le N.-E. des Gaules. 1863, in-8.

3744. BRETAGNE. Représentation d'Hercule, vainqueur des géants dans le N.-E. de la Gaule. 1863, in-8.

3745. ABEL (Ch.). Les Pagi du N.-E. 1870, in-8.

NORD-OUEST DE LA FRANCE

3746. LAMBERT (Éd.). Essai sur la numismatique gauloise du N.-O. de la France. 1844 et 1856, in-4.

NORMANDIE

3747. BOURGUEVILLE (Ch. de). Les Recherches et les antiquités de la province de Neustrie, à présent duché de Normandie, etc. 1588, in-4.

3748. DU MOULIN (G.). Histoire générale de Normandie. 1631, in-fol.

3749. MONTFAUCON (dom B. de). Sur un tumulus de Normandie contenant une hache en néphrite orientale.

Antiquité expliquée, t. V, 1720, in-fol., p. 194.

3750. PLESSIS (dom M. Toussaints du). Description géographique et historique de la Haute-Normandie. 1740, 2 vol. in-4.

3751. ESNAULT (l'a.). Dissertation sur l'établissement de la foi dans les Gaules en général et en particulier dans la Normandie. 1746, in-12.

3752. BELLEY (l'a.). Mém. sur une voie romaine qui conduisait de l'embouchure de la Seine à Paris. 1753, in-4.

3753. SAAS (l'a.). [*Ms.*] Mémoire sur les voies romaines en Normandie. 1755.

3754. TRIGAN. * Histoire ecclésiastique de la province de Normandie... 1759-61, 4 vol. in-4.

3755. TOUSTAIN DE RICHEBOURG (Ch. Gaspard de). * Essai sur l'histoire de Neustrie ou de Normandie... 1766, in-12; 1789, 2 vol. in-12.

3756. COTMAN (J.-Sell.). The Architectural antiquities of Normandy... 1820-21, 2 vol. in-fol.

3757. JOLIMONT (F.-T. de). Monuments de la Normandie. 1820-23, 2 vol. in-fol.

3758. TAYLOR (bon Is.). Voyage en Normandie. 1820-25, in-fol ; fig.

3759. DUBOIS (L.-F.). Itinéraire descriptif historique et monumental des cinq départements composant la Normandie, etc., 1828, 2 vol. in-8.

3760. LICQUET (Th.). Histoire de Normandie, conquête de l'Angleterre en 1066 ; précédé d'une introduction sur la littérature, la mythologie et les mœurs des hommes du Nord, par G.-B. Depping. 1835, 2 vol. in-8.

3761. PHILIPPE. La Normandie en 1834. Mœurs, usages, antiquités, etc. 1835, in-4.

3762. CANEL (A.), directeur. *Revue historique des cinq départements de l'ancienne Normandie. 1836-37, in-8.

3763. LE PRÉVOST (Aug.). Anciennes divisions territoriales de la Normandie. 1840, in-4.

3764. LANGLOIS (E.-H.). Monuments, sites et costumes de la Normandie avec un texte hist. In-4.

3765. LECOINTRE-DUPONT. Lettres sur l'histoire monétaire de la Normandie et du Perche. 1846, in-8.

3766. COCHET (l'a. J.-B.-D.). Itinéraire de Paris à la mer par le chemin de fer de Dieppe. 1849, in-8.

3767. CHÉRUEL (A.). Normanniæ nova chronica. 1850, in-4.

3768. RENIER (Léon). Rapport sur une mission en Normandie et en Bretagne. 1854, in-8.

3769. BENOIST (F.). La Normandie illustrée : monuments anciens et modernes, sites et costumes pittoresques... 1852-55, etc.; 1858, 3 vol. in-fol.

3770. COCHET (l'a.). Normandie souterraine. 1854, in-8.

3771. CAUMONT (cte A. de). Statistique routière de la Basse-Normandie. 1855, in-8.

3772. FRÈRE (Éd.). Manuel du bibliographe normand. 1858-60, 2 vol. in-8.

3773. LE HÉRICHER (Éd.). Philologie de la topographie normande (partie celtique au commencement). 1863, in-8.

3774. QUÉNAULT (L.). Recherches... sur la Basse-Normandie, le Vivarais et le pays Chartrain. 1864, in-12.

3775. *Supplément au Mémoire sur les villes et voies romaines en Basse-Normandie. *Valognes, s. d.*, in-8.

NOVEMPOPULANIE

3776. LE COINTE (Ch.). De tribus Aquitanicis provinciis et de Novempopulania.

Annales ecclesiast. franc., t. I, 1665, in-fol. p. 230.

3777. CRAZANNES (bon Chaudruc de). Recherches hist., litt. et crit. sur la Novempopulanie. 1811, in-8.

3778. PALASSON. Recherches relatives aux anciens camps de Novempopulanie. 1827, in-8.

3779. MÈGE (A. de la Haye du). Fortifications par les Romains dans la Novempopulanie. 1830, in-8.

3780. — Archéologie pyrénéenne. 1858-62, 3 vol. in-8.

Étude du territoire correspondant à la Novempopulanie.

3781. CANETO (l'a. P.). La Carte de la Novempopulanie, étude (avec une carte gravée). 1860, in-8.

3782. CRAZANNES (bon Chaudruc de). Les Neuf peuples principaux et les Douze cités de l'Aquitaine Novempopulaine. 1861, in-8.

Voir aussi les sections MIDI DE LA FRANCE et RÉGION PYRÉNÉENNE.

ORLÉANAIS

3783. SAUSSAYE (Ch. de la). Annales ecclesiæ Aurelianensis. 1615, in-4.

3784. LE MAIRE (F.). Histoire de la ville et duché d'Orléans. 1645-46, 2 vol. in-4. — 2e éd. 1648, 2 vol. in-fol.

3785. LUCHET (mis de). Hist. de l'Orléanais depuis l'an 703... de Rome. 1766, t. Ier (unique?) in-4.

3786. JOUSSE. Lettre d'un Orléanais à un de ses amis sur la nouvelle Histoire de l'Orléanais, etc. 1766, in-12.

3787. BRAINNE, DEBARBOUILLER et LAPIERRE. Hommes illustres de l'Orléanais, etc. 1852, 2 vol. in-8.

3788. PATRON (l'a.). Recherches historiques sur l'Orléanais, etc. 1870, in-8.

Voir, sur l'Orléanais, la *Bibliothèque historique*, t. III, p. 411 et suivantes, ainsi que les *Mémoires* et les *Bulletins de la Société archéologique et historique de l'Orléanais*.

Voir aussi, aux départements, le LOIRET, EURE-ET-LOIR, LOIR-ET-CHER.

OSISMII

3789. HAGENBUCH (J. Gasp.). Exercitatio... quâ *Ostiones* nec Germaniæ nec Britanniæ populum, sed Galliæ celticæ *Osismios* esse conjicitur. 1739, in-8.

3790. ESNAULT (l'a.). Dissertation sur les Osismiens.

La première de ses *Diss. prélimin. sur l'histoire du diocèse de Séez*. 1746, in-12.

3791. BIZEUL (L.-J.-M.). Les Osismii. 1852 et 1853, in-8.

3792. BLOIS (A. de). Des Anciennes cités du pays des Occismiens. (1862), in-8.

OUEST DE LA FRANCE

3793. CAUMONT (A. de). Coup d'œil sur l'état des Études archéologiques dans l'Ouest de la France, en 1830, et sur quelques-uns des monuments qu'on y rencontre. 1834, in-8.

3794. PYLAIE (de la) ou de la PILLAYE. Découvertes archéologiques faites dans l'Ouest de la France depuis 1830 jusqu'à 1836. 1836-37, in-8.

3795. MÉNARD (A.). Rapport sur les travaux relatifs à la statistique monumentale accomplis... par la Soc. des antiquaires de l'Ouest. 1857, in-8.

3796. MÉRIMÉE (Prosper). Notes d'un voyage dans l'Ouest de la France. 1836, in-8.

3797. DURET. Notes sur l'orthographe de divers noms [dans l'Ouest de la France]. 1856, in-8.

3798. MICHON (l'a. J.-H.). Similitude des dolmens de la rive orientale du Jourdain avec ceux de l'Ouest de la France. 1868, in-8.

PARISII

3799. DÉAL (J.-N.). Dissertation sur les Parisii, etc. 1826, in-8.

3800. LEGUAY (L.). Étude sur les sépultures de l'âge archéologique de la pierre chez les Parisii. 1864, in-8.

3801. — Antiquités anté-historiques et gauloises des Parisii. 1867, in-8.

Voir, aux départements, celui de la SEINE, articles sur *Paris*.

PERCHE

3802. BAR DES BOULAIS (L.) [*Ms.*] Recueil des antiquités du Perche. 1613, in-4.

3803. CLERGERIE (G. Bry de la). Histoire des pays et comté du Perche et duché d'Alençon. 1620, in-4.

3804. SAINT-VINCENT (Patu de). Vues pittoresques prises dans le comté du Perche et d'Alençon... 1826, in-4.

3805. FRET (L.-J.). Antiquités et chroniques percheronnes. 1838-40, in-8.

3806. JOUSSET (d[r]). Archéologie percheronne. 1865-66, in-8.

PÉRIGORD

3807. ARNAULT DE LA BORIE (l'a F.). Des Antiquités du Périgord. 1577.

3808. DUPUY (le p. J.). État de l'église du Périgord, depuis l'établissement du christianisme. 1718, in-12.

3809. GOURGUES (v[te] Al. de). Essai sur les monnaies frappées en Périgord. 1842, in-8.

3810. AUDIERNE (l'a.). Le Périgord illustré, guide monumental... de la Dordogne. 1851, in-8.

3811. DION (l'a.). Apostolat de saint Front au Ier siècle. 1858, in-8.

3812. LAPEYRE. Catalogue des ouvrages... publiés sur les monuments du Périgord. 1859, in-8; 11 p.

3813. MALEVILLE (le c[te] E. de). Bibliographie du Périgord... 1861, in-8.

3814. AUDIERNE (l'a.). De l'Origine et de l'enfance des arts en Périgord, ou l'usage de la pierre dans cette province, avant la découverte des métaux. 1863, in-8.

3815. LARTET (E.) et CHRISTY (H.). Cavernes du Périgord. 1864, in-8.

3816. GOURGUES (c[te] Al. de). Foyers divers de silex taillés en Périgord. 1866, in-8.

3817. GARRAUD (Emmanuel). Antiquités périgourdines, ou l'histoire généalogique et archéologique de Villambard et de Grignols, etc... 1868, in-8.

Voir, aux départements, celui de la DORDOGNE.

PERTHOIS

3818. DETORCY DE TORCY (C.-M.). Recherches... sur les villes du pays Perthois. 1832, in-8.

PICARDIE

3819. LEBEUF (l'a. J.). Conjectures sur l'usage des souterrains qui se trouvent en grand nombre en Picardie (avec une planche). 1761, in-4.

3820. BOUTHORS. Cryptes de Picardie. 1838, in-8.

3821. LOMBART (F.). Description des monuments les plus curieux, anciens et modernes de la Picardie. 1838, in-8.

3822. RIGOLLOT (d[r]). Éclaircissements sur quelques points de géographie ancienne concernant la Picardie. 1838, in-8.

3823. LABOURT. Essai sur l'origine des villes de Picardie, etc. 1840, in-8.

3824. ROGER. Bibliothèque historique monumentale... de la Picardie et de l'Artois. 1844, in-8.

3825. BRESSEAU. Étude sur l'origine du nom de *Picards*, etc. 1846, in-8.

3826. GRENIER (dom). Introduction à

l'histoire de la province de Picardie. 1856, in-4.

Extrait de la collection dom Grenier, à la Bibl. nat., publié par J. Garnier.

3827. DUFOUR (Ch.). Essai bibliographique sur la Picardie, etc. 1857, 2 parties, in-8.

3828. — [Ms.?] L'Apostolat de saint Firmin, premier évêque d'Amiens, rétabli au troisième siècle. 1863.

3829. BAZOT. Résultat des fouilles les plus importantes faites en Picardie. 1868, in-8.

3830. CORBLET (l'a. J.). Origine de la foi chrétienne dans les Gaules, spécialement dans le diocèse d'Amiens. 1870, in-8.

3831. — Hypothèses étymologiques sur les noms de lieux de Picardie. Gr. in-8.

3832. GARNIER (J.). [Deux] Rapports sur les travaux de la Commission chargée de dresser la carte de l'itinéraire romain dans la Picardie. 1840 et 1841, in-8.

3833. BRESSEAU. [Ms.?] Mémoire sur le campement des Romains dans la partie Sud-Ouest de la Picardie, etc. 1838.

3834. WOILLEZ (Emm.). Études archéol. sur les monum. religieux de la Picardie, et particulièrement sur les caractères architectoniques qui doivent servir à faire distinguer ces monuments de ceux du ve et du VIe siècles. 1843, in-8.

PICTONES, POITOU

3835. HAYE (J. de la). Les Mémoires et Recherches de France et de la Gaule Aquitanique contenant l'origine des Poictevins... 1581, etc., in-8.

3836. ROCHEPOZAY (H. Castan. de la). Litaniæ Pictonicæ... 1641, in-12.

Hagiographie poitevine.

3837. BOUCHET (J.). De l'Origine des Poitevins.

Annales d'Aquitaine, 1644, in-fol. *ad calcem.*

3838. DREUX DU RADIER. Bibliothèque historique et critique du Poitou. 1754, 5 vol. in-12. — Nouv. éd. intitulée *Histoire littéraire du Poitou*, etc., continuée jusqu'en 1840 par L. S. J. (De Lastic St-Jal). 1849, 3 vol. in-8.

3839. — Conjectures sur l'origine du nom de *Pictones, Pictavi, Pictavienses, Pictavenses, Pictavini, Picts*, en français Poitevins. 1757, in-12.

3840. BOTTU (L.). Lettre contre les conjectures de M. du Radier, sur l'étymologie du nom des Poitevins. 1758, in-12.

3841. THIBAUDEAU (A.-R.-H.). Abrégé de l'histoire du Poitou. 1782-88, 6 vol. in-12. — Nouv. éd. par H. de Saint-Hermine. 1839-41, 3 vol. in-8.

3842. THIOLLET. Antiquités et monuments du Poitou. 1804, etc., in-8 et in-fol.

3843. SIAUVE (Ét.-M.). Mémoires sur les temples des Druides et les antiquités du Poitou. 1805, in-8.

3844. JOUYNEAU-DESLOGES. Lettre sur d'anciens souterrains du Poitou. 1809, in-8.

3845. MAUFLASTRE. Lettre sur d'anciens souterrains du Poitou. 1810, in-8.

3846. DUFOUR (J.-M.). De l'ancien Poitou et de sa capitale. 1826, in-8. — Voir aussi les nos 2881, 82, 83.

3847. FONTENELLE DE VAUDORÉ (A.-D. de la). Recherches sur les peuples qui habitaient le Nord de l'ancien Poitou... lors de la conquête des Romains et de l'introduction du christianisme. 1835, in-8.

3848. FONTENEAU (dom). Voies romaines en Poitou. 1836, in-8.

3849. GUÉRINIÈRE (J.). Essai sur l'ancien Poitou... 1836, in-8.

3850. — Histoire générale du Poitou. 1838-1840, 2 vol. in-8.

3851. DARTIGE (et Drausin). Le Poitou pittoresque, etc. 1838, in-4.

3852. LECOINTRE-DUPONT (E.). Projet de cartes historiques et monumentales. 1838, in-8.

3853. — Instruction pour la carte celtique et romaine. 1839, in-8,

3854. GAILLARD. Cartes du Poitou existant à la Bibliothèque Royale, 1840, in-8.

3855. LECOINTRE-DUPONT (E.). Essai sur les monnaies du Poitou et sur l'histoire monétaire de cette province 1840, in-8. — Nouv. éd. 1841, in-8.

3856. GIRAUDEAU, de Saint-Gervais (d[r] Jean). Précis historique du Poitou (avec catalogue bibliographique). 1843, in-8.

3857. BIZEUL (L.-J.-M.). Voies romaines en Poitou. 1844, in-8.

3858. FILLON (B.). Objets antiques trouvés dans le Poitou. 1845, in-8.

3859. FOUGEROUX (E. Grellier du). Le Poitou sous la domination romaine, etc. 1856, in-8.

3860. LONGUEMAR (Le Touzé de). Lettre à M. de Caumont... sur des découvertes d'antiquités romaines en Poitou. 1858, in-8.

3861. MÉNARD (A.). Essai sur la topographie du pays des Pictones. 1858, in-8.

3862. LALLEMAND (A.). Lettre sur les rapports des Veneti et des Pictones. 1861, in-8.

3863. AUBER (l'a.). Notes géographiques et archéologiques d'un voyage dans le Bas-Poitou. 1862-63, in-8.

3864. LONGUEMAR (Le Touzé de). Autels gallo-romains du Haut-Poitou. 1862, in-8.

3865. — Voies anciennes dans le Haut-Poitou. 1863, in-8.

3866. FILLON (B.). L'Art de terre chez les Poitevins. 1864, in-4.

3867. GOUJET (A.). Des Fortifications passagères dans l'ancien Poitou à l'époque romaine. 1864, in-8.

3868. — Coup-d'œil sur l'ensemble des produits de la céramique poitevine, etc. 1865, gr. in-4.

3869. LONGUEMAR (Le Touzé de). Épigraphie du Haut-Poitou. 1864, in-8.

3870. BROUILLET et A. MEILLET. Époques antédiluvienne et celtique du Poitou. Topographie et technologie. 1865, in-4.

3871. BROUILLET (A.). Époques antéhistoriques du Poitou. 1865, in-8.

3872. — Quelques mots sur l'âge de pierre en Poitou. 1867, in-4.

3873. ROBERT (Ch.). Trouvaille de monnaies d'or du Bas-Empire dans le Poitou. 1866, in-8.

3874. LONGUEMAR (Le Touzé de). Les Dolmens du Haut-Poitou. 1865, in-8.

3875. — Bornes milliaires du Haut Poitou. 1867, in-8.

3876. — Album historique du Poitou, etc. 1869, in-8.

3877. AUBER (l'a.). Études sur les historiens du Poitou, etc. 1870, in-8.

Voir, à la série départementale, les sections DEUX-SÈVRES, VIENNE, pour le Haut-Poitou, et VENDÉE, pour le Bas-Poitou.

PROVENCE

3878. ARENA (Antoine). Les Villes, villages et châteaux de Provence.

Dans les *Ordonnances du roy François Ier*. 1545, in-4; puis dans la 2e édition de la *Meygra entreprisa catholiqui imperatoris*, 1748, in-8.

3879. SIMEONI (Gabriel). Diverses inscriptions du pays de Provence.

Illustres observations antiques. 1558, in-4.

3880. FAUCHER (D.). [*Ms.*] Annales Provinciæ, libri quinque. (Avant 1562.)

3881. * Vie (la) de Marie Magdaleine, contenant plusieurs beaux miracles; comment elle, son frère le Lazare et Marthe sa sœur vindrent à Marseille, et comme elle convertit le Duc et la Duchesse, et est à XXII personnages dont les noms s'ensuivent à la page ci-après. *Lyon, Pierre de la Haye*, 1605, in-12; 91 p. (1).

3882. PÉRIER (Aymar du). Discours historique touchant l'état général des Gaules, et principalement du Dauphiné et de la Provence. 1610, in-8.

3883. SAXI (P.). Pontificium Arelatense, sive historia primatum Arelatensis Ecclesiæ. 1629, in-4.

3884. L. S. D. N. G. P. (d'ANDREA, sieur de NIBLES). La Vérité provençale, discours contenant l'état de la Provence avant J.-C. et après, etc. 1630, in-4.

3885. PACHIER (E.). Vie du noble et bienheureux Lazare, l'ami de J.-C... 1635, in-8.

3886. LAUNOY (J. de). Dissertatio de commentitio Lazari in Provinciam appulsu. 1641, in-8.

(1) On donne, à titre de simples curiosités, cette indication et toutes celles qui, dans les articles suivants, se rattachent à la légende provençale d'après laquelle Madeleine et saint Lazare seraient venus dans les Gaules.

3887. BOUCHE (H.). Vindiciæ fidei et pietatis... adversum J. de Launoy. 1644, in-8.

Contre la *Dissertàtio*, etc., de J. de Launoy. Pour la traduction voir le no 3896.

3888. LAUNOY (J. de). Disquisitio disquisitionis de Magdalenâ Massiliensi advenâ... 1643, in-8.

3889. GUESNAY (J.-B.). Magdalena Massiliensis advena, sive de ejus in Provinciam appulsu... 1643, in-4.

3890. — (sous le pseudonyme de Pierre Henry). Auctuarium historicum de Magd. Massiliensi advena... 1644, in-4.

3891. JORDAN (M.). Ratio vindicatrix calumniæ contra negantem adventum Lazari... 1644, in-8.

3892. LAUNOY (J. de). Les Sentiments de M. de Launoy sur le livre du père Guesnay... 1646, in-8.

3893. GUESNAY (J.-B.). Le Triomphe des reliques de sainte Madeleine... 1647, in-8.

3894. LAUNOY (J. de). Varia de commentitio Lazari et Maximini, Magdalenæ et Marthæ in Provinciam appulsu opuscula... 1660, in-8.

3895. REBOUL (V.). Histoire de la vie et de la mort de sainte Marie Madeleine. 1661, in-12.

3896. BOUCHE (H.). La Défense de la foi et de la piété de Provence pour les saints Lazare et Maximin, Marthe et Madeleine, contre J. de Launoy. 1663, in-8.

3897. — La Chorographie ou description de Provence, etc. 1664, 2 vol. in-fol.

Voir notamment le livre III, sur les voies romaines qui passaient en Dauphiné et en Provence.

3898. PITTON (J.-Sch.). Diss. historique sur la ste église d'Aix, etc. 1668, in-4.

3899. ALEXANDRE (le p. N.). Dissertatio de beatæ Mariæ Magdalenæ, Lazari et Marthæ in Gallias appulsu, etc. 1679, in-8; — 1699-1714, in-fol.

3900. L. M. D. P. (de Préchac). Relation d'un voyage fait en Prov., contenant les antiquités, etc. 1683, 2 vol. in-12.

3901. CHANTELOUP (J. de). L'Apôtre de Provence, ou la vie du glorieux st Lazare, 1er évêque de Marseille. 1684, in-8.

3902. GAUFRIDY (bon F.-J. de). Histoire de Provence, etc. 1694, 2 vol. in-fol.

3903. * Exercice de belles-lettres sur quelques auteurs latins, sur l'histoire, et entre autres sur celle de Provence. *Aix, Adibert*, 1710, in-4.

3904. ROQUE (de la). Trois Lettres écrites... à M. de M*** sur la croyance des églises de Provence... 1723, in-12.

3905. MAUTOUR (Moreau de). Explication d'une épitaphe découverte en Provence. 1728, in-4.

3906. LEBEUF (J.). Examen de quelques manuscrits sur sainte Marie Madeleine, etc. 1729, in-12.

3907. PELLIOT. Panégyrique de saint Lazare... 1758, in-12.

3908. ACHARD. Description historique, géographique et topographique, des villes, bourgs... etc. 1767, 2 vol. in-4.

3909. CAYLUS (cte de). Antiquités trouvées en Provence, notamment à Saint-Remy.

Recueil d'antiquités, t. VII, 1767, in-4, p. 251 et suiv.

3910. BURIE (J. de). [*Ms.*] Provinciæ, Galliæ Narbonensis aliàs Braccatæ, vulgò *Provence*, exacta et brevis chorographica descriptio. (Avant 1768.)

3911. SOLERIUS (J.-R.) ou de Soliers. [*Ms.*] Rerum antiquarum et nobiliorum Provinciæ commentarii, etc.

3912. FAURIS DE SAINT-VINCENS (J.-Fr. Paul). Mém. sur les monnaies de Provence. 1771, in-4; 3 pl.

3913. PAPON (J.-P.). Histoire générale de Provence. 1777-86, 4 vol. in-4; fig.

3914. BOUCHE (Ch.-Fr.). * Essai sur l'histoire de Prov., etc. 1785, 2 vol. in-4.

3915. * Dictionnaire de la Provence et du comté Venaissin, par une société de gens de lettres. *Marseille*, impr. de *Jean Mossy*, 1785-87, 4 vol. in-4.

Publié par A. D. E. M. A. M. (Achard, docteur en médecine à Marseille).

3916. FAURIS DE SAINT-VINCENS (J.-F.-P.). Recueil de divers monuments d'antiquités trouvés en Provence. 1805, gr. in-4.

3917. PONS (A.-Th.-Z.). Mém. sur quelques mots phœnico-puniques conservés dans l'idiome provençal. 1817, in-8.

3918. SALLE (Boissón de la). Essai sur l'histoire des comtes souverains de Provence, précédé d'un Précis hist.

des différentes dominations auxquelles la Provence a été soumise dans les temps anciens. 1821, in-8.

3919. B...d (J.-B.-L.-D.-V.). Histoire de Provence. (1830?), in-8.

3920. GARCIN (E.). Dictionnaire historique et topographique de la Provence ancienne et moderne. 1835, 2 vol. in-8.

3921. VERGER (l'a.). Essai sur l'apostolat de saint Lazare... 1835, in-8.

3922. FOUQUE. Fastes de la Provence, etc. 1837, 3 vol. in-8.

3923. FAILLON (l'a.). * Monuments inédits sur l'apostolat de sainte Marie Madeleine en Provence. 1848, gr. in-8. — 2e éd. 1865.

3924. CRAZANNES (bon Chaudruc de). Médailles antiques en Prov. 1849, in-8.

3925. GUÉRARD (Benj.-E.-Ch.). Cartulaire de l'abbaye de Saint-Victor de Marseille. 1857, 2 vol. in-4.

Voir la Préface, p. LXI et suiv., et, à la fin du t. I, le Dictionnaire géographique.

3926. ROSTAN (L.). Mémoire sur cette question : Quelles sont les déductions résultant des études déjà faites, soit sous le rapport des établissements romains qui ont existé en Provence, soit sous le rapport de l'état de l'art au moyen âge, etc.? 1858, in-8.

3927. SÉRANON (J. de). Villes consulaires de Provence. 1858, in-8.

3928. BOUCOIRAN (D.). Languedoc et Provence, guide... dans Nîmes et les environs. 1863, in-12.

3929. POUGNET (l'a.). Statistique des monuments romains de la Provence. 1867-68, in-8.

Voir aux départements les sections BOUCHES-DU-RHÔNE, VAR, BASSES-ALPES, VAUCLUSE et DRÔME.

RÉGION DES PYRÉNÉES

3930. RAMOND. * Observations faites dans les Pyrénées, etc. 1789, in-8; 3 cartes.

3931. LA BOULINIÈRE (P.). Itinéraire des hautes Pyrénées françaises, etc. 1825, in-8.

3932. MELLING et A. CERVINI, de Macerata. Voyage pittoresque dans les Pyrénées franç. 1825, 3 vol. in-8; fig.

Cervini est l'auteur du texte.

3933. MÈGE (A. de la Haye du). Monuments antiques existant encore dans les Pyrénées espagnoles. 1827, in-8.

3934. — Sur plusieurs monuments historiques dans les Pyrénées et en Espagne. 1827, in-8.

3935. CASTILLON (H.). Histoire des populations pyrénéennes du Nébouzan et du pays de Comminges, etc. 1842-43, 2 vol. in-8.

3936. MÈGE (A. de la Haye du). Archéologie pyrénéenne, etc. 1858 à 1862, 3 vol. in-8.

3937. BARRY (Edw.). Inscriptions inédites des Pyrénées. 1861, in-8.

3938. — Quatre dieux de trop dans la mythologie des Pyrénées. 1864, in-8.

3939. CÉNAC-MONCAUT. Histoire des peuples et des États pyrénéens, etc. 1864, 5 vol. in-8.

QUERCY

Voir CADURCI.

REMI

3940. SAUSSAYE (L. de la). Médailles... des Remi. 1847, in-8.

3941. DUCHALAIS (Ad.). Études numismatiques, etc... III. Le type du denier Douisien est-il d'origine celtique? — Les types monétaires des Gaulois ont-ils eu quelque influence sur les types du moyen âge? 1848, in-8.

RIGOMAGENSES

3942. SAUSSAYE (L. de la). Médaille inédite des Rigomagenses. 1843, in-8.

ROUERGUE

Voir RUTHENI.

ROUSSILLON

3943. HENRY (D.-M.-J.). Recherches sur la voie de Rome en Espagne à travers le Roussillon et examen critique de l'itinéraire d'Antonin depuis Narbonne jusqu'aux trophées de Pompée. 1820, in-8.

3944. GAZANYOLA. Histoire du Roussillon. 1857, in-8.

3945. BONNEFOY (L. de). Épigraphie roussillonnaise. 1855-59, in-8.

3946. ALART. Voie romaine de l'ancien Roussillon. 1859, in-8.

3947. JUILLAC (vte de). Mémoire sur les monuments préhistoriques du Roussillon. 1869, in-8.

Voir ci-dessus la section NARBONNAISE, et, aux départements, celui des PYRÉNÉES-ORIENTALES.

RUTHENI, ROUERGUE

3948. LE FRANC (J.-J.). Conjectures sur le temps où une partie du pays appelé aujourd'hui le Rouergue (autrefois Rutheni) fut unie et incorporée à la province Narbonnaise. 1755, in-8.

3949. BOSC. Mémoires pour servir à l'histoire du Rouergue. 1797, in-8.

3950. GAUJAL (de). Tableau historique du Rouergue, etc. 1819, in-8. — Essais historiques sur le Rouergue. 1824, in-8.

3951. MÈGE (A. de la Haye du). Excursions archéologiques en Rouergue. 1861, in-8.

3952. CABANIOLS (l'a.). Du Culte des des pierres ; essai sur les monuments druidiques du Rouergue. 1867, in-8.

3953. NOEL (l'a.). De l'Existence de l'idole de Ruth chez les anciens Ruthènes. 1867, in-8.

3954. ADVIELLE (V.). Le Rouergue... du Ier au XIXe siècle. 1868, in-8.

Voir, aux départements, celui de l'AVEYRON.

SANTONES, SAINTONGE

3955. ALANUS. De Santonum regione. 1598, in-4.

3956. MAICHIN (A.). Histoire de Saintonge. 1671, in-fol.

3957. HUE. [*Ms.*] Dissertation sur une voie romaine qui traversait le pays des Santones. (Avant 1768.)

3958. BOURIGNON (F.-M.). Recherches topographiques... sur les antiquités... de Saintonge et d'Angoumois. *An IX*, in-4.

3959. MASSIOU. Les Santons sous les Romains et les Visigoths. 1835, in-8.

3960. — Les Santons avant et pendant la domination des Romains, etc. 1835, in-8.

3961. — Histoire politique, civile et religieuse de la Saintonge et de l'Aunis, etc. 1838-40, in-8.

3962. BARTHÉLEMY (A. de). Attribution de médailles gauloises aux Santons. 1838, in-8.

3963. CRAZANNES (bon Chaudruc de). Médailles gauloises trouvées à Saintes (Mediolanum Santonum). 1838, in-8.

3964. MOREAU. Voies romaines de la Santonie. 1838, in-8.

3965. FLEURY. Gisement du port et du promontoire des Santons. 1840, in-8.

3966. LESSON (R. P.). Lettres... sur la Saintonge et sur l'Aunis. 1842, in-8.

3967. BRIAND (l'a.). Histoire de l'église santone et aunisienne depuis son origine... 1843, 2 vol. in-8.

3968. CRAZANNES (bon Chaudruc de). Médaille Contoutos (des Santones). 1842, in-8.

3969. — Médailles autonomes des Santons. 1844, in-8.

3970. LACURIE (l'a.). Notice sur le pays des Santones à l'époque de la domination romaine. 1844, in-8.

3971. BRIAND (l'a. J.). Notice sur saint Eutrope, évêque et martyr. 1845, in-8.

3972. — Saint Eutrope, son tombeau, son église. 1845, in-8.

3973. LESSON (R.-P.). Histoire, archéologie et légendes des marches de la Saintonge... 1846, in-8.

3974. RAINGUET (P.-D.). Biographie saintongeaise, etc. 1851, in-8.

3975. CRAZANNES (bon Chaudruc de). Sur un statère d'or de Philippe II, roi de Macédoine, découvert en Saintonge. 1858, in-8.

3976. AUDIAT (L.). Épigraphie santone et aunisienne. 1870, in-4.

Voir aussi l'AUNIS et, aux départements, la CHARENTE-INFÉRIEURE.

RÉGION DE LA SAONE

3977. PELANNE (Alex. Mure de). * La Saône et ses bords depuis Gray jusqu'à Lyon. 1835-36, in-8; 14 pl.

3978. VALENTIN-SMITH. La Saône, etc. 1850, in-8, 35 p.

3979. DEBOMBOURG. Arar. 1866, in-8.

SAVOIE

(*Ancienne province*)

3980. * Theatrum Sabaudiæ ac Pedemontii cum figuris urbium. *Amstelodami,* 1682, 2 vol. in-fol. — Novum Theatrum Pedemontii et Sabaudiæ. 1726, 2 vol. in-fol.

3781. BEAUMONT (J.-Fr. Albanis de). Description des Alpes grecques et cotiennes, ou Tableau historique et statistique de la Savoie sous le rapport de son ancienneté, etc. 1802-1806, 4 vol. in-4; 1 atlas in-fol.

3982. GRILLET (J.-L.). Dictionnaire historique, littéraire et statistique des départements du Mont-Blanc et du Léman, contenant l'histoire ancienne et moderne de la Savoie, etc. 1807, 3 vol. in-8.

3983. MILLIN (A.-L.). Voyage en Savoie, en Piémont, à Nice et à Gênes. 1816, 2 vol. in-8.

3984. DUCIS (l'a. Cl.-Ant.). Lettre... sur la voie romaine qui traversait la Savoie et sur les inscriptions qu'il y a découvertes. 1852, in-8.

3985. MACÉ (A.). Description du Dauphiné, de la Savoie, etc. Trad. du latin d'Aymar du Rivail. 1852, in-8 et in-12.

3986. — Quelques points controversés de la géographie de la Savoie et du Dauphiné. 1863, in-8.

3987. — Carte du Dauphiné et de la Savoie. 1863, gr. in-4.

3988. PILLET (L.). Nouvelle carte de l'état-major en Savoie. In-8.

3989. RABUT (Fr.). Bulletin bibliographique de la Savoie... 1862 et années suivantes, in-8.

3990. RABUT (L.). Habitations lacustres de la Savoie. 1863, etc., in-8.

3991. DUCIS (l'a.). Dissertations sur plusieurs inscriptions romaines et autres monuments antiques. 1862, in-8.

3992. — Mémoire sur les voies romaines de la Savoie. 1863, in-8.

3993. — Les Fins, Bautos et Annessy (*sic*). 1863, in-8.

3994. — La Sapaudia avant les Allobroges et jusqu'au XIIIe siècle de notre ère. 1866, etc., in-8.

3995. — La Sabaudia dès les temps les plus reculés jusqu'au XIIIe siècle de notre ère. 1866, etc., in-8.

3996. — De l'origine et de l'organisation provinciale des diocèses de Savoie. 1866, in-8.

3997. — Recherches sur les peuples qui ont occupé primitivement la Savoie et les environs, etc. 1867, etc., in-8.

3998. SAINT-GENIS (V. de). Histoire de la Savoie, etc. 1868-69, 3 vol. in-8.

3999. CAILLEMER (Ex.). Les Limites de la Sapaudia au Ve siècle; Grenoble et Calorona. 1870, in-8.

4000. RABUT (L.). Fabrication des poteries lacustres de la Savoie. 1870, in-8.

4001. — Explorations lacustres, etc. Rapport au ministre. 1870, in-8.

4002. RITTER (F.). Antiquités lacustres de la Savoie. 1870, in-8.

Voir, aux départements, ceux de la SAVOIE et de la HAUTE-SAVOIE. Voir aussi, à la série étrangère, la section ITALIE.

SCORDISQUES

4003. LATHALA [*Ms.*]. Diss. sur les Scordisques, Gaulois d'origine, etc. 1760.

SEGOBRIGII

4004. FEAUTRIER. Attribution aux Segobrigii d'une médaille du cabinet de Marseille. 1842, in-8.

SÉGUSIAVES

4005. MENESTRIER (le p. Cl.-Fr.). Lettre sur les Ségusiens anciens habitants du Lyonnais, Forez, etc., non de la Bresse. 1697, in-12.

4006. COLLET (Ph.). Dissertation sur les

noms des peuples, etc. Réplique aux lettres du p. Menestrier.

Dans ses *Explications des Statuts de Bresse. Lyon*, 1698, in-fol. (avec la lettre du p. Menestrier).

4007. [*Ms.*] * Dissertations sur les anciens peuples de Bresse, savoir : sur les Sébusiens ou Ségusiens, sur les Séquanois, etc.

Voir *Biblioth. hist.*, 2e éd., t. I, no 3940.

4008. VALENTIN-SMITH. Des Impôts chez les *Segusiavi liberi*, sous les Romains. 1852, in-8.

4009. ALLMER (A.). Sur quelques inscriptions relatives à la description du pays des Ségusiaves. 1859, in-8.

4010. BERNARD (Auguste). Description du pays des Ségusiaves, etc. 1858, gr. in-8, 5 pl. et vign.

4011. ROUX (l'a.). Observations sur l'ouvrage de M. Aug. Bernard, intitulé : *Description, etc.* 1859, gr. in-8.

4012. BERNARD (Aug.). Réponse à la réplique de M. Roux, insérée dans la *Revue du Lyonnais* du mois de mars. 1859, in-8.

4013. — Lettre à M. Vingtrinier, directeur de la « Revue du Lyonnais ». 1859, in-8.

4014. GUIGNES (de). Deux mots d'explication à M. A. Bernard. 1859, in-4.

Voir ci-dessus la section FOREZ, et, aux départements, celui de la LOIRE.

SENONES, SENONAIS

4015. MORIN (G.). Histoire du pays de Gastinois, Senonois, etc. 1630, in-4.

4016. MATHON (D.-Hugues). De vera Senonum origine christiana adversus Joannis Launoii criticas observationes... 1687, in-4.

Cp. LAUNOY, opera omnia.

4017. SAUSSAYE (L. de la). Médailles des Senones et des Leuci. 1840, in-8.

SÉQUANES

4018. DUNOD DE CHARNAGE (le p. Fr.-Ign.). Tabula geographica provinciæ Sequanorum sub imperio Romano. 1713, in-fol. (Revoir le no 3523.)

4019. — Histoire des Séquanois, etc. 1735-37-40, 3 vol. in-4.

4020. SCHŒPFLIN (J.-D.). De Sequanis et Maxima Sequanorum.

Alsatia illustrata, 1751, in-4, t. I, p. 40, 129, 345.

4021. * Dissertation sur l'origine, la religion et les mœurs des anciens Séquanois, et sur l'étendue du pays qu'ils habitaient avant et après Jules César. *Journal helvétique*, 1754, janvier et février.

4022. ALTMANNUS (J.-G.). Dissertatio litteraria de origine nominis Sequanorum, etc. 1754, in-4.

4023. BERGIER (Nic.). [*Ms.*] Dissertation où l'on examine quelles étaient les villes principales de la province Sequanoise. 1754.

4024. JOLY, de Saint-Claude (le p. Romain). * Diss. où l'on examine celle [de Bergier] touchant les anciennes villes des Sequanois. 1754, in-8.

4025. JOURDAIN (D.-Maur.-Cl.). [*Ms.*] Dissertation sur les voies romaines dans le pays des Séquanois. 1756.

4026. MONNIER (D.). Du Culte des esprits dans la Séquanie. 1834, in-12.

4027. — Des Rapports qui ont existé sous la domination romaine, entre la Grande-Grèce et les provinces méridionales de la Gaule, notamment avec la Séquanie. 1852, in-8.

4028. TOUBIN (Ch.). Étude sur les champs sacrés de la Gaule et de la Grèce, et, en particulier, sur celui des Séquanes. 1861, in-8.

4029. DELACROIX (Alph.). La Séquanie de l'histoire de J. César. 1866, in-8.

4030. DONET. Une voie romaine en Séquanie.

Le Strabon de Didot, etc. 1866, in-8.

4031. SAULCY (F. de). Numismatique des Éduens et des Séq. 1867, in-8.

4032. — Lettre à M. A. de Barthélemy sur la numismatique des Éduens et des Séquanes. 1868, in-8.

SILVANECTES

4033. PEIGNÉ-DELACOURT. Pays des Silvanectes, chemins gaulois, etc. 1863, in-8.

4034. CAIX DE SAINT-AMOUR (A. de). Note sur le sens que l'on doit attribuer à l'épithète de Liberi, donnée par Pline (l'ancien) à plusieurs peuples de la Gaule, et particulièrement aux Sylvanectes. 1864, in-8.

4035. CAUDEL (l'a.). Étude sur les voies romaines du pays des Silvanectes. 1868, in-8.

SOISSONNAIS

4036. LEBEUF (l'a. J.). * Dissertation sur l'état des anciens habitants du Soissonnais avant la conquête des Gaules par les Francs, etc. 1735, in-12.

4037. RIBAULT (J.). Sur l'époque de l'établissement de la religion chrétienne dans le Soissonnais. 1737, in-12.

4038. LEBEUF (l'a.). Dissertations sur l'époque de l'établissement de la religion chrétienne dans le Soissonnais, etc., etc. 1737, in-12.

4039. LONGUEMARE (Gouye de). Dissertation historique sur l'état des Soissonnais. 1745, in-12.

4040. FOSSÉ-DARCOSSE (E.). * Mélanges pour servir à l'hist. du Soissonnais. 1844, in-8. (Signés Ém. F... D...)

Voir le département de l'Aisne, notamment l'arrondissement de Soissons.

SOLOGNE

4041. SAUSSAYE (L. de la). [Quatre] Mém. sur plusieurs enfouissements numismatiques découverts dans la Sologne blésoise. 1836-38, in-8.

4042. — Antiquités de la Sol. 1844, in-4.

SOTIATES

4043. VILLENEUVE-BARGEMONT (c^te^ Chr.). Rech. sur les Sotiates. 1818, in-8.

4044. BASCLE DE LA GRÈZE. Dissertation sur la patrie des anciens Sotiates. 1850, in-8.

4045. CRAZANNES (b^on^ Chaudruc de). Médailles des Sotiates d'Aquitaine. 1851, in-8.

4046. — Nouvelles considérations sur les Sotiates. 1852, in-8.

4047. GARRIGOU (Ad.). Les Sotiates du temps de César.

Études historiques sur le pays de Foix, etc. 1863, in-8.

SUD-OUEST DE LA FRANCE

4048. CAUMONT (c^te^ A. de). Lettre... [sur les études d'archéologie dans le Sud-Ouest.] 1834, in-8.

4049. BARRY (Edw.). Monuments épigraphiques découverts dans le Sud-Ouest. 1866, in-8.

THIÉRACHE

Voir aux départements celui de l'Aisne.

TONNERROIS

4050. LE MAISTRE (L.). Le Tonnerrois (Pagus Tornodurensis). 1845, in-8.

4051. — Mémoire sur la géographie du pagus de Tonnerre. 1845, in-8.

TOURAINE

4052. SULPICE-SÉVÈRE. La Vie de saint Martin de Tours.

4053. GRÉGOIRE de Tours. Évêques de Tours (St Gatien — St Grégoire).

Dans son *Histoire des Francs.*

4054. BECHIN (P.), éd. Luzarche. Petri filii Bechini chronicon Turonense, etc. 1851, in-8.

4055. GIRARDIE (Is. François, sieur de la). * Topographie du pays... de Touraine, etc. 1592.

4056. MARTEAU (le p. M.). Le Paradis délicieux de la Touraine... 1661, in-4.

4057. SAUVAGÈRE (L. de la). Recherches historiques sur la Touraine. 1773, in-4. (Prospectus seul ?)

4058. CHALMEL (J.-L.). Tablettes chronol. de l'hist. civile et ecclésiastiq. de Touraine. 1818, in-8.

4059. — Histoire de Touraine, etc. 1828, 4 vol. in-8.

4060. BOURASSÉ (l'a.). Monuments celtiques de Touraine. 1842, in-8.

4061. BELLANGER (St.). La Touraine ancienne et moderne. 1845, gr. in-8, illustré.

4062. LEROY (On.). Saint Martin et le christianisme en Touraine. 1848, in-8.

4063. BOURASSÉ (l'a. J.-J.). La Touraine, etc. 1855, in-fol.

4064. MABILLE (Ém.). Notice sur les divisions territoriales... de l'ancienne province de Touraine. 1866, in-8.

4065. JEHAN (E.-F.), de St-Clavien. Saint Gatien, ou les origines de l'église de Tours. 1869, in-8.

4066. BOURASSÉ (l'a. J.-J.). Les Origines de l'église de Tours, courtes réflexions. 1869, in-8.

4067. ROLLAND (l'a.). Dissertation sur l'époque de l'apostolat de saint Gatien, etc. 1869, in-8.

4068. CHEVALIER (l'a. C.). Études sur les critiques antigrégoriens et sur l'apostolat de saint Gatien. — Défense de saint Grégoire de Tours... réponse à M. Jehan de Saint-Clavien. 1869, in-8.

4069. — Études, etc. — Lettre à M. l'abbé Rolland. 1870, in-8.

4070. — Études, etc. — Les Treize Cas de M. Jehan. 1870, in-8.

4071. — Études, etc. — Les Légendes au concile de Limoges. 1870, in-8.

4072. BOURASSÉ (l'a.). Lettre à M. l'abbé Rolland sur quelques principes de critique. 1870.

4073. ESPINAY (d'). La Controverse sur l'époque de la mission de saint Gatien dans les Gaules. In-8.

4074. GRANDMAISON (Ch.-L.). Documents inédits pour servir à l'histoire des arts en Touraine. 1870, in-8.

4075. NOBILLEAU (P.). Monuments funéraires en Touraine. 1870-71, in-8.

Consulter le « Catalogue des livres de Jules Taschereau, concernant l'histoire de la Touraine. » *Paris, Labitte*, 1875, in-8. — Voir aux départements celui d'INDRE-ET-LOIRE.

TRIBOCS

4076. SCHOEPFLIN (J.-D.). Dissertation sur un monument des Tribocs. 1738, in-4.

Cp. l'*Alsatia illustrata* du même auteur, p. 235-241.

UNELLI

4077. GERVILLE (C. de). Recherches sur le pays des Unelli, etc. 1823, in-8.

VALOIS

4078. CARLIER (Cl.). Histoire du duché de Valois, etc. 1764, 3 vol. in-4.

VELAY

4079. BRANCHE (J.). Vie des saincts d'Auvergne et de Velay. 1652, in-12.

4080. ARNAUD (J.-A.-M.). Histoire du Velay. 1816, 2 vol. in-8.

4081. LANDE (Mangon de la). Notice sur quelques antiquités du Velai. 1820, in-8.

4082. SAUZET (l'a.). Mémoire sur les origines étymologiques du Velay. 1840, in-8.

4083. MICHEL (Ad.), DONIOL, DURIF, MANDET (Fr.), etc. L'Ancienne Auvergne. — L'Ancien Velay. 1843-1851, 3 vol. in-fol.

4084. MANDET (Fr.). Histoire du Velay, antiquités celtiques et gallo-romaines, études archéologiques. 1860-62, 7 vol. in-12.

4085. FAGES DE CHAULNES (G. de). Origines du christianisme dans les Gaules ou Dissertation sur l'épiscopat de saint Georges, premier évêque du Velay. 1861, in-8.

4086. FRUGÈRE (l'a.). Apostolicité de l'église du Velay, etc. 1869, in-8.

Voir, ci-dessus, l'AUVERGNE, et, aux départements, celui de la HAUTE-LOIRE.

COMTÉ *ou* COMTAT-VENAISSIN

4087. MÉNARD (Léon). Mémoire sur quelques anciens monuments du comté Venaissin et principauté d'Orange. 1768.

4088. ACHARD (Cl.-Fr.). * Dictionnaire de la Provence et du comté Venaissin, par une Société de gens de lettres. 1785-87, 4 vol. in-4.

4089. CARTIER. Numismatique de l'ancien Comtat-Venaissin, etc. 1839, in-8.

4090. FRARY (A.). Monuments et sculpture, peinture, architecture de l'ancien Comtat-Venaissin, etc. *S. d.*, in-4.

Voir aux départements celui de VAUCLUSE.

RÉGION VENDÉENNE

4091. SOURDEVAL (Ch. Mourain de). Études sur le littoral vendéen entre Saint-Gilles et Bourgneuf en Retz. 1864, in-8.

Voir aux départements celui de la VENDÉE.

VENDOMOIS

4092. PÉTIGNY (de). Histoire archéologique du Vendomois. 1849, in-4.

4093. VOISIN (l'a.). *Notes historiques sur le bas Vendomois, par le curé V. 1856, in-18.

4094. ROCHAMBEAU (A. Lacroix de). Étude sur les origines de la Gaule, appliquée à la vallée du Loir dans le Vendomois, etc. 1863, etc , in-8.

4095. PÉTIGNY (de). Mémoire sur les monuments celtiques du Vendomois. 1864, in-8.

4096. NOUEL (E.). Rapport sur deux découvertes de bois de cerfs fossiles [dans le Vendomois]. 1867, in-8.

4097. LAUNAY (L.-Q.). Dolmens et polissoirs du Vendomois. 1868, in-8.

Voir aux départements celui de LOIR-ET-CHER.

VENETI

Voir le nº 3862.

VEROMANDUI, VERMANDOIS

4098. HÉMÉRÉ (Cl.), en latin HEMERÆUS. Augusta Veromanduorum vindicata, etc. 1643, in-4.

4099. BELLEY (l'a.). Dissertation historique et géographique sur Augusta, ancienne capitale des peuples Veromandui. 1745, in-4.

4100. COLLIETTE (L.-P.). Mémoires pour servir à l'histoire ecclésiastique... du Vermandois depuis J. César, etc. 1771, 3 vol. in-4.

4101. — Mémoire pour servir à l'histoire du Vermandois. 1781, in-4.

4102. GOMART (Ch.-M.-G.). Notice sur les pierres levées du Vermandois. 1858, in-8.

4103. — Quelques menhirs du Vermandois. 1859, in-8.

4104. — Les Véromanduens et l'Auguste de Vermandois. 1862, in-8.

4105. — Monuments du Vermandois du vᵉ au xiᵉ siècle. 1862, in-8.

Voir aux départements celui de l'AISNE, articles sur *Saint-Quentin* et sur *Vermand.*

VEXIN

4106. PLESSIS (dom Toussaints du). Étendue des anciens habitants de Vexin appelés Velocasses, etc.

Description de la Normandie, 1740, in-4.

VIDUCASSES

4107. LANDE (Mangon de la). [*Ms.?*] Recherches sur les Viducasses. 1831.

Voir aux départements, section CALVADOS, articles sur *Vieux*.

VIVARAIS

4108. SAINT-FOND (Faujas de). Volcans éteints du Vivarais et du Velay. 1778, gr. in-4.

4109. MALBOS (de). Mémoire sur les grottes du Vivarais. 1854, in-8.

4110. — Sur les dolmens du Vivarais. 1854, in-8.

4111. ROUCHIER (l'a.). Histoire... du Vivarais; t. I (unique?). 1862, in-8.

4112. QUÉNAULT (L.). Recherches sur la Basse-Normandie, le Vivarais et le pays Chartrain. 1864, in-12.

VOCONCES

4113. ARTAUD (F.). Antiquités de Die et de Luc, capitales des Voconces.

4114. MOREAU (J.). OLLIVIER, édʳ. Mémoire sur les Voconces. 1839, in-8.

4115. LONG (J.-D.). Recherches sur les

antiquités romaines du pays des Voconliens. 1849, in-8; 2 pl.

Voir aussi, dans la série des questions topographiques, les sections MONS SELEUCUS et FORUM VOCONII.

VOLCES ARÉCOMIQUES

4116. MÉNARD (Léon). Recherches sur l'étymologie du nom d'Arécomiques donné aux Volces, dont Nimes était la capitale, etc.

Histoire de Nismes, t. I, 1750, in-4.

4117. CRAZANNES (bon Chaudruc de). Notice sur une médaille des Volcæ Arecomici, etc. 1859, in-8.

VOLCÆ TECTOSAGES

4118. MÈGE (Al. de la Haye du). Monuments religieux des Volcæ Tectosages, etc. 1814, in-8.

4119. SAUSSAYE (L. de la). Monnaies anépigraphes des Volces Tectosages. 1866, in-8.

RÉGION DES VOSGES

4120. RUYR (J.). Recherches des saintes antiquités de la Vosge. 1625, in-4.

4121. MALGRAS. Aperçu sur les Vosges, etc. 1867, in-8.

4e SÉRIE. — DÉPARTEMENTS

N. B.— Ordre : Département et diocèse correspondant, arrondissements, cantons, localités du département le chef-lieu en tête, puis les autres, rangées alphabétiquement.

Dans chacune de ces circonscriptions topographiques, les matières se succèdent suivant l'ordre des sections de la première Série ou Série générale.

AIN

Articles sur le département

4122. * Annuaire du dépt de l'Ain, depuis l'an IX, in-8. *Bourg, Dufour et Josserand;* depuis 1817, *Bottier;* depuis 1843, *Millet-Bottier.*

Voir les années 1817, 18, 19, 24, 27, etc. Cp. A. Sirand, *Bibliographie de l'Ain*, n° 1188.

4123. BOSSI. Statistique de l'Ain. 1808, in-4 (1).

4124. MOYRIA (Abel de). Revue Sébusienne, depuis 1837. P. in-4.

4125. * Catalogue des livres de la bibliothèque de M. le cte Abel de Moyria. *Lyon, Savy*, 1845, in-8.

Voir dans Sirand, *Bibliogr. de l'Ain*, le n° 2443

4126. SIRAND (A.). Bibliographie de l'Ain. 1851, in-8.

Voir aussi, pour la bibliographie du dépt de l'Ain, M.-C. GUIGUE, *Topographie hist. du département de l'Ain*, 1873, gr. in-4, à la fin de chaque article.

4127. COLLET (Ph.). Dissertation sur les noms des peuples qui ont autrefois habité le pays de Bresse, Gex et le Valromey. 1698, in-fol.

4128. RIBOUD (Th.). Essai sur l'étude de l'histoire des pays composant le département de l'Ain (an XI, 1802). 3 parties, in-8. — Suite, 1825-1827.

4129. — Recherches sur l'origine, les

(1) Pour les statistiques départementales qui manqueraient dans cette série, voir la *Bibliographie universelle* de Ferdinand Denis, Pinçon et de Martonne, art. STATISTIQUE.

mœurs et les usages de quelques communes du département de l'Ain voisines de la Saône. 1808, in-8, *alias* 1810, *Bibliographie de l'Ain* : 1818 (1806), 43 p.

4130. — Archéologie, histoire. (1821 ?) in-8, 15 p.

4131. PIC (Fr.-A.). * Diss. sur l'emplacement où fut livrée la bataille entre Sévère et Albin. 1835, in-8, 7 p.

4132. TEYSSONNIÈRE (A.-C.-N. de la). Recherches hist. sur le dép[t] de l'Ain. 1838-1844, 5 vol. in-8.

4133. PUVIS (M.-A.). Notice sur l'état ancien du dép[t] de l'Ain. 1839, in-8, 30 p.

4134. ARÈNE (A.). Hist. anc. et mod. du dép[t] de l'Ain. 1846, in-4.

4135. DEBOMBOURG (G.). Atlas historique du dép[t] de l'Ain. 1859, gr. in-4.

4136. RIBOUD (Th.). Indication générale des monuments et antiquités du dép[t] de l'Ain. An XI, in-8, 51 p.

4137. BRILLAT-SAVARIN. Sur l'archéologie de la partie orientale du dép[t] de l'Ain (le Bugey). 1819, in-8.

4138. PUVIS (M.-A.). Antiquités du dép[t] [de l'Ain]. 1828, in-8.

4139. PELLIAT (A.), directeur; dessins par H. LEYMARIE. Album pittoresque de l'Ain. 1836, in-4.

4140. SIRAND (A.). Courses archéol. et hist. dans le dép[t] de l'Ain. 1846, 47, 50, 54, 4 parties en 2 vol. in-8.

4141. VINGTRINIER (Aimé). Observations sur l'ouvrage de M. Sirand, intitulé : Courses archéol., etc. 1847, in-8, 23 p.

4142. SIRAND (A.). Antiquités générales de l'Ain. 1855, in-8.

4143. — Une nouvelle excursion archéol. dans le dép[t] de l'Ain. 1858-59, in-8.

4144. * Archéologie; les divers âges; fossiles et objets antiques découverts sur les bords de la Saône et dans le dép[t] de l'Ain. (Extr. de la Soc. d'émulation de l'Ain.)

4145. FAVRE. Extrait d'une lettre sur quelques monuments celtiques du dép[t] de l'Ain. (1819?) in-8.

4146. RIBOUD (Th.). Questions relatives à la rech. méthodique des monuments... existant dans le dép[t] de l'Ain, etc. 1821, in-8. (Signé T. R. D.)

4147. MOYRIA DE MAILLAT (c[te] Abel de). Monuments romains du dép[t] de l'Ain expliqués. 1836, in-4, 84 p.

4148. * Sur une poype. — *Annuaire de l'Ain*, 1827, in-8.

Cp. sur les poypes, l'abbé JOLIBOIS, *Des Poypes de la Bresse et de Dombes*, dans le *Journal d'agr., etc., de l'Ain*, 1846, p. 22; — A. SIRAND, 12e *course archéologique;* — M.-C. GUIGUE, *Topographie hist. de l'Ain*, 1873, in-4, p. III.

4149. MONGEZ (A.). Mémoire sur deux inscriptions latines et sur l'opobalsamum qui est notre baume de la Mecque. An IX, in-4.

4150. JAUFFRED (J.-B.). Notice sur des inscriptions de la ville de Lyon et sur la famille romaine du nom d'Amandus. 1845, in-8.

Not. intéressant le dép[t] de l'Ain.

Arrondissements

4151. LAVIGNE. Monuments historiques... de l'arrond[t] de Belley. 1838, in-8.

4152. * Description de plusieurs médailles [impériales] trouvées dans l'arrond[t] de Bourg. — *Journal d'agr.*, etc., publié par la Soc. d'émul. de l'Ain, t. X, 1820, in-8, p. 309-318.

4153. JOLIBOIS (l'a.). Dissertation sur l'Atlantide, suivi d'un essai sur l'histoire de l'arrond[t] de Trévoux aux temps des Celtes, des Romains et des Bourguignons. 1846, in-8.

Cantons

4154. JOLIBOIS (l'a.). Histoire de la ville et du canton de Trévoux. 1853, in-8.

Ville de Bourg

4155. VINET (Élie). Antiquitez de Bordeaux, de Bourg, Saintes, Barbezieux et Angoulesme. 1574, etc.

4156. RIBOUD (Th.). Mém. statistique et histor. sur... Bourg. An X, in-4.

4157. — Ancienneté de... Bourg, etc. 1811, in-8, 58 p.

4158. * Bourg et la Bresse. Esquisse historique.

Appendice à l'*Annuaire de l'Ain* pour 1859.

4159. RIBOUD (Th.). Rapport sur les vestiges d'antiquités reconnus dans la démolition de la prison de Bourg. 1817, in-8, 33 p.

4160. — Rech. sur les monuments découverts dans la démolition, etc... 1818, in-8, 65 p.

4161. — Nouvelles rech., etc... 1818, 46 p.

Localités diverses

4162. RIBOUD (Th.). Considérations et rech. sur les monuments... du territoire de *Brou*. An X, in-8; — *alias* 1816, in-8, 60 p., et 1823, in-8, 60 p.

4163. DELANDINE. Enceinte fortifiée près de *Ceysériat*.

Antiquités de Bresse, 1780, in-8.

4164. SIRAND (Al.). Rapport... sur une découverte d'objets antiques trouvés à *Dompierre*. 1840, in-8, 1 lithogr.

4165. GUIGUE (C.). Notice sur une inscription bilingue trouvée à *Genay*. 1863, in-8.

4166. ALLMER. Notice sur une inscription antique trouvée à *Genay*. 1865, in-8.

Cp. GUIGUE, *Topographie hist. de l'Ain*, 1873, p. XXV.

4167. VINGTRINIER (A.). La grotte d'*Hautecourt*, etc. 1850, in-8.

4168. MAISSIAT (J.). Alesia-Izernore, dans le dépt de l'Ain. 1865, in-8.

4169. ROUYER (J.-B.). Remarques sur des fouilles faites à *Izernore*, etc. 1820, in-8.

4170. ARÈNE (Aug.). Fouilles à *Izernore*. (Après 1851 ?) in-8.

4171. CAUMONT (de). Rapport verbal sur une excursion à *Izernore*. [Temple, etc.]

Cp. A. SIRAND, *Courses archéologiques*, 10e course.

4172. BAUX (J.-M.-J.). Ruines d'*Izernore*. Rapport, etc. 1866, in-8.

4173. RIBOUD (Th.). Mémoire sur les monuments d'*Izernore*. An XI, in-8.

4174. SAINT-DIDIER (H. de). Essai sur le temple antique d'*Izernore* en Bugey. 1837, in-4, 3 lith.

4175. MONTRICHARD (mis de). Inscription latine trouvée à *Izernore*, en 1761.

4176. PIC (Fr.-A.). * Sur un four à chaux antique découvert à *Jasseron*. 1834, in-8.

4177. DURAND (H.). Notice sur le village de *Jujurieux* en Bugey, etc. 1855, in-8.

4178. LAURENT (Th.). Essai historique sur *Miribel*, etc. 1834, in-8.

4179. DEBOMBOURG. Histoire de *Nantua*. 1857, in-8.

4180. VALENTIN-SMITH. Examen critique de l'histoire de *Nantua* par M. Debombourg. 1861, in-8.

4181. ROUYER (J.-B.). Notices historiques, topographiques et statistiques sur la ville de *Nantua*. An X, in-8, 48 p.

4182. NYD (l'a. L.-M.). Notre-Dame de Vaux ou Souvenirs... de *Pont-de-Vaux* et de ses environs. 1845, in-12.

Passages sur l'archéologie gauloise.

4183. CHARVET (J.). Notice sur des monnaies et bijoux antiques découverts en 1862 au *Sault du Rhône*. 1863, in-8.

4184. DESJARDINS (T.). Notice sur les antiquités du *Vieu* en Val-Romey. 1870, in-8.

4185. QUICHERAT (J.). Rapport sur les ruines romaines de *Vieux* en Bugey, etc. 1870, in-8.

AISNE

Articles sur le département

4186. DAUCHY (cte Éd.). Statistique de l'Aisne. An X (1800), in-8.

4187. BRAYER (J.-B.-L.). Statistique de l'Aisne, etc. 1824-25, 2 vol. in-8.

4188. CUVILLIER DE WISSIGNICOURT. Hist. anc. et moderne et description générale du dépt de l'Aisne. Canton d'Anisy-le-Château. 1846, in-8.

4189. PAPILLON (L.). La Thiérache, recueil de documents. 1849, 51, 56, 65. 4 vol. in-8.

4190. PIÉRART (Z.-J.). Excursions archéologiques et historiques sur le chemin de fer de Saint-Quentin à Maubeuge, etc. 1862, in-8.

4191. PÉRIN (Ch.). Rech. bibliograph. sur le dép[t] de l'Aisne. 1866-67, 2 vol. in-8.

4192. MELLEVILLE. Dictionnaire historique du dép[t] de l'Aisne. 1858-59, 2 vol. in-8. — 2e éd. 1865, 2 vol. in-8.

4193. — Réponse à M. de Saulcy sur le passage de l'Aisne par César. 1860, in-8.

Voir l'article de M. de Saulcy dans la *Revue Européenne*, juin 1859.

4194. POQUET (l'a.). Jules César et son entrée dans la Gaule Belgique. Rapport, etc. 1863, in-8.

4195. FALLUE (Léon). Le passage de l'Aisne par J. César. 1864, in-8.

Voir aussi son *Analyse raisonnée des Commentaires de César, 2e campagne.*

4196. MELLEVILLE. Le passage de l'Aisne par Jules César. 1864, in-8.

4197. LELONG (dom Nic.). Histoire eccl. et civile du diocèse de Laon, etc. 1783, in-4.

4198. RAVENEZ (L.-V.). Recherches sur les origines de l'église de Reims, de Soissons et de Châlons. 1857, in-8.

4199. * Introduction du christianisme dans les contrées qui formeront le dép[t] de l'Aisne. Questions discutées au Congrès archéolog. de Laon, en 1858. — *Bull. de la Soc. acad. de Laon*, t. IX, 1859, in-8, p. 68.

4200. POQUET (l'a.). Époque probable de l'introduction du christianisme dans les contrées, etc. 1859, in-8.

4201. PEUCHET et CHANLAIRE. Description topogr. et statistique du dép[t] de l'Aisne. 1808, in-4.

4202. GIRAULT, de Saint-Fargeau. Histoire nationale, ou Dictionnaire géograph. du dép[t] de l'Aisne. 1830, gr. in-8.

4203. BAGET (J.-J.) et LECOINTE (A.). Dictionnaire des communes du dép[t] de l'Aisne. 1837, in-12.

4204. MELLEVILLE. Sur l'étymologie du nom des communes du dép[t] de l'Aisne. 1845, in-8.

Voir sur le même sujet le *Bull. de la Soc. arch. de l'Aisne*, 1843, p. 23.

4205. BADIN et QUANTIN. Géographie départementale, etc. Aisne. 1847, in-12.

4206. MELLEVILLE. Géographie ancienne du dép[t] de l'Aisne. 1859, in-8.

4207. POQUET (l'a.). Le département de l'Aisne, sa géographie, etc. 1869, in-8.

4208. GRENIER (dom). Voies romaines de la Thiérache.

PAPILLON, *La Thiérache*, I, 1849, p. 8.

4209. LEMAISTRE (L.-F.). Mémoire sur les voies romaines qui traversent le dép[t] de l'Aisne. 1823, in-8.

Voir aussi l'*Annuaire du département de l'Aisne*, 1813, p. 56.

4210. PRIOUX (St.). Description de plusieurs bornes milliaires. 1846, in-8.

4211. PIETTE (Am.). La voie romaine de Reims à Bavay. 18 p. et 5 pl. 1855, in-8.

4212. — Les voies romaines dans le dép[t] de l'Aisne. 1859, etc., in-8.

4213. — Itinéraires gallo-romains du dép[t] de l'Aisne. 1862, in-8.

4214. LAURENDEAU (Max.). Note sur la découverte d'une portion de voie romaine. 1861, in-8.

4215. LOBJOY (F.). Antiquités celtiques dans le Laonnois; des tombelles. An IX, in-8.

4216. LEMAISTRE (L.-F.). Note sur quelques antiquités du dép[t] de l'Aisne, etc. 1826, in-8.

4217. FLEURY (Éd.). Note sur des objets antiques trouvés dans la Vesle, etc. 1861, in-8.

4218. POQUET (l'a.). Rapport sur une excursion archéologique. 1866, in-8.

Communes du Plessier, Saint-Remy-Blanzy, Billy-sur-Ourcq, Chouy, Rozet-Saint-Albin et Vichel.

4219. * Se trouve-t-il des monuments celtiques dans le dép[t] de l'Aisne? Question discutée au Congrès archéol. de Laon, en 1858. — *Bull. de la Soc. acad. de Laon*, t. IX, 1859, in-8, p. 20.

4220. SAINT-MARCEAUX (de). Note sur quelques silex taillés trouvés dans le dép[t] de l'Aisne. 1861, in-8.

4221. MELLEVILLE. Silex travaillés... trouvés dans l'Aisne et la Somme. 1861, in-8.

4222. MICHAUX. Hachette gauloise en silex, collier de bronze, rouelle (monnaie gauloise)... 1863, in-8.

4223. WATELET (Ad.). Note sur les silex taillés de la vallée de l'Aisne. 1866, in-8.

4224. — L'Age de pierre et les sépultures de l'âge de bronze dans le dép[t] de l'Aisne. 1866, in-4.

4225. DUPUY (l'a.). Note sur des haches celtiques. 1868, in-8.

4226. FLEURY (Éd.). Étude sur le pavage émaillé dans le dép[t] de l'Aisne. 1855, in-4.

4227. LEMAISTRE (L.-F.). Notice sur les monuments celtiques ou romains du dép[t] de l'Aisne. 1823, in-8.

4228. PEIGNÉ-DELACOURT. Notice sur divers monuments de l'époque celt. dans le dép[t] de l'Aisne. 1864, in-8.

4229. PINGRÉ (Éd.). Monuments, etc., de l'Aisne. 1821, in-fol. oblong.

4230. VITET (L.). Rapport... sur les monuments de l'Aisne. 1831, in-8.

4231. GIVRÉ (Desmousseaux de). Rapport sur les monuments du département de l'Aisne. 1842, in-8.

4232. * Monuments romains du dép[t] de l'Aisne. Question discutée au Congrès archéolog. de Laon en 1858. — *Bull. de la Soc. acad. de Laon*, t. IX, 1859, in-8, p. 25.

4233. CALLAND (V.). Bas-relief gallo-romain. 1861, in-8.

4234. LEMAISTRE (L.-F.). Extrait d'un mémoire sur les tombeaux antiques du dép[t] de l'Aisne. 1832, in-8.

4235. WATELET (Ad.). Sur une épée en bronze trouvée dans le dép[t] de l'Aisne. 1866, in-8.

4236. DUPUY (l'a.). Note sur une monnaie romaine en or. 1868, in-8.

4237. PRIOUX (St.). Note sur des médailles gauloises. 1861, in-8.

4238. SAULCY (F. de). Lettre sur ces médailles. 1861, in-8.

4239. RENIER (Léon). Note sur une inscription romaine envoyée par M. Éd. Fleury. 1860, in-8.

Arrondissements

4240. COURVAL (de). Notice sur des découvertes archéol. faites dans l'arrond[t] de Laon. 1843, in-8.

4241. BIET (R.), abbé de Saint-Léger. Diss. sur le Soissonnais, etc. 1736, in-12.

4242. RIBAULT (J.). Dissertatio... de loco ubi... Suessonia pugna cum Siagrio commissa fuit. 1736, in-12.

4243. — Diss. sur... l'autorité d'Egidius et de Syagrius dans le Soissonnais. 1738, in-12.

4244. * État des villes, bourgs, paroisses, hameaux, villages, abbayes et autres lieux attribués... au bailliage provincial et siège présidial de Soissons, etc. *Soissons*, 1759, in-4. (Titre complet dans Périn, *Rech. bibliogr.*, n° 3131.)

4245. RIBAULT (J.). Dissertatio... de fidei christiano agro Suessonensi primordiis, etc. 1737, in-12. (Voir ci-dessus n° 4037.)

4246. * Examen de la dissertation de l'abbé Lebeuf sur l'époque de l'établissement de la religion chrétienne dans le Soissonnais, qui a remporté le prix de l'Académie de Soissons en 1737. — *Mercure*, sept. 1737. (Voir ci-dessus, n° 4038.)

4247. POQUET (l'a.). Conférences archéologiques [sur Soissons et le Soissonnais]. 1847, in-8.

4248. CLOUET. Mémoire sur les voies rom. dans le Soissonnais. 1847, in-8.

4249. LAPRAIRIE (Leclerc de). Répertoire archéol. de l'arrond[t] de Soissons, canton de Soissons, 1861. Canton de Villers-Cotterets, 1862, in-8.

4250. PRIOUX (St.). Répertoire archéol. de l'arrond[t] de Soissons, canton de Braine. 1863, in-8.

4251. PIETTE (Am.). Mottes ou tombelles de l'arrond[t] de Saint-Quentin. 1845, in-8.

4252. PAPILLON (L.). Des hachettes en silex trouvées dans l'arrond[t] de Vervins. 1862, in-8.

4253. P. (L.) [Papillon]. Instruments en silex non polis trouvés dans l'arrond[t] de Vervins. 1865, in-8.

Cantons

4254. LECOMTE (l'a.). Monuments gaulois dans le canton de Braine. 1847, in-8.

4255. — Époque rom. dans le canton de Braine. 1848, in-8.

4256. GOMART (Ch.). Essai historique sur la ville de Ribemont et son canton. 1869, in-8; pl.

4257. DOUCE. Essai historique sur le canton de Rozoy-sur-Serre. 1850, in-8.

4258. MIEN. Le canton de Rozoy-sur-Serre. 1865, in-12.

4259. PÉCHEUR (l'a.). Répertoire archéologique du canton de Vic-sur-Aisne. 1865, in-8.

Ville de Laon. — Bibrax.

4260. DEVISME (J.-F.). Histoire de la ville de Laon. 1832, in-8.

4261. MELLEVILLE. Histoire de la ville de Laon. 1846, 2 vol. gr. in-8.

4262. * Catalogue du musée d'art et d'antiquités de Laon. 1860, in-8. (A la suite du t. XII du *Bull. de la Soc. acad. de Laon.*)

4263. FLEURY (Éd.). Notice sur un mur romain dans l'enceinte de l'ancien évêché de *Laon*. 1856, in-8, 4 p.

4264. BRETAGNE. Médaille gauloise trouvée dans les environs de *Laon*. 1852, in-8, 4 p.

Statère de Lutèce (?)

4265. LEMPEREUR (le p. J.). Dissertation sur la ville de *Bibrax*.

Dissertations historiques, III, 1706, in-12.

4266. * Lettre sur la situation de *Bibrax*. — *Journal de Verdun*, 1750, juillet, p. 36-39.

L'auteur croit le trouver au bourg de Bruyères, qui est à une lieue de Laon. (*Biblioth. hist.*, t. I, n° 229.)

4267. LEBEUF (l'a.). Réponse à la lettre sur la situation de Bibrax. 1750.

« Bibrax, selon M. Lebeuf, ne peut être que Bièvres, à trois ou quatre lieues de Laon. Ce sentiment est celui de M. d'Anville, dans sa notice, p. 160; et de M. l'abbé Expilly, dans son Dictionnaire, au mot *Bibrax*, où il dit que Bièvres n'est qu'à deux lieues S.-S.-E. de Laon. » (*Biblioth. hist.*, t. I, n° 230.)

4268. ROBBE (J.). [*Ms.*] Dissertation sur le lieu de *Bibrax oppidum Rhemorum* dont il est parlé dans les Commentaires de César.

4269. * Essai sur Bibrax. — *Annuaire du dép. de l'Aisne*. 1815, p. 83.

4270. JACOB (G.). Notice sur un camp de César, et dissertation sur l'ancien *Bibrax*. 1817, in-8.

4271. * Note sur Bibrax. — *Congrès scientif. de Reims*, séance du 2 sept. 1845, in-8.

4272. VUAFLART (L.-A.). Sur le *Bibrax* des Commentaires de César. Où faut-il le placer? 1861, in-8.

4273. ROUSSELLE - DEROCQUIGNY. Nouv. rech. sur la ville de Bibrax. 1861, in-8.

4274. MELLEVILLE. Recherches sur l'oppide de Bibrax. 1861, in-8.

4275. — Nouvelles recherches sur l'ancien oppide gaulois de Bibrax. 1862, in-8.

4276. * Lettre sur l'emplacement de Bibrax. — *Bull. de la Soc. acad. de Laon*, t. XIII, 1862, p. 186.

Voir aussi Lettre de Léon Fallue au général Creuly sur la position de Bibrax. (L'*Union*, 17 novembre 1863.)

4277. MARVILLE (M.). Essai de recherches sur Noviodunum Suessionum, Bibrax et la frontière des Rèmes, de Filain à Bichancourt. 1863, in-8.

4278. MELLEVILLE. Le passage de l'Aisne par J. César; l'assiette de son camp et la situation de Bibrax. Nouvelles recherches sur ces divers points de la guerre des Gaules. 1864, in-8.

4279. THILLOIS. Diss. [posthume] sur l'ancienne ville de Bibrax et le camp de César. 1870, in-8.

Bibrax placé à Bébrieux ou Berrieux.

Localités diverses.

4280. LAPRAIRIE (J. de). Note sur une statuette trouvée à *Aizy*. 1861, in-8.

4281. PRIOUX (St.). Notices sur le pont d'*Ancy*. 1° 1857; 2° 1858, in-8; 4 pl.

4282. — Notice sur le cimetière gallo-romain de la villa d'*Ancy*. 1863, in-8. — Découverte du cimetière gallo-romain de l'ancien vicus d'*Ancy*. 1864, in-8.

4283. LOLLIER. Lettre sur les tombeaux d'*Arcy*. 1811, in-8.

4284. HUSSON. Monnaies rom. trouvées dans le cimetière d'*Arcy*. Pierres druidiques à Virbelin. 1847, in-8.

4285. PÉCHEUR (l'a.). Fouilles du rayon d'*Arlaines*, Rapport. 1851, in-8.

4286. * Note sur des antiquités romaines découvertes à *Arlaines*. — *Mém. de la Soc. archéol. de Soissons*, puis *Bull. monumental*, t. XX, in-8, p. 395.

4287. MARTIN. Fouilles du tumulus d'*Aubenton*. 1862, in-8.

4288. HENRY (Éd.). Les statuettes ou dieux lares d'*Aubenton*. 1853, in-8.

4289. PIETTE (Éd.). Fragment d'autel à Bacchus trouvé à *Aubenton*. 1861, in-8.

4290. BRETAGNE. Médailles rom. trouvées à *Aubenton*. 1853, in-8.

4291. HIDÉ. Note sur une découverte d'objets gallo-romains à *Barenton-Cel*. 1855 et 1857, in-8.

4292. PRIOUX (St.). Les antiquités de *Bazoches*. 1863, in-8.

4293. FLEURY (Éd.). Rapport sur la découverte d'une mosaïque romaine à *Bazoches*. 1861, in-8.

4294. — Rapport sur les travaux d'entretien de la mosaïque de *Bazoches*. 1861, in-8.

4295. PRIOUX (St.). Notice sur une borne milliaire, etc., à *Bezu-Saint-Germain*. 1860, in-8.

Voir aussi Note de l'a. Pécheur, *Bull. de la Soc. arch. de Soissons*, t. XVIII, 1865, p. 87.

4296. * Les fouilles de *Blanzy*. Description de la mosaïque. — *Journal de l'Aisne*, 19 et 30 sept. 1858.

4297. FLEURY (Éd.). Rapport sur une mosaïque trouvée à *Blanzy*. 1858, in-8.

4298. — Les fouilles de *Blanzy*. 1860, in-8.

4299. PIETTE (Am.). Note sur des haches en silex brut trouvées à *Blérencourt*. 1858, p. 112.

4300. FOURNAISE. Découverte de sépultures antiques à *Bouffignereux*. 1866.

4301. JARDEL [*Ms.*] Essai historique sur les antiquités de la ville de *Braine*, etc. 1775.

Brennacum placé à Braine.

4302. PRIOUX (St.). Histoire de *Braine* et de ses environs. 1846, in-8.

4303. CLOUET. Position de Braine. 1856, in-8.

4304. PRIOUX (St.). La villa Brennacum [*Braine*], étude historique. In-12, 105 p.

4305. * Objets antiques trouvés à *Braine*. — *Journal de Soissons*, 12 oct. 1859.

4306. FLEURY (Éd.). Note sur des objets antiques trouvés dans la Vesle, à *Braine*. 1860, in-8.

4307. BARBEY. L'Ane bachique, bronze antique découvert à *Brasles*, près Château-Thierry. 1866, in-8.

4308. MARTIN. Fouilles du tumulus de *Brunehamel*. 1861, in-8.

4309. FLEURY (Éd.). Fragment d'une statue romaine [en bronze] trouvée à *Bucilly*. 1862, in-8.

4310. PILLOY. Médailles romaines découvertes à *Cessières*; description. 1865, in-8.

4311. MATTON. Note sur la découverte d'objets gallo-romains à *Chalandry*. 1868, in-8.

4312. POQUET (l'a. Al.-E.). Histoire de *Château-Thierry*. 1839-40, 2 vol. in-8.

4313. DELBARRE (P.-J.) et BOUVENNE. Notice hist. et arch. sur le château et la ville de *Château-Thierry*. 1858, in-8.

4314. * Note sur une découverte d'objets antiques au *Châtelet*, cne de Montigny-Lengrain. — *Bull. de la Soc. arch. de Soissons*, t. IV, 1850, p. 55.

4315. LAMBERT (l'a). Recherches sur l'origine et l'antiquité de la ville de *Chauny*. 1860, in-8.

4316. MELLEVILLE. Histoire de la ville de *Chauny*. *S. d.*, in-8.

4317. BARBEY. Notice sur une boucle gauloise trouvée aux *Chesneaux*. 1869.

4318. BRETAGNE. Statuette en bronze trouvée à *Cilly*. 1853, in-8, 4 p.; 1 pl.

4319. MELLEVILLE. Notice hist. sur *Clacy-en-Laonnois*. 1853, in-8.

4320. PÉCHEUR (l'a.). Rapport sur l'excursion du deuxième jeudi de juin 1867. (*Coincy*, *Charme* et *Latilly*). 1867, in-8.

4321. FLEURY (Éd.). Note sur la fabrique de cercueils antiques dans les carrières de *Colligis*. 1858, in-8.

4322. ÉPINOIS (E. de l'). Histoire de la ville... de *Coucy*. (1838) In-8.

4323. MELLEVILLE. Histoire de la ville

et des sires de *Coucy-le-Château*. 1848, in-8.

4324. GRÉGOIRE. Note sur les fouilles faites à *Coucy*. 1855, in-8, 1 p.

4325. LAPRAIRIE (de). Découverte de monnaies à *Courmelles*. 1860, in-8.

4326. VERTUS (A. de). Notice sur le culte d'Orcus, à *Courmont*. 1867, in-8.

4327. GOMART (Ch.). Le Jardin-Dieu [à *Cugny*]. 1861, in-8.

4328. *Emplacement d'une villa romaine découverte entre *Étreux* et *Wassigny*. —*Rev. archéol.*, 2e série, t. IV. 1861, p. 164.

4329. JARDEL. Lettre écrite de Braine sur quelques antiquités trouvées près de *Fère-en-Tardenois*. 1766, in-8.

4330. FOURNAISE. Cimetière rom. de *Gernicourt*. 1852, in-8. — Découvertes à *Gernicourt*. 1853, in-8.

4331. PÉCHEUR (l'a.). Histoire de la ville de *Guise*. 1851, in-8.

4332. CLOUET. La forêt de *Guise*, ses monuments, etc. 1856, in-8.

4333. COLSON (Dr). Découverte de médailles et d'objets antiques au mont de *Guny*. 1860, in-8.

4334. DULAURE (J.-Ant.). Archéographie des environs de *la Houssaye* et de *Marle*. 1810, in-8.

4335. PIETTE (Éd.). Notice sur un autel de Bacchus découvert à *Jeantes-la-Ville*. 1862, in-8.

4336. PÉCHEUR (l'a.). Étymologie du mot *Jouy*. 1861, in-8.

4337. CALLAND (V.). Notice sur un Jupiter gallo-romain trouvé à *Jouy*. 1861, in-4.

4338. CALLAND (V.). Nouvelle étude sur les animaux antédiluviens de *Jouy*. 1864, in-8.

4339. LAPRAIRIE (J. de). Note sur les fouilles faites à *Laffaux*. 1857, in-8.

4340. MELLEVILLE. Histoire de la commune de *Laonnois*. 1853, in-8.

4341. PRIOUX (St.). La Butte des Croix. Tumulus de *Limé*, etc. 1861, in-8.

Voir ci-dessus Ancy.

4342. PILLOY. Fouilles du cimetière franc de *Lizy*. 1865, in-8.

4343. PIETTE (Éd.). Notice sur le camp de *Macquenoise*. 1841, in-8.

4344. MILLET. Urnes cinéraires, trouvées dans la forêt de Saint-Michel [près de *Macquenoise*]. 1853, in-8.

4345. POQUET (l'a.). Note sur le camp de *Mauchamp*. 1862, in-8.

Cp. nos 4193 et suiv.

4346. FLEURY (Éd.). Camp de *Mauchamp*. 1862, in-8.

4347. SAULCY (F. de). Lettre à M. Éd. Fleury sur le camp de *Mauchamp*. 1862, in-8.

4348. * Ancien camp découvert sur les bords de l'Aisne. Nouveaux détails sur les fouilles du camp de *Mauchamp* et sur les antiquités qu'on y a trouvées.— *Rev. archéol.*, 2e série, t.V, année 1862, p. 360 et 418.

4349. POQUET (l'a.). Rapport sur l'emplacement du camp de César à *Mauchamp*, et sur la position de Bibrax et Noviodunum. 1863, etc., in-8.

4350. FLEURY (Éd.). Derniers travaux faits au camp de *Mauchamp* depuis la visite de l'Empereur, etc. 1864, in-8.

4351. — Visite de S. M. l'Empereur au camp de *Mauchamp*. Relation. 1864, in-8.

4352. BAILLIENCOURT (de). Étude sur la mesure des camps romains appliquée à l'enceinte du camp de *Mauchamp*. 1867, in-8.

4353. MELLEVILLE. Notice histor. sur *Montaigu-en-Laonnois*. 1853, in-8.

4354. — Objets anciens trouvés à *Montaigu*. 1861, in-8.

4355. PILLOY (J.). Découverte de monnaies rom. à *Montbavin*. 1870, in-8.

4356. HÉRÉ. Note sur les fouilles de *Montescourt*. 1858, gr. in-8. — Addition, avec 1 pl.

4357. LAPRAIRIE (de). Médailles gauloises, rom., etc., trouvées à *Montigny-Lengrain*. 1851, in-8.

Voir ci-dessus le no 4314.

4358. DUPUY (l'a.). Rapport sur la découverte d'un grand nombre de monnaies romaines à *Morsain*. 1868, in-8.

4359. MELLEVILLE. Notice hist. sur *Neuville-en-Laonnois*. 1854, in-8.

4360. ROUIT et BRETAGNE. Ruines gallo-rom. à *Nizy-le-Comte*. 1852, in-8.

4361. FLEURY (Éd.). Visite à *Nizy-le-Comte*. 1852, in-8.

4362. VUILLEFROY (de). Sur les découvertes faites à *Nizy-le-Comte*. 1852, in-8.

Réponse à M. Éd. Fleury.

4363. PIETTE. Lettre à M. de Caumont sur les fouilles faites à *Nizy-le-Comte*. 1853, in-8.

4364. FLEURY (Éd.). Notice sur les fouilles de *Nizy-le-Comte*. 1853 et 1856, in-8.

4365. — et LEFÈVRE. Rapports sur les antiquités de *Nizy-le-Comte*. 1853-55, in-8.

Voir Périn, *Bibliographie de l'Aisne*, t. II, nos 5785 et suiv.

4366. — Notice sur une statuette en bronze, etc., trouvés à *Nizy-le-Comte*. 1862, in-8.

4367. CALLAY. Dessin d'une mosaïque trouvée à *Nizy-le-Comte*, etc. 1852, in-8.

L. PAPILLON, *La Thiérache*, t. I, p. 184.

4368. LONGUEMAR (Le Touzé de). Observations sur une peinture murale romaine découverte à *Nizy-le-Comte*. 1854, in-8, 5 p.; 1 pl. — 1856, in-8.

4369. DARAS. Inscription rom. [portant le mot PROSCÆNIVM, trouvée à *Nizy-le-Comte*]. 1851, in-8.

4370. — Sur la pierre votive de *Nizy-le-Comte* [portant le mot PROSCÆNIUM]. 1851, in-8.

4371. VUILLEFROY (de). Note sur une inscription rom. trouvée à *Nizy-le-Comte*. 1852, in-8 (fac-simile).

4372. ROUIT. Sur la pierre votive trouvée à *Nizy-le-Comte*. 1852, in-8, 1 p.

4373. — et BRETAGNE. Réponse à M. de Vuillefroy sur le « Proscenium » de *Nizy-le-Comte*. 1853, in-8, 13 p.

4374. VUILLEFROY (Ch.-Am. de). Lettre sur l'inscription de *Nizy-le-Comte*. 1865, in-8.

4375. DELAPLACE (l'a.). Notice sur des antiquités trouvées au mont d'*Origny*. 1867, in-8.

4376. LAPRAIRIE (de). Découvertes faites près du pont de *Pasly*. Ancien camp de *Pasly*. 1860, in-8.

4377. CHORON. Observations sur les grottes et le camp de *Pasly*. 1863, in-8.

4378. CALLAND (V.). Note à propos des grottes de *Pasly*. 1868, in-8.

4379. — Les Sépultures de *Pommiers*. 1865, in-8.

4380. CLOUET (l'a.). Observations sur l'étymologie du *Pont-Auger*. 1865, in-8.

4381. LEROUX (dr). Recherches sur le passage de l'Aisne par César et sur les évènements qui précédèrent la bataille [de *Pontavert*] où fut vaincu Galba. 1844, in-8.

4382. ASSELIN. Coup d'œil sur « *Prémont* pendant l'occupation romaine ». 1870. — Rapport sur ce mém. (alors manuscrit) par CARDON. 1869, gr. in-8.

4383. MELLEVILLE. Notice hist. sur *Quierzy*. 1852; 2e éd., 1855; 3e éd., 1858, in-8.

4384. SAINT-MARCEAUX (de). Instruments en silex trouvés dans le diluvium, à *Quincy-sous-le-Mont*. 1861, in-8.

4385. — Lettre sur les silex de *Quincy-sous-le-Mont*. 1863, in-8.

4386. — Note sur les silex trouvés à *Quincy-sous-le-Mont*. 1864, in-8.

4387. PRIOUX (St.). Sépulture de la fin du IVe siècle découverte à *Quincy-sous-le-Mont*. 1865, in-8.

4388. LECOMTE (l'a.). Découverte de 800 médailles rom. à *Quincy*. 1849, in-8.

4389. FOURNAISE. Cimetière rom. découvert à *Roucy*. 1851, in-8.

4390. MARTIN (G.-A.). Essai hist. sur *Rozoy-sur-Serre*, etc. 1863-64, 2 vol. gr. in-8; pl. — Supplément, 1867.

Soissons.

4391. RÉGNAULT (M.). Abrégé de l'histoire de l'ancienne ville de Soissons, etc. 1633, in-8.

4392. DORMAY (Cl.). Histoire de la ville de Soissons. 1663-64. 2 vol. in-4.

4393. LEBEUF (l'a.). Dissertation sur l'ancien état des habitants de Soissons. 1735, in-12. —* Examen de cette diss. — *Merc. de France*, nov. 1735.

4394. DUPLESSIS (le p. Toussaint). Lettres (deux) au sujet de la diss. de l'a. Lebeuf sur le Soissonnais. 1736, in-12.

4395. LEBEUF (l'a. J.). Dissertation... sur le lieu où s'est donnée la bataille de Soissons. 1736, in-12.

4396. * Notice historique sur Soissons. — *Annuaire du dép. de l'Aisne*, 1812, p. 81, in-8.

4397. MARTIN (Henri) et LACROIX (Paul). Histoire de Soissons. 1837, in-8.

4398. — Dernier chapitre de l'histoire de *Soissons*. 1838, in-8.

4399. LEROUX (d^r^). Histoire de la ville de *Soissons*. 1839, 2 vol. in-8.

4400. — Réponse à des critiques sur ma topographie ancienne de la ville de Soissons. 1858, in-8.

Voir plus bas, n° 4429, une réplique de M. de Laprairie, concernant les fortifications de Soissons.

4401. GODELLE (d^r^). Inductions philologiques sur l'origine et l'étymologie de la ville de Soissons. 1842, in-8.

4402. PÉCHEUR (l'a.). Annales du diocèse de *Soissons*. 1863, 1868, 1875, 3 vol. in-8.

4403. PEIGNÉ-DELACOURT. Recherches sur la position de Noviodunum Suessionum et de divers autres lieux du Soissonnais. 1856, in-8, 64 p.; 11 pl. — Puis 1858 et 1859, in-8.

4404. CLOUET. Position de Noviodunum Suessionum. 1856, in-8.

4405. PRIOUX (St.). Civitas Suessionum, etc. 1861, in-4.

4406. MORIN (E.). Civitas Suessionum, notice sur le mémoire de M. S. Prioux. 1862, in-8.

4407. LAURENDEAU (Max.). Observations sur la topographie ancienne de Soissons. 1863, in-8.

4408. — Mém. sur la topographie ancienne de Soissons. 1864, in-8.

Voir aussi, sur Noviodunum, le *Journal de Verdun*, nov. 1773, p. 365.

4409. BREUWERY (de). Recherches sur une colonne milliaire des Gaulois [trouvée sur le territoire de Soissons].

4410. LAURENDEAU (Max.). Rapport sur les fouilles pour la distribution des eaux de la ville de Soissons. — 1re partie. Des chaussées romaines. 1868, in-8.

Voir aussi *Bull. de la Soc. arch. de Soissons*, t. XVIII, 1865, p. 17.

4411. LEMOINE. Histoire des antiquités de la ville de Soissons. 1771, in-12.

4412. POQUET (l'a.). Promenades archéologiques dans les environs de Soissons. 1856, in-8.

4413. WATELET et LEROUX. Notice sur le musée de Soissons. 1860, in-12.

4414. LAURENDEAU (Max.). Rapport sur des fouilles faites à Soissons, rue de l'Hôpital. 1861, in-8.

4415. — Note sur quelques découvertes d'antiquités, rue Saint-Tuny [à Soissons]. 1861, in-8.

4416. — Rapport sur une fouille faite à l'Hôtel-Dieu [à Soissons]. 1863, in-8.

4417. — Archéologie locale. Lettre au rédacteur du *Journal de Soissons*. 1864, in-8.

4418. — Note sur une fouille faite à *Soissons*, 3 p. Rapport sur des fouilles faites à Soissons, 4 p. 1865, in-8.

4419. — Rapport sur des fossés trouvés derrière St-Médard [à Soissons]. 1866, in-8.

4420. — Rapport sur une fouille faite rue Matigny [à Soissons]. 1870, in-8.

4421. ÇAYLUS (c^te^ de). Monument romain qui se voit à Soissons.

Rec. d'antiquités, t. IV, p. 386.

4422. BRAYER (J.). Description des monuments... que représentent les plâtres du musée de Soissons. 1833, in-fol.

4423. * Découverte d'antiquités à Soissons. — *Argus soissonnais*, 2 oct. 1836.

4424. TEULAIN. Lettre au sous-préfet sur les découvertes dans la plaine de St-Crépin. 1836, in-8.

4425. LAPRAIRIE (de). Théâtre romain de Soissons. 1848, in-8.

4426. * Opinion de M. de Saulcy sur le théâtre romain de Soissons. — *Argus soissonnais*, 31 août 1858.

4427. LAPRAIRIE (de). Notice sur le

palais d'albâtre, habitation des gouverneurs romains à Soissons. 1854, in-8 ; pl.

4428. — Les fortifications de Soissons aux différentes époques de son histoire. 1853, in-8.

4429. — Réponse à M. Leroux [Cp. n° 4399] concernant les fortifications de Soissons. 1859, in-8.

4430. POUPART (le p. Sp.). Dissertation sur deux tombeaux antiques qui se voient dans l'église de l'abbaye de N.-D. de Soissons. 1710, in-12.

4431. CALLAND (V.). Pierre votive gauloise trouvée à Soissons. 1847, in-4.

4432. BRETAGNE. Sur une inscription latine du musée de Lyon relative à un Soissonnais, 1865, in-8.

4433. PRIOUX (St.). Note sur l'inscription du musée de Lyon concernant un Soissonnais. 1865, in-8.

4434. LAPRAIRIE (de). Excursion archéologique faite à *Saint-Guilain*, près Allemans. 1865, in-8.

4435. MILLET. Urne de *Saint-Michel*. — Voir ci-dessus le n° 4344.

Saint-Quentin.

4436. BENDIER (Cl.). * De la défense des principales prérogatives de la ville et de l'église de Saint-Quentin... 1671, in-4.

4437. FOUQUIER-CHOLET. Saint-Quentin ancien et moderne, ou Notice hist. sur la ville de St-Quentin. 1822, in-8.

4438. WILLIOT-ADAM. De l'existence d'un sénat à St-Quentin sous les Gaulois et sous les Romains. 1840, in-8.

4439. GOMART (Ch). Études Saint-Quentinoises. 1841-1873, 4 vol. in-8.

Voir notamment sur les époques gauloise et gallo-rom., t. II, p. 59, 269, 277, 309 ; t. III, p. 285, 329; t. IV, p. 91.

4440. FONS (Quentin de la). Extraits originaux d'un manuscrit intitulé : Histoire particulière de la ville de Saint-Quentin, publiés pour la première fois par Ch. GOMART. 1854-1856, in-8.

4441. HÉMÉRÉ (Cl.). Augusta Veromanduorum vindicata. 1643, in-8.

4442. LE COINTE (Ch.). Augusta Veromanduorum ubi sita?

Annales eccl. franc., t. I, 1665, in-fol.
« Quelques auteurs placent cette ville à Vermand, aujourd'hui abbaye de l'ordre de Prémontré. D'autres, et avec eux le p. Lecointe, la fixent à Saint-Quentin, sur la Somme. » (*Biblioth. hist.*, t. I, n° 209.)

4443. LENIN. Antiquité de l'Auguste de Vermandois. 1671, in-4.

4444. BELLEY (l'a.). Dissertation historique et géographique sur Augusta, ancienne capitale des peuples Veromandui. 1753, in-4.

4445. CAIGNART. Lettre d'un citoyen de Saint-Quentin à M. Garnier [sur l'emplacement d'Augusta Veromanduorum]. 2e éd. 1782, in-4.

1re éd. dans l'ouvrage précité de Bendier, p. 33.

4446. BÉNARD (P.). Des transformations de la ville de Saint-Quentin, etc. 1866, gr. in-8.

4447. PIERRART (Z.-J.). Excursions archéologiques et hist. sur le chemin de fer de Saint-Quentin à Maubeuge, sur les champs de bataille de Wattigny, etc. 1862, in-8.

4448. BÉNARD (P.). Découvertes archéologiques dans la collégiale de Saint-Quentin. 1866, gr. in-8.

Huit dallages superposés dont le plus ancien serait du IVe siècle.

Voir aussi, aux Questions topographiques, les articles sur SAMAROBRIVA.

4449. LEMAISTRE (L.-F.). Mémoire sur le camp romain de *Saint-Thomas*. 1821, in-8.

Cp. *Annuaire du dépt de l'Aisne*. 1813, p. 57.

4450. GODELLE (dr). Note sur le dolmen appelé Pierre-Laye, situé au terroir de *Vaurezis*. 1840, in-8.

4451. VUILLEFROY (de). Note sur le dolmen de *Vauxrezis*. 1851, in-8.

Cp. l'a. POQUET, *Conférences archéologiques*, etc., 3e conf., p. 90.

4452. * Notice sur les fouilles de *Vermand*. — *Annuaire du dép. de l'Aisne*, 1827, p. 20.

Cp. Dr RIGOLLOT, *Second Mémoire sur Samarobriva, suivi d'éclaircissements sur Vermand*.

4453. LANDE (Mangon de la). Mém. sur les fouilles du camp romain de *Vermand*. 1830, in-8 ; — 1835.

4454. RAISON. Rapport sur les mém. de M. Desains sur les fouilles de *Vermand*. 1839, in-8.

4455. FOULON (H.). Rapport sur divers

objets antiques découverts à *Vermand.* 1853, in-8.

4456. GOMART (Ch.). Note sur le camp romain de *Vermand.* 1856, in-8.

4457. DARAS. Découverte de monnaies à *Verneuil-Courtonne.* 1856, in-8.

Voir aussi dom Grenier, *Introd. à l'hist. gén. de Picardie*, p. 149.

4458. PIETTE (Am.). Essais historiques sur la ville de *Vervins.* 1841, in-8; 1 carte.

4459. POQUET (l'a.). Précis historique et archéologique sur *Vic-sur-Aisne.* 1854, in-8.

4460. MAUTOUR (Moreau de). Sur une colonne milliaire trouvée à *Vic-sur-l'Aisne.* 1712, in-12; 1 pl.

4461. PÉCHEUR (l'a.). Trouvailles gallo-rom. à *Vic-sur-Aisne.* 1860, in-8.

4462. — Objets antiques trouvés à *Vic-sur-Aisne.* 1862, in-8.

4463. CLOUET. Notice sur un ossuaire gaulois trouvé à *Vic-sur-Aisne.* 1858, in-8.

4464. CAYLUS (le c^te^ de). Plan du camp du *Vié-Lan* ou vieux Laon, à trois lieues de Laon avec quelques remarques sur une voie romaine près de laquelle il était placé.

Rec. d'ant., t. V, p. 316. — Voir aussi dom Grenier, *l. c.*, p. 132.

4465. LAPRAIRIE (de). Découverte de 2,300 médailles rom. entre *Villemontoire* et Taux. 1848, in-8.

4466. WILLIOT. Médailles rom. trouvées près de *Villemontoire.* 1848, in-8.

4467. MICHAUX (A.). La pierre clouise et les pierres druidiques de la forêt de *Villers-Cotterets.* 1864, in-16.

4468. *Découverte de médailles dans la forêt de *Villers-Cotterets.* — *Mercure de Fr.*, janvier 1773.

4469. *Découv. de nombreuses médailles romaines dans la forêt de *Villers-Cotterets.* — *Journal de l'Aisne,* 30 juin 1862.

4470. HUSSON. Pierres druidiques à *Virbelin.* (Voir n° 4284.)

4471. LAMBERT (l'a. E.). Notice sur un silex taillé antédiluvien découvert à *Viry-Noureuil.* 1862, in-8.

4472. — Mémoire sur le diluvium de *Viry-Noureuil* et les fossiles qu'il renferme. 1863, in-8.

4473. *Notice sur quelques antiquités découvertes à *Viraise,* près Laon. In-8.

Mention dans PÉRIN, *Rech. bibliogr.*, n° 3838.

4474. *Découverte de médailles et fondations de constructions rom. à *Vivières.* — *Argus Soissonnais,* 30 oct. 1862.

ALLIER

Articles sur le département

4475. *Congrès archéologique de France. Séances tenues à Moulins en 1854. *Paris, Derache; Caen, Hardel,* 1855, in-8.

4476. RIPOUD (G.-N.-A.). [*Ms.*] Bibliographie du dép^t^ de l'Allier. In-fol.

4477. CLAIREFOND. Limites et divisions du dép^t^ de l'Allier. 1854, in-8. — Note sur le même sujet par MILLET.

4478. ESTOILLE (Maxime de l'). Rapport sur la topographie de l'Allier, etc., avec une carte des voies rom., par E. TUDOT, 1859, gr. in-8.

4479. *Discussion sur les voies rom. du dép^t^ de l'Allier. — *Congrès archéologique de Moulins,* 1854, p. 28.

4480. PÉGHOUX (d^r^ A.). Notes sur deux colonnes milliaires nouvellement découvertes. (1855) In-8.

4481. *Objets en bronze découverts dans le dép^t^ de l'Allier. — *Rev. archéol.*, 2e série, t. III, année 1861, p. 494.

4482. BERTRAND (Alfred). Exploration archéologique de la rive droite de l'Allier. 1863, in-8.

4483. TUDOT (E.). Opinions des principales Revues françaises et étrangères sur la collection de statuettes en argile, etc. 1851, in-8.

4484. ESMONNOT (L.), rapporteur. Rapport sur les collections formées par M. Tudot. 1861, gr. in-8.

4485. BARAILLON (J.-Fr.). Recherches sur les peuples cambiovicenses de la carte théodosienne, etc., etc. 1806, in-8. — Autre titre : Recherches sur plusieurs monuments celtiques et romains, etc.

4486. TIXIER (V.). Pierres celtiques [existant dans le dépt de l'Allier]. 1867, gr. in-8.

Arrondissements et Cantons

4487. SOULTRAIT (G. de). Abrégé de la statistique archéol. de l'arrondt de Moulins. 1851, in-8.

4488. — et ALARY. Rapports archéologiques sur le canton de Moulins (Est). 1852, in-8.

4489. — Rapport archéologique sur les cantons de Moulins (Ouest) et de Chevagnes. 1852, in-8.

4490. TIXIER (V.). Lexique patois du canton d'Escurolles, etc. 1870, in-8.

Étymologies celtiques.

Ville de Moulins

4491. ESMONNOT (L.) et QUEYROY. Ville de Moulins. Notice des objets d'art, d'antiquité et de curiosité, etc., exposés dans les salles de l'hôtel de ville, du 1er au 31 mai 1862. *Moulins*, 1862, in-12.

Localités diverses

4472. ESMONNOT (L.). Notice sur une fouille faite dans un tumulus situé commune d'*Arpheuille*. 1861, gr. in-8 ; 1 pl.

4493. PÉROT (F.). Notice sur un tumulus situé au bas du bourg de *Bagneux*. 1863, in-8.

4494. AUBERY (J.). 1° Les bains de *Bourbon-l'Archambault*; 2° Antiquités du pays et du duché du Bourbonnais, principalement de la ville de Bourbon. 1604, in-8.

4495. TRILLER (D.-W.). Sur l'inscription BORVONI, etc. (En latin.)

Opuscula medica, t. III, 1772, in-4, p. 30.

4496. BOUDANT (l'a.). Hist. de *Chantelle*. 1862, gr. in-4.

4497. BAILLEAU. Grotte des fées de *Châtelperron*. 1870, gr. in-8; 3 pl.

4498. TUDOT (E.). Étude céramique sur les fragments de poteries trouvés... près de *Dompierre*. 1856, gr. in-8.

4499. BOUDANT (l'a. G.). Histoire de la ville, du château et de l'abbaye d'*Ébreuil*. 1865, in-4.

4500. TUDOT (E.). Rapport sur les bronzes antiques de la *Ferté-Hauterive*. 1853, in-8.

4501. PEIGUE (J.-B.). Notice hist. sur la ville de *Gannat*, etc. 1841, in-8.

4502. VANNAIRE. Note sur une fouille faite à *Gannat*. 1867, in-8.

4503. BENOID-PONS (J.). Note archéol. Tombes antiques découvertes près de *Gannat*. 1867, in-8.

4504. ALARY (L.-J.). Rapport sur les fouilles exécutées au domaine de Plaisance, commune d'*Izeure*, etc... 1851, gr. in-8 ; plan par DADOLE.

4505. CHAPELLE (de la). [*Ms.*] Dissertation sur des armes anciennes, et des trophées de cuivre trouvés à *Jensac* en Bourbonnais.

4506. *Histoire de *Néris* et des environs de *Montluçon*. 1852, in-12.

4507. ESMONNOT (L.). Note sur *Néris*. 1854, in-8.

4508. — Note sur les antiquités de *Néris*, suivie de : Rapport verbal sur une visite à Néris, par A. DE CAUMONT. 1855, in-8.

4509. * Antiquités trouvées à *Néris*. — *Congrès archéol. de Moulins*, 1854, p. 31.

4510. TUDOT (E.). Études sur *Néris*; la ville antique. 1861, in-8.

4511. CAYLUS (cte de). Amphithéâtre proche *Néris*. Voie romaine de Néris à Avaricum, par Alichamps.

Rec. d'ant., t. III, p. 371 ; t. IV, p. 367.

4512. FORICHON (Dr L.). Monuments de l'antique *Néris*, etc. 1859, in-12. — 2e éd., 1866.

4513. ESMONNOT. Notes sur les inscriptions trouvées à *Néris*. 1853, gr. in-8.

4514. LAMOTTE (Brugière de). Dissertation sur les inscriptions gallo-rom.

trouvées en 1853, à *Néris-les-Bains.* 1854, gr. in-8.

4515. ESMONNOT (L.). Note sur un moule en pierre découvert à *Néris.* 1863, gr. in-8.

4516. * Les bustes en bronze d'Auguste et de Livie trouvés à *Neuilly-le-Réal* en 1816. — *Bull. de la Soc. d'émul. de l'Allier,* t. XI, 1870, gr. in-8, p. 253-262; 1 pl.

Cp. *Comptes rendus des séances de l'Acad. des Inscr.*, t. IV, 1868, p. 323.

4517. TUDOT (E.). Colonne itinéraire de *Pérignat-ès-Allier;* colonne de Biozat. 1861, in-8.

4518. BERTRAND (Alf.). Découverte d'un camp antique dans la commune de *Saint-Géran.* 1870, gr. in-8.

4519. ESMONNOT (L.). Rapport sur les objets trouvés à *Toulon-sur-Allier.* 1857, gr. in-8.

4520. PAYAN-DUMOULIN (E. de). Antiquités de *Toulon-sur-Allier.* 1860, in-8.

4521. TUDOT (E.). Rapport sur une fouille exécutée à *Varennes.* 1854, gr. in-8.

4522. * Antiquités gallo-rom. trouvées à *Varennes-sur-Allier.— Congrès archéol. de Moulins,* 1854, p. 36.

4523. VIGNON. Rapport sur les urnes et les vases funéraires gallo-romains de *Varennes-sur-Allier.* 1860, in-8.

4524. NADEAU (L.). *Vichy* historique. 1869, in-12.

4525. MICHEL (Ad.). *Vichy* et ses environs. 1839, in-fol.; pl.

4526. BEAULIEU (J.-L. de). Antiquités de *Vichy-les-Bains.* 1840, etc., in-8.

4527. CHAUVET (J.-M.). Notice générale des antiquités de *Vichy-les-Bains.* 1851, in-8, 95 p.

4528. BEAULIEU (J.-L. de). Antiquités des eaux minérales de *Vichy*, Plombières, Bains et Niederbronn. 1846, in-8. — 2e éd., 1851.

BASSES-ALPES

Articles sur le département

4529. GASSENDI (P.). Notitia ecclesiæ Diniensis, t. V, p. 651 des Œuvres complètes. — Trad. en français par F. GUICHARD. 1845, in 12.

4530. HENRY (D.-J.-M.). Recherches sur la géographie ancienne et les antiquités du dépt des Basses-Alpes. 1818, in-8; cartes.

4531. FÉRAUD (J.-J.-M.). Géographie des Basses-Alpes. 1844, in-12.

Arrondissements

4532. GRAS-BOURGUET. Antiquités de l'arrondt de Castellane. 2e éd., 1842, in-8.

Localités diverses

4533. J. J. J. La vallée de *Barcelonnette,* etc. 1838, in-8.

4534. CHAPPUIS (Ch.). Étude archéologique et géographique sur la vallée de *Barcelonnette* à l'époque celtique. 1862, in-8.

Digression sur l'itinéraire d'Annibal.

4535. OLLIVIER (dr). Haches et bracelets en bronze de la vallée de *Barcelonnette.* 1866, in-8.

4536. RAIMBAULD. Découverte d'anneaux en bronze près *Barcelonnette.* 1867, in-8.

4537. CARPENTIER (A.). Monnaie de bronze de Crissa (Griselæ, *Gréoulx*). 1866, in-8.

4538. ROSTAN (C.). Rapport sur une inscription trouvée à *Gréoulx.* 1811, in-8.

4539. SOLOME (J.). Mémoire historique sur la ville de *Moustiers.* 1842, in-12.

4540. DELOYE. Des Édenates et de la ville de *Seyne.* 1850, in-8.

4541. LAPLANE (Éd. de). Histoire de *Sisteron*, etc. 1843-44, 2 vol. in-8.

4542. ARBAUD (Damase). La voie rom. entre *Sisteron* et Apt. 1868, in-8.

4543. MÉVOLHON (bon de). Inscriptions grecques et latines trouvées à *Sisteron* en l'an II. In-8.

HAUTES-ALPES

Articles sur le département

4544. LADOUCETTE (J.-Ch. de). Histoire, antiquités, usages, etc., des Hautes-Alpes, etc. 1820, in-8. — 3e éd. 1848.

4545. ALBERT (l'a.). Histoire du diocèse d'Embrun. 1733, in-8.

4546. DEPERY (fr.). Histoire hagiologique du diocèse de Gap. 1852, in-8.

4547. PIERANGELI. — Monument druidique trouvé dans les Htes-Alpes. 1845, in-8.

Ville de Gap

4548. JUVENIS (Raymond). [*Ms.*] Mémoires de la ville de Gap.

4549. GAUTIER (Th.). Précis de l'hist. de la ville de Gap, etc. 1844, in-8.

4550. GEMBLOUX (dr Pierquin de). Lettre à M. Gautier sur les antiquités de Gap. 1837, in-8.

Localités diverses

4551. TEMPLIER (l'a.). Fragments d'histoire et d'archéologie sur la mansion romaine de Mont Seleucus [à la *Batie-Mont-Saléon*]. 1860, in-8.

4552. LADOUCETTE (bon J.-C. de). Lettre... sur les antiquités des Hautes-Alpes et notamment sur celles de Mons-Seleucus. An XIII, in-8.

4553. BARRY (C.-E.-A.-Edw.). Quelques empreintes de camées... découvertes... dans l'ancienne mansion romaine de Mons-Seleucus, etc. 1850, in-8.

4554. SAURET. Essai sur l'histoire de la ville d'*Embrun*. In-8.

4555. BARRY (C.-E.-A.-Edw.). Lettre relative à la découverte de quelques antiquités gallo-romaines, faites... à *Quillestre*, etc. 1849, in-8.

4556. CHAPER (E.). Notes sur les restes d'un tombeau celtique, situé près de *Tallard*. 1865, in-4, et 1866, in-8.

4557. QUICHERAT (Jules). Rapport, etc. (... dolmen de *Tallard*.) 1866, in-8.

4558. LANCELOT et de VALBONNAIS. Observations sur une inscription antique appelée le Monument de *Ventavon*. 1733, in-4.

ALPES-MARITIMES

Articles sur le département

4559. ROUX (J.). Statistique des Alpes-Maritimes. 1862, 2 vol. in-8.

Voir surtout t. II, p. 59 et suiv.

4560. TISSERAND (l'a.). Histoire civile, etc., de Nice et du dépt des Alpes-Maritimes. 1862, 2 vol. in-8.

4561. FERVEL (J.-N.). Histoire de Nice et des Alpes-Maritimes depuis vingt et un siècles. 1862, in-12.

4562. PALLIARI (L.). Notices historiques sur le comté et la ville de Nice, etc. 1864, in-8.

4563. * Congrès scientifique de France, 33e session, 2e partie tenue à Nice en 1866. *Nice*, 1867, in-8. (P. 253 et suiv. *Histoire et archéologie*.)

4564. * Dictionnaire administratif et historique des communes des Alpes-Maritimes et articles divers extraits de l'Annuaire du dépt, année 1869. *Nice*, in-12.

4565. FODÉRÉ. Voyage aux Alpes-Maritimes. 1821, in-8.

4566. TISSERAND (l'a.). Géographie départementale des Alpes-Maritimes. 1861, in-18.

4567. CERQUAND (H.). Les monuments de l'âge de la pierre dans le dépt des Alpes-Maritimes. 1870, in-8.

4568. NAUDOT (A.). Notice sur quelques monuments antiques des Alpes-Maritimes (enceintes liguriennes). 1852, in-8.

4569. CARLONE (A.). Vestiges épigraphiques de la domination gréco-massaliote et de la domination romaine dans les Alpes-Maritimes. — Inscriptions, etc. 1868, in-8, 168 p.

Cantons

4570. TISSERAND (l'a.). Histoire de Vence et de son canton. 1860, in-8.

Ville de Nice

4571. GIOFFREDO (P.). Nicæa civitas, monumentis illustrata... 1658, in-fol.

4572. DURANTE (L.). Histoire de Nice depuis sa fondation, etc. 1823, in-8.

4573. TOSELLI (cher J.-B.). Précis historique de Nice, etc. 1867-70, 4 vol. in-8.

4574. * Borne milliaire avec inscription trouvée sur la voie Aurelia près de Nice. — *Rev. arch.*, t. II, 1845, 173.

4575. BOURQUELOT (F.). Inscriptions antiques de Nice, de Cimiez et de quelques lieux environnants, etc. 1850, in-8.

4576. ALEXANDRE (Ch.). Inscriptions trouvées à Nice et en Provence. 1862, in-18.

Localités diverses

4577. P. (J.). *Antibes* ancien et moderne. 1849, in-8.

4578. QUICHERAT (Jules). Rapports, etc. (... Découverte de cercueils de plomb à *Antibes*, etc...) 1863, in-8.

4579. * Inscriptions grecques d'*Antibes*. — *Congrès scientif. de Nice*. 1867, p. 255.

4580. BRUN (V.). Description des ruines de *Cimiez*. 1868, in-8.

4581. CHEVALIER (l'a. C.). Notes sur les découvertes d'antiquités romaines faites en 1870 à *Cimiez*. 1870.

4582. BRUN (A.-F.). L'hypocauste de *Cimiés*. 1865, in-8.

4583. GERMAIN. Découverte d'une ancienne cité gauloise entre *Èze* et la Turbie, 1867, in-8.

4584. GOUX (l'a. P.). *Lérins* au ve siècle. 1856, in-8.

4585. RENDU (A.). *Menton* et *Monaco*. 1867, in-12.

4586. MACÉ (Th.). Rapport sur les découvertes faites par M. Bourguignat, en 1866, dans les cavernes à ossements fossiles de *Saint-Césaire* et de Vence. 1870, in-8.

4587. SIMIAN (Paul). Inscriptions romaines de *Saint-Pons* et de Saint-Barthélemy. 1862, in-8.

4588. CARLONE (A.). Mém. sur les trophées d'Auguste à la *Turbie*. 1867, in-8.

4589. CERQUAND (H.). Fragments d'inscription de la *Turbie*. 1869, in-8.

4590. BOURGUIGNAT (J.-B.). Inscriptions romaines de *Vence*. 1869, in-8.

ARDÈCHE

Articles sur le département

4591. DELICHÈRES (J.-P.). Notice historique sur le dépt de l'Ardèche.

Localités diverses

4592. FLAUGERGUES. [*Ms.*] Description figurative des antiquités et inscriptions trouvées à *Aps*. In-4.

4593. GUILLEAUME (le p. J.-B.). Dissertation sur un ancien monument concernant le dieu Mithras, trouvé près *Saint-Andéol*. 1724, in-12.

4594. MÉNARD (L.). Dissertation sur un ancien monument de *Bourg-Saint-Andéol*. 1740, in-12.

4595. ROUCHIER (l'a. J.). Notice sur le bas-relief mithriaque de *Bourg-Saint-Andéol*. 1863, in-8.

Voir aussi son *Hist. du Vivarais*, t. I, p. 159, et aux Pièces justif., p. 584.

4596. DELICHÈRES (J.-P.). Diss. sur le monument de Mithra qui existe à *Bourg-Saint-Andéol*. In-8.

4597. MIRABEL (l'a. O.). St Andéol et son culte. 1868, in-12; grav.

Représentation et description du bas-relief mithriaque.

4598. ROUCHIER (l'a. J.). Inscription acrostiche près de *Charmes*. 1859, in-8.

Reproduite dans son *Hist. du Vivarais*, t. I, p. 295. — Sur cette inscription et quelques autres, voir même vol., aux Pièces justificatives, n° 1.

4599. ARTAUD (Fr.). Mémoire sur un poignard antique trouvé dans le rocher de *Crussol*. 1811, in-8, 11 p. 1 pl.

4600. DELACROIX. Procès-verbal de la découverte et description d'un poignard antique trouvé dans le rocher de *Crussol*. 1829, in-8.

4601. DELICHÈRES (J.-P.). Diss. sur l'Hercule gaulois (monument à *Desaigues*).

4602. MARICHARD (Ollier de) et PRUNER-BEY. Les Carthaginois en France, la colonie ligo-phénicienne du *Liby*. 1870, in-8.

4603. EYSSETTE (Ch.). Monnaies d'or trouvées à *Mazan*. 1869, in-8.

4604. LAMOTTE (le dr). Découverte de tombeaux gallo-romains près du *Pouzin*. 1864, in-8.

4605. SAINT-ANDÉOL (F. de). Un oppidum retrouvé [près du château de *Pampelone*]. 1863, in 8.

4606. QUICHERAT (J.). Rapport sur diverses découvertes consignées dans le Bulletin de l'Académie delphinale (monument triomphal à la *Sarratinière*, etc.). 1866, in-8.

ARDENNES

Articles sur le département

4607. BOULLIOT (l'a.). Biographie ardennaise. 1830, 2 vol. in-8.

4608. BADIN et QUANTIN. Géographie départementale, etc., Ardennes, 1848, in-12.

4609. HUBERT (J.-B.). Géographie hist. du dépt des Ardennes, etc. 1856, in-12.

4610. VIVIER (du). [*Ms.*] Notice historique concernant Charleville, le mont Olympe, les deux Montcy, Mézières et les environs. 1824, in-4.

4611. MIALARET (Ch.). Recherches archéologiques sur le département des Ardennes. (1864) In-8; 6 pl., 1 carte.

Arrondissements et Cantons

4612. PRANARD (Ch.). Sedan pittoresque ou Topographie, statistique, etc., de l'arrondt de Sedan. 1842, in-8.

4613. LÉPINE (J.-B.). Histoire de la ville de Rocroi depuis son origine jusqu'en 1850, avec une notice historique et statistique de chaque commune de son canton, etc. 1860, in-8.

Localités diverses

4614. HUBERT (J.-B.). Histoire de *Charleville*, etc. 1855, in-12.

4615. VIVIER (du). Extrait d'une notice sur divers objets d'antiquité trouvés au territoire du *Chêne-le-Populeux*. 1829, in-8.

4616. — Extrait d'une notice sur une sépulture ancienne, trouvée à *Cons-la-Grand'Ville*. 1832, in-8

4617. — [*Ms.*] Notice sur les antiquités découvertes à *Hierges* en 1823. In-4.

4618. — Extrait d'une notice sur les médailles découvertes à *Maubert-Fontaine*. 1829, in-8.

4619. — [*Ms.*] Notice archéol. au sujet d'une statuette (bronze) de Mercure trouvée au Mont-Olympe, cne de *Montcy-Saint-Pierre* en 1835. In-4.

4620. — [*Ms.*] Notice au sujet de quelques médailles rom. trouvées à *Mouzon* en 1825. In-4.

4621. JOLIBOIS (l'a.). Histoire de la ville de *Réthel*. 1847, in-8.

4622. CAYLUS (cte de). Antiquités trouvées entre *Réthel* et Sedan.

Rec. d'antiquités, t. VII, 1767, in-4, p. 322 et suiv.

4623. [*Ms.*] * Antiquités de *Sedan* et des autres villes frontières de la Meuse. In-fol. de 116 pages.

Mention dans la *Biblioth. hist.*, t. III, n° 34283.

4624. PRÉGNON (l'a.). Histoire du pays et de la ville de *Sedan* depuis les temps les plus reculés jusqu'à nos jours. 1856, in-8.

4625. DUQUÉNELLE (V.). Découverte de monnaies romaines à *Signey-l'Abbaye*. 1865, in-8, 35 p.

4626. — Catalogue de monnaies romaines découvertes à *Signy-l'Abbaye*. 1867, in-8.

4627. VIVIER (du). Extrait d'une notice sur un squelette humain et sur une épée antique trouvés à *Vendresse*, etc. 1829, in-8.

ARIÈGE

Articles sur le département

4628. PERRIÈRE (G. de la). Les Annales de Foix. 1539, in-4.

4629. OLHAGARAY (P.). Histoire de Foix, Béarn et Navarre. 1609, in-4.

4630. CASTILLON (H.). Histoire du comté de Foix depuis les temps anciens jusqu'à nos jours. 1852, in-8.

4631. BOUCOIRAN (L.). Ariège, Andorre et Catalogne. Guide historique... aux bains d'Ussat et d'Ax. 1854, in-8; pl.

4632. GARRIGOU (A.). Études historiques sur l'ancien pays de Foix, etc. 1856 et 1863, in-8.

Ville de Foix

4633. COUDRE (le p. de la). La vie de saint Volusien, évêque de Tours... patron de la ville de Foix. 1722, in-16.

Localités diverses

4634. CASTILLON (H.). Histoire d'*Ax* et de la vallée d'Andorre, description et analyse des eaux thermales, etc. 1851, in-8.

4635. DEVALS aîné. Mémoires... sur les antiquités de *Cos*. 1845, in-8.

4636. — Notice sur l'antique ville de Cosa (auj. *Cos*). 1845, in-8.

4637. RAMES (J.-B.). L'homme fossile des cavernes de *Lombrive* et de *Lherm*, etc. 1862, in-8.

4638. OURGAUD (le d^r). Notice historique sur la ville et le pays de *Pamiers*, etc. 1865, in-8.

4639. BARRY (C.-E.-A.-Edw.). Découverte de vases antiques à *Rabat*. 1859, in-8.

4640. GARRIGOU (F.). La vérité sur les objets de l'âge de la pierre polie des cavernes de *Tarascon*, etc. 1867, in-8.

AUBE

Articles sur le département

4641. VALSUZENAY (Ch.-L. Bruslé, b^on de). Mémoire sur la statistique de l'Aube. An IX, etc., in-4, etc. — Tableau statistique, etc. An X, in-8.

4642. BOUTIOT et SOCARD. Bibliographie de l'Aube.

Dictionnaire topographique du dép. de l'Aube, 1874, in-4, p. LXI et suiv. — Voir aussi L. PIGEOTTE, *Catalogue d'ouvrages et pièces* concernant Troyes, etc. *Troyes*, 1875, in-8.

4643. GUERROIS (N. des). Sancti Lupus et Memorius cum Attila rege. 1643, in-12.

4644. CAMUSAT (N.). Promptuarium sacrarum antiquitatum Tricassinæ dioceseos... 1610, in-8.

4645. GROSLEY (P.-J.). Mémoires pour servir de suite aux antiquités ecclésiastiques de Troyes, de Nic. Camusat. 1750, in-12. — 2e éd. 1756.

4646. BREYER (R.). Lettres de s^t Loup, évêque de Troyes, et de s^t Sidoine, évêque de Clermont... 1706, in-12.

4647. LALORE (Ch.). Optatien, évêque de Troyes et les conciles de Cologne et de Sardique, etc. 1868, in-8.

4648. COURTALON-DELAISTRE. Topographie historique de la ville et diocèse de Troyes. 1783-84, in-8.

4649. JOURDAN. Positions géographiques de quelques points du dépt de l'Aube. 1836, in-8.

4650. GÉROST. Mémoire sur le pagus Mauripensis. 1841, in-8.

4651. JUBAINVILLE (H. d'Arbois de). Notice sur le pagus Maur. 1864, in-8.

4652. BADIN et QUANTIN. Géographie départementale, etc. Aube. 1847, in-12.

4653. JUBAINVILLE (H. d'Arbois de), édr. Pouillé du diocèse de Troyes. 1853, in-8; 1 carte.

4654. BOUTIOT (Th.). Géographie ancienne appliquée au dépt de l'Aube. 1861, in-8.

4655. — Notice sur les limites territoriales dans le dépt de l'Aube. 1864, in-8.

4656. JUBAINVILLE (H. d'Arbois de). Des limites méridionales du pagus Meldicus. 1866, in-8.

4657. COUTANT (L.). Établissements gallo-romains et du moyen âge au pagus Latiscensis disparus ou déplacés. 1866, in-8.

4658. LONGNON (A.). Le Morvois (pagus Morivensis). 1869, in-8.

Territoire de Pont-sur-Seine.

4659. COUTANT (L.). Pauliacum et Curceium. 1870, in-8.

4660. PEIGNÉ-DELACOURT. Rech. sur le lieu de la bataille d'Attila. 1860, in-4. — Supplément, 1866.

4661. LAPÉROUSE (G.). Étude sur le lieu de la défaite d'Attila dans les plaines de la Champagne. 1862, in-8.

4662. JUBAINVILLE (H. d'Arbois de). Examen de quelques-unes des questions soulevées par la notice de M. G. Lapérouse, intitulée : *Étude*, etc. 1863, in-8.

Voir aussi, ci-dessus, les nos 133-148 et 2890-2897.

4663. CAYLUS (cte de). [Sur les restes d'un ancien camp qui se voit à cinq lieues Est-Nord-Est de Troyes, et sur une voie romaine qui conduisait de Langres à Reims, passant par Châlons-sur-Marne.]

Rec. d'antiq., t. VI, p. 346.

4664. BOUTIOT (Th.) Étude sur les voies rom. du dépt de l'Aube non indiquées, etc. 1862, in-8.

4665. CORRARD DE BREBAN. Mém. sur les voies rom... signalées... dans le dépt de l'Aube. 1862, in-8, 58 p.

4666. ARNAUD (A.-F.). Voyage archéologique dans le dépt de l'Aube. 1837, in-fol.

4667. CORRARD DE BREBAN. Notes archéolog. sur divers objets trouvés dans le dépt de l'Aube. 1840, 1841, 1842, 1849, 1855, in-8.

4668. * Vases funéraires trouvés aux Cordeliers de Troyes; cimetière gallo-romain à Courceray; aiguille en bronze à Créncy.

Mém. de la Soc. acad. de l'Aube, t. X, 1840, p. 212.

4669. BRILLOUIN, de St-Jean-d'Angély. Essais historiques sur quelques antiquités du dépt de l'Aube. 1843, in-8.

4670. CORRARD DE BREBAN. Archéologie départementale (statue d'Apollon, etc.). 1850, in-8.

4671. AUFAUVRE (Am.). Album pittoresque du dépt de l'Aube. 1852, in-fol.

4672. CORRARD DE BREBAN. Mém. sur les découvertes de médailles et d'objets antiques, dans le dépt de l'Aube. 1853, in-8.

4673. JUBAINVILLE (H. d'Arbois de). Répertoire archéologique de la France. — Dépt de l'Aube. 1861, in-4.

4674. BOUTIOT (Th.). Revue critique pouvant servir de supplément au *Répertoire archéolog. du dép. de l'Aube*. 1861, in-4.

4675. JUBAINVILLE (H. d'Arbois de). Réplique. 1862, in-4.

4676. BOUTIOT (Th.). Notes sur les anciennes exploitations métallurgiques des contrées composant le dépt de l'Aube. 1866, in-4.

4677. — Introduction sur l'archéologie présentant l'état des découvertes en 1870 dans le dépt de l'Aube.

Voir le Dictionnaire topographique du dépt de l'Aube, par BOUTIOT et SOCARD. 1874, in-4.

4678. CAMUS-CHARDON. Notice sur les monuments celtiques qui existent dans le dépt de l'Aube. 1832, in-8.

4679. CORRARD DE BREBAN. Rapport sur ce Mémoire. 1832, in-8.

4680. BOUTIOT (Th.). Monuments celtiques dans l'Aube. 1862, in-8.

4681. RAY (J.). Classification des édifices du dép[t] de l'Aube comme monuments historiques. 1854, in-8.

Pour mémoire : aucun de ces monuments n'est antérieur au VIe siècle.

Arrondissements

4682. JUBAINVILLE (H. d'Arbois de). Notes pour servir à la statistique... archéologique de l'arrond[t] de Bar-sur-Aube. 1855, in-8.

4683. ROUGET. Rech. hist.... sur la ville et le comté de Bar-sur-Seine. 1772, in-12. — 2e éd. 1783.

4684. COUTANT (L.). Histoire de la ville et de l'ancien comté de Bar-sur-Seine. 1855, in-8.

4685. JUBAINVILLE (H. d'Arbois de). Mémoire sur les voies rom. de l'arrond[t] de Bar-sur-Seine. 1862, in-8.

4686. LAPÉROUSE (G.). Rapport sur les monuments primitifs (dolmens et menhirs) de l'arrond[t] de Nogent-sur-Seine. 1864, in-8.

Cantons

4687. HARIOT. Rech. sur le canton de Méry-sur-Seine. 1863, in-8.

4688. THEVENOT (A.). Statistique générale du canton de Ramerupt. 1868, in-8, in-8.

4689. BRUEIL (P. du). Hist... des peuples habitant aux trois bourgs de Ricey. 1654, p. in-8.

4690. GUÉNIN (A.) et RAY (A.). Statistique du canton des Riceys. 1852, in-8 ; 1 plan.

Ville de Troyes

4691. GROSLEY (P.-J.). Éphémérides troyennes. 1757-68, 12 vol. in-24. — Nouv. éd. par PATRIS-DUBREUIL. 1811, 2 vol. in-8.

4692. * Almanach de Troyes et du diocèse 1776-91. 16 vol. in-24 (par COURTALON, DELAISTRE et SIMON).

4693. GROSLEY (P.-J.). Mémoires historiques et critiques pour l'histoire de Troyes. 1811-1812, in-8. — 1re éd. 1774.

Éphémerides troyennes refondues.

4694. * Plan historique de la ville de Troyes, d'après les mss. de Duhalle, Breyer, etc., pour servir aux *Mém. hist.* de Grosley, avec légende. *Troyes, Sainton*, 2e tirage, 1824, p. in-fol. plano.

4695. BOUTIOT (Th.). Histoire de la ville de Troyes, etc. 1870-1875, 4 vol. gr. in-8 ; 1 vol. de tables sous presse.

4696. CORRARD DE BREBAN. Topographie troyenne. Mémoire sur les diverses enceintes et sur les fortifications de la ville de Troyes. 1854, in-8.

4697. * Probabilité de l'existence d'un établissement romain au faubourg Saint-Jacques, à Troyes; médailles, etc. — *Soc. acad. de l'Aube*, à Troyes. *Mém.* t. XIII, p. 67, année 1846.

4698. ARNAUD (A.-E.). Antiquités de la ville de Troyes et vues pittoresques de ses environs... 1826, in-fol.

4699. CORRARD DE BREBAN. Note sur des vases de terre cuite trouvés dans les fondations des nouvelles prisons à Troyes. 1832, in-8.

4700. * Objets antiques trouvés dans un puits à Troyes. — *Mém. de la Soc. acad. de l'Aube*, t. XI, année 1842, p. 94.

4701. * Médaille romaine et flûte antique trouvées en 1845, dans une maison du faubourg Saint-Jacques [à Troyes]. — *Même recueil*, t. XIII, 1845, p. 67.

4702. * Notice sur les collections dont se compose le musée de Troyes. 1850, in-12. — Autres éd. augmentées.

4703. HARMAND. Note sur les fouilles du musée Simart. 1859, in-8.

4704. LE BRUN-DALBANNE. Le Bacchus de Troyes. 1865, in-8.

4705. DOÉ (J.-M.). Notice des principaux monuments de la ville de Troyes. 1838, in-8.

4706. * Anciens monuments situés sur l'emplacement du canal de la Haute-Seine dans l'intérieur de la ville de Troyes, et objets antiques trouvés dans les fouilles. — *Mém. de la Soc. acad. de l'Aube*, t. X, année 1841, p. 204.

4707. THIOLLET. Notes sur quelques monuments de la ville de Troyes et sur Laudunum. 1853, in-8.

4708. * Inscription trouvée à Lyon intéressant la ville de Troyes; signification du mot TRICASSES. — *Mém. de la Soc. acad. de l'Aube,* t. III, 1834, p. 1.

Localités diverses

4709. CAMUS-CHARDON. Recherches sur la ville d'*Arcis-sur-Aube.*

4710. — Notice sur les fosses funéraires et les objets qu'elles contenaient découverts près de la ville d'*Arcis*. 1837, in-8.

4711. CORRARD DE BREBAN. Rapport sur la notice de M. Camus-Chardon, sur les fosses, etc. 1837, in-8.

4712. GADAN. * Essais historiques sur la ville de *Bar-sur-Aube*. 1838, in-8.

4713. CAMUS-CHARDON. Amphore trouvée à *Braux*. 1832, in-8.

4714. * Vase antique d'airain trouvé à *Buchère*. — *Mém. de la Soc. acad. de l'Aube,* t. VII, 1835, p. 186.

4715. COUTANT (L.). Notice historique sur *Landreville*. 1857, in-12.

4716. * Bijoux antiques découverts à *Mailly*, près Romainecourt. — *Mém. de la Soc. acad. de l'Aube,* t. V, 1832, p. 95; t. VII, 1834, p. 36. — Voir aussi *même recueil,* t. IV, 1831.

4717. LENOIR (Fr.). Note sur une pierre à polir les haches en silex, trouvée à *Marcilly-le-Hayer*. 1867, in-8.

4718. * Cimetière antique à *Marcilly-le-Hayer*. — *Mém. de la Soc. acad. de l'Aube,* t. X, 1841, p. 195.

4719. * Fer de lance antique trouvé à *Menois*. — *Même recueil,* t. X, 1840, p. 204.

4720. CORRARD DE BRÉBAN. Rapport sur les antiquités découvertes à *Méry-sur-Seine*. 1843, in-8.

Voir, ci-dessus, 2e série, section MAURIACUS.

4721. LEGRAND (G.). Excursion à la caverne de *Montgueux*. 1858, in-8.

4722. COUTANT (L.). Rapport sur les découvertes archéolog. faites à *Neuville-sur-Seine*. 1852, in-8.

4723. AUFAUVRE (Am.). Histoire de *Nogent-sur-Seine*. 1859, in-8.

4724. DESCHIENS. Notes sur des objets antiques trouvés dans les environs de *Nogent-sur-Seine*. 1853, in-8.

4725. COUTANT (L.). Découverte de sépultures gallo-romaines du IVe au Ve siècle, près les *Riceys*. 1860, in-8.

4726. CAYOT (A.) et LEGRAND (G.). Note sur la fouille d'un tumulus, situé sur le territoire de *Rouilly-Sarcey*. 1856, in-8.

4727. * Cimetière antique découvert à *Saint-Loup-de-Bussigny*. — *Mém. de la Soc. acad. de l'Aube,* t. VIII, 1837, p. 130-137.

4728. CORRARD DE BREBAN. Rapport sur la découverte d'un cimetière antique à *Saint-Loup-de-Bussigny*. 1837, in-8.

4729. BOUTIOT (Th.). Note archéol. sur les découvertes faites dans les marais de *Saint-Pouange*. 1870, in-4.

4730. * Inscription tumulaire trouvée à *Trancault*. — *Mém. de la Soc. acad. de l'Aube,* t. VI, 1833, p. 16.

4731. CHANOINE. Notice sur deux dolmens qui existent sur le territoire de *Trancault*... 1846, in-8.

4732. PAVÉE DE VENDEUVRE. Dissertation historique sur un bourg de Champagne [*Vendeuvre*]. 1812, in-8; fig.

4733. CORRARD DE BREBAN. Cimetière antique de *Verrières* découvert en 1849. 1853, in-8.

4734. BOUTIOT (Th.). Note sur des fragments de vase et d'os humains trouvés à *Villepart* en 1863. 1864, in-8.

AUDE

Articles sur le département

4735. BARANTE (C.). Statistique du dépt de l'Aube. An X, in-8.

4736. — Essai sur le dépt de l'Aude. An XI, in-8.

4737. TROUVÉ (bon). Description générale du dépt de l'Aude. 1818, in-4.

4738. BOUGES (le p.). Histoire de la ville et du diocèse de Carcassonne. 1741, in-4.

4739. VIGUERIE (P.). Annales ou histoire ecclésiastique et civile de la ville et diocèse de Carcassonne, t. Ier (unique). 1805, in-4 (t. II et III, inédits).

4740. BERNOVILLE (Hermet de). Mélanges concernant l'évêché de St-Papoul. 1863, gr. in-8.

4741. GIRAULT, de Saint-Fargeau. Dictionnaire géographique, etc., Aude. 1830, gr. in-8.

4742. MÈGE (A. de la Haye du). Mémoire sur les voies romaines dans le dépt de l'Aude. 1827, in-8.

4743. MURAT (de) Lettre au r. p. de Montfaucon, sur la découverte d'un monument d'antiquité (une colonne milliaire) faite auprès de Carcassonne, 1729, in-8.

4744. TOURNAL (P.). Monuments antéhistoriques et monuments primitifs de la Gaule (notamment dans l'Aude). 1863, in-8.

4745. * Rapport sur des haches celtiques et diverses médailles recueillies dans le dépt de l'Aude, lu dans la 35e session du Congrès archéol. tenue à Carcassonne en 1868. — *Mém. de la Soc. des arts et des sc. de Carc.*, t. III, 1870, gr. in-8, p. 469.

Arrondissements

4746. CROS-MAYREVIEILLE. Histoire du comté et de la vicomté de Carcassonne, t. Ier (unique). 1848, in-8.

Ville de Carcassonne

4747. BESSE. Histoire des antiquités de la ville de Carcassonne. 1645, in-4.

4748. GUILHE (H.-C.). Histoire de Carcassonne. 1838, in-8.

4749. VIOLLET-LE-DUC. La cité de Carcassonne. 1858, in-8.

4750. FONCIN (P.). Guide... à la cité de Carcassonne. 1866, in-12.

4751. CROS-MAYREVIEILLE. Les monuments de Carcassonne. 1850, in-8.

Localités diverses

4752. TOURNAL (P.). Mémoire sur les cavernes de *Bize*. 1827-28, in-8.

4753. GERVAIS (dr P.) et BRINCKMANN. La caverne de *Bize* et les espèces animales dont les débris y sont associés à ceux de l'homme. 1865, in-4.

4754. SERRES (Marcel de). Lettre sur une caverne à ossements découverte aux environs de *Caunes*. 1840, in-4.

Voir aussi, du même, *Notice sur les Cavernes à ossements du dép. de l'Aude* (vers 1838), in-4.

4755. FOND-LAMOTHE (L.-H.). Notice historique sur la ville de *Limoux*. 1838, in-8.

Narbonne

4756. ROBITAILLE (chanoine). Vie de saint Paul Serge... le fondateur de l'église de Narbonne. 1857, in-8.

4757. MÈGE (de la Haye du). Sur la voie romaine qui va de Narbonne au Summus Pyreneus. 1830, in-8.

4758. PELET (Aug.). Interprétation d'un milliaire d'Auguste déposé au musée de Narbonne. 1864, in-8.

4759. CAYLUS. Antiquités trouvées à Narbonne.

Rec. d'antiquités, t. VII, 1767, in-4, p. 319.

4760. * Antiquités nationales. Commission archéol. de Narbonne, 20 octobre 1833. 1834, in-8.

4761. TOURNAL (P.). Notice sur le musée de Narbonne. 1835, in-8.

4762. — Description du musée de Narbonne. 1847, in-12.

4763. — Catalogue du musée de Narbonne. 1864, in-8.

4764. — Villes gallo-romaines et franques. Musée de Narbonne. 1869, in-8.

4765. VINET (Él.). Narbonensium votum... monumenta Narbone reperta an. 1566. 1572, in-8.

4766. [*Ms.*] * Inscription et bas-reliefs qui sont à Narbonne chez M. Pech, chanoine de St-Paul, in-4.

Mention dans la *Biblioth. hist.*, t. III, 37 802.

4767. [*Ms.*] * Antiquités de la ville de Narbonne, inscriptions, bas-reliefs, etc., dessinés ou transcrits sur les originaux qui existent en divers lieux de la ville, surtout autour des remparts, dont une partie a été construite avec les débris des anciens édifices romain. 3 vol. in-4.

Mention *ibid.*, no 37 803.

4768. DES MOLETS (le p.). Dissertation sur un monument antique trouvé à Narbonne.

Mém. de litt., t. XI, 1731, in-8.

4769. E*** (ENJALRIC). * Description inédite d'un monument précieux... trouvé à Narbonne en 1821. 1822, in-8.

4770. * Mémoire concernant les monuments... de la ville de Narbonne. — *Mém. de la Soc. des arts et des sc. de Carcassonne*, t. Ier, 1849.

4771. LAFONT. Rapport sur les principaux monuments de Narbonne, etc. 1868, in-8.

4772. TOURNAL (P.). Lettre sur la découverte d'un *sepulcrum commune* non loin de Narbonne. 1868, in-8.

4773. — Note sur les murs et le capitole de Narbonne. 1870, in-8.

4774. CATEL (G.). Inscriptions recueillies à Narbonne.

Mém. de l'hist, du Languedoc, 1633, in-fol. p. 89 et suiv.

4775. [*Ms.*] Inscriptions antiques de Narbonne, avec les fig. et dessins de monuments antiques de cette ville, 3 vol. in-4.

Mention dans la *Biblioth. hist.*, t. III, n° 37 804.

4776. GARRIGUES (P.). [*Ms.*] Inscriptions antiques, tumulus et épitaphes qui se trouvent en divers endroits de la ville de Narbonne.

4777. ARTAUD (F.). Lettre de Sextus Fadius, gravée sur un monument découvert à Narbonne. 1826, in-8.

4778. * Anneau antique avec une devise, trouvé près de Narbonne. — *Rev. arch.*, t. IV, 1847, p. 228.

4779. TOURNAL. Inscriptions inédites ou peu connues du musée de Narbonne. 1864, in-8.

4780. PUIGGARI (A.). Deux inscriptions romaines sur un monument du musée de Narbonne. 1867, in-4.

4781. * Journal des observations médicales faites aux bains de *Reunes* dans les années 1816, 1817 et 1818. (Recueil périodique.) *Toulouse*, 1819.

Mention détaillée de bains romains. Voir *Mém. de la Soc. des antiq. de France*, t. III, 1821, p. 56.

4782. MÈGE (A. de la Haye du). Monuments découverts à *Salles*. 1830, in-8.

4783. — Archéologie. *Saint-Papoul*. 1836, in-8.

4784. VERGUET (l'a. L.). Dolmen entre *Villeneuve-les-Chanoines* et Pujol, le Bosc, Pelvans près de Malves. 1858-59, in-8.

4785. — Mémoire sur un dolmen des environs de *Villeneuve-les-Chanoines*. 1868, in-8.

AVEYRON

Articles sur le département

4786. MONTEIL (A.). Description du dépt de l'Aveyron. 1801, in-8.

4787. Annuaire... de l'Aveyron. — Voir notamment l'année 1841.

4788. BARRAU (H. de). Considérations sur l'histoire locale [de l'Aveyron]... 1838, in-8.

4789. GAUJAL (bon de). Mémoire sur une idole gauloise appelée Ruth. 1832, in-8.

4890. — D'une ville gauloise appelée Carantomagus ou plutôt Caranto-Mag, située dans le pays des Ruthènes. 1840, in-8.

4791. CABANIOLS (l'a.). Mémoire sur Carento-Mag. 1868-73, in-8.

4792. BARRAU (H. de), etc. Mémoires sur le Rouergue : Ier, par H. DE BARRAU ; IIe, par DE BEAUMONT ; IIIe, par AD. BOISSE ; IVe, par ROMAIN et VANGINOT. 1869, in-8. (Le détail est au catalogue alphabétique.)

4793. — Inscriptions et monuments [de l'Aveyron]. 1842, in-8.

4794. RIVIÈRES (bon E. de). Promenades archéologiques dans l'Aveyron. 1869, in-8.

4795. BOISSE (Ad.). Antiquités celtiques et gallo-romaines signalées dans l'Aveyron. 1868-73, in-8.

4796. BARRAU (H. de). Notice sur les dolmen (*sic*) et les anciens tombeaux [de l'Aveyron]. 1838 (?), in-8.

4797. VALADIER. Mémoire sur les monuments celtiques de l'Aveyron. 1863, in-8.

4798. — Catalogue des dolmens du dép[t] de l'Aveyron. 1863, in-8.

4799. PERNOT (F.-A.). Sites et monuments du dép[t] de l'Aveyron. 1827, in-fol.

4800. BOISSONNADE. De la découverte d'un aquéduc (*sic*) romain que l'on rencontre depuis la Barraque du Fraysse, sur la route de Rodez à Albi jusqu'au plateau de la Boissonnade, au midi de Rodez. 1842, in-8.

4801. LUNET (B.). Rapport sur la découverte d'un aqueduc romain. 1852, in-8.

4802. — Amphithéâtre romain de Rodez, aqueduc romain ayant conduit des eaux potables dans cette ville. — Rapport à la *Soc. des lettres, etc., de l'Aveyron*, 12 juin 1853, in-8.

4803. — Mémoire sur l'aqueduc romain qui conduit les eaux de Vors à Rodez. 1867, in-8.

4804. AFFRE (H.). Observations relatives à quelques passages du mémoire sur l'aqueduc romain de Vors à Rodez. 1867, in-8.

4805. SAMBUCY-LUZENÇON (c[te] F. de). Statuette humaine trouvée dans une caverne du Rouergue. 1867, in-4.

Cantons

4806. VIRENQUE (M.). Des monuments dits celtiques et des légendes populaires du canton de Cornus et de ses environs. 1868-73, in-8.

4807. LESCURE. Quelques antiquités du canton de Sévérac. 1838, in-8.

Ville de Rodez

4808. LUNET (B.). Conférence faite le 10 mars 1865 sur l'histoire de Rodez dans les temps anciens. In-8.

4809. BOISSONNADE. Note sur un tombeau découvert à Rodez place de la Madelaine, en avril 1839. 1840, in-8.

4810. CAUMONT (A. de). Rapp. verbal sur une excursion à Rodez. (Tombeau gallo-romain.) 1864, in-8.

4811. CABANIOLS (l'a.). Notice sur quelques dolmens [situés près de Rodez]. 1838, in-8.

4812. CÉRÈS (l'a.). Notice sur les monuments celtiques des environs de Rodez. 1867, in-8.

4813. BARRAU (H. de). Rapport sur les médailles du musée de Rodez. 1842, in-8.

Localités diverses

4814. CÉRÈS (l'a.). Rapport sur les découvertes de M. l'abbé Cérès, au Puech de *Briounas*, etc. 1868-70, in-8.

4815. BOUSQUET (l'a.). Notice historique sur le Puech de *Buseins*. 1845, in-8.

4816. CÉRÈS (l'a.). Rapport sur les fouilles archéologiques faites à *Cadayrac*, à Souyri et au couvent de la Providence [à Rodez]. 1865, in-8, et (avec quelques différences de rédaction) 1868, in-8.

4817. — Compte-rendu sur les fouilles pratiquées à la villa romaine de *Mas-Marcou*. 1868-73, in-8.

4818. VALADIER. Note sur un fragment de stèle et sur deux autels antiques trouvés près de *Millau*. 1867, in-8.

4819. CÉRÈS (l'a.). Fouilles archéologiques de *Montroziers*. 1859, in-8.
Villa romaine.

4820. — Mémoire sur la villa gallo-romaine d'Argentelle, près *Montroziers*, etc. 1863, in-8.

4821. RAVAILLE (l'a. R.). Mémoire sur la chambre sépulcrale découverte à *Saint-Jean-d'Alcas*, arrond[t] de Saint-Affrique. 1840, in-8.

4822. BARRAU (H. de). Idole de *Taurines*. 1838, in-8.

BOUCHÉS-DU-RHONE

Articles sur le département

4823. EYGUIÈRES (M. d'). Statistique des Bouches-du-Rhône. 1802, in-8.

4824. PEUCHET et CHANLAIRE. Statistique des Bouches-du-Rhône. 1811, in-4.

4825. VILLENEUVE-BARGEMONT (cte de). Statistique du dépt des Bouches-du-Rhône. 1821-1833, 4 vol. in-4.

4826. GUINDON (Fr.). Statistique des Bouches-du-Rhône. 1843, in-4.

4827. LOQUI (E.-M. de). Recherches sur les limites territoriales d'Arles, d'Aix et de Marseille sous la période romaine. 1840, in-8.

4828. FONVERT (A. Reinaud de). Tabula regionis Salyorum ex Strabone, etc. — Carte des circonscriptions diocésaines avant 1789 dans les anciennes provinces ecclésiastiques d'Arles, d'Aix et d'Embrun. 1861, in-fol. maximo.

4829. CLAIR (N.). Recherches sur l'état ancien des embouchures du Rhône. 1844, in-8.

4830. POULLE. Étude de la Camargues, ou statistique du Delta du Rhône... S. *d.*, in-4. (Autographié.)

4831. SAUREL (A.). Fossæ Marianæ. 1865, in-8.

4832. DESJARDINS (Ernest). Discussion sur les embouchures du Rhône (20 avril 1866). In-8.

4833. — Même titre (15 juin 1866). In-8.

4834. — Aperçu historique sur les embouchures du Rhône, etc. 1867, in-4; 21 cartes coloriées.

4835. GILLES (J.). Les Fosses-Mariennes et le canal de St Louis. 1869, in-8.

4836. DESJARDINS (Ernest). Nouvelles observations sur les Fosses-Mariennes et le canal St-Louis, réponse aux objections, etc. 1869, in-8.

4837. — Rhône et Danube. 1870, in-4.

4838. SAUREL (A.). Dictionnaire des villes, villages... du dépt des Bouches-du-Rhône.

4839. FAURIS DE St-VINCENS (J.-F.-P.). Notice des monuments antiques conservés dans le muséum de Marseille. 1805, in-8.

4840. FAURIS DE St-VINCENS (A.-J.-A.) fils. [Mémoires composés par Fauris père et publiés à la suite de l'ouvrage intitulé] Notice sur J.-Fr. Pierre Fauris de Saint-Vincens. — Nouv. éd. Ans VIII et IX, in-4 (la 1re qui contienne ces Mélanges). Pour le détail, voir ci-dessous les nos 4901, 4883, 4900, 4879, 4934 et 4935.

4841. CAUMONT (A. de). Quatrième lettre, etc. (Monuments des Bouches-du-Rhône.) 1834, in-8.

4842. BOSQ frères. Recherches sur les anciennes fabriques de poteries et de briqueteries dans le dépt des Bouches-du-Rhône. 1854, in-8, 31 p.

4843. VÉRAN (J.-D.). Lettre de M. Millin sur une inscription antique trouvée dans la Camargue et sur l'ancienne Anatilia. 1809, in-8.

4844. — Sur une inscription romaine. 1812, in-8.

Arrondissements et Cantons

4845. MASSÉ. Mémoire historique... sur le canton de la Ciotat. 1842, in-8.

Ville de Marseille

4846. BAYLE (F.-H.). Traité sur la topographie, la population... et les arts de la ville de Marseille, etc. 1838, in-8.

4847. ACHARD (C.-F.). * Catalogue de tous les monuments littéraires et scientifiques réunis dans le musée de Marseille. An VII, in-8.

4848. * Catalogue de la Bibliothèque communale de Marseille. *Marseille*, 1863, etc., in-8.

4849. RAYMOND (N.-J.), FABROT (Ch.-Annibal) tradr. Les Antiquitez de la ville de Marseille. 1615, in-12.

4850. SOLIERS (J.-R. de). Antiquités de la ville de Marseille, etc. 1615, in-8.

4851. SANSON (N.). Antiquités et origines de la ville de Marseille. 1637, in-8.

Avec ses *Rech. des antiquités d'Abbeville.*

4852. RUFFI (A. de). Histoire de la ville de Marseille, etc. 1642, in-fol.

4853. HENDREICH (P.). Massilia, sive de antiqua Massiliensium republica. 1657, in-24.

4854. GUESNAY (J.-B.). Provinciæ Massiliensis... annales, etc. 1659, in-fol.

4855. KRIEGK (N.). Marseille (détails historiques).

De peregrinationibus Romanorum academicis. 1704, in-4.

4856. MANDAJORS (P.-J. des Ours de). Dissertation sur la fondation de Marseille.

A la fin de son *Hist. de la Gaule Narbonnaise.* 1733, in-12, p. 506.

4857. CARY (J.-F.). Dissertations sur la fondation de la ville de Marseille, etc. 1744, in-12.

4858. GUYS. Marseille ancienne et moderne. 1786, in-8.

4859. SINETY (A.-L.-E.). Fragment du tableau statistique de la c[ne] de Marseille, sur la partie historique de cette ville. 1803, in-8.

4860. LAUTARD (J.-B.). Essai... sur l'usage du poison fourni par le sénat de l'ancienne Marseille, etc. 1819, in-8.

4861. — Lettres historiques sur Marseille (au nombre de 22). 1819, in-8. 2e éd., 1844.

4862. AILLAUD (l'a.). Dissertation sur l'ancienneté de Marseille. *S. l. n. d.?*

4863. SAINT-SIMON (C.-F. Vermandois de Rouvray Baudricourt de). Lettre sur quelques étymologies, entre autres celles de Massilia, etc.

Voyage littéraire en Grèce, de Guys. 1776 2e éd. 1783, in-8.

4864. BRUCKNER (A.). Historia reipublicæ Massiliensium. 1826, in-4.

4865. TERNAUX (H.). Historia reipublicæ Massiliensium, etc. 1826, in-4.

4866. FABRE (A.). Histoire de Marseille. 1829-31, 3 vol. in-8.

4867. BALDY (A.-G.). Protidas, ou fondation de Marseille par les Phocéens. 1832, in-8.

4868. LANCELOT (J.-F.). Précis hist. sur l'ancienne Marseille... 1837, in-8.

4869. GUINDON. Notice sur le titre de SORОR ROMÆ donné à la ville de Marseille. 1843, in-8.

4870. MÉRY (L.). De vetere Massilia disquisitiones. 1849, in-8.

Voir aussi GEISOW (L.). De rep. Massiliensium. 1865, in-8.

4871. FABRE (A.). Les rues de Marseille. 1867-69. 5 vol. in-8.

4872. BELZUNCE. * Antiquité de l'église de Marseille, etc. 1747, 3 vol. in-4.

4873. LETRONNE (J.-A.). Éclaircissements sur les passages de Strabon relatifs à la latitude de Marseille et de Byzance, selon Pythéas et Hipparque. 1818, in-8.

4874. PENON (E.). Découvertes archéol. faites dans les terrains de la rue Impériale. 1866, in-8.

4875. FAURIS DE St-VINCENS (J.-F.-P.). Mém. sur un buste de marbre trouvé à Marseille et que l'on a prétendu représenter Agrippine. 1799, in-8.

4876. ZARILLO (M.). Lettres au s[r] Millin sur un buste trouvé dans le port de Marseille. An X, in-8.

4877. FAURIS DE St-VINCENS (J.-F.-P.). Monnaies et monuments des anciens Marseillais. 1771, in-4.

4878. GROSSON (J.-B.-B.). Recueil des antiquités et monuments marseillais. 1773, in-4.

4879. FAURIS DE St-VINCENS (J.-F.-P.). Inscriptions grecques sur un cippe trouvé dans les fondements de St-Victor de Marseille. An VIII, in-4.

4880. BARGÈS (l'a. J.-J.-L.). Temple de Baal à Marseille, etc. 1852, in-8; pl.

4881. TEISSIER (O.). Marseille et ses monuments. 1867, in-12.

4882. ROQUE (de la). Médailles grecques de la ville de Marseille, etc. 1721-22, in-8.

4883. FAURIS DE St-VINCENS (J.-F.-P.). Médailles de Marseille. An VIII, in-4.

4884. LAGOY (m[is] de). Description de quelques médailles inédites de Massilia, Glanum, etc. 1834, etc., in-4.

4885. — Monnaies primitives de Massilia. 1846, in-8.

4886. CRAZANNES (bon Chaudruc de). Médaille de bronze de Massalia, inédite. 1849, in-8.

4887. LAGOY (mis de). Découverte de 400 méd. de bronze de Massilia (dans le terroir de Marseille). 1849, in-8.

4888. — Médailles gauloises [Massilia, etc.]. 1857, in-8.

4889. CRAZANNES (bon Chaudruc de). Numismatique gallo-romaine. — Monnaies massaliotes. 1861, in-8.

4890. — Numismatique gallo-grecque. Monnaie massaliote. 1861, in-8.

4891. CARPENTIER (A.). Pièces gallo-grecques de Marseille. 1861, in-8.

4892. — Monnaies gallo-grecques de Marseille et d'Antibes. 1863, in-8.

4893. SAUSSAYE (L. de la). Tétroboles de Marseille. — Rectification numismatique. 1866, in-8.

4894. LAUGIER. Notes sur le musée numismatique de Marseille. 1866, in-8.

4895. SAULCY (F. de). Mémoire sur une inscription phénicienne déterrée à Marseille en 1845. 1845, in-8; 1 pl.

4896. MUNK (S.). L'Inscription phénicienne de Marseille. 1847, in-8.

4897. BARGÈS (l'a. J.-J.-L.). Inscription phénicienne de Marseille, etc. 1868, gr. in-4; 59 p.

4898. FRÉRET (N.). Observations sur l'époque d'une ancienne inscription grecque apportée de Tripoli d'Afrique en Provence et placée dans le cabinet de M. Le Bret; avec un supplément. 1754, in-4.

4899. BOUGEREL (J.). Explication d'une inscription sur les révolutions de Marseille.

DES MOLETS, *Mém. de litt.*, t. III, partie II.

4900. FAURIS DE St-VINCENS (A.-J.-A.). Mém. sur une urne sépulcrale et sur une inscription en vers grecs trouvée à Marseille. 1799, in-8.

4901. — Inscription grecque tirée de la maison qu'avait habitée Peiresc. An VIII, in-4.

4902. LE BLOND, LA PORTE DU THEIL, etc. * Rapport sur le fragment d'un monument antique envoyé à l'Institut national par M. Achard, conservateur du musée de Marseille [ΘΕΑ ΔΙΚΤΥΑ ΔΗΜΟϹ ΜΑΣΣ] (avec une planche). — *Mém. de l'Institut national* (Cl. de litt. et beaux-arts), t. I, an II, p. 170.

4903. GEMBLOUX (Pierquin de). * Extrait d'une lettre sur une inscription grecque inédite trouvée [en 1833] à Marseille [ΑΘΗΝΑΔΗϹ κ. τ. λ.]. 1839, in-8.

4904. EGGER (Ém.). Inscription découverte à Marseille en 1833. 1851, in-4, et 1863, in-8.

4905. — Sur une inscription grecque trouvée à Marseille. 1866, in-8.

4906. FRÖHNER (W.). Les Tablettes grecques du musée de Marseille, 1867 et 1870, in-8.

4907. CAYLUS (cte de). Inscriptions latines trouvées à Marseille.

Rec. d'antiquités, t. VII. 1767, in-4, p. 276.

Aix

4908. PITTON (J.-S.). Histoire de la ville d'Aix, etc. 1666, in-fol.

4909. HAITZE (P.-J. de). [*Ms.?*] Histoire de la ville d'Aix, etc.

4910. PITTON (J.-S.). Annales de la sainte église d'Aix, etc. 1688, in-4.

4911. FAURIS DE S-VINCENS (A.-J.-A.). Mém. sur la position de l'ancienne cité d'Aix. 1812, 2e éd. 1816, in-8.

4912. CASTELLAN (l'a.). Dissertation sur les plaines d'Aix et de Trets, où C. Marius défit les Cimbres et les Teutons. 1832, in-8.

4913. ROUCHON. Sur la position de la ville d'Aix avant sa destruction par les Sarrasins. 1840, in-8.

4914. ROSTAN, COTTARD, AUDRIC. Souvenir de la bataille livrée par Marius contre les Teutons et les Ambrons. 1866, in-8.

4915. RABOU (le ct). Mémoire sur l'ancienne voie Aurélienne entre Antibes et Aix. 1861, in-8.

4916. HAITZE (P.-Jos. de). Les Curiosités les plus remarquables de la ville d'Aix. 1679, in-8.

4917. FAURIS DE St-VINCENS (A.-J.-A.). Mém. sur les antiquités et curiosités de la ville d'Aix. 1818, in-8.

4918. — Mém. sur quelques découvertes

d'antiquités faites auprès d'Aix, en 1817. 1819, in-8.

4919. — (J.-F.-P.). Pavé en mosaïque découvert près de l'hôpital d'Aix, en 1790, etc. An VIII, in-4.

4920. GIBELIN (E.-A.). Observations critiques sur un bas-relief antique conservé dans l'hôtel de ville d'Aix, et sur les mosaïques, 1809, in-8.

4921. *Mosaïque romaine découverte dans la rue Sainte-Croix à Aix. — *Rev. archéol.*, 2e série, t. I, p. 62-126, année 1860, in-8.

4922. GIBELIN (A.-E.). Lettre sur les tours antiques qu'on a démolies à Aix, etc. 1787, in-4.

4923. FAURIS DE St-VINCENS (J.-F.-P.). Tombeau qui existait dans le palais de justice à Aix. An VIII, in-4.

4924.—(A.-J.-A.) Mém. sur un monument votif de marbre blanc qu'on voyait à Aix avant la Révolution dans l'église de St-Sauveur. 1803, in-8.

4925. PORTE (J.-F.). *Aix ancien et moderne, ou description des monuments sacrés et profanes, etc. 1823, in-8.

4926. ROUARD. Notice sur la bibliothèque d'Aix. — Essai sur ses monuments, etc. 1831, in-8.

4927. — Rapport sur les fouilles d'antiquités faites à Aix en 1841-42. 1843, in-4.

4928. LAURENS. Rapport sur les fouilles d'antiquités faites à Aix en 1842. 1843, in-4.

4929. ROGUET (le cap.). Sur le camp romain nommé *le Pain de munition*, près d'Aix, en Provence. 1832, in-8.

4930. TIRON (M.). Étude d'un camp retranché aux environs de la ville d'Aix, etc. 1840.

4931. FAURIS DE St-VINCENS (J.-F.-P.). Notice sur quelques anciennes médailles du cabinet de feu E.-P. Fauris de Saint-Vincens. An VIII, in-4.

4932. — Inscription grecque du cabinet de St-Vincens. An VIII, in-4.

4933. FONSCOLOMBE (M. de). Recherches sur une inscription romaine mutilée qui se trouve dans le cabinet de M. Sallier, à Aix. 1827, in-8 ; 2 pl.

4934. ROUARD. Inscriptions en vers du musée d'Aix, etc. 1839, etc., in-8.

4935. — Notice sur une inscription trouvée à Aix en 1839, etc. 1853, in-8. — Autre notice. 1858, in-8.

Arles

4936. ESTRANGIN (J.-J.). Études archéologiques, historiques et statistiques sur Arles, etc. 1838, in-8.

4937. GAUJAL (de). Rapport sur les études archéologiques... de M. Estrangin, etc. 1840, in-8.

4938. SÈVE. [*Ms.*] La Fondation de la ville et cité d'Arles, par Arulum, avec ses révolutions. In-4.

4939. REBATU (F. de). Miriatus Arelatensis; poëma. *S. d.*, in-4.

4940. BOUYS (J.-B.). La royale couronne d'Arles, etc. 1641, in-4.

4941. ANIBERT. Mém. sur l'ancienne république d'Arles. 1779-81, 4 vol. in-12.

4942. — Mémoire sur l'ancienneté d'Arles, etc. 1782, in-8.

4943. LAUZIÈRE (Noble de la). Abrégé chronologique de l'histoire d'Arles, etc. 1808, in-4.

4944. TALON (H.). Sur l'histoire et l'ancienne topographie d'Arles. 1855, in-8.

4945. DUPORT. Histoire de l'église d'Arles. 1690, in-8.

4946. ROMIEU (Lanthelme de). [*Ms.*] Histoire des antiquités de la ville d'Arles, avec plusieurs inscriptions. 1574, in-fol.

4947. REBATU (Fr. de). Diverses antiquités d'Arles. 1655, in-8.

4948. SEGUIN (J.). Les Antiquités d'Arles traitées en manière d'entretien et d'itinéraires, où sont décrites plusieurs découvertes. 1687, in-4.

4949. PORCHET (le p.). [*Ms.*] Histoire des antiquités d'Arles. In-4.

4950. PEILHE (Fr.). Entretien, etc., au sujet des antiquités de l'ancienne ville d'Arles. 1718, in-4.

4951. ROMIEU (le chlier de). Portefeuille, premier cahier sur ce qu'il y a de remarquable à Arles. 1726, in-4.

4952. PANOFKA (Th.), sous la signature M. T. P. (Fouilles d'Arles, d'après un mémoire du baron Laugier de Chartrouse.) 1835, in-8.

4953. ESTRANGIN (J.-J.). Notice archéologique sur les fouilles d'Arles. 1837, in-8.

4954. *Antiquités d'Arles. — *Rev. arch.*, t. I. 1843, p. 125.

4955. ESTRANGIN (J.-J.). Description de la ville d'Arles ancienne et moderne, etc, 1845, in-16.

4956. *Fouilles et découvertes qui ont eu lieu à Arles en 1866. — *Congr. scientif. de Paris*, 33e session, t. II, 1re part., tenue à Aix en 1866, in-8, p. 266-271.

4957. REBATU (Fr. de). La Diane et le Jupiter d'Arles se donnans à cognoistre aux esprits curieux. 1656, in-8.

4958. — Description de la Diane d'Arles. 1659, in-12.

4959. TERRIN (C.-Fr.). La Vénus et l'obélisque d'Arles (ou Entretien de Musée et de Callisthène). 1680, etc., in-12.

4960. — Lettre de Musée à Callisthène, sur les réflexions d'un censeur (relativement à la Diane d'Arles).

4961. AUGIÈRES (le r. p. A. d'). Réflexions sur les sentiments de Callisthène, touchant la Diane d'Arles. 1684, in-12.

4962. BOUGEREL. Dissertation sur la statue qui était autrefois à Arles et qui est à présent à Versailles. 1685, in-4, 7 p.

4963. BRUNET. Lettre à M. Terrin sur la Vénus d'Arles. *S. d.?* in-4.

4964. TERRIN (Fr.). [*Ms.*] Mémoire envoyé à M. de Louvois (et autres) sur diverses antiquités de la ville d'Arles, etc.

4965. RAYBAUD (J.). [*Ms.*] Descriptions de tous les monuments antiques... qui se trouvent à Arles, etc.

4966. VÉRAN (J.-D.). Notice sur les anciens monuments d'Arles. 1824, in-8.

4967. JACQUEMIN. Guide du voyageur dans Arles, etc. 1835, in-8.

4968. CLAIR (H.). Les Monuments d'Arles antique et moderne. 1838, in-8.

4969. TRICHAUD (l'a.). Itinéraire du visiteur aux monuments d'Arles. 1859, in-12.

4970. JACQUEMIN (L.). Rapport au ministre de l'instruction publique sur les monuments d'Arles et sur les soins que réclame leur état. 1867, in-8.

4971. GUIZ (J.). Description des arènes ou de l'amphithéâtre d'Arles. 1665, in-4.

4972. TERRIN (C.-Fr.). Nouvelle découverte du théâtre de la ville d'Arles, sa description etc. 1684, in-8.

4973. PEILHE (Fr.). Description de l'amphithéâtre d'Arles. 1725, in-fol.

4974. PENCHAUD. Fouilles du théâtre d'Arles : extrait d'un rapport fait en 1823. 1826, in-8.

4975. LADOUCETTE (bon J.-Ch. de). Sur l'amphithéâtre d'Arles. 1832, in-8.

4976. VÉRAN (J.-D.). Dissertation sur la question suivante : L'amphithéâtre d'Arles a-t-il été achevé? 1832, in-8.

4977. ESTRANGIN (J.-J.) fils. L'Amphithéâtre romain à Arles. 1837, in-8.

4978. LAUGIER DE CHARTROUSE (bon). Notice sur le théâtre antique d'Arles. 1837, in-8.

4979. HENRY (D.-J.-M.). Notice sur le théâtre d'Arles. 1837, in-8. — Supplément à la notice sur le théâtre d'Arles, etc. 1838, in-8.

4980. — Nouvelles fouilles au théâtre romain d'Arles, etc. 1840, in-8.

4981. JACQUEMIN (L.). Monographie de l'amphithéâtre d'Arles. 1845-1847, in-8. — Nouv. éd., 1863, in-8.

4982. PENON (E.). Étude sur le théâtre chez les anciens. Rapport sur la monographie du théâtre d'Arles, etc. 1866, in-8.

4983. *Amphithéâtre d'Arles; texte et planches. — *Archives de la Comm. des mon. hist.*, t. Ier, 1855-1872, gr. in-fol.

4984. SÉGUIER (J.-F.) et D'ORBESSON. Lettre sur un monument trouvé à Arles (en 1758). Réponse et dissertation.

4985. ORBESSON (mis d'). Mémoire sur le monument d'Arles.

Mélanges historiques, etc. 1768, 4 vol. in-8.

4986. VÉRAN (J.-D.). Mémoire sur des tuyaux de plomb trouvés dans le Rhône à Arles en 1822. 1823, in-8.

4987. — Des cloaques de la ville d'Arles. 1826, in-8.

4988. HENRY (D.-J.-M.). Notice sur l'aqueduc de Barbegal. 1837, in-8.

4989. TERRIN (Cl.). Description d'un ancien cimetière... que l'on voit à Arles. 1724, in-4.

4990. CLAIR. Cippe funèbre trouvé à Arles. 1850, in-8.

4991. LE BLANT (E.). D'une représentation inédite de Job sur un sarcophage d'Arles. 1860, in-8.

4992. RÉVOIL (A.-H.). Note sur deux ponts romains à Arles. 1863, in-8.

4993. CLAIR (H.). Temple romain à Arles. 1864, in-8.

4994. * Discours et rôle des médailles et autres antiques du sieur Antoine Agard, orfèvre de la ville d'Arles. *Paris*, 1611, in-8.

Mention dans la *Biblioth. hist.*, t. III, n° 38 181.

4995. SCOTT (W.-H.). Médailles inédites de la Narbonnaise (*ARelates*). 1854, in-8.

4996. REBATU (Fr. de). In tres versus qui Arelate... sculpti sunt commentatiuncula. 1644, in-4.

4997. MARCEL (P.). In tabellam marmoream Arelatensem, etc. 1693, in-4.

4998. * [*Ms.*] Recueil d'inscriptions trouvées à Arles. In-fol.

Mention dans la *Biblioth. hist.*, t. III, n° 38 180.

4999. * Inscription funéraire du consul Aviénus, trouvée à Arles. — *Rev. arch.*, t. I, 1843, p. 126.

Localités diverses

5000. CAYLUS (c^te de). Antiquités trouvées dans le prieuré d'*Alichamps*.

Rec. d'antiquités, t. VII, 1767, in-4, p. 310 et suiv.

5001. CHABOUILLET (A.). Rapport sur une communication de M. Blanchard, relative à la découverte, à *Auriol*, d'une monnaie grecque d'argent, etc. 1870, in-8.

5002. SAUREL (A.). Statistique de la c^ne de *Cassis*. 1857, in-8.

5003. MARIN (F.-L.-Cl.). Mémoire sur l'ancienne ville de Tauroëntum. Hist. de *la Ciotat*. Mém. sur le port de Marseille. 1782, in-12. — Cp. n°s 2941 et suiv.

5004. FAURIS DE St-VINCENS (A.-J.-A.). Découvertes d'antiquités à *Conil*. 1803, in-8.

5005. ANIBERT. Dissertation... sur la montagne de *Cordes* et ses monuments. 1779, in-12.

5006. LOQUI (E.-M. de). Recherches sur les ruines d'*Entremont* et sur les mœurs des Salyens. 1839, in-8.

5007. ROUARD. Les Bas-reliefs gaulois trouvés à *Entremont*, etc. Notes, pl. et fac-simile d'inscriptions. 1845 et 1851, in-8, 100 p.

5008. * Les Ruines de la cité salyenne d'*Entremont*. — *Congrès sc. de France*, 33e session, tenue à Aix en 1866, t. II, 1re partie, 1867, p. 247.

5009. SAUREL (A.). Histoire de *Martigues* et de *Port-de-Bouc*. 1862, in-12.

5010. CAUMONT (m^is de). Description d'un monument antique élevé sur un pont près du village de *Saint-Chamas*. 1737, in-4; 1 pl.

5011. FEAUTRIER. Notice historique sur 338 médailles trouvées à Gémenos, en face de l'ancien Gargarius Locus, auj. *Saint-Jean-de-Garguier*, précédée d'un aperçu sur quelques monuments inédits découverts dans l'ancienne localité. 1839, in-8.

5012. SAUREL (A.). *Saint-Jean-de-Garguier*, l'abbaye de St-Pars et Gemenos. 1863, in-8.

5013. PEILHE (Fr.). Description des antiquités de la ville de *Saint-Remi*. 1718, in-4.

5014. GAUTIER. Antiquités de *Saint-Remy*. 1866, in-8.

5015. MAUTOUR (Moreau de). Nouvelle description d'un ancien monument de Provence trouvé près de *Saint-Remy*. 1728, in-4; 2 pl.

5016. MÉNARD (L.). Mémoire sur la position d'une ville de la Gaule Narbonnaise appelée Glanum Livii, etc. (près de *Saint-Remi*). 1768, in-4.

5017. MALOSSE (P.). Monuments antiques de *Saint-Remy*. 1803, in-8.

5018. DESJARDINS (E.). Monuments romains du Ier siècle, à *Saint-Remy* (ancien Glanum), etc. 1865.

5019. LOHDE (L.). Das Denkmal der Julier zu *Saint-Remy*. 1867, gr. in-8.

5020. BOMY (J. de). Rapport de l'inscription du mausolée de la ville de *Saint-Remi*, etc. 1633, in-12.

5021. LAGOY (mis de). Recueil des inscriptions grecques et latines de Glanum (aujourd'hui *Saint-Remy*). 1844, in-8.

5022. RITSCHL (Fr.). Étude du monument épigraphique de *Saint-Remi* en Provence. (En latin.)

Priscæ latinitatis monumenta epigraphica; supplementum V. 1864, in-4.

5023. PORTE (J.-B.-F.). Recherches historiques sur les fêtes de la Tarasque célébrées dans la ville de *Tarascon*. 1840, in-8.

5024. TERRIN (Fr.). [*Ms.*] Explication d'une grande inscription antique trouvée à *Trinquetaille*, etc.

CALVADOS

Articles sur le département

5025. BÉZIERS. Lettre (à l'a. Lebeuf) touchant des stations militaires qui, dans l'ordre de la Table de Peutinger, se trouvent sur la route d'Alauna à Tours. 1761, in-8.

5026. BELLEY (l'a.). Mém. sur une voie rom. qui passait de Valognes à Vieux, près de Caen, et ensuite à la ville du Mans. 1761, in-4.

5027. MANCEL (G.), avec DE BONNECHOSE, CHARMA, etc. Le Calvados pittoresque. 1846-47, in-fol.

5028. LÉVEILLÉ, BOURDIAN et CHATEL. Découvertes se rapportant à l'époque celtique. 1864, in-8.

5029. FÉDÉRIQUE (C.-A.). Découvertes d'objets celtiques et gallo-romains [dans le Calvados]. 1867, in-8.

5030. VASSEUR (Ch.). De Lisieux à Pont-Audemer, etc. 1868, in-8.

5031. JOLIMONT (de). Description historique et critique et vues des monuments du dépt du Calvados. 1825, gr. in-4.

5032. CAUMONT (A. de). Statistique monumentale du Calvados. 1846-1867, 5 vol. in-8.

5033. — Inspection des monuments du Calvados en 1848. Rapport, etc. 1849, in-8.

5034. LAMBERT (Éd.). Épigraphie romaine dans le dépt du Calvados, etc. 1860, in-4.

Arrondissements

5035. RUE (l'a. Gervais de la). Essais historiques sur la ville de Caen et son arrondissement. 1820-28, 2 vol. in-8. (Quelques ex. in-4.)

5036. HERMANT (J.). Bibliothèque générale du diocèse de Bayeux. 1705, in-4.

5037. BELLEY (l'a.). Observations sur les anciens peuples de la cité de Bayeux. 1761, in-4.

5038. PLUQUET (F.). Essai hist. sur la ville de Bayeux et son arrondt. 1830, in-8.

5039. LANDE (Mangon de la). Mém. sur l'antiquité des peuples de Bayeux. 1832, in-8.

5040. CAYROL (de). Examen de quelques passages du Mémoire de M. Mangon de la Lande, etc. 1835, in-8.

5041. DO (l'a.). Origines chrétiennes du pays Bessin. Recherches... sur saint Regnobert, second évêque de Bayeux. 1861, in-8.

5042. LAIR (J.). Étude sur les origines de l'évêché de Bayeux. 1862, in-8.

5043. TAPIN (l'a.). Les Traditions du diocèse de Bayeux. Réponse à M. J. Lair... 1862, in-8.

5044. DO (l'a.). Études sur les Commentaires de César; .... que saint Regnobert a pu exister au commencement du IIe siècle. 1862, in-8.

5045. — Défense des recherches... sur saint Regnobert, second évêque de Bayeux... 1862, in-8.

5046. LAFFETAY (J.). Essai historique sur l'antiquité de la foi dans le diocèse de Bayeux. 1862, in-12.

5047. LEBEUF (l'a. J.). Mém. sur quelques antiquités du diocèse de Bayeux. 1754, in-4.

5048. GALERON (F.), avec DE BREBISSON, DESNOYERS, etc. Statistique de l'arrondt de Falaise, 1826-32, 3 vol. in-8; atlas in-4.

Monuments druidiques, etc.

5049. SÉGUIN (R.). Histoire du pays d'Auge et des évêques comtes de Lisieux, contenant des notions sur l'archéologie, etc... 1832, in-18.

5050. * Examen de la 2e question du programme [du Congrès] relative aux silex taillés et autres objets de l'âge préhistorique dans le diocèse de Lisieux. — *Congrès arch. de France*, 37e session tenue à Lisieux en 1870; p. 25.

5051. * Examen de la 1re question ... concernant les monuments mégalithiques dans les arrondts de Lisieux et de Pont-Lévêque. — *M. vol.*, p. 22.

5052. LABUTTE (A.). Essai historique sur Honfleur et l'arrondt de Pont-l'Evêque. 1840, in-8.

Ville de Caen

5053. HUET. Les Origines de la ville de Caen et des lieux circonvoisins. 1702, in-8. — 2e éd. 1706, in-8 et in-4.

5054. MANCEL (G.) et WOINEZ. Histoire de la ville de Caen... 1836, in-8.

5055. VAULTIER (Fr.). Histoire de la ville de Caen depuis son origine jusqu'à nos jours. 1843, in-12.

5056. TRÉBUTIEN. Caen. Précis de son histoire, ses monuments, etc. 1850, in-8.

Localités diverses

5057. VAULTIER. Recherches historiques sur la paroisse d'*Acqueville*. 1837, in-8.

5058. CREULY (gal), avec DUPRÉ et DE FORMEVILLE. Notes sur des tombeaux découverts à *Allemagne*, près Caen.

5059. LAMBERT (Éd.). Statères gaulois trouvés à *Arromanches*. 1858, in-8.

Bayeux

5060. HEUZEY (Léon). Le dieu Mên à Bayeux. 1869, in-8.

5061. BÉZIERS. Lettre à l'a. Le Beuf sur son Mémoire au sujet des antiquités de Bayeux. 1760, in-8. — Cp. ci-dessus no 5047.

5062. LEBEUF (l'a. J.). Conjectures sur un anneau d'or conservé à Bayeux. 1754, in-4.

5063. SURVILLE. Mém. sur les vestiges des thermes de Bayeux. 1822, in-8.

5064. LAMBERT (Éd.). Mém. sur les thermes antiques... de Bayeux. 1825 et 1826, in-8. Suite, 1844, in-8.

5065. — Notice sur des colonnes creuses ou lanternes existant dans le voisinage d'anciens cimetières, à Bayeux et à Saint-Lô. 1841, in-4.

5066. — Notice sur l'ancienne nécropole de la cité de Bayeux et sur une inscription en l'honneur de Constantin le Grand. 1846, in-4.

5067. BARTHÉLEMY (A. de). Attribution d'une médaille gauloise au Pagus Corilissus [près de Bayeux]. 1842, in-8.

5068. LAMBERT (Éd.). Note sur une médaille d'or de... Marc-Aurèle, trouvée à Bayeux. 1841, in-4.

5069. CHARMA (A.). Rapport sur les fouilles exécutées au Câtillon, dans la commune de *Bénouville*. 1852, in-4.

5070. DURAND. Notice sur des tombeaux découverts à *Bénouville*. 1841, in-4.

5071. GERVAIS (Ch.). Note sur une monnaie d'or trouvée à *Bénouville*. 1833, in-8.

5072. LAMBERT (Éd.). Notice sur une monnaie d'or trouvée à *Bénouville*. 1835, in-8.

5073. CHARMA (A.). Rapport sur des objets antiques trouvés à *Caenchy* et à la Cambe. 1852, in-4.

5074. LAMBERT (Éd.). Lettre sur un dépôt de médailles trouvé à *la Cambe*. 1833, in-8.

5075. CAUMONT (A. de). Note sur la pierre levée de *Condé-sur-Laizon*. 1835, in-8.

5076. GALERON (F.). Description du tumulus de *Condé-sur-Laizon*. 1835, in-8.

5077. LÉCHAUDÉ, d'Anisy. Notice sur

une amphore romaine trouvée à *Courseulles*. 1833, in-8.

5078. GERVAIS (Ch.). Note sur des objets antiques trouvés à *Courseulles*. 1835, in-8.

5079. CAUMONT (A. de). Notice sur les fouilles faites aux monts d'*Éraines*, près Falaise. 1847, in-4.

5080. LAMBERT (Éd.). Note sur des casques trouvés au mont d'*Éraines*. 1837, in-8.

5081. BELLIVET. Rapport sur l'ouverture d'un tumulus situé dans la cne d'*Ernes*. 1844, in-4.

5082. CHARMA (A.). Fouilles pratiquées à *Evrécy*... en 1867. 1869, in-4.

5083. GALERON (F.). Lettres... sur les origines de la ville de *Falaise*. 1834, in-8.

5084. FALLUE (L.). Casques gaulois du musée de *Falaise*, etc. 1846, in-8. Cp. n° 5080.

5085. — Sur quelques monuments druidiques des environs de *Falaise*. 1857, in-8.

5086. — Casques gaulois du musée de *Falaise* et médaille en plomb inédite. 1866, in-8.

5087. CAUMONT (A. de). Les Casques [non gaulois] de *Falaise* et d'Ampiville-sous-les-Monts. 1870, in-8.

5088. DESHAYES. Rapport fait sur les fouilles du tumulus de *Fontenay-le-Marmion*. 1833, in-8.

5089. MANCEL (G.). Note sur des médailles trouvées à *la Garenne*, près Caen. 1852, in-4.

5090. GERVAIS (Ch.). Note sur des objets antiques découverts dans la cne de *Giberville*, près Caen. 1830, in-8.

5091. CAYLUS (cte de). Sur Grannona, où les Romains avaient un camp près de *Grai*, etc.

Rec. d'ant., t. V, p. 309.

5092. CHAUTARD (J.). Notice sur une découverte de petites pièces de monnaie à *Hotot-en-Auge*. 1862, in-8; 2 p.

5093. CAUMONT (A. de). Note sur des découvertes faites à *Jort* en 1833. 1833, in-8.

5094. CHARMA (A.). Notice sur les fouilles pratiquées à *Jort*, pendant les années 1852-1853. 1854, in-8.

5095. DESLONGCHAMPS (E.). Analyse d'une substance minérale trouvée à *Jort*. 1835, in-8.

5096. MAGNEVILLE (de). Notice sur d'anciennes constructions à *Lébisey*, cne d'Hérouville. 1837, in-8.

Lisieux

5097. DUBOIS (L.). Histoire de Lisieux. 1845-47. in-8.

5098. * Que sait-on de la population lexovienne avant la conquête de César? — *Congrès arch. de France*, 37e session, séances générales tenues à Lisieux en 1870.

5099. MONGEZ (A.). Mémoire sur la véritable situation de Noviomagus Lexoviorum, ville de la seconde Lyonnaise. 1821, in-4.

5100. VASSEUR (Ch.). Quelques réflexions sur le tracé de l'enceinte gallo-romaine de Lisieux. 1860, in-8; 1 plan.

5101. CHATELET. Sur le véritable emplacement de la ville appelée Noviomagus, ancienne capitale des Lexovii. 1863, in-8.

5102. PIEL. Communication sur la topographie de Lisieux à la fin du IVe siècle. 1870, in-8.

5103. DUBOIS (L.). Notice sur les ruines de Næomagus Lexoviorum (l'ancien Lisieux). 1823, in-8.

5104. FORMEVILLE (de). Note sur des découv. faites à Lisieux. 1847, in-4.

5105. BOUET. Note sur des découvertes d'antiquités rom. à Lisieux. 1857, in-8.

5106. PANNIER (A.). Notice sur les antiquités romaines découvertes à Lisieux en 1861. 1862, in-8.

5107. — Ère gallo-romaine, mém. sur les vestiges de l'époque romaine à Lisieux et aux environs. 1870, in-8.

5108. — Note sur les objets découverts au champ Loquet, route de Lisieux au Prédauge et sur les différents points de la ville actuelle. 1870, in-8.

5109. * Histoire des découvertes de poteries romaines à Lisieux; vases et poteries découverts par M. Delaporte; noms de potiers avec fig. — *Congrès arch. de France*, 37e session, séances générales tenues à Lisieux en 1870, in-8, p. 41 à 63.

5110. PANNIER (A.). Mém. sur les sépultures gallo-rom. découvertes à Lisieux dans le Grand-Jardin en... 1866. In-8.

5111. CAUMONT (A. de). Sur des sépultures découvertes à *Manneville*. 1841, in-4.

5112. LAMBERT (Éd.). Rétablissement de la colonne milliaire trouvée au *Manoir*, près Bayeux. 1841, in-4.

5113. * Découverte à *Montchauvet* des restes d'un grand alignement de pierres, dites celtiques, et de plusieurs cromlech's ou cercles de pierres.

5114. CAUMONT (A. de). Statistique de la vallée de *Roques* et de Cautelou. 1863, in-8.

5115. PILLET (E.). Note sur *Saint-Aubin-sur-Mer*. 1841, in-4.

5116. CASTEL. Note sur un dolmen à table horizontale, situé à *Saint-Germain-de-Tallerende*. 1833, in-8.

5117. TOULMON (E. de). Substructions romaines découvertes, à *Saint-Paul-de-Courtonne*. 1863, in-8.

5118. VAUGEOIS (J.-F.-G.). Mémoire sur la pierre couplée de la forêt de *Saint-Sever*. 1826, in-8.

5119. VILLERS (G.). Sépulture antique découverte à *Tour*, près Bayeux. 1863, in-8.

5120. CHATEL (V.). Silex taillés de *Val-congrain*. 1865, in-8.

5121. GALERON (F.). Lettres sur les antiquités romaines trouvées à *Vaton*, en 1834, et sur les origines de la ville de Falaise. 1834, in-8.

Vieux

5122. FOUCAULT et GALLAND. Découverte des ruines de l'ancienne ville des Viducassiens. 1717, in-4.

5123. LEBEUF (l'a.). Antiquités de Vieux. *Antiquités du diocèse de Bayeux*, 1754.

5124. BESONGNET. Note sur diverses découvertes faites à Vieux. 1830, in-8.

5125. MÉRIL (du). Rapport sur le premier nom de Vieux. 1844, in-4.

5126. GERVAIS (Ch.). Rapport sur les fouilles pratiquées à Vieux en 1839 et 1840. 1841, in-4.

5127. CHARMA (A.). Note sommaire sur les fouilles de Vieux. 1853, in-4.

5128. — Rapport sur les fouilles pratiquées à Vieux, pendant les années 1852, 1853, 1854. 1855, in-8.

5129. — Mémoire sur les fouilles pratiquées au village de Vieux. 1861, in-8.

5130. BOYER DE Ste-SUZANNE. Observations au sujet d'une note de M. A. Charma sur les fouilles de Vieux et particulièrement sur la découverte du théâtre romain.

5131. CAUMONT (A. de). Fouilles exécutées à Vieux par la Société des Antiquaires de Normandie. 1864, in-8; pl.

5132. REVER (F.). Description de deux cachets, dont l'un trouvé à Vieux et l'autre à Bayeux. 1825, in-8.

5133. DESHAYES. Rapport sur une mosaïque romaine découverte à Vieux. 1828, in-8.

5134. LAMBERT (Éd.). Mémoire sur un piédestal antique en marbre, trouvé à Vieux dans le XVIe siècle, et connu sous le nom de Marbre de Torigny [Manche]. 1833, in-8.

Voir au département de la MANCHE les articles sur *Torigny*.

5135. MURY. Note sur des objets antiques en bronze trouvés près de *Vire*. 1835, in-8.

CANTAL

Articles sur le département

5136. DERIBIER DU CHATELET. Dictionnaire statistique et historique du Cantal. 1824, etc., in-8. — 2e éd., 1852-58, 5 vol. in-8.

5137. BOUILLET (J.-B.). Description historique et scientifique de la Haute-Auvergne. 1834, in-8.

5138. — Itinéraire minéralogique et historique de Clermont-Ferrand à Aurillac, etc. 1831, in-8.

5139. DURIF (H.). Guide histor., archéol. ... dans le département du Cantal. In-12; pl.

5140. LYELL et MURCHISON. Sur les dépôts lacustres tertiaires du Cantal, etc. 1831, in-8.

5141. DURIF (H.). Rapport sur les travaux annuels de la commission des monuments hist. du Cantal. In-8.

Arrondissements et Cantons

5142. DERIBIER DU CHATELET. Mém. sur les fouilles... faites dans le canton de Sagnes en 1821 et 1822.

5143. RABIERS (J.-B. de). Extrait d'un mém. sur les fouilles... faites, etc., en 1822, 1823 et 1827. In-8.

Ville d'Aurillac

5144. DUBUISSON. Considérations sur l'antiquité de la ville d'Aurillac. In-8.

5145. DURIF (H.). [*Ms.*] Mémoire sur les origines de la ville d'Aurillac, etc.

5146. DELZONS (le bon). Origines de la ville d'Aurillac, etc. 1862, in-8.

Réfutation du mém. précédent.
Voir aussi l'*Annuaire du Cantal* et *Tablettes histor. de l'Auvergne*.

5147. OLLERIS. Gerbert. Aurillac et son monastère. 1862, in-8.

5148. MONGEZ (Ant.). Antiquités trouvées près d'Aurillac. 1821, in-4.

5149. * Catalogue du Musée d'Aurillac. 1863, in-8.

Localités diverses

5150. MATHIEU (P.-P.). De la position d'*Aquis Calidis* sur la Table de Peutinger. 1859, in-8.

Station placée à *Chaudes-Aigues*.

5151. QUICHERAT (J.). Rapport sur une communication de M. Amé, correspondant du Cantal, relative aux menhirs de la montagne de *Faillitou*. 1868, in-8.

5152. MATHIEU (P.-P.). Bourg franco-gaulois, près de *Mauriac*, découvert par M. Clod. Despériers; note. 1843, in-8.

CHARENTE

Articles sur le département

5153. DELAISTRE. Statistique de la Charente. An X, in-8.

5154. CHARLONYE (G. de la). Engolismenses Episcopi. 1597, in-4.

5155. * [*Ms.*] Catalogus Episcoporum Engolismensium usque ad annum 1558, in-fol.

Ce catalogue est conservé dans la bibliothèque du Vatican, entre les manuscrits de la reine de Suède, au no 248. (*Bibl. histor.*, t. I, no 8278. Voir aussi le no 8279.)

5156. CASTAIGNE (Eus.), édr. * Historia pontificum... Engolismensium, etc. 1853, in-8.

5157. MARVAUD (F.). Géographie physique et hist. de la Charente. 1850, in-18.

5158. BASQUE (J.-B.-A.). Dictionnaire des communes, etc., de la Charente. 1857, in-8.

5159. LIMOUSIN (N.). Recherches concernant une station romaine dont on voit les ruines dans le dépt de la Charente. 1852, in-8.

5160. MARVAUD (F.). Répertoire archéol. de la Charente. 1862, etc., in-8.

5161. BIAIS-LANGOUMOIS (Æ.). Note sur quelques objets anciens trouvés dans le dépt de la Charente. 1869, in-8.

5162. ROCHEBRUNE (A. Trémeau de). Archéo-géologie : Mém. sur les restes d'industrie... recueillis dans le dépt de la Charente. 1866, in-8.

5163. — De la distribution des monuments préhistoriques dans le dépt de la Charente. 1868, in-8.

5164. — Études préhistoriques... dans le dépt de la Charente. 1er mém. Restes découverts dans les environs de Saint-Marc. 1870, in-8; 4 pl. — (2e et 3e pr mém.) 4e m. Tumulus-dolmen de Cuchet; 1 lith. 5e Sur les fouilles pratiquées à Beaulieu, 2 chromo-lithogr.

5165. LONGUEMAR (de). Réfutation de quelques faits du mémoire de M. de

Rochebrune sur les dolmens de la Charente. 1867, in-8.

5166. M. ***. Extrait d'un mém. sur les monuments anciens... de la Charente. 1826, in-8.

5167. MICHON (l'a. J.-H.). Statistique monumentale du dép^{t} de la Charente. 1844, in-4.

5168. GAUGUIÉ (A.). La Charente communale illustrée. T. Ier. Arrond^{t} d'Angoulême. 1865-67, in-8.

5169. JOLLY. Note sur des armes celtiques trouvées dans une caverne des bords de la Charente. 1848, in-4.

Arrondissements et Cantons

5170. MARVAUD (F.). Études historiques sur la ville de Cognac et l'arrond^{t}. 1870, in-8.

5171. — Étude sur la voie romaine de Périgueux à Saintes dans la traverse de l'arrond^{t} de Cognac. 1863, in-8.

Ville d'Angoulême

5172. CORLIEU (Fr. de). Recueil en forme d'histoire de la ville et comtes d'Engolesme. 1566, p. in-4. — 2e éd., 1629, in-4.

5173. GINET (P.). * Recherches sur l'antiquité d'Angoulême. 1567, in-4.

5174. VINET (E.). Antiquitez de Bordeaux, de Bourg, Saintes, Barbezieux et Angoulesme. 1574, etc.

— Recherches de l'antiquité d'Engoulesme. Réimpr. avec nouv. notes histor., par Cl. Gigon. 1877, p. in-8.

5175. CASTAIGNE (E.). Découverte, à Angoulême, d'un mur gallo-romain. 1863, in-8.

5176. ROCHEBRUNE (A. Trémeau de). Sur les fouilles pratiquées à Beaulieu, etc. (Voir ci-dessus, n° 5164.)

Localités diverses

5177. VINET (E.). L'antiquité de Saintes et de *Barbezieux*. 1568, in-4.; 2e éd., 1571; 3e éd., 1584.

5178. MILLANGES (S.). L'antiquité de Saintes et *Barbezieux*. 1584. in-4.

5179. MICHON (l'a. J.-H.). Lettre sur les fouilles de *Chassenon*. 1845, in-8.

5180. ARBELLOT (l'a.). Notes sur les fouilles de *Chassenon* en août et septembre 1859. 1859, in-8.

5181. — Notice sur les fouilles de *Chassenon*. 1862, in-8.

5182. ROCHEBRUNE (A. Trémeau de). Sur le tumulus-dolmen de *Cuchet*. 1870, in-8. (Cp. n° 5164.)

5183. CALLANDREAU (A.-L.). Rapport... sur la découverte d'un théâtre romain au lieu dit le Bois des Bouchauds, c^{ne} de *Saint-Cybardeaux*. 1870, in-8; 1 pl.

5184. QUICHERAT (J.). Rapport, etc. (Dolmen de *Saint-Même* en Angoumois.) 1862, in-8.

5185. MERULA (P.). Mention de la découverte, en 1641, d'une plaque d'or portant des lettres grecques, à Varsay (*Vars?*), près d'Angoulême.

Cosmographia generalis, partie II (de Gallia), chap. 28, p. 294.

5186. CHANCEL (Ch. de). Camp de *Vœuil*. 1845, in-8.

CHARENTE-INFÉRIEURE

Articles sur le département

5187. GAUTHIER (M.-A.). Statistique du dép^{t} de la Charente-Inférieure. 1839, 2 part. en 1 vol. in-4.

5188. LESSON (R.-P.). Fastes historiques, etc., de la Charente-Inférieure. 1842-1845, 2 vol. in-8.

5189. LACURIE (Ann.-Fr.). Carte du dép^{t} de la Charente-Inférieure. 1835. — Précis... pour servir d'intelligence à la nouvelle carte... 1835, in-8.

5190. DOLIVET (Ch.). Géographie... du dép^{t} de la Charente-Inférieure. 1854, in-8.

5191. CRAZANNES (b^{on} de). Mém. sur des antiquités celtiques ou gauloises du dép^{t} de la Charente-Inférieure. 1823, in-8. — Cp. n° 5221.

5192. MOREAU. Rapport sur les découvertes faites dans la Charente-Inférieure en 1837. 1838, in-8.

5193. LACURIE (l'a. Aug.). Manuel du jeune archéologue. 1842, in-8.

5194. CRAZANNES (b^on de). Notice sur les monuments celtiques du dép^t de la Charente-Inférieure. 1834, in-8.

5195. * Histoire monumentale de la Charente-Inférieure et de la Vienne. Paris, Marescq. 1848, in-4, 24 grav.

Arrondissements

5196. RAINGUET (P.-D.). Études historiques, litt. et scientif., sur l'arrond^t de Jonzac. 1865, in-8.

5197. ARCÈRE. Histoire de la ville de La Rochelle et du pays d'Aulnis... 1756-57, in-4.

5198. * Statistique monumentale de l'arrond^t de La Rochelle. — *Actes de la Comm. des arts et mon. de la Charente-Inférieure*, à Saintes, t. II, n° 4 (1869), p. 49.

5199. MOREAU. Rapport sur les fouilles à faire dans l'arrond^t de Saintes. 1838, in-8.

5200. * Statistique monumentale de l'arrond^t de Saintes. — *Actes de la Comm. des arts et mon. de la Charente-Inférieure*, à Saintes, t. I, n° 6 (1867), p. 319.

5201. LACURIE (l'a. Aug.). Excursion archéologique dans l'arrond^t de Saint-Jean-d'Angély, en septembre 1846; mosaïque de Bernay. 1847.

Localités diverses

5202. MASSIOU. Notice sur l'établissement des bains gallo-romains d'*Archingeay*, près de Saint-Jean-d'Angély. 1837, in-8.

5203. FAYE. Dolmens d'*Ardillière*. 1838, in-8.

5204. RAINGUET (P.-D.). Notes sur une inscription et des vases trouvés dans le cimetière d'*Aunay*. 1854, in-8.

5205. CAUMONT (A. de). Mosaïque gallo-romaine de *Bernay*, près Saint-Jean-d'Angély. 1855, in-8. — Cp. n° 5201.

5206. DUTEIL (C.). Notice archéologique sur le dolmen de *Montguyon* [dit la Pierre folle]. 1840, in-8.

5207. MRAILE. Note sur deux médailles rom. trouvées à *Neuvicq*. 1868, in-8.

5208. DUBOIS. Sépulture romaine à *Ors*, dans l'île d'Oléron. 1840.

5209. VIAUT (J.-T.). Histoire de la ville et du port de *Rochefort*. 1845, in-8.

5210. FAYE. Antiquités de *Rochefort*. 1848, in-8.

Saintes

5211. PALISSY (Bernard). Remarques sur la ville de Saintes.

Recepte véritable, etc. 1564, in-4.

5212. VINET (E.). Antiquitez de Bordeaux, de Bourg, Saintes, Barbezieux et Angoulesme, etc. 1568. — Cp. n° 5173.

5213. LADIME (P. de). L'antiquité de Saintes. 1571, in-4.

5214. MILLANGES (S.). L'antiquité de Saintes et Barbezieux. 1554, in-4.

5215. LACURIE (l'a. Aug.). Monographie de Saintes. 1863, in-8.

5216. RAINGUET (P.-D.). Dissertation historique sur s^t Eutrope, 1er évêque de la ville de Saintes... 1861, in-8.

5217. VEYREL (S.). Indice du cabinet de Samuel Veyrel avec un recueil de quelques antiquités de Xaintes, etc... 1635, in-4.

5218. CAYLUS (c^te de). Antiquités trouvées à Saintes. (Arc de triomphe, amphithéâtre, etc.)

Rec. d'antiquités, t. VII, 1767, p. 297 et suiv.

5219. SAUVAGÈRE (Le Royer d'Artezet de la). Recherches sur les ruines romaines de Saintes et des environs. Pl. et cartes.

5220. CRAZANNES (b^on Chaudruc de). Notice sur les antiquités de la ville de Saintes découvertes en 1815 et 1816. 1817, in-8.

5221. — Antiquités de Saintes et du dép^t de la Charente-Inférieure, etc. 1820, in-4.

5222. LACURIE (l'a. Aug.). [*Ms.*] Antiquités de la ville de Saintes. 1842.

5223. DURET. Rapport sur une excursion archéolgique aux environs de Saintes (camp dit de César, à Toulon, près Saintes). 1844, in-8.

5224. LACURIE (l'a. Aug.). Excursion archéologique de Saintes à Luçon et retour. 1853, in-8.

5225. ARMAILHAC (L. d'). Rapport sur l'exposition de céramique à Saintes en 1868. 1870, in-8.

5226. MAHUDEL (N.). Réflexions sur un monument antique élevé sur le pont de la Charente, à l'entrée de la ville de Saintes. 1716, in-4; 1 pl.

5227. MASSIOU. Not. sur les mon^{ts} rom. de la v. de Saintes. 1834, in-8.

5228. LACURIE (l'a. Aug.). Notice sur l'aqueduc de Saintes. 1842, in-8.

5229. — Mémoire sur l'amphithéâtre de Saintes. 1842, in-8.

5230. BARTHÉLEMY. Rapport sur une visite à l'église St-Eutrope et aux Arènes. 1844, in-8.

5231. AUSSY (H. d'). Essai historique sur l'arc de triomphe de Saintes. 1847, in-8.

5232. CRAZANNES (b^{on} Chaudruc de). Dissertation sur un bas-relief antique de Saintes, etc. 1857, in-8.

5233. LETRONNE (J.-A.). Mémoire sur la découverte d'une sépulture chrétienne dans l'église de St-Eutrope, à Saintes. 1845, in-8.

5234. AUGER (l'a.). Découverte du tombeau de s^{t} Eutrope de Saintes, etc. 1846, in-8.

5235. AUDIAT (L.). Une sépulture gallo-rom. à Saintes. 1870, in-8.

5236. CRAZANNES (b^{on} Chaudruc de). Sur l'emploi des huîtres dans les constructions antiques de Mediolanum Santonum (Saintes). 1833, in-8.

5237. — Médailles gauloises trouvées à Saintes. 1839, in-8.

5238. JEUFFRAIN (A.). Dissertation sur une médaille gauloise qui a pour légende CONTOVTOS [trouvée à Saintes]. 1839, in-8.

5239. JOUANNET. Rapport sur quelques inscriptions funéraires du Musée de Saintes. 1844, in-8.

5240. CRAZANNES (b^{on} Chaudruc de). Sur une inscription de la ville de Saintes. 1846, in-8.

5241. — Inscription gallo-romaine [découverte à Saintes] citée comme témoignage historique. 1855, in-8.

5242. RAINGUET (P.-D.). Découverte d'anciens tombeaux sur une colline isolée de la commune de *Saint-Fort-sur-Gironde*. In-8.

5243. BRILLOUIN aîné. Tombeaux trouvés sur la place de l'Hôtel-de-Ville à *Saint-Jean-d'Angély*. 1865, in-8.

5244. RONDIER (R.-F.). Histoire de l'atelier monétaire de *Saint-Jean-d'Angély*. 1864, in-8.

5245. LARY. Tumulus de *Tesson*. 1841, in-8.

CHER

Articles sur le département

5246. LUÇAY (Legendre de). Description du dép^{t} du Cher. 1802 et 1807, in-4.

5247. BUTEL. Statistique du dép^{t} du Cher. 1829, in-8.

5248. FABRE (M.). [*Ms.?*] Mémoire pour servir à la statistique du dép^{t} du Cher. 1838.

5249. GIRARDOT (de). [*Ms.*] Notes statistiques sur le dép^{t} du Cher.

5250. FRÉMONT (A.). Le dép^{t} du Cher, etc. 1862, 2 vol. in-8.

5251. BOYER (H.). Note présentant un tableau exact des publications archéologiques dont le dép^{t} du Cher a été l'objet. 1869, in-8.

5252. GEMBLOUX (Pierquin de). Notices histor., archéol. et philolog. sur Bourges et le dép^{t} du Cher. 1840, in-8.

5253. BARRAL (v^{te} de). [*Ms.*] Histoire des villes... du dép^{t} du Cher.

5254. BAUDOUIN (Mme Agathe). Album historique et monumental du dép^{t} du Cher. 1845, in-4; pl. (Inachevé.)

5255. BADIN et QUANTIN. Géographie départementale, etc. Cher. 1847, in-12.

5256. GAVEAU et LECLÈRE. Guide

complet de l'antiquaire et du voyageur dans le Cher. 1841, in-8.

5257. PÉAN (A.). Excursions archéol. sur les bords du Cher. 1843, in-8.

5258. BOYER (H.). Correspondance archéologique (3 lettres sur les fouilles exécutées à Bourges, etc.). 1863, gr. in-8.

5259. BARAILON (J.-F.). Rech. sur plusieurs monts celtiques et rom. (notamment dans le Cher). 1806, in-8.

5260. BERRY. Rapport sur les monts celtiques et ceux de l'époque gallo-rom. dans le dépt du Cher. 1856, in-8.

5261. BARRAL (vte de). Not. sur quelques anciens aqueducs. *S. d.*, in-4.

5262. MUTRÉCY-MARÉCHAL. Tracé et description de l'aqueduc romain qui amenait à Bourges les eaux des fontaines de Tralay. 1857, in-8.

Cp. *Congrès archéologique.* XVIe session, tenue à Bourges en 1866, p. 34-41.

5263. BUHOT DE KERSERS. Les tumuli et les forteresses en terre dans le dépt du Cher. 1866, in-8; pl.

5264. — Les enceintes de terre dans le dépt du Cher. 1868, in-8.

5265. * Note sur une sépulture gallo-romaine et divers objets d'art qu'elle renfermait. — *Mém. de la Comm. hist. du Cher,* t. II, 1861, in-8.

5266. BUHOT DE KERSERS. Bulletin numismatique. (Analyse des principales découvertes faites chaque année dans le dépt du Cher, en 1868, 1869 et 1870.) In-8.

5267. JOHANNEAU (Éloi). Nouvelle restitution et explication d'une inscription gréco-latine du IVe siècle. 1850, in-8.

5268. LONGPÉRIER (A. de). Inscription gallo-latine [trouvée dans le dépt du Cher]. 1850, in-8.

5269. BUHOT DE KERSERS. Épigraphie rom. dans le dépt du Cher. 1870-73, in-8.

Ville de Bourges

5270. CHENU (J.). Recueil des antiquités et privilèges de la ville de Bourges. 1621, in-4.

5271. * Dissertation en forme de lettre sur l'ancienne ville Avaricum (Bourges) et sur Genabum, que l'auteur prétend être Gien. — *Mém. de Trévoux,* avril 1709.

5272. DUMOUTET (J.). Époques celtique, romaine et gallo-romaine, des villes de Bourges et d'Issoudun. 1867, in-8.

5273. BEAUFORT (E. de). Voie romaine de Bourges à Limoges. 1851, in-8.

5274. BOUILLET (J.-A.). Promenade archéologique de Clermont à Bourges. 1839, in-16.

5275. * Catalogue du musée de Bourges. In-16.

5276. BERNARD (J.). Album pittoresque et monumental du dépt du Cher. 1852, in-4.

5277. CORBIN (A.) de Mangoux. Des différents styles d'architecture et de la conservation des antiquités de la v. de Bourges. 1863, gr. in-8.

5278. SAINT-HIPPOLYTE (de). Enceinte gallo-romaine de Bourges. 1841, in-8.

5279. — Notice sur les différentes enceintes de Bourges. 1842, in-8.

5280. BARRAL (vte de). Not. sur les murs d'enceinte de la ville de Bourges. 1852, in-8.

Cp. *Congrès archéologique.* XVIe session, tenue à Bourges, p. 104 et 114. (THIOLLET, *Mur. ant. de Bourges.*)

5281. CAUMONT (A. de). Rapport verbal sur l'enceinte gallo-romaine de Bourges. 1859, in-8; pl.

5282. — Arcades gallo-romaines découvertes dans l'épaisseur des remparts de Bourges. 1861, in-8.

5283. VIOLLET-LE-DUC (E.). Découvertes de constructions gallo-romaines à Bourges. 1861, in-8.

5284. — Note sur les ruines d'un grand mont rom. découvert à Bourges en 1860, et sur l'état actuel du musée lapidaire de cette ville. 1861, in-8.

5285. DUMOUTET (J.). Rapport sur les fouilles des substructions gallo-romaines, etc. (à Bourges). 1861, in-8.

5286. — Mémoire sur les stèles du faubourg de Brives, etc. 1865, in-8.

5287. CHAUSSÉE (de la). Notice sur les sépultures gallo-romaines du faubourg Charlet. 1857, in-8.

Localités diverses

5288. BERRY. Topographie du camp d'*Alléan*, près Baugy. 1856, in-8. (Voir ci-dessous BAUGY.)

5289. DUMOUTET (J.). Dessins lithographiés des stèles du cimetière gallo-rom. d'*Alléan*. 1856, in-8.

5290. — Mémoire sur les fouilles du fief d'*Arnaize*. 1861, in-8.

5291. CHOUSSY. Tombeaux, vases gallo-romains et camp trouvés à *Baugy*. 1856, in-8.

5292. BERRY. Description des monuments funéraires gallo-romains de *Baugy*. 1857, in-8.

5293. C*** (A.). Sur les stèles... d'Allian près *Baugy*. Époque gallo-rom. 1857. (Fait suite au mém. de BERRY.)

5294. CHAVAUDRET. Essais hist. sur sur l'époque et la cause de la destruction de la ville gallo-romaine de *Carto-Gourdon*. 1861, in-8.

5295. CAYLUS (le c^te^ de). Sur les anciennes villes appelées aujourd'hui *Drevant* et *Cordes* au pays des Bituriges.

Rec. d'ant., t. III, p. 378.

5296. CAUMONT (A. de). Courte visite à *Drevant*. 1866, in-8.

5297. MOREAU. Crypte de *Dun-le-Roy*. 1857, in-8.

5298. ROBILLARD DE BEAUREPAIRE (Eug. de). Les fouilles de la Touratte, près de *Dun-le-Roy*. 1868, in-8.

Voir aussi, sur les antiquités de Dun-le-Roi, les *Mém. de la Soc. des Antiquaires du Centre*, t. IV, 1873, p. 41 et 53.

5299. BERRY. Découverte d'une ville gallo-romaine, c^ne^ de *Fussy*. 1868, in-8.

5300. RAPIN (A.). Note sur les ruines d'une villa romaine découverte dans la c^ne^ de *Levet*. 1868, in-8; pl.

Voir aussi notice du même, dans les *Mém. de la Soc. des Antiquaires du Centre*, t. IV, 1873, p. 83-101.

5301. * Fouilles exécutées au domaine des Grandes-Barres, c^ne^ de *Ménetou-Couture*. — *Mém. de la Soc. des Antiquaires du Centre*, t. II, 1868, p. 21; 1 pl.

5302. BOYER (H.). Noviodunum Biturigum [*Neuvy-sur-Baranjon*] et ses graffiti. 1861, in-8.

5303. LAUGARDIÈRE (Ch. Ribault de). C. r. d'un rapport de M. H. Boyer sur Noviodunum Biturigum et ses graffiti. 1862, in-8.

5304. RENIER (L.). Rapport sur les inscriptions découvertes à *Neuvy-sur-Baranjon*. 1862, in-8.

5305. BOYER (H.). Fouilles de *Neuvy-sur-Baranjon*. Réponse à M. L. Renier. 1862, in-8.

5306. ROBILLARD DE BEAUREPAIRE (Eug. de). Le puits funéraire de *Primelles*. 1868, in-8; pl.

5307. LERY (J. de). Histoire mémorable de la ville de *Sancerre*. 1574, in-8.

5308. POUPART (l'a.). Histoire de la ville de *Sancerre*. 1777, in-12.

5309. HAIGNERÉ (l'a.). Itinéraire étymologique de *St-Amand* à Bourges. 1865, in-64.

5310. PINEAU (le d^r^). Notice sur deux grottes situées c^ne^ de *St-Ambroix*. 1869, in-8; pl.

5311. LAUGARDIÈRE (Ch. Ribault de). Sépultures gauloises de Fertisses, c^ne^ de *Ste-Solange*. 1869, in-8; pl.

5312. MÉLOIZES (A. des). Note sur les ruines d'une villa romaine découvertes dans la commune de *Villeneuve-St-Georges*. 1867, in-8.

CORRÈZE

Articles sur le département

5313. PEUCHET et CHANLAIRE. Statistique ... de la Corrèze. 1808, in-4.

5314. MARVAUD (Fr.). Petite géographie du dép^t^ de la Corrèze, augmentée de notions sur l'histoire, etc. 1846, in-12. — Cp. n° 3586.

5315. RATEAU (P.). Étude sur le dép^t^ de la Corrèze, etc. 1867, in-18.

5316. LALANDE (Ph.). Mém. sur les mon. préhist. de la Corrèze. 1867, in-8.

5317. — Note sur quelques dolmens de la Corrèze (lettre à M. de Mortillet). 1865, in-8.

5318. — Sépultures gallo-romaines de la Corrèze. 1866, in-8.

Arrondissements et Cantons.

5319. COMBET. Histoire de la ville et du canton d'Uzerche. 1850-57, in-8.

Ville de Tulle

5320. BALUZE (Et.). Historia Tutelensis, etc. 1717, in-4.

5321. BONNÉLYE (F.). Histoire de Tulle et de ses environs. 1857, in-12.

5322. ARDANT (Mce). Médailles et monnaies trouvées à Tulle. 1841, in-8.

Localités diverses.

5323. ROCHEBRUNE (Alph. Trémeau de). Recherches sur le puy de *Challard*. 1866, in-8.

5324. LIMOUSIN (N.). Observations sur quelques constructions romaines à *St-Cernin*. 1849, in-8.

5325. CAYLUS (cte de). Observations sur des monuments antiques, et principalement un amphithéâtre qui se voient à *Tintiniac*, près de Tulle.

Rec. d'antiq., t. VI, p. 356-358.

5326. BRETON (E.). Note sur le monument appelé les Arènes de *Tintignac*. 1840, in-8.

5327. DELMAS. Histoire de la ville d'*Ussel*. 1810, in-8.

5328. QUICHERAT (J.). Rapport, etc. (Cuve soi-disant antique à *Uzerche*.) 1862, in-8.

CORSE

5329. BERGER (J.-G. de). Eclogæ antiquitatum corsicarum. 1743, 3 vol. in-4.

5330. KLEEDITZ (D.-H.). Eclogæ antiquitatum corsicarum. 1743, in-4. (Thèse doctorale.)

5331. BELLIN. Description historique et géographique de l'isle de Corse. 1769, in-4, et atlas de 35 cartes.

5332. PIERRE de Corse, en latin PETRUS Cyrnæus. De Rebus Corsicis libri IV. 1506 (?).

5333. POMMEREUL (J. de). Histoire de l'île de Corse. 1779, 2 vol.

5334. FILIPPINI (A.-P.). Storia di Corsica. 1832, 5 vol. in-8.

5335. RENUCCI (Fr.-O.). Storia di Corsica. 1833-34, 2 vol. in-8.

5336. ROBIQUET. Rech. histor. et statist. sur la Corse. 1835, in-8; atlas in-fol.

5337. MÉRIMÉE (Prosper). Notes d'un voyage en Corse. 1840, in-8.

5338. St-GERMAIN (de). Itinéraire descriptif et histor. de la Corse. 1868, in-18.

5339. MATHIEU (L.). Description de deux monuments celtiques de l'île de Corse. 1812, in-8.

5340. GRASSI (A.). *Aleria.* Étude histor. et archéol. 1864, in-8.

COTE-D'OR

Articles sur le département

5341. GIRAULT (Cl.-X.). Détails historiques et statistiques sur le dépt de la Côte-d'Or... 1818, in-8.

5342. GEVREY-CHAMBERTIN (de). Not. histor., topogr. et statist. sur le dépt de la Côte-d'Or. In-8.

5343. MILSAND (Ph.). Notes et documents pour servir à l'histoire de l'Acad. de Dijon, suivis de la table méthodique des travaux renfermés dans les Mém. de cette Acad. de 1769 à 1869. 2e éd. 1871, in-8.

5344. GUÉNEBAULT (signé I. G. D. M. D.). Le réveil de Chyndonax, prince des

Vacies-Druydes, etc. 1621; in-4. — Autre éd. 1623, in-4.

5345. MANGIN (l'a.). Histoire ecclésiastique et civile... du diocèse de Langres et de celui de Dijon... 1765, in-12.

5346. GIRAULT (Cl.-X.). Lettre sur la position du pagus Arebrignus (Beaunois). 1810, in-8.

5347. ABORD-BELIN (H.). Excursion archéol. sur quelques-unes des montagnes du pagus Arebrignus. 1858, in-8.

5348. GIRAULT (Cl.-X.). Nomenclature des hameaux, écarts, fermes isolées... de la Côte-d'Or. 1822, in-12.

5349. * Annuaire... du dép[t] de la Côte-d'Or.

5350. BADIN et QUANTIN. Géographie départementale, etc. Côte-d'Or. 1847, in-12.

5251. GARNIER (J.). Nomenclature historique des communes, hameaux, écarts, lieux détruits, etc., du dép[t] de la Côte-d'Or. 1869, in-8.

5352. MONGEZ. Rapport sur des notices relatives à des antiquités du dép[t] de la Côte-d'Or. 1820, in-8.

5353. GIRAULT (Cl.-X.). Notice des objets d'antiquité découverts dans le dép[t] de la Côte-d'Or. 1821, in-8.

5354. — Archéologie de la Côte-d'Or. 1823, in-8.

Voir aussi les « Antiquités découvertes dans le dép[t] de la Côte-d'Or », *Séances publ. de l'Acad. de Dijon*, 1827 à 1831, le Compte rendu annuel des travaux de la Commission des Antiquités de la Côte-d'Or, depuis 1836, par H. Baudot, Rossignol, Vallot et Mignard, Congrès archéol. de France, 18e session, tenue à Dijon en 1852.

5355. GUILLEMOT (P.). Excursions archéologiques dans les montagnes éduennes de la Côte-d'Or; colonne de Cussy, temple de Mavilly et légende de St Martin. 1853 et 1861, in-8.

5356. CREULY (g[al]). Musées archéologiques et collections particulières. III, Beaune; IV, Dijon. 1862, in-8.

5357.* Répertoire archéologique du dép[t] de la Côte-d'Or. Introduction (Voies romaines).

5358. GIRAULT (Cl.-X.). Monuments celtiques reconnus dans le dép[t] de la Côte-d'Or. 1826, in-8.

5359. AURÈS (Aug.). Note sur les dimensions d'un autel votif gaulois. 1867, in-8.

5360. PÉROT (F.). Note sur la découverte d'une tour gallo-romaine. 1867, in-8.

5361. FOISSET (P.). Coup d'œil général sur les monuments [de la Côte-d'Or], etc. 1869, in-4.

5362. SAULCY (F. de). Fouilles de tumulus dans les Vosges [néant] et dans la Côte-d'Or. 1867, in-8.

5363. MARION (J.). Note relative à une découverte de fers à clous [faite dans la Côte-d'Or] sur la voie romaine d'Augustodunum à Vesontio. 1868, in-8.

5364. BAUDOT (P.-L.). Recherches sur des médailles et des monnaies anciennes trouvées... dans le dép[t] de la Côte-d'Or. 1809, in-8.

5365. R*** (J.). Inscription donnant le nom d'un vicus gallo-romain. 1863, in-8.

Arrondissements et Cantons

5366. AUBERTIN (Ch.). Les découvertes archéologiques dans l'arrond[t] de Beaune en 1867; en 1869. In-8.

5367. GAVEAU (J.) et LECLÈRE (J.-B.). Archéol. celto-romaine de l'arrond[t] de Châtillon-sur-Seine. 1844, in-4.

5368. BRUZARD (A.). De l'âge de bronze dans l'arrond[t] de Semur. 1867, in-8.

Ville de Dijon

5369. RICHARD (J.). Antiquitatum Divionensium... liber. 1585, in-8.

5370. FYOT (Cl.). Dissertation sur (l'antiquité et) la fondation de la ville de Dijon. 1696, in-fol.

5371. BAUDOT (F.). Sur l'antiquité de Dijon et d'Autun. 1708, in-12.

5372. MAUTOUR (Moreau de). Mém. pour servir à l'histoire de Dijon. 1709, in-fol.

Article *Dijon* dans le Dictionnaire de Th. Corneille.

5373. BAUDOT (F.). 2e lettre sur l'origine de la ville de Dijon. 1710, in-12.

5374. LE GOUX DE GERLAND (B.). Dissertation sur l'origine de la ville de Dijon et sur les antiquités découvertes sous les murs bâtis par Aurélien. 1771, in-4.

5375. BOULLEMIER. Diss. sur l'ancienneté et le nom... de Dijon. 1774, in-8.

5376. * FYOT DE MIMEURE. Notice sur la ville de Dijon, ses environs et quelques autres villes de l'ancienne Bourgogne. 1817, in-8.

5377. FRANTIN. Notes sur la fondation du Castrum Divionense, etc., in-8.

5378. BELLOGUET (Roget, bon de). Origines dijonnaises dégagées des fables, etc. 1851, in-8; 1 carte.

5379. VALLOT. Diss. sur le nom de Combe-au-Serpent donné à un climat des environs de Dijon. 1835, in-8.

5380. VALLOT et GARNIER. Rapport sur le cours du Suzon (à travers la ville de Dijon), etc. 1841, in-4; 1 plan.

5381. ARBAUMONT (J. d'). Note sur une borne milliaire trouvée près de Dijon au mois de février 1866. 1867, in-4.

5382. BAUDOT jeune. Observations sur le passage de M. Millin à Dijon, etc. 1808, in-12.

5383. RICHARD (J.). Antiquités de Dijon; statues nouvellement découvertes à Dijon, etc. 1625, in-12.

5384. ANTOINE (P.-J.). Découverte des ruines d'un monument triomphal qui a existé... dans la très-ancienne ville de Divis, etc. 1802, in-8.

5385. MILLIN. Mém. sur les monts antiques que renferme Dijon. An XIII, in-8.

5386. MATHIEU. Not. sur les fragments de deux colonnes antiques trouvés dans l'emplacement de la Ste-Chapelle de Dijon. 1816, in-8.

5387. GIRAULT (Cl.-X.). * Les monuments des arts existant à Dijon. 1818, in-16. (Signé C. X. G.)

5388. MATHIEU. Not. sur une petite statue de Mercure trouvée aux environs de Dijon. 1820, in-8.

5389. JOLIMONT (F.-T. de). Description historique et vues pittoresques des monuments de la ville de Dijon. 1830, in-4; 20 pl.

5390. CAUMONT (A. de). Rapport verbal sur les murailles antiques de Dijon. 1855, in-8.

5391. ARBAUMONT (J. d'). Rapport sur une inscription portant le nom de Tetricus, trouvée près de Dijon, etc. 1869, in-8.

Localités diverses

5392. GIRAULT. Mém. sur un autel du dieu Mars à *Aignay-le-Duc*. — Sur les tombeaux d'*Aignay*. 1823, in-8.

5393. BOURÉE. Notice sur un cippe antique [trouvé à *Aignay-le-Duc*]. 1835, in-8.

5394. MAILLARD DE CHAMBURE (Ch.). Mém. sur les antiq. du *pagus Alexiensis*. 1825, in-8.

Territoire d'*Alise-Ste-Reine*. — Voir ci-dessus, à la série des Questions topographiques, les articles sur ALESIA.

5395. BOUDOT. Notice sur une statue en bronze de Marc-Antoine prononçant l'oraison funèbre de César, trouvée dans le territoire d'*Arc-sur-Tille*. 1835, in-8.

5396. JURAIN (C.). Histoire des antiquités et prérogatives de la ville d'*Aussonne*, etc. 1611, in-8.

5397. BERTRAND (Alex.). Les Tombelles d'*Auvenay*. 1861, in-8. Cp. no 5406.

5398. GANDELOT (l'a.). Histoire de la ville de *Beaune* et de ses antiquités. 1772, in-4.

5399. PASUMOT (Fr.). Notice des antiquités de la ville de *Beaune*.

Diss. et Mém. 1813, in-8.

5400. BOUCHIN. Antiquités de *Beaune*. 1820, in-8.

5401. MARION (J.). Découverte faite à *Beaune* d'une fosse d'origine celtique. 1866, in-8.

5402. AUBERTIN (Ch.). Découverte d'antiquités celtiques sur la montagne de *Beaune*. 1866, in-8.

5403. — Les rues de *Beaune*, histoire populaire de cette cité, édition illustrée de gravures sur bois représentant les monuments les plus remarquables de la ville. 1867, in-8.

5404. PROTAT. Rapport sur les fouilles faites à *Brazey-en-Plaine*. 1852, in-4.

5405. BRETON (Ern.). Antiquités découvertes à *Broin*, etc. 1840, in-8.

5406. SAULCY (F. de). Note sur la nécropole gauloise de *Brully* et sur celle du bois de la Perrouse, dépendant d'Auvenay. 1861, in-8.

5407. BOURÉE. Mém. sur une tombelle trouvée à *Cérilly*. 1827, in-8.

5408. St-MÉMIN (de). Description de la pierre de *Cessey-sur-Tille*.

Rapp. sur 2 cachets d'oculistes romains. 1835.

5409. LAVIROTTE. Notice relative aux chemins anciens qui ont passé sur *Champignolles*. 1835, in-8.

5410. BAUDOT (H.). Mém. sur les sépultures des barbares de l'époque mérovingienne découvertes en Bourgogne et particulièrement à *Charnay*. 1860, in-4; appendice.

5411. — Notice sur les vases antiques en verre représentant les jeux et les combats du cirque et de l'amphithéâtre. 1869, in-4.

A propos d'un de ces vases trouvé à *Charnay*.

5412. TRIDON (l'a. E.-N.). Notice archéologique et pittoresque sur *Châtillon-sur-Seine*. 1847, in-8; fig.

5413. BOURÉE. Not. sur une inscr. antique de *Châtillon*. 1829, in-8.

5414. GIRAULT (Cl.-X.). Rapp. sur une petite statue en bronze d'Hadrien trouvée... dans le village de *Corgoloin*. 1821, in-8.

5415. BRUZARD et GUÉRIN. Fouilles exécutées à *Courcelles-lez-Semur* en 1864. In-8.

5416. COCHET (l'a.). Fouilles de *Courcelles-lez-Semur*. 1866, in-8.

5417. THOMASSIN. Lettre en forme de dissertation écrite à l'un de ses amis sur la découverte de la colonne de *Cussy*, etc. 1725, in-8.

5418. MAUTOUR (Moreau de). Observations sur la colonne antique de *Cussy*, etc. 1726, in-8.

5419. GIRAULT (Cl.-X.). Diss. sur l'époque et les causes de l'érection de la colonne de *Cussy*, etc. 1821, in-8.

5420. LAVIROTTE, de Champignolles (d'après Fr.-Edm. LAVIROTTE et son fils Julien-Fr. LAVIROTTE). Conjectures sur le lieu... où César livra bataille aux Helvétiens, etc. 1835, in-8.

Conclusion pour Mortmont, attribution proposée de la colonne de *Cussy*.

5421. BAUDOT (H.). Rapport sur la colonne de *Cussy*. 1851, in-4.

Historique et bibliographie de la question.

5422. DEVOUCOUX. La colonne de *Cussy*. 1855, in-4.

5423. BAUDOT (H.). Appendice au rapport sur la colonne de *Cussy*. 1857, in-4.

En réponse à la not. de DEVOUCOUX.

5424. GUILLEMOT (P.). Excursions archéologiques, etc. (colonne de *Cussy*, etc.) 1861, in-8.

5425. BREUILLARD (l'a.). Mémoires sur *Époisses*. 1853-54, in-4; 38 p.

5426. GAUTHIER-STURM. Statuette de bronze découverte à *Esbarres*. 1841, in-8.

5427. MIGNARD. Historique d'un temple dédié à Apollon près d'*Essarois*. 1852, in-4.

5428. BAUDOT (H.). Découverte d'un tumulus à *Foncegrive*. 1842, in-8.

5429. HAMY (d[r]). Notes sur les ossements humains trouvés dans les tumulus de *Genay*. 1868, in-4.

5430. BRUZARD (Arm.). Notice sur la pierre Sainte-Christine ou la Grand'-Borne de *Genay*. 1865, in-8.

5431. BRUZARD (Alb.). Fouilles des tumulus de *Genay*. 1869, in-8.

5432. BAUDOT (H.) Inscription funéraire trouvée à *Gerland*. 1861, in-4.

5433. MORELOT (d[r]). Not. sur un autel votif trouvé à *Gissey-le-Vieil*. 1844, in-8.

5434. Fouilles sur le plateau de *Landunum*. Voir plus loin les articles sur VERTAUT.

5435. GIRAULT (Cl.-X.). Recherches de l'ancienne ville de *Latiscon*, près de Châtillon. 1823, in-8.

5436. BAUDOT (P.-L.). Extrait d'un mém. sur une meule antique trouvée à *Malain*. 1810, in-8.

5437. BRUZARD (Arm.). Not. sur la source de *Massingy-lès-Vitteaux*. 1866, in-8.

5438. DENIS (C.-F.). Not. sur le village de *Mavilly*. 1826, in-8.

5439. GUILLEMOT (P.). Temple de *Mavilly;* légende de St Martin. 1853, in-8 et in-4.

5440. DUBOIS (Ch.). Note sur les mosaïques trouvées dans le bois de *Membrey*, etc. 1841, in-4.

5441. VIENNE (H.). Essai historique sur la ville de *Nuits*. 1845, in-8 ; 4 pl.

5442. BAUDOT (H.). Découverte d'un polyandre antique à *Nuits*. 1838, in-8.

5443. MIGNARD. Notice sur une partie d'inscription gravée sur un fragment de marbre blanc trouvé à *Pothières*, etc.

5444. BOUDOT. Essai sur le camp romain ... de *Mirebeau*. 1835, in-8.

5445. MORELOT (dr). Mém. sur les antiq. trouvées près de *Mont-St-Jean*. 1831, in-8.

5446. MAILLARD DE CHAMBURE. Mém. sur les tombeaux gaulois découverts à *Painblanc*. 1829, in-8.

5447. BEAUNE (H.). Diss. sur un temple gallo-romain à *Pouillenay*, etc. 1860, in-4. — Cp. no 5472.

5448. GIRAULT (Cl.-X.). Tombelle funéraire de *Pouilly-sur-Saône*. 1812, in-8.

5449. FOYATIER. Sur une tête antique trouvée dans la commune de *Pouilly*, etc. 1844, in-8.

5450. AUBERTIN (Ch.). Découverte archéologique à *Prémeau*. 1864, in-8.

5451. — Note sur les fouilles de *Prémeaux*, etc. 1867, in-8.

5452. MARCHANT (dr L.). Études sur l'âge de la pierre. Description de disques en pierre de diverses localités, et en particulier de deux de ces objets trouvés à *Ruffey-les-Échirey*, etc. 1865, in-4o.

5453. BOUDOT (H.). Les méprises des auteurs qui ont publié l'inscription de la colonne milliaire de *Sacquenay*. 1835, in-8.

Bibliographie de la question. — Cp. MAILLARD DE CHAMBURE, *Colonnes mill. de la voie rom. de Langres à Genève*. 1re colonne.

5454. ABORD-BELIN (H.). *Santenay* et ses antiquités. 1852, in-4.

5455. MERLE (dom). Mém. sur la ville de *Saulieu*. 1776, in-8.

5456. PEIGNOT (G.). Not. sur quelques pierres tumul. antiques... dans le cimetière de *Saulieu*. 1829, in-8.

5457. CARLET (J.). Notice sur l'église St-Andoche de *Saulieu*. 1860, in-4.

Historique depuis l'époque rom.

5458. St MÉMIN (de). Description de la pierre de *Selongey*.

Rapp. sur 2 cachets d'oculistes rom. 1835 in-8.

5459. GUILLEMOT (P.). Histoire de *Seurre*. 1853, in-8.

5460. * Observations sur un ancien monument gaulois, trouvé en 1763, à la source de la Seine (à *St-Germain-la-Feuille*).

Mentionnées dans la *Biblioth. hist.*, t. V, no 3855.

5461. BAUDOT (H.). Rapp. sur les découvertes archéol. faites aux sources de la Seine. 1843, in-4.

A St-Seine, etc.

5462. ROSSIGNOL (Cl.). *St-Seine-l'Abbaye*, etc. 1846, in-4.

5463. BAUDOT (H.). Lettre à M. le secrétaire de la Soc. num. belge (sur la découverte du temple de la déesse Séquana près des sources de la Seine. — — Catalogue des médailles trouvées dans le temple). 1846, in-4.

5464. LUCAS (Ch.). Notes sur le monument des sources de la Seine. 1869, in-8.

5465. GUILLEMOT (P.). Antiquités de *Ste-Sabine*, etc. 1861, in-8.

5466. QUICHERAT (J.). Rapport, etc. (Antiquités de *Ste-Sabine* en Auxois.) 1862, in-8.

5467. MORELOT (dr). Notice sur un Hercule trouvé à *Tailly*. 1826, in-8.

5468. CHAPLUET (V.). Rapport sur les fouilles de *Velay*. 1869, in-4.

Voir le Rapport de R. de COYNART et de LORY sur la suite de ces fouilles en 1872.

5469. BAUDOT (H.). Rapport sur l'exploration des fouilles faites... sur le plateau de *Landunum*. 1850, in-4.

5470. MIGNARD et COUTANT (L.).

Fouilles de la colline de *Vertaut*, rapport. 1853, in-4; 84 p., 13 pl.

5471. — Découverte d'une ville gallo-romaine, dite *Landunum*. Examen des fouilles. 1854, in-4.

5472. QUICHERAT (J.). Rapport sur des fragments de sculpture romaine trouvés à Pouillenay et à Dijon; — sur les fouilles de la colline de *Vertaut*, etc. 1859, in-8.

5473. COUTANT (L.). Rapport sur les dernières fouilles exécutées au plateau dit de *Landunum*, en 1853, etc. 1863, in-4.

5474. PROTAT. Note explicative de l'inscription découverte dans les fouilles faites, aux thermes gallo-romains du bourg de *Vertaut*, connu sous le nom de Landunum. 1864, in-4.

5475. CAUMONT (A. de). Le mur de *Landunum* comparé aux murs de l'oppidum découvert à Mursens... et au mur découvert... au Mont-Beuvray, etc. 1868, in-8.

5476. AUBERTIN (Ch.). Note sur le véritable emplacement de la station *Vidubia*. 1867, in-8.

5477. QUICHERAT (J.). Rapp. sur un anneau de pierre trouvé à *Volnay*. 1866, in-8.

COTES-DU-NORD

Articles sur le département

5478. HABASQUE. Notions statistiques et histor. sur le littoral des Côtes-du-Nord. 1832-1836, 3 vol. in-8.

5479. RUFFELET (l'a. M.-Chr.). Annales briochines, etc. 1771, in-18. — 2e éd., 1851.

Histoire du diocèse de Saint-Brieuc.

5480. — Correspondance (historique), publiée en 1870, etc. gr. in-8.

5481. POIGNANT (J.-C.-D.). Antiquités historiques et monumentales, etc. 1820, in-8.

5482. LE MAOUT (Ch.). Annales armoricaines, étude, hist., physique, civile et ecclésiastique du dépt des Côtes-du-Nord, etc. 1846, in-16.

5483. BARTHÉLEMY (A. de). Mélanges historiques et archéol. 1849-1858, in-8.

5484. JOLLIVET (B.). Les Côtes-du-Nord, histoire et géographie du dépt. 1855-1861. 2 vol. in-8.

5485. MOTTAY (J. Gaultier du), VIVIER et ROUSSELOT (J.). Géographie des Côtes-du-Nord. 1862, in-8.

5486. MOTTAY (J. Gaultier du). Voies romaines des Côtes-du-Nord. 1868. Appendice. 1869, gr. in-8.

5487. FRÉMINVILLE (de). Antiquités de la Bretagne. — Côtes-du-Nord. 1827 et 1838, in-8.

5488. MOTTAY (J. Gaultier du). [*Ms.*] Dictionnaire archéologique des Côtes-du-Nord.

5489. BROSSAY (Chiron du). Essai de classification des haches et coins en bronze trouvés dans les Côtes-du-Nord. 1870, gr, in-8. 1 pl.

5490. GUIBERT (dr). Sur l'anthropologie du dépt des Côtes-du-Nord. 1865, gr. in-8.

5491. FRÉMINVILLE (de). Not. sur divers monts d'antiq. celtiques et françaises, observés en 1815, dans le dépt des Côtes-du-Nord. 1820, in-8.

5492. BARTHÉLEMY (A. de). Rapp. sur quelques monts du dépt des Côtes-du-Nord. 1849, in-8.

5493. GESLIN DE BOURGOGNE (J.). Coup d'œil général sur les monts des Côtes-du-Nord. 1867, in-12.

Arrondissements et Cantons

5494. FRÉMINVILLE (de). Rapp. d'une tournée archéol. faite dans l'arrondt de Lannion. 1842, in-8.

Ville de Saint-Brieuc.

5495. NOUAL (de la Houssaye). Mém. sur un menhir des environs de Saint-Brieuc, appelé la Roche-Longue. 1810, in-8.

Localités diverses.

5496. FORNIER (M.). Rapp. sur les fouilles du haut *Bécherel*, en Corseul. 1869, in-8.

5497. MOTTAY (J. Gaultier du). Lettre ... sur la découverte de substructions gallo-romaines à *Caulnes*. 1862, in-8.

5498. — Substructions gallo-romaines découvertes près de *Caulnes*. 1865, in-8. 3 pl.

5499. BARTHÉLEMY (A. de). Notes hist. et archéol. sur *Corlay*, Saint-Nicolas-du-Pélem, Merléac et Uzel. 1860, in-8.

5500. * Extrait d'une lettre au sujet des antiquités de *Corseuil*, en Bretagne. — *Merc.* 1743, Juill. Cp. nos 3445, etc.

5501. HULTMANN. L'inscription de *Corseult*.

Miscellaneorum epigraphic. liber singularis. 1758, in-8; p. 57.

5502. MACÉ (Ant.). Inscription latine de *Corseul*. 1849, in-8.

5503. DAVID (Mgr). Renseignements sur les fouilles du président Fornier à *Corseul*. 1867, in-8.

5504. MOTTAY (J. Gaultier du). *Créhen* (Antiquités). 1856, in-8.

5505. St-PORN-COMBLAN (de). Annuaire dinanais. 1832-36, 5 vol. in-18.

5506. ODORICI (L.). Recherche sur *Dinan* et ses environs.

5507. * Catalogue du musée de *Dinan*. 1850, in-18.

5508. BAZOUGE (J.). Album dinannais. 1863, in-4.

5509. CAYLUS (cte de). Remarques sur un monument antique qui se voit à *Lanlef*, etc.

Rec. d'antiq., t. VI, 1764, p. 390.

5510. KERLOURI (Rolland de). Lettres à l'a. Ruffelet (sur le temple de *Lanleff*). 13 sept. et 21 oct. 1780, in-8.

Correspondance de Ruffelet, p. 184.

5511. LE GONIDEC. Not. sur le temple de *Lanleff*. 1809, in-8.

5512. PENHOUET (cte Maudet de). Archéologie armoricaine sur un ancien édifice dans le dépt des Côtes-du-Nord, vulgairement connu sous le nom de temple de *Lanleff*. 1824, in-4.

5513. * Description et explication d'un ancien édifice, nommé le temple de *Lanleff*. 1824, in-4.

5514. VILLENEUVE (A. de la). Mont de *Lanleff*. 1840, in-8.

5515. MOTTAY (J. Gaultier du). Découverte de monnaies gauloises [près de *Merdrignac*]. 1867, in-8.

5516. BROSSAY (Chiron du). Monnaies armoricaines trouvées près de *Merdrignac*. 1870, gr. in-8, 1 pl.

5517. POIGNANT (J.-C.-D.). Antiquités historiques de monuments à visiter de *Montfort* à Corseul. 1820, in-8.

Péran

5518. BARTHÉLEMY (A. de). Note sur le camp de Péran en Plédran. 1846, in-8.

5519. — Lettre adressée à M. de Caumont, sur le camp vitrifié de Péran. 1846, in-8.

5520. GESLIN DE BOURGOGNE. Note sur l'enceinte du Péran. 1846, in-8, 1 pl.

5521. — Notes relatives aux nouvelles fouilles faites à Péran. 1846, in-8.

5522. CAUMONT (A. de), SOULTRAIT (de) et BOUET. Relation d'une promenade archéol., etc. Camp de Péran. 1850, in-8.

5523. CARRO (Ant.). Visite au camp vitrifié de Péran. 1854, in-8.

5524. MOLANDON (Boucher de). Notice sur le camp vitrifié de Péran. 1866, in-8.

5525. GESLIN DE BOURGOGNE (J.). Rapport sur le camp de Péran. 1867, in-8.

Voir aussi, ci-dessus, nos 1834-1836.

5526. — De l'âge et du mode de construction du camp vitrifié de Péran. 1867, in-8.

Annexe du rapport précédent, mais œuvre personnelle du signataire.

5527. — Découverte d'un établissement gallo-rom. dans la cne de *Plérin*. 1853, in-8.

5528. MOTTAY (Gaultier du). *Pordic* (Antiquités). 1861, in-8.

5529. GESLIN DE BOURGOGNE (J.). Rapp. sur les fouilles de *Port-Aurèle*. 1852, in-8.

5530. — Rapport sur le mon[t] de *Port-Aurèle en Plérin*. 1853, grand in-8; 1 pl.

5531. MARSOUIN (l'a.) et SÉVOY (H.). Rapp. sur le mon[t] druidique de *Saint-Aaron*. 1846, gr. in-8; 2 pl.

5532. PENHOUET (de). Médailles attribuées aux Armoricains, à propos des médailles gauloises de *Saint-Denouel*. 1826, in-4; 24 pl.

5533. MOTTAY (Gaultier du). *Saint-Pôtan* (Antiquités). 1855, in-18.

5534. — Découverte de monnaies rom. à *Tréveneuc*. 1864, in-18.

5535. — Exploration d'un tumulus au *Vieux-Bourg-Quintin*. 1864, in-8.

CREUSE

Articles sur le département

5536. PEUCHET et CHANLAIRE. Description topograph. et statistique de la France. — Creuse, 1810, in-4.

5537. * Dictionnaire complet géographique, commercial, statistique et historique de la Creuse (promis en 16 livr.). *Aubusson*, 1844, in-8.

5538. * Congrès archéologique de France ... 32e session tenue à Guéret. 1865, in-8.

5539. BOSVIEUX. Bibliothèque de la Creuse. 1866, in-8.

5540. GRELLET-DUMAZEAU. Rech. sur deux voies rom. de Clermont à Limoges et de Limoges à Évaux [traversant le dép[t] de la Creuse]. 1857, in-8; 1 pl.

5541. * Archéologie [dans le dép[t] de la Creuse]. — *Mém. de la Soc. des sc. nat. et d'antiquités de la Creuse*. T. Ier, 1847 (c. r. de 1838), in-8, p. 41-45; 8 pl.

5542. BONNAFOUX (J.-F.). Archéologie. Note rédigée par le conservateur du cab. d'hist. nat. et d'antiq. de Guéret. 1843, etc., in-8.

Relevé des principales antiq. du dép[t].

5543. * Antiquités du dép[t] de la Creuse. Découvertes et acquisitions faites de 1844 à 1845. — *Mém. de la Soc. des sc. nat. et d'antiq. de la Creuse*, t. I, 1847 (c. r. de 1844), p. 70-87.

5544. FILLIOUX (A.). Lettre à M. Ad. Duchalais sur quelques découvertes archéol. faites dans le dép[t] de la Creuse. 1854, in-8; 16 p.

5545. — Lettre à M. Alex. Dufaï (même sujet). 1855. in-8; 17 p.

5546. — Lettre à M. Fr. Ponsard (même sujet). 1856, in-8; 20 p.

Voir, pour les années 1858, 1859, à la série régionale, section de la MARCHE.

5547. LANGLADE. Album historique et pittoresque de la Creuse. 1847, in-4.

5548. CESSAC (c[te] P. de). Mém. sur les antiq. gauloises de la Creuse.

5549. — Fragments archéologiques [relatifs au dép[t] de la Creuse]. 1861, in-8.

5550. VINCENT (D[r]). Études anthropologiques sur le dép[t] de la Creuse. 1864, in-8.

5551. CANCALON (V.). Essai sur les mon[ts] celtiques de la Creuse. 1842, in-8.

5552. * Description de quelques tombeaux rom. découverts dans le dép[t] de la Creuse en 1842 et 1843. — *Mém. de la soc. des sc. nat., etc., de la Creuse*. T. Ier (c. r. de 1843), p. 39-45.

5553. FILLIOUX (A.). Les urnes cinéraires du dép[t] de la Creuse. 1868, in-8.

5554. CESSAC (c[te] de). Notes sur quelques anciennes sépultures de la Creuse. 1866, in-8.

5555. — Les divers modes de sépulture usités à l'époque gallo-romaine dans la Creuse. 1870, in-8.

5556. — Sur le creusement par les agents atmosphériques des bassins que présentent certains blocs de granit du dép[t] de la Creuse, creusement faussement attribué aux Druides par les antiquaires. 1856, in-8.

5557. — Les forts vitrifiés dans la Creuse, lettre. 1867, in-8.

5558. — Note sur les forts vitrifiés du dép[t] de la Creuse. 1868, in-8.

5559. THUOT. Notes sur les forts vitrifiés et sur les blocs de granit fondu du dépt de la Creuse. 1868, in-8.

5560. M***. Note sur l'inscription gauloise Sacer-Peroco. 1866, in-8.

Arrondissements et Cantons

5561. ROY-PIERREFITTE (J.-B.-L.) Notice sur le canton de Bellegarde (Creuse). [Histoire et archéologie]. 1863, in-8.

Ville de Guéret.

5562. FILLIOUX (A.). Guéret dans les temps anciens. 1858, in-8.

Localités diverses

5563. DUGENEST père. Fragments archéol. Tumulus de la *Barde*, etc. 1861, in-8.

5564. CESSAC (cte P. de). Dolmen des Granges, cne de *Bénévent* (Creuse). 1867, in-8.

5565. RICHARD (N.-L.-A.). Lettre à M. Millin sur une inscription romaine inédite, découverte à *Bonnat*. 1815, in-8.

5566. BARAILON. Mémoires sur des sujets de médecine... et sur quelques monts antiques... découverts... [à *Bort Saint-George*.] 1784, in-12.

5567. CESSAC (cte P. de). Inscription (gauloise) de *Bozeirat*. 1866, in-8.

5568. BUISSON DE MAVERGNIER. La juridiction druidique de la ville ruinée de *Breth*. 1863, in-8.

5569. FESNEAU (Y.-J.-J.). Breith (ville peinte), etc. 1862. — Cp. no 5578.

5570. FILLIOUX (A.). Trésor de 36 médailles gauloises à *Breth*, près de la Souterraine. 1862, in-8. — Cp. no 5579. Voir aussi, aux Additions, le no 2907 *a*.

5571. * Rapport sur les fouilles de la *Bussière*, cne de Saint-Sulpice-le-Guérétois, faites dans le courant de 1841. — *Mém. de la Soc. des sc. nat., etc., de la Creuse*, t. Ier, 1847 (c. r. de 1843), p. 37.

5572. LANDE (Mangon de la). Thermes d'*Évaux*, etc. 1838, in-8.

5573. COUDERT-LA VILLATTE (J.). Les bains d'*Evaux*. 1847, in-8.

5574. FILLIOUX (A.)? [Signé A. F.]. Note sur les revêtements des murailles des thermes rom. d'*Évaux*. 1866, in-8.

5575. BONNAFOUX (J.-P.). Sépultures gallo-romaines découvertes dans la commune de *Janaillac*. 1855, in-8. — Notice sur le même sujet. 1866, in-8.

5576. CESSAC (P. de). Les inscriptions des bornes milliaires du *Moutier d'Ahun*, et le tronçon de voie romaine de la Jonchère. 1869, in-8.

5577. FESNEAU (Y.). Rapp. sur les sépultures de *Peu-la-Pierre* et de Crosmont. 1847, in-8.

5578. FILLIOUX (A.). Description supplémentaire des médailles gauloises trouvées à *Pionsat* et à Bridiers (Breth). 1864, in-8; 1 pl. (suite du no 5544, p. 46).

5579. LANDE (Mangon de la). Oppidum du *Puy de Gaudé*. 1837, in-8.

5580. COUDERT-LAVILLATTE (J.). Le *Puy de Gaudy*. 1847, in-8.

5581. BONNAFOUX (J.-F.). Lingot d'or antique trouvé à *Retère*.

Archéologie, 1843 (ci-dessus no 5542).

5582. CESSAC (P. de). Inscription gallo-rom. de *Sazeirat*, cne d'Arrènes. 1866, in-8.

5583. — Rapport sur les fouilles exécutées dans les buttes de la *Tour-Saint-Austrille*, etc. 1867, in-8.

5584. * Le dolmen (pierre levée) de *Saint-Georges*. — *Mém. de la Soc. des sc., etc., de la Creuse*, t. Ier, 1847 (c. r. de 1843), p. 45.

5585. FESNEAU (Y.). Rapp. sur le dolmen de Cros, comne de *Saint-Pierre de Fursac*. 1847, in-8.

5586. BARAILON (J.-F.). Mém. sur les ruines et les monts d'une ancienne ville, appelée aujourd'hui *Toull*, etc, 1802, in-8.

DORDOGNE

Articles sur le Département

5587. * Annales agricoles et littéraires de la Dordogne, in-8.

5588. GOURGUES (vte A. de). Bibliographie du dépt de la Dordogne [au point de vue topographique].

Dictionn. topogr. de la Dordogne. 1873, in-4, p. LXXXIV.

5589. PERGOT (l'a.). Vie de saint Front, 1er évêque de Périgueux. 1861, in-8.

5590. LEBLOND (l'a.). Histoire de saint Front, apôtre et premier évêque de Périgueux. In-8. (?)

5591. GOURGUES (vte A. de). Dordogne. — Noms anciens de lieux. 1861, in-8.

5592. — Sur les voies romaines de la Dordogne. 1859, in-8.

5593. DESMOULINS (Ch.). Diss. sur deux rocs branlants du Nontronnais. 1849, in-8.

5594. GOURGUES (vte A. de). Observations au sujet de la diss. sur deux rocs branlants, etc. 1850, in-8.

5595. MORIÈRE. Analyse d'un mém. de M. des Moulins, ayant pour titre : *Dissertation*, etc. 1870, in-8.

5596. GALY (E.). Catalogue du musée archéologique du dépt de la Dordogne. 1862, in-8.

5597. AUDIERNE (l'a.). Indication générale des grottes du dépt de la Dordogne. 1864, in-8.

5598. FALLUE (L.). De l'art récemment qualifié antédiluvien ; examen critique des *graffiti* provenant des grottes de la Dordogne. 1867, in-8.

5599. AUDIERNE (l'a.). Rapport [sur les monuments de la Dordogne]. 1838, in-8.

Arrondissements et Cantons

5600. DESSALLES (L.). Arrondt de Bergerac. Détails statistiques, etc. 1866 et 1867, in-8.

Ville de Périgueux

5601. FAYARDIE (Jourdain de la). [*Ms.*] Description et représentation de la ville de Périgueux. 1759.

5602. CAUMONT (cte A. de). Rapport verbal sur une excursion à Périgueux, etc. 1859, in-8 ; 1 pl.

5603. LOISEL (Ant.), Antiquités de Périgueux. 1605, in-8.

5604. LEBEUF (l'a.). Mém. sur les antiquités de Périgueux. 1756, in-8.

5605. CAYLUS (cte de). Antiquités trouvées à Périgueux.

Rec. d'antiquités, t. VII. 1767, in-4, p. 303 et suiv.

5606. TAILLEFER (cte W. de). Antiq. de Vésonne, etc. 1821, 1826, 2 vol. in-8.

5607. MARCELLIN (A.). Sur quelques antiquités de Vesunna (Périgueux). 1847, in-8.

5608. MASSOUBRE. Antiq. rom. à Périgueux. 1857, in-8.

5609. VERNEILH (J. de) et GAUCHEREL (L.). Le vieux Périgueux, album de vingt gravures à l'eau-forte avec un texte. 1867, in-fol.

5610. CREMOUX (vte de). Vallée de la Vézère ; stations et établissements primitifs de l'homme, etc. 1867, in-8.

5611. * Autel romain à Périgueux. — *Rev. archéol.*, I, 1843, p. 262.

5612. MOUREIN (de). Not. sur les antiq. trouvées... place de Francheville [à Périgueux]. 1846, in-8 ; 1 pl.

5613. GALY (E.). Vésone et ses monuments sous la domination romaine. 1859, in-8.

5614. * Mosaïque trouvée à Périgueux, à la Cité. — *Bull. de la Soc. archéol. et hist. de la Charente*, 4e s., t. III, 1865, 1866 ; p. 440 et 441.

5615. LEBEUF (l'a. J.). Notice sur une inscription découverte en 1754, à Périgueux. 1761, in-4.

Inscr. de Marullius.

5616. MASSOUBRE (E.). Quelques notes sur l'inscription de Marullius.... au musée archéol. de Périgueux. 1869, in-8.

5617. AUDIERNE (l'a.). Épigraphie de l'antique Vésone, etc. 1858, in-8.

Localités diverses

5618. GOURGUES (vte A. de). Découverte d'une sépulture gauloise aux environs de *Bergerac*, etc. 1859, in-8.

5619. * Dolmen du hameau *Le Blanc*. — *Ann. de la Soc. d'agr. etc. de la Dordogne*, t. IX, 1848, p. 159.

5620. * Camp de César [à *la Boissière*]. 1 pl. — *M. rec.*, t. VII, 1846, p. 192.

5621. * Dolmen de *Brantôme*. — *M. rec.*, t. IX, 1848, p. 192.

5622. ROUMEJOUX (A. de). Notes sur un souterrain-refuge à Chanlebout, cne de *Chalagnac*. 1869, in-8 ; 1 pl.

5623. — Fouilles d'un tumulus à *Chalagnac*. 1869, in-8 ; 1 pl.

5624. LARTET (Éd.). Sépulture des Troglodytes du Périgord ; faune de *Cros-Magnon*. 1868, in-8.

5625. * Dolmen de *Cugnac*. — *Ann. de la Soc. d'Agric. etc. de la Dordogne*, t. IX, 1849, p. 224.

5626. MASSENAT (E.). Objets gravés et sculptés de *Laugerie-Basse*. 1869, in-8.

5627. GOURGUES (vte A. de). Observations au sujet de la not. histor. sur *la Linde*. 1867, in-8.

La notice visée fait partie de *l'Arrondt de Bergerac*, etc. par L. DESSALLES (5600).

5628. MONTÉGUT (de). Not. sur les enceintes de pierres de *Montardy*. 1866, in-8.

5629. LALANDE (Ph.). Not. sur la grotte de *Pouzet*, cne de Terrasson. 1868, in-8.

DOUBS

Articles sur le département

5630. DEBRY (J.). Statistique du Doubs. 1792, in-fol.

5631. DELACROIX (A.). Éponine et la Baume-Noire. 1865, in-8.

5632. DUNOD DE CHARNAGE (Fr.-J.). Histoire de l'église, ville et diocèse de Besançon. 1750, in-4.

5633. RICHARD (l'a.). Histoire des diocèses de Besançon et de Ste-Claude. 1847-51, 2 vol. in-8.

5634. RIOUDEY (l'a.) et RICHARD (l'a.). Nomenclature géographique des communes, hameaux, etc., du dépt du Doubs. 1851, in-12.

5635. LAPRET (P.-A.). Notice sur deux monuments antiques. 1829, in-8.

Arrondissements et Cantons

5636. MUSTON (dr). Rech. anthropologiques sur le pays de Montbéliard. 1866, gr. in-8.

5637. DROZ (F.-N.-E.). Mémoires pour servir à l'histoire du bailliage de Pontarlier, contenant des recherches sur l'emplacement d'Ariarica et d'Abiolica, la direction de quelques chemins romains, etc., 1760, in-8. Réimpression (?), par « Droz fils aîné ». 1840, in-8.

5638. BOURGON. Rech. historiques sur la ville et l'arrondt de Pontarlier. 1841, in-8.

Ville de Besançon

5639. [*Ms.*] * Recueil de quelques antiquités de la cité impériale de Besançon jusqu'en 1618. In-4.

« Ce recueil est conservé dans la bibliothèque de Ste-Geneviève ». Le Long, *Biblioth. hist.*, t. III, nos 38 428.

5640. CHIFFLET (J.-J.). Vesontio, civitas imperialis, etc. 1618, in-4.

5641. COUDRET (Dom). [*Ms.*] Mémoires sur cette question : Quelles ont été les différentes positions de Besançon, depuis Jules César jusqu'à nous ?

5642. SABBATHIER (Fr.). Diss. sur les différentes positions de la ville de Besançon, etc. 1770, in-8.

5643. DUNOD (le p. Jos.). [*Ms.*] Diss. sur la cause et l'époque du nom de Chrysopolis donné à la ville de Besançon.

5644. DROZ (S.). Rech. histor. sur la ville de Besançon, etc. 1856, in-8.

5645. CASTAN (Aug.). Deux traditions celtiques relatives aux épousailles dans la ville de Besançon. 1868, in-8.

5646. — La bataille de Vesontio et ses vestiges. Rapport sur les fouilles de Bois-Néron. 1862, in-8.

5647. SARRETTE (le comm[t] A.). Champ de bataille où César défit Arioviste. 1864, in-8.

5648. CASTAN (Aug.). Le Champ de Mars de Vesontio. 1869, in-8.

5649. MARNOTTE (P.). Mém. sur la voie rom. qui traversait Besançon, et description des antiq. découvertes, etc. 1852, in-8; 2 pl.

5650. — Antiquités trouvées rue Moncey, à Besançon, en 1840. Rapport. 1842, in-8; 2 pl.

5651. BERTRAND (Alex.). Musées et collections archéologiques. II. Besançon. 1861, in-8.

5652. DELACROIX (A.). Fouilles des rues de Besançon. 1863, in-8.

5653. CAYLUS (c[te] de). Observations sur un monument antique de *Vesontio* ou Besançon.

Rec. d'antiq., t. VI, 1764, p. 345.

5654. * De l'arc de triomphe érigé à Besançon au pied de l'ancien mont Cœlius. — *Séance publique de l'Acad. de Besançon,* 24 août 1818, p. 25-40.

5655. DELACROIX (A.). Rech. archéol. sur les mon[ts] de Besançon. 1841, in-8.

5656. GUÉNARD (P.-C.-A.). Besançon. Description histor. des monuments. 1844, in-8. — 2e éd. 1860.

5657. * Album. Besançon, mon[ts] anciens et modernes, avec texte. 1845, in-fol.

5658. DELACROIX (A.) et CASTAN (A.). Guide de l'étranger dans Besançon, etc. 1860, in-12; 1 carte.

5659. CASTAN (A.). Considérations sur l'arc antique de Porte-Noire à Besançon. 1866, in-8.

5660. — Le Capitole de Vesontio et les Capitoles provinciaux du monde romain. 1868, in-8.

5661. LAGOY (m[is] de). Attribution d'une médaille de bronze à la ville de Visontium (Besançon). 1837, in-8.

5662. MONGEZ (A.). Notice sur l'épitaphe de Virginia découverte près de Besançon. 1824, in-8.

5663. CASTAN (A.). Inscription tumulaire de Silvestre Ier évêque de Besançon (374-396). 1863, in-8.

Localités diverses

5664. VUILLERET (J.). Les tumulus d'*Alaise*, de Cadmène et d'Amancey. 1858, in-8.

5665. CASTAN (A.). Rapports sur les fouilles d'Alaise. 1858-64, in-8.

Sur *Alaise*, voir aussi, à la série des Questions topographiques, la section ALESIA.

5666. BOURGON. C. r. de fouilles archéol. faites par un cultivateur d'*Amancey*. 1840, in-8.

5667. PERCEROT et Th. BRUAND. Rapport sur les fouilles faites à *Amancey*. Catalogue des objets provenant des fouilles. 1845, gr. in-8.

5668. BRUAND (Th.). Note sur quelques-uns des objets trouvés à *Amancey*. 1846, gr. in-8.

5669. BOURGON. Essai sur les antiquités d'*Amancey* (?).

5670. MARTIN (Henri). Le sanctuaire celtique de *Ballancourt*. 1868, in-8.

5671. CASTAN (Aug.). Notice sur *Crusinia*, station militaire de la voie romaine de Châlon à Besançon. 1858, in-8.

5672. TISSOT (J.). Les *Fourgs* et, accessoirement, les environs : Pontarlier, le Fort de Joux, la Cluse, les Verrières, etc. 1870, in-12.

5673. BOUCHEY (l'a.). Recherches historiques sur la ville, la principauté et la république de *Mandeure* (Epomanduodurum). 1862, in-fol.

5674. INGOLD (A.). *Mandeure*. 1866, in-8.

5675. GOLBÉRY (Ph.-A. de). Antiquités romaines de *Mandeure*, du pays de Porentruy et de quelques contrées voisines. 1828, in-fol.

5676. GUILLEAUME (le p. J.-B.). [*Ms.*] Diss. sur une statue antique... que l'on trouva en 1753 sur le territoire de *Mandeure*.

5677. BAUHIN. Lettre (en latin) sur une pierre sigillaire trouvée à *Mandeure* en 1606. Réimpr. 1834, in-8.

5678. WETZEL. Note sur les cachets d'oculistes romains, à l'occasion d'un de ces monuments trouvés à *Mandeure* en 1860. 1860, in-8.

5679. DUVERNOY (Cl.). Note sur un groupe antique trouvé à *Mandeure*. 1867, in-8.

5680. THURIET (Ch.). Le menhir de *Norvaux* et le muraillement de la Chatelle (pourtour d'Alaise). 1870, in-8.

5681. MARLET (A.). Notice sur une aiguille de pierre existant au territoire d'*Ornans*. 1857, in-8.

5682. QUIQUEREZ (Aug.). Étude comparative du chemin celtique de *Pierre-Pertuis* et de la voie romaine qui l'avait remplacé. 1867, in-8.

5683. DELACROIX (A.). L'autel celtique de *St-Maximin*. 1865, in-8.

5684. DROZ (F.-N.-E.). [*Ms.*] Observations sur les aqueducs du lac d'Antre et des environs, sur le lieu appelé *Tabennac*, dans la chronique de St-Claude.

5685. CLÈRE (E.). Une bourgade romaine [sur le territoire de *Thise*] et un camp romain encore inconnus. 1838, in-8.

DROME

Articles sur le département

5686. DELACROIX (Nic.). Essai sur la statistique... du dépt de la Drôme. 1817, in-8. 2e éd. 1835, in-4.

5687. OLLIVIER (J.). Discours pour servir d'introduction aux travaux de la Soc. de statistique, etc., de la Drôme. 1837, in-8.

Nombreuses indications bibliographiques.

5688. — Mém. sur les anciens peuples qui habitaient le territoire de la Drôme pendant l'occupation des Gaules par les Romains. 1837, in-8° et in-16.

5689. COLOMB (le p. Jean). Libri IV de rebus gestis Valentinorum et Diensium episcoporum. 1638 et 1652, in-4.

5690. CATELLAN (Jean de). Antiquités de l'église de Valence.... 1724, in-4.

5691. NADAL (l'abbé J.-C.). Histoire hagiologique, ou vie des saints et des bienheureux du diocèse de Valence. 1855, in-8.

5692. DUPRÉ-DELOIRE. Recherches sur l'origine et les étymologies de quelques lieux du dépt de la Drôme. 1835, in-16.

5693. COSTON (le bon de). Étymologies des noms de lieux dans le dépt de la Drôme. 1868-1870, in-8.

5694. CHALIEU (l'a.). Mém. sur diverses antiquités du dépt de la Drôme. 1806 (*alias* 1811), in-4.

5695. JOUVE (l'a. E.-G.). Statistique monumentale de la Drôme. 1868, in-8.

5696. ALLMER. Lettre à M. Lacroix sur diverses inscriptions romaines de la Drôme. 1869, in-8.

5697. — Quatre nouvelles inscriptions romaines (de la Drôme). 1869, in-8.

Arrondissements et Cantons

5698. LONG (J.-Denis). Notice sur quelques lieux de l'arrondissement de Die, extraite des « Recherches sur les antiquités romaines du pays des Vocontiens ». 1851, in-16.

5699. LACROIX (A.). L'Arrondt de Montélimar : géographie, histoire et statistique. 1868, in-8.

Ville de Valence

5700. OLLIVIER (Jules). Essais histor. sur la ville de Valence. 1831, in-8.

5701. — De la Fondation de la ville de Valence. 1835, in-12.

5702. ROSTAING (Ch. de). Voie et inscriptions romaines découvertes à Valence en 1869. Rapport. In-8.

5703. ROALDES (Fr.). [*Ms.*] Antiquités de Valence.

5704. ROSTAING (Ch. de). Rapport sur la découverte du baptistère de Valence et de sa mosaïque. 1866, in-8.

5705. SALESIUS. De Inscriptione reperta anno 1759 Valentiæ : SODAL. VERN. COL. IS.

5706. ALLMER. Inscriptions de Valence et d'Aixme. Lettre à M. Lacroix. 1869, in-8.

Localités diverses.

5707. SABATERY et AUZIAS. [*Ms.*] Dissertation sur la position de la ville d'*Aeria* (avant 1826).

5708. * Milliaire romain trouvé en 1806 à *Bancel*, près de St-Vallier. — *Annuaire de la Drôme pour* 1835. In-16.

5709. DROJAT (François). Éclaircissements sur un lieu du dépt de la Drôme, désigné dans l'Itinéraire de Bordeaux à Jérusalem, sous le nom de *Cerebelliaca*. 1826, in-8.

5710. * Notices archéolog. sur *Die*.

Voyage littéraire en France, par deux bénédictins. Paris, 1717, in-4, t. Ier, p. 264.

5711. MARTIN (J.-Cl.). Antiquités et inscriptions de la ville de *Die*, etc. 1818, in-8.

5712. ARTAUD (F.). Antiquités de *Die* et de Luc, capitale des Voconces. — Voyage à *Die*, etc. 1818, in-8.

5713. COURTET (J.). Antiquités de *Die*. 1847, in-8.

5714. DROJAT (Fr.). Diss. sur un cippe à taurobole existant à *Die*. 1826, in-8.

5715. LONG (J.-D.). Rech. sur les inscr. rom. de *Die*.

Rech. sur les antiq. rom. du pays des Vocontiens. 1849, in-4.

5716. CHARREL. Taurobole de *Die*. 1866, in-8.

5717. VINCENT (l'a. A.). Notice historique sur *Donzère*, etc. 1857, in-8.

5718. SAINT-GENIS (Victor de). Un oppidum gaulois à *Plan de Baix*, l'Aeria de Strabon. 1867, in-8.

5719. ROUCHIER (l'a. J.). Inscriptions rom. du *Pont-de-la-Baume*. 1863, in-8.

5720. SAUREL (A.). Notice sur la commune et les eaux minérales de *Propiac*. 1862, in-12.

5721. DOCHIER (J.-B.). Mémoires sur la ville de *Romans*, etc. 1812, in-8.

5722. — Diss. sur l'origine et la population de la ville de *Romans*. 1813, in-8.

5723. * Histoire véritable du géant Theutobochus... enterré... proche la ville de *Romans*. (1613), in-8.

Titre plus complet ci-dessus no 259. Cp. Barbier, *Anonymes*, 3e éd., un article de Jules Ollivier, dans l'*Annuaire de la Drôme* pour 1834, et *Bull. de la Soc. d'arch. etc. de la Drôme*, t. IV, 1869, p. 224.

5724. CHEVALIER (l'a. U.). Notice historique sur le pont de *Romans*. In-8.

5725. ALLMER (A.). Lettre à M. Lacroix sur les inscriptions antiques du *Royans*. 1868, in-8.

5726. LACROIX (A.). Le Cromlech de *St-Barthélemy-de-Vals*. 1869, in-8.

5727. FONTMAGNE (bon Durand de). Le cromlech de *St-Barthélemy-de-Vals*. 1869, in-8.

5728. SAINT-ANDÉOL (F. de). Étude archéologique sur *St-Donat*. In-8 (?).

5729. ALLMER (A.). Sur une inscription rom. inédite à *St-Laurent-en-Royans*. 1868, in-8.

5730. BOISSON (A.). Une ville inconnue découverte sur le territoire de *St-Maurice*. 1857, in-8.

5731. LACROIX (A.). Notice historique sur *St-Paul-lez-Romans*. 1867, in-8.

5732. * Recherches archéologiques sur *St-Romain-du-Serp* et ses environs. In-8.

5733. VINCENT (l'a. A.). Notice hist. sur la ville de *Tain*. 1863, in-8.

5734. MAUTOUR (Moreau de). Observations sur une inscription de *Tain* (ou *Thain*), en Dauphiné, etc.

Cp. Caylus, *Recueil d'antiq.*, t. III, p. 356. Voir aussi *Magasin encyclopédique*, 5e année, t. I, p. 396.

5735. ROBERT (Ch.-N.). Taurobole de *Tain*. Restitution d'un mot de son inscription. 1866, in-8.

Cp. de Boissieu, *Inscr. antiques de Lyon*, p. 30 et 32.

5736. ALLMER (A.). Taurobole de *Tain*. Résumé des observations de M. Allmer sur le mémoire de M. Ch.-N. Robert. 1867, in-8.

5737. ROBERT. Taurobole de *Tain*. Réponse [à M. A. Allmer]. 1867, in-8.

5738. ALLMER. Taurobole de *Tain*. Nouvelles observations critiques motivées par la réponse de M. Robert. 1867, in-8.

5739. ROBERT. Taurobole de *Tain*. Réponse aux *Nouv. Observations* de M. Allmer. 1868, in-8.

Voir aussi sa lettre insérée à la suite des *Observations* de M. Allmer.

5740. ALLMER. Taurob. de *Tain* et de Valence. Dernière rép. à la dernière réplique de M. Robert. 1868, in-8.

5741. ROBERT. Taurob. de *Tain* et de Valence; courtes réflexions sur la dernière rép. de M. Allmer. 1868, in-8.

EURE

Articles sur le département.

5742. SAINT-AMAND (A.-Cl. Masson de). Statistique de l'Eure. 1793, in-fol.

5743. GADEBLED (L.-L.). Dictionnaire topographique, statistique et historique de l'Eure. 1840, in-12.

5744. CHARPILLON et CARESME (l'a.). Dictionnaire historique de toutes les cnes du dépt de l'Eure; histoire, géographie, statistique. 1868-73, gr. in-8.

5745. CANEL (A.), directeur. Revue trimestrielle du dépt de l'Eure. 1835, in-8.

Continuée sous le titre de *Revue historiq. des cinq dép. de Normandie.*

5746. BONNIN (Th.). Opuscules et mélanges historiques sur la ville d'Évreux et le dépt de l'Eure. 1845, in-16.

5747. LE PRÉVOST (Aug.). Not. histor. et archéol. sur le dépt de l'Eure. 1833, in-8.

5748.— L. Delisle et L. Passy, édrs. Mémoires et notes pour servir à l'histoire du dépt de l'Eure. 1862-1869, in-8.

5749. LEBEURIER (l'a.). Notices sur diverses communes du dépt de l'Eure, dans l'*Annuaire de l'Eure.*

5750. LE PRÉVOST (Aug.). Dictionnaire des anciens noms de lieu de l'Eure. 1839, in-8.

5751. CHEVERAUX. Rapp. sur les rech. archéol. faites dans le dépt de l'Eure. 1840, in-8.

5752. BONNIN (Th.). Discours sur les études archéologiques dans le dépt de l'Eure. 1844, in-8.

5753. LE PRÉVOST (Aug.). Mémoire sur quelques monuments du dépt de l'Eure et particulièrement de l'arrondt de Bernay. 1828, in-8.

5754. GUILMETH (A.). Examen critique du mémoire de M. A. Le Prévost sur quelques monuments du dépt de l'Eure, etc. 1834. in-8.

Arrondissements et Cantons.

5755. LE MÉTAYER-MASSELIN (L.). Recherches archéologiques dans l'arrondt de Bernay. 1861, in-8. — Cp. no 5753.

5756. LEBRASSEUR (L.-A.-P.). Histoire du comté d'Évreux. 1722, in-4.

5757. SAINT-AMAND (A.-Cl. Masson de). Essais historiq. et anecdotiques sur l'ancien comté, les comtes et la ville d'Évreux, etc. 1813, in-8.

5758. DUTENS. Description topographique de l'arrondt communal de Louviers. *S. d.* (an IX), in-8.

5759. RENAULT. Excursion archéolog. dans les arrondts de Louviers et des Andelys. 1862 et 1864, in-8.

5760. CANEL (A.). Essai histor., archéol. et statistique sur l'arrondt de Pont-Audemer. 1833-34, in-8; avec atlas.

5761. — Notice sur des découvertes d'antiquités romaines faites dans l'arrondt de Pont-Audemer. 1834, in-8.

5762. FOUCHER. Notes sur des antiquités découvertes dans l'arrondissement de Pont-Audemer. 1843, in-8.

5763. MICHEL (Th.). Histoire de la ville et du canton de Vernon. 1851, in-8.

Ville d'Évreux.

5764. GUILMETH (A.). Notice historique sur la ville et les environs d'Évreux. 1849, in-8.

5765. BONNIN (Th.). Notes, fragments et documents pour servir à l'histoire de la ville d'Évreux. 1847, in-8.

5766. CAUMONT (de). Plan de l'enceinte antique d'Évreux. 1858, in-8.

5767. STABENRATH (de). Note sur un tombeau découvert à Évreux. 1832, in-8.

5768. VAUCELLE (L. de). Observations sur une inscription trouvée à Évreux dans les ruines d'un théâtre romain. 1850, in-8.

Localités diverses.

5769. GRANGE (Mis Éd. de la). Not. sur 196 médailles rom. en or, trouvées pendant l'été de 1834, à *Amblenay*. 1834, in-8.

5770. THAURIN (J.-M.). Notice hist. et archéol. sur la découverte, faite en 1841 à *Amfreville-sous-les-Monts*, d'un casque, etc. 1861, in-8.

5771. RUVILLE (Brossard de). Histoire de la ville des *Andelys* et de ses dépendances. 1863, in-8; fig.

5772. REVER (Fr.). Extrait d'un mém. sur quelques fig. antiques en terre cuite, découvertes à *Baux*. 1826, in-8.

5773. LE PRÉVOST (Aug.) Mém. sur des fouilles faites dans la forêt de *Beaumont-le-Roger*, etc. 1833, in-8.

5774. STABENRATH (de). Not. sur les fouilles faites dans la forêt de *Beaumont-le-Roger* et sur les monuments qui y ont été découverts. 1860, in-8.

Bernay.

5775. RAOUL-ROCHETTE (D.). Not. sur quelques vases antiques d'argent faisant partie d'une collection... trouvée près de Bernay. 1830, in-4.

5776. LENORMANT (Ch.). Fouilles de Bernay. Lettre à M. Panofka. 1830, in-8.

5777. — Collier étrusque, hermaphrodite de Bernay. 1835, in-8.

5778. CARNOT. * Réponse à M. Raoul-Rochette suivie du rapp. d'une comm. d'enquête pour examiner la conduite de M. Raoul-Rochette dans l'acquisition des vases de Bernay. 1850, in-8.

5779. RAOUL-ROCHETTE (D.). Lettre à M. Carnot sur sa rép. à M. Raoul-Rochette. 1850. Post-scriptum, 1850 (affaire des vases de Bernay), in-8.

5780. COCHET (l'a.). Note sur les fouilles exécutées à Bernay en 1858. 1859, in-4.

5781. POTTIER. Rapport fait au Congrès de l'Assoc. normande... sur l'exposition céramique de Bernay. 1863, in-8.

5782. LE PRÉVOST (Aug.). Rapport sur les antiquités de *Berthouville* [près Bernay]. 1830, in-8.

5783. — Liste des principaux objets trouvés à *Berthouville*. 1832, in-8.

5784. — Mémoire sur la collection de vases antiques trouvés à *Berthouville* (Eure). 1833, in-8.

5785. LE MÉTAYER-MASSELIN (L.). Note sur l'état des fouilles entreprises à *Berthouville*... en 1861. 1862, in-8.

5786. CAUMONT (c^{te} de). Relation d'une visite faite en juillet 1861, aux fouilles entreprises à *Berthouville*, etc. 1862, in-8.

5787. QUICHERAT (Jules). Rapport, etc. (Nouvelle fouille au temple de Mercure Canetus à *Berthouville*.) 1862, in-8.

5788. MALBRANCHE. Découverte d'antiquités gallo-romaines à *Brionne*, etc. 1863, in-8.

5789. LENORMANT (Ch.). Découverte d'un cimetière mérovingien à *La Chapelle Saint-Éloi*. 1854, in-8.

5790. LENORMANT (Fr.). De l'authenticité des monuments découverts à *La Chapelle Saint-Éloi*. 1855, in-8.

5791. LEBEURIER (l'a.). De la découverte d'un prétendu cimetière mérovingien (à *La Chapelle Saint-Éloi*). 1855, in-8.

5792. BECKER (J.). Der merowingische Kirchhoff zu *La Chapelle-Saint-Éloi*, etc. 1856, in-8.

5793. LENORMANT (Fr.). Lettre sur les inscriptions de *La Chapelle Saint-Éloi*, etc. 1858, in-8.

5794. COCHET (l'a.). Fouilles au *Château-Gaillard* [près les Andelys]. 1843, in-8.

5795. VAUGEOIS (J.-F.-G.). Antiquités rom. de *Condé-sur-Iton*, etc. 1843, in-8.

5796. HERSAN. Histoire de la ville de *Gisors*. 1858, in-18.

5797. PANNIER (A.). Constructions romaines au *Gros-Theil* et monuments du Houlbec. 1865, in-8.

5798. PASSY (L.). Note sur un tombeau gaulois découvert à *Hérouval*. 1839, in-8.

5799. MARCEL (E.). Rapport sur les ruines romaines de la *Londe*, commune d'Heudreville. 1836, in-8.

5800. LEMAITRE (Mme Ph.). Épître sur les antiquités de la forêt de *Montfort*. 1839, in-8.

5801. THAURIN (J.-M.). Mémoire sur les antiquités découvertes au *Neubourg*, etc. 1858, in-8.

5802. IZARN. Note sur une sépulture celtique trouvée à *Neuilly-sur-Eure*. 1859, in-8.

5803. LE METAYER-MASSELIN (L.). Sépultures antiques découvertes dans les ruines de bains romains à *Plasnes*. 1860, in-18, et 1861, in-8.

5804. GALERON (F.). Lettre sur les antiq. rom. de *Pont-Audemer*. 1833, in-8.

5805. REVER (Fr.). Notice sur la station romaine *Uggade* et sur l'antiquité de *Pont-de-l'Arche*. 1826, in-8.

5806. LE PRÉVOST (Aug.). Recherches sur *Serquigny*. 1829, in-8.

5807. — Note sur les antiquités romaines de *Serquigny*. 1830, in-8.

5808. HOMBERG. Découverte d'un hypocauste gallo-romain à *Saint-Aubin-sur-Gaillon*. 1864, in-8.

5809. BAUDRY (P.). Cachet sigillaire dit d'oculiste trouvé à *Saint-Aubin-sur-Gaillon*. 1865, in-8.

5810. STABENRATH (de). Mémoire sur des découvertes faites à *La Trigale*. 1833, in-8.

5811. COCHET (l'a.). Note archéol. sur un cimetière gaulois découvert au *Vaudreuil*, etc. 1864, in-8.

5812. LEMAITRE (Mme Ph.). Notice sur les antiq. de *Voiscreville*. 1839, in-8.

5813. REVER (Fr.). Mémoire sur les ruines du *Viel-Évreux*, etc. 1827, in-8; 1 carte.

5814. BONNIN (Th.). * Inscriptions découvertes au *Vieil-Évreux* (Mediolanum Aulercorum). 1840, in-4. — Signé : T. B.

5815. STABENRATH (de). Rapp. fait à la Soc. libre de l'Eure sur les nouvelles fouilles qu'elle avait fait entreprendre au *Vieil-Évreux*. 1860, in-8.

5816. BONNIN (Th.). Fers antiques trouvés au *Vieil-Évreux*. — Lettre. 1840, in-4.

5817. — Antiquités gallo-romaines du *Vieil-Évreux*. 1845, in-4.

5818. CHATEL (Eug.). Bougeoir romain trouvé dans les fouilles du *Vieil-Évreux*, etc. 1861, in-4.

5819. VAUCELLE (L. de). Notice sur les médailles trouvées au *Vieil-Évreux*. 1850, in-8.

EURE-ET-LOIR

Articles sur le département.

5820. * Annuaire statistique, adm., commerc. et historique du dépt d'Eure-et-Loir (depuis 1849), in-12.

Anonyme à l'origine; continué par E. Lefèvre.

5821. HÉRISSON. Dissertations et notices sur l'histoire et les historiens, tant imprimés que manuscrits de Chartres et du pays Chartrain, etc. 1836, in-8.

5822. DOYEN (G.). * Histoire de la ville de Chartres, du pays Chartrain et de la Beauce. 1786, 2 vol. in-8.

5823. CHEVART (V.). Histoire de Chartres et de l'ancien pays Chartrain, etc. an X [1802], 2 vol. in-8.

5824. OZERAY (M.-J.-Fr.). Histoire générale... de la cité des Carnutes et du pays Chartrain, etc. 1834, 1836, 2 vol. in-8.

5825. SOUCHET (J.-B.). Histoire du diocèse et de la ville de Chartres. T. I, II, III; 1867, 68, 73, in-8.

5826. ROULLIARD (S.). Parthénie, ou l'histoire de l'église de Chartres, etc. 1609, in-8. — Autre éd., 1697.

5827. MORIN (A.-S.). Dissertation sur la légende VIRGINI PARITURÆ... 1863, in-8.

5828. LEJEUNE (H.-F.-A.). Mémoire sur la joute aux coqs dans le pays Chartrain. 1832, in-8.

5829. BADIN et QUANTIN. Géographie départementale, etc. Eure-et-Loir. 1848, in-12.

5830. LEFÈVRE (Ed.). Département d'Eure-et-Loir. Dictionnaire géographique des communes, hameaux, etc. 1856, in-12.

5831. MERLET (L.). Dictionnaire topographique du dépt d'Eure-et-Loir.

(Collection des Dictionnaires topographiques.) 1861, in-4.

5832. LÉPINOIS (E.-L. de) et MERLET. Cartulaire de Notre-Dame de Chartres. 1862, in-4.

§ 3 de l'Introduction : Limites de l'ancien diocèse de Chartres.

5833. BOISVILLETTE (de). Statistique archéologique d'Eure-et-Loir. T. I. 1864, gr. in-8.

5834. COCHIN. Monuments celtiques existant dans le département d'Eure-et-Loir. 1817, in-8.

5835. LEJEUNE (H.-F.-A.). Description de plusieurs monuments celtiques, etc. 1817, in-8.

5836. PARIS (de). Notice des vestiges des mon[ts] du culte druidique, dans le dép[t] d'Eure-et-Loir, etc. 1817, in-8.

5837. FRÉMINVILLE (de). Mémoire sur les monuments druidiques du pays Chartrain. 1820, in-8.

5838. * Monuments gaulois du département d'Eure-et-Loir. Chartres, 1859, br. in-8 ; fig.

5839. BOISVILLETTE (de). Discours [sur les mon[ts] d'Eure-et-Loir]. 1860, gr. in-8.

Arrondissements et Cantons.

5840. TARRAGON (R. de). Not. archéol. sur les communes de Romilly-sur-Aigre, Charray, La Ferté-Villeneuil, Autheuil et Cloyes [arr[t] de Châteaudun]. 1869, gr. in-8.

5841. WIDRANGES (c[te] H. de). Notices des 28 communes du canton d'Auneau. 1848-49-50, in-12.

Ville de Chartres.

5842. BOTRAYS, ou BOUTRAYS, en latin *Botereius* (R.). Urbis gentisque Carnutum historia. 1624, in-8.

5843. LIRON (Dom J.). La bibliothèque chartraine, etc. 1719, in-4.

5844. GUÉRARD (B.). Cartulaire de l'abbaye de Saint-Père de Chartres. 1840, in-4.

5845. LÉPINOIS (E. de BUCHÈRE de). Histoire de Chartres. 1854-57. 2 vol. in-8.

5846. BOUVET (Jourdan). Aqueducs et voies souterraines antiques, observés dans les environs de Chartres. Extrait d'une lettre. 1823, in-8.

5847. BOISVILLETTE (de). Not. sur les découvertes faites à Chartres en 1846-47 dans les terrassements de l'embarcadère (d'après M. de Widranges). 1860, gr. in-8 ; 4 pl.

5848. LECOCQ (Ad.). Rapp. sur les fouilles de la Brèche [à Chartres]. 1864, gr. in-8 ; 3 vign.

5849. — Fouilles du carrefour Saint-André à Chartres. 1870, gr. in-8.

5850. — Not. sur un atelier de figurines gallo-rom. découvert à Chartres. 1860, gr. in-8.

5851. — Rapp. sur un tronçon d'aqueduc antique découvert à Chartres. 1867, gr. in-8.

Localités diverses.

5852. LEJEUNE (H.-F.-A.). Antiquités d'Avallocium [*Alluyes*]. 1860, gr. in-8.

5853. BROSSIER-GÉRAY. Découverte de substructions gallo-rom. à *Arrou*. 1869, gr. in-8.

5854. DUCHALAIS (Ad.). Monnaies gauloises découvertes à *Bazoches*, en Dunois. 1840.

5855. PARIS (de). Description d'un sanctuaire druidique près *Champgé-sur-l'Eure*. 1817, in-8.

Notice des vestiges, etc. (N° 5836).

5856. COTTA (C.-A.). Nympha Vivaria, seu Castellodunensis Agri (*Châteaudun*) descriptio. 1614, in-8.

5857. BOTRAYS (Cp. 5842). Castellodunum, seu primariæ Urbis Dunensis Comitatûs descriptio scripta versibus. 1627, in-8.

5858. VERGNAUD-ROMAGNESI. Extrait d'un mém. sur une mosaïque et des antiquités romaines trouvées près de Châteaudun. 1834, in-8.

5859. ROTROU (E. de). L'a. VILBERT éd[r] et continuateur. Dreux, ses antiquités, etc. 1864, in-12.

5860. COCHIN. Not. sur quelques antiq. et usages druidiques de la ville de *Dreux*. 1809, in-8.

5861. PATY (E.). Histoire monumentale de *Dreux*. 1850, in-8.

5862. MARQUIS (A.-L.). Notice sur quelques antiq. observées à *Dreux*. In-8.

5863. BOISVILLETTE (de). Not. sur le vieux château de *Fréteval*. 1864, gr. in-8.

Dolmen; temple du IIIe siècle.

5864. SAUVAGEOT (C.). Pierres celtiques près de *Gaillardon*. 1858, gr. in-8.

5865. LEGUAY (L.). Notice sur les monuments dits druidiques et les sépultures de *Maintenon*. 1865, in-8.

5866. BELFORT (A. de). Note sur les antiq. découvertes à *Marboué*. 1869, gr. in-8.

5867. POISSON (l'a.). Note sur une station romaine près de *Mérouville*. 1858, gr. in-8.

5868. MENAULT (E.). Découverte d'un village rom. à *Mérouville*. 1858, gr. in-8; 1 plan.

5869. DESNOYERS (l'a.). Nomenclature détaillée des monnaies rom. découvertes en janvier 1866, à *Mérouvilliers*, commune d'Imonville [ou Ymonville]. 1866, in-8.

5870. VERGNAUD-ROMAGNESI. Mém. sur la mosaïque de *Mienne*. 1834, in-8.

5871. BOISVILLETTE (de). Notice sur les monuments et la mosaïque trouvés à *Mienne*, etc. 1836, in-8.

5872. COUDRAY (L.). Les pierres druidiques de l'Ormorice et du bois de l'Isle, cne de *Montboissier*. 1869, gr. in-8.

5873. BOISVILLETTE (de). Découverte d'une mosaïque faite à *Montemain*, etc. 1860, gr. in-8.

5874. BOISTHIBAUT (Doublet de). Dolmen de *Quincampoix*. 1852, in-8.

5875. BOURGEOIS (l'a.). Note sur des silex taillés trouvés dans le dépôt d'Elephas meridionalis de *Saint-Prest*. 1867, in-8.

5876. DUPUIS (F.). Note sur une excursion à *Terminiers*. 1862, in-8.

5877. CAUMONT (cte de). Mosaïques et établissements gallo-romains à *Verdes* [près de Châteaudun]. 1858, in-8.

5878. BOISVILLETTE (de). Not. sur la découverte d'une villa rom. à *Villours*. 1860, gr. in-8.

FINISTÈRE

Articles sur le département.

5879. *Rech. statistiques sur le dépt du Finistère. Travaux entrepris sous les auspices du Conseil général, et publiés par la Société d'émulation de Quimper. 1835, in-4.

5880. MAUNOIR (le p. J.). Vita sancti Corentini Armorici. 1685, in-12.

5881. DESLANDES. Extrait d'une lettre écrite de Brest (sur le *Saliocanus Portus* de Ptolémée). 1725, in-8.

5882. CAYLUS (cte de). Observations sur le *Saliocanus portus* de Ptolémée, aujourd'hui le port de *Liogan* en Bretagne, qui n'est pas éloigné de celui de Brest.

Rec. d'antiq., t. VI, p. 388.

5883. CAMBRY (J.). Voyage dans le Finistère en 1795. 1799, in-8.

5884. COURCY (Pol Potier de). Études archéologiques. Itinéraire de Saint-Pol à Brest. 1859, in-8.

5885. HALLÉGUEN (dr Eug.). La Cornouaille et Corisopitum, etc. 1861, in-8.

5886. CAMBRY (J.). Catalogue des objets échappés au vandalisme dans le dépt du Finistère. 1796, in-4.

5887. FRÉMINVILLE (de). Guide du voyageur dans le dépt du Finistère. 1844, in-12.

5888. — Antiquités du Finistère. 1835, in-4.

5889. FIERVILLE (Ch.). Not. archéol. sur le dépt du Finistère. 1864, in-8.

5890. CHATELLIER (du). Découverte dans le Finistère d'un dépôt de figurines gallo-romaines. Lettre à M. de Caumont. 1856, in-8.

5891. *Barrow découvert dans le Finistère. — *Rev. arch.* I, 1843, p. 209.

5892. CHATELLIER (du). Exploration des tumulus du dép^{t} du Finistère, etc. 1863, in-8.

Arrondissements et Cantons.

5893. FLEURY (E.). Excursion dans l'arrond^{t} de Brest, etc. 1861, in-8.

Ville de Quimper.

5894. LAMBERT (Ed.). Note sur des médailles gauloises trouvées près de Quimper. 1834, in-8.

Localités diverses.

5895. ATHÉNAS (P.-L.). Mémoire sur la véritable position du Brivates Portus de Ptolémée et sur le nom que portait *Brest* dans les premiers siècles de notre ère. 1819, in-8.

5896. BIZEUL (L.-J.-M.). Des murailles rom. du château de *Brest*. 1854, in-8.

5897. TOUR D'AUVERGNE (CORRET DE KERBEAUFFRET dit La). L'origine de *Carhaix*.

Origines gauloises.

5898. BIZEUL (L.-J.-M.). Voies romaines sortant de *Carhaix*. In-8.

5899. * Objets gallo-romains trouvés dans la forêt de *Carnoët*. — *Rev. arch.*, I, 1843, p. 133.

5900. LE MEN (R.-F.). Fouilles d'un tumulus dans la forêt de *Carnoët*, c^{ne} de Quimperlé. 1868, in-8.

5901. THÉVENARD. Monuments celtiques de la presqu'île de *Crozon*.

Recueil de mém. relatifs à la marine.

5902. FRÉMINVILLE (de). Rapport sur une fouille faite... dans une tombelle de la paroisse de *Crozon*. 1846, in-8.

5903. BARTHÉLEMY (A. de). Note sur les monnaies gauloises trouvées à la *Hautaie* ou St-Gouéno (Goucsnou ?). 1854, in-8.

5904. DENIS-LAGARDE. Notice sur des monnaies rom. [découvertes à *Guipavas*]. 1862, in-8.

5905. GUIASTRENNEC (Séb.). Not. sur la colonne de Kerscao. 1842, in-8.

5906. DENIS-LAGARDE. Étude sur la col. milliaire de Kerscao. 1867, in-8.

5907. — Notice sur une découverte de monnaies romaines au village de *Kervian*, près Camaret. 1865, in-8.

5908. — Armes et ustensiles celtiques découverts en 1861 dans la c^{ne} de *Lampaul-Plouarzel*. 1865, in-8; 1 pl.

5909. COURCY (Pol POTIER de). Notice historique sur la ville de *Landerneau*. 1842, in-8.

5910. FLAGELLE. Notes sur l'existence de ruines près de *Landerneau*. 1869, in-8.

5911. DENIS-LAGARDE. Une monnaie de l'empereur Gratien [trouvée près de *Lannilis*]. 1860, in-8.

5912. LE JEAN (G.). Histoire de la ville de *Morlaix*, etc. 1847, in-12.

5913. * Fouilles d'un tumulus sur les grèves de *Penmarc'h*. — *Rev. arch.*, 2e série, t. IV, 1861, p. 484.

5914. MARHALLA. Notice sur des constructions gallo-rom. découvertes à *Perennou*. 1838, in-8.

5915. LE MÉN (R.-F.). Sarcophage gallo-rom. en plomb découvert au *Pouldu*, c^{ne} de Slohars-Carnoët, etc. 1869. in-8.

5916. GRENOT. Relation d'une fouille pratiquée au *Souc'h*. In-8; pl.

5917. BONNÉFIN (D.). Monument dit Castel-Ruffuł, dans la paroisse St-*Gouzec*. 1857, in-8.

5918. FRÉMINVILLE (de). Mém. sur les mon^{ts} celtiques de *Trégune*. 1838, in-8.

GARD

Articles sur le département.

5919. GRANGENT. Description du dép^{t} du Gard. An VIII, in-4.

5920. RIVOIRE (H.) Statistique du dép^{t} du Gard. 1842-43. 2 vol. in-4.

5921. MÉNARD (L.). Histoire des évêques de Nîmes, etc. 1837. 2 vol. in-12.

5922. GERMER-DURAND. Dictionnaire topographique du dép^{t} du Gard. (Collection des Dictionn. topographiques.) 1868, in-4.

5923. * Vases, amphores, pierre gravée, torse de Vénus, découverts dans le dépt du Gard en 1802. — *Not. des trav. de l'Acad. du Gard.* 1808, p. 349-51.

Voir aussi des notes analogues dans la collection des *Procès-verbaux de l'Académie du Gard,* passim.

5924. GERMER-DURAND. Album arch. et description des monts historiques du Gard. 1853, in-4.

5925. — Découvertes archéol. faites à Nîmes et dans le dépt du Gard pendant l'année 1869, 1er sem. 1870, in-8.

Second semestre 1869, en 1871.

5926. CHRISTOL (de). Notice sur les ossements fossiles des cavernes du Gard. 1829, in-8.

Voir aussi : Baron D'HOMBRES-FIRMAS, *Recueil de mémoires et d'observations,* etc. Nîmes, 1839-42, 2 vol. in-8.

5927. JEANJEAN (A.). L'homme et les animaux des cavernes des Basses-Cévennes. 1870, in-8; 3 pl.

Description de 50 grottes.

5928. BAUMEFORT (V. de). Recherches sur les monts celtiques du dépt du Gard. 1863. in-8.

5929. PELET (A.). Description du castellum découvert en 1844. 1846, in-8.

5930. * Mosaïque, amphithéâtre, médailles, débris de la basilique de Plotine, etc. — *Not. des trav. de l'Acad. du Gard.* 1810, p. 369-375.

5931. VALZ (B.). Not. sur une branche rétrograde de l'aqueduc du Gard. 1840, in-8.

5932. — Découverte d'une portion du canal romain. 1840, in-8.

5933. BLANC (l'a. Th.). Un temple des druides dans le dépt du Gard. 1863, p. in-8.

5934. * Inscriptions antiques recueillies par l'Académie [du Gard], en 1804-1805. — *Not. des trav. de l'Acad. du Gard,* an XIII, p. 21-24.

5935. * Inscriptions découv. en 1810. — *M. rec.* 1810, p. 376-396.

5936. AUBANEL, etc. Inscriptions diverses recueillies et expliquées, etc. 1807, in-8.

5937. PELET (A.). Inscriptions antiques recueillies en divers lieux du dépt du Gard. 1864, in-8.

Arrondissements et Cantons

Pour mémoire.

Ville de Nîmes.

5938. GRAVEROL (J. de). Histoire abrégée de la ville de Nismes, où il est parlé de son origine, des beaux monuments, etc. 1703, in-12.

5939. GAUTHIER (H.). Histoire de la ville de Nismes et de ses antiquités. 1720, puis 1724, in-8.

5940. ROCHEMAURE (Ms A.-H.-P. de). [*Ms.*] Discours sur l'origine de Nismes et sur le dieu Nemausus, avec les inscriptions qui s'y rapportent.

5941. MÉNARD (L.). Histoire civile, ecclésiastique et littéraire de... Nismes... suivie de dissertations historiques et critiques, etc. 1750-1758, 7 vol. in-4; fig. — Nouv. éd. 1875, 7 vol. in-8.

5942. ROCHEMAURE (Mis A.-H.-P. de). Mémoire sur les Volces Arécomices, et sur la ville de Nismes leur capitale. 1756, in-8.

5943. VALETTE DE TRAVERSAC (l'a.). Abrégé de l'histoire de... Nismes, avec une description très exacte des ouvrages anciens et modernes de sa fontaine. 1760, in-8.

5944. MAUCOMBLE (J.-F.-D. de). Histoire abrégée de Nismes, avec la description de ses antiquités. 1767, in-8, pl. gravées.

5945. BARAGNON père (L.-P.). Abrégé de l'Histoire de Nîmes, de Ménard, continuée. 1831-35, 3 vol. in-8.

5946. NISARD (D.). Histoire et description de Nîmes. 1835, in-8.

5947. RIVOIRE. Diss. sur l'étymologie et l'orthographe du mot Nismes. 1843, in-8.

5948. GERMAIN (A.). Histoire de l'église de Nîmes, depuis son origine, etc. 1838, in-8.

5949. VINCENS-SAINT-LAURENT. Topographie de la ville de Nismes et de sa banlieue. 1802, in-4.

Inscriptions antiques en grand nombre.

5950. PELET (A.). Essai sur l'enceinte romaine de Nîmes. 1862, in-8.

5951. AURÈS (A.). Rapport sur le tracé

de la voie Domitienne entre Nîmes et le Rhône, etc. 1864, in-4.

5952. MÉNARD (L.). Dissertation sur les inscriptions des pierres milliaires qu'on trouve aux environs de Nîmes.

Hist. de Nimes, t. VII, Diss. VIII.

5953. PELET (A.). Note sur quelques milliaires transportés à la porte d'Auguste à Nîmes. 1864, in-8.

5954. ALBENAS (J. Poldo d'). Discours historial de l'antique et illustre cité de Nismes, etc. 1560, in-fol.

5955. GRASSER (J.). De Antiquitatibus Nemausensibus dissertatio. 1572, etc., in-8.

5956. GUIRAN (G.). [*Ms.*]. Antiquitates et Inscriptiones Nemausenses. 1652, in-fol.

5957. DEYRON (J.). Les antiquités de la ville de Nîmes. 1655, in-4. — Nouv. éd. 1763, in-4.

5958. BAUME (J. de la). [*Ms.*]. Éclaircissement sommaire des antiquités de Nismes, etc. 1701.

5959. * Description des antiquités de la ville de Nismes. 1719, in-8. — Nouv. édition. 1737, in-8.

Elle est augmentée de la description de la Tour-Magne, et de quelques autres antiquités. (Le Long, *Biblioth. hist.*, t. III, n° 37 876).

5960. BOZE (de) et le b^on de la BASTIE. Antiquités découvertes à Nismes en 1739. (Avec 5 planches). 1739.

5961. CAUMETTE (Ch.). Éclaircissements des antiquités de la ville de Nismes. 1746, in-8; 70 p.; fig.

5962. RULMAN (Anne). [*Ms.*]. Antiquités romaines de Nismes; 3 vol. in-fol.

5963. ROBERT (J.). [*Ms.*]. Mémoires touchant les antiquités de Nismes.

5964. CAYLUS (c^te de). Antiquités de Nismes.

Rec. d'antiq., t. II, p. 339-366.

5965. ORBESSAN (m^is d'). Dissertation sur les antiquités de Nismes.

Mélanges historiq., etc., t. II, 1768, in-8, p. 252.

5966. GUÉRIN-VERANI. Recueil des principales antiquités de la ville de Nîmes, dessinées d'après nature. 1785, in-fol.

5967. CLÉRISSEAU (C.) et LEGRAND. Antiquités de la France. Monuments de Nîmes. 1804, 2 vol. in-fol.

5968. PERROT (J.-F.-A.). * Histoire des antiquités de la ville de Nîmes, extrait de Ménard (1re éd. 1814) augm. des résultats des fouilles faites depuis 1821. (Signé J.-F.-A. P***). 1826, in-8, pl. 1832; 6e éd. 1836; 7e éd. 1838.

5969. PELET (A.). Promenades archéologiques [à Nîmes]. 1844, in-8.

5970. — Catalogue du musée de Nîmes. — Not. hist. sur la Maison-Carrée. 1853, in-8.

5971. QUICHERAT (J.). Rapports, etc. (... Antiquités trouvées à Nîmes, etc.) 1863, in-8.

5972. MALOSSE (P.). Rech. sur deux monuments antiques de la colonie de Nismes. 1803, in-8.

5973. TRÉLIS. Conjectures sur la destination d'un mon^t rom. découvert à Nîmes. 1806, in-8.

5774. SEYNES (A. de). Mon^ts rom. de Nîmes dessinés d'après nature et lithogr. 1818, in-fol.

5975. BARBAROUX (C.-O.). * Guide aux mon^ts de Nîmes, antiques et modernes. 1824, in-8.

5976. BONNAFOUX. — Mon^ts antiques de Nismes. 1824, in-8.

5977. PERROT (J.-F.-A.). Lettres sur Nîmes et le Midi, etc. 1840, in-8.

5978. — Une visite à Nismes; description de ses monuments antiques, 2e édition corrigée et augmentée du rapport du congrès de Lyon sur la diss. de l'inscription de la Maison-Carrée et d'un plan... de Nismes. 1842, in-8; vign.

5979. PELET (A.). Notice des mon^ts antiques conservés dans le musée de Nîmes. 1844, in-8.

5980. GERMER-DURAND (E.). Mon^ts de Nîmes. 1851, in-8.

5981. * Nîmes et ses mon^ts : 1° Description des monuments romains; 2° monuments modernes, places, etc.; 3° tableau des rues, etc. Nîmes, Waton, 1863, in-18, 68 p. — Cp. n° 6096.

5982. PELET (A.). * Mon^ts romains de la France. Monuments de Nîmes. *S. d.* (1839), in-8.

5983. AZAÏS (l'a.). Deux mon^ts chrétiens des premiers siècles, à Nîmes. 1870, in-8.

5984. AUGIÈRES (A. d'). Poema de Amphitheatro Nemausensi.

Carmina, etc. 1694, in-12.

5985. VINOLS (L. de). Les arènes de Nîmes... 1848, in-8.

5986. *Amphithéâtre de Nîmes. — *Rev. arch.* VII, 1850, 194.

5987. PELET (A.). Description de l'amphithéâtre de Nîmes. 1853, in-8.

5988. — Examen critique de l'amphithéâtre de Nîmes et de quelques inscr. inédites. 1859, in-8.

5989. AURÈS (A.). Détermination de la courbe extérieure de l'amphithéâtre de Nîmes. 1859, in-8.

5990. RÉVOIL (H.). Rapport sur les fouilles de l'amphithéâtre de Nîmes. 1866, in-8 et in-12.

5991. MÉNARD (L.). Observations sur quelques anciens monts qui ont été découverts en creusant la fontaine de la ville de Nismes. 1739, in-8. Cp. n° 5943.

5992. PELET (A.). Rapport sur les fouilles faites au-devant du temple de Diana à Nîmes, etc. 1835, in-8, 1 pl.

5993. — Essai sur le Nymphée de Nismes. 1852, in-8. — Suite, 1855.

5994. CANONGE (J.). Terentia, ou le temple de Diane et les bains de Nismes sous les empereurs. 1843, in-18.

5995. BOUCOIRAN (L.). Monographie de la fontaine de Nîmes, etc. 1859, in-8, plans et grav.

5996. PELET (A.). Essais sur les anciens thermes de Nemausus et les monuments qui s'y rattachent. 1863, in-8.

5997. *Division des eaux à Nîmes. Texte et pl. — *Arch. de la Comm. des monts hist.* T. Ier, 1855-1872, gr. in-fol.

Pour le pont du Gard, voir ci-dessous les articles sur REMOULINS.

5998. PELET (A.). Sur la Cloaca maxima de Nîmes. 1863, in-8.

5999. SÉGUIER (J.-F.). Diss. sur l'ancienne inscription de la Maison-Carrée de Nismes. 1759, in-8; 1771, in-8.

6000. *Diss. sur la Maison-Quarrée de Nismes.

« Elle est imprimée dans le tome X de la *Continuation des Mémoires de littérature* du père Des-Molets [p. 277-294]. L'auteur prétend que c'était un temple que l'empereur Adrien fit ériger par reconnaissance en l'honneur de Plotine, femme de Trajan, qui l'avait fait adopter par cet empereur, et lui avait procuré l'Empire. » (Le Long, *Biblioth. hist.*, t. III, n° 37 864.)

6001. SIMIL (l'a.). Mém. sur la Maison-Carrée. 1822, in-8.

6002. SEYNES (A. de). Essai sur les fouilles faites en 1821 et 1822 autour de la Maison-Carrée. 1823, in-8.

6003. PELET (A.). Essai sur la destination première de la Maison-Carrée. 1862, in-8. — Cp. 5970 et 5978.

6004. AURÈS (A.). Étude sur les dimensions de la Maison-Carrée, etc. 1re et 2e parties, 1863, in-8.

6005. DESJARDINS (Ernest). Véritable époque de la Maison-Carrée de Nîmes. 1865, in-8.

6006. PELET (A.). Note sur une mosaïque trouvée rue des Chassaintes. 1865, in-8.

6007. RÉVOIL (A.-H.). Découverte d'une mosaïque antique [à la fontaine de Nîmes]. 1867, in-8.

6008. GERMER-DURAND (E.). Note sur une mosaïque découverte à Nîmes, rue des Lombards. 1869, in-8.

6009. PELET (A.). Notice sur la Porte d'Auguste de Nismes. 1849, in-8.

6010. — Notice sur les fouilles faites en 1849, à la Porte d'Auguste, à Nîmes. 1850, in-8.

6011. — Sur l'emplacement du théâtre et du xyste à Nîmes. 1863, in-8.

6012. — Mélanges. Notes sur trois inscriptions antiques retrouvées en 1810, à l'amphithéâtre, suivi d'un essai sur l'emplacement du théâtre ou xyste de la colonie de Nîmes. 1863, in-8.

6013. — Essai sur la Tour-Magne de Nîmes. 1837, in-8. — Cp. n° 5959.

6014. — Notice sur un cercueil en plomb, trouvé à Nîmes. 1838, in-8.

6015. — Description d'un tombeau découvert à Nîmes. 1842, in-8.

6016. — Notice sur un tombeau découvert à Nîmes en janvier 1844. In-8.

6017. MAURIN (L.). Les pierres tumulaires à Nîmes, étude antique. 1860, in-8.

6018. GERMER-DURAND (E.). Note sur un cercueil en plomb trouvé à Nîmes. 1865, in-8.

6019. RÉVOIL (H.). Fouilles archéologiques. Sépulture gallo-romaine découverte dans les fouilles de l'église neuve de Saint-Baudile de Nîmes. — Découverte d'une mosaïque antique. 1868, in-8.

6020. AURÈS (A.). Étude des dimensions d'un petit autel votif du musée de Nîmes. 1869, in-8.

6021. — Étude au point de vue de la métrologie gauloise, des dimensions de deux inscr. gallo-romaines du musée de Nîmes. 1868, in-4.

6022. GUIRAN (G.). Explicatio duorum vetustorum numismatum nemausensium. 1655, in-4.

6023. BOUDARD (P.-A.). Lettre à M. de la Saussaye sur une médaille ibérienne de Nemausus. 1857, in-8.

6024. PELET (A.). Essai sur les médailles de Nemausus. 1860, in-8.

6025. GERMER-DURAND (E.). Notes : 1° Sur une découverte de 200 médailles, etc. 2° Sur une inscript. latine. 1860, in-8.

6026. GUIRAN (G.). [*Ms.*] Interpretatio lapidum repertorum Nemausi, anno 1666. In-8.

6027. BASTIE (J. Bimard de la). [*Ms.*]. Montis Seleuci apud Vocontios Toparchæ, ad Inscriptiones Nemausenses à Gailliardo Guirano illustratas adnotatiunculæ.

6028. GRAVEROL (Fr. de). J. U. D. Miles Missicius. 1674, in-12.

Dissertation sur une inscription antique de Nimes. — Cp. Spon, *Miscell. erud. auctor.* Section VII, p. 239.

6029. — Votum Deæ Mehelaniæ solutum, ad Joan. Ciampinum Romanum Epistola, de opere quodam musivo nuper reperto. 1689, in-4.

6030. *Inventaire particulier des épitaphes et inscriptions romaines qui ont été trouvées dans les masures de l'ancien Nismes.

Mention dans la *Biblioth. hist.*, t. III, n° 37-863.

6031. SÉGUIER (J.-F.). Diss. sur l'ancienne inscription du temple de Caius et de Lucius Cæsar, petits-fils d'Auguste. In-8.

Cp. son travail ms. : *Inscriptionum antiquarum index absolutissimus*, avec 4 vol. d'introduction et 2 vol. de supplément, notes et tables, conservé à la bibliothèque de Nîmes.

6032. BOUHIER [*Ms.*]. Diss. sur l'inscription de Nismes, G. Q. N. Trophimus Serv. R. etc. 1775.

6033. SÉGUIER (J.-F.). Inscriptions antiques de la ville de Nismes et des environs. 1804, in-8.

6034. *Inscriptions découvertes à Nîmes en 1808. — *Not. des trav. de l'Acad. du Gard.* 1808, p. 341-749.

6035. SAINT-AMANS (J.-Fl. Boudon de). Diss. sur l'inscription MARTI. AUG. LACAVO SACRUM ADGENTII EX ÆRE COLLATO, trouvée dans les arènes de Nîmes. 1817, in-8.

6036. BOISSY D'ANGLAS. Diss. sur une inscr. trouvée dans les arènes. 1822, in-8.

6037. PELET (A.). Essai sur l'inscription de la Maison-Carrée de Nîmes. 1834, in-8.

6038. PERROT (J.-F.-A.). Mém. sur l'inscr. de la Maison-Carrée. 1845, in-8.

6039. PELET (A.). Inscriptions antiques que renferme la porte d'Auguste. 1850, in-8.

6040. — Essai sur une inscr. celtique trouvée à la fontaine de Nîmes et sur une inscr. lat. de cette ville. 1851, in-8.

6041. — Des enseignes militaires chez les Romains, à propos de deux inscriptions trouvées à Nîmes. 1855, in-8.

6042. RENIER (L.). Note sur une inscr. rom. trouvée à Nîmes. 1855, in-8.

6043. PELET (A.). Essai sur une inscr. monumentale (découverte à Nîmes en 1739) d'après des documents nouveaux. 1859, in-8.

6044. RÉVOIL (H.). Inscription sur un cippe en forme d'hermès, trouvé dans l'amphithéâtre de Nîmes. 1863. in-8.

6045. GERMER-DURAND (E.). Note sur une inscr. relative aux constructeurs de la basilique de Nîmes. 1864, in-8.

6046. *Note sur une inscription du musée de Nîmes. — *Ann. de la Soc. éduenne,* à Autun. 1864, in-8.

6047. GERMER-DURAND (E.). Inscr. de pierres antiques trouvées dans les travaux exécutés... à l'extrémité du quai Roussy, en 1864. 1865, in-8.

6048. — Sur deux inscriptions de Nîmes

dont une inédite, offrant le nom de famille Casuria. 1865, in-8.

6049. — Quatorze inscriptions de Nîmes, dont une inédite, offrant le nom de famille Casuria. 1865, in-8.

6050. — Sur la date de l'inscription fragmentaire VIII TRIB. PO. etc. 1865.

6051. — Notes épigraphiques. Inscriptions trouvées au quai Roussy en 1864, etc. 1865, in-8.

6052. PELET (A.). Note sur une nouv. inscrip. aux dieux proxumes. 1865, in-8.

6053. GERMER-DURAND (E.). Notice sur quatre inscriptions nouvellement entrées au musée de Nîmes. 1866, in-8.

6054. RENIER (L.). Rapport sur deux inscriptions latines communiquées par M. H. Révoil. 1866, in-8.

6055. AURÈS (A.). Note sur les dimensions d'une inscription du Nymphée de Nîmes. 1869, in-8.

6056. — Note sur les dimensions d'une inscription antique du musée de Nîmes. 1869, in-8.

Localités diverses.

6057. VIC (dom Cl. de) et VAISSÈTE (dom J.). Sur l'origine de la ville et du port d'*Aigues-Mortes*.

Hist. de Languedoc, t. III, note XXXVI.

6058. PIETRO (F.-Emm. di). Notice sur la ville d'*Aigues-Mortes*. 1822. in-8.

6059. MÈGE (Al. du). Mémoire sur le port et les fortifications d'*Aigues-Mortes*. 1834, in-4.

6060. DESJARDINS (Ern.). État du Rhône dans l'antiquité sur le territoire d'*Aigues-Mortes*.

Aperçu historique des embouchures du Rhône, 1866, gr. in-4, p. — Voir aussi, du même auteur, *Géographie... de la Gaule rom.*, t. Ier, 1876, ch. 1, § 3.

6061. LHOTE. Erreurs et préjugés historiques : la mer a-t-elle baigné les murs d'*Aigues-Mortes?* 1869, in-8.

6062. LENTHÉRIC (Ch.). Le littoral d'*Aigues-Mortes*, etc. 1870, in-8.

6063. RECEVEUR (l'a.). Recherches histor. sur la ville d'*Alais*. 1860, in-8.

6064. MANDAJORS (P.-J. des OURS de). Recherches sur la situation de Trévidon et de Prusianum, etc. [près d'*Alais*]. 1714, in-4.

6065. ROBERT (F.). Sur des ossements humains trouvés dans un bloc de calcaire marneux aux environs d'*Alais*. 1844, in-4.

6066. SERRES (Marcel de). Lettre sur les ossements humains découverts récemment près d'*Alais* et considérés comme fossiles. 1845, in-4.

6067. HOMBRES-FIRMAS (bon L.-A. d'). Lettre sur une découverte d'une nouvelle caverne dans les environs d'*Alais*. 1849, in-4.

6068. VIGUIER (A-L.-G.). Notice sur la ville d'*Anduze* et ses environs. 1823, in-8; 1 carte, 2 pl.

6069. PAULET. Histoire de la ville d'*Anduze*. 1847, in-8.

6070. CAYLUS (cte de). Antiquités recueillies à *Aramon*.

Rec. d'antiq., t. VI, p. 332.

6071. GERMER-DURAND (E.). Note sur une inscription existant à *Aramon*. 1869, in-8.

6072. PELET (A.). Autel votif de l'*Auricet*. 1857, in-8.

6073. ALÈGRE (L.). Antiq. trouvées aux environs de *Bagnols-sur-Cèze*. 1864, in-8.

Beaucaire.

6074. POURCELET-MAILLANE (mis de). * Recherches histor. et chronolog. sur la ville de Beaucaire. 1718, in-8.

6075. VIC (dom Cl. de) et VAISSÈTE (dom J.). Origine de la v. de Beaucaire.

Hist. de Languedoc, t. II, 1731, note XXXVIII.

6076. EYSSETTE (A.). Histoire de Beaucaire, etc. 1867, in-8.

6077. PELET (A.). Colonnes itinéraires existant encore sur l'antique voie Domitia entre Beaucaire et Castelnau. 1863, in-8.

6078. BLAUD (C.). Antiquités de la ville de Beaucaire. 1819, in-4; 16 pl.

6079. * Inscription découverte près de Beaucaire. — *Rev. arch.* IV, 1847, 714.

6080. PELET (A.). Étude sur une inscription latine découverte sur la route de Beaucaire. 1860, in-8.

6081. GERMER-DURAND (E.). D'une prétendue inscription grecque de Beaucaire. 1868, in-8.

6082. CAUSSE (E.). Note sur un cippe ... découvert à *Cabrières*. 1869, in-8.

6083. PELET (A.). Essai sur un bas-relief découvert... à *Cavillargues*. 1851, in-8.

6084. ORBESSAN (m^is^ d'). Mémoire sur un monument antique trouvé à *Clarensac*, etc.

Mélanges histor., t. II, p. 271.

6085. RÉVOIL (H.). Note sur deux tombeaux romains découverts à *Courbessac*, près Nîmes. 1866, in-8.

6086. SERRES (Marcel de). Observations sur les ossements humains découverts... dans la caverne de *Durfort*. 1824, in-4.

6087. GERMER-DURAND (E.). De l'antiquité des eaux des *Fumades*. 1866. in-8.

6088. ALÈGRE (L.). Le camp de César à *Laudun*, près Bagnols, etc. 1866, in-8.

6089. GERMER-DURAND (E.). Note sur trois inscript. inédites trouvées au *Moulin-Rey*, en ... 1867. 1869, in-8.

6090. BRUN (E.). La ville de *Mus*, oppidum gaulois, etc. 1870, in-8.

6091. FLOUEST (E.). L'oppidum de *Nages*. 1870, in-8.

6092. GERMER-DURAND (E.). Trois inscriptions recueillies dans la Vaunage [c^ne^ de *Nages*]. 1869, in-8.

6093. DURAND (H.). Bains et mosaïques antiques de *Pont-d'Oli*. 1851, in-8.

6094. SEYNES (A. de). Dessin du pont du Gard [à *Remoulins*]. 1810, in-8.

6095. * Pont du Gard. Texte et planches. — *Archives de la Comm. des mon. hist.*, t. Ier, 1855-1872, gr. in-folio.

6096. BOUCOIRAN (L.). Guide aux monuments de Nîmes et au pont du Gard. 1863, in-8.

6097. GERMER-DURAND (E.). Note sur une inscription trouvée à *La Roque*. 1870, in-8.

6098. TEISSONNIER (l'a.). Not. histor. sur *Saint-Gilles*. 1862, in-8.

6099. RÉVOIL (A.-H.). Sur un glaive trouvé dans le petit Rhône, à *Saint-Gilles*. 1865, in-8.

6100. ROSSI. Sur un fragment de sarcophage découvert à *Saint-Gilles*, etc. 1866, in-4.

6101. MAZER (H.). [*Ms.?*] Diss. sur une inscr. gréco-lat. de *Saint-Gilles*. 1838.

6102. GERMER-DURAND (E.). Une nécropole gallo-romaine à *Sainte-Perpétue*: 1864, in-8.

6103. RÉVOIL (H.). Fragments antiques trouvés à *St-Vincent*, etc. 1863, in-8.

6104. BAUMEFORT (V. de). Not. sur le temple des druides d'*Uzès*. 1861, in-8.

6105. AURÈS (A.). Étude des dimensions des haches en bronze découvertes, en 1851, sur le territoire de la c^ne^ de *Vauvert*. 1866, in-8.

6106. LAGOY (m^is^ de). Attribution d'une médaille gauloise de bronze, à Virinn (*Vissec*). 1841, in-8.

HAUTE-GARONNE (1)

Articles sur le département.

6107. SALVAN (l'a. A.). Histoire générale de l'église de Toulouse, etc. 1857-61, 4 vol. in-8.

(1) Un certain nombre des articles relatifs à la Haute-Garonne ne sont l'objet que d'une courte analyse ou même d'une simple mention dans les *Mém. de l'Acad. de Toulouse*, auxquels on renvoie le lecteur dans le Catalogue alphabétique. Ce renvoi pourra servir à faire retrouver la trace des mém. ou not. qui auraient été publiés *in extenso* ailleurs, ou qui seraient restés en manuscrit.

6108. — Histoire de saint Saturnin, etc.

6109. MÈGE (Al. du). Mémoire sur quatre colonnes milliaires. 1827, in-8.

6110. — Voie militaire de Toulouse à Benecharnum. 1857, in-8.

6111. CRAZANNES (b^on^ CHAUDRUC de). Notice sur la voie de Tolosa à Aginnum, etc. 1842, in-8.

6112. — Note sur une voie romaine, etc. 1851, in-8.

6113. MAS (du). Explication d'un marbre antique. 1782, in-4; pl.

6114. MÈGE (Al. du). Monts religieux des Volces Tectosages, etc., et rech. sur les antiq. du dépt de la Haute-Garonne. 1814, in-8.

6115. — Note sur les objets antiques ou du moyen âge, découverts pendant les fouilles opérées pour l'établissement d'un chemin de fer de Bordeaux à la Méditerranée. 1857, in-8.

6116. ROUMEGUÈRE (C.). Répertoire archéol. de la Haute-Garonne. 1859, in-4.

6117. MÈGE (Al. du). Quelques monts. antiques inédits. 1860, in-8.

6118. ROUMEGUÈRE (C.). Découverte de mosaïques antiques. 1852, in-8.

6119. CRAZANNES (CHAUDRUC de). Diss. sur un tombeau antique. 1830, in-8.

6120. BARRY (C.-E.-A.-Edw.). Sur la découverte de 20,000 deniers romains d'argent de l'époque de Sévère. 1851, in-8.

6121. CRAZANNES (bon CHAUDRUC de). Lettre à M. J. Lelewel sur une médaille gauloise inédite. 1859, in-8.

Trouvée sur l'emplacement de la *Mansio* et du camp rom. de *Cosa*, voie de *Tolosa* à *Divona* (Cahors).

6122. — Lettre à M. Moreau, de Saintes, sur le même sujet. 1859, in-8.

6123. — Numismatique. Monnaies élusates, etc. 1862, in-8.

6124. SERMENT (P.). Mémoire sur une inscription de Tholus en 1783, publié en 1846. In-8.

6125. MÈGE (Al. du). Not. sur une inscr. sépulcrale. 1827, in-8.

6126. — Inscriptions gallo-romaines. 1851, in-8.

6127. BARRY (Edw.). Note sur une inscription latine dédiée à l'empereur Claude. 1851, in-8.

6128. — Inscription inédite en caractères cursifs. 1854, in-8; 1 pl.

6129. — Inscriptions sépulcrales gallo-romaines provenant de Boussens, Cierp et Saint-Lizier. 1855, in-8.

6130. — Notes sur diverses inscriptions inédites. 1868, in-8.

Arrondissements et cantons.

6131. MÈGE (Al. du). [*Ms.?*] Mém. sur deux autels votifs trouvés dans le territoire de Comminges. 1834, in-8.

6132. CÉNAC-MONCAUT. Voyage archéol. et histor. dans l'ancien comté de Comminges et dans celui des Quatre-Vallées. 1857, in-8.

6133. SAINT-PAUL (A.). Excursion arch. dans le pays de Comminges. 1865, in-8.

Monuments romains.

6134. BARRY (Edw.). Note sur une inscription inédite de la cité des Convenæ. 1856, in-8.

6135. — Notes sur plusieurs inscriptions gallo-romaines inédites. 1856, in-8.

Ville de Toulouse.

6136. BERTRAND (N.). Opus de Tholosanorum gestis. 1515, in-fol. — Trad. française (par l'auteur?). 1517, in-4.

6137. NOGUIER (A.). Histoire Tolosaine. 1559, in-fol.

6138. GANNO (E. de). * De Antiquitatibus urbis Tolosæ liber. S. l. n. d. (1490?), in-8.

6139. ROCHE-FLAVIN (de la). Mém. des antiquités... de la ville de Tholose. In-4. S. l. n. d. (vers 1584). 12 p.

6140. LA FAILLE (G.). Annales de la ville de Thoulouse. 1687 et 1701, 2 vol. in-fol.

6141. REBOULIER [*Ms.*]. Diss. sur l'origine de la ville de Toulouse. 1747.

6142. RAYNAL (J.). Histoire de la ville de Toulouse. 1759, in-4.

6143. AUDIBERT (l'a.). Diss. sur les origines de Toulouse. 1764, in-8.

6144. ORBESSAN (d'). Mélanges historiques. 1768, in-8.

Sur Toulouse et la contrée environnante.

6145. DUROSOI (B. FARMIAN DE ROSOI, dit). Annales de la ville de Toulouse. 1771, 4 vol. in-4.

6146. LABROQUÈRE (de). Diss. sur l'origine de la municipalité de Toulouse, etc. 1790, in-4.

6147. ALDÉGUIER (J.-B.-A. d'). Histoire de Toulouse, etc. 1828-35, 4 vol. in-8.

6148. CAYLA (bon J.-M.) et et PERRIN-

PAIROT. Histoire de la v. de Toulouse. 1839, in-8.

6149. BENECH. Toulouse, cité latine, etc. 1853, in-8.

6150. HUMBERT. Sur Toulouse, cité latine, etc. 1860, in-8.

6151. MONTÉGUT (J.-Fr. de). Rech. sur les antiq. de la v. de Toulouse (lu en 1777). 1830, in-8; planches.

6152. — Antiq. découvertes à Toulouse, pendant le cours des années 1783, 1784 et 1785. 1788, in-4; planches.

6153. MÈGE (Al. du). Description des antiques du musée de Toulouse. 1835, in-8.

6154. LAPASSE (v^te de). Not. sur les découvertes les plus récentes faites dans Toulouse, etc. 1864, in-8.

6155. — Rapp. sur les antiq. trouvées sous les fondations du palais du maréchal commandant supérieur à Toulouse. 1865, in-4.

6156. MÈGE (Al. du). Mém. sur les mon^ts attribués, dans Toulouse, à la Reine aux pieds d'oie ou à Regina pè d'Auca. 1845, in-8.

6157. — Note sur quelques mon^ts antiques découverts récemment à Toulouse. 1847, in-8.

6158. BELHOMME (G.). Sculptures antiques pour le musée de Toulouse acquises par la Soc. archéol. du Midi. 1847, in-4.

6159. MÈGE (Al. du). Sur quelques mon^ts antiques découverts récemment à Toulouse. 1849, in-8.

6160. ROUMEGUÈRE (C.). Découverte de mosaïques antiques rue Pérolières, Toulouse. 1858, in-8.

6161. ALDÉGUIER (A. d'). Des cryptes de Saint-Saturnin. 1860, in-4.

6162. * Rapport de la commission nommée par la Soc. archéol. du midi de la France, à l'occasion du projet de reconstruction du Capitole. (Signé : DU PERRIER et EDW. BARRY, 1868.) — *Mém. de la m. Soc.*, t. IX, 1866-71, p. 185-190.

Détails archéologiques.

6163. ROUMEGUÈRE (C.). Note sur la découverte, à Toulouse, de médailles latines de l'empereur Probus. 1852, in-8.

6164. — Essai d'interprétation des contremarques existantes sur des médailles rom. trouvées à Toulouse. 1858, in-8.

6165. — Description des médailles grecques et latines du musée de la v. de Toulouse. 1858, in-12.

6166. *Trouvaille de monnaies de Probus [à Toulouse]. — *Rev. num.*, 2e série, t. III, 1858, p. 435-536.

6167. MONTÉGUT (J.-Fr. de). Conjectures sur quelques fragments d'inscriptions rom. découvertes à Toulouse en 1782. 1784, in-4.

6168. MÈGE (Al. du). Quelques notes sur une inscription grecque conservée dans le musée de Toulouse. 1849, in-8.

6169. BARRY (Edw.). Inscription gallo-romaine du musée de Toulouse. 1854, in-8.

6170. BARRY (Edw.). Une inscription inédite du musée de Toulouse. 1861, in-8.

Inscr. relative aux carrières de marbre de Saint-Béat.

Localités diverses.

6171. BARRY (Edw.). Texte épigraphique inédit, découvert... dans le village actuel d'*Arguenos*, etc. 1854, in-8.

6172. CASTILLON (H.). Histoire... pittor. de *Bagnères-de-Luchon* et des vallées environnantes, etc. 1839; 2e éd. 1851, in-8.

6173. FOURNALÈS (B.). Note sur divers objets découverts à *Blagnac*. 1860, in-4.

6174. TARTIÈRE (H.). Notice histor. sur le *Born*. 1868, in-12.

6175. MONTÉGUT (J.-Fr. de). Vases antiques d'argent trouvés à *Caubiac*, etc. 1788, in-4; planches.

6176. MÈGE (Al. du). Étude sur les fresques de l'église de *Cazaux-de-Larboust*. 1852, in-4.

Inscription romaine.

6177. GLEIZES. Découverte d'une nécropole à *Cazères*. 1857, in-8.

Voir aussi *Mém. de la Soc. archéol. du Midi*, t. VII, p. 356.

6178. DUCOS (Fl.). Note sur quelques antiq. découvertes dans la c^ne de *Clermont*. 1851, in-8.

6179. BELHOMME (G.). Rapport et observations concernant d'antiques ornements en or trouvés au territoire de *Fenouillet*. 1841, in-4; 1 pl.

6180. MÈGE (Al. du). Note sur une inscr. découverte à *Hasparren*. 1855, in-8.

6181. — Découverte à *l'Isle-en-Dodon* d'un autel votif consacré à Hercule. 1851, in-8.

6182. BARRY (Edw.). Note sur des monnaies découvertes à *l'Isle-en-Dodon*, etc. 1864, in-8.

6183. ROSSIGNOL (E.-A.). Explication et restitution d'une inscription en vers grecs consacrés au dieu Mithras et gravée dans le porche de l'église de *Labège*. 1868, in-8.

6184. ENDRÈS. Statue antique en marbre découverte à *Lestelle*. 1860, in-8.

6185. BARRY (Edw.). Note sur les eaux thermales de *Lez* à l'époque rom. 1857, in-8.

6186. CARRIÈRE (l'a.). Un cimetière romain à ustion à *La Madeleine*, près Auterive (Hte-Garonne). 1865, in-4.

6187. VITRY (U.). Rapport sur les nouvelles fouilles de *Martres*, 1847, in-4.

6188. CASTELLANE (mis de). Fragments en marbre blanc tirés en 1842 et 1843 des fouilles de *Martres*. 1847, in-4; 4 pl.

6189. ROSCHACH. Note sur quelques monts archéol. de la cne de *Plagne*. 1867, in-8.

6190. NOULET. Grotte sépulcrale de *Sensat*. 1866, in-8.

6191. CASTELLANE (mis de). Not. sur l'église de *Saint-Aventin de Larboust*. 1834, in-4.

Fragments antiques.

6192. MAURETTE (l'a. O.). La ville de *Saint-Bertrand de Comminges* [Lugdunum Convenarum]. 1842, in-8.

6193. BARRY (Edw.). Les bornes milliaires de *Saint-Bertrand*. 1858, in-8.

6194. — De la forme des chars rustiques de la Narbonnaise à propos d'un bas-relief inédit de *Saint-Bertrand-de-Comminges*. 1860, in-4.

6195. WITTE (bon J. de). Mosaïques de *Saint-Rustice*, près Toulouse. 1834, in-8.

6196. MÈGE (Al. du). Mosaïque de *Saint-Rustice*. 1837, in-8.

6197. NOULET. Note sur une lame de silex, trouvée à *Venerque*. 1866, in-8.

6198. DUCOS (Fl.). Note sur l'annaliste Lafaille au sujet de l'explication du nom de *Vieille-Toulouse*. 1850, in-8.

6199. DUBOR. Mém. sur l'origine des antiq. de *Vieille-Toulouse*. 1839, in-8.

6200. ROUMEGUÈRE (C.). Découverte d'une construction rom. à *Vieille-Toulouse*. 1858, in-8.

6201. — Urnes funéraires de *Vieille-Toulouse*. 1858, in-8.

6202. BARTHÉLEMY (l'a. J.-J.). Lettre sur les médailles trouvées à *Vieille-Toulouse*. 1764, in-8.

GERS

Articles sur le département.

6203. BALGUERIE. Tableau statistique du dépt du Gers. An X, in-8.

6204. CÉNAC-MONCAUT. Essai étymologique sur les noms de lieux du dépt du Gers. 1859, in-8.

6205. * Découverte de la villa de Cassinogilum. (Signé J. P.) — *Bull. du Comité d'hist. de la prov. ecclés. d'Auch*. T. III, 1862, p. 520-521.

Cassinogil placé à *Caudrot*. — Cp. le Congrès scientif. de Bordeaux (1861), où cette question a été discutée. Voir aussi une lettre de l'abbé Barrère, *Rev. de Gascogne*, t. VI, 1865, p. 551.

6206. CRAZANNES (Bon CHAUDRUC de). Description des voies romaines du dépt du Gers, d'après les itinéraires anciens. 1838, in-8.

6207. BISCHOFF (Ed.). Monuments de l'âge de pierre et de la période gallo-romaine dans la vallée du Gers. Lettres à M. l'a. Canéto. 1865, in-8.

Hache en roche verte trouvée à Pauilhac, etc. — Cp. *Rev. de Gascogne*, t. IX, 1868, p. 335.

6208. CANÉTO (l'a. F.). Réponse aux lettres précédentes. — Lettre à M. An. Dauvergne. 1865, in-8; 2 pl. (même sujet).

6209. CRAZANNES (CHAUDRUC de). Notices sur quelques inscr. inédites ou peu connues d'Auch, d'Eause et de Lectoure. 1837, in-4.

Arrondissements et Cantons

Pour mémoire.

Ville d'Auch

6210. FILHOL. Annales de la ville d'Auch. 1834, in-8.

6211. BRUGELLES (dom Cl. de). Chronique d'Auch. 1846, in-4.

6212. * Origines de la ville d'Auch. — *Rev. arch.*, t. V, 1849, 738.

6213. LAFFORGUE (Pr.). Histoire de la ville d'Auch, etc. 1851, 2 vol. in-8; plans.

6214. MOLAS (L.). Esquisse d'une topographie de la v. d'Auch et de ses environs. 1809, in-8.

6215. CRAZANNES (CHAUDRUC de). Diss. sur la voie rom. d'Auch à Toulouse et au lieu d'Aquis, dans la table Théodosienne, etc. 1845, in-8.

6216. — Diss. sur une petite statue antique... qui serait celle du poète Ausone. 1840, in-8.

6217. — Not. sur le cabinet des antiques dépendant de la bibliothèque communale de la v. d'Auch, 1849, in-8.

6218. — Archéologie auscitane. 1861, in-8.

6219. — Not. sur un mont de la v. d'Auch portant le nom de Tour de César. 1860, in-8.

6220. LAFFORGUE (Pr.). Antiquités d'Auch; tour dite de César et d'Anté. 1861, in-8.

6221. BARRY (Edw.). Inscr. inédites récemment découvertes aux environs d'Auch. 1852, in-8.

6222. — Deux inscriptions inédites des *Auscii*. 1865, in-8.

6223. — Lettre à M. Henzen sur une inscription latine trouvée à Auch. 1865, in-8.

Épitaphe de la petite chienne Myia. Les nos 6224-6229 concernent la même inscription. Cp. *Rev. des Soc. sav.*, mars 1866, et *Rev. critique*, 7 avril 1866.

6224. TOURNAL. Curieuse inscr. rom. du IIe siècle [découv. à Auch]. 1865, in-8.

6225. BISCHOFF (Ed.). Inscr. rom. trouvée à Auch. 1865, in-8.

6226. BARRY (Edward). Une inscription inédite des Auscii. 1866, in-8.

6227. — Un dernier mot sur l'inscription des *Auscii*. 1866, in-8.

6228. COUTURE (L.). Bibliographie. « Un dernier mot », etc. 1866, in-8.

6229. CANÉTO (l'a. F.). Épigraphie. Découverte d'une inscr. latine à Auch. 1867, in-8.

Localités diverses

6230. CANÉTO (l'a. F.). Épigraphie. Inscr. gallo-rom. trouvée à Nux, cne de *Barran*. 1870, in-8.

6231. TROUETTE (l'a. V.). Lettre à M. l'a. Canéto sur un silex découvert au Jaulé, cne de *Castelnau d'Auzan*. 1868, in-8.

Cp. Not. de l'a. Canéto, *Rev. de Gascogne*, t. IX, 1868, p. 335, et p. 560 (planche).

6232. NIEL (G.). Origines de *Condom*. 1861, in-8.

6533. COCHET (l'a.). Le vase de *Duffort*. 1862, in-8; 1 vign.

6234. CRAZANNES (CHAUDRUC de). Le tombeau d'Œdunie ou diss. sur un sarcophage antique découvert dans le pays des Élusates d'Aquitaine [à *Eause*]. 1814, in-8.

6235. — Description d'un mont élevé sur une butte près la v. d'*Eauze*. 1862, in-8.

6236. MÈGE (Al. du). Note sur une médaille antique [trouvée à *Eause*]. 1847, in-4.

6237. LINAS (Ch. de). Le tumulus de *Frégouville*. Gr. in-4; 8 p., 4 pl.

6238. CRAZANNES (CHAUDRUC de). La ville de *Lectoure* a-t-elle été colonie romaine? 1836, in-4; vign.

6239. — Not. sur les antiq. de la ville de *Lectoure*. 1837, in-4.

6240. CASSASSOLES (F.). Notices hist. sur la ville de *Lectoure*, etc. 1840, in-8.

6241. CRAZANNES (CHAUDRUC de). Diss.

sur le Taurobole et sur les inscriptions tauroboliques de *Lectoure*. 1837, in-8.

6242. CASSASSOLES (F.). Archéologie. (Inscription trouvée à *Lectoure*. Digression sur les Tauroboles.) 1857, in-8.

6243. CRAZANNES (bon Chaudruc de). Restitution aux Taurini d'une inscr. antique faussement attribuée aux Lactorates. 1862, in-8.

6244. — Not. sur quelques tombeaux antiques en brique, découverts à *Montaigu*, près d'Auch. 1839, in-8.

6245. — Not. sur la fondation de la v. de *Nogaro*, etc. 1861, in-8.

6246. CÉNAC-MONCAUT. Tombeau gallo-romain de l'église de *Saint-Clamens*. 1869, in-8.

6247. ANDRÉ (V. d'). Not. sur un autel votif découvert à *Saint-Éliæ*. 1834, in-4; vign.

6248. CRAZANNES (Chaudruc de). Not. sur la découverte d'un camp romain... à *Vic-Fézensac*. 1861, in-8.

GIRONDE

Articles sur le département

6249. JOUANNET. Statistique de la Gironde. 1839-41, 2 vol. in-4.

6250. LAMOTHE (L. de) et BRUNET (G.). * Essai de complément de statistique de la Gironde. 1847, in-4.

6251. * Biographie et bibliographie [de la Gironde]. *C.-r. des travaux de la Comm. des mon. histor. de la Gironde*, depuis le t. XIII, 1852. (Voir aussi t. X, 1849, p. 33 et suiv.)

6252. LA COLONIE (J.-M. de). * Histoire curieuse et remarquable de la ville et province de Bordeaux. 1757-69, 3 vol. in-12.

6253. BAUREIN (l'a. J.). Variétés bordeloises ou essai... sur la topographie... du diocèse de Bordeaux. 1784-86, 6 vol. in-12. — 2e éd. 1876, 6 vol. in-8.

6254. DUCOURNEAU (A.) et MONTEIL (Alexis). Gironde.

La France, ou *Histoire nationale des départements*. 1844, in-4.

6255. RECLUS (J.). Dictionnaire géogr. et histor. de la Gironde. Fascicule 1, 2. 1865-66, gr. in-8.

6256. LOPEZ (J.). Histoire de l'église de Bordeaux. 1668, in-4.

6257. JOUANNET. Note sur les *villæ* gallo-romaines de la Gironde. 1839, in-8.

6258. BAUREIN (l'a. J.). Observations critiques sur la position de quelques lieux anciens du pays bordelais.

Variétés bordelaises, liv. VI.

6259. LEBEUF (l'a. J.). Sur une maison de campagne d'Ausone. 1754, in-4.

6260. DEZEIMERIS (R.). Note sur l'emplacement de la villula d'Ausone. 1868 et 1869, in-8.

Placée à Loupiac.

6261. * Itinéraire de Bordeaux à Jérusalem. — Voir no 1216.

6262. SAMAZEUILH (J.-F.). Itinéraire de Bordeaux à Tarbes, etc. 1836, in-8.

6263. BERNADAU (P.). Antiquités bordelaises, ou tableau historique de Bordeaux et de la Gironde. 1797, in-8.

6264. * Le Musée d'Aquitaine. Bordeaux. 1824, 3 vol. in-8.

6265. DROUYN (Léo). Questionnaire archéolog. pour le dépt de la Gironde. 1858, in-8.

Rédigé au nom de l'Académie des sciences de Bordeaux.

6266. BRIOLLE (A. de). Mém. en réponse au Questionnaire archéolog., etc. Communes de Bassens, Carbon-Blanc, Lormont, in-8.

6267. CHASTEIGNER (cte A. de). L'âge de pierre dans les landes de la Gironde, etc. 1868, in-8.

6268. DELFOLTRIE (L.). Not. sur une molette de l'époque anté-historique. 1868, in-8.

6269. THIÉNON (C.). Choix de vues pittoresques recueillies dans le dépt de la Gironde, etc. 1820, in-fol.

6270. JOUANNET. Rapp. sur des aqueducs antiques. 1826 et 1832, in-8.

6271. — Not. sur les mon^ts^ de l'époque gauloise. 1829, in-8.

6272. BILLAUDEL (J.-B.-B.). Not. sur un aqueduc antique, etc. 1829, in-8.

6273. BERNADAU (P.). Le Viographe bordelais, ou Revue pittor. et histor. des mon^ts^ de Bordeaux et de la Gironde. 1844, in-8.

6274. * Pont romain sur la Leyre. *C.-r. des trav. de la Comm. des mon. histor.*, t. V, 1844, p. 15.

6275. * Liste des mon^ts^ historiques du dép^t^ de la Gironde dressée et revisée par la Commission des mon^ts^ et des doc^ts^ historiques de ce dép^t^. — *C.-r. des trav. de la m. Comm.*, t. VI, 1345, p^os^ 48-58.

Nombreuses mosaïques, la plupart de l'époque gallo-rom.

6276. JOUANNET. Not. sur les antiques sépultures populaires du dép^t^ de la Gironde. 1831, in-8.

6277. DURAND (G.-J.). Not. sur les anciens ouvrages en terrassements connus dans le dép^t^ de la Gironde sous les noms de *tumulus* ou *mottes*. 1852, in-8.

6278. * Camp romain. — *Commission précitée*, t. Ier, 1840, p. 31.

6279. DELFOLTRIE (L.). Cachet d'un médecin-pharmacien de l'époque gallo-rom. 1868, in-8.

6280. SOUIRY (l'a.). Études sur Saint-Paulin. 1853-1856, 2 vol. in-8.

T. Ier, p. 155 et suiv., discuss. sur l'emplacement d'Ebromagus. — Voir sur Saint-Paulin les n°s 2418 et suiv.

6281. BARRÈRE (l'a.). Sulpice Sévère. 1863, in-8.

6282. — Quelles furent, au IVe siècle, les relations littéraires entre le Bordelais et l'Agenais? 1864, in-8.

Arrondissements et Cantons

6283. O'REILLY (l'a. P.-J.). Essai sur l'histoire de la ville et de l'arrond^t^ de Bazas, etc. 1840, in-8.

6284. GUINODIE (R.). Histoire de Libourne et des autres villes et bourgs de son arrond^t^, etc. 1845, 3 vol. gr. in-8.

6285. DUPIN (Mme). Notice histor. et statist. sur La Réole, suivie de détails histor. sur diverses communes de l'arrondissement, etc. 1839, in-8.

6286. DELFOLTRIE (L.). Not. archéolog. sur le canton de Monségur. 1863, in-8.

6287. DESPAX. Haches en bronze trouvées dans le canton de Pauillac, en décembre 1863. 1864, in-8.

Ville de Bordeaux

6288. * [*Ms.*]. Historia fundationis urbis Burdigalensis et Senebruni Regis Burdigalensis, quæ sic incipit : Imperantibus Tito et Vespasiano Burdigalensis civitas nobilis est fundata.

Mention dans la *Biblioth. histor.*, t. III, n° 37 516.

6289. VINET (E.). Discours de l'antiquité de Bourdeaux et de celle de Bourg-sur-Mer. 1565, in-4. — 2° éd., 1574, in-4.

6290. LURBE (G. de) en latin LURBEUS. Burdigalensium rerum chronicon. 1590, in-4. Autres éd. 1604, etc.

6291. ARRERAC (J. d'). Des antiquités de la ville de B^x^ et son panégyrique.

Trois divers traitez, etc. 1625, in-4; chap. XIX.

6292. * Lettre sur le nom de la ville de B^x^. *Mercure*, 1695, juillet p. 50-59.

Voir aussi *M. rec.*, 1733, mars, p. 416; avril, p. 659.

6293. BELLET (l'a.). [*Ms.*] Notes et mém. hist. sur B^x^ et la Guienne.

6294. SARRAU. Lettre sur la ville capitale de Guyenne; s'il faut l'appeler B^x^ ou Bourdeaux. 1733, in-8.

6295. LEYDET. Lettre sur la ville capitale de Guienne, s'il faut l'appeler B^x^ ou Bourdeaux. 1733, in-8.

6296. * Remarques sur les deux lettres de MM. Sarrau et Leydet, au sujet du nom et de l'étymologie de B^x^ ou Bourdeaux (vers 1733).

Mention dans la *Biblioth. hist.*, t. III, n° 37-519.

6297. LEBEUF (l'a. J.). De l'ancienne situation de la ville de B^x^ et de l'origine de son nom. 1761, in-4.

6298. CORSINI (E.). Epistola de Burdigalensi Ausonii consulatu. 1764, in-4.

6299. DEVIENNE (dom Ch.-J.-B. d'Agneaux). Histoire de la v. de B^x^. 1862, in-4.

Reproduction du t. Ier, publié en 1771, et première éd. du t. II.

6300. BAUREIN (l'a. J.). Diss. dans laquelle on examine en quel temps et comment Bordeaux tomba au pouvoir des Romains. 1773.

Variétés bordeloises, nouv. éd. 1876, t. IV, p. 387.

6301. PALLANDRE. Description historique de la v. de Bx (vers 1780).

6302. CARRIÈRE (dom J.-M.). Observ. sur la « Description historique, etc. » 1785, in-18, 36 p.

6303. JOUANNET. Not. sur l'antiquité de Bx. 1818, in-8.

6304. RABANIS (F.-J.). Histoire de Bx. 1832, in-8 [t. I, p. 1-44].

6305. BERNADAU (P.). Histoire de Bx, etc. 1837, in-8. — 2e éd. 1839, in-8.

6306. MARANDON. *Examen critique ou réfutation de l'*Histoire de Bx* [de Bernadau], etc. 1838, in-8.

6307. DUCOURNEAU (A.). Essai sur l'histoire de Bx. 1844, 3 vol. in-4.

6308. SIMÉON (le cher M.-A.). Diss. hist. sur les origines de la ville de Bx. 1851, in-8.

6309. O'REILLY (l'a. P.-J.) Histoire complète de Bx. 1856-61, 6 vol. in-8. — 2e éd. 1863, 6 vol. in-8.

6310. RAWENET (L.). Essai sur les origines de Bx et sur Saint-Seurin d'Aquitaine... 1861, in-8.

6311. MARCHANDON (P.). Bordeaux, histoire de son origine, de ses monts, etc. 1864, in-8.

6312. CIROT DE LA VILLE (l'a.). Origines chrétiennes de Bx. 1864, in-4.

6313. SANSAS. Premières traces du christianisme à Bx. Symbolisme de l'ascia. 1866, in-8.

6314. BAUREIN (l'a.). Diss. sur l'ancienne position de la v. de Bx (1759). Ms. publié en 1817, in-8.

6315. — Essai historique sur l'ancien état de la ville de Bx, du temps des Romains (1762). — Publié en 1812, in-8; reproduit en 1876, in-8.

6316. JOUANNET. Notice sur l'antique topographie de Bx. 1841, in-8.

6317. DEVIENNE (dom J.-B. d'AGNEAUX). Eclaircissements sur plusieurs antiq. trouvées à Bx. 1757, in-8, 60 p.

6318. JOUANNET. Diss. sur quelques antiq. découvertes à Bx, petite rue de l'Intendance. 1829, in-8.

6319. — Diss. sur quelques antiq. découvertes dans la maison Faget. 1832, in-8.

6320. GALARD (G. de). Album bordelais. 1833, in-fol.

6321. JOUANNET. Communication sur divers fragments antiques trouvés à Bx. 1835, in-8.

6322. — Not. sur quelques antiq. découvertes à Bx. 1840, in-8.

6323. SANSAS. Archéologie bordelaise. 1870, gr. in-8.

6324. FONTENEIL (de). L'antiquité et l'histoire des monts de Bx. 1651, 2 vol. in-4.

6325. BASTIE (bon J. BIMARD de la). De l'amphithéâtre de Bx, vulgairement appelé le Palais Galiène. 1737, in-4; 3 pl.

6326. MONTAIGNE (de la). [*Ms.*]. Diss. sur l'époque de la construction du palais Gallien, à Bx. 1759.

6327. * Palais Gallien, nommé aussi amphithéâtre, arènes, cirque, Colisée, à Bordeaux. — *C.-r. de la comm. des monts de la Gironde*, tome Ier, 1840, p. 55; t. II, 1841, p. 26-50; t. III, 1842, p. 4; t. VI, 1845, p. 49; t. VIII, 1847, p. 34.

6328. CAUMONT (A. de). Visite des arènes de Bx, connues sous le nom vulgaire de Palais Gallien. 1842, in-8.

6329. LANCELIN. Fouilles dans l'enceinte du palais Gallien. 1865, in-8.

6330. VENUTI (l'a.). [*Ms.*]. Diss. sur un bas-relief qu'on remarque autour d'un puits dans la rue des Minimes de la v. de Bx. 1744.

6331. — Diss. sur les anciens monts de Bx. 1754, in-4.

6332. BAUREIN (l'a. J.). Rech. histor. sur les monts anciens et mod. de... Bx. 1759 et 1778, in-8.

6333. — Diss. sur les débris d'anciens édifices trouvés dans le palais archiépiscop. de Bx. 1775. Ms. publié en 1813, puis en 1876.

6334.* Conjectures sur la Porte Basse et sur l'enceinte du mur romain. — *Bull. polymathique de Bx*. 1814, p. 329.

6335. DURAND (G.-J.). Considérations historiques sur les anciens mon^ts^ de B^x^. 1835, in-8.

6336. RABANIS (J.-F.). Rech. sur les Dendrophores, etc., à propos d'un bas-relief trouvé à B^x^. 1841, in-8.

6337. BORDES (A.). Histoire des mon^ts^ de B^x^. 1845, 2 vol. in-4.

6338. * Fragments rom. trouvés à B^x^, — *C.-r. de la Commission précitée*, t. VI. 1845, p. 5.

6339. LAMOTHE (L. de). Revue des écrits relatifs aux mon^ts^ de B^x^. 1849, in-8.

6340. RABANIS (J.-F.). Fragments rom. trouvés à B^x^, etc. 1849, in-8.

6341. * Mosaïque de B^x^. — *C.-r. de la Commission précitée,* t. XI, 1851, p. 18.

6342. DOSQUET. Cippe gallo-romain, trouvé à B^x^. 1853, in-8.

6343. * Des eaux publiques à B^x^. 1° Aqueducs. 2° Fontaine d'Ausone. — *C.-r. de la Commission précitée,* t. XV, 1854, p. 51-56.

6344. ARBELLOT (l'a.). Rapport sur le musée lapidaire de B^x^. 1861, in-8.

6345. * Tombeaux antiques à B^x^. — *C.-r. de la Comm. précitée,* tome VII, 1846, p. 4; t. IX, 1848, p. 23.

6346. SANSAS. Notes sur quelques sépultures récemment découvertes à B^x^. 1863, in-8.

6347. — Notes sur diverses sépultures antiques de B^x^. 1864, in-8.

6348. BACHELIER (L.). Histoire du commerce de B^x^, etc. 1862, in-8.

6349. AURÈS (A.). Étude au point de vue de la métrologie gauloise, des dimensions d'un bas-relief antique du musée de B^x^. 1869, in-8.

6350. BAUDELOT. Observations sur une inscription trouvée à B^x^. 1723, in-4.

6351. * Inscriptions gallo-romaines trouvées dans la ville de B^x^. — *Rev. arch.*, t. VIII, 1851, p. 265.

6352. BRUNET (G.). Not. sur Marcellus le Bordelais. 1854, in-8. [Cp. n° 2416].

6353. SANSAS. Liste... des noms révélés par les mon^ts^ funéraires... découverts à B^x^. 1863, in-8.

Localités diverses

6354. JOUANNET. Not. sur quelques mon^ts^ antiques situés à *Aiguillon.* 1818, in-8.

6355. DUBROCA (E.). Description des médailles rom. de *Barsac.* 1843, in-8.

6356. LAGOY (Mis de). Attribution d'une médaille d'argent à *Cassio* ou *Cassium Vasatum* (*Bazas*). 1839, in-8.

6357. * Fragments antiques au château de *Bidasse* ou *Vidasse.* — *C.-r. de la Comm. des mon. histor. de la Gironde,* t. VIII, 1847, p. 34.

Mosaïque, etc.

6358. SAUVAGÈRE (d'ARTEZET de la). Rech. sur l'ancienne *Blavia* des Romains, que l'on fait voir être *Blaye.* 1758, in-8.

2e éd. dans son *Rec. d'antiq.* 1770, p. 293.

6359. VINET (E.). L'antiquité de Bourdeaux et de Bourg-sur-Mer [auj. *Bourg-sur-Gironde*]. 1565, in-4.—Cp. n° 6289.

6360. * Ruines romaines à *Caméliac* (*alias* Camaillac), c^ne^ de Léogeats. — *C.-r. de la Commission précitée,* t. Ier, 1840, p. 56.

Mosaïque, etc.

6361. * Mosaïque [gallo-rom.?] de *Caméliac. M. rec.*, t. V, 1844, p. 12.

6362. SAINT-AMANS (BOUDON de). Notice sur *Cassinogilus* et la position de ce lieu. 1826, in-8.

6363. AUBER (l'a.). Découverte de la villa *Cassinogilo*, palais de Charlemagne dans l'Agenais [voies romaines, etc.]. 1863, in-8.

6364. JAUBERT (l'a.). Diss. sur un temple octogone et plusieurs bas-reliefs trouvés à *Cestas.* 1743, in-12.

6365. * Mosaïque [gallo-rom.] de *Hure.* — *C.-r. de la Commission précitée.* t. II, 1841, p. 16, 27 et 69.

6366. * Mosaïque de *Langon.* — *M. rec.*, t. XI, 1851, p. 118.

Mosaïque gallo-romaine ou probablement médiévale.

6367. * Mosaïque de *Léogeats.* — Voir ci-dessus l'art. sur *Caméliac.*

6368. * Fragments gallo-rom. trouvés à *Lestiac.* — *C.-r. de la Commission précitée,* t. XIII, 1849, p. 18.

6369. * Mosaïque de *Monségur.* — *M. rec.*, t. VI, 1845, p. 16, 22.

6370. * Gisement romain à *Monségur.* — *M. vol.*, p. 22; t. VIII, 1847, p. 60.

6371. * Statuettes rom. à *Montagne* (Vénus Anadyomène et Diane chasseresse). — Mosaïque. — *M. rec.*, t. V, 1844, p. 11.

6372. JOUANNET. Not. sur les antiq. de *Montignac*. 1819, in-8.

6373. DELFORTRIE (L.). Rapport sur les fouilles opérées à *Nujons*. 1865, in-8.

6374. * Mosaïque de *Rions*. — *C.-r. de la Comm. précitée*, t. III, 1842, p. 7; t. XIII, 1849, p. 18.

6375. CIROT DE LA VILLE (l'a.). Hist. de l'abbaye... de la grande *Sauve*, etc. 1844-45, 2 vol. in-8.

A consulter pour la bibliographie du département.

6376. GUADET (G.). *Saint-Émilion*, son histoire et ses monts. 1841, in-8.

6377. JOUANNET. Not. sur les antiq. de *Saint-Émilion*. 1820, in-8.

6378. DROUYN (Léo). *Saint-Macaire* et ses monuments. 1861, in-8.

Mosaïque, etc.

6379. LACOUR père et fils. Antiq. bordelaises, sarcophages antiques trouvés à *Saint-Médard-d'Eyran*. 1806, in-fol. 72 p., 6 pl.

6380. DURAND (G.-J.). Notice sur les ruines d'anciens monts militaires, situées sur la rive droite de la jalle de *Saint-Médard*. 1851, in-8.

6381. — Camp romain, cne de *Saint-Médard-en-Jalle*. 1851, in-8.

HÉRAULT

Articles sur le département

6382. MOURGUE (J.-A.). Essai de statistique appliquée au département de l'Hérault. 1800, in-8.

6383. LESSER (H. Creuzé de). Statistique du département de l'Hérault. 1824, in-8.

6384. THOMAS (J.-P.). Mémoires hist. sur Montpellier et le dépt de l'Hérault. 1827, in-8.

6385. BRIEU (J.). Histoire de l'Hérault depuis les temps les plus reculés, etc. 1861, in-16.

6386. AMELIN (J.-M.). Guide du voyageur dans le dépt de l'Hérault (Monuments, etc.). 1827, in-12.

6387. THOMAS (E.). Recherches sur la position des Celtes-Volces, ou Introduction à la géographie ancienne du dépt de l'Hérault. 1836, in-4.

6388. REBOUL (H.). De l'ancien lac Rubresus et des atterrissements de l'Aude [près *Capestang*]. 1837, in-8.

6389. THOMAS (Eug.). Géographie ancienne du dépt de l'Hérault. 1840, in-4.

6390. — Essai sur la géographie astronomique de Ptolémée considérée dans le dépt de l'Hérault. 1850, in-4.

6391. — Des étymologies des noms géographiques dans le département de l'Hérault. 1863, in-4, 21 p.

6392. — Dictionnaire topographique du dépt de l'Hérault. 1865, in-4.

Dans la collection du Dictionnaire topographique de la France.

6393. S.⁄ (Sabatier?) Quelques monts antiques, etc. 1841, in-8.

Tours de Causses. — Tombeau et borne milliaire à Sauvian. — Arènes de Béziers.

Arrondissements et Cantons

6394. CAROU. Dictionnaire géographique et historique de l'arrt de Béziers. 1865, in-8.

Ville de Montpellier

6395. AIGREFEUILLE (Ch. d'), ou DE GREFEUILLE, D'ÈGREFEUILLE. Histoire de la ville de Montpellier. 1737, in-fol.

6396. — Histoire ecclésiastique de Montpellier. 1739, in-fol.

6397. BROUSSONNET. * De l'antiquité de Montpellier. 1838, in-8.

6398. GERMAIN (A.). Not. sur une bague d'or du musée archéol. de Montpellier. 1855, in-4.

6399. RENOUVIER (J.). Sur une figurine en terre cuite du cabinet archéolog. de Montpellier. 1856, in-4; 10 p., 1 pl.
Déesse-mère.

6400. GERMAIN (A.). Études archéologiques sur Montpellier. 1867, in-4.

Localités diverses

6401. JORDAN. Histoire de la ville d'*Agde*. 1824, in-8.

Béziers

6402. GUIBAL (de). Histoire abrégée de la v. de Béziers. 1766, in-12.

6403. JULIA (H.). Histoire de Béziers, etc. 1845, in-8.

6404. SABATIER (E.). Histoire de la ville et des évêques de Béziers. 1854, in-8.

6405. AD... (l'a.). Annales de la ville de Béziers et de ses environs, etc. 1863, in-12.

6406. S... (SABATIER?). Un torse [trouvé à Béziers]. 1837, in-8.

6407. BONNET (L.). Note sur les fouilles faites à Béziers dans les années 1855 et 1856. 1857, in-8.

6408. NOGUIER (L.). Rapport sur divers monuments et inscriptions antiques trouvés à Béziers. 1868, in-8.

6409. — Rapport sur divers objets antiques trouvés à Béziers et dans les environs. 1868, in-8.

6410. — Acquisitions du musée lapidaire [de Béziers]. 1870, in-8.

6411. MAFFRE. Inscription grecque appartenant au musée établi dans le cloître de l'église Saint-Nazaire [à Béziers]. 1869, in-8.

6412. — Mémoire sur une inscription grecque découverte à Béziers. 1870, in-8.

6413. BOUTIN. Notice sur les grottes des environs de *Ganges*. 1865, in-8.

6414. BOURQUELOT (F.). Notice sur le prieuré de Saint-Michel-de-Grandmont et sur quelques antiquités de la ville de *Lodève* et des environs. 1852, in-8.

6415. SERRES (Marcel de). Note sur de nouvelles cavernes à ossements découvertes dans le domaine de la Tour, près *Lunel*. 1850, in-4.

6416. THOMASSY (R.). *Maguelone*. Origine de la ville. 1843, in-8.

6417. LE BLANT (Edm.). Mém. sur l'autel de l'église de *Minerve*. 1862, in-8.

6418. PLANTADE (de). Mém. sur la situation du Forum Domitii [*Montbazin*] (vers 1730).

6419. MONTGRAVIER (A. de) et RICARD (A.). *Murviel*. Ruines d'un oppidum des Volces Arécomiques. 1863, in-8.

6420. PELET (Aug.). Excursion archéologique à *Murviel*. 1863, in-8.

6421. RICARD (A.). Notices sur les quelques sépultures antiques découvertes à Altimurium [près de *Murviel*]. 1840, in-4.

6422. MÈGE (A. du). Inscription trouvée à *Régimont*, près Béziers. 1830, in-8.

6423. CROUZAT. Histoire de la ville de *Roujan* et du prieuré de Cassan. 1859, in-8.

6424. SAINT-PAUL (Ph.). *Substantion*. 1835, in-8, et 1840, in-4.

6425. DELMAS. L'ancienne ville de *Substantion*, etc. 1835, in-8.

6426. PÉGAT (F.). Sur un tombeau gallo-rom. découvert à *Saint-Georges-d'Orgues*. 1854, in-4.

6427. DOMAIRON (L.). Mosaïque de *Thézan*. 1837, in-8.

ILLE-ET-VILAINE

Articles sur le département

6428. BORIE. Statistique du dép^t d'Ille-et-Vilaine. An IX, in-fol.

6429. MONNIER (Ed.). Statistique du dép^t d'Ille-et-Vilaine. An XII, in-fol.

6430. NOUAL DE LA HOUSSAYE (Al.). Mœurs, langage et antiquités du dép^t d'Ille-et-Vilaine. 1809, in-8.

6431. PEUCHET et CHANLAIRE. Statistique du dép^t d'Ille-et-Vilaine. 1811, in-4.

6432. GIRAULT, de Saint-Fargeau (E.). Histoire nationale et dictionnaire géograph. des cnes du dépt d'Ille-et-Vilaine. 1829, in-8.

6433. *DUCREST DE VILLENEUVE (E.). Guide historique et statistique du dépt d'Ille-et-Vilaine. 1847, in-8.

6434. MAUPILLÉ (L.). Lettre sur la voie romaine connue sous le nom de chemin Chasles. 1863, in-8.

6435. PILLAYE (bon de la). Découverte de quelques antiquités. 1837, in-8.

Anneau rom. trouvé à Mordelles, près Rennes, etc.

6436. BRUNE (l'a.). Répertoire archéol. d'Ille-et-Vilaine. 1861, in-8.

6437. RALLIER. Mém. sur les cercueils de pierre d'Ille-et-Vilaine. 1823, in-8.

Arrondissements et Cantons

6438. BERTIN (A.). Notice hist. et statist. sur la baronnie, la ville et l'arrondissement de Fougères. 1846, in-8.

6439. DANJOU (Th.). Statistique des monts celtiques de l'arrt de Fougères. 1862, in-8.

6440. MAUPILLÉ (L.). Notices histor. et archéol. sur les paroisses du canton d'Antrain. 1868, in-8.

6441. CORSON (l'a. GUILLOTIN de). Statistique histor. et monumentale du canton de Bain. 1866, in-8.

6442. — Statistique histor. et monumentale du canton du Grand-Fougeray. 1867, in-8.

6443. — Statistique histor. et monumentale du canton de Pipriac. 1870, in-8.

Ville de Rennes

6444. BIRÉ (P.).* Épisémasie, etc., antiquité des villes de Nantes et de Rennes. 1637, in-4. — Nouv. éd. 1850, in-4.

6445. MANET (l'a. F.-G.-B.-P.). Essai histor. sur la v. de Rennes. 1838, 2 vol. in-8.

6446. MARTEVILLE (A.). Rennes ancien. 1845, in-4. — Éd. complétée. 1850, 3 vol. in-12.

6447. DUCREST DE VILLENEUVE. Histoire de Rennes. 1845, in-8.

6448. BELLEY (l'a.). Obs. sur deux voies rom., qui conduisaient de Condate, Rennes, en Bretagne, dans le fond du Cotentin. 1780, in-4. 1 pl.

6449. BIZEUL (L.-J.-M.). Voie rom. de Rennes vers le Mont-Saint-Michel. 1840, in-8.

6450. — Voie rom. de Rennes vers Avranches, 1848, in-8.

6451. COINTREAU (A.-L.). Diss. sur le vase d'or trouvé à Rennes, le 26 mars 1774. 1802, in-4; 2 pl.

6452. BERTRAND. Diss. sur un vase cinéraire conservé au muséum de Rennes. 1807, in-8.

6453. TOULMOUCHE (Dr). Histoire archéol. de l'époque gallo-rom. de la v. de Rennes, etc. 1846, in-4.

6454. BIGNE-VILLENEUVE (P. de la). Promenade archéol. dans l'ancien Rennes. 1868, gr. in-8.

6455. ANDRÉ (Aug.). C.-r. de l'exposition de Rennes, en juin 1863. 1865, in-8.

Archéologie, etc.

6456. — Catalogue raisonné du musée archéol. de la v. de Rennes. 1868, in-8; 2e éd., 1876.

6457. MOWAT (Robert). Études philologiques sur les inscr. gallo-rom. de Rennes. 1870, in-8.

Localités diverses

6458. RAMÉ (A.). Not. sur l'emplacement et sur les monts gallo-rom. de la cité d'*Alet*. 1863, in-8.

6459. TAYA (A. bon du), éditeur. [Signé A. B. D. T.]. Monnaies celtiques ou armoricaines trouvées près d'*Amanlis* en 1835. 1835, in-8.

6460. POIGNAND (J.-C.-D.). Château de *Boulavans*. 1835, in-8.

6461. — Fragment de statistique relativement à la destruction de l'étang de *Caray* [ou Karrek]. 1835, in-12.

6462. RAMÉ (A.). Le champ funéraire de *Cojou*. 1864, in-8.

6463. NOUAL DE LA HOUSSAYE (A.). Lettre sur les antiq. de *Dol* et de *Fougères*. 1809, in-8.

6464. LÉCARLATTE (l'a.). Essai histor. sur les monts de *Dol*. 1864, in-8.

6465. RALLIER. Mém. sur quelques mon^ts antiques de la forêt de *Fougères*. 1809, in-8.

6466. RAMÉ (A.). Note sur le mon^t gallo-rom. de *Langon*. 1866, in-8.

6467. COURSON (Aur. de). Cartulaire de l'abbaye de *Redon*. 1863, in-4.

Voir surtout l'*Introduction*.

6468. * *Redon*, description de la ville, etc. Redon, Mlles Thorel, 1865, in-8, XXIX-87 p.

6469. GUIHAIRE (L.). Archéologie. Le pays de Redon avant le IXe siècle. 1866, in-8.

6470. NOUAL DE LA HOUSSAYE (A.). Mém. sur un mon^t celtique du dép^t d'Ille-et-Vilaine, connu sous le nom de la *Roche-aux-Fées*. 1810, in-8.

6471. — Voyage... au Mont-Dol et à la *Roche-aux-Fées*. 1811, in-18.

6472. RALLIER. Nouveaux détails sur la *Roche-aux-Fées*. 1818, in-8.

6473. PILLAYE (de la). La *Roche-aux-Fées*. 1836, in-8.

6474. H*** (P.). Remarques sur l'inscription trouvée en démolissant la tour de l'ancienne église abbatiale de *Saint-Mélaine*, près de Rennes, en 1672, in-4.

6475. ROBILLARD DE BEAUREPAIRE (E. de). Sur le camp du Gué de la Fiolais [c^ne de St-*Senoux*]. 1863, in-8.

6476. PILLAYE (de la). La *Ville-Avran*, près de Fougères. 1838, in-8.

6477, DUBOIS (L.). Essai sur l'histoire de la v. de *Vitré*, etc. 1840, in-8.

INDRE

Articles sur le département

6478. DALPHONSE. Statistique du dép^t de l'Indre. 1792, in-fol.

6479. — Mémoire statistique sur le dép^t de l'Indre. 1804, in-fol.

6480. PEUCHET et CHANLAIRE. Statistique du dép^t de l'Indre. 1810, in-4.

6481. BADIN et QUANTIN. Géographie départementale, etc. Indre, 1847, in-12.

6482. LEMAIGRE. Esquisses pittoresques sur le dép^t de l'Indre. 1850, in-8.

6483. TREMBLAIS (de la) et VILLEGILLE (de la). Esquisses pittoresques sur le dép^t de l'Indre. 1854, gr. in-8.

6484. VILLEGILLE (de la). Mém. sur les excavations connues sous le nom de Mardelles (notamment dans l'Indre). 1838, in-8.

6485. TREMBLAIS (de la). De la signification et de la convenance des lieux en Berry, et particulièrement dans le dép^t de l'Indre. 1866, gr. in-8.

6486. MÉLOIZES (A. des). Note sur deux enceintes en terre du dép^t de l'Indre. 1868, in-8; pl.

Localités diverses

6487. TREMBLAIS (de la). Les voies romaines dans les environs du *Blanc* et d'Argenton. 1864, gr. in-8.

6488. VOISIN (l'a. F.). Villa romaine découverte au *Blanc*. 1869, in-8. — Suite, 1870, in-8.

6489. GEMBLOUX (PIERQUIN de). Histoire de *la Châtre*. 1840, in-8.

6490. MAUDUIT (L.). Quelques faits à l'appui de l'établissement du camp de Vercingétorix à *la Châtre*. 1863, in-8.

6491. DUMOUTET (J.). Note sur la crypte et le tombeau de Léocade, dans l'église de *Déols*. 1873, gr. in-8.

6492. PÉRÉMÉ (A.). Rech. histor. et archéol. sur la v. d'*Issoudun*. 1847, in-8; pl.

6493. DUMOUTET (J.). Époques celtique, rom. et gallo-rom. des v. de Bourges, et d'*Issoudun*. 1869, in-8.

6494. RAPIN (A.). Note sur diverses découvertes faites dans la c^ne de *Levet*. 1870, in-8.

6495. LEMAIGRE. Médailles gauloises trouvées à *Levroux*. 1850, in-8.

6496. LINETIÈRE (THABAUD de). Essai sur l'origine du tombeau gaulois ou gallo-romain de *Neuvy-Pailloux*. 1845, in-4; pl.

6497. BEAUFORT (E. de). Monuments

rom. des environs de *Saint-Benoît-du-Sault*, 1851, in-8; 1 carte, 3 pl.

6498. — Mon[ts] celtiques et souterrains-refuges des environs de *Saint-Benoît-du-Sault*. 1851, in-8.

6499. — Recherches archéol. dans les environs de *Saint-Benoît-du-Sault*. 1851 et 1861, 2 vol. in-8. Carte et dessins.

Monuments celtiques; — romains, etc.

INDRE-ET-LOIRE

Articles sur le département

6500. CROY (R.-C. de). Études statistiques, historiques et scientifiques sur le dép[t] d'Indre-et-Loire. 1838, in-18.

6501. DUFOUR (J.-M.). Dictionnaire hist., géogr., biograph., etc., des trois arrond[ts] d'Indre-et-Loire. 1813, in-8.

6502. * Scriptum de vita sancti Martini. 1617, in-fol.

Ouvrage attribué à ALCUIN. (Voir ce nom au Catalogue alphabétique.) Consulter, pour compléter la bibliographie de s[t] Martin de Tours, UL. CHEVALIER, *Répert. des sources hist. du moyen âge*, Bio-bibliographie, p. 1519.

6503. MAAN (J.). Historia ecclesiæ Turonensis. 1667.

6504. CHIFFLET (P.-Fr.). De sancti Martini, Turonensis episcopi, tempore, dissertatio. 1675, in-8.

6505. GERVAISE (N.). * Vie de saint Martin, avec l'histoire de la fondation de son église. 1699, in-4.

6506. RONDET (L.-E.). Problème historique : Comment concilier S. Sulpice Sévère avec lui-même, etc... 1765, in-8.

6507. VERGER (l'a.). Articles dans le *Journal d'Indre-et-Loire* sur les origines chrétiennes en Gaule. 1868.

6508. SALMON (Ch.). Origines de l'église de Tours. 1869, in-8.

6509. ROLLAND (l'a). St Grégoire et les orig. de l'église de Tours. 1870, in-8.

6510. LOGEAIS. Dictionnaire des c[nes] d'Indre-et-Loire, etc. 1835, in-12.

6511. * Index des noms de lieux contenus dans les chartres et diplômes de Saint-Martin, antérieurs à l'an 1130. — *Mém. de la Soc. archéol. de Touraine*, t. XVII, 1865, p. 519-542.

6512. CHERGÉ (Ch. de). Promenade archéologique dans Indre-et-Loire. 1836, in-8.

6513. BOURASSÉ (l'a. J.). Excursion archéologique. 1855, in-8.

6514. VAUQUIER (S.). Notice sur quelques mon[ts] du dép[t] d'Indre-et-Loire. 1810. in-8.

6515. BOURASSÉ (l'a. J.). Églises mentionnées par Grégoire de Tours. 1855, in-8.

6516. CHEVALIER (l'a. C.). Les mon[ts] gallo-romains de la région, les camps romains ou du moyen âge, les voies romaines, etc. 1870, in-8.

6517. * Liste des mon[ts] historiques du dép[t] d'Indre-et-Loire. — *Société arch. de Touraine*, Bulletin, t. I, 1867. Tours, 1870-71, p. 418-419.

6518. BOURASSÉ (l'a. J.-J.). Tombeau de l'époque mérovingienne, découvert en Touraine. 1854, in-8.

6519. DUFOUR (J.-M.). Diss. histor. sur une médaille des Turones, dont le revers est inédit. 1817, in-8.

Arrondissements et Cantons

6520. LESOURD (H.). Promenade arch. dans l'arr[t] de Loches. 1836, in-8.

6521. BAILLARGÉ. Études archéol. sur l'arr[t] de Loches. 1865, in-fol.

6522. ESPINAY (D'). Énumération des mon[ts] celtiques de l'arr[t] de Loches. 1870, in-8.

6523. LESOURD (H.). Voies rom. de l'arr[t] de Loches. 1833, in-8.

Ville de Tours

6524. SAUVAGÈRE (de la). Rech. sur la situation de Cæsarodunum, capitale des Turones. — Sur la pile de Saint-Mars.

Rec. d'antiq. 1770, p. 131. — L'auteur prétend que cette ville était où est aujourd'hui (1775)

Luynes ou Maillé; mais les distances des voies romaines, marquées par les anciens, ne s'y rapportent pas. (*Biblioth. hist.*, suppl. du t. I, t. IV, p. 223, n° 243 *). Cp. *Ibid.*, t. III, n° 35 647.)

6525. MARTINET (R.). Le quartier des Romains chez les Turons. 1846, in-8.

6526. BOURASSÉ (l'a. J.-J.). Topographie de la v. de Tours, depuis la conquête romaine jusqu'au VI° siècle. 1859, gr. in-8.

6527. GRANDMAISON (C.-L.). Note sur la construction de l'enceinte antique de Tours, 1859, in-8.

6528. CAYLUS (Cte de). Antiquités trouvées près de Tours.

Rec. d'antiquités, t. VII. 1767, in-4, p. 307 et suiv.

6529. CHAMPOISEAU (N.). Essai sur les ruines rom. qui existent à Tours et les environs. 1831, in-8.

6530. BOILLEAU (L.). Antiq. découvertes dans les fouilles du Palais de Justice (à Tours). 1831, in-8.

6531. — Sur divers objets antiques trouvés dans les fouilles des fondations du nouveau Palais-de-Justice. 1840, in-8.

6532. DESJOBERT (Eug.). Notice sur un fragment de frise trouvé dans les décombres d'une muraille romaine, à Tours. 1838, in-8.

6533. COURTIGIS (g^al^ de). Not. sur les anciennes constructions rom. de Tours. 1855, in-8.

6534. GRANDMAISON (Ch.-L.). Notice sur les fouilles exécutées dans l'abside de l'ancienne basilique de Saint-Martin de Tours, en 1860. 1863, in-8.

6535. BOILLEAU (L.). Constructions rom. à Tours. 1845, in-8.

6536. VICART (l'a.). Mém. sur l'emplacement de la basilique dite de Saint-Lidoire, etc. 1847, in-8.

6537. * Amphithéâtre de Tours. — *Rev. arch.* 1853, t. X, p. 375.

6538. CAUMONT (A. de). Rapport verbal sur l'amphithéâtre de Tours. 1856, in-8.

6539. SALMON (A.). * L'amphithéâtre romain de Tours, d'après les chartes. 1857, in-8, 10 p.

6540. * Tombeaux trouvés sur l'emplacement de l'église Saint-Martin, à Tours, — *Ann. de la Soc. d'agr.*, *etc.*, *d'Indre-et-Loire.* 1821, p. 127.

Localités diverses

6541. CARTIER (Ét.). Médailles gauloises trouvées au camp d'*Amboise*. 1842, in-8. Cp. n° 6561.

6542.— Not. sur des monnaies gaul. trouvées dans le camp d'*Amboise*. 1843, in-8. *Athée.*

Voir n° 6558.

6543. * Antiquités trouvées près d'*Azaile-Nideau* (lire *le Rideau*).

Communication de du Theil, d'après une notice de Biencourt, mentionnée par Villar dans sa not. des travaux de la classe de litt. et beaux-arts de l'Institut, le 15 vendémiaire an X. (*Mém. des Soc. sav.*, t. II, an X, p. 65-66.)

6544. COUGNY (de). Mon^ts^ gallo-rom. de *Candes*. 1867, in-8.

6545. CHEVALIER (l'a. L.). Aqueduc rom. de *Chisseaux*. 1859, in-8.

6546. CHERGÉ (A. de). Enceintes du plateau de *Cinais*. 1836, in-8.

6547. JEANNEL. Enceintes du plateau de *Cinais*. 1844, in-8.

6548. PRÉVOST (F.). Not. histor. sur les murs gaulois de *Cinais*... vulgairement appelés *Camp des Romains*. 1866, in-8.

6549. COUGNY (de). Note sur le camp rom. de *Cinais*. 1866, in-8.

6550. VEAU-DELAUNAY. Not. sur la *Pile-Saint-Mars*, mon^t^... attribué aux Romains, et situé sur la rive de la Loire. 1809, in-8. — Cp. n° 6524.

6551. SAUSSAYE (L. de la). Diss. sur la pile *Cinq-Mars*. 1835, in-8.

6552. BOILLEAU (L.). La pile *Saint-Mars*, en Touraine. 1845, in-8.

6553. MATTY DE LA TOUR (de). *Cinq-Mars* ou *Saint-Mars*. Sur la destination de la pile de Cinq-Mars. 1848, in-8.

6554. COUGNY (de). Ruines gallo-rom. de *Cravant*. 1867, in-8.

6555. BOILLEAU (L.). Not. sur l'aqueduc de *Fontenay*. 1848, in-8.

6556. — Castellum de *Larçay*, 3 p. 1855, in-8.

6557. CAUMONT (A. de). Le castellum gallo-romain de *Larçay*, près de Tours. 1856, in-8.

6558. SOURDEVAL (Ch. de). Promenade archéol. Le castellum de *Larçay*. L'aqueduc d'Athée, etc. 1859, in-8.

6559. LESOURD (H.). Carte topogr. ancienne et du moyen âge des environs de *Loches*. 1835, in-8.

6560. — Lettres annonçant des découvertes archéol. faites à *Loches* et à Montrésor. 1839, in-8.

6561. VERLY (C.). Antiquités de *Luynes* et d'Amboise. 1822, in-4.

6562. — Description d'un aqueduc rom. situé dans la plaine de *Luynes*, à deux lieues de Tours. 1824.

6563. — Antiquités de *Luynes* [aqueduc, etc.]. 1855, in-8.

6564. CAHIER (Aug.). Note sur le dolmen de *Marcilly-sur-Maulne*. 1855, in-8.

Montrésor.

Voir à l'article n° 6560.

6565. BOURGEOIS. Notice sur l'âge des instruments de pierre du *Grand-Pressigny*. 1864, etc., in-8.

6566. * Sur les silex de *Pressigny-le-Grand;* sur une fabrication frauduleuse d'ustensiles de pierre; sur la formule *Sub ascia dedicare*. En tout, 6 p.

Bull. de la Soc. des Antiq. de Normandie, 6e année, 3e et 4e trim. 1865, in-8.

6567. COUGNY (de). Lettre sur une excursion en Touraine. *Pressigny* [le Gd-]. Ateliers de silex ouvré. 1869, in-8.

6568. CHEVALIER (l'a.). Les silex taillés du *Grand-Pressigny* (âge antéhistorique). 1870, in-8.

6569. SOURDEVAL (Ch. de). Fers antiques de chevaux trouvés à *Reignac*. 1865, in-8.

6570. JOHANNEAU (Éloi). Not. sur un temple du culte druidique, appelé la Grotte-des-Fées, situé dans la commune de *Saint-Antoine-du-Rocher*, près Tours, et sur un obélisque du même culte, appelé la Pierre-qui-Tourne, situé dans une commune voisine. 1809, in-8.

6571. * Objets antiques d'armement et d'équipement; vases funéraires de l'époque gallo-romaine [découverts à *Saint-Genoulph*]. *Mém. de la Soc. archéol. de Touraine*, t. III, 1847, p. 335.

Saint-Mars (la pile).

Voir les articles sur *Cinq-Mars*.

ISÈRE

Articles sur le département

6572. BARRAL (bon J.-M. de). Statistique de l'Isère. An VIII (1799), in-8.

6573. PERRIN DU LAC (F.-M.). Description générale du dépt de l'Isère. 1806, 2 vol. in-8.

6574. GUEYMARD (Em.). etc. Statistique générale du dépt de l'Isère. 1851, etc. 4 vol. in-8.

6575. CROZET. Description topogr., hist. et statistique du dépt de l'Isère. 1870, 2 vol. in-8.

6576. MAUPERTUIS (J. DROUET de). Histoire de la ste église de Vienne... 1708 (1711). In-4.

6577. CHARVET (C.). Histoire de la ste église de Vienne. 1761, in-4.

6578. GUICHARD. Géographie histor. de l'Isère, contenant les antiq. rom., etc. 1861, in-12.

6579. SAINT-ANDÉOL (F. de). Un oppidum retrouvé. 1861, in-8.

6580. CAILLEMER (Exupère). Grenoble et Calarona. 1870, in-8.

Voir n° 3999.

6581. * Congrès scientifique de France; XXIVe session, tenue à Grenoble en 1857. 2 vol. in-8.

Voir aussi les *Notes* de J.-J.-A. PILOT et de G. VALLIER, *Bull. de la Soc. de statistique de l'Isère*, 2e s., t. IV, 1860, p. 378, et les séances générales de la Société franç. d'archéologie, année 1857, p. 360-374.

6582. SAINT-ANDÉOL (F. de). Le trophée de Quintus Fabius Maximus Æmilianus. 1864, in-8.

6583. ALLMER (A.). Sur quelq. inscriptions antiques. 1858, in-8.

Arrondissements et Cantons

6584. PILOT (J.-J.-A.). Antiq. de l'arrt de Grenoble. 1846, in-8.

6585. BROUCHARD (C.). Études histor. et archéol. sur l'arrt de Vienne. 1863, in-8.

6586. MERMET aîné. Rapp. sur les monts remarquables de l'arrondt de Vienne. 1829, in-8.

Ville de Grenoble

6587. DUCOIN. Catalogue des livres que renferme la bibliothèque publique de la v. de Grenoble. 1831, 3 vol. in-8.

6588. [*Ms.*] CHARBOT (N.). Histoire de la v. de Grenoble (vers 1720).

6589. EXPILLY (Cl.). Traité de l'antiquité et embellissements de la v. de Grenoble, etc. 1619, in-4.

6590. CHAMPOLLION-FIGEAC (J.-J.) Antiquités de Grenoble, etc. 1807, in-4.

6591. — Nouveaux éclaircissements sur la v. de Cularo. 1814, in-8.

6592. PILOT (J.-J.-A.). Histoire de Grenoble et de ses environs, etc. 1829, in-8.

6593. GOURNAY (le chevalier R. de). Not. sur le musée d'archéologie de Grenoble. 1856, in-8.

6594. MACÉ (Ant.). Grenoble. Histoire, antiquités et monuments. 1860, in-12.

6595. CLÉMENT DE RIS (L.). Le musée de Grenoble.

Les Musées de province, t. II, 1861, in-8.

6596. CROZET (F.). Grenoble ancien et moderne. 1869, in-12.

6597. CHAMPOLLION-FIGEAC (J.-J.). Mont souterrain existant à Grenoble. 1804, in-8.

6598. PILOT (J.-J.-A.). Autel gallo-rom. trouvé dans les fondations d'un caveau de la cathédrale de Grenoble. 1835, in-8.

6599. GRAS (dr A.). Note sur... deux anciennes portes de Cularo. 1845, in-8.

6600. BERRIAT (H.). Thermes de Grenoble. 1850, demi-feuille in-fol.

6601. PILOT (J.-J.-A.). Not. sur l'église St-Laurent de Grenoble. 1860, in-8.

Crypte gallo-rom. ou mérovingienne.

6602. GOURNAY (R. de). Rapp. sur la crypte de St-Laurent. 1847, in-8.

6603. GRAS (dr A.). Note sur les matériaux employés dans la construction des anciens monts de Grenoble. 1854, in-8.

6604. PILOT (J.-J.-A.). Note sur les anciens cimetières de Grenoble. 1854, in-8.

6605. GUY-ALLARD. Lettre sur les anciennes inscriptions de la ville de Grenoble. 1683, in-4; 9 p.

6606. CHAMPOLLION-FIGEAC (J.-J.). Inscriptiones Cularonenses restitutæ. 1804, in-plano.

6607. MARTIN (Pa.). Inscriptions de Grenoble.

Dans les notes qui suivent son *Histoire du baron des Adrets*, 1805. — Reproduction du recueil de Guy-Allard.

6608. PILOT (J.-J.-A.). Inscr. gallo-rom. de Grenoble. 1860, in-8.

Localités diverses

6609. CANAT DE CHIZY (P.). Note sur le musée céramique d'*Aoste*, etc. 1863, in-8.

6610. VALLIER (G.). La légende de la ville d'*Ars* sur le lac Paladru. 1866, in-8.

6611. BOURRIT. Itinéraire de Lyon à la *Balme*, avec une description détaillée de sa fameuse grotte, l'une des sept merveilles du Dauphiné. 1807, in-8.

6612. MERMET (Th.). Notice sur des constructions romaines découvertes à *Caulas*. 1837, in-8.

6613. CALVET-ROGNIAT. *Crémieu* ancien et moderne. 1848, gr. in-8.

6614. SAINT-MÉMIN (de). Découverte d'objets antiques faite près de *Goncelin*, etc. 1841, in-4; 1 pl.

6615. SAINT-ANDÉOL (F. de). Découverte d'objets antiques à *Moirans*. 1865, in-8.

6616. MACÉ (A.). Observations à propos d'une lecture de M. Saint-Andéol (*Découvertes, etc.*). 1865, in-8.

6617. QUICHERAT (J.). Rapport, etc... Inscription chrétienne du cimetière de *Moirans*. — Inscr. itinéraire de *Saint-Paul-d'Iseaux*, etc. 1866, in-8.

6618. CHEVRIER (J.). Notice sur des restes d'antiq. gallo-rom. trouvés à *La Motte-les-Bains*. 1851, in-8.

6619. ROUSSILLON (J.-H.). Étude sur

l'ancienne voie romaine de l'*Oisans*. 1865, in-16.

6620. MACÉ (A.). Sur un cippe funéraire trouvé à *Romagnieu*. 1861, in-8.

6621. PICHON (l'a.). Not. sur l'hypocauste de *Sermérieu*. 1866, in-8.

6622. — Nouvelles fouilles faites à *Sermérieu*. 1868, in-8.

6623. ALLMER (A.). Mosaïque rom. découverte à *Sainte-Colombe-lez-Vienne*, etc. 1862, in-8.

6624. LEBLANC (J.). Découvertes faites sur le territoire de *Ste-Colombe-lès-Vienne*. 1870, in-8.

6625. PILOT (J.-J.-A.). Rapport sur une pierre tumulaire chrétienne trouvée à *Saint-Marcel*, etc. 1854, in-8.

6626. VALLIER (G.). Diss. sur une colonne milliaire au nom de Constantin, découverte récemment à *Saint-Paul-d'Izeau*. 1865, etc., in-8.

Voir aussi le n° 6617.

6627. VALLIER (G.). Découverte de monnaies rom. et d'un bracelet d'argent à *Saint-Vincent-de-Mercuze*. 1870, in-8.

6628. BERRIAT-SAINT-PRIX. Rapp. sur les antiq. et les bains d'*Uriage*. 1829, in-8.

6629. SAINT-FERRÉOL (de). Note sur un chauffoir rom. découvert à *Uriage*, etc. 1845, in-8; 1 pl.

6630. BOULON (A.). Not. sur un tumulus dans la vallée de *Vaulnaveys*. 1851, in-8.

6631. LACOUR (E.). *Ventia* et Solonion. 1860, in-8.

Vienne

6632. CHAMPIER (S.). [*Ms.*] Traité sur Vienne (avant 1540).

6633. BOIS (l'a. J.-A. du), en latin Boscus. Viennæ Allobrogum sacræ et prophanæ antiquitates... 1605, in-8.

6634. LE LIÈVRE (J.). Histoire de l'antiquité et sainteté de la v. de Vienne, etc. 1623, in-8.

6635. DURAND (Cl.). Conspectus diatribæ... de Primariis Allobrogibus, sive Vindiciæ Viennenses. 1654, in-8.

6636. CHORIER (N.). Rech. sur les antiq. de la v. de Vienne, etc. 1659, in-12 et in-8.

6637. CAYLUS (cte de). Vase de marbre blanc trouvé près de Vienne.

Rec. d'antiquités, t. VII. 1767, in-4, p. 320 et suiv.

6638. MERMET (Th.). Histoire de la v. de Vienne durant l'époque gauloise... contenant la traduction d'une [prétendue] histoire inédite de Vienne sous les douze Césars, par TREBONIUS RUFINUS. 1828, in-8. — Hist. de la v. de Vienne, de l'an 438 à l'an 1039. 1833, in-8. — Hist. de l'an 1040 à 1801 (posthume). 1853, in-8.

6639. MENTES (de). Éloge de Vienne souterraine, etc., en latin et en français. 1668, in-4.

6640. DELORME (E.-C.). Description du musée de Vienne... 1841, in-8.

6641. SOULIÉ. Rapp. sur des fouilles archéol. faites à Vienne. 1845, in-8.

6642. MERMET (Th.). Not. sur une figurine en bronze trouvée auprès de Vienne. 1855, in-8.

6643. * Antiq. trouvées à Vienne. *Revue arch.*, 2e s., t. I. 1860, p. 127-128.

6644. TESTE (V.). Fouilles archéol. à Vienne. 1864, in-8.

6645. LEBLANC (J.). Les mosaïques de Vienne. 1867, in-8.

6646. MARION (J.). Rapp. sur une communication de M. Allmer, relative à la découverte, faite à Vienne, de diverses antiq., et notamment d'une mosaïque représentant l'Océan. 1868, in-8.

6647. CAYLUS (cte de). Observ. sur une pyramide de Vienne, etc.

Rec. d'Antiquités, t. III, p. 349.

6648. GIBELIN (C.-A.). Mémoire sur un groupe de marbre blanc représentant deux enfants, découvert à Vienne, etc. An X, in-4.

6649. REY (Ét.). Monts rom. et goth. de Vienne, etc.; dessins par E. VIETTY. 1821-31, in-fol., 72 pl.

6650. LAJARD (F.). Mém. sur un bas-relief mithriatique qui a été découvert à Vienne. 1843, in-8.

6651. ALLMER (A.). Temple d'Auguste et de Livie à Vienne. 1863, in-8.

6652. DULAURE (J.-A.). Rapp. sur une inscription de Vienne, etc. 1823, in-8.

6653. GEMBLOUX (dr Cl.-Ch. PIERQUIN

de). Inscription grecque du musée de Vienne. In-8.

6654. VITU (A.). Note sur une inscript. chrétienne trouvée récemment à Vienne. 1856, in-8.

6655. TERREBASSE (A. de). Trois inscriptions viennoises. 1863, in-8.

Voir aussi les *Inscriptions antiques et du moyen âge de Vienne,* ouvrage publié depuis 1875 par Allmer et A. de Terrebasse ; 6 vol. in-8 et un atlas in-4 de 106 pl. (Paris, Thorin).

6656. LE BLANT (E.). Note sur une inscript. chrétienne du musée de Vienne. 1864, in-8.

6657. *CHANTRE (E.). Les Palaffites, ou constructions lacustres du lac de Paladru (près *Voiron*). 1870, in-8 et in-4. Cp. n° 6610.

JURA

Articles sur le département

6658. GAUTHIER (F.). Dictionnaire statistique du dép^t du Jura. 1854, in-8.

6659. PYOT. Dictionnaire des communes, hameaux, etc., du dép^t du Jura, 1838, in-8.

6660. PERRIN (J.-B.). Notes historiq. sur les villes et principaux bourgs du dép^t du Jura. 1851, in-18.

6661. ROUSSET (A.) et MOREAU (H.). Dictionnaire géogr., etc. de la Franche-Comté, 1re série, dép^t du Jura. 1851, in-8.

6662. JOUHAN (J.-L.). Le Jura, guide pittoresque et histor. de Lyon à Besançon, etc. 1863, in-16.

6663. MONNIER (D.). Vestiges d'antiq. observées dans le Jurassien. 1823, in-8.

6664. — Mém. sur des antiq. trouvées au Mont-Afrique, à Marnoz, etc. 1835, in-8.

6665. TOUBIN (Ed.). Études archéologiques sur le cadastre du Jura. In-8.

6666. BIAL. Forges antiques dans le Jura. 1866, in-8.

6667. TREMEAUD. Not. sur les médailles d'Auguste trouvées dans le Jura. 1838, in-8.

Voir aussi, à la série des régions, la section JURA.

Arrondissements et Cantons

6668. MARQUISET. Statistique histor. de l'arr^t de Dôle. 1841. gr. in-8.

6669. SAINT-GEORGES (DAVID de). Mém. sur les tourbières des arr^ts de Saint-Claude et de Poligny, et mémoire sur les antiquités celtiques et romaines des mêmes arrond^ts. 1808, in-8.

Nouveau titre en 1845. Voir le n° suivant.

6670. — Histoire des druides..., suivie de recherches sur les antiquités celtiques et romaines des arrond^ts de Poligny et de Saint-Claude. 1845, in-8.

6671. PYOT (D^r). Not. sur les *tumuli* ouverts dans le canton de Clairvaux. 1837, in-8.

Ville de Lons-le-Saunier

6672. COURBE [*Ms.*]. Histoire de Lons-le-Saunier.

6673. GUICHARD, de Cousance. Mém. sur la voie rom. du Rhin à Lyon, entre Lons-le-Saunier et Coligny. 1867, in-8.

6674. ROUSSET (A.). C.-r. des fouilles exécutées rue du Collège, à Lons-le-Saunier. 1855, in-8.

Localités diverses

6675. CHAMPAY. Rech. sur les antiq. celt. et rom. de la v. d'*Antre*.

Voir aussi plus loin les art. sur MOIRANS et ci-dessus les n°s 2625 et suiv.

6676.* Objets trouvés à *Arçon,* canton de Montbenoît, 2 p. — *Bull. de la Soc. d'agric. de Poligny*, 1862-63-64 et 65.

6677. CLOY (L.). Fouilles de la vallée de *Baume-les-Messieurs*. 1865, in-8.

6678. WEY (FRANCIS). Les grottes de *Baume*. 1865, in-8.

6679. LE MIRE (N.-J.). Découvertes d'une station lacustre dans le lac de *Clairvaux*. 1870 (1872), in-8; 5 pl.

6680. RECY (l'a.). Lettre sur les antiq. de *Condès*. 1838, in-8.

Dôle

6681. LAMPINET (F.) [*Ms.*]. Diss. sur le Didatium de Ptolémée, la première ville des Séquanais, et que Dôle est cette ville. 1700, in-4.

6682. DUNOD (le p. J.). La découverte de Didatium, la ville de Dôle : preuves de cette découverte. 1744, in-8.

6683. NORMAND (C.-J.). Diss. histor. et critique sur l'antiquité de la ville de Dôle. 1744, etc., in-12.

6684. CHARNAGE (DUNOD de). Lettre sur l'antiquité de Dôle. In-16.

6685. SEGUIN (J.) [*Ms.*]. Mémoire sur un ancien château, des pavés à la mosaïque et une voie romaine... aux environs de Dôle.

6686. PERSAN (P.-N.-C. de). Notice sur la ville de Dôle. 1806, in-8.

6687. — Rech. historiques sur la v. de Dôle. 1812, in-8.

6688. ROUSSET (A.). Not. hist. et statistique sur la v. de Dôle. 1854, in-8.

6689. BERNARD. Annonce d'une découverte d'ossements humains fossiles dans la grotte de *Gigny*. 1835, in-4.

6690. * Découverte d'une fonderie celtique (âge de bronze) dans le village de *Larnaud*, en 1865. In-8.

Voir le *Pays*, n° du 25 mars 1865, et le *Bull. de la Soc. d'émul. de Poligny*. 1865, p. 45.

6691. * Découverte d'une fonderie celtique [à *Larnaud*], rapport, procès-verbal et inventaire. — *Mém. de la Soc. d'émul. du Jura*. Année 1867; 1868.

6692. HOURY. Not. sur le squelette humain trouvé dans la grotte de *Loisia*. 1835, in-8.

6693. MONNIER (D.). Not. sur la découverte d'un temple... de la déesse Hippone à *Loisia*. 1860, in-8; 1 carte.

6694. — Rapport sur les fouilles faites à *Loisia*. Sacrarium d'Épone. 1862, in-8.

6695. JUNCA (J.-M.). Fouilles de *Loisia*. 1863, in-8.

6696. TOUBIN (Ch.). Rapport sur des fouilles près des *Moidons*. 1870.

6697. TREMEAUD. Découverte d'objets antiques sur les bords du lac d'Antre, près *Moirans*. 1835, in-8.

6698. CHAMPAY [*Ms.*]. Mém. sur les ruines de l'ancienne Mauriana [*Moirans*]. 1839.

6699. — Rech. sur l'origine de *Moirans*, etc. 1845, in-8.

La ville de Moirans, d'après l'auteur, aurait succédé à celle de Mauriana. — Cette publication se confond probablement, en partie du moins, avec l'art. précédent.

6700. CLERC (Éd.). Inscriptions des bords du lac d'Antre [cne de *Moirans*]. 1849, in-8.

Voir aussi n° 5684.

6701. GINDRE. Rech. archéol. sur *Molain* et sur le véritable emplacement de Braine. 1861, in-8.

6702. MONNIER (D.). Not. sur *Montmorot*. 1831, in-8.

6703. CASTAN (A.). Notice sur Crusinia (*Orchamps*), station militaire de la voie rom. de Chalon-sur-Saône à Besançon, 1857, in-8.

6704. CHEVALIER. Histoire de *Poligny*, 1768, in-4.

6705. CAYLUS (cte de). Obs. sur d'anciens monts rom. trouvés à *Poligny*.

Rec. d'antiq., t. IV, p. 400.

6706. — Sur un autre ancien monument trouvé au même lieu.

Ibid., t. VI, p. 343.

6707. BRUAND (A.-J.). Sur une mosaïque découverte près de *Poligny*. 1816, in-8.

6708. JUNCA. Rapport sur un groupe d'antiq. celtiques découvertes à *Publy*. 1864, in-8.

6709. BECHET. Rech. histor. sur la v. de *Salins*. 1828, 1830, 2 vol. in-8.

6710. SAINT-MARC (CORNEILLE). Origine de la v. de *Saint-Amour*. 1866, in-12.

6711. MONNIER (D.). Une ville encore inconnue [aux *Villars d'Héria*]. 1834, in-8.

6712. TREMEAUD. Not. sur des antiq. trouvées à *Villars-d'Héria*. 1836, in-8.

6713. CHAMPAY. C.-r. des rech. d'antiq. exécutées à *Villars-d'Héria*. 1837, in-8.

LANDES

6714. SAINTOURENS (J.-B.). Guide pittoresque du voyageur dans le dép[t] des Landes, etc. 1835, in-4.

6715. TARTIÈRE (H.). Essai sur la géographie ancienne du dép[t] des Landes. 1864, in-8.

6716. TARTIÈRE et BLADÉ (J.-F.). A propos de l'Essai sur la géographie ancienne, etc. 1865, in-8.

6717. RIBADIEU (H.). Une colonie grecque dans les landes de Gascogne entre 1200 et 550 avant J.-C. 1863, in-8.

6718. SORBETS (d[r] L.). Moulin à blé gallo-rom. [trouvé à *Aire*]. 1870, in-8.

6719. COMPAIGNO (B.). Chronique de la v. et diocèse d'Acqz (*Dax*). 1657, in-4.

6720. CAUMONT (A. de). Rapport verbal sur l'enceinte gallo-romaine de *Dax*. 1856, in-8.

6721. — Note sur les murs gallo-romains de *Dax*. 1857, in-8.

6722. LAPASSE (v[te] de). Note sur les antiq. de *Mimizan*. 1860, in-8.

6723. LUGAT (l'a. A.-S.). Ruines gallo-romaines de *Saint-Cricq*. 1868, in-8.

6724. SORBETS (d[r] L.). Mosaïques gallo-rom. de *Saint-Cricq*. 1868, in-8.

6725. QUICHERAT (J.). Rapport sur diverses communications concernant les mosaïques de *Saint-Cricq*. 1870, in-8.

LOIR-ET-CHER

Articles sur le département

6726. * Voyage historique, statistique, et description pittoresque dans le dép[t] de Loir-et-Cher. 1835, in-8.

6727. PATY (E.). Excursion archéol. dans le dép[t] de Loir-et-Cher. 1845, in-8.

Voir aussi le n° 4094.

6728. BOUCHET (Ch.). Les objets archéologiques du dép[t] de Loir-et-Cher, à l'Exposition universelle. 1867, in-8.

6729. CHAUVEAU (H.). Mém. sur les buttes dans le dép[t] de Loir-et-Cher. 1866, in-8.

6730. DESPARANCHES. Lettre sur trois dolmens du dép[t] de Loir-et-Cher. 1809, in-8.

6731. PELLIEUX (d[r] J.-N.). Mon[ts] druidiques trouvés dans... Loir-et-Cher. 1822, in-8.

Ville de Blois

6732. BERNIER (J.). Histoire de Blois, etc. 1682, in-4.

6733. SAUSSAYE (L. de la). Origine de la v. de Blois. 1833, in-8.

6734. BERGEVIN et DUPRÉ. Hist. de Blois. 1846, 2 vol. in-8.

6735. TOUCHARD-LAFOSSE. Histoire de Blois et de son territoire, etc. 1846, in-8; fig.

Localités diverses

6736. LAUNAY (L.-G.). Rapport sur la découverte d'un théâtre gallo-romain à *Areines*, près Vendôme. 1863, in-8.

6737. QUICHERAT (J.). Rapport sur la découverte récente d'un théâtre à *Areines*, etc. 1864, in-8.

6738. PÉTIGNY (J. de). Trouvaille de *Bouxeuil*, 1853, in-8.

Médailles romaines.

6739. BOURGEOIS (l'a.). Notice sur la grotte de la *Chaise*. 1865, in-8.

6740. MARTONNE (A. de). Le monument celtique de la *Chapelle-Vendomoise*. 1863, in-8.

Cunaille (Hameau de).

Voir THORÉ.

6741. JOLLOIS. Mém. sur l'exploration

d'un cimetière rom. à *Gièvres* (ancienne Gabris). 1830, in-8.

6742. JOLLOIS et CHAMPOISEAU. Mémoire sur des antiquités découvertes à *Gièvres*. 1831, in-8.

6743. BOURGOUIN (Dr). Études sur la Sologne... et particulièrement sur le pont du Cher (Caro-Brivæ) [*Gièvres*]. 1867, in-8.

6744. TREMBLAY (l'a.). Notice sur une découverte gallo-romaine, auprès de *Landes*. In-8.

6745. NEILZ. Rapport sur un mont gallo-rom. à *Mazangé*. 1862, in-8.

6746. LAUNAY (L.-G.). Rapport sur les fouilles faites à *Mazangé*. 1863, in-8.

6747. BELFORT (A. de). Note sur un statère d'or trouvé à *Moisy*. 1869, in-8.

6748. BAUCHET (Ch.). Note sur une arme de l'âge de bronze, découverte à *Naveil*. — Observation de M. de VIBRAYE. 1865, in-8.

6749. NEILZ. Histoire de la condita de *Naveil*. 1867, in-8.

6750. TORQUAT (l'a. de). Vallum de *Neung-sur-Beuvron*. 1866, in-a.

6751. TARRAGON (R. de). Rapp. sur la découverte d'une villa gallo-rom. à *Ouzouer-le-Doyen*. 1860, in-8; 2 pl.

6752. LAUNAY (L.-G.). Excursion archéol. à *Pezon*. 1862, in-8.

6753. — Rapport sur le cimetière gallo-romain de *Pezon*. 1864, in-8. — Note supplémentaire relative aux fouilles de *Pezon*. 1865, in-8.

6754. BOURGEOIS (l'a.). Note sur des silex taillés trouvés à *Pont-Levoy*. 1863, in-8.

6755. NOUEL (E.). Compte-rendu d'une excursion faite à *Pont-Levoy* et *Thenay*. 1869, in-8.

6756. DELAUNAY (Van). Not. sur un dolmen appelé Pierre-de-Minuit, situé entre les cnes de *Pont-Levoy* et *Tenay*. 1809, in-8.

6757. BOUDEVILLAIN (l'a. L.-F.). Not. topograph., histor., archéol., etc... sur *Ruan*. 1864, in-8.

6758. LAUNAY (L.-G.). Rapp. sur une excursion archéol. à *Sargé*. 1865, in-8.

6759. CAYLUS (cte de). [Sur la voie romaine de Chartres à Orléans, avec une carte; et sur un camp romain qui se voit à *Sougé*, dans le Bas-Vendômois], sur la ville de *Suèvres* et sur la voie rom. qui allait d'Orléans à Tours.

Rec. d'antiq., t. IV. p. 376 et suiv.

6760. CAUMONT (A. de). Rapp. verbal sur une excursion à *Suèvres*. 1863, in-8.

Temple antique.

6761. DUCHALAIS (A.). Recherches sur les ant. gauloises et gallo-rom. de la ville de *Suèvres*. 1851, in-8.

6762. LAURAND (J.). Not. sur les débris de constructions gallo-rom. découvertes à *Suèvres* en 1849. 1851, in-8.

6763. CREULY (le gal). Lettre à M. Alf. Maury sur une inscription latine de *Suèvres*. 1860, in-8.

6764. DELORME (J.-J.). Hist. de la v. de *Saint-Aignan*. 1846, in-8.

6765. LAUNAY (L.-G.). Rapp. sur la découverte d'un tombeau gaulois dans la commune de *Saint-Rimay*. 1869, in-8.

6766. BOURGEOIS (l'a.). Études sur des silex travaillés trouvés dans les dépôts tertiaires de *Thenay*. 1867, in-8.

Voir aussi les nos 6755 et 6756.

6767. ROCHAMBEAU (A. LACROIX mis de). Rapport sur la découverte d'une construction gallo-rom. au hameau de la Cunaille, cne de *Thoré*. 1866, in-8.

6768. BOUCHET (Ch.). Des sépultures en forme de puits trouvées... à *Thoré*, etc. 1862, in-8.

6769. LAUNAY (L.-G.). Excursion à *Thoré*. Sépultures en forme de puits. 1862, in-8.

Voir aussi le no 1680.

6770. QUICHERAT (J.). Rapports, etc. (Puits funéraires à *Thoré*, etc.). 1863. in-8.

6771. BOURGEOIS (l'a.). Note sur les silex travaillés trouvés dans une brèche osseuse à *Vallières*. 1863, in-8.

6772. ROCHAMBEAU (mis A. de). Le dolmen de *Vaugouffart* ou Pierre Brau. 1869, in-8; 1 pl.

6773. SIMON (l'a.). Histoire de *Vendôme* et de ses environs. 1834, 3 vol. in-8. — 2e éd. 1857, in-4.

Voir aussi, dans la série régionale, la section VENDOMOIS.

6774. PIBRAC (A. DUFAUR cte de). Ruines gallo-rom. de *Verdes*. 1857, in-8.

6775. NEILZ. Rapport sur les fouilles de *Villarceau*. 1868, in-8.

LOIRE

Articles sur le département

6776. DULAC DE LA TOUR D'AUREC (H.). Précis hist. et statistiq. sur le dépt de la Loire. 1807, in-8.

6777. DUPLESSY (J.). Essai statistique sur le dépt de la Loire, etc. 1818, in-12.

6778. TOUR-VARAN (de la). Essai sur la formation d'une bibliothèque forézienne et l'histoire ancienne du Forez comme province et moderne, comme dépt de la Loire. 1864, in-8.

6779. CHAVERONDIER (A.) (seul, puis avec E.-F. MAURICE). Catalogue des ouvrages relatifs au Forez ou au dépt de la Loire, etc. 1868, 69, 70, etc., in-8.

Suite de l'ouvrage de LA TOUR VARAN, reprise depuis 1864.

6780. BERNARD (Aug.). Lettre... au sujet du nom de Ségusiave que doit porter le peuple appelé jusqu'à présent Ségusiens. 1847, in-8.

6781. *Congrès scientifique de France, 29e session, tenue à Saint-Étienne en 1862. Saint-Étienne, 1865, 2 vol. in-8.

6782. NOËLAS (F.). Légendes et traditions foréziennes, etc. 1865, in-8; 9 grav., 1 carte.

6783. BERNARD (Aug.). Une famille ségusiave aux trois premiers siècles de notre ère. 1868, in-8.

6784. MICHALOWSKI. Origines celtiques. 1869, in-8.

Examen comparé du patois forézien et du slave.

6785. CHOLLET. Rapport sur une excursion archéol. 1870, in-8.

6786. SAINT-ANDÉOL (F. de). Aperçu de l'architecture militaire des bords du Rhône et du Vivarais. 1865, in-8.

Arrondissements et Cantons

6787. BERNARD (M.). Liste des monts... de l'époque gallo-rom. de l'arrt de Montbrison. 1865, in-8.

6788. GRAS (L.-P.). Notes sur le parcours de quelques chemins antiques dans l'arrt actuel de Montbrison. 1867, in-8.

6789. COSTE (A.) et DESEVELINGES. *Not. histor., archéol. et géolog. sur la v. et l'arrt de Roanne. 1862, in-12.

6790. COSTE (A.). Topographie archéol. de l'arrt de Roanne. 1865, in-8.

6791. NOËLAS (Dr F.). Dictionnaire géographique ancien et moderne du canton de Saint-Haon-le-Châtel (Introduction). 1867, in-8.—(Dictionnaire). 1870, etc.

Localités diverses

6792. TESTENOIRE-LAFAYETTE. Notes sur les monnaies rom. trouvées à *Boisset-lès-Montrond*. 1867, in-8.

6793. DESEVELINGES (J.-B.). Histoire de la ville de *Charlieu*, etc. 1856, in-8.

6794. BERNARD (Aug.). Histoire de la v. de *Charlieu*. Addition au livre de M. Desevelinges, etc. 1857, in-8.

6795. NOËLAS (Fr.). Le fort vitrifié de *Chastelux*. 1868, in-8.

6796. ARTAUD (F.). Mém. sur un poignard de bronze antique trouvé dans le rocher de *Crussol*. 1811, in-8.

Feurs

6797. ROUX (l'a.). Rech. sur le Forum Segusiavorum et l'origine gallo-romaine de la ville de Feurs. 1851, in-8.

Voir, dans la série régionale, la section SÉGUSIAVES.

6798. BROUTIN (Aug.). Hist. de la v. de Feurs et de ses environs. 1867, in-8; 2 plans.

6799. BARBAN (A.). Colonnes itinéraires rom. de Moind et de Feurs. 1859, in-8.

6800. VALLEMBERT (S.). In lapide antiquo in foro Segusiavorum quod est opidum in finibus Lugdunensium... Inscriptio, cum notis.

A la fin de son ouvrage : *Historia Ciceronis*, 1545, in-8.

6801. LONGPÉRIER (A. de). Notice sur une inscription latine inédite (trouvée près de *Feurs*). 1846, in-8.

6802. BERNARD (Aug.). Note sur une inscription antique récemment trouvée près de *Feurs*. 1857, in-8.

6803. VACHEZ (A.). Note sur les chantelards du Lyonnais et le tumulus de *Marchezal*. 1864, in-8.

6804. LONGPÉRIER (A. de). Sur une inscription latine trouvée à *Marclop*. 1846, in-8.

6805. BERNARD (Aug.). Not. sur le théâtre antique et les autres mon[ts] histor. du bourg de *Moind*. 1849, in-8.

Cp. n° 6799.

6806. DURAND (V.). Note sur quelques mon[ts] des environs de *Montbrison*. 1865, in-8,

6807. VACHEZ (A.). Inscription antique de *Néronde*. Un Messala en Gaule. 1867, in-8.

6808. ASSIER DE VALENCHES (d'). L'inscription rom. de *Salt-en-Donzy*. 1862, in-8.

6809. PROST. Not. histor. sur la c[ne] de *Saint-Bonnet-le-Courreau*. (1864?) in-8.

6810. RICHARD (E.). Rech. histor. sur la ville de *Saint-Chamond*. 1859, in-8.

6811. ASSIER DE VALENCHES (d'). Paillettes archéol. Les bracelets gallo-romains de *Vinols*. 1863, in-8.

6812. DURAND (V.). Note sur des bracelets présumés celtiques, découverts à *Vinols*... 1863, in-8.

HAUTE-LOIRE

Articles sur le département

6813. DERIBIER DE CHEISSAC. Statistique de la Haute-Loire. 1816, in-8.

6814. * Congrès scientifique de France. 22e session tenue au Puy, en 1855. Le Puy, 1856, 2 vol. in-8.

6815. SAUZET (l'a.). Bibliographie du dép[t] de la Haute-Loire. 1850, in-8.

6816. DULAC DE LA TOUR D'AUREC. Histoire du dép[t] de la H[te]-Loire, in-8.

6817. SAUZET (l'a.). Mém. sur le passage de César dans la Vellavie. 1856, in-8.

6818. DÉMIAU (l'a.). Attributions des divinités gauloises (particulièrement dans la Haute-Loire). 1856, in-8.

6819. AYMARD (A.). Note sur le culte des pierres chez les Gaulois, d'après les mon[ts] observés dans le dép[t] de la Haute-Loire.

A la suite de l'*Étude archéol. sur le lac du Bourget*. 1862, in-8.

6820. — Les premiers évêques du Puy. 1870, in-8.

6821. DERIBIER DE CHEISSAC. Dictionnaire topogr. du dép[t] de la Haute-Loire. 1820, in-8.

6822. * Système des voies rom. dans le dép[t] de la Haute-Loire. — *Congrès sc. du Puy*, t. I, 1856, p. 630, 653.

Communications et observations par Aug. Bretagne, Vazeille, Aug. Aymard, l'a. Sauzet, Jusserand, etc.

6823. AYMARD (A.). Recherches archéol. dans la Haute-Loire. 1856, in-8.

6824. LANDE (Mangon de la). Essais histor. sur les antiq. de la Haute-Loire. 1823, in-8.

6825. * Origine des grottes ou cavernes dans la Haute-Loire. — *Congrès sc. du Puy*, en 1855, t. I, p. 655.

Communications par Aug. Aymard, Boutillet, Leblanc.

6826. * Énumération de noms de potiers gallo-rom. recueillis en Velay et ailleurs. — *M. vol.*, p. 702-712.

Communications par Bouillet, Aymard, Tournal, A. Bernard, etc.

6827. BERNARD (l'a.). Not. sur la main de bronze... portant : ΣΥΜΒΟΛΟΝ ΠΡΟΣ ΟΥΕΛΑΥΝΙΟΥΣ. 1856, in-8. Cp. le n° 1507.

6828. BRANCHE. Rapp. sur les mon[ts] hist. de la H[te]-Loire. 1841, in-8.

Arrondissements et Cantons

Pour mémoire.

Ville du Puy

6829. AYMARD (A.). Origines de la v. du Puy. 1856, in-8.

6830. BECDELIÈVRE (v^te de). Not. sur le musée du Puy. 1841, in-8.

6831. LEBEUF (l'a. J.). Antiquités du Puy-en-Velay. 1753, in-4.

Voir aussi plus loin le n° 6862.

6832. AYMARD (A.). Antiquités gallo-romaines découvertes au Puy, etc. 1860, in-8.

6833. — Sur les fouilles exécutées sur la place du For. 1860, in-8.

6834. — Rapp. sur les fouilles faites au Puy, au couvent des dames de l'Instruction. 1862. in-8.

6835. — Fouilles au Puy et rech. histor. sur cette ville. 1867, in-8.

6836. GISSEY (le p. ODO de). Discours historique de la très ancienne dévotion de Notre-Dame du Puy, pays du Velay. 1619, in-folio et in-12.

Antiquités gallo-romaines.

6837. JORAND (J.-B.-J.). Première not. des divers mon^ts antiques, et entre autres, d'inscriptions et bas-reliefs (inédits) de Notre-Dame-du-Puy et du baptistère de Saint-Jean. 1829, in-8.

6838. AYMARD (A.). Découverte d'antiq. effectuée à la cathédrale du Puy, en 1865 et 1866. 1868, in-8.

6839. JANNIARD. Obs. sur les grands bas-reliefs gallo-rom. trouvés au Puy. 1856, in-8.

6840. AYMARD (A.). Fragment de sarcophage chrétien du ve siècle. 1854, in-8.

6841. — Rech. sur des inscriptions inédites ou peu connues [du Puy]. 1846, in-8.

6842. — Sur un fragment complétant une inscr. gallo-rom. trouvée au Puy. 1853, in-8.

6843. — Rapp. sur une grande inscr. trouvée dans un ancien mur de la cathédrale. 1859, in-8; 1 pl.

6844. LE MAITRE (A.). Note sur un mot gaulois d'une inscr. funéraire découverte au Puy. 1866, gr. in-8.

Localités diverses

6845. DERIBIER DE CHEISSAC. Rapp. sur le résultat des fouilles faites dans un tumulus près de *Borne*. 1831, in-8. — Extrait. 1834, in-8.

6846. SARLANDIE. Rapp. sur les fouilles de *Corsac*. 1862, in-8.

6847. *Fossile humain découvert en 1844, dans les roches de *Denise*.

6848. AYMARD (A.). Note sur une découverte d'ossements humains trouvés dans les terrains volcaniques de *Denise*. 1844 et 1850, in-8.

Voir ci-dessus, série générale, section 10, n° 1366. Cp. *Annales d'Auvergne*, t. XVII, p. 556; t. XIX, p. 565. *Bull. de la Soc. géolog. de France*, séances des 2 déc. 1844, 9 janvier 1845, 11 janvier et 1er mars 1847, etc.; et *Congrès sc.*, 22e session, tenue au Puy en 1855, t. I, 1856, p. 290-298.

6849. ROBERT (F.). De l'homme fossile de *Denise*. 1846, in-8.

6850. — Obs. sur l'homme fossile de *Denise*. 1859, in-8.

6851. AYMARD (A.). Rapport à la Soc. acad. du Puy, sur une villa gallo-rom. dont les murs de fondation ont été découverts au terroir de la Dreit, c^ne d'*Espaly-Saint-Marcel*, près le Puy. 1868. in-8.

6852. — Not. sur quelques médailles trouvées à *Lissac*, près Saint-Paulien. 1838, in-8.

6853. BECDELIÈVRE (v^te de). Not. sur les antiq. de *Margeaix*. 1836, in-8.

6854. *Mon^t antique concernant un oracle d'Apollon, conservé dans le château de *Polignac*.

Mention dans la *Biblioth. hist.*, t. III, n° 37 910.

6855. ROBERT-ROCHEMURE (A.). Essai histori-poétique du pays de Velay et notamment du vieux château de *Polignac* et de sa banlieue. 1830, in-8.

6856. BECDELIÈVRE (v^te de). Quelques notes en réponse à celles publiées par M. Mérimée (voir n° 3160), sur *Polignac*... et le musée du Puy. 1838, in-8.

6857. GRELLET (F.). Exposé des diverses opinions émises sur *Polignac* et ses antiq. 1840, in-4.

6858. BECDELIÈVRE (vte de). Observations sur l'écrit de M. F. Grellet, etc. 1840, in-8.

6859. ROBERT (F.). Rapp. sur le résultat des fouilles faites au puits de *Polignac*. 1859, in-8.

Résultat négatif.

6860. AYMARD (A.). Not. sur un tombeau antique trouvé à *Solignac-sur-Loire*. 1833, in-8.

6861. SAUZET (l'a). Découverte d'une nouvelle pierre milliaire [à *Saint-Jean-de-Nay*]. 1842, in-8.

6862. *Mém. sur la v. de *Saint-Paulien-en-Velai*, et sur des monuments antiques trouvés dans le Velai. *Mercure*, déc. 1727.

6863. * Réfutation du mém. sur la v. de *Saint-Paulien*. — *Mercure*, juillet 1728.

6864. CAUSANS (Max. de). Un cachet d'oculiste romain; quelques médailles et objets antiques trouvés à *Saint-Privat d'Allier*. 1867, in-8.

6865. AYMARD (A.). Antiq. gauloises du Cheylonnet, cne de *Saint-Vidal*. 1870, in-8.

LOIRE-INFÉRIEURE

Articles sur le département

6866. COËTHIZAN (Huet de). Statistique de la Loire-Inférieure. 1804, in-12.

6867. NOUAL DE LA HOUSSAYE. Statistique du dépt de la Loire-Inférieure. 1811, in-folio.

6868. PÉHANT (E.). Catalogue de la bibliothèque publique de Nantes. 1859-74. 6 vol. in-8.

Tomes V, VI. Histoire.

6869. GRESLAN et HUBELOT. Nantes.

Dictionnaire des Gaules et de la France, d'Expilly, art. *Nantes*. 1768, in-fol.

6870. URSIN et ATHENAS. Rech. sur les anciens peuples et sur les antiq. du dépt de la Loire-Inférieure. 1820, in-8.

6871. LE BOYER (J.). Notices sur les v. et principales cnes du dépt de la Loire-Inférieure, et en particulier sur la v. de Nantes. 1823, in-12. — Nouv. éd. 1825; carte.

6872. GIRAULT, de Saint-Fargeau (E.). Histoire nationale et dictionnaire géograph. des cnes du dépt de la Loire-Inférieure. 1829, in-8.

6873. H*** (Ch.). Corrections et omissions pour le dictionnaire géogr. des cnes, etc., par M. Girault de Saint-Fargeau. 1829, in-8.

6874. PRIOU. Réflexions sur le dictionnaire géograph. des cnes de la Loire-Inférieure, de M. Girault de Saint-Fargeau. 1829, in-8.

6875. PINSON (F.-J.). Dictionnaire des lieux habités de la Loire-Inférieure. 1857, in-8.

6876. TRAVERS (l'a. N.). * Histoire abrégée des évêques de Nantes. 1729, in-8.

6877. RICHER (Ed.). Voyage pittoresque dans le dépt de la Loire-Inférieure. 1820-23. 2 vol. in-4.

6878. KERSABIEC (vte Sioch'an de). Corbilon, Samnites, Vénètes, Namnètes, Bretons de la Loire. 1868, in-8.

6879. NOUAL DE LA HOUSSAYE. Mœurs, langage et antiquités du dépt de la Loire-Inférieure. 1810, in-8.

6880. REVER (Fr.). Sur les antiq. riveraines de l'Erdre, etc. 1828, in-8.

6881. LEMOT. Voyage pittoresque dans le Bocage et la Vendée. In-4; grav.

6882. BENOIST (F.), dessinateur. Nantes et la Loire-Inférieure; monts anciens et modernes, etc. 1850, in-fol.

6883. PARENTEAU (F.). Fouilles archéol. [dans le dépt de la Loire-Inférieure]. 1862, in-8; 2 pl.

6884. ORIEUX (Eug.). Études archéol. dans la Loire-Inférieure (arrts de Nantes et de Paimbœuf). 1865, in-8; 1 carte, 16 pl.

Arrondissements et Cantons

6885. PARENTEAU (F.). Catalogue du musée départemental d'archéologie de Nantes et de la Loire-Inférieure. 1869, in-8.

6886. MACÉ DE VAUDORÉ (F.-F. de). Dictionnaire histor., géograph. et topograph. de Nantes et de l'ancien comté nantais. 1836, in-4.

6887. TRAVERS (l'a. N.). A. SAVAGNER, éditeur. Histoire... de la ville et du comté de Nantes, etc. Publiée de 1836 à 1844, 3 vol. in-4.

6888. MARIONNEAU (Ch.). Notes d'excursions archéol. dans le canton de Vertou. 1862, in-8.

Ville de Nantes

6889. BIRÉ (P.). * Épisémasie, etc. Antiquités des villes de Nantes et de Rennes. 1637, in-4. Nouv. éd. 1850, in-4.

6890. LESCADIEU (A.-L.). Histoire de la v. de Nantes, depuis son origine, etc. 1836, in-8.

6891. GUÉPIN (A.). Histoire de Nantes. 1839, in-8.

6892. BIZEUL (L.-J.-M.). Des Nannètes et de leur ancienne capitale. 1851, in-8.

6893. — Voies romaines de Nantes à Angers et de Nantes vers Saumur. 1837, in-8.

6894. — Voie rom. de Nantes vers Limoges, par un embranchement vers Angoulême. 1844, in-8.

6895. FOURNIER. Sur des fouilles faites à Nantes, en 1805, 1806, 1807. 1808, in-8.

6896. — [*Ms.*]. Antiquités trouvées à Nantes.

6897. * Antiquités trouvées à Nantes au pied du coteau de la rue de la Boucherie, dans les fouilles du canal de Bretagne. — *Séance publ. de la Soc. acad. de Nantes*, 1825, p. 104-106.

6898. LE CADRE. Antiquités trouvées dans le canal de Nantes. 1826, in-8.

6899. LE BRETON DE GAUBERT (l'a.). La paroisse de Saint-Similien, ses antiquités. 1773, in-12.

6900. LE BOYER (F.). Rapp. sur un souterrain découvert à Saint-Similien, 1830, in-8.

6901. RENOUL père (J.-C.). La paroisse... de Saint-Similien. 1866, in-8.

6902. VANDIER. Rapp. sur les antiq. de Nantes. 1859, in-8.

6903. PARENTEAU (F.). Découvertes du jardin des plantes [de Nantes], (objets antiques). 1868, in-8.

6904. VELOPPÉ (Th.). * Guide à Nantes, etc. 1869, in-18 ; pl.

6905. GUÉPIN (A.). Sur un mont druidique à Nantes. 1834, in-8.

6906. BIZEUL (L.-J.-M.). Des moules monétaires. 1862, in-8.

A propos des moules provenant du bourg de Coulonches (Orne) et déposés au musée de Nantes.

6907. MAUTOUR (MOREAU de). Explication historique d'une inscription conservée à Nantes. 1707, in-8.

Inscr. lue... DEO VOLIANO, etc. Cp. n° 3698.

6908. TRAVERS (l'a. N.). Explication historique et littérale d'une inscr. ancienne conservée à Nantes à l'Hôtel de ville. 1723, in-8. — Réimp. 1724.

Même inscription.

6909. MAUTOUR (MOREAU de). Lettre à M. M. (Mellier) au sujet de l'imprimé ayant pour titre : *Explication historique et littérale*, etc. 1723, in-8.

6910. RICHARD jeune. Diss. sur une inscription rom. existant encore sous le portique de l'Hôtel de Ville. 1801, in-8.

Même inscription.

6911. MILLIN (L.-A.). Analyse, avec notes, de cette dissertation. 1802, in-8.

6912. PELLIEUX. Sur des inscriptions lapidaires trouvées à Nantes. 1807, in-8.

6913. DUGAST-MATIFEUX. Conclusion sur l'inscription de Nantes DEO VOLIANO. 1856, in-8.

Note B de la notice sur Nic. TRAVERS (Voir ce nom, à la fin, dans le Catalogue alphabét.). — Assimilation du prétendu dieu gaulois Volianus à Vulcain. Cp. l'*Athenæum français*, nov. 1852, p. 345 (Opinion d'A. de Longpérier qui, le premier, a lu DEO VOLKANO).

Localités diverses

6914. LE BOYER (J.). Pièces de monnaies anciennes trouvées à *Asserac*. 1828, in-8.

6915. — Monnaie en or de Tibère [trouvée à Vieille-Roche, cne d'*Assérac*]. 1828, in-8.

6916. CLOSMADEUC (dr G. de). Découverte d'un bracelet celtique en or, à *Besné*. 1865, in-8.

6917. BIZEUL (L.-J.-M.). Des voies rom. sortant de *Blain*. Voie de Blain à Nantes. 1844, in-8.

6918. — Voie rom. de *Blain* vers Angers. 1846, in-8.

6919. — Voie rom. de *Blain* vers Châteaubriand et le Bas-Maine. 1847, in-8.

6920. KERSABIEC (vte S. de). Note sur les débris gallo-rom. trouvés au Saz, cne de *la Chapelle-sur-Erdre*. 1865, in-8.

6921. GOBERT. Monts celtiques des environs de *la Châtaigneraie*. 1864, in-8.

6922. SPAL. Notes histor. sur la cne de *Couëron*. 1866, in-8.

6923. * Nouvelle médaille consulaire, [trouvée près du *Croisic*]. — *Journal de Verdun*, mars 1753.

Voir plus bas, no 6925.

6924. LE BOYER (J.). Sur des monts anciens trouvés à *Fay*. 1830, in-8.

6925. MORLENT. Précis sur *Guérande*, le Croisic et ses environs. 1819, in-8.

6926. FOULON-MÉNARD (dr J.). Études archéolog. : territoire de *Guérande*; note II : Télégraphie gallo-romaine, etc. 1869, in-8.

6927. LUCKIS et MARIONNEAU. Tumulus de la Bimboire, cne de *Maisdon*. 1867, in-8.

6928. ATHENAS (P.-L.). Sur des voies rom. reconnues dans les marais de *Montoire*. 1822, in-8.

6929. — Mém. sur trois épées de bronze antiques... trouvées dans les marais de *Montoir*. 1808, in-8.

6930. PIET (J.). Rech. sur l'île de *Noirmoutiers*. 1863, in-8.

6931. BIZEUL (L.-J.-M.). Sur un dépôt d'armes antiques trouvé dans les fouilles du canal de Nantes à Brest, cne de *Puceul*. 1832, in-8; 24 pl.

6932. VERGER (F.-J.). Note sur quelques monts de *Pornic*. 1838, in-8.

6933. GRELIER (P.). Pierres monumentales [à *Pornic*, etc...] 1826, in-8.

6934. BIZEUL (L.-J.-M.). Not. sur le mont druidique du *Port-Fessan*, etc. 1846, in-8.

6935. DO (l'a.). Une excursion archéol. à *Retz*. 1863, in-8.

Voir, dans la série des Questions topographiques, la section RATIATUM.

6936. * Mém. sur des armes antiques trouvées à *Saint-Jean-de-Boiseau*. — *Ann. de la Soc. acad. de Nantes*. 1821.

6937. GIRARDOT (bon de). Hache en pierre trouvée à *Saint-Joachim*. 1864, in-8.

6938. * Dolmen de *Saint-Nazaire*. — *Soc. d'agric., etc., d'Angers; Comm. archéol. de Maine-et-Loire; Répertoire archéol. de l'Anjou*. 1866, p. 368.

LOIRET

Articles sur le département

6939. LE MAIRE (Fr.). Histoire et antiq. de la v. et duché d'Orléans, etc. 1645, in-4. — Autre éd. 1648, 2 vol. in-fol.

6940. GUYON (S.). Histoire de l'église et diocèse, ville et université d'Orléans. 1647-50, 2 vol. in-fol.

6941. MANTELLIER (P.). Histoire de la communauté des marchands fréquentant la rivière de Loire et fleuves descendant en icelle. 1864-1867, 1868, in-8.

6942. SAUSSAYE (Ch. de la). Annales ecclesiæ Aurelianensis. 1615, in-4.

6943. BIMBENET. Épiscopat de st Euverte et de st Aignan en l'église d'Orléans aux IVe et Ve siècles. 1861, in-8.

6944. POLLUCHE (dom). Mém. sur le lieu Cymgiacum. 1748, in-4.

6945. BILLY (E. de). Essai sur les noms de lieu [dans le Loiret]. 1842, in-8.

6946. BADIN ET QUANTIN. Géographie départementale, etc. Loiret, 1848, in-12.

6947. * Table alphab., histor. et descriptive des cnes, des hameaux les plus considérables, des châteaux ou domaines les plus remarquables.... du Loiret. *Orléans*, 1850, in-18.

6948. BEAUREGARD (Sourdeau de). Mém. sur Orléans, Gien, Marigny et Genabum. 1856, in-8.

6949. PIBRAC (Dufaur de). Rapport sur un mém. de M. de Beauregard relatif à la position de Genabum. 1856, in-8.

Conclusion du rapport, favorable à Genabum — Orléans.

6950. CAYLUS (cte de). Sur un ancien camp romain sur les ruines du château de Milancé, près de Romorentin, et sur une voie rom. voisine, avec l'indication de toutes celles qui partaient d'Orléans, anciennement appelé *Genabum*.

Rec. d'antiq., t. VI, p. 391.

6951. ROGER (Bon). Not. sur la découverte d'un emplacement de forges, de bains et d'autres ruines d'établissements rom. dans le dépt du Loiret. 1835, in-8.

6952. VERGNAUD-ROMAGNESI. Album du dépt du Loiret. 1826-28, in-fol.

6953. JOLLOIS. Mém. sur les antiq. du dépt. du Loiret. 1834, in-fol.

6954. VERGNAUD-ROMAGNESI (C.-F.). Archéologie du dépt du Loiret. 1836, in-8.

6955. * Objets découverts lors des fouilles pratiquées dans les cnes de Briare, Beaulieu, etc., en 1836. — *Bull. de la Société archéol. de l'Orléanais*, 1849, p. 23, 53.

Arrondissements et Cantons

6956. SAINT-ABEL (S. de). [*Ms.*] Notice du comté et de la ville de Gien.

6957. SAUSSAYE (L. de la). Mémoire sur une nouvelle découverte de médailles gauloises, dans le canton d'Artenay. 1837, in-8.

Ville d'Orléans

6958. TRIPPAULT (L.). Antiq. de la v. d'Orléans, etc. 1572, in-8.

6959. BOTERAYS (R.), en latin Botereus. Aurelia, etc. 1615, in-8.

6960. TRIPPAULT, sieur de Linières (E.). Discours du siège d'Attila, roy des Huns, dit le fléau de Dieu, devant la ville d'Orléans. 1635, in-8. — Nouv. éd. 1833, in-8.

6961. LE MAIRE (Fr.). Poèmes et panégyrique d'Orléans. 1646.

6962. VEYRAC (l'a. de). Explication histor. et topogr. d'Orléans. 1722, in-8.

6963. PERDOULX DE LA PERRIÈRE. Mém. pour servir à l'histoire d'Orléans, ou Remarques sur l'explication hist. et topogr. d'Orléans de l'abbé de Veyrac. 1722, in-8.

6964. PLESSIS (Toussaints du). * Description de la v. et des environs d'Orléans. 1736, in-8.

6965. * Mémoires pour servir à l'histoire d'Orléans (ancienne). — *Mercure*, juillet 1753, p. 36-55.

6966. MOITHEY (M.-A.). Rech. histor. sur la v. d'Orléans. 1774, in-4.

6967. POLLUCHE (D.). * Essais histor. sur Orléans et ses environs. 1778, in-8.

6968. VERGNAUD-ROMAGNESI. L'Indicateur orléanais. 1827-29, 3 vol. in-12.

6969. — Histoire d'Orléans, etc. 1830, etc. 3 vol. in-12.

2e édition de l'*Indicateur orléanais*.

6970. THEINER (Aug.). St Aignan, ou le siège d'Orléans, par Attila. 1832, in-8.

6971. LOTTIN père (D.). Rech. histor. sur la v. d'Orléans, etc. 1837, in-8, etc.

6972. HUBERT (R.). * Antiq. histor. de l'église royale St-Aignan d'Orléans. 1661, in-4; pl.

6973. BOILLÈVE (J.). Diss. sur l'établissement de la religion chrétienne à Orléans. 1754, in-8.

6974. GUYOT (P.-J.-J.-G.). Diss. sur cette question : Si... Aurélien a donné son nom à la v. d'Orléans. 1837, in-8. — Rapport, par Colas de la Noue. 1837, in-8.

Conclusion affirmative.

6975. BIMBENET (E.). Origine et sens du mot Orléans. 1866, in-8.

6976. — Rech. philol. sur le sens de... Gen-ab et d'Aurelia, etc. 1868, in-8.

6977. BAILLY (A.). Étymologie et histoire des mots « Orléans » et « Orléanais ». 1870, in-8.

6978. DIARD et BOILLEAU. Voies rom. d'Orléans au Mans. 1844, in-8.

6979. SAUSSAYE (L. de la). Mém. sur

la voie gallo-romaine d'Orléans à Bourges. 1866, in-8.

6980. JOLLOIS (J.-B.-P.). Fouilles entreprises à la fontaine de l'Étuvée, près Orléans. 1824, in-8.

6981. VERGNAUD-ROMAGNESI. Mém. sur des médailles rom., divers objets antiques et une statuette, etc. 1833, in-8.

6982. — Fouilles exécutées à Orléans. 1834, in-8.

6983. — Mém. sur divers objets antiques et sur des constructions gallo-rom., trouvées en 1845... à Orléans. 1846, in-8.

6984. CUSSY (vte de). Excursion archéol. aux environs d'Orléans, etc. 1846, in-8.

6985. LEMOLT-PHALARY. Album-guide dans la ville d'Orléans. — Dessins par PENSÉE.

6986. CAUMONT (cte de). Rapport verbal sur une excursion archéol. aux environs d'Orléans et de Bourgogne, etc. 1852, in-8.

6987. ROACH-SMITH (Ch.). (Traduction par un membre de la Soc. archéol. de l'Orléanais). Les antiques du musée historique d'Orléans.

Some antiquities of France, 1855, in-8.

6988. DUPUIS (F.). Note sur divers objets trouvés dans la Loire près de l'emplacement de l'ancien pont d'Orléans. 1856, in-8.

6989. TORQUAT (F.). Rapport sur les fouilles pratiquées, en avril 1866, dans la rue Jeanne-d'Arc, etc. 1866, in-8.

6990. MANTELLIER (P.). Vase antique appartenant au musée historique d'Orléans. 1868, in-8.

6991. PAGOT. Not. sur des restes de constructions rom. découv. à Orléans (théâtre). 1822, in-8.

6992. VERGNAUD-ROMAGNESI. Mém. sur des sculptures antiques trouvées à Orléans, etc. 1834, in-8.

6993. BUZONNIÈRE (L. de). Histoire architecturale de la v. d'Orléans. 1849, in-8.

6994. DUPUIS (F.). Reste des murailles de l'enceinte rom. d'Orléans; porte de cette enceinte. 1859, in-8.

6995. VERGNAUD-ROMAGNESI. Notices hist. sur l'ancien grand cimetière et les cimetières actuels d'Orléans. 1824, in-8.

6996. — Not. histor. sur le cimetière primitif d'Orléans. 1830, in-8. — Rapp. sur ce mém. par COLAS DE LA NOUE. 1830, in-8.

6997. JOLLOIS (J.-B.-P.). Antiq. du grand cimetière d'Orléans. 1832, in-4.

6998. VERGNAUD-ROMAGNESI. Mém. sur des sépultures antiques trouvées à Orléans. 1834, in-8.

6999. PIBRAC (DUFAUR de). Not. sur l'inscription rom. trouvée dans le faubourg St-Vincent, etc. 1865, in-8.

Inscr. portant : CENAB.

7000. RENIER (Léon). Sur une inscription récemment découverte à Orléans. 1865, in-8.

7001. — Mém. sur une inscription découverte à Orléans. 1867, in-8.

Voir aussi ROACH-SMITH, *Collectanea antiqua*, t. VI.

Localités diverses

7002. LOISELEUR. Note sur un cimetière antique découvert près d'*Adon*. 1864, in-8.

7003. VERGNAUD-ROMAGNESI. Mém. sur des médailles gauloises trouvées près d'*Artenay*. 1836, in-8.

7004. PELLIEUX (J.-N.). * Essais historiques sur la ville de *Beaugency* et ses environs. 1799-1801, 2 vol. in-12.

7005. COLLIN. Note sur une prétendue trouvaille archéologique faite à *Beaugency* (bloc ovoïde). 1866, in-8.

7006. PELLIEUX (J.-N.). Lettre sur un tombeau antique découvert à *Beaugency*. 1809, in-8.

7007. — Mém. sur la découverte d'un tombeau à *Beaugency*. 1810, in-8.

7008. PIBRAC (cte DUFAUR DE). Cimetière celtique découvert à *Beaugency*, etc. 1859, in-8.

7009. BUCHET. Note sur des sépultures antiques découv. à *Beaune-la-Rolande*. 1863, in-8.

7010. MARCHAND (L.-A.). Découverte monétaire faite en 1859 à *la Bussière*. 1860, in-8.

7011. BOISVILLETTE (DE). Notice sur

les substructions antiques de la v. de *Cannes*. 1840, in-8.

7012. COSSON (l'a.). Découverte de monnaies rom., c^ne de *Chambon*, près du chemin de César. 1867, in-8.

7013. CAUMONT (A. de). Les ex-voto gallo-rom. en bois de chêne trouvés par M. Dupuis [à *Châtillon-sur-Loing*]. 1861, in-8.

7014. LOISELEUR. Note sur le tumulus de la Ronce [près *Châtillon-sur-Loing*] et sur une ligne de signaux télégraph. gaulois. 1864, in-8.

7015. CAUMONT (de). Amphithéâtre de *Chenevières*. 1863, in-8.

Voir aussi une *Note* de LOISELEUR *sur l'ancienne ville de Chenevières* (*Bull. de la Soc. archéol. de l'Orléanais.*) 1862, p. 39.

7016. BEAUCORPS (M. de). Découvertes archéol. à Montchêne, c^ne de *Chevilly*. 1869, in-8.

7017. DESNOYERS (l'a.). Médailles trouvées à *Cléry*. 1857, in-8.

Coinces.

Voir plus loin l'art. sur PANNES.

7018. DUPUIS (F.). Tombes découvertes à *Crevant*. 1858, in-8.

7019. — Nouvelle note sur l'aqueduc de Vellaunodunum (souterrain de *Courtempierre*.) 1860, in-8.

7020. PÉROT (F.). Le dolmen de la Pierre Hachée, c^ne d'*Erceville*. 1870, gr. in-8.

7021. TORQUAT (l'a. de). Note sur une découverte de fondations de murs dans la commune d'*Estouy*, près de Pithiviers. 1856, in-8.

Gien. — Gien-le-Vieux

7022. MARCHAND (L.-A.). Mémoire sur Gien. 1858, in-8.

7023. LANDE (MANGON de la). Diss. sur le nom antique de Gien. 1828, in-8.

7024. VERGNAUD-ROMAGNESI. Mém. sur des instruments antiques en bronze trouvés près de Gien. *Orléans*, 1833, in-8.

7025. BRÉAN (A.). Notice sur la découverte des ruines gallo-rom. à Gien-le-Vieux. 1863, in-8.

7026. — Album des principaux objets découverts dans les fouilles exécutées à Gien-le-Vieux, de 1863 à 1865. — Recueil de 9 photographies in-4.

7027. QUICHERAT (J.). Rapport sur une exploration du lieu dit Gien-le-Vieux. 1865, in-8.

7028. BRÉAN (A.). Fouilles archéol. de Gien-le-Vieux (puits funéraires) faites en septembre 1865. 1866, in-8.

7029. MARCHAND (L.-A.). Rapport sur les communications de M. Bréan. Gien-le-Vieux et ses abords. 1866, in-8.

7030. BRÉAN (A.). C. r. des fouilles archéol. de Gien-le-Vieux, exécutées aux mois de déc. 1866 et de janv. 1867. 1867, in-8. — Deuxième c.-r. (fouilles d'oct.-nov. 1867). 1868, in-8.

7031. COSSON (l'a.). L'aqueduc de Vellaunodunum (fouilles exécutées à *Ladon*). 1861, in-8. — Cp. le n° 7019.

Voir aussi, aux Questions topographiques, les sections GENABUM et VELLAUNODUNUM.

7032. PANOFKA (Th.) (d'après une note de M. Vergnaud-Romagnesi). Fouilles de *Lion-en-Sullias*. 1834, in-8.

7033. BINET (J.). [*Mss.*]. Dialogue sur les antiq. de la v. de *Meun-sur-Loire*, in-4. — Trois dialogues sur les antiq. de la v. de *Meun-sur-Loire*, in-fol.

7034. CAYLUS (c^te de). Sur un ancien camp rom. sur les ruines du château de *Milancé*, etc. (Cp. 6950).

7035. DUPUIS (F.). Armes gauloises trouvées à *Montargis*. 1860, in-8.

Montbouy

7036. DUPUIS (F.). L'*Aquis Segeste* de la carte de Peutinger... placée à Montbouy. 1852, in-8.

7037. — Rapports sur la mosaïque découv. près de Montbouy. 1850, puis 1852, in-8.

7038. IMBAULT. Not. sur les ruines rom. de Montbouy. 1861, in-8.

7039. DUPUIS (F.). Nouvelles découvertes à Montbouy. 1862, in-8.

7040. CAUMONT (A. de). Antiq. rom. de Montbouis. 1863, in-8.

7041. VACHEY. Note sur les bains rom. de Monbouis. 1851, in-8.

Neuvy-en-Sullias

7042. MANTELLIER (P.). Statuettes et

autres objets en bronze découverts à Neuvy-en-Sullias. 1861, in-8.

7043. PILLON. Relation d'une visite aux antiquités de Neuvy. 1861, in-8.

7044. * Objets en bronze découverts à Neuvy, près Orléans. — *Rev. archéol.*, 2e série, t. IV. 1861, p. 138-140 et p. 163.

7045. MANTELLIER (P.). Bronzes antiques trouvés à Neuvy-en-Sullias. 1866, in-8. 1 atlas gr. in-4.

7046. HUILLARD-BRÉHOLLES. Essai d'explication d'une inscription latine trouvée à Neuvy-en-Sullias. 1862, in-8.

7047. CONESTABILE (G.-C. cte). Not. sur une interprétation de l'inscription latine du cheval en bronze trouvé à Neuvy-en-Sullias. 1863, in-8.

7048. MARCHAND (L.-A.). Mém. sur la découverte des ruines rom. de la station de Brivodurum à *Ouzouer-sur-Trézée*. 1858, in-8.

7049. DESNOYERS (l'a.). Note sur une découverte de monnaies rom. à Coinces et à *Pannes*. 1868, in-8.

7050. CZAJEWSKI (C.). Quelques mots sur les ruines de Quatre-Clefs, cne de *Saran*. 1870, in-8.

Sceaux

7051. COSSON (l'a.). Not. sur les antiq. rom. de Sceaux. 1853, in-8.

7052. — Rech. et fouilles archéol. sur le territoire de la cne de Sceaux, etc., en un lieu nommé le Pré-Haut. 1868, in-8.

7053. DUPUIS (F.). Aqueduc gallo-rom. de Sceaux (Vellaunodunum). 1863, in-8.

7054. COSSON (l'a.). Not. sur une mosaïque découverte au Pré-Haut, cne de Sceaux. 1868, in-8.

7055. * Trouvaille de monnaies rom. à Sceaux sur l'emplacement de l'ancienne v. de Vellaunodunum. — *Rev. num.*, t. XVII, 1852, p. 313-316; — *Bull. de la Soc. archéol. de l'Orléanais*, 1852, p. 206.

7056. CREULY (gal). Lettre à M. Alfr. Maury sur une inscription latine de *Suèvres*. 1860, in-8.

7057. PYLAIE (de la). Rech. archéol. sur l'abbaye de *Saint-Benoît*. 1853, in-8.

Antiquités, voies rom.

7058. DESNOYERS (l'a.). Not. sur une une urne funéraire trouvée dans la cne de *Saint-Jean de Braye*. 1868, in-8.

7059. BUZONNIÈRE (L. de). Not. sur 4 colliers et plusieurs autres objets trouvés dans la cne de *St-Viatre*. 1868, in-8.

7060. PELLIEUX aîné (dr J.-N.). Diss. sur les monts celtiques en gal et en plier sur les pierres du Ver et de Feularde, cne de *Tavers*. 1822, in-8.

7061. TORQUAT (l'a. de). Notes relatives à des tombes découvertes dans le cours de l'année 1860 (tombes de *Tavers*, etc.). 1860, in-8.

7062. COSSON (l'a.). Notes sur quelq. découvertes faites à *Tavers*. 1863, in-8.

7063. VERGNAUD-ROMAGNESI. Mém. sur une figurine antique, trouvée à *Tigy*. 1833, in-8.

7064. — Figurine antique trouvée à *Tigy*. 1833, in-8.

Triguères

7065. DUPUIS (F.). Not. sur les restes du théâtre de Triguères. 1856, in-8.

7066. MONVEL (Boutet de). Not. sur la ruine gallo-rom. découverte en 1856... cne de Triguères. 1857, in-8.

7067. DUPUIS (F.). Mém. sur la découverte d'un théâtre rom. à Triguères, en 1857. 1858, in-8.

7068. MONVEL (Boutet de). Ruines celtiques de Triguères. 1863, in-8.

7069. CAUMONT (A. de). Rapport verbal sur une excursion à Triguères. 1863, in-8.

7070. MANTELLIER (P.). Monnaies dévertes à *Vannes*. 1859, in-8.

7071. COSSON (l'a.). Note relative à une découverte d'objets antiques faite daus un tumulus près de *Villemoutiers*. 1865, in-8.

LOT

Articles sur le département

7072. DELPON (G.-A.) Statistique du dép^t du Lot. 1831, in-8.

7073. VIDAILLET (J.-B.). Biographie des hommes célèbres du dép^t du Lot. 1828-29, in-8.

7074. COMBES. L'homme dans la vallée du Lot antérieurement à l'âge de pierre. (Vers 1868), in-8.

7075. CRAZANNES (b^on CHAUDRUC de). Coup d'œil sur les mon^ts histor. du dép^t du Lot. 1833, in-8.

7076. * Description des mon^ts du dép^t du Lot.

Médaille au concours des antiquités nationales, en 1821.

Ville de Cahors

7077. CALVET. Rapport sur des fouilles faites aux Cadourques, mairie de Cahors. 1842, in-8.

Théâtre romain.

7078. CAUMONT (A. de). Rapp. verbal sur une excursion à Cahors. 1865, in-8.

7079. CRAZANNES (b^on CHAUDRUC de). Lettre à M. Delpon de Livernon sur une mosaïque antique inédite récemment découverte dans l'enclos du ci-devant couvent des religieuses Clarisses de Cahors. 1836, in-4.

7080. DEVALS (J.-U.). Médaille gauloise. — Rapport par A. CHABOUILLET. 1863, in-8.

Localités diverses

7081. CRAZANNES (b^on CHAUDRUC de). Mém. sur quelq. antiq. de la v. de *Figeac* et de sa banlieue. 1834, in-8.

7082. CASTAGNÉ. Sur la découverte d'une muraille gauloise, au lieu de *Mursceint*, c^ne d. Cras. 1868, in-8.

7083. — Mém. sur la découverte d'un oppidum avec muraille et emplacements d'habitations gauloises à *Mursens*. 1868, in-fol.

Cp. AURÈS, *Métrologie gauloise*, 1869, § 1.

7084. CUQUEL (l'a.). Obs. sur un mémoire relatif à la découverte d'un oppidum, etc. 1868, in-8.

7085. CALVET. Rech. nouvelles sur le camp rom. des Césarines, c^nes de St-*Jean l'Espinasse* et de St-*Médard de Prisque*. 1838, in-8.

Voir, dans la série des Questions topographiques, la section DIVONA, et, dans la série régionale, la section CADURCI. — Consulter l'*Annuaire du Lot*.

LOT-ET-GARONNE

Articles sur le département

7086. PIEYRE fils. Statistique de Lot-et-Garonne. *An X*, in-8.

7087. SAINT-AMANS (BOUDON de). Mémoires académiques, 1812, in-8.

7088. — Histoire du dép^t de Lot-et-Garonne. 1836, 2 vol. in-8.

7089. — Essai sur les antiq. du dép^t de Lot-et-Garonne. 1821. — Nouv. éd. complétée. 1859, in-8; pl. et plans.

7090. COMBES (J.-L.). Études sur la géologie, la paléontologie et l'ancienneté de l'homme dans le dép^t de Lot-et-Garonne. 1870, in-8.

7091. BARRÈRE (l'a.). Histoire religieuse et monumentale du diocèse d'Agen. 1855-1856, 2 vol. in-4.

7092. THOLIN. Not. sur les sépultures anciennes découv. dans le dép^t de Lot-et-Garonne. 1870. In-8.

7093. SAINT-AMANS (BOUDON de). Rech.

sur des monnaies anciennes [dans Lot-et-Garonne]. *An IX*, 1804, 1813, in-8.

Arrondissements et Cantons

7094. SAMAZEUILH (J.-F.). Dictionnaire géograph., historique et archéol. de l'arrt de Nérac. 1864, in-16.

7095. CASSANY-MAZET (Aug.). Annales de Villeneuve-sur-Lot et de son arrt. 1846, in-8.

Ville d'Agen

7096. ARNAL (d'). Les antiq. de la v. d'Agen.

Remontrances faites.... en la sénéchaussée d'Agen, 1606, in-8.

7097. PITHOU (P.). Rem. sur les antiq. d'Agen.

Œuvres de P. Pithou. 1609. in-4, p. 886 et suiv.

7098. BEAUMÉNIL. Antiq. d'Agen (Extrait). 1812, in-8. — Cp. le no 7087.

7099. GASSIES (J.-B.). Not. sur quelq. faits relatifs à la fabrication des haches celtiques. 1852, in-8.

A propos de découvertes faites près d'Agen.

7100. — Not. sur les cailloux ouvrés d'origine dite celtique des environs d'Agen. 1863, in-8.

7101. MAGEN (Ad.). Not. sur deux fours à poterie de l'époque gallo-rom. [près d'Agen]. 1870, in-8.

7102. CRAZANNES (bon CHAUDRUC de). Numismatique agenaise. 1863, in-8.

7103. St-AMANS (BOUDON de). Notices sur des monnaies anciennes trouvées près d'Agen. 1804 et 1813, in-8.

Localités diverses

7104. CRAZANNES (CHAUDRUC de). Antiquités d'*Aiguillon*, le *Fines* des Nitiobriges.

A la suite de sa *Notice sur la pierre debout de Châtellerault* (Vienne).

7105. — Inscription et buste antique découvert près d'*Aiguillon*. 1859, in-8.

7106. — Marbre votif découvert à *Aiguillon*, 1863, in-8.

7107. * Découverte d'un four à potier gallo-romain à *Bellevue*, près d'Agen (par Alexandre BERTRAND?). — *Revue archéol.*, 2e s., t. XVIII, 1868, p. 297.

7108. SAMAZEUILH (J.-F.). Monographie de la ville de *Casteljaloux*. 1864, in-8.

7109. — Antiq. de la v. de *Casteljaloux*. 1858, in-8.

7110. DELFORTRIE (L.). Rapport sur les fouilles opérées à *Duras*. 1865, in-8.

7111. SAMAZEUILH (J.-F.). Note sur une découverte archéol. faite à Saint-Crabary, près *Lavardac*. 1865, in-8.

7112. DEBEAUX père. Not. sur un bas-relief antique de *Lusignan-Grand*. 1858, in-8.

7113. CRAZANNES (CHAUDRUC de). Diss. sur un autel votif et sur son inscription [au *Mas d'Agenais*]. 1834, in-4.

Nérac

7114. VITET (L.) Fouilles de Nérac. Lettre à M. Panofka. 1833, in-8.

7115. JOUANNET (F.). Rapport fait à l'académie royale de Bordeaux sur Nérac et ses antiquités. — Second rapport. 1833, in-8.

7116. MÉGE (Al. du). Sur qq. monts, antiques découverts à Nérac. 1834 in-4.

Nombreuses inscriptions.

7117. — Rapport sur les antiquités découvertes à Nérac. 1834, gr. in-4.

7118. JOUANNET. Examen critique des antiquités de Nérac. 1835, in-8.

7119. — Rapport sur une nouvelle inscription de Nérac. 1833, in-8.

7120. THOMASSY (R.). Inscriptions des monts de la v. de Nérac. 1835, in-8.

7121. SAMAZEUILH (J.-F.). Rapport au ministre de l'instruction publique sur les mosaïques de *Sieuze*. 1857, in-8.

LOZÈRE

Articles sur le département

7122. JERPHANION. Statistique de la Lozère. 1802, in-8.

7123. VERGER (l'a.). Études critiques sur l'origine de l'église de Mende et ses premiers évêques. 1856, in-8.

7124. PASCAL (l'a. J.-B.-E). Gabalum Christianum, ou Rech. historico-critiques sur l'église de Mende. 1853, in-8.

7125. — Défense de l'ancienne tradition de l'église de Mende sur saint Severien.... 1854, in-8.

7126. — Discussion... sur l'époque de l'établissement de la foi chrétienne dans les Gaules et principalement sur l'origine des églises de Limoges et de Mende. 1857, in-8.

7127. CHARBONNEL (l'a. P.-J.). Origine de l'église de Mende. 1858, in-8.

7128. GAYDON (le p.). Étude critique sur l'origine de l'église de Mende.

7129. BOURET (J.). Dictionnaire géograph. de la Lozère, précédé d'une not. générale sur le dép[t]. 1852, in-8.

7130. DUBOIS. Nouvelle topographie descriptive de la Lozère, etc. 1839, in-12.

7131. IGNON (J.-J.-M.). Rech. sur l'étymologie des noms propres de lieu dans le dép[t] de la Lozère. — Nom latin de la Lozère. 1828, in-8.

7132. ÉTIÉVANT (E.). Voies rom. de la Lozère. 1869, in-8; 2 pl.

7133. BOSSE (l'a.). Répertoire archéol. du dép[t] de la Lozère. 1870, in-8.

7134. MALAFOSSE (L. de). Étude sur les dolmens du dép[t] de la Lozère. 1869, in-4.

7135. CAYX, de Marvejols (J.-A.). Not. sur plusieurs tombeaux et autres mon[ts]... qui se trouvent dans... la Lozère. In-8.

7136. IGNON (J.-J.-M.). Not. sur les mon[ts]... de la Lozère. 1° Monuments celtiques. 2° Monuments romains. 1839 et 1840, in-8.

Ville de Mende

7137. TOURETTE. Fouilles exécutées à Mende, etc. 1858, in-8.

Localités diverses

7138. ANDRÉ (F.). Poteries rom. de *Banassac*. 1869, in-8.

7139. BOISSON (l'a. A. de). Not. sur les mon[ts] de l'époque celtique à *Chirac*, etc. 1865, in-8.

7140. MATHIEU (P.-P.). Note sur une voie rom. dans les montagnes de *Fournols*. 1834, in-8.

Javols

7141. MORÉ (É. de). Mém. sur les fouilles exécutées à Javols. 1856, in-8.

7142. — Not. sur les fouilles exécutées à Javols en 1857. 1858, in-8.

7143. DELAPIERRE. Fouilles de Javols; compte-rendu. 1864, in-8.

7144. * Monnaie attribuée à Javols. *Bull. de la Soc. d'agr.* etc. 1856, p. 246.

7145. * Inscription trouvée à Javols et portant POSTVMO. — *Bull. mont[al]* 1857, p. 103 et 109. Autre éd. (reproduction revisée), *Bull. de la Soc. d'agr.*, etc., *de la Lozère*, 1866, p. 23.

Lanuéjols

7146. * Mon[t] rom. de Lanuéjols. (Inscription rom.). *Bull. de la Soc. d'agr., etc., de la Lozère*, t. VI, 1855; 3 p.

7147. * Inscription du mon[t] de Lanuéjols et probabilités de l'existence d'autres petits mon[ts] voisins. — *M. rec.* 1856, p. 266.

7148. * Travaux de déblaiement du mon[t] de Lanuéjols. — *M. rec.* 1857, p. 125.

7149. * Travaux qui ont été exécutés à Lanuéjols en 1856. — *M. rec.* 1858, p. 24.

7150. RICHARD (du Cantal). Mon[t] rom. à Lanuéjols. 1855, in-8.

7151. CAUMONT (A. de). Rapport verbal sur une excursion à Mende. Monument de Lanuéjols. 1858, in-8.

7152. TOURETTE. Rapp. sur le mont de Lanuéjols. 1859, in-8.

7153. ROUSSEL (Th.). Notes sur le mont de Lanuéjols. 1859, in-8.

7154. BOSSE (l'a.). Un cimetière ancien à Lanuéjols. 1854, in-8.

7155. BOISSONADE (l'a.). Lettre sur les grottes de *Meyrueis*. 1867, in-8.

7156. BOSSE (l'a.). Dolmens du causse de *Saint-Georges de Lévéjac*, rapport sur les rech. de M. l'a. Solanet. 1865, in-8.

7157. * Résultat des fouilles faites dans les grottes de *Saint-Georges de Lévéjac*. — *Bull. de la Soc. d'agr. etc. de la Lozère*, t. XXI. 1870, p. 49-52.

7158. SOLANET (l'a.). Habitation celtique dans la cne de *Saint-Préjet-du-Tarn*. 1869, in-8.

Voir, à la série régionale, la section GABALI, GÉVAUDAN.

MAINE-ET-LOIRE

Articles sur le département

7159. BEAUREGARD (de). Statistique du dépt de Maine-et-Loire. 2e éd. 1850, in-8.

7160. PORT (Célestin). Dictionnaire histor., géogr. et biographique de Maine-et-Loire. 1869-78, 5 vol. in-8.

7161. LACHÈSE (P.). Défaite de Dumnacus, etc. 1863, in-8.

7162. GODARD-FAULTRIER (V.). Rex Tusenos. 1845, in-8.

7163. SOLAND (A. de), directeur. Bulletin historique et monumental de l'Anjou. In-8.

7164. GODARD-FAULTRIER (V.). Monts antiques de l'Anjou ; mémoire sur la topographie gallo-romaine du dépt de Maine-et-Loire, etc. 1862, etc. In-8.

7165. BOREAU (A.). Un ancien peuple de la Gaule centrale (en Maine-et-Loire). 1865. in-8.

7166. WALCKENAER (bon Ch.-A.). Mém. sur les changements qui se sont opérés dans le cours de la Loire entre Tours et Angers, et sur la position du lieu nommé *Murus*, etc. 1815, in-8 ; 2 cartes.

7167. BELLOUARD. Fouilles et rech. archéol. 1830, in-8.

7168. * Antiquités celtiques. — *Rép. arch. de l'Anjou*. 1861, in-8.

7169. GODARD-FAULTRIER (V.). Numismatique angevine. 1861, in-8.

7170. * Découverte de monnaies gauloises. — *Bull. histor. et mon. de l'Anjou*. 1861-62, no 9.

7171. * Rectification à propos d'une inscription gallo-romaine. — *Mém. de la Soc. d'agr., sc. et arts d'Angers*. Nouv. période, t. VIII. 1865.

Arrondissements et Cantons

7172. GODARD-FAULTRIER (V.) et REGNAULT (A.). Carte celtique de l'arrt d'Angers. 1860, in-8.

7173. GODARD-FAULTRIER (V.). Monuments gaulois de l'Anjou, ou mémoire sur la topographie celtique du dépt de M.-et-L. Préliminaires. — Arrt de Baugé. 1859, etc., in-8.

7174. COLOMB (P.). Note sur quatre communes de l'arrondt de Baugé (Montpellier, Vieil-Baugé, Fougeré et Echemiré). 1869, in-8.

7175. DESVAUX. Essai statistique sur les cnes de l'arrt de Beaupréau. 1837, in-8.

Cholet est depuis 1857 le chef-lieu de cet arrondissement.

7176. MARTIN (Tristan). Description de médailles gaul. et rom. trouvées dans l'arrt de Beaupréau. 1862, in-8. Cp. le no 7179.

7177. * Voies romaines (dans l'arrt de Cholet). *Soc. d'agr., sc. et arts d'Angers*. — *Comm. archéol. de Maine-et-Loire. Répertoire archéol. de l'Anjou*. 1866, p. 31.

7178. GODARD-FAULTRIER (V.). Mon^ts^ gaulois de l'Anjou; arr^t^ de Cholet. 1859, etc., in-8.

7179. MARTIN (Tristan). Médailles gaul. et rom. rencontrées dans l'arrondissement de Cholet, etc. 1865, in-8.

7180. BODIN (J.-F.). Rech. histor. sur la v. de Saumur, ses mon^ts^ et ceux de son arr^t^. 1812-14, in-8. — 2e éd. rev. et augm. par P.-G. (Godet). *Angers*. 1845, in-8.

7181. RAIMBAULT (L.) Carte de l'arr^t^ de Saumur. 1861.

7182. RÉGNAULT (A.). Carte de l'arr^t^ de Segré. 1861, in-8.

7183. RAIMBAULT (L.). Histoire des voies de communication... dans le canton de Thouarcé. 1869, in-8.

Ville d'Angers

7184. MOITHEY (M.-A.). Rech. histor. sur la v. d'Angers, etc. 1776, in-4.

7185. BODIN (J.-F.). Recherches historiques sur la v. d'Angers. 1845, in-8.

7186. TUILERIE (PEAN de la). Description de la ville d'Angers. 1778, in-12.

7187. GODARD-FAULTRIER (V.). Restes d'aqueducs et de voies rom... près d'Angers. 1848, in-8.

7188. RAIMBAULT (L.). Itinéraire historique d'Angers à Niort. 1861, in-8.

7189. BOREAU (A.). Note sur qq. objets d'archéologie récemment découverts à Angers. 1840, in-8.

7190. SOLAND (A. de). Antiq. rom. découvertes dans l'enclos de la Visitation d'Angers. 1843, in-8.

7191. GODARD-FAULTRIER (V.). Musée des antiquités d'Angers... Inventaire. 1868, in-8.

7192. — Évêché d'Angers. Façade nord. 1848, in-8.

Vestiges du capitole gallo-rom.

7193. MÉNARD (Cl.). Disquisitio novantiqua amphitheatri Andegavensis Groannii. 1638, in-4.

7194. RAIMBAULT (L.). Document sur l'amphithéâtre rom. de Grohan, à Angers. 1862, in-8.

7195. GODARD-FAULTRIER (V.). Diss. sur le lion gallo-rom., etc. 1845, in-8.

7196. — Conservation des mon^ts^. — Tour dite des Druides et ses annexes. 1864, in-8.

7197. SORIN. Tour des Druides à Angers. — Lettre au Ministre de la maison de l'Empereur et des Beaux-Arts. 1864, in-8.

7198. GODARD-FAULTRIER (V.). Rapport sur un tombeau gallo-rom. [trouvé près d'Angers]. 1848, in-8.

7199. — Second cercueil en plomb. *M. date.*

7200. — Autres tombeaux gallo-rom. *M. d.*

7201. — Note sur des tombeaux gallo-rom. *M. d.*

7202. — [Sixième] cercueil gallo-rom. 1853.

7203. — Septième cercueil gallo-rom. 1854.

7204. — Tombeaux antiques découverts sur la place du Ralliement, etc. 1868, in-8.

7205. GRILLE. Mém. sur une quantité considérable de médailles gaul. trouvées... à la porte d'Angers. 1831, in-8.

Localités diverses

7206. RAIMBAULT (L.). Not. sur la c^ne^ de *Beaulieu*. 1868, in-8.

7207. OUVRARD (J.-L.). Not. sur... *Beauvau*. 1854, in-8.

7208. SOLAND (A. de). Cromlech de la c^ne^ de *Boutouchère*. 1843, in-8.

7209. * Briques rom. découv. à *Brain-sur-Allonnes*. — *Soc. d'agric., sc. et arts d'Angers. Comm. archéol. de Maine-et-Loire. — Répertoire archéol. de l'Anjou.* 1866, p. 131.

La Breille

7210. BRUAS (A.). Note sur un retranchement (supposé romain) situé c^ne^ de la Breille. 1869, in-8.

7211. GODARD-FAULTRIER (V.). Observat. sur le même sujet. 1869, in-8.

7212. RATOUIS (P.). Considérations... sur la c^ne^ de la Breille (camp prétendu romain, etc.). 1867, in-8.

7213. — Camps de la Breille : réponse aux nouvelles objections sur ce camp. 1868, in-8.

7214. BRUAS (A.). Camp de la Breille : un dernier mot sur les camps dits *prussiens* de la Breille. 1868, in-8.

7215. RAIMBAULT (L.). Not. sur la cne de *Brézé*. 1863, in-8.

7216. RATOUIS (P.). Lettre à M. Godard-Faultrier sur les Observations relatives au retranchement dit *le Bois-de-la-Girard*. 1868, in-8.

7217. * Découverte de 120 statères d'or au type armoricain, à *Candé*. — *Bull. de la Soc. archéol. de Nantes*, t. I, 1862, p. 468.

7218. RAIMBAULT (L.). Sur les ruines rom. de *Chalonnes-sur-Loire*. 1860, in-8.

7219. PETIT (V.). Visite à *Chenehutte*. (camp romain). 1 plan.

7220. BEAUREGARD (de). Construction gallo-romaine découv. dans le camp de *Chenehutte*. 1857, in-8.

7221. ALLAUME (l'a.). Not. sur un dolmen [cne de *Corzé*]. 1848, in-8.

7222. STABENRATH (de). Notice sur l'amphithéâtre de *Doué*. 1833, in-8

7223. ROBIN (l'a. Cl.). Le Camp de Cæsar au village d'*Empyré*, paroisse de S.-Pierre d'Anges. 1764, in-8.

7224. GODARD-FAULTRIER (V.). Chapiteau rom. d'ordre composite [à *Epiré*]. 1847, in-8.

7225. RAIMBAULT (L.). Not. sur la cne de *Faveraye*. 1867, in-8.

7226. BERAUD (T.-C.). Mém. sur le camp rom. de *Frémur*. 1846, in-8.

Voies romaines.

7227. PETIT (V.). Visite à *Gennes* (bains et théâtre romains). 1862, in-8.

7228. SAUVAGE (H.). Inscriptions relevées en la cne du *Louroux-Béconnais*. 1869, in-8.

Voie romaine (JOANNE, *Dictionn. géogr.*).

7229. BÉCLARD. Not. sur les roulers de la Davière et du moulin de Normandeau près de *Montfaucon*. 1848, in-8.

Cimetière gallo-romain (JOANNE, *Dictionn. géogr.*).

7230. ROBIN (l'a.). Le *Mont-Glonne*, ou Recherches historiques sur l'origine des Celtes, des Angevins, etc. 1774, in-12.

7231. GODARD-FAULTRIER (V.). Une sépulture de l'époque mérovingienne [ve siècle], découverte en Anjou [près de *Morannes*]. 1848, in-8.

7232. — Cne de *Morannes*. 1861, in-8.

7233. — Rapp. sur deux sudatoriums découverts... cne de *Murs*. 1845, in-8.

7234. RAIMBAULT (L.). Notes sur les objets trouvés au lieu des Chartres près *N.-D. d'Allençon*. 1847, in-8.

7235. QUICHERAT (J.). Rapport sur la découverte des substructions d'un temple antique aux *Provenchères* près Craon (Maine-et-Loire). 1865, in-8.

Voir aussi, au dépt de la MAYENNE, les articles sur *Craon*.

7236. RAIMBAULT (L.). Not. sur le château de Marion et la cne de *Rose-Marion*. 1866, in-8.

7237. COURTILLER (jeune). Sur les haches de bronze [trouvées près de *Saumur*]. 1847, in-8.

7238. MARTIN (Tr.). Médaille gauloise récemment découverte à *la Ségourie* (statio Segora). 1865, in-8.

Voir dans la série des Questions topographiques la section SEGORA.

7239. BEAUREGARD (de). Not. sur un mont sépulcral [préhistor.] découvert à *St-Hilaire-St-Florent*. 1838, in-8.

7240. COURTILLER (A.). Note relative à des objets antiques trouvés à *St-Just*. 1838, in-8.

7241. GODARD-FAULTRIER (V.). Bas-relief gallo-rom. en terre cuite, trouvé dans la cne de *St-Mathurin*. 1852, in-8.

7242. — Note archéol. sur des pavés mosaïques découverts à *Toussaint*. 1846, in-8.

MANCHE

Articles sur le département

7243. HOUEL (E.). Notes sur l'histoire du département de la Manche. 1825, in-8.

7244. EDOM. Géographie de la Manche, etc. 1857, in-18.

7245. GERVILLE (C. de). Not. sur quelq. objets d'antiquité, d'une origine incertaine, découverts dans le dép^t de la Manche. 1829, in-8.

7246. LE FILLATRE. Monts druidiques de la Manche. 1833, in-12.

7247. GERVILLE (C. de). Notice sur les camps rom. dont on remarque encore les traces daus le dép^t de la Manche. 1826, in-8.

7248. DENIS-LAGARDE. Médailles et monnaies recueillies dans le dép^t de la Manche. 1856, in-8.

7249. — Lettre à M. J. de Witte sur les monnaies romaines trouvées dans le dép^t de la Manche. 1858, in-8.

7250. QUÉNAULT (L.). Lettre à M. Charma sur une découverte de monnaies rom. 1867, in-8.

Arrondissements et Cantons

7251. LE HÉRICHER (Ed.). Avranchin monumental et histor. 1847-1863, 3 vol. in-8.

7252. MONCEL (Th. du). Rapp. sur les mon^ts de l'arr^t de Cherbourg. 1841, in-8.

7253. FOUAN. [*Ms.*] Notes sur l'arr^t de Cherbourg (vers 1864).

7254. QUÉNAULT (L.). Antiq. gauloises et rom. découv. dans l'arr^t de Coutances. 1865, in-8.

7255. SAUVAGE (H.). Rech. histor. sur l'arr^t de Mortain. 1851, in-8.

Ville de Saint-Lo

Pour mémoire.

Localités diverses

7256. PONTAUMONT (de). Notes histor. et archéol. sur *Acqueville*. 1857, in-4.

7257. LE BRIGANT (J.-L.). Diss. sur la ville d'*Avranches*. 1792, in-8.

7258. MOTET (A.). *Avranches*, ses rues et ses mon^ts. 1842. in-8.

7259. BEAUREPAIRE (Eug. de). Fouilles entreprises à *Avranches* en 1855 et 1856. 1857, in-8.

7260. BERTRAND-LACHÊNÉE. Not. sur la galerie couverte à Logan de *Bretteville-en-Saire*. 1861, in-8.

7261. GIRARD (F.). Mém. sur le camp rom. du *Châtellier*. 1842, in-8.

7262. BERTRAND (Alex.). Fouilles du *Châtellier*, etc. 1863, in-8.

Cherbourg

7263. RETAU-DUFRESNE (Mme). Histoire de la v. de Cherbourg et de ses antiq., etc. 1760, in-12.

7264. VERUSMOR. Histoire de la v. de Cherbourg, de Voisin-la-Hougue, etc. 1835, in-8.

7265. VIAUT (J.-T.). Histoire de la v. et du port de Cherbourg. 1845, in-8.

7266. * Congrès scientifique tenu à Cherbourg en 1860. 2 vol. in-8.

7267. TERNISIEN (de). Voies rom. et position de Coriallum (Cherbourg). Voir n°s 2683 et 2683 *a*.

Cp. « Opinion de M. de Rostains » plaçant Coriallum au cap de la Hague et discussion à ce sujet. (Congrès scientif. tenu à Cherbourg en 1860, t. I, p. 577.)

7268. BOZE (Cl. de). Relation de la découverte d'un tombeau près de Cherbourg. 1741, in-4; 1 pl.

7269. ASSELIN (A.). Not. sur la découverte des restes d'une habitation rom. dans la mielle de Cherbourg, etc. 1831, in-8. 2e éd. 1838, in-8.

7270. DUCHEVREUIL. Note sur une figurine de sacrificateur en bronze [trouvée à Cherbourg]. 1833, in-8.

7271. PONTAUMONT (de). Paléographie de Cherbourg et de ses environs. 1856, in-8.

Chartes, antiquités, mon^ts gaulois, etc.

7272. DENIS-LAGARDE. Monnaies rom.

découv. à Cherbourg en 1857. 1861, in-8.

7273. QUÉNAULT (L.). Rech. archéol. sur la v. de *Coutances*. 1862, in-12.

7274. FONTENU (l'a. de). Description de l'aqueduc de *Coutances*, etc. 1751, in-4; 1 pl.

7275. QUÉNAULT (L.). Mémoire sur l'aqueduc de *Coutances*. 1859, in-8.

7276. DUCHEVREUIL. Note sur les objets antiques découverts à *Digulleville*. 1825, in-8.

7277. MÉRIL (du). Note sur un objet trouvé à *Flamanville*. 1844, in-8.

7278. ASSELIN (A.). Mém. sur le temple gaulois de *Kerkeville*. 1833, in-8.

7279. CAUMONT (A. de). Note sur un cercueil gallo-romain en plomb, trouvé à *Lieusaint* près de Valognes. 1860, in-8.

7280. LEPINGARD (E.). *Mont-Castre* et Champrepus; étude sur l'emplacement du camp de Q. Titurius Sabinus, lieutenant de César. 1864, in-8.

Mont-Saint-Michel (1)

7281. NOUAL DE LA HOUSSAY (A.). Voyage au Mont-St-Michel, etc. 1811, in-18.

7282. NADAUD. Mont-St-Michel. 1824, in-8.

7283. BLONDEL. (L.). Notice hist. et topogr. du Mont-St-Michel, de Tombelaine et d'Avranches. 1823, in-fol.

7284. HOUEL (E.). Le Mont-St-Michel. 1835, in-8.

7285. DESROCHES (l'a.). Histoire du Mont-St-Michel et de l'ancien diocèse d'Avranches. 1839, 2 vol. in-8.

7286. GIRARD. Histoire du Mont-St-Michel. 1843, in-8.

7287. CASTEL. Le Mont-St-Michel. 1844, in-8.

7288. BIZEUL (M.). Mémoire sur les origines du Mont-St-Michel. 1844, in-8.

7289. MAURY (L.-F.-A.). Observations sur les origines du Mont-St-Michel, pour faire suite au mém. de M. Bizeul, etc. 1844, in-8.

7290. LAISNÉ (A.-M.). Études sur l'ancien état de la baie du Mont-St-Michel, etc. 1865, in-8.

7291. LE HÉRICHER (Éd.). Le Mont-St-Michel historique et monumental. 1847, in-8.

7292. — Histoire et description du Mont-St-Michel. 1849, in-fol.

7293. CLINCHAMP (de). Essai archéol... sur l'ancien monastère du Mont-St-Michel. 1842, in-8.

7294. LE HÉRICHER (Ed.). Itinéraire descriptif dans le Mont-St-Michel. 1857, in-16.

7295. PIGEON (l'a. E.-A.). Description histor. et monumentale du Mont-Saint-Michel, etc. 1865, in-12.

7296. CHARMA (A.). Notes sur quelques objets antiques découverts à *Notre-Dame-de-Livoye*, près Avranches. In-8.

7297. RAGONDE (L.). Description d'un temène ou enceinte druidique... dans la lande des *Pieux*. 1833, in-8.

7298. ASSELIN (A.). Note... sur un dépôt considérable de médailles trouvées dans la paroisse de Sottevost... de 193 à 268, etc. 1830, in-8.

Thorigny

7299. * Détails sur l'inscription de Vieux, conservée (alors) au château de Thorigny. *Mém. de l'Acad. des inscr. et b.-l.*, t. I, 1717, Histoire, p. 291.

7300. LE BEUF (l'a. J.). Explication du marbre de Thorigny avec l'histoire de sa découverte.

Mém. (lu en 1747) *sur quelques antiq. du diocèse de Bayeux*. (Tout l'art. II.)

Voir sur ce mont épigraphique : J. SPON, *Miscell. eruditæ antiquitatis*, 1685, p. 282; — HUET, *Origines de Caen*, 1702, chap. III; — LONGUERUE, *Lettres sur le village de Vieux*, 1732; — MAFFEI, Galliæ antiq. selectæ, p. 76; — Recueil des Historiens des Gaules, t. I, p. 146; — MURATORI. *Novus thesaurus veter. inscription. Mém. de l'Acad. des inscriptions*, t. XXXI, 1768, Hist. p. 253.

7301. MAULAVILLE (BOILEAU de). Nouveau mém. sur le mont antique autrefois connu sous le nom de marbre de Torigny, etc. 1826, in-8.

(1) On donne la bibliographie du Mont-Saint-Michel (bien que les constructions datent au plus tôt du VIIIe siècle), à cause des antiquités gauloises ou gallo-rom. découvertes sur le territoire de cette localité, et des traditions qui se rattachent à ses origines.

7302. MOMMSEN (Th.). Epigraphische Analecten. 1852, in-8.

Voir n° 22 sur le marbre de Thorigny.

7303. RENIER (Léon). Sur le marbre de Thorigny.

Mélanges épigraphiques. 1855, in-8.

7304. CAUMONT (A. de). Le marbre de Thorigny, etc. 1867, in-8.

Voir une nouvelle restitution de ce monument épigraphique par le g^al Creuly, faite de concert avec Léon Renier (*Mém. de la Soc. des ant. de France*, t. XXXVI. 1876, p. 27-38).

Valognes

7305. HERVIEUX. Mémoire historique sur *Valogne* et ses antiquités. 1776, in-8.

7306. DELALANDE. Rapport sur les fouilles exécutées à *Valognes*. 1844, in-4.

7307. CAYLUS (c^te de). Ruines situées près de *Valognes*.

Rec. d'antiquités, t. VII, 1767, p. 314 et suivantes.

7308. HOUEL (E.). Rapp. sur une pierre funéraire trouvée à *Valognes*. 1851, in-8.

7309. — Note sur des tombeaux découverts à *Villebaudon*. 1833, in-8.

MARNE

Articles sur le département

7310. CHALETTE père (J.). Précis de la statistique générale de la Marne. 1844, in-8, t. I (unique).

7311. RAPINE (Ch.). Annales ecclés. du diocèse de Châlons. 1636, in-8.

7312. BARTHÉLEMY (É. de). Diocèse ancien de Châlons-sur-Marne. Histoire et monuments, etc. 1861, in-8.

7313. RAVENEZ (L.-W.). Rech. sur les origines de l'église de Reims, de Soissons et de Châlons. 1857, in-8.

7314. JESSAINT (b^on de). Tableau rectifié des distances... de toutes les c^nes de la Marne, 1819, in-8.

7315. LESAGE (G.). Géographie histor. et statist. du dép^t de la Marne. 1840, 2 vol. in-12.

7316. BADIN et QUANTIN. Géographie départementale, etc. Marne. 1847, in-12.

7317. SAVY (A.). Mém. topograph., jusqu'au Ve siècle de la partie des Gaules occupée aujourd'hui par le dép^t de la Marne. 1859, in-8.

7318. LORIQUET (Ch.). Examen d'un ouvrage de M. Savy, etc. [l'art. précédent]. 1860, in-8.

7319. SAVY (A.). Réponse aux obs. critiques de M. Ch. Loriquet, etc. 1860, in-8.

7320. * Notions sur les c^nes du dép^t de la Marne, pour servir au dictionnaire géogr., hist. et archéol. de la France. — *Mém. de la Soc. d'agr., etc., de la Marne*. 1861, 2e partie, p. 1-381.

Travail d'une commission composée de BARBAT, DEBACQ, DROUET, GARINET, MAUPASSANT, MUSART, PICOT, PROFILLET, SAVY et SALLE, auteur du rapp. préliminaire.

7321. SAVY (A.). Faits nouveaux... et rectifications... sur les chemins, camps et tumulus de la Marne. 1862, in-8.

7322. — Découvertes d'antiq. et de monnaies faites depuis dix ans dans le dép^t. 1861, in-8.

7323. TRÉMOLIÈRE. Étude sur les mon^ts celtiques... de la Marne. 1859, in-8.

7324. VITEL (L.). Rapp. sur les mon^ts... de la Marne. 1831, in-8.

7325. BARTHÉLEMY (Ed. de). Essai sur la statistique monumentale du dép^t de la Marne. 1853, in-8.

7326. CHAUBRY DE TRONCENORD. Rapport sur les mon^ts histor. [de la Marne]. 1862, in-8.

7327. MATHIEU (d^r). Poteries gauloises [dans le dép^t de la Marne]. 1847, in-8.

7328. BERTRAND (Alex.). * Céramique gauloise.

Objets trouvés dans les cimetières du dép^t de la Marne.

7329. DENIS (Aug.). Essai sur la numismatique... du dépt de la Marne. 1870, in-8; pl.

Arrondissements et Cantons

7330. BUIRETTE DE VERRIÈRES. Annales historiques de la ville et comté-pairie de Châlons-sur-Marne. 1788, 2 vol. in-8.

7331. * Catalogue alphabétique des lieux dépendant du bailliage de Châlons en Champagne.

Coutume de Châlons; Châlons, Seneuse, 1677, in-12, *ad calcem.*

7332. BARTHÉLEMY (Éd. de). * Variétés historiques et archéologiques sur Châlons-sur-Marne et son diocèse ancien. 1862 et 1866, in-8.

7333. * Aperçu topographique sur l'arrondissement de Sainte-Menehould, avant son défrichement et son dessèchement par les Romains, etc. *Revue de la Marne.* Juillet et août 1856. T. à p. *Sainte-Menehould.* 1856, in-8.

7334. BOITEL (l'a. Alex.-Cl.). Rech. histor., archéol. et statistiques sur Esternay... et les cnes du canton. 1850, in-12.

7335. BARTHÉLEMY (Éd. de). Notice histor. et archéol. sur les cnes du canton de Versy. 1868, in-8.

Ville de Châlons-sur-Marne

7336. BARBAT. Histoire de la v. de Châlons et de ses monts. 1855, 2 vol. in-4; 106 pl.

7337. BARTHÉLEMY (Éd. de). Histoire de la v. de Châlons-sur-Marne, etc. 1852, 2 vol. in-8.

7338. GARINET (J.). Mém. sur l'établissement du christianisme à Châlons, etc. 1836, in-8.

7339. GARNIER (l'a. P.) (l'a. A. AUBERT, éditeur). Chaalon ancien et nouveau, païen et chrétien, etc. (1726). 1865, in-12.

7340. CLEUZIOU (H. du). Ressemblance des monts funéraires en Bretagne et en Champagne. — Excursions faites à ce point de vue près de Châlons.

Localités diverses

7341. BOULAYS. Note sur des ossements trouvés auprès du village de *Bergères.*

7342. LONGNON (A.). Les tumuli de *Bussy.* 1869, in-8.

7343. LIÉNARD. Not. sur le Fanum Minervæ [près de la *Cheppe*]. 1851, in-8.

7344. LÉTAUDIN (P.-H.). Étude histor. sur la *Cheppe* et le camp d'Attila. 1869, in-8.

7345. LEROUX. Not. sur la chaussée rom. de *Corbeny,* etc. 1845, in-8.

7346. HUBERT (J.-B.). Extrait du mémoire sur *Courtisols.* 1823, in-8.

7347. HERBÈS (d'). Conjectures sur l'étymologie du mot *Courtisols,* etc. 1823, in-8.

7348. * Sur le village de *Courtisols,* etc. — *Mém. de la Soc. des antiquaires de France.* T. V, 1823, p. 326.

7349. HIVER. Not. sur un atelier monétaire rom. trouvé à *Damery* en 1830. 1837, in-8.

7350. BERTRAND (J.). Rapp. sur les fouilles faites à *Heiltz-l'Evêque.* 1868, in-8.

7351. MAUTOUR (MOREAU de). Remarque sur une inscription découverte en Champagne (à deux lieues de *Joinville*).

7352. AUBERT (Alex.). Monographie de la cne de *Juvigny.* 1857, in-12.

7353. DESCHIENS (E.). *Lignon* des temps anciens. 1869, in-8.

7354. ROBERT (dr Eug.). Toujours des silex travaillés (station celtique de *Luthernay*). 1868, in-8.

7355. BERTRAND (J.). Médailles rom. trouvées à *Marolles.* 1867, in-8.

7356. REMY (Dr). Étude sur des ossements humains et des armes en silex découverts à *Mizy.* 1861, in-8.

7357. SAVY (A.). Note sur la caverne... sépulcrale de *Mizy,* etc. 1861, in-8.

7358. REMY (dr). Étude sur la caverne découv. à *Mizy.* 1861, in-8.

7359. — La caverne de *Mizy.* 1863, in-8.

7360. BOITEL (l'a. A.-Cl.). Histoire du bienheureux Jean, surnommé *l'Humble,* seigneur de *Montmirail-en-Brie.* 1859, in-12.

Histoire de Montmirail depuis Jules César, etc.

Reims

7361. BERGIER (N.). Le dessein de l'histoire de Reims, etc. 1635, in-4.

7362. ANQUETIL (L.-P.). Histoire civile et politique de la ville de Reims. 1756 et 1757, 2 vol. in-12.

7363. MARLOT (Dom). Histoire de la ville... de Reims. 1843-44, 5 vol. in-4.

7364. MOITHEY. Rech. histor. sur la v. de Reims, etc. 1775, in-4.

7365. GÉRUSEZ (J.-B.-F.). Description histor. et statist. de la v. de Reims. 1817, in-8, fig.

7366. CAMUS-DARRAS. Essais histor. sur la v. de Reims. 1823, in-8.

7367. * Tableau des principaux évènements qui se sont passés à Reims depuis J. César jusqu'à Louis XVI. 2 vol. in-8, 1828-45.

Mentionné dans Girault de Saint-Fargeau.

7368. DANIELO. Histoire de Reims. 1833, in-8.

7369. K*** (le cher Gérard JACOB-KOLB). Description histor. de la v. de Reims. 1824, in-8; fig.

7370. LACOURT (J.). Durocort, ou les Rémois sous les Romains. 1844, in-32.

7371. WINT (P. de). Lettre... sur l'origine de la v. de Reims. 1846, in-8.

7372. * Congrès scientifique. XIIIe session, tenue à Reims en 1845. Reims, 1846, in-8.

7373. FLODOARD. Histoire de l'église de Reims.

7374. GUÉRARD (B.-E.-Ch.). Polyptyque de l'abbaye de St-Remi de Reims. 1853, in-4.

7375. RIVAREL. Vie de saint Remi. 1609, in-12.

7376. SAUSSAY (A. du). De gloria sancti Remigii, etc. 1661, in-4.

7377. CERF (l'a.). Saint Nicaise a-t-il été martyrisé [à Reims] en 407... ou en 451 ? 1870, in-8.

7378. PIETTE (Am.). Les voies rom. de Reims à Arras et de Reims à Amiens. 1858, in-8.

7379. LUCAS (L.). Not. sur quelques découv. d'objets d'antiquité et médailles faites à Reims, etc. 1843, in-8.

7380. * Guide du voyageur à Reims... orné de deux plans de la ville, d'une carte de la république rémoise sous Jules César; suivi de la carte itinéraire de Paris à Reims. *Reims*, 1845, in-12.

7381. DUQUENELLE. Nomenclature d'objets d'antiq. récemment découv. à Reims. 1845, in-8.

7382. DUFOUR (Ch.). Rapp. sur les cabinets de MM. L. Lucas, Duquenelle et Duchêne [à Reims]. 1846, in-8.

7383. DUQUENELLE. Découv. archéol. à Reims en 1847. 1848, in-8.

7384. BRUNETTE (N.). Notice sur les antiq. de Reims, etc. 1861, in-8.

7385. * Congrès archéologique. XXVIIIe session tenue à Reims en 1861. Paris et Caen, 1862, in-8.

7386. DUQUENELLE. Découvertes d'antiq. à Reims. 1862, in-8.

7387. JACOB [KOLB] (le cher Gérard). Not. sur un mont du culte druidique situé à 2 lieues sud de la v. de Reims. 1820, in-8.

7388. * Arc de triomphe trouvé dans les remparts de la v. de Reims, quand et par qui ce monument a été élevé. Explication des bas-reliefs qui se voyent dans la voûte de chaque arcade. — *Journal des Savants*, 1678, p. 223.

7389. CARBON (l'a.). Diss. sur les arcs de triomphe de la v. de Reims. 1739, in-12.

7390. TEXIER. Arc de triomphe de Reims. 1832, in-8.

7391. THÉRIOT. Mode de restauration de l'arc rom. de la porte de Mars, à Reims. 1861, in-8.

7392. * Théorie des sentiments agréables, et explication d'un mont antique découvert à Reims. 1714, in-12, fig.

Mentionné dans Girault de Saint-Fargeau.

7393. * Description d'un monument découvert dans la v. de Reims en 1738. Reims, 1750, in-12.

C.-r. dans les *Mém. de Trévoux*. Avril 1750, p. 939.

7394. DÉRODÉ-GÉRUSEZ (P.-A.). Observations sur les monts... de Reims, etc. 1834, in-8.

7395. * Discussion sur deux questions relatives aux diverses constructions romaines dont on a constaté l'existence sur le territoire dont Reims était la capitale; — à la destination des édifices gallo-romains dont les plans ont été relevés à Reims depuis plusieurs années et à la topographie de Reims sous la domination romaine. — *Congrès archéolog., séances générales tenues à Reims, etc., en* 1861.

7396. LORIQUET (Ch.). Reims pendant la domination rom., d'après les inscriptions, avec une diss. sur le tombeau de Jovin. 1861, in-8.

7397. *Découverte d'une mosaïque gallo-romaine à Reims, près de l'arc de triomphe romain. — *Rev. archéol.*, 2e série, t. II, année 1860, p. 434.

7398. DESJARDINS (Ern.). La grande mosaïque découverte à Reims en novembre 1860. — Lettre à M. Henzen. 1861, in-8.

7399. DUQUENELLE (V.). La mosaïque des promenades de Reims doit-elle être conservée sur le lieu de sa découverte? etc. 1861, in-8.

7400. LORIQUET (Ch.). Résumé de la description des mosaïques trouvées à Reims, etc. 1861, in-8.

7401. — La mosaïque des promenades et autres trouvées à Reims. 1862, in-8.

7402. CERF (l'a.). Citadelle et capitole de la ville de Reims. 1869, in-8.

7403. BARBAT, de Mignécourt. Les portes de Reims. 1868, in-8.

7404. POVILLON-PIÉRARD. Sur les anciennes sépultures rom., gaul. et rémoises découv. hors de l'ancienne cité de Reims, etc. 1830, in-8.

7405. DUQUENELLE. Note sur les sépultures... découv. à Reims en 1846. 1846, in-8.

7406. LORIQUET (Ch.). Le tombeau de Jovin à Reims. 1860, in-8.

7407. DUQUENELLE. Not. sur une médaille gauloise trouvée à Reims. 1849, in-8.

7408. MAUMENÉ (E.). Analyse de pièces gaul., etc. 1851, in-8.

7409. MAXE-WERLY (L.). Essai sur la numismatique rémoise. 1862, in-8.

7410. BERTRAND (J.). Médailles diverses trouvées sur une voie rom. de Bar-le-Duc à Reims. 1867, in-8.

7411. LORIQUET (Ch.). Marque pharmaceutique... sur une fiole... appartenant au musée de Reims. 1862, in-8.

7412. BERTRAND (J.). Not. sur les pierres sigillaires d'oculistes rom. 1868, in-8.

7413. WIDRANGES (cte Hipp. de). Sépultures antiques découvertes à Remennecourt (Meuse) et à *Scrupt* (Marne). 1846, in-8.

7414. MOREL. Rapport sur les fouilles exécutées à *Somsois*, en 1863, dans un cimetière gaulois. 1866, in-8.

7415. — Cimetière gaulois de *Somsois*. 1867, in-8.

7416. COUNHAIE. Not. sur une sépulture antique découv. à *Saint-Jean-sur-Tourbe*. 1867 (?), in-8.

7417. QUERRY (l'a.). Not. sur la découverte d'anciennes sépultures à *Saint-Masmes*. 1846, in-8.

7318. BUIRETTE (Cl.). Histoire de la v. de *Sainte-Menehould*. In-8.

7419. LONGNON (A.). L'Astenois, pagus Stadunensis (*Sainte-Menehould*).

Études sur trois pagi de la Gaule. I, 1869, in-8.

7420. MAURAND (Ch.). La v. de Sainte-Menehould a-t-elle eu un atelier monétaire? 1867, in-8.

HAUTE-MARNE

Articles sur le département

7421. JOLIBOIS (E.). La Haute-Marne ancienne et moderne, dictionnaire géograph., statist., histor. et biogr. de ce dép^{t}, etc. 1858, etc., in-8 et in-4. 2 cartes, nombr. grav.

7422. BADIN et QUANTIN. Géographie départementale, etc. Haute-Marne, 1847, in-12.

7423. CARNANDET (J.). Géographie histor... de la Haute-Marne, etc. 1858, in-18.

7424. MAILLARD DE CHAMBURE (Ch.). Mém. sur les colonnes milliaires de la voie rom. de Langres à Genève. 1841, in-4.

7425. SAINT-FERGEUX (Pistollet de). Notice sur les voies rom., les camps rom. et les mardelles du dépt de la Haute-Marne. 1860, in-4.

7426. PONTON D'AMÉCOURT (vte G. de). Lettre à M. de Witte sur une monnaie de plomb gallo-romaine (monnaie des Pertenses (Perthois). 1853 et 1862, in-8.

Arrondissements et Cantons

7427. MANGIN (l'a.). Histoire ecclésiastique et civile... du diocèse de Langres et de celui de Dijon, etc. 1765, in-12.

7428. LUQUET (J.-F.-O.). Rech. histor. et statist. sur les principales cnes de l'arrt de Langres. 1836, in-8.

7429. CARNANDET (J.) et HESSE (A.). Saint Hyro, apôtre de Langres et d'Autun au Ier siècle, diss. histor. sur l'origine du christianisme dans ces deux diocèses. 1863, in-8.

7430. POTHIER (l'a. A.-G.). Antiquités découvertes dans le canton d'Andelot. 1864, in-4.

Ville de Chaumont

7431. * Trouvaille de monnaies gauloises, près de Chaumont. — *Rev. num.*, 2e série, t. XI, 1866, p. 223-224.

Localités diverses

7432. CHEZJEAN. *Andelot*. Not. sur cette v. et sur quelques objets trouvés au Mont-Éclair. 1850, in-8; 1 pl.

7433. POULLAIN (dr A.). De quelques restes celtiques qui se trouvent dans la forêt d'*Arc-en-Barrois*. 1864, in-8.

7434. BOUGARD (dr E.). Bibliotheca borvoniensis, ou Essai de bibliographie et d'histoire [de *Bourbonne-les-Bains*]. 1865, in-8.

7435. COQUEBERT DE MONTBRET. Note sur une pierre antique trouvée à *Bourbonne-les-Bains*. 1832, in-8.

7436. DUGAS DE BEAULIEU. Mém. sur les antiq. de *Bourbonne-les-Bains*. 1862, in-8.

7437. BERGER DE XIVREY (J.). Lettre à M. Hase sur une inscription latine du second siècle, trouvée à *Bourbonne-les-Bains* et sur l'histoire de cette ville. 1833, in-8.

7438. JOLY (A.). Ruines gallo-rom. découv. dans l'ancien parc du château d'*Eurville*, en 1868. 1869, in-8.

Fontaines

7439. GRIGNON. Bull. des fouilles... d'une v. rom. sur la petite montagne de Châtelet entre Saint-Dizier et Joinville [cnes de Fontaines et de Gourzon]. 1774-75, 2 vol. in-8.

7440. GRIVAUD DE LA VINCELLE (C.-M.). Rech. archéol. servant principalement à l'explication d'un grand nombre d'antiq. recueillies dans les ruines d'une v. gaul. et rom. découv. entre Saint-Dizier et Joinville. 1819, in-fol.; nombr. pl.

7441. PHULPIN (A.). Notes archéol. sur les fouilles faites et les monts découv. sur la montagne du Châtelet, située près de Fontaines. 1842, in-8.

7442. POTHIER (L.-A.-G.). Aqueduc de construction romaine [cnes de Fontaines et de Gourzon]. 1865, in-4.

7443. LEBEUF (l'a. J.). Sur l'inscription de Viromarus (trouvée près de Fontaines-sur-Marne. 1750, in-4.

7444. GRIGNON. Inscription latine sur une pierre appelée la Haute-Borne, en Champagne [à Fontaines-sur-Marne]. 1774, in-8.

Langres

7445. GAULTHEROT (D.). L'Anastase de Langres, etc. 1641, in-4.

7446. MIGNERET (S.). Précis de l'histoire de Langres. 1835, in-8.

7447. FAVREL (l'a. P.). Rech. histor. sur les Lingons. 1847, in-4.

7448. PÉCHINÉ (P.). Not. sur les costumes des Gaulois en général et des Lingons en particulier. 1847, in-4.

7449. TABOUROT (Th.). [*Ms.*] Histoire de l'église de Langres.

7450. CAYLUS (cte de). Antiq. trouvées à Langres.

Rec. d'antiq., t. VII, 1767, in-4, p. 295 et sv.

7451. LUQUET (J.-F.-O.). Antiquités de Langres. 1838, in-8.

7452. PECHIN D'AUTEBOIS. État des diverses collections composant le musée de la Soc. histor. et archéol. de Langres. 1847, in-4.

7453. St-FERJEUX (Th. PISTOLLET de). Torques et bracelets. 1850, in-4; 1 pl.

7454. — Not. sur un mont druidique situé près de Langres et sur un tombeau antique découvert au même lieu en 1837. 1838, in-8.

7455. CAYLUS (cte). Sur quelq. monts trouvés à Langres.

Rec. d'ant., t. IV, p. 396.

7456. St-FERJEUX (Th. PISTOLLET de). Not. sur deux arcs de triomphe rom., à Langres. 1837, in-8.

7457. GIRAULT DE PRANGEY. Langres. Porte gallo-romaine. — Longe-porte. 1850, in-4.

7458. — Langres. Fragments gallo-rom. au musée. 1847, in-4.

7459. BROCART (R.-H.). Notice sur quelques autels gallo-rom. du musée de Langres. 1862, in-4.

7460. JOANNE (Ad.) Grotte dite d'Éponine, près de Langres.

Dictionnaire géograph. 1869, art. LANGRES.

7461. ROYER. Not. sur les monnaies de Langres. 1850, in-4.

7462. VIGNIER (J.). [*Ms.*]. Recueil d'inscriptions et de monts anciens de la v. de Langres et lieux circonvoisins.

7463. MAHUDEL (N.). Explication de quelques inscriptions singulières trouvées à Langres pendant les deux derniers siècles. 1736, in-8.

7464. POULLAIN (dr A.). Note sur une construction de l'époque rom. découv. à *Montrot*, près Arc-en-Barrois, en décembre 1864. 1865, in-8.

7465. SAULCY (F. de). Numismatique gauloise. Trouvaille de *la Villeneuve-au-Roy*. 1866, in-4.

7466. GODARD (l'a.). Dolmen de *Vitry-lès-Nogent*. 1847, in-4.

MAYENNE

Articles sur le département

7467. SÉRIÈRE (A. de). Not. statist. et histor. sur le dépt de la Mayenne. 1841, in-4.

7468. OZOUVILLE (W. d'). Étude histor. sur le pays de la Mayenne à l'époque gallo-rom. 1855, in-8.

7469. LEFIZELIER (J.-A.). Essai sur les buttes du Bignon et autres vestiges analogues que l'on rencontre dans le dépt de la Mayenne. 1865, in-8.

7470. RALLIER. Obs. sur quelques antiq. du dépt de la Mayenne. 1823, in-8.

7471. ETCHEVERRY. Antiq. rom. découv. [dans le dépt de la Mayenne]. 1851, in-8.

7472. CAUMONT (A. de). Courte visite à *Mayenne*, à *Jublains* et au *Mans*. 1868, in-8.

Arrondissements et Cantons

7473. SAUVAGE (H.). Histoire du canton de Couptrain et de ses communes. 1865, in-8.

Ville de Laval

7474. COUANIER DE LAUNAY. Histoire de Laval. 1856, in-8.

7475. SICOTIÈRE (L. de la). Rapport sur les monts de Laval, adressé à M. de Caumont. 1838, in-8.

Localités diverses

7476. BODARD DE LA JACOPIÈRE (de). Antiq. des environs de *Craon*. 1860 et 1863, in-8.

7477. BEAULUÈRE (de la). Not. histor. sur la cne d'*Entramnes*. 1855, in-8.

Jublains

7478. VERGER (F.-J.). Notice sur Jublains. 1834, in-8; 18 pl.

7479. — Notice sur Jublains. Fouilles faites en 1834 et en 1835. 1836, in-8.

7480. — Fouilles faites à Jublains (Mayenne) en 1835 et 1836. 1837, in-8.

7481. PILAYE (b^on de la). Excursion archéologique à Jublains. Obs. sur les Diablintes... 1840, in-8.

7482. MAGDELAINE. Sur le progrès... des fouilles entreprises dans l'emplacement du fort gallo-rom. de Jublains. 1842, in-8.

7483. VERGER (F.-J.). (Titre incertain.) Notice sur la Chaise au Diable de Jublains. 1845, in-8.

7484. CAUMONT (A. de). Le Castrum gallo-romain de Jublains à vol d'oiseau. 1852, in-8.

7485. BLANCHETIÈRE. Antiq. de Jublains. Rédaction d'un plan général et documents nouveaux. 1858, in-8.

7486. LAMBERT (F.). Rech. de voies rom. autour de Jublains, avec cartes et plans. 1865, in-4.

7487. BARBE (H.). Jublains. Notes sur ses antiquités, etc. 1865, in-8; atlas in-4.

7488. DUBOURG (A.). Rapp. sur l'ouvrage précédent. 1865, in-4. (Avec 1 plan d'après H. Barbe.)

7489. BARBE (H.). Exploration du sol antique de Jublains. 1865, in-8.

7490. CAUMONT (A. de). Rapport verbal sur une excursion à Jublains, avec 1 plan de la v. rom. 1865, in-8.

7491. SARCUS (b^on de). Rapport sur une fouille faite à Jublains en 1865. 1865, in-4.

7492. COUGNY (de). Une visite à Jublains en 1870. In-8.

7493. VERGER (F.-J.). Médailles rom. trouvées à Jublains. 1837, in-8.

7494. VAUXELLES DE RAVIGNY (de). (Titre incertain.) Monnaies gallo-rom... trouvées aux ruines du château de Jublains (avant 1853).

7495. VAUCELLES DE CHAMPFREMONT (de). Les médailles recueillies dans le castellum de Jublains. 1869, in-8.

Voir, dans la série régionale, la section DIABLINTES.

Mayenne

7496. FOSSE (l'a. de la). Remarques sur les obs. de M. Lebeuf, au sujet des peuples Diablintes et de leur pays, particulièrement par rapport à l'histoire de Mayenne. 1740, in-12. (Cp. le n° 3471.)

7497. CAUMONT (A. de). Le Gué de Brive, près Mayenne, ses médailles, sa colonne milliaire. 1864, in-8.

7498. CREULY (g^al). Gué antique dans le lit de la Mayenne. 1865, in-8.

7499. SARCUS (b^on de). Fouilles du gué de St-Léonard. (Lettre à M. le g^al Creuly.) 1865, in-8.

7500. CHEDEAU et de SARCUS. Mém. sur les découv. archéol. faites en 1864 dans le lit de la Mayenne, au gué de Saint-Léonard. 1865, in-4; 5 pl.

7501. GÉRAULT (l'a.). *Saulges* et ses environs. Ruines rom. 1840, in-8.

7502. PILAYE (de la). Not. sur la v. de Ste-*Suzanne*, etc. 1829, in-8.

Fortifications vitrifiées; dolmens, etc.

7503. MÉRIMÉE (P.). Notes sur les murailles de Ste-*Suzanne*, pour faire suite aux notes sur les forts de Péran. 1846, in-8.

MEURTHE (1)

Articles sur le département

7504. MARQUIS. Mém. statistique sur le dép^t de la Meurthe. 1805, in-fol.

(1) Nous rappellerons ici que les divisions territoriales adoptées dans cette première période, qui part de l'origine de l'imprimerie pour se terminer avec l'année 1870, correspondent à la situation géographique de la France et de l'Europe, antérieure à cette dernière date.

7505. MICHEL (L.-A.). Statistique administrative et histor. de la Meurthe. 1822, in-12.

7506. GIRONCOURT (E.). * Dictionnaire statistique de la Meurthe. 1836-38, 2 vol. in-8. (Signé E. G***.)

Ouvrage attribué aussi à E. GROSSE.

7507. LEPAGE (H.). Le dép^t de la

Meurthe, statistique histor. et administrative. 1843, in-8.

7508. — Archéologie religieuse. Réponses aux questions adressées le 14 août 1847, par M. le ministre de l'Instruction publique... 1849, in-8.

7509. — Dictionnaire géogr. de la Meurthe, avec une carte du dép^{t} au xe siècle. (1860) In-8.

7510. — Les c^{nes} de la Meurthe. Journal histor. des villes, bourgs, etc. 1853-54, 2 vol. in-8.

7511. — Dictionnaire topographique du dép^{t} de la Meurthe. (Collection des dictionnaires topographiques.) 1862, in-4.

7512. LEJEUNE (J.-N.). Not. sur les antiq. du dép^{t} de la Meurthe. 1823, in-8.

7513. BENOIT (L.). Not. sur des antiq. du dép^{t} de la Meurthe et des cimetières de la période gallo-romaine. 1868, in-8.

7514. LALLEMENT (L.). Petites trouvailles archéol. et histor. 1862, in-8.

7515. DUFRESNE (A.). Not. sur un siège rom., vulgairement appelé fauteuil de saint Gérard, etc. 1840, in-8.

7516. GUÉRIN (R.). Note sur un anneau support en terre cuite, supposé de l'âge de bronze. In-8.

7517. — Une sépulture préhistorique. 1869, in-8; pl.

Arrondissements et Cantons

7518. BEUZELIN (GRILLE de). Rapport sur les mon^{ts} histor. des arrond^{ts} de Nancy et de Toul. 1835, in-4.

7519. BENOIT (L.). Les voies rom. de l'arr^{t} de Sarrebourg. 1865, in-8.

7520. JOLY (A.). Répertoire archéol. des cantons nord et sud de Lunéville. 1870, in-8.

7521. OLRY (E.). Répertoire archéol. des cantons de Domèvre, Thiaucourt et Toul, c^{on} nord. 1870, in-8.

7522. — Répertoire archéol. des cantons de Colombey et de Toul-Sud. 1865, in-4.

7523. OLRY (E.). Répertoire archéol. des cantons d'Haroué et de Vézelise. 1866, in-4.

Ville de Nancy

7524. LYONNAIS (l'abbé J.-J. BOUVIER, connu sous le nom de). * Essais sur la v. de Nanci, avec les plans de l'ancienne et de la nouvelle ville. 1779, in-8.

7525. — Histoire des villes vieille et neuve de Nanci, depuis leur fondation jusqu'en 1788. 1805-1811, 2 vol. in-8.

7526. LEPAGE (H.). Rech. sur l'origine et les premiers temps de Nancy. 1836, in-8.

7527. CAUMONT (A. de). Un mot sur les villes de Trèves et de Nancy. 1868, in-8.

7528. MARCHAL (l'a.). Conjectures sur l'origine et les commencements du Castrum Nanceiacum ou Nanceium. 1869, in-8.

7529. BLAU. Mém. sur deux mon^{ts} géograph. conservés à la bibliothèque publique de Nancy. 1835, in-8. — Supplément. 1835.

7530. * Musée lorrain, au palais ducal de Nancy; catalogue des objets d'art et d'antiquité exposés au Musée. *Nancy, Wiener*, mai 1863, 4e éd. in-12, XXIV, 172 p.

7531. GUÉRIN (R.). Les objets antéhistoriques au *Musée Lorrain*. 1868, in-8.

7532. CAYON (J.). Mon^{ts} anciens et modernes de *Nancy*, etc. 1847, in-4.

7533. RAOUL-ROCHETTE (D.). Not. sur une arme de bronze du cabinet de M. Balbatre aîné, à Nancy. 1835, in-8.

7534. NINET. Catalogue raisonné du cabinet des médailles de la v. de Nancy. 1829, in-8.

Localités diverses

7535. LAURENT (P.). Extrait du rapport sur les ruines découvertes dans la forêt d'*Amance*, etc. 1839, in-8.

7536. COLLEMOT (L.). Renseignements sur une pierre de grande dimension... trouvée sur le territoire d'*Amance*. 1853, in-8.

7537. OLRY (E.). Quelques notes archéol. et histor. sur le village de *Bagneux*. 1863, in-8.

7538. — Découverte de tumuli dans les

bois de *Bagneux*. 1869, in-8; 1 carte. Cp. le n° 7604.

7539. * Trouvaille faite près du village de *Bainville-sur-Madon*. 1857, in-8.

7540. LIEBEAULT (A.-A.). Lettre au président du comité du musée lorrain. 1858, in-8.

Antiquités découv. à *Bainville-sur-Madon*.

7541. OLRY (E.). Sépultures gallo-romaines trouvées à *Barisey-au-Plain*. 1864, in-8.

7542. GUÉRIN (R.). Note sur les objets préhistoriques de la côte de *Boudonville*. 1870, in-8.

7543. — Une borne à *Champigneules*. 1870, in-8.

7544. — Rech. archéol. aux environs de *Colombey*. 1864, in-8.

7545. — Constructions rom. découv. aux Thermes, territoire de *Crézille*. 1863, in-8.

7546. BEAULIEU (DUGAS de). Le comté de Dagsbourg, auj. *Dabo*. 1858, in-8.

Deneuvre.

Voir le n° 7587.

7547. LAURENT (J.). Not. sur une découverte de monnaies faite à *Diarville*. 1863, in-8.

7548. SAULCY (F. CAIGNART de). Notes sur qq. antiq. trouvées à *Dieulouard*. 1832, in-8. (Cp. les nos 7579-7586.)

7549. ANCELON (E.-A.). Note sur l'origine de *Dieuze*. 1864, in-8.

7550. JOLY (Al.). Sépultures gallo-rom. découv. à *Einville*, etc. 1861, in-8.

7551. NINET. Mission pour examiner d'anciennes sépultures découvertes à *Foug*. 1829, in-8.

7552. LEPAGE (H.). Not. sur des découvertes faites à *Fraquelfing* et à Lorquin. 1849, in-8.

7553. PIÉROT-OLRY (F.). Not. histor. et description de la v. de *Gerbéviller*. 1851, in-12; 1 plan.

7554. KLEIN (l'a.). Mém. sur deux bas-reliefs de Mercure appartenant à l'époque gallo-rom. [trouvés à *Giriviller*]. 1849, in-8.

7555. GARO (l'a.). Note sur une découverte d'antiques faite à *Lanfroicourt*. 1854, in-8.

7556. MARCHAL (Dr). Antiq. découv. à *Lorquin*. 1857, in-8.

Voir aussi le n° 7552.

7557. BEAULIEU (J.-L. de). Diss. sur le camp rom. [près du château de *Ludres*], connu sous le nom de Cité d'Afrique. 1826, in-8.

7558. MATHIEU (Ch.-L.). Ruines de l'ancien château de *Ludre* et du camp romain dit de la Cité d'Afrique, etc. 1829, in-8.

7559. GUÉRIN (R.). Les tombelles anté-historiques de la côte de *Malzéville*. 1868, in-8.

Marsal

7560. DUPRÉ. Mém. sur les antiq. de Marsal et de Moyenvic. 1829, in-8.

7561. SAUVAGÈRE (LE ROYER D'ARTEZET de la). Rech. sur... le briquetage de Marsal. 1740, in-8; puis 1770, in-4.

7562. KLEIN (l'a.). Mém. sur l'origine des briquetages de la Seille (à Marsal). 1849, in-8.

7563. — Not. sur le Chatry, ancien château situé au milieu des marais de la Seille. 1849, in-8. (Suite au Mém. sur le briquetage de la Seille.)

7564. SAULCY (F. de). Le briquetage de Marsal. 1855, in-8.

7565. MOREY (P.). De quelques antiquités gauloises en Lorraine, particulièrement du briquetage de la Seille. 1868, in-8.

7566. BERGÈRE (Gal). Note sur une inscription trouvée à Marsal. 1re partie. 1843, in-8.

7567. SAULCY (F. de). Inscription découverte en 1842, à Marsal. 1844, in-8.

7568. — Not. sur une inscr. découv. à Marsal. 1846, in-8; 1 pl.

7569. BARBIER (l'a.). Anciennes sépultures découvertes à *Mittelbronn* et à Romelfing, en mars 1867. 1867, in-8.

Moyenvic.

Voir le n° 7560.

7570. HALDAT (de). Rapport sur la découverte d'un autel votif et d'une inscription consacrés à Hercule Saxane [trouvés à *Norroy*]. 1829, in-8. — Cp. nos 573-576.

7571. ALLONVILLE (cte d'). Trois inscriptions dédiées à Hercule Saxane..., trouvées dans les carrières de *Norroy*. 1833, in-8.

7572. GRELLON (Dr). Not. sur des sépultures gallo-frankes trouvées à *Pagny-Preny*. 1870, in-8.

7573. UHRICH (cel). Note sur plusieurs monts antiques trouvés aux environs de *Phalsbourg*. 1853, in-8.

7574. BENOIT (A.). *Phalsbourg* et ses monts. 1870, in-8.

7575. GUÉRIN (R.). Note sur une sépulture préhistorique [trouvée près de *Pierre-de-la-Treiche*]. 1869, in-8.

7576. DIGOT (Aug.). Observations sur les sépultures antiques récemment découvertes près de *Pompey*. 1853, in-8.

7577. GUÉRIN (R.). Station du Grand-Revaux. 1870, in-8.

Romelfing.

Voir ci-dessus l'article MITTELBRONN.

7578. BEAULIEU (J.-L.). *Savonnière-lès-Toul*. 1838, in-8.

Scarpone

7579. LAMOUREUX aîné (dr). Notice de la ville et du comté de Scarpone, extraite des Mémoires du P. Le Bonnetier, dernier curé et prieur de Scarpone. 1829 et 1834, in-8.

7580. MANSUY. Notices sur l'ancienne v. de Serpanne et le pays Serpanais. 1817, in-8.

7581. MATHIEU (Ch.-L.). Ruines de Scarpone, l'antique Serpane (cne de Dieulouard), et histoire de cette ville, etc. 1834, in-8 ; planches.

7582. BEAULIEU (J.-L. de). Lettre sur diverses antiquités récemment découvertes à Scarpone. 1834, in-8.

7583. BENOIT (L.). La Vénus de Scarponne. 1868, in-8.

7584. COURNAULT (Ch.). Trois croquis envoyés à la section d'archéologie [du Comité des travaux historiques] (fragments de statue trouvés près de Scarpone). 1869, in-8.

7585. QUINTARD (L.). Note sur quelques débris antiques trouvés à Scarponne et donnés au Musée Lorrain par M. Bretagne. 1869, in-8.

7586. SAULCY (F. de). Mém. sur le cimetière de l'antique Scarpona. In-8.

7587. QUICHERAT (J.). Rapport... sur des antiquités découvertes à *Sion* et à Deneuvre. 1870, in-8.

7588. OLRY (E.). Une inscription et un groupe sculpté à *St-Épore*, près de Toul. 1869, in-8.

7589. BOULANGÉ (G.). Not. sur les tombes gallo-rom. de *St-Eucaire*. 1852, in-8.

7590. VAUTRIN (l'a.). Rech. sur une poterie et des briques antiques trouvées près *St-Nicolas*... An XII, in-8.

7591. MASSON (l'a.). Inscription latine [du IIe siècle] trouvée à *Tarquimpol*. 1853, in-8.

Toul

7592. BENOIST-PICART (le p.). Histoire ecclésiastique et politique de la v. et du diocèse de Toul. 1707, in-8.

7593. THIÉRY (Ad.). Hist. de la v. de Toul et de ses évêques. 1841, in-8.

7594. BACH (le p. J.) Origines des villes de Metz, Toul et Verdun. 1864, in-8.

7595. RIGUET (l'a.). * Système chronologique et historique des évêques de Toul jusqu'au temps de Charlemagne, etc. 1701, in-8.

7596. * Défense de l'antiquité de la v. et du siège épiscopal de Toul, contre la préface d'un livre qui a pour titre : *Système chronologique et historique*, etc. *Paris*, 1702.

Sur cet ouvrage et son auteur présumé (D'Antimon, chanoine à Toul, voir *Mém. de la Soc. d'archéol. lorraine*, 2e série, t. XII, 1870, in-8, p. 195.

7597. * Diss. critique pour prouver que la ville de Toul (Tullum) était la capitale et le siège épiscopal des Leuquois, que Grand ne l'a pas été, etc. In-12, 67 pages. *S. l. n. d.*

Mentionné dans la *Biblioth. hist.*, t. I, no 353.

7598. GUILLAUME (l'a.). Antiquité de l'église de Toul. 1862, in-8.

7599. BENOIST-PICART (le p.). Pouillé ecclésiastique et civil du diocèse de Toul. 1707, in-8.

7600. LEPAGE (H.), éditeur. Pouillé du diocèse de Toul... 1863, in-8.

7601. GUILLAUME (l'a.). Histoire du diocèse de Toul et de celui de Nancy, depuis l'établissement du christianisme chez les Leuci... 1866, in-8.

7602. MARCHAL (l'a.). Saint-Eucaire, sa parenté, son épiscopat à Grand, son martyre à Pompey et ses reliques à Liverdun. 1866, in-8.

7603. OLRY (E.). Répertoire archéol. de la ville, des faubourgs et du territoire de Toul. 1870, in-8.

7604. — * Quelques rech. sur l'époque celtique dans la plaine sud de Toul. Découverte de tumuli dans le bois de Bagneux. 1869, in-8. — Cp. n° 7538.

7605. DUFRESNE (A.). Not. sur qq. antiq. trouvées dans l'ancienne province Leucke. (évêché de Toul). 1849, in-8.

7606. HUSSON. Origine de l'espèce humaine dans les environs de *Toul* par rapport au diluvium alpin. 1865, in-8.

7607. BEAULIEU (J.-L.). Cercueils en pierre trouvés au faubourg de St-Maury de Toul. 1846, in-8.

7608. — Not. sur un chapiteau trouvé à Toul. 1832, in-8.

7609. BOTTIN (Séb.). Mém. sur des tombeaux antiques découverts en 1809, 1812 et 1815 sur le territoire de *Vézelize*. 1821, in-8.

MEUSE

Articles sur le département

7610. HENRIQUET (E.) et RENAUDIN (H.). Géographie historique, statistique et administrative de la Meuse, etc. 1838, in-8; 1 carte.

7611. LIÉNARD (F.). Not. sur un camp rom. et quelq. antiq. gallo-rom. de l'Argonne. 1853, in-8.

7612. DUCHALAIS. Études numismatiques sur le dép^{t} de la Meuse. 1841, in-8.

Arrondissements et Cantons

7613. WIDRANGES (c^{te} de). Notice des 17 c^{nes} du canton de Revigny. 1848, in-12.

7614. — Notices des 20 c^{nes} du canton de Triaucourt. 1844, in-12.

7615. — Notices des 17 c^{nes} du canton de Vaubécourt. 1845, in-12.

Ville de Bar-le-Duc

7616. R. — Voyage histor. et pittoresque sur les ruines de Nasium, à *Bar-le-Duc* et dans les environs, ou la vallée de l'Ornain. 1825, in-18.

7617. OUDET. Préféricule de Nasium (Meuse) conservé au Musée de la v. de Bar-le-Duc. 1860, in-8.

Voir, aux Questions topographiques, la section NASIUM.

Localités diverses

7618. WIDRANGES (c^{te} H. de). Notes archéol. sur l'ancienne localité gallo-rom. qui existait sur les territoires des villages d'*Autrécourt*, Berthancourt et Lavoye, etc. 1862, in-8.

7619. OUDET. Clouterie rom. de *Boviolles*. 1865, in-8.

7620. OTTMANN. Une habitation gallo-rom. entre le village de *Breux*... et son écart le hameau de Fagny. 1857, in-8.

7621. DUMONT (C.-E.). Histoire de la v. et des seigneurs de *Commercy*. 1843, in-8.

7622. CAYLUS (c^{te} de). Sur un camp romain qui se voit sur le mont de *Fains*, près la ville de Bar-le-Duc.

Rec. d'antiq., t. IV, 1761, p. 395.

7623. GUESDON (F.-F.). Mémoire sur le camp romain de *Fains*, près de Bar-le-Duc. 1823, in-8.

7624. CLOUET (l'a.). Sur un mon^{t} funéraire gallo-rom., découv. dans la c^{ne} de *Manheulles*. 1843, in-8.

Explication de la formule « Sub ascia dedicavit ».

7625. * BOUTON (L.-A.). Histoire de *Marville*. 1848, in-8. (Signée : L.-A. B***).

7626. SIMON (V.). Rapport sur une not. de M. Gérard, relative à un vase trouvé à *Montmédy*. 1837, in-8.

Nais, près Ligny. (Assimilé à l'ancien NASIUM).

Voir n° 2901.

7627. WIDRANGES (c^{te} H. de). Objets

antiques trouvés à *Pont-sur-Meuse* et donnés au musée de [Bar-le-Duc] par M. Vériot. 1867, in-8.

7628. — Sépultures antiques découvertes à *Remennecourt* (Meuse), à Scrupt (Marne) et sur la côte de Venise, territoire de Varney. 1846, in-8.

7629. — Notice sur la cne de *Rosières-en-Blois*. 1852, in-8.

7630. — Notice sur la cne de *Saulx-en-Barrois*. 1866, in-12.

7631. CLERCX (J.). Notice sur d'anciennes constructions romaines à *Senon*. 1848, in-8.

7632. VIEILLARD. Bains gallo-rom. découverts à *Senon*. 1852, in-8.

7633. WIDRANGES (cte H. de). L'ancien prieuré et la cne de *Silmont*. 1867, in-12.

7634. — Un mot sur la découverte de six cercueils en pierre, trouvés en 1859 à *Sorbey*. 1861, in-8.

7635. — Découverte de substructions antiques... faite dans la contrée de Vaux d'Inval, cne de *Velaines*. 1842, in-8.

Verdun

7636. ROUSSEL. * Histoire... de la v. de Verdun. 1745, in-4.

7637. CLOUET (l'a. F.). Histoire de Verdun, depuis l'origine de cette ville jusqu'à 1830. 1838-40, 2 vol. in-8. Nouv. édit. 1867-69, 3 vol. in-8.

7638. BACH (le p. J.). Origines... de Metz, Toul et Verdun. 1863, in-8.

7639. JEANDET (J.-P-A.). 1° Note sur deux découvertes d'antiq. faites à Verdun. 1841, in-12.

7640. LONGPÉRIER (A. de). Monnaie gauloise trouvée à Verdun. 1867, in-8.

7641. CLOUET (l'a. F.). Rech. sur les monnaies frappées à Verdun-sur-Meuse depuis l'époque celtique, etc. 1850, in-8; 1 pl. 2e éd. 1853, in-8.

MORBIHAN

Articles sur le département

7642. CAYOT-DÉLANDRE. Le Morbihan, son histoire, ses monuments. 1847, in-8.

7643. TRANOIS (C.). Guerre de César contre les Vénètes. 1853, in-8.

7644. — La petite mer appelée Morbihan, etc. 1853, in-8. 1 carte.

7645. ROSENZWEIG (L.). Les fontaines du Morbihan. 1866, in-8.

7646. — Dictionnaire topographique du département du Morbihan. (Collection des dictionnaires topographiques.) 1870, in-4.

7647. ESPINAY (d'). Analyse du dictionnaire topogr. du Morbihan de M. Rosenzweig. 1870, in-8.

7648. BIZEUL (L.-J.-M.). Mém. sur les voies rom. de la Bretagne, et en particulier de celles du Morbihan. 1843, in-8.

Voir aussi l'*Annuaire du Morbihan*, 1841.

7649. CLOSMADEUC (G. de). Le passage de la Vilaine; la voie antique de Portus-Namnetum à Dartoritum; situation de Duretie. 1866, in-8; 1 carte.

7650. PENHOUET (Maudet de). * Antiquités égyptiennes dans le dépt du Morbihan. 1812, in-fol.; 8 pl.

7651. MAHÉ (J.). Essai sur les antiq. du Morbihan. 1825, in-8.

7652. FOUQUET (dr A.). Guide des touristes et des archéologues dans le Morbihan. 1854, in-18.

7653. — Une tournée départementale [dans le Morbihan]. 1863, in-8.

7654. ROSENZWEIG (L.). Carte archéol. du Morbihan. 1863, in-8.

7655. — Répertoire archéol. du dépt du Morbihan. (Collection des répertoires archéologiques.) 1863, in-4.

7656. QUICHERAT (J.). Rapport sur les fouilles exécutées par la Société polymathique du Morbihan. (Butte de Tumiac, etc.). 1865, etc., in-8.

Voir plus loin les articles sur Tumiac.

7657. FOUQUET (dr A.). Campagnes archéol. en 1865. 1865, etc.

7658. CLOSMADEUC (dr G. de). Rapport sur les fouilles et les découvertes récentes de M. l'abbé Collet. 1868, in-8.

7659. SAUVAGÈRE (F.-F. LE ROYER D'ARTEZET de la). Rech. sur les pierres extraordinaires et quelq. camps rom. qui se remarquent... aux environs de la côte du sud du Morbihan et à Belle-Isle. 1755, puis 1770.

7660. PENHOUET (MAUDET, cte de). Monuments armoricains de la côte méridionale du Morbihan. 1805, in-8.

Observations sur cet ouvrage par HUET, ATHENAS et DEJOUX. 1806, in-8.

7661. FRÉMINVILLE (de). Mém. sur les monts druidiques du dépt du Morbihan. 1829, in-8.

7662. FOUQUET (dr A.). Des monuments celtiques et des ruines romaines dans le Morbihan. 1853, in-8.

7663. GALLES (L.). Monuments celtiques du Morbihan. 1853, in-12.

7664. LE RAY. Rangées de pierres du Morbihan et caractères tracés sur le grand dolmen de Locmariaquer. 1863, in-8. — Cp. les nos 7734 et suiv.

7665. CUSSÉ (L. DAVY de). Recueil des signes sculptés sur les monuments mégalithiques du Morbihan, relevés et réduits au pantographe. 1865, in-8.

7666. PENHOUET (MAUDET de). Sur un bas-relief antique dans le Morbihan. 1808, in-8.

7667. * Catalogue des monts historiques du Morbihan, rédigé par les soins de la Société archéologique. *Vannes*, 1856, in-8, 47 p.

7668. CLOSMADEUC (G. de). [*Ms.*] Monts funéraires de l'Armorique primitive, considérés particulièrement dans le Morbihan.

7669. ROSENZWEIG (L.). Not. sur les monts funéraires du Morbihan. 1868, in-8.

7670. CLOSMADEUC (G. de). La céramique des dolmens dans le Morbihan. 1865.

Arrondissements et Cantons

7671. ROSENZWEIG (L.). Statistique archéol. de l'arrt de Vannes. 1861, in-8.

7672. — Statistique archéol. de l'arrt de Lorient. 1859, in-8.

7673. — Statistique archéol. de l'arrt de Napoléonville (Pontivy). 1860, 1861, in-8.

7674. — Statistique archéol. de l'arrt de Ploërmel. 1862, in-8.

7675. FRANCHEVILLE (de). Notes historiques et statistiques sur la presqu'île de Rhuis. 1838, in-12.

7676. LEDIVELLEC. La presqu'île de Rhuis en Bretagne, ou le canton de Sarzeau, etc. 1865, in-8.

Ville de Vannes

7677. LALLEMAND (A.) Les origines historiques de la v. de Vannes, etc. 1858, in-8.

7678. CUSSÉ (L. DAVY de) avec L. GALLES et D'AULT DUMESNIL. Description des objets de l'âge de la pierre polie contenus dans le musée archéol. de la Soc. polymath. du Morbihan (à *Vannes*). S. d., in-8.

7679. CAUMONT (A. de). Rapp. verbal sur une excursion à Vannes et à Kernuz. 1865, in-8.

7680. CUSSÉ (L. DAVY de). Rapport annuel sur le musée archéologique de Vannes, années 1866 à 1869, in-8.

7681. * Liste des objets donnés ou déposés au Musée archéol. de Vannes pendant l'année 1869. — *Bull. de la Soc. polymath. du Morbihan*. 1869.

Localités diverses

Arradon

7682. FOUQUET (dr A.). Des voies rom. dans la cne d'Arradon. 1859, in-8.

7683. JAQUEMET (H.). Lettre adressée à M. de Caumont sur la découverte d'établissements gallo-romains à Mané-Bourgerel et au Lodo, cne d'Arradon. 1857, in-8.

7684. * Reste d'un établissement gallo-romain, découvert au Lodo, cne d'Arradon. — *Bull. de la Soc. archéol. du Morbihan, années* 1857-1858.

7685. CUSSÉ (L. de) et L. GALLES. Rapport sur les fouilles de l'établissement gallo-romain de Kerhan (Arradon). 1865, in-8.

7686. * Mont gallo-rom. de St-Galles-en-Arradon. — *Bull. de la Soc. archéol. du Morbihan.* Années 1857 et 1858.

7687. GALLES (L.). Not. sur une sépulture trouvée sous un lech bas, à Arradon. 1867, in-8.

7688. ROSENZWEIG (L.). Note relative à la sépulture ancienne trouvée dans un cimetière d'Arradon. 1867, in-8.

7689. LALLEMAND (A.). Médailles de la villa rom. du Lodo, près Penboch, cne d'Arradon. 1857, in-8. Étude histor.

7690. * Description des monnaies trouvées dans les fouilles du Lodo. — *Bull. de la Soc. archéol. du Morbihan*, années 1857-1858.

7691. DESMARS. Note sur une voie rom. allant de Blain (Lre-Infre) à Port-Navalo, [cne d'*Arzon*.] 1867, in-8.

7692. CLOSMADEUC (Dr G. de). Quelques obs. à propos de la lecture de M. Desmars sur la voie rom. de Blain, etc. 1867, in-8.

7693. TASLÉ père. Fouille d'un dolmen à Bilgroeis, près Port-Navalo, cne d'*Arzon*; description d'une enceinte retranchée au même lieu. 1867, in-8.

Voir plus loin les articles sur Tumiac.

7694. CLOSMADEUC (G. de). Fouille et découverte d'un dolmen tumulaire à Crubelz, cne de *Belz*. 1864, in-8.

7695. GALLES (R.) et MAURICET (A.). Découverte d'un dolmen sépulcral sous le tumulus de Kergonfals, en *Bignan*. 1864, in-8.

Carnac

7696. GRANDPRÉ (cte de). Carnac. Dissertation sur le camp de César et sur la bataille navale entre les Romains et les Vénètes. 1820, in-8.

7697. PENHOUET (Maudet de). Mémoire sur les pierres de Carnac. 1826, in-4.

L'Archéologie Armoricaine.

7698. LE BOYER. Traduction d'un mémoire anglais sur les monts de Carnac. 1834, in-8.

7699. JORAND. Monts celtiques de Carnac et de Locmariaker. 1830, in-4.

7700. PILAYE (bon de la). Monts de Carnac. Nouvelle explication. 1840, in-8.

7701. BLAIR (A.). ....Monts de Carnac. 1844, in-8.

7702. ROUALDS (F.). ....Monts de Carnac. 1844, in-8.

7703. M... L. (Montlezun, bon de) * Le mont de Carnac et les deux pierres de Locmariaquer. 1845, in-8; 2 pl.

7704. * Monument druidique de Carnac. — *Rev. archt*, t. V, 1849, p. 379; t. VI, 1850, p. 429.

7705. GLANVILLE (B. de). Visite aux monts celtiques de Carnac et de Locmariaker. 1857, in-8.

7706. CARRO (Ant.). Voyage chez les Celtes, ou de Paris au mont St-Michel de Carnac. 1857, gr. in-8, nombreuses lithographies.

7707. VILLEMEUREUIL (de). Grotte située dans la lande de Grooch, près de Kerlescaut, au nord des alignements de Carnac. 1860, in-8.

7708. GALLES (R.). Fouilles du Mont St-Michel en Carnac. 1862, in-8.

7709. CLOSMADEUC (Dr G. de). Rapport sur les divers objets et particulièrement sur les ossements provenants des fouilles du tumulus du Mont St-Michel de Carnac. 1862, in-8.

7710. — Une visite à Carnac et description d'un second caveau funéraire découvert au fond de la crypte principale. 1862, in-8.

7711. GALLES (R.). Tumulus et dolmen de Kercado (Carnac) et du Rocher (Plougoumelen). 1864, in-8.

7712. — Fouilles du tumulus du Moustoir-Carnac. 1865, in-8.

7713. GALLES (R.), GRESSY et de CLOSMADEUC. Les dolmens de Keryaval en Carnac, etc. 1866, in-8.

7714. MAURICET (dr). Étude des ossements trouvés dans le tumulus de Moustoir-Carnac. 1866, in-8.

7715. CLOSMADEUC (dr G. de). Rapport sur les fouilles faites par la Soc. polymath. [du Morbihan] dans les cnes de Carnac et de Plouharnel, etc. 1866, in-8.

7716. * Fouilles faites par M. l'abbé Lavenot dans la cne de Carnac. — *Bull. de la Soc. polymath. du Morbihan*, 1869, p. 109-112.

7717. CORSON (l'a. Guillotin de). Notices historiques sur l'ancienne paroisse de *Caventoir*. 1868, in-8.

7718. KERDAFFRET (l'a.). Village de *Coet-Len-de-Bas*. 1858, in-8.

7719. CLOSMADEUC (d^{r} G. de). Notes sur des fouilles opérées en 1866 dans les dolmens de Ksu à Pork-er-Gueren, c^{ne} de *Crach*. 1866, in-8. — Cp. n° 7731.

7720. — Découverte d'un cromlech dans l'île d'*El-Lanic*. 1867, in-8.

7721. * Établissement gallo-rom. découvert, en 1842, au village de St-Christophe, dans la c^{ne} d'*Elven*. — *Bull. de la Soc. archéol. du Morbihan*, années 1857-1858.

7722. * Fouilles d'un établiss^{t} gallo-romain au village d'*Elvéno*, en Noyal-Muzilac; légende des planches. — *M. rec.* Année 1859-1860.

7723. MÉRIMÉE (P.). * Note sur le mon^{t} de l'île de *Gravr'innis*. 1836, in-4.

7724. FRÉMINVILLE (de). Mémoire sur le mon^{t} druidique de l'île de *Gavrennez*. 1838, in-8.

7725. POLLET. Note relative au mon^{t} de *Gavr'inis*. 1839, in-8.

7726. CLOSMADEUC (G. de). L'île de *Gavr'inis* et son mon^{t}. 1864, in-12.

7727. EUZENOT (l'a.). Note sur une fouille faite au dolmen de Lez-Variel, en *Guidel*. 1868, in-8.

7728. L'ÉCHAUDÉ d'Anisy. Rapport sur un mémoire de M. le colonel de Penhouet sur des objets d'antiquité trouvés dans l'*Ille-aux-Moines*. 1829, in-8.

7729. GALLES (R.). et d^{r} MAURICET. Découverte d'un dolmen sépulcral sous le tumulus de *Kergonfals*. 1864, in-8.

7730. FOUQUET (d^{r} A.). Promenade archéol. sur la lande de *Lanvaux*. 1861, in-8.

7731. — Un kilomètre en Crac'h (*Lanvaux*). 1863, in-8.

7732. — Compte-rendu de quelques fouilles opérées sur *Lanvaux* en Pluherlin. 1864, in-8.

7733. GUYOT. Une promenade par la lande de *Lanvaux*. 1867, in-8.

Locmariaquer

7734. CAYLUS (c^{te} de). De l'ancienne *Dariorigum*, capitale des Vénètes, de ses ruines, etc.

Rec. d'antiq., t. IV, 1761, p. 374 et suiv. (plans).

« On y prouve qu'elle n'était point à Vannes, mais au bourg de Lokmariaker, à l'entrée du golfe nommé Morbihan. J. César s'en empara avec peine, comme on peut le voir au l. III de ses Commentaires. » (*Biblioth. hist.*, t. I, n° 256.)

7735. FRÉMINVILLE (de). Sur l'autel de Sandrauriga [près d'Anvers] et sur le dolmen de Loc-Mariaker. 1817, in-8. — Cp. le n° 593.

7736. TRANOIS (C.). Locmariaker. 1853, in-8.

7737. FERGUSON. Explorations at Locmariaquer. 4 pl.

7738. GALLES (L.). Fouilles d'un dolmen à Locmariaker. 1861, in-8.

7739. GALLES (R.). Manné el H'roek. Dolmen découvert sous un tumulus à Locmariaquer. 1863, in-8; 6 pl.

7740. CLOSMADEUC (G. et A. de). Fouilles des dolmens de Kerroch (Locmariaquer). 1864, in-8.

7741. GALLES (R.). et MAURICET (A.). Étude sur le Manné-Sud en Locmariaquer. 1864. in-8.

Voir aussi les n°s 7664, 7665, 7699, 7703, 7705, et les articles sur *Carnac*.

Le Lodo.

Voir *Arradon*.

7742. GILBERT (J.). Notice sur deux statues trouvées dans le bourg de *Lominé*. 1808, in-8.

7743. LENOIR (Alex.). Rapport sur deux statues trouvées dans le bourg de *Lominé*. 1808, in-8.

7744. ROSENZWEIG (L.). Borne de *Mériadec*. 1858, 1860, in-8.

7745. FRUGLAYE (de la). Tumulus en *Moustoir-ac*. 1858, in-8.

7746. — 7 vases funéraires en *Moustoir-ac*. 1858, in-8.

7747. FOUQUET (d^{r} A.). Compte-rendu de fouilles opérées au pied de 9 menhirs en *Pleucadeux*. 1864, in-8.

7748. — Trois âges en *Pleucadeuc* et réfutation d'une critique archéol. 1867, in-8.

7749. LUKIS (W.-C.). Rapport sur un tumulus de l'âge de bronze, au Rocher, c^{ne} de *Plougoumelen*. 1867, in-8. — Cp. le n° 7711.

7750. * Grottes de *Plouharnel.* — *Bull. de la Soc. archéol. du Morbihan,* années 1857-1858.

7751. ROSENZWEIG (L.). Note sur une fouille faite sous un grand lech de la cne de *Plouharnel.* 1869, in-8. — Cp. le no 7715.

7752. FOUQUET (Dr). Fouilles à la Grée-Mahé en *Pluherlin.* 1866, in-8; 2 c.

7753. * Le pays des *Questembert,* ses antiquités. — *Bull. de la Soc. archéol. du Morbihan.* Années 1857-1858.

Quiberon

7754. PENHOUET (Maudet de). Essai sur des monuments armoricains qui se voient sur la côte méridionale du dépt du Morbihan, proche Quiberon. 1869, in-8. — Rapport sur cet ouvrage, par Eloi Johanneau. 1809, in-8.

7755. CLOSMADEUC (Dr G. de). Tombeau découvert au Manné-Beker-Noz (butte du Hurleur-de-Nuit), *Quiberon.* 1865, in-8.

7756. BROCA (P.). Étude anthropologique du crâne de Manné-Beker-Noz, etc. 1865, in-8.

7757. CLOSMADEUC (G. de). Découverte de sept tombeaux en pierre à Quiberon. 1868, in-8.

7758. PENHOUET (Maudet de). Sur la Vénus de *Quinibilly* (auj. au château de Quinipily, cne de Baud).

1re livr. des *Rech. sur les antiquités de la Bretagne.* Cp. dans le Dictionn. géograph. de Joanne, l'art. Baud.

7759. * Les potiers du pays de *Rieux.* — *Bull. de la Soc. archéol. du Morbihan.* Années 1857-1858.

7760. * Établissement gallo-rom. découvert en 1857 à Tréalvé (cne de St-*Avé.* — *Bull. de la Soc. archéol. du Morbihan.* Année 1859-1860.

7761. GALLES (L.), L. de CUSSÉ et l'a. COLLET. Compte-rendu sur la fouille du tumulus de Beg-en-Aud (St-*Pierre-Quiberon*). 1869, in-8.

7762. * Établissement gallo-romain découvert, en 1857, à St-*Symphorien.* — *Bull. de la Soc. archéol. du Morbihan.* Années 1857-1858.

7763. MOUILLARD (l'a.). Note archéol. sur *Taupont.* 1858, in-8.

7764. ARRONDEAU. Fouilles à Kerandrun, en *Theix.* 1867, in-8.

7765. GALLES (L.). Les dolmens de *la Trinité-sur-Mer.* 1860, in-8.

7766. GALLES (L.). et CINTRÉ. Fouilles d'un tumulus nommé Er-Hourich ou la vigie, cne de *la Trinité-sur-Mer.* 1860, in-8.

7767. CUSSÉ (L. Davy de). Fouilles d'un tumulus nommé Er-Hourich ou Vigie, situé dans la cne de *la Trinité-sur-Mer.* 1867, in-8.

7768. CUSSÉ (L. Davy de). Les dolmens de *la Trinité-s.-Mer.* 1867, in-8.

Tumiac-en-Arzon

7769. GALLES (L.). Fouilles du tumulus de Tumiac en Arzon. 1853, in-8.

7770. FOUQUET (A.). Rapport sur la découverte d'une grotte sépulcrale. dans la butte de Tumiac, le 21 juillet 1853. 1854, in-8.

7771. * Découverte d'une grotte sépulcrale dans le tumulus de Tumiac. — *Bull. de la Soc. archéol. du Morbihan,* années 1857-1858.

7772. MALAGUTI. Analyse des ossements et terres trouvés dans les tumulus de Tumiac et du mont Saint-Michel en Carnac. 1862, in-8.

7773. GALLES (R.). Fouilles du tumulus de Tumiac en Arzon. 1864, in-8.

Voir aussi le no 7656.

MOSELLE (1)

Articles sur le département

7774. COLCHEN. Statistique de la Moselle. 1791, in-fol.

7775. — Mém. statistique sur le dépt de la Moselle. 1803, in-fol.

7776. VERRONNAIS (Fr.). Statistique histor., etc., du dépt de la Moselle. 1844, in-8.

(1) Voir ci-dessus la note de la colonne 501.

7777. * Revue d'Austrasie. Metz, in-8.

7778. VIVILLE (Ch.-Ph. de). Dictionnaire du dép^{t} de la Moselle, etc. 1817, in-8.

7779. BÉGIN (É.-A.). Biographie de la Moselle. 1832, in-8 ; 4 vol.

7780. — Mélanges d'archéologie et d'histoire. 1840, in-8.

7781. CHABERT (F.-M.). Tablettes chronologiques de l'histoire du dép^{t} de la Moselle. 1858, in-12.

7782. MEURISSE (M.). Histoire des évêques de Metz. 1634, in-fol.

7783. CLERCX (J.). Mém. sur quelq. villages inconnus, indiqués dans l'histoire de Metz. 1847, in-8.

7784. TERQUEM (A.). * Étymologies du nom des villes et des villages... de la Moselle. 1860, in-16.

7785. LEJEUNE (J.-N.). Notice sur les voies rom. du dép^{t} de la Moselle. 1823, in-8.

7786. ABEL (Ch.). Voies rom. dans la Moselle. 1859, in-8.

7787. — Notice sur une découverte de tronçons de voies rom. sur les territoires de Rozerieulles, Guénétrange, Lagrange et Suzange. 1865, in-8.

7788. LEDAIN (l'a.). Quelques observations sur le travail préparatoire de la carte itinéraire de la Gaule [en ce qui concerne le dép^{t}]. 1870, in-8.

7789. SIMON (V.). Not. sur une statuette représentant deux personnages opposés, dont l'un a des ailes à la tête. 1838, in-8.

7790. WYTTENBACH (J.-H.). Antiquités rom. de la Moselle. 1844, in-8.

7791. BOULANGÉ (G.). Antiquités celtiques et gallo-rom. du dép^{t} de la Moselle. 1853, in-8.

7892. JEANTIN. Notice archéologique. 1851, in-8.

7793. FAULTRIER (G. de). Relation d'une promenade archéol. faite par la Société [d'archéologie et d'histoire de la Moselle] à Luttange, Hombourg-sur-Caner, Bousse et Émery. In-8.

7794. SIMON (V.). Documents archéol. sur le dép^{t} de la Moselle. 1860, in-8.

7795. LEDAIN (l'a. A.). Not. sur qq. découvertes archéol. récentes [dans le dép^{t}]. 1870, in-8.

7796. CAEMMERER (F.). Description d'un autel antique situé au N.-O. du dép^{t} de la Moselle. 1829, in-8.

7797. HUGUENIN. Not. sur deux mon^{ts} romains. 1835, in-8.

7798. SIMON (V.). Rapport sur les mon^{ts} anciens de la Moselle. 1838, in-8.

7799. — Not. sur deux mosaïques. 1838, in-8.

7800. — Note sur un mon^{t} de la déesse Isis. 1852, in-8.

7801. BOULANGÉ (G.). Note pour servir à la statistique monumentale de la Moselle. 1854, in-8 ; pl.

7802. SIMON (V.). Not. sur un mon^{t} élevé au dieu Proxsumius. 1858, in-8.

7803. — Not. sur les pierres antiques. 1860, in-8.

7804. SAULCY (E. CAIGNART de). Rapport sur quatre statuettes données par M. Legénissel. 1858, in-8.

7805. CHABERT (Fr.-M.). Origine probable des pierres antiques du moulin des thermes. 1858, in-8.

7806. SIMON (V.). Marbre antique sur lequel une mesure est inscrite. 1860, in-8.

7807. BUSSEY (de). Note sur les margerelles ou mardelles. 1862, in-8.

7808. SCHREIBER (J.). .....Fortifications antiques (de la Moselle). — .... Murailles antiques de la rive gauche de la Moselle. 1844, in-8.

7809. DÉGOUTON (A.). Rech. sur les enceintes antiques signalées dans les vallées du Sterne et de ses affluents, le Wagot et le Conroi. 1867, in-8.

7810. BÉGIN (E.-A.). Histoire des sciences, des lettres, des arts... dans le pays Messin, etc. 1829, in-8 ; 1 carte.

7811. ABEL (Ch.). Du monnayage des Gaulois à propos de deux trouvailles faites dans le dép^{t} de la Moselle. 1866, in-8.

7812. ROBERT (Ch.). Épigraphie gallo-rom. de la Moselle. 1869-73, in-4.

Arrondissements et Cantons

7813. TILLOY (J.). Dictionnaire topograph. de l'arr^{t} de Sarreguemines. 1862, in-8.

7814. TESSIER (G.-F.). * Diss. sur les rech. arch., etc., à faire dans l'arrt de Thionville. 1820, in-8.

7815. — Rech. sur l'étymologie des noms de lieu et autres dans la sous-préfecture de Thionville. 1823, in-8.

Ville de Metz

7816. * Chroniques de la noble ville et cité de Metz, depuis la fondation d'icelle, de quels gens, et en quel temps elle fut construite. *Metz, ve Bouchard*, 1698, in-12.

7817. CAJOT (dom J.). * Les antiq. de Metz, ou rech. sur l'origine des Médiomatriciens, etc. 1760, in-8.

7818. SCHŒPFLIN (J.-D.). De Mediomatricis.

Alsatia illustrata, t. I, 1762, p. 44-47, 134.

7819. TABOUILLOT (dom Nic.) et FRANÇOIS (dom J.). * Histoire de la ville de Metz. 1769-90, 6 vol. in-4.

7820. BÉGIN (E.-A.). Histoire des rues de Metz. 1845, in-8 ; 3 vol.

7821. WORMS (J.). Histoire de la v. de Metz. 1848, in-8.

7822. LORETTE. Notes historiques et inédites sur Metz et les environs, etc. in-fol.

7823. BACH (le p. J.). Les origines... de Metz, Toul et Verdun. 1863, in-8.

7824. LENOIR (Al.). Mythologie celtique du dragon de Metz. 1808, in-8.

7825. TEISSIER (G.-F.). Not. sur Ricciacum, station militaire sur la voie rom. de Metz à Trèves. 1822, in-8.

7826. * Fouilles faites sur la route rom. qui, de Metz, conduisait à Strasbourg. — *Mém. de la Soc. des antiq. de France.* 1re série, t. VII, 1826, p. 195.

7827. ABEL (Ch.). Not. sur l'existence et la situation d'une station postale à Metz, à l'époque gallo-rom.; explication du mont celtique, nommé Pierre Beurderosse. 1864, in-8.

7828. JACOB (V.). Nouveaux aperçus sur l'étymologie du nom de Metz. 1869, in-8.

7829. SIMON (V.). Notes sur qq. antiq. trouvées à Metz. 1835, in-8.

7830. — Not. sur quelq. antiq. trouvées à Metz. 1839, in-8.

7831. VILLY (L.-J.-B. de). Antiquités médiomatriciennes. 1er mém., monts trouvés en 1822 à l'ancienne citadelle de Metz. 1823, in-8.

7832. TEISSIER (G.-F.). Quelq. antiq. de Metz. 1826, in-8.

7833. VILLY (J.-B. de). Mém. sur les ant. de la v. de Metz, 1830, in-8.

7834. BÉGIN (E.-A.). Metz depuis dix-huit siècles, son peuple, etc. 1843-1846, 3 vol. in-8.

7835. SIMON (V.). Notice archéol. sur Metz et ses environs. 1841-1843, in-8.

7836. — Metz romain. 1854, in-8.

7837. — Notice sur des antiquités découvertes à Metz et dans les environs. 1860, in-8.

7838. LORRAIN. Not. sur les fouilles exécutées à Metz dans les rues des Prisons-Militaires, du Tour du Cloître, des Piques et de St-Charles. 1865, in-8.

7839. — Rapport sur les fouilles entreprises à Metz. 1868, in-8.

7840. BUC'HOZ. Les monts anciens et modernes de Metz. 1793, in-fol.

7841. BERGÈRE (Gal). Note sur un mont antique existant à Metz. 1836, in-8.

7842. BLANC. Description historique de Metz et de ses monts. 1852, in-12.

7843. SIMON (V.). Note sur un bas-relief découvert à Metz en 1856. 1858, in-8.

7844. PÈTRE. Rapport sur les restes d'un cloaque romain, rue des Bons-Enfants. 1858, in-8.

7845. PROST. Not. sur un hypocauste antique trouvé à Metz. 1868, in-8.

7846. — Communication sur un ancien pont découvert à Metz entre le Pont des Morts et le Pontiffroy. 1868, in-8.

7847. AUDOY (J.-V.). Note sur quelques sépultures antiques découvertes à Metz. 1836, in-8.

7848. CLERCX. Description de quelq. pierres tumulaires trouvées à Metz. 1859, in-8.

7849. SIMON (V.). Note sur les matériaux employés à Metz dans les temps antiques. 1839, in-8.

7850. SAULCY (F. de.). Rech. sur les monnaies de la cité de Metz. 1836, in-8.

7851. ROBERT (Ch.). Découvertes numismatiques faites aux environs de Metz. 1847, in-8.

7852. KLEIN (Ch.). Inscriptiones Mediomatricorum nonnullæ. 1858, in-8.

7853. SIMON (V.). Rapport sur un mém. de M. Klein, intitulé : *Inscriptiones*, etc. 1858, in-8.

7854. — Notice sur deux inscriptions antiques découvertes à Metz. 1860, in-8.

7855. BOUTEILLER (de). Description de plusieurs pierres antiques acquises récemment par le musée lapidaire de Metz. 1866, in-8.

7856. LORRAIN. Not. sur une inscr. rom. trouvée en 1722 à Metz. 1867, in-8.

7857. SAILLY (de). Obs. sur la not. de M. Lorrain à propos d'une inscript. rom., etc. 1867, in-8.

7858. ROBERT (Ch.). Inscription tumulaire d'un *Civis Mediomatricus* trouvée à Milan. 1870, in-8.

Localités diverses

7859. TEISSIER. Note sur un pavé en mosaïque découvert à *Audun-le-Tiche*... Ancienneté de ce village et d'*Audun-le-Roman*. 1828? In-8.

7860. BARTHÉLEMY (l'a.). Note sur des antiq. recueillies à *Bettlainville*. 1re partie, 1843, in-8.

7861. TEISSIER. Monnaies anciennes trouvées à *Bouzonville*. 1829, in-8.

7862. HUART (bon Emm. d'). Rapport sur deux aqueducs romains découverts à *Chazelles*. 1844, in-8.

7863. SIMON (V.). Not. sur une villa rom. découv. dans la forêt de *Cheminot*. 1864, in-8.

7864. CUSSY (vte de). Mém. sur des tombes gallo-rom. découv. près de Thionville [*à Daspich*]. 1843, in-8.

7865. GÉRARD. Rech. sur l'emplacement de Caranusca et notice sur les antiquités découvertes à *Elzing* (Elzange?). 1845, in-8.

7866. DUFRESNE. Not. sur des sépultures gallo-frankes trouvées en 1854 à *Fareberswiller*. 1855, in-8.

7867. HUART (bon Emm. d'). Rapport sur une communication de M. Namur, relative aux statuettes et inscriptions de *Géromont* (Giraumont?). 1852, in-8.

Gorze

7868. NIMSGERN (J.-B.). Histoire de la v. et du pays de Gorze, etc. 1853, in-8; fig.

7869. SIMON (V.). Note sur une statuette trouvée près de Gorze. 1858, in-8.

7870. BERGMANN (l'a.). Not. sur les antiq. de Gorze. 1862, in-8.

7871. SIMON (V.). Notice sur l'aqueduc romain de Gorze à Metz. 1842, in-8.

7872. — Not. sur une partie de l'aqueduc rom. découv. dans le vallon de Parfondval, près de Gorze. 1860, in-8.

7873. — Notice sur une médaille de Valens trouvée dans l'aqueduc de Gorze à Metz. 1840, in-8.

7874. — Note sur des instruments en fer trouvés à *Grosyeux*. 1835, in-8.

7875. ABEL (Ch.). Communication sur une monnaie trouvée à *Guénétrange*, 1865, in-8.

7876. — Nouv. rech. faites sur une portion de voie rom. au-delà de Thionville [à *Hettange*.] 1869, in-8.

Inscription portant... VRIO et... MERTA.

7877. PLONGUER. Mémoire sur les arches de *Jouy*, près de Metz... *An XII*, in-8.

7878. SIMON (V.) et SOLEIROL. Rapport sur l'aqueduc romain dit les Arches de *Jouy*. 1838, in-8.

7879. PROST (A.). Notes sur un ancien aqueduc découvert à *Lessy*. 1870, in-8.

7880. SAULCY (de). Note sur quelques antiq. déterrées à *Mainville*. 1833, in-8.

7881. PROST (Aug.). Rapport sur les découvertes nouvellement faites aux environs de *Merlebach*. — Observations de M. Ch. ABEL. 1864, in-8.

7882. — Antiq. découv. aux environs de *Merlebach*. 1865, in-8.

7883. JACOB (V.) et PRÉHAC. Lettre sur une série de monnaies trouvées à *Mont*, etc. 1868, in-8.

7884. VIANÇON. Not. sur *Neuvron*. 1864, in-8.

7885. NAUROY. Lettre sur de nouvelles découvertes faites à *Puxieux*. 1867, in-8.

7886. GÉRARD (Ch.). Note sur un tumulus couvert à Basse-Rentgen (aliàs *Rentgen*). 1847, in-8.

7887. ÉMEL (l'a.). Lettre sur le village de *Ruhline*. 1869, in-8.

7888. * Trouvailles faites au *Sablon*. — *Bull. de la Soc. d'arch. de la Moselle*. 1858, in-8, p. 15.

Nom de potier inconnu, etc.

7889. SIMON (V.). Rapport sur des fouilles faites au *Sablon*. 1858, in-8.

7890. — Not. sur des sépultures découv. au *Sablon*, près de Metz. 1858, in-8.

7891. LEDAIN (l'a. A.). Les feux de la Saint-Jean et la roue flamboyante à *Sierck*. 1867, in-8.

7892. ALTMAYER (N.). Obs. sur les ruines du Hiéraple. 1829, in-8.

Voie rom. près de *Saint-Avold*.

7893. TEISSIER (G.-F.). Histoire de *Thionville*. 1828, in-8.

7894. SIMON (V.). Mém. sur des antiq. trouvées près de *Vaudrevange*. 1852, in-8.

NIÈVRE

Articles sur le département

7895. * Almanach de la Nièvre. In-12. (Voir notamment les volumes de l'an IX à 1809, 1839, 1849.)

7896. SOULTRAIT (G. de). Statistique nouvelle de la Nièvre, etc. In-8.

— Notes pour une Bibliothèque nivernaise. In-8.

7897. CROSNIER (l'a.). Hagiologie nivernaise, etc. 1858, gr. in-8.

7898. LHOSPIED. Géographie... de la Nièvre. 1845, in-18.

7899. BADIN et QUANTIN. Géographie départementale, etc. Nièvre. 1847, in-12.

7900. FAY (P.). Dictionnaire géographique de la Nièvre, etc. 1860, in-8.

7901. SOULTRAIT (G. de). Dictionnaire topographique du dépt de la Nièvre. (Collection des dictionn. topograph.). 1865, in-4.

7902. — Statistique monumentale du dépt de la Nièvre. 1848, in-8.

Canton de St-Benin-d'Azy.

7903. — Essai sur la numismatique nivernaise. 1854, in-8.

7904. MORELLET (J.-N.). Essais de numismatique nivernaise. 1856, in-8.

Arrondissements et Cantons

7905. SOULTRAIT (G. de). Abrégé de la statistique monumentale de l'arrt de Nevers. 1851, in-8.

Ville de Nevers

7906. [*Ms.*] * Antiquités de la ville de Nevers et du Nivernais. In-fol.

« Cette Histoire (était) dans la bibliothèque de M. Colbert, num. 22, 50 (et est dans celle du Roi). » *Biblioth. hist.*, t. III, n° 35, 556.

7907. LEBEUF (l'a.). Lettre écrite au p. du Val au sujet de l'antiquité prétendue de la ville de Nevers. 1740, in-8.

7908. SAINTE-MARIE (L. de). Rech. histor. sur *Nevers*. 1810, in-8.

7909. SOULTRAIT (G. de). Guide archéologique dans Nevers. 1856, in-8.

7910. * Ville de Nevers. Exposition archéologique et artistique; notice des objets d'art, d'antiquité, de curiosités et de tableaux. *Nevers, impr. Fay*, 1863, in-16, 121 p.

7911. * Tour gallo-romaine dans la cour de l'Hôtel-de-Ville de Nevers. *Bull. de la Soc. Nivernaise*, etc. 2e s., t. I, 1863, p. 460.

7912. BORNET (T.). Squelette de crocodile trouvé dans les environs de Nevers. 1867, gr. in-8.

7913. PROTAT (H.). Étude sur la pierre sigillaire [trouvée près de Nevers], etc. 1854, gr. in-8.

Localités diverses

7914. BAUDOUIN. Sépultures gauloises à *Anthien*. 1865, in-8.

7915. BULLIOT (J.-G.) et FONTENAY (J. de). Le mont Beuvray et la croix St-Martin. 1851, in-8.

7916. — Plan du mont Beuvray, près d'Autun. 1853, in-8.

7917. — Fouilles de l'oppidum de Beuvray. Nouvelles indications de la Bibracte de César. 1865, in-8.

7918. BARTHÉLEMY (A. de). Note sur les monnaies antiques recueillies au mont Beuvray. 1870, in-8.

Voir sur *Bibracte* les n°s 2638 et suiv.

7919. MORELLET. Diss. sur un autel de Jupiter trouvé près de *Bouhy-le-Tertre*.

7920. TUDOT (E.). Fouilles de *Chantenay*. 1854, gr. in-8.

7921. BOGROS (Dr E.). Histoire de *Château-Chinon*. 1865, in-8.

7922. — Fouilles faites à *Château-Chinon*. 1867, in-8.

7923. GRASSET (A.). Description d'objets d'art attribués aux Celtes, trouvés à *Chevenon*. 1836, in-8 ; 1 pl.

Compierre.

Voir ci-dessous les art. sur St-RÉVÉRIEN.

7924. * Lettre de M. le curé de *Crux-la-Ville* sur une mosaïque trouvée au village de Guérignand (même c^ne). — *Bull. de la Soc. nivernaise, etc.* 2e s., t. V, 1870, p. 146. 1 pl.

7925. CROSNIER (l'a.). Columbarium à *Entrains*. 1867, gr. in-8.

7926. CHAVANTON (l'a.). Lettre sur une plaque de cuivre trouvée à *Entrains* et portant une inscription lat. 1870, gr. in-8, fac-similé.

7927. PROTAT (H.). Sur les médailles grecques, un cachet d'oculiste rom., etc., trouvés à *Entrains*. 1854, in-8.

Voir aussi le recueil des inscriptions trouvées à Entrains, par BUHOT DE KERSERS, dans les comptes-rendus du Congrès archéol., 40e session, tenue à Châteauroux (1874), p. 252.

7928. CLÉMENT (l'a.). Rapport sur les fouilles de *Lamotte-Pasquier*. 1852, in-8.

7929. * Découverte des restes d'une villa gallo-romaine à *Luthenay-Orloup*. 3 p. — *Bull. de la Soc. nivernaise*, etc. 2e s., t. I, 1863.

7930. POT (l'a.). Notes relatives à différentes trouvailles faites sur plusieurs points de *Magny-Cours*. 1869, gr. in-8.

7931. BOËRE (l'a.). Fragments d'inscriptions romaines trouvées à *Mèves*, etc. 1863, in-8.

7932. * Inscription rom. trouvée dans les murs de l'église de *Mesves*. — *Bull. de la Soc. nivernaise*, etc., 2e s., t. Ier, 1863, p. 460.

7933. RENIER (L.). Inscription récemment découverte à *Mesves*. 1865, in-8.

7934. MOLANDON (BOUCHER de). Nouvelles études sur l'inscr. rom. récemment trouvée à *Mesves*, etc. 1869, in-8. — Cp. n° 2720.

7935. BONVALET (A.). Not. histor. sur la c^ne de *Saincaize*. 1869, gr. in-8.

7936. * Découverte à *Saincaize*, au bord de l'Allier, c^on de Nevers, de deux très beaux bustes en marbre [Adrien et Marc-Aurèle] et de colonnes en pierre. — *Bull. de la Soc. nivernaise*, etc. 2e s., t. Ier, 1863.

7937. CROSNIER (l'a.). Bustes trouvés à *Saincaize*. 1863, gr. in-8.

7938. — Médailles et monnaies trouvées dans la commune de *St-Germain-Chassenay*. 1858, in-8.

7939. CHARLEUF (G.) et COLLIN. *Saint-Honoré-les-Bains*. 1865, in-12.

7940. CHARLEUF (G.). Études archéol. sur les sources thermales de *St-Honoré* (Aquis Nisinæi). 1867, in-8. — T. à p. dès 1865.

Saint-Révérien

7941. BONIARD. Mémoire sur les ruines d'une v. gallo-rom. existant dans la la forêt de Compierre et de St-Révérien. 1842, in-8.

7942. DUPRETOT (d^r). La Boïade, ou les ruines de Compierre, près St-Révérien. 1843, in-8.

7943. CHARLEUF (G.). Mémoire sur les fouilles de la v. gallo-rom. près de St-Révérien. 1844, in-8.

7944. BARAT et DUVIVIER. Ruines gallo-rom. de St-Révérien. 1845, in-8.

7945. BAUDOUIN. Rapports (deux) sur

les travaux ordonnés par la Soc. fr. d'arch. dans les ruines gallo-rom. de St-Révérien. 1853, in-8.

7946. — Notes sur les ruines de St-Révérien (Nièvre) et leur identification probable avec le *Siduo* du marbre épigraphique d'Autun. 1865, in-8.

7947. WAGNIEN. Description de la villa romana et de la belle mosaïque découverte à *Villars*, près Bichet-Bazois. 1841, in-8.

NORD

Articles sur le département

7948. BOTTIN (D. et Séb.). Statistique du dépt du Nord. 1804, 3 vol. in-8.

7949. GRILLE. Description du dépt du Nord. 1825-30, in-8.

7950. PIERS (H.). Histoire de la v. de Bergues-St-Winoc. Notices historiques sur Hondschoote, etc. 1833, in-8.

7951. LE GLAY (A.-Edw.). Programme d'études histor. et archéol. sur le dépt du Nord. 1836, in-18.

7952. — Nouvelles conjectures sur l'emplacement du champ de bataille où César détruisit l'armée des Nerviens. 1829, in-8. — Cp. les nos 3718, 7959 et 8009.

7953. BOUTHORS. Souterrains-refuges du Nord.

Cryptes de Picardie, etc. 1838, in-8.

7954. PIÉRART (Z.-J.). Not. histor. sur... Floursies, Lemousin, St-Aubin et Dourlers, etc. 1850, in-8; 1 plan.

7955. PIGAULT DE BEAUPRÉ. Reconnaissance des voies locales existantes au ve siècle. 1859, in-8.

7956. MANNIER (E.). Études étymologiques, histor. et comparatives sur les noms des villes, bourgs et villages du Nord. 1861, in-8.

7957. VERLY (C.). Recueil d'antiq. trouvées dans le dépt du Nord, etc. 1827, in-8.

7958. SAINT-IGEST (LATOUR de). Diss. sur un vase antique. 1819, in-8.

7959. PIÉRART (Z.-J.). Excursions archéol. et histor. sur le chemin de fer de St-Quentin à Maubeuge, etc. 1862, in-8.

7960. LEFEBVRE (Ch.-A.) dit FABER. Découverte d'objets gallo-romains. 1860, in-8.

7961. COUSSEMAKER (E. de) et divers. Statistique archéol. du dépt du Nord. 1867, 2 vol. in-8.

7962. BOTTIN (Séb.). Sur qq. monts celtiques découverts dans le dépt du Nord. 1813, in-8.

7963. VITET (L.). Rapport... sur les monts... du dépt du Nord. 1831, in-8.

7964. LE GLAY (Edw.). Mém. sur quelques inscriptions histor. du dépt du Nord. 1843, in-8.

Inscriptions lat. de Bavay, etc.

Arrondissements et Cantons

7965. HOUZÉ (V.). Les voies rom. de l'arrt d'Avesnes. 1859, in-8.

7966. LEBEAU (I.). Antiq. de l'arrt d'Avesnes. 1826, in-8.

7967. CHARPENTIER. Histoire de Cambrai et du Cambrésis. 1864, 2 vol. in-4.

7968. DUPONT. Histoire ecclésiastique et civile de Cambrai et du Cambrésis. *S. d.* (1759-67), 3 vol. in-12.

7969. BRUYELLE (Ad.). Dictionnaire topograph. de l'arrondt de Cambrai. 1862, in-8.

7970. WILBERT (A.). Rapport sur l'histoire, l'état de conservation et le caractère des anciens monts de l'arrt de Cambrai. 1839, in-8.

7971. BRUYELLE (Ad.). Carte archéol. de l'arrt de Cambrai. 1863, in-8.

7972. DURIEUX (Ach.). Résumé analytique des découvertes intéressant l'archéologie et l'histoire, qui ont eu lieu dans la circonscription du sous-comité de Cambrai. 1868, in-8.

7973. BRUYELLE (Ad.). Bull. archéol. de l'arrt de Cambrai, etc. 1870, in-8.

7974. — Description de deux médailles d'or gauloises trouvées dans l'arr[t] de Cambrai. 1853, in-8.

7975. DUBOIS-DRUELLE. Douai pittoresque, ou description des mon[ts] et objets d'antiquité que renferment cette v. et son arr[t]. 1845, in-8.

7976. OULTREMAN (H. d'). Histoire de la ville et comté de Valenciennes. 1639, in-fol.

7977. DEMEUNYNCK et DEVAUX. Précis histor. et statist. des c[nes] de l'arr[t] de Valenciennes. 1832, in-8.

7978. CELLIER. Dictionnaire géograph. de la France; glossaire topograph. de l'arr[t] de Valenciennes. 1859, in-8.

7979. — Répertoire archéol. de l'arr[t] de Valenciennes. 1864, in-8.

7980. PIÉRART (Z.-J.). Rech. histor. sur Maubeuge et son canton et les c[nes] limitrophes, etc. 1851, in-4.

Ville de Lille

7981. DERODE (V.). Histoire de Lille et de la Flandre wallonne. 1848, 2 vol. in-8.

7982. VERLY (C.). Catalogue du musée archéol. et numismatique de Lille. 1860, in-8.

Localités diverses

Bavay

7983. CAYLUS (c[te] de). Remarques sur *Bagacum* ou Bavai, dans le Hainau, sur les chaussées ou voies romaines qui y conduisent, etc.

Rec. d'ant., t. II, p. 394-408; t. III, p. 435; t. IV, p. 396, 399 et 403.

7984. LAMBIEZ. Antiq, de la v. de Bavay. 1773, in-8.

7985. BAST (J. de). Description de Bavay et de Famars.

Recueil d'antiq. rom. et gaul. de la Flandre. 2e supplément, 1813, in-4.

7986. NIVELEAU. Rech. sur Bavay ancien et nouveau. 1831, in-8.

7987. DUBOIS (Aug.). Rech. sur Bavai. 1838, in-8.

7988. LEBEAU (J.). Bavai. Not. histor. sur cette v., ancienne capitale des Nerviens, etc. 1845, in-8. 2e éd. augm. par MICHAUX, 1859.

7989. QUATREMÈRE DE QUINCY. Sur une statue d'Hercule trouvée à Bavay. 1838, in-8.

7990. DERBIGNY (V.). Voyage archéol. à Bavai (1833). 1839, gr. in-8.

7991. CONTENCIN (de). Not. sur deux statuettes en bronze trouvées à Bavai, etc. 1843, in-8; 1 pl.

7992. * Découverte d'antiq. rom. à Bavai. — *Bull. de la Comm. histor. du Nord*, t. II, 1844, p. 138-139.

7993. TERNISIEN (de). Note sur qq. objets d'antiq. trouvés à Bavay. 1844, in-8.

7994. * Pierres sigillaires de Bavay et de Famars. Extrait d'une correspondance entre M. CARLIER, curé de Bavay, et M. BOTTIN, membre résident de la Société royale des Antiquaires de France. — *Mém. de cette Soc.* t. II, 1820, p. 449.

7995. DUTHILLOEUL (H.-R.-J.). Lettre à M. Edw. Le Glay. 1844, in-8.

Inscriptions de Bavai. Cp. le n° 7964.

7996. SCHAYES (A.-C.-B.). Mém. sur le Castellum Morinorum [Cassel]. 1835, in-8.

7997. VÉNEM. Rapp. sur les fouilles de *Cassel*. 1845, in-8.

Monnaies rom., etc.

7998. ROTH (C.). Découverte d'une monnaie d'or gauloise à *Crèvecœur*. 1865, in-8.

7999. DUTILLOEUL (H.-R.-J.). Bibliographie douaisienne, etc. 1re éd., 1835, in-8; 2e éd., 1842, gr. in-8.

8000. CAHIER (A.). Coup d'œil sur quelques parties du musée de Douai. 1854, in-8; 7 pl.

8001. DESJARDINS (Ernest). Note sur qq. inscriptions latines du musée de *Douai*. 1869, in-8.

8002. DERODE (V.). Histoire de *Dunkerque*. 1852, gr. in-8; 20 pl., 1 plan.

8003. BRUYELLE (A.). Rapp. sur les fouilles opérées au village d'*Esnes*. 1843, in-8; pl.

Tombeaux gallo-romains.

8004. LEBEAU (A.). Lettre sur l'emplacement de Duronum [à *Etrœungt*]. Milliaire romain, etc. 1870, in-8.

8005. BRUYELLE (A.). Découverte de

haches celtiques en silex, à *Fontaine-au-Pire*. 1865, in-8.

8006. * Fouilles faites à *Famars*. Leurs résultats. — *Mém. de la Soc. d'agr., etc. de Douai*, t. II, 1827-28, p. 60-61.

Voir aussi le n° 7985.

8007. LEBEAU (A.). Lettre sur la découverte d'un milliaire rom. et de sépultures gallo-rom. à Godin, c^ne de *Haut-Lieu*. 1870, in-8.

8008. ROBERT (Ch.). Description d'une monnaie gauloise trouvée à *Lewarde*. 1864, in-8; 1 pl.

8009. LEBEAU (I.). *Pont-sur-Sambre*. — Not. histor. sur cette c^ne et sur la célèbre bataille de César contre les Nerviens. 1859, in-8. — Cp. le n° 7952.

8010. MONNIER (A.). Quelques mots sur l'histoire de *Roubaix*, de l'an 300 à 1854. 1854, in-8.

8011. BOTTIN (Séb.). Not. sur les antiq. trouvées à l'établissement des eaux... de St-*Amand*. 1817, in-8.

8012. LE BOUCQ (S.). Bref recueil des antiq. de *Valentienne*, etc. 1619, in-8. — Nouv. éd. 1859, in-8.

8013. DESMAZURES (J.). César à *Valenciennes*. 1864, in-8.

8014. COUSIN (L.). Notice sur une découverte de médailles à *Vormhout*. 1857, in-8.

OISE

Articles sur le département

8015. CAMBRY (J.). Description du dép^t de l'Oise. 1803, 2 vol. in-8 et atlas.

8016. GRAVES, etc. Annuaire statistique et administratif du dép^t de l'Oise et du diocèse de Beauvais, etc. (depuis 1826). In-8.

Nombreuses notices historiques et archéologiques.

8017. LOISEL (A.). Mémoire des pays, ville, comté et évêché de Beauvais. 1617, in-8.

8018. HERMANT (Godefroid). [*Ms.*] Histoire ecclés. et civile de Beauvais [avant 1691].

8019. GRAVES. Not. histor. et archéol. du dép^t de l'Oise. 1836, in-8.

8020. LOUVET (P.). Nomenclatura rerum eccles. diœcesis Bellovacensis. 1618, in-8.

8021. DELETTRE (l'a.). Histoire du diocèse de Beauvais depuis son établissement au IIIe siècle, etc. 1841-43, 3 vol. in-8.

8022. TREMBLAY (V.). Dictionnaire topograph., statist., histor... des v., bourgs et c^nes de l'Oise. 1846, in-8.

8023. BADIN ET QUANTIN. Géographie départementale, etc. Oise. 1848, in-12.

8024. CAYROL (de). Obs. sur les positions occupées successivement par l'armée que commandait César depuis Durocortorum jusqu'à Bratuspantium, pendant sa campagne contre les Belges. 1847, gr. in-8.

8025. GRAVES. Essai sur les voies rom. du dép^t de l'Oise. 1840, in-8.

8026. — Inventaire archéol. du dép^t de l'Oise. 1839, in-8.

8027. WOILLEZ (Emm.). Répertoire archéol. du dép^t de l'Oise. (Collection des répertoires archéol.) 1862, in-4.

8028. LANCE (A.). Rapport sur l'atlas [ms.] des antiquités celtiques et gallo-rom... du dép^t de l'Oise, par Emm. WOILLEZ. 1868, in-8.

Voir aussi le c^te de CAYLUS, *Recueil d'antiquités*, chap. CXI, p. 80-93 et p. 236.

8029. VITET (L.). Rapport... sur les mon^ts de l'Oise. 1831, in-8.

8030. BOUTHORS. Souterrains-refuges de l'Oise.

Cryptes de Picardie, etc. 1838, in-8.

Arrondissements et Cantons

8031. GRAVES. Précis historique sur le canton de Crèvecœur. 1835 à 1843, in-8.

8032. TOURNAL (P.). Villes gallo-romaines et franques des forêts de Compiègne et d'Euvy. 1869, in-8.

8033. MAZIÈRE (L.). Rech. histor. sur le canton de Ribécourt. 1863, in-8.

Ville de Beauvais

8034. DUPONT-WHITE. Les antiquaires de Beauvais. 1847, gr. in-8.

8035. LOUVET (P.). Histoire de la v. et cité de Beauvais, etc. 1609, in-0; — 1614, in-8; — 1831-35, 2 vol. p. in-8.

8036. BRETON (E.). Not. histor. et critique sur la v. de Beauvais. 1841, in-8.

8037. DANIEL (Dr). Notice sur l'ancienne cité de Beauvais. In-8.

8038. * Lettre sur un chemin des environs de Beauvais, appelé Chaussée de Brunehaut. *Mercure*, 1749, mai, p. 83-91.

« Bergier, dans son Histoire des grands chemins, liv. I, chap. XXVI et XXVII, traite des opinions fabuleuses et incertaines qui ont donné le nom de Brunehaut aux anciens chemins romains, en Flandre et en Picardie. Peut-être ce nom vient-il d'un mot allemand qui signifie *ferme*, comme l'ont avancé qq. écrivains modernes. — Voyez le *Recueil de divers écrits*, etc., par M. l'abbé Lebeuf, t. I, p. 125. » *Biblioth. histor.*, t. I, n° 90.) — Cp. ci-dessus les nos 1222 et 1223.

8039. MATHON fils. Notes descriptives sur quelques vases du musée de Beauvais. 1860, in-8.

8040. BOUCHARD. Note sur un petit instrument pour les sacrifices, trouvé à Beauvais. 1861, in-8.

8041. GALLAND (Ant.). Lettre sur la statue d'un Mercure barbu, trouvée près de Beauvais (écrite vers 1695). 1847, gr. in-8. — Cp. le n° 583 *a*.

8042. BARRAUD (l'a. P.). Beauvais et ses monts pendant l'ère gallo-rom., etc. 1861, in-8; 1 plan.

8043. TREMBLAY (V.). Beauvais et ses monuments, etc. 1869, in-18.

8044. MATHON fils. Sépultures gallo-rom. découv. à Beauvais. 1856, in-8.

8045. — Épingle à cheveux, etc. 1856, in-8.

8046. — Sarcophage en plomb et bas-relief en ivoire découverts à Beauvais. 1858, in-8.

8047. WOILLEMIER (Dr). Essai sur les monnaies de Beauvais, depuis la période gauloise, etc. 1858, in-8.

Localités diverses

8048. BARRAUD (l'a. P.). Tombeau gaulois découvert dans la cne d'*Abbecour*. 1847, in-8.

8049. BAUDON. Note sur un cimetière franc découvert à *Angy*, etc., 1870. — 2e mém., 1870; 10 planches.

8050. LAPRAIRIE (de). Note sur 8 médailles gauloises trouvées à *Attichy*. 1849, in-8.

8051. LEDICTE-DUFLOS. Not. sur le mont de *Catenoy*, dit le camp de César. 1851, in-8; pl.

8052. LÉPINOIS (L. de). Note sur le *Camp de César* de Catenoy. 1857, in-8.

Champlieu

8053. CARLIER (l'a. Cl.). Remarques sur l'origine, la forme et la direction de la Chaussée Brunehaut, dans le Valois, avec la description d'un camp romain, situé dans la plaine de Champlieu.

Histoire du duché de Valois, 1764, in-4, t. I, p. 13, 14, 34 et suiv., et t. III, p. 371.

8054. HERVILLIERS (Ed. CAILLETTE de l'). Fouilles de Champlieu. 1850, in-8.

8055. * Note sur des fouilles exécutées par la Société française [d'archéologie] à Champlieu, à 16 kil. de Compiègne. — *Bull. monumental*, t. XVI, 1850, p. 305.

8056. * Découverte d'antiquités romaines à Champlieu. — *Rev. archéol.*, t. VII, 1850, p. 251.

8057. THIOLLET. Note sur des fouilles exécutées par la Société française à Champlieu, etc. 1851, in-8.

8058. HERVILLIERS (E. CAILLETTE de l'). Première étude sur les antiquités de Champlieu. 1851, in-8.

8059. SAULCY (F. de). Champlieu. 1857, in-8.

8060. HERVILLIERS (E. CAILLETTE de l'). Champlieu. Lettre au rédacteur du *Progrès de l'Oise*. 1858, in-8.

8061. LAPRAIRIE (de). Excursion faite aux ruines de Champlieu. 1858, in-8.

8062. SAULCY (F. de). Antiquités de Champlieu. 1859, in-8.

8063. LECOT (T.). Un mot sur la discussion relative aux antiq. de Champlieu. 1859, in-8.

8064. VIOLLET-LE-DUC. Ruines de Champlieu. 1860, in-8.

Cp. le n° 8074.

8065. MARCHAL, de Lunéville. Les ruines romaines de Champlieu (Campi locus) près de Pierrefonds. 1868, in-8 ; 4 pl.

8066. MATHON fils. Champlieu. 1860, in-8.

8067. BOULANGÉ (l'a.) et le dr PEIGNÉ-DELACOURT. Fouilles de Champlieu ; notes. 1862, in-8.

8068. MERLETTE et HAUVION. Les ruines gallo-rom. de Champlieu. 1864, in-8.

8069. HERVILLIERS (E. CAILLETTE de l'). Le théâtre de Champlieu. 1858, in-8 ; 1 pl.

8070. PEIGNÉ-DELACOURT. Ruines du théâtre de Champlieu (Oise). 1858.

8071. — Le théâtre de Champlieu. 1858, in-8. — Supplément ; pl.

8072. CAUMONT (A. de). Le théâtre de Champlieu est-il romain ? 1860, in-8.

8073. BARRAUD (l'a. P.). Opinion de M. de Caumont sur le théâtre de Champlieu. 1860, in-8.

8074. LAPRAIRIE (de). Réponse à M. Viollet-le-Duc à propos de Champlieu. 1860, in-8. Cp. le no 8064.

8075. PEIGNÉ-DELACOURT. Un dernier mot sur le théâtre de Champlieu. 1862, in-8.

8076. — L'hypocauste de Champlieu, etc. 1867, in-8.

8077. LAPRAIRIE (de). Excursion dans la forêt de *Compiègne*. 1863, in-8.

8078. * Objets trouvés dans la Seine. — Couteaux en silex, lances en bronze, hache en silex. — Lacrymatoire. — Vases. — Fouilles dans la forêt de *Compiègne*. — *Revue archéol.* 2e série, t. II, 1860, p. 129.

8079. * Camp romain près de *Compiègne*. — *Rev. archéol.*, t. VII, 1850, p. 241.

8080. LEFEBVRE (l'a.). Ossuaire gaulois trouvé à *Courtieux*. 1847, in-8.

8081. COLSON (dr A.). Not. sur une découverte de monnaies romaines faite à *Crisolles*, près Noyon. 1841, in-8.

8082. LIFONNOIS. Le camp des Bellovaques à *Gouvieux*. 1865, in-8.

8083. * Monnaies rom. trouvées à *Gouvieux*. — *Bull. de la Comm. archéol. du diocèse de Beauvais*, t. I. 1846, p. 130-132.

8084. * Découverte de [8 ou 9 mille] médailles rom. à *Grandrú*, en 1846. — *M. Rec.*, t. II, 1847, p. 66-68.

8085. PASSY. Note sur un tombeau gaulois découvert à *Hérouval*. 1839, in-8.

8086. BARRAUD (l'a. P.). Dolmen de Trie et tombeau gaulois découvert à *Hérouval*, hameau de [la cne de] Montjavoult. 1846, in-8.

8087. BROCA (dr P.). Sur les fouilles du *Mont-Berny*... Sur les fouilles de Chamant... 1863, in-8.

8088. LONGPÉRIER (A. de). Monnaies de plomb de Mediolanum trouvées au *Mont-Berny*. 1866, in-8.

Voir aussi le no 2573 *a*.

8089. COURTILS DE MERLEMONT (cte A. des). Mém. sur une voie ancienne allant par... le terroir de *Montreuil-sur-Thère* du gué de Bailleul-sur-Thérain aux larris de Hez. 1851, gr. in-8 ; 1 plan.

8090. BARBIÉ DU BOCAGE. Description d'une grotte antique, située dans la cne de *Nogent-les-Vierges*, etc. 1821, in-8.

8091. * Recueil des antiq. bellovaques conservées dans le cabinet de M. Houbigant, suivi de la description d'une grotte sépulcrale découverte à *Nogent-les-Vierges*, et de celle d'une ceinture d'or d'origine gauloise. *Beauvais*, 1860, in-8.

8092. HOUBIGANT. Descript. des objets d'antiq. locales celtiques, gallo-romaines et mérovingiennes renfermées dans le cabinet de M. Houbigant, de *Nogent-les-Vierges*. 1860, in-8.

8093. BARRAUD (l'a. P.). Grotte sépulcrale à *Nogent-la-Vierge*. 1847, in-8.

8094. FORTE-MAISON (C.-A. MOET de la). * Antiquités de Noyon... etc. 1845, in-8.

8095. VUAFFLART (l'a.). Quelques mots sur Noviodunum. 1870, in-8.

8096. CAYROL (de). Conjectures sur une habitation qui était située au midi de la vallée de *Pierrefonds*, etc. 1846, in-8.

8097. X***. Lettre de M. de Caumont sur le château de *Pierrefonds* et les explorations gallo-romaines de la forêt de Compiègne. 1864, in-8.

8098. BOREL, DANSE et BUQUET. [*Ms.*] Diss. où l'on essaye de prouver que Litanobriga de l'itinéraire d'Antonin n'est autre que *Pont-Sainte-Maxence*. Cp. les n°s 2884 et 2885.

8099. CALLAND (V.). Une station de l'âge de bronze dans la vallée de l'Aisne [notamment à *Rethoudes*, Oise]. 1869, in-8.

Senlis

8100. BROISSE (J.-F.). Recherches hist. sur la v. de Senlis. 1835, in-8.

8101. CAIX DE St-AMOUR (A. de). Mém. sur l'origine de la v. et du nom de Senlis. 1863, in-8.

8102. CAUDEL (l'a.). Continuation de la chaussée Brunehaut depuis Senlis jusqu'à Toutevoie. 1868, in-8.

8103. — Voie romaine de Senlis à Meaux. 1870, in-8. — Chemins de Senlis à Beauvais, par Creil. 1870, in-8.

8104. MAGNE (l'a.). Note sur la découverte des Arènes de Senlis. 1866, in-8.

8105. BLOND. Fouilles des Arènes de Senlis. 1865, 1868, in-8; pl.

8106. LEGOIX (l'a.). Les Arènes de Senlis au 31 décembre 1867. 1868, in-8.

8107. VATIN (C.). Not. sur les Arènes de Senlis découvertes en 1865. 1870, in-8.

8108. BARRAUD (l'a. P.). Grotte sépulcrale de l'ère celtique à *Séry*. 1847, in-8.

8109. MATHON fils. Sépultures gallo-rom. trouvées à *Tourly*. 1860, in-8.

8110. COQUEBERT (Ch.). Mém. sur un mon^{t} du culte des druides observé près de *Trie* et sur un usage superstitieux, etc. 1799, in-8.

8111. BARRAUD (l'a. P.). Ossuaire gaulois de *Troissereux*. 1846, in-8.

8112. SERRES (Marcel de). Paléontologie humaine. 1853, in-4.

Squelette gaulois à *Villers-St-Sépulcre*.

8113. * Découverte de médailles [rom.] dans la c^{ne} de *Villeselve*. — *Bull. de la Comm. archéol. du diocèse de Beauvais*, t. II, 1847, p. 193.

Plusieurs têtes de Tétricus père et fils.

8114. BARRAUD (l'a. P.). Pierres celtiques de Rhuys, de *Villetertre*, de Tramilly et de Rouville. 1846, in-8.

ORNE

Articles sur le département

8115. MAGDELEINE (de la). Statistique de l'Orne. 1802, in-8.

8116. * Annuaire statistique, historique et administratif du département de l'Orne (depuis 1808). In-12.

Articles d'histoire par L. Dubois, etc.

8117. ODOLANT-DESNOS (P.-J.). Description du dép^{t} de l'Orne, etc. 1834, in-8.

8118. SICOTIÈRE (L. Duchesne de la) et divers. Le dép^{t} de l'Orne archéol. et pittoresque. 1845 (1851), in-fol. fig.

8119. JOUSSET (D^{r}). Les silex taillés primitifs (dans le dép^{t} de l'Orne). 1868, in-8.

8120. COLLEVILLE (St. de). Not. sur quelques antiq. rom. de l'arr^{t} d'Argentan. 1838, in-8.

8121. GALERON (F.). Not. sur les principaux mon^{ts} druidiques du dép^{t} de l'Orne. 1830, in-8.

Arrondissements et Cantons

8122. GALERON (F.). Rapport sur les mon^{ts} histor. de l'arrond^{t} d'Argentan. 1835, in-8.

8123. CAILLEBOTTE jeune. * Essai sur l'histoire et les antiq. de la v. et arr^{t} de Domfront. 1816, in-18. — 2e éd. 1827, in-18.

8124. VAUGEOIS (J.-F.-G.). Coup d'œil sur quelques-unes des voies rom. qui traversent l'arr^{t} de Mortagne. 1830, in-8.

8125. SICOTIÈRE (L. de la). Note sur les antiq. celt. et gallo-rom. des cons E. et O. d'Alençon. 1843, in-8.

8126. LEFAVERAIS (H.). Histoire des cnes du canton de Messey depuis les temps les plus anciens. 1867, in-8.

Ville d'Alençon

8127. ODOLANT-DESNOS (P.-J.). Mémoires historiques sur la ville d'Alençon, etc. 1850, in-8.

8128. SICOTIÈRE (L. de la). Archéologie. 1862, in-8.

Celta trouvé près d'Alençon.

Localités diverses

8129. CAUMONT (A. de). Note sur les constructions rom. découvertes à *Arcisse*, cne de Mauves. 1833, in-8.

8130. CHRÉTIEN (L.-F. de Joué du Plain). Essai sur l'histoire et les antiq. d'*Argentan*. 1834, in-12.

8131. GERMAIN (J.-A.). Histoire d'*Argentan* et de ses environs. 1843-45, 2 parties en 1 vol. in-8.

8132. CAYLUS (Cte de). Remarques sur les Essui de César et les Itessui de Pline ; — sur deux anciens camps romains près de la v. d'*Argentan*.

Rec. d'antiq., t. IV, p. 381 et suiv.

Bellême

8133. DUBOIS (L.). Description de la fontaine de la Herse près Bellesme. 1809, in-8.

8134. JOUSSET (dr). Bellême ; âge antéhistorique. 1868, in-8.

8135. — Bellême sous l'eau avant la création de l'homme. 1869, in-8.

8136. — Bellême ; haches celtiques. 1867, in-8.

8137. BOYER DE SAINTE-SUZANNE. Note sur les camps rom. de la forêt de Bellesme. 1859, in-8.

8138. BAUDELOT. Sur deux inscriptions antiques trouvées dans la forêt de Belesme. 1717, in-4.

8139. COLLEVILLE (S. de). Note sur une monnaie gauloise trouvée à *Champaubert*. 1841, in-4.

8140. GRANGE (Mis Ed. de la). Notice sur les antiq. rom. découv. en 1834, à *Chandai*. 1834, in-8.

Coulonches.

Voir le no 6906.

8141. JOUSSET (dr). Le *Crochemalier*, camp celtique. 1867, in-8.

8142. CAILLEBOTTE. *Domfront*, essai sur son histoire et ses antiquités. 1807, in-8.

8143. CAUMONT (A. de). Note sur le dolmen de *Fontaine-les-Basset*. 1833, in-8.

8144. VAUGEOIS (J.-F.-G.). Histoire des antiq. de la v. de l'*Aigle* et de ses environs, etc. (Posthume.) 1843, in-8.

8145. SAINT-VINCENT (PATU DE). Histoire de *Mortagne*. S. d., in-8.

8146. COLLEVILLE (A. de). Lettre sur des antiq. rom. trouvées à *Planches*. 1841, in-4.

8147. SICOTIÈRE (L. de la). Not. sur le menhir dit la Pierre de la Demoiselle, cne de *Segrie-Fontaine*.

Le Département de l'Orne archéologique. 1851, in-fol., p. 272 et suiv.

8148. JOUSSET (dr). Découverte d'une villa rom. à *Saint-Ouen de la Cour*, près Bellême. 1867, in-8.

8149. P***. (l'a.). *Saint-Ceneri-le-Géré...* 1865, in-12.

PAS-DE-CALAIS

Articles sur le département

8150. PEUCHET et CHANLAIRE. Statistique du dépt du Pas-de-Calais. 1810, in-4.

8151. HARBAVILLE. Mémorial histor. et archéol. du Pas-de-Calais. 1842, 2 vol. in-8.

8152. * Le Puits artésien, revue historique publiée à St-Pol. 1836-1842, 6 vol. in-8.

8153. * Congrès scientifique, XXe session,

tenue à Arras en 1853. *Arras*, 1854, 2 vol. in-8.

8154. PARENTY (l'a.). Note sur Carausius. 1853, in-8.

8155. GUÉRARD (B.-E.-Ch.). Cartulaire de l'abbaye de St-Bertin. 1840, in-4. — Appendice par Fr. MORAND. 1867.

8156. BOUTHORS. Souterrains-refuges du Pas-de-Calais.

Cryptes de Picardie, etc. 1838, in-8.

8157. BELPAIRE. Mém. sur les changements que la côte d'Anvers à Boulogne a subis depuis la conquête de César, etc. 1827, in-4.

8158. LONGNON (A.). Études sur 3 pagi de la Gaule. 1869, in-8.

... Boulonnois et Ternois, pagus Bononiensis et pagus Taruanensis.

8159. HAIGNERÉ. Mém. sur les voies rom. (dans le Pas-de-Calais). 1840, in-8.

8160. HARBAVILLE. Voies rom. rayonnant autour d'Arras. 1854, in-8.

8161. TERNINCK (A.). Les voies gauloises [dans le Pas-de-Calais]. 1868, gr. in-8; 1 carte.

8162. * Souvenirs historiques et pittoresques du dép^{t} du Pas-de-Calais. *Boulogne*, *Hesse*, et *Paris*, *Lenglumé*. 1827, gr. in-4; pl.

Publication interrompue à la 5e livraison (1830).

8163. TERNINCK (A.). Quelques notes archéol. [sur le dép^{t} du P.-de-C.]. 1841, in-8.

8164. VITET (L.). Rapport... sur les mon^{ts} du dép^{t} du Pas-de-Calais. 1831, in-8.

8165. * Statistique monumentale du Pas-de-Calais, publiée par la Comm. des antiq. départementales du Pas-de-Calais, dessins par GAUCHEREL et Alfr. ROBAULT. *Arras*, *Topino*; *Paris*, *Didron*. 1er vol., 1858-1867 (4 vol. depuis 1870).

8166. TERNINCK (A.). Ateliers de céramique gallo-romains. 1868, gr. in-8.

8167. — Divers articles sur les castra, les sépultures... des époques celtiques et rom. [dans le Pas-de-Calais]. 1849, etc., gr. in-8.

8168. DANCOISNE. Monnaies. Comius, roi des Atrébates. 1853, gr. in-8. — Cp. le n° 3135.

Arrondissements et Cantons

8169. PARENTY (l'a.). Rapport sur les excursions archéol. dans l'arr^{t} d'Arras. 1845, in-8.

8170. HENRY (J.-F.). Essai histor., topogr., statistiq. sur l'arr^{t} communal de Boulogne-s.-Mer. 1810, in-4; 9 pl.

8171. COUSIN (L.). Excursions et fouilles archéol. faites en 1868 dans l'arr^{t} de Boulogne-sur-Mer. 1868, in-8.

8172. COURTOIS (A.). Dictionnaire géograph. de l'arr^{t} de St-Omer, etc. 1869, in-8.

Ville d'Arras

8173. * Chroniques de la v. d'Arras depuis J. César. 1765, in-4.

8174. HARDUIN. Mém. pour servir à l'histoire de la v. d'Arras. 1744, in-8.

8175. BÉHIN. Not. sur l'origine et l'antiquité de la v. d'Arras. 1818, in-8.

8176. BINOT. Diss. sur l'antiquité de la v. d'Arras. 1748, in-8.

8177. CAMP. [*Ms.*] Étymologie du mot Nemetocenna, ancien nom de la v. d'Arras. 1754.

8178. HARBAVILLE. Lettre... sur les restes d'un camp rom... près d'Arras. 1823, in-8. — Cp. le n° 8217.

Localités diverses

8179. MAUTOUR (MOREAU de). Diss. sur une figure de bronze trouvée [près d'*Ablainzevelle*], etc. 1706, in-8.

8180. COUSIN (L.). Rapport sur des fouilles faites en septembre 1863 à *Audembert* et Hervelinghen. 1863, in-8.

8181. LEDRU (P.). Note sur les objets découverts... dans le cimetière gallo-rom. d'*Avesnes-le-Comte*, etc. 1862, gr. in-8.

8182. — Fouilles archéologiques d'*Avesnes-le-Comte*. 1866, in-8.

8183. — Cimetière gallo-rom. d'*Avesnes-le-Comte*. 1865, gr. in-8.

8184. * Fouilles de *Beaumarais*. — *Journal de Calais*, 11 oct. 1843.

Antiquités gallo-rom.

8185. PAGART (Ch.). Not. sur un mon^{t}

funèbre découv. en 1839 à *Blendecques*. 1841, gr. in-8.

Voir aussi *Bull. de la Comm. des antiq. dép. du Pas-de-Calais*, t. I, 1859, p. 409.

8186. FONTENU (l'a. de). Camp de Pétigny sur la Somme [cne de *Bomy*]. 1736, in-4.

Boulogne-sur-Mer

8187. BAZINGHEN (Abot de), bon Wattier Édr. Rech. histor. concernant la v. de Boulogne-sur-Mer et l'ancien comté de ce nom. 1822, in-8.

8188. BARTHELEMY. History of Boulogne-sur-Mer, from Julius Cæsar to the year 1825. In-12.

8189. MILLINGEN (J.-G.). Sketches of ancient and modern Boulogne, containing a view of ancient Gaul and of druidic worship. 1827, in-8; fig.

8190. BERTRAND (P.-J.-B.). Précis de l'histoire... de la v. de Boulogne-sur-Mer et de ses environs, etc. 1828-1829, 2 vol. in-8.

8191. MORAND (Fr.) L'Année historique de Boulogne-sur Mer. 1859, in-12.

8192. BÉNARD (L.). et HAUTEFEUILLE (A. d'). Histoire de Boulogne-sur-Mer. 1860, 2 vol. in-12.

8193. LESUEUR (G.). [*Ms.*] Histoire de Boulogne. 1863.

8194. VELINGHEN (Scatté de). [*Ms.*] Histoire de Boulogne (sur mer). 1863.

8195. GRISET (H.). De la véritable étymologie du mot Boulogne, etc. 1835, in-8.

8196. MARIETTE (A.). Lettre à M. Bouillet sur l'article « Boulogne » de son « Dictionnaire d'histoire et de géographie, etc. 1847, in-8.

Anciens noms de Boulogne.

8197. COUSIN (L.). Not. sur des tombeaux découverts en 1839, au Châtillon (Boulogne-sur-Mer.) 1840, in-8.

8198. MONTFAUCON (B. de). Diss. sur le phare d'Alexandrie, sur les autres phares... et particulièrement sur celui de Boulogne-sur-Mer. 1729, in-4.

Monument dit : « la Tour d'Ordre. »

8199. EGGER (E.). Notice sur la Tour d'Ordre à Boulogne-sur-Mer. 1863, in-8.

8200. CAUMONT (A. de). Le Castrum gallo-rom. de Boulogne [sur mer]. 1862, in-8.

8201. HAIGNERÉ (l'a.). et SAUVAGE (E.). Note sur une sépulture à l'âge la pierre polie, découverte aux environs de Boulogne-sur-Mer. 1868, in-8.

8202. MARMIN (Al.). Diss. sur divers fragments de lances de bronze avec bas-reliefs, trouvés dans les fouilles faites à *Bréquerec*, près de Boulogne-sur-Mer, etc., etc. 1828, in-8.

Calais

8203. BERNARD (P.). Annales de Calais. 1710, in-4.

8204. LEFEBVRE (l'a.). Histoire... de la v. de Calais et du Calaisis, etc. 1766, 2 vol. in-4.

8205. PIGAULT DE LÉPINOY. Histoire des Morins, ou diss. préliminaire à l'histoire de Calais, etc. In-8.

8206. MOREL-DISQUE. Diss. sur le pas de Calais. 1851, in-8.

8207. PARENTY (A.), éditeur. Antiquités de Callais. 1858, in-8.

8208. PAGART (Ch.). Note sur une statuette antique découverte à Calais en 1839. 1841, in-8.

L'auteur est d'avis que c'est un « Hercules Ogmius ». Cp. le no 572.

8209. HÉRICOURT (cte A. d'). Rapp. sur les tombeaux découv. à *Camblain-Châtelain*. 1853, gr. in-8.

8210. WICQUET D'ORDRE (A.-M. Guillain du). Notice historique sur la ville de Suresnes, de Vernia, aujourd'hui *Desvres*. 1811, in-12.

8211. CAYLUS (cte de). Sur un chemin des Romains [situé dans les marais de l'*Écluze*, etc.]. 1857, in-4; 1 carte.

8212. TERNINCK (A.). Rech. sur les souterrains d'*Ervillers*. 1836, in-8; 1 plan.

8213. PROYART. Rapport sur diverses antiq. découv. à *Ervillers*. 1870, in-8.

8214. MARGUET. Rapp. sur les fouilles faites en 1841 à *Étaples*. 1845, in-8.

Sur les fouilles de 1842, voir le no 2910.

8215. SOUQUET (G.). Rapp. sur des fouilles faites au château d'*Étaples*. 1865, gr. in-8.

Antiq. gallo-rom.

8216. PIGAULT DE BEAUPRÉ. Not. sur un tumulus gallo-rom..à *Étaples*. 1851, in-8.

Voir aussi, dans la série des questions topographiques, la section QUENTOVIC.

8217. TERNINCK (A.). Étude sur le camp d'*Étrun* [près d'Arras]. 1865, gr. in-8.

8218. DANCOISNE. Rapp. sur une trouvaille de 9000 petits bronzes rom. faite à *Ficheux*. 1854, gr. in-8.

8219. MONDELOT (S.). Le vieil et le nouvel *Hesdin*, ou histoire de ces deux villes. 1823, in-8.

8220. LION (J.). *Vieil-Hesdin*. 1857, in-12. — 2e édition, 1869.

8221. DANVIN (dr B.). Vicissitudes... du *Vieil-Hesdin*. 1866, in-8.

8222. DARD (bon). Herdinium, Hesdinum, Hesdinium Castrum, etc. 1870, in-8.

Voir, dans la série des Questions topographiques, la section VICUS HELENA.

8223. H*** (B.). Étymologie du nom de *Landrethun*. 1818, in-8.

8224. HENRY (J.-F.). Notice sur un Mallus ou sanctuaire druidique, au territoire de Freques, près *Landrethun*. 1818, in-8.

8225. LECESNE (P.). Cimetière ancien découv. à *Marœuil*. 1869, gr. in-8.

8226. TERNINCK (A.). Rapp. sur les tombeaux de *Méricourt*. 1849, gr. in-8.

8227. DANCOISNE. Découverte de tombeaux rom. à *Noyelle-Godault*. 1868, gr. in-8; 2 pl.

8228. — Tombeaux gallo-rom. découv. à *Oisy-le-Verger*. 1859, gr. in-8.

8229. COURTOIS (A.). Note sur *Osterwic*, le Portus superior, etc. 1860, in-8.

8230. VAIDY. Lettre sur les antiq. et les traditions de *Questréque* et de *Samer*. 1810, in-8.

8231. HÉRICOURT (cte A. d'). Vases gallo-rom. trouvés à *Souchez*. 1865, gr. in-8.

8232. DERHEIMS (J.), alias DE RHEIMS. Histoire... de la v. de *St-Omer*... depuis son origine. 1844, in-8.

8233. DESCHAMPS DE PAS (L.). Rapport sur une découverte d'objets gaulois et gallo-romains, dans les jardins du faubourg de Lyzel, près de *St-Omer*. 1850, in-8; 1 pl.

8234. LINAS (Ch. de). Les ornements de bronze conservés au musée de St-Omer. 1868, in-8.

Consulter la *Bibliographie histor. de St-Omer* [et de sa banlieue] par le baron DARD. *Arras*, 1880, in-8.

8235. SAUVAGE (G.-E.). Histoire de *St-Pol*. 1834, in-8.

8236. PIERS (H.) Histoire de la v. de *Thérouanne* et not. histor. sur Fauquembergues et Renti. 1833, in-8.

8237. GODMOND (Ch.). Memoir of *Therouanne* in Gaule. 1836, in-8.

8238. LEGRAND (A.). Rech. histor. sur l'origine de *Thérouanne*, etc. 1841, in-8.

8239. HERMANT (A.). Description de cinq figurines antiques trouvées à *Thérouanne*. 1836, in-8; 2 pl.

8240. QUENSON. Lettre sur des ossements trouvés à *Vaudringhem*. 1850, in-8.

8241. LAPLANE (H. de). Un mot sur les fouilles faites à *Vaudringhem* en 1853. 1854, in-8.

8242. TERNINCK (A.). Instruments de l'époque quaternaire [à *Vaudricourt*, etc]. 1868, in-8.

PUY-DE-DOME

Articles sur le département

8243. GONOD (B.). Statistique du départ. du Puy-de-Dôme. 1834, in-8.

8244. — * Catalogue des divers ouvrages, mémoires, cartes ou dessins relatifs à l'Auvergne. 1849, in-8.

Consulter aussi le catalogue des livres imprimés et mss. de la bibliothèque de Clermont-Ferrand. Clermont, 1878, in-8. 1re partie: Imprimés relatifs à l'Auvergne.

8245. RAMOND. Tableau des distances en myriamètres et kilomètres, de chaque commune... du Puy-de-Dôme aux chefs-lieux judiciaires du canton, de l'arrt et du dépt. 1812, in-12 et in-4.

8246. NEULAT (P.). Géographie du Puy-de-Dôme, etc. 1846, in-8.

8247. BOUILLET (J.-B.). Dictionnaire des lieux habités... du Puy-de-Dôme. 1854, in-8.

8248. MISSOUX (dr). Note sur une voie romaine. 1833, in-8.

8249. MATHIEU (P.-P.). Observations sur la note de M. Missoux, etc. 1834, in-8.

8250. RABANI-BEAUREGARD (A.). et GAULT. Tableau de la ci-devant province d'Auvergne, avec l'explication des monts et antiq. du dépt du Puy-de-Dôme. 1802, in-8.

8251. LACOSTE (l'a.). Observations sur les travaux qui doivent être faits pour la rech. des objets d'antiq. dans le dépt du Puy-de-Dôme. 1824, in-8.

8252. MATHIEU (P.-P.). Statue rom. découverte en 1833, avec une tête de Mercure. 1836, in-8.

8253. BOUILLET (J.-B.). Rapport sur les monts du Puy-de-Dôme. 1838, in-8.

8254. THÉVENOT. Rapport sur les monts histor. du Puy-de-Dôme. 1841, in-8.

Pour mémoire. — Ces monuments sont tous postérieurs au ve siècle.

8255. BOUILLET (J.-B.). Statistique monumentale du dépt du Puy-de-Dôme. 2e éd., 1846, in-8 et atlas de 34 pl.

1re éd. dans les *Tablettes hist. de l'Auvergne*.

8256. GRANGE. Mélanges archéol. 1857, in-8; planches.

8257. VANNAIRE (dr). Souvenirs archéologiques. 1869, in-8.

Champcereix, la Chapelle St-Domp, la Motte-d'Ennezat.

8258. MATHIEU (P.-P.). Anciens monuments découverts dans les cnes de Villosanges, Biollet et Verghcas. 1847, in-8.

8259. — Temple de Mercure découvert au pied du Puy de Dôme. 1866, in-8.

8260. CREULY (gal). Quatre inscriptions funéraires de l'époque mérovingienne inédites [trouvées dans le dépt du Puy-de-Dôme]. 1862, in-8.

8261. BREYER (R.) Lettres de Saint-Loup, évêque de Troyes, et de saint Sidoine, évêque de Clermont... 1706, in-12.

Arrondissements et Cantons

Pour mémoire.

Ville de Clermont-Ferrand

8262. VILLEVAUT (J.). Les antiq. de Clermont.

Description du siège de Gergovie, par César. Paris, 1589, in-8.

8263. SAVARON (J.), sieur de VILLARS. Les Origines de Clairmont, ville capitale d'Auvergne. 1609, in-8.

8264. — P. DURAND, éditeur. Les origines de la ville de Clairmont, par feu M. le président Savaron, augmentées des remarques, notes et recherches curieuses, etc. 1662, in-fol.

8265. SAINT-VICTOR (BOMPART de). [*Ms.*] Diss. sur les anciens noms de la v. de Clermont. 1749.

8266. TARDIEU (Ambr.). Histoire de la v. de Clermont-Ferrand. 1870, 2 vol. in-4.

8267. DUFRAISSE DE VERNINES. [*Ms.*] Diss. sur l'ancien et le nouvel état de la v. de Clermont.

8268. PEGHOUX (A.). Note sur des colonnes itinéraires nouvellement découvertes dans le trajet de la voie rom. de Clermont à Lyon par Vichy. 1855, in-8.

8269. GRELLET-DUMAZEAU. Rech. sur les deux voies rom. de Clermont à Limoges et de Limoges à Evaux. 1856, in-8.

8270. PEGHOUX (A.). Note sur quelques colonnes itinéraires de Clermont à Lyon. 1865, in-8.

8271. BOUILLET (J.-B.). Itinéraire minéralog. et histor. de Clermont-Fd à Aurillac, etc. 1831, in-8.

8272. MATHIEU (P.-P.). Note sur des objets antiques découverts à Clermont et aux environs. 1838, etc., in-8.

8273. BOUILLET (J.-B.). Note sur différents objets antiques découverts à Clermont. 1860, in-8.

8274. BOUCHET (du). [*Ms.*] Dissertation sur une statue trouvée à Clermont (en Auvergne), et qui a des attributs de divinité gauloise. 1750.

8275. JORAND (J.-B.-G.). De la nécessité d'être exact,.. suivi d'une diss. critique sur un bas-relief qui se trouve dans la v. de Clermont. 1826, in-8.

Localités diverses

8276. MATHIEU (P.-P.). Colonne milliaire d'*Auterive* [cne de Sermentison.] 1863, in-8.

8277. DUFRAISSE DE VERNINES. Diss. sur les anciens monts qui se trouvent à *Bains*, village du mont Dore. 1748, in-8. — Cp. les nos 8284 et suiv.

8278. THIBAUD (E.). Statue équestre trouvée à la Jonchère, près *Billom*. 1850, in-8.

8279. JUSSERAUD (E.). Note sur quelques vestiges d'époque gallo-romaine trouvés près de *Bressac* en 1855. 1856, in-8.

8280. CROIZET (l'a.). Quelques observations sur le puy de *Corent*. 1838, in-8.

8281. — Note sur une statuette égyptienne en bronze découverte à *Corent* en 1853. 1853, in-8.

8282. BEAUVESEIX (Teillard de). [*Ms.*] Diss. sur une inscription sépulcrale datée de la dix-neuvième année du règne d'Alaric, trouvée à *Coudes* en 1755.

8283. PEGHOUX (Dr). Rapport sur un fossile humain trouvé... près des *Martres de Veyre*, etc. 1830, in-8.

Le Mont-Dore

8284. BERTRAND (dr M.). Rech. sur les propriétés physiques... des eaux du Mont-d'Or. 1810, in-8. — 2e éd., 1823, in-8; pl.

Pl. d'antiquités. — 2e éd., p. 499 : Note sur l'habitation de Sidoine Apollinaire.

8285. — Mém. sur l'établissement thermal du Mont-d'Or; les antiq. que l'on vient d'y découvrir, etc. 1819, in-8.

8286. BATISSIER (L.). Le Mont-Dore et ses environs. 1840, in-fol.

8287. BERTRAND (dr M.). Note sur des antiquités découvertes au Mont-Dore. 1844, in-8.

8288. — père. Note sur l'orthographe du nom du village du Mont-d'Or. 1845, in-8.

8289. LEDRU (A.). Note sur la mise au jour d'une partie de l'établisst rom. du Mont-Dore. 1868, in-8.

8290. * Description de quelques monts antiques qui existaient aux bains du Mont-Dore.

Extrait des *Annales des Voyages*.

8291. CARTIER (E.). Découverte de 69 médailles d'or à *Orcines*, près Clermont-Ferrand. 1848, in-8.

8292. DIJON. [*Ms.*] Mémoire sur l'ancienneté et les dimensions du *Pont-de-Vieille-Brioude*, sur la rivière d'Allier, en Auvergne. 1755.

8293. DUFRAISSE DE VERNINES. [*Ms.*] Mémoire sur un vase antique trouvé aux environs de la *Roux*, ville d'Auvergne, à quatre lieues de Clermont.

8294. MATHIEU (P.-P.). Observations au sujet d'une route ancienne découverte dans les montagnes de *St-Germain-l'Herm*. 1834, in-8.

8295. — Statue romaine découverte en 1833, entre *Veyre* et Authezat avec une tête de Mercure. 1836, in-8.

8296. DUFRAISSE (J.). [*Ms.*] Mém. sur le temple de *Wasso*, en Auvergne.

BASSES-PYRÉNÉES

Articles sur le département

8297. SERVIEZ (E.-G. Roergas de). Statistique des Basses-Pyrénées. 1802.

8298. PICAMILH (Ch. de). Statistique générale des Basses-Pyrénées. 1858, 4 vol. in-8.

8299. RAYMOND (P.). Dictionnaire topographique des Basses-Pyrénées. (Collection des diction. topograph.) 1863, in-4.

Ville de Pau

8300. RAYMOND (P.). Les tumulus des environs de Pau. 1865, in-8.

Localités diverses

8301. MASSEIN (M.-P.). * Essai histor. sur la v. de *Bayonne*. 1792, in-8.

8302. BALASQUE (J.). Études histor. sur la v. de *Bayonne*. 1852, in-8.

8303. LECŒUR (Ch.). Not. sur les mosaïques de *Bielle*, dans la vallée d'Ossau. 1856, in-8.

8304. QUATREFAGES (de). Mouvements de terrain aux environs du camp de César, près de *Cambo*. 1868, in-8.

8305. RAYMOND (P.). Notice sur le dolmen d'*Escout*. 1866, in-8.

8306. MÈGE (A. du). Note sur une découverte à *Hasparren*. 1855, in-8.

8307. VEILLET (l'a.). Inscription [métrique] à *Hasparren*. 1703, in-8.

8308. LECŒUR (Ch.). Not. sur les mosaïques de *Jurançon*. 1856, in-8.

8309. RAYMOND (P.). Dolmen et cromlechs situés dans la vallée d'*Ossau*. 1867, in-8.

8310. LECŒUR (Ch.). Mosaïques rom. de *Pont-d'Oly*, près Pau. 1850, in-8.

8311. DURAND (Hipp.). Note sur les bains et mosaïques de *Pont-d'Oli*. 1851, in-8.

8312. HURT (Ph.-A.). Épigraphie pyrénéenne. 1869, in-8.

Sur l'inscription latine de *Tardets*. — Cp. *Congrès sc. de Pau*, tenu en 1873, t. II, p. 146 et suiv.

8313. LAPLACE (l'a. L.-P.). Les monts de Taron. 1861, in-8.

8314. — Not. histor. et archéol. sur Sainte-Foi de Morlaas et les monuments gallo-romains, romans, gothiques à *Taron*. 1865, in-16.

HAUTES-PYRÉNÉES

Articles sur le département

8315. LA BOULINIÈRE (P.). Annuaire et manuel statistique des Htes-Pyrénées. 1807 et 1813, in-8.

8316. — Itinéraire des Htes-Pyrénées. 1825, 3 vol. in-8.

8317. LEJOSNE (L.). Essai géographique sur la cité de l'ancien diocèse de Tarbes. 1863-1864.

8318. DUPOUEY (Ch.). Rapports sur les réponses faites au questionnaire archéol. des Htes-Pyrénées, présentées à la Soc. acad. de Tarbes. 1862, in-8.

8319. LAA (F. Couaraze de). Notice sur deux monts de l'époque gauloise, etc. 1859, in-8.

8320. LETRONE. Note sur 98 tombelles découv. en 1869 dans le dépt des Htes-Pyrénées. 1870, in-8.

8321. LEJOSNE (L.-A.). Épigraphie des Htes-Pyrénées. 1861, in-8.

8322. CANÉTO (l'a. F.). Épigraphie [inscription trouvée dans une sacristie des Hautes-Pyrénées]. 1870, in-8.

8323. FROSSARD (Ch.-L.). Le Paganisme dans les Htes-Pyrénées. 1870, in-8.

26 monts épigraphiques.

8324. LAGRÈZE (G. Bascle de). Sulpice Sévère ne serait-il pas le même que St Sever de Rustan? 1863, in-8.

Ville de Tarbes

8325. DEVILLE (L.). Études histor. sur Tarbes. 1859, in-8.

Localités diverses

8326. VAUSSENAT (C.-X.). Quelques coups de pioche dans les environs de *Bagnères*. 1868, in-8.

8327. FROSSARD (Ch.-L.). Restes d'industrie humaine trouvés dans la grotte d'Aurenson (inférieure), à *Bagnères-de-Bigorre*. 1870, in-8.

8328. * Tumuli de *Bartrès* et d'Ossun. — Bull. de la Soc. Ramond, à Bagnères, Ve année, 1870, p. 121-124. — Cp. le no 8320.

8329. BORDEU. Deux mots sur le projet de descente de César et des Espagnols à *Cauterets*. 1836, in-8.

PYRÉNÉES-ORIENTALES

Articles sur le département

8330. ALART (B.). Géographie historique des Pyrénées-Orientales. 1860, in-8.

8331. JAUBERT DE RÉART. Mém. sur qq. mon[ts] celtiques qui existent dans le dép[t] des Pyr.-Or. 1835, in-8.

8332. JAUBERT DE PASSA. Lettre relative aux mon[ts] druidiques du dép[t] des Pyr.-Or. 1848, in-8.

8333. RATHEAU. Notes sur un mon[t] celtique du dép[t] des Pyr.-Or. 1866, in-8.

8334. REVILLOUT (V.). Mémoire sur le quarantième des Gaules à propos d'une inscription du dép[t] des Pyr.-Or., etc. 1867, in-8.

Ville de Perpignan

8335. JAUBERT DE RÉART. Découverte d'un gîte rom. près de Perpignan. 1826, in-8.

Nom de potier.

Localités diverses

8336. PUIGGARI (P.). Notices sur la ville d'*Elne*. 1836, in-8.

8337. SOUCAILLE. Note sur qq. fragments de poterie, etc... trouvés... à *Jonset,* etc. 1843, in-8; 2 pl.

8338. JAUBERT DE RÉART. Le Vallon de *Montbram*. 1836. in-8; 1 pl.

Mon[ts] celtiques.

8339. FARINES. Not. archéol. [sur les vestiges d'un aqueduc rom. à *Peyrestortes*]. 1837, in-8.

8340. JAUBERT DE RÉART. Mon[t] celtique au col de *Prunet*. 1837, in-8.

8341. SIRVEN (J.). Note sur une meule de moulin à bras trouvée à *Ruscino*. 1837, in-8.

8342. JAUBERT DE RÉART. Mon[t] druidique sur la montagne de *Teulis*. 1837, in-8.

BAS-RHIN (1)

Articles sur le département

8343. LAUMONT (c[te] J.-Ch.-J.). Statistique du Bas-Rhin. 1802, in-8.

8344. FARGÈS-MÉRICOURT (P.-J.). Annuaire histor. et statistique du Bas-Rhin pour les années 1804 à 1816. 1805-16, 11 vol. in-12.

8345. — Description de la v. de Strasbourg... suivie d'un aperçu de statist. générale du dép[t] du Bas-Rhin. 1821, in-12.

8346. GUADET. Description géograph. statistique et topograph. du Bas-Bhin. 1834, in-8.

8347.* Dép[t] du Bas-Rhin. Tableau des distances légales arrêté le 11 février 1861. Strasbourg, 1861, in-4 (Pièce.)

8348. STOFFEL (G.). Les Herweg. 1857, in-8.

8349. MORLET (c[el] de). Topographie des Gaules. — Not. sur les voies rom. du dép[t] du Bas-Rhin, etc. 1861, in-8.

Voir, à titre de complément indiqué par l'auteur), COSTE, *l'Alsace romaine*, 1859. in-8.

8350. * Congrès archéol. de France. XXVIe session, tenue à Strasbourg, etc., en 1859. 1860, 2 vol. in-8.

8351. SCHAUENBURG (b[on] de). Aigle en bronze. 1860, in-8.

8352. SCHWEIGHÆUSER (J.-G.). Mém. sur les mon[ts] celtiques du dép[t] du Bas-Rhin et de qq. cantons adjacents du dép[t] de la Meurthe. 1836, in-8.

8353. — Énumération des mon[ts] les plus remarquables du dép[t] du Bas-Rhin. 1842, in-8.

(1) Voir la note de la colonne 501.

8354. — Not. sur qq. mon^ts gallo-rom. du dép^t du Bas-Rhin. 1843, in-8.

8355. LEVRAULT (L.). État actuel du retranchement gallo-rom. appelé le mur païen, etc. 1860, in-8.

8356. OPPERMANN (Ch.-F.). Notice sur deux dolmens près l'enceinte de Ste-*Odile*. 1862, in-4; dessins.

8357. SCHWEIGHÆUSER (J.-G.). Plan topographique du mur payen, montagne de Ste-*Odile*, etc. 1825 et 1865, in-8; 1 plan in-fol.

8358. PRÉVOST (F.). Diss. sur le pont construit par César (B. G. IV, 17) pour passer le Rhin, etc. 1865, in-8.

8359. JUNG. Lettres sur des inscriptions gallo-romaines dans le Bas-Rhin. 1852, in-8.

Arrondissements et Cantons

8360. ARTH. Énumération des mon^ts histor. de l'arr^t de Saverne. 1858, in-8.

8361. COSTE (A.). Rapp. sur l'état des travaux concernant la topographie de la Gaule dans l'arr^t de Schlestadt. 1858, in-8.

8362. GUERBER (l'a. V.). Énumération des mon^ts histor. de la v. et du canton de Haguenau. 1858, in-8.

8363. STRAUB (l'a.). Énumération des mon^ts histor. des cantons de Molsheim et de Rosheim. 1858, in-8.

8364. MORLET (c^el de). Not. sur qq. découvertes archéol. effectuées dans les cantons de Saar-Union et Drulingen. 1864, in-4.

Ville de Strasbourg

8365. SILBERMANN. Local-Geschichte [von Strassburg]. 1775 ; pl.

Voir aussi J.-J. OBERLIN, *Miscellanea literaria*, etc. 1770, in-4.

8366. HERMANN (J.-F.). Notices histor. et topograph. sur la v. de Strasbourg. 2 vol. in-8.

8367. SCHMIDT (Ch.). Not. sur la v. de Strasbourg. 1842, p. in-8.

8368. SPACH (L.). Mém. sur la bataille d'Argentorat, etc. 1843, in-8.

8369. SCHŒFFLIN (J.-D.). Remarques sur le nom d'Argentoratum. 1736. in-4.

8370. LANCELOT (Cl.). Rem. sur le nom d'Argentoratum. 1731, in-4.

8371. SCHŒPFLIN. (J.-D.). De Argentorato.

Alsatia illustrata, 1751 ; t. I, p. 55; 206-226.

8372. SCHWEIGHÆUSER (J.-G.). Mémoire sur les antiq. rom. de la v. de Strasbourg. 1822, in-8.

8373. — Vues pittoresques de la ville de Strasbourg.

Antiq. de l'Alsace. 1827, in-4.

8374. PITON (F.). Strasbourg illustré, etc. 1855, 2 vol. in-4.

8375. CAUMONT (A. de). Rapport verbal sur une excursion à Strasbourg. 1860, in-8; 1 plan.

8376. MORLET (c^el de). Statuette en bronze trouvée à Strasbourg. 1865, in-4.

8377. CHARDIN (F.). Vase de verre du musée de Strasbourg. 1867, in-8.

8378. MERCK. Objets composant le musée de la société pour la conservation des monuments historiques d'Alsace, à Strasbourg. 1868, in-4.

8379. FARGÈS-MÉRICOURT (P.-J.). Mémoire historique sur les anciens monuments militaires de... Strasbourg, etc. 1821, in-12. — Cp. le n° 8345.

8380. * Strasbourg, ses mon^ts, etc. Strasbourg, 1831, in-18; 5 pl. lith.

8381. JUNG. Découvertes de mon^ts rom. dans les environs de la v. de Strasbourg, en 1851. 1852, in-8.

8382. MORLET (c^el de). Fortifications de Strasbourg. 1859, in-8.

8383. — Not. sur l'enceinte d'Argentoratum, etc. 1861, in-8; 2 plans.

8384. EISSEN (d^r). Observations, etc. (1re enceinte de Strasbourg.) 1862, in-4.

8385. CHARDIN (F.). Obs. sur un autel rom. du musée de Strasbourg. 1867, in-8.

8386. — Autel rom. découvert à Strasbourg en 1865. 1867, in-8.

8387. QUICHERAT (J.). Sur une communication [Ms.] de MM. de Ring et de Morlet, concernant un bas-relief antique découvert à Strasbourg. 1868, in-8.

8388. MORLET (c^el de). Not. sur les cimetières gaulois et germaniques découverts dans les environs de Strasbourg. 1864, in-4.

8389. CHAIX (E.). Médailles gauloises trouvées à Strasbourg. 1870, in-4.

8390. RENIER (Léon). Sur une inscription de la bibliothèque de Strasbourg, relative à Pertinax et à sa famille

Mélanges d'épigraphie, 1855, § VIII.

Localités diverses

8391. QUICHERAT (J.). Le tumulus de *Belgau* en Alsace...)

Rapp. sur diverses communications, etc. 1862, n° 2.

8392. SCHAUENBURG (b^on de). Note sur la sépulture rom. de *Bernolsheim*. 1865, in-8.

Brumath

8393. SIFFER (l'a. J.-A.). Mém. sur la grande voie rom. de Brumath à Seltz, pour la portion de Weitbruch à Kaltenhausen. 1864, in-4.

8394. SCHAUENBURG (b^on de). Mémoires sur les antiq. de Stefensfeld (près de Brumath). 1858, in-8.

8395. MERCK. Observations au sujet des fouilles de Stephansfelden, etc. 1866, in-4.

8396. SCHŒPFLFIN (J.-D.). Diss. sur un mon^t des Tribocs (à Brumt). 1743, in-4.

8397. FRÉRET (N.). Sur l'inscription de Brumt. 1753, in-4.

Réponse au mém. de Schœpfflin.

8398. RING (Max. de). Les tombes celtiques de la forêt de Brumath, etc. 1858, in-8.

8399. MORLET (c^el de). Tumuli de Brumath. 1859, in-8.

8400. MERCK. Cimetière rom. découv. dans le courant de l'hiver 1853-54 à Brumath. 1860, in-8.

8401. RINGEISEN. Cimetière rom. près de Brumath. 1860, in-8.

8402. MERCK. Lion votif en grès rouge avec inscription, trouvé à Brumath. 1862, in-4.

8403. NICKLÈS (N.). Helvetus. *Ehl*, près Benfeld, au ve siècle. 1864, in-8.

8404. LEVRAULT (L.). A propos d'une fibule trouvée à *Finhey*, près Obernai. 1867, in-4.

8405. SIFFER (l'a. J-A.). Not. sur une idole sans nom à *Gebolsheim*. 1866, in-8.

8406. MORLET (c^el de). Communication sur une découverte d'objets d'antiq. trouvés à *Gerstheim*. 1864, in-4.

8407. GOLDENBERG (A.). Castrum gallo-rom. du *Gross-Limmersberg*. etc. 1860, in-8.

8408. SIFFER (l'a. J.-A.). Not. sur diverses antiq. découv. à *Gumbrechtshoffen* et particulièrement sur un cimetière à ustion, sur une villa romaine, etc. 1868, in-4.

8409. GUERBER (l'a. V.). Cimetières celtiques de la forêt de *Haguenau*. 1861, in-8.

8410. RING (Max. de). Fouilles exécutées dans les tombelles celtiques de la forêt de *Haguenau*, etc. 1862, in-8.

8411. — Les tombes celtiques de la forêt communale de *Hatten*, etc. 1860. in-8.

8412. — Les tombes celtiques situées près de *Heidolsheim*. 1858, in-8.

8413. SCHAUENBURG (b^on de). Note sur un camp rom. présumé près du village de *Leutenheim*. 1864, in-4.

8414. JUNG. Fouilles pratiquées à *Mackwiller*. 1859, in-8.

8415. CAUMONT (A. de). Fouilles pratiquées dans le Bas-Rhin, aux frais de la Soc. franç. d'archéologie. 1860, in-8.

Bains romains de *Mackwiller*.

8416. MORLET (c^el de). Les cromlech's de *Mackwiller*. 1865, in-8.

8417. — [*Ms.*] Cercle de pierrre de dolmens dans le tumulus de la forêt de *Mackviller*.

Voir J. QUICHERAT, *Rapport sur diverses communications*, 1865 ; n° 2.

Niederbronn

8418. OPPERMANN (Ch.-F.). Les antiq. du Ziegenberg aux environs de Niederbronn. 1860, in-8; dessins.

8419. SIFFER (l'a. J.-A.). Notes sur qq. antiquités déposées à l'hôtel de ville de Niederbronn. 1867, in-4.

8420. — Mém. sur un autel épigraph. d'origine rom. consacré au soleil sous les figures d'Apollon et de Diane, trouvé à Niederbronn. 1865, in-4.

8421. — Description de deux monts rom. faisant partie de la statuaire, retrouvés, l'un en 1842 à Niederbronn, l'autre en 1844 à Laugensultzbach, etc. 1865, in-4.

8422. — Not. sur un autel épigraph. d'origine païenne consacré aux dieux mânes, découv. à Niederbronn, vers le milieu de la seconde décade du siècle courant. 1865, in-4.

8423. — Not. sur deux bas-reliefs figurant Pallas, découverts tous deux à Niederbronn, etc. 1865, in-4.

8424. — Not. sur une baignoire rom... existant à Niederbronn, dans le quartier de la Nouvelle-Avenue. 1865, in-4.

8425. — Not. sur une pierre épigraphique consacrée à deux divinités, trouvée à Niederbronn, etc. 1865, in-4.

8426. — Mém. sur un autel païen découvert à *Niedermodern*. 1856, in-8

8427. RING (Max. de). Tombes celtiques de *Niedernai*. 1859, in-8.

8428. SIFFER (l'a. J.-A.). Notes sur les ruines de villes rom. près d'*Oberbronn*, 1864, in-4.

8429. LEVRAULT (L.). Découvertes de sépultures antiques à *Obernai*. 1864, in-4.

8430. MERCK. Autel votif dédié à Mercure, avec l'inscription trouvée en 1860 près du hameau de Geilershoff, au côteau et dans la cne d'*Oberseebach*. 1868, in-4.

8431. SIFFER (l'a. J.-A.). Mém. supplémentaire sur le cimetière gallo-romain de *Reichshoffen*, etc. 1867, in-4.

8432. BACH (le p. J.). Origines de *Saverne*. In-8, 16 pp.

8433. EISSEN (dr). Visite de *Saverne*, etc. 1860, in-8.

8434. FEISCHER (D.). Das alte *Zabern* archæologisch und topographisch dargestellt, etc... 1869, in-8.

8435. MORLET (cel de). Monuments de l'époque gallo-rom. trouvés sur les sommités des Vosges, près de *Saverne*. 1862, in-4.

8436. RING (Max. de). Not. sur les antiq. celtiques de l'âge de pierre, trouvées sur le territoire de la cne de *Schiltigheim*, près Strasbourg. 1865, in-8.

8437.—Tombe rom. découverte à *Schiltigheim*. 1867, in-8.

8438. — Les tombes celtiques de la forêt de *Schirrhein*. 1861, in-8.

Stefensfeld. — Stephansfelden.

Voir les articles sur BRUMATH.

8439. SIFFER (l'a. J.-A.). Not. sur qq. monts lapidaires d'origine païenne conservés à *Walbourg*, 1865, in-8.

8440. MORLET. (cel de). Colonne découverte dans la forêt de *Weitbruch*. 1865, in-8.

HAUT-RHIN

Articles sur le département

8441. GOLBÉRY (G. de). Coup d'œil rapide sur l'histoire et les antiq. du dépt du Haut-Rhin. 1802, in-12.

8442. DUFAU. Description géograph., statistiq. et topogr. du dépt du Haut-Rhin. 1834, in-8.

8443. STOFFEL (G.). Dictionnaire topographique du département du Haut-Rhin (Collection des dictionnaires topographiques). 1868, in-4.

8444. GOLBÉRY. Cinq mém. sur les antiq. du Haut-Rhin. 1825, in-fol.; 1 carte, dessins.

8445. CESTRE. Antiq. gallo-rom. du Haut-Rhin. 1869, in-8.

8446. HUOT (P.). Rapport sur un mém.

concernant les antiq. gallo-rom. du Haut-Rhin. 1869, in-4.

Ville de Colmar

8447. DIETRICH. Rapport sur des antiq. trouvées aux environs de Colmar. 1868, in-4.

Localités diverses

8448. SOUEF. Mosaïque de *Bergheim*. 1853, in-8.

8449. STŒBER (A.). Vallée antérieure de l'Ill; camp romain de *Britzgyberg*, etc. In-8.

8450. RING (Max. de). Champ de bataille de Jules César contre Arioviste. [Entre *Cernay* et Ensisheim,] 1868, in-8.

8451. — Fouilles dans les tombelles celtiques de la forêt de *Dessenheim*. 1862, in-8.

8452. FAUDEL (dr). Note sur la découverte d'ossements fossiles humains dans le lehm de la vallée du Rhin à *Egisheim*, près Colmar. — Rech. chimiques sur ces ossements. 1866, in-8.

8453. MERKLEIN. *Ensisheim*... siège de la régence archiduc. des pays antérieurs d'Autriche, depuis le temps des Celtes jusqu'à nos jours. 1841, 2 vol. in-8.

8454. RING (Max. de). Les tombes celtiques de la forêt communale d'*Ensisheim* et du Hubelwaeldele, 1858, in-8.

8455. STOFFEL (G.). *Larga* (ville romaine).

8456. SABOURIN DE NANTON. Note sur des médailles rom. trouvées à *Michelfeld*. 1870, in-4.

8457. RING (Max. de). Camp romain de l'*Oberlinger*, etc. 1865, in-8.

8458. — Tombes celtiques de *Reguisheim*. 1860, in-8.

8459. STŒBER (Aug.). Der Hünerhubel; ein gallisches Hügelgrab bei *Rixheim*. 1859, in-16,

8460. INGOLD (A.). *Wittelsheim* (vicus gallo-romain). 1866, in-8.

RHONE

Articles sur le département

8461. * Archives histor. et statistiques du dépt du Rhône (par Breghot du Lut, Cochard et Grognier. *Lyon*, 1824-1832, 16 vol. in-8.

8462. MEYFRED (F.). Tableau histor. et statistique de Lyon et du dépt du Rhône. 1844, in-8.

8463. SEVERT (J.). Chronologia historica antistitum archiepiscopatus lugdunensis, etc... 1607, in-4, etc.

8464. MARCA (P. de). Dissertatio de primatu lugdunensi, etc. 1644, in-8.

8465. MURE (J.-M. de la). Histoire ecclésiastique du diocèse de Lyon. 1671, in-4.

8466. QUINCARNON (le sr de). Les antiq. et la fondation de la métropole des Gaules, ou de l'église de Lyon, etc. 1673, in-12.

8467. LUMINA (Poullin de). Histoire de l'église de Lyon depuis le IIe siècle... 1770, in-4.

8468. * Mémoire statistique du diocèse de Lyon, pour servir à l'histoire de l'établissement du christianisme à Lyon, depuis le IIe siècle de l'Église jusqu'à nos jours, etc., avec une Notice des monuments, etc. *Lyon, J.-M. Boursy*. 1829, in-8.

8469. * Envoi de l'église de Lyon à l'église de Smyrne. — *Rev. du Lyonnais*, 2e s., t. XXVI, 1863, p. 166.

8470. MEYNIS (D.). Les grands souvenirs de l'église de Lyon. 1867, in-8.

8471. MARTIN-DAUSSIGNY (E.-C.). Note sur la défaite des Tigurins et le passage de la Saône par César. 1861, gr. in-8.

8472. AIGUEPERSE (A.-J.-B. d'). Rech. sur l'emplacement de Lunna et sur deux voies rom. traversant la partie nord du dépt du Rhône. 1844, gr. in-8. 2e éd. corrigée. 1853.

8473. ALLMER (A.). Communication sur plusieurs nouvelles inscriptions extraites de la Saône et du Rhône. 1858, in-8.

8474. — Note sur qq. monts épigraphiques. 1861, gr. in-8.

Arrondissements et Cantons

Pour mémoire.

Ville de Lyon

8475. COLONIA (le p. de). Histoire littéraire de la v. de Lyon, etc. 1728-30, 2 vol. in-4.

8476. PERNETTI. Les Lyonnais dignes de mémoire. 1757, in-8.

8477. DELANDINE (Fr.). Bibliothèque histor. et raisonnée des historiens de Lyon, etc. 1787, in-8.

8478. C. B. D. L. (Claude BREGHOT DU LUT). * Lettres lyonnaises, ou Correspondance sur divers points d'histoire et de littérature. 1826, in-8.

8479. — Mélanges (et nouveaux mélanges) biographiques et littéraires pour servir à l'histoire de Lyon. 1828-30, 2 vol. in-8.

8480. COLLOMBET (F.-Z.). Études sur les historiens du Lyonnais. 1839, in-8.

8481. GREPPO (l'a. H.). Remarques sur une lettre de Pline le Jeune, où il est question des bibliopoles lyonnais. 1840, gr. in-8.

8482. MONFALCON (J.-B.). Bibliographie de la ville de Lyon. 1851, in-8.

8483. — Le nouveau Spon. Manuel du bibliophile et de l'archéologue lyonnais. 1856, in-8.

8484. SAUSSAYE (L. de la). Histoire littéraire de Lyon. 1862, gr. in-8.

8485. CHAMPIER (S.). De origine et commendatione civitatis Lugdunensis.

De Triplici Disciplina. 1508. in-8 (Cp. BRUNET, *Manuel*, etc. 5e éd. 1, col. 1766). — Reproduit dans Galliæ celticæ... Campus, 1537, in-4. (Cp. ibid. col. 1769.)

8486. — Th. DU MAS, tradr. Traité de l'antiquité et noblesse de l'antique cité de Lyon. 1519, in-8.

8487. — (Sous le pseud. de Morien PIERCHAN). Sensuyt un petit traicté de la noblesse et ancienneté de la ville de Lyon. 1529, pet. in-8 goth. Cp. le n° 8493.

8488. — Th. DU MAS, tradr. Cy commence ung petit liure de l'antiquité, origine et noblesse de la tres antique cité de Lyon. 1529, gr. in-8 goth.

8489. — (sous le pseud. de PIERCHAN). * Galliæ celticæ et antiquatis Lugdunensis quæ est caput Celtarum, campus, etc. 1537, pet. in-fol. ou gr. in-4.

8490. — (sous le pseudon. de Morien PIERCHAN). Histoire des antiq. de la ville de Lyon. 1548, in-8.

8491. MILÆUS (C.). De primordiis Lugduni. 1545, in-4.

8492. PARADIN (G.). Mém. pour l'histoire de Lyon; ensemble des inscriptions antiques, tumulus, etc. 1573, in-fol.

8493. CHAMPIER (S.). Discours de l'antique origine et noblesse de la cité de Lyon... 1579, in-8..

8494. RUBYS (C. de). Histoire véritable de la v. de Lyon, etc. 1604, in-fol.

8495. LABBE (P.). Epistola historica de ortu et situ primo Lugduni. 1644, in-4.

8496. BELLIÈVRE (Cl.). Lugdunum priscum. Publié en 1846, in-12.

8497. SAINT-AUBIN (de). Histoire... de la v. de Lyon ancienne et moderne, etc. 1666, in-fol.

8498. MENESTRIER (le p. Cl.-Fr.). Éloge histor. de la v. de Lyon, etc. 1669, in-4.

8499. — Les divers caractères des ouvrages historiques avec le plan d'une nouvelle histoire de la ville de Lyon. 1694, in-12.

8500. — Histoire civile ou consulaire de la ville de Lyon. 1696, in-fol.

8501. — Diss. sur la double fondation de Lyon, et sur son nom. 1697, in-12.

8502. BROSSETTE (Cl.). Éloge histor. de la v. de Lyon. 1711, in-4.

8503. CLAPASSON (A.). * Histoire et description de la v. de Lyon, de ses antiq., etc. 1761, in-8.

8504. TOURETTE (de la). Examen des conjectures sur l'incendie de... Lyon sous Néron, etc. (1763). 1828, in-8.

8505. LUMINA (POULLIN de). Abrégé chronologique de l'histoire de Lyon. 1767, in-4.

8506. PENHOUET (cte MAUDET de). Lettres sur l'histoire ancienne de Lyon, etc. (1818). In-8.

8507. CLERJON (P.). (Continué par S. Morin.) Histoire de Lyon depuis sa fondation jusqu'à nos jours. 1829-45, 7 vol. in-8; fig.

8508. BEAULIEU (C.). Tableau chronologique, historique et statistique de Lyon, depuis les Gaulois jusqu'à nos jours, etc. 1836, in-4.

8509. PÉRICAUD (A.). Notes et documents pour servir à l'histoire de Lyon, etc. 1838, in-8.

8510. GREPPO (l'a. H.). Coup d'œil sur l'histoire des Lyonnais à l'époque de Néron, etc. 1840, gr. in-8.

8511. — Détails historiques sur les inondations qui désolèrent Lyon... au VIe siècle. 1841, gr. in-8.

8512. BOITEL (L.), directeur. Lyon ancien et moderne, par les collaborateurs de la *Revue du Lyonnais*. 1841-43, 2 vol. in-8.

8513. MARET (A.). Essai pour servir à l'histoire politique de Lyon depuis les temps historiques jusqu'à la domination des Francs. 1846, in-8.

8514. MONFALÇON (J.-B.). Histoire de la ville de Lyon, etc. 1846-47, 3 vol. in-8.

Voir aussi la *Collection des Bibliophiles lyonnais*, publiée sous la direction du même. 1846, 7 vol. in-12.

8515. MORIN (S.). Discours sur cette question : Lucius Munatius Plancus est-il le premier fondateur de la v. de Lyon? 1853, in-8.

8516. MONFALCON (J.-B.). Lugdunensis historiæ monumenta. 1855-60, 5 vol. gr. in-4.

8517. MARET (A.). Condate et la fondade Lyon. 1860, gr. in-8.

8518. VALENTIN-SMITH. Établissement de la monarchie tempérée à Lyon, à la fin du Ve siècle. 1864, in-8, ou 2e éd., 1865.

8519. PÉAN (A.). Origines de Lugdunum, divinités ségusiaves. 1861-68, in-8.

8520. VACHEZ (A.). Du droit italique à Lyon, etc. 1870, in-8.

8521. MARTIN-DAUSSIGNY (E.-C.). Assemblée du mois d'août à Lugdunum. 1870, etc.

8522. STEYERT (A.). Du prétendu passage de saint Paul à Lyon. 1863, in-8.

8523. PELADAN (A.). De la prétendue réfutation... du passage de saint Paul à Lyon. 1863, in-8.

8524. STEYERT (A.). Lettre au sujet du prétendu passage de saint Paul à Lyon. 1863, gr. in-8.

8525. MÉZIRIAC (Ch.-G. Bachet de). Remarques sur l'origine du mot Lugdunum. 1716, in-8.

8526.* Diss. sur l'origine et la fondation de la v. de Lyon et l'étymologie du mot Lugdunum. — *Rev. du Lyonnais*, t. VI., 1837, p. 341-351.

8527. JOLIBOIS (l'a.). Sur l'étymologie des noms de Lugdunum et de Lyon. 1847, gr. in-8.

8528. — Sur la colonie grecque de Lyon. 1847, gr. in-8.

8529. GUILLEMOT (P.) et ROGET DE BELLOGUET. Encore la colonie grecque de Lyon. Réponse à M. l'a. Jolibois. 1851, gr. in-8.

8530. JOLIBOIS (l'a.). Diss. sur l'importance de l'ancienne colonie de Lugdunum, etc. 1858, gr. in-8.

8531. BERNARD (Aug.). De l'étendue du territoire de la colonie de Lugdunum. In-8 (s. d.?); 4 p.

8532. OZANAM (d[r] A.-S.). Not. sur le champ de bataille où Septime Sévère et Albin se disputèrent l'empire rom. 1826, in-8.

8533. BORDES DE PARFONDRY. Rech. histor. sur l'emplacement où s'est livrée la bataille entre Albin et Sévère. etc. 1838, gr. in-8.

Paradin est pour St-Just; Rubys, pour Sinfond; St-Aubin, pour Tournus. (Note de Bordes de Parfondry.)

8534. SAINT-OLIVE (P.). Emplacement du champ de bataille entre Albin et Sévère. 1844, in-8.

8535. JOLIBOIS (l'a.). Diss. sur l'histoire... des Dombes, suivie d'un appendice sur le lieu de la bataille entre Sévère et Albin. 1846, gr. in-8.

8536. SAINT-OLIVE (P.). Emplacement du champ de bataille entre Albin et Sévère. 1862, in-8.

8537. GREPPO (l'a. H.). Ararica et Rhodanica. 1842, gr. in-8.

8538. PÉRÉMON (L.-M.). Explication sommaire du plan et vue de Lyon sous les Gaulois, etc. 1846, in-8.

8539. MENESTRIER (le p. Cl.-Fr.). Diss. sur les grands chemins de Lyon, etc.

Histoire... de Lyon, 6e diss.

8540. MARTIN DAUSSIGNY (E.-C.). Description d'une voie romaine trouvée à Lyon. 1855, in-8. — Appendice, 1856.

8541. CHAMPIER (S.). Histoire des antiq. de la v. de Lyon, 1648, in-4.

8542. SPON (J.). * Discours sur une pièce antique et curieuse du cabinet de Jacob Spon. 1674, in-8.

8543. — * Rech. des antiq. et curiosités de la v. de Lyon, etc. 1675, p. in-8. — Autre éd., 1676. — Nouv. éd., par J.-B. MONFALCON. 1859, in-8.

8544. COLONIA (le p. D. de). * Antiquitez profanes et sacrées de la v. de Lyon, etc. 1701, in-4; pl. — 2e éd. 1733 et 1738. 2 vol. in-12.

8545. CAYLUS (cte de). Antiq. trouvées à Lyon.

Recueil d'antiquités, t. VII. 1767, in-4, p. 272 et suiv.

8546. DELANDINE. Diss. histor. sur des antiq. de Bresse et de Lyon. 1780, in-8.

8547. ARTAUD (F.). Not. des antiq. et des tableaux du musée de Lyon. 1808 (et années suivantes jusqu'en 1823), in-8.

8548. — Sur qq. découvertes d'antiquités faites à Lyon pendant l'été de 1811. 1811, in-8.

8549. — Cabinet des antiques du musée de Lyon. 1816, in-8.

8550. CHAMBET (C.-J.). * Guide de l'étranger à Lyon, ou description des curiosités, des monuments, etc..., par C.-J. Ch..... 1817, in-8.

8551. FORTIS (F.-M. de). Voyage pittoresque et historique à Lyon, etc... 1822, 2 vol. in-8; atlas in-fol.

8552. COCHARD. Fouilles devant l'église de St-Irénée. 1825, in-8.

8553. COMARMOND (A.). Note sur des antiq. nouvellement découvertes au bas du rocher de Pierre-Scize à Lyon. 1839, in-8.

8554. GREPPO (l'a. H.). Souvenirs de qq. artistes lyonnais de l'époque rom. 1840, in-8.

8555. COMARMOND (A.). Antiq. de Lyon. Dissert. sur trois fragments en bronze. 1840, in-8.

8556. — Description de l'écrin d'une dame rom. trouvé à Lyon en 1841. 1844, in-4.

8557. BONNEMÈRE (E.). Rapport sur l'écrin d'une dame rom., découvert à Lyon en 1841. 1847, gr. in-8.

8558. BOITEL (L.), dessins de H. LEYMARIE. Album du Lyonnais. 1843-44, 2 vol. gr. in-4.

8559. ARTAUD (Jos.-Fer.). Lyon souterrain. 1846, in-12.

8660. COMARMOND (A.). Description des antiq. et objets d'art contenus dans les salles du palais des arts de la v. de Lyon. 1855-57, in-4.

8561. BOUÉ (l'a.). Lettre au sujet d'objets antiques qu'on vient de trouver à Ainay. 1858, gr. in-8.

8562. MARTIN-DAUSSIGNY (E.-C.). Not. sur les découvertes faites en 1859, lors de la démolition de l'ancien hôpital des Filles Ste-Catherine (hôtel du Parc). 1859, gr. in-8.

8563. — Découvertes archéol. dans le lit du Rhône, à Lyon en 1863 et 1864. 1865; in-8.

8564. PERRET DE LA MENUE. Des moulins à blé... dans la v. de Lyon. 1867, in-8; 1 pl.

8565. * Travaux archéologiques de l'Académie imp. de Lyon (1859-67). — *Lyon*, 1868; gr. in-8. Publication du Comité d'hist. et d'archéologie de l'Académie.

Pour tout 1858 et janvier-octobre 1859, voir la *Revue du Lyonnais*, 1859.

8566. GUILLARD (L.). Note sur une lyre antique trouvée dans la Saône [à Lyon]. 1868, gr. in-8.

8567. CHANTRE (E.). Études paléoethnologiques... dans le nord du Dauphiné et les environs de Lyon. 1867, in-4.

8568. * [*Ms.*] Remarques sur le temple dédié à Rome et à Auguste, construit à Lyon proche du confluent du Rhône et de la Saône, et sur le tombeau des deux Amands. 3 décembre 1749. (Dans les registres de l'Académie de Lyon.)

8569. BERNARD (Aug.). Mém. sur le temple dédié à Auguste, au confluent du Rhône et de la Saône. 1847, in-8.

8570. MARTIN-DAUSSIGNY (E.-C.). Diss. sur l'emplacement du temple d'Auguste. 1848, gr. in-8. — 2e éd. 1853, in-8.

8571. CAUMONT (A. de). Note sur l'autel d'Auguste à Lyon. 1861, in-8.

8572. BERNARD (Aug.). Not. sur l'emplacement du temple d'Auguste érigé au confluent du Rhône et de la Saône. 1862, in-8.

8573. MARTIN-DAUSSIGNY (E.-C.). Not. sur la découverte des restes de l'autel d'Auguste, à Lyon. 1863, in-8.

8574. — Not. sur la découverte de l'amphithéâtre antique et des restes de l'autel d'Auguste à Lugdunum, etc. 1863, in-8.

8575. FEAUTRIER. Étude sur l'autel de Rome et d'Auguste, à Lyon. Rapport sur la monographie de M. Martin-Daussigny. 1866, in-8.

8576. BERNARD (Aug.). Le temple d'Auguste et la nationalité gauloise. 1864, in-4.

8577. BARTHÉLEMY (A. de). Le temple d'Auguste et la nationalité gauloise. Examen des dernières publications de M. A. Bernard. 1864, in-8.

8578. MAUTOUR (MOREAU de). Explication d'un mont antique découvert à Lyon. 1715, in-4 ; 1 pl.

8579. DELORME (G.-M.). Rech. sur les aqueducs de Lyon, construits par les Romains. 1760, p. in-8.

8580. PENHOUET (cte MAUDET de). Les aqueducs des Romains à Lyon.

Lettres sur l'histoire ancienne de Lyon. 1818, in-4.

8581. COCHARD. Not. sur les voûtes souterraines appelées improprement aqueducs du Rhône. 1825, in-8.

8582. FLACHERON (A.). Mém. sur les trois anciens aqueducs qui amenaient autrefois à Lyon les eaux du Mont-d'Or, etc. 1840, in-8.

8583. — D'une double voie souterraine qui longe les bords du Rhône, etc. 1840, gr. in-8.

8584. GASPARIN (de). Les aqueducs de Lyon. 1854, in-8.

8585. TOURETTE (de la). Rapport sur un fragment de bronze représentant une jambe de cheval, etc. (1766). 1826, in-8.

8586. ADAMOLI (P.). * Lettre [1re] à M. de Migieu sur une découverte faite à Lyon le 4 février 1766, d'un monument antique enseveli sous les eaux de la rivière de Saône. — 2e lettre. 1766, in-8. — 3e lettre. 1767.

Même sujet.

8587. LETI (le p.). * Lettres d'un bourgeois à M. P. Ad. (Adamoli) sur la jambe de cheval figure équestre, qu'il dit être celle de Tibérius. 1766, in-8.

8588. * Lettres concernant le rapport sur une jambe de bronze trouvée dans la Saône en 1766. — *Archives histor. du Rhône*, t. IV, 1826, p. 486-496.

Lettres adressées à M. de la Tourette par CALVET (17 juillet 1767). *Id.* (20 juillet); — à Calvet, par SEGUIER (3 août 1767); — à la Tourette, par le même (s. d.).

8589. TOURETTE (de la). Deux notes... sur la jambe de cheval, etc. (1771). 1827, in-8.

8590. ARTAUD (F.). Mém. sur les rech. d'une statue équestre, etc. 1809, in-8.

8591. MARTIN-DAUSSIGNY (E.-C.). Mém. pour servir à une nouv. rech. de la statuette équestre à laquelle appartient la jambe de cheval en bronze, trouvée près du couvent de Ste-Claire, à Ainay. 1859, in-8.

Consulter aussi MILLIN, *Voy. dans les dép. du Midi*; I, 444 ; ARTAUD, *Not. du musée de Lyon*, 1808 ; COMARMOND, *Antiq. de Lyon ; diss. sur trois fragments de bronze*, etc.

8592. ARTAUD (Fr.). Description d'une mosaïque représentant les jeux du cirque, découverte à Lyon. 1806, in-8.

8593. — La mosaïque des jeux du cirque au musée de Lyon. 1817, in-8.

8594. — Mosaïques de Lyon, etc. 1818, in-fol.

8595. — Histoire abrégée de la peinture en mosaïque suivie de la description des mosaïques de Lyon et du midi de la France. 1835, in-4.

8596. — Discours sur un projet de rech. de monts antiques dans la v. de Lyon. 1808, in-8.

8597. CAHOUR (l'a.). Recherches histor. sur l'autel tutélaire de Lyon, etc. 1838, in-4.

8598. GREPPO (l'a. H.). Conjectures sur un bas-relief... représentant Mercure. 1840, gr. in-8.

8599. RENAUX (J.). Origines des colonnes de l'église d'Ainay. 1841, gr. in-8; 1 pl.

8600. BOISSIEU (Alph. de). Ainay, son autel, son amphithéâtre, ses martyrs. 1865, in-8.

8601. GREPPO (l'a. H.). Obs. sur un autel votif à Jupiter Depulsor, etc. 1839, in-8.

8602. * Découverte d'un fragment de statue équestre en bronze. — *Rev. du Lyonnais,* t. XI, 1840, p. 342.

Fragment n'appartenant pas au monument en question ci-dessus (nos 8585-91).

8603. WOLFF (E.). Statua di Giove del museo di Lione. 1841, in-8.

8604. COMARMOND (A.). Note sur qq. monts découv. sur le sol lyonnais depuis 1841. 1846, in-8.

8605. BOISSIEU (A. de). Temple votif en l'hr de Mercure et de Maia, à St-Just-lèz-Lyon. 1848, gr. in-8.

8606. COMARMOND (A.). Not. sur les ruines d'un mont gallo-romain... dont les restes ont été pris jusqu'à présent pour les restes d'une naumachie. 1858, gr. in-8.

8607. MARTIN-DAUSSIGNY (E.-C.). Lettre sur l'amphithéâtre du Jardin des plantes (même mont). 1858, gr. in-8.

8608. MONFALCON (J.-B.). Histoire monumentale de la v. de Lyon. 1865-69, 9 vol. gr. in-4.

8609. GREPPO (l'a. H.). Obs. sur le cippe funéraire d'un *macellarius* lyonnais. 1840, gr. in-8.

8610. — Not. sur le mont funèbre d'un esclave *librarius*. 1841, gr. in-8.

8611. — Sur un mont funèbre qui porte le nom d'un *vascularius* lyonnais. 1841, gr. in-8.

8612. MARTIGNY (l'a.). Explication d'un sarcophage chrétien du musée lapidaire de Lyon. 1864, in-8; 1 pl. double.

8613. MARTIN-DAUSSIGNY (E.-C.). Lettre au sujet du sarcophage du palais St-Pierre. 1868, gr. in-8.

8614. PANEL (le p.). Diss. sur une ancienne médaille frappée à Lyon. 1738, in-8.

8615. MAHUDEL (N.). Obs. sur l'usage de qq. moules antiques de monnaies rom. découverts à Lyon. 1716, in-4.

8616. ARTAUD (F.). Sur les médailles d'Auguste et de Tibère au revers de l'autel de Lyon. 1818, in-4; 12 pl.

8617. FEAUTRIER. Médailles au revers de l'autel de Lyon. 1866, in-8. — Cp. les nos 8568 et suiv.

8618. POEY-D'AVANT. Mémoire sur des moules de médailles rom. trouvés à Lyon. 1837, in-8.

8619. COMARMOND (A.). Découverte d'un coin rom. pour la frappe d'une médaille de Faustine jeune, etc., trouvé à Lyon. 1858, in-8.

8620. TORRE (Phil. della). Taurobolium Lugduni a. 1704 repertum (*alias* de inscriptione taurobolica, etc.). 1705, in-12. — Reproduit dans le recueil de *Sallengre.*

8621. BOZE (Cl. de). Explication d'une inscription antique [taurobole] trouvée à Lyon. 1705, in-8.

8622. COLONIA (le p. D. de). Diss. sur un mont antique [taurobole] découvert à Lyon sur la montagne de Fourvière au mois de décembre 1704. 1705, in-12; fig.

8623. ARTAUD (Fr.). Inscription taurobolique, découverte à Lyon en janvier 1821, et expliquée. 1823, in-8.

8624. BOISSIEU (A. de). Taurobole découvert... dans le Pont de Pierre. 1846, gr. in-8.

8625. BOZE (de). Sur une inscription de l'empereur Albin. 1717, in-4.

8626. COLONIA (le p. D. de). Remarques inédites sur deux inscr. trouvées dans... l'ancienne église de St-Just, en 1736. Publiées en 1827, in-8.

8627. LEBEUF (l'a.) Mém. sur une inscr. nouvellement découverte à Lyon, 1740, in-4.

8628. — Rem. sur qq. inscr. ou épitaphes du temps des Romains, nouvellement découvertes à Lyon. 1753, in-4; 2 pl.

8629. ADAMOLI (P.). Sur l'inscr. qui était au piédestal de la statue équestre élevée à l'honneur de Tiberius Antistius 1767, in-8.

8630. MONGEZ (A.). Épitaphe de Paternianus (trouvée à Lyon en 1778). 1815, in-4.

8631. ARTAUD (Fr.). Notice des inscriptions du musée de Lyon. 1816, in-8.

8632. MONGEZ (A.). Inscriptions antiques trouvées à Lyon. 1816, in-8. — Nouv. éd. avec une lettre de MONGEZ. 1818, in-8.

8633. — Mém. sur une inscription trouvée à Lyon, gravée par Philippianus, etc. (1805). 1825, in-8.

8634. ARTAUD (Fr.). Musée lapidaire de Lyon. 1827. in-4.

8635. BREGHOT (C.). Sur deux inscr. trouvées à Lyon. 1830, in-8.

8636. — Inscr. inédites du quai de l'Archevêché. 1836, in-8.

8637. GREPPO (l'a. J.-G.-H.) Lettre à M. le dr Labus sur une inscr. funéraire du musée de Lyon. 1838, in-8.

8638. — Examen d'une inscr. antique relative à une femme lyonnaise qui exerçait la médecine. 1839, gr. in-8.

8639. — Not. sur une inscr. antique de Lyon qui servait d'enseigne, etc. 1839, in-8.

8640. — Quelques notes sur deux inscr. antiques nouvellement découv. à Lyon. 1839, in-8.

8641. — Explication d'une inscr. chrétienne trouvée dans le quartier de St-Irénée. 1840, gr. in-8.

8642. — Not. sur une inscr. du musée relative à un *chartarius* lyonnais. 1840, gr. in-8.

8643. — Obs. sur une antique inscr. chrétienne qui mentionne une école de lecteurs, etc. 1841, gr. in-8.

8644. — Essai sur le commerce des vins à Lyon... à l'occasion de qq. inscr. antiques. 1841, gr. in-8.

8645. JAUFFRED (J.-B.). Not. sur des inscr. de la v. de Lyon et sur la famille rom. du nom d'*Amandus*. 1845, in-8. — Cp. le no 8568.

8646. COLLOMBEL (F.-Z.). Inscr. latine du... tombeau des deux Amands. 1845, gr. in-8.

8647. BOISSIEU (A. de). Inscriptions antiques de Lyon. 1846-1854, in-4.

8648. COMARMOND (A.). Description du musée lapidaire de Lyon. 1846-1854, gr. in-4; 19 pl.

8649. RENIER (Léon). Explication d'une inscription relative à un curateur de la colonie de Lugdunum. 1854.

Mélanges d'épigraphie, § I.

8650. — Sur une inscr. de Lyon regardée à tort comme un mont de la bataille de cette ville.

Mélanges d'épigraphie, § VI.

8651. MONFALCON (J.-B.). De la valeur histor. des inscr. antiques de Lugdunum. 1855, gr. in-8 et gr. in-4.

8652. MARTIN-DAUSSIGNY (E.-C.). Inscription en l'honneur de C. Furius Sabinius Aquila découverte au XVIIe siècle... et retrouvée dans la maison Lempereur le 14 juillet 1857. (Autographie.)

8653. — Not. sur l'inscr. de Sabinius Aquila retrouvée... rue Mercière. 1857, in-8 (2 éditions).

8654. — Traduction de l'inscr. de C. Furius Sabinius Aquila. 1857, gr. in-8.

8655. AIGUEPERSE (A.-J.-B. d'). Incription découv. dans le lit de la Saône. 1858, gr. in-8.

8656. MARTIN-DAUSSIGNY. — Une nouvelle inscr. trouvée sous le pont de Nemours. 1863, gr. in-8.

8657. ALLMER (A.). Not. sur plusieurs inscr. de Lyon et sur quelques noms de céramistes. 1864, in-8.

8658. CHIZY (P. CANAT de). Rapp. sur les nouvelles acquisitions du Musée épigraphique de Lyon. 1865, in-8.

8659. LE BLANT (E.). Rapp. sur l'envoi fait par M. Allmer d'une inscr. rom. nouvellement découverte à Lyon. 1865, in-8.

8660. MARTIN-DAUSSIGNY (E.-C.). Communication sur diverses découvertes épigraphiques faites à Lyon. 1865, in-8.

8661. ALLMER (A.). Inscription rom. [trouvée au quartier des Minimes]. 1867, gr. in-8.

8662. — Sur deux inscr. antiques trouvées à Lyon en 1867. 1868, gr. in-8.

8663. EGGER (E.). Du musée lapidaire de Lyon, etc. 1867, in-8.

8664. Inscription latine dite « Tables de Claude » trouvées à Lyon en 1527.

Voir sur les tables de Claude la série générale, 18e section, D.

Localités diverses

8665. ALLMER (A.). Sur l'inscription d'*Albigny*. Cp. le no 8625.

Notes sur plusieurs monts épigraph. 1861, in-8.

8666. MARET (A.). Lettre au sujet de l'inscr. d'*Albigny*. 1861, gr. in-8.

8667. ALLMER (A.). Sur deux colonnes milliaires rom. au nom de l'empr Maximin... l'une à Usson... l'autre apportée d'*Ampuis* au musée de Lyon. 1859, gr. in-8.

8668. SERRAND (Y.). Histoire d'*Anse* (Asa Paulini) et quelques mots sur plusieurs villes et villages environnants. 1845, in-12.

8669. GREPPO (l'a. H.). Sur une inscription chrétienne en vers élégiaques conservée dans la petite ville d'*Anse*. 1843, gr. in-8.

Voir sur d'autres inscr. chrét. postérieures au ve siècle, découvertes à Anse, A. ALLMER dans la *Revue du Lyonnais*, 2e s. t. XVII, 1858, p. 337 et suiv.

8670. MARET (A.). Diss. sur une inscription relative à *Condrieu*. 1858, gr. in-8.

8671. MARTIN-DAUSSIGNY (E.-C.). Découverte d'aureus rom. à *Lentilly*. 1866, gr. in-8.

8672. COMARMOND (A.). Not. sur un Hercule enfant en bronze découvert en novembre 1848 sur le versant de la colline des *Massues*, au lieu dit de la Pomme. In-8.

8673. * Nouvelles découvertes d'un ancien temple dédié aux nymphes de Diane, la plus grande et la plus chaste déesse de l'ancienne Gaule lyonnaise, faite à *Ste-Colombe* (Rhône), près la petite ville de Vienne. Lyon, impr. Charvin, 1832, in-8, 4 p.

8674. ALLMER (A.). Mosaïque rom. découv. à *Ste-Colombe*. 1862, gr. in-8.

8675. * Cippe servant de bénitier dans l'église de *Talluyers*, près Lyon. — *Revue du Lyonnais*, t. XVIII, 1843, p. 326.

Texte épigraphique.

HAUTE-SAONE

Articles sur le département

8676. VERGNES. Statistique de la Hte-Saône. An X, in-8.

8677. SUCHAUX (L.). Galerie biographique... de la Hte-Saône. 1864. in-8.

8678. * Annuaire du dépt de la Hte-Saône.

Nombreuses notices historiques et archéologiques, surtout jusqu'en 1842, par L. SUCHAUX. — Voir aussi les articles de dom GRAPPIN dans *l'Almanach de la Franche-Comté*, pour 1785, etc.

8679. SUCHAUX (L.). Dictionnaire histor., topograph... et statistique des cnes de la Hte Saône. 1866, 2 vol. in-8.

8680. PRATBERNON (dr). Restes des langues et des coutumes anciennes... dans les noms propres de terre... de la Hte-Saône. 1839, in-8.

8681. LONGCHAMPS (Ch.). Découvertes et obs. archéol. faites dans la Hte-Saône de 1842 à 1860. 1860, in-8.

8682. GEVREY (A.). Diss. sur les haches celtiques [dans la Hte-Saône]. 1860. in-8.

8683. MARC (J.-A.). Diss. sur les monts d'antiquité du dépt de la Hte-Saône. 1816, in-8.

8684. SALLOT (dr). Médailles et monnaies en or, en argent et en bronze léguées à la Comm. d'archéologie par M. le capitaine Leblond. 1860, in-8.

8635. LONGCHAMPS (CH.). Revue épigraphique dans la Hte-Saône. 1860 et 1862, in-8.

Ville de Vesoul

8686. COUDERET (dom). [*Ms.*] Notice sur Vesoul (1768).

8687. MIROUDOT, DE St-FERJEUX (G.-J).. * Mémoire... sur Vesoul. 1779, in-4.

8688. DUMONTET DE LA TERRADE. Not. sur Vesoul. 1779, in-4. (Suite du mém. précédent.)

8689. MARC (J.-A.). Not. sur Vesoul. 1807, in-8.

8690. LONGCHAMPS (Ch.). Recherches histor. sur la v. de Vesoul dans les temps anciens. 1854, in-8.

8691. GEVREY (A.). Histoire de Vesoul. 1865, in-8.

8692. LONGCHAMPS (Ch.). Antiquités [statuette trouvée à Vesoul]. 1862, in-8

Localités diverses

8693. HALLEY (V.). Notes sur les ruines et antiq. gallo-romaines de *Beaujeu*. 1860, in-8; 7 pl.

8694. — Antiquités de *Beaujeu*. Rapport sur les résultats des fouilles faites en 1861 et description des planches. 1862, in-8 ; 20 pl.

8695. SALLOT (d[r]). Obs. sur les monnaies trouvées dans les ruines de *Beaujeu*. 1860, in-8.

8696. GEVREY (A.). Catalogue des monnaies gauloises et rom. trouvées à *Beaujeu*. 1862, in-8 ; 3 pl.

8697. GALMICHE (R.). Rapport sur les recherches faites au camp de *Chariez* par ordre de la Comm. d'archéologie. 1860. in-8.

8698. DÉY. Quelques mots à l'occasion des fouilles faites au camp de *Chariez*. 1860, in-8.

8699. BLAINVILLE (de). Rapport concernant de nouvelles fouilles à faire dans la caverne à ossements de *Fouvent-le-Bas*, 1838, in-4.

8700. * Recherches histor. sur *Gray* (avant 1809).

8701. GATTIN et L. BESSON (abbés). Histoire de la v. de *Gray* et de ses monuments. 1851, in-8.

8702. CHAUDRIET et CHATELET (abbés). Histoire de *Jonvelle* et de ses environs...

8703. GOUSSET (l'a.). Essai sur *Lavoncourt*. 1857, in-8.

Luxeuil

8704. RAINGUEL (L.). Description historique et pittoresque de Luxeuil et de ses environs. 1837, in-18.

8705. DÉY. Mém. pour servir à l'histoire de la v. de Luxeuil. 1862, in-8.

8706. ÉCREMENT (L.). Essai histor. sur la v. et l'abbaye de Luxeuil, etc. 1865, in-8.

8707. DELACROIX (Em.). Luxeuil : ville, abbaye, thermes. 1867, in-8.

8708. MORAND. Lettre sur les antiq. trouvées à Luxeuil, etc. 1756, in-8.

8709. DELACROIX (Ém.). Not. sur les fouilles faites, en 1857 et 1858, aux sources ferrugineuses de Luxeuil. 1862, in-8.

8710. BOISSELET (J.-J.-T.). Les collections numismatiques de Luxeuil. 1865, in-8.

8711. ALLMER (A.). Sur deux inscriptions rom. de Luxeuil.

Note sur plusieurs monuments épigraphiques. 1861.

8712. BOURQUELOT (F.). Inscriptions antiques de Luxeuil et d'Aix-les-Bains. 1862, in-8.

Voir sur les inscriptions rom. de Luxeuil. Ch. LONGCHAMPS, *Revue épigraphique dans la Haute-Saône*. 1862.

8713. MARNOTTE. Mém. sur divers objets d'antiquité trouvés à *Mantoche*. 1847, in-8 ; 2 pl.

8714. P. (F.). Not. sur les restes de constructions rom. et particulièrement sur les mosaïques découv. en 1838, à *Membrey* et à Seveux. 1838, in-8.

8715. MATTY DE LA TOUR (de). Ruines rom. de *Membrey*, près l'antique Segobodium (Seveux). 1847, in-8 ; 5 pl.

8716. LEBEUF (l'a.). Lettre à M. Dunod sur l'ancien château de Portus Abucini, dont il a fait la découverte (*à Port-sur-Saône*). 1735, in-8.

8717. * Description des fouilles faites à *Port-sur-Saône* sur l'emplacement de l'ancien Portus Abucinus. — *Rev. archéol.*, 2e série, t. IV, 1861, p. 404.

8718. SUCHAUX (L.). Rapport sur les antiq. de *St-Sulpice*. 1869, in-8; 6 pl.

8719. — Ruines de *St-Sulpice*. 1869, in-8.

8720. MOURLOT. Découverte d'un cimetière antique à *Vereux*. 1869, in-8.

SAONE-ET-LOIRE

Articles sur le département

8721. ROUJOUX (b^{on} P.-G.). Statistique de Saône-et-Loire. 1802, in-8.

8722. RAGUT. Statistique du dép^t de Saône-et-Loire. 1838, in-8.

La partie archéologique est d'Anatole de Barthélemy.

8723. DEVOUCOUX (l'a. A.). Travaux archéol. de M. Laureau de Thory. 1858, in-8.

8724. — Origines de l'église Éduenne. 1858, in-8.

8725. DINET (l'a. Ch.-L.). Saint Symphorien et son culte... 1861, in-8.

8726. BADIN et QUANTIN. Géographie dép^{tale} etc., Saône-et-Loire. 1847, in-12.

8727. CANAT (M.). Topographie des cours d'eau du dép^t de Saône-et-Loire. 1869, in-8.

8728. FERRY (H. de). Étude d'archéologie préhistorique. 1869, in-8.

8729. * Compte rendu d'une promenade archéologique dans les dép^{ts} de l'Yonne et de Saône-et-Loire, etc. 1863, in-8.

8730. PROTAT. Estampilles de mon^{ts} céramiques gallo-romains. 1863, in-8.

8731. * Note sur une inscription du musée de Nîmes (portant le nom d'un Éduen), 2 p. — *Ann. de la Soc. éduenne.* 1862-1864, in-8.

Arrondissements et Cantons

8732. CANAT (M.). [*Ms.*] Dictionnaire topographique de l'arr^t de Châlon-s.-Saône. 1867.

8733. LANGLOIS (A.-B.). Études topograph., histor., etc., sur le canton de Bourbon-Lancy. 1865. 2 vol. in-8.

Ville de Mâcon

8734. BUGNYON (Ph.). Chronicon urbis Mantissanæ (Mâcon). 1559, in-8.

8735. — Trad. Nic. Edoard. Chronique de la ville de Mâcon faite en latin par Philibert Bugnyon. I. C. 1560, in-8.

8736. FUSTAILLIER (J.). N. Yemeniz, éditeur. De urbe et antiquitatibus matisconensibus liber... nunc primum editus. 1846, in-8.

8737. — Baux, trad^r. De la ville et des antiquités de Mâcon. 1846, 1 vol. in-8.

8738. SAINT-JULIEN (P. de). Trois livres des antiq. de Mâcon. 1581, in-fol.

8739. CAYLUS (c^{te} de). Antiq. trouvées à Mâcon.

Recueil d'antiquités, t. VII, 1767, p. 239 et suiv.

8740. GUICHE (Mis de la). [*Ms.*] Notes sur les antiq. de la v. de Mâcon et du Mâconnais. In-fol.

8741. LAMARTINE. Mém. sur un sépulcre *sub ascia*, trouvé à Mâcon. 1817, in-8.

8742. CANAT (M.). Inscriptions antiq. de Mâcon. 1854, in-4.

Autun

8743. EUMÈNE. Discours.

Textes intéressant l'histoire d'Autun.

8744. — Traduction par les abbés Landriot et Rochet. Discours, 1854, in-8.

8745. LADONEUS (St.). Augustoduni amplissimæ civitatis et Galliarum quondam facile principis antiquitates. 1640, in-8.

8746. THOMAS (Edm.). Historia Augustoduni. 1660, in-fol.

8747. — Histoire de l'antique cité d'Autun. 1660, in-fol. — Nouv. éd. illustrée et annotée. 1846, in-4.

8748. MUNIER (J.) et THIROUX (C.). Rech. et mémoires servant à l'histoire de l'ancienne v. et cité d'Autun. 1660, 2 vol. in-4.

8749. * Panégyrique sur l'état présent de la v. d'Autun, anciennement nommée Bibracte. *Autun* (1693), in-8.

8750. * Lettres en forme de diss. sur

l'ancienneté de la v. d'Autun et sur l'origine de celle de Dijon. *Dijon*, 1710, in-12.

8751. ROSNY (A.-J.-V. de). Histoire de la la v. d'Autun, connue autrefois sous le nom de Bibracte, etc. 1803, in-4; grav.

8752. SAULNIER. Histoire d'Autun. In-4.

8753. FORESTIER (P.). * Les Vies des saints, patrons, martyrs et évêques d'Autun... 1713, in-12.

8754. BULLIOT (J.-G.). Essai histor. sur l'abbaye de St-Martin d'Autun. 2 vol. in-8.

8755. CARNANDET (J.). et HESSE (A.). Saint Hyro, apôtre de Langres et d'Autun au 1er siècle, diss. historique sur l'origine du christianisme dans ces deux diocèses. 1863, in-8.

8756. BARBIÉ DU BOCAGE. Rem. sur un mon[t] géographique très ancien qui se trouve dans les fondements d'une maison de la v. d'Autun. 1795, in-8.

8757. FONTENAY (J. de). Plan de la v. antique d'Autun. 1852, in-8.

8758. LAUREAU DE THORY. Not. sur les voies rom. qui traversent la v. d'Autun. 1847, in-8.

8759. * [*Ms.*] Antiquités de la ville d'Autun. In-fol.

Ces *Antiquités* sont conservées entre les manuscrits de M. Dupuy, n° 667. (*Biblioth. hist.*, t. III, n° 35 928.)

8760. BRETON (E.). Mém. sur les antiq. de la v. d'Autun. 1840, in-8.

8761. LANDRIOT (l'a.). Note sur quatre tombeaux pétrifiés. 1844, in-8.

8762. DEVOUCOUX (l'a.). Autun archéologique. 1848, in-8.

8763. BULLIOT (J.-G.). Note sur un anneau d'or à l'effigie de Tetricus, trouvé à Autun. 1859, in-8.

8764. * Bague en or à l'effigie de Tetricus trouvée près d'Autun. — *Rev. archéol.*, 2° série, t. III, 1861, p. 419.

8765. CAUMONT (A. de). Les ruines rom. de la v. d'Autun. 1863, in-8.

8766. BULLIOT (J.-G.). Observations histor. et archéol. sur les fouilles d'Augustodunum pratiquées à l'intérieur de la ville, etc. 1866, in-8.

8767. * De antiquis Bibractes, seu Augustoduni Monumentis Libellus anonymi; editus è Musæo Edmundi Thomæ. *Lugduni*, Barbier, 1650, in-4.

8768. ESTERNO (c[te] d'). Mém. sur un ancien canal sur la route d'Autun à Château-Chinon. 1844, in-8.

8769. * Rech. des aqueducs de la ville d'Autun. — *Bull. mon.*, t. XIII, 1847, p. 30 et suiv.

8770. LEMPEREUR (le p. J.). Diss. sur divers tombeaux antiques qu'on voit à Autun et aux environs, 1706, in-12.

8771. BULLIOT (J.-G.). Notice sur un sarcophage en marbre blanc du musée d'Autun. 1861, in-8.

8772. PANOFKA (Th.). Médaillon de Tibère ou de Néron trouvé à Autun. 1834, in-8.

8773. BULLIOT (J.-G.). Notes sur qq. bronzes gaulois trouvés près d'Autun. 1861, in-8.

Voir aussi les articles sur BIBRACTE, n°s 2636 et suiv.

8774. PITRA (dom J.-P.). Lettres sur l'inscription chrétienne d'Autun. 1839, in-8.

Voir sur le même sujet un article de l'*Éduen* d'Autun, 22 déc. 1839.

8775. PIERQUIN DE GEMBLOUX. Lettre sur le Poisson-Dieu. 1840, in-8.

A propos de l'inscription chrétienne d'Autun.

8776. NOLHAC (J.-B.-M.). Lettre sur le prétendu « Poisson-Dieu ». 1841, gr. in-8.

8777. ROSSIGNOL (Cl.). Lettre [à M. J.-B.-M. Nolhac] sur l'inscription d'Autun. 1841, in-8.

8778. SECCHI (le p. J.-P.). Epigramma greco christiano de' primi secoli, etc. 1840.

8779. PITRA (dom). * Études sur une inscription grecque des premiers siècles de l'ère chrétienne trouvée à Autun en juin 1839. 1842, in-8.

8780. FRANZ (J.). Christlicher Denkmal von Autun. 1841, in-8.

8781. WINDISCHMANN (D.). (En allemand.) Sur l'inscription chrétienne d'Autun. 1842, in-8.

8782. POLIDORI (L.). Del pesce come simbolo di Christo, etc. 1843, in-8.

8783. BORETT (Th.) avec notes de LEEMANS. Plet marmeren opschrift von Autun. 1843 et 1844.

8784. WORDSWORTH (Chr.). Lettre (en anglais), sur l'inscr. d'Autun. 1845.

8785. FRANZ (J.). (En latin.) Commentaires sur l'inscr. gr. d'Autun (1850). 1856, in-4.

8786. DÜBNER (F.). Note sur l'inscr. d'Autun (1851). 1853.

8787. DEVOUCOUX (l'a.). Inscription chrétienne en grec du musée d'Autun. Texte et traduction latine d'après dom Pitra.

Origine de l'Église éduenne (1851), 1858.

8788. PITRA (dom J.-P.). De inscriptione græca et christiana... reperta infra urbem Augustodunensem, etc. 1852.

Bibliographie de la question jusqu'en 1852.

8789. LENORMANT (F.). Mém. sur l'inscr. d'Autun. 1855, in-8.

8790. ROSSIGNOL (J.-P.). Explication et restitution de l'inscription chrétienne d'Autun. 1856, in-8 ; fac-similé.

8791. ALEXANDRE (Ch.). Texte de l'inscription grecque d'Autun avec commentaire (en latin).

Oracula Sibyllina, t. II, 1853, excursus V, p. 338.

8792. GARRUCCI (le p. R.). Nouvel examen de l'inscription, etc., grecque d'Autun (avec fac-similé). — Appréciation des motifs produits par M. J.-P. Rossignol pour attribuer au VIIe siècle l'inscription d'Autun.

Mélanges d'épigraphie ancienne, 1e livraison. 1856, in-4.

8793. ROSSIGNOL (J.-P.). Lettre au r. p. Raph. Garrucci sur son nouvel examen, etc. 1856, in-8.

8794. CREULY (gnl). Les descendants immédiats d'Éporédorix, d'après une inscr. d'Autun et d'autres documents. 1861, in-8.

8795. — Sur une inscr. géograph. du musée d'Autun. 1860, in-8.

8796. * Note sur un fragment d'inscription romaine trouvé à Autun. 3 p. — *Annales de la Soc. éduenne*. 1862-1864, in-8.

8797. * Note sur une inscription du musée d'Autun. 3 p. — *Ibid.*

8798. ROCHET (l'a.). Écoles méniennes [à Autun]. 1847, in-8.

8799. LACREUSE. Établissement de poterie rom. au *Cerveau*. 1864, in-8.

Châlon-sur-Saône

8800. PERRY (le p. Cl.). Histoire civile et ecclésiastique... de la v. de Châlon-sur-Saône. *Paris*, 1654, in-fol. ; 2e éd. 1659, in-fol.

8801. BERTAUD (P.) et CUSSET (P.). * L'illustre Orbandale ou l'histoire ancienne et moderne de la ville et cité de Châlon-sur-Saône, etc. 1662, 2 vol. in-4.

8802. FOUQUE (V.). Histoire de Châlon, etc. 1844, in-12.

8803. GIRAULT (Ch.-X.). Éclaircissements géogr. et critique sur la voie rom. de Châlon-s.-Saône à Besançon, et la position de Ponte Dubis et Crusinie. 1812, in-8.

8804. CAYLUS (cte de). Antiq. trouvées à Châlon-sur-Saône.

Rec. d'antiquités, t. VII, 1767, in-4 ; p. 279 et suiv.

8805. LUYNES (duc de). Bronze de Châlon. 1845, in-8.

8806. CHEVRIER (J.). Note sur un vase byzantin trouvé dans la Saône. 1846, in-4.

8807. — Note sur différents objets antiques trouvés dans la localité.

8808. DUPARAY. Étude sur les antiq. de Châlon-sur-Saône. 1858, in-4.

8809. BAUDOT aîné. Diss. sur un mont trouvé en 1776 à Châlon-s.-Saône. An X, in-8.

8810. — Observations sur un mont trouvé à Châlon-s.-Saône. (1812), in-8.

8811. NIEPCE (L.). Rech. sur les fortifications anciennes et modernes de Chalon-s.-S. 1849, in-4.

8812. CHEVRIER (J.). Groupe antique trouvé à Châlon-s.-S. (Gladiateur). 1859, in-4.

8813. BESSY-JOURNET (F.). Notices sur diverses médailles gauloises et mérovingiennes trouvées à Châlon-s.-S. 1846, in-4.

8814. CANAT (M.). Inscriptions antiques de Châlon-s.-Saône. 1854, in-4 ; 4 pl.

8815. FERRY (H. de). Note sur une tête de lance en silex des fabriques de *Charbonnières*. 1867, in-4.

8816. AUBERTIN (Ch.). Le camp de *Chassey*. 1865, in-8

8817. COYNART (c^{el} R. de). Fouilles au camp de *Chassey*, etc. 1866, in-8.

8818. FLOUEST (E.). Le camp de *Chassey*. 1869, in-8.

8819. ROSSIGNOL (Cl.). Le trésor de *Gourdon*. 1846, in-4.

Monnaies du VIe siècle.

8820. CHEVRIER (J.). Fouilles de la *Grange-Frangy*. 1866, in-4.

8821. * Mosaïques découvertes à *Lillebonne*, près de Châlon-sur-Saône. — *Congrès arch. de France, s^{ces} g^{les} tenues à Lisieux en* 1870. 1871, in-8.

8822. * Pavé mosaïque de *Noiry*, 10 p. ; pl.— *Mém. de la Soc. d'hist. et d'arch. de Châlon-s.-S.*, t. III, 1857, in-4.

Voir aussi les articles sur SANS.

8823. CANAT (M.). Note sur une statuette de bronze trouvée à *Pierre*. 1846, in-8 ; 1 pl.

8824. PEQUEGNOT (l'a. F.). Not. histor. sur le village de *Rully*. 1849, in-4.

8825. CANAT (P.). Not. sur les pavés-mosaïques trouvés à *Sans* et à Noiry. 1854, in-4,

8826. — Rapport sur les fouilles exécutées à *Sans* et à Noiry. 1854, in-8.

Mosaïques romaines.

8827. CHABOUILLET (A.). Rapport sur une découverte de monnaies rom. impériales [à *Sennecé*, près de Mâcon]. 1868, in-8.

8828. ARCELIN (A.). Station préhistorique de l'âge du renne de *Solutré*. 1868, in-8.

8829. ARCELIN (A.) et FERRY (H. de). L'âge du renne en Mâconnais [clos du Charnier *à Solutré*]. 1869, in-8.

8830. CHEVRIER (J.). Fouilles de *St-Jean-des-Vignes*. 1856, in-4. — Note additionnelle. 1856.

8831. COUTURIER (N.). Sur la découverte de plusieurs tombeaux à *St-Jean-de-Vaux*, c^{ne} de Givry. 1846, in-4.

8832. — Rapport sur les fouilles de *St-Jean-de-Vaux*. 1846, in-8.

8833. DIARD (P.). Not. sur deux monuments... existant à *St-Marcel-lès-Châlon*. 1846, in-4.

8834. MACHOÛ. L'origine de la v. et de l'abbaye de *Tournus*, etc. 1867, in-8.

8835. MONARD (L. de). Description de la pierre mouvante d'*Uchon*, 1841, in-4.

8836. LANDRIOT. Note sur la pierre branlante d'*Uchon*. 1847, in-8.

8837. ROZET. — Note sur la caverne à ossements de *Vergisson*. 1839, in-4.

SARTHE

Articles sur le département.

8838. AUVRAY. Statistique de la Sarthe, an X, in-8.

8839. * Congrès scientifique de France. VIIe session, tenue au Mans en 1839. Paris, le Mans, 1839, 2 vol. in-8.

8840. VOISIN (l'a. Aug.). Mém. pour servir à la statistique de la Sarthe. 1845, in-8.

8841. PESCHE (J.-R.) avec DESPORTES (N.-H.-F.). Dictionnaire topographique, historique et statistique de la Sarthe. — Biographie et Bibliographie du Maine et de la Sarthe, etc., 1828-1842. 6 vol. in-8.

8842. * Archives historiques de la Sarthe. (Publications de la Société française d'archéologie, subdivision du Mans). 1846-49, 1 vol. gr. in-8.

8843. VOISIN (l'a.). Les Cénomans anciens et modernes, histoire de la Sarthe, etc. 1852, in-8. 2e éd. 1862.

8844. HUCHER (E.). Études sur l'histoire et les mon^{ts}... de la Sarthe. 1855, in-8.

8845. COURTEILLES (Ant. LE COURVAISIER de). Histoire des évêques du Mans... 1648, in-4°.

8846. BONDONNET (dom J.). Les vies des évêques du Mans restituées et corrigées... 1651, in-4°.

8847. LAUNOY (Jean de). Dissertatio de

primi Cenomanorum Præsulis Epocha. 1651, in-8. 2e éd. 1670, in-8.

Dissertationes tres, etc.

8848. VOISIN (l'a.). Vie de St-Julien et des autres confesseurs, etc. 1844, in-8.

8849. PIOLIN (dom P.). Histoire de l'église du Mans. 1851-1863, 6 vol. in-8.

8850. DESPORTES (N.-H.-F.). Description topographique... du diocèse du Mans, etc. 1838, in-18.

8851. CAUVIN (Th.). Supplément à la topographie du diocèse du Mans. 1842. in-12.

8852. — Géographie ancienne du diocèse du Mans, 1845, in-4°.

8853. ÉDOM. Géographie de la Sarthe, etc. 1845, in-18; 1 carte.

8854. VOISIN (l'a.). Rapp. sur les voies antiques [dans la Sarthe]. 1845, in-8.

Voir aussi son *Mém. p. s. à la Statistique monumentale*.

8855. RICHELET (Ch.-J.). Voyage pittoresque dans le dépt. 1829-30, in-4°.

8856. PESCHE (J.-R.). Sur les antiq. découv. dans le dépt de la Sarthe pendant l'année 1836-1837, in-8.

8857. VOISIN (l'a.). Carte archéologique de la Sarthe. 1853, in-4°.

8858. HUCHER (E.). Not. sur des vases rom. avec ornements en relief exécutés en barbotine etc. 1866, in-8.

8859. VOISIN (l'a.). Mém. pour servir à la statistique montale de la Sarthe. 1845, in-8.

8860. DIARD (P.). Not. sur l'origine de tombelles etc., avec une diss. sur l'emplacement de la villa... de Matovall. 1847, in-8. — Cp. le n° 8908.

Discussion sur le camp rom. de Sougé.

8861. DESJOBERT. Notices sur des médailles rom. trouvées... dans le dépt de la Sarthe. 1835-1849, in-8.

8862. DROUET. Not. sur des découvertes... de médailles rom. (1837). 1840, in-8.

8863. DAVOUST (l'a. Fr.). Not. sur qq. méd. rom. trouvées dans le dépt de la Sarthe. 1864, in-8.

Arrondissements et Cantons

8864. PATY (E.). Statistique montale de l'arrt de St-Calais. (Vers 1847), in-8.

Ville du Mans

8865. TAMOT (G.) [*Ms.*] Rech. des antiq. de la v. du Mans.

8866. PALLU. Diss. sur l'antiquité de la v. du Mans (1840). 1842, in-8.

8867. Diss. sur le *Defensor* du Mans. 1845, in-8.

8868. VOISIN (l'a.). Origines ibériennes. Sub-Dianum et la Vieille Rome du *Mans*, 1863, in-8.

8869. PONTON D'AMÉCOURT (vte de). Comment s'est formé le nom de la ville du Mans. 1867, in-8.

8870. VOISIN (l'a.) et DIARD (P.). * Mém. sur la voie rom. du Mans à Orléans, etc. 1843, in-8.

8871. VOISIN (l'a.). Mém. sur les voies rom. qui venaient aboutir au Mans. 1844, in-8.

8872. — Mém. sur les anciennes voies du Mans. 1855, gr. in-8.

8873. DAUDIN. Essai sur les poteries rom. et les nombreux objets d'antiquité qui ont été trouvées au Mans en 1809 etc. 1830, in-folio.

8874. DESJOBERT. Essai sur les poteries gallo-rom. trouvées au Mans.

Dans sa 7e *not. sur les médailles rom. du dép. de la Sarthe*. 1844.

8875. CAUMONT (A. de). Rapport verbal sur le musée Drouet au Mans. 1857, in-8.

8876. HUCHER (E.). Études sur les poteries gallo-rom. découv. au Mans, etc. 1859 et 1860, in-8.

8877. VOISIN (l'a.). Cité des Cénomans; nouvelles explorations sur les remparts du Mans. 1859, in-8.

8878. LEGEAY (F.). Le Guide du voyageur au Mans. 1861, in-12.

8879. HUCHER (E.). Catalogue archéol. du Mans, etc. 1869, in-8.

8880. DAVID (A.-L.). Rapport sur un aqueduc découvert dans les champs d'Isaac, près la v. du Mans. 1849, in-8.

8881. VOISIN (l'a.). Documents historiques sur les anciens murs du Mans. 1859, in-8.

8882. HUCHER (E.). Catalogue des monnaies rom. trouvées dans le jardin du collège du Mans au cours de l'année 1848. 1849, in-8.

8883. BARTHÉLEMY (A. de). Catalogue des monnaies trouvées au Mans. 1850, in-8.

Localités diverses

8884. PESCHE jeune (J.-R.). De l'antiquité comparée de l'établissement rom. d'*Allonnes* et de la cité du Mans etc. 1837, in-8.

8885. DROUET (Ch.). Not. sur les fouilles pratiquées à *Allonnes*. 1844, in-8; fig. et pl.

8886. ROUYER. Note sur une monnaie gauloise inédite... découverte à *Alonnes* (sic). 1846, gr. in-8.

8887. LEGEAY (F.). Rech. historiques sur *Aubigné* et Verneuil. 1857, in-12.

8888. HUCHER (E.). Not. sur une découverte de 450 deniers romains faite à *Avezé*, près la Ferté-Bernard. 1848, in-8.

8889. LEGEAY (F.). Rech. histor. sur *Caulongé*. 1856, in-12.

8890. DESJOBERT. Rapp. sur une médaille rom. trouvée dans la c^ne^ de *la Chapelle-Gaugain*, etc. 1844, in-8.

8891. DAVOUST (l'a. Fr.). Not. sur 22 médailles rom. trouvées à *Chevillé*. 1870, in-8.

8892. CHARLES (L.). Antiquités découvertes à *Cormes*. 1866, in-8. — Vases et armes [gallo-rom.] trouvés à *Cormes*. 1867.

8893. CHORIN (l'a.). Description du camp de St-Evroult, c^ne^ de *Gesne le Gandelin*. 1844, in-8.

Lavernot.

Voir l'article Vaas.

8894. DROUET (Ch.). Médailles romaines trouvées à *Macaire*. 1837, in-8.

8895. BRINDEJONC. Dépôts lacustres de *Mamers* et de Saint-Remy-des-Monts. 1866, in-8.

8896. LEGEAY (F.). Rech. historiques sur *Mayet* et ses environs, etc. 1851, in-18.

8897. DROUET (Ch.) et HUCHER (E.). Mosaïques du *Mont Saint-Jean*. 1845, in-8. — Voir aussi l'art. Roullée.

8898. PERSIGNAN (l'a.). Fouilles pratiquées dans la c^ne^ de *Musigné*, hameau de Gennes en 1855. 1858, in-8.

8899. JOUSSET (d^r^). Les cercueils de *Nocé*. 1867, in-8.

8900. DESJOBERT. Not. ou Rapp. sur un vase antique en verre trouvé... c^se^ de *Noyen*. 1840, in-8.

8901. CHORIN (l'a.). Mém. sur les ruines du *Petit-Oisseau*. 1844, in-8.

8902. DAVID (A.-L.). Ruines du *Port à l'Abbesse*. 1858, in-8.

8903. HUCHER (E.). Not. sur la mosaïque de *Roullée* à Mont St-Jean. 1855, in-8.

8904. SALMON (de Sablé). Rech. sur les anciens mon^ts^ des environs de *Sablé*. 1849, in-8.

8905. LEGEAY (F.). Rech. histor. sur *Sarcé*. 1856, in-12.

8906. CHARLES (L.). Une villa gallo-rom. au château de Roches, c^ne^ de *Sceaux*. 1868, in-8.

8907. PIOLIN (dom). Observations sur une pierre celtique [à *Solesmes*]. 1870, gr. in-8.

8908. VOISIN (l'a.). Note sur Matoval, ou origines de *St-Calais*. 1839, in-8.

8909. — Histoire de *St-Calais* 1847, in-4.

8910. CHARLES (L.). Villa de l'époque rom. à *St-Jean des Echelles*. 1866, in-8.

St-Remy-de-Mont.

Voir l'article Mamers.

8911. LEGEAY (F.). Recherches historiques sur *Vaas* et Lavernot. 1855, in-12.

Verneuil.

Voir l'article Aubigné.

SAVOIE

Articles sur le département

8912. DUCIS (l'a. C.-A.). La Maurienne. 1870, in-4.

8913. CIBRARIO (L.). Lettre sur la route qui conduisait anciennement par la vallée d'Usseil de Piémont dans la haute Maurienne. 1830, in-8.

8914. MACÉ (Ant.). Description d'une voie rom. conduisant de la Maurienne à Lemincum et à Vienne. 1870. in-8.

8915. RABUT (L.). Fouilles dans les emplacements à pilotis du lac du Bourget. 1867, in-8.

8916. QUICHERAT (J.). Rapport sur les fouilles de M. L. Rabut dans le lac du Bourget. 1870, in-8.

8917. BORREL. Notes sur les sépultures antiques découvertes en Tarentaise. 1870, in-8.

8918. * Deux inscriptions rom. trouvées, l'une à St-Jean-Pied-Gauthier, l'autre à St-Pierre de Soucy. — *Mém. de l'Acad. de Savoie* 2e s. t. V, 1862, p. CXXXII.

8919. DUCIS (l'a.). Deux inscriptions rom. de la Savoie. 1870, in-4.

8920. — Inscr. romaines de la Savoie. 1870, in-4.

Arrondissements et Cantons

8921. DUCIS (l'a.). Répertoire archéol. des arrts d'Albertville et de Moutiers. 1863, in-8.

Ville de Chambéry

8922. MÉNABRÉA (L.). Histoire de Chambéry etc. 1848, in-8.

Localités diverses

8923. Inscriptions rom. trouvées à *Aime*.

Voir les articles de l'abbé Ducis, publiés sous divers titres dans la *Revue Savoisienne* années 1866, 1867 et 1870. Voir aussi *Mém. de l'Acad. de Savoie*, 2e s., t. II, 1854, p. 14; t. V. 1862, p. LV; *Rev. du Lyonnais*, mars 1862.

8924. DUCIS (l'a.). Antiq. d'*Aime*. 1870, in-4.

Aix-les-Bains

8925. DESPINE (dr bon C.). Guide... d'Aix en Savoie. 1844, in-8.

8926. — L'été à Aix en Savoie. 1851, in-18; pl., fig., carte.

8927. — Indicateur... d'Aix-les-Bains. 1861, in-8.

8928. * Antiquités d'Aix-les-Bains. — *Mém. de l'Acad. de Turin*, cl. de litt. 1809.

8929. ABAUZIT. Sur les monts d'Aix en Savoye.

Dans ses Œuvres, éd. d'Amsterdam, 1783, t. II, p. 107.

8930. MORIONDI (J.-B.). Monumenta aquensia, etc. 1789-90, 2 vol. in-4.

8931. SOCQUET. Analyse des eaux thermales d'Aix. 1810, in-8.

Détails archéologiques.

8932. MILLIN (A.-L.). Observations sur le mont sépulcral de Pomp. Campanus à Aix en Savoie. 1814, in-8.

8933. LOCHE (gal cte de). Recherches histor. sur les monts rom. d'Aix en Savoie. 1828, in-8; 2 pl.

8934. — Mém. sur les souterrains des anciens bains d'Aix en Savoie. 1831, in-8.

8935. * Aix-les-Bains en Savoie. Inscription découverte en ce lieu. — *Rev. arch.*, t. X, 1853, p. 609.

8936. ALLMER (A.). Mém. sur deux inscriptions votives en l'honneur de la déesse Bormo [trouvées à Aix]. 1859, gr. in-8.

8937. BOURQUELOT (F.). Inscriptions antiques de Luxeuil et d'Aix-les-Bains. 1862, in-8.

8938. BERNARD (A.). Inscriptions antiques d'Aix-les-Bains. 1862, in-4.

8939. CALLOUD (Ch.). Antiquités... de la *Bauche*. 1862, in-4.

8940. DUCIS (l'a.). Observations sur la notice de Ch. Calloud. 1862, in-4.

8941. — La vallée de *Beaufort* en Savoie. 1864. in-8.

8942. — Promenade archéol. à *Belleville de Hauteluce*. 1869, in-8.

8943. — Bergintrum en Tarentaise (*Bourg St-Maurice*). 1870, in-4.

8944. — Note sur une inscription rom. trouvée à *Bourg St-Maurice*. 1862, in-8.

8945. MACÉ (Ant.). Inscription inédite trouvée à la *Chapelle-Blanche*. 1858, in-8.

Cp. Léon RENIER (*Bull. du Comité de la langue, etc.*, t. IV, 1857, p. 171; —AURÈS, *Métrologie gauloise*, 1869, § 2.

8946. PERSONNAT (V.). Aqueduc du *Châtelard*. 1864, in-4.

8947. DUCIS (l'a.). Cachet de Pompée [trouvé à *la Contamine de Moutiers*]. 1863, in-4.

8948. FIVEL (Th.). Note sur cinq inscriptions rom. récemment découvertes à *Fréterive*. 1862, in-8.

8949. DUCIS (l'a.). Antiq. de *Gilly*, etc. 1870, in-4.

8950. PILLET (L.). Inscription chrétienne du VIe siècle trouvée à *Grésy-sur-Aix*. 1861, in-8; 1 pl.

8951. LOCHE (gal cte de). Not. archéol. sur un antique baudrier de bronze [trouvé à *Jarrier*]. 1828, in-8.

8952. VIGNET (cte de). Not. sur les voies rom... de Lemincum [*Lémenc*] à Augustum. 1843, in-8.

8953. LOCHE (gal cte de). Not. sur un caducée de bronze trouvé à *Lémenc*. 1827, in-8; 1 pl.

8954. RABUT (L.). Découverte faite à *Montagnole* d'une urne cinéraire. 1858, in-8.

8955. QUIQUEREZ (A.). Objets d'antiquités provenant de l'abbaye de *Montier-Grand-Val*. 1866, in-8.

8956. MÉNABRÉA (L.). *Montmélian* et les Alpes, etc. 1841, in-8; 1 pl.

8957. MILLION (l'a. F.). Note sur un demi-dolmen... à *Planvillard* près Moutiers. 1868, in-8.

8958. GARIN (l'a.). Notices histor. sur *Salins* [près Moutiers], etc. 1866, in-8.

8959. BEAUREGARD (cte COSTA de). Les sépultures de *St-Jean de Belleville*. 1867, in-fol.

8960. DUCIS (l'a.). Inscriptions de *St-Jean-de-la-Porte*. 1868, in-4.

8961. RABUT (F.). Note sur une inscription existant à *St-Jean*. In-8.

8962. DUCIS (l'a.). Brigantio en Tarentaise. [*Villette*] 1868, in-4.

HAUTE-SAVOIE

Articles sur le département

8963. RABUT (F.). Liste des cnes de la Hte-Savoie. 1859, in-8.

8964. DUCIS (l'a.). Amphion, Abondance, Jules César et le Léman. 1865, in-4.

8965. — Le haut Chablais à l'époque rom. 1865, in-4.

8966. — Le Faucigny à l'époque rom. 1866, in-4.

8967. — Chemin et camp rom. en Chablais, 1865, in-4.

8968. — Dolmen, camps celtiques, tumulus [dans la Hte-Savoie]. 1866, in-4.

8969. THIOLY (F.). L'époque du renne au pied du mont Salève. 1868, in-4.

8970. REVON (L.). Inscriptions antiques de la Hte-Savoie etc. 1870, in-4; planches.

8971. MOMMSEN (Th.). Note sur les inscr. antiques de la Hte-Savoie. 1870, in-4.

Arrondissements et Cantons

Pour mémoire.

Ville d'Annecy

8972. LECOY DE LA MARCHE. Note sur l'origine du nom d'Annecy. 1861, in-4.

8973. REVON (L.). Le nouveau trésor des Fins d'Annecy. 1867, in-4.

Noms de potiers.

8974. — Fouilles dans les Fins d'Annecy. 1868, in-4.

Suite de l'art. précédent. — 38 marques de fabrique de potiers.

8975. — Monnaies gauloises trouvées aux environs d'Annecy. 1866, in-4.

8976. VALLIER (G.). Le Trésor des Fins d'Annecy. 1868. in-4.

10,700 médailles rom.; objets divers.

8977. DUCIS (l'a.). Bautas et Annecy. 1863, in-4.

Inscriptions romaines.

Localités diverses

8978. DUFOUR (E.). Un mont celtique à *Abondance*. 1869, in-4.

8979. FAZY (H.). Lettre annonçant la découverte d'inscriptions gallo-romaines à *Annemasse*. 1861, in-8.

Bautas.

Voir les art. sur ANNECY.

8980. THIOLY (F.). Nouvelles fouilles dans la caverne de *Bossey*. 1865, in-4.

Les Fins d'Annecy.

Voir les art. sur ANNECY.

La Forclaz de St-Gervais.

Voir plus loin les art. sur St-GERVAIS.

8981. DUCIS (l'a.). *Gevrier*. 1862, in-4.

Inscriptions romaines.

8982. REVON (L.). Fouilles de *Gevrier*. 1864, in-4.

8983. FIVEL (Th.). Inscription romaine trouvée à *Hauteville*. 1862, in-8; 1 pl.

8984. REVON (L.). L'Inscription de *Ley* (cne de Mieussy). 1867, in-4.

Inscr. portant ATHVBODVAE.

8985. PICTET (Ad.). Deux inscriptions gauloises. Note suivie des obs. de L. REVON. 1867, in-4.

Inscr. de Ley portant, l'une ATHVBODVAE, l'autre VIROTVTI.

8986. — Sur une nouvelle déesse gauloise de la Guerre (Athubodia) trouvée aux *Fins-de-Ley*. 1868, in-8.

8987. DUCIS (l'a. C.-A.). Inscriptions romaines de *Passy*.

Les Ceutrons dans le haut Faucigny. 1866, in-4.

8988. TROYON (Fr.). Disque en bronze de *Perroix*, sur le lac d'Annecy. 1862, in-4.

8989. REVON (L.). Deux tombeaux gallo-rom. de *Pringy*. 1862, in-4.

8990. MORTILLET (G. de). Crânes gallo-rom. de *Pringy*. 1865, in-4.

8991. CROISOLLET (Fr.). Histoire de *Rumilly*. 1869, in-8.

8992. * Inscriptions rom. à *Rumilly*. — *Rev. Savoisienne*, t. I, 1860, p. 22.

8993. LOCHON (dr.). Note sur deux squelettes de l'âge de pierre [trouvés à *Séchy*]. 1869, in-4.

8994. DUCIS (l'a.). Les antiq. de *Seyssel*. 1862, in-4.

8995. FIVEL (Th.). Inscriptions rom. de *Seyssel*. 1862, in-8.

Saint-Gervais

8996. PAYEN (dr H.). Not. sur les eaux minérales de St-Gervais. 1854, in-18; 2e éd. 1859; 3e éd. 1863. Carte topographique et routière de la vallée de Montjoie et des environs de St-Gervais.

Inscriptions rom. notamment celle de la Forclaz de St-Gervais, portant CEVTRONAS, trouvée au Larioz de la Forclaz le 18 juillet 1853. — Voir sur cette inscr. le *Bull. de l'Institut de correspondance archéologique*, à Rome, 1854; voir aussi la lecture proposée par BONNEFOY (lettre à L. Ménabréa datée du 7 sept. 1855) et la note de l'a. Ducis (rédigée en 1857), publiées dans les *Mém. de l'Acad. de Savoie* 2e s., t. V, 1862, p. LIX et suiv.

8997. RENIER (L.). Sur une inscription découverte [à la Forclaz] dans les environs des bains de St-Gervais, en Savoie, etc. 1859, in-8.

8998. PERSONNAT (P.), sous le pseudonyme de P. de MARANS. * Inscription rom. de la Forclaz de St-Gervais. 1863 et 1864.

8999. DUCIS (l'a.). Inscription du Larioz. 1864, in-4.

Réponse à l'art. précédent.

9000. PAYEN (dr H.). L'inscription de la Forclaz de St-Gervais 1865, in-4.

9001. RUTIMEYER (L.). Les ossements de la caverne de *Veyrier*, 1868, in-4.

SEINE

Articles sur le département

9002. CHABROL DE VOLVIC (c^te Gilbert Jos. Gasp. de). Rech. statistiques sur la v. de Paris et le dép^t de la Seine. 1821, in-8.

9003. LEBEUF (l'a. J.). Histoire de la ville et de tout le diocèse de Paris. 1754-58, in-12 et in-8. — Nouv. éd. par H. Cocheris. 1863, in-8.

9004. CARLIER (l'a. Cl.). * Obs. pour servir de conclusion à l'histoire du diocèse de Paris de l'abbé Lebeuf. 1758, in-12.

9005. HURTAUT et MAGNY. Dictionnaire histor. de la v. de Paris et de ses environs. 1779, 4 vol. in-8.

9006. DULAURE (J.-A.). Histoire physique, civile et morale des environs de Paris, depuis les premiers temps hist. jusqu'à nos jours. 1825-1828, 3 vol. in-8.

9007. GAULLE (J. de). Nouvelle histoire de Paris et de ses environs, avec introduction par Ch. Nodier. 1841, gr. in-8.

9008. ROBERT (J.-B.). Origines de Paris et de toutes les c^nes, hameaux, etc., des dép^ts de la Seine et de Seine-et-Oise, etc. 1864, in-8.

9009. * Plat pays de l'élection de Paris, état par ordre alphabétique des villes, bourgs, paroisses, hameaux et écarts, situés dans l'étendue de l'élection de Paris. In-4, 1733.

9010. HERNANDEZ (Ph.). * Description de la généralité de Paris.... 1759, in-8.

9011. DULAURE (J.-Ant.). Nouvelle description des environs de Paris. 1786, in-12.

9012. OUDIETTE (Ch.). Dictionnaire topograph. des environs de Paris, etc. 1812, in-8.

9013. * Communes et hameaux... de la Seine situés en dehors des fortifications de Paris *Paris*. (1860), in-4.

9014. LAFAILLE (L. de). Excursions histor. et archéol. autour de Paris. 1852, in-18.

9015. FORGEAIS (A.). Barque gauloise trouvée dans la Seine. 1862, in-8.

9016. DESNOYERS (J.). Note sur les cavernes à ossements des environs de Paris. 1842, in-4.

9017. HAHN (Al.). Description des mon^ts celtiques des environs de Paris. 1857, gr. in-8.

Ville de Paris

9018. GIRAULT, de St-Fargeau. * Bibliographie de la v. de Paris, etc. *Paris*, 1847, in-8.

Voir aussi O. Lorenz, *Catalogue général de la librairie française*, t. VIII, art. *Paris*.

9019. BOTRAYS, en latin Botereus. Lutetia, carmen. 1611, in-8.

9020. MALINGRE (Cl.). Les annales générales de la v. de Paris... 1640, in-fol.

9021. FÉLIBIEN (D.-M.). éd. Lobineau. Histoire de la v. de Paris, revue et mise au jour. 1725, 5 vol. in-fol.

9022. AUVIGNY (J. du Castre d'). Histoire de la v. de Paris. 1735, in-12.

9023. LEBEUF (l'a. J.). Diss. sur l'histoire ecclésiastique et civile de Paris. 1739. in-12.

9024. PONCET DE LA GRAVE. Histoire de Paris prouvée par les textes originaux depuis J. César. 1771, in-8.

9025. JAILLOT (J.-B. M. de Chevigné dit). Rech. critiques, histor. et topogr. sur la v. de Paris, etc. 1772-75, 5 vol. in-8.

9026. BEGUILLET (E.). Histoire de Paris, etc. 1780, in-8, et in-4.

9027. St-VICTOR (J.-M.-B. Bins de) et TOURLET. Tableau histor. et pittoresque de Paris, etc. 1808-12, 3 v. in-4; autre éd. 1822-27.

9028. PISSOT (N.-L.). Siéges soutenus par la ville de Paris depuis l'invasion des Romains... 1815, in-8.

9029. DULAURE (J.-A.). Histoire physique, civile et morale de Paris, depuis les premiers temps historiques jusqu'à nos jours. 1823-24, 10 vol. in-8.

9030. DÉAL. Diss. sur les Parisii, etc. 1826, in-8.

9031. BERAUD et DUFEY (P.). Dictionnaire histor. de Paris, etc... 1828, 2 vol. in-8.

9032. B***. * Histoire de Paris etc. 1834, in-18. — Nouv. éd. 1838.

9033. MURET (Th.). Histoire de Paris, etc. 1836, in-8.

9034. GAULLE (J. de). Nouvelle histoire de Paris et de ses environs. 1839-42. 5 vol. in-8; fig.

9035. BELIN et PUJOL (A.). Histoire civile, morale et monumentale de Paris etc. 1843, in-8.

9036. * Histoire de Paris, depuis les Gaulois jusqu'à nos jours. *Paris*, *Louis Labbé*, 1847, in-18.

9037. LAVALLÉE (Th.) Histoire de Paris, etc. 1852, in-8. — 2e éd. 1857, 2 vol. in-12.

9038. MEINDRE (A.-J.). Histoire de Paris, etc. 1853-55. 5 vol. in-8; fig.

9039. GABOURD (Am.). Histoire de Paris depuis les temps les plus reculés jusqu'à nos jours. 1865. in-8.

9040. * Histoire générale de Paris. Collection de documents publiés sous les auspices du conseil municipal. Gr. in-4.

Parties publiées :

Introduction à l'histoire gle de Paris. 1 vol. 1866.

TOPOGRAPHIE. Topographie historique du vieux Paris, par A. Berty, continuée par H. Legrand. 3 vol. 22 et 39 pl. 1866, 1869, 1873.

Plans de restitution. — Paris en 1380, par H. Legrand, 1868 (topographie).

SCRIPTORES RERUM PARISIENSIUM, par Le Roux de Lincy et L. Tisserand. 1 vol. 38 pl.

Paris et ses historiens, aux XIVe et XVe siècles. 1867.

Étienne Marcel, par F.-T. Perrens. 1875.

Le livre des métiers d'Étienne Boileau, nouvelle édition par F. Bonnardot. 1880.

BIBLIOTHÈQUES. Les anciennes bibliothèq. de Paris, par Alfred Franklin, t. I, 1867, t. II, 1870, t. III, 1873. Le Cabinet des mss. de la bibliothèq. imp. *puis* nationale, par Léopold Delisle, t. Ier. 1868, t. II, 1874.

La première bibliothèque de l'hôtel-de-ville de Paris, 1873.

GÉOLOGIE ET PALÉONTOLOGIE. *La Seine*. Le bassin parisien aux âges anté-historiques par A. Belgrand. 1 vol. de texte; 1 vol. de pl. de paléontologie. 1 vol. de pl. de géologie et conchyliologie. 1869.

9041. LAUNOY (J. de). De controversia super scribendo parisiensis ecclesiæ martyrologio exorta, judicium. 1671, in-8.

9042. DU BOIS (G.). Historia ecclesiæ parisiensis. 1690, 1710, 2 vol. in-fol.

9043. MAUPERCHÉ (de). * Paris ancien, Paris moderne, religion, mœurs, etc. 1814, in-4.

9044. BERNARD (l'a. E.). Les origines de l'église de Paris. Établissement du Christianisme dans les Gaules. 1870, in-8.

9045. HALLOIX (le p. P.). Vie de st Denys l'aréopagite. Texte latin (1633). Traduction française par l'a. F., revue par l'a. E. VAN DRIVAL, 1866, in-8.

9046. MILLET (D. G.). Vindicata ecclesiæ gallicanæ de suo areopagita Dionysio gloria. 1638, in-8.

9047. SAMBLANCATUS (J.). Galliæ palladium, sive Dionysius areop. 1641, in-8.

9048. LAUNOY (J. de). Animadversiones in Palladium Galliæ seu Dionysium areop... 1641, in-8. Reproduit dans ses *Varia opusc.*, 1660, p. 133.

9049. — Beati Dionysii Parisiorum apostoli miracula. 1641, in-8.

9050. SIRMOND (J.). Diss. in qua Dionysii paris. et Dionysii areop. discrimen ostenditur. 1641, in-8.

9051. GERSON (Fr.). Copie de la lettre envoyée au r. p. Sirmond dans laquelle il montre que st Denys, aréopagite, a été le 1er évêque de Paris etc. 1641, in-8.

9052. G. (D.). Copie de deux lettres écrites à M. François Garson [pour Gerson] sur son livret des deux saints Denis. 1641, in-8.

9053. LAUNOY (J. de). De Areopagiticis Hilduini judicium. 1641, in-8.

9054. — De duobus Dionysiis. 1641, in-8.

9055. MILLET (D. G.). Ad dissertationem [no 9050] nuper evulgatam de duobus Dionysiis, responsio, etc. 1642, in-8.

9056. LAUNOY (J. de). Responsionis [no précédent] ad dissertationem de duobus Dionysiis... discussio. 1642, in-8.

9057. MÉNARD (H.). De unico S. Dionysio areopagita, Athenarum et Parisiorum episcopo, adversus J. de Launoy diatriba. 1643, in-8.

9058.* DOUBLET (le p. F.-J.). Histoire chronologique pour la vérité de s[t] Denys aréop... 1646, in-4.

9059. LAUNOY (J. de). Varia de duobus Dionysiis opuscula. 1660, in-8.

9060. CHIFFLET (P. F.). Diss. tres I. de uno Dionysio, etc. 1676, in-8. Dissertation touchant s[t] Denis l'aréopagite, extrait du latin. 1676, in-12.

9061. LAUNOY (J. de). Super P. Fr. Chiffletii dissertatione de uno Dionysio judicium. 1677, in-8.

Voir J. LAUNOII... *Opera omnia.* 1731, 5 tomes in-fol. en 10 vol.

9062. CHIFFLET (P.-F.). Opuscula quatuor. I. De sancti Dionysii ætate totaque chronologia qua et suus Parisiensibus confirmatur etc. 1679, in-8.

9063. QUADE (M. F.). et MEYER (S.). De Dionysio areop. scriptisque ei dem suppositis, etc. 1708. in-4.

9064. DU CANGE (Ch. DU FRESNE). [*Ms.*] Diss. pour prouver que s[t] Denis évêque de Paris n'est pas l'aréopagite. In-4.

A la suite de son Projet d'une géographie de l'ancienne Gaule.

9065. DARRAS (l'a. G.). S[t]Denis l'aréop.; étude sur les origines chrétiennes des Gaules. 1863, in-8.

Consulter sur s[t] Denis l'aréopagite et sur s[t] Denys 1er évêque de Paris, Ul. CHEVALIER, *Répertoire des sources histor. du moyen âge*, Bio-bibliographie, colonnes 563 et suiv.

9066. LE JUGE (P.). L'histoire de s[te] Geneviève, patronne de Paris, etc. 1586, in-16; — 1588, pet. in-8.

9067. BEURRIER. (P.). La vie de s[te] G[ve]. 1641, in-8.

9068. WALLINUS (G.). De s[ta] Genovefa... disquisitio, etc. 1723, in-4; fig.

9069. * La vie de s[te] Geneviève, vierge, patronne de Paris, précédée d'une notice sur toutes les vies de S[te] G[ve] qui ont paru. *Paris*, 1823, in-12; — autre éd. 1825.

9070. SAINT-YVES (l'a. P.-M.-B.). Vie de s[te] G[ve]. 1845, in-8.

Sur l'histoire de sainte Geneviève, patronne de Paris, consulter la « Monographie bibliographique » de P. PINÇON, insérée dans l'*Histoire de la bibliothèque Sainte-Geneviève* d'Alfred de BOUGY. Paris, 1847, in-18, p. 275-88. — Voir aussi Ul. CHEVALIER, *Répertoire des sources histor. du moyen âge*, Bio-bibliogr. col. 828, 829.

9071. IRMINON (l'a.). B. GUÉRARD, éditeur. Polyptyque de l'abbé Irminon, ou dénombrement des manses, des serfs et des revenus de St-Germain des Prés, sous le règne de Charlemagne. 1838-1844. 3 vol. in-4.

9072. KNOBELSDORF (E.). Lutetiæ Parisiorum descriptio. 1543, in-12.

9073. LAMARRE (N. de la). * Lutèce premier plan de Paris tiré de César, de Strabon, etc. 1705, in-fol.

Consulter pour la bibliographie des plans de Paris et de l'Ile-de-France le *Bull. de la Soc. de l'histoire de Paris*, 1875, p. 118 (note de Léopold PANNIER), p. 136 (note du baron Jérôme PICHON), p. 141 (catalogue d'Aug. LONGNON); 1880, p. 117 (note de MAREUSE sur les « plans de Paris ».

9074. JAILLOT (J.-B.-M. RENOU DE CHEVIGNÉ dit). Rech. critiques, histor. et topograph. sur la v. de Paris, etc. 1772-75, 5 vol. in-8; plans.

9075. LENOIR (Alex.). Coup d'œil sur l'état de Paris avant la monarchie. In-8.

9076. QUICHERAT (J.). Du lieu de la bataille entre Labiénus et les Parisiens. 1852, in-8.

9077. SAULCY (F. de). La première bataille de Paris. 1857, in-8.

9078. — L'Opinion de M. Quicherat sur la bataille entre Labiénus et les Parisiens. 1857, in-8.

9079. LENORMANT (Ch.). Note sur la bataille livrée par Labiénus sous les murs de Paris. 1861, in-8.

9080. QUICHERAT (J.). L'Opinion de M. de Saulcy sur la bataille entre Labiénus et les Parisiens. 1868, in-8.

9081. JOLLOIS (J.-B.-P.). Voies qui aboutissaient à Lutèce.

Mém. sur les antiq. rom. et gallo-rom. de Paris. 1841, in-4.

9082. HAHN (Al.). Note sommaire sur l'ancienne voie de Paris à Senlis, etc. 1863, in-8.

9083. CORROZET (Gilles). * Les antiquités, histoires, chroniques et singularités de... Paris... 1512, in-16; — autres éditions.

9084. — * Les antiquitez, histoires, chroniques et singularitez de... Paris, Gilles Corrozet auteur en partie, mais beaucoup plus augmentées par N. B. (N. BONFONS). In-12, plusieurs éditions.

9085. BREUL (J. du). Le théâtre des antiq. de Paris etc. 1612, in-4; — autres éditions.

9086. MALINGRE (Cl.). Antiquités de la v. de Paris. 1640, in-fol. — Autres éditions.

9087. COLLET (Fr.). Abrégé des antiquités de la ville de Paris. 1664, in-12.

9089. SAUVAL (H.). Histoire et rech. des antiq. de la v. de Paris. 1724, in-fol. (Posthume.)

9088. BRICE (dom G.). Description nouvelle de la v. de Paris. 1685, 2 vol. in-12.

9090. CAYLUS (cte de). Diverses antiq. de Paris.

Recueil d'antiq. t. II, 1756, p. 367-398; t. VII, 1767, p. 318.

9091. DULAURE (J.-A.). Nouvelle description des curiosités de Paris. 1787, in-12.

9092. LENOIR (Alex.). Conférences archéol. sur les antiq. de Paris (1er art.) 1837, in-8.

9093. JOLLOIS (J.-B.-P.). Antiq. rom. et gallo-rom. de Paris. 1843, in-4.

9094. * Musée des Thermes et de l'hôtel de Cluny, catalogue et description des objets d'art de l'antiquité, du moyen âge et de la renaissance, exposés au musée. Paris, à l'hôtel de Cluny, 1847, in-8.

Voir plus loin le n° 9126.

9095. GUILHERMY (bon F. de). Itinéraire archéologique de Paris. 1861, in-12 grav. et vign.

9096. * Nouvelle découverte d'une des plus singulières et des plus curieuses antiquités de la ville de Paris. 2 feuillets in-4 non piqués, s. l. n. d. dont la publication semble remonter à la 1re moitié du XVIIe siècle. 1 fig.

Tête de femme en bronze surmontée d'une tour, trouvée près de St Eustache, dans les fondations d'une ancienne enceinte de Paris.

9097. BOURIGNON de Saintes. Obs. sur qq. antiq. rom. déterrées dans le jardin du Palais-Royal. 1782, in-8.

9098. GRIVAUD DE LA VINCELLE (Cl.). Antiq. gauloises et rom. recueillies dans les jardins du Palais du Sénat. 1807, in-4.

9099. DULAURE (J.-A.). JORAND et GILBERT. Rapp. sur les antiq. gallo-rom. découv. à Paris dans les fouilles de l'église St-Landri en l'Ile de la Cité, au mois de juin 1829. 1830 in-4.

9100. DUC et DOMMEY. Rapport... sur les antiq. rom. trouvées au Palais de Justice en 1845. 1846, in-8.

9101. READ (Ch.). Vase gallo-rom. avec inscription. 1868, in-8.

9102. GOSSE (H.). Instruments et silex trouvés à Paris. 1863, in-8.

9103. BOITARD. Paris avant les hommes. L'homme fossile, etc. 1861, in-8.

9104. LENOIR (Alex.). Mont celtique découvert à Paris. 1807, in-8.

9105. AVAUX (F. des). * Monuments antiques. par F. D. A. 1690, in-4.

9106. BAUDELOT. Description des bas-reliefs anciens trouvés depuis peu dans l'église cathédrale de Paris. 1711, in-4.

9107. MAUTOUR (P.-B. MOREAU de). * Obs. sur des monts d'antiquité trouvés dans l'église cathédrale de Paris. par M. M. D. M. 1711, in-4.

9108. MONTFAUCON (le p. B. de). Discours sur les monts antiques, sur ceux de la ville de Paris et sur une inscription trouvée au bois de Vincennes etc. 1740, in-4.

9109. BALTARD (L.-P.). Paris et ses monts, avec des cartes historiques et critiques par Amaury DUVAL. 1803 et suiv. in-fol.

9110. ROQUEFORT (B. de). Dictionnaire historique et descriptif des monts de Paris. 1826, in-8.

9111. * Dictionnaire historique... des rues et des monts de Paris, par J. A. L. *Paris, Leleux*, 1838, in-8.

9112. GOURNERIE (Eug. de la). Histoire de Paris et de ses monts. 1852, gr. in-8.

9113. St-MORYS (de VIALART de). Monuments trouvés en 1751 dans la rue Vivienne... Monument trouvé en 1800 rue Vivienne. 1807, in-8.

Voir sur ces monuments A. DE LONGPÉRIER, *Inscriptions de la France* (*Journal des savants*, sept. 1874, —); le passage contenant l'historique de cette découverte a été reproduit dans le *Bull. de la Soc. de l'histoire de Paris*, 1874, p. 73.

9114. LENOIR (Alex.). Not. sur deux

statues antiques égyptiennes découvertes à Paris en décembre 1809. 1810, in-8.

9115. JORAND (J.-B.-J.). Not. archéol. sur un autel à Esus (dans la Cité, à Paris). 1823, in-8.

9116. LENOIR (Alex.). Statistique monumentale de Paris, 1841-1868, in-fol.

9117. POUGET (RAMOND du). Not. sur les anciennes enceintes de la ville de Paris. 1826, in-8.

9118. BONNARDOT. Dissertations archéol. sur les anciennes enceintes de Paris. 1852, in-4.

9119. BONAMY. Mémoire sur les aqueducs de Paris comparés à ceux de l'ancienne Rome. 1754, in-4.

9120. DUCHALAIS (A.). Note sur une tête en bronze antique attribuée à Cœlius Caldus et restituée à Lépide. 1852, in-8.

9121. BRIÇE (G.). Le palais des Thermes ou thermes de Julien à Paris.

Description nouvelle de Paris, etc.

9122. CAYLUS (c^{te} de). Les Thermes de Julien.

Rec. d'Antiquités, t. II, 1756, p. 372.

9123. CHENU (J.). * Description du palais des Thermes, rue de la Harpe n° 63. 1832, in-8.

9124. LENOIR (Alex.). Le palais des Thermes. 1833, in-8.

9125. DUSOMMERARD (Alex.). * Notices sur l'hôtel de Cluny et sur les palais des Thermes, etc. 1834, in-8.

9126. — Le Palais rom. de Paris, etc.

Les arts au moyen âge, etc. 1839-46, in-8; atlas in-fol.

9127. PELET (A.). Essai sur le palais des Thermes à Paris et les Thermes de Julien reproduits en relief. 1840, in-8.

9128. LE ROUX DE LINCY. Rech. sur les propriétaires et les habitants du palais des Thermes et de l'hôtel de Cluny, etc. 1846, in-8.

9129. * Sur le clos des arènes à Paris. — (*Mém. de l'Acad. roy. des Inscriptions*, Hist., t. XIV, 1743, p. 272.)

9130. ALIZOU (Aimé d'). Les arènes rom. de la rue Monge. 1870, in-8.

9131. AMÉCOURT (R. d'). Rapport sur les arènes de la rue Monge (lu en 1870) 1873, in-8.

9132. AUDIERNE (l'a.). Lettre sur les arènes de Paris. 1870, in-8.

9133. CHALARIEU (L. de). Les fouilles des arènes de Paris. 1870, in-8.

9134. FERRAND (St.). Les arènes de la rue Monge et les mortiers rom. 1870, in-8.

9135. LAURIÈRE (G. de). Qq. mots sur la découverte des arènes, etc. 1870, in-8.

9136. LEFEBVRE (Ch.). * Les squelettes des arènes de Paris, par un descendant du gallo-romain Ch. Faber. 1870, in-8.

9137. * Les arènes de Paris, Paris, impr. Pougin, 1870, in-8. 32 p.

9138. * Pétition relative aux ruines d'amphithéâtre romain découv. à Paris. — *Ann. de la Soc. d'agr.*, etc., *de la Loire*, t. XIV, 1870, p. 89 et 90.

9139. * Opinion de la province sur la question des arènes gallo-romaines de Paris, Paris, impr. Pougin. 1870, in-8; 24 p.

Voir sur la question des arènes de Paris les *cc. rr. de la Soc. franç. de numismat. et d'archéol.*, t. II, 1870, p. 432 et 436.

9140. LEBEUF (l'a. J.). Sépultures anciennes découvertes à Paris. en 1753. In-4.

9141. LENOIR (Alex.). Art industriel des Gaulois et des Parisiens (s. d. ?) in-8.

9142. FORGEAIS (A.). Not. sur les plombs historiés trouvés dans la Seine etc. 1862-66, 5 vol. in-8.

9143. BRETAGNE. Statère de Lutèce. 1852, in-8. Cp. n° 4264.

Médaille gauloise trouvée dans les environs de Laon.

9144. LEBEUF (l'a. J.). Sur une ancienne inscription (L. Gravillius, etc.) trouvée proche Paris. 1752, in-4.

Localités diverses

y compris les quartiers situés en dehors de l'ancienne enceinte.

9145. RAPIN (R.). *Autolii* pagi ad Lutetiam... descriptio.

9146. FEUARDENT (A.). Histoire d'*Auteuil*, etc. 1855, in-8.

9147. MAHIAS (J.). Précis histor. sur la cne de *Boulogne-sur-Seine*. 1852, in-8.

9148. FEUILLE (de la). Diss. sur l'antiquité de *Chaillot*, etc. 1736, in-12.

9149. LEGUAY (L.). Objets préhistoriques découv. en 1869 à *Charenton-le-Pont*. 1870, gr. in-8.

9150. ROUJOUX (A.). Rech. et études sur les sépultures celtiques des environs de *Choisy-le-Roy*. 1863, in-8.

9151. LE CANU (l'a.). Histoire de *Clichy-la-Garenne*. 1848, in-8.

9152. FALLUE (L.). Antiq. gallo-rom. et cryptes mérovingiennes d'*Épinay-sur-Seine*. 1859, in-8.

9153. BRIÈRE (de). Not. sur le château seigneurial d'*Issy*, etc. 1841, in-8.

9154. CHERONNET (D.-J.-F.). Histoire de *Montmartre*, publiée par l'abbé OTTIN 1843, in-8.

9155. SAINT-JEAN CARMEL (L. de). Antiquitez de *Montmartre*. In-8.

9156. GUILHERMY (bon F. de). Antiq. de *Montmartre*. 1843, in-4.

9157. * *Montmartre* avant et après le déluge. — *Ann. de philos. chrét.*, t. VIII, 1833, in-8.

9158. MARTIN (Fr.). Sépultures celtiques près d'*Orly*.

Analyse dans le rapport de J. Quicherat sur diverses communications 1865, N° 3.

9159. LA CHESNAIS (M.). Jules César sur les hauteurs de *Romainville*. 1869, in-8.

9160. LEGUAY (L.). Note sur une pierre à polir les silex, trouvée en septembre 1860, à la *Varenne-St-Hilaire* au lieu dit la *Pierre-au-Prêtre*. 1864, in-8.

9161. — (L.) Note sur une sépulture à incinération, découverte à la *Varenne-St-Hilaire*. 1865, in-8.

9162. — Notice sur un carneillon, ou cimetière de l'âge archéologique de pierre, découvert à la *Varenne-St-Hilaire*, cne de St-Maur-les-Fossés, en 1860. 1865, in-8.

9163. FONCEMAGNE (de). De l'origine du nom de *Vincennes*. 1744, in-4.

9164. CAYLUS (cte de). Antiq. trouvées... à *Vincennes*.

Rec. d'antiq., t. VII, 1767, p. 318 et sv. Cp. le n° 9108.

SEINE-ET-MARNE

Articles sur le département

9165. MICHELIN (L.). Essais histor., statistiques, chronolog... sur le dépt de Seine-et-Marne etc. 1829, in-8. Carte.

Tableau scénographique faisant suite aux « Essais historiques etc. » 1843, in-8.

9166. DUBARLE (E.). Statistique du dépt de Seine-et-Marne. 1846, in-8; 1 carte.

9167. LHUILLIER (Th.). Essai d'une bibliographie départementale... de Seine-et-Marne. 1858, in-12.

9168. PASCAL (dr F.). Histoire topograph. politique... du dépt de Seine-et-Marne. 1838, 2 vol. in-8.

9169. OUDIETTE. Dictionnaire topograph. du dépt de Seine-et-Marne, etc. 1821, in-8. 1 carte.

9170. BADIN et QUANTIN. Géographie départementale, etc. Seine-et-Marne. 1847, in-12.

9171. CARRO (A.). Les Grottes des fées; la Ferté-Gaucher; Crouy-sur-Ourq. 1867, in-8.

Voir aussi, sur l'histoire, la géographie et l'archéologie de Seine-et-Marne, le *Voyage chez les Celtes*, du même auteur.

9172. PATY (E.). Mémoire sur les antiq. galliques et gallo-rom. de Seine-et-Marne. 1848, in-8.

9173. AUFAUVRE (Am.). Les monts de Seine-et-Marne; description histor. et archéol. 1858, in-fol.

Arrondissements et Cantons

9174. DUBERN (J.). Not. statistique sur l'arrt de Meaux. 1833, in-8.

9175. BEAUVILLIERS (M.). Compte rendu d'une excursion archéol. dans l'arrt de Meaux. 1866, in-8.

9176. DENIS (l'a. F.-A.). Rapp. sur les monnaies gauloises et françaises trouvées dans les arr[ts] de Meaux et de Coulommiers, etc. 1849, in-8.

9177. DELETTRE (F.-A.). Histoire de la province de Montois (cantons de Bray, Donnemarie, Provins et Nangis). 1849, 2 vol. in-8.

9178. PONTÉCOULANT (c[te] de) Not. sur qq. antiq. situées dans le canton de Nangis. 1864, in-8.

Ville de Melun

9179. ROULLIARD (Séb.). Melvn, ou histoire de la ville de Melvn, contenant plusieurs raretez... 1628, in-4.

9180. NICOLET (H.-G.). Histoire de Melun, etc. 1843, in-8; 4 lithogr.

9181. BRUNET DE PRESLE (W.). Sur le nom de Metiosedum (Melun). 1862, in-8.

9182. CARRO (A.). Topographie primitive de Melun. 1862, in-8.

9183. GRÉSY (Eug.). Notices sur les antiq. découvertes à Melun en 1847. In-8.

9184. LEROY (G.). Antiq. gallo-rom. de la place N.-D. de Melun. 1864, in-8.

9185. — Note sur les antiq. trouvées à Melun. 1865, in-8.

9186. — Rapport sur les fouilles de Melun. 1865, in-8.

9187. — Note sur une villa antique près de Melun et sur des potiers gallo-romains. 1866, in-8.

9188. GRÉSY (Eug.). Antiq. découvertes à Melun. 1849, in-8.

9189. — Autel gallo-rom. découvert à Melun en 1840. 1852, in-8.

9190. LEROY (G.). Considérations sur les substructions gallo-rom. de la plaine de la Varenne de Melun. 1855, in-8.

9191. GRÉSY (Eug.). Observations sur les mon[ts] d'antiquité trouvés à Melun en février 1864. 1864, in-8.

9192. LEMAIRE. Note sur d'anciens tombeaux découverts à Melun dans la cour d'honneur de la préfecture. 1867, in-8.

9193. GRÉSY (Eug.). Not. sur une statue gaul. découv. à Melun. 1861, in-8.

9194. LEROY (G.). Note sur une statuette antique trouvée à Melun, représentant la déesse Pomone. 1864, in-8.

9195. — Les faux monnoyeurs de Melodunum. (Note sur la découverte à Melun de moules de monnaies antiques, etc.). 1862, in-8.

9196. — Inscription antique trouvée à Melun en 1682, dans le jardin de l'Hôtel-Dieu St-Nicolas. 1865, in-8.

Localités diverses

9197. CHAMPOLLION-FIGEAC. Cimetière gaulois de *Cély*, etc. 1861, in-8.

9198. * Sépulture gauloise à *Chalantré-la-Petite*. — *Rev. archéol.* 2e s., t. I, 1860; p. 63.

9199. BOURQUELOT (F.). Antiq. de *Châteaubleau*. 1858, in-8.

9200. CAUMONT (A. de). Rapport verbal sur les ruines rom. de *Châteaubleau*. 1860, in-8.

9201. * Rech. de l'antiquité de la v. et bailliage de *Château-Landon*, servant de deffense contre les officiers du bailliage de Nemours, reduites en forme de factum. Paris, Charpentier, 1662, in-8.

9202. POITEVIN (P.-E.). Histoire topograph. et physique de *Château-Landon*. 1831, in-8.

9203. BRUNET DE PRESLE (W.). Rapport sur l'hypogée de *Crécy*, etc. 1842, in-8.

9204. LHUILLIER (Th.). Note sur un hypogée anté-histor. [à *Crécy*]. 1869, in-8.

9205. LHUILLIER (Th.). Note sur l'hypogée de *Crécy-en-Brie*. 1870, in-8.

9206. OFFROY (J.-B.). Histoire de... *Dammartin*, et coup d'œil sur les environs. 1841, in-12.

9207. HACHETTE. Not. sur qq. armes trouvées dans les fouilles du chemin de fer (tranchée de *Dampmart*). 1854, in-8.

9208. VIGNON. Notice sur le menhir de *Diant*. 1846, in-8.

9209. CHEMIN. Note sur des sépultures trouvées près du hameau d'*Epieds*. 1867, in-8.

9210. GRÉSY (Eug.). Restitution d'un nom de lieu disparu, retrouvé sur une dalle funéraire en l'église de *Féricy*. in-8.

9211. RATAUD jeune. Not. sur qq. objets d'antiquités trouvés dans la forêt de *Fontainebleau*. 1829, in-8.

9212. LEROY (G.). Note sur une hache en pétro-silex trouvée à *Limoges-Fourches*. 1870, in-8.

Meaux

9213. NAVARRE (P.). * Essai historique sur la v. de Meaux, etc. 1819, in-8.

9214. CARRO (A.). Histoire de Meaux, etc. 1865, in-8.

9215. BONAMY. Observations sur les peuples Meldi des Gaules, dont parle César dans ses commentaires, in-4; 1 carte.

9216. CARRO (A.). Mém. sur la topographie primitive de la v. et du territoire de Meaux. 1862, in-8.

9217. DENIS (l'a. F.-A.). Not. sur qq. antiq. rom. trouvées aux environs de Meaux. 1858, in-8.

9218. CARRO (A.). Note sur les fouilles faites au côteau de la Justice, près Meaux. 1865, in-8.

9219. DENIS (l'a. F.-A.). Mém. sur un aqueduc rom. et sur d'autres vestiges d'antiq. trouvées... à Meaux. 1849, in-8.

9220. CAUMONT (de). Rapport verbal sur l'enceinte gallo-romaine de Meaux. 1859, in-8; 1 plan.

9221. CARRO (A.). Communications sur un ancien monument [près de Meaux]. 1864, in-8.

9222. COLOMBEL (de). Not. sur un tumulus situé près de Meaux. 1865, in-8.

9223. LONGPÉRIER (A. de). Rech. sur les monnaies de Meaux. 1840, in-8.

9224. — Monnaies gauloises à légende ROVECA [trouvées près de Meaux]. 1859, in-8. — Cp. le n° 9219.

9225. MICHELIN (L.). Fouilles de *Montramé*. 1859, in-8.

9226. QUESVERS (P.). Sur l'étymologie du nom de *Montereau*. 1865, in-8.

Moret

9227. FONTENELLE (J.). Fossile humain de Moret. — Encore un mot sur le fossile de Moret. 1824, in-8.

Voir aussi les nos 1341-1343 et les additions.

9228. HUOT. Not. géologique sur le prétendu fossile humain de Moret. 1824, in-8.

9229. PAYEN (A.). Encore le fossile humain [trouvé près de Moret]. 1824, in-8.

9230. BARRUEL (J.-P.). Not. sur le fossile humain trouvé près Moret. 1824, in-8.

9231. — Réponse aux principaux écrits qui ont paru sur le fossile humain trouvé dans le mois de septembre en 1823, au Long Rocher de Montigny [près Moret]. 1824, in-8.

9232. CITERNE. Fossile humain [trouvé au Long Rocher près Moret]. 1825, in-8.

9233. * Lettre sur le prétendu fossile humain des environs de Moret S. l. 1835, in-8.

9234. GILLET (dr). Découverte d'un gisement de silex taillés anté-histor. à *Nemours*. 1869, in-8.

9235. DENIS (l'a. F.-A.). Sépultures gallo-rom. trouvées au terroir de *Poincy*. 1854, in-8.

Provins

9236. PASQUET. * Notice et dissertation sur Provins. 1820, in-8.

9237. BOURQUELOT (F.). Histoire de Provins. 1839-40. 2 vol. in-8.

9238. OPOIX (C.). L'ancien Provins. 1818, in-12.

9239. BARREAU (J.-B.). Diss. sur cette question. Provins est-il l'Agendicum des Commentaires de J. César. 1821, in-12.

Voir aussi aux *Questions topographiques* la section AGENDICUM.

9240. OPOIX (C.). Agendicum, ou l'ancien Provins. 1838, in-8.

9241. DOÉ (J.-M.). Antiquités et origine de la ville haute de Provins. 1839, in-8.

9242. PLESSIER (V.-F.). Le menhir de Saint-Brice, près Provins. 1865, in-8.

9243. D. (DUSOMMERARD). * Vues de Provins, dessinées et lithographiées en 1822... avec un texte. 1822, in-4.

9244. BERNARD (J.). Recueil de mon[ts] inédits, dessinés et publiés sur la v. de Provins. 1830, in-4.

9245. CAUMONT (A. de). Note sur les murailles et les anciennes maisons de Provins. 1840, in-8.

9246. CARRO (A.). Note sur la découverte d'un dolmen dans la c[ne] de *Rumont*. 1860, in-8.

9247. * Diss. pour prouver l'identité des mots Savegium et Suciacum, *Sucy-en-Brie*. — *Mercure*, nov. 1765, p. 80.

9248. DULAURE (J.-Ant.). Archéographie du village de *La Tombe*. 1808, in-8.

9249. * Trésor de monnaies gauloises trouvé à Chaton, c[ne] de *Vendrest*, en 1845. — *Rev. archéol.*, août 1845.

9250. LEROY (G.). Note sur la découverte de haches celtiques en bronze à *Verneuil*. 1870, in-8.

SEINE-ET-OISE

Articles sur le département

9251. ROBERT (J.-B.). Origines de Paris et de toutes les c[nes] des dép[ts] de la Seine et de Seine-et-Oise, etc. 1864, in-8.

9252. BADIN et QUANTIN. Géographie départementale, etc., Seine-et-Oise. 1847, in-12.

9253. BARRANGER (l'a.). Étude d'archéologie celtique, gallo-romaine et franque, appliquée aux antiq. de Seine-et-Oise. 1864, in-8.

9254. BEUZELIN (GRILLE de). Notes sur la statistique monumentale du département de Seine-et-Oise. 1834, in-8.

Arrondissements et Cantons

9255. CASSAN (A.). Statistique de l'arr[t] de Mantes. In-8.

9256. — Antiq. gauloises et gallo-rom. de l'arr[t] de Mantes. 1835, in-8; 4 pl.

9257. HAHN (Al.). Introduction à la statistique archéol. et monumentale du canton de Luzarches. 1868, in-8.

9258. — Notice archéol. et histor. du canton de Luzarches. 1868, in-12.

Ville de Versailles

9259. LE ROI (J.-A.). Histoire de Versailles. 1854, 2 vol. in-8. — 2e éd. 1868, 2 vol. in-8.

Localités diverses

9260. FALLUE (L.). Notes... sur un cimetière gallo-romain découvert à *Argenteuil*. 1862, in-8.

9261. LEGUAY (L.). Rapp. sur les fouilles de l'allée couverte d'*Argenteuil*. 1867, in-8.

9262. MARTIN (Henri). Le sanctuaire celtique du mont de *Ballancourt*. 1869, in-8; 6 pl.

9263. MOUTIÉ (Aug.). Mém. sur les médailles rom. découvertes à *Boissy-sans-Avoir*. 1850, 1853, in-8.

9264. HAHN (Al.). Allée couverte de la forêt de *Carnelle*. 1863, in-8.

9265. MARQUIS (L.). La tour de Cenive, poème suivi de notes sur les antiq. de la vallée de *Châlo-Saint-Mard* (alias St-Mars). 1870, in-8.

9266. BARRE (J. de la). Antiquitates Corbolienses, etc. — Publié aussi en français sous le titre ci-après : Les antiq. de la v., comté et châtellenie de *Corbeil*. 1647, in-4.

9267. FLEUREAU (B.). Les antiq. de la v. d'*Estampes*... 1683, in-4.

9268. DRAMARD (E.). Notice historique sur l'origine de la v. d'*Étampes*... 1855, in-8.

9269. GRYNOD (l'a.). Not. archéol. sur les environs de *l'Isle-Adam*. 1858, in-8.

9270. LAGNEAU (d[r]). Sur les sépultures de l'âge de la pierre de la forêt de *l'Isle-Adam*. 1863, in-8.

Luzarches

9271. HAHN (Al.). Essai sur l'histoire de Luzarches et de ses environs. 1864, in-8.

9272. — Note sur les mon^{ts} dits celtiques des environs de Luzarches. 1865, in-8.

9273. — Fouilles dans l'ancien château de St-Cosme à Luzarches. 1863, in-8.

9274. — Not. sur la découverte d'un atelier de fondeur (période de bronze) au territoire de Luzarches. 1870, in-8.

9275. — Note sur une sépulture dite celtique, au territoire de Luzarches. 1864, in-4.

9276. FEUILLOLEY. Not. sur la v. de *Magny-en-Vexin*. 1865, in-12.

9277. MOUTIÉ (Aug.). *Mantes-la-Jolie*, son histoire, ses monuments et ses environs. 1852, gr. in-8.

9278. * Mon^{ts} celtiques à *Marly*. — *Rev. archéol.* t. I, 1843, p. 68.

9279. BOISSELIER. Rapp. sur la découverte d'un mon^{t} celtique près de *Marly-le-Roi* (1844). 1853, in-8.

9280. ROBERT (L.-Eug.). Histoire et description naturelle de la c^{ne} de *Meudon*. 1843, in-8.

9281. SERRES et ROBERT (Eug.). Monument et ossements celtiques découverts à *Meudon* en 1845. 1845, in-4.

9282. REAUX (Ém.). Histoire de *Meulan*. 1868, in-8.

9283. FORCADEL (E.). *Montmorency* gaulois. 1571, in-4.

9284. FLAMAND-GRÉTRY. Itinéraire histor., pittoresque et biograph. de la vallée de *Montmorency*. 1840, in-8.

9285. FALLUE (L.). Note sur qq. fortifications antiques de la vallée de *Montmorency*. 1862, in-8; 1 pl.

9286. LALANNE (Léon). Note sur qq. débris curieux trouvés dans le diluvium de la vallée de la Marne [près de *Neuilly-sur-Marne*]. 1843, in-4.

9287. TAILLEPIED (F.-N.). Recueil des antiquités et singularités de *Pontoise*... 1587, in-8. — Réimpression avec not. biogr. et bibliogr. par H. CHARPENTIER. 1876, in-8; plans et grav.

9288. DUVAL (A.). Abrégé des antiq. de... *Pontoise*. 1720, in-8.

9289. TROU (l'a.). Rech... sur la ville de *Pontoise*. 1840, in-8; 15 pl.

9290. HERVILLIERS (E. CAILLETTE de l'). Rapport sur des constructions gallo-rom. observées dans la forêt de *Rambouillet*. 1866, in-8.

9291. BOISSELIER. Rapp. sur les fouilles de *Septeuil*. 1853, in-8.

9292. GOUJON (A.). et ODIOT (Ch.). * Histoire de la v. et du château de *St-Germain-en-Laye*, etc. 1815, in-18; 2e éd. 1829, in-18; fig.

9293. MORTILLET (G. de). Promenades au musée de *St Germain en Laye*. Catalogue. 1869, in-8.

9294. MOUTIÉ (Aug.). Not. sur l'ancien domaine de *St-Léger-en-Yveline*. 1865, in-8.

Dolmen, etc.

9295. HAHN (Al.). Note sur une découverte de médailles rom. à *St-Witz*. 1866, in-8.

9296. QUICHERAT (J.). Conclusion sur une découverte de vases grecs et égyptiens annoncée comme ayant été faite à *Thien*, près Meulan. 1859, in-8.

9297. CHATELLIER (du). Rapp. sur les tombeaux découv. à *Triel*. 1853, in-8.

9298. MOUTIÉ (Aug.). Rapp. sur les fouilles exécutées... dans un ancien cimetière de la c^{ne} de *Vicq* en 1851. 1857, in-8.

9299. * Excavations ou grottes antiques, au nombre de huit, découvertes à *Villeneuve-le-Roi*; poteries celtiques gallo-romaines et ossements d'animaux trouvés près de ces grottes; un four de 2 mètres de long sur 80 centimètres sous voûte. — *Rev. archéol.*, 2e s., t. II, 1860, p. 431.

9300. QUICHERAT (J.). Rapport, etc., sur la découverte d'un puits funéraire à *Villeneuve-le-Roi*. 1862, in-8.

9301. — Rapport sur des explorations de sépultures antiques à *Villeneuve-le-Roi* et Villeneuve-St-Georges, etc. 1864 in-8.

9302. CREULY (g^{al}) et BERTRAND (Al.). Fouille entre *Villeneuve-St-Georges* et Villeneuve-le-Roi... In-8.

SEINE-INFÉRIEURE

Articles sur le département

9303. VIEL. Description géograph., statistique et topograph. de la Seine-Inférieure. 1834, in-8.

9304. MONIN (C.-V.). Dictionnaire historique,... et description géograph. biograph., statistique... de toutes les v., bourgs... de la Seine-Inférieure. 5 cartes. 1843, in-12.

9305. DEVILLE (A.). Diss. sur la population de la partie de la Gaule correspondante au dép[t] de la Seine-Inf[re] lors de la conquête de J. César. 1835, in-8.

9306. — Statistique... de la Seine-Inférieure; partie historique. Époques gauloise et romaine. 1839, in-8.

9307. COCHET (l'a.). La Seine-Inférieure au temps des Gaulois. 1860, in-8.

9308. — La Seine-Inférieure au temps des Romains. 1861, in-8.

9309. — La Seine-Inférieure historique et archéologique. Époques gauloise, romaine et franque. 1864, in-4.

9310. MÉRIL (du). Recherches histor. sur la chute du paganisme et l'établissement de la religion chrétienne dans la province de Rouen. 1844, in-8.

9311. BELLEY (l'a.). Mém. sur une voie rom., qui conduisait de l'embouchure de la Seine à Paris. 1751, in-4.

9312. * Procès-verbaux de la Comm. dép[le] des antiq. de la Seine-Inférieure à Rouen, t. Ier (1818 à 1848), 1864; t. II (1849 à 1866), 1867; suite intitulée: Bulletin de la Comm., etc. t. I, 1867 à 1869.

9313. GAILLARD (Emm.). Recherches archéologiques. 1832, in-8.

9314. COCHET (l'a.). Carte archéologique. 1856. 1 feuille.

9315. LÉVY (A.). Étude scientifique et archéol. sur les rives et l'embouchure de la Seine. 1861, in-8.

9316. LEBOULLENGER. [*Ms.*]. Voyage [archéolog.] dans le dép[t].

9317. COCHET (l'a.). Revue des découvertes archéol. faites en 1861 dans le dép[t] de la Seine-Inférieure. 1862, in-8.

9318. — Rapports annuels sur les opérations archéol. dans le dép[t] de la Seine-Inférieure depuis 1861 jusqu'en 1868. In-8.

Voir aussi l'a. COCHET, *Répertoire archéologique du dép. de la Seine-Inférieure*. 1872, in-4 (dans la collection des Répert. archéol.)

9319. DEVILLE (A.). Notice sur qq. doliums antiques. 1842, in-8.

9320. COCHET (l'a.). Not. d'un cimetière rom. découvert en Normandie. 1849, in-8.

9321. — Liste alphabétique de tous les noms de potiers gallo-romains trouvés dans le dép[t] de la Seine-Inférieure etc. — Catalogue des noms de verriers gall.-rom. trouvés dans le dép[t] de la Seine-Inférieure. 1856, in-8.

9322. BAUDRY (P.). Rapport sur qq. marques de poteries rom. et gauloises 1864, in-8.

9323. COCHET (l'a.). Épigraphie de la Seine-Inférieure, etc. 1855, in-8.

Arrondissements

9324. FALLUE (L.). Notes inédites d'archéologie et d'histoire sur qq. localités de l'arr[t] du *Havre*. 1868, in-8.

9325. COCHET (l'a.). Voies rom. de l'arr[t] du Havre (1842). 1844, in-4.

9326. PARAVEY (Ed.). Voies rom. de l'arr[t] du Havre (résumé du mémoire de l'abbé Cochet). 1842, in-8.

9327. RŒSSLER (Ch.). Tableau archéol. de l'arr[t] du Havre. 1867, in-8.

9328. — Notes sur qq. points d'archéologie locale [arr[t] du Havre]. (1870) 1872, gr. in-8.

9329. GUILMETH (Aug.). Histoire de la v. et de l'arr[t] de Neufchâtel. 1842, in-8.

9330. FERNEL père. Not. sur des antiq. découvertes dans l'arr[t] de Neufchâtel. 1840, in-4.

9331. LABUTTE (A.). Études histor. sur l'arrt d'Yvetot, etc. 1851, in-8.

9332. OEILLARD (J.-A.). Tableaux synoptiques des distances des cnes de del'arrt d'Yvetot entre elles et à leurs chefs-lieux de canton. 1856, in-fol.

Cantons

9333. DECORDE (l'a. J.-Eug.). Essai histor. et archéol. sur le canton de Blangy. 1850, in-8.

9334. GUILMETH (Aug.). Histoire de la v. et du canton d'Elbeuf. 1842, in-8.

9335. CAPPERON (l'a.). Essai histor. sur l'antiquité du comté d'Eu. 1716, in-8.

9336. MOULINET DES THUILLERIES (l'a. du). Objections contre l'Essai historique sur l'antiquité du comté d'Eu. 1716, in-8.

9337. DECORDE (l'a. J.-E.). Essai histor. et archéol. sur le canton de Forges-les-Eaux. 1856, in-8.

9338. — Essai histor. et archéol. sur le canton de Gournay. 1861, in-8.

9339. — Essai historiq. et archéol. sur le canton de Londinières. 1851, in-8.

9340. — Essai histor. et archéol. sur le canton de Neufchâtel. 1848, in-8.

Ville de Rouen

9341. FARIN (F.). Histoire de la v. de Rouen. 1668, in-12.

9342. IGNACE (Dom). * Histoire de la v. de Rouen, etc. 1731, in-4.

9343. SERVIN (A.-N.). Histoire de la v. de Rouen. 1775, in-12.

9344. LICQUET (F.-Is.). Rouen : Précis de son histoire, etc. 1826, in-8.

9345. — Rech. sur l'histoire religieuse, morale et littéraire de Rouen, etc. 1826, in-8.

9346. LESGUILLEZ (Al.), signé Al. L. Lettres sur la v. de Rouen... 1826, in-8.

9347. COCHET (l'a.). Les origines de Rouen d'après l'histoire et l'archéologie. 1865, in-8.

9348. TAILLEPIED (N.). Recueil des antiq. et singularitez de la ville de Rouen... 1587, in-8. — Autres éditions 1610, etc.

9349. GRISEL (l'a. H.). en latin GRISELIUS Fasti rotomagenses, etc. 1631, in-4.

9350. GOMBOUST (J.). Description des antiq. et singularitez de la v. de Rouen. 1655, in-fol. — Réimprimé en 1875, in-4.

9351. QUÉRIÈRE (de la). Notice sur diverses antiquités de la v. de Rouen. 1825, in-8.

9352. * Catalogue du musée dépl d'antiq. de Rouen. Rouen, impr. Nicetot-Périaux, 1838, in-12, 72 p.

9353. LAJARD (F.). Mém. sur une urne cinéraire du musée... de Rouen. 1845, in-4.

9354. GLANVILLE (L. de). Promenade archéol. de Rouen à Fécamp et de Fécamp à Rouen. 1853, in-8.

9355. LÉVY (A.). Études scientif. et archéol. sur le territoire de la v. de Rouen dans les temps les plus reculés. 1859, in-8.

9356. BAUDRY (P.). Le musée déptal des antiq de Rouen. 1862, in-12.

9357. THAURIN-LAVOISIER (J.-M.). Archéologie rouennaise. — Le premier vieux Rouen souterrain, son enceinte militaire, etc. 1862, in-4.

9358. — Sur une collection d'objets antiques découverts à Rouen depuis trente ans. 1863, in-8.

9359. CAUMONT (A. de). Accroissement et amélioration du musée d'antiq. de Rouen. 1864, in-8.

9360. COCHET (l'a.). Catalogue du musée d'antiq. de Rouen. 1868, in-8.

9361. * Découvertes faites à Rouen en 1868. — *Bull. de la Comm. des antiq. de la Seine-Inférieure*, t. I (1868). 1869.

9362. QUÉRIÈRE (de la). Rouen, revue monumentale, historique et critique par E. D. 1835, in-12.

9363. THAURIN (J.-M.). Le vieux Rouen et ses monts. 1861, in-4.

9364. — Notices archéol. sur des monts historiques... trouvés dans le sol de Rouen, etc. 1865, in-8.

9365. LANGLOIS (E.-H.). Mém. sur des tombeaux gallo-romains découverts à Rouen. 1828, in-8; — autre édition, 1829, in-8.

9366. DEVILLE (A.). Note sur des tombeaux gallo-rom. trouvés à Rouen, dans le quartier St-Gervais. 1837, in-8.

9367. THAURIN (J.-M.). La poterie de Rouen sous les Romains, etc. 1856, in-8.

9368. DEVILLE (A.). Essai sur les médailles gauloises de Rouen. 1840, in-8.

Localités diverses

9369. GAUGER (Eust.). Essai histor. sur l'ancienne v. d'*Aumale*. 1853, in-8.

9370. SEMICHON (E.). Histoire de la v. d'Aumale, etc. 1862, in-8.

9371. — Géographie normande. Qq. pagi picards et normands; pays d'*Aumale*. Carte des frontières N.-E. de la Normandie. 1862, in-8.

9372. COCHET (l'a.). Rapport sur les fouilles de *Beaubec-la-Rosière*. 1867, in-8.

Cimetière gallo-rom.

9373. — Not. sur les ruines d'une villa rom. découverte à *Bordeaux*, près d'Étretat. 1844, in-8.

Braquemont.

Voir LIMES.

Bretonne (forêt de).

Voir CAUDEBEC-EN-CAUX.

9374. COCHET (l'a.). Not. sur un cimetière rom. découvert à *Cany*. 1847, in-8.

Caudebec-en-Caux

9375. SAULNIER (A.). Essai histor. sur Caudebec et ses environs. 1841, in-8.

9376. FALLUE (L.). Diss. sur Caledunum (Caudebec). 1856, in-8.

9377. — Mém. sur les antiq. de la forêt et de la presqu'île de Bretonne et sur la villa de Maulévrier près Caudebec. 1837, in-8.

9378. CHARLIER (R.). Mém. sur qq. antiq. de la forêt de Bretonne [près de Caudebec] et notamment sur une mosaïque rom. découv. en 1839. 1840, in-4; 1 pl.

9379. DEVILLE (A.). Note pour servir d'explication au dessin de la mosaïque, objet du mém. de M. Charlier. 1840, in-4.

9380. CHARLIER (R.). Not. sur les fouilles exécutées, en 1843, dans la forêt de Bretonne. 1844, in-4.

9381. GUÉROULT (E.). Notes sur qq. antiq. de Caudebec-en-Caux. 1867, in-8.

9382. — [*Ms.*]. Antiq. rom. trouvées à Caudebec-en-Caux en 1567. 1870, in-8.

9383. JOMARD (Ed.-F.). Rapp. sur un pied rom. trouvé dans la forêt de Maulevrier, près de Caudebec, en 1834. 1835; 1 pl.

9384. DEVILLE (A.). Note sur un pied à mesurer, en bronze, découvert dans la forêt de Maulévrier, près de Caudebec. 1835, in-8.

9385. DEVILLE (A.). Note sur une découverte de [8100] médailles rom. [à Caudebec]. 1847, in-8.

Voir aussi, à la série des régions, la section CALETES, CAUX.

Caudebec-lès-Elbeuf

9386. COCHET (l'a.). Antiq. rom. et tombeaux francs trouvés à Caudebec-lès-Elbeuf. 1856, in-8.

Identification de Caudebec avec *Uggate* ou *Uggade*.

9387. — Note sur des marmites en bronze... à propos d'un vase de ce genre trouvé à Caudebec-lès-Elbeuf, etc. 1861, in-8.

9388. — Note sur un bracelet gaulois en bronze, trouvé à Caudebec-lès-Elbeuf en 1865. 1867, in-8.

9389. — Note sur un édifice gallo-romain présumé temple ou laraire découvert à Caudebec-lès-Elbeuf. 1864, in-8.

9390. PASUMOT (Fr.). Remarques sur les antiq. de *Côte-côte*, près Dieppe. 1761, gr. in-8.

9391. FERRET (P.-J.). Not. sur *Dieppe*, Arques et quelques mon^ts circonvoisins. 1824, in-8.

9392. VITET (L.). Histoire de *Dieppe*. 1844, in-18.

9393. FONTENU (l'a. de). Camp rom. près de *Dieppe*. 1736, in-4.

Diss. sur qq. camps, etc.

9394. COCHET (l'a.). Note sur les fouilles de *Douvrend*, près Dieppe en 1865. 1866, in-8.

9395. * Explorations des maisons romaines dans la forêt d'*Eawy*. — *Bull. de la Comm. des antiq. de la Seine-Inférieure*, t. Ier, 1867-69. 1870, p. 450.

9396. FERNEL père. Not. sur des antiq. découv. à *Épinay*. 1847, in-4.

Étran.

Voir l'art. ROUX-MESNIL.

9397. COCHET (l'a.). *Étretat*, son passé, son présent, son avenir, etc. 1853, in-8.

9398. — L'*Étretat* souterrain; 1re série, fouilles de 1835 et de 1842. 1842, in-8, 2e série; fouilles de 1843. 1844, in-8.

9399. MOULINET DES THUILLERIES (l'a. du). Défense de l'étymologie que feu M. Huet, évêque d'Avranches, a donnée du nom de la ville d'*Eu*. 1722, in-8.

9400. COCHET (l'a.). Not. sur une sépulture gauloise trouvée dans la basse forêt d'*Eu*, en juin 1865. 1867, in-8.

9401. FALLUE (L.). Histoire de la v. et de l'abbaye de *Fécamp*. 1841, in-8.

9402. VERTOT (l'a. R. de). Sur un mont trouvé dans l'abbaye de *Fécamp*. 1711, in-4; 1 pl.

9403. BAILLIARD (J.). Note sur qq. antiq. de *Gonfreville-l'Orcher* et de Honfleur (1870). 1872, gr. in-8.

9404. LA MOTTE. Les antiq. de la v. de *Harfleur* recherchées, etc. 1676, in-8.

9405. FALLUE (L.). Not. sur Caracotinum, aujourd'hui *Harfleur*. 1841, in-4.

Le Havre

9406. PLEUVRY (l'a. J.-O.). Histoire, antiq. et description de la v. et du port du Havre-de-Grâce. 1765, in-12.

9407. GUILMETH (Aug.). Histoire de la v. et des environs du Havre. 1842, in-8.

9408. PINEL (M.), signé M. P. Essais archéologiques sur les environs du Havre. 1824, in-8.

9409. MÉNANT, DEVAUX et RŒSSLER. Les sépultures gallo-romaines du Havre. 1870, in-8.

9410. COCHET (l'a.). Note sur des sépultures antiques trouvées au Havre. 1870-71, in-8.

9411. — Fouilles à *Héricourt-en-Caux*. 1868, in-8.

9412. * Note sur des fouilles archéol. faites à *Héricourt-en-Caux*. — Bull. de la Comm. des antiquités de la Seine-Inférieure à Rouen, t. I, 1869, p. 284.

9413. COCHET (l'a.). Cimetière rom. de *Lamberville*. 1862, in-8.

Lillebonne

9414. GUILMETH (Aug.). Histoire de la v. et des environs de Lillebonne, etc. 1842, in-8.

9415. DEVILLE (A.). Not. sur Lillebonne. 1857, in-8.

9416. COCHET (l'a.). Voie rom. de Lillebonne à Étretat. 1860, in-12.

9417. CAYLUS (cte de). Remarques sur les antiq. de *Juliobona*.

Rec. d'antiq., t. VI, p. 393.

9418. REVER (Fr.). Mém. sur les ruines de Lillebonne, etc. 1821, in-8.

9419. TUDOT (E.). Fouilles de Lillebonne, 1856, gr. in-8.

Objets intéressant le Bourbonnais.

9420. COCHET (l'a.). Fouilles exécutées à Lillebonne en 1864. 1865, in-8.

9421. * Découverte à Lillebonne. — *Annuaire de la Normandie*, t. XXXIII. 1867, p. 482-484.

9422. RŒSSLER (Ch.). Nouvelles découvertes au cimetière gallo-rom. de Mesnil-sous-Lillebonne. 1867, in-8.

9423. — Note sur une figurine en bronze représentant Cybèle [trouvée à Lillebonne?]. 1869, gr. in-8.

9424. REVER (Fr.). * Description de la statue fruste en bronze doré, trouvée à Lillebonne. 1823, in-8. 6 p.

9425. LE PREVOST (Aug.). Rapport sur la not. imprimée de M. Rever relativement à la statue en bronze doré de Lillebonne. 1824, in-8.

9426. GAILLARD (Emm.). Not. sur la statue pédestre en marbre blanc, trouvée à Lillebonne. 1829, in-8.

9427. RAOUL-ROCHETTE (D.). Sur une statue trouvée à Lillebonne. Lettre à M. Panofka. 1829, in-8.

9428. LENORMANT (Ch.). Not. sur le théâtre antique de Lillebonne (Juliobona) 1830, in-8; 1 pl.

9429. GAILLARD DE FOLLEVILLE. Mém. sur le balnéaire de Lillebonne, 1835, in-8, et atlas in-4.

9430. BRIANCHON. Maison romaine découverte à Lillebonne, en 1864. 1864, in-8.

9431. CAUMONT (A. de). Le plan des bains rom. de Lillebonne. 1866, in-8.

9432. RŒSSLER (Ch.). Mosaïque de Lillebonne. 1869, in-8.

9433. COCHET (l'a.). La mosaïque de Lillebonne. 1870, in-8.

9434. RŒSSLER (Ch.). et LONGPÉRIER (A. de). Sur une mosaïque gallo-rom. découv. en 1870, à Lillebonne (deux lettres), gr. in-8.

Inscriptions.

9435. DUVAL, de Lillebonne. Note sur les diverses découvertes faites à l'emplacement de l'église St-Denis (de Lillebonne). 1870, gr. in-8.

Débris gallo-romains.

9436. COCHET (l'a.). Note sur les incinérations gallo-rom. trouvées à Lillebonne. 1860, in-8.

9437. — Note sur une remarquable sépulture rom. trouvée à Lillebonne en 1864. 1865, in-8.

9438. RŒSSLER (Ch.). Exploration des sépultures gallo-rom. du Mesnil-sous-Lillebonne. 1868, in-8.

9439. DEVILLE (A.). Antiquités, pierres sculptées découvertes à Lillebonne en 1836. 1837, in-8; 1 pl.

Inscriptions.

9440. — Cippe et inscriptions tumulaires 1838, in-8; 1 pl.

Inscription trouvée à Lillebonne.

Limes

9441. WARDANCHÉ (l'a. PASQUIER de). Lettre sur l'ancienne cité de Limmes, située près de Dieppe. 1751, in-8.

9442. PLESSIS (le p. dom M. TOUSSAINTS du). Lettre sur la prétendue cité de Limmes près de Dieppe. 1751, in-8.

9443. LE CAT. Lettre sur la prétendue cité de Limmes. 1752, in-8.

9444. FERET (F.-G.). Rech. sur le camp de César ou cité de Limes (près de Dieppe). 1825, in-8.

9445. FALLUE (L.). Diss. sur les oppides gaulois, etc., et particulièrement sur la cité de Limes et Caledunum. 1855, in-8.

9446. COCHET (l'a.). La cité de Limes ou le camp de César, à Braquemont, près Dieppe. 1861, in-8.

9447. — Rapp. sur les fouilles du bois des *Loges* faites en août 1851. — Cimetière gallo-romain. 1852, in-8.

9448. — Fouilles de *Londinières* en 1847. 1848, in-8.

Maulévrier (villa de).

Voir CAUDEBEC-EN-CAUX.

Le Mesnil-sous-Lillebonne.

Voir LILLEBONNE.

9449. NOEL. Mém. sur la *Motte-Pougard*, arrondissement de Dieppe. 1809, in-8.

9450. DURANVILLE (J. LEVAILLANT de). nouveaux documents sur la v. de *Neufchâtel-en-Bray*. 1851, in-8.

9451. COCHET (l'a.). Not. sur le cimetière rom. de *Neuville-le-Pollet* près Dieppe. 1845, in-8.

9452. — Fouilles du cimetière rom. d'*Orival* près Fécamp. 1867, in-8; grav.

9453. DURANVILLE (J. LEVAILLANT de). Essai hist. et archéol. sur la ville de *Pont-de-l'Arche*, etc. 1856, in-8.

9454. DEVILLE (A.). Découverte de sépultures antiques à *Quatremares*. 1843, in-8.

9455. THAURIN (J.-M.). Pétrifications antédiluviennes et fossiles diluviens des carrières de *Quatre-Mares*, de Sotteville et de St-Étienne. 1862, in-8.

9456. DEFOSSE (J.-C.). Esquisse histor. sur les deux communes de *Quevilly*, etc. 1853, in-8.

9457. COCHET (l'a.). Étude de sépultures chrétiennes faite de 1858 à 1860, dans les cimetières de *Roux-Mésnil* et d'Étran près Dieppe. 1863, in-4.

9458. FALLUE (L.). Essai sur le camp de *Sandouville*, etc.

Mém. sur les travaux militaires antiques des bords de la Seine, etc. 1835.

9459. ESTANCELIN. Not. sur qq. objets d'antiq. trouvées à *St-Aubin-sur-Mer*, au lieu de Saucemare. 1825, in-8.

9460. DEVILLE (A.). Note sur des urnes funéraires trouvées dans la vallée de *St-Denis-le-Thibout.* 1837, in-8.

9461.* Bas-reliefs découverts à *St-Georges-de-Boscherville. — Bull. de la Comm. des antiq. de la Seine-Inférieure,* t. Ier, 1869.

9462. FERET (F.-G.). Lettre adressée à M. de Caumont sur les fouilles pratiquées à *Ste-Marguerite* près Dieppe. 1843, in-8.

9463. COCHET (l'a.). Not. sur des fouilles archéol. pratiquées en 1864 dans le vallon des Petites-Dalles à *St-Martin-aux-Buneaux,* 1866, in-8.

9464. — Not. sur des sépultures gallo-rom. du second siècle de notre ère, découv. à *St-Martin-en-Campagne,* près Dieppe, en 1856. 1856, in-8.

9465. — Tourville-la-Rivière. 1867, in-8, nombr. grav.

Débris gallo-romains.

9466. — Notice sur des sépultures romaines des IVe et Ve siècles trouvées à *Tourville-la-Rivière.* 1863, in-8.

9467. — Notice... sur la v., l'abbaye et l'église du *Tréport.* 1861, in-8.

9468. PELLERIN (A.). Sur des débris de statues découverts à *Urville.* 1860, in-8.

9469. LE PRÉVOST (Aug.). Fouilles de *Villefleure.* 1832, in-8.

9470. DEVILLE (A.). Note sur des vases cinéraires trouvés à *Yébleron.* 1837, in-8.

9471. GUILMETH (Aug.). Histoire de la v. d'*Yvetot.* 1842, in-8.

DEUX-SÈVRES

Articles sur le département

9472. DUPIN (bon Cl.-Fr.-Ét.). Mém. sur la statistique des Deux-Sèvres. 1801, in-4.

9473. * Revue littéraire de l'Ouest, journal des travaux de la Société de statistique du département des Deux-Sèvres. Gr. in-8.

9474. * Dépt des Deux-Sèvres. Tableau des distances en myriamètres et kilomètres de chaque cne... des Deux-Sèvres aux chefs-lieux du canton, de l'arrt et du dépt. Niort, 1857, in-4.

9475. LUKOMSKI (T.). Petit dictionnaire statistique et histor. des cnes du dépt des Deux-Sèvres, etc. 1863, in-18.

9476. ARNAULD (Ch.). Les voies rom. dans le dépt des Deux-Sèvres. 1862, in-8.

9477. VIEILBLANC (de). Lettre sur une antiquité celtique [fragment de pierre druidique sculpté]. 1843, in-8.

9478. ARNAULD (Ch.) et BAUGIER. Monuments... du Poitou. Ire partie. Dépt des Deux-Sèvres. 1842, in-4. (Dessins d'après nature.)

9479. DESAIVRE (L.). Souterrains-refuges [dans les Deux-Sèvres]. 1870, in-8.

9480. TILLEUX (dr). Essai d'attribution de qq. médailles gauloises trouvées dans le dépt des Deux-Sèvres. 1848, gr. in-8.

Arrondissements et Cantons

9481. TOUCHARD. Recherches histor. et archéol. sur Bressuire, Faye-l'Abbesse, Chiché, Saint-Sauveur-Givre-en-Mai. 1852, in-8.

Ville de Niort

9482. BRIQUET (H.-A.). Histoire de... Niort depuis son origine,... avec une biographie, etc. 1839, in-8.

9483. LARY. Not. sur qq. antiq. des environs de la v. de Niort. 1841, in-8.

9484. CAUMONT (A. de). Rapport verbal sur le musée d'antiquités de Niort, 1856, in-8.

9485. JOHANNEAU (Éloi). Not. sur le mont de la fable du dragon de Niort, etc. 1809, in-8.

Localités diverses

9486. MONNET (A.). Découverte de vestiges romains à *Bessac.* 1860, in-8.

9487. BAUGIER. Inscription rom. de *Bessac*. 1859, in-8.

9488. SAUZÉ (dr C.). Note sur les ossements humains trouvés dans le tumulus de *Bougon*. 1840, in-8.

9489. BAUGIER. Rapport sur les recherches faites dans quelques-uns des monts celtiques de *Bougon*. 1841, in-8.

9490. SAUZÉ (dr). Rapport sur les fouilles faites à *Bougon*. 1846, in-8.

9491. LEDAIN (B.). Histoire de la ville de *Bressuire*. 1865, in-8. — Voir aussi le n° 9481.

9492. JOHANNEAU (Éloi). Lettre à M. Duchalais sur l'attribution de la légende BRIOSSOVICO à *Brioux*. 1829, in-8.

9493. RONDIER (R.-F.). Colonne milliaire trouvée à *Brioux*, décrite et donnée au musée de Niort. 1865, in-8.

9494. SEGRETAIN (P.-T.). Vase en lave trouvé à *Castelsarrasin*, près Rom. 1859, in-8.

Voir aussi les articles sur ROM.

9495. JOUYNEAU-DESLOGES. Not. sur une butte en terre et sur quelques autres antiq. [à *Chérigné*.] 1817, in-8.

9496. BABERT DE JUILLÉ. Note sur les fouilles de *la Doix*. 1869, in-8.

9497. RITTER (F.). Les puits et chambres souterraines de *la Doix*. 1870, in-8.

9498. CHEMIOUX et LECOINTRE. Armes antiques trouvées à *Eschiré*. 1851, in-8.

9499. LUNIER (L.) et MONNET (A.). Rapp. sur les fouilles faites près de *Faye-l'Abbesse*, au lieu dit de Cranières. 1853, gr. in-8.

9500. MONNET (A.). Fouilles de *Faye-l'Abbesse*. 1860, in-8. — Voir aussi le n° 9481.

9501. TOUCHARD. Grand établissement rom. aux Cranières, près *Faye-l'Abbesse*. 1851, in-8.

9502. GEINDREAU (l'a.). Rapport sur qq. poteries trouvées à *Faye-l'Abbesse*. 1852, in-8.

9503. MONNET (A.). Découverte numismatique de *Foussais*. 1865, in-8.

9504. LEDAIN (B.). Not. sur une sépulture gallo-rom. découverte à *Gourgé*. 1861, in-8.

9505. BOREAU (O.). Sépulture gallo-rom. de *Gourgé*. C.-r. des opérations. 1861, in-8.

9506. ARNAULD (Ch.). Puits funéraires de *Gourgé*.

Analyse par J. QUICHERAT, *Rapport sur diverses communications*, 1865, n° 4.

9507. BORDIER (dr P.). Not. sur une sépulture gallo-rom. trouvée à *Luc*, (cne de Vérines.) 1859, in-8; 2 pl.

Vases, etc.

9508. LONGUEMAR (LE TOUZÉ de). Rapp. sur les fouilles de la principale grotte de Loubeau, près *Melle*, etc. 1868, gr. in-8; pl. — Nouv. éd. augm.; plusieurs pl. 1874.

9509. GARNIER. Pierres levées de *Nanteuil*, près Saint-Maixent. 1836, in-8.

9510. DUPIN (M.). Not. sur *Parthenay* et sur la Gâtine du Poitou. 1821, in-8.

9511. SEGRETAIN (P.-T.). Note relative aux fouilles faites sur l'emplacement d'un établissement gallo-rom. dans la cne de *Périgné*. 1861, in-8. — T. à p. 1864, in-8.

9512. DUPIN (M.). Lettre sur un dolmen appelé la *Pierre-qui-pèse*. 1809, in-8.

9513. LARY. Mémoire sur la colonne milliaire de *Rom*. 1841, in-8.

9514. — Notice sur la colonne milliaire de Tacite [à *Rom*]. 1848, in-8.

9515. — Not. sur la borne milliaire des Tetricus [trouvée à *Rom*]. 1849, in-8.

9516. — Not. sur qq. monuments anciens [trouvés à *Rom*]. 1849, in-8.

9517. IMBERT (H.). Histoire de *Thouars*. 1870, in-8.

9518. SAUZÉ (dr C.). Rapp. sur les fouilles faites à *la Villedieu-de-Comblé*. 1844, in-8; 2 pl.

9519. DORIDES (bon L. des). Vultaconnum. Fouilles faites à *Voultegon*. 1860, in-8.

SOMME

Articles sur le département

9520. PEUCHET et CHANLAIRE. Statistique du dép^t de la Somme. 1811, in-4.

Description... de la France.

9521. * Congrès scientifique de France. XXXIVe session tenue à Amiens en 1867. Paris, Amiens, 1868, in-8.

9522. DUSEVEL (H.). Essai sur l'histoire du dép^t de la Somme. 1837, in-8.

9523. CORBLET (l'a. J.). Hagiographie du diocèse d'Amiens. 1869-75, 5 vol. in-8.

9524. — Origines de la foi chrétienne dans les Gaules et spécialement dans le diocèse d'Amiens. 1870, in-8.

9525. BOUTHORS. Souterrains-refuges de la Somme.

Cryptes de Picardie, etc. 1838, in-8.

9526. LOUANDRE (F.-C.). Rech. sur la topographie du Ponthieu, etc. 1840, in-8.

9527. POILLY (A. de). Rech. sur une colonie massalienne établie dans le voisinage de l'embouchure de la Somme, etc. 1849, in-8.

9428. RAVIN (d^r F.-P.). Mém. sur les établissements rom. de l'embouchure de la Somme, etc. 1849, in-8; 1 carte, 5 pl.

9529. ESSIGNY (Grégoire d'). Mém. sur l'origine du patois picard, etc.; suivi d'un mém. sur les voies rom. [dans le dép^t de la Somme]. 1812, in-8. — Cp. le n° 1221 *a*.

9530. GARNIER (J.). Rapport sur les fouilles à entreprendre dans le dép^t de la Somme. 1839, in-8.

9531. * Congrès archéologique de France. VIe session tenue à Amiens en 1839. 1840, in-8.

9532. PICARD (C.). Not. sur des instruments celtiques, etc. 1835, in-8.

9533. — Not. sur qq. instruments celtiques. 1837, in-8; 18 fig.

9534. BOUTHORS. Description de deux haches celtiques enchâssées dans leurs gaines en corne de cerf, trouvées en 1837 dans les marais de la Somme. 1838, in-8.

9535. COCHET (l'a.). Archéologie. Hachettes diluviennes du bassin de la Somme. Rapport. 1860, in-8.

9536. SIMON (V.). Not. sur les antiq. antédiluviennes du dép^t de la Somme. 1860, in-8.

9537. MELLEVILLE. Silex travaillés trouvés dans l'Aisne et la Somme. 1861, in-8.

9538. GARNIER (J.). Mém. sur les mon^{ts} du dép^t de la Somme. 1839, in-8.

9539. DUSEVEL (H.). Le dép^t de la Somme, ses monuments, etc. 7 livraisons. 1849-1858, in-8; dessins.

9540. ALLONVILLE (A.-F. d'). Diss. sur les camps rom. du dép^t de la Somme. 1828. in-4.

Arrondissements et Cantons

9541. DUSEVEL (H.). Not. sur qq. médailles trouvées dans l'arr^t d'Amiens. 1838, in-8.

9542. — Mém. sur les fouilles et découvertes faites en 1810 dans l'arr^t d'Abbeville et le canton de Domart. 1832, in-8.

9543. LOUANDRE (F.-C.). Histoire ancienne et moderne d'Abbeville et de son arrondissement. 1834, 2 vol. in-8.

9544. — Histoire d'Abbeville et du comté de Ponthieu. 2e éd. 1844, 2 vol. in-8.

9545. PICARD (C.). Rapp. de la Comm. archéol. pour l'arr^t d'Abbeville. 1840, in-8.

9546. PRAROND (E.). Notices histor., topograph. et archéol. sur l'arr^t d'Abbeville. 1854-1856, 2 vol. in-12.

9547. — Histoire de cinq villes et de trois cents villages... [de l'arr^t d'Abbeville]. 1861-68, 6 vol. in-18.

Voir aussi sa *Topographie histor. et archéol. d'Abbeville,* t. I, 1871, in-8.

9548. LEFILS (Fl.). Géographie des c^{nes} de l'arr^t d'Abbeville. 1868, in-8.

9549. BUTEUX (A.). Not. sur les antiq. de l'arrt de Montdidier. 1838, in-8.

9550. DECAGNY (l'a. P.). L'arrt de Péronne. Des rech. sur les v., etc., qui le composent. 1844, in-8.

9551. DARSY (F.-J.). Description archéol. et historique du canton de Gamaches. 1858, in-8.

Ville d'Amiens

9552. MORLIÈRE (A. de la). Les antiq., histoires et choses plus remarquables de la v. d'Amiens... 1621, in-fol. — 2e éd. 1642.

9553. DU CANGE (Ch. Du Fresne, seigneur). Histoire de l'état de la ville d'Amiens, etc. (publié en 1840). In-8.

9554. DAIRE (le p.). Histoire de la v. d'Amiens. 1757, 2 vol. in-4.

9555. DUSEVEL (H.). Histoire de la v. d'Amiens, etc. 1832, 2 vol. in-8. 11 vues, 1 plan. — 2e éd. 1848, in-8.

9556. GOZE (A.). Histoire des rues d'Amiens. 1854-58. 3 vol. gr. in-8.

9557. RIENCOURT (Cellier de). [*Ms.*] Histoire des évêques d'Amiens.

9558. DU CANGE (Ch. du Fresne). [*Ms.*] Mémoire pour l'histoire des évêques d'Amiens.

9559. SALMON (Ch.). Histoire de st Firmin, martyr, Ier évêque d'Amiens. 1861, in-4.

9560. DUFOUR (Ch.). L'apostolat de st Firmin, Ier évêque d'Amiens, rétabli au 3e siècle. 1864, in-8.

9561. SALMON (Ch.). Rech. sur l'époque de la prédication de l'Évangile dans les Gaules... et sur le temps du martyre de st Firmin, etc. 1866, in-8.

9562. RICHARD (l'a.). Origine chrétienne de la Gaule et date de st Firmin contre Tillemont, MM. Dufour, Tailliar, Salmon, etc. 1867, in-8.

9563. CORBLET (l'a. J.). Diss. sur St Euloge, évêque d'Amiens. 1868, in-8.

9564. RIGOLLOT (Dr). Mém. sur l'ancienne v. gauloise de Samarobriva. 1827, in-8.

Voir, à la série des Questions topographiques, la section Samarobriva.

9565. LANDE (Mangon de la). Dissertation sur les noms antiques d'Amiens. 1828, in-8.

9566. SELLIER. [*Ms.*] Mém. sur l'ancien emplacement de la v. d'Amiens.

9567. LION (J.). La voie rom. d'Amiens à Boulogne, etc. 1866, in-8.

9568. DUFOUR (Ch.). Musée d'antiq. d'Amiens. 1843, in-8.

9569. * Catalogue du musée communal et déptal d'antiquités fondé en 1836 par la Soc. des Antiquaires de Picardie. Amiens, Duval et Herment. 1845, in-8. — 2e tirage, 1848.

9570. GAUDRY (A.). Sur le résultat de fouilles géologiques entreprises aux environs d'Amiens. 1859, in-4.

9571. DUSEVEL (H.) sous les initiales H. D. * Monts anciens et modernes de la v. d'Amiens etc. 1831-43, in-4.

9572. DOUCHET (L.). Théâtre ou amphithéâtre, cirque de Samarobriva. 1865, in-8.

9573. RIGOLLOT (dr). Not. sur une sépulture rom. découverte sur le territoire de la v. d'Amiens. 1855, in-8.

9574. MAGDELAINE (A.). Note sur la découverte d'un four de potier et de fragments de vases gallo-romains, à Amiens. 1854, in-8; 1 pl.

9575. DUFOUR (Ch.). Obs. sur des noms de potiers et de verriers romains recueillis à Amiens. 1848, in-8.

9576. — Notice sur un cachet d'oculiste romain trouvé à Amiens. 1845, in-8.

9577. * Anneaux antiques trouvés près d'Amiens. — *Rev. arch.*, t. III, 1847, p. 485.

9578. DAIRE (le p.). Histoire littéraire de la v. d'Amiens. 1782, in-4.

Localités diverses

Abbeville

9579. SANSON (N.). Britannia ou Recherche de l'antiquité d'Abbeville. 1635, p. in-8.

9580. LABBE (le p. Ph.). Les véritables antiquités d'Abbeville opposées à la fausse Bretagne du sr Sanson. 1646, in-fol.

9581. MONGEZ (Ant.). Mém. sur les meules de moulin employées par les anciens et les modernes, et sur des meules à bras antiques trouvées près d'Abbeville. 1805, 1808, in-8.

9582. TRAULLÉ. Lettre sur les débris d'un bateau déterré près d'Abbeville. 1809, in-8.

9583. SIMON (V.). Antiquités celtiques antédiluviennes découvertes à Abbeville. 1861, in-8.

9584. OLIVIER. Note sur les silex taillés à Abbeville. 1864, in-8. — Cp. les nos 1399, 1400.

9585. RIGOLLOT (dr). Notice sur des monnaies trouvées à *Allonville*. 1839, in-8.

9586. GARNIER (J.). Une course [archéol.] à *Baizieux*. 1861, in-8.

9587. CORBLET (l'a. J.). Rapport sur les fouilles de *Beuvraignes*. 1865, in-8.

9588. * Découvertes de 20 à 25 monnaies romaines, trouvées dans la forêt de *Boves*. — *Bull. de la Soc. des Antiquaires de Picardie*. 1860, n° 2, in-8.

9589. GARNIER (J.). Note sur une découverte d'objets celtiques en bronze faite à *Caix* en 1865. 1867, in-8.

9590. DARSY alias DARCY. Note sur la tombelle de *Caurroy-lès-Tours*. 1852, in-8.

9591. MOREL DE CAMPENELLE. Note sur un groupe de bronze composé de deux lutteurs, qui ont (*sic*) été trouvés, l'un à *Coquerel*,.... l'autre à Long etc. 1835, in-8.

9592. * Épée de bronze trouvée près de *Corbie*.

Communication de MONGEZ devant la classe de littérature et beaux-arts de l'Institut, mentionnée par VILLAR dans la séance du 15 messidor an IX. — *Mém. des Soc. savantes*, t. II, an X (1801), p. 14. — Voir aussi m. v., p. 184.

9593. LABOURT (A.). Rech. archéol. sur le *Crotoy*. 1840, 1842, 2 parties in-8. — Cp. le n° 9528.

9594. LEFILS (Fl.). Histoire de la v. du *Crotoy*, etc. 1860, in-12.

9595. VALLOIS. Note sur le menhir de *Doingt*, etc. 1865, in-4.

9596. DELGOVE (l'a. E.). Histoire de la v. de *Doullens*. 1865, in-4.

9597. GARNIER (J.). Note sur qq. objets trouvés, en mai 1864, dans les tourbières de *Dours*. 1864, in-8.

9598. MAZIÈRE. Fouilles faites à *Dreslincourt*. 1859, in-8.

9599. — Découverte de cercueils antiques sur la montagne de *Dreslincourt*. 1862, in-8.

9600. RAVIN (dr F.-P.). Note sur une pirogue gauloise, trouvée à *Étrebœuf* etc. 1835, in-8. — Cp. le n° 9582.

9601. DUSEVEL (H.). Extrait d'une note sur deux casques et une épée en bronze trouvés dans le camp de l'*Étoile*. 1857, in-8.

9602. LEMPEREUR (H.). Notice sur la voie romaine qui passe à *Épehy* et sur les découvertes auxquelles les fouilles exécutées dans cette localité... ont donné lieu. Publiée en 1863, in-8.

9603. DUTILLEUX (A.). Lettre de M. Vallois, relative aux trouvailles faite par M. Lempereur. Rapport etc. 1864, in-8.

9604. SEPTENVILLE (de). Communication relative à la découverte d'ossements humains, de poterie, d'armes et d'objets divers, fait à *Fontaine-le-Sec*. 1865, in-8.

9605. DARSY (F.-I.). Notes sur la tombelle de *Gamaches*. 1848, in-8.

9606. DECAGNY (l'a. P.). Rapport sur les antiq. du hameau de *Génermont*. 1866, in-8.

Long.

Voir COQUEREL.

9607. DUTILLEUX (A.). Excursions archéol. à *Marieux*. 1864, in-8.

9608. DAIRE (le p.). Histoire de la v. de *Montdidier*. 1765, in-12.

9609. BEAUVILLÉ (V. de). Histoire de la v. de *Montdidier*. 1858, 3 vol. in-4.

9610. EDWARDS (Milne). Notes sur les résultats fournis par l'enquête relative à... la mâchoire humaine... de *Moulin-Quignon*. 1863, in-8. — Cp. les nos 1401 et 1414.

9611. BAULAIRE (L.). Éclaircissement sur qq. prétendus restes de camps des Romains, notamment celui de *Pecquigny*. 1740, in-8.

9612. HECQUET D'ORVAL. Mém. sur les fouilles de *Port-le-Grand* etc. 1840, in-8; 3 pl.

9613. LEFILS (Fl.). Histoire... de la v. de *Rue*, etc. 1860, in-12.

9614. BOYER DE Ste-SUZANNE. Catalogue des médailles rom. trouvées à *Sentelié*. 1860, in-8.

Saint-Acheul

9615. GARNIER (J.). Not. sur une découverte d'objets rom. faite à St-Acheul-lès-Amiens en 1861. 1863, in-8.

9616. RIGOLLOT (dr). Mém. sur des instruments en silex trouvés à St-Acheul, etc. 1856, in-4; 7 pl.

9617. POUCHET (G.). Note sur un instrument en silex trouvé dans le terrain de transport de St-Acheul. 1859, in-4.

9618. FLOWER (J.-W.). Obs. sur un instrument en silex découv. dans un banc de gravier à St-Acheul, près d'Amiens, 1859.

9619. COCHET (l'a.). Extrait d'une lettre à M. Charma sur une découverte de traces dites diluviennes à St-Acheul. 1860, in-8.

9620. POUCHET (G.). Excursion aux carrières de St-Acheul. 1860, in-8.

9621. COCHET (l'a.). Une visite aux sablières de St-Acheul. 1861, in-8.

9622. GRAS (Sc.). Sur l'insuffisance des preuves que l'on a tirées du gisement des silex travaillés de St-Acheul, pour faire admettre l'existence de l'homme pendant la période quaternaire. 1862, in-8.

9623. PERTHES (BOUCHER DE CRÈVECŒUR DE). Nouvelles découvertes d'os dans le diluvium, 1863 et 1864. — Rapport à la Société d'émulation. 39 p. Pièces à l'appui du rapport précédent. — Vérification des faits; continuation des fouilles; procès-verbaux. 31 p. 1865, in-8.

9624. SOLENTE. Note sur un tombeau découvert à St-Acheul en 1839. In-8.

9625. FEVEZ. Notice sur un squelette trouvé dans un tombeau romain à St-Acheul. 1841, in-8.

9626. CORBLET (l'a. J.). Not. sur le prétendu temple rom. de *St-Georges-lès-Roye*. 1842, in-8.

9627. PAMIER (E.). Pirogue gauloise trouvée à *St-Jean-des-Prés*. 1861, in-8; 1 pl.

9628. BLIN DE BOURDON. Notes sur les fouilles exécutées à *St-Marc* [cne de Valines]. 1840, in-8.

9629. BUTEUX. Rapport sur les fouilles exécutées au hameau de *St-Marc*. 1840, in-8.

9630. LEFILS (Fl.). Histoire... de *St-Valery* etc. 1858, in-8. — Cp. le no 9528.

TARN

Articles sur le département

9631. LAMARQUE (Fr.). Statistique du Tarn. An IX, in-8.

9632. ROSSIGNOL (E.-A.). Monographie communale, étude statistique, historique et monumentale du dépt du Tarn. 1re partie. Arrondt de Gaillac, etc. 1864, in-8.

9633. MASSOL. Description du dépt du Tarn, etc. 1818, in-8.

9634. MÈGE (A. du). Mémoires archéol. sur le dépt du Tarn. 1829, in-18.

9635. COMPAYRE. Guide du voyageur dans le dépt du Tarn. 1852, in-12.

9636. — Congrès archéol. de France. XXXe session. Séances gales tenues à Rodez, à Albi et au Mans, en 1863. Paris, 1864, in-8.

9637. CROZES (H.). Répertoire archéologique du dépt du Tarn. (Collection des répert. archéol.) 1865, in-4.

9638. CARAVEN (A.). Carte archéol. du dépt du Tarn, etc. 1867, in-fol.

9639. — Sépulcrologie gauloise et franque du dépt du Tarn. 1863, in-12. 2e éd., 1873, in-8, avec carte.

Arrondissements et Cantons

9640. BOREL (P.). Les antiq. et choses considérables de la v. et comté de Castres, etc. 1649, in-8.

Inscriptions romaines.

9641. MARTURÉ (B.-A.). Histoire du pays Castrais. 1822-1824, 2 vol. in-8°.

9642. ROSSIGNOL (E.-A.). Aperçu des mon[ts] de l'arr[t] de Gailhac. 1863, in-8. — Cp. le n° 9632.

9643. — Mém. sur qq. souterrains existant dans l'arr[t] de Gaillac. 1864, in-8.

Ville d'Albi

9644. * Ville d'Albi. Exposition dép[tale] de peinture, d'objets d'art et d'antiquités en 1863, à l'occasion du Congrès archéol. (Livret). Albi, impr. Papailhiau. 1863, in-12 ; 160 p.

9645. CAUMONT (A. de). Rapp. verbal sur une excursion à Albi. 1864, in-8.

Statue gallo-romaine.

Localités diverses

Castres

9646. BELHOMME (J.-B.-G.). Rech. sur l'origine de la v. de Castres, etc. 1834, in-4.

9647. DEVALS aîné (J.-U.). Not. sur la voie rom. de Castres à Moissac. 1862, in-8.

9648. CANET (V.). Note sur un fragment trouvé dans le Port-Vieux, à Castres. 1858, in-8.

9649. CUMENGE. Mémoire sur le séjour des Romains aux environs de Castres. 1862, in-8.

9650. MARTIN (F.). Note sur les médailles rom. conservées par la Soc. litt. et sc. de Castres. 1858, in-8.

9651. CARAVEN (A.). Not. sur des monnaies rom. trouvées aux environs de Castres. 1862, in-8.

9652. CANET (V.). Note sur les fouilles exécutées au plateau de *la Fosse*. 1862, in-8.

9653. MÈGE (A. du). Nouvelles découvertes archéol. à *Montans*. 1849, in-8.

9654. ROSSIGNOL (E.-A.). Des antiq. et principalement de la poterie rom. trouvées à *Montans*. 1859, in-8.

9655. — Des médailles gauloises romaines et du moyen âge trouvées à *Montans*. 1870, in-4.

9656. FLOUEST (Éd.). L'oppidum de *Nages*. 1869, in-8.

9657. CARAVEN (A.). Archéologie gallo-rom. Rapports adressés à M. le maire de Castres sur les découvertes archéologiques faites au *Plo-de-Blan*. 1865, in-8.

9658. RIVIÈRES (b[on] E. de). Antiq. gallo-rom. et franques, découvertes à *Rivières*. 1864, in-8.

9659. ALIBERT. Découverte archéol. faite aux environs de *Roquecourbe*. 1857, in-8.

9660. COMBES (A.). Rapport sur des urnes découv. à *Roquecourbe*. 1857, in-8.

9661. ALIBERT. Note sur de nouv. découvertes faites au plateau de Lacam [près de *Roquecourbe*]. 1869, in-8.

9662. BOURG (A. du). St-*Sulpice-de-la Pointe*, San Somplite, Castrum S[ti] Sulpitii. 1866, in-4.

Camp romain.

9663. BARTHÉLEMY (l'a.). Médailles trouvées à *Veilles* (auj. Veilhes).

Voir la Diss. de l'a. Audibert sur les origines de Toulouse. 1764, in-8.

TARN-ET-GARONNE

Articles sur le département

9664. PEUCHET et CHANLAIRE. Statistique de Tarn-et-Garonne. 1810, in-4.

9665. DEVALS aîné (J.-U.). — Études histor. et archéol. sur le dép[t] de Tarn-et-Garonne. 1866, in-8.

9666. — Études sur les limites des anciens peuples qui habitaient le dép[t] de Tarn-et-Garonne, et sur les voies antiques du même dép[t]. 1862, in-8.

9667. — Les voies antiques du dép[t] de Tarn-et-Garonne. Introduction. 1869, in-8.

9668. MÈGE (A. du). Voyage littéraire

et archéol. dans le dép^{t} de Tarn-et-Garonne. 1828, in-18.

9669. DEVALS (J.-U.). Lettre sur qq. objets antiques découverts dans le dép^{t} de Tarn-et-Garonne. 1844, in-8.

9670.* Congrès arch. de France. XXXIIIe session. Séances générales tenues à Montauban, Cahors et Guéret en 1865. Paris, 1866, in-8.

9671. DEVALS aîné. Rapport fait sur les antiq. du dép^{t} [de Tarn-et-Garonne]. 1869, gr. in-8.

9672. — Rapport sur les antiq. celtiques et gallo-romaines du dép^{t} de Tarn-et-Garonne. 1870, in-8.

9673. — Mém. sur les habitations troglodytiques en général et spécialement sur celles du dép^{t} de Tarn-et-Garonne. 1864, in-18.

9674. — Coup d'œil sur l'âge antéhistorique dans le dép^{t} de Tarn-et-Garonne. 1869, gr. in-8.

9675. CRAZANNES (b^{on} CHAUDRUC de). Tableau chronolog. des mon^{ts} histor. du dép^{t} de Tarn-et-Garonne. 1838, in-16.

9676. * Oppida primitifs et camps romains dans le dép^{t} de Tarn-et-Garonne. — *Bull. de la Soc. archéol. de Tarn-et-Garonne,* t. I, 1869, p. 76 à 80.

9677. DEVALS aîné. Note sur les mon^{ts} épigraphiques de Tarn-et-Garonne. 1866, in-8.

Arrondissements et Cantons

Pour mémoire.

Ville de Montauban

9678. LE BRET (H.). Histoire de la v. de Montauban, etc. 1668, in-4. — 2e éd. revue par l'a. Marcellin et G. Rück. 1842, 2 vol. in-8.

9679. DEVALS aîné. Histoire de Montauban. 1855, in-8.

9680. — Découverte d'une villa romaine à Montauban. 1844, in-8.

9681. — Découverte d'un village gallo-rom. dans le territoire de... Montauban. 1860, in-8.

9682. — Mon^{ts} histor. de Montauban. 1841, in-8.

Localités diverses

9683. * L'habitation souterraine de *Bonrepos.* — *Bull. de la Soc. archéol. de Tarn-et-Garonne,* t. I, 1869, p. 245 et 246.

9684. CARAVEN (A.). Haute antiquité. — Époque antéhistorique. — Recherches sur l'homme fossile, ou Mémoire sur une ancienne station humaine découverte, le 14 octobre 1862, dans la caverne de *Bruniquel.* 1865, in-8.

9685. POTTIER (Fr.). Rapport à la Soc. des antiquaires de la Morinie sur les découvertes des cavernes de *Bruniquel,* etc. 1866, in-8.

9686. BRUN (V.). Notice sur les fouilles paléontologiques de l'âge de pierre, exécutées à *Bruniquel* et à Saint-Antonin. 1867, in-8.

9687. LENOIR (Fr.). Notes sur des objets de l'âge de la pierre, trouvés à *Bruniquel,* etc. 1870, in-8.

9688. DEVALS aîné. Habitation troglodytique des Proats-Hauts (c^{ne} de *Léojac*). 1866, in-8. — Cp. le n° 1450.

9689. — Des habitations troglodytiques Lettre à M. le doct. J.-B. Noulet, de Toulouse. 1869, in-8.

9690. — Découverte de tombeaux gaulois dans la c^{ne} de St-*Antonin.* 1860. — Voir aussi le n° 9686.

9691. MÈGE (A. du). Ruines gallo-rom. de St-*Porquier.* 1860, in-8.

9692. DEVALS (J.-U.). Une visite au camp rom. nouvellement découvert à St-*Porquier.* 1860, in-4.

9693. — Notice sur l'habitation souterraine récemment découverte à *Saint-Sermin-d'Ordalilles,* près Bellegarde. 1865, in-8.

VAR

Articles sur le département

9694. FAUCHET. Statistique du Var. An X, in-8.

9695. PEUCHET et CHANLAIRE. Statistique du Var. 1811, in-4.

9696. M. ***. Statistique du Var. 1838-44, in-8.

9697. DOZE (l'a.). Voie aurélienne dans le Var. 1860, in-8.

9698. AUBE (F.). Étude sur les voies rom. dans la partie de la Provence qui a formé le dépt du Var et l'arrt de Grasse. 1866, in-8.

9699. PONS (A.-Th.-Z.). Mont grec trouvé dans le dépt du Var. 1826, in-8.

9700. * Découverte d'une mosaïque rom. — *Bull. de la Soc. d'études sc. et arch. de Draguignan*, t. II, 1859, in-8.

9701. LATIL (A.). Numismatique. Médailles romaines. 1857, in-8.

Arrondissements et Cantons

9702. GIRAUD (l'a. Magl.). Rech. relatives à la géographie et aux antiquités, etc., ou Dictionnaire topographique et répertoire archéol. du canton de Beausset, avec un appendice sur Bandols. 1865, in-8.

9703. GERMONDY (A.). Géographie gallo-romaine. Cantons de St-Tropez et de Grimaud. 1859, in-8.

Ville de Draguignan

9704. BARBE (l'a.). Études sur les origines de Draguignan. 1859. in-8.

Localités diverses

9705. BRETON (E.). Antiq. de la v. d'*Antibes*. 1841, in-4.

9706. * Antiq. rom. — *Antibes*. — *Bull. de la Soc. d'études de Draguignan*, t. II, 1858.

9707. FRŒHNER (E.). La Vénus d'*Antibes*. 1867, in-8.

9708. BOUIS. Not. sur une médaille à l'effigie de Tibère, trouvée... près de *Bagnols*. 1838, in-8.

Bandols.

Voir ci-dessus le no 9702.

9709. GERMONDY (A.). Géographie historique du *Freinet*, etc. 1865, in-8.

Fréjus

9710. GIRARDIN (J.-F.). * Histoire de la v. et de l'église de Fréjus. 1729, 2 vol. in-12. (Signé M. G. C. D. C. E. T.)

9711. DISDIER (l'a. J.-B.), éditeur. Description histor. du diocèse de Fréjus. Manuscrit de Girardin et d'Antelmy. 1870, in-8.

9712. PETIT (V.). Fréjus, Forum Julii. [S. d.?] In-8, fig. et carte.

9713. DISDIER (l'a. J.-B.). Recherches histor. sur st Léonce, évêque de Fréjus, etc. 1863, 1864, in-8.

9714. VILLENEUVE-BARGEMONT (cte Chr. de). Rapport sur les fouilles faites à Fréjus. 1806, in-8.

9715. NOUBEL (R.). Rapport sur un mém. de M. de Villeneuve, relatif à des fouilles faites à Fréjus, etc. 1806, in-8.

9716. ROSTAN. Not. archéol. sur Fréjus. 1852, in-8.

9717. TEXIER (Ch.). Rech. sur le port de Fréjus. 1847, in-4; 6 pl.

9718. PETIT (V.). Esquisses des monts rom. de Fréjus. 1864, in-8.

9719. ALEXANDRE (Ch.). Inscriptions trouvées à Fréjus. 1861, in-8.

9720. MILLER (E.). Nouvelles observations sur l'inscription gréco-latine trouvée à Fréjus. 1861, in-8.

9721. LACROIX (P.). Origines rom. du village de *la Gaude*. 1862, in-8.

9722. GORY (A.). Résultats des fouilles qui ont eu lieu à *Hyères* par les soins de M. le duc de Luynes, en 1864. 1867, in-8.

Tombes celtiques trouvées à Vallebonne.

9723. AUDIFFRET. Un mon[t] cyclopéen sur les côtes de Provence. 1850, in-8.

Sur le territoire d'*Hyères*.

9724. CORDOUAN (D[r]). Histoire de la c[ne] de *Lorgues*. 1864, in-8.

9725. AUBE (F.). Description d'une médaille rom. trouvée au *Luc*. 1867, in-8.

9726. PONS (A.-Th.-Z.). Un cimetière rom. à *Solliès-Pont*. 1869, in-8.

9727. — Not. sur un tombeau antique à *Soliès-lès-Toucas* (alias *Solliès-Toucas*). 1817, in-8.

9728. — Not. sur un mon[t] de *Solliès-Ville*. 1817, in-8.

9729. GIRAUD (l'a. M.). Nouvelle étude sur *St-Cyr de Provence*. 1870, in-8.

Fait suite aux n°s 2943-2945 et 9702.

9730. ROSTAN (L.). Colonne milliaire découverte à *St-Maximin*. 1858, in-8.

9731. QUICHERAT (J.). Rapport sur l'assimilation d'Athenopolis et de Heraclea Caccabaria [attribuées à *s[t] Tropez*]. 1861, in-8.

Toulon

9732. V. (H.). Origine de Toulon. 1827, in-8.

9733. PONS (A.-Th.-Z.). Rech. sur l'origine de la v. de Toulon. 1828, in-8.

9734. TEISSIER (O.). Étude sur l'histoire de Toulon. 1863, in-8.

9735. R. (D.) [Rossi?] Toulon et son origine. 1869, in-8.

9736. TEISSIER (O.). Anciennes sépultures et voies rom. découvertes à Toulon. 1868, in-8.

9737. REVELLAT (J.-B.). Description d'un collier, d'un bracelet... trouvés... à Toulon-sur-Mer, etc. 1870, in-8.

9738. PRÉVOST (F.). Note sur qq. tombeaux découverts dans les fouilles exécutées... à Toulon. 1851, in-8.

9739. * Découverte de tombeaux gallo-romains à Toulon, en creusant les fondations du nouveau théâtre, 3 p. — *Bull. de la Soc. des sc.*, etc. *de Toulon*, t. XXVII, 1859 (1860).

Vallebonne.

Voir les articles sur HYÈRES.

VAUCLUSE

Articles sur le département

9740. PAZZIS (M. SÉGUIN de). Mémoire statistique sur le dép[t] de Vaucluse. 1808, in-4.

9741. BARJAVEL (C.-F.-H.). Dictionnaire histor., biogr. et bibliogr. de Vaucluse, ou Recherches, etc. 1841, in-8.

9742. COURTET (J.). Dictionnaire géogr., histor., archéol. et biogr. des c[nes] de Vaucluse. 1857, in-8.

9743. MONIER (J.). Diss. touchant la rivière où C. Marius défit les Ambrons; si c'était l'Arc ou la Durance. 1713, in-12.

9744. BRACHET (J.-F.). Voyage d'un Hollandais dans le dép[t] de Vaucluse. 1821, in-12.

9745. CREULY (g[al]). Un nouveau pagus gallo-rom. 1863, in-8.

9746. FORTIA D'URBAN (de). Antiq. et mon[ts] du dép[t] de Vaucluse. 1808, in-12.

9747. DELOYE (A.). Not. sur deux vases antiques d'argent massif. 1863, in-8.

9748. ARNAUD (E.). Études préhistoriques sur les premiers vestiges de l'industrie humaine... dans le Sud-Est de Vaucluse. 1869, in-8.

9749. AUBENAS (Ad.). Mém. sur les arcs de triomphe du dép[t] de Vaucluse. 1840, in-4.

9750. CHAIX (J.-M.-A.). Essai sur les mon[ts] du dép[t] de Vaucluse. 1840, in-8.

9751. COURTET (J.). Vaucluse histor., pittoresque et monumental. 1854, in-4.

9752. JOHANNEAU (E.). Not. sur des médailles celtiques découvertes dans le dép[t] de Vaucluse, etc. 1809, in-8.

9753. CHARREL. Not. sur une médaille rom. 1865, in-8.

Arrondissements et Cantons

9754. FANTONI. Historia della città e del contado Venesino. 1678, 2 vol. in-4.

9755. CHAILLOT (P.). Histoire d'Avignon et du comté Venaissin, etc. 1818, in-8.

9756. GARCIN (A.-M.). Essai épigraphique sur l'arrt d'Apt. 1867, in-8 ; 1 pl.

Ville d'Avignon

9757. FORTIA D'URBAN (mis de) et CAMBRY (J.). Introduction à l'histoire de la v. d'Avignon. 1805, in-8.

9758. GUÉRIN (J.). Discours sur l'histoire d'Avignon, etc. 1807, in-12.

Description des monuments, etc.

9759. COURTET (J.). Not. historique et archéol. sur Avignon, etc. (vers 1845). In-8 ; avec un plan.

9760. * Origine du nom d'Avignon. — *Rev. archéol.*, t. VI, 1849, p. 119.

9761. * Antiq. rom. trouvées dans a v. d'Avignon. — *Rev. archéol.*, t. X, 1853, p. 570.

9762. DELOYE. Not. sur deux vases antiques en argent massif, trouvés dans le lit du Rhône, en 1862, et acquis par le musée Calvet. 1863, in-8.

9763. CRIVELLI. Note sur une mosaïque découv. à Avignon. 1812, in-8.

9764. REQUIEN (E.). Catalogue des médailles rom. de la collection du musée Calvet d'Avignon. 1840, in-12.

Localités diverses

Apt

9765. ARBAUD (Damase). La voie rom. entre Sisteron et Apt. — Alaunium. — Catuiaca. 1868, in-8.

9766. BOZE (l'a. de). Histoire de la v. d'Apt. 1813, in-8.

9767. MARTIN (J.-Cl.). Antiq. et inscriptions de la v. d'Apt.

Antiquités de Die, etc. 1818.

9768. ROSSI (J.-B. de). (Traduction par Marius CARBONNEL.) Un sarcophage découvert à Rome, comparé à un semblable qui existe à Apt. 1867, in-8; 1 pl. chromolith.

Aramon.

Voir l'article MORNAS.

Carpentras

9769. * Diss. sur la v. de Carpentras. — *Mém. de l'Acad. des inscript. et b.-l.*, t. XXXII, 1768, p. 729, 741, 755 ; hist. t. XXIX, 1764, p. 239.

9770. MARTIN (J.-Cl.). Antiquités et inscriptions de la v. de Carpentras.

Antiquités de Die, etc. 1818.

9771. LANCI (M.). Osservazioni sul bassorilievo fenico-egizio che si conserva in Carpentras. 1825, in-4.

9772. COURTET (J.). Arc de triomphe de Carpentras. 1848, in-8.

9773. CALVET (E.-Cl.-F.). Diss. sur un mont singulier des Utriculaires de *Cavaillon*, etc. 1766, in-8.

9774. COURTET (J.). Arc de triomphe de *Cavaillon*. 1848, in-8.

9775. QUICHERAT (J.). Rapport sur des explorations de sépultures antiques... à *Menerbes*. 1864, in-8.

9776. CAYLUS (cte de). Obs. sur les monts antiques de *Mornas* et sur ceux d'*Aramon*.

Rec. d'antiq., t. VI, p. 332-334.

Orange

9777. GUIB (J.-Fr.). Abrégé de l'histoire ancienne de la v. d'Orange, etc. (vers 1730).

9778. BOUTET (J.). Not. histor. et archéol. sur la v. d'Orange. 1741, in-4.

9779. BONAVENTURE (le p.). Histoire de la v. et principauté d'Orange. 1741, in-4.

9780. GASPARIN aîné (de). Histoire de la v. d'Orange et de ses antiq. 1815. — 2e éd., 1840, in-12; 6 grav.

9781. BASTET (J.). Histoire de la v. et de la principauté d'Orange. 1856, in-12; fig.

9782. CHARREL. Orange sous la domination rom. 1866, in-8; 2e éd. 1867.

9783. VARIN (P.). Vie de st Eutrope, évêque d'Orange, par Verus, son successeur. 1849, in-8.

Cp. Ul. CHEVALIER, Répertoire des sources histor. du moyen âge; bio-bibliographie, art. *St Eutrope*.

9784. RABAN (Ed.). * Les antiq. de la v. et cité d'Orange. 1656, in-8. — Autres éditions.

9785. ESCOFFIER (Ch.). * Description des antiq. de la v. et cité d'Orange. 1700, in-12. (Signé M. C. E. P. C.)

9786. MARTIN (J.-Cl.). Antiq. et inscriptions de la v. d'Orange.

Antiquités de Die, etc. 1818.

9787. VITET (L.). Mon^ts antiques de la v. d'Orange. S. d. in-4.

9788. CARISTIE (Aug.-N.). Monuments antiques à Orange, arc de triomphe et théâtre, etc. 1856-57, in-fol.

9789. CHARREL. Série d'études sur les mon^ts antiques d'Orange. 1861, in-8.

9790. GUIB (J.-Fr.). Diss. dans laquelle on examine quels sont ceux qui ont fait construire l'arc de triomphe que l'on voit à Orange. 1729, in-8.

9791. * Rem. sur l'arc de triomphe d'Orange, et la suite de ces remarques. — *Mercure*, mars et avril 1730.

9792. * Lettres à M. de Valbonnais où l'on examine la diss. [de Guib] sur l'arc d'Orange. — *Mém. de Trévoux*, juillet 1730, pag. 1214; août, p. 1373.

9793. LEBEUF (l'a. J.). Obs. sur l'arc d'Orange. 1753, in-4.

9794. MÉNARD (L.). Mém. critique sur l'arc de triomphe de la v. d'Orange. 1759, in-4.

9795. PELET (Aug.). — Essai sur l'arc d'Orange. 1832, in-8.

9796. CARISTIE (Aug.). Not. sur l'état actuel de l'arc d'Orange, et des théâtres antiques d'Orange et d'Arles, etc. 1839, in-4.

9797. ARTAUD (F.). L'arc d'Orange. 1840, in-8.

9798. COURTET (J.). Arc de triomphe d'Orange. 1848, in-8.

9799. LENORMANT (Ch.). Extrait d'un mém. sur l'arc de triomphe d'Orange. 1857, in-4.

9800. SAULCY (F. de). Lettre à M. de Caumont sur l'arc triomphal d'Orange. 1867, in-8.

9801. GASPARIN (de). Mém. sur un cirque découvert à Orange. 1811, in-8.

9802. MÈGE (A. du). Sur l'amphithéâtre d'Orange. 1827, in-8.

9803. PELET (Aug.). Rech. sur la scène antique, justifiées par l'étude du théâtre d'Orange. 1861, in-8.

9804. HERBERT (Ph.). L'inscription de l'arc de triomphe d'Orange. 1862, in-8.

9805. BARJAVEL (C.-F.H.). Simple exposé touchant l'inscription récemment déchiffrée de l'arc antique d'Orange (1862?). In-8.

9806. DELOYE. Inscription métrique du tombeau de saint Eutrope, à Orange. 1863, in-8.

9807. SAULCY (F. de). Note sur l'inscription de l'arc d'Orange. 1866, in-8.

9808. MONIER (J.). Abrégé historique et chronologique de la v. de *Pertuis*. 1706, in-4.

9809. CHRESTIAN (H.). Note sur une inscription votive aux déesses mères faisant connaître le nom d'une ancienne peuplade habitant le plateau de *Sault* (quartier St-Just). 1869, in-8; 1 pl.

Les Capellatessi.

Vaison

9810. JOANNIS. Vaison, capitale des Voconces. 1856, in-4.

9811. MARTIN (J.-Cl.). Antiq. et inscriptions de la v. de Vaison.

Antiquités de Die, etc. 1818.

9812. BRETON (E.). Antiq. de Vaison. 1842, in-8.

9813. GASPARIN (de). Notice sur les mon^ts de la v. de Vaison. 1822, in-8.

9814. DELOYE. Inscriptions latines, découvertes à Vaison et aux environs. 1848, in-8.

9815. RENIER (Léon). Inscription bilingue, grecque et latine, trouvée à Vaison. 1854, in-8.

Mélanges d'épigraphie, 1854, § 5, et *Mélanges épigraphiques*, 1855, § 1.

VENDÉE

Articles sur le département

9816. LA BRETONNIÈRE. Statistique de la Vendée. An IX, in-8.

9817. CAVOLEAU (J.-A.). Description de la Vendée. 1818, in-4. — 2e éd. sous ce titre : Statistique ou description gle du dépt de la Vendée, etc. 1844, in-8.

9818. MASSÉ-ISIDORE (Ch.). La Vendée... depuis Jules César, etc. 1829, 2 vol. in-8; fig.

9819. WISMES (H.-B.-O., bon de). La Vendée historique, pittoresque et monumentale. 1845-48, p. in-fol.; 40 pl.

9820. AUDÉ (L.). Études histor. et administratives sur la Vendée. 1857-59, in-8.

9821. SOURDEVAL (Ch. MOURAIN de). Antiq. de la Vendée. 1855, in-8.

9822. BRIÈRE (LEROY de la). Note sur les objets gallo-rom. découv. en Vendée, etc. 1856, in-8. — Cp. le no 9860.

9823. AUDÉ (L.). Vase gallo-rom. trouvé dans la Vendée. 1857, in-8.

9824. BAUDRY (l'a. F.). Antiq. celtiques de la Vendée. 1861, in-8.

9825. Congrès archéologique de France. XXXe session tenue à Fontenay-le-Comte en 1864.

9826. LONGUEMAR (LE TOUZÉ de). Excursion archéol. dans le marais vendéen. 1865, in-12.

9827. AUDÉ (L.). Monts celtiques d'une partie de la Vendée. 1840, in-8.

9828. BAUDRY (l'a. F.). Monts de l'âge de pierre en Vendée. 1865, in-8.

9829. AUBER (l'a.). Caractères de l'architecture dans les monts de la Vendée. 1865, in-8.

9830. BAUDRY (l'a. F.). Note sur les substructions gallo-rom. de la Vendée. 1865, in-8.

9831. — Sépultures gauloises ou tumulus de la Vendée. 1865, in-8.

9832. — Note sur une trouvaille de moules à médailles romains. 1864, in-8.

Arrondissements et Cantons

9833. BAUDRY (l'a. F.). Antiq. celtiques de la Vendée. — Traditions et légendes. — Arrt des Sables-d'Olonne. 1866, in-8.

9834. — Antiq. celtiques de la Vendée. — Tradition et légendes. — Canton des Moutiers-les-Mauxfaits. 1865, in-8.

9835. — Antiq. celtiques de la Vendée. Canton de Talmont. 1862, in-8.

Localités diverses

9836. AUDÉ (L.). [*Ms.*] Carte des environs d'*Avrillé*, près Talmont.

Voir aussi le no 9858.

Le Bernard; Troussepoil

9837. BAUDRY (l'a. F.). Antiquités celtiques du Bernard. 1860, in-8.

9838. — Mémoire sur les fouilles archéol. du Bernard. 1860, in-8.

9839. LONGUEMAR (LE TOUZÉ de). Analyse du mémoire de M. Baudry sur les puits funéraires de Troussepoil. 1860, in-8.

9840. QUICHERAT (J.). Rapport sur la découverte d'un cimetière antique à Troussepoil, cne du Bernard. 1861, in-8.

9841. BAUDRY (l'a. F.). Fouilles de Troussepoil. 1863, in-8.

9842. — Mém. sur les fosses gallo-romaines de Troussepoil, cne du Bernard. 1863, in-8.

9843. — Note sur l'ouverture d'un nouveau puits sépulcral sur la colline de Troussepoil, etc. 1866, in-8.

9844. — Rapport sur l'ouverture des IVe, Ve et VIe puits funéraires de Troussepoil, etc. 1866, in-8.

9845. — Rapport sur l'ouverture des VIIe et VIIIe puits funéraires, sur la colline de Troussepoil, etc. 1867, in-8.

9846. — Rapport sur les IXe et X^e puits funéraires de Troussepoil, etc. 1868, in-8.

9847. — Rapport sur les XIe, XIIe et XIIIe puits funéraires de Troussepoil, etc. 1869, in-8..

9848. — Rapport sur les XIVe, XVe, XVIe, XVIIe et XVIIIe puits funéraires de Troussepoil... et sur qq. petites fosses sépulcrales. 1870, in-8.

Ces rapports ont été réunis en 1873, par l'abbé Baudry avec la collaboration de BALLEREAU. — Voir aussi, sur le Bernard, le n° 9858.

9849. FILLON (B.). Rech. histor. et archéol. sur *Fontenay*. 1847, in-8.

9850. — Restes rom. découverts à *Landon*. 1858, in-8.

9851. ARNAULD (Ch.). Histoire de *Maillezais*, etc. 1841, in-8.

9852. FILLON (B.). *Nalliers*. Ses dépôts de cendres. Ses antiquités rom. et gauloises, etc. 1865, in-4.

9853. PIET (J.). Fouilles archéol. à *Noirmoutier*. 1864, in-8.

9854. PILLAYE (de la). Lettre... sur les antiq. de *Noirmoutier*. 1832, in-8.

9855. PARENTEAU. Fouilles de *Pouzauges*. Attributions gauloises. 1860, in-8.

9856. LONGUEMAR (LE TOUZÉ de). Souterrains-refuges de *Prinçay* et de la Saunerie. 1855, in-8.

9857. SOURDEVAL (Ch. MOURAIN de). Ruines gallo-rom. à *St-Gervais*. 1842, in-8.

9858. QUICHERAT (J.). Rapport sur des antiq. rom. et celtiques signalées à *St-Gervais*, Avrillé et le Bernard. 1864, in-8.

9859. FILLON (B.). Description de la villa et du tombeau d'une femme artiste gallo-rom. à *St-Médard-des-Prés*. 1849, in-4.

Troussepoil, c^ne du Bernard.

Voir le BERNARD.

9860. FILLON (B.). Mém. sur une découverte de monnaies... faite en Vendée. 1857, in-8.

Plus de 30,000 médailles rom. découv. à *Veillon*.

VIENNE

Articles sur le département

9861. CATINEAU (E.-P.J.). Annuaire histor., politique et statistique de la Vienne, 1804, in-8.

9862. PEUCHET et CHANLAIRE. Statistique du dép^t de la Vienne. 1811, in-4.

9863. BARBIER (A.). Statistique du dép^t de la Vienne. 1855, in-8.

9864. AUBER (l'a. Ch.). Vie des saints de l'église de Poitiers. 1858, in-32.

9865. — Histoire de l'église et de la province de Poitiers (origines). 1866, in-8.

Voir aussi son *Histoire de Saint Martin de Vertou*, etc., 1869, notamment les chap. XI et XIII.

9866. PINEAUDEAU. Nomenclature g^le par arr^t, canton et c^ne de tous les villages... de la Vienne. 1841, in-8.

9867. RÉDET. Obs. sur les noms de lieux dans la Vienne. 1846, in-8.

Voir aussi son *Dictionnaire topographique de la Vienne*. 1881, in-4. (Collection des Dictionnaires topograph.)

9868. LONGUEMAR (LE TOUZÉ de). Rech. sur le pays des Pictons. — Mém. sur les mon^ts et les voies rom. de la Vienne. 1863, in-8.

9869. RICHARD (J.). Des chemins du diocèse de Poitiers et de leurs vocables apostoliques. 1863, in-8.

9870. ARDILLAUX. Études sur une partie de la voie rom. entre la Vienne et la Gartempe. 1863, 1864, in-8.

9871. LONGUEMAR (de). Étude sur les voies romaines dans la Vienne. 1869, in-8.

9872. SIAUVE (E.-M.). Mémoires sur les antiq. du Poitou (auj. le dép^t de la Vienne). 1804, in-8.

9873. * Congrès archéol. de France;

Xe session. Séances générales tenues à Poitiers en 1843. Caen, 1843.

9874. LONGUEMAR (de). Répertoire archéol. de la Vienne, etc. 1860, in-8.

9875. AUBER (l'a.). Notes d'un voyage archéol. dans la Vienne. 1862, in-8.

9876. LONGUEMAR (de). Rech. archéol. sur une partie de l'ancien pays des Pictons [dépt de la Vienne]. 1862, in-8.

9877. Note sur une série de dolmens et de menhirs échelonnés sur la rive droite du Clain, de Civrai à Châtellerauld. 1859, in-8.

9878. — Liste de 54 dolmens encore existants dans la Vienne, etc. 1862, in-8.

9879. Rapp. sur les dolmens des bords de la Clouère. 1863, in-8.

9880. — Explorations de dolmens et substructions rom. [dans le dépt de la Vienne]. 1863, in-8.

9881. — Dolmens, souterrains, objets gallo-rom. dans la partie sud de la Vienne. 1867, in-8.

9882. MARIOUZE (de la). Observations sur quelques monuments celtiques. 1838, in-8.

Voir aussi *Congrès archéol. de Poitiers*, 1843, p. 9.

9883. CAUMONT (A. de). Première lettre au conseil de la Société française d'archéologie [sur les monts du dépt de la Vienne]. 1834, in-8.

9884. CHERGÉ (de). Rapport d'ensemble sur les monts histor. du dépt de la Vienne. 1843, in-8.

9885. * Histoire monumentale... de la Vienne. 1848, in-4. — Cp. le no 5195.

9886. ROCHEBRUNE (O. de). Note sur divers objets de poterie gallo-rom. 1856, in-8.

9887. BEAUCHET-FILLEAU. — Inscription en l'honneur de Lentulus Censorinus Pictavus. 1867, in-8.

Arrondissements et Cantons

9888. BROUILLET (P.-A.). Indicateur archéol. de l'arrondt de Civray, etc. 1867, in-4.

9889. ARNAULT-POIRIER. Monts celtiques de l'arrt de Loudun. 1837, in-8.

9890. LONGUEMAR (L. de). Excursion archéol. dans le Loudunais. 1861, in-8.

Ville de Poitiers

9891. AUBER (l'a.). Voie rom. de Poitiers à Bourges. 1831, in-8.

9892. GAILLARD. Sur la voie rom. de Poitiers à Doué. 1838, in-8.

9893. LANDE (de la). Colonne itinéraire de Constance Chlore et pierre votive de Lépide [conservées au musée de Poitiers]. 1838, in-8.

9894. FONTENELLE DE VAUDORÉ (de la). Sur les deux voies romaines de Poitiers à Angers et de Poitiers à Nantes. 1841, in-8.

9895. AUDÉ (L.). Voie rom. de Poitiers à Nantes. Ségora. 1843, in-8.

9896. CHERGÉ (de). Voie rom. de Poitiers à Bourges. 1844, in-8.

9897. BIZEUL. Voie rom. de Poitiers à Nantes, etc. 1853, in-8.

9898. BEUZELIN (GRILLE de). Mémoire sur les antiq. de Poitiers. 1837.

9899. LECOINTRE-DUPONT. Catalogue des objets celtiques du cabinet de Poitiers et de celui de la Société des antiquaires de l'Ouest. 1838, in-8.

9900. * Carquois en or trouvé près de Poitiers. — *Rev. archéol.* t. II, 1845, p. 314.

9901. LONGUEMAR (de). Histoire de l'église de St-Hilaire. 1856, in-8.

Antiq. gallo-romaines.

9902. — Rapp. sur l'exposition archéol. de Poitiers, etc. 1869, in-8.

9903. — Exposition archéol. de Poitiers en 1869. 1872, in-8.

9904. LANDE (de la). La pierre levée de Poitiers. 1836, 1838, in-8.

9905. LONGUEMAR (de). Le monde antédiluvien aux portes de Poitiers. 1854, in-8.

9906. DREUX DU RADIER. Lettre sur un ancien édifice romain découv. à Poitiers, et sur l'inscription CL. MAREVILLA. 1750, in-8.

9907. LE BEUF (l'a. J.). Lettre sur le même sujet, avec notes de DREUX-DURADIER. 1751, in-8.

9908. LANDE (de la). Tombeau de Varenilla au temple. 1835, in-8.

Cp. Congrès archéol. de Poitiers. 1843, p. 28 et p. 220.

9909. LANDE (de la). Galeries souterraines et enceinte de Poitiers. 1835, 1836, in-8.

9910. MOUNIER. Constructions rom. découv. à Poitiers. 1836, in-8.

9911. LANDE (de la). Constructions rom. à Poitiers, rue de l'Hospice. 1837, in-8.

9912. — Arènes de Poitiers. 1837, in-8.

9913. — Obs. sur quelques-uns des mon^ts^ antiques de Poitiers. 1838, in-8.

9914. CHERGÉ (de). Rapport sur les arènes de Poitiers. 1839, in-8.

Voir aussi *Congrès archéol. de Poitiers*. 1843, p. 27.

9915. FOUCART (E.-V.). Poitiers et ses mon^ts^. 1840, in-8; 15 pl. 1 plan.

9916. LECOINTRE-DUPONT. Notice sur la pierre qui pue [à Poitiers]. 1842, in-8.

Bas-relief se rapportant au culte de Bacchus. — Cp. Congrès archéol. de Poitiers. 1843, p. 206.

9917. BOURGNON DE LAYRE. Les arènes de Poitiers. 1843, in-8.

9918. DUFFAUD. Notice sur les aqueducs de Poitiers. 1854, in-8.

9919. LONGUEMAR (de). Album histor. de Poitiers, etc. 1862, in-8.

9920. AUBER (l'a.). L'église St-Paul de Poitiers. 1863, in-8.

Traces de constructions gallo-romaines.

9921. LECOINTRE-DUPONT. Note sur une mosaïque trouvée à Poitiers. 1862, 1863, in-8.

9922. COUSSEAU (l'a.). Tombeau de Sabinus à Poitiers. 1840, in-8.

9923. LONGUEMAR (de). Poteries antiques découv. à Poitiers. 1855, in-8.

9924. FILLON (B.). Études numismatiques. Souvenirs d'un voyage à Poitiers. 1855, in-8.

9925. LANDE (de la). Inscription trouvée dans la rue St-Savin à Poitiers. 1839, in-8.

9926. — Inscription trouvée dans la rue Neuve-de-la-Baume, à Poitiers. 1840, in-8.

9927. — Inscription rom. trouvée à Poitiers. 1840, in-8.

9928. LONGUEMAR (de). Rapp. sur une inscription tracée sur une lame d'argent et découverte à Poitiers, 1859, in-8.

9929. PICTET (Ad.). Lettre à M. de Longuemar sur une inscription gauloise trouvée à Poitiers. 1859, in-8.

9930. MONIN. Explication de l'inscription sur la lame d'argent trouvée à Poitiers. 1861, in-8.

9931. LONGUEMAR (de). Estampages de quatre inscriptions rom., exhumées du sol de Poitiers, etc. 1870, in-8.

Vieux-Poitiers

9932. BOURIGNON (F.-Marie). Diss. sur l'endroit appelé Vieux-Poitiers, etc... 1786, in-8.

9933. MASSARDIÈRE (de la). Esquisses archéol. sur le Vieux-Poitiers. 1837, in-8.

9934. LONGUEMAR (de). Note sur l'appareil du mon^t^ du Vieux-Poitiers. 1865, in-8.

9935. AUBER (l'a.). De la signification du mot IEVRV... dans les inscriptions votives du Vieux-Poitiers., etc. 1855, in-8.

9936. LONGUEMAR (de). Note sur diverses interprétations de l'inscription du menhir du Vieux-Poitiers. 1855, in-8.

9937. PROTAT (E.-H.). Rech. sur l'inscription du Vieux-Poitiers. 1857, in-4; 2 pl.

Localités diverses

9938. LA LANDE (J. Goudon de). Note sur les fouilles faites dans l'ancien cimetière d'*Antigny-sur-Gartempe*, près Saint-Savin, dans la Vienne. 1867, in-8.

9939. LANDE (de la). Dolmen d'*Arlet* près Château-Larcher. 1839, in-8.

9940. — Autel gallo-romain de *Baptresse*. 1835, in-8.

Voir aussi Buxerolles.

9941. LONGUEMAR (de). Autels gallo-rom. de Batterasse (*Baptresse*) et de Buxerolles. 1862, in-8.

9942. COUGNY (de). Dolmen de *Bournan* (sic). 1867, in-8.

9943. BROUILLET (P.-An.). Notes sur la tombelle de *Brioux*, c^ne^ de Payré. 1862, in-8.

9944. CAUMONT (A. de). Autels antiques de *Buxerolles* et de Bapteresse. 1863, in-8.

Voir aussi BAPTRESSE.

9945. LANDE (de la). Tombeau gallo-rom. à la *Cataudière*. 1839, in-8.

9946. LONGUEMAR (de). Exploration méthodique des grottes du *Chaffaud*. 1867, in-8.

9947. GAILLARD. Pierres celtiques de *Champigny-le-Sec*. 1838, in-8.

9948. FAYE. Dolmens de *Charras*. 1846, in-8.

9949. JOANNE (Ad.). Monuments celtiques de *Charroux*.

Dictionnaire géograph. de la France, art. CHARROUX.

9950. LANDE (de la). Mon^ts^ celtiques de *Château-Larcher*. 1838, in-8.

9951. LALANNE (l'a.). Histoire de *Châtelleraud* et du Châtelleraudais. 1859, 2 vol. in-8.

9952. CRAZANNES (CHAUDRUC de). Notice sur la pierre debout de *Châtelleraud*, etc. In-8.

9953. LANDE (de la). Colonnes milliaires de *Chauvigny*. 1835, 1837, in-8.

9954. ROUTH (le p. B.). Rech. sur la manière d'inhumer des anciens, à l'occasion des tombeaux de *Civaux* en Poitou. 1738, in-12. (Signé : R***.)

9955. LEBEUF (l'a. J.). Traité sur les anciennes sépultures, à l'occasion des tombeaux de *Civaux* en Poitou. 1752, in-4.

9956. — Réflexions sur les tombeaux de *Civaux* et sur un prétendu temple gaulois à Montmorillon. 1752, in-4.

9957. AUBER (l'a.). Not. sur une inscription funéraire gallo-romaine de l'église de *Civaux*. 1862, in-8.

9958. LECOINTRE-DUPONT (E.). Fouilles à *Écuré*. 1847, 1852, in-8.

9959. DUMOUSTIER DE LAFOND. Essai sur l'histoire de la ville de *Loudun*. 1778, in-8.

9960. LECOINTRE-DUPONT (E.). Lettre sur des instruments en silex découverts près de *Loudun*, dans un tumulus. 1830, in-8.

9961. LANDE (de la). Dolmen de *Mavaux*. 1839, in-8.

9962. CARDIN. Signification d'Exania Magnalorum (*Mignaloux*). 1841, in-8.

Montmorillon

9963. NOUVEAU. Antiq. celtiques près Montmorillon. 1839, in-8.

9964. * Statues découvertes à Montmorillon, au mois de mai 1750. — *J^al^ de Verdun*, 1751, *février*, p. 116-119.

9965. SIAUVE (Ét.-M.). Précis d'un mémoire sur l'octogone de Montmorillon connu sous le nom de temple des Druides. 1805, in-8.

9966. — Description et explication du temple de Montmorillon et de ses statues. 1809.

9967. JOHANNEAU (Éloi). Description du temple de Montmorillon et de ses statues. 1809, in-8. — Cp. le n° 9956.

9968. LENOIR (Alex.). Observations sur les figures du temple de Montmorillon, adressées à M. Siauve. 1809, in-8.

9969. MILLIN (A.-L.) Description et explication du temple de Montmorillon et de ses statues. 1809, in-8.

9970. LONGUEMAR (de). Note sur une inscription funéraire trouvée à Montmorillon, et communiquée par M. Parenteau, de Nantes. 1865, in-8.

9971. FILLON (B.). Découverte d'objets gaulois en bronze à *Notre-Dame-d'Or*. 1844, in-8.

9972. AUBER (l'a.). Notes d'un voyage archéol. à *St-Pierre-de-Maillé*. 1862, in-8.

9973. LANDE (de la). Colonne itinéraire de *Scorbé-Clairvault*. 1830, in-8.

9974. LONGUEMAR (de). Cimetière de *St-Cyr*. 1864, in-8.

9975. AUBER (l'a.). Recherches histor. et archéol. sur l'église et la paroisse de *St-Pierre-des-Églises*, près Chauvigny-sur-Vienne. 1852, in-8.

9976. AUBER. Voie rom. dans la paroisse de St-*Pierre-des-Églises*. 1863, in-8.

9977. LANDE (de la). Restes romains aux *Tours-Milandes* [près Vandeuvre]. 1839, in-8.

9978. AUBER (l'a.). Fouilles de *Villenon*, près Vivône. 1843, in-8.

HAUTE-VIENNE

Articles sur le département

9979. TEXIER (L.-O.). Statistique de la Haute-Vienne. 1808, in-4.

9980. — Congrès scientifique de France, XXVIe session tenue à Limoges en 1859. Limoges, 1860, in-8.

9981. — Assises scientifiques de Limoges. Résumé des séances par P. de Cessac. Limoges, 1867, in-8.

9982. CHAPOULAUD (A.). Compte rendu des travaux de la Soc. archéol. et histor. du Limousin (1845-1866). 1868, in-8.

9983. ARBELLOT (l'a.). Diss. sur l'apostolat de s^{t} Martial, etc. 1865, in-8.

9984. PASCAL (l'a. J.-B.-E.). Discussion... sur l'époque de l'établissement de la foi chrétienne dans les Gaules et principalement sur l'origine des églises de Limoges et de Mende. 1857, in-8.

9985. DELOCHE (Max.). Cartulaire de l'abbaye de Beaulieu, en Limousin. 1859, in-4.

A consulter pour la géographie ancienne du département.

9986. TEXIER (l'a.). Rech. au sujet du Dictionnaire géograph. de la France (H^{te}-Vienne), 1859, in-8.

9987. ROUGERIE (P.-E.). Rech. sur les limites des peuplades gauloises [dans le dép^{t}]. 1860, in-8.

9988. BONAT (P.). Notice sur la carte [ms.] de la H^{te}-Vienne gauloise et rom. 1861, in-8.

9989. BUISSON DE MAVERGNIER (E.). Rapp. sur la carte de la H^{te}-Vienne gauloise et rom. [de P. Bonat]. 1861, in-8.

9990. ARDANT (M^{ce}). Notice sur les antiq. du dép^{t} et sur 3 médailles. 1825, in-8.

9991. — Bulletin archéologique (2 articles). 1840, in-8.

Médailles gauloises et rom.

9992. — Congrès archéologique de France. XIVe session tenue à Angoulême et à Limoges en 1847.

9993. ARBELLOT (l'a.). Revue archéol. de la H^{te}-Vienne. 1852, 1855, gr. in-18.

9994. ALLOU (Ch.-N.). Description de mon^{ts}... observés dans le dép^{t} de la Haute-Vienne, 1822, in-4. — 2e éd. 1834.

9995. — Explication des planches formant l'atlas [ms.] des antiq. de la H^{te}-Vienne, etc. 1835, 36, 37.

9996. ARDANT (M^{ce}.) Statues d'Apollon et de Pallas. 1846, in-8.

9997. — Médailles d'argent consulaires. 1835, in-8.

9998. — Numismatique limousine. Not. sur les médailles... qu'on découvre... à Limoges et dans le dép^{t}. 1853, in-8.

9999. — Numismatique limousine. 1863, in-8.

10000. — Inscriptions romaines de Limoges et du dép^{t} de la Haute-Vienne. 1851, in-8.

Arrondissements et Cantons

10001. GONDINET. Mém. sur les antiquités... de l'arr^{t} de St-Yrieix. 1857, in-8.

10002. LECLER (A.). Monographie du canton de Nantiat. 1868, in-8.

Ville de Limoges

10003. RUBEN (E.). Catalogue méthodique de la bibliothèque communale de Limoges (Histoire, etc.). 1858-63, 3 vol. in-8.

10004. GRELLET-DUMAZEAU. Rech.

histor. sur le nom *Mons Jovis* [notamment sur le *Mons Jovis* de Limoges]. 1851, in-8.

10005. ARDANT (Mce). Histoire abrégée de Limoges et du Limousin sous la domination rom., etc. 1857, in-8.

10006. — Hannibalianus, légat d'Aquitaine à Limoges. 1858, in-8.

10007. — La cité de Limoges. 1859, in-8.

10008. GILLIER (P.). Tableau descriptif de la ville de Limoges, etc. 1838, in-8.

10009. BUISSON DE MAVERGNIER. Voierie rom. en Limousin; voie d'Augustoritum à Avaricum. 1864, in-8.

10010. CESSAC (P. de). Note sur la voie romaine de Limoges à Clermont, etc. 1867, in-8.

10011. ARDANT (Mce). Émaux de Limoges; antiquités, médailles. 1828, in-8.

10012. BOYSSE. Antiq. de Limoges et de ses environs. 1839, in-8.

10013. ARDANT (Mce). Découvertes faites dans les jardins des Duratius lors des fouilles pour la fondation du manège couvert. 1845, in-8; 1 pl.

10014. — L'Indicateur limousin; Guide de l'étranger à Limoges et dans les environs. 1848, in-8.

10015. — Médailles, débris de poterie, boucles, clefs et autres objets antiques recueillis au tunnel du chemin de fer. 1861, in-8.

10016. — Fouilles de la rue de la Courtine. 1862, in-8.

10017. GAUJAL (bon de). Note sur l'amphithéâtre rom. de Limoges. 1834, in-8.

10018. ARDANT (Mce). Amphithéâtre (Arènes) de Limoges. 1852, in-8.

10019. — Statuette gallo-romaine [trouvée près de l'Hôtel-Dieu]. 1861, in-8.

10020. — Lettre sur des médailles trouvées à Limoges et sur des médaillons consulaires d'argent. 1823, in-8.

10021. — Not. numismatique, 1824, in-8.

10022. — Description de médailles d'or rom. trouvées dans Limoges ou dans ses environs. 1836, in-8.

10023. — Médailles et monnaies trouvées à St-Martial de Limoges. 1838, in-8.

10024. — Monnaies remarquables recueillies à Limoges. 1839, in-8.

10025. — Pivesuvius, gouverneur d'Aquitaine. — Découvertes archéologiques faites à Limoges. 1846, in-8.

10026. — Médailles et monnaies trouvées à Limoges. 1859, in-8.

10027. CHABOUILLET (A.). Monnaies... et antiq. diverses trouvées à Limoges. 1862, in-8.

Localités diverses

10028. ARDANT (Mce). Tumulus, orières de *Beaune*. 1857, in-8.

10029. TAYA (G. du). Une médaille celtique lémovicienne trouvée à *Bussière-Boffy*, etc. 1859, in-8.

10030. MARTIN (P.-E.-M.-J.). Diss. [posthume] sur les villages de la Jante, Vieille-Ville, Vilbert, etc., cne de *Compreignac*. 1857, in-8.

10031. VERNEILH (F. de). Not. sur l'oppidum... de *Courbefy*. 1863, in-8.

10032. ARDANT (Mce). Deniers consulaires d'argent trouvés au village de *la Jante*, etc. 1857, in-8.

Voir aussi COMPREIGNAC.

La Jonchère.

Voir St LÉGER-MAGNAZEIX.

10033. BUISSON DE MAVERGNIER. Rapport sur les fouilles du *mont de Jouër*. 1863, in-8.

10034. LANSADE. Villa d'Antone (près de *Pierre-Buffière*, alias *Pierre-Bunière*). 1862, in-8.

10035. DULÉRY (l'a.). *Rochechouart*. Histoire, légende, archéologie. 1855, in-8.

10036. ARDANT (Mce). Course aux clochers archéol. dans le Limousin. — *Solignac*. 1855, in-8.

10037. LECLER (l'a. A.). Bornes rom. à *St-Léger-Magnazeix*. 1868, in-8.

10038. CESSAC (P. de). Les inscriptions des bornes milliaires de *St-Léger-Magnazeix* et le tronçon de voie rom. de la Jonchère. 1869, in-8.

10039. — Inscription des milliaires de *St-Léger-Magnazeix* (Hte-Vienne) et du moutier d'Ahun (Creuse) et fouilles sur la voie romaine de Clermont à Limoges. 1869, in-8.

10040. ARDANT (Mce). Mém. sur une statuette en bronze trouvée près de St-*Léonard*. — Médailles gauloises. 1833, in-8.

10041. DUBOYS (Aug.). Note sur deux monts qui se trouvent dans la commune de St-*Paul-d'Eyjeaux*. 1848, in-8.

Aquéduc (*sic*). — Menhir.

10042. ARDANT (Mce). Description de six médailles rom. [trouvées au pont St-Martin, cne de St-*Sornin-la-Marche*. 1846, in-8.

10043. * Autel romain à *Texon*. — *Bull. de la Soc. archéol. et histor. du Limousin*, t. IV, 1852, p. 63.

VOSGES

Articles sur le département

10044. DESGOUTTES. Statistique des Vosges. An X, in-8.

10045. LEPAGE (H.) avec Ch. CHARTON. Le dépt des Vosges, statistique histor. admin., etc. 1845, 2 vol. in-8.

10046. CHARTON (Ch.). Les Vosges pittoresques, etc. 1862, in-12.

10047. LEPAGE (H.). Petites trouvailles archéologiques et historiques. 1862, in-8.

10048. JOUVE (L.). Lettres vosgiennes, etc. 1866, in-12.

10049. DIGOT (Aug.). Mém. sur l'épiscopat de st Eucaire, etc. 1843, in-8.

10050. GOLBÉRY (Ph. de). Mém. sur qq. anciennes fortifications des Vosges, etc. 1823, in-8.

Étude de géographie gauloise.

10051. GLEY (G.). Géographie physique, industrielle, administrative et historique des Vosges. 1870, in-12. — 6e éd. 1875, in-8.

10052. STŒBER (Aug.). Origine et signification des noms Béleh, Balon, S. d., in-8.

10053. MAUD'HEUX, père. — Not. sur les mares, maies ou mortes [dans le dépt des Vosges]. 1860, in-8.

10054. RENAULT. Fouilles de 1865 [exécutées dans des mares]. 1866, in-8.

10055. JOLLOIS (J.-B.-P.). Mém. sur qq. antiq. remarquables du dépt des Vosges. 1843, in-4.

10056. LAURENT (J.). Rapport sur trois tournées archéologiques. 1863, in-8.

10057. SAULCY (F. de). Fouilles de tumulus dans les Vosges et dans la Côte-d'Or. 1867, in-8.

Arrondissements et Cantons

10058. FRIRY (Ch.). * Essai sur les origines et les antiquités de l'arrt de Remiremont. 1835, in-8.

Ville d'Épinal

10059. LAURENT (J.). Notes et rapports sur les accroissements des collections du musée départemental (depuis 1841).

10060. — Catalogue des collections de tableaux, statues, antiquités, armes, médailles et monnaies, matrices de sceaux, etc., etc., du musée déptal des Vosges. 1868, in-8.

Voir, sur l'origine d'Épinal, Vivien de Saint-Martin, *Nouveau Dictionnaire de géographie universelle*, art. ÉPINAL.

Localités diverses

10061. CHAPELLIER. Essai historique sur *Beaufremont*, etc. 1858, in-8.

10062. * Antiquités trouvées à *Bruyères*. — *Journal de la Soc. d'arch. lorraine*. 1858, p. 155.

10063. LAURENT (J.). Rapport sur la découverte d'un trésor à *Contrexéville*. 1840, in-8. — Cp. le no 10068.

10064. SAULCY (F. de). Lettre à M. Penguilly-Lharidon, sur les fouilles opérées dans qq. tumuli gaulois aux environs de *Contrexéville*. 1861, in-8.

10065. MAUD'HEUX. Correspondance

avec la *Revue archéol.* et obs. au sujet des fouilles de *Contrexéville*. 1860, in-8.

10066. COLNENNE (C.). Fouilles exécutées à *Contrexéville*. 1861, in-8.

10067. * Mém. sur les antiq. découvertes dans le bois de la Croupe-Saule, situé... cne de *Dombasle-devant-Darney*. 1859, in-8.

10068. LAURENT (J.). Fouilles faites dans le tumulus des forêts communales de *Dombrot*, Suriauville, Martigny-lez-Lamarche et Contrexéville. 1860, in-8.

10069. MAUD'HEUX. Lettre sur les tombelles des forêts de *Dombrot* et de Suriauville. 1862, in-8.

10070. SAULCY (F. de). Réponse à une lettre de M. Maud'heux (même sujet). 1862, in-8.

10071. JOLLOIS (J.-B.-P.). Mém. sur les antiquités du *Donon*. 1828, in-8.

10072. BERGÉ (E.). Promenade au *Donnon*, extrait d'un voyage dans le canton de Schirmeck en 1831. 1833, in-8.

Grand

10073. CAYLUS (cte de). Remarques sur les restes d'une ancienne ville romaine qui était à Grand, etc., et sur une ancienne voie romaine.

Rec. d'antiq., t. VI, p. 349.

10074. BRACONNOT (H.). Examen d'une matière grasse et d'une mèche trouvée dans une lampe antique [à Grand]. 1847, in-8.

10075. LAURENT (J.). Fouilles faites à Grand. 1861, in-8.

10076. DEVALS aîné (J.-U.). Vase en terre cuite recueilli en 1852 à Grand, dans les ruines de l'amphithéâtre romain dit de Julien. 1864, in-8.

10077. — Note sur un vase antique trouvé à Grand. 1869, in-8.

10078. JOHANNEAU (Éloi). Lettre à M. Bottin, secr. gal de la Soc. des antiq., sur deux inscriptions de Grand et sur le culte de la foudre et du taureau. 1825, in-8.

Voir aussi à la série des Questions topographiques, l'article ANDESINA.

10079. DENIS (C.-Fr.) Inscription trouvée à *Monthureux*, et déposée au musée d'Épinal. 1841, in-8.

10080. WIDRANGES (cte H. de). Notice sur la découverte de cinq compèdes ou entraves de l'époque romaine, 4 p. 1859, in-8.

Objets découverts à *Martigny-lès-la-Marche*.

10081. DIGOT (Aug.). Not. sur les anciennes salines de *Moyen-Moutier*. 1846, in-8.

10082. LEVALLOIS (J.). Observations au sujet de la notice sur les anciennes salines de *Moyen-Moutier*, par M. Digot. 1846, in-8.

10083. MOUTON (J.). Noviomagus des tables de Peutinger. 1869, in-8.

Placé à *Nijon*.

10084. CALMET (dom Aug.). Traité historique des eaux et bains de *Plombières*. 1748, in-8; fig.

10085. CAUMONT (A. de). Rapp. verbal sur une excursion à *Plombières*. 1864, in-8.

Bains romains.

10086. HAUMONTÉ. *Plombières* ancien et moderne, etc. 1865, in-8; grav., plans, vues générales.

10087. MAUD'HEUX. Not. archéol. sur les ruines situées dans le bois du Feys (cne de *Ruaux*). 1859, in-8.

10088. DUHAMEL. Rapp. sur les fouilles faites à *Sauville*. 1868, in-8.

10089. SAULCY (F. de). Fouilles opérées dans les bois communaux de *Sauville*, etc. 1866, in-8.

10090. BEAULIEU (J.-L. de). Diss. sur la situation de l'ancienne Solimanarie, aujourd'hui *Soulosse* (publiée en 1839?)

10091. PENGUILLY-LHARIDON. Tumulus gaulois de *Suriauville*. 1860, in-8.

Voir aussi DOMBROT.

YONNE

Articles sur le département

10092. LEBEUF (l'a. J.). Mémoires concernant l'histoire civile et ecclésiastique d'Auxerre et de son ancien diocèse. 1743, 2 vol. in-4. — 2e éd. par E. CHALLE et Max. QUANTIN. 1848-55, 4 vol. gr. in-8; planches, cartes, portraits, fac-similés.

10093. — [Quatre] lettres de l'abbé Lebeuf annotées par le cte L. de BASTARD. 1859, in-8.

10094. — Lettres de l'abbé Lebeuf, publiées par QUANTIN et CHEREST. 1866-67, 2 vol. in-8.

Matériaux nombreux pour l'étude historique et archéologique du département.

10095. TARBÉ (Th.). Rech. histor. sur le dépt de l'Yonne. 1848, in-12.

10096. * Nouvel almanach de l'Yonne, publié à Sens, in-12.

Nombreux articles d'histoire et d'archéologie.

10097. LECHAT (A.). Almanach du dépt de l'Yonne avec notices histor. 1850 à 1867, in-24.

10098. DURU (l'a. L.-M.). Bibliothèque historique de l'Yonne, etc. 1850, 1864, 2 vol. in-4.

10099. QUANTIN (Max.). Cartulaire général de l'Yonne. 1854 et 1860, 2 vol. in-4. — Supplément.

10100. PASUMOT (Fr.). Mémoires géographiques sur quelques antiquités de la Gaule [notamment dans la contrée qui forme aujourd'hui le dépt de l'Yonne]. 1765, in-12.

10101. ROBINEAU-DESVOIDY (J.-B.). Recherches sur l'étymologie des cours d'eau de l'ancien diocèse d'Auxerre. 1850, in-8.

10102. AUGÉ (H.). Dictionnaire géograph. des villes, etc., du dépt. 1852, in-8.

10103. — Statistique géographique des communes, hameaux, fermes, châteaux, maisons isolées, établissements industriels, etc., du dépt de l'Yonne. 1855, 1856, in-8.

10104. CHALLE (A.). Autissium, Autricum, Aballo; note à propos des articles du Dictionnaire archéol. de la Gaule. 1860, in-8.

10105. DÉY (Ar.). Géographie ancienne du dépt de l'Yonne. 1858, in-8.

10106. — Introduction sur les noms de lieux inscrits dans les chartes. 1861, in-8.

10107. QUANTIN (Max.). Dictionnaire topographique du dépt de l'Yonne (Collection des Dictionn. topogr.). 1862, in-4.

10108. LEBEUF (l'a. J.). Observations sur deux colonnes milliaires. 1731, in-8.

10109. PETIT (V.). Itinéraire des voies gallo-rom., qui traversent le dépt de l'Yonne. 1851, in-8.

10110. — Exhaussement des chaussées gallo-rom. dans l'Yonne. 1851, in-8.

10111. * Note sur une carte de la Gaule, tirée de la carte de Peutinger, d'après l'annuaire de la Soc. des antiq. de France. 1850. — Reproduction de la carte, etc. 1855, in-8.

Note concernant spécialement les voies romaines dans le département de l'Yonne.

10112. QUANTIN (Max.) et BOUCHERON. Mémoire sur les voies romaines qui traversent le département de l'Yonne. 1864, in-8.

10113. JOLLOIS. Not. sur qq. antiq. découvertes, etc., dans le dépt de l'Yonne. 1836, in-8.

10114. PETIT (V.). * Guide pittoresque dans le dépt de l'Yonne. 1843, in-8. — Autres éd. avec G. COTTEAU.

10115. — Congrès archéologique... de France, XIVe session, séances générales tenues à Sens, Tours, Angoulême, Limoges, en 1847. Paris, Derache, 1848, in-8.

10116. — XVIIe session tenue à Auxerre, Cluny, Caen, Clermont-Ferrand, en 1850. Paris, 1851, in-8.

10117. * Compte rendu d'une promenade archéol. dans les dépts de l'Yonne et de Saône-et-Loire : Avallon, les grottes d'Arcy, Vermanton, Montréal, St-Andoche, de Saulieu et Saint-Loyau d'Autun. — *Bull. de la Soc. nivernaise des sc., lettres et arts.* — 2e série, t. I, 1863, p. 436-448.

10118. QUANTIN (Max.). Répertoire archéologique du dépt de l'Yonne. (Collection des Répert. archéol.). 1868, in-4.

10119. * Bibliothèque nationale, section des estampes. Recueil de dessins de monuments du département de l'Yonne. 1 vol. in-fol.

10120. LAIRE. Lettres sur les monts antiques trouvés dans le dépt de l'Yonne. 1799, in-8.

10121. QUANTIN (Max.). Coup d'œil sur les monuments archéologiques (ou historiques) du dépt de l'Yonne. 1851, in-8.

10122. — Note sur l'exploitation du minerai de fer [chez les Gaulois et] au moyen âge dans l'Yonne. 1846, in-8. Cp. le no 1730.

10123. LAUREAU (l'a.). Rech. sur les monnaies et les médailles émises dans différentes villes du dépt de l'Yonne. — Période gauloise. 1849, in-8.

10124. DURU (l'a.). Mém. pour servir à un travail général sur les trouvailles de médailles faites dans le dépt de l'Yonne. 1848, in-8.

10125. — Chronologie des médailles, etc. 1852, in-8.

10126. CHALLE (E.). Not. sur qq. monnaies trouvées dans le dépt de l'Yonne. 1856, in-8.

10127. JULLIOT (G.). Restitution à C. César d'une inscription attribuée à Tibère. 1867, in-8.

Arrondissements et Cantons

10128. LEBLANC (L.). Not. sur les principaux monts antiques de la v. et de l'arrt d'Auxerre. 1834, in-8.

10129. RAGON. Grande voie rom. d'Agrippa de Lyon à Boulogne-sur-Mer. Études opérées dans le courant de l'année 1861, pour la reconnaissance de cette voie traversant l'arrt d'Avallon. 1863, in-8.

10130. CARRÉ. Voies romaines dans l'arrt de Sens. 1863, in-8.

10131. AUBRY. * Description historique, critique et topographique des cnes composant le district d'Avallon. An III, in-8.

10132. PETIT (E.). Avallon et l'Avallonnais. 1866, in-8.

10133. BARDOT. Not. sur le canton de Cheroy. 1840, in-8.

Voies romaines.

10134. LAMBERT. Rech. sur les voies rom. du canton de Crusy. 1859, in-8.

10135. DÉY. Histoire de la v. et du comté de Saint-Fargeau. 1855, in-8.

Ville d'Auxerre

10136. POTEL (l'a.). Recueil de pièces d'antiq. sur la v. d'Auxerre. 1776, in-12.

10137. LEBLANC-DAVEAU (L.). * Rech. sur Auxerre et ses environs. 1830, in-8 ; (signé L.). — 2e éd. 1871.

10138. — * Plan d'Auxerre, carte d'une partie de l'ancienne Gaule, gravure de la cathédrale et recueil de fac-similés pour les « recherches historiques et statistiques sur cette ville. 1830, in-4 (signé L.).

10139. CHARDON. Histoire de la v. d'Auxerre. 1834, 2 vol. in-8.

10140. CHALLE (A.). Not. sur les origines historiques attribuées à Auxerre. 1854, in-8.

10141. DÉY (Ar.). Auxerre, ville municipale des Gaules. 1857, in-8.

10142. QUANTIN (Max.). Rech. sur la géographie et la topographie de la cité d'Auxerre et du pagus de Sens. 1858, in-4.

Extr. du *Cartulaire général de l'Yonne*, t. II.

10143. PASUMOT (F.). Rech. sur les voies rom. d'Auxerre à Avallon et à Sens, et sur celle d'Autun à Besançon.

Mémoires géographiques, 1765, 3e, 4e et 5e parties.

10144. BAUDOUIN. Détails sur la partie de voie rom. d'Auxerre à Avallon comprise entre Sermiselles et St-Moré ; et rech. sur Chora. 1848, in-8.

10145. QUANTIN (Max.). Not. sur la voie rom. d'Auxerre à Entrains, etc. 1858, in-8.

10146. CAYLUS (c[te] de). Antiq. trouvées à Auxerre.

Rec. d'ant., t. VII, 1767, in-4, p. 290 et suiv.

10147. QUANTIN (Max.). Découvertes archéol. à Auxerre. 1848, in-8.

10148. — Note sur des tombeaux chrétiens des premiers siècles, trouvés à Auxerre. 1850, in-8.

10149. CHALLE (E.). Not. sur le musée et le jardin botanique... d'Auxerre. 1855, in-8.

10150. CHEREST. Catalogue du musée d'Auxerre : 1re section, mon[ts] lapidaires. 1869, in-18.

10151. PONTUS DE THYARD. * Sur un Mercure trouvé (vers 1749), dans l'enclos de St-Germain d'Auxerre. 1774, in-8.

10152. LAIRE. Mém. sur qq. mon[ts] découverts à Auxerre, etc. An X, in-8.

10153. LEBLANC (L.). Not. sur le temple d'Apollon d'Auxerre. 1835, in-8.

10154. LORIN (E.). Note sur des bains rom. à Auxerre. 1852, in-8.

Localités diverses

10155. FOURNERAT. Note sur une médaille gauloise trouvée à *Ancy-le-Franc*. 1853, in-8, 3 p.

10156. * Médailles antiques trouvées à *Appoigny* et appartenant à M. Ravin, médecin. — Annuaire de l'Yonne, 1re année, 1837, p. 299.

10157. DURU (l'a.). Mémoire sur les médailles romaines trouvées à *Appoigny*. 1847, in-8.

10158. PASUMOT (Fr.). Description des grottes d'*Arcy-sur-Cure*. 1784, in-8.

10159. VIBRAYE (Mis de). Fouilles exécutées dans les grottes d'*Arcy-sur-Cure*. 1860 et 1864.

Avallon

10160 * Remarque sur le nom de la v. d'Avallon. — *Rev. arch.*, t. I, 1844, p. 698.

10161. LE TORS. — Diss. sur qq. chemins rom. qui sont aux environs d'Avallon. 1737, in-8.

19162. CAYLUS (c[te] de). Sur le camp des Alleux près d'Avallon, avec qq. remarques sur cette ville, et la grande voie romaine qui y conduisait d'Autun.

Rec. d'antiq., t. V, 1762, p. 307.

10163. PASUMOT (F.). Extrait d'une lettre à M. le c[te] de Caylus, sur le camp des Alleux. 1762, in-4.

10164. MOREAU (F.). Note sur l'ancienne route d'Avallon à Chastellux. 1860, in-8.

10165. CHASTELLUX (c[te] de). Note sur des découvertes faites en 1838, près d'Avallon. 1840, in-8.

10166. BARDIN. Le médaillier d'Avalvallon. 1859, in-8.

10167. — Notice sur qq. médailles rom. trouvées à Avallon, etc. 1860, in-8.

10168. — Quelques mots sur une statuette et une médaille gauloises trouvées à Avallon. 1864, in-8.

10169. PIERRE (l'a.). Position de la station Eburobriga [à *Avrolles*]. 1784, in-12.

Voir plus loin ROUGEMONT.

10170. LE MAISTRE (L.). Eburobriga, *Avrolles*. 1869, in-8.

Voir aussi, aux Questions topographiques, la section EBUROBRIGA.

10171. LENOIR (Fr.). Note à propos des polissoirs de *Cérilly* et de Marcilly. 1867, in-8.

10172. — Notes sur les polissoirs de *Cérilly* et de Marcilly. 1868, in-8.

10173. DURAND (J.). Histoire de *Chablis*, etc... 1852, in-12.

Chaniats (Bois des).

Voir plus loin SAINT-GERMAIN-DES-CHAMPS.

10174. LE PÈRE. [*Ms.*] Description d'une chaussée antique qui va de la montagne de *Chatenai* ou d'Ouaine à Entrains, etc.

Publié en partie. 1765.

10175. QUANTIN (Max.). Not. sur des sculptures antiques trouvées à *Crain*. 1861, in-8.

10176. LE MAISTRE (L.). Not. sur *Flogny*. 1849, in-8.

10177. SALMON (Ch.). Lettre à propos d'une découverte archéol. faite à *Flogny*. 1868, in-8.

10178. PASUMOT (F.). Description d'un

ancien camp romain situé sur l'Armançon, près de *Flogny*. 1774, in-8.

10179. DORMOIS (C.) Note sur un champ de sépulture découvert près de *Flogny*. 1854, in-8; 3 p., 1 pl.

10180. DUCHÉ (dr Ém.). Étude historique sur la vallée de Solemé, près de *Fontenay*. 1853, in-8.

10181. — Lettre relative aux fouilles commencées à *Fontenay* et dans l'emplacement des Briottes et de St-Bonnet. 1852, in-8.

10182. DORMOIS (C.). Note sur les antiq. trouvées à *Fulvy*. 1849, in-8.

10183. LE MAISTRE (L.). Antiq. découvertes à *Fulvy*. 1852, in-8.

10184. QUANTIN (Max.). Rapp. sur la découverte d'un cimetière rom. sur la cne d'*Héry*. 1855, in-8.

10185. THIBAUT. Extrait d'un rapp. sur les fouilles faites en mars 1820 sur le monticule de Mouchette, au territoire... de *Joigny*. 1826, in-8.

Levault.

Voir plus loin VAULT (LE).

10186. CORNAT (le r. p.). Histoire de la v. de *Ligny-le-Châtel*. 1866, in-8.

Marcilly.

Voir plus haut CÉRILLY.

10187. ROBINEAU-DESVOIDY (J.-B.). Découverte d'une statue de Vénus Anadyomène dans les ferriers de *Mézilles*. 1849, in-8.

10188. DURU (l'a.). Rapport sur les médailles rom. trouvées près de *Migennes*. 1848, in-8.

Monmarte, Mont-Marte (*Le*), cne du Vault.

Voir VAULT (LE).

10189. PETIT (E.). Recherches sur *Pisy*. 1859, in-8.

10190. CHALLE (E.). *Ponmessant* (Pons Maxentius). Pont, sur la voie romaine d'Auxerre à Montbouy, 9 p. in-8.

Quarré-les-Tombes

10191. GEMBLOUX (PIERQUIN de). Histoire de Quarrée-les-Tombes chez les Eduens fédérés. 1843, in-8.

10192. MAUTOUR (MOREAU de). Conjectures sur un grand nombre de tombeaux qui se trouvent dans un lieu particulier de l'Auxois en Bourgogne. [Quarré-les-Tombes]. 1723, in-4.

10193. BOCQUILLOT (Laz.-André). Diss. sur les tombeaux de Quarrée. 1724, in-8.

10194. LEBEUF (l'a. J.). Lettre à M. l'abbé ***, en faveur de M. Bocquillot, chanoine d'Avallon, sur les tombeaux du village de Quarrée. 1724-1725, in-8.

10195. HENRY (l'a.). Notice sur les tombeaux de Quarré-les-Tombes. 1860, in-8.

10196. JOLLOIS. Not. sur qq. antiq. découv. lors de l'ouverture du canal de Bourgogne entre *Rougemont* et Avrolles. 1836, in-8.

10197. GOUREAU (cel Ch.). Not. histor. sur *Santigny*. 1868, in-8.

10198. — Rech. sur l'origine de qq. noms de localités dans les environs de *Santigny*. 1864, in-8.

10199. HENRY (V.-B.). Mémoires histor. sur... *Seignelay*, précédés de rech. sur l'état du pays au temps des Gaulois et des Romains. 1833, in-8.

Sens

10200. TARBÉ (Th.). Recherches... sur la v. de Sens, sur son antiquité et ses monuments. 1838, in-12.

10201. LAVERNADE (Ch. LARCHER de). Histoire de la v. de Sens. 1847, in-8.

10202. * Chronologie des archevêques de Sens, présentant les principaux faits religieux arrivés sous leur pontificat; suivie de la date de quelques faits civils d'un intérêt général. — *Nouvel almanach de l'Yonne*. 1841, p. 179-188.

10203. JOLLOIS. Voie de Sens à Alise traversant l'Yonne. 1836, in-8.

Notice sur qq. antiquités, etc., 1836.

10204. LE MAISTRE (L.). Voie de Sens à Alise, etc. 1849, in-8.

10205. BRULLÉE (l'a.). Rapp. sur des fouilles exécutées... dans l'emplacement des trois églises élevées sur le tombeau de ste Colombe [à 2 kil. de Sens]. 1853, in-8.

10206. PROU. Not. sur deux statuettes gallo-rom. trouvées à Sens. 1869, in-8.

10207. DAUDIN (Eug.). Antiquités gallo-rom. de Sens. 1870, in-8.

Voir aussi DRIOT (S.) [*Ms.*] *Antiq. de Sens.*

10208. LALLIER. Rech. sur les murailles gallo-rom. de la v. de Sens. 1846, in-8.

10209. CHANOINE. Extrait d'un mém. sur la nature de la construction des murailles gallo-rom. de Sens. 1851, in-8.

10210. — Note sur les matériaux et les mortiers employés dans les constructions romaines, etc. 1854, in-8.

10211. LALLIER. Fouilles exécutées dans l'amphithéâtre gallo-rom. de Sens. 1849, in-8.

10212. — Note sur les fouilles exécutées en 1849 dans l'emplacement de l'amphithéâtre gallo-rom. de Sens. 1851, in-8.

10213. CAUMONT (A. de). Sculptures antiques découvertes dans les murs de Sens. 1851, in-8.

10214. LE LONG (le p. J.). Lettre sur une inscription nouvelle découverte à Sens. (*Mercure*, décembre 1735.)

10215. LONGPÉRIER (A. de). Notice sur une inscr. inédite trouvée à Sens. 1847, in-8.

10216. LALLIER. Détails sur les inscriptions gallo-rom. découv. à Sens. 1848, in-8.

10217. JULLIOT (G.). Inscriptions du musée gallo-romain de Sens. 1867, in-8.

10218. PIGEORY. Histoire de la v. de St-*Florentin*. — Époque gallo-rom. et franque. 1850, 1851, in-8.

10219. BAUDOUIN. Rapport sur les ruines gallo-rom. du bois des Chaniats [à St-*Germain-des-Champs*]. 1859, in-8.

10220. PROU. Compte rendu de l'exploration des tombelles celtiques de *Saint-Martin-du-Tertre*. 1851, in-8.

10221. BAUDOUIN. Rapp. sur les fouilles faites au lieu de Chora ou de Ville-Auxerre dans la c^ne^ de St-*Moré*. 1851, in-8. — Cp. le n° 10144.

Voir aussi, aux Questions topographiques, la section CHORA.

10222. LE MAISTRE (L.). Note sur une découverte d'antiquité romaine à *Tanlay*. 1850, in-8.

10223. — Not. sur l'ancienne ville de *Tonnerre*, l'église Saint-Aignan, etc... 1851, in-12.

10224. DORMOIS (C.). Cimetière rom. à *Tonnerre*. 1852, in-8.

Vault (Le) ou Levault

10225. MALOT. Découverte d'un mon^t^ antique sur le Mont-Marte [c^ne^ du Vault] en 1822. 1870, in-8.

Six lettres publiées par Fr. MOREAU.

10226. PRÉJEAN. Not. sur le Mont-marte.

Traduction du voyage de Pompéï, par l'abbé Romanelli. 1829, in-8.

10227. MÉRIMÉE (Pr.). Description des antiquités trouvées au Mont-Marte, près du Vault, en 1822.

Notes d'un voyage dans le midi de la France 1835, in-8.

10228. LAUREAU DE THORY. Note sur des médailles trouvées dans les fouilles du Mont-Marte. 1870, in-8.

10229. GALLY (l'a. M.). Le pèlerinage de Ste-Marie-Madeleine à *Vezelay*. 1865, in-8.

Détails archéologiques.

5e SÉRIE. — ÉTRANGER

N. B. — Disposition analogue à celle de la série départementale (Voir ci-dessus, col. 279-280)

ALLEMAGNE

Voir plus loin la section GERMANIE.

ANGLETERRE-ÉCOSSE-IRLANDE

ILES BRITANNIQUES en général

10230. * Antiquarian Repertory, a miscellaneous assemblage of topography, history, biography, customs and manners, intended to illustrate and preserve several valuable remains of old times. 1808, 4 vol. in-4, fig.

10231. The Cambrian Quarterly Magazine and celtic repertory. Vol. I-III. Lond. 1829-31, 3 vol. gr. in-8.

10232. ROSNY (LUCIEN de). Britannia, mélanges de littérature, de philologie, d'histoire, d'archéologie, etc... 1857, in-8.

10233. WILLIAMS (J.). Essays on various subjects, philolog. and archæolog. of the civilized nations of ancient Europe, especially of that race which first occuped Great Britain. 1858, in-8.

10234. NICOLSON (G.). Bibliotheca historica anglicana. 1696, etc., 3 vol. in-fol. — The english historical library, etc. 1736, in-fol., et 1776, in-4.

10235. NICHOLS (J.). Bibliotheca topographica britannica. 1780-90, 8 vol. in-4.

10236. CARLISLE (N.) and ELLIS. Catalogue of the printed books and manuscripts in the library of the Society of antiquaries of London. 1816, in-4.

10237. UPCOTT (W.). Bibliographical account of the works of the British topography. 1818, 3 vol. in-8.

10238. WATT (R.). Bibliotheca britannica. 1819-23, 4 vol. in-4.

10239. LOWNDES (W.-Th.). The Bibliographer's Manuel of english litterature, etc. Londres, 1834, 4 vol. in-8. — New ed. revised by H.-G. Bohn. 1857-64, 10 parties in-12.

10240. RUSSEL (SMITH). — Biographical list of the works that have been published towards illustrating the provincial dialects of England. 1839, in-8.

10241. BANNISTER (S.). The classical sources of the history of the british isles, etc. 1849, in-8.

Consulter la *Revue Celtique*, dirigée par H. GAIDOZ, au point de vue de la bibliographie celto-britannique.

10242. TWYSDEN. Historiæ Angliæ scriptores. 1652, 2 vol. in-fol.

10243. FELL (J.). Rerum anglicarum scriptores. 1684, in-fol.

10244. SAVILIUS (H.). Rerum anglicarum scriptores, etc. London, 1696, in-fol.

10245. HEARNE (Th.). Scriptores varii de historia anglicana, etc. 1709-35, 64 vol. in-8.

10246. BERTRAMUS. Britannicarum gentium historiæ antiquæ scriptores tres : ... 1757, in-8.

10247. —. English historical Society (à Londres).

Cette Société a publié 31 vol. de 1838 à 1856.

10248. PETRIE (H.). Monumenta historica britannica. 1848, in-fol.

10249. TACITE. Vie d'Agricola.

10250. BERNEGGER (M.). Ex C. Corn. Taciti Germania et Agricola quæstiones miscellaneæ. 1640, p. in-8.

10251. SAVILIUS (H.). Commentarius in Taciti Historias et Jul. Agricolæ vitam. 1649, in-12.

10252. WRIGHT (Th.). A selection of latin stories from mss. of the thirteenth and fourteenth centuries. 1842, in-8.

10253. NENNIUS. Historia Britonum.

10254. GILDAS. De Excidio Britanniæ.

10255. GUILLAUME DE MALMESBURY. Gesta regum Anglorum.

10256. GEOFFROY DE MONMOUTH. Britanniæ utriusque regum et principum origo, etc.

10257. DU CHESNE (A.). Histoire générale d'Angleterre, d'Écosse et d'Irlande, etc. 1614, in-fol.

10258. CARTER (Th.). General history of England, etc. 1747-55, 4 vol. in-fol.

10259. VERTOT (l'a. R. AUBERT de). Histoire critique de l'établissement des Bretons dans les Gaules. 1720, 2 vol. in-12.

10260. HUME (D.). History of England. 1770, 8 vol. in-4.

Autres éditions.

10261. SMOLETT (L.). Histoire d'Angleterre depuis la descente de J. César jusqu'au traité d'Aix-la-Chapelle. — Traduction TARGE. 1759, in-8.

10262. HUME, SMOLETT et ADOLPHUS. Histoire d'Angleterre par Hume, depuis l'invasion de Jules César jusqu'à la révolution de 1688, continuée jusqu'à 1760 par Smolett, et jusqu'à 1783, par Adolphus, etc. 21 vol. in-8.

Autres éditions.

10263. VALLANCEY (Ch.). Essay towards illustrating the ancient history of the britannic isles. 1786, in-8.

10264. TURNER (Sharon). The history of the Anglo-Saxons, etc. 1807, 2 vol. in-4.

10265. GRANT (J.). Thoughts on the origin and descent of the Gaels, etc. 1814, in-8.

10266. BERTRAND DE MOLEVILLE (Ant. F. m[is]). Histoire d'Angleterre depuis la première invasion des Romains, etc. 1815, 6 vol. in-8.

10267. GOLDSMITH. Histoire d'Angleterre depuis Jules César, etc., trad. par ARAGON. 1825-26, 6 vol. in-8.

10268. LINGARD (J.). A history of England from the first invasion by the Romans. 1825, 2 vol. in-8.

10269. ROY (J.-J.-E.). * Histoire d'Angleterre depuis la conquête de la Bretagne par les Romains, etc. 1845, 2 vol. in-12.

10270. ROUJOUX (de) et MAINGUET (A.). Histoire d'Angleterre depuis les temps les plus reculés jusqu'à nos jours. 1847, 2 vol. in-8.

10271. BONNECHOSE (de). Les quatre conquêtes de l'Angleterre, son histoire et ses institutions... depuis Jules César, etc. 1852, 2 vol. in-8. — Nouv. éd. 1859, 4 vol. in-8.

10272. LEWIN (T.). The invasion of Britain by J. Cæsar. 1862, in-8.

10273. BÜCHNER (A.). Les Troyens en Angleterre. 1868, in-8.

10274. GOUGH (R.). The history of Carausius. 1762, in-4.

10275. WATS DE PEYSTER (J.). The history of Carausius, the dutch Augustus. 1858, in-8.

10276. ROULEZ. Sur l'ordre chronologique du règne de Carausius, etc. 1867, in-8.

10277. SMITH (J.). Choir Gaur, the grant Orrery of the ancient druids, etc. 1771, in-4.

10278. DAVIES (E.). * The mythology and rites of the british druids, etc. 1809, in-8.

10279. BOWLES (W.-L.). Hermes Britannicus, a dissertation on the celtic deity Teutates, the Mercurius of Cæsar. 1828, in-8.

10280. STRUTT (J.), trad. B***. Angleterre ancienne, ou tableau des mœurs, etc... des anciens Bretons, des Anglo-Saxons, etc. 1789, in-4.

10281. CAMDEN (G.). Britannia, etc. 1607, in-fol.

Autres éditions.

10282. BURTON (W.). Commentary on Antoninus, his itinerary, etc. 1658, in-fol.

10283. GALE (Th.). Antonini iter britannicum illustratum. 1709, in-4.

10284. HORSLEY (J.). Britannia Romana... 1732, in-fol.

10285. GOUGH (R.). * British topography, etc. 1768, in-4. — 2e éd. 1780, 2 vol. in-4.

10286. * Iter Britanniarum; or that part of the itinerary of Antoninus which relates to Britain, with a new commentary by Th. REYNOLDS. London, 1799, in-4.

10287. VALLANCEY (Ch.). Essay on the primitive inhabitants of Great-Britain and Ireland. 1807, in-8.

10288. CAPPER (B.-P.). Topographical dictionary of the united Kingdom... 1825, in-8.

10289. ARTIS (E. TYRRELL). The Durobrivæ of Antoninus identified and illustrated in a series of plates, etc. 1828, in-fol.

10290. BETHAM (W.). The Gaels and Cimbri... Irish, Scoti, Britons, etc. 1834, in-8.

10291. SAULE (W.-D.). Notitia Britanniæ, etc. 1845, in-8.

10292. SAULCY (F. de). Les expéditions de César en Grande-Bretagne; étude de géographie ancienne. 1860, in-8.

10293. WRIGHT (Th.). The Celt, the Roman, and the Saxon, a history of the early on habitants of Britain. 1861, in-8. — Autres éd.

10294. FREEMAN (E.). Trad. par G.-B. Les villes d'Angleterre et de France [au point de vue de l'origine gallo-rom.]. 1870, in-8.

10295. LHUYD (Edw.). Archæologia britannica; etc. 1707, in-fol.

10296. STUKELEY (W.). Itinerarium curiosum, antiquities and curiosities observed in... Great Britain, etc. 1724, in-fol. — Autres éd.

10297. * Archæologia, or miscellaneous tracts relating to antiquity, published by the Society of antiquaries of London. London, 1770-1857, 57 vol. in-4, fig.

Voir Brunet, 5e éd., t. Ier, col. 381.

10298. GROSE (F.). Antiquities of England and Wales. 1773, 4 vol. in-4. — Autres éd.

10299. BLUNDELL (H.). Engravings and etchings of the principal statues, busts, bass-reliefs, etc. 1809, 2 vol. in-fol.

10300. BOSWELL (H.). Complete histor. descriptions of a new and elegant collection of picturesque views and representations of the antiquities of England and Wales. In-fol.

10301. * Antiquarian and topographical cabinet, containing a series of elegant views of the most interesting objects of curiosities in Great Britain accompanied with letter press. descriptions. London, 1807-11, 10 vol. in-12, fig.

10302. LYSONS (S.). Reliquiæ britannico-romanæ... 1813-17, 3 vol. in-fol.

10303. * Antiquarian itinerary... comprising specimens of architecture monastic, castellated and domestic, with other vestiges of antiquity in Great Britain accompanied with descriptions. 1815, 4 vol. in-12, 200 pl.

10304. * Archæological Journal, published under the direction of the British archæological Association for researches into the monuments of the early and middle ages. 5 vol. in-8, avec beaucoup de grav. Londres, depuis 1836, gr. in-8.

10305. * Institut archéologique britannique. — The archæological journal published und the direction of the central committee of the british archæological Institute. London, in-8 (depuis 1844).

10306. — The journal of the British archæological Association. London, 1846-48, 3 vol. in-8. — Second Annual Congress. 1846, in-8.

10307. AKERMAN (J.-Y.). An archæological index to remains of antiquity of the celtic, romano-british, and anglo-saxon periods. 1847, in-8.

10308. VAUX (W.-S.-W.). Handbook to the antiquities in the British Museum. 1851, p. in-8.

10309. COCHET (l'a.). Une villa romaine en Angleterre. — Lingots de plomb. — Mines de plomb. — Marques impériales. 1856, in-8.

10310. MOULIN (H.). Notice sur les monts druidiques des îles anglo-normandes du canal de la Manche. 1866, in-8.

10311. POCARD-KVILER. Note sur les monts celtiques d'Angleterre, d'Écosse et d'Irlande, et sur les collections du

British Museum avec 10 pl. 1870, in-8.

10312. STUKELEY (W.). Stone-henge; a temple restored to the british druids. 1740, in-fol.

10313. — Abury; a temple of british druids with some others described, etc. 1743, in-fol.

10314. * Vetusta monumenta quæ in rerum Britannicarum memoriam conservandam Societas antiquariorum Londini sumptu suo edenda curavit. London, 1741-1846, in-fol., 6 vol.

10315. CARTER (J.). The ancient architecture of England, etc. 1795-1816, 2 vol. in-fol

10316. KING. Monumenta antiqua or observations on ancient Castles. 1799-1805, 4 vol. in-fol.

10317. WEEVER (J.). Ancient funeral monuments within Great Britain, etc. 1631, in-fol.

10318. BORE (E.) et LE QUEUX. The sepulcral antiquities of Great Britain. 1826, in-4.

10319. DOUGLAS. Nenia britannica, or sepulchral history of Great Britain. 1793, in-fol.

10320. MELOT (A.). Mém. sur les révolutions du commerce des îles Britanniques, depuis son commencement jusqu'à l'expédition de Jules César. 1751, in-4. — Second Mémoire, 1753. — Troisième Mémoire, 1756.

10321. ROY (W.). Military antiquities of the Romans in Britain. 1793, in-fol., pl.

10322. GÉNÉBRIER. Lettre sur une médaille singulière de Carausius, etc. 1731, in-4.

10323. * Histoire de Carausius, empereur de la Grande-Bretagne... et prouvée par les médailles. 1740, in-4.

10324. WISE. Catalogus numismatum antiquorum in scriniis Bodleianæ. 1750, in-fol.

10325. STUKELEY (W.). Medallic history of Mar. Aur. Valerius Carausius, emperor in Britain. 1757-59, 2 vol. in-4.

10326. HAYM. Thesauri britannici numi græci et latini. 1765, in-4.

10327. AKERMAN (J.-Y.). Descriptive catalogue of rare and unedited roman coins, etc. 1834, 2 vol. in-8.

10328. — Coins of the Romans, relating to Britain. 1836, in-8. — 2e édition, 1844.

10329. — A numismatic manual. 1840, in-8.

10330. DONOP (bon de). Les médailles gallo-gaëliques. Description de la trouvaille de Jersey. 1838, in-4.

10331. POSTE (B.). Celtic inscriptions on gaulish and british coins. 1861, in-8.

10332. EVANS (J.). The coins of the ancient Britons. 1864, in-8.

10333. * HÜBNER (E.). Inscriptiones Britanniæ latinæ.

Corpus inscriptionum latinarum, consilio et auctoritate Academiæ litterarum regiæ Borussicæ. Vol. VII, 1873, in-fol.

10334. LOTTNER. Gaulish inscription containing a charm against the demon Dontaurios. 1863, in-8.

10335. MAC-CAUL (J.). Britanno-Roman inscriptions with critical notes. 1863, in-8.

10336. ROBERTS (Dr GRIFFITH). Dosparth byrr Aryrham, etc. (Welsh grammar.) 1567, p. in-8.

10337. RHESE. Cambro-brytannicæ, cymricæve linguæ institutiones et rudimenta, etc. 1592, in-fol.

10338. DAVIES (J.). Antiquæ linguæ britannicæ rudimenta, etc. 1621, in-8; 1632, in-fol.

10339. SCHAW (W.). An analysis of the gaelic language. 1778, in-8 et in-4.

10340. — Gallic and english dictionary, etc. 1780, 2 vol. in-4.

10341. OWEN (W.). Dictionary of the welsh language, explained in english, etc. 1793-94, etc., 2 vol. in-8.

10342. * Dictionarium scoto-celticum: a dictionary of Gaelic language, etc. 1828, 2 vol. in-4. (Cp. le no 2368).

10343. WILLIAMS (J.). Gomer, or analysis of the language and knowledge of the ancient Cymry, etc. 1854, in-8.

10344. KENNEDY (J.). Essays ethnological and linguistic. 1861, in-8.

10345. KELLY (J.). Manx dictionary (Manx-english and engl.-manx). 1866, in-8.

10346. — Practical grammar of the ancient gaelic, etc. 1870, in-8.

10347. NASH (D.-W.). Taliesin, or the Bards and Druids of Britain. Remains of the earliest welsh bards... 1858, in-8.

PROVINCES

Cornouaille

10348. BORLASE. Antiquities of Cornwall. 1769, in-fol.

Dorsetshire

10349. SAVAGE (J.). Historical notices of the British clan Durotriges (Dorsetshire). 1837, in-8.

10350. WARNE (Ch.). The celtic tumuli of Dorset. 1866, in-fol., 13 pl.

Écosse (ancienne Calédonie)

10351. MACPHERSON (J.). Critical dissertations on the origin, antiquities, language, government, manners, and religion of the ancient Caledonians, etc. 1768, in-4.

10352. REID (J.). Bibliotheca scoto-celtica, etc. 1832, in-8.

10353. CHRISTIAN (P.). Recherches critiques... sur les Calédoniens.

En tête d'une traduction d'Ossian. 1842, in-8.

10354. RALLIER. Mém. sur les forts de verre de l'Écosse. In-8.

Pays de Galles

10355. SMITH. Gallic antiquities. 1708, in-4.

10356. OWEN (W.). The Myvyrian. Archaiology of Wales. 1801-1807, 3 vol. in-8.

10357. HOUARD (D.). Mémoire sur les antiquités galloises. 1808, in-4.

10358. ROBERTS (P.). The Cambrian popular antiquities of Wales. 1815.

Gloucestershire

10359. LYSONS (S.). A collection of Gloucestershire antiquities. 1791-1803, in-fol.

Hertfordshire

10360. CHAUNCY (H.). The historica antiquities of Hertfordshire. 1700, in-fol.

10361. CLUTTERBUCK (R.). History and antiquities of the county of Hertford. 1815, 1821 et 1827, 3 vol. gr. in-fol.

Irlande

10362. SHAW MASON (W.). Bibliotheca hibernica... collected for sir Robert Peel. 1823, in-8.

10363. O'CONNOR (Ch.). Rerum hibernicarum scriptores veteres. 1814-25-26, 4 vol. in-4.

10364. KEATING (G.). General history of Ireland... 1726, in-fol. — Nouv. éd. 1857, in-8.

10365. VALLANCEY (Ch.). A Vindication of the ancient history of Ireland. 1786, in-8.

10366. ALTON (J.-D.). History of Ireland, etc. 1845, in-8.

10367. LE HUÉROU (J.-M.). Rech. sur les origines celtiques et sur la première colonisation... de l'Irlande et de l'Ecosse. 1853, in-4.

10368. VILLEMARQUÉ (HERSART de la). La légende celtique en Irlande, en Cambrie et en Bretagne. 1859, in-8.

10369. BEDDOE. The Kelts of Ireland. 1870, in-8.

10370. WAKEMAN (W.). A handbook of irish antiquities pagan and christian. 1848, in-8. — Cp. le n° 1296.

10371. O'CLERY (M.). Lexicon hibernicum præsertim pro vocabulis antiquioribus et obscuris. 1643, in-8.

10372. VALLANCEY (Ch.). Grammar of the iberno-celtic or irish language. 2e éd. 1782, in-8.

10373. — Essay on the antiquity of the irish language. 1822, in-8.

Northamptonshire

10374. BAKER (G.). History and antiquities of Northamptonshire. 1822-38, 2 vol. in-fol.

Comté de Somerset

10375. COLLINSON (J.). History and antiquities of the county of Somerset, etc. 1791, 3 vol. in-4.

Worcestershire

10376. ALLIES (J.). The British, roman and saxon antiquities... of Worcestershire. 1852, in-8, fig. 2e éd. 1856.

LOCALITÉS

10377. LYSONS (S.). Remains of two temples and other roman antiquities discovered at *Bath*. 1802, in-fol.

10378. — Remains of roman villa discovered at *Bignor* in Sussex. 1815, in-fol.

10379. NEVILLE. Description d'un remarquable dépôt d'antiquités romaines trouvées à *Chesterford* en 1854. 1856, in-8.

10380. LYSONS (S.). * Figures of mosaic pavements discovered near *Frampton* in Dorsetshire. 1808, in-fol.

10381. * Figures of mosaic pavements discovered at *Horkston* in Lincolnshire. 1801, in-fol.

10382. TROLLOPE (R.-E.). Ruines romaines dans le voisinage de *Padstow*. 1860, in-8.

10383. LYSONS (S.). An account of roman antiquities discovered at *Wodchester*, etc. 1797, in-fol.

AUTRICHE

PROVINCES

Carniole

10384. KNABLE (R.). Die meilensteine Kärnstens aus römischer Zeit. S. d. In-8.

Frioul

10385. VALENTINELLI (Gius.). Bibliographia del Friuli. 1861, in-8.

10386. TRENS (L.). Sacra monumenta provinciæ Fori-Julii (Frioul) ex antiquis ecclesiasticis traditionibus, historiis et inscriptionibus excerpta. 1724, in-4.

Tyrol

10387. GOLBÉRY (de). Histoire et description de la Suisse et du Tyrol. 1838, in-8.

LOCALITÉS

Hallstatt

10388. * [*Ms.*]. Abbildungen von Hallstatt in Oberœsterreich und den am Salzberg aufgefundenen Alterthumsgræber und antiquitæten. Gr. in-fol., 35 pl.

Conservé à la bibliothèque du musée gallo-rom. de St-Germain.

10389. * [*Ms.*]. Die Alterthumsgræber von Salzberg zu Hallstatt in Oberösterreich. Texte et planches. 1 vol. gr. in-4.

Conservé à la même bibliothèque.

10390. GAISBERGER (J.). Die Gräber bei Hallstadt. 1848, in-4.

10391. * Extrait d'une note sur les découvertes faites dans les mines de Hallstadt. — *Bull. de la Soc. de Statistique*, etc., *de l'Isère*. 2e série, t. I, 1867, p. 54.

10392. SACKEN (d[r] Ed.-Fr. von). Das Grabfeld von Hallstatt, etc. 1868, in-4.

Salzbourg. — Voir ci-dessous la section BAVIÈRE.

GRAND-DUCHÉ DE BADE

10393. * Schriften der Alterthumsgeschichtsvereins zu Baden u. Donaueschingen. 1845-48, in-8, 3 vol.

10394. * Schr. der Gesellschaft für Beförderung der Geschichts-Alterthums und Volkskunde von Freiburg und dem Breisgau. In-8 (depuis 1868).

10395. RAPPENEGGER (Th.-W.). Die römischen Inschriften welche bisher im Grossh. Baden aufgefunden wurden. 1845, gr. in-8.

LOCALITÉS

10396. LEICHTLEN. Trajan als Gründer oder Mitstifter von *Baden-Baden*. 1828, in-8; pl.

10397. LEIBNITZ (H.). Die rœmische Bæder bei *Badenweiler*. 1856, gr. in-4, 24 p. 2 pl. — Voir aux Additions.

10398. MERCK. Antiquités romaines découvertes à *Kœnigshoff* en 1865. 1866, in-8.

10399. — Tuile romaine portant l'empreinte de la IVe légion, trouvée à *Kœnigshoffen* en 1865. 1866, in-8.

10400. — Découverte de deux autels votifs romains trouvés à *Kœnigshoff* en 1866. 1867, in-8.

10401. SCHŒPFLIN (J.-D.). De sepulcro rom. prope *Schrishemium* reperto. 1770, in-4.

BATAVES — HOLLANDE — PAYS-BAS

10402. PACQUOT (J.-N.). Mémoires pour servir à l'histoire littéraire... des Pays-Bas... 1765-70, 3 vol. in-fol. ou 18 vol. in-12.

10403. HOYOIS. *Bibliographie des Pays-Bas, etc. 1783, in-4.

10404. VÆNIUS (O.). Batavorum cum Romanis bellum a Corn. Tacito libris IV et V historiarum, etc. 1612, in-4.

10405. SAINT-SIMON (Max.-Henri, mis de). Histoire de la guerre des Bataves et des Romains d'après César, Tacite, etc... 1770, in-fol.

10406. ALTINGIUS. Descriptio secundum antiquos Agri Batavi et Frisi à Julio Cæsare ad Justinianum. 1697, in-fol.

10407. LAGOY (Mis de). Magusa ou Magusum, ville des Bataves. 1840, in-8.

10408. BOUSSINGAULT (le P.). La Guide universelle de tous les Pays-Bas. 1677, in-12.

Antiquités romaines, etc.

10409. SOMMEREN (J.-Paul). Antiquités bataves.

10410. OUDENDORP (Fr.). Brevis Veterum monumentorum ab... Papenbrockio academiæ Lugd. Bat. legatorum descriptio. 1746, in-4.

10411. JANSSEN (L.-J.-F.). Epigraphische Aanteekeningen I Over de godin VAGDOVER ap een romeinsch apschrift in ous vaderland gevonden. 1854.

LOCALITÉS

10412. JANSSEN (L.-J.-F.). Grieksche en Romeinsche Grafreliëfs uit het museum te *Leyden*. 1851, in-fol.

10413. — Musei *Lugduno-Batavi*, inscriptiones græcæ et latinæ. 1842, in-4.

10414. SMETIUS (J.). Antiquitates *neomagenses*. 1578, in-4.

10415. CHEVALIER (N.). Recherches curieuses d'antiquités venues d'Italie, de la Grèce, d'Égypte, et trouvées à *Nimégue,* à Santen, etc. In-fol.

10416. JANSSEN (L.-J.-F.). Römische Alterthümer... zu *Vechten*, etc... 1869.

BAVIÈRE

10417. ALDZREITTER et BRUNNER. Annales boicæ gentis, a primis rerum boicarum ad a. 1311, etc. 1710, in-fol.

10418. ŒFELS (A.-F.). Rerum boicarum scriptores. 1763, 2 vol. in-fol.

10419. * Monumenta boica. Monachii, 1763-1841, 33 vol. in-4.

10420. VELSER (M.). Rerum boicarum libri V. 1602, in-4.

10421. * Atlas topographique et militaire du royaume de Bavière, par l'état-major bavarois. 1815 et suiv.

10422. EISENMANN (J.-A.). Topographisches Lexikon, etc. 1819-20, in-8.

10423. * Die Bayerer unter den Römern. Beiträge zur Feststellung der römischen Topographie des Linken Rheinufers. Kaiserslich, 1865, in-8.

10424. WOLFARTH (F.). Nobile di Strade militari nel Noricum. 1841, in-8.

10425. GOK. Die römische Alterthümer und Heerstrassen der schwabischen Alpen und am Podensee mit Rück, etc. 1846, in-8.

10426. — Die römische Grenzwall von d. Altmühl bis zur Jaxt in Verbindung mit der römischen Heerstrassen und Alterthümern an die Oberdonau, Jaxt und die mittlern Neckar. 1847, in-8.

10427. HEFNER (Von). Das römische Bayern in Seinen Schrift-und Bildmalen. 1852, in-8; atlas in-4.

10428. SCHMIDT. Die ober-Donau-Strasse des Peutinger'schen Tafel von Brigobonne bis Abusena. 1844, in-8.

10429. MUTZL (S.). Die römischen Wartthürme besonders in Bayern. 1851, in-4.

10430. HUNDT (c[te] Fr.-H.). Die antiken Münzen des histor. Vereines für Oberbaiern. Der Fund römischer Denare in Niederaschau. 1866-71, gr. in-8. (En 2 parties.)

LOCALITÉS

Ville de Munich

10431. LUTZOW (C.-V.). Münchener Antiken. 1869, in-fol.

Localités diverses

10432. PEUTINGER (C.). Romanæ vetustatis fragmenta, in *Augusta-Vindelicorum* et ejus diœcesi. 1505, in-fol. — Autre éd. 1520.

10433. RAISER. D. Römermale v. d. Castris Vetonianis, d. Linien Vallatum Ripa prima u. Summontorium, etc. zu *Augsburg*, 1832, in-4.

10434. PEUTINGER (C.). Inscriptiones vetustæ... in *Augusta Vindel.* repertæ. 1520, in-fol.

10435. SIFFER (J.-A.). Notice sur un ancien cimetière et particulièrement sur un monument épigraphique d'origine romaine, découverts vis-à-vis de l'ancienne commanderie de *Dahn*. 1867, in-8.

10436. DŒDERLEIN (J.). Antiquitates *Nordgaviæ* romanæ, etc. 1731, in-4.

10437. * Der Sammler, für Kunst und Alterthümer in *Nürnberg*. Nürnberg, 1824-26, 3 vol. in-8; 16 pl.

10438. SCHWEIGHÆUSER (J.-G.). Note sur un bas-relief antique en terre cuite trouvé à *Rheinzabern*.

10439. KLEINMAYERN (de). Juvavia, ossia storia di *Salisburgo*, innanzi, durante e dopo il dominio de' Romani. (En allemand ?) 1784.

10440. BEAULIEU (J.-L. de). Lettre à M. J..., de l'Académie des inscriptions et belles-lettres, sur diverses antiquités égyptiennes trouvées à *Salzbourg* (Bavière). 1841, in-8.

10441. ABEKEN (G.). Fouilles à *Saltzbourg*. 1841, in-8.

10442. CHRIST (W.). Das römische militärdiplom von *Weissemburg*. 1868, in-8.

BELGIQUE

Belgæ, Belgium, Gaule Belgique, Belgique actuelle

10443. ANDRÉ (Valère), surnommé Desselius. Bibliotheca Belgica. 1623, in-8. Autres éditions.

10444. FOPPENS (J.-F.). Bibliotheca Belgica. 1739, 2 vol. in-4.

10445. NAMUR (J.-P.). Bibliographie académique belge, ou répertoire... des mémoires, etc., publiés jusqu'à ce jour par l'ancienne et la nouvelle Académie de Bruxelles, etc. 1838, in-8.

10446. MUQUARDT (G.). Bibliographie de la Belgique, etc. (depuis 1838). In-8.

10447. SCHELER (A.). Bibliotheca Belgica, etc. (1830-1860). 1861, in-8.

10448. BRUYSSEL (E. van). Table... des not. concernant l'histoire de Belgique, etc. 1869, gr. in-8.

10449. * Annales sive historiæ rerum belgicarum, a diversis auctoribus Jac.

Meyero, H. Barlando, G. Geldenhaurio, Jac. Marchantio, L. Guicciardino, Ph. Gallæo et G. Candido, ad hæc nostra tempora conscriptæ. Francof.-ad-Mœn. 1580, 2 t. en 1 vol. in-fol.

10450. SCHRIECK (A. van). Originum rerumque celticarum et belgicarum libri. 1614-20, 3 vol. in-fol.

10451. LOCRIUS (Ferreolus) (Ferry de Locre). Chronicon Belgicum ab ann. 258 ad ann. 1600. 1616, in-4, 3 vol.

10452. SWERT (F.). Rerum belgicarum annales... 1620, in-fol.

10453. LE MIRE (Aubert) (en latin Miræus). Annales rerum Belgicarum, etc. 1624, in-8. — Autres éditions.

10454. GŒLNITZ (A.). Ulisses belgico-gallicus. 1631, in-16, et 1655, p. in-12.

10455. WŒRNEWYCK (van). De historie van Belgis. 1641, in-fol.

Autres éd.

10456. BUCHERIUS (Æg.) (Gilles Boucher). Belgium Romanum ecclesiasticum et civile. 1655, in-fol.

10457. LE MIRE (A.). Foppens édr. Opera diplomatica, etc. 1723-34-48, 4 vol. in-4.

10458. MATTHÆUS (A.). Veteris ævi analecta, etc. 1738, 5 vol. in-4.

10459. GROTIUS (H.). Annales et historiæ de rebus belgicis. 1758, in-8.

10460. DEWEZ. Histoire générale de la Belgique, etc. 1805, in-8. — Autres éditions.

10461. RAEPSAET (J.-J.). Mémoire sur l'origine des Belges. 1811, in-8.

10462. ROULEZ (J.-E.-Gh.). Obs. sur la nature des relations des peuples de l'ancienne Belgique dits clients, etc. 1836, in-8.

10463. SCHAYES (A.-G.-B.). La Belgique et les Pays-Bas avant et pendant la domination rom. 1837, in-8. 2e édit. 1858, etc., in-8.

10464. LEUTSCH (K.-C. von). Ueber die Belgen des Julius Cäsar. 1844, in-8.

10465. JUSTE (Th.). Histoire de Belgique illustrée. (1840), in-8. 1 carte. — 3e éd. 1853, 2 vol. in-8.

10466. ROULEZ. De l'origine... des peuples qui habitaient la Belgique actuelle à l'arrivée de César. 1850, in-8.

10467. MOKE (H.-G.). La Belgique ancienne et ses origines gauloises, etc. 1857, in-8.

10468. ROULEZ. Réponse aux rem. de M. Schayes sur les origines belges. 1852, in-8.

10469. — Réponse à la réplique de M. Schayes concernant les origines belges. 1852, in-8.

10470. SCHAYES (A.-G.-B.). Examen critique du système de M. Amédée Thierry sur les origines belges et gauloises. 1856, in-8.

10471. TARLIER (J.) et WAUTERS (A.). La Belgique ancienne et moderne. 1860, etc., (se continue), gr. in-8.

10472. REINSBERG (bon de). Les traditions et légendes de la Belgique. 1870, 2 vol. in-8.

10473. DEWEZ (L.-D.-J.). Situation des différents endroits de la Belgique devenus célèbres, dans les commentaires de César, par les évènements qui s'y sont passés. 1822, in-8.

10474. B*** (P.-G.), Roulez, éditeur. Mém. sur les campagnes de César en Belgique... suivi de recherches sur Samarobriva (1807). 1833, in-4.

10475. GAZET (G.). Tableau sacré de la Gaule Belgique... 1610, in-8.

10476. ROCHES (des). Mém. sur la religion des peuples de l'ancienne Belgique. 1780, in-4.

10477. FLORENCOURT (W. Chassot de). Beiträge zur Kunde alter Götterverehrung im Belgischen Gallien, etc. 1842, in-8.

10478. WILBERT (A.). Considérations sur le 1er établissement du christianisme dans la Gaule Belgique. 1858, in-8.

10479. RAEPSAET (J.-J.). Analyse histor. et critique de l'origine et des progrès des droits civils, politiques et religieux des Belges et Gaulois... 1824-26, 3 vol. in-8.

10480. DEWEZ (L.-D.-J.). Gouvernement et constitution des Belges avant l'invasion des Romains. 1826, in-8.

10481. SCHAYES (A.-G.-B.). Essais historiques sur les usages... des Belges anciens et modernes. 1834, 2 vol. in-8.

10482. ROULEZ. Les magistrats romains de la Belgique. 1843, in-4.

10483. FLEURY (Ed.). La civilisation et les arts des Romains dans la Gaule Belgique. 1861, in-8.

10484. ORTELIUS (A.). Belgii veteris typus. 1594, carte in-fol.

Voir aussi *Bibl. hist.*, t. I, nº 49.

10485. GALLIAC. Accurata descriptio provinciæ Belgicæ, etc. 1659, p. in-12.

10486. FRÉRET (N.). Obs. sur la situation de quelques peuples de la Belgique, etc. 1746, in-4.

10487. CARLIER (l'a.). Diss. sur l'étendue du Belgium, etc. 1753, p. in-8.

10488. WASTELAIN (le p. Ch.). Description de la Gaule Belgique, selon les trois âges de l'histoire. 1761, in-4. — Autres éditions.

10489. BELPAIRE. Mém. sur les changements que la côte d'Anvers à Boulogne a subis depuis la conquête de César. 1827, in-4.

10490. ROULEZ. Nouvel examen de quelques questions de géographie ancienne de la Belgique. 1838, in-4.

10491. — Doutes et conjectures sur un passage de la *Notice des dignités de l'Empire*. 1850, in-8.

10492. — Obs. sur un passage de Pline l'Ancien relatif à la géographie de la Belgique. 1850, in-8.

10493. JUBAINVILLE (d'ARBOIS de). Quelques pagi de la 1re Belgique, etc. 1852, in-8.

10494. GRANDGAGNAGE (CH.). Mém. sur les anciens noms de lieux dans la Belgique orientale. 1855, in-4.

10495. ROULEZ. Les deux Germanies faisaient-elles parties de la Gaule Belgique? 1856, in-8.

10496. JEANTIN. Diss... sur les superpositions de races, etc. In-8.

10497. TARLIER (H.). Dictionnaire des cnes... du royaume de Belgique. 1860, in-8.

10498. ROULEZ. Rapp. sur la carte de la Gaule sous César, etc. 1861, in-8.

10499. WAUTERS (A.). Nouvelles études sur la géographie ancienne de la Belgique. 1867, in-8; 1 carte.

10500. JOURDAIN (A.). Dictionnaire de géographie histor. du royaume de Belgique. 1868-69, 2 vol. in-8.

10501. * Les grands chemins de l'empire romain dans la Belgique, vulgairement dits Chaussées de Brunehaut, avec les noms latins anciens des peuples de cette partie de la Gaule. *Anvers, Verohevent*, 1633, in-4.

10502. LE MIRE (A.). (MIRÆUS). Voies romaines en Belgique.

10503. ROULEZ. Rapp. sur le mém. sur les chaussées rom. en Belg., par VANDERRIT. 1849, in-8.

10504. — Obs. sur les voies rom. de la Belgique. 1860, in-4.

10505. DIVÆUS (P.). Historia de antiquitatibus Galliæ Belgicæ. 1566 et 1584, in-8. — Autre éd., 1580, in-8.

10506. WASSEBOURG (R. de). Les antiq. de la Gaule Belgique, etc. 1649, in-fol.

10507. * Antiquitates belgicæ of Nederlandsche Oudtheden. Amsterdam, 1701, p. in-8. Planches, 1 carte.

10508. GRAMMAYE (J.-B.). Antiquitates Belgicæ. 1708, in-fol.

10509. — Annales de l'Académie d'archéologie de Belgique à Anvers. (Depuis 1843.) Gr. in-8.

10510. ROULEZ. Cours d'antiq. rom. 1849, in-8.

10511. SAINT-GENOIS (J.). Monuments anciens essentiellement utiles à la France, aux provinces de Hainaut, Flandre, Brabant, etc. 1782-1806, in-fol.

10512. HEYLEN (P.-J.). Diss. de antiquis Romanorum monumentis in Austriaco Belgio superstitibus, etc. 1783, in-4.

10513. LAMBIEZ (J.-B.). Hist. monumentaire du Nord des Gaules, etc., t. Ier (unique), s. d.

10514. BARON (A.). * La Belgique monumentale, etc. 1844-45, 2 vol. in-8.

10515. HELBIG (J.). Recueil des monts funéraires, etc., les plus remarquables de la Belgique, etc. 1859, in-8.

10516. SCHUERMANS (H.). Nouvelle note concernant les marques de fabrique sur la verrerie rom., à propos d'une trouvaille faite en Belgique. 1867, in-8.

10517. ROULEZ. Du contingent fourni

par les peuples de la Belgique aux armées de l'empire rom. 1852, in-4.

10518. HERMAND (Al.). Numismatique gallo-belge. 1864, in-8.

10519. ROULEZ. Fausseté de l'inscription latine relative... aux grands chemins rom. de la Belgique. 1840, in-8.

10520. SMET (J.-J.). Mém. sur l'état de l'enseignement des sciences et des lettres dans les Gaules et en particulier dans la Gaule Belgique. 1869, in-8.

PROVINCES

Brabant

10521. SAINT-ANTOINE, (le p. Didace de). Description histor... du duché de Brabant. 1791, in-8.

10522. CHOTIN (A.-G.). Noms des villes du Brabant. 1859, in-8.

Flandres

10523. VREDIUS (O.). Historiæ comitum Flandriæ libri prodromi II, etc. 1650, in-fol. — Autres éd.

10524. BAST (J. de). Recueil d'antiquités... trouvées dans la Flandre proprement dite. 1808, in-4. — 1er supplément, 1809; 2e suppl., 1813. — L'ancienneté de la v. de Gand, pour servir de suppl., etc. 1821, in-4.

Hainaut

10525. GUISE (J. de). Illustrations de la Gaulle-Belgique, antiq. du pays de Haynnau et de la grande cité des Belges : à présent dite Bavay... 1522, 1531, 1532, 3 vol. in-fol. — Cp. les nos 7983 et suiv.

10526. GUISE (J. de). Histoire du Hainaut, trad. en fr... par le mis Fortia d'Urban. 1826-1838, 21 vol. in-8.

10527. MAESEN (P. van der). * Géographie de la province de Hainaut. 1850, in-18. (Signée : V. D. M.)

Province de Liège

10528. KINTS (E.). Les délices du pays de Liège ou description des monts de cet évêché. 1738-44, 5 vol. in-fol.

10529. DEWEZ. Histoire du pays de Liège. 1822, 2 vol. gr. in-8.

10530. MAESEN (P. van der). * Géographie de la province de Liège. 1842, in-18. (Signée : V. D. M.)

10531. ROULEZ. Not. sur un buste... découv. dans la prov. de Liège. 1836, in-8.

Province de Limbourg

10532. MAESEN (P. van der). * Géographie de la province de Limbourg. 1842, in-18. (Signée : V. D. M.)

10533. ROULEZ. Note sur la découverte de trois haches de pierre dans le Limbourg. 1838, in-8.

Province de Namur

10534. MAESEN (P. van der). * Géographie de la province de Namur. 1842, in-18. (Signée : V. D. M.)

Ancien département de Sambre-et-Meuse

10535. DEWEZ (L.-D.-J.). Géographie ancienne du dépt de Sambre-et-Meuse. 1811, in-12.

Arrondissement de Termonde

10536. BROEKAERT (J.). Diss. sur l'étymologie du nom des cnes de l'arrt de Termonde. 1863, in-8.

Tournaisis

10537. CHOTTIN (A.-G.). Histoire de Tournai et du Tournaisis. 1840, 1841. 2 vol. in-8.

10538. NÉLIS (L'a. de). Réflexions sur un ancien mont du Tournaisis, appelé vulgairement Pierre de Brunehaut. 1780, in-4.

LOCALITÉS

Ville de Bruxelles

10539. ROULEZ. Rapp. sur une note de M. Galesloot relatives aux antiq. belgo-rom. des environs de Bruxelles. 1849, in-8.

Localités diverses

10540. BECANUS (Joh. Gorop.). Origines *Antwerpianæ*, etc. 1869, in-fol.

10541. FRÉMINVILLE (de). Notice sur l'autel de Sandrauriga [près d'*Anvers*], etc. 1817, in-8.

10542. CRAZANNES (b^on^ de). Notice sur la déesse Sandraodiga, et sur un autel de cette divinité, découvert près d'*Anvers*. 1847, in-8.

10543. ROULEZ. Note sur des objets antiques déterrés dans la c^ne^ d'*Arbre*. 1847, in-8.

Arlon.

Voir ci-après la section LUXEMBOURG.

10544. PYLAYE (b^on^ de la). Visite à l'ancienne fortification de *Borghstædt* nommé depuis camp de Q. Cicéron, auprès de Bruxelles. 1848, in-8.

10545. ROULEZ. Not. sur un établissement rom. à *Brunault-Lubeschies*, etc. 1843, in-8.

10546. — Not. sur un buste en bronze découvert à *Brunault-Lubeschies*. 1843, in-8; 1 pl.

10547. — Not. sur un ornement de bronze trouvé à *Brunault*, etc. 1845, in-8.

10548. — Obs. à propos du prétendu Hercule gaulois trouvé à *Casterlé*. 1845, in-8.

10549. — Not. sur des antiq. rom. trouvées à *Elewut*. 1846, in-8.

10550. LEJEUNE (Th.). Sur quelques découvertes d'antiq. à *Estinnes*, etc... 1863, in-8.

10551. PANOFKA. Mon. présumé rom. découvert à *Ettelbrouck*. 1834, in-8.

10552. CLOQUET (N.). Lettres sur des antiq. trouvées à *Feluy* et aux environs. 1863, in-8.

10553. ROULEZ. Not. sur l'empreinte d'une pâte antique trouvée dans les environs de *Fleurus*. 1837, in-8.

10554. — Rapp. sur des antiq. trouvées à *Fouron-le-Comte*. 1843, in-8.

10555. ÉVANS (J.). On some gold ornements and gaulish coins found together at *Frasnes* in Belgium. 1864, in-8.

10556. TRAIGNAUX (J. du). Cimetière gallo-romain de *Frégirau*. 10 p. In-4.

10557. ROULEZ. Not. sur quelques instruments... trouvés... près de *Gand*. 1837, in-8.

10558. — Not. sur quelques antiq. découv.s. près de *Gand*. 1838, in-8.

10559. WOLTERS (M.-J.). Notice sur quelques débris de constructions rom. conservés dans la c^ne^ de *Herten*, près de Ruremonde. 1849, in-8.

10560. CRALLE (A.). Des musées d'antiquités et... du musée provincial à *Liège*. 1863, in-8.

10561. ROULEZ. Rapp. sur les fouilles de *Majeroux*. 1843, in-8.

10562. VILLERMONT (de). Quelques renseignements sur les découvertes d'objets rom. [à *Mariembourg*]. 1849, in-8; 1 pl.

10563. BERTRAND (Alex.). Musées et collections archéologiques. I. *Namur*, 1861, in-8.

10564. ROULEZ. Rapp. sur qq. objets antiques découv. à *Schaesberg*. 1838, in-8.

10565. — Not. sur un anneau... trouvé dans les environs de *Spa*. 1837, in-8.

10566. — Rapp. sur un plan d'anciennes constructions rom. découv. au *Steenbosch*. 1848, in-8.

10567. DARTEVELLE (D.). Not. sur une découverte de monnaies rom. à *Thulin*. 1863, in-8.

Tongres

10568. FUSS (Th.). Rech. sur la question de savoir si la v. de Tongres représente le camp d'Aduatuca, etc. 1855, in-8.

10569. REIFFEMBERG (de). Note sur la découverte d'une borne milliaire trouvée en 1817 sur la route de Tongres à St-Trond. (Titre incertain.) 1831, in-8.

10570. CUDELL. Mém. sur le milliaire de Tongres. (Titre incertain.) 1836, in-8.

10571. ROULEZ. Quelques observations sur la colonne itinéraire de Tongres. 1837, in-8.

10572. — Rech. paléograph. sur l'inscription itinéraire de Tongres. 1837, in-8. (Fac-similé.)

10573. — (Fouilles à) Tongres. 1838, in-8.

10574. RIGOLLOT (d^r^). Éclaircissements sur qq. points de géographie ancienne concernant la Picardie. 1838, in-8.

Mém. accompagné d'une pl. représentant l'inscription tracée sur la colonne milliaire de Tongres.

10575. PERREAU. Tongres et ses monts. 1849, in-8.

Tournai

10576. COUSIN (J.). Histoire de Tournay. 1619, 4 vol. in-4.

10577. POUTRAIN (N.). * Histoire de la v. et cité de Tournay... 1750, 2 vol. in-4.

10578. SCHAYES. Rech. sur la vraie position du « Castellum Menapiorum » et sur l'origine de la v. de Tournay. S. d.

10579. CHOTIN (A.-G.). * Esquisse historique et monumentaire de Tournai et de ses environs. 1842, in-12. (Signée A. G. C.)

10580. MORTIER. (B. du). Étude sur les principaux monuments de Tournai. 1862, in-8.

10581. WITTE (bon J. de). Monnaies gauloises de Tournai. 1854, in-8.

10582. — Monnaies gauloises attribuées à Tournai et aux Éburons. 1867, in-8.

10583. BARTHÉLEMY (A. de). Lettre à M. de la Saussaye sur les monnaies gauloises de Tournay. 1854, in-8.

Voir sur Tournai la série des Régions, section Nervii.

10584. ROULEZ. Découverte d'antiq. rom. à *Virginal-Samme*. 1843, in-8.

10585. GHESQUIÈRE (l'a.). Mém. sur un dépôt de médailles rom. déterré à *Wareghem*. 1783, in-4.

Voir ci-dessus la section Bataves, Hollande, Pays-Bas, et plus loin. Luxembourg.

CELTIBÉRIENS — IBÈRES — ESPAGNE

10586. ANTONIO (Nic.). Bibliotheca hispana vetus, etc. 1783-1788, 2 vol. in-fol.

10587. NUÑOZ Y ROMERO (D. Th.) Diccionario bibliográfico histórico, etc. 1859, gr. in-4.

10588. FERRERAS (D. J. de). Historia de España. 1700-27, 16 vol. in-4.

10589. CHARENTON, (le p. J.-N.). Histoire générale d'Espagne traduite en français, avec des notes. 1725, 6 vol. in-4°.

10590. VELASCO (D. J. L. Velasquez de). Anales de la nacion española, etc. 1759, in-4.

10591. MARIANA (le p. J. de). Historia general de España... 1780, 2 vol. in-fol. — Autres éditions.

10592. PÉCIS (de). * Observations sur la campagne de Jules César en Espagne... et sur l'histoire que M. Guischardt en a faite. 1782, in-8. — Cp. le no 1794.

10593. HUMBOLDT (G. de). Prüfung der Untersuchungen über die Urbewöhner Hispaniens, mittelst der baskischen Sprache. 1821, in-4. — Traduction par A. Marrast. 1866, gr. in-8.

10594. HOFFMANN (S. F. W.). Die Iberer im Westen und Osten, etc. 1838, in-8.

10595. ROSSEEUW-St-HILAIRE. Histoire d'Espagne, etc. T. I à V, 1836-41. — 2e éd., t. I à XII, 1844-75. (Se continue).

10596. ROMEY (Ch.). Histoire d'Espagne, etc. 1838-51, 9 vol. in-8.

10597. GRASLIN (L.-F.). De l'Ibérie. 1838, in-8.

10598. HENARES (A. de Morales Halcala de). Las Antiguedades de las ciudades de España. 1575, in-fol.

10599. SCHOTT (A.). Hispania illustrata... 1603 à 1608. 4 vol. in-fol.

10600. ALDRETE. Antiguedades de España, Africa, etc. 1614, in-4.

10601. HENAO (H. de). Averiguaciones de las antiguedades de Cantabria, etc. 1689-91, 2 vol. in-fol.

10602. CAYLUS (cte de). Antiq. rom. trouvées en Espagne.

Rec. d'antiq., t. VII, 1767, in-4, p. 317 et suiv.

10603. BERMUDER (C.). Sumario de las antiguedades romanas que hay en España. 1832, in-fol.

10604. CASTELLANOS DE LOSADA (Séb.). Catalogo del museo de anteguidades de la bibliotheca nacional de Madrid. 1847, in-12.

10605. GORGORA. Manuel de antiguedades prehistóricas de Andalucia, etc. 1868.

10606. FERNANDEZ-GUERRA Y ORBE (A.). Trois sarcophages chrétiens des IIIe, IVe et Ve siècles en Espagne. 1867, in-8.

10607. LASTANOSA DE FIGUERUELAS (Vic. J. de). Museo de las medallas desconocidas españolas. 1645, in-4.

10608. MAHUDEL. Diss. histor. sur les monnoyes antiques d'Espagne. 1725, in-4.

10609. LLOREZ (H.). Medallas de las colonias, municipios y pueblos antiguos de España. 1757-73, 3 vol. gr. in-4.

10610. CAYLA. Not. sur une médaille celtibérienne. 1808, in-8.

10611. MÈGE (A. du). Médaille celtibérienne. 1827, in-8.

10612. SAULCY (F. CAIGNART de). Écriture et numismatique celtibériennes. 1839-40, in-8.

10613. — (F. de). Essai de classification des monnaies autonomes de l'Espagne. 1840, in-8.

10614. — (F. de). Notice sur qq. monnaies autonomes de l'Espagne, encore inédites ou mal décrites jusqu'à ce jour (monnaies celtibériennes). 1841, in-8.

10615. LAGOY (mis de). Médaille bilingue gréco-celtibérienne, frappée dans la partie de la Gaule voisine de l'Espagne. 1841, in-8.

10616. AKERMANN (J.-Y.). Anciens coins, etc. Hispania. 1846, in-8.

10617. TYCHSEN (O.). Tentamen de numis sic dictis incognitis... veterum Hispanorum...

10618. GAILLARD (J.). Description des monnaies espagnoles et étrangères de don José Garcia de la Torre. 1846, in-4. — Autre éd. 1852, in-8.

10619. LORICHS (G.-D. de). Rech. numismatiques concernant principalement les médailles celtibériennes. 1852, in-4.

10620. BOUDARD (P.-A.). Essai sur la numismatique ibérienne, précédé de rech. sur l'alphabet et la langue des Ibères. 1852-59, in-4.

10621. DELGADO (A.). Obs. sur les monnaies de l'Espagne antique. 1853, in-8; pl.

10622. GAILLARD (J.). Catalogue de monnaies... recueillies en Espagne, etc. 1854, in-8; pl.

10623. BOUDARD (P.-A.). Lettre à M. de la Saussaye sur qq. monnaies ibériennes. 1855, in-8.

10624. DELGADO (A.). Catalogue des monnaies... composant le cabinet de G.-D. de Lorichs. 1857, in-8.

10625. ZOBEL DE ZANGRONIZ (J.). Spanische Münzen mit bisher unerklärten Aufschriften. 1863, in-8; 5 pl.

10626. CHARENCEY (H. de). Examen de l'essai sur la numismatique ibérienne de M. BOUDARD. 1866, in-8.

10627. HEISS (A.). Description générale des monnaies antiques de l'Espagne. 1870, in-4 (1).

10628. OCCO (A.). [3e du nom]. Inscriptiones veteres in Hispania repertæ. 1592-1596, in-fol.

10629. MOLINA. Collectaneos de inscripciones de España.

10630. HÜBNER (Em.). Inscriptiones Hispaniæ latinæ. 1870, in-4.

Voir aussi ses *Epigraphische Reiseberichte aus Spanien und Portugal*. (C. r. mensuel des des séances de l'Acad. r. des sc. de Berlin, 1860 et 1861.)

10631. VELASQUEZ (L.-J.). Ensayo sobre los alphabetos de las letras desconocidas que se encuentran en las mas antiguas medallas, y monumentos de la España. 1752, in-4.

10632. ERRO. Alfabeto de la lengua primitiva de España, etc. 1806, in-4.

10633. BOUDARD (P.). Études ibériennes. Alphabet ibérien. — Monnaies autonomes d'Espagne. 1852, 1857, in-8.

LOCALITÉS

10634. ZOBEL DE ZANGRONIZ. Ueber einen bei *Cartagena* gemachten Fund spanisch-phönikischer Silbermünzen. 1863, in-8.

(1) Bon nombre des articles relatifs à la numismatique d'Espagne nous ont été indiqués par M. A. de Longpérier.

Tables de Malaga et Salpensa

10635. BERLANGA (M.-R. de). Estudios sobre los dos bronces encontrados en Malaga, etc. 1853, in-8.

10636. HENZEN (G.). Sulle tavole di Malaca e Salpensa. 1855, in-8; 1 pl. gr. in-fol.

Texte des tables.

10637. MOMMSEN (Th.). Die Städtrechte der lateinischen Gemeinden Salpensa und Malaga in... Bætica. 1855, in-8. — Nachtrag, 1855, in-8.

10638. GIRAUD (Ch.). Les Tables de Salpensa et de Malaga. 1856, in-4. — 2e éd. 1856, in-8.

10639. BUSTAMENTE (D.-G.-L.). Examen de las medallas antiguas atribuidas á la ciudad de *Munda* en la Betica. 1799, in-fol.

10640. ZOBEL DE ZANGRONIZ. Attribution d'une monnaie inédite à *Serpa*. 1864, in-8; vignette.

Voir aussi, dans la série régionale, la section NAVARRE.

CHAMAVES

10641. Fragment sur les Chamaves.

Eunapii, vitæ sophistarum et fragmenta, recensuit J.-F. BOISSONADE. 1822, t. Ier, p. 457.

CHÉRUSQUES

10642. SCHLERENBERG (A.). Die Römer im Cheruskerlande. 1862, in-8.

DANEMARK

10643. VORMIUS. Monumenta danica. 1863, in-fol.

10644. SJÖBORG. Samlingar för Nordens formälskare. 1822, 2 vol. in-8.

10645. WORSAAE (J.-J.-A.). Traduit du danois par W. J. THOMS. The primæval antiquities of Denmark. 1849, in-8.

10646. — Nordiske Oldsager, det kongelige Museum i Kjöbenhawn, 1859, in-8.

10647. PRUNER-BEY. Le premier âge du fer en Danemark. Analyse d'un mémoire de M. Engelhardt. 1864, in-8.

10648. MADSEN (A.-P.). Antiq. préhistoriques du Danemark, dessinées et gravées. 1869, in-4.

RÉGION DU DANUBE

10649. DESJARDINS (Ern.). Rhône et Danube. 1870, in-4.

ESPAGNE

Voir CELTIBÉRIENS, IBÈRES, ESPAGNE.

GALATES

10650. LESTANG (seigneur de BELESTANG). Histoire des Gaules et conquêtes des Gaulois en Italie, Grèce et Asie. 1618, in-4.

10651. WERNSDORFF. De republica Galatarum. 1743, in-4.

10652. BELLEY (l'a.). Obs. sur le titre de *Salutaris*, donné à plusieurs provinces de l'Empire romain [notamment à la Galatie ?]. 1770, in-4.

10653. A. (G.). De fontibus veterum auctorum in enarrandis expeditionibus a Gallis in Macedoniam atque Græciam susceptis. 1824, in-8.

10654. BESSY-JOURNET (F.). Précis de l'histoire des Galates.

Notices sur diverses médailles gauloises, etc. 1846.

10655. FOUCART (P.). De la prétendue défaite des Gaulois devant Delphes. 1863, in-4.

10656. ROBIOU (F.). Campagne de Manlius Vulso contre les Galates. 1863, in-8.

10657. — Histoire des Gaulois d'Orient. 1866, in-8.

10658. — Le gouvernement des Galates de l'Asie Mineure comparé... à celui des Gaulois et des Bretons. 1863, in-8.

10659. PERROT (G.). De Galatia provincia romana (Thèse). 1867, in-8.

10660. PERROT (G.), GUILLAUME (E.) et DELBET (J.). Exploration archéologique de la Galatie et de la Bithynie, etc. 1862-1872, 1 vol. gr. in-4, et 1 vol. de pl. in-fol.

10661. HUBERTUS (J.-A.). Monumentorum galaticorum synopsis. 1772, in-4.

10662. CRAZANNES (b^on^ CHAUDRUC de). Médaille de Riganticus ou Briganticus, roi de Galatie. 1839, in-8.

10663. SAULCY (F. de). Lettre à M. de Witte sur les monnaies des prétendus rois de Galatie. 1856, in-8.

10664. CRAZANNES (b^on^ CHAUDRUC de). Note sur la découverte faite en Normandie d'une monnaie d'or classée parmi les médailles de Pannonie. 1857, in-8.

GERMANIE. — ALLEMAGNE EN GÉNÉRAL

10665. HEINSIUS (W.). Allgemeines Bücher-Lexikon, etc. 1812, in-4. Supplément. (Se continue.)

10666. EBERT (F. A. von). Allgemeines bibliographisches Lexikon. 1821-1829, 2 vol. in-4.

10667. KAYSER (Chr.-G.) Index completissimus librorum, etc. 1833-1861. In-4. Suppléments. (Se continue.)

10668. MUTIUS (H.). De Germanorum prima origine, moribus, institutis, etc., libri chronici XXXI... 1539, in-fol.

10669. FREHERUS (M.). Illustrium veterum scriptorum, qui rerum à Germanis... historias vel annales posteris reliquerunt. 1583-1611, 3 vol. in-fol.

10670. * Histoire véritable du géant Theutobochus, etc. (1613), in-8.

Voir le titre complet sous le n° 259.

10671. KRIEGSMANN (W.-C.). Conjectaneorum de Germanicæ gentis origine. 1684, in-4.

10672. MITTERNACHT (P.-C.). De Arminio. 1695, in-4.

10673. RHODIUS (G.-Chr.). Dissertation de Germania, etc. 1705, in-4.

10674. MÜNCH (J.-G.). De originibus Germanicis. 1724, in-4.

10675. WESTPHALEN (J. de). * Germanicarum rerum monumenta inedita. 1739, 3 vol. in-fol.

10676. MIDDLETON. Germana quædam antiquitatis eruditæ monumenta. 1745, in-4.

Voir aussi le n° 16.

10677. WAGNER (A.). De L. Domitii Ahenobarbi expeditione in Germania trans Albim. 1748, in-4.

10678. ECCARDUS. Liber de origine Germanorum. 1750, in-4.

10679. LINDENBROCHS (Erp.). Chronica von dem Kriege, welchen die Cimbrier mit den Römern geführt, etc. 1789, in-4.

10680. ADELUNG. La plus ancienne histoire des Teutons, etc. 1806, gr. in-8.

10681. MANNERT (K.). Geschichte der alten Deutschen, besonders der Franken. 1829-32. 2 vol. in-8.

10682. OZANAM. Les Germains avant le Christianisme. 1847, in-8.

10683. — Histoire des peuples germaniques. 1849, in-8.

10684. RING (Max. de). Histoire des Germains, etc. 1850, in-8.

10685. RIGOLLOT (d^r^). Rech. sur les peuples de la race teutonique. 1850, in-8.

10686. SCHAYES (A.-G.-B.). Les Pays-Bas avant et pendant la domination romaine. 1855, in-8.

18687. ESSELLEN (M.-F.). Röm. Kastell Aliso, Teutoburger Wald, pontes Longi, etc. 1857, in-8.

10688. ROULEZ. Rapp. sur les lettres du gal Renard sur l'identité de race des Gaulois et des Germains. 1857-1859, in-8.

10689. BERGMANN (F.-G.). Les Gètes ou la filiation généalogique des Scythes aux Gètes et des Gètes aux Germains et aux Scandinaves. 1859, in-8.

10690. KÜNSSBERG (H.). Wanderungen in das germanische Alterthum. 1861, in-8.

10691. REINKING (L.). Die Kriege der Römer in Germanien. 1863, in-8; carte.

10692. NISLÉ (P.). De bellis a Caracalla in Germania et Sarmatia gestis an. 212-214. 1866, in-8.

10693. DIEZ (Ch.). Les Germains. 1867, in-8.

10694. TRILLER (W.-D.). De cultu Isidis... apud veteres Germanos.

Opuscula medica, t. II. 1766, in-4, p. 339-352.

10695. WALCH (J.-E.). De Deo Taranunco. 1767, in-8.

10696. GRIMM (J.). Deutsche Mythologie. Gr. in-8.

10697. LINDENSCHMIDT. Die Alterthümer unserer heidnischen Vorzeit. 1861, in-4.

10698. TACITE. De moribus Germanorum.

10699. BERNEGGER (M.). Ex C. Cornelii Taciti Germania et Agricola quæstiones miscellaneæ. 1640, gr. in-8.

10700. — In Tacitum de moribus Germanorum. 1646, in-8, etc.

10701. HEROLD (J.-B). Leges antiquæ Germanorum. 1557, in-fol.

10702. CONRINGIUS. De Germanorum corporum habitus antiqui et novi causis. 1671, in-4.

10703. MARIUS (P.). Germanus Consiliarius, sive solertia in administranda republica priscorum Germanorum. 1671, in-4.

10704. THADDÆUS (J.). De Germanorum veterum aviditate bibendi. 1751, in-8.

10705. ARNDT (G.-A). Quatenus Taciti de Germania libello fides sit tribuenda? 1775, in-8.

10706. SIGRAIS (Cl.-G. Bourdon de). Considérations sur l'esprit militaire des Germains. 1781, in-12.

10707. BARBY (J.-H.-Ch.). De Taciti Germania consilio ac fide historia. 1825, in-8.

10708. RUDHART. Der Unterschied zwischen Kelten und Germanen, etc. 1826, in-8.

10709. DAVOUD-OGHLOM (G.-A.). Histoire de la législation des anciens Germains. 1845, in-8.

10710. HUMBERT (G.). Régime nuptial des Germains. 1860, in-8.

10711. HEROLD (J.-B.). De Germaniæ veteris veræ locis antiquissimis, etc. 1557, in-8.

10712. CLUVIER (Ph.) Germania antiqua. 1616-1631, 2 vol. in-fol.

10713. SANSON (N.). Germania vetus, (cartes). 1644 et 1656.

10714. NIGRINUS (J.). De urbium Germanicarum origine et varietate. 1652, in-4.

10715. MENSON-ALTING. Notitia Germaniæ inferioris. 1697 et 1701, 2 vol. in-fol.

10716. MÜLLER (J.-N.). Notitia veteris Germaniæ populorum. 1709.

10717. SPENER (J.-Ch.). Notitia Germaniæ antiquæ. 1717, in-4.

10718. WÜSTEMANN (J.-E.). De Urbibus Germaniæ magnæ secundum Ptolemæum. 1755, in-4.

10719. DUMBECK. Geographia pagorum vetustæ Germaniæ cisrhenanorum. 1818, in-8.

10720. SOKOLNICKI (gal). Rech. sur les lieux où périt Varus avec ses légions, etc. 1812, in-8.

10721. MÜLLER (W.) Vermuthung über die wahre Gegend, wo Herrmann den Varus schlugt. 1824, in-8, carte.

10722. WILHELM (A.-B.). Die Feldzüge des Nero Claudius Drusus in dem nördlichen Deutschland. 1826, in-8. — Traduction (?), m. d. in-8.

10723. DOROWSKI (W.). Opferstätte und Grabhügel der Germanen und Römer am Rhein. 2e éd. 1826, 2 vol. in-4.

10724. WILHELM (A.-B.). Germanien und seine Bewöhner.

10725. BÜCHNER (A.). Einwöhner

Deutschlands im II^{ten} Jahrhundert... nach Cl. Ptolemæus. 1839, in-4.

10726. RING (Max. de). Établissements celtiques dans le S.-O. de l'Allemagne. 1842, in-18, 1 carte.

10727. UKERT. Germania nach den Ansichten der Griechen und Römer dargestellt. 1843, in-8.

10728. GAUPP. Établissement des peuples germains... dans les provinces de l'empire rom. d'Occident. 1844, in-8.

10729. RING (Max. de). Mémoire sur les établissements romains du Rhin et du Danube, princip^{t} dans le S.-O. de l'Allemagne. 1852-1853, in-8.

10730. GIEFERS (W.-E.). Beiträge zur Geschichte und Geographie des alten Germanien. 1852, 1854, 2 parties, gr. in-8.

10731. ROULEZ. Les deux Germanies faisaient-elles partie de la Gaule-Belgique? 1856, in-8.

10732. BESSELL (W.). Pytheas von Massilien und dessen Einfluss auf die Kenntniss der Alten vom Norden Europas, insbesondere Deutschlands. 1858, in-8.

10733. LONGPÉRIER (A. de). Lemovici de la Germanie. 1860, in-8.

10734. ABENDROTH (H.). Terrainstudien zu dem Rückzuge des Varus und den Feldzügen des Germanicus. Eine militärische Beleuchtung. 1863, in-8.

10735. MARTIN (l'a.). Les deux Germanies cisrhénanes... 1863, in-8.

10736. SPRUNER (Dr K. von). Historisch-geographischer Schul-Atlas v. Deutschland. 1666, gr. in-4.

10737. * Notitia. Veteris Germaniæ populorum... in-4. (208 pp.).

10738. STEGER. De viis militaribus romanis in Germania. 1738, in-4.

10739. PAULLINUS (Ch.-Fr.). Rerum et antiquitatum Germanicarum Syntagma. 1698, in-4.

10740. SCHILTERUS (J.). Thesaurus antiquitatum teutonicarum, etc. 1727-28, 3 vol. in-fol.

10741. WAGENER (S.-Chr.) (traduction du titre :) Manuel des principales antiquités des temps du paganisme découvertes en Allemagne. 1842, in-8.

10742. WORSAAE (J.-J.-A.). Antiq. nationales (danoises) en Allemagne. 1846, in-8.

10743. SPRING. Sur l'âge de fer en Germanie. 1854.

10744. RAU (J.-E.). Monumenta vetustatis germanicæ. 1738.

10745. RING (Max. de). Notice sur les tombes celtiques de la Souabe et de l'Allemanie. 1838, in-8.

10746. GOLBÉRY (P.-A. de). Analyse d'un mém. du b^{on} Max. de Ring sur les tombes celtiques, etc. 1838, in-8.

10747. JACOBI (V.-L.). De rebus rusticis veterum Germanorum. 1833, in-8.

10748. STRAUCHIUS (J.). De Germanorum armis. 1651, in-4.

10749. KLEIN (K.). Ueber die Legionen, welche ...in Germania inferior standen, etc. 1856, in-8.

10750. HEINECCIUS (J.-M.). De veteribus Germanorum aliarumque nationum sigillis, etc. 1719, in-4.

10751. BRAMBACH (G.). Inscriptionum in Germaniis repertarum censura. 1864, in-8.

Voir sur l'épigraphie romaine en Germanie *Bibliotheca scriptorum classicorum*, d'ENGELMANN, *Scriptores, latini, Inscriptiones.*

GOTHS

10752. CASTILLO. Historia de los reyes godos, etc. 1624, in-fol.

10753. GROTIUS (H.). Historia Gothorum, etc. 1655, in-8.

Voir les n°s 127 et suivants.

GRANDE-BRETAGNE

Voir la section ANGLETERRE, ÉCOSSE, IRLANDE.

HANOVRE

10754. HAHN (Fr.). Découverte d'ornements et de monnaies rom. dans le royaume de Hanovre ; description, etc. 1854, in-8.

HELVÈTES — RHÉTIE — SUISSE

10755. * Dictionnaire historique, politique et géographique de la Suisse. *Genève*, 1788, 3 vol. in-8. — Même ouvrage traduit en allemand sur une édition précédente, par L.-F. König, Jac. Sm., Wyttenbach, Vz. Bh. Tscharner, Haller, Mallet, etc. *Berne, Haller*, 1782-84.

10756. GAULLIEUR (E.-H.) et SCHAUB (Ch.). La Suisse historique et pittoresque, comprenant l'histoire, la géographie, et la statistique de ce pays, etc. 1855-56, 2 parties, gr. in-4. — Même ouvrage traduit en allemand par H. Graefe et G.-F. Reiss : Die Schweiz, ihre Geschichte, Geographie und Statistik, etc. 1856-57, 2 vol. gr. in-4.

10757. HALLER (G.-Emm. v.). Versuche eines... Verzeichnisses aller Schriften, welche die Schweiz angehen. 1759-60, 6 parties, in-8.

10758. — Bibliothek der Schweizer Geschichte, etc. 1785-87, 6 vol. gr. in-8. — Table, 1788.

10759. SINNER (G.-R.-L. von). Bibliographie der Schweizer Geschichte, etc. (1786-1851). 1851, in-8.

10760. ENGELMANN (W.). Bibliographie de la géographie de la Suisse.

Bibliotheca geographica (1700-1856), pages 914-941.

10761. TSCHUDI (G.). [*Ms.*] (Traduction du titre allemand :) Histoire des guerres des Cimbres, des Teutons, des Tiguriens, des Tugiens, des Ambrons et d'autres peuples allemands et helvétiens contre les Romains.

10762. GUILLIMANNI (Fr.). De rebus Helvetiorum sive antiquitatum libri V. 1598, in-4.

10763. FAESLIN (J.-C.). Compendium historiæ Helvetorum antiquorum. 1734, in-8.

10764. BOCHAT (Ch.-G.-L. de). Mémoires... sur divers points de l'histoire ancienne de Suisse. 1747-49-51. 3 vol. in-4.

10765. TIEFENTHAL (bon F.-J. d'Alt de). Histoire des Helvétiens, etc. 1749-1753, 10 vol. in-8.

10766. WALTHER (G.). Versuch über die älteste Geschichte Helvetiens, etc. 1784, in-8.

10767. — Geschichte Helvetiens [unter den Römern]. 1792, in-8.

10768. MALLET (P.-H.). Histoire des Suisses ou Helvétiens, etc. 1803, in-8.

10769. PELLIS (M.-A.). Éléments de l'histoire de l'ancienne Helvétie et du canton de Vaud. 1806, in-8.

10770. HALLER (Fr.-L. von). Helvetien unter den Römern. 1811, in-8.

10771. ZSCHOKKE (H.). Histoire de la nation suisse. 1823, in-8.

10772. BRÖMMEL (F.). Ueber die Helvetier, etc. 1837, gr. in-8.

10773. GOLBÉRY (de). Histoire et description de la Suisse et du Tyrol. 1838, in-8.

10774. SERRASET (l'a.). L'Abeille du Jura, ou recherches historiques, archéologiques et topogr... 1840, in-8.

10775. BROSI (J.-B.). Die Kelten und Althelvetier. 1851, in-8.

10776. BÉATRIX. Détails historiques sur les Helvètes.

Histoire du pays de Gex. 1851 (no 3519 *a*).

10777. MOMMSEN (Th.). Die Schweiz in römischer Zeit. 1854, in-4.

10778. * Anzeige für schweizerische Geschichte und Alterthumskunde (depuis 1855). Zürich, in-4. — (Rédigé par W. Vischer, J. Amiet, G. von Wyss, H. Meyer, Hisely, E. Troyon, Morel-Fatio, etc.).

10779. JOLIBOIS (l'a.). Émigrations des Helvétiens. 1862, in-4.

10780. GISI (W.). Quellenbuch zur Schweizer Geschichte. 1869.

10781. MAEHLY (J.). Histoire de la Suisse, examen de l'ouvrage de M. le dr Gisi. 1870, in-8.

Consulter aussi E. Fr. von Mulinen, *Prodromos einer schweizerischen Historiographie*. Bern, Huber, 1874, in-4, x-240 p. (Compte rendu par G. M., dans la *Rev. crit. d'hist. et de litt.*, n° du 18 septembre 1875.)

10782. LOUIS XIV. La gverre des Svisses, tradvite dv 1. livre des *Commentaires* de Jvle Cesar, etc. 1651, in-fol.

10783. BOCHAT (L. de). Locus J. Cæsaris ad Helvetios pertinens, etc. in-8.

10784. MÜLLER VON FRIEDBERG. Die Helvetier zu Cäsar's Zeiten. 1782, in-8.

Consulter les notes.

10785. LAVIROTTE, de Champignolles (d'après Fr.-Edm. LAVIROTTE et son fils Julien-Fr. LAVIROTTE). Conjectures sur le lieu où César livra bataille aux Helvétiens, etc. 1835, in-8.

Conclusion pour Montmont.

10786. SAULCY (F. de). Guerre des Helvètes. — Première campagne de César. 1860, in-8.

10787. FAZY (H.). Lettre au rédacteur en chef de la *Revue Archéologique* au sujet d'un article de M. de Saulcy (sur la guerre des Helvètes). 1860, in-8.

10788. VALENTIN-SMITH (sans titre). Examen du passage de César relatif à sa campagne contre les Helvètes. 1861, in-4.

10789. AUBERTIN (Ch.). 1re campagne de Jules César. Expédition contre les Helvètes. 1863, in-8.

10790. ZURLAUBEN (bon de). Le soleil adoré par les Taurisques sur le mont Gothard. 1782, in-4.

10791. KELLER (F.). Allgemeine Bemerkungen über die Heidengräber in der Schweiz. 1845, in-4.

10792. SALAMANCA (A. de). Helvetia. 1555 (carte).

10793. TSCHUDI (G.) J. GALLATI édr. Hauptschlüssel zu verschiedenen Alterthümern, etc. 1758, in-8.

10794. PLAUSINUS (J.-B.). Helvetia antiqua et nova. 1656, in-8.

10795. ZEILLER (M.). Topographia Helvetiæ, Rhetiæ, et Valesiæ, 1672.

10796. SCHWARTZ (J.-C.). Nova designatio finium veteris Helvetiæ, etc. 1710, in-4.

10797. BOCHAT (L. de). Mémoires sur divers points de l'ancienne Suisse. 1747-49-51. 3 vol. in-4; fig.

10798. LABORDE (J.-Benj. de). Tableaux topographiques, pittoresques, etc.... de la Suisse, etc. 1780-81, 4 vol. in-fol. 278 pl.

10799. ZURLAUBEN (bon de). Tableaux topographiques, etc.... de la Suisse. 1780-88, in-fol.

10800. WALTHER (G.). Grundsätze zur Beurtheilung der Verfassung und Sitten der alten Helvetier vor der römischen Herrschaft. 1781 in-8.

10801. WEISS (J.-H.). Atlas de la Suisse 1786-1802, in-fol.

10802. — Nouvelle carte topographique et routière de la Suisse. An VIII (1800).

10803. MIEVILLE (A.). Voyage dans l'ancienne Helvétie vers l'an 180. 1806, in-12.

10804. VILLENEUVE. Lettres sur la Suisse accompagnées de vues dessinées d'après nature. 1823-27, in-fol.

10805. DUVOTENAY (Ch.). Atlas géographique, historique, statistique et itinéraire de la Suisse. 1837, in-4.

10806. DUFOUR (gal G.-H.). Atlas topographique de la Suisse, à l'échelle d'un cent-millième. 1847.

10807. KELLER (F.). Römische Ansiedelungen in der Ostschweiz, etc. 1860-64, in-4.

10808. FINK. Vollständiger Ortslexikon der Schweiz. 1862, gr. in-8.

10809. MEYER (H.). Die römischen Alpenstrassen in der Schweiz. 1861, in-4, 2 pl.

10810. * Celtische Alterthümer zur Erläuterung der ältesten Geschichte Helvetiens. Berne, 1783, in-8.

« Contient, p. 40 à 78, un catalogue raisonné de mots réputés celtiques, tirés des auteurs anciens et monuments du moyen âge ». (Mém. de l'Acad. celtique, t. IV, 1809, p. 324.)

10811. SCHMIDTS. Recueil d'antiquités de la Suisse. 1760, in-4.

10812. WALTHER (G.). Celtische Alterthümer zur Erläuterung der ältesten Geschichten und Verfassung Helvetiens. 1783, in-8.

10813. RITTER. Mémoire abrégé et recueil de qqs. antiq. de la Suisse. 1788, in-4.

10814. * Alterthümer und historische Merkwürdigkeiten der Schweiz in Abbildung und kurzen Erläuterungen.

Bern, 1823-26, gr. in-fol., 38 pl. lithogr.

10815. ULSTERI. * Scavi nell' Elvetia, 1832, in-8.

10816. MEYER (H.). Die Votivhand, eine röm., etc. 1856, in-4.

10817. BONSTETTEN (de). Recueil d'antiquités suisses. 1856-60, in-fol.

10818. QUIQUEREZ (Aug.). Rapport sur des antiquités celtiques 1859. in-8.

10819. HAMMANN (H.). Portefeuille artistique et archéologique de la Suisse. 1868, in-4.

10820. TROYON (Fr.). Monts de l'antiquité dans l'Europe barbare suivis d'une statistique des antiq. de la Suisse occidentale et d'une notice sur les antiquités du canton de Vaud. 1868, in-8.

10821. * Anzeiger für schweizerische Alterthumskunde. 1. bis 5. Jahrgang, Zürich, 1868-72, gr. in-8. Pl.

10822. KELLER (F.). Die keltischen Pfahlbauten in den Schweizerseen. 1854, etc., in-4.

10823. VULLIÉMIN (L.). Des habitations lacustres en Suisse. 1861, in-8.

10824. * CLÉMENT (dr). Exposition universelle de 1867 à Paris. — Confédération suisse. — Catalogue de l'exposition de l'histoire du travail. 1867, in-8.

10825. HALLER (G.-E. von). Schweizerisches Münz- und Medaillen-Kabinet. 1781, in-8.

10826. MEYER (H.) Die Denare und Bracteaten der Schweiz. 1858, in-4.

10827. — Die Bracteaten der Schweiz. 1845, in-4.

10828. — Monnaies gauloises en Suisse. 1863, in-8.

10829. LONGPÉRIER (A. de). Monnaies gauloises trouvées en Suisse par le dr Meyer. 1864, in-8.

10830. ORELLI (J.-G.). Inscriptionum latinarum selectarum amplissima collectio, etc. 1826-1828, 2 vol. in-8.

10831. — Inscriptiones Helveticæ. 1844. in-4.

10832. MOMMSEN (Th.). Inscriptiones confœderationis helveticæ latinæ. 1854, in-4.

10833. KELLER (F.) et MEYER (H.). Erster Nachtrag zu den « Inscriptiones confœderationis helveticæ latinæ » von Theodor Mommsen, gesammelt und herausgegeben. 1865, in-4.

Voir à titre de complément le recueil commencé par HAGEN, à Berne, en 1878, p. in-4.

RHÉTIE

18834. TSCHUDI (G.). Descriptio de prisca... Rhætia, etc. 1530 ; — 1560.

10835. NIGRI (F.). Rhetia, etc. 1547, in-4.

10836. HEROLD (J.-Bas.). De Germaniæ veteris veræ locis antiquissimis ; Item de Romanorum in Rhætia littorali stationibus, etc. 1557, in-8.

10837. STEUB (L.). Die Urbewöhner Rätiens und ihr Zusammenhang mit den Etruskern. 1843, in-8.

10838. — Zur rhätischen Ethnologie. 1854, in-8.

10839. LENORMANT (F.). Monnaies rhétiennes. 1869-70, in-8.

CANTONS SUISSES

Canton de Bâle

10840. WIELANDT (L.). Beyträge zur ältesten Geschichte des Landstriches am rechten Rheinufer von Basel bis Bruchsal. 1811, in-8.

10841. SPRENG (J.-J.). Breve Commentarium rerum Rauracorum usque ad Basileam Conditam. 1746, in-4.

10842. TSCHUDI (G. de). Delineatio veteris Rauricæ. 1752, in-8.

10843. SCHOEPFLINS (J.-P.). De Rauracis.

« C'est le sujet d'une partie du t. I de l'*Alsatia illustrata*, 1751, p. 37-40, 149-206. On y trouve d'excellentes recherches sur la topographie et les antiquités des *Rauraci*, qui étaient les anciens habitants du canton de Basle en Suisse et de la haute Alsace. » (*Biblioth. hist.*, t. I, n° 334.)

10844. TROUILLAT. Monts de l'histoire de l'ancien évêché de Bâle. 1852-67, in-8.

10845. QUIQUEREZ (A.). Monuments de l'ancien évêché à Bâle. — Le Mont-Terrible, avec notice historique sur les établissements des Romains dans le Jura bernois. 1862, in-fol.

10846. — Monts etc. — Topographie

d'une partie du Jura oriental et en particulier du Jura bernois. — Époque celtique et romaine. 1864, in-8.

10847. — Mon^ts etc. — De l'âge de fer, recherches sur les anciennes gorges du Jura bernois. 1866, in-8.

10848. — Not. sur les tours primitives dans l'ancien évêché de Bâle. 1870, in-4.

10849. ROTH (K.). L. — Die römischen Inschriften des Kantons Basel. 1843, in-4.

Canton de Genève

10850. * Mémoires et documents publiés par la Société d'Archéologie de Genève depuis 1840. In-8.

Canton de Neuchâtel

10851. BOYVE (J.). Annales... du comté de Neuchâtel, etc. 5 vol. in-8, et suppl. 1855.

10852. DESOR (E.). Les constructions lacustres du lac de Neuchâtel, etc. 1864, in-8.

Canton de Soleure

10853. VISCHER (W.). Celtische Münzen aus Minningen im Kanton Solothurn. In-4.

Canton du Valais

10854. PICTET (Ad.). Lettre sur un passage de Marius, concernant une ville ancienne du Valais, abîmée dans un lac. 1809, in-8.

10855. JOHANNEAU (E.). Traduction d'un passage de Grégoire de Tours relatifs à une ville ancienne du Valais, abîmée dans un lac. 1809, in-8.

10856. GINGINS LA SARRAZ (F. de). Rech. sur qq. localités du Bas-Valais et des bords du Léman, etc. 1856, in-8.

10857. MURITH (L.-J.). Extrait d'un mémoire intitulé Médailles, inscriptions, statues et autres antiq. du Valais. 1821.

Canton de Vaud

10858. LEVADE (L.). Dictionnaire géographique, statistique et historique du canton de Vaud. 1824, in-8.

10859. TROYON (F.). Description de bracelets et agrafes antiques du canton de Vaud. 1844.

Canton de Zurich

10860. HOTTINGER (I.-H.). Antiquitates germanico-thuricenses. 1737, in-16.

10861. CAYLUS (c^te de). Antiq. trouvées en Suisse (canton de Zürich).

Rec. d'ant., t. VII, 1767, in-4, p. 313 et suiv.

LOCALITÉS

10862. BONSTETTEN (de). Not. sur les tombelles d'*Anet*, 1849, in-8.

10863. SCHŒPFLIN (J.-D.). De Augustâ Rauracorum [*Augst*]. — Voir ci-dessus le n° 10843.

10864. KOLB (Jacob). Rech. historiques sur les antiquités d'*Augst*. 1823, in-fol.

10865. VISCHER (W.). Kurzer Bericht über die für das Museum in Basel erworbene Schmid'sche Sammlung von Alterthümern aus *Augst*. 1866, gr. in-8.

10866. BECKER (J.). Compte rendu de l'ouvrage précédent. 1866, gr. in-8.

10867. SPACH (L.). Augusta Rauracorum (*Augst*), son fondateur et ses ruines. 1866, in-8.

10868. BURSIAN (C.). Aventicum helveticum [*Avenches*]. 1869 et 1870, in-4.

Voir dans la série des Questions topographiques, la section AVENTICUM. Voir aussi le n° 10887.

10869. ZURLAUBEN (B.-F. Ant. J. D. b^on de). Sur une inscription dédiée à Mercure Marunus, découverte à *Baden* en Argovie. 1774, in-8.

10870. VISCHER (W.). Beschreibung einiger Grabhügel bei *Basel*, etc. 1844, in-4.

10871. BRUCKNER (D.). Merkwürdigkeiten der Landschaft *Basel*, 23tes Stück, enthaltend die römischen, etc. 1763, in-8.

10872. QUIQUEREZ (A.). Pierre levée dans l'église de St-Humbert à *Bassecourt*, 1868, in-8.

10873. BONSTETTEN (de). Not. sur les armes et chariots de guerre découverts près de *Berne*, en 1851. In-8.

10874. QUIQUEREZ (A.). Mon^ts celtiques

et sépultures de *Beurnevesain*. 1865, in-8.

10875. — Table celtique à *Bure*. 1860, in-8.

10876. TROYON (F.). Habitations lacustres de *Concise*. 1860, in-8.

10877. — Not. sur une roche celtique à *Courroux*, 1866, in-8.

10878. BONSTETTEN (de). Note sur le Tumulus du *Forst*. 1861, in-8.

10879. RUSSINGERUS (J.). De antiquitatibus. *Fori Tiberii*, vici Helvetiæ vetustissimi et celeberrimi Dissertatio. 1622, in-8.

Genève

10880. SPON (J.). Histoire de Genève. 1730, 4 vol. in-12, et 2 vol. in-4; 10 pl.

10881. BÉRENGER (J.-P.). Histoire de Genève jusqu'en 1761. 1772, 6 vol. in-12.

10882. PICOT (J.). Histoire de Genève. 1811, in-8.

10883. GALIFFE (J.-B.-G.), et HAMMANN (M.). Genève historique et archéologique, avec dessins et facsimile. 1869, in-4.

10884. DUCIS (l'a. C.-A.). La voie rom. de Genève au Simplon. 1865, in-4.

10885. SAUSSURE (de). Lettre sur deux défenses d'éléphant trouvées en 1786 près de Genève. 1796, in-8.

Digression sur le passage des Alpes par Annibal.

10886. VIEN et LE BLOND. Rapport sur des vases trouvés dans un tombeau près de Genève, etc. An VII, in-4.

10887. CAUMONT (A. de). Un mot sur les antiq. de Genève, de Lausanne et d'Avenches (Suisse). 1838, in-8.

10888. FAZY (M.). Notes sur les antiq. rom. découv. sur les tranchées [à Genève]. 1859, in-4.

10889. — Genève sous la domination romaine. Notice archéologique. 1868, in-4.

10890. BLAVIGNAC (J.-D.). Études sur Genève, etc. 1re éd. (?) 2e éd. 1872, in-8.

10891. THIOLY (F.). Une nouvelle station de l'âge du renne dans les environs de Genève. 1868, in-4.

10892. * Conjectures sur quelques difficultés des Commentaires (relativement à la muraille de César). — *Journal de Trévoux*, juillet 1713, p. 1230.

10893. BUTIN (R.). Dissertation sur le lieu par où passaient les lignes que Jules César fit faire pour empêcher le passage des Helvétiens.

10894. CHUPIET. Diss. sur l'emplacement du mur de César, aux environs de Genève. 1824, in-8.

10895. DEPERY (le chne). Diss. sur l'emplacement que César fit construire près de Genève contre les Helvétiens, etc. 1832, in-8; 24 p.; 1 carte.

Lausanne

10896. BOCHAT (L. de). Diss. de loco ubi Lausanna fuit, etc. 1741, gr. in-4.

10897. SABRAN. Lettre sur un chêne druidique des environs de Lausanne. 1809, in-8.

10898. TROYON (Fr.). Tombeau de Bel-Air près Lausanne. 1841, in-4.

10899. — Même sujet. 1864, in-4.

10900. BERBRUGGER. Commentaire sur une inscription trouvée à Lausanne. 1865, in-8.

Voir aussi, sur Lausanne, le no 10887.

10901. QUIQUEREZ (A.). Antiquités et pratiques celtiques à *Mariastein*. 1863, in-8.

10902. FONTENU (de). Camp d'Octodurum [*Martigny-en-Valois*].

Camps dits romains, § 6.

10903. SAULCY (F. de). Bataille d'Octodure (à *Martigny*), 1861, in-8.

10904. QUIQUEREZ (A.). Objets d'antiq. provenant de l'abbaye de *Moutiers-Grandval*. 1866, in-8.

10905. DESOR (E.). Palafittes ou constructions lacustres de *Neuchâtel*. 1865, in-8.

10906. GINGINS LA SARRAZ (F. de). Histoire de la cité et du canton des Équestres [*Nyon*] suivie de divers autres opuscules. 1865, in-8.

10907. QUIQUEREZ (A.). Tronçon de voie celtique à *Pierre-Pertuis*. 1867, in-8.

10908. — Étude comparative du chemin

celtique de *Pierre-Pertuis*, etc. 1868, in-8.

10909. GOLBÉRY (Ph.-A. de). Antiq. rom. de Mandeure, du pays de *Porrentruy*, et de qq. contrées voisines. 1828, in-fol.

10910. KOHLER (X.). Lettre à M. Renzi sur une inscription rom. trouvée près de *Porrentruy*. 1852, in-8.

10911. * Discussion relative à une inscription romaine (trouvée au mont Terrible). *Porrentruy*, 1852, in-8, 1 pl.

10912. BARTHÈS. Sur des inscriptions trouvées à *Soleure*. 1784, in-4.

10913. QUIQUEREZ (A). Pierres de St-*Germain-de-Grandval*. 1869, in-8.

10914. JUBAINVILLE (D'ARBOIS DE). Étymologie d'Agaunum, nom latin de *St-Maurice-en-Valois*. 1869, in-8.

10915. MURITH (L.-J.). Lettre sur la chute de Tauredunum (près d'Agaune), auj. *St-Maurice-en-Valois*. 1810, in-8.

10916. QUIQUEREZ (A.). Habitations antéhistoriques au *Vorbourg*. 1866, in-8.

10917. RUSSINGERUS (J.). Vindonissæ veteris [*Windisch*] vera ac perbrevis descriptio, etc. 1619, in-4.

10918. BREITINGER (J.-J.). Nachricht von dem Alterthum der Stadt *Zürich* und von merkwürdigen, etc. 1741, in-4.

10919. * Museum helveticum [à *Zurich*] (éd. BREITINGER et ZIMMERMANN), 28 parties en 7 vol. in-8. Tiguri, 1746-1752. (Phil. und histor. Abhandl. schweiz. Gelehrter in lat. Sprache).

10920. HAGENBUCH (J.-G.). Tessaracostologium turicense, sive inscriptio antiqua, etc. 1747, in-4; 1 pl.

HESSE

Hesse-Cassel. — Hesse-Darmstadt

10921. EMELE. Beschreibung röm. und deutsch. Alterthümer in Rheinhessen. 1833, in-8.

10922. KLEIN (K.). Lateinische Inschriften des... Hessen. S. d. In-8.

10923. — Inscriptiones latinæ provinciarum Hassiæ Transrhenanarum. 1858, in-8.

10924. KNAPP (J.-F.). Rœmische Denkmale des Odenwaldes. 1854, in-12.

LOCALITÉS

Mayence

10925. FUCHS (J.). Alte Geschichte von Mainz. 1771, in-8 (au moins 2 vol.).

10926. VICTOR (P.). Mayence, ville romaine, ville allemande et ville française. 1858, in-8.

10927. HUTTICHIUS (J.). Collectanea antiquitatum in urbe atque agro maguntino repertarum. 1520, in-fol.

10928. KLEIN (K.). * Abbildungen von Alterthümern des Mainzer-Museums. 1848-55, 6 parties gr. 4 pl.

10929. — Die Römischen Denkmäler in und bei Mainz, etc. 1861, in-8.

10930. — Römische Inschriften welche in und bei Mainz aufgefunden worden sind, etc. 1845-1855, in-8.

10931. BECKER (J.). Römische Inschriften aus Mainz und der Umgegend, etc. 1859, in-8.

10932. * Le cimetière de *Monsheim* (Hesse rhénane). — *Rev. archéol.* 2e série, décembre 1868 et mai 1869.

HOLLANDE

Voir BATAVES, HOLLANDE, PAYS-BAS.

IBÈRES

Voir CELTIBÉRIENS, IBÈRES, ESPAGNE.

IRLANDE

Voir ANGLETERRE, ÉCOSSE, IRLANDE.

ITALIE

10933. COLT-HOARE (R.). Catalogue of books relating to Italy. London, 1812, in-8.

10934. DURANDI (J.). Saggio sulla storia degli antichi popoli d'Italia. 1769, in-4.

10935. GUARNACCI (M.). Origine Italiche, etc. 1785, 3 vol. in-4.

10936. GERLACH (F.-D.). Die alteste Bevölkerung Italiens. 1853, in-8.

10937. CLUWER (PH.), en latin CLUVERIUS. Italia antiqua. 1616, 1624, 2 vol. in-fol.

10938. * Dizionario corografico, georgico, etc., della Italia. 5 vol. Bologna, 1781-83, in-8.

10939. ZUCCAGNI. Corografia fisica, storica e statistica dell' Italia e delle sue isole. 1835-1845. 17 vol. in-8 et 5 vol. in-fol.

PROVINCES ET RÉGIONS

10940. LOCHE (gal cte de). Not. sur la vallée d'Aoste. 1825, in-8.

10941. AUBERT (E.). Les voies rom. de la vallée d'Aoste. 1862, in-8.

10942. SAMBUCA (l'a. ANT.) Memorie istorico-critiche intorno all' antico stato de' Cenomani et ai loro confini. 1750, in-fol.

10943. VISCONTI (A.). Antichi monumenti sepolcrali scoperti nel ducato di Ceri. 1836, in-fol.

10944. BETHAM (W.). Etruria Celtica, etc. 1842, in-8.

10945. CASTILLIONEUS (B.). Gallorum Insubrum antiquæ sedes. 1541, in-4.

10946. PUTEANUS (E.). Historiæ insubricæ libri VI, etc. 1614, in-8.

10947. AZAIS. Rech. sur les Ligures. 1851, in-8.

10948. MAURY (Alfred). Inscription celtique découverte dans le Novarais. Analyse d'une diss. de M. Giovanni Flichia. 1864, in-8.

10949. * Theatrum Sabaudiæ ac Pedemontii, etc. 1682, 2 vol. in-fol.

10950. * Novum theatrum Pedemontii et Sabaudiæ, sive accurata descriptio ipsorum urbium, palatiorum, templorum, etc. Hagæ Comitum, 1726, 2 vol. in-fol.

10951. MILLIN (A.-L.). Voyage en Savoie, en Piémont, à Nice et à Gênes. 1816, 2 vol. in-8.

10952. MALZEN (bon). Monts d'antiquité romaine dans les États de S. M. le roi de Sardaigne. 1826, in-4; pl.

10953. * Catalogue de 1601 médailles antiques rom. la plupart à fleur de coin formant la 2e collection privée en importance, etc., du Piémont. Turin, Joseph-L.-E. Curt.

10954. WALKENAER. Mémoire sur la situation des Raudii-Campi... 1822.

Placés près de Verceil.

10955. LONGPÉRIER (A. de). Monnaies des Salasses (territoire d'Aoste). 1861, in-8.

10956. MORENI (S.-D.). Bibliografia storico-ragionata della Toscana... 1805, 2 vol. in-4.

10957. GROTEFEND (G.-F.). Rudimenta linguæ umbricæ. 1837-39; 8 fascicules.

10958. AUFRECHT (S.-T.) et KIRCHHOFF (A.). Die umbrischen Sprachdenkmæler. 1849-51, 2 vol. gr. in-4.

10959. DES VERGERS (Noël). Sur quelques inscriptions latines de l'Ombrie et du Picenum. 1845, in-8.

10960. LEPSIUS (R.). De Tabulis Eugubinis (Ombrie). 1833, in-8.

10961. HUSCHKE (E.). Die iguvischen Tafeln nebst den kleinen umbrischen Inschriften mit Hinzufügung einer Grammatik und eines Glossars der umbrischen Sprache. 1859, in-8.

10962. BACKER (C. de). Les Tables eugubines, etc. 1867, in-8.

Voir Michel BRÉAL, *les Tables eugubines*, etc. 1875, in-8, et atlas gr. in-4.

LOCALITÉS

10963. PROMIS (C.). Le Antichità di *Aosta*. 1862, in-4. Atlas.

10964. ARRAGONENSIS (Sebastianus). Monumenta antiqua urbis et agri *Brixiani*, etc. 1554, in-fol.

10965. GERMER-DURAND (E.). Sur une inscription trouvée dans le théâtre de *Gubbio* (Ombrie). 1864, in-8.

10966. LA DOUCETTE (b[on] J.-C.-F. de). * Du *Mont-Viso* et de son souterrain. In-8, s. d.

10967. * Une tombe gallo-italique découverte à *Sesto-Calende* sur le Tessin. Analyse d'un mém. de M. Bernardino Biondelli. — *Rev. archéol.* 2e série, t. XVI. 1867, p. 279 à 282.

10968. MORTILLET (G. de). Sépultures anciennes du plateau de *Somma*. 1865, in-8.

10969. DESCEMET. Mém. sur les fouilles exécutées à *Santa-Sabina*. 1863, in-4.

10970. PROMIS (C.). Storia dell' antica *Torino*. 1869, in-8.

10971. FRIEDLÆNDER (J.). Not. sur deux monnaies celtiques portant des inscriptions [trouvées près de *Verceil*]. 1868, in-8.

10972. GOZZADINI (le c[te] J.). La nécropole de *Villanova* découverte et décrite. 1870, in-8.

LUXEMBOURG

Grand-duché hollandais et province belge

10973. MÜNCH (E.). Das Grossherzogthum Luxembourg, etc. 1831, gr. in-8.

10974. WILTHEIM (A.). Luciliburgensia sive Luxemburgum romanum. 1841-1842, 2 vol. in-4.

10975. NEYEN (d[r] Aug.). Luxemburgum romanum vers 1843.

10976. BASSE-MOUTURIE (L'Évêque de la). Constatation de l'état actuel des voies romaines dans le Grand-Duché de Luxembourg. 1845, in-8.

10977. NAMUR. Tombeau gallo-romain trouvé dans le duché de Luxembourg. 1854, in-8.

LOCALITÉS

10978. ROULEZ. Note sur qq. antiq. rom. d'*Arlon*. 1842, in-8.

10979. BASSE-MOUTURE (de la). Des antiq. de la ville d'*Arlon*, etc. 1843, in-8.

10980. ROULEZ. Sur une découverte de mon[ts] antiques à *Arlon*. 1854, in-8.

Sculptures : — inscriptions.

10981. * Le camp romain de *Dalheim*, fouilles continuées en 1852 et 1853, par les soins de l'administration des travaux publics du Grand-Duché de Luxembourg. 3 rapports, carte, pl. et fig.

10982. QUICHERAT (J.). Le camp romain de *Dalheim*, etc. 1851 et années suivantes, etc. 1859, in-8.

10983. ROULEZ. Rapp. sur des tombeaux antiques découverts à *Holsthum*. 1838, in-8.

10984. LORENT (?). * Caius Igula... Essai... sur la tour d'*Igel*, etc. 1769, in-4.

10985. HARVICH et NEUROHR. Abbildungen und Beschreibung der Römischen Monumente in *Igel*. 1826, in-fol.

10986. BASSE-MOUTURE (L. de la). Mausolée d'*Igel*, autel de Diane à Bollendorff ; — tumulus ou tombeau romain à Spittelhoff... 1843, in-8.

10987. NAMUR. Destruction d'Eptiacum de la carte de Peutinger (auj. *Itzig*), etc.

Voir sur les publications relatives au Luxembourg celtique et gallo-romain, le *Polybiblion*, 2e série, t. XI, 1880 (article d'Eugène Beauvois).

DUCHÉ DE NASSAU

10988. * Das Herzogthum Nassau, etc. Darmstadt, 1842-46; publié en 27 livraisons, gr. in-8; planches dessinées par H. SCHÖNFEL, E. WILLMANN, etc.

Titre complet dans Engelmann, Biblioth. geograph., p. 696.

10989. * Inscriptiones latinæ in terris Nassov. repertæ. Wiesbaden, 1855, in-8; fig.

10990. ROSSEL. Das römische *Wiesbaden*. 1858 (?).

NAVARRE

Voir, dans la série régionale, la section NAVARRE.

NORD DE L'EUROPE

10991. MAGNUS (O.). De gentibus septentrionalibus. 1555, in-fol.

10992. MONE. Geschichte der Heidenthums in Nordlichen Europa. 1822, 2 vol.

10993. UKERT. Über die Norden von Europa nach die Ansichten der Alten. Keltica oder Gallien. 1832, in-8.

10994. * Atlas de l'archéologie du Nord, représentant des échantillons de l'âge de bronze et de l'âge de fer, publié par la Société royale des antiquaires du Nord. Copenhague, 1845 (1857), gr. in-fol.; 22 pl.

10995. WORSAAE (J.-J.-A.). (Trad. du danois.) Zur Alterthumskunde des Nordens. 1847, in-8. Cp. le nº 10732.

10996. LÉOUZON-LE-DUC (L.-A.). Antiq. rom., byzantines, gallo-rom. et celtocimbriques, trouvées dans le Nord de l'Europe. 1re notice, 1863, in-4.

PAYS-BAS

Voir BATAVES, HOLLANDE, PAYS-BAS.

PORTUGAL

10997. FIGANIÈRE (J.-C. de). Bibliotheca historica portugueza. 1850. in-8.

Consulter F. DENIS, PINÇON et DE MARTONNE, *Bibliographie univ.* art. PORTUGAL.

10998. MENDOÇA DE PENA (Martin de). Discurso sobre os altares rudes que se acham em Portugal, chamavas antas.

10999. JORDAO (L.-M.) édr. Portugalliæ inscriptiones romanæ. 1858, 1859, in-4.

11000. ZOBEL DE ZANGRONIZ (J.). Essai d'attribution de qq. monnaies ibériennes à la v. de *Salacia* [auj. Alcacer do Sal]. 1863, in-8; pl. et vign.

PRUSSE RHÉNANE

11001. STELLA (E.). De Borussiæ antiquitatibus.

Dans la collection de Sam. GRYNÆUS. 1534-1555.

11002. BAYER (Th.-S.). De numis Romanis in agro Prussico repertis. 1722, in-4.

11003. RÉGNOUL. Lettre sur des monts antiques, nommés dans le pays de Munster Hunen-Steine. 1817, in-8.

LOCALITÉS

11004. LADOUCETTE (b^on J.-Ch. de). Antiq. d'*Aix-la-Chapelle*. 1836, in-8.

11005. WEERTH (E. aus'm.). Das Bad der römischen villa bei *Allenz*. 1861, in-4.

11006. LOHDE (L.). Eine heidnische Grabstätte aus römischer Zeit bei *Besseringen an der Saar*. 1866, gr. in-8.

11007. BECKER (J.). Ueber zwei unedirte römische Inschriften aus *Bingerbrück*. In-8.

11008. MÜLLER. Description topographique, historique et critique d'un tombeau romain situé près *Bollendorff*. 1809, in-8.

11009. BITTER. *Bonn* in den ersten 2 Jahrhunderte seines Bestehens. 1868, in-4.

11010. * Römische Inschriften aus *Bonn* und der Umgegend. — *Jahrbücher des Vereins von Alterthumsfreunden im Rheinlande*, t. XLVII-XLVIII, 1869, p. 165-170.

11011. FREUDENBERG (J.). Interessanter Grabfund bei *Buschhoven*. 1866, gr. in-8.

11012. FULDA. Not. des découvertes archéol. faites à *Clèves*. 1869, in-4.

Fragment de diplôme militaire.

11013. HÜBNER (E.). Die *Coblenze'* Pfahlbrücke. 1867, gr. in-8.

11014. SCHMIDT. Die römische Moselbrücke bei *Coblenz*, etc. 1867, gr. in-8.

11015. NOBILING. Betrachtungen über die aufgefundenen Ueberreste einer Muthmasslicher Römerbrücke im Flussbette der Mosel bei *Coblenz*. 1867, in-8.

Cologne

11016. HARTZEIM (le p. J.). Bibliotheca Coloniensis. 1747, in-fol.

11017. BRŒLMANN (Et.). * Epideigma, sive specimen historiæ veteris amplæ civitatis Ubiorum Coloniæ Claudiæ Aug. Agrippinensis... 1608, in-fol.

11018. REIN (d^r A.). Die Römischen Stationsorte und Strassen zwischen Colonia Agrippina und Burginatium, etc. 1857, in-8.

11019. LADOUCETTE (b^on J.-Ch. de). Cologne, ses antiq. et ses mon^ts. 1835, in-8.

11020. WEERTH (E. aus'm.). Zwei römische Glasgefässe der Sammlung des H. C. Disch, zu Köln. 1866, gr. in-8.

11021. DÜNTZER (H.). Aus der Antikensammlung des H. Ed. Herstatt in Köln. 1867, gr. in-8.

11022. — Neue Bereicherungen der römischer Altherthümer des museums Wallraf-Richartz in Köln. 1869, in-4.

11023. LINDENSCHMIT (L.). Diadem von Bronze aus der Merlo'schen Sammlung aus Cöln. 1869, in-8.

11024. LERSCH (L.). Kölner Mosaik. 1846, in-8; pl. coloriée.

11025. EICK (C.-A.). Die römische Wasserleitung aus der Eifel nach Köln. 1862, in-8.

11026. ENNEN (d^r). Römische Baureste unter dem Bathhausplatre zu Köln. 1866, gr. in-8.

11027. DÜNTZER (H.). Das neue Kölner Mosaik. 1866, gr. in-8.

11028. — Der Domhof und das römische Forum im Köln. 1867, gr. in-8.

11029. CAUMONT (A. de). Un des mon^ts du musée lapidaire de Cologne et qq. unes des stèles qu'on y rencontre. 1869, in-8.

11030. WITTE (b^on J. de). Médailles de Cologne (Colonia Agrippinensis). 1862, in-8.

11031. MERLO (J.-J.). Meinerzhagen'sche Sammlung römischer Münzen in Cöln. 1869, in-8.

11032. DÜNTZER (H.). Neue römische Inschriften in Köln. 1866, gr. in-8.

11033. STARK (K.-B.). Die Mithrassteine von *Dormagen*, etc. 1869, in-8.

11034. FULDA (A.). Die römischen Alterthümer von *Duffelward*. 1870, in-8.

11035. WITHOFIUS (J.-N.). De origine et antiquitate urbis *Duisburgensis* ad Rhenum. 1749, in-4.

11036. FREUDENBERG (J.). Ein unedirter Matronen-Stein aus *Godesberg*. 1868, in-4.

11037. FICKLER. Römische Alterthümer aus dem Umgegend von *Heidelberg* und Mannheim. 1865, in-8.

11038. CHRIST (K.). Neue Inschrift aus *Heidelberg*. 1869, in-8.

11039. SCHMIDT (E.). Ueber die auf dem Terrain des römischen Kastells bei *Kreuznach*, die Heidenmauer genannt. 1858, in-8.

11040. REIN (A.). Haus Bürgel, das röm. Burungum nach *Lage*, etc. 1855, in-8.

Nennig

11041. WILMOWSKY (von). Die römische villa zu Nennig und ihr Mosaik. 1844-65, 2 parties, gr. in-fol., 9 pl.

11042. BOULANGÉ (G.). Une visite à la mosaïque romaine de Nennig. 1855, in-8.

11043. * Découverte d'un aqueduc fait au village prussien de Nennig. — *Bull. de la Soc. d'archéol. et d'hist. de la Moselle*. — 9e année, p. 145 à 147 (d'après le *Journal des Débats*).

11044. HASENMÜLLER (I.). Die Nenniger Inschriften. 1867, in-8; pl.

11045. SIFFER (l'a. G.-A.). Une villa romaine à Nennig, près Trèves; ses inscriptions expliquées par M. de Wilmowsky. 1868, in-8.

11046. WILMOWSKY (von). * Die römische villa zu Nennig. Ihre Inschriften erläutert. 1868, gr. in-8.

11047. — In Sachen der Nenniger Inschriften. 1869, gr. in-8.

11048. JANSSEN (L.-J.). Bedenken über die in die Berlin. Ak. d. Wiss. gegen die Echtheit der römischen Inschriften zu Nennig vorgetr. paläogr. Kritik. 1868, in-8.

11049. HÜBNER (E.). Ueber die Schriftformen der Nenniger Inschriften. 1869, gr. in-8.

11050. WEERTH (aus' m.). Die Fälschung der Nenniger Inschriften. 1870, in-8.

11051. BUYX (M.). Auffindung eines römischen Votiv-Altars in der St Dionisius-Kirche zu *Nieukerk*. 1866, gr. in-8.

11052. OHLENSCHLAGER. Drei römische Inschriften aus *Pfünz* in Mittelfranken. 1867, gr. in-8.

11053. LINDENSCHMIT (L.). Die vaterländ. Alterthümer der Sammlungen zu *Sigmaringen*. 1860, in-4; pl.

Trèves

11054. KYRIANDER (Guill.). * Commentarium de origine... Augustæ Trevirorum. (1576-80?) In-fol. 1603, 1604, 1619, 1625, in-fol.

11055. BROVERIUS (Chr.). Antiquitatum et annalium Trevirensium libri XXII... 1626, 2 vol. in-fol. — Libri XXV, in-fol.

11056. MEELBAUM (J.). Sylva academica, sive de antiquitate urbis et academiæ Trevirorum, 1657.

11057. HONTHEIM (J.-N. ab.). Historia Trevirensis... 1750-57, 5 vol. in-fol.

11058. HAUPT (Th. von). Triers's Vergangenheit und Gegenwart, etc. 1822, 2 vol. in-8.

11059. WYTTENBACH et MÜLLER éditeurs. * Gesta Trevirorum... 1836-40, 3 tomes in-4.

11060. STEININGER (J.). Geschichte der Trevirer. etc. 1850, 2 vol. in-8.

11061. SCHNEEMANN (G.). Rerum Trevericarum commentatio.

11062. DES RIVES (Th.). Rapport sur une diss. de M. Schneemann intitulée : Rerum Trevericarum commentatio. 1853, in-8.

11063. LE BLANT (E.). Note épigraphique sur l'état de l'église de Trèves, après l'invasion des Ripuaires. 1864, in-8.

11064. HETZRODT (J.-B.-M.). Rech. sur les anciens chemins rom. qui ont traversé le pays des Trévirois. In-8.

A la suite de sa *Notice sur les anciens Trévirois*. 1809, in-8.

11065. PEYRE. Antiq. de la ville de Trèves. 1797, in-8; 7 pl.

11066. QUEDNOW. Beschreibung der Alterthümer in Trier, etc. 1820, gr. in-8; 28 pl.

11067. HAUPT (Th. von). Dessins de Hawich. Triers's Alterthümer und Umgebungen, etc. S. d. In-fol.

11068. STEININGER (J.). Die Ruinen am Altthore zu Trier... Die Römischen Bäder genannt, etc. 1835, gr. in-8.

11069. * Guide de l'étranger à Trèves. Description de cette v., de ses antiq. et de ses environs. Trèves, 1839, in-12.

11070. WYTTENBACH (J.-H.). Rech. sur

les antiq. rom. dans la vallée de la Moselle à Trèves. 1840, in-8.

11071. SCHNEEMANN (G.). Das römische Trier und die Umgegend, etc. 1852, in-16.

11072. HÜBNER (E.). Geschichte und Denkmäler zu den römischen Alterthümern von Trier. Der Prætorianer Tribun Victorinus. In-8.

11073. SPACH (L.). Découverte d'une villa romaine à Trèves. 1865, gr. in-8.

11074. CAUMONT (A. de). Un mot sur les villes de Trèves et de Nancy. 1868, in-8.

11075. MICHEL (le ch[er] E.). Rapport sur un ouvrage de M. Schmidt, relatif aux monuments de Trèves. 1846-47, in-8.

11076. KRAUS. Römischer Mosaikboden in Trier. 1866, gr. in-8.

11077. LONGPÉRIER (A. de). Lettre à M. L. de la Saussaye sur un médaillon de Constantin le Grand (représentant la ville de Trèves). 1864, in-8.

11078. FIEDLER (Fr.). Die römischen Inschriften in *Xanten*, etc. 1839, in-4, 1 pl.

11079. — In Blei gefasster Glasdeckel mit griechischer Inschrift. 1869, in-4.

Vase trouvé à Tolbiac, auj. *Zulpich*.

RAURACI

Voir la section Helvètes, Rhétie, Suisse, articles sur le canton de Bale.

RÉGION RHÉNANE

(*Rheinland*)

11080. SCHREIBER. Traditions populaires du Rhin, etc. 1830, in-8.

11081. BRAUN (J.-W.-J.). Acht archeologische Abhandlungen... 1849-1859, in-4.

N° 4 : Die Trojaner am Rheine.

11082. SCHNEIDER (d[r]). Neue Beiträge zur alten Geschichte und Geographie des Rheinlandes... 1868, in-8.

11083. COHAUSEN (A. von). Cæsars Rheinbrücken... untersucht. 1867.

11084. RITTER. Die Stelle der ersten Rheinbrücke Cäsars... 1868, in-8.

11085. COHAUSEN (A. von). Cæsar am Rhein... Cæsars zweiter Rheinübergang. 1869, in-4.

11086. FLORENCOURT (W. Chassot de). Beitræge zur Kunde alter Göttereh-lung in den Rheinischen Gränzlanden. 1842, in-8.

11087. PONTANUS (J.-Is.). Disceptationum de Rheni divortiis et accolis populis partes duæ, etc. 1617, in-8.

11088. GOLBÉRY (S.-M.-X. de). Considérations sur le dép[t] de la Roër... 1811, in-8.

11089. FICKLER. Die Donauquellen und das Abnobagebirg der Alten. 1840, in-8.

11090. SCHNEIDER (J.). Die Rheinlandschaft von Nymwegen bis Xanten unter der Herrschaft der Römer. 1860, in-8.

11091. PAULUS (E.). Der römische Grenzwall (limes transrhenanus), etc. 1863, in-8 ; carte.

11092. SCHMIDT (F.-W.). Hinterlassene Forschungen über noch vorhandene Reste von militairstrassen, Befestigungen, Aquäducten, etc., der Römer in den Rheinlanden. 1861, in-8.

11093. RITSCHL (F.). De columnis milliariis ad Rhenum repertis. 1865, in-8.

11094. SCHMIDT (J.-W.). Die Römerstrassen im Rheinlande. Gr. in-8.

11095. DUNOD (le p. P.-J.). Lettre à M. l'abbé de B.*** sur les découvertes qu'on a faites sur le Rhin. 1716, etc., in-12.

11096. DIELHELM (J.-M.). Antiquarius der Neckar-Main-Mosel und Lahnströme. 1781, in-8.

11097. GOLBÉRY (M.-P.-A. de). Antiq. rom. des pays limitrophes du Haut-Rhin. 1829, in-fol.

11098. *Le haut Rhin depuis les Alpes jusqu'à Mayence. Collection de 140 vues pittoresques, gravées sur acier et accompagnées d'un texte historique et descriptif. *Darmstadt*, 1861, gr. in-8.

11099. LEDAIN (l'a.). Not. sur les antiq. des musées de Mayence et de Wiesbaden, etc. 1863, in-8.

11100. ENGEL (J.-D.). Ueber den Bergbau der Alten in den Ländern des Rheines, etc. 1808, in-8.

11101. DOROW. Opferstätte und Grabhügel der Germanen und Römer am Rhein. 1826, in-4.

11102. SCHWEIGHÆUSER (J.-G.). Coup d'œil sur qq. monts histor. des bords du Rhin. 1838, in-8.

11103. LA FARINA (J.). La Germania renana coi suoi monumenti e le sue leggende. 1842, in-4; pl. gravées.

11104. GEIER (F.) et GÖRZ (R.). Denkmäle romanischer Bauart am Rhein, 1846-47. 4 parties gr. in-fol., fig.

11105. KLEIN (K.). Die römischen Meilensteine in den Rheingegenden. 1860, in-8.

11106. CHRISTIUS. * Monumenta romana Palatinatus ad Nicrum. S. d. In-4.

11107. HOYER (A.). Idee einer Reconstruction der im Moselbette aufgefundenen Römischen Brückenreste. 1867, gr. in-8.

11108. FIEDLER. Eine Römische Schnalle mit Schrift. 1867, gr. in-8.

11109. ROBERT (Ch.). Les Légions du Rhin et les inscriptions des Carrières. 1867, gr. in-4.

11110. STEINER (J.-W.-Ch.). Codex inscriptionum Romanarum Rheni. 1837, 2 vol. in-8.

11111. BORGHESI (B.). Sulle iscrizioni romane del Reno. 1839, in-8, et 1865, in-4.

Sur l'ouvrage de STEINER.

11112. LERSCH (L.). Central-Museum rheinlandischer Inschriften. 1839-42; 3 vol. in-8; pl.

11113. — Centralmuseum Rheinländ Inschriften. 1842, in-8.

11114. STEINER (J.-W.-Ch.). Codex inscriptionum Romanarum Rheni et Danubii. 1851-64, 3 vol. in-8.

11115. KAMP (J.). Alte und neue Inschriften. 1866, gr. in-8.

11116. BRAMBACH (G.). Corpus inscriptionum rhenanarum. 1867, in-4.

11117. BECKER (J.). Alte und neue römische und griechische Inschriften aus dem Rheinlande. 1868, gr. in-8.

11118. FICKLER. Eine Inschrift der dritten Aquitanischen Cohorte. 1869, in-4.

Sur la bibliographie de l'épigraphie romaine dans le « Rheinland » consulter ENGELMANN, *Bibliotheca scriptorum classicorum*, 7e édition, section D, article *Inscriptiones*.

RHÉTIE; — RHÆTI

Voir HELVÈTES, RHÉTIE, SUISSE.

SAXE

11119. HELLEBAUT. Précis de l'histoire de Saxe, depuis les temps les plus reculés. 1844, in-8.

11120. LAURENTIUS. Monumenta Romanorum in Thuringia. 1704, in-4.

11121. POTOCKI (le cte J.). Voyage dans quelques parties de la basse Saxe pour la recherche des antiquités slaves ou vendes. 1795, in-4.

11122. LEPSIUS (K.-L.). Kleine Schriften. Beiträge zur Thüring-Sachs. 1854-55, 4 vol. in-8.

Antiquités.

SUÈVES. — SOUABE

11123. WEGELINUS (J.-R.). Thesaurus rerum suevicarum, etc. 1756-1760, 4 vol. in-fol.

11124. PELLOUTIER (S.). Diss. sur un passage de Pomponius Mela [III, 5]. 1746, in-4.

Passage relatif à un roi des Suèves.

11125. LEICHTLEN (E.-J.). Schwaben unter den Römern, etc. 1825, in-8; 2 cartes.

11126. GOK (K.-F. von). Die Römischen Heerstrassen und Alterthümer der Schwäbischen Alpen und am Bodensee. 1846, in-8; 4 pl.

SUISSE

Voir Helvètes, Rhétie, Suisse.

WURTEMBERG

11127. JAUMANN (von). Colonia Simulocenne. Rottenburg am Neckar unter den Römern. 1840, in-8.

11128. Schriften des Würtemberg-Alterthumsvereins. *Stuttgart*, depuis 1844, in-4.

ADDITIONS

DE LA PREMIÈRE PARTIE

N. B. Les articles correspondants de la seconde partie, Catalogue alphabétique des auteurs, sont placés à leur rang dans ce catalogue.

1re SÉRIE. — GÉNÉRALITÉS

1re Section. — Introduction

68 *a*. Histoire auguste (Spartien, J. Capitolin, Lampride, Vulcatius, Trébellius, Vopiscus). — Voir ces noms au Catalogue alphabétique.

79 *a*. MOMMSEN (Th.). Römische Geschichte. 1861, etc. 3e éd., 5 vol. in-8. — Traduction anglaise par DICKSON, 1862-63, 3 vol. gr. in-8. — Trad. franç. par ALEXANDRE sur la 2e éd. 1860. 8 vol. in-8.

114 *a*. LAZIUS (W.). De Gentium aliquot migrationibus, etc. 1557, in-fol.

114 *b*. MILIUS (A.). De origine animalium et migratione populorum scriptum. 1667, in-12.

115 *a*. DARTTEY. — Rech. sur l'origine des peuples du Nord et de l'Occident de l'Europe. 1839, in-8.

129 *a*. KRANTZ (A.). Vandalia. 1575.

129 *b*. MANNERT (C.). Histoire des Vandales. 1785, in-8.

129 *c*. MARCUS (L.). Histoire des Vandales, etc. 1836, in-8; 2e éd. 1838, in-8.

143 *a*. REIFFENBERG. Les légendes poétiques relatives aux invasions des Huns dans les Gaules (vers 1845), in-8.

148 *a*. WURM. De Rebus gestis Aëtii. 1844, in-8.

2e Section. — Bibliographie

189 *a*. JUVIGNY (RIGOLLEY de) édr. Les Bibliothèques françaises de La Croix du Maine et de Du Verdier sr de Vauprivas. 1772-73, 6 vol. in-4.

1re éd. de chacun des deux ouvrages en 1584.

209. Ajouter à l'observation :

Cp. G. LAGNEAU, art. *Celtes* dans le Dictionnaire des sc. médicales du dr A. Dechambre; 1874, partie finale, consacrée à la bibliographie.

3e Section. — Histoire de la Gaule

224 *a*. * Gesta Francorum.

Publié dans DU CHESNE (*Historiæ Francorum scriptores*), dom BOUQUET, *Recueil des historiens des Gaules.*

271. *a*. BERTHAULT (P.). Florus Gallicus. 1632, in-32. Autres éditions. — Trad. en franç. (par LAMY?) 1634 et 1646.

271 *b*. SILVIUS (A.). Historiæ franco-merovingicæ synopsis, etc. 1633, 2 vol. in-4.

287 *a*. LEIBNIZ (G.-G.). — Brevis designatio meditationum de originibus gentium ductis potissimum ex indicio linguarum. 1710, in-4.

288 *a*. SECOUSSE. Histoire de Julius Sabinus, etc. 1719, in-4.

288 *b*. MANDAJORS (L. DES OURS DE)

Nouvelles découvertes sur Clodion et les Français. S. d., in-4.

293 *a*. * LEIBNIZ (G.-G.). — Origine des Français. 1740, in-4.

302 *a*. APINUS (S.-J.). De Rege Marcomannorum Maroboduo, Tiberii artibus circumvento. 1742, in-4.

302 *b*. * Histoire des Gomérites (ou des plus anciens Celtes ou Gaulois).

Histoire universelle traduite de l'anglais, t. IV, Amsterdam, 1763, in-4, p. 103-140.

« Cela forme la partie la plus considérable du chap. XII du liv. I de cette grande *Histoire universelle*, composée par une Société de gens de lettres anglais. » (*Biblioth. hist.*, t. I, n° 3755.)

316 *a*. BOZE (de). Hist. de l'empereur Tétricus éclairée et illustrée par les médailles. 1759, in-4.

319 *a*. HANSELMANN. Wie weit die Römer in Franken gekommen. 1768 et 1773 ; in-fol.

338 *a*. FOURNEL (J.-F.) [sous le nom d'EURIBALD]. * État de la Gaule au ve siècle, etc. 1805, 2 vol. in-12.

345 *a*. * Victoires, conquêtes, revers, guerres civiles des Français depuis les Gaulois jusqu'en 1792 par une société de militaires et de gens de lettres. Paris, 1821-1828, 8 vol. in-8. — Supplément, 6 vol.

351 *a*. PEYRONNET (c^{te} Ch.-I. de). Histoire des Francs. 1835, 2 vol. in-8. — 2e éd. 1846, 4 vol. in-8.

367 *a*. DELANDINE DE St-ESPRIT. Hist. de la Gaule. 1843, in-12.

367 *b*. VINCENT (F.-V.). Observations sur les émigrations gauloises.

Recherches sur les Boies. 1843, in-8 (Introduction).

371 *a*. CLARK (A. de). Histoire de la Gaule. 1847, in-18.

371 *b*. PONTAUMONT (de). Tableau historique des Gaules. 1852, in-12.

381 *a*. ROULEZ. Rapports sur les lettres du gal RENARD sur l'identité de race des Gaulois et des Germains. 1857-1859, in-8.

382 *a*. RAVENEZ (L.-W.). Est-ce bien à Tolbiac que Clovis a remporté la victoire à la suite de laquelle il s'est fait chrétien ? 1857, in-8.

Conclusion pour Strasbourg.

387 *a*. PARKE GODWIN. History of France. 1860, in-8. (T. I : Ancient Gaul.)

401 *a*. PÉRIER (J.-A.-N.). Sur les Celtes. Que les Celtes sont les vrais Gaulois. 1864. — 2e éd. 1865, in-8.

401 *b*. HEYER (F.). De Bellorum a Romanis cum Gallis inter primum et secundum bellum punicum gestorum scriptoribus. 1867, in-8.

401 *c*. BEAUVOIS (Eug.). Histoire légendaire des Francs et des Burgondes, etc. 1867, in-8.

401 *d*. CHALLAMEL (Aug.). Mémoires du peuple français depuis son origine jusqu'à nos jours. 1865-73. 8 vol. in-8.

4e Section. — Guerre des Gaules

416 *a*. SIMÉON (G.). César renouvelé par les observations militaires de G. Siméon. 1558, in-8.

416 *b*. ROHAN (H. de). * Le Parfait Capitaine, autrement l'abrégé des guerres des Gaules, etc. 1636, in-4.

423 *a*. REICHARD (Chr.-G.). Geographische Nachweisungen der Kriegsvorfälle Cæsar's... in Gallien. 1832, in-8.

428 *a*. ROSSIGNOL (Cl.). Lettre au ministre de l'Instruction publique sur la valeur historique de Dion Cassius dans le récit de la conquête des Gaules. 1859, in-8.

[437 *a*]. RUSTOW (W.). Atlas zu Cäsar's gallischen Krieg. 1860, in-fol.

445 *a*. MONTAUT (H. de). Album de la vie de César, etc. 1865, in-fol.

451 *a*. FALLUE (Léon). Études archéologiques sur l'*Histoire de Jules César*, par l'empereur Napoléon III et sur la carte officielle des Gaules. 1867, in-12.

469 *a*. SEGONDO (G.-M.). Storia della vita di C. G. Cesare, etc. 1776, 3 vol. in-8.

5e Section. — Religion et Philosophie

526 *a*. LEFLOCQ (J.). Études de mythologie celtique (posthume). 1869, in-18.

533 *a*. BÉGIN (E.-A.). Influence des croyances religieuses sur les mon^{ts}, etc. 1838, in-8.

536 *a*. [Ms.]. VIVIER (du). Rech. sur l'origine, etc., du phallus. 1836, in-4.

Traces de ce culte recueillies dans l'ancienne Gaule.

541. LORIN (Th.). Conjectures sur les Duses ou Dusiens des anciens Gaulois et sur l'étymologie de leur nom. 1857, in-8.

545 *a*. MÈGE (Al. du). Notice sur trois autels consacrés à des divinités gallo-romaines. 1841, in-4.

547 *a*. CRAZANNES (b^on^ CHAUDRUC de). Diss. sur les rapports qui existaient entre le taurobole et quelques cérémonies du culte de Mithra et de ses mystères. 1849, in-8.

551 *a*. ECKHART (G.). Dissertatio de Apolline Grano in Alsatiâ nuper detecto. In-4.

551 *b*. VALLOT. Sur Apollon Grannus. 1835, in-8.

Voir, sur cette divinité, dom CALMET, *Eaux de Plombières*.

568 *a*. LUCIEN de Samosate. L'Hercule gaulois.

583 *a*. DUBOS (l'a. J.-B.). Mémoire sur le Mercure barbu [trouvé près de Beauvais]. 1695, in-12.

Cp. sur ce monument et l'inscription qu'il porte, une note de l'a. BARRAUD (*Bull. de la Comm. archéol. du dioc. de Beauvais*, t. I, 1846, p. 10 et suiv., avec planche).

593. — Ajouter :

Cp. le n° 7735.

594 *a*. WALCH (J.-E.-J.). De Deo Taranucno commentatio. 1767, in-12.

636 *a*. HIGGINS. The celtic Druids. 1829, in-4.

640 *a*. BOUCHÉ (J.-B.). Les Druides. 1841, in-8.

640 *b*. MAURY (L.-F.-Alfred). Les fées du moyen âge. 1842, in-8.

648 *a*. MAURY (L.-F.-A.) Article *Druidisme* dans l'Encyclopédie moderne de Firmin-Didot, t. XIII, 1852, in-8.

650 *a*. ROCHEMACÉ (M. de la). Études sur le culte druidique, etc. 1858, in-8.

656 *a*. PANCHAUD (Ed.). Le druidisme, etc. 1865, in-12.

657 *a*. SCHERRER (J.). Ad vocem « Druides ». 1865, gr. in-8.

658 *a*. HERVAL (l'a.). Aperçu... sur les Druides et le Druidisme. 1869, gr. in-8.

661 *a*. VALLOT. De la formule *sub ascia dedicavit*. 1835, in-8.

661 *b*. CHELLE (Ch.). De l'inscription sépulcrale SUB ASCIA. 1841, gr. in-8.

663 *a*. ROSSIGNOL (Cl.). De l'Ascia sculptée sur des tombeaux antiques. 1849, in-8.

664 *a*. DEVILLE (A.). Mémoire sur l'ascia et sur la formule *sub ascia dedicavit*. 1863, in-8.

666 *a*. CAUMONT (A. de). Que signifie l'ascia gravée sur les tombeaux païens? 1866, in-8.

732 *a*. CLOUET (l'a.). De l'Église et de sa discipline en France [avant et] pendant la période mérovingienne. 1846, in-8.

737 *a*. PIOLIN (dom P.). Lettres et supplément aux lettres du r. p. P. Piolin en réponse aux objections contre l'introduction du Christianisme dans les Gaules aux IIe et IIIe siècles. 1855, in-8.

6e Section. — Institutions et Mœurs

762 *a*. BÖCKING. Ueber die Notitia dignitatum utriusque imperii. 1834, in-8.

773 *a*. GROSLEY. Rech. pour servir à l'histoire du droit français. 1752.

788 *a*. PEYRÉ. Lois des Francs, etc. 1828, in-8.

803 *a*. CHAMBELLAN (A.). Étude sur l'histoire du droit français. T. I (unique). 1848, in-8.

852 *a*. RENNEVILLE (Mme de). Coutumes gauloises ou origines curieuses et peu connues de... nos usages. S. d., in-12.

860 *a*. MATERNE. Comparaison de la Grèce dans les temps héroïques avec les mœurs et les usages des Barbares qui envahirent l'empire romain. 1837, in-8.

861 *a*. SAUSSAYE (L. de la). (Titre incertain). Diss. sur l'insigne national des Gaulois. 1840, in-8.

865 *a*. GÉRARD (P.-A.-F.). La Barbarie franque et la civilisation gallo-romaine. 1845, in-18.

865 *b*. REYNAUD (J.-E.). Considérations sur l'esprit de la Gaule. 1847, in-8 et in-18.

868 *a*. BÉDOLLIÈRE (Ém. de la). Mœurs

et vie privée des Français dans les premiers siècles de la monarchie. 1855, 3 vol. in-8.

870 *a*. MARQUET (J.-J.). * Guillouné... Gui-l'an-neuf. 1857, in-8.

870 *b*. COUTURE (Lce). Miscellanées sur la cérémonie du Gui. 1858, in-8.

882 *a*. PAUTET (J.). Civilisation et économie politique des Gaulois au temps de César. 1868, in-8.

883 *a*. DUPLESSIS. Étude... sur les civilisations de la Gaule au ve siècle. 1869, gr. in-8.

7e Section. — Géographie

914 *a*. * Notitia provinciarum et civitatum Galliæ.

Dans le recueil des *Concilia Galliæ* de J. Sirmond, t. I, 1629; — dans celui de Du Chesne, *Historiæ Francorum scriptores*, t. I, et celui de dom Bouquet, *Recueil des historiens des Gaules*, t. I.

952 *a*. [*Ms*.]. THEVET (A.). Description de tout ce qui est compris sous le nom de Gaule.

981 *a*. MAICHIN (A.). Description de l'ancienne Gaule.

Hist. de Saintonge. 1671, in-fol.

982 *a*. CATHERINOT (Nic.). La Gaule grecque. 1683, in-4.

1010 *a*. LEBEUF (l'a. J.). Diss. dans laquelle on recherche depuis quel temps le nom de France a été en usage, etc. 1740, in-12.

1028 *a*. DU CANGE (Ch. Du Fresne). [*Ms*.]. Esquisse d'une géographie universelle de la Gaule et de son histoire naturelle. 2 vol. in-fol.

1028 *b*. — [*Ms*.]. Projet d'une géographie ancienne et moderne de tous les pays compris dans l'ancienne Gaule. 6 vol. in-4.

1031. Ajouter :

Histoire des Gaules, t. II.

1032. Ajouter :

Même volume.

1055 *a*. * Encyclopédie méthodique, — géographie ancienne, par Mentelle, article *Galli*. 1788, in-4.

1064 *a*. PEUCHET et CHANLAIRE. Description topographique et statistique de la France, par départements. 1810-11, in-4.

1066. Ajouter :

Édition de César dans la collection N.-E. Lemaire, t. I. — Voir dans le même volume, p. 481 et suiv., un travail intitulé : *De Gallia et Gallis*.

1068 *a*. DUFAU et GUADET. Dictionnaire ...de géographie ancienne comparée. — Cartes, 1820, 2 vol. in-8.

1111. Ajouter : — Nouv. éd. 1858. — Trad. franç. 1865 (sans notes).

1116 *a*. GRELLET-DUMAZEAU. Rech. histor. sur le nom *Mons Jovis*, etc. 1851, in-8.

1141 *a*. VOISIN (l'a.). Note, etc. (Considérations sur la géographie de la Gaule). 1862, in-8.

1153 *a*. CAUDÉRAN (l'a.). Origine des noms de lieux en ac et en au. 1863, in-8.

1155 *a*. DASSENBACHER. Gallien nach Cæsar's Commentarien. 1864, in-4.

1178 *a*. ABEL (Ch.). Le mot *macher*, radical de nom de localités. 1869, in-8.

1183 *a*. JOLIBOIS (A.). Diss. sur les « Mediolanum » et les « Fines » des itinéraires, etc. 1850, in-8.

8e Section. — Itinéraires

1204 *a*. MANNERT (C.). Res Trajani ad Danubium gestæ. Add. Diss. de Tabulæ Peutingerianæ ætate. 1793, gr. in-8. Figg., 1 carte géogr.

1216 *a*. MARCHI (le p. G.). * La stipe tributata alle divinità delle Acque Apollinari, scoperta al cominciare del 1852. Roma, 1853, in-8.

1221 *a*. ESSIGNY (L.-A.-Grégoire d'). Description des voies romaines vulgairement appelées *chaussées de Brunehaut*, qui traversent la Picardie. 1811, in-8.

1223. Compléter ainsi l'observation :

Voir aussi, etc. les nos 8053, 8102 et, dans la 5e série (Etranger), la section Belgique.

1230 *a*. HENTZNER (P.). Itinerarium Germaniæ, Galliæ, Angliæ et Italiæ. 1612, in-4.

1248 *a*. PAULUS (E.). Die Römerstrassen mit Rücksicht auf das röm. Zehentland. 1856, gr. in-8.

1250 *a*. BOURGOIN (dr). Lettre à M. Desplanque... sur le système itinéraire de la Gaule centrale. 1863, in-8.

9e Section. — Archéologie générale

1260 *a*. LE MONNIER (P.). Antiquitez, mémoires et observations remarquables d'épitaphes, tombeaux, colonnes, etc. 1614, gr. in-8.

1283 *a*. POWNALL (Th.). Notice... of antiquities of the Provincia romana, etc. 1788, in-4.

1286 *a*. LABORDE (Alex. de). Rapport et instructions relatives aux antiq. de la France [1810]. 1824, in-4.

1300 *a*. CHARRIÈRE (A.). Notes archéologiques. 1845, in-8.

Définitions des termes d'archéologie celtique.

1306 *a*. ROACH-SMITH (Ch.). Notes on some of the antiquities of France, etc. 1855, in-8.

1330 *a*. EGGER (E.). Du musée lapidaire de Lyon et des musées lapidaires en général. 1867, in-8.

1334 *a*. CAUMONT (A. de). Rapport verbal sur l'état des musées lapidaires de Nevers, etc. 1869, in-8.

10e Section. — Antiquités préhistoriques

1343. Ajouter :

Voir aussi dans la série départementale, section Seine-et-Marne, les articles sur MORET.

1351 *a*. SERRES (Marcel de). De la contemporanéité de l'homme et des races perdues. 1833.

1356 *a*. SERRES (M. de). Essai sur les cavernes à ossements, etc. 3e éd. 1838, in-8.

1360 *a*. BOURASSÉ (l'a.). Mém. sur les haches celtiques. 1845, in-8.

1365 *a*. MAIZIÈRE (de). Sur le poli et le tranchant des silex chez les Gaulois. 1846, in-8.

1431 *a*. * Exposition universelle de 1867. Catalogue général publié par la Commission impériale. Paris, Dentu, 1867, 2 vol. in-12.

Voir la section de l'Histoire du travail.

1433 *a*. SAMBUCY - LUZENÇON (cte F. de). Archéo-géologie. 1866-71 ; 1872.

Exploration de cavernes dans le Midi de la France. 1870, in-4.

1440 *a*. LE HON (H.). L'homme fossile. 1868, gr. in-8 ; 100 grav.

1449 *a*. HAMY (E.-T.). Précis de paléontologie humaine. 1870, in-8.

11e Section. — Art gaulois

1507 *a*. FÉTIS (F.-J.). Histoire générale de la musique, etc. 1869-1876, 5 vol. gr. in-8.

Voir dans le t. IV (1874), le livre XI, § 1, Gaulois ; — § 2, Bretons de l'Armorique.

12e Section. — Monuments dits celtiques

1512 *a*. JORAND. Monts celtiques, etc. 1830, in-fol. ; 28 pl.

1517 *a*. RING (Max. de). Mém. sur la signification et les caractères distinctifs des monts celtiques. 1843, in-8.

1517 *b*. ROBERT (P.-H.). Recherches sur l'origine des pierres druidiques, etc. 1843, in-8.

1518 *a*. BEAUREGARD (de). Observations sur l'origine des dolmens. 1847, in-8.

1544 *a*. HOOKER (Dr). Les dolmens de l'Inde. 1868, in-8.

13e Section. — Monuments divers

1567 *a*. SIGNORELLI (P.). Storia critica de' teatri antichi e moderni. 1787-90, 6 vol. in-8. — 1813, 10 vol.

1564 *a*. RHOER (J. de). Otium daventeriense sive selecta de templis Romanorum, etc. 1762, in-8.

1589 *a*. MÈGE (Al. du). Mém. sur qq. monts inédits représentant Claude le Gothique, etc. 1834, in-4 ; v. gr.

1589 *b*. JOUANNET. Rapport sur un bas-relief relatif au second triomphe de Tetricus. 1834, in-8.

1589 *c*. MÈGE (Al. du). Bas-relief représentant le second triomphe des deux Tetricus. 1836, in-4.

1597 *a*. PELET (A.). Des amphithéâtres antiques. 1842-44, in-8.

1598 *a*. HERBÉ. Histoire des Beaux-arts en France par les monts, etc. 1842, in-4 ; 48 pl.

1598 *b*. MÈGE (Al. du). Not. sur deux monts chrétiens [dans le Comminges]. 1841, in-4.

1601 *a*. HERMANT (A.). Not. sur les souterrains-refuges. 1841, in-8.

1618. Ajouter :

Consulter pour les mosaïques des 5 premiers siècles de notre ère :
Alb. LENOIR, *Architecture monastique*, I. 245 ;
AMÉ, *Carrelages émaillés, Annales archéol.*, passim. (Voir la table générale, 1881).
MARTIGNY, *Dictionn. d'antiq. chrétiennes*.

14e Section. — Sépultures

1647 *a*. CRAZANNES (bon CHAUDRUC de). Diss. sur une olla cinéraire [trouvée à Saintes] et sur son inscription. 1834, in-4.

1655 *a*. OLIVIER. Sépulture des anciens. 1771, in-12.

1694 *a*. BRUNET DE PRESLE. Origine des monticules appelés *Tumuli*. 1870, in-8.

15e Section. — Sciences et Industrie

1702 *a*. GRIVAUD DE LA VINCELLE (C.-M.). Arts et métiers des anciens, etc. 1819, etc. In-fol., 130 pl.

1708 *a*. REYMER (A.). Économie publique et rurale des Celtes, des Germains, etc. 1818, in-18.

1710 *a*. FONTENAY (de). Agriculture, sciences et arts chez les Gaulois, etc. 1847, in-8.

1727 *a*. DEBOMBOURG (G.). Gallia aurifera. Etudes sur les alluvions aurifères de la France. 1868, in-8.

1743. Ajouter à l'observation :

Voir aussi R. de COYNART, *Mém. de la Comm. des Antiq. de la Côte-d'or*, t. VIII, 1870-73, p. 173 et suiv. — Cp. le no 1506.

1743 *a*. CAUMONT (A. de). L'usage des fers à clous pour les chevaux remonte-t-il à l'époque romaine ? 1868, in-8.

1766 *a*. LIESVILLE (de). Sceaux de potiers gallo-rom. 1870, gr. in-8 ; 28 fig.

1767. Ajouter :

Voir une bibliographie des travaux sur les noms de potiers dans A. CAHIER, *Coup d'œil sur quelq. parties du musée de Douai*, p. 218 et suiv.

1779 *a*. FORTIA D'URBAN (mis Ant. de). Observations sur les mesures itinéraires des anciens. 1823, in-8.

1786 *a*. PONCE (de la). Mém. et documents sur la détermination de la mesure longimétrique du mille romain et de la *leuca* des anciens Gaulois. 1857, in-8.

16e Section. — Archéologie militaire

1827 *a*. KRIEG VON HOCHFELDEN. Geschichte der Militär-Architektur des frühern Mittelalters. 1859, in-8 ; 137 grav.

1833 *a*. RIOLACCI (D.). Le camp de Châlons, etc.

Détails sur les camps romains.

1846 *a*. BARRAU (H. de). Des anciennes armures défensives. 1841, in-8.

1846 *b*. LACROIX (de Mâcon). Essai analytique de qq. armes de bronze antique. 1841, in-8 ; 8 p.

17e Section. — Numismatique

1874 *a*. RECHENBERGIUS (A.). Historiæ rei nummariæ scriptores, etc. 1692-1695, 2 vol. in-4.

1903 *a*. TOBIESEN-DUBY. Traité des monnaies... des villes et seigneurs de France. 1790, 2 vol. gr. in-4, fig.

1935 *a*. R*** (von). Erklärung... der... Darstellungen v. röm. Monumenten... und keltischen Münzen, etc. 1841, in-4.

1965 *b*. VILLOISON (G. d'ANSSE de) et MILLIN. Lettres sur des médailles que le premier attribue à Velia (Lucanie) et que le second croit frappées par les Celtes, etc. S. d., in-8.

1965 *a*. TOCHON D'ANNECY. [*Ms.*] Monnaies gauloise. Dessins originaux.

1975 *a*. DROUET (Ch.). Sur les types les plus habituels des médailles gauloises. 1839, in-8.

2030 *a*. FARETZ (F.). Lettre sur la médaille portant ARTVE, etc. 1860, in-8.

2043 *a*. COURNAULT. De l'usage des rouelles chez les Gaulois. 1864 (?) in-8.

2064 *a*. LIÉNARD. Diss. sur des caractères angulaires des monnaies de la Gaule belgique, etc. (vers 1837), in-8, planches.

2085 *a*. PEDRUSI (P.). Cesari in oro, etc. raccolti nel Farnese Museo, etc. 1694-1727, 10 vol. in-fol., fig.

2122 *a*. BIZEUL (L.-J.-M.). Des moules monétaires. 1862. in-8.

A propos des moules trouvés près de *Coulonches* (Orne), en 1853.

2138. Ajouter :

Bibliographie de la question.

2144 *a*. St-MESMIN (FEVRET de). Not. sur les cachets des oculistes romains. 1829, in-8. — Addition, 1835.

2146 *a*. PHILLIPPE. Archéologie médicale. Cachets d'oculistes romains. 1847, in-8.

A propos de la publication de Sichel (no 2145).

18e Section. — Épigraphie

2178 *a*. MÈGE (Al. du). Mém. sur 4 inscriptions antiques [relatives au culte de Diane]. 1834, in-4.

2201 *a*. MAUTOUR (MOREAU DE). Remarque sur une inscription de Tetricus le fils. 1723, in-4.

2220 *a*. ALLMER. Note sur plusieurs monts épigraphiques [prétendus romains]. 1861, in-8.

2231 *a*. BOISSIEU (A. de). De la Table de Claude.

Inscriptions antiques de Lyon. 1846-54, in-4, p. 133.

19e Section. — Linguistique

2252 *a*. MICHAULT. Glossaire celtique.

Mélanges historiques. 1754, 2 vol. in-12.

2296 *a*. PARROT (de). Essai sur l'origine celtique de la langue latine. 1840, in-8.

2302 *a*. MARLIN. Diss. philologico-historique sur la langue des Gaulois. 1850, in-8.

2312 *a*. COLLIER-BORDIER. Études sur l'antiquité de la langue celtique. 1860, in-8.

2317 *a*. MICHALOWSKI. Not. sur les plus anciennes langues de la France. 1863, in-4.

2328 *a*. BOLZA (J.-B.). Beitrag zum Studium der gallo-italischen Dialecte. 1869, gr. in-8.

2338. Ajouter :

Voir aussi son *Vocabulaire étymologique des différents noms des monts celtiques*, dans l'ouvrage de CAMBRY, *Monuments celtiques*, p. 290-394.

2375 *a*. LE HÉRICHER (Ed.). Histoire et glossaire du normand, de l'anglais et de la langue française. 1864, in-8.

Chap. VII : origines celtiques; VIII : — latines; IX : — germaniques.

20e Section. — Histoire littéraire

2382 *a*. LEYSER (P.). Historia poetarum et poematum medii ævi, etc. 1721, p. in-8. — Nouv. titre, 1741.

2384 *a*. KLOTZ (Chr., Ad.). Dissertatio de carminibus bellicis quorumdam populorum. 1767, in-8.

2388 *a*. ECKSTEIN (bon d'). Des Bardes parmi les peuples celtiques. 1828 et 1829, in-8.

2389 *a*. ROCHET (l'a.). Écoles méniennes [à Autun]. 1847, in-8.

2389 *b*. MONNARD (Ch.). De Gallorum oratorio ingenio, etc. 1848, in-8.

2389 *c*. BADÉ. Origines de la littérature française. 1842, in-8.

2397 *a*. DUPLESSIS. Les Écoles de la Gaule rom. et ses rhéteurs, etc. 1869, gr. in-8.

2398 *a*. VARRON (de Narbonne ?) [né vers 81 av. J.-C.]. Fragments de poëmes géographiques et autres.

2414 *a*. JULIEN, empereur, né en 331. — Voir les nos 104-108.

2416 *a*. BRUNET (Gve). Not. sur Marcellus le Bordelais, etc.

2423 *a*. TAURUS ÆMILIANUS [né vers 400]. De re rustica.

2e SÉRIE. — QUESTIONS TOPOGRAPHIQUES

Alesia

2478 *a*. MAILLARD DE CHAMBURE (Ch.). Rapports sur les fouilles faites à Alise en 1839. 1841, in-4; 3 pl.

2478 *b*. LANDRIOT (l'a.). Note, etc. [sur la fondation d'Alésia, attribuée à Hercule par Diodore de Sicile]. 1847, in-8.

2502 *a*. LENORMANT (Fr.). Fragment

d'une excursion archéol. dans le Sud-Est de la France (Alise). 1857, in-8.

2517 *a*. MARET (A.). Alise et Alaise. 1858.

2522 *a*. LENORMANT (Fr.). Mém. sur l'Alésia des Commentaires de César. 1859, in-8.

2526 *a*. PROTAT (F.-H.). Deuxième étude sur les inscr. des enceintes sacrées gallo-rom.; inscription d'Alise.

2530 *a*. CHIFLET (vte). Une excursion en Bourgogne [à Alise]. 1861, in-8.

2573 *a*. LONGPÉRIER (A. de). Note sur deux monnaies de plomb trouvées au mont Berny. 1864, in-8.

Pièces portant ALESIENS...

2600 *a*. PESQUIDOUX (Dubosc de). Les quatre Alésia. 1868, in-8.

Amagetobriga

2604 *a*. A***. Découvertes faites sur le Rhin d'Amagetobrie et d'Augusta Rauracorum, etc. 1796, in-12.

2606 *a*. GOLBÉRY (de). Rapport sur un mém. [alors ms.] relatif à l'emplacement d'Amagetobrie, par M. Gravier. 1843, in-8.

Conclusion pour Pontaillier.

Avaricum

2620 *a*. CATHERINOT. Le vrai Avaric. 1683, in-4.

Beneharnum

2636 *a*. * Discussion sur l'emplacement de Beneharnum. 1850, in-8.

Ben. placé à Orthez.

Après 2658. Ajouter à l'observation :

Voir aux départements celui de la Nièvre.

2678. — Lire Cobiomagus. — Sur Cobiomagus, Crodonum et Vulchalo (villes citées par Cicéron, pro Fonteio), voir Caron, *Dictionn. géogr. de l'arrt de Béziers*, p. 32.

Coriallum

2683 *a*. ROSTAING (E. de). Coriallo et le pagus coriovallensis du Cotentin, etc. 1860, in-8.

Dittation

(*Section additionnelle.*)

2683 *b*. GIRAULT (Cl.-X.). Rech. histor. et géograph. sur l'ancienne v. de Διττάτιον. 1811, in-8.

Annoire (Jura).

2683 *c*. DELACROIX (A.). La ville antique de *Dittation*. 1868, in-8.

« Dissey ? » (Saône-et-Loire).

Genabum, Cenabum

2720. Ajouter :

Voir aussi à la série départementale, section Loiret, les articles sur *Orléans*, *Gien* et *Marigny*.

Gergovie

2731 *a*. BERTHIER. Analyse de la poterie de Gergovia. 1828, in-8.

2733 *a*. MIOCHE (Fr.). Not. sur une pierre gravée trouvée à Gergovia [avec la légende viriov]. 1855, in-8.

2733 *b*. FISCHER (A.). Encore Gergovia ! 1855, in-8.

Gergovia Boiorum

2741 *a*. LAMOTTE (Brugière de). Essai sur la Gergovia des Boïens. 1839, in-8.

Itinéraire d'Annibal

2782 *a*. MURITH. Diss. prouvant qu'Annibal a passé avec son armée par le Grand St-Bernard (Avant 1813; titre incertain.)

2805 *a*. BEAUJOUR (F. de). De l'expédition d'Annibal en Italie, etc. 1832, in-8.

2807 *a*. * La vallée de Barcelonnette. Passage d'Annibal par les Alpes. 1838, in-8.

2807 *b*. LAVALLETTE (Daudé de). Rech. sur l'hist. du passage d'Annibal d'Espagne en Italie, à travers les Gaules. 1838-1840, in-8.

2816 *a*. * Observation sur un ouvrage intitulé : Note sur le passage d'Annibal, de J. Replat [no 2814], par un visiteur d'Aix. 1854, in-8 ; 27 p.

2820 *a*. ROUSSILLON (de). Annibal et le Rhône. 1860, in-4.

2834 *a*. GUILLEMINET. Passage des Alpes par Annibal. 1866, in-8.

Conclusion pour le mont Genèvre.

2839 *a*. DUCIS (l'a. C.-A.). Annibal et l'Alpe Pœnine. 1869, in-4.

2839 *b*. — Polybe et le Rhône. 1869.

2839 *c*. — Les Gésates, Hercule et Annibal. 1839, in-4.

2842. — Ajouter aux observations :

G. Gisi (*Quellenbuch*, etc., chap. 2) examine à fond la question et conclut résolument en faveur du Petit St-Bernard. Cp. Rev. arch. 2e série, t. XXII, 1871, p. 173.

Portus Itius

2869 *a*. DESCHAMPS (d[r]). Diss. sur le Sinus Itius. 1833, in-8.

2869 *b*. MOREL DE CAMPENELLE. Mém. sur le Portus Itius. 1835, in-8.

Conclusion pour Ritiouville, à l'embouchure de l'Authie.

2871 *a*. * Discussion sur la position du Portus Itius. — *Congrès archéol.* XXVIIe session, tenue à Dunkerque en 1860. 1861, p. 57-73.

Observations par Carlier (le P. I. à Calais), Wykeham-Martin (— à Boulogne), l'a. Haigneré (Id.), Tailliar (— à Wissant), L. Cousin (— à Boulogne), c[te] d'Héricourt, Mgr de Ram (pas de solution).

2885. Ajouter :

Voir à la série départementale, section Oise, l'article sur *Pont Sainte-Maxence*.

Lunna

(*Section additionnelle.*)

2886 *a*. AIGUEPERSE (A.-J.-B. d'). Rech. sur l'emplacement de Lunna et sur deux voies traversant la partie Nord du dép[t] du Rhône. 1844, in-8. 2e éd. corrigée, 1853.

2886 *b*. — Lettre à M. Auguste Bernard (sur l'emplacement de Lunna). 1847.

2886 *c*. — Lettre à M. Peyré sur la découverte d'une v. gallo-rom. [*sc.* Lunna]. 1853, gr. in-8.

2886 *d*. — Rech. nouvelles et dernières sur l'emplacement de Lunna. 1857, in-8.

Conclusion : Deux stations de Lunna placées la première à Villefranche, la seconde à Belleville. « On a placé successivement Lunna 1° à Lurcy; 2° à Lugny; 3° à Cluny; 4° à Beaujeu; 5° à Lancié; 6° à St-Jean-d'Ardière; 7° à Villefranche; 8° entre Belleville et Beaujeu ». (Note de l'auteur.)

Mare conclusum

2889 *a*. TRANOIS (C.). La petite mer appelée Morbihan. 1853, in-8.

Mare conclusum expliqué par le golfe du Morbihan.

Mauriacus

2896 *a*. CROUZET (H.). Essai... sur la bataille catalaunique. 1863, gr. in-8.

Mauriacus placé à Mauriac (Cantal). Cp. les n°s 2890 et suiv.

2897. — Ajouter :

Voir aussi Binding, *Das Burgundisch-romanische Königreich*. Leipzig, 1868, p. 45, et une lettre de d'Arbois de Jubainville, insérée dans les *cc. rr. de la Soc. franç. de numismat. et d'archéol.* t. II, 1870, p. 258.

Mediolanum

2898 *a*. JOLIBOIS (l'a.). Diss. sur le Mediolanum des Ségusiens. 1847, gr. in-8.

Placé par d'Anville à Meys; par Walckenaer à Meysieux; par Aug. Bernard à Moingt; par l'auteur à Hauterive.

2898 *b*. JOLIBOIS (l'a.). Diss. sur les *Mediolanum* et les *Fines* des Itinéraires, etc. 1851, gr. in-8.

2898 *c*. MARET (A.). Le Mediolanum du Forez. 1861, in-4.

Placé à Meylieu, mais sous réserves.

Mesua

(*Section additionnelle.*)

2898 *d*. THOMAS (E.). Sur l'ancienne Mesua. 1840, in-8.

« Mesua n'est pas Mèze, mais plutôt Maguelone. »

Nasium

2902 *a*. DENIS (Cl.-Fr.). Diss. sur les voies rom. qui se croisaient à Nasium. 1846, in-8.

A la fin de la section Nasium, ajouter :

Voir aussi, au dép[t] de la Meuse, les articles sur *Bar-le-Duc*.

Prætorium

2907 *a*. BRISSAUD. Obs. sur la prétendue identité... de Bridiers et de Prætorium. 1863, gr. in-8.

Quentovic

2909 *a*. BOUCHER (J.), d'Abbeville. Rech. sur l'ancien port de Quentovic, etc. 1829, in-8.

Samarobriva

2928 *a*. LANDE (Mangon de la). Second

mém. sur... Samarobriva. Amiens, 1828, in-8.

2934 *a*. DESAINS. Réfutation des opinions émises par M. de C. [Cayrol] et M. Rigollot, sur le mém. de M. de la Lande, intitulé *Samarobriva*. 1839, gr. in-8.

Segora

2934 *b*. BIZEUL (L.-J.-M.). De l'ancienne Segora. 1822, in-8.

2935 *a*. FAYE (L.). Examen des recherches faites jusqu'à ce jour sur la mansion rom. Segora. 1852, in-8.

2936 *a*. BIZEUL. Segora, la Ségourie; Faye l'Abbesse ou la station Segora. 1862, in-8.

2936 *b*. MARTIN (Tr.). Note sur la station Segora, etc. 1862, in-8.

Historique de la question; Segora placée successivement à Doué (Bodin), à Lezon, Montreuil-Bellay, Mortagne (Is. Massé), à Sernec, Segondiny, Sigournay, Segré (Walckenaer), à la Ségourie, cne de St-Remy en Mauges. (Tristan Martin et plus tard F. Parenteau).

2936 *a*. PARENTEAU (F.). Segora (statio). 1870, in-8.

— Ajouter à la fin de la section Segora :

Voir aussi L. Audé, Voie rom. de Poitiers à Nantes, etc.

2940. Ajouter :

Cp. le no 3005.

Tauroëntum

2941 *a*. THIBAUDEAU (A.-Cl.). Mém. sur les nouvelles ruines trouvées près de Tauroëntum. 1804, in-8.

2941 *b*. ACHARD (Cl.-Fr.). Mém. sur Tauroëntum. 1804, in-8.

Ventia

(*Section additionnelle.*)

2990 *a*. GUILLEMAUD (J.). Ventia et Solonium. — Cp. le no 3005.

Pour la bibliographie de la question (emplacement de la Ventia de Dion Cassius, XXXVII, 47), voir Ed. Blanc, dans la *Rev. archéol.* avril 1876, p. 268.

Uxellodunum

2955 *a*. LAROUVERADE (L.-A. de). Uxellodunum [placé au Puy d'Issolu].

Études... sur le Bas-Limousin. 1864, p. 73.

Après le no 2993 : **Vulchalo.** — Voir Cobiomachus.

3e SÉRIE. — RÉGIONS

Allobroges

3000 *a*. CHUIT (chne). Not. histor. sur les Allobroges, etc. 1830, in-8.

3003 *a*. DUCIS (l'a.). Encore les Allobroges et les Ceutrons en Faucigny. 1866, in-4.

3004 *a*. DUCIS (l'a.). Les Allobroges sous la république rom. 1869, in-4.

Région des Alpes

3009 *a*. RAYMOND. Carte topographique et militaire des Alpes, etc. 1820, gr. in-fol., 13 f.

3014 *a*. OLLIVIER (dr). Étude géogr. sur quelques peuples des Alpes inscrits sur les arcs de la Turbie et de Suse. 1870, gr. in-8.

3051. — Ajouter :

Voir une réfutation de ce travail par l'a. Robin, sous le no 7230.

Anjou

3054 *a*. BIZEUL (L.-J.-M.). Rapp. sur les voies rom. de l'Anjou. 1841, in-8.

Aquitaine. — Guienne

3063. — Ajouter : Autre éd. 1777 (t. IV des Œuvres complètes, éd. de Naples, en 8 vol. in-4 (livr. 1-10).

3081 *a*. CIROT DE LA VILLE (l'a.). Origines chrétiennes de l'Aquitaine. 1862, in-8.

3083 *a*. CASTAING (Al.). L'Aquitaine à l'époque de César. — 1870, in-8.

Région des Ardennes

3084 *a*. IMBERT. De Pagis cis Rhenum. 1818.

Armorique

3091 *a*. LAPRISE frères (de). Extrait (par

Gosseaume) d'un mém. [lu en 1786] sur la situation des peuples armoriques des Gaules au temps de César. 1821, in-8.

3095 *a*. LE BOYER (J.). Observations sur la Gaule celtique et sur l'Armorique. 1823, in-8.

3105 *a*. BIZEUL. Explication d'une carte de la Bretagne armorique. 1849, in-8; 1 carte.

3107 *a*. VOISIN (l'a.). Origines armoricaines. 1859, in-8.

3113 *a*. JEHAN (de St-Clavien). Les monts primitifs de la Bretagne armorique comparés à ceux... de la même période en Angleterre, etc. 1864, in-8.

Arverni, Auvergne

3177 *a*. * Mélanges archéologiques ou recueil de dessins d'objets trouvés en Auvergne. Clermont-Ferrand, F. Thibaud, in-4; 29 pl.

3177 *b*. THIBAUD (E.). Guide en Auvergne... Itinéraires... aux eaux thermales. In-12; pl.

Arvii

3180 *a*. OZOUVILLE (W. d'). Note sur les Arviens et les Diablintes. 1855, in-8.

3180 *b*. PIOLIN (dom P.). Ex-voto monumental de l'église des Sauges. La cité des Arviens. 1858, in-12.

Basques

3214 *a*. DUVOISIN (J.). Origines des Basques, etc. 1841 et 1842, in-8.

Béarn

3235 *a*. CÉNAC-MONCAUT. Rech. sur les camps gaulois et les camps rom. du Béarn. 1869, in-8.

Beaujolais

3237 *a*. ROCHE-LACARELLE (bon F. de). Histoire du Beaujolais. 1853, 2 vol. gr. in-8.

Berry

3259 *a*. CATHERINOT. Les fondateurs de Berry. 1686, in-4.

3264 *a*. BENGY-PUYVALLÉE (Ph.-J.). Mémoire hist. sur le Berry... Rech. sur le siége de Bourges, par César. 1842, in-8.

3268 *a*. ROUVRE (de). Guerres de César en Berry. Études relatives aux camps de Maubranches, d'Allian et d'Avor. 1864, in-8; carte.

3269 *a*. PÉRÉMÉ (A.). La carte des Gaules et qq. localités du Berry. 1864-65, in-8.

Boïens

3277 *a*. ASCHBACH (J.). Die Boier und Azalier unter... Trajan in Pannonien. 1858, in-8.

3277 *b*. CHAZAUD (A.-M.). Encore les Boïens, etc. 1861, gr. in-8.

Boulonnais

3281 *a*. DRAMARD. Bibliographie géogr. et histor. du Boulonnais. 1868, in-8.

Bresse

3290 *a*. GASPARD (dr). Mém. sur les routes rom. de la Bresse Chalonnaise. 1856, in-4; 1 carte.

Bretagne

3317 *a*. ATHENAS. De l'île de Sein, des Menez-Bré, des Britones, des Britanni, etc. 1823, in-8.

3330 *a*. TOURNAI. Monts celtiques de la Bretagne. 1844, gr. in-8.

3331 *a*. BIZEUL (L.-J.-M.). Explication, etc. — Voir le no 3105 *a*.

3331 *b*. MONNERAYE (Ch. de la). Mém. sur l'étude des villes et voies rom. [en Bretagne]. 1849, in-8.

Burgondes, Bourgogne

3359. — Ajouter :

Voir plus loin le no 3525.

3372 *a*. BECHET (E.). Diss. sur l'origine et le nom des Bourguignons. 1825, in-8.

3378 *a*. CHIFLET (vte). Un chapitre de notre histoire burgonde. 1859, in-8.

3380 *a*. BAUDOT (H.). Mém. sur les sépultures des Barbares de l'époque mérovingienne découvertes en Bourgogne, etc. 1860, in-4. — Appendice.

3380 *b*. VALENTIN-SMITH. Notions sur l'origine et le nom des Burgondes, etc. 1860, in-4.

3380 *c*. — Note sur l'origine et le nom des Burgondes. 1860, gr. in-8.

3380 *d*. — Notions histor. sur le 2e établissement des Burgondes dans la Germanie occidentale, vers le Mein. 1861, in-4.

3381 *a*. BEAUVOIS (Eug.). Histoire légendaire des Francs et des Burgondes, etc. 1867, in-8.

Cadurci, Quercy

3382 *a*. DOMINICI. [*Ms*.]. Histoire curieuse du... Quercy. In-fol.

3387 *a*. CRAZANNES (bon CHAUDRUC de). Diss. sur un mont votif élevé par la cité des Cadurci à Maruas Lucterius Leo, prêtre de l'autel d'Auguste. 1841, in-4.

Caletes, Caux

3404 *a*. GUÉROULT (E.). [*Ms*.] *Le Calidu et ses monnaies* (en deux parties). 1re part. Topogr. et numismat.; 2e part. Le fief Calidu. 1869; 100 p.

Centrons, Ceutrons

3427. — Ajouter :

Voir Aug. BERNARD, Lettre à M. L. Renier concernant quelques inscriptions de la Savoie, etc. 1857. (*Centrones* remplacé par *Ceutrones*); et Léon RENIER, sur une inscr. rom. découv. dans les environs des bains de St-Gervais, en Savoie, etc. 1859. (Même conclusion.) — Voir aussi, dans la série départementale, section HAUTE-SAVOIE, les articles sur *la Forclaz*.

3428 *a*. DUCIS (l'a. C.-A.). Les Ceutrons dans le haut Faucigny. 1866, in-4.

Voir aussi le no 3003 *a*.

3428 *b*. — Jules César et le Petit St-Bernard. Les Ceutrons et les Salasses. 1866, in-4.

3428 *c*. — Le Forum des Ceutrons. — Un procès archéologique (même sujet). 1866, in-4.

Convenæ

(*Section additionnelle*)

3439 *a*. CASTILLON (H.). De la religion des anciens Convenæ. 1842, in-8.

Voir aussi le no 6194 *a*.

Curiosolites

3449 *a*. BIZEUL (L.-J.-M.). Des Curiosolites; de l'importance de Corseult au temps de la domination rom., etc. 1858, in-8.

Dauphiné

3452 *a*. [*Ms*.] JUVENIS (R. DE). Histoire du Dauphiné (vers 1650).

3457 *a*. LEBRUN (Mme C.). Le Dauphiné, etc. 1848, in-8.

3458 *a*. ROCHAS (Ad.). Biographie du Dauphiné. 1856, 1860, 2 vol. in-8.

3462 *a*. CHARVET (dr). Mém. sur les grands ossements fossiles du Dauphiné. 1860, in-8.

Diablintes

3475 *a*. ETOC-DEMAZY (Fr.). Diss. sur le pays des Diablintes, etc. (1842). 1844, in-8.

3475 *b*. OZOUVILLE (W. d'). Note sur les Arviens et les Diablintes. 1855, in-8.

Dormois

3483 *a*. BARTHÉLEMY (Ed. de). Le Dormois. 1857, in-8.

Éduens

3490 *a*. MONNIER. Études sur l'invasion des Helvètes dans le pays éduen. 1857, in-8.

Flandre française

3513 *a*. DERODE (V.). La Flandre maritime avant le ve siècle. 1859, in-8.

3513 *b*. — Les ancêtres des Flamands de France. 1865, in-8.

3513 *c*. HARBAVILLE. Établissement des Saxons sur le littoral des Flandres. 1854, in-8.

3513 *d*. BRUN-LAVAINNE. Transportation des races germaniques sur le littoral des Flandres. 1854, in-8.

Franche-Comté

3528 *a*. HUGON DE POLIGNY (cte). La Franche-Comté ancienne et moderne, etc. 1857, 1859, 2 vol. gr. in-8.

Pays de Gex

3549 *a*. BÉATRIX. Histoire du pays de Gex. 1851, in-8.

Lemovices, Limousin

3591 *a*. ARDANT (M.). Étude sur les voies gallo-rom. du Limousin et de la Marche. 1857, in-8.

3598 *a*. LAROUVERADE (L.-A. de). Études historiques et critiques sur le Bas-Limousin. 1860-64, in-8.

Région de la Loire

3614 *a*. TOUCHARD-LAFOSSE. La Loire historique, pittoresque et biographique. 1840-45, in-8.

Lorraine

3625 *a*. GOUREAU. Rech. sur qq. camps anciens dans la Lorraine. 1840, in-8.

3630 *a*. LANCE (G^ve^ de la). De quelques vestiges rom. en Lorraine... 1856, in-8.

Mâconnais

3645 *a*. FERRY (H. de). L'Homme préhistorique du Mâconnais. 1868, in-8.

3645 *b*. ARCELIN (A.) et FERRY (H. de). L'âge du renne en Mâconnais, etc. 1869, in-8.

Maine

3660 *a*. CHARLES (L.). Ruines gallo-rom. dans l'ancien Maine. 1866, in-8.

Mandubii

3662 *a*. MAILLARD DE CHAMBURE. Mém. sur le culte que les Mandubiens rendaient au bœuf Apis. 1825, in-8.

Midi de la France

3674 *a*. DUBARRY (LOLOR-A. DU BARRY, signant). Not. sur qq. camps anciens dans le Midi de la France. 1834, in-4

3674 *b*. CASTELLANE (m^is^ de). Notes sur les rois goths qui ont régné dans le Midi de la France et sur leurs monuments, etc. 1836, in-8; vign.

3675 *a*. CASTELLANE (m^is^ de). Inscriptions du ve au xe siècle (puis du ve au XVIe s.), recueillies principalement dans le Midi de la France. 1836, in-4; 1 pl. Supplément. 1841.

3685 *a*. L*** (curé breton). Lettre adressée à M. de Caumont par M. l'abbé L***, à son retour de Rome. 1869, in-8.

Morini. — Morinie

3689 *a*. GIVENCHY (L. de). Not. sur qq. mon^ts^ celtiques... existant dans la Morinie. 1835, in-8.

3689 *b*. FRÉCHON (l'a.). Mém. sur l'introduction du christianisme dans la Morinie. 1845, in-8.

Voir aussi sur la Morinie les n°s 3728 *a* et *b*.

3698. — Ajouter :

Voir une rectification de cet article au Catalogue alphabétique, TRAVERS (N.), *Explication* etc. 1723.

Région de la Moselle

3697. — Ajouter à l'observation :

Voir aussi série étrangère, section PRUSSE RHÉNANE, articles sur *Trèves*.

Nannètes

3693 *a*. BIZEUL (L.-J.-M.). Des Nannètes et de leur ancienne capitale. 1851, in-8.

Narbonnaise

3706 *a*. JOUGLAR. Not. sur les limites de la Narbonnaise et de la Novempopulanie, etc. 1860, in-4.

3706 *b*. BARRY (Edw.). De la forme des chars rustiques de la Narbonnaise, etc. 1860, in-4.

3707 *a*. HERZOG (E.). Gallia Narbonensis provinciæ romanæ historia, etc. — Appendix epigraph. 1864, gr. in-8.

3707 *b*. SABATIER. Des 1res prédications et de l'établissement du christianisme dans la Gaule Narbonnaise. 1868, in-8.

Nervii

3717 *a*. CATULLIUS (A.). Nervii, Tornacum, etc. 1652, in-4.

3717 *b*. GAUTERAN (F.). Question historique où il est traité si Tournai est une ville des anciens Nerviens, etc. 1658, in-8.

3717 *c*. MUTTE (H.-D.). [*Ms.*] Diss. où l'on montre que les peuples de l'ancien diocèse de Cambrai... étaient Nerviens, etc.

3718. (Voir les corrections). — Ajouter à la fin de l'article : Cp. les nos 7952, 8009, 10576 et suiv. (TOURNAI).

3718 *a*. LAMBIEZ (le p. J.-B.). * Diss. sur la capitale des Nerviens. S. d. In-8.

Bavacum.

Nivernais

3723 *a*. CROSNIER (l'a.). * Tableau synoptique de l'histoire du Nivernais, etc., *alias :* Coup d'œil sur l'histoire de la Nivernie avant J.-C. 1870, gr. in-8.

Nord de la France

3727 *a*. TAILLIAR. Coup d'œil sur les destinées du régime municipal rom. dans le Nord de la Gaule. 1836, in-8.

3728 *a*. BOUTHORS. Principaux établissements des Francs Saliens et Austrasiens en Morinie, etc. 1854, in-8.

Résumé analytique.

3728 *b*. MORTIER (du). Principaux établissements des Francs... en Morinie, etc. 1854, in-8.

3728 *c*. DANCOISNE. Un mot sur la monnaie de verre dans le Nord des Gaules. 1854, in-8 ; 1 pl.

Nord-Est de la France

3738 *a*. BÉGIN (E.-A.). Le Polythéisme dans le N.-E. de la France. — Voir le no 533 *a*.

Normandie

3775 (refait). GERVILLE (de). Des villes et voies rom. en basse Normandie, etc. — Supplément. S. d. (avant 1846). In-8.

3775 *a*. BARRY (Edw.). Poids gallo-romains découverts en Normandie. 1870, in-8.

Novempopulanie

3782. — Ajouter à l'observation :

Cp. le no 3706 *a*.

Orléanais

3786 *a*. VERGNAUD-ROMAGNÉSI. Mém. sur des médailles rom. et divers objets antiques, trouvés dans l'Orléanais. 1833, in-8.

Ouest de la France

3794 *a*. PARKER (J.). Notes of a tour in the west of France. 1852, in-4.

Picardie

3819 *a*. ESSIGNY (L.-A. GRÉGOIRE d'). Description, etc. — Voir le no 1221 *a*.

Ponthieu

(*Section additionnelle*)

Voir le département de la Somme.

Provence

3917 *a*. CASTELLAN (l'a.). Diss. sur la religion des anciens Provençaux. 1819, in-8.

3924 *a*. ROUARD. Lettre... sur une inscription romaine trouvée en Provence. 1854, in-8.

Région du Rhin

(*Section additionnelle*)

Voir, dans la série étrangère, la section RÉGION RHÉNANE.

Roussillon

3943 *a*. JAUBERT DE RÉART. Souvenirs celtiques en Roussillon. 1837, in-8.

3946 *a*. MENETRIER. Not. sur la voie rom. dans le Roussillon, etc. 1870, in-8.

Santones. — Saintonge

3973 *a*. LESSON (R.-P.). Ère celtique de la Saintonge. 1847, in-8.

3974 *a*. LACURIE (l'a. Aug.). Quels ont été les résultats politiques de la domination rom. en Saintonge ? 1856, in-8.

3975 *a*. LACURIE (l'a. Aug.). Mém. sur la géographie de la Saintonge, etc. 1867, in-8.

Région de la Saône

3977 *a*. VALENTIN-SMITH. Les Insubres des bords de la Saône. 1850, gr. in-8.

3979 *a*. MARCHANT (L.). Not. sur divers instruments en pierre, en os, etc..., trouvés dans la Saône. 1866, in-8.

3979 *b*. ARCELIN (A.). Note sur les antiq. préhistoriques de la vallée de la Saône. 1867, in-4.

3979 *c*. FERRY (H. de). Les gisements archéol. des rives de la Saône. 1867, in-8.

3979 *d*. ARCELIN (A.). Les Berges de la Saône. Temps celtiques, etc. 1867.

Savoie

(*Ancienne province*)

3979 *e*. GUICHENON (S.). Histoire généalogique de la royale maison de Savoie, etc. 1660, 2 vol. in-fol. — Nouv. éd. 1778-80, 5 tomes en 2 vol. in-fol.

Antiquités; inscriptions.

3983 *a*. LOCHE (g[al] c[te] de). Not. sur la rech. des mon[ts] antiques en Savoie. 1825, in-8.

3983 *b*. MÉNABRÉA (L.). De la marche des études histor. en Savoie et en Piémont. 1839, in-8.

3985 *b*. BERNARD (Aug.). Lettre à M. L. Renier, concernant qq. inscriptions de la Savoie. 1857, in-8.

3989 *a*. REVON (L.). Les Troglodytes de la Savoie. 1863, in-4.

3990 *a*. DESSEAUX (J.). Nice et Savoie. 1863, in-fol.

3997 *a*. BERNARD (A.). Un peuple inconnu de la Gaule Narbonnaise. 1865, 2e éd. 1866, in-8.

Sebusiani, *alias* Sebagini, assimilé aux Savoisiens.

3997 *b*. — Notes sur un peuple gaulois inconnu [en Savoie], mentionné par Cicéron. 1867, in-8.

Même sujet.

3997 *c*. DUCIS (l'a.). La Sabaudia et les Sebagini. 1868, in-4.

3997 *d*. — Origine du nom de Savoie. 1868, in-4.

3997 *e*. — Les origines de la Sapaudia. 1868, in-4.

Suite de l'art. sur l'*Origine du nom de Savoie.*

3997 *f*. — Origines des Sapaudes. — Origines des Albanais [par rapport à la Savoie]. 1868, in-4.

3999 *a*. PERRIN (A.). Études préhistoriques sur la Savoie, spécialement à l'époque lacustre, etc. 1870, in-8, avec un album in-4.

Ségusiaves

4008 *a*. ROUX (l'a. J.). Réponse à M. Valentin-Smith. 1851, in-4.

Relativement à l'impôt chez les Ségusiaves sous les Romains.

4011 *a*. BERNARD (Aug.). Réponse à l'article de M. l'a. Roux sur la « description du pays des Ségusiaves ». 1859, in-4.

4012 *a*. ROUX (l'a. J.). Réplique à M. Aug. Bernard. 1859, in-8.

Séquanes

4025 *a*. MONNIER (D.). Essai sur l'origine de la Séquanie, etc. 1818, in-8.

4025 *b*. — Culte des rochers dans la Séquanie. 1832, in-8.

Sologne

4042 *a*. BOURGOUIN d[r]). Études sur la Sologne ancienne et moderne, etc. 1867, in-8.

Antiquités; voies rom. etc.

Sotiates

4043 *a*. CRAZANNES (b[on] CHAUDRUC de). Diss. sur une médaille d'un chef des Sotiates d'Aquitaine. 1834, in-4; vign.

4043 *b*. MÉTIVIER (v[te] de). Diss. sur divers mon[ts]... de l'ancienne cité des Sotiates. 1836, in-4; 1 plan.

Touraine

4061 *a*. SALMON (A.). Rech. sur les chroniques de Touraine. 1847, in-8.

4063 *a*. PONCE (de la). Recueil de documents destinés à faciliter la rédaction d'une géographie ecclésiastique et politique de l'ancienne Touraine, etc. 1857, in-8.

Unelli

4077 *a*. CHAMP-REPUS (MARIGUES de). Viridovix, chef des Unelliens, etc. 1862, in-8.

Vadicasses

(*Section additionnelle*)

4077 *b*. DONET. Les Vadicasses dans l'Auxois.

Le Strabon de Didot, etc. 1866, in-8.

Velay

4083 *a*. CORNUT (l'a). Not. sur les limites du Velay au temps de César. 1855, in-8.

4e SÉRIE. — DÉPARTEMENTS

Ain

4150 *a*. GUIGUE (M.-C.). Inscriptions inédites trouvées dans le Valromey [à *Machurat* et à *Vieu*]. 1866, in-4.

4161 *a*. LE BLANT (Edmond). Réponse à une lettre de 1680. 1858, in-8.

Inscription chrétienne existant à *Briord*. — Sur une inscription analogue, voir L. PILLET, *Inscr. chrétienne du vie siècle trouvée à Grésy-sur-Aix*. 1861.

4173 *a*. AUBANEL. Rapport sur une diss. relative au temple d'*Isarnore*. 1807, in-8.

4173 *b*. VINCENS (Al.). Réflexion sur le temple d'*Isarnore*. 1807, in-8.

4180 *a*. MARET (A.). Obs. au sujet d'un travail de M. VALENTIN-SMITH sur l'*Histoire de Nantua* [de Debombourg]. 1860, in-4.

Aisne

4191 *a*. DEWISMES (J.-F.-L.). Manuel historique du dépt de l'Aisne. 1826, in-8.

4260 *a*. MELLEVILLE. Nouv. recherches sur Bibrax et Noviodunum. 1845, in-8.

4304. — Ajouter :

Cp. Aug. LONGNON, *la Villa Brennacum* (*Bull. de la Soc. de l'hist. de Paris*). 1875, p. 57-62.

4348 *a*. MELLEVILLE. Camp de *Mauchamps*. 1862, in-8.

4352 *a*. ROBERT (dr Eug.). Obs. sur l'emplacement du camp rom. de *Mauchamps*. 1869, in-8.

4374. — Ajouter :

Voir aussi *Bulletin monumental*, t. XXXIV, 1868, p. 456 (texte de l'inscription en fac-similé).

4473 (Refait). LEMAISTRE. Not. sur qq. restes d'antiq. découverts sur le territoire de *Vivaise*. 1836, in-8.

Allier

4496 *a*. BONNETON (J.-H.). Les bas-reliefs de *Charroux*. 1870, gr. in-8.

Basses-Alpes

4542 *a*. LAPLANE (E. de). Diss. sur une médaille attribuée à Néron et sur plusieurs autres médailles trouvées près de *Sisteron*. 1836, in-8 ; 1 pl.

Hautes-Alpes

4548. — Ajouter :

[Ms.] Consulté et cité par Gautier (Précis de l'histoire de Gap), et perdu avant 1856. (ROCHAS, *Biogr. du Dauphiné*.)

4548 *a*. ROCHAS (J.-D. de). [*Ms.*] Mémoires sur la ville de Gap.

Alpes-Maritimes

4559 *a*. GIOFFREDO. Storia delle Alpi Maritime. 1839, 2 vol. in-8.

4567 *a*. DESSEAUX (J.). Nice et Savoie. Sites, monts, etc., des dépts... des Alpes-Maritimes, etc. 1863, in-fol.

4588 *a*. CAUMONT (A. de). Fragments de l'inscription du mont de la Turbie. 1868, in-8.

4589 *a*. SAULCY (F. de). Conférence sur le mont de la Turbie. 1869, gr. in-8.

Ardèche

4599. — Ajouter :

Cp. Séance publ. de l'Acad. de Dijon, 17 déc. 1827, p. 206.

4600 *a*. QUINSON-BONNET. Not. sur des médailles rom. découvertes au pied de la montagne de *Crussol*, cne de St-Péray. 1837, in-8.

4606 *a*. ALLMER. Sur une inscription où

l'empr Tacite porte le surnom de *Gothique* (à *Tournon*).

*Note sur plusieurs mon*ts *épigraphiques*. 1861, in-8.

4606 *b*. OLLIER DE MARICHARD. Découverte de sépultures gallo-rom. à *Vallon*. 1870, in-8.

Ariège

4640 *a*. AUTHIER (l'a.). Le Prieuré d'*Unac*. 1866-71, in-4; 1 pl.

Détails sur l'époque gallo-romaine.

Aube

4726 *a*. JUBAINVILLE (H. d'Arbois de). Sur l'anneau sigillaire d'Eulogius. 1870, gr. in-8; 1 fig.

Aude

4745 *a*. MÈGE (Al. du). [*Ms*.] Mémoires sur les monts sépulcraux du dépt de l'Aude.

4750 *a*. — Conjectures sur un bas-relief de l'église St-Nazaire [à Carcassonne]. 1834, in-4; vign.

4757 *a*. St-MALO (J.). Examen de divers systèmes... sur une voie rom. de Narbonne en Ibérie. 1832, in-8.

4757 *b*. — Études sur la voie rom. conduisant de Narbonne en Ibérie. 1834, in-12.

4769 *a*. MÈGE (Al. du). Sur l'amphithéâtre de Narbonne, etc. 1841, in-4.

4780 (refait). PECH (L.). Travail posthume terminé par A. Puiggari. Deux inscriptions rom. sur un même mont du musée de Narbonne. 1867, in-4.

4780 *a*. TOURNAL. Nouvelles découvertes à Narbonne. 1870, in-8.

Six inscriptions latines.

4780 *b*. — Pierres découvertes par suite de la démolition des murs de Narbonne. — Villa près de Narbonne. 1870, in-8.

4782 *a*. CROS (J.-P.). Mém. sur des torques, cercles gaulois trouvés à *Serviès-en-Val*.

4782 *b*. COMPANYO, etc. Ile *Ste-Lucie*. 1843, in-8.

Antiq. rom.

Bouches-du-Rhône

4838. MARION. Première observation sur l'ancienneté de l'homme dans les Bouches-du-Rhône. 1867, in-8.

4872 *a*. ANDRÉ (F.). Hist. de l'abbaye des religieuses de St-Sauveur de Marseille, etc. 1863, gr. in-8.

4841 *a*. FLOUEST (Ed.) Note sur une sépulture antique découverte au *Mas d'Agon*, en Camargue. 1869-70 (1871), in-8.

4875 *a*. ACHARD (C.-F.). Rapport sur le fragment d'un mont, etc., an VI, in-4.

4881 *a*. PIPER (F.). Étude d'un ancien sarcophage chrétien de Marseille. 1865, in-8.

4979 *a*. PELET (A.). Sur une fouille du théâtre d'Arles. 1838, in-8.

5000 *a*. BARGÈS (l'a.). Not. sur un autel chrétien... près d'*Auriol*. 1861, gr. in-4; 2 pl.

Calvados

5110 *a*. DELAPORTE (A.). Nouvelles découvertes d'antiq. gallo-rom. dans le Grand-Jardin, situé à St-Jacques de Lisieux. 1869, in-8.

5113 *a*. CAUMONT (A. de). Excursion archéolog. aux environs de la gare de ***Moult-Argences***, près Caen. 1870, in-8.

5122 *a*. LONGUERUE (l'a. de). Lettres sur le village de Vieux et ses antiq. 1733, in-12.

Charente

5153 *a*. QUENOT (J.-P.). Statistique de la Charente. 1818, in-4.

Charente-Inférieure

5203 *a*. BEAUCORPS (Max. de). Les [2] dolmens d'*Ardillière*. 1869, in-8.

5205 *a*. MRAILE (A.). Sépultures mérovingiennes [et antiq. gallo-rom.] découv. à *Chadenac*. 1869, in-8.

5227 *a*. CRAZANNES (bon Chaudruc de). Diss. sur un olla cinéraire [trouvée à Saintes] et sur son inscription. 1834, in-4.

Cher

5276. Cet article fait double emploi avec le no 5254, édité par J. Bernard.

5279 *a*. SAINT-HIPPOLYTE (de). Rech. sur qq. points historiques relatifs au siège de Bourges... par César, etc. 1842, in-8.

5280 *a*. DUPLAN (P.) fils. Débris de mon[ts] antiques découverts à Bourges. — Le siège et la destruction d'Avaricum, etc. 1857, in-8.

5285 *a*. DUMOUTET (J.). Fouilles des caves du palais du duc Jean de Berry. 1862, in-8 ; pl.

5286 *a*. GIRARDOT (b[on] de). Cimetière gallo-rom. de Seraucourt, à Bourges. (Fouilles de 1848.) In-fol., 7 pl. et 1 pl. lithographiée.

5287 *a*. HIVER DE BEAUVOIR et BOYER. Not. sur les pierres sépulcrales du cimetière des Capucins de Bourges. 1861, in-8.

5302 *a*. PÉRÉMÉ (A.). Antiq. de Neuvy-sur-Baranjon. 1862, in-8.

5305 *a*. * Quelques notes sur Noviodunum Biturigum. Bourges (1867?). In-4.

« Cette brochure est de Mgr de La Tour d'Auvergne, archevêque de Bourges. » (Note de M. T.-O. ROGER.)

5308 *a*. CERTAIN (de). De l'origine de Sancerre. 1858, in-8.

5308 *b*. CHAVAUDRET. Obs. histor. sur la v. de Sancerre. 1861, in-8.

5311 *a*. GEMAHLING. Note relative au château Gordon, près Sancerre, et à la place Gordaine, à Bourges. 1857, in-8. — Note complémentaire, 1858.

Corse

5337 *a*. THOMAS (Eug.). Examen critique des anciens noms de l'île de Corse. 1855, in-8.

5340. Ajouter à la fin de la section CORSE :

Voir TOURANJON, *Catalogue de la Bibliothèque d'Ajaccio*. 1879, in-8, p. 638-640.

Côte-d'Or

5398 *a*. ROSSIGNOL. Histoire de Beaune, etc. 1854, in-8.

5421 *a*. GUILLEMOT (P.). La colonne de Cussy. 1852, in-4.

5446 *a*. LESCHEVIN. Notice sur les antiq. trouvées dans la Saône, à *Pontailler*... In-8.

Côtes-du-Nord

5508 *a*. CORNILLET. Monnaies trouvées à *Lamballe*. 1826, in-8.

5512-5513. Supprimer le n° 5512 et mettre le nom de l'auteur de cet article en tête de l'article 5513.

5521 *a*. BIZEUL (L.-J.-M.). Rech. sur les enceintes à murailles ou retranchements vitrifiés, à l'occasion du camp de Péran. 1849, in-8 ; 12 p.

5527 *a*. LE FOL (l'a.). Enceinte fortifiée de *Plésidy*. 1869, in-8.

5532 *a*. TRAVERS (N.). Explication histor. et littérale de trois inscriptions rom. que l'on voit... à *St-Meloir* en Bretagne. 1728, in-12.

Creuse

5540 *a*. * Notice sur le dép[t] de la Creuse. — *Almanach de la Creuse* pour l'an XI (1802), in-12.

5562 *a*. EVRARD. — GRANGE, éditeur. Histoire de l'antique v. d'*Ahun*. 1857, in-12.

5571 *a*. ARBELLOT (l'a.). *Évaux Champ-Cé* et St-Georges-Nigremont. 1846, in-8.

5573 *a*. BOSVIEUX. Bains rom. d'*Evaux*. 1854, in-8.

5574 *a*. QUÉRAT. Not. sur la ville... de *Felletin*. (1865 ?), in-8.

Doubs

5672 *a*. SEGUIN (J.). [*Ms.*]. Description des mon[ts] antiques découverts près de *Jalleranges*, etc. 1768.

5672 *b*. MALARD. Lettre sur la découverte de constructions antiques à *Jalleranges*). 1837, in-8.

Drôme

5717 *a*. CHARVET (d[r]). D'une caverne à ossements à *Laval en Royans*, 1851, in-8.

Eure

5762 *a*. CANEL (A.). Découvertes inédites d'antiq. dans l'arr[t] de Pont-Audemer. 1869, in-8.

5798. Article appartenant au dép[t] de l'Oise (n° 8085).

5799 *a*. CARESME (l'a. A). Découverte de sépultures anc. à *Louviers*. 1868, in-8.

Finistère

5883 *a*. BIZEUL (L.-J.-M.). Voies rom. du dép. du Finistère. 1849, in-8.

5898 *a*. BLOIS (A. de). Découverte d'un cimetière gallo-rom. [près de *Carhaix*]. 1868, in-8.

5915 *a*. RICHER (E.). L'Ile de Saine (auj. Sein). 1825, in-8.—Cp. le n° 3317 *a*.

Gard

5941 *a*. FERRIÈRE (l'a. de la). Abrégé de l'histoire de Nîmes, etc. 1753, in-12.

5963 *a*. VALETTE DE TRAVERSAC (l'a.). Sonnets sur les antiq. de la v. de Nismes. 1750, in-8. grav.

Avec remarques sur les antiq.

5971 *a*. GERMER-DURAND (E.). Mon^{ts} celtiques du Gard. 1862, in-8.

5993 *a*. DELON. De l'usage que l'on peut faire de l'aqueduc nouvellement découvert. 1787, in-8. — Supplément.

6001 *a*. * Not. sur les découvertes faites autour de la Maison-Carrée, en 1820-21. Nismes, 1823, in-8 ; pl.

Haute-Garonne

6112 *a*. CURIE-SEIMBRES (A.). Mém. sur les lieux correspondant aux trois stations indiquées dans l'itinéraire d'Antonin, entre Lugdunum Convenarum [St-Bertrand-de-Comminges] et Tolosa. 1863, in-8.

6153 *a*. BARRY (E.). Livret détaillé de l'exposition d'antiq. de Toulouse. 1858, in-12.

6155 *a*. MÈGE (A. du). Not. des mon^{ts} antiques... du musée de Toulouse. 1828, in-8.

6194 *a*. CÉNAC-MONCAUT. Lettres sur les Celtes et les Germains, les chants historiques basques et les inscriptions vasconnes des Convenæ. 1870, in-8.

6196 *a*. MOREL. Mém. sur les découvertes d'antiq. rom. f. à *Valentine*. 1866, in-8.

6196 *b*. NOULET (d^{r}). Fossiles et cailloux travaillés des dépôts quaternaires de Clermont et de *Venerque*. 1865, in-8. — Cp. le n° 6178.

Gironde

6350 *a*. JOUANNET. Dissert. sur les inscriptions funéraires découvertes en 1826 dans dans le mur d'enceinte de Bordeaux. 1827, in-8.

6353 *a*. — Voir le n° 2416 *a*.

6381 *a*. PIGANEAU. Étude sur le menhir de Pierrefitte, c^{ne} de *St-Sulpice de Faleyron*, etc. 1870, in-8.

Hérault

6395 *a*. THOMAS (Eug.). Essai histor. et descriptif sur Montpellier. 1836, in-8.

Ille-et-Vilaine

6456 *a*. TRAVERS (l'a. N.). Explication de trois inscr. rom. de... Rennes. 1729, in-12.

6457 *a*. QUERCY (Th. de). De l'antiquité de la v. d'*Alet*, etc. 1628, in-12.

6459 *a*. DUCREST DE VILLENEUVE. Not. sur des médailles gallo-romaines découvertes près d'*Amanlis*. 1836, in-8.

6473 *a*. BEAUMEFORT (V. de). Excursion à la *Roche-aux-Fées*. 1869, in-8.

Indre

6488 *a*. VOISIN (l'a. F.). Découverte au *Blanc*. 1870, in-8.

Chapiteaux ; voie romaine.

Isère

6569 *a*. DUCIS (l'a. C.-A.). La province Viennoise. 1866, in-4.

6592 *a*. MARET (A.). Obs. au sujet de l'emplacement de Cularo. 1861, in-4.

6644 *a*. ALLMER (A.). Récentes découvertes archéol. à Vienne. 1866, in-4.

6644 *b*. — Nouvelles découvertes de mosaïques rom. à Vienne. 1867, in-4.

6644 *c*. — Découverte d'une nouvelle mosaïque antique à Vienne. 1867, in-4.

6651 *a*. ALLMER (A.). Découverte de colonnes et de tombeaux antiques dans l'église St-Pierre de Vienne. 1861. in-4.

6651 *b*. — Découverte de tombeaux antiques à Vienne. 1861, in-4.

Jura

6658 *a*. PYOT (R.). Statistique g^{ale} du Jura. 1838, in-8.

Loire

6785 *a.* COSTE (A.). Description de plusieurs emplacements d'anciens camps près des bords de la Loire.

Vestiges trouvés aux *Châtelards.*

6810 *a.* MARET (A.). La colonne milliaire d'*Usson.* 1858, in-4.

6810 *b.* ALLMER (A.). Sur deux colonnes milliaires... l'une à *Usson*, etc. 1859, gr. in-8.

Lozère

7138 *a.* ROUSSEL (Th.). Rapp. sur les fouilles pratiquées à *Bunassat.* 1860, in-8.

Manche

7246 *a.* RAGONDE (L.). Mon^ts^ celtiques dans les c^nes^ de *Flamanville*, Vauville, etc. 1833, in-8.

Haute-Marne

7437 *a.* FRŒHNER. Inscription rom. découv. à *Bourbonne.* 1870, gr. in-8.

Mayenne

7473 *a.* DUCHEMIN DE VILLIERS. Essais histor. sur la v. et le pays de Laval. 1844, in-8.

7480 *a.* PESCHE jeune (J.-R.). Encore qq. mots sur Jublains. 1837, in-8.

Morbihan

7701 *a.* ROBERT (P.-H.). Les pierres de Carnac et d'Ardeven.

Rech. sur l'origine des pierres druidiques, etc. 1843, in-8.

Moselle

7826 *a.* LEDAIN (l'a. Ad.). Lettres... sur *Caranusca*, première station de la voie rom. de Metz à Trèves, etc. 1857, in-8.

Nord

7980 *a.* ROSNY (Luc. de). Histoire de Lille, etc. 1830, in-8.

7995 *a.* SMYTTÈRE (de). Topographie histor., physique, etc.... de la v. et des environs de Cassel. 1828, in-8.

7996 *a.* — Mém. sur Cassel et son territoire. 1861, in-8.

Oise

8107 *a.* FRŒHNER. Sur la pierre de Senlis [cachet d'oculiste rom.]. 1869, gr. in-8.

Puy-de-Dôme

8269 *a.* CESSAC (P. de). Inscriptions des milliaires... et fouilles sur la voie rom. de Clermont à Limoges. 1869, in-8.

8294 *a.* MATUSSIÈRES (l'a.). Not. sur des vases gallo-rom. trouvés à St-*Hérent* ou *Hérem.* 1847, in-8.

Rhône

8472 *a.* AIGUEPERSE (A.-J.-B. d'). Œuvres archéol. et littéraires. 1862, 2 vol. in-8.

8604 *a.* GAILLARD (A.). Tableau de la v. de Lyon, etc. 1847, gr. in-8; pl.

8668 *a.* PERRET. Antiq. d'*Anse.* 1847 in-8.

8674 *a.* LEBLANC (J.). Découvertes faites sur le territoire de *Sainte-Colombe-lès-Vienne.* 1870, in-8.

Haute-Saône

8704 *a.* FABERT (c^el^ de). Not. sur la v. de Luxeuil, etc. 1847, in-8.

Seine

9109 *a.* LEGRAND et LANDON. Description de Paris et de ses édifices. 1818, 2 vol. gr. in-8; pl.

9141 *a.* CARON (l'a.). Not. sur les arts et métiers de Paris, etc. (Nautæ parisiaci). 1853, in-8.

9150 *a.* ROUJOU (A.). Notes sur qq. sépultures antiques des environs de *Choisy-le-Roi.* 1863, in-8.

9152 *a.* FALLUE (L.). Notes sur divers objets antiques trouvés dans la Seine devant *Épinay*, etc. 1862, in-8.

Tarn

9633 *a.* TRANIER (A.). Dictionnaire histor. et géogr. du dép^t^ du Tarn. 1862, in-4.

5e SÉRIE. — ÉTRANGER

Grand-Duché de Bade

10396 *a*. POWNALL (Th.). Appendix describing the roman baths... discovered ...at *Badenweiler*. 1788, in-4; pl.

Appendice du n° 1283 *a*.

10397 *a*. WEVER (dr). *Badenweiler* und seine Umgebungen. 1866, in-12.

10397 *b*. SPACH (L.). Les Thermes de *Badenweiler*. 1870, in-4.

10400 *a*. STARK (J.-B.). *Ladenburg am Neckar* und seine römischen Funde. 1868, in-8.

Bavière

10438 *a*. SCHWEIGHÆUSER (J.-G.). Not. sur les antiq. gallo-rom. de *Rheinzabern*. 1843, in-8, et recueil de pl. lithograph. [inédites ?].

10438 *b*. JUNG. Not. sur *Rheinzabern* et ses antiq. 1856, in-8.

Liste de 68 noms de potiers.

10439 *a*. KURZ VON GOLDENSTEIN. Juvaviensische Antiken. Die auf den Walserfeldern bei *Salzburg* gefundenen Denkmäler. 1816, in-4.

10441 *a*. MINUTOLI (C.). Notiz über einige in *Salzburg* ausgegrabene römischen Alterthümer. S. d. Gr. in-4, 12 pl.

Celtibériens. — Ibères. — Espagne

10629 *a*. RAMIS Y RAMIS (J.). Inscripciones romanas que existen en Menorca, etc. 1817, in-8.

10632 *a*. LENORMANT (Ch.). Extr. d'un mém. sur... l'alphabet celtibérien, etc. 1839, in-8.

Germanie

10670 *a*. VORSBURG (J.-Ph. de). Historia romano-germanica, etc. 1645-1660, 12 vol. in-fol.; fig.

Helvètes. — Rhétie. — Suisse

10763 *a*. FULSINUS (J.-C.), Edr. Scriptores historiæ helveticæ, etc. 1735, in-fol.

10911 *a*. KELLER (F.). Keltische Reste an den Ufern des Rheins bei *Schaffhausen*. 1853, in-8.

Italie

10966 *a*. ALBERT. Le mont Viso. 1866, in-8.

Prusse rhénane

11018 *a*. LADOUCETTE (bon Jean-Charles de). Des Ubiens, de Colonia Agrippina, coup d'œil sur l'histoire de Cologne jusqu'à nos jours. 1823.

11039 *a*. FICKLER. Neuestes aus *Ladenburg*-Lopodunum. 1869, in-4.

11077 *a*. SENCKLER (A.). Münzen der alten Trierer. 1847, in-8.

Ubiens

(Section additionnelle)

11126 *a*. ALDENBRUCK (A.). De religione... Ubiorum, etc. 1749, in-4.

11126 *b*. — Voir le n° 11018 *a*.

CORRECTIONS

DE LA PREMIÈRE PARTIE

AVERTISSEMENT, p. II, l. 6-7 en montant, *lire :* 3e (série). Régions ;
4e — Départements.

— P. III, 7o (section), *lire :* Géographie.

LISTE DES SOUSCRIPTEURS, p. IX, l. 16, *lire :* M. Léon PAJOT.

— P. XI, l. 4 en montant, *lire* : M. NOLLEVAL.

CATALOGUE MÉTHODIQUE, no 39, *lire :* 10 vol. in-12.

314, *lire :* 1754.

373, — ROUFFIAC (de).

384, — ROGET.

439, — 1862.

471, — Belgicæ.

643, — KÜHNHOLTZ (H.).

662, — 1845.

820, — SCHERRER (J.).

849, — MALLIOT (J.).

881, — 3 vol. in-18.

1178, — 1864, 2e éd. 1869.

1230, — PONTANUS (J.-Is.).

1257, — 1868.

1366, — 1844.

1404, — 1870, in-8 ; fig.

1517, — 1842, 1847.

1546, — LUCKIS (W.-C.).

1585, — 1831-43.

1942, — 1854, in-8.

1949, — 1850. — 2e éd. 1863.

1980, — Avec atlas oblong.

2057, — 1866. — 2e éd. 1867 ; 6 pl.

2060, — 1868-73, 2 vol. in-4.

Colonne 136, après le no 2064, *au lieu de :* série régionale, *lire* : s. étrangère.

No 2120, *lire* : DENIS-LAGARDE.

2213, — 1846-48, in-8 et 1852, in-4. — Second recueil, 1860, in-4.

2236, *lire :* PONTANUS (J.-Is.

2309, — ...nouv. et vér. étym. médicales, etc.

2350, — 1858, in-8.

2394, — JUNG.

2449, — BARRAU (J.-B.).

2503, — 1857, in-8.

2631, — SCHMIDT... in-4 ; fig.

2667, — *Cobiomachus.*

2681, — *Combaristum.*

2683, — TERNISIEN (de).

2703, — 1750.

2710, — DUFAUR.

2714, — 1865.

2733, — VIAL (J.).

2735, — in-8 ; 1 carte.

2736, — in-8 ; 4 pl.

2740, — 1864.

2744, — CLAIREFOND.

2835-2838, — format in-4.

2847, — SOMNER.

2976, — 1867, 1868.

3004, *lire :* 1868, in-4.

3067, — PUYRAZEAU.

3071, — 1842-45, 2 vol. in-4.

3170, — PÉGHOUX.

3239, — 3e éd. 1631-35, 2 vol. in-8.

3250, — 1867, in-8. — 2e étude, 1868.

3252, — in-8; 6 pl.

3260, — Histoire de Berry, etc. — 2e éd., t. I, 1845, in-8.

3278, — MOTTE (BRUGIÈRE de la).

3338, — 1856-79, 8 vol., etc.

3348, — EUZENOT.

3353, — 1841, 1842, 1843, in-8; pl.

3359, — Bourgongnon.

3425, — 1863, in-8.

Après le no 3426 : **Centrons, Ceutrons.**

3456, *lire :* PILOT.

Après 3477, lire ainsi l'observation : Voir aux dépts celui de la MAYENNE, articles sur *Jublains.*

3483, *lire :* Dulcomensis.

3488, — in-8; 13 pl.

3520, — 1857-62, in-8. — 2e éd. 1864.

3586, — 1842, 2 vol.

3585, — TEXIER (l'a.). ...1851, in-8; 26 pl.

3606, — TRIPON. Histoire mtale du Limousin. 1857, in-4, 3 vol.

3657, — 1849, 1855.

3665, — ...Découvertes faites dans la Marche en 1858; — en 1859.

3684, — in-4; planches coloriées.

3689, — 1833, in-8.

3691, — Hist. monétaire des Morins, des Atrébates, etc.

3694, — 2 vol. in-8. — 2e éd. 1865, 3 vol.

3699, — 1853, 1859, 1861.

3700, — 1862.

3713, — le p. MORET.

3718, *au lieu de* CAYEU, *lire :* CAYROL.

3726, *lire :* BRUN-LAVAINNE.

3740, à supprimer.

3743, *lire :* 1862.

3747, — 1588, in-4. — Nouv. éd. 1833, in-8.

3805, — 3 vol. in-8.

3875, — 1868.

3923, — 1848, 3 vol. gr. in-8.

3944, — GAZANYOLA (de).

3946, — ALART (B.). ...1860.

3989, — 1856-1870.

3990, — 1864.

3993, — Bautas.

4043, — VILLENEUVE-BARGEMONT (Chr. de).

4078, — CARLIER (l'a. Cl.).

4109, — MALBOSC (J. de).

4110, — — Sur les dolmens du Vivarais. 1839, in-8 ; — 2e éd. 1854.

4115, — In-4.

4165, — GUIGUE. Lettre sur une inscription, etc.

4170, — 1863, gr. in-8.

4401, — GODELLE (dr). * Inductions etc.

4528, — 1846, in-8 ; pl.

4532, — 1842, in-8; fig.

4602, — ...la colonie libyo-phénicienne du Liby, etc.

4723, — 1859, in-8; pl.

4768, — LAFONT (l'a.). Diss. etc.

Mém. de litt., de DESMOLETS, t. IX, p. 223-238; 1 pl.

4925, — PORTE (J.-F.), DUBOURGUET, etc.

4948, — 1687, in-4; fig.

4955, — 1845, in-16; pl.

4981, — ...Nouv. éd. 1861-63, 2 vol. in-8.

5017, — 1818, in-8.

5053, — HUET (P.-D.). ...1 carte.

5215, — Cp. le no 5274.

5213, à supprimer.

5214, à supprimer.

5247, — BUTET (P.-A).

5248, supprimer [*Ms.?*].

5262, *lire* :

Congrès, etc. 1850.

5367, *lire* : 1839, in-8. .

5422, — DEVOUCOUX (l'a. A.)...1855, in-8 et in-4.

5440-5447. Ces articles doivent être placés dans l'ordre suivant : 5440, 5444, 5445, 5441, 5442, 5446, 5443, 5447.

5513, *lire* : 1824, in-4; 1 pl.

5580, — COUDERT DE LAVILLATTE.

5639. Compléter ainsi l'observation :

Ce recueil est conservé dans la Bibl. de Sainte-Geneviève [L. f. 28], etc.

5673, *lire* : 1862, 2 vol. in-8.

5798. Article à supprimer dans l'Eure. — Reporté dans l'Oise.

5858, *lire* : 1835.

5898, — 1849, 1851, in-8.

5999, *au lieu de* : 1771, *lire* : 1776.

6610, *lire* : 1866, in-8; 1 carte.

6623. Article à supprimer. — Reporté au dép[t] du Rhône.

6773, *lire* : 1824-25. — 2e éd. 1834, etc. — 3e éd. 1857.

6803, *lire* : Note sur les Chatelards... le tumulus de *Machezal*.

7180, *lire* : 1812-14, 2 vol. in-8.

7665, — 1865-66, 2 livr. in-8.

7778, — 1817, 2 vol. in-8.

7887, — *Ruhling*.

8109, — 1860, in-8; 1 pl. coloriée.

8473, — 1865, in-8.

8955. Article à supprimer. — Reporté dans la série étrangère, section HELVÈTES, RHÉTIE, SUISSE. — *Lire* : Moutier-Grandval.

FIN DE LA PREMIÈRE PARTIE.

Paris. — Typ. G. Chamerot, 19, rue des Saints-Pères. — 9853.

NOUVELLES ADDITIONS

DE LA PREMIÈRE PARTIE

1re SÉRIE. — GÉNÉRALITÉS

1re Section. — Introduction

Nouv. add. 33 *a*. FRÉRET (N.). Œuvres complètes. 1799, in-12. — 1825, t. Ier (unique).

88 *a*. HAULTIN. Hist. des empereurs rom., etc. 1645, in-fol.; 201 pl.

112 *a*. ZUMPT (A.-W.). Studia romana. 1859, gr. in-8.

3e Section. — Histoire de la Gaule

239 *a*. CHAMPIER (Cl.). De monarchia Gallorum, etc. 1537, p. in-fol.

281 *a*. LACARRY (G.). Historia imperatorum, etc. 1675, in-4.

92 *a*. LEBEUF (l'a. J.). Recueil de divers écrits, etc. 1738, 2 vol. in-12; fig.

367 *a*. DUCOURNEAU (A.) et MONTEIL (Alexis), directeurs. La France, ou Histoire nationale des départements (inachevé). 1844, in-4.

369 *a*. HOLTZMANN (A.). Kelten und Germanen, etc. 1855, in-4.

402 *a*. St-CALAIS (Aug. de) (pseudonyme de l'a. Aug. Voisin). — * La France avant César, etc. 1867, in-4.

403 *a*. GAIDOZ (H.). Chronique celtique. 1869.

4e Section. — Guerre des Gaules

420 *a*. BERLIER (C.-Th.). Histoire de la Gaule sous la domination rom. 1822, in-8. — 2e éd. 1835.

5e Section. — Religion. — *A*. Paganisme

486 *a*. GALLE (Servais). Dissertationes de Sibyllis earumque oraculis. 1688, in-4.

578 *a*. FONTENU (l'a. de). Diverses conjectures sur le culte d'Isis en Germanie, etc. 1729, in-4.

578 *b*. — Discours sur Isis, etc. 1729, in-4.

582 *a*. JOHANNEAU (E.). Origine du nom de Magada, etc. 1809.

5e Section. — *C*. Ascia

660 *a*. OUDIN (le p. Fr.). Diss. sur l'expression *sub ascia*. 1738, in-12.

660 *b*. MAFFEI (Sc.). Discussion sur la formule *sub ascia dedicavit*.

Museum Veronense, 1749, in-fol.

663 *a*. NOLHAC (J.-B.-M.). De la hache sculptée au haut de plusieurs monts funèbres antiques. 1845, gr. in-8.

668 *a*. SANSAS. Réponse au sujet de la priorité de MM. Greppo et Lenormant dans l'hypothèse du symbolisme chrétien de l'ascia. 1866, in-8.

669 *a*. GUIMET (E.). De l'Ascia des Égyptiens. 1870, in-8.

669 *b*. MARTIN-DAUSSIGNY (E.-C.). Étude sur la dédicace des tombeaux gallo-rom.: *sub ascia dedicavit*. 1870-1871.

5e Section. — D. Christianisme

742 *a.* VEILLAT (J.). Légende de st Ursin, etc. 1861, in-8.

7e Section. — Géographie

949 *a.* HENTZNER (P.). Itinerarium, etc. etc. 1612, p. in-4.

997 *a.* MANDAJORS (Louis des Ours de). Diss. histor. et géogr. sur l'état de l'anc. Gaule, etc. 1712, in-12; 78 p.

1046 *a.* HESSELN (M.-R. de). Dictionnaire universel de la France, etc. 1771, 6 vol. in-8.

1056 *a.* GOSSELIN (P.-Fr.-J.). Géographie des Grecs analysée, etc. 1790, in-4; 10 cartes.

1056 *b.* Recherches sur la géographie... des anciens. 1798-1813, 4 vol. in-4.

1065 *a.* PASUMOT (Fr.). Ann. des voy. etc., ou diss. et mém. sur diff. sujets d'antiquité et d'hist. p. p. GRIVAUD DE LA VINCELLE. 1810-13, in-8.

1080 *a.* D'ANVILLE. Ses œuvres, p. p. DE MANNE. 1834, 2 vol. in-4 et atlas in-fol.

1124 *a.* PERIER (J.-A.-N.). Fragments ethnologiques, 1857, in-8.

8e Section. — Itinéraires

1188 *a.* GALE (Th.). Antonini iter britannicum illustratum. 1709, in-4.

Note pour le no 1194 :

Voir aussi C. RUELENS. « La première édition de la table de Peutinger, avec un fac-similé ». *Bruxelles, Institut national de géographie*, 1884, gr. in-8, 32 p. Compte rendu par Tamizey de Larroque. *Rev. crit. d'hist.*, déc. 1884, p. 475.

9e Section. — Archéologie générale

1265 *a.* LEMPEREUR (le p. J.). * Dissertations historiques, etc. 1706, in-12.

MIDDLETON. Germana quædam... monumenta, etc. 1745, in-4.

1301 *a.* ROACH-SMITH (Ch.). Collectanea antiqua. 1848-1881, 7 vol. in-8.

10e Section. — Antiquités préhistoriques

1358 *a.* BOUCHER DE PERTHES. De la création, etc. 1839-41, 5 vol. in-12.

1433 *a.* LARTET (E.) et CHRISTY (H.). Notes sur les figures gravées ou sculptées d'animaux, etc.

1441 *a.* FIGUIER (Louis). La terre avant le déluge. 1866, cartes; fig.

11e Section. — Art gaulois

1482 *a.* CRAZANNES (bon CHAUDRUC de). Tête gauloise. Sculpture. 1852, in-8.

1482 *b.* UHRICH (cel). Empreinte d'une bague rom. 1851, in-8.

12e Section. — Monuments dits celtiques

1543 *a.* CLOSMADEUC (dr G. de). Discours (sur l'état des monuments celtiques). 1867, in-8.

13e Section. — Monuments divers

1554 *a.* BERTHAULT (P.). De ara. 1636, in-12.

1559 *a.* POLENI (Giov.). Degli antichi teatri, etc. 1728, in-8.

15e Section. — B. Industrie

1737 *a.* MAGI (l'a.). Mém. sur deux roues de char antique, etc. 1784, in-4; planches.

17e Section
***A.* Numismatique générale**

1925 *a.* SAULCY (F. de). Obs. numismatiques. 1835-1837, 5 cahiers in-8.

1941 *a.* BARTHÉLEMY (A. de). Nouveau manuel complet de numismatique ancienne (collection Roret). 1851, 2 vol. in-12; 1 atlas in-4.

***B.* Numismatique gauloise**

2012 *a.* HUCHER (E.). Lettres à M. de La Saussaye sur la numismatique gauloise. 1re lettre, 1853; 2e, 1854; 3e et 4e, 1855.

***C.* Numismatique gallo-grecque, etc.**

2132 *a.* VALLIER (G.). Une médaille des empereurs Tetricus et Probus, etc. 1869, gr. in-8.

18e Section. — Épigraphie
***D.* Table de Claude**

2233 *a.* SAUSSAYE (L. de La). Étude sur les Tables claudiennes. 1870-71, in-8; 1 pl.

19e Section. — Linguistique
***A.* Langue gauloise**

2233 *b.* BOVILLE (Ch. de). Liber de differentia vulgarium linguarum et gallici sermonis varietate, etc. 1533, in-4.

2270 *a.* COLEBROKE (T.-H.). [*Ms.*] Comparative view of sanscrit and other languages. 1801.

2e SÉRIE. — QUESTIONS TOPOGRAPHIQUES

Alesia

2593 *a*. St-GENIS (Vor). L'Alesia de Savoie. 1866, in-4.

2599 *a*. YRIARTE (Ch.). L'Alesia de Savoie. 1867, in-4.

Antua

(*Section additionnelle*)

2610 *a*. BOUDOT. Lettre... sur la prétendue v. d'Antua, etc. 1828, in-8.

Portus Itius

2845 *a*. DU CANGE. Diss. sur le Portus Itius. 1668, in-fol.

Minariacum

2899 *a*. BAECKER (L. de). Note sur l'emplacement de Minariacum. 1855, in-8.

Quentovic

2916 *a*. COUSIN (L.). Derniers éclaircissements sur l'emplacement de Quentovic. 1869, in-8.

Vellaunodunum

2981 *a*. LE TORS. Réponse aux observations, etc. 1737, in-12.

Samarobriva

2928 *a*. LEDIEU. Recherches histor. sur Samarobriva et sur l'Ambianum des anciens. 1828, in-8.

3e SÉRIE. — RÉGIONS

Région des Alpes

3006* *a*. BRIDEL. Lettre sur l'ancienne mythologie des Alpes. 1810, in-8.

Alsace

3025 *a*. KENTZINGER (de). Strasbourg et Alsace, etc. 1824, in-8.

Aquitaine. — Guienne

3060 *a*. LURBE (G. de). De illustribus Aquitaniæ viris, etc. 1591, p. in-4.

3060 *b*. — Garumna Aurigera, etc. 1593, in-8.

Armorique

3109 *a*. BORDERIE (A. de La). Obs. sur l'état des forces rom. dans la péninsule armoricaine, etc. 1861, gr. in-8.

Artois, Atrébates

3130 *a*. HENNEBERT (d'). Histoire générale de l'Artois. 1786-88, 2 vol.

Armorique

3087 *a*. BIRÉ (Pierre). Episemasie, ou relation d'Aletin le Martyr, concernant l'origine, antiquité, noblesse et saincteté de la Bretagne Armorique, et particulièrement des v. de Nantes et de Rennes. *Nantes, Séb. de Hucqueville*, 1637, p. in-4.

Arverni, Auvergne

3173 *a*. CONTEJEAN. Un castellum gaulois en Auvergne. 1864, in-8.

Arvii

(*Section additionnelle*)

3180 *c*. PRÉVOST (F.). Notice sur les Arvii. 1865.

Bellovaques, Beauvoisis

3241 *a*. BOREL, DANSE (l'a.) et BUCQUET [*Ms.*]. Histoire du Beauvoisis, etc. (avant 1797).

Bourbonnais

3285 *a.* BOILLEAU (L.). De l'âge de pierre dans le Bourbonnais. 1867, in-8.

Cadurci, Quercy

3389 *a.* CRAZANNES (b^on^ CHAUDRUC de). Essais... sur le Quercy. 1838-40, in-8, cartes et planches.

Cotentin

40 *a.* TOUSTAIN DE BILLY (l'a. R.). Mém. sur l'hist. du Cotentin.

Leuci

3607 *a.* SAUSSAYE (L. de La). Médailles de Solimariaca [atelier monétaire des Leuci]. 1838, in-8.

Lorraine

3616 *a.* ESTIENNE (Ch.). Discours des histoires de Lorraine. 1552, in-4.

Marensin

(*Section additionnelle*)

3666 *a.* TARTIÈRE (H.). Notice histor. sur le Marensin. 1864.

Voir aussi, aux départements, celui des LANDES.

Narbonnaise

3706 *a.* BENECH. Toulouse, cité latine, ou du droit de latinité dans la Narbonnaise, etc. 1853, in-8.

Périgord

3815 *a.* LARTET (E.) et CHRISTY (H.). Reliquiæ aquitanicæ... archæology and palæontology of Perigord. 1865.

Provence

3915 *a.* PAPON (J.-P.). Voyage en Provence. 1787, 2 vol. in-12.

Roussillon

3943 *b.* COLSON (cap^ne^). Recherches sur les monnaies du Roussillon. 1851, in-8.

Saliens

(*Section additionnelle*)

3954 *a.* ROUCHON. Les Saliens. 1861, in-8.

Sardones

(*Section additionnelle*)

3979 *dd.* ROUSSILLON (duc de). Mém. sur la direction des voies rom. dans le pays des Sardones. 1861, in-8.

Savoie (ancienne province)

3985 *a.* RABUT (Fr.). Liste des hameaux, etc. de la province de Savoie propre. 1856, in-8.

Ségusiaves

4007 *a.* BERNARD (Aug.). Lettre au sujet du nom de Ségusiaves, etc. 1847.

Soissonnais

4036 *a.* PLESSIS (dom Toussaints du). Lettre au sujet de la diss. de l'a. Lebeuf sur le Soissonnais. 1736, in-12.

Sud-Est de la France

(*Section additionnelle*)

4047 *a.* BERTRAND (Alex.). Inscription du Sud-Est de la Gaule. 1869, in-8.

Velay

4081 *a.* MÉRIMÉE (Pr.). Notes d'un voyage... dans le Velay. 1838, in-4.

4e SÉRIE. — DÉPARTEMENTS

Ain

4161 *b.* FIVEL (Th.). Inscription rom. d'Artemart, etc. 1862, in-8.

Aisne

4190 *a.* MELLEVILLE (M.). Bibliographie histor. du dép^t^ de l'Aisne. 1857, in-8.

4190 *b.* POQUET (l'a.). Liste des dessins, etc., existant dans les biblioth. de Paris. 1854, in-8.

4298 *a.* FLEURY (Éd.). Restauration de la mosaïque de Blanzy. 1861, in-8.

4408 *a.* MAUTOUR (Ph.-B. Moreau de). Explication d'une colonne milliaire trouvée près de Soissons. 1723, in-4; 1 pl.

4449 *a.* FLEURY (Éd.). La mosaïque de Vailly. 1861, in-8.

Allier

4507 *a.* BOIROT-DESSERVIERS. Recherches histor... sur les eaux... de Néris. 1822, in-8.

Aube

4695 *a.* PITHOU (P.). De Tricassibus, Tricassinis et Campania, 1574, in-8.

4700 *a.* LAPAUME. Antiq. troyennes, etc., 1851, in-8.

Bouches-du-Rhône

4874 *a.* BERTHAULT (le p. P.). Ara Massiliensis.

De Ara, 1636, p. 263.

5009 *a.* CARPENTIN (A.). Monnaie de bronze de Crissa (Griselæ, *Gréoult*), etc. 1866, in-8, (n° 4537 rectifié).

Cantal

5144 *a.* RAULHAC. Not. sur l'histoire d'Aurillac. 1820, in-8.

Charente

5160 *a.* (le même que 5168). GAUGUIÉ (A.). La Charente communale illustrée. 1865-1867, in-8.

Cher

5269 *a.* CATHERINOT (Nic.). Bourges souterraine. 1685, in-4.

5275 *a.* GIRARDOT (b^{on} de) et BOYER. Guide de l'étranger dans la v. de Bourges, 1848. — 1855, in-18.

5287 *a.* CATHERINOT (N.). Fori bituricensis inscriptio.

Côte-d'Or

5464 *a.* FLOUEST (Ed.). Le Temple des sources de la Seine, 1869 (1871). Pl.

Finistère

5893 *a.* JOHANNEAU (Éloi). Not. sur l'origine étymologique et historique de qq. noms de lieux et de peuples de l'ancien évêché de Léod, etc. In-8.

Gard

5976 *a.* DURAND. Travaux sur les mon^{ts} de Nîmes. 1833, in-8.

5984 *a.* PELET (A.). Destination de certaines parties des arènes de Nimes. 1838, in-8.

6002 *a.* DURAND. Mém. sur la Maison Carrée, 1834, in-8.

Haute-Garonne

6112 *a.* Rectifier et compléter ainsi l'article 6112 : MÈGE (Alex. du). Note sur une voie rom. qui conduisait, soit aux Aquæ Convenarum (Capvern ?), soit au Vicus Aquensis des Bigerrones (Bagnères de Bigorre). 1851, in-8.

Gers

6215 *a.* CRAZANNES (b^{on} Chaudruc de). Mém. sur un bas-relief... près d'Auch. 1837, in-8.

Gironde

6313 *a.* SINCERUS (Jod.). Itinerarium, etc. Cum appendice de Burdigala. 1612, in-12. — Autres éditions.

6362 *a.* PICHARD (Th. de). Nouvelles rech. sur le Cassinogilum de Charlemagne, 1860, in-8.

Indre-et-Loire

6560 *a.* LESOURD (H.). La forêt de Loches, etc. 1842, in-8.

Isère

6574 *a.* CHAMPOLLION-FIGEAC (J.-J.). Mélanges historiques... sur le dép^t de l'Isère. *S. l. n. d.*, in-8.

6612 *a.* CLERC-JACQUIER (l'a. Ch.). Rech. histor. sur la Côte-Saint-André. 1853, in-8.

6638 *a.* ROBERT-ROCHEMURE (l'a. A.). Abrégé historico-poétique de la v. de Vienne, etc. 1833, in-8.

6639 *a.* REY (E.). Guide de l'étranger à Vienne. 1819, in-8.

Loire-Inférieure

6938 *a.* QUICHERAT (J.). Antiquités de Vertou et de St-Nazaire. 1863, in-8.

Lot-et-Garonne

7095 *a.* CRAZANNES (b^{on} CHAUDRUC de). Mém. sur l'origine d'Aginnum, etc. 1835, in-8.

7098 *a.* — Mém. sur qqs antiq. d'Agen (Aginnum, etc.). — Notes. 1820, in-8

7103 *a*. BOURQUELOT (F.). Communication sur diverses inscriptions latines recueillies dans la v. d'Agen. 1865, in-8.

7110 *a*. QUIRIELLE (Roger de). Mém. sur les fouilles d'un cimetière situé à Eysses. 1866, gr. in 8; pl. lithogr.

Maine-et-Loire

7207 *a*. OUVRARD (dr J.-P.). Le dolmen des Mollières, près de Beauvau. 1859, in-8.

Marne

7399 *a*. FLEURY (Éd.). La mosaïque de Reims. 1861, in-8.

Meurthe

7512 *a*. SCHWEIGHÆUSER (J.-G.). Monts celtiques du Bas-Rhin et de qqs cantons des dépts de la Meurthe et des Vosges. 1836, in-8.

7518 *a*. BENOIT (L.). Répertoire archéol. du dépt de la Meurthe. Arrt de Sarrebourg. 1862, in-8.

7530 *a*. JOLY (A.). Ruines gallo-rom. découv. dans l'anc. parc du chau d'Einville. 1867, in-8.

Meuse

7610 *a*. OUDET (T.). Monts antiques, etc. recueillis [dans le dépt de la Meuse], etc. 1840, gr. in-fol.

Nièvre

7895 *a*. ROCHELLE (Jean Née de la). Mém. p. s. à l'hist. du dépt de la Nièvre. 1827, 3 vol. in-8.

Oise

8081 *a*. PLESSIER (L.). Not. sur l'existence d'un cimetière franc à Cuignières, etc. 1864, in-8.

8093 *a*. LEVASSEUR (J.). Annales de l'église de Noyon, etc. 1633, 2 vol. in-4.

8103 *a*. HAHN (A.). Note sur la voie rom. de Senlis à Beauvais. 1868, in-8.

8103 *b*. LEGOIX (l'a.). Les monts dits celtiques à propos du dolmen de Chamant, près de Senlis. 1864.

Orne

8121 *a*. GALERON. Rapp. sur les monts histor. de l'arrt d'Alençon. 1835, in-8.

8126 *a*. GAUTIER (J.-J.). Histoire d'Alençon. 1805, in-8. Supplément, 1821.

Pas-de-Calais

8153 *a*. MOREL-DISQUE. Diss. sur le Pas de Calais. 1851, in-8.

Puy-de-Dôme

8245 *a*. LECOQ (H.). Itinéraire du dép. du Puy-de-Dôme, etc. 1831, in-8.

8261 *a*. BOUYON. Notice de qqs antiq. trouvées dans le con de Pont-Gibaud. 1826, in-8.

8267 *a*. LECOQ (H.). Itinéraire de Clermont au Puy de Dôme, etc. 1836, in-8.

Bas-Rhin

8375 *a*. OPPERMANN (C.-F.). Notices sur deux dolmens près l'enceinte de Ste-Odile, etc. 1862.

8415 *a*. RINGEL. Bains rom. découv. à Mackwiller. 1860, in-8.

Rhône

8470 *a*. DEBOMBOURG (G.). Atlas historique du dépt du Rhône. 1863, in-fol.

8506 *a*. BREGHOT DU LUT (Cl.). * Lettres lyonnaises, etc. 1826, in-8.

8506 *b*. — * Mélanges [et nouv. mél.] biograph. et litt. pour servir à l'histoire de Lyon. 1828-31, 2 vol. in-8.

8507 *a*. LIONS (J.). Précis histor. etc. de Lyon ancien et moderne. 1832, in-8.

8524 *a*. MENESTRIER (le p. Cl.-Fr.). Lettre sur la situation de l'ancien Lyon. 1697, in-12.

8611. TERREBASSE (A. de). Le Tombeau de Narcissa. 1860, in-8.

8651 *a*. BRETAGNE. Sur une inscr. lat. du musée de Lyon relative à un Soissonnais. 1855, in-8.

8655 *a*. MONFALCON (J.-B.). Musée lapidaire de la v. de Lyon. S. d. in-8; pl.

Saône-et-Loire

8834 *a*. CHIFFLET (P.-Fr.). Hist. de l'abbaye et de la v. de Tournus. 1664, in-4.

Sarthe

8865 *a*. BÉRARD aîné. Conjectures sur

les origines de la v. du Mans. 1810, in-4. Pièce.

8880 *a*. LANDEL et HUCHER. Description des enceintes successives de la v. du Mans. Plan.

Savoie

8914 *a*. REVON (L.). Habitations lacustres du lac du Bourget. 1863, in-4.

Haute-Savoie

8986 *a*. MORTILLET (G. de). Note sur la voie rom. qui traversait Passy en Faucigny. 1858.

Seine

9046 *a*. SAUSSAY (André du). De mysticis Galliæ scriptoribus. — De apostolatu gallico s. Dionysii Areopagitæ tractatus. 1639, in-4.

9065 *a*. TAILLIAR. Apostolat de s[t] Denys dans les Gaules. 1868.

9089 *a*. N***. Lettre à l'a. Lebeuf sur qqs antiq. de Paris. 1740, in-12.

Seine-et-Marne

9211 *a*. DULAURE (J.-A.). Archéographie des environs de la Houssaye et de Marles. 1810, in-8.

9239 *a*. OPOIX (Chr.). Histoire de Provins. 1823, in-8.— Supplément, 1825. — Suite de l'hist. de Provins. 1829.

9250 *a*. BERTRAND (Al.). Collier en coquillages découvert à *Vignaly*. 1866, in-8.

Seine-Inférieure

9311 *a*. COCHET (l'a.). Voies rom. de la Seine-Inf[re]. 1861, in-4.

9398 *a*.— Fouilles d'*Envermeu* en 1850. In-8.

9399 *a*. CAPPERON (l'a.). Réponse à la défense, etc. [n° 9399]. 1722, p. in-8.

Somme

9528 *a*. GARNIER (J.). Dictionn. topogr. du dép[t] de la Somme. 1867, in-8.

9563 *a*. LEMOINE. Obs. sur l'ancien nom de la v. d'Amiens. 1775, in-4.

Tarn-et-Garonne

9680 *a*. DEVALS aîné. — Mémoire sur la direction à travers le territoire de Montauban, de la voie rom. de Toulouse à Cahors, etc. 1845, in-8.

Vendée

9844 *a*. BAUDRY (l'a. F.). Compte rendu des fouilles... de Troussepoil exécutées en septembre 1865. (Puits I à VII.) 1866, in-8.

9848 *a*. VILLEGILLE (A. de la). Not. sur un verre à boire antique, trouvé dans la Vendée. 1860, in-8.

9852 *a*. PIET (J.). Rech. sur l'île de Noirmoutier. 1863, in-8.

Vosges

10054 *a*. SCHWEIGHÆUSER (J.-G.). Mon[ts] celtiques du dép[t] des Vosges. 1836, in-8.

10074 *a*. LORIQUET (Ch.). Lampe antique trouvée à Grand. 1851, in-8.

Yonne

10193 *a*. Critique de la diss. (de Bocquillot) sur les tombeaux de Quarrée. 1726, in-8.

10217 *a*. JULLIOT (G.). Inscr. du musée lapidaire de Sens attribuée à Tibère et restituée à C. César. 1867, in-8.

5e SÉRIE. — ÉTRANGER

Angleterre, Écosse, Irlande

10238 *a*. GOUGH (R.). A catalogue of the books relating to british topography, etc. 1814 et 1834, 4 vol. in-4.

10275 *a*. BECKER (J.). Bodicca. Zu Tacitus, *Annal.* XIV, 31.

10308 *a*. RAMSAY (W.). Roman antiquities (of England). 1851, in-8.

10352 *a*. * Monumenta romani imperii in Scotia, maxime vero inter vestigia valli, auspiciis Antonini Pii imperatoris, a Fortha usque ad Glottam perducti, reperta et in Academia Glasguensi adservata, iconibus expressa. (Pas de texte?) 1 atlas in-4 oblong de 32 pl.

Voir aussi BRUNET, *Manuel*, t. VI, nos 26675 et suivants.

10365 *a.* MOORE (Th.). History of Ireland. 1831, 3 vol. in-12.

10369 *a.* KEOGH (J.). A vindication of the antiquities of Ireland, etc.

10381 *a.* ROACH SMITH (Ch.). Illustrations of roman London. 1859, in-4; pl. et fig.

Bade (grand-duché de)

10395 *a.* CHRIST (R.). Rom. Inschriften aus der Stadt Baden-Baden. 1870, in-8.

Belgique

10459 *a.* NELIS (l'a. C.-Fr. de). Belgicarum rerum liber prodromus, etc. 1795, in-8.

10459 *b.* ROCHES (des). Hist. des Pays-Bas autrichiens, contenant des rech. sur la Belgique, etc. 1787, in-4.

10575 *a.* WORMSTALL (dr J.). Ueber die Tungern und Bastarnen; etc. 1868, in-8.

Celtibériens, Ibères, Espagne

10591 *a.* MASDEU (J.-Fr.). Historia critica de España, etc. 1783-1805, 20 vol. in-8 carré.

Galates

10650 *a.* KŒPPING. De Galatia antiqua. 1726, in-8.

Germanie, Allemagne en général

10669 *a.* PERTZ (G.-R.). Monumenta Germaniæ. 1824-1884, 27 vol. in-fol. (Se continue.)

10674 *a.* MASCOU (A.). Geschichte der Teutschen, etc. 1726, in-4.

10681 *a.* GREENWOOD (Th.). The first book of the history of the Germans. 1836, in-4.

10681 *b.* ZEUSS. Die Deutschen und ihre Nachbarstämme. 1837, in-8.

10693 *a.* FONTENU (l'a. de). Diverses conjectures sur le culte d'Isis en Germanie, etc. 1729, in-4.

10701 *a.* ORTELIUS (A.). Aurei sæculi imago, in qua Germanorum veterum vita, etc. 1598, in-4; fig.

10704 *a.* FRÉRET (N.). Rem. sur le mot Barritus ou Barditus. 1756, in-4.

10706 *a.* * Diss. histor. sur l'anc. constitution des Germains, etc. 1794, in-8.

10738 *a.* PEUTINGER (C.). Sermones convivales, etc. *Argentinæ, Thiergarten* (1506), in-4.

Hanovre

10754 *a.* HAHN (Fr.). Der Fund von Lengerich, etc. 1854, in-8, 2 pl.

Helvètes, Rhétie, Suisse

10763 *a.* FAESCHIUS (L.). Disquisitio de rebus Helvetiorum, etc. 1742, in-4.

10844 *a.* QUIQUEREZ (A.). Monts de l'ancien évêché de Bâle. Époque celtique et rom. 1844, in-4.

10894 *a.* RIBOUD (Th.). Diss. sur la muraille de César. 1824, in-12.

10903 *a.* QUIQUEREZ (A.). Tronçons de routes celtiques dans les roches de Moutiers. 1863, in-8.

Italie

10961 *a.* NEWMANN (F.-W.). The text of the iguvine inscriptions, etc. 1864, in-8.

10965 *a.* MORTILLET (G. de). Les Gaulois de Marzabotto dans l'Apennin. 1870, in-8.

Nord de l'Europe

10996 *a.* GALLARDOT (bon Fr. de) et PERCY. * Notice sur les autels et les tombeaux des anciens peuples du Nord de l'Europe. 1811, in-8.

Prusse rhénane

11013 *a.* ELTESTER. Bericht, etc. über die... bei Coblentz... entdeckten Pfahl- und Steintrümmer einer Brücke, etc. 1867, gr. in-8.

11039 *b.* STARCK (J.-B.). Landenburg am Neckar, etc. 1868, gr. in-8.

Région rhénane

11114 *a.* BRAMBACH (G.). De columnis miliariis ad Rhenum repertis. 1865, in-4.

NOUVELLES CORRECTIONS

DE LA PREMIÈRE PARTIE

N. B. — Les rectifications insérées ci-après sont, pour la plupart, celles qui ne pouvaient être introduites dans les articles correspondants du Catalogue alphabétique par noms d'auteur. (Voir les avis placés en tête des deux catalogues, colonnes 1 et 809-810.)

CATALOGUE MÉTHODIQUE. n° 308, *lire* : ARMERY.

762, *lire* : Notitia utraque dignitatum.

802, — PÉTIGNY.

831, — PRISBACHIUS.

926, — BOVILLES.

943, — PONTUS HEUTERUS.

1147, — ROULAND (G.).

1513, — MOORE (Th.), Recherches, etc.

1543, — TIXIER.

1546, — LUCKIS (W.-C.).

1745, *placer le titre :* C. *Céramique après ce n°.*

1779, *lire* : par MM. Cassini.

1982, — Corilissus.

2030, — HUCHER.

2064, *dans la note placée après ce n°, lire* : la série étrangère.

2105, *lire* : LAPOUYADE.

2120, — DENIS-LAGARDE.

2447, — PASQUET.

2747, — LE GLAY (A.-J.-G.).

2879, *ajouter, à la fin de la note qui suit ce n°* : Voir aussi la carte qui accompagne le t. II de Malbrancq, de Morinis. (Le Portus Itius placé à l'entrée de l'ancien golfe de Saint-Omer.)

3125, *lire* : CAUWET [*ms.*].

3140, — SIMEONI.

3303, — MORICE (dom P.-H.).

3402, — LONDE (de La).

3433, — DETORCY et FABRE D'OLIVET.

3632, — DIGOT (Aug.).

3868, — FILLON (B.).

4003, — CATHALA.

4016, — MATHOUD.

4155, *à supprimer*. (Cp. le n° 6359.)

4277, *lire* : de Filain à Richancourt.

4288, — THIERRY (Éd.).

4409, — BREUVERY.

4473, — LEMAISTRE. — Voir aux Additions de la 1re partie (même n°).

4768, — LAFONT (l'a.). (Article correspondant aux Additions de la seconde partie.)

4891, *lire :* CARPENTIN.

4931, — VILLOISON (d'Ansse de).

5300, placer après cet article celui qui porte le n° 6494.

5307, à supprimer.

5365, *lire :* R. (L.). (Léon Renier ?)

5426, — GAUTHIER-STIRUM.

5497, — Note...

5612, — MOURCIN.

5670, à supprimer. (Transporté au n° 9262.)

5682, article à supprimer dans le Doubs. — Transporté au n° 10908.

5732, *ajouter :* GARNODIER (l'a.).

6112, *lire :* MÈGE (Al. du). Note sur une voie rom. qui conduisait soit aux Aquæ Convenarum, etc.

6324, à supprimer. (*Lire :* mouvements de Bordeaux.)

6460, *lire :* château de Boutavam.

6485, — convenance des noms de lieux.

6494, à reporter après le n° 5300.

6536, *lire :* l'emplacement présumé.

6563, *ajouter :* GALEMBERT (de).

6579, à supprimer. — Déjà porté sous le n° 4605.

6585, *lire :* BROUCHOUD.

6756, — VEAU-DELAUNAY.

6902, — VAUDIER.

6916, — *Berné.*

6930, à supprimer, — Reporté aux Nouv. add. n° 9852 *a.*

6935, après ce n°, reproduire l'article n° 1762.

6962, *lire :* VAYRAC.

7049, — Notice...

7056, à supprimer. — Reporté au n° 6763.

7085, *lire :* Presque.

7139, — BOISSONADE.

7365, — GÉRUZEZ.

7403, — BARBAT de Bignicourt.

7438, à supprimer. — Reporté au n° 7550.

7572, *lire :* GRELLOIS.

7578, — BEAULIEU (J.-L. de).

7592, 7596, 7597, 7599, — PICART (le p. Benoît), dit aussi le p. Benoît.

7741, — Étude sur le Manné-Lud...

7754, — 1805 (au lieu de 1869).

7763. — Notice...

7813, — THILLOY.

7883, — JACOB (V.) et PRÉCHAC.

7896, — Statistique monumentale de la Nièvre.

7942, — DUPRITOT.

8019, — Notice... sur le dép[t] de l'Oise.

8032, — ...d'Eauy.

8035, — 1631-35.

8081, — Médailles (au lieu de monnaies). — Placer après cet article les n°s 9598, 9599.

8114, *lire :* Trumilly.

— Placer le n° 8120 après le n° 8122.

8146, *lire :* COLLEVILLE (St. de).

8239, — HERMAND.

8289, — Établissement thermal romain.

8352, *ajouter :* et des Vosges.

8434, *lire :* FISCHER.

8489, — Pierchasi.

8646, — COLLOMBET.

8697, — ROGER-GALMICHE.

8700, *ajouter :* CRESTIN.

8702, *lire :* COUDRIET et CHATELET.

8750, *ajouter :* BAUDOT (F.).

8767, — THOMAS (E.).

8831, *lire :* canton de Givry.

8840, à supprimer. — Rectifié sous le n° 8859.

8879, *lire :* Catalogue du musée archéol. du Mans.

8955, à supprimer. — Reporté au n° 10904.

8961, *lire :* à St-Jeoire.

9083, — 1532.

9087, — COLLETET.

9089, *lire :* 9088.

9088, — 9089.

9136, — par un descendant du gallo-romain Faber.

9155, — SAINT-JEAN (L. de).

9169, à supprimer, et à reporter après le n° 9251.

9266, supprimer le titre latin.

9269, *lire :* GRYMOD.

9381, — Notes sur qqs. antiq. des environs de Caudebec-en-Caux.

9480, — TEILLEUX.

9562, — Origines chrétiennes...

9598, 9599, à reporter après le n° 8081.

9623, *lire :* os humain.

9627, — PANNIER.

9656, à supprimer. — Reporté au n° 6091.

9676, *ajouter :* DEVALS aîné.

9726, *lire :* ROSSI (D.), au lieu de PONS (A.-Th.-Z.).

9732, *lire :* VIDAL (H.).

9852, placer après cet article le n° 6930.

9908, *lire :* au temple St-Jean.

9917, — BOURGNON DE LAYN.

9977, — aux Tours-Milandes, c[ne] de Vandeuvre.

10014, *supprimer :* Guide, etc.

10052, *lire :* Belch...

10067, *ajouter :* MAUD'HEUX.

10120, *lire :* Lettre...

10177, — SALMON (Ph.).

10180, 10181, *lire :* Fontenoy.

10230, *ajouter :* GROSE et ASTLE.

10277, *lire :* SMITH'S (J.).

10360, — historical.

10381, *ajouter :* LYSONS (S.).

10443, *lire :* VALÈRE ANDRÉ.

10515, — Recueil de mon[ts].

10520, — SMET (J.-J. de).

10525, 10526, *lire :* GUYSE.

10593, *lire :* Vaskischen.

10643, — WORMIUS.

10662, — LAGOY (m[is] de), *au lieu de :* CRAZANNES (b[on] Chaudruc de).

10676, à supprimer. — Reporté aux Nouv. additions n° 1272 *a*.

10803, *lire :* MIÉVILLE.

10823, — VUILLEMIN.

10847. — forges, *au lieu de :* gorges.

20855, — Traduction d'un passage de Marius et d'un passage...

10877, — QUIQUEREZ.

10984, supprimer le point d'interrogation.

11026, *lire :* Rathhausplatz.

11126, — am Podensee.

TABLE

DES

DIVISIONS DE LA PREMIÈRE PARTIE

(CATALOGUE MÉTHODIQUE)

2696. Genabum, Cenabum.
2721. Gergovia.
2742. Gergovia Boiorum.
2745. Grammatum.
2746. Hermoniacum.
2748. Itinéraire d'Annibal en Gaule.
2843. Itius (portus-).
2880. Juliobona.
2881. Limonum.
2884. Litanobriga.
2886. Lotum.
2887. Mare conclusum.
2890. Mauriacus.
2898. Mediolanum.
2899. Metiosedum.
2900. Minariacum.
2901. Nasium.
2903. Noviomagus.
2905. Octodurum.
2906. Osismor.
2907. Pretorium.
2909. Quentovic.
2917. Ratiatum.
2920. Robrica.
2923. Rofiacum.
2924. Samarobriva.
2935. Segora.
2937. Seleucus (Mons-).
2940. Solonium.
9941. Tauroëntum.
2946. Ubiirum.
2947. Uxellodunum.
2978. Vellaunodunum.
2991. Vicus Helena.

3e Série. — Régions.

2994. Agenais.
2995. Agesinates.
2996. Albices.
2997. Allobriges.
2998. Allobroges.
3006. Alpes (région des).
3015. Alsace.
3038. Ambarri.
3039. Ambluareti.
3040. Ambrons.
3042. Anatilii.
3043. Angoumois.
3047. Anjou.
3058. Aquitaine, Guienne.
3085. Ardenne (région de l').
3087. Armorique.
3120. Arnemetici.
3121. Artois, Atrébates.
3140. Arverni, Auvergne.
3180. Arvii.
3182. Atacins.
3183. Atuatuci.
3184. Aulerci.
3189. Aunis.
3191. Austrasie.
3193. Avallonnais.
3195. Avranchin.
3197. Barrois.
3204. Basques.
3228. Béarn.
3236. Beauce.
3237. Beaujolais.
3238. Belindi.
3239. Bellovaques, Beauvoisis.
3253. Bigorre.
3256. Bituriges, Berry.
3271. Bocage (le — normand).
3272. Boïens.
3280. Boulonnais.
3282. Bourbonnais.
3288. Bresse.
3292. Bretagne.
3349. Brigantes.
3350. Bugey.
3355. Burgondes, Bourgogne.
3383. Cadurci, Quercy.
3397. Cænicenses.
3399. Caletes, Caux.
3405. Cambiovicenses.
3406. Cambrésis.
3411. Carnutes, pays Chartrain.
3422. Cénomans.
3425. Centre de la France.
3427. Centrons, Ceutrons.
3430. Champagne.
3440. Cotentin.
3445. Curiosolites.
3452. Dauphiné.
3471. Diablintes.
3478. Dombes.
3483. Dormois.
3484. Eburoviques.
3485. Edenates.
3486. Eduens.
3496. Elusates.
3497. Essui.
3500. Est de la France.
3502. Flandres (française et belge).
3514. Foix (pays de).
3515. Forez.
3523. Franche-Comté.
3530. Gabali, Gévaudan.
3543. Gascogne.
3547. Gâtinais.
3549. Gex (pays de).
3550. Helviens.
3551. Jura (région du).
3554. Languedoc.
3571. Laonnois.
3572. Larzac (plateau de).
3576. Lemovices, Limousin.
3607. Leuci.
3610. Limagne.
3611. Lixovii.
3614. Loire (région de la).
3616. Lorraine.
3637. Lyonnais.
3644. Lyonnaise.
3645. Mâconnais.
3647. Maine.
3662. Mandubii.
3663. Marche.
3667. Mediomatrici.
3668. Méditerranée (région de la).
3669. Midi de la France.
3686. Morini, Morinie.
3692. Morvand.
3695. Morvois.
3696. Moselle (région de la).
3698. Namnetes, Nannetes.
3701. Narbonnaise.

4e Série. — Départements.

9520. Somme.
9631. Tarn.
9664. Tarn-et-Garonne.
9694. Var.
9740. Vaucluse.
9816. Vendée.
9861. Vienne.
9979. Vienne (Haute-).
10044. Vosges.
10092. Yonne.

5e Série. — Étranger.

10230. Angleterre, Écosse, Irlande.
10384. Autriche.
10393. Bade (grand-duché de).
10402. Bataves, Hollande, Pays-Bas.
10417. Bavière.
10443. Belgique.
10586. Celtibériens, Ibères, Espagne.
10641. Chamaves.
10642. Chérusques.
10643. Danemark.
10649. Danube (région du).
10650. Galates.
10665. Germanie, Allemagne en général.
10752. Goths.
10754. Hanovre.
10755. Helvètes, Rhétie, Suisse.
10921. Hesse.
10933. Italie.
10973. Luxembourg.
10988. Nassau (duché de).
10991. Nord de l'Europe.
10997. Portugal.
11001. Prusse rhénane.
11080. Rheinland (région rhénane).
11119. Saxe.
11123. Suèves, Souabe.
11127. Wurtemberg.

Additions à la 1re partie.

Sections additionnelles.

2683 *b* 2e série. Questions topographiques. — Dittation.
2886 *a* — — Lunna.
2898 *a* — — Mesua.
2990 *a* — — Ventia.
3439 *a* 3e série. Régions. — Convenæ.
11126 *a* 5e série. Étranger. — Ubiens.

BIBLIOGRAPHIE GÉNÉRALE

DES GAULES

PARIS

TYPOGRAPHIE GEORGES CHAMEROT

19, RUE DES SAINTS-PÈRES, 19

BIBLIOGRAPHIE GÉNÉRALE

DES GAULES

RÉPERTOIRE SYSTÉMATIQUE ET ALPHABÉTIQUE
DES OUVRAGES, MÉMOIRES ET NOTICES
CONCERNANT L'HISTOIRE, LA TOPOGRAPHIE, LA RELIGION
LES ANTIQUITÉS ET LE LANGAGE DE LA GAULE
JUSQU'A LA FIN DU Ve SIÈCLE

SUIVI

D'UNE TABLE ALPHABÉTIQUE DES MATIÈRES

1re période : Publications faites depuis l'origine de l'imprimerie jusqu'en 1870 inclusivement

PAR

CH.-ÉMILE RUELLE

BIBLIOTHÉCAIRE A LA BIBLIOTHÈQUE SAINTE-GENEVIÈVE
LAURÉAT DE L'INSTITUT

PARIS

CHEZ L'AUTEUR

6, PLACE DU PANTHÉON

LIBRAIRIE DE LA SOCIÉTÉ BIBLIOGRAPHIQUE
V. PALMÉ, 76, RUE DES SAINTS-PÈRES

LIBRAIRIE DE FIRMIN-DIDOT ET Cie
56, RUE JACOB, 56

HONORÉ CHAMPION
15, QUAI MALAQUAIS, 15

1886

BIBLIOGRAPHIE DES GAULES

2ᴱ PARTIE. — CATALOGUE ALPHABÉTIQUE

A

N. B. — Les titres d'ouvrages abrégés dans la première partie (Catalogue méthodique) sont donnés, autant que possible, au complet dans celle-ci, et réciproquement. Les articles dont le format n'est pas indiqué sont in-8. — Lorsque la rédaction d'un titre n'est pas la même dans les deux parties, celle de la seconde partie doit être considérée comme une rectification.

A***. Découvertes faites sur le Rhin d'Amagétobrie et d'Augusta Rauracorum, anciennes villes gauloises dans la Sequanie rauracienne, avec des digressions sur l'histoire des Raurasques, le mont Terrible et la Pierre-Pertuis, par C. D*** [nº 2604 *a* du Catalogue Méthodique]. *Porentruy*, 1796. In-12.

A. (G.). De fontibus veterum auctorum in enarrandis expeditionibus a Gallis in Macedoniam susceptis [10653]. *Berolini*, 1824.

ABAUZIT (Firmin). Œuvres diverses. [2768]. *Genève*, 1770, et *Amsterdam*, 1773 (ou 1783?). 3 vol.

Contiennent une dissertation sur le passage d'Annibal à travers les Alpes; Adoption du récit de Polybe, et, ultérieurement, Essai de conciliation de Polybe et de Tite-Live, à la suite d'une correspondance échangée avec l'abbé Mann. — Passage par le Mont-Cenis.

ABBADIE (l'a.). Nouvelle diss. touchant le temps auquel la religion chrétienne a été établie dans les Gaules et où l'on fait voir que ç'a été non dans le premier, mais dans le deuxième siècle qu'elle y a été établie, et qu'y étant depuis déchue, elle y a été rétablie vers le milieu du troisième [707]. *Toulouse, Boude*, 1703. In-12.

ABEKEN (G.). Fouilles à Saltzbourg [10441]. — *Bull. de l'Instit. de corr. archéol.*, 1841, p. 125-126.

Inscriptions latines.

ABEL (Charles). Les Voies rom. dans le dépᵗ. de la Moselle [7786]. — *Mém. de la Soc. d'Archéologie de la Moselle*, année 1859. Tirage à part. 31 p.

— César dans le N.-E. des Gaules. [3743]. *M. rec.* an. 1861. T. à p.. 80 p.

— Not. sur l'existence d'une station postale à Metz, etc. [7827]. *Bull. de la m. Soc.* — 7ᵉ année, 1864.

M. Abel a repris cette publication sous un titre général : *les Établissements d'utilité publique créés par les Romains à Metz*, halle au blé, amphithéâtre (planche), station postale, macellum, naumachie, moulins, thermes. *Metz*, 1870. In-8.

— Not. sur la signification du mot Dirona, etc. [561]. — *M. vol.* 11 p.

T. à p. (15 p. in-8) sous le titre de : *la Déesse gauloise Dirona.*

— Communication sur une monnaie trouvée à Guénétrange [7875]. — *M. rec.* 8ᵉ année, 1865.

— Notice, etc. [7787]. — *M. vol.* 5 p.

— Du monnayage des Gaulois, etc. [7811]. — *Mém. de l'Acad. de Metz*, 47ᵉ année, 1865-66. — Lettres, etc.,

p. 295 à 314. 1 planche. T. à p. *Metz*, 1867. In-8.

— Le mot *Macher*, etc. [1178 *a*]. — *Bull. de la Soc. d'Arch. de la Moselle*, année 1869. T. à p.

Cp. le n° 7887.

— Nouvelles rech. faites sur une portion de voie rom., etc. [7867]. — *M. vol.* P. 140-142.

— Les Pagi du Nord-Est. 1870. [3745].

ABENDROTH (H.). Terrainstudien zu dem Rückzuge des Varus, etc. [10734]. *Leipsig, Wegel*, 1863.

ABORD-BELIN (H.). Santenay et ses antiq. [5454]. *Congrès archéol. Séances générales tenues à Dijon en* 1852.

— Excursion archéol. sur qq. unes des montagnes du Pagus Arebrignus [5347]. — (A la fin : signature, puis, *Brully, 6 juillet* 1858). P. in-8, 8 p.

Sous-titres : *Monnaies gauloises*, bracelets trouvés à Brully (hameau de Saint-Romain). Colonne de Cussy; méd. rom. trouvées à Brully.

ACHAINTRE (Nicolas-Louis). Édition des commentaires de J. César dans la collection Lemaire [412]. — Voir C.-J. César.

ACHARD (Cl.-François). * Dictionnaire, etc. [4088]. *Aix*, 1785-1787. 4 vol. in-4.

— Description histor., géograph. et topograph. ancienne et moderne des villes, bourgs de la Provence, du comté Venaissin, de la principauté d'Orange et du comté de Nice (faisant suite au Dictionnaire de la Provence) [3908]. *Aix, impr. P.-J. Calmen*, 1767, 1787. 2 vol. in-4.

— Rapport sur le fragment d'un mon[t] antique envoyé à l'Institut national, par le cit. Achard, conservateur du musée de Marseille [4875 *a*]. — *Mém. de l'Institut national des sc. et arts*, t. I, an VI. P. 170-180.

— Catalogue de tous les mon[ts] réunis dans le musée de Marseille [4847]. *Marseille*, an VII. 72 p.

— Mém. sur Tauroëntum [2941 *b*]. — *Mém. de l'Acad. de Marseille*, t. III, 1804, p. 184.

ACHERY (dom Jean-Luc d'). Spicilegium, sive collectio veterum aliquot scriptorum qui in Galliæ bibliothecis delituerant, olim [annis 1653-1677] editum opera et studio L. d'Achery, nova editio expurgata a Lud. Fr. Jos. De La Barre [8]. *P. Montalant*, 1723. 3 vol. in-fol.

AD .. Annales, etc. [6405]. *Béziers*, 1863, in-12.

ADAMOLI (P.). Lettre [25 fév. 1766] de M. P. Ad*** à M. le marquis de Migien sur une découverte faite à Lyon d'un mon. antique enseveli sous les eaux de la Saône [8586]. — 2e Lettre de M. P. Ad***, écrite de Lyon le 25 mars 1766, *Lyon, impr. Aimé Delaroche*, 1866. 23 p. — 3e Lettre [20 janvier 1767] à M. le Mis de M. sur la découverte de la pierre où est gravée l'inscription qui était au piédestal de la statue équestre élevée à l'honneur de Tiberius Antistius [8629]. *Lyon, impr. J. Bruyzet*, 1767.

ADELUNG (Jean-Christophe). La plus ancienne histoire des Teutons, de leur langage et de leur littérature jusqu'à l'époque de la grande émigration des peuples [10680]. *Leipzick*, 1806.

— Mithridates, oder Allegemeine Sprachenkunde, mit dem « Vater Unser », etc. [2271]. *Berlin*, 1806-1817. 4 t. en 5 vol.

La 2e partie contient : 1° la langue cantabre ou basque; 2° la langue celtique ancienne; 3° des observations sur Ossian; 4° la langue celtique, germanique ou cimmérienne; la langue germanique, etc. — Voir les *Mém. de l'Acad. celtique*, t. IV, 1809, p. 505. — Les tomes II et suivants sont de J. Ser. Vater qui a continué l'ouvrage avec les mss. d'Adelung et ses propres rech. [2272].

ADVIELLE (Victor). Le Rouergue dans ses rapports avec le Dauphiné et la Savoie, du Ier au XIXe siècle [3954]. *Vienne*, 1868.

ADVILLE. Rapport sur un travail ms. intitulé : *Villes et voies rom. de l'Anjou* [3055], par Matty de Latour (1854). Voir ce nom.

AEMILIUS (Paulus). De rebus gestis Francorum, usque ad annum 1488, libri X, additum est chronicon Joan. Tilii [228]. *Parisiis, Vascosanus*, 1539. In-fol.

Autres éditions : 1544 et 1550. In-fol.
A la dernière on ajoute : « Arnoldi Ferroni (Arnold le Ferron) de rebus gestis Gallorum libri IX, usque ad Henricum II (impr. également en 1550); celles de 1548 et 1555, in-8 auxquelles se réunit aussi la continuation d'Arnold le Ferron impr. à part; enfin une édition de 1576. In-fol. avec la continuation. — Paul Émile et Le Ferron ont été impr. pour la dernière fois à Bâle, en 1601. In-fol. avec une continuation par Jac. Henric. Petrus.

La Bibliothèque nationale possède un exemplaire des quatre premiers livres d'Émile, édition de Jod. Badius. *S. d.*, mais de l'année 1517. In-fol. » (BRUNET, *Manuel.*)

— De rebus gestis Francorum... Traduction française par Jean REGNART, avec la suite tirée de LE FERRON. *Morel*, 1581.

Autres éd. *Ibid.* 1597, 1602, 1609. In-fol.

AFFRE (Henri). Obs., etc. [4804]. (voir LUNET). — *Mém. de la Soc. des lett., etc., de l'Aveyron*, t. IX, 1859-1867. 2 p.

AIGREFEUILLE (Charles). Histoire de la v. de Montpellier [6395]. *Montpellier*, 1737. In-fol.

— Histoire de Montpellier depuis son origine, 2e éd., par de la Pijardière et autres membres de la Société des Bibliophiles languedociens. *Montpellier, Coulet*, 1875-80. 3 vol. in-4 en 6 parties.

— Histoire ecclésiastique de Montpellier [6396], 1739. In-fol.

Sur les diverses orthographes de ce nom (d'Aigrefeuille, Degrefeuille, De Grefeuille, etc.), voir GERMAIN, *Ch. de Grefeuille et sa famille* (Mém. de l'Acad. de Montpellier, section des lettres, t. III, année 1859, p. 195). — Sur le ms. de son *Hist. de Montp.* voir *M. rec.*, t. IV, p. 477.

AIGUEPERSE (A.-J., bon d'). Rech. sur l'emplacement de Lunna, etc. [2886 *a*; 8472]. — *Ann. de la Soc. roy. d'Agric. de Lyon*, 1844. — Réimpression à la suite de l'*Histoire du Beaujolais*, par le bon Ferd. DE LA ROCHE-LACARELLE, t. II, 1853 [3237]. — Lettre à M. Aug. Bernard (sur le même sujet), 1847 [2886 *b*]. — Lettre à M. Peyré, sur la découverte d'une ville gallo-rom. (Lunna) [2886 c]. — *Revue du Lyonnais*, août 1853. — Nouvelles et dernières rech. sur l'emplacement de Lunna, station rom. entre Lyon et Mâcon [2886 *d*]. — *M. rec.*, 2e s., t. XIV, 1857, p. 379-403, et *Mém. de l'Acad. de Lyon*, n. s., t. VI, 1858, p. 1-24.

— Une visite à Gergovia [2732]. *Lyon, Perrin*, 1847.

— Inscription, etc. [8655]. — *M. rec.*, n. s., t. V, 1857-58. In-4, 5 p.

— Œuvres archéologiques et littéraires [1319, 8472 *a*], 1862. 2 vol.

AILLAND (l'a.). Diss., etc. [4862].

Mention dans la *Biblioth. hist.*, t. III, no 38211.

AILLY (le bon d'). Rech., etc. [2133]. *Lyon, Scheuring; Paris, Rollin et Feuardent*, 1864-1868. In-4, 2 tomes et 3 parties en 3 vol.

AIMOIN. Aimoini monachi, qui antea Annonii nomine editus est, historiæ Francorum, lib. V ex veter. exemplaribus multo emendatiores, cum indice copiosissimo, etc. [225]. *Parisiis, Andr. Wechel*, 1567. In-16.

Livre I, hist. de la Gaule jusqu'à l'année 512. 2e édition. *Parisiis*, 1603. 3e *Hanoviæ*, 1613. Autres éditions dans les Recueils de DU CHESNE et de dom BOUQUET.

AKERMAN (J. Young). Descriptive catalogue of rare and unedited roman coins, from the earliest period to extinction, etc., of the empire under Constantinus Paleologos [10327]. *London*, 1834. 2 vol. in-8, pl.

Cp. BRUNET, *Manuel*, etc., nos 2677 et 29830.

— Coins, etc. [10328]. *London*, 1836. 6 pl. 2e éd. 1844.

— A Numismatic Manual [1930 et 10329]. *London, Taylor and Walton*, 1840. In-8, XV-392 p.

— Ancient coins of cities and princes geographically arranged and described [1931]. *London*, 1844 à 1845. In-8.

— Ancient coins of cities and princes. — Hispania, etc. [10616]. *Londres*, 1846. In-8, 24 pl.

— An archæological index, etc. [10307]. 1847.

ALANUS. De Santonum Regione [3955]. *Santonibus*, 1598. In-4.

ALART. La voie rom. de l'ancien Roussillon [3946]. — *Soc. agr.*, etc., *des Pyr.-Orientales*, t. XII, 1860, p. 131-195.

— Géographie historique des Pyrénées-Orientales [8330]. *M. vol.* 78 p.

ALARY (L.-J.). Rapport sur les fouilles exécutées... cne d'Izeure, etc. [4504]. — Avec un plan par DADOLE. — *Bull. de la Soc. d'émul. de l'Allier*, t. II, 1851.

— Voir aussi SOULTRAIT (de) et ALARY.

ALBANIS DE BEAUMONT (J.-Fr.). Description, etc., ou Tableau histor. et statist. de la Savoie, sous les rapports de son ancienneté, de son étendue, de sa population, de ses antiq. et de ses productions minéralogiques, etc. [3009]. *P. Didot*, 1802. 4 vol. gr. in-4, fig. et atlas in-fol.

ALBENAS (**Jean Poldo d'**). Discours, etc., avec les portraits des plus antiques et insignes bâtiments d'icelle, réduits à leur vraie mesure et proportion; ensemble de l'antique et moderne ville [5954]. *Lyon, Pouille*, 1560. In-fol.

« Cet ouvrage est curieux et estimé. » (*Biblioth. hist.*, t. III, n° 37846.)

ALBERT (**l'a.**). Histoire du diocèse d'Embrun [4545]. 1733. 2 vol. in-8.

ALBERT. Le Mont Viso [10966 *a*]. *Bull. de l'Acad. Delphinale*, 3e s., t. I, 1865 (1866). 23 p.

ALCUIN ou **ALBIN**. Scriptum de vita sancti Martini [6502].

Cet écrit est imprimé avec les œuvres d'Alcuin. *Parisiis*, 1617. In-fol. — Voir *Bibl. hist.*, t. I, n° 10280.

ALDÉGUIER (**J.-B.-Auguste d'**). Histoire de la v. de Toulouse depuis la conquête des Romains jusqu'à nos jours [6147]. *Toulouse*, 1828-35. 4 vol. in-4.

— Des Cryptes de Saint-Saturnin (*alias* Saint-Sernin, à Toulouse) [6161]. — *Mém. de la Soc. archéol. du Midi*, t. VII, 1860. In-4, p. 57-92.

ALDENBRUCK (**Aug.**). De Religione antiquorum Ubiorum, Dissertatio historico-mythologica, quâ ex purissimis fontibus, monumentis, lapidibus, nummis, eorum sacra, Dii, Deæ, etc., explicantur [11126 *a*].

ALDRETE. Antiguedades, etc. [10600]. *En Amber*, 1614. In-4.

ALDZREITTER et **BRUNNER** (**And.**). Annales boicæ gentis, etc. [10417]. *Francofurti*, 1710. In-fol.

ALÈGRE (**Léon**). Antiq., etc. [6073]. — — *Mém. de l'Acad. du Gard*, 1863-64-67, p. 160-163.

— Le Camp de César, etc. [6088]. — *Mém. lus à la Sorbonne en* 1865 (archéologie), p. 113.

ALEXANDRE (**le p. Noel ou Natalis**). Dissertatio Natalis ALEXANDRI, ex ordine Prædicatorum, de Prædicationis Evangelicæ Exordio (primo ecclesiæ sæculo) [696]. 1679.

« 16e diss. du t. II de son ouvrage sur les principaux points de l'histoire ecclésiastique des premiers siècles. 1699, 1714. In-fol. » (*Bibl. hist.*, t. I, n° 3966.)

— Dissertatio, etc., deque illorum reliquiis Provinciæ vindicatis [3899].

17e diss. du même ouvrage.

ALEXANDRE (**Ch.**). Oracula sibyllina [8791]. *P.-F. Didot*, 1841, 1853. 2 vol.

Excursus V : Lecture, avec commentaire, de l'inscription d'Autun.

— Inscriptions trouvées à Fréjus [9719]. — *Rév. archéol.*, 2e s., t. III, année 1861, p. 371-375, 458-466.

— Inscriptions, etc. [4576]. *M. rec.*, 2e série, t. V, année 1862, p. 323-331.

ALIBERT. Découverte, etc. [9659]. *Procès-verbaux des séances de la Soc. litt. et sc. de Castres*, t. I, 1857, p. 85-87.

— Note, etc. [9661]. — *M. rec.*, t. III, 1860, p. 166.

ALIX (**le président Thierry**). Dénombrement du duché de Lorraine en 1524, etc. [3636].

Titre complet du manuscrit :
Descriptions particulières des duchés de Lorraine, comtez et seigneuries en dépendantes et notamment du comté de Bitche, par Thierry Alix, sieur de Veroncourt et Forcelles, Sainct-Gergone, etc.
Forme un vol. dans le Recueil de documents publiés par la Soc. d'archéol. lorraine. Nancy, 1870. L'édition est signée H. L. et A. de B.
Voir la table des formes anciennes et celle des noms de lieu.

ALIZON (**Aimé d'**). Les Arènes romaines de la rue Monge. Discussion sans mélange d'archéologie à propos d'une souscription nationale pour leur rachat [9130]. *Lacroix et Verboeckoven*, 1870. 15 p.

ALLARD (**Guy**). Voir GUY-ALLARD.

ALLAUME (**l'a.**). Notice, etc. [7221]. — *Mém. de la Soc. d'agr., etc., d'Angers*, t. VI, 1848. 2e p., p. 121-127.

ALLEON-DULAC. Mémoire pour servir à l'histoire naturelle des provinces de Lyonnais, etc. [3237]. *Lyon*, 1765. 2 vol.

ALLIER (**Achille**). L'ancien Bourbonnais (histoire, monuments, mœurs, statistique) gravé et lithographié sous la direction de M. Aimé CHENAVARD [3284]. *Moulins*, 1833-38. 2 vol. et atlas in-fol.

Achevé par MICHEL et BATISSIER.

ALLIES (**J.**). The british, etc. and Forklore of Worcestershire [10376]. *London*, 1852. Fig., 2e éd., 1856.

ALLMER (**A.**). Sur qqs. inscriptions antiques [6583]. *Vienne*, 1858; 56 p.

— Sur qqs. inscriptions alléguées de part et d'autre dans une récente polémique au sujet d'un ouvrage intitulé : *Description du pays des Ségusiaves*, par Aug. Bernard [4009]. 1859, in-8.

— Sur deux colonnes milliaires, etc. [6810 *b*, 8667]. — *Rev. du Lyonnais*, 2e s., t. XVIII, 1859, p. 28-49.

— Mémoire, etc. [8936]. — *M. vol.*

— Note sur qq. mon[ts] épigraphiques [2220 *a*]. — *Rev. du Lyonnais*, 2e s., t. XXII, 1861, p. 5.

— Notes sur plusieurs mon[ts] épigraphiques [2220 *a*]. — *Mém. de l'acad. de Lyon (lettres)*, n. s., t. IX, 1860-61, p. 145-160.

Sur une inscription rom. où l'empereur Tacite porte le surnom de *Gothique* (trouvée à Tournon) [4606]. — Sur deux inscr. [prétendues] rom. de Luxeuil [8711]. — Sur l'inscr. [prétendue rom.] d'Albigny [8655].

— Découverte de colonnes, etc., de tombeaux antiques dans l'église de St-Pierre, à Vienne [6651 *a*]. — *M. vol.* p. 299-326.

— Même sujet. — *Rev. du Lyonnais*, 2e s., t. XXII, 1861, p. 250.

— Mosaïque rom., etc. [8674]. *M. rec.*, t. XXV, 1862, p. 161. — T. à p.

— Temple d'Auguste, etc. [6651]. *Rev. des Soc. sav.*, 3e s., t. Ier, 1863; 2 p.

— Not., etc. [8657]. *Vienne, imp. Savigné*, 1864, 39 p.

— Communication, etc. [8473]. — *Bull. de la Soc. des Antiq. de France*, année 1865, p. 154 à 167.

— Not., etc. [4166]. — *Mém. de la m. Soc.*, 3e s., t. VIII, 1865, p. 1.

— Récentes découvertes, etc. [6644 *a*]. — *Rev. du Lyonnais*, 3e s., t. II, 1866, p. 130-136.

— Nouvelle découverte, etc. [6644 *b*]. — *M. rec.*, 3e s., t. IV, 1867, p. 137-142.

— Découverte, etc. [6644 *c*]. — *M. vol.*, p. 469-471.

— Inscription rom., etc. [8661]. — *M. vol.*, p. 475-476.

— Sur deux inscr. antiques, etc. [8662]. — *M. rec.*, t. V, 1868, p. 358-382.

— Communication [ms.], etc. [6646]. — Voir Marion (Jules). *Rapport*, etc. 1868.

— Taurobole de Tain. Résumé des obs. de M. Allmer sur le mém. de M. Ch.-N. Robert (voir ce nom) [5736]. — *Bull. de la Soc. d'archéologie, etc., de la Drôme*, t. II, 1867, p. 204-209.

— Taurobole de Tain. Nouvelles obs. critiques, etc. [5738]. — *M. vol.*

— Taurobole de Tain et de Valence, Dernière réponse à la dernière réplique de M. Robert [5740]. — *M. vol.*

— Sur une inscription romaine, etc. [5729]. — *M. vol.*, 3 p.

— Lettre à M. [A.] Lacroix, etc. [5725]. — *M. vol.*, 14 p.

— Lettre à M. Lacroix, etc. [5696]. — *M. vol.*, 1869, p. 155-161.

— Inscriptions de Valence et d'Aixme, etc. [5706]. — *M. vol.*, p. 282-288.

— Quatre nouvelles inscr. rom. [5697]. — *M. vol.*, p. 466-468.

— Organisation de la province Narbonnaise [3708]. — *M. rec.*, t. V, 1870.

Voir, du même auteur : *Inscriptions antiques et du moyen âge de Vienne en Dauphiné*. Paris, Thorin, 1875, 6 vol. et atlas gr. in-8.

ALLONVILLE (c[te] **Louis-Armand-François d'**). Diss., etc. [9540]. — *Clermont-Ferrand*, 1828, in-4; planches.

Méd. au concours des antiq. nationales, en 1828.

— Trois inscriptions dédiées à Hercule Saxanus, qui ont été trouvées dans les carrières de Narroy, Meurthe [7571].

Analyse dans le *Précis des travaux de la Soc. des Sc., l. et arts de Nancy*, 1829 à 1832 1833, p. 233.

ALLOU (Ch.-Nic.). Descriptions de mon[ts] de différents âges observées dans le dép[t] de la Haute-Vienne. Avec un précis des annales de ce pays [9994]. — Limoges; Paris, 1821, in-4. Autre éd. 1834, in-4.

Méd. d'or, à l'Acad. des Inscr. en 1822.

— (Mce Ardant, éditeur). Explication, etc. à joindre à l'ouvrage publié en 1822 et intitulé : Description des mon[ts], etc. [9995]. — *Bull. de la Soc. archéol. et histor. du Limousin*, t. VII, 1857, p. 80-88.

Cet atlas est conservé dans la Bibliothèque de la Société.

ALLOU (Auguste). Mémoire, etc., présenté à la Soc. d'agr. de Provins en 1821, avec cette épigraphe : « Damnosa quid non imminuit dies? » [2454]. — *Bull. de la Soc. archéol. de Sens*. 1846, in-8, p. 97-129.

ALPEN (van). Diss., etc. [573]. — *Soc. des antiquaires de France*, t. VII, 1826, p. 53.

ALT DE TIEFENTHAL. — Voir TIEFENTHAL.

ALTESERRE, ASTESERRA.—Voir HAUTESERRE.

ALTINGIUS. Descriptio... agri batavi, etc. [10406]. 1697, in-fol.

ALTMANNUS (J.-Georg.). Dissertatio Litteraria de origine nominis Sequanorum, eorum moribus, numinum cultu, regiminis forma, atque limitibus... antequam Cæsar Galliam subegisset, ipsiusque Cæsaris et Augusti tempore [4022]. — *Bernæ*, 1754, in-4.

ALTMAYER (Nicolas). Observations sur les ruines du Hiéraple, la voie romaine qui y aboutit et les traditions fabuleuses du pays [7892]. — *Mém. de l'Acad. de Metz*, 1828-29, p. 355-374.

ALTON (J. d'). History of Ireland from the earliest period to the year 1245. With an essay on the native annalist and other sources for illustrating Ireland [10366]. 2 vol. Dublin, 1845, gr. in-8; plates.

AMÉCOURT (Gve d'). Voir PONTON D'AMÉCOURT (Gve de).

AMÉCOURT (René d'). Rapport sur les arènes de la rue Monge [9131]. *P. v. de la Soc. archéol. d'Eure-et-Loir*, t. IV, 1873 (séances de 1870), p. 373-8.

AMELIN (J.-M.). Guide ou Esquisse d'un tableau historique, pittoresque, statistiq. et commercial de ce dépt, orné de 12 vues et d'une carte gale [6386]. *Paris et Montpellier, Gabon*, 1827, in-12, 586 p.

AMMIEN-MARCELLIN [69] (1). Ammiani Marcellini historiarum libri qui extant XIII (de XIV à XXVI) ex recognitione et cum præfat. Angeli (Cneii) Sabini. *Romæ, per Georg. Sachsel et Barth. Golsch*, 1474, in-fol.

Première édition incomplète (XIII livres seulement).

— Historiarum libri XVIII, ed. de Mariangelus Accursius, « Mendis quinque millibus purgatæ ». *Augsbourg*, 1533, in-fol.

— Rerum gestarum qui de XXXI supersunt libri XVIII, ope mss. codicum emendati ab Fred. Lindenbrogio et Henr. Hadrianoque Valesio, cum eorundem integris observationibus et annotationibus : item excerpta varia de gestis Constantini et regum Italiæ. Omnia nunc recognita ab Jac. Gronovio qui suas quoque notas passim inseruit et necessariis ad Ammiani illustrationem antiquis nummis ac figuris exornari curavit. *Ludg. Bat.*, 1693, in-4.

— Rerum gestarum qui de XXXI supersunt libri XVIII, ex recens. Valesio-Gronoviana, indicem et glossar. adjecit A.-Guill. Ernesti. *Lipsiæ*, 1773.

— Ammiani Marcellini quæ supersunt cum notis integris Frid. Lindenbrog, etc. Henr. et Hadr. Valesiorum et Jac. Gronovii, quibus Th. Reinesii et suas adjecit Jo. Augustin. Wagner, edid. Car. G. Aug. Erfurt. *Lips.* 1808, 3 vol.

— Ammiani Marcellini rerum gestarum libri qui supersunt. Recensuit notisq. sélectis instruxit V. Gardthausen. *Lipsiæ, B.-G. Teubner*, 1874-1875. 2 vol. in-18.

« Premier texte digne de foi ». W. Cart (*Rev. crit.*, 1er sem. 1876, p. 172).

— Ammien Marcellin, ou les dix-huit livres de son histoire qui nous sont restés, traduits en français par G. de Moulines. *Berlin*, 1775. 3 vol. in-12.

— Autre éd. *Lyon*, 1778. Moins recherchée (Brunet).

AMPÈRE (Jean-Jacques). Histoire littéraire de la France avant Charlemagne [2396], 2e éd. *Paris, Didier*, 1867, 2 vol. in-8.

Titre de la 1re édit. : Hist. litt. de la Fr. avant le XIIe siècle. Paris, Hachette, 1840, 3 vol.

ANCELON (E.-A.). Note sur l'origine de Dieuze [7549]. — *Mém. de la Soc. d'arch. lorraine*. t. VI, 1864, p. 137-146 ; 1 plan. Reproduite (?) dans les *Mém. de l'Acad. de Metz*, 2e série, t. XII, 1865, p. 543 et suiv.

— Mémoire sur l'origine des populations lorraines [3633]. — *Mém. lus à la Sorbonne*, en 1865 (Histoire), p. 855. In-8.

ANDOQUE (Pierre). Histoire du Languedoc avec l'estat des provinces voisines

(1) Les auteurs de l'antiquité grecque et latine sont indiqués 1o d'après l'édition princeps de leurs ouvrages, 2o d'après les éditions venues postérieurement, qui se recommandent par la recension critique du texte ou par l'importance du commentaire. — Pour les éditions non mentionnées dans ce catalogue, voir — outre BRUNET, *Manuel*, — ENGELMANN continué par PREUSS, *Bibliotheca scriptorum græcorum et latinorum*, 8e édition, 1878, gr. in-8o, et HOFFMANN, *Bibliograph. Lexicon* (auteurs grecs). — Pour les traductions, suppléer à nos indications en consultant les collections de PANCKOUCKE et D. NISARD.

[3566]. *Béziers*, 1623, in-fol. — Autre éd., 1648, in-fol.

ANDRÉ (**le p. — de St-Nicolas**). Lettre en forme de dissertation sur la « Découverte de la ville d'Antres en Franche-Comté » (de Dunod) [2626]. *Dijon, Michard*, 1698, in-12; 204 p.

Comme quoi la ville d'Antre serait l'Aventicum de Tacite. Voir le *Journal des Savants*, mars 1699.

ANDRÉ (**Aug.**). Not. sur la déesse Oca [590]. *Poitiers, Saurin*, 1829. In-8, 28 p. — Extr. du *Bull. de la Soc. d'agr. de Poitiers*, t. II, n° 25.

— C. r. de l'exposition archéol. de Rennes en juin 1863 [6455]. — *Bull. et Mém. de la Soc. archéol. d'Ille-et-Vilaine*, t. III, 1865, in-8. — T. à p., *Rennes, Vatar*, 1865, 44 p.

— Catalogue... du musée archéol. de... Rennes [6456]. 1re partie, Archéologie, p. 1 à 210 (t. IV ann. 1866). 2e partie : p. 1 à 99 (fin) (t. VI, ann. 1868). — *M. rec.*, t. IV; 1866 et t. VI, 1868.

ANDRÉ (**Ferdinand**). Histoire de l'abbaye des religieuses de St-Sauveur de Marseille, fondée au ve siècle [4872 *a*]. *Marseille*, 1863, gr. in-8.

— Des voies rom. dans le Gévaudan, etc. [3542]. *Bull. de la Soc. d'agr., etc., de la Lozère*, 2e série, t. XVIII, 1867, 2e partie, p. 295-305.

- Poteries rom. de Banassac [7138]. *M. rec.*, t. XX, 1869, 2e partie, p. 27-29.

ANDRÉ (**V. d'**). Not., etc. [6247]. — *Mém. de la Soc. archéol. du Midi*, t. I, 1834, in-4, p. 285-291 ; vign.

ANDRÉA (**d'**). — Ouvrage signé : L. S. D. N. G. P. La Vérité Provençale, discours contenant l'état de la Provence sous les Romains, empereurs, rois, goths, etc.; les raisons pour lesquelles le roi est supplié de laisser vivre ses sujets dans leurs anciennes libertés, etc. [3884]. *Aix, David*, 1630. In-4.

ANGELONI (**Fr.**). La historia illustrata con la verità delle antiche medaglie, seconda impressione con l'emendatione postume del medesimo autore, e con un supplimento de' rouesci, tratti dal tesor delle medaglie della regina christiana descritti da G. Pier Bellori [88]. *Roma, Bassotti*, 1685. In-fol., 1re édition (préférée, dit Brunet). *Rome, Fei*, 1641. In-fol.

ANIBERT. Mém. historiques, etc. d'Arles [4941]. *Yverdon*, 1779-80-81. 4 vol. in-12.

— Mémoire sur l'ancienneté d'Arles, suivi d'observations sur la formation des marais voisins de cette ville, et sur un passage de l'hist. d'Ammien-Marcellin [4942]. *Arles*, 1782. In-8.

— Diss. topogr. et histor., etc. [5005]. *Arles*, 1779. In-12, fig.

ANQUETIL (**Louis-Pierre, Génovéfain**). Histoire, etc. (jusqu'en 1657) [7362]. *Reims, Delattre et Godet*, 1756 et 1757. 3 vol. in-12.

Ouvrage attribué aussi à Félix de la Salle (voir Biographie générale, article ANQUETIL).

— Précis de l'histoire universelle, ou Tableau historique présentant les vicissitudes des nations, etc., depuis le temps où elles ont commencé à être connues, jusqu'à la fin du XVIIIe siècle [337]. 4e éd. *Paris, Janet et Cotelle*, 1818. 8 vol. in-8.

1re édition, 1797. 9 vol. in-12. 2e éd., 1801. 12 vol. in-12. 3e éd., 1807. 12 vol. in-12. Autres éditions.

— Histoire de France depuis les Gaulois jusqu'à la fin de la monarchie [336]. *P.*, 1805, etc. 14 vol. in-12. — Nouv. éd. continuée jusqu'en 1838, par M. Louis de Mas-Latrie. *Paris*, 1839. 6 vol. in-8. — Autres éd. en grand nombre.

ANSELME (**l'a.**). Que les lettres, etc. [2383]. — *Mém. de l'Acad. des inscr.*, t. V, 1729, in-4. *Hist.*, p. 320-324.

ANSSE DE VILLOISON (**d'**). Voir VILLOISON.

ANTELMY (**l'a. Joseph**). Descriptio diœceseos Forojuliensis. — Voir DISDIER (l'a. J.-B.), 1870.

ANTIMON (**d'**), **chanoine**. * Défense, etc., contre la dissertation écrite [par le p. BENOIT] pour prouver que la ville de Toul est le siège épiscopal des Leuquois [7596]. — *Paris, Langlois*, 1702, in-8.

Voir *Biblioth. histor.*, t. I, n° 10617.

ANTOINE (**P.-Jos.**). Découverte des ruines d'un monum. triomphal qui a existé depuis environ 560 ans av. J.-C., etc. [5384]. (Extr. des n°s 110 et 112 du *Journ. des Bâtiments et des Arts*. *Paris*, an X (1802). 2 pl. — Nouv. édit. *Dijon, Frantin*, 1873. In-8.

ANTONIO (**Nic.**). Bibliotheca hispana vetus ad annum 1500, curante fr. Perezio Bayerio, qui prologum, etc., adjecit [10586]. *Matriti, hæredes Joachim Ibarra*, 1788. 2 vol. in-fol. — Bibliotheca hispana nova sive hispanorum scriptor. qui, etc., ab anno 1500 ad ann. 1684, etc. [10586]. 2e éd. *Matriti, Ibarra*, 1783. 2 vol. in-fol.

D'ANVILLE (J.-B. Bourguignon). *Éclaircissements géographiques sur l'ancienne Gaule, précédés d'un traité des mesures itinéraires des Romains, et de la lieue gauloise [1024]. *Paris, Ve Etienne*, 1741. In-12. — Autres éditions : *Paris* et *La Haye*, 1743. In-12. Dans les Œuvres de d'Anville, publiées par DE MANNE. *Paris*, 1834. In-4, t. I, p. 270.

1re dissertation, sur Genabum (placé, à Orléans). — 2e, sur Bibracte (à Autun). — 3e, sur Alesia (à Alise Sainte-Reine). Querard, dans sa *France littéraire*, Art. D'ANVILLE, attribue cet ouvrage au célèbre géographe. Dacier a émis la même opinion dans l'*Eloge de M. d'Anville*, mais de Manne père, en reproduisant cet éloge, ajoute en note : « Ces *Éclaircissements* sont de l'abbé Belley qui les communiqua à M. d'Anville pour les publier avec un *Traité des mesures* itinéraires que celui-ci venait de composer. » (*Œuvres de d'Anville*, t. I, p. XII.) — Voir aussi la *Biblioth. hist.*, t. I, no 182, où le nouvel éditeur, Fevret de Fontette, s'exprime ainsi : « La seconde partie, ou les *Éclaircissements géographiques*, auxquels M. d'Anville a ajouté en certains endroits quelques phrases... »

« Des bibliographes ont attribué à tort à l'abbé Augustin Belley cet ouvrage du célèbre d'Anville. Cette erreur, qui tombe devant plusieurs passages de ces mêmes « éclaircissements » (pages 341, 432 et 439), et de la préface où d'Anville en parle comme de son propre ouvrage, provient, sans doute, de la citation qui se trouve dans les « Mémoires géographiques » de quelques antiquités de la Gaule », par Pasumot, ingénieur-géographe, publiés à Paris en 1765, 1 vol. in-12. Cet écrivain dit dans une note des *Mémoires* (pages 20 et 30) que les « Eclaircissements géographiques sont de l'abbé Belley, et se trouvent à la suite d'un « petit Traité sur les mesures itinéraires et la lieue gauloise », par M. d'Anville. (Barbier, *Anonymes*, 3e édit.)

CC. RR. *Bibliothèque raisonnée*, t. XXIX, p. 55. — *Obs. sur les écrits modernes*, lettres, 381 et 389. — *Mém. de Trévoux*, 1742, mars et juillet.

— Réponse, etc. [2673]. — *Mercure*, avril 1742.

Voir l'abbé LEBEUF. Lettre à l'abbé Maillard (Mercure, avril 1742).

— La Gaule, etc. [1025]. *Paris*, 1745. In-4.

— Demande, etc. (lu en 1754) [1782]. *Mém. de l'Acad. des Inscr.*, t. XXV, 1759 (histoire), p. 187. — Reproduit dans les œuvres de d'Anville, t. Ier, 1832, p. 392.

— Not. de l'ancienne Gaule tirée des Monuments Romains [1037]. *Paris, Desaint, Saillant*, 1760. In-4, 1 carte.

C. R. dans les *Mém. de Trévoux*, mai 1761 p. 1287.

— Découverte d'une cité, etc. [3180]. — *Mém. de l'Acad. des Insc.*, t. XXVII, 1761 (hist.), p. 108-114, 1 carte.

— Mém. sur le mille rom. (lu en 1755). 1 carte [1783]. — *M. rec.*, t. XXVIII, 1761, p. 346. — Œuvres de d'Anville, t. I, p. 373.

— Mém., etc. [2859]. — *M. rec.*, t. XXVIII, p. 397.

Conclusion en faveur de Wissant.

— Géographie ancienne abrégée [nouv. add. 1046] (1). *Paris*, 1768. 3 vol. in-12, 2e éd. *Paris*, 1769. 1 vol. in-fol. avec 9 cartes, publiées déjà entre 1760 et 1764. — Œuvres de d'Anville, t. II entier, 1834.

— Traité des mesures itinéraires anciennes et modernes. 1re éd. avec les éclaircissements, 1741 [1024]. Nouv. éd. *Paris, Impr. roy.*, 1777, in-8. — Reproduit dans les Œuvres de d'Anville, t. I, p. 82 (avec des corrections faites par M. de Manne d'après les mss. de l'auteur).

— Mémoire, etc. et obs. géographiques sur l'Islande [890]. — *Mém. de l'Acad. des Inscr.*, t. XXXVII, 1774, p. 436-442.

— Mémoires de d'Anville sur les cartes de l'ancienne Gaule qu'il a dressées [1048]. 1779. In-4. — (Titre incertain rapporté par Girault de Saint-Fargeau.)

— Orbis veteribus notus (carte) [1038].

— Œuvres de d'Anville, publiées par M. de Manne [nouv. add. 1080 *a*]. *Paris, Impr. roy.*, 1834, 2 vol. in-4 et atlas gr. in-fol.

APIANUS (P.). Inscriptiones, etc. [2160]. *Ingolstadt*, 1534. P. in-fol.

Pages XXVI : Inscr. Galliæ.

APINUS (Sig.-Jac.). De Rege... Marobo-duo, etc. [302 *a*]. *Suobaci*, 1742. In-4, 44 p.

APITZ (Joa.). Schedarum criticarum in C. I. Cæsaris commentarios de bello Gallico et de bello civili part. I [424].

Publiée aussi sous ce titre spécial : Schedæ

(1) Les nouvelles additions seront placées à la suite de cette seconde partie.

crit. in C. I. Cæs. comment. de B. G. *Lipsiæ, Klinkhart*, 1835.

APPIEN [61]. — Appiani Alexandrini romanarum historiarum Celtica, Libyca vel Carthaginensis, Illyrica, Syriaca, Parthica, Mithridatica, civilis quinque libris distincta, Græce, ex biblioth. regia. *Lutetiæ, typis reg. cura ac diligentia Car. Stephani*, 1551. In-fol. (1re édition.)

— Appiani Alex. Romanarum, historiarum punica, parthica, etc., gr. et lat. cum annotatione, Henr. Stephani. Excudebat Henr. Stephanus (*Genevæ*) 1592. In-fol.

— Appiani Alex. Romanarum historiarum quæ supersunt (gr.) : novo studio conquisivit, digessit, etc., ad fidem codd. mss. recensuit, supplevit, emaculavit, varietatem lectionis adjecit, latin. versionem emendavit, adnotationibus variorum suisque illustravit, commodis indicibus instruxit Joan. Schweighæuser. *Lipsiæ, Weidmann*, 1782-85. 3 vol.

— Romanarum historiarum, quæ supersunt, gr. et lat. cum indicibus. *Parisiis, F. Didot*, 1839. In-8.

Édition complète et correcte (Brunet) exécutée par Fr. Dübner.

— Édition d'Immanuel Bekker. *Leipzig*, 1852. 2 vol. in-12.

— Appien Alexandrin, historien grec, des guerres des Romains, livre VI, assauoir. Le Libyque, le Celtique, etc. et cinq des guerres ciuiles, extraict de Plutarque, le tout traduict en françoys par feu Claude de Seyssel... *A Lyon, pour Antoine Constantin*, 1544. In-fol. Traduction faite sur la version latine de Candido. Elle a été réimprimée à Lyon, chez Jean de Tournes, en 1557. In-16. — Même éd. très augmentée en 1569, par le seigneur des Avenelles (Brunet).

— Appien (Histoires romaines). Traduction française par Odet Philippe sieur des Mares, accompagnée d'une carte de l'empire romain, et d'un parallèle de la géographie ancienne et nouvelle pour l'intelligence de cette carte, par Pierre Du Val. *Paris, Ant. de Sommaville*, 1660. In-fol.

— Traduction de Combes-Dounous. *Paris*, 1808. 3 vol.

Livres 13-17.

ARBAUD (**Damase**). La Voie rom., etc. [4542, 9765]. *Bull. de la Soc. acad. du Var*, t. I, 1868, p. 291-324. — T. à p., *Paris*, 1868. 33 p., 1 carte.

ARBAUMONT (**Jules d'**). Rapport sur une inscr. trouvée au mois de février 1866 [5391]. — *Mém. de la comm. des antiq. de la Côte-d'Or*, t. VII, 1re livraison, 1865-66. *Dijon et Paris*, 1866. In-4, p. 324. 2e édit. rectifiée en 1866 (voir l'article suivant).

— Note sur une borne milliaire, etc. [5381]. — *Rev. archéol.*, 2e sér., t. XVI, 1867, p. 57-68.

« Cette note reproduit dans qq.-unes de ses parties et corrige sur plusieurs points importants un travail du même auteur qui a été publié dans le dernier fascicule des *Mém. de la comm. des antiq. de la Côte-d'Or.* » (Note de M. J. d'A.)

ARBELLOT (**l'a. François**). Champ-Cé et Saint-Georges-Nigremont [5571 *a*]. — *Bull. de la Soc. archéol. et histor. du Limousin*, t. I, 1846, p. 102-104.

— Revue archéol. de la Haute-Vienne [9993]. *Limoges, Ducourtieux*, 1852. Gr. in-18. — 2e éd., 1856, 283 p.

— Diss., etc. [735, 9983]. *Paris, Lecoffre, Didron; Limoges, Mt Ardant et Leblanc*, 1855. In-8, 250 p.

Publiée d'abord dans le *Bull. de la Soc. archéol. du Limousin*, t. IV, 1854, t. V, 1855. — (Voir la lettre à l'auteur par Max. Deloche. *M. rec.*, t. VI, 1856, p. 75-78). — 3e éd. (avec supplément). *Limoges, Chapoulaud*, 1860.

— Notes sur les fouilles de Chassenon, etc. [5180]. — *Bull. de la Soc. archéol. de la Charente*, 1859, p. 222. In-8.

— Topographie rom. du Limousin [3597]. *Congrès scientif.*, 26e session tenue à Limoges en 1860, t. II, p. 130-135.

— Rapp. sur le musée lapidaire de Bordeaux, lu au Congrès scientifique le 24 sept. 1861 [6344]. — *Bull. monum.*, t. XXVII, 1861, p. 655-664.

— Fouilles de Chassenon (Charente.) Cassinomagus de la Table Théodosienne [5181]. — *M. rec.*, t. XXXVIII, 1862, p. 297-311.

— Documents inédits... et sur l'antiquité des églises de France [3598]. *Paris, Lecoffre*, 1861.

— Observations critiques, etc. [759]. *Tours, Bouserey*, 1870, 48 p.

— Guide en Limousin [3605]. *Limoges* (*s. d.*?). In-12.

ARBOIS de JUBAINVILLE (**H. d'**). Voir JUBAINVILLE.

ARCELIN (**Adrien**). Note, etc. [3979 *b*]. — *Rev. du Lyonnais*, in-4 3e s., t. IV, 1867, p. 161-176.

— Les Berges de la Saône... : fer, bronze, pierre polie [3979 *d*]. — *Ann. de l'Acad. de Mâcon*, t. VIII, 1867, p. 392-414.

— Conférence sur l'archéologie préhistor. en Europe et en particulier dans la vallée de la Saône, faite à Bourg le 18 mai 1868 [1444]. — *Journal de la Soc. d'émul. de l'Ain*, 1868, p. 85-89.

— La Station préhistorique, etc. [8828]. — *Rev. du Lyonnais*, 3e s., t. V, 1868, p. 9-34, 1 pl. double.

ARCELIN (**A.**) et **FERRY** (**H. de**). L'Age du renne en Mâconnais, etc. [8829]. — *Ann. de l'acad. de Mâcon*, t. VIII, 1869, p. 432-471, 3 pl.

ARCÈRE. Histoire de la v. de la Rochelle, composée d'après les auteurs et les titres originaux, et enrichie de divers plans et cartes [5197]. *Desbordes, La Rochelle*, 1756-1757. 2 vol. in-4.

ARDANT (**Maurice**). Lettre sur des médailles trouvées à Limoges et sur des médaillons consulaires d'argent [10020]. *Soc. d'agr., etc., de la Hte-Vienne*, 1823.

— Not. numismatique [10021]. — *M. rec.*, 1824.

— Notice, etc. [9990]. — *M. rec.*, 1825.

— Émaux de Limoges, etc. [10011]. — *M. rec.*, 1826 et 1828.

— Notice, etc. [3582]. — *M. rec.*, 1829.

— Antiquités; monnaies d'Aquitaine [3068]. — *M. rec.*, 1832.

— Mémoire, etc. [10040]. — *M. rec.*, 1833.

— Médailles d'argent consulaires [9997]. — *M. rec.*, 1835.

— Description, etc. [10022]. — *M. r.*, 1836.

— Médailles, etc. [10023]. — *Mém. de la Soc. des antiq. de France*, 2e série, t. IV, 1838, p. 164.

— Monnaies, etc. [10024]. *Soc. d'agr., etc., de la Hte-Vienne*, 1839.

— Bulletin archéol. [9991]. — *M. rec.*, 1840, pp. 64 et 111.

— Médailles et monnaies trouvées à Tulle [5322]. — *M. rec.*, 1841.

— Découvertes faites dans les Jardins de Duratius, etc. [10013]. — *M. rec.*, 1845.

— Description, etc. [10042]. — *Bull. de la Soc. archéol. du Limousin*, t. I, 1846, p. 46-48.

— Statues d'Apollon et de Pallas, etc. [9996]. — *M. vol.*, p. 104-106.

— L'Indicateur limousin, etc. [10014]. *Limoges, Martial Ardant frères*, 1848, in-18.

— Inscriptions rom., etc. [10000]. — — *Bull. de la Soc. archéol. du Limousin*, t. III, 1848-51, p. 121-132.

— Note, etc. [3664]. — *Chroniqueur du Périgord et du Limousin*, in-4, t. I, 1853, p. 48.

— Amphithéâtre (Arènes) de Limoges. — Numismatique limousine. [10018]. — *M. rec.*, 1852-1853, p. 27-39.

— Numismatique limousine. Not. sur les médailles frappées en Limousin et celles qu'on découvre le plus fréquemment à Limoges et dans le dépt. [9998]. — *M. vol.*, p. 166-185.

Voir aussi *m. rec.*, t. XIII, 1863, p. 213-218 (1 pl.).

— Course, etc. [10036]. — *Chroniqueur du Périgord, etc.*, t. III, p. 55, in-4.

— Géographie romaine du Limousin [3591]. — *Mém. de la Soc. des sc., etc., de la Creuse*, t. II, 1857; 15 p.

— Étude, etc. [3591 *a*]. — *M. vol.*, p. 36-62.

— Histoire abrégée de Limoges... de J. César à Clovis, roi des Francs. [10005]. — *Bull. de la Soc. archéol. du Limousin*, t. VII, 1857, p. 68-79.

— Tumulus, etc. [10028]. — *M. vol.*, p. 109-115; 1 pl.

— Deniers... trouvés... en 1811 [10032]. — *M. vol.*, p. 192-198.

— Hannibalianus, etc. [10006]. — *M. rec.*, t. VIII, 1858, p. 105-109.

— C. Pivesuvius, gouverneur d'Aquitaine, l'un des trente tyrans sous Gallien [10025]. — *M. rec.*, t. IX, 1859, p. 86-93.

— Médailles etc. [10026]. — *M. vol.*, p. 94.

— Poignards gaulois [1849]. — *M. vol.*, p. 132-136.

— La Cité de Limoges [10007]. — *Congrès scientif.*, XXVIe session, tenue à Limoges en 1859, p. 273.

— Médailles, etc. [10015]. — *Bull. de la Soc. arch. du Limousin*, t. XI, 1861, p. 126-128.

— Statuette gallo-romaine, etc. [10019]. — *M. vol.*, p. 260-264 ; 1 pl.

— Fouilles, etc. [10016]. — *Mem. rec.*, t. XII, 1862, p. 98-99.

ARDILLAUX. Études, etc. [9870]. — *Bull. de la Soc. des antiquaires de l'Ouest*, 1863 et 1864 ; 10 p.

ARENA (Antoine). Les Villes... de Provence [3878]. 1745, in-4. Autre édit., 1748.

Voir *Bibliothèque historique*, t. I, n° 2253 et t. III, n° 38068.

ARÈNE (Auguste). Histoire, etc. [4134]. *Nantua, Arène*, 1846, in-4.

— Fouilles à Izernore [4172]. — *Rev. du Lyonnais*, 2e s., t. XXVII, 1863, p. 249-251.

ARGENTON. Essais historiques sur l'Agenais [2994]. — Voir LABRUNIE.

ARGENTRÉ (Bertrand d'). L'Histoire de Bretaigne, des rois, ducs, comtes et princes d'icelle en l'establissement du royaume, mutation de ce titre en duché, continuée jusqu'au temps de madame Anne, etc., dernière duchesse [3293]. *Paris, Jacques du Puys*, 1585 (et aussi 1605), in-fol.

1re édition, Rennes, 1582, in-fol., saisie au moment où elle allait paraître. Autres éditions : *Paris, Buon*, 1612 (et 1618) in-fol., avec add. de Ch. d'Argentré sieur de la Boissière.
— *Rennes, Vatar*, 1668.
— *Idem, Garnier*, 1681, in-fol.

ARMAILHAC (L. d'). Rapport, etc. [5225]. — *Ann. de la Soc. des arts, etc., de Saintes*, t. I, 1870, p. 120-141.

ARMERYE (l'abbé A.). Réflexions, etc. où l'on fait voir la fausseté des conjectures de l'observateur sur l'origine, la puissance et la valeur des Gaulois, où l'on démontre aussi la distinction de deux Brennus, les plus fameux conquérants gaulois [308]. *Paris*, 1747, in-12.

ARMSTRONG (R.-A.). Gaelic dictionary, etc. [2367]. *London, J. Duncan*, 1825, in-4.

ARNAL (d'). Remontrances faites aux ouvertures des plaidoyers d'après la St-Luc, en la sénéchaussé d'Agen [7096]. 1606, in-8.

Antiquités de la v. d'Agen.

ARNAUD (J.-A.-M.). Histoire du Velay jusqu'à la fin du règne de Louis XV [4080]. — *Au Puy, imp. Lacombe*, 1816. 2 vol. in-8.

ARNAUD (Émile). Études préhistoriques... et sur la fin de la période quaternaire dans le Sud-Est de Vaucluse [9748]. — *Ann. de la Soc. litt., etc., d'Apt*, t. IV, 1866-67 (1869), p. 1-13 ; 6 pl. — Tirage à part.

ARNAUD (A.-F.). Antiq. de la v. de Troyes... et description historique [4698]. 1826, in-fol., pl.

Cet ouvrage n'a pas été continué.

— Voyage archéol. et pittoresque dans le dép^t de l'Aube et dans l'ancien diocèse de Troyes, sous la direction de A.-F. ARNAUD, peintre [4666]. Troyes, 1837-43, pet. in-fol., 128 pl.

ARNAULD (Ch.). Histoire de Maillezais, depuis les temps les plus reculés jusqu'à nos jours [9851]. *Niort, Robin; Paris, Dumoulin*, 1841.

Ce vol. forme le t. IV d'une Histoire du Poitou. Voir THIBAUDEAU.

— Mon^{ts} religieux, militaires et civils du Poitou. 1re partie : Dép^t des Deux-Sèvres [9478]. *Niort, Robin*, 1842. Dessins d'après nature par ROUGIER.

La 2e partie est du comte E. de MONBAIL.

— Les voies rom., etc. [9476]. — *Mém. de la Soc. de statistique, etc., des Deux-Sèvres*, 2e s., t. II, 1862 (1865), p. 365.

— Puits funéraires de Gourgé (Deux-Sèvres) [9506].

Analyse par J. QUICHERAT (voir ce nom sous l'année 1865).

ARNAULT (l'abbé François = de la BORIE). Des antiq. du Périgord [3807]. 1577. (Cité par Girault de Saint-Fargeau.)

ARNAULT-POIRIER. Mon^{ts} celtiques, etc. [9889]. — *Mém. de la Soc. des antiquaires de l'Ouest*, 1837 ; 22 p.

ARNDT (G.-A.). Quatenus, etc. [10705]. *Lipsiæ*, 1775.

ARNETH (Joseph). Zwölf römische Militär-Diplome beschrieben [1799]. *Wien, Rohrmann*, 1843, gr. in-4 ; 25 pl. lith.

— Synopsis nummorum, etc. [1928]. *Vindobonæ, Rohrmann.* 2 vol. in-4.

Vol. I : 1837, médailles grecques; vol. II : 1842, médailles rom.

ARNOULT (Gatien). Voir GATIEN-ARNOULT.

ARNOUVILLE (Ed. Chopin d'). Les Druides [633].

Article *Druides* dans l'*Encyclopédie moderne* de COURTIN, t. X, Paris, 1827; 20 p.

ARRAGONENSIS (Sebastianus). Monumenta... a me Sebastiano Arragonensi, pictore brixiano, summa cura et diligentia collecta [10964]. *Brixiæ*, 1554, in-fol.

Voir BRUNET, *Manuel*, etc.

ARRERAC (Jean d'). Trois divers traitez : 1. Des juridictions et des juges. 2. Des dignitez et grandeurs. 3. De diverses antiquitez [6291]. *Bourdeaus, P. de Lacourt*, 1625, in-4.

ARRONDEAU. Fouilles, etc. [7764]. *Bull. de la Soc. polymath. du Morbihan*, 1867, p. 81-83.

ARTAUD (Joseph-François). Description, etc. [8592]. *Lyon, Ballanche*, 1806, gr. in-fol.; pl. coloriée.

— La Mosaïque, etc. [8593]. *Lyon, Lambert-Gentot*, 1817, in-8.

Nouv. éd. de l'ouvrage précédent. — Cp. *Bull. monumental*, t. XXVII, 1861, p. 115.

— Not. des antiq. et des tableaux du musée de Lyon [8547]. *Lyon, Gentot*, 1808, in-8.

« Vol. imprimé plusieurs années de suite antérieurement à 1823 », dit Quérard (*Fr. litt.*), qui mentionne les éditions de 1823 et de 1825. L'édition de 1817 est intitulée : Tableaux, inscriptions, antiq. et curiosités du musée de Lyon, par F. Artaud.

— Discours, etc. [8596]. *Lyon, Ballanche*, 1808, in-8.

— Mém. sur les rech. d'une statue équestre, au confluent du Rhône et de la Saône, en 1809 [8590].

— Mém. sur un poignard de bronze antique, etc. [4599]. *Mag. encycloped.*, 1811, t. III, p. 119-129; 1 pl. — T. à p. *Paris, Sajou*, 1811.

— Mém., etc. [8548]. — *Mag. encyclop.* 1811, t. VI, p. 337-354. — T. à p. *Paris*, 1811.

— * Not. des inscriptions, etc., par F. A. [8631]. *Lyon, Pelzin*, 1816, in-8.

— Cabinet des antiques du musée de Lyon [8549]. *Lyon, Pelzin*, 1816, in-8.

— Antiquités de Die, etc. [4113, 5712]. *Ann. encyclop.* 1818, p. 175.

— Sur les médailles, etc. [8616]. *Lyon*, 1818. In-4, 12 pl.

— Mosaïques de Lyon et du Midi de la France [8594]. *Paris, F. Didot; Lyon*, 1818 et années suiv. Gr. in-fol.

— Inscription Taurobolique, etc. [8623]. — *Mém. de la Soc. des Antiquaires de Fr.*, t. V. 1823, p. 87.

— Lettre de Sextus Fadius, etc. [4777]. — *Mém. de la Soc. des Antiquaires de Fr.*, t. VII, 1826, p. 244.

— Musée lapidaire de Lyon [8634]. *Paris, F. Didot*, 1827, in-4.

Médaille au concours des antiq. nationales en 1823.

— Histoire abrégée de la peinture en mosaïque, suivie de la description... ainsi que d'un aperçu relatif au déplacement de ces pavés [1475, 8595]. *Lyon, Rossavy*, 1835, 1 vol. in-4; atlas in-fol.

— L'Arc d'Orange (titre incertain) [9797]. 1840.

— * Lyon souterrain, ou Observations archéologiq. et géolog. faites dans cette ville depuis 1794 jusqu'en 1836 [8559]. *Lyon, Le Nigon*, 1846, in-12. (Collection des bibliophiles lyonnais.)

L'avertissement est signé : J.-B.-M. (J.-B. MONFALCON.)

ARTH. Énumération, etc. [8360]. — *Bull. de la Soc. p. la cons. des monts histor. d'Alsace*, t. II, 1858, p. 183-201.

ARTIS (Edmund Tyrrell). The Durobriva of Antoninus identified and illustrated in a series of plates exhibiting the excavated remains of that Roman station, in the vicinity of castor, Northamptonshire [10289]. *London*, 1828, in-fol.; 60 pl.

ASCHBACH (Joseph). Die Boier und Azalier unter Kaiser Trajan in Pannonier [3277 *a*]. *Wien*, 1858, 8 p.

ASSELIN (Aug.). Notice... et sur d'autres antiquités trouvées de nos jours dans les arrondts de Valognes et de Cherbourg, lue à la séance publiq. de la Société des ant. de Normandie en 1829 [7269]. *Cherbourg*, imp. *Boulanger*. 1831, in-8, 32 p. — Reproduit dans les *Mém. de la Soc. acad. de Cherbourg*. 1838, p. 159-199.

— Mém., etc. [7278]. *M. rec.*, 1833, p. 131-158; 1 pl. coloriée.

— Note communiquée sur un dépôt... trouvé dans la paroisse de Sottevast, etc. [7298]. — *Mém. de la Soc. des Ant. de Normandie*, t. V, 1830, p. 326.

ASSELIN (autre?). Coup d'œil, etc. [4382]. — *Travaux de la Soc. acad. de St-Quentin.* 1868, 40e année, 3e série, t. VIII, 1869, p. 457.

Rapport sur ce mémoire, encore manuscrit, par CARDON, dans le vol. précédent, p. 307.

D'ASSIER DE VALENCHES. L'inscription romaine, etc. [6808]. *Montbrison*, 1862; 8 p.

— Paillettes archéologiques, etc. [6811]. (Extr. du J^{al} *de Montbrison*, 3 mai 1863.) *Montbrison*, impr. *Conrot*, 1863.

— Le Forez gallo-romain [3521]. *Lyon*, impr. *Perrin*, 1863; 23 p.

ASTRUC. * Mémoires pour servir à l'histoire naturelle du Languedoc [3564]. *Paris*, 1737, in-4.

Description des voies rom. du Languedoc [3565]. Chap. XVI, p. 208-256.

ATHENAS (**P.-L.**). Sur l'interprétation, etc. [593]. — *Ann. de la Soc. acad. de Nantes*, 1808.

— Mémoire, etc. [5895]. — *M. rec.*, 1817, et *Mém. de la Soc. des Ant. de Fr.*, t. III, 1821, p. 326.

— Plan général de rech. archéol. [1289]. — *Ann. de la Soc. acad. de Nantes* 1821.

— De l'époque, etc. [3099]. — *M. rec.*, 1822.

— Du pays des Carnotes [3414]. — *M. vol.*

— Sur des voies rom., etc. [6928]. — *M. vol.*

— De l'Ile de Sein,... et des Braies gauloises [3317 *a*]. — *Lycée armoricain*, t. II, 1823, p. 184-193.

— Autels druidiques [1583]. — *M. rec.*, t. VI, 1825, p. 377-386.

— Mare conclusum, etc. [2887]. — *M. rec.*, t. VIII, 1826, p. 564-568.

Réponse à l'article n° 3097.

— Mare conclusum, etc. [2889]. — *M. rec.*, t. IX, 1827, p. 239-246.

Réponse à l'article n° 2888.

— Du passage des Alpes par Annibal, etc. [2800]. — *M. rec.*, t. IX, 1827, p. 205-221.

— Sur le pays des soldats carnotes [3415]. — *M. vol.*, p. 493-498.

— Mém. sur trois épées de bronze antiques et sur qq. autres armes du même métal, trouvées, etc. [6929]. — *M. rec.*, t. XI, 1828, p. 279-287.

AUBANEL. Rapport, etc. [4173 *a*]. — *Not. des trav. de l'Acad. du Gard*, 1807, p. 378-381.

Voir aussi *Magasin encyclop.*, 5e année, 1799, t. VI, p. 541.

AUBANEL, TRÉLIS et **VINCENS St-LAURENT.** Inscriptions diverses, etc. [5936]. — *Not. des trav. de l'Acad. du Gard*, 1807, p. 331-345.

AUBE (**Frédéric**). Le Forum Voconii, etc. [2692]. *Aix, impr. Arnaud; Paris, Didier.* 1864; 20 p., 1 plan.

— Description, etc. [9725]. — *Bull. de la Soc. d'études*, etc., *de Draguignan*, t. VI, 1866-67.

— Étude, etc. [9698]. — *Congrès sc. de France*, 33e sess., tenue à Aix en 1866, 1re part., t. II, 1868, p. 274-290.

AUBENAS (**Adolphe**). Mém., etc. [9749]. — *Mém. de la Soc. des Ant. de Fr.*, 2e s., t. V, 1840, p. 107.

AUBER (l'a. **Charles**). Voie rom., etc. [9891]. — *Mém. de la Soc. des Ant. de l'Ouest*, 1831, p. 311.

— Fouilles de Villenon près Vivone [9978]. — *Bull. de la m. Soc.*, 1843; 14 p.

— Recherches, etc. [9975]. — *Mém. de la m. Soc.*, année 1852. In-8, t. à p. *Paris, Didron*, 1852; 260 p., 2 pl.

— De la signification du mot IEVRV, et du sens qui lui revient dans les inscriptions votives du vieux Poitiers, d'Alise et de Nevers [2349, 9935]. — *Bull. de la m. Soc.*, 4e trim. 1855; 14 p.

— Vie des saints, etc. [9864]. *Poitiers*, 1858. In-32.

— Not., etc. [9957]. *Bull. de la Soc. des Ant. de l'Ouest*, 1862, p. 111-118.

— Notes, etc. [9875]. — *M. vol.*, m. année.

— Notes, etc. [9972]. — *Mém. de la m. Soc.* 1862-63; 32 p., 2 pl. — T. à p. *Poitiers, m. d.*

Notes relatives à la question celtiq. ou gallo-rom., p. 7, 24, 27.

— Notes, etc. [3863]. — *M. vol.*, 58 p.

— L'église St-Paul, etc. [9920]. — *M. vol.*; 36 p.

Traces monumentales de style ou construction de l'époque gallo-rom., p. 17.

— Voie rom., etc. [9976]. — *Bull. de la m. Soc.*, 1er trim., 1863; 10 p.

— Découverte, etc. [6363]. — *Bull. mon.*, t. XXIX, 1863, p. 294.

— Caractères, etc. Mémoire lu au Congrès archéol. tenu à Fontenay en 1864 [9829]. — *Caen, Le Blanc-Hardel*, 1865; 18 p.

— Histoire, etc. [9865]. — *Mém. de la Soc. des Ant. de l'Ouest*, année 1866; 90 p., 1 pl.

« C'est le chapitre d'introduction d'une *Histoire générale* en préparation. » (Note ms. de l'auteur.)

— Not. sur l'Ascia [666]. — *Bull. de la m. Soc.*, 1866, p. 305-318.

— Histoire de s^t Martin, abbé de Vertou, et de s^t Juin de Marnes et de ses fondations en Bretagne et en Poitou [mentionnée au n° 9865]. *Poitiers*, 1869, in-8, 2e édition; *Nantes*, 1869, in-12.

Voir notamment les chap. 3, 11 et 13.

— Études, etc. [3877]. 1870.

AUBERT (D.). [*Ms.*]. Trois lettres en forme de dissertations sur la découverte de la ville d'Antres en Franche-Comté [2632].

Ms. mentionné dans la *Biblioth. histor.*, t. I, n°s 200, 201, 202.

AUBERT (Alexandre). Monographie de la c^ne de Juvigny [7352]. — *Châlons-sur-Marne*, 1857, in-12. — Voir aussi GARNIER (P.) [7339].

AUBERT (E.). Les voies rom., etc. [10941]. 1862.

AUBERTIN (Ch.). 1re campagne de Jules César. — Etude topographique et archéologiq. sur l'expédition de César contre les Helvètes et sur l'endroit présumé de leur défaite aux environs de Couches (Saône-et-Loire) et de Nolay (Côte-d'Or) [10789]. — *Rev. des Soc. sav.*, 3e série, t. II, 1863; 23 p. — Complément. — *M. rec.*, t. IV, 1864.

Analyse résumée des opinions des devanciers de l'auteur.

— Quelques mots de réponse, etc. [440]. *Beaune*, 1864, p. 16.

— Découverte archéol. à Prémeau (Côte-d'Or) [5450]. — *Rev. archéol.*, décembre 1864; 2 p.

— Le camp de Chassey (Saône-et-Loire) [8816]. — *Matériaux pour l'histoire de l'homme*, année 1865; 2 p.

— Fosse celtique découverte à Beaune en 1866, etc. — Voir MARION [5401].

— Découverte, etc. [5402]. — *Rev. archéol.*, 2e s., t. XIII, 1866, p. 371. — Voir aussi *M. rec.*, t. XVI, 1867, p. 319.

— Les rues de Beaune, etc. [5403]. *Beaune*, 1867, 588 p.

— Note sur les fouilles de Prémeaux (Côte-d'Or). — Découverte d'un moulin antique. — Nouvelles découvertes d'antiquités celto-gauloises dans la montagne de Beaune [5451]. (Rapport par M. J. MARION.) — *Rev. des Soc. sav.*, 4e s., t. V, 1867.

— Note, etc. [5476]. — *Rev. archéol.*, 2e s., t. XV, 1867, p. 50-53.

— Les découvertes, etc. [5366]. *Dijon*, 1867, 15 p. (Extr. de *la Bourgogne*). — Suite, *Dijon*, 1869. (Extr. du *m. rec.* février, 1869.)

AUBERY (J.). Bains de Bourbon l'Archambault, etc. [4494]. 1604.

AUBRET (Louis), C. GUIGNE éditeur. Mémoires, etc. (1695-1748), publiés pour la première fois d'après le ms. de Trévoux, avec des notes et des documents inédits [3482]. *Trévoux, J.-C. Damour*, 1865-1872, 2 vol. in-4. (Doit former 4 vol.)

AUBRY (J.). Voir AUBERY (J.).

AUBRY. *Description historique,... suivie d'une description des superbes grottes d'Arcy [10131]. *Avallon*, impr. d'*A. Aubry*, an III, in-8, 144 p.

AUCAPITAINE (baron Henri). Sépultures antiques, etc. [1684]. — *Bull. mon.*, t. XXXI, 1865, p. 620-622.

Monuments existant aux îles Baléares.

AUCLER. Note, etc. [2736]. *Clermont*, 1862; plan, 4 pl.

AUDÉ (Léon). Not. sur les Mon^ts celtiques d'une partie de la Vendée [9827]. — *Mém. de la Soc. des Ant. de l'Ouest*. 1840, p. 83; 1 carte (tirée à part à 300 ex.).

« C'est la 1re description qui ait été faite des monuments celtiques de la Vendée. » Note ms. de l'auteur.

— Carte [*ms.*] des environs d'Avrillé près Talmont [9836].

Conservée à la biblioth. de la Commission de la topographie des Gaules (auj. Comm. de la géographie histor. de l'ancienne France).

— Voie rom., etc. [9895]. — *Bull. de la Soc. des Ant. de l'Ouest*, 2e trim. 1843. —T. à p. *Poitiers*, 1843; 8 p., 1 carte.

L'auteur place Segora à Sigournais.

— Études, etc. [9820]. — *Ann. de la Soc. d'émul. de la Vendée*, 3e année 1856 (1857); 4e 1857; 5e 1858 (1859).

— Vase, etc. [9823]. — *Bull. du Comité de la langue*, etc., t. III, 1855-1856, (1857), p. 611.

Vase trouvé à Jard, arrt des Sables-d'Olonne.

AUDIAT (Louis). Une sépulture gallo-rom. à Saintes [5235]. — *Ann. de la Soc. des Arts*, etc., *de Saintes*, t. I, 1870, p. 73-81.

—. Épigraphie Santone et Aunisienne [3976]. *Paris; Niort*, 1870.

AUDIBERT (l'a.). * Diss., etc. [6143]. *Avignon, J.-L. Chambeau; Toulouse, Birosse*, 1764; 71 p., 1 pl. de monnaies gravée.

C. r. dans les *Mémoires de Trévoux*, avril 1764, p. 929.
Ce volume contient une lettre de l'abbé J.-J. Barthélemy, sur les médailles trouvées à Vieille-Toulouse. (Quérard, *Fr. litt.*)

AUDIERNE (l'a.). Rapport adressé à M. le Directeur de la Société [française d'archéologie], etc. [5599]. — *Bull. mon.*, t. IV, 1838.

— Le Périgord illustré. Guide monumental, statistique et historique de la Dordogne [3810]. *Périgueux*, 1851; fig.

— Épigraphie de l'antique Vésone, ou l'importance et la splendeur de cette cité, établies d'après ses inscr. etc. [5617]. *Périgueux, Dupont*, 1852.

— De l'Origine, etc. [3814]. *Paris, Dumoulin*, 1863; pl. — Autre édit., *Périgueux*, impr. *Dupont*; 56 p.; pl.

— Indication générale, etc. [5597]. *Périgueux; Paris, Dumoulin*, 1864.

— Lettre sur les Arènes de Paris [9132]. — *Ann. de la Soc. d'Agr.*, etc., *de la Dordogne*, t. XXXI, 1870, p. 399.

AUDIFFRET. Un mont cyclopéen sur les côtes de Provence [9723]. — *Mém. de l'Acad. de Marseille*, 1848-50, p. 213.

AUDIGIER. Origine des Français [283]. *Paris*, 1676. 2 vol. in-12.

AUDOY (Jean-Victor). Note sur qq. sépultures antiques découvertes à Metz [7847]. — *Mém. de l'Acad. de Metz*, 1835-36, p. 249.

AUDRIC. — Voir Rostan, Cottard, Audric.

AUFAUVRE (Amédée). Album pittoresque et monumental, etc. [4671]. *Troyes*. 1852. In-fol. Dessins par Fichot.

— Les monts de Seine-et-Marne, etc.; et reproduction des édifices religieux, militaires et civils du dépt [9173]. *Paris*, 1858, gr. in-fol.; 98 pl. dessinées par Fichot.

— Histoire de Nogent-sur-Seine, depuis les temps anciens jusqu'à nos jours [4723]. *Troyes*, 1859. Gr. in-8.

AUFSCHLAGER (J.-Fréd.). L'Alsace. Nouv. descr. histor. et topogr. des deux dépts du Rhin [3026]. *Strasbourg, Heitz*, 1825. 2 vol.; carte, grav.

AUGÉ (H.). * Dictionnaire des noms des villes, bourgs, hameaux, châteaux, maisons, fermes, usines et autres lieux isolés existants dans le dépt de l'Yonne, avec l'indication des cnes dont ils dépendent [10102]. — *Ann. de l'Yonne*, xvie année, 1852, p. 280.

S'arrête avec la fin de la lettre J. — N'a pas été continué dans l'*Annuaire de l'Yonne*. — Cp. l'art. suivant.

— Statistique... de l'Yonne [10103]. — *M. rec.*, xixe année, 1855, p. 166; xxe, 1856, p. 27.

AUGER (l'a.). Découverte, etc. faite le 19 mai 1843 [5234]. — *L'Investigateur*, t. VI, 1846, p. 161-176.

AUGIER. Lettre sur Uxellodunum [2948]. — *Mercure*, 1725, juillet, p. 1541-1547.

Ux. placé à Uzech, sur le Lot.

AUGIÈRES (le p. **Albert d'**). Réflexions, etc. [4961]. *Paris*, 1684. In-12.

— Carmina [5984]. 1694. In-12.

Détails sur les monuments de Nîmes, etc.

AULT-DUMESNIL (Geoffroi d'). Phénomène, etc. [1540]. — *Bull. de la Soc. Polymathique du Morbihan*, 1866-67, p. 101 à 106; et *Rev. archéol.*, 2e s., t. XVII, 1868, p. 221-226.

AUMALE (Henri d'Orléans, duc d'). Alesia, etc. [2506]. *Paris, Michel Lévy*, 1859.

Publié d'abord dans la *Revue des Deux Mondes*, 1er mars 1858, p. 69.

AUPICK et PERROT. Nouvel atlas de la France. Cartes des 86 départements, précédées des cartes de l'ancienne France et de la France actuelle, gravées par MM. Malo frères; avec des descriptions historiques et statistiques [1071]. *Paris, Duprat-Duverger*, etc. 1823-27. In-fol.

AURELIUS (Victor). — Voir VICTOR (Aurelius Sextius).

AURÈS (Auguste). Détermination, etc. [5989]. — *Mém. de l'Acad. du Gard*, 1858-59, p. 281-289.

— Étude, etc. [1771]. — *M. rec.*, 1862; 76 p. 1862. In-8.

— Nouvelle théorie du module..., et application de cette théorie à qq. mon^ts^ de l'antiquité gr. et rom. [1772]. *Nîmes*, 1862. In-4; 55 p., dessins sur bois dans le texte.

— Étude des dimensions de la Maison-Carrée de Nîmes, au triple point de vue de l'archéologie, de l'architecture et de la métrologie [6004]. 1re partie : Dimensions du plan. — *Mém. de l'Acad. du Gard*, 1863 (1864), p. 73-117. — 2e partie : Dimensions mesurées sur les élévations. — *M. rec.*, 1863-64 (1865), p. 121-131. — T. à p.

— Rapport sur le tracé de la voie Domitienne..., présenté à l'Acad. du Gard le 23 avril 1864, au nom d'une commission, etc. [5951]. — *M. vol.*, p. 53-65.

— De la lieue gauloise, etc. [1791]. — *M. vol.*, p. 110-120, et *Rev. des Soc. sav.*, 3e s., t. IV, 1864, p. 446-452.

— Notes sur l'emploi des parfums, etc. [877]. — *Mém. de l'Acad. du Gard*, 1864-1865 (1866), p. 108-116.

— Note, etc. Rapport fait à la Comm. de la topographie des Gaules [1773]. — *Rev. archéol.*, 2e s., t. XIV, 1866, p. 183-197.

— Note, etc. (Lettre à M. le g^al^ Creuly) [5359]. — *M. rec.*, t. XV, 1867, p. 108-112.

— Note sur le pied gaulois (ou celtique, ou asiatique), adressée au directeur de la *Rev. archéol.* [1775]. — *M. vol.*, p. 444 à 446.

L'auteur cherche à établir que le pied gaulois devait avoir 0m,322m.

— Note sur le pied gaulois [1775]. — *Mém. lus à la Sorbonne* en 1867 (partie archéol.), p. 1 à 10.

— Étude, etc. [1774]. — *Mém. de l'Acad. du Gard*, 1868, p. 57-88. — T. à p. *Nîmes*, 1868, 32 p., 6 pl.

— Étude [6105]. — *M. vol.*, p. 91-108, et *Rev. arch.*, 2e s., t. XVI, 1867, p. 184-195.

— Note sur le pied gaulois [1775]. — *M. vol.*, p. 109 à 120.

— Concordance des vases Apollinaires etc. [1257]. — *M. vol.*, p. 121 à 248.

— Note, etc. [6056]. — *Mém. lus à la Sorbonne* en 1868 (partie archéol.), p. 161-170. — T. à p.

— Étude, etc. [6020]. — *Mém. de l'Acad. du Gard*, 1868-69, p. 1-16, et *Bull. de la Soc. d'Archéol.*, etc., *de la Drôme*, t. V, 1870, p. 1-16. — T. à p.

— Métrologie gauloise. — Détermination du pied gaulois déduite des mesures prises sur les murailles de Mursens [Lot], sur l'Inscription de la Chapelle-Blanche et sur le bas-relief de Labège [1776]. — *Acad. du Gard*, *m. vol.*, p. 17-86, et *Soc. de la Drôme*, *m. vol.*, p. 17-84.

— Note, etc. [6055]. — *M. rec.*, 1869 (1870), p. 45-56.

— Étude au point de vue de la Métrologie gauloise, etc. [6349]. — *M. vol.*, p. 57-70.

— Étude au point de vue de la Métrologie gauloise, etc. [6021]. — *M. vol.*, p. 71-86.

— Dimensions des murs de l'enceinte gauloise de Bibracte. (Lettre au directeur de la *Rev. archéol.*). [nouv. additions, 2658 *a*.] — *Rev. archéol.*, 2e s., t. I, 1870, p. 263-273.

AUSONE (Decimus Magnus Ausonius) [2407]. Ausonii Peonii epigrammatum liber et alia opuscula; probæ centonæ excerptum e Maronis carminibus ad testimonium veteris novique testamenti opusculum. (*Venetiis*) 1472. In-fol. (1re édition).

— Ausonii omnia opera nuper maxima diligentia recognita. *Florentiæ, Phil. Junta*. 1517, in-8.

— Ausonius, cura Hier. Avancii. *Venetiis, in æd. Aldi*, etc. 1517.

— Ausonii opera, tertiæ fere partis

complemento auctiora, et diligentiore quam hactenus censura recognita (a Guill. DE LA BARGE). *Lugduni, apud J. Tornæsium*, 1558.

— Ausonii opera, etc., ad varia exemplaria emendata commentariisque illustrata per El. VINETUM. *Burdigalæ, Millangius*. 1580, in-4.

Voir BRUNET, *Manuel*.

— Ausonii opera recensuit J. SCALIGER. — Accedunt J. SCALIGERI Ausonianarum lectionum libri II. 1588, in-8.

— Ausonii opera omnia, ex editione bipontina, cum notis et interpretatione [Jul. FLORIDI] in usum Delphini, variis lectionibus, notis variorum... et indice locupletissimo recensuit, VALPY. *Londini*, 1823. 3 vol.

— Les œuvres d'Ausone, trad. en français, le texte vis-à-vis de la traduction, par l'abbé JAUBERT. *Paris*, 1769, ou *Paris, Théoph. Barrois* (s. d.), 4 vol. in-12.

— Ausone, Œuvres complètes, traduction nouvelle, par E.-F. CORPET. *Paris, Panckouke*, 1843, 2 vol.

Contient des dissertations archéologiques.

— Poème sur la Moselle [3696]. — Gedichte von der Mosel, in einer metrischen Uebersetzung mit erläuterenden Anmerkungen, von Fr. LASSAULX (mit dem lat. Grundtext). *Coblentz, Pauli*, 1802.

— Mosella, mit verbesserten Texte, metrischen Uebersetzung, erklärenden Anmerkungen, einem kritiken Commentar und geograph. Abhandlungen von Ludw. TROSS. 2te, mit dem Mosel-Gedichte (Hodoporicon) des Venantius FORTUNATUS und andern Zusätzen vermehrte Ausgabe. *Hamm, Wundermann*, 1824.

La 1re éd. est de 1821.

— Ausonii Mosella lateinisch und deutsch, nebst einem Anhang enthaltend einen Abriss von des Dichters Leben, Anmerkungen zur *Mosella*, die Gedichte auf Bissula, von Ed. BÖCKING. *Berlin*, 1828. In-4.

Voir aussi *Jahrbüch des Vereines von Alterthumsfreunde im Rheinlande*, t. VII, 1845, p. 60.

— Ausonius und Venantius Fortunatus. Moselgedichte. Lat. und deutsch. Mit crit. und erklär. Anmerkungen von Ed. BÖCKING. *Bonn*, 1845.

— Traduction du poème de la Moselle, par Em.-Aug. BÉGIN. 1840.

— La Moselle d'Ausone, traduite en vers par Théodore DES RIVES. 1852-53.

— La Moselle, traduction du poème d'Ausone, par CHARTON. — *Ann. de la Soc. d'émulation des Vosges*, t. XI, 1er cahier, 1861 ; 27 p.

— Ausonii Burdigalensis liber de Claris Urbibus, et in eum Eliæ Vineti Santonis Commentarius [910]. *Pictavis, Enguilb. Marnef*. 1565, in-4 ; feuilles A-G (non paginé).

Petit poème mentionnant, entre autres villes, Trèves, Arles, Toulouse, Narbonne et Bordeaux. — Autre édition. (Voir l'art. suivant.)

— Ausonii Burdigalensis viri consularis, claræ Urbes, cum commentariis Eliæ VINETI, Santonis. *Burdigalæ*, 1590. In-4.

Pour compléter la Bibliographie d'Ausone, voir, outre ENGELMANS, *Bibl. scr. lat.* 7e éd., p. 398, E. HUEBNER, *Röm. Litteraturgeschichte*, 4e éd. 1878. p. 164, 279, 336 ; et dans les *cc. rr. des trav. de la Comm. des mon^ts histor. de la Gironde*, t. XIII, p. 44. — Cp. BRUNET, *Manuel*.

AUSSY (Legrand d'). — Voir LE GRAND D'AUSSY.

AUSSY (Hippolyte d'). Essai historique, etc. [5231]. — *L'Investigateur*, t. VII, 1847, p. 130-138.

AUTHIER (l'a.). Le Prieuré d'Unac (Ariège) [4640 *a*]. — *Mém. de la Soc. archéol. du Midi*. In-4, t. IX, 1866-71, p. 342-356 ; 1 pl.

AUVIGNY (J. du Castre d'). Histoire de la v. de Paris (jusqu'en 1730) [9022]. *Paris, Duprez*. 1735, 5 vol. in-12.

AUVRAY. Statistique de la Sarthe [8838]. An X.

AVAUX (Félibien des). * Mon^ts antiques, par F. D. A. [9105]. *Paris, Delaulne et Lucas*. 1690, in-4, 12 p.

AVENTINUS (Joannes). Annalium Bojorum libri VII [3272]. *Basileæ*, 1615. In-fol.

— Autre édition intitulée : Annalium Bojorum libri VII : cui acced. ejusdem AVENTINI abacus, et Fr. GUILLIMANI de rebus Helvetiorum liber, curâ Nic.-Hier. GUDLINGII. *Lipsiæ*, 1710. In-fol.

« C'est au moins la 5e édit. des Annales de Bavière, de Jean TOURMAYER, plus connu sous le nom d'AVENTINUS. La première édition est celle d'Ingolstadt, donnée par les soins de Jérôme Ziegler. 1554, in-fol. »

AVEZAC (d'). Grands et petits géographes grecs et latins, esquisse bibliographique des collections qui ont été publiées, entreprises ou projetées [885]. *Paris*, 1856.

— Bibliographie de la Table peutingérienne [1194].

Dans son *Mémoire sur Ethicus.* — *Mém. présentés par divers savants à l'Acad. des Inscr.* 1re s., t. II, 1852, in-4, p. 415.

AVIENUS (**Rufus Festus**). 1° Descriptio orbis terræ; 2° Ora maritima [911]. *Paris*, 1825.

Collection N.-E. Lemaire, série des Poetæ latini minores, t. V. — Pour les détails bibliographiques, jusqu'à 1825, voir aux pages 53-78 et 397-404 de cette édition.

— Rufi Festi Avieni Descriptio orbis terræ cum conjecturis nonnullis Clar. Schraderi nunc primum editis ac textui subjectis. Acced. Nic. Heinsii, Casp. Barthii, Cl. Salmasii aliorumque adnotationes in Avienum, impensis et curis H. Friesemanni, qui hic illic sua addidit. *Amstelodami, P. den Hengst*, 1786.

AXIUS (**Paulus**), auteur présumé du *Querolus* [2410].

— Aulularia, sive Querolus, ed. P. Daniel. *Paris*, 1564.

— Edid. C. Rittershusius. *Heidelberg*, 1595.

— Edid. S. C. Klinkhamer. *Amsterdam*, 1829.

— Aulularia, sive Querolus, Theodosiani ævi comœdia Rutilio dedicata. Edid. R. Peiper, *Leipzig*, 1875.

Voir Ch. Magnin, *Rev. des Deux-Mondes*, et L. Havet, le *Querolus*. — Voir aussi Dezeimeris [2411].

AYMARD (**Auguste**). Notice sur le tombeau antique, etc. [6860]. — *Ann. de la Soc. d'Agr.* etc. *du Puy*, 1832-33, p. 160-169.

— Not. sur qq. médailles, etc. [6852]. — *M. rec.*, t. VIII, 1835-36, p. 157-160.

— Rech., etc. [6841]. — *M. rec.*, t. XII, 1842-46, p. 161-188.

— Note sur une découverte d'ossements humains, etc. [6848]. — Extr. du journal l'*Annonciateur du Puy*, 23 nov. 1844. — Voir aussi : *Ann. de la Soc. d'Agr. du Puy*, t. XIV, 1850.

— Sur un fragment, etc. [6843]. — *M. rec.*, t. XVI, 1851 (1853), p. 274.

— Fragment de sarcophage chrétien du ve siècle. Notes archéologiques [6840]. — *M. rec.*, t. XVIII, 1853 (1854), p. 551-568; 1 pl.

— Les origines de la ville du Puy [6829]. — *Congrès sc.*, 22e session tenue au Puy. 1855, t. I, p. 640, etc. (analyse), et t. II (1856), p. 323-515 (texte); pl. et vign.

— Rech. archéol. dans la Haute-Loire [6823]. — (*L'Annonciateur de la H.-L.*) — T. à p. *Le Puy*, 14 juin 1856; 15 p.

— Rapport, etc. [6843]. — *Ann. de la Soc. d'Agr. etc. du Puy*, t. XX, 1855-56 (1859), p. 543-576; 1 pl.

— Sur les fouilles, etc. [6833]. — *M. rec.*, t. XXI, 1857-58 (1860), p. 142-227.

— Rapport à la Soc. acad. du Puy sur des antiq. gallo-rom. découv. au Puy, dans le sol de la place du For, et notes concernant le dieu Adidon, un passage de Grégoire de Tours relatif à la ville du Puy, l'inscription du préfet de la colonie et la prise du temple [549, 6832]. — *Ann. de la Soc. Acad. du Puy*, t. XXI, 1857-58. T. à p. *Le Puy*, typogr. *Marchessou*, juin 1860; 88 p.

— Rapport, etc. [6834]. — *M. rec.*, t. XXIII, 1860 (1862), p. 147-156.

— Étude archéol. sur le lac du Bourget, etc. [6819]. — *M. rec.*, t. XXIV, 1862. — T. à p. 28 p.

— Fouilles au Puy, etc. [6835]. — *M. rec.*, t. XXVII, 1864-1865 (1867), p. 355-434.

— Rapport, etc. [6851]. — *M. rec.*, t. XXVIII, 1866-68, p. 461 à 484.

— Découverte d'antiq., etc. [6838]. Rapport sur cette découverte. — *M. vol.*, p. 599 à 655.

— Les premiers évêques du Puy. Étude critique sur leur ordre de succession et sur la date de la translation du siège épiscopal de saint Paulien au Puy [6820]. *Le Puy, impr. Marchessou*, 1870; 54 p.

— Antiq. gauloises, et [6865]. — *Ann. de la Soc. d'Agr.* etc. *du Puy*, t. XXXI, 2e partie, 1870-1871.

AZAIS. Rech. sur les Ligures [10947]. — *Trav. de l'Acad. de Reims*, t. XIV, 1851, p. 235-247.

AZAIS (l'a.). Deux monts chrétiens, etc.

[5983]. — *Mém. de l'Acad. du Gard*, 1868-69 (1870), p. 165-172.

AZUNI (M.). Ueber die Seereisen des Pytheas von Marseille, vorgelesen in der Akad. zu Marseille [892]. *Algem. geograph. Ephemeriden* de Weimar, t. XV, 1803. Gr. in-8, p. 269-292. — Texte français intitulé : Not. sur les voyages maritimes de Pythéas de Marseille. — *Mém. de l'Acad. de Marseille*, t. I, 1803, p. 34.

B

B*.** * Lettre à l'auteur des *Observations sur les Écrits modernes*, à l'occasion de sa feuille 257 sur la Question si les anciens Gaulois parlaient grec [2246]. *Mercure*, 1730, août, p. 1773-1782.

Rapprocher l'article suivant : Lettre et Dialogue sur le même sujet, par M. R. D. R. 1730, déc., *M. rec.*, p. 2777-2787.

— Réponse de M. B. au Dialogue précédent. *Mercure*, 1740, avril, p. 640-648.

B*.** * Histoire de Paris depuis les Gaulois jusqu'à nos jours, esquisse des mœurs à différentes époques, histoire des mon^ts d'après Dulaure et les meilleurs auteurs [9032]. *Paris, Rion*, 1834, in-18. — Nouv. éd., *Paris, Rion*, 1838, in-18.

B.....d (J. B. L. D. V.) [3919]. Histoire de Provence.

« Les 1res livraisons de cet ouvrage furent publiées à Marseille en 1830 » (Quérard, *France litt.*, article Louis Méry). — Pas de trace de cette publication dans la *Bibliographie de la France*, années 1830 et 1831.

B. (H. de). Plaidoyer intitulé : Ussel-Uxellodunum [2977].

Mentionné dans l'opuscule de Tamizey de Larroque sur Uxellodunum [2973].

BABERT DE JUILLÉ. Note sur les fouilles de la Doix (Deux-Sèvres) [9496]. — *Bull. de la Soc. des Antiquaires de l'Ouest*. 4e trim. 1869 ; 4 p., 1 pl.

BACALAN (de). [*Ms.*] Dissertation sur le Gouvernement des anciens Druides, lue à l'assemblée publique de l'Académie de Bordeaux en 1763 [626], — (*Biblioth. hist.*, t. I, n° 3848.)

BACCIUS (Andreas). De Thermis, lacubus, fontibus balneisque totius orbis libri VII [1550, 1554]. *Venetiis, V. Valgrisius*, 1571, in-fol. — Autres éditions : *Venise*, 1588, in-fol. — *Romæ, J. Mascardi*, 1622, in-fol. — *Padoue*, 1711, éd. augmentée d'un 8e livre.

BACH (le p. Julien). Lettres écrites de Bretagne, etc. [652]. — *Bull. de la Soc. d'archéol. etc. de la Moselle*, 3e année, 1860.

— Les origines, etc. Études archéol. et philosoph. [7594, 7638, 7823]. *Metz*, 1864. 128 p. — (Extr. des *Mém. de la m. Soc.*, année 1863.)

— Essai philolog., etc. [392]. (Étude sur les oies sauvages, etc.) — *M. rec.*, 1864, p. 39-63.

— Mémoires, etc. [3501]. — *M. rec.*, t. VIII, 1866, p. 83-96.

— Rech. philolog. etc. [1166]. — *M. rec.*, t. XI, 1867, p. 139-152.

— Rech. sur la Faune, etc. [1700]. — *M. rec.*, t. XII, 1868 ; 43 p.

— Note, etc. [1716]. — *Bull. de la m. Soc.*, 1868, p. 169.

— Cités armoricaines [3119]. — *Mém. de la m. Soc.*, t. XIII, 1869 ; 31 p.

— Origines de Saverne [8432]. — Extr. de la *Revue catholiq. d'Alsace*, 16 p.

BACHELIER (L.). Histoire... depuis les temps les plus reculés jusqu'à nos jours [6348]. *Bordeaux, Chaumas*, 1862. — 2e éd. *Id., ibid.*, 1863.

BACKER (L. de). — Voir Louis de Baecker.

BACON-TACON (P.-J.-Jacques). Recherches sur les origines celtiques, etc. [3301, 3351]. *Paris*, an VI-1798, 2 vol. (Nouveau titre : 1808).

BADÉ. Origines, etc. 3e leçon. Influences de la culture romaine sur la Gaule (2389 c]. — *Bull. de la Soc. des Sc. etc. de Pau*, 1842, p. 28-44.

BADIN et **Max QUANTIN**, directeurs. Géographie dép^tale classique et administrative de la France, contenant la topographie physique et politique, l'administration, la statistique, la production, l'industrie et le commerce, l'histoire, la biogr., l'archéologie et la bibliogr. de chaque dépt ou province coloniale, en un seul vol. indépendant de la collection complète. Suivie d'un Dictionnaire descriptif de toutes les cnes et localités remarquables du dépt, et accompagnée d'une carte spéciale revue sur les documents officiels les plus récents [1105]. *Paris, Dubochet, Lechevalier*, 1847, 1848, in-12.

BAECKER (**Louis de**). Discours, etc. [3512]. — *Mém. du 2e Congrès litt. néerlandais* tenu à Amsterdam en 1852. *Amsterdam*, 1853. In-8.

— La Flandre maritime, etc. [3513]. — *Mém. de la Soc. des Antiquaires de la Morinie*, t. IX, 2e partie, 1854, p. 135-157.

— De la Religion, etc. [3728]. *Lille, E. Vanacker*, 1854.

— Note sur l'emplacement de Minariacum [nouv. add. 2899 *a*]. — *Mém. de la Soc. d'hist.* etc. *de la Flandre maritime*, t. I, 1855. 4 p.

— Les Tables eugubines, études sur les origines du peuple et de la langue d'une province de l'Italie [10962]. — *Mém. de la Soc. acad. archéol.* etc. *de l'Oise*, t. VI, 3e part. 1867 ; 15 p.

BAERT. * Mém. sur les campagnes de César dans la Belgique et particulièrement sur la position du camp de Q. Cicéron chez les Nerviens, suivi d'une notice sur les Nerviens et de recherches sur Samarobrivæ, par P.-G. B. (Baert), publié (avec des notes), par J.-E.-G. Roulez, avec un plan du camp de Cicéron et 5 cartes géograph. [10474]. *Louvain*, 1833. Gr. in-4.

Mém. composé en 1807 (Rigollot, *Mém. de la Soc. des Antiquaires de Picardie*, t. I, p. 241).

BAGET (**J.-J.**) et **LECOINTE** (**A.**). Dictionnaire des communes du dépt de l'Aisne [4203]. *Laon, Lecointe*, 1837, in-12.

BAILLARGÉ. Études archéol. sur l'arrt de Loches [6521]. *Loches*, 1865. In-fol.

BAILLEAU. Grotte des fées, etc. [4497]. — *Bull. de la Soc. d'émul. de l'Allier*, t. XI, 1870, p. 81-101 ; 3 pl.

BAILLET (**Adrien**). Vies des saints de France [708].

Ces vies se trouvent disséminées dans son recueil des Vies des saints. *Paris, Roulland*, 1701-1704, 4 vol. in-fol. — Autre édit., 1701. 17 vol. in-8 ; 1739, 10 vol. in-4. — Voir, à la fin, la topographie des saints.

BAILLET (**A.**). Étude, etc. [1128]. — *Biblioth. de l'École des Chartes*. 4e série, t. IV, 1868, p. 505.

BAILLIARD (**J.**). Note sur qq. antiq. de Gonfreville-l'Orcher et de Honfleur [9403]. — *Rec. de la Soc. havraise d'Études diverses*, 37e et 38e année, 1870 et 1781. 1872, p. 447-468 ; grav. dans le texte.

BAILLIENCOURT (**de**). Étude, etc. [4352]. — *Congrès scientif. de France*, XXIVe session tenue à Amiens en juin 1867. 1868, p. 536-548.

— Étude topographique, etc. [3244]. — *Bull. de la Comm. archéol. de Noyon*, t. I, 1862, p. 130-135.

BAILLY (**Jean-Sylvain**). Sur l'origine de la Fable, etc. [487]. 1781-82, in-8.

BAILLY (**Anatole**). Étymologie et histoire des mots « Orléans » et « Orléanais » [6977]. — *Mém. de la Soc. d'Agr. etc. d'Orléans*, 2e s., t. XIII, 1870-71, p. 238-315. — Rapport, par Loiseleur, p. 316-336.

BAJOLE (**le p. Jean**). Histoire sacrée d'Aquitaine, 1re partie, contenant l'état du christianisme, depuis la publication de l'Evangile jusqu'à nous [3062]. *Cahors, Daluy*, 1644, in-4.

BAKER (**G.**). History, etc. [10374]. *London*, 1822-38, 2 vol. in-fol., fig.

BALASQUE (**Jules**). Études histor. sur la v. de Bayonne [8302]. *Bayonne, Laserre*, t. Ier (unique ?), 1852.

BALDIT (**l'a.**). Rech., etc. [3588]. *Mende, Ignon*, 1854.

BALDY (**A.-G.**). Protidas, etc. [4867]. *Paris, Hachette*, 1832, in-8.

BALGUERIE. Tableau statistique du dépt du Gers [6203]. An X.

BALLEREAU. — Voir Baudry (l'a. Fd) et Ballereau.

BALTARD (**Louis-Pierre**). Paris et ses monts, etc. [9109]. — Voir Duval (Amaury Pineuf).

BALUZE (**Étienne**). Concilia Galliæ Narbonensis [3702]. *Parisiis, Muguet*, 1668.

— Historia Tutelensis, etc. [5320]. 1717, 2 vol. in-4.

Publication terminée après la mort de l'auteur, par les soins de D. Prudent Maran.

BANDURI (le p. **Anselme**). Numismata imperatorum romanorum, a Trajano Decio ad Paleologos Augustos. Accedit Bibliotheca nummaria [1879]. *Paris*, 1718, 2 vol. in-fol. — Supplément par Jérôme TANINI. *Rome*, 1791, in-fol.

BANIER (l'a.). Diss. sur les déesses mères (lue en 1730) [540]. — *Mém. de l'Acad. des Inscr.*, t. VII, 1733, p. 34-51.

BANNISTER (**G.**). The classical sources... or the rise and fall of the Romans in Britain [10241]. *London*, 1849; 275 p. Carte en fac-similé.

BAQUOL. — Voir P. RISTELHUBER.

BAR DES BOULAIS (**Léonard**). [*Ms.*]. Recueil des antiq. du Perche. Comtes et seigneurs du pays, fondations et bâtiments des monastères, et choses mémorables du pays [3802]. 1613, in-4. (*V. Biblioth. hist.*, t. III, n° 35, 526.)

BARAGNON père. — Voir MÉNARD (Léon), L.-P. BARAGNON père, abréviateur.

BARAILON et quelquefois **Baraillon** (**J.-Fr.**). Mémoires sur des sujets de médecine, de chirurgie et sur qq. mon^ts^ antiques récemment découverts dans le pays de Combrailles [notamment à Bort-St-George (*sic*)] [5566]. *Amsterdam*, 1784, in-12.

1° Sarcophage; 2° souterrains.

— Mém., etc. [5586]. — *Mém. de l'Institut*, cl. des beaux-arts, t. V, 1804, p. 229-270.

Cp. *Mag. encyclop.*, 1801, t. VI, p. 516.

— Rech., etc. [1717].

Travail lu à l'Institut en 1802, et publié en 1806 dans les *Rech. sur plusieurs monuments*, etc. — Cp. *Mag. encyclop.*, 1802, t. II, p. 224 (1).

— Rech. sur les peuples cambiovicenses, de la carte théodosienne [3405]; sur l'ancienne ville de Néris, les ruines de plusieurs autres villes romaines de l'ancien Berry et les monuments celtiques du dép^t^ de l'Allier [4485], de la Creuse, etc. *Paris*, 1806; 444 p.

— Le même ouvrage publié sous le titre de : Rech. sur plusieurs mon^ts^ celtiques et rom. du centre de la France [1511].

Contenu : Les peuples cambiovicenses. — L'ancienne ville romaine de Néris (Allier). — Les ruines de plusieurs autres villes romaines de l'ancien Berry. — Les monuments celtiques des cantons d'Huriel et de Montluçon (Allier), comparés avec plusieurs autres. — Les ruines et les monuments de la ville celtique de Toull (Creuse). — Les premiers ouvrages de tuilerie et briqueterie pendant le séjour des Romains dans les Gaules.

BARANTE (**C.**). Statistique du dép^t^ de l'Aude [4735]. *Paris*, an X.

— Essai sur le dép^t^ de l'Aude [4736]. *Genève*, an XI.

BARAT. Le Nivernais [3723]. — Voir MORELLET, BARAT et BUSSIÈRES.

BARAT et DUVIVIER. Rapport au préfet de la Nièvre sur les ruines, etc. [7944]. *Nevers, J.-M. Fay*, 1845; 20 p., 2 pl.

BARBAN (**A.**). Not. sur les colonnes itinéraires, etc. [6799]. *St-Étienne*, 1859; 22 p.; *fac-simile*.

BARBAROUX (**C.-Ogé**). * Guide, etc. [5975]. *Nîmes, Gaude*, 1824; fig.

BARBAT, de Bignicourt. Les Portes de Reims [7403]. — *Bull. de la Soc. des Sc. et Arts de Vitry-le-François*, t. II, 1868, p. 87-102.

— Histoire, etc. [7336]. *Châlons, Barbat*, 1855; 2 vol. in-4, dont 1 vol. de 106 pl.

BARBE (l'a.). Études, etc. [9704]. — *Bull. de la Soc. d'Études* etc. *de Draguignan*, t. II, 1859; 21 p.

BARBE (**Henri**). Jublains. Note sur ses antiq., époque gallo-rom., pour servir à l'histoire et à la géographie de la v. et de la cité des Aulerces Diablintes [3476; 7487]. *Le Mans*, 1865, 1 vol. in-8 et 1 atlas in-4. — Voir aussi DUBOURG.

— Exploration, etc. [7489]. — *Bull. mon^tal^*, t. XXXI, 1865, p. 177-181.

BARBER (**G.-D.**). Ancient oral records, (Orig. Welsh text with translation, etc.) [2373]. *London*, 1855.

BARBEY. L'Ane bachique, etc. [4307]. — *Bull. de la Soc. hist. de Château-Thierry*, 1866, p. 37-45; 1 pl.

— Notice, etc. [4317]. — *M. rec.*, 1869, p. 38-46.

BARBIÉ DU BOCAGE (**Jean-Denis**). Remarques, etc. [8756]. — *Mag. encycloped.*, t. V, 1795, p. 231-237.

— Gallia ulterior vel transalpina, sive Galliæ, ad C.-Jul. Cæsaris commentarios accommodatæ, auctore A.-F. BARBIÉ DU BOCAGE, 1818. J.-D. BARBIÉ DU BOCAGE direxit. (Carte) [1066]. —

(1) Supprimer, dans la première partie, p. 112, obs. de l'article 1717, rédigée d'après Quétard.

Collection Lemaire, édition de J. César, t. I, 1819.

— Alesia, Mandubiorum oppidum à Cæsare obsessa [2474]. (Carte.) J.-G. BARBIÉ DU BOCAGE, 1818, J.-D. BARBIÉ DU BOCAGE, direxit. — *M. vol.*, p. 364.

Voir aussi, p. 368, une planche intitulée : Cæsaris ante Alesiam munitionum Ichnographia, et portant au bas : Barbié du Bocage fecit.

— Description d'une grotte antique, etc. [8090]. — *Mém. de la Soc. des Ant. de Fr.*, t. III, 1821, p. 289.

BARBIER (Antoine-Alexandre). Dictionnaire des ouvrages anonymes et pseudonymes, accompagnés de notes historiques et critiques [177]. *Paris*, 1806-1808, 4 vol. in-8. — 2e éd. *Paris*, *Barrois l'aîné*, 1822-27, 4 vol. in-8. — — 3e éd. revue et augmentée, par Olivier BARBIER, René et Paul BILLARD. *Paris*, *P. Daffis*, 1872-1879, 4 vol. gr. in-8.

Cette 3e éd. fait suite à la seconde éd. des *Supercheries littéraires dévoilées* par J.-M. QUÉRARD, publiée par Gustave BRUNET et Pierre JANNET.

BARBIER (Alfred). Statistique du dépt de la Vienne [9863]. *Poitiers*, *A. Dupré*, (s. d.?).

BARBIER (l'a.). Anciennes sépultures, etc. [7569]. — *Jal de la Soc. d'archéol. lorraine*, t. XVI, 1867 ; 1 p.

BARBY (Jean-Henri-Chr.). De Consilio quo Tacitus librum de situ, moribus et populis Germaniæ, conscripserit, et fide ei tribuenda [10707]. *Berolini*, 1825.

Le titre donné dans le Catalogue Méthodique doit être rectifié comme ci-dessus.

BARDIN. Le médaillier d'Avallon [10166]. — *Bull. de la Soc. d'études d'Avallon*, t. I, 1859. — Autre article dans le t. II, 1860 ; id. dans le t. V, 1863 ; id. dans le t. VI, 1864.

— Not. sur qq. médailles rom. trouvées principalement à Avallon ou dans les environs, pendant le cours de l'année 1860 [10167]. — *M. rec.*, t. II, 1860 ; 10 p.

— Quelques mots, etc. [10168]. — *M. rec.*, t. V, 1863 (1864) ; 7 p.

BARDOT. Notice sur le canton de Chéroy [10133]. — *Annuaire hist. du dépt de l'Yonne*, t. IV, 1840, p. 33.

BARGÈS (l'a. J.-J.-L.). Temple de Baal à Marseille, ou grande Inscription phénicienne découv. dans cette v. dans le courant de l'année 1845, expliquée et accompagnée d'observations critiques et historiques [4880]. *Paris*, *J. Renouard*, 1847.

— Inscription phénicienne de Marseille. Nouvelle interprétation [4880]. *Paris*, *B. Duprat*, 1858, in-4 ; 39 p., 1 facsimilé.

— Not. sur un autel chrétien antique orné de bas-reliefs et d'inscriptions latines, découvert dans les environs de la v. d'Auriol [5000 *a*]. *Paris*, *Duprat*, 1861, in-4 ; 2 pl.

— Inscription phénicienne de Marseille. Nouv. observations, historique de la découverte et description exacte de la pierre, le tout accompagné de pièces justificatives et d'une pl. lithogr. [4897]. *Paris*, impr. *Goupy*, 1868, gr. in-4, 63 p., 1 pl.

BARJAVEL (C.-F.-H.). Dictionnaire... de Vaucluse ou Rech. pour servir à l'histoire scientif., litt. et artist., ainsi qu'à l'hist. relig. civile et militaire des v. et arrts d'Avignon, de Carpentras, d'Apt et d'Orange [9741]. *Carpentras*, 1841, 2 vol. in-8.

(Le faux-titre porte : Bio-bibliographie vauclusienne.)

— Simple exposé, etc. [9805]. *Carpentras*, impr. *Rolland*, 1862 ; 15 p., 1 pl. autographiée.

BARKOW (A.-Fr.). Lex romana Burgondionum. Ex jure romano et germanico illustravit [784]. *Greifswald*, *Koch*, 1827, gr. in-8.

BARNY DE ROMANET. — Voir ROMANET.

BARON (A.). La Belgique monumentale, histor. et pittoresque, par l'élite des littérateurs belges [10514]. *Bruxelles*, 1844-1845. 2 vol. gr. in-8 ; nombr. vign.

BARONIUS (Cæsar). Annales ecclesiastici a Christo nato ad annum 1198 [674]. *Romæ*, 1588-1607, 12 vol. in-fol.

Voir BRUNET, *Manuel*, etc. 5e éd. t. I, col. 662.

— Nouv. éd. portant ce titre : Cæsaris S. R. E. cardinalis BARONII, Od. RAINALDI et Jac. LADERCHII Annales ecclesiastici, denuo excusi et ad nostra usque tempora perducti ab Augustino THEINER. *Bar-le-Duc*, *Ch. Guérin*, 1864 (se continue), in-4.

L'ouvrage formera environ 50 vol.

BARRAL (b^on **Jos.-Mar. de**). Statistique de l'Isère [6572]. An VIII (1799).

BARRAL. Lettre, etc. [1814]. — *Mém. de l'Acad. celtique*, t. II, 1808, p. 225.

BARRAL (v^te **de**). [*Ms.*] Histoire des villes et châteaux du dép^t du Cher [5253].

Ms. conservé aux archives du Cher.

— Not. sur qq. anciens aqueducs [5258]. In-4, s. d.

— Not. sur les murs d'enceinte de la ville de Bourges [5261]. 1852.

BARRANGER. De l'Incinération des morts chez les peuples anciens et en particulier chez les Gaulois [1671]. — *Bull. de la Soc. des Sc.* etc. *de l'Yonne*, t. XVI, 1862, 6 p.

— Étude archéol., etc. [1612]. — *M. rec.*, t. XVII, 1863.

BARRANGER (l'abbé). Étude d'archéologie celtique, etc. [9253]. *Paris, Courcier*, 1864; 51 p.

BARRAU (d^r **J.-B.**). Diss. sur cette question proposée par la Soc. d'Agr., Sc. et Arts de Provins : Provins est-il l'Agendicum des commentaires de Jules César ? ouvrage servant de réfutation à la *Notice sur Provins* [voir le n° 2447], et accompagné de cartes, d'un plan sur l'expédition de Labiénus et d'un tableau sur les mesures des itinéraires romains [2449]. *Provins, Lebeau; Paris, Raynal*, 1821, in-12; 176 p., 1 tableau, 1 carte.

BARRAU (**H. de**). Not. sur les dolmen (*sic*), etc. [4796]. — *Revue de l'Aveyron et du Lot*, 1838 (?). — Considérations sur l'histoire locale [de l'Aveyron]. [4788]. — *Mém. de la Soc. des Lettres*, etc., *de l'Aveyron*, t. 1, 1838, p. 61.

— Idole de *Taurines* [4822]. — *M. vol.*, 2e partie, p. 91.

— Des anciennes armures défensives [1846 *a*]. — *M. rec.*, t. III, 1840, p. 87.

— Inscriptions et mon^ts [de l'Aveyron] [4793]. — *M. vol.*, 1842, p. 99.

— Rapport sur les médailles du musée de Rodez [4813]. — *M. vol.*, m. date, p. 171.

— Mémoires DE BEAUMONT, BOISSE (Ad.), ROMAIN et VAUCINOT, sur le Rouergue, en réponse à une demande du ministre de l'instruction publique [4792]. — *M. rec.*, t. X, 1868-73, p. 235-282.

I. Villes reconnues antiques. — II. Centres de population établis à l'époque gallo-romaine, tels que oppida et camps retranchés. — III. Limites du pays des Ruthènes. — IV. Voies romaines.

BARRAUD (l'a. **Pierre-Constant**). Rech. relatives à la situation géograph. de Bratuspantium [2663]. — *Bull. mon.*, t. XI, 1845, p. 31-46.

Bratuspantium, placé près de Breteuil. L'auteur a renoncé depuis à cette attribution.

— Description du dolmen de Trie-Château et d'un tombeau, etc. [8086]. — *Bull. de la Comm. archéol. du diocèse de Beauvais*, t. I, 1846, p. 75-78; 1 pl.

— Ossuaire gaulois de Troissereux [8111]. — *M. vol.*, p. 133-134.

— Grotte sépulcrale de l'ère celtique à Séry [8108]. — *M. vol.*, p. 160; t. II, 1847, p. 246.

Voir une note anonyme sur cette grotte. — *M. rec.*, t. II, p. 91-94; 1 pl.
Voir aussi une note anonyme intitulée : *Grotte sépulcrale de Séry*. — *M. rec.*, t. II, 1847, p. 91-94; 1 pl. — (Rapprochement de cette grotte et de celle de Nogent-les-Vierges.)

— Pierres celtiques de Rhuis, de Villetertre, de Trumilly et de Rouville [8114]. *M. rec.*, t. I, p. 169-173; 1 pl.

— Culte des fontaines [535]. — *M. rec.*, t. I, 1846, in-8, p. 207; t. II, 1847, p. 29.

— Grotte sépulcrale à Nogent-la-Vierge [8093]. — *M. rec.*, t. II, 1847, p. 95-98.

— Tombeau gaulois découvert dans la c^ne d'Abbecour en 1839 [8048]. — *M. vol.*, p. 186-189.

— Pratiques dont certains arbres sont l'objet [535]. — *M. vol.*

— Opinion de M. de Caumont, etc. [8073]. — *Mém. de la Soc. Acad. de l'Oise*, t. IV, 1860, p. 403-407.

— Beauvais et ses mon^ts pendant l'ère gallo-romaine et sous la domination franque [8042]. — *Bull. mon.*, t. XXVII, 1861, p. 29, 249 et 294. — T. à part, 133 p. in-8. — *Caen*, 1861; 1 plan de l'enceinte gallo-rom.

— Des Bagues à toutes les époques et, en particulier, de l'anneau des évêques et des abbés [2153]. — *Bull. mon.*, t. XXX, 1864, p. 5, 353, 501 et 613.

BARRE (**Jean de la**). Les antiquitez... de Corbeil, de la recherche de Me Jean de la Barre, prévost de Corbeil [9266]. *Paris, Nicolas* et *Jean de la Coste*, 1647, in-4.

Supprimer le titre latin au Catalogue Méthodique.

BARRE (**Louis-François-Joseph de la**). Mémoire, etc. [lu en 1727] [1006]. — *Mém. de l'Acad. des Inscr.*, t. VIII, 1733, p. 403-429.

BARRE-DUPARC (**Nicolas-Édouard de la**). Hannibal en Italie [2823]. *Paris, Tanera*, 1863.

Extrait du *C. r. des séances de l'Acad. des sc. mor. et politiques.*

BARRÈRE (l'a.). Histoire... du diocèse d'Agen depuis les temps les plus reculés jusqu'à nos jours, comprenant la partie des diocèses circonvoisins autrefois renfermée dans l'Agenais [7091]. *Agen, Chairon*, 1855-1856. 2 vol. in-4; pl.

— Sulpice Sévère [6281]. — *Congrès scientif.*, 28e session tenue en 1861 à Bordeaux, t. IV, 1862, p. 516-524.

— Quelles furent, au ive siècle, etc. [6282]. — *M. rec.*, t. V, 1864, p. 332-342.

BARRUEL (**J.-P.**). Not. sur le fossile humain trouvé près de Moret [9230]. *Paris*, impr. *Pinard*, 1824; 8 p.

— Réponse, etc. [9231]. *Paris, Nepveu; Delaunay; Mongie aîné*, 1824, 40 p.

BARRY (**Edward**). Essai, etc. [2000]. — *Mém. de l'Acad. des Sc. de Toulouse*, 3e s., t. IV, 2e partie, 1848, p. 407; 1 pl. (Voir ci-dessus la note 1 de la col. 409.)

— Lettre relative à la découverte de quelques antiq. gallo-rom., faites tout récemment dans la cne de Quillestre [4555]. — *M. rec.*, m. s., t. V, 2e part. an. 1849.

— Note, etc. [1655]. — *M. vol.*, p. 256.

— Quelques empreintes de camées et entailles antiques, en pâte de verre, découvertes, il y a plusieurs années, dans l'ancienne mansio romaine de Mons Seleucus Labâtie, mons Saléon [4553]. — *M. rec.*, 3e s., t. VI, 1re partie, 1850, p. 30.

— Sur la découverte, etc. [6120]. — *M. rec.*, 4e s., t. I, 1851, p. 319.

— Note sur une inscription latine, etc. [6127]. — *M. vol.*, p. 352.

— Inscriptions inédites, etc. [6221]. — *M. rec.*, m. s., t. II, 1852, p. 293.

— Le Dieu Leherenn d'Ardiège [582]. — *M. rec.*, m. s., t. III, 1853.

— Inscription inédite, etc. [6128]. — *M. rec.*, m. s., t. IV, 1854, 345. Acad. des Sc. de Toulouse. — *Mém.*, t. I, 4e s., 1854, p. 345.

— Inscription gallo-romaine, etc. [6169]. — *M. vol.*, p. 520.

— Texte épigraphique inédit, découvert le 8 juin 1860 au pied du pic de Gav, dans le village actuel d'Arguenos, vallée du Thon [6171]. — *M. vol.*, p. 554.

— Inscriptions sépulcrales, etc. [6129] — *M. rec.*, m. s., t. V, 1855, p. 438.

— Note sur une inscript. inédite, etc. [6134]. — *Rev. arch.*, 1856, p. 222-226.

— Les eaux thermales de Lez à l'époque romaine [6185]. — *Rev. d'Aquitaine*, t. I, 1856-57, p. 494-521, et *Mém. de l'Acad. de Toulouse*, 5e s., t. I, 1857, p. 418.

Trad. du catalan de Bartholomeo Herreras.

— Livret détaillé de l'exposition d'antiquités de Toulouse [6153 *a*]. *Toulouse, Privat*, 1858.

— Les Bornes milliaires de St-Bertrand [6193]. — *Rev. arch.*, 1858, p. 718-724.

Bornes datant des règnes de Philippe et de Valérien.

— Monographie du Dieu Leherenn d'Ardiège [582]. *Toulouse, Privat; Paris, Rollin*, in-12; 89 p.

— Découverte de vases antiques à Rabat (Ariège) [4639]. — *Mém. de l'Acad. des Sc. de Toulouse*, 5e s., t. III, 1859, p. 447. In-8.

— De la forme des chars rustiques, etc. [6194]. — *Mém. de la Soc. arch. du Midi de la France*, t. VII (1860). In-4; 14 p.

— Quatre dieux de trop dans la mythologie des Pyrénées [548].

Imprimé à Toulouse vers 1860, in-8; 120 p. (non publié). — Voir plus loin le 1er article de 1866.

— Lampes romaines de provenance aquitanique [3078]. — *Rev. d'Aquitaine*, t. V, mai 1861.

— Une inscription inédite du musée de Toulouse [6170]. — *Bol. di corresp. archeol.* 1861, et *Revue de Toulouse*, 1861.

— Étude, etc. [1491]. *Toulouse*, 1861; 36 p.

— Lampes inédites, etc. [3682]. — *Mém.*

de la Soc. arch. du Midi, t. VIII, 1861, p. 218-244 ; 4 pl.

— Inscriptions inédites des Pyrénées [3937]. — (1er recueil.) *Mém. lus à la Sorbonne en* 1861 (archéologie), 1862, p. 65. — (2e recueil.) *Mém. lus en* 1865, p. 123.

— Le dieu Hercvles Andossvs [569]. — *Mém. de l'Acad. des Sc.* etc. *de Toulouse*, 5e s., t. VI, 1862, p. 461 et 466.

Examen du mém. de J. Becker [571].

— Note sur des monnaies rom., etc., découvertes... dans le lit de la Dave [6182]. — *M. rec.*, 6e s., t. II, 1864 ; 4 p.

— Deux inscriptions inédites des Auscii [6222]. — *Rev. de Gascogne*, t. VI, 1865, 4 p.

— Lettre à M. Henzen, etc. [6223] — *Boll. di Corr. arch.*, 1865.

— Courte réponse, etc. [570]. — *Mém. de l'Acad. des Sc.* etc. *de Toulouse*, 6e s., t. III, 1865 ; 12 p.

— Qq. dieux de trop dans la mythologie des Pyrénées [548]. — *M. rec.*, m. s., t. IV, 1866, p. 229-242.

— Monts épigraph., etc. [4049]. — *M. vol.*, p. 720-722.

— Une inscription inédite des Auscii [6226]. — *Rev. de Toulouse*, 1866 ; 20 p.

— Un dernier mot, etc. Lettre à M. E. Bischoff [6227]. — *M. vol.* — T. à p. *Toulouse, Delboy*, 1866, in-8 ; 16 p.

— Notes, etc. [6130]. — *Mém. de l'Acad. des Sc.* etc. *de Toulouse*, 6e s., t. VI, 1868, p. 400, 410, 427.

— Note, etc. [3685]. — *M. rec.*, m. s., t. I, 1869, p. 348.

— Pieds gallo-romains, etc. [3775 *a*]. — *M. rec.*, m. s., t. II, 1870, p. 537.

BARTH (Gaspard de). Adversariorum commentariorum libri LX [7]. *Francofurti*, typ. *Wechel*, 1624, in-fol., 3031 col.

Voir à l'index VIII, les art. *Celtæ, Franci, Francia, Galli, Germani*, etc.

BARTH (K.). Die Druiden der Kelten, etc. (Les druides des Celtes et les prêtres des anciens Germains) [632]. *Erlangen*, 1826.

BARTHÉLEMY (l'a. Jean-Jacques). Lettre, etc. [6202].

Voir aussi Audibert, s. l. n. d.

— Œuvres diverses, édition donnée par le bon de Sainte-Croix [30]. *Paris, Jansen*, an VI (1798), 2 vol. in-8 ou 4 vol. in-18.

En partie traduites en allemand. *Leipzig*, 1799, 2 vol. in-8.

— Œuvres complètes. Édition donnée par Mathieu G. Ch. de Villenave [31]. *Paris, Belin*, 1821, 4 vol. in-8 et atlas in-4 de 68 pl.

Seule édition complète (*Bibliogr. univ.*).

BARTHELEMY. History, etc. [8188]. *Boulogne-sur-Mer*, 1825, in-12 ; plans.

BARTHÉLEMY (l'a., curé). Note, etc. [7860]. — *Mém. de l'Acad. de Metz*, 1842-43, 1re partie, p. 393.

BARTHÉLEMY (Anatole-Jean-Baptiste-Antoine de). Attribution, etc. [3962] — *Rev. num.*, 1838, p. 1 à 7.

— Statistique, etc. [8722]. 1838.

— Attribution d'une médaille gauloise au pagus Corilissus [1982, 5067]. — *Rev. num.*, 1842, p. 403 à 405.

— Types gaulois, etc. [1983]. — *Rev. de la Province et de Paris*, 1842, p. 66-76.

— Types gaulois : le dieu Bemulociovir. — Type de l'épée [1083]. — *M. rec.*, 1843, 25e livr., p. 5 à 14.

C. R. signé L. D. L. S. (L. de la Saussaye), dans la *Rev. num.*, 1843, p. 301-330.

— Essai, etc. [663]. — *Mém. de la Soc. des Ant. de l'Ouest*, 1844, p. 103-119.

Cp. *Rev. archéol.*, t. III, 1846, p. 57.

— Note, etc. [5518] — *Bull. mon.*, 1846, p. 483-487.

Cp. *Bull. de la Soc. des Ant. de l'Ouest*, 1846, p. 321.

— Observations, etc. [1991] — *Rev. num.*, 1846, p. 257-295 ; planches.

— Voir Duchalais [1994].

— Médailles, etc. [3187]. — *Rev. num.*, 1847, p. 85-94 ; fig.

— Lettres à M. Lecointre-Dupont, etc. [1997]. 1re lettre, *m. rec.*, 1847, p. 360-368 ; — 2e, 1848, p. 165-180 ; — 3e, m. vol., p. 267-285 ; — 4e, 1850, p. 119-138 ; — 5e, 1852, p. 61-79.

— Rapp. à M. de Caumont, etc. [5492] — *Bull. mon.*, 1849, p. 1-54 ; planches.

— Voir Hucher, Catalogue, etc. [8882].

— Catalogue, etc. [8883]. 1850.

— Nouveau manuel complet de numismatique ancienne [nouv. add. 1941 *a*]. *Paris*, 1851, 2 vol. in-12; 1 atlas in-4 oblong (collection Roret). — Suite : Manuel de numismatique du moyen âge et moderne, 1852.

— Lettres à M. Ch. Jeannel, etc. [499]. 1re lettre : *Rev. arch.*, t. VIII, 1850-51, p. 337; — 2e, *m. vol.*, p. 717.

— Lettre à M. le bon Chaudruc de Crazannes, etc. [2008]. — *Rev. num.*, 1852, p. 306-313. (Voir Breulier.)

— Voir Boudard (P.-A.). [10620].

— Mélanges, etc. [3335, 5483]. I, St-Brieuc, *Guyon frères*, 1853, in-8; II, *Paris*, *Didron*, 1854; III, *ibid.*, 1856; IV, *Paris*, *Aubry*, 1868.

— Note, etc. [5903]. — *La Bretagne*, 22 avril 1854, et *La Foi bretonne*, même époque.

Reproduit par l'auteur dans ses *Mélanges*, II, 1854, p. 3-7.

— Lettre à M. de la Saussaye, etc. [10583]. — Voir de Witte [10581].

— Le Dormois, etc. [3483]. — *Biblioth. de l'Éc. des Chartes*, 4e s., t. II, 1856, p. 351-367.

C. r. par Ed. de Barthélemy, *Mém. de l'Acad. de Reims*, t. XXXV, 1857, p. 328-334 [3483 *a*].

— Voir Hucher [2022].

— La numismatique en 1857 [1948]. (*Gazette du Midi*, à Marseille, 1er et 17 mars 1858, et *Rev. d'Alsace*, année 1858...). — La numismatique en 1858 (*Corresp. litt.*, 5 et 20 juillet 1859). — La numismatique de 1859 à 1861 (*M. rec.*, 1862, p. 203 et 220). — La numismatique en 1862 (*M. rec.*, 1863). — La numismatique en 1863 (*M. rec.*, 25 déc. 1864). — T. à p. de chaque article.

— Monnaies... d'Alise [2555]. — *Rev. arch.*, t. VIII, 1863, p. 377.

— L'Art gaulois, etc. [1496, 2044, 2045]. — *M. rec.*, 1864, 2e s., t. X, p. 1, t. XV, p. 154, 346.

— L'Itinéraire de Bordeaux à Jérusalem (publié) d'après un ms. de la biblioth. du chapitre de Vérone [1253]. — *M. vol.*, p. 98 à 112.

— Voir Aug. Bernard [8576].

— Étude, etc. [2047]. — *Rev. arch.*, 1864. — T. à p. 22 p.

— Liste, etc. [1157, 2048]. — *Biblioth. de l'Éc. des chartes*, 5e s., t. VI, 1865, p. 443-464. — T. à p.

— Alesia, etc. [2597]. — *Rev. des questions histor.*, t. III, 1867, p. 1-67. — T. à p.

— Progrès, etc. [2059]. 1868. — Voir Guigniaut (J.-D.), s. l. n. d.

— Les assemblées nationales, etc. [825]. — *Rev. des q. histor.*, t. V, 1868, p. 1-48.

— La divinité gauloise, etc. [581]. — *Rev. celt.*, t. I, 1870; 8 p.

— Note, etc. [7918]. — *Rev. arch.*, t. XXI, 1870. — Nouv. éd. complétée dans les *Mém. de la Société Éduenne*, année 1872.

— La Campagne d'Attila, etc. [147]. — *Rev. des q. histor.*, t. VIII, 1870, p. 337-404.

Bibliographie de la question.

BARTHÉLEMY (Édouard-Marie de). Essai, etc. [7325]. — *Bull. mon.*, t. XIX, 1853, p. 257.

— Histoire de la ville de Châlons-sur-Marne et de ses institutions, depuis son origine jusqu'en 1789 [7337]. *Paris*, *Châlons*, 1852. — 2e éd. *Châlons*, 1854, 2 vol. in-8.

2e mention honorable au concours des antiquités de la France, en 1855.

— Le Dormois [3483 *a*]. — Voir A. de Barthélemy [3483].

— Diocèse ancien de Châlons-sur-Marne, etc., suivi des cartulaires inédits de la commanderie de Neuville-au-Temple, des abbayes de Toussaints, de Moustiers et du prieuré de Vinetz [7312]. *Paris*, *Aubry*; *Chaumont*, *Cavaniol*; *Châlons*, *Martin*, 1861, 2 vol. in-8.

— * Variétés, etc. [7332]. *Paris*, *Aubry*, 1862 et 1866. 2 pièces; ensemble 185 p.

— Not. histor. etc. [7335]. *Châlons-sur-Marne*, impr. *Leroy*, 1868, in-8; 156 p.; 1 carte.

BARTHÉLEMY (Ch.). Annales hagiologiques, etc. [712]. *Versailles*, chez l'auteur, 1re s., 5 vol. 1860-1864; — 2e s., t. Ier (unique ?). 1865.

BARTHÉLEMY. Rapport, etc. [5230]. — *Congrès arch. tenu à Saintes en 1844.*

BARTHÉLEMY, inspecteur des monuments histor. de la Meuse. Mémoire, etc. [3435]. — *Congrès arch. de Troyes, en 1853. Troyes*, 1854, p. 38-44.

BARTHÈS. Sur des inscriptions trouvées à Soleure [10912]. — *Mém. de l'Acad. des Sc. de Toulouse*, t. II, 1re p., a. 1784, in-4, p. 67.

BASCLE DE LAGRÈZE. — Voir LAGRÈZE (BASCLE DE).

BASNAGE. Histoire, etc. [705]. *Rotterdam*, 1699, 2 vol. in-fol.

BASQUE (J.-B.-A.). Dictionnaire des communes, bourgs, villages, hameaux, châteaux, fermes, moulins, usines et autres lieux habités du dépt de la Charente, etc. [5158]. *Angoulême*, 1857.

BASSE-MOUTURE (chcr Levêque de la). Mausolée d'Igel, etc. [10986]. — *L'Investigateur*, 2e s., t. III, 1843, p. 128-138.

— Antiquités, etc. [10979]. — *M. vol.*, p. 303-307.

— Constatation, etc. [10976]. — *M. rec.*, m. s., t. V, 1845, p. 258-270.

BAST (J. de). Recueil d'antiq. rom. et gauloises trouvées dans la Flandre proprement dite, avec désignation des lieux où elles ont été découvertes [3509, 10524]. *Gand, A.-B. Steven*, 1804, in-4. — Nouv. éd., *id. ibid.*, 1808, in-4, 591 p., 20 pl.

— 1er supplément au Recueil, etc., en réponse à l'ouvrage intitulé la Topographie de l'ancienne ville de Gand, de Ch.-Louis DIERICX. *Id., ibid.*, 1809, in-4, 246.

— Second suppl., etc., contenant la description de l'ancienne ville de Bavai et de Famars, suivi de remarques historiques, etc. *Id., vve Steven*, 1813, in-4, 251 p.; pl.

— L'ancienneté de la ville de Gand établie par des chartes et par d'autres monuments authentiques, pour servir de supplément au Recueil d'antiquités. *Id., A.-B. Steven*, 1821, in-4, 250 p.

— Rech. histor., etc. [2279]. *Gand*, 1815-16, 2 parties, in-4.

BASTET (J.). Histoire, etc. [9781]. *Orange*, impr.-lithogr. *Raphel*, 1856, in-12; fig. 2.

BASTIDE (Vergile de la). — Mémoire, etc. [3560]. — *Mercure*, 1731, août, p. 1894-1907.

Voie de Beaucaire à Nîmes. Cp. *Biblioth hist.*, t. I, n° 103.

BASTIDE DU CLAUX (Mathieu de Chiniac de la). Discours, etc. [519]. *Paris, Butard*, 1769, in-12.

C. r. dans les *Mém. de Trévoux*, janv. 1770, p. 39. — Travail reproduit en 1826 dans le t. III de la collection de pièces de Leber.

— * Diss. sur les Basques et les Gascons, Wascones ou Vascones [3207]. *Paris*, s. d. (1786), VIII et 504 p.; pl.

T. I de la 2e partie d'une trad. des Comment. de César restée inédite. (BRUNET, *Manuel*.)

— **et DUSSIEUX.** Histoire, etc. [2386]. *Paris, Edme*, 1772 et années suivantes. In-12.

Cp. *Biblioth. hist.*, t. IV, p. 3, n° 44549.

— Voir aussi PELLOUTIER [296].

BASTIE (Joseph-Bimard, baron de la). Dissertations, etc. [293].

Lettres publiées (ou reproduites ?) dans le *Novus Thesaurus Inscriptionum* de L.-A. MURATORI, t. Ier, 1739, p. 1 à 172.

— L'Amphithéâtre, etc. [6325]. — *Mém. de l'Acad. des Inscr.* t. XII, 1737, hist., p. 239.

— [*Ms.*] Montis Seleuci, etc. [6027].

Mention. dans la *Biblioth. hist.*, t. III, n° 37874.

— Voir aussi Cl. DE BOZE et le bon DE LA BASTIE.

BATHURST DEANE. Remarks, etc. [1514]. *Londres*, 1833, in-4; pièce.

BATINES (Paul-Colomb de) et OLLIVIER (Jules). Mélanges biogr. et bibliogr. relatifs, etc. [3457]. *Valence*, 1838-39, gr. in-8.

BATISSIER (Louis). Le Mont-Dore, etc. [8286]. *Moulins, Desrosiers*, 1840, in-fol.; 11 pl.

— Éléments, etc. [1299]. *Paris, Leleux*, 1843, in-12.

Bibliographie de l'archéologie nationale.

— Histoire, etc. [1607]. *Paris, Furne*, 1846. — 2e éd. entièrement refondue par l'auteur. *Id., ibid.*, 1860, fig.

Livre VI : Monuments celtiques.

— Voir aussi DULAURE, *Histoire de Paris* [9029].

BAUCHET (Ch.). Note, etc. [6748]. — *Bull. de la Soc. archéol. du Vendômois*, t. IV, 1865; 4 p.

BAUDELOT. Description, etc. [9106]. *Paris, Cot*, 1711, in-4.

— Sur deux inscriptions, etc. [8138]. (Lu en 1717.) — *Mém. de l'Acad. des Inscr.*, t. III, 1723 (hist.), p. 213.

— Observations, etc. [6350]. — *M. vol.*, p. 240.

BAUDI DI VESME, traducteur Ed. Laboulaye. Des impositions de la Gaule, etc. [815]. — *Rev. histor. du Droit*, 1861. — T. à p. *Paris, Aug. Durand*, 1862.

BAUDIAU (l'a. J.-F.). Le Morvand, ou essai géograph., topogr. et histor. sur cette contrée [3694]. *Nevers; Paris, Lecoffre*, 1854, 2 vol. — 2e éd., *Paris, Dumoulin*, 1865-1867, 3 vol.

BAUDON. Notice, etc. [8049]. — *Mém. de la Soc. acad. de l'Oise*, t. VII, 1868-1870, p. 48-57; 4 pl. — 2e mém., *m. vol.*, p. 279-287; 6 pl.

BAUDOT (**François**). * Lettre, etc. [8750]. *Dijon, Reffaire* (1), 1710, in-12.

« Elle a été écrite contre M. de Salins. » *Biblioth. hist.* (t. I, n° 222).

— * Lettres, etc. [5371, 5373]. *Dijon*, 1710, in-12.

C. r. des deux articles précédents, *Mém. de Trévoux*, avril 1712, p. 680.

BAUDOT aîné (**P.-L.**). Diss., etc. [8809]. — *Séance publ. de l'Acad. de Dijon*, an XI.

— Extrait d'une lettre, etc. [2142]. — *Mag. encyclop.*, 1809, t. II, p. 105. — Réimprimé à Dijon, m. d.

— * Rech. sur des méd. et des monnaies anc. trouvées à différentes époques, etc. [5364]. *Dijon, Fantin*, 1809.

— * Extrait d'un mémoire, etc. [5436]. *Besançon*, 1810.

— * Observations, etc. [8810]. — *Mag. encyclop.*, 1812, t. III, p. 90. — T. à p. In-8; 30 p.

— Notice, etc. [2473]. — *M. rec.*, 1813, t. III, p. 354-382.

BAUDOT jeune (**frère de P.-L.**). * Obs. sur le passage de M. Millin à Dijon avec des Rech. histor. sur les antiq. de cette v. et de ses environs. [5382]. *Dijon*, impr. de *Carion*, 1808, in-12. — Cp. le n° 5385.

BAUDOT (**Henri**). Découverte, etc. [5442]. *Séance publ. de l'Acad. de Dijon*, 1838, p. CXIV.

(1) Quérard : Repayre.

— Découverte, etc. [5428]. — *C. r. de l'Acad. de Dijon*, 1841-42, p. 187.

— Rapport, etc. [5451]. — *Mém. de la Comm. des antiq. de la Côte-d'Or*. 1843. — T. à p. *Dijon*, 1843, 50 p.; 17 pl. gravées.

— Lettre, etc. [5463]. — *Rev. de la numismat. belge*, t. II, 1846, p. 184.

— Rapport sur l'exploration des fouilles faites par ordre de la Commission des antiquités de la Côte-d'Or, etc. [5469]. *Mém. de la Comm.*, 1850, in-4.

— Monographie, etc. [5421]. — *M. rec.*, 1851. — T. à p. *Dijon*, 1851, 68 p.; 4 pl.

Voir plus loin sous la date de 1857-58.

— Rapport sur les fouilles exécutées sur le plateau de Landunum [5469]. — Extr. du Congrès archéolog. de France. Séances générales tenues à Dijon en 1852. *Paris; Caen*, 1853.

— Appendice, etc. [5423]. — *Mém. de la Comm. des antiq. de la Côte-d'Or*; t. V, 1re liv. 1857-58, in-4.

— Mémoire, etc. [3380*a*]. — *M. vol.*, p. 126-305; appendice, 4 p.; 29 pl. et fig. dans le texte.

— Inscription funéraire, etc. [5432]. — *Rev. archéol.*, 2e s., t. IV, 1861, p. 326.

— Notice, etc. [1766, 5411]. — *Mém. de la Comm. des Antiq. de la Côte-d'Or*, t. VII, 1865-69, p. 204-214 et appendice de 16 p.; 2 pl. chromolith.

C. r. par A. de Caumont, *Bull. mon.*, tome XXXVI, 1870, p. 187.

BAUDOUIN. Lettre, etc. [1815]. — *Mém. de l'Acad. celt.*, t. III, 1809, p. 327.

BAUDOUIN (**L.-N.-V.**), de Brissac. Histoire des Français, etc. [367]. *Angers, Launay-Gagnot*, 1842.

BAUDOUIN (**Mme Agathe**). Album historique, etc. [5254]. *Bourges, Just Bernard*, 1845-1848, in-4. — Livr. 1 à 10; 136 p., dessins et lithogr. par Hazé.

Peu de renseignements sur les temps antérieurs au VIe siècle. — Ne concerne que la ville de Bourges.

BAUDOUIN. Détails, etc. [10144]. — *Bull. de la Soc. des sc. histor. et nat. de l'Yonne*, t. II, 1848. In-8, p. 363-377. — *Annuaire histor. de l'Yonne*, t. XIII, 1849, p. 125.

— Rapport, etc. [10221]. — *M. rec.*, t. VI, 1852, p. 345 à 382; pl.

— Rapport, etc. [7945]. — *Congrès archéol. de France*, 19e session, tenue à... *Caen*, 1852; 11 p.

— Rapports [deux] à la Société nivernaise des l. sc. et arts (sur le même sujet) [7945]. *St-Révérien*, 1852 et 1853. — *Bull. de la Soc. nivernaise*, t. Ier, 1853.

— Quelques mots sur l'Avallonnais à l'époque celtique et dans les premiers temps de la domination romaine. [3193]. — *Bull. de la Soc. d'études d'Avallon*, t. I, 1859.

— Rapport de la Comm. chargée de visiter les ruines gallo-rom. au bois des Chaniats, sur le territoire de Saint-Germain-des-Champs [10219]. — *M. vol.*, 10 pl.

— Sépultures, etc. [7914]. — *M. rec.*, t. VI, 1864, p. 94-102.

— Notes, etc. [7946].

Lettre à M. le gal Creuly, datée de 1865. — (Inédite?)

BAUDRAND (l'a. **Michel-Antoine**). Geographia, ordine litterarum disposita. [986]. *Parisiis, Steph. Michalet*, t. I, 1682; t. II, 1681, 2 vol. in-fol. — Traduction faite par l'auteur et publiée par son frère, après sa mort, sous le titre suivant : *Dictionnaire géographique et historique*, etc. *Paris, Denys Mariette*, 1705, 2 vol. in-fol.

BAUDRIMONT (**A.**). Histoire des Basques ou Escualdunais primitifs, restaurée d'après la langue, les caractères ethnologiques et les mœurs des Basques actuels [3216]. — *Actes de l'Acad. de Bordeaux*, 1853, p. 251. — T. à p. *Paris, B. Duprat*, 1854, in-8.

BAUDRY (l'a. **Ferdinand**). Fouilles archéologiques du Bernard, 1er Mémoire [9838]. — *Annuaire de la Soc. d'émulation de la Vendée*, t. VI, 1859. — 2e Mémoire, *m. rec.*, t. VII, 1860, 24 p., 7 pl. — 3e Mémoire, *m. rec.*, t. VIII, 1861, 14 p., 2 pl.

— Antiq. celtiques du Bernard (Vendée) [9837]. — *M. rec.*, 1861; 24 p.; planches.

— Antiquités, etc. [9824 et 9835]. — *M. rec.*, t. VIII, 1862; 16 p.

— Mémoire, etc. [9842]. — *Mém. de la Soc. archéol. de l'Orléanais*, année 1863. *Orléans*, impr. *Jacob*, 1863, in-8, 18 p. — T. à p.

— Nouvelles fosses gallo-rom. de Troussepoil [9842]. *Bull. de la Soc. archéol. de Nantes*, t. III, 1863; 8 p.; planches.

— Antiquités, etc. [9834]. — *Annuaire de la Soc. d'émul. de la V.*, t. IX, 1863. — T. à p. *Napoléon-Vendée*, impr. *Sory*, 1865; 31 p. pl.

— Rapport, etc. [9844]. — *M. rec.*, t. XII, 1865, p. 254-272.

— Notes, etc. [9830]. — *Congrès archéol. de France*, 31e session tenue à Fontenay-le-Comte en 1864. *Niort*, 1865; 9 p.

— Sépultures, etc. [9831]. — *M. vol.*; 13 p.

— Note, etc. [9832]. — *M. vol.*, 2 p.

— Monuments, etc. [9828]. — *M. vol.*; 13 p.

— Note, etc. [9843]. (VIIe puits funéraire.) — *Mém. lus à la Sorbonne* en 1865 (archéologie). *Paris*, 1866, p. 105-114; planches.

— Antiquités, etc. [9833]. — *Annuaire de la Soc. d'émul. de la V.*, t. X, publié en 1866; 23 p.

— Compte rendu des fouilles archéologiques de Troussepoil, cne du Bernard (Vendée), exécutées au mois de septembre 1865. (Puits I à VII.) [Nouv. add. 9844 *a*.] — *Rev. des Soc. sav.*, 4e s., t. IV, 1866, p. 378-375.

— Rapport, etc. [9845]. — *M. rec.*, m. s., t. VI, 1867; 15 p., et *Annuaire de la Soc. d'émul. de la V.*, 1866 (1867).

— Rapport, etc. [9846]. — *Ann. de la Soc. d'émul. de la V.*, t..., 1867. T. à p. *Napoléon*, 1868, in-8, 19 p., 4 pl.

— Rapport, etc. [9847]. — *M. rec.*, t... 1869; 24 p.

— Rapport, etc. [9848]. — *M. rec.*, t... 1870; 24 p. — Voir aussi : *Rev. des Soc. sav.*, 5e s., t. III, 1872, p. 328-339.

BAUDRY (l'a. **F.**) et **BALLEREAU**. Puits funéraires gallo-romains du Bernard (Vendée) [9848]. *La Roche-sur-Yon*, 1873, gr. in-8; planches et cartes.

BAUDRY (**Paul**). Le musée, etc. [9356]. — *Nouvelliste de Rouen*, 10-12 nov. 1862. — T. à p.; 36 p. in-12.

— Rapport, etc. [9332]. — *Revue de la Normandie*, août 1864. — T. à p.; 5 p.

— Cachet sigillaire, etc. [5089]. — *Nouv. de Rouen*, 19 mai 1865, et *Bull. mon.*, 1866, p. 32-40. — T. à p. du *Nouv. de Rouen*. In-12; 12 p.

BAUGIER (Edme). Mémoires, etc. [3430]. *Chaalons*, 1721, 2 vol. in-8.

Remarques critiques sur ces mémoires, dans le *Mercure* du mois d'avril 1722.

BAUGIER. Rapport, etc. [9489]. — *Mém. de la Soc. de statistiq. des Deux-Sèvres*, t. V, 1841, p. 55 à 61.

— Inscription, etc. [9487]. — *M. rec.*, t. XX, 1859, p. 74-77.

BAUHIN (Jean). Lettre au duc de Wurtemberg (en latin), etc. [5677].

Publiée (vers 1834) par DUVERNOY (magistrat) dans ses *Notices sur qq. médecins* etc. *nés ou établis à Montbéliard dès le* XVI*e siècle*, et de nouveau par FEVRET DE St-MESMIN, dans son *Addition* à la Notice sur les cachets des oculistes romains. 1835.

BAULAIRE (Laurent). Éclaircissement, etc. [9611]. — *Jal Helvétique*, juin 1740.

Voir la *Biblioth. hist.*, t. I, no 80.

— Description d'une statue antique... qui se conserve dans la bibliothèque publique de Genève [1464]. — *M. rec.*, mai 1753, et *Nouv. Biblioth. germanique*, t. XII, 1753, p. 379-392.

BAUME (Joseph de la). [*Ms.*] Éclaircissement... présenté à mgrs les ducs de Bourgogne et de Berry, lors de leur passage à Nismes, le 4 janvier 1701 [5958].

« M. Seguier de Nismes en a une copie. Voy. l'*Hist. de Ménard*, t. VI, p. 460. » (*Biblioth. hist.*, t. IV, suppl. du t. I, p. 493, no 37875 *.)

BAUMEFORT (V. de). Notice, etc. [6104]. — *Rev. du Lyonnais*, t. XXIII, 1861, p. 110-122. — T. à p. *Lyon*, 1861, gr. in-8, 29 p., 3 pl. lith.

— Recherches, etc. [5928]. *Lyon*, impr. *Vingtrinier*, 1863; 42 p.

— Excursion à la Roche aux Fées [6473 *a*]. — *Ann. de la Soc. litt.* etc. *d'Apt*, 4e année, 1866-67; 1869, p. 67-85.

BAURE (Faget de). Essai, etc. [3232]. *Paris*, 1818.

BAUREIN (l'a. Jean). Rech. histor., etc. [6332]. — *Affiches de Bordeaux*, années 1759 et 1778.

— Essai historique, etc. [6315]. — *Bull. polymathique du Muséum d'instruction publique de Bordeaux*, 1812, p. 357.

Reproduit d'après le ms. de la biblioth. de Bordeaux dans la nouv. éd. des *Variétés bordeloises*, t. IV, p. 198.

— [*Ms.*] Observations critiques par lesquelles on tâche de contribuer à la perfection des recherches de plusieurs savants, en relevant des erreurs dans lesquelles ils sont tombés par rapport à l'ancienne géographie de ce pays; lues à l'Académie de Bordeaux le 25 août 1763 [6258].

« L'auteur rétablit dans ses observations critiques plusieurs voies romaines et différentes stations, entre autres celle qui manque dans la Table Théodosienne et qui se trouvait entre *Boios* et Bordeaux. » — (*Biblioth. hist.*, t. I, no 238.) — Ce ms. est conservé à l'Acad. des Sc. de Bordeaux, XIX, 5. — La substance du travail se retrouve dans le livre VI des *Variétés bordeloises*. (Voir la nouv. éd. Introd. p. G. Méran, t. IV, p. IV.)

— Variétés bordeloises ou essai historique et critique sur la topographie ancienne et moderne du diocèse de Bordeaux [6253]. *Bordeaux*, *Labottière frères*, 1784-86, 6 vol. in-12. — Nouv. éd. avec préf. par G. MÉRAN et table alphabét. par le mis de CASTELNAU D'ESSENAULT. *Bordeaux*, *Féret*, 1875-76, 6 vol.

— Dissertation, etc. [6333] (composée en 1775). — *Bull. polymath. de Bordeaux*, 1813, p. 147-181. Reproduit dans les *Variétés bordeloises*, nouv. éd., t. IV, p. 298.

— Diss. sur l'ancienne position et la première enceinte de la ville de Bordeaux (1759) [6314]. — *Bull. polymathique de Bordeaux*, 1817, p. 258-289.

Voir *Biblioth. hist.*, t. I, no 236.

Voir L. de LAMOTHE, *l'Abbé Baurein, sa vie et ses écrits*. Bordeaux, Th. Lafargue, 1845, in-12. — Cp. ci-après la section abbé LEBEUF, après les articles datés.

BAUX (Jules-M.-J.). Ruines d'Izernore. Rapport à M. Léon de St-Fulgent, préfet de l'Ain, sur une fouille opérée en 1863 par les soins d'une comm. dépttale (suivi du catalogue des objets recueillis et conservés dans le musée de la cne) [4172]. *Bourg*, impr. *Dufour*. 1866, gr. in-8, 123 p.

(Appendice de l'annuaire intitulé : *Mémorial admin., statist. et commercial du dépt de l'Ain pour* 1866-1867.)

— Voir FUSTAILLIER (Jean).

BAVOUX (Vital). Rapport, etc. [2495]. — *Mém. de la Soc. d'émul. du Doubs*, 3e s., t. II, 1857; 8 p. (t. à p.), et *Annuaire du Doubs pour* 1859.

BAXTER (**William**). Glossarium, etc. [1269]. *London*, 1731.

1re édition en 1726, sous le titre de : *Reliquiæ Baxterianæ*, etc.

BAYER (**Th.-S.**). De numis, etc. [11002]. *Lipsiæ*, 1722, in-4; 9 pl.

BAYLE (**F.-H.**). Traité sur la topographie, la population, le commerce et les arts de la ville de Marseille, à l'époque où cette Athènes des Gaules fut assiégée par Jules César. Ouvrage couronné par l'Académie de Marseille, dans sa séance publique du 4 juin 1837 [4846]. *Marseille*, 1838.

BAZINGHEN (**Abot de**). Recherches, etc. Ouvrage inédit... mis en ordre et publié par le bon WATTIER [8187]. *Paris*, 1822.

BAZOT. Résultat, etc. [3829]. — *Congrès scientif. de France*, 34e sess. tenue à Amiens le 3 juin 1867. *Paris* et *Amiens*, 1868, p. 408-413.

BAZOUGE (**J.**). Album dinannais, souvenirs de Dinan, sites, monuments, ruines, paysage, histoire [5508]. *Dinan*, impr. *Bazouge*, 1863, in-4, 60 p.; planches.

BEALE POST (**le rév.**). The coins, etc. [1992]. *London*, *J. Russell Smith*, 1846; 1 carte et vign. (Extr. du no 5 du *Jal of the British archæological Association.*)

C. r. par L. de la SAUSSAYE (*Rev. num.*, t. XII, 1847, 2e s., t. VI, p. 213).

— Médailles, etc. [2001]. — *Rev. num.*, t. XV, 1850; 2e s., t. IX, p. 245-249.

BÉATRIX. Histoire, etc. [3549 *a*]. *Lyon*, 1851; 584 p.

A consulter pour l'histoire des Helvètes.

BEAUCHAMP (**Alph. de**). Vie de Jules César, etc. [421]. *Paris*, *Villet*, 1823.

BEAUCHET-FILLEAU. Notice, etc. [1681]. *Mém. de la Soc. des ant. de l'Ouest*, t. XXIX, 1864, p. en 1865. — T. à p. *Poitiers*, 1865; 20 p.; planches.

— Étude, etc. [1165]. — *Mém. lus à la Sorbonne en* 1867; 1868. — T. à p.; 18 p.

— Inscription, etc. [9887]. — *Bull. de la Soc. des ant. de l'Ouest*, 1er trim. 1867; 2 p.

BEAUCORPS (**Maxime de**). Les [2] dolmens d'Ardillières [5203 *a*]. — *Bull. de la Soc. archéol. de l'Orléanais*, 1869, p. 141.

— Découvertes, etc. [7016]. — *M. vol.*, p. 146.

BEAUDEAU (**l'a.**). Mémoire, etc. [628]. 1777; 84 p.

BEAUFORT (**dr Élie de**). Voie romaine, etc. [5273]. — *Mém. de la Soc. des ant. de l'Ouest*, t. XIX, 1851; 10 p., 1 carte.

— Monuments romains, etc. [6497]. — *M. vol.*, 164 p., 1 carte, 3 pl.

— Monuments celtiques, etc. [6498]. — *M. vol.*

— Recherches archéol. etc. [6499]. (Partie celtique et gallo-romaine.) — *M. vol.* — T. à p. *Poitiers*, 1851; 260 p., 1 carte. — Partie relative au moyen âge (où il est encore question des époques précédentes). — *M. rec.*, t. XXVI, 1861. — T. à p. *Poitiers*, 1861; 238 p.

Cet ouvrage se compose de diverses notices disséminées dans les volumes ci-dessus mentionnés de la Soc. des antiq. de l'Ouest. — C. r. détaillé par Fauconneau-Dufresne, dans les travaux de la Soc. du dépt de l'Indre, t. I, 1854, p. 83.

— Notice, etc. [2907]. — *M. rec.*, t. XXIX, 1864 (1865); 20 p.

BEAUJOUR (**Félix de**). De l'Expédition d'Annibal en Italie et de la meilleure manière d'attaquer et de défendre la péninsule italienne [2805 *a*]. *Paris*, *F. Didot; Delaunay*; 1832, 133 p., 1 carte.

BEAULAINCOURT (**cte A. de**). Du *Vicus Helena*, etc. [2993]. — *Bull. histor. de la Soc. des ant. de la Morinie*, XIXe année, 1869-1870, p. 380-395.

BEAULIEU (**Jean-Louis Dugas de**). Dissertation, etc. [7557]. — *Mém. de la Soc. des Ant. de France*, t. VII, 1826, p. 160.

— Notice, etc. [7608]. — *M. rec.*, t. IX, 1832, p. 353.

— Lettre, etc. [7582]. — *M. rec.*, t. X, 1834, p. 101.

— Rech. archéol. et histor. sur le comté de Dachsbourg, aujourd'hui Dabo (ancienne province d'Alsace) [7546]. *Paris*, *vve Le Normand*, 1836, 320 p., 8 pl. lithogr. — 2e éd. sous le titre suivant: Le Comté de Dagsbourg, aujourd'hui Dabo (ancienne Alsace). Archéologie et histoire, 2e éd. *Id.*, *ibid.*, 1858, 328 p., 7 pl., 1 tableau.

— Des divinités topiques Nedina et Rosmerta [588]. — *Mém. de la Soc. des Ant. de Fr.*, 2e s., t. III, 1837, p. 203.

— Savonnière-lès-Toul [7578]. — *Mém. de l'Acad. de Stanislas à Nancy*. 1838, p. 291.

Sépultures antiques.

— [*Ms.?*] Dissertation, etc. [10090].

Mention honorable au concours des Antiq. de la France.

— Antiquités de Vichy-les-Bains [4526]. — *Mém. de la Soc. des Ant. de Fr.*, 2e s., t. V, 1840, p. 452. — 2e éd. *Paris*, *ve Le Normand*, 1846.

Mention honorable au concours des antiq. de la France en 1847.

— Archéologie de la Lorraine ou Recueil de not. et de documents pour servir à l'histoire des antiq. de cette prov. [3627]. *Id.*, *ibid.*, 1840-1843, 2 vol.; 5 pl.

— Lettre à M. J. (Jomard?), etc. [10440]. *Id.*, *ibid.*, 1841; 48 p., 1 pl.

— Des Sarcophages en plomb, etc. [1650]. — *Mém. de la Soc. des Ant. de Fr.*, 2e s., t. VI, 1842, p. 99.

— Rapport sur deux mémoires sur des cercueils en pierre trouvés en 1846, etc. [7607]. — *M. rec.*, m. s., t. VIII, 1846, p. 325.

— De la station Indesina [2609]. — *Mém. de l'Acad. de Stanislas*, 1848, p. 55. — T. à p. *Nancy*, 1849.

— Antiquités, etc. [4528]. *Paris*, *ve Le Normand*. 1851, 12 pl.

— Mémoire, etc. [7436]. *Mém. de la Soc. des Ant. de Fr.*, 3e s., t. V, 1862, p. 57.

BEAULIEU (C.). Tableau, etc., contenant tout ce qui a rapport aux souverains, magistrats, etc., etc. [8508].

« Extrait d'une Histoire de Lyon inédite. In-4, 1836. » (Girault de St-Fargeau.)

BEAULUÈRE (L. La). Notice, etc. [7477]. *Laval*, *Godbert*, 1855.

BEAUMÉNIL. — Voir St-Amans (Boudon de), Mémoires académiques.

BEAUMONT (Albanis de). — Voir Albanis de Beaumont.

BEAUNE (Henri). Dissertation, etc. [5447]. *Mém. de la Comm. des Antiq. de la Côte-d'Or*, t. V, 1860, in-4, p. 66-80.

BEAUNIER (dom). État, etc. [1002]. *Paris*, 1726, 3 vol. in-4.

La 3e édition a paru en 1743.

BEAUPRÉ (J.-N.). Nouvelles recherches, etc. (1500-1700) [3629]. *Nancy*, 1853-1856, 2 vol. in-8.

BEAUPRÉ (Pigault de). — Voir Pigault de Beaupré.

BEAUREGARD (de). Notice [7239]. — *Mém. de la Soc. d'Agr. etc. d'Angers*, t. II, 1838, p. 349-354; 1 pl.

— Statistique, etc. [7159]. 2e éd., 1850.

— Observations, etc. [1518*a*]. — *M. rec.*, t. VI, 1847, 2e part., p. 117-120; 1 pl.

— Construction, etc. [7220]. — *Mém. de la Soc. d'agr. etc. d'Angers*, 2e s., t. VIII, 1857, 4 p., 1 pl.

BEAUREGARD (Sourdeau de). Mémoire, etc. [6948]. — *Mém. de la Soc. d'agr. etc. d'Orléans*, 2e s., t. II, 1856. — T. à p. 1857, in-8.

Rapport sur ce mém. par Dufaur de Pibrac. (*M. vol.*, p. 209.)

BEAUREGARD (cte Costa de). Les Sépultures, etc. [8959]. *Grenoble*, typ. *F. Allier*. 1867, in-fol., 16 p., 8 pl.

BEAUREPAIRE (Eug. de). — Voir Robillard de Beaurepaire (Eug.).

BEAUSSET-ROQUEFORT (mis de). Étude, etc. [843]. — *M. de la Soc. litt. de Lyon*, t. II, 1860-61, p. 150-249. — T. à p. *Lyon*, 1862.

BEAUVAIS (Guillaume). * Dissertation, etc. [1884]. *Paris*, *Briasson*, 1739, in-4.

« Cette dissertation a été aussi imprimée à la suite du « Traité des finances et de la fausse monnoye des Romains » (par de Chassipol). 1740, in-12 (Barbier, *Anonymes*, 3e éd.) — L'édition de Dresde est augmentée d'une table de la valeur et de la rareté des médailles impériales [1884]. *Dresde*, *Walton*, 1794, in-4.

— Histoire, etc. [94]. *Paris*, 1767, 3 vol. in-12.

BEAUVAIS DE PRÉAU. — Voir Pollucbe, s. l. d. de 1778.

BEAUVESEIX (Teillard de). [*Ms.*] Dissertation, etc. [8282]. (Mention dans la *Biblioth. hist.*, t. III, no 37479.)

BEAUVILLÉ (Victor de). Histoire de la ville de Montdidier [9609]. *Paris*, *F. Didot*, 1858, 3 vol. in-4; 29 pl. — 2e éd. *Paris*, impr. *Claye*, 1875, 3 vol. in-4.

BEAUVILLIERS (Maxime). Article, etc., à l'occasion des ouvrages de MM. Petit et de Monvel [2708]. — *Journal du Loiret*, no du 2 sept. 1863.

BEAUVOIS (Eug.). Les antiq. primitives, etc. [1396]. 1863.

— Histoire légendaire des Francs et des Burgondes aux IIIe et IVe siècles [401*c* et 3381 *a*]. *Sens, Chapu; Paris, Soc. des Bibliophiles*, 1867; 547 p.

BEBEL (**J.-B.**). De Triboccis, etc. [3010]. *Lipsiæ*, 1694, in-4.

BECANUS (**Jo. Goropius dit**). — Voir Gorp (J. van).

BECDELIÈVRE (vte de). Notice, etc. [6853]. — *Ann. de la Soc. d'agr.* etc. *du Puy*, t. VIII, 1835-36, p. 38-53.

Cupidon assis sur un autel.

— Quelques notes... sur Polignac, ses ant. et le musée du Puy [6856]. — *M. rec.*, t. IX, 1837-38, p. 248-300. — T. à p. *Au Puy*, impr. *J.-B. Gaudelet*, 1839; 1 pl.

— Archéologie (observ., etc.) [6858]. — *M. rec.*, t. X, 1839-40, p. 333-338.

— Notice, etc. [6830]. — *M. vol.*, p. 347-394. — T. à p. *Le Puy*, 1841.

BECHET (**E.**). Recherches, etc. [6709]. *Besançon*, 1828-1830. 2 vol. in-12; pl.

— Dissertation, etc. [3372 *a*]. — *Séance publ. de l'Acad. de Dijon*, 1825, p. 128.

BECHIN fils (**Pierre**). Chronicon Turonense (ab a. J.-C. 250 ad a. 1137), curante V. Luzarche [4054]. *Turonibus*, 1851.

BECKER (**Wilhelm-Gottlieb**). Augusteum, ou description des monts antiques qui se trouvent dans la galerie de Dresde [1468]. *Dresde; Leipzig*, 1804-1812; 3 vol. in-fol. fig.

Il y a des ex. avec texte allemand et d'autres avec t. franç., par Sam. El. Bridel. (Brunet.)

BECKER (**W.-A.**). Gallus, etc. [1598]. *Leipzig*, 1840. Autres éditions.

Description de bains romains, etc.

BECKER (**J.**). Über die angebliche keltische Göttin Vagdavera [595]. — *Zeitschrift für die Alterthums-Wissenschaft*, 1851, no 61, p. 485.

— Der Merovingische Kirchhoff zu La Chapelle St Eloi und Antiquitätenfabrik zu Rheinzabern. Ein Beitrag zur Geschichte antiquarischer Fälschungen [5792]. *Frankfurt a. M.* 1856.

Extr. en grande partie des *Periodische Blættern* des mittelrheinischen Alterthums-vereins.

— Ueber das Wort IEVRV, etc. [2350]. — *Rhein. mus. f. Phil.*, n. s., 13e année, 1858, p. 290-296.

— Römische Inschriften... Zusammengestellt [10931]. — *Zeitschrift des Vereins zur Erforschung der rhein. Geschichte und Alterth. zu Mainz*, t. II. 1859, p. 169-222.

— Drei keltische Münzen, etc. [2032]. 1861, in-4; pl.

— Die inschriftlichen Ueberreste der keltischen Sprache [2194]. — *Beitræge zur vergleich. Sprachforschung*, de Kuhn et Schleicher, t. III, 1863, p. 163.

— Beiträge, etc. [525] römisch-keltischen Mythologie. — *Jahrb. des Ver. von Alterth. im Rheinl.*, t. X, l. II. 1867, p. 90-121.

Cp. *m. rec.*, t. XXVI, p. 76, t. XXVII, p. 75.

— Alte, etc. [11117]. — *M. rec.*, t. XLIV-XLV. 1868, p. 58-75.

— Zur Kunde, etc. [526]. *Bonn.* (s. a.), 26 p.

— Bodicca. Zu Tacitus. *Ann.* XIV, 31 [nouv. add. 10275 *a*]. — *Rhein. mus. f. Philol.*, n. s., t. XVI, p. 626-628. In-8.

Inscriptions contenant le nom de Bodicca, reine des Bretons.

— Hercules Andossus (zu Orelli-Henzen 5916) [571]. — *Rhein. mus. f. Philol.*, n. s., t. XVII, p. 14-28.

— Ueber zwei, etc. [11007]. — *Mittheilung. des Frankfurt. Vereins*, n. 4, p. 262-271.

— Voir aussi F. Keller et H. Meyer [10833] et Vischer [10865].

BÉCLARD. Notice, etc. [7229]. — *Mém. de la Soc. d'agr.* etc. *d'Angers*, t. VI, 1848, 2e part., p. 128-133.

BÉCU (**Ste-Marie**). Du temps que César mit, etc. [479]. — *Bull. du Comité archéol. de Noyon*, t. I, 1862, p. 117-123.

BEDDŒ'S (**dr S. John**). Note, etc. [882]. — *Mém. de la Soc. d'émul. des Côtes-du-Nord*, *Congr. celtiq. intern. tenu à St-Brieuc en* 1867. 1868, p. 367-369.

— The Kelts of Ireland [10369]. *London*, 1870; 1 carte.

Extr. des *Mém. de la Soc. anthropolog. de Londres*.

BÉDOLLIÈRE (**Ém. de la**). Mœurs et vie privée des Français dans les premiers siècles de la monarchie [868 *a*]. 1855, 3 vol. in-8.

Adoption des usages romains dans les Gaules. — Tableau des orgies et des mascarades

des kalendes de janvier. — Emploi d'un chalumeau pour boire le vin consacré. — Manière de brûler ou d'enterrer les morts. — Vitesse des voitures gallo-romaines. — Vins renommés au ve siècle. — Vins fumés. — Chiens gaulois, etc.

BEGER (Laurent). Thesaurus... sive gemmarum et numismatum... in cimeliarchio elect. Brandenb. asservatorum descriptio [1877, 2085]. *Coloniæ Marchicæ*, 1696-1701. 3 vol. in-fol.; nombr. fig.

— Regum... numismata, etc. [2086]. *Coloniæ*, *Brand*, 1700.

Titre complet dans BRUNET, *Manuel*, I, col. 735.

BÉGIN (Émile-Auguste). Histoire... des arts et de la civilisation dans le pays Messin, depuis les Gaulois jusqu'à nos jours. [7810]. *Metz*, *Veronnais*, 1829; carte gr., in-fol. grav.

Ouvrage attribué souvent à Mme Bégin. Cependant M. Bégin a écrit : « Je n'en dis mot dans *mon* Histoire des sc. et des l. dans le pays Messin. » (*Mém. de la Soc. d'archéologie de la Moselle*, t. X, 1868, p. 115. — Lettre du 1er nov. 1868).

— Biographie de la Moselle [7779]. 1832, 4 vol. in-8.

— Influence des croyances religieuses sur les monuments des anciens peuples. 1re partie : L'Empire du polythéisme sur les beaux-arts. — 2e partie : L'Empire du polyth. dans les Gaules et principalement dans le N.-E. de la France [533 *a*]. — *Congrès scientif.*, V[e] session tenue à Metz en 1837, 1838, p. 420-466.

— Mélanges, etc. [7780]. *Metz*, *Veronnais*, 1840, in-8, 160 p., 2 pl. — (Tiré à 50 ex.)

— Traduction de la *Moselle* d'AUSONE. (Voir ce nom.) 1840.

— Metz... son peuple, ses institutions, ses rues, ses mon[ts]; récits chevaleresques, religieux et populaires [7820, 7834]. *Metz*, chez l'auteur, 1843-1845, 3 vol. gr. in-8; 80 pl.

BÉGUILLET (Edme). * Histoire de Paris avec la description de ses plus beaux monuments, dessinés et gravés en taille-douce, par F.-N. MARTINET [9026]. *Paris*, 1779-1781, 3 vol. in-8 et in-4.

Voir Barbier, *Anonymes*, 3e éd., t. II, col. 730.

BÉGUILLET. * Précis de l'histoire de Bourgogne, de Mille, par B*** [3368]. *Dijon*, 1771, 40 p.

BÉHIN. Notice, etc. [8175]. — *Mém. de l'Acad. d'Arras*, t. 1, 1818, p. 209.

BEL. Additions, etc. [2342]. *Bull. de la Soc. d'agr.* etc. *de Poligny*, 1865.

— Y aurait-il lieu, etc. [2579]. — *M. vol.*, 2 p.

BELESTANG (A. de Lestang, sieur de). — Voir LESTANG.

BELFORT (A. de). Note, etc. [5866]. — *Bull. de la Soc. dunoise* (à Châteaudun), t. I, 1864-69, p. 34-39.

— Note, etc. [6747]. — *M. vol.*, p. 238.

BELGRAND (Marie-François-Eugène). La Seine, etc. [9040]. 1869, gr. in-4; 79 pl.

BELHOMME (J.-B.-G.). Recherches sur l'origine de la v. de Castres et sur l'étymologie de son nom [9646]. — *Mém. de la Soc. archéol. du Midi*, t. I, 1834, in-4, p. 93-107.

BELHOMME (Guillaume-Gaspard). Rapport, etc. [6179]. — *M. rec.*, t. IV, 1841, p. 375-392; 1 pl.

— Sculptures, etc. [6158]. — *M. rec.*, t. V, 1847, p. 277-295.

BELIN (J.-L.) et PUJOL (A.). Histoire... de Paris depuis les temps les plus reculés jusqu'à nos jours [9035]. *Paris*, *Belin-Leprieur*, 1843, in-12 (et non pas in-8).

BELIN-DELAUNAY. — Voir LAUNAY (Belin de).

BELLANGER. Lettre, etc. [304]. — Voir *Biblioth. histor.*, t. I, n° 3749.

BELLANGER (Stanislas). La Touraine... avec une préface par l'abbé Orsini [4061]. *Paris*, *L. Mercier*, 1845, gr. in-8, illustrations par Th. FRÈRE, BREVIÈRE, etc.

BELLAY (Guillaume de —, seigneur de Langey). Épitome, etc.; avec ce, un prologue ou préface sur toute son histoire et le catalogue des livres alleguez en ses livres de l'antiquité des Gaules et de France, etc. [239]. *Paris*, *V. Sertenas*, 1556, p. in-4. — 2e éd., 1587.

Voir sur cet ouvrage la *Biogr. générale*, t. V, col. 226.

BELLEFOREST (François de). Les grandes annales... dès la venue des Francs en Gaule jusques au règne du roi Henry III [250]. *Paris*, *G. Buon*, 1579, 2 vol. in-fol.

BELLET (l'a.). [*Ms.*] Notes, etc. [6293].

Travail conservé à la biblioth. de Bordeaux, vol. V. — Pour le détail, voir la *Table historique* etc. *de l'Acad. de Bordeaux*, par J. de Gères, 1879, p. 298 et suiv. — Cp. *Biblioth. histor.*, t. III, n° 37522.

BELLEY (l'a. **Augustin**). Mémoire, etc. [1035]. — *Mém. de l'Acad. des Inscr.*, t. XIX, 1753, p. 495-511.

— Diss. sur Juliobona, ancienne capitale des peuples Caleti (lue en 1744) [2880]. *M. vol.*, p. 633.

— Sur une voie romaine, etc. [9311]. — *M. vol.*, p. 648-671.

— Dissertation, etc. [4099, 4444]. — *M. vol.*, p. 661-690.

Les Veromandui placés à St-Quentin. — Extrait de cette diss. dans le *Mercure*, janvier 1746, p. 78-86.

— Dissertation, etc. [2882]. — *M. vol.*, p. 691-707, avec 1 carte par d'ANVILLE.

— Dissertation sur Augustoritum, ancienne v. de la Gaule [2619]. — *M. vol.*, p. 707-721.

— Dissertation, etc. [2917]. — *M. vol.*, p. 722-735.

« Ratiatum placé au pays de *Raits* ou *Retz*, anciennement de Poitou, et uni ensuite à la Bretagne. »
Mém. reproduit en 1864 dans le *Bull. de la Soc. archéol. de Nantes*, t. IV.

— Mémoire, etc. [5026]. — *M. rec.*, t. XXVIII, 1761, p. 475-486.

— Observations, etc. [5037]. — *M. rec.*, t. XXXI, 1761 (hist.), p. 227. — Nouv. observations, etc. — *M. vol.*, p. 250.

— Observations, etc. [10652]. — *M. rec.*, t. XXXV, 1770, p. 657-664.

§ IV. Galatia Salutaris.

— Observations, etc. [6448] (lues en 1774). — *M. rec.*, t. XLI, Hist., 1780, p. 563.

Voir ci-dessus, d'ANVILLE, article des *Éclaircissements géograph.* etc. 1741.

BELLIÈVRE (**Claude**). Lugdunum priscum. [8496]. *Lyon, Perrin*, 1846, in-12.

Publié d'après une copie authentique du ms. original du commencement du XVIe siècle, et tiré à 25 exemplaires. (*Nouveau Spon*, p. 14.)

BELLIN. Description, etc. [5331]. *Paris*, 1769, in-4 et atlas.

BELLIVET. Rapport, etc. [5081]. — *Mém. de la Soc. des Ant. de Normandie*, t. XIV, 1844, p. 312.

BELLOGUET (**Roget b^on de**). Questions bourguignonnes, ou mémoire critique sur l'origine et les migrations des anciens Bourguignons, etc. [3374]. *Dijon*, 1846, in-8.

Médaille au concours des antiq. nationales en 1847.

— Carte du 1er royaume de Bourgogne avec un commentaire, etc. *Dijon*, 1848.

Complément des *Questions bourguignonnes*. — Rappel de médaille en 1849.

— Origines dijonnaises dégagées des fables et des erreurs qui les ont enveloppées jusqu'à ce jour [5378]. *Dijon, Lamarche et Drouelle*, 1851.

2e médaille au concours des antiq. de la France.

— Ethnogénie gauloise ou mémoire critique sur l'origine et la parenté des Cimmériens, des Cimbres, des Ombres, des Belges, des Ligures et des anciens Celtes [384].

Détail : T. Ier (Introduction, 1re partie). Glossaire gaulois. *Paris, B. Duprat*, 1858 ; 2e éd., *Maisonneuve*, 1872. — T. II (2e partie. Preuves physiologiques). Types gaulois et celto-bretons. *Duprat*, 1861 ; 2e éd., *Maisonneuve*, 1875. — T. III (3e partie. Preuves intellectuelles). Le génie gaulois. *Maisonneuve*, 1868. — T. IV (4e partie). Les Cimmériens. *Id.*, 1873.
Prix Gobert à l'Acad. des Inscr. en 1869, pour les t. I-III. — Le t. IV, posthume, a été publié par Alfred MAURY et Henri GAIDOZ.

— Voir GUILLEMOT (P.) et ROGET DE BELLOGUET.

BELLOUARD. Fouilles, etc. [7167]. — *Bull. de la Soc. industr. d'Angers*, t. IX, 1830, p. 205.

BELLOY (**de**). Description du pays et souveraineté de Béarn [3228]. *Tolose*, 1608.

BELOT (**Mme**). Traduction de l'*Histoire d'Angleterre* de HUME. (Voir ce nom.)

BELPAIRE. Mémoire, etc. [10489]. — *Mém. couronnés par l'Acad. de Bruxelles*, 1826-27, in-4.

BELSUNCE (**v^te de**). Histoire des Basques depuis leur établissement dans les Pyrénées occidentales jusqu'à nos jours [3215]. *Bayonne*, impr. *Lespès*, 1847, t. II et III.

Continuation de l'ouvrage de CHAHO (voir ce nom).

BELSUNCE DE CASTELMORON (**Henri-François-Xavier de**), évêque de Marseille. * Antiquité de l'église de Marseille et la succession de ses évêques [4872]. *Marseille*, 1747-1751, 3 vol. in-4.

Attribution douteuse. Voir *Biblioth. histor.*, n° 8029.

BÉNARD (P.). Découverte, etc. [4448]. — *Travaux de la Soc. acad. de St-Quentin*, 3e s., t. VI, 1864-65 (1866), p. 286; pl.

— Des transformations de St-Quentin à différentes époques et des causes qui les ont produites [4446]. — *M. vol.*, p. 490.

BÉNARD (Louis) et HAUTEFEUILLE (Aug. d'). Histoire, etc. [8192]. *Boulogne*, impr. *Aigre*, 1860, 2 vol. in-12.

BENDIER (Claude). * De la Défense des princip. prérogat. de la v. et de l'égl. de St-Quentin, pour prouver que cette v. est l'ancienne Augusta des Vermandois [4436]. *St-Quentin, Cl. Lequeux*, 1671, in-4.

BENECH. Table de Claude [2233]. — *Mém. de l'Acad. des Sc.* etc. *de Toulouse*, 4e s., t. II, 1852, p. 145.

— Toulouse, cité latine, ou du droit de latinité dans la Narbonnaise et dans les provinces rom. en g^{al} [6149 et nouv. add. 3706*a*]. — *M. rec.*, m. s., t. III, 1853.

BENGY-PUYVALLÉE (Ph.-J.). Mémoire, etc. [3264 *a*]. *Bourges, Vermeil; Paris, Dumoulin*, 1842.

BENOID-PONS (J.). Note, etc. [4503]. — *Bull. de la Soc. d'émul. de l'Allier*, t. X, 1867, p. 253-264. — T. à p. *Moulins*, 1868.

BENOIST (Félix). La Normandie illustrée. — Voir POTTIER (André) et MANCEL (G.).

— Nantes et la Loire-Inférieure, etc. [6882]. — *Nantes*, impr. *Charpentier*, 1850. 2 part. in-fol.

BENOIT (le p. — Picart). Histoire, etc. [7592]. *Toul, Alexis Laurent*, 1707, in-4.

Son « Histoire ecclés. et civile de Metz » est en ms. à la biblioth. publique de cette ville.

BENOIT (Louis). Répertoire archéol. du dép^t de la Meurthe. Arr^t de Sarrebourg [nouv. add. 7518*a*]. — *Mém. de la Soc. d'arch. lorraine*, 2e s., t. IV, 1862 (pagination spéciale). — Publié à part. *Nancy*, 1862; 52 p.

— Les voies rom., etc. [7519]. — *M. rec.*, m. s., t. VII, 1865. — T. à p. *Nancy*, m. d., 16 p.

— La Vénus de Scarponne [7583]. — *Journal de la m. Soc.* 17e année, 1868, p. 215-217; 1 pl.

— Notice, etc. [7513]. — *Mém. de la m. Soc.*, 2e s., t. X, 1868, p. 361-388.

BENOIT (Arthur). Phalsbourg, etc. [7574]. — *M. rec.*, m. s., t. XII, 1870, p. 305.

BÉRARD aîné. Conjectures sur l'origine de la v. du Mans [nouv. add. 8865*a*]. *Le Mans*, 1810, in-4. Pièce.

BERAUD et DUFEY (P.). Dictionnaire historique de Paris contenant la description de ses places, rues, monuments, etc. [9031]. *Paris*, 1828, 2 vol. in-8; plans et vues.

BERAULT-BERCASTEL (A.-H.). Histoire de l'Église, etc. [728]. 3e éd. *Paris, Gaultier frères*, 1820-1821, 22 vol.

Voir BRUNET, *Manuel*.

BERAUD (T.-C.). Mém. sur le camp rom. de Frémur et sur les moyens de communication avec les voies rom. au delà de la Loire et de la Maine [7226]. — *Mém. de la Soc. d'agr.* etc. *de Maine-et-Loire*, t. V, 1846, p. 363-377.

BERBRUGGER. Commentaire, etc. [10900]. — *Bull. mon.*, t. XXXI, 1865. 6 p.

BÉRENGER (J.-P.). Histoire de Genève, depuis son origine jusqu'en 1761 [10881]. S. l. (*Genève*), 1772, 6 vol. in-12.

BERGÉ (Édouard). Promenade, etc. en 1831 [10072]. — *Ann. de la Soc. d'émul. des Vosges*, t. I, 1833, p. 125-142.

BERGER (L.). Contemplatio, etc. [2130]. *Berolini*, 1697, in-4; fig. — Cabinet de pierres gravées, ou collection choisie de 216 bagues et de 682 pierres, tirées du cabinet de Gorlée et autres. *Paris, Lamy*, 1778. 2 vol. in-4; fig.

BERGER (J.-G. de). Eclogæ, etc. [5329]. *Vitenberg*, 1743. 3 vol. in-4.

BERGÈRE (g^{al}). Note, etc. [7841]. — *Mém. de l'Acad. de Metz*. 1835-36, p. 252.

— Note, etc. [7566]. — *M. rec.*, 1842-43, p. 386.

BERGERIE (J.-B. Rougier, b^{on} de la). Agriculture... considérée dans ses rapports avec celle des Gaules, de la Grèce et de l'Europe [1709]. *Paris*, 1814.

— Histoire de l'agriculture des Gaulois depuis leur origine jusqu'à Jules César, considérée dans ses rapports avec les lois, les cultes, les mœurs et les usages, etc. [1710]. *Paris, Dentu*, 1829, in-8.

BERGEVIN (L.) et DUPRÉ (A.). Histoire

de Blois [6734]. *Blois, Dezairs*, 1846-1847, 2 vol.

BERGIER (Nicolas). Histoire des grands chemins de l'Empire romain, où se voit l'éclaircissement de l'itinéraire d'Antonin et de la carte de Peutinger [1232]. *Paris, Ch. Morel*, 1622, 2 vol. in-4; —2e éd. avec ce titre : Histoire des gr. ch. de l'Emp. rom., contenant l'origine, progrez, étendue quasi incroyable des chemins militaires pavez depuis la v. de Rome jusqu'aux extrémitez de son empire, où se voit la puissance incomparable des Romains. Nouvelle éd. augm. de rem. histor. *Bruxelles, Léonard*, 1728, 2 vol. in-4; 13 fig., cartes, portrait. — 3e éd. (nouveau titre seulement). *Bruxelles*, 1736.

Brunet (*Manuel*) dit, d'après Gouget, que l'éd. de 1728 est due à d'Anville. — Cet ouvrage, traduit en latin, a été inséré dans le *Thesaurus antiquitatum* de Græevius, t. X.

— Le Dessein de l'Histoire des antiq. de Reims, avec diverses curieuses remarques touchant l'établissement des peuples et la fondation des villes de France [7361]. *Reims, Nic.-Constant Bernard*, 1635, in-4.

BERGIER (l'a. Nicolas-Sylvestre) [*Ms.*]. Diss. où l'on examine quelles étaient les villes principales de la province Sequanoise, et quelle était leur situation [4023].

« Cette diss. est dans les registres de l'Acad. de Besançon, dont elle mérita le prix en 1754. (*Biblioth. hist.*, t. I, n° 344.) — Cp. l'art. JOLY (le p. Romain.—) et, au Catalogue méthodique, le n° 4021.

BERGMANN (F.-G.). Les Gètes, etc. [10689]. *Strasbourg*, 1859.

BERGMAN (l'a.). Notice, etc. [7870]. *Bull. de la Soc. d'archéol.* etc. *de la Moselle*, t. V, 1862.

BERLANGA (Manuel-Rodriguez de). Estudios, etc. [10635]. *Malaga*, 1853; 216 p. à 2 col.

Deux tables de bronze datant de 82 ou 83 après J.-C., trouvées près de Malaga en octobre 1851. 1re table : fragment de la loi municipale de Malaga. — 2e : fragment de la loi mun. de Salpensa.

BERLIER (C.-Théophile). Précis historique de l'ancienne Gaule ou Recherches sur l'État des Gaules avant les conquêtes de Jules César [342]. *Paris, Parmentier*, 1822, et *Bruxelles, Hayer*, 1822.

« C'est une introduction à la trad. des Comment. de César, du même. » (QUÉRARD, *Fr. litt.*) — Voir CÉSAR (Jules) et le n° 420.

— Histoire de la Gaule sous la domination romaine [nouv. add., n° 420 *a*]. *Bruxelles*, 1822. — 2e éd. *Paris, Legrand et Bergonnioux*, 1835.

BERLIER fils. Réfutation de l'opinion qui tendrait à placer l'ancienne Alesia de César près la ville d'Alais, dans le dépt du Gard [2480]. — *Mém. de la Comm. des antiq. de la Côte-d'Or*, t. 1, 1838-41, in-4, p. 213-230.

BERLINGHIERI (Léopold-Vacca). Examen, etc. [2472]. *Lucques*, 1812.

BERMUDER (Cean). Sumario, etc. [10603]. *Madrid*, 1832, in-fol.

BERNADAU (P.). Antiq. bordelaises, etc. [6263]. *Bordeaux, Moreau*, 1797; 408 p. — Autre édition. *Ibid.*, 1807; fig.

— Histoire de Bordeaux, depuis l'année 1675 jusqu'à 1836 [6305]. *Bordeaux, Balarac*, 1837. — 2e éd. *Bordeaux, Castillon*, 1839.

— Le Viographe bordelais, etc. [6273] *Bordeaux, Guzay*, 1844; 383 p.

BERNARD (P.). Annales de Calais, etc. [8203]. *St-Omer*, 1715, in-4.

Cp. le n° 2851 (le Portus Iccius placé à Calais).

BERNARD (D.). De Statu mortuorum ex mente veterum Druidum, ad Lucani lib. I, v. CCCCIV. seq. etc. [614]. 1732, p. in-4.

BERNARD (J.). Recueil, etc. [9244]. *Paris*, 1830, in-4; 20 pl.

BERNARD. Annonce, etc. [6689]. — *C. r. de l'Acad. des Sc.*, t. 1, 1835, in-4, p. 110.

BERNARD aîné (Michel). Liste des monts ou restes de monts gallo-rom., etc. [6787]. — *Congrès sc.*, XXIXe session tenue à St-Étienne en 1862, t. II, 1865, p. 20-31.

Texte de 4 inscriptions latines.

BERNARD jeune (Auguste). Histoire du Forez [3517]. *Montbrison*, 1835-1836; 2 vol.

— * Biographie et bibliographie foréziennes, recueillies par l'auteur de l'histoire du Forez [3518]. Impr. de *Bernard aîné, à Montbrison*. 1836.

— Mémoire, etc. [3640]. — *Mém. de la Soc. des ant. de Fr.*, 2e s., t. VIII, 1846, p. 321; 1 carte.

— Lettre à M. le rédacteur du *Mercure*

Sébusien, au sujet du nom de Ségusiave, etc. [nouv. add. 4008 *a*]. *Paris*, 5 mars 1847 ; 5 p.

— Mémoire, etc. [8569]. — *Rev. archéol.*, t. IV, 1847, p. 577.

— Notice, etc. [6805]. — *Mém. de la Soc. des ant. de Fr.*, 2e s., t. IX, 1849, p. 165.

— Cartulaire de l'abbaye de Savigny suivi du petit cartulaire de l'abbaye d'Ainay [1120, 3641]. *Paris, Impr. imp.*, *libr. F. Didot*, 1853. 2 vol. in-4.

Dans la collection des Documents inédits de l'hist. de France. — Voir t. I l'*Introduction*, puis t. II, p. 1069, la *Nomenclature des subdivisions territoriales des diocèses de Lyon et de Mâcon et pays circonvoisins, etc.*, et le Dictionnaire géographique.

— Histoire de la ville de Charlieu. Addition au livre de M. Desevelinges portant le même titre [67947]. *Lyon*, 1857. Pièce.

— Lettre, etc. [3985 *b*]. — *Rev. archéol.*, t. XIV, 1857, p. 494-499.

Relevé de plusieurs inscr. portant CEVTRONES et non CENTRONES.

— Note, etc. [6802]. — *Jal de Montbrison*, 9 août 1857 (t. à p.), puis *Rev. du Lyonnais*, 2e s., t. XV, 1857, p. 234-237.

— Description du pays des Ségusiaves pour servir d'introduction à l'histoire du Lyonnais [4010, 8531]. *Paris, Dumoulin*, 1858 ; 5 pl. — Supplément. *Lyon*, 1859.

Médaille au concours des antiq. de la Fr. en 1859. — Voir ALLMER (n° 4009) et l'abbé ROUX (n° 4011).

— Réponse, etc. [4011 *a*]. — *Rev. du Lyonnais*, 2e s., t. XVIII, février et mars 1859.

— * Lettre à M. Vingtrinier, etc. [4013]. 13 avril 1859. — *M. vol.* — T. à p.

— Réponse à la réplique de M. Roux, etc. [4012]. *Paris*, 1859. Pièce.

— Inscriptions antiques d'Aix-les-Bains [3938]. — *Rev. savoisienne*, IIIe an., 1862, p. 31.

— Notice, etc. [8572]. — *Rev. archéol.*, 2e s., t. V, 1862, p. 319-322.

— La Gaule, gouvernement représentatif sous les Romains [818]. — *Rev. archéol.*, 2e s., t. IX, 1864, p. 1.

— Le temple d'Auguste, etc. [8576]. *Lyon, Scheuring*, 1864, in-4 ; XVI, 172 p. ; 12 pl.

C. r. par A. de BARTHÉLEMY (voir le n° 8577).

— Un peuple inconnu de la Gaule narbonnaise [3997 *a*]. — *Bull. de la Soc. des ant. de Fr.*, 1865. — Reproduit dans la *Revue savoisienne*, VIIe an. 1866.

— Notes sur un peuple gaulois inconnu mentionné par Cicéron [3997 *b*]. — *Revue du Lyonnais*, 3e s., t. III, 1867, p. 93-106.

Les « Sebusiani » de Cicéron (*Pro P. Quintio*, § 25) assimilés aux Savoisiens.

— Une famille ségusiave, etc. [6783]. — *M. rec.*, n. s., t. V, 1868, p. 93-103.

BERNARD (l'a.). Notice sur la main de bronze, etc. [6827]. — *Congrès sc.*, XXIIe session tenue au Puy en 1855, t. II, 1856, p. 665-671.

BERNARD (l'a. E.). Les origines, etc. St-Denis de Paris [9044]. *Paris, Jouby et Roger*, 1870 ; grav.

BERNEGGER (**Matthias**). Ex C. Cornelii Taciti *Germania* et *Agricola*, quæstiones miscellaneæ [10250, 10699, 10700]. *Argentorati, Jo. Freisheim*, 1640, p. in-8.

Autres éditions : *Soræ*, 1646, et *Argentor.*, 1648, sous ce titre : « In Tacitum de moribus Germanorum. » (Indications non confirmées par Fabricius, Biblioth. lat. éd. Ernesti, t. II, p. 393.)

BERNHARDT (**Théodore**). Geschichte Roms von Valerian bis zu Diokletians Tode (253-313 a. Chr.) [103].

Ite Abtheilung (unique ?) : Politische Geschichte von Val. bis zu Diocletians Regierungsantritt (253-284 a. Chr.). *Berlin*, 1867. XIV, 318 p.

BERNIER (**J.**). Histoire de Blois, contenant les antiq. et singularités du comté de Blois, les éloges de ses comtes et les vies des h. illustres, avec les noms et les armoiries des familles nobles [6732]. *Paris*, 1682, in-4.

BERNOVILLE (**Hennet de**). Mélanges, etc. [4740]. *Paris*, impr. *Lainé*, 1863, gr. in-8.

BERRIAT (**Hugues**). Thermes de Grenoble [6600]. *Grenoble*, 1850. Pièce in-fol.

BERRIAT-SAINT-PRIX (**Jacques**). Rapport, etc. [6628]. — *Mém. de la Soc. des ant. de Fr.*, t. VIII, 1829, p. 291.

BERRY. Études historiques, etc. [2109]. *Paris ; Bourges*, 1852 ; 67 p. ; 2 pl.

— Topographie, etc. [5288]. *Bourges*, 1856.

— Rapport, etc. [5260].

— Description, etc. [5292]. 16 p., 19 pl. — *Mém. de la Comm. histor. du Cher*, t. I, 1857, p. 129-144.

— Rapport sur la découverte d'une villa gallo-romaine commune de Fussy, près Bourges [5299]. — *Bull. du Com. d'hist. etc. du dioc. de Bourges*, 4e trim. 1868.

— Voir Jules DUMOUTET et BERRY.

BERTAUD ou Berthault (Léonard) et CUSSET (Pierre). * L'illustre Orbandale, ou l'histoire, etc., enrichie de plusieurs rech. curieuses et divisée en éloges [8801]. Impr. à *Lyon* et se vend à *Chalon-sur-Saône*, chez *P. Cusset*, 1662, 2 vol. in-4; fig.

BERTHAULT (le p. Pierre). P. Berthaldi De ara liber singularis [nouv. add. 1554 *a*]. *Nametis, Dorion*, 1636, in-12.

Détails sur divers autels gallo-romains.

— Florus gallicus, sive rerum a veteribus Gallis bello gestarum epitome, in IV libellos distincta [271 *a*]. *Paris, Cl. Thiboust*, 1632, in-32. — Ouvrage suivi de : Florus francicus, etc. — — Autres éditions : *Id.*, 1640 ; — *Id.*, 1647 ; — *Cologne*, 1651, puis 1659 ; — *Paris*, 1660 ; — *Lyon*, 1671.

Cp. *Biblioth. histor.*, t. I, n° 3863, qui mentionne aussi, mais sous réserves, « le Florus gaulois », etc. *Paris*, 1631, in-12 ; — 2e éd. *Id.*, 1646, in-12. Ce doit être une traduction du « Florus gallicus » par LAMY.

BERTHIER. Analyse de la poterie de Gergovia [2731 *a*]. — *Ann. sc.* etc. *de l'Auvergne*, t. I, 1828, p. 357.

BERTHOUD (Samuel-Henry). L'Homme depuis cinq mille ans [1422]. *Paris, Garnier*, s. d. (1865). Gr. in-8 ; 546 p. — Autres éditions.

Voir notamment les chap. III-VI.

BERTIN (Amédée) et MAUPELLÉ (Léon). Notice historique, etc. [6438]. *Rennes*, 1846.

BERTIUS (P.). — Voir P. BERTZ.

BERTRAM (Charles). Britannicarum gentium historiæ antiquæ scriptores tres : Ricardus Corinensis, Gildas Badonicus, Nennius Bancharensis ; recensuit, notisque et indice auxit. Car. Bertramus [10246]. *Hauniæ*, 1757 ; 1 carte.

BERTRAND. Dissertation, etc. [6452]. — *Mém. de l'Acad. celtique*, t. I, 1807, p. 277.

BERTRAND (dr Michel). Recherches sur les propriétés physiques chimiques et médicinales des eaux du Mont-d'Or [8284]. *Paris*, 1810 ; XXXI, 354 p., 2 pl. représentant des antiquités. — 2e éd. considt augmentée. *Clermont-Ferrand*, 1823 ; XXXVI, 505 p. ; 4 pl.

— Mém. sur l'établissement thermal du Mont-d'Or et les antiq. que l'on vient d'y découvrir, lu à la Société d'encouragement des belles-lettres, sciences et arts de Clermont-Ferrand, dans sa séance du 12 novembre 1819, et imprimé par son ordre et à ses frais [8285]. *Clermont-Ferrand*, 1819.

— Note, etc. [8287]. *Clermont*, 9 juin 1844.

— Note sur l'orthographe, etc. [8288]. — *Ann. sc.* etc. *de l'Auvergne*, t. XVIII, 1845, p. 354.

BERTRAND (P.-J.-B.). Précis de l'histoire physique, civile et politique de la v. de Boulogne-sur-Mer et de ses environs, depuis les Romains jusqu'en 1814 ; suivi de la topographie médicale, etc. [8190]. *Boulogne*, 1828, 1829, 2 vol. ; grav. et cartes.

BERTRAND (Alfred). Lettres et notices, etc. [3285].

« Articles divers publiés de 1853 à 1865 dans le *Bull. de la Soc. d'émulation de l'Allier*, et formant environ 60 p. » (Note émanant de l'auteur.)

— Exploration, etc. [4482]. — *M. rec.*, t. IX, 1865, p. 301-359 ; 1 carte.

— Réponse sur l'article 3 de la IVe section du programme : « La portion de la Gaule, etc. [1765]. — *Assises scientif. du Bourbonnais*, 1re session tenue à Moulins en novembre 1866. *Moulins*, 1867.

— Découverte d'un camp antique, etc. [4518]. — *Bull. de la Soc. d'émul. de l'Allier*, t. XI, 1870, p. 317-324.

BERTRAND (Alexandre). Les Tombelles d'Auvenay [5397]. — *Rev. archéol.*, 2e s., t. III, 1861, p. 1.

— Les musées et les collections archéologiques. I. Namur [10563]. — *M. rec.*, t. IV, 1861, p. 81.

— Les musées, etc. II. Besançon [5651]. *M. vol.*, p. 377.

— Les monuments primitifs de la Gaule, etc. [1527]. — *M. rec.*, t. VII, 1863, p. 217.

— Un mot, etc. [1250]. — *M. vol.*, p. 344-349.

— Les voies rom. en Gaule. Voies des itinéraires. Résumé du travail de la Comm. de la topogr. des Gaules [1249]. — *M. rec.*, 2e s., t. VII, p. 406; t. VIII, p. 62. — T. à p. *Paris, Didier*, 1863.

— Fouilles du Châtelier près Avranches [7262]. — *M. rec.*, t. VIII, p. 422-426.

[A propos des fouilles exécutées par Le Héricher.]

— Les anciennes populations de la Gaule. Résumé du travail, etc. [394]. — *M. rec.*, t. IX, 1864, p. 323 et 404.

— De la distribution des dolmens, etc. [1528]. — *M. rec.*, t. X, 1864, p. 144.

— Collier en coquillages découvert à Vignely (Seine-et-Marne) [nouv. add. 9250 *a*]. — *M. rec.*, t. XIII, 1866, p. 285.

— * Projet, etc. [2157]. *M. rec.*, t. XV, 1867, p. 300.

Voir aussi *M. rec.*, t. XIII, 1866, p. 59 et 180.

— * Céramique gauloise [7328]. — *M. rec.*, t. XVII, 1868, p. 93; 1 pl.

— Inscription du Sud-Est de la Gaule [nouv. add. 4047 *a*]. — *M. rec.*, t. XIX, 1869, p. 301.

Voir l'ouvrage d'Al. Bertrand intitulé : *Archéologie celtique et gauloise*, mémoires et documents relatifs aux premiers temps de notre histoire nationale. *Paris, Didier*, 1876.

BERTRAND (Jean). Médailles romaines trouvées à Marolles [7355]. — *Rec. de la Soc. des sc. et arts de Vitry-le-François* (t. I), 1867, p. 123-124.

— Médailles diverses, etc. [7410]. — *M. vol.*, p. 125-126.

— Not. sur les pierres sigillaires d'oculistes rom. [7412]. — *M. rec.*, t. II, 1868, p. 43-48.

Sur 2 pierres trouvées à Reims.

— Rapport sur les fouilles faites à Heilz-l'Évêque [7350]. — *M. vol.*, p. 66-72.

Vestiges d'habitation gallo-rom.

BERTRAND-LACHÊNÉE. Not. sur la galerie couverte, etc. [7260]. — *Mém. de la Soc. acad. de Cherbourg*, 1861, p. 92-94.

BERTRAND-MOLLEVILLE. — Voir Molleville (Mis Ant. F. Bertrand de).

BERTRANDI (Nicolas ou Nicholes). Opus de Tholosanorum gestis ab urbe condita, etc. [6136]. *Tholosæ*, impr. industria mag. *Johannis Magni Johannis.* 1515, p. in-fol. 96 ff. — Les gestes des Tholosains et d'autres nations de l'environ, premièrement écrits en langaige latin, et après translatés en françoys. *Lyon*, impr. *Olivier Arnollet; Toulouse, Anth. Leblanc.* 1517, gr. in-4, 58 ff. — Autre édition revue et augmentée de plusieurs histoires. *Tolose, Jacq. Colomiès*, 1555, in-fol.

BERTRANDY. Première lettre sur Uxellodunum, adressée à M. Lacabane, directeur de l'École des Chartes. [2964] *Cahors*, impr. *Layton*, 1865, 31 p. — 2e lettre, etc. *Id.*, m. d.; 37 p. — 3e lettre, etc. *Id.* (m. d.?); 48 p.

C. r. par Léonce Couture, *Revue de Gascogne*, t. VII, 1866, p. 140.

BERTZ (P.) (Bertius). Tabularum geographicarum contractarum libri VII [953]. *Amsterdam*, s. d. (1617).

Cartes de la Gaule et de l'Europe avec texte.

— Theatrum geographiæ veteris [1196]. *Antverpiæ*, 1618. In-4.

BERTY (Ad.). Vocabulaire archéologique, etc. [1307]. *Oxford, Parker*, 1853. Pièce.

BERTY (Ad.) et LACOUR (L.). Annuaire de l'archéologue, etc. [1321]. 1re année (unique). *Paris, Cl. Meugnot*, et *Aug. Aubry*, 1862. In-8.

BESCHERELLE aîné (Louis-Nicolas), DEVARS (G.) et collaborateurs anonymes. Grand dictionnaire de géographie, etc. [1122]. *Paris*, 1856-1858, 4 vol. in-4. — 2e éd. *Id.*, *Courcier*, 1865. — Supplément. *Id.*, *ibid.*, 1869.

BESONGNET. Note sur des antiquités trouvées à Vieux [5124]. — *Mém. de la Soc. des ant. de Normandie*, t. VI, 1831-33, p. 683.

— Note sur diverses découvertes faites à Vieux [5224]. — *M. rec.*, t. X, 1836 (1837), p. 683.

BESSÉ (Guillaume). (Titre rectifié :) Histoire des comtes de Carcassonne [4747]. *Béziers*, 1645, 1660. In-4.

« Ouvrage rempli de fables. » (Lud. Lalanne, *Dictionn. hist. de la France*, art. Bessé.)

BESSEL (Wilhelm). Ueber Pytheas, etc. [897, 10732]. *Göttingen*, 1858.

BESSON (l'a. Louis). — Voir Gatin et Besson (abbés).

BESSY-JOURNET (Félix). Notices, etc.

[8813]. — *Mém. de la Soc. d'hist.* etc. *de Chalon-s.-S.*, t. I, 1846, p. 253-280; 2 pl.

BETHAM (**William**). The Gaels, and Cimbri, or an inquiry on the Irish Scoti, Britons, etc. [10290]. *Dublin*, 1834.

— Etruria Celtica, Etruscan literature and antiquities investigated, or the language of the ancient and illustrious people compared with the Ibero-celtic and both shewen to be phœnician [10944]. *Dublin*, 1842. 2 vol. gr. in-8; pl.

BEUCHOT (**Adrien-Jean-Quentin**). Bibliographie de la France ou Journal général de l'imprimerie et de la librairie [174]. *Paris*, 1811-1847.

Se continue (depuis 1848) sous la direction du Cercle de la librairie.

BEUGHEM (**Cornelius a**). Bibliographia historica, chronologica et geographica novissima perpetuo continuata, sive conspectus primus catalogi librorum hist., chronol. et geographicorum... quotquot... ab anno 1651, per universam Europam in quavis lingua aut novi aut emendatiores... typis prodierunt [154]. *Amsterdam, Jansson* et *Wæsberg*, 1685, pet. in-12.

BEUGNOT (**v**te **Arthur**). Histoire, etc. [730]. *Paris, F. Didot*, 1835, 2 vol.

Couronné par l'Acad. des Inscr. en 1832.

BEURRIER (**Paul**). La Vie de Ste Geneviève [9067]. *Paris*, 1641-42.

BEUZELIN (**E.-Grille de**). Notes, etc. [9254]. — *Bull. mon.*, t. I, 1834.

— Rapport, etc. [7518]. *Paris*, 1837, in-4. — Statistique montale. Arrts de Toul et de Nancy, livr. 1-3, contenant 38 cartes, plans et dessins. In-fol.

— Mémoire sur les ant. de Poitiers [9898]. — *Mém. de la Soc. des ant. de Fr.*, 2e s., t. III, 1837, p. 421.

BÉVY (**de**). Histoire de la noblesse héréditaire et successive des Gaulois et autres peuples de l'Europe [848]. *Liége, Dumoulin*, 1791, gr. in-4.

BEXON (**l'a.**). Histoire de Lorraine [3625]. *Paris* et *Nancy*, 1777, t. I (unique).

BEZIERS. Lettre à M. l'abbé Lebeuf, etc. [5061]. — *Jal de Verdun*, 1760, août, p. 123-133.

Conclusions : La capitale des Viducassiens était Aragenne (ou Bayeux). Augustodurum (Vieux) ne fut d'abord qu'une station ou un camp des Romains.

— Lettre à l'auteur du Jal de Verdun (l'abbé Lebeuf?), etc. [5025]. — (*Jal de Verdun*, 1761, avril, p. 281-287.)

Même sujet.

BIAIS-LANGOUMOIS (**Émile**). Note, etc. [5161]. — *Bull. de la Soc. archéol. et histor. de la Charente*, 4e s., t. VI, 1868-69 (1870), p. 483-496; 8 pl.

BIAL (**Paul**). * Uxellodunum [2954]. — *Mém. de la Soc. d'émul. du Doubs*, 3e s., t. III. — T. à p. *Besançon*, 1859; 37 p.; 4 pl.

— Note, etc. [2954]. — *M. rec.*, t. IV. 1860; 2 p. — T. à p.

— La vérité sur Alise Ste-Reine. Lettre à M. A. Delacroix [2529]. *Paris, Garnier*, 1861; 44 p.; 3 pl.

— Chemins, habitations, etc. [1155]. — *Mém. de la Soc. d'émul. du Doubs*, 3e s., t. VII, 1862 (1864). — T. à p. *Besançon*, 1864; 288 p.; 5 pl.

Note de l'auteur fournie en 1870 : « Les 2e et 3e vol. sont sous presse. » (Non publiés ?)

— Histoire de la civilisation celtique* [874]. *Paris, Franck*, 1865. In-4, 1 pl. chromolith.

« Parait par livraisons. Toutes celles du 1er volume sont sous presse (1870). Il y aura 2 volumes » (note de l'auteur). La livr. I est la seule mentionnée par Lorentz.

— Forges antiques dans le Jura [6660]. — *Mém. de la Soc. d'émul. du Doubs*, 4e s., t. II, 1866 (1867), p. 441-450.

— Formes et dimensions, etc. [1838]. — *M. vol.*; 4 p. — T. à p. *Besançon*, 1868.

BIANCHINI (**François**). — La historia universale, etc. [1558]. *Roma*, 1697, in-4.

BIANCONI (**Jean-Louis**). Descrizione, etc., opera postuma, ordinata e pubblicata dal architetto Angiolo Uggeri, con note da Carlo Fea, e con versione francese [1568]. *Roma, Pogliarini*, 1789, in-fol.; 20 pl. — Autre éd. dans les œuvres complètes. *Milan*, 1802. 4 vol.

BIDASSOUET (**l'a. d'Iharce de**). Histoire des Cantabres, etc., avec celle des Basques, leurs descendants directs qui existent encore et leur langue asiatique-basque traduite et réduite aux principes de la langue française [3211]. T. I (unique). *Paris, Didot*, 1825.

BIDDEL-AIRY (**G.**). Sur le lieu d'où Jules

César partit, etc., et l'endroit de son débarquement en Bretagne, trad. par J. GARNIER, du 34e vol. de la *Soc. des antiquaires de Londres* [2872]. — *Bull. de la Soc. des ant. de Picardie*, 1860; 18 p. en petit texte.

BIE (Jacques de). Imperatorum romanorum numismata œrea a J. Cæsare ad Heraclium, continua serie collecta et ex archetypis expressa [2072]. *Anvers*, 1615, in-4; 64 pl. — Autre édition : *Berlin*, 1705, in-4; 64 pl.

— Imperatorum rom. a Jul. Cæsare ad Heraclium usque numismata-aurea; acced. Ludol. SMIDS romanorum impp. pinacotheca : Sigeb. HAVERCAMPUS recensuit et auxit [92]. *Amstelodami*, 1738, in-4; fig.

Voir BRUNET, *Manuel*, 5e éd. T. I, col. 939.

BIET (René), abbé de St-Léger. Dissertation sur le Soissonnois et sur la véritable époque de l'établissement fixe des Francs dans les Gaules, sur la vérité ou la fausseté de l'expulsion de Childéric, et sur le lieu où s'est donnée la fameuse bataille de Soissons [272, 4241]. *Paris*, 1736, in-12.

BIGNE-VILLENEUVE (P. de la). Promenade archéol. dans l'ancien Rennes [6454].—*Bull. et mém. de la Soc. archéol. d'Ille-et-Vilaine*, 1868, p. 101-140.

BILLAUDEL (Jean-Baptiste-Basile de). Not. sur un aqueduc antique sur la grande route de Bordeaux à Langon [6272]. — *Mém. de la Soc. des ant. de Fr.*, t. VIII, 1829, p. 297.

Rapport au préfet de la Gironde transmis à la Soc. des ant. de Fr.

BILLY (E. de). Essai sur les noms de lieu, etc. [6945]. — *Mém. de la Soc. des Sc.* etc. *d'Orléans*, t. IV, 1842, p. 5-35. — T. à p. *Orléans*, 1842.

Rapport par Colas de la Noue, *m. vol.*, p. 35.

BIMBENET (Eugène). Épiscopat de saint Euverte, etc. [6943]. *Orléans*, 1861.

— Origine et sens du mot Orléans [6975]. — *Mém. de la Soc. d'agr., sc.* etc. *d'Orléans*, 2e s., t. VIII, 1866, p. 5-27.

Rapport par F. DUPUIS, *m. vol.*, p. 27.

— Genabum, etc. [2717]. — *M. r.*, m. s., t. IX, 1866, p. 291-329.

— Rech. philolog. sur le sens de la double dénomination de *Gen-ab* et d'*Aurelia*, donnée dans l'antiquité gaëlique à la ville d'Orléans, et sur la dénomination de *Gienus* ou *Giennum*, donnée à la ville de Gien à la même époque [6976]. — *M. rec.*, m. s., t. XI, 1868, p. 234-271.

BINET (Jean). [*Ms.*] Dialogue, etc. — Trois dialogues, etc. [7033].

Mentionnés dans la *Biblioth. hist.*, t. III, nos 35624 et 35625.

BINOT. [*Ms.?*] Dissertation, etc. [8176].

Lu en 1748 devant l'ancienne Acad. d'Arras.

BINS DE SAINT-VICTOR (et Tourlet). Tableau hist. et pitt. de Paris, depuis les Gaulois jusqu'à nos jours [9027]. *Paris, Nicolle*, 1808-12. 3 vol. in-4, nombr. grav. à l'aqualinta. — 2e éd. *Id.*, *ibid.*, 1822-1827, 3 vol. in-8 avec atlas in-fo.

« La 1re éd. est anonyme. M. Tourlet et autres littérat. ont eu part à cet ouvrage. » QUÉRARD, *Fr. litt.*

BIOT (Édouard). Mémoire, etc. [1519]. Note supplémentaire. — *Mém. de la Soc. des ant. de Fr.*, 1849, t. IX, p. 1 et suiv.; p. 390 et suiv. — T. à p. *Paris*, 1847.

BIRCH (S.). On the reading, etc. [1996]. *Archæological journal*, mars 1847, 2 vign. — T. à p.

C. r. par L. DE LA SAUSSAYE. (*Rev. num.* 2e s., t. IX, 1850, p. 352.)

BIRÉ (Pierre), seigneur de la DOUCINIÈRE. Épisémasie, etc. [6444, 6889]. 1637, in-4. — Nouv. éd. 1850, in-4.

BISCHOFF (Éd.). Inscription, etc. [6225]. — *Rev. de Gascogne*, t. VI, 1865; 9 p.; planches.

— Monuments, etc. Réponse à M. Canéto [6207]. — *M. vol.*, 1865, 8 p.; planches.

BITTER. Bonn, etc. Urkundenbuch des römischen Bonn [11009]. *Bonn*, 1868, in-4; 1 pl.; vignettes.

BIZEUL (Louis-Jacques-Marie). De l'ancienne Segora [2934 *a*]. — *Le Breton*, 24 fév. 1822.

— Sur un dépôt d'armes antiques, etc. [1846, 6931]. — *Ann. de la Soc. acad. de Nantes*, an. 1833; p. 334-405; 24 pl.

— Voies rom. de Nantes à Angers, etc. [6893]. — *M. rec.*, 1837, p. 135-167.

— Voie rom. de Rennes vers le mont St-Michel [6449]. — *M. rec.*, 1840, p. 140-169. — T. à p.

— Rapport sur les voies rom. de l'Anjou [3054 *a*]. — *Procès-verbal de la Soc. franç. d'archéologie*, 1841.

— Mém. sur les voies rom. de la Bretagne, etc. [3328, 7648]. — *Annuaire du Morbihan*, 1841, in-18, p. 115-260, et 1842, p. 127-148; puis *Bull. mon.*, t. IX, 1843, p. 5 et 201. — T. à p. *Caen*, 1843.

— De qq. voies rom. du Poitou se dirigeant sur la Bretagne et l'Anjou [3857]. *Ann. de la Soc. acad. de Nantes*, 1843, p. 448-470. — T. à p. *Nantes*, 1844.

— Mémoire, etc. [7288]. — *Mém. de la Soc. des Ant. de Fr.*, 2e s., t. VII, 1844, p. 349-377.

— Des voies rom. sortant de Blain. Voies de Blain à Nantes [6917]. — *Ann. de la Soc. acad. de Nantes*, 1844. — T. à p. *Nantes*, 1845.

— Voie rom. de Nantes vers Limoges, etc. [6894]. — *M. vol.*, p. 258-308.

— Notice, etc. sur qq. pièces portant des fig. gravées [6934]. — *Mém. de la Soc. des ant. de Fr.*, 2e s., t. VIII, 1846, p. 274.

— Voie rom. de Blain vers Angers [6918]. — *Ann. de la Soc. acad. de Nantes*, 1846. — T. à p.

— Voie rom. de Blain vers Châteaubriant et le Bas-Maine [6919]. — *M. rec.*, 1847. — T. à p.

— Voie rom. de Rennes vers Avranches [6450]. — *M. rec.*, 1848, p. 16 et 156.

— Recherches, etc. [5521 *a*]. Notice présentée au Congrès scientif. de Rennes. 1849; 12 p.

— Explication, etc. [3105 *a*]. — *Congrès scientif.*, XVIe session tenue à Rennes en 1844; 1 carte. (Publié en 1849.)

— Aperçu général sur l'étude des voies romaines [en Bretagne] [3328]. — *Bull. archéol. de l'Assoc. bretonne*, t. I, 2e p. 1849, p. 3-8.

— Explication, etc. [3331 *a*]. Réponse à la 17e question du Congrès scientif., XVIe session. *Rennes*, 1849, in-8; 18 p.; 1 carte.

— Voies rom. sortant de Carhaix : 1° Voie de Carhaix à Castennec (Congrès de Nantes, 1845); 2° Voie de Carhaix à Corseul (Congrès de Morlaix, 1850) [5898]. — *Bull. de l'Association bretonne*, 1° t. I (1849), 2e p., p. 9-40; 2° t. III (1851), p. 3-67.

— Voies rom. du dépt du Finistère (Congrès de Quimper, 1847) [5883 *a*]. — *M. rec.*, t. I, 2e p., p. 260-262.

— Des Nannètes et de leur ancienne capitale [3693 *a*]. — *Ann. de la Soc. acad. de Nantes*, 1851, p. 32-70.

— La cité d'Alet et les Curiosolites [3449]. — *Bull. archéol. de l'Assoc. bret.*, t. IV, 1853, p. 39-76.

Mention hon. au concours des ant. nat.

— Les Osismii [3791]. — *M. vol.*, p. 107-160. — T. à p.

— Voie rom. de Poitiers à Nantes; de l'établissement rom. de Faye-l'Abbesse; de Segora; de la Ségourie [9897]. — *Rev. des prov. de l'Ouest*, t. I, 1853; 14 p.

— Des murailles rom. du château de Brest [5896]. — *Bull. archéol. de l'Assoc. bretonne*, t. V, 1854; 32 p. — T. à p.

— Des Namnètes aux époques celtique et romaine [3699]. 1re partie (voir ci-dessus, sous la date de 1853). — 2e partie. Époque rom. — *Bull. de la Soc. archéol. de Nantes*, t. I, 1859-1862 (6 articles). — 3e partie. — *Ann. de la Soc. acad. de Nantes*, t. XXXI, 1860. — T. à p. *Nantes, Guéraud*, 1862; 338 p.; 3 pl.

— Des Curiosolites, etc. des diverses antiq. de la m. époque trouvées à Corseult, des voies rom. qui en sortent, etc. [3449 *a*]. *Dinan*, 1858; 215 p.

— Des moules monétaires [6906]. — *Bull. de la Soc. archéol. de Nantes*, t. I, an. 1861 (1862), p. 385-394.

— Segora, la Ségourie; Faye-l'Abbesse ou la station Segora [2936 *a*].

Mention dans le *Bull. de la Soc. archéol. de Nantes*, t. I, 1862, p. 499. Cp. ci-dessus le n° 9897, sous la date de 1853.

Voir à titre de renseignements complémentaires, notamment sur les mss. laissés par Bizeul, la not. nécrolog. de P. Levot dans le *Bull. de la Soc. acad. de Brest*, t. III, 1855, p. 261 et suiv.

BLADÉ (Jean-François). — Les Wisigoths, etc. [131]. — *Bull. du Comité d'hist. de la prov. ecclés. d'Auch*, t. I, 1860; II, 1861, et III, 1862 (8 articles).

— Géographie d'Aquitaine [3079]. — *M. rec.*, t. II; 33 p.

— Les Wandales et les Alains, etc. [132]. — *M. rec.*, t. IV, 1863 (5 articles).

— Études sur l'origine des Basques [3225]. *Paris, Franck*, 1869 ; IV, 553 p.

CC. rr. par L. COUTURE (*Rev. de Gascogne*, t. X, 1869, p. 495-525). — Par D'AVEZAC (*Rev. crit. d'hist. et de litt.*, année 1870). — T. à p. intitulé : *Examen critique d'un livre intitulé*, etc. — Par P.-A. BOUDARD, intitulé : *Note sur les Études de M. Bladé concernant l'origine des Basques. Béziers, Benezech*, 1870 ; 17 p.

BLAEU (Guillaume et Jean). Description générale de la France [979]. *Amsterdam*, 1660, in-fol.

BLAINVILLE (de). Sur les ossements fossiles attribués au géant Teutobochus [1356]. — *C. r. de l'Acad. des sc.*, t. IV, 1836, in-4, p. 633. — Cp. le n° 5723.

— Rapport, etc. [8699]. — *M. rec.*, t. VII, 1838, p. 1014.

BLAIR (A.). Travail sur les mon^ts^ de Carnac [7701] (1844 ?).

Mentionné dans la *Rev. de bibliogr. analyt.*, déc. 1844, p. 1145.

BLANC. * Description historique de Metz, etc. [7842]. 2e éd. *Metz*, 1852, in-12.

BLANC (l'a. Th.). Un temple des Druides, etc. [5933]. — *Ann. de philosophie chrétienne*, 5e s., t. VII, 1863, p. 346-360.

A Uzès. — Cp. le n° 6104.

BLANCHETIÈRE. Ant. de Jublains, etc. [7485]. — *Bull. mon.*, t. XXIV, 1858, p. 537.

BLAU. Mémoire, etc. [7529]. — *Mém. de l'Acad. de Stanislas*, 1835 (1836), p. LIII. — Supplément. *M. vol.*, p. 67.

BLAUD (C.). Antiq. de la v. de Beaucaire [6078]. *Beaucaire, chez l'auteur*, 1819, in-4 ; 36 p. ; 16 pl.

BLAVIGNAC (J.-D.). Études sur Genève depuis l'antiquité jusqu'à nos jours [10890]. 2e éd. rev. et augm. *Genève, H. George*, 1872 ; 2 vol.

« La 1re éd. a paru en feuilleton dans le *Courrier de Genève*. » (Lorenz.)

BLEAU. Discours [1575]. — *Séance publ. de la Soc. des sc.* etc. *de Nancy*, 25 août 1803.

BLETTERIE (Jean-Philippe-René de la). Vie de l'empereur Julien avec 2 cartes géographiques dressées pour l'intelligence des événements qui y sont rapportés [104]. *Paris*, 1734, in-12. — Autres éditions. *Amsterdam*, 1735. — *Paris*, 1746, in-12. — *Id.*, 1776, in-12. — Traductions anglaise (1746) et allemande (1752).

BLIN DE BOURDON. Notes sur les fouilles exécutées à [l'ancien village de] Saint-Marc [9628]. — *Mém. de la Soc. des ant. de Picardie*, t. III, 1840, p. 249.

BLOIS (A. de). Des anciennes cités du pays des Occismiens [3792]. — *Rev. de Bretagne et de Vendée*, 1862. — T. à p. *Nantes*, m. d. ; 34 p.

— Découverte, etc. [5898 *a*]. — *Bull. mon.*, t. XXXIV, 1868, p. 898-899.

BLOND. Fouilles des arènes de Senlis en 1865 [8105]. — *C. r. et Mém. du Comité archéol. de Senlis*, t. III, 1865, p. 143-162 ; planches.

BLONDEL (L.). Notice historique, etc. [7283]. — 2e éd. revue et augm. par l'auteur. *Avranches* et *Paris, Lecointe* et *Durey*. 1823, in-12. — Autre édition. *Avranches, v^e^ Tribouillard*. 1834, in-18 ; fig.

BLONDEL (le c^el^). Notice, etc. [1119]. *Paris*, 1853. *Maulde et Renou.*

BLUNDELL (Henry). Engravings and etchings of the principal statues, busts, bass-reliefs, sepulchral monuments, cinerary urns, etc. in the collection of Henry Blundell [10299]. 1809. 2 vol. in-fol.

BOCAGE (Barbié du). — Voir BARBIÉ DU BOCAGE.

BOCHARD (Samuel). De Ant. Gosselini Veteris Galliæ Historia Judicium [274]. *Cadomi, Poisson*, 1638, in-12.

— Geographiæ Sacræ pars prior, Phaleg, seu de dispersione gentium, et terrarum divisione factâ in ædificatione turris Babel ; cum tabula chorographica et duplici indice. *Cadomi*, 1646-1651. In-fol. — Geographiæ Sacræ pars altera, Chanaan, seu de Coloniis Sermone Phœnicum ; cum tabulis chorographicis, etc. *Cadomi*, 1646-1651 [951]. Les deux parties en 1 vol. in-fol. *Francofurti*, 1674, in-4, et dans les Œuvres de Bochard. *Lugduni, Batavorum*, 1692 et 1712, in-fol.

« Bochard s'étend en particulier sur le rapport de quantité de mots gaulois avec la langue phénicienne dans les ch. XLI et XLII du l. I de la seconde partie. » (*Biblioth. histor.*, t. I, n° 3730.)

BOCHAT (Ch.-Guillaume-Loys de). Epistolica dissertatio de loco ubi Lausanna fuit et de nonnullis ad Helvetiæ Romanæ antiquitatis pertinentibus argumentis [10896]. *Lausannæ*, 1741, gr. in-4.

— Mém. critiques pour servir d'éclaircissements sur divers points de l'histoire anc. de la Suisse et sur les mon[ts] d'antiq. qui la concernent [10764]. *Lausanne, Bousquet*, 1747-1749-1751. 3 vol. in-4, avec 1 carte de la Suisse ancienne et des pl.

— Locus, etc. adversùs emendationem à J. C. H. tentatam, defensus et illustratus [10783]. — *Museum Helveticum*, particula XXV, p. 1-45.

Ce rec. doit contenir un autre mém. archéol. de Bochat. —Voir *Biblioth. histor.*, t. I, n° 3888.

BOCQUET (Oscar). Note, etc. [2446]. — *Bull. de l'Institut archéol. liégeois*, t. V, 1863.

BOCQUILLOT (l'a. Lazare-André). * Diss. sur les tombeaux de Quarrée, etc. [10193]. *Paris*, 1713, et *Lyon*, 1724.

Voir *Biblioth. histor.*, t. III, n°s 35988 et 35989.

BODARD DE LA JACOPIÈRE (de). Antiq. des environs de Craon [7476]. — *Mém. de la Soc. acad. de Maine-et-Loire*, t. VII, 1860 (12 p.). — 2e art. *M. rec.*, t. XIII, 1863 (9 p.).

BODIN (J.-F.). Rech. histor., etc. Le Haut Anjou [3052, 7180]. *Saumur*, 1812-1816; 2 vol.; 11 pl. in-fol. oblong. — 2e éd. rev. et considérablement augm., par P. G. (Paul Godet). *Saumur, Godet*, 1845; 2 vol.; 20 pl.

— Recherches histor. sur l'Anjou, etc. [3053, 7185]. *Saumur*, 1821, 1823; 2 vol. — 2e éd. *Angers*, impr. *Cosnier*, 1847, 2 vol. in-12.

Publié d'abord en partie dans les *Mém. de la Soc. des ant. de Fr.*, t. III, 1821, p. 214.

BODIN (l'a. H.). Couteaux et *nuclei* de silex [1412]. — *Mém. de la Soc. archéol. de Touraine*, t. XVII, 1865, p. 167-172.

BODREAU (Jean). (Titre incertain.) Commentaire sur la coutume du Mans. (Posthume.) [3647]. 1645, in-fol.

Voir *Biblioth. histor.*, t. III, n° 35505.

BŒCKH (Auguste), puis **Frantz (Jean)**, **Curtius (Ernest)** et enfin **Kirchhoff (Adolphe)**. Corpus inscriptionum græcarum, auctoritate et impensis Academiæ litterarum regiæ Borussicæ [2176]. *Berolini*, 1825-1858, 4 vol. in-fol.

Voir Engelmann, *Biblioth. script. class.* 7e éd., p. 194, et Hermann (m. titre), p. 62.

BÖCKING (Ed.). Ueber die Notitia dignitatum, etc. [762 *a*]. *Bonn*, 1834.

— Notitia dignitatum et administrationum omnium tam civilium quam militarium in partibus orientis et occidentis, ad codd. mss. monach. rom. paris. ac vindob. editorumq. fidem rec., tabulis ad codd. mss. bibl. reg. palat. monach. depictis, commentariis indiceque illustravit Ed. Bœcking [762]. *Bonnæ, Ad. Marcus*, t. I, 1835; t. II, 1853; 2 vol.

BOÈRE (l'a.). Fragments, etc. (Article sans titre.) [7931]. — *Annuaire-Bull. de la Soc. de l'Hist. de France*, 1863, p. 69-70; 1 pl.

BOGROS (d[r] E.). Histoire de Château-Chinon [7921]. *Château-Chinon, Duteau*, 1865.

— Fouilles faites à Château-Chinon [7922]. — *Bull. de la Soc. nivernaise*, 2e s., t. II, 1867, p. 293-297.

BOILEAU DE MAULAVILLE. — Voir Maulaville.

BOILLEAU (L.). Antiq. découvertes, etc. [6530]. — *Ann. de la Soc. d'agr. sc.* etc. *d'Indre-et-Loire*, an. 1831, p. 289.

— Sur divers objets antiques, etc. [6531]. — *M. rec.*, an. 1840, p. 81. — T. à p. *Tours*, 1840; 3 pl.

— La pile Saint-Mars, etc. [6552]. — *Bull. de la Soc. des ant. de l'Ouest*, 1845; 2 p.

— Not. sur l'aqueduc de Fontenay, près Bléré [6555]. — *Mém. de la Soc. arch. de Touraine*, t. III, 1847, p. 176-181; 1 pl. — T. à p. *Tours*, 1848.

Voir sur cet aq., Chalmel, *Hist. de Touraine*.

— Remarques sur des constructions rom. qui existent près de Tours [6535]. — *Rev. archéol.*, t. X, 1854, p. 570.

— Castellum de Larçay, près de Tours [6556]. — *Mém. de la Soc. archéol. de Touraine*, t. V, 1855, 3 p. — Autre not. portant le même titre. — *M. rec.*, t. XVII, 1865, p. 197-211. — T. à p. *Tours*, 1866.

— De l'âge de pierre dans le Bourbonnais [nouv. add. 3285 *a*]. — *Assises scientif. du Bourbonnais*, 1re session, tenue à Moulins, en nov. 1866 (1867), p. 404-421.

BOILLÈVE (Joseph). Dissertation, etc. [6973]. *Mercure*, juin 1754.

BOINDIN. Discours sur la forme et la construction du théâtre des anciens, où l'on examine la situation, les proportions et les usages de toutes ses parties [1608]. — *Mém. de l'Acad. des Inscr.*, t. I, 1717; in-4, p. 136, 2 pl.

BOIROT-DESSERVIERS. Recherch. histor. et médicales sur les eaux thermales et minérales de Néris [nouv. add. 4507 *a*]. *Paris, Delaunay, Ladvocat* et *Migneret*, 1822.

P. 1-40, détails archéologiques.

BOIS (l'a. **Jean-A. du**). — Voir Du Bois (l'a. Jean-A.).

BOISSAT père (Pierre de). De la prouesse, etc. [2999]. *Vienne* (?), 1602-1603. 2 vol. in-4.

BOISSE (Ad.). Antiquités celtiques, etc. [4795]. — *Mém. de la Soc. des lettres* etc. *de l'Aveyron*, t. X, 1868-73, p. 283-337; 2 cartes.

BOISSEAU (Jean). Topographie française, ou représentation de plusieurs villes, bourgs, châteaux, maisons de plaisance, ruines et vestiges, etc., dessignez par Claude Chastillon, et mise en lumière par J. Boisseau, enlumineur du roy [963]. *Paris, Boisseau*, 1641, in-fol.; 1 carte.

BOISSELET (J.-J.-T.). Les collections numismatiques de Luxeuil [8710]. *Besançon, Jacquin*, 1865; 26 p.

BOISSELIER. Rapport au préfet sur la découverte, etc. (1844) [9279]. — *Mém. de la Soc. des Sc. morales* etc. *de Seine-et-Oise*, t. III, 1853, p. 63-67.

— Rapport au nom de la Comm. chargée de faire des fouilles à Septeuil, c[on] de Houdan [9291]. — *M. vol.*, p. 68-79.

BOISSIER (Gaston). Les derniers travaux, etc. [1324]. — *Revue des Deux-Mondes*, 1er mai 1864. — T. à p. *Paris*, 1864, 39 p.

BOISSIEU (Alphonse de). Taurobole découvert à Lyon, etc. [8624]. — *Rev. du Lyonnais*, t. XXIV, 1846, p. 84.

— Temple votif... existant autrefois dans le voisinage des télégraphes à St-Just-lès-Lyon (8605). — *M. rec.*, t. XXVII, 1848, p. 409 et suiv.

— Inscriptions antiques de Lyon reproduites d'après les monuments ou recueillies dans les auteurs [8647]. *Lyon, L. Perrin*, 1846-1854, in-fol.

Médailles au concours des antiq. nationales en 1850 et en 1851.

— Ainay, son autel, etc. [8600]. *Lyon, Scheuring*, 1865; 141 p.

BOISSON (A.). Une ville inconnue, etc. [5730]. — *Bull. de la Soc. d'archéol.* etc. *de la Drôme*, 1865, p. 188-192.

BOISSONADE (l'a.). Not. sur les mon[ts] de l'époque celtique à Chirac ou dans ses environs [7139, où l'on a imprimé Boisson par erreur]. — *Bull. de la Soc. d'agr.* etc. *de la Lozère*, t. XVI, 1865; 10 p.

— Lettre sur les grottes de Meyrueis [7155]. — *M. rec.*, mars 1867; 3 p.

BOISSONNADE. Note sur un tombeau, etc. [4809]. — *Mém. de la Soc. des lettres* etc. *de l'Aveyron*, t. II, 1840; p. 339.

Voir aussi H. de Barrau, *Inscriptions*, etc. [4793], m. vol., p. 102.

— De la découverte d'un aqueduc romain, etc. [4800]. — *M. rec.*, t. III, 1842, p. 119.

BOISSY D'ANGLAS. Diss. sur une inscr. trouvée dans les Arènes [6036]. *Not. des trav. de l'Acad. du Gard*, 1812-22, 1re partie, p. 302-303.

BOISTHIBAULT (Doublet de). Sur le dolmen de Quincampoix près Chartres [5874]. — *Rev. archéol.*, t. IX, 1853, p. 511.

BOISVILLETTE (de). Not. sur les mon[ts] etc. trouvés à Mienne, près Marboué [5871]. — *Mém. de la Soc. des ant. de Fr.*, 2e s., t. II, 1836, p. 153.

— Notice, etc. [7011]. — *M. rec.*, n. s., t. V, 1840, p. 212.

— Discours, etc. [5839]. — *Bull. de la Soc. archéol. d'Eure-et-Loir*, t. I, 1860, p. 97.

— Découverte d'une mosaïque faite à Montemain par M. Eud. Marcille [5873]. — *M. vol.*, p. 149.

— Notice, etc. [5878]. — *M. vol.*, p. 197.

— Notice, etc. [5847]. — *Mém. de la m. Soc.*, t. II, 1860, p. 196-208; 4 pl.

— Not. sur le vieux château de Fréteval [5863]. — *Procès-verbaux de la m. Soc.*, t. II, 1864, p. 203-207.

— Statistique archéol. d'Eure-et-Loir, publiée par la Société archéol. de ce dép[t] [5833]. T. I, 1864, gr. in-8.

BOITARD (Pierre). Études antédiluviennes, etc. [1391, 9103]. *Paris, Pas-*

sard, 1861, gr. in-8; nombr. planches et cartes gravées.

Publié en 50 livr. — Lorenz et la Bibliographie de la France donnent le seul nom de Boitard; un catalogue de librairie ancienne, le seul nom de Ch. Joubert.

BOITEL (L.). Lyon ancien et moderne, etc. Histoire des monuments [8512]. *Lyon, Boitel*, 1841-43. 2 vol.; planches.

— Album du Lyonnais; villes, bourgs, villages, églises et châteaux du dép[t] du Rhône, sous la direction de L. Boitel, et illustrés par Leymarie [8558]. *Id., ibid.*, 1843-44. 2 vol. gr. in-4; carte; fig.

BOITEL (l'a. **Alexandre-Clément**). Rech. histor. etc. sur Esternay, son château et les c[nes] du canton [7334]. *Châlons*, impr. *Boniez-Lambert*, 1850, in-12; 415 p.

— Histoire du bienheureux Jean, etc. [7360]. *Châlons, Paris*, etc., 1859; in-12; 692 p.

Voir Lorenz, art. Boitel.

— Les Gaulois... dans la Champagne [3436]. — *Mém. lus à la Sorbonne en* 1864 (Hist.), p. 123-133. — T. à p.

— Les Beautés, etc. [3437]. *Châlons*, impr. *Dortu-Deulin*, 1865; *Paris, Putois-Cretté*, 1868; 2 vol. in-12.

BOLLAND (Jean) et **HENSCHEN** (Godefroid), puis **HENSCHEN** seul (t. VI et suiv.). Acta sanctorum, quotquot toto orbe coluntur... collegit, digessit, notis illustravit Jo. Bollandus; operam et studium Godefr. Henschenius, etc. [683]. *Antverpiæ* et *Tongarloæ*, 1643-1794, 54 vol. in-fol. — Réimpression des t. 1 à 42. *Venise*, depuis 1734. — Réimpression sous la direction de Jean Carnandet. *Paris, V. Palmé*, 1863-1869, 54 vol. in-fol. — Continuation, 6 vol. in-fol., 1860-1870. *Id., ibid.* — Supplément : Tables générales des 60 vol. *Id., ibid.*, 1875.

BOLZA (J.-B.). Beitrag, etc. [2328 *a*]. — *Cc. rr. des séances de l'Acad. imp. de Vienne.* — T. à p. *Vienne, Gerold*, 1869, gr. in-8; 10 p.

BOMY (J. de). Recherches curieuses du nom ancien de Brignolles (en Provence) [2690]. *Aix*, 1628.

Voir d'Anville, *Notice de l'anc. Gaule*, p. 327.

— Rapport de l'inscription du mausolée de la v. de St-Remi, et des diverses interprétations de ladite inscr., et de la fondation et appellation de la v. royale de St-Remi [5020]. *Aix, David*, 1633, in-12.

BON et **de BOZE**. Sur une figure du dieu Mercure représenté avec un carquois sur l'épaule (lu en 1737) [584]. — *Mém. de l'Acad. des Inscr.*, t. XII, 1743 (hist.), p. 258; 1 pl.

BONACCORSI (**Phil.**) dit **Callimachus**. — Voir Buonaccorsi.

BONAFOUX. Mon[ts] antiques de Nismes [5976]. 1824; in-8 oblong; fig.

BONAMY (**Pierre-Nicolas**). Remarques, etc. (lues en 1744) [984]. — *Mém. de l'Acad. des Inscr.*, t. XVIII, 1753 (hist.), p. 266-273.

— Mémoire sur l'introduction de la langue latine dans les Gaules sous la domination des Romains [2255]. — *M. rec.*, t. XXIV, 1756, p. 582-602.

— Conjectures, etc. (lu en 1751) [2659, 2898]. — *M. rec.*, t. XXVIII, 1761, p. 463-474.

— Mém. sur les aqueducs de Paris, etc. (lu en 1754) [9119]. — *M. rec.*, t. XXX, 1764, p. 729.

— Observations, etc. [9215]. — *M. rec.*, t. XXXI, 1768, p. 220; 1 carte.

BONAT (**P.**). Notice, etc. [9988]. — *Bull. de la Soc. archéol. du Limousin*, t. XI, p. 35-39, 1 carte.

Rapport sur cette carte par M. Buisson de Mavergnier. — *M. vol.*, p. 39-52.

BONAVENTURE, de Saint-Amable (**le p.**). Histoire de saint Martial, apôtre des Gaules, ou la défense de son apostolat contre les critiques du temps [3578]. *Clermont, Jacquard*, 1676-85. 3 vol. in-fol.

BONAVENTURE, de Sisteron (**le p.**). * Histoire de la v. et principauté d'Orange, par L*** [9779]. *La Haye* (*Avignon*), *Marc Chaves*, 1741, in-4. — Autre édition sous le nom du p. Bonaventure. *Avignon, m. d.*

Le 2e vol. annoncé n'a pas été publié.

BONDONNET (**dom Jean**). Les Vies des évêques du Mans restituées et corrigées; avec plusieurs belles remarques sur la Chronologie, par dom Jean Bondonnet, etc., avec la réponse sommaire à la défense anticipée de l'*Histoire des évêques du Mans* (de Le Courvaisier de Courteilles) [8846]. *Paris, Martin.* 1651, in-4.

Voir *Bibl. histor.*, t. I, n° 10342.

— Réfutation etc. touchant les missions apostoliques dans les Gaules au Ier siècle [687]. *Paris*, 1653, in-4.

Voir *Bibl. histor.*, t. I, n° 3961. Cp. nos nos 686 et 8847.

BONFONS (Nicolas). — Voir CORROZET (Gilles).

— Voir aussi BREUL (Jacques du).

BONIARD. Mémoire, etc. [7941]. *Clamecy*, impr. *Cegretin*, 1842, 16 p., 2 cartes.

BONNAFOUX (J.-F.). Archéologie [5581]. *Mém. de la Soc. des Sc. nat. et d'antiq. de la Creuse*, t. I, 1847 (c. r. de 1842), p. 12; — (c. r. de 1844), p. 66; — (c. r. de 1846), p. 72-108.

— Archéologie, etc. [5542]. — *Mém. de la Soc. des Sc. nat. et d'antiq. de la Creuse*, t. I, 1847 (c. r. de 1843), in-8, p. 27-36.

Voir aussi les nos 5541, 5543, 5552, 5571 et 5584, dont J.-F. BONNAFOUX est l'auteur présumé.

BONNAFOUX (J.-P.). Sépultures gallo-romaines, découvertes dans la cne de Janaillac (Creuse) [5575]. — *Bull. mon.*, t. XXI, an. 1855, p. 493.

BONNAFOUX (J.-L.). Sépultures gallo-rom. de Janaillac [5575]. — *Congrès archéol.*, 32e session tenue à Guéret en 1866, p. 175-177.

BONNARDOT (A.), Parisien. Dissertations, etc. [9118]. *Paris, Dumoulin*, 1852, in-4; 11 pl.

BONNECHOSE (François-Paul-Émile Boisnormand de). Les Quatre Conquêtes de l'Angleterre, son histoire et ses institutions sous les Romains, les Anglo-Saxons, les Danois et les Normands, depuis Jules César jusqu'à la mort de Guillaume le Conquérant [10271]. *Paris, Didier*, 1852, 2 vol. — 2e éd. intitulée : Histoire d'Angleterre depuis les temps les plus reculés. *Id., ibid.*, 1857-1859. 4 vol.

— Calvados pittoresque. — Voir MANCEL (G.).

BONNEFIN (D.). Diss. sur le monument celtique dit Castel-Raffal, etc. [5917]. — *Mém. de la Soc. archéol. des Côtes-du-Nord*, t. III, 1re livr. 1857; 17 p.

BONNEFOY (J.-François de). Réponse, etc... avec une apologie pour la mission du glorieux saint Martial [3577]. *Paris, Lapierre*, 1668, in-4.

BONNEFOY (Louis de). Épigraphie roussillonnaise [3945]. — *Soc. agr. etc. des Pyrénées-Orientales*, t. X, XI et XII, 1855-1859. — Suite. *M. rec.*, t. XVIII, 1868.

BONNÉLYE (F.). Hist. de Tulle, etc. [5321]. *Tulle*, impr. *Drappeau*, 1857, etc. In-12. (Publié par livraisons.)

BONNEMÈRE (E.). Rapport, etc. [8557]. *Bull. de la Soc. industr. d'Angers*, t. XVIII, 1847, p. 77.

BONNET (Cl.), traducteur de GRÉGOIRE de Tours (voir ce dernier nom).

BONNET (L.). Note, etc. [6407]. — *Bull. de la Soc. archéol. de Béziers*, 15e livr., 1857; 5 p.

BONNETON (J.-H.). Les bas-reliefs de Charroux [4496 *a*]. — *Bull. de la Soc. d'émul. de l'Allier*, t. XI, 1870, p. 312-316; 1 pl.

BONNIN (Jean-Théodose). * Inscriptions découvertes au Vieil-Évreux (Mediolanum Aulercorum), par T. B. [5814]. *Évreux*, impr. de *J.-J. Ancelle fils*, 1840, in-4.

— Fers antiques trouvés au Vieil-Évreux. Lettre à MM. les membres de la Soc. des ant. de Normandie [5816]. *Évreux, Ancelle fils*, 1840, in-4; 11 p. avec pl.

C. r. dans la *Rev. de bibliogr. analyt.*, décembre 1840, p. 1106.

— Discours, etc. [5752]. — *Mém. de la Soc. des Ant. de Normandie*, t. XIV, 1844, p. XXI.

Discours présidentiel prononcé devant la m. soc. le 5 nov. 1844.

— Opuscules, etc. [5746]. *Évreux*, 1845, in-16.

— Antiquités etc. publiées sous les auspices du Conseil général du dépt de l'Eure [5817]. *Évreux*, impr. *Tavernier*, 1845, in-4; 5 pl.

— Notes, fragments, etc. Extraits des journaux, mémoriaux, actes et délibérations de l'hôtel de la ville [5765]. 1823-1816. *Évreux*, 1847.

— Antiq. gallo-romaines des Éburoviques, publiées d'après les recherches et les fouilles de Th. BONNIN [3484]. *Paris, Dumoulin*. 1860, pet. in-fol., 36 p.; 86 pl.

BONSTETTEN (bon Gustave de). Notice

sur les tombelles d'Anet, canton de Berne [10862]. *Berne, Dalp*, 1849, in-4; 11 pl.

— Notice sur les armes et chariots de guerre découverts à la Tiefenau près de Berne en 1851 [10873]. *Berne, Huber*, 1853, gr. in-4, 7 p.; atlas in-fol. de 9 pl.

— Recueil d'antiq. suisses [10817]. *Berne, Dalp*, 1855, gr. in-fol.; 28 pl. coloriées. — Supplément. 1860; 23 pl. col. — 2e suppt. *Lausanne, G. Bidel*. 1868, in-fol.

— Note sur le tumulus du Forst, près Neuenick (con de Berne) [10878]. — *Rev. archéol.*, 2e s., t. IV, 1861, p. 309-311.

— Essai sur les dolmens [1538]. *Genève, J.-G. Fick*, 1865. in-4; 1 carte, 7 planches et grav. sur bois.

— Les anneaux ont-ils servi de monnaies, etc. [1461]. *Rev. archéol.*, 2e s., t. XXII, 1870, p. 44-46.

Voir Ed. Frère, *Manuel du Bibliographe normand*, art. Bonnin.

BONVALET (Adrien). Not. histor. sur la cne de Saincaize-Meauce [7935]. — *Bull. de la Soc. nivernaise*, etc., 2e s., t. IV, 1869, p. 268-342.

BOPP (Franz). Vergleichende Grammatik des Sanskrit, Zend, griechischen, latein., lithuan. altslaw. goth. und deutschen Sprachen [2286]. *Berlin, Dummler*. 1833-49 (5 parties), in-4. — 2e éd., 1857. — Trad. en français par Michel Bréal. *Paris*, impr. imp. puis nat.; libr. *Hachette*, 1866-1872, 4 vol. gr. in-8.

— Ueber die celtischen Sprachen in ihrem Verhältn. zum Sanskrit, Zend, Griech., Lat. German., Lithuan. und Slawischen [2287]. *Berlin*, 1839.

— Glossarium sanscritum in quo omnes radices et vocabula usitatissima explicantur et cum vocabulis græcis, latinis, germanicis, lithuanicis, slavicis, celticis comparantur [2288]. *Berlin*, 1840.

BORDE (Alex. de la). — Voir Laborde.

BORDERIE (Arthur Le Moyne de la). * Mélanges d'histoire et d'archéologie bretonne, par A. L. B. [3339]. *Rennes, C. Catel*, 1855-1858, 2 vol. in-18.

Voir Barbier, *Anonymes*, 3e éd., t. III, p. 112 *C*.

— Observations sur l'état des forces romaines dans la péninsule armoricaine d'après la Notice des dignités de l'Empire [nouv. add. 3109*a*]. — *Mém. de la Soc. archéol. d'Ille-et-Vilaine*, 1861; 12 p.

— Le cartulaire de Redon. Réponse à quelques critiques de M. de Courson [3345]. *Paris*, 1863; 39 p.

BORDES (Auguste). Histoire des monts anciens et modernes de la v. de Bordeaux [6337]. *Bordeaux* et *Paris*, 1845, 2 vol. in-4; 70 pl. gravées et vign.

BORDES DE PARFONDRY (J.). * Recherches historiques sur l'emplacement où s'est livrée la bataille entre Albin et [Septime] Sévère [près de Lyon], l'an 197, et les détails de cette action [8533]. — *Rev. du Lyonnais*, t. VIII, 1838, p. 433-475. — T. à p. *Lyon*, 1839, in-8.

BORDEU. Deux mots, etc. [8329]. *Pau*, 1836.

BORDIER (Paul). Notice sur une sépulture gallo-romaine trouvée le 15 juillet 1858 à Luc, cne de Verrine [9507]. — *Mém. de la Soc. de statistique des Deux-Sèvres*, t. XX, 1858-59, p. 50-60. — T. à p. *Niort*, 1859.

BORDIER (Henri) et CHARTON (Édouard). Histoire de France depuis les temps les plus anciens jusqu'à nos jours, d'après les documents originaux et les monuments de l'art de chaque époque [385]. — *Paris, Cazala*, 1859-1860, 2 vol. in-4; gravures sur bois.

BORDIER (Henri). De l'autorité de Grégoire de Tours, etc. [222]. 1861.

Voir Grégoire de Tours, *Histoire ecclésiastiq.*, traduction d'Henri Bordier.

BORE (E.) et LEQUEUX. The sepulcral antiquities of Great Britain [10318]. *London*, 1826, in-4.

BOREAU (A). Note, etc. [7189]. — *Bull. de la Soc. industr. d'Angers*, t. XI, 1840, p. 38. — T. à p. 146 p.

— Notice, etc. [2681]. — *Mém. de la Soc. d'agr.* etc. *d'Angers*, 2e s., t. IV, 1853, p. 43-51. — T. à p. *Angers*, 1853.

Combaritum (ou Combaristum) placé à Châtelais (Maine-et-Loire).

— Notice, etc. [2920]. — *Mém. de la Soc. acad. de Maine-et-Loire*, t. V, 1859. — T. à p. 18 p.

— Nouveaux documents, etc. [2921]. — *M. rec.*, t. IX, 1861; 5 p.

Voir J. Quicherat, s. l. m. d.

— Un ancien peuple de la Gaule centrale [7165]. — *M. rec.*, t. XVII, 1865; 17 p.

BOREAU (**O.**). Sépulture gallo-romaine de Gourgé, etc. [9505]. — *Mém. de la Soc. de statist.* etc. *des Deux-Sèvres*, 2e s., t. I, 1860-61, p. 56-58.

BOREL (**Pierre**). Les antiquités, raretés, plantes, minéraux et autres choses considérables de la ville et comté de Castres d'Albigeois et des lieux qui sont à ses environs avec l'histoire de ses comtes, évesques, etc. et un recueil des inscriptions romaines et autres antiquités de Languedoc et Provence, avec le rôle des principaux cabinets et autres raretés de l'Europe comme aussi le catalogue des choses rares de Pierre Borel [9640]. *Toulouse; Castres, A. Colomiès;* 1649. — Réimpression par Ch. Pradel. *Paris*, Société des Bibliophiles, 1868, in-12.

— Trésor des rech. et antiq. gauloises et françaises, réduites en ordre alphabétique et enrichies de beaucoup d'origines, épitaphes et autres choses rares et curieuses, comme aussi de beaucoup de mots de la langue thyoise et theuthfranque [278]. *Paris, Augustin Courbé*, 1655, in-4. — Nouv. éd. en 1750, par Aug.-Fr. Jault, à la suite de la 3e éd. du Dictionnaire étymologique de la langue françoise, de Gilles Ménage (voir ce dernier nom).

BOREL (**Eustache-Louis**), **DANSE** (l'a. **Gabriel-Claude**) **et BUCQUET** (**Louis-Jean-Baptiste**). [*Ms.*] Histoire du Beauvaisis, avec notes critiques et historiques (avant 1797) [nouv. add. 3241 *a*].

Voir sur cet ouvrage et ses trois auteurs les *Mém. de la Soc. acad. de l'Oise*, t. I, 1847, p. 43 et suiv.

— [*Ms.*]. Éclaircissements sur les Mesures itinéraires des Gaulois, sur le mille des Romains dont parle César, sur le mille italique, sur le stade et sur la lieue [1777].

Manuscrit mentionné dans la *Biblioth. histor.*, t. III, n° 34906.

— [*Ms.*] Diss. où l'on essaye de prouver que Litanobriga etc.; que Curmiliaca est Cormeilles, entre Beauvais et Amiens, et que Petromantalum est la petite ville de Magni en Vexin [8098].

Ms. mentionné dans le m. ouvr., n° 34907.

BORETT (**Th.**) avec notes de E. Leemans. Het Marmeren op schrift van Autun [8783]. — *De Katholick*, 1843, p. 325, et 1844, p. 165.

BORGHESI (**Bartholomeo**). Sulle iscrizioni romane del Reno del Prof. Steiner e sulle legioni che stanziarono nelle due Germanie da Tiberio sino a Gallieno [11111]. — *Ann. dell' Instit. di corresp. archeol. di Roma*, t. XI, 1839, p. 128-180.

Mém. reproduit dans les *Œuvres complètes de Borghesi*, t. IV, 1865, p. 181-265, avec des notes de W. Henzen, destinées à rectifier les erreurs contenues dans l'ouvrage de Steiner.

— Œuvres complètes de Bartolomeo Borghesi publiées par les ordres et aux frais de S. M. l'Empereur Napoléon III (jusqu'au t. VI) (puis de l'Académie des inscriptions et du Ministère de l'i. p.) [1322]. *Paris*, impr. imp. puis nat.; libr. *Didier*, 1862, etc., in-4. 9 vol. jusqu'en 1882.

BORIE, préfet. Statistique du dépt d'Ille-et-Vilaine [6428]. An IX, in-fol.

BORLASE. Antiquities historical and monumental of the country of Cornwall [10348]. *London*, 1769, in-fol.

BORN (**Jean-Pierre**). * Notice, etc. [1817]. *Paris, J. Corréard jeune*, 1838; 133 p.

BORNET (**T.**). Note sur les charrues antiques [1715]. — *Bull. de la Soc. nivernaise des Sc.*, etc., t. III, n° 5, 1863; 7 p.

— Squelette de crocodile trouvé dans une carrière des environs de Nevers [7912]. — *M. rec.*, 2e s., t. II, 1867, p. 436-439.

BORREL (**Félix**). Mém. sur les chaussées de routes en galets roulés, non concassés [1735]. — *Mém. de l'Acad. des Sc. de Toulouse*, 2e s., t. IV, 1re partie, 1837, p. 284.

BORREL. Notes, etc. [8917]. — *Mém. de l'Acad. de la Val d'Isère*, t. II, 1868-70, p. 229-364.

BOSC. Mémoires pour servir à l'histoire du Rouergue [3949]. *Rodez*, 1797, 3 vol. in-8.

BOSCUS (**J.-A.**). Voir Du Bois (l'a. Jean-A.).

BOSQ (frères). Recherches, etc. [4842]. — *Répertoire des trav. de la Soc. de statist. de Marseille*, t. XVII, 1856; 31 p.

BOSQUET (**François du**). Ecclesiæ Gallicanæ historiarum liber I., a primo J. C. in Gallis Evangelio, usque ad datam a Constantino Imperatore Ecclesiæ pacem res præclare gestas complectens [679]. *Parisiis*, 1633, in-8.

Voir *Bibl. histor.*, t. I, n° 3954.

— Ecclesiæ Gallicanæ historiarum libri quatuor; accessit secunda pars, in qua acta et vetera monumenta producuntur. *Parisiis, Cramoisy*, 1636, in-4.

Voir *Bibl. histor.*, t. I, n° 3955.

BOSSE (l'a.). Un cimetière ancien à Lanuéjols [7154]. *Bull. de la Soc. d'agric.* etc. *de la Lozère*, t. XV, 1864; 10 p.

— Dolmens, etc. [7156]. — *M. rec.*, t. XVI, 1865; 4 p.

— Répertoire archéologique du dép^t de la Lozère [7133]. *Mende*, 1870, in-8.

BOSSI. Statistique du département de l'Ain [4123]. *Bourg*, 1808, in-4; 61 cartes.

BOSVIEUX (A.). Bains rom. d'Évaux [5573 *a*]. — *Bull. de la Soc. archéol. du Limousin*, t. V, 1854; 7 p. — T. à p.

— Bibliothèque de la Creuse. Essai bibliographique [5539]. — *Congrès archéol.*, XXXIIe session tenue à Guéret en 1866, p. 193-284.

BOSWELL (H.). Complete historical descriptions, etc. [10300]. *London*, in-fol. fig.

BOTEREUS (Rodulfus). — Voir BOUTRAYS (Raoul) ou BOTRAYS.

BOTIDOUX (Le Deist de). Des Celtes antérieurs aux temps historiques; essai dans lequel on a tracé la marche de leurs colonies en Europe, au moyen des noms qu'ils prirent et de ceux qu'ils appliquèrent, noms qui s'expliquent naturellement par le bas-breton et le gallois, et dont la géographie et la fable ou l'histoire justifient l'étymologie celtique [1340]. *Paris, Nicolle*, 1817.

BOTTIN (Sébastien). Statistique du dép^t du Nord [7948]. 1844, 3 vol.

Rédigée sous la direction de DIEUDONNÉ, préfet du Nord.

— Sur qq. mon^{ts} celtiques, etc. [7962]. *Lille*, impr. *Leleux*, 1813; 20 p.

— Notice sur les antiq. trouvées à l'établissement des eaux et boues thermales et minérales de Saint-Amand (Nord) [8011]. — *Mém. de la Soc. des ant. de Fr.*, t. I, 1817, p. 353.

— Mémoire, etc. [7609]. — *M. rec.*, t. III, 1821, p. 453.

— Mélanges d'archéologie précédés d'une not. histor. sur la Soc. roy. des ant. de Fr. et du 5e rapport sur ses travaux [1292]. *Paris, Delaunay*, 1831; 408 p.

BOTTU (L.). Lettre, etc. [3840]. *J^{al} de Verdun*, avril 1758, p. 260, 278.

BOUCHARD (Alain). * Les grãdes cronicques de Bretaigne nouvellement imprimées à Paris : Tant de la grande Bretaigne depuis le roi Brutus qui la conquist et la appella Bretaigne jusques au temps de Cadualadrus dernier roy breton, etc. [3292]. *Paris, Galliot du Pré*, 1514; p. in-fol. goth.

Ouvrage plutôt romanesque qu'historique Pour les autres éditions (1518, 1531, 1532, 1539) voir BRUNET, *Manuel*.

BOUCHARD. Note, etc. [8040]. — *Mém. de la Soc. acad. de l'Oise*, t. IV, 1861, p. 587; planches.

BOUCHE (Honoré). Vindiciæ fidei et pietatis pro cœlestibus illis tutelaribus constituendis; adversum Joannem de Launoy [3887]. *Aquis'Sextiis*, 1644.

Réfutation de l'ouvrage de J. de Launoy, intitulé : *Diss. de commentitio*, etc. [n° 3886].

— La défense de la foi et de la piété de Provence pour les saints Lazare et Maximin, Marthe et Madeleine, contre Jean de Launoy [3896]. *Aix*, 1663, in-8.

Réfutation de l'ouvrage de J. de Launoy intitulé : *Varia*, etc. [n° 3894].

— La chorographie, ou description de Provence, et histoire chronolog. du même pays [3897]. *Aix, Ch. David*, 1664, 2 vol. in-fol.; fig.

Voir BRUNET, *Manuel*.

BOUCHE (Ch.-François). * Essai sur l'histoire de Provence, suivi d'une notice des Provençaux célèbres [3914]. *Marseille, J. Mossy*, 1785, 2 vol. in-4.

« Ce n'est, en général, qu'un abrégé de l'ouvrage du grand-oncle de l'auteur, Honoré Bouche : *La Chorographie... de Provence* (BARBIER, *Anonymes*, 3e éd.).

BOUCHÉ (J.-B.), de Cluny. Les Druides [640 *a*]. *Paris, Martinon; Lépine*, 1841; 289 p.

— Druides et Celtes, ou hist. de l'origine des sociétés et des sciences [644]. *Paris*, 1848.

BOUCHER (Gilles, S. J.). Bucherii Ægidii, Belgium Romanum, Ecclesiasticum et Civile, complectens historiam a fine Commentariorum Cæsaris ad mortem Clodovæi I, A. D. 511, in qua Francici in Gallia regni successio continetur [10456]. *Leodii, Hovius*, 1655, in-fol.

BOUCHER, d'Abbeville, aliàs **BOUCHER** de Perthes. — Voir Perthes (Boucher de Crèvecœur de —).

BOUCHER DE MOLANDON. — Voir Molandon (Boucher de).

BOUCHET (Jean). Les Annales d'Aquitaine, faictz et gestes des rois de France et d'Angleterre, et pays de Naples et de Milan, augmentées de plusieurs pièces rares et historiques, recueillies par Abrah. Mounin [3058]. *Poitiers, Mounin*, 1644. In-fol. (Éd. plus complète.) — 1re éd. *Poitiers*, Marnef. 1525, in-fol. goth. — 2e éd. *Id.*, 1531, in-fol. goth. (Titre dans Brunet, *Manuel*, 5e éd., t. I, col. 1164). — 3e, *Poitiers*, 1535, in-fol. goth. — 4e, *Paris, Guill. Lebret*, 1537, in-fol. goth. — Autres éd. : *Paris*, 1540, in-fol.; *id.*, 1545, in-fol.; *id.*, 1557, in-fol.; *id.*, 1607, in-fol.

BOUCHET (du). [*Ms.*] Diss. sur une statue, etc. [8274].

Mentionnée dans la *Biblioth. hist.*, t. III, n° 37476.

BOUCHET (Ch.). Des sépultures en forme de puits, trouvées en divers points de la France et particulièrement à Thoré près Vendôme [1670, 6768]. *Bull. de la Soc. archéol. du Vendomois*, 1re an. 1862. — T. à p. *Vendôme*, impr. *Lemercier*, 24 p.

— Les objets archéologiques, etc. [6728]. — *M. rec.*, t. VII, 1868; 5 p.

BOUCHEY (l'a. Eug.-Augustin). Recherches hist. etc. Origines et histoire abrégée de l'ancien comté de Montbéliard [5673]. *Paris, Dumoulin*, 1862, 2 vol.

BOUCHIN (Étienne). Antiquités de Beaune [6400].

« Imprimées dans le 4e vol. de ses Plaidoiries, 1620. » (Girault de Saint-Fargeau.)

BOUCHOTTE (Émile) Étude sur la valeur du stade, la coudée et quelques autres mesures anciennes [1780]. — *Mém. de l'Acad. de Metz*, 1859-60, p. 413.

BOUCOIRAN (L.). Ariège, Andorre et Catalogne. Guide historique... aux bains d'Ussat et d'Ax, contenant l'histoire de l'ancien pays de Foix et de ses comtes jusqu'à Henri IV, et l'histoire de la vallée d'Andorre jusqu'à nos jours [4631]. *Paris, Giraud*, 1854; 20 dessins impr. à deux teintes.

— Monographie de la fontaine de Nîmes. Histoire et description des jardins et monuments qu'elle renferme [5995]. *Nîmes, Clavel-Ballivet*, 1859; 17 grav.

— Guide, etc. [6096]. *Nîmes*, impr. *Roger* et *Laporte*, 1863; 47 p.; grav. et plan.

— Languedoc et Provence, guide historique et pittoresque dans Nîmes et les environs, comprenant la description de Montpellier, Cette..., Aiguesmortes, Beaucaire, Arles, Vaucluse, etc. [3570, 3928]. *Nîmes*, impr. *Clavel-Ballivet*, 1863, in-12; 467 p. et grav.

BOUDANT (l'a. Gilbert). Histoire de Chantelles [4496]. *Moulins*, 1862, gr. in-4; 9 pl. et vign.

Cp. *Congrès archéol.* XVIe session tenue à Bourges en 1849, p. 64. (Note de l'a. Boudant sur Chantelles.)

— Histoire, etc. [4499]. *Moulins, Desrosiers*, 1865, in-4; 7 planches.

— Étude, etc. [1842]. — *Assises scientif. du Bourbonnais*, 1re session tenue à Moulins en nov. 1866. *Moulins*, 1867.

BOUDARD (P.-A.). Études ibériennes. Études sur l'Alphabet ibérien et sur quelques monnaies autonomes d'Espagne. I. [10633]. — *Bull. de la Soc. archéol. de Béziers*, t. VI, 11e livr. 1852. — 2e note sur l'alphabet ibérien. — *M. vol.*, 15e livr. 1857.

Ces deux études ont été refondues dans l'*Essai sur la numismatique ibérienne.*

— Lettre, etc. [10623]. — *Rev. numismat.*, t. XX, 1855, p. 5-17.

— Lettre, etc. (Médaille de Némausus.) [6023]. — *M. rec.*, 2e s., t. II, 1857, p. 301-306.

— Essai sur la numismatique ibérienne, etc. [10620]. *Béziers; Paris, Leleux, Rollin*, 1857-1859, in-4; 40 pl.

C. r. par A. de Barthélemy, *Rev. num.*, t. XVIII, 1853, p. 318.

BOUDENT-GODELINIÈRE. Essai historique, etc. [3195]. *Avranches*, 1845. 2 vol.

BOUDEVILLAIN (l'a. Louis-François). Not. topogr., archéol., administ. et statist. sur Ruan [6757]. *Châteaudun, Pouillier-Vaudecraine*, 1864.

BOUDON DE SAINT-AMANS (J.-Fr.). — Voir Saint-Amans.

BOUDOT (l'a. **P.-J.**). Essai histor. sur l'Aquitaine [3065]. *S. l.*, 1753, p. in-8; 32 p.

C. r. dans les mém. de Trévoux, déc. 1753, p. 2985.

BOUDOT. * Lettre à M. C.-N. Amanton, sur la prétendue ville d'Antua, Atornum ou Atornense Castrum (nouv. add. 2610*a*]. *Dijon*, impr. *Noellat*, 1828, 8 p.

— Les méprises des auteurs, etc. [5453]. — *Mém. de la Comm. des antiq. de la Côte-d'Or*, 1834-35, p. 1-44.

— Essai sur le camp rom. du territoire de Mirebeau [5444]. — *M. vol.*, p. 135-153.

— Not. sur une statue en bronze, etc. [5395]. — *M. vol.*, p. 213.

BOUÉ (l'a.). Lettre au sujet d'objets antiques rom., etc. [8561]. — *Rev. du Lyonnais*, 2e s., t. XVIII, 1858, p. 531.

BOUET (**G.**). Not., etc. [5105]. — *Bull. mon.*, t. XXIII, 1857, p. 217.

— Camp de Péran [5522]. — Voir l'article CAUMONT, SOULTRAIT (de) et BOUET (G.), s. l. d. de 1850.

BOUGAINVILLE (**Jean-Pierre**). Éclaircissements, etc. [889]. — *Mém. de l'Acad. des Inscr.*, t. XIX, 1753, in-4, p. 146-165.

BOUGARD (**d^r^ E.**). Bibliotheca borvoniensis, ou Essai de bibliographie et d'histoire, contenant la reproduction de plaquettes rares et curieuses et le catalogue raisonné des ouvrages et mémoires relatifs à l'histoire de Bourbonne et de ses Thermes [7434]. *Chaumont, Lhuillier; Paris, Aubry*, 1865, 1 vol. de 728 p.; pl. photogr. représentant les inscr. votives de Bourbonne, gravures, plans, etc.

Voir O. LORENZ.

BOUGAUD (l'a.). Les actes de s^t^ Bénigne, apôtre de la Bourgogne. Étude historique et critique sur la mission, les actes et le culte de saint Bénigne, apôtre de la Bourgogne, et sur l'origine des églises de Dijon, d'Autun et de Langres. (Publication de la Société Éduenne) [3379]. *Autun*, 1859.

C. r. par J. Marion dans la *Biblioth. de l'Éc. des Chartes*, 5e s., t. I, 1860, p. 228-240, in-8.

BOUGEREL (le **p. Joseph**). Dissertation, etc. [4962]. 1685, in-4; 7 pages.

— Explication d'une inscription sur les révolutions de Marseille, etc. [4899].

Dans les *Mém. de litt.*, p. p. le p. Des Molets, t. III, part. II, p. 292-317.

BOUGES (le **p. Thomas**). Histoire... de Carcassonne [4738]. *Paris, P. Gandouin*, 1741, in-4.

BOUHIER. Dissertation, etc. [6032].

« Cette dissertation, qui est très savante, est conservée dans la bibliothèque de l'auteur, auj: chez le président de Bourbonne, à Dijon (1775). » *Biblioth. hist.* suppl. du t. I, t. IV, n° 37873*.

BOUILLET (**J.-B.**). Itinéraire, etc., par Massiac, St-Flour, Chaudesaigues et Murat [5138, 8271]. — *Ann. scientif. etc. de l'Auvergne*, 1831, p. 433, 481, 529.

— Description histor. et sc. de la haute Auvergne (dép^t^ du Cantal), etc. [5137]. *Paris*, 1834, 2 vol. in-8, atlas de 35 pl.

— Rapport, etc. [8253]. — *Bull. mon.*, t. IV, 1838. — T. à p.; 8 p.

— Promenade archéologique de Clermont à Bourges [5274]. 1839, in-16; 1 carte.

— Tablettes historiques de l'Auvergne, comprenant les dép^ts^ du Puy-de-Dôme, du Cantal, de la Haute-Loire et de l'Allier [3161]. *Clermont-Ferrand, Pérot*, 1840-46, 8 vol.

— Statistique, etc. [8255]. 2e éd. *Id.*, 1846. Texte 1 vol. Atlas, album in-fol. obl. de 134 pl.

Mention honorable au concours des antiq. nationales.

— Dictionnaire, etc. [8247]. *Id.*, 1854.

— Note, etc. [8273]. — *Mém. de l'Acad. de Clermont-Ferrand*, nouv. s., t. II, 1860, p. 526.

— Notice, etc. [3173]. — *M. rec.*, m. s., t. VI, 1864. — T. à p.; 15 p. — 2e éd. 46 p.

BOUIS. Not. sur une méd. à l'effigie de Tibère trouvée [en 1834] dans la forêt royale du Muy, touchant le territoire de Bagnols [9708]. — *Répertoire de la Soc. de statist. de Marseille*, t. II, 1838, p. 506.

BOULANGÉ (**Georges**). Note, etc. [2108] — *Mém. de l'Acad. de Metz*, 1re partie, 1851-52, p. 354.

— Notice sur les tombes gallo-romaines découvertes autour de l'ermitage de

Saint-Eucaire, commune de Pompey (Meurthe) et sur la tradition des martyrs Leucois, compagnons de saint Eucaire [7589]. — *Journal de la Soc. d'archéol. lorraine*, t. I, 1852, p. 22-38. — T. à p. *Nancy*, 1852.

Voir aussi *Objets trouvés sur le territoire de Pompey*, m. vol., p. 113.

— Antiq. celtiques, etc. [7791]. *L'Austrasie*, année 1853; 18 p.

— Note, etc. [7801]. — *Mém. de l'Acad. de Metz*, XXXV° année, 2° s., t. XI, 1853-54.

Publiée d'abord dans l'*Union des Arts*, de Metz, an. 1852. — Mention hon. au concours des antiq. nat. en 1854.

— Une visite, etc. [11042]. — Extr. de l'*Austrasie*, reproduit dans le *Bull. mon.*, t. XXI, 1855, p. 7.

BOULANGÉ (l'a.) et **PEIGNÉ-DELACOURT**. Fouilles de Champlieu, notes [8067]. — *Bull. du Comité archéol. de Noyon*, t. I, 1862, p. 67 et 94.

BOULANGER (Jules). [*Ms.*]. Tractatus de Gallorum moribus et disciplina [832]. 1589.

« Ce traité manuscrit est conservé dans le cabinet de M. Fevret de Fontette. » — (*Biblioth. histor.*, t. I, n° 3786).

BOULARD (Ant.-Mar.-Henri). * Diss. histor. sur l'ancienne constitution des Germains, Saxons et habitants de la Grande-Bretagne, traduite de l'anglais de Gilbert Stuart [nouv. add. 10706 *a*]. *Paris*, 1794.

BOULAY (C. Egasse du). C. E. Bulæi Historia universitatis parisiensis, etc. [2381]. *Parisiis*, 1665. 2 vol. in-fol.

BOULAYS. Note, etc. [7341]. — *Mém. de la Soc. des ant. de Fr.*, t. VIII, 1829, p. 311.

BOULLEMIER (l'a. Ch.). [*Ms.*]. Remarques, etc. [522].

Mentionnées dans la *Biblioth. histor.* t. V (additions), n° 3847*.— Sur la participation de Boullemier à la 2° éd. de la *Biblioth. historique*, voir plus loin l'article Le Long.

— Diss. sur l'ancienneté et le nom de la ville de Dijon [5375].— *Mém. de l'Acad. de Dijon*, 1774, p. 191.

BOULLIOT (l'a.). Biographie ardennoise [4607]. *Paris, Ledoyen*, 1830. 2 vol.

BOULON (Nestor). Notice, etc. [6630]. *Grenoble, Allier*, 1851; 14 p.

BOULY (Eugène). Histoire, etc. [3406]. *Cambrai, Hattu*, 1843. 2 vol.

— * Documents, etc. recueillis par E. B. [3407]. *Cambrai*, 1847. Pièce.

Contient : *Une station rom. dans le bois de Busigny. — Le Baboquènes. — Le grand Riez. — Le Brûle.*

BOUQUET (dom Martin). Rerum gallicarum et francicarum scriptores. Recueil des historiens des Gaules et de la France, etc. [212]. *Paris* (G. Martin, Coignard, Mariette et les frères Guérin), 1738-1855. 23 vol. in-fol.

Commencé par dom Bouquet, continué par divers bénédictins, puis, actuellement, par l'Acad. des inscriptions.— Voir A. Franklin, *Sources de l'histoire de France*; — Quérard, *Sup. litt.*, 2° éd., t. I, col. 507; — Brunet, *Manuel*, 5° éd. col. 1174.

— Réimpression des t. I à XIX, sous la direction de Léopold Delisle (par A. Tuetey et Ch.-Em. Ruelle). *Paris, Victor Palmé*, 1867-1877.

Consulter aussi : *Extraits des auteurs grecs concernant la géographie et l'histoire des Gaules*, texte et trad. nouv. par E. Cougny (Collection de la Soc. de l'histoire de France), t. I-III, 1878-1880.

— **BOURASSÉ** (l'a. J.-J.). Monuments celtiques de Touraine [4060]. — *Mém. de la Soc. archéol. de Touraine*, t. Ier, 1842, et t. III, 1847.

9 dolmens; menhir; tumulus; pierres posées.

— Rapports, etc. [1517]. — *M. rec.*, t. I. — T. à p. *Tours*, 1842.

— Mémoire sur les haches celtiques [1360 *a*]. — *M. rec.*, t. II, 1845, p. 96-125, 1 pl.

— * Dictionnaire d'épigraphie chrétienne, renfermant une collection d'inscriptions des différents pays de la chrétienté, depuis les premiers temps de notre ère, par l'abbé X***, publié par M. l'abbé Migne [2185]. *Paris, Migne*, 1852, 2 vol. gr. in-8.

— Tombeau, etc. [6518]. *Mém. de la Soc. archéol. de Touraine*, t. IV, 1854; 7 p.

— Églises mentionnées par Grégoire de Tours [6515]. — *M. rec.*, t. V, 1855; 13 p.

— Excursion archéologique [6513]. — *M. vol.*; 9 p.

— La Touraine, histoire et mon[ts] [4063]. Illustrations par Karl Girardet et Français. *Tours, A. Mame*, 1855, in-fol. fig. et pl.

— Topographie de la v. de Tours, etc. [6526]. *Caen*, 1859, gr. in-8; 9 p.

— Les Origines de l'église de Tours, etc. [4066]. *Tours*, 1869.

— Lettre à M. l'abbé Rolland, etc. [758, 4072]. *Tours*, 1870.

BOURDIGNÉ (Jean de). Lystoire agregative des annalles et cronicques Danjou... et plusieurs faits dignes de Mémoire, etc. [3047]. *Angiers*, libr. *Ch. de Boigne* et *Clément Alexandre*, etc., impr. *Anthoyne Couteau*. 1529, in-fol. goth.

— Nouvelle éd. par Godard-Faultrier. *Angers*, 1842, 2 vol.

Voir Brunet, *Manuel*, 5e éd., t. I, col. 1177.

BOURDON (Blin de). — Voir Blin de Bourdon.

BOURÉE. Mém. sur une tombelle, etc. [5407]. — *Sces publ. de l'Acad. de Dijon*, 1827, p. 199.

— Notice, etc. [5413]. — *M. rec.*, 1829, p. 279.

— Notice sur un cippe antique [5393]. — *Mém. de la Comm. des antiq. de la Côte-d'Or*, 1834-35, p. 154-158.

BOURET (J.). Dictionnaire, etc. [7129]. *Mende*, 1852.

BOURG (Antoine de). St-Sulpice-de-la-Pointe, etc. [9662]. — *Mém. de la Soc. archéol. du Midi*, t. IX, 1866-71 (1872); in-4, p. 27-42.

BOURGEOIS. [*Ms.*]. Diss. sur l'origine des Poitevins, et sur la position de l'Augustoritum et du Limonum de Ptolémée [2620] (lue en 1746 à l'Académie de la Rochelle).

Mentionnée dans la *Biblioth. histor.*, t. I, n° 212.

BOURGEOIS (l'a. L.). Note, etc. [6754]. — *Bull. de la Soc. géolog. de France*, 1863; 8 p.

L'auteur conclut en faveur de l'industrie anté-diluvienne.

— Note sur les silex travaillés, etc. [6771]. *M. vol.*, p. 206-208. — T. à p.

— Simple causerie, etc. [1397]. — *Bull. de la Soc. archéol. du Vendomois*, t. II, 1863; 8 p.

— Notice, etc. [6565]. — *M. rec.*, t. III, 1864; 6 p. — T. à p. *Vendôme*, 1865.

— Essai de détermination, etc. [1398]. *Cc. rr. de l'Acad. des sc.*, séance du 19 septembre 1864, in-4; 2 p.

— Notice, etc. [6739]. — *Rev. archéolog.* août 1865; 8 p.; 1 pl.

— Réponse, etc. [1418]. — *Matériaux pour servir à l'hist. de l'homme*, mai 1865; 4 p.

— Études, etc. [6766]. — *Bull. d'anthropologie et d'archéologie préhistoriques*, août 1867. — T. à p. intitulé : L'Homme tertiaire.

— Note, etc. [5875]. *Cc. rr. de l'Acad. des sc.*, sce du 7 janvier 1867; 1 p.

— Nouvelle affirmation de l'homme tertiaire [1447]. — *Matériaux pour servir à l'histoire de l'homme*, juin 1869; 3 p.

BOURGEREL (Gustave). Fragments d'architecture, etc. [1613]. *Paris, Morel*, 1863, in-fol.

BOURGNON DE LAYN. Les arènes de Poitiers [9917]. — *Mém. de la Soc. des ant. de l'Ouest*, 1843; 138 p.; 6 pl.

BOURGON. C. r. de fouilles archéol., etc. [5666, 5669]. *Sces publ. de l'Acad. de Besançon*, août 1840, p. 48-54.

— Recherches, etc. [5638]. T. I (unique). *Pontarlier*, 1841; planches.

BOURGUIN (Dr). Lettre à M. Desplanque, archiviste de l'Indre, sur qq. voies rom. du Berry, etc. [3267]. *Romorantin*, impr. *Joubert-Moreau*, 1863; 12 p.

Examen de la question de Genabum.

— Études sur la Sologne ancienne et moderne, etc. [6743, 4042 *a*]. — *Mém. de la Soc. des sc. et l. de Loir-et-Cher*, t. VII, 1867, p. 145-183.

BOURGUET (Gras). — Voir Gras-Bourguet.

BOURGUEVILLE (Ch. de) sieur de Bras. Les Rech. et les antiq. de la prov. de Neustrie, à présent duché de Normandie comme des v. remarquables d'icelle, mais plus spécialement de la v. et université de Caen [3747]. *Caen*, imp. *Vincent et Jean Le Fèvre*, 1588, 2 part. en 1 vol. in-4. — Réimpression, *Caen*, *Chalopin*, et *Paris*, *Lance*, 1833, gr. in-8.

« Il existe 3 éd. sous la même date, la 2e faite vers 1705, et la 3e vers 1740, in-8; etc. » Brunet, *Manuel*, 5e éd., t. I, col. 1780.)

BOURGUIGNAT (J.-B.). Inscription romaine de Vence [4590]. *Paris*, impr. Vve *Bouchard-Huzard*, 1869; 80 p.; 5 pl.

Cp. Edmond Blanc, Note sur une inscription rom. de Vence, *Rev. archéol.*, mars 1876, p. 162. — Voir sur cette inscription, portant Nemesiorum, Bérenger, Annuaire du Var, 1823; Tisserand, *Histoire de Vence* et *Histoire de Nice*; Carcone, *Épigraphie gréco-massaliote et rom.*

(Congrès archéol. XXXIVe session); NOYON, *Statistique des Alpes-Maritimes.* (Ouvrages cités par Edm. Blanc.)

BOURIANE (G.-M. de). Alesia [2556]. *Toulouse*, 1863; 28 p. (Extr. de la *France littéraire.* —. 2e éd. *Toulouse* et *Paris*, 1863; 32 p.

— Dissertation, etc. [2965]. — *France litt.*, décembre 1865.

BOURIGNON (F.-Marie), de Saintes. Observations sur qqs. antiq. rom. déterrées... au mois de novembre 1781 [9097]. *Alëthopolis* (*Paris*), 1782; pl.

— Dissertation... dans laquelle on prouve que ce lieu (Vieux-Poitiers) a été autrefois la mansion désignée sous le nom de *Fines*, entre Poitiers et Argenton en Berry [9932]. *Poitiers*, 1786.

— Rech. topogr., histor., militaires et critiques sur les antiq. gauloises et rom. des prov. de Saintonge et d'Angoumois [3043, 3958]. *Saintes*, 1789.

— Rech. topogr., histor., milit. et crit. sur les antiq. gaul. et rom. en la prov. de Saintonge [3958]. *Saintes*. An IX (1801). In-4; 312 p.

Les gravures n'ont pas été publiées.

BOURLOT (J.). Histoire, etc. [1434]. — *Bull. de la Soc. d'hist. natur. de Colmar*, 1867-68. — T. à p. *Paris*, 228 p.

BOUROTTE (dom François-Nic.). * Mémoire, etc. [3561]. 1759, in-4.

BOURQUELOT (Félix). Histoire de Provins [9237]. *Provins* et *Paris*, 1838-1840, 2 vol.

— Notice sur Gargantua (Légende gauloise) [566]. — *Mém. de la Soc. des ant. de Fr.*, 2e s., t. VII, 1844, p. 413.

— Inscr. antiques de Nice, de Cimiez et de lieux environnants, recueillies et annotées [4575]. — *M. rec.*, m. s., t. X, 1850, p. 43.

Mention hon. au concours des antiq. nationales, en 1850.

— Notice, etc. [6414]. — *M. rec.*, 3e s., t. I, 1852, p. 318.

— De la transformation, etc. [1126]. — *M. rec.*, m. s., t. III, 1857; 50 p.

— Antiq. de Châteaubleau [9199]. — *Bull. de la m. Soc.*, 1858. — T. à p. *Paris*, 1858; 9 p.

— Inscriptions antiques, etc. [8712, 8937]. — *Mém. de la m. Soc.*, 3e s., t. VI, 1862, p. 1. — T. à p.

Obs. sur ce travail par L. PILLET (*Mém. de l'Acad. de Savoie*, 2e s., t. V, 1862, p. LXXIX.

— Étude, etc. [2318]. — *M. rec.*, m. s., t. VIII, 1865, p. 252.

— Communication sur diverses inscriptions latines recueillies dans la v. d'Agen [nouv. add. 7103]. — *Bull. de la m. Soc.*, année 1865, p. 41-45.

— De la formation, etc. [1160]. — *Mém. de la m. Soc.*, 3e s., t. IX, 1866, p. 125-160.

BOURRIT. Description des cols des Alpes [2777]. *Genève*, 1803, 2 vol.

— Itinéraire de Lyon à la Balme, etc. [6611]. *Lyon, Tournachon*, 1807; 64 p.

BOUSQUET (l'a.). Notice, etc. [4815]. — — *Mém. de la Soc. des lettres* etc. *de l'Aveyron*, t. V, 1845, p. 341.

BOUSSINGAULT (le p.). La Guide universelle de tous les Pays-Bas ou dix-sept provinces, où il est traité de tout ce qu'il y a de plus beau, de plus rare et de curieux, des fortifications, mœurs et coûtumes des Hollandois [10408]. 4e éd., *Paris, J. Cochart*, 1677, in-12.

BOUSSON DE MAIRET. — Voir MAIRET (Bousson de).

BOUTEILLER (de). Description, etc. [7855]. — *Bull. de la Soc. d'archéol. de la Moselle.* — 9e année, 1866, p. 24-30.

BOUTEROUE (Claude). Recherches curieuses des monnaies de France. [1963]. *Paris*, 1666, in-fol. 398 p.

L'ouvrage devait avoir 4 vol. La partie publiée ne comprend que les monnaies gauloises et celles des rois de la première race.

BOUTET (J.). Notice, etc. [9778]. 1741, in-4.

BOUTET DE MONVEL. — Voir MONVEL (Boutet de).

BOUTHORS. Description, etc. [9534]. — *Mém. de la Soc. des antiq. de Picardie*, t. I, 1838, p. 215-226.

— Cryptes de Picardie. Rech. sur l'origine des souterrains-refuges qui existent en grand nombre dans les dépts de la Somme, du Pas-de-Calais, de l'Oise et du Nord [3820, 7953, 8030, 8156, 9525]. — *M. vol.*, p. 287.

— Principaux établissements des Francs Saliens et Austrasiens en Morinie, en Artois et dans les contrées circonvoisines (analyse) [3728 *a*]. — Congrès scientif., XXe session tenue à Arras en 1853 (1854), t. I, p. 237-243.

BOUTIN. Notice, etc. [6413]. *Montpellier*, impr. *Bœhm* et fils. 1865; 15 p. et planche.

BOUTIOT (Théophile). Revue critique, etc. [4674]. *Troyes*, 1861; 92 p.

— Étude sur la géographie ancienne, etc. [4654]. — *Mém. de l'Acad. de l'Aube*, t. XXV, 1861. — T. à p.

— Étude sur les voies romaines du dép[t] de l'Aube non indiquées dans les anciens itinéraires [4664]. — *M. rec.*, t. XXVI, 1862.

— Des monuments celtiques, etc. [4680]. *Annuaire de l'Aube*, 1862. — T. à p.; 7 p.

— Note, etc. [4734]. — *Mém. lus à la Sorbonne*, en 1864 (archéologie), p. 4-13, et *Mém. de la Soc. acad. de l'Aube*, 1864.

— Notice, etc. [4655]. *Mém. lus à la Sorbonne, m. vol.*, p. 55-65.

— Notes, etc. [4676]. *Troyes*, 1866, in-4; 16 p.

— Note archéol., etc. [4729]. — *Mém. de la Soc. acad. de l'Aube*, 1870; 6 p.

— Histoire de la v. de Troyes et de la Champagne méridionale [4695]. *Troyes, Dufey-Robert*; *Paris, Aug. Aubry*, 1870-1875, 4 vol. gr. in-8.

— Introduction, etc. [4677].

Insérée dans le *Dictionnaire topograph. du dép. de l'Aube*, par Boutiot et Socard, publié en 1874 [4642].

BOUTON (L.-A.). * Histoire de Marville, par L.-A. B. [7625]. *Montmédy*, 1848.

BOUTRAYS (Raoul), Boutterays ou Botrays, en latin **Botereus.** Lutetia, carmen [9019]. *Lutetiæ Paris.*, 1611, pet. in-8. — 2e éd. *Id.*, *Rollin Thiéry*, 1612 (avec le poëme d'Eustache Knöbelsdorf. (Voir ce nom.)

— Aurelia, seu veterum recentiumque scriptorum de Augusta Aurelia et Ligeri et tractu suburbano et vicino, elogia [6959]. *Paris*, 1615.

Poëme réimprimé dans le recueil de panégyriques d'Orléans donné par Le Maire [6961], mais sans les documents.

— Urbis Gentisque Carnutum historia, ex veterum et recentiorum monumentis collegit Rod. Botereius [3411, 5842]. *Paris*, 1624.

— Castellodunum, seu primariæ Urbis Dunensis Comitatus Descriptio, scripta versibus [5857]. *Parisiis, Bessin*, 1627.

BOUTTEVILLE (L.). Antiq. nationales sous la direction de M. P. Paris [1293]. *Paris*, impr. *Bailly*, 1837, in-12.

BOUVENNE (E.-A.). — Voir P.-J. Delbarre.

BOUVET (Jourdan). Aqueducs (*sic*), etc. [5846]. — *Mém. de la Soc. des ant. de Fr.*, t. V, 1823, p. 375.

BOUVIER (l'a. J.-J.), connu sous le nom de Lyonnais. — (Voir ce nom.)

BOUYON. Nôt. de qq. antiq. trouvées dans le canton de Pont-Gibaud (Puy-de-Dôme), et recueillies sur place, au moment des découvertes [nouv. add. 8261 *a*]. — *Mém. de la Soc. des ant. de Fr.*, 1826, p. 220.

BOUYS (J.-B.). La royale couronne d'Arles, ou l'histoire de l'ancien royaume d'Arles, enrichie de l'histoire des empereurs romains, des rois des Goths, des rois de France qui ont résidé dans son enclos, de l'État de la République, de la sujection aux comtes de Provence et depuis aux rois très-chrétiens [4940]. *Avignon, Bramereau*, 1641, in-4.

BOVILLE (Charles de). Caroli Bovilli Samarobrini liber de differentia vulgarium linguarum et gallici sermonis varietate. Quæ voces apud Gallos sint factitiæ et arbitrariæ vel barbariæ (*sic*); quæ item ab origine latina manarint. De hallucinatione gallicanorum nominum [nouv. add. 2233 *a*]. *Parisiis, Rob. Estienne*, 1533, in-4.

Voir dans la 3e section les curieuses explications proposées pour les mots *Senones, Ambrun, Valois, Aquitania, Celtes, Essui, Amiens, Morins, Chaussée de Brunehault* et la finale *dunum*.

BOWLES (W.-L.), Hermes Britannicus, etc. [585, 10279]. *London*, 1828.

BOXHORNIUS (Marcus-Zuerius). Originum Gallicarum Liber, in quo veteris et nobilissimæ Gallorum gentis origines, antiquitatès, mores, linguæ, et alia eruuntur et illustrantur, cui accedit antiquæ linguæ Britannicæ Lexicon Britannico-Latinum, cum adjectis et insertis ejusdem authoris adagiis Britannicis, sapientiæ veterum Druidum reliquiis, et aliis antiquitatis Britannicæ Gallicæque nonnullis monumentis [277]. *Amstelodami, Janssonii*, 1654, in-4.

Ouvrage posthume publié par G. Hornius. Sur le lexique de Boxhorn, voir *Mém. de l'Acad. celt.*, t. I, p. 202. — Boxhorn a écrit deux diss. en hollandais, sur la déesse Nehalennia. *Leyde*, 1647 et 1648.

BOYER DE SAINTE-SUZANNE (b^on de). Note, etc. [8137]. — *Bull. mon.*, t. XXV, 1859, p. 146.

— Catalogue, etc. [9614]. — *Bull. de la Soc. des ant. de Picardie*, 1860, n° 2.

— Les divisions, etc. [1609]. — *Bull. mon.*, t. XXVIII, 1862, p. 397.

Voir aussi A. DE CAUMONT, *Note additionnelle* sous la date de 1862.

— Observations, etc. [5130]. — *Mém. de la Soc. des ant. de Normandie*, t. XXIV, 1861, p. 117.

BOYER (Hippolyte). Noviodunum Biturigum et ses graffiti [5302]. *Bourges; Paris*, 1861; 19 p.

— Fouilles de Neuvy-sur-Baranjon, etc. [5305]. *Bourges; Paris*, 1862; 16 p.

— Correspondance archéologique. Lettres adressées à M. Pérémé (sur les fouilles exécutées à Bourges, etc.) [5258]. — *C. r. des trav. de la Soc. du Berry, à Paris*, t. X, 1862-63, gr. in-8, p. 100-144.

— César chez les Bituriges (avec note de la rédaction [3268]. — *M. rec.*, t. XI, 1863-64; 41 p.

— Note, etc. [5251]. — *Congrès archéol. de Fr.*, XXXVe session tenue à Carcassonne en 1868 (1869), p. 17-22.

— Voir HIVER DE BEAUVOIR ET BOYER.

BOYER (X.). Histoire d'Alsace depuis les temps les plus reculés jusqu'à nos jours [3028]. T. Ier (unique?). *Paris, Aubry; Colmar, Barth*, etc. 1862.

Ouvrage annoncé en 3 vol.

BOYSSE. Antiq. de Limoges, etc. [10012]. — *L'Investigateur*, t. X, 1839, p. 49-59.

BOYVE (J.). Annales historiques du comté de Neuchâtel et de Valangin depuis J. César jusqu'en 1722 [10851]. *Berne et Neuchâtel*, 1855; 5 vol. in-8 et supplément.

BOZE (Claude le Gros de). Sur une inscription de l'empereur Albin [8625]. — *Mém. de l'Acad. des Inscr.*, t. I, 1717, (Hist.), in-4, p. 212-215; pl. et vign.

Inscription trouvée à Albigny, près Lyon, vers l'an 1600.

— Explication d'une inscription antique trouvée depuis peu à Lyon, où sont décrites les particularités des sacrifices que les anciens appelaient Tauroboles [8621]. *Paris*, 1705, p. in-8; 2 pl.

C. r. dans les *Mém. de Trévoux*, déc. 1705, p. 2085.

— Reproduction (?) du même travail intitulée: Explication d'une Inscription antique où sont décrites les particularités des sacrifices appelés Tauroboles. — *Mém. de l'Acad. des Inscr.*, t. II, 1717, in-4, p. 475-508; 2 pl. doubles.

— Bouclier (présumé carthaginois) trouvé au Panage [village entre la Tour du Pin et les Adrets (Isère)]. — (Voir l'article suivant.)

— Observations, etc. [1563]. — *M. rec.*, t. IX, 1736 (Hist.), p. 149-181.

Détail : article 2 : sur un bouclier votif, mis depuis peu au cabinet du roi. (Voir ci-dessus.) — Article 6 : sur une inscription latine découverte en Champagne.

— Relation, etc. [7268] (lue en 1741). — *M. rec.*, t. XVI, 1751 (Hist.), p. 131; 1 pl.

— Histoire de l'empereur Tetricus éclairée et illustrée par les médailles [316 *a*]. *M. rec.*, t. XXVI, 1759.

BOZE (Cl. de) et le b^on **DE LA BASTIE**. Antiq. découvertes à Nîmes en 1739 [5969]. — *M. rec.*, t. XIV, 1743 (hist.), p. 104; 5 pl.

BOZE (l'a. de). Histoire de la v. d'Apt [9766]. *Apt*, impr. *Trémolière*, 1813, in-8.

Voir aussi son *Histoire de l'Église d'Apt Apt*, 1820.

BRACCI (Dominique-Aug.). Commentaria de antiquis scalptoribus, etc. [2140]. *Florentiæ*, 1784-86, 2 vol. in-fol.; 46 pl.

BRACHET (J.-F.). Voyage d'un Hollandais dans le dép^t de Vaucluse, contenant la description des mon^ts construits par les Rom., et de ce que cette contrée offre de curieux soit par la nature, soit par l'art [2791, 9744]. *Avignon*, 1820, in-12; 24 p. — 2e éd. augmentée et intitulée : Voy. d'un Hollandais dans le dép^t de Vaucluse, etc... sur l'origine de l'Arc-de-Triomphe d'Orange... sur la marche et le passage du Rhône par Annibal. *Avignon*, 1821, in-12; 102 p.

BRACONNOT (H.). Examen, etc. [10074]. — *Ann. de la Soc. d'émul. des Vosges*, t. VI, 2e cahier, 1847, p. 573-577.

BRAINNE (C.), **DEBARBOUILLER** (S.), **LAPIERRE** (Ch.-F.), etc. Les Hommes illustres de l'Orléanais, biographie générale des trois dépts du Loiret, d'Eure-et-Loir et de Loir-et-Cher [3787]. *Orléans, A. Gastineau*, 1852, 2 vol.

BRAMBACH (Guillaume). Inscriptionum... censura [10751]. *Bonn, Marcus*. 1864; 18 p.; 1 pl.

— De Columnis milliariis ad Rhenum repertis [nouv. add. 11114*a*]. *Bonn*, 1865.

Programme de l'Université de Bonn.

— Corpus inscriptionum rhenanarum, consilio et auctoritate Societatis antiquariorum Rhenanæ [11116]. *Elberfeld, R. L. Friderichs*. 1867, in-4; XXXIV-390 p.

Préface de F. Ritschl. — C. r. par J. Becker, *Jahrb. d. Ver. d. Alterthumsfreunden in Rheinl.*, t. XLIV, 1868, p. 234.

— Notitia, etc. [1173]. *Frankfurt*, s. a. (1868).

BRANCHE (J.). La Vie des sainets, etc. [3141, 4079]. *Au Puy*, 1652, in-12.

BRANCHE (Dominique). Rapport [à M. de Caumont], etc. [6828]. — *Bull. mon.*, 1841. — T. à p. *Caen*, 1841.

BRANDES. Das ethnographische Verhältniss der Kelten, und Germanen nach den Ansichten der Alten und den Sprachlichen Ueberresten dargestellt [354]. *Leipzig*, 1857.

Cp. les articles 122, 123.

BRAULT (dr). Des Ages antéhistoriques [1435]. — *Mém. de la Soc. histor.* etc. *du Cher*, 2e s., t. I, 1868, p. 184-282.

BRAUN (F.). Urbium præcipuarum mundi, theatrum quintum [938]. *Coloniæ Agripp.* 1561, in-fol.

Vues de villes françaises au XVIe siècle, entre autres, vue de Poitiers et de la Pierre levée en 1561.

BRAUN (Georges). Civitates orbis terrarum, in æs incisæ et excusæ, et descriptione topographica, morali et politica illustratæ [939]. *Coloniæ*, 1576, 5 tomes en 3 vol. in-fol.

Plans des principales villes de France : Tours, Angers, Lyon, Vienne, Poitiers, Saintes, Cambrai, Chartres, Rouen, Châteaudun, Grenoble, Nevers, Avignon, Blois, Paris, etc. — Voir Brunet, *Manuel*, 5e éd., t. I, col. 1287.

BRAUN (J.-W.-J.). * 8 archæologische Abhandlungen, zum Theil [1181]. *Bonn*, 1849-50-53-55-59, in-4; planches.

Die Kapitale-Erklär. e. antik. Sarkophags zu Trier. — D. Judenbad in Andernach. — Z. Gesch. d. Thebaisch. Legion. — D. Trojaner am Rheine. — D. Wüstenroder Leopard: ein röm. Cohortenzeichen. — Die Externsteine. — D. Portal zu Remagen (2 Theile).

BRAYER (J.-B.-L.). Monuments, établissements et sites les plus remarquables du département de l'Aisne, lithographiés par E. Pingret, avec des notes explicatives, rédigées par Brayer [4229]. *Paris, Engelmann*, 1821, in-fol. oblong; front. et 34 pl.

— Statistique de l'Aisne publiée sous les auspices de M. le cte de Florac [4187]. 1824-25, 2 vol. in-4.

— Descr. des monts antiques et modernes que représentent, etc. [4422]. *Soissons*, 1833, in-fol.

BRÉAL (Michel-Jules-Alfred). Traduction de la Grammaire comparée de Bopp. — Voir ce nom.

— Les Tables eugubines. Texte, traduction et commentaire avec une grammaire et une introduction historique; — album in-fol. de 13 pl. photogravées [10962]. *Paris, Franck*, 1875. (26e fascicule de la « Bibliothèque de l'École pratique des hautes études. »)

BRÉAN (Adolphe). Notice, etc. [7025]. *Gien*, impr. *Clément*, 1863; 14 p.

— Étude sur Genabum [2707]. *Paris, Orléans, Gien*, 1863; 47 p.

— Album, etc. [7026]. In-4; 9 pl.

— J.-C. César dans la Gaule : Genabum, les Boïens, Vellaunodumun, Noviodunum Biturigum. État de la civilisation dans la Gaule à l'époque de la conquête. Abrégé de la vie de César. Note sur Vercingétorix [444]. *Orléans, Gatineau*, 1864; 172 p.

— C. r. des fouilles archéol. exécutées à Gien-le-Vieux en septembre 1865 [7028]. — *Rev. des Soc. sav.*, 4e s., t. IV, 1866, p. 384; 1 pl.

— Itinéraire, etc. [1254]. *Orléans, Gatineau*, 1865; VIII-96 p.; 4 pl. 2 cartes; 1 plan.

— C. r. des fouilles, etc. [7030]. — *Rev. des Soc. sav.*, 4e s., t. VI, 1867, p. 551. — 2e c. r., etc. — *M. rec.*, m. s., t. VIII, p. 426.

BREBAN (Corrard de). — Voir Corrard de Breban.

BREGHOT DU LUT (**Claude**). * Lettres lyonnaises, ou correspondance sur divers points d'histoire et de littérature, par C. B. D. L. [nouv. add. 8506 *a*]. *Lyon*, impr. *Barret*, 1826; 60 p. — Voir Quérard, *Supercheries litt.*, 2e éd., t. I, col. 668 *b*.

— * Mélanges, etc., par M. *** [nouv. add. 8506 *b*]. *Lyon*, impr. *Barret*, 1828 et 1829-31; 2 vol. in-8.

T. à p. d'articles publiés dans les 14 premiers vol. des *Archives histor. et statistiques du dép. du Rhône*, etc. (Voir Brunet, *Manuel*, article Breghot)

— Sur deux inscriptions trouvées à Lyon (en 1830) [8635]. — *Archives histor. du Rhône*, t. XII, 1830, p. 104-115.

— Inscriptions antiques inédites (trouvées à Lyon, quai de l'Archevêché) [8636]. — *Rev. du Lyonnais*, t. IV, 1836, p. 168-176.

BREGHOT DU LUT, COCHARD et GROGNIER. * Archives histor. et statistiques du Rhône [8461]. 1824-1832. 10 vol.

BREITINGER (**J.-J.**). Nachricht, etc. und von merckwürdigen antiquitæten in der Herrschaft Knonau [10918]. *Zurich*, 1741, in-4; pl.

BRENNER (**Elias**). Thesaurus nummorum sueco-gothicorum vetus, commentarius illustratus; accedunt ejusdem liber de nummophylaciis Sueciæ, de scriptoribus rei numerariæ suethicæ, et de variis nummorum cumulis per Succoniam repertis [1881]. *Holmiæ*, 1731, in-4; 63 pl.

L'édition de *Stockholm*, 1691, in-4, est incomplète.

BRÈS (**J.-P.**). Souvenirs du musée des monuments français; collection de 40 dessins dessinés par M. J.-E. Biet, et gravés par MM. Normand; perspectifs gravés au trait, représentant les principaux aspects sous lesquels on a pu considérer tous les monuments réunis dans ce musée, avec un texte explicatif [1582]. *Paris*, *Didot l'aîné*, 1821, in-fol. (publié en 10 livraisons).

BRESSEAU. Étude sur l'origine du nom de *Picards* et sur les questions intéressantes que soulève cette recherche, soit en géographie, soit en numismatique, soit en histoire [3825].

C. r. analyse et extrait relatif aux Éburons, Condruses, Tongri et Atuatiques, par M. Meynaerts. *Revue de la num. belge*, t. II, 1846, p. 224.

— [*Ms.?*] Mém. sur les campements des Romains dans la partie Sud-Ouest de la Picardie lors de la 2e campagne de César [3833].

Mentionné dans les *Mém. de la Soc. des Antiq. de Picardie*, t. Ier, 1838, p. 5.

BRETAGNE. Médaille gauloise trouvée dans les environs de Laon (et relative à Lutèce?) [4264, 9143]. — *Bull. de la Soc. acad. de Laon*, t. I, 1852, p. 37-40.

— Médailles rom. trouvées à Aubenton [4290]. — *M. rec.*, t. II, 1853, p. 87.

— Notice sur une statuette en bronze trouvée sur le territoire de Cilly [4318]. — *M. vol.*, p. 312; 1 pl.

Statuette attribuée conjecturalement au dieu Bélénus.

— Lettre à M. E. Hucher (concernant sa 2e lettre à M. de la Saussaye, sur la numismat. gauloise; — autels gaulois) [500]. — (Voir Hucher, s. l. n. d. de 1853). — *Rev. num.*, t. XIX, 1854, p. 143-445.

— Sur une inscription latine, etc. [4432, nouv. add. *a* 8651]. — *Bull. de la Soc. arch. de Soissons*, t. IX, 1855, p. 9.

— Représentation d'Hercule, etc. [3744]. *Mém. de la Soc. d'arch. lorraine*, 2e s., t. V, 1863. — T. à p. *Nancy*, 1862.

BRETAGNE et ROUIT. Ruines gallo-rom. de Nizy-le-Comte [4373]. — *Bull. de la Soc. acad. de Laon*, t. I, 1852, p. 91-102.

BRETON (**F.-P.-Hippolyte-Ernest**). Introduction à l'histoire de France ou description physique et monumentale de la Gaule, jusqu'à l'établissement de la monarchie [357]. *Paris*, 1838, in-fol. pl.

Ouvrage fait avec la collaboration de M. Achille de Jouffroy. — Couronné par l'Acad. des Inscr. en 1839.

— Antiq. découvertes à Broin (Côte-d'Or) et dessinées par Mr Gauthier-Stirum [5405]. — *L'Investigateur*, t. XI. 1839-1840, p. 54-57; 1 pl.

— Note, etc. [5326]. — *Mém. de la Soc. des ant. de Fr.*, 2e s., t. V, 1840, p. 76.

— *Mémoire*, etc. [8760]. — *M. vol.*, p. 247.

— Antiquités de la v. d'Antibes (Var) [9705]. — *Mém. de la Soc. archéol. du Midi*, t. IV, 1841, in-4, p. 393-399.

— Notice, etc. [8036]. — *L'Investigateur*, 2e s., t. I, 1841, p. 195-205.

— 1re étude sur les tombeaux des anciens; 2de étude, etc. [1651]. — *Mém. de la Soc. des ant. de Picardie*, t. V, 1840, p. 97, et t. VI, 1842, p. 137.

— Antiq. de Vaison [9812]. *M. rec.*, t. VI, 1842, p. 111.

— Les monts de tous les peuples dessinés et décrits d'après les documents les plus modernes [1595]. *Bruxelles*, 1843. 2 vol.

BREUILLARD (l'a.). Mémoires sur Époisses [5425]. — *Mém. de la Comm. des antiq. de la Côte-d'Or*, t. III, 1re livr., 1853-54; in-4. — T. à p.

— Sainte-Reine d'Alise, etc. [2523]. *Dijon*, s. d. (1860). In-12; pièce.

Avait paru dès 1858 dans l'*Écho de l'Auxois*, oct. et nov., et dans le *Journal d'Avallon*.

BREUL (le p. Jacques). Les antiquitez et choses plus remarquables de Paris, recueillies par M. Pierre BONFONS, augmentées par frère Jacques DU BREUL [9084]. *Paris, N. Bonfons*, 1608, in-12.

— Théâtre des antiq. de Paris, où est traité de la fondation des églises et chapelles de la Cité, Université et Diocèse de Paris, comme aussi de l'institution du parlement, fondation de l'Université, Collège et autres choses remarquables [9085]. *Paris*, 1612, in-4. — 2e éd., 1618. — 3e éd., à laquelle on a joint: *Supplementum antiquitatum urbis Parisiacæ, quoad S. Germani a Pratis et S. Mauri Fossatis Cœnobia, eodem auctore*. Paris, 1624, in-4. — 4e éd. *Paris*, 1639, in-4. — 5e éd., donnée et augmentée par Claude MALINGRE: Les Antiquités de la v. de Paris, contenans la rech. nouvelle des fondations et établissemens des égl., chapelles, monastères, hôpitaux, quais, ponts, etc.; la chronologie des premiers présidents, avocats et procureurs généraux du parlement; prévôts des marchands et échevins, etc.; les privilèges des bourgeois et ordonnances d'icelle v., juges et consuls des marchands, etc.; le tout extraict de plusieurs titres et archives, cabinets, registres publics et particuliers mémoires, etc. *Paris, Rocolet*, etc. 1640, in-fol. — Voir Gilles CORROZET.

BREULIER (A.). Études, etc. [2006]. — *Rev. archéol.*, t. VIII, 1851-52, p. 474, 753; t. IX, p. 617.

— Considérations nouvelles, etc. [2007]. *Paris*, 1852.

BREUVERY (de). Recherches, etc. [4409]. — *Mém. de l'Acad. celtique*, t. V, 1810, p. 334.

BREUZE (Léon de). L'Alesia de César, etc. [2601]. — *Mém. de la Soc. acad. de l'Aube*, 3e s., t. VI, 1869, p. 87-100.

BREYER (Rémy). Lettres, etc., avec un abrégé de la vie de saint Loup [4646, 8261]. *Troyes, de Barry*, 1706, in-12.

BRÉZILLAC (dom J.-François de). — Voir dom J. MARTIN et D. J.-Fr. DE BRÉZILLAC.

BRIANCHON. Maison romaine, etc. [9430]. — *Bull. de la Soc. des ant. de Normandie*, Ve année, 1864; 3 p.

BRIANT (l'a. Joseph). Histoire de l'église santone et aunissienne, depuis son origine jusqu'à nos jours [3190, 3967]. *La Rochelle, Boutet*, 1843, 3 vol.

— Notice, etc. [3971]. *Saintes*, 1845; 17 p.

— Saint Eutrope, etc. [3972]. *Id.*, 1845.

BRICE (dom Germain). Description nouvelle de la ville de Paris [9088]. *Paris*, 1685, 2 vol. in-12; 1 plan; nombr. pl.

9 ou 10 réimpressions, entre autres *Paris*, 1706, 2 vol. in-12. — Dernière éd., *Paris*, 1752, 4 vol. in-12. — MARIETTE a fait des additions aux vol. 1, 2, 3, et l'abbé PÉRAU au 4e. (QUÉRARD, *Fr. litt.* — *Biogr. univ.*, art. PÉRAU.)

BRIDEL. Lettre, etc. [504]. — *Mém. de l'Acad. celtique*, t. V, 1810, p. 189-285.

BRIÈRE (de). Notice sur le château seigneurial d'Issy, connu sous le nom de château de Childebert et sur qq. antiq. qui y ont été découvertes; suivie d'un coup d'œil sur le séminaire [9153]. *Paris*, 1841. Pièce.

BRIÈRE (Leroy de la). Note sur les objets gallo-romains découverts en Vendée depuis la création du musée départemental [9822]. — *Annuaire de la Soc. d'émul. de la Vendée*, t. II, 1856; 12 p.

BRIET (le p. Philippe). Parallela geographica, etc. [969]. *Parisiis, Cramoisy*, 1648, 3 vol. in-4; fig.

Livre VI : De Gallia antiqua. « Cet ouvrage estimé ne traite que de l'Europe. La suite, laissée en manuscrit, se conserve à la Bibliothèque nationale depuis 1811. » (BRUNET, *Manuel*.)

BRIEU (J.). Histoire du dépt de l'Hérault depuis les temps les plus reculés jusqu'à nos jours; avec des not. particul. pour chaque v. du dépt, suivies de la géographie phys. et admin. et des not. biograph. des grands hommes [6385]. *Lodève*, 1861, in-16.

BRILLANT (l'a.). * Dictionnaire universel français et latin, vulgairement appelé Dictionnaire de Trévoux, contenant la signification et la définition des mots de l'une et de l'autre langue, avec leurs différents usages, les termes propres de chaque état et de chaque profession, la description de toutes les choses naturelles et artificielles, leurs figures, leurs espèces, leurs propriétés, l'explication de tout ce que renferment les sciences et les arts, soit libéraux, soit mécaniques, etc., avec des remarques d'érudition et de critique; le tout tiré des plus excellents auteurs, des meilleurs lexicographes, étymologistes et glossaires, qui ont paru jusqu'ici en différentes langues. 6e éd., corrigée et considérablement augmentée (par l'abbé Brillant) [28]. *Paris, la Compagnie des Libraires*, 1771, 8 vol. in-fol. — 1re éd., *Trévoux*, 1704, 3 vol. in-fol. — 2e éd., *Trévoux et Paris*, 1721, 5 vol. in-fol. — 3e éd., *Paris*, 1732, 5 vol. in-fol. — 4e éd., *Paris*, libraires associés, 1743, 6 vol. in-fol. — 5e éd., *Paris*, 1752, 7 vol. in-fol.

Voir, sur ces diverses éd., BARBIER, *Dict. des Anonymes*, 3e éd., t. I, col. 986-7.

BRILLAT DE SAVARIN. Sur l'archéologie, etc. Lu à la Soc. roy. des ant. de Fr., le 30 mai 1819 [3352]. — *Mém. de cette Soc.*, t. II, 1820, p. 436.

BRILLOUIN (J.-L.-M.), de St-Jean-d'Angély. Essais historiques, etc. Arrondissement de Bar-sur-Aube [4669]. — *L'Investigateur*, t. III, 2e s., 1843, p. 133-138. — [2e article]. *M. rec.*, t. V, 1845, p. 416-424.

— Sur les tombeaux, etc. [5243]. — *Bull. des travaux de la Soc. hist.* etc. *de Saint-Jean-d'Angély*, 3e an. 1865; 12 p.

BRINDEJONC. Dépôts lacustres, etc. [8895]. — *Bull. de la Soc. d'agr.* etc. *de la Sarthe*, 2e s., t. X, 1865-66, p. 601-614.

BRIOLLE (A. de). Mém. en réponse au questionnaire archéologiq. publié par l'Académie impériale de Bordeaux. — Cnes de Bassens, Carbon-Blanc, Lormont [6266]. *Bordeaux*, 1858; 72 p.; 1 pl.

BRIQUET (Hilaire-Alexandre). Histoire de la v. de Niort, depuis son origine jusqu'au règne de Louis-Philippe Ier..., avec une biographie des notabilités de cette portion de la France [9482]. *Niort*, 1832, in-8.

BRISSAUD. Obs. sur la prétendue identité de la localité de Bridiers (cne de la Souterraine) et de la v. rom. de Prætorium [2907 *a*]. — *C. r. des trav. de la Soc. du Berry à Paris*, 10e an. 1862-63 (1863), gr. in-8, p. 91-94.

Voir le no 5570.

BRISSON. De formulis [2229]. *Paris*, 1592.

BROCA (dr Paul). Sur les fouilles du Mont-Berny (Oise), cimetière gallo-rom.; sur les fouilles de Chamant (Oise), sépulture de l'âge de la pierre [8087]. — *Bull. de la Soc. d'anthropol.*, t. IV, 1863, *passim*, et notamment p. 511.

— Étude anthropolog., etc.; lettre au dr G. de Closmadeuc [7756]. — *Bull. de la Soc. polymath. du Morbihan à Vannes*. 1er sem. 1865; 3 p.

Voir aussi le 2e semestre 1865 (1866).

BROCART (R.-H.). Notice, etc. [7459]. — *Mém. de la Soc. histor.* etc. *de Langres*, t. II, livr. 1-3, 1862, gr. in-4; 10 p.

BROCKEDON. Illustrations, etc. [2802]. *Londres*, 1828-29. (Format inconnu.)

BROEKAERT (J.). Dissert., etc. [10536]. — *Ann. du Cercle archéol. de Termonde*, 1re partie, 1863.

BROELMANN (Étienne). * Epideigma, sive specimen historiæ veteris amplæ civitatis Ubiorum Coloniæ Claudiæ Aug. Agrippinensis in aliquot primis æreis laminis et horis succisivis, et commentarii rerum civilium parte I et II quæ sunt originum priscarum et Ubioromanarum [11017]. Apud *Coloniam Claudiam Aug. Agrippinensem, sumptibus auctoris*, 1608, in-fol.; 14 pl.

BRÖMMEL (Frédéric). Ueber die Helvetier und ihr Verhältniss zu einer älteren Bevölkerung der Schweiz, nebst einigen Worten über Völkerwanderungen und über die Swewen [10772]. *Bâle, Neukirch*, 1837, gr. in-8.

BROGLIE (duc Albert de). L'Église et l'Empire rom. au IVe siècle [738].

1re partie : Règne de Constantin. *Paris, Didier*, 1856, 2 vol. — 2e éd., 1857. — 3e éd., 1860. — 4e éd., 1867.

2e partie : Constance et Julien. *Id., ibid.*, 1859, 2 vol. — 2e éd., 1862. — 3e éd., 1865. — 4e éd., 1869.

3e et dernière partie : Valentinien et Théodose. *Id.*, *ibid.*, 1866, 2 vol. — 2e éd., 1869, 2 vol. in-12.

C. r. par Ém. Littré dans le *Journal des Savants*, oct., nov., déc. 1856. Reproduit dans le volume de mélanges ayant pour titre : *Études sur les Barbares et le moyen âge*. 1867, in-12.

BROISSE (B.-J. ou J.-F.). Recherches, etc. [8100]. *Senlis*, 1835 ; 240 p.

BRONGNIART (Alexandre). Traité des arts céramiques et des poteries, considérés dans leur histoire, leur pratique et leur théorie [1752]. *Paris, Béchet* jeune et *Mathias*, 1844, 2 vol. et 1 atlas oblong. — 2e éd., revue, corr. et augm. de notes et d'additions par Alphonse SALVÉTAT. *Id.*, *ibid.*, 1855, 2 vol. in-8 et atlas in-4 ; 9 tableaux et 60 pl.

BROSI (J.-B.). Die Kelten und Althelvetier [10775]. *Solothurn*, 1851 ; 1 lithog.

BROSSARD DE RUVILLE. — Voir RUVILLE.

BROSSARD (Joseph). Histoire politique et religieuse du pays de Gex et lieux circonvoisins depuis César jusqu'à nos jours [3549]. *Bourg ; Paris, Périsse*, 1851 ; 1 carte.

Ouvrage composé avec les matériaux recueillis et laissés à l'auteur par DEPÉRY, évêque de Gap.

BROSSAY (Chiron du). Monnaies armoricaines, etc. [5516]. — *Mém. de la Soc. archéol. et h. des Côtes-du-Nord*, t. V, 1865-70, p. 424-426 ; 1 pl.

— Essai de classification, etc. [5489]. — *M. vol.*, p. 427-430 ; 1 pl.

BROSSETTE (Cl.). Éloge historique ou histoire abrégée de la ville de Lyon ancienne et moderne [8502]. *Lyon*, 1711, in-4.

[Nouvelle édition de l'ouvrage de Cl.-Fr. Menestrier qui porte ce titre. — Voir ce nom sous la date de 1669.] « Mérite fort d'être lu, » dit Monfalcon (*Hist. monum. de Lyon*, t. Ier, p. 37).

BROSSIER - GÉRAY. Découverte, etc. [5853]. — *Bull. de la Soc. dunoise* (à Châteaudun), t. Ier, 1864-69, p. 127-128.

BROTONNE (F. de). Civilisation primitive, etc. [1362]. *Paris, Ch. Warée*, 1845.

— Voir F. DENIS, PINÇON et de BROTONNE.

BROUCHOUD (C.). Études, etc. [6585]. *Vienne*, impr. *Timon*, 1863 ; 15 p. et pl.

BROUILLET (P.-Amédée). Notes, etc. [9943]. — *Bull. de la Soc. des ant. de l'Ouest*, 1862, 5 p. ; 2 pl.

— Indicateur archéologique de l'arr. de Civray depuis l'époque antéhistorique jusqu'à nos jours, pour servir à la statistique monumentale du dépt de la Vienne, orné de 5 cartes monumentales cantonales et de 150 pl. [9888]. *Civray*, 1865, in-4 ; 391 pl.

— Époques antéhistoriques du Poitou, ou recherches et études sur les monuments de l'âge de la pierre recueillis dans les caves, le diluvium et les celtiques en plein air de cette contrée [3871]. — *Mém. de la Soc. des ant. de l'Ouest*, t. XXIX, an. 1864 (1865) ; 148 p. — T. à p. (Voir l'article suivant.)

BROUILLET et A. MEILLET. Époques, etc. [3870]. *Poitiers, Girardin-Létang ; Niort, Clouzot ; Paris, Dumoulin ; Derache* ; VIII, 320 p. ; 50 pl. ; in-4 grandeur naturelle.

— Appendice aux époques antédiluvienne et celtique du Poitou. Nouvelles découvertes d'ateliers de l'âge de pierre en Poitou. *Poitiers et Paris*, 1865 ; 12 pl. in-4.

— Quelques mots, etc. [3872]. — *Le Glaneur Poitevin*, 1867, in-4 ; 7 colonnes.

BROUSSONNET. * De l'antiquité de Montpellier [6397]. *Montpellier, Castel*, 1835 ; VI, 54 p.

BROUTIN (Auguste). Histoire, etc. [6798]. *Saint-Étienne, Chevalier*, 1867, gr. in-8, 544 p. avec 1 plan du Forum Ségusiave, 1 plan géométral de la v. fait par P. BRISSAT en 1768, et 6 vues.

BROVERIUS. — Voir l'article suivant.

BROWER (Christophe). Antiquitatum etc... libri XXII [11055]. *Cologne*, 1626, in-fol.

— Nouvelle édition augmentée : Antiquitatum... libri XXV ; edidit Jac. MASENIUS. *Leyde, J. Math. Hovius*, 1670-71, 2 vol. in-fol.

Voir la *Biographie univ.*, art. BROWER.

BRUAND (A.-J.). Sur une mosaïque, etc. [6707]. *Paris*, 1816 ; 34 p. ; 2 pl.

BRUAND (Th.). Note, etc. [5668]. — *Mém. et CC. rr. de la Soc. litt. d'émul. du Doubs*, t. III, 1846 ; p. 145. — Voir aussi PERCEROT ET BRUAND.

BRUAS (Albert). Note sur un retranchement, etc. [7210]. — *Soc. d'agr.* etc.

d'Angers. Répertoire archéol. de l'Anjou, 1869, p. 249-253 ; 1 plan.

— Camps de la Breille [7214]. — *M. vol.*, p. 429-432.

BRUCE-WHYTE (A.). Histoire des langues romanes et de leur littérature depuis leur origine jusqu'au XIVe siècle. (Traduit de l'anglais par Fr. Gustave EICHHOFF.) [2297]. *Paris, Treuttel et Wurtz ; J. Renouard*, 1841, 3 vol. gr. in-8.

Voir l'introduction sur les origines celtiques de la langue française, p. 1-85.

BRUCKER (Jacob). Historia critica philosophiæ a mundi incunabulis ad nostram usque ætatem deducta [617]. *Lipsiæ*, 1742-1744 ; 5 vol. in-4. — Nouv. éd. 1766, augm. d'un Appendice en 1767.

BRUCKNER (Daniel). Versuch einer Beschreibung historischer und natürlicher Merkwürdigkeiten der Landschaft Basel [10871]. *Basel, Thurneisen*, 1748-1764, 4 vol. ; fig. et 1 carte (23 parties).

23e partie : Antiq. d'Augst.

BRUCKNER (Aug.). Historia, etc. [4864]. *Gottingæ*, 1826, in-4.

BRUÉ (A.-H.). Atlas géogr., histor., politique et administratif de la France, précédé d'un texte et d'une analyse raisonnée des cartes, par M. GUADET [1068]. *Paris, Desray*, 1820-1828, gr. in-fol. divisé en deux parties :

Partie géographique, 24 cartes coloriées avec texte explicatif. — Partie historique et monumentale, 45 pl. contenant plus de 800 sujets au trait. (Cette dernière partie est d'Alexandre Lenoir.)

— Atlas universel de géographie physique, ancienne et moderne, contenant les cartes générales et particulières de toutes les parties du monde. Nouvelle édition revue et augmentée par Ch. PICQUET et par E. GRANGEZ [1074]. *Paris, Picquet*, gr. in-fol.

Pour les autres éditions et parties détachées, voir BRUNET, *Manuel*, 5e éd., t. I, col. 1285. — Voir aussi plus loin l'article VELLY.

BRUEIL (Pierre du). Histoire ample des peuples, etc. [4689]. *Paris*, 1654, p. in-8.

BRUGELLES (dom Clément de). Chroniques d'Auch [6211]. *Toulouse*, 1746, in-4.

BRUGIÈRE DE LA MOTTE. — Voir MOTTE (Brugière de la).

BRULLÉE (l'a.). Rapport sur des fouilles exécutées à la fin de 1852 et au commencement de 1853, dans l'emplacement des trois églises successivement élevées sur le tombeau de sainte Colombe, de l'an 274 à l'an 1143 [10205]. — *Bull. de la Soc. archéol. de Sens*, an. 1853 (1854), p. 68-81.

BRUN (A.-F.). L'hypocauste de Cimiès [4582]. — *Ann. de la Soc. des l. sc. et arts des Alpes-Maritimes*, t. Ier, 1865 ; 10 p.

— Description, etc. [4580]. — *Congrès archéol. de Fr.*, XXXIVe session tenue à Paris en 1867 (1868), p. 463-476.

BRUN (Victor). Fouilles paléontologiques de l'âge de pierre : Abris et cavernes de Bruniquel [9686]. — *Rec. de la Soc. des Sc.* etc. *de Tarn-et-Garonne*, 1867-68, p. 329-354. — T. à p. Paléontol., etc. 1867, gr. in-8.

BRUN (E.). La v. de Mus, oppidum gaulois dans les Cévennes [6090]. — *Bull. de la Soc. d'arch.* etc. *de la Drôme*, t. V, 1870, p. 303.

BRUN-LAVAINNE. Revue du Nord [3726]. *Lille*, 1833-37. 8 vol. gr. in-8 ; fig.

— Transportation, etc. [3513 *d*]. — *Congrès scientif.* XXe session tenue à Arras en 1853. T. II, 1854, p. 216-226.

BRUNE (l'a.). Répertoire, etc. [6436]. — *Mém. de la Soc. archéol. d'Ille-et-Vilaine.* An. 1861 ; 38 p.

Consulter aussi : *Résumé du Cours d'archéologie professé par l'a.* BRUNE *au Séminaire de Rennes. Rennes*, 1846 ; 440 p.

BRUNEAU. — Rapp. sur Samarobriva, ancienne v. de la Gaule [2926]. — *Mém. de la Soc. d'agr.* etc. *de Douai*, t. I, 1826, p. 156. (Voir aussi t. II, 1827-28, p. 59-60.)

BRUNET. Lettre, etc. [4963].

Mentionnée dans la *Biblioth. histor.*, t. III, n° 38168.

BRUNET (Jacques-Charles). Manuel du libraire, etc. [187]. *Paris, Brunet, Leblanc*, 1810, 3 vol. — 2e éd. *Paris, Brunet* (seul), 1814, 4 vol. — 3e éd. *Id., ibid.*, 1820, 4 vol. — 4e éd. *Id., Silvestre*, 1842-1844, 5 vol. — 5e éd. *Id., F. Didot*, 1860-65, 6 vol. gr. in-8.

Deux contrefaçons belges (au moins). La 2e (dite 4e éd.) *Bruxelles*, 1838-1839, 4 vol. — Supplément, par DESCHAMPS. *Paris, F. Didot*, t. I, 1878 (se continue avec la collaboration de Gustave BRUNET).

BRUNET DE PRESLE (Wladimir). Rapport sur l'hypogée de Crécy, découvert en 1842 [9202]. 1842.

— Sur le nom de Metiosedum (assimilé à la v. de Melun) [9181]. — *Rev. archéol.*, 2e s., t. VI, 1862, p. 1-5.

— Note, etc. Lettre au directeur de la *Revue archéol.* [1164]. — *M. rec.*, 2e s., t. XVI, 1867, p. 210-213.

— Origine, etc. [1694 *a*]. — *Bull. de la Soc. franç. de numismatique*, etc. 1869. — Reproduit dans le *Bull. de la Soc. d'émul. de Poligny*, 1870, p. 100.

Origine des tumuli non funéraires attribuée à la délimitation des propriétés agraires.

BRUNET (Gustave). La France littéraire au XVe s., etc. [207]. *Paris, A. Franck*, 1865.

Mentionné dans le catalogue Lescoet, 2e partie, no 2610.

— Notice sur Marcellus le Bordelais, 1er médecin de l'empereur Valentinien et sur les ressources qu'offrent ses écrits pour la connaissance de la langue parlée en Aquitaine au IVe siècle [2416 *a*, 6352]. — *Actes de l'Acad. des sc.* etc. *de Bordeaux*, an. 1854.

BRUNET (Gustave) et LAMOTHE (Léonce de). * Essai, etc. [6249]. *Bordeaux, P. Chaumas*, 1847, in-4; 160 p.

BRUNETTE (N.). Notice sur les antiq. de Reims, les découvertes récemment faites et les mesures adoptées pour la conservation des anciens monts de la ville [7384]. *Reims, Brissart-Binet*, 1861.

BRUYELLE (Ad.). Rapport, etc. [8003]. — *Mém. de la Soc. d'émul. de Cambrai*, t. XIX, 2e partie, 1843, p. 469; pl.

— Description, etc. [7974]. — *M. rec.*, t. XXIV, 1re p. 1853, p. 583.

— Chaussées romaines du Cambrésis [3409]. — *M. rec.*, t. XXV, 2e p., 1859; t. XXVI, 1re p., et *Congrès archéol.*, XXVe session, 1859.

— Dictionnaire topographique... rédigé sur la demande de M. le ministre de l'instruction publique [7969]. — *M. rec.*, t. XXVII, 2e partie, 1862. — T. à p. *Cambrai*, 1862; 371 p.

— Carte archéologique, etc. [7971]. — *Bull. de la Comm. histor. du dépt du Nord*, 1863.

— Découverte, etc. [8005]. — *Mém. de la Soc. d'émul. de Cambrai*, t. XXVIII, 2e p., 1865; 4 p.

— Bull. archéol. de l'arrt de Cambrai, précédé d'un bulletin rétrospectif, remontant au VIe siècle [7973]. — *M. rec.*, t. XXVII, 1860. (Bull. rétrospectif) t. XXXI, 1re p., 1870.

BRUYSSEL (E. van). Table générale des not. concernant l'histoire de Belgique, publiées dans les Revues belges de 1830 à 1865 [10448]. *Bruxelles*, 1869, gr. in-8.

BRUZARD (Armand). Notice, etc. [5430]. — *Bull. de la Soc. des Sc.* etc. *de Semur*. 2e an., 1865 (1866); p. 76-92.

— Not. sur la source, etc. [5437]. — *M. rec.*, 3e an. 1866, p. 67-75.

BRUZARD (Arm.) et GUÉRIN. Fouilles, etc. [5415]. — *M. rec.*, t. I, an. 1864; 28 p.

BRUZARD (Albert). De l'âge de bronze, etc. [5368]. — *M. rec.*, 4e an. 1867, p. 20-32.

— Fouilles, etc. [5431]. — *M. rec.*, 5e an. 1869, p. 38-48.

BRUZEN DE LA MARTINIÈRE. — Voir MARTINIÈRE (Bruzen de la).

BRY (Gilles), sieur de la CLERGERIE. — Voir CLERGERIE (Gilles BRY de la).

BRZOSKA. De geographia mythica [492]. *Lipsiæ*, 1831; 81 p.

BUACHE (J.-Nic.). Obs. sur la carte itinéraire des Rom. appelée communément carte de Peutinger et sur la géographie de l'anonyme de Ravenne [1205]. — *Mém. de l'Institut national des sc. et arts, sc. mor. et polit.*, t. V, 1804; in-4, p. 53-62.

BUAT (cte du). Histoire, etc. [115]. *Paris, vve Desaint*, 1772, 12 vol. in-12.

Voir notamment t. I, ch. 2 à 6.

BUCELIN (Jean), alias BUZELIN. Gallo-Flandria (sacra et) profana, in quâ urbes, oppida, etc. Gallo-Flandrici tractus describuntur [3505]. *Duaci*, 1624-1625. 2 vol. in-fol.

BÜCHERIUS (Ægidius), nom latinisé de Gilles BOUCHER (voir ce nom).

BUCHET. Note, etc. [7009]. — *Bull. de la Soc. archéol. de l'Orléanais*, 1863, p. 113.

BÜCHNER (Alexandre). Les Troyens en Angleterre [10273]. — *Mém. de l'Acad. des Sc.* etc. *de Caen*, 1868, p. 82-106.

BÜCHNER (Andr.). Uber die Einwöhner Deutschlands im IIten Jahrhündert der Christlichen Zeitrechnung namentlich über Sachsen und Bayern nach Cl. Ptolemæus [10725]. *Munich, Franz*, 1839, gr. in-4.

1° Texte et trad. allemande des chapitres de Ptolémée concernant la Germanie, la Rhétie, la Vindélicie, le Norique, la Pannonie et la partie supérieure de la Gaule Belgique. — 2° Le catalogue des populations allemandes au Ier siècle, d'après C. Plin. Secundus (Trophée des Alpes), Strabon et Tacite.

BUC'HOZ. Les Monuments anciens et modernes de Metz [7840]. *Metz, Buc'hoz*, 1795, in-fol.

BUCQUET. [*Ms.*] Dissertation, etc. [2660].

« Cette diss., lue en 1762 à la séance publique de l'Acad. d'Amiens, est entre les mains de l'auteur. Il fixa *Bratuspantium* à Beauvais, etc.» (*Biblioth. histor.*, t. I, n° 240.)

Dupont White (*les Antiquaires de Beauvais*, p. 45) dit que Buquet (*sic*) place Bratusp. à Breteuil.

— Voir Borel, Danse et Bucquet.

BUGNYON (Philibert). Chronicon urbis Mantissanæ [8734]. *Lugduni, J. Tornæsius*, 1559, p. in-8.

Ouvrage composé d'après Fustaillier [8736]. Voir Paul Guillemot, *Not. sur J. Fustaillier*, et Quérard, *Supercheries litt.*, 2e éd., t. I, col. 589.

— Chronique de la ville de Mascon faite en latin par Philibert Bugnyon I. C. Depuis mise en françois par Nicolas Edoard, Champenois [8735]. *Lyon, Nic. Edoard*, 1560, pet. in-8.

BUHOT DE KERSERS. — Voir Kersers (Buhot de).

BUILLOUD (Pierre, S. J.), Lugdunum sacro-profanum, seu de claris, illustribus et notis Lugdunensibus, Forensibus et Bellijocensibus, indices, argumentum et synopsis [3637]. *Lugduni*, apud *Guil. Barbier*, 1647, in-4; 12 p.

Programme d'un ouvrage considérable que l'auteur a exécuté, mais qu'il n'a pas fait imprimer. Il s'en est conservé plusieurs mss. décrits dans le *Nouveau Spon*, p. 21 et suiv. (Brunet, *Manuel*.)

BUIRETTE (Cl.). Histoire de la v. de Sainte-Menehould et de ses environs [7418]. *Ste-M., Poignée-Darnauld*, 1837; 1 carte, 3 plans.

BUISSON DE MAVERGNIER (Ed.). Documents, etc. [3594]. — *Bull. de la Soc. archéol. du Limousin*, t. VIII, 1858; 7 p. — T. à p.

— Rapport, etc. [9989]. — *M. rec.*, t. XI, 1861, p. 39-52.

— Juridiction druidique, etc. [5568]. — *M. rec.*, t. XIII, 1863; 11 p.

— Voirie rom. etc. en Limousin. Fixation de Prætorium [3601]. — *M. vol.*

— Rapport, etc. [10033]. — *M. vol.*

— Origines, etc. [3602]. — *M. rec.*, t. XIV, 1864. — T. à p. *Limoges, Chapouluud*, m. d.; 32 p.

— Voirie romaine, etc. [10009]. — *M. vol.* — T. à p. *Id.*, *ibid.*, m. d.; 10 p.

BULÆUS. — Voir Boulay (C. Égasse du).

BULLET (Jean-Baptiste). De apostolica ecclesiæ gallicanæ origine Dissertatio, in qua probatur apostolos, et nominatim sanctum Philippum, Evangelium in Galliis prædicasse [721]. *Vesontione, Daclin*, 1752, in-12.

C. r. dans les *Mém. de Trévoux*, juin 1754, p. 1459.

— Recueil, etc. [316]. *Besançon; Paris, Ant. Charmet*, 1759, p. in-8.

— Histoire de l'établissement du Christianisme, tirée des seuls auteurs juifs et païens où l'on trouve une preuve solide de la vérité de cette religion [722]. *Besançon; Paris, Panckoucke*, 1764, p. in-4. (Édition la meilleure.)

— Autres éditions : *Paris, Méquignon*, 1814; — *Vesoul; Paris, A. Leclère*, 1825.

— Mémoires sur la langue celtique contenant : 1° l'Histoire de cette langue, et une indication des sources où l'on peut la trouver aujourd'hui; 2° une description étymologique des villes, rivières, montagnes, forêts, curiosités naturelles des Gaules; de la meilleure partie de l'Espagne et de l'Italie; de la Grande-Bretagne, dont les Gaulois ont été les premiers habitants; 3° un Dictionnaire celtique renfermant tous les termes de cette langue [2253]. *Besançon, Cl. Jos. Daclin* (quelquefois aussi *Paris, Leprieur*, et *Dijon, Desventes*). 1754, 1759, 1760, 3 vol. in-fol. — Autre éd. *Lyon*, 1768, 3 vol. in-fol. (?).

— Diss. sur la mythologie française et sur divers points curieux de l'histoire de France [520]. *Paris, Moutard*, 1771, in-12.

BULLIOT (J.-Gabriel). Plan du mont Beuvray, etc. [7916]. — *Bull. mon.*, t. XIX, 1853, p. 319.

— Essai, etc. [3490]. (Publication de la Société éduenne.) *Autun*, 1856; 256 p.

Analyse par A. de Caumont, dans le *Bull. mon.*, t. XXXII, 1856, p. 397; — par L.-J. Alary, dans le *Bull. de la Soc. d'émul. de l'Allier*, t. VI, 1857, p. 56-66.

— Note, etc. [8763]. — *Bull. de la Soc. d'émul. de l'Allier*, t. VII, 1859 ; 7 p.

— Notes sur qq. bronzes, etc. [8773]. — *Rev. archéol.*, 2e s., t. IV, 1861, p. 373-376.

— Notice, etc. [8771]. — *Mém. lus à la Sorbonne en* 1861 (archéologie), 1862, p. 155.

— Fouilles, etc. [7917]. *Autun*, 1865, in-16 ; 33 p.

— La question de Bibracte — lettre au directeur de la Revue des questions historiques [2655]. — *Rev. des q. h.*, janv. 1867.

— Observations... sur les fouilles d'Augustodunum, pratiquées... pour l'établissement du chemin de fer, avec notes à l'appui [8766]. — *Mém. lus à la Sorbonne en* 1866 (arch.), 1867, p. 131.

— Le Culte des eaux, etc. [3493]. — *M. rec.* Mém. lus en 1867 (1868); 22 p. — T. à p.

— Mémoire, etc. [2657].— *Rev. archéol.*, 2e s., t. XIV, 1866, p. 285, XV, 1867, p. 69, 446, XX, 1869, p. 315, 398.

— Étude, etc. [2658]. — *Mém. de la Soc. des ant. de Fr. Paris*, 1870.

— Voir aussi Morlet (cel). S. l. d. de 1859.

BULLIOT (J.-G.) et FONTENAY (J. de). Le mont Beuvray, etc. [7915]. *Autun, Dejussieu*, 1851.

BUONACCORSI (Philippe, dit Callimachus Experiens ou Callimaco). Attila vel de Gestis Attilæ (Ed. donnée par Quintus Æmilianus Cimbriacus). [133]. *S. l. n. d.* (*Trévise*, 1489), in-4; *Haguenau, J. Secer*, 1531 ; *Basle*, 1541. — Reproduit dans les *Decades rerum Hungaricarum*, de Bonfini. (*Bâle*, 1543, et 6 autres éditions.)

BURDIN (Gustave de). Documents historiques, etc. [3535]. *Toulouse, Chapelle*, 1846, 1847, 2 vol.

BURGAULT (Émile). Aperçus historiques, etc. [406]. — *Bull. de la Soc. polymath. du Morbihan*, 1870, p. 94.

BURIE (Jean de). [*Ms.*] Provinciæ Galliæ Narbonensis... Chorographia [3910].

Mentionné dans la *Biblioth. hist.*, t. III, n° 38021.

BURIGNY (Jean Levesque de). Mémoire, etc. [777]. — *Mém. de l'Acad. des inscr.*, t. XL, 1780 (hist.), p. 31.

— * Note, etc. [2678]. — *M. rec.*, t. XLII, 1786 (hist.), p. 71.

BURSIAN (Conrad). Zwei Bronzestatuetten aus Avenches [2633]. 1865 ; 2 pl.

— Aventicum Helvetiorum [10868]. *Zürich*, 1867-70, 5 fascicules in-4 ; 30 pl.

BURTON (William). Commentary on Antoninus, his Itinerary or journeys of the Roman Empire, etc., so far as it concerneth Britain ; with a chronographicall map on the several stations, and index of the whole Work [1188, 10282]. *London*, 1658. In-fol.; carte.

BURY (Richard de). Histoire de la vie de Jules César, suivie d'une diss. sur la liberté [418]. *Paris, Didot*, 1758, 2 vol. in-12.

Publié d'abord en partie (anonyme) dans le *Mercure* de juillet à sept. 1756.

BUSE (Ad.). Heiliger Paulinus Bishop von Nola und seine Zeit [2421]. *Regensburg*, 1856, 2 vol.

BUSSEY (de). Note sur les margelles ou mardelles [7807]. — *Bull. de la Soc. d'arch.* etc. *de la Moselle*, Ve an. 1862.

BUSSIÈRES. Le Nivernais. — Voir Morellet, Barat et Bussières.

BUSTAMANTE (D.-Guill. Lopez). Examen, etc. [10639]. *Madrid*, Imprenta reale, 1799. P. in-fol.; fig.

BUTET (P.-A.). Statistique, etc. [5247]. *Bourges* (1829).

Voir aussi son *Mém. sur le dép. du Cher*. Bourges, an V.

BUTEUX (A.). Not. sur qq. antiq. rom. et du moyen âge de l'arrt de Montdidier [9549]. — *Mém. de la Soc. des Ant. de Picardie*, t. I, 1838, p. 475-486.

— Rapport, etc. [9629]. — *M. rec.*, t. III, 1840, p. 237.

BUTIN (Robert). Diss. sur le lieu par où passaient les lignes que Jules César fit faire près de Genève, etc. [10893].

Mentionnée dans la *Biblioth. histor.*, t. I, n° 184.

BUYX (M.). Auffindung eines römischen Votiv-Altars in der st Dionysiuskirche zu Nieukerk [11051]. *Gueldre*, impr. *L.-N. Schaffrath*, in-12.

C. r., avec reproduction d'une inscription latine, dans les Jahrb. des Vereins von Alterthumsfreunden im Rheinlande, t. XLI. *Bonn*, 1866, p. 177-179.

BUZAIRIES (L.-A.). Recherches, etc,

[3182]. — *Mém. de la Soc. archéol. du Midi*, t. IX, 1867, in-4, p. 43-53; 2 pl.

BUZELIN. — Voir BUCELIN.

BUZONNIÈRE (L. de). Histoire archéologique, etc. [6993]. *Paris; Orléans*, 1849, 2 vol.

— Not. sur 4 colliers et plusieurs autres objets gallo-rom., etc. [7059]. — *Mém. de la Soc. archéol. de l'Orléanais*, t. XI, 1868, gr. in-8; p. 210-220.

C

C. (C. H. M. D. —). — Voir MAILLARD DE CHAMBURE (Charles-Hippolyte).

C. (A.). Note supplémentaire (sur les Stèles ou Monuments funéraires d'Allian près *Baugy*. Époque gallo-romaine) [5293]. — *Mém. de la Comm. histor. du Cher*, t. I, 1re partie, 1857, p. 145-148.

CABANIOLS (l'a.). Notice, etc. [4811]. — *Mém. de la Soc. des lettres* etc. *de l'Aveyron*, t. I, 2e partie, 1838, p. 265.

— Du culte des pierres, etc. [3952]. — *M. rec.*, t. IX, 1859-1867; 51 p.

— Mémoire sur Carentomag [4791]. — *M. rec.*, t. X, 1868-73, p. 159-178.

CADALVÈNE (Édouard de). Recueil, etc. [2096]. — *Paris, Debure*, 1828, in-4; 5 pl. et nombr. vign.

C. r. au point de vue des Gallo-Grecs, par L. DE LA SAUSSAYE (médailles se rapportant à la monarchie gauloise établie en Thrace). *Rev. num.*, t. II, 1837, p. 458.

CADET (Ernest). — Voir LEBEAU (Isidore). Recueil de Notices, etc.

CAEMMERER (Frédéric). Description, etc. [7796]. — *Mém. de l'Acad. de Metz*. 1828-29, p. 366.

CAGNY (de). — Voir DECAGNY.

CAHIER (A.). Coup d'œil, etc. [8000]. — *Mém. de la Soc. d'agric.* etc. *de Douai*, 2e s., t. II, 1852-53 (1854), p. 195-246; 7 pl.

CAHIER (Aug.). Note, etc. [6564]. — *Mém. de la Soc. archéol. de Touraine*, t. V, 1855; 2 p.

CAHOUR (l'a.). Rech. historiques sur l'autel tutélaire de Lyon, ou N.-D. de Fourvières [8597]. *Lyon*, 1838, in-4.

CAIGNART. Lettre, etc. [4445]. 2e éd. 1782; in-4.

1re éd. dans l'ouvrage de BENDIER [4436]. — L'auteur place Augusta Veromanduorum à Saint-Quentin.

CAILA (de). Not. sur une médaille celtibérienne (décrite par Mionnet, t. I, nos 419 et 422) [10610]. — *Mém. de l'Acad. celtique*, t. II, 1808, p. 357-361.

CAILLEBOTTE jeune. * Domfront, etc. [8142]. *Mayenne, Roullois*, 1807. — 2e éd. intitulée : * Essai sur l'histoire et les antiq. de la v. et arrondt de Domfront, précédé d'une esquisse historique sur Le Passais; 2e éd. rev., corr. et augm. *Caen, Poisson*, 1816, in-18. — 3e éd. *Domfront*, 1827, in-18.

CAILLEMER (Exupère). — Note, etc. [1258]. — *Mém. lus à la Sorbonne en* 1868 (1869); 10 p.

— Les limites, etc. [3999]. — *Bull. de l'Acad. delphinale*, 3e s., t. II, 1870, p. 307-314.

CAILLETTE-L'HERVILLER (Edmond). — Voir HERVILLIERS (E. Caillette de l').

CAIX (J.-A.). — Voir CAYX.

CAIX DE SAINT-AMOUR (A. de). Mémoire, etc. [8101]. — *Mém. et cc. rr. du Comité archéol. de Senlis*, an. 1862-63 (1864); 18 p. — T. à p. *Senlis*, impr. *Duriez*, 1863; 23 p.

— Note, etc. [4034]. — *M. rec.*, an. 1863-64, p. 67-83.

CAJOT (dom Joseph). * Les antiq. de Metz ou rech. sur l'orig. des Méd., leur 1er établissement dans les Gaules, leurs mœurs, leur religion [7817]. *Metz, Joseph Collignon*, 1760. In-12; 320 p.

Signature au bas de la dédicace. — C. r. dans les *Mém. de Trévoux*, mai 1761, p. 1218.

CALLAND (Virgile). Pierre votive, etc. [4431]. *Soissons*, 1847, in-4.

— Notice etc. [4347] avec 2 lithogr. par P. LAURENT. *Paris*, 1861, in-4; 40 p.

— Not. sur un bas-relief gallo-rom.

[4233]. — *Bull. de la Soc. archéol.* etc. *de Soissons*, t. XV, 1861; 17 p.

— Nouvelle étude, etc. [4338]. — *Argus Soissonnais*, 3 mai 1864. — T. à p. *Soissons*, impr. *Fossé-Darcosse*, 1864; 16 p.

— Les sépultures de Pommiers [4379]. — *Bull. de la Soc. archéol.* etc. *de Soissons*, t. XIX, 1865, p. 288-304.

— Note, etc. [4378]. — *M. rec.*, 2e s., t. II, 1868.

— Une Station de l'âge de bronze dans la vallée de l'Aisne [notamment à Rethondes] [8099]. — *Rev. archéol.*, 2e s., t. XX, 1869, p. 131-134.

CALLANDREAU (Amédée-Léonard). Rapport fait au bureau de la Soc. archéol. et histor. de la Charente sur la découverte, etc. [5183]. — *Bull. de la Soc.*, 4e s., t. VII, 1870, p. 303-314; 1 plan.

CALLAY. Dessin partiel d'une mosaïque trouvée à Nizy-le-Comte le 13 nov. 1851 [4367]. — *Bull. de la Soc. acad. de Laon*, t. I, 1852, p. 102.

CALLIMACHUS, Experiens, Philippus (Philippo Bonaccorsi ou Buonaccorsi). — Voir Buonaccorsi.

CALLOUD (Ch.). Antiq. et source minérale de la Bauche. — Lettre à l'a. Ducis. — Obs. de l'a. Ducis en réponse [8939, 8940]. — *Rev. savoisienne*, 3e an. 1862, p. 102.

CALMEIL. Étude, etc. [450]. — *Mém. de la Soc. des ant. de l'Ouest*, an. 1852; 6 p.

CALMET (dom Augustin). * Diss. sur les grands chemins de la Lorraine [3617]. *Nancy, P. Antoine*, 1727, in-12, et (d'après Barbier, *Anonymes*, 3e éd.) *Nancy, Cusson*, 1727, in-4; 28 p.

C. r. dans les *Mém. de Trévoux*, déc. 1729, p. 2301. — Diss. reproduite en 1757 dans l'*Histoire de Lorraine*, 2e éd. au début du t. VII.

— Histoire ecclésiastique et civile de Lorraine qui comprend tout ce qui s'est passé de plus mémorable dans l'archevêché de Trèves et dans les évêchés de Metz, Toul et Verdun, depuis l'entrée de J. César dans les Gaules jusqu'à la cession de la Lorraine arrivée en 1737 inclusivement, avec les pièces justificatives à la fin. Le tout enrichi de cartes géographiq., de plans de villes et d'églises, de sceaux, de monnoyes, de médailles, de monts etc. gravés en taille-douce. Nouv. éd. revue, corrigée et augmentée par l'auteur, etc. [3618]. *Nancy*, 1745 à 1757, 7 vol. gr. in-fol.

2e éd. (la meilleure). — 1re éd. 1728, 3 vol. in-fol. Le t. IV est composé « d'une bibliothèque » lorraine, réimpr. à Nancy, 1751, in-8. — L'auteur avait donné un abrégé de l'Hist. de Lorraine. *Nancy*, 1734, in-12.

— Traité, etc. [10084]. 1748; fig.

Voir Durand et Calmet.

— Not. de la Lorraine, qui comprend le duché de Bar et de Luxembourg, l'électorat de Trèves et les trois évêchés [3621]. *Nancy, Beaurain*, 1756, 2 vol. in-fol.

CALVET (E.-Cl.-F.). Diss., etc., où l'on éclaircit un point important de la navigation des anciens [9773]. *Avignon, Seguin aîné*, 1766; fig.

CALVET (F.). Recherches nouvelles, etc. [7085]. — *Mém. de la Soc. des lettres etc. de l'Aveyron*, t. I, 1838, p. 1.

— Rapport (au préfet) sur des fouilles, etc. (1839) [7077]. — *M. rec.*, t. III, 1842, p. 61.

— Essais, etc. [3390]. — *Cahors*, 1841.

CALVET-ROGNIAT. Crémieu ancien et moderne [6613]. *Lyon*, 1848, gr. in-8, 7 vues de Crémieu et plan.

CAMBOULIU. Note, etc. [1143]. *Mém. lus à la Sorbonne en* 1861 (hist.), 1862, p. 131.

CAMBRY (Jacques). Catalogue, etc. [5886]. 1796, in-4.

Mentionné par Girault de Saint-Fargeau.

— * Voyage dans le Finistère ou état de ce dépt en 1794-1795 [5883]. *Paris, au Cercle social*, an VII (1799), 3 vol.; fig.

— Description, etc. [8015]. *Paris, Didot*, 1803, 2 vol. avec atlas in-fol.

— Monts celtiques ou rech. sur le culte des pierres, précédées d'une not. sur les Celtes et les Druides, et suivis d'étymologies celtiques [1510]. *Paris, Johanneau*, 1805.

« La plus grande partie de cet ouvrage est de M. Éloi Johanneau. » *Biogr. univ.* et Quérard, *Fr. litt.*

— Introduction à l'histoire d'Avignon : t. Ier, contenant les mémoires sur les Celtes, les Cavares et les Saliens et le commencement de l'histoire du Dieu Mars, précédé de quelques observ. sur notre orthographe [338]. *Id., ibid.* 1805, in-8.

— Notice, etc. [1707]. *Paris*, 1806, in-8.

Voir BARBIER, *Anonymes*, 3e éd., t. III, col. 463.

CAMDEN (**William**). Britannia, sive florentissimorum regnorum Angliæ, Scotiæ, Hiberniæ et insularum adjacentium ex intima antiquitate chorographica descriptio : nunc postremo recognita, plurimis locis magna accessione adaucta et tabulis chorographicis aucta [10281]. *Londini, G. Biship*, 1607, in-fol.; fig. (3e et dernière édition). — 1re éd. *Londres*, 1586. — 2e éd. *Londres, G. Bishop*, 1600, in-4; fig.

— Traductions anglaises, par Philémon HOLLAND. *Londres*, 1610, in-fol., réimp. en 1637. — Par Edm. GIBSON, 1695, in-fol., réimpr. en 1722, et 1753 et 1772. 2 vol. in-fol. avec des augmentations. Abrégé, *Londres*, 1701, in-fol. — Par R. GOUGH. « enlarged by the latest discoveries ». *Lond.*, 1789, 3 vol. in-fol.; fig. — *Lond.*, 1806, 4 vol. in-fol. (Voir BRUNET, *Manuel.*)

CAMELUS (**Franciscus**). Nummi antiqui, etc., per seriem redacti [2079]. *Romæ*, 1690, in-4.

CAMERON (**Charles**). Les thermes d'Agrippa..., d'Antonin, de Caracalla, de Dioclétien, de Constantin [1565]. *Londres*, 1773, in-fol. ; 75 pl.

— Description etc. enrichie... d'une diss. sur l'état des arts durant les différentes périodes de l'Empire romain, etc. [1566]. *Londres*, 1772, gr. in-fol.

CAMP. [*Ms.*] Discours, etc. [3126]. (Lu devant l'ancienne Acad. d'Arras en 1754.)

— [*Ms.*] Suite du discours, etc., dans lequel il est fait mention de plusieurs tombeaux anciens, etc. [3127]. (Lu devant la m. Soc. en 1756.)

— [*Ms.*] Mémoire, etc. [3128]. (Lu devant la m. Soc. en 1754.)

— [*Ms.*] Diss. sur l'étymologie, etc. [8177].

« Conservée dans les registres de la Société littéraire d'Arras, où elle a été lue en 1754. » (*Biblioth. histor.*, t. I, no 198.)

— [*Ms.*] Recherches, etc. [2858]. (Lues devant la m. Soc. en 1755.)

CAMPION, trad. de ROACH-SMITH. (Voir ce nom.)

CAMUS-CHARDON (ou **CAMUT-CHARDON**). Notice, etc. [4678]. — *Mém. de la Soc. acad. de l'Aube*, t. VI, 1832, p. 1.

— Amphore trouvée à Braux en 1830 [4713]. — *M. vol.*, p. 37.

— Notice, etc. [4710]. — *M. rec.*, t. VIII, 1837, p. 102.

— Notice, etc. [2894]. — *M. rec.*, an. 1854, p. 361-388.

Mauriacus placé à Mailly (Aube).

— Recherches, etc. [4709]. Titre rectifié : Notices histor. et topogr. sur la v. d'Arcis-sur-Aube, *m. v.*, *Frémont-Chaulin*, 1848 ; pl. gravée et 14 pl. lithogr.

CAMUS-DARAS. * Essais histor. sur la v. de Reims, par un de ses habitants [7366]. *Reims, Fréneau fils*, 1823.

Voir QUÉRARD, *Superch. litt.*, 2e éd., t. II, col. 234 *e* et 236 *e*.

CAMUSAT (**Nicolas**). Promptuarium etc. in quo series Tricassinorum Episcoporum, cum brevi rerum ab iisdem gestarum descriptione, etc. [4644]. *Augustæ-Trecarum, Nat. Moreau*, 1610.

Voir *Biblioth. histor.*, t. I, no 10082.

CANAT (**Marcel**). Note, etc. [8823]. — *Mém. de la Soc. histor. etc. de Chalon-sur-Saône*, 1846, p. 309-316 ; 1 pl.

— Inscriptions antiques de Chalon-sur-Saône [8814]. — *M. rec.*, t. III, 1854, gr. in-4, p. 217-267.

— Inscr. ant. de Mâcon [8742]. — *M. vol.*, p. 267-272. — T. à p. des 2 art. précédents. *Chalon*, 1856, gr. in-4 ; 62 p.; 4 pl. lithogr.

— [*Ms.*] Dictionnaire topographique, etc. [8732]. 1867, in-fol.

Mention très honorable au concours des Sociétés savantes en 1867.

— Topographie, etc. [8727]. — *Matériaux d'archéol. et d'histoire*, 1re an. 1869, no 3. — T. à p. *Chalon-sur-Saône*, 1869 ; 15 p.

CANAT DE CHIZY (**Paul**). Notice, etc. [8825]. Mosaïques trouvés à Sans et à Noiry. — *Mém. de la Soc. d'hist. et d'arch. de Chalon-sur-Saône*, t. III, 1854, p. 129-138 ; 2 pl. chromolith.

— Rapport, etc. [8826]. — *Bull. mon.*, t. XX, 1854, p. 213-225.

— Note, etc. [6609]. — *M. rec.*, t. XXIX, 1863, p. 208. — T. à p. *Caen, Hardel.*

— Rapport, etc. [8658]. — *M. rec.*, t. XXXI, 1865, p. 167.

CANCALON (**J.**). Essai, etc. [5551]. *Aubusson*, impr.-lith. de *P. Langlade*,

1842; 122 p.; 11 pl.; vign. dans le texte, qui est autographié.

CANCALON (**Victor**). Histoire de l'agriculture depuis les temps les plus reculés jusqu'à la mort de Charlemagne. Documents inédits sur l'histoire des Gaulois, leur origine, leurs principales migrations [1712]. *Limoges; Paris, Guillaumin*, 1857; XXV-464 p.

Suite du sous-titre : « Ils s'établissent dans le pays qui porta plus tard le nom de Judée; ils font la conquête de l'Égypte. »

CANEL (**A.**). Essai historique, etc. [5760]. *Paris*, 1833, 1834. 2 vol. avec atlas.

— Notice, etc. [5761]. — *Mém. de la Soc. des ant. de Normandie*, t. IX, 1834, p. 357.

— Revue etc. [3762].

— Découvertes, etc. [5762 *a*]. — *Bull. mon.*, t. XXXV, 1869, p. 184-191.

CANET (**V.**). Note sur un fragment trouvé dans le Pont-Vieux, à Castres [9648]. — *P. v. des séances de la Soc. litt.* etc. *de Castres*, t. II, 1858, p. 233-236.

— Note, etc. [9652]. Des fouilles de la Fosse. — *M. rec.*, t. V, 1862; 6 et 2 p.

CANÉTO (**l'a. François**). La carte de la Novempopulanie, etc. [3781]. — *Bull. du Comité de la prov. ecclésiast. d'Auch*, t. Ier, 1860.

I. Les voies rom., p. 39. — II. La prov. ecclésiast. d'Auch, p. 477. — III. Les 11 diocèses, p. 485.

— Épigraphie, etc. [6229]. — *Rev. de Gascogne* (suite du m. rec.), t. VIII, 1867.

— Épigraphie (Inscr. de Nux) [6230]. — *M. rec.*, t. XI, 1870, p. 243.

— Épigraphie (Inscr. trouvée dans les Hautes-Pyrénées) [8322]. — *M. vol.*, p. 291.

Rapprochement de cette inscr. et de celle de Nux.

CANGE (**Ch. du Fresne, seigneur du**). — Voir Du Cange, à la lettre D.

CANONGE (**Jules**). Terentia, etc. [5994]. (Nouv. éd.?) *Paris, Giraud*, 1844, in-18; 36 p.

CAPPER (**B.-P.**). Topographical Dictionary of the united Kingdom, containing every City Town, Village, Hamlet, Parish, district, object, and Place in England, Wales, Scotland, Ireland, and the small Islands dependent [10288]. *London*, 1825; 47 cartes.

CAPPERON (**l'a.**). Essai historique sur l'antiquité du comté d'Eu [9335]. — *Mém. de Trévoux*, 1716. Mai, p. 999-1014.

« Ce savant prétendait que les *Essui* de César étaient les peuples de ce Comté; et ce nom leur venait, dit-il, du culte particulier qu'ils rendaient à Esus, Dieu favori des Gaulois. » (*Biblioth. histor.*, t. I, n° 270.) — Cp. la critique de cet *Essai* par l'a. du Moulinet des Thuilleries [9336].

— Lettre à M. *** (sur les Essui) [3497]. *Mercure*, 1722. Mai, p. 73-81.

Qq. vieux tombeaux découverts dans le comté d'Eu, sur la fin de 1721, où M. Capperon trouva plusieurs ossements, avec une urne, donnèrent lieu à cette réponse, où il conjecture que ces sépultures étaient de Romains païens, et prétend appuyer par là son opinion sur la position des *Essui*. » *Biblioth. histor.*, t. I, n° 272.

— Réponse à la *Défense de l'étymologie* etc. de l'a. Du Moulinet des Thuilleries (voir ce nom). [Nouv. add. 9399 *a*]. — *M. rec.*, août 1822, p. 67-83.

CARAVEN (**Alfred**). Notice, etc. [9651]. — 1re partie. — *P. v. des séances de la Soc. litt. et sc. de Castres*, t. V, 1862, p. 421. — 2e partie, *m. vol.*, p. 472, 531, 583.

— Sépulcrologie gauloise et franque, etc. [9639]. *Castres, v^e^ Grillon*, 1863, in-12; 35 p.

— 2e éd. signée : A. Caraven-Cachin, et intitulée : Sépulcrologie française, Sépultures gauloises, romaines et franques du Tarn, suivies de la carte archéologique de cette contrée aux époques antéhistorique, gauloise, rom. et franque. *Castres, Huc*, 1873; 5 pl., 1 carte.

Voir aussi, du même auteur : Sépulcrologie fr. Le Tarn et ses tombeaux; suivis de l'hist. et de la géogr. de cette prov. sous la domination rom., faisant suite aux « Sépultures gauloises » etc. *Paris, Dumoulin*, 1874, in-8; 11 pl.

— Haute antiquité, etc. [9684]. *Paris; Castres*, 1865; 5 p.

— Archéologie gallo-rom. — [1er] Rapport adressé à M. le maire de Castres, etc. [9657]. — *Écho du Tarn*. — T. à p. *Castres*, 1865; 8 p. — 2e Rapport adressé à M. le maire de Blan, sur les découvertes, etc. [M. n°]. *Castres*, 1866; 15 p.

— Carte archéol. du dép^t^ du Tarn aux époques antéhistorique, gauloise, romaine et franque [9638]. *Castres*, 1867, 1 feuille in-fol. pliée in-8.

CARBON (**l'a. Hil.**). * Dissertation, etc.

[7389]. *Reims, Régnauld-Florentin,* 1739, 1740; 3 parties in-12.

CARBONNEL (Marius). Le sarcophage chrétien de la cathédrale d'Apt [9768]. — *Bull. de la Soc. litt. d'Apt*, 1868, et *Bull. mon.*, t. XXXIV, 1868, p. 424-429.

Voir de Rossi, s. l. m. d.

CARDIN. Signification, etc. [9962]. *Bull. de la Soc. des antiq. de l'Ouest,* 2e trim. 1841, 24 p.

CARDON. Rapport, etc. [4382]. — Voir Asselin, s. l. d. de 1869.

CARESME (l'a. Anatole). Découverte, etc. [5799 *a*]. *Bull. mon.*, t. XXXIV, 1868, p. 561-565.

— Voir aussi Charpillon, Dictionnaire de l'Eure, 1868.

CARISTIE (Aug.-N.). * Not. sur l'état actuel de l'Arc d'Orange, et des théâtres antiques d'Orange et d'Arles, sur les découvertes faites dans ces deux derniers édifices, et sur les mesures à prendre et les moyens à employer pour conserver ces précieux restes de constructions romaines [9796]. *Paris,* 1839, in-4. 28 p.

— Monts antiques, etc. [9788]. *Paris, Didot,* 1856-1857, gr. in-fol.; 54 pl.

CARLET (Joseph). Notice, etc. [5457]. — *Mém. de la Comm. des antiq. de la Côte-d'Or*, t. V, 1857-60, in-4, p. 80-114; 9 pl.

CARLET (l'a. Th.). Rofiacum [2923]. — *Bull. du Comité archéol. de Noyon,* t. II, 1867, p. 38-42.

CARLIER (l'a. Cl.). Diss. sur l'étendue du *Belgium,* et l'ancienne Picardie, qui a remporté le prix de l'Acad. d'Amiens en l'année 1752 [10487]. *Amiens,* 1753.

— * Observations, etc. [9004]. 1758, in-12.

Imprimées aussi à la fin du tome XV de l'ouvrage de Lebeuf.

— Hist. du duché de Valois depuis le temps des Gaulois jusqu'en 1703 [4708]. *Paris, Guillyn; Compiègne, L. Bertrand,* 1764, 3 vol. in-4.

« Savant et indigeste ouvrage d'un laborieux érudit. »
(Ch. Jourdain, dans la *Revue des Soc. sav.*, septembre 1869, p. 267.)

CARLISLE (Nicolas) et **ELLIS**. Catalogue, etc. [10236]. *London,* 1816, in-4.

Sur différents ouvrages publiés par la Société des antiquaires de Londres, consulter Lowndes, au mot *Antiquaries.*

CARLONE (A.). Mémoire, etc. [4588]. — *Congrès scientif. de Nice,* en 1866, 1867, p. 260.

— Vestiges épigraphiques, etc. — Inscriptions antiques du dépt des Alpes-Maritimes. — Inscriptions provenant de localités jadis comprises dans la prov. des Alpes-Maritimes. [4569]. *Congrès archéol.,* XXXIVe session tenue à Paris en 1867 (1868), p. 297-462.

CARNANDET (J.). Géographie histor., industr. et statist. de la Haute-Marne, à l'usage des écoles primaires, précédée de notions de géographie générale [7423]. *Chaumont,* 1858, in-18. — Autre édition, 1860, in-18, 216 p.; carte géogr. du dépt.

CARNANDET (J.) et **HESSE** (A.). Saint-Hyro, etc. [7429, 8755]. *Paris, A. Aubry,* 1863.

CARNOT. Réponse à M. Raoul-Rochette, etc. [5778]. (1850). Pièce.

CARON (l'a.). Not. sur les arts et métiers de Paris au xive siècle et notamment sur la hanse parisienne [9141 *a*]. — *Mém. de la Soc. des sc. morales* etc. *de Seine-et-Oise*, t. III, 1853, p. 93-111.

CAROU. Dictionnaire, etc. [6394]. — *Bull. de la Soc. arch.* etc. *de Béziers,* 2e s., t. III, 1863-1866; 253 p.

CARPENTIN (A.). Pièces gallo-grecques de Marseille [4891]. *Rev. num.*, 2e s., t. VI, 1861, p. 397-406.

— Monnaies gallo-grecques de Marseille et d'Antibes [4892]. — *M. rec.*, m. s., t. VIII, 1863, p. 383-392.

— Monnaie de bronze de Crissa (Griselæ, Gréoulx). Première partie d'un mémoire intitulé : Quelques monnaies nouvellement entrées dans le médaillier de la Bibliothèque de Marseille [nouv. add. 5009 *a*]. *M. rec.*, m. s., t. XI, 1866, p. 334-339.

CARRÉ. Voies romaines, etc. [10130]. — *Bull. de la Soc. arch. de Sens.*, t. VIII, 1863; 16 p., 2 pl.; 1 carte itinéraire.

CARRIÈRE (dom Jacques-Marie). Observations, etc. [6302]. *Bordeaux,* 1785. In-18; 36 p.

CARRIÈRE (l'a. M.-B.). Un cimetière romain, etc. [6186]. — *Mém. de la Soc. archéol. du Midi,* t. VIII, 1861-1865, in-4. T. à p. *Toulouse*, 1864, in-4, 12 p.; 3 pl.

— Inscriptions latines [2227]. — *M. rec.*, t. IX, 1870, p. 357-366.

CARRO (**Ant.**). Visite, etc. [5523]. — *L'Investigateur*, 4e s., t. IV, nov. et déc. 1854; 4 p.

— Voyage chez les Celtes, etc., suivi d'une notice sur les monts celtiques des environs de Paris, etc. [1376, 7706]. *Paris; Meaux*, 1857; 191 p.; 27 lithogr.

Voir aussi sa Notice sur les monuments celtiques des environs de Paris, publiée dans l'*Investigateur*, 3e s., t. IV, 1854, p. 18-24.

— Note, etc. [9246]. — *Bull. du Comité de la langue etc.*, t. IV, ann. 1857 (1860), p. 936-937.

— Mémoire, etc. [9216]. — *Mém. de la Soc. des ant. de Fr.*, t. XXV, 1862. — T. à p. *Paris*, 1862; 2 pl.

Suppprimer le no 9182.

— Mémoire, etc. [1531]. *Meaux, Leblondel; Paris, Dumoulin*, 1863; 71 p.; 9 pl.

— Communications, etc. [9221]. — *Publications de la Soc. d'agric.* etc. *de Meaux*, 1864; 2 p.

— Note, etc. [9218]. — *Bull. de la Soc. d'arch.* etc. *de Seine-et-Marne*, t. I, 1865; 4 p.

— Histoire de Meaux et du pays meldois depuis les premières traces de l'origine de la v. jusqu'au commencement de ce siècle, suivie d'un aperçu sur les premières années de l'époque contemporaine [9214]. *Meaux, Leblondel; Paris, Dumoulin; Durand*, 1865; plans et lithograph.

— Sur l'origine, etc. [1532]. — *Congrès scientif. de France*, XXXIIIe session, tenue à Aix en Provence, en 1866. *Aix*, t. II, 1re partie 1868, p. 233-236.

— Les grottes des fées, etc. [9171]. — *Bull. de la Soc. d'archéol.* etc. *de Seine-et-Marne*, t. IV, 1867, p. 115-120.

CARTAILHAC (**P.-E.**). Les civilisations primitives, etc. [879]. — *Rev. de Toulouse*, 1er nov. 1867. — T. à p. *Toulouse*, 1867; 24 p.

— Voir aussi Mortillet (G. de).

CARTER (**Th.**). General history of England, from the earliest period to the year 1654 [10258]. *London*, 1747-55, 4 vol. in-fol.

« Ouvrage mal écrit, mais rempli de recherches curieuses. » (Brunet, *Manuel.*)

CARTER (**John**). The ancient architecture of England. The order of architecture during the british, roman, saxon and norman æras: [10315]. *London*, 1795-1816, 2 vol. in-fol., fig.

Voir Brunet, *Manuel*, 5e éd., t. I, col. 1604.

CARTIER (**Étienne**). 2e lettre, etc. [1967]. — *Rev. num.*, t. I, 1836, p. 141-161.

— Numismatique de l'ancien Comtat-Venaissin et de la principauté d'Orange, publiée sur les notes de M. Requien [4089]. *Blois*, impr. *E. Dezairs*, 1839.

— Médailles gauloises, etc. [6541]. — *Rev. num.*, t. VII, 1842, p. 420-433; 1 pl.

— Notice, etc. [6542]. 1843; 1 pl.

— Appendice, etc. [3419]. — *Rev. num.*, t. XI, 1846, p. 105; 2 pl.

— Découverte, etc. [8291]. — *M. rec.*, t. XIII, 1848, p. 149.

CARTIER fils (**Ét.**). Fragment, etc. [2013]. — *M. rec.*, t. XX, 1855, p. 242-270.

Voir aussi *Annales archéol. de Didron*, 1847-1848.

CARY (**Félix**). * Dissertation, etc., sur l'histoire des rois du Bosphore cimmérien, et sur Lesbonax, philosophe de Mytilène [4857]. *Paris, J. Bartois*, 1744, in-12.

C. r. dans les *Mém. de Trévoux*, juin 1745, p. 1093.

CASSAGNAC (**Ad. GRANIER de**). Histoire, etc. [794]. *Paris, Desrez et Renduel*, 1838.

— Antiquité des patois, etc. [2310]. *Paris, Dentu*, 1859.

Développement de ce travail : Histoire des origines de la langue française. *Paris, F. Didot*, 1872.

CASSAN (**Jacques**). Panégyrique, etc. [3555]. *Béziers, Jean Pech*, 1617.

— Les Dynasties, ou Traicté des anciens rois des Gaulois et des François depuis le déluge successivement jusques au roi Mérovée auquel on void l'origine de cette monarchie, et plusieurs rech. qui concernent l'antiquité et l'excellence de la couronne de nos rois [269]. *Paris, V. Le Roy*, 1621.

— Premier fondement et progrès de la

monarchie gauloise, auquel sont décrittes les chauses mémorables advenues depuis le g[t] de Gomer, premier roi de France jusqu'à Pharamond, etc. [270]. *Paris, S. Périer*, 1626, in-8.

CASSAN (**Armand**). Statistique, etc. [9255]. (Lieu et date inconnus.)

— Antiq., etc. [9256]. *Mantes*, 1835, 88 p. 4 pl.

CASSANY-MAZET (**Auguste**), Annales, etc., remontant au règne des deux derniers rois Nitiobriges, avec chartes, titres et actes justificatifs [7095]. *Agen*, impr. *Noubel-Potier*, 1846.

CASSASSOLES (**Ferdinand**). Notices, etc., depuis les premiers temps jusqu'à nos jours [6240]. *Auch*, impr. *Foix*, 1840; 196 p.

— Archéol., etc. [6242]. — *Rev. d'Aquitaine*, t. II, 1857-58, p. 427-430.

CASSINI de Thury (**César-Fr.**), **CAMUS** et **MONTIGNY.** Carte de la France, etc. [1027]. *Paris*, 1744-87.

Voir BRUNET, *Manuel*, 5e éd., t. Ier, col. 1602.

— Avertissement, etc. [1028]. *Paris*, 1755, in-4.

— Description, etc. [1052]. *Paris, J.-Ch. Desaint*, 1783, in-4.

CASTAGNÉ. Sur la découverte, etc. [7082]. — *Rev. archéol.*, 2e s., t. XVII, 1868, p. 249-253.

— Mémoire, etc., adressé à M. de Pebeyre, préfet du Lot [7083]. *Cahors*, 1868, in-fol.; 16 p., 8 pl.

CASTAIGNE (**Eusèbe**). Essai, etc. [3046]. *Angoulême*, 1847; 95 p.

— * Historia pontificum et comitum engolismensium, ad annum usque MCLIX [5156].

Publié d'après le p. Labbe (*Nov. bibl. mss.*, t. II, p. 249-264), et d'après les extraits de D. Bouquet (*Historiens des Gaules*, t. X, XI, XII), par Eusèbe Castaigne, dans le fascicule 1er (et unique) de *Rerum engolism. scriptores. Angoulême*, 1853, p. 11.

— Note sur la découverte, etc. [5175]. — *Bull. de la Soc. archéol.* etc. *hist. de la Charente*, 4e s., t. I, 1863 (Chronique).

— Mémoire, etc. [2995]. — *M. rec.*, m. s., t. III, an 1865, 1866, p. 47-116; 1 carte. — T. à p. *Angoulême*, 1866.

CASTAING (**Alphonse**). L'Aquitaine, etc. [3083 *a*]. — *Rev. de Gascogne*, t. X, 1869, p. 399, 529, t. XI, 1870, p. 101, 297. — T. à p. intitulé : L'Aquitaine avant et jusqu'à l'époque de César. Introduction : origine du nom de l'Aquitaine. *Paris, Dumoulin*, 1871, in-8; 60 p.

CASTAN (**Auguste**). Antiquités, etc. [2496]. — *Rev. archéol.*, t. XIV, 1857, p. 488; 2 pl.

— Notice, etc. [5671, 6703]. — *Mém. de la Soc. d'émul. de Besançon*, 3e s., t. II, 1857. T. à p. M. d.; 24 p.; 3 pl.

Mention très honorable au concours des antiq. nationales.

— Les Tombelles celtiques du massif d'Alaise. Rapport fait à la Soc. d'émul. du Doubs, au nom de la commission chargée de diriger les fouilles [2507]. — *Mém. de la Soc. d'émulation du dép[t] du Doubs*, séance du 10 juillet 1858.

— Autre rapport [m. n°]. — *M. Soc.*, séance du 16 déc. 1858.

— 3e Rapport [2530]. *M. Soc.*, 1861. 26 p.

— 4e Rapport, etc. [2541]. — *M. Soc.*, 1862. 32 p.; 1 pl.

— 5e Rapport, etc. [2547]. — *M. Soc.*, 3e s., t. VIII, 1863; 27 p.; 5 pl.

Ces cinq rapports ont été publiés depuis en 1 vol. intitulé *Archéologie du pays d'Alaise*; — Rapports faits à la Société d'émulation du Doubs au nom de la Commission des fouilles, 1858-1863. Se trouve en tête : Lettre à S. E. M. le ministre de l'Instr. publ. servant d'introduction aux Rapports. 1863.

— 6e Rapport, etc. [2558]. — *M. vol.* — T. à p. *Besançon*, 1864, 16 p.

— 7e Rapport, etc. [2576]. *M. rec.*, t. IX, 1864; 32 p. — T. à p.

— Note, etc. [1673]. — *Bull. mon.*, t. XXVIII, 1862, p. 368.

— La Bataille de Vesontio et ses vestiges. Rapport fait à la Soc. d'émul. du Doubs au nom de la commission chargée de diriger les fouilles de Bois-Néron [5646]. — *Mém. de la Soc.*, 3e s., t. VIII, 1862. — T. à p. *Besançon*, 1863; 15 p. — *Bull. mon.*, t. XXIX, 1863. T. à p. *Caen*, 1863; 15 p.

— L'inscription tumulaire, etc. [5663]. — *Mém. de la Soc. d'émul. du Doubs*, 3e s., t. VIII, 1863; 5 p.

— Considérations, etc. [5659]. *M. rec.*, 4e s., t. II, 1866-1867, p. 390-419.

— Un cachet inédit, etc. [2158]. *M. rec.*,

m. s., t. III, an. 1867, 1868, p. 33-37; 1 pl.

Bibliographie de la question.

— Deux traditions celtiques, etc. [5645]. — *M. rec.*, m. s., t. IV, 1868, p. 457-462.

— Le Capitole de Vesontio, etc. [5660]. — *Mém. lus à la Sorbonne* en 1868 (archéologie). — 1869; 32 p. — T. à p., et *Mém. de la Soc. d'émul. du Doubs*, t. IV, an. 1868, 1869, p. 201-236.

— Le Champ de Mars de Vesontio [5648]. *Rev. archéol.*, 2e s., t. XI, 1870, et *Mém. de la Soc. d'émul. du Doubs*, 4e s., t. V, an. 1869, 1870. — T. à p. *Paris*; *Besançon*, 1870; 30 p.; 4 pl.

— Un Jeton de jeu, etc. [1956]. — *Rev. archéol.*, 2e s., t. XI, 1870; 2 p.; bois gravé.

CASTEL. Note sur un dolmen... situé dans la cne de St-Germain de Tallevende, près Vire [5116]. — *Mém. de la Soc. des ant. de Normandie*, t. VI, 1833, p. 407.

— Le mont St-Michel [7287]. *Bayeux*, 1844.

CASTELLAN (l'a.). Dissertation, etc. [3917 *a*]. — *Mém. de l'Acad. d'Aix* (alors Soc. des amis des sc., etc.). 1819, p. 101-117.

— Dissertation, etc. [4912]. — *Mém. de la Soc. des ant. de Fr.*, t. IX, 1832, p. 48.

CASTELLANE (mis de). Notice, etc. [6191]. — *Mém. de la Soc. d'archéol. du Midi*, t. I, 1834, in-4, p. 237-251; vign.

— Notes [3674 *b*]. 1re partie (412-548). — *M. rec.*, t. II, 1836, in-4, p. 109-141; vign. — 2e partie (148-712). *M. vol.*, p. 387-442.

— Inscriptions, etc. [3675 *a*]. — *M. vol.* p. 175-231. — Supplément. — *M. rec.*, t. IV, 1841, p. 255-322.

— Fragments, etc. [6188]. — *M. rec.*, t. V, 1847, in-4, p. 157-160; 4 pl.

Le marquis de Castellane a écrit en outre deux mém. (encore inédits ?) sur les antiq. de Martres. (Voir *m. vol.*, p. 316.)

CASTELLANOS DE LOSADA (Basilio-Sebastian). Catologo, etc. [10604]. *Madrid*, 1847, in-12; 212 p. et index.

CASTELNAU (Michel de). Traduction du livre de P. DE LA RAMÉE, De moribus Gallorum. — Voir RAMÉE (P. de la).

CASTILLA (Julian del). Historia de los reyes godos que vinieron de la Scythya de Europa contra el emperio romano, y a Espana, con succession de ellos hasta los reyes D. Fernando y D. Ysabel; proseguida desde su principio con adiciones copiosas de todos tiempos hasta el de Felipe IV, por Geron. de CASTRO Y CASTILLO, etc. [10752]. *Madrid*, 1624, in-fol.

CASTILLON (H.). Histoire spéciale et pittoresque de Bagnères-de-Luchon et des vallées environnantes, avec un itinéraire à l'usage des baigneurs. Suivie de notices sur les établts des bains de Siradan, d'Encausse et de Ganties [6172]. 1839. 2e éd. *Toulouse, Gimet*, 1851.

— Histoire, etc., depuis les temps les plus anciens jusqu'à la révolution de 1789 [3935]. *Toulouse, Delsol; Paris*, 1840-1843, 2 vol.; 1 carte.

Inscriptions romaines.

— De la religion, des mœurs et de la langue des anciens Convenæ [3439 *a*]. 1842.

— Histoire, etc. [4630]. *Toulouse, Cazaux; Paris, Garnier frères*, 1850-1852, 2 vol.

— Histoire d'Ax et de la république d'Andorre, description et analyse des eaux thermales, etc., avec des notions historiques sur les bains d'Ussat et d'Audinac [4634]. *Toulouse, Ansas*, 1851. 2 vol.

Inscriptions romaines. — Traduction en espagnol, publiée à Lerida.

CASTILLIONEUS (Bonaventura). De Gallorum Insubrum antiquis sedibus liber [928]. *Mediolani*, 1541, in-4. 133 p. et table. — *Bergomi*, 1593, in-8. — *Francofurti*, 1600, in-fol. (avec l'ouvrage de Merula (*Antiq. Gall. Cisalp.*) — *Mediolani*, 1641, in-4.

CATEL (Guillaume). Mémoires, etc. [3557]. *Tolose*, 1633, in-fol.

CATHALA-COTURE (Antoine de) (continué par ***). * Histoire politique, ecclésiastique et littéraire du Querci [3387]. *Montauban, P. Th. Cazamea; Paris, Moutard*, 1785, 3 vol.

CATHERINOT (Nicolas). Les antiq. rom. de Berry [3258]. *Bourges*, 28 juillet 1682, in-4; 8 p.

— La Gaule grecque [982 *a*]. 1683, in-4.

— Le vrai Avaric [2620 *a*]. 1683, in-4.

— Les Romains berruiers [3259] (25 janvier 1685). (S. l. n. d.) In-4. Pièce.

Mention de localités dont les noms sont présumés empruntés à des personnages romains.

— Bourges souterraine [nouv. add. 5269 *a*]. 1685, in-4.

— Fori bituricencis inscriptio [nouv. add. 5287 *b*]. (L. et d. inconnus.)

— Les fondateurs de Berry [3259 *a*]. 1686, in-4.

La bibliothèque publique d'Ajaccio possède un recueil factice d'opuscules de Cath. « dont un grand nombre concernent l'hist. du Berry ». 2 vol. in-4. (Voir TOURANJON, *Catalogue de la biblioth. d'Aj.*, 1879) (n° 7772).

CATINEAU (**Et.P.-Jules**). Annuaire, etc. [9861]. *Poitiers*, 1804.

CATULLIUS (**Andreas**). Nervii, Tornacum civitas metropolis et cathedra episcopalis Nerviorum [3717 *a*]. *Bruxelles, Montmart*, 1652, in-4.

CAUDEL (l'a.). Étude, etc. [4035]. — *Mém. lus à la Sorbonne*, en 1867, 1868, et *C. r. et Mém. du Comité archéol. de Senlis*, t. V, 1867-68, p. 135-142.

— Continuation, etc. [8102]. — *M. rec.*, 1868-69, t. VI, p. 49-54.

— Chemin, etc. [8103]. — *M. vol.*, p. 83-86.

— Voie rom., etc. [m. n°]. — *M. vol.*, p. 87-90.

— Recherches, etc. [2885]. (Travail lu en Sorbonne). — *M. vol.*, p. 91-97.

CAUDÉRAN (l'a.). Origine des noms de lieux en AC et en AN [1153 *a*]. — *Congrès scientif.*, XXVIIIe session tenue à Bordeaux en 1861, t. IV, 1863, p. 699-732.

CAUMETTE (**Charles**). * Éclaircissements etc. [5961]. *Nismes*, 1738; fig. — *Id.*, 1743. — *Tarascon; Nismes, Fuzier*, 1746. — *Nismes*, 1771. — *Id.*, 1775. — *Id.*, *C. Belle*, 1781. — *Id.*, 1785.

CAUMONT (**m^is de**). Description, etc. [5010]. (Lue en 1737). — *Mém. de l'Acad. des Inscr.*, t. XII, 1740 (hist.), p. 253; 1 pl.

CAUMONT (**Arcisse de**). Cours d'antiquités monumentales, professé à Caen, en 1830. Histoire de l'art dans l'Ouest de la France depuis les temps les plus reculés jusqu'au XVIIe siècle [1585]. *Paris, Derache*, 1831-1843, 3 vol. in-8 et 1 atlas in-4. — 2e édition. *Caen, Hardel*, et *Paris, Derache*, 1844, 6 vol. in-8 et 1 atlas in-4.

Médailles au concours des antiq. nationales. — 6 parties : 1re, ère celtique; 2e et 3e, ère gallo-romaine; 4e, architecture relig.; 5e, moyen âge; 6e Fonts baptismaux, etc. — Planches in-4. — Voir BRUNET, *Manuel*, 5e éd., t. I, col. 1690.

— Note, etc. [8129]. — *Mém. de la Soc. des ant. de Normandie*, t. VI, 1833, p. 431.

— Note, etc. [5093]. — *M. vol.*, p. 440.

— Note, etc. [8143]. — *M. vol.*, p. 446.

— Coup d'œil, etc. [3793]. *Bull. mon.*, t. I, 1834.

— Première lettre adressée par M. de Caumont, directeur de la Société pour la conservation des Monuments historiques de France, à MM. les membres du conseil permanent de cette Société [9883]. (Sur les monuments du dép^t de la Vienne.) — *M. vol.*, t. I, 1834.

— Seconde lettre, etc. (sur les études archéologiques dans le S.-O.). — *M. vol.*

— Quatrième lettre, etc. [4641]. (Monuments historiques des Bouches-du-Rhône.) — *M. vol.*

— Note, etc. [5075]. — *Mém. de la Soc. des ant. de Normandie*, t. IX, 1835, p. 149.

— Un mot, etc. [10887]. — *M. rec.*, t. IV, 1838.

— Notice, etc. [1596]. — *M. rec.*, t. VI, 1840, p. 169; 1 pl.

— Note, etc. [9245]. — *M. vol.*, p. 205.

— Sur des sépultures, etc. [5111]. — *Mém. de la Soc. des ant. de Normandie*, t. XII, 1841, p. 425.

— Visite, etc. [6328]. — *Bull. mon.*, t. VIII, 1842, p. 282.

— Statistique monumentale du Calvados [5032]. *Caen, Hardel*; *Paris, Derache*, 1846-1867. 5 vol. in-8.

Voir BRUNET, *Manuel*, 5e éd., t. I, col. 1690.

— Notice, etc. [5079]. — *Mém. de la Soc. des ant. de Normandie*, t. XVII, 1867, p. 395.

— Inspection, etc. Rapport verbal fait dans la séance administrative du 26 décembre 1848 [5033]. — *Bull. mon.*, t. XV, 1849, p. 465.

— Abécédaire, etc. [1320]. *Caen, Har-*

del; *Paris, Derache*, 1850-53, 2 vol.; pl. — *Id.*, 1862; VII, 498 p. avec fig. dans le texte.

Voir BRUNET, *Manuel*, 5e éd., t. I, col. 1690.

— Sculptures antiques, etc. [10213]. — *Bull. mon.*, t. XVII, 1851, p. 150.

— Rapport verbal sur une excursion archéol. en Lorraine, en Alsace, à Fribourg en Brisgau et dans qq. localités de la Campagne, fait à la Soc. française pour la conservation des monuments, le 24 décembre 1850 [3739]. — *M. vol.*, p. 241.

— Rapport verbal, etc., fait à la séance [de la Soc. fr. d'archéologie], le 30 octobre 1851 [6986]. — *M. rec.*, t. XVIII, 1852, p. 225.

— Le Castrum... de Jublains, etc. — *M. vol.*, p. 348.

— Véritable position de... *Segora* [2935]. — *M. vol.*, p. 354.

Avec TOUCHARD et l'abbé COUSSEAU. — Voir aussi le plan d'un édifice gallo-romain trouvé au même lieu. (*Bull. mon.*, t. XXI, p. 53.)

— Statistique routière, etc. [3771]. 2e éd. *Paris, Derache*, 1855; IV, 374 p.

— Rapp. verbal, etc. [5390] (avec 1 plan du castrum gallo-romain). — *Bull. mon.*, t. XXI, 1855, p. 72.

— Mosaïque, etc. [5205]. — *M. vol.*, p. 449.

— Le Castellum... de Larçay [6557]. — *M. rec.*, t. XXII, 1856, p. 308. — T. à p. *Paris; Caen*, 1856.

— Rapp. verbal, etc. [6538]. — *M. vol.*, p. 491.

— Rapp. verbal, etc. [6720]. — *M. vol.*, p. 572.

— Notes, etc. [6721]. — *M. vol.*, p. 589. — T. à p.

— Rapp. verbal, etc. [9484]. — *M. vol.*, p. 601.

— Rapp. verbal, etc. — *M. rec.*, t. XXIII, 1857, p. 515.

Voir aussi son « Rapp. verbal sur une excursion archéol., faite en mars 1857, au Mans, en Touraine et en Poitou. » *Paris, Derache; Caen, Hardel*, 1858; 106 p., fig. et plans.

— Plan, etc. [5766]. — *M. rec.*, t. XXIV, 1858, p. 42.

— Mosaïques, etc. [5877]. — *M. vol.*, p. 50.

— Rapp. verbal, etc. [7151]. — *M. vol.* p. 295.

— Rapp. verbal, etc. [9220]. — *M. rec.*, t. XXV, 1859, p. 16; 1 plan.

— Rapp. verbal, etc. [5281]. — *M. vol.*, p. 45; 1 plan.

— Rapp. verbal, etc. [5602]. — *M. vol.*, p. 369; 1 plan.

— Note, etc. [7279]. — *M. rec.*, t. XXVI, 1860, p. 131. — T. à p. 1861.

— Rapp. verbal, etc. [9200]. — *M. vol.*, p. 358.

— Fouilles, etc. [8415]. — *M. vol.*, p. 375.

— Le théâtre de Champlieu est-il romain? [8072]. — *M. vol.*, p. 459.

— Rapp. verbal [8375] (avec un plan de l'enceinte gallo-romaine). — *M. vol.*, p. 578.

— Note, etc. [8571]. — *M. rec.*, t. XXVII, 1861, p. 89.

— Nécrologie gallo-romaine, etc. [1668]. — *M. vol.*, p. 185; — 2e art., t. XXVIII, 1862, p. 433. — T. à p. *Caen, Hardel*, s. d. 23 p.

— Les Ex-voto gallo-romains, etc. [7013]. — *M. rec.*, t. XXVII, p. 348.

— Note, etc. [5284]. — *M. vol.*, p. 379.

— Note, etc. [1610]. — *M. vol.*, p. 500.

— Communication sur les grandes et belles arcades gallo-romaines, etc. [5282]. — *Congrès archéol.* Séances générales tenues à Reims etc. en 1861; 4 p.

— Relation, etc. [5786]. (Vases de Bernay.) — *Bull. mon.*, t. XXVIII, 1862, p. 219-256; 2 vign.; 1 pl.

Le début de cet article avait été inséré dans l'*Annuaire de l'Assoc. normande*, t. XI, 1862, p. 508-511.

— Le Castrum gallo-romain de Boulogne (sur Mer) [8200]. — *M. vol.*, p. 268.

— Note additionnelle, etc. [1611]. — *M. vol.*, p. 410.

Voir BOYER DE Ste-SUZANNE, s. l. n. d.

— Rapp. verbal, etc. [6760]. — *M. rec.*, t. XXIX, 1863, p. 73.

— Les Ruines romaines de la ville d'Autun [8765]. — *M. vol.*, p. 129.

— Autels antiques, etc. [9944]. — *M. vol.*, p. 171.

— Antiq. rom. de Montbouis (*sic*) [7040]. — *M. vol.*, p. 189.

— Amphithéâtre de Chenevières [7015]. — *M. vol.*, p. 190.

— Rapp. verbal, etc. [7069]. — *M. vol.*, p. 403.

— Rapp. verbal, etc. [4171]. — *M. vol.*, t. XXIX, p. 424.

— Les Dolmens, etc. [1542]. — *M. vol.*, p. 578.

— Statistique monumentale, etc. [5114]. — *M. vol.*, p. 799.

— Rapp. verbal, etc. [4810]. — *M. rec.*, t. XXX, 1864, p. 231.

— Rapp. verbal, etc. [9645]. — *M. vol.*, p. 240.

— Rapp. verbal, etc. [1085]. — *M. vol.*, p. 477.

— Le Gué de Brives, etc. [7497]. — *M. vol.*, p. 830.

— Fouilles, etc. [5131]. — *M. vol.*, p. 851; 1 pl.

— Accroissement, etc. [9359]. — *Annuaire de la Normandie*, t. XXX, 1864, p. 606-609; 1 pl.

— L'Age de pierre, etc. [1406]. — *M. vol.*, p. 622-626.

— Rapp. verbal, etc. [7490]. — *Bull. mon.*, t. XXXI, 1865, p. 37.

— Bornes milliaires, etc. [3034]. — *M. vol.*, p. 184.

— Rapp. verbal, etc. [7078]. — *M. vol.*, p. 704.

— Rapp. verbal, etc. [7679]. — *M. vol.*, p. 714.

— Courte visite à Drevant [5296]. — *M. rec.*, t. XXXII, 1866, p. 97.

— Le plan des bains rom. de Lillebonne (d'après Gaillard) [9431]. — *M. vol.*, p. 419.

— Que signifie l'ascia, etc. [666 *a*]. — *M. vol.*, p. 756-764.

— Le Marbre de Thorigny. Résumé d'une conférence archéologique faite à l'hôtel de ville de Saint-Lô, par M. de Caumont, le 22 mai 1866, pendant le concours régional d'agriculture [7304]. — *Annuaire de la Normandie*, t. XXXIII, 1867, p. 484-496.

— Archéologie des écoles primaires, etc. [1542]. — *Caen, Hardel*, 1867, in-12; planches.

— Réponse à la question suivante : « Que sait-on, etc. » [403]. — *Congrès archéol. de France*, XXXIVe session tenue à Paris en 1867. 1868, p. 510-513.

— Résumé d'une conférence archéologique faite à Pont-Audemer, le 17 juillet, sur ce sujet : « Que sait-on, etc. » [m. n°]. — *Annuaire de la Normandie*, 34e an., 1868. *Rouen*, 1868; 17 p.

— Courte visite, etc. [7472]. — *Bull. mon.*, t. XXXIV, 1868, p. 59-69.

— L'usage des fers à clous, etc. [1743 *a*]. — *M. vol.*, p. 129-132; vign.

— Fragments de l'inscription du monument de la Turbie près Monaco [4588 *a*]. — *M. vol.*, p. 136-139; vign.

— Le mur de Landunum (Côte-d'Or) comparé aux murs de l'oppidum, découvert à Mursens (Lot) et au mur découvert cette année au Mont-Beuvray (Saône-et-Loire). — *M. vol.*, p. 657-670. — T. à p. *Caen, Hardel*, 1868; 14 p.; 1 pl.; vign.

— Un mot, etc. [7527, 11074]. — *M. vol.*, p. 848-860.

— Rapport verbal sur l'état des musées lapidaires de Nevers, Moulins, Clermont, Bourges et Orléans [1334 *a*]. — *M. rec.*, t. XXXV, 1869, p. 656-691.

— Un des monuments, etc. [11029]. — *M. vol.*, p. 811-817.

— Excursion archéol., etc. [5113 *a*]. — *M. rec.*, t. XXXVI, 1870, p. 593-617.

Page 607 : Colonne milliaire. Cp. le même, *Cours d'antiq. monumentales*, pl. XVII.

— Les Casques de Falaise et d'Amfréville-sous-les-Monts [5087]. — *Annuaire de la Normandie*, t. XXXVI, 1870, p. 488-490.

CAUMONT (A. de), c[te] de SOULTRAIT et G. BOUET. Relation d'une promenade archéol. faite en Bretagne en septembre 1850 : Camp de Péran, etc. [5522]. — *Bull. mon.*, t. XVI, 1850, p. 425.

— Voir Esmonnot et de Caumont.

CAUSANS (Maxime de). Un cachet d'oculiste romain, etc. [6864]. — *Ann. de la Soc. acad. du Puy*, t. XXVII, 1864-1865. 1867, p. 339-354.

CAUSSE (Émile). Note sur un cippe funéraire, etc. [6082]. *Nîmes*, impr. *Roger et Laporte*, 1869; 32 p.

CAUVIN (Thomas). Supplément, etc.

[8851]. — *Annuaire de la Sarthe*, 1842. — T. à p. *Le Mans*, 1842, in-12.

— Géographie, etc. [8852]. — *Mém. de l'Institut des provinces de France*. 2e s., t. Ier, 1845, in-4.

T. à p. suivi d'un Essai sur les monnaies du Maine, par E. Hucher. *Paris* et *Le Mans*, 1845, in-4; fig.
1re médaille au Concours des antiquités nationales en 1845.

CAUWET. [*Ms.*] Diss. etc. adressée à M. Biet, abbé de Saint-Léger, et membre de l'Académie de Soissons [3125].

Lue devant l'ancienne Acad. d'Arras dans les séances de l'an. 1751.

CAVOLEAU (**J.-A.**). Description de la Vendée [9817]. 1818, in-4. — 2e éd. sous ce titre : Statistique, etc. [m. n°] annotée et considérablement augmentée par A. D. de la Fontenelle de Vaudoré. *Fontenay-le-Comte*, *Robuchon; Paris*, *Dumoulin*, 1844; carte.

CAYLA (**bon J.-M.**) et **PERRIN-PAVIOT**. Hist. de la v. de Toulouse, depuis sa fondation jusqu'à nos jours [6148]. *Toulouse*, 1839. 1 fort vol.; grav. sur acier.

CAYLUS (**Anne-Claude-Philippe de Tubières**, etc., cte de). Recueil d'antiq., etc. [1274]. *Paris*, *Tilliard*, 1752-1767, 7 vol. in-4; pl.

Le 7e vol. (supplément) a été publié, 2 ans après la mort de l'auteur, par de Bombarde. Le t. Ier a été réimprimé en 1761.
Voir Quérard, *Superch. litt.*, 2e éd., t. I, col. 663 *b*.

— Mémoire, etc. [3129]. — *Mém. de l'Acad. des Inscr.*, t. XXVII, 1761 (Hist.), in-4, p. 136-145.

Chemin retrouvé dans les marais de l'Écluse, d'Hamel, Arleux, Sodemond, Escourt-Saint-Quentin et Paluel.

— Numismata, etc. [1888]. In-fol.

Voir Brunet, *Manuel*.

— Recueil, etc. [2139]. S. d. p. in-4.

Voir Quérard, *Fr. litt.*, t. II, p. 92.

CAYLUS (**cte de**), **LEVESQUE DE LA RAVALIÈRE** et **BARTHÉLEMY**. Sur des armes, etc. [1842]. — *Mém. de l'Académie des Inscriptions*, tome XXV, 1751 (hist.), p. 109.

CAYON (**J.**). Monuments anciens et modernes de la v. de Nancy, ancienne capitale de la Lorraine, dessinés d'après le daguerréotype [7532]. *Nancy*, 1847, in-4; 38 p. et 2 pl.

CAYOT (**A.**). — Voir Legrand et Cayot.

CAYOT-DÉLANDRE (**François-Marie**). Le Morbihan, etc. [7642]. *Vannes*, *A. Cauderan; Paris*, *Derache*, *Dumoulin*, *Pesron*. 1847, avec 1 atlas in-4 de 20 pl.

CAYROL (**Louis-Nicolas-Jean-Joachim de**). * Diss., etc. [3718]. (Signé de C.). *Amiens*, *impr. de Machard*, 1832; 64 p.

— * Samarobriva, ou Examen d'une question de géographie ancienne, par M. de C., membre de l'Acad. d'Amiens [2932]. *Amiens*, impr. *Machard;* 1832; 127 p.

Bibliographie de la question.

— Examen de qq. passages du mém. de M. Mangon de la Lande sur l'antiquité des peuples de Bayeux [5040]. *Louviers*, 1835. Pièce.

— Conjectures sur une habitation qui était située... près de la voie rom. de Senlis à Soissons, et obs. à propos des stations placées entre ces deux v. [8096]. — *Mém. de la Soc. des Ant. de Picardie*, t. VIII, 1846, p. 73-122.

— Observations, etc. [478, 8024].—*Mém. de la Soc. acad. de l'Oise*, t. I, 1847, p. 160-172. — T. à p., 1849; 15 p.

CAYX, de Marvejols (**J.-A.**). Nouvelles rech. sur l'étendue du pays des Gabali et sur la position de leurs v. antiques [3532, 3533]. *Mém. de la Soc. des Ant. de Fr.*, t. VII, 1826, p. 80.

Position d'Anderitum, etc.

— Not. sur plusieurs tombeaux et autres monuments tant antiques que du moyen âge, qui se trouvent dans le dépt de la Lozère [7135]. — *M. rec.*, t. VIII, 1829, p. 228.

CAYX (**Ch.**). Histoire, etc. [112]. *Paris*, *Louis Colas*, 1836.

CELLARIUS (**Christophe**). Notitia orbis antiqui, seu geographia plenior ab ortu rerum publicarum ad Constantinorum tempora, orbis terrarum faciem declarans, cum tabulis geogr. [995]. *Lipsiæ*, 1701-1706, 3 vol. in-4°. — 2e édition : Notitia, etc. Observationibus illustravit et auxit Jo. Con. Schwartz. *Lipsiæ*, 1731, 2 vol. in-4, fig.

Voir Brunet, *Manuel*, 5e éd., t. I, col. 1724.

— Autres éditions; *Lipsiæ*, 1776 et 1783.

— Geographia antiqua in compendium redacta novis præfationibus exornata a Fr. Tirolio et J.-B. Ghisio [994]. *Romæ*, 1774, gr. in-fol.

Voir Brunet, *Manuel*, 5e éd., t. I, col. 1724.

CELLIER (**L.**). Dictionnaire géographique, etc. [7978]. — *Revue agr.* etc. *Bull. de la Soc. d'agric., etc., de l'arr*t *de Valenciennes*, t. X, 1859. — T. à p. 93 p.

— Répertoire, etc. [7979]. *Bull. de la Comm. histor. du Nord;* et *Statist. archéol. du dép*t, publ. par les soins de cette Comm. — T. à p., *Lille, Danel*, 1864 ; 104 p.

CELLIER (**du**). Histoire, etc., depuis la conquête de la Gaule par J. César jusqu'à nos jours [811]. — *Paris, Didier*, 1860.

CELSUS (**Julius-Constantinus**). Tractatus de vita et moribus Jul. Cæsaris. — Voir PÉTRARQUE, 1470 et 1473 [413].

Un bibliographe instruit, D. Rosetti, de Trieste, a établi qu'il y avait lieu d'attribuer ce livre à Pétrarque, et c'est sous ce nom célèbre qu'il a été réimprimé à Leipzig, en 1827, par les soins de C. Schneider, « Secundum codicem Hamburgensem. » (Voir MELZI, t. I, p. 193).

— Autre éd., intitulée : De vita et rebus gestis C.-J. Cæsaris [414]. 1713.

CÉNAC-MONCAUT (**Justin**). Hist. des Pyrénées et des rapports internationaux de la France avec l'Espagne, depuis les temps les plus reculés jusqu'à nos jours. Annales de la Catalogne, de l'Aragon, de la Navarre, du pays Basque, du Béarn, etc. [3939]. *Paris*, 1853-1854. 5 vol.

— 2e éd. intitulée : Histoire des peuples et des Etats pyrénéens (France et Espagne), depuis l'époque celtibérienne jusqu'à nos jours. 2e édition, augmentée de l'étymologie des noms de lieux et de l'archéologie complète des Pyrénées françaises et espagnoles, ornée de 56 gr. 5 vol. in-8. *Paris, Amyot*, 1864, 5 vol.

— 3e éd. *Paris, Didier*, 1874, 4 vol.

— Voyage, etc. [3235]. *Tarbes*, 1856 ; 118 p.

— Voyage, etc. [3254]. *Tarbes*, 1856, 104 p.

— Voy., etc. dans le pays Basque, le Labour et le Guypuscoa, dans l'ancien comté de Comminges et dans celui des Quatre-Vallées [3220, 6132]. *Tarbes; Paris, Didron*, 1857 ; fig.

— Voyage, etc. [3717]. *Tarbes, Telmon; Paris, Didron*, 1857.

— Essai étymologique sur les noms de lieux du dépt du Gers [6204]. — *Revue d'Aquitaine*, 4e an., 1859.

— Histoire, etc., jusqu'à la Renaissance [881]. *Paris, Didier*, 1867-1868 ; 3 vol.

Les Belges et les Bretons séparés des Celtes du Sud-Est par le caractère, la religion et les mœurs. — Agilité, faconde et gaieté des Celtes. — Les chrétiens absolus, et les chrétiens tolérants dans l'église gauloise. — Vains efforts de Charlemagne pour germaniser la Gaule. — Civilisation gallo-franque introduite en Angleterre.

— Tombeau, etc. [6246]. — *Rev. d'Aquitaine et des Pyrénées*, t. XIII, 1869, p. 181 à 197.

— Recherches, etc. [1840, 3235 *a*]. 100 p. av. pl. (lu à la Sorbonne, en 1869). — *Bull. de la Soc. archéol. de Tarn-et-Garonne*, t. Ier, 1869-1870, p. 289, 332, 353. — T. à p. *Montauban*, 1870 ; 100 p.

— Lettres à MM. Gaston Paris et Barry, etc. [6194 *a*]. *Paris, Aug. Aubry*, 1870 ; 56 p.

CÉRÈS (**l'a.**). Fouilles archéologiques, etc. [4819]. — *Procès-verbaux de la Soc. des l., des sc. et des arts de l'Aveyron*, 1858-1859.

— Mémoire, etc., lu au Congrès archéol. tenu à Rodez, le 4 juin 1863. (Extrait.) [4820]. *Caen, Hardel*, 1863, in-8 ; 15 p., 1 pl.

— Notice, etc. [4812]. — *Mém. lus à la Sorbonne*, en 1866 (archéologie), 1867, p. 79.

— Rapport, etc. [4816]. — *Congrès archéol.*, XXXIIIe session, tenue à Montauban en 1865 ; et (avec qq. différences de rédaction) *Mém. de la Soc. des lettres, etc., de l'Aveyron*, t. X, 1868-1873, p. 179 ; 4 planches [2086 *bis*].

— Rapport, etc. [4814]. — *P.-V. de la Soc. des l., etc., de l'Aveyron*, t. VII, 1868-1870, p. 96-102.

— Compte rendu, etc. [4817]. — *Mém. de la m. Soc.*, t. X, 1868-1873, p. 198-214 ; 5 pl.

CERF (**l'a.**). Citadelle et capitole de la ville de Reims [7402]. — *Travaux de l'Acad. de Reims*, t. XLIX, année 1868-1869. 1870, p. 145-155.

— Saint Nicaise a-t-il été martyrisé en 407 par les Vandales, ou en 451 par les Huns? [7377]. — *M. rec.*, t. LI, 1869-1870, 1873, p. 179-214.

Conclusion pour 407.

CERNESSON (**Jules**). L'Auxois et le Lassois. — Fontanet [2559]. 1863, in-4.

Réunions d'articles publiés dans différents journaux, accompagnés d'une carte topogr. manuscrite de Fontanet ou Fontenet en Auxois.

CERQUAND (**H.**). Fragments, etc. Lettre à M. Alex. Bertrand [4589]. — *Rev. archéol.*, 2e s., t. XX, 1869, p. 280-285.

— Les Monuments, etc. [4567]. — *Bull. de la Soc. des sc. nat. etc. de Cannes*, t. Ier, 1870, p. 35-37.

CERTAIN (**Eug. de**). Gordonis Castrum. Sancerre au XIe siècle. [5308*a*]. — *Biblioth. de l'École des Chartes*, t. XIX, 1858, p. 529-549.

CERVINI (**A.**). Voir Melling (Ant.-Ign.).

CÉSAR (**Jules**). Commentaires, etc. [412].

PRINCIPALES ÉDITIONS COMPLÈTES.

Caii Julii Cæsaris Commentariorum libri, ex recognitione J. Andreæ. *Romæ, in domo Petri de Maximis*, per Arn. Pannartz et Conr. Sweynheym, 1469, in-fol. (1re éd.). — *Ibid.*, *id.*, 1472, in-fol.

— Commentarii, etc., cum Hircii suppl., ex rec. Pet.-Just. Philelphi, cum indice rerum R. Marliani. Hoc opus... Ant. Zarothus parmensis... impressit (*Mediolani*), 1477, in-fol.

— Caii Julii Cæsaris Commentariorum liber primus de Bello gallico ab ipso confecto. *Nic. Jenson Gallicus Venetiis feliciter impressit*, 1471, in-fol.

— Julii Celsi tractatus de vita et rebus Jul. Cæsaris. (Voir Celsus et Pétrarque). Cæsaris commentarii de bello gallico — finiunt feliciter. *S. l.*, 1473, pet. in-fol., goth.

Voir Brunet, *Manuel*, 5e éd., vol. I, col. 1452.

— C. J. Cæsaris commentarii, recogniti per Philippum Beroaldum. *Bononiæ*, 1504. — *Lyon, Balthasar*, 1508, — 1512.

— Commentaria Cæsaris. *Florentiæ, Phil. Junta*, 1508. — 1514.

— C. J. Cæsaris Commentariorum libri, etc., edente Joan. Jocundo Veronensi. *Venetiis, in ædib. Aldi et Andreæ soceri*, 1513. — *Ven. in æd. Aldi et Andreæ Asulani*, 1519.

— — Commentaria ex Henr. Glareani castigatione, cum scholiis ejusdem. *Friburgi, excud. Joan. Faber Emmelius*, 1538. — *Ibid., per Steph. Gravium*, 1546.

— — Commentarii, cum A. Hircii seu Oppii commentariis, Eutropii epitome de bello gallico et Marliani indice. *Paris, Mich. Vascosan*, 1543, pet. in-fol.

— — Commentarii, etc., ex vetustiss. scriptis codicibus emendatiores. *Lutetiæ, ex officina Rob. Stephani*, 1544. 2 tomes en 1 vol. p. in-8.

— Commentariorum libri, etc., cum correctionibus Pauli Manutii. *Venetiis, apud Paulum Manutium, Aldi F.*, 1559, in-8.

« Les autres éditions aldines de César sont celles de 1561 (copie de celle de 1559), de 1564, avec 46 ff. de variantes et de scholies, de 1566, de 1569 (ex bibliotheca Aldina); de 1570 (copie de l'édition de 1566); de 1571 (in ædibus manutianis); de 1575 et de 1576 (apud Aldum); de 1584 (apud Floravantem a Prato); de 1588 (apud Aldum). Toutes in-8. » (Brunet.)

— Commentarii novis emendationibus illustrati; ejusdem librorum qui desiderantur fragmenta, ex bibliotheca Fulvii Ursini. *Antuerpiæ, ex officina Chr. Plantini*, 1570.

« Autre édition de 1574, sortie des mêmes presses et augmentée des scholies d'Alde Manuce. » (Brunet.)

— Rerum gestarum commentarii XIV, omnia collatis ant. mss. exemplar, quæ passim... invenire potuimus et emendata restituta, cum annotationibus H. Glareani, F. Ursini, Fr. Hottmanni, Aldi Manutii. Ex Musæo et impensis Jac. Stradæ. *Francof. ad Mœn., Georg. Corvinus*, 1575, in-fol.; fig.

— Commentarii, ex nupera viri docti (Jos. Scaligeri) recognitione : accedunt vetus interpres græcus libror. VII de bello gallico ex bibliotheca P. Petavii, notæ, etc., partim vett. partim novæ; editio adornata opera et studio Gothofr. Jungermanni. *Francofurti*, 1606, seu 1669. 2 vol. in-4.

« De bons critiques croient que cette version grecque n'est pas ancienne, mais qu'elle a été faite sur le texte latin de l'édition de 1541, par P. Petau lui-même. » (Note de Brunet, *Manuel*, 5e éd., vol. I, col. 1454-1455). Fabricius, Biblioth. lat. éd. Ernesti, t. I, p. 250 : « Græce transtulit Maximus Planudes, sive quis alius. » — Huet hésite entre Planude et Théodore Gaza ou quelque autre auteur de son temps. — Grævius dit que le manuscrit contenant le texte grec est antérieur de 2 siècles à Théodore Gaza, qui vivait au XVIe (lire XVe).

— C.-J. Cæsaris Commentariorum libri, ex emendatione Jos. SCALIGERI. *Lugduni Batavorum, ex officina elzeviriana*, 1635, in-12.

Voir BRUNET, t. I, col. 1455.

— — Commentariorum libri, cum selectis variorum commentariis, opera et studio Arnoldi MONTANI; accedunt notitia Galliæ, et notæ auctiores ex autographo Josephi SCALIGERI. *Amstelodami, ex officina elzeviriana*, 1661. — Autres éd., 1670; — 1697 (avec la Vie de César, attribuée à Julius Celsus).

— — Quæ exstant, interpretatione et notis illustravit J. GODUINUS in usum serinissimi Delphini. *Lutet.-Parisiorum*, 1678, in-4.

— — Quæ extant omnia ex recensione Joan. DAVISII, cum ejusdem animadversionibus, ac notis : notis P. Ciacconii, F. Hotomanni, Jo. Brantii, D. Vossii et aliorum; accessere metaphrasis græca librorum VII de bello gallico, necnon indices necessarii. *Cantabrigiæ*, typis academicis impensis Jo. Oweni, typographi, 1706, in-4. — 2e éd. corrigée. *Id. ibid.*, 1726, in-4.

— — Quæ extant, accuratissime cum libris editis et mss. optimis collata, recognita et correcta; accesserunt annotationes Sam. CLARKE : item indices locorum, rerumque et verborum utilissimæ. *Londini, Jac. Tonson*, 1712, in-fol.

— Autre éd. avec index de Michel Mattaire. *Id. ib.*, 1716, in-12. — *Glasguæ, Foulis*, 1750, p. in-fol.

— — Quæ exstant omnia cum animadversionibus integris Dion. Vossii, Jo. Davisii... aliorumque variis notis ut et qui vocatur Julius Celsus de vita et rebus gestis C. Julii Cæsaris ex museo Joannis Georgii GRÆVII. *Lugd. Batav.*, 1713; cartes et fig. (1re éd., *Amsteled.* 1697).

— Julii Cæsaris quæ extant ex emendatione Jos. SCALIGERI. *Amstelodami*, 1718.

— — De bellis Gallico et civili Pompejano, etc., nec non A. Hirtii, aliorumque de bellis Alexandrino, Africano, et Hispaniensi commentarii ad manuscriptorum fidem expressi, cum integris notis Dionysii Vossii, Joannis Davisii, et Samuelis Clarkii. Edit. OUDENDORPI. *Lugd. Bat. Sam. Luchtmans*, 1737, 2 vol. in-4, pl.

— Autres éditions d'Oudendorp : *Lugd. Bat.*, 1740. — *Londini*, 1742. — *Oxonii*, 1780. — *Lipsiæ*, 1780. — *Londini*, 1790. — Curante J.-J. OBERLINO, *Lips.*, 1805; — *Ibid.*, 1819. — Ed. de PRIESTLEY. *Londini*, 1825; — *London, Rodwell*, 1816 (collection du Régent); — *Stuttgart*, 1822. 2 vol., etc.

— Cæsaris quæ extant omnia, italica versione (Fr. Baldelli), ex mss. codice, ad hodiernum stylum accommodata, tabulis æneis ornata. Notis tum variorum tum in usum Delphini, tum suis auxit Herm. ALBRITIUS, *Venetiis, decreto et ære societatis albritianæ*, anno XII (1737), gr. in-4.

Sur les éditions de cette traduction, voir plus loin les traductions italiennes, s. l. d. de 1575.

— — Quæ extant... notas et animadvers. addidit Th. BENTLEY; accedunt conjecturæ et emendationes Jac. JURINI. *Londini*, 1742, in-8 (texte d'Oudendorp).

— Les Commentaires de César, nouvelle édition revue et corrigée, augmentée de notes historiques et géographiques, et d'une nouvelle carte de la Gaule et du plan d'Alise, par Danville. *Amsterdam*, 1763, 2 vol. in-12.

— C. Julii Cæsaris opera, ad optimas editiones collata, studiis societatis bipontinæ. *Biponti*, 1782, 2 vol. — Autre éd. *Argentorati*, 1803.

— Caius-Julius Cæsar ad codices parisinos recensitus, cum varietate lectionum, Julii Celsi commentariis, tabulis geographicis et selectissimis eruditorum notis quibus suas adjecerunt N.-L. ACHAINTRE et N.-E. LEMAIRE. *Parisiis, Lemaire* (typis Firmin Didot), 1819-1822, 4 vol. in-8, portr. et cartes. (Dans le tome III, traduction grecque de la guerre des Gaules, d'après l'éd. de Davies.)

— Ed. cum notis variorum, d'après celle de Lemaire, « curante Aug. BARON. *Bruxelles, Hauman*, 1845. 2 vol.

— C.-J. Cæsaris opera omnia, ex editione oberliniana, cum notis et interpretatione ed. in usum Delphini, notis variorum, Jul. Celsi commentariis, recensu editionum et indice locupletissimo. *Londini, Valpy*, 1819. 5 part. en 7 vol. in-8, portr. (Collection de Valpy).

— C.-J. Cæsar : Recensuit et emendavit

F.-G. POTTIER. *Parisiis, Malapeyre* (typis Firm. Didot), 1825-1826. 3 vol. gr. in-8.

— — De Bello gallico et civili, mit Anmerkungen von J.-C. HELD. *Sulzbach*, 1832. — Autres éd., 1834. — 1839.

— — Et incerti auctoris commentarii de bello gallico. Cæsaris commentarii de bello civil. emendavit et annotatione critica instruxit APITZIUS. 2 vol. *Berolini*, 1837.

— — De Bello gallico. Recensuit, illustravit C.-E.-Chr. SCHNEIDER. *Halis*, 1840 et 1855. 3 vol.

Cet éditeur a reconnu le premier, dès 1827, que la *Vie de César*, attribuée à Julius Celsus, était l'œuvre de Pétrarque.

— — Commentarii cum supplementis A. Hirtii et aliorum, Cæsaris Hirtiique fragmenta, Carolus NIPPERDEIUS recensuit. *Lipsiæ*, 1847.

Collection de mss. non encore cousultés.

— — De Bello gallico, etc., erklärt von F. KRANER. *Leipzig* et *Berlin*, 1853. Planches. — Autres éditions. *Berlin*, 1855, 1856, 1859, 1861.

Carte des Gaules, par KIEPERT. Édition revue par DITTENBERGER, pour la Guerre des Gaules (10e éd.), et par HOFFMANN pour la Guerre civile (7e éd.).

— Commentaires de J. César, par GENOUILLE; édition revue et augmentée d'un dictionnaire de géographie, par Ch. GIDEL. *Paris*, 1857, in-12.

— Commentarii : Recensuit B. DINKER. *Lipsiæ*, 1864, 1870, 1876. 3 vol. (Collection Teubner).

— — Commentarii de bellis gallico, civili, etc., aliorum de bellis Alexandrino, Africano et Hispanensi, annotatione critica instruxit Fr. DÜBNER. *Paris, Typogr. imp.*, 1867. 2 vol. in-4.

PRINCIPALES ÉDITIONS DE LA GUERRE DES GAULES

César (C.-J.). Bellum gallicum, grammatisch und historisch erklärt von Chr.-G. HERZOG. *Leipzig*, 1825, in-8. — Autre éd. *Ibid.*, 1831.

Remarques paléographiques, par Nipperdey.

— C.-J. Cæsaris Commentarii de bello gallico, med Forklaringar och Anmärkningar of A. FRIGELL, *Upsala*, 1854.

— C.-J. Cæsaris Bellum gallicum. Recensuit, codices contulit, commentationibus instruxit Andr. FRIGELL. *Upsal*, 1861.

Vol. I, texte complet, II. 1. Collatio librorum mss. et ed. III. 1. De mendis codicum Cæsaris. (Seules parties publiées.)

— C.-J. Cæsar, de Bello gallico, von Ch. STÜBER und H. RHEINHARD. *Stuttgart*, 1860.

— De Bello gallico ed. A. DOBERENZ. 3. Auflage mit einer Karte v. Gallien. *Leipzig*, 1862. Pl. (Collection Teubner).

— C.-J. Cæsaris oratio Vesoncione Belgice ad milites habita [471], in-4.

Opuscule imprimé à Rome vers 1475 (Panzer, II, II, t. II, p. 551; biblioth. Spencer, t. VII, n° 213). Voir BRUNET, *Manuel*.

Pastiche composé (et signé) par André BRENTIO âgé de moins de 20 ans. — Voir *Biogr. univ.*, art. BRENTIO.

Il y eut probablement 2 tirages, l'un en 10 ff. (Bibliothèque de Besançon), l'autre en 8 ff. (Bibliothèque Sainte-Geneviève, Œ 740).

PRINCIPALES TRADUCTIONS COMPLÈTES OU INCOMPLÈTES

— Trad. grecque attribuée à Maxime Planude. Voir plus haut, parmi les éditions complètes, JUNGERMAN (1606), DAVIES (1706), LEMAIRE (1819).

— Commentariorum de Bello gallico interpretatio græca Maximi quæ fertur Planudis, post G. Jungermannum, Jo. Lemaireum, denuo separatim autem nunc primum edidit et brevi annotatione critica instruxit Ant. BAUMSTARK. *Friburgi*, 1834.

— Les Commentaires de Iules César. (Au verso du dernier f. :) Cy finist la translacion des commētaires de Iulius Cesar sur le fait de la conqueste du pays de Gaule faicte et mise en Françoys et présentée au roy Charles huitiesme de Frãce par frère Robert GAGUIN (*Paris, Ant. Verard*), 1485, in-fol. goth. — Édition de 1500.

Voir BRUNET, t. I, col. 1458-1459.

— Commentaire de Jules César, de la guerre de Gaule, traduictz par feu Robert GAGUIN, etc. (et seconde partie; de la guerre civile, Alexandrine, d'Afrique, d'Espaigne, traduitz par Estienne de LAIGUE dict Beaunois, reveuz et verifiez sur les vrays exemplaires latins, par Antoine DU MOULIN, masconnois). *Lyon, Jean de Tournes*, 1545. 2 tomes en 1 vol. in-16; cartes.

— Autre édition de ces deux mêmes traductions, à *Paris, pour Jean Petit*, ou *pour les Angeliers*, 1539, et aussi *à Paris, Le Bret*, 1541. 2 parties, pet. in-8 ; fig.

— Les Euures et brefues expositions de Julius César sur le fait des batailles de Gaule. *Imprimé à Paris, par Michel le Noir*, 1502, in-4, goth.

— Autre édition, *ibid.*, *id.*, 1517, in-4. goth.

— Les Commentaires de Jules César, des guerres de la Gaule, mis en françois par Blaise de VIGENERE, Bourbonnois, avec amples annotations pour esclaircir maintes difficultez. *Paris*, 1576, in-fol. et in-4.

Édition réimprimée sept fois depuis.

— La Guerre des Suisses, trad. du premier livre des Commentaires de Jules César, par LOUIS XIV, Dieudonné (âgé de treize ans). *Paris, de l'imprimerie royale*, 1651, pet. in-fol.; fig.; 4 pl.

Il y a aussi une trad. franç. des *Commentaires*, par HENRI IV ; elle est restée en manuscrit.
Voir *les Amours de Henri IV pour les lettres*, par l'abbé BRIZARD, p. 104.

— * Les Commentaires de J. César (traduits par PERROT D'ABLANCOURT). *Paris*, 1650, in-4. — *Ibid.*, 1652, in-8.

— Les Commentaires de César, de la traduction de Nic. PERROT, sieur d'ABLANCOURT. *A Rouen, et se vend à Paris, chez Louis Biblaine*, 1665, pet. in-12.

Voir Brunet, *Manuel*, t. I, col. 1460.

— Les commentaires de César, d'une trad. toute nouvelle (celle de Nic. Perrot d'Ablancourt, un peu retouchée) avec des remarques sur la carte de l'ancienne Gaule, par SANSON d'Abbeville. *La Haye*, 1743. 2 vol. in-12.

— Les Commentaires de César, en latin et en français (de la trad. de Nicolas Perrot d'Ablancourt, revue par l'abbé J.-B. LE MASCRIER). *Paris, Barbou*, 1755. 2 vol. in-12.

« Contient une dissertation de Dodwell sur le livre VIII des commentaires et un catalogue très complet des éditions des commentaires jusqu'à la présente, qui est la 83e » (Tamizey de Laroque. *Emplacement d'Uxellodunum*, p. 9.) — Une édition d'*Amsterdam*, 1763 (2 vol. in-12) contient une carte de la Gaule par M. D'ANVILLE.

— Commentaires de César, trad. de Nic. Perrot d'Ablancourt, revue en 1755, par l'abbé J.-B. Le Mascrier, et ensuite par Noël François de Wailly) avec le texte. *Paris, Barbou*, 1766 et 1775. 2 vol. in-12.

— Autre éd. 1776, in-8.

— La guerre de Jules César dans les Gaules (trad. de Perrot d'Ablancourt, retouchée par de Wailly, avec des notes militaires par DE PÉCIS. *Parme, de l'Imprimerie royale (Bodoni)*, 1786. 3 vol. gr. in-8, fig.

— Les Commentaires de César, de la trad. de Nic. Perrot d'Ablancourt, retouchée par de Wailly. en latin et en français, avec des notes historiques, critiques et militaires, par Lancelot TURPIN DE CRISSÉ. *Montargis*, 1785. 3 vol. ; 43 pl.

Il y a une édition d'Amsterdam, 1787, 3 vol. gr. in-8, fig., avec la carte de d'Anville.

— Traduction des Commentaires, par Mathieu de la BASTIDE-CHINIAC (voir ce nom sous la date de 1786).

— Les Commentaires de César, avec la critique que M. Davon a faite de ses guerres, par M. DE VAUDRECOURT. *Paris*, 1787. 2 vol.

— Les Commentaires de César, avec cartes géographiques, nouvelle édit. revue et corrigée avec le plus grand soin. *Lyon, Rusand*, 1810. 2 vol. in-12.

« Cette trad. est celle de d'Ablancourt, revue par l'abbé Le Mascrier et par de Wailly. Sa lettre nous a convaincu, dit le nouvel éditeur (le P. J. N. Loriquet), que bien des choses avaient échappé à M. de Wailly, et qu'il n'y avait presque pas une page qui n'ait encore besoin de plusieurs corrections, la plupart importantes. » (BARBIER, *Anonymes*, 3e édit.)

— Les Commentaires, trad. de WAÏLLY, accompagnés d'une carte dee Gaules, comparative avec les noms anciens et modernes. 1826, 2 vol. in-32, *impr. par Didot*, faisant partie de la Bibliothèque portative de l'officier.

— Les Commentaires de J. César, trad. nouvelle. Le texte en regard, avec des notes critiques et littéraires, un index géographique et six cartes de la Gaule, par LE DEIST DE BOTIDOUX. *Paris*, 1809. 5 vol.

— Les Commentaires, trad. par J. B. VARNEY. *Paris*, 1810. 2 vol.

— Les commentaires de César, trad. de M. Émile de TOULONGEON. *Paris, Verdière*, 1812, 2 vol. in-18, 2e édit. avec le texte, intitulée : *Les Commentaires*, etc., avec des notes nouvelles, édit. revue et corrigée, par Am. POM-

MIER. *Paris*, 1826. 4 vol. in-12, portr. et cartes.

— Guerre des Gaules, trad. des Mémoires dits Commentaires de César, avec un grand nombre de notes géogr., histor., litt., morales et politiques, par Th. BERLIER. *Paris, Parmentier*, 1822. — Autre édit. *Ibid. id.*, 1825.

— Les Mémoires de C. J. César, trad. nouv., par M. ARTAUD (avec notice, par feu Laya). *Paris*, 1828. 3 vol. in-8°. (Dans la collection Pankoucke.)

— Commentaires de Jules César, texte avec trad. de Th. BEAUDEMENT. *Paris, Didot*, 1850. (Collection Nisard.)

— Commentaires de J. César. Guerre des Gaules. Trad. nouv. avec le texte, des notes et un index, par Ch. LOUANDRE. *Paris, Charpentier*, 1855, in-12.

— Commentaires de Jules César. Campagne d'Espagne (apocryphe). Trad. nouv. par Victor DEVELAY. *Paris, Corréard*, 1863.

— Guerre des Gaules, de Jules César, Trad. par A. DUBOIS. *Paris, Delalain*. 1863, in-18.

— Commentaires de Jules César. Guerre des Gaules. Trad. nouv. accompagnée de notes topographiques et militaires et suivie d'un index biogr. et géogr. très développé, par Alex. BERTRAND et le général CREULY. Tome Ier (seul publié). *Paris, Didier*, 1864.

TRADUCTIONS ALLEMANDES

— Julius der erste Römische Keyser von seinen Kriegen erst mals vsz dem Latin in Tütsch bracht (von RINGMANN PHILESIUS) vnd new gedruckt. — *Straszburg*, durch fleysz Joannis *Grüninger*, uff den sibenden tag des Mertzen, 1507, in-fol. fig. — Autre éd. réimprimée à *Strasbourg*, en 1508, à Mayence, par Joh. Schœffer en 1530 et 1532, in-fol. fig. — A *Francfort*, en 1565, in-fol. fig., par AMMON, et plusieurs fois depuis.

— Commentaires de J. César. Trad. allemande, par Ph. L. HANS. *Frankf. am Mayn*, 1785-88. 3 vol. — Réimprimée en 1801-3. 2 vol. — Revue par Fr. STRACK, 1817. 2 vol. — Par Adrien WAGNER, *Bayreuth*, 1808. 2 vol.

TRADUCTIONS ANGLAISES

— Traduction des commentaires de César, par lord John TIPTOFT, comte de WORCESTER, 1530, in-fol.

— The commentaries of J. Cesar translated into english, to which is prefixed a discourse concerning the roman art of war, by Will. DUNCAN. *London*, 1753, in-fol.; fig.

— Traduction des commentaires de César, par J. TOWERS. *Oxford*, 1755. — Réimprimée en 1768; autres éd., en 1786 et en 1812.

TRADUCTIONS ESPAGNOLES

— Los comentarios de Gayo Julio Cesare en romance (por Diego LOPEZ de Toledo), *imprimidos en Toledo a costa de Melchior Gorricio: por Pedro Hagembach Aleman* al 14 del mes de julio, 1498, in-fol. goth. — Réimprimé plusieurs fois.

— Traduction de J. César avec le texte latin, par D. Manuel de VALBUENA. *Madrid*, 1789, 2 vol. gr. in-8. — Autre éd. : *Madrid*, 1798. 2 vol.; portr. et cartes.

— Los comentarios de C. J. Cesar, traducidos por Jos. GOYA MUNIAIN. *Madrid, imprenta real*, 1798. 2 vol. in-4, fig. (avec le texte latin).

TRADUCTIONS ITALIENNES

— Commentarii di C. G. Cesare, trad. in lingua Fiorentina, per Dante POPOLESCHI, *impressi in Firenze per io. Stephano di Carlo da Pauia*, 1518, in-4.

— Commentarii di Caio Giulio Cesare, tradotti di latino in volgar per Agost. Ortica della Porta, nuovamente in più luoghi al vero senso dell' auttore ridotti et con diligentia ricorretti. *Venetia, in casa de' figliuoli di Aldo*, 1547.

— I commentarii di C. Giulio Cesare, con le figure in Rame fatte da Andrea Palladio. Venet. Pietro da' Franceschi, 1575, in-4. fig.

Même traduction à quelques changements près que celle de Fr. Baldelli, imprimée à Venise en 1557, 1570, 1571 et 1572, pet. in-8. Il y a une édition de Venise, 1598 (avec un titre daté de 1618) et 1619, in-4, avec les mêmes fig. (BRUNET, *Manuel*.)

— Commentarii di Giulio Cesare, recati in italiano da Cam. UGONI. *Brescia*, 1812. 2 vol. in-4.

— Autre éd. *Milan*, 1828, in-16.

— Voir pour la bibliographie des *Commentaires* de César *sur la guerre des Gaules*, outre les articles précités, Fabricius, Bibliotheca latina, éd. de J. Aug. Ernesti, t. I, p. 248, l'édition de César dite des Deux-Ponts : celle de la collection Lemaire, t. IV, p. 153; la France litt., la Littérature franç. contemp.; le Catalogue g^al de la librairie franç.; l'appendice de l'histoire de la littérature romaine, d'Al. Pierron, 1879, p. 667; Engelmann, Bibliotheca scriptorum classic. gr. et rom., 8e éd., 1882, etc.

CESSAC (**c^te Pierre de**). Sur le creusement, etc. [5556]. — *Mém. de la Soc. des sc., etc., de la Creuse*, t. II, 1856, p. 244-248.

— Fragments archéologiques, etc., 1861, 8 p. — Suite des fragments, etc., 1862, 10 p. [5549]. — *M. rec.*, t. III, 1861-1862, p. 322 et 481.

— Note, etc. [5554]. — *Congrès archéol.*, XXXIIe session tenue à Guéret en 1866, p. 178-183.

— Inscription gallo-romaine de Sazeirat, c^ne d'Arrênes [5582). — *M. vol.* p. 186-188. (Supprimer le n° 5567.)

7e inscr. connue jusqu'alors, portant le mot IEVRV.

— Note sur la voie rom. de Limoges à Clermont (partie comprise entre Ahun et la route dépar^tale de Tulle à la Châtre) [10010]. — *C. r. des Assises sc. de Limoges* (1867), p. 19-20.

— Sur la non-existence, etc. (3666]. — *M. vol.* p. 21-53.

— Mémoire, etc. [5548]. — *M. vol.*, p. 151-160.

— Rapp. sur les f. exécutées dans les buttes de la Tour-St-Austrille, pendant l'automne de 1865 [5583]. — *Mém. lus à la Sorbonne*, en 1866, (archéologie), 1867, p. 217-234.

L'auteur regarde ces buttes comme postérieures à l'époque romaine.

— Dolmen, etc. [5564]. — *Moniteur de l'archéologue, à Montauban*, 1867 ; 2 p.

— Les forts vitrifiés dans la Creuse Lettre à M. de Caumont [5557]. — *Bull. mon.*, 4 s., t. III, 1867, p. 802-809.

— Note, etc. [5558]. — *Mém. lus à la Sorbonne*, en 1867 (archéol.), 1868, p. 109-114.

— Les inscriptions, etc. [5576]. — *Bull. de la Soc. archéol. et histor. du Limousin*, t. XIX, 1869.

— Les inscriptions des bornes milliaires de St-Léger Magnazein et le tronçon de voie romaine de la Jonchère [5576, 10038]. — *M. vol.*

— Inscriptions [10039] de St-Léger-Magnazein (Haute-Vienne) et du Moutier d'Ahun (Creuse), et fouilles sur la voie romaine de Clermont à Limoges. *M. vol.*

— Les divers modes, etc. [5555]. — *Mém. de la Soc. archéol. de la Creuse*, t. V, 1870.

CESSAC (**Jean-Baptiste**). Études histor. sur Uxellodunum, aperçus critiques touchant l'examen histor. et topogr. des lieux proposés pour représenter Uxellodunum, de MM. le g^al Creuly et Alfred Jacobs [2956]. *Paris, Dentu*, 1862; gr. in-8 ; 79 p.

— Ét. histor., etc. [2957]. Commentaires de César. Uxellodunum. Not. complémentaires. *Paris, Dentu*, 1862.

— Ét. histor., etc. [2958]. *Id. ibid.*, 1863; 15 p.

— Ét. histor. comm. de C. Un dernier mot sur Uxellodunum pour faire suite aux aperçus critiques et notices complémentaires touchant l'examen historique et topographique des lieux proposés pour représenter Uxellodunum [2959]. Paris, chez l'auteur, 1863.

— Études histor. Comm. de C. Ux. retrouvé. Fouilles exécutées à Luzech, à Capdenac et à Puy-d'Ussolud. Rapide exposé des résultats obtenus [2966). *Paris, Dentu*, 1865 ; 15 p.

— Mémoire, etc. [2971]. — *Mém. lus à la Sorb.*, en 1866 (arch.), 1867, p. 89.

— Le véritable emplacement d'Uxellodunum [2975]. — *Rev. des Soc. sav. des dép^ts*. — 4e s., t. VI, 1867, p. 48-50.

Mention des travaux précédents, par le marquis de La Grange.

CESTRE. Antiq. gallo-rom. du Haut-Rhin [8445]. *Colmar*, chez l'auteur, 1869 ; 37 p. (Extrait de l'*Alsace*.)

CHABAUSSIÈRE (**Junior de la**). Essai sur les Basques. (Titre recueilli dans Girault de St-Fargeau.)

CHABERT (**Fr.-Michel**). Origine, etc. [7805]. — *Mém. de l'Acad. de Metz*, 1857-58, p. 511.

— Tablettes chronologiques de l'histoire du dépt de la Moselle, depuis les temps les plus reculés (7781]. *Metz, Lorette*, 1858, 2 vol. in-12.

CHABOUILLET (**Anatole**). Catalogue général, etc., suivi de la description des autres monuments exposés dans le Cabinet des médailles et antiques [2510]. *Paris, impr. Claye*, 1858, in-12, VIII-634 p.

Indication de divers monts gaulois. On y trouve notamment toutes les inscriptions avec noms gaulois, gravées sur les vases d'argent, de la célèbre trouvaille Villeret, près Berthouville. (Voir ci-dessus 1re partie, numéros 5778 et suivants.)

— Rapports sur les concours d'archéologie ouverts par le Comité des travaux historiques [détail sous le numéro 1315]. — Continués après 1870.

— Monnaies rom. gaul. et méroving. et antiq. diverses trouvées à Limoges. Rapport sur une communication de M. Ardant, correspondant à Limoges [10027]. — *Rev. des Soc. sav.*, 2e s., t. VIII, octobre 1862.

— Rapport sur une communication de M. Devals. (Voir ce nom, s. l. d. de 1863.) — *M. rec.*, 3e s., t. II, 1863, p. 492.

— Observations, etc. [2198]. — *Bull. de la Soc. des ant. de Fr.*, 1867, p. 114 et 119; *Rev. archéol.*, 1867, p. 242 et 246. — Additions et corrections, *m. vol.*, p. 320.

— Découverte de monnaies romaines impériales (dans Saône-et-Loire, à Sennecé, près de Mâcon). Rapport sur une communication de M. T. Lacroix [8827]. — *Rev. des Soc. sav.*, 4e s., t. VIII, déc. 1868.

— Rapport lu au Comité des travaux historiques et des sociétés savantes [5001]. — *M. rec.*, m. s., t. X, 1869, p. 117-127, et *Rev. num.*, nouv. s., t. XIV, 1869-70, p. 348-360.

— Sur une main, etc. [1507]. —. *Rev. archéol.*, 2e s., t. XIX, 1869, p. 161-190. — T. à p. (avec nombreuses corrections), 28 p.

CHABROL DE VOLVIC (le **cte Gilbert Jos.-Gasp. de**). Recherches, etc. Recueil des tableaux dressés et réunis d'après les ordres de M. le cte de Chabrol, préfet de la Seine [9002]. *Paris, impr. de Ballard*, 1821. 40 tableaux. (Voir Brunet, *Manuel*, 5e éd., t. I, col. 1757-58.

CHAHO (**J.-Augustin**). Histoire primitive des Euskariens-Basques. Langue, poésie, mœurs et caractères de ce peuple, Introduction à son histoire [3215]. *Bayonne, Lespés*, 1847, in-8°, t. Ier. — Continuation (t. II et III), par Belsunce (voir ce nom).

CHAILLOT (**P.**). Histoire... depuis les Cavares jusqu'à nos jours [9755]. *Avignon, P. Chaillot*, 1818. 3 vol.

CHAIX (**J.-M.-A.**). Essai sur les monts antiques et du moyen-âge du dépt de Vaucluse [9750]. *Avignon*, impr. *Bonnet*, 1840., 1 pl.

CHAIX (**l'a. L.-A.**). St Sidoine Apollinaire et son siècle [2438]. *Clermont-Ferrand, F. Thibaud; Paris, Ch. Dumoulin*, 1867-1868. 2 vol.

Couronné par l'Académie de Clermont et publié d'abord dans ses Annales, t. VI, 1864, VII, 1865, VIII, 1866.

— Essai sur les origines des Arvernes [3175]. — *Mém. de l'Acad. des sc. de Clermont-Ferrand*, n. s., t. VII, 1865, p. 469-487. — T. à p.

CHAIX (**Eug.**). Médailles gauloises trouvées à Strasbourg [8389]. — *Bull. de la Soc. p. la cons. des monts histor. d'Alsace*, 2e s. (in-4°), t. VII, 1870, p. 127-129; grav.

CHAIZE (**le p. de la**). Sur l'inscription d'une urne antique (lu en 1706) [2205]. — *Mém. de l'Acad. des Inscr.*, t. I, 1717 (*hist.*), in-4°, p. 209; 1 pl. — N. éd., 1805, in-8°.

CHALARIEU (**Louis de**). Les fouilles des Arènes de Paris [9133]. *Paris, impr. Walder*, 1870; 15 p.

CHALETTE père (**J.**). Précis, etc. [7310]. t. Ier, 1844 (promis en 3 vol.).

CHALIEU (**l'a. de**). Mémoires sur diverses antiquités du dépt de la Drôme, et sur les différents peuples qui l'habitaient avant la conquête des Romains. [5694]. *Valence*, 1806, in-4. — Autre édition, 1811, in-4.

CHALLAMEL (**Augustin**). Histoire de France, illustrée par Bellangé. Texte nouveau divisé en quatre parties [376]. *Paris, G. Barba*, 1852 (Panthéon populaire, 5e série; Histoire de France).

— Mémoires, etc. [401 *d.*]. *Paris, Hachette*, 1865-73, 8 vol.

T. I-II, le Gaulois, le Gallo-Romain, le Gallo-Frank-Mérovingien, etc.
Ouvrage couronné par l'Académie française.

CHALLE (A). Notice sur les origines historiques attribuées à Auxerre, ce qu'il y a d'apocryphe et ce qu'il y a d'authentique dans ces origines [10140]. — *Bull. de la Soc. des sc. de l'Yonne*, t. VII, p. 383-404, et *Annuaire histor. de l'Yonne*, t. XVIII, p. 269-286. — T. à p. (du Bull.), 1853.

— Ponmessant, etc. [10190]. — *Bull. de la Soc. des sc. de l'Yonne*, 1856, 1re partie, p. 572-581.

— Sur l'emplacement de Genabum, etc. [2716]. — *M. rec.*, t. XX, 1866 (1867), p. 122-143.

— Autissiodorum, etc. [10104]. — *M. rec.*, t. XXI (1er vol. de la 2e série), 1867, p. 50-54.

CHALLE (Edmond). Not. sur le musée et le jardin botanique de la v. d'Auxerre. — *M. rec.*, t. IX, 1855, p. 217-243.

— Not. sur qq. monnaies antiques d'or et d'argent, etc. [10126]. — *Annuaire histor. de l'Yonne*, t. XX, 1856, p. 218.

CHALMEL (J.-L.). Tablettes, etc. [4058], *Tours, Letourmy*, 1818, in-12. — Hist. de Touraine, depuis la conquête des Gaules par les Romains jusqu'à l'an. 1790, suivie du Diction. biograph. de tous les h. célèbres nés dans cette province [4059]. *Paris, H. Fournier*, 1828, 4 vol. — 2e éd. *Tours, Aigre; Paris, Chamerot*, 1841, 4 vol.

CHAMARD (dom). Lettre, etc. [1688]. — *Bull. de la Soc. des ant. de l'Ouest*, 1er trim. 1867; 2 p.

CHAMBELLAN (A.). Études sur l'histoire du droit français [803 *a*]. T. I (unique). *Paris*, 1848.

Volume exclusivement consacré aux périodes gauloise et gallo-romaine.

CHAMBET (C.-J.). Guide de l'étranger à Lyon, ou description des curiosités, des monuments et des antiquités que cette ville renferme, avec le plan de la ville [8550]. *Lyon, Chambet*, 1817, in-18. (Signé C.-J. CH......)

Plusieurs fois réimprimé à Lyon. Le nom de l'auteur figure en entier sur le titre à partir de la 7e édit. Lyon, 1839, in-18.

CHAMPAGNY (François-Joseph-Marie-Thérèse-Nompère, comte de). Les Césars, etc. [862]. (Ouvrage signé FRANZ DE CHAMPAGNY.) *Paris, Comon*, 1841-43. 4 vol. — 2e éd. *Paris, Maison*, 1853, 2 vol. — 3e éd. rev. et augm. *Paris, Bray*, 3 vol. in-12. — 4e éd. *Paris, Bray et Retaux*, 1870. 3 vol. — 5e éd. *ibid. id.* m. d. 3 vol. in-12.

CHAMPAY. Compte-rendu, etc. [6713]. — *Sce publ. de la Soc. d'émul. du Jura*, 1837, p. 192.

— [*Ms.*]. Mémoire, etc. [6698].

Mém. déposé en 1839 dans les archives de la Soc. d'émul. du Jura. (Séance publ. 1839, p. 219.)

— Recherches, etc. [6675]. — *M. rec.*, 1844, p. 162-181.

— Rech. sur l'origine de Moirans et sur celle de ses premiers habitants [6699]. — *M. rec.*, 1845, p. 52-85.

Cette ville, d'après l'auteur, aurait succédé à celle de Mauriana. — Voir ci-dessus, 1re partie, 2e série, section AVENTICUM.

CHAMPIER (Symphorien). De origine, etc. [8485].

Contenu de l'ouvrage : *De Triplici disciplina cuius partes sunt philosophia naturalis, medicina, theologia moralis, philosophia, integrantes quadriuiū.* Au recto du dernier folio : Impressum est presens opus Lugd. expensis honestissimi bibliopole Simonis Vīcētij : arte, etc. industria Claudii Dauost al's de Troye Anno dñi 1508, finitum pridie Kal. Martii... anno etatis mee XXXVI, gr. in-8, goth. fig.

— Cy commence... avec l'antiquite et origine de la très noble et āciēne cite Metropolitaine et Primace des Allobroges Vienne sur le fleuue du Rosne, cōpose par messire Symphoriē Campese dict Champier [2998, 3355]. *Lyon*, 1529, gr. in-8, goth.

— (T. DU MAS, traducteur.) Cy commence, etc. [8488-8486]. *Impr. à Lisle Galique dicte Lyōnoise*, 1529, gr. in-8. goth.

L'édition de 1519 (no 8486) est incertaine.

— (Sous le pseudonyme de Morien PIERCHAMP.) Sensuyt etc., [8487]. *Paris, Jehan Saint-Denys, libraire*, 1529, pet. in-8, goth.

— (Même pseudonyme.)

— * Galliae celticae... campus, a Piercham ... editus de origine Lugduni; de politia reipublicae lugdunensis; de seditione lugdunensi, anno 1529; epitaphia lugdunēsia [8489]. *Lugduni, Trechsel*, 1537, pet. in-fol. ou gr. in-4.

— * Histoire des antiquitez de la ville de Lyon, traduicte de latin en françois par Morien Pierchamp [8490-8541]. Lyon, Jean Champion, 1548, in-4.

— Discours de l'antique origine et noblesse de la cité de Lyon, etc., [8493] *Lyon, Guillaume Testefort*, 1579, in-8.

— [*Ms.*]. Traité sur Vienne [6632].

« Ce traité est cité par Le Lièvre, p. 59 de son « *Histoire de Vienne* » [Voir Jean Le Lièvre]. (*Biblioth. hist.* N° 37 996).
Voir sur S. Champier et ses ouvrages, Brunet, *Manuel*, et P. Allut, Étude biographique et bibliographique sur Symphorien Champier, suivie de divers opuscules français de Symphorien Champier : l'ordre de chevalerie, le dialogue de noblesse et les antiquités de Lyon et de Vienne. *Lyon, Nicolas Scheuring*, 1859, gr. in-8, pl.

— De monarchia Gallorum campi aurei, ac triplici imperio videlicet Romano, gallico, germanico una cum gestis heroum ac omnium imperatorum [nouv. add. 239 *a*] : *Lugduni, Melchioris et Gasparis Treschel fratrum*, 1537, petit in-fol.

CHAMPIER (**Claude**). Les singularitez des Gaules. [240] 1538, in-16. — 1556, in-16.

« Ouvrage plus curieux qu'utile. » Duru, *Biblioth. de l'Yonne*.

— Le bastiment des antiques erections des principales villes et citez assises es trois Gaules, contenu en deux livres avec un traité des fleuves et fontaines admirables estant es dites Gaules. [925]. *Lyon, Ben. Rigaud et Jean Saugrain*, 1557, in-16. — 2e éd. intitulée. Le Bastiment, érection et fondation des v. et citez, etc., avec le catalogue d'icelles, plus un traicté de la propriété des bains, fleuves et fontaines admirables : Le tout reveu et augmenté par J. Lebon, *Lyon, B. Rigaud*, 1590, in-16.

CHAMPIER (**Cl.**). et **CORROZET** (**Gilles**). Le cathalogue des villes et citez assises es troys Gaules, c'est assauoir, Celticque, Belgique et Acquitaine, auecq vng traicté des fleunes et fontaines, illustré de nouuelles figures, [924]. Imprimé ceste année 1543. *On les vend à Paris, par Alain Lotrian*, in-16 de 8 feuillets liminaires, 69 feuillets chiffrés, plus 7 pages de table, fig. en bois. — Autres éditions. *Paris*, 1560. — *Lyon, de Tournes*, 1573, in-16.

La première partie (Les fondations des villes et citez assises en la Gaule celtique), est de G. Corrozet. (Voir ce nom.)

CHAMPOISEAU (**Noël**). Essai sur les ruines romaines qui existent encore à Tours et dans les environs [6529]. — *Ann. de la soc. d'agr.* etc., *d'Indre et Loire*, 1831, p. 16. — T. à p.

CHAMPOLLION-FIGEAC (**J.-Joseph**). *Diss. sur un mont etc., [6597]. *Grenoble*, 1804, 1 grav. (20 ex. in-4.)

— Inscriptiones Cularonenses restitutæ [6606]. *Gratianopoli*, 1804, in-plano. (Quérard, *Fr. Litt.*, t. II.)

Réimprimé en 1807, à la suite des *Antiq. de Grenoble*, du même auteur (Art. suivant).

— Antiq. de Grenoble, ou histoire ancienne de cette ville, d'après ses monts [6590]. *Grenoble*, 1807, gr. in-4.

— Nouveaux éclaircissements sur la v. de Cularo, auj. Grenoble. [6591]. *Paris, Sajou*, 1814. (Extr. du *Mag. encycloped.*).

— Nouvelles recherches sur la ville gauloise d'Uxellodunum assiégée et prise par J. César, rédigées d'après l'examen des lieux et des fouilles récentes et accompagnées de plans topographiques et de planches d'antiquités, [2952]. *Paris, de l'Impr. royale*, 1820, in-4; 6 pl.

— Traité etc. [1297]. *Paris, Mairet et Fournier*, 1842, 1 vol. in-32 en 2 parties; 256 et 324 p.

Voir notamment la 5e division. (Inscriptions des Égyptiens, des Grecs, des Étrusques, des Romains et des Gaulois. — C. r. dans la *Rev. de bibliogr. analytique*, oct. 1842, p. 938.)

— Cimetière gaulois de Cély. (Sne-et-Mne) Not. des fouilles faites d'après l'ordre de l'Empereur, en l'année 1860. [9197]. *Paris, imp. Didot*, 1861.

— * Mélanges historiques sur le Dauphiné, et principalement sur le dépt de l'Isère [3469, nouv. add. 6574 *a*]. *S. l. n. d.*

CHAMP-REPUS (**Marigues de**). Viridovix, chef des Unelliens, et Sabinus, lieutenant de César; recherche histor. [4077 *a*]. *Paris, Libr. centrale*, 1862; 38 p., 1 carte.

CHANCEL (**Charles de**). Camp de Vœuil, [5186]. — *Bull. de la Soc. archéol. et hist. de la Charente*, 1845, p. 138.

CHANLAIRE. — (V. Peuchet et Chanlaire.)

CHANOINE. Notice, etc. (ferme de Montaphilan). [4731]. — *Bull. de la Soc. archéol. de Sens*, 1846, p. 13-16.

— Extrait, etc. [10209]. — *M. rec.* 1851, p. 86-91.

— Note sur les matériaux employés dans les constructions rom. de la v. de Sens et des environs, [10210]. — *M. rec.* 1854, p. 1-16.

CHANTELOUP (**Jean de**). L'apôtre de Provence, etc. [3901]. *Marseille, Claude Garcin*, 1684. in-16.

CHANTRE (**Ernest**). Études paléo-ethnologiques, etc. [1433, 3466, 8567]. — *Ann. de la Soc. des sc. industrielles de Lyon*, 1867. — *Paris, Savy; Lyon, P. Megret*, 1867, gr. in-4; 14 pl.

Bibliographie, à la fin de l'ouvrage [209].

— Nouvelles études, *Id.*, *ibid.*; 1868, in-4 2 pl.

— Les palafittes etc. [6657]. — *Bull. de la Soc. de statist. de l'Isère*, 3e s., t. II, 1870, p. 397-417..

— Même titre. *Chambéry*, 1871, in-4. Planches.

CHAPELLE (**de la**). [*Ms.*] Dissertation etc. [4505].

Mentionnée dans la *Biblioth. histor.* t. III, nº 37477.

CHAPELLE (**Jacques Ribauld, ou Rébauld de la**). — Voir Ribauld de la Chapelle.

CHAPELLIER. Essai historique sur Beaufremont, son château et ses barons, [10061]. — 1re partie. [Époque gaul. gallo-rom. et franque]. *Ann. de la Soc. d'émulation des Vosges*, t. IX, 1857, p. 109-246. — 2e partie, *m. rec.*, t. X, 1er cahier, p. 139-343. — T. à p. de la 1re partie, *Épinal, imp. Ve Gley*, 1858, 140 p.

CHAPER (**E.**). Notes, etc. [4556]. — *Bull. de l'Acad. Delphinale*, à Grenoble. 3e s., t. I, 1865 (1866). T. à p. *Grenoble*, 1865, in-4, 13 p.

— Traduction de l'ouvrage intitulé *l'Ancienneté de l'homme*, etc., par Ch. Lyell. (Voir ce nom.)

CHAPLUET (**V.**). Rapport, etc. [5468]. P. 236 à 201. — *Mém. de la Comm. des antiq. de la Côte-d'Or*, t. VII, 1866-1869, p. 256-261.

CHAPOULAUD (**Alfred**). Compte rendu, etc. [9982]. — *Bull. de la Soc. arch. et hist. du Limousin*, t. XVIII, 1868, p. 88-111.

CHAPPUIS (**Charles**). Rapp. au ministre de l'instruction publique sur le passage d'Annibal dans les Alpes [2819]. *Rev. des Soc. sav.* 1860. — T. à p. *Paris*, 1860, 48 p.

Analyse par Henri Weil. (Voir ce nom.)

— Étude, etc. [2822]. *Besançon; Paris, A. Durand*, 1862. 92 p. 1 plan.

Passage d'Annibal, etc., par la vallée de Barcelonnette. — Mention hon. à l'Ac. des inscriptions en 1863.

— Examen critique, etc. [2829]. — Mém. lus à la Sorbonne en 1863 (archéologie), 1864, p. 21-43.

CHAPPUYS (**Gabriel**). Histoire du royaume de Navarre [3710]. *Paris*, 1596. — Autre édition : *Paris*, 1612, in-fol.

— Traduction de la *Description de la Limagne d'Auvergne*, de Gab. Simeoni, [3610]. (Voir ce nom.)

CHAPUYS-MONTLAVILLE (**le bon L.-Al. de**). Histoire du Dauphiné. [3455]. *Paris, Ambr. Dupont; Crevot; Lyon, L. Babeuf*, 1828-1829. 2 vol.

Brunet (nº 24846) : 1827.

CHARBONNEL (**l'abbé P. Jérôme**). * Origine de l'église de Mende [7127]. par l'abbé ***. *Mende, C. Privat*, 1858.

CHARBOT (**Nicolas**). [*Ms.*] Histoire de la ville de Grenoble. (Vers 1720).

Citée par Pilot, Bull. de la Soc. de statist. de l'Isère, 2e série, t. V, 1860, p. 252.

CHARDIN (**Ferdinand**). Observations, etc. [8385]. — *Rev. archéol.*, 2e s., t. XV, 1867 p. 42-49.

— Autel romain, etc. [8386]. — *M. vol.*, p. 352-355.

— Vase de verre, etc. [8377]. — *M. rec.*, t. XVI, 1867, p. 148-149.

CHARDON. Histoire de la ville d'Auxerre jusqu'aux États-Généraux [10139]. *Auxerre, impr. Gallot-Fournier*, 1834-1835, 2 vol.

Mention hon. à l'ac. des Inscr. en 1831.

CHARENCEY (**Vte Hyacinthe de**). Recherches, etc. [3223]. *Paris, Challamel*, 1859.

Voir *Ann. de philos. chrét.*, t. LIX, 1859, et LX, 1860

— Recherches, etc. [3224]. *Caen*, 1866.

— Examen, etc. [10626]. — *Annuaire de la Soc. française de numismatique et d'archéol.*, 1re année, 1866, p. 28-33.

CHARENTON (**le p. Joseph-Nicolas**). Histoire, etc. (avec une diss. histor. de Mahudel sur qq. monnaies d'Espagne)

[10589]. *Paris*, 1725. 5 tomes en 6 vol. in-4, fig.

CHARLES (**Léopold**). Antiquités, etc. [8892]. *Le Mans, Monnoyer*, 1866; 8 p.

— Ruines gallo-romaines et restes d'un édifice carlovingien dans l'est de l'ancien Maine [3360 *a*]. — *Bull. mon^tal*, t. XXXII, 1866, p. 288-301.

— Découverte d'une villa de l'époque romaine à St-Jean des Échelles, c^on de Montmirail, arr^t de Mamers, près de la Ferté-Bernard [8910]. — *Rev. des Soc. sav.*, 4e s., t. IV, 1866. p. 491. — *Bull. mon.*, 1866.

— Vases et armes, etc. — *Bull. mon.*, t. XXXIII, 1867, p. 613-618.

— Une villa, etc. [8906]. — *Rev. des Soc. sav.*, 4e s., t. VIII, 1868, p. 400. — *Bull. mon.*, t. XXXIV, 1868, p. 292-301.

CHARLEUF (**G.**). Mémoire, etc. [7943]. — *Mém. de la Soc. éduenne*, à Autun, 1844, p. 319-336. — T. à p. *Autun*, m. d.; 1 pl.

— Quelques mots, etc. [2560]. — *Bull. de la Soc. nivernaise*, etc., t. III, n° 5, 1863, 17 p. — T. à p. *Autun; Paris*, 1863; 24 pages.

— Études, etc. [7940]. — *M. rec.*, 2e s., t. II, 1867, p. 318-336. — T. à p. *Nevers, impr. Fay; Paris, Rollin et Feuardent; St-Honoré*, 1865; 45 p.

CHARLEUF et **COLLIN**. Saint-Honoré-les-Bains. — *Moulins*, 1865, in-12.

CHARLIER (**R.**). Mémoire, etc. [9378]. — *Mém. de la Soc. des ant. de Normandie*, t. XI, 1840, p. 264.

— Notice sur des fouilles exécutées, en 1843, dans la forêt de Brotonne [9380]. — *M. rec.*, t. XIV, 1844, p. 9.

CHARLONYE (**Gabriel de la**). Engolismenses Episcopi [5154]. *Engolismæ, Minieri*, 1597, in-4.

— Voir Corlieu.

CHARMA (**A.**). Calvados pittoresque, 1846-47, in-fol. — Voir Mancel (G.)

— Rapport, etc. [5073]. — *Mém. de la Soc. des ant. de Normandie*, t. XIX, 1852, in-4, p. 123.

— Note, etc. [7296]. — *M. vol.*, p. 312. T. à p.

— Rapport, etc. [5069]. — *M. vol.*, p. 485.

— Note sommaire, etc. [5127]. — *M. rec.*, t. XX, 1853, p. XXXIV.

— Rapport, etc. [5094]. — *M. vol.*, p. 325. — T. à p. *Paris, Hachette*, 1854, in-8.

— Rapport, etc. [5128]. — *M. vol.*, p. 458. — T. à p. *Paris, Hachette*, 1855, in-8.

— Mémoire, etc. [5129]. — *Mém. lus à la Sorbonne en* 1861 (archéologie), p. 131.

— Notice, etc. [664]. — *M. rec., mém. lus en* 1863 (arch.), p. 1.

— Fouilles pratiquées à Évrecy par la Société des antiquaires de Normandie, en 1867; compte-rendu [5082]. — *Mém. de la Soc. des ant. de Normandie*, 3e s., t. VI, 1re part., 1867; p. 368-379.

CHARNAGE (**Fr.-Ignace Dunod de**). Voir Dunod de Charnage.

CHARPENTIER. Histoire, etc. [7967]. *Leide*, 1664, 2 vol. in-4.

CHARPILLON et l'abbé **CARESME**. Dictionnaire, etc. [5744]. T. Ier (unique). *Rouen, Les Andelys; Delcroix*, 1868-1873, gr. in-8 à 2 col.; fig.

CHARREL. Série d'études pour servir à l'histoire des monuments antiques d'Orange [9789]. — *Bull. de la Soc. d'agr.*, etc., d'Orange, t. I, 1860 (1861), 10 p.

— Notice, etc. [9753]. — *M. rec.*, année 1865, p. 77-82.

— Orange, etc., Mémoire [9782]. — *C. r. et memb. du Comité archéol. de Senlis*, année 1866 (1867), p. 93-104.

— Taurobole de Die [5716]. — *M. vol.*, p. 105-107.

CHARRIÈRE (**Auguste**). Notes archéologiques [1300 *a*]. — Ann. de la Soc. d'agr., etc., de la Dordogne, t. VI, 1845, p. 153 et 192.

CHARRON, sieur de Monceaux (**Jacques**). Histoire universelle... avec une apologie pour la défense de quelques auteurs qu'aucuns modernes rejettent comme fabuleux ou supposés [267]. *Paris, Blaise*, 1621, in-fol.

Voir le titre complet dans la *Biblioth. histor.*, t. II, n° 15772.

CHARTIER (**Alain**). Description de la Gaule [952].

Dans l'édition de ses œuvres donnée par André du Chesne, 1617, in-4, p. 259-260.

CHARTON (**Charles**). Traduction du poème d'AUSONE sur la Moselle, 1861. — Voir AUSONE, ci-dessus, col. 842.

— Les Vosges pittoresques et historiques [10046]. *Mirecourt, Humbert*, 1862, in-12.

CHARTROUSE (**Laugier de**). — Voir LAUGIER.

CHARVET (**C.**). Histoire de la sainte église de Vienne, revue et publiée par BOURDON DE RICHEBOURG [6577]. *Lyon*, 1761, in-4. — Supplément, 1769, in-4, 31 p.

CHARVET (**d^{r}**). D'une caverne à ossements, etc. [5717 *a*]. — *Bull. de la Soc. de statist. de l'Isère*, 2e s., t. I, 1851, p. 225-234. — T. à p.

— Mémoire, etc. [3462 *a*.] — *Bull. de la Soc.*, etc., *de l'Isère*, 2e s., t. IV, 1860, p. 95-109.

CHARVET (**J.**). Notice, etc. [4183]. *Paris, Dumoulin*, 1863 ; 21 p. et pl.

CHASLE DE LA TOUCHE. — Voir TOUCHE (Chasle de la).

CHASSENEUX (**B^{ms} de**), en latin CHASSANÆUS. Catalogus gloriæ mundi [2459, 3486]. *Lyon*, 1529, in-fol. ; *Francfort*, 1579, in-fol. et 1615, in-4.

Voir notamment Ire partie : De antiquis armis Heduorum, Bibracteorum, Druydum et Alexiensium consideratio. — Livre XII : De antiquitate Heduæ et fundatione terræ sanctæ apud Divionem.

— Antiquitates quarumdam Burgundiæ Civitatum et Urbium [3357]. *Paris*, 1547, in-fol.

CHASTEIGNER (**Cte Alexandre de**). L'âge de pierre, etc. Découverte des ateliers de fabrication des pointes de flèches et de l'origine du silex employé. Lettre à M. J.-B. Dumas, secrét. perp. de l'Acad. des sc. [6267]. — *Rev. archéol.*, 2e s., t. XVIII, 1808, p. 95-99.

CHASTELAIN (**l'a. Claude**). Martyrologe universel, contenant le texte du martyrologe romain, trad. en français et deux additions à chaque jour [710]. *Paris*, 1709, in-4. — 1823, in-8.

Ouvrage à consulter pour l'histoire philologiq. des noms de lieux. — Cp. dans les Annuaires de la Soc. de l'hist. de France, les années 1857, 1858, 1860 et son Annuaire-Bull. de 1866.

CHASTELLUX (**Cte de**). Note, etc. [10165]. — *Bull. mon.*, t. VI, 1840, p. 86.

CHASTILLON (**Claude**). Topographie française, etc. Mis en lumière par Jean BOISSEAU [1555]. *Paris*, 1641, in-fol.

CHATEAU (**Léon**). Histoire, etc. [1616]. *Paris, Morel*, 1864, gr. in-8 ; XXXV-624 p.

CHATEAUBRIAND (**Vte F.-A. de**). Études, etc., suivies d'une analyse raisonnée de l'histoire de France [76]. *Paris, Lefévre*, 1831-1833 ; 4 vol. — *Bruxelles*, 1831 (t. III et IV des œuvres complètes, contrefaçon de l'édition de Ladvocat), 1826. — Cp. QUÉRARD, *Fr. litt.*, t. II, p. 153 *b*.

— Le Génie du Christianisme [726]. — Voir LORENZ, t. I, p. 503.

— Les Martyrs [727]. — Voir LORENZ, *ibid.*

CHATEL (**Eugène**). Bougeoir romain trouvé dans les fouilles du Vieil-Évreux ; des chandelles de suif, des bougies de cire, des cierges, des candélabres, des lanternes et des bougeoirs [5818]. — *Mém. de la Soc. des ant. de Normandie*, t. XXIV, 1861, p. 459-478.

CHATEL (**Victor**). Silex taillés de Valcongrain (Calvados) [5120]. — *Matériaux pour l'histoire de l'homme*, oct. 1865 ; 3 p.

CHATELET. Sur le véritable emplacement, etc. [5101]. — *Rev. archéol.*, 2e s., t. VII, 1863, p. 301-305.

CHATELET (**Deribier du**). — Voir DERIBIER DU CHATELET.

CHATELLIER (**du**). Rapport sur les tombeaux découverts à Triel en janvier 1853 [9297]. — *Mém. de la Soc. des sc. morales, l. et arts de Seine-et-Oise*, t. III, 1853, p. 80-92.

— Découverte, etc. [5890]. — *Bull. mon.*, t. XXII, 1856, p. 447.

— Mémoire (en forme de lettre) sur l'utilité, au point de vue de la science des temps anciens, de l'exploration des monuments celtiques, surtout en Bretagne [1525]. — *Congrès archéologiq.* Séances générales tenues à Reims, à Dives, etc., par la Soc. fr. d'archéologie, en 1861 ; 8 p.

— Exploration, etc. [5892]. — *C. r. des séances archéol.* tenues *à Saumur en* 1862. — T. à p. *Caen*, 1863 ; 33 p.

CHAUBRY DE TRONCENORD (**comte**). Rapport, etc. [7326]. *Châlons-sur-Marne*, impr. *Laurent*, 1862 ; 8 p.

CHAUDON (Esprit-Joseph). Dictionnaire interprète manuel, etc. [1047]. *Paris*, 1777.

CHAUMEAU, seigneur de Lassey (Jean). Histoire de Berry contenant l'origine, antiquité, gestes, prouesses, privilèges et libertés des Berruyers, avec particulière description dudit pays [3256]. *Lyon, Ant. Griffe*, 1566, in-fol.; cartes et figures.

CHAUNCY (Henry). The historical, etc. [10360]. *London*, 1700, in-fol. ; fig.

CHAUSSÉE (de la). Notice, etc. [5287]. *Bourges*, 1857.

CHAUTARD (J.). Notice, etc. [5092]. — *Bull. de la Soc. archéol. du Vendômois*, t. I, 1862 ; 2 p. — *M. rec.*, m. vol.

— Description, etc. [3630]. — *Mém. de l'Acad. de Stanislas, à Nancy*, an 1863 (1864), p. 609-625 ; 1 pl.

CHAUVEAU (H.). Mémoires, etc. [6729]. *Blois*, 1866 ; 23 p. (*aliàs*, 39 p.)

CHAUVET (M.). Notice, etc. [4527]. *Cusset, Th. Villard*, 1851 ; 95 p.

CHAVANTON (l'a.). Lettre, etc. (avec fac-similé) [7926]. — *Bull. de la Soc. nivernaise*, etc., 2e s., t. V, 1870, p. 244. — Déchiffrement de l'inscription, par Mgr Crosnier. *Ibid.*, p. 245.

CHAVAUDRET. Essais, etc. [5294]. — *Mém. de la Comm. histor. du Cher*, t. II, 1861, 37 p. — T. à p. *Bourges*, 1861, 43 p. ; 1 plan lithogr.

— Obs. histor., etc. [5308 *b*]. — *M. vol.*

Analyse critique, par Gemahling. *C. r. d. trav. de la Soc. du Berry*, 1860-61, p. 141 et sv.

CHAVERONDIER (Auguste) seul, puis avec **MAURICE (Étienne-François).** Catalogue, etc. [3522, 6779]. — *Ann. de la Soc. d'agr.*, etc., *de la Loire*, du t. X, 1866, au t. XIV, 1870. — T. à p. de la partie relative aux années 1864-1866. *St-Étienne*, 1867.

CHAZAUD (A.-M.). Encore les Boïens. Conjectures sur l'emplacement de leur capitale [3277 *b*]. — *Bull. de la Soc. d'émul. de l'Allier*, t. VIII, 1861, p. 87-95.

CHEDEAU et DE SARCUS. Mémoire, etc. [7500]. — *Bull. de la Soc. d'archéol.*, etc., *de la Mayenne*, 1865, in-4, p. 9-56 ; 5 pl. — Voir Sarcus.

CHEISSAC (Deribier de). — Voir Deribier de Cheissac.

CHELLE (Ch.). De l'inscription, etc. [661 *b*]. — *Rev. du Lyonnais*, t. XIV, 1841, p. 213-219.

CHEMIN. Note, etc. [9209]. — *Bull. de la Soc. d'archéol.*, etc., *de Seine-et-Marne*, t. IV, 1867, p. 269-270.

CHEMIOUX et LECOINTRE. Armes antiques, etc. [9498]. — *Bull. de la Soc. des ant. de l'Ouest*, 4e trim. 1851, et 2e trim. 1853.

CHENAYE DES BOIS (Fr.-Alex. Aubert de la). Dictionnaire, etc. [841]. *Paris, Vincent*, 1767, 3 vol. in-8.

— Dictionnaire, etc. [1044, 1277]. *Paris*, 1769, 3 vol. in-12.

CHENU (Jean). Archiepiscoporum et Episcoporum Galliæ chronologica historia, qua ordo eorumdem a temporibus Apostolorum incœptus, ad nostra usque per traducem succedentium servatus ostenditur. [675]. *Parisiis, Nic. Buon*, 1621, in-4.

Voir *Biblioth. histor.*, t. I, no 7823.

— Recueil des antiquités et privilèges de la ville de Bourges et de plusieurs autres villes capitales du royaume, divisé en trois parties [5270]. *Id., ibid.*, 1621, in-4.

CHENU (Jules). Description, etc. [9123]. *Paris, impr. de C.-L.-F. Panckoucke*, 1832, in-12, 11 p.

CHEREST (A.). Catalogue, etc. [10150]. 1re section. Monuments lapidaires. — *Bull. de la Soc. des sc.*, etc., *de l'Yonne*, t. XXIII, 1869. — 2e section. Archéologie régionale. *M. rec.*, t. XXIV, 1870, p. 15-112.

— Éditeur des lettres de l'a. Lebeuf. — Voir Quantin et Cherest.

CHERGÉ (de). Enceintes, etc. [6546]. — *Mém. de la Soc. des ant. de l'Ouest*, 1836, p. 358-366 ; 10 pl.

— Promenade, etc. [6512]. — *M. vol.*

— Rapport sur les arènes de Poitiers [9914]. — *Bull. de la m. Soc.*, 3e trim. 1839 ; 2 p.

— Rapport d'ensemble, etc. [9884]. — *Congrès archéol. de Poitiers*, 1843, p. 26-84, et *Bull. mon.*, t. IX, 1843, p. 386.

— Voie rom. etc. [9896]. — *Mém. de la Soc. des ant. de l'Ouest*, 1844 ; 14 p. 1 carte. — Voir aussi l'abbé Auber. — *M. rec.*, 1831, p. 311.

CHÉRON (Amédée-Paul). Catalogue, etc.

[203]. *Paris, Jannet*, 1857-1859; 3 vol.
Voir O. Lorenz, t. I, p. 516.

CHERONNET (D.-J.-F.). Histoire de Montmartre, ses chroniques, son abbaye, ses chapelles, etc., publiée par l'abbé OTTIN. *Paris, Breteau et Pichery*, 1843. 229 p.

CHÉRUEL (P.-A.). — Normanniæ nova chronica ab anno 473 ad annum 1378, e tribus chronicis mss. collecta [3767]. *Cadomi*, 1850, in-4 ; 60 p.

— Dictionnaire histor., etc. [808]. *Paris, Hachette*, 1855, 2 vol. in-12.

— De l'état des villes, etc. [814]. — *Rev. des Soc. sav.*, 2e série, t. III, 1860; p. 72-82.

CHESNE (André du). — Voir DU CHESNE (André), à la lettre D.

CHESNEL (mis de). Qq. réflexions, etc. [1350]. — *Mém. de l'Acad. des sc. de Toulouse*, 2e s., t. II., 2e partie, 1834. p. 63.

CHEVALIER (Fr.-Fél.). Mém. historiques sur Poligny [6704], *Lons-le-Saulnier*, 1767-9, 2 vol. in-4.

— Voies rom. de Franche-Comté [3524].
Voir *Bibl. histor.*, t. IV, p. 222, n° 70*.

CHEVALIER ou CHEVALLIÉ (Nicolas). Recherches, etc. [10415]. *Utrecht*, s. d., puis 1709 et 1712, in-fol.; 36 pl. chiffrées et 25 pl. non chiffrées.

CHEVALIER (l'a. Casimir). Aqueduc rom. de Chisseaux [6545]. — *Mém. de la Soc. archéol. de Touraine*, t. XI, 1859, p. 23-25.

— Études antigrégoriennes et sur l'apostolat de st Gatien, etc. [4068-4071]. *Tours*, 1869-1870.

— Les silex taillés, etc. [6568]. — *Congrés archéol.*, XXXVIe session. Sces gles tenues à Loches en 1869. *Paris*, 1870.

— Les monts gallo-romains de la région, etc. [6516]. — *M. vol.*, p. 17 à 23.

— Notes sur les découvertes d'antiquités romaines faites en 1870, à Cimiez, près Nice [4581]. — *M. rec.*, XXXVIIe session. Sces gles tenues à Lisieux en 1870 (1871), p. 76-79.

CHEVALIER (l'a. C.-Ulysse-J.) Notice, etc. [5724]. — *Bull. de la Soc. d'archéol.* etc., *de la Drôme*, t. II, 1867, p. 308-332.
Consulter son *Répertoire des sources historiques du moyen âge*. Bio-bibliographie (en cours de publication depuis 1877). Paris, librairie de la Soc. bibliographique; in-4.

CHEVARD (V.). Histoire de Chartres, etc., avec une description statistique du dépt d'Eure-et-Loir [3412, 5823]. *Chartres, Durand-Letellier*, ans IX et X (1801-02), 2 vol.

CHEVERAUX. Rapport, etc. [5761]. — *Bull. mon.*, t. VI, 1840, p. 469.

CHÉVIGNÉ (J.-B. Renou de). — Voir JAILLOT.

CHEVRIER (Fr.-Antoine). Histoire civile, militaire, ecclésiastique, politique et littéraire de Lorraine et de Bar [3203, 3622]. 1758, 7 vol. in-12.

CHEVRIER (Jules). Not. sur un vase byzantin trouvé dans la Saône en 1843 (près de Chalon) [8806]. — *Mém. de la Soc. d'hist. de Chalon-s.-Saône*, t. I, 1846, p. 235-240 ; 1 pl.

— Notice, etc. [8807]. — *M. rec.*, t. II. 1849, p. 211-216 ; 2 pl.

— Notice, etc. [6618]. — *Bull. de la Soc. de statist. de l'Isère*, 2e s., t. I, 1851, p. 1-5.

— Fouilles, etc., faites en décembre 1855 et en février 1856 [8830]. — *Mém. de la Soc. d'hist. de Chalon*, t. III, 1856, p. 277-303 ; 4 pl. — T. à p.

— Note additionnelle avec planche. — *M. rec.*, t. V, 1re part., 1866, gr. in-8, p. 1-4.

— Groupe antique représentant un gladiateur terrassé par un lion, trouvé en septembre 1856, à Chalon-sur-Saône. Notice [8812]. — *M. rec.*, t. IV, 1863. — T. à p. *Chalon-s.-S.*, 1859, in-4, 10 p. ; 1 pl.

— Fouilles de la Grange-Frangy, exécutées en nov. 1865. Note archéolog. avec 3 pl. [8820]. *M. rec.*, t. V, 2e partie, 1866, p. 222-236.
1re fouille : Cavaliers mérovingiens.
2e : Médailles gauloises.

CHEZJEAN. Andelot, etc. [7432]. — *Mém. de la Soc. histor. de Langres*, t. I, 1850, p. 177-181 ; 1 pl.

CHIFFLET (Jean-Jacques). Portus Iccius, etc. [2844]. *Madriti*, 1626, in-4 ; cartes. — Editio IIa aucta et recensita. *Antverpiæ, Moretus*, 1627, in-4.

— Germinianæ, etc. [1629]. *Antverpiæ, ex off. Plantiniana*, 1634, in-4.

— Vesontio, civitas imperialis libera, Sequanorum metropolis, plurimis nec vulgaribus sacræ prophanæque historiæ monumentis illustrata, et in duas partes distincta [5640]. *Lugduni, Cl. Cayne*, 1618, 2 parties en 1 vol. in-4; fig. — Editio II[a]. *Lugduni, P. Duhan*, 1650, in-4, 2 parties.

— Alsatia vindicata [3018]. *Antverpiæ*, 1650, in-fol.

— Anastasis, etc., sive thesaurus sepulchralis Tornaci Nerviorum effossus et commentario illustratus [1631]. *Antuerpiæ, Balth. Moretus*, 1655, in-4.

— Lilium francicum, etc. [1263]. *Antverpiæ*, ex off. Plantin. *Balth. Moreti*, 1658, in-fol.; 143 p.

Chap. IV : Flos Lilii non est vetus Galliæ symbolum, etc. (Réfutation de l'opinion de Tristan.)

CHIFFLET (Pierre-François). P. F. Chiffletii opuscula [101]. *Paris, de la Caille*, 1675, in-8, et dans les Miscellanea Chiffletiana, sivè Chiffletiorum [J.-Jac., Jul., J.-H.-T. et P.-F.] opuscula varia [XXI], etc. *Amstelod. Wetsten*, 1688, 7 vol. in-4.

— De sancti Martini, etc. [6504].

P. 213 des *Opuscula*.

— Dissertationes tres. I. de uno Dionysio, etc. [9060]. *Parisiis*, 1676, in-8. — Diss. touchant s[t] Denis l'Aréopagite, extrait du latin. *Paris*, 1676, in-12.

— Opuscula quatuor. I. De sancti Dionysii aetate totaque chronologia, quo et suus Parisiensibus confirmatur Areopagita, et huic libri sui vindicantur, etc. [9062]. *Parisiis*, 1679, in-8.

CHIFFLET (v[te]). Un chapitre, etc. [3378 *a*]. — *Séances publ. de l'Acad. de Besançon*, janv. 1859, p. 65-85.

— Une excursion, etc. [2530 *a*]. *M. rec.*, 1861, p. 24-51; 1 carte.

— Étude, etc. [2531]. — *M. vol.*, 36 p. — T. à p. *Besançon*, 1862, 41 p., 2 cartes.

— Ex-voto, etc. [597]. — *M. rec.*, s[ce] du 27 janvier 1866; 18 p.

CHIZY (Paul). — Voir Canat de Chizy.

CHOLLET. Rapport, etc. (13 juin 1870) [6785]. — *Mém. de la Soc. d'agr. d'Angers*, t. XIII, 1870, p. 142.

CHOPIN d'ARNOUVILLE (Ed.). — Voir Arnouville.

CHORIER (Nicolas). Rech. sur les ant. de la v. de Vienne, métropole des Allobroges. Première partie [unique] de la topographie historique des principales villes du Dauphiné [6636]. *Lyon, Baudrand*, 1658, in-12. — Réimpression : Lyon, 1828. 1 fort vol. in-8.

Voir Brunet, *Manuel*.

— Histoire générale du Dauphiné [3453]. T. I, *Grenoble, Charuys*, 1661. Tome II, *Lyon, Toisy*, 1672. 2 vol. in-fol.

Voir Brunet, *Manuel*.

CHORIN (l'a.). Mémoire, etc. [8901]. — *Bull. de la Soc. d'agr.* etc. *de la Sarthe*, t. V, 1844, p. 51-54.

— Description, etc. [8893]. — *M. vol.*, p. 202-206.

CHORON. Observations, etc. (4377). — *Bull. de la Soc. arch.* etc. *de Soissons*, t. XVIII, 1863; 4 p.

CHOTTIN (A. G.) Histoire, etc., depuis les temps les plus reculés jusqu'à nos jours [10537]. *Tournai*, 1840-41. 2 vol.

— Esquisse, etc. [10579]. *Tournai*, 1842, in-12.

— Études étymologiques sur les noms des villes, des bourgs, etc., de la prov. du Brabant [10522]. *Paris* et *Bruxelles*, 1819; 250 p.

CHOUL (Guill. du). Discours de la religion des anciens Romains; de la castrametation et discipline militaire d'iceux; des bains et antiques exercitations grecques et rom. avec fig. tirées des marbres antiques qui se trouvent à Rome et par nostre Gaule [1821]. *Lyon, Guill. Roville*, 1555, p. in-fol.; figg. — Autre éd. 1567.

CHOUSSY. Tombeaux, etc. [5291]. — L'*Investigateur*, sept. et oct. 1856.

CHRESTIAN (Henri). Note, etc. [9809]. — *Ann. de la Soc. litt.* etc. *d'Apt*, 4e ann., 1866-67. 1869, p. 114-127; 1 pl.

CHRÉTIEN (L.-J.) de Joué-du-Plain. Essai, etc. [8130]. *Falaise*, 1834, in-12.

CHRIST (W.). Das Röm. Militärdiplom von Weissenburg. [1800, 10442], *München, F. Straub*, 1868; 39 p. (Extr. des *CC. RR. de l'Acad. roy. des Sc. de Bavière*, t. II, 1868.)

CHRIST (Karl). Neue Inschrift aus Heidelberg [11038]. — *Jahrb. des Vereins von Alterthumsfreunden in Rheinlande*, t. XLVI, 1869, p. 178-180.

— Römische Inschriften aus der Stadt Baden-Baden [nouv. add. 10395 *a*]. — *M. rec.*, t. XLIX, 1870, p. 103-106.

— Römische Legionsstempel, etc. [1809]. — *M. vol.*, p. 107-114.

CHRISTIAN (P.). Poëmes gaéliques d'Ossian, etc. Traduction... précédé de rech. crit. sur Ossian et sur les Calédoniens [10353]. *Paris, Lavigne*, 1842, in-12.

CHRISTIANOPOULOS (J. D. Podocatharos). Tabula, etc. [1206]. *Iési*, 1809.

CHRISTIUS. Monumenta, etc. [11106]. Fasc. I. Cum figg. *Heidelberg, s. d.*, in-4.

CHRISTOL (de). Notice, etc. [5626]. — *Ann. des Mines*, 2e s., t. V, 1829, p. 517-530.

CHRISTY (H.) — Voir LARTET ET CHRISTY.

CHUIT (chanoine). Not. histor. sur les Allobroges et les anciens habitants des contrées qui composent auj. le duché de Savoie [3000 *a*]. — *Mém. de la Soc. acad. de Savoie*, t. IV, 1830, p. 275-375.

CHUPIET. Diss., etc. [10894]. *Bourg, Bottier*, 1824.

CIBRARIO (Louis). Lettre à M. le profr Raymond, secrét. perpétuel de la Soc. acad. de Savoie, etc. [8913]. — *Mém. de la Soc.*, t. IV, 1830, p. 190-207.

Inscription rom. ; — Itinéraire d'Annibal.

CICÉRON (Marcus-Tullius-Cicero). Plaidoyer pour Marcus Fontéius [55].

Dans les œuvres complètes de Cicéron. — Tout le commencement est perdu ; ce qui nous reste fait voir les rapports des Allobroges, sous Indutiomare de la province Narbonnaise et de Marseille avec la République romaine.

CIROT DE LA VILLE (l'a.). Hist. de l'abbaye et congrégation de N.-D. de la Grande-Sauve, ordre de St-Benoît, en Guienne [6375]. *Bordeaux, Lafargue ; Paris, Méquignon*, 1844-45. 2 vol. in-8.

— Origines, etc. [3081 *a*]. — *Congrès scientif.*, XXVIIIe session, tenue en 1861 à Bordeaux. 1862, t. IV, p. 430-461.

— Origines, etc. [6312]. *Bordeaux*, 1864, etc., in-4.

CITERNE. Fossile humain (trouvé au Long-Rocher, près Moret). [9232]. — *Lycée armoricain*, t. V, 1825, p. 100-107.

C. r. des publications de Barruel à ce sujet.

CLAIR (H.). Les monuments d'Arles, etc. [4698]. *Arles*, 1837, *Ibid.* 1838, 1839, etc.

— Recherches, etc. [4829]. *Arles*, 1844 ; 48 p.

— Cippe, etc. [4990]. — *Bull. du Comité hist. des arts et monts*, t. II, 1850, p. 189-190.

— Découverte d'un temple rom. dans la v. d'Arles. — Rapport au Ministre de l'instruction publique [4993]. — *Rev. des Soc. sav.*, 3e s., t. III, 1864, p. 600-602.

CLAIREFOND (Marius). Limites et divisions du dépt de l'Allier et de l'ancienne prov. de Bourbonnais. — *Congrès archéol. de Moulins*, 1854, p. 247-271. Note de MILLET, *m. vol.*, p. 188.

— Recherches, etc. [2744]. — *Bull. de la Soc. d'émul. de l'Allier*, 1859, gr. in-8, p. 289-307 ; 1 carte.

CLAMENS. Rech. histor., etc. [2616]. *Le Vigan*, impr. *Argelliès*, 1870 ; 132 p.

CLAPASSON (André). Histoire de la v. de Lyon, de ses antiq., de ses monts et de son commerce ; avec des notes sur les hommes célèbres qu'elle a produits [8503]. *Lyon, G.-M. Bruyset*, 1761.

CLARAC (Ch.-Othon-Fréd.-J.-B. etc. de), continué par **L. Alfred MAURY**, sous la direction de **Vor TEXIER**, graveur. Musée de sculpture antique et moderne, contenant la description historique et graphique du Louvre, les bas-reliefs, inscriptions, autels, cippes, etc., du Louvre, une iconographie égypt., gr., rom. et française, etc. [1300]. — *Paris, Imp. Nat.*, 1827-1853, 6 vol. in-8 ; atlas en 6 vol. in-4.

CLARK (A. de). Histoire de la Gaule en anglais et en français. Rédigée sous la direction de M. TISSOT, trad. en anglais par Alfred ELWALL [371 *a*]. *Paris, René*, 1847, in-18 ; 128 p., 1 carte.

CLARKE (Samuel). Son opinion sur le Portius (citée par Fabricius. Biblioth. lat., ed. Ernesti, t. I, ch. X, § 2) [2850].

Le P. I. placé à Calais et dans son voisinage, à Sangatum.

CLAUDIUS (pseudonyme de Claude-Charles Ruelle). Histoire des Francs de Grégoire de Tours [220]. (No 2 de la « Science populaire de Claudius, simples discours sur toutes choses ».) *Paris, Jules Renouard*, 1837, in-32 ; 52 p.

CLAVEL (B.). Histoire des Gaules [359]. 2e édition, revue et corrigée. *Paris, Rion,* 1838, in-18, 36 p.

CLÉMENCET (dom Ch.). Avec dom Maur-François d'Antine et dom Ursin Durand. * L'art de vérifier les dates des faits historiques, des chartes, des chroniques et autres anciens monuments, depuis la naissance de Notre Seigneur [37]. *Paris, G. Desprez,* 1750, in-4. — 2e éd., revue, corr. et augm. par dom François Clément. *Ibid., id.,* 1770, in-fol. — 3e éd. (même titre). *Paris, Alex. Jombert,* 1783-1787. 3 vol. in-fol. — 4e éd. : L'art de vérifier les dates, etc. réimprimé avec des corrections et des annotations et continué jusqu'à nos jours par (Viton) de St-Allais. *Paris,* imp. *Valade,* 1818-1819. 18 vol. in-8 ou 5 vol. in-fol. — Pour la continuation depuis 1770, voir Brunet, *Manuel,* t. I, col. 514.

CLÉMENT (dom François). L'art de vérifier les dates, etc. (après J.-C.) — Voir Clémencet (*dom*), ci-dessus.

— L'art de vérifier les dates des faits histor., des inscriptions, etc., avant l'ère chrétienne, mis en ordre, etc. par de St-Allais. *Paris, Arthus Bertrand,* 1820. 5 vol. in-8, 1 vol. in-4 ou 1 vol. in-fol.

CLÉMENT (l'a.) Rapport, etc. [7928]. — *Congrès archéol.* Sces *gles tenues à Dijon* en 1852. *Paris,* 1853.

CLÉMENT de Ris (L.). Les musées de province [1311]. *Paris, J. Renouard,* 1859-1861. 2 vol.

Origine des musées de province. Musées de Valenciennes, de Nancy, de Rouen, de Lille, de Caen, de Rennes, de Nantes, d'Angers, d'Orléans, de Dijon, de Besançon, de Lyon, d'Avignon, de Marseille, de Nîmes, de Montpellier, de Toulouse, de Bordeaux, de Grenoble, etc.

CLÉMENT (Dr). Exposition, etc. [10824], *Neufchâtel,* impr. *Attinger,* 1867 ; 23 p.

CLERC (le président Édouard). Une bourgade romaine, etc. [5685]. — *M. rec.* janv. 1838, p. 57-72.

— Essai, etc. [3529]. *Besançon, Bintot,* 1840-1846, 2 vol.; 19 pl. — 2e éd., t. Ier, *Besançon, Marion,* 1870. (Formera 3 ou 4 vol.)

Médaille au concours des antiq. nationales.

— Inscriptions, etc. Transport au musée de Besançon [6700]. Sces *publ. de l'Acad. de Besançon,* août 1849, p. 115-119 ; 1 pl.

— La Franche-Comté à l'époque romaine, représentée par ses ruines, etc. [3527]. *Besançon, Bintot,* 2e éd. *Ibid., id.,* 1853 ; 168 p. ; carte et planches.

Mention très hon. au m. concours, en 1847.

— Ier chapitre, etc. — Alaise n'est pas l'Alesia de César [2526]. — *Mém. de l'Acad. des sc. de Besançon,* sce publ. du 30 janvier 1860. Dessins et cartes.

Mention très honorable au m. concours, en 1860.

CLERC-JACQUIER (l'a. L.) Rech. historiques sur la Côte-St-André, pour servir à l'histoire générale du Dauphiné [nouv. add. 6612 *a*]. *Grenoble, Maisonville,* 1853 ; 192 p.

Mention d'un camp présumé d'Annibal à Penol, près la Côte.

CLERCX (Joseph). Mémoire, etc. [7783]. — *Mém. de l'Acad. de Metz,* 1846-47, p. 106.

— Notice, etc. [7631]. — *M. rec.,* 1847-1848, p. 145.

— Description de quelques pierres tumulaires trouvées à Metz au mois de juillet 1818 [7848]. — *M. rec.,* t. XL, 1858-59 ; 7 p.

CLERGERIE (Gilles-Bry, sieur de la). Histoire, etc., où il est traité des anciens seigneurs de Bellême, etc. [3803]. *Paris, Le Mur,* 1620, in-4. *Additions. Ibid.,* 1621, in-4.

« Il y a beaucoup de recherches dans cette histoire. » *Biblioth. histor.,* 2e éd., nos 35298 et suivant.

CLÉRISSEAU (C.). Antiquités de la France. 1re partie (Nismes) [1280, 5967]. *Paris,* 1778, gr. in-fol., 42 pl. — 2e éd. ss. augmentée par J.-G. Legrand. *Paris,* 1804-1806. 2 vol. in-fol.

CLERJON (P.). Histoire de Lyon, etc. [8507]. *Lyon, Laurent.* 1829-37. — Complétée et continuée jusqu'à nos jours, par J. Morin, 1840. 6 vol.; 55 fig.; 7e vol. contenant le tables, 1845.

CLÉROT. Dissertation, etc. [3399]. *Mercure,* septembre et décembre 1736 ; janvier 1737 ; août et décembre 1739.

CLEUZIOU (Henri du). Lettre à M. F. de Saulcy sur la ressemblance, etc. [7340]. — *Rev. arch.,* 2e s., t. XVIII, 1868, p. 219.

— Des instruments, etc. [1437]. *M. vol.,* p. 264.

CLINCHAMP (G. de). Essai archéol. et artistique, etc. [7293]. — *Mém. de la Soc.*

archéol. d'Avranches, t. I, 1842, p. 207-229.

— Recherches, etc. [387]. — *M. rec.*, t. II, 1859; 8 p.

CLOQUET (Norbert). Lettres, etc. [10522]. — *Ann. du cercle archéol. de Mons*, t. IV, 1863.

CLOSMADEUC (dr Gustave de). Rapport, etc. [7709]. — *Bull. de la Soc. polymathique du Morbihan*, an. 1862 (1863); 10 p.

— Une visite à Carnac, etc. [7710]. — *M. vol.;* 12 p.

— Fouille, etc. [7694]. — *M. rec.*, an. 1864, p. 6-14.

— (Avec Alphonse de CLOSMADEUC), fouilles, etc. [7740]. — M. année, 2e semestre; 4 p.

— L'île de Gavr'inis, etc. [7726]. — *Vannes*, 1864, in-12.

— [*Ms.*]. Monuments funéraires, etc. [7658].

2e médaille au concours des antiq. nationales, en 1865.

— Tombeau, etc. [7755]. — *Bull. de la Soc. polym. du Morb.*, an. 1865, 1er sem.; 8 p.

— La céramique, etc. [7670]. — *Rev. archéologique*, 2e s., t. XI, 1865, p. 257-262.

— Découverte d'un bracelet..., à Berné. Rapport [6916]. — *Bull. de la Soc. polymathique du Morbihan*, 1865, 2e sem. (1866); 3 p.

— Le passage de la Vilaine, etc. [7649]. — *M. rec.*, 1866, 1er sem., p. 7-33.

— Notes, etc. [7719]. — M. année, 2e sem., p. 89-90.

— Rapport sur les fouilles faites, etc., sous la direction de MM. René Galles, Gressy, et G. de Closmadeuc [7715]. — *M. vol.*, p. 91-150.

— Discours (sur l'étude des monuments celtiques). — [Nouv. add. 1543 *a.*] — *M. vol.*

— Découverte, etc. [7720]. — *M. rec.*, an. 1867 (1868), p. 28-29.

— Qq. obs., etc. (Voie romaine de Blain à Port-Navalo) [7692]. — *M. vol.*, p. 34-40.

— A propos d'une brochure récente, etc., adressée à la Société polymathique du Morb. [1502]. — *M. vol.*, p. 102-110.

— Du mode de sépulture et des ossements dans les dolmens du Morbihan. [1691]. — *Mém. de la Soc. d'émul. des Côtes-du-Nord.* — Congr. celtique internal tenu à St Brieuc en octobre 1867 (1868), p. 192-224.

— Découverte, etc. [7757]. — *Bull. de la Soc. pol. du M.*, 1868, 1er sem., p. 9-15.

— Rapport, etc. [7658]. — *M. année*, 2e sem. (1869), p. 171-174.

CLOUET (l'abbé F.), de Verdun. Histoire etc. [7637], depuis l'origine de cette ville jusqu'à 1830, par M. Clouet et M. l'a. Clouet. *Verdun*, impr. *Villet-Collignon*, 1838, 1840. 2 vol. in-8. — 2e éd. refondue, intitulée : Histoire de Verdun et du pays Verdunois, t. I, II, III, (seuls parus). *Verdun, Laurent*, 1867-1870.

Première médaille au concours des antiquités de la France en 1871, après la mort de l'auteur.

— Sur un mont, etc. [7624]. — *Mém. de la Soc. philomath. de Verdun*, t. II, 1843, p. 187-192.

— De l'Église, etc. [732 *a*]. — *M. rec.*, t. III, 1846, p. 1-181.

— Recherches, etc., ou histoire de la monnaie verdunoise et de celle de qq. autres lieux du dépt de la Meuse [7641]. *Verdun, Lallemant*; 112 p.; 1 pl. lith. 1853.

Publié d'abord dans le *Bull. de la Soc. philomath. de Verdun*, t. IV. 1850. — C. r. par A. de BARTHÉLEMY. *Rev. num.*, t. XVIII, 1853, p 158-161.

CLOUET (l'abbé), de Soissons. Note sur la position, etc. [4404]. — *Bull. de la Soc. arch.* etc. *de Soissons*, t. X, 1856; 16 p.

— La forêt de Guise, ses monts druidiques et gallo-rom. [4332]. — *M. vol.;* 6 p.

— Études sur la position de Braine sur la Vesles [4303]. — *M. vol.;* 9 p.

— Notice, etc. [4463]. — *M. rec.;* t. XII, 1858, p. 52.

— Obs., etc. [4380]. — *M. rec.;* t. XVIII, 1865; 5 p.

CLOY (L.). Fouilles, etc. [6677]. — *Mém. de la Soc. d'émulation du Jura*, an. 1865; 14 p.

CLUTTERBUCK (Robert). History, etc. [10361]. — *London, Nichols*, 1815, 1821 et 1827, 3 vol. gr. in-fol.; fig.

CLUVIER (**Philippe**), en allemand CLUWER, en latin CLUVERIUS. Germania antiqua [10712]. *Lugd. Bat., Elzevir* 1616. 2 vol. in-fol. — 2e éd. (posthume) *ibid., id.*, 1631. — 3e éd. *Guelferbytæ*, 1663. 2 vol. in-4; fig.).

— Italia antiqua, (posthume). [10937]. *Lugd. Bat., Elzevir.*, 1624; 2 vol. in-fol.

— Introductio in univ. géogr. v. et n. (posthume) [957]. *Ibid., id.*, 1629, in-12. — 3e éd., *Guelferbyt.* 1694, in-4. — Dernière éd. (la meilleure) *cum notis Reiskii et aliorum*, donnée par BRUZEN DE LA MARTINIÈRE. *Amsterdam*, 1729, in-12. — Trad. franç. par le p. Ph. LABBE, *Amsterdam*, 1697, in-4.

COCCIUS (**Jérôme Cock**). Hieronymi Coccii praecipua... monimenta; vivis prospectibus, ad veri imitationem, affabre designata [1547]. *Antuerpiæ*, 1551, in-fol.

— Operum, etc. [1548]. — *Ibid.*, 1562, pet. in-fol.

COCHARD. Dissertation : Annibal, etc. [2841].

Manuscrits de l'Académie de Lyon, n° 219. — Conclusion négative.

— Notice, etc. [8581]. — *Archives histor. du Rhône*, t. I, 1824-25, p. 241-258.

— Fouilles, etc. [8552]. — *M. vol.*, p. 469.

COCHERIS (**Hippolyte**), éditeur de l'Histoire de Paris, de l'abbé LEBEUF. Voir ce nom s. l. d. de 1754.

COCHET (**l'a. Jean-Benoît-Désiré**). Fouilles, etc. [5794] 1841; 7 p. lith.

Découverte d'une maison romaine.

— L'Étretat souterrain, 1re série, etc. [9398]. — *Rouen, Nicétas Périaux*, 1842; 27 p., av. pl. — 2e série, fouilles de 1844. — *Rouen, Péron*, 1844; 15 p. plan.

— Voies rom., etc. [9325]. — *Mém. de la Soc. des ant. de Normandie.* — T. XIV, 1844, in-4, p. 150.

— Notice, etc. [9373]. — *Bull. mon.*, t. X, 1844, p. 160.

— Notice, etc. [9451]. — *M. rec.*, t. XI, 1845, p. 609-626. — T. à p. *Rouen, Péron*, 1845; 18 p.; lith.

— Notice, etc. [9374]. — *Mém. de la Soc. des ant. de Norm.*, t. XVII, 1847, p. 399.

— Fouilles, etc. [9448]. — *Rev. de Rouen*, 1848. — T. à p. *Rouen*, 1848, 27 p.; lith.

— Itinéraire, etc. [3766]. — *Dieppe*, 1849; 70 p.

— Notice, etc. [9320]. *Rouen, Péron*, 1849; 46 p.

— Fouilles d'Envermeu en 1850 [nouv. add. 9398 a]. — *Rev. de Rouen*, 1850. — T. à p. *Rouen*, 1850; 8 p.; lith.

— Étretat. Son passé, son présent, son avenir. Archéologie, histoire, légendes monts, rochers, bains de mer [9397]. *Dieppe, Marais, Paris, Didron*, 1850; 87 p.; 4 lithogr.; 28 grav. — 2e éd. 1853. — 3e éd. 1857. — 4e éd. 1862 (etc.?).

— Rapport, etc. [9447]. — *Mém. de la Soc. des ant. de Norm.*, t. XIX, 1852, p. 303. — *Bull. mon.*, t. XVIII, 1852, p. 51. — *Rev. de Rouen*, 1851, p. 385-394. — T. à p. *Rouen*, 1851; 10 p.; lith.

— Des sépultures, etc. [1660]. — *Mém. de la Soc. des ant. de Normandie*, t. XX, 1853, p. 222. — *Bull. mon.*, t. XIX, 1853, p. 462.

— La Normandie souterraine, ou notices sur les cimetières romains explorés en Normandie [3770]. *Paris*, (*Derache; Didron*); *Rouen, Le Brument*, 1854, xv-406 p.; 16 pl. — 2e édition, corr. et augm. *Rouen, Le Brument*, 1855, gr. in-8, XVI-456 p. 18 pl. et nombreux bois.

— Épigraphie de la Seine-Infre, depuis les temps les plus reculés jusqu'au milieu du XIVe siècle [9323]. — *Bull. mon.*, t. XXI, 1855, p. 281. — T. à p. *Caen, Hardel; Paris, Derache*, 56 p.; grav.

— Liste alphabétique de tous les noms de potiers, etc., avec indication des localités où ils ont été découverts et des pays où les analogues ont été aperçus [9321]. — *Bull. du Comité de la langue*, etc., t. II, 1853-55 (1856), p. 374. — *Bull. mon.*, m. vol., p. 501.

— Catalogue, etc. [*m. n°*]. — *Bull. du Comité*, etc., *m. vol.*, p. 377.

— Renseignements, etc. [1946]. — *Rev. num.*, 2e s., t. I, 1856, p. 209-216.

Extr. d'un ouvrage resté inédit.

— Antiq. rom., etc. [9386]. — *Précis des trav. de l'Acad. de Rouen*, 1856, p. 269-305.

— Avec F.-N. LEROY. Carte archéol. du dépt de la Seine-Infre aux époques gauloises, rom. et franque [9314]. 1856. 1 feuille.

— Notice, etc. [9464]. — *Bull. mon.*, t. XXII, 1856, p. 95.

— Une villa romaine en Angleterre, etc. [10309]. — *M. vol.*, p. 407.

— Sépultures gauloises, romaines, franques et normandes, faisant suite à la Normandie souterraine [1664]. *Dieppe; Rouen*, 1857. xvi-452 p.; grav. sur bois.

— Le tombeau de Childéric Ier, roi des Francs, restitué à l'aide de l'archéologie et des découvertes récentes faites en France, en Belgique, en Suisse, etc. [1666]. *Dieppe, Delevoye; Paris*, 1859; 450 p.; planches.

— Note sur les fouilles exécutées à la Madeleine de Bernay en février 1858 [5780]. *London*, 1859, in-4; 11 p. (Extr. de l'*Archæologia*, t. XXXVIII.)

— De la coutume d'inhumer les hommes etc. [1665]. *Paris*, 1859; 11 p.

— La Seine-Infre au temps des Gaulois [9307]. — *Précis de l'Acad. des Sc.*, etc., *de Rouen*, an. 1859-60; 22 p.— T. à p. *Rouen*, 1860, 24 p.; grav.

— Voie rom. etc. [9416]. — *Bolbec, Valin*, 1860, in-12; 4 p.

— Note, etc. [9436]. — *Bull. de la Soc. des ant. de Norm.*, t. I, 1860; 4 p. — *La Picardie*, t. VII, 1861, p. 39.

— Archéogéologie, etc. — Rapport adressé à M. le sénateur, préfet de la Seine-Infre [9535]. — *Paris ; Rouen ; Londres*, 1860; 17 p. — Extr. des *Mém. de la Soc. d'émul. d'Abbeville*, années 1857 à 1860. — Traduction en anglais intitulée : *Ante-diluvian hatchets and primitive industry*, extr. du Gentleman's magazine de mars 1861, p. 253-266.

— Extrait, etc. [9619]. — *La Picardie*, t. VI, 1860, p. 524.

— Archéologie, etc. [1667]. — *Mém. de la Soc. des ant. de Norm.*, t. XXIV, 1860 in-4, p. 283-291.

— Voies romaines de la Seine-Inférieure [nouv. add. 9311 *a*]. — *M. vol.*, p. 313-364.

— Archéologie, etc. [1667, 1755]. — *Dieppe, Delevoye*, 1860, in-4; 19 p.; 10 pl. — 2e édit. revue et augmentée. *Lyon*, 1863 ; *Roanne, Ferlay*, 1863.

— La Seine-Inférieure, etc. [9308]. — *Précis des trav. de l'Acad. de Rouen* (année 1860-61).—T. à p. *Rouen*, 1861 ; 17 p. grav., dessins sur bois dans le texte.

— Not. histor. et archéol., etc. [9467]. — *Dieppe*, 1861; 64 p.

— Une visite, etc. [9621]. — *Bull. mon.*, t. XXVII, 1861, p. 65.

Industrie antédiluvienne.

— L'Angon des Francs. [1852]. — *M. vol.*, p. 208.

— La Cité de Limes, etc. [9446]. — *La Picardie*, t. VII, 1861, p. 244-255. — T. à p. *Amiens, Lenoël-Hérouart*, 1861; 15 p.; grav.

— Revue, etc. [9317]. — *Rev. archéol.*, 2e s., t. V, 1862, p. 16-22.

— Rapport sur les opérations, etc., depuis le 1er juillet 1861 jusqu'au 30 juin 1862 [9318]. — *M. rec.*, t. VII, 1863, p. 33-43.

— Cimetière, etc. [9413]. — *La Picardie*, t. VIII, 1862, p. 337.

— Note, etc. [1756, 9387]. *Paris; Arras*, 1862; gr. in-8; 7 p. av. dessins s. bois dans le texte. — (Extr. de la *Revue de l'art chrétien.*)

— Archéologie sépulcrale [1675]. *Lyon; Roanne*, 1863, in-4; 19 p.

— Le vase de Duffort [6233]. — *Bull. du Comité d'hist. de la prov. ecclés. d'Auch*, t. III, 1862, p. 476-481; 1 vign.

— Opérations archéologiques, etc., depuis le 1er juillet 1860 jusqu'au 31 juin 1862 [9318].—*Bull. mon.*, t. XXIX, 1863, p. 33.

— Étude, etc. [9457]. *Mém. de la Soc. des ant. de Norm.*, t. XXV, 1863.— T. à p. *Caen, Hardel*, m. d., in-4; 25 p.

— Notice, etc. [9466]. — *Rev. de Norm.*, t. II, 1863, p. 241-259. — T. à p. *Rouen, Cagniard*; 15 p.

— Rapport annuel, etc. (opérations archéol. depuis le 1er juillet 1862 jusqu'au 30 juin 1863). [9318]. — *Bull. mon.*, t. XXX, 1864, p. 196.

— Notes, etc. [5811]. — *Rev. des Soc. sav.*, 2e s., t. III, 1864, p. 606-615. — *Rev. de Norm.*, m. d.— T. à p. *Rouen, Cagniard;* 14 p.

— La Seine-Inférieure historique, etc.

[9309]. *Dieppe, Delevoye*, 1864; in-4, 552 p.; gravures et carte. — 2e éd., rev. et augm. *Rouen, Boissel*, 1866, in-4; 614 p. 2 pl.

Analyse par Eug. HUCHER sous le titre de : Quelques observ. sur *la Seine-Infre*, etc., de M. l'a. Cochet. (*Bull. mon.*, t. XXXIV, 1868, p. 671-678.)

— Note, etc. [9389]. — *La Picardie*, t. X, 1864, p. 365.

— Rapport, etc. (même sujet). — *Rev. des Soc. sav.*, 4e s., t. IV, 1866, p. 486.

— Rapport annuel, etc. (1862-63) [9318]. — *Rev. archéol.*, 2e s., t. IX, 1864, p. 94-103.

— Rapport sur les op. archéol. (année 1864) [m. no]. — *Rev. archéol.*, t. XI, 1865, p. 191-201.— *Bull. mon.*, t. XXXI, 1865, p. 69.

— Les origines de Rouen, etc. [9347]. — *Rev. de Norm.* 1864, 1865. — T. à p. *Rouen, Cagniard*, 1865, 116 p.; grav.

— Note, etc. [9437].—*Rev. des Soc. sav.*, 4e s., t. II, 1865, p. 148-166. — *Précis des trav. de l'Ac. de Rouen*, 1864-65. — T. à p. avec additions, *Rouen*, 1865; 39 p.; 9 grav.

— Notice, etc. [9464]. — *La Picardie*, t. XI, 1865, p. 443. — T. à p.

— Note, etc., [9394]. — *Rev. archéol.*, 2e s., t. XIII, 1866, p. 107-110.

— Op. archéol., etc. (Juillet 1864 — juin 1865) [9318]. — *M. vol.*, p. 314-321.

— Note, etc. [1619]. — *Mém. lus à la Sorbonne en* 1865 (archéol.), p. 75. — T. à p. *Paris*, 1866; 6 p.

— Op. archéol., etc. (juillet 1865 — juin 1866) [9318]. — *Rev. archéol.*, 2e s., t. XV, 1867, p. 194-203.

— Fouilles, etc. [5416]. — *Bull. de la Soc. des sc.* etc. *de Semur*, t. II, 1865 (1866), p. 39-42.

— Lettre, etc. [1685]. — *Bull. de la Comm. histor. du Nord*, t. IX, 1866, p. 243-244.

— Notice, etc. [9400]. — *Mém. lus à la Sorbonne en* 1866 (archéologie), 1867, p. 1. — *Rev. de Norm.*, 1867. Tirages à p. *Paris*, 1867; 18 p.; grav. *Rouen*, 1866; 21 p.; grav.

— Rapport, etc. [9372]. — *Procès-vx de la Comm. dép. des antiq. de la Seine-Infre*, t. II, 1849-1866, (1867); 7 p.

— Fouilles, etc. [9452]. — *M. vol.*; 7 p. gravures sur bois.

— Fouilles, etc. [9420]. — *M. vol.*; 8 p. plan et grav.

— Tourville-la-Rivière [9465]. — *M. vol.*; p. 204-215; grav. sur bois.

— Note, etc. [9388].— *Rev. archéol.*, 2e s., t. XV, 1867, p. 297-299. — *Rev. de Norm.*, t. V (1867). — T. à p. 1867.

— Opér. archéol. (Juillet 1866 — juin 1867) [9318]. — *Rev. archéol.*, 2e s., t. XVII, 1868, p. 33-45.

— Fouilles, etc. [9411].— *M. rec.*, m. s., t. XVIII, 1868, p. 217-219.

Découverte de deux constructions rom.

— Catalogue, etc. [9360], XVI-151 p. *Dieppe, Delevoye*, 1868.

— Rapport annuel, etc. (Juillet 1867— juin 1868) [9318]. — *Rev. archéol.*, 2e s., t. XIX, 1869, p. 186-198.

— Des cercueils de plomb, etc. [1694]. — 1re partie. *Précis des trav. de l'Acad. de Rouen*, année 1868-69, p. 285. — 2e partie, *m. rec.*, 1869-1870, p. 187. — Publié à part. — (Voir l'article suivant.)

— Mémoire sur les cercueils de plomb dans l'antiquité et au moyen âge. *Rouen, Boistel*, 1870; 476 p.; 2 pl.

— Études, etc. [1693]. — *La Picardie*, t. XV, 1869 p. 330.

— Rapport annuel, etc. (9318). — *Bull. de la Comm. des antiq. de la Seine-Infre*, t. II, 1870 (1871), p. 67.

— Note, etc. [9410]. — *M. vol.*, p. 109.

— La mosaïque de Lillebonne [9433]. — *Rev. archéol.*, 2e s., t. XXI, 1870, p. 332-338.

Voir la Bibliographie des ouvrages de l'abbé Cochet, dans le *Musée archéologique*, t. Ier, 1875, p. 200, à la suite d'une notice biographique par M. A. de CAIX DE SAINT-AMOUR.

COCHIN. Notice, etc. [5860]. — *Mém. de l'Acad. celt.*, t. IV, 1809, p. 453.

— Monts celtiques, etc. [5834]. — *Mém. de la Soc. des ant. de Fr.*, t. I, 1817, p. 28.

COCK. — Voir COCCIUS.

COEFFETEAU (Nicolas). Histoire rom., contenant ce qui s'est passé de plus mémorable depuis le commencement de l'empire d'Auguste jusqu'à celui de

Constantin le Grand, avec l'épitome de L. Florus... trad. en français [79]. *Paris, Séb. Cramoisy*, 1621 (aussi 1625), in-fol.

COETHIZAN (Huet de). Statistique, etc. [6866]. *Paris*, an X, in-4°; *Nantes*, 1804, in-12.

COGNAT (Gil.). Breuis, etc. [929]. *Basileæ*, (A la fin :) *ex officina Joannis Oporini*, 1552, pet. in-8.

Contient un index géograph. latin-français.

COHAUSEN (A. von). Caesar's Kriegsbrücken, etc. [473]. *Leipzig, Teubner*, 1867; 22 grav. sur bois, suivi de : Untersuch. über die Kriegführung der Römer gegen d. Deutschen; *Mayence*, 1862; 1 carte.

— Cäsars Feldzüge gegen die germanischen Stämme am Rhein [480]. — *Jahrbücher des Vereins von Alterthumsfreunden im Rheinlande*, t. XLIII, *Bonn*, 1867, gr. in-8, p. 156; 5 pl.

— Cäsar's Rheinbrücken. Philologisch, militärisch und technisch untersucht. [473, 1183]. *Leipzig, B.-G. Teubner*, 1867; 22 grav. sur bois.

— Cäsar am Rhein, etc. [481, 11085]. — *Jahrb. des Vereins*, etc., t. XLVII-VIII, 1869, p. 1-65.

COHEN (Henry). Description générale, etc. [2112]. *Paris, Rollin*, 1857, in-4; 75 pl.

— Description historique... depuis Pompée jusqu'à la chute de l'empire d'Occident [2118]. *Paris, Rollin; Aubry*, 1859-1862; 6 vol. pl. 7e vol. (supplément); 9 pl.

Prix de numismatique à l'Acad. des inscr. et b.-l. en 1862.

COIFFIER-DEMORET. Histoire du Bourbonnais et des Bourbons qui l'ont possédé [3283]. *Moulins*, 1814, 2 vol. — 2e éd. *Paris*, 1816. — 3e éd. (ou nouveau titre seulement). *Paris*, 1824.

COINSI (Gauthier de). — Voir **POQUET** (l'abbé).

COINTREAU (A.-L.) Dissertation, etc. [6451]. *Paris, C. Pougens*, an X-1802, in-4; 64 p.; 2 pl.

Hercule et Bacchus. Dionysiaques. Instr. de musique et médailles.

COLCHEN. Statistique de la Moselle [7774]. *Paris*, 1791, in-fol.

— Mémoire, etc. [7775]. 1803, in-fol.

COLEBROOKE (T.-H.). [*Ms.*] Comparative view of sanscrit and other languages, 1801 [nouv. add. 2270 *a*].

Communication de notes mss. de Colebrooke par Max Müller. Ce sont des listes comparatives rédigées vers 1801, de mots sanscrits, grecs, latins, germains, *celtes*, et slaves, relatifs aux principaux éléments de la civilisation primitive. — Voir *The Academy*, n° du 10 octobre 1874.

COLIN (J.). Inscriptions et médailles portant le nom de Togirix [2056]. — *Annuaire de la Soc. fr. de numismat.* etc., t. II, 1867; 2 p.

COLLENOT (Louis). Renseignements sur une pierre creusée en forme d'auge; etc. [7536]. — *Jal de la Soc. d'archéol. Lorraine*, t. I, 1853, p. 97-110.

COLLET (Philibert). Explication des statuts de Bresse. *Lyon*, 1698, in-fol.

Contient une lettre du p. MENESTRIER sur les Ségusiens et une réplique de Ph. COLLET, intitulée :

Dissertation, etc. [3289, 3478, 4006].

« L'auteur prouve que les *Sébusiens* et *Ségusiens*, qui sont le même peuple, habitaient la Bresse, aussi bien que le Lyonnais. » *Biblioth. histor.*, t. I, nos 342.

COLLETET (François). Abrégé, etc., contenant les choses les plus remarquables, tant anciennes que modernes... [9087]. — *Paris*, 1664, in-12.

COLLEVILLE (Stanislas de). Lettre, etc. [8146]. — *Mém. de la Soc. des ant. de Normandie*, t. VI, 1833, p. 378.

— Notice, etc. [8120]. — *Mém. de la Soc. des ant. de Fr.*, 3e s., t. IV, 1838, p. 60.

— Note, etc. [8139]. — *Mém. de la Soc. des ant. de Norm.*, t. XII, 1841, in-4, p. 423.

COLLIER-BORDIER. Études, etc. [2312 *a*] (1er article). — *Mém. de la Soc. archéol. d'Eure-et-Loir*, t. II, 1860, p. 334-359.

COLLIETTE (L.-P.). Mémoires pour servir à l'histoire ecclésiastique, civile et militaire de la prov. de Vermandois, depuis Jules-César jusqu'à l'an 1767 [4100, 4101 à fondre en un seul article]. *Cambray, Sam. Berthoud; Paris, Saillant*, 1771-83. 3 vol. in-4.

L'auteur place Augusta Veromanduorum à St-Quentin.

COLLIN. — Voir **CHARLEUF et COLLIN**.

— Note, etc. [7005]. *Bull. de la Soc. archéol. de l'Orléanais*, t. III, 1864-1866, p. 198 et 199.

— Question de Genabum, etc. [2711].

— *Mém. de la m. Soc.*, t. IX, 1866, p. 253-290. — T. à p. (anonyme). *Orléans,* 1865; 40 p. pl.

COLLINSON (John). History, etc., collected from authentick records, and an actual survey made by Edm. RACK. [10375]. *Bath,* 1791, in-4. 3 vol.

COLLOMB (Ed.). Existence, etc. [1386]. — *Bibliothèque universelle de Genève,* 1860.

COLLOMBET (F.-Z.). Études, etc. [8480]. *Lyon, Sauvignet,* 1839.

— Inscr. lat. du mon[t] connu sous le nom de *Tombeau des deux Amands.* [8646]. — *Rev. du Lyonnais,* 122e livr., 1845. — Note sur le même sujet, *m. rec.*, t. XXII, 1845, p. 512.

A propos de l'art. de JAUFFRED. (Voir ce nom.)

COLNENNE (Camille). Fouilles exécutées dans les tunnels de Contrexéville. — *Ann. de la Soc. d'émul. des Vosges,* t. X, 3e cahier, 1860 (1861). — T. à p. *Épinal, Vve Gley,* 1861; 20 p.

COLOMB (le p. Jean). Libri IV, etc. [5689]. *Lugduni,* 1638-1652, in-4.

Reproduit avec les *opuscules* de l'auteur. *Lugduni,* 1668, in-fol.

COLOMB (P.). Note, etc. [7174]. — *Soc. d'agr.* etc. *d'Angers. Répertoire histor. et archéol. de l'Anjou,* 1869, p. 228-231.

COLOMBEL (de). Notice sur un tumulus situé près la v. de Meaux [9222]. — *Bull. de la Soc. d'arch.* etc. *de Seine-et-Marne,* t. I, 1865; 6 p.

COLONIA (le p. Dominique de). * Antiquitez, etc., avec qq. singularités remarquables, recueillies et présentées à Mgr le duc de Bourgogne, avec des notes sur ces antiquitez, à l'invitation de MM. les prévôts des marchands et échevins de cette ville à l'occasion du passage de messeigneurs les ducs de Bourgogne et de Berry au mois d'avril 1701 par le p. D. D. C. [8544]. *Lyon* (1701), in-4; pl. — Autres éditions : *Lyon,* 1701, in-12. *Lyon,* 1733. 2 vol. in-12, fig. *Lyon, Rigollet,* 1738. 2 vol. in-12; fig.

C. r. dans les mém. de Trévoux, juillet 1701, p. 127.

* Dissertation, etc. [8622]. *Lyon,* 1705, in-12; gr. fig. sur cuivre.

C. r. dans les mém. de Trévoux, juin 1705, p. 996.

— Hist. litt. de la v. de Lyon, avec une bibliothèque des auteurs lyonnais sacrés et profanes distribués par siècles [8475]. *Lyon,* 1728, 2 vol. in-4; fig.

— Rem. inéd. sur 2 inscr. trouvées dans les ruines de l'ancienne église de St-Just en 1736. [8626]. — *Archiv. hist. du Rhône,* t. VI, 1827, p. 176-181.

COLONIE (J. Martin de la). * Histoire, etc. [6252]. — *Bruxelles* (Bordeaux, *Ve Bergeret*), 1757-1760 et 1769-70. 3 vol. in-12.

COLSON (Dr Alexandre). Notice sur une découverte de médailles rom., etc. [8081]. — *Mém. de la Soc. des ant. de Picardie,* t. IV, 1841, p. 401-409.

— Notice, etc. [2102]. — *M. rec.*, t. VIII, 1845, p. 245.

— Découverte, etc. [4333]. — *Bull. du Comité archéol. de Noyon,* 1856-60, p. 185.

— Notice, etc. [2129]. — *M. rec.*, t. II, 1867, p. 231-254.

COLSON (Achille). Monnaies romaines de bronze coulées dans les Gaules [2010]. — *Rev. num.*, t. XIX, an. 1854, p. 107-121.

COLSON (Cap[ne]). Nouv. add. [3943 *a*]. Rech. sur les monnaies qui ont eu cours en Roussillon. — *Soc. acad. des Pyrénées-Orientales,* t. IX, 1851, p. 29; 2 planches.

Pages 29-38 : Périodes gauloise, gallo-rom.; domination wisigothe.

COMARMOND (Ambroise). Note, etc. [8553]. — *Bull. mon.*, t. V, 1839, p. 513.

— Antiq. de Lyon. Diss. sur 3 fragments en bronze trouvés à Lyon à diverses époques et en particulier sur une portion de jambe de cheval, un pied d'homme en bronze, un avant-bras de statue, et d'autres objets antiques découverts dans la tranchée du quai Fulchiron, en mai 1840 [8555]. *Lyon, F. Dumoulin,* 1840; 72 p.; 1 pl.

— Description de l'écrin d'une dame romaine, trouvé à Lyon en 1841, chez les Frères de la doctrine chrétienne et donné par eux au musée de cette ville. *Lyon, F. Dumoulin,* 1844, in-4; 52 pp., 5 pl.

— Note, etc. [8604]. — *Bull. mon.*, t. XII, 1846, p. 244.

— Description, etc. Épigraphie antiq. du dép[t] du Rhône [8648]. *Lyon, F. Du-*

moulin, 1849-1854, gr. in-4, 512 p.; 19 pl.

— Notice, etc. [8672]. *Lyon,* (?). Pièce.

— Description, etc., précédée d'une notice sur l'auteur par E.-C.-Martin Daussigny [8560]. *Lyon, F. Dumoulin,* 1855-1857, in-4; 28 pl.

— Découverte d'un coin romain, etc. trouvé à Lyon en avril 1857, sur le versant du coteau de Fourvière [8619]. — *Bull. mon.*, t. XXIII, 1857, p. 574.

— Not. sur les ruines d'un mon^{t} gallo-rom. qui a existé au Jardin des plantes de Lyon et dont les restes, etc. (posthume) [8606]. — *Mém. de l'Acad. des sc. de Lyon,* nouv. s., t. VI, 1858, p. 167-181. *Rev. du Lyonnais,* 2e s., t. XVI, m. a., p. 21-37.

Restes d'un théâtre.

Voir d'AIGUEPERSE, *Not. biogr. sur Ambroise Comarmond* (avec la liste de ses principaux ouvrages), *Mém. de l'Acad. de Lyon,* n. s., t. VIII, 1860, p. 1.

COMBE (Charles). Nummorum... Hunteri descriptio [1900]. *Londini, Cadell,* 1782, gr. in-4; fig.

COMBE (Taylor). Veterum populorum et regum numi, etc. [1910]. *Londinii,* 1814, gr. in-4; 15 pl.

— Description, etc. [1966]. *London,* 1827, in-4; fig.

— Nummi veteres civitatum, regum, gentium et provinciarum in museo R. P. Knight asservati et ab ipso descripti [1921]. *London, Payne,* 1830, in-4; fig.

Médailles conservées aujourd'hui au British Museum.

COMBES (A.). Rapport, etc. [9660]. — *P.-v^{x} des s^{ces} de la Soc. litt. et sc. de Castres,* t. I, 1857, p. 88-91.

COMBES (Jacques-Ludomir). L'homme, [7074]. (*Agen?* vers 1868.)

— Études, etc. [7090]. *Villeneuve-sur-Lot, N. Duteis,* 1870.

COMBET. Histoire, etc., suivie de documents en partie inédits touchant le dép^{t} de la Corrèze [5319]. — *Tulle; Limoges,* 1850-1857.

— Conducteur de l'antiquaire, etc. [2961]. — *Le Corrézien,* années 1863, n°s 59, 101, 119, 152; 1865, n°s 46, 145; 1866, n° 60; 1867, n°s 15, 53.

— [*Ms.*] Recherches, etc., mémoire adressé à la Commiss. chargé de préparer la carte des Gaules [2962].

COMMAILLE (A.). Mémoire, etc. [2123]. — *J^{al} de pharmacie et de chimie,* 1863. — T. à p.

— Des aqueducs, etc. (construction et personnel) [1614]. *Paris, Germer Baillière,* 1863; 32 p.

COMPAIGNO (Bertrand). Chronique, etc. [6719]. *Orthez,* 1657, in-4.

COMPANYO, etc. Ile Ste-Lucie [4782 *b*]. — *Soc. acad. des Pyrénées or^{les},* t. VI, 1843, p. 314-320; 1 pl.

COMPAYRE. Guide, etc. [9635]. *Albi,* 1852, in-12.

CONBROUSE (Guillaume). Catalogue, etc. [1977]. *Paris,* 1839-41. 2 vol. in-4 et 2 vol. de pl.

Voir BRUNET, *Manuel,* 5e éd. T. II, col. 210.

— Monétaire, etc. [1984]. Recueil de 220 monnaies en 62 planches, avec leur explication. *Paris,* 1843, in-4; fig.

CONESTABILE (G.-C. c^{te}). Notice, etc. [7047]. — *Bull. de la Soc. archéol. de l'Orléanais,* 1863. — T. à p. *Orléans,* imp. *Jacob,* m. d., 12 p.

CONRINGIUS. De Germanorum, etc. [10702]. *Helmstad.,* 1671, in-4.

CONSTANT des Riceys (Lucien). Histoire, etc. [4684]. T. I. *Bar-s.-Seine, Jardeaux-Ray; Paris, Roret.* 1855; 1 carte.

CONTEJEAN. Un castellum gaulois de l'Auvergne [nouv. add., 3173 *a*]. — *Rev. archéol.*, 2e s., t. X, 1864, p. 484-487.

CONTENCIN (de). Not. sur deux statuettes en bronze trouvées à Bavai et faisant partie du cabinet de M. Crapez, maire de cette v. [7991]. — *Bull. de la Comm. histor. du Nord,* t. I, 1843, p. 337-344, 1 pl.

CONTZEN (Léopold). Die Wanderungen der Kelten, historisch-kritisch dargelegt [388]. *Leipzig,* 1861.

Analyse signée A. M. (Alfred Maury?), *Rev. arch.* 2e s., t. IV, 1861, p. 166-7.

COOKE (William). Medallic history of imperial Rome, from the first triumvirat, to the removal of the imperial seat by Constantine the Great: To which is prefixed an introduction, containing a general history of roman medals. *London,* 1781; 2 vol. in-4.

COPPIN (E.). Les révoltes, etc. [3243]. *Clermont* [Oise], 1859.

COQUEBERT-MONBRET (Ch.). Mém. sur

un mon[t] du culte des druides, etc., et sur un usage superstitieux qui prouve que ce culte a été commun à la France et à l'Angleterre [8110]. (Lu à la Soc. philomath. en 1799.)

Analyse dans le *Mag. encyclop.*, V[e] année, an VII, t. III, p. 120.

— Conjecture sur la religion des anciens habitants de la Grande-Bretagne, sur son origine et sur ses rapports avec la religion des Gaulois, tirée d'une note lue à la Soc. des Ant. et à la Soc. asiatique [531]. — *Mém. de la Soc. des ant. de Fr.*, t. VII, 1826, p. 1.

— Note, etc. [7435]. — *M. rec.*, t. IX, 1832, p. 201.

COQUILLE (Guy), sieur de Romenay. Histoire du pays et duché de Nivernois [3720]. *Paris, Loisel*, 1612, in-4°. — 2e éd. *Paris,* en la boutique de *L'Angelier,* chez *Claude Cramoisy,* 1622, in-4. — Reproduit dans ses œuvres complètes; *Paris*, 1666. 2 vol. in-f°, et *Bordeaux,* 1703.

CORBET. Not. sur les médailles gaul. et rom. trouvées dans les fouilles f. à Izernore au mois d'août 1863 et déterminées sur place le 18 du m. mois [2561]. — *J[al] de la Soc. d'émul. de l'Ain*, 1863, 3 p.

CORBIN (Adrien), de Mangoux. Des différents styles d'architecture, etc. [5277]. — *C. r. des trav. de la Soc. du Berry, à Paris,* t. X, 1862-63 [1863], p. 70-83.

CORBLET (l'a. Jules), directeur de la *Revue de l'Art chrétien.* Notice, etc. [9626]. — *Mém. de la Soc. des ant. de Picardie*, t. V, 1842, p. 287-294.

— Précis, etc. [1303]. — *L'Investigateur*, t. X, 1850, p. 65-83.

— Hypothèses étymologiques sur les noms de lieu de Picardie [3831]. — *M. rec.* — T. à p.

— Manuel, etc. (1304]. (Avec dessins de M. Ernest Breton.) *Paris*, 1852 ; 478 p. — Nouv. éd. *Paris, R. Ruffet*, 1874 ; 700 grav., 3 pl. lithogr.

— Examen des progrès, etc. [1305]. — *Bull. de la Soc. des ant. de Pic.*, 1855 ; 26 p.

— Rapport, etc. [9587]. — *M. rec.*, 4e trim. 1864. — T. à p. *Amiens*, 1865 ; 8 p.

— Diss. sur les obscurités histor. relatives à St-Euloge, etc. [9563]. — *Congrès scientif.*, XXXIVe session, tenue à Amiens en 1867, 1868, p. 486-495.

— Hagiographie du diocèse d'Amiens [9523]. *Amiens, Prévost-Allo; Paris, Dumoulin*, 1868-1875, 5 vol. in-8.

6e mention hon. au concours des Antiq. nationales en 1876. (Voir le rapport de M. Eug. de Rozière, p. 17.)

— Origine, etc. [3830, 9524]. *Amiens, Prévost-Allo ; Paris, Dumoulin*, 1870.

CORDIER. Corderii dissertatio, etc. [3583].

Dans l'*Hist. de l'église de France,* de Fr. Bosquet. *Paris,* 1836, in-4, avec le commentaire de PAPEBROCK. (*Acta sanctorum*, junii, p. 535.)

CORDOUAN (d[r]). Histoire, etc. [9724]. *Draguignan, Aubry*, 1864.

CORLIEU (François de). Recueil en forme d'histoire de la ville et comtes d'Engolesme, contenant l'estat de cette ville durant et au temps des premiers roys Françoys ; les comtes héréditaires d'Engomois, qui commencèrent sous le roi Charles-le-Chauve, et depuis le temps que le comté fut réuni à la couronne par Philippe-le-Bel jusqu'à maintenant [5172]. *Engolesme, J. de Minières*, 1566, pet. in-4. — 2e éd. augm. par Gabriel DE LA CHARLONYE. *Angoulême*, 1629, in-4. — 3e éd. *Ibid.* 1631, in-4.

CORNAT (le p.). Rapport, etc. [2533]. — *Bull. de la Soc. archéol. de Sens*, t. VII, 1861.

— Histoire, etc. [10186]. *Sens*, impr. *Ch. Duchemin* (1866).

CORNEILLE (Thomas). Dictionnaire universel, géogr. et histor., contenant la description des royaumes, etc., la situation, l'étendue, les limites, les distances de chaque pays, etc. [997]. *Paris, J.-B. Coignard,* 1708-1709, 3 vol. in-fol.

CORNEILLET. Monnaies trouvées à Lamballe [5508 *a*]. *Lycée armoricain*, t. VIII, 1826, p. 96.

CORNUAU. (Carte du Limousin portant les voies romaines alors subsistantes.) [3580]. 1782.

CORNUT (l'a.). Notice, etc. [4083 *a*]. — *Congrès sc.*, XXVIIIe session, tenue au Puy en 1855, t. I, p. 604-613.

CORRARD DE BREBAN. Diss. sur l'emplacement d'Agendicum, ancienne v. du peuple sénonais. [2450]. — *Mém. de la Soc. acad. de l'Aube*, t. V, 1831, p. 1.

— Rapport, etc. [4679]. — *M. rec.*, t. VI, 1832, p. 13.

— Note, etc. [4699]. — *M. vol.*, p. 208.

— Souvenir, etc. [2563]. — *M. rec.*, t. VII, 1833, p. 83.

— Rapport, etc. [4711]. — *M. rec.*, t. VIII, 1837, p. 114.

— Rapport, etc. [4728]. — *M. vol.*, p. 137.

— Notes archéologiques, etc. [4667]. — *M. rec.*, t. X, 1840, p. 212 ; — 1841, p. 194. t. XI, 1842, p. 86.

— Rapport, etc. [4720]. — *M. rec.*, t. XI, 1843 ; p. 128.

— Archéologie dép^tale (statue d'Apollon. — Cimetières antiques à l'Isle-Aumont. — Cimetière de Conflans. — Médailles trouvées au faubourg St-Jacques. — Poteries rom. du Coq), n° 30, etc. [4670]. — *M. rec.*, 2e s., 1849 et 1850.

— Cimetière, etc. [4733]. — *M. rec.*, m. s., t. IV, XVIIe de la collection, 1853.

— Mémoire, etc. [4672]. — *Congrès archéol.*, XIXe session, tenue à Troyes en 1853 ; 10 p.

— Mémoire, etc. [4665]. — *M. vol.*

— Topographie troyenne, etc. [4696]. — *Mém. de la Soc. acad. de l'Aube*, 2e s., t. V, 1854, p. 163-206.

— Archéologie dép^tale, 5e article [4667]. — *M. rec.*, m. s., t. VI, 1855, p. 89.

— Mém. sur les voies rom. signalées dans les anciens itinéraires, en tant qu'elles sont comprises dans le dép^t de l'Aube, pour servir à la topographie des Gaules, en conformité des instructions adressées à la Société académique de l'Aube par M. le ministre de l'Instruction publique [4665]. — *M. rec.*, t. XXVI (de la collection), 1862 ; 58 p.

CORRET DE KERBEAUFFRET (Théophile-Malo) dit LA TOUR D'AUVERGNE. — Voir TOUR D'AUVERGNE (T.-M. CORRET DE KERBEAUFFRET de la).

CORROZET (Gilles). * Les antiques Érections des Gaules, compendieuse et brieue description des fondations des villes et citez assises ès trois Gaules, etc. [923]. *Paris*, 1531, in-16, fig. — Autres éditions : *Paris, Gilles Corrozet*, 1535, pet. in-8. — Le Catalogue des villes et cités, fleuves et fontaines assises ès troys Gaules (s. l.) 1536 (aussi 1537) in-16, fig. — Le Cathalogue des villes et citez assises ès troys Gaulles, auecq ung traicté des fleuves et fontaines, illustré de nouuelles figures. *Paris, Denys Jannot*, 1538, pet. in-8. — Le Cathalogue des v. et citez assises ès troys Gaules, c'est assauoir Celtique, Belgique et Aquitaine, avec ung traicté, etc. (comme ci-dessus). *Paris, Bonnemère*, 1539, in-16. — Autre éd. *Ibid. id.*, 1540, pet. in-8, goth. — *Paris, Alain Lotrian*, 1543, in-16, fig. (même titre que celle de 1539. — Éd. de *Lyon, B. Rigaud*, 1575, in-16 (revue par J. BON).

Voir sur ces éditions BRUNET, *Manuel*, 5e éd., t. II, col. 303-304.

— Le Catalogue des ant. érections des v. et cités, fl. et font. assises ès troys Gaules, c'est assauoir, etc., contenant deux liures, le premier faict et composé par Gilles CORROZET, parisien, le second par Claude CHAMPIER, avec ung petit traicté des fleuves et fontaines admirables, estant ès dites Gaules ; histoire très utile et délectable, nouvellement mise en lumière. *Lyon, François Juste* (s. d.), in-16.

Voir aussi CHAMPIER (Cl.).

— La Fleur des antiquitez de la noble et triomphante v. et cité de Paris [9083]. *Paris, G. Corrozet*, 1532, p. in-8. — Réimpression de cette 1re éd. par le bibliophile Jacob. *Paris, Wilhem ; Daffis*, 1875, in-16, XXI-169 p. — — Autres éd. : 1533. — 1534 (impr. *Denis Jannot* ; libr. *Pierre Sergent* et *Jehan Longis*. — 1535. — 1543. — 1550 : Les antiq., histoire et singularitez de Paris, cap. du roy. de Fr. *Paris*, G. Corrozet. — Éd. s. d. — 1561 : Les Antiq., chroniques et singularitez de Paris, v. cap. du roy. de Fr., avec les fondations et bastiments des lieux : les sepulchres et épitaphes des princes, princesses et autres personnes illustres ; corrigées et augmentées pour la seconde édition, par G. CORROZET, Parisien. *Paris, Gilles Corrozet*, 1561, pet. in-8. — Autre éd. (posthume). *Paris*, v^ve *Jean Bonfons* (s. d., mais vers 1571), in-16. — Les Antiq., hist., chroniques et singularitez de... Paris... Auteur en partie, Gilles CORROZET, mais beaucoup plus augmentées par N. B. (Nic. BONFONS) [9084]. *Paris*, 1576, in-16 (aussi 1577). — Les Fastes, antiq. et choses plus remarquables de la v. de Paris, labeur de curieuses et diligentes rech., divisé en 4 livres (continué jusqu'en 1595), par Pierre Bonfons. *Paris, Nic. et Pierre Bonfons,* 1605 (aussi 1606), pet. in-8, grav.

La dernière éd. du livre de Corrozet, remanié et augmenté par N. et P. Bonfons, est celle de *Paris, P. Bonfons,* 1608, pet. in-8. — Voir Brunet, *Manuel,* 5e éd., t. II, col. 304-307.

CORSINI (E.). Epistola, etc. [6298]. *Pisis,* 1476, in-4.

CORSON (l'a. Guillotin de). Statistique, etc. — *Bull. et mém. de la Soc. archéol. d'Ille-et-Vilaine,* t. IV, 1866 ; 42 p.

— Statistique, etc. [6442]. — *M. rec.* t. V, 1867, p. 297 à 338. — T. à p.

— Statistique, etc. [6443]. — *M. rec.,* t. VII, 1869 (1870), p. 159-238. — T. à p.

— Notices, etc. [7717]. — *Bull. de la Soc. polymathique du Morbihan,* 1868. — T. à p. de 16 p.

CORTIGIER. [*Ms.*] Dissertation, etc. [3144], luc à l'assemblée publique de la Soc. litt. de Clermont, en 1764. « Conservée dans les registres de la Soc. »

D'après la *Biblioth. histor.,* t. I, n° 3917. — Voir aussi plus loin l'art. Martinon, et, dans la *Biblioth. histor.,* les nos 3913 et 3918.

CORVILLARD (Ant.). Antiquités, etc. [4]. 1557.

« Ouvrage plus curieux qu'utile. » (Duru, *Biblioth. de l'Yonne,* p. XLV, note.)

COSSON (l'a.). Notice, etc. [2985, 7051]. *Orléans,* 1853 ; 9 p. — *Mém. de la Soc. archéol. de l'Orléanais,* t. II, 1853, p. 478. — T. à p.

— Notice [2986]. — *M. rec.,* t. IV, 1858, p. 237.

— Nouvelle note, etc. [2987]. — *Bull. de la m. Soc.,* t. III (1859-61), 1862, p. 291.

— Notes, etc. [7062]. — *M. rec.,* t. IV, 1863, p. 67.

— Note, etc. [7071]. — *M. vol.,* p. 263-266. — T. à p. 1867.

— L'aqueduc de Vellaunodunum, etc. [7031]. — *M. vol.,* p. 370.

— Découverte, etc. [7012]. — *M. vol.,* 1867, p. 442.

— Notice, etc. [7054]. — *Mém. de la m. Soc.,* t. XI, 1868. — T. à p., 1869 ; 15 p. ; cartes.

Reproduction de l'article suivant.

— Rech. et fouilles archéol. sur le territoire de la cne de Sceaux (Loiret), en un lieu nommé le *Pré-Haut* (Vellaunodunum). — *Mém. lus à la Sorbonne en* 1868 ; 13 p. — T. à p.

COSTARD (J. P.), FALLET (Nic.) et CONTANT. *Dictionnaire universel, histor. et critique des mœurs, etc., par une Soc. de gens de lettres [843]. *Paris, J.-P. Costard,* 1772 ; 4 vol.

COSTE (Alphonse). Rapport, etc. [8361]. — *Bull. de la Soc. p. la cons. des monts histor. d'Alsace,* t. II, 1858, p. 277-281.

— L'Alsace-romaine. Études archéologiques [3029]. *Mulhouse,* 1859 ; 2 cartes.

— Description, etc. [1829, 6785 *a*]. — *Rev. du Lyonnais,* 2e s., t. XXIV, 1862, p. 242-254. — T. à p. *Lyon, Vingtrinier.*

— A propos de la station d'Argentovaria [2613]. — *Bull. de la Soc. pour la conson des monts histor. d'Alsace,* 2e s., Procès-vx, t. Ier, 1863, p. 105, 125, 163.

— Argento-Varia, station, etc. [2614]. — *M. rec.,* m. s., t. II, mém., p. 18. — T. à p. *Strasbourg,* 1864.

— Topographie archéol. de l'arrt de Roanne [6790]. — *Congrès sc.,* XXIXe session, tenue à Montbrison en 1862, t. II, 1865, p. 23-26.

— Recherches, etc. [2745]. 3 p. — *Bull. de la Soc. p. la conson des monts d'Alsace,* 2e s., t. III, 1865, mém. p. 167.

Station Grammatum, placée par l'auteur un peu à l'est de Delle.

COSTE (Alph.) et DESEVELINGES (J.-B.). *Notice, etc. [6789]. *Roanne,* impr. *Chorgnon,* 1862, in-12 ; 111 p.

COSTER (de). Quelques quinaires romains, etc. [2111]. — *Rev. de la num. belge,* 2e s., t. IV, 1854, p. 1.

COSTON (le bon de). Étymologie, etc. [5693]. — Suite d'articles dans le *Bull. de la Soc. d'arch. et de statistique de la Drôme,* 1868, 1869 et 1870. — T. à p. *Paris, Aubry,* IV-270 p.

COTMAN (John Sell). The archit. antiq. *of Normandy ; containing one hundred plates, comprising views, elevations and details of the most celebrated and most curious remains of antiquity in that country, engraved by John Sell Cotmann ; accompained by historical and descriptive notices (by Dawson Turner [3756]. *London,* 1820-21. 2 vol. in-fol. 100 pl.

COTTA (**César-Augustin**). Nympha Vivaria, etc. [5856]. *Parisiis, Mettayer*, 1614.

COTTARD. — Voir ROSTAN et AUDRIC.

COUARD. Note, etc. [2677]. — *Bull. de la Soc. des sc.* etc. *de l'Yonne*, t. XVII, XVII, 1863.

COUDERET (**dom**). [*Ms.?*]. Notice sur Vesoul (vers 1720?) [8686].

COUDERT DE LAVILLATTE (**J.**), *alias* **COUDERT-LAVILLATTE.** Le *Puy-de-Gaudy* [5580]. — *Mém. de la Soc. des sc. de la Creuse*, t. Ier, 1847 (c. r. de 1844), p. 13-36.

— Les bains d'Evaux [5573]. — *M. rec.*, t. I, 1847, n° 6, p. 27-71.

COUDRAY (**L.**). Les pierres druidiques, etc. [5872]. — *Bull. de la Soc. dunoise*, t. Ier, 1864-69, p. 111-116.

COUDRE (**le p. de la**). La vie de st Volusien, év. de Tours et martyr, patron de la v. de Foix [4633]. *Limoges, Meilhac*, 1722, in-16.

COUDRET (**dom**). [*Ms.*] Mémoires, etc. [5641].

Voir *Biblioth. histor.*, t. IV, n° 38 431.

COUDRIET et **CHATELET** (**les abbés**). Hist., etc. [8702]. *Besançon*, 1862.

Ouvr. couronné par l'Acad. de Besançon en 1862.

COUGNY (**de**). Lettre, etc. [3269]. — *Bull. mon.*, t. XXXI, 1865, p. 480-501.

— Note, etc. [6549]. — *M. rec.*, t. XXXII, 1866, p. 460-491.

— Dolmen de Bournan [9942]. — *M. rec.*, t. XXXIII, 1867, p. 413-418.

— Monument, etc. [6544]. — *M. rec.*, t. XXXIII, 1867, p. 418-429.

— Ruines, etc. [6554]. — *M. rec.*, t. XXXIII, 1867, p. 429-430.

— Lettre à M. de Caumont, etc. (suite). [6567]. — *M. rec.*, t. XXXV, 1869, p. 293-300.

— Une visite, etc. [7492]. — *M. rec.*, t. XXXVI, 1870, p. 510-523.

COUHERT-DETRUCHAT (**J.**). Voyage en Auvergne et aux rives du Lignon, tiré d'un mont celtique trouvé dans les ruines de l'antique et fameuse ville de Gergovie [2731, 3155]. *Paris*, 1810, in-16.

COULON (**le p. Louis**). Les rivières de France, etc. [966]. *Paris, Fr. Clousier*, 1644, 2 vol. ou « parties », p. in-8.

Titre de la 1re partie : Des rivières de France ou description géograph. et histor. du cours et débordement des fleuves, rivières, fontaines, lacs et estangs qui arrousent les provinces, et roy. de France, avec un dénombrement du villes, ponts, passages, batailles qui ont été données sur leurs rivages et autres curiosités remarquables dans chaque province, 1re partie. Titre en tête du texte : les riv. de Fr. qui se jettent dans la mer Océane. — Titre de la seconde partie : les rivières de France qui se jettent dans la Méditerranée, 2e partie.

COUNHAIE. Notice, etc. [7416]. (Vers 1867?.)

COURBE. [*Ms.*] Histoire de Lons-le-Saunier [6672].

Mention dans le c. r. de la séance publiq. de la Soc. d'émul. du Jura, pour 1822, p. 104.

COURCY (**Pol Potier de**). Notice, etc. [5909]. *Landerneau, Desmoulins*, 1842.

— Études, etc. [5884]. — *Rev. de Bretagne et de Vendée*, t. VI, oct. 1859 ; 17 p.

COURNAULT (**Charles**). De l'usage, etc. [878]. — *Jal de la Soc. d'archéol. lorraine*, an. 1865. — T. à p. *Nancy, Lepage*, 1865 ; 4 p.

— Trois croquis, etc. [7584]. (Rapport de Jules MARION.) — *Rev. des Soc. sav.*, ve s., t. X, 1869, p. 288.

COURSON (**Aurélien de**). Essai, etc. [3326]. *Paris, Le Normand*, 1840.

— Hist. des orig. et inst. des peuples de la Gaule armoric. et de la Bretagne insulaire, depuis les temps les plus reculés jusqu'au ve siècle, avec un glossaire Cornouallais insulaire [3101]. *Paris, Joubert; Saint-Brieuc, Prudhomme*, 1843.

Ouvrage refondu et complété sous le titre suivant :

— Histoire, etc., langue, coutumes, mœurs et institutions [3327]. *Paris, Furne*, 1846, 2 vol. gr. in-8.

Ouvr. couronné par l'Acad. française.

— Des Curiosolites, etc. [3451]. — *Bull. de la Soc. de géographie*, oct. 1860. — T. à p., 16 p.

— Cartulaire, etc. [3345]. 1863. *Paris, Didot*, in-4 ; carte.

Dans la collection des Documents inédits de l'hist. de France.

COURSON (**A. de**), **COURCY** (**Pol de**), **MOTTAY** (**Gaultier du**). La Bretagne contemporaine, etc., costumes, scènes de mœurs, histoire, légendes, traditions et usages des cinq départements de cette province, avec une introduction par A. de la Borderie, et un épilogue sur la poésie bretonne, par Hersart de la Villemarqué [3347]. *Nantes; Paris, Charpentier*, 1865, 3 vol. gr. in-fol.; dessins.

COURT (L.-P. de la). Le tableau des Gaules, etc., contenant la prééminence de la France sur les autres parties du monde, et l'orig. des Gaulois et des François [264]. 1616, in-12. (D'après Giraud de St-Fargeau.)

COURTALON-DELAISTRE. Topographie, etc. [4648]. 1783, 1784, 3 vol.

COURTEILLES (Ant. le Courvaisier de). Histoire des évêques du Mans, et de ce qui s'est passé de plus mémorable dans le diocèse pendant leur pontificat [8845]. *Paris, Cramoisy*, 1648, in-4.

COURTEMBLAY (F. Rocquain de). Variations des limites géograph. et de la constitution politique de l'Aquitaine, depuis l'an 58 avant Jésus-Christ jusqu'au ve siècle [3075]. — *Biblioth. de l'Éc. des chartes*, 5e s., t. II, 1861, p. 256.

Mention honor. au concours des antiq. nationales, accordée au travail encore ms., en 1855.

COURTÉPÉE (l'a. Claude). Description, etc. [3369]. *Dijon*, 1775-1785, 7 vol. — 2e édition, intitulée : Descr. g^ale et partic. du d. de B., précédée de l'abrégé histor. de cette province, 2e éd., augm. de divers mém. et pièces. *Dijon, Lagier*, 1847-49, 4 vol.

COURTET (Jules). Sur les antiq. de la v. de Die [5713]. — *Rev. arch.*, t. IV, 1847, p. 203.

— Sur l'arc de triomphe d'Orange [9798]. — *M. rec.*, t. V, 1848, p. 209.

— Arc de triomphe de Carpentras [9772]. *M. vol.*, p. 220.

— Arc de triomphe de Cavaillon [9774]. — *M. vol.*, p. 223.

— Vaucluse, etc. [9751]. *Avignon, Clément-Saint-Just*, 1854, in-4.

— Dictionnaire, etc., du dép^t de Vaucluse [9742]. *Ibid.*, *id.*, 1857.

— Notice, etc. [9759]. *Paris, Lebeuf.* (1845?) Pièce, avec plan inédit du palais des papes.

COURTIGIS (g^al de). Notice, etc. [6533]. — *Mém. de la Soc. archéol. de Touraine*, t. V, 1855; 15 p.

COURTILLER (A.). Note relative à des objets d'antiq. trouvés dans l'arr^t de Saumur (c^ne de St-Just) [7240]. — *Mém. de la Soc. d'agr., sc. et arts d'Angers*, t. II, 1838, p. 347-349.

Trompette gallo-romaine, etc.

COURTILLER jeune. Notice sur les haches, etc. [7237]. — *M. rec.*, t. VI, 1847, 1re partie, p. 193-195; 1 pl. double.

COURTILS DE MORLEMONT (c^te Ad. des). Mém. sur une voie ancienne allant par le marais et le terroir de Montreuil sur Thère, etc. [8089]. — *Mém. de la Soc. acad. de l'Oise*, t. I, 1847-1851, p. 247-253; 1 plan.

COURTOIS (Aimé). Polygraphie audomaroise ou génie zétésien. Discours de l'origine de la ville de Saint-Aumer, etc. Notes et observations [2871]. — *Bull. histor. de la Soc. des ant. de la Morinie*, 6e an. 21e et 22e livr., 1857, 28 p.

— Notes sur Osterwic, etc. [2873, 8229]. — *M. rec.*, t. II, 9e an., n° 33, 1860; p. 791-798.

— N'est-ce pas Wissant, etc. [2877]. — *M. rec.*, an. 1865, p. 375 à 410.

— Dictionnaire, etc., avant 1869 [8172]. — *Mém. de la m. Soc.*, t. XIII, 1864-1869. *St-Omer*, 1869.

COURVAL (de). Notice, etc. [4240]. — *Bull. de la Soc. arch. de l'Aisne*, 1843, p. 10.

COUSIN (Jean). Histoire de Tournay [10576]. *Douai*, 1619; 4 parties en 2 vol. in-4.

COUSIN (Louis). Notice, etc. [8197]. — *Mém. de la Soc. d'agr., comm., sc. et des arts de Boulogne-sur-Mer*, 2e s., t. II, 1840, p. 426 à 440. — T. à p.

— Rapport, fait à la Soc. des ant. de la Morinie, sur les fouilles archéol. que son comité de Boulogne a fait exécuter en 1842 [2910]. *St-Omer*, 1843; 32 p.

« Ce travail a été publié par la Soc. en dehors de ses Mém. On y trouve la description de plus de 3,000 monnaies rom. découvertes sur le territoire d'Étaples. » (Note ms. de l'auteur.)

— Rapport sur des fouilles archéol. faites à Cassel et à Wissant, en 1855 [2870]. — *Mém. de la Soc. dunkerquoise*, t. III, 1856, p. 210-215. — T. à p. *Dunkerq.*, 1855. — Autre éd. *Caen, Hardel*, 1856, 40 p.; planches.

— Notice, etc. [8014]. — *M. rec.*, t. IV, 1856-57 ; 3 p.

— Trois voies rom., etc., avec une carte indiquant leur direction [3280]. — *M. rec.*, t. VI, 1858-59 ; 24 p.

— Nouveaux éclaircissements, etc. [2913]. — *M. rec.*, t. IX, 1862-64 ; 52 p.

— Rapport, etc. [8180]. — *Bull. mon.* t. XXVIII, 1863 ; 23 p.

— Notice, etc. [3737]. — *Mém. de la Soc. dunk.*, 1865, p. 279-310 ; 1 carte.

— Observations, etc. [3738]. — *Congrès archéol. de France*, XXXIVe session, tenue à Paris en 1867 (1868), p. 477-505.

— Excursions, etc. [8171]. — *Mém. de la Soc. dunk.*, t. XIV ; 1868-69 ; p. 173-202.

— Derniers éclaircissements sur l'emplacement de Quentowic [nouv. add. 2916 *a*]. — *M. vol.*, p. 77-116.

COUSSEAU (l'a.). Inscription du tombeau de l'aruspice Sabinus à Poitiers [9922]. — *Bull. de la Soc. des ant. de l'Ouest*, 4e trim., 1840 ; 2 p., et *Mém. de la m. Soc.*, an. 1841 ; 15 p.
— Voir CAUMONT (A. de), véritable position de Segora, 1852.

COUSSEMAKER (**Edmond de**). * Statistique archéol. de l'arrt de Lille [7961]. — *Bull. de la Comm. histor. du Nord*, t. VI, 1862. — * Statistique archéol. de l'arrt de Dunkerque. — *M. vol.* — * Statist. archéol. de l'arrt d'Hazebrouck (avec le dr DE SMYTTÈRE et l'abbé CARNEL). — *M. rec.*, t. VII, 1863. — Stat. archéol. de Cambrai, *m. vol.*

— * Stat. archéol. de l'arrt de Valenciennes. — *M. rec.*, t. VIII, 1865, 102 p.

— * Stat. archéol. de l'arrt de Douai. — *M. vol.*, 176 p.

— Stat. archéol. du dépt du Nord (arrt d'Avesnes). — *M. rec.*, t. IX, 1re partie, 1865 ; 170 p.

Réunion de ces diverses statistiques en 2 vol. (Lille, Danel, 1867).

COUTANT (**Lucien**). Rapport, etc. [4722]. — *Mém. de la Soc. acad. de l'Aube*, 2e s., t. III, 1851-52, p. 249-257.

— Histoire, etc. [4684]. *Troyes* (?), 1854 ; 500 p. ; planches et cartes.

— Notice, etc. [4715]. — *Annuaire de l'Aube*, 1856 et 1857. In-12. — T. à p., 25 p. ; 1 carte.

— Découverte, etc. [4725]. — *Rev. arch.*, t. XVI, 1860. — T. à p., 8 p.

— Rapport à M. Henri Baudot, président de la Comm. des antiq. de la Côte-d'Or, sur les dernières fouilles exécutées au plateau dit de Laudunum, en 1863, pour le compte de la Comm. déptale des antiq. de la Côte-d'Or [5473]. — *Mém. de la m. Comm.*, t. VI, 1862-1863, in-4. — T. à p. *Dijon, Bernaudot*, 1864, 11 p. ; fig.

— Établissements, etc. [4657]. — *Mém. de la Soc. acad. de l'Aube*, 3e s., t. III (XXXe de la collection), an. 1866, p. 249-260.

— Pauliacum et Curceium [4659] ; 40 p. (Sous presse en 1870.)

— Voir MIGNARD et COUTANT.

COUTURE (**Léonce**). Bibliographie, etc., [6228]. — *Rev. de Gascogne*, t. VII, 1866, p. 240-244.

— Miscellanées, etc. [870 *b*]. — *Rev. d'Aquitaine*, t. II, 1857-58, p. 439.

COUTURIER (**N.**). Sur la découverte, etc. [8831]. — *Mém. de la Soc. d'hist.* etc. *de Chalon-s.-S.*, 1846, p. 241.

— Rapport, etc. [8832]. — *M. vol.*, p. 246.

COYNART (**ccl Ch. Raymond de**). Étude histor., topogr. et militaire, etc. [2491]. *Paris*, 1856 ; 23 p. (Extraits du *Spectateur militaire*.)

— Le siège d'Alesia [2492]. *Paris*, février 1857, 54 p. (Extr. du *Spectateur militaire*.)

— L'Alesia de César, etc. [2493]. — *Spect. milit.*, 15 sept. 1857. — T. à p. *Paris*, m. d. ; 47 p. — Reliefs en plâtre, etc. [2494].

— Lettre, etc. [2508]. — *Moniteur universel*, 31 oct. 1858.

— Archéologie militaire. — Alesia [2542]. — *Moniteur de l'armée*, 21 janvier, 11 février, 1er mars 1862, et la fin, quelques jours après.

— Fouilles, etc. Rapport fait à la Comm. de la topographie des Gaules [8817]. — *Rev. arch.*, 2e s., t. XIV, 1866, p. 177-182. — T. à p. — 2e rapport. — *M. rec.*, t. XV, 1867, p. 261-264.
— Voir aussi GOELER, s. l. d. de 1858.

Voir nécrologie et bibliographie du ccl Ch.

R. de Coynart, dans le *Polybiblion*, t. XXIX. 1880, p. 77. — Cp. plus loin l'art. DEFAY.

CRALLE (A.). Des musées d'antiq. et en particulier du musée provincial à Liège [10560]. — *Bull. de l'Institut archéol. liégeois*, t. V, 1863.

CRAMER (J.-A.). * Diss. etc. [2789]. *Oxford*, 1820. — 2e éd. Londres, 1828.

CRAZANNES (b^on Jean-Marie-César-Alexandre Chaudruc de). Recherches... sur la Novempopulanie ou IIIe Aquitaine [3777]. *Paris, Sajou*, 1811. — Extr. du *Mag. encyclopéd.*

— Le tombeau d'Oedunie, etc. [6234]. — *Mém. de l'Athénée du Gers*, avant 1814.

— Notice, etc. [5220], suivie d'une lettre à M. le cher Millin sur une médaille gauloise inédite et qq. monuments trouvés à Saintes en 1816 et 1817. (Le tout est extr. des *Annales encyclopéd.*) *Paris, Lenormand*, 52 p., 1 pl.

— Antiquités de la v. de Saintes, inédites ou nouvellement expliquées [5221]. *Paris, Debure frères*, 1820, in-4, fig.

Médaille d'or à l'Acad. des Inscr. en 1822.

— Mém. sur qq. antiq. de la v. d'Agen (Aginnum des Nitiobriges). — Notes de la diss. sur Aginnum [nouv. add. 7098 *a*]. — *Mém. de la Soc. des ant. de Fr.*, t. II, 1820; p. 368-369. — T. à p. *Paris, Smith*, 1820.

Ment. hon. à l'Acad. des Inscr. en 1834.

— Mémoire, etc. [5191]. — *M. rec.*, t. IV, 1823, p. 53.

— Diss., etc. [6119]. — *Mém. de l'Acad. des sc. de Toulouse*, 2e s., t. II, 2e partie, 1830, p. 58.

L'auteur a publié, paraît-il, une diss. sous le même titre, *Auch*, 1808.

— Sur l'emploi des huîtres, etc. [5236]. — *Mém. de la Soc. des ant. de Normandie*, t. VI, 1833, p. 390.

— Notice [5194]. — *Bull. mon.*, t. I, 1834, p. 252-281.

— Mémoire, etc. [7081]. — *Mém. de la Soc. des ant. de France*, 1re s., t. X, 1834, p. 109.

Ment. hon. à l'Acad. des Inscript. en 1834.

— Diss. etc., [1647 *a*; 5227 *a*]. — *Mém. de la Soc. archéol. du Midi*, t. I, 1834, in-4, p. 15-21.

— Diss., etc. [4043 *a*]. — *M. vol.*, p. 109-119; vign.

— Diss., etc. [7143]. — *M. vol.*, p. 253-257; vign. et 3 pl.

— Mém. sur l'origine d'Aginnum, cité des Nitiobriges, dans l'Aquitaine [nouv. add. 7095 *a*]. — *Mém. de la Soc. des ant. de Fr.*, t. I, 1835, p. 76.

— La v. de Lectoure, etc. [6238]. — *Mém. de la Soc. archéol. du Midi*, t. II, 1836, in-4, p. 53-75; vign.

Conclusion dans le sens de l'affirmative.

— Lettre, etc. [7077]. — *M. vol.*, p. 253-269.

— Notices, etc. [6209]. — *M. rec.*, t. III, 1837, p. 379-399.

— Médailles, etc. [3963]. — *Rev. num.*, t. III, 1838, p. 77-82 et 157-165. — 2e mém. — *M. vol.*, p. 391-397. — 3e mém. — *M. rec.*, t. IV, 1839, p. 1-6.

— Diss., etc. [6241]. — *Mém. de la Soc. des ant. de Fr.*, 2e s., t. III, 1837, p. 121.

— Mém. sur un bas-relief représentant Hercule et appartenant à un ancien temple d'Apollon, près d'Auch [nouv. add. 6215 *a*]. — *M. vol.*, p. 181.

— Notice, etc. [6239]. — *Mém. de la Soc. arch. du Midi*, t. III, 1837, p. 109-117.

— Tableau, etc. [9675]. — *Annuaire de Tarn-et-Garonne*, 1838. — T. à p., *Montauban*, m. d., in-16, 28 p.

— État des recherches, etc. [3389]. — *Bull. mon.*, t. IV, 1838, p. 341.

— Description, etc. [6206]. — *M. vol.*, p. 407.

— Tableau chronologique, etc. [7075]. — *M. vol.*, p. 1 — T. à p.

— Essais archéol. et histor. sur le Quercy [nouv. add. 3389 *a*]. *Cahors*, 1838, 1839 et 1840. Cartes et planches: 57, 45 et 49 p.

— Notice, etc. [6244]. — *Bull. mon.*, t. V, 1839, p. 425.

— Lettre, etc. [1975]. — *Rev. num.*, t. IV, 1839, p. 161-177.

— Diss. sur une petite statue antique de la v. d'Auch, etc. [6216]. — *Mém. de la Soc. des ant. de Fr.*, 2e s., t. V, 1840, p. 90.

— Diss. sur les monnaies gauloises au type de la croix ou de la roue [1975]. — *Mém. de la Soc. archéol. du Midi*, t. IV, 1841, p. 75-99, 1 pl.

— Diss. sur un monument votif élevé

à Marcus Lucterius, etc. [3387 *a*]. — *M. vol.*, p. 323-328.

— Diss. sur *Divona* des Cadurci et sur deux médailles autonomes de ce peuple [2685]. *Cahors*, 1842; 10 p.; 1 pl.

— Attribution d'une médaille gauloise à *Divona* (Cahors) [2686]. — *Rev. num.*, t. VI, 1841, p. 165-170; vignette.

— Médaille CONTOUTOS, etc. [3968]. — *M. rec.*, t. VII, 1er de la 2e s., 1842, p. 236-241. (Cf. t. III, p. 161-168, et t. IV, p. 405).

— Diss., etc. [556]. — *Mém. de la Soc. des ant. de Fr.*, 2 s., t. VI, 1842, p. 27.

— Notice sur la voie antique de Tolosa (Toulouse) à Aginnum (Agen), non décrite dans les itinéraire rom. [6111]. *Castel-Sarrazin*, 1842, 12 p.

Même sujet traité en 1860 (voir plus loin à cette date).

— Attribution, etc. [2940]. — *Rev. num.*, t. IX, 1844, p. 85-92.

— Médailles, etc. [3969]. — *Bull. de la Soc. des ant. de l'Ouest*, 1er trim. 1844.

— Éclaircissement sur une voie antique traversant l'Aquitaine - Novempopulaine, et circulant des bords de l'Océan aux Pyrénées et en Espagne [3070]. *Bull. mon.*, t. X, 1844, p. 266.

— Diss. sur la voie romaine... dans la table Théodosienne ou de Peutinger [6215]. — *M. rec.*, t. XI, 1845, p. 660.

— Not. sur une méd. gaul. inédite de bronze, etc. [3388]. — *Rev. num.*, t. X, 1845, p. 333-339. — Autre éd. (remaniée) intitulée : Diss. sur une médaille gauloise inédite nouvellement trouvée sur le territoire des Cadurci et offrant l'effigie et le nom de Luctérius, chef de ce peuple. *Cahors*, in-8, 15 p. 1 pl.

— Sur des monts gallo-rom. [1602]. *Rev. arch.*, t. III, 1846, p. 45.

— Sur une inscription, etc. [5240]. — *M. vol.*, p. 246.

— Notice, etc. [10542]. — *Bull, mon.*, t. XIII, 1847, p. 25.

Cp. le n° 593.

— Attribution, etc. [3496]. — *Rev. num.*, t. XII, 1847, p. 173-180; 1 vign.

— Sur une méd. gaul. [1990]. — *Rev. arch.*, t. IV, 1848, p. 772.

— Statuette, etc. [1480]. — *M. vol.*, p. 809.

— Médailles, etc. [3924]. — *M. rec.*, t. VI, 1849, p. 122.

— Diss., etc. [547 *a*]. — *M. vol.*

— Médaille, etc. [4886]. — *Rev. num.*, t. XIV, 1849, p. 5-9; 1 vign.

— Notice, etc. [6217]. — *Bull. mon.* t. XV, 1849, p. 165. — T. à p.

— Cabellio et Abellio, etc. [557]. — *Rev. num.*, t. XV, 1850, p. 369-380.

— Médailles, etc. [4045]. — *Rev. arch.*, t. VII, 1851, p. 751.

— Note sur une voie rom., etc. [6112], 1851.

— Tête gauloise; sculpture [nouv. add. 1482 *a*]. — *M. rec.*, t. IX, 1852, p. 312.

— Nouv. considérations au sujet d'un passage du IIIe livre de la guerre des Gaules des Comment. de César relatif à la position géograph. des Sotiates dans l'Aquitaine et à l'expédition de P. Crassus contre ce peuple, en réponse à une diss. de M. Bascle de La Grèze, etc. (Voir ce nom) [4046]. — *Rec. de la Soc. acad. d'Agen.* 2 pl., t. VI, 1852-53, p. 58-93.

Cp. L. DE LA SAUSSAYE, Conjectures sur la numismatique de la Gaule, 1851.

— Lettre, etc. [3072]. — *Rev. de la num. belge*, 2e s., t. IV, 1854, p. 300. — T. à p. *Bruxelles*, 1854.

— A M. L... C....., membre de la Soc. franç. pour la conservation des monuments historiques, en réponse à ses obs. sur une lettre à M. de la Saussaye, publiée dans la *Rev. de la num. belge*, 2e s., t. IV, p. 300) [3073]. — *M. rec.*, t. V, 1855, p. 145.

— Inscription, etc. [5241]. — *M. vol.*, p. 327.

— Du cheval-enseigne, etc. [3074]. — *Rev. num.*, 2e s., t. I, 1856, p. 145-151.

— Numismatique gauloise, etc. [2016]. 1856.

— Diss. sur un bas-relief antique de Saintes (Mediolanum Santonum) que l'on croit représenter l'empereur Hadrien à cheval faisant son entrée dans cette ville [5232]. — *Rev. arch.*, t. XIII, 1857-1858, p. 38-47.

— Note, etc. [10664]. — *Rev. num.*, 2e s., t. II, 1857, p. 307-308.

— Notice sur une médaille des *Volcæ Arecomici*, de la Gaule Narbonnaise, inexactement décrite et figurée jusqu'à ce jour, et rétablie pour la première fois dans toute son intégrité, d'après 2 exemplaires du cabinet de M. le Mis de Lagoy [4117]. — *Rev. de la num. belge*, 3e s., t. I, 1857, p. 1. — T. à p.

— Lettre à M. J. Lelewel [6121]. — *M. vol.*, p. 169. — Lettre, etc. [6122]. *M. vol.*, p. 378.

— Sur un statère d'or, etc. [3975]. — *Rev. num.*, 2e s., t. III, 1858, p. 289-291.

— Not. sur une inscription et un buste antiques découverts à Massencome, près d'Aiguillon [7105]. — *Rec. de la Soc. acad. d'Agen*, t. IX, p. 214. — T. à p.

— Numismatique aquitaine [3077]. — *Rev. d'Aq.*, no 10, 26 octobre 1859.

— Lettre, etc. [2023]. — *Rev. de la num. belge*, 3e s., t. III, 1859. — T. à p. *Bruxelles*, 1859; 13 p.

— Lettre à M. de la Saussaye, m. de l'Institut, au sujet d'une méd., grand bronze de l'imp. Julia Mamæa, etc. [2117]. — *Rev. des Soc. sav.*, 2e s., t. II, 1859; 6 p.

— Sur la voie antique de Tolosa (Toulouse) à Aginnum (Agen) [6111]. — *Rec. de la Soc. acad. d'Agen*, 2e s., t. Ier, Ire partie, 1860; 14 p.

— Notice, etc. [6219]. — *Rev. d'Aquitaine*, t. IV, 1860, p. 465-71.

— Lettre, etc. [553]. — *Rev. arch.*; 2e s., t. I, 1860, p. 391-394.

— Archéologie auscitane [6218]. — *Rev. d'Aq.*, t. VI, 1861, no 3.

— Découverte d'un camp romain et d'une caisse militaire dans la cne de Vic-Fézensac [6248]. — *M. vol.*, no 3.

— Les neuf peuples principanx et les 12 cités de l'Aquitaine novempopulaine. — Province ecclésiastique d'Auch [3081]. — *Bull. d'hist.* etc. *de la prov. eccl. d'Auch*, t. Ier, 1861; 21 p. — T. à p.

— Des qq. passages, etc. [3080]. — *M. rec.*, t. II, 1861, p. 437-457.

— Numismatiq. gallo-rom. [4889]. — *Rev. de la num. belge*, 3e s., t. V, 1861, p. 325. — T. à p.

— Lettre, etc. [583]. — *Rev. arch.*, 2e s., t. III, 1861, p. 311-316.

— Restitution, etc. [6243]. — *Rev. d'Aq.*, t VI, 1862, p. 47-53.

— Not. sur la fondation de la v. de Nogaro et de son église paroissiale, etc. [6245]. — *M. vol.*, p. 231-236.

— Numismatique. Monnaies élusates; lettre à M. Pélisson [6123]. — *M. vol.*

— Descr. d'un mont, etc. [6235]. — *M. vol.*, p. 351-355.

— Numismatique agenaise. — Lettre à M. Ad. Magen [7102]. — *M. rec.*, t. VII, 1862-63, no 6, décembre 1862. — *Rec. de la Soc. acad. d'Agen*, t. Ier, 2e partie, 1863; 4 p.

— Not. sur un marbre votif, etc. [7106]. — *M. vol.*, 12e partie; 6 p.

— Notices sur la Pierre debout ou pierre écrite de Châtellerault et sur les antiquités d'Aiguillon (le Fines des Nitiobriges) [7104, 9952]. — *Mém. de l'Acad. des sc. de Toulouse*, année..... (d'après Quérard, *France litt.*).

— Nouv. considérations, etc. [474]. Pièce.

Voir not. nécrologique et bibliographique sur Chaudruc de Crazannes par Léonce Couture, dans le *Bull. du Comité d'histoire de la province eccl. d'Auch*, t. III, p. 491-503.

CREMOUX (**Vte de**). Vallée de la Vézère; stations et établissement primitif de l'homme dans nos régions de l'Ouest; questions géologiques importantes [5610]. — *Ann. de la Soc. d'agr.* etc. *de la Dordogne*, t. XXVIII, 1867, p. 374.

CRESPIŒUL (de). [*Ms.*]. Mémoire, etc. [3124]. Lu devant l'ancienne acad. d'Arras dans les séances de l'année 1746.

Titre et observation différents dans la *Bibl. histor.*, t. I, no 197.

CRESTIN. * Recherches, etc. [8700] (avant 1809).

CREULY (gal). Questions, etc. [2220]. *Constantine*, 1860.

— Lettre, etc. [6763]. — *Rev. arch.*, 2e s., t. II, 1860, p. 101.

— Sur une inscription, etc. [8795]. — *M. vol.*, p. 183.

— Copie rectifiée, etc. [1220]. — *M. rec.*, m. s., t. III, 1861, p. 408-413. T. à p.

— Les Descendants, etc. [8794]. — *M. rec.*, m. s., t. IV, 1861, p. 110-118. — T. à p.

— Musées archéol., etc. III, *Beaune;*

IV, *Dijon* [5356]. — *M. rec.*, m. s., t. V, 1862, p. 23 et 105.

Pour les §§ I et II, voir Alex. BERTRAND, sous la date de 1861.

— Quatre inscriptions, etc. [8260]. — *M. rec.*, m. s., t. VI, p. 313-317; 2 pl.

— Carte de la Gaule, etc. [1148]. — *M. rec.*, an. 1862 et 1863. — T. à p. *Paris, Didier*, 1863; 106 p.

— Un nouveau pagus gallo-rom. [dans le dépt de Vaucluse) [9745]. — *M. rec.*, 2e s., t. VII, 1863, p. 299.

— Gué antique, etc. Rapp. à la Comm. de la topogr. des Gaules [7498]. — *M. rec.*, m. s., 2e s., t. X, 1864, p. 365.

Gué de Brives, près de Mayenne.

— Étude, etc. [3083]. — *M. rec.*, m. s., t. XIX, 1869, p. 90-100.

CREULY et JACOBS (Alfred). Géographie historique de la Gaule. Examen, etc. [2955]. — *Rev. des Soc. sav.*, 2e s., t. III, 1860, p. 182-217. — T. à p. *Paris, Aug. Durand*, 1860, 38 p.; planches et carte.

Voir aussi *Rev. arch.* 2e s., t. II, 1861, p. 62.

CREULY et BERTRAND (Alex.). Traduction française de la « Guerre des Gaules » de J. César. Voir J. CÉSAR, *traductions françaises*.

— Fouille entre Villeneuve-St-Georges et Villeneuve-le-Roi [9302]. *Rev. arch.* (?)

— Quelques difficultés, etc. [476, 2444]. — *Rev. arch.*, 2e s., t, IV, 1861, p. 453-466.

1° Emplacement de la bataille de César contre les Nerviens près de Maubeuge; 2° de l'oppidum Aduatucorum; 3° d'Aduatuca.

CRÉVIER (J.-B. Louis). Histoire, etc. [93]. *Paris*, 1750-56, 6 vol. in-4, carte. Nouv. éd. *Paris*, 1769, 12 vol. in-12. — *Paris, Ledoux*, 1818, 6 vol. — Autre édition. *Paris, Didot*, 1824, 9 vol.

CRISSÉ (Lancelot, cte Turpin de). Institutions militaires de Végèce, avec les commentaires [1798]. *Montargis*, 1770, 3 vol. gr. in-4. — 2e édition. *Paris*, 1783, 2 vol. in-4, 20 pl. — Voir aussi J. CÉSAR, *traductions françaises*, sous la d. de 1785.

CRIVELLI. Notice, etc. [9763]. — *Not. des trav. de l'Acad. du Gard*, 1812, 1re partie, p. 319-322.

CROISOLLET (François). Hist. de Rumilly [8991]. *Chambéry*, 1869.

CROIX DU MAINE (François Grudé de La). Bibliothèque françoise [189 *a*]. — Voir JUVIGNY (Rigolley de).

CROIZET (l'a.). Qq. obs. etc. [8280]. — *Ann. sc.* etc. *de l'Auvergne*, t. XI, 1838, p. 135-155.

— Note, etc. [8281]. — *M. rec.*, t. XXVI, 1853, p. 483.

CRON (Chr.). Article en allemand, sur l'itinéraire d'Annibal [2834], dans *Eos*, t. II, 1866, p. 529 et suiv.

CROS (J.-P.). Mémoire, etc. [4782 *a*]. (Source inconnue.)

CROS-MAYREVIEILLE. Histoire, etc. t. Ier (unique) [4746]. — *Paris*, 1848.

— Les monuments de Carcassone [4751]. *Paris, V. Didron*, 1850.

CROSNIER (l'a.). * Tableau synoptique de l'histoire du Nivernais et du Donzais mise en rapport avec l'histoire ecclésiastiq. et l'histoire de France [3723 *a*]. *Nevers, Pinet*, 1841, placard de 4 pp. in-4 gr. raisin. — Reproduit sous ce titre : Coup d'œil général sur l'histoire de la Nivernie avant J.-C. — *Bull. de la Soc. nivernaise*, etc. 2e s., t. V, 1870, p. 111-118. Ère chrétienne, p. 119-240.

— Éléments d'archéologie [1301]. — *Tours, Mame*, 1846.

— La Gergovia Boiorum, etc. [2743]. — *Bull. de la Soc. Nivernaise*, t. II, 1855, p. 87-96.

— Médailles, etc. [7938]. — *M. vol.*, n° 3, 1856.

— Hagiologie nivernaise, ou vie des saints et autres pieux personnages qui ont édifié le diocèse de Nevers [7897]. *Nevers*, 1858, gr. in-8.

— Bustes, etc. [7937]. — *Bull. de la Soc. niv.*, 2e s., t. Ier, 1863, p. 388, 389, 449.

— Columbarium à Entrains [7925]. — *M. rec.*, m. s., t. II, p. 419, 420.

— Inscription d'Entrains, 1870 [7926]. — Voir CHAVANTON.

CROUZAT. Histoire, etc. [6423]. *B ers, Millet*, 1859.

CROUZET (H.). Essai géographique et historiq., etc. [2896 *a*]. — *Bull. de la Soc. nivernaise*, etc., 2e s., t. I, 1863, p. 296-342.

CROY (R.-C. de). Études, etc. [6500]. *Tours*, 1838, in-18.

CROZES (H.). Répertoire archéologique du dép^t du Tarn, rédigé sous les auspices de la Société littéraire et de Castres [9637]. (Dans la collection des Répertoires archéol. publiés par le ministère de l'instr. publique.) *Paris, Impr. Imp.*, 1865, in-4.

CROZET (F.). Grenoble, etc. [6596]. *Grenoble, Prudhomme,* 1869, in-12.

— Description topogr., histor. et statist. des cantons formant le dép^t de l'Isère et des c^nes qui en dépendent [6575]. *Grenoble,* 1869, 2 vol.; 1 carte pour chaque canton.

CRUSIUS (G.-Ch.). Wörterbuch zu den Werken des Jul. Caesar [429]. 3e éd. *Hannover,* 1849; 4e, id., 1853; 6e, id., 1861.

CUCHERAT (l'a. F.). * Alexia, etc., par un Aulerc [2570]. — *Rev. du Lyonnais,* 2e s., t. XXVII, 1863. — T. à p. *Lyon, Aimé Vingtrinier,* 1864.

CUDELL. Mémoire, etc. [10570]. — *Bull. de l'Acad. des sc. de Bruxelles,* séance du 5 nov. 1836.

CUMENGE. Mémoire, etc. [9649]. 1re partie, 6 pages; 2e partie, 10 p.; 3e partie, 10 p.; 4e partie, 13 p. — *P.-v. des S^ces de la Soc. litt. et sc. de Castres,* t. V, 1862.

CUNO. Keltisch-italische Studien [2314]. 2 Theile. *Grand,* 1860-61.

CUPER (Gisbert). Historia, etc. [99]. *Daventeriæ,* 1697, in-12, 27 pl.

— Fasciculus Epistolarum, etc., quibus variis antiquis marmoribus in Helvetia erutis lux affunditur [2630]. — *Museum helvetic.* à Zurich, t. I, part. I, 1746.

Voy. les *Actes de Leipsick,* 1749, p. 690; *Biblioth. hist.*, t. I, n° 206. — Voir aussi les lettres de Cuper trad. en fr. par Beyer sous le titre : *Lettres de critique, de littérature et d'histoire,* etc. Amsterdam, 1743, in-4.

CUQUEL (l'a.). Uxellodunum à Murs-ceint. — Nouvelles recherches sur l'emplacement de cette ville [2967]. *Cahors,* 1865, 16 p.

— Obs. sur un mém. adressé par M. Castagné à M. de Pebeyre touchant les ruines de Murscement [7084]. *Cahors,* 1868; 14 p.

CURIE-SEIMBRES (A.). Mémoire, etc. [6112 *a*]. — *Rev. d'Aquitaine,* t. VIII, 1862-63, p. 405-418.

CUSPINIANUS (Johannes). Vitæ imperatorum à J. Cæsare usque ad Maximilianum [86]. *Francofurti,* 1601, in-fol.

CUSSÉ (L. Davy de). Recueil, etc. [7665]. 1re livr. *Vannes, impr. Galles,* 1865, 3 p., 25 pl. — 2e livr., s. d.

— Rapport annuel, etc. [7680]. — *Bull. de la Soc. polymath. du Morbihan,* 1866-1869.

— Compte rendu, etc. [7761]. — Voir L. Galles; 1869.

CUSSÉ (de) **et GALLES** (L.). Rapport, etc. [7685]. — *Bull. de la Soc. polymath. du Morbihan,* 1865.

Les Mêmes. Fouilles, etc. [7767]. — *M. rec.*, 2e semestre 1866 (1867), p. 81.

Les Mêmes. Les Dolmens, etc. [7768]. — *M. vol.*, p. 83-88.

CUSSÉ (de), **GALLES** (L.) **et d'AULT-DUMESNIL.** Description, etc. [7678]. *Vannes, L. Galles,* s. d.; 32 p.

CUSSY (le v^te de). Mém., etc. [7864]. — *Bull. mon.*, t. IX, 1843, p. 270.

— Excursion archéol., etc., en avril 1846 [6984]. — *M. rec.*, t. XII, p. 594.

CUVIER (Georges). Recherches, etc. [1344]. 1re éd. 1812 (*Ann. du Mus. d'hist. nat.*). — 2e éd., 1821. — 3e éd., *Paris, Dufour et d'Ocagne,* 1825, 5 tomes en 7 vol. in-4.

Contient, en tête : Discours sur les révolutions de la surface du globe et sur les changements qu'elles ont produits dans le règne animal. Voir, p. 65, le § intitulé : « Il n'y a point d'os humains fossiles. » — Édition séparée de ce discours, *Paris,* 1825, in-8.

CUVILLIER DE WISSIGNICOURT (E.). Histoire, etc. Ouvrage illustré d'environ 150 grav... Publié par cantons [4188]. — Canton d'Anizy-le-Château (seul paru?). *Paris, Dumoulin,* 1846.

CZAJEWSKI (d^r Cyprien). Quelques mots, etc. [7050]. — *Mém. de la Soc. d'agr., etc., d'Orléans,* 2e s., t. XIII, 1870-71, p. 54-60; 1 pl. — Rapport par l'a. Desnoyers, p. 61. — T. à p. réunissant les deux art. *Orléans,* 1870.

D

DADIN D'ALTESERRE (**Antoine**). — Voir HAUTESERRE.

DAIRE (**le p.**). Histoire de la v. d'Amiens [9554]. *Paris,* 1757, 2 vol. in-4.

— Histoire de la v. de Montdidier [9608]. *Amiens,* 1765, in-12.

— Histoire littéraire de la v. d'Amiens [9578]. *Paris,* 1782, in-4.

DALPHONSE. Statistique du dépt de l'Indre [6478]. *Paris,* 1792, in-fol.

— Mém. statistique sur le dépt de l'Indre [6479]. 1804, in-fol.

DAMOUR (**A.**). Sur la composition des haches, etc. [1420]. — *Rev. arch.*, 2e s., t. XIII, 1866, p. 190-207, et t. XV, 1867, p. 249-260.

DANCOISNE (**L.**). Monnaies. Comius, etc. [8168]. — *Bull. de la Comm. des antiq. déptales du Pas-de-Calais,* t. I, 1853, p. 186 ; 1 pl.

— Rapport sur une trouvaille, etc., faite à Ficheux près d'Arras [8218]. — *M. vol.*, 1854, p. 360-362 ; 1 pl.

— Un mot, etc. [3728 c]. — *Congrès scientif.*, XXe session, tenue à Arras en 1853, t. II, 1854, p. 374-377 ; 1 pl.

— Tombeau gallo-rom., etc. [8228]. — *Bull. de la Comm. des ant. dép. du Pas-de-Calais,* t. I, 1859, p. 415 ; 1 pl.

— Découverte, etc. [8227]. *M. rec.*, t. III, 1868, p. 28-29 ; 2 pl.

DANGLARD (**l'a. J.**). De Litteris... exquisitionem historicam Facultati litterarum Lugdunensi proponebat [3174]. *Lyon,* 1864 ; 82 p.

DANIEL (**le p. G.**). * Histoire de France, etc. [310]. Nouv. éd. [la 4e] revue, corrigée [augmentée de notes, de dissertations critiques et historiques de l'histoire du règne de Louis XIII, par le père H. GRIFFET, et de la comparaison de l'histoire de France de Mézeray et de celle du p. Daniel, par Daniel LOMBARD], et enrichie d'une table générale des matières. *Amsterdam, Arkstée,* 1755-1758, 24 vol. in-12, et 7 vol. in-4 à 2 col.

1re éd. *Paris,* 1696, in-4, t. Ier (unique). — 2e éd., *Paris, Mariette,* 1713, 3 vol. in-fol. — 3e éd. *Ibid.*, 1722, 10 vol. in-4. — Voir *Biblioth. histor.*, t. II, no 15765.

— Abrégé de l'histoire de France, depuis l'établissement de la monarchie française dans les Gaules. *Paris, libraires associés,* 1751, 12 vol. in-12.

— Histoire de la milice française et des changements qui s'y sont faits depuis l'établissement de la monarchie française dans les Gaules, jusqu'à la fin du règne de Louis le Grand [1792]. *Amsterdam,* 1724, 2 vol. in-4.

Il y a un abrégé de 1773, 2 vol. in-12, par ALLETZ.

DANIEL (**dr**). Notice, etc. [8037]. 30 p.

DANIEL (**l'a.**). Étude, etc. [3115]. — *Bull. et Mém. de la Soc. d'émul. des Côtes-du-Nord,* t. IV, 1866, p. 95-105.

— Le Précelticisme [1446]. — *M. rec.*, 1869, p. 117-122.

DANIELO. Histoire de Reims [7368]. 1833.

DANJOU DE LA GARENNE (**Th.**). Statistique, etc. [6439]. — *Mém. de la Soc. archéol. d'Ille-et-Vilaine,* 1861 (1862).

DANOS (**E.**). Rapport, etc. [3222]. — *Bull. de la Soc. acad. des Htes-Pyrénées,* 1858-1859, no 1, 45 p.

DANSE. — Voir BOREL, DANSE et BUCQUET.

DANSIN (**H.**). Une excursion à Alise (mémoire lu à la séance publique de la Soc. des ant. de Normandie, le 15 déc. 1864) [2571]. — *Mém. de cette Soc.*, 3e s., t. V, 1864, p. 607-624.

DANVIN (**dr Bruno**). Vicissitudes, heur et malheur du Vieil-Hesdin [8221]. — *St-Pol, Becquart-Renard,* 1866 ; 519 p.

DARAS. Inscription romaine, etc. [4369]. — *Bull. de la Soc. arch.* etc. *de Soissons,* t. V, 1851, p. 17.

— Sur la pierre votive de Nizy-le-Comte [4370]. — *M. vol.*, p. 56.

— Note sur une découverte de monnaies, etc. [4457]. — *M. rec.*, t. X, 1856.

DARCY. — Voir DARSY.

DARD (le b^on^). Herdinium, Hisdinum, Hesdinium castrum ad flumen Quantiæ. Hesdin, ville forte sur la Canche, (Pas-de-Calais) [8222]. — *Bull. histor. de la Soc. des ant. de la Morinie*, 10e année, 1869-1870.

DARESTE DE LA CHAVANNE (**Antonin-Cléophas**). Histoire de France depuis les origines jusqu'à nos jours [407]. Ouvrage honoré du prix Gobert. *Paris, Plon*, 1868-1873 ; 8 vol.

DARNALT (**Jean**). Les Antiq. de la v. d'Agen et pays d'Agenois depuis 1700 ans, jusqu'à l'état présent de la dite ville et pays [7096]. *Paris*, 1606, in-12.

Extr. des *Remontrances*, etc. (Voir ARNAL.)

DARRAS (**l'a. Joseph-Épiphane**). St-Denis, etc. [9065]. *Paris, Vivès*, 1863, in-8.

DARRERAC (**Jean**). — Voir D'ARRERAC, à la lettre A.

DARRIGOL (l'a.). * Diss., etc. [3212]. *Bayonne, Duhart-Fauvet*, s. d. (1827).

DARSY (**François-Irénée**). Notes, etc. [9605]. — *Bull. de la Soc. des ant. de Picardie*, 2e s., tome II, 1845, p. 245-249, et t. III, 1848, p. 203-210.

— Note sur la motte de Caurroy-lès-Tours [9590]. — *M. rec.*, m. s., t. VI, 1852, p. 353-359.

— Description, etc. [9551]. — *M. rec.*, m. s., t. V, 1858. — T. à p. *Amiens*, 1858.

Mention très hon. au concours des antiq. de la France, en 1859.

DARTEVELLE (**D.**). Notice, etc. [10567]. — *Ann. du Cercle archéol. de Mons*, t. IV, 1863.

DARTIGE (et DRAUSIN). Le Poitou pittoresque, ou vues des mon^ts^ et des sites les plus remarquables de cette province [3851], 1838, in-4.

DARTTEY. Recherches, etc. [115 *a*]. *Paris*, 1839.

DARU (le c^te^ **P.-Ant.-Noël-Bruno**). Histoire de Bretagne. *Paris, F. Didot*, 1826, 3 vol.

Appréciée avantageusement par Daunou. (Voir *Bibl. univ.*, p. 39.)

DASSENBACHER. Gallien, etc. [1155 *a*]. *Troppau*, 1864, in-4.

DAUBRÉE (**A.**). Aperçu, etc. [1727]. — *Rev. archéol.*, 2e s., t. XVII, 1868, p. 298-313. — T. à p. *Paris*, 1868.

DAUCHY (c^te^ **Édouard**). Statistique de l'Aisne [4186]. 1800, gr. in-8.

DAUDET de Nîmes. * Guide, etc. [1241]. 3e éd. *Paris, Vincent*, 1768, in-12 ; 280 p.

La 1re éd. intitulée : Nouveau Guide des chemins du royaume de France. *Paris, E. Ganeau*, 1724, in-12, porte le nom de l'auteur.

DAUDIN. Essai sur les poteries romaines, etc., qui ont été trouvés au Mans, en 1809, dans les fouilles pratiquées pour la fondation du Pont Royal de cette ville, par M. DAUDIN, publié par M. DE CAUMONT [8873]. *Caen, impr. Chalopin ; Paris, Lance*, 1830, in-fol. 1re livraison (unique ?).

DAUDIN (**Eug.**). Antiquités, etc. [10207]. *Annuaire de l'Yonne*, t. XXXIII, 1869, p. 281 ; 13 pl. ; 2e article, t. XXXIV, 1870, p. 157.

DAVID (**A.-L.**). Rapport, etc. [8880]. — *Archives histor. de la Sarthe* (collection de la Soc. fr. d'archéologie), 1849, 5 p., fig. 4.

— Ruines gallo-rom., etc. [8902]. — *Bull. de la Soc. d'agr.* etc. *de la Sarthe*, 1858, 8 p.

DAVID (**Mgr**). Renseignements, etc. [5503]. — *Bull. et mém. de la Soc. d'émul. des Côtes-du-Nord*, t. V-VI, 1867-1868 (1869), p. 51.

DAVIES (**Johannes**). Antiquæ linguæ britannicæ rudimenta [2354, 10338]. *London*, 1621. — *Oxford*, 1809, in-12.

— Antiquæ linguæ britannicæ, nunc vulgo dictæ Cambro-Britannicæ, a suis Cymræcæ, vel Cambricæ, ab aliis Wallicæ, et linguæ latinæ dictionarium duplex : accedunt adagia britannica [2355]. *Londini*, 1632, in-fol.

DAVIES (**Edward**). Celtic researches on the origin, traditions and language of the ancient Britons [333]. *London*, 1804. — 2e éd. *London*, 1807.

— The mythology, etc., ascertained by national documents, with remarks on ancient british coins [630, 10278]. *London*, 1809.

DAVOUD-OGHLOU (**G.-A.**). Histoire, etc. [10709]. *Berlin*, 1845.

DAVOUST (l'a. **Frédéric**). Notice, etc.

[8863]. — *Bull. de la Soc. d'agric. de la Sarthe*, 2e s., t. IX, 1864 ; 5 p.

— Notice, etc. [8891]. — *M. rec.*, m. s., t. XI, 1869, p. 173.

DAWSON-TURNER. — Voir COTMAN.

DAYRENS et DU MÈGE. — Voir MÈGE (Alex. du) et DAYRENS.

DÉAL (J.-N.). Diss. sur les Parisii ou Parisiens, et sur le culte d'Isis chez les Gaulois, ou obs. sur qq. passages du IVe chap. de l'histoire physique, civile et morale de Paris, par M. Dulaure [9030]. *Paris, F. Didot*, 1826.

DEBEAUX père. Not., etc. [7112]. — *Rec. de la Soc. acad. d'Agen*, t. IX, 1re p., 1858, p. 140-152 ; 1 pl.

DEBOMBOURG (Georges). Histoire du Franc-Lyonnais [3642]. *Trévoux*, 1857.

« Le Franc-Lyonnais était, pour la plus grande partie, situé dans l'arrondissement de Trévoux (Ain). » — Note ms. de Valentin-Smith.

— Histoire de Nantua [4179]. *Nantua*, 1857. — Cf. VALENTIN-SMITH, sous la date de 1861.

— Atlas, etc. [4135]. *Lyon*, impr. *L. Perrin*, 1859 ; 2 part. gr. in-4.

— Atlas historique du dépt actuel du Rhône [nouv. add. 8470 *a*]. *Lyon*, impr. *Perrin*, in-fol., 82 p. et 41 cartes.

— *Coups de plumes, etc. [2586]. *Lyon*, 1866 ; 19 p.

— Les Ambarres [3038]. *Lyon*, 1866.

— Arar [3979]. *Lyon*, 1866.

— Les Allobroges [3003]. — *Rev. du Lyonnais*, 3e s., t. II, 1866, p. 7 et 187. — T. à p. *Lyon*, 1866. — Suite (les Allobroges d'outre-Rhin et l'évêché de Belley). — *M. rec.*, m. s., t. IV, 1867, p. 9-28.

— Gallia aurifera, etc. [1727 *a*]. — *M. rec.*, m. s., t. VI, 1868, p. 17-46.

DEBRY (Jean). Statistique du Doubs [5630]. *Paris, Impr. Imp.*, an XII, in-fol.

DE BURE (Guillaume-François). Bibliographie instructive, ou traité de la connaissance des livres rares et singuliers [152]. 1763-68, 7 vol.

DECAGNY (*alias* DE CAGNY) **(l'a. Paul).** L'arrt de Péronne. Des rech. sur les v., bourgs, villages et hameaux, etc. [9550]. *Péronne, St-Quentin*, 1844.

— Rapport, etc. [9606]. — *Bull. de la Soc. des ant. de Picardie*, t. IX, 1866, p. 198-201.

DECORDE (l'a. Jean-Eug.). Essai, etc. (Neufchâtel). [9340]. *Neufchâtel, Duval ; Paris, Derache*, 1848, 268 p. ; 1 carte.

— Essai, etc. (Blangy) [9333]. *Ibid.*, *id.*, 1850 ; 264 p. 1850 ; in-8, 264 p.

— Essai, etc. (Londinières) [9339]. *Ibid.*, *id.*, 1851 ; 265 p.

— Essai, etc. (Forges-les-Eaux). [9337]. *Ibid.*, *id.* ; *Rouen, Le Brument*, 1856 ; 327 p.

— Essai, etc. (Gournay) [9338]. *Ibid.*, *id.*, 1861 ; 8 pl. et vign. dans le texte.

DEDERICH (A.). J. Cæsar am Rhein nebst Anhang uber die Germani des Tacitus (*Germ.* 2) und über die Franci der Peutinger'schen Tafel [482]. *Paderborn*, 1870 ; 870 p.

C. r. par Fr. FRIEDLER dans les *Jahrbücher des Vereins von Alterthumsfreunden in Rheinlande*. T. LIII-LIV, 1873.

DEFAY. Étude, etc. [2564]. *Paris, Dumoulin*, 1863 ; 64 p. et carte.

Réfutation par R. de COYNART, *Mém. de la Comm. des Antiq. de la Côte-d'Or*, t. VII, 1870-73, p. 160 et suiv.

DEFOSSE (J.-C.). Esquisse, etc. [9456]. *Rouen*, 1853. Pièce.

DÉGOUTON (Alphonse). Recherches, etc. [7809]. — *Bull. de la Soc. d'arch. de la Moselle*, 1867, p. 75-78.

DELACROIX, *alias* de LACROIX **(Nic.).** Essai sur la statistique, l'hist. et les antiq., etc. [5686]. *Valence*, impr. *J. Montal*, 1817, 500 p. — 2e éd. sous le titre de : Statistique de la Drôme, nouv. éd. entièrement revue et considérablement augm. avec tableaux, cartes et dessins. *Valence ; Paris*, 1835, in-4.

— Procès-verbal, etc. [4600]. — *Mém. de la Soc. des Ant. de Fr.*, 1829, p. 277.

DELACROIX (Alphonse). Recherches, etc. [5655]. — *Mém. de la Soc. d'émul. du Doubs*, 1841. — T. à p., 1842 ; 32 p.

— Alesia, etc. [2481]. — *M. rec.*, 2e s., t. VII, 1855. — T. à p., 1856 ; 47 p.

— Alaise et Séquanie [2525]. — *Revue des races latines.* — T. à p., *Besançon, Bulle*, 1860 ; 192 p.

— Note incomplète à propos de l'Étude

complète sur Alaise, de M. C. (*sc.* Clerc) [2527]. — *La Franche-Comté*, j[al] de Besançon, 1861. — T. à p., s. l. n. d., 12 p.

— Alaise, etc. [2528]. *Besançon*, 1861; gr. in-8; 25 p.

— Alaise, etc. [2544]. *Ibid.*, 1862; 14 p.

— Alaise et le Moniteur [2566]. — *Mém. de la Soc. d'émul. du Doubs*, 3e s., t. VII, 1862 (publié en 1864). — T. à p.

— La question, etc. [2565]. — *M. rec.*, m. s., t. VIII, 1863; 92 p. — T. à p.

— Fouilles, etc. [5652]. — *M. vol.*, 1863; 16 p.

— La Busandale, etc. [1740). — *M. rec.*, m. s., t. IX, 1864, 3 p. 1 pl.

— Vercingétorix et sa statue [463]. — *M. rec.*, m. s., t. X, 1865. — T. à p. *Besançon*, 1865; 32 p.

— Éponine et la Beaume-Noire [5631]. — *M. rec.*, 4e s., t. I, 1865 (1866); 15 p. — T. à p.

— L'autel celtique de St-Maximin. — *M. vol.*; 4 p.; 1 pl. — T. à p.

— La Séquanie et l'*Histoire de Jules César* [4029]. — *M. rec.*, t. II, 1866 (1867), p. 451-485. — T. à p. 1867.

— Unité, etc. [813]. — *Bull. mon.*, t. XXIX, 1863, p. 476-491.

— La ville antique de Dittation [2683 c]. — *Mém. de la Soc. d'émul. du Doubs*, 4e s., t. IV, 1868, p. 421-432. — T. à p., *Besançon*, 1869.

DELACROIX (A.) et CASTAN (A.). Guide, etc. [2524, 5658]. *Besançon, Bulle*, 1860, in-12; 1 carte.

DELACROIX (Émile). Notice, etc. [8709]. — *M. rec.*, 3e s., t. VII, an. 1862 (1864); 14 p.

— Luxeuil, etc. — *M. rec.*, 4e s., t. III, an. 1867 (1868), p. 59-184, 4e série. — Nouv. éd., 1871, in-12.

DELAISTRE. Statistique de la Charente [5153]. An X.

DELALANDE. Rapport, etc. [7306]. — — *Mém. de la Soc. des ant. de Normandie*, t. XIV, 1844, p. 317.

DELANDINE (Antoine-François). Diss., etc. [3290, 8546]. *Lyon, Faucheux*, 1780.

— Biblioth. histor. et raisonnée des historiens de Lyon et des ouvrages manuscrits et imprimés qui ont qq. rapport à l'histoire ecclés. et civile, etc., de cette ville et des trois provinces [8477]. 1787; 16 p.

— Mémoires bibliogr. et littéraires [2781]. *Paris, Renouard*, 1813.

DELANDINE DE St-ESPRIT. Histoire de la Gaule [367 *a*]. *Paris, Herman*, 1843, in-12.

DELANOÜE (J.). De l'ancienneté de l'espèce humaine et des traces que l'on trouve de l'homme et de ses travaux dans les terrains diluviens [1393]. Lettre adressée au ministre de l'instruction publique. — *Ann. de philosophie chrét.*, 5e s., t. VI, 1862, p. 165-181.

DELAPIERRE. Note sur l'emplacement d'Anderitum, ou civitas Gabalum [2608]. — *Bull. de la Soc. d'agr.*, etc., *de la Lozère*, t. XI, 1860; 1 p.

— Fouilles à Javols; compte rendu [7143]. — *M. rec.*, t. XV, 1866; 11 p.

— Victorius, poète gabalitain [3541]. — *M. rec.*, t. XVII, 1866, p. 363-364.

DELAPLACE (l'a.). Notice, etc. [4375]. — *Bull. de la Soc. archéol.* etc. *de Soissons*, 2e s., t. Ier, 1867, p. 11 et 12.

DELAPORTE (J.-B.). Rech. sur la Bretagne [3314]. *Rennes, J.-M. Vatar*, 1819-23; 2 vol.

— Sur les antiq., etc. [3315]. — *Ann. de la Soc. acad. de Nantes*, 1820.

DELAPORTE (Augustin). Nouv. découvertes, etc. [5110 *a*]. — *Bull. mon.*, t. XXXV, 1869, p. 357-368.

DELARBRE (l'a. Ant.). Notice, etc. [3154]. *Clermont*, impr. *Landriot*, 1805.

DELAROCHE, DUPONT et Ch. LENORMANT. Trésor de numismatique, etc. [1924]. — Voir Lenormant (Ch.), année 1834.

DELBARRE (Pierre-Jean) et BOUVENNE (E.-A.). Notice histor. et archéolog. sur le château et la ville de Château-Thierry. [4313]. *Château-Thierry, Parmentier*, 1858; 3 pl.

DELETTRE (l'a.). Hist. du dioc. de Beauvais jusqu'au 2 septembre 1792 [8021]. *Beauvais*, 1841-1842; 3 vol.

DELETTRE (F.-A.). Histoire de la province de Montois comprise dans les cantons de Bray, etc. [9177]. *Nogent-sur-Seine,* 1849, 2 vol.

DELFORTRIE (L.). Notice, etc. [6286]. — *Congrès scientif.*, XXVIIIe session, tenue à Bordeaux en 1861, t. IV, 1863, p. 742-750.

— Rapp., etc. [7110]. — *C. r. des trav. de la Comm. des monts histor. de la Gironde*, exercice 1862-64; 1865, p. 75.

— Rapp. sur les fouilles opérées à Nujons, con de Monségur [6373]. — *M. vol.*

— Not., etc. [6268]. — *Actes de l'Acad. de Bordeaux*, 1868, p. 513.

— Cachet, etc. [6279]. — *M. vol.*, p. 517.

DELGADO (don Antonio). Obs. etc. [10621]. — *Rev. num.*, 1843, p. 413; pl.

— Catalogue des monnaies et des médailles antiques... composant le cabinet numismatique de feu M. G.-D. de Lorichs [10624]. *Madrid;* 1857.

DELGOVE (l'a. E.). Histoire, etc. [9596]; *Amiens, impr. Lemer*, 1865, in-4°. 531 p.

Ouvrage couronné par la Soc. des ant. de Picardie et inséré dans son recueil de *Documents* concernant la province, dont il forme le tome V.

DELHOMME (Théodore). — Voir GADEBLED, an. 1840.

DELICHÈRES (J.-P.). (1762-1820). Notice, etc. [4591].

— Diss., etc. [4596].

— Dissertation sur l'Hercule gaulois (dans laquelle on indique, au bourg de Dezagnes [auj. Desaignes], le premier monument qui lui fut élevé par les Romains) [4601].

Quérard ignore le lieu et la date de ces 3 publications.

DELISLE (Léopold-Victor), éditeur, avec L. PASSY, des mémoires et notes pour servir à l'histoire du dépt de l'Eure, d'Aug. LE PREVOST (1862) [5748]. (Voir ce nom.)

— Bibliographie des cartulaires français qui ont été publiés ou analysés depuis 1840 jusqu'en 1866 [208]. *Rev. des Soc. sav.*, 4e s., t. III, 1866, p. 512.

Travail complété et mis à jour par Ulysse ROBERT (*Cabinet historique*, août-oct. 1877).

— Recueil des historiens des Gaules et de la France, commencé par dom Martin BOUQUET [212]. Réimpression, publiée sous la direction de Léopold DELISLE (par les soins de RUELLE et de TUETEY). *Paris, V. Palmé*, 19 vol. in-fol. Le t. Ier a paru en 1869.

DELMAS. Histoire de la v. d'Ussel [5327]. *Clermont-Ferrand*, 1810.

— Not. sur l'ancienne v. de Substantion et sur ses ruines actuelles [6425]. *Mém. de la Soc. des ant. de Fr.*, 2e s., t. II, 1835, p. 145.

— Not., etc. [3398]. — *M. rec.*, m. s., t. III, 1837, p. 210.

DELOCHE (Maximin). Les Lemovices, etc. [3592]. — *M. rec.*, 3e s. t. III, 1857, p. 46.

Médaille de l'Ac. des inscr. en 1856. — Rapp. sur ce travail par A. REGNAULT, *Bull. de la Soc. arch. du Limousin*, t. VII, 1857, p. 140-144.

— Description, etc. [3595]. — *Rev. num.* 1858.

— Cartulaire, etc. [9985]. *Paris*, 1859, in-4 (dans la collection des Doc. inédits de l'histoire de Fr.).

— Du principe des nationalités [124]. *Paris, Guillaumin*, 1860; VIII, 171 p.

Voir, sur les races gauloises, les p. 36-43.

— Géographie histor., etc. — Des divisions territoriales du Quercy aux IXe, Xe et XIe siècles, à propos d'observations sur le cartulaire de Beaulieu [3393]. *Paris*, 1861, 56 p.

Voir notamment, p. 46-47, le passage relatif au Pagus.

— Études sur la géographie historique de la Gaule et spécialement sur les divisions territoriales du Limousin au moyen âge [1144, 3599]. *Paris*, 1861-64, in-4, 2 cartes.

Ouvrage couronné par l'Académie des Inscriptions et Belles-Lettres, et publié dans les *Mém. présentés par divers savants*, 2e série, t. IV, 1re partie, p. 266-478, et 2e partie, p. 107-433.

DELON. De l'usage, etc. [5993 *a*]. *Nismes*, 1787. — Supplément.

DELORME *alias* DE L'ORME (G.-M.). Recherches, etc., lues à l'Académie de Lyon, le 29 mai et le 5 juin 1759 [8579]. *Lyon, Aimé Delaroche, et Paris*, 1760, in-12.

C. r. dans les mém. de Trévoux, juillet 1760, p. 1887.

DELORME (E.-C.). Description, etc., précédée de recherches historiques sur le Temple d'Auguste et de Livie [6640]. *Vienne, Girard*, 1841; 320 p.; 9 pl. lithogr.

DELORME (J.-J.). Hist. de la v. de Saint-Aignan (Loir-et-Cher) [6764]. *Saint-Aignan; Paris, Dumoulin*, 1846, 2 vol.

DELOYE (Aug.). Inscr. grecques et latines, etc. [9814]. — *Biblioth. de l'École des Chartes*, 2e s. t. IV, 1847-48, p. 305-308. — T. à p.

— Des Édenates, etc. [3485]. — *M. rec.*, n. s., t. V, p. 393. — *Rev. num.*, t. XV, 1850, p. 28 à 56 (avec introduction par A. de Barthélemy).

— Inscr. métrique, etc. [9806]. — *Rev. des Soc. sav.*, 3e s., t. Ier, 1863, 4 p.

— Not., etc., [9762]. — *M. rec.*, n. s., t. II, 1863, p. 496-509. — T. à p. *Paris, P. Dupont*, 16 p. et pl.

DELPON (J.-A.). Statistique du dépt du Lot [7072]. *Paris*, 1831; 2 vol.

Médaille au concours des antiq. nationales en 1821.

DELUC fils (Jean-André). Histoire du passage des Alpes par Annibal, dans laquelle on détermine d'une manière précise la route de ce général depuis Carthagène jusqu'au Tessin, d'après la narration de Polybe, comparée aux recherches faites sur les lieux; suivie d'un examen critique de l'opinion de Tite-Live et de celle de quelques auteurs modernes [2785]. *Genève, Paschoud*, 1818; 318 p.; 1 carte. — 2e éd. corr. et augm. [de 70 pages]. *Paris, Genève, Paschoud*, 1826.

Article dans le *Journal des Savants*, par Letronne, année 1819, p. 22 (avec une carte).

— Lettres sur le passage d'Annibal à travers les Alpes [2786]. — (1re et 2e) *Biblioth. univ.* de Genève, t. XII, 1819, — (3e) *M. rec.*, t. XX, 1822.

Ces lettres, en réponse aux critiques de Fortia d'Urban, de Letronne et de Roche de Moutiers (no 3427), se retrouvent en substance, ainsi que l'article suivant, dans la 2e éd. de l'ouvrage ci-dessus.

— Passage des Alpes par Annibal. Réponse... à M. Letronne, suivie de deux faits qui servent à indiquer d'une manière précise la route du général carthaginois [2786]. — *Journal des Sav.*, année 1819, p. 748.

— Remarques sur l'ouvrage de M. J.-L. Larauza, intitulé..., etc. (voir le no 2798) [2799]. — *Nouv. ann. des voyages*, nov., 1826, in-8.

Suivies de : Seconde réclamation, relative au passage d'Annibal (lettre à M. Malte-Brun), critiquant l'opinion exprimée par Ph. de Larenaudière (voir ce nom). — Conclusions pour le Petit Saint-Bernard.

DELYS (l'a.). [*Ms.*] Diss., etc. [3131]. — Lu devant l'ancienne Acad. d'Arras, en 1763.

DELZONS (baron). Études, etc. [3164]. *Clermont*, 1844, in-8.

Pour la critique de Gonod, voir ce nom.

— Études, etc. [3165]. *Ibid.*, 1846. Pièce.

— Origines de la v. d'Aurillac; preuves qu'elle n'existait pas au ve siècle [5146]. — *Mém. de l'Acad. de Clermont*, n. s., t. IV, 1862, p. 73-136.

DEMARSY (Arthur). — Voir Marsy (comte A. de).

DEMEUNYNCK et DEVAUX. Précis historique, etc. [7977]. — *Annuaire du dépt du Nord*, pour 1832.

DÉMIAU (l'a.). Attributions, etc. [6818]. — *Congrès sc.*, XXIIe session, tenue au Puy en 1855, t. I, 1856, p. 685-689.

DEMOGEOT (J.). Études, etc. [2408]. *Toulouse?*, 1837, 72 p.

Thèse pour le doctorat ès lettres.

DEMONTIOSIUS (L.). Gallus Romæ hospes, etc. [1551]. *Romæ*, 1585, in-4o, 7 pl.

DENEUVILLE (Ed.). Rapport sur un mém. de Terninck, 1836 (voir ce nom).

DENIS (L.). Itinéraire, etc. [1239]. *Paris*, 1768, in-32; cartes.

— Guide royal ou Dictionnaire, etc. [1240]. *Paris*, 1774, 2 vol. in-12, gravés.

DENIS (Cl.-Fr.). Essai archéologique sur Nasium, ville des Leucois, auj. Naix, entre Gondrecourt, Commercy et Ligny, dans le dépt de la Meuse [2902]. — *Précis des trav. de l'Acad. des sc.* etc. *de Nancy*, 1816, 1817 et 1818, (1819), p. 124.

T. à p., intitulé : Essai arch. sur Nasium, v. des anciens Leucois, dont l'emplacement se trouve au centre d'un triangle qui a Ligny, Gondrecourt et Commercy à ses extrémités. *Commercy, impr. Denis*, 1818; 20 p.

— Notice sur le village de Mavilly, canton (nord) de Beaune, dépt de la Côte-d'Or [5438]. — *Mém. de la Soc. des ant. de Fr.*, t. VII, 1826, p. 122.

— Inscription, etc. [10079]. — *Ann. de la Soc. d'émul. des Vosges*, t. IV, 2e cahier, 1841, p. 399-406.

— Diss., etc. [2902 *a*]. — *Congrès sc.*, XIIIe session, tenue à Reims en 1845 (1846), p. 334-348.

DENIS (l'a. **F.-A.**). Mém. sur un aqueduc rom. et sur d'autres vestiges d'antiq. trouvés dans les travaux de terrassement du chemin de fer (à **Meaux**) [9219]. — *Soc. d'agr.* etc. *de Meaux, publications* de 1845 à 1847 (1849), p. 119-120.

— Rapp. sur les monnaies gaul. et franç. trouvées dans les arr^ts de Meaux et de Coulommiers depuis 1840 [9176]. — *M. vol.*, p. 121-130.

— Sépultures, etc. [9235]. — *M. rec., public.* de juin 1851 à juin 1854.

— Not. etc. [9217]. — *M. rec., public.* de 1854 à 1858, p. 214-216.

DENIS (Ferdinand), PINÇON (P.) et DE MARTONNE. Nouveau manuel de bibliographie universelle (Encyclopédie-Roret) [202]. *Paris, Roret*, 1857 ; 3 vol. in-12 ou 1 vol. gr. in-8.

DENIS (Auguste). Rech. bibliogr. en forme de dictionnaire sur les auteurs morts et vivants qui ont écrit sur l'ancienne prov. de Champagne, ou Essai d'un Manuel du bibliophile champenois [3439]. *Châlons*, 1870.

— Essai sur la num. de la partie de la Champagne représentée aujourd'hui par le dép^t de la Marne [7329]. — *Mém. de la Soc. d'agr.* etc. *de la Marne*, 1870-71, p. 133-194 ; 8 pl.

DENIS-LAGARDE. Médailles recueillies pendant les années 1852 et 1853 [7248]. — *Mém. de la Soc. acad. de Cherbourg*, 1856, p. 85-95.

— Lettre, etc. [7249]. — *Rev. num.*, 2e s., t. III, 1858, p. 271-280.

— Une monnaie, etc. [2120, 5911]. — *Bull. de la Soc. acad. de Brest*, t. I, 1860, p. 83-86; 1 fig.

— Monnaies, etc. [7272]. — *Mém. de la Soc. acad. de Cherbourg*, 1861, p. 289-294.

— Notice, etc. [5904], 4 p. — Puis : Description de qq. monnaies récemment découv. en Bretagne, 15 p. — *Bull. de la Soc. acad. de Brest*, t. II, 1861-1862.

— Notice, etc. [2121, 5907]. — *M. rec.*, t. III, 1862, (1863-1865), p. 91-123.

— Armes, etc. [1856, 5908]. — *M. vol.*, p. 125-130 ; 1 pl.

— Étude, etc. [5906]. — *M. rec.*, t. IV, 1864, p. 20-37; 1 pl.

DENYS le Périégète [906].

DIONYSII Afri de situ orbis etc., opus... græce scriptum. Idem in latinitatem a Rhemnio grammatico translatum, etc. Io. Maciochus Bondenus imprimebat Ferrariæ die XVIII dec. an. MDXII etc. in-4°. (Voir le titre complet, d'après Mattaire, dans HOFFMANN, *Bibliogr. lexicon.*)

— DIONYSIUS. De situ orbis, græce, Aldus (avec les œuvres de Pindare). *Venetiis*, 1513.

— DIONYSII Alexandrini de situ orbis libellus, EUSTATHII, Thessalonicensis archiepiscopi commentariis (éd. princeps) illustratus (græce). *Lutetiae*, ex off. *R. Stephani*, 1547, in-4.

— DIONYSII Afri et POMPONII MELÆ situs orbis descriptio. ÆTHICI cosmographia. C. J. SOLINI Polyhistor. In Dionysii poematium commentarii EUSTATHII. Interpretatio ejusdem poematii ad verbum ab Henr. STEPHANO scripta, nec non annotationes ejus in idem et quorundam aliorum, etc. Excudebat *H. Stephanus*, an. MDLXXVII, in-4.

— DIONYSII orbis descriptio commentario critico et geographico illustrata a Guil. HILL. gr.-lat. *Londres, Clark*, 1679. Cartes géogr.

A la fin : « Index singularum urbium, etc., in Hispania Gallia Germania Britannicis insulis, etc., quæ in nostra Europæ tabula describuntur. »

— DIONYSII Alexandrini Periegetæ orbis descriptio cum comment. EUSTATHII etc. et Anonymi paraphrasis græca. Accedunt antiquæ versiones [pseudo] PRISCIANI et R. FESTI AVIENI. *Oxford, Sheldon*, 1710 ; cartes.

Reproduction du texte de cette édition dans le *Recueil des Historiens*, de dom BOUQUET, t. I, p. 90-91, et dans les *Geographi minores* de HUDSON, auteur des cartes.

— Orbis terrarum descriptio; rec. et annot. instruxit F. PASSOW, *Leipzig, Teubner*, 1826, in-12.

Recension du texte d'après les codices Rhediger. Gud. Dresd. Monac. et Mosc.

— Édition grecque-latine avec le commentaire d'EUSTATHE dans la bibliothèque de Firmin-Didot, tome II, des *Geographi græci minores*, recogn. C. MULLERUS, 1861, p. 103.)

— DENYS Alexandrin, de la situation du monde, traduit de grec en [vers] françois et illustré de commentaires par

Benigne SAUMAIZE. *Paris, Perrier*, 1597, in-12.

DEPERY (Jean-Irénée), évêque de Gap. Diss. etc., pour servir à l'intelligence de l'hist. du pays de Gex [10895]. — *J^al d'agr.* publié par la Soc. d'émul. de l'Ain, t. XXII, 1832, p. 335-54; 1 carte. — T. à p. *Bourg, Bottier*, 1832; 24 p., 1 carte.

— Histoire, etc. [4546]. — *Gap, Delaplace*, 1852.

Voir aussi son *Hist. hagiol. de Belley*, Ibid. Id. 1841-45, 3 vol.

— Histoire du pays de Gex [3549]. — Voir BROSSARD (Joseph).

DEPPING (Guillaume-B.). Sur une diss. etc. [505]. — *Mém. de la Soc. des ant. de Fr.*, t. II, 1820, p. 216.

— Voir Th. LICQUET.

DERBIGNY. Voyage etc. [7990]. — *Mém. de la Soc. d'agr.* etc. *de Douai*, t. VII, 1837-38, p. 405-417.

DERHEIMS (J.). Histoire civ., polit., milit., relig., morale et physique de la v. de St-Omer, ou annales historiques, statistiques et biographiques de cette ville depuis son origine jusqu'à nos jours [8232]. *St-Omer*, impr. *Lemaire*, 1844; 768 p., fig.

— Voir MOREL-DISQUE, le *Portus Itius*.

DERIBIER DE CHEISSAC. Statistique de la Haute-Loire [6813]. *Paris*, 1816.

Ouvr. couronné par l'Acad. des sciences.

— Dictionnaire topogr. du dép^t de la Haute-Loire [6820]. 1820.

— Rapp. sur le résultat des fouilles faites dans un tumulus, près Borne, route du Puy à Brioude [6845]. — *Ann. de la Soc. d'agr.* etc. *du Puy*, 1830-31, p. 81.

Tumulus présumé gallo-rom. et reconnu par l'auteur pour être du XIe siècle ou postérieur.

— Extrait de ce rapport. — *Mém. de la Soc. des ant. de Fr.*, 1834, t. X, p. 139.

DERIBIER DU CHATELET. Mém. sur les familles et rech. d'objets d'antiq., f. dans le c^on de Saignes, arr^t de Mauriac, dép^t du Cantal, en 1821 et 1822 [5142]. — *M. rec.*, 1834, t. V, p. 309.

— Dictionnaire des lieux habitables du Cantal, formant la table du dictionnaire statistique du Cantal [5136]. — *Aurillac*, 1824. — Nouv. éd. intitulée: Dictionn. st. et hist. du dép^t du Cantal. Ouvrage revu et augm. par les soins de la Société Cantalienne. *Aurillac, v^e Picut et Bonnet*, 1852-58; 5 vol. Tableaux.

DERODE (Victor). Histoire, etc. [7981]. *Lille, Vanackere*, 1848; 3 vol.; cartes, plans et fig.

— Histoire de Dunkerque [8002]. *Lille, Reboux; Paris, Didron*, 1852, gr. in-8; 20 pl., 1 plan.

— La Flandre maritime, etc. [3513 *a*]. *Ann. du Comité flamand de France*, t. IV, 1858-59, p. 206-227.

— Les ancêtres, etc. [3513 *b*]. — *M. rec.*, t. VIII, 1865, p. 1-142.

DÉRODÉ-GÉRUZEZ (P.-A.). Obs. sur les mon^ts et établissements publics de la v. de Reims, sur les embellissements projetés et les améliorations dont ils sont susceptibles [7394]. *Reims*, 1834. Pièce.

DERRIEN (R. M.). * Notice, etc. [2842]. *Angers, A. Mame*, s. d., in-4°; 56 p.; 4 tableaux.

DESAINS (D^r). Réfutation, etc. [2934 *a*]. — *Mém. de la Soc. des sc.* etc. *de St-Quentin*, 1831-33 (1839), p. 89-103.

DESAIVRE (L.). Souterrains-refuges [9479]. — *Bull. de la Soc. de statistique des Deux-Sèvres*, t. I, 1870-1871, p. 155.

DESCEMET. Mémoire, etc. (1855-1857) [10969]. *Paris, Impr. imp.* 1863, libr. *B. Duprat*, in-4°; 37 p.; 1 plan.

DESCHAMS (dom). [*Ms.*] Diss. sur les rois d'Auvergne; lue à l'assemblée publique de la Soc. litt. de Clermont en 1764 [3146].

« Elle est dans les Registres de la Société. » (*Biblioth. histor.* n° 3915).

DESCHAMPS (d^r). Diss. sur le Sinus Itius [2869 *a*]. — *Mém. de la Soc. des ant. de la Morinie*, t. I, 1833, p. 251-264.

DESCHAMPS DE PAS (Louis). Notice, etc. [3333]. — *Mém. de la Soc. des ant. de Fr.*, 2e s., t. X, 1850, p. 147.

— Découv. de médailles rom. [2106]. — *Bull. de la Soc. des ant. de la Morinie*, t. Ier, 7e liv. 1850, p. 111-112.

— Rapport, etc. [8233]. — *Mém. de la m. Soc.*, t. VIII, 1851, p. 401-417; 1 pl.

DESCHAMPS (Pierre). * Dictionnaire, etc. Supplément au Manuel du libraire de Brunet, par un bibliophile [1179]. *Paris, Firmin-Didot frères*, 1870.

DESCHIENS. Notes, etc. [4724]. — *Mém. de la Soc. acad. de l'Aube*, 2e s., t. IV, 1853, p. 209-215.

DESCHIENS (E.). Lignon des temps anciens [7353]. — *Soc. des sc. et arts de Vitry-le-François*, t. III, 1868-69, p. 84-95.

DESEVELINGES (J.-B.). Histoire de la v. de Charlieu, depuis son origine jusqu'en 1789 [6793]. — *Roanne*, impr. *Sauzon*, 1856; 368 p.

Voir aussi l'opuscule d'Aug. Bernard portant le même titre (1857).

DESGOUTTES. Statistique des Vosges [10044]. An X.

DESGRANGES. — Voir Imbert-Desgranges.

DESHAYES. Rapport, etc., fait au nom d'une commission, etc. [5133]. — *Mém. de la Soc. des ant. de Normandie*, t. III, 1828, p. 127.

— Rapport, etc. [5088]. — *M. rec.*, t. VI, 1833, p. 455.

DÉSISTRIÈRES-MURAT (Vte). * Discours, etc., pr servir de préliminaire à l'hist. d'Auvergne [3150]. 1766, in-12.

— Histoire d'Auvergne [3151]. *Paris, Cussac*, 1782; 2 vol. in-12.

DESJARDINS (Abel). L'empereur Julien (Thèse pour le doctorat ès lettres) [106]. *Angers*, 1845; 210 p.

— De Civitatum defensoribus, etc. (Thèse pour le doctorat ès lettres) [107]. *Andecavis*, 1845.

DESJARDINS (Ernest). Découverte d'Alise, etc. [2486]. *Revue de l'instr. publ.*, in-4, 12 juin 1856, 10e année, no 11, p. 154-155.

— Alesia, etc. [2485]. — *Journal de Saône-et-Loire*, 28 juin 1856.

— Mémoire, etc. [2484]. — *Bull. de la Soc. de géogr.*, 4e s., t. XII, no 68-69, août-sept. 1856, p. 81-93; 2 cartes.

— Rapport fait à la commission centrale de la Soc. de géogr., etc. [1108]. — *M. rec.*, m. s., t. XIII, no 78 (juin 1857), p. 451.

— Lettre adressée à M. Ernest Renan sur l'Alésia de César [2509]. — Lue par extraits à l'Acad. des inscript. et b.-l. (*Comptes rendus*, vol. de 1857, p. 266-267). — publiée dans la *Rev. de l'instr. publ.*, 8 et 15 oct. 1857. — T. à p. *Paris, L. Hachette*, 1858, in-12; 36 p.

— Alesia, historique de la question, etc. [2510]. — *Moniteur universel, Journal offic. de l'Emp. fr.*, 12, 13, 14, 15, 16, 17, 18 et 19 oct. 1858. — (Revu et corrigé en 1859. Voir l'art. suivant.)

— Alesia, 7e campagne de J. César, etc. [2519]. — *Paris, Didier*, 1859. 1 facsimilé; méd. gravées.

— La grande mosaïque, etc. [7398]. — *Bullettino di corrispondenza archeologica*, de Rome, giugno 1861, p. 113-116.

— Véritable époque, etc. [6005]. — *Moniteur univ.*, 6 mars 1865.

— Vraie position, etc. [2712]. — *M. rec.*, 13 avril 1865.

— Monts romains, etc. près de Tarascon [5018]. — *M. rec.*, 9 juin 1865.

— Discussion sur les embouchures du Rhône, à la séance du 20 avril 1866 de la commiss. centrale de la Soc. de géogr. [4832]. — *Bull. de la Soc.*, mai 1866, 5e s., t. XI, p. 414-418.

— Nouvelle note, etc. [2713]. — *M. rec.*, juin 1866, *m. vol.*, p. 503-508.

— Discussion, etc., à la séance de la comm. centrale de la Soc. de géogr. du 15 juin 1866 [4833]. — *M. rec.*, juillet 1866, 5e s., t. XII, p. 102-107.

— Discussion sur la même question, à la séance de la comm. centr. de la Soc. de géogr. du 4 janv. 1867, insérée au *Bull.* de févr. 1867, 5e s., t. XIII, p. 229-232.

— Aperçu historique sur les embouchures du Rhône, travaux anciens et modernes. Fosses Mariennes. Canal du Bas-Rhône. (Mém. lu à la commission centrale de la Soc. de géogr.; avril, mai, juin 1866) [4834]. — *Paris, Aug. Durand*, 1866; gr. in-4; 133 p.; 21 pl. ou cartes coloriées.

Couronné par l'Acad. des inscr. et b.-l.; concours des antiq. de 1867; — travail reproduit. par extr. dans des articles publiés au *Monit. univ.* 29 décembre 1866 et 1, 4, 5, 6, 7 et 8 janvier 1867, reprod. également dans le *Paquebot* des 12, 19, 26 janv., 2, 9, 16, 23 févr. et 11 mars 1867; enfin reprod. en partie dans les *Nouv. annales des voyages*, t. IV, déc. 1867, p. 257-278, avec une carte.

— Géographie de la Gaule, etc. [1175]. *Paris, Hachette*, 1869, gr. in-8; LXXXIX-480 p. 4 tableaux et 3 cartes dont les

2 premiers originaux reproduits par la chromo-gravure.

Couronné par l'Acad. des inscr., concours des antiq. de la Fr. en 1870. Cet ouvrage est la reproduction de la partie de la publication in-folio qui concerne la Gaule, avec qq. changements.

— Note, etc. [8001]. — *Mém. de la Soc. d'agr.* etc. *de Douai*, 2e série, t. IX, 1869, p. 644-652. — (Voir aussi *m. rec.* m. s., t. XI, 1873.) — T. à p. *Douai*, 1869; 11 p.

— Nouvelles observations sur les Fosses Mariennes et le canal St-Louis, réponse aux objections (lu aux séances de la comm^on^ centr. de la Soc. de géogr. des 5 mars, 16 avr., 7 mai, 2 et 16 juillet 1869)[4836]. — *Bull. de la Soc. de géogr.*, août 1869, 5e série, t. XVIII, p. 80-142. — T. à p. avec additions, et modifications. (Voir l'art. suivant.)

— Explication, etc. [1219]. — *Rev. archéol.*, 2e s., t. XXII, août 1870, p. 124-129.

— Rhône et Danube. — Nouvelles observations sur les Fosses Mariennes et le canal du Bas-Rhône. Port des Fosses Mariennes. Camp de Marius. Réponse aux objections. Embouchures du Danube comparées à celles du Rhône. Projet de canalisation maritime du bas Danube [4837, 10649]. *Paris, Aug. Durand et Pedone-Lauriel*, 1870, in-4; 109 p.; 1 carte coloriée.

— La Table de Peutinger d'après l'original conservé à Vienne, précédée d'une introduction historique et critique, et accompagnée : 1° D'un index alphabétique pour chaque nom de la carte originale, avec les lectures des éditions précédentes; 2° D'un texte donnant pour chaque nom, le dépouillement géogr. des auteurs anciens, des inscriptions, des médailles, et le résumé des discussions touchant son emplacement; 3° D'une carte de redressement contenant tous les noms à leur place et identifiés, quand cela est possible, avec les localités modernes correspondantes; 4° D'une seconde carte établissant la conformité des indications générales de la Table avec les connaissances présumées des Romains sous Auguste (Orbis pictus d'Agrippa) [1215]. — *Paris, Hachette*, depuis 1869 (non terminé en 1883).

DESJARDINS. Notice, etc. [4184]. *Lyon*, impr. *Vingtrinier*, 1870; 34 p.; 6 pl.

DESJARDINS (A.). Le mon^t^ de Vercingétorix [464]. — *Mém. de la Soc. d'agr.* etc. *de Douai*, 2e s., t. IX, 1866, 1867-(1868).

DESJOBERT (Eugène). Notices sur des médailles rom. trouvées à différentes époques, etc. [8861]. — *Bull. de la Soc. d'agr. du Mans*, t. I, 1835, II, 1837 (2e et 3e notices); III, 1840 (4e et 5e); IV, 1842 (6e); V, 1844 (7e); VI, 1845 (8e, 9e, 10e); VII, 1847 (11e, 12e); VIII, 1849 (13e, 14e).

— Notice, etc. [6532]. — *Bull. mon.*, t. IV, 1838, p. 303.

— Not. ou rapp. sur un vase antique, en verre, trouvé dans un terrain, c^ne^ de Noyen (Sarthe) [8900]. — *Bull. de la Soc. d'agr.* etc. *du Mans*, t. III, 1840, p. 225-228.

— Rapp. etc. — *M. rec.*, t. V, 1844, p. 133-135.

DESLANDES. Extrait, etc. [5881]. — *Mém. de Trévoux*, 1725, juillet, p. 1276-1287.

— Lettre, etc. [2244]. — *Mercure*, 1727, juin, p. 1107-1112.

Voir la *Biblioth. histor.*, t. I, n° 3765.

— Sur une antiquité celtique [1463]. — *Mém. de Trévoux*, 1727, p. 2004. — Voir aussi le *Mercure*, 1736, sept., p. 2005-2017.

DESLONGCHAMPS (Eudes). Analyse, etc. [5095]. — *Mém. de la Soc. des ant. de Norm.*, t. IX, 1835, p. 440.

DESLYONS (baron). Diss. etc. [3132]. — *Amsterdam*, 1778, in-12.

Deslyons a lu devant l'ancienne Acad. d'Arras, en 1772, la 1re partie d'une « Description géographique de l'Artois ancien et moderne », où l'auteur examine, entre autres choses, en quoi consistait le canton de la Gaule Belgique, connu spécialement sous le nom de Belgium. (*Biblioth. hist.*)

DESMARS. Note, etc. [7691]. — *Bull. de la Soc. polymath. du Morbihan*, 1867, p. 30-33.

DESMAZURES (Jules). César à Valenciennes, ou Étude historique sur le passage des légions de César dans l'horizon valenciennois [8013]. *Valenciennes*, 1864; 15 p.

DES MOULINS (Ch.). Notice, etc. [3253]. — *Bull. mon.*, t. X, 1844, p. 276 et 376.

Le 1er article seul traite des monuments gaulois ou présumés tels.

— Diss. etc. — Note supplémentaire

[5593]. — *Actes de l'Acad. de Bordeaux*, 1849, p. 395 et p. 545. — T. à p. *Bordeaux*, m. d.

Il y est prouvé que ce sont des phénomènes naturels, tenant à la nature des roches. Cp. DULAURE, sur les *Pierres branlantes*.

— La patine, etc. [1410]. (*Actes de la Soc. linnéenne de Bordeaux*, 1864.) — T. à p. *Bordeaux, Coderc, Degréteau et Poujol*, 1864; 31 p.

DESNOYERS (**Jules**). Bibliographie, etc. [189]. — *Bull. de la Soc. de l'hist. de France*, 1834, p. 86 et 181.

— Indication des principaux ouvrages propres à faciliter les travaux relatifs à l'histoire de France, fondée sur l'étude des documents originaux [190] — *Annuaire de la m. Soc.*, t. I, 1837, p. 235-324. — T. à p. *Paris, Renouard*, 1836, 96 p.

— Note, etc. [1360, 9016]. — *Cc. rr. de l'Acad. des sc.*, t. XIV, 1842, p. 522.

— Topographie ecclés. de la France... jusqu'en 1790 [1121]. — *Annuaire de la Soc. de l'hist. de Fr.* pour 1853, 1854, 1859, 1861, 1862, 1863. — T. à p. *Paris, Lahure*, 1854-1861, 3 vol.

Notice géograph. et histor. en tête de chaque diocèse pour les époques gauloise, gallo-romaine, et celle du moyen âge.

DESNOYERS (l'a.). Médailles trouvées à Cléry [7017]. — *Bull. de la Soc. archéol. de l'Orléanais*, 1857, p. 337.

— Notice, etc. [7049]. — *M. rec.*, 1868, p. 107.

— Nomenclature, etc. [5869]. — *M. rec.*, t. III, 1868, p. 309.

— Notice, etc. [7058]. — *Mém. de la m. Soc.*, t. XI, 1868, p. 274-280.

— Rapp. sur le travail de BIMBENET (E.); Rech. philolog. sur Gen-ab, etc., 1868. — Rapp. sur le travail de CZAJEWSKI (C.): Quelques mots..., 1870. (Voir ces noms.)

DESOR (**Édouard**). Les constructions, etc., comprenant les âges de la pierre, du bronze et du fer [10852]. *Neuchâtel*, 1864, gr. in-8, 3 pl.

— Les Palafittes, etc. [m. n°]. *Paris, C. Reinwald*, 1865, grav. sur bois dans le texte.

DESPARANCHES. Lettre, etc. [6730]. — *Mém. de l'Acad. celt.*, t. III, 1809, p. 492.

DESPAX. Haches en bronze, etc. [6287]. — *C. r. des travaux de la Comm. des mon^ts^ histor. de la Gironde*, exercice 1862-1864 (1865); 2 p.

DESPINE (**d^r^ b^on^ Constant**). Guide topograph. et médical d'Aix en Savoie, nouv. éd. augm. d'un précis historique, etc. [8925]. *Annecy, Burdet*, 1844, grav.

— (Avec H. AUDIFFRED). L'été à Aix en Savoie, nouveau guide, pratique, médical, et pittoresque, enrichi de notes et d'une carte par le v^te^ HÉRICART DE THURY [8926]. *Paris, Dauvin et Fontaine*, 1851, in-18; pl., fig., carte.

— Indicateur médical et topograph. d'Aix-les-Bains [8927], nouv. éd. *Paris, V. Masson*, 1861.

— Remarques, etc. [1460]. — *Bull. de la Soc. des ant. de Fr.*, an. 1865, p. 96-99.

DESPORTES (**Narcisse-Henri-François**). Description topograph. et hydrograph. du diocèse du Mans, suivie du guide du voyageur dans la Sarthe, la Mayenne et les dép^ts^ limitrophes [8850]. *Le Mans*, 1831, in-18; VIII, 120 p. — 2e éd. : descr. topogr. et industrielle, etc. *Ibid.*, 1838, in-18; VIII, 140 p. — 3e éd. : Bibliographie, etc. (voir l'article suivant).

— Bibliographie du Maine, précédée de la descr. topogr. et hydrogr. du diocèse du Mans (Sarthe et Mayenne) [3654]. *Le Mans, Pesche*, 1844, in-12; 528 p.

DESROCHES (l'a.). Histoire, etc., depuis les temps reculés [7285]. *Caen, Mancel*, 1838-1840, 2 vol.; atlas, in-4 de 18 pl.

DESSALLES (**L.**). Arr^t^ de Bergerac. Détails statistiques, géolog., histor., archéol. et agricoles sur cet arr^t^ [5600]. — *Ann. de la Soc. d'agr. de la Dordogne*, t. XXVII et XXVIII, 1866 et 1867.

DESSEAUX (**J.**). Nice et Savoie. Sites pittoresques, mon^ts^, descriptions et histoire des dép^ts^ de la Savoie, de la Haute-Savoie et des Alpes-Maritimes (ancienne province de Nice) réunis à la France en 1860 [3990 *a* et 4567 *a*]. *Paris, H. Charpentier*, 1863, in-fol. 52 livr.

DESSELIUS (**Valère-André**, né à Dessel, et surnommé —). — Voir VALÈRE-ANDRÉ.

DESVAUX (**A.-N.**). Essai, etc. [7175].

Angers, 1835; 3 vol. et atlas in-4. — Voir l'*Annuaire de Maine-et-Loire pour* 1837.

— Sur la véritable position, etc. [2668]. — *Mém. de la Soc. des ant. de Fr.*, 2e s., t. VIII, 1846, p. 1.

DETLEFSEN (**D.**). Les marques de fabrique, etc. — [1757]. *Rev. archéol.*, 2e s., t. VIII, 1863, p. 215. — T. à p. *Paris, Didier; Frantz; Bance*, m. d.; 16 p.

DETORCY DE TORCY (**C.-M.**). Recherches chronolog., histor. et polit. sur la Champagne, sur les villes, bourgs, villages et monastères du pays perthois, etc. [3432]. 1832, t. I (unique).

— (Avec Fabre d'Olivet). Précis de l'hist. de la prov. de Champagne et de ses anciennes dépendances, Brie, Beauce, Blaisois [3433]. 1835, in-18.

Ouvrage attribué à Ragon, par erreur, dans le Catalogue méthodique.

DEVALS aîné (**Jean-Ursule**). Monts histor. de Montauban, 1re série [9682]. *Montauban*, 1841, 144 p.; 1 lithogr.

— Lettre [9669]. — *L'Investigateur*, 2e s., t. IV, 1844, p. 451.

— Découverte, etc. [9680]. — *Écho de Tarn-et-Garonne*, no 352. *Montauban*, 1844.

— Mémoires sur la direction, à travers le territoire de Montauban, de la voie rom. de Toulouse à Cahors et rapport adressé au ministre de l'Instr. pub. sur les antiq. de Cos [4635 et nouv. add. 9680 *a*]. *Montauban*, 1845; 44 p., 1 carte.

— Notice, etc. [4636]. — *Bull. archéol. du Comité histor. des arts et monts*, t. III, 1845, p. 487-496.

— Histoire de Montauban [9679]. T. Ier (unique). *Montauban, Forestié*, 1855; 2 plans.

— Une visite, etc. [9693]. — *Mém. de la Soc. archéol. du Midi*, t. VII, 1860, p. 314-319. — T. à p. *Toulouse*, m. d.

— Découverte, etc. [9681]. — *Courrier de Tarn-et-Garonne*, nos 3822 et 3831. *Montauban*, 1860.

— Découverte, etc. [9690]. — *M. rec.*, no 3917, 1860.

— Note sur un vase, etc. [10077]. — *Mém. de l'Acad. des sc.* etc. *de Toulouse*, 6e s., t. II, 1864; 9 p.

— Études, etc. [9665]. *Caen*, 1865, IV, 185 p.

— Habitation troglodytique de Léojac [9688]. — *Rev. archéol. du Midi de la France*, 1866, in-4, 8 p., plans et dessins. — Autre article [m. no]. *M. vol.*, 7 p.; plans et dessins.

— Encore l'ascia [667]. — *Bull. de la Soc. des ant. de Normandie*, 7e année, t. IV, 1866, p. 246.

— Note, etc. [9677]. — *Congrès archéol.*, XXXIIe session, tenue à Montauban, en 1866, p. 186-190.

— Notice, etc. [9693]. — *Mém. de la Soc. archéol. du Midi*, t. VIII, 1865; 8 p., 1 pl. — T. à p. (in-8o).

— Études, etc. [9666]. 1re livraison. *Paris, Didron*, 1862, 72 p.

— Notice, etc. [9647]. — *Mém. de l'Acad. des sc. de Toulouse*, 5e s., t. VI, 1862, p. 463.

— Médaille gauloise trouvée près de Cahors. Rapport de M. Chabouillet [7080]. — *Rev. des Soc. sav.*, 2e s., t. II, 1863, 2 p.

— Mémoire, etc. [9673]. *Montauban*, 1864, in-8, 31 p.; plans.

— Oppida primitifs, etc. [9676]. — *Bull. archéol. de Tarn-et-Garonne, p. p. la Soc. archéol. du dépt*, t. Ier, 1869, p. 76-80.

— Coup d'œil, etc. [9674]. — *M. vol.*, p. 207-213, et *Mém. de l'Acad. des sc.* etc. *de Toulouse*, 1869, 8 p.

— Vase en terre cuite, etc. [10076]. — *M. vol.*, p. 118-121; planches.

— Les habitations troglodytiques, etc. [9689]. — *M. vol.*, p. 235-244.

— Rapport, etc. [9671]. — *M. vol.*, p. 274-278.

— Les voies antiques, etc. [9667]. — *Rec. de la Soc. des sc.* etc. *de T.-et-Gne*, 1868-69 (1870), p. 43-61.

— Rapport, etc. [9672]. — *Bull. archéol. de T.-et-G.*, t. I, 1869-70; 5 p., 5 pl.

DEVARS. — Voir Bescherelle aîné et Devars.

DEVÉRIA (**Théodule**). La race supposée proto-celtique, etc. [1408]. — *Rev. archéol.*, 2e s., t. IX, 1864, p. 38-43.

DEVIC (**dom Claude**). — Voir Vic (dom Cl. de).

DEVIC (l'a **D.**). Diss., etc. [2664]. *L'Investigateur*, 2e s., t. III, 1843, p. 81-105. — T. à p. *Paris, René*, m. d.

— Étude sur les IIe et VIIIe livres des Commentaires de César, pour servir à l'histoire des Bellovaques, des Ambianois et des Atrébates [3247]. *Arras*, impr. *Rousseau-Leroy*, 1865; VII, 113 p.; 4 plans.

Rapport sur ce livre, par DE LAPRAIRIE (voir ce nom).

DEVIENNE (**dom Claude Jean-Baptiste d'Agneaux**). Éclaircissements, etc. [6317]. *Bordeaux*, 1757, p. in-8 ; 60 p.

Travail critiqué par JOUANNET (*Actes de l'Acad. de Bordeaux*, 1829, p. 456).

— Histoire de la ville de Bordeaux [6299]. T. Ier. *Bordeaux, Simon de la Court fils*, 1771, in-4; 541 p.; 4 pl.

C. r. dans les mém. de Trévoux, mars 1773, p. 484. Le second volume était resté en manuscrit (voir L. LAMOTHE, *Actes de l'Acad. des sc. de Bordeaux*, 1850, p. 295). La publication a été reprise et complétée sous ce titre : Histoire de la ville de Bordeaux, 1re partie : événements civils et vie de plusieurs hommes célèbres. 2e et 3e parties : histoire de l'Église de Bordeaux, et mœurs et coutumes des Bordelais. *Bordeaux ; Paris, Dumoulin*, 1862; 2 vol. in-4.

— Histoire de la province d'Artois jusqu'à Hugues Capet [3133]. *S. l.*, 1784-1787 ; 2 vol.

« Histoire fort superficielle. » (Le Glay, dans les Documents historiques inédits, t. III, p. 107.) Contient une dissertation sur les origines religieuses de l'Artois. Il existe un prospectus in-4 de cet ouvrage portant : *Arras*. — Au titre de la 5e partie (et peut-être d'autres) : *Paris, Nyon aîné*, 1785.

DEVILLE (**Achille**). Dissertation, etc. [9305]. — *Précis de l'Acad. des sc.* etc. *de Rouen*, 1835 ; 9 p.

— Note, etc. [9384]. — *Mém. de la Soc. des ant. de Normandie*, t. IX, 1835, p. 173.

— Note, etc. [9366]. — *M. rec.*, t. X, 1837, p. 60.

— Note, etc. [9460]. — *M. vol.*, p. 675.

— Note, etc. [9470]. — *M. vol.*, p. 682.

— Antiquités, etc. [9439]. — *Précis de l'Acad. de Rouen*, 1837 ; 9 p.

— Cippe, etc. [9440]. — *M. rec.*, 1838, p. 260-26 ; 1 pl.

— Statistique (du dépt de la Seine-Infre), etc. 2e livre, titre 1er, chap. I et II [9306]. — *M. rec.*, 1839, p. 182-190.

— Essai, etc. [9368]. — *Mém. de la Soc. des ant. de Norm.*, t. XI, 1er de la 2e s., in-4, p. 60-69.

— Note, etc. [9379]. — *M. vol.*, p. 270.

— Notice sur qq. doliums antiques (dans la Seine-Infre, etc.) [9319]. — *Précis de l'Acad. de Rouen*, 1842, p. 333-345. — T. à p. *Rouen*, m. d., 16 p., 1 pl.

— Découverte, etc. [9454]. — *Revue de Rouen*, avril 1843 ; 10 p.

— Mémoire [1993]. — *Rev. num.*, t. XI, 1846, 2e s., t. V, p. 165-167.

— Note, etc. [9385]. — *Précis de l'Acad. de Rouen*, 1847, p. 360-362.

— Diss., etc. [3103]. — *Mém. de la Soc. des ant. de Norm.*, t. XVII, 1847, p. 1. — Réponse de LAMBERT, p. 133.

— Not. sur Lillebonne [9415]. — *Bull. mon.*, t. XXIII, 1857, p. 566.

— Considérations, etc. [2521]. *Paris, Firmin-Didot*, 1859, gr. in-8 ; 24 p.

— Essai, etc. [2122]. — *Rev. num.*, 2e s., t. VI, 1861, p. 257-289.

DEVILLE (**L.**). Études histor. sur Tarbes [8325]. — *Bull. de la Soc. acad. des Htes-Pyrénées*, 6e année, 1859, p. 155-185.

DEVILLY (**L.-J.-B.**). — Voir VILLY (de).

DEVISME (**J.-Fr.-L.**). Histoire de... Laon [4260]. *Laon*, 1822 et 1832; 2 vol.

— Manuel, etc. [4191 *a*]. *Laon, F. Le Blanc-Courtois*, 1826.

DEVOUCOUX (l'a **A.-V.**). Autun archéologique [8762]. *Autun*, 1848.

— * Travaux, etc. [8723]. — *Ann. de la Soc. éduenne*, 1853-57 (1858), p. 103-114.

Ces travaux, restés manuscrits, sont conservés à Autun.

— Origines, etc. [8724]. — *M. vol.*, p. 178-212. — T. à p. 1858.

— La Colonne de Cussy, notice lue (devant la Comm. des Antiq. de la Côte-d'Or) à la séance du 25 janvier 1855 [5422]. — *M. vol.*, p. 163-178, et *Mém. de la Comm. des Antiq. de la Côte-d'Or*, in-4.

DEWEZ (**L.-Dieudonné-Joseph**). Histoire gale de la Belgique, depuis la conquête de César [10460]. *Bruxelles*, 1805; 7 vol. gr. in-8. — Nouv. éd. refondue. *Bruxelles*, 1826-1828, 7 vol. in-8.

Voir DE STASSART, analyse de l'Histoire de la

Belgique de M. Dewez. *Avignon*, 1810 (tiré à 25 ex.).

— Géographie ancienne du dép^t de Sambre-et-Meuse, ou description par ordre alphabétique des villes, bourgs, villages, forts, châteaux, abbayes, etc., de ce dép^t depuis leur origine ou fondation jusqu'à leur état actuel [10535]. *Namur*, impr. *Gérard*, 1811.

— Histoire du pays de Liège [10529]. *Bruxelles*, 1822 ; 2 vol. gr. in-8.

— Mém. dans lequel on examine quelle peut-être la situation des diff. endroits de la Belg. devenus célèbres dans les Comment. de César par les év. mémorables qui s'y sont passés [10473]. — *Nouv. mém. de l'Acad. de Bruxelles*, t. II, 1822.

— Mém. sur le g^t, etc. [10480]. — *M. rec.*, t. III, 1826.

DÉY (Aristide). Histoire, etc. [10135]. — *Bull. de la Soc. des sc. de l'Yonne*, t. IX, 1855, p. 353-379.

— Alesia [2482]. — *M. rec.*, t. X, 1856. — T. à p. *Auxerre*, m. d.; 68 p.

— Auxerre, etc. [10141]. — *M. rec.*, t. XI, 1857; 24 p.; 1 pl. — T. à p. *Auxerre*, m. d. — Publié aussi *Bull. de la Soc. de géographie*, t. XIV, 1857, p. 422.

— Géographie, etc. [10105]. — *Bull. de la Soc. archéol. de Sens*, t. VI, 1858. — T. à p.

— Introduction sur les noms de lieux inscrits dans les Chartes ; géographie physique ; géogr. politique [10106]. — *M. rec.*, t. VIII, 1861, p. 92. — T. à p. *Sens*, m. d. ; 44 p.

— Quelques mots, etc. [8698]. — *Mém. de la Comm. archéol. de la H^{te}-Saône*, t. II, 1861, p. 61. — T. à p. *Vesoul*, m. d.; 8 p. (Voir aussi ROGER-GALMICHE.)

— Mém., etc. [8705]. — *M. rec.*, t. III, 1862, p. 1-34.

— Un mot, etc. [1318]. — *Bull. de la Soc. des sc. etc. de l'Yonne*, t. XVI, 1862; 4 p.

DEYRON alias d'EYRON (Jacques). Des antiquités, etc. [5957]. *Grenoble*, 1655, in-4 ; 88 p. — 2e éd. *Nismes, Plasses*, 1663, in-4 ; 154 p. (*alias*, 170 p.).

« Ouvrage très peu estimé. » (*Biblioth. histor.*, t. III, n° 37871.)

DEZEIMERIS (Reinhold). La « villula » d'Ausone, communication lue à l'Acad. de Bordeaux le 12 nov. 1868 [6260]. — *C. r. des séances de* 1868 (1869) p. 41-52. — T. à p. intitulé : Note sur l'emplacement de la villula d'Ausone. *Bordeaux*, impr. *Gounouilhou*, 1869 ; 14 p.; pl. (Cp. *Rev. critique d'hist.*, etc., 1er sem., 1869, art. 37.)

DEZOBRY (Charles). Rome au siècle d'Auguste, ou voyage d'un Gaulois à Rome à l'époque du règne d'Auguste et pendant une partie du règne de Tibère, etc. [867]. *Paris, Dezobry et Madeleine*, 1835. — 2e éd. *Ibid.*, 1846-59, 4 vol. avec pl. — 3e éd. revue et augm. *Paris, Garnier* frères, 1870-71, 4 vol. — 4e éd. *Paris, Ch. Delagrave*, 1874; 4 vol. — Traduction en allemand par Th. HELL. *Leipzig*, 1838 ; 4 vol. p. in-8.

* **DIARD (Pierre)**. Not. sur deux mon^{ts} gallo-rom., etc. [8833]. — *Mém. de la Soc. d'hist. et d'arch. de Chalon-s.-S.*, 1846, p. 205-214 ; 2 pl.

— Not. sur l'origine de tombelles et de qq. anciennes forteresses situées vers l'extrémité orientale du dép^t de la Sarthe, avec une diss. sur les erreurs de qq. auteurs relativement à l'emplacement de la villa franke de Matoval [8860]. — *Bull. de la Soc. d'agr.* etc. *de la Sarthe*, t. VII, 1847, p. 97-147.

DIARD (Pierre) et BOILLEAU. Voies romaines, etc. [6978]. — *Ann. de la Soc. d'agr. d'Indre-et-Loire*, 1844, p. 10 et 49. — T. à p. St-*Calais*, 1843; 28 p.

DIBDIN (Thomas-Frognall). Voyage, etc. [1290]. *Paris*, 1825, 4 vol. ; fig. et facsimile.

Titre de l'ouvrage original : *Bibliographical antiquarian and picturesque tour in France and Germany*. *Londres*, 1821, 3 vol. ; grav.

DICKENSON ou DICKINSON **(Edmond)**. De origine Druidum.

« Dans son Traité intitulé : Delphi Phœnicizantes, imprimé après sa Diatriba de Noe adventu in Italiam. *Oxonii*, 1655. — *Erfurti*, 1670, in-4. — *Francofurti*, 1699. (*Biblioth. hist.*, t. I, n° 3828.)

DIEFENBACH (Laurent). Celtica. I. Sprachliche Documente zur Geschichte der Kelten, zugleich als Beitrag zur Sprachforschung überhaupt [2296]. *Stuttgard*, 1839. — Celtica. II. Versuch einer genealogischen Geschichte der Kelten. I. Abtheilung. *Ibid.*, *Imle und Liesching*, 1840; 349 p. II. Abtheil. (Iberische und britische Kelten), 1840.

C. r. dans la *Rev. de bibliographie analytique*, janvier 1840.

— Origines Europeæ, etc., mit Sippen und Nachbarn [125]. *Francfurt*, 1861.

A voir notamment sur l'usage de la langue celtique en Galatie (p. 158). — Consulter le lexique final.

DIELHELM (J.). Antiquarius, etc., nebst einem Anhange vom Saarfluss [11096]. *Frankfurt*, 1781 ; cartes et planches.

DIETRICH. Rapport, etc. [8447]. — *Mém. de la Soc. p*r *la conserv. des mon*ts *histor. d'Alsace*, 2e s., t. VI, 1868, in-4, p. 94-102 ; 1 pl. lithogr.

DIEZ (Frédéric-Christian). Grammatik, etc. [2293]. *Bonn, Weber*, 1836-1842, 3 vol. — 2e éd. *Ibid., id.*, 1856-1860 ; 3 vol. — Trad. par Aug. BRACHET et Gaston PARIS (t. I), puis par Gaston PARIS et A. MOREL-FATIO, t. II et III. *Paris, Frank*, 1873-76, gr. in-8. — Introduction à la grammaire des langues romanes (1856), trad. par Gaston PARIS. *Paris, Franck*, 1863, gr. in-8, XXIV-163 p.

— Etymologisches Wörterbuch der romanischen Sprachen [2306]. *Bonn*, 1853. — 4e éd. *Bonn*, 1878.

Voir aussi son travail intitulé : Kritische Anhang zum etymologischen Wörterbüche der rom. Spr. *Bonn, Marcus*, 1859 ; 36 p.

DIEZ (Ch.). Les Germains. Études sur les origines de la nation et de la littérature allemande [10693]. — *Mém. de la Soc. acad. de Maine-et-Loire*, 1867. — T. à p. *Angers, Lachèse.*

DIGOT (Auguste). Mém. sur l'épiscopat de st Eucaire et la translation du siège épiscopal de Gran dans la v. de Toul [10049]. — *Mém. de la Soc. philomath. de Verdun*, t. II, 1843, p. 73-107.

— Not., etc. [10081]. — *Mém. de l'Acad. de Stanislas*, à Nancy, 1846, p. 97.

— Mémoire sur cette question : Donner des renseignements exacts sur l'emplacement, etc. [3632]. — *Congrès archéol. de France*, XIIIe session, tenue à Metz en 1846. *Paris*, 1847, p. 172-185 ; 1 plan de Scarpone. — Reproduit et revu en 1865. (*Mém. de la Soc. d'arch. lor.*, 2e s., t. VII ; 13 p. ; pl.)

— Recherches, etc. [2610]. — *Mém. de l'Acad. de Stanislas*, 1850-51 (1851). — T. à p. *Nancy, Vagner.*

C. r. par H. de Saulcy dans l'*Athenæum français*, 1853, reproduit dans le *Journal de la Soc. d'arch. lorraine*, t. II, 1853-54, p. 24-30.
M. de Saulcy adopte l'opinion de M. A. Digot (attribution d'Andesina ou plutôt Grandesina à Grand).

— Obs. sur les sépult. ant. récemment découv. près de Pompey, au confluent de la Meurthe et de la Moselle [7576]. — *Jal de la Soc. d'arch. Lorraine*, t. I, 1853, p. 44-63.

— Hist. de Lorraine [3630]. *Nancy, Vagner*, 1856-1857 ; 6 vol.

— Histoire, etc. [3192]. *Nancy*, 1863.

Renseignement sur l'époque gallo-romaine.

DIJON. [*Ms.*] Mém. sur l'ancienneté et les dimensions du pont de Vieille-Brioude, etc. [8292].

« Ce mémoire, qui a été lu devant l'Académie de Clermont-Ferrand, à l'assemblée publique de 1754, est conservé dans les registres de cette société. On en trouve un extrait dans le *Mercure* de 1755. L'espèce de tradition qui attribuait aux Romains la construction de ce pont, est tombée par la découverte du prix fait en 1454, avec les ouvriers qui l'ont bâti. » (*Biblioth. histor.*, t. III, n° 37470.)

DINET (l'a. Ch. L.). Saint-Symphorien et son culte avec tous les souvenirs historiques qui s'y rattachent [8725]. *Autun, Dejussieu*, 1861 ; 2 vol.

DION CASSIUS [63]. DIONIS historiarum romanarum libri XXIII a XXXVI ad LVIII usque (græce). *Lutetiæ*, ex off. *Rob. Stephani*, 1548, in-f. ; 498 p. (édition princeps).

— Historiarum romanarum lib. XXV gr. et lat. ex Guil. XYLANDRI interpretatione. Excud. *H. Stephanus*, 1591 (et 1592), p. in-fol.

— Historiæ romanæ libri XLVI partim integri, partim mutili, partim excerpti, J. LEUNCLAVII studio tam aucti quam expoliti (gr. et lat.). Fragmenta et notæ variorum. *Hanoviæ, Wechel*, 1606, in-fol.

— Historiæ romanæ quæ supersunt cum annotationibus Jo.-Alb. FABRICII ac paucis aliorum ; græce ex codd. mss. et fragmentis supplevit, emendavit, lat. versionem Xylandro-Leunclavianam limavit, varias lectiones, notas doctorum et suas cum apparatu et indicibus adj. Herm. Sam. REIMARUS, *Hamburgi, Herold*, 1750-52 ; 2 vol. in-fol.

— DIONIS CASSII historiæ romanæ quæ supersunt, etc. (ed. Schæfer). Græce. *Lipsiæ, Tauchnitz*, 1818 ; 4 vol. in-16.

— DIONIS CASSII historiarum romanarum quæ supersunt ; græce ex codd. mss. aliisq. subsidiis suppl. et emend. XIPHILINI epitomem librorum Dionis

C. æque emendatam addid.; lat. versio ut gr. verbis magis responderet operam dedit, fragmenta et indicem græcum valde auxit, annotationes ex editione Reimariana omnes repetiit multasque tam J. J. REISKII et aliorum quam suas notas adj. Frid. Guill. STURZIUS. *Lipsiæ, Kühn*, 1824-25; 8 vol. in-8. (Voir BRUNET, *Manuel*.)

— Historiarum romanarum fragmenta gr. cum novis lectionibus a Jac. MORELLIO edita. *Bassani*, 1798. — Réimprimé en format in-fol. *Paris, Delance*, 1800.

— Histoire rom. de D. C. trad. en fr. avec des notes crit., histor., etc., et le texte en regard, collationné sur les meilleures éd. et sur les mss. de Rome, Florence, Venise, Turin, Munich, Heidelberg, Paris, Tours, Besançon, par E. GROS. Ouvrage continué par V. BOISSÉE. *Paris, Didot*, 1845-1870; 10 vol. gr. in-8.

DION (l'a.). Apostolat, etc. [3811].

P. 61-99 de la brochure intitulée: *De Romani Pontificis infallibilitate*, Périgueux, Lavertujon, 1858.

DISDIER (l'a.). Rech. histor. sur s[t] Léonce, évêque de Fréjus et patron du diocèse [9711]. 1re partie. — *Bull. de la Soc. d'études* etc. *de Draguignan*, t. IV, 1862-63, p. 36. — 2e part., p. 438. — art. 3e part., t. V, 1864-65, p. 71.

— Éditeur de la Description, etc. [9711]. — *M. rec.*, t. VIII, 1870-71.

Détail: I. Notice ou description historique du diocèse de Fréjus, par Jacques-Félix Girardin, curé de Fréjus, etc. — II. Descriptio diœceseos Forojuliensis, auctore Joseph Antelmy presbytero, etc.

DIVÆUS (Petrus). Historiæ de Galliæ Belgicæ antiquitatibus liber unus [10505]. *Antuerpiæ, Plantin*, 1566. — 2e éd. De Galliæ Belgicæ antiquitate. *Ibid., id.*, 1580. — 3e éd. Historia, etc. Access. H. NUENAI de eadem commentariolus. *Ibid., id.*, 1584, in-12; 1 carte.

DIVIVIER (le ch[er]). [*Ms.*] Not. sur les antiq. découv. à Hierges en avril 1823 [4617]. (Ms. in-4 conservé à la biblioth. des Sociétés savantes.)

— [*Ms.*] Notice [4610]. 1824. (Ms. conservé dans la m. biblioth.)

— [*Ms.*] Notice, etc. [4620]. Septembre 1825. (M. biblioth.)

— Extrait, etc. [4618]. *Mém. de la Soc. des ant. de Fr.*, t. VIII, 1829, p. 370.

— Extrait, etc. [4615]. — *M. vol.*, p. 375.

— Extrait d'une not. sur un squelette humain et sur une épée antique trouvés à Vendresse (Ardennes), sur l'origine de ce nom et sur d'autres étymologies [4627]. — *M. vol.*, p. 378.

— Extrait, etc. [4616]. — *M. rec.*, t. IX, 1832, p. 203.

— [*Ms.*] Notice, etc. [4619]. 1835. (*Ms.* in-4 conservé à la Bibliothèque des Sociétés savantes.)

— [*Ms.*] Rech. sur l'origine et le motif ou l'objet du culte du Phallus [536 *a*]. 1836, in-4. (M. biblioth.)

DO (l'a.). Origines, etc., histor. et crit. sur s[t] Regnobert, etc. [5041]. *Caen, Le Gost-Clérisse*, 1861.

— Une étude sur les Commentaires de César; qu'en se fondant sur plusieurs passages de cet auteur, on en induit légitimement que saint Regnobert, second évêque de Bayeux, a pu exister au commencement du IIe siècle [5044]. — *Bull. de la Soc. des ant. de Norm.*, 3e an., 1862. — T. à p. intitulé: Études sur les Comm. de César; que, suivant cet auteur, s[t] Regnobert, second év. de Bayeux, a pu exister au c[t] du IIe siècle. *Caen, Hardel*, 1862.

— Une excursion archéologique à Retz [6935]. — *M. rec.*, 4e an., 1863; 28 p.

— Défense des rech. histor. et crit. sur s[t] Regnobert, etc., contre M. Jules Lair [5045]. *Ibid., id.*, 1862.

DOCHIER (J.-B.). Mémoires sur la ville de Romans, suivis de l'éloge du chevalier Bayard [5721]. *Valence, Jacq. Montal*, 1812.

— Diss. sur l'origine de la population de la v. de Romans [5722]. *Valence*, 1813; 36 p.

DODWELL (Henry). Geographiæ vet. scriptores Græci minores gr. lat. cum annot. H. DODWELLI, ex edit. J. HUDSON. et aliorum [886]. *Oxoniæ*, 1698, 1703 et 1712, 4 vol. in-8.

DOÉ (F.-M.). Diss. — *Mém. de la Soc. des ant. de Fr.*, t. II, 1820, p. 397.

— Notice, etc. [4705]. *Troyes*, 1838.

— Antiq., etc. [9241]. — *Mém. de la Soc. acad. de l'Aube*, t. IX, 1839, p. 130.

DOEDERLEIN (J.). Antiquitates Nordgaviae romanae Vorstellung des alten römischen *Valli* und Landwehre, auch Teuffels-Mauer genannt. *Nurnberg*, 1731, in-4 ; 2 cartes.

DOGNÉE (Eug.). Classification, etc. — *Bull. mon.*, t. XXX, 1864, p. 423.

DOLIVET (Ch.). Géographie physique, polit., histor., agric., commerc. et industr. du dép^{t} de la Charente-Inf^{re} [5190]. *Rochefort, Boucard*, 1854 ; avec un atlas de 8 cartes.

DOMAIRON (L.). Mosaïque de Thézan [6427]. — *Bull. de la Soc. archéol. de Béziers*, t. II, 1837, p. 235-243.

DOMENY, de Rienzi (G.-L.). Dictionnaire contenant les articles les plus nécessaires à la géogr. ancienne, etc. [1123]. 5e éd. *Paris, Langlois et Leclercq*, 1856 ; 9 cartes.

DOMERGUE (J.-J.). * Essai sur le g^{t} du Languedoc depuis les Romains jusqu'à notre siècle (signé J.-J. D***) [3562]. *Avignon, Roberty*, 1773.

DOMINICI. [*Ms.*] Hist. cur. du pays de Quercy [3282 *a*].

Ms. in-fol. de 354 p., conservé à la biblioth. du grand séminaire de Cahors.

DOMINICIS (F. de). Repertorio numismatico [1919]. *Naples*, 1827 ; 2 vol. in-4.

DOMMEY. — Voir Duc et Dommey.

DONET. Le Strabon de Didot et deux questions de géographie comparée : les Vadicasses dans l'Auxois ; une voie romaine en Séquanie [4030, 4077]. — *Mém. de la Soc. histor. de Provence*, à Aix, t. I, 1866, p. 76-103.

DONOP (b^{on} de). Les médailles gallo-gaëliques. Description de la trouvaille de l'île de Jersey [1972]. *Hanovre*, 1838, in-4 ; 32 pl.

DORIDES (baron Louis des). Vultaconnum. Fouilles faites à Voultegon, sept. 1869 [9519]. — *Bull. de la Soc. archéol. de Nantes*, t. IX, 1869, p. 229-233 ; 1 pl.

DORMAY (Cl.). Histoire de la ville de Soissons et de ses rois, ducs, comtes et gouverneurs [4392]. *Soissons*, 1663-64 ; 2 vol. in-4.

DORMOIS (Camille). Note, etc. [10182]. — *Bull. de la Soc. des sc. de l'Yonne*, t. III, 1849, p. 389-391.

— Note, etc. [10179]. — *M. rec.*, t. VIII, 1854 ; 3 p. ; 1 pl.

— Découverte, etc. [10224]. — *M. rec.*, t. XII, 1857, n° 2, 13 p.

DOROW (W.). Opferstätte, etc. [11101]. — 2e éd. *Wiesbaden*, 1821-1826, 2 parties in-4, 41 pl.

DOSQUET (avec Lamothe). Cippe, etc. [6342]. — *C. r. des trav. de la Comm. des mon^{ts} histor. de la Gironde*, t. XIV, 1852-53. — T. à p.

DOUBLET (le p. F. Jacques). Histoire chronolog. pour la vérité de St Denis Aréopagite, apôtre de France et 1er év. de Paris [9058]. *Paris*, 1646, in-4.

DOUBLET DE BOISTHIBAULT. — Voir Boisthibault.

DOUCE. Essai, etc. [4257]. *Laon*, 1850.

DOUCHET (L.). Théâtre, etc. [9572]. — *La Picardie*, t. XI, 1865, p. 287-301.

DOUGLAS. Menia Britannica, etc. [10319]. *London*, 1793, in-fol.

DOYEN (Guillaume). Histoire, etc. [5822]. *Chartres, Deshayes*, 1786, 2 vol.

DOZE (l'a.). Supplément à un 1er travail sur la voie Aurélienne dans le Var [9697]. — *Bull. de la Soc. d'études de Draguignan*, t. III, 1860.

DOZONS. Lettre, etc. [1367]. — *Cc. rr. de l'Acad. des sc.*, t. XXXI, 1851, p. 730.

DRAMARD (E.). Notice, etc. [9268]. *Paris, Dumoulin*, 1855.

Mention hon. au concours des ant. nationales.

— Bibliographie, etc. [3281 *a*]. 1re partie. *Paris*, 1868.

DRAUSIN. — Voir Dartige et Drausin.

DREUX DU RADIER (ou Duradier) **(Jean-François)**. Lettre, etc. [9906]. — *J^{al} de Verdun*, 1750, décembre. — Réflexions du même à ce sujet et lettre de M. l'ab. Lebeuf avec des notes de Dreux du Radier. — *Ibid.*, 1751, janvier.

— Bibliothèque, etc. [3838]. *Paris*, 1754, 5 vol. in-12. — Nouv. éd. intitulée : Histoire littéraire du Poitou, par Dreux du Radier ; précédée d'une introduction et continuée jusqu'en 1840, par L. S. J. (de Lastic Saint-Jal. *Niort, Robin*, 1849 ; 3 vol.

— Conjectures, etc. (3839]. — *Journal de Verdun*, 1757, décembre, p. 425-433. — Voir aussi Bottu (L.).

— Discours etc. [625], dans le Rec. de l'ancienne Acad. de la Rochelle, t. III, p. 241; long extrait dans le *Mercure*, 1758, janvier, t. II, p. 147-158 (d'après la *Biblioth. histor.*, t. I, n° 3844).

DROJAT (François). Passage d'Annibal, etc. [2796]. — *Bull. de la Soc. de géographie*, t. IV, 1825, p. 18-20.

Analyse et conclusions, données par l'auteur, d'un ouvrage en préparation sur l'itinéraire d'Annibal « depuis Carthagène jusqu'aux rives du Pô ».

— Diss. etc. — *Mém. de la Soc. des ant. de Fr.*, t. VII, 1826, p. 63.

— Éclaircissement, etc. [5709]. — *M. vol.*, p. 156.

DROUET (Ch.). Médailles, etc. [8894]. — *Rev. num.*, t. II, 1837, p. 301.

— Sur les types, etc. [1975 *a*]. — *Congrès sc. de Fr.*, VIIe session, tenue au Mans en 1839, t. I, p. 360-367.

— Not. sur des découvertes de monnaies françaises, etc. (lue en 1837) [8862]. — *Bull. de la Soc. d'agr.* etc. *du Mans*, t. III, 1840, p. 345-350.

— Not., etc. [8885]. *Le Mans*, 1844, fig. et pl.

DROUET (Ch.) et HUCHER (E.). Mosaïques du Mont-Saint-Jean (Sarthe [8897]. — *Bull. mon.*, t. XI, 1845, p. 47.

DROUYN (Léo). Questionnaire etc. [6265]. — *Actes de l'Acad. de Bordeaux*, 1858, 3e trim.; 12 p.

— Saint-Macaire et ses mon^{ts} [6378]. *Paris*, 1861.

DROZ (F.-N.-Eug.). Mémoires etc. contenant l'établissement des Bourguignons chez les Séquanais, l'origine de Pontarlier, etc., la noblesse des barons-bourgeois, les franchises et mains-mortes du mont Jura et l'hist. naturelle, avec des chartes [5637]. *Besançon, Daclin*, 1760. (Titre reproduit d'après la *Biblioth. hist.*, t. III, n° 38 455. — Réimpression sous ce titre : Mémoires pour servir à l'hist. de la v. de Pontarlier, par Droz fils aîné. *Pontarlier, Faivre fils*; 1840, 260 p., 1 plan.

— [*Ms.*]. Obs. etc. sur les pierres des Fées de *Simandre*, à demi-lieue de Chavannes et sur deux inscriptions, dont l'une est à l'église de St Remy, sur Coligny, au bord du Dain [5684]. « Dans les registres de l'Acad. de Besançon ». (*Biblioth. histor.*, t. III, n° 38 444).

DROZ (Séraphin). Rech. histor. etc. Fontaines publiques [5644]. *Besançon, Turbergue*, 1856.

DUBARLE (E.). Statistique du dép^t de Seine-et-Marne, d'après des documents inédits et authentiques [9166]. *Paris*, 1846; 1 carte.

DUBARRY (Lolor-Alexandre du Barry, signant). Not. etc. [3674 *a*]. — *Mém. de la Soc. archéol. du Midi*, t. I, 1834, in-4, p. 73-81.

— Rech. etc. [3674]. — *M. rec.*, t. II, 1836, in-4, vign. — Publié à part, 2 vol. in-4.

DUBERN (Jules). Not. etc. [9174]. — *Soc. d'agr.* etc. *de Meaux*, publications de 1833, p. 23-32.

DUBNER (Frédéric). Sur l'inscription chrétienne grecque d'Autun (Lettre en allemand à dom Pitra, datée de Paris, juillet 1851). — Analyse dans le *Spicilegium Solesmense*, t. I, p. 564 [8786].

— Éditeur de J. César. — Voir ce nom (*principales éditions*, année 1867).

DU BOIS (l'a. Jean-A.), en latin A Bosco. Viennæ Allobrogum antiquitates [6633]

Dans l'ouvrage (de l'abbé du Bois) intitulé : *Bibliotheca Floriacensis*, etc. *Lugduni*, 1605.

DU BOIS (Gérard). Historia, etc. [9042] (Edita curis Barth. de la Ripa et Petri Nic. Des Molets). *Paris, Muguet*, 1690 et 1710, 2 vol. in-fol.

De primis ecclesiis Galliæ, l. I, chap. 2, 3, 5.

DUBOIS (Louis-F.). Annuaire etc., pour 1808 et 1809 [8116]. *Alençon*, 1808 et 1809, 2 vol. in-12 de 320 et 370 pages.

Sur les mon. celtiques, dans l'an. 1808.

— Description, etc. [8133]. — *Mém. de l'Acad. celt.*, t. III, 1809, p. 320.

— Notice, etc. [5103]. — *Mém. de la Soc. des ant. de Fr.*, t. IV, 1823, p. 494.

— Itinéraire ... des cinq dép^{ts} composant la Normandie, précédé d'un précis historique, et de la géogr. tant ancienne que moderne de cette province, et suivi : 1° du Dictionnaire de toutes les villes, bourgs et communes, etc. 2° de la Bibliographie alphabét. de tous les auteurs et artistes Normands [3759]. *Caen, Mancel*, 1828, 2 vol.; cartes et fig.

— Essai sur l'histoire de la ville de Vitré et de ses seigneurs, jusqu'à l'époque

- de la Révolution de 1789 [6477]. *Paris, Techener*, 1840.

— Histoire de Lisieux et de son arrond^t [5097]. *Lisieux, Durand; Paris, Dumoulin*, 1845-1847, 2 vol.; fig.

DUBOIS (L.-J.-J.). Catalogue d'antiquités égypt., gr., rom. et celt. du comte de Choiseul-Gouffier [1472]. *Paris*, 1818.

— Catalogues d'antiquités etc. de Grivaud de la Vincelle [m. n°]. *Paris*, 1820.

DUBOIS (Auguste). Rech. sur Bavai [7987]. — *Archives histor. et litt. du Nord de la Fr. et du Midi de la Belg.*, nouv. s., t. II, 1838, p. 245.

DUBOIS. Nouvelle topographie descriptive de la Lozère, ou nomenclature méthodique, exacte et raisonnée des rapports géograph. statist. des villes, bourgs composant les c^nes de ce dép^t, et suivie d'un état du personnel politique, administratif [7130]. *Valence*, 1839, in-12.

DUBOIS. Sépulture rom., etc. [5208]. — *Bull. de la Soc. des ant. de l'Ouest*, 1er trim., 1840; 3 p.

DUBOIS (Ch.). Note sur les mosaïques trouvées... en septembre et oct. 1832. [5440]. — *Mém. de la Comm. des antiq. de la Côte-d'Or*, t. I, 1838-41, in-4, p. 169-174.

DUBOIS-LEYS (G.). Sur un revers unique de Carausius [2018]. — *Rev. de la num. belge*, 2e s., t. VI, 1856, p. 257.

DUBOR. Mémoire, etc. [6199]. — Mentionné dans les *Mém. de l'Acad. des sc. de Toulouse*, 2e s., t. V, 2e partie, 1839, p. 340.

DUBOS (l'a. Jean-Baptiste). L'Histoire, etc. [100]. *Paris, Delaulne*, 1695, in-12.

Analyse dans l'étude sur l'abbé *Dubos*, par Aug. Morel, *Bull. de l'Athénée du Beauvaisis*, t. III, 1850, p. 298.

— Mém. sur le Mercure Barbu (trouvé au mont Capron, près de Beauvais). [583 *a*]. — *Mercure*, juin 1695, p. 60.

— Histoire critique, etc. [290]. *Paris*, 1734, 3 vol. in-4. — 2e éd. 1742, 2 vol. in-4 et 4 vol. in-12.

DUBOSC DE PESQUIDOUX. — Voir Pesquidoux.

DUBOURG (A.). Jublains, notes sur ses antiq. de l'époque gallo-rom. de M. H. Barbe; rapport par M. Dubourg [7488]. — *Bull. de la Soc. d'arch. etc. de la Mayenne*, 1865, in-4, p. 105-110.

DUBOYS (Auguste). Note, etc. [10041]. — *Bull. de la Soc. archéol. du Limousin*, t. III, 1838, p. 98-103.

DUBREUL ou **DUBREUIL** (Jacques). — Voir Breul (Jacques du).

DUBROCA (Éloi). Description, etc. [6355]. — *Actes de l'Acad. des sc. de Bordeaux*, 1848, p. 99.

DUBUISSON. Considérations etc. [5144]. (Voir Deribier du Chatelet, Dict^re du Cantal.)

DUBY. — Voir Tobiesen.

DUC et **DOMMEY**. Rapport adressé à M. le préfet de la Seine, sur les antiquités romaines trouvées au Palais de Justice, dans le courant des mois de juin et juillet 1845 [9100]. — *Mém. de la Soc. des ant. de Fr.*, 2e s., t. VIII, 1845, p. 331.

DU CANGE (Ch. du Fresne, seigneur). Diss. sur le portus Itius [nouv. add. 2845 *a*].

Dans l'édition de l' « Hist. de s^t Louis par le sire de Joinville ». *Paris, Cramoisy*, 1668, in-fol. 18e diss., p. 300. — Voir Edm. Gibson.

— Histoire de l'état de la v. d'Amiens et de ses comtes, avec un recueil de plusieurs titres concernant l'hist. de cette v., qui n'ont pas encore esté publiez. Ouvrage inédit publié d'après le texte du ms. original de la Biblioth. Royale (suppl. fr. n° 1209). Précédé d'une notice sur la vie et les principaux ouvr. de Du Cange, ainsi que d'une introduction, avec notes et éclaircissements (par H. Hardouin) [9553]. *Amiens, Duval et Herment*, 1841; 560 p.

— [*Ms.*] Mémoires, etc. [9558]. (Biblioth. nationale, suppl. fr. n° 1207)

— [*Ms.*]. Esquisse, etc. [1028 *a*]. 2 vol. in-fol.

— [*Ms.*]. Projet, etc., avec une liste des divers ordres religieux établis en France et une diss. pour prouver que s^t Denis, év. de Paris, n'est pas l'Aréopagite [1028 *b*, 9064]. 6 vol. in-4.

DUCHALAIS (Adolphe). Monnaies gauloises, etc. [5854]. — *Rev. num.*, t. V, 1840, p. 165-177.

— Poids de l'aureus rom., etc. [1978]. — *M. vol.*, p. 261-265.

— Études num., etc. [7612]. *Verdun*, 1841. Pièce; vign.

— Description des méd. gaul. faisant partie des collections de la Bibliothèque Royale, accompagnée de notes explicatives [1994]. *Paris, Rollin; Firmin-Didot*, 1846; 487 p. 4 pl.

Ouvrage couronné par l'Acad. des inscr. et b.-l. en 1846.

C. r. par Anatole de Barthélemy, *Rev. num.*, t. XI, 1846, p. 401; — 2e art., t. XII, p. 72; — 3e art., p. 151.

— Obs., etc. à propos de 5 pierres sigillaires [2146]. — *Mém. de la Soc. des ant. de Fr.*, t. XVIII, 1846, p. 161-238. — T. à p.

— Obs., etc. [1998]. — *Rev. num.*, t. XII, 1847, p. 237-267; 1 pl.; 1 vign.

— Études numismatiques, etc. [3941]. — *M. rec.*, t. XIII, 1848, p. 325-339.

— Recherches, etc. [6761]. — *Mém. de la Soc. archéol. de l'Orléanais*, t. I, 1851. — T. à p.

— Note, etc. [9120]. — *Mém. de la Soc. des ant. de Fr.*, 3e s., t. I, 1852, p. 309.

DUCHATELLIER. Voir Chatellier (du).

DUCHÉ (dr **Émile**). Lettre, etc. [10181]. — *Bull. de la Soc. des sc. etc. de l'Yonne*, t. VI, 1852, p. 266-270.

— Étude, etc. [10180]. — *Annuaire histor. de l'Yonne*, XVIIe année, 1853, p. 276-300.

DUCHEMIN DE VILLIERS. * Essais historiques, etc., par un ancien magistrat [7473 *a*]. *Laval*, 1844; 445 p.; 2 pl.

C. r. par F. Étoc-Demazy (*Bull. de la Soc. d'agr. etc. de la Sarthe*, t. VI, 1845, p. 149.)

DU CHESNE (**André**). * Les antiquités, etc. des villes, châteaux et places les plus remarquables de toute la France, etc. [1261]. *Paris, Petit-Pas*, 1609. — Autres éd. (signées): *Paris*, 1614, 1622, 1629, 1631, 1636 (chez *Clousier*), 1637. — Édd. posthumes données par son fils François, *J. Bouillerot*, 1647 et 1648. — Dern. éd., *M. Robin*, 1668, 2 vol. in-12.

Sur les emprunts de Du Chesne à Belleforest, voir, sauf vérification, Quérard, Superch. litt., 2e éd., t. I, col. 1010.

— Histoire gén. d'Angleterre, d'Écosse et d'Irlande... contenant les choses mémorables avenues aux isles et royaumes de la Grande-Bretagne, d'Irlande, de Man et autres adjacentes durant seize cents années et plus, tant de la domination des anciens Bretons et Rom. que tous les règnes des Saxons, Anglois, Pictes, Escossois, Irlandois, Danois et Normans, jusques à Jacques premier aujourd'huy régnant [10257]. *Paris, J. Petit-Pas*, 1614, in-fol.

— Series, etc. ab exordio regni Franciæ ad nostra usque tempora; quorum editionem pollicetur [210]. *Lutetiæ Parisiorum*, sumpt. *Sebast. Cramoisy*, 1633-1635, in-fol.

— Historiæ Francorum scriptores coætanei, ab gentis origine usque ad Philippi IV tempora [211]. *Ibid.*, *id.*, 1636-49, 5 vol. in-fol. (les 3 derniers, publiés par François Du Chesne).

— * Bibliothèque des autheurs qui ont escript l'histoire et la topographie de de la France, divisée en deux parties selon l'ordre des temps, et des matières [150]. *Ibid.*, *id.*, 1618, p. in-4; 256 p. — Éd. signée, 1627, in-8. — Éd. donnée en 1700 par J.-A. Fabricius, dans son Isagoge in notitiam scriptorum historiæ Gallicæ [151]. (Voir ce nom.)

— Éditeur des œuvres d'Alain Chartier. (Voir ce nom.)

DUCHEVREUIL. Note sur des objets antiques, etc. [7276]. — *Mém. de la Soc. des ant. de Normandie*, t. I, 1825, p. 50.

— Note, etc. [7270]. — *M. rec.*, t. VI, 1833, p. 450.

DUCIS (**l'a. Claude-Antoine**). Lettre aux membres de l'Institut historique sur la voie romaine, etc. [3984]. — *L'Investigateur, Jal de l'Inst. histor.*, 3e s., t. II, 1852, p. 122-124.

— Dissertations, etc. [3991]. — *Mém. de l'Acad. de Savoie*, 2e s., t. I, p. 38, t. II, p. 5; t. V, p. 48, t. VIII, p. XII et *Revue savoisienne*, in-4, années 1862, p. 9, 26, 44, 46, 104; 1864, p. 117, 135; 1865, 91, 97; 1866, 57; 1867, p. 15, 30, 32, 1868 p. 35, 58, 74, 110, 121; 1869, p. 54, 68; 1870, p. 31.

— Voies romaines (en Savoie). [3992]. — *M. rec.*, IIe année, 1861, p. 7, 13, 23, 30, 35, 55, 71, 93, 101; IIIe, 1862, p. 23, 40, 60, 71, 98; IVe, 1863, p. 4, 13, 22, 28, 50, 57, 65. — Voir aussi les *Actes du Congrès scient. de Grenoble*, t. II, 1857, p. 349. — T. à p. *Annecy*, 1863; 150 p. carte et plan.

— Note, etc. [8944]. — *Mém. de l'Acad. de Savoie*, 2e s., t. V, 1862, p. LXIII-LVIII.

— Gevrier [8981]. — *Rev. savois.*, IIIe année, 1862, p. 9.

— Cachet de Pompée, etc. [8947]. — *M. vol.*, p. 26.

— Les antiq. de Seyssel. [8994]. — *M., vol.*, p. 68.

— Observations, etc. [8940]. — *M. vol.*, p. 102.

— Bautas et Annecy [8977]. — *M. rec.*, IVe an., 1863, p. 38, 48, 53.

— Les Fins, Bautas et Annessy [3993]. *Annecy*, impr. Thesio, 1863; 51 p. Publié d'abord dans la *Rev. savois.*, an. 1863.)

— [*Ms.*] Répertoire, etc. [8921]. « Le Ms. est à l'Acad. de Savoie pour être imprimé à son tour. — Une copie en a été envoyée au Comité des travaux historiques. » Note de l'auteur.

— La vallée de Beaufort, etc. [8941]. *Annecy*, 1864; 88 p.

— Inscription du Larioz (cne de Passy). [8999]. — *Rev. savois.*, Ve an., 1864, p. 117.

Réfutation d'un art. de V. PERSONNAT sur l'inscription de la Forclaz (*M. vol.*). — Voir aussi l'a. DUCIS : *Les Ceutrons dans le haut Faucigny*. 1866, in-4.

— Rech. sur les peuples, etc., leur soumission aux Romains, leur organisation en province, etc. [3997]. — *Congr. sc.*, XXXe session, tenue en 1863 à Chambéry, p. 484, 495-504, 507-509, 543. — — *Rev. savois.*, an. 1867, p. 30; an. 1869, p. 68. — *Almanach des gloires de la Savoie*, 1868-1869. — *Annuaire du dépt*, 1869.

— De l'origine, etc. [3996]. — *Mém. de l'Acad. de Savoie*, t. IX, 1865, p. 43. — T. à p. *Chambéry*, 1866; 47 p.

— Questions archéol., etc. [3012]. — *Rev. savoisienne*, an. 1865, p. 69, 77, 85, 93; 1866, p. 1, 13, 21, 32, 37, 45, 95, 110; an. 1868, p. 103. — T. à p. *Annecy*, 1869; 170 p.

Détail dans les articles suivants.

— Chemin, etc. [8967]. — *Rev. savois.*, VIe an., 1865, p. 69.

— Le haut Chablais, etc., [8965]. — *M. vol.*, p. 77.

— Amphion, etc. [8964]. — *M. vol.*, p. 85.

— La voie rom., etc. [10884]. — *M. vol.*, p. 93.

— Le Faucigny, etc. [8966]. — *M. rec.*, VIIe an., 1866, p. 5.

— Les Ceutrons, etc. [3428 *a*]. — *M. vol.*, p. 13.

Texte, historique sommaire et bibliographie de la question relative à l'inscr. rom. portant CEUTRONES.

— Encore les Allobroges, etc. [3003 *a*]. — *M. vol.*, p. 21.

— La Province viennoise [6569 *a*]. — *M. vol.*, p. 32.

— Jules César, etc. [3428 *b*]. — *M. vol.*, p. 37.

— Dolmen, etc. [8968]. — *M. vol.*, p. 45.

— Le Forum des Ceutrons [3428 *c*]. — *M. vol.*, p. 95. — Même sujet sous le titre de « Un procès archéolog. ». — *M. vol.*, p. 110, et t. VIII, 1867, p. 20. (*Forum Claudii* attribué soit à Moutiers, soit à Aime.)

— La Sabaudia, etc. [3995]. — *M. rec.*, an. 1866, p. 91; 1867, p. 37, 41, 49, 67, 101; 1868, p. 1, 9, 29, 49, 67, 75, 83, 91, 103. — T. à p. 1870 (autre titre adopté postérieurement : *La Sapaudia*, etc. [3994].

— Les Allobroges, etc. [2588, 3002]. Le *Courrier des Alpes*, à Chambéry, 1866, nos 43 à 48. — Voir aussi le *Journal de Savoie*, à Chambéry, 1866, no 52. — T. à p. *Chambéry*, m. d.; 43 p.

— La Sabaudia et les Sebagini [3997 *c*]. — *Rev. savois.*, VIIIe an., 1867, p. 37, 41, 49, 67, 101; IXe an., 1868, p. 1-13.

— Origine, etc. [3997 *d*]. — *M. vol.*, p. 9.

— Les origines, etc. [3997 *e*]. — *M. vol.*, p. 29 et 30; p. 49-66.

— Inscriptions, etc. [8960]. — *M. vol.*, p. 39.

— Origine des Sapaudes. — Origine des Albanais. — Origine des Allobroges. — Les Allobroges et Annibal. — Encore Annibal [3997 *f* et 3004]. — *M. vol.*, p. 49, 67, 75, 83, 91. — T. à p. — Détail dans les articles suivants.

— Les Allobroges et Annibal [2835]. — *M. vol.*, p. 83-90. — Encore Annibal [2836]. — *M. vol.*, p. 91-102.

— Brigantio, etc. [283, 8962]. — *M. vol.*, p. 103-110.

— Polybe, etc. [2838]. — *M. vol.*, p. 111.

— Le passage d'Annibal, etc. [2839]. *Annecy*, 1868, 112 p.

Voir l'*Investigateur*, 1853, p. 303; le Congrès

sc. de Chambéry (1863), p. 511-543, la *Rev. sav.*, an. 1868, 1869. — L'auteur adopte le récit de Polybe (Passage vers les sources du Rhône, dans les Alpes Penninæ ou Pœninæ).

— Annibal, etc. [2839 *a*]. — *Rev. savois.*, X^e an., 1869, p. 9 (suite des n°s 2837 et 2838).

— Polybe et le Rhône [2839 *b*] — *M. vol.*, p. 17.

— Les Gesates, etc. [2839 *c*]. — *M. vol.*, p. 25.

— Les Allobroges, etc. [3004 *a*]. — *M. vol.*, p. 68.

— Promenade, etc. [8942]. — *M. vol.*, p. 104-119. — T. à p. *Annecy*, 1870.

— Antiquités, etc. [8949]. — *M. rec.*, XIe an., 1870, p. 31.

— Deux inscriptions, etc. [8919]. — *M. vol.*, p. 39.

Inscr. trouvées, l'une à Saint-Jean-Puy-Gauthier [cp. le n° 8961], l'autre à la Chapelle-Blanche [cp. le n° 8945].

— Inscriptions rom., etc. [8920]. — *M. vol.*, p. 55.

— Antiq. d'Aime [8924]. — *M. vol.*, p. 67.

— Bergintrum, etc. [8943]. — *M. vol.*, p. 82.

— La Maurienne [8912]. — *M. vol.*, p. 87, 95.

DUCLOS (Ch. Pinot). [1er] Mémoire, etc. [2250]. — *Mém. de l'Acad. des inscr. et b.-l.*, t. XV, 1743, in-4, p. 565-579. — 2e mém. — *M. rec.*, t. XVII, 1751, p. 171-190.

— Mém. sur les Druides [619]. Lu en 1746. — *M. rec.*, t. XIX, 1753, p. 483.

— Œuvres complètes. *Paris*, 1806; 10 vol. — 1821, 3 vol.

DUCOIN. Catalogue, etc. [6587]. *Grenoble*, 1831, 3 vol. gr. in-8.

DUCOS (Florentin). Note, etc. [6198]. — *Mém. de l'Acad. des sc. de Toulouse*, 3e s., t. VI, 1re partie, 1850.

— Note, etc. [6178]. — *M. rec.*, 4e s., t. I, 1851, p. 460.

Cp. le n° 6196 *b*.

DUCOURNEAU (Alexandre). La Guienne, etc. [3071]. *Bordeaux*, 1842-1845; 2 vol. in-4.

— Essai, etc. [6307]. *Bordeaux, Coudert*, 1844, 3 vol. in-4.

DUCOURNEAU (Alexandre) et MONTEIL (Amans-Alexis), directeurs. La France, ou Histoire nationale des départements [nouv. add. 367 *c*]. Gironde. *Paris*, 1844, in-4. — Prov. de Bourgogne, Côte-d'Or, Saône-et-Loire, Yonne. *Paris*, 1844, in-4; 15 pl. 1 carte.

« Il a paru en 1834 et 1836 5 vol. in-8 sous le même titre. Les 5 vol. comprennent 6 dép: Eure-et-Loir, Puy-de-Dôme, Haut-Rhin et Bas-Rhin, Seine-et-Marne, Seine-Inférieure. » (Catalog. général de LORENZ, t. II, p. 169.)

DUCREST DE VILLENEUVE (Ernest). Notice, etc. [6459 *a*]. — *Ann. de la Soc. acad. de Nantes*, t. VII, 1836, p. 163-172.

— Histoire de Rennes [6447]. *Rennes*, *Morault*, 1845; 2 cartes.

— *Guide, etc., par E. D. V. [6433]. *Rennes, Landais et Oberthur*, 1847; pl.

DUCREUX (l'a.). * Les Siècles chrétiens, ou Histoire du christianisme dans son établissement et ses progrès jusqu'à nos jours [723]. *Paris*, 1775-87, 10 vol. in-12.

DUESBERG (J.). Histoire, etc. [1704]. *Paris, Sagnier et Bray*, 1849; 600 p.

Voir notamment les pages 331-344.

DUFAU ET GUADET. Dictionnaire universel abrégé, etc. [1068 *a*]. Cartes par BRUÉ. *Paris, Desray*, 1820; 2 vol.

— Description, etc. [8442]. *Paris, Verdière*, 1834; cartes.

DUFAU. Histoire de France (avec Velly, Villaret, etc.) — Voir VELLY.

DUFFAUD. Notice [9918]. — *Mém. de la Soc. des ant. de l'Ouest*, t. XXI, 1854; 24 p.; 4 pl.

DUFFRAISSE DE VERNINES (Jean). — Voir, ci-dessous, DU FRAISSE.

DUFOUR (J. M.). Dictionnaire, etc. [6501]. *Tours*, 1813; 2 vol.

Brunet (Manuel) n'indique que le 2e arr (Loches).

— Dissertation, etc. [6519]. — *Mém. de la Soc. des ant. de Fr.*, t. I, 1817, p. 37.

DUFOUR (J.-P.-M.). De l'ancien Poitou et de sa capitale, pour servir d'introduction à l'histoire de cette province [3846]. *Poitiers*, 1826.

— (Avec A.-D. DE LA FONTENELLE DE VAUDORÉ). Histoire des rois et des ducs d'Aquitaine et des comtes de Poitou

[3082]. *Poitiers ; Paris, Dumoulin*, 1862 ; 1 carte.

DUFOUR (Ch.). Musée, etc. [9568]. *Amiens*, 1843.

— Notice, etc. [9576]. — *Mém. de la Soc. des ant. de Picardie*, t. VIII, 1845, p. 575.

— Rapport sur les cabinets d'antiquités, etc. [7582]. — *Trav. de l'Acad. de Reims*, t. III, 1846, p. 276-283.

— Observations, etc. [9575]. — *Mém. de la Soc. des ant. de Pic.*, t. IX, 1848, p. 409-434.

— Essai bibliographique sur la Picardie, ou plan d'une bibliothèque spéciale de cette province [3827]. *Amiens*, 1857 ; 2 parties.

— L'Apostolat de s[t] Firmin, 1er év. d'Amiens, rétabli au 3e siècle [3828, 9560]. Discours prononcé à la séance du 7 déc. 1863, de la Soc. des ant. de Pic.

DUFOUR (A.-H.). Atlas de géogr. anc., du moyen âge et mod., composé de 40 cartes, augmenté d'une carte cosmographique dressée d'après les dernières découvertes de M. Leverrier [1102]. *Paris*, 1847, gr. in-4.

DUFOUR (g[al] G.-H.). Atlas, etc. [10806]. 1847, gr. in-4.

DUFOUR (Émile). Études historiques, etc. [3391]. — *Annuaire du Lot*, 1860. — T. à p. *Cahors*, m. d. — Nouv. série : Hommes et choses [3396]. *Cahors*, 1864 ; 212 p.

DUFOUR (E.). Un mon[t], etc. [8978]. — *Rev. savoisienne*, X[e] an., 1869, p. 48.

DU FRAISSE DE VERNINES (Jean), *alias* J. DE FRAISSE et DUFFRAISSE. * L'Origine des églises de France prouvée par la succession de ses évêques, avec la vie de s[t] Austremoine, 1er apôtre et primat d'Aquitaine, par J. D. F. [3142]. *Paris*, 1688.

— Dissertation, etc. [8277]. — *Recueil de pièces de littérature. Clermont-Ferrand*, 1748 ; 10 p. ; fig.

— Dissertation, etc. [8267]. (Mentionnée dans la *Biblioth. histor.*, t. I, n° 253.)

— [*Ms.*] Mémoire, etc. [8293]. (*Id.*, t. III, n° 37 478.)

— [*Ms.*] Dissertation sur l'ancien royaume des Auvergnats, l'état des lettres et la religion de ces peuples, avant l'entrée des Romains dans les Gaules [3147]. « Dans les registres de la Soc. littéraire de Clermont-Ferrand. » (*Id.*, t. I, n° 3914.)

— [*Ms.*] Mémoire, etc. [3148]. (« Dans les m. reg. » (*Id.*, t. I, n° 3916.)

— [*Ms.*] Mémoires, etc. [3149]. « Dans les m. reg. — L'auteur n'a prétendu donner qu'un essai. » (*Id.*, t. I, n° 108.)

— [*Ms.*] Mémoire, etc. [2729]. (*Id.*, t. I, n° 286.)

DUFRESNE (A.). Notice sur un siège romain, etc., qui est conservé dans l'église cathédrale de Toul [7515]. — *Mém. de la Soc. des ant. de Fr.*, 2e s., t. V, 1840, p. 81.

— Not. sur qq. antiq. trouvées depuis 1832 jusqu'à 1847 [7605]. — *Mém. de l'Acad. de Metz*, 1849 ; 72 p. — T. à p.

— Notice, etc. — *M. rec.*, 2e s., t. III, 1855, p. 539.

DUGAS DE BEAULIEU. — Voir BEAULIEU (Dugas de).

DUGAST-MATIFEUX. Dissertations, etc. [2919]. — *Ann. de la Soc. acad. de Nantes*, 1867, p. 246-284. — T. à p. *Nantes*, 1868 ; 40 p.

DUGENEST père. Fragments archéol., etc. [5563]. — *Bull. de la Soc. des sc. natur. et archéol. de la Creuse*, t. III, n° 3, 1861 ; 25 p.

DUGUÉ. Notice, etc. Extrait d'une lettre [3651]. — *Mém. de la Soc. des ant. de Fr.*, t. VIII, 1829, p. 256.

DUHAMEL. Rapport, etc. [10088]. — *Ann. de la Soc. d'émul. des Vosges*, t. VIII, 1er cahier, 1868, p. 117-120, 3 pl. — T. à p. *Épinal*, m. d.

DUHOUSSET (le c[t]). Camp de César, etc. [1830]. — *Bull. de la Soc. d'anthropologie*, t. IV, 1863.

DULAC DE LA TOUR D'AUREC (Hector). Précis histor. et statist. du dép[t] de la Loire [6776]. *Le Puy, Lacombe*, 1807 ; 2 vol.

Voir sur cet ouvrage, DE LA TOUR-VARAN, *Biblioth. forézienne*, n° 142.

DULAURE (Jacques-Antoine). Nouvelle description, etc. [9011]. *Paris*, 1786 ; 2 vol. in-12.

— Nouvelle description, etc. [9091]. *Paris, Lejay*, 1787 ; 2 vol. in-12.

— Description des principaux lieux de la France (partie méridionale), y compris le Lyonnais, l'Auvergne, le Poitou et le Limousin [1572]. *Paris*, 1788-89; 6 vol. in-12. Cartes. — 2e éd. avec ce titre : Descr. des pr. lieux de Fr. contenant des détails histor. sur les provinces, villes, monastères, châteaux, etc. *Paris*, an II (1794); 6 vol. in-18; 4 cartes.

Voir Golbéry (M. Ph. A. de), *Les V. de la Gaule*, etc., 1821. [1069.]

— Des Sénats des Gaules [780]. — *Mém. de l'Acad. celt.*, t. Ier, 1807.

— Archéographie du village de la Tombe et de ses environs [9248]. — *M. rec.*, t. II, 1808, p. 446.

— Explication, etc. [2901]. — *M. rec.*, t. IV, 1809, p. 104.

— Archéographie des environs de la Houssaye et de Marles [nouv. add. 9211 *a*]. — *M. rec.*, t. V, 1810, p. 181.

— Des cités, etc. [1287]. — *Mém. de la Soc. des ant. de Fr.*, t. II, 1820, p. 82.

— Rapport sur une inscr. de Vienne, sur les pontifes établis dans les villes des Gaules, et sur le sens du mot *stips* [6652]. — *M. rec.*, t. IV, 1823, p. 237.

— Histoire, etc. [9029]. *Paris*, 1821-1822. — 2e éd. considérablement augmentée. *Paris, Guillaume*, 1823-24, 10 vol.; fig. atlas in-4. — Histoire de Paris et de ses monts. Nouv. éd. refondue et complétée jusqu'à nos jours, par Le Batissier. *Paris, Furne*, 1845. — Histoire physique de Paris, etc., annotée et continuée jusqu'à nos jours, par Camille Leynadier. *Paris, Dufour, Mulat et Boulanger*, 1853-1856; 8 vol. gr. in-8. — Autre éd. *Paris, Philippart*, 1862; 5 vol.

— Hist. physiq. des environs de Paris etc. [9006]. *Paris*, 1825-1827, grav. — 2e éd. augmentée de notes; par J.-L. Belin. *Paris, Furne*, 1838; 6 vol.; grav.

— Histoire abrégée de différents cultes [491]. *Paris*, 1806. — 2e éd. *Ibid.*, *Guillaume; Ponthieu, Peytieux;* 1825. 2 vol.

— Des monts celt., etc. [1515]. — *Mém. de la Soc. des ant. de Fr.*, 2e s., t. II, 1836, p. 75.

DULAURE, JORAND et GILBERT. Rapport, etc. [9099]. *Paris*, 1830, in-4 ; 10 pl.

DULAÜRIER (Ed.). Nouvelle édition (augmentée) de l'*Histoire du Languedoc*, par Doms de Vic et Vaissette. (Voir de Vic).

DULÉRY (l'a.). Rochechouart, etc. [10035]. *Limoges, Ducourtieux*, 1855 ; IV, 366 p.

DU MAS (Théophraste). — Voir Mas (Théophr. du).

DUMAS père (Alexandre). Gaule et France [350]. *Paris, Urbain Canel, Guyot*, 1833. — Autre éd. avec une introduction aux scènes historiques. *Paris, Gosselin*, 1843, format anglais.

Voir Quérard, *Supercheries litt.*, 2e éd., t. I, col. 1130.

DUMBECK (Alo-Franz-Jos.). Geographia, etc. [10719]. *Berolini, G. Reimer*, 1818; pl. grav.

DUMÈGE. — Voir Mège (Alexandre du).

DUMERSAN (Théophile-Marion). * Not. des monts exposés dans le cab. des médailles, antiques et pierres gravées de la biblioth. du Roi [1914]. *Paris, Journé*, 1819, in-12 ; 76 p. — Autres éd. 1822; 71 p. — 1824; 60 p., etc.

— Descr. des méd. antiques, etc. [1920]. *Paris*, 1829, in-4, 12 pl. — Autre éd., 1836, 16 pl.

DUMONT (C.-E.). Histoire, etc. [7621]. *Bar-le-Duc*, 1843 ; 3 vol.

DUMONTET DE LA TERRADE. Not. sur Vesoul [8688]. 1779, in-4.

DUMOULIN (Alain). Grammatica latino-celtica, doctis ac scientiarum appetentibus viris composita [2269]. *Pragæ*, 1800 ; 200 p. 2 pl. de musique et de chansons bretonnes.

DUMOUSTIER DE LA FOND. Essai, etc. [9959]. *Poitiers*, 1778, 2 vol.

DUMOUTET (Jules). Rapport au Ministre de l'instr. publ. et des cultes, sur les fouilles des substr. gallo-rom. trouvées dans les fondations des caves du duc Jean de Berry à Bourges [5285]. — *Rev. des Soc. sav.*, 2e s., t. VI, septembre 1861 ; 6 p.

— Fouilles, etc. [5285 *a*]. 1862 ; planches.

— Mémoire, etc. — Époque rom. [5290]. — *Mém. lus à la Sorbonne*, en 1861 (archéologie), 1862, p. 145.

— Note, etc. [5491]. — *C. r. des trav. de la Soc. du Berry*, 1862-63, p. 95 ; 1 pl.

— Mém. sur les stèles du fg de Brives à Bourges [5286]. — *Mém. lus à la Sorb.* en 1865 (archéologie), 1866, p. 81.

— [*Ms.*] Époques celtiques, etc. [5272, 6493].

Ms. offert au concours des Soc. savantes en 1867. Dessins et texte.

DUMOUTET (J.) et **BERRY**. Dessins, etc., par J. DUMOUTET, texte par BERRY [5289]. — *Bull. de la Soc. histor. du Cher*, 1856.

DUNAND (le p. J.). Sur l'origine des villes, etc. [1051]. — *Mém. de la Soc. des antiq. de Cassel*, 1780, in-4.

DUNOD (le p. Pierre-Joseph-Marie). * La découverte de la v. d'Antre en Franche-Comté avec des questions curieuses pour éclaircir l'histoire de cette province [2628]. *Paris*, 1697, in-12; 23 p. — Autre éd. : * La découverte entière de la v. d'Antre en Franche-Comté, qui fait changer de face à l'histoire ancienne, civile et ecclésiastique de l'ancienne province des provinces voisines. *Amsterdam* (*Besançon, Alibert*), 1709; 2 vol. in-12. — Autre titre : La déc. entière de la v. d'Antre en Franche-Comté, les méprises des auteurs de la critique d'Antre [l'Aventicum de Tacite], avec la not. de la prov. des Séquanais, rétabli par la découverte de la v. d'Antre. *Amsterdam* (*Besançon, Alibert*), 1709.

L'Aventicum de Tacite placé à Antre, ancienne v. de Fr.-Comté. (Voir *Biblioth. histor.*, t. I, nos 200, 201, 202.) — Voir aussi ANDRÉ de Saint-Nicolas et D. AUBERT.

C. r. dans les *Mém. de Trévoux*, septembre 1710, p. 1589.

— La Découverte de *Didatium*, etc. [6682].

« C'est le ch. V de la dissert. v du p. Dunod, dans la part. II, p. 141 et suiv. de la *Découverte entière de la ville d'Antre, etc.* « On a imprimé en 1744, à Dôle, une *Dissertation hist. et critique sur l'antiquité* de cette ville, et un supplément, en 1746, que l'on peut consulter. » (*Biblioth. histor.*, t. I, n° 263.)

— Tabula geographica provinciæ Sequanorum etc., à Julio Cæsare ad M. Aurel. Antoninum, quæ sub Constantino dicta fuit Maxima Sequanorum [4018]. 1713, in-fol. (carte). — 2e édition augmentée, sous ce nouveau titre : Tabula geographica, etc., à Julio Cæsare ad Carolum Magnum, quæ etc. 1716, in fol.

— Lettre, etc. [11095]. 1716, in-12 (attribution incertaine).

Voir *Biblioth. histor.*, t. I, n° 188. — Voir aussi plus haut, col. 809, l'article A***.

— [*Ms.*] Dissertation, etc. [5643].

Mention dans la *Biblioth. histor.*, t. III, n° 38431.

DUNOD DE CHARNAGE (François-Ignace). Hist. des Sequanois et de la province Sequanoise, des Bourguignons et du premier royaume de Bourgogne, de l'église de Besançon jusque dans le VIe siècle et des abbayes nobles du comté de Bourgogne, Saint-Claude, Baume, Gigny, Château-Châlon, Baume-les-Dames, Lons-le-Saunier, Migette et Montigny, depuis leur fondation jusqu'à présent [4019]. *Dijon, De Fay*, 1735; 2 vol. in-4; planches.

Signé F. I. DUNOD. — Cp. les *Mém. de Trévoux*, fév. 1736, p. 751 : oct., p. 2217, fév. 1742, p. 385.

Titre du second volume : Histoire du second royaume de Bourgogne, du comté de Bourgogne sous les rois carlovingiens, des 3e et 4e royaumes de Bourg. et des comtés de Bourgogne, Montbéliard et Neufchâtel, avec une description du comté de Bourg. et plusieurs généalogies.

— Lettre sur l'antiquité de... Dôle [6684]. *Besançon* (s. d.), in-16.

D'après la Bibl. histor., le permis d'imprimer est du 28 janvier 1745.

— Histoire de l'Église, ville et diocèse de Besançon, qui comprend la suite des prélats de cette métropole depuis la fin du IIe siècle, etc. [5632]. *Besançon, Cl. Jos. Daclin; J.-B. Charnet*, 1750; 2 vol. in-4.

Signé F. I. DUNOD DE CHARNAGE.

DUENTZER (H.). Neue römische Inschriften in Köln. — *Jahrbücher des Vereins von Alterthumsfreunden im Rheinlande*, t. XLII, 1866, gr. in-8, p. 117-128; 1 pl.

— Das neue Kölner Mosaik [11027]. — *M. vol.*, p. 129-133; 1 pl.

— Neue römische Inschriften aus Köln [11032]. — *M. rec.*, t. XLII, 1867, p. 79-89.

— Aus der Antikensammlung, etc. [11021]. — *M. vol.*, p. 168-182; 2 pl.

— Der Domhof, etc. [11028]. — *M. rec.*, t. XLIII, 1867, p. 107-122.

— Postumus, etc. — *M. vol.*, p. 212-219.

— Neue Bereicherungen, etc. [11022]. — *M. rec.*, t. XLVII-XLVIII, 1869, p. 116-129.

DUPARAY. Étude, etc., période gallo-rom. [8808]. — *Rev. du Lyonnais*, 2e s., t. XIX, 1858, p. 16.

DUPARC. Remarques, etc. [1649]. — *Mém. de la Soc. de statist. des Deux-Sèvres*, t. V, p. 75-84. — T. à p. *Niort*, 1841, gr. in-8.

DUPIN (baron Claude François-Étienne). Mémoire, etc. [9472], 1801, in-4.

DUPIN (Martial). Lettre [9512]. — *Mém. de l'Acad. celt.*, t. III, 1809, p. 484.

— Notice, etc. [9510]. — *Mém. de la Soc. des ant. de Fr.*, 1821, t. III, p. 270.

— Notice... sur la Réole, suivie de détails histor. sur les divers c^nes^ de l'arr^t^ qui renferment des mon^ts^, des antiq. et des curiosités remarquables [6285]. *La Réole*, 1839.

DUPLAN fils (P.). Débris, etc. Le siège d'Avaricum, capitale des Bituriges, par César [5280 *a*]. — *C. r. des trav. de la Soc. du Berry*, 4e année, 1856-57 (1857).

DUPLEIX. Mémoires des Gaules, depuis le Déluge jusqu'à l'établissement de la Monarchie française avec l'état de l'Église et de l'Empire depuis la naissance de Jésus-Christ [268]. *Paris, Cl. Laurent; Sonnius*, 1619, in-4.

Reproduit dans le premier volume de l'ouvrage suivant :

— Hist. génér. de France depuis Pharamond jusqu'à présent, avec l'état de l'Église et de l'Empire et les mém. des G. dep. le dél. jusqu'à l'établissement de la mon. [m. n°]. *Paris*, 1621-1643. 5 vol. in-fol. — Autres éditions du tome Ier, 1631, 1634, 1649.

DUPLESSIS (Dom Toussaints). — Voir Plessis (Toussaints du).

DUPLESSIS. Rech. histor. et archéol. etc. [1742]. — *Bull. et mém. de la Soc. archéol. d'Ille-et-Vilaine*, t. V, 1867, p. 1-158.

— Étude, etc. [1743]. — *Mém. lus à la Sorbonne* en 1866 (archéologie), 1867, p. 189.

— Note, etc. [1506]. — *Bull. de la Soc. d'arch. et d'hist. de la Moselle*, 1868, p. 127.

— Étude histor. et archéol., etc. [883 *a*]. — *Mém. de la m. Soc.*, t. XI, 1869, p. 195-213.

— Les Écoles de la Gaule romaine et ses rhéteurs jusqu'à la chute de l'emp. rom. [2397 *a*]. — *M. vol.*, p. 267-286.

DUPLESSY (J.). Essai... sur le dép^t^ de la Loire contenant des renseignements sur sa topographie, sa population, son histoire, ses antiq., son agriculture, son c^ce^, son industrie et son administration [6777]. 1818, in-12.

DUPONT (M.). Histoire, etc. [7968]. *Cambrai, Sam. Berthould*, s. d. (1759-17-67), 7 part. en 3 vol. in-12. — Extrait de l'*Almanach ecclés. milit. et civil de Cambrai*, années 1759, 60, 62, 65 et 67.

Voir *Biblioth. histor.*, t. I, n° 8545.

DUPONT (Edmond). Catalogue alphabétique des noms de lieux cités dans les listes des saints publiées par la Société de l'histoire de France d'après le martyrologue universel de Cl. Chastelain [998]. — *Annuaire-Bull. de la Soc. de l'hist. de Fr.*, t. IV, 1866, p. 129-268.

DUPONT (Gustave). Histoire, etc. [3444]. *Caen, F. Le Blanc-Hardel*, 1870-73; 2 vol.

DUPONT-WHITE (John-Théodore). Les Antiquaires de Beauvais [8034]. — *Mém. de la Soc. acad. de l'Oise*, t. Ier, 1847, p. 1-53.

Préface, publiée par anticipation, de ses *Mélanges histor., litt. et archéol.* Beauvais, 1847.

DUPORT. Histoire de l'Église d'Arles [4945]. *Paris*, 1690.

DUPOUEY (Charles). Rapports, etc. [8318]. — *Bull. de la Soc. Acad. des Hautes-Pyrénées*, 1858-1861. — T. à p. *Tarbes*, 1862; 78 p.

DUPRÉ. Mémoire, etc. [7560]. *Paris*, impr. *Gaultier-Laguionie*, 1829; 78 p.

DUPRÉ (Prosper). Dissertation, etc. [2095]. *Paris*, 1825.

— Recherches, etc. [2100]. *Paris, Bourgeois-Maze*, 1836; 52 p.

DUPRÉ-DELOIRE. Recherches, etc. [5692]. — *Annuaire de la Drôme pour* 1835, in-16, p. 37.

DUPRÉTOT (d^r^). La Boïade, etc. [7942]. *S. l.*, 1843, in-16; 32 p.

DUPUIS (Ch. François). Origine de tous les cultes [488]. *Paris, an III* (1795). 12 vol. in-8 et atlas in-fol. — Autre éd., m. d., 3 vol. in-4 et atlas. — Autres éditions.

DUPUIS (François). Rapports, etc. [7037]. — *Bull. de la Soc. archéol. de l'Orléanais*, 1850, p. 105; 1852, p. 301.

— L'*Aquis Segeste* de la carte de Peutinger doit être placé à Montbouy, arr^t de Montargis [7036]. — *Congrès sc.*, XVIIIe session, tenue en 1851 à Orléans. — T. à p. 1852; 23 p.; 1 plan.

— Note, etc. [6988]. — *Bull. de la Soc. archéol. de l'Orl.*, 1er et 2e trim. 1856.

— Notice, etc. [7065]. — *M. vol.*, 3e et 4e trim. 1856; 3 p.

— Tombes découv. à Cravant [7018]. — *M. vol.*, an. 1858, p. 432.

— Mémoire, etc. [7067]. — *Mém. de la m. Soc.*, t. IV, 1858, p. 390-405.

— Voir aussi MONVEL (B. DE). *Note sur la ruine gallo-rom., commune de Triguères*, 1857.

— Reste des murailles, etc. [6994]. — *Bull. de la m. Soc.*, 1er trim. 1859; 6 p.

— Note sur des armes gauloises en 1860 [7035]. — *M. rec.*, 3e et 4e trim. 1860; 4 p.

— Nouvelle note, etc. [7019]. — *M. vol.*, 1860, p. 291.

— Note, etc. [5876]. — *Mém. de la m. Soc.*, t. V, 1862, p. 99-102.

— Nouv. découvertes à Montbouy [7039]. — *Bull. mon.*, t. XXVIII, 1862, p. 356.

— Aqueduc, etc. [7053]. — *M. rec.*, LXXIX, 1863, p. 149.

Voir PIBRAC (DUFAUR DE). *Mém. sur un cimetière celt.*, 1859, et BIMBENET (E.). *Origine*, etc., 1865. (C. r. de ces deux travaux, par DUPUIS.)

DUPUY (le p. Jean). État, etc. [3808]. 1718, 2 vol. in-12. — Autre éd. annotée par l'a. AUDIERNE et reprod. par le procédé litho-typograph. Dupont, *Périgueux*, 1841, 2 vol. in-4.

DUPUY (l'a.). Note, etc. [4236]. — *Bull. de la Soc. arch.* etc. *de Soissons*, 1868, p. 56.

— Note, etc. [4225]. — *M. vol.*, p. 158.

— Rapport, etc. [4358]. — *M. vol.*

DUQUENELLE (V.). Nomenclature, etc. [7381]. — *Trav. de l'Acad. de Reims*, t. II, 1845, p. 35-40; 2 pl.

— Note sur des sépultures de l'époque gallo-rom. découv. à Reims en 1846 [7405]. — *M. rec.*, t. IV, 1846, p. 109-114.

— Découvertes, etc. [7383]. — *M. rec.*, t. VII, 1848, p. 394-402.

— Notice, etc. [7407]. — *M. rec.*, t. IX, 1849, p. 224-226.

— Catalogue des monnaies rom. découv. à Signy l'Abbaye (Ardennes) [4625]. — *M. rec.*, t. XLIII, 1865-67. — T. à p. *Reims, Dubois*, 1865; 35 p.

Voir aussi *Rev. num.*, 2e s., t. X, 1865, p. 375 376.

— Découvertes, etc. [7386]. — *Congrès archéol.*, XXVIIIe session, tenue à Reims en 1861; 1862, p. 74-81.

— Mémoire sur la question suivante : La mosaïque des promenades de Reims doit-elle être conservée sur le lieu même de sa découverte. Vaut-il mieux l'enlever pour en orner le musée de la ville? [7399] — *M. vol.*; 6 p.

DURADIER ou DU RADIER. — Voir DREUX DU RADIER.

DURAND (Clément). Conspectus diatribæ Clementis DURANDI Canonici Viennensis, de Primariis Allobrogibus, sive Vindiciæ Viennenses [6635]. *Parisiis*, 1654.

DURAND (Pierre), éditeur de SAVARON, Origine de Clermont, en 1662. — Voir SAVARON.

DURAND (dom) et CALMET (dom Aug.). Traité, etc. [10084]. *Nancy*, 1748; fig.

Voir la *Biblioth. histor.*, t. I, n° 3158.

DURAND. Travaux sur les mon^{ts} de Nîmes [nouv. add. 5976 *a*]. — *Mém. de l'Acad. du Gard*, 1833, p. 13.

— Mém. sur la Maison-Carrée [nouv. add. 6002 *a*]. — *M. rec.*, 1834, p. 82.

DURAND. Considérations histor. sur les anciens mon^{ts} de Bordeaux et de ses environs [6335]. *Bordeaux*, 1835.

— Camp. romain, etc. [6381]. — *C. r. de la Comm. des mon^{ts} de la Gironde*, t. XI, 1851, p. 5; 1 pl.

— Notice, etc. [6380]. — *Actes de l'Acad. des sc.* etc. *de Bordeaux*, 1851, p. 221. — T. à p. *Bordeaux*, s. d.

— Notice, etc. [1658, 6277]. — *M. rec.*, 1852, p. 535. — T. à p. *Bordeaux*, 1853.

DURAND. Notice, etc. [5070]. — *Mém. de la Soc. des ant. de Normandie*, t. XII, 1841, p. 323.

DURAND (Hippolyte). Note sur les bains et mosaïques antiques de Pont-d'Oli (Basses-Pyrénées) [8311]. — *Bull.*

mon., t. XVII, 1851, p. 110 ; *Rev. archéol.*, t. VII, m. d., p. 515.

DURAND (Jules). Hist. de Chablis, contenant des doc. inédits sur les annales du dép^{t} de l'Yonne, depuis le XIe siècle, jusqu'à nos jours, etc. [10173]. *Sens*, impr. *Ch. Duchemin*, 1852, in-12 ; 295 p.

DURAND (H.). Notice, etc. [4177]. *Lyon, Aimé Vingtrinier*, 1855.

DURAND (l'a. Aug.). *Annales, etc., depuis les premiers temps jusqu'à nos jours [6405]. (Signé l'a. A. D.) *Béziers, Granié*, 1863, in-12 ; XIV, 90 p.

DURAND (Vincent). Note, etc. [6812]. — *Bull. mon.*, t. XXIX, 1863, p. 265-255. — T. à p.

— Note, etc. [6806]. — *M. rec.*, t. XXXI, 1865 ; 6 p.

DURAND (Eugène-Germer). — Voir GERMER-DURAND.

DURAND (Ch.). — Voir GRANGENT, CH. DURAND et S. DURAND.

DURAND (S.). — Voir GRANGENT, CH. DURAND et S. DURAND.

DURANDI (J.). Saggio, etc. [10934]. *Torino*, 1769, in-4.

DURANTE (L.). Histoire de Nice depuis sa fondation jusqu'à l'année 1792, avec un aperçu sur les événements qui ont eu lieu pendant la Révolution française à tout 1815 inclus [4572]. *Turin*, 1823 ; 3 vol. in-8.

DURANVILLE (Joseph L. Levaillant de). Nouveaux documents, etc. [9450]. *Rouen, Le Brument*, 1851.

— Essai, etc., et sur l'abbaye de N.-D. de Bonport [9453]. *Ibid., id.*, 1856 ; 5 pl.

DUREAU DE LA MALLE. — Voir MALLE (Dureau de la).

DUREAU (Alexis). Notes, etc. [206]. *Paris*, 1863, 1864, 1865 ; 3 vol. in-12.

DURET (Claude). Trésor, etc., contenant les origines, beautés, perfections, décadences, mutations, changements, conversions et ruines des langues, etc. [2238]. 2e édition. *Yverdon, imp. de la Soc. Helvétiale*, 1619, in-4.

DURET. Rapport, etc. [5223]. — *Bull. mon.*, t. X, 1844, p. 546.

DURIEUX [Achille]. Résumé, etc. (sept. 1866 à octobre 1868) [7972]. — *Bull. de la Comm. histor. du dép^{t} du Nord*, 1868 ; 4 p.

DURIF (Henri). Guide histor., archéol., statistiq. et pittoresq. du voyageur dans le dép^{t} du Cantal [5139]. *Clermont-Ferrand, F. Thibaud*, in-12 ; 8 lith., 1 carte.

— Rapport, etc. [5141]. *Clermont. S. d.* (Extrait des *Tablettes de l'Auvergne*.)

— [*Ms.*] Mém. sur les orig. de la v. d'Aurillac et constatation de son existence avant le Ve siècle. Lu à la Comm. des mon^{ts} histor. du Cantal [5145].

« Conclusions combattues, avec raison, par M. Delzons. » Note de la Comm. de la topogr. des Gaules. — Le ms. est conservé dans les archives de cette Commission.

DURIVAL (Nicolas-Luton ou Lutton). — Voir LUTON-DURIVAL (Nicolas).

DUROSOI (Barnabé Farmian de Rosoi, dit). Annales, etc. [6145]. 1771, 4 (ou 5 ?) vol. in-4.

DURU (l'a. Louis-Maximilien-Victor). Mémoire, etc. [10157]. — *Bull. de la Soc. des sc.* etc. *de l'Yonne*, t. I, 1847, p. 221-240. — 2e article, t. II, 1848, p. 57-96 ; 7 pl.

— Rapport, etc. [10188]. — *M. vol.*, p. 357-361.

— Mém. pour servir à un trav. g^{al} sur les trouvailles de méd. faites dans le dép^{t} de l'Yonne depuis les temps les plus reculés jusqu'à nos jours [10124]. — *M. vol.*, p. 559-568.

— Tableau chronolog. des médailles trouvées dans le dép^{t} de l'Yonne [10125]. — *M. vol.*, t. V, 1852, p. 483.

— Biblioth. histor. de l'Yonne ou collection de légendes, chroniques et doc. divers p^{r} servir à l'hist. des diff. contrées qui forment auj. ce dép^{t}, publiée par la Soc. des sc. histor. et natur. de l'Yonne [10098]. *Auxerre ; Paris, Didron*, 1850, 1864, 2 vol. in-4.

DURUY (Victor). Introduction générale à l'histoire de France [399]. *Paris, Hachette*, 1865. — 2e éd., 1866.

— Histoire des Romains, etc. [110]. *Paris, L. Hachette*, 1843, 2 vol. — Voir son *Hist. des Rom. depuis les temps les plus reculés* jusqu'à la fin du règne des Antonins. *Ibid., id.*, 1870-1874, 4 vol. gr. in-8.

DUSAN (Bruno), directeur. Revue archéol. du midi de la Fr., rec. de notes, mém., doc. relatifs aux mon[ts] de l'hist. et des beaux-arts dans les pays de langue d'*oc* [3684]. Vol. 1er. *Toulouse*, imp. *Rives et Faget*, 1866-67, vol. II, 1867-1870.

DUSEVEL (**Hyacinthe**). * Mon[ts] anciens, dessinés par Duthoit frères et décrits par M. H. D. [8571]. *Amiens, R. Machart*, 1831-1843, in-4; 77 lithogr.

Le texte a été publié d'abord dans le *Glaneur*. (Quérard, *Superch. litt.*, 2e éd., t. II, col. 249.)

— Mémoire, etc. [9542]. — *Mém. de la Soc. des ant. de Fr.*, t. IX, 1832, p. 297.

— Hist. de la v. d'Amiens, depuis les Gaulois jusqu'en 1830 [9555]. *Amiens, A. Machart*, 1832, 2 vol.; 11 vues; 1 plan topogr. — 2e éd., revue, *Amiens, Caron et Lambert*, 1848; fig. et vign., etc.

— Essai, etc. [9522]. *Amiens*, 1837.

« Méd. d'or à l'Acad. des inscriptions et b.-l. en 1835. »

— Notice, etc. [9541]. — *Mém. de la Soc. des ant. de Picardie*, t. I, 1838, p. 251.

— Le Dép[t] de la Somme, ses mon[ts] anciens et mod., ses grands hommes et ses souvenirs histor. [9539]. *Paris, Dumoulin*, 1849-1858 (livr. 1-7); illustrations.

— Extrait d'une note, etc. [9601]. — *Bull. du Comité de la langue*, etc., t. III, 1855-1856 (1857), p. 435-436.

DUSSIEUX. — Voir Labastide (de) l'aîné et Dussieux.

DUTEIL (**Camille**). Notice, etc. [5206]. *Bordeaux*, impr. *Castillon*, 1840; 64 p.

C. r. dans la *Rev. de bibliogr. analyt.*, nov. 1840, p. 1047.

DUTEMS. Itinéraires des routes les plus fréquentées, etc. [2770]. *Paris*, 1788, in-12.

A consulter sur l'itinéraire d'Annibal en Gaule.

DUTILLEUX (**A.**). Lettres de M. Vallois, relative aux trouvailles faites par M. Lempereur. (Voie rom. d'Epehy.) Rapport présenté au nom de la Comm. d'Epehy [9603]. — *Bull. de la Soc. des ant. de Picardie*, 1864; 9 p.

— Excursions, etc. [9607]. *La Picardie*, t. X, 1864, p. 7.

DUTHILLŒUL (**Hippolyte-Romain-Joseph**). Bibliographie douaisienne, etc. [7999]. *Douai*, 1835. — 2e éd. aug. *Paris, Techener*, 1842, gr. in-8.

— Extrait d'une lettre, etc. [7995]. — *Bull. de la Comm. histor. du Nord*, t. II, 1844, p. 56-60.

DU VAL. Recueil des vies des saints [677]. *Paris*, 1626, in-fol.

DU VAL, d'Abbeville (**Pierre**). Descr. de la Fr. et de ses prov., où il est traité de leurs noms anciens et nouveaux, degrés, étendue, figure, voisinage, division, etc., avec les obs. de toutes les places qui ont qq. prérogatives ou qq. particularités [976]. *Paris*, 1655 et 1658, in-12.

DUVAL (**André**). Abrégé des antiq. de... Pontoise et personnes illustres de ladite v., divisé en 2 parties [9288]. *Rouen*, 1720.

DUVAL (**dom Jacques**). Extrait d'une lettre sur les *Rech. géogr. de qq. v. de l'ancienne Gaule*. [965]. (Voir le n° 1022.) — *Mém. de Trévoux*, 1739, p. 1643-1648.

DUVAL (**Amaury-Pineux**). Paris et ses mon[ts], gravés par Baltard, avec leur histoire et leur explication [9109]. *Paris*, 1803, et années suiv., 24 livr. formant un vol. in-fol.

DUVAL, de Lillebonne. Notes, etc. [9435]. — *Rec. de la Soc. havraise d'études diverses*, 37e et 38e années, 1870 et 1871 (1872), p. 431-435; grav. et plan.

DUVERNOY (**Cl.**). Note, etc. [5679]. — *Mém. lus à la Sorbonne en* 1867 (1868); 4 p.

DUVIVIER (**Ant.**). César et le Morvand [3692]. — *Nevers*, 1843; 23 p.

— Voir Barat et Duvivier [7944].

DUVOISIN (**J.**). Origine des Basques, depuis les temps fabuleux jusqu'à l'arrivée des Romains en Espagne, en l'an 535 de Rome [3214 *a*]. — *Bull. de la Soc. des sc. de Pau*, 1841, p. 223-245. — 2e article; ...depuis l'an 535 de Rome, jusqu'au temps de l'établiss[t] des Basques en France, vers l'an 586 de J.-C. — *M. rec.*, 1842, p. 275-305.

DUVOTENAY (**Charles**). Atlas, etc. [10805]. *Paris*, 1837, in-4; fig.

E

EBEL (H.). — Voir Zeuss.

EBERT (Friedrich-Adolf von). Allgemeines bibliographisches Lexikon [10666]. *Leipzig*, 1821-1820, 2 vol. in-4.

ECKHARDT (Jean-Georges d') en latin Eccardus, d'où Eccard. Leges Francorum Salica et Ripuariorum, cum additionibus Regum et Imperatorum variis [770]. *Francofurti*, 1720; 5 parties en 1 vol. in-fol.

Reproduit dans le *Recueil des historiens*, de dom Bouquet, t. IV, « Notis Eccardi contractis ».

— Observatio de portu Iccio ex quo C. Jul. Cæsar in Britanniam solvit [2852]. — *Miscellanea Lipsiensia vetera*, in-12, t. VIII, 1721, p. 255-316.

Eccard expose les différentes opinions sur le port Iccius et se déclare enfin pour celle de M. de Valois, qui place ce port célèbre à Estaples, appelé dans le moyen âge *Quentovicum*. (*Biblioth. histor.*, t. I, n° 303.).

— Diss. qua Colmariæ, Argentorati aliorumque Alsatiæ et Germaniæ locorum antiquitates quædam breviter exponuntur [3020]. *Wurtzbourg*, in-4.

— Dissertatio, etc. [551 *a*]. *Ibid.*, s. d., in-4.

— De origine Germanorum eorumque vetustissimis coloniis, migrationibus ac rebus gestis libri duo. Edid. Christ. Ludov. Scheidius [10678]. *Gœttingue*, *J. G. Schmid*, 1750, in-4. 443 p. 21 pl.

— Voir aussi : Leibnitz (G.-G.), Collectanea etymologica, etc. [2243].

ECHAUE (Balthazar de). Discursos de la antiguedad de la lengúa cantabrabascongada [3204]. *Mexico*, en la emprenta de *Henrrico Martinez*, 1607, in-4.

ECKHEL (Joseph-Hilaire). Numi veteres, etc. [1895]. *Vienne*, 1775, in-4; 2 parties; 17 pl.

— Sylloge prima, etc. [1896]. *Ibid.*, 1786, gr. in-4; 10 pl.

— Choix de pierres gravées, etc. [1897]. 1788. *Ibid.*, in-fol.; 40 pl.

— Doctrina numorum veterum [1898]. *Vienne*, *J.-V. Degen*, 1792-1798. 8 vol. in-4. — Addenda, *Ibid.*, 1806, in-4.

Premier ouvrage de numismatique où les médailles soient classées dans l'ordre géographique. Voir surtout le tome I.

— Elementa, etc. [1898]. *Leipzig*, 1842, in-4; 3 pl.

ECKSTEIN (baron d'). Des Bardes parmi les peuples celtiques. — Lois des Saliens et des Ripuaires [2388 *a*]. Le *Catholique*, ouvrage périodique publié sous la direction de M. le b[ron] d'Eckstein, t. XI. *Paris*, *Al. Mesnier*, 1828, p. 406, 425, etc. Suite dans le t. XII.

ÉCREMENT (L.). Essai, etc. suivi de la réponse à la Truite du Brenchin [8706]. *Lure*, imp. *Bettend*, 1865; 168 p.

ÉDOM. Géographie de la Sarthe, accompagnée de notions sur l'hist., l'industrie, les antiq. et les hommes remarquables de ce département, et suivie d'un précis de géographie g[le] [8853]. *Paris*, 1845, in-18; carte. — 3ᵉ éd. *Le Mans*, 1852. — 4ᵉ. *Ibid.*, 1854; — 5ᵉ. *Ibid.*, 1858; — 6ᵉ. *Ibid.*, 1863.

— Géographie de la Manche, accomp. de notions sur l'hist., l'ind., les antiq. les h. illustres de ce dép[t], et d'un précis de géogr. g[le] à l'usage de la jeunesse [7244]. *Le Mans*, 1857, in-18.

1re partie (unique) : arr. de Cherbourg.

EDWARDS (William-Frédéric). Rech. sur les langues celtiques [2209]. *Paris*, *imp. roy.*, 1844.

Ouvrage couronné par l'Acad. des inscr. et b.-l. en 1834 (prix Volney).

EDWARDS (Henri-Milne). Note sur les résultats fournis par une enquête relative à l'authenticité de la découverte d'une mâchoire humaine et de haches en silex dans le terrain diluvien de Moulin-Quignon (près d'Abbeville) [9610]. — *Cc. rr. de l'Acad. des Sc.*, 1863, in-4. — Reproduite dans la *Rev. archéol.*, 2ᵉ s., t. VII, 1863, p. 423-431.

EGGER (Émile). De l'étude de la langue latine chez les Grecs dans l'antiquité (à propos d'une inscription grecque découverte à Marseille en 1833) [4904]. *Paris*, 1855, in-4.

Travail lu à la séance publique annuelle de l'Acad. des inscr. et b.-l. le 10 août 1855, et publié dans les actes de cette séance. — Réimprimé par l'auteur dans ses *Mémoires d'histoire ancienne et de philologie. Paris*. 1863, p. 259-276.

— Notice, etc. [8199], lue à l'Acad. des Inscr. et b.-l. le 9 octobre 1863. — *Rev. arch.*, 2e s., t. VIII, 1863, p. 410-421.

— Note, etc. [1860] — *Mém. de la Soc. des ant. de Fr.*, 3e s., t. IX, 1866, p. 285-288.

— Sur une inscription, etc. [4905]. — *Congrès sc. de Fr.*, XXXIIIe session, à Aix en Provence en 1866, t. II, 1868, p. 220-231.

— Du musée lapidaire de Lyon et des musées lapidaires en général. Conférence faite à Lyon le 3 mai 1867 pour l'Assoc. de l'enseignement professionnel. (Analyse) [1330 *a*, 8663]. — *Bull. mon.*, t. XXXIII, 1867, p. 155-161.

EGNATIUS (Joan-Bapt.). Historiæ Cæsarum à Julio Cæsare ad Maximilianum [82]. *Francofurti*, 1568.

EICHERT (O.). Vollständiger Wörterbuch zu den Werken des Cajus Jul. Cæsar [456]. *Hannover*, 1861. — 4e éd. *Ibid.* 1871.

EICHHOFF (F.-G.). Parallèle, etc., avec un essai de traduction générale [2291]. *Paris, impr. roy.*, 1836, in-4.

— L'impératrice Victoria, etc. [2130]. — *Annuaire de la Soc. franc. de numismat. et d'archéol.*, 2e an., 1867; 3 p.

EICK (C.-A.). Die römische Wasserleitung aus der Eifel nach Köln mit Rucksicht auf die zunächst gelegenen römischen Niederlassungen, Befestigun gswerke und Heerstrassen. Ein Beitrag zur Alterthumskunde im Rheinlande [11025]. *Bonn, Max Cohen*, 1862; 180 p.

C. r. par J. Freudenberg dans les *Jahrb. des Vereins von Alterthumsfr. im Rheinlande*, t. XLIII, 1867, p. 184.

EISENMANN (Jos.-Ant.). Topographische Lexicon von der kœnigreiches Baiern [10422]. *München*, 1819-20, 2 part.

EISSEN (dr). Visite de Saverne, de Saint-Jean des Choux, de Neuwiller, etc. [8433]. — *Congrès archéol. de Strasbourg*, en 1859-1860, p. 76-93.

— Observations sur le niveau du sol de l'ancien Argentoratum romain, etc. [8384]. — *Bull. de la Soc. pour la conserv. des monts histor. de l'Alsace*, 2e s., t. I, 1re livr., 1862; 4 p.

ELLIS (R.). A Treatise, etc. [2817]. *Cambridge*, 1854.

— Voir Carlisle et Ellis.

ELSTS (Van der). — Voir Van der Elts.

ELTESTER. Bericht an den Verein von Alterthumsfreunden der Rheinlande über die im Herbste 1865 bei Coblenz in der Mosel entdeckten Pfahl- und Steintrümmer einer Brücke und deren Beziehung zum alten Confluentes [nouv. add. 11013 *a*]. — *Jahrb. des Vereins*, etc., t. XLII, 1867, p. 26-44.

EMEL (l'a.). Lettre sur le village de Ruhling [7887]. — *Bull. de la Soc. d'arch. et d'hist. de la Moselle*, 1869, p. 56-58.

Digression sur le mot *macher*.

EMELE. Beschreibung, etc. [10921]. 2e éd., *Mainz*, 1833, in-4; 34 pl.; 493 fig.

ENDLICHER (Étienne). Petit glossaire gaulois découvert à Vienne. (Catalog. codd. mss. Bib. palat. Vindob. pars I. *Vindobonæ*, 1836 p. 199.) — Observations et éclaircissements par M. Whiteley Stokes, de Calcutta [2392]. — *Rev. archéol.*, 2e série, t. XVII, 1868, p. 340-344.

ENDRÈS. Statue antique, etc. [6184]. — *Acad. des sc. de Toulouse*, 5e s., t. IV, 1860, p. 438.

ENGEL (J.-D.). Ueber den Bergbau der Alten in den Laudern des Rheines, der Lahn und der Sieg [11100]. *Siegen*, 1808.

ENGELMANN (Wilhelm). Bibliotheca geographica. Verzeichniss der seit der Mitte des vorigen Jahrhundert bis zu Ende des Jahres 1856 in Deutschland erschienenen Werke über Geographie und Reisen, mit Einschluss der Landkarten, Plane und Ansichten [204]. *Leipzig, W. Engelmann*, 1858; 1225 p.

— Bibliotheca scriptorum classicorum, et Græcorum et Latinorum, Alphabetsiches Verzeichniss der Ansgaben, Uebersetzungen and Erläuterungsschriften der gr. und lat. Schrifsteller des Alterthums welche vom Jahre 1700 bis gegen Ende des Jahres 1878 gedruckt worden sind. 8te Auflage [198]. *Leipzig, W. Engelmann*, 1880 et 1882, 2 vol.

ENJALRIC. * Description inédite d'un monument précieux de la plus haute antiquité (signé E***) [4769]. *Narbonne*, 1822.

ENNEN (d[r]). Römische Baureste unter dem Rathhausplatz zu Köln [11026]. *Jahrb. des Vereins von Alterthumsfr. im Rheinlande*, t. XLI, 1866.

ÉPINOIS (E. de l'). Histoire de la ville et des sires de Coucy [4322]. *Paris, Dumoulin*, etc. S. D. (1838); pl.

Voir aussi E. de Lépinois.

ÉPINOIS (Henri de l'). De la valeur des écrits de Grégoire de Tours [223]. — *Ann. de philosophie chrét.*, 5e s., t. V, 1862, p. 85-94.

ERCEVILLE (Barthélemy-Gabriel-Rolland d'), dit le président Rolland. Recherches des prérogatives des dames chez les Gaulois; sur les cours d'amour [846]. *Paris, Nyon l'aîné*, 1767, in-12; 220 p.

ERRO. Alfabeto de la lenga primitiva de España y esplicacion de sus mas antiguos monumentos, de inscripciones y medallas [10632]. *Madrid*, 1806, in-4.

— Obs. filosof. en favor del alfabeto primitivo, o respuesta apologetica a la censura del cura de Mentuenga [2275]. *Pamplona*, 1807, in-4.

ERSCH (J. Sam.). La France littéraire de 1771 à 1806 [166]. *Hambourg*, 1797 et suiv. 5 vol.

ESCOFFIER (Charles). * Description, etc. [9785]. *Orange, Marchy*, 1700, in-12. — 2e édition (avec le nom de l'auteur en toutes lettres). *Carpentras, Cl. Touzet*, 1702.

ESMONNOT (L.). Note, etc. [4513]. — *Bull. de la Soc. d'émul. de l'Allier*, t. III, 1853; 2 p.; 1 pl.

— Note sur Néris [4507]. — *Congrès archéol. de Moulins*, 1854, p. 357-364.

— Note sur les antiquités de Néris. — Rapport verbal sur une visite à Néris, par A. de Caumont. [4508]. — *Bull. mon.*, t. XXI, 1855, p. 54.

— Rapport sur les objets trouvés dans les fouilles faites à Toulon-sur-Allier [4519]. — *Bull. de la Soc. d'émul. de l'Allier*, t. VI, 1857, p. 24-32; 4 pl.

— Rapport fait à la Société d'émulation de l'Allier sur les collections formées par M. Tudot [4484]. — *Bull. de la Soc.*, t. VIII, 2861, p. 127-133.

— Note, etc. [4472]. — *M. vol.*, p. 439-441; 1 pl.

— Note, etc. [4515]. — *M. rec.*, t. IX, 1863-65, p. 12-22.

— Quelques mots, etc. [1763]. — *M. vol.*, p. 40-44.

ESMONNOT et QUEYROY. * Ville de Moulins. — Exposition archéologique et artistique de 1862. Notice, etc. [4491]. *Moulins*, 1862, in-12; 178 p.

ESNAULT (l'a.). Diss. préliminaires sur l'histoire du diocèse de Sais (Seez) [3790]. *Paris*, 1746, in-12.

— Diss. sur l'établissement de la foi dans les Gaules en général et en particulier dans la Normandie [720].

Fait partie de l'ouvrage précédent.

ESPINAY (G. d'). Énumération, etc. [6522]. — *Congrès archéol. de Fr.*, XXXVIe session; séances g[les] tenues à Loches en 1869 (1870), p. 11-13.

— Analyse, etc. [7647]. — *Mém. de la Soc. d'agr.* etc. *d'Angers*, t. XIII, 1870, p. 53.

— La controverse, etc. [4073]. — *M. rec.*, t. XIV, 1873 (1875), p. 377-444.

ESSELLEN (M.-F.). Das röm. Kastell Aliso, der Teutoburger Wald und die *Pontes Longi*. Beitrag zur Geschichte der Kriege zwischen die Römern und Deutschen. Von Jahrhundert. 12 vor bis 16 nach Christus [10687]. *Hannover*, 1857, gr. in-8; 4 cartes.

ESSIGNY (L.-A.-J. Grégoire d'). Description, etc. [1221 *a*, 3819 *a*]. *Magasin encycloped.*, 1811, t. VI, p. 241-326.

2e éd. complétée dans l'ouvrage suivant.

— Mém. sur l'origine du patois picard, sur ses caractères, sur ses rapports avec les langues qui l'ont précédé, etc.; ouvrage qui a remporté le prix de l'Académie du dép[t] de la Somme; suivi d'un mém. sur les voies romaines, qui a obtenu une mention honorable de la même Académie [9529]. *Paris, impr. Sajou; Péronne, Laisnez*, 1812, in-12; 168 p.

— Diss. sur Bratuspantium [2661].

Dans son *Histoire de Roye*, 1818, p. 13.

ESTANCELIN. Notice, etc. [9459]. — *Mém. de la Soc. des ant. de Normandie*, t. I, 1825, p. 413.

ESTERNO (Cte d'). Mém. sur un ancien canal dont les restes longent la grande route d'Autun à Château-Chinon [8768]. — *Mém. de la Soc. éduenne*, 1844, p. 161-170.

ESTIENNE (Charles). * Guide (la) des chemins de France [1226]. *Paris, Ch. Estienne,* 1552; 207 p.

Voir BARBIER, *Anonymes*, 3e édit.

— Discours des histoires de Lorraine, depuis l'an 460 jusqu'en 1552 [nouv. add. 3616 *a*]. *Paris*, 1552, in-4.

— * Dictionarium historicum, geographicum, poeticum [940]. *Paris, Ch. Estienne*, 1553; 4 vol. in-fol. — 2e éd. *Genève*, 1566; 4 vol. in-fol. — Autres éd. : *Oxford, Nicolas Lloyd*, 1670; — *Londres*, 1686.

Ce dictionnaire transformé est devenu celui de MORÉRI. (Voir ce nom.)

ESTOILLE (Max. de l'). Rapport sur la topographie du dép[t] de l'Allier (anc. province du Bourbonnais) pendant les 4 premiers siècles, présenté à M. le ministre de l'instruction publique par la Soc. d'émul. de l'Allier [4478]. — *Bull. de cette Soc.*, t. VI, 1859, p. 78-97.

Contient une carte des voies rom. par Ed. TUDOT.

— Voir TUDOT (Ed.). — (Collection de figurines.)

ESTRANGIN (Jean-Julien). Not. archéol., etc. [4953]. — *Mém. de la Soc. des ant. de Fr.*, 2e s., t. III, 1837, p. 101.

— L'amphithéâtre, etc.; rapport adressé à l'Académie d'archéologie de Rome [4977]. *Marseille*, impr. *Olive*, 1837; 16 p.

— Études, etc., contenant la description des mon[ts] antiques et modernes, ainsi que des notes sur le territoire [4936]. *Aix*, 1838, 399 p.; carte et pl.

Rapport sur ce travail par le baron de GAUJAL (Voir ce nom). Voir aussiun c. r. de cet ouvrage par G. ABEKEN, dans le *Bull. de l'Instit. de corr. arch.*, 1839, p. 140-143. — Autre éd. (Voir l'article suivant.)

— Description de la ville d'Arles..., de ses Champs-Elysées et de son musée lapidaire, avec une introduction historique [4955]. *Aix*, 1845, in-16.

ETCHEVERRY. Antiq. rom. découvertes (à Mayenne) [7471]. *Mayenne, Moreau-Lacroix*, 1851; 48 p.

ÉTIENNE DE BYZANCE. [914.]

— STEPHANI BYZANTINI de urbibus (græce). *Venetiis*, apud *Aldum* Romanum, 1502, in-fol. (éd. princeps).

— STEPHANUS de Urbibus (græce), G. XYLANDRI Augustani labore repurgatus. *Basileæ*, ex off. *Oporiniana*, 1568, in-fol.

— De urbibus (gr. et lat.) quæ ex mss. codd. restituit, supplevit ac lat. versione et integro commentario illustravit Abr. BERKELIUS : acced. collectæ ab. Jac. GRONOVIO variæ lectiones et admixtæ ejusdem notæ. *Lugduni-Batavorum*, 1688, pet. in-fol.

« Il y a des exemplaires avec un nouveau titre daté de 1694. » (BRUNET.)

— De urbibus (gr. et lat.) quem primus Th. PINEDO Latii jure donabat et observationibus illustrabat : his additae praeter ejusdem Stephani fragmentum collationes Jac. Gronovii cum codice perusino, una cum gemino rerum et verborum indice. *Amstelod.*, *Wetstenius*, 1678, pet. in-fol. — Même éd. avec un nouveau frontispice, 1725.

« On réunit les deux éditions dont le travail est différent ». BRUNET, *Manuel*.

— Stephanus Byzantinus (græce), cum annotationibus L. HOLSTENII, A. BERKELII, et Th. PINEDO : cum Guill. DINDORFII, præfatione, cui insunt lectiones libri Vratislav. *Lipsiæ, Kuhn* (*Weigel*), 1825. 4 vol.

—— Recensuit A. MEINEKE. *Berlin*, 1849.

ÉTIÉVANT (E.). Voies rom. de la Lozère. Rapp. sur les fouilles exécutées à l'emplacement de l'ancienne station rom. de Condate [7132]. — *Bull. de la Soc. d'agr.* etc. *de la Lozère*, t. XX, 1869, 2e part., p. 15-22; 2 pl.

ÉTOC-DEMAZY (Fr.). Diss. sur le pays des Diablintes, ancien peuple du Maine (lue en 1842) [3475 *a*]. — *Bull. de la Soc. d'agr.* etc. *de la Sarthe*, t. V, 1844, p. 257-294; 1 carte.

EUMÈNE. Discours [8743]. — Édition dans les *Panegyrici veteres*, notamment dans les recueils de W. JÆGER (1779) et de H.-J. ARNTZEN (1790-1797). — Traduction, avec le texte et des notes par les a. LANDRIOT et ROCHET. (Voir ces divers noms.)

EUNAPE. Eunapii Sardiani vitas sophistarum et fragmenta historiarum recensuit notisque illustravit Jo. Fr. BOISSONADE; accedit annotatio Dan. WYTTENBACHII [10641]. *Amstelodami*,

Petr. den Hengst, 1822; 2 vol. in-8.

Voir en tête des *Fragmenta* (t. I, p. 457; éd. Commelin, p. 211; éd. dite royale, p. 15) un morceau sur les rapports de l'empereur Julien avec les *Chamavi*.

EURIBALD. * État de la Gaule au ve siècle, etc. [238 *a*].

Pseudonyme. Voir J.-F. Fournel.

EUSTATHE, archevêque de Thessalonique, auteur d'un commentaire sur DENYS LE PÉRIÉGÈTE. (Voir ce nom.)

EUTROPE. [70.]

— Historiæ romanæ Breviarium, notis illustravit ANNA, Fabri filia. *Parisiis*, 1683, in-4.

— EUTROPII Brev. Hist. rom. cum, etc. metaphrasi græca PÆANII, et notis integris El. VINETI, H. GLAREANI, etc.; recens. Sigeb. HAVERCAMP, etc. *Lugd. Bat., Langerack*, 1729.

— Historia romana, cum notis var.; edidit VERHEYCK. *Lugd. Batav.*, 1793.

— Ad libros scriptos editosque recensitam edid. C.-H. TZSCHUCKE, *Leipzig*, 1796.

— Brev. hist. Rom., mit Anmerkungen von F. HERRMANN, *Lübeck*, 1834.

— Histoires, trad. par DUBOIS. *Paris, Panckoucke*, 1834.

Robert Étienne a publié dans son éd. de César (*Paris*, 1544) : Eutropii Epitome belli gallici ex Suetonii monumentis quæ desiderantur. Baehr (Hist. de la litt. rom., 2e éd., t. II, p. 39-40) connaît deux réimpressions qu'il n'indique pas et il déclare que ce morceau est une compilation moderne, faite avec des morceaux d'Eutrope, Orose et autres. Il renvoie là-dessus à Elberling, Observationes criticæ in Cæsarem, Havniæ, 1808, in-8, p. 32, n. 25. » Note ms. de m. E. Egger). — Cp. *Hist. litt. de la France*, t. Ier, part. 2, p. 227.

EUZENOT (l'a.). Note sur une fouille faite... le 4 nov. 1868 [7727]. — *Bull. de la Soc. polymathique du Morbihan*, 2e sem. 1868 (1869), p. 175-177.

— Brittones, etc. [3348]. — *M. rec.*, 1870, p. 20.

EVANS (John). Lettre, etc. [2033]. — *Rev. num.*, 2e s., t. VI, 1861, p. 62-64.

— Instruments de silex, etc. [1409]. *Amiens, impr. Jeunet*, 1864; 147 p.

— On some gold ornaments, etc. [10555]. *London*, 1864; pl.

— The coins, etc. [10332]. *London*, 1864; 26 pl.

EVRARD. Histoire de l'antique v. d'Ahun (fin du XVIe siècle) [5562 *a*]. Publiée par GRANGE en 1857, in-12.

EXPILLY (Claude). Traité, etc. [6589].

Imprimé avec les *Plaidoyers*, in-4, p. 157, dans l'éd. de Paris, 1619. Ouvrage qui a eu 6 éditions : la 1re est de Paris, 1612, in-4.

EXPILLY (l'a. Jean-Joseph). Dictionnaire géographique, historique et politique des Gaules et de la France [1045]. *Paris, Desaint et Saillant; Bauche; Avignon, Joly; Nancy, Henry*, 1762-1770; 6 vol. in-fol.

Ouvrage interrompu à la fin de la lettre S (Symeyrols, près Sarlat).

EYGUIÈRES (Michel d'). Statistique des Bouches-du-Rhône [4823]. 1802.

EYRINGIUS (M.-Elias), alias El. ERINGIUS. De Druidibus [608]. *Lipsiæ*, 1680. p. in-4 (opuscule).

Voir aussi C. S. SCHUZZFLEISCHIUS, *Opera historica*, no 56.

EYRON (Jacques d'). Voir DEYRON.

EYSSETTE (Alex.). Histoire de Beaucaire depuis le XIIIe siècle jusqu'à la Révolution de 1789 [6076]. T. II (seul paru?). *Paris, Gauguet; Beaucaire, Plagnol*, 1867; III-365 p.

EYSSETTE (Charles). Monnaies d'or trouvées à Mazan (Ardèche), 1869 [4603]. — *Mém. de l'Acad. du Gard*, p. 115 et 116.

F

FABERT (c^el^ de). Not. sur la v. de Luxeuil et les antiq. qui s'y trouvent [8704 *a*]. *Congrès archéol. de Fr.*, XIIIe session, tenue à Metz en 1846 (1847), p. 195-201.

FABRE (Augustin). Histoire de Marseille [4866]. *Marseille, impr. Olive; Paris, Delacroix*, 1829-1831. 3 vol.

— Les Rues de Marseille [4871]. *Marseille, Camoin*, 1867-69. 5 vol.

FABRE (M.). Mémoire, etc. [5248]. *Bourges*, 1838, (in-8?).

La couverture porte en titre : *Description*

physique du département du Cher et considérations géologiques sur le mode de formation des terrains métazoïques. — Travail presque exclusivement géologique.

FABRE d'OLIVET. — Voir DETORCY DE TORCY.

FABREGUETTE et CAPORAL. Lettres, etc. [1355]. — *C. r. de l'Acad. des sc.*, t. IV, 1836, in-4, p. 182 et 551.

FABRETTI (Raphaël). Inscriptionum... explicatio et additamentum ; una cum aliquot emendationibus gruterianis, etc. [2165]. — *Romæ, Fr. Ant. Galleri*, 1702, p. in-fol.

Quelques inscr. gallo-rom. ou portant *Sub ascia dedic.*

FABRETTI (A.). Corpus inscriptionum italicarum antiquioris ævi ordine geograph. digestum, et glossarium italicum vocabula umbrica, sabina, osca, volsca, etrusca, etc. [2224]. *Augustæ Taurinorum*, 1867. 2 vol. in-4 ; 58 pl.

Continué sous le titre de : *Supplementa alla raccoltà delle antich. iscrizioni ital., con alcune osservazioni paleografiche e grammaticali.* Parte I. *Roma*, 1872, gr. in-4.

FABRICIUS (Georgius). Romanarum antiquitatum libri II. — Itinerum liber I. — Nuptiarum libri II [1227]. *Basileæ*, 1560 ; fig.

FABRICIUS (Johannes-Albertus). Bibliotheca latina [168]. *Hamburgi*, 1697 ; 2 vol. — 2e éd. *Londres*, 1703. — 3e éd. *Hamb.*, 1708. — 4e éd. donnée par ERNESTI. *Lipsiæ*, 1773. 3 vol.

— Isagoge in notitiam scriptorum historiæ gallicæ, quâ continentur : 1° And. DUCHESNE, bibliotheca chronologica scriptorum regni Francici ; 2° Chr. GRYPHII, scriptorum sæculi XVIIi de rebus gallicis ; 3° Herm. Dict. MEIBOMII, de gallicæ hist. periodis et scriptoribus dissertatio [151]. *Hamburgi*, 1708.

— Bibliotheca antiquaria, sive introductio in notitiam scriptorum qui antiquitates hebraicas, græcas, romanas et christianas scriptis illustrarunt [158]. *Hamburgi*, 1713, in-4. — 2e éd. *Ibid.* 1726, in-4. — 3e éd. intitulée : *Bibliographia antiquaria*, etc. (comme ci-dessus), editio IIIa ex ms. auctoris insigniter locupletata et recentissimorum scriptorum recensione aucta studio et opera Paulli SCHAFFSHAUSEN. *Hamburgi, Car. Bohn*, 1760. 2 vol. in-4.

Voir notamment chap. VIII, 29 et chap. XXIII.

— Bibliotheca nummaria [1879]. *Hamburgi*, 1719, in-4.

Publié d'abord à la suite de BANDURI, *Numismata imperatorum romanorum*, 1718, in-fol.

FABRICY (le p. Gabriel). Rech. sur l'époque de l'équitation, etc. où l'on montre l'incertitude des premiers temps histor. des peuples, relativement à cette date [1737]. *Marseille, J. Mossy; Paris, P. Durand*, 1764-1765. 2 vol.

C. r. dans les *Mémoires* de Trévoux, avril 1765, p. 1130 ; — juillet, p. 197.

FAELSIN (J.-C.), en latin FULSINUS, Édr. * Scriptores historiæ helveticæ qui latino sermone scripserunt clarissimi editi [10763 *a*]. *Tiguri*, 1735, in-fol.

— Compendium, etc. [10763]. *Tiguri*, 1734.

FAESCHIUS (L.). Disquisitio de rebus Helvetiorum usque ad Vespasiani imperatoris tempora, quam, Præside J. Ch. Beckio, publico examini submittit L. Faeschius, Basileensis [nouv. àdd. 10763 *a*]. *Basileæ*, 1742, in-4.

FAGES DE CHAULNES (Gabriel de). Origines, etc. [4085]. *Au Puy*, impr. *Marchessou*, 1861 ; 47 p.

Reproduction dans les *Ann. de philos. chrét.*, t. LXIII, 1861, p. 309 et 325.

FAIDHERBE (gal). Rech. anthropologiques, etc. [1692]. — *Bull. de l'Acad. d'Hippone* (Bône), 1868, p. 1-80.

FAILLON (l'a.). * Monuments inédits, etc. [3923]. *Paris, Migne*, 1848. 2 vol. — 2e éd. *Ibid., id.*, 1865, in-4.

FALCONNET. Remarques, etc. [1017]. — *Mém. de l'Acad. des inscr. et b.-l.*, t. XV, 1753, p. 13-38.

FALLUE (François-Léonor, dit Léon). Mémoire, etc. [1825]. — *Mém. de la Soc. des ant. de Normandie*, t. IX, 1835, p. 180 et 223.

Mention honorable de l'Acad. des inscriptions.

— Mém. sur les antiq. de la forêt et de la presqu'île de Brotonne, etc. [9377]. — *M. rec.*, t. X, 1837, p. 369.

Mention honorable de l'Acad. des inscr.

— Notice, etc. [9405]. — *M. rec.*, t. XII, 1841, p. 117.

— Histoire, etc. [9401]. *Rouen*, 1841 ; 491 p.

— Classement, etc. [3404]. — *Rev. num.*, t. XX, 1855, p. 271-276.

Cp. de LAGOY, *Notice*, etc. [1969].

— Dissertation, etc. sur les oppida gaulois, les camps-refuges gallo-romains et particulièrement sur la cité de Limes et Caledunum (Caudebec) [1826, 9377, 9445]. — *Rev. archéol.*, t. XII, 1855, p. 445. — T. à p. *Paris, Lahure*, 14 p.

— Sur qq. mon^ts^, etc. [5085]. — *Rev. archéol.*, t. XIV, 1857, p. 213. — T. à p., 8 p.; 1 pl.

— Sur les mouvements, etc. (VIIe livre des Commentaires), lu à l'Acad. des inscr. et b.-l. dans la séance du 6 août 1858. [2511]. — *M. rec.*, t. XV, 1858, p. 275. — T. à p.

— Antiquités, etc. [9152]. *Paris*, 1859.

— Du plateau, etc. des eaux d'Alésia, etc. [2548]. *S. l.*, 1862.

— Réponse, etc. [2549]. — *Spectateur militaire* du 15 novembre 1862. — T. à p.; 4 p.

— Note, etc. [9152 *a*, 9260]. — *Rev. archéol.*, 2e s., t. V, 1862, p. 375-377; 1 pl.

— Note, etc. [9285]. — *M. rec.*, m. s., t. VI, 1862, p. 380-382; 1 pl.

— Conquête des Gaules. Analyse raisonnée, etc. [439]. *Paris, Ch. Tanera*, 1862; IV-394 p.; 1 carte.

— Examen critique, etc. [2550]. — *Rev. française* du 1er janvier 1865. — T. à p. *Paris, Dentu*; 7 p.

— Le Passage de l'Aisne, etc. [4195]. — *M. rec.*, 1864, p. 395-406 (T. à p., 1863; 1 carte). — *Bull. de la Soc. acad. de Laon*, t. XIV, 1864.

— Alesia, etc. [2551]. In-4; 4 p.; 1 pl. lithogr.

— Un dernier mot, etc. [2552]. *S. l. n. d.*

— Annales de la Gaule avant et pendant la domination rom. [379]. *Paris, A. Durand*, 1864; XI-463 p.

— De l'armement, etc. — A propos des armes antiques postérieures de plusieurs siècles à la conquête, trouvées devant Alise-Ste-Reine [1858, 2580]. — *Rec. des publications de la Soc. havraise d'études diverses*, 1865 (1866), p. 277-290.

— A propos des armes trouvées à Alise-Sainte-Reine [2580]. — *Paris*, 20 fév. 1865; 4 p.

— Casques gaulois, etc. [1819, 5086]. — *Rev. archéol.*, 2e s., t. XIII, 1866, p. 260-263. — T. à p. *Paris*, 1857; 4 p.; 1 dessin.

— De l'art, etc.,.. *Graffiti* provenant des grottes de la Dordogne et qui ont trouvé place à l'Exposition univ. [1430, 5597]. — *Rev. artistique* du 15 janv. 1867. — T. à p.; 8 p.

— * De l'art, etc. Examen critique des âges de pierre, de bronze et de fer [1501]. — *Paris*, (vers 1867); 6 p.; 1 pl.

— Études archéologiques, etc. [451 *a*]. *Paris, Aug. Durand*, etc., 1867, in-12.

— Notes inédites, etc. [9324]. — *Rec. des public. de la Soc. havraise d'ét. div.*, 34e an., 1867 (1868), p. 217-228.

— Sur les études archéologiques, etc. [1332]. — *Rev. artistique* du 15 fév. 1868.

— Des v. gauloises, etc. [2671, 2886].

FANTONI. Istoria, etc. [9754]. *Venetia*, 1678. 2 vol. in-4.

FAREZ (Fénelon). Lettre aux directeurs de la *Rev. de la num. belge*, sur la médaille portant ARTVE, etc., attribuée à l'Ardenne par M. Lelewel et à la Bretagne par M. de Saulcy [2030 *a*, 3086]. — *Rev. de la num. belge*, 3e s., t. IV, 1860, p. 229.

— L'Homme préhistorique [1449]. — *Mém. de la Soc. d'agr. etc. du Nord, séant à Douai*, 2e s., t. X, 1871, p. 137-180.

FARGÈS-MÉRICOURT (P.-J.). Annuaire, etc. [8344]. 1805-16. 11 vol. in-12.

— Mémoire historique, etc. contenant des not. topogr. et histor. sur l'état ancien et actuel de cette v., suivi d'un aperçu de statistique g^le^ du Bas-Rhin [8379]. *Strasbourg, Levrault*, 1821, in-12.

— Description de la ville de Strasbourg contenant des notices topographiques et hist. sur l'état ancien et actuel de cette ville, suivie, etc. [8345]. — *Strasbourg et Paris, Levrault*, 1825, in-12. — Supplément. 1828.

FARIN (F.). * Hist. de la v. de Rouen [9341]. — *Rouen, J. Hérault*, 1668. 3 vol. in-12. — 2e éd., ref. et augm. par J. Le Lorrain. *Rouen, Hérault*, 1710. 3 vol. in-12. — 3e éd. refaite par D. Ignace et revue (par du Souillet). *Rouen, Lebrun*, 1738. 2 vol. in-4.

FARINES. Notice, etc. [8339]. — *Soc. acad. des Pyrénées-Orientales*, t. III, 1837, p. 47-50.

FAU (**Robin du**). Bref discours, etc. [3048]. *Paris*, 1582.

FAUCHÉ-PRUNELLE (**Alexandre**). Essai sur les anc. institutions ... des Alpes Cottiennes-Briançonnaises, augmenté de rech. sur leur ancien état politique et social, sur les libertés et les principales institutions du Dauphiné, ainsi que sur plusieurs points de l'hist. de cette prov.; précédé d'un aperçu histor. et romantique sur le Briançonnais, etc. [3013]. *Grenoble, Vellot; Paris, Dumoulin*, 1857. 2 vol.

— Recherches, etc. [3463]. — *Grenoble, Prudhomme*, 1863; 175 p.

FAUCHER (**Denis**). [*Ms.*] Annales Provinciæ, libri quinque [3880].

Ouvrage mentionné dans la *Biblioth. histor.*, t. III, n° 38046.

FAUCHET (**Claude**). Les antiquitez et histoires gauloises et françoises depuis l'an du monde 3350 jusqu'à Clovis, en 2 livres, recueillies par le président FAUCHET [251, 1260]. *Paris, Jacq. Dupuys*, 1579, in-4. — 2e éd. *Ibid.*, *J. Perier*, 1599, in-8. — 3e éd. (posthume), sous ce titre : Antiquitez gauloises, contenant les choses advenues en Gaule jusques à la venue des François. *Paris, David Le Clerc et Jean de Heucqueville*, 1610, in-4. — 4e éd. *Genève*, 1611, in-4.

FAUCHET. Statistique du Var [9694]. An X.

FAUDEL (**dr**). Note sur la découverte d'ossements fossiles humains dans le lherm de la vallée du Rhin, etc. [8452]. — Suivie de : Rech. chimiques, etc. sur ces ossements par SCHEURER-KESTNER. — *Bull. de la Soc. d'hist. naturelle de Colmar*, 6e et 7e an. 1866. — T. à p. 1867; 42 p.; 1 pl.

FAULTRIER (**G. de**). Relation, etc. [7793]. — *Bull. de la Soc. d'arch.* etc. *de la Moselle*, 7e an., 1864; 11 p.

FAURIEL (**Claude-Ch.**). Histoire de la Gaule méridionale sous la domination des conquérants germains [3676]. *Paris, Paulin*, 1836. 4 vol.

C. r. dans le *Journal des savants*, par PATIN; 1er art.; 1838, p. 193; 2e et dernier, p. 287.

FAURIS DE St-VINCENS (**Jules-François-Paul**). Mém. sur les monnaies, etc. [4877]. 1771, in-4; 3 pl.

Réimprimé en 1805, par A.-J.-A. FAURIS DE St-VINCENS, fils de l'auteur.

— Médailles de Marseille [4883]. 3 pl.

Mém. publié d'abord dans l'*Hist. de Provence* de l'abbé PAPON, t. I, 1777, p. 647, puis par A.-J.-A. FAURIS DE St-VINCENS (voir ce nom), an VIII

— Mém. sur les monnaies qui eurent cours en Provence depuis la fin de l'empire d'Occident jusqu'au XVIe siècle [3912], avec 3 pl.

Inséré (sans nom d'auteur) dans le tome III l'*Histoire de Provence*, par l'a. PAPON (voir ce nom), t. II, 1778, p. 534; t. III, 1784, p. 570. — Une partie de ce travail avait paru en 1770.

— Mémoire, etc. [4900]. — *Mag. encyclop.*, 5e an., 1799, t. III, p. 369.

Reprod. par A.-J.-A. FAURIS DE St-VINCENS. (Voir ce nom, an VIII.) Cp. d'ANSSE DE VILLOISON, an. 1799. — Pour les autres mém. de J.-P.-Fr. Fauris de St-Vincens, voir les deux premiers articles de A.-J.-A. Fauris de St-Vincens, son fils.

FAURIS DE St-VINCENS (**Alexandre-Jules-Antoine**). Not. sur J.-Fr.-Paul Fauris de St-Vincens [4840]. — *Mag. encyclop.*, 4e an., 1798, t. IV, p. 461-479. — Addition du C. MILLIN, p. 479-483. — 2e éd. *Aix*, impr. *Ant. Henricy*, an VIII, in-4; 68 p. plusieurs grav.

La seconde éd. de cette not., augmentée d'une quinzaine de pages, est suivie (p. 35-68) des mém. suivants de J.-Fr.-P. FAURIS DE St-VINCENS. Inscription gr. tirée de la maison qu'avait habitée Peiresc. 1 pl. (Cp. le mém. de CHARDON LA ROCHETTE sur cette inscr., dans le *Magasin encyclopédique*, 5e an., 1799. t. V, p. 7). — Médailles de Marseille. 3 pl. 9 pl. (Voir ci-dessus.) — Tombeau qui existait dans le palais de justice à Aix. 1 pl. (lu en 1786). — Pavé en mosaïque découvert près de l'hôpital d'Aix en 1790, représentant une scène de comédie, les masques, les ornements, etc. et 2 autres pl. de mosaïque, 3 pl. — (Mém. préparé pour l'Acad. des inscr. et b.-l.). — Mém. sur une urne sépulcrale et et une inscr. en vers grecs trouvée à Marseille en l'an VII (déjà publiée dans le *Mag. encyclop.*, 5e an., 1799, t. III, p. 369. — Inscr. gr. sur un cippe trouvé dans les fondements de St-Victor de Marseille. 1 pl. — Not., par d'ANSSE DE VILLOISON, sur qq. anciennes médailles du cabinet de feu J.-F.-P. Fauris St-Vincens. 1 pl. et addition de A.-L. MILLIN, publiées d'abord dans le *Mag. encyclop.*, *m. vol.*, p. 475 et 483. — 3e éd. (voir l'art. suivant).

— Recueil de divers monts d'antiq. trouvés en Provence, précédé d'une notice sur la vie de M. Fauris de St-Vincens par A.-J.-A. FAURIS DE St-VINCENS son fils [3916]. *Paris, De Bure*, 1805, gr. in-4; 17 pl.

— Mémoire, etc. [4875]. — *Mag. encyclop.*, 5e an., t. IV, 1799.

— Découverte d'antiquités à Conil, près d'Aix [5004]. — *M. rec.*, 9e an., 1803, t. VI.

— Mém. sur un monument votif, etc. [4924]. — *Mém. de l'Acad. de Marseille*, t. II, 1804, p. 33.

— Not. des monuments antiques, etc. [4839]. *Marseille, Achard*, 1805.

— Mém. sur la position de l'ancienne cité d'Aix [4911]: — *Mag. encyclop.*, 1812. — T. à p. *Aix, Pontier*, 1816.

— Mémoire, etc. [4918]. — *M. rec.*, an. 1817, et *Mém. de la Soc. acad. d'Aix*, t. I, 1819, p. 194-211.

— Description des mon. antiq. et curiosités de la ville d'Aix [4917]. *Aix, Pontier*, 1818.

Voir *Notice sur la vie et les travaux d'A.-J.-A. Fauris de St-Vincens* dans les *Mém. de la Soc. acad. d'Aix*, t. II, 1823, p. 3.

FAUX (dr). Qq. réflexions sur d'anciennes monnaies bretonnes, d'après la « Mythologie des druides bretons » de Davies [3346]. — *La Picardie*, 1863. — T. à p. *Amiens*, typ. *Lenoël-Hérouart*, 1863; 52 p. et pl. (Voir Davies.)

FAVORINUS (d'Arles) ou Phavorinus. Favorini eclogæ, græce [2401]. — *Venise, Alde*, 1496, in-fol.

Voir sur Favorinus, Hoffmann, *Bibliogr. Lexicon*, art. *Phavorinus*, Engelmann, *Biblioth. scriptor. gr.*, Fabricius, *Bibl. gr.*, t. II, p. 59, et dans l'éd. Harles, t. III, p. 170. — Voir aussi ce qui nous reste de Favorinus dans les *Eclogæ* de Stobée.

FAVRE, de Sens. Extrait d'une lettre, etc. [4145]. — *Mém. de la Soc. des ant. de Fr.*, t. VII, 1826, p. 45.

FAVREL (l'a. P.). Rech. histor. sur les Lingons [7447]. — *Mèm. de la Soc. h. et arch. de Langres*, t. I, 1847, p. 36-41, in-4.

FAVYN (A.). Histoire de Navarre [3712]. *Paris*, 1612. 2 vol. in-fol.

FAY (Paulin). Dictionnaire géographique de la Nièvre. Nomenclature des villes, villages, etc., précédée de la statistique générale de ce dépt [7900]. — *Nevers, J.-B. Fay*, 1860.

FAYARDIE (Jourdain de la). [*Ms.*] Description et représentation des anciens monts de la v. de Périgueux et de ceux qu'on a découverts dans ses environs; présentée à l'Académie de Bordeaux en 1759, 1760, 1761, 1762 et 1764 [5601].

Mention dans la *Biblioth. histor.*, t. III, n° 37575.

FAYDIT (l'a. P.-Val.). * Conformité des églises de France avec celles d'Asie et de Syrie, dans leurs différends avec Rome [700]. *Liége, J. Henry*, 1689, in-12.

FAYE (Léon). Dolmens d'Ardillière [5203]. — *Mém. de la Soc. des ant. de l'Ouest*, 1838; 7 p.

— Dolmens de Charras [9948]. — *M. rec.*, an. 1846; 10 p.

— Antiq. de Rochefort [5210]. — *Bull. de la m. Soc.*, 2e trim. 1848.

— Examen, etc. [2935 *a*]. — *Mém. de la Soc. d'agr.* etc. *d'Angers*, 2e s., t. III, 1852, p. 305-354.

— Un dernier mot, etc. [2936]. — *Bull. de la Soc. des ant. de l'Ouest*, 1er trim. 1854; 11 p.

FAYS (l'a. **Dordelu du**). Obs. histor. sur la nation gauloise, sur son origine sa valeur, ses exploits, sa puissance, avec l'établissement des Galates en Asie; leur origine, leurs mœurs, leur religion et leur gouvt [307]. *Paris*, 1746, in-12.

C. r. dans les *Mém. de Trévoux*, mars 1747, p. 480.

FAZY (H.). Notes, etc. [10888]. — *Genève*, 1859, in-4; 1 pl.

— Lettre, etc. [10787]. — *Rev. archéol.*, 2e s., t. II, 1860, p. 432.

Réponse à l'art. publié *m. vol.*, p. 165.

— Lettre annonçant, etc. [8979]. — *M. rec.*, m. s., t. IV, 1861, p. 402.

— Genève, etc. [10889]. *Genève*, 1868, in-4; 6 pl. d'inscriptions.

FEAUTRIER. Notice historique, etc., précédée d'un aperçu sur qq. monts inédits, découverts dans la même localité [5011]. — *Répertoire de la Soc. de statist. de Marseille*, t. III, 1839, p. 441-468.

— Attribution, etc. [4004]. 1 vign. — *Rev. num.*, t. VII, 1842, p. 5-11, et *Répertoire de la Soc. de stat. de Mars.*, t. VII, 1843, p. 230.

— Étude, etc. [8575]. — *M. rec.*, t. XXVIII, 1866, p. 50-66.

— Médailles, etc. [8617]. — *M. vol.*, p. 66-68.

FÉDÉRIQUE (C.-A.). Découvertes, etc. [5029]. — *Bull. de la Soc. des ant. de Normandie*, 7e an., 1867, t. IV, p. 246.

FÉLIBIEN (dom Michel). Histoire de la v. de Paris, composée par D. FÉLIBIEN, revue et mise au jour par D. Guy-Alexis LOBINEAU [9021]. *Paris*, 1725. 5 vol. in-fol. fig.

Les t. 3, 4, 5 sont de Lobineau.

FÉLIGONDE (Pélissier de). [*Ms.*] Dissertation, etc. [2257].

« Dans les registres de la Société littéraire de Clermont-Ferrand. » Biblioth. histor., t. I, n° 3777.

— [*Ms.*]. Dissertation, etc. [295].

Lue devant la m. Soc. à l'assemblée publique de 1753, et conservées dans ses registres.— Court extrait dans le *Merc.* de déc. 1753, p. 31. (D'après la *Biblioth. histor.*, t. I, n° 3757.)

FELL (J.). Rerum Anglicarum scriptores [10243]. *Oxonii*, 1684, in-fol.

FENDT (Tobie). Monumenta sepulcrorum cum epigraphis ingenio et doctrina excellentium virorum, etc. [1621]. 1554, in-fol.; 125 pl.

FENEL (l'a.). Remarques, etc. [1018] (lues en 1745). — *Mém. de l'Acad. des inscr. et b.-l.*, t. XX, 1753, p. 39-51.

— Plan systématique, etc., avec des réflexions sur le changement de religion arrivé dans les Gaules, et ensuite dans la Germanie, entre le temps de Jules César et celui de Tacite [516]. — *M. rec.*, t. XXIX, 1756, p. 345. 2 mémoires.

FÉRAUD (J.-J.-N.). Géographie des Basses-Alpes [4531]. 1844, in-12.

Quelques détails sur les antiquités du pays.

FÉRAUD (L.-Ch.). Monuments dits celtiques, etc. [1533]. — *Not. et Mém. de la Soc. archéol. de Constantine*, 1863 et 1864, 18 p. — (Voir aussi *Rev. archéol.*, 2e s., t. XI, 1865, p. 202-217.

FÉRET (F.-G.). Recherches, etc. [9444]. — *Mém. de la Soc. des ant. de Normandie*, t. III, 1825, p. 3; 1 plan. — T. à p. *Dieppe*, m. d.

— Lettre, etc. [9462]. — *Bull. mon.*, t. IX, 1843, p. 92.

FERGUSON. Exploration, etc. [7737]; 4 pl.

FERNANDEZ GUERRA Y ORBE (Aureliano). Trois sarcophages chrétiens, etc. [10606]. — *Bull. mon.*, t. XXXIII, 1867, p. 39-51.

FERNEL père. Notice, etc. [9330]. - *Mém. de la Soc. des ant. de Norm.*, t. XI, 1840, p. 173.

— Notice, etc. [9396]. — *M. rec.*, t. XVII, 1847, p. 181.

FERRAND DE SALIGNY. Notes, etc. [3270]. — *Mém. de la Soc. des ant. du centre*, t. III, an. 1869-1870, p. 37.

FERRAND (Stanislas). Les Arènes, etc. [9134]. *Paris, A. Morel*, 1870, in-18.

FERRERAS (don Juan de). Historia de España [10588]. *Madrid*, 1700-1727. 16 vol. pet. in-4.

FERRET (P.-J.). Notice, etc. [9391]. *Paris, Béchet aîné*, 1824; plus. pl.

FERRIÈRE (l'a. de la). Abrégé de l'Histoire de Nîmes, avec une description des ouvrages anciens et modernes de la Fontaine [5941 *a*.]. *Nismes, M. Gaude*, 1853, in-12.

FERRON (A.), en latin FERRONUS. De rebus gestis Gallorum libri IX [237]. *Lutetiæ*, 1550, in-fol.

FERRY (H. de). Note, etc. [8815]. — *Rev. archéol.*, 2e s., t. XV, 1867, p. 434-436.

— L'Ancienneté de l'homme dans le Mâconnais, ou Note sur différents gisements d'instruments en silex, découverts aux environs de Mâcon [3645]. *Gray, A. Roux*, 1867, in-4; 15 p.; 2 pl.

— L'Homme préhistorique du Mâconnais [3645 *a*]. 1868.

— Études, etc. [8728]. — *Ann. de l'Acad. de Mâcon*, t. VIII, 1869, p. 264-287.

— Les Gisements, etc. [3979 *c*]. — *M. vol.*, p. 345-368.

— L'Age du renne. — V. ARCELIN ET H. DE FERRY.

FERRY (H. de), **A. ARCELIN** et **PRUNER-BEY**. Le Mâconnais préhistorique; mémoire sur les âges primitifs de la pierre, du bronze et du fer en Mâconnais et dans quelques contrées limitrophes, ouvrage posthume, par H. DE FERRY, avec notes, additions et appendice par A. ARCELIN; accompagné d'un supplément anthropologique par le Dr PRUNER-BEY. Publié aux frais de l'Académie de Mâcon [3646]. *Mâcon, Durand; Paris, Reinwald*, 1870, in-4; 136 p.; 42 pl.

FERVEL (J.-N.). Histoire, etc. [4561]. *Paris, Hetzel, Jung-Treuttel*, 1862, in-18; 338 p.

FESNEAU (Yves-J.-J.). Rapport [5585]. — *Mém. de la Soc. des sc. nat. et d'antiq. de la Creuse*, t. Ier, 1847 (c. r. de 1843), p. 49.

— Rapport, etc. [5577]. — *M. vol.* (c. r. de 1844), p. 62-65.

— Breith (ville peinte). Tumulus de Bridiers; — camps dits de César [5569]. — *M. rec.*, t. III, 1862, p. 201, 217.

FESSLER (D.). Attila, etc. [140]. *Augsbourg*, 1803.

FÉTIS (François-Joseph). Histoire générale de la musique, depuis les temps les plus reculés jusqu'à nos jours [1507 *a*]. *Paris, Didot*, 1869-76. 5 vol. gr. in-8.

FEUARDENT (A. de). Histoire d'Auteuil, depuis son origine jusqu'à nos jours [9146]. *Paris*, 1855, in-18.

— Essai, etc. [2113]. *Cherbourg*, 1857.

FEUILLE (de la). Diss. sur l'antiquité de Chaillot, pour servir de mémoire à l'histoire universelle [9148]. *Paris, Prault*, 1736, in-12.

FEUILLOLEY. Notice, etc. [9276]. *Magny, Petit*, 1865, in-18; 1 grav.

FÉVEZ. Notice, etc. [9625]. — *Mém. de la Soc. des antiq. de Picardie*, t. IV, 1841, p. 435.

FEYDEAU (Ernest-Aimé). Histoire, etc. [1663]. Planches et plans exécutés sous la direction d'Alf. Feydeau. *Paris, Gide*, 1857-1861. 3 vol. gr. in-4.

FICHOT (Ch.). Album pittoresque de l'Aube [4671]. — Voir Aufauvre.

FICKLER. Die Donauquellen, etc. Geographische Untersuchung [1189]. *Carlsruhe*, 1840.

— Römische Alterthümer, etc. [11037]. 1865; pl.

— Neuestes aus Ladenburg-Lopodunum [11039 *a*]. — *Archæolog. Zeitung*, t. XXVI, 1862, p. 28-29, et *Jahrbüch. des Vereins von der Alterthumsfreunden im Rheinlande*, t. XLVI, 1869, in-4, p. 110-111.

[Cp. Fickler, und Th. Mommsen, *Ladenburg-Lopodunum*. — Archæolog. Anzeiger, t. XXV, 1867, p. 217.]

— Eine Inschrift der dritten aquitanischen Cohorte [11118]. — *M. vol.*, p. 112-113.

Cp. Fickler und Th. Mommsen, Ein Widmungsstein der dritten aquit. Coh. — Arch. Zeit., t. XXVI, 1868, p. 61-62.

FIEDLER (Franz-Ant.-Max). Géographie des transalp. Gallien nach, C. J. Cæsars Commentarien de Bello Gallico, nebst einer Erklærung der ubrigen darin workommenden geographischen Namen; zum Gebrauch in Gymnasien [1073]. *Essen, Bædeker*, 1828; avec 1 carte. — Gallia antiqua ad C. Jul. Cæsaris commentarios de B. G. Feuille lithogr. *Vesale, Bagel*, 1847.

— Die Röm. Inschriften in Xanten, erklært [11078]. *Wesel, Becker*, 1839, in-4; 1 pl.

— Eine römische Schnalle mit Schrift [11108]. — *Jahrb. des Vereins von Alterthumsfreunden im Rheinlande*, t. XLII, 1867, p. 72-75; vignettes.

— In Blei, etc. Bleierner Deckel mit griechischer Inscrift [11079]. — *M. rec.*, t. XLVII-XLVIII, 1869, p. 157-159.

P.-P. Matthieu (*le Puy-de-Dôme, ses ruines*, etc. 1876, p. 89) cite et analyse un mémoire de Fr. Fiedler, sur le culte des matrones et du Mercure arverne. (*Die Gripswalder- und Mercuriussteine erlæutert*. Bonn, Marcus, 1863; 24 p. 1 pl.)

FIERVILLE (Ch.). Notice, etc. [5889]. — *Mém. lus à la Sorbonne en* 1864 (archéologie), 1865, p. 189.

FIGANIERE (Jorge-Cesar de). Bibliotheca, etc. [10997]. *Lisboa*, 1850.

FIGUIER (Louis). La Terre avant le déluge [nouv. add. 1441 *a*]. *Paris*, 1862; 8 cartes, 30 pl., 316 fig. — 7e édit., 1872.

T. Ier du *Tableau de la nature*, en 10 vol. — Voir aussi le t. IX (*l'Homme primitif*), 1869. 3e édit. 1872.

FILHOL (Édouard). Annales de la ville d'Auch [6210]. *Auch*, impr. Portes, 1835.

FILIPPINI (A.-P.). Storia di Corsica [5334]. *Pise*, 1832. 5 vol.

FILLIOUX (Antoine). Lettre à Ad. Duchalais sur les antiq. celt. et gallo-rom. dans le départ. de la Creuse [5544]. — *Mém. de la Soc. des sc.* etc. *de la Creuse*, t. II, 1854; 16 p.

— Lettre à Alix Dufaï (même sujet) [5545]. — *M. vol.*, 1855; 18 p.

— Lettre à M. F. Ponsard (même sujet) [5546]. — *M. vol.*, 1856; 20 p.

Une 4e lettre, adressée à M. du Sommerard, ne parle que d'objets du moyen âge.

— Découv. archéol. faites récemment dans la Marche (1858) [3665]. — *M. rec.*, 1862; 12 p. — Découv., etc. (même sujet), 1859, *m. vol.;* 12 p.

— Description d'un trésor composé de 36 méd. gaul. en argent, trouvées à Breth (Bridiers) près la Souterraine [5570]. — *M. vol.* — T. à p. *Guéret;* 11 p.; 1 pl.

C. r. par Henri MARTIN, *Siècle* du 3 sept. 1866.

— Guéret, etc. [5562]. — *M. vol.;* 12 p.

— Description, etc. — Nouvel essai d'interprétation et de classification des monnaies de la Gaule [2057]. — *M. rec.*, t. IV, 1864. — T. à p.; 62 p., 1 pl.

— * Notes, etc. (signé A. F.) [5574]. — *Congrès archéol.*, XXXIIe session, tenue à Guéret en 1866, p. 184.

— Nouvel essai, etc. [2057]. 2e éd. *Paris, Rollin; Didier.* 1867; 348 p.; 6 pl.

C. r. par E. Hucher, *Rev. num.*, 2e s., t. XII, 1867, p. 290-306.

— Les Urnes, etc. [5555]. — *Mém. lus à la Sorbonne*, en 1868; 12 p.

FILLON (**Benjamin**). Découverte, etc. [9971]. — *Mém. de la Soc. des ant. de l'Ouest*, 1844; 18 p.; 1 pl.

— Rapp. sur divers objets antiques, etc. [3858]. — *Rev. archéol.*, t. II, 1845; p. 599.

— Recherches, etc. [9849]. T. I (unique). *Fontenay, Nairière-Fontaine*, 1846.

— Description, etc. augmentée d'un essai sur le Bas-Poitou avant le VIIIe s. [9859]. *Fontenay, Robuchon*, 1849, in-4; 5 pl.

— Études num., etc. [9924]. *Fontenay-le-Comte, Charvet*, 1855; 179 p.; 5 pl.

— Mém. sur une découv. de monnaies, ustensiles et bijoux de l'époque gallo-rom., faite près du Veillon, canton de Talmond (Vendée) [9860]. — *Annuaire départemental de la Soc. d'émul. de la Vendée*, 3e an., 1856 (1857). — T. à p. sous ce titre : Mém. sur une découv. de monn. de bij. et d'ust. des IIe et IIIe siècles, faite en Vendée. *Napoléon-Vendée, Sory*, 1857; 64 p. 1 grav.

— Restes rom., etc. [9850]. — *Bull. de la Soc. des ant. de l'Ouest*, 4e trim. 1858; 2 p.

— Nalliers, etc., ses ant. romano-gaul., ses légendes, son état actuel, par Benjamin et C. FILLON [9852]. *Fontenay-le-Comte, Robichon.* 1865, in-4; 32 p. 1 pl. gravée par M. Octave de ROCHEBRUNE.

Extrait de *Poitou et Vendée.*

— Coup d'œil, etc. [3868]. *Ibid.*, *id.* 1865, gr. in-4; fig. Extrait de *Poitou et Vendée.*

Placé par erreur sous le nom de GOUJET dans le Catalogue méthodique.

FINK. Vollstændiger Orts-lexicon der Schweiz [10808]. *Zürich*, 1862, gr. in-8.

FISCHER (**Achille**). Encore Gergovia! [2733 *b*]. — *Ann. sc.*, etc., *de l'Auvergne*, t. XXVIII, 1855, p. 399-416; 1 carte de Gergovia et des camps de César.

FISCHER (**Dagobert von**). Das Alte Zabern archæologisch und topographisch dargestellt [8434]. — *Zaberner Wochenblatt.* — T. à p. *Saverne*, impr. *Castillon-Gilliot*, 1869; 236 p.

FISQUET (**Honoré Jean-Pierre**). La France pontificale (Gallia Christiana). Histoire chronolog. et biograph. des archevêques et év. de tous les dioc. de France, depuis l'établissement du christianisme jusqu'à nos jours [747]. *Paris, Repos*, s. d. (depuis 1864).

Pour les parties publiées, voir LORENZ, t. II et V.

FIVEL (**Théodore**). Inscription rom. trouvée à Hauteville [8983]. — *Mém. de l'Acad. de Savoie*, 2e s., t. V, 1862; p. XXXIX; 1 pl.

— Inscription rom. de Seyssel (Hte-Savoie [8994]. — *M. vol.*, p. XLII.

— Inscription rom. d'Artemart, près Culoz [nouv. add. 4161 *b*]. — *M. vol.*, p. XLVI; 1 pl.

— Note, etc. [8948]. — *M. vol.*, p. XLVII-LIII.

— L'Alesia de César, près de Novalaise, sur les bords du Rhône, en Savoie. Étude historique et topographique à rapprocher du chapitre X, livre III, t. II de l' « Histoire de Jules César » [2587]. *Paris, A. Durand*, 1856; 9 pl.

FLACHERON (**Alexandre**). Mém. sur trois aqueducs qui amenaient autrefois à Lyon les eaux du mont d'Or, de la Brévenne et du Gier; suivie d'une Not. sur un ancien cloaque de construction rom., situé dans la rue du Commerce, et sur deux souterrains qui longent les bords du Rhône entre Saint-Clair et Miribel [8582, 8583]. — *Rev. du Lyonnais*, t. XII, 1840; p. 5. — 2e art.,

p. 89; — 3e et dernier art., p. 137. — T. à p. *Lyon*, m. d.; 92 p. 6 pl. lithogr.

FLAGELLE. Notes sur l'existence de ruines près de Landerneau [5910]. — *Mém. de la Soc. acad. de Brest*, t. V, 1869; p. 520-532.

FLAMAND - GRÉTRY. Itinéraire, etc. [9284]. *Paris*, 1840.

FLAUGERGUE. [*Ms.*] Description, etc. [4592].

« Ms. in-4, déposé à la biblioth. du gr. séminaire de Viviers. » (Note de la Comm. de la topogr. des Gaules.)

FLÉCHIER (Esprit). [*Ms.*] Recueil, etc., avec des explications [3558]. 6 vol. in-fol.

Voir Biblioth. histor., t. III, n° 37707.

FLEMING (Laurent). De trajectu, etc. [2848]. *Upsaliæ, Keyfer*, 1697; 66 p.

Le Portus Iccius placé à Boulogne. Cp. *Biblioth. histor.*, t. I, n° 302.

FLEETWOOD (William). Inscriptionum antiquarum sylloge [2164]. *Londres*, 1691.

FLEUREAU (le p. Bazile). Les Antiq. de la v. d'Estampes, avec l'histoire de l'abbaye de Morigny et plusieurs remarques considérables qui regardent l'histoire générale de France [9267]. *Paris, Coignard*, 1683, in-4.

FLEURY (l'a. Claude) et FABRE (le p. J.-Claude). Hist. ecclésiastique depuis la naissance de J.-C. jusqu'en 1414, continuée jusqu'en 1595 [703]. *Paris, H.-L. Guérin*, 1691-1738. 36 vol. in-4. *Ibid., J. Mariette*, 1724-1741. 36 vol. in-12. — Table générale (par L.-E. Rondet. *Ibid., Saillant*, etc., 1758. 1 vol. in-4 ou 4 vol. in-12. — Pour les autres éditions, voir Quérard, *Fr. litt.*

FLEURY. Gisement, etc. [3965]. — *Mém. de la Soc. des ant. de l'Ouest*, 1840; 26 p.

FLEURY (Édouard). Visite à Nizy-le-Comte [4261]. — J[al] *de l'Aisne*, 20-29 mai 1852.

— Notice, etc. [4364]. — *Bull. de la Soc. acad. de Laon*, t. II, 1853, p. 122-162; t. V, 1856, p. 405; planches et vignettes.

— Les statuettes ou dieux Lares d'Aubenton [4288]. — *M. rec.*, t. III, 1853, p. 337.

Mis par erreur dans le Catalogue méthodique, sous le nom de Henry.

— Étude, etc. [4226]. — *Paris, Didron*, 1855, in-4; 200 dessins par l'auteur.

— Notice, etc. [4263]. — *Bull. de la Soc. acad. de Laon*, t. V, 1856, p. 339-342.

— Note, etc. [4321]. — *M. rec.*, t. IX, 1858, p. 21.

— Rapport, etc. [4297]. — *M. vol.*, p. 25.

— Les fouilles de Blanzy [4298]. — *M. rec.*, t. X, 1860; 13 p.

— Rapport, etc. [4293]. — *M. rec.*, t. XI, 1861; 16 p.

— Rapport, etc. [4294]. — *M. vol.*; 14 p.

— Note sur des objets antiques trouvés dans la Vesle et offerts par M. Barbier [4217, 4306]. — *M. vol.*, p. 76-80.

— La Mosaïque de Reims [nouv. add. 7399 *a*]. — *M. rec.*, t. XII, 1861.

— La Mosaïque de Vailly. Restauration de la Mosaïque de Blanzy [nouv. add. 4449 *a*, 4298 *a*]. — *M. vol.*

— La Civilisation et les arts des Romains dans la Gaule Belgique (Soissons, Vailly, Nizy, Blanzy, Bazoches) [1492, 10483]. — *M. vol.* — T. à p. *Reims*, 1861; 9 pl. — 2e éd., *Paris*, 1863, gr. in-8, 242 p.; 9 pl.

— Fragment, etc. [4309]. — *M. vol.*; 4 p., et *Rev. archéolog.*, 2e s., t. V, 1862, p. 366-369.

— Fouilles à Mauchamp, 1ers renseignements, 9 p. Le camp de César à Mauchamp, détails sur les fouilles et la découverte. — Nouveaux détails, 3 p. — Suite des renseignements sur le même sujet [4346]. — *Bull. de la Soc. acad. de Laon*, t. XIII, 1862.

— Not. sur une statuette en bronze et d'autres objets, etc. [4366]. — *M. vol.*, p. 98-139.

— Visite de S. M. l'Empereur, etc. [4351]. — *M. rec.*, t. XIV, 1864; 5 p.

— Derniers travaux, etc. Renseignements donnés [4350]. — *M. vol.*; 2 p.

FLEURY (Éd.) et LEFÈVRE. Divers rapports sur les antiquités de Nizy-le-Comte [4365]. — *M. rec.*, t. III, 1854; t. IV, 1855. — Nouvelles trouvailles, *M. rec.*, t. XIII, 1862.

FLEURY (E.). Excursion dans l'arr[t] de Brest. (Environs de Saint-Renan et de Ploudalmezeau) [5893]. — *Bull. de la Soc. acad. de Brest*, t. I, 1858-1860; 52 p.

FLOBERT (Ant.-N.). De statu, etc. [1711]. *Paris, Cherbuliez*, 1853 ; 121 p.

Thèse pour le doctorat ès lettres.

FLODOARD. Histoire de l'église de Reims [7373]. — Édition par J. Sirmond. *Paris*, 1611 ; — par Georges Colvener. *Douai*, 1617 (Bibl. histor. n° 9490). — Traduction par Nic. Chesneau. *Reims*, 1581-1586, in-4 (incomplète). — Éd. lat.-française, par M. Lejeune, sous les auspices de l'Académie de Reims, 1854, 2 vol.

Voir notamment les chap. I à XII.

FLORENCOURT (W. Chassot de). Beitræge zur Kunde alter Götterverehrung im Belgischen Gallien und in den Rheinischen Gränzlanden [10477, 11086]. *Trèves*, 1842 ; 58 p. ; 1 pl.

17 Die Göttin Rosmerta als Gottheit Belgischer Provinzialen und Gefährtin des Mercur. — 27 Schriftmal des Gottes Caprio bei Murlenbach, in der Eifel.

FLORUS (L.-A.) [65]. — Rerum romanarum libri duo... adornati et editi a Laurentio Begero. *Coloniæ Marchicæ* (*Berolini*), 1704, in-fol. ; fig.

Voir, pour les autres éditions, Engelmann, *Bibliotheca scriptorum classicorum rom.* 8e éd. 1882. — Pour les traductions, les collections Panckoucke et Nisard. — Voir ci-dessus Coeffeteau.

FLOUEST (Édouard). Le camp de Chassey [8818]. — *Mém. de la Soc. d'hist. et d'archéol. de Chalon-s.-S.*, t. V, 1869 ; 100 p. ; planches.

— L'oppidum de Nages [6091]. — *Mém. de l'Acad. du Gard*, 1868-1869 (1870), p. 235-245 ; 2 pl. — *Bull. de la Soc. d'archéol.* etc. *de la Drôme*, t. V, 1870 ; p. 235.

— Le Temple des sources de la Seine [nouv. add. 5464 *a*]. — *Bull. de la Soc. des sc. histor. et natur. de Semur*, 6e an., 1869 (1871) ; avec planches.

— Note, etc. [4841 *a*]. — *Mém. de l'Acad. du Gard*, 1869-70 (1871) ; p. 123-137 ; **1 pl.**

FLOWER (John-W.). Observations, etc. [9618]. — *Cc. rr. de la Soc. géolog. de Londres*, juin 1859.

FODÉRÉ (Fr.-Em.). Voyage aux Alpes-Maritimes, ou Histoire naturelle, agraire, civile et médicale du comté de Nice et pays limitrophes, etc. [4565]. *Paris* et *Strasbourg*, *Levrault*, 1821. 2 vol. in-12.

FOISSET (Paul). Coup d'œil général, etc. depuis l'ère celtique jusqu'à 1793 [5361]. — *Mém. de la Comm. des antiq. de la Côte-d'Or*, t. VII, 1865-69, in-4, p. 1-26.

FOLARD (le chev J. Ch. de). Commentaire accompagnant le Polybe de dom Thuillier (1727-30) [2761]. — Voir Polybe.

Voir notamment sur l'itinéraire d'Annibal en Gaule, t. IV, p. 86. — Les Commentaires de Folard sur Polybe ont été abrégés et publiés séparément par Chabot. *Paris*, 1757. 3 vol. in-4.

FOLLEVILLE (Gaillard de). Mémoire, etc. [9429]. — *Mém. de la Soc. des ant. de Normandie*, t. IX, 1835 ; p. 50 ; planches.

FONCEMAGNE (Et. Lauréault de). Observations critiques, etc. [983]. — *Mém. de l'Acad. des insc. et b.-l.*, t. VIII, 1733 (hist.), p. 300.

— Remarques, etc. [1011]. — *M. rec.*, t. XIV, 1743 (hist.) ; p. 215.

— De l'origine du nom de Vincennes [9163]. — *M. rec.*, t. XVIII, 1733 (hist.) ; p. 292.

FONCIN (P.). Guide historique, archéologique et descriptif à la cité de Carcassonne [4750]. *Carcassonne*, impr. *L. Paniés*, 1866, in-12.

FONDS-LAMOTHE (L.-H.). Notices histor. sur la v. de Limoux [4755]. *Limoux*, 1838.

Voir : Edw. Barry, rapport sur le mém. de de M. L.-H. Fonds-Lamothe, relatif à l'antiquité de la v. de Limoux (Carcassonne, Paniès), dans les *mém. de l'Acad. des sc. de Toulouse*, 3e s., t. IV, 2e partie, 1850, p. 248.

FONS (Quentin de la). Extraits originaux, etc. [4440]. *Saint-Quentin*, *Doloy*, 1854-1856. 3 vol. ; plans et planches.

FONSCOLOMBE (Marcellin de). Recherches, etc. [4933]. — *Mém. de la Soc. acad. d'Aix*, t. III, 1827 ; p. 60-150 ; 2 pl. de fac-similés.

FONTENAILLES (Pierre le Roy de). *Histoire ancienne des Francs. T. I (unique) [312]. *Paris*, *Chaubert*, 1753.

FONTENAY (J. de). Agriculture, sciences et arts chez les Gaulois, avant et après la conquête [1710 *a*]. — *Congrès archéol.*, XIIIe session, tenue à Autun en 1846-1847 ; p. 396-415.

— Plan de la ville antique d'Autun. — *Bull. mon.*, t. XVIII, 1852, p. 365.

— Manuel de l'Amateur de jetons [1942]. *Paris, Rollin*, 1854; grav.

FONTENEAU (dom). Voies romaines en Poitou [3848]. — *Mém. de la Soc. des ant. de l'Ouest*, 1836; 24 p.

BONTENEIL (D.). L'Antiquité, etc. [6324]. *Bordeaux, Millanges*, 1651. 2 vol. in-4. (Article à supprimer.)

Erreur de Girault de St-Fargeau, reproduite au Catalogue méthodique. Il s'agit non pas des *monuments*, mais des *mouvements* de Bordeaux en 1649.

FONTENELLE (**Julia**). Fossile humain de Moret. — Encore un mot, etc. [1341, 9227]. *Paris*, 1824.

FONTENELLE de VAUDORÉ (**A.-D. de la**). Recherches sur les peuples qui habitaient le nord de l'ancien Poitou, sur la Loire et la mer, lors de la conquête des Rom., etc. [3847]. — *Mém. de la Soc. des ant. de l'Ouest*, 1835. — T. à p. *Poitiers, Saurin*, 1835; 48 p.; 1 carte.

— Recherches sur les deux voies romaines de Limonum (Poitiers) à Juliomagus (Angers) et de Limonum (Poitiers) au Portus-Namnetum (Nantes) [9894]. — *Bull. de la m. Soc.*, 3e trim., 1841; p. 81-156. — T. à p. *Poitiers*, 1841; 1 carte.

— 2e édition de la Statistique de la Vendée, de CAVOLEAU, 1844 (voir ce nom).

FONTENU (l'a. de). Diverses conjectures sur le culte d'Isis, en Germanie, à l'occasion de ces paroles de Corneille Tacite: Pars Suevorum et Isidi sacrificat. [Nouv. add. 578 *a*, 10693 *a*]. — *Mém. de l'Acad. des inscr.*, t. V, 1729; p. 63.

— Discours sur Isis, adorée chez les Suèves sous la figure d'un navire, avec quelques remarques sur les navires sacrés des anciens [Nouv. add. 578 *b*]. — *M. vol.*, t. V, p. 84.

— Diss. sur qq. camps, etc. [1822]. — *Mém. de l'Acad. des inscr.*, 1731-1740.

1o et 2o Camp près de Dieppe, t. X, 1736, p. 403-422. — 3o Camp de Pétigny-sur-la-Somme. *M. vol.*, p. 436. — 4o Camps de l'Etoile et de Wissant [2857], t. XIII, 1740; p. 410. — 5o Camp de Froidmont et de Brienne-le-Chatel avec 1 pl.; p. 420. — 6o (Addition), Camp d'Octodurum, avec 1 pl., t. XIV, 1743 (hist.); p. 98.

— Description de l'aqueduc de Coutances, précédée de rech. histor. sur les anciens aq. [7274]. — *M. rec.*, t. XVI, 1751 (hist.); p. 110.; 1 pl.

FONTMAGNE (**b^on Durand de**). Le cromlech de Barthélemy-de-Vals, observations [5727]. — *Bull. de la Soc. d'arch. de la Drôme*, 4e an., 12e livraison, 1869; p. 13-38.

FONVERT (**Alexis-Rainaud de**). Tabula regionis Salyorum ex Strabone, etc.; 1861, in-fol. maximo [4828]. — *Séances publiques de l'Acad. d'Aix.*, an. 1863. — Carte, etc. [m. no]. — *M. vol.*

FOPPENS (**J.-F.**). Bibliotheca Belgica [10444]. *Bruxelles*, 1739, 2 vol. in-4.

Foppens a refondu dans un seul ouvrage les écrits de Valère André, d'Aubert Lemire, d'Ant. Sander, de Fr. Swert, sur les écrivains de la Belgique, et y a ajouté cinq ou six cents auteurs. (*Bibliogr. univ.* de F. Denis, etc.). — L'auteur a laissé un supplément en 5 vol. in-4, manuscrit, et deux exemplaires de l'imprimé, chargés de corrections et d'additions; tout cela a passé de la bibliothèque de Van Hulthem dans celle de la ville de Bruxelles.

FORBES. Ancient languages, etc. [2380].

FORBIGER (**Albert**). Kürzer Abriss der alten Geographie, etc. [1111]. *Leipzig, G. Mayer*, 1850, gr. in-8. — Nouv. éd., 1858. — Traduction franç., 1865.

FORCADEL (**Étienne**). Montmorency Gaulois, opuscule de l'origine et antiquité mémorable de la très-noble maison de Montmorency, avec les dignités et prouesses d'icelle, et autres gestes des François [9283]. *Lyon, Jean de Tournes*, 1571, in-4.

— De veterum Gallorum imperio et philosophia libri VII Stephano Forcatulo jurisc. authore [766]. *Paris, Guill. Chaudière*, 1579, in-4. — 2e éd. *Ibid., id.*, 1580, in-4. — 3e éd. *Genevæ et Lugduni, Jac. Chouet*, 1595, in-8.

FORCE (**Piganiol de la**). — Voir PIGANIOL.

FOREST. Recherches, etc. [1512]. — *Mém. de l'Acad. des sc. de Toulouse.* — 2e s., t. I, 2e partie, 1827; p. 18.

FORESTIER (**Pierre**). Les vies des saints, etc. d'Autun, tirées des auteurs ecclésiastiques contemporains, martyrologes et autres monuments [8753]. *Dijon*, 1713, in-12.

FORGEAIS (**Arthur**). Notice sur les plombs historiés trouvés dans la Seine et recueillis par Arthur FORGEAIS. [9142]. *Paris, chez l'auteur*, 1858; fig. — Collection de plombs historiés trouvés dans la Seine. *Paris, Aubry*, 1862-1866. 5 vol. ou séries.

— * Barque gauloise, etc. [9015]. — *Rev. archéol.*, 2e s., t. V, 1862, p. 353.

FORICHON (dr L.). Monuments de l'antique Néris. Coup de balai aux légendes sans cesse débitées par son histoire [4512]. *Néris, Lafond-Marandet*, 1859, in-12. — 2e éd., 1866.

FORKEL (Johann-Nicolaus). Allgemeine Geschichte der Musik [1467]. *Leipzig, Schwickert*, 1788-1801. 2 vol. in-4.

Musique religieuse chez les Gaulois, t. II, p 93-108 ; — chez les Britanni, p. 108-112.

FORMEVILLE (de). Note, etc. [5104]. — *Mém. de la Soc. des ant. de Normandie*, t. XVII, 1847, in-4 ; p. 192.

FORNIER (M.). Rapport, etc. [5496]. — *Bull. et Mém. de la Soc. d'émulation des Côtes-du-Nord*, an. 1869, p. 103-105.

FORTE-MAISON (C.-A. Moët de la). Explication des monnaies gauloises en général, en prenant pour point de départ le type complet des monnaies des anciens Rhedons [1989]. *Rennes*, 1841, in-4 ; 2 pl. lithogr.

— Antiq. de Noyon, ou Étude histor. et géograph., archéol. et philol. des documents que fournit cette ville à l'histoire des cités gallo-romaines et féodales de France [8094]. *Rennes; Paris, Aubry*, s. d. (1845) ; carte ; 11 pl.

FORTIA D'URBAN (Agricol-Joseph-François-Xavier-Pierre-Esprit-Simon-Paul-Antoine, Mis de). Introduction à l'histoire de la ville d'Avignon, t. I (unique), contenant les mém. sur les Celtes, les Cavares et les Saliens (par Cambry), et le commencement de l'histoire du dieu Mars [du même], précédé par quelques observations sur notre orthographe [9757]. *Paris*, an XIII, 1805.

— Mémoires, etc. [39]. *Paris et Avignon*, 1805-1809 ; 10 vol. in-12.

Parties relatives à l'histoire de la Gaule : Tome I. Histoire ancienne des Saliens, nation ligurienne ou celtique, etc. (vol. préliminaire).
Tome II. Articles 185-195, médailles celtiques, 1807.
Tome III, Mémoire et plan de travail sur l'histoire des Celtes ou Gaulois, c'est-à-dire sur l'histoire de France avant Clovis, 1807.
Tome VII, 1808. Bérose et Annius de Viterbe. — Éditions d'Annius. — Origine troïenne des Celtes.

— Antiquités, etc. *Paris*, 1808, in-12 ; 500 p. (en deux parties paginées séparément).

1re partie : Histoire des Cavares et du passage d'Annibal par le département de Vaucluse.
2e partie : Histoire de la conquête de la Gaule méridionale par les Romains. — Explication de médailles celtiq. nouvellement découvertes. — Hist. de l'ancienne Atlantide.

— Dissertation sur le passage du Rhône et des Alpes par Annibal, l'an 218 avant notre ère [2778]. — 1re éd. (1808) dans l'ouvrage précédent. — 2e éd. *Paris*, 1819. — 3e éd. *Paris, Treuttel et Würtz*, 1821.

— * Mémoires, etc. [78]. Extraits du 5e vol. de l'*Art de vérifier les dates*. *Paris, impr. de Moreau*, 1821.

— Supplément au Tite-Live inséré dans la collection Lemaire [2793]. *Paris, impr. Lebègue*, 1823 ; 12 p.

Examen de la diss. de Larenaudière [n° 2794].

— Mém. sur une question proposée par l'Acad. des inscr. et b.-l., suivi d'un opuscule de Héron de Byzance, sur les mesures et de qq. obs. sur les mesures itinéraires des anciens [1779 a]. *Paris, F. Didot*, 1823.

— Mémoires, etc. [731]. — *Ann. de philosophie chrét.*, t. XVII, 1838. — T. à p.

— Emmanuel Miller, édr. Recueil des itinéraires anciens, comprenant : l'Itinéraire d'Antonin, la Table de Peutinger et un choix des Périples grecs, avec 10 cartes dressées par le col Lapie [1182]. *Paris, Impr. roy.*, 1845 ; in-4 et 1 atlas.

FORTIS (F.-M. de). Voyage pittoresque et historique à Lyon, aux environs et sur les rives de la Saône et du Rhône [8551]. *Paris*, 1822, 2 vol. ; atlas in-fol.

FORTUNAT (Venantius-Honorius-Clementianus-Fortunatus). Poème sur la Moselle, etc. — Voir Ausone, Mosella, éd. Böcking, 1845.

— Vie de saint Martin [2443).

Voir sur Fortunat ; F. Hamelin, *De vita et operibus... Fortunati*, etc. *Rennes*, 1873.

FOSSE (l'a. de la). Remarques, etc., particulièrement par rapport à l'*histoire de Mayenne*, prête à être mise au jour [7496, 3472]. *Paris, Mouchet*, 1740, in-12.

FOSSÉ-DARCOSSE (Em.). * Mélanges, etc., recueillis et publiés par Em. F.-D. *Soissons, impr. de E. Fossé-Darcosse*, 1844.

FOUAN. [*Ms.*] Notes, etc. [7253]. Mém. présenté à la Commission de la topogr. des Gaules (vers 1864).

FOUCART (Em.-Vor). Poitiers et ses monts

[9915]. — *Mém. de la Soc. des ant. de l'Ouest*, année 1840. — T. à p. *Poitiers, Pichot*, 1841; 1 pl., 15 vues.

Notices bibliographiques.

FOUCART (Paul). De la prétendue défaite des Gaulois devant Delphes [10655].— *Jal gal de l'instr. publ.*, 1863.

FOUCAULT et GALLAND. Découvertes, etc. [5122].— *Mém. de l'Acad. des inscr. et b.-l.*, t. I, 1717 (Hist.), p. 290-294.

FOUCHER. Notes, etc. [5762].— *Rec. de la Soc. libre d'agr.* etc. *de l'Eure*, 2e s., t. III, 1843, p. 299.

FOUGEROUX (Ernest-Grellier). Le Poitou sous la domination romaine, sous le gt des Visigoths et sous la 1re et la 2e race de nos rois. Étude histor. — *Rev. de Bretagne et de Vendée*, 1858.— T. à p. *Nantes, Guéraud*, 1858; 58 p. (300 ex.); n'a pas été mis dans le commerce.

FOULHIAC (l'a.). [*Ms.*] Annales du Quercy [3384],

Contient une diss. spéciale sur Uxellodunum. (Note de Ph. Tamizey de Larroque.)

FOULON (Hippolyte). Rapport, etc. [4455]. — *Ann. de la Soc. acad. de St-Quentin*, t. X, 1852-1853, p. 133.

FOULON-MÉNARD (le dr J.). Études, etc. Note II, télégraphie gallo-romaine, tours de Tréveday en Escoublac, et de Saint-Donatien près Nantes [6926]. — *Soc. arch. de Nantes*, etc., t. IX, 2e, 3e et 4e trim. 1869, p. 147-174 (avec planches).

FOUQUE. Fastes de la Provence anc. et nouv., contenant l'hist. des principales villes [3922]. *Marseille, Dory*, 1837; 3 vol. gr. in-8 ; fig.

FOUQUE (Victor). Histoire de Chalon-sur-Saône, depuis les temps les plus reculés jusqu'à nos jours [8802]. *Chalon-sur-Saône*, 1844, in-12.

Mention très honorable à l'Acad. des inscr., en 1846.

FOUQUET (dr Alfred). Des monuments celtiques, etc. [7662]. *Vannes, Cauderan*, 1853; 1 carte teintée.

— Rapport, etc. [7770]. — *Bull. archéol. de l'Association bretonne*, classe d'archéol., t. V, 1854; 8 p. — *Bull. de la Soc. polymath. du Morbihan*, 1862; 6. p.

— Guide, etc. [7652]. *Vannes*, 1854, in-18 ; 149 p.; gravures.

— Des pierres à bassins [1606]. — *Bull. de la Soc. archéol. du Morbihan*, 1858 (1860); 5 p. ; 3 pl.

— Des voies rom., etc. [7682]. — *M. rec.*, 1859; 3 p.

— Promenade, etc. [7730]. — *M. rec.*, 1861 ; 4 p.

— Une tournée départementale, etc. [7653]. — *M. rec.*, 1863 ; 5 p.

— Un kilomètre en Crac'h, compte rendu s. qq. fouilles opérées sur Lanvaux [7731]. — *M. vol.*; 7 p.

— Compte rendu, etc. [7732].— *M. rec.*, 2e semestre 1864; 8 p.

— Compte rendu, etc. [7747].— *M. vol.*; 11 p.

— Campagne archéologique en 1865 [7657]. — *M. rec.*, 2e sem., année 1865 (1866); 17 p.; 1 tableau.

— Fouilles, etc. [7752]. — *M. rec.*, 1er sem. 1866, p. 34-39.

— Trois âges, etc. [7748]. — *M. rec.*, ann. 1867 ; 18 p.

— De qq. tumulus, etc. [1672].—*M. vol.*, p. 19-20.

FOUQUIER-CHOLET. Saint-Quentin anc. et mod., etc. [4437]. *Saint-Quentin, impr. Fouquier-Cholet*, 1822.

FOURGEAUD-LAGRÈZE (N.). * Note étymol., philolog., glossolog., archéol., critique et histor. sur le coquemart, pot rom. dont l'origine remonte aux 1ers siècles de la République, par N.-F.-L. [1744]. *Ribérac, Albert Bonnet*, 1868, in-16 ; 7 p.

FOURNAISE. Cimetière romain, etc. [4389]. — *Bull. de la Soc. arch. de Soissons*, t. V, 1851, p. 148.

— Cimetière romain de Gernicourt [4330]. — *M. rec.*, t. VI, 1852, p. 39.

— Découvertes à Gernicourt [m. no]. — *M. rec.*, t. VII, 1853, p. 256.

— Découverte, etc. [4300]. — *Journal de l'Aisne*, 2 janvier 1866.

FOURNALÈS (B.). Note, etc. [6173]. — — *Mém. de la Soc. archéol. du Midi*, t. VII, 1860, in-4, p. 392-393.

— Notice, etc. [1497]. — *M. rec.*, t. VIII, 1865 ; 4 p. ; 2 pl.

FOURNEL (J.-F.). * État de la Gaule au ve siècle, à l'époque de la conquête des Francs. Extrait des mémoires d'Euribald, ouvrage inédit et contenant des détails sur l'entrée des Francs dans la Gaule [338 *a*]. *Paris, Garnery*, 1805. 2 vol. in-12. — 2e éd. *Paris, Rondonneau*, an XIV (1806). 2 vol. in-12.

FOURNERAT. Note, etc. [10155]. — *Bull. de la Soc. des sc. histor. et natur. de l'Yonne*, t. VII, 1853, p. 253-256. — T. à p.

FOURNIER. Sur des fouilles, etc. [6895]. —*Ann. de la Soc. acad. de Nantes*, 1808.

— [*Ms.*] Rec. d'antiq., inscriptions, etc. trouvées à Nantes [6896]. (Conservé à la biblioth. publ. de cette ville.)

FOYATIER. Sur une tête antique trouvée dans la commune de Pouilly, près de Seurre (Côte-d'Or) [5449]. — *L'Investigateur*, t. IV, 1844, p. 230-232.

FRAISSE (Jean de). [*Ms.*] Mém. sur le temple de Wasso en Auvergne [8296].

Dans les registres de la Société littéraire de Clermont. (*Biblioth. histor.*, t. III, n° 37 475.) Voir Du Fraisse de Vernines, à la lettre D.

FRANÇOIS (dom Jean) et **TABOUILLOT (dom Nicolas).** Histoire de Metz [7819]. Voir Tabouillot.

FRANCHEVILLE (de). Notes, etc. [7675]. (Monts dits celtiques.) — *Annuaire du Morbihan*, 1838, p. 87.

FRANÇOIS (dom Jean). Dictionnaire, etc., pour servir à l'intelligence des anciennes lois et contrats, etc. par un religieux de la congrégation de Saint-Vannes [2267]. *Bouillon*, 1777, in-4.

FRANCS (L. B. des). Études, etc. ou de la civilisation en France au VIe siècle [876]. *Chambéry*, 1862.

FRANKE (C.). De via qua Hannibal in Gallia, etc.; annotationes ad Livii *Histor.*, l. XXI [2808]. *Sagan*, 1842, in-4.

FRANTIN. Notes, etc., à propos du livre de M. l'a. Bougaud sur saint Bénigne [5377]. (1860?)

FRANZ (Jean). Christliches Denkmal von Autun. (Monument chrétien à Autun, expliqué, etc.) [8780]. *Berlin*, 1841; 55 p.

— Commentaire sur l'inscription chrétienne grecque d'Autun (avec une lettre à dom Pitra, en date de Berlin, 11 août 1850. [8785].

Publié dans le *Corpus inscr. græc.* de Bœckh, t. IV, 1856, sous le n° 9890.

FRARY (A.) Monts, etc. de l'ancien Comtat Venaissin et des villes circonvoisines, dessinés sur les lieux par A. Frary [4090]. *Paris, Carillan-Gœury, s. d.*, in-4.

FRASNAY (le p. de). Lettre, etc. [3274]. *Mercure*, 1737, août, p. 1707-1718.

FRÉCHON (l'a.). Mémoire, etc. [3689 *b*]. — *Mém. de la Soc. des ant. de la Morinie*, t. VI, 1841-43 (1845), p. 11-33.

FRÉDÉGAIRE. Chronique [2147]. Publiée pour la 1re fois en 1568. — Insérée dans les collections historiques de Marq. Freher, André du Chesne, dom Bouquet, à la suite de l'Histoire des Francs de Grégoire de Tours (voir ce nom). — Traduction française dans la collection des Mémoires relatifs à l'histoire de France, de Guizot.

FREEMAN (Edward). Traduit par G. B. Les villes d'Angleterre et de France, etc. [10294]. Extrait de *Saturday Review*. — *Bull. mon.*, t. XXXVI, 1870, p. 352-359.

FREHER (Marquard). Germanicarum rerum scriptores aliquot insignes, etc. collecti et illustrati notis, glossariis et indicibus [10669]. *Francofurti, apud hæredes A. Wecheli*, 1600, 1602, 1611. 3 vol. in-fol.

— Corpus Francicæ historiæ veteris et sinceræ, etc. [260]. *Hanoviæ*, 1613, in-fol.

FRÉMINVILLE (le cher de). Sur l'autel de Sandrauriga (près d'Anvers) et sur le dolmen de Locmariaker [7725, 10541]. (Extrait d'une lettre du 4 jer 1814). Avec une planche représentant l'inscription de la pierre. — *Mém. de la Soc. des ant. de France*, t. Ier, 1817, p. 438.

— Mémoire, etc. [3413]. — *M. rec*, t. II, p. 154.

— Notice, etc. [5491]. — *M. vol.*, p. 182.

— Notice, etc. [3093]. — *M. vol.*, p. 191.

— Mémoire, etc. [7661]. — *M. rec*, t. VIII, 1829, p. 128.

— Antiquités de la Bretagne, [3322, 5487, 5888]. *Brest, Lefournier*, 1827-1838. 4 vol.; plusieurs pl. lithogr.

Morbihan, 1827. — Autre édition. — Finistère, 1832-1837, 2 vol. — Côtes-du-Nord, 1838. — Voir Quérard, *Fr. litt.*, t. III, p. 207.

— Mémoire, etc. [7724]. — *Mém. de la*

Soc. des ant. de Fr., 2e s., t. IV, 1838, p. 1.

— Mémoire, etc. [3100]. — *M. vol.*, p. 15.

— Mémoire, etc. [5918]. — *M. vol.*, p. 16.

Rapport, etc. [5494]. — *M. rec.*, t. IV, 1842, p. 159.

— Guide, etc. [5887]. *Brest*, 1844, in-12.

— Rapport sur une fouille faite le 20 sept. 1843, etc. [5902]. — *Mém. de la Soc. des ant. de Fr.*, 2e s., t. VIII, 1846, p. 88.

FRÉMONT (**Aug.**). Le dépt du Cher. Ouvrage topogr., histor., statist. et archéol. [5250]. *Bourges, Pigelet*, 1862. 2 vol.

Appendice : Bibliographie du département du Cher.

FRÈRE (**Édouard**). Manuel du bibliographe normand, ou Dictionnaire bibliogr. histor., contenant, etc. [3772]. *Le Brument*, 1860, 2 vol. *Rouen*, 1858.

Titre complet dans le catalogue de Lorenz.

FRÉRET (**Nicolas**). Recherches, etc. [562]. (Lu en 1714.) — *Mém. de l'Acad. des Inscriptions*, t. III, 1723 (hist.), in-4, p. 191-198.

— Sur les colonnes itinéraires, etc. [1778]. — *M. rec.*, t. XIV, 1743 (hist.), p. 150-159.

— Sur la comparaison, etc. [1779]. — *M. vol.*, p. 160-173.

— Sur la table itinéraire, etc. [1202]. (Lu en 1738.) — *M. vol.*, p. 174-178. — Voir aussi *Œuvres complètes*, t. VI, p. 175-185.

— Obs. sur la situation de qq. peuples de la Belgique et sur la position de qq. places de ce pays lors de sa conquête par les Romains (lu en 1746) [10486]. — *M. rec.*, t. XLVII, 1809, p. 435.

— Sur l'usage des sacrifices humains établi chez différentes nations, particulièrement chez les Gaulois [507]. — *M. rec.*, t. XVIII, 1753 (hist.), p. 178.

— Sur la nature, etc., [515]. — *M. vol.* (hist.), p. 182.

— Sur l'étymologie du nom des druides [620]. — *M. vol.* (hist.), p. 185.

— Sur l'inscription de Brumt [8397]. — *M. vol.* (hist.), p. 235.

— Observations, etc. [4898]. — *M. rec.*, t. XXI, 1754, p. 225. — Supplément, p. 270.

— Remarques sur le mot Barritus ou Barditus, dont il est parlé dans Tacite [nouv. add. 10704 *a*]. — *M. rec.*, t. XXIII, 1756 (hist.), p. 161.

— Observations, etc. [514] (lu en 1747). — *M. rec.*, t. XXIV, 1758, p. 389.

— Œuvres complètes de Fréret, publiées par Leclerc de Septchênes (et après sa mort par M...) [nouv. add. 33 *a*]. *Paris, Moutardier*, 1799. 20 vol. in-12.

Édition incomplète. (Voir Quérard, *Fr. litt.* t. III, p. 209.)

— Œuvres complètes de Fréret, mises dans un nouvel ordre, augmentées de plusieurs mémoires inédits et accompagnées de notes et d'éclaircissements historiques, publiées par M. J. Champollion-Figeac. *Paris, Didot*, 1825-1829.

Devait avoir 8 vol. Le Ier vol. seu a paru — Voir Brunet, *Manuel*, t. II, col. 1391.

— [*Ms.*] Mémoire, etc. [1019].

Conservé à la bibliothèque de l'Institut.

— Obs. gales sur la géographie ancienne [1110]. (Publication posthume.) — *Mém. de l'Acad. des inscr. et b.-l.*, t. XVI, 1re partie (1850), p. 331.

— Mémoire sur l'établissement des Francs au nord de la Gaule, lu en 1714 [383]. — *M. rec.*, t. XXIII, 1re partie, 1868, p. 321-559.

« Valut à son auteur un emprisonnement de plusieurs mois à la Bastille. (Voy. *Hist. de la détention des philosophes*, par Delort, t. II, p. 10 et sv.) Les conclusions de ce mémoire sont auj. devenues des axiomes historiques, comme l'a dit M. Aug. Thierry au chap. Ier des *Considérations sur l'Hist. de France* qui précèdent les *Récits mérovingiens.* » L. Feugère, Œuvres choisies d'Et. Pasquier, t. I, p. 34.

Ce mémoire, refondu par Fréret, a été publié d'abord sous le titre suivant : *De l'origine des Français et de leur établissement dans les Gaules*, t. V-VI des *Œuvres complètes*, 1796, puis dans les *Mém. de l'Acad. des inscr.* en 1868, d'après les trois rédactions successives de Fréret.

Voir la liste des travaux académiques de Fréret dans les *Mém. de l'Acad. des inscr.*, t. XVI, 1re partie, 1850, p. 320 (liste dressée par Walckenaer).

FRESNE (**Mme Retau du**). — Voir Retau-Dufresne (Mme).

FRET (**L. Joseph**). Antiquités et chroniques percheronnes, ou Rech. sur l'histoire civile, relig., monumentale, politique et litt. de l'ancienne prov.

du Perche et pays limitrophes [3805]. *Mortagne*, 1838-40. 3 vol.; 7 pl.

FREUDENBERG (J.). Das Denkmal, etc. [576]. *Bonn*, 1862, in-4; 1 pl. coloriée.

— Interessanter Grabfund bei Buschhoven [11011]. — *Jahrbücher des Vereins von den Alterthumsfreunden im Rheinlande*, t. XLI, 1866, p. 146-149.

— Ein unediter Matronenstein aus Godesberg [11036]. — *M. rec.*, t. XLIV, 1868.

FRÉVILLE (E. de). De la civilisation, etc. — *Mém. de la Soc. des ant. de Fr.*, 3e s., t. II, 1857, p. 87.

FREY (J.-C.). Philosophia Druidarum [602].

Premier article de ses « Opuscula Varia ». *Parisiis, P. David*, 1646, p. in-8.

FRICK (J.-G.). Commentatio de Druidis, etc., multo quam antea auctior et emendatior; accedunt Opuscula quædam rariora, historiam et antiquitates Druidarum illustrantia, itemque scriptorum de iisdem catalogus. Recensuit, singula digessit, ac in lucem edidit frater germanus Albertus Frickius [618]. *Ulmæ*, 1744, in-4; (1re édition, Ulmæ, 1731, in-4.)

FRIEDLÆNDER (Julius). Notice, etc. [10971]. — *Rev. num.*, 2e s., t. XIII, 1868, p. 129-132; 2 vign.

FRIRY (Ch.). Essai, etc., par Ch. F***. [10058]. *Remiremont*, 1835.

FRIZAC. Mémoire, etc. [1245]. — *Mém. de l'Acad. des sc. de Toulouse*, 2e s., t. II, 1re partie, 1830, p. 49.

FRÖHLICH (E.). Notitia elementaris numismatum antiquorum illorum quæ urbium liberarum, regum et principum ac personarum illustrium appellantur [1891]. *Vienne*, 1758, in-4; 21 pl.

FRŒHNER (E.). La Vénus d'Antibes [9707]. — *Rev. archéol.* 2e s., t. XXV, 1867, p. 360-363.

Voir : nouvelle explication, par M. Léon Heuzey, *Mém. de la Société des ant. de Fr.* t. XXXV, 1874.

— Tablettes grecques, etc. [4906]. — *Paris*, 1867. — *Ibid.*, 1870.

— Sur la pierre de Senlis, etc. [8107 *a*]. — *Cc. rr. de la Soc. franç. de numism. et d'archéol.*, t. I, 1869, p. 247.

— Inscription rom. découverte à Bourbonne en 1869 [7437 *a*]. — *M. rec.*, t. II, 1870, p. 24; 1 fig.

FROMENT. Lettre, etc. [2809]. — *L'Investigateur*, t. IV, 1844, p. 448-450.

FROSSARD (Ch.-L.). Restes, etc. [8327]. — *Bull. de la Soc. Ramond, à Bagnères de Bigorre*, Ve an., 1870, p. 25-48.

— Le Paganisme, etc. [8323]. — *M. vol.*, p. 163-173.

FRUGÈRE (l'a.). Apostolicité de l'église du Velay, diss. sur la date de l'évangélisation du Velay, précédée d'une introd. sur les origines du Christianisme dans les Gaules en gal [756, 4086]. — *Ann. de la Soc. acad. du Puy*, t. XXXI, 1870-1871, 2e partie. — T. à p. *Paris, Baur et Detaille*, 1869.

FRUGLAYE (de la). Découverte de 7 vases funéraires au Resto en Moustoir-ac [7746]. — *Bull. de la Soc. arch. du Morbihan*, 1858 (1860).

— Tumulus en Moustoir-ac [7745]. — *M. vol.*

FUCHS (Joseph). Alte Geschichte von Mainz [10925]. 1771. (Au moins 2 vol.)

FUHR (Maxim.). De Pythea Massiliensi dissertatio [893]. *Darmstadt*, 1835.

— Pytheas aus Massilien [894]. *Darmstadt; Paris*, 1841, in-4.

FULDA (Albert). Notice, etc. [1801, 11012]. — *Jahrb. des Vereins von den Alterthumsfreunden im Rheinlande*, t. XLVI, 1869, in-4, p. 173-176.

— Die römischen Alterthümer von Duffelward [11034]. — *M. rec.*, t. XLIX, 1870, p. 72-93.

FULSINUS. — Voir Faelsin.

FURGAULT (N.). Dictionnaire, etc. [1276]. *Paris*, 1768, in-fol. — Autre éd. *Paris*, 1809, in-8.

FUSS (Th.). Rech. sur la question de savoir si la ville de Tongres représente le camp d'Aduatuca, mentionné dans les Commentaires de César [10568]. — *Bull. de la Soc. sc. et litt. du Limbourg*, t. II, 1854-1855.

FUSTAILLIER (Jean). De vrbe et antiquitatibus matisconensibus liber ex codice autographo erutus à A. I. Baux, nunc primum editus cura et sumptibus N. Yemeniz (avec trad. franç.) [8736, 8737]. *Lugduni, Ludovicus Perrin*, 1846. 2 vol. — Autres exemplaires avec couverture portant la date de 1856.

Voir : *Biblioth. histor.*, t. III, n° 35972.

FYOT DE LA MARCHE (Claude). Dissertation, etc. [5370]. — Imprimée au commencement de son histoire de l'abbaye de Saint-Étienne, 1696, in-fol.

FYOT DE MIMEURE. Notice, etc. à l'usage des voyageurs qui visitent ces contrées [3372, 5376]. *Dijon, Gaulard-Marin*, 1817 ; 111 p.

G

G. (D.). Copie de deux lettres, etc. [9052]. *Paris*, 1er et 2 nov. 1641. — Voir Gerson.

GABOURD (Amédée). Histoire de France, etc. jusqu'à nos jours [360]. *Paris*, 1839-1840. 2 vol. in-12.

— Histoire de France, etc. [9039]. *Paris, Gaume frères et Duprey*, 1863-1865. 3 vol.

GADAN (J.-F.).* Essais histor. sur la v. de Bar-sur-Aube, publiés d'après un ms. inédit, portant la date de 1785, par J.-F.-G. [4712]. 1838.

GADEBLED (L.-L.). Dictionnaire, etc., du dépt de l'Eure [5743]. *Evreux, impr. Canu*, 1840, in-12 ; 1 carte.

Delhomme (Théodore). Rapport sur le dictionnaire, etc. de M. Gadebled. (*Recueil de la Soc. libre d'agr.* etc. *de l'Eure*, 2e s., t. Ier, p. 218.)

GAFFAREL (C. [sic] de). Le monde sousterrein, ou description historique et philosophique de tous les plus beaux antres et de toutes les plus rares grottes de la terre : voûtes, trous, caves, retraites cachées et tannières secrettes de divers animaux et peuples inconnus ; abymes, fondrières et ouvertures merveilleuses des montagnes, fosses mémorables et minières célèbres de toutes sortes, villes sousterreines, cryptes, catacombes, temples taillés dans le roc ; puits et fontaines prodigieuses ; souspentes de roches ; cisternes et bains creux, et généralement de toutes les cavernes, spelonques et cavités les plus renommées du monde et de tout ce qu'elles ont de plus curieux [1427, note]. *Paris, Ch. du Mesnil*, 1654, in-4,

Prospectus de cet ouvrage, qui ne fut pas publié. Ce prospectus reparut en 1666, 8 p. in-fol. — Bayle (*Dictionnaire critique*, art. J. Gaffarel) exprime l'espoir que cette publication sera faite par les soins de l'abbé Pecoil et Chorier, exécuteurs testamentaires de Gaffarel. — Voir *Biogr. univ.*, art. J. Gaffarel.

GAIDOZ (Henri). La Commission, etc. [1169]. — (*Revue de l'instruction publique*, 14 mai 1868.) — T. à p. 1868 ; 16 p.

— De l'exploitation, etc. [1726]. Lettre au directeur de la *Rev. archéol.* — *Rev. archéol.*, 2e s., t. XVII, 1868, p. 382-384.

— Gargantua, etc. (Mém. lu devant la Soc. de linguist., dans les séances des 6 et 20 juin 1868.) [567]. — *M. rec.*, m. s., t. XVIII, 1868, p. 172-191.

— Chronique celtique [nouv. add. 403 *a*]. — *M. rec.*, m. s., t. XX, 1869, p. 54-58.

— La Revue celtique, recueil périodique [404], t. I-IV. *Paris, Franck (F. Viewey)*, 1870-1882. (Se continue.)

GAIL (Jean-Baptiste). — Sur le passage du Rhône par Annibal [2783]. — *Le Philologue*, t. IV, 1818.

GAIL (Jean-François), Édr. Geographi Græci minores [886]. *Parisiis, typogr. reg.*, t. I-III, 1826-1831.

GAILHABAUD (Jules). Monts anciens et modernes, collection formant une histoire de l'architecture des différents peuples à toutes les époques, publiée par Jules Gailhabaud, avec la collaboration des principaux archéologues [1594]. *Paris, Firmin Didot frères*, 1839-1850. 4 vol. in-4 ; 397 pl.

— L'architecture du ve au xviie siècle, et les arts qui en dépendent, etc., publiés d'après les travaux inédits des premiers architectes français et étrangers [1603]. *Paris, Gide et Baudry ; Didron*, 1850-1859. 4 vol. de pl. gr. in-4, et 1 vol. de texte. — Nouv. éd. *Paris, Morel*, 1872. 4 vol. in-fol.

— L'Art, etc. [1494]. *Paris*, chez l'auteur, 1863-1865, in-4; 71 pl..

Nouveau titre en 1872 : L'Art dans ses diverses branches ou l'architecture, la sculpture, la peinture, la fonte, etc. *Paris, Cerf.*

GAILLARD (**Emmanuel**). Notice, etc. [9426]. *Rouen*, 1829; 47 p.; 8 planches.

— Rech. archéol. [9313]. *Rouen*, 1832.

GAILLARD. Sur la voie rom. de Poitiers à Doué [9892]. — *Mém. de la Soc. des ant. de l'Ouest*, 1838.

— Pierres celtiques de Champigny-le-Sec [9947]. — *Bull. de la m. Soc.*, 2e trim., 1838; 2 p.

— Cartes du Poitou, etc. [3854]. — *M. rec.*, 4e trim., 1840.

GAILLARD (**A.**). Tableau de la v. de Lyon depuis les temps rom. jusqu'à nos jours. Collection de vues, de mon^ts et des principales scènes appartenant à l'histoire lyonnaise [8604 *a*]. *Lyon*, 1847, gr. in-8; 47 p.; 16 pl. lith.

GAILLARD (**Jos.**). Description des monnaies espagnoles et des monnaies étrangères qui ont eu cours en Espagne, depuis les temps les plus reculés jusqu'à nos jours, composant le cabinet de don José Garcia de la Torre [10618]. *Madrid, Nic. de Castro Palomino*, 1852; 22 pl.

Autre édition, dès 1846 (?).

— Catalogue de monnaies antiques et du moyen âge recueillies en Espagne, aux îles Baléares et en Portugal [10622]. *Paris*, 1854; 2 pl. et un grand tableau de légendes celtibériennes.

GAISBERGER (**Joseph**). Die Græber bei Hallstadt [10390]. *Linz*, 1848.

GALARD (**G. de**). Album bordelais [6320]. *Bordeaux*, 1833, in-fol.

GALE (**Thomas**). Antonini iter britannicum illustratum [10283 et nouv. add. 1188 *a*]. *London*, 1709, in-4.

GALEMBERT (**de**). * Antiquités de Luynes (aqueduc, etc.) [6563]. — *Mém. de la Soc. archéol. de Touraine*, t. VI, 1855, p. 245-251; 1 pl.

Placé par erreur typograph. sous le nom de Verly, dans le Catalogue méthodique.

GALERON (**Frédéric**). Notice, etc. [8121]. — *Mém. de la Soc. des ant. de Normandie*, t. V, 1830, p. 121.

— Lettre, etc. [5804]. — *M. rec.*, t. VI, 2e partie, 1833, p. 382.

— Lettres, etc. [5083, 5121]. *Falaise, Brée l'aîné*, 1834; 32 p.; 3 plans lithogr. par Léon RENAULT.

— Rapp. sur les mon^ts histor. de l'arr^t d'Alençon [nouv. add. 8121 *a*]. — *Mém. de la Soc. des ant. de Norm.*, t. IX, 1835, p. 1.

— Description, etc. [5076]. — *M. vol.*, p. 149.

— Rapport, etc. [8122]. — *M. vol.*, p. 431.

GALERON (**F^ric**), **de BRÉBISSON** (**Alph.**), **DESNOYERS** (**Jules**), etc. Statistique de l'arr^t de Falaise [5048]. *Caen, Mancel; Paris, Lance*, 1826-32. 3 vol. (le 3e n'a pas été terminé) et atlas in-4.

GALET (**l'a^é Jacques**). * Diss. histor. sur l'origine des Bretons, sur leur établissement dans l'Armorique et sur leurs premiers rois [3302]. *Paris, Rollin*, 1739. 2 vol. in-12.

GALFRIDUS Monemutensis. — Voir GEOFFROY DE MONMOUTH.

GALIFFE (**Y.-B.-G.**). Genève historique et archéologique, avec dessins et fac-simile de Hermann HAMMANN [10883]. *Genève* et *Bâle, H. Georg*, 1869, in-4.

GALLAND (**Antoine**). Lettre sur la statue d'un Mercure barbu trouvée près de Beauvais. 8 mai 1695 [8041]. — Publiée dans les *Mém. de la Soc. acad. de l'Oise*, t. I, 1847, p. 30-33.

Explication de l'inscription portant : MERCURIO AUGUSTO...

— * Lettre, etc. [101]. *Paris, Boudot*, 1696, in-12.

— Discours, etc. [2382]. — *Mém. de l'Acad. des inscr. et b.-l.*, t. II, 1717, in-4; p. 728-746.

Roman du Brut, roman de Troyes, etc. — Rien de la Gaule.

— Voir FOUCAULT ET GALLAND.

GALLARDOT (**b^on P.-Fr**) **et PERCY**. * Notice, etc. [1641 et nouv. add. 10996 *a*]. 1811.

GALLE (**Servais**). Servatii Gallæi Dissertationes de sibyllis earumque oraculis [nouv. add. 1666 *a*]. *Amsterdam*, 1688, in-4.

Voir notamment le chap. 36, sur la déesse Nehalennia (cp. le n° 589), présentée comme divinité protectrice de l'Escaut.

GALLES (**Louis**). Fouilles du tumulus de Tumiac en Arzon [7769]. 1853. — Note de M. l'abbé Chauffier : « Cet article n'a été publié dans aucune revue. »

— Considérations sur les pierres druidiques nommées dolmens [1522]. — *Annuaire du Morbihan*, 1853, p. 115-131, in-12. — Mon^ts^ celtiques et particulièrement celui de Carnac [7663]. — *M. rec.*, 1854, p. 121-143.

Ces deux mém. ont été réunis par l'auteur en un seul fascicule sous ce titre : Deux mémoires sur les monuments de l'âge de pierre, extraits des Annuaires de 1853 et 1854.

— Les dolmens de la Trinité-sur-Mer [7767]. — *Bull. de la Soc. polymathique du Morbihan*, 1860, p. 83.

— Fouilles d'un dolmen à Locmariaker [7738]. — *M. rec.*, an. 1860 (1861).

— Notice, etc. [7687]. — *M. rec.*, an. 1867, p. 41 et 42.

GALLES (Louis) et CINTRÉ. Fouilles, etc. [7766]. — *M. rec.*, an. 1860, p. 12.

— Voir de Cussé et L. Galles.

GALLES (L.), de CUSSÉ et l'a. COLLET. Compte rendu, etc. [7761]. — *M. rec.*, 2e sem., 1869-1870, p. 112-117.

GALLES (René). Rapport de M. le préfet du Morbihan sur les fouilles du Mont-Saint-Michel en Carnac, faites en sept. 1862 [7708]. — *Bull. de la Soc. polymath. du Morbihan*, an. 1862 ; 12 p. ; 5 pl.

— Manné-er-H'rock, etc. [7739]. *Vannes, L. Galles*, 1863 ; 6 pl.

— Fouilles, etc. [7773]. *Ibid., id.*, 1864 ; 4 pl.

— Tumulus et dolmens, etc. [7711]. *Ibid., id.*, 1864 ; 4 pl.

— Fouilles du tumulus du Moustoir-Carnac. (Rapport à la Comm. de la topographie des Gaules.) [7712]. — *Bull. de la Soc. polymath. du Morbihan*, 2e sem., 1864 ; 9 p. — *Rev. archéol.*, 2e s., t. XI, 1865, p. 15-25 ; 8 pl. — Note à ce sujet par le d^r^ Alph. Mauricet, p. 25-29.

GALLES (R.) et le d^r^ Alphonse MAURICET. Découverte d'un dolmen sépulcral sous le tumulus de Kergonfals en Bignan (Morbihan) [7729]. — *Bull. de la Soc. polymath. du Morb.*, m. vol. ; 7 p. ; 5 pl. — T. à p.

— **Les mêmes.** Étude sur le Manné-Lud en Locmariaquer [7741]. — *M. vol.* ; 11 p. — *Rev. archéol.*, 2e s., t. X, 1864, p. 355-364.

GALLES (R.), GRESSY et DE CLOSMADEUC. Les dolmens de Keryaval en Carnac (Extr. du c^te^ rendu des fouilles faites à la Société polymathique du Morbihan) [7713]. — *M. rec.*, m. s., t. XIV, 1866, p. 153-155.

GALLI (C.). Essai sur le nom et la langue des anciens Celtes [2298]. *St-Étienne, Janin*, 1843, in-12.

GALLIAC. Accurata descriptio provinciæ Belgicæ et Leodiensis diocesis [10485]. *Traj. ad Rhen.*, 1659, in-32.

GALLOTTI (Léon). Étude, etc. [2581]. — *Mém. de la Soc. du Doubs*, 4e s., t. I, 1865 (1866) ; 23 p.

— Le mont Auxois. Lettre à M. le c^el^ Sarrette [2582]. — *M. vol.* ; 19 p.

— Lettre, etc. [2972]. *Agen, Noubel*, 1866 ; 38 p.

GALLY (l'a. Michel). Le pèlerinage, etc. [10229]. — *Bull. de la Soc. d'études d'Avallon*, 6e année, 1865, p. 88-145.

GALY (E.). Vésone, etc. [5613]. — *Congrès archéol.*, XXVe session ; S^ces^ g^ales^ tenues à Périgueux en 1858 (1859) ; 41 p.

— Catalogue, etc. [5596]. *Périgueux, impr. Dupont*, 1862 ; fig.

GANDELOT (l'a.). Histoire, etc. [5398]. *Dijon*, 1772, in-4.

L'abbé Gandelot a eu Fr. Pasumot pour collaborateur. (Voir Quérard, *Fr. litt.*, à l'article Pasumot.)

GANDY (Georges). Histoire de France, etc. [387]. *Plancy, Soc. St-Victor*, 1854, 2 vol.

GANNERON (dom). [*Ms.*]. Mémoires sur les Essui, etc. [3498].

« Ils sont conservés dans la Chartreuse du Mont-Dieu, diocèse de Reims. Ce ms. est assez intéressant ; l'auteur y parle des Essuens... Il prétend, d'après d'anciens manuscrits qu'il cite, que la Tiérache ou Tiérasse en faisait partie. » (*Biblioth. histor.*, t. III, n° 34 265.)

GANNO. * De Antiquitatibus urbis Tolosæ liber [6138]. *S. l. n. d.*

Ouvrage mentionné dans la *Biblioth. histor.*, t. III, n° 37 768. — Meusel le dit publié vers 1490.

GANSANGE. Ueber den Stein-denkmæler, etc. [1431]. — *Jahrbücher des Vereins von Alterthumsfreunden im Rheinlande*, t. XLIII, 1867, 123-132 ; 1 pl.

GARAT (D.-J.). Origines des Basques de France et d'Espagne [3226]. *Montpellier ; Paris, Hachette*, 1869, in-18 jésus ; VI-294 p.

GARCIN (E.). Dictionnaire, etc. [3920]. *Draguignan*, 1835. 2 vol.

« Ouvrage sans critique et mal écrit. On doit lui préférer Achard, » (F. DENIS, PINÇON ET DE MARTONNE, *Bibliogr. universelle*, art. PROVENCE.)

GARCIN (A.-M.). Essai épigraphique sur l'arr^{t} d'Apt [9756]. — *Ann. de la Soc. litt.* etc. *d'Apt*, 1866-67 (1869), p. 54-66; 1 pl.

GARENNE (Xavier). Bibracte [2654]. *Autun*, 1867; 228 p.

GARIN (l'a.). Notices histor. sur Salins (près Moutiers) et ses eaux salino-thermales [8958]. — *Mém. de l'Acad. de la val d'Isère*, t. I, 1866, p. 290-586.

GARINET (Jules). Mém. sur l'établissement du christianisme à Châlons et sur les institutions qui s'y rattachent [1338]. — S^{cé} *publ. de la Soc. d'agr.* etc. *de la Marne*, 1836, p. 99-132.

— Étude sur l'invasion des Gaules par Attila [145]. — *M. rec.*, 1866, p. 211.

GARMAGE. Rapport, etc. [2725].

Rapport lu devant la Soc. litt. de Clermont, en 1756; inséré par extrait dans le *Mercure*, 1757, janvier, t. II, p. 139. (*Biblioth. hist.*, t. I, n° 288.)

GARNIER (l'a. Pierre). Chaalons ancien et moderne, païen et chrétien, depuis son origine jusqu'en 1726; manuscrit inédit de P. GARNIER, publié et annoté par Alex. AUBERT [7339]. *Reims, Brissart-Binet*, 1865, in-12.

GARNIER (le m^{is}). Histoire de la monnaie, etc. [1915]. *Paris, Vve Agasse*, 1819. 2 vol.

GARNIER. Pierres levées, etc. [9509]. — *Bull. de la Soc. des ant. de l'Ouest*, nov. 1836; 6 p.

GARNIER (Jacques). Mém., etc. (en réponse à une circulaire du ministre de l'instruction publique [9538]. *Amiens, R. Machart*, 1839.

— Rapport, etc. [9530]. — *Mém. de la Soc. des ant. de Picardie*, t. II, 1839, p. 75.

— Rapport, etc. [3832]. — *M. rec.*, t. III, 1840, p. 63. — Second rapport, t. IV, 1841, p. 85.

— Une course, etc. [9586]. — *Bull. de la m. Soc.*, 1861, n°s 1 et 2; 7 p.

— Notice sur les silex taillés, etc. [1394]. — *Mém. de l'Acad. de la Somme*, 2e s., t. II, 1862; 2e livr. — T. à p. *Amiens*, 1862.

— Notes, etc. [9615]. — *Mém. de la Soc. des ant. de Picardie*, 2e s., t. IX (t. XIXe de la collection), 1863; 16 p. — T. à p. *Amiens*, 1863; 18 p.; planches.

— Note, etc. [9597]. — *Bull. de la m. Soc.*, an. 1864, n° 3; 6 p.

— Note, etc. [9589]. (Extr. d'un rapp. à M. le président de la Comm. de la topogr. des Gaules). — *Rev. archéol.*, 2e s., t. XVI, 1867, p. 314-318.

— Dictionnaire topogr. du dép^{t} de la Somme, lettres A à L [nouv. add. 9428 *a*]. — *Mém. de la Soc. des ant. de Picardie*, 3e s., t. I; 526 p.

— Notice sur une découverte d'objets celtiques faite à Caix, c^{on} de Rosières (Somme), en 1865 [9580]. — *M. rec.*, m. s., t. II, 1868, p. 375-384.

— Voir BIDDEL AIRY.

GARNIER. État des Gaulois après la conquête des Francs; examen de l'opinion émise par M. Aug. Thierry [809]. — *Bull. de la Soc. d'agr.* etc. *de la Sarthe*. 1858; 9 p.

GARNIER (Joseph). Nomenclature historique des communes, hameaux, écarts, lieux détruits, cours d'eau et montagnes du dép^{t} de la Côte-d'Or [5251]. *Dijon*, 1869; 287 p. (Extr. de l'*Annuaire dép^{tal}* pour 1860, 1861 et 1862.)

GARNIER (avec VALLOT). Rapport sur le cours du Suzon.—Voir VALLOT et GARNIER.

GARNIER. Histoire de France (avec Velly, Villaret, etc. — Voir VELLY).

GARNODIER (l'a.). Rech. archéol., etc. [5732]. *Valence, Marc-Aurel*, 1852; 3 pl.

GARO (l'a.). Note, etc. Lettre à M. l'abbé Delalle, vicaire général de Nancy. [7555]. — J^{al} *de la Soc. d'archéol. lorraine*, 2e année, mars 1854, p. 194-195.

GARRAUD (Emmanuel). Antiquités périgourdines, ou l'histoire etc., accompagnée de note sur les environs; suivie d'un précis historique sur les comtes de Périgord [3817]. *Bordeaux, imp. Lefraise*, 1868; 112 p.

GARRAULT (François, sieur DES GEORGES). Des mines d'argent trouvées en France, ouvrage et police d'icelles [1728]. — *Paris, Dallier*, 1574, in-16.

— Des poids, mesures, nombres et monnaies des Gaulois [1768].

Dans les *Mém. et recueil des nombres, poids et monnaies anciennes et modernes des nations plus renommées, et conférence des unes aux autres*, etc. Paris, Métayer, 1595.

GARRIGOU (Adolphe). Mémoire sur quatorze monnaies antiques [1927]. — *Mém. de l'Acad. des sc. de Toulouse*, 2e s., t. IV, 2e partie, 1837, p. 29.

— Études historiques sur l'ancien pays de Foix et le Couseran [4047, 4632].

1re partie de la période romaine : Les Sotiates du temps de César. Mention hon. à l'Ac. des inscr. en 1856.
2e partie : Limites de l'ancienne Aquitaine et de la Province rom. du temps de J. César. *Toulouse, impr. Connac, Delpon et Cie*, 1863 ; 58 p.

GARRIGOU (le dr F.). L'Homme fossile, etc. [1399]. *Toulouse, Delboy; Paris, Dentu*, 1863.

— A MM. les membres de la Commission de l'Exposition, etc. La Vérité sur les objets de l'âge de la pierre polie des cavernes de Tarascon, exposés sous le nom de M. Filhol père [4640]. *Paris*, 1867.

— Lettres, etc. [1330]. *Paris. J.-B. Baillière et fils*, 1867.

Voir notamment la 5e lettre, relative à l'époq. préhistorique.

— A M. Ed. Filhol père. Lettre [1438]. *Paris*, 1868.

GARRIGUES (Pierre). [*Ms.*] Inscriptions antiques, tumules et épitaphes qui se trouvent en divers endroits de la ville de Narbonne [4776]. — Ouvrage mentionné dans la *Biblioth. histor.*, t. III, no 37805.

GARRUCCI (le p. Raphaele). Mélanges d'épigraphie ancienne [8792]. 1re livraison (unique ?). *Paris, B. Duprat*, 1856, in-4.

Épitaphe grecque chrétienne attribuée à Saint-Abercius. — Nouvel examen de l'inscription grecque d'Autun avec le fac-similé photograph. de cette inscr. — Appréciation des motifs produits par M. J.-P. Rossignol pour attribuer au VIIe siècle l'inscr. d'Autun.

— Sur un nouvel itinéraire, etc. [1218]. — *Rev. archéol.*, 2e s., t. V. 1861, p. 254-258.

GASPARD (dr). Mémoire, etc. [3290 *a*]. — *Mém. de la Soc. d'hist. et d'arch. de Chalon-s.-S.*, t. III. 1856, p. 305-334 ; 1 carte.

GASPARIN (de) aîné. Mémoire, etc. [9801]. — *Not. des trav. de l'Acad. du Gard*, 1811, 2e partie, p. 161-176.

— Notice, etc. [9813]. — *M. rec.*, 1822, p. 356-371.

— Histoire, etc. [9780]. *Nîmes, J. Bouchony*, 1815, in-12 ; plan d'Orange ; 6 grav. — Nouv. éd. *Orange*, 1840, in-12.

— Mémoire sur les aqueducs de Lyon, couronné en 1854 par l'Académie de cette ville [8584].

GASSENDI (Pierre). Notitia ecclesiæ Diniensis [4529].

Dans ses œuvres complètes, en 6 vol. in-fol., *Lyon*, 1658 ou *Florence*, 1728.

GASSIES (J.-B.). Notice, etc. [1358, 7099]. — *Actes de l'Acad. de Bordeaux*, 1852, p. 77.

— Notice, etc. [7100]. — *M. vol.*, p. 487-503.

GATIEN-ARNOULT (A.-F.). Doctrine druidique, etc. Explication d'un passage de Lucain (*Pharsale*, I, 454) [647]. — *Mém. de l'Acad. des sc. de Toulouse*, 4e s., t. II, 1878 ; 11 p.

— Sur l'état politique, etc. [734]. — *M. rec.*, 5e s., t. IV, 1854, p. 177 et 532.

— Histoire de la philosophie en France, depuis les temps les plus reculés jusqu'à nos jours [648]. — Tome I (seul publié). Période gauloise. *Toulouse, Privat ; Paris, Hachette*, 1859.

GATTIN et Louis BESSON (les abbés). Histoire, etc. [8701]. *Besançon, Vallues et Breitenstein*, 1851. 2 vol. ; 5 pl. ; 2 cartes.

GAUCHET (Claude). Voir LEBEUF, sous la date de 1843.

GAUDÉ (J.-F.). Les Voies rom., etc. [3608]. — *Jal de la Soc. d'archéol. lorraine*, t. XIII, 1864 ; 6 pages ; et t. XIV, 1865 ; 30 p.

GAUDENZIO (Paganini). * De Pythagoræâ (*sic*) animarum transmigratione, Aristoteleo veterum contemptu, et alia [601]. S. *l. s. a.* (Pise? vers 1640).

Voir, p. 31 et 41, l'exposé des doctrines professées par les druides.

GAUDRY (Albert). Lettre à M. Flourens, etc. [1380]. — *Cc. rr. de l'Acad. des sc.*, in-4, séance du 26 sept. 1859, p. 453.

— Sur les résultats de fouilles géologiques, etc. [1379]. — *M. vol.*, s^ce du 3 oct. 1859, p. 465.

— Contemporanéité, etc. [1378]. — *L'Institut*, 5 oct. 1859, in-4.

GAUFRIDI (Jean-François de). Histoire de Provence [3902]. *Aix*, impr. *Ch. David*, 1694. In-fol. — *Paris*, *Ch. Osmont*, 1723, in-fol.

GAUGER (Eustache). Essai historique sur l'ancienne ville d'Aumare, dans le pays de Caux [9369]. *Cany-Barville, chez l'auteur*, 1853.

GAUGUIÉ (Alcide), rédacteur en chef. La Charente communale illustrée. Livr. 1 à 10. [Nouv. add. 5160 *a*]. *Angoulême*, chez l'auteur, 1865-1867. (Non terminé.)

GAUJAL (baron Marc-Antoine-François de). Tableau historique du Rouergue, suivi de recherches sur des points d'histoire peu connus [3950]. *Rodez*, 1819 ; 236 p. — Essai historique sur le Rouergue [même n°]. *Limoges*, 1824-1825. 2 vol.

— Mémoire, etc. [4789]. — *Mém. de la Soc. des ant. de Fr.*, t. IX, 1832, p. 61.

— Note, etc. [10017]. — *Bull. mon.*, t. I, 1834, p. 160.

— Mém. sur les antiq. du Larzac [3572]. — *M. rec.*, t. III, 1836.

Analyse dans les *Mém. de la Soc. des lettres de l'Aveyron*, t. I.

— D'une ville gauloise, etc. [4790]. — *Mém. de la Soc. des lettres* etc. *de l'Aveyron*, t. II, 1840, p. 341.

— Rapport, etc. [4937]. — *Mém. de la Soc. des antiq. de Fr.*, 2e s., t. V. 1840, p. 288.

GAULLE (Jules de). Nouvelle histoire de Paris et de ses environs, avec des notes et une introduction par Ch. NODIER [9034]. *Paris*, *Pourrat*, 1839-1842. 5 vol.; fig.

GAULLE (Charles de). Les Celtes, etc. [401]. *Paris*, *Aug. Aubry*, 1865 ; 66 p.

GAULLIEUR (Eusèbe-Henri-Alban) et **SCHAUB** (Ch.). La Suisse histor. et pittoresque, etc., avec un précis des antiquités, du droit public, de la littérature, des arts et de l'industrie des 22 cantons [10756]. *Genève*; *Leipzig*, *Hübner*, 1855-56. 2 parties, gr. in-4 ; 180 pl. et vign.

1re partie : La Suisse historique, par GAULLIEUR.

2e partie : La Suisse pittoresque, par SCHAUB, avec la collaboration de GAULTIER, DE BONS, ED. MALLET et L. VUILLEMIN.

— Traduction en allemand par H. GRAEFE et G.-F. HEISS, intitulée : Die Schweiz ihre Geschichte, etc., illustrirt von A. CALAME, FONTANESI, GANDON, etc. 1re partie : Die Geschichte der Schweiz, bearbeitet von E.-H. GAULLIEUR und von einigen anderen Professoren und Mitgliedern der Schweizerischen, historischen Gesellschaft, etc. *Genève*, *Georg*, 1856-1857. 2 forts vol. in-4 ; planches.

GAULTHEROT (Denis). L'Anastase de Lengres, tirée du tombeau de son antiquité [7445]. *Langres*, *Jean Boudrot*, 1649, in-4.

GAULTIER DU MOTTAY. — Voir MOTTAY.

GAUPP (Ernest-Théodore). Établissement, etc. Titre : Die germanischen Ansiedlungen und Landtheilungen in den Prov. d. röm. Westreiches, in ihrer Völkerrechtlichen Eigenthümlichkeit und mit Rücksicht auf verwandte Erscheinungen der alten Welt und der späteren Mittelalters dargestellt [10728]. *Breslau*, *Max*, 1844.

GAUSSEN (Alfred). Portefeuille archéol. de la Champagne, publié et dessiné par A. GAUSSEN, avec un texte par MM. l'a. TRIDON, QUANTIN, HARMAND, Eug. LEBRUN, D'ARBOIS DE JUBAINVILLE, CARNANDET et l'a. PAILLARD. [3434]. *Bar-sur-Aube*, *Jardeaux Ray*, 1852-1865, in-4, avec atlas.

GAUTERAN (François). Question histor. où il se traite si Tournai est une v. des anciens Nerviens (*Tornacum Nerviorum*) et si elle en est la capitale, déduite en français et en latin [3717 *b*]. *Tournai*, *Quinqué*, 1658.

GAUTHIER (Hubert). Traité de la construction des chemins, tant de ceux des Romains que des modernes, dans toute sorte de lieux, etc. [1233]. 2e éd. *Paris*, *Seneuse*, 1715 (avec une carte des itinéraires rom.).

— Histoire, etc. [5939]. *Paris*, *A. Cailleau*, 1720-1724 ; 76 p.

La *Bibl. histor.* donne les 2 dates ainsi que la *Fr. litt.* qui ajoute : Production superficielle sans exactitude, sans critique et sans style.

GAUTHIER (M.-A.). Statistique, etc. [5187]. *La Rochelle*, 1839. 2 parties en 1 vol. in-4.

GAUTHIER (Frédéric), éditeur. Annuaire statistique du dép^t du Jura [6658].

Lons-le-Saunier, Gauthier, 1810, etc., in-12.

GAUTHIER-STIRUM (Pierre-Joseph). Statuette, etc. [5426 *a*]. — *L'Investigateur*, 2e s., t. I, 1841, p. 135-136.

GAUTIER (J.-J.). Histoire d'Alençon [nouv. add. 8126]. *Alençon, Malassis*, 1805. — Supplément. *Alençon, Poulet-Malassis*, 1821.

GAUTIER (Théodore). Précis de l'hist. de la v. de Gap, suivi de notes et éclaircissements et de not. biogr. sur les évêques de cette ville [4549]. *Gap*, 1844.

— Antiq. de Saint-Remy [5014]. — *Congrès scientif.*, XXXIIIe session, tenue à Aix, en Provence, décembre 1866. *Aix*, 1867-68. 1re partie, t. II, p. 261.

GAUTIER (A.). Nouvelles rech., etc. [2669]. *Toulouse, impr. Bonnard et Gibrac*, 1869, in-4 ; 35 p.; 2 pl.

GAVEAU (J.) et LECLÈRE (J.-B.). Guide, etc. [5256]. — (1841 ?).

Critiqué sévèrement dans le Rapport sur le Concours des antiq. de la France en 1842.

Les Mêmes. Archéologie celto-romaine, etc., suivie d'un glossaire celtique [5367]. — *Paris, Anselin*, 1844, in-4.

Critique de cet ouvrage (dont les auteurs ne sont pas nommés) dans le rapport sur le concours des antiquités nationales en 1844. Cité par L. Le Maistre (Annuaire de l'Yonne. 1849, p. 122). sous le seul nom de J.-B. Leclère. Dans le *Bull. du bouquiniste*, année 1880, no 2519, on donne le titre anonyme et la date de 1839.

GAYDOU (le p.). Étude critique sur l'origine de l'église de Mende [7128].

— Les premières églises des Gaules considérées dans leurs origines [744]. 1862.

GAZAN (le col). Médailles rom. [2114]. — *Bull. de la Soc. d'études de Draguignan*, t. II, 1858 ; 41 p.

GAZANYOLA (de). Histoire du Roussillon [3944]. (Posthume.) *Paris, Dumoulin*, 1857.

GAZET (Guillaume). Tableau sacré de la Gaule Belgique selon l'ordre et la suite des papes et de tous les évêques des Pays-Bas, avec les saints qui sont honorés en tous leurs diocèses et la bibliothèque sacrée des Pays-Bas, contenant les théologiens, canonistes, scholastiques et autres écrivains célèbres [10475]. — *Arras*, 1610.

— Hist. ecclés. de Flandre [3504]. — *Valenciennes*, 1614, in-4.

GEBELIN (Antoine Court de). Le monde primitif, etc. [2265]. *Paris*, 1773-1782. 9 vol. in-4 ; fig.

— Nouveau dictionnaire, etc. [2266]. *Paris, Dutot*, 1835, in-4.

GEBWILLER (Jérôme). Origo Francorum Germanorum ac eorumdem victoria in Germanos et Gallos Hieron. GEBUILERIO auctore [230]. *Argentorati*, 1519, in-4.

GEIER (F.) et GORZ (R.). Denkmäle, etc. [11104]. *Francfort-s.-l.-M.*, 1846-47, 4 parties gr. in-fol.; fig.

GEINDREAU (l'a.). Rapport, etc. [9502]. — *Mém. de la Soc. de statistiq. des Deux-Sèvres*, t. XV, p. 234-236. — T. à p. *Niort*, 1852.

GEISOW (L.). De Republica Massiliensium [4870]. *Bonnæ*, 1865 ; 45 p.

GEMAHLING. Note, etc. Examen des médailles de l'époque gallo-rom. découvertes à Saint-Thibault [5311 *a*]. — *Cc. rr. des trav. de la Soc. du Berry*, t. IV, 1856-57, p. 246-253 ; 2 pl.

— Note complémentaire. — *M. rec.*, t. V, 1857-58, p. 193.

GEMBLOUX (Dr Claude-Charles Pierquin de). Lettre, etc. [4550]. *Grenoble, impr. Baruel*, 1837 ; 32 p.

— Extrait d'une lettre, etc. [4903]. — *Répertoire de la Soc. de statistiq. de Marseille*, t. III, 1839, p. 468.

— Notices, etc. [5252]. *Bourges, Just Bernard*, 1840 ; 519 p.

Au faux-titre : *Archéologie de l'Académie* [rectorale] *du Cher*.

— Lettre à M. Viguier, sur le Poisson-Dieu, 1er nov. 1839 [8775]. 1840 ; 22 p.

— Hist. monétaire, etc. depuis les temps anté-historiques jusqu'à nos jours. Tome Ier (unique) [3263]. *Bourges; Paris, Dumoulin*, 1840, in-4 ; 17 pl.

— Monographie numismatique berrichonne [3264], t. I (unique), in-4.

Cc. rr. par J. LELEWEL dans la *Rev. de la numismat. belge*, t. I, 1845, p. 379.

— Le Bonnet de la liberté et le coq gaulois, fruits de l'ignorance. Lettre à M. Viennet [861]. *Bourges*, 1840, 16 p.

— Le Coq gaulois [même no]. *Bourges, impr. Ve Ménagé ;* 8 p.

— Histoire de la Châtre [6489]. *Bourges*, impr. *Manceron*, 1840, 48 p.

— Les Huns dans le Morvan [3693]. *Nevers*, impr. *Fay*; 1843; 8 p.

— * Histoire, etc. Lettre à M. Gallois, de Nevers [10191]. *Bourges, impr. P. A. Manceron*, 1843, 16 p.

— Histoire, etc. [2742]. — Lettre à M. le baron d'Espiard. *Bourges, imp. Manceron; Paris, Dumoulin*, 1843, 50 p.

— Inscription grecque du musée de Vienne. Lettre à M. Alexandre, inspecteur général des études [6653]. *Châteauroux, typogr. Migné (s. d. ?)*.

GÉNÉBRIER. * Diss. sur une médaille de Magnia Urbica, où l'on fait voir que cette princesse n'est point femme de l'empereur Maxence, comme on l'a cru jusqu'ici [2087]. *Paris, Lecot*, 1704, in-12.

— Lettre sur une Médaille singulière de Carausius, adressée à Mylord comte Pembrok [10322]. — *Mercure*, sept. 1731.

— * Histoire de Carausius, empereur de la Grande-Bretagne, collègue de Dioclétien et de Maximien, prouvée par les médailles [10223]. *Paris*, 1740, in-4.

GÉNÉRAT (Th.) Étude géogr. et ethnograph. sur les peuples qui avoisinent le cours inf. du Rhône et de la Durance, avant la conquête de la Gaule par les Romains, et recherches sur les villes de Vindalium et Aeria et sur le passage du Rhône par Annibal [2820]. *Avignon, Clément Saint-Just; Paris, Techener*, 1860.

GENOUDE (l'a. **Antoine-Eugène**). Histoire de France [374]. *Paris, Perrodil*, 1844-1847, 17 vol.

GEOFFROY DE MONMOUTH [10256]. Galfridus Monemutensis. Britañiæ utriusqȝ regū et prīcipū origo r gesta insignia ab Galfrido Monemutensi, etc., ex antiquissimis Britannici sermonis monumentis in latinū sermonē traducta; et ab Ascensio cura r impēdio magistri Iuonis Cauellati in lucem edita. Prostant in ejusdem aedibus *Parisiis*, 1508, pet. in-4.

— The bristish history of Jeffrey of Monmouth, translated with a large commentary, by Aaron Thompson. *London*, 1718.

GEOFFROY-SAINT-HILAIRE (Étienne). Sur des ossements humains, etc. [1357]. — *Cc. rr. de l'Acad. des sc.*, t. VII, 1838, in-4, p. 13.

GEORGIEWSKI (Alexandre). Gally v epocha Kaïa Julia Cesaria. (Les Gaulois au temps de César) [400]. *Moscou*, 1865; 525 p.

C. r. dans la *Revue celtique* n° 1, mai 1868.

GÉRARD (le c^el **A.**). Résumé des campagnes d'Annibal [2810]. *Paris, Sirou*, 1844; 164 p.

GÉRARD (P.-A.-F.). La Barbarie franque, etc. [865 *a*]. *Bruxelles*, 1845, in-18.

GÉRARD (Charles). Recherches, etc. [7865]. — *Mém. de l'Acad. de Metz*, 1845-46, p. 127.

— Note, etc. — *Congrès archéol.*, XIIIe session, tenue à Metz en 1846-1847, p. 186-190.

— L'Ancienne Alsace à table. Étud. hist. et arch. sur l'alimentation, les mœurs et les usages épulaires de l'ancienne province d'Alsace [3033]. *Colmar, Barth*, 1862.

GÉRAULT (l'a.). Saulges, etc. [7501]. — 1840.

GERLACH (F.-D.). Die alteste Bevölkerung Italiens. Eine geschichtliche Untersuchung [10936]. *Basel*, 1853.

GERLACHE (le baron de). Quelques observations, etc. [447]. *Bruxelles, Gæmare*, 1865.

GERLAND (Bénigne Legoux de). — Voir Legoux.

GERMAIN (l'a.) [*Ms.*] Problème historique sur Bibracte.

« Cet écrit, qui fait partie d'une histoire de la ville d'Autun, que M. Germain, mort en 1751, a laissée très avancée, a passé, avec ses autres mémoires, à son frère. Il y résout le problème en faveur d'Autun, et combat M. de Mautour, le P. Oudin et autres, qui fixent à Beuvrai ou Beuvrect la position de Bibracte. » (*Bibliot. histor.*, t. I, n° 225).

GERMAIN. Histoire de l'Église de Nismes, depuis son origine jusqu'à l'apparition du protestantisme [5948]. *Nismes*, 1838, 2 vol.

GERMAIN (Alexandre-Charles). De Mamerti Claudiani scriptis et philosophia [2406]. 1840. (Thèse pour le doctorat ès lettres, ainsi que l'article suivant).

— Essai historique, etc. [2437]. 1840; 117 p.

— Note, etc. [6398]. — *Publications de la*

Soc. archéol. de Montpellier, t. IV, 1855, p. 136-144.

— Études, etc. [6400]. — *M. rec.*, t. V, 1867, p. 261-310.

— Découverte, etc. [4583]. — *Congrès scientif. de Nice*, 1867, p. 257.

GERMAIN (J.-A.). Histoire d'Argentan et et de ses environs [8131]. *Alençon*, 1843-45. 2 parties en 1 vol.

GERMER-DURAND (Louis-Eugène). Notice sur les monuments de Nîmes. Découvertes archéol. faites en 1848-49 [5980].—*Rev. archéol.*, t. VII, 1851, p. 193.

— Album, etc. [5924]. *Nismes*, 1853, in-4; fig.

— Notes : 1° sur la découverte de 200 médailles, faite par M. de Roussel; 2° sur une inscription latine [6025]. — *P.-v. de l'Acad. du Gard*, 1859-60.

— Note, etc. [2119].—*Mém. de la m. Soc.*, an. 1860; 17 p.

— Mon^ts^ celtiques du Gard [5971 *a*]. —*M. rec.*, an. 1862.—T. à p. *Nîmes*, 1862.

— Sur une inscription. etc. [10965]. — *M. rec.*, an. 1863 (1864); 9 p.

— Note, etc. [3120]. — *M. vol.*; 3 p.

— Inscriptions de pierres antiques trouvées dans les travaux exécutés à Nîmes à l'extrémité du quai Roussy, en 1864, etc. [6047]. — *M. rec.*, an. 1863-1864 (1865), p. 132-141.

— Note, etc. [6045]. — *M. vol.*, p. 142-146.

— Une nécropole gallo-romaine à Sainte-Perpétue [6102]. — *M. vol.*, p. 147-152.

— Sur la date, etc. [6050]. — *M. vol.*, p. 153 à 155.

— Notes épigraphiques, inscriptions trouvées au quai Roussy, en 1864; inscription relative aux constructeurs de la basilique de Nîmes; une nécropole gallo-romaine à Sainte-Perpétue, sur la date de l'inscription fragmentaire [6051). — T. à p. *Nîmes, impr. Clavel-Ballivet et Cie*, 1865; 20 p. (Extraits du m. recueil.)

— Sur deux inscriptions de Nîmes, etc. [6048]. — *M. rec.*, an. 1864-1865 (1866), p. 124-129.

— Quatorze inscriptions romaines et une inscr. inédite du moyen âge, provenant de l'ancien couvent des Augustins [6049]. — *M. vol.*, p. 130-160.

— Note, etc. [6018]. — *M. vol.*, p. 161-163.

— De l'antiquité des eaux des Fumades [6087]. — *M. rec.*, an. 1865-1866 (1867); 7 p.

— Notice, etc. [6053]. — *M. vol.*; 13 p.

— Dictionnaire topographique, etc. [5922]. *Paris, F. Didot*, 1868, in-4.

— Note, etc., sur trois inscr. inédites trouvées au Moulin-Rey, en décembre 1867 [6089]. — *M. rec.*, an. 1867-1868 (1869), p. 87-94.

— Note, etc. [6071]. — *M. vol.*, p. 95-97.

— Trois inscriptions, etc. [6092]. — *M. vol.*, p. 99-104.

— Note, etc. [6008]. — *M. vol.*, p. 113 et 114.

— D'une prétendue inscription grecque de Beaucaire [6081]. — *M. vol.*, p. 249-264. — T. à p. *Nîmes*, 1867.

— Découvertes archéol. etc. [5925]. — *Bull. de la Soc. d'arch.* etc. *de la Drôme*, t. V, 1870, p. 85.

Travail continué, pour les années 1870 à 1873, dans les *Mém. de l'Acad. du Gard.*

— Note sur une inscription trouvée à la Roque, c^on^ de Bagnols (Gard) [6097]. — *M. rec.*, an. 1868-1869 (1870), p. 91-93.

GERMONDY (Albert). Géographie gallo-romaine, etc. [9703]. — *Bull. de la Soc. des sc.* etc. *du Var*, à Toulon, t. XXVII, an. 1859 (1860); 52 p.

— Géographie histor. du Freinet, du Ve au XVIe siècle; simple note [9709]. — *M. rec.*, 32e et 33e années, 1864-1865 (1865); 150 p.

GÉROST, Mémoire, etc. [4650]. — *Mém. de la Soc. acad. de l'Aube*, t. X, 1841, p. 140.

— Mémoire, etc. [2455]. — *M. rec.*, t. XIII, 1846, p. 68.

GERRARD (Jean). Siglarium romanum, sive explicatio notarum aut litterarum, quæ hactenus reperiri potuerunt in marmoribus, lapidibus, nummis, etc. [2204]. *Londini*, 1792, gr. in-4.

GERSON (**François**). Copie de la lettre envoyée au R. P. Sirmond en laquelle il montre que saint Denys Aréop., converti par saint Paul, a été le premier évêque de Paris [9051]. *Paris, Lapierre*, 1641.

GÉRUZEZ (**J.-B.-F.**). Description, etc. [7365]. *Reims*, 1817. 2 vol. p. in-8, fig.

GERVAIS (**Charles**). Analyse, etc. [2612]. *Mém. de la Soc. des ant. de Normandie*, t. IV, 1829, p. 223.

— Note, etc. [5090]. — *M. rec.*, t. V, 1830, p. 362.

— Note, etc. [5071]. — *M. rec.*, t. VI, 1833; p. 435.

— Note, etc. [5078]. — *M. rec.*, t. IX, 1835; p. 577.

— Rapport, etc. [5126]. — *M. rec.*, t. XII, 1841, p. 342.

— Sur l'Ascia [669]. — *Bull. de la m. Soc.*, 7ᵉ ann., t. IV, 1866-67, p. 188-199.

GERVAIS (**Paul**). De l'ancienneté de l'homme [1413]. *Montpellier, Boehm et fils*, 1865, in-4.

GERVAIS (**Paul**) et **BRINCKMANN**. La caverne de Bise, etc. [4753]. *Montpellier, impr. Boehm et fils*, 1865, in-4; 50 p.

GERVAISE (**Nicolas**) * La vie de saint Martin, évêque de Tours, avec l'histoire de la fondation de son église, et de ce qui s'y est passé de plus considérable jusqu'à présent [6505]. *Tours, Barthe*, 1699, in-4.

Voir *Biblioth. histor.*, t. I, n° 10287. — Nouv. éd. rev., corr., augm. *Tours*, 1828, in-12. Trad. en italien. *Monza*, 1876, in-8, 192 p.

GERVILLE (**C. de**). Rech. sur le pays des Unelli, et sur les v. qui y ont existé sous la domination rom. [4077]. — *Mém. de la Soc. des ant. de Fr.*, 1823. t. IV, p. 263.

— Notice, etc. [7247]. — *M. rec.*, t. VII, 1826, p. 175.

— Notice, etc. [7245]. — *Mém. de la Soc. des ant. de Normandie*, t. IV, 1829, p. 273.

Méd. d'or à l'Acad. des inscr. en 1832.

— Recherches, etc. [3440]. — *M. rec.*, t. V, 1830, p. 1.

— Essai, etc. [1648]. — *Mém. de la Soc. des ant. de l'Ouest*, 1836.

— Des villes et voies rom. en Basse-Normandie et de leur communication avec le Mans et Rennes [3775]. — Supplément. *Valognes, s. d.* (avant 1846).

GESLIN DE BOURGOGNE (**Jules**). Notice, etc. [55207]. — *Mém. de la Soc. des ant. de Fr.*, 2ᵉ s., t. VIII, 1846, p. 282.

— Notes, etc. [5521]. — *M. vol.*, p. 303.

— Découverte, etc. [5527]. — *Mém. de la Soc. arch. et histor. des Côtes-du-Nord*, t. I, 1853; 26 p.

— Rapp. sur le monᵗ gallo-rom. de Port-Aurel en Plérin [5530]. — *M. vol.*, p. 283-308, 1 pl.

— Rapport sur les fouilles de Port-Aurèle, près Saint-Brieuc, adressé à M. de Caumont [5529]. — *Bull. mon.*, t. XVIII, 1852, p. 329.

GESLIN DE BOURGOGNE (**Jules**) et **BARTHÉLEMY** (**A. de**). Anciens évêchés de Bretagne. *Paris, Dumoulin; Saint-Brieuc, Guyon*, 1855-1879, 6 vol. et atlas.

— Rapport sur le camp de Péran [5525]. — De l'âge, etc. du camp de Péran [5526]. — *Mém. lus à la Sorbonne en* 1866 (archéologie), 1867, p. 169.

— Nouvelles fouilles exécutées au camp de Péran (forts vitrifiés). Diss. à ce sujet [nouv. add. 5526 *a*]. — *Bull. et mém. de la Soc. d'émul. des Côtes-du-Nord*, t. IV, 1866, p. 49-58.

— Coup d'œil général, etc. [5493]. — *Mém. lus à la Sorb. en* 1867 (arch.), 1868, p. 97.

GESNER (**Conrad**). Mithridates. De differentiis linguarum, tum veterum tum quæ hodie apud diversas nationes in tota orbe terrarum in usu sunt [2234]. *Tiguri, Froschover*, 1555, in-12.

GESSNER (**Jean-Jac.**). Specimen rei nummariæ, cum prolegomenis et amplissima veterum numismatum collectione [1883]. *Tiguri*, 1735-38, 2 vol. in-fol.

Voir BRUNET, *Manuel*, t. II, col. 1569.

GEVREY-CHAMBERTIN (**de**). Notice, etc. [5242].

Mention honorable à l'Académie des inscriptions.

GEVREY (**Alfr.**). Dissertation, etc. [8682]. — *Mém. de la Comm. archéol. de la Haute-Saône*, t. II, 1860, p. 159-164.

— Catalogue, etc. [8696]. — *M. rec.*, t. III, 1862; 26 p.

— Histoire de Vesoul, 1re partie (unique?) [8691]. — *Vesoul, impr. Suchaux*, 1865; 120 p.

GHESQUIÈRE (l'a.). Mém. sur un dépôt de médailles romaines de grand bronze déterré à Wareghem, village de la châtellenie de Courtray, au mois de janvier 1778. (Lu en 1782) [10585). — *Mém. de l'Acad. des sc. et b.-l. de Bruxelles*, t. IV, 1783, in-4, p. 357-371.

GIBBON (**Edward**). The History, etc. [75]. *London*, 1774-88. 6 vol. gr. in-4. (Dernière édition revue par l'auteur.) Autres éd.: *Bâle*, 1789. 14 vol. in-8, 1829; *Oxford*, 1828; *Londres*, 1837.

With a memoire on the author by W. YOUNGMANN. *London*, 1840, 1 vol. royal in-8. *Londres*, 1870. 3 vol. in-8.
Traduction française par LE CLERC DE SEPTCHÊNES, *Paris, de Bure*, 1777-1795, 18 vol.
(Voir QUÉRARD, *Supercheries litt.*, t. II, col. 723 c.)

— Autre édition: Histoire de la décadence et de la chute de l'empire romain, traduit de l'anglais par Le Clerc de Septchênes, et depuis le 4e vol. par Demeunier, Boulard et Cantwell, nouvelle édition revue et corrigée (par Mme Guizot, née Pauline de Meulan), précédée d'une lettre sur la vie et le caractère de Gibbon, par Suard, et accompagnée de notes par M. Guizot. *Paris, Maradan*, 1812. 13 vol. (éd. estimée). Autres éd. *Paris, Lefévre*, 1819, et *Paris, Ledentu*, 1829. 13 vol.; *Paris*, 1835. 2 vol. gr. in-8. — Traduction par BRIAND (P.-C.). *Paris, F. Buisson*, 1805. 3 vol.

— Traduction allemande: Geschichte des Verfalles und Unterganges des römischen Weltreiches; überstzet deutsch von J. SPORSCHIL. *Leipzig*, 1823, 4e éd. 12 parties en 6 vol. in-12.

Édition antérieure; *Leipzig*, 1807, in-4.

— Attila's Leben, etc. [139]. *Lüneburg*, 1787.

— Miscellaneous, etc. [2774]. — *Londres*, 1796. 2 vol. in-4, et nouv. éd. donnée avec additions par lord SHEFFIELD. *Londres*, 1814. 5 vol.

GIBELIN (**Esprit-Antoine**). Lettre sur les tours, etc. et sur les antiq. qu'elles renfermaient [4922]. *Aix*, 1787, in-4; 34 p.; 11 pl.

— Obs. crit. sur un bas-relief antique conservé dans l'hôtel de ville d'Aix, et sur les mosaïques découvertes près des bains de Sextius, de la même ville [4920]. *Marseille*, 1809; 5 pl.

— Mémoire, etc. [6648]. — *Décade philosophique*, 3e trim. de l'an X.

GIBERT (**Joseph-Balthazar**). Mémoires, etc. [297]. *Paris, Brunet*, 1744, in-12.

— Lettre, etc. [305]. — *Mercure*, 1745, *janvier*, p. 22-43.

— Tableau des mesures itinéraires anciennes et de leurs rapports entre elles et avec les mesures modernes [1238]. *Paris*, 1756.

C. r. dans les *Mém. de Trévoux*, oct. 1756, p. 2678.

GIBSON (**Edmond**). De Portu Iccio. — Voir SOMNER (Guil.) sous la d. de 1694.

GIEFERS (**Wilhelm-Engelbert**). Beitræge, etc. [10730]. *Münster*, 1852-1854. 2 vol. gr. in-8. Extr. de: *Zeitschrift für vaterländische Geschichte und Alterthumskunde*, t. XIII et XIV.

GIGUET. Sur l'Alesia, etc. [2512]. — *Bull. de la Soc. archéol. de Sens*, t. VI, 1858, p. 1-6.

— Diss. sur Alésia [2532]. — *M. rec.*, t. VII, 1861.

Rapport sur cette diss. par le p. CORNAT. (Voir ce nom.)

GILBERT. — Voir DULAURE, JORAND et GILBERT [9099].

GILBERT (**Joachim**). Notice, etc. [7742]. — *Mém. de l'Acad. celt.*, t. II, 1808, p. 435; 1 pl.

Voir Alex. LENOIR, m. date.

GILDAS. De excidio Britanniæ [10254]. *Londres*, 1525; 2e éd. *Londres*, 1568, in-12; 3e éd. *Paris*, 1576, etc.

GILLES (**Nicole**). Annales et chroniques de France depuis la destruction de Troyes (alias depuis l'origine des François) jusqu'à François Ier [231]. *Paris, Galliot du Pré*, 1520, in-fol.; 1544, in-fol.; 1549, 2 vol. in-fol.; 1552, 2 vol. in-8; 1560, in-fol.; 1569, in-fol.

GILLES (**J.**). Les Fosses-Mariennes, etc. [4835]. *Marseille, Camoin; Paris, Thorin*, 1869; 48 p.; 1 carte.

Voir Ernest DESJARDINS, *Rhône et Danube*, 1870.

— Campagne de Marius dans la Gaule, etc. [411]. *Paris*, 1870; 1 carte, 3 lith.; 3 grav. sur bois.

GILLET (dr). Découverte, etc. [9234]. —

Bull. de la Soc. d'archéol. etc. *de Seine-et-Marne*, t. V, 1869, p. 225-226.

GILLIER (**Pierre**). Tableau descriptif de la ville de Limoges, des variations de son site et de la forme de ses édifices depuis 46 ans avant l'ère vulgaire, époque la plus haute que l'hist. permette d'en rechercher l'origine, avec indication des progrès des connaissances de la langue, de la religion, des mœurs, du commerce et industrie de ses habitants, depuis la même époque [10008]. *Limoges, impr. Ardant*, 1838; 80 p.

GINDRE (**Prosper**). Recherches, etc. [6701]. — *Bull. de la Soc. d'agr.* etc. *de Poligny*, 1861 ; 7 p.

— Dissertation, etc. [2341]. — *M. rec.*, 1865; 3 p. — *M. rec.*, 1865; 3 p.

GINET (**Pierre**). * Rech. sur l'antiq. d'Engoulême [5173]. *Poitiers*, 1567, in-4.

GINGINS LA SARRAZ (**Frédéric de**). Rech. sur qq. localités du Bas-Valais, etc. aux 1ers siècles de notre ère et en particulier sur l'éboulement de Tauredunum [10856]. — *Mém. de l'Institut national genevois*, 1856.

Voir, sur l'emplacement de Tauredunum, E. Caillemer, *Bull. de la Soc. de statist. de l'Isère*, 3e s., t. II, 1870, p. 320.

— Histoire, etc. [10906]. — *Mém. et doc. de la Soc. d'hist. de la Suisse romande*, t. XX, 1865.

GIOFFREDO (**Pietro**). Nicæa civitas, monumentis illustrata, opus P. Joffredi sacerdotis Niciensis, in quo, præter antiquitatum notitiam, sanctorum et sanctitate illustrium gesta describuntur, notationibus illustrantur, etc. [4571]. *Augustæ Taurinorum, Rustir*, 1658, in-fol.

Biblioth. histor., t. III, n° 38273.

— Storia delle Alpi maritime [4559 *a*]. *Torino, Stamp. real.*, 1839. 2 vol.

GIRARD (**Fulgence**). Mém. sur le camp rom. dont les ruines couronnent la hauteur dite Le Châtelier dans la cne du Petit-Celland [7261]. — *Mém. de la Soc. archéol. d'Avranches*, t. I, 1842, p. 161-205.

— Histoire géologique, archéol. et pittoresque du Mont Saint-Michel [7286]. *Avranches*, 1843; 1 plan.

GIRARD (**M.-Ant.**). Histoire, etc. [461]. — *Clermont-Ferrand, Thibaud; Paris, Dumoulin*, 1864 ; 204 p.; 1 carte.

GIRARD DE RIALLE (**J.**). Étude d'histoire primitive : Les Aryo-Celtes [402]. — *Bull. de la Soc. parisienne d'archéol. et d'hist.*, t. I, 1865 (1867), p. 89-121.

GIRARDIE (**Isaac-François, sieur de la**), * Topographie du pays et duché de Touraine, avec quelques remarques sur les antiquités de cette province [4055]. *Tours*, 1592.

GIRARDIN (**Jacques-Félix**). * Histoire de la ville et de l'église de Fréjus, par M. G. C. D. G. E. T. [9710]. *Paris, Ve Delaulne*, 1729. 2 vol. in-12.

L'auteur a signé l'épitre.

— Description du diocèse de Fréjus [9711]. — Voir Disdier (l'a. J-B.). 1870.

GIRARDIN (**J.**). Analyse, etc. [1481]. — *Bull. mon.*, t. XII, 1846, p. 173.

GIRARDOT (**bon de**). [*Ms.*]. Notes statistiques sur le dépt du Cher [5249].

Communiqué à la Commission de la topographie des Gaules.

— Cimetière, etc. Objets recueillis et dessinés, etc. [5286 *a*]. — 1 p. in-fol. de texte et 7 pl. (autographie).

— Hache en pierre d'une forme particulière (trouvée à Saint-Joachin, arrt de Savenay) [6937]. — *Rev. des Soc. sav.*, 3e s., t. III, 1864 ; 1 p.

GIRARDOT (**bon de**) **et BOYER**. Guide de l'étranger dans la ville de Bourges [nouv. add. 5275 *a*]. 1848.—1855, in-18.

GIRAUD (**C.**). Les tombeaux, etc., où l'on rappelle les coutumes des anciens peuples et celles des modernes, pour dissoudre les chairs, calciner les ossements humains et en composer le médaillon de chaque individu [1636]. — 2e éd., *Paris*, an IX (1801), in-4; pl. gr. par E. Voysard.

GIRAUD (**l'a. Magloire**). Histoire, etc. [2943]. *Toulon, Laurent*, 1849; 128 p.

Honorée, en ms., d'une 2e méd. au concours des ant. de la France, en 1848.

— Mém. sur Tauroëntum, ou rech. archéol., topogr. et historico-critiques sur cette colonie phocéenne [2944]. — *Mém. présentés par divers savants à l'Acad. des inscr. et b.-l.*, 2e s., t. III, 1854, p. 1-103.

L'auteur a donné ce même titre au tirage à part mentionné dans l'article ci-dessus.

— Mém. sur l'ancien Tauroëntum [m. n°]. — *Bull. de la Soc. des sc.* etc. *du dépt du Var*. 18e année, 1850 ; 20e année, 1852 ; 21ᵉ année, 1852-1853. — T. à p. *Toulon*, 1853 ; 238 p.

— Nouvelles rech. topogr., histor. et archéol. sur Tauroëntum et description de médailles trouvées dans les ruines et la campagne de cette ville [2945]. — *M. rec.*, t. XXVIII-XXIX, 1860-1861. — T. à p.

— Recherches, etc. [9702]. — *M. rec.*, 32ᵉ et 33ᵉ année, 1864-65 (1865). — T. à p. *Toulon*, 1865, VII, 159 p.

— Nouvelle étude, etc. [9729]. — *M. rec.*, nouv. s., t. III, 1870, p. 189-236 ; 1 pl. lithogr. — T. à p.

GIRAUD (Charles). Les tables de Salpensa et de Malaga, 2ᵉ éd., revue, corrigée et augmentée [10638]. *Paris, P. Dupont*, 1856.

1ʳᵉ éd. dans le *Journal gᵃˡ de l'Instr. publ.*, février à sept. 1856.

GIRAUDEAU (dʳ Jean) de Saint-Gervais. Précis historique du Poitou, pour servir à l'hist. de cette prov.; suivi d'un aperçu statistique des dépᵗˢ de la Vienne, des Deux-Sèvres et de la Vendée [3856]. *Paris, Dussillan*, 1843 ; 297 p.; 15 cartes.

« Composé par Caboche d'Estilly D. M. » (QUÉRARD, *Superch. litt.*, 2ᵉ éd., t. II, col. 183).

GIRAULT (Claude-Xavier). Dissertation histor. et crit. sur la position de l'ancienne ville d'Amagétobria, aujourd'hui Pontaillier-s.-Saône, et sur l'époque de sa destruction. 2ᵉ dissert. sur la position d'Amagétobria, en réfutation des systèmes de ceux qui placent à Porentruy, chez les Rauraques, cette antique cité gauloise [2605]. — *Mém. de l'Acad. celtique*, t. IV, 1809, p. 173. — T. à p. *Dijon, Frantin*, 1811.

— Lettre, etc. [5346]. — (Le Beaunois). *Esprit des Journaux*, février 1810.

— Éclaircissements, etc. [8803]. — *Mag. encyclopéd.*, janvier 1812. — T. à p.

— Tombelle, etc. [5448]. — *Mém. de l'Acad. celt.*, t. VI, 1812, p. 42.

— De la fête du nouvel an, etc. [852]. — *Journal de la Côte-d'Or*, février 1815.

— Recherches, etc. sur l'anc. ville de ΔΙΤΤΑΤΙΩΝ, aujourd'hui le Vieux-Seurre [2683]. — *Magasin encyclopéd.*, mars 1811, et *Mém. de la Soc. des ant. de Fr.*, t. I, 1817, p. 267. — T. à p. *Paris*, 1811.

Quérard mentionne des « nouvelles preuves en réfutation qui placent *Dittatium* à Dôle », comme conservées dans les archives de l'Acad. de Dijon.

— * Les monᵗˢ des arts existant à Dijon, par C. X. G. *** [5387]. *Dijon, Bernard Defay*, 1818, in-16.

— Détails sur le dépᵗ de la Côte-d'Or, ses arrᵗˢ, et sur chacun des 36 cantons qui le composent [5341]. — 1818.

— Rapport sur les fouilles, etc. et sur les fouilles exécutées, au mois de juillet 1819, dans la rue des Singes à Dijon. [2475]. — *Mém. de l'Acad. des sc. de Dijon*, 1820, fig. — T. à p. *Dijon, Frantin*, 32 p.

— Opinion sur l'emblème des gobelets, etc. [1644]. — *Mém. de la Soc. des ant. de Fr.*, t. II, 1820, p. 358.

— Rapp. sur une petite statue en bronze d'Hadrien trouvée à la fin de 1820, etc. [5414]. — *Séance publ. de l'Acad. de Dijon*, 1821, p. 46.

— Diss. sur l'époque et les causes de l'érection de la colonne de Cussy et de sa restauration, etc. [5449]. *Dijon, Frantin*, 1821.

— Notice, etc. [5353]. *Ibid.*, *id.*, 1821 ; 8 p.

— * Nomenclature des hameaux, écarts, fermes isolées... de la Côte-d'Or ; suivie du cours des eaux et de l'itinéraire du même dépᵗ, par l'auteur des Annuaires [5348]. *Dijon, Gaulard-Marin*, 1822, in-12.

— Archéologie de la Côte-d'Or, rédigée par ordre de localités, etc. [5354]. *Ibid.*, *id.*, 1823 ; 40 p.

— Mémoire sur un autel du dieu Mars. à Aignay-le-Duc. — Mémoire sur les tombeaux d'Aignay [5392]. — *Séance publique de l'Acad. de Dijon*, 1823, p. 65 et 66.

— Recherches de l'ancienne ville de Latiscon, près de Châtillon [5435]. — *M. vol.*, p. 68.

— Monuments celtiques reconnus dans le dépᵗ de la Côte-d'Or [5358]. — *Mém. de la Soc. des ant. de Fr.*, t. VII, 1826, p. 12.

Méd. d'or à l'Acad. des inscr. en 1822.

GIRAULT DE PRANGEY. Langres. Porte gallo-rom. [7457]. — *Mém. de la Soc. histor. et archéol. de Langres*, t. I, 1847, p. 1-11.

— Langres. Fragments gallo-rom., au

musée [7458]. — *M. vol.*, p. 42-44 ; 1 pl.

— Langres. Longe-porte [7457]. — *M. vol.*, 1850, p. 135-141; 2 pl.

GIRAULT (Eusèbe), de Saint-Fargeau. Dictionnaire, etc., faisant connaître, etc.. rédigé sur des documents authentiques d'après un nouveau plan. *Paris, Renard*, 1826.

— Histoire nationale ou dictionnaire géographique de toutes les communes. du dép[t] de l'Aisne [4202]. *Paris, Didot*, 1830, gr. in-8.

— Diction. géogr., etc. [4741]. — Aude, *Ibid.*, *id.*, 1830, gr. in-8.

— Dictionnaire, etc., de toutes les communes de la France et de plus de 20,000 hameaux en dépendant [1099]. *Paris, Firmin-Didot*, 1840-1847, 3 vol. in-4.

— Bibliographie histor. et topogr. de la France, etc. [195]. *Ibid.*, *id.*, 1845.

— Bibliographie histor. et topogr. de la v. de Paris, ou Catalogue de tous les ouvrages imprimés en français relatifs à l'histoire de Paris, depuis le xve siècle jusqu'au mois de nov. 1846 [9018]. *Paris, l'auteur*, 1847 ; 47 p.

GIRONCOURT (E.). * Dictionnaire statistique du dép[t] de la Meurthe, contenant une introduction historique sur le pays, avec une notice sur chacune de ses villes, bourgs, villages, hameaux, censes, rivières, ruisseaux, étangs et montagnes, par E. G*** (E. Gironcourt, d'après Girault de St-Fargeau, alias E. Grosse) [7506]. *Lunéville, Creusat*, 1836, 1838. 2 vol.

GIRY (François), Minime. Vies des Saints, composées par le P. Simon Martin, corrigées et commentées [698]. *Paris, Léonard*, 1683. 2 vol. in-fol. 2e édition : Les Vies des Saints pour tous les jours de l'année, avec le martyrologe romain. *Paris*, 1715. 2 vol. in-fol. — Une 8e éd., par l'abbé Paul Guérin, a paru en 1875. *Paris, Palmé*, in-12, xliv-757 p.

Voir la nomenclature des saints de France mentionnés dans cet ouvrage.—Cp. *Bibl. histor.*, t. V, p. 537.

GISI (Wilhelm). Quellenbuch, etc. [10780]. *Bern, Rieder et Simmen*, 1869.

GISSEY (le p. Odo de). Discours historique de la très ancienne dévotion de N.-D. du Puy, pays du Velay [6836]. *Lyon, Muguet*, 1620, in-12; *Le Puy, Varoles*, 1644, in-8.

GIVENCHY (Louis de). Not. sur quelq. mon[ts] celtiques, rom. et du moyen âge, etc. [3689 *a*].— *Mém. de la Soc. des ant. de la Morinie*, t. II, 2e partie, 1834 (1835), p. 160-186 ; 2 pl.

GIVRÉ (Desmousseaux de). Rapport, etc. [4231]. — *Bull. mon.*, t. VII, 1842, p. 430.

GLAFEY (Adam, Fridericus). Specimen, etc. [2138]. *Lipsiæ*, 1749, in-4.

GLANVILLE (Léonce de). Promenade, etc. [9354]. — *Assoc. normande, Annuaire de la Normandie*, t. XVIII, 1852, p. 341-476. — 2e part., t. XIX, 1853, p. 367-544.

GLANVILLE (B. de). Visite, etc. [7705]. — *Précis des trav. de l'Acad. de Rouen*, 1856-57 ; 19 p.

GLATIGNY (G. de). Diss. sur les anciens Gaulois, et en particulier sur les druides [638].

Publiée dans ses œuvres posthumes. *Lyon, Duplain*, 1758, p. 191. — Cp. Biblioth. histor. t. I, n° 3836.

GLEIZES. Découverte, etc. [6177]. — *Mém. de l'Acad. de Toulouse*, 5e s., 1857, p. 414.

GLEY (G.). Langue et littérature des anciens Francs [nouv. add. 2279 *a*]. *Paris*, 1814.

Ne figure pas à cette date dans la Bibliographie de la France.

GLEY (G.). Découverte d'Alésia. Rapport [2497]. — *Ann. de la Soc. d'émul. des Vosges*, t. IX, 2e cahier, 1857 ; 7 p. — T. à p.

— Géographie, etc. [10051]. *Épinal*, 1870, in-12 ; 268 p. — 6e éd. *Ibid.*, *l'auteur*, 1875, in-12.

GLUCK (Chr. W.). Die bei Julius Cæsar vorkommenden keltischen Namen in ihrer Echtheit festgestellt und erläutert [2308]. *München*, 1857.

GOBERT. Monuments, etc. [6921]. — *Bull. de la Société arch. de Nantes*, etc., t. IV, 1864 ; 4 p.

GODARD (l'a.). Dolmen de Vitry-les-Nogent [7466]. — *Mém. de la Soc. h. et a. de Langres*, t. I, 1847, p. 65-67.

GODARD-FAULTRIER (Victor). L'Anjou et ses mon[ts] [3054]. *Angers, Cosnier et Lachèse*, 1839-1841. 2 vol. gr. in-8 ; 193 pl. gravées par Hawke.

— Rex Tusenos [7162]. — *Mém. de la Soc. d'agr.* etc. *d'Angers*, t. V, 1845, p. 279-383.

Nom lu sur une figurine en terre, trouvée dans les jardins de Lesvières, près d'Angers.

— Diss. sur le lion gallo-rom. trouvé, en 1813, sous le mur de la Cité qui passait entre l'église St-Maurice et celle de Ste-Croix [7195]. — *M. vol.*, p. 284-287.

— Rapports sur deux sudatoriums découverts au mois de mars 1846, dans le champ Bureau, au village des Mazières, comm. de Murs [7233]. — *M. vol.*, p. 304-311; 1. pl.

— Note, etc. [7242]. — *Bull. de la Soc. industr. d'Angers*, t. XVII, 1846, p. 223.

— Chapiteau rom. d'ordre composite (à Épiré) [7224]. — *M. rec.*, t. VI, 1847, 1re part., p. 177-182; 1 pl.

— Rapport, etc. [7198]. — *M. vol.*, 2e part. *Angers*, 1848, p. 49-63; 2 pl. doubles. — Découverte d'un second cercueil en plomb, près de la Visitation (gare du chemin de fer d'Angers) [7199]. — *M. vol.*, p. 64-67; 1 p. — Autres tombeaux gallo-rom. [7200]. — *M. vol.*, p. 86-88; 1 pl. — Note sur des tombeaux gallo-rom. trouvés dans la gare du chemin de fer [7201]. — *M. vol.*, p. 229-231; 2 pl.

— Restes d'aqueduc et de voies rom., découverts en 1847, dans la traverse du chemin de fer située près d'Angers, etc. [7187]. — *M. vol.*, t. VI, 1848, 2e part., p. 134-136; 2 pl.

— Évêché d'Angers. Façade nord [7192]. — *M. vol.*, t. VI, 1848, 2e part., p. 137-139

— Une sépulture de l'époque mérovingienne, découverte en Anjou (près de Morannes) [7231]. — *M. vol.*, 2e part., p. 140-144.

— Monum[ts] de l'Anjou. Compte rendu [nouv. add. 3054 *a*]. — *Bull. mon.*, t. XVII, 1851, p. 187.

— [Sixième] cercueil gallo-rom. découvert [à Angers] dans la gare du chemin de fer, le 6 août 1853 [7127]. — *M. rec.*, m. s., t. IV, 1853, p. 31-33.

— Bas-relief gallo-romain, etc. [7241]. — *M. rec.*, 2e s., t. III, 1851-1852 (1852), p. 41-43.

— Septième cercueil gallo-rom., trouvé dans la gare du chemin de fer d'Angers, et résumé des autres découvertes du même genre faites au même lieu [7203]. — *M. rec.*, m. s., t. V, 1854, p. 36-43.

— Monuments gaulois de l'Anjou et mém. sur la topographie celtique du dép[t] de Maine-et-Loire, d'après les médailles, les sépultures, les dolmens, les peulvans, etc. [7164, 7173, 7178]. *Angers*, 1862; 138 p.; planches. (Extr. du *Répert. archéol. de l'Anjou*, années 1850 et suivantes.) Monuments antiques de l'Anjou; mémoire sur la topogr. gallo-romaine du dép[t] de Maine-et-Loire, etc. (période du Ier au Ve siècle). — *M. rec.*, années 1862, 1863, 1864. Mention très hon. à l'Acad. des inscriptions en 1859. (Travail présenté en ms.)

— Antiquités celtiques. Numismatique angevine [7169]. — *Mém. de la Soc. d'agr.* etc. *d'Angers*, nouv. période, t. IV, 1861, p. 87-102; 3 pl.

Analyse critique, au point de vue angevin, de l'Essai sur la numismatique gauloise du N.-O. par Ed. Lambert, 1844, in-4. (Voir ce nom.)

— Commune de Morannes [7232]. — *Répertoire archéol.*, etc., 1861.

— Carte de l'arr[t] de Saumur [7181]. — *M. vol.*

Voir Louis Raimbault.

— Conservation des mon[ts], etc. [7196]. — *M. rec.*, 1864; 18 pl.

— Tombeaux antiques, etc. [7204]. — *Mém. lus à la Sorbonne*, en 1868; 18 p.

— Musée des antiq. d'Angers, fondé en 1841. Inventaire [7191]. *Angers*, 1868, XVI-176.

— Obs. sur un retranchement situé comm. de la Breille [7211]. *Angers*, 1869, p. 253 et 254.

GODART-FAULTRIER et A. RÉGNAULT. Carte celtique de l'arrond[t] d'Angers [7172]. — *Répertoire arch.*, oct. 1860.

GODELLE (d[r].). Note, etc. [4450]. *Soissons*, 1840.

— Inductions philologiques, etc. [4401]. *Soissons*, 1842.

GODMOND (Chr.). Memoir, etc. [8237]. *London*, 1836; carte et fig.

GODRON (D.-A.). L'âge de pierre en Lorraine [3634]. — *Mém. de l'Acad. de Stanislas*, an. 1867 (1868), p. 266-283; 1 pl.

GODWIN. — Voir Parke Godwin.

GŒLER (Fr.-Aug. von). Cæsars gallischer Krieg in den Jahren 58 bis 53 vor Chr. Eine Kriegswissenschaftliche und philologische Forschung [436]. *Stuttgart, F. Köhler,* 1858, gr. in-8; 10 pl. lithogr. — 2e éd. : Cæsars gallischer Krieg und Theile seines Burgeskriegs nebst Anhängen über das rœmische Daten. Zweite durchgesehene und ergänzte Auflage nach dem Tode der Verfassers herausgegeben von Ernst August von Gœler (le fils). *Freiburg in Bade, J.-C.-B. Mohr,* 1880. 2 vol.

C. r. de la 1re éd. par le cel de Coynart, intitulé : Guerre de César dans les Gaules, par M. le gal de Goëler. — *Spectateur militaire,* juin 1860. — T. à p.

— Cæsars gall. Krieg in d. J. 52 v. C. Avaricum, Gergovia, Alesia [2513, 2622, 2734]. *Ibid.*, 1859.

— Cæsars gall. Kr. in d. J. 51 v. C. Nebst Erlæuterungen über das rœmische Kriegswesen [436]. *Heidelberg,* 1860.

GŒLNITZ (Abraham). Ulisses belgico-gallicus fidus tibi dux et Achates per Belgium Hispan. regnum Galliæ ducat. Sabaudiæ Turinum usque, Pedemont. metropolin. (Le titre courant est : Itinerarium belgico-gallicum.) [958, 10454]. *Lugduni Batavorum,* 1631, in-16; 672 p. plus la table. — *Amsterd., Elzevir.*, 1655, in-12, 605 p. plus la table.

GŒLNITZ (Abel). Le Dauphiné et la Maurienne au XVIIe siècle, traduit par Ant. Macé [3460]. (Voir ce nom, sous la date de 1858.)

GOEZ (Zachariæ). De numis dissertationes XX [1878]. *Witenbergæ,* 1716; pl.

GOK (K.-F. von). Die rœmischen Heerstrassen und Alterthümer, etc., mit Rucksicht auf das dritte Segment der Peutinger'schen Tafel [10425, 11126]. *Stuttgart,* 1846; 4 pl.

— Die römische Grenzwall, etc. [10426]. *Stuttgart,* 1847.

GOLBÉRY (Marie-Philippe-Aimé de). Coup d'œil rapide, etc. [8441]. (Extr. de la Statist. du Bas-Rhin, 1802, in-12.)

— Les villes de la Gaule rasées, par J.-A. Dulaure, et rebâties par P.-A. de Golbéry. Réfutation, etc. [1069]. *Strasbourg, Levrault,* 1821, in-8.

Reproduit en langue latine, dans le J. César de l'édition Lemaire.

— Mém. sur qq. anciennes fortifications des Vosges, où l'on examine la question de savoir quel peuple, au temps de Jules César, était établi dans la Haute-Alsace. — Errata et addition au mémoire de M. Golbéry sur quelques anciennes fortifications des Vosges [10050]. — *Mém. de la Soc. des ant. de Fr.*, t. V, 1823, p. 10.

Reproduit avec qq. changements dans les *Mém. de la Soc. des sc.*, etc., *de Strasbourg,* t. II, 1823, p. 334-402.

— Articles dans le Journal des Savants, année 1824, p. 628, sur l'ouvrage de Jul. Leichtlen : Forschungen, etc. [2283]. (Voir ce nom.)

— Antiquités, etc. [5675]. *Paris, Engelmann,* 1828. 2 livr. in-fol., chacune de 7 p.; 4 pl.

— Antiquités romaines, etc. [11097]. *Ibid., id.*, 1829, in-fol.; 16 p.; 4 pl.

Les deux derniers articles forment le complément des *Antiquités de l'Alsace.* (Voir plus loin.)

— Mém. sur Argentuaria [2611]. *Paris; Strasbourg,* 1829.

— Analyse, etc. [10746]. — *Mém. de la Soc. des ant. de Fr.*, 2e s., t. IV, 1838, p. 104.

— Histoire, etc. [1038, 10773]. *Paris,* 1838; fig.

— Rapport, etc. [2606 *a*]. *Séance publ. de l'Acad. de Besançon,* 1843, p. 171-177.

— Considérations, etc., suivies de la notice d'Aix-la-Chapelle et de Borcette [11088]. *Aix-la-Chapelle,* 1811; 586 p.

GOLBÉRY et SCHWEIGHAEUSER. Antiq. de l'Alsace ou châteaux, églises et monts des dépts du Haut-Rhin et du Bas-Rhin [3027]. *Mulhouse; Paris, Engelmann,* 1825-1828. 2 vol. in-fol, avec 80 pl. tirées sur chine.

— — Cinq mémoires sur les antiq. du Haut-Rhin, avec carte de l'Alsace et nombreux dessins [8444].

1re médaille au concours des Ant. de la Fr. Ce travail a été publié dans les *Antiquités de l'Alsace.*

GOLDENBERG (Alfred). Note sur le castrum gallo-romain du Gross Limmersberg et sur les Heidenmauern de la forêt de Haberacker [8407]. — *Bull. de la Soc. pour la conservation des monts d'Alsace,* t. III, 3e livr., 1860. — T. à p. *Strasbourg,* 1860; 19 p.; 4 pl.

GOLDMANN. De linguarum Vasconum

Belgarum et Celtarum, quarum reliquiæ in linguis Vasconica, Cymry et Galic supersunt, discrimine [2274]. *Gœttingen,* 1806, in-4; 64 p.

GOLDSMITH (**Olivier**). Histoire d'Angleterre, depuis Jules César jusqu'en 1760, trad. par Mme Alexandrine ARAGON [10267]. *Paris,* 1825-26, 6 vol. 2e éd. *Paris, Houdaille,* 1838. 4 vol.; 21 grav. et 4 cartes.

1re éd. du texte anglais, 1762-63.

GOLLUT (**Louis**). Mémoires historiques, etc. [3523]. — *Dôle, Ant. Dominique,* 1592 (alias 1595), in-fol. — 2e éd., *Dijon,* 1647, in-fol. — Les mém. hist. sur la rép. séquanoise et les princes de la Franche-Comté, de Bourgogne, par GOLLUT. Nouvelle éd., corrigée sur les documents contemporains, par Ch. DUVERNOY et Emmanuel BOUSSON, DE MAIRET. *Arbois, Javel,* 1846, gr. in-8, 2,039 p.

Certaines couvertures imprimées portent : *Paris, Delahaye,* 1856.
L'Introduction est de M. B. de M.

GOLTZIUS (**Huber**). Icones imperatorum, etc. [2069]. *Anvers,* 1561, in-fol.; fig. — *Ibid.,* 1645, in-fol.

Voir BRUNET, *Manuel.*

— C. Julius Cæsar, etc. Accessit C. Julii Cæsaris vita et res gestæ [2070]. *Brugis Flandrorum, typis Goltzii,* 1563, in-fol.; pl.

La Vie de César a été publiée séparément, à Bruges, 1583, in-fol.

GOMART (**Charles-Marie-Gabriel**). Études st-quentinoises [4439]. *St-Quentin, Moureau,* etc.; 1841-51, 1852-61 (1862), 1862-70 (1870), 1869. 4 vol.; 8 planches.

— Extraits originaux de QUENTIN DE LA FONS, etc. [4440]. *St-Quentin,* 1856. 2 vol.

— Note, etc. [4456]. — *Bull. mon.,* t. XXII, 1856, p. 249-281. — Reproduit dans les *Études st-quentinoises,* t. II, p. 309.

Voir aussi les *Archives du nord de la France,* etc., t. VI, 3e s., t. XVIII, sept. 1860.

— Notice, etc. [4102].— *Bull. de la Soc. acad. de Laon,* t. VIII, 1858, p. 141.

— Qq. menhirs du Vermandois [4103]. *La Picardie,* t. V, 1859, p. 538.

Voir aussi les *Études st-quentinoises,* t. III, p. 286.

— Le jardin-Dieu, etc. [4327]. — *Bull. mon.,* t. XXVII, 1861, p. 369-378; grav. sur bois.

— Les Veromanduens, etc. [4104]. — *St-Quentin,* 1862; 32 p.

Voir aussi *Études st-quentinoises,* t. III, 1870, p. 329.

— Essai historique, etc. [4256]. — *St-Quentin, Doloy,* etc., 1869.

— Monts du Vermandois [4105]. — *St-Quentin,* 1862; 12 p.

Voir aussi les *Études st-quentinoises,* t. III, p. 286.

GOMBOUST (**Jacques**). Description, etc. [9350]. *Paris; chez l'auteur; Martinot; Rouen,* 1655, in-fol.; 72 p.; avec un plan de Rouen, en 6 feuilles.

Texte réimprimé en 1875. *Rouen,* in-4; 47 p.

GOMICOURT (**Aug.-Pierre-Damiens de**). * Dissertation, etc. [313]. *Colmar, Ch. Fontaine,* 1754, in-12.

— * Mélanges, etc. [33]. *Paris,* 1768. 2 vol. in-12.

GONDINET. Mém. sur les antiq. des divers âges de l'arrt de St-Yrieix (1821 [10001]. — *Bull. de la Soc. archéol. et hist. du Limousin,* t. VII, 1857, p. 157-191.

GONGORA-MARTINEZ (**Manuel de**). Antiguedades prehistoricas de Andalusia, etc. [1439]. *Madrid,* 1868.

GONOD (**B.**). * Chronologie, etc., jusqu'en 1826 [3157]. *S. l. n. d.,* in-12; 27 p.

— Statistique du dépt du Puy-de-Dôme [8243]. *Paris,* 1834.

— Observations, etc. [3166]. *S. l. n. d.* (*Clermont*). — Extr. des *Tablettes d'Auvergne.*

— Catalogue des ouvrages imprimés et manuscrits concernant l'Auvergne, extrait du catalogue général de la bibliothèque de Clermont-Ferrand, mis en ordre par feu M. Gonod [3167, 8244]. *Clermont, impr. Thibaud-Landriot,* 1849.

GORDIÈRE (**l'a.**). Recherches, etc. [760]. *C. r. et trav. du Comité arch. de Noyon,* t. III, 1868, p. 205-322.

GORLÆUS (**Abraham**). Dactyliotheca, seu annulorum sigillarium quorum apud priscos tam græcos quam romanos usus fuit promptuarium, cum explicationibus J. GRONOVII [2135]. *Lugd. Batav.,* 1695 et 1707. 2 vol. in-4.

GORP (**Jean van**). Becani Joh. Goropii, Origines Antwerpianæ sive Cimmeriorum Becceselana novem libros complexa [10540]. *Antuerpiæ, Chr. Plantin*, 1569, in-fol.

— Opera Joannis Goropii Becani, hactenus in lucem non edita : nempe Hermathena, Hieroglyphica, Vertumnus, Gallica, Francica, Hispanica [5]. *Antverpiæ, Plantin*, 1580, in-fol.

GORY (A.) Résultats des fouilles, etc. [9722]. — *Congrès sc. de Fr.*, XXXIIIe session, tenue à Aix en Provence, en 1866. *Aix*, 1867-68, t. II, 1re partie, p. 244-247; 260 et 261.

GOSSE (Hippolyte). Note sur des instruments en silex et des ossements fossiles trouvés à Paris [9102]. — *Mém. de la Soc. d'anthropologie de Paris*, t. Ier, 1860-63, p. 145-148.

Page 145, note 1, Bibliographie préhistorique.

GOSSELIN (Ant.). Historia veterum Gallorum [273]. *Cadomi, P. Poisson*, 1636.

GOSSELIN (Pascal-François-Joseph). Géographie des Grecs analysée, ou les Systèmes d'Ératosthène, de Strabon et de Ptolémée comparés entre eux et avec nos connaissances modernes [nouv. add. 1056 *a*]. *Paris, Didot aîné*, 1790, in-4; 10 cartes.

— Recherches sur la géographie systématique et positive des anciens [nouv. add. 1056 *b*]. *Paris, impr. de la République*, 1798-1813, 4 vol. in-4.

GOSSELIN et DE TERSAN. * Catalogue des médailles antiques et modernes, principalement des inédites et des rares, en or, argent, bronze, etc. du cabinet de M. d'Ennery (de Metz) [1903]. *Paris, impr. de Monsieur*, 1788, in-4.

GOUET (A.). Histoire, etc. [396]. *Paris, Pagnerre*, 1864-68, 5 vol.

GOUGH (Richard). The History of Carausius, or Examination of what has been advanced on that subjet by Genebrier and Dr Stukeley [10274]. *London*, 1762, in-4.

— * British topography, or an historical account of what has been done for illustrating the topographical antiquities of Great-Britain and Ireland [10285]. *London*, 1768, in-4. — 2e éd., *Ibid.*, 1780. 2 vol. in-4.

R. Gough a collaboré à la Bibliotheca topographica de Nichols.

— A Catalogue of the books relating to british topography and Saxon, and Northern litterature [nouv. add. 10238 *a*]. *Oxford*, 1814, in-4, et *London*, 1834. 4 vol. in-4.

GOUJET (Gustave). Mém., etc. [2567]. — In-4, 57 p., 2 cartes. — *Mém. présentés par divers savants à l'Acad. des inscr.*, 1re s., t. IV, 1863, in-4. — T. à p. *Paris*, 1863, 57 p.; 2 cartes.

GOUGET (A.). Des fortifications, etc. [3867]. — *Bull. de la Soc. de statist.* etc. *des Deux-Sèvres*, à Niort, 1864; 7 p.

GOUJON (Abel) et ODIOT (Charles). * Histoire de la v. et des antiq. de Saint-Germain-en-Laye; suivie d'un précis sur la situation présente de cette ville [9292]. *Saint-Germain-en-Laye, Ve Goujon*, 1815, in-18.

— * 2e éd. intitulée : Hist. de la v. et du château de Saint-Germain-en-Laye, etc., suivie de rech. histor. sur dix autres cnes de ce canton. *Saint-Germain-en-Laye, imp. A. Goujon*, 1829.

GOUREAU. Recherches, etc. [3625 *a*] (1823). — *Mém. de la Soc. philomathiq. de Verdun*, t. I, 1840, p. 67-90.

GOUREAU (le cel Charles). Recherches, etc. [10198]. — *Bull. de la Soc. d'études d'Avallon*, 5e an., 1863 (1864); 19 p.

— Recherches, etc. [2572]. — *M. rec.*, 6e an., 1864 (1865), p. 1-26.

— Recherches, etc. [2321]. — *M. rec.*, 8e et 9e an., 1866 et 1867, p. 1-62; planches.

— Notice, etc. [10197]. — *M. rec.*, 10e an., 1868, p. 1-75.

GOURGUES (le vte Alexis de). Essai, etc. [3809]. — *Rev. num.*, an. 1842. — T. à p.; 3 pl.

— Obs. etc. [5594]. — *Actes de l'Acad. de Bordeaux*, 1850, p. 547.

— Découverte, etc. en janv. 1859 [5618]. — *M. rec.*, 1er trim., 1859; 10 p.

— Sur les Voies rom. de la Dordogne [5592]. — *Congrès arch.*, XXVe session, tenue à Périgueux en 1859; 14 p.

— Sur qq. questions [395]. — *M. vol.*; 25 p.

— Dordogne, etc. [5591]. *Bordeaux*, 1861; 144 p.

— Foyers divers, etc. [3816]. *Bordeaux*, 1866.

— Observations, etc. [5627]. — *Ann. de la Soc. d'agr., sc. et arts de la Dordogne*, t. XXVIII, 1867, p. 602.

GOURNAY (**Radulph de**). Rapp. etc. [6602]. — *Bull. de l'Acad. delphinale, à Grenoble*, t. II, 1847, p. 120-123.

— Notice, etc. [6593]. — *Bull. mon.*, t. XXII, 1856, p. 169.

GOURNERIE (**Eug. de la**). Histoire de Paris, etc. [9112]. *Tours, Mame*, 1852, gr. in-8. (Plusieurs éditions.)

GOUSSET (**abbé**). Essai sur Lavoncourt [8703]. *Besançon*, 1857.

GOUX (**l'a. P.**). Lérins au Ve siècle [4584]. *Paris*, 1856 ; 214 p.

Thèse pour le doctorat ès lettres.

GOZE (**A.**). Histoire, etc. [9556]. — *Amiens, A. Caron*, 1854-58. 3 vol. gr. in-18.

Tome III, 2e partie : Amiens romain.

GOZZADINI (**cte Jean**). La Nécropole, etc. [10972]. — *Bologne*, 1870, in-8. (Édition française.)

Rapprocher de ce mémoire l'article de M. Alexandre Bertrand intitulé : *L'Incinération dans le nord de l'Italie* (Archéologie celtique et gauloise, *Paris, Didier*, 1876, p. 227-247). — Voir aussi même ouvrage, p. 302-304.

GRÆVIUS (**Jean-Georges Græfe, en latin**). Thesaurus antiq. rom. [11]. *Ultraject.*, 1694. 12 vol. in-fol.
— Voir Gruter.

GRAMMAYE (**J.-B.**) Antiquitates comitatus Flandricæ [3503]. *Antverpiæ, Verdussen*, 1611, in-4.

— Antiquitates Belgicæ [10508]. *Lovanii; Bruxellis*, 1708, in-fol., fig.

GRANDGAGNAGE (**Ch.**). Mémoire, etc. [10494]. — *Mém. couronnés par l'Acad. des sc. de Belgique*, t. XXVI, 1855, in-4.
— Supplément.

GRANDMAISON (**C.-L.**). Note, etc. [6527]. — *Mém. de la Soc. archéol. de Touraine*, t. XI, 1859, p. 232-235.

— Notice, etc. [6534]. — *Paris*, 1863 ; plans.

— Documents inédits, etc. [4074]. — *Mém. de la Soc. archéol. de Touraine, à Tours*, t. XX, 1870.

GRANDPRÉ (**cte de**). Carnac, diss., etc. [7696]. — *Mém. de la Soc. des Ant. de Fr.*, 1820, p. 325.

GRANGE. Mélanges archéolog. [8256]. *Clermont-Ferrand*, 1857 ; pl.

GRANGE (**mis Édouard de la**). Notice sur 196 médailles trouvées par Éd. de Lagrange (*sic*) [5769]. *Paris, Lecointe; Heideloff; Verneuil; Bougrel*, 1834 ; 36 p.

— Notice sur des antiq. rom. découv. en 1734 à Chandai (Orne), dans les propriétés du comte de Caumont la Force [8140]. — *Mém. de la Soc. des ant. de Normandie*, t. IX, 1834, p. 495. — T. à p. *Caen*, 1835 ; 34 p.; 5 pl.

— Discours et rapports sur les travaux des Sociétés savantes en 1863, 1864, 1867, 1868 (archéologie). — [Voir dans la 1re partie le no 1315.]

GRANGENT. Description du dépt du Gard [5119]. *Nîmes*, an VIII, in-4 ; pl.

GRANGENT, C. DURAND (**et autres membres de l'Acad. de Nîmes**). Description, etc. [3671]. *Paris, Gœury; Treuttel et Wurtz*, 1819, in-fol., t. I (unique) ; 43 pl.

GRANGES. Mémoire, etc. (présenté au Congrès sc. [541]. — *Bull. mon.*, t. XXI, 1855, p. 337.

GRANGIER (**Jean**). De loco, etc. dissertatio Joannis Grangierii, regii professoris : item Josephi Justi Scaligeri, Notitia Galliarum [2890]. *Parisiis*, 1641.

GRANT (**Jacques**). Thoughts, etc. [10265]. *Edimbourg*, 1814.

Rapport sur cet ouvrage lu par M. Depping à la Soc. des ant. de France (*Mém. de la Soc.*, t. III, 1821, p. 310-326).

GRAS (**dr Albin**). Notes sur le plan de deux anciennes portes de Cularo [6599]. — *Bull. de la Soc. de statist.* etc. *de l'Isère*, t. III, 1845, p. 87-88 ; 1 pl.

— Notice, etc. [6603]. — *M. rec.*, 2e s., t. II, 1854, p. 209-223.

GRAS (**Scipion**). Sur l'insuffisance, etc. [9622]. — *Rev. arch.*, 2e s., t. VI, 1862, p. 57-60.

GRAS (**Louis-Pierre**). Notes, etc. [6788]. — *Rev. Forézienne*, t. I, 1867, p. 26, 74, 227.

GRAS-BOURGUET. Antiquités, etc. [4532]. — 2e éd. *Digne, Repos*, 1842 ; pl.

GRASLIN (**L.-F.**) De l'Ibérie, ou essai critique sur l'origine des prem. populations de l'Espagne [10597]. *Paris, Leleux*, 1838 ; 475 p.

GRASSER (**Jacques**). Jacobi Grasserii Basileensis Civis Romani, sacri Palatii Comitis, de antiquitatibus Nemausensibus dissertatio [5955]. *Coloniæ*, 1572; *Parisiis*, 1607; *Coloniæ munatianæ (seu Basileæ)*, 1614, in-8. *Lugduni*, 1616, in-12.

Reproduit par DE SALLENGRE, *Thesaurus novus ant. rom.*, t. I, p. 1059.

GRASSET (**Auguste**). Description d'objets d'art... trouvés dans la c^ne de Chevenon [7923]. *Nevers*, 1836; 1 pl.

GRASSI (**Alexandre**). Aleria. Étude, etc. [5340]. *Paris, s. d.*, 87 p. (Extraits des *Nouvelles annales des voyages*, nov. 1864.)

GRATTIER (**Ad. de**). Essai, etc. [2665]. — *Bull. de la Soc. des ant. de Picardie à Amiens*, 1861, n°s 1 et 2. — T. à p.

— Analyse critique d'une Étude de M. Peigné-Delacourt sur la campagne de César contre les Bellovaques [3250]. — *Bull. du Com. archéol. de Noyon*, t. II, 1867, p. 161-176.

— Campagne de Jules César contre les Bellovaques [m. n^o]. — *M. rec.*, t. III, 1re partie, 1867, 12 p. — Campagne, etc., 2e étude (lue le 6 janvier 1866). — *M. vol.*, 2e partie, 1868, p. 76-87.

A propos d'un mém. de VATIN sur Gouvieux.

GRAVEROL (**Fr.**). Miles Missicius [6028]. *S. l.*, 1664, in-12.

— Votum, etc. [6029]. *S. l.*, 1689, in-4.

GRAVEROL (**Jean**). Histoire abrégée de la ville de Nismes, où il est parlé de son origine, des beaux monuments de l'antiquité qui s'y voyent, des hommes illustres qu'elle a produits, de ses martyrs, etc. [5938]. *Londres, Roger*, 1703, petit in-8.

GRAVES. Annuaire, etc. [8016]. *Beauvais*, 1826-43.

— Précis, etc. [8031]. — Extrait de l'*Annuaire de l'Oise*, de 1835 à 1843; carte du canton.

— Inventaire archéologique du dép^t de l'Oise [8019, 8026].

Mention de l'Acad. des insc. en 1839.
L'ouvrage était alors en cours de publication. Il a paru sous le titre de : *Notice archéologique sur le départ. de l'Oise*, comprenant la liste des monuments de l'époque celtique, de l'ép. gal.-romaine et du moyen âge qui subsistent dans l'étendue du pays. *Beauvais*, 1836.

— Essai, etc. [8025]. — *Bull. mon.*, t. VI, 1840, p. 113.

GRAVIER. Dissertation, etc. [2606]. — *Acad. de Besançon, séance publique* du 24 août 1845, p. 89-109.

Voir dans le fascicule de 1844 un rapport de M. de Golbéry sur ce mémoire.

GRAVOT (**A.**). Étude, etc. [2598]. *Nantua, impr. Arène*, 1867.

GREFEUILLE (**Ch. de**). — Voir D'AIGREFEUILLE.

GRÉGOIRE DE TOURS. [214, 215.]

GREGORII, Turonensis episcopi, Historiarum præcipue gallicarum lib. X, in vitas patrum fere sui temporis lib. I. — De gloria confessorum præcipue gallorum lib. I. — ADONIS, Viennensis episcopi, sex ætatum mundi breves seu commentarii usque ad Carolum Simplicem, Francorum regem. Venundantur ab impressore *Jodoco Badio* et *Joanne Parvo*. In edibus Ascensianis, anno 1522, in-fol.

— GREGORII Turon. Historiæ Francorum lib. X. ADONIS Viennensis chronica. *Paris, G. Morel*, 1561, pet. in-8.

— GREGORII Turonensis episcopi historiæ Francorum libri decem... — JOANNIS, Monachi Majoris monasterii qui rege Ludovico juniore vixit, historiæ Gauffredi ducis Normannorum et comitis Andegavorum, Turonorum et Cœnomannorum libri duo... ex bibliotheca Laurentii Bochelli. *Parisiis*, e typ. *Petri Chevalerii*, 1610. 3 part. en 1 vol.

— GREGORII Turonensis Opera omnia, nec non FREDEGARII epitome et chronicon cum suis continuatoribus, et aliis antiquis monumentis : ad codd. mss. et vett. editiones collata, emendata, aucta et illustrata, opera et studio Theoderici RUINART. *Parisiis*, 1699, in-fol.

Reproduction, t. II du *Recueil des historiens des Gaules* (1739, in-fol.) et réimpression, 1868, in-fol.

— GREGORII, etc. Historiæ ecclesiasticæ Francorum libri decem. *Parisiis, J. Renouard*, 1836, 2 vol.

Publication de la Société de l'histoire de France.

— De Gloria martyrum et confessorum libri III. *Parisiis, Morelli*, 1563; *Coloniæ*, 1563.

— De vita patrum liber unus (ed. J. Ballesdens). *Parisiis*, 1648, in-12.

— * Histoire des Français de s. Grégoire de Tours, évesque de Tours... [avec la seconde partie contenant le livre de la gloire des martyrs, les IV livres de la vie de S. Martin et la vie des pères]. Traduction (de l'a. de Marolles) avec des remarques. *Paris, Fréd. Léonard*, 1668. 2 vol.

— Histoire ecclésiastique, traduite par Guadet et Taranne. *Paris, J. Renouard*, 1836. 4 vol.

Publication de la Société de l'histoire de France.

— Histoire des Français. Grégoire de Tours et Frédégaire. Traduction de M. Guizot; nouvelle édition entièrement revue et augmentée de la géographie de Grégoire de Tours et de Frédégaire, par Alfred Jacobs. *Paris, Didier*, 1861. 2 vol; carte.

Voir aussi les trad. fr. de Sauvigny, 1785, et de Guizot, 1823.

— Zehn Bücher Frænkischer Geschichte im Gregorius von Tours, übersetz von W. von Giesebrecht. *Leipzig*, 1851, in-8. — 2e éd. *Leipzig, Dunker*, 1878. 2 vol. in-12.

A consulter pour l'introduction et les notes.

GRÉGOIRE et **COLLOMBET**. Traducteurs de Sidoine Apollinaire. Voir ce nom.

GRÉGOIRE. Note, etc. [4324]. — *Bull. de la Soc. acad. de Laon*, t. IV, 1855; 1 p.

GRÉGOIRE D'ESSIGNY (**J.-A.-L.**). Voir Essigny (Grégoire d').

GRELLET (**Félix**). Exposé, etc. [6857]. — *Journal de la Haute-Loire*. — T. à p. (complété). *Le Puy, impr. J.-B. Gaudelet*, 1840, in-4; 44 p.

Contient (p. 30 et 33) 2 lettres de polémique de M. le vte de Becdelièvre, sur les antiquités de Polignac.

GRELLET-DUMAZEAU. Rech. histor. etc. sur les idiomes vulgaires du moyen âge dans les Gaules et sur la peste des Ardents [1116 *a*, 10004]. — *Bulletin de la Soc. archéol. et histor. du Limousin*, t. III, 1848-51, p. 165-218.

— Recherches, etc. [8269]. — *Mém. de la Soc. des sc. nat. et arch. de la Creuse*, t. II, 1856; 18 p.

GRELLIER (**P.**). (Dictionnaire de Bretagne). — Voir Ogée (Jean).

— Pierres monumentales de Pornic, etc. [6933]. — *Lycée Armoricain*, t. VI, 1825, p. 473-478; t. VII, 1826, p. 239 (voir aussi t. VI, p. 515).

GRELLOIS (**dr**). Notice, etc. [7572]. — *Bull. de la Soc. d'arch. de la Moselle*, 1870, p. 23-28.

GRENIER (**dom**). Voies romaines de la Thiérache [4208]. — Publié par L. Papillon dans la *Thiérache*, t. I, 1849, p. 8.

— Introduction à l'histoire générale de la province de Picardie, publiée d'après le ms. de la Biblioth. imp., par MM. Ch. Dufour et J. Garnier [3826]. *Amiens, impr. Duval et Herment; Paris, Dumoulin*, 1856, in-4, 597 p.

Tome III des *Documents concernant la province de Picardie*, publiés par la Soc. des antiquaires de cette province.

GREPPO (**l'a. G.-H.**). Lettre, etc. sur une inscription funéraire qui paraît avoir appartenu à une femme chrétienne [8637]. *Lyon*, 1838, 48 p.

— Obs. sur un autel placé auj. au musée Saint-Pierre [8601]. — *Rev. du Lyonnais*, t. IX, 1839, p. 126-139.

— Examen, etc. [8638]. — *M. vol.*, p. 409-425.

— Not. sur une inscription antique de Lyon qui servait d'enseigne à une hôtellerie [8639]. — *M. rec.*, t. X, 1839, p. 281-297.

— Quelques notes, etc. [8640]. — *M. vol.*, p. 326-334.

— Remarques sur une lettre de Pline le Jeune (IX, 11), etc. [8481]. — *M. rec.*, t. XI, 1840, p. 3-23.

— Coup d'œil sur l'histoire des Lyonnais à l'époque de Néron et de ses successeurs [8510]. — *M. vol.*, t. XI, 1840, p. 467-482.

— Explication, etc. [8641]. — *M. rec.*, t. XII, 1840, p. 51-62.

— Notice, etc. [8642]. — *M. vol.*, p. 165-178.

— Observations, etc. [8609]. — *M. vol.*, p. 257-272.

— Souvenirs, etc. [8554]. — *M. vol.*, p. 327-352.

— Conjectures sur un bas-relief du musée Saint-Pierre, à Lyon, représentant Mercure [8598]. — *M. vol.*, p. 489-502; 1 pl.

— Détails histor. sur les inondations qui désolèrent Lyon et la Gaule au vie siècle [8511]. — *M. rec.*, t. XIII, 1841, p. 45-56.

— Obs. sur une antique inscr. chrétienne qui mentionne une école pour les lecteurs de l'église de Lyon [8643]. — *M. vol.*, p. 185-204.

Plusieurs autres textes épigraphiques.

— Essai sur le commerce des vins à Lugdunum et dans les Gaules, etc. [8644]. — *M. vol.*, p. 449-471.

— Notice, etc. [8610]. — *M. rec.*, t. XIV, 1841, p. 97-106.

— Sur une inscription chrétienne, etc. [8669]. — *M. vol.*, p. 414-422.

— Sur un mon^t funèbre, etc. [8611]. — *M. vol.*, p. 497-506.

— Ararica et Rhodanica, archéologie des deux fleuves de Lyon [8537]. — *M. rec.*, t. XVI, 1842, p. 265-290.

— Études archéologiques, etc. [1702]. — *Paris*, 1847.

Mention tr. hon. à l'Acad. des insc. en 1848.

GRESLOU (J.). Recherches sur la céramique suivies de marques et de monogrammes des différentes fabriques [1759]. *Chartres, Petrot-Garnier; Paris, Aubry; Techener; Potier,* 1864, XVI, 279 p.

GRÉSY (Eugène). Notice, etc. [9183]. — *Mém. de la Soc. des ant. de Fr.*, 2e s., t. IX, 1849, p. 150.

— Restitution, etc. [9210]. — *M. rec.*, 3e s., t. III, p. 109.

— Antiquités, etc. [9188]. — *Bull. du Comité hist. des arts et mon^ts* (archéologie, beaux-arts), t. I, 1849, p. 156-158; 1 pl.

— Autel gallo-romain, découvert à Melun en 1849 [9189]. — *M. rec.*, t. III, 1848-1852, p. 39-41.

— Notice, etc. [9193]. — *Mém. lus à la Sorbonne* en 1861 (archéologie), p. 329.

— Observations, etc. [9191]. — *M. rec.*, mém. lus en 1864, p. 15.

GRÈZE (Bascle de la). Voir LAGRÈZE (BASCLE DE).

GRIGNON. Bulletin des fouilles (faites par ordre du roi) d'une ville romaine en Champagne, découverte en 1772 par Grignon, maître de forges à Bayard [7439]. — *Bar-le-Duc*, 1774, 80 p. — *Second bulletin* des fouilles, etc., 1775; 244 p., avec un plan gravé de l'emplacement des fouilles.

Voir sur ce bulletin et sur les fouilles qu'il décrit, une communication de M. Henri BORDIER à la Soc. des antiq. de France, lue le 2 février 1876. (*Bull. de la Soc.*, année 1876, p. 74 et suiv.)

— Inscription latine [7444]. — *Mém. de l'Acad. des inscr.*, t. XL, 1774 (hist.), p. 153.

GRILLE. Description du dép^t du Nord (histoire, mœurs, topographie, etc.) [7949]. *Paris*, 1825, 1830.

GRILLE. Mém. sur une quantité considérable de médailles gauloises trouvées vers le milieu d'oct. 1828, dans un champ près du pont de Chaloire, à la porte de la v. d'Angers [7205]. — *Mém. de la Soc. d'agr., sc. et arts d'Angers*, t. I, 1831, p. 82-96; 2 pl.

GRILLE DE BEUZELIN. — Voir BEUZELIN (Grille de).

GRILLET (J.-Louis). Dictionnaire, etc. [3982]. — 1807, 3 vol.

GRIMM (Jacob). Deutsche Mythologie [497]. *Goettingue*, 1835. — 2e éd., 1843. *Ibid., Dieterich*, 1844, 2 vol.

— Ueber Marcellus Burdigalensis [2300, 2416]. *Berlin*, 1847, in-4; 32 p.

— De historia legis salicæ [804]. — *Bonn*, 1848.

GRISEL (l'a. Hercule). Herculis Griselii fasti rotomagenses, seu descriptio omnium rerum visu dignarum in urbe. *Rotomagi*, 1631. 2 vol. in-4.

Voir BRUNET, *Manuel*.

GRISET (H.). De la véritable étymologie du mot Boulogne et du patois boulonnais; mémoire adressé à la Société des antiquaires de la Morinie [8195]. *Boulogne*, 1835.

GRIVAUD DE LA VINCELLE (Claude-Madeleine). Antiquités, etc. [9098]. — *Paris*, 1807, gr. in-4; 264 p.; atlas in-fol. de 40 pl.

— Mémoire, etc. [1639]. — *Mém. de l'Acad. celt.*, t. IV, 1809, p. 115.

— Édition des dissertations de PASUMOT. (Voir ce nom sous la date de 1810.)

— Recueil des mon^ts antiques, la plupart inédits et découverts dans l'ancienne Gaule. Ouvrage enrichi de cartes et planches, qui peut faire suite aux recueils du c^te de Caylus et de La Sauvagère [1577]. *Paris, Treuttel et Wurtz*, 1817. 2 vol. in-4 et atlas de 40 pl.

— Arts et métiers des anciens, représentés par les monuments en 130 pl. ombrées au trait, ou recherches archéol., etc. [1702 *a*, 7440]. — *Paris, Nepveu*, 1819 et ann. suiv., 18 livr. in-fol. de 8 à 10 pl. chacune.

Ouvrage commencé par l'abbé de Tersan (voir Quérard, *Fr. litt.*, t. III, p. 483).

GRONOVIUS (Jacques Gronov, en latin). Thesaurus antiquitatum græcarum [11]. *Lugd. Bat.*, 1697-1702. 13 vol. in-fol.

Voir Brunet, *Manuel*, t. II, col. 1689-90.

— Édition de l'anonyme de Ravenne [917]. *Ibid.*, 1689. — Voir Dom Porcheron.

GROS. Fortifications anciennes [1831]. — *Mém. de l'Acad. des sc. de Toulouse*, 3e s., t, VI, 2e partie, 1850.

GROSE'S (Fr.). Antiquities of England and Wales [10298]. *London*, 1773. 4 vol. in-4 ; fig.

Plusieurs éditions : celle de 1783 est en 8 vol. in-8.

GROSE (Fr.) et **ASTLE (Th.).** Antiquarian repertory, etc. [10230]. — (chiefly compiled by or under the direction of Fr. Grose and Th. Astle, new edition with great additions (and a preface by Edm. Lodge). *London*, 1807-1809. 4 vol. in-4. (Prem. édition. *Ibid.*, 1775-1780. 4 vol. in-4.)

GROSLEY (Pierre-Jean). Mémoires, etc. [4645]. (*Troyes*), 1750, in-12 ; xvi, 121 p.

— Recherches, etc. [773 *a*]. *Paris*, 1752, in-12.

— Éphémérides troyennes [4691]. — *Troyes*, 1757-68. 12 vol. in-24. — Nouv. éd., 1841. 2 vol. in-8.

— Recherches qui fixent près de Troyes le lieu de la bataille d'Attila [2892]. 1758. — Reproduit en 1811, dans les *Mém. histor.*

— Nouveaux mém. sur l'Italie par deux gentilshommes suédois [2766]. 1765.

Mention dans le *Journal des Savants*, 1765, oct., p. 145.

— Mémoires histor. et crit. pour servir à l'hist. de Troyes [4693]. *Troyes*, 1811-1812. 2 vol.

— Almanach de Troyes et du diocèse [4692]. *Troyes*, 1776-1786. 11 vol. in-24.

Articles histor. par Grosley, Courtalon, Delaistre, etc.

GROSSE (E.). — Voir Gironcourt [7506].

GROSSON (J.-B.-B.). Recueil des antiq. et monts marseillais qui peuvent intéresser l'histoire et les arts, divisé en cinq parties [4878]. *Marseille, J. Mossy*, 1773, in-4 ; 296 p. avec atlas de 42 pl.

GROTEFEND (C.-L.). Drei und siebenzig Stempel rœmischer Augenærzte [2151]. — *Philologus* de 1858, p. 160.

— Die Stempel, etc. [2152]. *Hannover, Hahn*, 1867 ; 134 p.

C. R. par J. Freudenberg, *Jarhrb. d. Ver den Alterthumsfreunden im Rheinl.*, t. XLIV-V, 1868, p. 264-268. — Voir aussi Ern. Desjardins, Deux nouveaux cachets d'oculistes romains. Un mot sur l'ouvrage de C.-L. Grotefend, intitulé : *Die Stempel*, etc. *Revue archéol.*, 1873, t. XXV, p. 257.

GROTIUS (Hugo Groot, en latin). Historia Goth., Vandalorum et Longobardorum ab Hugone Grotio partim versa, partim in ordinem digesta [130]. *Amstelodami, Ludov. Elzevir.*, 1655.

— Annales, etc. [10459]. — *Ibid.*, 1657, in-fol. — Autre édition. *Amst.*, 1758, in-8. — Traduction française, 1672.

GRUTER (Jean). Inscriptiones antiquæ totius orbis romani in absolutissimum corpus redactæ etc. Accedunt adnotationum appendix et indices XXV. Cura J.-G. Graevii [2166]. *Amsterdam*, 1707. 4 vol. in-fol.

C. r. dans les *Mém. de Trévoux*, juillet 1709 p. 1257.

L'édition de Gruter lui-même est de 1602. 2 vol. in-fol.

GRYMOD (l'a.). Notice, etc. [9269]. — *Rev. des Soc. sav.*, t. IV, 1858 ; 3 p.

GUADET (J.). La France. Description, etc. [8346]. *Paris, Verdière*, 1834.

— Palais, etc. [1092]. — *Annuaire histor. p. p. la Soc. de l'hist. de France*, 1841 (1840), p. 185-210.

Signé au bas de la Notice.

— St-Émilion, etc. Ouvrage couronné par l'Institut [6376]. — *Paris*, 1841.

GUADET (J.) et **TARANNE.** Traduction de Grégoire de Tours (1836). — Voir ce nom.

GUARNACCI (M.). Origine italiche, ossiano memorie istorico-etrusche sopra l'antichissimo regno d'Italia e sopra i di lei primi abitatori [10935]. Nuova ediz. riveduta. *Roma*, 1785. 3 vol. in-4 ; fig.

GUAZZESI (L.). Osservazioni, etc. [2765]. *Arezzo*, 1752, in-4.

— Tutte le opere ; si aggiungono le di lui poesie, lettere ec. composte da Gio. Franc. de' GUIDICI (même n°]. *Pisa*, 1766, in-4.

GUDIUS (Marquard). Inscriptiones antiquæ, quum græcæ tum latinæ, a KOELIO digestæ, et a Fr. HESSELIO editæ [2167]. *Lewarden*, 1731, in-fol.; fig.

GUÉNARD (Mme). * Hist. de 63 descentes faites depuis Jules César jusqu'à l'expédition du général Hoche en Irlande [2867]. *Paris, Lerouge*, 1804, in-18.

GUÉNARD (Pierre-Claude-Alexandre). Besançon, etc. [5656]. *Besançon*, 1844, in-18. — 2e éd. *Besançon, Mme Baudin*, 1860, in-12 ; 4 grav.

— * Album. Besançon, monuments anciens et modernes, avec texte explicatif [5657]. *Besançon, Valleuil*, 1845, in-fol.

GUENEBAULT (J.). * Le réveil de Chyndonax, etc., par I. G. D. M. D. [1626, 5344]. *Dijon, Cl. Guyot*, 1621, in-4. — 2e éd. avec le nom de l'auteur : Le Réveil de l'antique Chyndonax avec les cérémonies des anciennes sépultures briefvement et clairement rapportées. *Paris, Jean Daumalle*, 1623, in-4.

GUÉNEBAULT. Dictionnaire iconograph. des monts de l'antiquité chrétienne et du moyen âge depuis le bas-empire jusqu'à la fin du XVIe siècle, indiquant l'état de l'art et de la civilisation à ces diverses époques [1298]. *Paris, Leleux*, 1843-1845. 2 vol.

GUÉNIN (Alexandre) et RAY (Alexandre). Statistique du canton des Riceys [4690]. — *Mém. de la Soc. acad. de l'Aube*, 2e s., t. III, 1851-52, p. 531 ; 1 plan.

GUÉPIN (A.). Sur un mont druidique à Nantes [6905]. — *Ann. de la Soc. acad. de Nantes*, 1834.

— Histoire de Nantes [6891]. *Nantes*, 1839 ; 1 pl.

GUÉRARD (Benjamin-Edmond-Charles). Essai, etc., depuis l'âge romain jusqu'à la fin de la dynastie carlovingienne et suivi d'un aperçu de la statistique de Palaiseau à la fin du règne de Charlemagne [1079]. *Paris, de Bure frères*, 1832.

— Provinces et pays de la France [1085]. — *Ann. histor. p. p. la Soc. de l'hist. de France*, pour 1837 (1836), p. 58-148.

— Polyptyque de l'abbé Irminon [1086]. *Paris, Impr. roy., libr. Duprat*, 1836-1844. 3 vol. in-4.

— Not. d'un ms., etc. [356]. — *Not. et extr. des mss.*, t. XIII, 1838, p. 62-76.

Sur l'existence d'un royaume romain en Gaule, p. 166 et suiv.

— Cartulaire, etc. [1091, 8155]. — *Paris, Crapelet*, 1840, in-4. Appendice par Fr. MORAND. *Paris, Impr. imp.*, 1867. (Collection des documents inédits de l'hist. de Fr.)

— Cartul. de l'abbaye de Saint-Père de Chartres [1093]. *Paris, Crapelet*, 1840. 2 vol. in-4. (Même collection.)

Voir t. I, les Prolégomènes, et t. II, le Dictionnaire géographique.

— Cartul. de l'église N.-D. de Paris, publié avec la collaboration de MM. GÉRAUD, MARION et DELOYE [1112]. *Paris, Crapelet*, 1850. 4 vol. in-4 (m. coll.).

Consulter le Dictionnaire géographique, t. IV p. 346-435.

— Polyptyque, etc. [1113]. *Paris, Impr. imp.*, 1853, in-4 ; LII, 147 p. (m. coll.).

Voir sur ce Polyptyque les *Études* de M. Aug. Longnon, *sur les pagi de la Gaule*, 2e partie, (*Biblioth. de l'École des Hautes Études, sc. philol. et hist.*, fasc. XI, 1872, appendice A.

— Cartul. de l'abbaye de St-Victor de Marseille, publié avec la collaboration de MM. MARION et L. DELISLE (préface de M. N. de WAILLY). (M. collection.) [1125, 3925]. *Paris, typogr. Lahure*, 1857. 2 vol. in-4.

GUÉRARD (B.) de Cailleux. Étude sur les voies romaines du canton de Cruzy [10134]. — *Annuaire histor. du dépt de l'Yonne*, t. XXIII, 1859, p. 71 (voir aussi t. VIII, 1844, p. 818).

GUÉRARD (Ad.). Géographie synoptique, historique, etc., de la France et de ses colonies, avec le recensement de 1856, etc., suivi d'un aperçu général de la Gaule au temps des Romains et de ses changements jusqu'à nos jours [1127]. *Châlons-s.-Marne, Martin; Paris, Hachette et Cie*, 1857, in-4; 1 carte.

GUERBER (l'a. Victor). Enumération, etc. [8362]. — *Bull. de la Soc. p. la cons. des monts histor. d'Alsace*, t. II, 1858, p. 172-182.

— Cimetières, etc. [8409]. — *M. rec.*, t. IV, 1861, p. 11-14.

GUÉRET (le p. Jean). [*Ms.*] La France chrétienne, ou les saints de France et des lieux circonvoisins [709]. — In-fol.

Voir *Bibl. histor.*, t. I, n° 4228.

GUÉRIN-VERANI. Recueil, etc. [5966]. *Nîmes*, 1785, in-fol.

GUÉRIN (J.). Discours sur l'histoire d'Avignon, suivi d'un aperçu sur l'état ancien et mod. de cette ville, et sur les mon[ts] et les objets qui peuvent fixer l'attention des voyageurs [9758]. *Avignon*, 1807, in-12.

GUÉRIN (Raoul). Les tombelles, etc. [7559]. 1re s. — J[al] *de la Soc. d'archéol. lorraine*, t. XVII, 1868, p. 28-39. — T. à p.

— Les objets antéhistor. au Musée Lorrain [1440, 7531]. — *M. vol.*, novembre ; 26 p. ; 3 pl. — T. à p.

— Note, etc. [7516]. — *M. vol.* — T. à p. *Nancy*, 1868 ; 5 p. ; 1 pl.

— Une sépulture préhistorique [7517, 7575]. — *M. rec.*, t. XVIII, juillet 1869, p. 239-246 ; 1 pl.

— Note, etc. [7542]. — *M. rec.*, t. XIX, 1870, p. 34. — T. à p.

— Une borne à Champigneules [7543]. — *M. vol.*, p. 98.

— Station du grand Revaux [7577]. — *M. vol.*, p. 181.

GUÉRINIÈRE (Joseph). Essai sur l'ancien Poitou, son histoire et ses mon[ts] [3849]. *Poitiers*, 1836. 1re et 2e livraisons. (Commencement de l'ouvrage suivant.)

— Histoire g[ale] du Poitou [3850]. *Poitiers, Fradet*, 1838-40, 2 vol. gr. in-18.

GUÉROULT (Ernest). Notes sur qq. antiq. des environs de Caudebec-en-Caux [9181]. — *Mém. lus à la Sorbonne* (archéologie), 1866, p. 39, et *Bull. de la Soc. des ant. de Normandie*, 7e ann., 1866-67, t. IV, p. 200-216.

— [*Ms.*] Le Calidu et les monnaies [3404 *a*]. — 1° 1re partie : aperçu topographique et numismatique au sujet du mont *Calidu*, emplacement de *Caléte* (Caledv). Chéma ; empreintes en gutta de monnaies. Ms. de 100 pages envoyé à la Commission des Gaules en 1869. — 2° 2e partie : Fief *Calidu*, plan, pièces justificatives (ms.).

— [*Ms.*] Antiq. rom. trouvées à Caudebec-en-Caux en 1567 [9382]. — 14 p.

Travail communiqué en 1870 à la Comm. des Gaules.

GUERROIS (Nicolas des). Sancti Lupus et Memorius, etc. [4643]. — *Trecis, Nicot*, 1643, in-12.

GUESDON (F.-F.). Mémoire, etc. [7623]. — *Mém. de la Soc. des ant. de Fr.*, t. IV, 1823, p. 163.

GUESNAY (J.-B.), jésuite. Magdalena Massiliensis advena, etc. Dissertatio theologico-historica in Joannem Launoium [3889]. *Lugduni, de La Garde*, 1643, in-4.

— (Sous le pseudonyme de PIERRE HENRY), Auctuarium, etc. [3890]. 1644, in-4. — Voir HENRY (Pierre).

— * Le triomphe des reliques de Ste Madeleine, ou réponse à une lettre intitulée : Sentiments de M. de Launoy sur le livre du Père Guesnay, par Denys de la Sainte-Baume (pseudonyme) [3893], 1647.

— Provinciæ Massiliensis et reliquæ Phocensis annales, seu Massilia gentilis et christiana libri tres, quibus res a Phocensibus gestæ usque ad nos ab urbe Massiliâ condita, servato temporum ordine, digerentur [4854]. *Lugduni, Cellier*, 1657, in-fol.

GUEYMARD (Em.), etc. Statistique, etc., par GUEYMARD, CHARVET, PILOT et Albin GRAS [6574]. *Grenoble, Allier*, 1841-51, 4 vol.

GUIASTRENNEC (Séb.). Notice, etc. (titre incertain) [5905]. — *Courrier de Brest*, 14 août 1842.

GUIB (Jean-Frédéric). Abrégé, etc., adressé à M. le m[is] de *** [9777].

Mentionné dans la *Biblioth. histor.*, t. III, n° 38295.

— Dissertation, etc., adressée à M. Thomassin de Mazauges [9790]. — *Mém. de Trévoux*, 1729, déc., p. 2142-2162 et *Biblioth. française* de DU SAUZET, t. II, p. 210.

GUIBAL (de). Histoire, etc. [6402].

Dans les *Nouvelles Recherches sur la France. Paris, Hérissant*, 1766, in-12, t. I.

GUIBERT (d[r]). Sur l'anthropologie, etc. [5490]. — *Mém. de la Soc. d'émulation des Côtes-du-Nord*, t. I, 1865, p. 47-65.

— Ethnologie armoricaine [3117]. 28 p., 1 carte et 4 tableaux. — *Mém. de la m. Soc.* Congrès celtique international tenu à St-Brieuc, en octobre 1867 (1868) ; 28 p. ; 1 carte, 4 tableaux.

GUICHARD (Cl.). Funérailles et diverses

manières d'ensevelir des Romains, Grecs et autres nations tant anciennes que modernes [1624]. *Lyon, de Tournes*, 1581, in-4; fig. sur bois.

GUICHARD (Estienne). L'harmonie étymologique des langues, en laquelle par plusieurs antiquitez et étymologies de toute sorte, se démonstre évidemment que toutes les langues sont descendues de l'hébraïque [2237]. *Paris, Guillaume le Noir*, 1610.

GUICHARD (A.) ou Guicherd. Géographie histor., industr. et commerciale de l'Isère, contenant les antiq. rom., les guerres civiles et religieuses, les hommes célèbres [6578]. *Lyon* (1861), in-12 (pièce).

GUICHARD, de Cousance. Mémoire, etc. [6673]. — *Sces publ. de l'Acad. de Besançon*, janvier 1867, p. 117-140.

GUICHE (mis de la). [*Ms.*] Notes, etc. [8740]. In-fol.; 33 p.

Mentionné dans la *Biblioth. histor.*, n° 35976.

GUICHENON (Samuel). Histoire de Bresse, etc., avec les preuves [3288, 3350]. *Lyon, J. Huguetan*, 1650, 4 part. en 1 vol. in-fol.; fig.

— Hist. généalog., etc., avec les preuves [3979 *a*]. *Lyon, G. Barbier*, 1660, 2 vol. in-fol. — Nouv. éd., 1778-80, 5 t. en 2 vol. in-fol.

GUIGARD (Johannis). Indicateur, etc. (1672-1789) [153]. *Paris, Bachelin-Deflorenne*, 1869.

GUIGNES (de). Histoire, etc. [136]. *Paris, Desaint*, 1756. 5 vol. in-4.

— Recherches, etc. [119]. — *Mém. de l'Acad. des inscr.*, t. XXVIII, 1761, p. 85, 108.

GUIGNIAUT (Joseph-Daniel). * Recueil de rapports sur l'état des lettres et les progrès des sciences en France. — Sciences historiques et philosophiques. — Progrès des Études classiques et du moyen âge; philologie celtique, numismatique (sous la direction de J. D. G.) [2324, 2059, 1331]. *Paris, Hachette*, 1868, gr. in-8.

Voir notamment les rapports concernant la Philologie celtique, par D'ARBOIS DE JUBAINVILLE, — la Numismatique gauloise, par Anatole de BARTHÉLEMY, — les Progrès de l'archéologie, par Alfred MAURY.

GUIGUE (Claude). Deux mots d'explication à M. Aug. Bernard (au sujet des Ségusiaves). [4014]. *Trévoux*, 5 juin 1859, in-4. Pièce.

— Lettre à M. Valentin-Smith sur une inscr. bilingue, etc. [4165]. — *Mém. de l'Acad. de Lyon* (cl. des lettres), nouv. s., t. XI, 1862-63 (1864); — *Rev. du Lyonnais*, 2e s., t. XXVII, 1863, p. 99; — *Travaux du Comité d'archéologie de l'Acad. de Lyon*, 1859-1867, p. 78. — T. à p. *Lyon, Vingtrinier*, 1863; 14 p.; 1 pl.

C. GUIGUE a rédigé aussi un rapport sur les fouilles de St-Bernard (Ain), conservé dans la bibliothèque de M. Valentin-Smith.

— Inscriptions inédites, etc. [4150 *a*]. — *Rev. du Lyonnais*, 2e s., t. II, 1866, p. 259-260.

GUIHAIRE (L.). Archéologie, etc. [6469]. — *Bull. de la Soc. des l. et sc. de Redon*, 1re année, 1865 (1866), p. 37-45.

GUILHE (Henri-Charles). Études sur l'histoire de Bordeaux, etc., depuis les Celtes jusqu'à la 1re révolution française en 1789, formant une histoire complète [3069]. *Bordeaux, Lavigne*, 1836; fig., 1 plan.

— Histoire de Carcassonne, spécialement rapportée aux temps antiques de la cité [4748]. *Bordeaux*, impr. *Balarac jeune*, 1838; 92 p.

GUILHERMY (bon F. de). Antiquités de Montmartre [9156].

Mention très hon. à l'Ac. des inscr. en 1841. Un fragment de ce mém. a été publié sous le titre suivant : Extrait d'un mémoire sur les antiquités, l'abbaye et les églises de Montmartre. *Paris, Impr. roy.*, 1843, in-4.

— Itinéraire archéologique de Paris [9095]. *Paris, Bance*, 1861, in-12; 15 grav. sur acier; 22 vign. d'après les dessins de Ch. FICHOT.

F. DE GUILHERMY a publié les inscriptions de la France du ve siècle au xviiie [2226]. *Paris, Impr. nat.*, in-4 (dans la collection des documents inédits de l'Hist. de France), t. Ier (Inscription de Barbarà, ve siècle, p. 1.) La publication, continuée après la mort de Guilhermy, est parvenue, en 1883, au tome V.

GUILLARD (Louis). Note, etc. [8566]. — *Mém. de l'Acad. de Lyon* (lettres), t. XIII, 1866-68, p. 359-361.

GUILLAUME DE MALMESBURY. Wilhelmi Malmesboriensis, monachi, Gesta regum Anglorum (ad annum 1143) atque historia novella sui temporis, recensuit et notis illustravit Thomas D. HARDY [10255]. *Londini*, 1840. 2 vol. — The History of the kings of England, from the arrival of Saxons, A. D. 449, to his own times, 1143, by William of Malmsbury, collated with mss. and tranlated from the original latin, with a preface, notes and an index, by the Rev. John Sharpe [m. n°]. *London*, 1815, gr. in-4.

GUILLAUME (l'a.). Antiquité, etc. [7598]. — J^al *de la Soc. d'archéol. lorraine*, 11e année, 1862, p. 186, 250.

Introduction de l'ouvrage ci-après.

— Histoire, etc., jusqu'à nos jours; précédée d'une diss. sur l'église de Toul [7601]. *Nancy, Thomas et Pierron*, 1866, 1867. 5 vol.

GUILLEAUME (le p. J.-B.). Dissertation, etc. [4593]. — *Mém. de Trévoux*, 1724, *février*, p. 297.

— [*Ms.*] Diss. sur une statue antique renfermée dans une niche, etc. [5676].

Mentionnée dans la *Biblioth. histor.*, t. III, n° 38456.

GUILLEMAUD (Jacques). Ventia et Solonion. — Étude sur la campagne du préteur Pomptinus dans le pays des Allobroges, la dernière des Romains dans les Gaules, avant le proconsulat de César (an. 62 av. J.-C. [3005, 2990 *a*]. *Paris, Didier*, 1869; 114 p.; cartes, plans et reliefs (annoncés et peut-être publiés).

GUILLEMINET. Passage des Alpes par Annibal [2834 *a*]. — *Bull. de la Soc. d'archéol.*, etc., *de la Drôme*, t. I, 1866, p. 310-323.

— Géographie anc. du Dauphiné [3467]. — *M. rec.*, t. IV, 1869, p. 387-403.

GUILLEMOT (Paul). Monographie, etc. [3354]. *Lyon*, imp. *Boitel*, 1847-1852; 432 p.

Extrait en grande partie de la *Rev. du Lyonnais*.
Voir aussi sa carte du Bugey, suivie d'un article intitulé : Carte des diocèses de Lyon, de Belley et de Genève. *M. rec.*, 3e s., t. III, p. 245-250.

— La colonne de Cussy [5421 *a*]. — *Rev. du Lyonnais*, 2e, t. IV, 1852, p. 437; t. V, 1852, p. 57.

— Temple de Mavilly, etc. [5439]. *Dijon, Lamarche et Drouelle*, 1853.

— Excursions archéologiques dans les montagnes éduennes de la Côte-d'Or. — Colonne de Cussy, etc. [5355]. *Ibid., id.*, 1853; 66 p., gravures.

— Histoire de Seurre [5459]. *Beaune, Botault et Morot*, 1853; 129 p.; plans et grav.

— Excursions dans les montagnes éduennes de la Côte-d'Or; antiquités de Ste-Sabine; défaite des Helvètes, par J. César, dans les montagnes éduennes [5465]. *Dijon, Lamarche et Drouelle*, 1861; 66 p.; 4 pl.

GUILLEMOT (Paul) et ROGET baron DE BELLOGUET. Encore la colonie grecque de Lyon, etc. [8529]. — *Rev. du Lyonnais*, 2e s., t. II, 1851, p. 220.

GUILLIMANNI (Fr.). De rebus Helvetiorum, etc. [10762]. *Friburgi Avent.*, 1598, in-4.

Première édition. Voir Haller, *Bibliotek*, etc., t. IV, p. 420. — Réimprimé en 1710.

GUILLOTIN DE CORSON. — Voir Corson (Guillotin de).

GUILMETH (Auguste). (Pseudonyme de Guillemette.) Examen critique, etc. [5754]. 1er article (unique). — *Bull. de la Soc. d'agr.*, etc., *de l'Eure*, et *Bull. de l'Acad. ébroïcienne*, 1834, part. II. — T. à p. *Louviers*, impr. *Achaintre*, 1834; 16 p.

— Notice historique sur la v. d'Évreux et ses environs; le bourg de Gaillon, le Château-Gaillard et le bourg d'Ecouis, près Andelys [5764]. *Paris, Delaunay*, 1835; 110 p.; 5 pl. — 2e éd. (nouveau titre seulement), *Rouen, Le Brument*, 1849.

— Histoire de la v. d'Yvetot, comprenant la v. et le con d'Yvetot, la v. et le con de Caudebec [9471]. *Rouen*, 1837. — 2e éd., *Ibid., Berdalle*, 1842; 216 p.; 1 grav.

— Histoire, etc. [9329]. *Rouen*, 1838. — 2e éd. *Ibid., Berdalle*, 1842; 252 p.; 1 pl. coloriée.

— Hist. de la v. et des env. de Lillebonne, suivie de not. sur la v. et les env. de St-Valery-en-Caux, comprenant : Lillebonne, St-Romain de Colbosc, Goderville et Bolbec, les cantons de Fauville, d'Ourville, de Valmont et de Cany, de St-Valery, Fontaine-le-Dun, Yerville, Doudeville, etc. [9414]. *Rouen*, 1838. — 2e éd. *Ibid., Berdalle*, 1842; 3 pl.

— Histoire de la v. et des env. du Havre, comprenant : les cantons du Havre, d'Ingouville, de Montivilliers, de Criquetot-l'Esneval et de Fécamp [9407]. — 2e éd. *Ibid., id.*, 1842.

— * Hist. de la v. et des env. d'Elbeuf, depuis les temps les plus reculés jusqu'à nos jours [9334]. (*Rouen?*) *s. d.*; IV-232 p. — 2e éd. *Rouen, Berdalle de Lapommeraye*, 1842, 684 p.; 2 pl.

GUILMOT. Considérations sur la géographie de l'ancienne Gaule et de la Belgique [1077]. — *Mém. de la Soc. d'agr.* etc. *de Douai*, t. II, 1827-28, p. 60-61.

GUIMET (Émile). De l'Ascia des Égyptiens [nouv. add. 669 *a*]. — *Mém. de la Soc. litt. de Lyon*, 2e s., t. VI, 1870-71, p. 137-141; 1 pl.

GUINDON (Fr.). Statistique du dépt des Bouches-du-Rhône (de Villeneuve-Bargemont). Table alphabétique des matières qui la composent [4826]. *Marseille*, impr. *Senès*, 1843, in-4.

— Notice, etc. [4869]. — *Répert. de la Soc. de statistiq. de Marseille*, t. VII, 1843, p. 222.

GUINODIE (Raymond). Histoire de Libourne, etc., accompagnée de celle de ses monts religieux, civils et militaires, etc. [6284]. *Bordeaux, H. Faye*, 1845, 3 vol. gr. in-8.

GUIRAN (Gaillard). [*Ms.*] Antiquitates et inscriptiones Nemausenses operâ et studio Galliardi Guirani, apud Arecomicos et Auraicos senatoris amplissimi, libri IIII; accessit Tractatus elegans de re nummariâ veterum [5956]. *Nemausi*, 1652, 2 vol. in-fol.

Ms. conservé à la bibliothèque publique de Nimes (note de 1869). — Cp. *Biblioth. histor.*, t. III, no 37 875.

— Explicatio duorum vetustorum numismatum nemausensium, ex ære [6022]. *Arausioni*, 1655, in-4. — 2e éd., *ibid.*, 1657, in-4.

Reproduit par de Sallengre, *Novus Thesaurus antiq. rom.*, p. 1009.

— [*Ms.*] Interpretatio lapidum repertorum Nemausi, anno 1666, inter rudera murorum antiquorum, nunc in illius ædibus [6026].

Voir *Biblioth. hist.*, t. III, no 37 873.

GUIRONDET (L.) Uxellodunum [2976]. 1er et 2e mém. — *Mém. de la Soc. des lett.* etc. *de l'Aveyron*. t. IX, 1859-1867. — 3e mémoire, — *M. rec.*, t. X, 1868-73, p. 61.

GUISCHARDT (Charles). Mémoires militaires sur les Grecs et les Romains, où l'on a fidèlement rétabli, sur le texte de Polybe et des tacticiens, la plupart des ordres de bataille et des grandes opérations de la guerre, etc. [1793]. *La Haye, De Hondt*, 1758, 2 vol. in-4; fig. — Autre titre (d'après BRUNET) Mém. mil. sur les Gr. et les Rom. où l'on relève les erreurs du chevalier de Folard, avec la traduction d'Onosander et de la tactique d'Arrien, etc.

— Mémoires critiques et historiques sur plusieurs points d'antiquités militaires [1179]. *Berlin*, 1773, in-4; fig.

GUIZ (Joseph) ou Guis. Description, etc. [4971]. *Arles, Mesnier*, 1665, in-4; 39 p.; 2 pl.

GUIZOT (François-Pierre-Guillaume). Collection des mémoires relatifs à l'hist. de France, etc., avec une introduction, des suppléments, des notices et des notes [213]. *Paris, Brière*, 1823-1835, 31 vol.

— Essais, etc. [344]. 1823. — 9e éd., *Paris, Didier*, 1857. — 10e éd., *Ibid.*, *id.*, 1860.

— Histoire de la civilisation en Europe, depuis la chute de l'empire rom. jusqu'à la Révolution française [854]. *Paris*, 1828. — 7e éd., *Ibid.*, *Didier*, 1860. — 8e éd., *Ibid.*, *id.*, 1862, in-12.

— Histoire, etc. [855]. *Paris*, 1830. 4 vol. — 7e éd., *Paris, Didier*, 1859. 4 vol. in-8 et in-12.

— Hist. des origines du gt représentatif et des institutions politiques en Europe, depuis la chute de l'empire rom. jusqu'au XIVe siècle [805]. *Ibid.*, *id.*, 1851. — 2e éd., 1855, 2 vol. in-8 et in-12.

— L'Histoire de France, etc. [410]. *Paris, Hachette*, 1870-1875. 5 vol. gr. in-8; dessins d'A. DE NEUVILLE et de PHILIPPOTEAUX.

Le t. V a été rédigé, après la mort de l'auteur, par sa fille Mme de Witt, sur les notes laissées par son père.

GÜNTHNER (Sébastien). Ueber den Verfasser der Peutinger'schen Tafel [1207]. — *Beyträge zur vaterländischen Historie, Geographie, Statistik*, etc., p. p. WESTENRIEDER, t. IV ou *Neue Beytræge*, etc., t. I, 1812, p. 156-184.

GÜNZROT (J.-Ch.). Die Wagen, etc., nebst der Bespannung, Zaumung und Verzierung ihrer Zug-Reit-und-Last-Thiere [1243]. *München*, 1817-1830. 4 vol. in-4; fig.

GUSSEME (Thomas-André). Diccionario, etc., para la perfecta inteligencia de las medallas antiguas [1894]. *Madrid, Ibarra*, 1773-77, 6 vol. pet. in-4.

GUY-ALLARD. Lettre, etc. [6605]. *Grenoble, Verdier*, 1683, in-4; 9 p.

— Dictionnaire histor., chronolog., géogr., généalog., hérald., juridique, polit. et botanograph., du Dauphiné, par GUY-ALLARD. Dictionn. étymolog. des mots vulgaires du Dauphiné, par CHARBOT et H. BLANCHET, publiés textuellement et pour la 1re fois sur les mss. originaux, par GARIEL [3465]. *Grenoble; Paris, Dumoulin*, 1864, 1865, 2 vol.

GUYON (l'a. **Symphorien**). Histoire, etc. [6940]. *Orléans, Borde*, 1647-1650, in-fol. 2 vol.

La préface est de Jacques GUYON, frère de l'auteur.

GUYOT (**P.-J.-J.-G.**). Dissertation sur cette question histor. : si l'empereur Aurélien, etc. (avant 1774) [6974]. — *Mém. de la Soc. des sc. b.-l. et arts d'Orléans*, t. I, 1837, p. 197-200.

Rapport, etc. *M. vol.*, p. 201.

GUYOT. Une promenade, par la lande de Lanvaux en Plaudren, Colpo et St Jean-Brevelay [7733]. — *Bull. de la Soc. polymath. du Morbihan*, 1867, p. 16-19.

GUYS. Marseille ancienne et moderne [4858]. *Paris*, 1786.

GUYSE (**Jacques de**). Illustrations de la Gaulle-Belgique, antiquitez du pays de Haynau et de la grande cité des Belges, à présent dite Bavay, jusqu'en 1258, extrait des livres latins de Jacques DE GUISE, par Jean LESSABÉE [10525]. *Paris, Galliot du Pré* (ou dans d'autres exemplaires François *Regnault*), 1531-32, 3 tomes en 1 vol. pet. in-fol goth

Voir BRUNET, *Manuel*, t. II, col. 1836.

La traduction n'était pas complète. On la trouve dans l'Histoire du Hainaut de Jac. DE GUYSE, avec le texte latin en regard, et accompagné de notes, par le mis DE FORTIA D'URBAN. *Paris*, 1826-31, 12 vol. in-8.

La bibliothèque Ste-Geneviève possède un précieux manuscrit en trois vol. in-fol. de l'Histoire du Hainaut, de Jac. DE GUYSE.

— Histoire du Hainaut, trad. en fr., avec le texte lat. en regard et accompagné de notes (par le mis FORTIA D'URBAN) (Sautelet) [10526]. *Paris*, 1826-38. 21 vol., dont le Ve est en 2 parties.

Voir BRUNET, *Manuel*, l. c.

H

H. (**B.**). Étymologie du nom de Landrethum [8223]. — *Mém. de l'Acad. d'Arras*, t. Ier, 1818, p. 493.

H*** (**Ch.**). Corrections et omissions pour le Dictionn. des cnes de France, par M. Girault de Saint-Fargeau, en ce qui concerne le dépt. de la Loire-Infér. [6873]. — *Lycée armoricain*, 78e livraison, 1829, p. 395-407.

HAAS (**C.-P.-Marie**). La France depuis les temps les plus reculés jusqu'à nos jours, dans les éléments de son histoire, de sa richesse, de sa puissance et de son organisation à tous les degrés, comme État politique et comme nation [386]. *Paris, Cosse et Marchal*, etc., 1859; 4 vol.

HABASQUE. Notions histor., géogr., statist. et agronomiques, etc. [5478]. *Saint-Brieuc*, 1832-1836, 3 vol.

HACHETTE. Notice, etc. [9207]. — *Soc. d'agric. de Meaux*. Publications de juin 1851 à juin 1854. *Meaux*, 1854; 2 p.)

HAGEN (**Joh. van der**). Observationes, etc. [2425]. *Amstelodami*, 1733-36, 5 parties in-4.

HAGENBUCH (**Jean-Gaspard**). Exercitatio geographico-critica quâ, etc. [3789].

« Dans le recueil intitulé : Varia geographica, *Lugd. Batav.*, *Haak*, 1739. » *Biblioth. histor.*, t. I, n° 328.

— Tessaracostologion turicense sive Inscriptio antiqua ex qua Turici sub imp. rom. stationem quadragesimam Galliarum fuisse, etc. [10920]. *Turici*, 1747, in-4; 1 pl.

— Epistolæ epigraphicæ ad Joannem Bouhierium [3638]. *Tiguri*, 1857, in-4.

Renferme plusieurs dissertations françaises

sur les antiquités de la Bourgogne et du Lyonnais.

HAHN (**Fr.**). Découverte, etc. [10754]. *Hanovre*, 1854.

— Der Fund von Lengerich im Königreich Hannover. Goldschmuck und römische Munzen [nouv. add. 10754 *a*]. *Hannover*, 1854; 2 pl.

HAHN (**Alexandre**). Description, etc., pour servir de complément à la Notice de M. Carro [9017]. — *L'Investigateur*, 3e série, t. IV, 1854, p. 153-155, et t. VII, 1857, p. 58.

— Note sommaire, etc., adressée à M. Peigné-Delacourt en mars 1863 [9082].

— Allée couverte de la forêt de Carnelle, con de Luzarches [9264].

Ms., avec fig., déposé aux archives du Comité archéol. de Senlis. — Résumé dans les *Comptes rendus* de cette Société, 1863, p. LVIII.

— Fouilles dans l'ancien château de Saint-Cosme, à Luzarches [9273].

Ms. (avec planches) déposé aux archives de la Soc. des Ant. de France. Résumé dans le *Bulletin* de la même Société, 1863, p. 118.

— Essai, etc. [9271]. *Paris, Ducrocq*, 1864; 84 p.

Une grande partie de ce travail est consacrée aux périodes celtique et gallo-romaine.

— Note, etc. (fouilles effectuées avec M. Millescamps) [9275].

Ms. in-4. — Mention dans la *Revue archéol.*, déc. 1864, p. 500-502.

— [*Ms.*] Note sur une découverte de méd. rom. à Saint-Witz. Description du lieu [9295].

Mention dans l'*Écho Pontoisien*, 20 déc. 1866.

— Note, etc. [9272]. — *Bull. de la Soc. parisienne d'archéol. et d'hist.*, t. Ier, p. 69-75. — T. à p. *Paris*, 1867; 11 p.

— Introduction, etc. [9257].

Ms. in-4, avec cartes, déposé aux archives de la Soc. parisienne d'archéol. en 1868.

— Notice, etc. [9258]. — *Annuaire de Seine-et-Oise*, année 1868. — T. à p. *Versailles*, 1868; 48 p.; carte du canton.

— Note sur la voie romaine de Senlis à Beauvais et emplacement de Litanobriga [nouv. add. 8103 *a*]. — *Compte rendu et Mém. du Comité de Senlis*, année 1868.

Mém. en collab. avec M. Millescamps, lu à la Sorbonne, le 13 avril 1869 (carte).

— [*Ms.*] Notice, etc. [9274].

Texte avec dessins et plan.
Mention dans l'*Écho Pontoisien*, du 3 février 1870; le *Libéral*, de Seine-et-Oise, du 5 février 1870; et le *Moniteur universel*, du 8 février 1870.

HAHNIUS (**Sim. Frid.**). Collectio monumentorum, etc., antiquitates, geographiam, historiam omnem, etc., illustrantium [1559]. *Brunswigæ*, 1724-26, 2 vol.

HAIGNERÉ (**l'a. D.**). Mémoire sur les voies romaines [dans le Pas-de-Calais] [8159]. — *Mém. de l'Acad. d'Arras*, t. XIX, 1840, p. 157.

— Étude, etc. [2875]. *Paris, J. Renouard*, 1862; 36 p.

— Quatre cimetières mérovingiens du Boulonnais (cimetière de Pincthum ou d'Echinghem, cim. du Pont-Feuillet ou d'Hocquinghem, cim. de Yeulles ou d'Hardenthum, cim. d'Uzelot à Seulinghen) [3281]. — *Mém. de la Soc. acad. de l'arrt de Boulogne-sur-Mer*, 1864-65 (1866), p. 5-75; planches.

(**Le même?**) Itinéraire, etc. [5309]. 1865, in-64.

HAIGNERÉ (**l'a. D.**) et **SAUVAGE** (**Em.**). Note, etc. [8201]. — *Rev. archéol.*, 2e s., t. XXVII, 1868, p. 369-371.

HAILLAN (**Bernard de Girard, sr du**). Histoire de France [248]. *Paris, Mich. Sonnius*, 1576, in-fol. (jusqu'à Charles VII). — 2e éd. (posthume) intitulée Hist. gale des roys de France, contenant les choses mémorables advenues... durant 1200 ans [jusqu'à Henri IV]. *Paris, Petit-Pas*, 1615, 2 vol. in-fol. — 3e éd. (même titre). *Paris, Cl. Sonnius*, 1627, 2 vol. in-fol.

HAIMENSFELD (**Melchior-Goldast**). Catholicon rei monetariæ sive leges monarchicæ generales de rebus nummariis et pecuniariis, etc. Accessit chronologia auctorum omnium qui de re monetaria tractatus instituerunt inde a nativitate Christi usque ad annum 1620 [1864]. *Francof.-ad-Mœnum, Weiss*, 1620, in-4.

HAITZE (**Pierre-Joseph de**). [*Ms.*] Histoire de la ville d'Aix [4909]. 2 vol. in-fol.

Imprimée in-4, mais non publiée, selon Moréri (art. *Haitze*). — Cp. *Biblioth. histor.*, t. III, no 38 136.

— Les curiosités, etc. [4916]. *Aix, David*, 1679.

HALDAT (**de**). Rapp. sur la découv. d'un

autel votif et d'une inscr. consacrés à Hercule Saxano, par une légion rom. (Analyse.) [574, 7570]. — *Précis des trav. de la Soc. des sc., l. et arts de Nancy*, 1824-1828 (1829), p. 175.

— Obs., etc. [575]. — *Mém. de l'Acad. de Stanislas*, à Nancy, 1833, p. 96.

HALLÉGUEN (le d[r] Eug.). Les Celtes, etc. Nouv. Rech. de géogr. et d'hist., etc. [3341]. *Paris, Durand; Nantes; Rennes*, 1859, gr. in-8; 39 p.

— La Cornouaille et Corisopitum, réponse à la brochure des *Coriosolites de César et des Corisopites de la Notice des provinces*, par M. de Courson, à la nouvelle opinion de M. de La Borderie sur le nom de Corisopitum et la colonisation de la Cornouaille et à ses Éléments de l'hist. de Bretagne[5885]. *Paris; Quimper*, 1861; 47 p.

— Introduction, etc., 1er mémoire[3342], *Paris, V. Masson*, 1862.

— Évêchés gallo-romains du ve siècle, dans l'extrême Armorique (Basse-Bretagne) [3110]. — *Rev. archéol.*, 2e s., t. V, 1862, p. 6-15. — (T. à p.) et *Ann. de philos. chrét.* t. LXIV, 1862, p. 198-207.

— Évêchés de la Basse-Armorique, Basse-Bretagne, du ve au ixe siècle, suite aux Évêchés gallo-romains du ve siècle [3111]. — *Rev. arch.*, m. s., t. VI, 1862, p. 235-243 (T. à p.) et *Ann. de phil. chrét.*, t. LXV, 1863, p. 292 et 356.

— L'Armorique bretonne, celtique, gallo-romaine et chrétienne, ou les Origines armorico-bretonnes, ouvrage accompagné d'une préface et de documents rares et inédits [3112]. (T. 1er) *Paris, Durand*, 1864; t. II, intitulé : Armorique et Bretagne, 1re partie, 1872.

— Aperçu, etc., et opinion de l'auteur sur la 1re question du programme (du Congrès celtique, etc.) [3118]. — *Soc. d'Emul. des Côtes-du-Nord.* — Congrès celtique international tenu à Saint-Brieuc, en oct. 1867. Mém., p. 153-163.

HALLER (Gottlieb-Immanuel von). Versuch eines kritischen Verzeichnisses, etc. [10757]. *Berne*, 1759-60, 6 parties, gr. in-8.

— Schweizerische Münz-und-Medaillen Kabinet [10825]. *Bern*, 1781, 2 vol.; pl.

— Bibliothek der Schweizer-Geschichte und aller Theile so dahin Bezug haben; systematisch-chronologisch geordnet [10758]. *Bern, Haller*, 1785-87, 6 vol. gr. in-8. — Register, 1788.

HALLER (Franz-Ludwig von). Helvetien, etc. [10770]. *Bern*, 1811-1812, 2 vol. in-8; 2 cartes et plus. pl. — 2e éd., *Bern*, 1817, 2 vol.; pl. et cartes.

HALLEY. Mémoire, etc. [2846]. — *Transactions philosoph.* n° 193. (En anglais.)

HALLEY (V.). Note, etc. [8693]. — *Mém de la Comm. d'archéol. de la Haute-Saône*, t. II, n° 2, 1860; 10 p.

— Antiq. de Beaujeu, etc. [8694]. — *M. rec.*, t. III, 1862; 26 p.

HALLOIX (le p.). Vie de saint Denys l'Aréopagite, évêque d'Athènes, apôtre des Français, évêque de Paris et martyr, traduite en français par l'abbé E. Van Drival [9045]. *Arras, Schoulhier*, 1866.

HAMMANN (Hermann). Portefeuille, etc. 10819]. *Genève* et *Bâle, Henri Georg*, 1868, in-4; 48 pl.

— Voir aussi Galiffe.

HAMY (d[r] E.-T.). Notes [5429]. — *Soc. des sc. h. et n. de Semur*, t. V, 1868, p. 49-57.

— Précis de paléontologie humaine [1449 a]. *Paris, J.-B. Baillière*, 1870; 114 fig.

Forme appendice à l'*Ancienneté de l'Homme*, de Ch. Lyell.

HANCARVILLE (Fr.-Hugues, dit d'). * Antiquités, etc., tirées du cabinet de M. Hamilton [1275]. *Naples*, 1766-67, 4 vol. gr. in-fol.

HANGEST (D'). [*Ms.*] Mém. sur les druides [627].

« Ce Mém. est entre les mains de l'auteur. » *Biblioth. histor.*, t. I, n° 3845.

HANSELMANN. Wie weit die Rœmer in Franken gekommen [319 a]. *Halle*, 1768 et 1773, in-fol.

HARBAVILLE. Lettre à la Soc. roy. des ant. de Fr. sur les restes d'un camp romain que l'on trouve près d'Arras [8178]. — *Mém. de la m. Soc.*, t. V, 1823, p. 211.

— Mémorial, etc. [8151]. *Arras, Topino*, 1842, 2 vol. gr. in-8; 2 grav.

— Voies rom., etc. [8160]. — *Bull. de la*

Comm. des antiq. dép. du Pas-de-Calais, t. I, 1854, p. 368.

— Établissement des Saxons sur le littoral des Flandres [3513 c]. — *Congrès scientif.*, XXe session tenue à Arras, en 1853, t. II, 1854, p. 209-215.

Entre 286 et 370.

HARDOUIN (**le p. Jean**). Collectio maxima conciliorum gen. et prov., decretalium et constitutionum summorum pontificum, græce et latine [706]. *Parisiis, e Typographia Regia*, 1700-1716, 12 vol. in-fol.

— De Nummis ant. pop. et urbium [1874]. *Paris*, 1684, in-fol.; *Rotterdam*, 1709, in-fol.

Voir aussi : Harduini opera. *Amsterd.*, 1732, in-fol.

— De nummis antiquis coloniarum, etc. [1873]. *Paris*, 1689, in-4°; 7 pl. gravées.

HARIOT. Recherches, etc. [4687]. — *Mém. de la Soc. acad. de l'Aube*, 2e s., t. XIV, 1863, p. 229; 1 carte.

HARMAND. Note, etc. [4703]. — *M. rec.*, m. s., t. X, 1859, p. 267.

HAROU-ROMAIN. Lettre sur l'emploi de la brique chez les anciens, adressée à M. Rever [1719]. — *Mém. de la Soc. des ant. de Normandie*, t. III, 1826, p. 116.

HARTLIEB. De Druidis [1713]. 1731, in-4°.

HARTZEIM (**le p. Joseph**). Bibliotheca coloniensis [11016]. *Coloniæ*, 1747, in-fol.

HASE (**Ch. Benoît**). Articles, au Journal des Savants, sur les *Inscriptions chrétiennes*, de M. Edm. Le Blant (voir ce nom).

HASENMULLER (**J.**). Die Nenniger Inschriften ; Keine Fälschung [11044]. *Trèves*, 1867.

HAUBOLD. Monumenta legalia extra libros juris sparsa. Ed. Spangenberg [2230]. *Berolini*, 1830.

HAULTIN (**J.-B.**). Figures des monnoyes de France [1959]. *Paris*, 1619, in-4°.

Voir Brunet, *Manuel*.

— * Hist. des empereurs rom., depuis J. Cæsar jusques à Postumus, avec toutes les médailles d'argent qu'ils ont fait battre de leurs temps [nouv. add. 88 a]. *Paris, de Sommaville*, 1645, in-fol.; 201 pl.

HAUMONTÉ. Plombières ancien et moderne, plans et vues générales [10086]. *Paris; Mirecourt, Humbert*, 1865; 347 p.

HAUPT (**Mark-Theod. von**). Trier's Vergangenheit und Gegenwart, etc. [11058]. *Trèves*, 1822, 2 vol. — 2e éd. *Ibid.*, *Lintz*, 1834, sous le titre de Panorama von Trier und seinen Ungebungen. — 3e éd. *Ibid.*, *id.*, 1846.

— Trier's Alterthümer, etc. [11067]. S. d. (1826?), in-fol.

HAURÉAU (**Barthélemy**). Hist. litt. du Maine [3653]. *Paris*, *Julien Lanier*, 1852, 4 vol. — Nouvelle éd. *Paris*, 1870-1878, 10 vol. in-12.

HAUTEFEUILLE (**Aug. d'**). Voir Louis Bénard et Aug. d'Hautefeuille.

HAUTESERRE (**Antoine Dadin de**), en latin Alteserra. Rerum aquitanicorum libri quinque, in quibus vetus Aquitania illustratur [3063]. *Tolosæ*, 1648, in-4. — Nouv. éd., t. IV, des œuvres complètes de Hauteserre. *Naples*, 1777, etc., en 12 vol. in-4.

— Notæ, etc. [216]. *Toulouse*, 1679, in-4. — Nouv. éd. dans ses œuvres complètes, t. XI, 1780.

Notes peu importantes. (Weiss, dans la *Biogr. univ.*)

HAVET (**Louis**). Le Querolus, comédie latine anonyme. Examen littéraire de la pièce, texte en vers restitué d'après un principe nouveau et traduit pour la première fois en français [2410]. *Paris*, 1880.

Dans la Bibliothèque de l'École des hautes études, sciences histor. et philolog. 41e fascicule. — Voir Axius.

HAWICH und NEUROHR. Abbildung, etc. [10985]. *Trier*, 1826, gr. in-fol.; 4 pl.

HAYE (**Jean de La**). Les Mém. et rech. de la France et de la Gaule aquitanique, contenant l'origine des Poictevins et les faits et gestes des premiers roys, princes et ducs... ensemble l'estat de l'église et religion de la France, depuis l'an 436 jusqu'à ce jour d'hui [3059]. *Paris*, *Jean Parant*, 1581, in-fol. (ouvrage posthume). — 2e éd. avec les annales d'Aquitaine de Jean Bouchet, de l'éd. de Poitiers, 1544, in-fol., donné par *Abraham Monin*. — (Voir Brunet, *Manuel*, t. III, col. 771-72.

HAYM (**Nic.-Franç.**). Thesaurus Britannicus, seu Museum numarium [10326]. *Vindobonæ*, 1763, 2 vol. in-4. — Thesauri britannici numi græci et latini.

Vindobonæ, 1765, in-4, 51 pl. — Suivi de S. Gesner adpendicula altera ad ..mismata græca; 4 pl. — Tesoro britannico, tomo I, ovvero il museo nummario ove si contengono le medaglie greche e latine in ogni metallo e forma. *Londra*, 1719-20, 2 tomes en 1 vol. in-4.

HAZARD (**A.**). Nouveau cachet d'oculiste romain [2149]. — *Bull. histor. de la Soc. des ant. de la Morinie*, t. I, 1854, 9e et 10e livraisons, p. 175.

HAZÉ. Notices, etc. [3262]. *Bourges, J. Bernard*, 1834, in-4.

Antiq. de Drevant. — Méd. d'or à l'Acad. des inscr. en 1835.

HEARNE (**Thom.**). Scriptores, etc. [10245]. *Oxonii*, 1709-35, 64 vol.

Voir F. Denis, etc. *Bibliogr. univ.* art. *Angleterre* et Brunet, *Manuel*, art. *Hearne*.

HÉBRAIL (l'a. **Jacq.**) et **LA PORTE** (l'a. **Jos. de**). * La France littéraire [164]. *Paris, veuve Duchesne*, 1769, 2 vol.

Voir Barbier, *Anonymes*, 3e édit. t. II, col. 501, *f*.

HÉCART (**Gab.-Ant.-Jos.**). La France littéraire, contenant : 1° les académies établies à Paris et dans les différentes villes du royaume; 2° les auteurs vivants avec la liste de leurs ouvrages; 3° les auteurs morts depuis l'année 1751; 4° le catalogue alphabétique des ouvrages de tous ces auteurs, par les abbés Hébrail et de Laporte. *Paris*, 1769 [m. n°]. — Supplément publié par l'abbé de Laporte, 1778, 3 part. — Second supplément publié par l'abbé Guiot, 1784, 2 part. En tout 6 vol.

HECQUET D'ORVAL. Mém. sur les fouilles de Port-le-Grand et sur la découverte de vases celtiques [9612]. — *Mém. de la Soc. d'émul. d'Abbeville*, 1838 à 1840, p. 285-295; 3 pl.

HÉDOUVILLE (**Sallo de**). * Journal des Savants [25]. *Paris, J. Cusson*, etc., 1665 à 1792, 3 vol. in-8.

Voir Barbier, *Anonymes*, 3e éd., t. II, col. 1022, *a*.
Reprise depuis 1816 (se continue), in-4.

HEEREN (**Arn.-Her.-L.**). De la politique, etc., traduit de l'allemand sur la 4e édition, enrichie de cartes, de plans et de notes inédites de l'auteur, par W. de Suckau [856]. *Paris, F. Didot*, 1830-42, 7 vol.

HEFNER (**von**). Das römische Bayern in seinen Schrift- und Bildmalen [10427]. *Munich*, 1852. 3e éd., avec atlas in-4 oblong.

HEGEWALD. Essai, etc. [2317]. — *Mém. de l'Acad. de Stanislas, à Nancy*, 1863, p. 575.

HEINECCIUS (**J.-M.**). De veteribus Germanorum aliorumque nationum sigillis eorumque usu et præstantia syntagma historicum [10750]. *Francofurti et Lipsiæ*, 1719, gr. in-4; 18 pl.

HEINSIUS (**W.**). Allgemeine Bücher-Lexicon, etc. (Dictionnaire des livres imprimés en Allemagne depuis 1700 jusqu'en 1810 [10665]. *Leipzig*, 1812, etc., in-4. — Divers suppléments; se continue.

HEISS (**Aloïs**). Description générale, etc. [10627]. *Paris, Impr. nationale*, 1870, in-4.

HELBIG (**J.**). Recueil de monts funéraires, dalles sépulcrales et pierres votives les plus remarquables de la Belgique, depuis les temps les plus reculés jusqu'à nos jours [10515]. 1re livr. *Liége, Avanzo et Claessen*, 1859, gr. in-8.

L'ouvrage devait être publ. en 12 livrais mais il n'a pas été continué.

HÉLIE (**Aug.**). Alise et Vercingétorix [2599]. *Paris*, 1867, in-18, 47 p.; plan d'Alise-Sainte-Reine.

HELLEBAUT. Précis, etc. [11119]. *Anvers*, 1844; 202 p.

HEMELARIUS (**Joannes**). Numismata, etc., studio Caroli ducis Croyi et Arschotani collecta, commentario historico illustrata [2073]. *Antverpiæ*, 1627, in-4, fig.

Description du cabinet de Ch. de Croï, duc d'Aarschot, prince de Chimay.

HÉMÉRÉ (**Claude**) en latin Hemeræus. Augusta Veromanduorum vindicata, seu antiquitates urbis et ecclesiæ S. Quintini [4098, 4441]. *Paris*, 1643, in-4.

L'auteur place Aug. Verom à Saint-Quentin

HENAO (**Gabriel de**). Averiguaciones de las antiguedades de Cantabria, enderezadas principalmente a descubrir las de Guipuzcoa, Vizcaya, y Alava [10601]. *Salamanca*, 1689-91, 2 vol. in-fol. — Voir Brunet, *Manuel*, t. III, col. 95.

HENARES (**Ambrosio de Morales, Halcala de**). Las antiguedades de las ciudades de Espana [10598]. 1575, petit in-fol.

HENDREICH (Pierre). Massilia, etc. [4853]. *Argentorati*, 1657, in-24.

HENNE. De Cæsare, etc. [426]. *Paris*, 1843 ; 69 p.

Thèse par le doctorat ès lettres. Parties véridiques des commentaires. — Omissions volontaires. — Faits altérés. — Faits exagérés. Mensonges. — Erreurs.

HENNEBERT (chanoine). Histoire générale de la province d'Artois, dédiée à Mgr le cte d'Artois [nouv. add. 3132 *a*]. *Lille*, 1786-88. 2 vol.

HENNEBERT (E.). Histoire d'Annibal [2840]. *Paris, Impr. imp.* puis *nation.*, 1870 et 1878, 2 vol.

HENNIN. Manuel de numismatique ancienne, etc. [1922]. *Paris, Merlin*, 1830. *Paris, Rollin ; A. Chaussonnery*, 1869, 2 vol. avec atlas contenant 70 pl.

HENNIN. Les monts de l'hist. de France. Catalogue des productions de la sculpture, de la peinture et de la gravure, relatifs à l'histoire de la France et des Français [1604]. *Paris*, 1856-1867, 10 vol.

HENRICH (B.). De Cæsaris in Gallia militia [427]. *Coblentz*, 1846, in-4.

HENRIQUET (E.) et RENAUDIN (H.). Géographie, etc., précédée des notions indispensables de géographie générale et d'une carte topogr. [7610]. *Stenay*, 1838, in-12.

HENRY (Pierre), pseudonyme de J.-B. Guesnay. Auctuarium, etc. sive Decretum senatus Aquensis, et Universitatis Censura in Libellum Joannis Launoii cuï titulus : Disquisitio disquisitionis de Magdalena, etc., cum Scholiis adversus eundem Launoium [3890]. *Lugduni*, 1644, in-4.

Voir *Bibl. histor.*, t. I, n° 3980.

HENRY (J.-F.). Essai, etc. [8170]. 1810, in-4 ; 9 pl.

Analyse critique par Eudes. *Mém. de la Soc. des ant. de la Morinie, à Saint-Omer*, t. I, 1833, p. 167.

— Not. sur un mallus..., vulgairement appelé les Danses, situé dans la plaine de Landrethum et de Ferques, arrt de Boulogne [8224]. — *Mém. de l'Acad. celt.*, t. V, 1818, p. 321, et *Mém. de l'Acad. d'Arras*, t. I, 1818, p. 331.

HENRY (D.-J.-M.) Recherches, etc. [2787, 4530]. *Forcalquier, Gaudibert*, 1818. — Autre éd. *Digne, Guichard*, 1842 ; carte.

— Recherches, etc. [1192, 3943]. *Perpignan*, 1820 ; 31 p.

— Not. sur l'amphithéâtre d'Arles [4979]. — *Mém. de la Soc. des ant. de Fr.*, 2e s., t. III, 1837, pl. 1.

— Not. sur le théâtre d'Arles [m. n°]. — *M. vol.*, p. 48. — Supplément. — *M. rec.*, t. IV, 1838, p. 376.

— Notice, etc. [4988]. — *M. vol.*, p. 83.

— Nouv. fouilles au théâtre rom. d'Arles ; obs. nouvelles [4980]. — *M. rec.*, n. s., t. V, 1840, p. 61.

HENRY (V.-B.). Mémoires histor. sur la v. de Seignelay, département de l'Yonne, depuis sa fondation au VIIIe siècle jusqu'en 1830, précédés de rech. sur l'état du pays au temps des Gaulois et des Rom., et suivis d'une not. histor. sur les cnes environnantes, etc. [10199]. *Avallon*, 1833.

HENRY (l'a.). Notice, etc. [10195]. — *Bull. de la Soc. d'études d'Avallon*, 1re année, 1859 (1860), p. 59-79.

HENTZNER (Paul). Itinerarium Germaniæ, Galliæ, Angliæ et Italiæ [nouv. add. 949 *a*]. *Norimbergæ, Abr. Wagenmann*, 1612, pet. in-4.

HENZEN (Guillaume). Sulle tavole, etc. [10636]. — *Bull. dell' Instit. archeol. di Roma*, 1855, p. XXXVII-XLIV ; avec pl., gr. in-fol.

— Inscriptionum latinarum collectio [2207]. *Turici*, 1856.

HERBÉ. Hist. des beaux-arts en France par les monts, spécialement de la sculpture et de la peinture, depuis la domination rom. jusqu'à l'époque de la Renaissance [1598 *a*]. — *Paris, Garnier* (rue Chanoinesse), 1842, in-4 ; 48 pl.

HERBERT (Algernon). Essay, etc. [639]. Part. 1 (unique). *Londres*, 1838, in-4.

HERBERT (Pierre-Philippe). L'Inscription, etc. [9804]. — *Ann. de la Soc. acad. du Puy*, t. XXIV, 1861 (1862), p. III-CII.

HERBÈS (d'). Conjectures sur l'étymologie du mot Courtisols, et sur l'explication de qq. termes du patois courtisien [7347]. — *Mém. de la Soc. des ant. de Fr.*, t. V, 1823, p. 357.

HÉRÉ. Note, etc. [4356]. — *Travaux de la Soc. acad. de St-Quentin*, 3e s., t. I, 1855-1857 (1858), p. 365. — Addition, *M. vol.*, p. 369.

HÉRICOURT (c[te] **Achmet d'**). Rapport, etc. [8209]. — *Comm. des antiq. départ. du Pas-de-Calais*, t. I, 1853, p. 171.

— Vases gallo-rom. trouvés à Souchez, c[on] de Vimy [8231]. — *M. rec.*, t. II, 1865, p. 274-277; 1 pl.

HÉRISSON. Diss., etc., auxquelles sont jointes qq. pièces historiques inédites [5821]. *Chartres, Garnier fils*, 1836.

HERMAND (**Alexandre**). Description, etc. [8239]. — *Mém. de la Soc. des ant. de la Morinie*, à St-Omer, t. III, 1836, p. 73-96; 2 pl.

— Notice, etc., lue en 1841 [1601 *a*]. — *M. rec.*, t. VI, 1841-43 (1845); 14 p.

— Observations, etc. [2002]. — 1er article, *Rev. num.*, t. XIV, 1849 (2e s., t. VIII), p. 405-417; — 2e article, t. XV, p. 5-22.

— Numismatique gallo-belge, ou Histoire monétaire des Morins, des Atrébates et des nations gallo-belges en général. (Extrait de la *Rev. numism. belge*.) [3138, 3691, 3736, 10518], *Bruxelles*, 1864; 15 pl. Publication posthume, faite par L. Deschamps de Pas.

HERMANN (**Karl-Friedrich**). Eine Gallische, etc., beschrieben und erklärt [2107]. *Göttingen*, 1851, in-12; 8 p.

Monnaie d'argent portant au droit une tête de femme avec le mot gallia, et, au revers, deux mains enlacées, avec le mot fides. — C. r. par L. de la Saussaye, *Revue num.*, t. XVI, 1851, p. 42.

HERMANN (**J.-Fréderic**). Notices, etc. [8366]. 2 vol.; 1 plan.

HERMANT (**Godefroy**). [*Ms.*]. Histoire ecclésiastique et civile du Beauvaisis (avant 1691) [8018].

Doit être à la Bibliothèque nationale. Pour les preuves, voir les *Mém. de la Soc. acad. de l'Oise*, t. I, 1847, p. 21.

HERMANT (**J.**). Bibliothèque, etc. [5036]. 1705, in-4. (D'après Girault de St-Fargeau.)

HERNANDEZ (**Philippe**). * Description de la généralité de Paris, contenant l'état ecclésiastique et civil de cette généralité, le pouillé des diocèses de Paris, Sens, Meaux, Beauvais et Senlis, les noms des seigneurs des terres et autres détails, etc. [9010]. *Paris, Moreau*, 1759.

HEROLD (**Jean-Basile**). Leges antiquæ Germanorum [765, 10701]. — *Bâle*, 1557, in-fol.

Contient l'édition princeps de la loi salique.

— De Germaniæ veteris veræ locis antiquissimis; item de Romanorum in Rhætia littorali stationibus et hinc ortorum ibidem vicorum atque municipiorum hodie superstitum originibus [10711, 10736], — *Bâle*, 1557.

Reproduit dans Schard, *Scriptores*, etc., t. I.

HERRERAS (**Bartholomeo**). Eaux thermales de Lez à l'époque romaine (en catalan) [6185]. — Voir E. Barry, année 1857.

HERRIG. De Druidibus [649]. 1853.

HERSAN. Histoire de la ville de Gisors [5796]. *Gisors, Lapierre*, 1858, in-18.

HERVAL (**l'a.**). Aperçu hist. et philosophique sur les Druides et le Druidisme [658 *a*]. — *Recueil de la Soc. havraise d'études diverses*, 35e année, 1869, p. 319-332.

HERVIEUX. Mémoire, etc. [7305].

Ce mém. a été imprimé dans le recueil intitulé : « Nouvelles recherches sur la France, etc. 1766, t. II, p. 227-376. » (*Biblioth. histor.*, t. III, n° 35 339.)

HERVILLIERS (**Edmond Caillette de l'**). Mém. sur les fouilles de Champlieu [8054]. — *Rev. arch.*, t. VIII, 1850, p. 184.

— 1re étude, etc. [8058]. *Paris, A. Leclère*, 1851.

— Le théâtre de Champlieu [8060]. *Ibid.*, *id.*, 1858.

— Champlieu, etc. [m. n°]. *Paris*, le 24 fév. 1858.

L'auteur revendique la découverte du théâtre de Champlieu en 1850.

— Le théâtre de Champlieu [8069]. — *Rev. archéol.*, t. XV, 1859. T. à p. *Paris, Lahure*, 1860; 1 grav. sur bois.

— Rapport, etc. [9290]. — *La Picardie*, t. XII, 1866, p. 235. — Contient en outre un rapport de M. Moutié et une lettre de M. de Saulcy.

HERZOG (**E.**). De quibusdam... inscriptionibus... dissertatio historica [3707]. — *Lipsiæ*, 1862; 39 p.

— Galliæ Narbonensis provinciæ romanæ historia, descriptio, institutorum expositio. Accedit appendix epigraphica [3707 *a*]. *Leipzig, Teubner*, 1864.

HESSELN (**Mathieu-Robert de**). Dictionnaire universel de la France, contenant la description géographique, etc. [nouv. add. 1046 *a*]. *Paris*, 1771, 6 vol.

HETZRODT (**J.-B.-M.**). Notice sur les anciens Trévirois; suivie de Recherches sur les anciens chemins romains qui ont traversé le pays des Trévirois [11064]. *Trèves*, *Hetzrodt*, 1809; 230 p. — 2e édit. *Trèves*, *Gall*, 1825.

— Mém. sur le culte des pierres chez les anciens Gaulois [536]. — *Mém. de l'Acad. celtique*, t. V, 1825, p. 345.

HEUMANN (**Jean**). Tractatio, etc. [3275].

« Dans cette diss. (qui est la seconde des *Opuscules* d'Heumann : *Norimbergæ*, 1747, in-4), l'auteur fait sortir les Boiens de Bavière des Celtes et des Gaulois. » — *Biblioth. histor.* t. I, n° 233.

HEUZEY (**Léon**). Le Dieu Mên à Bayeux [5060]. — *Rev. archéol.*, 2e s., t. XIX, 1869, p. 1-6.

HEYER (**F.**). De Bellorum, etc., scriptoribus [401 *b*]. *Kœnigsberg*, 1867.

HEYLEN (**P.-J.**). Dissertatio de antiquis Romanorum monumentis, etc. aliisque non ita pridem abolitis necnon de iis quæ apud Tungros et Bavacenses reperta fuerunt. (Lue en 1782.) [10512]. — *Mém. de l'Acad. des sc. et b.-l. de Bruxelles*, t. IV, 1783, in-4, p. 405-90.

HIDÉ. Note, etc. [4291]. — *Bull. de la Soc. acad. de Laon*, t. IV, 1855; 2 p., et t. VI, 1857; 4 p.

HIGGINS. The celtic Druids [636 *a*]. *London*, 1829, in-4.

HILAIRE, de Poitiers (**Saint**). [2413]. Éditions de ses œuvres : *Paris*, 1572, 1631, 1652, 1693, in-fol. — Patrologie latine de l'abbé Migne, t. IX-X.

Voir la Vie de saint Hilaire, placée en tête des éditions de ses œuvres.

HILLERUS (**Matthæus**). De origine gentium Celticarum dissertatio [287]. *Tubingæ*, 1707, in-4.

HIRET (**Jean**). Les antiq. d'Anjou [3049]. *Angers*, 1605; — autres éditions, 1609, 1618, in-12.

HIRSCH (**Jo.-Christ.**). Des deutschen Reichs Münz-Archiv, bestehend in einer Sammlung Kais. und Reichs-Münz-Gesetze, Ordnungen [1889]. *Nurembergæ*, 1756-68, 9 vol. et index in-fol.

— Bibliotheca numismatica exhibens catalogum auctorum qui de re monetaria et numis tam antiquis quam recentioribus scripsere, collecta et indice rerum instructa [1890]. *Norimberg*, *Felseck*, 1760, in-fol.

HIVER. Notice, etc. [7349]. — *Rev. num.*, t. II, 1837, p. 171-180.

HIVER DE BEAUVOIR et BOYER. Notice, etc. [5287 *a*]. — *Mém. de la Soc. histor. du Cher*, 1861.

HŒFER (**Fd**). Article *Jules-César* dans la Biographie générale [430]. *Paris*, *Didot*, 1854.

HOFFMANN (**S.-F.-G.**). Lexicon bibliographicum, etc. [185]. *Lipsiæ*, *Weigel*, 1832-1836. 3 vol. — 2e éd. *Ibid.*, *Bœhme*, 1838-1845. 3 vol.

— Die Iberer im Westen und Osten. Ethnographische Untersuchung mit Rücksicht auf Cultur und Sprache [2370, 10594]. *Leipzig*, 1838.

HOLSTEIN (**Luc**), trad. FORTIA D'URBAN. Plan d'un atlas historique portatif, etc., suivi d'une liste des écrivains et artistes célèbres, jusques et y compris le IIIe siècle avant l'ère chrétienne, terminé par un catalogue raisonné des géographes grecs, composé en latin [1064]. *Paris*, 1809, in-12.

Voir G. PEIGNOT, *Répertoire bibliograph.*, p. 293-95.

HOLTZMANN (**Adolf.**). Kelten and Germanen, etc. [122, nouv. add. 369 *a*]. — *Stuttgart*, 1855, in-4; 178 p.

HOMBERG. Découverte, etc. [5808]. *Rouen*, impr. *Cogniard*, 1864; 16 p.

HOMBRES-FIRMAS (**bon Louis-Auguste d'**). Lettre sur une découverte d'une nouvelle caverne à ossements, etc. [6067]. *Cc. rr. de l'Acad. des sc.*, t. XXVIII, 1849, in-4, p. 429.

HONTHEIM (**Jo.-Nicolas ab**). Historia Trevirensis diplomatica et pragmatica exhibens origines Treverica, Gallo-Belgicas, Romanas, Francicas, etc. Jus publicum particulare archiepiscopatus et electoratus Trevirensis, sed et historiam civilem et ecclesiasticam, ab anno 418 ad a. 1745 [11057]. *Veithemii*, 1750, 3 vol. — Suite, *Augustæ Vindelic.*, 1757, 2 vol. in-fol.

Voir *Bibl. histor.*, t. Ier, n° 10 498.

HOOKER (**dr**). Les dolmens de l'Inde [1544 *a*]. — *Rev. archéol.*, 2e s., t. XVIII, 1868, p. 295.

HORNIUS (**G.**). Orbis antiqui delineatio, sive geographia vetus [978]. *Amstelodami*, 1657, gr. in-fol.; cartes.

HORSLEY (**John**). Britannia Romana, or the Roman antiquities of Britain [10284]. *London*, 1732, in-fol.; 105 pl.

Voir BRUNET, *Manuel*, t. III, col. 340.

HOTMAN (**François, sieur de la Tour**), en latin HOTOMANUS. Franco-Gallia [245]. *Paris*, 1575. — 2e éd., intitulée : Histoire celtique où sous les noms d'Amiñdorix et de Celanire sont comprises les principales actions de nos rois et les diverses fortunes de la Gaule et de la France. (En vers.) *Paris*, 1634.

Voir l'art. MATHAREL.

HOTTINGER (**I.-H.**). Antiquitates germanico-thuricenses [10860]. *Tiguri*, 1737, in-16.

HOUARD (**David**). Mémoire, etc. [10357]. — *Mém. de l'Acad. des inscr. et b.-l.*, t. L, 1808, in-4, p. 441-497.

HOUBEN (**Ph.**). Denkmæler, etc. [1827]. *Xanten*, 1839, in-4; 70 p.; 48 pl. color.

HOUBIGANT. Description, etc. [8092]. — *Mém. de la Soc. acad. de l'Oise*, t. IV, année 1860; 124 p. — T. à p. sous ce titre : Recueil des antiq. bellovaques conservées dans le cabinet de M. Houbigant, à Nizant-les-Vierges. 1re partie : époque celtique. *Beauvais*, 1860, gr. in-8; pl.

HOUEL (**le chev Ephrem**). Notes, etc. [7243]. *Caen*, impr. *F. Poisson*, 1825; planch.

— Note, etc. [7309]. — *Mém. de la Soc. des ant. de Normandie*, t. VI, 1833, p. 411.

— Le mont Saint-Michel [7284]. 1835.

— Rapport, etc. [7308]. — *Not., mém. et documents p. p. la Soc. d'agr.* etc. *du dépt de la Manche*, t. Ier, 1re part., 1851, p. 11-12.

HOUEL (**Ch.-Juste**). Ann. des Cauchois. etc., jusqu'à 1830 [3403]. *Paris*, 1847, 3 vol.

HOURY. Not. sur le squelette humain trouvé dans les grottes de Loisia [6692]. — Sce *publ. de la Soc. d'émul. du Jura*, 1835, p. 82.

HOUSSAYE (**Noual de La**). Voir NOUAL DE LA HOUSSAYE.

HOUSSEL (**C.**). Le bronze, etc. [1734]. — *Rev. archéol.*, 2e s., t. IV, 1861, p. 95-109.

HOUZÉ (**Victor**). Sur les voies rom., etc. [7965]. — *Congrès arch.*, XXVe session, 1858, Cambrai, 1859; 24 p.

— Même titre [m. no]. — *Mém. de la Soc. d'émul. de Cambrai*, t. XXV, 2e partie, 1859, et t. XXVI, 1re partie, p. 197.

HOUZÉ (**A.**). Études, etc. [1156]. 1864.

[Mentionné avec éloge par H. d'A. de Jubainville, *Rev. archéol.*, 2e s., t. XV, 1867, p. 273.]

— Études sur qq. noms de lieux [m. no]. — *Rev. archéol.*, 2e s., t. XIX, 1866, p. 200-207; t. XV, 1867, p. 99-107.

HOYER (**Albert**). Idee, etc. [11107]. *Jahrb. des Vereins von Alterthumsfreunden im Rheinlande*, t. XLII, 1867, p. 18-25.

HOYOIS. * Bibliographie des Pays-Bas, avec q.q. notes [10403]. *Nyon en Suisse*, impr. *Nattey*, 1783, in-4.

HUART (**bon Emmanuel d'**). Rapport, etc. [7862]. — *Mém. de l'Acad. de Metz*, 1843-44, p. 281.

— Rapport, etc. [7867]. — *M. rec.*, 1re partie, 1851-52, p. 324.

HUBERT (**R.**). * Antiquités, etc. [6972]. *Orléans*, 1661, in-4; pl.

HUBERT (**J.-A.**), Monumentorum galaticorum synopsis [10661]. *Liburni*, 1772, in-4; 85 p.

HUBERT (**J.-B.**). Extrait, etc. [7346]. — *Mém. de la Soc. des ant. de Fr.*, t. V, 1823, p. 332.

HUBERT (**Jean**). Géographie histor. du dépt des Ardennes, renfermant la géographie histor. et le précis de l'hist. de chaque localité [4609]. *Charleville* (?), 1838, in-12. — Autre édition, *Charleville*, *Eug. Jolly*, 1856, in-12; carte.

— Hist. de Charleville depuis son origine jusqu'en 1854 [4614]. *Charleville*, 1854, in-12; 2 pl.

HUEBNER (**Émile**). Die Coblenzer Pfahlbrücke [11013]. — *Jahrb. des Vereins von Alterthumsfreunden im Rheinlande*, t. XLII, 1867, gr. in-8, p. 45-63.

— Ueber die Schriftformen, etc. [11049]. — *M. rec.*, t. XLVI, 1869, p. 81-109.

Voir WILMOWSKY, *In Sachen*, etc., 1869.

— Mechanische copieen von Inschriften [2101]. — *M. rec.*, t. XLIX, 1870, p. 56-71.

— Inscriptiones Hispaniæ latinæ [10630]. 1870, in-4.

— Geschichte, etc. [11072]. *Berlin;* 9 p.

HUCHER (**Eugène-Frédéric-Ferdinand**). Essai, etc. [3655]. — *Mém. de la Soc. franç. d'archéol.* (Institut des provinces de France), 2e s., t. I, 1845, in-4; 55 p. — T. à p. — 1er suppl. — *Rev. num.* 1846; 16 p.; pl. — T. à p. — 2e suppl. — *M. rec.*, 1848. — T. à p., 49 p.; 2 pl.

— Notice sur la mosaïque de Roullée à Mont-Saint-Jean [8897, 8903]. 1845. (Voir Drouet et Hucher.)

Reproduit dans les *Études*, etc. (Voir plus loin, année 1855.)

— Notice, etc. [8888]. — *Bull. mon.*, t. XIV, 1848, p. 437-444.

— Catalogue raisonné, etc. [8882]. *Le Mans, Bondu*, 1849; 87 p.; 1 pl. lith.

(13936 Monnaies). — C. r., par A. de Barthélemy, *Rev. num.*, t. XV, 1850, 2e s., t. IX, p. 62.

— Études, etc. [2003, 3188]. — *Rev. num.* 1er art., t. XV, 1850, p. 85-108, 2e art. 1852; p. 165-197; 3e art., 1855, t. XVII, p. 165-191; 4e art. 1858; t. XX, p. 149-178. — T. à p. *Blois*, 1850-52-55.

Voir sur ce travail un long article de Henri Martin, dans le *Siècle* du 3 sept. 1866.

— Sigillographie du Maine, précédée d'un aperçu général sur la sphragistique [3656]. *Paris*, 1852.

— (1re) Lettre à M. de La Saussaye sur la numismatiq. gauloise (Dumnorix, Durnacos, Cricirus, Remi, Viipotalos et Santones) [2009]. — *Rev. num.*, t. XVIII, 1853, p. 5-19. — T. à p. 2e l. (Divitiacus), t. XIX, 1854, p. 85-89 [Voir ci-dessus, col. 928, Bretagne, année 1854]; 3e l. (Athenopolis) colonie Massaliote, t. XX, 1855, p. 322-325; 4e l. (méd. de Vendeuil au type de l'aigle éployé connues sous les rubriques Vadnaios et Catiac cıı, t. XX, 1855, p. 365-385.

— Études, etc. [8844]. *Le Mans; Paris, Didron*, 1855; 11 pl. lithogr.

— Lettre à M. le mis de Lagoy, etc. [2022]. — *Bull. de la Soc. d'agric.* etc. *de la Sarthe*, t. XIII, 1857; 21 p.; 1 pl.

C. r., par A. de Barthélemy, dans la *Rev. num.*, 2e s., t. II, 1877, p. 457-462.

— Lettre à M. le bon Chaudruc de Crazannes, etc. [2024]. — *Rev. de la num. belge*, 1859; 11 p.; 1 pl.

— [1re] Lettre à M. de Saulcy, etc. [2025]. — *Rev. num.* 2e s., t. IV, 1859, p. 81-99.

Médaille *Viredisos*,
méd. des *Agesinates*, vel *Ambilatri*, vel *Anagnutes*, vel *Andecavi*,
méd. incertaine de l'Aquitaine,
méd. *Epenos*,
méd. de *Divitiacus*,
méd. de *Bagacum*,
méd. Veluccic,
méd. Mav.,
méd. ΟΥΑΝΔΙΑ.
médailles muettes.

— [2e] Lettre. Temps de Vercingétorix. — Gabales. — Eburovices. — SENV et COΠAKA. — ALLIICORIX. — VIRICIV. — Divitiacus. — Commius [m. no]. — *M. rec.*, t. VIII, 1863, p. 297-313; 1 pl.

— [3e] Lettre (Germanus Indutilli filius) [m. no]. — *M. rec.*, m. s., t. XII, 1867, p. 81-86; 2 vign.

— Études sur les poteries gallo-rom. découv. au Mans à diverses époques [8876]. — *Bull. mon.*, 1er article, t. XXV, 1859, p. 347; 2e art., t. XXVI, 1860, p. 274. — T. à p. *Paris, Derache*, 1860.

— Lettre à M. Adrien de Longpérier, etc. [875, 2030]. — *Rev. num.*, 2e s., t. V, 1860, p. 113-128.

— Des anneaux et des rouelles. Examen de la note de M. de Widranges, etc. [2035]. — Voir cte de Widranges, année 1861.)

— Des Gaulois et de leurs médailles [2036]. — *Mém. de l'Institut des provinces*, 2e s., t. Ier, 1863. — T. à p., *Le Mans, Monnoyer*, 12 p.

— Monuments, etc. [2037]. — *Rev. num.*, 1863; 27 p.

— De l'art gaulois [1495]. — *Mém. lus à la Sorbonne* en 1864 (archéol.), p. 9-14.

— Attribution, etc. [2049]. — *Rev. num.*, 2e s., t. X, 1865, p. 217-222.

— Not. sur des vases rom., etc., découv. dans le dépt de la Sarthe [8858]. — *Mém. lus à la Sorb. en* 1866 (archéol.), p. 151.

— Revision, etc. [2050]. Monnaies gauloises données par M. Duchalais. — — *Annuaire de la Soc. franç. de num. et d'arch. à Paris*, t. Ier, 1866, p. 1-27.

— Examen de l'ouvrage de M. Fillioux, etc. [2057]. — Voir Fillioux, année 1867.

— Catalogue du musée archéol. du

Mans, comprenant la description de tous les objets existant dans ce musée, à la date du 1er janvier 1869 [8879]. *Le Mans; Paris*, 1869, gr. in-8; 104 p.

— L'art gaulois ou les Gaulois d'après leurs médailles [2060]. T. Ier, in-4, *Paris, A. Morel; Le Mans*, 1868; t. II, 1873; 101 pl.

C. r. par Henri Martin (*Siècle* du 3 sept. 1866).

— Notes, etc., lues dans la séance du 6 sept. 1869 de la XXXVIe session, tenue à Chartres, du Congrès scientif. de France [2064]. *Chartres*, 1870; 16 p. — T. à p.

HUDSON (**Jean**). Geographiæ veteris scriptores græci minores [886]. *Oxoniæ*, 1697-98, 4 vol.

HUE. Dissertation, etc. [3957]. — *Rec. de l'Acad. de la Rochelle*, t. III, p. 188 (XVIIIe siècle).

HUET (**Pierre-Daniel**). Les Origines, etc. [5053]. *Rouen, Maurry*, 1701, in-4. — 2e éd., *ibid., id.*, 1706; 1 plan.

C. r., dans les Mém. de Trévoux, nov. 1702, p. 173.

HUG (**I.-L.**) Untersuchungen, etc. [490]. *Freyburg* und *Konstanz*, 1812, in-4.

HUGO (**Abel**). France pittoresque ou descr. topogr. et statist. des dépts, etc. [1083]. *Paris, Delloye*, 1833-35, 3 vol. in-4 à 2 col.; fig., pl., portraits et cartes.

— France hist. et montale, hist. gale de Fr., depuis les temps les plus reculés jusqu'à nos jours [353]. *Paris, Delloye; Garnier* frères, 1836-43, 5 vol. in-4 à 2 col.; vign., plans et cartes.

HUGO (**cte Léopold**). Interprétation de l'inscription d'Alise [2589]. *Paris*, impr. *Claye*, 1866; 14 p.

Examen du travail, par Alfred Maury, *Rev. arch.*, 2e série, t. XIV, 1866, p. 8-16. — Voir la lettre de L. Hugo en réponse à cet examen, *m. vol.*, p. 222-223.
* Autre C. r., dans les *Jahrb. Vereins v. Alterthumsfreunden im Rheinlande*, t., XLI, 1866, p. 158-159.

HUGON DE POLIGNY (**cte**). La Franche-Comté anc. et mod., ou exposition des principaux changements survenus dans l'état du comté de Bourgogne depuis l'antiquité jusqu'à nos jours [3528 *a*]. *Besançon*, 1857, 1859, 2 vol. gr. in-8.

HUGUENIN. Notice, etc. [7797]. — *Mém. de l'Acad. de Metz*, 1834-35, p. 434. — [Voir aussi Peignot, année 1835.]

HUILLARD-BRÉHOLLES (**Jean-Louis-Alphonse**). Essai d'explication, etc. — [7046]. — *Rev. archéol.*, 2e s., t. VI, 1862, p. 352-367.

— Note, etc. [563]. — **Bull. de la Soc. des Ant. de France*, an. 1865, p. 148 et 149.

— Les origines, etc. [749]. — *Rev. contemp.*, 15 sept. 1866.

HULTMANN. Miscellaneorum epigraphicorum liber singularis [2170]. *Zutphen*, 1758.

Contient des inscriptions gallo-rom., notamment l'inscription de Corseult, p. 57.

HUMBERT (**Gustave-Amédée**). Régime nuptial des Gaulois [872]. — *Mém. de l'Acad. de Metz*, 1857-58, p. 407.

— Régime nuptial des Germains [10710]. — *M. rec.*, 1859-60, p. 365.

— Mémoire, etc. [821]. — *Rec. de l'Acad. de législation de Toulouse*, t. XVI, 1867, p. 67-133.

— Sur Toulouse, cité latine, et sur le droit de latinité dans la Narbonnaise [6150]. — *Mém. de l'Acad. des sc.* etc. *de Toulouse*, 6e s., t. VI, 1868, p. 434.

HUMBOLDT (**Guillaume de**). Berichtigungen, etc. [3209]. *Berlin*, 1817.

— Prüfung, etc. vermittelst der Vaskischen Sprache [10593]. *Berlin*, 1821, in-4. — Trad. fr. par A. Marrast, intitulée : Rech. sur les habitants primitifs de l'Espagne, à l'aide de la langue basque. *Paris, Franck*, 1866, gr. in-8; XXVII, 194 p.

HUME (**David**). History of England from the earliest period [10260]. 2 vol. in-4. — History of England from the invasion of Julius Cæsar to the death of George II with a continuation to the reign of William IV (1835) by the rev. T. S. Hugues B. D. — *Paris, Baudry*, 1837, in-fol.; 2045 p. — Hist. d'Angleterre depuis l'invasion de Jules-César, etc., jusqu'à la révolution de 1688 (trad. de l'abbé A.-F. Prévost, et de Mme Belot, depuis présidente Durey de Meynières), et depuis cette époque jusqu'en 1760, par Smolett (trad. de J.-B. Targé), nouv. éd. revue, corrigée et précédée d'un essai sur la vie et les écrits de Hume, par Campenon. *Paris, Janet et Cotelle*,

1819, 16 vol. — Histoire d'Angleterre, depuis l'avènement de Georges III jusqu'à la conclusion de la paix de 1783. Traduit de l'anglais de J. ADOLPHUS par MM. D*** (J.-B.-D. DESPRÈS, F. N. V. CAMPENON et Édouard MENNECHET) [10262]. *Paris, les mêmes*, 1822, 4 vol. — Suite jusqu'en 1820, par AIKIN, traduit par les mêmes, avec table des matières rédigée par M. QUESNÉ. *Paris, les mêmes*, 1822, 2 vol.

Voir BARBIER, *Anonymes*, 3e éd., t. II, col. 653 *e*.

— Discours politiques de M. HUME, trad. de l'anglais (par l'abbé LEBLANC) [774]. *Amsterdam* et *Paris*, 1754, 2 vol. in-12.

Voir t. II, p. 32-278, Xe discours, « De la population des anciennes nations », notamment p. 262 et sv. — [Discours réédités dans les Mélanges d'économie politique. *Paris, Guillaumin*, 1845.

HUNDT (**cte Fr.-H.**). Die antiken Münzen, etc. [10430]. *München*, 1866-71, 2 parties, gr. in-8.

HUOT. Notice, etc. [1342, 9228]. *Paris*, 1824.

HUOT (**Paul**). Rapport, etc. [8446]. — *Bull. de la Soc. pour la conserv. des monts histor. d'Alsace*, t. VI, 1869, in-4, p. 113-124.

HURT (**Philip A.**). Épigraphie pyrénéenne [8312]. — *Bull. de la Soc. Ramond*, à Bagnères-de-Bigorre, 4e année, 1869, p. 21-23.

HURTAUT et MAGNY. Dictionnaire, etc. [9005]. *Paris, Moutard*, 1779, 4 vol. in-8.

HUSCHBERG (**Jean-F.**). Geschichte der Allemannen und Franken bis zur Gründung der frænkischen Monarchie durch Kœnig Chlodwig aus den Quellen bearbeitet [364]. *Sulzbach, J. E. Seidel*, 1840; xx, 684 p.

C. r. dans la *Rec. de bibliogr. analyt.*, juillet 1840, p. 649.

HUSCHKE (**E.**). Die iguvischen Tafeln, etc. [10961]. *Leipzig*, 1859.

HUSSON. Monnaies romaines, etc. [4284-4470]. — *Bull. de la Soc. histor. de Soissons*, t. I, 1847, p. 173.

— Origine, etc. [7606]. *Pont-à-Mousson*, impr. *Toussaint*, 1865; 63 p.; pl.

HUTTICHIUS (**Joan.**). * Collectanea, etc. [10927]. *Moguntiæ, Joan. Schœffer*, 1520, in-fol.

— Inscriptiones vetustæ romanæ et earum fragmenta, cura et diligentia Chounradi Peutinger antea impressæ [2199]. *Ibid., id.*, 1520, in-fol., fig. — Voir BRUNET, *Manuel*, t. III, col. 391.

HYGIN. Hygini et Polybii de castris Romanorum quae extant [1820]. *Amstelod.*, 1660, in-4.

Pour les autres éditions, voir ENGELMANN, *Biblioth. scriptor. class.*

I

IGNACE (**dom**). * Hist. de la v. de Rouen, divisée en six parties, par un Solitaire (revue par le libraire Dusouillet) [9342]. — *Rouen, Dusouillet*, 1731, 2 vol. in-4, et 6 vol. in-12.

IGNON (**J.-J.-M.**). Recherches, etc. [7131]. — *Mém. de la Soc. d'agr. de la Lozère*, t. III, 1828, p. 205, et t. X, 1835, p. 85.

— Not. sur les monts antiques et du moyen âge du dépt de la Lozère [7136]. — *M. rec.* : 1° Monts celtiques, t. XI, 1839, p. 137; 2° Monts rom., t. XII, 1840, p. 129 et t. XIII, 1841, p. 136.

— Carte de France, etc. [3536]. — *M. rec.*, t. XVI, 1847-1849, p. 153.

IHRE (**Joh.**). Glossarium sueo-gothicum in quo tam hodierno usu frequentata vocabula, quam in legum patriarum tabulis, etc., explicantur, et ex dialectis cognatis, mœso-gothica, etc., ceterisque gothicæ et celticæ origines illustrantur [2258]. — *Upsaliæ*, 1769, 2 tom. en 1 vol. in-fol. à 2 col.

IMBAULT. Notice, etc. [7038]. — *Bull. de la Soc. arch. de l'Orléanais*, 1861; 4 p.

IMBERDIS (**André**). Portrait de Vercingétorix [460]. — *L'Art en province*, t. Ier, 1858, in-4.

— L'Auvergne, depuis l'ère gallique jusqu'au XVIIIe siècle [3172]. *Paris, Hachette*, 1863; 528 p. — 2e édit. intitulée : Hist. générale de l'Auv. depuis l'ère gall. jusqu'au XVIIIe s. *Clermont-Ferrand, F. Thibaud; Paris, Dumoulin*, 1868, 2 vol. gr. in-8; *planches et figures*.

IMBERT. De Pagis cis Rhenum [3084 *a*]] — *Annales Acad. Lovaniæ*, 1818.

IMBERT-DESGRANGES. Dissertation, etc. (lue en 1840) [2812]. — *Bull. de l'Acad. delphinale*, à Grenoble, t. I, 1846, p. 122-139.

— Nouvelle lecture, etc. [2824]. — *M. rec.*, t. V, 1859 (1863).

IMBERT (Hugues). Hist. de Thouars (avec appendice et table) [9517]. — *Mém. de la Soc. de statistique*, etc., *du dép*[t] *des Deux-Sèvres*, 2e s., t. X, 1870 (1871), p. 1-415.

INGOLD (A.). Wittelsheim (vicus gallo-romain) [8460]. — *Bull. de la Soc. p*[r] *la conservation des mon*[ts] *histor. d'Alsace*, 2e s., t. IV, 1866, gr. in-8, p. 101-106.

— Mandeure [5674]. — *M. vol.*, p. 107-110.

IRÉNÉE (Saint). [2402]. Éditions de ses œuvres, par Érasme. *Bâle*, 1526, in-fol. — Par Feuardent, *Paris*, 1639, in-fol. — Par le p. Massuet. *Paris*, 1710, in-fol. — Par le p. Pfaff. *Venise*, 1734, 2 vol. in-fol. — Par Stieren. *Lipsiæ*, 1848-53, 2 vol.

IRMINON (l'a.). Polyptyque, etc. [9071]. *Paris, Duprat*, 1836-1844, 3 vol. in-4.

ISAAC ou **ISACIUS PONTANUS**. — Voir Pontanus.

IZARN. Note, etc. [5802]. — *Rec. de la Soc. libre d'agr.* etc., *de l'Eure*, 3e s., t. V, 1859, p. 591.

J

J. J. J. La vallée de Barcelonnette. Passage des Alpes par Annibal [4533]. — *Journal des Basses-Alpes*, 1838, p. 23 et suiv.

JACOB (Gérard), *alias* Kolb *ou* Kolbe. Notice, etc. [4270]. — *Mém. de la Société des ant. de Fr.*, t. I, 1817, p. 328.

— Notice, etc. [7387]. — *M. rec.*, t. II, 1820, p. 195.

— Recherches, etc. [10864]. *Rheims*, 1823 ; pièce in-fol.

— Description, etc., par K*** [7369]. *Reims, Brissart-Carolet*, 1825 ; fig.

— Traité élém. de numismat. ancienne, gr. et rom., composé d'après celui d'Eckhel, augm. d'un grand nombre d'articles [1917]. *Paris, Aimé-André*, 1825. (Signé Gérard-Jacob K.)

— Notice, etc. [1918]. — (Signée Gérard-Jacob K.) *Paris*, 1828 ; pl.

JACOB (V.) et PRÉCHAC. Lettre au président de la Soc. arch. de la Moselle sur une série de monnaies trouvées à Mont, arr[t] de Briey [7883]. — *Bull. de la m. Soc.*, t. X, 1868, p. 99 et p. 135.

JACOB (Victor). Nouveaux aperçus, etc. [7828]. — *M. rec.*, t. XII, 1869, p. 40-47.

JACOB (le bibliophile P. L.). Pseudonyme de Paul Lacroix. (Voir ce nom.)

JACOBI (V. L.). De rebus rusticis, etc. [10747]. *Lipsiæ*, 1833.

JACOBS (Alfred). Gallia ab Anonymo Ravennate descripta, etc. commentariisque et tabula illustravit A. Jacobs [918]. *Parisiis, Furne*, 1858.

Mention très hon. à l'Acad. des inscr. en 1859.

— Géographie de Grégoire de Tours, etc. [1129]. *Ibid.*, *id.*, 1858, 1 carte.

Mention très honorable à l'Acad. des inscriptions en 1859.

— Géographie histor. de la Gaule. Le pagus aux différentes époques de notre histoire [1130]. — *Rev. des Soc. sav.*, t. V, 1858 ; 16 p. — T. à p. *Paris, Durand*, 1859.

— Géogr. histor. de la G. Fleuves et rivières de la Gaule etc., la France au moyen âge [1131]. — *M. rec.*, 2e s., t. I, 1859 ; 23 p. — T. à p. *Paris, A. Durand.*

— Géographie de Frédégaire, de ses continuateurs et des *Gesta regum Francorum* [1133]. — *M. rec.*, m. s., t. II, 1859; 29 p.; 1 carte.

— Les trois itinéraires des Aquæ Apollinares; explication de la partie qui concerne la Gaule [1217]. — *M. vol.*; 18 p.

— Géogr. histor. de la G. — Additions, etc. [1132]. — *M. rec.*, m. s., t. III, 1860; 6 p.

— Géogr. des diplômes mérovingiens [1134]. — *M. rec.*, m. s., t. VII, 1862, p. 52-67 et 162-168. — T. à p.; 47 p. *Paris, A. Durand.*

— Explorations en Gaule, etc. Alesia: Uxellodunum. La forêt de Compiègne. Les côtes de la Normandie. (Compte rendu des dernières publications) [441]. — J[al] g[al] *de l'Instruction publique*, 1er art., supplément au n° du 15 janvier 1862. — 2e et dern. art., n° du 29 janvier.

— Voir aussi Creuly et A. Jacobs.

JACQUEMIN (Louis). Guide du voyageur dans Arles, renfermant l'indication de la plupart des produits naturels de son territoire, et la description de ses mon[ts] ant., du moyen âge et de la Renaissance [4967]. 1835.

— Monographie de l'amphithéâtre d'Arles [4981]. *Arles, Garcin*, 1845-1847, 2 vol.

C. r. par Ernest Breton. *L'Investigateur*, juillet 1853.

— Monographie du théâtre ant. d'Arles [m. n°]. *Arles, Dumas et Dayre*, 1863-1864, 2 vol.

— Rapport à S. E. M. le ministre de l'instr. publ. sur les mon[ts] d'Arles, etc. [4970]. — *Le Forum*, J[al] litt., scientif., artist. et agric. d'Arles, n[os] des 8 et 15 sept., 6, 13, 27 oct. et 3 nov. 1867.

JAEGER (Wolfgang). Panegyrici veteres quos ex codd. mss. librisque collatis recensuit ac notis integris iisque partim adhuc ineditis Chr. Gottl. Schwarzii ex excerptis aliorum additis etiam suis instruxit et illustravit W. Jaeger. *Norimbergæ*, 1779, 2 vol.

A voir particulièrement: Eumène [8743], Pro restaurandis scholis oratio. — Ejusd. Panegyricus Constantino Cæsari recepta Britannia dictus. — Ejusd. paneg. Constantino Augusto dictus. — Ejusd. gratiarum actio Constantino Augusto Flaviensium nomine.

JAILLOT (J.-B. Michel Reneu de Chevigné, dit). Recherches, etc., sur la v. de de Paris, depuis ses commencements connus jusqu'à présent [9025]. *Paris, A.-M. Lottin*, 1772-75, 5 vol.; planches et plan de chaque quartier. — *Paris, Le Boucher*, 1782, 5 vol.

C. r. dans les *Mém. de Trévoux*, avril 1772, p. 371; — sept., p. 450; — mars 1773, p. 512 — déc., p. 389; — mai 1774, p. 232; — 3e suppl. de 1775, p. 90.

JAL (Auguste). La flotte de César [438]. *Paris, Didot*, 1871, in-12.

JAMIESON. De l'origine de la crémation ou de l'usage de brûler les corps, trad. de l'anglais par H.-B. Boulard [1645]. *Paris, Pelicier*, etc., 1821; 68 p.

La diss. de Jamieson figure dans les *transactions de la Soc. roy. d'Edimbourg.*

JANIN (Jules-Gabriel). La Bretagne, etc. par M. Jules Janin, aidé d'abord de M. de Keranbrun et ensuite de M. Aurélien de Courson [3330]. *Paris, Ernest Bourdin*, 1844, gr. in-8; pl.

Voir Quérard, *Supercheries litt.*, 2e éd., t. II, col. 364. La vérité en ce qui concerne M. Aur. de C., c'est que ce savant abandonna à J. Janin tout un *apparatus* qu'il avait longuement recueilli sur l'histoire et les antiquités de la Bretagne. (D'après une note ms. de M. A. de C.)

JANNIARD. Observations, etc. [6839]. — *Congrès sc.*, XXIIe session, tenue au Puy en 1855, t. II, 1856, p. 516-519.

JANSSEN (L.-J.-F.). Musei lugduno-batavi inscr. gr. et lat. [2182, 10413]. *Leyde*, 1842, in-4, 184 p.; 33 pl.

C. r. dans la *Rev. de bibliogr. analyt.*, juillet 1844, p. 670.

— Grieksche en Romeinsche Grafreliëfs, etc. [10412]. *Leyde*, 1851, in-fol.; 8 pl.

— Nederlandsch-Romeinsche Daktyliotheck, op Verzameling der gegraveerde steenen van Romeinsche Afkomst, in het Koningrigk der Nederlanden gevonden, opgeheldert, etc. [2148]. *Leiden, Brill*, 1852; 8 pl.

— Epigraphische aanteekeningen I over de godin Vagdaver op een romeinsch opschrift in ons vaderland gevonden [596, 10411]. *Leyden*, 31 mai 1854.

Extr. d'une Revue hollandaise, p. 321-333.

— Bedenken über die in der Berlin. Ak. d. Wiss. gegen die Echtheit der römischen Inschriften zu Nennig vorgetr. paläogr. Kritik [11048]. *Trier, Lintz*, 1868, V, 30 p.

— Römische Alterthümer, welche während der Fortifications-Arbeiten zu vechten (prov. Utrecht) in diesem Jahre aufgegraben und im Museum für Alterthümer zu Leiden aufgehoben sind [10416]. — *Jahrb. des Vereins von Alterthumsfreunden im Rheinlande*, t. XLVI, 1869, p. 115-118.

JAQUEMET (H.). Lettre, etc. [7683]. — *Bull. mon.* t. XXIII, 1857, p. 175.

JARDEL. Lettre écrite, etc., le 3 déc. 1765 [4329]. — *Mercure*, 1766, p. 74-85.

— [*Mss.*]. Essai histor. sur les antiq. de la v. de Braine, de ses anciens comtes, des mon^ts qu'on y a découverts, et dans ses environs, extraits de plusieurs titres et mss. originaux conservés dans le cabinet de l'auteur [4301]. — Histoire des comtes de Braine et de la situation de cette ville; avec une chronologie des abbés de S. Yved (du même lieu), ordre des Prémontrés, à commencer du XIIe siècle.

« Ces deux mss. sont dans la bibliothèque de M. Jardel, à Braine (1775) ». *Biblioth. histor.* suppl. du t. I, t. IV, n° 34 880 *.

— [*Ms.*]. Mém. circonstancié pour prouver que Brennacum ne peut convenir qu'à Braine par sa position d'après tous les historiens [m. n°]. In-4. (Mention dans la *Biblioth. histor.* suppl. du t. Ier, t. IV, p. 214, n° 451 *.)

JARS. Voyages métallurgiques, ou rech. et obs. sur les mines et forges de fer, faites en Allemagne, Suède, Norvège, Angleterre, etc. [1722]. *Paris*, 1744-77, 3 vol. in-4; fig.

JAUBERT (l'a. **Pierre**). * Dissertation, etc. [6364]. *Bordeaux, J.-B. Lacombe*, 1743, in-12; planches.

Mon^ts représentant un sacrifice à Cybèle.

JAUBERT DE PASSA. Lettre, etc. [8332]. — *Bull. archéol. du Comité des arts et mon.*, t. IV, 1847-1848, p. 225-229.

JAUBERT DE RÉART. Mémoire, etc. [8331]. — *Mém. de la Soc. des ant. de Fr.*, 2e s., t. I, 1835, p. 1.

— Le Vallon de Montbram [8338]. — *Soc. acad. des Pyrénées-Orient.*, t. II, 1836, p. 171-186; 1 pl.

— Découverte, etc. [8335]. — *M. vol.*, p. 198-202.

— Mon^t druidique, etc. [8342]. — *M. rec.*, t. III, 1837, p. 33-35.

— Souvenirs celtiques en Roussillon [3943 *b*]. — *M. vol.*, p. 36-41.

Détails sur Mirmande, — Cp. un article sur cette localité, par Jacques de Saint-Malo dans le *Publicateur*, 1833, n° 14.

— Mon^t celtique, etc. [8340]. — *M. vol.*, p. 42-45.

JAUFFRED (J.-B.). Notice, etc. [8645]. — *J^al d'agr. publié par la Soc. d'émul. de l'Ain*, t. XXXV, 1845, p. 300-304.

Cp. *Revue du Lyonnais*, n° 122.

JAUMANN (Von). Colonia Sumlocenne, etc. [11127]. *Stuttgardt*, 1840; pl.

JEANDET (J.-P.-Abel). Note, etc. [7639]. — *Annuaire de Saône-et-Loire*, 1841, in-12.

JEAN-JEAN (Adrien). L'Homme, etc. [5927]. — *Mém. de l'Acad. du Gard*, 1869-70 (1871), p. 139-221; 3 pl.

JEANNEL. Enceintes, etc. [6547]. — *Bull. de la Soc. des ant. de l'Ouest*, 1844, p. 110-112.

JEANNEZ (L.). Monnaies du comté de Bourgogne [3378]. Avec L. Plantet. — Voir ce nom.

JEANTIN. Notice, etc. [1659]. — *Mém. de l'Acad. de Metz*, 1re partie, 1852-53, p. 275.

— Notice archéologique [7892]. — *M. rec.*, 1853-1854, p. 328.

— Les Marches de l'Ardenne, etc. [3085, 3742]. *Nancy, Grimblot et Raybois; Paris, Maison*, 1854, 2 vol.

— Diss. ethnogr. sur la superposition de races, la fusion des idiomes et le pêle-mêle des cultes dans l'ancienne Gaule-Belgique, etc. [10496]. Pièce (s. d.?).

JEFFREY OF MONMOUTH. — Voir Geoffroy de Monmouth.

JÉHAN (Louis-François), de St-Clavien. Dictionnaire, etc. [740]. *Paris, Migne*, 1856, in-4 (t. XV de l'Encyclopédie théologique, publiée par et chez l'a. J.-F. Migne).

Voir notamment l'article Gaule. Cp. sur Jéhan, Quérard, *Superch. litt.*, 2e éd., t. II, col. 385.

— Les mon^ts primitifs de la Bretagne-Armorique comparés à ceux de la même période en Angleterre, en Irlande, en Danemark, etc. [3113 *a*]. — *Bull. de la Soc. polymath. du Morbihan*, 1864, p. 14.

— St Gatien, ou les origines de l'église de Tours [4065]. *Tours, J. Bouserez*, 1869.

— Le Christianisme dans les Gaules,

examen critique des nouv. publications contre l'apostolicité des églises de France [754]. *Ibid., id.; Paris, Bray et Retaux*, 1869.

— Les légendes vengées, etc. [224, 755]. *Ibid., id.;* 1869, in-8 (*alias*, 1872, in-12).

JERPHANION. Statistique de la Lozère [7122], 1802, gr. in-8.

JESSAIN (**b**on **de**). Tableau rectifié des distances, en myriamètres et kilomètres, de toutes les cnes de la Marne à leur chefs-lieux de con et d'arrt, au chef-lieu du dépt et au siège de la cour d'assises (19 avril 1819) [7314]. *Châlons*, 1819, in-4. Pièce.

JESSÉ (**m**is **de**). Sur les haches celtiques — *Congr. sc.*, XXXIIIe session tenue à Aix en Provence, décbre 1866, t. II, 1868, p. 216-218.

JEUFFRAIN (**André**). Dissertation, etc. [5238]. — *Rev. num.*, t. V, 1839, p. 405-411.

— Essai d'interprétation des types de qq. médailles muettes, etc. [1995]. *Tours, Mame*, 1846, 96 p.; 3 pl.

JEULAIN (lt-col). Lettre au sous-préfet de Soissons sur les découvertes dans la plaine de St-Crépin (11 oct. 1836) [4424]. — *Argus* (de Soissons), 23 oct. 1836.

JOANNE (**Adolphe**). Dictionnaire géographique, admintif, postal, statist., archéol., etc. de la France, de l'Algérie et des colonies, etc. [1178]. *Paris, Hachette*, 1864. — 2e éd. suivie d'un supplément contenant la liste des communes qui ont cessé de faire partie du territoire français, *id.*, 1869.

JOANNIS. Vaison, capitale des Voconces [9810]. *Orange*, 1er janvier 1856. Pièce.

JOCQUIN (**J.-J.**). Ethnographie de l'Auxois [2573]. — *Bull. de la Soc. des sc. h. et n. de Semur*, t. I, 1864; 9 p.

JOFFREDUS. — Voir GIOFFREDO.

JOHANNEAU (**Éloi**, *alias* **Éloy**). Vocabulaire étymologique, etc. (1805). — Voir le Catalogue méthodique, addition au no 2338 et dans le présent Catalogue l'art. CAMBRY, *Monuments celtiques*.

— Questions sur les origines des mots et des choses, des lieux, des monts et des usages de la France, proposées aux membres et associés correspondants, et directions pour en faciliter la solution [1062]. — *Mém. de l'Acad. celtique*, t. I, 1807, p. 87.

— *Description et explication du temple de Montmorillon et de ses statues, extr. de 2 mém. de MM. Siauve et Millin sur ce mont, suivie d'une nouv. Explication avec une pl. [9967]. — *M. rec.*, t. III, 1809, p. 1. — T. à p.

— Notice sur des méd. celt. découv. dans le dépt de Vaucluse, extraite de l'ouvrage de M. Fortia sur les antiq. de ce dépt [9752]. — *M. vol.*, p. 126.

— Not. sur l'origine étymolog. et histor. de qq. noms de lieux et de peuples d'un canton de l'ancien évêché de Léon, et, par suite, sur la situation du paradis des Gaulois [530, nouv. add. 5893 *a*]. — *M. vol.*, p. 134. — T. à p.

— Origine, etc. [2338]. — *M. vol.*, p. 145.

— Lettre à M. Siauve, etc. [555]. — *M. vol.*, p. 149.

— Origine du nom de Magada, déesse des Saxons, de celui de Magdebourg, ville de Saxe, et de plusieurs noms de lieux qui proviennent du nom et du culte de cette déesse [nouv. add. 582 *a*]. — *M. vol.*, p. 152.

— *Not. sur une idole des anciens Saxons, nommée Irmensul, et sur l'étymologie de ce nom [578]. — *M. vol.*, p. 162. — Description de cette idole. Extr. et trad. du latin de Henri MEIBOMIUS. — *M. rec.*, t. IV, p. 140. — T. à p. *Paris*, 1808; 8 p.

— Origine du mot celtique Daougan, qui signifie Cocu, et d'un usage singulier relatif à ces deux noms injurieux [2346]. — *M. rec.*, t. III, p. 311.

— Notice sur l'étymologie du nom de la chemise en français, en latin, en grec et en breton, etc. [1745]. — *M. vol.*, p. 315.

— Bibliographie celtique (anc. et) moderne. (43 ouvrages) [173]. — *M. rec.*, t. IV, 1809, p. 345, 505.

— Traduction littérale d'un passage de Marius et d'un passage de Grégoire de Tours, relatifs, etc. [10855]. — *M. vol.*, p. 171. Add. aux p. 478 et 479 du t. III.)

— Extrait de l'ouvrage du président Rolland, sur les privilèges et l'influence des femmes chez les Gaulois, sur les cours d'amour, etc. [847]. — *M. vol.*, p. 327.

— Not. sur le mon[t] de la fable du dragon de Niort, extr. d'une diss. de M. d'Orfeuille sur l'existence des dragons [9485]. — *M. rec.*, t. V, 1810, p. 131.

— Rapport sur un ouvrage intitulé : Essai, etc. (par PENHOUET, voir ce nom, année 1805) [7754]. — *M. vol.*, p. 299.

— Notice, etc. [6570]. — *M. vol.*, p. 396.

— Notice, etc. [634]. — *Mém. de l'Acad. des sc. de Toulouse*, 2e s., t. I, 2e partie, 1827, p. 18.

— Lettre à M. Bottin, etc. [10078]. *Paris, imp. Gaultier-Laguionie*, 1829.

— Lettre à M. Duchalais, etc. [9492]. *Blois*, 1829.

— Nouvelle restitution et explication d'une inscription gréco-latine du IVe siècle, tracée sur un vase de terre cuite trouvé près de Bourges en 1848 [5267]. *Paris*, *Techener; Dumoulin*, 1850; 16 p.

JOHNSTONE. Antiquitates celto-normanicæ [1283]. *Hafniæ*, 1786, in-4.

JOLIBOIS (l'a.). Dissertation, etc. [3480]. Trévoux, 1840.

Voir le *Bull. de la Soc. d'agr.* de Trévoux, n° 14, 1841.

— Diss. sur l'histoire ancienne du pays des Dombes et de l'arr[t] de Trévoux, suivie d'un appendice, etc. [3480, 8535]. — *Rev. du Lyonnais*, t. XXIII, 1846, p. 81-118.

— Diss. sur l'Atlantide, etc. [4153]. *Lyon*, imp. *Boitel*, 1846; 152 p.

— Sur la colonie grecque de Lyon [8528]. — *Rev. du Lyonnais*, t. XXV, 1847, p. 487-495.

— Étymologie des noms de Lugdunum et de Lyon [8527]. — *M. vol.*

— Dissertation, etc. [2898 *a*]. — *M. rec.*, t. XXVI, 1847, p. 117-126.

— Diss. sur les « Mediolanum » et les « Fines » des Itinéraires et de la Table de Peutinger [1183 *a*, 2898 *c*]. — *Mém. de l'Acad. de Dijon*, 1850 (lettres), p. 115, et *Rev. du Lyonnais*, 2e s., t. III, 1851, p. 216.

— Histoire, etc., suivie du texte des franchises et de l'acte de vente de la ville à la maison de Bourbon [4154]. *Lyon*, imprim. *Vingtrinier*, 1853 ; 116 p.

Extr. de la *Rev. du Lyonnais*, 2e s., t. V, p. 205, 273, 337 ; t. VI, p. 23, 285.

— Diss. sur l'importance de l'ancienne colonie de Lugdunum et l'étendue de son territoire [8530]. — *Mém. de l'Acad. de Lyon*, n. s., t. VI, 1858, p. 155-166.

— Émigration des Helvétiens [10779]. — *Rev. du Lyonnais*, 2e s., t. XXV, 1862, p. 218.

JOLIBOIS (Émile). Hist. de la v. de Réthel, depuis son origine jusqu'à la Révolution [4621]. *Paris; Colmar*, 1846.

— La Haute-Marne ancienne et moderne, etc. [7421]. *Chaumont, Ve Miot-Dadant*, 1858-1861, in-4 ; 2 cartes, plus de 100 grav.

JOLIMONT (F.-T. de). Description histor. et crit. et vues des mon[ts] les plus remarquables du dép[t] du Calvados [5031]. — *Caen*, 1825, gr. in-4; fig.

— Description historique, critique, etc. et vues pittoresques dessinées d'après nature et lithographiées des mon[ts] les plus remarquables de la v. de Dijon [5389]. *Paris*, impr. *Barbier*, 1830, in-4 ; 74 p.; 20 pl.

JOLLIVET (Benjamin). Les Côtes-du-Nord, etc. [5484]. — *Guingamp*, imp. *Rouquette*, 1855-1861, 4 vol.

JOLLOIS (J.-B.-Prosper). Fouilles, etc. [6980]. — *Ann. de la Soc. des sc., b.-l. et arts d'Orléans*, t. VII, 1824, p. 158.

— Mémoire, etc. [10071]. *Épinal, Gérard*, 1828; 35 p.; 3 pl.

Couronné en ms. au Concours des antiq. de la France en 1823. — Voir aussi l'*Annuaire du dép[t] des Vosges*, depuis 1823.

— Mémoire sur l'exploration d'un cimetière rom. situé à Gièvres, et sur la découverte de l'emplacement de l'ancienne Gabris [6741]. — *Ann. de la Soc. des sc., b.-l. et arts d'Orléans*, t. XI, 1830, p. 49-99.

Voir ci-dessous JOLLOIS ET CHAMPOISEAU.

— Antiquités, etc. [6997]. *Paris*, impr. *P. Dupont*, 1832, gr. in-4; 16 lithogr.

Mention hon. au Concours des antiquités de la France en 1834.

— Notice sur qq. antiq. découv. lors de l'ouverture du canal de Bourgogne dans le dép[t] de l'Yonne, etc. [10196]. — *Mém. de la Soc. des ant. de Fr.*, 2e s., t. II, 1836, p. 39-74.

— Mémoire, etc. [6953]. *Paris*, chez l'auteur et chez *Lance; Orléans, Gatineau*, 1836, in-4; 180 p.; 27 pl.

C. r. par J. DE PÉTIGNY, *Rev. num.*, t. II, 1837, p. 395.

— Mémoire, etc. [10055], (Posthume). *Paris, Debécourt; Derache*, 1843, in-fol.; 40 pl.; 1 carte.

— Mém. sur les antiq. rom. et gallo-rom. de Paris, contenant la découverte d'un cimetière gallo-rom. sis entre la rue Blanche et la rue de Clichy, dans l'impasse Tivoli, et des recherches sur les voies romaines qui aboutissaient à Lutèce; suivi d'un résumé statistique et accompagné d'observations nouvelles sur les antiq. trouvées en divers temps et en différents lieux dans Paris (avec 23 pl.) [9093]. — *Mém. présentés par divers savants à l'Acad. des inscr. et b.-l.*, 2e s., t. Ier, 1843, p. 1.

1re médaille au concours des antiq. nationales en 1840.

JOLLOIS et CHAMPOISEAU. Mémoire, etc. [6742]. — *Ann. de la Soc. d'agr. d'Indre-et-Loire*, 1831, p. 16.

JOLLY. Note, etc. [5169]. — *C. r. de l'Acad. des sc.*, t. XXVI, 1848, in-4, p. 99.

JOLY, de St-Claude (le p. Romain). * Diss. où l'on examine celle qui a remporté le prix de l'Acad. de Besançon l'année 1754, touchant les anciennes villes des Séquanois [4024]. — *Épinal, Anselme Dumoulin*, 1754; 54 p.

La diss. critiquée est celle de l'abbé Nic.-Sylvestre BERGIER. (Voir ce nom.)

— * La Franche-Comté ancienne et moderne, lettres à Mlle d'Udressier [3525]. *Paris, Ve Hérissant*, 1779, in-12.

JOLY (Alex.). Not. sur des sépultures gallo-rom. découv. en 1860 à Einville, près Lunéville [7550]. — *Journal de la Soc. d'arch. lorraine*, t. X, n° 3, mars 1861.

— Ruines gallo-rom. découv. dans l'ancien parc du château d'Einville en 1868 [Nouv. add. 7550 *a*]. — *M. rec.*, t. XVIII, 1869, p. 53.

— Répertoire, etc. [7520]. — *Mém. de la m. Soc.*, 2e s., t. XII, 1870; planches.

JOMARD (Edme-Fr.). Rapport, etc. [9383]. — *Nouveaux mém. de l'Acad. des Inscr.*, t. XII, 1835, p. 182-208.

— Extrait d'un mémoire, etc. [2487]. — *Bull. de la Soc. de géogr.*, t. XII, 1856, p. 94-113.

— Les Monts de la géographie, ou Rec. d'anciennes cartes européennes et orientales, publ. en fac-similé de la grandeur des originaux [1151]. *Paris, B. Duprat*, 1862, gr. in-4. Livrais. 1 à 8.

JONDOT. Histoire de l'empereur **Julien**, tirée des auteurs idolâtres et confirmée par ses propres écrits, suivie du récit de la désastreuse retraite des légions romaines [105]. *Paris*, 1817, 2 vol.

JONES (Rowland). The origin of language and nations, hieroglyfically, etymologically and topographically defined and fixed, etc. [2256]. *London*, 1764.

JONNÈS (Alex. Moreau de). Remarques, etc. [1358]. — *Cc. rr. de l'Ac. des sc.*, t. XVIII, 1844, in-4, p. 1060.

— Statistique des peuples de l'antiquité: les Égyptiens, les Hébreux, les Grecs, les Romains et les Gaulois [807]. *Paris, Guillaumin*, 1851, 2 vol.

— La France avant ses premiers habitants, et origines nationales de ses populations [1375]. *Paris, Guillaumin*, 1856, in-12.

JORAND (J.-B.-J.). Notice, etc. [9115]. — *Mém. de la Soc. des ant. de Fr.*, t. IV, 1823, p. 500.

— De la nécessité d'être exact dans la représentation et la description des monts archéologiques et des graves conséquences auxquelles entraîne l'oubli de cette règle; suivi d'une dissertation critique, etc. — *M. rec.*, t. VII, 1826, p. 257.

— Monuments celtiques de Carnac et de Locmariaker [7699]. *Paris*, 1830, gr. in-4; 27 pl.

— Première Notice, etc. [6837]. — *Mém. de la Soc. des ant. de Fr.*, t. VIII, 1829, p. 282.

Opinion de DULAURE sur cette Not., *m. vol.*, p. 290.

— Monuments celtiques, etc. [1512 *a*]. *Paris*, 1830, in-fol., 28 pl., faisant suite aux *Mélanges archéolog.* de BOTTIN.

— Voir aussi DULAURE, JORAND et GILBERT.

JORDAN (Michel). Ratio vindicatrix calumniæ contra negantem adventum Lazari, Magdalenæ et Marthæ in Provinciam [3891]. *Aquis Sextiis*, 1644.— Voir *Bibl. histor.*, t. I, n° 3982.

JORDAN. Histoire de la ville d'Agde. [6401]. 1824.

JORDAO (Levy-Maria). Portugalliæ inscriptiones romanas edidit [2219, 10999]. T. I. *Olisipone, typis acad.*, 1858, in-4. (Se continue.)

JORNANDES (alias JORDANES). De rebus Gothorum : PAULUS DIACONUS Foroiuliensis de gestis Longobardorum (edente Chuonrado Peutengero). [127]. Impressi sunt ii libri *Augustæ Vindelicorum*, solerti cura Joannis MILLER. 1515, in-fol. ; fig. — Autre éd. *Lugd. Batavor.* ex officina plantiniana *Raphelengii*, 1597, in-8.

— JORNANDIS, ISIDORI et PAULI DIACONI. Historiæ antiquæ diversarum gentium scriptores tres... recensuit et observationibus illustravit Frid. LINDENBROGIUS [128]. *Hamburgi* apud *Mich. Heringium*, 1611, in-4.

— Édition de JORNANDÈS, *H. des Goths* dans le Cassiodore de dom Jean GARET, *Rouen*, 1676. 2 vol. in-fol. — De Getarum sive Gothorum, origine et rebus gestis. Recogn., adnot. critica instr. et cum varietate lectionis ed. Car. Aug. CLOSS, *Stuttgart*, 1861. — 2e éd. 1866. — * Histoire générale des Goths, trad. du latin de Jornandès (par J. DROUET DE MAUPERTUY). *Paris, Barbin*, ou *Amsterdam*, 1603 (lire : 1703), in-12. — Traduction par A. SAVAGNER : De la succession des royaumes et des temps, et de l'origine des actes des Goths. *Paris, Panckoucke*, 1842. — JORNANDÈS, Histoire des Goths, texte latin, avec traduction française et introduction par S. FOURNIER DE MOUJAN (Collection Nisard, chez Didot, éd. de 1878, gr. in-8, avec Ammien Marcellin, Frontin, Statagèmes, Végèce et Modestus.)

JOUANNAUX (Claude). La Géographie des légendes [1020]. *Paris*, 1737, in-12. — Autre édit. *Paris*, 1743, in-12.

JOUANNET (Fr.). Not. sur qq. monts antiques situés à Aiguillon et aux environs [6354].— *Ruche d'Aquitaine*, t. II, 1818, p. 110.

— Notice, etc. [6303].— *M. vol.*, p. 234, 275, 318, 347.

—.Notice, etc. [6372]. — *M. rec.*, t. III, 1819, p. 124.

— Notice, etc. [6377].— *Séances publ. de l'Acad. de Bordeaux*, 1820, p. 60.

— Rapport, etc. [6270].— *M. rec.*, 1826, p. 125 ; — 1832, p. 136.

— Dissertation, etc. [6350 *a*]. — *Mém. de l'Acad. de Bx.*, 1827, p. 115.

— Dissertation, etc. [6318]. — *Sces publ. de l'Acad. de Bx*, 1829, p. 155.

— Notice, etc. [6271]. — *M. vol.*, p. 187.

— Notice, etc. [6276]. — *M. rec.*, 1831, p. 123.

— Dissertation, etc. [6319]. — *M. rec.*, 1832, p. 111.

— Rapport sur Nérac et ses antiquités [7115]. — *Sces publ. de l'Acad. de Bx*, 1833, p. 121. — Rapport sur une nouvelle inscription de Nérac. — *M. vol.*, p. 149. — T. à p., intitulé : Rapports faits à l'Acad. roy. de Bx, sur Nérac et ses antiq. *Bordeaux*, 1833 ; 45 p. ; fig.

— Rapport, etc. [1589 *b*]. — *M. rec.*, 1834, p. 188.

— Examen critique, etc. [7118]. — *M. rec.*, 1835, p. 161.

— Communication faite à l'Acad., etc. [6321]. — *M. vol.*, p. 195.

— Notice sur qq. antiq. récemment découv. à Bx et aux environs [6322]. — *Actes de l'Acad. de Bx*, t. II, 1840, p. 295-317.

Mention du travail [ms.] à l'Acad. des inscr. et b.-l., en 1839.

— Statistique du dépt de la Gironde [6249]. *Périgueux* et *Paris*, *P. Dupont*, 1837-43, 2 vol. in-4 ; 1 carte. — Supplément, 1847, in-4.

Continuation par L. LAMOTHE et V. RAULIN.

— Not. sur l'antique topographie de B et en particulier de son étendue dans l'O.-S.-O. [6316]. — *Actes de l'Acad. de Bx*, t. III, 1841, p. 87-96.

— Note, etc. [6257]. — *Bull. mon.*, t. VIII, 1842, p. 270.

— Rapport, etc. [5239]. — *M. rec.*, t. X, 1844, p. 535.

JOUBERT (Laurent). De Balneis, etc. [1556]. *Francofurti*, 1645, in-4.

JOUFFROY (Achille) et **BRETON** (Ernest). Introduction, etc., ou Description phys., polit. et mon^{tale} de la Gaule jusqu'à l'établissement de la monarchie [1591]. *Paris, Didot*, 1833-1840; 4 part. in-fol.; 46 pl.; 1 carte color.

1re partie : époque celtique :
2e — — gauloise ;
3e — — romaine ;
4e — moyen âge.
Ouvrage non terminé. Voir BRUNET, *Manuel*, t. III, col. 576. — Médaille d'or à l'Acad. des inscr. et b.-l., en 1839.

JOUGLAR. Not. sur les limites de la Narbonnaise et de la Novempopulanie, rive gauche de la Garonne, région du S.-O. [3706 *a*]. — *Mém. de la Soc. archéol. du Midi*, t. VII, 1860, in-4, p. 245-254.

JOUHAN (J.-L.). Le Jura, guide pittoresque et historique de Lyon à Besançon... par Bourg et Lons-le-Saulnier; de Dôle à Neuchâtel, par Pontarlier; de Dijon à Besançon, par Dôle; et de Paris à Olegney, avec la description de tout le dép^{t} du Jura [3553, 6652], *Paris, Hachette*, 1863, in-16 ; 443 p.

JOUILLETTON. Histoire de la Marche et du pays de Combraille [3663]. *Guéret*, 1814-15, 2 vol.

JOURDAIN (D.-Maur-Cl.) [*Ms.*]. Dissertation, etc. [4025].

Couronnée par l'Acad. de Besançon en 1756 et conservée dans les archives de cette Société. (*Bibl. histor.*, t. I, n° 70.)

JOURDAIN (A.). Dictionnaire, etc. [10500]. *Bruxelles*, 1868-69, 2 vol.

JOURDAN. Positions géographiques, etc. [4649]. — *Mém. de la Soc. acad. de l'Aube*, 1836, p. 120.

JOUSSE. * Lettre, etc., sur la nouvelle hist. de l'Orléanais, par M. de Luchet [3786]. *Bruxelles*, 1766, in-12.

C. r. dans les *Mém. de Trévoux*, janvier 1767, p. 140.

JOUSSET (le d^{r}). Archéologie percheronne [3806]. — *Bull. de la Soc. d'agr.*, etc., *de la Sarthe*, 2e s., t. X, 1865-66; 6 p.

— Bellême, haches celtiques [8136]. 1867; 15 p.

— Découverte, etc. [8148]. 1867; 16 p.

— Le Crochemalier, camp celtique [8141]. 1867; 7 p.

— Les cercueils de Nocé [8899]. — *Bull. de la Soc. d'agric.*, etc., *de la Sarthe*, 2e s., t. XI, 1867-1868, p. 39-42.

— Les silex taillés, etc. [8119]. *Mortagne*, février 1868; 8 p.

— Bellême. — Age antéhistorique [8134]. *Caen*, 1868; 108 p.

— Bellême sous l'eau, etc. [8135]. *Nogent-le-Rotrou*, impr. *Gouverneur*, 1869; 30 p.

— Archéologie percheronne [3806]. — *Écho de l'Orne*, janvier 1869. — T. à p., *Mortagne*, m. d.; 7 p.

JOUVE (Louis). Lettres vosgiennes. Descriptions, promenades, mœurs, histoire, bibliographie [10048]. *Épinal, Valentin*, 1866, in-12.

JOUVE (l'a. Esprit-G^{ve}). Statistique mon^{tale} de la Drôme [5605]. *Valence, Céas*; *Paris, Dumoulin*, 1868.

JOUYNEAU-DESLOGES. Lettre, etc. [3844]. — *Mém. de l'Acad. celtique*, t. V, 1809, p. 271.

Notice, etc. [9495]. — *Mém. de la Soc. des ant. de Fr.* t. I, 1817, p. 457.

JUBAINVILLE (Henri d'Arbois de). Quelques *pagi* de la 1re Belgique, d'après les diplômes de l'abbaye de Gorze [10493]. — *Bull. de la Soc. d'archéol. lorraine*, t. III, 1852, p. 252-268. — T. à p., *Nancy*, 1852.

— Pouillé du diocèse de Troyes, rédigé en 1406, publié pour la 1re fois d'après une copie authentique de 1535 [4653]. — *Mém. de la Soc. acad. de l'Aube*, 2e s., t. IV, 1853. — T. à p., *Troyes; Paris*, m. d.; 319 p.

— Rapport, etc. [2895]. — *M. rec.*, m. s., t. V, 1854, p. 354-360.

— Notes p. s. à la statistique paléogr. et archéol. de l'arr^{t} de Bar-sur-Aube [4682]. — *Annuaire de l'Aube* pour 1856. — T. à p., *Troyes*, 1855.

— Qq. obs., etc. [370]. *Troyes, Bouquet*, 1857; 114 p.

— Nouvelle hypothèse, etc. — *Biblioth. de l'Éc. des Chartes*, 5e s., t. I, 1860, p. 370-497.

— Répertoire archéol. du dép^{t} de l'Aube, rédigé sous les auspices de la Société académique des lettres, sciences et arts du dép^{t}. (Dans la collection des Répertoires.) [4673]. *Paris, Impr. imp.*, 1861, in-4.

— * Réplique au mémoire [de Boutiot; — voir ce nom] intitulé, etc. [4675].

Troyes, impr. *J. Brunard*, 1862, in-4; 13 p.

— Mémoire, etc. [4685]. — *Mém. de la Soc. des ant. de Fr.*, 3e s., t. V, 1862, p. 41.

— Examen, etc. [4662]. — *Mém. lus à la Sorbonne* en 1863 (Hist.), p. 271. — T. à p., *Paris*, 1864.

— Notice, etc. [4651]. — *M. rec.* (Mém. lus en 1864, archéol.), p. 49.

— Des limites, etc. (4656]. — *M. rec.*, (Mém. lus en 1866, archéol.), p. 203.

— Note, etc. [2320]. — *Rev. archéol.*, 2e s., t. XIV, 1866, p. 137-141.

— Rech. étymologiques, etc. [1170]. — *M. rec.*, t. XV, 1867, p. 149-153.

— Observations, etc. [1142]. — *M. vol.*, p. 273-275.

— Le Glossaire gaulois d'Endlicher [2323]. A M. le directeur de la *Rev. archéol.* — *M. rec.*, m. s., LXVIII, 1868, p. 300-307.

— * Rapport, etc. 1868, gr. in-8.

Voir Guigniaut (J.-D.).

— Étymologie, etc. [10914]. — *Rev. arch.*, 2e s., t. XX, 1869, p. 188-190.

— Esus, Euzus. Recherches étymolog. sur le mot gaulois Esus [565]. — *M. rec.*, m. s., t. XXI, 1870, p. 37-43; — 2e art., p. 408-415.

— Sur l'anneau sigillaire d'Eulogius [4726 *a*]. — *Cc. rr. de la Soc. franç. de numismat. et d'archéol.*, t. II, 1870, p. 464; 1 fig.

— Encore un mot, etc. [2897]. — *Bibl. de l'Ecole des Chartes*, t. XXXI, 1870, p. 211-216, et *Mém. de la Soc. acad. de l'Aube*, 3e s., t. VII, t. XXXIV de la collection, 1870, p. 109-116.

— Étude, etc. [2331]. — *Biblioth.* etc., *m. vol.*, p. 312. — T. à p. *Paris*, *Franck*, m. d.

JUBÉ, bon DE LA PERELLE, etc. — Voir Perelle-Jubé (baron de la).

JUILLAC (vte de). Mémoire, etc. [3947]. — *Congrès archéol. de Fr.*, XXXVe session, tenue à Rouen en 1868, *Paris et Caen*, 1869, p. 385-400.

JULIA (Henri). Histoire, etc. [3567, 6403]. *Paris*, *Maillet*, 1845.

JULIEN (l'empereur). [67]. Juliani imperatoris opera quæ supersunt omnia, etc., græce edid. Ez. Spanheim. *Lipsiæ*, *Weidmann*, 1696, in-fol.

Voir ses *Lettres*, notamment les 17e et 39e, le *Panégyrique de l'emp. Constance*, le *Misopogon* (mœurs des Gaulois), la lettre aux Athéniens (faits accomplis en Gaule), et la satire des Césars. — Pour les autres éditions, voir Hoffmann, Engelmann, etc.

— Œuvres complètes de l'empereur Julien, traduites [en entier] pour la première fois du grec en français, accompagnées d'arguments et de notes, et précédées d'un abrégé historique et critique de sa vie, par R. Tourlet. *Paris*, *Tilliard*, etc., 1821, 3 vol.

JULIEN (R.-J.). * Catalogue, etc. [1030]. *Paris*, *David*, 1752, in-12.

JULLIOT (G.). Catalogue des inscriptions, etc. [10217]. — *Bull. de la Soc. archéol. de Sens*, t. IX, 1867, p. 245-289. — T. à p.

— Inscriptions, etc. [nouv. add. 10217 *a*]. — *M. vol.*, p. 290-301.

JUNCA (J.-M.). Fouilles de Loisia (Jura). Rapport à S. Exc. M. le ministre de l'instr. publ. [6695]. — *Rev. des Soc. sav.*, 3e s., t. 1er, 1863; 5 p.

Note sur la bibliographie de la question, à la fin du mémoire, p. 159.

— Rapport, etc. [6708]. — *Mém. de la Soc. d'émulation du Jura*, 1864; 12 p.

JUNG. Découvertes, etc. [8381]. — *Bull. du Comité histor. des arts et monts*, t. III, 1851-1852. 1852, p. 32-39.

— Lettre, etc. [8359]. — *Rev. archéol.*, t. IX, 1854, p. 776.

— Notice, etc. [10438 *a*]. — *Bull. de la Soc. pour la conservation des monts histor. d'Alsace*, t. Ier, 1856, p. 117-128.

— Note sur les fouilles pratiquées à Mackwiller, aux frais de la Soc. franç. d'archéol. [8414]. — *Congr. archéol.*, XXVIe session, tenue à Strasbourg en 1859.

JUNG, alias YUNG (**Eugène**). De scholis, etc. [650, 2394]. *Lutetiæ Parisiorum*, 1855; 46 p.

Thèse pour le doctorat ès lettres.

JUNIUS. Gothicum glossarium, quo pleraque argentei codicis vocabula explicantur, atque ex linguis cognatis illustrantur. Præmittuntur ei gothicum, runicum, anglo-saxonicum, aliaque alphabeta [2241]. *Dordrechti*, 1665, in-4.

JURAIN (C.). Histoire, etc., contenant

plusieurs belles remarques des duché et comté de Bourgogne. Plus la harangue funèbre du défunt Henry le Grand, et une prière pour le roi d'à présent, du même auteur [5396]. *Dijon*, 1611, p. in-8.

JUSSERAUD (Eugène). Note sur qq. vestiges d'époque gallo-rom. trouvés près de Brassac en 1855 [8279]. — *Ann. sc.*, etc., *de l'Auvergne*, t. XXIX, 1856, p. 138-142.

JUSTE (Théodore). Histoire de Belgique illustrée [10465]. *Bruxelles, Al. Jamar*, (1840), in-4; — 3e éd., *Ibid.*, *id.*, 1853, 2 vol. gr. in-8; fig.

Avec 1 carte de la Gaule Belgique, pendant la période rom.

JUSTIN. [62]. Justini historiarum philippicarum ex Trogo Pompeio libri XLIV; textum Wetzelianum, tabulas chronologicas, argumenta, prologos, notas, indices rerum et verborum, novis additamentis illustravit N. E. Lemaire. *Paris*, 1823.

Pour les autres éditions, jusqu'en 1793, voir dans celle-ci : *Prolegomena*, p. 11 et suiv., pour les traductions, les p. 620 et suiv. (jusqu'en 1792). Pour les éd. ultérieures, voir Engelmann.

JUVENIS (Raymond de). [*Ms.*] Hist. du Dauphiné (vers 1650) [3452 *a*].

Deux copies conservées, l'une dans la bibliothèque de Grenoble, l'autre dans celle de Carpentras.

JUVIGNY (Rigolley de) édr. Les Bibliothèques françaises, etc. [189 *a*]. *Paris, Saillant et Nyon*, 1772-73, 6 vol. in-4.

K

KAFTANGIOGLU (Lysandros). Osservazioni, etc. [1589]. Parte 1a, della Francia. Al chiarissimo sig. dott. Em. Braun (1er article). — *Ann. de l'Inst. de corr. archéol.*, t. X, 1838, p. 88-102.

Autun, — Lyon, — Orange, — Carpentras, — Nîmes, — Arles, — St-Remy. Le 2e article (t. XI, 1839) ne concerne que des monuments antiques d'Italie.

KAMP (Joseph). Alte und neue Inschriften, etc. [11115]. — *Jahrb. des Vereins von Alterthumsfreunden im Rheinlande*, t. XLI, *Bonn*, 1866, gr. in-8, p. 136-141.

KARSTEN (C.-J.-B.). System der metallurgie, geschichtlich, theoretisch und technisch, etc. [1724]. *Berlin, Reimer*, 1830-32, 5 vol. et atlas.

KATANCSICH (P.-M.). Orbis antiquus ex tabula itineraria quæ Theodosii imp. et Peutingeri audit ad systema geographiæ redactus et commentario illustratus [1211]. *Bude*, 1825, 2 vol. in-4 et 1 atlas in-fol.

KAYSER (Chr.-Gottlieb). Index locupletissimus librorum qui ab anno 1750 ad annum 1832 in Germania et in terris confinibus prodierunt. Bücherlexicon... [186]. *Leipzig, T. O. Weigel*, 1833-38, 6 vol. in-4. — Divers suppléments.

KEATING (Geoffry). General History of Ireland, collected by G. Keating, and translated from the original irish, by Dermott O'Connor, with 160 coats of arms of the ancient Irish and genealogy of many noble families, engraved on 42 copper plates [10364]. *Westminster*, 1726, in fol. — Autre traduction de Wil. Haliday. *Dublin*, 1809, 2 vol., et 1811, 1 vol. in-8.

Voir Brunet, *Manuel*, t. III, col. 617-48.

— The History of Ireland, from the earliest period to the english invasion, translated from the original gaelic, and copiously annotated by John O'Mahoney; with a map showing the location of the ancient clans, and a topographical appendix. *New-York*, 1857; 746 p.

KELLER (le dr Ferdinand). Althelvetische Waffen und Gerathschaften [10870]. — Voir Vischer (W.), 1844.

— Allgem. Bemerkungen, etc. [10791]. *Zurich*, 1845, in-4; 5 pl. lith.

— Keltische Resten, etc. [10911 *a*]. 1853; 3 pl.

— Die Keltische Pfahlbauten, etc. [1452, 1453, 10822]. 1er rapport à la Soc. arch. de Zürich, 1854.
2e rapport, 1858;

3e rapport, 1860;
4e — 1861;
5e — 1863;
6e — 1866;

— Römische Ansiedelungen in der Ostschweiz, 2 parties, 9 pl. — Statistik der röm. Ansiedelungen in der Ostschweiz [1080]. *Zürich*, 1860-64, in-4; 14 pl.

— Remarques, etc. [1455]. — *Bull. mon.*, t. XXIX, 1863, p. 583.

KELLER (**F.**) et **MEYER** (**H.**). Erster Nachtrag, etc. [10833]. *Mittheilung. d. antiq. Gesellschaft in Zurich*, t. XV, 1865, in-4.

C. r. par J. Becker, dans les *Jahrb. des Vereins von Alterthumsfreunden im Rheinlande*, t. XLI, 1866.

KELLERMANN (**Olaus**). Vigilum romanorum latercula duo, magnam partem militiæ romanæ explicantia, etc. [2209]. *Romæ*, 1835, in-fol.

KELLY (**John**). A practical grammar of the ancient Gaele, or the language of the isle of Mann, usually called Manks [2365, 10346]. *London*, 1805, in-4.

— Practical grammar of the ancient Gaelic, or language of the isle of Man, called Manks. Edit. with introd. life of Kelly and notes, by W. Gill. *Douglas*, 1870, gr. in-8.

— Manx dictionary, etc. [2376, 10345]. *Douglas*, 1866, gr. in-8.

KENNEDY (**J.**). Essays, etc. [2375, 10344]. *London*, 1861, in-8.

KENTZINGER (**de**). Strasbourg et Alsace, ou choses mémorables des vieux temps [nouv. add. 3025 *a*]. *Strasbourg*, 1824.

§ 2. Arioviste et César.

KEOGH (**John**). A vindication of the anquities of Ireland, and a defence there of against all the calumnies and adspersions cast on it by foreigners: to which is added an etymological treatise, shewing the derivations of the proper names given to the cities, towns and other palaces contained [nouv. add. 10369 *a*].

KERBEAUFFRET (**Corret de**). Voir Tour d'Auvergne (T.-M. Corret de Kerbeauffret de la).

KERDAFFRET (**l'a.**). Notice sur le village de Coet Len de Bas [7718]. — *Mém. de la Soc. arch. du Morbihan*, 1858 (1860).

KERDANET (**Miorcec de**). Hist. de la langue des Gaulois et par suite de celle des Bretons, p. s. à l'hist. gnle de France, de Velly, Villaret, Garnier et Dufau [2282]. *Rennes, Duchesne*, 1821; 88 p.

— Notice sur l'ancienne ville d'Ocismor [2906]. *Brest*, 1829, in-12; 18 p.

KERLOURI (**Rolland de**). — Voir Ruffelet, Correspondance.

KERSABIEC (**Vte Ed. Sioch'an de**). Note, etc. [6920]. — *Bull. de la Soc. arch. de Nantes*, etc., t. V, 1865; 4 p.

— Corbilon, etc. [6878]. — *M. rec.*, t. VIII, 1868, p. 53-281; — t. IX, p. 17. — T. à p., 1 vol. in-8 de 173 p. avec une carte.

KERSERS (**Alphonse Buhot de**). Les Enceintes de terre, etc. [5264]. — *Mém. de la Soc. des ant. du Centre, à Bourges*, t. I, 1867 (1868); 46 p.; 8 pl. — T. à p.

— Les tumuli, etc., [5263]. — *M. rec.*, t. II, 1868 (1869); 32 p.; 3 pl. — T. à p.

— Bulletin numismatique, etc. [5266]. *Bourges*, 1868, 1869, 1870.

— Épigraphie, etc. [5269]. — *Mém. de la Soc. des ant. du Centre*, t. IV, 1870-73, p. 103-193.

KEYSLER (**Jean-Georges**). Antiquitates selectæ septentrionales et celticæ, quibus plurima loca conciliorum et capitularium explanantur, dogmata theologiæ ethnicæ Celtarum gentiumquæ septentrionalium, cum moribus et institutis majorum nostrorum circa idola, aras, oraculas, templa, lucos, sacerdotes, regum electiones, comitia, et monumenta sepulchralia, una cum reliquiis gentilismi in cœtibus christianorum ex monumentis potissimum hactenus ineditis fuse perquiruntur [715, 1267]. *Hannoveræ*, 1720; fig.

KHELL (**Joseph**). Ad numismata imperat. romanor. aurea et argentea a Vaillantio edita supplementum, a Jul. Caes. ad Comnenos [2083]. *Vindobonæ*, 1767, in-4; fig.

KIEHL. Caesars veldtogten in Gallie: de 5 eerste jaren [texte allemand sous le no 431]. *Leyden*, 1854, in-4, 1 carte.

KIEPERT (**H.**). Atlas antiquus (10 cartes

pour servir à l'étude de l'histoire ancienne). [1141]. *Berlin*, 1861, in-fol.

KING. Monumenta antiqua, etc. [10316]. *London*, 1799-1805, 4 vol. in-fol.

KINTS (Ever). Les délices du pays de Liège, etc. [10528]. *Liège*, 1738-44, 5 vol. in-fol.; fig.

Rédigé en maj. partie par DE SAUMERY.

KIRCHMANN (Jean). De funeribus Romanorum libri IV [1625]. *Hamburgi*, 1605, in-8. — Autre édition, « cum appendice ». *Leyde*, 1672, in-12 ; fig.

KLEEDITZ (David-Henri). Ecloga, etc. [5330]. *Vitembergæ*, 1743, in-4 ; pièce.

KLEIN (l'a.). Mémoire, etc. [7554]. — *Bull. de la Soc. d'archéol. lorraine*, t. I, *Nancy*, 1849, p. 17-28.

— Mémoire, etc. [7562]. — *M. vol.*, p. 285-296.

— Notice, etc. [7563]. — *M. vol.*, p. 297-304.

Fait suite au mém. précédent.

KLEIN (Karl). Rom. Inschriften welche in d. letzten Jahren in und bei Mainz aufgefunden worden sind zusammengestellt [10930]. — *Zeitschrift des Vereins zur Erforschung der rhein. Geschichte in Mainz*, t. II, 1845-68, p. 54-87, 199-222, 345-359, 481-503, etc.

243 inscriptions.

— Lateinische Inschriften des Kurfürstenthum Hessen, zusammen gestellt und erklärt [10922]. — *Zeitschrift für die Alterthumwissenschaft*, 1848, nos 131, 132 ; 1850, nos 62, 64-68 ; 1852, nos 26, 27, 31 ; 1854, nos 64, 65 ; 1855, nos 52, 53.

Bibliographie de la question.

— Ueber die Legionen, welche neben und nacheinander in Germania inferior standen, und über deren Denkmæler daselbst [10749]. (Extr. d'un recueil périod. allemand, daté de mai 1856.)

— Inscriptiones, etc. Mém. sur qq. inscr. mediomatriciennes [7852]. — *Mém. de l'Acad. de Metz*, 1857-58, p. 359.

C. r. par Victor SIMON, *M. vol.*, p. 371.

— Inscriptiones, etc. [10923]. *Moguntiæ*, 1858, in-4.

— Die römischen Meilensteine, etc. [11105]. — *Rhein. mus. f. philol.*, t. XV, 1860, p. 489-506.

Près de 40 inscriptions rom.

— Die röm. Denkmæler, etc. gewidmet der V. Versammlung der mittelrheinischen Gymnasiallehren [10929]. 1861; 18 p.

KLEINMAYERN (de). Juvaviä, etc. [10439]. 1784.

KLEMENT ou plutôt CLÉMENT (**Knut Jungbohn**). Die Lex salica, etc. [799]. *Mannheim*, *Bassermann*, 1843. (Voir KAYSER, t. III, p. 160.)

KLOTZ (Christian-Adolph). Dissertatio, etc. [2384 *a*].

A la fin de son éd. de Tyrtée, *Altenburgi, Richter*, 1767. — Quelq. détails sur les bardes.

KNABL (Richard). Die Meilensteine, etc. [10384]. — *S. l. n. d.*, 24 p.

Extrait du *Bull. du Karnteneriches Geschichtsverein* (?).

KNAPP (J.-F.). Roemische Denkmæler des Odenwaldes [10924]. *Darmstadt*, 1854, in-12 ; 8 pl.

KNOBELSDORF (Eustache de). Lutetiæ Parisiorum Descriptio (poème) [9072]. *Parisiis*, *Chr. Wechél.*, 1543, in-12.

KOCH (M). Die Alpen-Etrusker [3014]. *Leipzig*, 1853.

KÖCHLY (Hermann) und RÜSTOW (Wilhelm). Einleitung zur Caesars Commentarien über den Gall. Krieg. [435]. *Gotha*, 1857.

KŒLER (Jo. David). Descriptio orbis antiqui in XLIV tabulis exhibita studio atque opera Christophori Weigelii [1058]. *Norimbergæ*, *s. d.*, in-fol.

— Allgemeine Geographie der Alten [1059]. *Lemgo*, 1803.

KŒNIGSWARTER (J.-Louis). Histoire, etc., depuis les temps les plus reculés jusqu'à nos jours [806]. *Paris*, *A. Durand*, 1851.

Mém. couronné par l'Institut.

KŒPPING. De Galatia antiqua [nouv. add. 10650 *a*]. *Lipsiæ*, 1726.

KOHLER (Xavier). Lettre, etc. [10910]. — *L'Investigateur*, 19e année, 1852, t. II, p. 187-190.

KOLB ou **KOLBE (Gérard-Jacob)**. — Voir JACOB (Gérard).

KONER (W.). Repertorium, etc. [201]. *Berlin*, *Nicolaï*, 1856, 3 vol.

KOSEGARTEN. Die Schlacht in den Katalaunischen Felden [2893]. — *Hormayr's Archiv.*, 1811, n° 82.

KRANTZ (Albert). Vandalia [129 *a*]. *Francfort, A. Wechel*, 1575.

KRAUS. Römischer Mosaikboden in Trier [11076]. — *Jahrb. des Vereins von Alterthumsfreunden im Rheinlande*, t. XLI, 1866, p. 134-135.

KREBS (E.-A.). De Francorum Saliorum et Salicorum origine atque differentia [288]. *Jenae*, 1713, in-4.

KRIEG VON HOCHFELDEN. Geschichte, etc. [1827 *a*]. *Stuttgart*, 1859; 137 grav.

C. r. par L. Spach, dans le *Bull. de la Soc. p. la cons. des mon^ts histor. d'Alsace*, t. IV, 1861, p. 15.

KRIEGK (Nicolaus). Diatribe de peregrinationibus Romanorum Academicis. [737]. *Ienæ*, 1704, in-4.

« Grand détail sur Marseille. » (*Biblioth. histor.*, t. IV, n° 38215.)

KRIEGSMANN (W.-C.). Conjectaneorum, etc., de Germanicæ gentis origine ac conditore [10671]. *Tubingue*, 1684, in-4.

KRIES (d^r C.-G.). De Gregorii Turon., etc. [219]. *Vratislaviae, J. Huet*, 1830. — Autre éd. *Ibid.*, 1859.

KUHN (A.) et **SCHLEICHER (A.)**, éditeurs-directeurs. Beiträge zur vergl. Sprachf. auf dem Geb. der ar. celt. und slawischen Sprachen, unter die Mitwirkung von A. Leskien und J. Schmidt [2334]. *Berlin*, gr. in-8, depuis 1858. (8 vol. jusqu'en 1876.)

KÜHNHOLTZ-LORDAT (Henri-Marcel). Rech. archéol. sur les druides et les druidesses considérés principalement dans leurs rapports sociaux chez les Gaulois [643]. — *Publications de la Soc. archéol. de Montpellier*, t. II, 1847, p. 375-449. — T. à p. *Montpellier, Martel*, m. d., gr. in-4.

KÜNSSBERG (Henri). Wanderungen, etc. [10690]. *Berlin*, 1861.

C. r. signé A. M. (Alfred Maury ?) *Rev. arch.*, 2e s., t. IV, 1861, p. 487 et 488.

KUPFENDER (G.). Principium, etc. [3697]. *Wittenbergæ*, 1676, in-4. — Autre éd. *Lipsiæ*, 1692, in-4.

KURZ VON GOLDENSTEIN (P.). Juvaviensische Antiken, etc. [10439 *a*]. *Salzburg*, 1816, in-4; 3 pl. color.; 6 pl. noires.

KYRIANDER (Guillaume). * Commentarium de origine et statu antiquissimo civitatis Augustæ Trevirorum [11054]. S. l. s. a. (*Coloniæ*, circa, 1576-80), in-fol.; 8 ff.-251 p. — Autres éditions : 2e Augustæ Trevirorum Annales, et commentarii historici. *Biponti*, 1603, in-fol., 273 p. — 3e, 4e, 5e. *Biponti*, 1604, 1619, 1625, in-fol.

L

L* (de)**. * De l'influence, etc. [343]. *Paris*, 1822.

L* (H.)**. Qq. mots, etc. [3519]. *Montbrison*, imp. *Bernard aîné*, 1836, 48 p.

L*, curé breton**. Lettre, etc. [3685 *a*]. — *Bull. mon^tal*, t. XXXV, 1869, p. 416-443; nombr. fig.

Antiquités d'Arles, de Fréjus, de Périgueux, etc.

L. M. D. P. (de Préchac, ou plutôt de Preschac). Relation d'un voyage fait en Provence, contenant les antiquités les plus curieuses de chaque ville [3900]. *Paris, Bardin*, 1683, 2 vol. in-12.

L. (S.). Bref recueil, etc. [8012]. — Voir Le Boucq.

LAA (F. Couaraze de). Not. archéol. et histor. sur deux mon^ts de l'époque gauloise et de l'époque gallo-romaine [8319]. *Tarbes, Telmon*, 1859.

LABARRE (Franz). Gallische Zustände, etc. [454]. *Neu-Ruppin*, 1870, in-4; 19 p.

LABAT (P.-Daniel). Conciliorum Galliæ tam editorum quam ineditor. collectio, opera et studio monachorum congr. s. Mauri [15]. *Parisiis*, 1789, in-fol. — Voir Brunet, *Manuel*, t. II, col. 212, et Franklin, *Sources de l'hist. de France*, p. 488.

LABBE (le p. Philippe). Hagiologium Franco-Galliæ excerptum a Philippo LABBE, S. J., ex antiquo martyrologio abbatiæ S. Laurentii Bituricensis cum sacra Galliarum topographia ex martyrologio Romano [682]. *Parisiis, Hénault*, 1643, in-4.

— Pharus Galliæ antiquæ, ex Cæsare, Hirtio, Strabone, Plinio, Ptolomæo, Itinerariis, Notitiis, etc., cum interpretatione vernacula [967]. *Molinis, Vernoi*, 1644.

Contre Nic. SANSON (voir ce nom), qui lui répondit en 1647.

— Les véritables antiquités d'Abbeville, etc. [9580].

« Cette réfutation est impr. à la p. 26 des *Tableaux méthodiques de la Géographie royale* [du même]. Paris, 1646, in-fol. » (*Bibl. histor.*, t. I, n° 242.)

— Conciliorum... Galliæ... Historia [685]. *Parisiis, Hénault*, 1646, in-fol.

— Histoire du Berry, abrégée dans l'éloge panégyrique de la v. de Bourges [3257]. *Parisiis, Meturas*, 1647, in-12.

— Notitia dignitatum omnium tam civilium quam militarium imperii romani, in partibus or. et occid. cum aliis opusc. ejusd. argumenti [751]. *Parisiis, e Typogr. reg.* 1651, in-12.

— Synopsis Historica conciliorum [692]. *Lutetiæ Paris.*, 1661, in-4.

— Bibliotheca nummaria [1865].

Publiée par J. SELDEN à la fin de son *Liber de nummis*, 1675, in-4; par l'auteur à la fin de sa *Bibliotheca bibliothecarum* (1686); par Ant. TEISSIER, dans son *Catalogus* (m. année), in-4; par Adam REICHENBERG, dans ses *Historiæ rei nummariæ veteris scriptores*, 1692, in-4.

Sous le n° 957 du Catalogue méthodique et à l'art. CLUVIER du présent Catalogue, retrancher la mention d'une trad. de l'*Introd. in univ. geogr.*, par le p. Labbe. Niceron et les Biographies universelle et générale la passent sous silence.

LABBE (Ph.) et **COSSART** (Gabriel). Conciliorum collectio maxima ad Regiam editionem exacta quartà parte auctior [694]. *Parisiis, typis Societatis typograph.*, 1672, 18 vol. in-fol.

Voir *Bibl. histor.*, t. I, n° 6282, et *Biog. g*[ale], art. LABBE, p. 342.

LABBE (Pierre). Petri Labbe Epistola, etc. [8495]. *Lugduni*, 1664, in-4. — Epistola ejusdem, de antiquo statu Lugduni (Gratianopoli, 1664).

Voir *Bibl. histor.*, t. I, n° 318.

— Diss. de Itin. Annibalis, etc., an venerit ad confluentem Araris et Rhodani ? Cum epistola de Lugduno [2753]. *Lugduni*, 1664, in-4.

« Très peu de critique », dit Monfalcon (*Hist. monum. de Lyon*, t. I, p. 39).

LABENAZIE (Bernard de). Diss., etc. [702]. *Tolosæ, apud G. Pech*, 1691, in-12.

Sur une *Histoire* ms. *du diocèse d'Agen* par B. de L. Voir *Bibl. hist.*, t. I, n° 8266.

LABORDE (Jean-Benjamin de). Tableaux topographiques, pittoresques, physiques, histor., polit. et littéraires de la Suisse, avec la table analytique [10798]. *Paris, Clousier*, 1780-81, 4 vol. in-fol.; 278 pl. ou 13 tomes formant 8 vol. in-4 et 2 vol. gr. in-fol.. de pl.

Pour les noms des divers collaborateurs, voir QUÉRARD. *Supercheries litt.*, t. II, col. 478 *f*.

LABORDE (le c[te] Alexandre de). Rapport, etc. (sur les antiquités de la France), avec les instructions ministérielles [176, 1286 *a*]. — Lu en 1819. — *Mém. de l'Acad. des inscr. et b.-l.*, t. VII, 1824 (hist.), p. 7-19.

— Les mon[ts] de la France classés chronologiquement et considérés sous le rapport des faits historiques et de l'étude des arts [1586]. *Paris, Joubert et Giard*, 1816-1836, 2 vol. gr. in-fol.; 249 pl.

LA BOULINIÈRE (P.). Annuaire, etc. [8315]. 1807 et 1813.

— Itinéraire des Hautes-Pyrénées françaises, jadis territoires du Béarn, Bigorre, des 4 Vallées-Comminges et de la Haute-Garonne [3031, 8316]. *Paris*, 1825, 3 vol.; cartes et pl.

LABOURT. Essai sur l'origine des villes de Picardie, précédé de rech. histor. sur le nom et l'étendue successive de cette ancienne province, 1840 [3823].

Mém. couronné par la Soc. des ant. de Picardie.

— Recherches, etc. [9593]. — 1re partie. *Mém. de la Soc. d'émul. d'Abbeville*, 1838 à 1840, p. 327; 2e p. *M. rec.*, 1841-1843, p. 327. — T. à p., *Abbeville, Paillart*, 1843.

LABRETONNIÈRE. Statistique de la Vendée [9817]. An IX.

LABROQUÈRE (de). Diss. sur l'origine de la municipalité de Toulouse et sur les premiers effets qu'elle produisit jusqu'à la première race de nos rois.

(Luc en 1785) [6146]. — *Hist. et mém. de l'Acad. de Toulouse*, t. IV, 1790, p. 152-180.

LABRUNIE (Joseph). Extraits, etc. [2994]. — *Rec. des trav. de la Soc. d'agr.* etc. *d'Agen*, t. VII, 1re partie, 1856; 73 p. — T. à p.

LABUTTE (A.). Essai, etc. [5052]. *Honfleur, Dupray*, 1840; 336 p.

— Études, etc., précédées d'une esquisse sur l'histoire de la conquête et de l'établissement des Normands en Neustrie [9331]. *Rouen, Lebrument*, 1851; 4 lithogr.

LACABANE. Observations, etc. [3395]. *Paris*, 1862; 74 p.

Réfutation du travail de Max. DELOCHE (n° 3393).

LACARRY (le p. Gilles), S. J., en latin Ægidius LACHARUS. Historia rom., etc. [89]. *Clermont*, 1671, in-4.

— Historia Galliarum, etc. à Constantino M. usque ad Justinianum imprem. [281]. *Ibid.*, 1672, in-4.

— Hist. christiana imperatorum, consulum et præfectorum prætorii Orientis, Italiæ, Illyrici, et Galliarum, etc. [nouv. add. 281 *a*]. *Ibid.*, 1675, in-4.

— Historia coloniarum à Gallis in exteras nationes missarum, tum exterarum nationum coloniæ in Gallias deductæ, etc. [283]. *Ibid.*, 1677, in-4.

Analyse de cet ouvrage par J.-J. WEISS, dans la *Biogr. univ.*, art. *Lacarry*.

LACHÈSE (Paul). Origine des monts cyclopéens en Gaule. — Étude sur une caverne contenant des ossements humains et des armes en silex; — Note sur l'emplacement d'Anderitum, etc. [1395]. — *Mém. de la Soc. d'agr., etc. d'Angers*, nouv. période, t. V, 1er cahier, 1862.

— Défaite de Dumnacus et émigration qui la suivit [7161]. — *M. rec.*, t. VI, 1863.

LA CHESNAIS (Maurice). Jules César, etc. [9159]. — *Revue militaire française*, juin 1869. — T. à p.

LACKMANN (Adam-Henri). De computatione annorum per hyemes, priscis Hyperboreis usitata, disputatio chronologico-historica [1698]. *Kilonii*, 1744, in-4.

LACOSTE. [*Ms.*]. Histoire générale du Quercy [3385].

Voir MALLEVILLE (Jacques DE).

LACOSTE (l'a.). Observations, etc. [8251]. *Clermont*, 1824.

LACOUR (L.). — Voir A. BERTY et L. LACOUR.

LACOUR (P. et son père). Antiquités bordelaises, etc. [6379]. *Bordeaux*, 1806, p. in-fol.; 72 p.; 7 pl.

LACOUR (E.). Ventia et Solonion (Isère) [6631]. — *Rev. archéol.*, 2e s., t. II, 1860, p. 396-416.

LACOURT (Jean). Durocort, etc. — Publié par Louis PARIS [7370]. *Reims*, 1844, in-18.

LACREUSE. Découverte d'un établissement, etc. [8799]. — *Ann. de la Soc. éduenne*, 1862-1864; 6 p.

LACROIX (Paul). Histoire de Soissons 1837 (avec Henri MARTIN; voir ce nom).

— Dissertations, etc., par Paul L. JACOB, bibliophile [192]. *Paris, Techener*, 1838.

Examen de l'édition donnée par FEVRET DE FONTETTE, et conseils pour une nouvelle édition.

— * Catalogue des livres manuscrits et autographes de numismatique, etc. [1936]. *Paris*, 1842; 80 p.

— Origine, etc. [9721] (dans son rapport sur div. communications de l'abbé Tisserand). — *Rev. des Soc. sav.*, t. VII, 1862, p. 47.

— Rapport, etc. [2534]. — *M. vol.*, p. 474.

— Description, etc. [1057]. — *Annuaire de la Soc. franç. de numismatiq. et d'archéol.*, t. III, 3e partie, fin 1870, gr. in-8.

LACROIX (de Mâcon). Essai analytique sur la composition de quelques armes et ustensiles de bronze antiques [1846 *b*]. — Jal *d'agr.*, etc., p.p. la Soc. d'émul. de l'Ain, t. XXXI, 1841, p. 65-70. — T. à p., *Bourg, Bottier, m. d.*; 8 p.

LACROIX (A.). Notice, etc. [5731]. — *Bull. de la Soc. d'archéol. de la Drôme*, t. II, 1867, p. 131-141.

— L'arrt de Montélimar: Géographie, histoire et statistique [5699]. — T. I, *Valence*, 1868; 401 p.

— Le cromlech de Saint-Barthélemy-de-

Vals (rapport) [5726]. — *Bull. de la Soc. d'arch. de la Drôme*, t. IV, 1869, p. 5-12.

LACURIE (Annibal-François). Carte, etc., 1835. — Précis histor. et statist., etc. [5189]. *St-Jean-d'Angély*, 1835; 120 p.

LACURIE (l'a. **Auguste**). Notice, etc. [5228]. — *Bull. mon.*, t. VIII, 1842, p. 298.

— Manuel, etc. [5193]. *St-Jean d'Angély*, 1842; 124 p.; 3 pl.

— Mémoire, etc. [5229]. — *Bull. mon.*, t. VIII, 1842.

— [*Ms.*] Ant. de la v. de Saintes [5222].

Mention très hon. à l'Acad. des inscript. en 1842.

— Notice, etc. [3970]. — *Bull. mon.*, t. X, 1844, p. 590. — 2e édition. *Saintes*, 1851; 52 p.; 1 carte.

— Excursion, etc. [5201]. — *M. rec.*, t. XIII, 1847, p. 241.

— Excursion, etc. [5224]. — *M. rec.* t. XIX, 1853.

— Réponse à la XVIIIe question du programme du Congrès scientifique [de la Rochelle, en 1856]. Quels ont été les résultats, etc. [3974 *a*]. — *Travaux de la Soc. d'agr.*, etc., *de Rochefort*, 1855-56, p. 162-175.

— Monographie de la v. de Saintes [5215]. — *Actes de la Commission des arts et monts de la Charente-Infre*, t. Ier, 1863. — T. à p., *Saintes, Bosc Scheffler*, 1863; 315 p.

— Mém. sur la géogr. ancienne de la province [de Saintonge], contre les allégations des auteurs de la carte générale des Gaules [3975 *a*]. — *M. rec.*, t. II, 1867, p. 66-75.

LADONNE (Etienne), en latin LADONEUS (Stephanus). Augustiduni Æduorum, etc., antiquitates [8745]. *Autun, Blaise Simonnot*, 1640.

Posth. — Publié par Jean LADONNE, frère de l'auteur. Cp. BRUNET, *Manuel*, t. III, col. 738.

LADOUCETTE (bon Jean-Charles-F. de). Lettre écrite des eaux de Monestier, le 13 fructidor an XII, à S. Exc. le mtre de l'intérieur, sur les antiquités des Htes-Alpes et notamment sur celles de Mons-Seleucus [2937, 4552]. — *Annuaire des Htes-Alpes*, an XIII, p. 198-204.

Voir THURY (Héricart DE).

— * Histoire, antiq., usages, dialectes des Htes-Alpes, précédée d'un Essai sur la topographie de ce dépt, et suivie d'une Notice par M. Villars; ornée de cartes, plans, dessins et portraits, par un ancien préfet [4544]. *Paris, Fantin, Delaunay, Treuttel et Wurtz*, 1820.

C. r. par TESSIER, dans le *Journal des Savants*, 1822, p. 92.

— 2e éd., rev. et considérablement augm. *Paris, Fantin*, 1834, avec atlas (porte le nom de l'auteur). — 3e éd., 1848.

— Des Ubiens, etc. [11018 *a*]. — *Mém. de la Soc. des ant. de Fr.*, t. IV, 1823, p. 517.

— Réclamation relative à Mons-Seleucus, ville romaine, au pays des Voconces [2939]. — *M. rec.*, t. VIII, 1829, p. 272.

— Sur l'amphithéâtre d'Arles [4975]. — *M. rec.*, t. IX, 1832, p. 388.

— Cologne, etc. [11019]. — *M. rec.*, 2e s., t. Ier, 1835, p. 126.

— Antiq. d'Aix-la-Chapelle [11004]. — *M. rec.*, m. s., t. II, 1836, p. 20.

— * Du mont Viso et de son souterrain [2805, 10966]. *Cologne*, s. d. (vers 1835?); 8 p.

LAETUS (Pomponius). Romanæ historiæ compendium, etc. [98]. *Venetiis, Bernardinus Venetus*, 1499, in-4. — 2e éd., 1500.

LA FAILLE (Germain). Annales, etc. [6140]. *Thoulouse*, 1687 et 1701, 2 vol. in-fol.

LAFAILLE (Laurent de). Excursions, etc. [9014]. *Paris*, 1852, in-18.

LA FARINA (Joseph). La Germania renana, etc. [11103]. *Florence*, 1842, in-4; pl. gravées.

LAFAYE (de). Rech. sur la préparation que les Rom. donnaient à la chaux dont ils se servaient pour leurs constructions, et sur la composition et l'emploi de leurs mortiers [1721]. Nouv. éd., *Paris, Leleux*, 1852; 96 p.

LAFFETAY (J.). Essai historique, etc. [5046]. *Bayeux, Delarue*, 1862, in-12.

LAFFORGUE (P.). Hist. de la v. d'Auch, depuis les Romains jusqu'en 1789. Commune, institutions..., avec plans, et pièces justif. Ouvrage qui a obtenu, en 1847, une mention honorable de l'Académie des inscriptions et belles-lettres [6213]. *Auch*, 1851, 2 vol.; fig.; plans.

— Antiq. d'Auch. Tour dite de César et d'Anté; lettre au b^on Chaudruc de Crazannes [6220]. — *Revue d'Aquitaine*, t. V, 1861, n° 9e. — T. à p., *Auch*, 1861.

LAFONT. Rapport, etc. [4771]. — *Congrès archéol. de Fr.*, XXXVe session, séances tenues à Narbonne en 1868. — *Paris* et *Caen*, 1869.

LAFUITE. Sur l'art de la fortification chez les anciens [1823]. — *Mém. de la Soc. des sc. de Lille*, t. Ier, cahier 5, 1819, p. 101.

LAGARDE (Denis). — Voir Denis-Lagarde.

LAGEDANT. Essai, etc. [2918]. — J^al *de Verdun*, 1758, août, p. 125-133.

LAGERLÖF (Pierre). De Trajectu Cæsaris in Britanniam [2849]. *Upsal*, 1697.

LAGNEAU (d^r Gustave). Sur les sépultures, etc. [9270]. — *Bull. de la Soc. d'anthropologie*, t. IV, 1863.

Voir aussi l'article Celtes, du même auteur, dans le *Dictionnaire encyclopédique des sc. médicales*, publié sous la direction du d^r A. Dechambre. (Bibliographie détaillée.)

LAGOY (m^is de). Description de qq. médailles inédites de Massilia, Glanum (St-Remy), des Cænicenses et des Auscii [3397, 4884]. *Aix*, 1834, in-4; 60 p.; 2 pl.

Prix de numismat. à l'Acad. des inscript. en 1835.

— Essai, etc. [1968]. *Aix*, 1836. Pièce in-4; 2 pl.

— Attribution, etc. [5661]. — *Rev. num.*, t. II, 1837, p. 401-405.

— Not. sur l'attribution de qq. méd. des Gaules inédites ou incertaines. [1969]. *Aix*, 1837, in-4; 1 pl.

C. r. par de la Saussaye, *Rev. num.*, t. III, 1838, p. 139.
Voir les articles portant le même titre, *Rev. num.*, t. III, 1838, p. 301-304; t. V, 1840, p. 171-172; 178, 182.

— Médaille de Riganticus, ou Briganticus, roi de Galatie [10662; attribution rectifiée]. — *Rev. num.*, t. IV, 1839, p. 17-20.

— Attribution d'une méd. d'argent à *Cossio*, ou *Cossium Vasatum*, Bazas [6356]. — *M. vol.*, p. 401-404.

— Magusa, etc. [10407. — *M. rec.*, t. V, 1840, p. 16-20.

— Attribution, etc. [6106]. — *M. rec.*, t. VI, 1841, p. 12-13.

— Médaille bilingue, etc. [10615]. — *M. vol.*, p. 85-90.

— Attribution, etc. [3238]. — *M. rec.*, t. VII, 1842, et 2e s., t. I, p. 12-17.

— Recueil, etc. [5021]. (*Ms.* publié depuis 1844?)

Mention hon. à l'Ac. des Inscr. en 1844.

— Mélanges, etc. [1937]. *Aix*, 1845, in-4; 2 pl.

— Essai de monographie d'une série de médailles gauloises imitées des deniers consulaires au type des Dioscures [2019]. *Aix*, 1847, in-4; 1 pl. — Supplément. *Aix*, *Vitalis*, 1856, in-4; 15 p.

C. r. par J. de Witte, *Rev. num.*, 2e s., t. II, 1857, p. 68-72.

— Monnaies primitives de Massilia [4884]. — *Rev. num.*, t. XI, 1846 (2e s., t. V), p. 85-89.

— Attribution d'une nouv. méd. aux *Anatilii*, peuple situé aux Bouches du Rhône [3042]. — *M. rec.*, t. XII, 1847 (2e s., t. VI), p. 397-400.

— Recherches, etc. [1848]. *Aix*, 1849, in-4.

— Découverte, etc. [4887]. — *Rev. num.*, t. XIV, 1849; (2e s., t. VIII), p. 323-324.

— Mélange, etc. [2014]. — *M. rec.*, t. XX, 1855, p. 326-335.

— Médailles gauloises (Massilia, etc.) [4888]. — *M. rec.*, 2e s., t. II, 1857, p. 381-402.

LAGRÈZE (G. Bascle de). Dissertation, etc. [4044]. — *Mém. de la Soc. des ant. de Fr.*, 2e s., t. X, 1850, p. 285.

Travail repris par l'auteur dans son *Hist. relig. de la Bigorre* (ci-après) et dans sa *Chronique de Lourdes* (2e éd., *Paris*, *Hachette*, 1866, in-12).

— Essai, etc. [3234]. *Toulouse*, *Douladoure*, 1855.

— Sulpice Sévère, etc. [8324]. — *Congrès scientif.*, XXVIIIe session, tenue à Bordeaux en 1861, t. IV, 1863, p. 525-528.

— Histoire, etc. [3255]. *Paris*, *Hachette*; *Tarbes*, *Telmon*, 1863, in-12; 427 p.

Voir aussi Marca (P.).

LAGUILLE (le p. Louis). Histoire de la province d'Alsace, depuis Jules-César jusqu'au mariage de Louis XV, roi de France et de Navarre, etc. [3021]. *Strasbourg, Doulssecker*, 1727, in-fol., 2 vol. — *Ibid.*, in-8, 7 vol., plus 1 vol. *de preuves.*

C. r. dans les Mém. de Trévoux, avril 1727, p. 630; — juin, p. 1037; — août, p. 1373; — nov. p. 1971. — Voir Bibl. histor., t. III, n° 38698.

LAIGUE (**Estienne de**, dit Beauvais). * Les Commentaires de J.-César translatez par noble homme E. L. — Avec les portraits et descript. des lieux forts, ponts, machines et autres choses dont est faict mention es presens commentaires [412]. — *Paris*, 1569, in-12; planches d'engins de guerre et carte de la Gaule.

LAIR (**Jules**). Étude, etc. [5042]. *Paris, A. Durand*, 1862.

LAIRE (**Fr.-Xavier**). Lettre sur les mon^ts antiques trouvés à Auxerre [10120]. — *Mag. encyclop.*, 5e année, t. III, an VII, 1799, p. 106-114.

— Mém. sur qq. mon^ts découverts à Auxerre sur la fin de l'an VII derrière les murs de Saint-Julien et dans le voisinage du Moulin - Batardeau [10152]. — *Mém. du lycée de l'Yonne*, t. I, an X, p. 51-61.

Même sujet que l'art. précédent : six coins monétaires de Tibère. — Statue équestre. — Chapiteau composite, etc.

LAISNÉ (**A.-M.**). Études sur l'ancien état de la baie du Mont-Saint-Michel, d'après les mss. de l'abbaye de ce mont [7290]. — *Mém. lus à la Sorbonne* en 1865 (archéologie), p. 87.

LAJARD (**Félix**). Mém. sur une urne cinéraire [rapportée d'Italie?] du musée de la v. de Rouen [9353]. — *Mém. de l'Acad. des inscr. et b.-l.*, t. XV, 1845, in-4, p. 63-127; 3 pl.

— Mémoire lu en 1841, etc. [6650]. — *M. vol.*, p. 201-306. — T. à p. (anticipé). *Paris, Firmin-Didot*, 1843, in-8, 91 p.; 2 pl.

LA LANDE (**de**). — Voir Lande (de la).

LALANDE (**Philibert**). Note, etc. [5317]. — *Rev. archéol.*, 2e s., t. XI, 1865, p. 507-510.

— Sépultures, etc. [5318]. — *Bull. de la Soc. archéol. du Vendômois*, 1866, p. 229-240.

— Mémoire, etc. [5316]. *St-Jean-d'Angély*, 1867; 52 p.; 1 pl. — Extr. du *Bull. annuel de la Soc. hist. et sc. de St-Jean-d'Angély.*)

— Notice, etc. [5629]. *Montauban*, 1868, gr. in-8; 12 p.; 1 pl.

LALANNE (**Léon**). Note, etc. [9286]. — *Ce. rr. de l'Acad. des sc.*, t. XVI, 1843, in-4, p. 680.

LALANNE (**l'a.**) Histoire, etc. [9951]. *Châtellerault, Rivière*, 1858-59, 2 vol.

LALLEMAND (**Alfred**). Médailles, etc. [7689]. *Vannes*, 1857, in-18; 57 p. — Extr. de l'*Annuaire du Morbihan* pour 1857.

— Les Origines historiques de la ville de Vannes, de ses monuments, communautés religieuses et établissements de bienfaisance, de ses armoiries, des noms de ses rues [7677]. *Vannes, Caudéran*, 1858, in-18; 360 p.

— Campagne de César, etc. Diocèse de Vannes. — Dép^t du Morbihan [3108]. *Vannes*, 1860; in-18; 95 p.

— Lettre, etc. [3862]. — *Bull. de la Soc. des ant. de l'Ouest*, 1er trim. 1861.

— Campagne de César, etc. — Origine des Vénètes armoricains. — Leur commerce avec les îles Britanniques avant la conquête romaine [3109]. *Vannes*, 1861; in-18; 110 p.

— Hist. de la Vénétie armoricaine. Origine celtique et commune de tous les peuples qui ont porté le nom de Vénètes [3113]. *Vannes*, 1862, in-18; 44 p.

LALLEMENT (**L.**). Petites trouvailles, etc. [7514]. — *Journal de la Soc. d'archéol. lorraine*, Xe année, 1862; 18 p.

LALLIER. Recherches, etc. [10208]. — *Bull. de la Soc. archéol. de Sens*, 1846, p. 36-72.

— Détails, etc. [10216]. — *Congrès archéol.*, XIVe session, séances générales tenues à Sens en 1847; *Caen*, 1848, p. 145-169.

— Fouilles, etc. [10211]. — *Bull. mon.*, t. XV, 1849, p. 519.

— Note, etc. [10212]. — *Bull. de la Soc. archéol. de Sens*, année 1851, p. 70-74; avec 1 plan.

LALORE (**Ch.**). Optatien, etc. — Éclaircissement historique [4647]. *Troyes*, 1868. Pièce.

LAMARIOUZE (**de**). Dissertation, etc.

[495]. — *Mém. de la Soc. des ant. de l'Ouest*, 1839.

LAMARQUE (François). Statistique du Tarn [9631]. An IX.

LAMARRE (Nicolas de). * Lutèce ou premier plan de Paris tiré de César, de Strabon, etc., de l'empereur Julien, d'Ammien Marcellin [9073].

Dans le tome Ier de son *Traité de la police*, 1705, in-fol.

LAMARTINE. Mém. sur un sépulcre *sub ascia*, trouvé à Mâcon le 24 juillet 1814 [8741]. — *Mém. de la Soc. des ant. de Fr.*, t. Ier, 1817, p. 288.

LAMARTINE (Alphonse de). Jules-César [434]. *Bruxelles*, 1856, 2 vol.

LA MARTINIÈRE (Bruzen de). — Voir MARTINIÈRE (Bruzen de la).

LAMBERT (le p.). [*Ms.*] Réflexions, etc., lues à l'Acad. de Bordeaux au mois d'avril 1752.

Mention dans la *Biblioth. histor.*, t. Ier, n° 3847.

LAMBERT (Édouard). Mém. sur les thermes antiques de la ville de Bayeux [5064]. — *Mém. de la Soc. des ant. de Norm.*, 1825, t. I, p. 17 et 29; t. II, 1826, p. 146; t. XIV, 1844, p. 266.

— Mémoire, etc. [5134]. — *M. rec.*, t. VI, 1833, p. 319.

— Lettre, etc. [5074]. — *M. vol.*, p. 413.

— Note, etc. [5894]. — *Bull. mon.*, t. I, 1834. — Voir aussi le travail portant le m. titre, *Rev. num.*, t. I, 1836, p. 1-4.

— Notice, etc. [5072]. — *Mém. de la Soc. des ant. de Norm.*, t. IX, 1835, p. 165.

— Notice, etc. [5065]. — *M. rec.*, t. XII, 1841, p. 337.

— Procès-verbal du rétablissement de la colonne milliaire trouvée au Manoir, près Bayeux, en 1819 [5112]. — *M. vol.*, p. 405.

Rétablissement fait par les soins de la Soc. des ant. de Norm. le 31 oct. 1839.

— Note sur une méd. d'or de l'emp. Marc-Aurèle, etc. [5068]. — *M. vol.*, p. 430.

— Note, etc. [5080]. — *Bull. mon.*, t. III, 1837, p. 103.

— Essai, etc. [3746]. — 1re partie, *M. rec.*, t. XIII, 1844, p. 1. — 2e partie, t. XXV, 1866, 138 p.

Analyse partielle par GODARD-FAULTRIER. Voir ce nom, année 1861.

— Rép. à la diss. de M. A. Deville sur un symbole gaulois figuré sur les médailles de l'Armorique, désigné sous le nom de Peplum [3104]. — *M. rec.*, t. XVII, 1847, p. 133.

— Notice, etc. [5066]. — *M. vol.*, p. 437.

— Statères, etc. [5059]. — *Rev. num.*, 2e s., t. III, 1858, p. 481-82.

— Description, etc. [2027]. — *Bull. de la Soc. des ant. de Norm.*, 3e année, 1862; 2 p.

— Essai, etc. [1985]. 2e partie. *Bayeux*, 1864, in-4; 19 pl.

— Épigraphie rom., etc. [5034]. — *Mém. de la m. Soc.*, 3e s., t. VIII, 1870, in-4. — T. à p.

LAMBERT. Études (et non Recherches), etc. [10134]. — *Annuaire de l'Yonne* pour 1859; p. 71-90. — T. à p. *Auxerre*, 1858.

LAMBERT (l'a. Edmond). Recherches, etc. [4315]. — *Bull. de la Soc. litt. et scientif. de Chauny*, année 1860; 22 p.

— Notice, etc. [4471]. — *Bull. de la Soc. acad. de Laon*, t. XIII, 1862, p. 233.

— Mémoire, etc. [4472]. *Paris*, *Savy*, 1863; 45 p.

LAMBERT (F.). Recherches, etc., avec 8 cartes et plans par BINSE, ingénieur [7486]. — *Bull. de la Soc. d'archéologie*, etc., *de la Mayenne*, à Mayenne, année 1865, in-4, p. 111-130.

LAMBIEZ (le p. J.-B.), dit le p. Grégoire. Antiq. de la v. de Bavay [7984]. — *Journal encyclop.* 15 avril 1773, t. III, part. 2, p. 307.

— Histoire monumentaire du nord des Gaules, appuyée sur les traces marquantes et les vestiges durables des anciennes colonies qui ont illustré les fastes belgiques [3724, 10513]. T. Ier (unique). *Mons*, impr. *Hoyois*, s. d. (1812); 3 pl.

— * Diss. sur la capitale des Nerviens, question célèbre entre les Tournaisiens et les Bavaciens. — Diss. sur les colonies nerviennes répandues dans les Pas-Bays. — Diss. sur les col. franç. répandues dans les Pays-Bas. — Diss. sur les colonies rom. répandues dans les Pays-Bas [3718 *a*]. *Lille*, *C.-L. de Boubers*.

LA MONTRE. Parallèle, etc. [2947]. —

Journal des Savants, 24 mars 1698, p. 134-136.

Voir *Biblioth. histor.*, t. I, nº 372. Cp. TAMIZEY DE LARROQUE (*Emplacement d'Uxellodunum*, p. 9).

LAMOTHE (Léonce). Revue, etc. [6339]. *Bordeaux*, 1849.

— Voir DOSQUET.

— Voir BRUNET (G.) et LAMOTHE (L.).

LAMOTTE. * Antiquités de la ville de Harfleur [9404]. *Havre*, 1676. — 3ᵉ éd. *Harfleur*, 1720.

Réimpression dans le genre des éd. de la Bibliothèque bleue, an VII, in-12. — (Voir BRUNET.)

LAMOTTE (dʳ). Découverte, etc. [4604]. — *Bull. de la Soc. des sc. nat. et histor. de l'Ardèche*, nº 2, années 1863-64-65. (1866); 5 p.

LAMOTTE (BRUGIÈRE DE). — Voir MOTTE (Brugière de la).

LAMOUREUX aîné (dʳ). Notice, etc. [7579]. — *Mém. de la Soc. des ant. de Fr.*, t. VIII, 1829, p. 172, et t. X, 1834, p. 50.

Sur les Mémoires du p. Le Bonnetier, en 3 vol. in-4 manuscrits, aujourd'hui (1846) déposés à la bibliothèque publique de Nancy (nº 84), voir A. DIGOT, Notice, etc. [10081].

LAMPINET (Ferdinand). [*Ms.*] Dissertation, etc., écrite en 1700 [6681].

Mentionnée dans la *Biblioth. histor.*, t. I, nº 262.

LA MURE (J.-M. de). — Voir MURE (J.-M. de La).

LANCE (Gʳᵉ de La). De qqs. vestiges romains en Lorraine, spécialement dans le dépᵗ de la Meuse [3630 *a*]. — *Jᵃˡ de la Soc. d'archéol. lorraine*, t. V, 1856, p. 114-128.

LANCE (Adolphe). — Voir WOILLEZ (E.). Atlas, etc.

LANCELIN. Fouilles, etc. [6329]. — *C. r. des travaux de la Comm. des monᵗˢ histor. de la Gironde*, de 1862 à 1864. 1865.

LANCELOT (Antoine). Recherches, etc. [2722]. — *Mém. de l'Acad. des inscr. et b.-l.*, t. VI, 1729, p. 635-669.

— Discours, etc., lu en 1721 [3454]. — *M. vol.*, p. 756.

Ces « prétendues » merveilles sont : 1º la *Fontaine ardente*, à 3 lieues de Grenoble ; 2º la *Tour sans venin*, ou de Pariset, à une lieue de cette ville ; 3º la *Montagne inaccessible*, à 2 lieues de Die ; 4º les *Cuves de Sassenage* ; 5º la *Manne de Briançon* ; 5º le *Pré qui tremble*, près de Gap ; 7º le *Ruisseau de Barberon dans la Valoire*. — Autres singularités naturelles.

— Diss. sur Genabum, ancienne v. du pays des Carnutes ou Chartrains [2701]. — *M. rec.*, t. VIII, 1733, p. 450-464.

Analyse dans la *Biblioth. histor.*, t. I, nº 278.

— Remarques, etc. (lues en 1731) [8370]. — *M. rec.*, t. IX (Hist.), 1736, p. 129.

— Les Pagi, etc. [1174]. — Ms. publié dans les *Mém. lus à la Sorbonne en* 1868 (1869), p. 57.

LANCELOT et DE VALBONNAIS. Observations, etc. [4558]. — *Mém. de l'Acad. des inscr. et b.-l.*, t. VII, 1733 (Hist.), p. 257.

LANCELOT (J.-F.). Précis, etc. Ouvrage couronné par l'Acad. de Marseille dans la sᶜᵉ publique du 4 juin 1837 [4868]. *Bourges ; Paris, Dentu*, 1838.

LANCELOT. État politique, etc. [1697].

Ouvrage présenté (en ms. ?) au concours de statistique de l'Acad. des sc., le 1ᵉʳ avril 1839.

LANCI (Michel-Angelo). Osservazioni, etc. [9771]. *Roma, Bourlié*, 1825, gr. in-4 ; fig.

LANDE (Pierre de La). Conciliorum... Galliæ, etc. [691]. *Parisiis*, 1660, in-fol.

Voir *Biblioth. histor.*, t. I, nº 6279.

LANDE (Charles-Florent-Jacques Mangon de La). Origine des habitants anciennement désignés sous le nom de *Caletes*. — Sur les débris de Caletum fut fondée *Juliobona* devenue Lillebonne, où se rencontrent trois chaussées dites *ch. de César* [3402]. — *Mém. de la Soc. des ant. de Normandie*, t. I, 1819.

Indiqué fautivement comme ms. dans le Catalogue méthodique.

— Not. sur qqs. antiq. du Valais (d'après Murith) [4081]. — *Mém. de la Soc. des ant. de Fr.*, t. III, 1821, p. 502.

Classée au Catal. méthod., dans la section VELAY, sur une fausse indication de QUÉRARD, *Fr. litt.*, qui en fait un extr. des *Essais histor.* (article suivant).

— Essais, etc. [6824]. — *M. rec.*, t. IV, 1823, p. 64 et 627. Édition en 1 vol. *Sᵗ-Quentin, Tilloy*, 1826 ; 240 p. ; 2 pl.

— Diss. sur Samarobriva, ancienne v. de la Gaule [2925]. *Ibid.*, *id.*, 1825 ; carte et plan.

— Notice, etc. [3401]. — *Mém. de la Soc. des ant. de Norm.*, t. III, 1826, p. 210.

— Mém. en rép. au rapp. f^t à la Soc. acad. de Douai sur l'ouvr. intitulé Diss. sur Samarobriva, anc. v. des Gaules [2927]. 1827, 28 p.

Voir Bruneau.

— [*Ms.?*] Dissertation, etc. [9565].

Mention (détaillée) au concours des antiquités de la Fr. 1828.

— Mémoire en rép. à celui de M. Rigollot sur l'ancienne v. des Gaules qui a porté le nom de Samarobriva [2929]. St-*Quentin*, impr. *Tilloy*, 1828 (1827); 52 p.

Voir Rigollot.

— Mém. sur les fouilles du camp rom. de Vermand, de 1826 à 1828, présenté à la Soc. acad. de St-Quentin le 13 août 1828 [4453]. — *Annuaire du dép^t de l'Aisne*, 1829, p. 37 et suiv.

— Mém. en réponse, ou 4e diss. sur Samarobriva, anc. v. de la Gaule [2930]. St-*Quentin*, impr. *Tilloy*, 1829; 46 p.; 2 pl.

— Recherches, etc. — Mesures itinéraires sous Jules César [1246, 4107], — *Mém. de la Soc. des ant. de Norm.*, t. III, 1831.

Mention honorable à l'Acad. des inscript. en 1832.

— * Diss. sur Genabum, ancienne v. de la Gaule [2705].

(Mélanges d'archéol. par Bottin, 1831.)
« Cette dissertat. tend à placer le Genabum de César sur l'emplacement de Gien (Loiret). » (Quérard, *Fr. litt.*)

— Mémoire, etc. [5039]. *Bayeux*, *Groult*, 1832; 3 lith.

— Galeries contemporaines, etc. [9909]. — *Mém. de la Soc. des ant. de l'Ouest*, 1835 (10 p.; 3 pl.) et 1836 (11 p.).

— Autel gallo-romain de Battresse (ou Baptresse) [9940]. — *M. vol.*, 5 p.

— Tombeau de Varenilla au temple Saint-Jean [9908]. — *M. vol.*, 23 p.; 2 pl.

— Colonnes milliaires de Chauvigny (Vienne) [9953]. — *M. rec.*, 1835 (10 p.) et 1837 (3 p.).

— Camp de Vermand (Aisne) [4453]. — *Bull. de la m. Soc.*, mai 1835; 2 p.

— Recherches, etc. [661]. — *Mém. de la m. Soc.*, 1836.

— Emplacement, etc. [2883]. — *Bull. de la m. Soc.*, février à mai 1836 (2 p.) et septembre 1837 (8 p.).

— Notice, etc. [1970]. — *M. vol.*, mai 1836, et *Mém. de la m. Soc.*, 1836.

— La pierre levée de Poitiers [9904]. — *Mém.*, *m. vol.* (19 p.; 1 pl.) et année 1838 (5 p.; 1 pl.).

— Arènes de Poitiers [9912]. — *M. rec.*, 1837; 22 p.; 1 pl.

— Colonne itinéraire, etc. [9893]. — *Bull. de la m. Soc.*, février 1837; 8 p.

— Oppidum, etc. [5579]. — *M. vol.*, juin 1837; 11 p.

— Constructions rom., etc. [9911]. — *M. vol.*, sept. 1837; 4 p.

— Colonne itinéraire de Scorbé-Clervault [9773]. — *M. rec.*, 4e bull. de 1838; 3 p.

— Thermes d'Évaux, dans la Creuse [5572]. — *M. Bull.*; 4 p.

— Mon^ts celt. de Château-Larcher [9950]. — *Mém. de la m. Soc.*, année 1838; 12 p.; 1 pl.

— Observations, etc. [9913]. — *Mém. de la Soc. des ant. de France*, 2e s., t. IV, 1838, p. 36.

— Tombeau gallo-rom. à la Cataudière (c^ne d'Availles) [9945]. — *Bull. de la Soc. des ant. de l'Ouest*, 1er trim. 1839; 2 p.

— Inscription, etc. [9925]. — *M. Bull.*; 2 p.

— Restes rom. aux Tours Milandes (c^ne de Vendeuvre) [9977]. — *M. vol.*, 2e trim. 1839; 6 p.

— Dolmen de Mavaux (Vienne) [9961]. — *M. vol.*, 3e trim. 1839; 2 p.

— Dolmen d'Arlet, etc. [9939]. — *M. Bull.*; 2 p.

— Inscr. rom. trouvée à Poitiers [9927]. — *Mém. de la m. Soc.*, an. 1840.

— Inscr. trouvée, etc. [9926]. — *M. vol.*, 2 p.

— Médaille, etc. [1979]. — *Bull. de la m. Soc.*, 1er trimestre 1840; 3 p.

LANDE (Jules Goudon de La). Note, etc. — *Congrès archéol. de Fr.*, XXXIVe session, tenue à Paris, 1867 (1868), p. 291-296.

LANDEL et HUCHER. Description des enceintes successives de la v. du Mans [nouv. add. 8880 *a*]. Une feuille in-f^o av. plan.

LANDRIOT (l'a.). Note sur quatre tonneaux pétrifiés trouvés près d'Autun [8761]. — *M. de la Soc. éduenne,* 1844, p. 337-342.

— Note, etc. [8836]. — *Congrès archéol. de Fr.,* XIIIe session, tenue à Autun en 1846 (1847), p. 399-404; 1 pl.

— Note sur la 6e question du programme du Congrès archéol. d'Autun [2478 *b*]. — *M. vol.,* p. 424-428.

LANDRIOT (l'a.) et **ROCHET** (l'a.). Traduction des discours d'Eumène [8744]. *Autun,* 1854. (Publication de la Société éduenne.)

LANDUS (**Constantinus**). Selectiorum numismatum... expositiones [2084]. *Lugd. Batavor.,* 1695, in-4; fig.

LANGLADE (**P.**). Album, etc. [5547]. *Aubusson,* 1847, in-4; fig.

LANGLOIS (**Hyacinthe**). * Itinéraire complet du roy. de France divisé en 5 régions, 4e édit., entièrement refaite d'après un nouveau plan, comprenant: 1° la topographie détaillée de toutes les routes de poste... 2° la descript. des lieux remarquables par leurs antiquités, histoire, monuments, etc. [1244]. *Paris, H. Langlois,* 1824, 2 vol.

1re éd., 1 vol. in-12; — 2e édit., 1816; — 3e éd., 1819.

LANGLOIS (**Eust.-Hyac.**). Mém. sur des tombeaux gallo-rom. découv. à Rouen dans le cours des an. 1827 et 1828 [9365]. — *Mém. de la Soc. des ant. de Norm.,* t. IV, p. 236, et *Bull. de la Soc. d'émul. de Rouen,* 1828, p. 158-180; 2 pl. — T. à p. *Rouen,* 1829; 28 p.; 2 pl.; fig.

— Monuments, etc. [3764]. In-4; fig.

LANGLOIS (**Alphonse-Bernard**). Études topogr., histor., hygiéniques, morales, géolog., agricoles, industrielles et commerciales sur le canton de Bourbon-Lancy, arr^t^ de Charolles, dép^t^ de Saône-et-Loire [8733]. *Moulins, Place,* 1865, 2 vol.; 1 carte.

LANJUINAIS. Des langues, etc. [2273]. — *Mém. de l'Acad. celtique,* t. IV, 1809, p. 317; t. V, 1810, p. 289.

LANSADE. Villa d'Antone, etc. [10034]. — *Bull. de la Soc. archéol. et histor. du Limousin,* t. XII, 1862, p. 292-295.

LAPASSE (**v^te^ de**). Note, etc. [6722]. — *Mém. de la Soc. archéol. du Midi,* t. VII, 1860, p. 255-265.

— Notice, etc. [6154]. — *Congrès archéol.,* XXXe session, tenue à Rodez en 1863 (1864).

— Rapport, etc. [6155]. — *Mém. de la Soc. arch. du Midi,* t. VIII, 1865.

LAPAUME (**J.**). Antiq. troyennes jusqu'ici négligées ou méconnues [nouv. add. 4700 *a*]. *Troyes, Anner-André,* 1851; 192 p.

LAPÉROUSE (**Gustave**). Étude, etc. [4661]. — *Mém. de la Soc. acad. de l'Aube,* t. XXVI, 1862. — T. à p., 110 p.

— Rapport, etc. [4686]. — *M. rec.,* an. 1864.

LAPEYRE. Catalogue des ouvrages et not. publiés sur les mon^ts^ du Périgord [3812]. — *Congrès archéol.,* XXVe session, tenue à Périgueux en 1858 (1859), p. 654-662.

LAPLACE (**l'a. L.-P.**). Les mon^ts^ de Taron [8313]. — *Bull. du Comité d'hist. et d'arch. de la prov. ecclésiast. d'Auch,* t. II, 1861, p. 458.

Reproduit par l'auteur dans l'article suivant.

— Notice, etc. [8314]. *Pau,* impr. *Vignancourt,* 1865, in-16; 85 p.; 1 pl.

LAPLANE (**Édouard de**). Notice, etc. [2097]. *Avignon,* impr. *Bonnet,* 1832; 20 p.; 1 pl.

— Dissertation, etc. [4542 *a*]. — *Mém. de la Soc. des ant. de la Morinie,* t. III, 1836, p. 415-429; 1 pl. — T. à p.

— Hist. de Sisteron, tirée de ses archives [4541]. *Digne,* imp. *Vve Guichard,* 1843-1844, 2 vol.; 1 carte; 7 pl.

LAPLANE (**Henri de**). Un mot sur les fouilles faites à Vaudringhem, près Nielles-lez-Bléquin, en juin 1853 [8241]. — *Bull. hist. de la Soc. des ant. de la Morinie,* 3e année, 1854, p. 164-168.

LAPOSTRE ou **L'APOSTRE** (**George**). Calais, etc. [2843]. 1615, in-12.

LAPOUYADE (**J.-Faure**). Inscriptions, etc. [2105]. — *Actes de l'Acad. de Bordeaux,* 11e année, 1849, p. 351.

— Notice, etc. [3681]. 16e année, 1854, p. 235; 4 pl.

LAPRAIRIE (**Jules-Leclercq de**). Découverte, etc. [4465]. — *Bull. de la Soc. histor. de Soissons,* t. II, 1848, p. 38.

— Théâtre romain de Soissons [4425]. — *M. vol.,* p. 80.

— Note, etc. [8050]. — *M. rec.*, t. III, 1849, p. 115.

— Médailles gauloises, etc. [4357]. — *M. rec.*, t. V, 1851, p. 152.

— Les fortifications de Soissons, etc. [4228]. *Laon*, impr. *Fleury*, 1853.

— Notice, etc. [4427]. — *Bull. de la Soc. archéol. de Soissons*, t. VIII, 1854; planches.

— Note, etc. [4339]. — *M. rec.*, t. XI, 1857, p. 36.

— Excursion, etc. [8061]. — *M. rec.*, t. XII, p. 146-163.

— Réponse, etc. [4429]. — *M. rec.*, t. XIII, 1859, p. 34-41.

— Note, etc. [4325]. — *M. rec.*, t. XIV, 1860.

— Réponse, etc. [8074]. — *M. vol.*; 7 p.

— Notice sur les découvertes, etc., et Note sur un ancien camp ainsi que sur les grottes ou *creutes* de Pasly [4376]. — *M. vol.*; 8 p.

— Note, etc. [4280]. — *M. rec.*, t. XV, 1861, p. 64.

— Répertoire archéol. de l'arr[t] de Soissons [4249]. — C[on] de Soissons. — *M. vol.* T. à p. *Laon*, 1862; 42 p. — C[on] de Villers-Cotterets. — *M. rec.*, t. XVI, 1862. T. à p. *Laon*, 1862; 26 p.

— Excursion, etc. [8077]. — *M. rec.*, t. XVIII, 1863; 6 p.

— Excursion archéol., etc. [4434]. — *M. rec.*, t. XIX, 1865, p. 371-374.

— Étude sur la seconde campagne de César dans le pays des Bellovaques (Rapp. sur l'ouvrage intitulé : Étude, etc., n° 3247) [3248]. — *M. rec.*, t. XX, 1866, p. 220-225.

Voir Devic (l'a.).

LAPRET (P.-A.). Notice, etc. [5635]. — *Mém. de la Soc. des ant. de Fr.*, t. VIII, 1829, p. 303.

LAPRISE frères (de). Extrait, etc. [3091 *a*]. — *Précis analyt. des trav. de l'Acad. de Rouen*, 1781-93 (1821), p. 277-281.

LARAUZA (J.-L.). Hist. crit. du passage des Alpes par Annibal, dans laquelle on détermine la route qu'il suivit depuis la frontière d'Espagne jusqu'à Turin [2798]. *Paris*, *Dondey-Dupré*, 1826, XII, 219 p.; 1 carte.

Publication posthume faite par Viguier. Analyse critiq. par J.-A. Deluc (voir ce nom, année 1826). — Cp. Quérard, *Fr. litt.*, t. II, p. 466.

LARENAUDIÈRE (Philippe de). Dissertatio, etc. [2794]. *Parisiis*, *Didot*, 1823; 45 p.

Voir Quérard, *l. c.*, et t. III, p. 171.

LAROIÈRE (de). Étude, etc. [2879]. — *Ann. du Comité flamand de Fr.*, à Lille, t. X, 1868-69 (1870), p. 249.

LAROUSSE (Pierre). Examen, etc., par l'auteur du grand Dictionnaire universel du XIXe siècle [446]. *Paris*, *Larousse et Boyer*, 1865; 23 p.

LAROUVERADE (Léonard-Auguste de). Études, etc., publiées de 1860 à 1864 [3598 *a*]. *Tulle*, typ. d'*Eug. Crauffon*; 380 p.

LARROQUE (Philippe Tamisey de). De qq. erreurs, etc. [654]. — *Ann. de philosophie chrét.*, 5e s., t. VII, 1863, p. 139-154.

— * De la question, etc. [2963]. — *Revue d'Aquitaine*, juillet et août 1864, et janvier 1865. — T. à p.; *Agen*; *Paris*, *Dumoulin*, 1865; 47 p.

— * De l'opinion de l'empereur, etc. [2973]. — *Revue de Gascogne*, t. VII, 1866, p. 245-248.

LARTET (Édouard). Ancienneté géologique, etc. [1388]. — *Cr. rr. de l'Acad. des sc.*, 19 mars 1860.

— Sépultures, etc. [5624]. — *Matériaux p. servir à l'hist. de l'homme*, 1868.

Voir aussi ce m. Recueil, *passim*.

LARTET (E.) **et CHRISTY** (H.). Cavernes du Périgord; objets gravés et sculptés des temps préhist. dans l'Europe occidentale [3815]. — *Rev. archéol.*, 2e s., t. IX, 1864, p. 233. — T. à p. *Paris*, *Didier*, 1864.

— Notes sur les figures gravées ou sculptées d'animaux remontant aux temps primordiaux de la période humaine [nouv. add. 1433 *a*]. *Paris*.

— Reliquiæ aquitanicæ, being contributions to the archæology and palæontology of Perigord [nouv. add. 3815 *a*]. 1865.

LARTIGAU (l'a.). Étude sur Beneharnum

[2637]. — *Rev. de Gascogne*, t. IX, 1868.

Ben. placé à Bellocq près de Puyoo.

LARY. Notice, etc. [9483]. — *Mém. de la Soc. de statist. des Deux-Sèvres*, t. V, 1841, p. 38-46. — T. à p. *Niort, Robin*, 1841.

— Mémoire, etc. [9513]. — *M. vol.*, p. 47-54. — T. à p., *Niort*, 1841.

— Notice sur le tumulus de Tenon [5245]. — *M. vol.*, p. 62-64. — T. à p., *Niort*, 1841.

— Notice, etc. [9514]. — *M. rec.*, t. XI, 1848, p. 45-51.

— Notice, etc. [9515]. — *M. rec.*, t. XII, 1847-48-49, p. 16.

— Notice, etc. [9516]. — *M. vol.*, p. 18-25.

LASOR (Alphonse). Universus terrarum orbis scriptorum calamo delineatus, etc. [999]. *Patavii, Conzattus*, 1713, 2 vol. in-fol.

Voir le titre plus complet, BRUNET, *Manuel*, t. III, col. 863.

LASSAIGNE. Examen chimique, etc, [1363]. — *Cc. rr. de l'Acad. des sc.*, t. XIX, 1845, in-4, p. 1117.

LASSUS. Documents sur la province du Maine. — Voir l'a. LOTTIN et LASSUS.

LASTANOSA DE FIGUERUELAS (Vic. Juan de). Museo, etc. [10607]. *Huesca, Noguez*, 1645, in-4; fig.

LASTIC-SAINT-JAL. — Voir DREUX-DURADIER, année 1754.

LATAPIE. Des funérailles, etc. [1654]. — 1er article : *l'Investigateur*, t. VI, 1846, p. 361-378. — 2e, *M. vol.*, p. 422-428. — 3e, Funérailles chez les Gaulois, etc., *M. vol.*, p. 441-454.

LATEYSSONNIÈRE (A.-C.-N. de). Recherches, etc. [4132]. *Bourg, Martin-Bottier*, 1838-1844, 5 vol.

LATHALA. [*Ms.*] Diss. sur les Scordisques, Gaulois d'origine et transplantés sur les bords du Danube, luc à l'Acad. de Montauban, le 25 août 1760 [4003].

Mention dans la *Biblioth. histor.*, t. Ier, n° 3939.

LATIL (A.). Numismatique, etc. [9701]. — *Bull. de la Soc. d'études scientif. et archéol. de la v. de Draguignan*, t. Ier, 1857; 4 p.

LATOUR (de Matty de). — Voir MATTY DE LATOUR (de).

LA TOUR D'AUVERGNE. — Voir TOUR D'AUVERGNE (T. M. Corret de Korbeauffret de La).

LAUGARDIÈRE (Ch. Ribault de). Compte rendu, etc. [5303]. — *Bull. du bouquiniste*, n° 121. — T. à p., *Paris, A. Aubry*, 1862; 11 p.

— Sépultures, etc. [5311]. — *Mém. de la Soc. des ant. du Centre*, t. III, 1869 (1870), p. 7; planches.

LAUGIER DE CHARTROUSE (bon). Notice, etc. [4978]. — *Mém. de la Soc. des ant. de Fr.*, t. III, 1837, p. 89.

LAUGIER. Notes sur le musée numismat. de Marseille, à propos de méd. données à la v. par la Société de statistique [4894]. — *Répertoire des trav. de la Soc. de statist. de Marseille*, t. XXIX, 1866, p. 99-105.

LAUMONT (cte J.-Ch.-Joseph). Statistique du Bas-Rhin [8343]. 1802.

LAUNAY (l'a. C.-M. de). Dictionnaire, etc. [1003]. 1726, in-12. (D'après Girault de Saint-Fargeau.)

LAUNAY (Couanier de). Hist. de Laval [7474]. *Laval, Codbert*, 1856; VIII-608 p.

LAUNAY (L.-G.). Excursion à Thoré, etc. [6769]. — *Bull. de la Soc. archéol. du Vendômois*, t. Ier, 1862, p. 29-31; pl.

— Rapp. sur une excursion archéol. à Pezou [6752]. — *M. vol.*; 2 p.

— Rapport, etc. [6746]. — *M. rec.*, t. II, 1863; 3 p.

— Rapport, etc. [6736]. — *M. vol.*; 7 p.; 1 pl.

Cp. *Bull. mon.*, t. XXIX, 1863, p. 588.

— Rapport, etc. [6753]. — *M. rec.*, t. III, 1864: 9 p.; 1 pl.

— Note supplémentaire, etc. [m. n°]. — *M. rec.*, t. IV, 1865; 2 p.

— Rapport, etc. [6758]. — *M. vol.*; 3 p.

Constructions gallo-romaines.

— Rapport, etc. [6765]. — *M. rec.*, t. VIII, 1869, p. 107-116.

— Dolmens, pierres levées, etc. [4097]. — *Mém. lus à la Sorbonne*, en 1868 (1869). Archéol., p. 13-27; 2 pl.

LAUNAY (Belin de). Progrès, etc. [824]. — *Mém. lus à la Sorb.* en 1867 (1868). Hist., p. 77-95.

LAUNOY (Jean de), alias LAUNOI. De areopagiticis Hilduini judicium [9053]. *Lutetiæ Parisiorum*, 1641.

— B. Dionysii... miracula [9049]. *Ibid.*, 1641.

— Animadv. in Palladium Galliæ seu Dionys. areop. Samblancati lectoribus perutiles [9048]. *Ibid.*, 1641.

— Diss. de commentitio Lazari, Maximini, Magdalenæ et Marthæ in Provinciam appulsu [3886]. *Parisiis, Martin*, 1641.

Voir *Bibl. histor.*, t. Ier, n° 3977.

— De duobus Dionysiis [9054]. *Ibid.*, 1641.

— Responsionis, etc., discussio, in qua probatum jam utriusque discrimen ex inveniendi asserendique veri legibus defenditur. Accedit utriusque Dionysii vita [9056]. *Ibid.*, 1642. — Nouv. éd. (Voir ci-après, 1660, Varia, etc.) [9059].

— Disquisitio, etc., cum monumentis Magdalenæ Vezeliacensis [3888]. *Ibid.*, 1643.

— Les sentiments de M. de Launoy sur le livre du père Guesnay, intitulé : Auctuarium historicum de Magdalena Massiliensi [3892]. *Ibid.*, 1646.

— Dissertationes tres quarum una Gregorii Turonensis de septem episcorum adventu in Galliam; altera Sulpitii Severi de primis Galliæ martyribus locus defenditur et in utraque diversarum Galliæ Ecclesiarum origines tractantur; tertia, quid de primi Cenomannorum antistitis epocha sentiendum sit explicatur [686]. *Paris, Edm. Martin*, 1651. — IIa ed. auctior et correctior, *Ibid.*, *id.*, 1670.

— Dispunctio, etc. [690]. *Ibid.*, 1659.

Voir *Bibl. histor.*, t. Ier, n° 3960.

— Varia de Duobus Dionysiis, atheniensi et parisiensi opuscula, quorum fronti Jac. SIRMONDI dissertatio de eadem materia præfigitur [9059]. *Ibid.*, *id.*, 1660.

— Varia ... opuscula. Disquisitio disquisitionis de Magdalena Massiliensi advena ; Magdalenæ Vezeliacensis et Sammaximianensis monumenta. Dissertationis et disquisitionis confirmatio quadruplex [3894]. *Ibid*, *id.*, 1660.

— De controversia, etc. [9041]. *Ibid.*, 1671.

— Super P. F. Chiffletii diss., etc. [9061]. *S. l. n. d.* (1677 ?).

— Joannis Launoii Constantiensis, Parisiensis theologi, socii Navarræi, opera omnia ad selectum ordinem revocata ineditis opusculis aliquot, notis nonnullis dogmaticis, historicis et criticis, auctoris vita variis monumentis, tam ad Launoium, tam ad scripta ejus pertinentibus, etc., aucta et illustrata. Accessit Tractatus de varia Launoii librorum fortuna [717]. *Coloniæ Allobrogum*, sumptibus *Fabri et Barillot* et soc. et M. M. *Bousquet* et soc., 1731, 5 vol. in-fol.

Sur divers points relatifs à l'histoire du christianisme dans les Gaules, voir t. II, 1re partie, les opuscules ou lettres commençant p. 72, 121, 139, 202, 250, 338, 361, 371, 372, 374, 376, 377, 430, 569, 586, 616, 634, 650, 707, 715 et 723.

LAURAND (Jules). Notice, etc. [6762]. — *Mém. de la Soc. archéol. de l'Orléanais*, t. Ier, 1851. — T. à p., *Orléans*, 1851.

LAUREAU. * Histoire de France, etc. [327]. *Paris, Lamy, Nyon l'aîné*, 1785, in-12. — Nouv. éd. enrichie de médailles. *Paris, Nyon*, 1789, 1 vol. in-4, ou 2 vol. in-12.

LAUREAU (l'a.). Recherches, etc. [10123]. — *Bull. de la Soc. des sc. h. et n. de l'Yonne*, t. Ier, 1847, p. 287-298; pl.

LAUREAU DE THORY. Notice, etc. [8758]. — *Congr. archéol. de Fr.*, XIIIe session, tenue à Autun en 1846-1847, p. 428-442.

— Note, etc. [10228]. — *Bull. de la Soc. d'études d'Avallon*, Xe année, 1868, (1870).

LAURENDEAU (Max.). Note, etc. [4415]. — *Bull. de la Soc. archéol. de Soissons*, t. XV, 1861, p. 75-78.

— Rapport, etc. [4414]. — *M. vol.*, p. 138-145.

— Rapport, etc. [4418]. — *M. rec.*, t. XVI, 1862; 4 p.

— Observations [4407]. — *M. rec.*, t. XVII, 1863, 420-421.

— Archéologie locale. Lettres, etc. [4417], — Jal *de Soissons*, nos du 27 mars et du 28 août 1864. — T. à p.; 8 p.

— Archéologie locale. Mém. etc. [4408]. — *M. rec.*, nos des 13, 16, 18, 20, 23 et 27 novembre 1864.

— Rapport, etc. [4416]. — *Bull. de la Soc.*

archéol. de Soissons, t. XVIII, 1865; 4 p.

— Note, etc. [4214]. — *M. vol.*; 6 p.

— Note, etc. [4418]. — *M. vol.*; 3 et 4 p.

— Rapport, etc. [4419]. — *M. rec.*, t. XX, 1866, p. 130.

— Rapport, etc. [4410]. — *M. rec.*, 2e s., t. II, 1868 (1870); 20 p.

— Rapport, etc. [4420]. — *M. rec.*, 2e s., t. III, 1869 (1870); 12 p.

LAURENS. Rapport à la Commission d'archéologie d'Aix, sur les fouilles d'antiquités faites à Aix en 1842 [4928]. 1843, in-4. (D'après Girault de St-Fargeau.)

LAURENT (Théodore). Essai histor. sur Miribel... précédé d'une dissertation sur la double voie souterraine présumée romaine qui passe sous cette ville [4178]. *Lyon*, 1834.

LAURENT (Aug.). — Voir LESCADIEU (A.-L.), année 1836.

LAURENT (Paul). Extr. du rapp. sur les ruines découv. dans la forêt d'Amance, par M. Poirson, et sur celles qui ont été trouvées par M. le cte de Rutant fils, dans un champ dit l'Averseau (cne de Cercueil, con est de Nancy), présenté à l'Acad. de Nancy par M. Paul Laurent [7535]. — *Mém. de la Soc. des sc., l. et arts de Nancy*, 1838 (1839), p. 299-302.

LAURENT (Jules). Notes, puis rapport (annuel) au préfet des Vosges sur les accroissements du musée dép'tal (d'Épinal) [10059]. — *Ann. de la Soc. d'émul. des Vosges*, années 1841 et suiv.

— Rapport, etc. [10075]. — *M. rec.*, t. X, 3e cahier, 1860 (1861); 6 p.

— Rapport sur les fouilles faites dans les tumulis (*sic*) des forêts communales de Dombrot, etc. [10068]. — *M. cahier*; 10 p.

— Rapport, etc. [10063]. — *M. cahier*; 6 p.

— Rapport, etc. [10056]. — *M. rec.*, t. XI, 2e cah. 1862 (1863).

— Notice, etc. [7547]. — *M. vol.*, 3e cah., 1863; 17 p.; 3 pl. — T. à p.

— Catalogue des collections de tableaux ... poteries ... meubles anciens du musée dép'tal des Vosges [10060]. *Épinal*, 1868.

LAURENT (l'a.). Un mot, etc. [2916]. *Amiens*, 1864; 32 p. — Extr. de *la Picardie*. — Voir SOUQUET.

— Encore un mot sur Quentovic [m. no]. — Extr. de *la Picardie*.

— Examen, etc. — Suite de l'examen de l'opinion de M. Souquet. *Amiens*, 1865 [m. no]. — Extr. de *la Picardie*.

LAURENTIE (Pierre-Sébastien). Hist. de Fr. divisée par époque depuis les orig. gaul. jusqu'aux temps présents [361]. *Paris*, *Lagny* frères, 1839-1845, 8 vol. — 2e éd., *Ibid.*, 1857, 8 vol.

LAURENTIUS. Monumenta, etc. [1120]. *Gotha*, 1704, in-4.

LAURIÈRE (G. de). Qqs. mots sur la découv. des Arènes ou amphith. gallo-rom. de Paris [9135]. — *Bull. mon.*, t. XXXVI, 1870, p. 324-333.

LAUTARD (J.-B.). Essai de critique sur l'usage du poison fourni par le Sénat de l'ancienne Marseille aux citoyens qui croyaient être autorisés à le demander [4860]. — *Mém. de l'Acad. de Marseille*, t. XI, 1813, p. 132-148.

— Lettres histor. sur Marseille (22) [4861]. Publiées en 1819 dans la *Ruche provençale*.

LAUZIÈRE (J.-F. Noble de la). Abrégé chronolog. de l'hist. d'Arles, contenant les événements arrivés pendant qu'elle a été tour à tour royaume et république, ouvrage enrichi du recueil complet des inscriptions et de planches des monts antiques [4943]. *Arles*, impr. *Gaspard Mesnier*, 1808, in-4.

LAVALLÉE (Théophile). Histoire des Français, depuis le temps des Gaulois jusqu'en 1830 [347]. *Paris*, 1838-1841. — Autres éd., *Paris*, *Hetzel et Charpentier*, 1844, 4 vol. in-12. 6e éd. *Paris*, 1847. 7e éd. *Paris*, 1852. 14e éd., *Paris*, *Charpentier*, 1861. 15e éd., *Ibid.*, *id.*, 1864, 6 vol. 19e éd., *Id.*, 1874.

— Hist. de Paris, depuis le temps des Gaulois, etc. [9037]. *Paris*, *Martinon*, 1852, in-8 (38 livr.). — 2e éd., *Lévy frères*, 1857, 2 vol. in-12.

LAVALETTE (Daudé de). Recherches [2807 *b*]. — *Public. de la Soc. archéol. de Montpellier*, t. I, 1840, p. 347-424. — T. à p., *Montpellier*, 1828; 141 p.

LAVEAUX (J.-Ch.). Histoire, etc. [331]. *Paris*, an VII (1799), 3 vol.

LAVERNADE (Ch. Larcher de). Histoire, etc. [10201]. *Sens, Ch. Gallot*, 1845; 394 p.

LAVIGNE. Monuments historiques. Extrait d'un rapport demandé par le ministre de l'intérieur sur les monuments historiques de l'arrond[t] de Belley [4151]. — *J[al] d'agr.*, etc., *publié par la Soc. d'émul. de l'Ain*, t. XXVIII, 1838, p. 1, 55, 178.

LAVILLATE (J. Coudert de). Le christianisme dans l'Aquitaine [3084]. (*Guéret?*)

LAVIROTTE, de Champignolles. (D'après Fr. Edme LAVIROTTE.) Conjectures sur le lieu, jusqu'ici incertain, où César livra bataille aux Helvétiens, lors de leur invasion dans les Gaules [5420, 10785]. — *Mém. de la Comm. des ant. de la Côte-d'Or*, 1834-35, p. 73-85.

La colonne de Cussy considérée comme monument de la victoire de J. César.

— Notice, etc. [5409]. — *Mém. de la Comm. des antiq. de la Côte-d'Or*, 1834-35, in-8, p. 68-73. — Cp. *M. rec.*, 1838-41, in-4, p. 213-241.

LAW (W.-J.). A criticism of Mr Ellis's new theory concerning the route of Hannibal [2818]. *Londres*, 1855.

C. r. dans *Journal of classik and sacred philology*, t. II, 1855, p. 308, et t. III, 1857, p. 1 (avec appendice).

LAZIUS (Wolfgang). De gentium aliquot migrationibus, sedibus fixis, reliquiis, linguarum initiis et immutationibus ac dialectis, libri XII, in quibus præter cæteros populos, Francorum, Alemannorum, Suevorum, Marcomanorum, Boiorum, Carnorum, Tauriscorum, Celtarumque atque Gallogræcorum tribus, primordia et posteritas singulorum... auctorum cum lectione, tum collatione traduntur atque explicantur [114 *a*]. *Basileæ, Jo. Oporinus*, 1557, in-fol.

LE BAS (Philippe). Précis d'histoire du moyen âge, depuis, etc., jusqu'à la formation du système d'équilibre des États européens [114]. *Paris*, 1839.

— L'Univers pittoresque, etc. Dictionnaire encyclopédique de l'histoire de France [368]. *Paris, Didot*, 1840-1847, 12 vol.; pl.

Voir *Bibliographie universelle*, art. FRANCE, n° 183.

LE BAUD (Pierre). Histoire de Bretagne, avec les chroniques des maisons de Vitré et de Laval, par Pierre Le Baud, etc., etc., le tout nouvellement mis en lumière par le sieur d'Hozier [3295]. *Paris, Gervais Alliot*, 1638, in-fol.

Voir sur la Bretagne à l'époque gallo-romaine, les chap. 1-9.

LEBEAU aîné (Ch.). De la légion romaine. 26 mémoires de 1752 à 1777 [1802]. — *Mém. de l'Acad. des inscr.*, in-4, t. XXV, XXVIII, XXIX, XXXII, XXXV, XXXVII, XXXIX et XLI.

LEBEAU (Isidore). Lettre sur Hermoniacum [2746]. — *Mém. de la Soc. d'émul. de Cambrai*, t. IX, partie 2e, 1825, p. 321.

— Antiquités, etc. [7966]. — *Mém. de la Soc. d'agr.*, etc., *de Douai*, t. I, an. 1826, 2e part., p. 116. — Nouv. éd. très augmentée par MICHAUX aîné. *Avesnes*, 1859. (Voir ci-après.)

— Bavai, etc. [7988]. — *Arch. du nord de la France et du midi de la Belgique*; nouv. s., t. V, 1844, pp. 113, 160, 249, 285. — T. à p. *Valenciennes, Prignet*, 1845; 86 p. — 2e éd., intitulée : Bavai, etc., suivi d'un article intitulé : les Ruines du cirque de Bavai, par J. Lebeau. Le tout refondu et considérablement augmenté, par Michaux aîné. *Avesnes, Michaux aîné*, 1859.

— Pont-sur-Sambre. Notice historique, etc., mise dans un nouvel ordre et considérablement augmentée, par Michaux aîné [8009]. *Avesnes, Michaux aîné*, 1859.

— Recueil de not. et art. divers sur l'hist. de la contrée formant l'arr[t] d'Avesnes, par Is. LEBEAU, avec de nombr. et import. additions par Michaux aîné [n. add. 7964 *a*]. *Avesnes, Michaux*, 1861.

C. r. par Ern. CADET, *Rev. des Soc. sav.* 2e s., t. VII, 1862, p. 389-391.

LEBEAU (Auguste). Lettre [au président de la Comm. hist. du Nord] sur l'emplacement de Duronum [à Étrœungt]. Découverte d'un milliaire romain, 6 juin 1870. — Lettre [au même] sur la découverte d'un milliaire rom. et de sépultures gallo-rom., à Godin, c[ne] de Haut-Lieu, arr[t] d'Avesnes, 12 nov. 1870 [8004, 8007]. — *Bull. de la Comm.*, t. XI, 1871.

LEBER (C.), **SALGUES** (J.-B.) **et COHEN** (J.). Collection des meilleures dissert., not. et traités particuliers relatifs à l'hist. de Fr. [358]. *Paris, Dentu*, 1826-38, 20 vol. in-8.

LEBEUF (l'a. **Jean**). Lettre à M. l'abbé ***, etc. [10194]. (Mentionnée dans la *Biblioth. hist.*, t. III, n° 35990.)

— Lettre, etc. [3548]. — *Mercure*, juillet 1727.

— Examen, etc. [3906]. — *M. rec.*, juin 1729, p. 1123-1139 et 1268-1280.

— Observations, etc. [10108]. — *M. rec.*, mars 1731, p. 481-492.

— * Dissertation, etc., qui a remporté le prix dans l'Acad. de Soissons en 1735 [4036, 4393]. *Paris, J.-B. Delespine*, 1735, in-12; 107 p.

— Lettres, etc. [1016].

A la fin de la Diss. précédente, « M. Lebeuf y soutient que *Noviodunum* n'est point Soissons, ville située dans une plaine, mais Noyan, qui est à une demi-lieue sur la montagne. (*Biblioth. histor.*, t, I, n° 327.)

— Lettre à M. Dunod, etc. [8716]. — *Mercure*, mars 1735, p. 491-499.

— Réponse, etc., et sur le pays de Tellau, situé dans la Neustrie [1013]. — *Mercure*, avril 1736, p. 619-647. — T. à p. *Paris*, 1735, in-12.

— Dissert. sur la véritable époque de l'établissement des Francs dans les Gaules et sur le lieu, etc. [291, 4395]. 1736, in-12.

— Réflexions, etc. [1014]. — *Mercure*, juin 1736, t. II, 1289-1300.

— Lettre à M. Clérot, etc. [1015]. — *M. rec.*, mai 1737, p. 916-929.

— Diss. de MM. Lebeuf, Duperret et de Rochefort, sur l'époque de l'établissement de la religion chrétienne dans le Soissonnais, et ses progrès jusqu'à la fin du IVe siècle, qui a remporté le prix de l'Acad. de Soissons [4038]. *Paris, J.-B. Delespine*, 1737, in-12.

— Recueils de divers écrits pour servir d'éclaircissements à l'histoire de France et de supplément à la notice des Gaules [nouv. add. 292 *a*]. *Paris, Jacq. Barrois*, 1738, 2 vol. in-12; fig.

— Diss. où l'on prouve, etc., et que Genabum était aux environs de Gien [2683]. — *Rec. de divers écrits*, etc., p. 179-247.

Dissertation sur l'*Ascia* (attribuée par Quérard au p. Fr. Oudin).

— Dissertations sur l'hist. ecclés. et civ. de Paris, suivies de plusieurs éclaircissements sur l'histoire de France [9023]. *Paris*, 1739-1743, 3 vol. in-12.

— Traité, etc. [9955]. — *Dissert. sur l'hist. de Paris*, etc., p. 219-303.

Voir plus loin, sous la date de 1759.

— Dissertation, etc. [300, 1010 *a*]. *Paris, Delespine*, 1740, in-12.

— Lettre écrite au p. Du Val, etc. [7907]. — *Mercure*, mai 1740.

— Mémoire, etc. [8627]. — *M. rec.*, juillet 1740.

— Observations, etc. [3471]. — *Dissertations*, etc , t. II, 1740.

— Réponse, etc. [3474]. — J^al^ *de Verdun*, février 1741, p. 108-112.

Cp. *Biblioth. hist.*, t. I, n° 257.

— Lettre à M. Maillard, etc. [2672]. — *Mercure*, avril 1742, p. 711-725. (Voir d'Anville, année 1742.) — Réplique de l'abbé Lebeuf. — *M. rec.*, sept. 1742, p. 1915-1924.

Cp. *Biblioth. histor.*, t. I, n°s 247, 248, 249 et 250.

— Lettre au sujet des *Diablintes* [3475]. — *Mercure*, oct. 1742, p. 2181-2193.

Attribution incertaine mais probable. Cp. *Biblioth. histor.*, t. I, n° 261.

— Diss. sur plusieurs points de l'hist. des enfants de Clovis, Ier du nom, roy de France, et sur qqs. usages des Francs [301]. *Paris, Durand*, 1742, in-12.

— Mémoires, etc. [10092]. *Paris, Durand*, 1743, 2 vol. in-4. — Nouv. éd. continuée jusqu'à nos jours, avec additions de nouvelles preuves et annotations, par Challe et Quantin. *Auxerre, Perriquet*, 1848-1851, 4 vol.

— Édition de l'Histoire de Verdun, par Roussel, 1745. (Voir ce nom.)

— Réponse à la lettre sur la situation de Bibracte, insérée dans le J^al^ *de Verdun*, en juillet 1750 [2651].

— Lettre, etc. [9907]. — *Journal de Verdun*, janvier 1751.

— Sur une ancienne inscription, etc. [9144]. — *M. rec.*, sept. 1752.

— Remarques, etc., lues en 1740 [8628]. — *Mém. de l'Acad. des inscr.*, t. XVIII, 1753 (Hist.), p. 242.

— Supplément, etc. (lu en 1744) [1203]. — *M. vol.*, p. 249.

— Histoire, etc. [9003]. *Paris*, 1754-57, 15 vol. in-12. — Nouv. éd. précédée d'une introduction, annotée et continuée jusqu'à nos jours, par Hippolyte Cocheris. *Paris,* 1863-1870, 4 vol. in-8.

Voir sur l'ouvrage et sa réimpression l'*Annuaire-Bulletin de la Soc. de l'hist. de France,* 1863, p. 142.

— Conjectures, etc. (lues en 1747-54) [5062]. — *Mém. de l'Acad. des inscr.*, t. XXI (Hist.), 1754, p. 185.

— Mém. sur qq. antiq. du diocèse de Bayeux (Vieux, etc.), (lu en 1747) [5047, 5123]. — *M. vol.* (Mém.), p. 489-514.

— Mémoire, etc. [5604]. — *M. rec.*, t. XXIII (Hist.), 1756, p. 201 ; 2 pl.

— Réflexions, etc. (lues en 1752) [9956]. — *M. rec.*, t. XXV (Hist.), 1759, p. 129-132.

« L'auteur croit que ce temple, attribué par dom Montfaucon et par dom Martin aux Gaulois, date du IIe siècle. » *Biblioth. histor.*, t. I, n° 3823.

— Sur l'inscr. de Viromanus, etc. (lu en 1750) [7443]. — *M. vol.*, p. 133.

— Antiq. d'Auvergne [2724, 3143]. — *M. vol.* (Hist.)

— Antiq. du Puy en Vélay (lu en 1753) [6831]. — *M. vol.* (Hist.), p. 143.

— Obs. sur l'arc d'Orange (lues en 1753). [9793]. — *M. vol.* (Hist.), p. 149.

— Sépultures, 1753 [9140]. — *M. vol.* (Hist.), p. 151.

— Obs. sur l'ancienne situation de la v. de Bordeaux et sur l'origine de son nom [6297]. — *M. rec.*, t. XXVII, 1761 (Hist.), p. 145.

— Sur une maison de campagne d'Ausone (lu en 1754) [6259]. — *M. vol.*, p. 152.

— Notice, etc. [5615]. — *M. vol.*, p. 171.

— Examen, etc. (lu en 1754) [1635]. — *M. vol.* (Hist.), p. 176.

— Conjectures, etc. (lues en 1755) [3819]. — *M. vol.*, p. 179.

— * Recueil, etc., avec une introduction, une not. sur l'a. Lebeuf, le catalogue de tous ses écrits et des notes, par J. P. C. G. (Claude Gauchet, pseudon. du bon Jér. Pichon) [22]. — *Paris, Techener*, 1843, in-12, t. Ier (unique).

— [Quatre] Lettres de l'a. Lebeuf, annotées par le cte Léon de Bastard [10093]. — *Bull. de la Soc. des sc. h. et nat. de l'Yonne*, t. XIII, 1859, p. 92-133.

— Lettres de l'abbé Lebeuf publiées sous les auspices de la Société des sciences, etc. de l'Yonne par Quantin et Cherest [23, 10094]. *Auxerre*, 1866-67, 2 vol.

LEBEURIER (l'a.). De la découverte d'un prétendu cimetière mérovingien (à la Chapelle Saint-Éloi). 1er rapport fait à la Soc. libre de l'Eure [5791]. *Évreux*, 1855 ; plans. — 2e rapport, 1856.

— Voir aussi le n° 5749.

LE BLANC (**François**). Traité historique des monnaies de France avec leurs figures, depuis le commencement de la monarchie jusqu'à présent [1964]. *Paris, J. Boudot*, 1690, in-4, fig.

LE BLANC (**L.**). Recherches historiques et statistiques sur Auxerre, ses monuments et ses environs, *Auxerre*; *Paris*, 1830, 2 vol. in-12, ouvrage publié sous l'initiale L*** et accompagné de l'article suivant, publié sans nom : — * Plan d'Auxerre, carte d'une partie de l'ancienne Gaule, gravure de la cathédrale et recueil de fac-similés pour les « Recherches histor. » [10137, 10138]. *Auxerre, Gallot-Fournier*; *Paris, Carilian-Gœury*, 1830, in-4 ; 8 p. ; 8 pl.

Mention très honorable au concours des antiq. en 1830.

— Notice, etc. [10128]. — *Mém. de la Soc. des ant. de Fr.*, t. X, 1834, p. 146.

— Notice, etc. [10153]. — *M. rec.*, 2e s., t. I, 1835, p. 67.

LE BLANC D'AMBONNE. Étude, etc. [645]. *Dijon*; *Paris, Techener*, 1849, in-18 ; 5 pl.

LEBLANC (**l'a. Henri-Joseph**). Essai historique, etc. [2391]. *Paris* et *Lyon, Périsse*, 1852.

LEBLANC (**J.**). Les mosaïques de Vienne [6645]. — *Bull. mon.*, t. XXXIII, 1867, p. 383-385.

— Découvertes faites sur le territoire de Sainte-Colombe-lès-Vienne [8674 *a*]. — *M. rec.*, t. XXXVI, 1870, p. 80-83.

LE BLANT (**Edmond**). Inscriptions chrétiennes de la Gaule, etc., réunies et annotées [2187]. *Paris*, 1857-66, 2 vol. in-4 ; 1 carte ; 117 pl.

1re médaille au concours des antiquités nationales. — Article sur le t. Ier dans le *Journal des Savants*, par M. Hase, 1er article, 1857, p. 665 ; 2e et dernier, 1858, p. 83.

— Réponse à une lettre du 13 janvier

1680 [741]. — *Le Correspondant*, 25 juin 1858. — T. à p.

Inscription trouvée à Briord (Ain). — « Sollicité par une lettre du P. La Chaise, d'abjurer le protestantisme, Spon lui avait répondu en le mettant au défi de démontrer, par l'archéologie, l'antiquité des pratiques catholiques. Les inscriptions découvertes depuis ce temps permettent de répondre aux négations du savant lyonnais. » (Note ms. de M. Le Blant.)

— Sur les graveurs des inscriptions antiques [2188]. — *M. rec.*, année 1859. — T. à p.; 15 p.

— D'une représentation inédite de Job, etc. [4991]. — *Rev. archéol.*, t. II, 1860, p. 36-44. — T. à p.; 11 p.; 1 pl.

— Mémoire, etc. [6417]. — *Mém. de la Soc. des ant. de Fr.*, 3e s., t. V, 1862, p. 1.

— Note, etc. [6656]. — *Ann. de philosophie chrét.*, 5e s., t. IX, 1864, p. 7-17.

— Note épigraphique, etc. [11063]. — *Rev. archéol.*, 1863, t. VIII, p. 546-551. — T. à p., 1864.

— Note, etc. [109]. — *Rev. arch.*, 2e s., t. X, 1864, p. 435-448.

A propos d'une inscr. du musée de Marseille. Extrait du t. II des *Inscr. chrét. de la Gaule*, alors sous presse.

— Note, etc. [2319], — *Mém. de la Soc. des ant. de Fr.*, 3e s., t. VIII, 1865. p. 89. — Supplt, p. 83-89. — T. à p.

— Rapport, etc. [8659]. — *Bull. de la m. Soc.*, an. 1865, p. 105-108.

— Manuel d'épigraphie chrétienne, etc. [2189]. *Paris, Didier*, 1869, in-18 jésus; 271 p.

LEBLOND, LA PORTE DU THEIL et MONGEZ. Rapport (à la classe de littérature de l'Institut) sur le fragment, etc. [4902]. — *Mém. de l'Institut*, cl. de litt. et beaux-arts, t. I, an VI, p. 170-180; 1 pl.

LEBLOND (l'a. Gaspard-Michel). Histoire, etc. [5590].

LEBON (J.), éditeur de Cl. Champier (voir ce nom).

LE BONNETIER (le p.), curé de Scarpone. — Voir Lamoureux.

LE BOUCQ (Simon). * Bref recueil, etc., où est représenté ce qui s'est passé de remarquable en ladite ville et seigneurie depuis sa fondation jusques à l'an 1619, par S. L. B. [8012]. *Valentienne, Verallet*, 1619.

LEBOULLENGER. Voyage dans le dép. de la Seine-Infre. (Antiquités, etc. [9316].

Ms. conservé à la biblioth. de Rouen, et cité par l'abbé Cochet, *Rev. des Soc. sav.*, 4e s., t. II, p. 149.

LE BOYER (J.). Astronomie : sur le calendrier des Celtes [1699]. — *Ann. de la Soc. acad. de Nantes*, année 1818.

— Considérations, etc. [2280]. — *M. rec.*, année 1822.

— Observations, etc. [3095 *a*]. — *Lycée armoricain*, t. I, 1823, p. 7-16.

— La langue des Bas-Bretons, etc. [2281]. — *M. vol.* (3 articles).

— *Notices, etc. par J. L. B. R. [6871]. *Nantes*, 1823, in-12. — Nouv. éd. 1825 (incertain).

— Encore un mot, etc. [3320]. — *Lycée armor.*, t. VIII, 1826, p. 82-84.

— Monnaie en or, etc. [6915]. — *M. rec.*, t. XII, 1828, p. 124-126; 1 pl.

— Pièces de monnaies, etc. [6914]. — *Ann. de la Soc. acad. de Nantes*, an. 1828.

— Sur des monts, etc. [6924]. — *M. rec.*, an. 1830.

— Rapp. fait à la Soc. acad. de Nantes en déc. 1829, sur un souterrain, etc. [6900]. — *M. vol.*, p. 163-172.

— Traduction, etc. [7698]. — *M. rec.*, an. 1834.

LE BRASSEUR (l'a. Pierre). Hist. ecclés. et civ. du comté d'Évreux [5756]. *Paris, J. Barrois*, 1722, in-4.

« On y trouve (p. 173 et sv.) la description du grand ossuaire découvert à Cocherel. » (Note ms. de la Comm. de la topogr. des Gaules.)

LEBRET (Henry). Hist. de la v. de Montauban, divisée en deux livres, dont le 1er contient plusieurs matières curieuses, et le 2e un sommaire de toutes les guerres de la religion [9678]. *Montauban*, 1668, in-4. — 2e édition revue et annotée par l'abbé Marcellin et Gabriel Rück. *Montauban*, 1841, 2 vol. gr. in-8.

LE BRETON DE GAUBERT (l'a.). La Paroisse de Saint-Similien, ses antiquités. (Titre incertain) [6899]. 1773, in-12.

LE BRIGANT (Jacques). * Diss. adressée aux Académies savantes de l'Europe sur une nation de Celtes, nommée

Brigantes ou *Brigants*, fondateurs de plusieurs villes de leur nom, duquel et de leur race il se trouve encore des hommes en Bretagne, par un auteur de la même nation [318, 3349]. — A *Breghente dans le Tirol* (*Paris, Briasson*), 1762, in-12.

C. r. dans les *Mém. de Trévoux*, octobre 1762, p. 2173.

— Obs. fondamentales sur les langues anciennes et modernes ou prospectus de l'ouvrage intitulé : La langue primitive conservée [2259]. *Paris, Barrois*, 1770, in-4.

Contient : 1° Vocabulaire celte comparé aux langues orientales, à la langue galibi, au tahitien, etc. 2° Une critique des dictionnaires de Grégoire de Rostrenen, de Le Pelletier et de Bullet. « On croit que Louis-Paul ABEILLE a eu beaucoup de part à la rédaction de cet ouvrage. » (*Biogr. univ.*)

— Nouvel avis, etc. [2260]. *Paris*, 1770, in-12.

— Éléments de la langue des Celtes-Gomérites ou Bretons; Introduction à cette langue, et par elle à toutes celles de tous les peuples connus [2261]. *Strasbourg, Lorenz et Schuler*, 1779. — Nouv. éd., *Brest, Gauchelet*, an VII (1799). « Édition moins correcte. » (*Biogr. univ.*)

« La rédaction de ce petit ouvrage appartient presque en entier à M. OBERLIN » *Biogr. univ.*, art. J. Le BRIGANT.

— Détachements, etc. [2262]. *Paris, Cailleau*, 1787. — Autres détachements de la langue primitive, celle des François, la même que celle des Gaulois, leurs ancêtres. *Paris*, 1787.

— Démonstration singulière que presque toutes les langues de la terre ne sont que la Celte gomérique ou bretonne altérée dans l'arrang^t des mots et dans la prononciation [2263]. *Paris*, in-4.

— Les premiers siècles, etc. [2387]. *Paris*, 1787.

— Notions générales ou encyclopédiques [2264]. *Avranches, Lecourt*, 1791, in-12.

— Dissertation, etc. [7257]. *Ibid.*, *id.*, 1792.

LEBRUN (Mme **C.**). Le Dauphiné. Histoire, descr. pittoresques, antiq., etc. [3457 *a*]. *Paris, Amyot*, 1848.

LE BRUN-DALBANNE. Le *Bacchus* de Troyes; extrait d'un mémoire [4704]. — *Mém. lus à la Sorbonne*, en 1865 (arch.), p. 71, et *Mém. de la Soc. acad. de l'Aube*, 3e s., t. III, 1866, p. 281-292.

LE CADRE. Antiquités, etc. [6898]. — *Ann. de la Soc. acad. de Nantes*, 1826.

LE CANU (l'a.). Histoire de Clichy-la-Garenne [9151]. *Paris, Poussielgue*, 1848.

Mention hon. à l'Acad. des inscr. et b.-l.

LECARLATTE (l'a.). Essai histor. sur les mon^ts de Dol, le pays dolois, l'établissement du royaume, de la province Armorique, de l'archevêché de Dol [6464]. *Paris, Franck*, 1864.

LE CAT. Lettre, etc. [9443]. — *Mém. de Trévoux*, avril 1752, p. 940-952.

LECESNE (**Paul**). Notice, etc. [3135]. — *Mém. de l'Acad. d'Arras*, t. XXVIII, 1855; 30 p.

— Cimetière ancien, etc. [8225]. — *Bull. de la Comm. des antiq. dép^tales du Pas-de-Calais*, t. III, 1869, p. 60-65.

LECHAT (**A.**). Almanach, etc. [10097]. *Auxerre*, 1850-1867, in-24 ; pl.

LÉCHAUDÉ D'ANIZY. Rapport, etc. [7728]. — *Mém. de la Soc. des ant. de Normandie*, t. IV, 1829, p. 253.

— Notice, etc. [5077]. — *M. rec.*, t. VI, 1833, p. 70.

LECLER (l'a. **André**). Mon^ts druidiques, etc. [3603]. — *Bull. de la Soc. arch. et histor. du Limousin*, t. XV, 1865, p. 21-28.

— Monographie, etc. [10002]. — *M. rec.*, t. XVIII, 1868, p. 5-31.

— Bornes rom., etc. [10037]. — *M. vol.*, p. 133-134.

— Recherches, etc. [3604]. — *M. rec.*, t. XX, 1870; planches.

LECLERC DE SEPTCHÊNES. — Voir SEPTCHÊNES.

LECLÈRE (**J.-B.**). — Voir GAVEAU et LECLÈRE.

LECOCQ (**Ad.**). Notice, etc. [5850]. — *Mém. de la Soc. archéol. d'Eure-et-Loir*, t. II, 1860, p. 325-334.

— Rapport, etc. [5848]. — *P.-v^x de la m. Soc.*, t. II, 1864, p. 292-299; 3 vignettes.

Aqueduc-cloaque.

— Rapport, etc. [5851]. — *M. rec.*, t. III, 1867, p. 236-238.

— Fouilles, etc. [5849]. — *M. rec.*, t. IV, année 1870 (1873), p. 380.

LECŒUR (Charles). Mosaïques rom., etc. [8310]. — *Bull. du Comité histor. des arts et mon^ts*, t. II, 1856, p. 254-256.

— Notice, etc. [8308]. — *M. vol.*, p. 377-390.

— Notice, etc. [8303]. — *M. rec.*, p. 391-395; 2 pl.

LE COINTE (le p. Charles), oratorien. Annales ecclesiastici Francorum, ab anno Christi 417 ad an. 845 [693]. *Parisiis, Typogr. regia*, 1565-1683, 8 vol. in-fol.

LECOINTRE-DUPONT (E.). Lettre, etc. [9960] (signée LECOINTRE). — *Mém. de la Soc. des ant. de Normandie*, t. V, 1830, p. 340.

— Catalogue, etc. [9899]. — *Mém. de la Soc. des ant. de l'Ouest*, année 1838; 46 p.; 1 pl.

— Projet, etc. [3852] — *M. vol.*

— Instruction, etc. [3853]. — *Bull. de la m. Soc.*, 4e trim., 1839.

— Essai, etc. [3855]. *Poitiers*, 1841.

Publié d'abord dans les *Mém. de la Soc. des antiq. de l'Ouest*. — C. r. par E. C. [Cartier] dans la *Rev. num.*, année 1841, p. 225-39.

— Notice, etc. [9916]. — *Mém. de la Soc. des ant. de l'Ouest*, an. 1842; 12 p.

— Lettres, etc. [3765]. *Poitiers; Paris, Dumoulin*, 1846; 3 pl.

— Notes, etc. [1938]. — *Bull. de la Soc. des ant. de l'Ouest*, 2e trim., 1847.

— Fouilles à Écuré [9958]. — *M. vol.*, 4e trim., 1847; 9 p.; 1 pl. (Voir aussi 1er trim. 1852.)

— Note sur une mosaïque trouvée à Poitiers, au mois de déc. 1862 [9921]. — *M. rec.*, an. 1863; 4 p.; 1 pl.

LE COMTE (Augustin). Discours prononcé au Congrès historique européen le 14 décembre 1832 sur cette question : Établir la différence de la musique des Celtes, etc., et de celle du chant ambrosien et mosarabique avec le chant grégorien et celle du chant grégorien avec la musique du moyen âge [1474]. — *L'Investigateur*, 1835. — T. à p. *Paris*, 1835, 28 p.; 1 pl.

Pas de solution quant aux Celtes.

LECOMTE (l'a.). Monuments gaulois, etc. [4254]. — *Bull. de la Soc. histor. et archéol. de Soissons*, t. I, 1847, p. 183.

— Époque rom., etc. [4255]. — *M. rec.*, t. II, 1848, p. 168.

— Découverte, etc. [4388]. — *M. rec.*, t. III, 1849, p. 162.

LECOQ (H.). Itinéraire du dép^t du Puy-de-Dôme, contenant l'indication des principales formations géologiques, du gisement des espèces minérales, des volcans anciens et modernes et de tous les lieux remarquables, soit par leurs productions naturelles, soit par les anciens monuments que l'on y rencontre, ou par leur aspect pittoresque [nouv. add. 8245 *a*]. *Clermont-Ferrand, Thibaud-Landriot; Paris, Levrault*, 1831; 1 carte.

— Itinéraire de Clermont au Puy-de-Dôme, ou description de cette montagne et de la vallée de Royat et Fontenat [nouv. add. 8267 *a*]. 2e éd., *Paris*, 1836; 38 p.; 4 lithogr.

— Indicateur d'Auvergne ou Guide des voyageurs aux lieux et monuments remarquables situés dans les départements du Puy-de-Dôme, du Cantal et de la Haute-Loire [3158]. — *Annales scient.*, etc. *de l'Auvergne*, p. p. l'Acad. des sc. de Clermont, t. VIII, 1835, p. 241-278.

LECOQ-KERNEVEN (J.-M.-R.). Carte numismatique, etc. [3116]. — *Annuaire de la Soc. franç. de numism. et d'archéol.*, 2e an., 1867; 26 p.; 19 pl.

— Traité de la composition et de la lecture de toutes inscriptions monétaires, monogrammes, symboles et emblèmes depuis l'époque mérovingienne jusqu'à l'apparition des armoiries [1338]. *Rennes, Verdier*, 1869.

LECOT (T.). Un mot, etc. [8063]. — *L'Ami de l'ordre, de Noyon*, 1er déc. 1859.

LECOY DE LA MARCHE (A.). Note, etc. [8972]. — *Revue savoisienne*, 2e année, 1861, p. 69.

— De l'autorité de Grégoire de Tours, étude histor. sur le texte de l'*Histoire des Francs* [221]. *Paris*, 1861, t. VII; 131 p. — De l'autorité de Grégoire de Tours, réponse à M. Bordier [m. n°]. — *Correspondance littéraire*, an. 1862. — T. à p., 1862; 19 p.

LEDAIN (Bélisaire). Notice, etc. [9504].

— *Mém. de la Soc. de statistiq.* etc. *des Deux-Sèvres*, 2e s., t. I, 1860-61, p. 23-29.

— Histoire, etc. [9491]. — *Mém. de la Soc. des ant. de l'Ouest*, t. XXX, an. 1865 (1866), p. 185-431.

LEDAIN (l'a. **Adolphe**). Lettres à M. G. Boulangé, ingr des p. et chaussées, sur Caranusca, 1re station, etc., par la rive droite de la Moselle [7826 *a*]. 1857.

— Notice sur les antiq., etc., et sur qq. antiquités des bords du Rhin et de ceux de la Moselle inférieure [11099]. — *Mém. de la Soc. d'arch. et d'hist. de la Moselle*, an. 1863 ; 78 p.

— Les feux de la St-Jean et la roue flamboyante à Sierck [7891]. — *Mém. de l'Acad. de Metz*, t. XLVIII, 1866-67, p. 267.

— Notice, etc. [7795]. — *M. rec.*, t. L, 2e s., t. XVII, 1868-69 (1870), p. 513-542.

— Qqs. obs. sur le travail préparatoire de la carte itinéraire de la Gaule au commt du ve siècle [7788]. — *M. rec.*, 2e s., t. XVIII, 1869-70 (1870), p. 565-651.

Voir la bibliographie des travaux de l'a. Ledain, *Annuaire de la Soc. fr. de numismat. et d'arch.*, t. III, 1870, p. 519.

LE DEIST DE BOTIDOUX. — Voir Botidoux.

LEDICTE-DUFLOS. Notice, etc. [8051]. — *Mém. de la Soc. acad. de l'Oise*, t. I, 1851, p. 369-394. — T. à. p., m. d., 31 p.; planches.

LEDIEU. Recherches, etc. [nouv. add. 2928 *a*]. — *Le Glaneur* (de St-Quentin), an. 1828, nos 2 et 5.

LEDIVELLEC. La presqu'île de Rhuis en Bretagne, ou le canton de Sarzeau, près Vannes (Morbihan), ses antiq. et ses monts, etc., guide des baigneurs et des touristes [7676]. *Vannes, Galles*, 1865, in-18 ; VIII, 105 p.

LEDRU (dr **P.**). Notes, etc. [8181]. — *Bull. de la Comm. des antiq. déptales du Pas-de-Calais*, t. II, 1862, p. 143-175.

— Rapport sur les découvertes faites à Avesnes-le-Comte, par M. Ledru, dr en médecine [m. no]. — *M. vol.* — T. à p. *Arras*, 1863 ; 10 p.

— Cimetière, etc. [8183]. — *M. rec.*, t. II, 1865, p. 282-286.

— Fouilles, etc. [8182]. *Arras*, 1866.

LEDRU (**Agis**). Note, etc. [8289]. — *Mém. de l'Acad. de Clermont-Fd*, 4e s., t. X, 1868, p. 328-338.

LEEMANS (**C.**). Drei neu entdeckte röm. Inschriften [2225]. — *Jahrb. des Vereins von d. Alterthumsfreunden im Rheinlande*, t. XLVII, 1869, p. 160-164.

LEFAVERAIS (**H.**). Histoire, etc. [8126]. *Caen*, 1867.

LEFEBVRE (l'a.). Hist. gale et partic., etc. précédée de l'histoire des Morins, ses plus anciens habitants [8204]. *Paris, Guill.-Fr. de Bure*, 1766, 2 vol. in-4, fig. et cartes.

— Ossuaire gaulois trouvé à Courtieux, en 1846 [8080]. — *Bull. de la Comm. archéol. du dioc. de Beauvais*, t. II, 1847, p. 4.

LEFEBVRE (**Ch.-A.**) dit Faber. Découverte, etc. [7960]. — *Mém. de la Soc. d'émul. de Cambrai*, t. XXVI, 1re part., 1860, p. 401.

LEFEBVRE (**Charles**). Les squelettes, etc. [9136]. *Fontainebleau*, impr. *Bourges ; Paris, Dentu*, 1870 ; 13 p.

LEFEBVRE (**J.**). Traité élémentaire de numismatique générale [1949]. *Abbeville, Jeunet*, 1850, 2e éd. rev. et corr., 1861-63. — Supplément.

LE FÈVRE (**Jean**). La Fleur et antiquité des Gaules ; où il est traité, etc., avec la description des Bois, Forêts, Vergers et autres lieux de plaisir situés près la ville de Dreux [598, nouv. add. 5858 *a*]. *Paris, Sergeant*, 1532 (écrit en vers).

LEFÈVRE (**Édouard**). * Dictionnaire des cnes et des hameaux d'Eure-et-Loir [5330]. *Chartres*, 1854, in-16. — 2e éd. : Dictionn. géograph. du dépt d'Eure-et-Loir. *Angers*, 1855, in-12. — 3e éd. : Dépt d'Eure-et-Loir. Dictionn. géogr. des cnes, hameaux, fermes, moulins, châteaux, maisons et chapelles ayant un nom particulier, avec l'indication du nombre de maisons, ménages, habitants, et de leur distance au chef-lieu de la cne dont ils dépendent. *Chartres*, 1856, in-12.

— Recherches, etc. Ouvrage couronné par la Soc. des ant. de la Picardie, dans sa s^ce du 11 juillet 1858 [3690]. *Paris; Abbeville, Housse*, 1859; 2 cartes.

LE FILLATRE. Monuments, etc. [7246]. — *Annuaire de la Manche*, 1833, in-12.

LEFILS (Florentin). Hist. civ., polit. et relig. de St-Valery et du comté de Vimeu; avec des annotations par H. DUSEVEL [9630]. *Ibid., id.*, 1858.

— Hist. de la v. du Crotoy et de son château; avec des annotations par H. DUSEVEL [9594]. — *Ibid., id.*, 1860, in-12.

— Hist. civ., polit. et relig. de la v. de Rue et du pays de Marquenterre, avec des annotations par H. DUSEVEL [9613]. — *Ibid., id.*, 1860, in-12.

— Géographie histor. et populaire des c^nes de l'arr^t d'Abbeville [9548]. *Abbeville*, impr. *J. Gamain*, 1868; 407 p.

LE FIZELIER (J.-A.). Essai, etc. [7469]. — *Bull. mon.*, t. XXXI, 1865, p. 377.

LEFLOCQ (Jules). Les Mystères, etc. (posthume) [658]. — *Rev. archéol.*, 2e s., t. XVIII, 1868, p. 203-215.

Combattu par Henri MARTIN. (Voir ce nom.)

— Études, etc. [503]. *Orléans, Herluison; Paris, Aug. Durand*, 1869, in-18; 310 p. (posthume).

Édition préparée par A. BAILLY, A. BOUCHER et LEMOINE; avec Notice sur J. Leflocq, par A. BAILLY.

LE FOL (l'a.). Enceinte fortifiée de Plésidy [5527 *a*]. — *Bull. mon.*, t. XXXV, 1868, p. 194-196.

— Conjectures, etc. [3948]. — *Mélanges de l'Acad. de Montauban*, 1755, p. 365-405.

LEGEAY (Fortuné). Recherches, etc. [8896]. *Le Mans*, 1851, 2 vol. in-18. — 2e éd. complétée. *Ibid.*, 1859.

— Recherches, etc. [8911]. *Paris*, 1855, in-12.

— Recherches, etc. [8905]. *Ibid.*, 1856, in-12.

— Rech. histor. sur Coulongé [8889]. *Ibid.*, 1856, in-12.

— Recherches, etc. [8887]. *Ibid.*, 1857, in-12.

— Le Guide du voyageur au Mans et dans le dép^t de la Sarthe [8878]. *Le Mans*, 1861, in-12.

LE GENDRE (l'a.). Les mœurs et coutumes des Français, dans les premiers temps de la monarchie, précédées des mœurs des anciens Germains, trad. du latin de TACITE (voir ce nom) [840, 10698]. *Paris, Briasson*, 1753, in-12.

LE GLAY (d^r André-J.-Ghislain). Notice sur Hermoniacum, station romaine située entre Cambrai et Bavai [2747]. — *Mém. de la Soc. d'émul. de Cambrai*, t. VIII, 2e part., 1824, p. 346. — T. à p. *Cambrai*, 1825.

Herm. placé sur le territoire de Vendegies-sur-Escaillon.

LE GLAY (Edward). Programme, etc. [7951]. *Lille*, 1836, in-18.

— Nouvelles conjectures, etc. [7952]. — *Mém. de la Soc. d'émul. de Cambrai*, t. XII, 2e part., 1838, p. 81. — T. à p., 1840.

— Glossaire topogr. de l'ancien Cambrésis, suivi d'un rec. de chartes et diplômes, pour servir à la topographie et à l'hist. de cette province [3408]. — *M. rec.*, t. XIX, 2e part., 1843, p. 235. — T. à p. *Cambrai*, 1843.

— Mémoire, etc. [9764]. — *Mém. de la Comm. histor. du Nord*, t. I, 1843, p. 37-64.

— Sur le Vicus Helena (1843). — Voir VINCENT (A.-J.-H.)

LEGOIX (l'a.). Les monuments dits celtiques, etc., [nouv. add. 8103 *b*]. — *Cc. rr. et Mém. du Comité archéol. de Senlis*, t. II, 1864, p. 95-114.

— Les arènes de Senlis [8106]. — *M. rec.*, t. VI, 1868, p. 157-163. — Les arènes de Senlis au 31 décembre 1866, p. 163-175.

LEGONIDEC (Jean-François). Grammaire celto-bretonne [2276]. *Paris*, 1807. — Nouv. éd. *Paris*, 1839.

— Notice, etc. [5511]. — *Mém. de l'Acad. celtique*, t. III, 1809, p. 34.

— Réfutation, etc. [3312]. — *Mém. de la Soc. des ant. de Fr.*, t. I, 1817, p. 251.

— Dictionnaire celto-breton [2277, 3331]. *Angoulême*, 1821. — 2e éd.: Dictionnaire français-breton (1847) et breton-français (1850), précédé de la Grammaire bretonne, enrichi d'un avant-propos, d'additions et d'un Essai sur l'histoire de la langue bretonne, par Th. HERSART DE LA VILLEMARQUÉ. *St-Brieuc, Prudhomme*, 2 vol. in-4.

LE GOUX DE GERLAND (**Bénigne**). * Dissertations, etc. [5974]. *Dijon, Nic. Frantin*, 1771, in-4 ; 32 pl. et carte de l'ancien Dijon.

LEGRAND (**Fr.-Albert**). La Vie des saints de la Bretagne Armorique, etc. [3296]. *Nantes, Dorieu*, 1637, in-4. — 2e éd., augmentée par Guy AUTRET. *Rennes, Ferré*, 1659, in-4. — 3e éd., augmentée. *Rennes, Vatar*, 1680. — Réimpression sous le titre suivant : les Vies des Saints de la Bretagne Armorique, avec des notes et observations historiques et critiques, par Daniel-Louis MIORCEC DE KERDANET ; revues par M. GRAVERAN. *Brest, Anner*, 1837, in-4.

LEGRAND (**Jacques-Guillaume**) **et LANDON**. Description, etc. [9109 *a*]. 2e éd. *Paris, Landon* (*Treuttel et Würtz*), 1818, 2 vol. gr. in-8 ; planches. (La 1re éd. est de 1809.)

LEGRAND D'AUSSY (**P.-Jean-Baptiste**). Hist. de la vie privée des Français, etc., jusqu'à nos jours. 1re partie [778]. *Paris*, 1782, 3 vol. — Nouv. éd. avec des notes, corrections et additions par J.-B.-B. DE ROQUEFORT. *Paris*, 1815, 3 vol.

Agriculture des Gaulois. — Plantation des vignes dans les Gaules, etc.

— Voyage, etc., dans la ci-devant Haute et Basse Auvergne, aujourd'hui dépt du Puy-de-Dôme, du Cantal et partie de celui de la Haute-Loire [3152]. — Nouv. éd. *Paris*, 1795, 3 vol.

La 1re édition, publiée en 1782 sous le titre de : *Voyage d'Auvergne*, ne formait qu'un vol. Peu de détails sur les antiquités. (Quérard.)

— Des sépultures nationales et particulièrement de celles des rois de France [1647]. *Paris, J. Esneaux*, 1824.

LEGRAND (**Albert**). Rech. histor. sur l'origine de Thérouanne et les développements de cette cité sous la période rom. [8238]. — *Mém. de la Soc. des ant. de la Morinie*, t. V, 1839-1840 (1841), p. 61-74.

LEGRAND (**Gustave**). Excursion, etc. [4721]. — *Mém. de la Soc. acad., sc. de l'Aube*, t. XIII, 1858 ; 6 p., 1 plan.

LEGRAND (**Gustave**) **et CAYOT** (**A.**). Note adressée à la Soc. franç. d'archéol., pour la conservation des monts hist., etc. [4726]. — *Bull. mon.*, t. XXII, 1856, p. 193. — Même travail signé Cayot et Legrand et intitulé : Note sur les fouilles, etc. (la suite comme ci-dessus) dans les *Mém. de la Soc. acad. de l'Aube*, t. VII, 1856.

LEGUAY (**Louis**). Étude, etc. [3800]. — *C. r. et Mém. du Comité archéol. de Senlis*, t. II, p. 183-205, 1864. — T. à p., 1864, et *Bull. de la Soc. d'archéol. de Seine-et-Marne*, à Melun, t. Ier, 1865 ; 21 pages.

— Notice, etc. [5865]. — *Bull. de la Soc. d'archéol.* etc. *de Seine-et-Marne*, t. II, 1865 ; 18 p.

— Notice, etc. [9162]. — *Mém. lus à la Sorbonne*, en 1865 (archéol.), 1866, p. 45.

— Note, etc. [9160]. — *M. vol.*, p. 65.

— Antiquités, etc. [3801]. — *Bull. de la Soc. parisienne d'archéol.*, t. Ier, an. 1865 (1867), p. 59-68 ; fig. — T. à p.

— Explication, etc. [1539]. — *M. vol.*

— Note, etc. [9161]. — *Mém. lus à la Sorb.* en 1866 (Archéol.), 1867, p. 19.

— Rapp. fait à la Comm. de la carte topographique des Gaules sur les fouilles, etc. [9261]. — *Rev. archéol.*, 2e s., t. XV, 1867, p. 364-374.

— Objets préhistoriques, etc. [9149]. — *Cc. rr. de la Soc. franç. de numismat. et d'arch.*, t. II, 1870, p. 320.

LE HÉRICHER (**Édouard**). Avranchin, etc. [3196]. *Avranches*, 1845, 1847, 1863, 3 vol.

— Le Mont-St-Michel, etc. [7291]. *Avranches*, 1847.

— Histoire, etc. [7292]. *Caen, Lecrène*, 1849, 1 vol. in-fol., publié en 12 livraisons. Dessins de *G. Bouet*.

— Philologie, etc. [3773]. — *Mém. de la Soc. des ant. de la Normandie*, t. V, 1863, in-4. — T. à p. *Caen, Hardel* ; 54 p.

— Itinéraire, etc., du voyageur dans le Mont-St-Michel [7294]. *Avranches, Anfray*, 1857, in-16 ; 4 lithogr.

— Histoire, etc. [2379, 2375 *a*]. — *Mém. de la Soc. archéol. d'Avranches*, t. III, 1864, p. 1-482. — T. à p.

— Glossaire, etc. [2322]. *Caen*, 1870, in-4.

LE HON (**H.**). L'Homme fossile [1440 *a*]. *Paris*, 1868, gr. in-8 ; 100 grav.

LE HUÉROU (**Julien-Marie**). Rech., etc., et sur la 1re colonisation de la Gaule, de la Bretagne, de l'Irlande et de l'Écosse [377, 3334, 10367]. *S. l. n. d.*, in-4; 37 p.

Reproduit, en 1853, dans la nouv. éd. du *Dictionn. histor. et géogr. de la Bretagne*, de Jean OGÉE.

— Histoire des institutions mérovingiennes et du gouvernement des Mérovingiens jusqu'à l'édit de 615..— Histoire des institutions carlovingiennes [798]. *Paris, Joubert*, 1842-34, 2 vol.

C. r. dans la *Rev. de bibliogr. analyt.*, avril 1844, p. 358, et mai, p. 440.

LEIBNITZ (Heinrich). Die rœmische Bæder bei Badenweiler im Schwarzwald. [10397]. *Leipzig, Weigel*, 1856, gr. in-4; 24 p.; 2 pl. lithogr.

LEIBNIZ (Godefroy-Guillaume). * Brevis designatio, etc. [287 *a*]. — *Miscellanea berolinensia ad incrementum scientiarum* (t. Ier des Mém. de l'Acad. des sc. de Berlin), 1710, in-4, p. 1-16. (Signé G. G. L.)

— Collectanea etymologica, illustrationi linguarum veteris Celticæ, Germanicæ, Gallicæ, aliarumque inservientia, cum Præfatione J.-G. Eccardi [2243]. *Hanoveræ, Nic. Fœrster*, 1717, 2 vol.

— * Origine des Français [293 *a*].

Recueil de diverses pièces sur la philosophie, la religion, etc. *Amsterdam*, 1740.
Voir sur cette publication : *Biogr. générale*, art. LEIBNIZ, colonne 477.

LEICHTLEN (E.-Julius). Forschungen in Gebiete der Geschichte und Alterthums und Schriftenkunde Deutschlands (3ter Helft) [2283]. *Freiburg, Herder*, 1822, in-12.

Essais sur la langue celtique. C. r. par P. de Golbéry. *J^al des Savants*, an. 1824, p. 628.

— Schwaben unter den Römern. In 2 Karten dargestellt. Nebst Untersuchung über die Oberdonaustrasse der Peutinger-Tafel von Windisch bis Regensburg insbesondere über die Hauptstadt Samulocenæ [11125]. — Dans ses *Forschungen*, etc. (voir l'art. précédent), 4ter Helft. *Freiburg, Herder*, 1825.

LEITZMANN (J.-J.). Bibliotheca numaria. Verzeichniss sammtlich. 1800-1866 erscheinenden Schriften über Münzkunde [1866]. 2e éd. *Weissensee*, 1867.

Titre de la 1re édition : Verzeichniss sammtlich. seit 1800 bis jetzo erschien. numismat. Werke, als Forsetz. d. *Bibliotheca numaria* von J.-G. LIPSIUS, *Weissensee, Grossmann*, 1841; 101 p.

LE JEAN (Guillaume). Hist. polit. et municipale de la v. et de la communauté de Morlaix depuis les temps reculés jusqu'à la Révolution française [5912]. *Morlaix*, imp. *Ve Guilmez*, 1847, in-12.

— La Bretagne, etc. Ouvrage couronné par la Soc. acad. de la Loire-Inf^re et publié par ses soins [3332]. *Nantes*, 1850.

LEJEUNE (Honoré-Félix-André). Description de plusieurs mon^ts celt. qui existent sur les bords du Loir, depuis Illiers jusqu'à Châteaudun, et principalement dans les environs de la ville de Bonneval, dép^t. d'Eure-et-Loir [5835]. — *Mém. de la Soc. des antiq. de Fr.*, t. I, 1817, p. 1-27.

— Mémoire, etc., et sur un petit coq en bronze (amulette gauloise) trouvé dans les environs de Chartres, accompagné de diverses médailles ou monnaies romaines [5828]. — *M. rec.*, t. IX, 1832, p. 194.

— Antiquités, etc. (1838; publication posthume) [5852]. — *Mém. de la Soc. archéol. d'Eure-et-Loir*, t. II, 1860, p. 1-22.

Sur les mém. de H.-F.-A. Lejeune, relatifs aux antiq. d'Eure-et-Loir et non publiés, voir QUÉRARD, *Fr. litt.*, t. V, p. 121.

LEJEUNE (Jean-Nicolas). Notice, etc. [7785]. — *Mém. de la Soc. des antiq. de Fr.*, t. V, p. 96; carte.

— Notice, etc. [7512]. — *M. rec.*, t. VII, 1826, p. 200.

LEJEUNE (Th.). Sur qqs. découv. d'antiq. à Estinnes-au-Mont, Bray, Strepy, Maurage, Vellereille-les-Brayeux, Hautes-Wihéries, Fontaine, Valmont et Binche [10550]. — *Ann. du Cercle archéol. de Mons*, t. IV, 1863.

LEJOSNE (Louis). Mémoire sur l'origine des Basques [3221]. — *Mém. de la Soc. acad. des H^tes-Pyrénées*, t. Ier, 1858-59, n° 1.

Rapport sur ce mém., par DANOS (voir ce nom).

— Épigraphie des H^tes-Pyrénées, 1re liste (unique) [8321]. — *M. rec.*, t. VI, 1863-64, p. 489-498.

— Essai, etc. [8317]. (Plusieurs articles.) — *Revue d'Aquitaine*, t. VII, VIII, IX, 1863 et 1864.

LE JUGE (F.-Pierre). L'Histoire de s^te Geneviève, patronne de Paris, prise et recherchée des vieux livres escripts à la main, etc. [9066]. *Paris, H. Coypel*, 1586, in-16; — 1588, p. in-8.

LELEWEL (Joachim). Kleine geogr. Schriften [1084]. *Leipzig*, 1836.

— Pythéas de Marseille et la géogr. de son temps (monnaies de Marseille); publié par J. Straszewicz [895]. *Paris*, 1836; 3 cartes; 1 pl.

Analyse dans la *Rev. num.*, t. I, 1836, p. 444.

— Pytheas und die geographie seiner Zeit, trad. en allemand par Hoffmann [m. n°]. *Leipzig*, 1838; 3 cartes; 1 pl. de monnaies.

— Études, etc. [1980]. *Bruxelles*, 1841, 1 vol. in-8 et 1 atlas in-4.

LE LIÈVRE (l'a. Jean). Histoire de l'antiquité et sainteté de la cité de Vienne, en la Gaule celtique [6634]. *Vienne, Poyet*, 1623. — Autre éd., 1629.

LE LONG (le p. Jacques). Biblioth. histor. de la France, contenant le catalogue de tous les ouvrages tant imprimés que manuscrits qui traitent de l'histoire de ce royaume ou qui y ont rapport, avec des notes crit. et historiques [160]. *Paris, Ch. Osmont*, 1719, 1100 p., in-fol.

2e édition augm. par Fevret de Fontette, Camus, T.-Th. Hérissant, P. Hérissant, Barbeau de la Bruyère, Coquereau, Rondet et autres. *Paris, J.-Th. Hérissant*, 1768-1778, 5 vol. in-fol.

« On doit à l'abbé Boulemier, dit Barbier, cité par Quérard, une partie des articles nouv. du tome Ier et la presque totalité des 2e et 3e. » Voir Quérard, *Dictionnaire des anonymes*, 3e édit., t. I, col. 417 *d*.

En 1838, M. Paul Lacroix lut deux rapports sur cet ouvrage au Comité des Chartes, etc. près le ministère de l'instruction publique. Voir les parties de ces rapports reproduites par l'auteur dans ses *Mélanges bibliographiques*, Jouaust, 1871, in-16, p. 27-100. Le savant « bibliophile Jacob » y présente le plan d'une nouvelle Bibliothèque historique de la France en 10 vol. in-4 et s'offre de concourir personnellement et sans indemnité à cette entreprise. — Reproduction de ces rapports dans le *Journal général de l'Instr. publ.* du 16 juin 1838.

— L'Hymen celtique et qqs. anecdotes sur le même sujet [839]. *Merc.*, nov. 1793, p. 2543-2557.

LE LONG (dom Nicolas). Hist. ecclés. et civ. du dioc. de Laon et de tout le pays compris entre l'Oise et la Meuse, l'Aisne et la Sambre, etc. [4197]. *Châlon, Seneuze*, 1783, in-4.

LE LOYER (Pierre). Edom, etc. [3050]. *Paris*, 1620.

LE MAIGRE. — Voir Macer.

LEMAIGRE. Esquisses pittor. sur le dépt de l'Indre et Châteauroux [6482]. *Migné*, 1841, gr. in-8.

— Médailles gauloises trouvées à Levroux (Indre) [6495]. — *Rev. num.*, t. XV, 1850, 2 s., t. IX, p. 301-303.

11 à 1200 médailles.

LE MAIRE DE BELGES (Jan ou Jean). Les illustrations de Gaulle et singularitez de Troye, contenant 3 parties, etc. [236]. 1re éd. du livre Ier. *Lyon, Jacq. Maillet*, 1510. — Les illustrations de Gaule et singularitez de Troyes, par maistre Jean Le Maire de Belges, avec la couronne margaritique et plusieurs autres œuvres de luy, non jamais encore impr., le tout reveu et restitué par Anth. Du Moulin, Maconnois, valet de chambre de la Reine de Navarre. *Lyon, J. de Tournes*, 1549, in-fol., beau titre encad. et lettres init. ornées dans le genre de J. Cousin (édition la plus complète des œuvres de J. Le Maire de Belges).

Pour les éd. intermédiaires, voir Brunet, *Manuel*, t. III, col. 961.

LE MAIRE (François). Histoire, etc., avec les noms des roys, ducs, comtes, vicomtes, des gouverneurs, baillis, etc., fondations de l'Université et autres choses mémorables; ensemble le tome ecclésiastique contenant l'origine et nombre des églises, monastères, histoires et vies des évêques d'Orléans [3784, 6939]. *Orléans, Borde*, 1645, in-4. — 2e éd. : Hist., etc., augmentée des antiq. des villes dépendantes du Chastelet d'Orléans. *Ibid.*, 1648, 2 vol. in-fol.; 1 plan.

— Éditeur. Poèmes, etc. [6961]. 1646.

LEMAIRE (Nicolas-Éloi). Édition de J. César (voir ce nom ci-dessus, col. 972).

LEMAIRE. Note, etc. [9192]. — *Bull. de la Soc. d'archéol.* etc. *de Seine-et-Marne*, t. IV, 1867, p. 361-364.

LEMAISTRE (L.-F.). Mémoire, etc. [4449]. — Fait partie de l'article suivant, p. 8. Planche.

— Notice, etc. [4227]. — *M. rec.*, t. IV, 1823, p. 1; 3 pl.

Cp. *Annuaire du dépt de l'Aisne* pour 1822, p. 34.

— Mémoire, etc. [4209]. — Fait partie du m. art., p. 29.

— Note, etc., en réponse à une lettre du président de la Société des antiquaires de France [4216]. — *M. rec.*, t. VII, 1826, p. 114.

— Extrait d'un mém. sur les tombeaux antiques du dép^{t} de l'Aisne [4234]. — *M. rec.*, t. IX, 1832, p. 314.

Cp. S^{ce} publ. de l'Acad. de Dijon, 1827, p. 207. — Voir aussi l'Annuaire de l'Aisne pour 1826, p. 41; — pour 1828, p. 20.

— Not. sur qq. restes d'antiq. découverts sur le territoire de Vivaise [4473]. — *S^{ce} publ. de l'Acad. de Dijon*, 1836, p. 310.

— De la poterie, etc. [1750]. — *Mém. de la Soc. des ant. de Fr.*, 2e s., t. VI, 1842, p. 1.

LE MAISTRE (L.). Le Tonnerrois (Pagus Tornodurensis) [4050, 4051]. — *Annuaire de l'Yonne*, 9e an., 1845, p. 184-199. — T. à p.

Mention au concours des antiquités de la France.

— Not. sur Flogny [10176]. — *M. rec.*, an. 1849, p. 62-124; pl. — T. à p.

Voir notamment les notes B (voies rom. dans le Tonnerrois), et C (voie de Sens à Alise (Eburobriga-Avroles).
La bibliothèque des Soc. sav. possède un ex. du t. à p. avec additions et planches mss.

— Note, etc. [10222]. — *Bull. de la Soc. des sc. h. et n. de l'Yonne*, t. IV, 1850, p. 415.

— Not. sur l'ancienne v. de Tonnerre, l'église Saint-Aignan, la chapelle romane et l'église de Saint-Pierre [10223]. — *Almanach de l'Yonne* pour 1851). — T. à p., in-12; 22 p.

— Antiq. découv. à Fulvy [10183]. — *Bull. du Comité des arts et mon^{ts}*, t. III, 1852, p. 161; 2 p.

— Eburobriga, Avrolles [10170]. *Dijon*, 1869 (Extr. de *la Bourgogne*).

LEMAITRE (Mlle Philippe). Notice, etc. [5812]. — *Rec. de la Soc. libre etc. de l'Eure*, t. X, 1839, p. 381.

— Épître, etc. [5800]. — *M. vol.*, p. 452.

LEMAITRE (Abel). Note, etc. [6844]. — *Mém. de la Soc. franç. de numismat. et d'archéol.*, t. I, 1866. — T. à p.; 10 p.

— Des musées, etc. [1333]. *Paris*, 1868; 47 p.

LE MAOUT (Charles). Annales armoricaines et histoire physique, etc., des Côtes-du-Nord, ancien dioc. de St-Brieuc et de Tréguier, depuis la conquête de l'Armorique, par Jules César, jusqu'en l'an 1800 [5482]. *St-Brieuc, Guyon frères*, 1846, in-16.

LE MASLE (Jean). Discours (en vers), etc. [247]. *La Flèche, René Trois-Mailles*, 1575, pet. in-8.

LE MASSON. [*Ms.*]. Diss., etc. [2728].

Mentionné dans la *Biblioth. histor.*, t. I, n° 285.

LE MEN (R.-F.). Fouilles, etc. [5900]. — *Rev. archéol.*, 2e s., t. XVII, 1868, p. 364-368.

— L'Aguilanneuf [884]. — *M. rec.*, m. s., t. XIX, 1869, p. 172-178.

— Sarcophage, etc. [5915]. — *M. rec.*, m. s., t. XX, 1869, p. 329-332.

LE MENESTRIER (J.-B.). Médales illustres, etc. [2074]. — 1re partie (unique). *Dijon, A. Guyot*, 1627, in-4; fig. — 2e éd. *Dijon, Pierre Paillot*, 1642, in-8.

LE MÉTAYER-MASSELIN (Léon). Sépultures, etc. [5803]. *Bernay*, 1860, in-18; 7 p.

— Recherches, etc. [5755]. — *Bull. mon.*, t. XXVII, 1861, p. 412.

— Sépultures, etc., avec qq. notes histor. sur la chapelle St-Agapit et sur la c^{ne} [5803]. *Caen, Hardel*, 1861; 23 p.

— Note sur l'état des fouilles entreprises à Berthouville, près Bernay (Eure), en 1861 [5785]. — *Bull. mon.*, t. XXVIII, 1862, p. 257.

Vases de Bernay.

LEMIÈRE (P.-L.). Essai sur les monnaies gauloises de la Bretagne armoricaine [3107]. — *Bull. archéol. de l'Assoc. bretonne*, t. III, 1851, 2e partie, p. 203-235; 3 pl.

LE MIRE (Aubert), en latin MIRÆUS. Auberti MIRÆI annales rerum Belgicarum, chronicon a Jul. Cæsaris in Galliam adventu [10453]. *Bruxelles*, 1624. — — Autre éd. *Anvers*, 1636, in-fol.

— Auberti MIRÆI Opera diplomatica et historica ex recensione J.-Fr. FOPPENS [3507, 10457]. *Bruxelles*, 1723-34-48, 4 vol. in-4.

— Voies rom. en Belgique (en latin?) [10502].

Mention de cet ouvrage comme appartenant à la bibliothèque de Liége, dans QUÉRARD, *Supercheries litt.*, 2e édit., t. III, col. 378 *a*.

LE MIRE (N.-Jules). Découverte, etc.

[6679]. — Sce *publ. de l'Acad. de Besançon,* jr 1870 (1872), p. 97-148 ; 5 pl.

LE MOINE. Histoire, etc. [4411]. *Paris, Vente*, 1771, 2 vol. in-12.

C. r. dans les *Mém. de Trévoux*, juin 1771, p. 563. Cité avec éloge par Devisme, dans son *Manuel*.

LEMOINE. Observations, etc. [nouv. add. 9563 *a*]. — *Annonces etc. de Picardie, Artois,* etc., in-4, 1775, n° 36, p. 142-155 ; n° 40, p. 159.

LEMOLT-PHALARY. Album-guide dans la v. d'Orléans [6985].

LE MONNIER (Pierre). Antiquités, mémoires et observations remarquables d'épitaphes, tombeaux, colones... obélisques, histoires, arcs triomphaux, oraisons, dictiers et inscriptions tant antiques que modernes, vues et annotées en plusieurs villes et endroits, tant du royaume de France, duché et comté de Bourgogne, Sauvye, Piedmont, que d'Italie et d'Allemagne. [1260 *a*]. *Lille*, imp. *Christophe Beys*, 1614, p. in-8.

LEMPEREUR (le p. Jacques). Dissertation, etc. [2642]. — *Mém. de Trévoux*, oct. 1704, p. 1789-1804.

1er article de l'ouvrage ci-après. — Bibracté placé à Autun.

— * Dissertations histor. sur divers sujets d'antiquité et autres matières qui la concernent [nouv. add. 1265 *a*]. *Paris, P. Cot.*, 1706, in-12.

9 diss., détaillées dans la *Bibl. histor.*, t. I, n° 173.

— Diss. sur la v. de Bibrax [4265].

3e art. de l'ouvrage ci-dessus. — Bibrax, placé à 3 lieues de Neufchatel [sur-Aisne].

— Diss. sur divers tombeaux, etc. [8770].

Dans l'ouvrage ci-dessus.

— [*Ms.*]. Histoire, etc. [3487].

Cette histoire est à Dijon entre les mains du p. [Fr.] Oudin. (*Bibl. histor.*, t. I, n° 3926.)

LEMPEREUR (H.). Not. sur la voie rom. qui passe à Epehy, et les découv. auxquelles les fouilles exécutées dans cette localité et dans les loc. environnantes ont donné lieu [9602]. — *Bull. de la Soc. des ant. de Picardie*, an. 1863, n° 4 ; 9 p. — T. à p. *Amiens*, 1863 ; 11 p.

LENGLET-MORTIER et VANDAMNE (Diogène). Nouv. et véritables étymologies médicales, etc. [2309]. *Le Quesnoy; Paris, P. Jannet*, 1857 ; 200 et qq. p.

LENIN. Antiquité et l'Auguste de Vermandois, à présent dite St-Quentin [4443]. *Noyon, de Courcy*, 1671, in-4.

LENOIR (Alexandre). Description histor. des monts de sculpture réunis au musée des monts français [1569]. *Paris, chez l'auteur et au Musée*, 1793 ; — 8 éd. au moins.

Voir Quérard (*Fr. litt.*, t. V., p. 168).

— Musée des monts français, ou descr. histor. et chronol. des statues en marbre et en bronze, bas-reliefs et tombeaux des hommes et des femmes célèbres, p. s. à l'hist. de Fr. et à celle de l'art [1570]. *Paris*, 1800-1806, 6 vol.; fig. — 2e éd., 1820, 8 vol.

— Mont celt. découv. à Paris en 1806 [9104]. — *Mém. de l'Acad. celt.*, t. I, 1807, p. 137.

— Mythologie celt. du dragon de Metz nommé Graouilli, etc. [7824]. — *M. rec.*, t. II, 1808, p. 1.

— Rapport, etc. [7743]. — Deux statues trouvées, etc. — *M. vol.*, p. 439.

Cp. Gilbert (Joach.), m. d.

— Observations, etc. [9968]. — *M. rec.*, t. III, 1809, p. 18.

— Notice, etc. [1470]. — *M. rec.*, t. III, 1809, p. 337, et V, 1810, p. 83; 1 pl.

— Notice, etc. [9114]. — *M. rec.*, t. V, 1810, p. 228; 1 pl.

— Peintures, etc. [1471]. — Livr. 1 et 2. *Paris*, 1810, in-fol.; 12 pl. coloriées.

— Hist. des arts en France, prouvée par les monts, suivie d'une description chronologique des statues en marbre et en bronze, bas-reliefs et tombeaux des hommes et des femmes célèbres, réunis au musée impérial des monts français [1571]. *Paris, Panckoucke*, 1810, in-fol. de 131 pl.; 1 vol. in-4 et 1 atlas.

— Dissertation, etc. [527]. — *Mém. de la Soc. des ant. de Fr.*, t. I, 1817, p. 109.

Publié à part dès 1816, sous ce titre : Réflexions sur les peines infligées aux suicides. Dissertation, etc. (comme ci-dessus). *Paris*, *Panckoucke*, 1816, in-8, 57 p.

— Atlas des monts des arts libéraux mécaniques et industriels de la France, dep. les Gaulois jusqu'à nos jours; précédé d'un texte, etc. [1581]. *Paris, Desray*, 1820-27, in-f°, 40 pl.

Autre éd. 1828, in-fol. annexée à l'Histoire

de France de VELLY, VILLARET, etc. voir VELLY. — Reproduit sous le titre de *Monumens des arts. Paris, Techener*, 1840, in-fol. (Voir BRUNET, *Manuel*, t. III, col. 978.)

— Le palais des Thermes [9133].

Médaille d'or à l'Acad. des Inscr. en 1833.

— Conférences, etc. [9092]. 1er article : *L'Investigateur*, t. V, 1836, p. 149-157. 2e article : *M. rec.*, t. VII, 1837, p. 5-13.

— Coup d'œil, etc. [9075]. *Paris.*

Conférences archéol.

— Art industriel des Gaulois et des Parisiens [9141]. *Paris.*

Conférences archéol.

LENOIR (Albert). Statistique monumentale de Paris (atlas gr. in-fol.), cartes, plans et dessins [9116]. (Dans la collection des documents inédits de l'histoire de France, 3e série, Archéologie.) Les livraisons 1, 2, 3, 4, publiées en 1841, concernent l'époque romaine. — Explication des planches. *Paris*, 1867, in-4.

LENOIR (François). Note, etc. [4717]. — *Mém. de la Soc. acad. de l'Aube*, t. XXXI, 1867.

— Note, etc. [10171]. — *Bull. de la Soc. des sc. h. et n. de l'Yonne*, t. XX, 1867.

— Notes, etc. [10172]. — *M. rec.*, t. XXI, 1868, p. 40-42.

— Notes sur des objets... trouvés... dans une fouille faite par M. Peccadeau de l'Isle [9687]. — *Mém. de la Soc. acad. de l'Aube*, t. XXXIV (VII de la 3e série), 1870, p. 41-46.

LENORMANT (Charles). Notice, etc. [9428]. — *Ann. de l'Inst. de corr. archéol.*, t. II, 1830, p. 51-59 ; 1 pl.

— Fouilles de Bernay, etc. [5776]. — *M. vol.*, p. 97-111.

— Collier étrusque appartenant à M. de Rougemont de Lowemberg. — Hermaphrodite de Bernay [5777]. — *M. rec.*, t. VI, 1834, p. 243-264. — T. à p. *Paris*, 1835 ; 1 pl.

— Trésor de numismatique et de glyptique [1924]. Texte de Ch. LENORMANT. Planches de P. DELAROCHE, HENRIQUEL-DUPONT, COLLAS. *Paris, Rittner et Goupil*, 1834-1850, 22 t. in-fol. en 21 parties; 1000 pl.

Voir dans la 1re partie l'iconographie des empereurs rom. et de leurs familles, 1 vol. en 16 livraisons.

— Considérations, etc. [1973]. — *Rev. num.*, t. III, 1838, p. 325-333.

— Extrait d'un mém. sur l'origine de l'alphabet celtibérien et sur la valeur de qq.-uns des caractères qui le composent [10632 *a*]. — *M. rec.*, t. V, 1840, p. 1 ; 1 pl.

— Découverte, etc. [5789]. *Paris*, 1854.

Lecture faite le 20 octobre en séance des cinq Acad. de l'Institut.

— Sur les plus anciens monts num., etc. [2011]. *Paris*, 1854 ; 14 pl.

— Revision de la numismatique gauloise. Première lettre. — Monnaies des Arvernes. — Origine de l'or monnayé dans la Gaule. — A M. de La Saussaye [3168]. — *Rev. num.*, 2e s., t. I, 1856, p. 297-344, suite [et fin], t. III, 1858, p. 105-161.

— Extrait, etc. [9799]. (*Paris*), 1857, in-4.

— Note, etc. [9079]. — *Rev. archéol.*, 2e s., t. IV, 1861, p. 265-290.

LENORMANT (François). De l'authenticité, etc. [5790]. — *Le Correspondant*, septembre 1855. — T. à p. avec plans.

— Mémoire, etc. [8789]. *Paris, vve Poussielgue-Rusand*, 1855.

— Fragment, etc. [2502 *a*]. — *C. r. des séances de l'Acad. des inscr. et b.-l.* pour 1857, p. 119-128.

— Lettre à M. Alfred Darcel sur les inscr. de la chapelle St-Éloi et les graffiti de la Gaule [5793]. — *Rev. des Soc. sav.*, t. IV, 1858, p. 332 et 462 ; 27 p.

— Mém., etc. [2522 *a*]. *Paris*, 1859.

— Mém. sur Alésia et les antiquités d'Alise-Ste-Reine [m. no]. — *Mém. présentés par divers savants à l'Acad. des inscr.*, 1re s., t. VI, 1re partie, 1860, p. 1-54 ; planches.

— Monnaies rhétiennes [10839]. — *Rev. num.*, nouv. série, t. XIV, 1869-1870, p. 373-377.

LENS (André). Le Costume, ou Essai sur les habillements et les usages de plusieurs peuples de l'antiquité prouvés par les monuments [845]. *Liège*, 1776, gr. in-4 ; 57 pl. — Éd. de Dresde, 1785, augmentée par G.-H. MARTINI.

LENTHÉRIC (Charles). Le littoral d'Aigues-Mortes au XIIIe et au XIVe siècle, etc. [6062]. — *Mém. de l'Acad. du Gard*, 1868-1869 (1870), p. 173-233; 2 pl.

LÉOUZON-LEDUC (Louis-Antoine). Antiquités, etc. [10996]. *Paris*, impr. *Lahure*, 1863, in-4; 39 p.

LEPAGE (Henri). Le dép^{t} de la Meurthe, etc. [7507]. *Nancy*, 1843, 2 vol.

— Notice, etc. [7552]. — *Bull. de la Soc. d'archéol. lorraine*, t. I, 1849, p. 8-16.

— Archéologie religieuse. — Rép. aux questions adressées... aux correspondants du ministère pour les travaux histor. [7508]. — *M. vol.*, p. 51-84.

— Les c^{nes} de la Meurthe, etc. [7510]. *Nancy*, 1853-1854, 2 vol.

— Recherches, etc. [7526]. — *Bull. de la Soc. d'archéol. lorraine*, t. VI, 1856; p. 135-224.

Conclusion de l'auteur : Nancy n'a pas été un vicus gallo-romain.

— Dictionnaire, etc. [7509]. — 1re partie, *Mém. de la m. Soc.*, t. II, 1860, p. 1-176.

Voir l'Avertissement.
La 2e et dernière partie est comprise dans le vol. suivant du m. recueil, t. III, 1861. Elle contient une grande carte du dép^{t} au xe siècle.

— Petites trouvailles, etc. [10047]. — J^{al} *de la m. Soc.*, 1868.

Relevé de qqs. documents publiés dans les *Curiosités d'Alsace*, à Colmar, et relatifs à des antiquités trouvées : à Lucey (Vosges), en 1522; au Chippal (Vosges), en 1593; à la Baffe, en 1605.

— Dictionnaire, etc. [7511], rédigé sous les ausp. de la m. Soc. *Paris, Impr. imp.*, 1862, in-4.

— Pouillé du diocèse de Toul, rédigé en 1502, publié pour la première fois d'après la copie conservée à la Bibliothèque impériale [7600]. *Nancy*, 1863.

Forme un vol. dans le *Rec. de doc. sur l'hist. de Lorraine*, publié par la m. Soc.
Voir à la fin les tables géographiques.

LEPAGE (Henri) et CHARTON (Ch.). Le dép^{t} des Vosges, etc. [10045]. *Nancy, Pfeiffer*, 1845, 1 vol. en 2 parties; 1 carte.

LE PAIGE. Dictionnaire topog., histor., généal. et bibliogr. de la prov., etc. [3649]. *Le Mans; Paris*, 1777, 2 vol.

LEPELLETIER (d^{r} A.), de la Sarthe. Défense du christianisme, etc. [742]. *Paris, V. Palmé*, 1860; 93 p.

— Histoire, etc., depuis les temps les plus reculés jusqu'à nos jours [3659]. *Ibid., id.*, 1861, 2 vol. in-8.

LE PÈRE. [*Ms.*] Description d'une chaussée antique qui va de la montagne de Chatenai ou d'Ouaine (diocèse d'Auxerre) à Entrain, par dessus la montagne des Alouettes [10174].

« On trouve l'essentiel de ce travail dans les *Mémoires géographiques* de Pasumot. » (Bibl. histor., t. I, n° 73.)

LÉPINE (J.-B.). Hist. de la v. de Rocroi, etc., avec une not. histor. et statist. sur chaque c^{ne} de son canton, et une galerie biogr. des hommes célèbres ou dignes de souvenir qui l'ont habitée [4613]. *Rethel*, 1860.

LÉPINGARD (Ed.). Mont-Castre et Champrépus, etc. [7280]. — *Not., mém. et doc. de la Soc. d'agr.* etc. *de la Manche*, t. II, 1864; 38 p.

LÉPINOIS (E.-L. de). Histoire de Chartres [5845]. *Chartres, Garnier*, 1854-1857, 2 vol.

— Note, etc. [8052]. — *Bull. de la Soc. des ant. de Fr.*, 1860, p. 152-154.

LÉPINOIS (L. de) et MERLET (Lucien). Cartulaire, etc. [5832]. *Chartres*, 1862, 3 vol. in-4.

LE PREVOST (Auguste). Rapport, etc. [9425]. — *Précis analyt. des trav. de l'Acad. de Rouen*, 1824, p. 149-163.

— Mémoire, etc. [5753]. — *Mém. de la Soc. des antiq. de Normandie*, t. IV, 1828-1829, p. 357; fig. — T. à p. *Caen*, 1829, in-4.

— Rech. sur Serquigny [5806]. — *M. vol.*, p. 410.

— Rapport, etc. [5782]. — *Rec. de la Soc. libre* etc. *de l'Eure*, t. I, 1830, p. 74.

— Liste, etc. [5783]. — *M. vol.*, p. 342.

— Note, etc. [5807]. — *M. vol.*, p. 366.

— Mémoire, etc. [1748, 5784]. — *Mém. de la Soc. des ant. de Norm.*, t. VI, 1833, p. 75. — T. à p.

— Mémoires, etc. [5773]. — *M. vol.*, p. 168.

— Fouilles de Villetleure [9469]. — *Bull. de l'Instit. de corr. arch.*, 1832, p. 168.

Simple mention de ces fouilles (mosaïque, médailles, poteries romaines).

— Notice, etc. [5747]. — *Évreux*, 1833.

— Dictionnaire des anciens noms de

lieu du département de l'Eure [5750]. *Évreux, Amelle,* 1839, in-8 et in-12.

— * Anciennes divisions, etc. [3763]. — *Annuaire hist. de la Soc. de l'hist. de France,* pour 1838. *Paris,* 1840, in-12, p. 231-272. — T. à p. *Caen, Hardel,* in-4; 64 p. (avec le nom de l'auteur).

— Mémoires et notes pour servir à l'histoire du dép^{t} de l'Eure, recueillis et publiés par Léopold Delisle et Louis Passy [5748]. *Évreux, Hérissey; Paris, Dumoulin,* 1862-1882, 3 t. en 6 vol.

LEPSIUS (C.-R.) Inscriptiones, etc. [2211]. *Lipsiæ,* 1841, av. atlas de pl. in-fol.

— Kleine Schriften Beitræge zur Thüring-Sächs. Geschichte Kunst- und alterthumskunde [11122]. Edité par V. A. Schulz (San-Marte). *Magdebourg,* 1854-55. 4 vol., av. atlas in-4 de 19 pl.

LE QUIEN (le p. Michel). Dissertation, etc. [2853] dans les *Mém. de litt. et d'hist.* du p. Desmolets, t. VIII, partie II, p. 325-370.

LE RAY. Considérations générales sur les rangées de pierres en lignes parallèles dans le dép^{t} du Morbihan, et en particulier sur les figures et les caractères gravés sur les pierres du grand dolmen de Locmariaquer [7664]. — *Bull. de la Soc. archéol. de Nantes,* t. III, 1863; 5 pl. lithogr.

LE ROI (Joseph-Adrien). Histoire anecdotique des rues, places et avenues de Versailles depuis l'origine de cette ville jusqu'à nos jours [9259]. *Versailles, Bernard,* 1854, 2 vol. — 2e éd. sous le titre suivant :

— Histoire de Versailles, de ses rues, places et avenues, depuis l'origine de cette v. jusqu'à nos jours. *Ibid., id.,* 1868, 2 vol.

LE ROUILLE (Guillaume). Le recueil, etc. [234]. *Paris,* 1531; *Poitiers,* 1546; *Paris, Chrétien Wechel,* 1559.

Hist. (légendaire) des anciens rois Gaulois.

LEROUX (d^{r}). Histoire, etc. [4399]. 1839, 2 vol.

— Recherches, etc. [4381]. — *Bull. de la Soc. arch. du dép^{t} de l'Aisne,* 1844, p. 212.

— Not. sur la chaussée rom. de Corbeny et sur les événements dont elle a été le théâtre [7345]. — *Travaux de l'Acad. de Reims,* t. I, 1845, p. 281-291.

— Réponse, etc. [4400]. *Soissons,* 1858.

LEROY (Onésime). St-Martin, etc. [4062]. — *L'Investigateur,* t. VIII, 1848, p. 19-22.

LEROY (Gabriel). Considérations, etc. [9190]. — *L'Indicateur général de Seine-et-Marne,* à Melun, n° du 13 janvier 1855.

— Les Faux Monnoyeurs, etc. [9195]. — *M. rec.,* 20 déc. 1862.

— Note, etc. [9194]. — *M. rec.,* 26 mars 1864.

— Not. sur les antiquités, etc. [9184]. *Paris,* 1864; 16 p.; 2 pl. (tiré à 100 ex.). — 2e notice. — *Bull. de la Soc. archéol. de Seine-et-Marne,* t. I, 1665. — T. à p. *Melun,* 1866, 24 p.; 1 grav. et 1 lithogr.

— Note sur des antiq., etc. [9185]. — *M. vol.;* 4 p.

— Rapport, etc. [9186]. — *M. rec.,* t. II, 1865; 30 p.

— Note, etc. [9187]. — *M. rec.,* t. III, 1866, p. 129-133.

— Inscr. antique, etc. [9196]. — *Rev. des Soc. sav.,* 4e s., t. I, 1865, p. 153.

— Note sur la découverte, etc., au mois d'août 1869 [9250]. — *M. rec.,* 1870.

— Note sur une hache en pétro-silex, munie de son emmanchure en bois de cerf, etc. [9212]. — *M. vol.*

LEROY (F.-N.). Carte archéologique. — Voir (Cochet l'a.), année 1856.

LE ROY. Géographie ancienne, position de Genabum et de Vellaunodunum. [2709]. — *Bull. mon.,* t. XXX, 1864, p. 343.

LERSCH (Laur.). Centralmuseum rheinlændischer Inschriften [11112, 11113]. *Bonn, Habicht,* 1839-42; 6 pl. lith.

I, Cöln. II, inschriften des Kgl. Museums rheinisch-westphäl. Alterthümer und der Umgebung von Bonn. III, Trier, Aachen, Coblentz, Neuwied, Brohl, Dormagen, Neuss, Xanten, etc.

— Die cölner Mosaïk [11024]. *Bonn,* 1846; pl. color.

LERSCH (B.-M.). Geschichte, etc. [1615]. *Würzburg,* 1863.

LE SAGE DE MOSTOLAC. — Voir Mostolac (Le Sage de).

LESAGE (G.). Géographie, etc. [7315].

Vouziers, Flamant ; Paris, Legrand, 1840, 2 vol. in-12.

LESCADIEU (Aug.-Laurent). Hist. de la v. de Nantes, dep. son origine, et principalement depuis 1789 jusqu'à nos jours, suivie de l'hist. des guerres de la Vendée et d'une biogr. des Bretons célèbres, tant anciens que contemporains [6890], 1836.

LESCALOPIER (P.). De Diis, seu theologia veterum Gallorum [485].

« Cette théologie des anciens Gaulois, où l'auteur adopte les fables d'Annius de Viterbe, se trouve à la p. 713 de son livre intitulé : *Humanitas theologica ; Parisiis*, 1660, in-fol. et à la suite de la diss. lat. de J.-G. Frickius, sur les Druides. ». *Biblioth. histor.*, t. I, n° 3800.

LESCHEVIN. Notice, etc. [5446 *a*]. — *Mag. encyclop.*, n° 14, p. 228.

LESCONVEL (P.). * Aventures, etc. [417]. *Paris*, 1695, in-12.

LESCURE. Qq. antiquités, etc. [4807]. *Mém. de la Soc. des lettres etc. de l'Aveyron*, t. I, 1838, 2e partie, p. 49.

LESGUILLEZ (Alexandre). * Lettres sur la v. de Rouen, ou précis de son hist. topogr., civ., ecclés. et polit., dep. son origine jusqu'en 1826, par M. Aldre L. [9346]. *Rouen ; Frère*, 1826, t. VI, 604 p., plus la table.

LESKIEN (A.) et SCHMIDT (J.), directeurs. (Édité par Kuhn). Beiträge zur vergleich. Sprachforschung auf dem Geb. der arischen, celt. und slavischen Sprachen [2322]. (Auteurs divers.) T. I-VII, *Berlin*, 1867-71.

LESOURD (H.). Voies rom. [6523]. — *Ann. de la Soc. d'agr.* etc. *d'Indre-et-Loire*, an. 1833, p. 172.

— Carte topogr., etc. [6559]. *M. rec.*, ann. 1835, p. 81.

— Promenade archéol. etc. [6520]. — *M. rec.*, an. 1836, p. 29.

— Lettres, etc. [6560]. — *M. rec.*, an. 1839, p. 41.

— La Forêt de Loches et ses environs [nouv. add. 6560 *a*]. — *Mém. de la Soc. archéol. de Touraine*, t. I, 1842.

LESSER (Hippolyte Creuzé de). Statistique du dépt de l'Hérault [6383]. 1824.

LESSON (R. Primevère). Lettres histor., archéol. et littér. sur la Saintonge et sur l'Aunis [3189, 3966]. *La Rochelle*, 1842.

— Fastes histor., archéol., biogr. etc. du dépt de la Charente-Inférieure [5188]. *Rochefort*, 1842-1845, 2 vol.

— Histoire, etc., ouvrage faisant suite aux Lettres santones et aux Fastes historiques du même auteur [3973]. *Rochefort*, 1846.

— Ère celtique de la Saintonge. [3973 *a*]. *Rochefort*, imp. *Loustau*, 1847 ; 300 p.

LESTANG (Antoine de), seigneur de Belestan. Hist. des Gaules, etc. Avec un abrégé de tout ce qui est arrivé de plus remarquable esdites Gaules, des le temps que les Romains commencerent à les assubjettir à leur empire jusqu'au roi Jean [42, 266, 10650]. *Bordeaux, Sim. Millanges*, 1618, in-4.

LESUEUR (G.). [*Ms.*] Histoire de Boulogne (écrite sous Henri IV) [8193].

Ms. conservé à la biblioth. de Boulogne-sur-Mer, et cité par Ém. Egger (*Rev. archéol.*, 2e s., t. VIII, 1863, p. 412).

LÉTAUDIN (P.-H). Étude, etc. [7344]. *Châlons*, 1869.

LETI (le p.). * Lettres, etc. [8587]. *S. l. n. d.* (1766).

LE TORS. Lettre sur *Vellaunodunum*, ancienne v. des Senonois, et le *Genabum* des Carnutes [2699, 2982]. — *Mercure*, juin 1737, t. I, p. 1051-1081.

Vellaunodunum placé à Avallon, et *Genabum* à Gien.

— Dissertation, etc. [10161]. — *M. vol.*, juillet, p. 1559-1576.

— Lettre à M. Maillart [en réponse à sa lettre insérée dans le *Mercure* d'août 1737] sur Vellaunodunum [2982]. — *M. vol.*, décembre, p. 2594-2598.

LETRONE. Note, etc. [8320]. — *Bull. de la Soc. Ramond*, à Bagnères, Ve année, 1870, p. 3-9.

LETRONNE (Jean-Antoine). Éclaircissements, etc. [4873]. — *Jal des Savants*, 1818, p. 691.

— Article sur Deluc, *Hist. du passage des Alpes par Annibal* [2785]. — *Jal des Savants*, 1819, p. 22-36. — Réponse de Deluc, p. 748-753. — Réplique de Letronne, p. 753-762. — Voir Deluc.

— Mémoire, etc. [5233]. — *Mém. de l'Acad. des inscr. et b.-l.*, t. XVII, 1845, p. 75.

LEUPOL (LELOUP DE CHERAY) et MIRECOURT (Eugène-Jacquot dit de). La

Lorraine : Antiquités, etc., hist. des faits et des personnages célèbres, description des sites et mon^{ts} remarquables de cette province [3626]. *Nancy, Hinzelin,* 1839-1840, 3 vol.; grav.

LEUTSCH (Karl-Christian-Freiherrn von). Ueber die Belgen des Julius Cæsar. Ein geographisch-kritischer Versuch, etc. [10464]. *Giessen,* 1844, VIII, 136 p.; 1 carte.

LEVADE (L.). Dictionnaire, etc. [10858]. *Lausanne,* 1824, 448 p.; 1 carte, pll. col.

LEVALLOIS (J.). Observations, etc. [10082]. — *Mém. de l'Acad. de Stanislas,* 1846, p. 105.

LEVASSEUR (Jacques). Annales de l'église cathédrale de Noyon, avec une description et not. de la v. et des rech. tant des vies des évêques que d'autres mon^{ts} du diocèse [nouv. add. 8093 *a*]. *Paris, Sara,* 1633, 2 vol. in-4.

P. 33 : Augusta Veromanduorum placée à Vermand.

LEVASSEUR (Émile). Histoire, etc., jusqu'à la Révolution [810]. *Paris, Guillaumin,* 1859, 2 vol. — *Hachette,* 1867, 2 vol.

LÉVEILLÉ, BOURDIAN et CHATEL. Découvertes, etc. [5028]. — *Bull. de la Soc. des ant. de Norm.,* 5e année, 2e et 3e trimestres 1864.

LÉVÊQUE (G.). Recherches, etc. [405]. *Paris, Durand et Pedone-Lauriel,* 1869.

LE VER (le m^{is} Auguste). * Diss. sur l'abolition du culte de Roth, soit par s^{t} Mellon, 1er évêque, soit par s^{t} Romain, 19e év. de Rouen, par un membre de la Soc. des ant. de Norm. [592]. *Paris,* imp. *Tastu,* 1829; 52 p.

LEVESQUE DE LA RAVALIÈRE. — Voir Ravalière (Levesque de La).

LEVRAULT (Louis). État actuel, etc. [8355]. — *Congrès archéol.,* XXVIe session, tenue à Strasbourg en 1859 (1860), p. 16-41.

— Découverte, etc. [8429]. — *Bull. de la Soc. pour la conservation des monuments histor. d'Alsace,* 2e s., t. II, 1864; 7 p.

— A propos d'un fibule, etc. [8404]. — *M. rec.,* n. s., t. VI, 1867, p. 40-45.

LÉVY (Aug.). Étude, etc. [9355]. — *Mém. de l'Acad. de Rouen,* 1859-1860; 51 p.

— Étude scientif., etc. [9315]. — *Mém. lus à la Sorbonne* en 1861 (archéologie), 1862, p. 1.

LEWIN (T.). The invasion, etc. [10272]. 2e éd. *Londres,* 1862.

LEYDET. — Voir Sarrau et Leydet.

LEYMARIE (A.). Le Limousin historique, etc. [3585]. 1838, in-4. — Le Limousin historique, recueil de pièces manuscrites, pour servir à l'histoire de l'ancienne province [m. n^{o}]. 1839, in-8.

LEYSER (Polycarpe). Historia poetarum et poematum medii ævi decem post annum a nato Christo CCCC seculorum centum et amplius codicum mss. ope carmina varia elegantia ingeniosa, curiosa evulgantur emendantur, recensentur [2382 *a*]. *Halæ Magdeburg., nov. bibliopolium,* 1721, p. in-8. — Nouveau titre, 1741.

LHOSPIED. Géographie de la Nièvre [7898]. *Nevers,* 1845, in-18.

L'HOTE. Histoire de l'art : L'art romain dans les Gaules, etc. [1503]. — *Mém. de la Soc. dunkerquoise pour l'encouragement des sc., des lettres et des arts,* t. XIII, 1867-1868 (1868), p. 161.

— Erreurs, etc. [6061]. — *M. rec.,* t. XIV, 1869, p. 203.

LHUILLIER (Th.). Essai de bibliographie départementale, ou Catalogue des ouvrages imprimés et manuscrits, opuscules, brochures, cartes et plans, etc., tant anc. que modernes, ayant pour objet le dép^{t} de Seine-et-Marne et les pays dont il est formé, sous les différents rapports histor., descriptif, statist., topogr., archéol. et biogr. [9167]. *Meaux, Carro; Paris, Ledoyen,* 1857, in-12; 120 p.

— Note, etc. [9204]. — *Bull. de la Soc. d'archéol. de Seine-et-Marne,* t. V, 1869, p. 227-231.

— Note, etc. [9205]. — *M. rec.,* 1870; 8 p.

LHUYD (Edw.). Archæologia britannica, etc. [10295]. *Oxford,* 1707, in-fol.

LICQUET (F.-Isidore, dit Théodore). Rouen : Précis de son histoire, son commerce, son industrie, ses manufactures, ses monuments; guide nécessaire pour bien connaître cette capitale de la Normandie ; suivi de notices sur Dieppe, Bolbec, le Havre,

Elbeuf, et les endroits les plus remarquables du dép^t de la Seine-Inf^re [9344]. *Rouen, Frère*, 1826, in-8, ou in-12 avec 1 pl. — 2e éd. *Ibid., id.*, 1831, in-12, ou in-4 avec 1 pl. de M. LANGLOIS. — 4e éd. *Rouen*, 1839, in-12. — 7e éd. revue et annotée par Ed. FRÈRE. *Rouen*, 1863, in-12; 200 p.

— Rech. sur l'hist... de Rouen, depuis les premiers temps jusqu'à Rollon [9345]. *Rouen, J. Frère*, 1826.

Mém. couronné par la Société d'émulation de Rouen le 9 juin 1825.

— (Posthume.) Histoire de Normandie depuis les temps les plus reculés jusqu'à la conquête de l'Angleterre en 1066; précédée d'une introduction, etc., par Georges-B. DEPPING [3760]. *Rouen*, 1835, 2 vol.; carte.

C. r. par RAYNOUARD, *J^al des savants*, 1835, p. 750.

LIEBEAULT (A.-A.). Lettre, etc. [7540]. — J^al *de la Soc. d'arch. lorraine*, 1858, p. 103.

LIEBRECHT (F.). Le vrai nom de Gargantua (compte rendu de : 1° Abhandlung über Roland, de Hugo Meyer, 1868; 2° Om Civaïsme i Europa de C.-A. Holmboe, 1866 (en norvégien); 3° Gargantua (essai de mythologie celtique, de H. Gaidoz) [568]. — *Revue celtique*, n° 1, mai 1870, p. 136-142 (y compris un p.-s. de H. Gaidoz).

LIÈGE (du). Rapport, etc. [2624]. — *Mém. de la Soc. des ant. du Centre*, à Bourges, t. I, an. 1867 (1868); 12 p.

LIÉNARD (F.). Diss. sur des caractères angulaires de la Gaule Belgique, comparés avec ceux qui ont été employés en Laconie. Pièce lithographiée avec planches [2064 *a*]. Vers 1837.

— Notice, etc. [7343]. — *Trav. de l'Acad. de Reims*, t. XII, 1851, p. 188-207.

— Notice, etc. [7611]. — *Mém. de la Soc. philomathique de Verdun*, année 1853.

LIESVILLE (de). Sceaux de potiers gallo-romains [1766 *a*]. — *Cc. rr. de la Soc. franç. de numismat. et d'archéol.*, t. II, 1870, p. 397.

LIFORNOIS. Le camp des Bellovaques à Gouireux [8082]. — *Cc. rr. et mém. du Comité arch. de Senlis*, 1865, p. 129-142.

LILIUS (Gregorius). Pinax iconicus antiquorum ac variorum in sepulcris rituum ex Lilio Gregorio excerpta picturisque juxta hypographas exacta arte elaboratis effigiata ad animorum utilem cognitionem, etc. [1622]. *Lugd.*, 1556.

Les planches ont été dessinées et gravées p. P. WOEIRIOT.

LIMNÉ (Jean). Notitia regni Franciæ [279]. *Francofurti*, 1655, in-4.

LIMOUSIN (N.). Obs. sur qqs. constructions rom. dont on a découvert les fondations à St-Cernin [5324]. — *Mém. de la Soc. des ant. de Fr.*, 2e s., t. IX, 1849, p. 393.

— Recherches, etc. [5159]. — *M. rec.*, 3e s., t. I, 1852, p. 433.

LINAS (Ch. de). Le tumulus de Frégouville (Gers) [6237]. — *Rev. archéol. du midi de la Fr.* — T. à p. *Toulouse, s. d.*; 8 p.; 4 pl.

— L'Histoire du travail, etc. [1706]. — *Revue de l'art chrétien*, t. XI, 1867.

— Les ornements de bronze, etc. [8234]. — *M. rec.*, t. XII, 1868.

LINCY (Le Roux de). Le livre des légendes, introduction [860]. *Paris*, 1836.

Indication d'un grand nombre de sources bibliogr. relatives aux mœurs et usages.

— Rech. sur les propriétaires et les habitants du palais des Thermes et de l'hôtel de Cluny (auj. musée des monuments français) dans l'intervalle des années 1212 à 1600 [9128]. — *Mém. de la Soc. des ant. de Fr.*, 2e s., t. VIII, 1846, p. 23.

LINDENBROCHS (Erp.). Chronica, etc.; item Herminii oder Hermanni Geschichten und etliche Historien der Chaucorum [10679]. *Hamburgi*, 1789; in-4.

LINDENBROGIUS (Frid.). Codex legum antiquarum, in quo continentur leges Wisigothorum, edictum Theodorici regis, leges Burgundiorum, leges salicæ, etc., nunc primum editæ... ex bibliotheca Frid. Lindenbrogii [768]. *Francofurti*, 1613, in-fol. de près de 1600 p.

Réimprimé à Venise, 1781, dans la collection en 5 vol. intitulée : *Barbarorum leges*.

LINDENSCHMIDT (L.). Die Alterthümer unserer heidnischen Vorzeit. Nach den in offentlich und Privatsammlungen befindlichen Originalien herausgegeben von dem römisch-germanisch Centralmuseum in Mainz [10697]. *Mayence*, 1859-1872, 3 vol. gr. in-4; nombr. pl.

— Die Vaterlændischen, etc. [1314, 1850, 11053]. *Mayence*, 1860, in-4; 43 pl.; fig.

Voir notamment : Die sogenannte Erzperiode, p. 153 et suiv.

— Diadem, etc. [11023]. — *Jahrb. des Vereins von d. Alterthumsfreunden im Rheinlande*, t. XLVI, 1869; 1 vign.

LINETIÈRE (Thabaud de). Essai sur l'origine du tombeau gaulois, etc., précédé du rapp. de M. Des Méloizes sur la découv. de ce mon^t [6496]. *Châteauroux, Migné*, 1845, in-4; 19 p.; 6 pl.

LINGARD (John). An history of England from the first invasion by the Romans [10268]. *London, Baldwin*, 1819-1831, 8 vol. in-4. — 2e éd. 1823-1831, 14 vol. — 3e éd. *Paris, Baudry*, 1826-1831, 14 vol. — 4e éd. 1840, 8 vol. — — 5e éd. *London*, 1849, 10 vol. — 6e éd. *Ibid.*, 1855, 10 vol. in-12, etc.

— Hist. d'Angleterre, etc., trad. de l'anglais sur la 2e éd. par le baron DE ROUJOUX (et Amédée Pichot). *Paris, Parent-Desbarres*, 1825-1831, 14 vol. — Trad. de Cam. BAXTON sur la 3e éd. *Ibid., id.*, 1841-1844, 6 vol. — Trad. de Léon DE WAILLY. *Paris, Charpentier*, 1843-1844, 6 vol. in-18. — Trad. de Du Roujoux, revue par Cam. BAXTON, 6e éd., 1860, 5 vol.; 1 carte.

Voir QUÉRARD, *France litt.*, t. VIII, p. 181 et 382.

LION (Jules). Viel-Hesdin [8220]. *St-Omer*, impr. *Van Eslandt*, 1857, in-12; 3 pl. — 2e éd. 1869.

— La Voie rom. d'Amiens à Boulogne, d'après la Table Théodosienne [9567]. — *Bull. de la Soc. des ant. de Picardie*, t. IX, 1866, p. 328-336; 1 carte.

LIONNOIS. — Voir LYONNOIS.

LIONS (J.). Précis historique, statistique et géographique de Lyon ancien et moderne [nouv. add. 8507 *a*]. 1832, in-18.

LIOTARD (l'a. Léon). Notice, etc. [2695]. *Draguignan*, impr. *Gimbert*, 1865; II, 28 p.

LIPSE (Juste). De Amphitheatris quæ extra Romam libellus [1552]. *Lugd. Bat.*, 1589, in-4, fig. — Reproduit dans les Œuvres complètes de J. Lipse. *Vesaliæ*, 1675, in-8, t. III.

Amphithéâtres en Gaule, à Nîmes et à Pont-de-Cé, décrits sommairement avec figures. — Simple mention de ceux de Périgueux, d'Arles, de Bordeaux, d'Avenches.

— Éditions de Tacite avec commentaires. — Voir TACITE.

La meilleure est de 1595. On y trouve le texte de la Table de Claude.

— Poliorceticon, sive de Machinis, tormentis et telis libri V [2460]. *Antverpiæ*, 1596, in-4. — Reprod. dans les Œuvres complètes, t. III.

LIPSIUS (Jean-God.). Bibliotheca numaria, præfatus est Ch.-G. HEYNE [1866]. *Lipsiæ*, 1801, 2 parties.

LIRON (dom Jean). Apologie pour les Armoricains et pour les églises des Gaules, particulièrement de la province de Tours, où l'on fait voir que les églises de Bretagne sont plus anciennes que la descente des Bretons dans l'Armorique, et que cette province a reçu la foi dès le quatrième siècle [3088]. *Paris, Ch. Huguier*, 1708, in-12.

C. r. dans les mém. de Trévoux, juillet 1708, p. 1195.

— La bibliothèque chartraine, ou traité des auteurs et des hommes illustres de l'ancien diocèse de Chartres, etc. [5843]. *Paris*, 1719, in-4.

1re et unique partie de : Bibliothèque générale des auteurs de France.

— Singularités historiques et littéraires contenant plusieurs recherches, découvertes et éclaircissements sur un grand nombre de difficultés de l'histoire ancienne et moderne [21]. *Paris, Didot*, 1734-40, 4 vol. in-12.

Parties intéressant la Bibliographie des Gaules : Du fondateur et des commencements de la monarchie française. — Que la musique et les instruments n'étaient pas en usage dans l'Église de Paris, du temps de St Germain, dans le VIe siècle. — Que St Luc a prêché dans les Gaules. (Voir BRUNET, *Manuel*, art. LIRON.)

LITTRÉ (Maximilien-Paul-Émile). Études, etc. [126]. *Paris, Didier*, 1867, in-12. — 3e éd. *Ibid., id.*, 1874, in-12.

LLOREZ (le p. Henriquez). Medallas, etc., coleccion de las que se hallan en diversos autores, y de otras nunca publicadas [10609]. *Madrid*, 1757, 2 vol. in-4; 58 pl. — Suppl. 1773.

LOBINEAU (dom Guy-Alexis). Histoire de Bretagne, composée sur les titres et les auteurs originaux, enrichie de plusieurs portraits et tombeaux en taille-douce, avec les preuves et pièces justificatives, accompagnées d'un grand nombre de sceaux [3298]. *Paris, Vve Fr. Muguet*, 1707, 2 vol. in-fol.

Ouvrage commencé par dom LE GALLOIS. — C. r. dans les mém. de Trévoux, avril 1708, p. 547.

— Contre-apologie, ou réflexions sur l'Apologie des Armoricains (par dom Liron, voir ce nom) [3089]. *Nantes, Mareschal*, 1708 et 1712. Pièce de 16 p.

— Défense, etc. [3090]. *Paris, Emry*, 1708, in-12. Pièce.

Cette défense est imprimée dans le supplément du *Journal des Savants*, de l'année 1708.

— La vie des saints de Bretagne et des personnes d'une éminente piété de cette province, avec additions à l'histoire de Bretagne [3299]. *Rennes*, 1725, in-fol.

— Histoire de la v. de Paris, composée par dom Michel FÉLIBIEN, revue, augmentée et mise au jour par D. Guy-Alexis Lobineau, justifiée par des preuves authentiques et enrichie de plans, de figures et d'une carte topographique [9021]. *Paris, G. Desprès*, 1725, 5 vol. in-fol. — Voir FÉLIBIEN.

LOBJOY (F.). Antiquités, etc. [4215]. — *Journal des Débats*, 10 thermidor an IX.

LOCHE (gal cte de). Notice, etc. [3983 *a*]. *Mém. de la Soc. acad. de Savoie*, t. I, 1825, p. 224-237.

— Notice, etc. [10940]. — *M. vol.* et *Mém. de l'Acad. des sc. de Turin*, t. XXV, 2e partie, p. 27.

— Notice [8953]. — *Mém. de la Soc. acad. de Savoie*, t. II, 1827, p. 326-333; 1 pl.

— Not. archéologique, etc. [8951]. — *M. rec.*, t. III, 1828, p. 246-252.

— Recherches, etc. [8933]. — *M. vol.*, t. III, 1828, p. 399-445; 2 pl.

Voir aussi le *Journal de Savoie*, 7 et 28 juillet 1826.

— Mémoire, etc., pour servir de suite à celui qui a pour titre Recherches, etc. [8934]. — *M. rec.*, t. V, 1831, p. 184-205.

LOCHON (dr). Note, etc. [8993]. — *Rev. savoisienne*, Xe an., 1869, p. 63.

LOCRIUS (Ferreolus) (Ferry de Locre). Chronicon Belgicum, etc. [10451]. *Atrebati*, 1616, in-4, 3 vol.

LOESCHERUS (V.-E.). Literator Celta, seu de excolenda Literatura Europæa, Occidentali et Septentrionali, consilium et conatus [2245]. *Lipsiæ*, 1726.

LOGEAIS. Dictionn. des cnes d'Indre-et-Loire, ou nomenclature alphabétique des villes, bourgs et villages, avec des rech. sur l'histoire [6510]. *Tours*, 1835, in-12.

Pages 25-96 de l'*Annuaire d'Indre-et-Loire* pour lesquelles on a imprimé un titre particulier.

LOHDE (L.). — Eine heidnische Grabstätte, etc. [11006]. — *Jahrb. des Vereins von d. Alterthumsfreunden im Rheinlande*, t. XLI, 1866, p. 1-8, 1 pl.

— Das Denkmal, etc. [5019]. — *M. rec.*, t. XLIII, 1867, p. 133-146, 1 pl.

L'OISEL (Antoine). Antiquités de Périgueux [5603].

Se trouvent dans sa *Remontrance*, etc., 1605. (Girault de St-Fargeau.)

— Mém. des pays, v., comté, évêché et évêques, pairrie, cne et personnes de renom de Beauvais et Beauvaisis [8017]. *Paris, Sam. Thiboust*, 1617, in-4.

L'OISEL (Ant.) et **LOUVET (Pierre).** Mémoires, etc. [3241].

Denis SIMON a publié un « Supplément aux Mémoires de l'hist. civ. et ecclésiast. du Beauvaisis, de M. Ant. Loisel (l'ouvrage ci-dessus) et de M. P. Louvet ». *Paris, Guill. Cavelier*, 1701, in-12, 146-160-196.

LOISELEUR (Jules). Note, etc. [7014]. — *Bull. de la Soc. archéol. de l'Orléanais*, t. III, 1864, p. 168.

— Note, etc. [7002]. — *M. vol.*, p. 172-175.

— Essai d'interprétation, etc. [2714]. — *M. vol.*, p. 244-255, 1 pl., et *Mém. de la Soc. d'agr.* etc. *d'Orléans*, 2e s., t. IX, p. 265-277.

— Voir BAILLY (Anatole). Étymologie... des mots Orléans, etc., 1870.

LOLLIER. Lettre à M. A.-L. Millin sur les tombeaux d'Arcy [4283]. — *Mag. encyclop.*, 1811, t. III, p. 361-366.

Titre courant : Bains d'Arcy.

LO-LOOZ. Rech. d'antiq. militaires, avec la défense du chevalier Folard, etc. [1795]. *Paris*, 1770, in-4.

— Défense du chevalier Folard, etc., opposée aux mémoires critiques de Guischard [1796]. *Bouillon*, 1778.

LOMBARDELLI (Gregorio). Vita di san Martiale [3576]. *Firenze*, 1595, in-4.

LOMBART (F.). Description des monuments les plus curieux, anciens et modernes, de la Picardie [3821]. *Amiens*, imp. *Caron-Vilet*, 1838, 64 p.

LONDE (de La). Recherches, etc. lues à l'Acad. de Caen le 6 mars 1749 [3402].

Mentionnées dans la *Biblioth. histor.*, t. I, nº 243.

LONG (Henry-Lawes). The march of Hannibal, etc. [2792]. *Londres*, 1821.

Cp. *Biblioth. univ.* (litt.), t. XLIX, 1832, et *Bull. de l'Acad. delphinale*, à Grenoble, t. V. 1863 (art. de Parisot).

LONG (J.-Denis). Recherches, etc. [4415]. — *Mém. présentés par divers savants à l'Acad. des inscr. et b.-l.*, 2ᵉ s., t. I, 1849, p. 278; 2 pl.

1ʳᵉ méd. à l'Ac. des Inscr. et b.-l., en 1846.

— Notice, etc. [5698]. *Die*, 1851, in-16. (Tiré à 25 ex.)

LONGCHAMPS (Ch.). Recherches, etc. [8690]. — *Mém. de la Comm. archéol. de la Hᵗᵉ-Saône*, t. I, nº 2, 1854, p. 1-63; planches.

Voir aussi l'*Annuaire de la Haute-Saône* pour 1812.

— Découvertes, etc. [8681]. 1ᵉʳ art. (unique?). — *M. rec.*, t. II, 1860, p. 1-54.

— Revue épigraphique, etc. (8685]. — *M. rec.*, 1ᵉʳ article, *m. vol.*, p. 165-212; 2ᵉ art., t. III, 1862, p. 35-96, 1 pl.

— Antiquités, etc. [8692]. — *M. vol.*, p. 155-156.

LONGNON (Auguste). Études sur trois pagi de la Gaule [1176, 7419, 8158]. — *Biblioth. de l'École des hautes études* (sc. philolog. et histor.), fasc. 2; — fasc. 1 de la collection historique de la m. Biblioth. — T. à p. *Paris, Franck*, 1869; 52 p.; 2 cartes.

L'Astenois (pagus Stadunensis, Sᵗᵉ-Menehould). — Le Boulonnois et le Ternois (pagus Bononiensis et pagus Taruanensis).

— Le Morvois (pagus Morivensis-Pont-sur-Seine). [3695, 4658]. — *Mém. de la Soc. des ant. de Fr.*, 2ᵉ s., t. XXXI, 1869. — T. à p. *Paris*, 1869; 19 p.

— Études sur les Pagi. Le Pagus Otmensis (Omois) et le pagus Bagensonensis (Binsonois) [1176]. — *Rev. archéol.*, 2ᵉ s., t. XIX, 1869, p. 361-374.

— Les tumuli de Bussy (Marne) [7342]. — *M. rec.*, m. s., t. XX, 1869, p. 34-41.

LONGPÉRIER (Adrien Prevost de). Recherches, etc. [9223]. *Paris, Techener*, 1840; 28 p.; 4 pl.

— Essai, etc. [1933]. — *Mém. de la Soc. des ant. de Fr.*, 2ᵉ s., t. V, 1840, p. 237.

— Description, etc. [1934]. *Paris*, typ. *Didot*, 1840; pl.

— Catalogue de méd. gr., gaul., rom. et franç., etc. [1935]. *Paris*, 1841; 60 p.

— * Liste des noms de lieux où l'on a battu monnaie depuis l'invasion des Francs jusqu'à la mort de Charles le Chauve [1097]. — *Annuaire de la Soc. de l'hist. de Fr.*, année 1841, p. 211-230.

— Attribution, etc. [2453]. — *Rev. num.*, t. IX, 1844, p. 165-169; 1 vign.

— Sur une inscription, etc. [6801, 6804]. — *Mém. de la Soc. des ant. de Fr.*, 2ᵉ s., t. VIII, 1846, p. 262 et suiv.

— Quelques inscriptions, etc. [3644]. — *Rev. de philologie*, t. II, 1846-47, p. 191-196.

— Notice, etc. [2456, 10215]. — *M. vol.*, 1847, p. 353-360.

— Nouv. observations, etc. [3105]. — *Rev. num.*, t. XIII, 1848, p. 85-105.

— Figurine antique, etc. [572]. — *Rev. archéol.*, t. VI, 1849-50, p. 383.

— Inscrip. gallo-lat. tracée à la pointe sur un vase de terre [5268]. — *M. vol.*, p. 554-556.

— Antiq. gauloises, etc. [1487]. — *Bull. archéol. de l'Athenæum français*, juin 1856, in-4º, planches.

— Note sur la lettre E, etc. [2020]. — *Rev. num.*, 2ᵉ s., t. I, 1856, p. 73-87. — T. à p. *Blois*, 1855.

— Monnaie de Probus, etc. [1713]. — *M. rec.*, 2ᵉ s., t. III, 1858, p. 435; 1 vignette.

— Monnaies gauloises, etc. [9224]. — *M. rec.*, m. s., t. IV, 1859, p. 100-103.

— Lemóvici de la Germanie [10733]. — *M. rec.*, m. s., t. V, 1860, p. 156.

— Note sur la lettre F dans les légendes de qqs. méd. gauloises [2020]. — *M. vol.*, p. 175.

— Notes, etc. [2352]. — *M. vol.*, p. 425.

— Orgitirix, fils d'Atepillus [389]. — *M. rec.*, m. s., t. VI, 1861, p. 326.

— Monnaie de plomb d'Alise [2535]. — *M. vol.*, p. 253-256 ; 1 vign.

— Monnaies des Salasses [10955]. — *M. vol.*, p. 333-347.

— Monnaies gauloises ; Catalauni [2040]. — *M. rec.*, m. s., t. VIII, 1863, p. 74.

— Ueber die Regenbogenschüsselschen [2041]. — *M. vol.*, t. VIII, p. 141 ; 2 pl.

— Note, etc. [2039]. — *M. vol.*, p. 160-168.

— Lettre, etc. [11077]. — *M. rec.*, m. s., t. IX, 1864, p. 112.

— Monnaies gauloises, etc. [10829]. — *M. vol.*, p. 328.

— De l'Anousvara, etc. [2042]. — *M. vol.*, p. 333-350.

Superposition de l'M ou de l'N dans les syllabes nasales.

— Note, etc. [2573 *a*]. — *Rev. archéol.*, 2e s., t. X, 1864, p. 322-324.

— Monnaies de plomb, etc. [8088]. — *M. rec.*, m. s., t. XI, 1866, p. 1-8.

— Monnaie gauloise, etc. (communiquée par M. A. Véry) [7640]. — *M. rec.*, m. s., t. XII, 1867, p. 76-77 ; 1 vign.

— Notice, etc. (ancien fonds et musée Napoléon III) [1504]. *Paris*, 1868, in-12.

— Notice, etc. [1505]. — *Bull. de l'Acad. roy. des sciences de Belgique*, t. XIX, 1869, n° 7.

LONGPÉRIER (Henri de). Des rouelles et des anneaux antiques considérés comme agents de suspension (chez les peuples scandinaves, les Étrusques, les Gaulois, les Helvètes, etc.) [2043]. *Rev. archéol.*, 2e s., t. XVI, 1867, 1er art., p. 343-362, 2e et dernier, 397-408.

— Recherches, etc. [1954]. *Paris*, 1868.

LONGUEMAR (Alphonse Le Touzé de). Observations, etc. [4368]. — *Bull. de la Soc. des ant. de l'Ouest*, 4e trim. de 1854 (8 p. ; 1 pl.), et *Bull. de la Soc. acad. de Laon*, t. V, 1856.

— Note, etc. [9936]. — *Bull. de la Soc. des ant. de l'O.*, 2e trim. de 1855 ; 4 p.

— Souterrains-refuges, etc. [9856]. — *Mém. de la m. Soc.*, t. XXII, 1855 ; 18 p. ; 3 pl. — T. à p. *Poitiers*, 1855.

— Notice, etc. [9023]. — *M. vol.* ; 16 p. ; 2 pl.

— Le Monde antédiluvien, etc. [9905]. — *Journal de la Vienne*, oct. 1854. — T. à p. ; 12 p. ; pl.

— Histoire, etc. [9901]. — *Mém. de la Soc. des ant. de l'O.*, t. XXIII, an. 1856. — T. à p. *Poitiers, Létang*, 1857 ; 386 p. ; 7 pl.

— Lettre à M. de Caumont sur les fresques de St-Jean et de St-Hilaire de Poitiers et sur des découvertes, etc. [3860]. — *Bull. mon.*, t. XXIV, 1858, p. 218.

— Rapport, etc. [9928]. — *Bull. de la Soc. des ant. de l'O.*, 1er trim. de 1859 ; 15 p. ; 1 fac-similé.

— Note, etc. [9877]. — *Bull. de la m. Soc.*, 3e trim., 1859 ; 5 p., 1 carte.

— Analyse, etc. [9839]. — *M. Bull.*, 1er trim. de 1860 ; 3 p. ; 1 pl.

— Répertoire archéol. de la Vienne (arrts de Poitiers, Loudun et Montmorillon [9874]. — *M. Bull.*, 2e trim. de 1860.

— Excursion géolog. et archéol. dans le Loudunais. [9890]. — *M. Bull.*, 2e trim., 1861. — T. à p. *Poitiers*, 1863 ; 48 p.

— Autels gallo-romains, etc. [3864, 9941]. — *M. Bull.*, 1er trim. de 1862 ; 7 p., 1 pl.

— Album historique de Poitiers, coup d'œil sur les monts de l'ancienne capitale du Poitou [9919]. *Poitiers, Picart*, 1862 ; 10 photogr.

— Recherches archéol., etc. — Mémoire sur la distribution topogr. et la nature des monts primitifs et des voies antiques dans le dépt de la Vienne [9868, 9876]. — *Congrès sc. de France*, XXVIIIe session, tenue à Bordeaux en 1861, t. IV, p. 292-418 (1 carte et 1 pl.) et *Mém. de la Soc. des ant. de l'O.*, années 1862. — T. à p. du Congrès, 1863 ; 130 p.

— Liste des 54 dolmens encore existants dans la Vienne ou qui touchent immédiatement à ce dépt et des 33 qui ont disparu [9878].

Rech. archéol., etc., note F.

— Mém. sur les voies anciennes, les limites territoriales et les mon[ts] qui peuvent être rapportés à l'époque gauloise dans le Haut-Poitou [3865]. — *Mém. de la Soc. des ant. de l'O.*, 1862-63; 142 p.; 1 carte; 1 pl.

— Résumé, etc. [1676]. — *Bull. de la m. Soc.*, 1er, 2e et 3e trim. de 1863.

— Explorations, etc. [9880]. — *M. Bull.*, 4e trim. de 1863.. — T. à p. intitulé : Compte rendu de qqs. explorations archéol. exécutées par MM. de Gennes, Brouillet et de Longuemar. Fouilles de dolmens. *Poitiers*, 1863, 11 p. et 1 pl.

— Rapport, etc. [9879]. — *M. Bull.*, m. trim.; 11 p.; 1 pl.

— Cimetière de St-Cyr [9974]. — *M. Bull.*, 4e trim. de 1864 ; 1 p.

— Épigraphie du Haut-Poitou [3869]. — *Mém. de la m. Soc.*, an. 1863 (1864); 357 p.; planches.

— Note, etc. [9970]. — *Bull. de la m. Soc.*, 1865 ; 6 p.; 1 pl.

— Note, etc. [1618]. — *M. vol.;* 2 p.; 1 pl.

— Note, etc. [9934]. — *M. Bull.*, 3e trim. de 1865.

— Les Dolmens, etc. [3874]. — *Mém. de la m. Soc.*, an. 1865 ; 35 p. ; 6 pl.

— Excursion, etc. [9826]. — *Congr. archéol.*, XXXIe session tenue à Fontenay en 1864. — T. à p. *Caen*, 1865; 23 p.

— Réfutation, etc. [5165]. — *Bull. de la Soc. des ant. de l'O.*, 1er trim. de 1867; 7 p. — T. à p. *Poitiers*, 1868.

— Rapport, etc. (Temps préhistoriques et gallo-romains) [1320]. — *M. Bull.*, 2e trim. 1867; 20 p.

— Dolmens, etc. [9881]. — *M. Bull.*, 3e trim. 1867 ; 11 p.; 1 pl.

— Exploration, etc. [9946]. — *Mém. de la m. Soc.*, t. XXXI, an. 1866; 56 p.; 6 pl.

Résumé de ce travail dans les *Mém. lus à la Sorbonne* en 1867 (archéol.); 16 p.; 1 pl.

— Bornes militaires du Haut-Poitou [3875]. — *M. rec.*, an. 1867; 12 p.

— Rapport sur les fouilles, etc., par l'Association melloise, sous la direction de M. Babert de Juillé [9508]. — *Bull. de la m. Soc.*, 1er trim. 1868, p. 13.

— Rapport, etc. [1256]. — *M. Bull.*, 4e trim. 1868, p. 123-138.

— Étude, etc. [1259]. — *Mém. de la m. Soc.*, t. XXXII, an. 1868 ; 14 p.

— Album histor. du Poitou [3876]. *Poitiers*, 1869 ; 156 p.; planches.

— Étude, etc. [9871]. — *Mém. de la Soc. des ant. de l'O.*, t. XXXIII, 1869, p. 33-46.

— Rapp. sur l'exposition archéol. de Poitiers en juin et juillet 1869 [9902, 9903]. — *M. rec.*, an. 1869 (1872), p. 43-127.

— Estampages, etc. [9931]. — *M. vol.*

LONGUEMARE (Gouye de). Dissertation, etc. [4039]. 1745, in-12.

LONGUERUE (Louis-Dufour, abbé de). * Description, etc. [1000]. *Paris*, ... 1719; 2 tomes en 1 vol. in-fol. — *Paris, Pralard*, 1722, in-fol.; 9 cartes (dressées par D'ANVILLE).

C. r. dans les mém. de Trévoux, juin 1723, p. 1068. — Cp. BARBIER, *Dictionn. des Anonymes;* QUÉRARD, *Fr. litt.*, t. V, p. 347; BRUNET, *Manuel.*

— Lettres, etc. [5122 *a*]. — *Mercure*, avril 1733, p. 641 et suiv.

LONGUEVAL (Jacques). Discours, etc. [521].

Dans le t. Ier de son *Histoire de l'Église gallicane*, p. 23-41 de la 1re éd.

— Notice abrégée, etc. [1049].

Dans le t. II de l'*Hist. de l'Égl. gallic*, p. 1-19.

LONGUEVAL (Jacques), FONTENAY (Cl.), BRUMOY (Guill.-Fr.) et BERTHIER, jésuites. Histoire de l'Eglise gallicane (depuis l'an de J.-C. 150 jusqu'en 1559) [718]. *Paris, Montalant*, etc., 1732-1749, 18 vol. in-4. — *Nimes*, 1782, 18 vol. in-8 et in-12. — *Paris, Biblioth. cathol.*, 1825-1828. (4e éd.?) 26 vol. in-8 ou in-12.

Cp. *Biblioth. histor.*, t. I, no 3956. — La diss. prélimin. a été reprod. dans la collection Leber, t. III.

LOON (G. van). Aloude Hollansche historie, etc. [1882]. *'S Hage*, 1734, 2 vol. in-fol.

1re partie de l'*Histoire métallique des Pays-Bas*, commencée par VAN LOON et continuée par VAN MIERIS, VERGOLG et l'Acad. des sc. d'Amsterdam, 1732 à 1869; en tout 24 vol. in-fol.

LOPEZ (Jérôme). L'église métropolitaine et primatiale de St-André de Bordeaux, avec l'histoire de ses archevêques et le pouillé des bénéfices du diocèse avec quelques actes. [6256]. *Bx, Delacourt,* 1668, in-4.

LOQUI (**E. Michel de**). Rech. sur les ruines d'Entremonts, situées près d'Aix (B.-du-Rh.), etc. [5006]. *Aix,* impr. *Guigne,* 1839; 52 p.

— Recherches, etc. [482]. — *Mém. de l'Acad. d'Aix,* t. IV, 1840, p. 325-339.

LORENT. * Cajus Igula, ou l'empereur Cajus César, né à Igel le 31 août de l'an 764 de Rome, ou 11e de J.-C., ère commune. Essai par forme de diss. sur le sujet de l'époque du fameux mont appelé communément la tour d'Igel, situé à l'extrémité du Luxembourg, au bord de la Moselle, entre les confluents de la Sarre et de la Sure, avec les dessins de ses quatre faces en détail [10984]. *Luxembourg,* impr. des héritiers d'*André Chevalier,* 1769, in-4; 10 pl.

La dédicace est signée LORENT.

LORENZ (**Jean-Michel**). Historiæ gallo-franciccæ civilis et sacræ summa [329]. *Argentorati, Treuttel et Wurtz,* 1790-1793, 4 vol.

Loué par QUÉRARD, *Fr. litt.*

LORENZ (**Otto**). Catalogue général, etc. [183]. *Paris, Lorenz,* 1857-1880, 8 vol.

LORETTE. Notes histor. et inédites sur Metz et ses environs, depuis les temps les plus reculés. Hist. résumée de l'imprimerie dans la v. de Metz, etc. [7822]. In-fol., 72 p.

LORGES (**Chrétien de**). Essais, etc. [2771]. 1789, in-12.

L'auteur fait passer Annibal de Gaule en Italie par le Grand St-Bernard.

LORICHS (**C. de**). Recherches, etc. [10619]. T. Ier (unique). *Paris, F. Didot,* 1852, gr. in-4; 81 pl.; 1,500 fig.

La suite, presque entièrement terminée, est restée en ms.

LORIN (**Théodore**). Conjectures, etc. [541 *a*]. 1857.

LORIOL. La France [351]. *Paris,* 1834.

LORIQUET (**Charles**). Examen d'un ouvrage de M. Savy intitulé : Mém. topogr. (voir le no 7317) [7318]. *Reims,* 1860; 47 p.

— Le tombeau de Jovin, à Reims [7406]. — *Rev. arch.,* 2e s., t. I, 1860, p. 141-157; 216-229; 275-284.

— Résumé de son mém. en réponse à la question suivante : Donner la description des mosaïques trouvées à Reims à diverses époques. Présenter des dessins de ces mosaïques. — Sur le lieu où ces mosaïques doivent être conservées [7400]. — *Congrès archéol.,* XXVIIIe session; sces gales tenues à Reims, etc. en 1861; 6 p.

— Reims, etc. [7396]. — *Trav. de l'Acad. de Reims,* t. XXX, 1861; 393 p.

— La mosaïque des promenades, etc. Étude sur les mosaïques et sur les jeux de l'amphithéâtre [7401]. — *M. rec.,* t. XXXII, 1862; 422 p. — T. à p. *Reims,* m. d., 427 p. 18 pl.

— Marque pharmaceutique, etc. [7411]. *M. vol.*

LORRAIN. Notice, etc. [7838]. — *Bull. de la Soc. d'arch. et d'hist. de la Moselle,* 8e an., 1865; 5 p.

— Notice, etc. [m. no]. — *Mém. de la m. Soc.,* an. 1865.

— Notice, etc. [m. no]. — *Bull. de la m. Soc.,* 9e an., 1866; p. 13-19; 47-51; 78-81; 109-113; 136-142; 152-160.

— Notice, etc. [7856]. — *M. rec.,* 10e an., 1867, p. 18-23.

— Rapport, etc. [7839]. — *M. vol.,* p. 65-71; 87-90; 119-124; 134-140; 157-165; 203-210.

— C. r. des fouilles exécutées à Metz [m. no]. — *M. rec.,* 11e an., 1868, p. 84-155.

LOTTER (**J.-Georges**). Historia vitæ atque meritorum Conradi Peutingeri [1201]. *Lipsiæ,* 1729, in-4.

Voir aussi, du même : Dissertatio de Tabula Peutingeriana. *Lipsiæ,* 1734, reprod. dans les Symbolæ litterariæ d'A-B. GORI. *Rome,* 1752, p. 17-58.

LOTTIN père (**D.**). Recherches, etc., depuis Aurélien, l'an 274, jusqu'en 1789 [6971]. 1re partie, *Orléans,* imp. *Jacob,* 1837, 2 vol. — 2e partie, *ibid.,* t. Ier, 1838, t. II et III, 1840.

LOTTIN (**l'a.**) et **LASSUS.** Ancienne province du Maine, rec. de doc. rares ou inédits sur la topogr. et les monts histor. de cette prov. [3658]. *Le Mans, Pesche,* 1856, in-fol. Livr. 1-3.

LOTTIN DE LAVAL. Manuel complet de lottinoplastie (titre complet dans O. LORENZ) [1309]. *Paris, Dusacq,* 1857, in-32.

— Procédé, etc. [1310]. *Paris,* 1860.

LOTTNER. Italic imperfect, etc. [2313]. (Vers 1860.)

— Gaulish inscription, etc. [2195, 10334]. 1863.

LOUANDRE (**François-César**). Histoire anc. et moderne. etc. [9543]. *Abbeville*, 1834. — 2e éd. p.p. Ch. LOUANDRE fils, intitulée : Histoire d'Abbeville, etc. [9544]. *Paris, Joubert*, 1844, 2 vol.

— Recherches, etc. [9526], 1840.

LOUANDRE (**Charles**). La France contemporaine, etc. — Voir QUÉRARD, *France littéraire*, continuée par F. BOURQUELOT, Ch. LOUANDRE et L.-A. MAURY.

LOUBENS. Histoire, etc. depuis la conquête des Romains dans les Gaules jusqu'à la fin du comté d'Armagnac et des droits régaliens au XVe siècle [3545]. *Paris, Aimé André*, 1839 ; 416 p.

LOUETTE. Itinéraire, etc. [1242]. *Paris*, 1790, 2 vol.; 1 carte.

LOUIS XIV. La guerre des Svisses, etc. [10782]. *Paris*, 1651, in-fol.

LOURIOU. Essai, etc. [1177]. — *Mém. de la Soc. hist. du Cher*, 2e s., t. Ier, 1868, p. 127-170. — T. à p. *Bourges* et *Paris*, 1869.

LOUVET (**Pierre**). Histoire, etc., et des antiq. du pays de Beauvaisis [8035]. *Rouen, Manassez de Préaulx*, 1609, p. in-8. — Autre éd. *Ibid., id.*, 1614, p. in-8, et *Beauvais, Godefroi Vallet*, 1614.

— Nomenclatura et chronologia rerum ecclesiastic. diocesis Belvacensis [8020]. *Paris*, 1613.

— Histoire, etc. [3239, 3240]. *Beauvais*, 1631-1635, 2 vol.

— Traité, etc. [3064, 3544, 3669]. *Paris*, 1659, in-4.

L'OUVRELEUL (**l'a. Jean-Baptiste**). Mémoires histor. sur le pays de Gévaudan et sur la v. de Mende, qui en est la capitale, recueillis et dressés par — [3530]. *Mende*, 1726, 2 parties en 1 vol. in-12. — Nouv. éd. *Ibid., J.-J.-M. Ignon*, 1825, in-8.

LOWNDES (**W.-Thomas**). The Bibliographer's manuel, etc. [10239]. *Londres*, 1834, 4 vol. — Nouv. éd. revue par H.-G. BOHN. *Ibid.*, 1857-1864, 10 parties in-12.

Titre complet dans la *Bibliogr. univ.* de F. DENIS, P. PINÇON et DE MARTONNE, art. *Angleterre*, no 83.

LUBBOCK (**John-William**). Pre-historic times as illustrated by ancient remains and the manners and customs of modern savages, etc. [1421]. (Au moins 3e éd.) — L'homme avant l'histoire, etc. (titre complet dans O. LORENZ). Trad. de l'anglais par Ed. BARBIER. *Paris, Germer Baillière*, 1866. — L'homme préhistorique, etc. (voir O. LORENZ). Edition trad. de l'anglais, sur la 3e éd. anglaise, par Ed. BARBIER ; suivie d'une conférence sur les Troglodytes de la Vézère, par P. BROCA. *Ibid., id.*, 1875, gr. in-8 ; fig.

— Les origines de la civilisation, état primitif de l'homme et mœurs des sauvages modernes. Trad. de l'anglais sur la seconde éd. par Ed. BARBIER [m. no]. *Ibid., id.*, 1872 ; fig.

— Résumé, etc. [1456]. 1862.

Cité et loué par Lyell.

LUC (**J.-A. de**). — Voir DELUC (Jean-André).

LUCAIN. La Pharsale [64]. — Voir FABRICIUS, *Biblioth. lat.*, éd. Ernesti, ENGELMANN, Biblioth. scriptor. class., 8e éd., 1882. — Trad. en vers de BRÉBEUF, *Paris*, 1658, etc., et de Jacques DEMOGEOT, *Ibid., Hachette*, 1866. — Trad. en prose de MARMONTEL, 1766 ; Philar. CHASLES, GRESLOU et COURTAUD-DIVERNERESSE (coll. lat.-fr. de Panckoucke), 1835, 1836, 2 vol. ; B. HAURÉAU (coll. lat.-fr. de D. Nisard), 1838.

LUCAS (**le p.**). Dissertation, etc. [3130]. 1760.

LUCAS (**Charles**), architecte. Note, etc. [5464]. *Paris*, 1869, gr. in-8 ; 36 p. ; 1 pl.

LUCHET (**mis de**). Hist. de l'Orléanais depuis l'an 703 de la fondation de Rome jusqu'à nos jours [3785]. T. Ier (unique). *Amsterdam* (*Paris*), 1766, in-4.

C. r. dans les *Mém. de Trévoux*, juin 1766, p. 1406.

LUCIEN, de Samosate. Προσλαλία ἢ Ἡρακλῆς [568 *a*]. Dans les œuvres complètes (voir HOFFMAN, *Bibliogr. Lexicon*, ENGELMANN, *Bibliotheca scriptorum classicorum*, 8e éd., 1880). — Traduction franç. par Eug. TALBOT. *Paris, Hachette*, 1857, 2 vol. in-12. — Ed. spéciale dite « l'Hercule gaulois », par Phil. MÉLANCHTON. *Wittenbergæ*, s. d., imprimée par *Melch. Lotter*, dédiée « Λαυρεντίῳ Φρισσαίῳ ».

LUETZOW (**C. von**). Münchener Antiken [10431]. 1869, in-fol.

LUGAT (**l'a A.-S.**). Ruines, etc. [6723]. — *Rev. de Gascogne*, t. IX, 1868, p. 480.

LUKIS (**W.-C.**). Rapport, etc. [7749]. — *Bull. de la Soc. polymath. du Morbihan*, 1867-1868, p. 110-112.

— Sur la dénomination, etc. [1546]. — *Bull. de la Soc. arch. de Nantes*, t. IX, 1869, p. 175-184; pl.

LUKIS et MARIONNEAU. Tumulus, etc. [6927]. — *Bull. de la Soc. arch. de la Loire-Infre*, t. VII, 1867.

LUMINA (**Étienne-Joseph-Poullin de**). Abrégé chronolog. de l'hist. de Lyon; contenant les événements de cette hist. depuis sa fondation par les Rom. jusqu'à nos jours, etc. [8505]. *Lyon, Aimé de La Roche*, 1767, in-4.

C. r. dans les *Mém. de Trévoux*, déc. 1767, p. 408.

— Hist. de l'Église de Lyon depuis son établissement par saint Pothin, dans le second siècle de l'Église jusqu'à nos jours [8467]. *Lyon; Paris, Saillant et Nyon*, 1770, in-4; 600 p.

LUNET (**B.**). Rapport, etc. [4801]. — *Procès-vx de la Soc. des lettres*, etc., *de l'Aveyron*, t. VIII, 1852; 9 p.

— Amphithéâtre, etc. [4802]. — *M. vol.*, 1853; 52 p.

— Mémoire, etc. [4803] (lu en 1862). — *M. rec.*, t. IX, 1859-1867; 5 p.

— Conférence, etc. [4808]. — *M. vol.*; 31 p.

LUQUET (**J.-F.-O.**). Recherches, etc. [7428]. 1836.

— Rech. sur les antiq. de Langres [7451]. 1838.

LURBE (**Gabriel de**), en latin Lurbeus. Burdigalensium rerum chronicon [6290]. 1590, in-4. — Autres éd. 1604. — 1703 (par Du Tillet).

LUTON-DURIVAL (**Nicolas**). Table alphabétique, etc. [3619]. 1748. — 2e éd. 1753. — 3e éd. *Nancy*, 1766.

Reprod. dans le Dictionnaire d'Expilly.

— Mémoire, etc. [3620]. *Nancy, H. Thomas*, 1753, in-4.

Contient la 2e éd. de la *Table alphabétique*, etc.

— * Introduction, etc. [3623]. *Nancy, Babin*, 1775. — Signée D***.

— Description, etc. [3624]. *Nancy*, 1778-1783, 4 vol.

LUYNES (**duc d'Albert de**). Bronze de Chalon [8805]. 1845. — *Mém. de la Soc. d'hist. et d'arch. de Chalon-sur-Saône*, t. I, 1845, gr. in-4.

LYELL (**Charles**). Principles of geology [1372]. 9e éd. 1855. — Trad. sur la 6e éd. par Mme Tullia Meulien. *Paris, Langlois et Leclercq*, 1843-1848, 4 vol. in-12.

Voir O. Lorenz, art. Lyell.

— Manuel, etc. [1373]. — Trad. par Hugard (titre complet dans O. Lorenz). *Paris*, 1857. — 6e éd. *Ibid., Garnier frères*, 1864, 2 vol.

— L'ancienneté de l'homme prouvée par la géologie, et remarques sur les théories relatives à l'origine des espèces par variation. Trad. de l'anglais, avec le concours de l'auteur, par M. Chaper [1404]. *Paris, J.-B. Baillière*, 1863.

— L'ancienneté de l'homme. Appendice, etc. [1405]. *Ibid., id.*, 1864.

LYELL et MURCHISON. Sur les dépôts lacustres tertiaires du Cantal, etc. [5140]. 1831.

LYONNOIS (**l'a. J.-J. BOUVIER**, connu sous le nom de). * Essais, etc. [7524]. *La Haye*, 1779, 2 vol.

— Histoire, etc. [7525]. *Nancy*, 1805-1811, 3 vol.

LYSONS (**S.**). A collection, etc. [10359]. 1791-1803, in-fol.

— Remains of two temples, etc. [10377]. 1802, in-fol.

— Reliquiæ romanæ, etc. [10302]. 1813-1817, 3 vol. in-fol.

— Remains of rom. villa, etc. [10378]. 1815, in-fol.

M

M***. Recherches, etc. [1145]. (Lettres au directeur de la *Rev. archéol.*) 1re lettre, *Rev. archéol.*, 2e s., t. III, 1861, p. 376-379. — 2e l., t. IV, 1861, p. 88-94. — 3e l., datée d'Evire (Hte-Savoie), t. V, 1862, p. 235-242.

M***. Note sur l'inscr. gauloise SACER PEROCO (récemment découverte dans le dépt de la Creuse) [5560]. — *Rev. archéol.*, 2e s., t. XIII, 1866, p. 214-216.

MAAN (Jo.). Sancta et Metropolitana ecclesia turonensis [6503]. *Tours*, 1667, in-fol.

MABILLE (Émile). Not. sur les divisions territoriales et la topographie de l'anc. prov. de Touraine [4064]. *Paris, Hénaux*, 1866.

C. r. par Anat. DE BARTHÉLEMY, *Rev. archéol.*, 2e s., t. XV, 1867, p. 381-383.

MABILLON (Jean). Vetera analecta, etc. [9]. *Paris*, 1675-1685, 4 vol. in-8. — 2e éd. *Ibid.*, 1723, in-fol.

MAC-CARTHY (O.). Lexique, etc. [1139].

Commentaires de César sur la G. des Gaules; éd. OZANEAUX, *Paris, Dezobry*, 1860, in-12.

MAC-CAUL. Britanno-Roman inscriptions, etc. [10335]. 1863.

MACDOUGALL (P.-L.). Les campagnes d'Annibal, études histor. et militaires, trad. de l'anglais du cap. E. TESTARODE [2832]. *Paris, Corréard*, 1865; pl.

MACÉ DE VAUDORÉ (F.-F. de). Dictionnaire, etc. [6886]. *Nantes*, 1836, in-4.

MACÉ (Antonin). Commentaire sur l'inscr. lat. de Corseul, no 527 d'Orelli [5502]. — *Rev. archéol.*, t. VI, 1849-1850, p. 227.

Discussion de ce travail par Léon RENIER, dans ses *Mélanges d'épigraphie*, p. 255-272.

— Traduction de Aymar du Rivail. — Voir RIVAIL (Aymar du), année 1852.

Mention hon. au concours des antiq. nation. en 1853.

— Études sur la géogr. du Dauphiné, depuis les temps les plus reculés jusqu'au XVe siècle [3459]. — *Bull. de la Soc. de statist. de l'Isère*, 2e s., t. III, 1855, p. 122-145.

— Inscr. inédite, etc. [8945]. — *Bull. de l'Acad. delphinale*, à Grenoble, 2e s., t. I, 1857, p. 149-163, et (en partie) *Rev. des Soc. sav.*, t. V, 1860, p. 650-659.

— Sur un cippe, etc. [6620]. — *Bull. de l'Acad. delph.*, *m. vol.*, p. 229-234.

— Le Dauphiné et la Maurienne au XVIIe siècle. Traduit de l'allemand d'Ab. GÖLNITZ [3460]. — *Rev. des Alpes*, 1857. — T. à p., *Grenoble*, 1858, in-12; 207 p.

— Les chemins de fer du Dauphiné [3461]. (Titre complet dans O. LORENZ.) *Grenoble*, 1859-1860, 4 parties en 2 vol. in-12.

Travail publié d'abord dans la *Revue des Alpes*.

Un grand nombre d'inscr. de Vienne et d'ailleurs reprod. et discutées. (Note ms. de l'auteur.)

— Grenoble, etc. [6594]. — *Rev. des Alpes*. — T. à p., *Grenoble, Maisonville*, 1860, in-12; 207 p.

— Mémoire, etc., avant et pendant la domination rom. [3462, 3986, 3987]. — *Bull. de l'Acad. delphinale*, 2e s., t. II, 1861-1862 (1863), avec 1 grande carte. — *Mém. lus à la Sorbonne* en 1861 (hist.), 1863, p. 267-322. — T. à p., *Paris, Impr. imp.*, 1863.

Mention hon. au Concours des Ant. nat. en 1864.

— Réponse, etc. [2825]. — *Bull.*, etc., 2e s., t. V, 1863.

— Observations, etc. [6616]. — *M. rec.*, m. s., t. I, 1865 (1866); 4 p.

— Description, etc. [8914]. 1870.

MACÉ (Th.). Rapport sur les découv. f. par M. Bourguignat en 1866 et en 1868, etc. [4586]. — *Mém. de la Soc. des sc. natur. de Cannes*, etc., t. Ier, 1870, p. 30-34.

MACEDA. De celeri propagatione, etc. [725]. 1798, in-4.

MACER (Joannes). Joannis Macri Burgundi Santinei jcti panegyricus de laudibus

Mandubiorum, quo etiam retunduntur extraneorum calumniæ cum BLONDI divionensis et Jo. CESSIANI Avenionensis commentariis [3662]. *Paris, Guillard*, 1555.

MACHOU. L'origine, etc. [8834]. 1867.

MADSEN (A.-P.). Antiquités, etc. [10648]. *Copenhague, Hoest*, 1869-1873, 2 vol. in-4.

MAEHLY (J.). Hist. de la Suisse, etc. [10781]. — *Rev. archéol.*, 2e s., t. XXII, 1870, p. 161-180.

MAESEN (P. van der). Géographie de la prov. de Liège [10530]. 1842, in-18.

— Géographie de la prov. de Limbourg [10531]. 1842, in-18.

— Géogr. de la prov. de Namur [10534]. 1842, in-18.

MAFFEI (François-Scipion, mis de). De amphitheatris ac præsertim de Veronensi, etc. [1560]. *Vérone*, 1728. — Degli amphiteatri e singolarmente del Veronese. *Ibid.*, 1728, in-12.

— Galliæ antiquitates quædam selectæ, atq. in plures epistolas distributæ [1270]. *Veronæ*, 1734, in-4; 208 p.; fig. — Reprod. dans ses œuvres complètes publiées à Venise en 1790, 28 vol. in-8.

C. r. dans les *Mém. de Trévoux*, mars 1734, p. 452.

— * Museum veronense hoc est antiquarum inscriptionum atque anaglyphorum collectio, cui Taurinensis adjungitur et Vindobonensis [2169, nouv. add. 660 *a*]. *Verona, Carattoni*, 1749, in-fol.

Le nom de l'auteur est en tête de la dédicace à Benoît XIV. — Contient qq. inscriptions gallo-rom., une discussion sur la formule *sub ascia dedic.*, etc.

MAFFRE. Mém. sur une inscr. gr. relevée sur une pierre tumulaire appartenant au musée établi dans le cloître de l'église de Saint-Nazaire (à Béziers) [6411]. — *Congrès archéol.*, XXXVe session. Séance tenue à Béziers en 1868 (1869), p. 338-321.

— Mémoire, etc. [6412]. — *Bull. de la Soc. arch. de Béziers*, 2e s., t. V, 1869-1870, p. 246-250.

MAGALON (J.-D.). Histoire du Languedoc depuis les temps les plus reculés jusqu'à nos jours [3568]. — T. Ier (unique ?). *Paris, Ledoyen et Giret*, 1846.

MAGDELAINE. Sur le progrès et les résultats des fouilles, etc. [7482]. — *Sces gales de la Soc. franç. d'archéologie*, tenues en 1841-1842, p. 82-85.

MAGDELAINE (A.). Note, etc. [9574]. — *Bull. de la Soc. des ant. de Picardie*; an. 1854, nos 3 et 4; 7 p.; 1 pl.

MAGDELEINE (De La). Statistique de l'Orne [8115]. 1802.

MAGEN (Adolphe). Extraits, etc. [2994, 3719]. — Voir LABRUNIE (J.).

Voir comme complément de ce mémoire : Solution proposée d'une des difficultés géograph. que soulève la légende de Saint-Vincent, dans la diss. de LABRUNIE, sur les livres liturgiques de l'église d'Agen, appendice V, par AD. MAGEN. — *Rec. de la Soc. acad. d'Agen*, 2e s., t. I, 1860, p. 280.

— Notice, etc. (lue en 1869) [7101]. — *M. rec.*, 2e s., t. III, 1870-73, p. 54; 2 pl.

MAGI (l'a.). Mémoire sur deux roues de char antique qui sont dans le cabinet de l'Académie, avec planches, lu le 3 juin 1784 [nouv. add. 1737 *a*]. — *Mém. de l'Acad. des sc. de Toulouse*, 1re série, t. IV, 2e partie, année 1784, in-4, p. 179.

MAGINI (Jean-Ant.). Geographia, etc. [954].

Parties concernant la Gaule, dans son « Commentarius in geographiam et tabulas Ptolemæi. » *Cologne*, 1597, in-4, et *Arnhemii, Jansson*, 1617, in-4 (à la suite de l'édition du texte grec).

MAGNE (l'a.). Note, etc. [8104]. — *Mém. lus à la Sorbonne* en 1866 (archéologie), 1867, p. 155.

MAGNEVILLE (de). Not. sur d'anciennes constructions découv. à Lébisey, etc. [5096]. — *Mém. de la Soc. des ant. de Normandie*, t. X, 1837, p. 318.

MAGNIN (Charles). Liste des théâtres, etc., avec l'indication des principaux ouvrages où ces monts sont décrits [1597]. — *Annuaire histor. p.p. la Soc. de l'hist. de France* pour 1840, p. 199-222.

MAGNUS (O.). De gentibus septentrionalibus [1991]. 1855, in-fol.

MAHÉ (J.). Essai sur les antiquités du dépt du Morbihan [7651]. *Vannes, Galle aîné*, 1825; fig.

MAHIAS (J.). Précis histor. sur la cne de Boulogne-sur-Seine, depuis les temps les plus reculés jusqu'à nos jours [9147]. *Paris* (1852), 2 parties.

MAHIEU (l'a. A.). De la signification des noms de lieux [1171]. — *Bull. du Comité flamand de France*, t. IV, nos 5, 6 et 7, 1867, p. 206-208.

MAHN (C. A. F.). Denkmæler der Baskischen Sprache, mit einer Einleitung, etc. [3218]. *Berlin*, 1857.

C. r. par Julien VINSON, dans la *Revue de linguistique*, t. II, oct. 1868.

MAHUDEL (Nicolas). Explication, etc. [2201].

Ce travail, attribué à Mahudel, dans le Catalogue méthodique, est le même que le n° 8621.

— Observations, etc. (lues en 1716) [8615]. — *Mém. de l'Acad. des inscr. et b.-l.*, t. III, 1723 (hist.), p. 218.

— Réflexions, etc. (lues en 1715) [5226]. *M. vol.* (hist.), p. 235.

— Dissertation, etc. [10608]. *Paris*, 1725, in-4.

Voir CHARENTON (le p.).

— Explication de qq. inscriptions singulières, etc. [7463]. — *M. rec.*, t. IX, 1736 (hist.), p. 137.

Voir, sur l'une de ces inscr. et son manque d'authenticité, une note de M. L. R. (Léon Renier ?), *Rev. archéol.*, 2e s., t. VII, 1863, p. 239.

MAICHIN (Armand). Histoire de Saintonge, Poitou, Aunis et Angoumois, contenant ce qui s'est passé de plus remarquable dans la France, l'Italie, l'Allemagne, l'Espagne et l'Angleterre, avec des observations sur l'estat de la Religion et sur l'origine des plus nobles et des illustres familles de l'Europe [3956]. *Saint-Jean-d'Angély*, 1671, 2 parties en 1 vol. in-fol.

MAILLANE (Pourcelet, mis de). — Voir POURCELET.

MAILLARD DE CHAMBURE (Charles-Hippolyte). * Mém. sur le dieu Moritasgus, et l'inscription, etc., adressé à la 3e classe de l'Institut royal de France et à l'Acad. des arts, sc. et b.-l. de Dijon, par C. H. M. D. C. [2476]. *Saumur*, impr. *Berry et Lereuil*, 1822 ; 20 p.

— Mém. sur le culte spécial, etc. [3662 *a*]. — *Séance publ. de l'Acad. de Dijon*, 1825, p. 117.

— Mémoire, etc. [5394]. — *M. vol.*, p. 122.

— Mémoire, etc. [5446]. — *M. rec.*, année 1829, p. 265.

— Rapport, etc. [2478 *a*]. — *Mém. de la Comm. des antiq. de la Côte-d'Or*, t. I, 1838-41, in-4, p. 101-127 (1er rapp.) et p. 195-211 (2e rapp.) ; 3 pl.

— Mémoires sur les colonnes milliaires, etc. [7424]. — *M. vol.*, p. 275-303.

D'après des documents recueillis par H. Baudot et Pistollet de Saint-Fergeux.

MAILLART (Adrien). Lettre à M. Lebeuf sur le Lemovicum de César [2881]. — *Mercure*, déc. 1735, t. II, p. 2793-2801.

— Extrait d'une lettre à M. l'a. Lebeuf, etc. [2855]. — *M. rec.*, février 1736, p. 206-215. (Choix des Mercures, t. XXXV, p. 91-100.)

Ce port, distingué postérieurement en *superior* et *inferior*, aurait été tant à Calais qu'à Gravelines et à Dunkerque.

— Lettre à M. Lebeuf sur le Vellaunodunum de César, etc. [2979]. — *M. rec.*, juillet 1736, p. 1520-1525.

— Extrait d'une lettre à M. Le Tors (sur Vellaunodunum) [2980]. — *M. rec.*, août 1737, t. II, p. 1762-1763.

Voir *Biblioth. histor.*, t. I, nos 359 et suiv.

MAILLET (Claude de). Mémoires alphabétiques p. s. à l'hist. du Barrois [3197]. 1749.

— Essai sur l'histoire du Barrois [3198]. 1757, in-12.

MAILLET (l'a.). Note sur Bratuspantium [2666]. — *Bull. du Comité archéol. de Noyon*, t. Ier, 1866, p. 197-202.

MAIMBOURG (le p. Louis). Hist. de l'Arianisme, etc. [699]. *Paris, Séb. Mabre-Cramoisy*, 1673, 2 vol. in-4. — 2e éd. (Amsterdam ?). — 3e éd. *Paris, Séb. Mabre-Cramoisy*, 1678, 3 vol. in-12.

MAIRET (Emmanuel Bousson de). L'Alésia de César, etc. [2545]. — *Bull. de la Soc. d'agric., sc., etc. de Poligny*, années 1862, 1863-1864 et 1865.

Conclusion pour Alesia-Alaise.

MAISSIAT (Jacques). Alesia-Izernore, etc. [2584, 4168]. — *Journal de la Soc. d'émulation de l'Ain*, février-mars 1865 ; 5 p.

— Jules César en Gaule [449]. *Paris, Hetzel*, 1865, *Firmin-Didot*, 1876, *id.* 1881, 3 vol.

Rapport sur cet ouvrage par F. PASSY, séances et travaux de l'Acad. des sc. mor., 1er semestre 1876, p. 911.

MAITTAIRE (Michel). Annales typographici, etc. [159]. *Hagæ-Comitis, Vaillant*, 1719-25, 3 t. en 5 vol. in-4.

— Fragmenta, etc. [2203].

Dans : Antiquæ inscriptiones duæ ; græca altera, altera latina ; cum brevi notarum et conjecturarum specimine. *Londres*, 1736, gr. in-4 ; 22 p.

MAIZIÈRE (de). Sur le poli et le tranchant des silex, etc. [1365 *a*]. — *Trav. de l'Acad. de Reims*, t. IV, 1846, p. 101-103.

MALAFOSSE (de). Étude, etc. [7134]. — *Mém. de la Soc. archéol. du midi de la Fr.*, t. VIII, 1869, p. 262-285.

MALAGUTI. Analyse, etc. [7772]. — *Bull. de la Soc. polymathique du Morbihan*, 1862.

MALARD. Lettre, etc. [5672 *b*]. — *Séance publ. de la Soc. d'émul. du Jura*, 1837, p. 195.

MALBOS (Jules de). Mémoire, etc. [4109]. — *Mém. de l'Acad. des sc. etc. de Toulouse*, 4e s., t. IV, 1854, p. 96.

— Sur les dolmens du Vivarais [4110]. — *M. vol.*, p. 116.

Voir aussi *Mém. de l'Acad. du Gard*, 1839 p. 99.

MALBRANCHE. Découverte... à Brionne (arrt de Bernay, Eure) [5788]. — *Bull. mon.*, t. XXIX, 1863, p. 751.

MALBRANCQ (Jacques). De Morinis et Morinorum rebus, sylvis, paludibus, oppidis, etc. [3686]. *Tornaci Nerviorum*, ex officina *Adr. Quinque*, 1639, 1647, 1654, 3 vol. in-4.

« L'imprimé va jusqu'à l'année 1313. La suite jusqu'en 1553 se conservait en manuscrit chez les jésuites de Lille en 1737. » (Brunet, *Manuel*.)

— Histoire des Morins du p. Malbrancq, traduite par G.-Ernest SAUVAGE. Livre Ier. *Saint-Omer, Tumerel-Bertran*, 1866, in-12.

MALEVILLE (le cte E. de). Bibliographie du Périgord (XVIe siècle) [3813]. *Paris, Aug. Aubry*, 1861.

MALGRAS. Aperçu sur les Vosges dans les temps anciens et dans les temps modernes [4121]. — *Annales de la Soc. d'émul. du dépt des Vosges*, t. XII, 3e cahier, 1867 ; 42 p.

MALINGRE (Claude). * Les antiquités de la ville de Paris [9086]. — Voir BREUL (Jacques Du), année 1640.

— Les annales générales de la v. de Paris, représentant tout ce que l'histoire a pu remarquer de ce qui s'est passé de plus mémorable depuis sa première fondation jusqu'à présent [9020]. *Paris, P. Rocolet*, 1640, in-fol.

MALLE (Dureau de La). Mémoire sur la position, l'histoire, les colonies des *Aulerci*, et les médailles frappées par l'une de ces colonies [3186]. — *Rev. num.*, t. IV, 1839, p. 321-339.

— Économie politique des Romains [795]. *Paris, Hachette*, 1840, 2 vol.; 1 tableau.

Réunion de mémoires publiés par l'Académie des inscr. et b.-l.

MALLET (Paul-Henri). Monts de la mythologie... des Celtes ou Gaulois et particulièrement des anciens Scandinaves [524]. *Copenhague*, 1756, in-4 ; — 2e éd. *Genève*, 1787, 2 vol. in-12.

2e partie d'une introduction à l'hist. de Danemark.

— Histoire des Suisses ou Helvétiens, depuis les temps les plus reculés jusqu'à nos jours [10768]. *Genève*, 1803, 4 vol.

MALLEVILLE (Jacques de —, sire de Casals). [*Ms.*] Chronique du Quercy, etc. [3386].

Chronique trouvée en 1806 dans la biblioth. de Grenoble par Champollion-Figeac, qui en a fait la copie. Est aujourd'hui dans la biblioth. de Cahors.

MALLIOT (J.). Rech. sur les costumes, les mœurs et les usages civils des anciens peuples, p. p. M. Martin [849]. *Paris, Pierre Didot*, 1804, 3 vol. in-4 ; 296 pl. au trait.

MALOSSE (Paulin). Recherches, etc. [5972]. *Avignon, Offray*, 1803 ; pl.

— Monts antiques de St-Remy, décrits et expliqués [5017]. *Avignon*, 1818 ; pl.

MALOT. Découverte, etc. (Lettres publiées par F. MOREAU) [10225]. — *Bull. de la Soc. d'études d'Avallon*, t. X, 1868 (1870), p. 94-151.

MALTE-BRUN (Conrad). Carte de Peutinger (carte routière de l'empire rom. réduite au 6e de la grandeur du ms. qui existe à la bibliothèque imp. et roy. de Vienne [1209].

Pl. 18 et 19 de l'atlas de son *Précis de géographie universelle*. Paris, Panckoucke, 1810-1829, 8 vol. gr. in-8 (le dernier vol. par J.-J Nicolas HUOT). Au moins 6 éditions.

— Carte critiquée par D'AVEZAC dans son *Mémoire sur Ethicus*, p. 422.

MALZEN (b[on]). Monuments, etc. [10952]. *Turin*, 1826; — N[lle] édition, *Munich*, 1830.

« Planches plus belles que dans la 1re édition, mais non plus exactes, » dit Carlo PROMIS, *Antichità di Aosta*, p. 8.

MANCEL (G.). Note, etc. [5089]. — *Mém. de la Soc. des ant. de Normandie*, t. XIV, 1852, p. 254.

MANCEL (G.) et **WOINEZ** (C.). Hist. de la v. de Caen et de ses progrès [5054]. *Caen, Clérisse*. 1836. Livr. 1 (unique).

MANCEL (G.), directeur. Texte par DE BONNECHOSE, CHARMA, etc., dessins par F. THORIGNY. Le Calvados pittoresque et monumental [5027]. *Caen, Rupalley*, 1846-1847, in-fol.

L'ouvrage devait être publié en 100 livr., mais 30 seulement ont paru. (BRUNET, *Manuel*.)

MANDAJORS (Louis des Ours de). Nouvelles découvertes, etc. [991]. *Paris, de Luynes*, 1696, in-12.

Le privilège est au nom de Mandajors; Œttinger lui donne les prénoms de Jean Pierre.

— * Dissertation, etc. [2462]. 1707, in-4; — 1712, in-12 (à la suite des *Dissertations historiques*).

— Dissertations histor. et géogr. sur l'état de l'anc. Gaule, où l'on découvre la véritable assiette de plusieurs lieux et peuples inconnus jusqu'à présent [nouv. add. 991 *a*]. *Avignon, Offray*, 1712, in-12; 78 p.

— Éclaircissement sur la dispute d'Alise en Bourgogne et de la ville d'Alez, capitale des Sévences [auj. Alais, Gard], etc. [2463]. *Avignon, Sébastien*, 1715, in-12.

— * La Suite de l'entier éclaircissement, etc. (par un capucin) [2464].

Reproduit dans les *Dissertations historiques*, etc.

— * L'Apologie, etc., avec qq. remarques critiques sur la carte de l'ancienne Gaule et la suite de cette Apologie [2465]. In-4.

Reproduit dans les *Diss. histor.*

— Conclusion de la dispute d'Alise et de la v. d'Alez en Languedoc au sujet de la fameuse Alesia [2466]. *Avignon, Offray*, s. d., in-12.

— Nouvelles découvertes, etc. [288 *b*]. S. d., in-4.

« Tissu de fables ridicules. » J.-J. WEISS, *Biogr. univ.*

MANDAJORS (Pierre-Jean des Ours de). Réflexions sur les dissertations hist. et géogr. sur l'état de l'ancienne Gaule, etc. (de son père) [2647]. — J[al] *des Savants*, mai 1712, p. 305-314.

Augustodunum placé à Autun.

— [*Ms.*] Diss. critique sur la route d'Annibal dans les Gaules, quand il passa en Italie [2760].

« Cette diss. ms. est conservée dans les registres de l'Acad. royale des inscriptions et belles-lettres de l'année 1713. » (*Biblioth. histor.*, t. I, n° 166.)
— Reproduite en substance à la suite de l'*Hist. de la Gaule narbonnaise*, 2e dissertation.

— Du camp d'Annibal, etc. [2758] (lu en 1712). — *Mém. de l'Acad. des inscr. et b.-l.*, 1723 (hist.), page 93.

Analyse de l'art. précédent.

— Recherches sur la situation de *Trévidon* et de *Prusianum*, maisons de campagne de Ferréol, préfet du prétoire des Gaules [6064]. — *M. vol.*, p. 280.

Trévidon placé à l'extrémité du pays des Arécomiques, sur la droite du Tarn, et non à Trèves, qui est sur la rive gauche. — Prusianum sur les bords du Gardon, à Brésis, près d'Alais.

— Nouvel examen, etc. [2759]. — *M. rec.*, t. V, 1729 (hist.), p. 198-201.

— Recherches, etc. [2615] (lues en 1718). — *M. vol.* (hist.), p. 336 (1 carte).

— Des limites, etc. [1007] (lu en 1727). — *M. rec.*, t. VIII, 1733, (mém.), p. 430 (avec 1 carte).

— * Hist. crit. de la Gaule Narbonnaise, qui comprenait la Savoie, le Dauphiné, la Provence, le Languedoc, le Roussillon et le comté de Foix [3703]. *Paris, Grégoire Dupuis*, 1733, in-12.

Le nom de l'auteur est indiqué dans l'approbation. — C. r. dans les *Mém. de Trévoux*, oct. 1733, p. 1776.
L'ouvrage est terminé par 7 dissertations, sur la Celtique d'Ambigat. — la fondation de Marseille, — la route d'Annibal entre le Rhône et les Alpes, — la guerre des Cimbres dans les Gaules, — le passage de Pompée dans la Narbonnaise, — les significations du mot *Gallia*, — les limites de la Narbonnaise et de l'Aquitaine.

MANDET (Francisque). Hist. du Velay [4084]. *Le Puy, Marchessou*, 1860-1862, 7 vol. in-12.

MANET (l'a. F.-G.-P.-B.). Histoire, etc. [3318]. *Nantes* (et St-*Malo?*), 1834, 3 vol.

— Essai topogr., historique et statistique sur la v. de Rennes [6445]. *Rennes*, 1838, 2 vol.

— Dictionnaire h. et géogr. de la Bretagne, d'Ogée, 2e édition. (Voir ce nom.)

MANGEART. Introduction, etc. [1892]. *Paris*, 1763, in-fol.; pl., vign.

Cette compilation peut servir de supplément à l'*Antiquité expliquée* de D. Montfaucon.

MANGIN (l'a. de). Histoire ecclés. et civ., polit., litt. et topogr. du dioc. de Langres et de celui de Dijon, qui en est un démembrement [5345, 7427]. *Paris, Bauche*, 1765, 3 vol. in-12.

C. r. dans le *Mercure*, juillet 1765, p. 107. — Autre éd. ou nouveau titre portant 1776.

MANGON DE LA LANDE. — Voir Lande (Mangon de La).

MANGOURIT. Fragment, etc. [3316]. — *Mém. de la Soc. des ant. de Fr.*, t. II, 1820, p. 200.

MANN (l'a.). Mém. sur l'ancien état de la Flandre maritime, ses changements successifs et les causes qui les ont produits (lu en 1773) [3508]. — *Mém. de l'Acad. des sc. et b.-l. de Bruxelles*, t. I, 1780, in-4, p. 63-135; 2 cartes. — T. à p. anticipé, *Paris*, 1778, in-4.

— Diss. dans laquelle on tâche de déterminer le port où Jules César s'est embarqué pour passer dans la Grande-Bretagne et celui où il y aborda, ainsi que le jour précis où il fit ce voyage (lu en 1778) [28647]. — *M. rec.*, t. III, 1780, in-4, p. 229-255; 1 carte.

Départ de César à Boulogne; débarquement à Deale. 1er voyage, le 26 août, l'an 54 av. J.-C. d'après Halley. (*Transactions philosoph.*, n° 193.)

MANNE (**Louis-Charles-Joseph de**) ou Demanne, éditeur des œuvres complètes de D'Anville (voir ce nom).

Cette édition, qui parut 2 ans après la mort de Demanne (*sic*), sous la direction de sa veuve, est précédée d'une préface signée J.-B.-M. G***.
— Demanne avait donné en 1802, avec la collaboration de J. Denis et de Barbié du Bocage, une « notice anonyme des ouvrages de M. d'Anville, premier géographe du roi, membre de l'Acad. des inscriptions et belles-lettres, précédée de son éloge ». *Paris, Fuchs*, an X-1802; 120 p.

— Nouveau recueil d'ouvrages anonymes et pseudonymes (signé de Manne) [178]. *Paris, Gide*, 1834. — Nouveau dictionnaire des ouvrages anonymes et pseudonymes. Nouv. éd. rev., corr. et augm. par Edmond de Manne (fils de l'auteur) [179]. *Lyon, N. Schéuring*, 1862.

MANNERT (**Conrad**). Geographie der Griechen und Römer, aus ihren Schriften dargestellt [1056]. *Nürnberg* und *Leipzig*, 1788-1825, 10 tomes en 15 vol.; cartes.

Voir Brunet, *Manuel*.

— Res Trajani, etc. [1204]. *Norimbergæ*, 1793, fig.; 1 carte géogr.

— Tabula itineraria Peutingeriana primum æri incisa et edita a F. C. de Scheyb, 1753, denuo e codice Vindobonensi collata, emendata et nova C. Mannerti introductione instructa, studiis et opera Academiæ literariæ regiæ monacensis [1210]. *Lipsiæ*, *Hahn*, 1824, in-fol.; 12 pl.

— Geschichte, etc. [10681]. *Stuttgart*, 1829-32, 2 vol.; 16 et 20 pl.

MANNIER (**E.**). Études étymologiques, etc. [7956]. *Paris*, *Aubry*, 1861; XXXVI-395 p.

MANSI (**le p. J.-Dominique**). Sacrorum conciliorum nova et amplissima collectio. Editio novissima curata, novorum Conciliorum, novorumque Documentorum additionibus locupletata, ad Mss. Codices Vaticanos, Lucenses, aliosque recensita [714]. *Florentiæ* (*Venetiis*), *Ant. Zatta*, 1748-1762, 6 vol. in-fol.

MANSUY. Notices sur l'ancienne ville de Serpanne et le pays Serpanais, tirées de différents ouvrages, recueillies et rapprochées, avec qq. notes supplémentaires sur les faits les plus mémorables arrivés dans ce con de la prov. des Médiomatriciens, dont Metz était la capitale [7580]. *Pont-à-Mousson*, impr. *Thiéry*, 1817; 48 p.

MANTELLIER (**Philippe**). Monnaies, etc. [7070]. — *Bull. de la Soc. archéol. de l'Orléanais*, n° 32; 1859; 4 p.

— Rapport au préfet du Loiret sur les statuettes, etc. [7042]. — *M. rec.*, 1861; 9 p.

Analyse par A. de Caumont. *Bull. mon.*, t. XXXVI, 1870, p. 45.

— Hist. de la communauté des marchands, etc. [6941]. — *Mém. de la m. Soc.*, tout le t. VII, 1867, tout le t. VIII, 1864, et tout le t. X, 1868. — T. à p. *Orléans, Jacob; Paris, Guillaumin*, 1863-1869; 3 vol.

— Bronzes antiques trouvés à Neuvy-en-Sullias, le 27 mai 1865 [7045]. — *M.*

rec., t. IX, 1846, p. 171-234; atlas gr. in-4.

— Vase antique, etc. [6990]. — *M. rec.*, t. XI, 1868, p. 447-448.

MARANDON. * Examen critique, etc., par l'Ermite de Floirac [6306]. *Bordeaux*, impr. *Balarac*, 1838; 152 p.

MARANS (P. de). Pseudonyme de V. PERDONNAT. (Voir ce nom, année 1863).

MARC (Jean-Antoine). * Lettres écrites sous le règne d'Auguste, précédées d'un précis historique sur les Romains et les Gaulois, depuis leur origine jusqu'à la bataille d'Actium [332]. *Paris, Ducauroy*, an XI-1803. — 2e éd. *Ibid., Léop. Collin*, 1808.

Voir QUÉRARD, *Fr. litt.*

— Notices historiques sur le Port-Abucin et sur la v. de Vesoul, chef-lieu du dépt de la Haute-Saône [8689]. *Vesoul*, 1807. (Extr. des mém. de la Soc. agric. et litt. de la Haute-Saône.)

— Dissertation, etc. [8683]. *Vesoul*, 1806.

MARCA (Pierre de). Histoire de Béarn (titre complet dans BRUNET, *Manuel*) [3230]. *Paris, Camuzat*, 1640, in-fol.

— Dissertatio de Primatu lugdunensi et cæteris primatibus [8464]. *Parisiis, J. Camusat et P. Le Petit*, in-fol. et in-8. — Autres éditions. Voir *Biblioth. histor.*, t. I, no 8866.

— Epistola ad Henricum Valesium, de tempore, etc. [689]. *Parisiis, Vitré*, 1658. — Autres éditions. Voir *Biblioth. histor.*, t. I, no 3959.

— Descriptio Galliæ locorum, etc. [989].

Marca Hispania, Parisiis, 1688, in-fol., l. I.

— Antiq. du Béarn, ms. inédit de la Biblioth. roy., publié et précédé d'une not. sur la vie de l'auteur, par G. BASCLE DE LAGRÈZE [3231]. *Pau*, impr. *Vignancour*, 1846; 96 p.

Voir aussi le recueil des diss. de P. de Marca, publiées par Et. BALUZE, *Paris, Muguet*, 1669.

MARCEL (Guillaume). Histoire de l'origine et du progrès de la monarchie françoise où tous les faits histor. sont prouvés par des titres authentiques et par des autheurs contemporains [284]. *Paris*, 1683, 4 vol. in-12. (Voir MEUSEL, *Biblioth. historica*, t. VII, I, p. 52.)

— * P. G. M. in Tabellam marmoream Arelatensem (inter cineres et sacrificialia nuper erutam), divinationes [4997]. *Arelate, Mesnier*, 1693, in-4, 2 feuilles. — Voir *Biblioth. histor.*, t. III, no 38176.

MARCEL (E.). Rapport, etc. [5799]. — *Rec. de la Soc. libre d'agr.*, etc. *de l'Eure*, t. VII, 1836, p. 329.

MARCELLIN (A.). Sur qq. antiq. de Vesunna (Périgueux) [5607]. — *L'Investigateur*, t. VII, 1847, p. 343-348.

MARCELLIN (l'a). — Voir LE BRET.

MARCELLUS EMPIRICUS. Liber de medicamentis empiricis physicis ac rationalibus [2415]. *Bâle*, 1536, in-fol. — *Venise, Alde*, 1547, in-fol. (dans les Medici antiqui). — *Paris*, 1567, in-fol. dans les Medici principes d'Henri Estienne.

Voir sur cet auteur, médecin de Bordeaux au IVe siècle, Jacob GRIMM, *Mém. de l'Acad. de Berlin*, 1847 et 1855, articles reproduits dans ses *Klein. Schriften*, t. II, 1865. G. BRUNET, *Actes de l'Acad. de Bordeaux*, 1854. *Mém. de la Soc. de médecine et de chirurgie de Bordeaux*, 1874. — Ms. de ce traité, bibl. de Laon, no 420.

— De medicina, carmen [m. no] dans les Poetæ minores de P. BURMANN, t. II, 1731, p. 389, dans la collection Panckoucke, 1845 (texte avec trad. franç. de L. BAUDET), et dans l'Anthologia lat. de A. RIESE, part. I, 2, 1870.

MARCHAL (l'a.). St Eucaire, etc. [7602]. — *Jal de la Soc. d'arch. lorraine*, t. XV, 1866, p. 69-86.

— Conjectures, etc. [7528]. — *Mém. de la m. Soc.*, 2e s., t. XI, 1869, p. 5-16.

MARCHAL (Dr). Antiquités, etc. [7556]. — *Jal de la Soc. d'arch. lorraine*, t. VI, 1857, p. 108-111.

MARCHAL, de Lunéville. Les ruines, etc. [8065]. *Dentu*, 1860; 4 pl.

MARCHAL (M.-J.). Recherches, etc. [2904]. — *Ann. de la Soc. d'émulation des Vosges*, t. XIII, 2e cahier, 1869; 32 p. — T. à p. *Epinal*, 1870.

MARCHAND (L.-A.). Mémoire, etc. [7048]. — *Mém. de la Soc. archéol. de l'Orléanais*, t. IV, 1857; 32 p.; cartes et pl. — T. à p.

— Mém. sur la v. et les seigneurs de Gien [7022]. — *M. vol.*; 36 p. — T. à p. *Orléans*, 1858.

— Rapp. sur une découverte monétaire faite en 1859 au bourg de la Bussière

[7010]. — *Bull. de la m. Soc.*, 1er trim. 1860 ; 4 p.

— Rapport, etc. [7029]. — *Mém. de la m. Soc.*, t. IX, 1866, p. 234-252.

MARCHANDON (Pierre). Bordeaux, histoire de son origine, de ses monuments civils et religieux, étymologie du nom de ses rues, etc.; suivie de dissertations sur l'existence de St Fort et l'apostolat de St Martial [6311]. *Bx, Coderc et Degreteau*, 1864.

MARCHANGY (Louis-Antoine-François de). La Gaule poétique, etc. [2388]. *Paris*, 1813-1817 (chez *Alexis Eymery*, puis *Patris* et *Chaumerot*, et enfin *Chaumerot* seul ; 8 vol. — 2e éd.; *Paris*, 1819 ; 3e, 1815 ; 4e, *Paris, Maurice ; Canel*, 1825, 6 vol.; 5e (p. p. Mme de Marchangy), *Paris, L.-F. Hivert*, 1834-37, 8 vol. ; gravures.

MARCHANT (bon Nicolas Damas). Cachets, etc. [2143]. *Paris*, 1816, in-4 ; fig.

— * Mélanges, etc. [1913]. *Metz*, imp. *Dosquet*, 1818-1828 (27 lettres).

1re éd. de l'ouvrage suivant.

— Lettres, etc., nouvelle édition annotée par les principaux numismatistes [1912]. *Paris, Leleux*, 1850-1851 (34 lettres); 30 pl.

Annotations de Ch. Lenormant, F. de Saulcy, L. de La Saussaye, baron J. de Witte, etc.

MARCHANT (Dr L.). Études sur l'âge de la pierre. No 2. Description de disques en pierre, etc. suivie d'un essai de détermination de l'usage auquel ils étaient destinés [5452]. *Dijon*, impr. *Rabutot*, 1865, in-4 ; 13 p.

— Not. sur divers instruments en pierre, en os et en corne de cerf, des époques de palafittes ou habitations lacustres, trouvés dans la Saône [3979 *a*]. *Ibid.*, 1866.

MARCHE (Lecoy de La). — Voir Lecoy de La Marche.

MARCHI (le p. G.). * La Stipe, etc. di G. M. d. c. d. G. [1216 *a*]. *Roma, tip. delle Belle Arte*, 1852.

MARCUS (P.). Germanus Consiliarius, etc. [10703]. *Lipsiæ*, 1671, in-4.

MARCUS (Louis). Histoire des Wandales depuis leur première apparition sur la scène historique jusqu'à la destruction de leur empire en Afrique, accompagnée de rech. sur le commerce des États barbaresques avec l'étranger, etc. [129 *a*]. *Paris, Brockhaus et Avenarius*, 1836. — 2e éd. *Paris, Roret*, 1838 ; 532 p.

MARE (Antoine-Philibert de La). Historicorum Burgundiæ conspectus et bibliotheca [3361]. *Divione*, 1689, in-4.

MARÉCHAL (Sylvain). — Voir Moithey (Maurille-Ant.).

MARET (Alain). Essai, etc. [8513]. *Lyon ; Paris, Techener*, 1846, in-8.

— Diss. sur une inscr., etc., rapportée par Walckenaer [8670]. — *Rev. du Lyonnais*, 2e s., t. XVI, 1858, p. 513-522.

— La colonne milliaire d'Usson en Forez [6810 *a*]. — *M. rec.*, m. s., t. XVII, 1858, p. 317-320.

— Alise et Alaise [2517 *a*]. — *M. vol.*, p. 467-487.

— Observations, etc. [4180 *a*]. — *M. rec.*, m. s., t. XX, 1860, p. 163.

— Condate et la fondation de Lyon [8517]. — *M. rec.*, m. s., t. XXI, 1860, p. 258.

— Lettre, etc. [8666]. — *M. rec.*, m. s., t. XXII, 1861, p. 151.

— Observations, etc. [6592 *a*]. — *M. rec.*, m. s., t. XXIII, 1861, p. 272-278.

Réfutation du mém. d'Imbert Desgranges.

— Le Mediolanum du Forez [2898 *c*]. — *M. vol.*, p. 430-442.

MARETTE (Le Brun de). * La vie de st Paulin, évêque de Nole [2419] (publiée par le p. Frassen, cordelier). *Paris, L. Guérin*, 1702.

MARGUET. Rapport, etc. [8214]. — *Mém. de la Soc. des ant. de la Morinie*, à Saint-Omer, t. VI, 1841-1843 (1845), p. 191-215.

— Notice, etc. [5914]. — *Bull. mon.*, t. III, 1838.

MARIANA (le p. Juan de). Historia gal de España, con el sumario y tablas [10591]. *Ibarra*, 1780, 2 vol. in-fol.

Traduction (avec addition) par l'auteur lui-même, de cet ouvrage écrit en latin et publié à Tolède de 1592 à 1595, 4 vol. in-fol. — Autres éditions (avec nouveaux suppléments au texte latin par le p. Miniana et J. Saban y Banco), notamment : *Valence*, 1783-1796, 9 vol. p. in-fol. — *Madrid*, 1817-1821, 20 vol. in-4. — Dernière éd. (?) *Madrid*, 1839, 10 vol. in-8. — Trad. française par le p. Charenton, 1725, 5 tomes en 6 vol.

MARICHARD. — Voir OLLIER DE MARICHARD.

MARIETTE (Auguste). Lettre à M. Bouillet, etc. 1re partie. Diss. hist. et archéol. sur les différents noms de Boulogne dans l'antiquité rom. : Portus Icius, Gesoriacum, Bononia [8196]. — *Revue archéol.*, t. IV, 1847, p. 177. — T. à p.; 71 p.

MARIGUES DE CHAMP-REPUS. — Voir CHAMP-REPUS.

MARIN (François-Louis-Claude). Mémoire, etc. [2941, 5003]. *Avignon* et *Marseille*, 1782, in-12; 240 p.; cartes et plans.

MARINCOURT (F.-A. Serpette de). Histoire de la Gaule [341]. *Paris*, 1822-1825, 3 vol. — *Paris*, *Baudouin*, 1841, 3 vol.

MARION (Jules). Les actes de saint Bénigne, etc. [3380]. — *Biblioth. de l'École des chartes*, 5e s., t. I, 1860, p. 228.

A propos de l'ouvrage de M. l'abbé Bougaud portant ce titre.

— Note, etc. [1834]. — *Rec. des Soc. sav.*, 4e s., t. IV, 1866, p. 313.

— Rapport sur un travail adressé au ministre de l'instruction publique par M. Ch. Aubertin sur la découverte faite à Beaune d'une fosse d'origine celtique [5401]. — *M. vol.*, p. 395.

— Rapport sur une communication de M. Allmer [6646]. — *M. rec.*, m. s., t. VII, 1868; 1 p.

— Note relative, etc. — Découverte de silex taillés sur la montagne de Beaune, au climat dit Rochetain. — Continuation des fouilles de Prémeaux. Nouvelles découvertes aux Saulnes-Guillaume. Rapport sur ces trois notes de M. AUBERTIN [5402]. — *M. vol.*, 2 p.

MARION. Premières observations, etc. [4838 *a*]. 1867.

Cité par Em. ARNAUD (*Soc. litt. d'Apt*, 4e année, p. 6).

MARIONNEAU (Charles). Notes, etc. [6888]. — *Bull. de la Soc. archéol. de Nantes*, 1862, 17 p. et pl.

Détails sur les pierres frittes ou pierres fittes.

MARIONNEAU, avec LUKIS. Tumulus de la Bimboire. — Voir LUKIS.

MARIOUZE (de La). Observations, etc. [9882]. — *Bull. de la Soc. des ant. de l'Ouest*, 3e trim. 1838; 8 p.

MARLET (Adolphe). Notice, etc. [5681]. — *Mém. de la Soc. d'émul. du dépt du Doubs*, 2e série, t. VIII, 1856; 2 p.

MARLIANUS (Raymundus), éditeur de Jules CÉSAR (voir ce nom, col. 969).

Cette édition des Comment. de César et plusieurs autres contiennent l'article suivant.

— Index nominum, etc. [921]. *Parisiis*, *Viart*, 1522, in-4. — Autre édition augmentée ayant pour titre : Veterum Galliæ locorum, Populorum, Urbium, Montium alphabetica descriptio, etc. [922]. *Venetiis*, 1575, in-4. — 1606, in-4.

Voir Fabricius, *Bibl. lat. med. ævi.* Ed. de Padoue, 1754, t. VI, p. 40, notamment l'ex. de la biblioth. Ste-Geneviève, à Paris, qui renferme une note ms. instructive sur les éd. de cet index. 1re éd. dans le César de Milan, 1477, in-fol.; dans celle de Milan, 1478, in-fol.; de Trévise, 1480, in-fol. etc. — *Impr. à part, Paris*, 1522, *in-4*; *à Lyon*, 1560; *à Venise*, 1575, etc.

MARLIN. Dissertation, etc. [2302 *a*]. *Tournai*, 1850.

MARLOT (don Guillaume). Histoire de la ville, cité et université de Reims, métropolitaine de la Gaule Belgique, divisée en 12 livres, contenant l'estat ecclésiastique et civil du païs [7363]. *Lille*, 1866, 2 vol. in-fol. — Nouvelle édition. *Reims*, *Brissart-Binet*, 1843-1846, 4 vol. in-4; fig.

Voir sur cet ouvrage, écrit d'abord en latin, la *Bibl. histor.*, nos 9492-9493.

MARMIN (Al.). Dissertation, etc., lue dans la sce publ. de la Soc. d'agr., du comm. et des arts de Boulogne-s.-Mer, le 16 décembre 1828 [8202]. 16 p.; 1 pl.

MARNOTTE (P.). Antiquités, etc. Rapport fait le 20 janv. 1842 [5650]. — *Sces publ. de l'Acad. de Besançon*, janv. 1842, p. 83-94; 2 pl.

— Mémoire, etc. [8713]. — *M. rec.*, janv. 1847, p. 97-204; 2 pl.

— Mémoire, etc., et description des antiq. découv. lors des fouilles pratiquées pour l'établissement des fontaines de cette ville [5649]. — *M. rec.*, août 1852, p. 119-136; 2 pl.

MARQUET (J.-J.). * Guillouné. — Gui-l'an-néou. — Guilaneu. — Gui-l'an-neuf [870 *a*]. — *Rev. d'Aquitaine*, t. I, 1856-1857, p. 417-441.

MARQUIS. Mémoire, etc. [7504]. 1805, in-fol.

MARQUIS (A.-L.). Notice, etc. [5862]; 2 pl.

MARQUIS (Léon). La tour de Cenive, etc. [9265]. *Paris*, 1870; fig. et carte.

MARQUISET (Armand). Statistique, etc. [6668]. *Besançon*, 1841, 2 vol.; 12 pl. lith.

MARSONNIÈRE (de La). Mon^ts^ rom. Études sur des textes de lois rom. expliquant la destruction des mon^ts^ dans les derniers temps de l'Empire d'Occident [1605]. — *Mém. de la Soc. des ant. de l'Ouest*, t. XXIV, 1857 (1859); 112 p.

MARSOUIN (l'a.) et SÉVOY (H.). Rapport, etc. [5531]. — *Ann. de la Soc. archéol. et histor. des Côtes-du-Nord*, n° 4, 1846, p. 16-28; 2 pl.

MARSY (Arthur de). Bibliographie numismatique des années 1864 et 1865 [1953]. — *Annuaire de la Soc. française de numism. et d'arch., à Paris*, 1re année, 1866, p. 365-381.

— Compte rendu, etc. [1448]. *Arras*, 1870.

Sous presse en 1870.

MARTEAU (le p. Martin). Le paradis délicieux de la Touraine, qui comprend, dans une briève chronologie, ses raretez admirables, particulièrement les archevesques de Tours et autres choses remarquables depuis le commencement du monde jusqu'à présent [4056]. *Paris, E. de La Fosse*, 1661, in-4.

MARTÈNE (dom Edmond). Thesaurus novus anecdotorum [13]. *Lutetiæ Parisiorum, Delaulne*, 1717, 5 vol. in-fol.

— Veterum scriptorum... amplissima collectio [14]. *Paris*, 1724-1733, 9 vol. in-fol.

MARTEVILLE (A.). Rennes ancien (dans le dictionnaire d'Ogée, réimprimé avec des compléments et des notes par l'abbé Manet) [6446]. *Rennes*, 1843, 2 vol. in-4. (Voir OGÉE.)

— Complété sous ce titre : Rennes ancien, par Ogée, et Rennes moderne, ou Histoire complète de ses origines, de ses institutions et de ses mon^ts^. *Rennes, Daniel et Verdier*, 1850, 3 vol. in-12.

Mention très honorable de l'Acad. des inscr. et b.-l. en 1851.

MARTIGNY (l'a.). Explication, etc. [1689, 8612]. — *Ann. de l'Acad. de Mâcon*, t. IV, 1864, p. 5-60; 1 pl. double. — T. à p. avec addition. *Paris, Hachette; Didron*; 64 p.; 1 pl.

— Dictionnaire des antiq. chrétiennes, contenant le résumé de tout ce qu'il est utile de connaître sur les origines chrétiennes jusqu'au moyen âge exclusivement [746, 1325]. *Paris, Hachette*, 1865; 676 p.; 270 grav. — Nouv. éd. *Ibid., id.*, 1877, xxv-830 p.; 675 grav.

MARTIN (le p. dom Jacques). * La Religion des Gaulois, tirée des plus pures sources de l'antiquité [509]. *Paris, Saugrain fils*, 1727, 2 vol. in-4; fig.

Compte rendu dans les *Mém. de Trévoux*, août 1728, p. 1428; — 7bre, p. 1738; — décembre, p. 2261.

— * Eclaircissements, etc., avec les 4 premiers siècles des Annales des Gaules [303]. *Paris, Durand*, 1744, in-12.

Critique des opinions de Pezzon, Pelloutier-Gibert, etc, sur l'origine des Gaulois. — C. r. dans les *Mém. de Trévoux*, févr. 1745, p. 220.

— Histoire des Gaules et des conquêtes des Gaulois, depuis leur origine jusqu'à la fondation de la monarchie française [311]. *Paris*, 1752 et 1754, in-4, 2 vol.; fig.; cartes géogr. dressées par T.-B.-B. D'ANVILLE.

Le second volume, publié par D. BRÉZILLAC, neveu de l'auteur, renferme un « Dictionnaire géographique des Gaules » cité avec éloge par Tamizey de Larroque (*Emplacement d'Uxellodunum*, p. 28).

— 2e éd. *Paris, Saugrain et Lamy*, 1780, 2 vol. in-4.

— Les différentes divisions des Gaules [1032].

Histoire des Gaules, t. I.

— Observations, etc. [1031].

Histoire des Gaules, t. II.

— Gallia antiqua ad mentem Jacobi Martin, a D.-J.-B. NOEL delineata [1033]. *Paris*, 1754; carte en 4 feuilles insérée dans l'*Hist. des Gaules*.

MARTIN (l'a.). Histoire du baron des Adrets [6607]. 1805.

Notes archéologiques sur le dép^t^ de l'Isère à la fin de l'ouvrage. — Inscriptions de Grenoble, etc.

MARTIN, de Bagnols. [*Ms. ?*] Dissertation tendant à déterminer le point précis où l'armée d'Annibal passa le Rhône [2779]. 1811.

Entre Pont-Saint-Esprit et Roquemaure. — Voir VINCENS (Alexandre) sous la même date

MARTIN (J.-Cl.). Antiquités et inscriptions de la ville de Die ; — d'Orange ; — de Vaison ; — d'Apt ; — de Carpentras [5711, 9767, 9770, 9786, 9811]. Nouv. éd. *Orange, Bouchony*, 1818.

MARTIN (**Bon-Louis-Henri**). Histoire de France depuis les temps les plus reculés jusqu'en 1789 [369]. *Paris*, 1833-1836, 15 vol. — 2e éd. (réimpression), 1844-1851, 19 vol. — 3e éd., *Furne*, 1837-1854, 19 vol. — 4e éd. (refondue et complétée surtout au point de vue des antiq. celtiques), *Furne*, 1855-1860, 17 vol. — 5e éd. (populaire), *Furne*, 1867-1869, 16 vol.

Grand prix Gobert de l'Acad. des inscr. et de l'Acad. française en 1844, 1851, 1856.

— Vercingétorix ; étude lue à la salle Barthélemy, le 16 mars 1864 [462]. *Paris, Furne*, 1864, in-18.

— Considérations sur les questions précédentes (origine des monuments celtiques) [1535]. — *Bull. mon.*, t. XXX, 1864, p. 436.

— Opinion d'H. Martin sur l'origine des monuments mégalithiques [1544]. — *Revue arch.*, 2e s., t. XVI, 1866, p. 377-396.

— De l'origine des monts mégalithiques [m. no]. — *Soc. d'émul. des Côtes-du-Nord*, à Saint-Brieuc. — Congrès celtique international tenu à Saint-Brieuc en octobre 1867. *Saint-Brieuc*, 1868, p. 164-191.

Voir Huguet (M.-P.). Rapp. sur un travail celtique de M. Henri Martin [1337]. — *Bull. et mém. de la Soc. d'émulation des Côtes-du-Nord*, 1869, p. 69-71.

— Le Mystère des bardes, etc. [659]. — *Rev. arch.*, 2 s., t. XVIII, 1868, p. 329-344.

— Le sanctuaire celtique, etc. [9262] (supprimer le no 5670). — *Mém. de la Soc. d'émul. du Doubs*, 4e s., t. IV, an. 1868 (1869), p. 452-456; 6 pl.

— Études d'archéologie celtique ; notes de voyages dans les pays celtiques et scandinaves [1336]. *Paris, Didier*, 1872 (imprimé dès 1870), xv-426 p.

Recueil d'articles publiés antérieurement, savoir :
1. Les races brunes et les races blondes (1861).
2. Le pays de Galles ; notes de voyage (1861).
3. Les antiquités irlandaises (1862).
4. Les antiquités bretonnes (1864).
5. Numismatique gauloise (1866).
6. De l'origine des monuments mégalithiques (1867).
7. Notes sur la mythologie celtique (1868).
8. Étude sur le mystère des bardes de l'île de Bretagne (1868-69).
9. Le Nord scandinave [notes sur le Congrès anthropolog. de Copenhague tenu en août 1869].

MARTIN (**Henri**) **et P. L. JACOB** (**Paul Lacroix**). Histoire de Soissons depuis les temps les plus reculés jusqu'à nos jours, d'après les sources originales [4397, 4398]. *Soissons, Arnould; Paris*, 1837, 2 vol. in-8; figures.

H. M. est l'auteur du 1er vol. et du dernier chap. du t. II. (*Rev. crit. d'hist. et de litt.*, déc. 1883, p. 521.)

MARTIN (autre?). Fouilles du tumulus d'Aubenton [4287]. — *Bull. de la Soc. acad. de Laon*, t. XIII, 1862 ; 7 p.

MARTIN (**Louis-Auguste**). Histoire morale, etc., gouvernement, lois, coutumes, religion, morale, philosophie, littérature et arts [866]. *Paris, Comptoir des imprimeurs unis*, 1848.

MARTIN (**Paul-Esprit-Marie-Joseph**). Dissertation, etc. (posthume) [10030]. — *Bull. de la Soc. archéol. et histor. du Limousin*, t. VII, 1857, p. 133-139.

MARTIN (F.). Note, etc. [9650]. — *P.-v. des séances de la Soc. litt. de Castres*, t. II, 1858, p. 284.

MARTIN (**Tristan**). Notice sur la station Segora, cité rom. ruinée dans le cours du IVe siècle et dont les débris ont été mis au jour, il y a 50 ans environ, sur la cne du Fief-Sauvin [2936 b]. — *Bull. de la Soc. archéol. de Nantes*, t. I, 1861 (1862), p. 483-507 ; 1 pl.

— Description, etc. [7176]. — *M. vol.*, p. 507-528.

— Médaille gauloise, etc. [7238]. — *Soc. d'agr., etc. d'Angers. Répertoire archéol. de l'Anjou*, 1865.

MARTIN (l'a.). Les deux Germanies cisrhénanes, étude d'histoire et de géographie anciennes [10735]. *Paris, Durand*, 1863 ; 83 p.; carte.

MARTIN (**G.-A.**). Essai historique sur Rozoy-sur-Serre, comprenant une grande partie de la Thiérache et du Porcien, et qq. communes du Laonnois [4390]. *Laon, Ed. Fleury*, 1863-64, 2 vol. gr. in-8 ; pl. — Supplément. 1867.

— Des origines, etc. [745]. — *Séances publiques de l'Acad. de Besançon*, août 1864, p. 146-164.

MARTIN (Fr.). Sépultures celtiques près d'Orly (Seine) [9158].

Voir J. QUICHERAT, rapp. sur diverses communications (1865), n° 3.

MARTIN DAUSSIGNY ou D'AUSSIGNY (E.-C.). Dissertation sur l'emplacement du temple d'Auguste, au confluent du Rhône et de la Saône [8570]. — *Rev. du Lyonnais*, t. XXVIII, 1848, p. 10-44. T. à p. — 2e éd., *Lyon*, 1853 ; 50 p.

— Description d'une voie rom. découverte à Lyon dans le quartier du Jardin des Plantes en octobre 1854 [8546]. — 1re partie, *Mém. de l'Acad. de Lyon*, t. IV, 1855, 32 p. — T. à p. — 2e partie (appendice), *m. vol.*; 27 p., et *Rev. du Lyonnais*, 2e s., t. XIII, 1856, p. 360-384. — T. à p.

3e Mention honorable au Concours des antiq. nationales en 1856.

— Not. sur l'inscr. de Sabinius Aquila Aimésithée, retrouvée le 14 juillet 1857 dans la maison Lempereur, rue Mercière [8653].—*Rev. du Lyonnais*, 2e s., t. XV, 1857, p. 165-179, et *Mém. de l'Acad. de Lyon*, t. V, 1857-58 ; 19 p.

— Inscription, etc., 1857 [8652]. Autographie.

— Traduction, etc. [8654]. — *Rev. du Lyonnais*, m. vol., p. 350-352.

— Lettre, etc. [8607]. — *M. rec.* t. XVI, 1848, p. 165 et 166.

— Mémoire, etc. [8591]. — *M. rec.*, 2e s., t. XIX, 1859, p. 190, et *Mém. de l'Acad. de Lyon*, t. VI, 1859 ; 27 p.

— Notice, etc. [8562]. — *M. vol.*; 15 p.

— Note, etc. [8471. — *Travaux archéol. de l'Acad. de Lyon*, séance du 31 déc. 1861, du Comité archéologique.

— Notice, etc. [8574] lue au Congrès de la Société française d'archéol. à Lyon, le 19 septembre 1862. (*Extr. du compte rendu des séances archéol. tenues à Lyon* en 1862, par la *Soc. franç. d'archéol.* — T. à p. *Caen*, 1863 ; 38 p.; 3 pl.

— Une nouvelle inscr., etc. [8656]. — *Rev. du Lyonnais*, 2e s., t. XXVI, 1863, p. 85.

— Notice, etc. [8573]. — *Mém. de l'Acad. de Lyon*, cl. des lettres, t. XI, 1862-1863 (publié à la fin de 1864), gr. in-8. — T. à p., *Lyon*, impr. *Vingtrinier*, 1863 ; 30 p.; 3 pl., et *Rev. du Lyonnais*, 2e s., t. XXVI, 1863, p. 171.

— Découvertes, etc. [8563]. — *Mém. de l'Acad. de Lyon*, t. XII, 1864-65, p. 153-162.

— Communication, etc. [8660]. — *Bull. de la Soc. des ant. de France*, année 1865, p. 111-114.

— Découverte [8671]. — *Travaux archéol. de l'Acad. de Lyon*, année 1866, p. 147.

— Lettre, etc. [8613]. — *Revue du Lyonnais*, 3e s., t. VI, 1868, p. 315.

— Assemblée, etc. [8521]. — *Bull. mon.*, t. XXXVI, 1870, p. 183-185.

— Étude sur la dédicace des tombeaux gallo-rom. (*sub ascia dedicavit*) [1674, nouv. add. 669 *b*]. — *Mém. de la Soc. litt. de Lyon*, 2e s., t. VI, 1870-71, p. 61-136.

MARTINET (R.). Le quartier des Romains chez les Turons [6525]. *Tours*, 1846.

MARTINIÈRE (Antoine-Aug. Bruzen de la). Dictionnaire géographique, etc. [1004]. *Lahaye*, 1726-1730, 10 vol. in-fol. — Autre éd., *Paris*, 1768, 6 vol. in-fol.

MARTINON. [*Ms.*] Dissertation, etc. (vers 1761) [3145].

Dans les registres de la Soc. litt. de Clermont. L'auteur soutient le sentiment opposé à celui de la dissertation sur les familles sénatoriales, par Cortigier [voir ce nom]. *Biblioth. histor.*, t. I, n° 3918.)

— [*Ms.*] Diss. sur la position de Gergovia [2730].

Mentionnée dans la *Biblioth. histor.*, t. I, n° 287.

MARTONNE (de).—Voir DENIS (Fd), PINÇON ET DE MARTONNE.

MARTONNE (Alfred de). Sur le respect, etc. [1662]. — *Ann. de la Soc. acad. de Saint-Quentin*, année 1855.

— [*Ms.*]. Le mont celtique, etc. (Communication au Comité des travaux historiques sur le) [6740].

Rapport de M. H. DE LA VILLEMARQUÉ. — *Rev. des Soc. sav.* 3e s., t. II, 1863 ; 3 p.

MARTURÉ (B.-A.). Histoire, etc. [9641]. 1822-24, 2 vol.

MARVAUD (François). Études, etc. [3044]. *Angoulême*, 1835 ; 475 p.

— Histoire politique, civile et religieuse du Bas-Limousin, depuis les temps anciens [3586]. *Tulle ; Paris, Techener*, 1842-44, 2 vol.

— Géographie du dép^{t} de la Corrèze, augm. de notions sur l'hist., l'industrie, les antiq., la statistique et les hommes célèbres de ce dép^{t} [5314]. *Brive*, 1846, in-12; 279 p. — 2e édition, 1852.

— Géographie physique, polit., hist., archéol., agricole, commerciale et industrielle du dép^{t} de la Charente [5157]. *Angoulême*, 1850. — 2e édition, 1853.

— Répertoire, etc. [5160]. — *Bull. de la Soc. archéol. et hist. de la Charente*, 3e s., t. IV, 1862, p. 199. — T. à p. *Angoulême*, 1863, 148 p.

Médaille d'argent au Concours des Soc. sav. en 1860.

— Études, etc. [5171]. — *M. rec.*, 4e s., t. I, 1863, p. 271-329.

— Études historiques, etc. [5170]. *Niort, L. Clouzot*, 1870, 2 vol.

MARVILLE. Essai de recherches, etc. [4277]. — *Bull. de la Soc. des ant. de Picardie*, an. 1862. — T. à p. *Amiens, Lemer*, 1863.

MARY-LAFON (Jean-Bernard Lafon, dit). Histoire politique, religieuse et littéraire du midi de la France, depuis les temps les plus reculés jusqu'à nos jours. *Paris, Mellier*, 1841-1844, 4 vol.; cartes. — Autre éd. *Paris, Ch. Gosselin*, 1843-1845, 4 vol.

— La France ancienne et moderne [1617]. *Paris, Morizot*, 1864, gr. in-8; illustrations.

MAS (Théoph. du). Cy commence, etc., trad. du latin du sieur Morin Pierchamp (Symphorien Champier) [8486-87-88]. *Lyon*, 1529, goth., xxx ff.

Voir Quérard, *Supercheries litt.*, 2e éd., t. I, col. 1022.

MAS (Du). Explication, etc. [6113]. — *Mém. de l'Acad. des sc. de Toulouse*, t. I, 1re partie, 1782, in-4.

MASCOU (J.). Geschichte der Teutschen zu Anfang der Fränkischen Monarchie [nouv. add. 10674 *a*]. *Leipzig*, 1726, in-4.

MASDEU (Juan-Francisco de). Historia critica de España y de la cultura española [nouv. add. 10591 *a*]. *Madrid*, 1783-1805, 20 vol. in-8 carré.

T. II-III : España antigua.

MASEIN (M.-P.). * Essai histor. sur la v. de Bayonne et de son commerce, etc. [8301]. *Paris, Guillot et Demie; Bayonne, Fr. Trébosc*, 1792; plan de la ville.

« Ouvrage sans valeur au point de vue des origines. » (Quérard.)

MAS-LATRIE (Jacques-Marie-Joseph-Louis de). * Monastères de France [1094]. — *Annuaire histor. p. p. la Soc. de l'hist. de France*, an. 1838, p. 66-230.

Signé à la fin du travail.

— Liste, etc. [1095]. — *M. rec.*, an. 1844, p. 138-238. — 2e article, an. 1846, p. 109-268.

MASQUELEZ (Alfred-Émile-Alexis-Eugène). Etude, etc. [1833]. — *Spectateur milit.*, t. XLI-XLIII. — T. à p. *Paris; Dumaine*, 1864; 2 pl.

MASSARDIÈRE (de La). Esquisses, etc. [9933]. — *Mém. de la Soc. des ant. de l'O.*, an. 1837; 17 p.; 1 pl.

Sur le menhir portant l'inscr. : RATN BRIVATIOM FRONTV. TARBELLI... NO IEVRV.

MASSÉ (E.-M.). Mémoire histor. et statistique sur le c^{on} de la Ciotat [4845]. *Marseille*, 1842.

MASSÉ-ISIDORE (Charles). La Vendée poétique et pittoresque, ou Lettres descriptives et historiques sur le Bocage de la Vendée depuis Jules César jusqu'à l'année 1791 [9818]. *Nantes, Mangin*, 1829, 2 vol.; fig.

MASSELIN (J.-G.). Dictionnaire, etc. Rédigé pour la géographie ancienne et du moyen âge, d'après Strabon, Pline, Danville, Briet, La Martinière, Joli, etc. [1076]. *Paris, Aug. Delalain*, 1827, 2 vol.; cartes.

MASSENAT (E.). Objets gravés, etc. [5626]. — Extr. des *Matériaux pour servir à l'hist. de l'homme*, 1867-1869.

MASSIOU. Les Santons, etc., ou rech. histor. et archéol. sur les peuples qui habitaient la Saintonge avant l'invasion des Francs au midi de la Loire [3960]. — *L'Investigateur*, t. III, 1835, p. 241-257; 2e art., t. IV, 1836, p. 49-59.

— Les Santons, etc. [3959]. — *Mém. de la Soc. des ant. de l'O.*, an. 1835.

— Notice, etc. [5227]. — *Bull. mon.*, t. III, 1837.

Voir aussi, du même : Not. sur les monuments rom. des environs de Saintes. — *M. rec.*, t. I, 1834.

— Notice, etc. [5202]. — *M. rec.*, t. III.

— Histoire, etc., depuis les premiers temps histor. jusqu'à nos jours; précédée d'une introduction [3961]. *Paris*, 1838-1840, 6 vol. — 2e éd. *Saintes*, 1846, 6 vol.

MASSMANN (J.-F.). Libellus aurarius, sive tabulæ ceratæ et antiquissimæ et unicæ romanæ in fodina auraria nuper repertæ [2210]. *Leipzig*, 1840, in-4.

MASSOL. Description du dépt du Tarn, suivie de l'histoire de l'ancien pays d'Albigeois, et principalement de la ville d'Albi [9633]. *Albi, Baurens*, 1818; carte du dépt.

MASSON (Jean-Papire), en latin PAPIRIUS MASSONUS. Annalium libri IV, quibus res gestæ Francorum explicantur, a Clodione ad Francisci I obitum [249]. *Paris, Chesneau*, 1577, in-4. — 2e éd. *Ibid.*, 1578, in-8. — 3e éd. (a Pharamundo ad Henricum II). *Ibid.*, 1598, in-4.

— Descriptio fluminum Galliæ [955]. *Paris*, 1618, in-12.

Ouvrage posthume critiqué très vivement par Adrien de Valois.

MASSON (l'a.). Inscription, etc. [7591]. — *Jal de la Soc. d'archéol. lorraine*, t. I. *Nancy*, 1853, p. 94-95.

Voir aussi une liste d'objets antiques trouvés à Tarquimpol. — *M. rec.*, t. IX, 1860, p. 150.

MASSON DE St-AMAND. — Voir SAINT-AMAND (A.-Cl. MASSON DE).

MASSOUBRE (Eugène). Antiquités, etc. [5608]. 1857.

— Qqs. notes sur l'inscription de Marullius, de l'époque gallo-rom., admise récemment au musée archéol. de Périgueux [5616]. — *Ann. de la Soc. d'agr.*, etc., *de la Dordogne*, t. XXX, 1869, p. 1029-1041.

MATERNE. Comparaison des mœurs et des usages de la Grèce, etc. [860 a]. — *Sce publ. de la Soc. d'agr., de la Marne*, 1837, p. 44-88.

MATHAREL (Antoine). Ad Fr. Hotomani « Franco-galliam » Responsio, in qua agitur de initio regni Franciæ, successione regum publicis negotiis et politia, ex fide Annalium nostrorum Germaniæque et aliarum gentium, græcisque et lat. scriptoribus [246]. *Lutetiæ, ex officina Federici Morelli, Typ. reg.* 1575.

MATHIEU (L.). Description, etc. [5339]. — *Mém. de l'Acad. celtique*, t. VI, 1812, p. 78.

MATHIEU. Notice, etc. [5386]. — *Séance publ. de l'Acad. de Dijon*, 1816, p. 16.

— Not. sur une petite statue de Mercure en bronze, etc. [5388] — *Mém. de la m. Soc.*, 1820, p. 263.

MATHIEU (Charles-Léopold). Ruines de l'ancien château de Ludres et du camp romain dit de la cité d'Affrique, qui l'avoisine sur la côte de Ludres et d'Affrique, derrière Messein, près de la Moselle, ainsi que celles du camp romain de Jaillon, qui l'a précédé; toutes dans le dépt de la Meurthe [7558]. *Nancy, Hissette*, 1829, in-8, 52 p.; 2 plans.

Mém. analysé dans le *Précis de la Soc. des sc.* etc. *de Nancy*, an. 1829-1832 (1833), p. 200.

— Ruines de Scarpone [Champagne], etc. [7581]. *Nancy*, 1834; planches.

Fait suite aux *Ruines de Ludres*.

MATHIEU (P.-P.). Obs. sur la note de M. Missoux au sujet d'une route ancienne, etc. [8249, 8294]. — *Ann. sc.* etc. *de l'Auvergne*, 1834, t. VII, p. 331-353.

— Note, etc. [7140]. — *M. vol.* — T. à p. *Clermont*, 1834; 24 p.

— Statue romaine, etc.; Notice [8252, 8295]. — *M. rec.*, t. VIII, 1835. - T. à p. *Clermont, Thibaud-Landriot*, 1836; 20 p.; 1 lith.

— Note, etc. [8272]. — *M. rec.*, t. XI, 1839; 22 p.

— Bourg franco-gaulois, etc. [5152]. — *M. rec.*, t. XVI, 1843; 12 p.

— Anciens monuments, etc. [8258]. *Clermont*, 1847.

— Des colonies, etc. Mém. où sont exposées, d'après les monts, les origines de l'histoire primitive de la province [3169]. — *Ann. sc. de l'Auvergne*, t. XXVIII, 1855, p. 81, 273, 429; t. XXIX, 1856, p. 281, 505; t. XXX, 1857, p. 83, 155. — T. à p. *Clermont, Thibaud*, 1858; 560 p.

Mention hon. au concours des antiq. nationales, en 1858.

— De la position, etc. [5150]. — *Mém. de l'Acad. de Clermont*, nouv. s., t. I, 1859, p. 181-206.

Mém. critiqué par DELAPIERRE, *Bull. de la Soc. d'agr. de la Lozère*, séance du 9 avril 1863.

— Vercingétorix et César à Gergovie, etc. Mém. où sont exposées et résolues, d'après de récentes découvertes, les questions relatives à cet épisode de l'hist. d'Auvergne [2739]. *Clermont-F^d, Thibaud,* 1862, t. VII, 134 p. carte et 2 pl.

— Nouvelles obs., etc., avec cartes et plan de souterrain [2740]. — *Mém. de l'Acad. de Clermont,* t. V, 1863; 37 p. — T. à p. 1864.

— Colonne milliaire, etc. [8276]. — *M. vol.*, p. 429.

— Souterrains, etc. [2741]. — *M. rec.*, t. VI, 1864; 8 p.

— Rapport, etc. [2974]. — *M. rec.*, t. VIII, 1866, p. 244-273.

— Temple de Mercure, etc. [8259]. — *M. vol.*, p. 504-518. — T. à p., 1867.

— Défense, etc. [465]. *Clermont-F^d*, 1870.

— Vercingétorix et son époque [467]. *Ibid.*, 1870.

(Sujet de deux conférences à l'hôtel des Facultés, J^er et Fév. 1870.)

— L'Auvergne anté-historique [3179]. — *Mém. de l'Acad. de Clermont,* an. 1870 et suiv. — T. à p. *Clermont, Thibaud,* 1875; 2 pl.

MATHIEU (d^r). Note sur des poteries, etc. [7327]. — *Revue archéol.*, t. IV, 1847, p. 803.

MATHON fils. Sépultures, etc. [8044]. — *Mém. de la Soc. acad.* etc. *de l'Oise,* t. III, 1856, — T. à p.

— Épingle à cheveux, etc. [1486, 8045]. — *M. vol.* — T. à p., compris dans le précédent.

Objet trouvé à Marseille (Oise).

— Sarcophage, etc. [8046]. — *Revue archéol.*, t. XV, 1858-59; 12 p.; 2 pl. — T. à p. *Beauvais,* 1858.

— Champlieu [8066]. — *Moniteur de l'Oise,* n° du 16 févr. 1860.

Réponse à l'art. de l'a. LECOT. (Voir ce nom.)

— Notes, etc. [8039]. — *Mém. de la Soc. acad. de l'Oise,* t. IV, 1860, p. 534; 1 pl.

— Sépultures, etc. [8109]. — *Bull. de la Soc. des ant. de Picardie,* an. 1860, n° 2. — *Bull. mon.*, t. XXVII, 1861, p. 351. — T. à p. d'après le 1er rec. *Amiens,* 1860; planches coloriées.

MATHOUD (le p. Hugues). De vera Senonum origine christiana, etc. Dissertatio, cum appendice adversus Ludovicum Dupinium [4016]. *Parisiis, Langronne,* 1687, in-4.

MATTHÆUS (Ant.). Veteris ævi analecta, seu vetera monumenta, quibus continentur authores varii qui præcipue historiam belgicam memoriæ prodiderunt [10458]. *Hagæ-Comitum,* 1738, 10 t. en 5 vol. in-4.

MATTON. Note, etc. [4311]. — *Bull. de la Soc. acad. de Laon,* t. XVII, 1868, p. 49-51.

MATTY DE LATOUR (de). Ruines rom. de Membrey, etc., sur la voie de Vesontio (Besançon) à Andematunnum (Langres) qui faisait partie de celle de Rome dans la Grande-Bretagne par Mediolanum (Milan) et Gesoriacum (Boulogne) [8715]. — *Mém. de la Soc. d'agr.* etc. *d'Angers,* t. VI, 1847, 1re p^tie, p. 147-167; 5 pl. — T. à p. *Angers* 1847.

— Pile de Cinq-Mars [6553]. — *M. vol.* 2e p^tie, p. 174-179; 1 pl. — T. à p. 1848.

— [*Ms.*] Villes et voies romaines de l'Anjou (vers 1854) [3055].

Mention hon. à l'Ac. des Inscr. en 1855. — Rapport par ADVIELLE, intitulé : Villes et voies rom. de l'Anjou, ou détermination de l'emplacement des stations du pays des Andes, mentionnées sur les routes antiques de la Table Théodosienne, rapport lu à la Soc. d'agr. etc. d'Angers. (*Mém. de la m. Soc.*, n. période, t. V, 1854, p. 159-180.)

— [*Ms.*] Voies rom., — leur système de construction et d'entretien [1255].

Ms. donné par l'auteur à la bibliothèque de l'Institut (*Z* 50). Résumé de ce ms. fait cinq ans avant son achèvement, honoré d'une médaille d'or au Concours des antiquités de la France en 1861; ce même ms. mis hors de concours en 1866.

7 gros volumes in-4 dont cinq sont oblongs. Étude d'une voie antique sous le rapport de l'art et de l'archéologie; son système de construction dévoilé par trois cents fouilles ou coupures, et démontré être le même que celui des autres voies de la Gaule, au moyen de cent quatre fouilles faites sur soixante-cinq de celles-ci.

Analysé dans le Rapport lu à la Commission des antiquités de la France en 1861, par M. Alfred MAURY. — Rapport fait à la Comm. archéol. d'Angers le 31 mars 1868, par le commandant Prévost. (*Mém. de la Soc. d'agr.* etc. *d'Angers,* nouv. période, t. XI, p. 184.) — Analyse détaillée de ce travail, dont l'abrégé est destiné à l'impression, par M. DE LONGUEMAR. (*Bull. de la Soc. des antiq. de l'Ouest,* 4e trimestre 1868.)

MATUSSIÈRES (l'a.). Not. sur des vases gallo-rom. trouvés, en 1845, à St-

Hérent ou Hérem, c^on d'Ardes (Puy-de-Dôme) [8294 *a*]. — *Bull. de la Soc. d'Agr.* etc. *de la Sarthe*, t. VII, 1847, p. 81-89.

MAUCOMBLE (Jean Dieudonné de). * Histoire abrégée, etc. [5944]. *Amsterdam (Paris)*, 1767, 2 parties; — 2e éd. (signée), 1789; 52 p.; planches. — 3e éd. ayant pour titre : Histoire abrégée des antiq. de la v. de Nîmes et de ses environs. *Nîmes, Buchet*, 1806; 14 pl.

Ouvrage superficiel. (WEISS, art. *Maucomble* dans la *Biogr. univ.*)

MAUCONDUIT. * Diss. pour la défense des deux saintes Marie-Madeleine, Marie sœur de Marthe et Marie de Béthanie [697]. *Paris, P. Débats*, 1685, in-12.

MAUDET DE PENHOUET. — Voir PENHOUET (Maudet de).

MAUD'HEUX père. Mémoires, etc. [10067]. — *Ann. de la Soc. d'émulation des Vosges*, t. X., 2e cahier, 1859, pp. 344-354.

Mém. complété par le rapport de MESCHINI, ingénieur.

— Notice, etc. [10087]. — *M. vol.*, p. 355-364; 1 plan.

— Notice [10053]. — *M. vol.*, 3e cahier, 1860, t. à p.

— Correspondance, etc. [10065]. — *M. vol.*, t. X, 3e cahier.

— Lettre, etc. [10069]. — Réponse à cette lettre par M. DE SAULCY. — *Rev. archéol.* 2e s., t. V, 1862, p. 155-157.

MAUDUIT (Léon). Qqs faits, etc. [6490]. 1863, in-4; 4 p.

Extr. des *Comment. de César*, de B. G., liv. VIII.

MAUFLASTRE. Lettre, etc. [3845]. — *Mém. de l'Acad. celtique*, t. V, 1810, p. 267.

MAUGÉRARD (D.). Histoire de Metz. — Voir FRANÇOIS et TABOUILLOT.

MAULAVILLE (Boileau de). Nouveau Mém. sur le mon^t antique, autrefois connu sous le nom de Marbre de Thorigny, actuellement transféré en la v. de S^t-Lô (Manche) [7301]. — *Mém. de la Soc. des ant. de Fr.*, t. VII, 1826, p. 278-307; 1 pl. d'inscriptions.

MAUMENÉ (E.). Analyse de pièces gauloises en plomb et en or [7408]. — *Trav. de l'Acad. de Reims*, t. XIII, 1851, p. 288-290.

MAUNOIR (le p. Jules). Vita, etc. [5880]. *Corisopiti*, 1685, in-12.

MAUPERCHÉ (de). * Paris ancien. Paris moderne, religions, mœurs, caractères, usages des habitants de cette ville, etc. [9043]. *Paris, Barrois; Merlin*, 1814, in-4, nombr. pl.

Al. BARBIER (*Anonyme*, n° 23178) cite trois livraisons publiées; QUÉRARD, une seule. — Vu les livr. 1 et 2 dans une biblioth. particulière.

MAUPERTUIS (l'a. Jean Drouet de). Histoire de la sainte église de Vienne, contenant la vie et les actions remarquables de cent six archevêques qui en ont tenu le siège depuis l'an 62 de J.-C. qu'elle fut fondée par S. Crescent, jusqu'en 1708, composée sur diverses pièces authentiques et originales, tirées des archives de l'archevêché et du chapitre de cette église [6576]. *Lyon, Cerrc*, 1708 (1711), in-4.

MAUPILLÉ (Léon). Lettre, etc. [6434]. — *Bull. et Mém. de la Soc. archéol. du dép. d'Ille-et-Vilaine*, 1863 (1865), p. 146-157.

— Notices, etc. [6440]. — *M. rec.*, an. 1868, p. 140-242.

— Voir BERTIN (Aimédée).

MAURAND (Charles). La ville de Ste-Menehould, etc. [7420]. — *Annuaire de la Soc. franç. de num. et d'archéol.*, à Paris, t. II, 1867; 2 p.

MAURETTE (l'a. Omer). La ville de St-Bertrand de Comminges, etc. [6192]. — *L'Investigateur*, 2e s., t. II, 1842, p. 5-17.

MAURICE (Étienne-François). Bibliographie du Forez ou du dép^t de la Loire. — Voir CHAVERONDIER ET MAURICE.

MAURICET (le d^r Alphonse). Étude, etc. [7714]. — *Bull. de la Soc. polymath. du Morbihan*, 1er sem. 1865; 7 p. — Autre article, *même Bulletin*, 2e semestre 1865 (1866); 6 pages.

— Voir GALLES (R.) ET A. MAURICET.

MAURIN (L.). Les pierres tumulaires Nîmes, etc. [6017]. — *Mém. de l'Acad du Gard*, an. 1860; 65 p.

— Aperçu, etc. [819]. — *M. rec.*, an. 1864-65 (1866), p. 169-204.

MAURY (Louis-Ferdinand-Alfred). Les Fées du moyen âge. Recherches sur leur origine, leur histoire et leurs attributs, pour servir à la connaissance de la mythologie gauloise [546, 640 *b*]

Paris, Ladrange, 1843, in-12; IX, 101 p.

C. r., *Revue de Bibliographie analytique*, juin 1844, p. 520.

— Essai sur les légendes pieuses du moyen âge, ou Examen de ce qu'elles renferment de merveilleux d'après les connaissances que fournissent de nos jours l'archéologie, la théologie, la philosophie et la physiologie médicale [864]. *Ibid., id.*, 1843.

— Obs. sur les origines du Mont-St-Michel et en particulier sur l'existence de la forêt de Scissy, pour faire suite au Mém. de Mr Bizeul sur le m. sujet [7289]. — *Mém. de la Soc. des ant. de Fr.*, 2 s., t. VII, 1844, p. 378-403. — T. à p. *Paris*, 1844.

— Rech. sur la divinité, etc. [558]. — *M. rec.*, m. s., t. IX, 1849, p. 15.

Mention très hon. au Concours des Antiq. de la Fr.

— Recherches sur les grandes forêts de la Gaule, etc. [1106]. — *M. vol.*, p. 263. — T. à p. (nouv. éd. refondue) ayant pour titre : Hist. des grandes forêts de la Gaule et de l'ancienne France, etc., précédée de rech. sur l'hist. des f. de l'Angleterre, de l'Allemagne et de l'Italie, et de considérations sur le caractère général des forêts des diverses parties du globe. *Paris, Leleux*, 1850. — Voir ci-dessous les années 1856 et 1867.

— Des ossements humains, etc., pour servir à éclairer les rapports de l'archéologie et de la géologie [1369]. — *M. rec.*, 3e s., t. I, 1852, p. 251.

— Druidisme [648 *a*]. — Art. de l'*Encyclopédie moderne*, t. XIII, *Paris*, *Firmin-Didot*, 1852.

— Les forêts de la France, etc. [1107]. — *Mém. présentés par divers savants à l'Acad. des inscr. et b.-l.*, 2e s., t. IV, 1860. — T. à p. 1856, in-4.

— De l'Apollon Gaulois [552]. — *Rev. archéol.*, 2e s., t. I, 1860, p. 58-68.

— Croyances et légendes de l'antiquité. Essais de critique appliquée à qqs points d'hist. et de mythologie. Les religions de l'Inde et de la Perse. Traditions de la Grèce et de la Gaule. Les premiers historiens et les anciennes légendes du christianisme. Rapports de l'Occident avec l'extrême Orient [547]. *Paris, Didier*, 1863.

— Note, etc. [1213]. — *Rev. archéol.*, 2e s., t. IX, 1864, p. 60-63; 1 pl.

— Inscr. celtique, etc. [10948]. — *M. rec.*, m. s., t. X, 1864, p. 453-459.

— Sur un nouvel essai d'interprétation, etc. [2590]. — *M. rec.*, m. s., t. XIV, 1866, p. 8-16.

— Les forêts de la Gaule et de l'ancienne France, aperçu sur leur histoire, leur topographie et la législation qui les a régies; suivi d'un tableau alphabét. des forêts et des bois principaux de l'Empire français [1109]. *Paris, Ladrange*, 1867, in-8.

— Rapport sur les progrès de l'archéologie (depuis 20 ans) [1331]. 1868, gr. in-8. — Voir GUIGNIAUT (J.-D.).

— La Littérature française contemporaine (avec F. BOURQUELOT et CH. LOUANDRE) [180]. — Voir QUÉRARD.

MAUTOUR (**Philibert-Bernard Moreau de**). Discours sur l'ancienne ville *Bibracte* [2641].

Ce discours est conservé dans les registres de l'Acad. roy. des inscr. et b.-l. (année 1704). L'auteur y soutient que *Bibracte* est une ville différente d'Autun, et il la place sur le mont Beuvrai ou Beuvrect. L'abbé Blondel, qui s'est fait connaître par ses *Relations des assemblées publiques des Académies des sciences et belles-lettres*, a donné dans les Mém. de Trévoux, 1704, juillet, p. 1131, un extrait étendu de cette Dissertation, en rendant compte de la séance publique de l'Académie où elle a été lue. (*Biblioth. histor.*, t. I, n° 217.)

— Dissertation sur une figure de bronze trouvée dans un tombeau, et qui représente une divinité des anciens (Bacchus) [8179]. *Paris, P. Cot* (1706), p. in-8; 36 p.; 3 pl.

— Explication histor. d'une inscr. ancienne conservée dans la ville de Nantes (signée Maureau de Mautour) [6907]. — *Mém. de Trévoux*, janvier 1707, p. 132-154.

Cp. GRUTER, *Antiq. rom.*, p. 1074, n° 10; — Dom Jacques MARTIN, *Religion des Gaulois*, t. II, 1727, p. 8.

— Mémoire, etc. (1709) [5372].

— * Observations, etc. par Mr de M. [9107]. *Paris, P. Clot*, 1711, in-4, 24 p.

— Lettre écrite à M. M. [Mellier] le 8 avril 1723, au sujet de l'imprimé ayant pour titre : Explication historique... d'une inscr. ancienne (par l'a. N. TRAVERS; voir ce nom) [6909]. *Nantes, Nic. Varger*, 1723; 11 p.

— Explication d'un mont, etc. (lue en

1715) [8578]. — *Mém. de l'Acad. des inscr. et b.-l.*, t. III, 1723 (hist.), p. 227; 1 pl.

— Explication d'une colonne milliaire, (lue en 1712) [nouv. add. 4408 *a*]. — *M. vol.*, p. 230; 1 pl.

— Sur une colonne milliaire, etc. (lue en 1712) [4460]. — *M. vol.*, p. 233; 1 pl.

— Remarques, etc. (lues en 1715) [2201 *a*]. — *M. vol.*, p. 235.

— Conjectures, etc. (lu en 1716) [2467]. — *M. vol.*, p. 273-276.

Ce lieu est Quarré-les-Tombes.

— Observations, etc., inscription de *Tain* [5734]. — *M. rec.*, t. V, 1729 (hist.), p. 294.

— Obs. sur la colonne antique de Cussy en Bourgogne [5418]. — *Mercure*, juin 1726, p. 1374-1385; 1 pl.

— Observations sur une inscription antique gravée sur bronze, concernant la ville de *Bibracte* [2648]. — *Mém. de littérat. du P. Desmolets*, t. IV, 1727, p. 296.

« M. de Mautour soutient toujours que Bibracte était sur le mont Beuvrect, et il termine ses observations par une description de ce lieu, tirée d'une lettre écrite en 1726 par M. Gautier, curé de St-Léger, au pied de Beuvrect. Ces observations sont réfutées dans la Dissertation sur Bibracte, qui se trouve dans les *Eclaircissements géographiques* [par d'Anville]. » (*Biblioth. histor.*, t. I, n° 219.)

— Explication, etc. [3905]. — *Mercure*, février 1728.

— Nouv. descriptions, etc. (lu en 1728) [5015]. — *Mém. de l'Acad. des inscr. et b.-l.*, t. VII, 1733 (hist.), p. 261; 2 pl.

— Remarques, etc. [7351]. — *M. rec.*, t. IX, 1736 (hist.), p. 170.

— * Lettre sur la situation de Bibracte [2650]. — J^al *de Verdun*, juillet 1750.

Lettre attribuée à Moreau de Mautour par Girault de St-Fargeau.

MAVERGNIER (E. Buisson de). — Voir Buisson de Mavergnier.

MAXE-VERLY (Léon). Essai, etc. [7409]. *Paris*, 1862; pl.

MAZE-CENSIER (Alphonse). Recherches, etc. [1767]. — *Annuaire de la Soc. d'archéol. et de numismatiq.*, t. I, 1869. — T. à p. *Paris*, 1870, gr. in-8.

MAZER (Hector). Dissertation, etc. [6101]. — *Mém. de l'Acad. du Gard*, 1838, p. 5.

MAZIÈRE (Léon). Découverte, etc. [9599]. — *Bull. du Comité archéol. de Noyon*, t. I, 1862, p. 75-77.

Reporter cet article et le suivant après le n° 8081. Il s'agit de Dreslincourt, canton de Ribécourt (Oise).

— Fouilles faites à Dreslincourt [9598]. — *Bull. de la Soc. des ant. de Picardie, à Amiens*, année 1859, et *Bull. du Comité archéol. de Noyon*, t. I, 1862, p. 95-100.

— Campagne, etc. [3245]. *Compiègne*, 1862; 65 p.

— Recherches, etc. [8033]. *Noyon*, impr. *Andrieux-Duru*, 1863.

Bailly, 1863; 20 p. — Cambronne, 46 p. — Carlepont, 23 p. — Chevincourt, 15 p.

MAZURE. Hist. du Béarn et du pays Basque [3233]. *Paris*, 1839.

MEDIOBARBUS BIRAGUS (Franciscus). Imperatorum romanorum numismata a Pompeio ad Heraclium congesta ab Adolpho Occone [2078]. *Mediolani*, 1683, 2 vol. in-fol.; fig. — Voir Occo.

MEELBAUM (J.). Sylva academica, etc. [11056]. *Trèves*, 1657 (in-4?).

MÈGE (Alexandre-Charles-André du) (1). Monuments religieux, etc. [4118, 6114]. 1814.

Mentionné par Girault de St-Fargeau.

— Not. sur un autel dédié au soleil, à la lune, à Isis victorieuse et à Isis reine [579]. — *Mém. de la Soc. des ant. de Fr.*, t. II, 1820, p. 76. — Cp. *Mém. de l'Acad. des sc., inscr. et b.-l. de Toulouse*, t. I, 2e part., 1827, p. 22.

— Monuments antiques, etc. [3933].

Mentionné dans les *Mém. de l'Acad. des sc. de Toulouse*, 2e s., t. I, 2e partie, 1827, p. 15.

— Mémoires, etc. [532]. — *M. vol.*, p. 24.

— Médaille celtibérienne [10611]. — *M. vol.*, p. 32.

— Inscriptions, etc. [2178]. — *M. vol.*, p. 36.

— Dissertation, etc. [3673]. — *M. vol.*, p. 39.

— Mém. sur 4 col. milliaires [6109]. — *M. vol.*, p. 45.

— Notice, etc. [6125]. — *M. vol.*, p. 59.

(1) La note insérée dans le Catalogue méthodique, colonne 409, s'applique particulièrement aux travaux publiés par Al. du Mège.

— Mém. sur le g[t]. des Gaules [786]. — *M. vol.*, p. 62.

— Sur plusieurs mon[ts] histor. découverts, etc. [3934]. — *M. vol.*, p. 112.

— Voie militaire, etc. [6110]. — *M. vol.*

— Mém. sur les voies rom. etc. [4742]. — *M. vol.*

— Sur l'amphithéâtre d'Orange [9802]. — *M. vol.*, p. 435.

— Not. des mon[ts] antiques... conservés dans le musée (de Toulouse) [6155 *a*]. *Toulouse*, 1828; 145 p.

— Voyage, etc. [9668]. 1828, in-18.

Mentionné par Girault de Saint-F.

— Mémoires archéol., etc. [9634].

« Mém. mss. dont plusieurs extr. ont été impr. dans les *Annuaires du Tarn*, 1829 et suiv. » (GIRAULT DE St-F.)

— Inscr. trouvée à Régimont, etc. [6422]. — *Mém. de l'Acad. des sc.* etc. *de Toulouse*, 2e s., t. II, 2e partie, 1830, p. 30.

— Mon[ts] découv. à Salles [4782]. — *M. vol.*, p. 42. (Simple mention.)

— Sur la voie romaine, etc. [4757]. — *M. vol.*, p. 85.

— Mém. sur 4 autels, etc. [544]. — *M. vol.*, p. 114.

— Fortifications, etc. [3779]. — *M. vol.*, p. 116.

— Mémoire sur les antiquités, etc. [44]. — *M. vol.*, p. 55.

— Mém. [ms. ?] sur deux autels votifs, etc. [6131].

Méd. d'or à l'Acad. des inscript., en 1834.

— Mém. [ms. ?] sur le port, etc. [6059].

Même obs.

— Mém. sur 4 inscriptions, etc. [2178 *a*]. — *Mém. de la Soc. archéol. du Midi*, t. I, 1832-1833 (1834), in-4, p. 1-13; 1 vign.

— Rapport sur les antiq. découv. à Nérac [7117]. — *M. vol.*, p. 171-236. — T. à p. *Toulouse*, 1833, gr. in-4; 59 p.; fig.

— Conjectures, etc. [4750 *a*]. — *M. vol.*, p. 269-284; vign.

— Sur qqs mon[ts] antiques, etc. [7116]. — *M. vol.*, p. 293-350. — T. à p. *Toulouse*, 1833, gr. in-4; 63 p.; 3 pl.

— Mém. sur qqs mon[ts] inédits, représentant Cl. le Goth., Nera Pivesuvia, et les deux Tetricus [1473, 1589 *a*]. — *M. vol.*, p. 387-405; vign. — T. à p. *Toulouse*, 1834, in-4; 2 pl.

— Description, etc. [6153]. *Paris; Toulouse*, 1835, gr. in-8; 271 p.

— Archéologie. — Saint-Papoul [4783]. — *S. l.* (1836); 16 p.

— Bas-relief, etc. [1589 *c*]. — *Mém. de la Soc. archéol. du Midi*, t. II, 1836, p. 143-152.

— Mosaïque de St-Rustice [6196]. — *Mém. de l'Ac. des sc.* etc. *de Toulouse*, 2e s., t. IV, 2e partie, 1837, p. 30.

— Inscr. hébraïques, traduites [2179]. — *M. vol.*, p. 104.

— Histoire g[ale] du Languedoc, par dom Cl. de Vic et dom Vaissète, commentée et continuée jusqu'en 1830, et augmentée de documents inédits [3559]. *Toulouse*, 1838-1844, 10 vol. en 42 livraisons, gr. in-8; planches.

— Not. sur 3 autels, etc. [545 *a*]. — *Mém. de la Soc. archéol. du Midi*, t. IV, 1841, in-4, p. 137-141.

— Notice sur deux mon[ts] chrétiens, etc. [1598 *b*]. — *M. vol.*, p. 195-204.

— Sur l'amphithéâtre de Narbonne. Lettre au m[is] de Castellane [4669 *a*]. — *M. vol.*, p. 401-408.

— Inscr. antiques [2180]. — *Mém. de l'Acad. des sc.* etc. *de Toulouse*, 2e s., t. VI, 2e p., 1843, p. 3.

— Divinités locales [543]. — *M. vol.*, p. 10.

— Mém. sur les mon[ts] rom. attribués, etc. [6156]. — *M. rec.*, 3e s., t. II, 2e partie, 1845, p. 165.

— Note sur qqs mon[ts], etc. [6157]. — *M. rec.*, m. s., t. III, 2e partie, 1847, p. 24.

— Note sur une méd. antique [6236]. — *Mém. de la Soc. archéol. du Midi*, t. V, 1847, in-4, p. 371-373.

— Recueil d'inscr. romaines [2213] (1re partie, 21 mai 1846). — *Mém. de l'Acad. des sc.* etc. *de Toulouse*, 3e s., t. IV, 2e partie, 1848, p. 32.

— Notes sur qqs inscr. votives, etc. [564]. — *M. vol.*, p. 346. — T. à p. *Toulouse*, 1847.

— Nouvelles découvertes, etc. (9 août 1849) [9653]. — *M. rec.*, m. s., t. V, 1849, p. 441.

— Sur qqs mon^ts antiques, etc. (7 juin 1849) [6159]. — *M. vol.*

— Qqs notes, etc. (30 août 1849) [6168]. — *M. vol.*

— Note sur une voie rom. qui conduisait, soit aux *Aquæ Convenarum* (Capvern?), soit au *vicus Aquensis* des *Bigerrones* (Bagnères de Bigorre) [6112]. — *M. rec.*, 4e s., t. I, 1851, p. 224-232.

— Inscr. gallo-romaines [6126]. — *M. vol.*, p. 437.

— Découverte à Lisle-en-Dodon, etc. [6181]. — *M. vol.*, p. 440.

— Not. sur qqs mon^ts antiques, découverts dans les dép^ts de l'Hérault, etc. [3569]. — *M. rec.*, m. s., t. II, p. 47.

— Recueil de qqs insc. rom. encore inédites ou peu connues, ou perdues aujourd'hui (2e partie) [2213]. — *Mém. de la Soc. archéol. du Midi*, t. VI, 1852, in-4, p. 61-100. (Voir ci-dessus l'année 1848). — Second recueil, etc. (3e partie). — *M. rec.*, t. VII, 1860, p. 31-48.

— Étude, etc. [6176]. — *M. rec.*, t. VI, 1852, p. 263-324.

— Note sur une inscr. découv. à Hasparren [6180]. — *Mémoire de l'Acad. des sc.* etc. *de Toulouse*, 4e s., t. V, 1855, p. 21.

— Notes sur plusieurs inscr. gallo-rom. [6126]. — *M. rec.*, m. s., t. VI, 1856, p. 381.

— Note sur les objets antiques, etc. [6115]. — *M. rec.*, 5e s., t. I, 1857, p. 421-451.

— Archéologie pyrénéenne; antiq. religieuses, histor., milit., artist., domestiques et sépulcrales d'une portion de la Narbonnaise et de l'Aquitaine, nommée plus tard Novempopulanie, ou mon^ts authentiques de l'hist. du S.-O. de la France, depuis les plus anciennes époques jusqu'au commencement du XIIIe siècle. *Toulouse, Delboy; Paris, Didron*; 1858-1862, 3 vol. in-8; 1 atlas in-fol.

— Qqs mon^ts antiques inédits [6117]. — *Mém. de l'Acad. des sc., de Toulouse*, 5e s., t. IV, 1860; 18 p.

— Ruines gallo-romaines de St-Porquier [9691]. — *M. vol.*, p. 541.

— Excursion, etc. [3951]. — *M. rec.*, m. s., t. V, 1861; 12 p.

— [*Ms.*] Mémoires sur les mon^ts sépulcraux [4745 *a*].

Ms. conservé à la bibliothèque de l'Institut. (Cp. *Mém. de la Soc. archéol. du Midi*, t. VII, p. 40.)

MÈGE (Al. du) et **DAYRENS**. Sur les camps romains. — *Mém. de l'Acad. des sc.* etc. *de Toulouse*, 2e s., t. I, 1827, p. 54.

MEIDINGER (H.). Dictionnaire étymologique et comparatif des langues teutogothiques, l'ancien gothique, l'ancien haut-allemand, l'anglo-saxon, l'ancien saxon, l'irlandais, le suédois moderne, le danois moderne, le néerlandais moderne, le haut-allemand moderne, avec des racines slaves, romanes et asiatiques, qui prouvent l'origine commune de toutes ces langues; trad. de l'allemand [2285]. *Francfort-sur-le-Mein, J. Val. Meidinger*, 1833.

MEINARD (François). Orationes, etc. [623]. *Augustoriti Pictonum*, 1614.

MEINDRE (A.-J.). Histoire de Paris et de son influence en Europe depuis les temps les plus reculés jusqu'à nos jours, etc. [9038]. *Paris, Dezobry, E. Madeleine*, 1854-55, 5 vol.; fig.

MELA. — Voir POMPONIUS MELA.

MELLEVILLE (Maximilien). Nouvelles recherches, etc. [4260 *a*]. *Laon, Maréchal*, 1845.

Cp. *Bull. de la Soc. des ant. de Picardie*, t. I, 1841-1843, p. 383-386.

— Sur l'Étymologie, etc. [4204]. *Laon*, 1845.

— Histoire de la v. de Laon (publiée par livraisons). [4261]. *Laon, éd. Fleury et Huriez; Paris, Dumoulin*, 1846, 2 vol. gr. in-8; grav.

— Histoire, etc., suivie d'une not. histor. sur Amizy, Marle, Vervins, La Fère, St-Gobain, Pinon, Folembray, St-Lambert et sur les anciennes abbayes de Nogent et de Prémontré [4323]. *Laon, éd. Fleury*, 1848, gr. in-8, grav. sur bois.

— Not. histor. sur Quierzy [4383]. 1852.

— — Sur Clacy-en-Laonnois [4319]. 1853.

— Histoire de la C^ne du Laonnois [4340]. 1853.

— Not. histor. sur Montaigu-en-Laonnois [4353]. 1853.

— Not. histor. sur Neuville-en-Laonnois [4359]. 1854.

— Hist. de la v. de Chauny [4316]. *Laon*, s. d. (vers 1854).

— Bibliographie histor. du dép^{t} de l'Aisne [nouv. add. 4190 *a*]. — *Bull. de la Soc. acad. de Laon*, t. VII, 1857, p. 82.

— Dictionnaire histor. du dép^{t} de l'Aisne [4192]. *Laon*, 1857, 2 vol. — 2e édition. *Laon; Paris*, 1865 et 1866, 2 vol.

— Géographie ancienne du dép^{t} de l'Aisne. Question discutée au Congrès archéolog. de Laon en 1858 [4206]. — *Bull. de la Soc. acad. de Laon*, t. IX, 1859, p. 32.

— Réponse à M. de Saulcy, etc. [4193]. — *M. rec.*, t. X, 1860; 17 p.

— Recherches, etc. [4274]. — *M. rec.*, t. XII, 1861; 21 p.

— Note sur les objets anciens trouvés à Montaigu (en Laonnois) [4354]. — *M. vol.;* 7 p.

— Les silex travaillés de main d'homme trouvés dans les dép^{ts} de l'Aisne et de la Somme [4221, 9537]. — *M. vol.;* 16 p.

— Le camp de Mauchainps est-il le camp de César? Discussion [4348 *a*], 1re partie. — *M. rec.*, t. XIII, 1862; 11 p. — Le camp de Mauchamps n'est pas romain, mais du IXe siècle. 2e partie du mém. précéd. — *M. vol.;* 11 p.

— Camp de Mauchamps [M. n^{o}]. — *Observateur de l'Aisne*, 28 mai 1862.

— Notes, etc. [3571]. — *Rev. archéol.*, 2e s., t. V, 1862, p. 181-186.

— Nouv. recherches, etc. [4275]. *Paris, Dumoulin*, 1862; 20 p.

— Le passage de l'Aisne par Jules César (à Pontavert), l'assiette de son camp (à St-Thomas) et la situation de Bibrax (à Laon), etc. [4196, 4278]. *Laon; Paris*, 1864.

MELLING (**Antoine-Ign.**) **et CERVINI** (**A.**) **de Macerata.** Voyage pittor. dans les Pyrénées françaises et les dép^{ts} adjacents, par A.-I. MELLING, avec un texte rédigé par M. CERVINI [3932]. *Paris, chez l'auteur; Treuttel et Würtz; G. Dufour et Docagne; Arthus Bertrand; Bossange* père, 1825-1830, 3 vol. in-8, 1 atlas in-8, 1 atlas in-fol. de 72 pl. aqua-tinta, gravées par PÉRINGER; 1 portrait; 1 carte.

MÉLOIZES (**Albert des**). Note sur les ruines, etc. [5312]. — *Mém. de la Soc. des ant. du Centre*, à Bourges, t. I, 1867 (1868).

— Note sur deux enceintes, etc. [6486]. — *M. rec.*, t. II, 1868 (1869); planches.

— Tombeau gaulois de Neuvy-Pailloux. — Voir LINETIÈRE (Thabaud de).

MELOT (**Anicet**). Dissertation, etc. [294]. — *Mém. de l'Acad. des inscr. et b.-l.*, t. XV, 1743, p. 1.

— Mémoire sur les révolutions du commerce des Iles Britanniques, etc. [10320]. — *M. rec.*, t. XVI, 1751, p. 153. — Seconde partie, où l'on examine si les Grecs ont fait le commerce de ces îles avant l'expédition de Jules César, t. XVIII, 1753, p. 159. — 3e partie, où l'on esaie de montrer par des preuves directes que les Grecs n'ont point fait le commerce de ces îles avant l'expédition de Jules César, t. XXIII, 1756, p. 149.

MELVILLE (**Jules**). Jules César, etc. [443]. *Limoges, Barbou*, 1863, in-12; 117 p.; grav.

MÉNABRÉA (**Léon-Camille**). De la marche des études historiques, etc. [3983 *b*]. — *Mém. de la Soc. acad. de Savoie*, t. IX, 1839, p. 249-361.

— Montmélian et les Alpes. Étude histor. accompagnée de documents inédits [8956]. — *M. rec.*, t. X, 1841, p. 159-792; 1 pl.

Quelques pages sur l'époque gauloise et gallo-romaine.

— Hist. de Chambéry depuis son origine jusqu'à la fin du XVIIe siècle [8922]. *Chambéry*, 1848, livraisons 1 à 3.

MÉNAGE (**Gilles**). Dictionnaire, etc. [2239]. *Paris*, 1650, 2 vol. in-fol. — 2e éd., *ibid.*, 1692. — 3e éd. intitulée : Dictionnaire étymologique de la langue française, par G. MÉNAGE, avec les observations de Pierre DE CASENEUVE, les additions du P. JACOB et de Simon DE VALHEBERT, le discours du P. BESNIÈRE sur la science des étymologies, et le vocabulaire hagiologique de CHASTELAIN... Edition mise en ordre et augmentée par A.-F. JAULT : on y a ajouté le Dictionnaire des termes du vieux français ou Trésor des recherches et antiquités gauloises et françaises de BOREL, augmenté des mots qui y étaient oubliés. *Paris, Briasson*, 1750, 2 vol. in-fol.

Voir BRUNET, *Manuel*, t. III, col. 1615.

MÉNANT (J.), DEVAUX (A.) et ROESSLER. Les Sépultures, etc. [9409]. — *Rec. des public. de la Soc. havraise d'études diverses*, 36e année, 1869 (1870), p. 63-82.

MÉNARD (Claude). Disquisitio, etc. (latine et gallice) [7193]. *Andegavi*, 1638, in-4.

MÉNARD (Hugues). De unico S. Dionysio etc. adversus Joannis de Launoy discussionem milletianæ responsionis diatriba [9057]. *Parisiis*, 1643.

MÉNARD (Léon). Hist. des évêques de Nismes, où l'on voit ce qui s'est passé de plus mémorable dans cette v. pendant leur épiscopat, par rapport à la religion [5921]. *La Haye; Lyon*, 1737, 2 vol. in-12.

— Observations, etc., à M. le mis d'Aubais [5991]. — *Mercure, juin* 1739, vol. II, *décembre* 1739.

— Dissertation, etc. adressée à M. le cardinal de Polignac [4594]. — *M. rec., mars* 1740.

— Hist. civile, eccl. et litt. de la v. de Nismes, avec des notes et les preuves, suivie de diss. histor. et crit. sur les antiq. et diverses obs. sur son hist. naturelle [5941]. *Paris*, 1750-1758, 7 vol. in-4, figures.

C. r. dans les *Mém. de Trévoux*, juillet 1750, p. 1620; — oct., p. 2243; — déc., p. 2761; — déc. 1753, p. 2895; — juillet 1760, p. 1733; — août, p. 1950; — oct., p. 2513; — fév. 1761, p. 519.

— Nouv. éd. *Nîmes, impr. Clavel*, 1875, 8 vol. in-8.

— Éd. abrégée et continuée par L.-P. BARAGNON père. *Nîmes, vº Gaude*, 1831-1840, 4 vol.

— Histoire des antiq. de la v. de Nismes et de ses environs, nouv. éd. augm. du résultat des fouilles faites depuis 1821 jusqu'à ce jour, de tous les monuments, inscrip. et fragts découverts à la fin de 1825, par J. F. A. P*** (PERROT). *Nîmes, Aury*, 1826 et 1829.

« Ce volume paraît avoir été extrait de l'*Histoire de Nîmes*, depuis la mort de Ménard. Il a été très souvent réimprimé depuis 1814, époque de sa première publication jusqu'en 1826. » (QUÉRARD, *Fr. litt.*)

— Description, etc., selon le texte de Pline, éclaircie par des remarques géograph., histor. et critiques [3705]. Analyse de 4 mém. dans l'*Hist. de l'Acad. des inscr.*, 1er article (1er et 2e mém.), 1753, t. XXV, p. 65; 2e article (3e et 4e mém.), 1754, XXVII, p. 114; 3e article (5e et der mém.), 1759, XXIX, p. 228.

— Mém. critique, etc. (lu en 1753) [9794]. — *M. rec.*, XXVI, 1759 (Mém.) p. 335.

— Mém. sur la position, l'origine et les anciens monts d'une v. de la Gaule narbonnaise, appelée Glanum Livii, [à 1000 toises de St-Remi] (lu en 1722) [5016]. — *M. rec.*, t. XXXII, 1768 (Mém.), p. 650.

— Mém. sur qqs anciens monts; etc. [4087]. — *M. vol.*, p. 739.

MÉNARD (A.). Discussion sur l'ancienne lieue gauloise et sur plusieurs autres points de géographie ancienne (Hains, Segora, Vouillé) [1786]. — *Bull. de la Soc. des ant. de l'Ouest*, 4e trim. 1853; 14 p.

— Rapport, etc. (1834-1856) [3795]. — *M. rec.*, 1er trim., 1857; 15 p.

— Essai, etc. [3861]. — *M. rec.*, 1858; 30 p.

— Note, etc. [665]. — *M. rec.*, 1865; 1 pl.

MÉNARD (Louis). — Lettre, etc. [2554]. — *Rev. archéol.*, 2e s., t. V, 1862, p. 83.

MENAULT (Ernest). Découverte, etc. [5868]. — *Mém. de la Soc. archéol. d'Eure-et-Loir*, t. I, 1858, p. 178-182; 1 pl.

MENDOÇA DE PINA (Martin de). Discurso, etc. [10998].

MENESTRIER (le p. Claude-François). Éloge histor. de la ville de Lyon et sa grandeur consulaire sous les Romains et sous nos rois [8498]. *Lyon, Ben. Coral*, 1669, in-4. — Nouvelle édition continuée par Brossette (Cl.) depuis 1669, jusqu'en 1711. *Lyon*, 1711, in-4, fig.

— Les divers caractères des ouvrages historiques, avec le plan d'une nouv. hist. de la v. de Lyon, le jugement de tous les auteurs qui en ont écrit, et des diss. sur sa fondation et sur son nom [8499]. *Lyon, Deville*, 1694, in-12.

Voir la *Biblioth. histor.*, t. III, nº 35 356.

— Sur le passage d'Annibal à travers les Gaules [2755].

Cette diss. se trouve p. 388 de son ouvrage intitulé : *Les divers caractères*, etc., et à la tête de son *Histoire civile et consulaire de la v. de Lyon*. L'auteur y soutient qu'Annibal passa dans l'endroit où le Rhône et la Saône font une espèce d'île ou de presqu'île, c'est-à-dire au territoire de Lyon. » (*Biblioth. histor.*, t. I, n° 166.)

— Diss. sur la (double) fondation de Lyon, etc. [8501].

Elle est p. 388-427 de son livre intitulé : *Caractères des ouvrages historiques*.

— Hist. civile et consulaire de la ville de Lyon [8500]. *Lyon, Deville*, 1696, in-fol.

Cet ouvrage devait avoir 3 vol. Il n'en a paru qu'un seul.
Voir BRUNET, *Manuel*, t. III, col. 1623.

— Lettre, etc. [4005]. — Jal *des Savants*, juillet 1697, p. 327-332.

— Lettre sur la situation de l'ancien Lyon [nouv. add. 8524 *a*]. — *M. vol.*, août 1697, p. 362-67.

— Lettre sur le passage d'Annibal en Gaule [2756]. — *M. rec.*, septembre 1697, p. 400-406, in-4, et à la tête des *Statuts de Bresse*, par COLLET. (Voir ce nom.)

— Lettre sur les anciens peuples de Bresse, ou les Sébusiens, et réponse de Philibert COLLET (1898) [4006]. — Voir COLLET (Ph.).

MÉNÉTRIER. Notice sur la voie rom. dans le Roussillon, indiquée dans les itinéraires d'Antonin et de Peutinger [3946 *a*]. — *Soc. acad. des Pyrénées-Orientales*, t. XVIII, 1870, p. 245-270.

MENKE (Th.). Orbis antiqui descriptio, in usum scholarum [1117]. *Gotha, J. Perthes*, 1851. — 2e éd., 1854. — 3e éd., 1860. — 4e éd., 1865, 18 cartes color. 1 vol. gr. in-4 oblong. — Autres éd. en italien et en anglais.

MENSON-ALTING. Notitia Germaniæ inferioris [10715]. *Amsterdam*, 1697-1701, 2 vol. in-fol.

MENTELLE. Article *Galli*, dans l'Encyclopédie méthodique, géographie ancienne [1055 *a*]. 1788, in-4.

MENTES (de). Éloge de Vienne souterraine, et de la Sainte Nappe, en latin et en français [6639]. *Vienne*, 1668, in-4.

MÉRANDON (Charles). La Bibracte du Beuvray et ses inventeurs. Etudes de mœurs archéologiques [2656]. *Autun, Duployer*, 1869 ; 91 p.

MERCADIER (J.-B.). Rech. sur les ensablements des ports de mer, et sur les moyens de les empêcher à l'avenir, particulièrement dans les ports de Languedoc. Ouvrage qui a remporté le prix proposé en 1784 et 1786 par la Soc. roy. des sc. de Montpellier, au nom des Etats-généraux de Languedoc [49]. *Montpellier, Jean Martel aîné*, 1788, in-4.

MERCATOR (Gérard). Tabula Galliæ Ptolemæi quæ a Græcis Celtogalatia dicitur et continet quatuor provincias, Aquitaniam, Lugdunensem, Belgicam et Narbonensem ; descripta per Gerardum Mercatorem Rupelmundanum [930, 946].

Dans les éditions de Ptolémée, par Mercator, *Coloniæ*, 1554, 1578 et 1584.

— Atlas sive cosmographicæ meditationes de fabrica mundi et fabricati figura, denuo auctus studio J. Hondii, editio V [956]. *Amstelodami, H. Hond*, 1623, gr. in-fol.

MERCK. Description d'un cimetière romain, etc. [8400]. — *Bull. de la Soc. des monts histor. d'Alsace*, t. III, 1860, p. 75.

— Not. sur un lion votif, etc. [8402]. — *M. rec., m. vol.*, p. 140-146, et 2e s., t. I, 1862, p. 81.

— Note sur des antiq. rom. découv. à Kœnigshoffen en 1865 [10398]. — *M. rec.*, 2e s., t. IV, 1866, p. 8.

— Obs. au suj. des fouilles de Stephansfelden, exécutées en 1866 [8395]. — *M. vol.*, p. 120.

— Rapp. sur la découv. de deux autels votifs rom., etc. [10400]. — *M. vol.*, p. 133.

— Communication au sujet d'un autel votif, etc. [8430]. — *M. rec.*, m. s., t. V, 1868, p. 14.

— Description des objets, etc. [8378]. — *M. vol.*, p. 39.

— Communication au sujet d'une tuile romaine, etc. [10399]. — *M. vol.*, p. 57.

MERIAN (Matthieu). Topographia Alsatiæ, das ist Beschreibung des Elsass. Mit Anhang [3017]. *Franckfurt*, 1644-45, in-fol.

— Topographia Galliæ, seu descriptio

et delineatio famosissimorum locorum in regno Galliæ [955, 974]. *Francofurti*, 1655-61, 13 parties in-fol.

MÉRIL (Du). Rapp. fait au nom d'une Commission composée de MM. Boscher, Roger, Lacaune, Mancel et Travers [5125]. — *Mém. de la Soc. des ant. de Normandie*, t. XIII, 1842-1843, p. 300.

Cette Comm. avait pour objet de rechercher quel était le nom de l'ancienne ville gallo-romaine dont les ruines existent à Vieux.

— Recherches, etc. [9310]. — *M. vol.*, p. 304.

— Note sur un objet antique, etc. [7277]. — *M. rec.*, t. XIV, 1844, p. 21.

MÉRIL (Édelestand Du). Mélanges archéologiques et littéraires [1520, 2302]. *Paris, Franck*, 1850.

Articles à consulter : De la langue des gloses malbergiques. — Essai sur l'origine des runes. — Essai sur l'origine, la destination et l'importance historique des monuments connus sous le nom de *celtiques*. — Des origines de la basse latinité et de la nécessité de glossaires spéciaux.

MÉRIMÉE (Prosper). Notes d'un voyage dans le Midi de la France [3675]. *Paris, Fournier*, 1835.

— Notes d'un voyage dans l'O. de la Fr. (Extrait d'un rapport adressé au ministère de l'intérieur [3796]. *Ibid., id.*, 1836.

— * Note, etc. [7723]. *Paris*, impr. *Terzuolo*, 1836, in-4 ; 12 p.

Extrait d'un rapport adressé au ministre de l'intérieur, par P. Mérimée, inspecteur des monuments historiques.

— Notes d'un voy. en Auvergne, dans le Limousin et dans le Velay [3160, 3584, nouv. add. 4081 *a*]. *Paris, H. Fournier*, 1838.

— Notes d'un voy. en Corse [5337]. *Ibid., id.*, 1840 ; 276 p.

C. r. dans la *Rev. de bibliogr. analyt.*, juin 1840, p. 566.

— Rapport, etc. [1599]. *Paris*, 1843, in-4.

— Notes, etc. [7503]. — *Mém. de la Soc. des ant. de Fr.*, 2e s., t. VIII, 1846, p. 312.

— Résumé, etc. [1521]. — *Moniteur* du 14 avril 1853.

— Découverte, etc. [1851]. — *Rev. archéol.*, 2e s., t. II, 1860, p. 210-211.

MERKLEIN. Ensisheim, jadis ville libre impériale et ancien siége, etc. ou hist. de la ville d'E., avec un précis des événements les plus mémorables qui se sont passés en Alsace depuis le temps des Celtes jusqu'à nos jours [8453]. *Colmar, Kaeppelin et George*, 1841, 2 vol.

MERLE (dom). Mém. sur la v. de Saulieu [5455].

Nouv. rech. de la France, 1776, t. II, p. 243-254.

— * Introduction, etc., ouvrage élémentaire à l'usage des personnes qui veulent s'instruire de l'origine des Francs, des chefs ou des rois qui les gouvernèrent, et de leurs anciennes lois, avec la carte, etc. [1054]. *Paris, Jorry*, 1787, 2 vol. in-12.

— Voir PLANCHER (dom Urbain).

MERLET (Lucien). Dictionnaire, etc., rédigé sous les auspices de la Société archéol. du dépt d'Eure-et-Loir [5831]. *Paris, Impr. imp.*, 1861, in-4.

MERLETTE et HAUVION. Les Ruines gallo-rom. de Champlieu [8068]. *Paris*, 1864, gr. in-8 ; 1 pl.

MERLO (J.-J.). Meinerzhagen'sche Sammlung, etc. Unedirter Nerva in Gross-Ertz [11031]. — *Jahrb. des Vereins von Alterthumsfreunden im Rheinlande*, t. XLVI, 1869.

MERMET (Thomas) aîné. Hist. de la v. de Vienne (Isère) durant l'époque gauloise et la domination romaine dans l'Allobrogie, contenant une notice sur l'Allobrogie ; la traduction d'une histoire inédite de Vienne, sous les douze Césars, par Trébonius Rufinus, sénateur et ancien duumvir de ladite ville, et une chronique des Gaules jusqu'en l'an 438 de l'ère chrétienne [6638]. *Dijon ; Paris, F.-Didot*, 1828. — Hist. de la v. de Vienne, de l'an 438 à l'an 1039. *Vienne, chez l'auteur*, 2 vol., 1822 et 1833. — Continuation, de l'an 1040 à 1801. *Vienne*, 1854 (posthume ; publié par Mlle Mermet).

— Rapp. sur les monts remarq. de l'arrt de Vienne, contenant les rép. à une série de questions prop. par l'Acad. des Inscr. [6586]. *Vienne*, 1829 ; 84 p.

— Notice, etc. — Extrait d'une lettre. 1835 [6642]. — *Mém. de la Soc. des ant. de Fr.*, 2e s., t. I, 1836, p. 423.

— Notice, etc. [6612]. — *M. rec.*, m. s., t. III, 1837, p. 116.

MERULA (**Gaudentius**). De Gallorum cisalpinorum antiquitate ac origine non paucis in locis hac *secunda* editione expolitum opus, etc. [235, 927]. *Lugduni*, 1538, p. in-8.—Autres éditions: *Bergomi*, 1592; Tertia ed. novis accessionibus aucta. *Berg.*, 1593; 4e éd. *Francofurti*, 1600, in-fol.; 5e éd., *Lyon*, 1638.

MERULA (**Paul**). Cosmographiæ generalis libri III. Item, Geographiæ particularis libri IV, quibus Europa in genere, speciatim Hispania, Gallia, Italia describuntur. Cum tabulis geographicis æneis, multo quam antehac accuratioribus [947, 962]. *Amsterdam, G. Blaeu*, 1605 et 1636, 3 vol. in-16.

Le livre III de la seconde partie est consacrée à la Gaule.

MÉRY (**Louis**). Salvien, de Marseille, etc. [2429]. 1849.

— De vetere Massilia disquisitiones [4870]. *Massiliæ*, 1849; 44 p.

L. Méry (frère de J. Méry, le poète) avait entrepris une Histoire de Provence, Paris, Lecointe, et Marseille. impr. Dufort, 1830, in-8). Les livr. 1 et 2 (160 p.) furent seules publiées. (QUÉRARD, *Fr. litt.*)

MESCHINI. — Voir MAUD'HEUX père, 1er article.

MESNIL (**Du**). Not. sur Alésia [2478]. —*Spectateur militaire*, t. XXVII, n° 162, 15 7bre 1839, p. 621.

MESSIA (**P.**) (MEXIA). Vite, etc., trad. da Lod. DOLCE [85]. *Venezia*, 1597, in-4.

MÉTAYER-MASSELIN (**L.**). — Voir LE MÉTAYER-MASSELIN.

MÉTIVIER (**vte de**). Diss. sur divers monts, coutumes, dénominations et usages anciens de l'ancienne cité des Sotiates [4043 *b*]. — *Mém. de la Soc. archéol. du Midi*, t. II, 1836, p. 339-370 (avec un plan de la ville de Sos).

MEURISSE (**Martin**). Hist. des év. de Metz [782]. *Metz, Antoine*, 1634, in-fol.

MEURSIUS (**Jean**). De funere liber singularis [1627]. *Hagæ Comitis*, 1604, p. in-8.

MEUSEL (**J.-Georges**). Bibliotheca historica, instructa a Burcardo Gotthelf STRUVIO, aucta a Christiano Gottlieb BUDERO, nunc vero a J.-G. MEUSELIO ita digesta amplificata et emendata ut pæne novum opus videri possit [165]. *Lipsiæ, Weidmann*, 1782-1804, 22 parties en 11 vol.

Voir notamment sur la Gaule, les t. V-VII, IX.

MÉVOLHON (**baron de**). Inscriptions gr. et lat. trouvées à Sisteron en l'an II [4543].

MEYER (**Jacob**). Annales rerum Flandricarum, libris XVII, ab anno 445 ad an. 1476 [3502]. *Antuerpiæ*, 1561, in-fol.

MEYER (**H.**). Geschichte, etc. [1813]. *Zürich* (s. d. ?), in-4; 1 carte; 4 pl. d'inscriptions.

— Die Bracteaten der Schweiz [10827]. *Zürich*, 1845, in-4; 3 pl.

— Die Votivhand; eine röm. Bronze von Aventicum [10816]. *Zürich*, 1856, in-4; 1 pl. lith.

— Die Denare, etc. [10826]. *Zürich*, 1858, in-4; 3 pl.

— Die römischen Alpen-Strassen, etc. [10809]. *Mittheilgn. d. Antiq. Gesellschaft in Zürich*, t. XXV, 1861, in-4; 23 p.; 2 pl.

— (Trad. du titre allemand :) Catalogue des monnaies gauloises trouvées en Suisse [10828]. *Zurich*, 1863 (in-4 ?).

— Voir aussi KELLER (F.) ET MEYER (H.).

MEYFRED (**F.**). Tableau historique, etc. [8462]. 1844; 40 p.

MEYNAERTS. Not. sur une médaille gauloise, etc. [2015]. — *Rev. de la num. belge*, 2e s., t. V, 1855, p. 325.

— Voir BRESSEAU, 1er article.

MEYNIS (**D.**). Les grands souvenirs, etc. [8470]. 3e éd. *Lyon*, 1867.

MÉZERAY (**François-Eudes de**). Histoire de France depuis Pharamond jusqu'à maintenant (1598), avec un abrégé de la vie de chaque reine [275]. *Paris, Guillemot*, 1643-1651, 3 vol. in-fol. (Edition originale.) — Nombreuses réimpressions.

— Hist. des Gaulois [285].

En tête de l'Hist. de France, éd. de 1685. — Hist. de France avant Clovis [m. n°]. *Amsterdam, Abr. Wolfgang*. 1688, in-12. — Autre éd. intitulée : Abrégé chronologique de l'hist. de Fr. — Hist. de Fr. avant Clovis. — L'origine des François et leur establissement dans les Gaules. *Ibid., Ant. Schelte*, 1696, in-12; fig.

MÉZIRIAC (**Cl.-G. Bachet de**). Remarques, etc. [8525].

« Au commencement du t. I de ses Commentaires sur les Epitres d'Ovide. *La Haye, Du Sauzet*, 1716, in-8. » (*Biblioth. histor.*, t. I, n° 317.

MIALARET (**Charles**). Recherches, etc.

Mém. rédigé sur la demande de la Commission de la topographie des Gaules [4611]. *Mézières, F. Devin* (1864); 55 p.; 6 pl.; 1 carte. (Extrait de la *Revue historique des Ardennes*.)

MICHALOWSKI (**Félix**). Notice, etc. [2317 *a*]. — *Rev. du Lyonnais*, 2e s., t. XXVI, 1863, p. 49.

— Origines celtiques [2329, 6784]. — *Ann. de la Soc. d'agr.* etc. *du dépt de la Loire*, t. XIII, 1869, p. 230-270. — (T. à p. *St-Étienne*, 1869). *Congrès archéol. de Fr.*, XXVIe session. — *Sces gles tenues à Loches en* 1869.

C. r. (défavorable) par M. L. Léger, *Revue critiq.*, 13 août 1870.

MICHAULT (**J.-B**). Mélanges historiques et philologiques avec des notes [2653, 3041]. *Paris*, 1754, 2 vol. in-12. — 2e éd. (même tirage avec nouveau titre). *Paris, Tilliard*, 1770.

Voir notamment Rem. sur Bibracte, les Ambrons, Glossaire celtique, d'après le p. Fr. Oudin.

MICHAUX (**A.**). Hachette gauloise en silex, collier de bronze, etc., trouvés par M. Michaux [4222]. — *Jal de Soissons*, 4 octobre 1863.

— Archéologie locale. La pierre clouise, etc. [4467]. *Soissons, impr. Lallart*, 1864, in-12; 12 p.

MICHAUX aîné. — Voir: Ledeau (Isidore), 2e, 3e, 4e et 5e articles.

MICHEL (**Louis-Antoine**). Statistique, etc. [7505]. 1822, in-12.

MICHEL (**Ad.**). Vichy et ses environs; avec des pl. dessinées d'après nat. et lithogr. par F. Lehnert [4525]. *Moulins*, 1839, in-fol.

MICHEL (**Ad.**), **DONIOL**, **DURI** (**H.**), **MANDET**, etc. L'ancienne Auvergne et le Velay (hist. archéol., mœurs, topographie) [3163, 4083]. *Moulins, Desroziers*, 1843-1851, 4 vol. in-fol.; 143 pl. lithog.

MICHEL (**le cher Emmanuel**). Rapport, etc. [11075]. — *Mém. de l'Acad. de Metz*, 1846-1847, p. 125.

MICHEL (**Théodore**). Histoire, etc. [5763]. *Vernon*, 1851, in-18.

MICHEL (**Francisque**). Le Pays basque, sa population, sa langue, ses mœurs, sa littérature et sa musique [3219]. *Paris, F.-Didot*, 1857.

MICHELET (**Jules**). Hist. de France [355]. *Paris*, 1835-1844, 6 vol. — Nouv. éd. *Paris, Hachette*, 1852, 6 vol. — Autres éd., 1867. — 1869. — 1871, 16 vol.

MICHELIN (**Louis**). Essais histor., statist., chronolog., littéraires, admtifs, etc., sur le dépt de Seine-et-Marne, publiés sur des documents authentiques [9165]. *Melun*, 1829, 6 livraisons en 3 vol.; 1 carte. — Nouvelle édition, 6 vol. 1834-1841.

— Liste générale, par ordre alphabétique, de toutes les villes, communes et dépendances du dépt de Seine-et-Marne [m. no]. 1841.

— Tableau scénographique faisant suite aux « Essais historiques sur Seine-et-Marne » [m. no]. *Melun*, 1843.

— Fouilles de Montramé [9225]. — *Rev. des Soc. sav.*, 2e s., t. II, 1859.

MICHON (**J.-H.**). Statistique monumentale de la Charente [5167]. *Paris, Derache*, 1843, in-4; planches; 1 carte.

— Lettre, etc. [5179]. — *Bull. de la Soc. archéol. et histor. de la Charente*, 1845, p. 71.

— Similitude, etc. [3798]. — *M. rec.*, 4e s., t. V, 1867 (1868); 5 vign.

MIDDLETON. Germana quædam antiquitatis eruditæ monumenta, quibus Romani veteres ritus sacri et prof. item Græcorum Ægyptiorum illustratur [10676 (article à supprimer), nouv. add. 1272 *a*]. — *Londres*, 1745; in-4; 23 pl.

MIEN. Le canton de Mozoy-sur-Serre. Histoire, — Géographie, — Biographie, — Statistique, etc. [4258]. *St-Quentin*, 1865, in-12.

MIÉVILLE (**Ant.**). Voyage, etc. [10803]. *Lausanne*, 1806, 2 vol. in-12.

MIGNARD (**Thomas-Joachim-Alexandre-Prosper**). Description d'un temple dédié à Apollon, au cirque de la Cave, près d'Essarois, avec l'analyse d'*ex voto* semblables en tout point à ceux des sources de la Seine [5427]. — *Mém. de la Commission des antiq. de la Côte-d'Or*, t. III, *Dijon*, 1851, in-4.

— Historique, etc. [m. no]. — *M. rec.*, t. IV, p. 52, in-4, p. 110-161.

La suite (Antiq. d'Essarois, 3e époque) concerne les XIIIe et XIVe siècles.

— Étude des voies rom. dans la province de Bourgogne [3376]. *Caen*, 1853; 8 p.

— Excursion, etc. [3377]. *Dijon*, 1855. 2 fascicules : ensemble 117 pages.

Dans l'*Album* pittoresque de l'arrondissement de Châtillon-sur-Seine (Côte-d'Or), édité par NESLES, artiste peintre.

— Résumés des travaux de la Commission des antiq. de la Côte-d'Or. *Dijon*, 1857 à 1868. — Passages concernant Alise [2504]. Année académiq. 1857-58 : pages XVII. — 1858-59 : XLII et LI. — 1859-60 : LIX et LXIV. — 1860-61 : VIII et XVII. — 1861-62 : 2. — 1865-66 : 21 et 24. — 1866-67 : 14.

— Obs. sur deux inscr. runiques et sur le système de l'âge supposé des métaux [2190]. — *Mém. de l'Acad. des sc.*, etc., *de Dijon*, 2e XIV, 1866-1867 (1868), p. 155-164.

— Archéologie bourguignonne. — Alise. Vercingétorix et César [466]. *Dijon*, 1870; 62 p.

Reproduit sous le n° 3, dans un recueil de 7 mémoires réunis sous le même titre : « Archéologie bourguignonne. » *Dijon*, 1874.

MIGNARD et COUTANT. Fouilles, etc. [5470]. — *Mém. de la Comm. des antiq. de la Côte-d'Or*, t. IV, 1853, in-4; 84 p.; 13 pl. — T. à p. *Dijon*, 1853; 16 pl.

— Découverte d'une ville gallo-romaine dite Landunum, et depuis, Vertilium, etc. [5471]. — *M. vol.* — T. à p. *Paris*, *Didron; Moret; Dumoulin*, 1853, in-4.

MIGNERET (S.). Précis, etc. [7446]. *Langres*, 1865.

MILÆUS (C.). De primordiis clarissimæ urbis Lugduni commentarius [8491]. *Lugduni*, apud *Seb. Gryphium*, 1554, p. in-4.

MILET, PEIGNÉ-DELACOURT et Ste-MARIE-BÉCU. Lettres, etc. [1787]. — *Bull. du Comité archéol. de Noyon*, t. I, 1862, p. 106-117.

MILIUS (Abraham). De origine animalium, etc. [114 *b*]. *Genevæ*, 1667, pet. in-12.

MILLANGES (S.). L'antiquité de Saintes et Barbezieux [5214]. *Bordeaux*, 1584, in-4; opusc.

L'auteur indiqué est Élie VINET. Millanges est le nom de l'éditeur.

MILLE (Antoine-Étienne). * Abrégé chronologique, etc., depuis l'établissement des Bourguignons dans les Gaules jusqu'en l'année 1772 [3367]. *Dijon*, *Causse*, 1774, 3 vol. in-8; 1 carte.

Voir QUÉRARD, *France littéraire*.

MILLER (Emmanuel), éditeur. Périple de Marcien d'Héraclée, Epitome d'Artémidore, Isidore de Charax, etc., ou supplément aux dernières éditions des petits géographes, d'après un ms. de la bibliothèque royale avec une carte (par le colonel Lepic) [887]. *Paris*, *Imp. roy.*, 1839; XXIV, 364 p.

— Voir FORTIA D'URBAN, dernier article.

— Nouvelles obs., etc. [9720]. — *Rev. archéol.*, 2e s., t. IV, 1861, p. 10-19.

MILLER (Emm.) et AUBENAS (A.). Revue de bibliogr. analytique [193]. — *Paris*, *B. Duprat*, etc., 1840 à 1845. 6 vol.

MILLESCAMP. Note, etc. [2884]. — *Bull. du Comité archéol. de Senlis*, t. VI, 1868, p. 55-66.

Voir aussi HAHN, année 1868.

MILLET (dom Germain). Vindicata, etc. [9046]. *Parisiis*, 1638.

— Ad dissertationem nuper evulgatam, etc. responsio in qua evidentissime demonstratur unum et eumdem esse Dionysium Areopagitam et Parisiensem episcopum [9055]. *Parisiis*, 1642.

MILLET. Urnes cinéraires, etc. [4344]. — *Bull. de la Soc. acad. de Laon*, t. II, 1853, p. 48.

MILLIN (Aubin-Louis). * Un empereur romain, etc. 1789.

— Antiquités nationales, ou description des monastères, abbayes, châteaux, etc., devenus domaines nationaux [1284, 1573]. *Paris*, 1790-1798.

— Autre titre du même ouvrage : Antiq. nat. ou recueil de monts p. s. à l'hist. gale et part. de l'empire français, tels que tombeaux, inscr., statues, vitreaux, etc., tirés des abbayes, châteaux et autres lieux devenus, etc. *Paris*, *Drouhin*, 1790-an VII, 5 vol. in-4; planches.

— Sur l'inscription portant VOLIANO. — Voir RICHARD jeune, année 1802.

— Monts, etc. Collection de statues, gravures, vases, inscriptions et instruments tirés des collections nationales et particulières, et accompagnée d'un texte explicatif [1574]. *Paris*, *Laroche (Girard)*, 1802-1804, 2 vol. in-4; 92 fig. et pl.

— Mémoire, etc. [5385]. — *Séance publ. de l'Acad. de Dijon*, an XIII, p. 38.

— Voyage dans les dépts du midi de la France [3670]. *Paris*, *Impr. impériale*, 1807-1811, 5 vol. in-8, atlas in-4.

— Description, etc. [9969]. — *Mém. de l'Acad. celtique*, t. III, 1809, p. 1.

— Galerie mythologique, recueil de monuments pour servir à l'étude de la mythologie, de l'histoire de l'art, de l'antiquité figurée et du langage allégorique des anciens [480]. *Paris, Soyer (Treuttel et Wurtz)*, 1811, 2 vol.; 190 pl.

— Observations, etc. [8932]. *Paris, Wassermann (Girard)*, 1814.

— Voyage en Savoie, etc. [3983, 10951]. *Paris*, 1816, 2 vol.

MILLINGEN (J.-G.). Sketches... of Boulogne, with a concise historical, geographical and geological account of the district [8189]. *Boulogne, Leroy-Berger*, 1626; fig.

MILLION (l'a. F.). Note sur un demi-dolmen qui se trouve à Planvillard près Moutiers [8957]. — *Mém. de l'Acad. de la val d'Isère*, t. II, 1868, p. 59-64.

MILLON (Charles). * Histoire des descentes qui ont eu lieu en Angleterre, en Écosse, en Irlande et îles adjacentes, depuis Jules César jusqu'à nos jours, suivie d'observations sur le climat, le commerce, etc. [2865]. *Paris, Prudhomme; Revol*, an VI (1798); 170 p.; 3 cartes. — Plusieurs éditions.

MILNE-EDWARDS. — Voir EDWARDS (Milne).

MILSAND (Ph.). Notes et documents, etc. [5343]. — 2ᵉ éd. *Paris, Aug. Aubry*, 1871.

MIMEURE (Fyot de). — Voir FYOT DE MIMEURE.

MINUTOLI (C.). Notiz, etc. [10441 *a*]. *Berlin*, s. d., gr. in-4; 12 pl.

MIOCHE (François). Notice, etc. [2733 *a*]. — *Ann. scientif.* etc. *de l'Auvergne*, t. XXVIII, 1855, p. 482.

— Dissertation, etc. [3171]. *Clermont-Ferrand* (?), 1858; 6 pl.

MIONNET (Théodore-Edme). Description des médailles antiques, grecques et romaines, avec leur degré de rareté et leur estimation [1088, 1907]. *Paris, Debure*, 1806-1813, 6 vol. in-8; pl. — Supplément, 1819-1838, 5 vol., comprenant l'Atlas de géogr. numism., 1839, in-4. — 12ᵉ vol. contenant les Tables générales, 1837.

— Atlas de la géographie numismatique, pour servir à la description des médailles antiques, dressé par A.-H. DUFOUR [1088]. *Paris*, 1839, in-4; 7 pl.

MIRABEL (l'a. O.). Sᵗ Andéol et son culte [4597]. *Paris, V. Palmé*, 1868, in-12; 9 grav.

MIRÆUS (Aubertus). — Voir LE MIRE (Aubert).

MIRECOURT (Eugène-Jacquot dit de). — Voir LEUPOL ET DE MIRECOURT.

MIROUDOT de Sᵗ-Ferjeux (Gabriel-Joseph). Mém. p. s. à l'histoire de la v. de Vesoul en Franche-Comté [8687]. *Yverdun, Félice*, 1779, in-4; 58 p.

« La première partie de cet ouvrage est attribuée à Miroudot et la seconde à De La Terrade. » (QUÉRARD, *Fr. litt.*) — Voir DUMONTET DE LA TERRADE.

MISSOUX (Dʳ), de Fournol. Note, etc. [8248]. — *Ann. scientif.* etc. *d'Auvergne*, t. VI, 1833, p. 489-498.

Voir MATHIEU (P.-P.). Obs., etc. [8249].

MITTERNACHT (P.-C.). De Arminio [10672]. *Wittebergæ*, 1695, in-4.

MOET DE LA FORTE-MAISON (C.-A.). — Voir FORTE-MAISON (C.-A. Moet de La).

MOHEDANO. Historia literaria de España [2385]. *Madrid*, 1768-1769, 3 vol. in-4.

MÖHRING. Julius Cæsar, etc. Anhang zum Programm des Gymnasium zu Kreuznach [483]. 1870, in-4; 47 p.

MOITHEY (Maurille-Antoine). Rech. histor. sur la v. d'Orléans [6966]. 1774, in-4.

Avec la collaboration de Sylvain MARÉCHAL (?).

— Rech. histor. sur la v. de Reims, avec le plan assujetti à ses nouveaux accroissements, embellissements et projets [7304]. *Paris, Mérigot*, 1775, gr. in-4.

Même observation.

— Rech. histor. sur la v. d'Angers, avec le plan assujetti à ses accroissements et projets, auxquels on a joint une carte du nouveau canal ouvert en Anjou, sous la protection de Monsieur, frère du roi [7184]. *Paris, chez l'auteur*, 1776, gr. in-4 avec grav.

Même observation.

— Dictionnaire hydrograph. de la France, ou Nomenclature des fleuves, rivières, ruisseaux et canaux, le lieu où ils prennent leur source, leurs embouchures et confluents, etc., suivi d'une division hydrographique de ce royaume, et d'une Suite de M. A. Moithey, description de ses ports, etc., enrichi d'une carte de la France relative à cet objet. Dédié au Roi [1055]. *Paris, Leroy*, 1787. — Nouv. éd. *Paris*, 1803.

MOKE (**H.-Z.**). La Belgique ancienne et ses origines gauloises, germaniques et françaises [10467]. *Gand, H. Loste*, 1855. — 4ᵉ éd. intitulée Histoire de la Belgique. *Gand*, 1856; — *Paris*, 1857.

MOLANDON (**Boucher de**). Notice, etc. [5524]. — *Bull. de la Soc. archéol. de l'Orléanais*, t. III, année 1864, p. 327-331.

— Nouvelles études sur l'inscription rom. récemment trouvée à Mesve (dépᵗ de la Nièvre), conséquences de cette découverte pour la détermination géograph. de Genabum. Cartes des voies rom. aboutissant à Genabum [2720, 7934]. — *Mém. lus à la Sorbonne en* 1867; 30 p. — T. à p. *Paris, impr. imp.*, 1868. — *Mém. de la Soc. archéol. de l'Orléanais*, t. XI. 1868-70. — T. à p. *Orléans, Jacob*, 1868; grav.

Analyse par A. de Caumont, *Bull. mon.*, t. XXXVI, 1870, p. 52.

MOLETS (**le p. Des**) **et l'abbé GOUJET**. Continuation, etc. [20]. (Voir Sallengre.) *Paris, Simart*, 1726-1731, 11 vol. in-12.

MOLINA. Collectaneos, etc. [10629].

Voir Nic. Antonio, *Biblioth. hispana*, 1662, t. II, p. 275.

MOLLEVILLE (**mⁱˢ F.**). Histoire d'Angleterre, etc., jusqu'à la paix de 1673, avec tables généalog. et politiques [10266]. *Paris*, 1815, 6 vol.

MOMMSEN (**Theodor**). Die Nordetruskischen Alphabete, etc. [2303]. — *Mittheil. d. Antiq. Gesellschaft in Zürich*, t. VII, 1852, in-4, p. 199-259.

— Epigraphische Analecten [2217, 7302]. — *Berichte der Sæchsischen Gesellschaft der Wissensch.*, 1852.

— Die Schweiz, etc. [10777]. *Zürich*, 1854, in-4; 1 pl.

— Inscriptiones, etc. [10832]. *Zürich*, 1854, in-4.

— Die Stadtrechte der lateinischen Gemeinden Salpensa und Malaca, in der Provinz Bætica [10637]. — *Abhandlungen der philol. hist. Cl. d. k. Sächs. Gesellschaft d. Wiss.* III. Band, 1855, p. 363-488. — T. à p. *Leipzig*, 1855, — Nachtrag, m. d.

— Verzeichniss der rœmischen Provinzen, aufgesetzt um 297 [1161]. — *Mém. de l'Acad. de Berlin*, 1862, p. 492.

— Römische Geschichte [79 *a*]. 3ᵉ éd. *Berlin*, 1861, 8 vol. — History of Rome. Translated with the authors sanction and additions by W.-P. Dickson. *Londres*, 1862-1863, 3 vol. pet. in-8. — Histoire romaine, trad. par Alexandre. *Paris*, 1863-1872, 3 vol.

— Histoire, etc. [2124]. *Paris*, 1865-1875, 4 vol. in-4; planches.

— Corpus inscriptionum latinarum, etc. [2222]. *Berolini*, 1863-1885, 8 vol. gr. in-4.

Publié sous les auspices de l'Acad. des sc. de Berlin.

— Mémoires sur les provinces romaines et sur les listes, etc., qui nous en sont parvenues, depuis la division faite par Dioclétien jusqu'au commencement du vᵉ siècle. Traduction par Ém. Picot, avec un appendice par Ch. Mullenhoff [1161, 1162, 1163]. — *Rev. archéol.*, 2ᵉ s., t. XIII, 1866, p. 377-399; 2ᵉ art., t. XIV, 1866, p. 369-395; 3ᵉ art., t. XV, ann. 1867, p. 1-15. — T. à p. *Paris*, 1867; 1 carte.

— Note, etc. [8971]. — *Rev. savoisienne*, XIᵉ an., 1870, p. 1.

MONARD (**Louis de**). Description, etc. [8835]. — *Mém. de la Comm. des antiq. de la Côte-d'Or*, t. Iᵉʳ, 1838-1841, in-4, p. 175-176; 1 pl.

— Numismatique des Éduens [3488]. — *Mém. de la Soc. éduenne*, à Autun (t. I), 1844, p. 1-133; 13 pl.

MONCEL (**Théodore du**). Rapport, etc. [7252]. — *Séances gᵃˡᵉˢ tenues par la Soc. franç. d'archéologie en* 1841, p. 192.

MONDELOT (**S.**). Le vieil et le nouvel Hesdin, etc. [8219]. *Abbeville*, 1823.

MONE (**Franz**). Geschichte, etc. [529].

« Cette hist. de la mythologie du Nord est une continuation du grand ouvrage de Creuzer, faite pour les races finnoises, scandinaves, slaves, allemandes et celtiques, ainsi que l'indique le premier titre : Symbolik und mythologie der alten Vœlker fortgesetz... *Leipzig et*

Darmstadt, Wilhelm Leske, 1822, 2 vol. » (*Bibliogr. univ.*, art. Mythologie.)

MONET (Philibert). Galliæ geographia, veteris, recentisque; a Philiberto Moneto, S. J. Regionum segmentis et laterculis designata [961]. *Lugduni, Pilhote*, 1634, in-12.

« Historien des plus suspects. » (*Biblioth. histor.*, t. I, n° 111).

MONFALCON (J.-B.). Collection des bibliophiles lyonnais, ou Rec. d'ouvr. sur l'hist. polit. et littér. de Lyon, imprimés pour la 1re fois, ou réimpr. d'après des éd. d'une extrême rareté [8514]. *Lyon*, impr. de *L. Perrin; Dumoulin et Ronet, Nigon, Lepagnez et Bajat*, 1846, 7 vol. gr. in-12. (Voir Brunet, Manuel, t. II, col. 142.)

— Hist. de la v. de Lyon depuis son origine jusqu'en 1846, écrite d'après les sources et les titres originaux, et suivie du Recueil des inscr. relatives à cette hist., d'une bibliographie gle de Lyon et de 12 tables spéciales avec des notes par C. Bresuot du Lut et A. Péricaud [m. n°]. (*Paris, Techener*); *Lyon*, 1846 et 1847, 3 vol.; pl.

Mention hon. et rappel de méd. à l'Acad. des inscriptions.

— Bibliographie de la v. de Lyon [8482]. *Lyon*, imp. *Perrin*, 1851; 290 p.

— Monographie de la Table de Claude, accompagnée du fac-similé de l'inscription gravée (en 6 planches) dans les dimensions exactes du bronze, et publiée au nom de la ville de Lyon [2232]. *Lyon*, imp. de *L. Perrin*, 1851, in-f°. — Nouv. éd., revue et augm. de la diss. de C. Zell (voir ce nom). *Lyon, A. Vingtrinier*, 1853, in-fol. — Dans le t. Ier de *Lugdunensis historiæ monumenta*, 1855, in-f°.

Ce travail a paru d'abord dans la *Revue du Lyonnais*, 2e s., t. I, 1850, p. 359 et p. 445; t. II, 1851, p. 31.

— Lugdunensis historiæ monumenta [8516]. *Lyon, A. Vingtrinier*, 1855. — Reproduit dans l'*Hist. mtale de Lyon*, t. VII et VIII.

— De la valeur historique, etc. [8651]. *Rev. du Lyonnais*, 2e s., t. X, 1855, p. 261-283.

Forme le chap. 3 de l'Introduction au Recueil général des hist. antiques de Lugdunum dans Lugd. hist. monumenta, t. Ier.

— Le nouveau Spon, etc. [8483]. *Lyon, A. Vingtrinier*, 1856, gr. in-8.

— Hist. montale de la v. de Lyon [8608]. Impr. *F.-Didot. Paris et Lyon*, 1865-1869], 9 vol. gr. in-4.

— Musée lapidaire de la v. de Lyon [nouv. add. 8655 a]. *Paris, A. Durand*, s. d.; pl.

— Voir Spon, *Recherches*, etc.

MONGEOT (Rastoul de). Dictionnaire, etc. — Supplément. Mémorial contemporain... 1856-1860 [35]. *Bruxelles*, 1862, gr. in-8; 267 p.

MONGEZ (Antoine). Articles dans l'Encyclopédie méthodique, recueil d'antiquités, 1786-1794 [1282]. 7 vol. in-4. — 2e éd. intitulée : Antiquités, Mythologie, Diplomatique des chartes, et Chronologie. *Paris, Panckoucke et H. Agasse*, 1804, 5 vol.; planches (au nombre de 380) avec leurs explications. *Paris, Vve Agasse*, 1824, 3 vol. dont un d'explications et deux de planches. En tout 7 vol. in-4.

Mongez a été aidé dans sa rédaction par De Sainte-Croix, Rabaut Saint-Etienne, Dupuis et Volney. Toutes les fig. ont été dessinées par Mme Mongez, élève du célèbre David.

— Mém. sur les types, etc. [1906]. (Lu en 1797.) — *Mém. de l'Institut, classe de littérature*, t. II, an VII, in-4, p. 271.

— Mém. sur deux inscr. lat., etc. [4149]. — *M. rec.*, t. III, an IX, in-4, p. 380-394.

Inscriptions trouvées près de Bourg.

— Mémoires sur le bronze des anciens. [1732]. 3 mémoires. — *Classe de litt. de l'Institut national et Acad. des inscr.* 1er mém. lu en 1801, t. V, 1821, p. 187; 2e mém. 1802, m. vol., p. 496; 3e mém. lu en 1827. *Acad. des inscr.*, t. VIII, 1827, p. 363.

— Note, etc. (lu en 1804) [1746]. — *Mém. de l'Acad. des inscr.*, t. III (hist.), 1818, p. 13.

— Mém. sur l'étain des Romains (lu en 1806) [1733]. — *M. vol.*, p. 23.

— Mém. sur les cercueils, etc. (lu en 1804) [1638]. — *M. vol.*, p. 125.

— Épitaphe, etc. [8630]. — *M. vol.*, p. 251.

— Mém. sur les meules de moulin, etc. (lu en 1805) [9581]. — *M. vol.*, p. 441.

— Inscr. antiques trouvées à Lyon. [8632]. — *Mag. encyclop.*, 1816, t. I, p. 341 et suiv. — Reproduit *Rev. du Lyonnais*, t. XXI, 1845, p. 358-363, avec une lettre de *Mongez* extr. des *Ann. encyclop.*, 1818, t. V, p. 251.

— Rapport, etc. [5352]. — *Bibliothèque de Genève*, 30 mai 1820.

— Mém. sur l'épée gauloise, etc. (lu en 1802) [1844]. — *Mém. de l'Institut*, classe de litt., t. V, 1821, p. 517, 3 pl.

— Mém. sur qqs antiq. trouvées près d'Aurillac [5148]. — *Mém. de l'Acad. des inscr.*, t. V, 1821 (hist.), p. 59.

— Mém. sur les pierres tranchantes, etc. (lu en 1815) [1642]. — *M. vol.*, p. 70.

— Mém. sur la véritable situation de Noviomagus Lexoviorum, etc. [5099]. — *M. vol.*, p. 72.

— Mémoires sur l'art du monnayage, etc. (lu en 1821) [1916]. — *M. rec.*, t. IX, 1829, p. 187, etc. (4 mém.). — T. à p. 1829, in-4.

— Notice, etc. (lu en 1824) [5662]. — *M. vol.* (hist.), p. 64.

— Mém. sur des inscr., etc. [2202]. — *M. vol.*, p. 71.

— Mém. sur une inscr. trouvée à Lyon, gravée par Philippianus en mémoire de la soumission de cette ville à l'emp^r Septime Sévère (lu en 1805) [8633]. — *Archives histor. et statist. du dép^t du Rhône*, t. II, 1825, p. 81-104.

MONIER (**Jean**). Abrégé, etc. [9808]. *Aix, David*, 1706, in-4.

— Dissertation, etc. [9743]. *Ibid., id.*, 1713, in-12, 18 p.

MONIN (**C.-V.**). Dictionnaire histor., moral et religieux, et description. géograph., biogr., statistique et postale complète de tous les v., bourgs, communes et hameaux du dép^t de la Seine-Inférieure [9304]. *Yvetot, Vieille-Delamarre*, 1844, in-12; 5 cartes.

MONIN. Explication, etc. [9930]. — *Bull. de la Soc. des ant. de l'O.*, 4e trim. 1861, 3 p.

MONIN (**H.**). Monuments, etc. [2315]. — *Paris, Durand; Besançon*, 1861, VI-310 p.; 1 pl.

C. r. par M. E. Hucher, *Rev. num.*, 2e s., t. VIII, 1863, p. 47-73. En 1881, on a remplacé le titre par un titre nouveau. *Paris, Thorin* [s. d.]. (Voir *Polybiblion*, t. XXXI, p. 422.)

— Philologie gauloise. — Dieux et déesses [501]. — *Rev. des Soc. sav.*, 3e s., t. II, 2e sem. 1863. — Philologie gauloise, additions à la grammaire, même volume. 2 p.

MONLEZUN (**l'abbé J.-J.**). Hist. de la Gascogne depuis les temps les plus reculés jusqu'à nos jours [3546]. *Auch, Brun*, 1846-1850, 7 vol.

Mention très hon. à l'Acad. des i., en 1851.

MONNARD (**Charles**). De Gallorum oratorio ingenio, rhetoribus et rhetoricæ Romanorum tempore, scholis [2389 *b*]. *Bonn*, 1848.

MONNERAYE (**Ch. de la**). Mémoire, etc. (Congrès de Nantes, 1845) [3331 *b*]. — *Bull. archéol. de l'Assoc. bretonne*, t. I, 1849, 2e partie, p. 230-243.

MONNET (**Alfred**). Découverte numismat. de Foussais [9503]. — *Bull. de la Soc. de statistique* etc. *des Deux-Sèvres*, année 1865; 1 p.

— Découverte de vestiges rom. à Bessac [9486]. — *M. vol.*; 1 p.

— Fouilles de Faye-l'Abbesse [9500]. — *M. vol.*; 2 p.

MONNIER (**Édouard**). Statistique, etc. [6429]. An XII, in-fol.

MONNIER (**Désiré**). Essai sur l'origine de la Séquanie, sur celle des contrées qui la composent, etc. [4025 *a*]. — *Lons-le-Saulnier, Gauthier*, 1818.

— Vestiges [6663]. — *Mém. de la Soc. des ant. de Fr.*, t. IV, 1823, p. 338.

— Not. sur Montmorot [6702]. — *S^ce publ. de la Soc. d'émul. du Jura*, 1831, p. 127.

Extr. des *Promenades archéol. et pittor. en Séquanie.*

— Du culte des rochers dans la Séquanie [4025 *b*]. — *M. rec.*, an. 1832, p. 97.

— Du culte des esprits dans la Séquanie [4026]. *Lons-le-Saulnier, impr. Fréd. Gauthier*, 1834, in-12; fig.

— Lettre à M. Chevillard. Une ville encore inconnue (aux Villars-d'Héria) [6711]. — *S^ce publ. de la Soc. d'émul. du Jura*, 1834, p. 99-109.

— Mém. sur des antiq. trouvées au Mont-Africain, etc., etc. [6664]. — *M. rec.*, 1835, p. 132-139.

— Études archéologiques sur le haut et bas Bugey [3353]. *Bourg, Bottier*, 1841-1843.

— Des rapports, etc. [4027]. — *Mém.*

de la Soc. d'émul. du Jura, 1852.—T. à p. *Lons-le-Saulnier*, 1852.

— Traditions populaires, etc. [539]. *Paris, Dumoulin.*

— Études, etc. [3490 *a*]. — *Ann. de l'Acad. de Mâcon*, t. IV, 2e partie, 1857, p. 57-105.

— Not. sur la découv. d'un temple ou sacellum en l'hr de la déesse Hippone à Loisia (Jura) [6693]. — *M. rec.*, août 1860, p. 33-39; 1 carte.

— Rapport, etc. [6694]. — *Rev. des Soc. sav.*, 2e série, t. VII, 1er sem. 1862, p. 153-156.

MONNIER (**Alphonse**). Quelques mots, etc. [8010]. *Lille, Danel*, 1854.

MONTAIGLON (**Anatole de**). Conjectures sur le procédé de fabrication des forts vitrifiés, d'après les fragments réunis au musée de Sèvres. — Obs. à propos de la note de M. J. Marion (no 1834) [1835]. — *Rev. des Soc. sav.*, 4e s., t. IV, 1866, p. 317.

MONTAIGNE (**de la**). [*Ms.*] Dissertation, etc., lue à l'Acad. (de Bordeaux) [6326] le 29 janvier 1759.

MONTAUT (**Henry de**). Album de la vie de César; recueil de dessins exécutés ou mis en ordre... pour servir d'illustrations à l'histoire de César et de son temps [445 *a*]. *Paris, libr. du Petit Journal*, 1865, in-fol.; fig. dans le texte.

MONTE (**Pietro**). Saggio, etc., ed appendice al vocabolario dei dialetti della citta e diocesi di Como [2307]. *Milano*, 1856.

MONTÉGUT (**Jean-François de**). Conjectures, etc., (lu le 23 janvier 1783) [6167]. — *Mém. de l'Acad. des sc. de Toulouse*, 2e partie, 1784, in-4, p. 14.

— Antiquités, etc. (lu les 23 avril 1784 et 16 février 1786) [6152]. — *M. rec.*, t. III, 2e part., 1788; pl.

— Vases antiques d'argent, trouvés à Caubiac au mois de mai 1785; obs. lues le 12 juillet 1785 [6175]. — *M. rec.*, m. vol.

— Observations, etc., lues le 27 déc. 1787. [2092].— *M. rec.*, t. IV, 2e part., 1790, p. 81.

— Recherches, etc., lues le 10 avril 1777 [6151].— *M. rec.*, 2e s., t. II, 2e part., 1830, in-8, p. 39-75; pl.

— Notice, etc. [5628]. — *Bull. de la Soc. des ant. de l'O.*, 1er trim. 1866; 4 p.; 1 pl.

MONTEIL (**Amans-Alexis**). Description du dépt de l'Aveyron [4786]. *Rodez, Carrère*, an X (1801), 2 vol.; fig.

— Histoire des Français, etc. [787]. *Paris*, 1827-44, 10 vol. — 2e éd. *Paris, V. Lecou*, 1853, 5 vol. in-12. — Nouv. éd., partielle, remaniée par Ch. Louandre (Industrie). *Paris, Paul Dupont*, 1872, 2 vol. in-12, et A. Le Pileur (Médecine). *Paris, Daffis*, 1874, in-12.

— Traité, etc. [191]. *Paris*, 1836, 2 vol.

MONTENON (**Philippe de**). La Dynastie mérovingienne (420-752) [391]. *Paris*. 1862; xxiv-260 p.

MONTESQUIEU (**Ch. Secondat, baron de la Brède et de**). Considérations, etc. [74]. *Amsterdam, H. Desbordes*, 1734, in-12. (Edition originale.)

MONTFAUCON (**dom Bernard de**). L'Antiquité expliquée, etc. [1266]. *Paris, Florentin Delaulne*, 1719-1724, 5 tomes en 10 volumes in-fo; 5 vol. de supplément; nombr. pl. gravées. (Voir Brunet, *Manuel*.) — Antiquities explained... translated by D. Humphreys, with the supplement. *London*, 1721, 9 vol. in-fol.

— Diss. sur le phare d'Alexandrie, sur les autres ph. bâtis depuis et particulièrement sur celuy de Boulogne-sur-Mer, ruiné depuis environ 80 ans (lue en 1721) [8198]. — *Mém. de l'Acad. des inscr.*, t. VI, 1729, p. 576.

— Les Monts de la monarchie française, qui comprennent l'hist. de France, avec les fig. de chaque règne que l'injure du temps a épargnées, en français et en latin [1561]. *Paris*, 1729-1733, 5 vol. in-fol. (Voir Brunet.)

— Discours sur les monuments antiques, sur ceux de la ville de Paris, et sur une inscription trouvée au bois de Vincennes, qui prouve que du temps de l'empereur Marc-Aurèle il y avait à Paris, de même qu'à Rome, un collège du dieu Silvain (lu en 1734) [594]. — *Mém. de l'Acad. des inscr.*, t. XIII, 1740, p. 429.

MONTGRAVIER (**Azéma de**) et **RICARD** (**Ad.**). Murviel, etc. [6419]. — *Rev. archéol.*, 2e s., t. VII, 1863, p. 145-165.— T. à p.

MONTLEZUN (**bon de**). Le Mont de Carnac,

etc., signé baron de M... L. [7703]. *Paris, B. Duprat; J.-B. Dumoulin*, 1845; 48 p.; 2 pl.

MONTRICHARD (**m**is **de**). [*Ms.*] Mémoire, etc. [1646].

Mentionné dans la *Biblioth. histor.*, t. III, n° 36 030.

— Examen de deux monuments exposés à l'Académie de Besançon [4175]. (Dans les registres de cette Académie.)

Le second de ces monuments est une inscription latine trouvée à Izernore en 1761. (*Biblioth. histor.*, 2e éd., t. III, n° 36014).

MONTROL (**F. de**). Résumé, etc., depuis les premiers temps de la Gaule jusqu'à nos jours [3431]. *Paris, Lecointe et Durey*, 1826, in-18. — Nouv. éd. *Paris*, 1878.

MONVEL (**Boutet de**). Not. sur la ruine gallo-rom. découverte en 1856 par M. l'abbé Guiot, cne de Triguères [7066]. — *Mém. de la Soc. d'agr.* etc. *d'Orléans*, 2e s., t. III, 1857, p. 41-52.

Rapport par Dupuis, m. vol.; p. 52.— Voir ci-après, Nouv. étude, etc.

— Étude sur les expéd. de J. César dans les Carnutes [3420]. — *M. rec.*, t. VI, 1862-1863. — T. à p.; 104 p.; cartes.

— Nouvelle étude sur les ruines celtiques et gallo-romaines de la cne de Triguères [7068]. — *M. rec.*, t. VII, 1863-1864. — T. à p. 1863; 40 p.; 12 pl.

MOORE (**Thomas**). History of Ireland [1513. Nouv. add., 10365]. 1831, 3 vol. in-12.

Art. placé par erreur, dans le Catalogue méthodique, sous le nom de O'Sullivan.
Fait partie de la collection intitulée : Lardner's Cabinet Cyclopedia. — « Th. Moore s'est livré à des recherches approfondies sur les monuments dits celtiques. » Note de la Comm. de la topogr. des Gaules.

MORAND. Lettre sur les antiquités trouvées à Luxeuil et sur les eaux thermales de cette ville [8708]. — Jal *de Verdun*, 1756, p. 193.

MORAND (**François**). L'année historique de Boulogne-sur-Mer [8191]. *Boulogne*, 1859, in-12.

MORCELLI (**Steph.-Ant.**). De stylo, etc. [2171]. *Romæ*, 1780, in-4.

— Inscriptiones, etc. [2172]. *Romæ*, 1783, in-4.

— Operum epigraphicorum volumina V. — De stylo inscriptionum latinarum libri III. — Inscriptiones commentariis subjectis: accedunt in hac editione appendix inscriptionum novissimarum Agapea, Michaelia, et tesseræ paschales; Parergon inscriptionum novissimarum ab anno MDCCLXXXIV, Andreæ Andreii rhetoris cura editum. Editio altera, auctior et emendatior [2173]. *Patavii*, 1818-1823, 5 vol. in-4, gr.

Éd. due aux soins de Floriano Caldani, Giuseppe Furlanetto et Fort. Federici.

— Lexicon, etc. *Bononiæ*, éd. par Phil. Schiassi [2174]. *Ancsio Nobili*, 1835-43, 4 vol. in-4.

MORÉ (**Ém. de**). Mémoire, etc. [7141]. — *Bull. mon.*, t. XXII, année 1856, p. 92.

— Notice, etc. [7142]. — *Bull. de la Soc. d'agr.* etc. *de la Lozère*, 1859, p. 48.

MOREAU DE VÉRONE (**J.**). Mém. sur les Voconces [4114]. — *Bull. de la Soc. de statistique de la Drôme*, t. I, 1837, p. 70 et p. 129. — T. à p. 1839.

Publié par J. Ollivier. — Voir m. vol., p. 67, la nomenclature des 24 vol. manuscrits, laissés par Moreau de Vérone.

MOREAU. Rapport, etc. [5192]. — *Bull. mon.*, t. IV, 1838.

— Rapport, etc. [5199]. — *M. vol.*

— Voies rom. de la Santonie [3954]. — *Mém. de la Soc. des ant. de l'O.*, 1838; 23 p.

MOREAU (**Frédéric**). — Voir Rousset (A.) et Moreau (F.).

MOREAU. Crypte de Dun-le-Roy [5297]. — *Mém. de la Comm. histor. du Cher*, t. Ier, 1re partie, 1857; 5 p.; 2 pl.

MOREAU (**François**). Note, etc. [10164]. — *Bull. de la Soc. d'études d'Avallon*, t. II, 1860, p. 103-110.

— Voir aussi Malot.

MOREAU DE JONNÈS. — Voir Jonnès (Moreau de).

MOREAU DE MAUTOUR. — Voir Mautour (Moreau de).

MOREL. Cimetière gaulois de Somsois [7415]. — *Rev. archéol.*, 2e s., t. XIV, 1866, p. 23-34.

— Rapport, etc. [7414]. — *Mém. lus à la Sorbonne* en 1866 (archéologie), 1867, p. 177, et *Soc. des sc. de Vitry-le-Fr.*, t. I, 1867, p. 169-186; 2 pl.; gr. dans le texte.

MOREL. Mémoire [6196 *a*]. — *Bull. mon.*, t. XXXII, 1866, p. 441-459.

MOREL DE CAMPENELLE. Mém. sur le Portus Itius de Jules-César, et appendice à ce mémoire [2869 *a*]. — *Mém. de la Soc. d'émulation d'Abbeville*, 1834-1835, p. 23-56.

— Not. sur un groupe de bronze composé de deux lutteurs qui ont été trouvés, l'un à Coquerel (Somme) en 1802, l'autre à Long, en 1803 [9591]. — *M. vol.*, p. 71-80 ; 1 pl.

MOREL-DISQUE (**Jean-François-Antoine**). Mémoire sur le Portus Itius placé au port de Calais, et recommandable par les deux invasions de Jules César dans la Grande-Bretagne, suivi de la véritable étymologie des noms *Calais* et *Itius*, et de rech. intéressantes sur leurs premiers habitants et sur qqs antiq. de cette ville [2868]. *Calais*, impr. *Moreaux*, 1807, in-4 ; 35 p.

Travail complété par le suivant, qui est posthume.

— Le Portus Itius revendiqué par les Calaisiens et par l'organe de M. Morel-Disque, leur dévoué concitoyen [m. n°]. — *Mém. de la Soc. d'agr.* etc. *de Calais*, 1841-43 (1844), p. 55-89. — Notes par H.-J. Derheims (ou de Rheims), p. 90-106.

Sur les mss. histor. de Morel-Disque, voir *m. vol.*, p. 94.

— Diss. sur le Pas de Calais [nouv. add. 8153 *a*]. — *M. rec.*, 1844-51 (1851), p. 276-302.

MORELLET (**J.**). Essais, etc. [7904]. — *Bull. de la Soc. nivernaise des lettres*, etc., t. II, n° 3, 1856 ; 19 p.

— Dissertation, etc. [7919] (1856 ; in-8 ?).

MORELLET (**J.-N.**), **BARAT** et **BUSSIÈRE** (**E.**). Le Nivernois, album historique et pittoresque [3723]. *Nevers*, *E. Bussière*, 1838-1842, 2 vol. in-4 ; 119 pl., 120 vignettes ; 1 plan en feuilles dans un carton.

MORELOT (**D**[r]). Not. sur un Hercule trouvé à Tailly, près de Beaune [5467]. — *Mém. de la Soc. des ant. de Fr.*, t. VII, 1826, p. 355.

— Mémoire, etc. [5445]. — *Mém. de l'Acad. de Dijon*, 1831, 1re partie, p. 50.

— Not. sur un autel votif (consacré à la déesse Rosmtæ, trouvé à Gissey-le-Vieil [5433]. — *M. rec.*, 1843-44, p. 209.

MORENI (**Sacerdote dom**). Bibliografia storica ragionata della Toscana, osia catalogo degli scrittori que hanno illustrata la storia delle città, luoghi e persone della medesima [10956]. *Firenze*, 1805, 2 vol. in-4.

MORÉRI (**Louis**). Le grand dictionnaire historique, nouvelle édition, etc. dans laquelle on a refondu les suppléments de l'abbé Goujet, revue et augmentée par Drouet [29]. *Paris*, 1759, 10 vol. in-fol.

20e et dernière édition. — 1re éd. (la seule publiée du vivant de Moréri), 1674, in-fol. — Voir Brunet, *Manuel*.

MORET (**le p. José**). Investigaciones, etc. [3713]. *Pamplona*, *Martinez*, 1665, in-fol.

MOREY (**P.**). De qqs. antiq. gaul. en Lorraine, etc. [7565]. — *Mém. de l'Acad. de Stanislas*, à Nancy, 1867-68, p. 133-152.

MORICE (**dom Pierre-Hyacinthe**). Mémoires, etc. [3303 (à supprimer) et 3304]. *Paris*, *Ch. Osmond*, 1742-46, 3 vol. in-fol. ; pl.

MORICE (**dom**) et **TAILLANDIER** (**dom L.-Ch.**). Hist. ecclésiastique et civile de Bretagne [3305]. *Paris*, *Delaguette*, 1750-1756, 2 vol. in-fol.

MORIÈRE. Analyse, etc. [5595]. — *Bull. mon.*, t. XVI, 1850, p. 106.

MORIN (**Franciscus**). * Compendium historiarum Joannis Trithemii abbatis [229]. *Moguntiæ*, *J. Schæffer*, 1515, in-fol.

MORIN (**Jean de**). [*Ms.*] Mémoires et rech. etc. [3087].

« Les mém. de cet auteur, qui florissait en 1584, sont cités par La Croix du Maine, dans la Bibliothèque française, mais on ne sait ce qu'ils sont devenus. » *Biblioth. histor.*, t. III, n° 35 347.

MORIN (**dom Guillaume**). Histoire générale, etc. [3547]. *Paris*, *veuve Chevalier*, 1630, in-4.

MORIN (**J.**). Discours, etc. [3515]. — *Mém. de l'Acad. des sc.* etc. *de Lyon*, nouv. s., t. III, 1853 ; 19 p.

— Continuateur de Clerjon (voir ce nom).

MORIN (**C.**). Fragments, etc. [1136, 2311]. — *Rev. des Soc. sav.*, 2e s., t. II, 1859 ; 14 p.

MORIN (**Eug.**). De l'état des forces rom., etc., d'après la Notice des dignités de l'Empire [3343]. — *Mém. de la Soc. archéol. d'Ille-et-Vilaine*, an. 1861, (1862) ; 12 p.

— Les *Britanni*, essai d'ethnographie [3344]. — *M. vol.* — T. à p. *Rennes, Verdier*, 1862.

— Introduction, etc. [3114]. — *Mém. lus à la Sorbonne* en 1865 (hist.), 1866, p. 675.

— L'Armorique au ve siècle [m. n°]. *Rennes*, 1867 ; 142 p.

— Esquisses, etc. [2378]. — *Bull. et mém. de la Soc. archéol. du dép^t d'Ille-et-Vilaine*, t. VII, 1870.

— Voir Prioux (St.), Civitas Suessonum.

MORIN (**A.-S.**). Diss. sur la légende Virgini parituræ, d'après laquelle les Druides, plus de cent ans avant la naissance de J.-C., auraient rendu un culte à la Vierge Marie, lui auraient élevé une statue et consacré un sanctuaire sur l'emplacement actuel de la cathédrale de Chartres [5827]. *Paris*, impr. *Martinet*, 1863 ; 102 p.

MORIN (**Adrien**). Rech. sur Uxellodunum avec préface, notes, appendice et plan [2968]. *Figeac*, 1865, in-4 ; 24 p. ; pl.

MORIONDI (**Jo.-Bapt.**). Monumenta aquensia ; adjectæ sunt plures Alexandrinæ ac finitimarum pedemontanæ ditionis chartæ, chronicæ, etc. [8930]. *Taurini*, 1789-90, 2 vol. in-4.

MORISSE (**Paul**). * Histoire de l'origine de toutes les religions, etc., avec les auteurs d'icelles, etc. Trad. de l'italien de Paul Morisse (par Jean Lourdereau d'Auxerre) [484]. *Paris, Rob. Columbet*, 1579.

MORLENT. Précis sur Guérande, etc. [6925]. 1819.

MORLET (**c^{el} de**). Mém. sur la question relative aux fortifications de la v. rom. de Strasbourg [8382]. — *Congrès archéol., XXVIIe session, tenue à Strasbourg* en 1859.

Mém. suivi des obs. de Bulliot.

— Note sur les tumuli de la forêt de Brumath [8399]. — *Bull. de la Soc. pour la conservation des mon^{ts} histor. d'Alsace*, an. 1859 ; 2 p.

— Not. sur l'enceinte d'Argentoratum restituée d'après les fouilles exécutées en 1859 et 1860 dans l'ancien couvent de Saint-Étienne [8383]. — *M. rec.*, t. IV, 1861, p. 29-37 ; 2 plans.

— Topographie des Gaules. — Not. sur les voies rom. du dép^t du Bas-Rhin (arr^{ts} de Strasbourg, de Saverne et de Wissembourg) [8349]. — *M. vol.*, p. 38-104. — T. à p. *Strasbourg*, 1861 ; 1 carte.

— Not. sur qqs. mon^{ts}, etc. [8436]. — *Bull. mon.*, t. XXVIII, 1862, p. 363, et *Bull. de la Soc. pour la conservation*, etc., 2e s., t. I, 3e livr., 1863, in-4. — T. à p. *Strasbourg*, 1863 ; 12 p. ; 3 pl.

— Not. sur qqs. découvertes, etc. [8364]. — *M. rec.*, m. s., t. II, 1864, in-4 ; 6 p.

— Not. sur les cimetières gaulois, etc. [8388]. — *M. vol.* ; 12 p. ; 1 pl.

— Les cromlech's de Mackwiller [8416]. — *M. rec.*, t. III, 1865, p. 81-92 ; 1 grav. et 2 pl.

— Note sur une colonne, etc. [8440]. — *M. vol.*, 2e livr. ; 4 p.

— Note sur une statuette en bronze, trouvée sur l'emplacement de l'ancien monastère de Saint-Étienne, à Strasbourg [8376]. — *M. vol.* ; 4 p.

— [*Ms.*]. Cercle de pierre, etc. [8417]. 1865.

MORLET (**c^{el} de**) et **NICKLÈS**. Communications sur une découverte, etc. [8406]. — *Bull. de la Soc. pour la conservation*, etc., 2e s., t. II, 1864 ; 6 p.

MORLIÈRE (**Adrian de La**). Brief estat des antiquitez, etc. [9552]. *Amiens, Hubault*, 1621, in-8. — 2e éd., 1622. — 3e, intitulée : Le 1er livre des antiq., etc. *Paris, Denys Moreau*, 1627, in-4 ; 564 p. — 4e éd. *Paris, Séb. Cramoisy*. (Voir Brunet, *Manuel*.)

MORLOT (**A.**). Leçon d'ouverture, etc. [1392]. *Lausanne, Simmen*, 1861 (in-8 ?).

Analyse signée A. B. (Alex. Bertrand), *Rev. arch.*, 2e s., t. IV, 1861, p. 167-168.

— Analyse du cinquième rapport de M. Keller, etc. [1459]. — *Rev. archéol.*, 2e s., t. IX, 1864, p. 437-445.

MORNAS (**Buy de**). Description de l'ancienne Gaule [1039].

Cartes 26 et 27 de son *Atlas histor. et géogr.* 1762, in-fol.

MORTIER (**B. du**). Principaux établissements des Francs Saliens et Austrasiens en Morinie, en Artois et dans les contrées circonvoisines [3728 *b*]. — *Congrès scientif.*, *XX*e *session, tenue à Arras* en 1853, t. I, 1854, p. 243-264.

— Étude, etc. [10580]. *Tournai*, 1862.

MORTILLET (Gabriel de). Note sur la voie romaine qui traversait Passy en Faucigny [nouv. add. 8986 *a*]. — *Mém. de la Soc. savoisienne d'hist. et d'archéol.*, t. II, 1858 ; 8 p.

— Sépultures, etc. [10968]. — *Rev. archéol.*, 2e s., t. XII, 1865, p. 453-468.

— Recherches, etc. [2155]. — *M. rec.*, n. s., t. XIV, 1866, p. 417-422.

— Crânes gallo-rom. de Pringy. Lettre à M. L. Revon [8990]. — *Rev. savoisienne*, VIe année, 1865, p. 32.

— Le signe de la croix, etc. [751]. *Paris, C. Reinwald*, 1866 ; 183 p.; 117 fig.

Représentation de monuments gaulois portant la croix.

— Origine, etc. [1705]. *Ibid.*, *id.*, 1867 ; 48 p.; 38 fig.

— Promenades préhistoriques, etc. [1432]. *Ibid.*, *id.*, 1867 ; 188 p.

— Promenades au musée de St-Germain. Catalogue illustré de 79 fig. par Arthur Rhoné [1335]. *Ibid.*, *id.*, 1869.

— Les Gaulois de Marzabotto dans l'Apennin [43, nouv. add. 10965 *a*]. — *Rev. archéol.*, 2e s., t. XXII, 1870, p. 288-290.

Rapprochement d'épées trouvées à Marzabotto et dans la Marne.

Voir aussi (*passim*) les *Matériaux pour servir à l'histoire de l'homme*, rev. périodique fondée par G. de Mortillet en 1864, et qui se continue.

MOSTOLAC (Le Sage de). — Voir Vayrac.

MOTET (Alexandre). Avranches, etc. [7258]. *Mém. de la Soc. archéol. d'Avranches*, t. I, 1842, p. 43-96.

MOTTAY (J. Gaultier Du). Saint-Pôtan, monographie de cette cne [5533]. *St-Brieuc*, 1855, in-18 ; 72 p.

Extr. de l'*Annuaire des Côtes-du-Nord.*

— Créhen [5504]. *St-Brieuc*, 1856 ; 112 p.

Extr. du m. rec.

— Pordic [5528]. *St-Brieuc*, 1861, in-18.

Extr. du m. rec.

— Géographie des Côtes-du-Nord [5485]. *St-Brieuc*, 1862, in-18.

— Note sur la découverte, etc. [5497]. — *Rev. archéol.*, 2e s., t. V, 1862, p. 412.

— Exploration, etc. [5535]. — *M. rec.*, t. IX, 1864, p. 124-127.

— Substructions, etc. [5498]. — *M. vol.*, p. 414-419 ; et *Mém. de la Soc. d'émulation des Côtes-du-Nord*, t. I, 1865 ; 8 p.

— Découverte de monnaies rom. à Tréveneuc [5534]. *St-Brieuc*, 1864, in-18 ; 32 p.

Extr. de l'*Annuaire des Côtes-du-Nord.*

— Découverte de monnaies gauloises [5515]. — *Rev. archéol.*, 2e s., t. XVI, 1867 ; p. 283-285.

— Rech. sur les voies romaines, etc. [5486]. — *Bull. et Mém. de la Soc. d'émul. des Côtes-du-Nord*, 1869, p. 1-186. — T. à p.

— [*Ms.*] Dictionnaire, etc. [5488].

Conservé dans les Archives du Comité des travaux historiques.

MOTTE (de La). — Voir Lamotte.

MOTTE (Brugière de La). Essai, etc. [2741 *a*]. *Clermont-Ferrand, Ferat*, 1839 ; 62 p.

— Dissertation, etc. [4514]. — *Bull. de la Soc. d'émul. de l'Allier*, t. IV, 1854, p. 167-196.

— La question des Boïens de César, etc., avec de nouveaux éclaircissements sur leur établissement vers Néris et Montluçon, dans la vallée du Cher [3278]. — *M. rec.*, t. IX, 1864, p. 425-490.

MOUILLARD (l'a.). Essai sur les monts druidiques [1524]. — *Bull. de la Soc. archéol. du Morbihan*, année 1858.

— Notice, etc. [7763]. — *M. vol.*

MOULIN (Henri). Notice, etc. [10310]. — *Mém. lus à la Sorbonne en* 1866 (archéologie); 1867, p. 25.

MOULIN (Charles Du). Traité, etc. [244]. *Paris*, 1561.

MOULIN (Gabriel Du). Histoire gnle de Normandie [3748]. *Rouen*, 1631, in-fol.

MOULINET DES THUILLERIES (l'a. Du). Objections, etc. [9336]. — *Mém. de Trévoux*, 7bre 1716, p. 1736-1742.

— Défense de l'étymologie que feu M. Huet, évêque d'Avranches, a donnée du nom de la ville d'Eu, et sur laquelle M. Capperon assure que ce prélat n'a pas pensé juste [9399]. — *Mercure*, juin 1722, p. 31-46.

Voir la réponse de CAPPERON, *Mercure*, août 1722, p. 67-83.

MOULINS (Des). — Voir DES MOULINS (Ch.).

MOULLART-SANSON (Pierre). Gallia Provincia Romanorum, etc.; viæ militares describuntur, etc. [1001]. Editio altera auctior. (*Parisiis*), 1723, in-fol. (carte).

MOUNIER. Constructions rom., etc. [9910]. — *Bull. de la Soc. des ant. de l'O.*, février 1836; 2 p.; 1 pl.

MOUNIN (Abraham). — Voir BOUCHET (Jean).

MOURCIN DE MEYMI-LANAUGARIE (Jos.-Théoph. de). Antiquités de Vesonne [5606] (1821). — Voir TAILLEFER (Wilgrin de).

— Not. sur les antiq. trouvées dans le haut de la place Francheville [à Périgueux] [5612]. — *Ann. de la Soc. d'agr.* etc. *de la Dordogne*, t. VII, 1846, p. 317; 1 pl.

On cite parmi les ouvrages dont s'occupe cet auteur : De l'état et de la civilisation des Gaulois, et principalement de leurs outils de pierre. (D'après QUÉRARD, *France litt.*)

MOURGNYE (F.-M.). — Essai historique, etc. [3162]. *Aurillac*, *Férary*, 1841; 410 p.

MOURGUE (J.-A.). Essai, etc. [6382]. 1800.

MOURLOT. Découverte, etc. [8720]. — *Bull. de la Soc. d'agr.* etc. *du dép^t de la H^te-Saône*, 3e s., an. 1869, p. 30-34.

MOUTIÉ (Auguste). Mémoire sur cent médailles romaines, découvertes dans la commune de Boissy-sans-Avoir [9263]. — *Mém. de la Soc. des sc. mor.* etc. *de Seine-et-Oise*, t. III, p. 49-62. — T. à p. *Versailles*, 1850.

— Rapp. sur les fouilles exécutées par la Soc. archéol. de Rambouillet dans un ancien cimetière, etc. [9298]. — *M. rec.*, t. IV, 1857, p. 241-272; 1 pl.

— Not. sur l'ancien domaine royal et la châtellenie de St-Léger-en-Yveline [9294]. — *Mém. de la Soc. archéol. de Rambouillet*, t. Ier, 1865, p. 67. — T. à p.

Page 22 : Antiq. gallo-rom. à Planet. — Page 25 : Dolmen de la pierre Ardronel.

— Mantes-la-Jolie, etc. [9277]. *Paris*, *Chamerot*, 1852; 1 pl.

— Voir HERVILLIERS (Caillette de L'), année 1866.

MOUTON. Notice, etc. [2617]. 1866, in-12; 22 p.; pl.

MOUTON (J.). Noviomagus, etc. [2903, 10083]. — *Ann. de la Soc. d'émulation des Vosges*, t. XIII, 2e cahier, 1869, p. 319-325.

Noviom. serait Nijon, et non Neufchâteau, comme on le dit généralement.

MOVERS. Tableau des sacrifices de Marseille. — Voir MUNK.

MOWAT (Robert). Noms propres anciens, etc. [2330]. *Paris*, 1869.

— Études, etc. Le nom de peuple Redones [6457]. — *Bull. et Mém. de la Soc. archéol. du dép^t d'Ille-et-Vilaine*, t. VII, 1870, p. 290-316. — T. à p. *Paris et Rennes*, m. d.

MOYRIA DE MAILLAT (Abel de). Mon^ts rom., etc. [4147]. *Bourg*, impr. *Dufour*, 1837, in-4; 96 p.

— Revue sébusienne [4124]. *Nantua*, *Arène*, 1837-1839, p. in-4.

MRAILE (A.). Note, etc. [5207]. — *Actes de la Comm. des arts et mon. de la Charente-Inf^re*, t. II (1868), p. 76.

— Sépultures, etc. [5205 *a*]. — *Bull. mon.*, t. XXXV, 1869, p. 450-453.

MUECKE (I.-F.-Alph.). Flavius Claudius Julianus nach den Quellen [108]. I. Abtheil. : Julians Kriegsthaten. *Gotha*, *Perthes*, 1866, gr. in-8, XII-99 p.

MUEHLMANN (Gust.-Ed.). Verzeichniss, etc. [1100]. *Würzburg*, 1845, gr. in-8.

Appendice de la 1re partie de son Dictionnaire latin-allemand et allemand-latin.

MUELLENHOFF (Ch.). — Voir MOMMSEN (Th.), année 1866.

MUELLER (J.-N.). Notitia, etc. [10716]. *Gissæ*, 1709, in-4; 172 p.

MUELLER (J.). Bellum Cimbricum [322]. *Turici*, 1772.

MUELLER. Description, etc. [11008]. — *Mém. de l'Acad. celt.*, t. IV, 1809, p. 304.

MUELLER (W.). Vermuthung über die wahre Gegende wo Herrmann den Varus schlug [10721]. *Hannover*, 1824; carte.

MUELLER (J.-V.). Lexicon manuale, geographiam antiquam et mediam tum latine, tum germanice illustrans [1078]. *Lipsiæ*, 1831.

MUELLER (**Charles**). Geographi græci minores, e codicibus recognovit, prolegomenis, annotatione, indicibus instruxit tabulis æri incisis illustravit Car. Mullerus [886]. *Paris, Didot*, 1855 et 1861, 3 vol. gr. in-8 (Bibliotheca græco-latina, 2 vol. de texte; 1 vol. contenant 29 cartes).

Voir notamment, dans le t. Ier, les périples d'Hannon, de Scylax et de Marcien d'Héraclée, les fragments d'Artémidore; dans le t. II, Denys le Périégète, le Pseudo-Plutarque sur les fleuves (Arar), et la Chrestomathie de Strabon.

MUELLER (**Ch. et Théodore**), éditeurs. Fragmenta historicorum græcorum. Auxerunt notis et prolegomenis illustrarunt, indice plenissimo instruxerunt Car. et Theod. Mulleri [53]. *Parisiis, Didot*, 1841-1848-1849-1851-1870, 5 vol. (Même collection.)

MUELLER (**Frédérik**). Catalogue de livres, etc., en vente aux prix marqués chez Fréd. Muller, Heerengracht, KK 130 (à Amsterdam) [1955]. *Amsterdam*, 1870; 30 p.

Nos 65-104 : Nomenclature de 40 catalogues de vente de collections numismatiques formées en Hollande et ailleurs.

MUELLER VON FRIEDBERG. Die Helvetier zu Cäsars Zeiten. Ein Staats-Trauerspiel in 5 Aufzagen [10784]. *St-Gall*, 1782.

MUENCH (**J.-G.**). De originibus Germanicis [10674]. *Giessæ*, 1724, in-4.

MUENCH (**Ernest**). Das Grossherzogthum Luxemburg, integrirender Theil des Teutsches Bundes in seinen ältern und neuern historisch-staatsrechtlichen Verhältnissen [10973]. *Braunschweig, Vieweg*, 1831, gr. in-8.

MUNIER (**Jean**). Rech. et Mémoires, etc., revus et donnés au public par Cl. Thiroux [8748]. *Dijon, Chavance*, 1660, 2 vol. in-4; 1 carte.

MUNK (**S.**). L'Inscription phénicienne de Marseille, traduite et commentée [4896]. — *Journal asiatique*, nov.-déc. 1847, p. 473-532.

Voir aussi (m. vol., p. 529) la mention d'un travail allemand de Movers intitulé : Des Sacrifices chez les Carthaginois; commentaire sur le tableau des Sacrifices de Marseille. *Breslau*, 1847.

MUQUARDT (**G.**). Bibliographie de la Belgique, ou Catalogue général des livres belges publiés par la librairie nationale et étrangère [10446]. *Bruxelles*, 1838 et années suivantes.

MURAT (**De**). Lettre écrite au r. p. de Montfaucon, etc. [4743]. *Mercure*, juin 1729, p. 1059-1070 (y compris des Remarques sur cette lettre).

MURATORI (**Louis-Antoine**). Sopra l'ascia sepolcrale [660]. — *Saggi di dissert. lette nella Acad. etrusca di Cortona*, t. II, 1738, in-4, p. 133-150.

— Novus thesaurus veterum inscriptionum in præcipuis earumdem collectionibus hactenus prætermissarum [2168]. *Milan*, 1739-1742, 5 vol. in-fol.

Voir notamment, t. II (classis XV), les inscriptions géographiques.

MURE (**Jean-Marie de La**). Hist. ecclés. du dioc. de Lyon, traitée par la suite chronologique des Vies des révérendissimes archevêques, etc. [8465]. *Lyon, Marcellin Gautherin*, 1671, in-4; 442 p.

— Hist. univ. civ. et ecclés. du pays de Forez, dressée sur des authoritez et des preuves authentiques [3515]. *Lyon, Jean Posuel* (et autres éditeurs), 1674; in-4; xx, 484 p.

MURET. Cérémonies funèbres, etc. [1632]. *Paris, Et. Michallet*, 1679, in-12.

MURET (**Th.**). Histoire de Paris, depuis son origine jusqu'à nos jours [9033]. *Paris*, impr. *Moquet*, 1836, in-12; 300 p.

MURITH (**Laurent-Joseph**). Lettre, etc. [10915]. — *Mém. de l'Acad. celtique*, t. V, 1810, p. 254.

— Dissertation, etc. [2782 *a*].

Analyse dans les séances publiques de l'Acad. de Besançon, 14 août 1813, p. 61.

— Extrait d'un mémoire, etc. [10857]. — *Mém. de la Soc. des ant. de Fr.*, t. III, 1821, p. 502-533.

MURNERUS (**Thomas**). Ad rempublicam argentinam Germania nova [3016]. S. d.; p. in-4.

MURR (**Christ.-Théoph. de**). Biblioth. glyptographique [2141]. *Dresde*, 1804.

MURRAY (**J.-P.**). De Pythea Massiliensi [891]. — *Commentarii Soc. Gœtting.*, t. IV, 1775, in-4.

MURY. Note, etc. [5135]. — *Mém. de la Soc. des ant. de Normandie*, t. IX, 1835, p. 568.

MUSELLIUS (**Jac.**). Numismata antiqua ab eo collecta et edita, cum tabulis æneis in universum 315 numeratis [1887]. *Veronæ*, 1752, 3 part. — Antiquitatis reliquiæ ab eodem collectæ tabulis (188) incisæ et brevibus explicationibus illustratæ. *Veronæ*, 1756. — Numismata antiqua ab eodem recens adquisita, aliis ab eodem jam editis addendæ. *Veronæ*, 1760, avec des planches (2, 13 et 81), en tout 5 part. in-fol.

MUSSET (**L.-A.-M.** de). Mémoire, etc. [3185]. — *Mém. de la Soc. des ant. de Fr.*, t. IV, 1823, p. 237.

MUSTON (**d**r). Recherches, etc. 1re partie [5636]. — *Mém. de la Soc. d'émul. de Montbéliard*, 2e s., t. III, 1866, p. 1-454.

MUTIUS (**H.**). De Germanorum prima origine, moribus, institutis, etc., libri chronici XXXI. Ex probatioribus germanicis scriptoribus in latinam linguam translati [10668]. *Basileæ*, apud *Henricum Petrum*, 1539, in-fol.

MUTRECY-MARÉCHAL. Note sur les aqueducs qui aboutissaient à Bourges [5262]. — *Congrès archéol.*, XVIe session, tenue à Bourges en 1849, p. 34-41.

— Tracé, etc. [m. n°]. — *Bull. du Comité de la langue, de l'histoire et des arts de la France*, t. III, 1855-1856, p. 428-434. — T. à p. 1857.

MUTTE (**H.-D.**). [*Ms.*]. Diss. où l'on montre que les peuples de l'ancien diocèse de Cambrai, situé sur la source de l'Escaud, et le long de la rive droite du fleuve, jusqu'au delà d'Anvers, étaient Nerviens, et que ceux de la gauche, qui confinaient au pays des Morins et à la mer jusqu'aux îles de Zélande, étaient Ménapiens [3717 *c*].

Travail mentionné dans la *Biblioth. histor.*, t. I, n° 352.

MUTZL (**S.**). Die römischen Wartthürme, etc. [10429]. *Münch*, 1851, in-4; 4 pl.

MYVYRIAN (**the**). — Voir Owen (Jones).

N

N***. Lettre à l'a. Lebeuf, sur qqs. antiq. de Paris. [nouv. add. 9089 *a*]. — *Mercure*, oct. 1740, t. II.

NADAILLAC (**m**is de). Mémoire, etc. [1411]. — *Bull. de la Soc. archéol. du Vendômois*, t. III, 1864, 21 p.

— L'Ancienneté de l'homme [1445]. — *M. rec.*, t. VII, 1868, p. 203-243. — T. à p. *Paris*, 1869. — 2e éd. *Paris*, *Franck*, 1870, petit in-8.

NADAL (l'a. **J.-C.**). Hist. hagiologique, etc. [5691]. *Valence*, *Marc-Aurel*, 1855.

NADAL (**J.-R.-D.**). Uxellodunum, etc. [2969]. *Cahors*, *impr. Layton*, 1865; 64 p.

NADAUD. Mont St-Michel [7282]. — *Lycée armoricain*, t. III, 1824, p. 3.

C'est la neuvième de ses dix lettres sur Dinan, Corseul, Saint-Malo, Dol, etc.

NADEAU (**Louis**). Gergovia, etc. [2737]. *Paris*, *Dentu*, 1862, in-12.

Critiqué dans un travail anonyme intitulé : Quelques mots sur le livre de M. L. Nadeau : Gergovia, etc. *Clermont*, 1862, in-8, et dans la « Réponse à la préface de M. Nadeau », suite à Quelques mots, etc. *Clermont*, 1863.

— Vichy historique [4524]. *Vichy*, *A. Wallon*, 1869, in-12.

NAMUR (**Jean-Pie**). Bibliographie académique belge, ou Répertoire systématique et analytique des mém., diss., obs., etc., publiés jusqu'à ce jour par l'ancienne et la nouvelle Acad. de Bruxelles, etc., précédée d'un précis histor. de l'Acad. et suivi d'un répertoire alphab. des noms d'auteurs [10445]. *Liège*, *Collardin*; *Paris*, *Roret*, 1838; 80 p.

Voir Quérard, *Supercheries litt.*, 2e éd., t. II, col. 1226 *a*.

— Tombeau, etc. [10977]. — *Bull. mon.*, t. XX, 1854, p. 582.

— Destruction d'Eptiacum de la carte de Peutinger (auj. Itzig, dans le grand-duché de Luxembourg), vers l'an 202 de l'ère chrétienne, prouvée par la numismatique [10987]. — *Rev. de la num. belge*, 3e s., t. IV, p. 285.

NANNI (**Jean**), dit Annius de Viterbe. Antiquitatum, etc. [2]. *Rome*, 1498, in-fol.

NAPOLÉON Ier. Précis des guerres de

J. César, écrit par MARCHAND à l'île de Ste-Hélène sous la dictée de l'Empereur [425]. *Stuttgard; Paris, Gosselin*, 1836. — 2e éd. *Paris, impr. imp.*, 1867, gr. in-4 (dans le Recueil des Commentaires de Napoléon Ier, t. VI). — 3e éd. *Paris, Hachette*, 1872, 2 vol. in-16.

NAPOLÉON III. * Hist. de J. César [445]. *Paris, Plon*, 1865, 1866, 2 vol. in-4.

Le t. III, qui n'a pas paru, devait contenir des *excursus* sur la construction des machines de guerre. — Voir COHAUSEN, *Cæsar am Rhein*, 1869.

— Geschichte J. Cæsars autorisirte übersetzung. *Wien*, 1865, 1866, 2 vol. gr. in-8.

NASH (D.-W.). Taliesin, or the Bards and Druids of Britain. Remains, etc. (text and translation) with an examination of the bardic mysteries [2395, 10347]. *London*, 1858, gr. in-8.

NASSAU (le cte de G.-L. de). Annibal et Scipion, etc., avec les ordres et plans de batailles et les annotations, discours et rem. politiques (de l'auteur) [2767]. *La Haye, Steucker*, 1675, pet. in-12.

NAUDET. Des Changements opérés, etc., sous les règnes de Dioclétien, de Constantin et de leurs successeurs jusqu'à Julien [781]. *Paris, Treuttel et Würtz*, 1817, 2 vol.

NAUDOT (Alexis). Notes, etc. [4568]. — *Mém. de la Soc. des ant. de Fr.*, 3e s., t. I, 1852, p. 294.

NAULT (Denys). * Hist. de l'ancienne Bibracte, à présent appelée Autun [2639, 2640]. *Autun, La Mothe-Tort* (1688), in-12.

— La Mort, etc. [472]. *Lyon*, 1688, pet. in-12.

« Cet ouvrage, plus romanesque qu'historique, se rapporte à l'histoire de l'ancienne Bibracte. » BRUNET, *Manuel*, t. IV, col. 23.

NAUROY. Lettre, etc. [7885]. — *Bull. de la Soc. d'archéol. et d'hist. de la Moselle*, t. X, 1867, p. 147-149.

NAVARRE (P.). * Essai historique sur la ville de Meaux, ancienne capitale de la Brie [9213]. *Meaux, Dubois-Berthault*, 1819; 111 p.

NEILZ. Rapp. sur un mont, etc. [6745]. — *Bull. de la soc. arch. du Vendômois*, t. I, 1862; 1 p.

— Histoire de la Condita de Naveil en Vendômois, archéologie, usages, traditions et fêtes populaires [6749]. *Paris; Vendôme*, 1867; 176 p.

— Rapp. sur des fouilles faites à Villarceau-en-Vendômois [6775]. — *Bull. de la Soc. archéol. etc. du Vendômois*, t. VIII, 1868, p. 151-157.

NELIS (l'a. Corneille-François de). Réflexions, etc. (lues en 1773) [10538]. — *Mém. de l'Acad. des sc. et b.-l. de Bruxelles*, t. I, 1780, in-4, p. 479-495; 1 pl.

— Belgicarum rerum liber prodromus, seu de historia belgica ejusq. scriptoribus præcipuis commentatio qua vulgandorum monumentorum series, argumentum operis et summa rerum capita exhibentur [nouv. add. 10459 *a*]. *Parmæ*, 1795.

NENNIUS [10253]. Nennii Banchorensis cœnobiarchæ eulogium Britanniæ sive historia Britonum; editio nova longe prioribus correctior. *Hauniæ*, cura et impensis *Carol. Bertrami*, 1758, pet. in-8. (1re éd. dans les *Historiæ Britannicæ... XV auctores*, de Th. GALE, 1691, in-fol.)

— The historia Britonum, commonly attributed to Nennius, from a ms. lately discovered in the library of the vatican palace at Rome, edited in the 10th century by MARK the hermit, with an english version, fac-simile of the original, notes and illustrations by W. GUNN. *London*, 1819. — Publié de nouveau par la Soc. histor. anglaise : « ad fidem codd. mss. recensuit Jos. STEVENSON ». *Londres*, 1838. — History of the Britons translated from the text of Stevenson, by J.-A. GILES. *London, Bohn*, 1840, pet. in-8.

— Voir BERTRAM [10246]. — Consulter aussi les nos 10242 et suivants.

NEULAT (P.). Géographie... du Puy-de-Dôme, précédé d'un résumé de l'histoire d'Auvergne, accompagnée de notions sur l'industrie, les curiosités, les antiquités et les hommes célèbres [8246]. *Clermont-Fd*, 1846, in-18.

NEUMANN (François). Populorum et regum numi veteres inediti collecti ac illustrati [1899]. *Vindobonæ, Rud. Græffer*, 1779, 1783, 2 vol. in-4, 7 pl.

Monnaies gauloises et gallo-romaines, t. I, p. 1-4. Voir aussi t. II, p. 169, 245. — T. II, p. 213-244 : Animadversiones in numos a Pellerinio vulgatos.

NEUVÉGLISE. Abrégé de l'histoire de Dombes, avec carte de la principauté de Dombes [3479]. *Trévoux, Thoissey,* 1696, gr. in-4. — Réponse de l'auteur de l'Abrégé de l'hist. de Dombes à la critique de M*** et à la lettre du père Menestrier. *Trévoux,* 1698, in-12.

NEVILLE. (Traduction du titre anglais.) Description, etc. [10379]. — *Journal archéologique,* p. p. le Comité central de l'Institut archéol. d'Angleterre, t. XIII, n° 49, mars 1856; 13 p.

NEWMANN (Fr.-W.). The Text of the Iguvine inscriptions with interlinear latin transcription [nouv. add. 10961 *a*]. *London,* 1864.

NEYEN (dr Auguste). Luxemburgum romanum. — Voir Wiltheim.

NICART (Pol). Les Anciens, etc. [1741]. — *Mém. de la Soc. des ant. de Fr.,* 3e s., t. IX, 1866, p. 64.

NICERON (le p. Jean-Pierre). Mémoires, etc. [161]. *Paris,* 1727-1745, 43 vol. in-12.

T. XL-XLIII posthumes, publiés par le p. Oudin, J.-B. Michault et l'abbé Goujet.

— Tradon allemande des vol. I-XV, par Sigism.-Jacq. Baumgarten. *Halle,* 1749-57; vol. XVI-XXI, par Fréd.-Eberhardt Rambach. *Ibid.,* 1758-61; vol. XXII-XXIV, par Th. de Jani. *Ibid.,* 1771-77. (*Biogr. univ.*)

NICHOLS (John). Bibliotheca topographica britannica [10235]. *London,* printed by and for John Nichols, 1780-90, 8 vol. in-4, fig.

Voir Brunet, *Manuel,* t. I, col. 925-926.

NICKLÈS (Napoléon). Helvetus, etc. [8403] — *Mém. lus à la Sorbonne* en 1863 (archéologie), p. 43. — T. à p. *Paris,* 1864; 24 p., 1 carte. — 2e éd. augm. *Strasbourg,* 1864; 50 p., 1 carte.

NICOLAÏ (G. de). Précis, etc. [3563]. — *Mém. de l'Acad. des inscr.,* t. XXI, 1754 (hist.), p. 156.

NICOLET (H.-G.). Histoire de Melun, depuis son origine jusqu'à nos jours [9180]. *Paris; Melun,* 1843.

NICOLLE (Amable). Geneviève, etc. [732]. *Paris, Amyot,* 1841.

NICOLSON (William). Bibliotheca historica anglicana [10234]. *Londini,* 1696, 1697, 1699, 3 vol. in-fol.

— The english, etc. [m. n°]. *London,* 1736, in-fol.; 1776, in-4.

NIEL (G.). Origines de Condom [6232]. — *Rev. d'Aquitaine,* t. V, 1861.

NIELSEN. Beskrivelse, etc. [1904]. *Copenhague, Moller,* 1791, 2 vol. in-fol.

NIEPCE (Léopold). Recherches, etc. [8811]. *Chalon-sur-Saône,* 1849, gr. in-4. — T. à p. anticipé de l'art. suiv.: Fortifications gallo-rom. de Chalon-sur-Saône. — *Mém. de la Soc. d'hist. et d'archéol. de Chalon-s.-S.,* t. II, 1850, in-4; 180 p.; plans et planches.

NIGRA (C.). Voir Zeuss, année 1853.

NIGRI (François). Rhetia, sive de situ et moribus Rhetorum [10835]. *Basileæ,* ex offic. *Joannis Oporini,* 1547, in-4.

NIGRINUS (J.). De urbium Germanicarum origine et varietate [10714]. *Wittebergæ,* 1652, in-4.

NILSSON (Sven). Einige Bemerkungen zu Pytheas; Nachrichten über Thule, trad. du suédois par Schömann [896]. — *Zeitschrift für d. Alterthumswissenschaft,* nos 114-115, 1838.

NIMSGERN (J.-B.). Hist. de la v. et du pays de Gorze, depuis les temps les plus reculés jusqu'à nos jours [7868]. *Paris, Borrani et Droz; Dumoulin; Metz,* 1853; grav.

NINET. Analyse de sa mission pour examiner, etc. [7551]. — *Précis des travaux de la Soc. des sc., l. et arts de Nancy,* 1824-1828. *Nancy,* 1829, p. 176.

— Analyse de son catalogue raisonné, etc. [7534]. — *M. vol.,* p. 177.

NISARD (Jean-Marie-Napoléon-Désiré). Histoire, etc. [5946]. *Paris,* 1835; fig. et pl. gravées.

NISLE (P.). De bellis, etc. [10692]. *Vratislaviæ,* 1826.

NIVELEAU. [*Ms.* ?]. Rech. sur Bavay ancien et nouveau [7986]. 1831. (Titre incertain.)

Méd. d'or à l'Ac. des inscr. en 1831.

NOBILING. Betrachtungen, etc. [11015]. — *Jahrb. des Vereins von Alterthumsfreunden im Rheinlande,* t. XLII, *Bonn,* 1867, gr. in-8.

NOBILLEAU (Paul). Monuments, etc. [4075]. — *Mém. de la Soc. archéol. de Touraine,* t. I, 1870-71, p. 212-213.

NOBLE DE LA LAUZIÈRE. — Voir Lauzière.

NOEL (J.-B.). Carte de la Gaule. — Voir dom Jacques Martin, dernier article.

NOEL. Mémoire, etc. [9449]. — *Mém. de l'Acad. celt.*, t. IV, 1809, p. 231.

NOEL (Pa.). De l'existence, etc. [3953]. — *Mém. de la Soc. des lettres, sc. et arts de l'Aveyron*, t. IX, 1859-1867. *Rodez*, 1867; 11 p.

NOELAS (Frédéric). Légendes et traditions foréziennes, accompagnées d'une vue et d'une carte du Roannais à l'époque gallo-romaine [6782]. *Durand, Roanne,* 1865; 9 grav.

— Dictionnaire, etc. [6791]. Introduction. — *Ann. de la Soc. d'agr.* etc. *du dép^t de la Loire*, t. X, 1866; p. 211-265. — T. à p. 1867; 55 p. — Dictionnaire, etc. [m. n°]. (1re et 2e parties). — *M. rec.*, t. XIV, 1870, et t. XV, 1871.

— Les *Ambluareti*, etc. [3039]. — *Revue du Lyonnais*, 3e s., t. III, 1867, p. 261-279. — T. à p. *Lyon, Vingtrinier*, 1867.

Mém. résumé dans les *Assises scientif. du Bourbonnais*, 1re session tenue à Moulins, 1867, p. 426-435.

— Le fort vitrifié de Chastelux [6785]. — *Rev. forézienne*, 2e année, 1868, t. I, p. 9.

NOGUIER (Antoine). Histoire tolosaine, ou la province de Languedoc, depuis son origine jusqu'en 1557 [3554, 6137]. *A Tolose*, chez *Boudeville* (1559), p. in-fol.; fig. sur bois.

NOGUIER (L.). Rapport sur divers mon^{ts}, etc. [6408]. — *Bull. de la Soc. archéol.* etc. *de Béziers*, t. IV, 1866-1868, p. 145-176.

— Rapp. sur divers objets, etc. [6409]. — *M. vol.*, p. 323-339.

— Acquisitions, etc. [6410]. — *M. rec.*, 2e s., t. V, 1870, p. 175-187; pl.

NOLHAC (J.-A.-B.). De la hache sculptée au haut de plusieurs mon^{ts} funéraires antiques, et des mots « sub ascia dedicavit » ou « dedicaverunt » qui terminent les inscriptions gravées sur ces mon^{ts} [662]. *Lyon, Perisse, Gilberton et Brun*, 1840; 84 p.

— Lettre sur le prétendu « Poisson-Dieu ». Rapp. fait à l'Acad. des sc., l. et arts de Lyon [8776]. — *Rev. du Lyonnais*, t. XIV, 1841, p. 193-210.

Critiq. du mém. de Pierquin de Gembloux [n° 8775].

— De la hache sculptée au haut de plusieurs mon^{ts} funèbres antiques [nouv. add. 663 *a*]. — *Mém. de l'Acad. de Lyon*, t. I, 1845, p. 511-536.

NORMAND (C.-J.). Dissertation, etc. [6683]. *Dôle*, 1744, in-12. — Supplément, 1746, in-12.

NOUAL DE LA HOUSSAYE (Alexandre de). Dissertation, etc. [3448]. — *Mém. de l'Acad. celt.*, t. I, 1807, p. 246.

— Lettre, etc. [6463]. — *M. rec.*, t. IV, 1809, p. 60.

— Mœurs, langage, etc. [6430]. — *M. vol.*, p. 338.

— Mœurs, langage et antiq. du dép^t de la Loire-Inférieure [6879]. — *M. rec.*, t. V, 1810, p. 137.

— Mém. sur un menhir, etc. [5495]. — *M. vol.*, p. 369.

— Mémoire sur un mon^t celtique [6470]. — *M. vol.*, p. 371.

— Voyage au mont St-Michel, au Mont-Dol et à la Roche-aux-Fées [6471, 7281]. *Paris, Al. Johanneau, P.-N. Rougeron*, 1811, in-18; 96 p.

— Statistique, etc. [6867]. *Paris*, 1811.

NOUBEL (Raymond). Rapp. sur un mém. de M. de Villeneuve, sous-préfet de Nérac, relatif à des fouilles f. à Fréjus en floréal an XI [9175]. — *Rec. de la Soc. acad. d'Agen*, t. I, 1806, p. 93.

NOUE (Colas de La). Voir Vergnaud-Romagnési, not. histor., etc. [6996]. 1830.

— Rapport sur la diss. de Guyot [6974]. — *Mém. de la Soc. des sc.* etc. *d'Orléans*, t. I, 1837, p. 201.

— Voir Billy (E. de). 1842.

NOUEL (E.). Compte rendu, etc. [6755]. — *Bull. de la Soc. archéol.* etc. *du Vendômois*, t. VIII, 1869, p. 247.

NOULENS (J.). Noms de lieu en ac et en an [1150]. — *Revue d'Aquitaine*, publiée à Condom, année 1861-1862.

NOULET (d^r). Note, etc. [6197]. — *Mém. de l'Acad. des sc. de Toulouse*, 6e s., t. IV, 1866, p. 139 et 140; 1 pl.

— Grotte, etc. [6190]. — *M. vol.*, p. 715.

NOUVEAU. Antiq. celtiques près Montmorillon [9963]. — *Bull. de la Soc. des ant. de l'O.*, 4e trim., 1839; 4 p.

NUNOZ Y ROMERO (D.-Th.). Diccionario bibliografico-historico de los antiguos reinos, provincias, ciudades, villas etc. de España [10587]. *Madrid*, 1859, gr. in-4.

NYD (l'a. L.-M.). Notre-Dame de Vaux, ou souvenirs historiques et traditionnels de Pont-de-Vaux et de ses environs [4182]. (Dans la partie historique de l'*Annuaire de l'Ain* pour 1845.) — Suite (ne concernant plus l'époque gauloise) dans l'Annuaire de 1846.

O

OBERLIN (Jérémie-Jacques). Epitome, etc. [317]. *Argentorati, Heitz*, 1762, in-4.

— Miscellanea litteraria maximam partem argentoratensia [8365, note]. *Ibid.*, 1770, in-4.

Détails sur plusieurs monuments.

— Orbis antiqui monumentis suis illustrati primæ lineæ [169]. *Ibid., Jo.-Fr. Stein*, 1776, in-16; 198 p. et l'index.

— Édition de Vibius Sequester, 1778. — Voir ce nom.

— Alsatia litterata sub Celtis, Romanis, Francis, Germanis, etc. [3023]. *Ibid.*, 1782, in-4.

— Musæum Schœpflini [1281], t. Ier (unique). *Ibid.*, 1785, in-4.

OCCO (Adolf.), 13e du nom. Numismata imperatorum romanorum a Pompeio ad Heraclium [2071, 2078]. *Antverpiæ, Plantin*, 1579, in-4. — *Augustæ Vindel.*, 1601, in-4 (texte hollandais). — Ed. avec notes de Mezza Barba. *Milan*, 1683, in-fol. — Impp. rom. num. etc., ab Ad. Occone olim congesta, Augustorum iconibus, notis et additamentis jam illustr. a Franc. Mediobarbo (Mezza Barba) Birago, nunc vero a mendis expurgata, additionibus criticisque observat. exornata, curante Phil. Argelato. *Mediolani*, 1730, in-fol., fig. — *Ibid.*, 1764, in-fol.

— Inscriptiones, etc. [10628]. *Bâle*, 1592 et 1596, in-fol.

O'CLERY (Michel). Lexicon hibernicum, etc. [2356, 10371]. *Lovanii*, 1643.

O'CONNOR (Charles). Rerum hibernicarum scriptores veteres [10363]. *Buckinghamiæ*, excudebat *J. Seeley*, venunt apud *T. Payne, Londini*, 1814-1825-1826, 4 vol. in-4, pl.

Détail du contenu des vol. dans Brunet, *Manuel*, t. IV, col. 155.

ODERICO (Gaspard-Louis). De Argenteo Orcitirigis nummo conjecturæ [1965]. *Romæ*, 1767, in-4.

ODOLANT-DESNOS (Pierre-Joseph). [*Ms.*] Diss. sur les Aulerces, avec plusieurs autres sur les anciens peuples qui ont habité la partie des Gaules qui a formé depuis le duché d'Alençon et le comté du Perche [3184], in-4.

Mentionné dans la *Biblioth. histor.*, t. V, no 3912*.

— Mémoires histor. sur la v. d'Alençon et sur ses seigneurs, par Léon Duchesne de La Sicotière, 1re livr. (unique ?) [8127], *Alençon, Poulet-Malassis et Debroise*, 1858, 240 p.

Quérard (*Fr. litt.*, t. VI, p. 470) dit que cet auteur a laissé, sur l'histoire et les antiquités de la contrée, des matériaux qui forment une centaine de volumes in-4.

— Description géographiq., statist. et topograph. du dépt de l'Orne, etc., avec une carte et un dictionnaire topographiq., biograph. et bibliograph. du dépt [8117]. *Paris, Verdière*, 1834.

Fait partie de « La France », ouvrage publié par Loriol.

ODORICI (Luigi). Catalogue du musée de Dinan [5507]. 1850, in-18.

— Fouilles, etc. [3450]. — *L'Investigateur*, 21e année, 3e s., t. IV, p. 343-344.

— Recherche, etc. [5506]. *Dinan, Huart*, 1857, in-18.

ŒFELS (Andreas-Felix). Rerum boicarum scriptores [10418]. *Augustæ Vindelic.*, 1763, 2 vol. in-fol.

ŒILLARD (J.-A.). Dépᵗ de la Seine-Inférieure. Tableaux synoptiques, etc. [9332]. *Yvetot* (1856), in-folio; plans.

ŒRTELL ou **ORTELL**. — Voir Ortelius.

ŒTTINGER (Édouard-Marie). Archives histor., contenant une classification de 17,000 ouvr. p. s. à l'étude de l'histoire [194]. *Carlsruhe*, 1841.

— Bibliographie biographique, ou Dictionnaire des ouvr. relatifs à l'hist. de la vie publ. et privée des personnages célèbres de tous les temps et de toutes les nations, depuis le cᵗ du monde jusqu'à nos jours [199]. — *Leipzig*, 1850, 1 vol. in-8. — 2e éd. *Bruxelles, J.-J. Stiénon*, 1854, 2 vol. in-8. — 3e éd. *Paris, A. Lacroix; P. Daffis*, 1866, 2 vol. in-4.

OFFROY (J.-B.-Victor). Histoire de... Dammartin (Seine-et-Oise), et Coup d'œil sur les environs [9206]. *Meaux*, 1841, in-12.

Ce Dammartin (Seine-et-Oise) a été confondu dans le Catalogue méthodique, avec le Dammartin de Seine-et-Marne.— A reporter après le nº 9266.

OGÉE (Jean). Atlas itinéraire de Bretagne, contenant les cartes particulières de tous les grands chemins de cette province, avec tous les objets remarquables qui se rencontrent à une demi-lieue à droite et à gauche [3308]. *Paris, Merlin*, 1769, in-4 oblong.

Ogée a publié aussi une grande carte géographiq. estimée de la prov. de Bretagne; une autre, du comté Nantais. (Quérard, *Fr. litt.*)

— Dictionnaire historique et géographique de la province de Bretagne [3309]. *Nantes, Vatar fils*, 1778-80, 4 vol. in-4. — 2e éd. revue avec soin et augm. de notes, rectifications, etc., et d'un exposé de l'état actuel, par l'abbé Manet. *Rennes, Mellier*, 1840-1844, 2 vol. gr. in-8. (Quérard.) — Nouv. éd. revue et augm. par A. Marteville et P. Varin, avec la collaboration spéciale de MM. Deblois, Ducrest de Villeneuve, Guépin et Le Huérou (et encore de M. de Francheville pour le 2e vol.). *Rennes, Mellier et Deniel*, 1843-1853, 2 vol. tr. gr. in-8. Carte de la Bretagne en 4 feuilles. (Brunet.)

Note de la 1re édition, à la fin du t. IV : « M. Ogée se fait un plaisir de déclarer ici que le dictionn. de Bretagne a été redigé par M. Grillier, maître ès arts en l'université de Nantes ».
Voir aussi Le Huérou, 1er article.

OHLENSCHLAGER. Drei röm. Inschriften, etc. [11052]. — *Jahrb. des Vereins von Alterthumsfreunden im Rheinlande*, t. XLIII. *Bonn*, 1867, gr. in-8, p. 147-151.

OIHENART (Arnauld). Notitia utriusque Vasconiæ tum ibericæ, tum aquitanicæ [3205, 3543]. *Paris, Cramoisy*, 1638, in-4. — 2e éd. (nouveau titre seulement). *Ibid.*, 1656, in-4.

(Titre détaillé dans la *Biogr. générale*.)
« Il y a plusieurs mss. d'Oihenart à la Biblioth. nationale. » (Lalanne, *Dictionn. histor. de la France*.)

OISELIUS. Thesaurus, etc. [1869]. *Amsterdam*, 1677, in-4; 67 pl.

OLHAGARAY (P.). Hist. des comtés de Foix, Béarn et Navarre, diligemment recueillie tant des précédents historiens que des archives desdites maisons [3229, 3711, 4629]. *Paris, Douceur*, 1609 (et aussi 1629), in-4.

OLIVIER. Sépulture des anciens [1635 *a*]. *Marseille*, 1771, in-12.

OLIVIER. Note, etc. [9584]. — *Mém. lus à la Sorbonne* en 1864 (archéologie), 1865, p. 1.

OLLERIS. Examen, etc. [2735]. *Clermont*, 1861; 30 p.; 1 carte.

— Gerbert, etc. [5147]. *Clermont, F. Thibaud*, 1862; 32 p.

OLLIER DE MARICHARD. Découverte, etc. [4606 *b*]. — *Bull. mon.*, t. XXXVI, 1870, p. 180-183.

OLLIER DE MARICHARD (J.) **et PRUNER-BEY.** Les Carthaginois en France. La Colonie libyo-phénicienne du Liby, canton de Bourg-Sᵗ-Andéol (Ardèche) [4602]. *Montpellier, Coulet; Paris, Delahaye*, 1870; 52 p.; 1 tableau.

OLLIVIER (Jules). * Essais, etc., avec des notes et des pièces justificatives inédites [5700]. (La dédicace « aux habitants de Valence » est signée.) *Valence, Borel; Paris, Didot*, 1831.

— De la Fondation, etc. [5701]. (Extrait d'un journal de la localité ?) — T. à p. à 12 ex. *Valence, Borel* (1835), in-12.

— Discours, etc. [5687]. — *Bull. de la Soc. de statist. de la Drôme*, t. I, 1837, p. 1-28.

— Mém. sur les anciens peuples qui habitaient le territoire du dépᵗ de la Drôme, etc. [5688]. *Valence*, 1837.

(Extr. de l'*Ann. de la Drôme* pour 1837, et de la *Revue du Dauphiné*.

OLLIVIER (dʳ). Haches, etc. [4535]. —

Congrès scientif. de France, XXXIIIe session, tenue à Aix en Provence en 1866, t. II, 1868, p. 238-244.

— Étude, etc. [3014 *a*]. *Digne*, 1870, gr. in-8.

OLRY (**E.**). Note sur les constructions rom., etc. [7545]. — *J[al] de la Soc. d'archéologie lorraine*, t. XII, mars 1863; 7 p.

Voir aussi *M. rec.*, t. X, 1861, p. 233, et t. XI, 1862, p. 286.

— Qqs. notes, etc. [7537]. — *M. vol.*, juillet et déc. 1863; 9 p.

— Recherches, etc. [7544]. — *M. rec.*, t. XIII, 1864.

— Sépultures, etc. [7541]. — *M. vol.*

— Répertoire archéol. des c[ons] de Colombey et de Toul-Sud [7522]. — *Mém. de la m. Soc.*, 2e s., t. VII. *Nancy*, 1865; 53 p. — T. à p.

— Rép. archéol. des c[ons] d'Haroué et de Vézelise [7523]. — *M. rec.*, m. s., t. VIII, 1866. — T. à p.

— * Qqs rech. etc. [7538, 7604]. — *J[al] de la m. Soc.*, t. XVIII, 1869, p. 92.

— Rép. archéol. des c[ons] de Domèvre, etc. [7521]. — *Mém. de la m. Soc.*, 2e s., t. XII, 1870.

— Rép. archéol. de la v., des faubourgs et du territoire de Toul [7603]. — *M. vol.*, p. 330; planches.

— Une inscr. et un groupe sculpté à St-Epvre, etc. [7588]. — *J[al] de la m. Soc.*, t. XIX, 1870, p. 183.

OPOIX (**Christophe**). L'ancien Provins : antiq. et orig. de la haute-ville de Provins; l'époque de sa fondation ; les noms de ses fondateurs; les motifs, les intentions qu'ils se sont proposés en bâtissant cette ville, évidemment prouvés par les ruines et les restes considérables qui subsistent aujourd'hui [9238]. *Provins*, imp. *Lebeau*, 1818, in-12; planches. — Supplément. *Ibid.*, 1819, in-12, 172 p. (suivi d'une diss. sur le mot Anatilorum, que l'auteur suppose être le nom de la v. basse de Provins).

— Hist. et description de Provins [nouv. add. 9239 *a*]. *Ibid.*, *id.*, 1823, in-8. — Supplément, 1825; 12 p. — Suite de l'Hist. de Pr. 1829; 48 p.

— Agendicum, etc. [9240]. *Provins*, impr. *Lebeau*, 1838; 28 p.

OPPERMANN (**Charles-Frédéric**). Les antiquités, etc. [8418]. — *Bull. de la Soc. pour la conservation des mon[ts] histor. d'Alsace*, t. III, 2e partie, 1860; 3 p.; dessins.

— Notice sur deux dolmens près l'enceinte de Ste-Odile et des environs [nouv. add. 8375]. — *M. rec.*, 2e s., t. I, 1862; 8 p.; dessins.

ORBESSAN (**m[is] d'**). Mélanges historiques, critiques, de physique, de littérature et de poésie [6144]. *Toulouse* et *Paris*, *Merlin*, 1768, 4 vol.

ORDRE (**Ant.-Marie-Guillain du Wicquet d'**). — Voir WICQUET D'ORDRE.

O'REILLY (**l'a. Patrice-John**). Essai sur l'histoire de la ville et de l'arrond[t] de Bazas, depuis la conquête des Romains dans la Novempopulanie jusqu'à la fin du XVIIIe siècle [6283]. *Bazas*, impr. *Labarrière*, 1840.

— Hist. complète de Bordeaux, 2e éd. corrigée, augm. d'une table chronologique des faits [6309]. (*Bordeaux*, *Delmas*); *Paris*, *Furne*, 1863, 6 vol. et supplément avec pl.

La 1re éd. a paru en 1856-1862.

ORELLI (**Jean-Gaspard**). Inscriptiones in Helvetia repertæ [10831]. *Turici*, 1826, in-8. — Inscriptiones Helvetiæ collectæ et explicatæ. *Ibid.*, 1844, in-4.

ORELLI (**J.-G.**) **et HENZEN** (**G.**). Inscriptionum latinarum selectarum amplissima collectio ad illustrandam Romanæ antiquitatis disciplinam accommodata ac magnarum collectionum supplementa complura emendationesque exhibens. Cum ineditis Jo. Casp. HAGENBUCHII suisque adnotationibus edidit Jo. Casp. ORELLIUS. Insunt lapides Helvetiæ omnes; accedunt præter Fogînii Kalendaria antiqua Hagembuchii, Maffei, Ernestii, Reiskii, Seguierii, Steinbruchelii epistolæ aliquot epigraphicæ nunc primum editæ. 2 voll. Accedit vol. III, collectionis Orellianæ supplementa emendationesque exhibens. Edidit Gulielmus HENZEN. Accedunt indices rerum ac notarum, quæ in tribus voluminibus inveniuntur [2207, 10830]. *Turici*, *Orelli*, 1828, 1856, gr. in-8.

ORIEUX (**Eugène**). Études, etc. [6884]. — *Ann. de la Soc. acad. de Nantes*, t. XXXV. — T. à p. 1864, p. 401-533; carte; pl. *Nantes*, 1865; 16 planches. (Biblioth. de la jeunesse chrétienne.)

ORME (G.-M. de l'). — Voir DELORME.

OROSE (Paul). [71]. Historiarum adversus paganos libri VII. — Finiunt feliciter per Johannem *Schuzler* florentissime urbis Auguste concine impressi. 1471. In-fol. goth. (1re éd.). — Autres éditions. *Cologne*, circa 1475. — 1677 (t. VII de la Biblioth. Patrum). — P. OROSII adversus paganos historiarum libri VII, ut et apologeticus contra Pelagium, de arbitrii libertate, ad fidem mss., adjectis integris notis Fr. FABRICII et L. LAUTII, recensuit suisque animadversionibus illustravit Sigebertus HAVERCAMPUS. *Lugd. Batav.*, 1738 (nouveau titre daté de 1767), in-4. — — P. OROSII Historiarum libri VII. Accedit ejusdem Liber Apologeticus. Rec. et commentario critico instruxit Carolus ZANGEMEISTER. *Vienne, Gerold fils*, 1882, XXXII-820 p. (T. Ve du Corpus scriptorum ecclesiasticorum latinorum publié sous les auspices de l'Acad. des sc. de Vienne.)

ORRY (Jean). [*Ms.*] Mémoires, etc. [3648].

Mentionné dans la *Bibl. histor.*, t. III, n° 35 502.

ORTELIUS (Abraham). Theatrum orbis terrarum [931]. *Anvers*, *Coppen. Diesth*, 1570, gr. in-fol.; 53 cartes gr. par Fr. HOGEMBERG. (1re édition.) — 1571, avec texte flamand et 67 cartes. — 1573, 70 cartes. — 1595, avec 115 cartes. *Anvers*, *J.-B. Vrint*, 1603, gr. in-fol. sous le titre suivant : Theatrum, etc. [935]. — Traduction anglaise. *Londres*, 1606, in-fol.

— Théâtre de l'Univers, contenant les cartes de tout le monde, avec une briève déclaration d'icelles [936]. *Anvers*, *de l'imprimerie Plantinienne*, 1598, gr. in-fol.; cartes coloriées.

— Gallia vetus, etc. [934].

Carte et explications comprises dans le *Theatrum o. t.*

— Synonymia geographica [933]. *Anvers*, 1578, in-4. Revu par l'auteur et réédité sous le titre suivant : Thesaurus geographicus recognitus et auctus [932]. *Antuerpiæ*, *ex offic. Plantiniana*, 1596, in-fol.

Édition estimée (WEISS, *Biogr. univ.*). — Autres éditions, *Hanau*, 1611, in-4. — *Anvers*, 1624, in-4.

— Belgii veteris typus [10484]. 1594, in-fol. (carte).

— Aurei sæculi imago, in qua Germanorum veterum vita, mores, virtus ac religio, etc. [nouv. add. 10701 *a*]. *Anvers*, 1598, in-4, fig.

— Theatri orbis terrarum parergon sive veteris geographiæ tabulæ [937]. *Antuerpiæ*, *Balth. Moretus*, 1624, gr. in-fol.; 32 pl. — Editions antérieures. *Anvers*, 1577. — 1588. — 1595. — 1609. — Publié aussi avec le *Theatrum o. t.*

OSTERN (Balthasar). Bibliotheca exotica, sive Catalogus officinalis librorum peregrinis linguis usualibus scriptorum, etc. [152]. *Frankfourt*, 1625, in-4; 654 pages plus l'Index auctorum.

Voir notamment Libri Gallici historici et cosmographici, p. 111 et sv.

OSTERWALD, éditeur. *Nouveau voyage pittoresque, orné de (360) gravures exécutées sur des dessins faits d'après nature, représentant des vues des principales villes de France, ports de mer, monuments anciens et modernes. 60 livraisons contenant 4 pl. [1578]. *Paris*, 1817-24, 3 vol. gr. in-4.

O'SULLIVAN. Aperçu, etc. [1296].

Introduction placée en tête des chefs-d'œuvre poétiques de Th. Moore, trad. par Mme Louise-Sw. BELLOC. *Paris*, *Gosselin*, 1841. — Voir MOORE (Th.).

OTTMANN. Une habitation gallo-rom. entre le village de Breux (Meuse), et son écart le hameau de Fagny [7620]. — *Mém. de la Soc. dunkerquoise*, etc., t. IV, 1856-1857; 21 p.

OUDENDORP (François). Brevis... descriptio [1273, 10410]. *Lugd. Batav.*, 1746, in-4.

Voir aussi, sur le musée de Leyde, J.-G. TE WATER, *Narratio*, etc.

— Préféricule, etc. [7617]. — *Bull. du Comité de la langue*, etc., t. IV, 1857 (1860), p. 933-936.

Il existe, du même, un « Essai sur les morceaux d'architecture antique trouvés au village de Naix en 1845. » (In-8?)

— Clouterie, etc. [7619].

Rapport sur cette communication, par J. Quicherat, *Rev. des Soc. sav.*, 4e série, t. I, 1865, p. 183.

OUDET (T.). Monuments antiques, ruines d'architecture, etc., recueillis par T. Oudet, etc. [nouv. add. 7610 *a*]. 1840, gr. in-fol.; 30 pl. gravées.

OUDIETTE (Charles). Dictionnaire topograph. des environs de Paris, jusqu'à 10 lieues 1/2 à la ronde de cette capitale, avec une carte de démarcation rédigée... d'après l'approbation du gt

[9012]. *Paris, Dentu,* 1812. — 2e éd. augm. *Paris, l'auteur* et libr. *C. Chanson,* 1817; 1 carte.

— * Dictionnaire topographique de Seine-et-Oise, faisant suite au dictionnaire des environs de Paris... avec une carte géométrique rédigée d'après l'approbation du gt [9169]. *Paris, Chanson,* 1821.

Article à reporter, dans le Catalogue méthodique, après le no 9251.

OUDIN (le p. François). Diss. sur l'expression *sub ascia* [nouv. add. 660 *a*].

Dans le *Recueil de divers écrits*, publié en 1738, par l'abbé Lebeuf, tome II.

— Rech. sur les Ambrons, ancien peuple des Gaules [3040].

Dans le *Recueil de pièces d'hist. et de litt.* p. p. l'abbé Granet. *Paris, Chaubert,* 1741, t. IV, p. 1-38.

— [*Ms.*] Glossaire celtique [2336].

« Le ms. original, distribué en petits cahiers et en feuilles volantes, mais assez considérable pour former un gros in-8, est entre les mains de M. Michault, à qui l'auteur l'a remis trois ans avant sa mort. Ce savant en a donné une idée dans ses *Mélanges historiques et philologiques.* (*Paris,* 1754), t. II, p. 233-238, et p. 292. » (*Biblioth. histor.*, t. I, no 3766.)

OULTREMAN (le p. Henri d'). Histoire, etc., depuis l'an 366 jusqu'en 1598, illustrée et augmentée par le P. Pierre d'Outreman [7976]. *Douay, Marc Wyon,* 1639, in-fol.; fig.

OURGAUD (dr). Notice historique sur la ville et le pays de Pamiers, ancien royaume de Frédébas [4638]. *Pamiers, Vergé,* 1865.

OUVRARD (le chanoine René). * Défense de l'anc. tradition des égl. de Fr. sur la mission des premiers prédicateurs évangéliques dans les Gaules du temps des apostres ou de leurs disciples immédiats et de l'usage des écrits des ss. Sévère, Sulpice et Grégoire de Tours, et de l'abus qu'on a fait en cette matière et en d'autres pareilles [695]. *Paris, Lambert Roulland,* 1678, in-12.

Voir *Biblioth. histor.*, t. I, no 4004.

OUVRARD (dr J.-P.). Not. sur le village de Beauveau [7207]. — *Mém. de la Soc. d'agr., sc. et arts d'Angers,* 2e s., t. V, 1854, p. 80-91.

— Le dolmen des Mollières, près de Beauveau [nouv. add. 7207 *a*]. — *M. rec.*, nouv. période, t. II, 1859; 9 p.

OWEN (William). Dictionary, etc., with numerous illustrations, from the literary remains, and from the living speech of the Cymry [2364, 10341]. *London,* 1793-94 (nouveau titre, 1803), 2 vol. gr. in-8.

OWEN (Jones, dit the Myvyrian). Archeology of Wales collected out of ancient manuscript [10356]. *London,* 1801-1807, 3 vol.

OZANAM père (dr A.-S.). Notice, etc. [8532]. — *Arch. histor. et statist. du dépt du Rhône,* t. IV, 1826.

Camp de Sathonay.

OZANAM (Alphonse-Frédéric). Études germaniques pour servir à l'histoire des Francs : l'état des Germains avant le christianisme; la civilisation chrétienne chez les Francs [10682, 10683]. *Paris,* 2 vol. — Reproduit dans ses œuvres complètes, éd. de 1862-65, t. 3-4.

Ouvr. couronnés par l'Acad. française.

— La civilisation au ve siècle, introduction, etc., suivie d'un essai sur les écoles en Italie, du ve au XIIIe siècle [870]. *Paris, Jacques Lecoffre,* 1855-1856, 2 vol. — Œuvres complètes, t. 1-2.

— Histoire, etc. [10683]. *Paris,* 1849, 2e éd.

— Œuvres complètes, avec une préface par M. Ampère [870]. *Paris,* 1855-56, 8 vol. — 2e éd. *Paris, J. Lecoffre,* 1862-1865. — 3e et 4e éd. *Ibid., id.,* 1873, 11 vol. in-8 et 11 vol. in-12.

OZANEAUX (Jean-Georges). Histoire de France, etc., jusqu'au règne de Louis-Philippe Ier [372]. *Paris, Dezobry, E. Magdeleine,* 1846, 2 vol. in-12. — 2e et 3e éd. *Ibid., id.,* 1850, 2 vol. in-8 et in-12.

Ouvrage couronné par l'Académie française.

OZERAY (Michel-Jean-François). Histoire gale, civile et relig. de la cité des Carnutes et du pays Chartrain, vulgairement appelé la Beauce, depuis la 1re migration des Gaulois jusqu'à l'année de J.-C. 1697, époque de la dernière scission de notre territoire par l'établissement du diocèse de Blois [3416, 5824]. *Chartres,* 1834-1836, 2 vol.

Mention hon. à l'Acad. des inscr. en 1831. (En ms.)

— Discussion franche, juste et modérée, et coup d'œil sur les critiques verbales et écrites de l'histoire générale, civile et religieuse de la cité des Carnutes, etc. [3417]. 1841.

OZOUVILLE (**William**). Note sur les Arviens et les Diablintes (en réponse à un mém. de l'abbé Voisin) [3180 *a* et 3475 *a*]. — *Bull. de la Soc. de l'industrie de la Mayenne*, t. II, 1855, p. 83-87.

Voir aussi, du même, une réfutation de D'Auville plaçant les Arvii de Ptolémée dans le dép. de la Mayenne (*Mémorial de la May.* t. IV, p. 319).

— Étude, etc. [7468]. — *M. vol.*, p. 93-111.

— Origines, etc. [737]. *Paris, Julien et Lanier*, 1855-1856.

P

P. (**F.**). Not. sur les restes de constructions rom., etc., découvertes en 1838, entre Membrey et Seveux [8714]. — *Mém. de la Comm. archéol. de la Hte-Saône*, no 1, 1838, p. 52-55.

P. (**J.**). Antibes, etc. [4577]. *Paris*, 1849.

P. (**L.**). Instruments en silex non polis, etc. (par L. Papillon [4253]. — Jal *de Vervins*, 7bre 1864. — T. à p. *Vervins*, impr. *Papillon*, 1865; 8 p.; 1 grav.

P*** (**l'a.**). Saint-Ceneri-le-Géré (Orne), ses souvenirs, ses monts [8149]. *Le Mans*, 1865, in-12.

PACHIER (**Emmanuel**). Vie, etc., composée et recueillie de div. églises et biblioth. de France [3885]. *Aix*, 1635.

PACQUOT (**J.-Noël**). Mémoires p. s. à l'hist. litt. des 17 prov. des Pays-Bas, de la principauté de Liège, etc. [10402. *Louvain*, 1765-70, 3 vol. in-fol. ou 18 vol. in-12.

PAGANANUS. — Voir Pomponius Mela.

PAGART (**Charles**). Not. sur un mont funèbre découvert en 1839 dans la cne de Blendecques, arrt de St-Omer, précédée de qqs. considérations sur les substructions gallo-rom. qui se trouvent dans cet arrt [8185]. — *Mém. de la Soc. des ant. de la Morinie*, t. V, 1839-40 (1841), p. 279-297.

— Not. sur une statuette, etc. [8208]. — *M. vol.*, p. 351-366.

PAGI (**A.**). Dissertatio hypatica seu de consulibus Cæsareis ex occasione inscriptionis Forojuliensis Aureliani Augusti [2200]. *Lugduni*, 1682, in-4.

PAGNON (**A.**). Art de reconnaître les médailles fausses des vraies antiques [1047]. *Marseille*, 1857, in-12; 59 p.

PAGOT. Not. sur les restes de constructions rom. découvertes à Orléans, en 1821, et qui ont appartenu à un théâtre [6991]. — *Ann. de la Soc. des sc.* etc. *d'Orléans*, t. IV, 1822, p. 276-278. — Rapport sur cette not., par Lacave. — *M. vol.*, p. 278-282; 2 pl.

PALASSON. Recherches, etc. [3778]. — *Mém. de l'Acad. des sc.* etc. *de Toulouse*, 2e s., t. I, 1re partie, 1827, p. 243.

PALISSY (**Bernard de**). Remarques sur la ville de Saintes [5211].

Indiqué par Girault de S.-F.

Cet ouvrage n'existe pas. Il s'agit de remarques insérées par B. Palissy dans son livre intitulé : Récepte véritable par laquelle tous les hommes de la France pourront apprendre à multiplier et augmenter leurs trésors. *La Rochelle, B. Breton*, 1564, in-4.

PALLADIO (**André**). Œuvres complètes. Nouv. édit. contenant les 4 livres avec les pl. du grand ouvrage d'Octave Scamozzi, le traité des Thermes, le théâtre et les églises. Le tout rectifié et complété d'après des notes et doc. fournis par les 1ers archit. de l'École française, par Chapuy, Alexandre Corréard et Albert Lenoir [1584]. *Paris, L. Mathias*, 1825-42; 2 vol. in-fol.; 365 pl.

— Les thermes des Romains d'André Palladio, d'après l'édition de Londres faite en 1730 par de Burlington, sur les dessins originaux de l'auteur; publiés sous la direction de M. Ach. Leclère, par H. Roux aîné [m. no]. *Paris, F. Didot*, 1838, in-fol. de 16 p.; 7 pl.

PALLANDRE. Description historique de la v. de Bordeaux [6301].

PALLET (**Félix**). Nouvelle histoire du Berry, contenant son origine et ses antiq. les plus reculées, avec les hist. hérald., généalog., chronolog. des maisons et des familles nobles les plus connues dans le Berry [3261]. *Bourges; Paris*, 1783-1786, 5 vol.; planches.

— Explication et description des m^ts gaulois et romains, extr. de la Nouvelle Histoire du Berri [m. n°]. *Paris, Monory*, 1785; 4 pl. contenant 120 pièces de monuments.

PALLIARI (**Lea**). Notices, etc., tirées d'anciens mss. et notes données par divers, recueillies par PALLIARI (Lea) et publ. avec autorisation de sa veuve [4562]. *Nice*, impr. *Gilletta*, 1864.

PALLU. Diss. sur l'antiq. de la v. du Mans (lue en 1848) [8866]. — *Bull. de la Soc. d'agr.* etc. *de la Sarthe*, t. IV, 1842, p. 78-96.

— Diss. sur le *Defensor* du Mans [8867]. — *M. rec.*, t. VI, 1845, p. 204-207.

PANCHAUD (**Ed.**). Le Druidisme, ou Religion des anciens Gaulois; exposé de la doctrine, de la morale et du culte des druides [656 *a*]. *Lausanne, G. Bridel*, 1865, in-12.

PANEL (**le p.**). Dissertation, etc. [8614]. — *Mém. de Trévoux*, juin 1738, t. II, p. 1263.

PANNIER (**E.**). Pirogue, etc. [9627]. — *Mém. de la Soc. d'émulation d'Abbeville*, 1857-1860 (1861); 4 p.

PANNIER (**A.**). Notice, etc. [5106]. — *Bull. mon.*, t. XXVIII, 1862, p. 201. — T. à p. *Caen* et *Paris*, 1862.

— Constructions rom., etc. [5797]. — *M. rec.*, t. XXXI, 1865, p. 811.

— Mém. sur les sépultures gallo-rom. découv. à Lisieux, dans le Grand-Jardin, en février, avril et mai 1866 [5110]. — *M. rec.*, t. XXXII, 1866, p. 629-646. — Nouvelles découvertes de sépultures gallo-rom. à Lisieux (nov. 1866). T. XXXIII, 1867, p. 593-605.

— Note, etc. [5108]. — *Congrès archéol. de France*, XXXVIIe session, s^ces g^ales tenues à Lisieux en 1870 (1871), p. 45-48.

— Ère gallo-romaine, etc. [5107]. — *M. vol.*

PANOFKA (**Théod.**). (Fouilles de) Lions en Sullias [7032]. — *Bull. de l'Instit. de corr. archéol.*, 1834, p. 170-171.

— Médaillon de Tibère ou de Néron trouvé à Autun [8772]. — *M. vol.*, p. 171.

— Mon^t présumé rom. découv. à Ettelbrouck [10551]. — *M. vol.*, p. 171-172.

— Fouilles d'Arles, etc. [4952]. — *M. rec.*, 1835, p. 134-136.

Note à rapprocher du Mém. de LAUGIER DE CHARTROUSE, publié en 1837. (Voir ce nom.)

— (Fouilles d'Arles, d'après J.-J. ESTRANGIN.) — *M. rec.*, 1836, p. 12-13.

PAPILLON (**l'a. Philibert**). (Œuvre posthume). Bibliothèque, etc. [3364]. *Dijon, Franç. Desventes*, 1742-1745, 2 vol. in-fol.

PAPILLON (**L.**). Des hachettes en silex, etc. [4252]. 1868; 12 p.; 2 pl.

— La Thiérache, recueil de documents sur cette partie du dép^t de l'Aisne [4189]. *Vervins*, 1849-1865, 4 vol.

— Voir ci-dessus P. (L.).

PAPON (**Jean-Pierre**), de l'Oratoire. Histoire g^ale de Provence, dédiée aux Etats et imprimée par leur ordre [3913]. *Paris, Moutard*, 1777-1786, 4 vol. in-4; fig.

La première partie de cette histoire porte le nom de Chorographie et contient une étude complète de la géographie ancienne du pays. (Note de la Comm. de la topogr. des Gaules.)

— Voyage en Provence [nouv. add. 3915 *a*]. *Paris*, 1787, 2 vol. in-12.

Plusieurs indications de découv. d'antiq. La première éd. ne porte que les initiales P. D. L. (Papon, de l'Oratoire).

PARADIN (**Guillaume**). De antiquo statu Burgundiæ liber [3356]. *Lyon, Étienne Dolet*, 1542, p. in-4.

— Mém. pour l'hist. de Lyon; ensemble des inscr. antiques, tumules et Epitaphes qui se trouvent en divers endroits de la v. de Lyon [8492]. *Lyon, Gryphius*, 1573, in-fol.

Contient la 1re édition de la Table de Claude

PARAT (**l'a.**). Attila, ou recueil des traditions de l'Aube et des traditions étrangères sur le roi des Huns [146]. *Arcis-sur-Aube, Frémont*; *Troyes, Socart et Dufey; Tobert*, 1869.

PARAVEY (**Ed.**). Voies rom., etc. [9326]. — *Rec. de la Soc. havraise d'études diverses*, t. VIII, 1842 (1843), p. 81-87.

PARDESSUS (**Jean-Marie**). Notice, etc. [1285]. — *Mém. de l'Acad. celt.*, t. I, 1807, p. 380.

— Loi Salique, ou recueil contenant les anciennes rédactions de cette loi et le texte connu sous le nom de Lex emendata, avec des notes et des diss. [800]. *Paris, impr. royale*, 1843, in-4.

— Diplomata, etc. [17]. 1843.

PARENTEAU (Fortuné). Fouilles de Pouzauges (Vendée), etc. [9855]. — *Bull. de la Soc. archéol. de Nantes*, etc., t. I, an. 1860 (1861), p. 191-208; 4 pl.

— Fouilles archéolog. [6883]. — *M. vol.*, an. 1861 (1862), p. 459-467; 2 pl.

— Essai sur les monnaies des Namnètes [3700]. — *M. vol.* — T. à p. *Nantes, Guéraud*, 1862; 24 p.; pl.

— Essai, etc. [1761]. *Nantes, Charpentier*, 1865, gr. in-8; 22 p.; 5 pl.

— Notice, etc. [1762]. *Caen, Leblanc-Hardel.* — (Extr. du c^te^ rendu des séances archéol. tenues à Fontenay, en 1864).

— Découvertes [6903]. — *Bull. de la Soc. archéol. de Nantes*, etc., t. VIII, an. 1868, p. 19-46; 4 pl. — T. à p. sous le titre suivant: Le fondevr dv Jardin des plantes de Nantes et son confrère de Rezé. Attributions celtiques et gallo-rom. *Nantes, V. Forest*, 1868, gr. in-8, 32 p.; 4 pl.

— Catalogue, etc. [6885]. *Nantes, Forest et Grimaud*, 1869, 2e édit., IV-144 p.; 12 pl.

— Segora (Statio) [2936 c]. — *Bull. de la Soc. archéol. de Nantes*, etc., t. X, 1870-71, p. 81-91, 4 pl.

PARENTY (l'a). Rapport, etc. [4169]. — *Mém. de l'Acad. d'Arras*, t. XXII, 1845, p. 317.

PARENTY (Aug.). Note sur Carausius [8154]. — *M. rec.*, t. XXVI, 1853, p. 74.

— Extrait d'une histoire manuscrite ayant pour titre: « Antiq. les plus remarquables de la v. et port de Callais et païs reconquis [8207]. — *M. rec.*, t. XXXI, année 1858; 6 p.

PARIS [3303]. Supprimer ce nom dans le Catalogue méthodique. Lire MORICE (dom P.-H.).

PARIS (de). Notice, etc. et description d'un sanctuaire druidique, près Champgé-sur-l'Eure [5836, 5855]. — *Mém. de la Soc. des ant. de Fr.*, t. I, 1817, p. 310.

PARISOT (Valère). *Dictionnaire mythologique ou histoire... des personnages des temps héroïques et des divinités grecques... celtes, etc. [493]. *Paris, L.-G. Michaud*, 1832, et an. suiv. 3 vol. Tomes LIII-LV de la *Bibliographie universelle* de MICHAUD.)

PARISOT. A propos du mém. d'Henry Lawes-Long, etc. [2826]. — *Bull. de l'Acad. delphinale*, à Grenoble, t. V, 1859-1863, p. 97. — Voir LONG (H.-L.).

PARKE GODWIN. History of France [387 a]. *New-York*, 1860 (au moins 2 vol.).

PARKER (John). Notes, etc. communicated to the Soc. of Antiqu. [3794 a]. *London*, 1852, in-4; 23 p.; 6 pl.

PARMENTIER (Ant.-Charles). Hist. abrégée de la prov. de Nivernais, contenant les événements particuliers à cette prov. depuis la guerre de César dans les Gaules, jusqu'à présent [3722]. *Nevers, Le Fèvre*, 1765, in-4, au moins 2 vol.

PARROT (de). Essai, etc. [2296 a]. — *Mém. de la Soc. des sc. de Saint-Quentin*, 1834-36 (1840), p. 159-164, avec 6 tableaux synoptiques.

PARTHEY ET PINDER. Itinerarium Antonini Augustini, etc. ex libris manuscriptis ediderunt G. PARTHEY et M. PINDER [1193]. *Berolini, Nicolai*, 1848; cartes et fac-simile.

PASCAL (d^r^ Félix). Histoire topograph. polit., phys. et statist. du dép^t^ de Seine-et-Marne [9168]. *Corbeil, Crété; Melun, Thomas, s. d.* (1838), 2 vol.

PASCAL (l'a. J.-B.-E.). Étude, etc. [3537]. — *Bull. de la Soc. d'agr.* etc. *de la Lozère*, 1852, p. 122.

— Gabalum christianum, etc. [7124]. *Paris, Dumoulin*, 1853.

— Défense de l'ancienne tradition de l'égl. de Mende sur s^t^ Severien, l'un de ses 1ers évêques [7125]. *Paris*, 1854.

— Discussion historique et impartiale sur l'époque de l'établissement de la foi chrétienne dans les Gaules, etc. [739, 7126]. *Paris, A. Bray*, 1857; 118 p.

— Alise Sainte-Reine (Côte-d'Or), etc. [2514]. *Alise-Sainte-Reine*, 1858.

PASQUET. Notice, etc. Question proposée pour prix de la Soc. libre d'agric., sc. et arts de Provins [2447, 9236]. *Provins, Lebeau; Paris, Vve Huzard*, 1820; 2 fig.

PASQUIER (Étienne). Recherches de la France [243]. Livre 1er. *Paris*, 1560, petit in-8. — L. 1-2, 1569. — 1581. — L. 1-6, 1596. — L. 1-7, 1611, in-4. (Les éditions de 1607 et de 1617, mentionnées par la *Biblioth. histor.*, sont suspectées par Léon Feugères.) — L. 1-10, 1621, in-fol. — 1633. — 1636 (les 10 l. fondus en 9). — Les éd. de 1622 in-8 et de 1643 in-fol., mentionnées par la *Biblioth. histor.*, mais suspectées par L. F. — Dans les Œuvres complètes, *Amsterdam* (*Trévoux*), 1728, 2 vol. in-fol. — Œuvres choisies, éd. Léon Feugères. *Paris, Didot*, 1849. 2 vol. in-12.

Le morceau sur la Gaule (l. Ier) est reproduit presque intégralement dans L. Feugères, t. Ier, p. 1-49.

PASSA (Jaubert de). — Voir Jaubert de Passa.

PASSE (vve de la). — Voir Lapasse.

PASSY (L.). Note, etc. [5798, 8085]. — *Rec. de la Soc. libre d'agr.* etc. *de l'Eure*, t. X, 1839, p. 95.

— Éditeur, avec Léopold Delisle, des *Mém. pour servir à l'histoire du dépt de l'Eure*, par Aug. Le Prévost (1862). — Voir ce dernier nom.

PASUMOT (François). Remarques, etc. [9390]. — *Mercure*, février 1761.

— Mémoires géogr. sur qqs. antiq. de la Gaule, Bourgogne, Franche-Comté et Auvergne [1046, 10100]. *Paris, Ganeau*, 1765, in-12; 232 p.; 12 cartes.

Contient : 1. Origine et étymologie des mots *Celte* et *Gaule*, et de la construction des chemins romains. — 2. Sur l'emplacement de Chora (ville-Auxerre). Voir *Biblioth. histor.*, t. I, p. 251. — 3. Sur la partie de la chaussée d'Agrippa existant entre Auxerre et Avallon. — 4. Recherches sur la voie romaine d'Autricum (Auxerre) à Agendicum (Sens) et sur le lieu appelé anciennement Bandritum. — 5. Sur une voie allant d'Autun à Besançon. — 6. Sur le siège de Gergovia (avec plan du cte de Caylus). — CC. rr. *Journal de Verdun*, mai 1765, p. 358; *Mém. de Trévoux*, août 1765, p. 510.

— Description d'un camp rom., etc. [10178]. — *Mém. de l'Acad. de Dijon*, 1774, p. 284.

— Description des grottes d'Arcy-sur-Cure, suivie d'observations physiques, etc. [10158]. — *Mém. de l'Acad. des sc. de Dijon*, 1er semestre, 1784; fig.

— Grivaud de La Vincelle édr. Annales des voyages, de la géographie et de l'histoire, ou Dissertations et Mémoires sur différents sujets d'antiquités et d'histoire [nouv. add. 1065 *a*]. *Paris*, 1810-1813; fig. et cartes.

Mémoires géographiques, 2e édition (excepté sur la voie romaine d'Autun à Besançon). — Diss. sur les antiquités de Beaune. — Description et histoire de la colonne de Cussy, etc. — Liste des travaux de Pasumot.

— Extrait d'une lettre, etc., sur le camp des Allaix [10163].

« M. Pasumot a jugé que ce camp était gaulois, contre l'opinion de M. de Caylus, qui le regardait, avant cette lettre, comme un ouvrage des Romains. » (*Biblioth. histor.*, t. Ier, n° 75.)—Caylus, adoptant l'opinion de Pasumot, a inséré sa diss. dans le *Recueil d'antiquités*, t. VI, corrections, p. XIX.

— Voir Gandelot.

PATAROL. Series Augustorum, etc. [2090]. *Venise*, 1743, in-4, fig.

PATIN (Charles). Familiæ romanæ, etc. [2076]. *Paris*, 1663, in-fol.; fig.

— Imperatorum rom. numismata, ex aere mediæ et minimæ formæ descripta [2077]. *Argentinæ, S.-Pauli*, 1671, in-fol.; fig. — Editio altera. *Amstelodami, Gallet*, 1696, in-fol.

— Thesaurus numismatum (musæi sui) [1870]. *S. l., sumptibus autoris*, 1672, in-4.

— Thesaurus numismatum antiquorum et recentiorum a Petro Mauroceno reipublicæ (venetæ) legatus [1871]. *Venetiis*, 1683, in-4, fig.

— Hist. des médailles, etc. [1872]. *Paris* et *Amsterdam*, 1695, in-12; figures.

PATRON (l'a). Rech. histor. sur l'Orléanais, ou Essai sur l'histoire, l'archéologie, la statistique des villes, villages, hameaux, églises, chapelles, châteaux-forts, abbayes, hôpitaux et institutions de l'Orléanais, depuis l'époque celtique jusqu'à nos jours [3788]. *Paris*, 1870, 2 vol.

PATU DE SAINT-VINCENT. Vues pittoresques prises dans le comté de Perche et d'Alençon, dessinées d'après nature, suivies d'un texte statist. et histor. [3804]. 1826, in-4.

— Hist. de Mortagne [8145]. *Caen*, s. d.

PATY (Emmanuel-J.). Excursion archéol., etc. (1843) [6727]. — *Bull. mon.*, t. XI, 1845, p. 225.

— Mémoire, etc. [9172]. — *M. rec.*, t. XIV, 1848, p. 373.

— Histoire montale de Dreux [5861]. — *M. rec.*, t. XVI, 1850, in-8, p. 178.

— Statistique, etc. [8864]. (Vers 1848.)

PAUL DIACRE. — Voir WARNEFRIDUS (Paulus).

PAULET. Histoire, etc. [6069]. *Alais*, 1847.

PAULIN (s^t^), de Bordeaux, évêque de Nole (*Meropius Pontius Anicius Paulinus*) [2418].

On a de lui : 50 lettres, un discours sur l'aumône, une histoire du martyre de saint Genès d'Arles, ses poésies religieuses.

— Les lettres de s^t^ Paulin, ancien sénateur et consul romain, et depuis évêque de Nole, traduites en français, avec des remarques, etc. [par Cl. Santeul]. *Paris, L. Guérin*, 1703.

Sur le nom du traducteur, voir Moreri, art. LE BRUN-DESMARETTES.

PAULIN (s^t^), de Périgueux [2439]. Paulini Petrocorii Poemata, et alia quædam sacræ antiquitatis fragmenta cum Fr. JURETI commentariis, Casp. BARTHII animadversionibus. J.-F. GRONOVII notis et necessariis indicibus edita a Ch. DAUMIO. *Lipsiæ, Lanckisch*, 1686. — (Ed. parue déjà sous un titre plus étendu. *Lipsiæ, Fuhrman*, 1681). — Œuvres, suivies du poème de Fortunat sur la vie de saint Martin, trad. pour la première fois en français par E.-F. CORPET. *Paris, Panckoucke*, 1851.

St Paulin, de Périgueux, auteur du poème De vita S. Martini libri VI (Éd. dans Bibl. PP. Noviss., t. VI, et dans Migne, t. LXI de la Pathologie latine), longtemps confondu et dès le VIe siècle avec S. Paulin de Nole. Son poème est une version fidèle du texte de Sulpice Sévère.

PAULLINUS (Christ.-Franc.). Rerum et antiquitatum Germanicarum syntagma, complectens, variorum scriptorum annales, Chronica et dissertationes ab eodem PAULLINO e tenebris eruta [10739]. *Francofurti*, 1698, in-4.

PAULUS (E.). Die Römerstrassen, etc. [1248 *a*]. *Stuttgart*, 1856.

— Der römische Grenzwall (Limes transrhenanus) vom Hohenstaufen bis an den Main [11091]. *Ibid.*, 1863; carte.

— Erklärung der Peutinger-Tafel [1204]. *Ibid.*, 1866.

PAUTET (Jules). Civilisation, etc. (lu à l'Acad. des sc. mor. les 21 et 28 sept. 1867 [882 *a*]. *Paris, Guillaumin ; Durand et Pedone-Lauriel*, 1868 ; 31 p.

PAYAN-DUMOULIN (E. de). Antiquités gallo-rom. découvertes à Toulon-sur-Allier, et réflexions sur la céramique antique [4520]. — *Ann. de la Soc. d'agr.* etc. *du Puy*, t. XXI, 1857-1858 (1859), p. I-LXXXVII. — T. à p. *Le Puy*, 1860 ; 108 p.

PAYEN (A.). Encore un mot sur le fossile, ou Examen de la réponse de M. Barruel (voir ce nom) [9229]. *Paris, Delaunay*, 1824 ; 24 p. (avec CHEVALIER et JULIA-FONTENELLE).

PAYEN (d^r^ H.). Notice, etc., avec une carte topograph. et routière de la vallée de Montjoie et des environs des bains de St-Gervais [8996]. 1re éd. 1854 ; 2e éd. 1859 ; 3e éd. 1863.

Inscriptions rom., notamment celle de la Forclaz, portant CEVTRONAS (voir l'article suivant).

— L'Inscr. de la Forclaz de St-Gervais [9000]. — *Rev. savoisienne*, 5e année, 1865, p. 6.

PAYSANT. Sur les médailles romaines, etc. [1950]. — *Bull. de la Soc. des ant. de Normandie*, 3e année, 1862 ; 3 p.

— Sur des pièces d'or et d'argent données par M. Charma à la [même] Compagnie [m. n°]. — *M. rec.*, 5e année, 1864 ; 2 p.

PAZZIS (Maxime, Séguin de). Mémoire, etc. [9740]. 1808, in-4.

PÉAN (A.) et **CHARLOT** (G.). Excursion de St-Aignan à Aiguevive, par la rive mérid. du Cher [5257]. — *Mém. de la Soc. arch. de Touraine*, t. I, 1842, p. 115-140 ; carte et pl. — T. à p.

Mentionné par Girault de S.-F., sous le titre : Excursions archéol. sur les bords du Cher, 1843.

PÉAN (Alonso). Origines de Lugdunum [8519]. — *Revue du Lyonnais*, 2e s., t. XXIII, 1861, p. 233, 376 ; t. XXIV, 141, 148 ; t. XXVI, 1863, 426-433 ; t. XXIX, 405-413, 505-512 ; t. XXX, 1865, 36-41 ; t. XXXI, 257-276, 348-359 ; 3e s., t. I, 1866, 111-124, 355-368 ; t. II, 381-408 ; t. III, 1867, 350-371 ; t. IV, 324-340, 403-419 ; t. VI, 1868, 10-16.

PÉCHEUR (l'a.). Hist. de la v. de Guise et de ses environs, de ses seigneurs, comtes, etc. [4331]. *Vervins*, 1851, 2 vol.

— Rapp. à la Soc. hist. et arch. de Soissons sur les fouilles faites au rayon d'Arlaines, près de Fontenoy [4285]. — *Bull. de la m. Soc.*, t. V, 1851, p. 36-56.

— Note sur des trouvailles gallo-rom., etc. [4461]. — *M. rec.*, t. XV, 1861.

— Étymologie du mot *Jouy* [4336]. — *M. vol.;* 2 p.

— Note sur des objets antiques, etc. [4462]. — *M. rec.*, t. XVI, 1862; 4 p.

— Répertoire, etc. [4259]. — *M. rec.*, t. XIX, 1865, p. 175-197.

— Borne milliaire de Bezu-St-Germain. Voir le n° 4295.

— Rapport, etc. [4320]. — *M. rec.*, t. I, 1867, p. 209-217.

— Ann. du dioc. de Soissons [4402]. *Soissons, Morel*, etc., 1863-1875, 3 vol.

PÉCHIN D'AUTEBOIS. État des diverses collections, etc. [7452]. — *Mém. de la Soc. h. et archéol. de Langres*, 1847, t. I, p. X-XX.

Texte des inscriptions lat., au nombre de plus de 50.

PÉCHINÉ (Paul). Notice, etc. [7448]. — *M. vol.*, p. 59-64.

En partie d'après des notes de Royer-Thévenot.

PÉCIS (de). * Obs. sur la campagne de J. César en Espagne, contre les lts de Pompée, et sur l'hist. détaillée que M. Guischardt en a faite [10592]. *Paris, Moutard (Milan)*, 1782.

On cite du même une traduction des commentaires de César de B. G., avec notes militaires.

PÉGAT (F.). Sur un tombeau, etc. [6426]. — *Mém. de la Soc. archéol. de Montpellier*, 1850-1854, t. III, in-4; 8 p.

PEGHOUX (dr Pierre-Dominique-Auguste). Rapport sur un fossile humain trouvé dans un travertin près des Martres-de-Veyre, et sur deux notices qu'ont envoyées à ce sujet à l'Académie [de Clermont-Fd] MM. Bravard et l'abbé Croizet [1345, 8283]. — *Ann. scientif.* etc. *d'Auvergne*, t. III, 1830, p. 1-23.

— Note, etc. [8268]. — *M. rec.*, t. XXVIII, 1855, p. 260-265. — T. à p., intitulé : Notes sur deux colonnes milliaires nouvt découv. [4480]. *Clermont-F., F. Thibaud*, m. d.; 8 p.

— Note sur qqs. colonnes itinéraires de Clermont à Lyon [8270]. 1865 (?).

Indication donnée sous toutes réserves.

— Essai, etc. [3170]. *Clermont, Thibaud*, 1857 ; 3 pl.

PÉHANT (Émile). Catalogue méthodique de la biblioth. publ. de Nantes [6868]. *Nantes, Guéraud*, 1854-1874; 6 vol.

PEIGNÉ-DELACOURT (Achille). Rech. sur la position de Noviodunum Suessionum, etc. [4403]. — *Mém. de la Soc. des ant. de Picardie*, 2e s., t. IV, 1856; 64 p.; 11 pl. — T. à p. *Amiens*, 1856. — Voir aussi *Bull. de la Soc. académique de Laon*, t. IX, 1858, p. 51. — Supplément. *Amiens*, 1859; planches et cartes.

C. r., *Cabinet historique*, t. VI, 1860, p. 86.

— Ruines du théâtre de Champlieu (Oise). Réponse à l'article de M. de Saulcy, du *Courrier de Paris* du 17 nov. 1857 [8070]. — L'*Ami de l'ordre*, journal de Noyon, 17 et 24 janv. 1858.

— Le théâtre de Champlieu [8071]. — *Mém. de la Soc. acad. de l'Oise*, t. III, année 1858; 32 p. — Supplément, t. IV, année 1860, p. 376.

— Un dernier mot, etc. [8075]. — *M. vol.*, p. 384-402, et *Bull. du Comité archéol. de Noyon*, t. I, 1862, p. 160-183.

— Rech. sur le lieu, etc. [4660]. *Paris*, impr. *J. Claye*, 1860, gr. in-4; 58 p.; 7 pl. chromolithogr.; 1 carte.

— Campagne de César, etc. [3246]. — *Mém. de la Soc. acad. de l'Oise*, t. V, an. 1862. — T. à p. *Paris, Aug. Aubry*, 1862; fig. et plan.

— Communication, etc. [1224]. — *Bull. du Comité archéol. de Noyon*, t. I, 1862, p. 210-212.

— Rech. sur divers lieux du pays des Silvanectes. — Études sur les anciens chemins de cette contrée, gaulois, romains, gaulois romanisés, mérovingiens [4033]. — *Mém. de la Soc. des antiq. de Picardie*, 2e s., t. IX, 1863; 68 p. — T. à p. *Amiens*, 1864; 112 p.; fig.

— Notice, etc. Mém. lu à la séance de l'Acad. des inscr. et b.-l. le 30 juillet 1864 [4228]. *Paris, Durand*, 1864, 16 p.

— Porte-lampe du ve siècle de l'ère chrétienne représentant une basilique [1500]. (Extr. de la *Revue de l'art chrétien.*) *Arras; Paris*, 1866; fig.

— Supplément aux rech. sur le lieu de la bataille d'Attila en 451, lu à la séance du 18 mai 1866 [4660]. — *Mém. de la Soc. acad. du dépt de l'Aube*, 3e s., t. III, 1866, p. 353-372. — T. à p. *Troyes*, 1866, in-4; fig.

— Notice raisonnée, etc. [1425]. *Paris, Claye*, 1866, in-4; 6 grav.

— L'hypocauste de Champlieu, près de Pierrefont [8076]. — *Mém. de la Soc. acad. de l'Oise*, t. VI, 3e part., année 1867. — T. à p. *Beauvais*, 1867; 39 p.; fig.

— Voir l'a. BOULANGÉ ET PEIGNÉ-DELACOURT.

— Voir PLESSIER (Léon et E.) ET PEIGNÉ-DELACOURT.

PEIGNOT (Gabriel). Répertoire bibliogr. universel, contenant la notice raisonnée des bibliographies spéciales publiées jusqu'à ce jour et d'un grand nombre d'autres ouvrages de bibliographie relatifs à l'histoire littéraire et à toutes les parties de la bibliologie [175]. *Paris*, 1812.

— Not. sur qqs. pierres tumul. ant. et sur une inscr. mod. qui se trouvent dans le cimetière de Saulieu [5456]. — *Sce publ. de l'Acad. de Dijon*, 1829, p. 276.

— Essai analytique, etc. [2289]. *Dijon, Victor Lagier*, 1835; 112 p.

Rapport sur cet ouvrage, par HUGUENIN. — *Mém. de l'Acad. de Metz*, 1835-36, p. 268.

PEIGNOT, MAILLARD DE CHAMBURE et BOUDOT. Voyage pittoresque en Bourgogne, ou description historique et vues des monuments antiques, modernes et du moyen âge, dessinés d'après nature, par différents artistes. *Dijon*, imp. *veuve Brugnot*, 1833, 2 vol. in-fol.; 63 pl. gravées.

PEIGUE (J.-B.). Not. histor. sur la v. de de Gannat, depuis l'introduction du christianisme en Auvergne jusqu'en 1790 [4501]. 1841 (d'après Girault de St-F.).

PEILHE (François). Description des ant. de la v. de St-Remi [5013]. 1718, in-4; 8 p.

— Entretien de deux philosophes, Héraclite et Démocrite, sur une critique faite par Pamphile contre les ouvrages de Polymythe, au sujet des antiq. de l'ancienne v. d'Arles [4950]. 1724 in-4; 8 p.

— Descr. de l'Amphith. d'Arles [4973]. 1727, in-fol.; 4 p.

PELADAN fils (Adrien). Note sur. Alesia [2568]. — *La France littéraire*, t. VII, *Lyon*, 1863.

— De l'état actuel de l'archéologie celtique [1323]. — *M. vol.*

— De la prétendue réfutation du passage de st Paul, à Lyon [8523]. — *Revue du Lyonnais*, 2e s., t. XXVI, 1863, p. 403; t. XXVII, 1863, p. 84. — Lettre sur le passage de st Paul à Lyon. — *M. vol.*, p. 357.

PELANNE (Alex. Mure de). * La Saône, etc. [377]. *Paris*, impr. d'*Everat*, 1835-36; 14 pl.

PELET (Auguste). Essai sur l'arc d'Orange [9795]. — *Mém. de la Soc. des ant. de Fr.*, t. IX, 1832, p. 20.

— Essai sur la Tour Magne de Nîmes [6013]. — *Mém. de l'Acad. du Gard*, 1834, p. 205-214. — (Voir aussi les *Mém. de la Soc. des ant. de Fr.*, 2e s., t. III, 1837, p. 104.)

— Essai sur l'inscription, etc. [6037]. — *Mém. de la Soc. des ant. de Fr.*, t. X, 1834, p. 129.

— Rapport sur les fouilles, etc., dirigées par MM. Auguste PELET et Benjamin VALZ, en février 1832 [5992]. — *Ann. de l'Institut de corr. archéol.*, t. VII, 1835, p. 195-213; 1 pl.

Rapport au préfet du Gard.

— Not. sur les fouilles faites au devant du Temple de la fontaine de Nîmes, en février 1833 [m. no]. — *Mém. de la Soc. des ant. de Fr.*, 2e s., t. I, 1835, p. 15.

— Not. sur un cercueil en plomb, etc. [6014]. — *M. rec.*, m. s., t. IV, 1838, p. 98.

— Mém. sur la destination de certaines parties des arènes de Nîmes [nouv. add. 5984 *a*]. — *Mém. de l'Acad. du Gard*, 1838, p. 4.

— Sur une fouille du théâtre d'Arles [4979 *a*]. — *M. vol.*, p. 12-26.

— * Description des monts rom.; etc. [1593, 5982]. *Paris*, impr. *Cosson*, 1839; 40 p.

— Essai sur le palais des Thermes à Paris, etc. [9127]. — *M. rec.*, 1840, p. 13 et p. 42-64.

— Des amphithéâtres antiques [1597 *a*]. — *M. rec.*, 1842-44, p. 100-157.

— Description d'un tombeau, etc. [6015]. — *Mém. de la Soc. des ant. de Fr.*, 2e s., t. VI, 1842, p. 59.

— Not. des mon^{ts}, etc. [5979]. 1844.

Mention à l'Ac. des inscr. et b.-l. en 1844.

— Promenades archéol. à Nîmes. Détails donnés sur ces promenades [5969]. — *Bull. mon.*, t. X, 1844, p. 654 (2e pagination).

— Not. sur un tombeau, etc. [6016]. — *Mém. de la Soc. des ant. de Fr.*, 2e s., t. VII, 1844, p. 437.

— Catalogue, etc. [5970]. Nouv. éd. — Notice historique sur la Maison Carrée, 5e éd.. 1853. 175 p.; 3 pl. — 6e éd. *Nîmes, Clavel-Ballivet*, 1863; 267 p. — Autre éd. 1845.

— Description du Castellum découv. en 1844 [5929]. — *Mém. de l'Acad. du Gard*, 1845-46, p. 67-73.

— Inscr. antiques, etc. [6039]. — *Mém. de l'Acad. du Gard*, 1849-50, p. 26-60.

— Fouilles à la porte d'Auguste, à Nîmes [6009]. *M. rec.*, 1847-48 (1849), p. 43-66; 1 pl. — T. à p. intitulé : Notice sur la p. d'Aug. de Nismes. *Nîmes*, 1849.

— Notice sur les fouilles, etc. [6010]. — *Mém. de la Soc. des ant. de Fr.*, 2e s., t. X., 1850, p. 305.

— Essai sur un bas-relief découv. en 1845, à Cavillargues [6083]. — *Mém. de l'Acad. du Gard*, 1851, p. 35-41.

— Essai sur une inscr. celtique, etc., et sur une inscr. lat. du musée de cette v. [6040]. — *M. vol.*, p. 75-135.

— Essai sur le Nymphée de Nismes [5993]. *Nîmes*, 1852.

— Colonnes itinéraires, etc. [6077]. *Nîmes*, 1853.

— Description de l'amphith. de Nîmes [5987]. *Nîmes, Baldy*, 1853. — 2e éd., 1859; 175 p.; 3 pl.

— Continuation des fouilles autour du Nymphée, à Nîmes [5993]. — *Mém. de l'Acad. du Gard*, 1851-1855; 17 p.

— Des enseignes militaires, etc. [6041]. — *M. vol.*; 12 p. — T. à p.

— Autel votif de l'Auricet [6072]. — *M. rec.*, 1856-57, p. 21-27.

— Essai sur une inscr. mon^{tale}, etc. [6043]. — *M. rec.*, 1858-59; 23 p.

— Examen critique, etc. [5988]. — *M. vol.;* 10 p.

— Étude, etc. [6080]. — *Procès-verbaux de la même Soc.*, 1859-60.

— Essai sur les médailles de Nemausus [6024]. — *M. vol.*

— Essai sur les médailles de Nemausus [m. n°]. — *Mém. de la m. Soc.*, 1860.

— Essai sur la destination première de la Maison-Carrée [6003]. — *M. rec.*, 1862. — T. à p. *Nîmes*, 1863 ; 66 p.; 1 plan.

— Excursion, etc. [6420]. — *M. rec.*, 1863 (1864) ; 8 p.

— Sur la Cloaca maxima de Nîmes [5998]. — *M. vol.;* 4 p.

— Sur l'emplacement du théâtre et du xyste à Nîmes [6011]. — *M. vol.* ; 6 p.

— Mélanges, etc. [m. n°]. *Nîmes*, impr. *Clavel-Ballivet*, 1863.

— Note sur qqs. milliaires, etc. [5953]. — *M. vol.*, p. 79-88.

— Inscriptions antiques, etc. [5937]. — *M. rec.*, 1863-64 (1865).

— Interprétation, etc. [4758]. — *M. rec.*, 1864-1865 (1866), p. 99-114.

— Note sur une mosaïque, etc. [6006]. — *M. vol.*, p. 105-106.

— Note sur une nouvelle inscription au dieux proxumes [6052]. — *M. vol.*, p. 107-116.

— Rech. sur la scène antique, etc. [9803]. *Nîmes*, 1861.

— Essai sur l'enceinte rom. de Nîmes [5960]. *Nîmes*, impr. *Roger et Delaporte*, 1862 ; 32 p.

— Essais sur les anciens thermes de Nemausus, etc. [5996]. *Ibid.*, *id.*, 1863 ; 198 p.

PELET (g^{al}). Carte topograph. de la France, etc. [1080]. *Paris*, *Dumaine*, 1833 et an. suiv., gr. in-fol.

PELLERIN (**Joseph**). * Recueil de médailles de peuples et de villes qui n'ont point encore été publiées ou qui sont peu connues [1893]. *Paris, L.-H. Guérin*, 1763, 4 vol. — Suppléments : * Mélange de diverses médailles. *Ibid. id.*, 1765, 2 vol. in-4. — * Supplément aux 6 vol. des recueils de médailles de rois, de peuples et de villes. *Id.*, 1765-67, 4 part. — * Additions, etc. *Id.*, 1778, 1 vol. (Voir Quérard, *Fr. litt.*, t. VII, p. 28.)

PELLERIN (Albert). Sur des débris de statues découverts à Urville [9468]. — *Bull. de la Soc. des ant. de Normandie*, t. I, 1860 ; 4 p.

PELLETIER (l'a. Victor). Inscription latine, etc. [3236]. — *Rev. des Soc. sav.*, t. II, 1857, p. 741.

— Gien-sur-Loire, etc. [2719]. — *Mém. de la Soc. archéol. de l'Orléanais*, t. IX, 1866, p. 159-170.

PELLIAT (A.), directeur. Album pittoresque de l'Ain. Dessins par H. Leymarie [4139]. *Bourg, Bottier*, 1836, in-4.

PELLIEUX (Jacques-Nicolas). * Essais historiques, etc. [7004]. *Beaugency*, 1797-1801, 2 vol. pet. in-12, fig.

— Sur des inscr. lapidaires, etc. [6912]. — *Ann. de la Soc. acad. de Nantes*, 1807.

— Lettre sur un tombeau antique, etc. [7006]. — *Mém. de l'Acad. celtique*, t. III, 1809, p. 487.

— Not. sur les briques antiques, etc. [1640]. — *M. rec.*, t. IV, 1809, p. 447.

— Mém. sur la découv. d'un autre tombeau à Beaugency [7007]. — *M. rec.*, t. V, 1810, p. 208.

— Dissertation, etc. [7060]. — *Ann. de la Soc. des sc. etc. d'Orléans*, t. IV, 1822, p. 210-226.

— Autres mon^ts druidiques trouvés à 4 lieues de Beaugency, dans le dép^t de Loir-et-Cher [6731]. — *M. vol.*, p. 226-234.

PELLIOT, **chanoine**. Panégyrique de s^t Lazare, 1er évêque de Marseille et martyr, prononcé le 14 mars 1755, dans l'église cathédrale de N.-D. de Marseille [3907]. *Paris, Garnier*, 1758.

PELLIS (M.-A.). Éléments, etc. [10769]. *Lausanne*, 1866, 2 vol.

PELLOUTIER (Simon). Obs. histor. et crit. sur l'abolition des sacrifices humains dans les Gaules, et la ruine des Druides [512]. — *Nouvelle Biblioth. germanique*, t. XXV, 1731, in-16, p. 438-452.

— * Lettres de M. P. à M. de B., sur les Celtes (Berlin, 15 mai 1733) [299]. — *M. rec.*, t. XXVIII, 1733, p. 33-51, (26 mars 1734), t. XXIX, 1734, p. 206-236.

— * Lettre à M. de M. sur la « Religion des Gaulois » [511]. — *M. rec.*, t. XXXVII, 1737, p. 140-164.

— Hist. des Celtes et particulièrement des Gaulois et des Germains, depuis les temps fabuleux jusqu'à la prise de Rome, par les Gaulois [296]. *Paris; La Haye*, 1740-1750, 2 vol. in-12. — Nouv. édit., revue, corrigée et augmentée par de Chiniac de la Bastide du Claux. *Paris, Quillau*, 1770-77, 8 vol. in-12, ou 1771, 2 vol. in-4. — Traduction allemande, par Purmann. *Francfort*, 1777-84.

En 1742, l'Acad. des inscr. a couronné son discours sur les Galates, publié pour la première fois par de Chiniac de La Bastide

— Dissertation, etc. [11124]. — *Mém. de l'Acad. de Berlin*, t. I, an. 1745 (1746), in-4, p. 177-187.

— Lettres à M. Jordan, etc. [298]. — *Biblioth. française*, t. XLI, 1746, p. 231.

— Réponse, etc. [326]. — *Nouv. Biblioth. germanique*, t. XXIV, p. 388, 433, et t. XXV, p. 175-210.

PEMBROCH (c^te de Th. de). Numismata antiqua in tres partes divisa [1885]. *London*, 1746, 2 vol. gr. in-4 fig.

PENCHAUD. Fouilles du théâtre d'Arles, etc. [4974]. — *Mém. de la Soc. des ant. de Fr.*, t. VIII, 1826, p. 225.

PENGUILLY-LHARIDON. Tumulus, etc. [10991]. — *Rev. archéol.*, 2e s., t. II, 1860, p. 200-205.

— Not. sur l'emmanchement, etc. [1853]. — *M. rec.*, n. s., t. IV, 1861, p. 329-332.

— Not. sur les armes romaines [1854]. — *M. rec.*, n. s., t. V, 1862, p. 306-314.

PENHOUET (**Armand-Bon-Louis Maudet c^te de**). * Sur les mon^ts armoricains de la côte méridionale du Morbihan [7660]. — *Ann. de la Soc. acad. de Nantes*, 1805. — T. à p. intitulé : Essai sur les mont^s arm. qui se voient sur la côte méridionale du dép^t du Morb., proche Quiberon, par M. de ***, officier de marine. *Nantes, Busseuil* jeune, 1805, in-4 ; 44 p.; 2 pl.

Rapport sur ce travail, par E. Johanneau. (Voir ce nom, année 1810.) — Voir aussi les Réflexions sur l'ouvrage de Penhouet par Huet, Athénas et Dejoux, mêmes *Annales*. 1806.

— Sur un bas-relief, etc. [7666]. — *M. rec.*, 1808.

— * Antiq. égyptiennes, etc. [7650]. *Vannes, veuve Mahé-Bizette*, 1812, in-fol.; 46 p.; 8 pl.

— Rech. histor. sur la Bretagne, d'après ses mon^ts^ anciens et mod. (en 12 lettres) [3311]. *Nantes, veuve Mangin; Paris, Didot*, 1814, in-4, XVI, 140 p.; 7 pl.

— * Lettres sur l'hist. ancienne de Lyon, dans lesquelles on traite des différentes origines de cette ville, de son agrandissement extraordinaire sous Auguste, de son embrasement sous Néron, ainsi que de ses aqueducs [8506]. *Besançon, s. d.* (1818), in-4; planches.

— * Archéologie armoricaine. *Paris, Dentu*, 1824-1826, in-4.

3 parties seulement ont paru. — Voir les 3 articles suivants.

— * Archéologie armoricaine. Suite des recherches hist. sur la Bretagne. — (1re livraison). Diss. sur un ancien édifice, etc. [5512]. 1824; 1 pl.

Analyse critique, par J. LE BOYER. (Lycée armoricain, t. IV, 1824, p. 565). Réponse de l'auteur, *M. rec.*, t. V, 1825, p. 72.

— Archéologie armoricaine. II. Médailles attribuées aux Armoricains (ou du moins attribuées aux Arm. avant la conquête du pays par les Rom. Présomptions qu'elles rappellent le culte de Bel), à propos des médailles gauloises de St Denoual [3096]. *Rennes, veuve Froust*, 1828; 24 p. planches.

C. r. *Rev. num.*, t. II, 1837.

— * Archéologie armoricaine. — III. Mémoire dans lequel on s'est proposé de nouveau d'examiner les mon^ts^ armoricains connus des antiquaires sous la dénomination de « Pierre de Carnac » jusqu'à présent inexpliquées [7697]. *Rennes, veuve Froust*, 1826, in-4, VIII-60 p.; 2 pl.

— Aperçu, etc. [3097]. — *Lycée Armoricain*, t. VIII, 1826, p. 424-450.

— Développement, etc. [2888]. — *M. rec.*, t. IX, 1827, p. 132-138.

— * Esquisses sur la Bretagne, ou vues de châteaux historiques, abbayes et monuments anciens, dessinées sur les lieux, avec des notices formant texte pour chaque vue [3323]. *Rennes*, impr. *A. Marteville*, 1829, in-4.

— De l'ophiolatrie, etc. [534]. — *Ann. de la Soc. acad. de Nantes*, 1832. — T. à p. *Nantes, Sabire*, 1833; 88 p.; 2 pl.

— Voir LÉCHAUDÉ D'ANISY [7728].

Voir sur les travaux inédits de Penhouet. QUÉRARD, *France litt.*, t. V, p. 631.

PENON (**E.**). Étude, etc. Rapport sur la monographie du théâtre d'Arles, de M. Jacquemin [4982]. — *Répertoire de la Soc. statistique de Marseille*, t. XXVIII, 1866, p. 18-49.

— Découvertes, etc. [4874]. — *M. rec.*, t. XXIX, 1866, p. 108-119.

PEQUEGNOT (l'a. **F.**). Notice, etc. [8824]. — *Mém. de la Soc. d'hist. et d'arch. de Châlon-s.-S.*, t. II, 1849, p. 169-186.

PERCEROT ET BRUAND (**Th.**). Rapport, etc. [5667]. — *Mém. et cc. rr. de la Soc. libre d'émul. du Doubs*, 2e vol., t. I, 1845, p. 11-19; 2 pl.

PERCY. Notice, etc. [1641 et nouv. add. 10996 *a*] lue aux 1re et 3e classes de l'Institut. *Paris*, 1811; 26 p. — Voir GALLARDOT ET PERCY.

PERDOULX DE LA PERRIÈRE (**Michel-Gabriel**). * Mémoire, etc. ou Remarques sur l'Explication historique et topographique d'Orléans, de l'abbé de Vayrac, imprimée dans le *Mercure* d'avril 1722 [6963]. *Orléans*, 1722, in-8.

PERELLE-JUBÉ (**b^on^ de la**), puis **SERVAN** (**Joseph**). Histoire des guerres des Gaulois et des Français en Italie, avec le tableau des événements civils et militaires qui les accompagnèrent et leur influence sur la civilisation et les progrès de l'esprit humain, depuis Bellovèse jusqu'à la mort de Louis XII, par JUBÉ, et depuis Louis XII jusqu'au traité d'Amiens, en 1802, par SERVAN [335]. *Paris, Bernard*, 1805, 7 vol. in-8, avec atlas in-fol. de 12 cartes et de 2 vues.

1er vol., de 591 av. J.-C. à 1515 de notre ère.

PÉRÉMÉ (**Armand**). Recherches, etc. [6492]. *Paris*, 1847; pl.

— Antiq. de Neuvy sur Baranjon. Résumé analytique des communications faites sur ce sujet à la Soc. du Berry [5302 *a*]. — *C. r. des trav. de la Soc.*, 1861-61, p. 169-186.

— La Carte des Gaules, etc. [3269 *a*]. — *M. rec.*, 1864-1865.

PÉRÉNON (**L.-M.**). Explication sommaire du plan et vue de Lyon sous les Gaulois, les Rhodiens et les Romains [8538]. *La Guillotière*, 1846.

PERGOT (l'a.). Vie de saint Front, etc. [5589]. *Périgueux, Boucherie*, 1861.

PÉRICAUD (**A.**). Notes et doc. p. s. à l'hist. de Lyon, depuis l'origine de cette ville jusqu'à l'année 1349 [8509]. *Lyon, Pélagaud*, 1838, gr. in-8.

PÉRIÉ (**Raphael**). Hist. polit., relig. et litt. du Quercy, à partir des temps celtiques jusqu'en 1789 [3394]. *Cahors*, 1861.

— Lettre sur Uxellodunum [2960]. *Cahors*, impr. *Combarieu*, 1863 ; 56 p.

PERIER (**Aymar du**). Discours histor., touchant l'état général des Gaules, et principalement des provinces de Dauphiné et Provence, tant sous la République et l'Empire romain, qu'en après sous les Français et Bourguignons ; ensemble qqs. recherches particulières de certaines villes y étant [257, 3452, 3882]. *Lyon, Ancelin*, 1610, in-12. Ouvrage posthume publié avec une épître de Jacq. du Perier, fils de l'auteur.

PERIER (**J.-A.-N.**). Fragments ethnologiques [1°] Études sur les vestiges des peuples gaélique et cymrique dans qqs. contrées de l'Europe occidentale. [2°] Sur la couleur de la chevelure des Celtes ou Gaulois. [3°] Sur les liens de famille entre les Gaels et les Cymris. — *Bull. de la Soc. de géographie*, avril-mai-juin 1857 (1er et 2e fragm.).— T. à p. *Paris, veuve Masson*, 1857, gr. in-8 ; 124 p.

— Sur les Celtes. Que les Celtes sont de vrais Gaulois [401 *a*]. — *Bull. de la Soc. d'anthropologie*, t. V, 1864. — T. à p. *Paris, V. Masson*, 1865 ; 38 p.

PÉRIN. Recherches, etc. Catalogue des livres, chartes, etc., concernant le dépt de l'Aisne [4191]. *Soissons, Cervaux*, 1866-1867, 2 vol.

PERIONIUS (**Johannes**). Dialogorum de Gallicæ linguæ origine, ejusque cum græca cognatione libri IV [2235]. *Parisiis, apud Seb. Nivellium*, 1555. — 1574.

PERNETTI. Les Lyonnais dignes de mémoire [8476]. *Lyon* (?), 1757, 2 vol. (in-8?).

PERNOT (**F.-A.**). Sites et monts, etc. [4799]. 1827, petit in-fol. et 30 vues (d'après Girault de St-F.).

PEROCHEGUI. Origen de la nation bascongada, y de su lengua, de que han dimanado las monarquias española y francia, y la republica de Venecia, que existen al presente [3206]. *Pamplona*, 1760, in-12.

Guill. de Humboldt regardait cet ouvrage comme tout à fait insignifiant. (Brunet, *Manuel*, etc.)

PÉROT (**F.**). Notice, etc. [4493]. — *Bull. de la Société d'émulation de l'Allier*, t. IX, 1863-65 (1866), p. 301-320.

— Note, etc. [5360]. — *M. rec.*, t. X, 1867, p. 35.

— Le Dolmen, etc. [7020]. — *M. rec.*, t. XI, 1870, p. 309-311.

PÉROUSE (**P.-A. de**). Lettre, etc. [1050]. — Jal *ecclés.*, déc. 1762, p. 224-31.

PERREAU (**A.**). Tongres et ses monts [10575]. 1849.

— Recherches, etc. [1661]. — *Bull. de la Soc. sc. et litt. du Limbourg*, à Tongres, t. II, 1854-1855 ; 25 p.

PERRECIOT (**Claude-Joseph**). * De l'État-civil, etc., dès les temps celtiques jusqu'à la rédaction des coutumes [803]. *Beaune* ; *Paris, Dumoulin*, 1845, 3 vol. — Éditions antérieures, « En Suisse », 1786, 2 vol. in-4. — *Londres*, 1790, 5 vol. in-12, sous le titre de : Histoire des conditions et de l'état des personnes en France, etc.

PERRET. Antiquités d'Anse [8668 *a*]. — *Congrès archéol. de France*, XIIIe session, séances tenues à Lyon en 1846 (1847), p. 465-470.

— * Discussion sur l'emplacement de Beneharnum [2636 *a*]. *Pau*, 1850.

PERRET DE LA MENUE (le même que le précédent?). Des moulins à blé chez les anciens, chez les modernes, et particulièrement dans la v. de Lyon [8564]. — *Mém. de la Soc. litt. de Lyon*, 2e s., t. III, 1867, p. 283-298 ; 1 pl. (moulin antique conservé au musée lapidaire de Lyon).

PERRIÈRE (**Guillaume de la**). Les Annales de Foix. [4628]. *Tholose*, 1539, in-4 ; fig.

PERRIN DU LAC (**F.-M.**). Description, etc. [6573]. *Grenoble*, 1806, 2 vol.

Ouvrage supprimé comme inexact, par décision du conseil général de l'Isère. — Voir BRUNET, *Manuel*, t. IV, col. 514.

PERRIN (J.-B.). Notes, etc. [6660]. *Lons-le-Saulnier*, 1851, in-18.

PERRIN (Adrien). Étude préhistorique sur la Savoie, spécialement à l'époque lacustre (âge du bronze) [3999 *a*]. *Chambéry, Perrin; Paris, Reinwald*, 1870, in-8; 34 p. Atlas [3999 *a*], in-4 de 20 pl.

Extr. des *Mémoires de l'Académie de Savoie*.

PERRIN-PAVIOT. — Voir CAYLA ET PERRIN-PAVIOT.

PERROT (J.-F.). Hist. des antiq. de la v. de Nismes et de ses environs; par M. Menard (abrégé) [5968]. *Nîmes, Gaude fils*, 1814, 14 grav. — Autres éditions: *Nismes*, 1819, 1825, 1829, 1832 (13 pl.); 6e, 1836; 7e, 1838; 1856.

— Une visite à Nismes, etc. [5978]. *Nîmes, chez l'auteur*, 1837. — 1842; vign.

— Lettres sur Nîmes et le Midi; histoire et description des monuments antiques du Midi de la France [5977]. *Nîmes*, impr. *veuve Gaude*, 1840-41, 2 vol.; 80 vign.

— Mémoire, etc. [6038]. *Nismes*, 1845.

PERROT (Georges). De Galatia, etc. (Thèse pour le doctorat ès lettres.) [10659]. *Paris, Thorin*, 1867; 184 p.

— De la disparition de la langue gauloise en Galatie [2333]. — *Revue celtique*, t. I, 2 juillet 1870.

Reproduit par l'auteur dans ses *Mémoires d'archéologie, d'épigraphie et d'histoire. Paris, Didier*, 1875, p. 229-263.

PERROT (Georges), GUILLAUME (E.) et DELBET (E.). Exploration archéologique de la Galatie et de la Bithynie, d'une partie de la Mysie et de la Phrygie, de la Cappadoce et du Pont [10660]. *Paris, Didot*, 1862-1872, 1 vol. gr. in-4 de texte et 1 vol. gr. in-fol. de pl.; 7 cartes.

Voir dans la première partie un résumé histor. sur les pérégrinations des Galates.

PERRY (le p. Claude). Hist. civile et ecclésiastique ancienne et moderne de la v. et cité de Chalon-sur-Saône, avec table et preuves [8800]. *Paris*, 1654, in-fol. — 2e éd. *Chalon-s.-S., Ph. Tan*, 1659, in-fol.; carte et vues gravées.

PERSAN (P.-N. Casimir de). * Notice, etc., par M. D. P. [6686]. *Dôle, Fl. Prudont*, 1806; 33 p.

— Recherches, etc. [6687]. *Dôle*, 1812.

PERSIGNAN (l'a.). Fouilles, etc. [8899]. — *Bull. mon.*, t. XXIV, 1858, p. 109.

PERSONNAT (V.). * Inscription rom. de la Forclaz de St-Gervais (sous le pseudonyme P. de MARANS) [8998]. — *L'Abeille de Chamounix*, 1863, no 19, p. 147. — Nouvelles observ., no 22. — Même sujet. — *Rev. savois.*, t. V, 1864, p. 109.

— Aqueduc du Châtelard [8946]. — *Rev. savoisienne*, t. V, 1864, p. 58.

PERTHES (Jacques Boucher de Crèvecœur de). Rech. sur l'ancien port de Quentovic, détruit en 842 par les Normands [2909 *a*]. (*Abbeville*), 1er mars 1829; 18 p. (Signé BOUCHER, d'Abbeville.)

— De la création; essai sur l'origine et la progression des êtres [nouv. add. 1358 *a*]. *Paris, Derache*, 1839-41, 5 vol. in-12.

— L'industrie primitive, ou des arts à leur origine [1364]. *Paris*, 1846.

Premier volume de l'ouvrage suivant.

— Antiq. celtiques et antédiluviennes, etc. 1365]. *Abbeville; Paris, Derache*, 1846, 1857, 1865, 3 vol.

Dans BRUNET (*Manuel*) : *Paris, Treuttel et Würtz*, 1817, 1857, 2 vol.

— Antiquités antédiluviennes, etc. [1381, 1382]. — *Bull. de la Soc. des ant. de Picardie*, 1859, no 2. — T. à p. *Amiens, Vve Herment*, 1859; 31 pages.

— De l'homme antédiluvien et de ses œuvres [1383]. *Paris*, 1860. — 2e éd. *Paris, Jung-Treuttel, Derache, Dumoulin, V. Didron*, 1865; 109 p.

— Note sur une mâchoire humaine découverte à Abbeville, dans un terrain non remanié [1400]. — *Ann. de philos. chrét.*, t. VIII, 5e s., 1863, p. 345-349.

— Des outils de pierre [1415]. — *Mém. de la Soc. d'émulation d'Abbeville*, 1861-66, 2e partie, 1867, p. 143-190; pl. IV-XII. — T. à p. *Abbeville; Paris, Derache*, 1865.

— Découverte d'une mâchoire humaine dans le diluvium; des faits qui la précédèrent et la suivirent; discours prononcé dans la séance du 2 juillet 1863 [1414]. — *M. vol.*, p. 707.

— Nouvelles découv. d'os humains, etc. [9623]. — *M. vol.*; 39 et 31 p.

— De la mâchoire humaine de Moulin-Quignon, etc. [1414]. *Abbeville; Paris, Derache*, 1865.

PERTZ (**G.-R.**). Monumenta Germaniæ historica, inde ab anno Chr. 500 usque ad annum 1500; auspiciis Societatis aperiendis fontibus rerum germanicarum medii ævi [16, nouv. add. 10669]. *Hanoviæ*, t. Ier à XXVII, 1826-1884, in-fol. (se continue).

C. r. par B. GUÉRARD dans le *Journal des Savants*, août 1840.

Vingt ouvrages de cette collection ont été réimprimés pour l'usage des classes, sous le titre général de : Scriptores rerum germanicarum in usum scholarum. *Hanoviæ*, 1834-68, 20 vol. gr. in-8.

— Traduction des *Monumenta* intitulée : Die Geschichtschreiber der deutschen Vorzeit. 50 livraisons ont paru de 1816 à 1870.

PERUCCI (**Francesco**). Pompe funebri, etc., raccolte dalle storie sagre e profane [1630]. *Verona, Rossi*, 1639, in-fol.; 97 p.; fig.

PESCHE jeune (**J.-R.**). Dictionnaire topogr., histor. et statist. du dép[t] de la Sarthe, suivi de la biographie et de la bibliographie du Maine et du même dép[t] [8841]. *Paris; Le Mans*, 1842, 7 vol.

La bibliographie est de N.-H.-F. DESPORTES.

— Encore qq. mots sur Jublains [7480 *a*]. — *Bull. de la Soc. d'agr.* etc. *du Mans*, t. II, 1837, p. 93-94.

— De l'antiquité comparée de l'établissement rom. d'Allonnes et de la cité du Mans chez les Aulerces Cénomans [8884]. — *M. vol.*, p. 110-117.

— Sur les antiquités, etc. [8856]. — *M. vol.*, p. 207-229.

PESQUIDOUX (**Dubosc de**). Les quatre Alesia [2600 *a*]. — *Rev. du monde catholique*, 10 février 1868.

Conclusion : l'emplacement d'Alesia est encore à trouver.

PÉTIGNY (**J. de**). Hist. archéol. du Vendômois. Dessins, plans et mon[ts] par LAUNAY [4092]. *Vendôme, Henrion*, 1845-1849, in-4; 40 pl.

3e méd. de l'Acad. des inscr. en 1849.

— Études, etc. [802]. *Paris, Brockhaus*, 1843, et *Franck*, 1846, 3 tomes en 5 vol.

Les t. II et III sont en deux parties.

— Monnoyages de la Gaule, etc. [2012]. — *Rev. num.*, t. XVI, 1851, 1er art., p. 113-141; 2e art., 185-217; 3e art., 301-332.

— Trouvaille de Bouxeuil (à 4 k. S. de Blois) [6738]. — *M. rec.*, t. XVIII, 1853, p. 238-240.

— Mémoires, etc. (posthume) [4095]. — *Bull. de la Soc. archéol. du Vendômois*, t. III, 1864; 34 p. en 3 articles.

PETIT (**Victor**), avec la collaboration de G. COTTEAUX. * Guide pittoresque dans le dép[t] de l'Yonne [10114]. — *Annuaire de l'Yonne*, VIIe année, 1843, p. 128; VIIIe, 1844, p. 81; IXe, 1845, p. 109; Xe, 1846, p. 42; XIe 1847, p. 100; XIIe, 1848, p. 177; XIIIe, 1849, p. 37; XIVe, 1850, p. 296; XVe, 1851, p. 269; XVIe, 1852, p. 385; XVIIe, 1853, p. 241; XVIIIe, 1854, p. 305; XIXe, 1855, p. 435; XXe, 1856, p. 201; XXIe, 1857, p. 166; XXIIe, 1858, p. 166; XXIIIe, 1859, p. 3; XXIV, 1860, p. 118; XXVe, 1861, p. 205; XXVIe, 1862, p. 196; XXVIIe, 1863, p. 235; XXVIIIe, 1864, p. 223. — La suite, annoncée pour l'année 1865, n'a pas paru dans ce recueil (ni ailleurs?). M. Victor Petit annonçait (Almanach histor. de l'Yonne, 1849) la réunion de ces articles, refondus et revisés, en un volume détaché. Ce projet ne semble pas s'être réalisé. Toutefois, les voyages 1er, 2e, 3e et 5e ont été tirés à part en 1 vol. — A partir du 17e voyage (t. XXVII), le travail est intitulé : Description des villes et des campagnes du dép[t] de l'Yonne.

— Itinéraire, etc. [10109]. *Paris, Didron*, 1851; 52 p.; 1 carte.

— Exhaussement, etc. [10110]. — *Bull. mon.*, t. XVII, 1851, p. 144.

— Visite à Chenehutte, etc. [7219, 7227]. — *M. rec.*, t. XXVIII, 1862, p. 665; 1 plan.

— Esquisses, etc. [9718]. — *M. rec.*, t. XXX, 1864, p. 567; 2e art., 681; 3e art., 760; 4e art., t. XXXI, 1865, p. 209.

— Fréjus, forum Julii [9712]. *Cannes* (1864?); fig. et carte.

PETIT (**Ernest**). Rech. sur Pisy et ses seigneurs [10189]. — *Bull. de la Soc. des sc. histor. et natur. de l'Yonne*, t. XIII, 1859, p. 458-484.

— Avallon et l'Avallonnais. Étude historique [10132]. *Auxerre*, 1866.

Bibliographie de l'Avallonnais.

PETIT. Diss., etc. [2706]. *Orléans; Montargis; Gien; Caen,* 1863; 120 p.

PETIT-RADEL (Louis-Charles-François). Notice historique, etc., lue à l'Institut [1576]. *Paris, Langlois,* 1803.

PÉTRARQUE (François). Fr. Petrarchæ historiæ Jul. Cæsaris auctori vindicavit, secundum codicem hamburgensem correxit, cum interpretatione italica contulit Chr. SCHNEIDER [423]. *Lipsiæ, Fleischer,* 1827. — Voir CELSUS (Julius-Constantinus).

PÈTRE. Rapport, etc. [7844]. — *Bull. de la Soc. d'arch. et d'hist. de la Moselle,* 1858, t. XIII.

PETRIE (H.). Monumenta historica britannica, or materials for the history of Britain, from the earliest period. Vol. I, extending to the norman conquest; prepared and illustrated with notes by the latest H. Petrie, assisted by the rev. J. SHARPE; finally completed for publication and with an introduction by Ch. DUFFUS-HARDY; published by command of her Majesty [10248]. *London,* printed by *G.-E. Eyre,* and *W. Spottiswoode,* 1848, in-fol.; 27 pl.; 1 carte.

PÉTRONE (T. Petronius Arbiter). [2939]. Fragments des livres XV et XVI du Satyricon, ed. princeps « per BERNHARDINUM DE VITALIBUS Venetum ». *Venetiis,* 1499. — Éd. augmentée de fragments découverts en 1663 à Tragurium (Dalmatie); publiée par Paul FRAMBOTTI, *Padoue,* 1664, in-8. — Éd. cum notis var. par Pierre BURMANN, *Utrecht,* 1709, in-4. — Éd. de F. BÜCHELER, *Berlin,* 1862 et 1871. — Trad. fr. par DURAND, *Paris,* 1803, 2 vol. — par HÉGUIN DE GUERLE (collection Panckoucke), 1834, 2 vol. — par BAILLARD (coll. Nisard), 1842.

Voir sur Pétrone les prolégomènes de l'éd. BURMANN, et l'ouvrage de PETREQUIN : Rech. histor. et crit. sur Pétrone, etc. *Paris, Baillière et fils,* 1869.

PEUCHET et CHANLAIRE. Description topogr. et statist. de la France [1064 *a*]. *Paris,* 1808-1811, in-4. — Départements publiés séparément : Aisne [4201] 1808. — Corrèze [5313], 1808. — Creuse [5536], 1810. — Tarn-et-Garonne [9664], 1810. — Bouches-du-Rhône [4824], 1811. — Ille-et-Vilaine [6431], 1811. — Var [9695], 1811. — Vienne [9862], 1811.

PEUTINGER (Conrad). Romanæ vetustatis fragmenta, in Augusta Vindelicorum et ejus diœcesi reperta [10432]. *Augsbourg, Erhard Ratdolt,* 1505, in-fol. — Seconde édition publiée à la suite des *Collectanea* d'HUTTICHIUS, sous le titre de : Inscriptiones vetustæ romanæ et earum fragmenta in Augusta Vindelicorum et ejus diœcesi reperta [10434]. *Moguntiæ, Jo. Schæffer,* 1520, p. in-fol. — 3e édition intitulée : Inscriptiones antiquæ Augustæ Vindelicorum, duplo auctiores quam antea editæ, et in tres partes tributæ, cum notis Marci VELSERI Matthaei F. [2161]. *Venetiis,* apud *Aldum,* 1590, in-4.

— Sermones convivales Conradi Peutingeri : in quibus multa de mirandis Germaniæ antiquitatibus referuntur [nouv. add. 10738 *a*]. *Joannes Prüss* in ædibus Thiergarten *Argentinæ* imprimebat; Mathias SCHURER recognovit (1506), in-4. — Réimpression à *Strasbourg,* 1530, in-4. — *Iéna,* 1684, in-8. — Joint à l'ouvrage de C. PEUTINGER intitulé : De inclinatione imperii fragmentum, et XIV epistolæ anecdotæ : recudi fecit atque edidit G.-G. ZAPF. *Aug. Vindel., Bürglen,* 1781 (ou 1789?), in-8.

— Table dite de Peutinger (ou mieux, des Peutinger). — Voir VELSER (Marc).

PEYRE. Antiquités, etc. [11065]. — *Mém. de l'Institut,* classe de littérature, t. II, 1797 (mém.), p. 229; 7 pl.

PEYRÉ (J.-F.-A.). Lois des Francs, contenant la loi salique et la loi ripuaire, suivant le texte de Dutillet, revu avec soin et éclairci par la ponctuation, avec la traduction en regard et des notes. Précédé d'une préface par M. ISAMBERT [788 *a*]. *Paris, F. Didot,* 1828; XVI, 427 p.

Le général FAVÉ a donné une nouv. trad. de la loi salique : *l'Empire des Francs,* t. Ier. *Amiens, Delattre-Lenoel,* 1884. (Extr. de la *Revue de la Soc. des études historiques.*)

PEYRONNET (cte Ch.-Ignace de). Histoire des Francs [351 *a*, 368 *a*]. *Paris,* 1835, 3 vol. — 2e éd. *Paris, Chledsdowski,* 1846, 4 vol.

PEYSSONNEL (Charles de). Observations, etc. [117]. *Paris,* 1765, in-4.

PEZET (l'a.). * Hist. du pays de Foix, etc., par un prêtre du diocèse de Pamiers [3514]. *Paris, Debécourt,* 1840; 417 p.

PEZRON (dom Paul-Yves). Antiquités, etc. [286]. *Paris, G. Martin,* 1703, in-12.

PEZZANI (André). Les Druides, synthèse philosophique au XIXe siècle, pour faire suite à la pluralité des existences de l'âme [657]. *Paris, Didier*, 1865, in-12.

PFAFFENHOFFEN (F. de). Lettre, etc. [2062]. — *Rev. num.*, n. s., t. XIV, 1869-70, p. 14-30; pl. 1, 2.

— Lettre à M. Adr. de Longpérier sur des monnaies d'or concaves, dites Regenbogenschüsseln, avec légendes [2063]. — *M. vol.*, p. 285-299; pl. 12.

Fait suite à la lettre précédente.

PFEFFEL (Chr.-Hub.). Commentarii, etc. [1053]. *Argentorati*, 1785; in-4.

PHAVORINUS. — Voir FAVORINUS.

PHILIPPE. La Normandie en 1834. Mœurs, usages, antiquités, costumes et statistique des 5 départements composant cette ancienne province [3761]. *Paris*, impr. *Fain*, 1835, in-4; fig. lithogr., 1re livraison (unique).

PHILIPPE-LEMAITRE (Mme). — Voir LEMAITRE-PHILIPPE (Mme).

PHILLIPPE. Archéologie médicale. Cachets d'oculistes romains [2146 *a*]. — *Trav. de l'Acad. de Reims*, t. VI, 1847, p. 246-258.

A propos de la publication de Sichel (n° 2146).

PHILLIPS (G.). Das baskische alphabet. — Baskischer Sprach-probe mit Einleitung und Glossar. — Das lateinische und romanisch Element im Bask [3227]. *Wien*, 1870.

Voir aussi, du même : Die Wöhnsitze der Kelten auf den pyreneischen Halbinsel. *Wien*, 1872.

PHULPIN (A.). Notes, etc. [7441]. *Neufchâteau*, impr. *Mongeot*, 1842.

PIBRAC (A. Du Faur, c^{te} de). Mém. sur les ruines gallo-romaines de Verdes [6774]. — *Mém. de la Soc. d'agr., sc.* etc. *d'Orléans*, 2e s., t. III, 1857, p. 5-40; 8 pl. — T. à p. *Orléans*, 1857.

— Mém. sur un cimetière celtique découvert à Beaugency, en 1857 [7008] — *M. rec.*, 2e s., t. IV, 1859, p. 97-144; 3 pl. — T. à p. *Orléans*, 1860.

Rapport par F. DUPUIS, *m. vol.*, p. 145.

— Notice sur une inscr. rom. portant CENAB, trouvée à Orléans [2710]. — *Bull. de la Soc. archéol. de l'Orléanais*, à Orléans, t. III, an. 1865, p. 234-243.

— Voir BEAUREGARD (Sourdeau de).

PIC (Fr.-A.). * Sur un four à poterie antique découvert à Jasseron, près de Bourg, en nov. 1834 [4176]. — *Journal de la Soc. d'émul. de l'Ain*, 1834.

— * Dissertation, etc. [4131]. *Lyon, Rossary*, 1835; 7 p.

PICAMILH (Charles de). Statistique, etc. [8298]. *Pau*, imp. *Vignancour*, 1858, 4 vol.

PICARD (Casimir). Not. sur des instruments celtiques en corne de cerf. — — Note supplémentaire [9532]. — *Mém. de la Soc. d'émul. d'Abbeville*, 1834-1835; p. 88-116; 2 pl.

— Not. sur qqs. instruments celtiques [9533]. — *M. rec.*, 1836 et 1837, p. 221-272; 18 fig.

— Rapport, etc., à M. le préfet du dép^{t} de la Somme, en réponse à la circulaire de M. le ministre de l'intérieur en date du 13 mars 1838 [9545]. — *M. rec.*, 1838 à 1840, p. 271-283.

PICARD DE TOUTRY (Jean). Joannis Picardi Toutreriani, de prisca Celtopædia libri quinque, quibus admiranda priscorum Gallorum doctrina et eruditio ostenditur nec non literas prius in Gallia fuisse, quam vel in Græcia vel in Italia: simulque Græcos nedum Latinos scientiam a priscis Gallis (quos vel ab ipso Noachi tempore græce philosophatos constat) habuisse [828]. *Parisiis*, e typogr. *Matth. Davidis*, 1556, in-4.

Analysé dans la *Biblioth. hist.*, t. I, n° 3797

PICART (le p. Benoît), dit aussi le p. BENOIT. * Diss. critique, etc. [7597]. *Toul*, 1701, in-12.

— * Défense, etc. [7596]. *Paris*, 1702, in-4.

Attribué quelquefois à D'ANTIMON. (Voir ce nom.)

— Histoire, etc. [7592]. *Toul, Alexis Laurent*, 1707, in-4.

— Pouillé, etc. [7599]. *Ibid.*, 1711, 2 vol.

PICART (Bernard). Histoire générale des cérémonies, mœurs et coutumes religieuses de tous les peuples du monde, représentées en 243 fig. dessinées par B. PICART, avec des explications par les abbés BANIER et LE MASCRIER [508, 837, 838]. *Paris*, 1741, 7 vol. in-fol. — Suite. *Amsterdam*, 1743, 2 vol. in-fol.

Voir, pour les autres éditions, QUÉRARD, *Fr. litt.*, t. VII, p. 138. Cp. BRUNET, *Manuel*, t. I, col. 1743.

PICHARD (Th. de). Nouv. rech. sur le Cassinogilum de Charlemagne [nouv. add. 6362 *a*]. — *Rec. de la Soc. d'agr. etc. d'Agen*, 2e s., t. Ier, 1860; 16 p.

PICHON (le bon Jérôme). Éditeur de l'abbé Lebeuf. — (Voir ce nom, année 1843.)

PICHON (l'a.). Not. sur l'hypocauste découvert à Sermérieu, canton de Morestel [6621]. — *Bull. mon.*, t. XXXII, 1866, p. 826-830; 1 pl.

— Nouvelles fouilles, etc. [6622]. — *M. rec.*, t. XXXIV, 1868, p. 900 et 901.

PICOT (Jean). Hist. des Gaulois depuis leur origine jusqu'à leur mélange avec les Francs [334]. *Genève*, 1804, 3 vol.

— Hist. de Genève [10882]. *Genève*, 1811, 3 vol.; 2 cartes.

PICOT (Émile). Traducteur de Th. Mommsen. (Voir ce nom.)

PICTET (Adolphe). Lettre sur un passage de Marius, etc. [10854]. — *Mém. de l'Acad. celt.*, t. III, 1809, p. 477.

— Du culte des Cabires, etc. [533]. *Genève*, 1824.

— De l'affinité des langues celtiques avec le sanscrit [2294]. *Paris, Duprat*, 1837; 126 p.

Mémoire couronné par l'Institut.

— Lettre à M. de Longuemar, etc. [9929]. — *Bull. de la Soc. des ant. de l'O.*, 2e trim. 1859.

— Le mystère des Bardes de l'île de Bretagne, ou la doctrine des Bardes gallois du moyen âge sur Dieu, la vie future et la transmigration des âmes. Texte original, traduction et commentaire [651]. *Genève, Cherbuliez*, 1859; 82 p.

— Essai, etc. [2196, 2312]. *Ibid., id.*, 1859; 54 p.

— Les origines indo-européennes, ou les Aryas primitifs; essai de paléontologie linguistique [118]. *Paris*, 1859-63, 2 vol. gr. in-8.

— Étude, etc. [2325]. — *Rev. archéol.*, 2e s., t. XI, 1865, p. 109-123.

— Nouvel essai, etc. Lettres adressées à M. le gal Creuly [2197]. — *M. rec.*, n. s., t. XV, 1867, 1er art., p. 276-289; 2e art. p. 313-329; 3e art., p. 385-402; 4e art., t. XVI, p. 1-20; 5e et dernier art., p. 123-140. — T. à p. *Paris*, 1867; 92 p.

— Deux inscriptions gauloises. — Obs. de Louis Revon [8985]. — *Rev. savoisienne*, t. VIII, 1867, p. 112.

— Sur une nouvelle déesse gauloise de la guerre (Athubodua), etc. [8986]. — *Rev. archéol.*, 2e s., t. XVIII, 1868, p. 1-17. — T. à p.

Voir d'autres communications d'Ad. Pictet dans les *Matériaux p. s. à l'hist. de l'homme*, passim.

PICTET (François-Jules). De la question de l'homme fossile [1389]. — *Bibliothèque universelle de Genève*, mars 1860.

PIEL. Communications sur la topographie de Lisieux à la fin du ive siècle [5102]. — *Congrès archéol. de France*, XXXVIIe session, sces gles tenues à Lisieux en 1870, p. 43-45.

PIÉRANGELI. Monument druidique, etc. [4547]. — *Bull. archéol. du Comité histor. des arts et monts*, t. III, 1844-45, p. 359 et 360.

PIÉRART (Z.-J.). Notice, etc. [7954]. *Maubeuge, Lévêque*, 1850, plan des 4 villages.

— Recherches histor. sur Maubeuge et son canton et les cnes limitrophes, avec des notes sur les villages de l'ancienne prévôté de cette ville, ainsi que sur tous ceux qui, situés hors de cette prévôté, se rattachent aux monastères d'Haumont et de Maubeuge, etc. [7980]. *Ibid., id.*, 1851, in-4; plans et fig.

— Excursions, etc., sur les champs de bataille de Wattignies et de Malplaquet, aux lieux où J. César et Quintus Cicéron combattirent les Nerviens, avec le récit détaillé des événements, etc.; l'histoire d'Avesnes, de Maubeuge, du Cateau, etc., des abbayes d'Haumont et de Liessies, avec les mœurs, coutumes, fêtes, patois de l'arrt d'Avesnes [4190, 4447, 7959]. 2e éd. *Maubeuge, Levesque; Paris*, 1861; 394 p.; 1 carte.

PIERCHAMP (Morin). Pseudonyme de Symphorien Champier. (Voir ce nom, année 1548.)

Cp. Quérard, *Superch. litt.*, 2e éd., t. I, col. 1022.

PIÉROT-OLRY (Ferdinand). Not. histor.

et descriptive de la v. de Gerbéviller, avec un plan de cette localité, etc. [7553]. *Paris, Didron,* 1851, in-12.

PIERQUIN DE GEMBLOUX. — Voir GEMBLOUX (Pierquin de).

PIERRE de Corse (PETRUS CYRNÆUS). De Rebus corsicis libri IV, a temporibus Romanorum usque ad A. MDVI [5332].

MURATORI, *Scriptores rerum italicarum*, t. XXIV. — Trad. ital. par Giov. C. GREGORI. *Paris, Pihan,* 1834, in-8.

PIERRE (l'a.), curé de Champlost. Dissertation, etc. [2687, 10169]. — *Almanachs de Sens* pour 1783 et 1784, in-12.

PIERROT (l'a.). Hist. de France, depuis les premiers âges jusqu'en 1848 [382]. *Paris, Vivés,* 1857-1860, 15 vol.

PIERS (Hector-Beaurepaire). Hist. de la v. de Bergues-St-Winoc. Notices historiques sur Hondschoote, Wormhoudt, Gravelines, Mardick, Bourbourg, Watten, etc. [7950]. *St-Omer,* 1833.

— Hist. de la v. de Thérouanne, ancienne capitale de la Morinie, et notices historiques, etc. [8236]. *St-Omer,* 1833.

— Diss. sur cette expression de Virgile : « Extremi hominum... Morini » (*Énéide,* VIII, 727) [3689]. — *Mém. de la Soc. des ant. de la Morinie,* t. I, 1833 (1834), p. 352-368. — T. à p. *St-Omer,* 1834; 8 p.

PIET (François). Rech. topogr., statist. et histor. sur l'île de Noirmoutiers, publiées et annotées par Jules PIET (fils de l'auteur) [6930]. *Nantes,* impr. *Mellinet,* 1863 ; XXI, 725 p.

A reporter, dans le Catalogue méthodique, de la Loire-Inf. dans la Vendée, après le n° 9852.

— Fouilles archéologiques à Noirmoutier [9853]. — *Annuaire de la Soc. d'émulation de la Vendée,* 10e année, 1864 (1866). — T. à p.

PIETRO (F.-Emmanuele di). Not. sur la v. d'Aigues-Mortes, avec 2 vues de la v. et 1 carte de ses environs [6058]. *Paris, Delaunay,* 1822 ; 148 p.

PIETTE (Amédée). Essais, etc. [4458]. *Vervins, Papillon,* 1841 ; 1 carte.

— Not. sur les mottes ou tombelles de l'arrt de St-Quentin [4251]. — *Mém. de la Soc. des ant. de Picardie,* t. VII, 1845, p. 509-524 ; dessins.

— Lettre, etc. [4363]. — *Bull. mon.,* t. XIX, 1853, p. 323.

— La voie rom. de Reims à Bavay [4211]. — *Bull. de la Soc. acad. de Laon,* t. IV, 1855. — Voir aussi *m. rec.,* t. V, 1856, p. 279, et t. VI, 1857, p. 167 et p. 77.

— Itinéraires gallo-romains, etc. [4213]. *Laon,* 1856-1862 ; 341 p. ; cartes, plans ; 17 pl.

Mention hon. à l'Acad. des inscr. en 1863.

— Les voies romaines, etc. [7378]. — *Bull. de la Soc. acad. de Laon,* t. VII, 1858.

— Note, etc. [4209]. — *M. rec.,* t. VIII, 1859, p. 112.

— Les chaussées rom. dans le dépt de l'Aisne [4212]. — *M. rec.,* t. VIII, 1859 ; t. X, 1860 ; t. XI, 1861 ; t. XII, 1861 ; t. XIII, 1862.

Mention hon. à l'Acad. des inscr. en 1863.

PIETTE, de Vervins (**Édouard**). Notice, etc. Rapport présenté à la Commission des antiquités du dépt de l'Aisne [4343]. *Vervins, Papillon,* 1841 ; 20 p.

— Fragment d'autel, etc. [4289]. — *Bull. de la Soc. acad. de Laon,* t. XII, 1861 ; 15 p.

— Not. sur un autel de Bacchus, etc. [4335]. *Laon, Fleury,* 1862 ; 1 dessin lithogr.

PIEYRE fils. Statistique de Lot-et-Garonne [7086]. An X.

PIGANEAU (E.). Étude sur le menhir de Pierrefitte, cne de St-Sulpice de Faleyron, arrt de Libourne, etc., et sur qqs. autres monts druidiques des environs de Bordeaux et de Libourne [6268 a]. — *Bull. de la Soc. des ant. de l'O.,* an. 1870, p. 347-358.

PIGANIOL DE LA FORCE. Nouv. description de la France, etc. [1034]. *Paris,* 1752-54, 15 vol. in-12.

PIGAULT DE BEAUPRÉ. Notice, etc. [8216]. — *Bull. de la Soc. des ant. de la Morinie,* t. I, p. 112-116.

— Reconnaissance des voies locales, etc. [7955]. — *Mém. de la Soc. Dunkerquoise,* t. VI, 1858-59 ; 18 p.

PIGAULT DE LÉPINOY. Histoire des Morins, etc. [8205].

PIGEON (l'a. E.-A.). Description, etc.

[7295]. — 2e éd. *Avranches* (1865), XXXVII-184 p.

Simple mention des antiq. celt. et gallo-romaines.

PIGEORY. Histoire, etc. [10218]. — *Annuaire de l'Yonne*, XIVe année, 1850, p. 273. (Époques gallo-rom. et francique.) — XVe an., 1851, p. 311.

PIGNA (J.-B.). La guerra d'Attila [134]. — Voir THOMAS D'AQUILÉE.

PILLAYE (bon de La). Not. sur la v. de Ste-Suzanne, sur les débris de ses fortifications vitrifiées et de son ancien château, et sur les dolmens situés dans son voisinage [7592]. — *Mém. de la Soc. des ant. de Fr.*, t. VIII, 1829, p. 357.

— Lettre à M. Huette, sur les antiq. de Noirmoutier [9854]. — *Ann. de la Soc. acad. de Nantes*, année 1832, p. 168-172.

— La Roche-aux-Fées (Ille-et-Vilaine) [6473]. — *Mém. de la Soc. des ant. de Fr.*, 2e s., t. II, 1836, p. 95.

— Découvertes archéol. etc. jusqu'à la fin de 1836 [3794]. — *Jal de l'Institut histor.*, t. V, 1836-1837, p. 246-257.

— * Tableaux synoptiques, etc. [1516]. — *M. vol.*, p. 258-260.

— Découverte, etc. [6435]. — *M. rec.*, t. VII, 1837, p. 13-18.

— La Ville-Avran, etc. [6476]. — *Mém. de la Soc. des ant. de Fr.*, 2e s., t. IV, 1838, p. 30.

— Monts de Carnac (département du Morbihan), nouv. explication [7700]. — *Jal de l'Inst. histor.*, t. XI, 1839-1840, p. 42-53.

— Excursion, etc. — Obs. sur les Diablintes et l'étendue de leur territoire [7481]. — *M. vol.*, p. 193-204.

— Visite à l'ancienne fortification de Borghstædt, nommé depuis camp de Q. Cicéron, situé à l'occident du bourg d'Assche, etc. [10544]. — *L'Investigateur, jal de l'Inst. histor.*, t. VIII, 1848, p. 57-62, 2e art., p. 102-108.

— Rech. archéol. sur l'abbaye de St-Benoît, et sur les antiq. de la contrée [7057]. — *Mém. de la Soc. des sc. etc. d'Orléans*, 2e s., t. I, 1853, p. 156-241. — Rapport, par DE VASSAL, p. 242.

PILLET (E.). Note, etc. [6115]. — *Mém. de la Soc. des ant. de Normandie*, t. XII, 1841, p. 410.

PILLET (Louis). Inscription, etc. [8950]. — *Mém. de l'Acad. de Savoie*, 2e s., t. IV, 1861 ; 14 p.

— Nouvelle carte, etc. [3988]. — *M. rec.*, m. s., t. IX, 1866, p. 313-326.

PILLON. Relation, etc. [7043]. — *Bull. de la Soc. archéol. de l'Orléanais*, t. III, an. 1861, p. 404.

— Not. sur les antiq. découv. à Neuvy-en-Sullias [m. no]. — *M. vol.*, 1861, in-8.

PILLOY (J.). Fouilles, etc., compte rendu [4342]. — *Bull. de la Soc. acad. de Laon*, t. XV, 1865 ; 9 p.

— Médailles romaines; etc. [4310]. — *M. vol.*; 4 p.

— Découverte, etc. [4355]. — *M. rec.*, t. XIX, années 1869-70 (1872), p. 15.

PILOT (Jean-Joseph-Antoine). Histoire de Grenoble et de ses environs, depuis sa fondation sous le nom de Cularo jusqu'à nos jours [6592]. *Grenoble, Baratier frères*, 1829.

— Recherches, etc. [3456]. T. Ier (unique). *Ibid.*, *id.*, 1833 ; 296 p.

— Statistique de l'Isère [6574], 1844-51, avec GUEYMAR. (Voir ce nom.)

— Antiquités, etc. [6584]. — *Bull. de l'Acad. delphinale*, t. I, 1846, p. 63-73.

— Notice sur les anciens cimetières de Grenoble [6604]. — *Bull. de la Soc. de statistiq.* etc. *de l'Isère*, 2e s., t. III, 1854, p. 130-146. — T. à p.

— Rapp. sur une pierre tumulaire chrétienne, trouvée à St-Marcel, près de Barraux, en 1852 [6625]. — *M. vol.*, p. 432-434 ; 1 pl.

Inscription datant de l'an 517.

— Not. sur l'égl. St-Laurent de Grenoble [6601]. — *M. rec.*, m. s., t. IV, 1860, p. 251-354.

— Inscription, etc. [6608]. — *M. vol.*, p. 321-349.

— Autel gallo-romain, etc. [6598]. — *M. rec.*, m. s., t. VII, p. 424.

PINAUDEAU. Nomenclature, etc., de tous les villages, hameaux et maisons isolées de la Vienne [9866]. *Poitiers*, 1841.

PINÇON. Bibliographie universelle. — Voir DENIS (Fd), PINÇON et DE MARTONNE.

PINCONI. — Voir SIMEONI.

PINDER (M.). Numismata antiqua inedita [1923]. *Berlin*, 1834, in-4; pl.

Médailles gauloises, notamment part. I, p. 9.

PINDER (M.) et **PARTHEY**. Ravennatis Anonymi Cosmographia et Guidonis geographica. Ex libris mss. edid. etc. [919]. *Berlin, Nicolai*, 1860; xxiii-677 p.; 1 pl. chromo-lithogr.

PINEAU (d^r^). Notice, etc. [5310]. — *Mém. de la Soc. des ant. du Centre, à Bourges*, t. III, 1869 (1870), p. 1-5; pl.

PINEL. * Essais archéol., histor. et physiques sur les environs du Havre, par M. P. [9408]. *Le Havre*, 1824.

PINGET (X.). Les Tarins, etc. [3429]. *Bonneville*, 1867; 3 p.

PINGRET (Édouard). — Voir BRAYER (J.-B.-L.).

PINKERTON (J.). Dissertations, etc. Traduit de l'anglais de Jean-Godefroi LIPSIUS [1905]. *Dresde*, 1795.

Revoir le numéro 1866.

PINSON (F.-J.). Dictionnaire, etc. [6875]. *Nantes*, 1857.

PIOLIN (le p. dom Paul). Histoire, etc. [8849]. *Paris, Vrayet de Surcy*, 1851-1863, 6 vol.

— Lettres, etc. [737 *a*]. *Paris, Lasnier*, 1855.

— Ex-voto, etc. [3180 *b*]. *Paris*, 1858, in-12.

— Observations, etc. [8907]. — *Bull. de la Soc. d'agr. de la Sarthe*, t. XI, 1869-70, p. 67-69.

PIPER (F.). Étude, etc. [4881 *a*]. — *Bull. mon.*, t. XXXI, 1865, p. 533-559.

PISSOT (Noël-Laurent). Sièges soutenus par la v. de Paris, jusqu'au 30 mars 1814. *Paris*, 1815.

PISTOLLET DE SAINT-FERJEUX (Théodore). Not. sur deux arcs de triomphe, etc. [7456]. — *Mémoire de la Soc. des ant. de Fr.*, 2e s., t. III, 1837, p. 197.

— Not. sur un mon^t^ druidique, etc. [7454]. — *M. rec.*, m. s., t. IV, 1838, p. 23.

— Torques et bracelets conservés au musée de Langres [7453]. — *Mém. de la Soc. histor. et archéol. de Langres*, t. I, 1850, p. 253-258; 1 pl.

— Mémoire sur l'ancienne lieue gauloise [1785]. *Langres, Dejussieu; Paris, J.-B. Dumoulin*, 1852; 56 p.

Rapp. sur ce travail, par J. QUICHERAT, *Rev. des Soc. sav.*, 2e s., t. VII, 1862, p. 350.

— Not. sur les voies romaines, etc. [7425]. — *Mém. de la Soc. histor. et archéol. de Langres*, t. I, 12e livr., septembre 1860, gr. in-4. — T. à p. *Paris, Dumoulin*, 1860, in-4.

— * Obs. sur le lieu où a été livrée la bataille entre César et Vercingétorix, etc. [2569]. — *Spectateur militaire*, 1863. — T. à p. *Langres; Paris, Dumoulin*, 1863, 20 p.

Signées Théodore P. de St-F. — Conclusion pour la vallée de l'Aube entre Auberive et Praslay.

— Not. sur les monnaies de Lingons, etc. [2058]. — *Ann. de la Soc. franç. de numismat. et d'archéol.*, t. II, 1867; planches. — T. à p. *Paris*, impr. *Pillet*, 1868; 35 p.; 8 pl.

PITHOU (Pierre). De Tricassibus, Tricassinis et Campania [nouv. add. 4695 *a*].

Adversaria (Basileæ, 1574), liv. II, chap. 2.

— Œuvres de P. Pithou. *Paris*, 1609, in-4.

Pages 886 et suiv.: Remarques sur les antiq. d'Agen [7097].

PITISCUS (Samuel). Dictionnaire des antiq. rom., etc. Ouvrage traduit et abrégé du grand dictionnaire de Samuel Pitiscus, etc. [27]. *Paris, N.-A. Delalain*, 1766, 3 vol.

PITON (Frédéric). Strasbourg illustré, panorama pittoresque, historique et statistique de Strasbourg et de ses environs [8374]. *Strasbourg*, 2 vol. in-4.

PITRA (dom J.-B.). Lettres, etc. [8774]. — *Ann. de philosophie chrétienne*, 2e s., t. XIX, 1839, p. 195.

— * Études, etc., par L. J. C. [8779]. — *M. rec.*, 3e s., t. I, mars 1840, p. 165; t. II, juillet 1840, p. 7; t. III, janvier 1841, p. 7; février, p. 85; t. V, mars 1842, p. 465, t. VII, mars 1843, p. 232. — T. à p. *Paris*, 1841, vii-79 p.

— De inscriptione græca et christiana cœmeterio sancti Petri a via strata reperta, infra urbem Augustodunensem, illustrata variorum notis et dissertationibus, iisque partim ineditis. — *Spicilegium Solesmense*, t. I, 1852, p. 554-564.

PITRE-CHEVALIER. La Bretagne ancienne et moderne, avec des chants populaires inédits, communiqués par TH. DE LA VILLEMARQUÉ, etc. [3329]. *Paris*, 1844. — Autre édition intitulée: La Bretagne ancienne, depuis ses origines jusqu'à la réunion à la France. (Histoire, Institutions, Mœurs, Pays, Traditions, etc.), avec un Précis des faits depuis la réunion et le tableau de la Bretagne actuelle. *Paris, Didier*, 1859, fig. noires et coloriées.

Illustrations de T. Johannot, A. Leleux, Rouargue, etc.

PITTON (Jean-Scholastique). Hist. de la v. d'Aix, capitale de Provence, contenant tout ce qui s'y est passé de plus remarquable dans son état politique depuis la fondation jusqu'en l'année 1665, recueillie des auteurs grecs, latins, etc. surtout des Chartres tirées des archives du Roi, de l'Église. de la Maison de ville et des Notaires [4908]. *Aix, David*, 1666, in-fol.

— Diss. histor. sur la sainte église d'Aix, où il est amplement prouvé que Saint-Maximin, disciple de Notre-Seigneur J.-C., et sainte Madelaine, sœur de Lazare, sont venus en Provence, et ont fini leurs jours à Aix, contre Jean de Launoy [3898]. *Lyon, Libéral*, 1668, in-4.

— Annales de la sainte église d'Aix, avec les diss. histor. contre M. Launoy [4910]. *Lyon, Libéral*, 1688, in-4.

PITTS CAPPER (Bens). — Voir CAPPER.

PLANCHER (Urbain). * Hist. générale et particulière de Bourgogne, avec des Notes, des Diss. et les Preuves justificatives, etc. [3363]. *Dijon, Ant. de Fay*, 1739-1748, 3 vol. in-fol.

Un 4e vol. a été rédigé par dom MERLE, d'après les rech. d'Alexis Salazard. *Dijon, L.-Nic. Fransin*, 1781.

PLANTADE (de). Mém. sur la situation de *Forum Domitii*, lu le 7 décembre 1730, à l'assemblée publique de la Soc. royale des sc. de Montpellier [6418]. — Voir *Biblioth. histor.*, t. I, n° 275.

PLANTET (L.) et JEANNEZ (L.). Essai sur les monnaies du comté de Bourgogne depuis l'époque gauloise jusqu'à la réunion de la Franche-Comté à la France, sous Louis XIV [3378]. *Lons-le-Saulnier*, 1850, in-4; 288 p.; 15 pl.

PLANTINUS (J.-B.). Helvetia antiqua et nova [10794]. *Berne*, 1656, petit in-8. — Trad. française. *Genève*, 1666.

On a imprimé par erreur PLAUSINUS dans le Catalogue méthodique.

PLAUSINUS. — Voir l'article précédent.

PLESSIER (Léon). Not. sur l'existence d'un cimetière franc à Cuignières près St-Just-en-Chaussée [nouv. add. 8081 *a*]. — *Mém. de la Soc. acad. de l'Oise*, t. V, 3e partie, année 1864, 10 p.

Voie rom. de St-Martin-Longeau à Amiens. Monnaies rom.

PLESSIER (Léon), PLESSIER (E.) et PEIGNÉ-DELACOURT (A.). Étude nouvelle, etc. [3252]. — *Bull. du Comité archéol. de Senlis*, t. VII, 1869, (1871), p. 3-46, 6 pl. principalement relatives au pont de Breuil. — T. à p. *Senlis*, 1869, 52 p.; fig.; pl.; 1 carte.

PLESSIER (E.). — Voir l'article précédent.

PLESSIER (Victor-Fr.). Le Menhir de Saint-Brice, etc. [9242]. — *Bull. de la Soc. d'arch. de Seine-et-Marne*, t. II, 1865; 10 p.

PLESSIS (le p. dom Michel-Chrétien-Toussaints du). Diss. sur le *Genabum* ou *Cenabum* des anciens [2700]. — *Mercure*, août 1733, p. 1713-1728, et *Variétés histor.*, t. I, partie II, p. 301-329. — * 2e éd. intitulée: Diss. où l'on démontre que Orléans est l'ancienne ville de Genabum dont il est parlé dans César. *Orléans*, 1736.

— Lettres touchant la signification du mot *Dun*, chez les Celtes [1012]. *Mercure*, déc. 1735, t. I, p. 2646-2650. — 2me lettre, mars 1736, p. 436-450. — 3e et dernière lettre, juin 1736, t. I, p. 1050-1075.

Ces trois lettres ont été recueillies et imprimées de nouveau, la même année, avec les réponses de M. LEBEUF. *Paris, Delespine*, in-12; 160 p. (*Biblioth. histor.*, t. I, n° 377, etc.)

— Lettre pour défendre le sens qu'il donne au mot *Dunum* [m. n°]. — *Mém. de Trévoux*, avril 1740, p. 619-622.

— Lettre au sujet de la diss. de M. Lebeuf sur le Soissonnais [4394, nouv. add. 4036 *a*]. — *Mercure*, janv. 1736, in-12. — 2e lettre. *Ibid.*, mars 1736.

— * Description, etc., avec des remarques historiques (par Daniel POLLUCHE) [6964]. *Orléans*, 1736.

— Description géographique et historique de la haute Normandie, qui comprend le pays de Caux et le Vexin [3750]. *Paris, Vve Ganeau* (QUÉRARD : *Didot, Nyon, etc.*), 1740, 2 vol. in-4.

« Il y a dans cet ouvrage beaucoup d'étymologies » (*Biblioth. histor.*, t. I, n° 241).

— Étendue et anciens habitants du pays de Caux, appelés *Caletes* [3400].

Description de la haute Normandie. 1re partie.

— Lettre, etc. [9442]. — *Mém. de Trévoux*, déc. 1751, p. 2644-2653.

PLEUVRI (l'a. J.-O.). Histoire, antiq., etc. du Havre de Grâce, avec un traité de son commerce et une not. des lieux circonvoisins de cette place [9406]. *Paris, Chenault*, 1765, in-12. — 2e éd. *Paris*, 1769, in-12.

PLINE (l'Ancien). Histoire naturelle [904].

PRINCIPALES ÉDITIONS ET TRADUCTIONS

— C. Plinius Secundus, Naturalis historiae libri XXXVII. *Venetiis, Joannes de Spira*, 1469, gr. in-fol. (édition princeps). — Historia naturalis; interpretatus est et notis illustravit Jo. HARDUINUS; editio altera emendatior et auctior. *Parisiis, Coustelier*, 1723, 3 vol. in-fol.; fig. — Historiæ naturalis libri XXXVII; accedit chrestomathia indicibus aliquot copiosis exposita, curante J.-P. MILLER. *Berolini*, 1766, 5 vol. in-16.

Voir notamment l'index géographique, t. IV, p. 55-368.

— Historiæ naturalis libri XXXVII, cum selectis commentariis Joan. Harduini ac recentiorum interpretum novisque annotationibus. *Parisiis, Lemaire* (typis *F. Didot*, etc.), 1827-31, 10 vol. en 13 tomes. (Collection N.-E. Lemaire.) — Tome II : Geographia, curante F. ANSART. — Plinii Secundi naturalis historiae libri XXXVII, recensuit et commentariis criticis indicibusque instruxit Julius SILLIG. *Hamburgi et Gothæ, Perthes*, 1851-57, 8 vol.

— Histoire naturelle, traduction nouvelle par M. AJASSON DE GRANDSAGNE, annotée par MM. Beudant, Brongniart, G. Cuvier, Daunou, etc. *Paris, Panckoucke*, 1829-33, 20 vol. (Collection Panckoucke.) — Histoire naturelle de Pline, avec la traduction française par M. E. LITTRÉ. *Paris, Firmin-Didot frères*, 1855, 2 vol. gr. in-8. (Collection Nisard.) — Naturgeschichte, übersetz von J. Dan. DENSO. *Rostock*, 1764-65, 2 vol. in-4.

On réunit à ces deux vol. Plinisches Wörterbuch, *Rostoch*, 1766 (BRUNET, *Manuel*).

— Natural History, translated with copious notes and illustrations by Dr BOSTOCK and H.-T. RILEY, with a general index. *London, Bohn*, 1855-57, 6 vol. pet. in-8. — Historia natural, traduzida por Geronymo DE HUERTA, con escolios y anotaciones. *Madrid*, 1624 et 1629, 2 vol. in-fol.

PLŒTTNER. De arcubus triumphalibus [1564]. *Lipsiæ*, 1750.

PLONGUER. Mémoire sur les arches de Jouy, près de Metz; exposé du résultat de ses rech. sur cette construction rom., célébrée par les récits des Montfaucon, des dom Calmet, etc. (analyse) [7877]. — *Précis des travaux de la Soc. des sc., l. et arts de Nancy*, an XII, p. 5.

PLUQUET (Frédéric). Essai, etc. [5038]. *Caen, Chalopin; Paris, Lance*, 1829.

PLUTARQUE. Vies parallèles [60].

PRINCIPALES ÉDITIONS ET TRADUCTIONS

Plutarchi vitae parallelae, a diversis interpretibus latinae factae, a J.-A. Campano collectae et editae. (*Romæ*), *Udalricus Gallus* (circa 1470), 2 vol., gr. in-fol. (Édition princeps). — Plutarchi opera, scilicet: Parallela, gr. 3 vol. pet. in-8. Opera moralia quæ extant, gr. 3 vol. pet. in-8. Vitae parallelæ, interprete Herm. CRUSERIO, 3 vol. pet. in-8. Opuscula varia moralia, ex diversor. interpretationibus, cum annot. H. STEPHANI. Excudebat *Henr. Stephanus*, 1572, 3 vol. pet. in-8. — Vitarum comparatarum appendix, 1 vol. : en tout 13 vol. pet. in-8.

Le premier volume du texte porte ce titre général : Plutarchi Chæronensis quæ extant opera, cum latina interpretatione, ex vetustis codicibus plurima nunc primum emendata sunt, ut ex H. STEPHANI annotationibus intelliges : quibus et suam quorundam libellorum interpretationem adjunxit Æmilii Probi de vita excellentium imperatorum liber.

— Vitae parallelae cum singulis aliquot, gr. et lat. Adduntur variantes lectiones ex mss. codd. veteres et novae doctorum viror. notae et emendationes, et indices accuratissimi. Recensuit Aug. BRYANUS. *Londini, Tomson et Watts*, 1729, 5 vol. gr. in-4. — Plutarchi quae supersunt omnia, gr. et lat. principibus ex editionibus castigavit, virorumque doctorum suisque annotationibus instruxit Jo. Jac. REISKE. *Lipsiæ*, 1774-82, 12 vol. in-8. — Vitae par., graece, edente D. CORAY. *Parisiis, Eberhart*, 1809-15, 6 vol. in-8, fig. — Vitae par., graece, ex recensione Car. SINTENIS. *Lipsiæ, Köhler*, 1839-46, 5 vol. — Autres éditions. *Lipsiæ* (bibliotheca Teubneriana), in-16. — Vitae, secundum codices parisinos, recognovit Theod. DŒHNER, gr. et lat. *Parisiis, F. Didot*, 1847-48, 2 vol. gr. in-8. (Bibliothèque gr.-lat. de Didot.)

— Plutarchi historiographi graeci liber de viris clarissimis : e græco sermone in latinum diversis plurimorum interpretationibus virorum illustrium translatus, collectus a Jo. CAMPANO, 2 vol. in-fol.

Doit avoir été faite vers 1472. (Brunet.)

— Les Vies des hommes illustres comparées l'une avec l'autre par Plutarque de Chæronée translatées premierement de grec en françois par Jacques Amyot lors abbé de Bellozane, et depuis en ceste troisième édition reveuës et corrigées en infinis passages par le traducteur... *Paris*, par *Vascosan*, imprimeur du Roy, 1567, 6 vol. pet. in-8. — 1re éd. *Paris, impr. de Michel Vascosan*, 1559, gr. in-fol. — Nombreuses éditions, entre autres : Les Œuvres de Plutarque trad. en français par Jac. AMYOT, avec des notes et des observations, par Gabr. BROTIER ET VAUVILLIERS. *Paris, Cussac*, 1783-84, 22 vol. in-8, fig. — Autre éd. faite sur la précédente, augmentée des notes de CLAVIER et d'une table. *Paris, Cussac*, 1801-06, 25 vol. in-8, 131 fig. — Les Vies des h. ill., trad. en franç. avec des remarques par A. DACIER ; avec les Vies omises par Plutarque trad. de l'anglois de Th. ROWE, par Fr. BELLANGER. *Paris*, 1721-34, 9 vol. in-4. — Vies des h. ill., traduites en franç. par Domin. RICARD. *Paris*, an VII (1798), 1803, 13 vol. in-12. — Les Vies des h. ill., trad. en français par E. TALBOT. *Paris, Hachette*, 1865, 4 vol. — Vergleichende Lebensbeschreibungen, übersetzt aus dem griech, von J.-F.-Sal. KALTWASSER. *Magdebourg, Keil*, 1799-1806, 10 vol. — Plutarch's Lives, translated (by several hands) with notes, to which is prefixed the Life of Plutarch, written by DRYDEN. *London*, 1758, 6 vol. — (Traduction du titre :) Les Vies des h. ill., trad. en espagnol par Jean Castro DE SALINAS. *Argentina*, 1561, ou *Colonia y Anveres*, 1562, in-fol. — Vite degli huomini illustri greci et romani, tradotte per Lodov. DOMENICHI ed altri, confrontate co' testi greci per Léon GHINI. *Vinegia, Giolito*, 1566, 2 vol. in-4. — Le Vite di Plutarco, volgarizzate da Girol. POMPEI, *Verona*, 1773, 5 vol. in-4.

POCA (Andres de). De la antigua lengua, etc., de las Espanas, en que de paso se tocan algunas cosas de la Cantabria [3709]. *Bilbao*, por *Mathias Mares*, 1587, in-4.

POCARD-KVILER. Note, etc. [10311]. — *Bull. de la Soc. polymathique du Morbihan*, année 1869 (1870), page 116; 10 pl.

PODOCATHARUS CHRISTIANOPULUS (J.-Dom.) (Complément de l'art. de CHRISTIANOPULOS). Tabula itineraria militaris romana antiqua, Theodosiana et Peutingeriana nuncupata, etc. (d'après l'édition de F.-C. Scheyb). [1206]. *Asii in Piceno* (Iesi), 1809, gr. in-fol. de XXVI, 68 p., 12 pl.

Suivent 4 dissertations : I. De publicis apud Romanos itinerariis. II. An Tabulæ itin. vol. in Vindob. biblioth. reg. asservatum autographum sive *(sic)* apographum sit ? quove sæculo descriptum. III. De antiquo Romanorum pede ac milliari, tum de stadio. IV. De antiqua leuca gallica, etc.

POEY D'AVANT. Mémoire, etc. [8618].— *Rev. num.*, t. II, 1837, p. 165-170.

POIGNAND (J.-C.-D.). Antiq. historiques et montales, etc., étymologies et anecdotes relatives à chaque objet [3317]. *Rennes*, 1820.

— Le Château de Boutavam et l'étang de Karreck ; mont de l'art militaire des Gaulois [6460]. *Rennes*, 1835, in-12.

— Fragment, etc. [6461]. *Rennes, impr. Marteville*, 1835, in-12 ; 76 p.

POILLY (André de). Rech. sur une colonie massilienne établie dans le voisinage de l'embouchure de la Somme pour le trafic de l'étain et des autres productions de la Grande-Bretagne. [9527]. — *Mém. de la Soc. d'émul. d'Abbeville*, 1844-1848 (1849), p. 69-159. — Addition, p. 693.

POISSON (l'a.). Note, etc. [5867]. — *Mém. de la Soc. archéol. d'Eure-et-Loir*, t. I, 1858, p. 97-98.

POITEVIN (P.-E.). Histoire, etc. [9202]. 1831.

POLDO D'ALBENAS (Jean). Discours historial de l'antique et illustre cité de Nismes en Gaule Narbonoise, etc. [5954]. (Voir ALBENAS, et ajouter : planches gravées sur bois.)

POLENUS (Johannes). De gli antichi teatri et amphiteatri [nouv. add. 1559 *a*]. *Vicenza*, 1728.

— Utriusque Thesauri antiquitatum nova supplementa [12]. *Venise, Pasquali*, 1737, 5 vol. in-fol.

POLIDORI (Ludovic). Del Pesce come simbolo di Christo e dei cristiani [8782]. — *L'Amico catolico* (à Milan), 1843, p. 67. — T. à p.

A propos de l'inscription chrétienne grecque d'Autun.

POLLET. Note, etc. [7725]. — *Bull. mon.*, t. V, 1839, p. 492.

POLLUCHE (Daniel). Dissertation, etc. [2089]... 1726, in-16.

— [*Ms.*] Observations, etc. [2698].

Mentionnées dans la *Biblioth. histor.*, t. I, n° 282.

— Mém. sur le lieu Cymgiacum, d'une lettre du roi Philippe le Bel [6944]. 1748.

— [*Ms.*] Réflexions, etc. [2097] (vers 1749).

Mentionnées, *ibid.*, n° 283.

— Diss. sur le Genabum [de dom Du Plessis] avec des remarques sur la Pucelle d'Orléans [2703]... 1750.

Reproduction, avec corrections-additions, du mémoire publié par Toussaints Du Plessis en 1733. — Voir *Ann. de la Soc. des sc. d'Orléans*, t. XI, p. 285.

— * Essais historiques sur Orléans, ou Description topographique et critique de cette capitale et de ses environs. Augmentés d'un tableau chronologique et raisonné de ses évêques, rois, ducs..., depuis le quatrième siècle jusqu'à nos jours; avec plan et fig... (par Ch.-Nic. BEAUVAIS DE PRÉAU) [6967]. *Orléans, Couret de Villeneuve; Paris, Nyon*, 1778.

— Remarques sur l'hist. d'Orléans. — Voir PLESSIS (Toussaints du), description... de la v. d'Orléans, 1736.

POLYBE. Histoires [54].

PRINCIPALES ÉDITIONS ET TRADUCTIONS COMPLÈTES

Historiarum libri qui supersunt, gr. et lat. Isaac. CASAUBONUS emendavit, lat. vertit et commentariis [non publiés] illustravit : Æneae tactici comment. de toleranda obsidione. *Parisiis, Drouard*, 1609, in-fol. — Historiarum libri qui supersunt, gr. et lat., interprete Is. CASAUBONO : Jac. GRONOVIUS recensuit, ac varior. et suas notas adjecit : accedit AENEÆ vetustissimi tactici commentariolus de toleranda obsidione. *Amstelodami, Jansson a Waesberge*, 1670, 3 vol. — Historiarum quidquid superest, gr. et lat. recensuit, digessit et adnotationibus doctor. virorum suisque illustravit, lat. CASAUBONI versionem reformavit Jo. SCHWEIGHÆUSER. *Lipsiae*, 1789-95, 8 tomes en 9 vol. — Nouv. éd. par BAXTER. *Oxonii, Londini, Whittaker*, 1823, 4 vol. — Lexicon Polybianum, ab. Is. et Merico CASAUBONIS olim adumbratum, inde ab Jo.-Aug. ERNESTI elaboratum, nunc ab Joanne SCHWEIGHÆUSERO. *Oxonii*, excudebat *Whittaker*, etc., 1822. — Polybii Historiarum reliquiæ, gr. et lat. cum indicibus editio altera (avec APPIEN). *Parisiis, F. Didot*, 1859, gr. in-8 (la 1re éd. est de 1839.)

— Historiarum libri superstites, e graeco in lat. sermonem conversi per Nic. PEROTTUM. *Romæ*, Conr. *Swweynheym* et Arnoldus *Pannartz*, 1473, in-fol. — Histoire de Polybe, etc., trad. du grec par Vincent THUILLIER, avec un commentaire ou un corps de science militaire enrichi de notes critiques et historiq., par J.-Ch. DE FOLARD. *Paris, Gandouin*, 1727-30, 6 vol. in-4; 106 pl. — Nouv. éd. *Amsterdam*, 1774, 7 vol. in-4, fig.

— The general history of Polybius, translated from the greek by the rev. James HAMPTON ; 5e édit. *Oxford et London Whittaker*, 1823, 2 vol. in-8. — 1re éd. *London*, 1756-61, 2 vol. in-4. — 2e éd. 1761, 4 vol. in-8. — 3e éd. 1772, 2 vol. in-4. — 4e éd. 1809, 3 vol. in-8, et aussi *London*, 1812, 1 vol. gr. in-8.

— Historia de POLYBIO, traducida del griego por D. Ant. Ruy BAMBA. *Madrid, impr. real*, 1789, 3 vol. pet. in-4.

— Polibio da Megalopoli, tradotto dal greco. *Roma*, 1810-11, 5 vol.

— Polybii et Appiani historiarum excerpta ex collectaneis Const. Augusti Porphyrogenetæ II. VALESIUS nunc prim. graece edidit latine vertit notisque illustravit. *Parisiis*, *Dupuis*, 1634, in-4.

— Hygini et Polybii de Castris Romanorum quæ extant [1820]. — Voir HYGIN.

POMMEREUIL (le g[al]). Mémoire, etc. [1637]. — *Magasin encycl.*, 7e année, 1801, t. I, p. 150.

POMMEREUL (J. de). Hist. de l'île de Corse [5333]. *Berne*, 1779, 2 vol.

POMPIGNAN (Lefranc de). Œuvres diverses, 3e éd. *Paris*, *Chaubert*, 1753, 3 vol. in-12.

T. Ier, p. 303, Uxellodunum placé à Luzech.

POMPONIUS MELA. De situ urbis [902].

PRINCIPALES ÉDITIONS ET TRADUCTIONS

Cosmographia seu liber de situ orbis. *Mediolani*, 1471, in-4. — POMPONIVS MELA. JULIVS SOLINVS. Itinerarivm Antonini. VIBIVS SEQVESTER. *Venetiis*, in aedibus *Aldi* et *Andreæ* soceri, 1518, in-8. — P. VICTOR de regionibus Romæ, DIONYSIVS AFER de situ orbis, Prisciano interprete. (Réimprimé en 1519 et 1521, éd. PAGANINO [901]. Pet. in-12.) — De situ orbis lib. III ad omnium Angliæ et Hiberniæ codic. mss. fidem summa cura recogniti et collati a Joan. REGNOLDO. *Iscæ Dumnoniorum*, 1711, in-4; 27 cartes (plusieurs réimpressions). — POMPONII MELAE de situ orbis, cum notis variorum, cur. Abr. GRONOVIO. Accedunt Petri-Joan. Nunnesii, et Jac. Perizonii adnotationes. *Lugd. Batav.*, *Lutchtmans*, 1748, 2 vol. in-8. — Réimpression. *Ibid.*, *id.*, 1782, in-8. — De situ orbis libri III, ad plurimos codd. mss. etc., recensiti cum notis, vel integris vel selectis variorum, collectis præterea et appositis doctor. virorum animadv. additis suis a C. H. TZSCHUCKIO. *Lipsiæ*, 1806-7, 7 vol. — De chorographia libri III, recensuit Frick. (1881 ?) « L'éd. la plus commode et la plus sûre. » (Appréciation recueillie dans le *Literarische Centralblatt.*)

— POMPONIUS MELA, trad. en français, le texte vis-à-vis la traduction, avec des notes par C.-P. FRADIN. *Poitiers* et *Paris*, an XII (1804) ou (nouveau titre) *Paris*, 1827, 3 vol.

— POMPONIUS MELA et VIBIUS SEQUESTER, traduction par L. BAUDET. *Paris*, 1843. (Collection Panckoucke.) — POMPONIUS MELA, trad. par HUOT. *Paris*, 1844. (Collection Nisard.)

PONCE (de la). Mémoires et documents, etc. [1786 *a*]. — *Mém. de la Soc. archéolog. de Touraine*, t. IX, 1857, p. 28-37.

— Rec. de doc. destinés à faciliter la rédaction d'une géogr. ecclés. et polit. de l'anc. prov. de Touraine, depuis le IVe siècle jusqu'à la fin du XIIIe [4063 *a*]. — *M. vol.*, p. 147-387.

PONCET DE LA GRAVE (Guillaume). Histoire de Paris, etc., depuis J. César jusqu'à Louis XV [9024]. 1771, in-12.

— Hist. générale etc. depuis J. César jusqu'à nos jours, avec des notes histor., politiq. et crit. [2866]. *Paris*, *Moutardier*, 1799 et 1801, 2 vol.; fig.; cartes.

PONROY (Arthur). Le Monde gallo-romain. — Le Roi des cent rois, récits du temps de Jules César [883]. *Paris*; *Poitiers*, 1868; XXXII-382 p.

PONS (Ange-Thomas-Zénon). Not. sur Belatucadrus, etc. [554]. — *Mém. de l'Acad. celt.*, t. III, 1809, p. 169.

— Mém. sur qqs. mots de la langue phœnico-punique qui se sont conservés, etc. [3917]. — *Mém. de la Soc. des ant. de Fr.*, t. I., 1817, p. 54.

— Not. sur un tombeau antique, etc. [9727]. — *M. vol.*, p. 77.

— Not. sur un mont, etc. [9728]. — *M. vol.*, p. 82.

— Not. sur un mont grec, etc. [9699]. — *L'Ami du Bien*, rec. publié à Toulon, août 1826.

— Recherches, etc. [9733]. 1828. (D'après Girault de St-F., qui cite aussi, du même, un mém. p. s. à l'hist. de la v. de Toulon, 1825).

— Un cimetière rom. à Solliès-Pont [9726]. — Art. à placer sous le nom de ROSSI (D.). — Voir ce nom.

— Numismatique; opuscules posthumes de M. Z. Pons, inspecteur d'Académie à Aix, recueillis et publiés par M. CH. GIRAUD, et précédés d'une notice biogr. [1926]. *Paris*, *Debure fr.*; *Labitte*; *Aix*, *Autin*; 1836, 88 p.

PONT (l'a. **Germain**). Passage d'Annibal par les Alpes grecques (Petit Saint-Bernard) [2827]. *Chambéry*, impr. *Pouchet*, 1863; 25 p.

Mém. lu au Congrès scientifique de France à Chambéry, en août 1863.

— Les Kentrons de Tarentaise et de Belgique [3428]. *Moutiers*, 1864, in-12.

PONTANUS (**Johannes-Isacius**). Itinerarium Galliæ Narbonensis, cum duplici appendice, id est Universæ fere Galliæ descriptione philologica et politica, cui accedit Glossarium priscogallicum seu de Lingua Gallorum veteri dissertatione [1230, 2236, 3701]. *Lugd. Bat.*, *Thom. Basson*, 1606, in-24.

— Originum francicarum libri VI [265]. *Harderwyck*, 1616, in-4.

Affinité des Francs et des Germains.

— Disceptationum chorographicarum de Rheni divortiis et accolis populis partes duæ, in quibus geographi et historici antiqui illustrantur et a pravis Ph. Cluverii (Germ. ant.) interpretationibus vindicantur [11087]. *Amsterdam*, 1614. — 2e éd. *Harderwyck*, 1617.

PONTAUMONT (**de**). Tableau historique des Gaules [371 *b*]. *Cherbourg*, 1852, in-12.

D'après un traité latin de T.-L. de Pontaumont, bisaïeul de l'auteur : *Galliarum historiæ tabula. Lutetiæ Paris.*, apud *A. Pralard*, 1713.

— Paléographie, etc. [7271]. — *Mém. de la Soc. acad. de Cherbourg*, 1856, p. 45-83.

— Notes, etc. [7256]. — *Mém. de la Soc. des ant. de Normandie*, t. XXII, 1857, p. 213.

PONTÉCOULANT (**cte de**). Notice, etc. [9178]. — *Mém. lus à la Sorbonne en* 1864 (archéologie), 1865, p. 35.

PONTON D'AMÉCOURT (**vte Gustave de**). Lettre à M. de Witte, etc. [7426]. — *Rev. num.*, 2e s.; t. VII, 1862, p. 167-170.

Voir aussi 1re série, t. XVIII, 1853, p. 81.

— Essai, etc. [1154]. Lettre à M. Alfred Jacobs. *Paris*, *Aug. Durand* ; *Rollin et Feuardent*, 1864, vii, 220 p.

— Comment s'est formé le nom de la v. du Mans [8869]. — *Mém. de la Soc. française de numismatique et d'archéologie*, t. II, 1867 ; 2 p.

— Vies des Saints français antérieurs à l'an 1000, traitées au point de vue de l'archéologie et de la géographie historique [1096, 1339]. — *M. rec.*, années 1870-1873, gr. in-8.

Tirage à part, in-4. Ont paru : *Sainte Geneviève*, *Saint Oyan*, *Saint Adalard*, *Saint Rigobert*, *Saint Maxime*, *Saint Wilfrid*. Sous presse : *Saint Eloi*.

PONTUS DE THIARD. — Voir Thiard.

PONTUS HEUTERUS. Brevis totius Galliæ conditionis descriptio, regiones ejus ac nostri sæculi appellationes, situs, limites partesque tempore Julii Cæsaris [943].

Ce sont les trois premiers chapitres du l. I de l'ouvrage de ce savant, *De veterum ac sui sæculi Belgio. Antverpiæ*, 1600, in-4. (*Biblioth. histor.*, t. I, n° 130.)

POPELINIÈRE (**de La**). Histoire des histoires avec l'idée de l'histoire accomplie. Plus le dessein de l'histoire nouvelle des François, et pour avant-jeu, la réfutation de la descente des fugitifs de Troyes aux Palus Méotides, Italie, Germanie, Gaules et autres pays, etc. [255]. *Paris*, *Orry*, 1599.

POQUET (**l'a.**). Hist. de Château-Thierry [4312]. *Château-Thierry*, *A. Laurent* ; *Paris*, *J.-B. Dumoulin* ; *Pougin*, 1839-40, 2 vol.; 368 et 420 p.; dessins et plans.

Composée par l'abbé Hébert. — Voir Guérard. Supercheries littéraires, 2e éd., t. III, col. 210.

— Cours et conférences archéol. sur l'époque païenne. — Période gauloise [371, 4247]. — *Bull. de la Soc. archéol. de Soissons*, t. I, 1846 ; 79 p. — T. à p. *Soissons*, 1847.

— Instructions, etc. [2184]. — *M. rec.*, t. IV, 1852.

— Liste des dessins et cartes concernant le dépt de l'Aisne, existant dans les biblioth. de Paris [nouv. add. 4190 *b*]. — *M. rec.*, t. VIII, 1854.

— Précis, etc., suivi du poëme de Sainte Léochade, par Gauthier de Coinsy [4459]. *Paris*, 1854.

La notice a été publiée d'abord dans le *Bulletin de la Soc. archéol. de Soissons*, t. VII, 1853, p. 132.

— Promenade, etc. — Amblegny ; — Cœuvres [4412]. *Soissons*, 1856 ; 88 p.

— De l'époque probable de l'introduction du christianisme dans les contrées qui formèrent le dépt de l'Aisne [4200]. — *Bull. de la Soc. acad. de Laon*, t. IX, 1859, p. 250-262.

— Note, etc. [4345]. — *Bull. de la Soc. archéol. etc. de Soissons*, t. XVI, 1862; 1 p.

— J. César, etc. Rapport fait à la Société archéol. de Soissons sur la découverte du camp de Jules César à Mauchamps, le passage de l'Aisne, le fort Sabinus, le gué des Belges, Bibrax et Noviodunum [4194]. — *M. rec.*, t. XVII, 1863. — T. à p. *Paris, Dumoulin; Reims, Brissart-Binet; Berry-au-Bac, chez l'auteur*, 1865; 111 p.

— Rapport, etc. [4349]. — *M. rec.*, t. XVIII, 1863; 103 p.

— Rapport, etc. [4218]. — *M. rec.*, t. XX, 1866, p. 143-161.

— Le Dép^{t} de l'Aisne, sa géographie, son hist., ses mon^{ts} [4207]. *Reims*, 1869, in-18; 23 p. — (Extr. des *Almanachs de l'Aisne, de la Marne et des Ardennes.*)

PORCHACCHI (Thomas). * Funerali antichi, etc. descritti in dialogo da Th. P. [1623]. *Venise*, 1574, pet. in-fol.; 109 p.; grav.

PORCHERON (dom), éditeur. Anonymus Ravennas, de Gallia, Burgundia et Francis [916]. *Parisiis*, 1689.

PORCHET (le p.). [*Ms.*] Histoire des ant. d'Arles [4949]. In-4.

Mentionné dans la *Biblioth. histor.*, t. III, n° 38160.

PORT (Célestin). Dictionnaire etc. de Maine-et-Loire [7160]. *Angers; Paris, Dumoulin*, 1869-1878, 5 vol.

PORTE (J.-B.-F.). * Aix ancien et moderne, ou description des mon^{ts} sacrés et profanes, établissements, mon^{ts} antiques, bibliothèques, cabinets, etc., précédée d'un abrégé de l'histoire de cette ville, etc. [4925] (avec Dubourguet, etc.). *Aix, fr. Guigue*, 1823.

— Recherches, etc. [5023]. — *Mém. de l'Acad. d'Aix*, t. IV, 1840, p. 261-308.

POSTE (B.). Celtic Inscriptions, etc. [2193, 10331]. *Londres*, 1861.

POSTEL (Guillaume). Hist. mémorable des expeditions depuis le deluge faictes par les Gaulois ou Frācois depuis la France jusqu'en Asie ou en Thrace et en l'orientale partie d'Europe; l'apologie de la Gaule contre les malévoles ecripvains qui d'icelle ont mal ou negligentemēt escript, etc. [238]. *Paris, Seb. Nivelle*, 1552, in-16; 95 feuillets.

Voir dans la *Bibliogr. univ.* l'art. *G. Postel*, par J.-J. Weiss (10e ouvrage).

— La Loy salique, livret de la première humaine vérité, là où sont en brief les origines et autoritez de la loy gallique, nommée salique, pour monstrer à quel poinct faudra nécessairement en la gallique république venir, et que de la dicte république sortira ung monarche temporel [764]. *Paris, Seb. Nivelle, ou en la rue Sainct Jacques aux Cigognes*, 1552, in-16; 47 feuillets non chiffrés. — Autres éd: *Paris, veuve de Buffet*, 1553, in-16; grav. *Paris, Lamy*, 1780, in-18.

POT (l'a.). Notes, etc. [7930]. — *Bull. de la Soc. nivernaise*, etc., 2e s., t. IV, 1869, p. 260-263.

POTEL (l'a.). Recueil, etc. [10136]. *Auxerre*, 1776, in-12.

POTEL (J.-J.). La Bretagne et ses monuments, album de 50 vues dessinées et lithographiées par les premiers artistes [3313]. *Nantes, Prosper Sebir* (*s. d.*, mais 1814), in-fol.; pl. avec un texte et un frontispice.

POTHIER (L.-A.-Gabriel). Antiquités, etc. [7430]. — *Mém. de la Soc. histor. et archéol. de Langres*, 1864, t. II, in-4; 10 p.; 1 pl.

— Aqueduc, etc. sur les territoires de Fontaines et de Gourzon [7430]. — *M. vol.*, p. 69-76.

POTOCKI (le c^{te} Jean). Voyage etc. fait en 1794 [1121]. *Hambourg, imp. de Schniebes*, 1795, in-4, 31 pl.

POTTHAST (August.). Bibliotheca historica medii ævi. Wegweiser durch die Geschichtwerke des Europæischen mittelalters von 375-1500. — Vollstændisches, Inhalts-Verzeichniss zu « Acta sanctorum » der Bollandisten. — Quellenkunde für die Geschichte der europæischen staaten während des Mittelalters [205]. *Berlin, H. Kastner*, 1862, VIII-1011 G. — Supplément. *Ibid., id.*, 1868.

POTTIER. Remarques, etc. [3473]. — J^{al} *de Verdun*, nov. 1740, p. 332-327.

POTTIER (André) et MANCEL (G.). La Normandie illustrée: Mon^{ts} anciens et modernes, etc., dessinés d'après nature, par Félix Benoist, etc., texte par une Société de savants et de littérateurs de Normandie, sous la direction de M. A. Pottier (pour la haute Normandie), et de M. G. Mancel (pour la basse Normandie) [3769]. *Nantes, Charpentier*, 1852-55. (60 livraisons in-fol.). Autre édition (ou simplement nouveaux titres), 1858, 3 vol. in-fol.

POTTIER. Rapport fait au Congrès de l'Association normande, le 5 juillet 1863, etc. [5781]. — *Bull. Mon.*, t. XXIX, 1863, p. 725.

POTTIER (F.). Rapport, etc. Age de la pierre ébauchée; communication [9685]. — *Bull. histor. de la Soc. des ant. de la Morinie, à Saint-Omer*, 1866, p. 590-593.

POUCHET (Georges). Note, etc. [9617]. — *Comptes rendus de l'Acad. des sc.*, 10 oct. 1859, in-4.

— Excursion, etc. [9620]. — *Actes du Muséum d'histoire naturelle de Rouen*, 1860.

POUCQUES D'HERBINGHEN (Am. de). Wissant, etc. [2876]. — *Bull. de la Soc. des ant. de Picardie*, année 1864 ; 10 p.

POUGENS. Doutes et conjectures sur la mythologie des peuples septentrionaux et principalement sur la déesse Nehalennia révérée en Zélande [589]. — *Mém. de l'Acad. celtiq.*, t. I, 1807, p. 199-245.

POUGNET (l'a.). Statistique, etc. [3929]. — *Congrès scientif. de France*, XXXIIIe session, tenue à Aix-en-Provence en déc. 1866, t. I. *Aix*, 1867, p. 258-268.

POULETT-SCROPE. Géologie des volcans éteints du centre de la France, trad. de l'anglais sur la 2e éd. par G.-A.-Ed. Vimont [3425]. — *Mém. de l'Acad. de Clermont*, nouv. s., t. V, 1863, p. 124-380. — T. à p. 2 cartes géolog. coloriées; planches et vues, dont 1 coloriée.

POULLAIN (d^r A.). De qqs. restes celtiques, etc. [7433]. *Chaumont, Lhuillier*, 1864; 15 p.

— Note, etc. [7464]. *Chaumont, impr. Cavaniol*, 1865 ; 7 p.

POULLE. Étude de la Camargue, ou statistique du Delta du Rhône envisagé principalement sous le rapport des améliorations dont il est susceptible [4830]. Gr. in-4 (autographié); 184 p.

POULLIN DE LUMINA. — Voir Lumina.

POUPART (le p. Spiridion). Dissertation, etc. [4130]. *Paris*, 1710.

C. r. dans les *Mém. de Trévoux*, juillet 1711, p. 1233.

— * Lettre, etc. [537]. *Trévoux*, 1712, in-12.

C. r. dans les *Mém. de Trévoux*, mars 1713, p. 422.

POUPART (l'a.). Histoire, etc. [5308]..... 1777, in-12. — Nouv. éd. 1838.

POURCELET-MAILLANE (m^{is} de). * Recherches, etc. [6074]. *Avignon, Giroud*, 1718.

POUTRAIN (N.). * Histoire de la ville et cité de Tournay, capitale des Nerviens et premier siége de la monarchie française. [10577]. *La Haye (Tournay)*, 1750, 2 vol. in-4.

POVILLON-PIÉRARD. Sur les anciennes sépultures romaines, gauloises et rémoises, découvertes hors de l'ancienne cité de Reims, depuis le xve siècle jusqu'à nos jours [7404]. 1830.

POWNALL (Thomas). Notice and descriptions of antiquities of the provincia romana of Gaule, now Provence, Languedoc and Dauphiné, with dissertation on the subjects of which those are exemplars, and an appendix describing the roman baths and thermæ, discovered 1784 at Badenweiler [1283 *a*]. *London*, 1788, in-4; xii-198 p.; 7 pl.

PRANARD (Charles). Sedan pittoresque, ou topographie, statistique, géographie de l'arr^t de Sedan [4612]. *Sedan*, 1842.

PRAROND (Ernest). Notices, etc. [9546]. *Abbeville, Jeunet*, 1854-1856, 2 vol. in-12.

— Jacques Malbrancq, etc. [3687]. *Amiens*, 1861.

— Hist. de 5 v. et de 300 villages, hameaux ou fermes [9547]. *Paris, Dumoulin; Abbeville, Grare*, 1861-1868, 6 vol. in-18.

PRATBERNON (d^r). Restes des langues et coutumes anciennes, et particulièrement des dialectes gaulois, dans les noms propres des terres et des cantons parcellaires de la H^{te}-Saône [8680]. — *Mém. de la Comm. archéol. de la H^{te}-Saône*, n° 1, 1839, p. 5-29.

PRAY (**George**). Annales, etc., ab anno a. C. N. 210 ad annum 997 deducti; partes tres [137]. *Vindobonæ,* 1761, in-fol.

— Dissertationes, etc. [138]. *Ibid.*, 1775, in-fol.

PRÉAU (**Beauvais de**). — Voir POLLUCHE, année 1778.

PRÉCHAC (**le m**[is] **de**). Relation, etc. [3900]. — Voir L. M. D. P. (colonne 1241).

— Voir JACOB (V[or]) ET PRÉCHAC.

PRÉCY (l'a.). Description, etc. [1029].

Elle est dans les registres de la *Soc. des Sciences et Belles-Lettres d'Auxerre* (*Biblioth. histor.*, t. I, n° 151).

— [*Ms.*] Dissertation, etc. [2984].

Voir la *Biblioth. histor.*, t. I, n° 362.

PRÉGNON (l'a.). Histoire, etc. [4624]. *Charleville,* 1856, 3 vol.

PRÉJEAN. Notice sur le Montmarte [10226]. 1829.

PRESCHAC. — Voir PRÉCHAC.

PRESTWICH (**Joseph**). Lettre sur le prétendu fossile humain de Moret [1343]. *Paris,* 1824. — 2e éd. (1835?— Voir le n° 9233.)

— Mémoire, etc. [1385]. — *Comptes rendus de la Soc. royale d'Angleterre,* 29 mai 1859.

— Lettre à M. Élie de Beaumont [1384]. — *M. rec.* (31 oct. 1859).

PRÉTOT (**Étienne-André-Philippe de**). * Essai, etc. [1026]. *Paris,* 1744.

PRÉVOST (**Ferdinand**). Note sur qqs. tombeaux découverts dans les fouilles exécutées à la caserne de la Visitation, à Toulon [9738]. — *Bull. de la Soc. des sc.* etc. *du Var,* 19e année, 1851, p. 269-279; 2 pl.

— Recherche, etc. [2515]. *Montpellier,* 1858; 120 p.; 1 pl.

Conclusion pour Alise.

— Note sur l'interprétation, etc. [3183]. — *Rev. archéol.*, 2e s., t. V, 1862; p. 315-318.

Discussion d'un passage de J. César, B. G., II, 29.

— Mémoire, etc. [1832]. *Saumur, impr. Godet,* 1863; 47 p.

— Notice sur les Arvii, voisins de l'Anjou [nouv. add. 3180 c]. — *Soc. d'agr., sc. et arts d'Angers.* — *Commission arch. du dép*[t] *de Maine-et-Loire.* — *Répertoire archéol. de l'Anjou,* ann. 1865. — T. à part intitulé Not. sur les Arvii, peuple gaulois mentionné par Ptolémée. *Saumur, impr. Godet,* 1864.

— Dissertation, etc. [8358]. *Saumur, impr. Godet;* 27 p.; 3 pl.

— Not. histor. sur le murus gaulois de Cinais (Indre-et-Loire), etc. [6548]. — *Mém. de la Soc. d'agr.* etc. *d'Angers,* nouvelle période, t. IX, 1866, p. 213-228, et *Commission archéolog.; Répertoire,* etc., année 1866, p. 317.

— Réfutation de l'erreur qui consiste à attribuer aux soldats romains une supériorité sur les soldats des nations modernes, au point de vue de la marche et des travaux exécutés à la guerre [1803]. — *Mém. de la Soc. d'agr. sc. et arts d'Angers,* t. X, 1867, p. 341-356.

— * Dissertation sur les forts vitrifiés dont on trouve les ruines en Écosse, en France et en Allemagne [1836]. — *Répert. archéol. de l'Anjou,* 1866, p. 96. — T. à p. *Angers, Lachèze,* 1867, in-12; 15 p. — Reproduction dans les *Jarhb. Vereins v. d. Alterthumsfreunden im Rheinlande,* t. XLI, 1866, p. 160-165.

PRICHARD (**J.-C.**). Eastern origines [380]. *Londres,* 1857.

PRIOLUS (**B.**). De rebus gallicis, etc. [280]. *Carolopoli* et *Parisiis,* 1665, in-4.

PRIOU. Réflexions, etc. [6874]. — *Lycée armoricain,* livraison 79. — Publié à part; *Nantes, impr. Mellinet-Malassis,* 1829; 24 p.

PRIOUX (**Stanislas**). Histoire, etc. [4302]. *Paris, Dumoulin,* 1846.

— Not. sur le pont d'Ancy [4281]. — *Journal de l'Aisne,* sept. 1857. — Autre notice. — *Bull. de la Soc. arch. de Soissons,* t. XII, 1858, p. 180-187; 4 pl.

— Not. sur une borne milliaire qui existe à Bezu-Saint-Germain [4295]. — *M. rec.*, t. XIV, 1860, p. 85.

— Description, etc. [4210]. — *M. vol.;* 6 p.

— Note sur des médailles gauloises. — Lettres de M. de Saulcy [4237]. — *M. rec.*, t. XV, 1861.

— Le Tumulus de Limé [4341]. — *Bull. de la Soc. acad. de Laon*, t. XII, 1861 ; 19 p.

— Civitas Suessionum. Mém. pour servir d'éclaircissement à la carte des Suessiones, publiée sous les auspices de la Société archéol. et histor. de Soissons [4405]. *Paris*, 1861 ; in-4 ; 119 p. ; 1 carte imprimée en couleurs.

Voir E. MORIN, *Civitas Suessionum. not. sur le mém. de M. S. Prioux. Paris, impr. Martinet*, 1862 ; 10 p. — Autre analyse de ce mém., par L. MOLAND, *Moniteur univ.*, 17 juin 1862.

— Les antiquités de Bazoches [4292]. — *Bull. de la m. Soc.*, t. XVII, 1863 ; 9 p.

— Not. sur le cimetière gallo-romain de la villa d'Ancy [4282]. — *M. rec.*, t. XVIII, 1863 ; 12 p.

— Le chemin de la Barbarie, près Reims [1225]. — *Rev. archéol.*, 2e s., t. VIII, 1863, p. 402-409.

— Répertoire, etc. [4250]. *Laon, chez tous les libraires*, 1863 ; 72 p.

— Découverte, etc. [4282]. — *Rev. des Soc. sav.*, 3e s., t. III, 1864, p. 111-119. — T. à p. *Paris*, 1864 ; 9 p. ; 1 carte.

— Sépultures, etc. [4387]. — *Bull. de la Soc. archéol.* etc. *de Soissons*, t. XIX, 1865, p. 172-174, et *Rev. archéol.*, 2e s., t. XIII, 1866, p. 208-210.

— Note sur l'inscription, etc. [4433]. — *Bull. de la Soc. archéol.* etc. *de Soissons*, t. XIX, p. 275-279.

— La villa Brennacum, etc. [4304]. *Paris, Dumoulin*, 1856, in-12 ; 105 p.

PRISBACH (Wolfgang). Liber de moribus veterum Gallorum [831]. *Parisiis*, 1584.

L'existence de cet ouvrage est mise en doute par MEUSEL, *Biblioth. histor.*, t. VII, 1re partie, p. 144.

PROBUS (Æmilius), abréviateur de CORNELIUS NEPOS [68]. De excellentibus ducibus exterarum gentium, edidit ROTH. *Basileæ*, 1841.

Texte placé généralement sous le nom de Corn. Nepos. — Voir la vie d'Annibal. — Pour les éditions et traductions, consulter ENGELMANN, et, dans PIERRON, *Hist. de la litt. rom.*, notre *Appendice bibliographique*.

PROMIS (Carlo). Le antichità di Aosta, etc. [2821, 10963]. *Torino, stampa reale*, 1862, in-4, 208 p. ; atlas.

Discussion sur l'inscription apocryphe TRANSITVS ANNIBALIS, p. 57.

— Storia dell' antica Torino [10970]. *Turin*, 1869.

PROMIS (Domenico). Ricerche, etc. [2051]. — *Mém. de l'Acad. roy. de Turin*, 1865. — T. à p. 1866 ; pl.

PROSPER D'AQUITAINE (St) [2424]. Opera omnia emendata, secundum ordinem temporum disposita et chronico integro ejusdem locupletata. *Parisiis*, 1711, in-fol. — Autres éditions.

PROSPER TIRO. Chronique abrégée, d'après celle de St Prosper d'Aquitaine, et publiée avec les œuvres de ce dernier [217, 2433].

PROST. Not. histor. sur la cne de St-Bonnet-le-Courreau, con de St-Georges-en-Couzan (Loire) [6809]. *Montbrizon*, imp. *Conrot* (1864) ; 239 p. ; 2 pl.

PROST (Aug.) Rapp. sur les découv. nouvellement f. aux environs de Merlebach. — Observation de Ch. ABEL [7881]. — *Bull. de la Soc. d'arch. et d'hist. de la Moselle*, 7e année, 1864, 10 p., et *Mém. de l'Acad. de Metz*, 46e année, 1864-1865, p. 127-134.

— Not. sur un hypocauste, etc. [7845]. — *Bull. de la Soc. d'hist. de la Moselle*, année 1868, p. 87.

— Communication, etc. [7846]. — *M. vol.*, p. 115.

— Note, etc. [7879]. — *M. rec.*, année 1870, p. 29.

PROTAT (E.-Hippolyte). Rapport sur les fouilles faites le 15 septembre 1849, à Brazey-en-Plaine [5404]. — *Mém. de la Comm. des antiq. de la Côte-d'Or*, t. III, 1852, in-4, p. 207-212.

— Rapport sur un dé à jouer, dit romain [1484]. — *M. rec.*, t. IV, livr. de 1853-54 ; 5 p. ; 1 pl.

— Estampilles, etc. [8730]. — *M. vol.*, livr. de 1863.

— Sur les médailles grecques, un cachet d'oculiste romain et divers objets orientaux trouvés à Entrains [7927]. — *Congrès archéol. de Fr.*, XXe session, tenue à *Moulins*, en 1854, p. 46.

— Étude sur la pierre sigillaire présentée au Congrès de Moulins, par M. L.-A. Crosnier [7913]. — *Bull. de la Soc. d'émul. de l'Allier*, t. IV, 1854, p. 162-166.

— Recherches, etc. [9937]. 1857, in-4 ; 2 p.

— Note explicative de l'inscr. découverte dans les fouilles f. en j[er] 1863, etc. [5474]. *Dijon*, impr. *Bernandat*, 1864, in-4; 3 p.; fig.

Note lue à la Comm. des antiq. de la Côte-d'Or, le 16 mars 1863.

— Deuxième étude sur les inscr. des enceintes sacrées gallo-rom.: inscription d'Alise [2526 *a*].

PROU. Études, etc. [1518]. — *Bull. de la Soc. archéol. de Sens*, année 1846, p. 19-35.

— Compte rendu de l'exploration, etc., faite par la Soc. archéol. de Sens, en 1846 et 1847 [10220]. — *M. rec.*, année 1851, p. 78-86.

— Notice, etc. [10206]. *Sens*, *Duchemin*, 1869; 20 p.

PROUZET (l'a.). Annales p. s. à l'hist. du Gévaudan et des provinces circonvoisines [3534]. *Paris*, *P. Dupont*, 1843-1845, 2 vol.

PROYART. Rapport, etc. [8213]. — *Mém. de l'Acad. d'Arras*, 2e s., t. IV, 1870, p. 118-125.

PRUDENT (**L.-P.**). Dissertation, etc. [3526]. — *Mém. et doc. inédits sur la Franche-Comté, p. p. l'Acad. de Besançon*, t. I, 1838, p. 69-71.

PRUDHOMME (**Louis**). Dictionnaire universel, géographique, statistique, historique et politique, etc. [34]. *Paris*, *Prudhomme fils et Cie*, *Laporte*, *Treuttel et Wurtz*, *Artus Bertrand*, *Beaudouin*, an XII (1804-5), 5 vol. in-4; 1 carte.

Voir le titre complet dans QUÉRARD, *Supercheries litt.*, 2e édit., t. III, col. 676.

PRUNER-BEY. Le premier âge du fer en Danemark, etc. [10647]. — *Revue archéolog.*, 2e s., t. IX, 1864, p. 424-427.

PTOLÉMÉE (**Claude**). Géographie [907].

ÉDITIONS ET TRADUCTIONS PRINCIPALES.

De Geographia libri octo (græce) summa cum vigilantia excusi (dicat Erasmus Theobaldo Fetichio medico). *Basileæ* (Hier. Frobenius et Nic. Episcopius), anno 1533, in-4. (Édition princeps.) — Réimpression. *Paris*, *Chr. Wechel*, 1546, in-4. — Ptolemæi Planisphærium, Jordani Planisphærium. Federici COMMANDINI in Ptolomæi planisphærium commentarius, in quo universa scenographices ratio quam brevissime traditur, ac demonstrationibus confirmatur. *Venetiis*, *Aldus*, 1558, 2 part. en 1 vol. pet. in-4. — Geographiæ libri VIII, gr. lat., cum tabulis, curâ Georg. MERCATORIS. *Francofurti, seu Amstelod.*, 1605, in-fol. — Theatri geographiæ veteris tomus prior, in quo Cl. PTOLOMÆI geographiæ, lib. VIII, gr. et lat.; græca ad codices palatinos collata, aucta et emendata sunt, latina infinitis locis correcta opera P. BERTII. — (Tomus posterior) Tabularum ptolemaicarum delineatio... ex Ptolomæi geographicis libris Agathodæmon delineavit orbem habitabilem, has vero tabulas descripsit Gerard. MERCATOR. Recensuit, correxit, auxitque P. BERTIUS, etc. *Amstelæd.*, *ex officina Hondii*, 1618, 3 tomes en 1 vol. gr. in-fol., fig. — Edition de la partie relative à la Germanie, par F. C. L. SICKLER. *Cassel en Hesse*, *Bohné*, 1834, gr. in-4. — Édition de F. Aug. NOBBE. *Leipzig*, 1843-45, 3 vol. in-16. (Collection Tauchnitz.) — Reproduction photolithographique du manuscrit grec du monastère de Vatopedi, du mont Athos, sous la direction de Pierre Sewastianoff, précédée d'une introduction histor. sur le mont Athos, les monastères et les dépôts littéraires de la presqu'île sainte, par Victor LANGLOIS. (Livres I-VI.). *Paris*, *F. Didot*, 1867, gr. in-4. — Éd. de Charles MÜLLER (collection grecque-latine de Didot), 1884, vol. I pars prior.

Geographia, latine reddita, correcta a MARCO BENEVENTANO et JOANNE COSTA. *Romæ*, *Evangelista Tosinus*, 1508, gr. in-fol. — Geographiæ opus novissima traductione e Græcorum archetypis castigatissime pressum. *Argentinæ*, *J. Schott*, 12 mart. 1513, in-fol. (Traduction de Jac. Angelus, corrigée avec le secours d'un ms. grec.) — Geographiæ enarrationis lib. VIII, Bilibaldo PIRCKHEYMERO interprete: Annotationes Joan. DE REGIOMONTE in errores commissos a Jac. Angelo in translatione sua. *Argentoragi* (sic), *J. Grieninger*, 1525, in-fol.; 50 cartes. — Geographicæ enarrationis libri VIII, ex Bilibaldi Pirckheymeri tralatione, sed ad græca et prisca exemplaria a Mich. VILLANOVANO (SERVETO) jam primum recogniti, cum ejusdem scholiis. *Lugduni*, *ex offic. Melchioris et Gasp. Trechsel*, 1535, in-fol.

— Traité de géographie de Cl. Ptolémée, trad. pour la 1re fois du grec en français, sur le ms. de la biblioth. du Roi, par l'abbé Halma. *Paris, Eberhart*, 1828, in-4. (1er livre seul. — Voir Brunet, *Manuel.*)

— Traduction italienne, par P. André Mattioli. *Venise*, 1548, in-8, fig. — Par Jérôme Ruscelli. *Venise*, 1561 et 1564, in-4 (et nuovamente amplificata da G. Rosaccio, *Venet.*, 1599, in-4). — Par Léonard Cernoti. *Venise*, 1598, in-fol. avec cartes.

PUFFENDORF (**Esaias**). Dissertatio de Druidibus [603]. *Lipsiæ*, 1650, in-4. Reproduite dans les Opuscules de Puffendorff, réunis par les soins de Pierre Ludewig. *Halæ*, 1699.

PUIGGARRI (**P.**). Notice sur un mont, etc. [1587]. — *Mém. de l'Acad. des sc. de Toulouse*, 2e s., t. II, 2e partie, 1830, p. 41.

— Notices sur la v. d'Elne [8336]. *Perpignan*, impr. *Alzine*, 1836; 32 p.

PUIGGARRI (**A.**). Deux inscr. rom. sur un même mont du musée de Narbonne [4780]. — *Mém. de la Soc. arch. de Montpellier*, t. V, 1867, in-4, p. 311-330.

PUISSANT. Note sur la carte de France que publie le Dépôt de la guerre, accompagnant la présentation de vingt-cinq nouvelles feuilles de cette carte [1081]. — *Cc. rr. de l'Acad. des sc.*, t. IV, 1836, in-4, p. 13. — Voir aussi, *m. rec.*, t. IX, 1839, p. 909; t. XIV, 1842, p. 14.

PUTEANUS (**E.**). Historiæ insubricæ libri VI, qui irruptiones barbarorum in Italiam continent [48, 10946]. *Lovanii*, 1614.

PUVIS (**M.-A.**). Antiquités, etc. [4138]. — *Jal d'agr.* etc. *p. p. la Soc. d'émul. de l'Ain*, t. XVII, 1828, p. 183-191.

— Not. sur l'état ancien, les révolutions physiques et les monuments des divers âges du départemt de l'Ain [4133]. *Paris, Huzard*, 1839; 34 p.

PYLAYE ou **PYLLAYE** (**bon de La**). — Voir Pillaye (bon de La).

PYOT (**dr R.**). Notice, etc. [6671]. — *Sce publ. de la Soc. d'émul. du Jura*, 1837, p. 145-153.

— Statistique, etc. [6658 *a*]. *Lons-le-Saunier*, 1838.

— Dictionnaire des cnes, hameaux, rivières, ruisseaux, etc., du dépt du Jura [6659]. *Ibid.*, 1838.

PYTHÉAS [888, 2398]. Pytheæ Massiliensis fragmenta ex variis auctoribus collecta, 1824, in-4. — Pytheæ quæ supersunt fragmenta, ed. et illustr. Alfr. Schmeckel. *Merseburgi*, 1848, in-4 (progr.); 25 p.

Voir l'art. *Pythéas*, dans Hoffmann, *Bibliograph. Lexicon der ges Litteratur der Griechen*, et dans Engelmann, *Bibliotheca scriptor. classic.*, 8e éd.

Q

QUAD (**Matthias**). Enchiridion Geographicum [944], 2e éd. *Cologne*, 1604, in-4; 427 p.; 5 cartes.

— Fasciculus geographicus complectens præcipvarvm totius orbis regionum tabulas circiter centum, una cum earundem enarrationibus. Ex quibus totius mundi situs uniuersaliter ac particulariter cognosci potest... in ordinem hunc compendiosum redactus, per Matthiam Quadum sculptorem [945]. *Cöln am Rein*, bey *Johan. Buxemacher*, 1608, in-fol.; 86 cartes.

QUADE (**Michel-Frédéric**) et **MEYER** (**Salomon**). De Dionysio, etc., contra Godof. Arnoldum, disserens præses M. Mich. Frid. Quade et respondens Salomon Meyer [9063]. *Gryphiswaldinæ*, 1708, in-4.

QUANTIN (**Maximilien**). Note sur l'exploitation, etc. [10122]. — *Annuaire statistique du dépt de l'Yonne*, 10e année, 1846, p. 1-2.

— Découvertes, etc. [10147]. — *Bull. de la Soc. des sc. etc. de l'Yonne*, t. II, 1848, p. 193-195.

— Note sur des tombeaux chrétiens,

etc. [10148]. — *M. rec.*, t. IV, 1850, p. 385-386; pl.

— Coup d'œil, etc. [10121]. — *Congrès archéol. de Fr.*, XVIIe session, tenue à Auxerre en 1850 (1851). — T. à p. *Caen, Hardel*, 1851; 4 p.

Mention honor. à l'Acad. des Inscr. et B.-L. en 1851.

— Cartulaire g^{al} de l'Yonne..., publié par la Société des sciences historiques et naturelles de l'Yonne sous la direction de M. Max. Quantin [10099]. *Auxerre, impr. Perriquet*, 1854 et 1860, 2 vol. in-4. — Supplément.

Voir à la fin de chaque vol. le vocabulaire géographique.

— Rapport, etc. [10184]. — *Annuaire histor. de l'Yonne*, t. XIX, 1855, p. 289.

— Not. sur la voie rom. d'Auxerre à Entrains, précédée d'un résumé sommaire sur la topographie ancienne, dans le dép^{t} de l'Yonne [10145]. — *Congrès scientif. de Fr.*, XXIVe session, tenue à Auxerre en 1858. — T. à p. *Auxerre*, 1859; 20 p. 1 carte.

— Recherches, etc. [142]. *Auxerre, impr. Perriquet et Rouillé*, 1858, in-4; 79 p. 2 cartes. — Reproduit dans l'introd. placée en tête du tome II du « Cartulaire général de l'Yonne », 1860, in-4.

Mention très honorable de l'Acad. des Inscr. et B.-L. en 1859.

— Mém. sur les voies rom. qui traversent le dép^{t} de l'Yonne [10112]. — *Mém. lus à la Sorbonne en* 1861 (archéologie), 1862, p. 53.

— Not. sur des sculptures, etc. [10175]. — *Bull. de la Soc. des sc.* etc. *de l'Yonne*, t. XV, 1861, p. 5-16.

— Dictionnaire topograph. du dép^{t} de l'Yonne, rédigé sous les auspices de la Société des sciences naturelles du dép^{t} (dans la collection des Dictionn. topogr.) [10107]. *Paris, Impr. imp.*, 1862, in-4.

— Répertoire archéol. du dép^{t} de l'Yonne, rédigé sous les auspices de la Soc. des Sc. nat. et histor. du dép^{t} (dans la collection des Répertoires archéol.) [10118]. *Paris, Impr. imp.*, 1868, in-4.

QUANTIN et BOUCHERON. Mém. sur les voies qui traversent le dép^{t} de l'Yonne, avec profils de cartes du département [10112]. — *Bull. de la Société des sc. natur. de l'Yonne*, t. XVIII, 1864; 67 p.

QUANTIN et CHEREST. Lettres de l'abbé Lebeuf [10094]. — Voir ce nom, année 1867.

QUATREFAGES (de). Note sur une mâchoire humaine découv. par M. Boucher de Perthes dans le diluvium d'Abbeville [1401]. — *Annales de philosophie chrétienne*, 5e s., t. VIII, 1863, p. 350-357.

— Sur des mouvements de terrain constituant des travaux de défense, etc. [8304]. — *Bull. de la Soc. d'anthropologie*, 1868, p. 206.

QUATREMÈRE DE QUINCY. Sur une statue d'Hercule, etc. [7989]. — *Ann. de l'Institut archéol.*, t. II, 1830, p. 59-62; 1 pl.

QUEDNOW. Beschreibung der Alterthümer in Trier und dessen Umgebungen [11066]. *Trèves*, 1820, gr. in-8, 2 parties; 28 pl.

QUÉNAULT (Léopold). Mémoire, etc. [7275]. *Coutances, Salettes*, 1859.

Mention honorable de l'Acad. des Inscr. et B.-L. en 1860. — Cp. *Bull. mon.*, t. X, 1844, p. 646.

— Rech. archéol., histor. et statistiques, etc. [7273]. *Coutances, Salettes*, 1862, in-12; 400 p.

— Topographie, etc. [3442]. — *Mém. lus à la Sorbonne en* 1864 (archéologie), 1865, p. 67.

— Rech. archéol. et histor. sur le Cotentin [3443]. *Coutances, Daireaux*, 1864.

— Rech. histor. et archéol. sur la Basse-Normandie, etc. [3421, 3774, 4112]. *Coutances, imp. Sallettes*, 1864, in-12; 480 p.

Deux dissertations sur le lieu de la défaite de Viridorix. M. Quénault penche pour Champrépus, arr^{t} d'Avranches.

— Antiquités, etc. [7254]. — *Bull. de la Soc. des ant. de Normandie*, à Caen, 6e ann., 1865.

— Lettre à M. Charma, etc. [7250]. — *M. rec.*, t. IV, 1866 et 1867, p. 236 et 237.

— Les mouvements de la mer, ses invasions et ses relais sur les côtes de l'Océan Atlantique, de la Méditerranée, de la mer du Nord, de la Manche, de la Baltique, et en particulier sur celles de la Bretagne et de la Normandie. Moyen de se garantir contre les empiétements de la mer, avec deux cartes, l'une de l'Europe, l'autre des côtes de Bretagne et de Normandie [50]. *Coutances*, 1869; 67 p.

QUENOT (J.-P.). Statistique, etc. [5153 *a*]. *Paris*, 1818, in-4.

QUENSON. Aperçu, etc. [349]. — *Mém. de la Soc. d'agr.* etc. *de Douai*, t. IV, 1831-36; 37 p.

— Lettre, etc. [8240]. — *Bull. de la Soc. des ant. de la Morinie*, à Saint-Omer, t. Ier, 1850, p. 83-86.

QUENTIN (Charles). Samarobrive, etc. [2934]. 1833, *Amiens*.

QUÉRARD (J.-M.). La France littéraire ou Dictionnaire bibliographique des savants, historiens et gens de lettres de la France, ainsi que des littérateurs étrangers qui ont écrit en français, plus particulièrement pendant les XVIIIe et XIXe siècles [180]. *Paris, F. Didot*, 1827-39, 10 vol. in-8. — T. XI et XII : Corrections. — Additions. — Auteurs pseudonymes et anonymes dévoilés (A. Roguet). *Paris*, 1854-57 et 1859-64, 2 vol. — Ensemble 12 vol.

L'auteur a défini lui-même son livre : « Une statistique de la France intellectuelle depuis 1700. »

Les t. XI et XII corrigent et complètent non seulement les 10 premiers volumes, mais aussi la partie publiée de la *Littérature franç. contemporaine*.

— Les auteurs déguisés de la littérature française au XIXe siècle. Essai bibliographique pour servir de supplément aux recherches de Barbier sur les ouvrages pseudonymes [196]. *Paris*, 1845.

— Les supercheries littéraires dévoilées [197]. *Paris*, 1846-1854, 5 vol. in-8, 2e édition considérablement augmentée, p. p. Gustave Brunet et Pierre Jeannet. *Paris, P. Daffis*, 1869-1872. 3 vol. gr. in-8 en 6 parties.

QUÉRARD (J.-M.), puis **Ch. LOUANDRE, F[x] BOURQUELOT** et **L. Alfred MAURY**. — La littérature française contemporaine (1827-1838, puis 1827-1849 [181, 182]. *Paris, Daguin*, puis (t. IV et suiv.) *et Delaroque aîné*, 1842-1857, 6 vol.

T. Ier et t. II, jusqu'à la p. 282, rédigés par Quérard; — fin du t. II et III, par Ch. L. et F. B.; — t. IV, p. 1 à 368, par F. B.; t. IV, p. 369 — fin. et t. V, p. 1-495, par F. B. et L. A. M.; — le reste par F. B. seul. (D'après Brunet, art. *Quérard*.) — Voir dans l'ouvrage lui-même, l'art. Quérard.

QUÉRAT. Not. sur la v. et le collège de Felletin [5574 *a*] (vers 1865).

QUERCY (Th. de). De l'antiquité de la v. et cité d'Aleth ou Quidalet; ensemble de la v. de St-Malo [6457 *a*]. *St-Malo*, 1628, in-12; 100 p.

QUÉRIÈRE (Eustache de La), antérieurement Delaquérière. Notice, etc. [9351]. *Rouen*, imp. *F. Baudry*, 1825, 16 p. avec une pl. au trait.

— * Rouen. Revue, etc. [9362]. Signé E. D.) *Rouen, Brière*, 1835, in-12.

QUERRY (l'a.). Notice, etc. [7417]. — *Trav. de l'Acad. de Reims*, t. III, 1846, p. 321-326.

QUESVERT (P.). Sur l'étymologie du nom de Montereau [9226]. — *Bull. de la Soc. d'arch.* etc. *du dép[t] de Seine-et-Marne*, 2e année, 1865; 4 p.

QUICHERAT (Louis). Vocabulaire des noms géogr., mytholog. et histor. de la langue latine [1101]. *Paris, L. Hachette*, 1846, gr. in-8, VIII-176 p.

QUICHERAT (Jules). Du lieu de la bataille entre Labiénus et les Parisiens [9076]. — *Mém. de la Soc. des ant. de Fr.*, 3e s., t. Ier, 1852, p. 384. — T. à p.

— Lettre à M. Arbellot, 26 mars 1855 [736]. — Voir Arbellot, sous le n° 735.

— L'Alésia de César rendue à la Franche-Comté. Réfutation de tous les mém. pour Alise, lue à la Soc. *des ant. de Fr.*, dans ses s[ces] du 13 et du 20 mai 1857 [2499]. *Paris, Hachette*, 1857.

— Alise n'est point Alesia [2498].

Résumé dans la *Revue des Soc. sav.*, t. II, 1857, p. 556.

— La question d'Alesia, etc. [2516]. — *Rev. archéol.*, t. XV, 1858, p. 151-172.

— Conclusion pour Alaise dans la question d'Alesia [2517]. *Paris, Hachette*, 1858.

C. r. par André Lefèvre, *Rev. archéol.*, t. XV, 1858, p. 122-126.

— Le camp rom. de Dahleim (d'après les fouilles exécutées en 1851 et années suiv. par ordre de l'administration g[le] des travaux publics du g[d]-duché de Luxembourg) [10982]. — *Rev. des Soc. sav.*, 2[e] s., t. I, 1859, p. 583.

— Rapp. sur une opinion relative aux *oppidum* gaulois, sur un dé à jouer supposé rom. sur des fragments de sculpture rom. trouvés à Pouillenay et à Dijon, sur les fouilles de la colline de Vertaut, d'après les mém. de la Comm. des antiquités de la Côte-d'Or [1137, 1312, 5472]. — *M. rec.*, m. s., t. II, 1859, p. 551.

— Conclusion sur une découverte de vases grecs et égyptiens, annoncée comme ayant été faite à Thun, près Meulan (Seine-et-Oise) [9296]. — *M. vol.*, p. 697.

— Rapport, etc. (Riobrica) [2922]. — *M. rec.*, m. s., t. V, 1861, p. 42.

— Rapport sur l'assimilation, etc. [9731]. — *M. vol.*, p. 171.

— Rapp. sur la découverte, etc. [9840]. *M. rec.*, m. s., t. VI, 1861, p. 263.

— Nouvelle défaite, etc. [2536] (seconde édition d'un article imprimé). — *Correspondance littéraire*, 25 juillet 1861. — T. à p. (nouv. éd. revue). *Paris, Aubry*, 1861.

— La question d'Alesia dans le *Moniteur de l'armée* [2543]. *Besançon, Bulle*, 1862.

— Rapp. sur la correspondance de M. D. Monnier relativt aux fouilles de *Loisia* (Jura) [6694]. — *Rev. des Soc. sav.*, 2e s., t. VII, 1862, p. 151.

— Rapp. sur les fouilles de tumulus exécutées en Alsace par M. de Ring; sur le Gross-Limmersberg et le Ziegenberg; sur le temple de Mercure du Wasenbourg au-dessus de Niederbronn [3032]. — *M. vol.*, p. 275.

— Rapport sur les pièces, produites à l'appui d'une réclamation de M. Pistollet de St-Ferjeux, auteur d'un ouvrage intitulé : *Mémoire sur l'ancienne lieue gauloise* [1788]. — *M. vol.*, p. 360.

— Rapports sur diverses communications faites au Min. de l'instr. publ. 1. Dolmen de Saint-Même en Angoumois [5184]; 2. Tumulus de Belgan en Alsace [8391]; 3. Puits funéraires de Villeneuve-le-Roi, près Paris [9300]; 4. Dragage de la Seine à Villeneuve-Saint-Georges; 5. Nouvelle fouille au temple de Mercure *Canetus* à Berthouville [5787]; 6. Antiquités de Sainte-Sabine en Auxois [5466]; 7. Cuve soi-disant antique à Uzerche [5328]. — *M. rec.*, m. s., t. VIII, 1862, p. 78.

— Rapp. sur div. communications, etc. Antiquités de Vertou et de St-Nazaire, (Loire-Infre) [nouv. add. 6938*a*]. — Puits funéraires à Thoré en Vendômois [6770]. — Étude, par les monts, de la voie antique du petit St-Bernard [1252]. — Découverte de cercueils de plomb à Antibes [4578]. — Antiq. trouvées à Nîmes [5971]. — *M. rec.*, 3e s., t. I, 1863, p. 137.

— Nouvelles obs. sur la lieue gauloise [1789]. — *M. rec.*, m. s., t. II, p. 186.

— Rapp. sur le 6e volume (3e série) des mémoires, etc. [2562]. — *M. vol.*, p. 361.

— Rapp. sur une communication relative, etc. [3683]. — *M. vol.*, p. 487.

— Rapp. sur la découverte récente, etc. [6736]. — *M. rec.*, m. s., t. III, 1864, p. 580.

— Rapport sur des antiq. rom., etc. [9858]. — *M. rec.*, m. s., t. IV, 1864, p. 255.

— Rapport sur un travail ms. de M. Boutet de Monvel relatif aux ruines de Triguères [7068]. — *M. vol.*, p. 296.

— Rapp. sur des explorations de sépultures, etc. [1679, 9301, 9775]. — *M. vol.*, p. 301.

— Rapport sur diverses communications manuscrites adressées au comité des travaux historiques, section d'archéologie, et relatives à la topographie et aux antiquités celtiques. — 1. *Aubertin.* — Camp de Chassey (Saône-et-Loire) [8816]. — 2. *De Morlet.* — Cercles de pierre et dolmens dans le tumulus de la forêt de Mackwiller (Bas-Rhin) [8417]. — 3. *Fr. Martin.* — Sépultures, etc., près d'Orly (Seine) [9158]. — 4. *Arnauld.* — Puits funéraires de Gourgé (Deux-Sèvres) [9506]. — 5. *Oudet.* — Clouterie romaine de Boviolles (Meuse) [7619]. — 6. *Abbé Corblet.* — Cimetière mérovingien de Noroy (Oise). — 7. *Mallay.* — Mosaïque de l'église de Thiers (Puy-de-Dôme). — *M. rec.*, 4e s., t. I, 1865, p. 183-190.

— Rapport sur les fouilles exécutées par la Société polymathique du Morbihan [7656]. — *M. rec.*, m. s., t. II, 1865, p. 42; t. III, 1866, p. 389.

Butte de Tumiac; Saint-Michel de Carnac; tumulus de Kerkado, de Manné-er-R'hoëk et de Manné-Lud. — Tumulus de Moustoir-en-Carnac; de Kergonfals, de Crubelz, de Manné-Boker-Noy; discussion de la valeur de l'expression Âge de pierre; fouilles au pied des menhirs; enceintes de pierres autour du Bretin sur la lande de Lanvaux; son analogie avec celle de Fondremand, dans la Haute-Saône; détermination des pierres ayant fourni la matière des haches polies dites celtiques. — Nouvelles fouilles au pied des menhirs; ruines romaines à la Grée-Mahé, commune de Pluherlin, à Cerhan, commune d'Arradon; au Passage (station ancienne de Duretie), près La Roche-Bernard. — Dolmens de la Trinité-sur-Mer, Crach, Plouharnel et Quiberon; discussion sur l'âge des monuments mégalithiques.

— Rapp. sur une exploration du lieu dit Gien-le-Vieux [7027]. — *M. rec.*, n. s., t. II, 1865, p. 55.

— Rapp. sur la découverte des substructions, etc. [7235]. — *M. vol.*, p. 110.

— Rapport sur les antiquités celtiques du mont Saint-Odile, en Alsace, et du val Saint-Ulrich qui y attient; sur des tumulus fouillés à Dossenheim; sur les tombeaux singuliers de la vallée de la Zorn; sur le Heiden-Hübel de Saar-Union [3035]. — *M. vol.*, p. 111.

— C. r. d'un voyage archéol. fait dans l'est de la France (Savoie, Franche-Comté, excursion à Alaise (Jura), etc.) [3500]. — *Bull. de la Soc. des ant. de Fr.*, année 1865, p. 149-153.

— Le pilum, etc. [1861]. — *Mém. de la m. Soc.*, 3e s., t. IX, 1866, p. 245-284.

— Examen des armes, etc. [2585]. — *Rev. archéol.*, 2e s., t. XI, 1865, p. 81-99, et *Mém. de la Soc. d'émulation du Doubs*, 4e s., t. I, 1865 (1866).

Voir aussi la discussion concernant « Alesia » et « Alisia » entre J. QUICHERAT et Alexandre BERTRAND, *Bull. de la Soc. des ant. de Fr.*, année 1865 (1866), p. 79-82.

— Examen de l'ouvrage de M. A. de Barthélemy, intitulé : *Liste des noms de lieux*, etc. [1158]. — *Revue critique d'histoire*, etc., t. I, 1866, p. 34.

— Rapport sur un anneau de pierre etc. [5477]. — *Rev. des Soc. sav.*, 4e s., t. III, 1866, p. 692.

— Rapport sur diverses découvertes, etc. [4557, 4606, 6617]. — *M. rec.*, n. s., t. IV, 1866, p. 293.

Ruines d'un monument triomphal à la Sarrasinière (Ardèche); inscription chrétienne du cimetière de Moirans (Isère); inscription itinéraire de Saint-Paul d'Izeaux (Isère); dolmen de Tallard (Hautes-Alpes).

— Rapp. sur l'état de la question des puits funéraires, etc. [1686]. — *M. vol.*, p. 365.

— La question d'Alesia en Normandie [2591]. — *Mém. de la Soc. d'émulation du Doubs*, 4e s., t. II, 1866 (1867), p. 339-343.

— Lettre à la *Revue critique*, etc. [1862]. — *Rev. critique d'hist.*, t. III, 1867, p. 77.

— Rapp. sur les monts de la sidérurgie gauloise, etc. [1731]. — *Rev. des Soc. sav.*, 4e s., t. V, 1867, p. 453.

— Rapports sur des inscr. rom. trouvées en Alsace, à Niederbronn, Oberbetschdorf, Mittelwyhr; — Geilersdorf, Zinswiller et Kœnigshoffen [3037]. — *M. rec.*, n. s., t. VI, 1867, p. 303; 5e s., t. II, 1870, p. 213.

— De la formation française des anciens noms de lieu. Traité pratique suivi de rem. sur des noms de lieu fournis par divers documents [1172]. *Paris*, 1867, in-18.

C. r. par Ém. LITTRÉ, *Jal des savants*, mai et juin 1869.

— Rapp. sur une communication de M. Amé, etc. [5151]. — *Rev. des Soc. sav.*, 4e s., t. VII, 1868, p. 71.

— Rapp. sur le dernier mém. de M. Boucher de Perthes, imprimé dans le Rec. de la Soc. d'émulation d'Abbeville [1416]. — *M. rec.*, n. s., t. VIII, 1868, p. 49.

— Sur une communication de MM. de Ring et de Morlet, etc. [8387]. — *M. vol.*, p. 398.

— L'opinion de M. de Saulcy, etc. [9080]. — *Rev. archéol.*, t. XV, 1858, p. 101-108.

— D'un peuple allobrige, etc. [2997]. — *Mém. de la Soc. des ant. de Fr.*, t. XXXI, 1869. — T. à p.

— Réponse à une demande de discussion, etc. [2602]. — *Rev. des Soc. sav.*, 4e s., t. X, 1869, p. 524-532.

— Rapp. sur un projet de classification, etc. [1450]. — *M. rec.*, 5e s., t. II, 1870, p. 59.

— Rapp. sur les fouilles de M. Laurent Rabut dans le lac du Bourget; sur les ruines romaines de Vieux-en-Bugey (Ain); sur des antiquités découvertes à Sion et à Deneuvre (Meurthe) [4185, 7587, 8916]. — *M. vol.*, p. 79.

— Rapport sur diverses communications concernant les mosaïques, etc. [6725]. — *M. vol.*, p. 116.

Une partie des articles précédents se retrouvent dans le livre intitulé : Jules Quicherat. Mélanges d'archéologie et d'histoire. —

Antiquités celtiques, romaines et gallo-romaines. Mémoires et fragments réunis et mis en ordre par Arthur GIRY et Auguste CASTAN. *Paris, A. Picard,* 1885, VIII, 580 p.; 8 pl.; 1 portrait; 1 carte (1er vol. de la collection, qui doit en comprendre quatre).

QUINCARNON (le sieur de). Les antiq. et la fondation de la métropole des Gaules, ou de l'église de Lyon et de ses chapelles, avec les épitaphes que le temps y a religieusement conservées [8466]. *A Lyon, chez Mathieu Libéral,* 1673, in-12. — Réimpression. *Lyon,* 1846, in-16.

QUINCY (Quatremère de). — Voir QUATREMÈRE DE QUINCY.

QUINSON-BONNET. Notice, etc. [4600 *a*]. — *Bull. de la Soc. de statistique* etc. *de la Drôme,* t. I, 1837, p. 53-62.

QUINTARD (L.). Note, etc. [7585]. — *Jal de la Soc. d'arch. lorraine,* 18e année, 1869.

QUIQUEREZ (Auguste). Monts de l'ancien évêché de Bâle. — Époque celtique et rom. [nouv. add. 10844 *a*]. — « *Mittheilungen* » *de la Soc. des antiq. de Zurich,* année 1844, in-4. — T. à p. 16 p.; 2 pl.

— Souvenirs et traditions des temps celtiques [871]. — *Actes de la Soc. jurassienne d'émulation,* 1856. — T. à p. *Porrentruy;* 7 p.

— Statistique des antiq. du Jura bernois [3551]. — *Anzeiger... (Indicateur d'hist. et d'antiq. suisses),* 1857, 2e livr., 4 p.

— Rapp. sur les antiq. celtiques (en Suisse) [10818]. — *Actes de la Soc. jurassienne d'émulation,* 1859. — T. à p. *Porrentruy;* 7 p.

— Table celtique à Bure [10875]. — *Anzeiger,* etc., 3e livr., 1860 ; 2 p.

— Monts de l'ancien évêché de Bâle. — Le Mont-Terrible, etc. [10845]. *Porrentruy,* 1862; VIII-252 pages, avec 12 pl. (Publié par la *Soc. jurassienne d'émulation.*)

— Tronçons de routes celtiques dans les roches de Moutiers [nouv. add. 10903 *a*]. — *Anzeiger,* etc., 1863, 1re livr.; 2 p.

— Antiquités, etc. [10901]. — *Rev. d'Alsace,* 1863. — T. à p.; 4 p.

— Monts de l'ancien évêché de Bâle. — Topographie, etc. [10846]. *Porrentruy,* 1864, 425 p. (Publié sous les auspices de la *Soc. jurassienne d'émulation.*)

— Les anciens fers de chevaux dans le Jura. — 13 p.; pl. [1739]. — *Mém. de la Soc. d'émulation du Doubs,* 3e s., t. IX, 1864.

Voir DELACROIX (Alph.), année 1864.

— Observations, etc. [469]. — *M. vol.* — T. à p. *Besançon,* 1864; 7 p.

— Nouvelles recherches, etc. [3552]. — *Actes de la Soc. jurassienne d'émulation,* 1864. — T. à p. *Porrentruy;* 17 p.

— Monts celtiques, etc. [10874]. — *Bull. de l'Institut national genevois,* 1865. — T. à p.; 9 p.

— Étude comparative, etc. [5682 (à supprimer), 10908]. — *Mém. de la Soc. d'émul. du Doubs,* 4e s., t. III, 1867 (1868), p. 220-224; 2 pl. (Voir *m. rec.,* m. s., t. I.)

— Notice sur une roche celtique à Courroux [10877]. — *M. vol.* — T. à p. *Besançon,* 1866.

Placée par erreur, dans le Catalogue méthodique, sous le nom de TROYON.

— Objets d'antiquité, etc. [8955 (à supprimer), 10904]. *Strasbourg,* 1866, gr. in-8 ; 13 p.; planches lithographiées et gravures intercalées dans le texte.

— Habitations antéhistor. au Vorbourg [10916]. — *Anzeiger,* etc., 1866, 1re livr.; 8 p.; 1 pl.

— Monts de l'ancien évêché de Bâle. — De l'âge du fer. Rech. sur les anc. forges du Jura bernois [10847]. *Porrentruy,* 1866; 126 p.; 3 pl. et 1 portrait. (Publié par la *Soc. jurassienne d'émulation.*)

— Tronçon de voie celtique à Pierre-Pertuis [10907]. — *Mém. de la Soc. d'émulation du Doubs,* 4e s., t. II, 1866 (1867), p. 339-343.

— Pierre levée, etc. — Caverne de Ste-Colombe [10872]. — *Anzeiger,* etc. 1868, 3e livr.; 2 p.

— Pierres de St-Germain-de-Grandval [10913]. — *M. rec.,* 1869, 3e livr.; 1 p.

— Not. sur les tours primitives, etc. [10848]. — *Bull. de la Soc. p. la cons. des monts histor. d'Alsace,* 2e s., in-4, t. VII, 1870, p. 130-133 ; grav.

QUIRIELLE (Roger de). Mém. présenté à M. Féart, préfet de Lot-et-Garonne (fouilles d'un cimetière rom. situé à Eysses, l'Exisum des Itinéraires, près de Villeneuve) [nouv. add. 7110 *a*]. *Villeneuve,* 1866, gr. in-8, 45 p.; planches lithographiées.

R

R. (D.) (ROSSI?). Toulon et son origine [9735]. — *Bull. de la Soc. d'études sc. et archéol. de Draguignan*, t. VII, 1868-69, p. 1-90.

R* (Von).** * Erklærung der auf den 3 Tafeln, welche dem combinirten Jahresberichte des historischen Kreis-vereins von Schwaben und Neuburg fur die Jahre 1839 und 1840 beygegeben wurden, vorkommendem bildlichen Darstellungen von röm. Monumenten und 81 Stücken seltener röm. goth. mittelalterlichen und keltischen Münzen [1935 *a*]. (Extr. du *Jahresbericht*, etc.) *Augsburg*, 1841, in-4, p. 101-108; 3 pl.

R* (le p.).** — Voir Routh (le p. B.).

R... Voyage historique, etc. [7616]. 1825, in-18. (D'après Girault de St-Fargeau.)

R. (L.) (Léon RENIER). Inscription donnant le nom d'un vicus gallo-romain. (Vertilium à Vertaut.) [5365]. — *Rev. archéolog.*, 2e s., t. VII, 1863, p. 238-240.

RABAN (Ed.). Les Antiquités, etc. [9784]. 1656. — Autres éditions : 1662, 1674, 1778. (D'après Girault de St-F.)

RABANI-BEAUREGARD (A.). Tableau de la ci-devant province d'Auvergne, par Rabani-Beauregard, suivis d'un précis histor. sur la révolution qu'elle a éprouvée, avec l'explication des monts antiq. du départt du Puy-de-Dôme, par P.-M. Gault [3153, 8250]. *Paris, Pernier*, an X (1802); fig.

RABANIS (J.-Fr.). Hist. de Bordeaux [6304]. *Bordeaux*, 1835, t. I, p. 1-44.

C'est tout ce qui a été imprimé. — Un fragment de la suite a été inséré dans la *Revue historique du droit français et étranger*, t. VII, 1861, p. 451-523. (Institutions judiciaires de Bordeaux.)

— De franco-gallicæ gentis unitate, etc. (Thèse pour le doctorat ès lettres) [797]. *Paris*, 1840.

— Saint Paulin de Nole, etc. (Thèse pour le doctorat ès lettres.) [2420]. *Paris*, 1840.

— Rech. sur les Dendrophores et sur les corporations rom. en général, pour servir d'explications à un bas-relief trouvé à Bordeaux [796, 6336]. *Bordeaux*, 1841 ; 71 p.

C. r. dans la *Rev. de bibliogr. analyt.* juin 1841, p. 570-572.

— Fragments gallo-romains trouvés à Bordeaux : 1° sur l'emplacement de Puy-Paulin ; 2° sur l'emplacement du Temple [6340]. — *C. r. des trav. de la Comm. des monts histor. de la Gironde*, 1848-49, p. 4-7 ; 2 pl.

RABIERS (J.-B. de). Extrait d'un mém. sur les fouilles et découvertes faites dans l'arrt de Mauriac (Cantal), et particulièrement dans le con de Sagnes, en 1822, 1823 et 1827 [5143]. — *Mém. de la Soc. des ant. de Fr.*, t. VIII, 1829, p. 157.

RABOU (le commandant). Mémoire, etc. [4915]. — *Rev. archéol.*, 2e s., t. III, 1861, p. 112-128.

RABUT (François). Liste par ordre alphabétique des cnes, des hameaux, châteaux, fermes et autres lieux habités quelconques portant un nom particulier, de la province de Savoie-propre, etc. [nouv. add., 3985 *a*]. — *Mém. et doc. p. p. la Soc. savois. d'hist. et d'arch.*, t. I, 1856, p. 93-170.

— Liste par ordre alphabétique des cnes, hameaux, châteaux, fermes et autres lieux habités quelconques portant un nom particulier, de la province de la Hte-Savoie, etc. [8963]. — *M. rec.*, t. III, 1859. — T. à p. *Chambéry*, m. d. ; 30 p.

— Bull. bibliograph. de la Savoie, avec la table des auteurs et imprimeurs savoisiens [3989]. — *M. rec.*, années 1856-1870.

— Note sur une inscr. existant à St-Jeoire, près de Chambéry [8961]. *Chambéry ?* s. d. ?

RABUT (Laurent). Not. sur une découverte faite à Montagnole d'une urne cinéraire [8954]. — *Mémoires de la Société savoisienne d'archéologie*, t. II. — T. à p. *Chambéry*, 1858; 1 pl. — Dessin du vase de Montagnole. — *M. rec.*, t. VIII. — T. à p. *Ibid.*, 1864.

— Habitations lacustres de la Savoie [3990]. 1er mémoire. — Album, 1 carte et 16 pl. *Chambéry*, texte in-8 de 73 p., album in-fol. — *M. vol.* — 2e mém. qui a obtenu le prix d'archéologie au concours des Soc. savantes en 1866. — *Mém. de l'Acad. des sc., b.-lett. et arts de Savoie.* — 2e s., t. X, 1869. — Texte in-8 de 66 p. — 1 atlas in-fol. 17 pl. — T. à part. — 3e mém. (en ms.). Texte de 100 p.; album de 16 pl., présenté en 1870 au concours des Sociétés savantes.

— Fouilles dans les emplacements à pilotis du lac du Bourget (Extrait d'un rapport) [8915]. — *Rev. archéol.*, 2e s., t. XVI, 1867, p. 323-326.

— Les habitations lacustres de la Savoie [3989]. — *Rev. des Soc. sav.*, 4e s., t. VI, 1867, p. 46.

— Antiq. lacustres de la Savoie [m. n°]. — *Mém. lus à la Sorbonne* (archéologie), 1868 (1869), p. 1-12; 3 pl.

— Note sur la fabrication des poteries lacustres de la Savoie [4000]. — *Mém. de la Soc. savois. d'archéologie*, t. XII, 1870-72.

— [*Ms.*] Rapport au Ministre de l'instruction publique sur les explorations lacustres de 1868-1869 [4001].

Ms. déposé aux archives du Comité des trav. historiques.

RADIER (Dreux du). — Voir DREUX DU RADIER.

RAEPSAET (J.-Joseph). Mém. sur l'origine des Belges [10461]. *Gand*, 1811.

— Hist. de l'origine, de l'organisation et des pouvoirs des États généraux et provinciaux des Gaules, particulièrement des Pays-Bays, depuis les Germains jusqu'au XVIe siècle [782]. *Gand*, 1819.

— Analyse histor. et critique de l'origine et des progrès des droits civils, politiques et religieux des Belges et Gaulois, sous les périodes gauloises, romaines, françaises, féodales et coutumières, précédée d'un précis critique de la topographie de l'ancienne Belgique [10479]. *Gand*, 1824-26, 3 vol., y compris un supplément.

— Œuvres complètes [36]. *Gand*, 1836-38, 6 vol. gr. in-8.

RAGON. Grande voie rom. d'Agrippa, de Lyon à Boulogne-sur-Mer [1251, 10129]. — *Bulletin de la Société d'études d'Avallon*, 4e année, 1863 (1864), p. 1-14.

RAGONDE (L.-T.-L.). Histoire du Cotentin [3441]. 1832. (Prospectus.) — (Voir TOUSTAIN DE BILLY.)

— Description d'un témène, ou enceinte druidique qui se trouve dans la lande des Pieux [7297]. — *Mém. de la Soc. acad. de Cherbourg*, 1833, p. 204-212; 1 pl.

— Monuments celtiques dans les communes de Flamanville, Vauville, Digôville, Bricquebec, Tourlaville, Martinvast et Teurthéville-Hague [7246 *a*]. — *M. vol.*, p. 213-236.

RAGUT. Statistique de Saône-et-Loire [8722]. *Mâcon*, 1838.

RAHN (O.). De Gallorum Druidis [635]. *Witebergæ*, s. a., p. in-4.

RAIMBAULD. Découverte d'anneaux en bronze près Barcelonnette [4536]. — *Bull. de la Soc. des ant. de l'O.*, 2e trim. 1867; 2 p.; 1 pl.

RAIMBAULT (Louis). Note sur les objets trouvés au lieu des Chartes près Notre-Dame d'Alençon [7234], avec un plan extrait du cadastre de la cne de Chavagnes [les Eaux]. — *Mém. de la Soc. d'agriculture, sciences et arts d'Angers*, t. VI, 1847, p. 173.

— Sur les ruines romaines de Chalonnes-sur-Loire. Lettre au président de la Société industrielle d'Angers [7218]. — *Bull. de la Soc. industrielle d'Angers*, t. XXXI, 1860; 1 p.

— Itinéraire historique d'Angers à Niort [7188]. — *M. vol.* — T. à p. *Angers*, 1861.

— Carte routière, historique et monumentale de l'arrondissement de Saumur, indiquant les traces celtiques constatées par M. Godard-Faultrier, en 1860 [7181]. — *Soc. d'agr. d'Angers; Commission archéologique; Répertoire archéol. de l'Anjou*, 1861, p. 160; 1 feuille. — (Voir aussi GODARD-FAULTRIER, m. année.)

— Document, etc. [7194]. — *M. rec.*, 1862.

— Not. histor. sur la c^{ne} de Brézé [7215]. — *M. rec.*, 1863, p. 65-80 et p. 221-245.

— Not. histor. sur le château de Marson et la c^{ne} de Rou-Marson [7236]. — *M. rec.*, 1866, p. 60-79.

— Not. histor. sur la c^{ne} de Faveraye [7225]. — *M. rec.*, 1867, p. 325.

— Not. histor. sur la c^{ne} de Beaulieu [7206]. — *M. rec.*, 1868, p. 81.

— Hist. des voies de communication et itinéraire de nos rois dans le c^{on} de Thouarcé [7183]. — *M. rec.*, 1869, p. 272. — Avec 1 carte du m. c^{on}, à l'échelle de 1/50000.

RAINGUEL (L.). Description histor. et pittoresque de Luxeuil et ses environs, pour servir de guide aux personnes qui viennent y prendre les eaux [8704]. *Paris, Pougin*, 1837, in-18; 60 p.

RAINGUET (Pierre-Damien). Biographie saintongeaise, ou Dictionnaire histor. de tous les personnages qui se sont illustrés par leurs écrits ou leurs actions dans les anciennes prov. de Saintonge et d'Aunis, formant auj. le $dép^t$ de la Charente-Inf^{re}, depuis les temps les plus reculés jusqu'à nos jours [3974]. *Saintes, Niox*, 1851; 640 p.

— Notes, etc. [5204]. — *Bull. de la Soc. des ant. de l'Ouest*, 4e trim. 1854; 4 p.; 1 pl.

— Diss. histor. sur St Eutrope, 1er évêque de la v. de Saintes, considéré comme fondateur de l'église épiscopale d'Orange [5216]. *Jonzac*, imp. *Ollière*, 1861; VI-16 p.

Une nouv. édit. était en préparation lors de la mort de l'auteur (23 mars 1875).

— * Études historiques, etc. [5196]. *Jonzac, Arlot*, 1865.

Le nom de l'auteur est à la fin de l'introduction.

— Découverte d'anciens tombeaux, etc. [5242]. *Jonzac*, imp. *Ollière;* 8 p.

RAISER. Die Römermale, etc., und die Monumente und Ueberreste aus d. Römerzeit zu Augsburg [10433]. *Augsburg*, 1832, in-4; 15 pl.

RAISON. Rapp. (à la Soc. des sc. de St-Quentin) sur plusieurs mém. de M. Desains sur les fouilles de Vermand [4454]. — *Mém. de la Soc. des sc.* etc. *de St-Q.*, années 1831-33 (1839), p. 107-112.

RALLIER. Mém. sur les forts de verre de l'Écosse [10354]. — *Mém. de l'Acad. celt.*, t. III, 1809, p. 399.

— Mémoire sur qqs mon^{ts} antiques, etc. [6465]. — *M. rec.*, t. V, 1810, p. 64.

— Nouveaux détails sur la Roche-aux-Fées ($dép^t$ d'Ille-et-Vilaine) [6472]. — *Mém. de la Soc. des ant. de Fr.*, t. I, 1818, p. 396.

— Mém. sur les cercueils, etc. [6437]. — *M. rec.*, t. IV, 1823, p. 280.

— Observations, etc. [7470]. — *M. vol.*, p. 290.

RAMÉE (Alfred). Notice, etc. [6458]. — *Rev. archéol.*, 2e s., t. VII, 1863, p. 353-360.

— Le champ funéraire de Cojow (Ille-et-Vilaine [6462]. — *M. rec.*, m. s., t. IX, 1864, p. 81-93.

— Note, etc. [6466]. — *M. rec.*, m. s., t. XIII, 1866, p. 250-259.

RAMECOURT (Le Gay de). Mémoire, etc. [513]. — Lu devant l'ancienne Acad. d'Arras en 1741.

— Essai, etc. [3122]. — Lu devant l'ancienne Acad. d'Arras en 1741.

— [*Ms.*] Dissertation, etc. [3123]. — Mentionnée dans la *Biblioth. histor.*, t. I, n° 196.

RAMÉE (Pierre de la). — Voir RAMUS (P.).

RAMÉE (Daniel). Manuel de l'hist. g^{ale} de l'architecture chez tous les peuples et particulièrement de l'archit. en France (antiquité et moyen âge) [1600]. *Paris, Paulin*, 1843, 2 vol. in-12.

— Histoire de l'architecture en France, etc. [1601]. *Paris*, 1846, in-12; 71 vign.

RAMES (J.-B.). L'homme fossile, etc., avec une introduction histor. et critique [4637]. *Toulouse, Delboy*, 1862; 2 pl.

RAMIS Y RAMIS (J.). Inscripciones romanas que existen en Menorca, y otras relativas à la misma [10629 *a*]. *Mahon*, 1817.

RAMOND. * Obs. faites dans les Pyrénées, pour faire suite à des obs. sur les Alpes, insérées dans une traduction des lettres de W. COXE sur la Suisse [3930]. *Paris, Belin*, 1789 ; 3 cartes.

La préface est signée. — Voir le chap. 17 et dernier, sur les métaux et sur les races.

— *Tableau des distances, etc. [8245]. *Clermont*, 1812, in-12. Autre édition : *Riom*, 1819, in-4.

RAMSAY (W.). Roman antiquities, etc. [nouv. add. 10308 *a*]. *London*, 1851 ; fig.

RAMUS (Pierre de la Ramée). Liber de moribus veterum Gallorum [829]. *Parisiis, Wechel*, 1559 et 1562, p. in-8. — *Francofurti*, 1584, pet. in-8. — *Basilæ, H. Petri, s. d.*, in-8 (cum præfatione Jo.-Th. FREIGII). — Traicté des façons et coustumes des anciens Gaullois, traduit du latin par Michel de CASTELNAU. *Paris, André Wechel*, 1559.

— De militia C. Julii Cæsaris [416]. *Paris, Wechel*, 1559. — Trad. en français par Michel de CASTELNAU. *Paris*, 1583.

RAMUS (Chr.). Catalogus, etc. [1911]. *Hafniae*, 1816, in-4, 3 parties en 2 vol. ; 13 pl.

RANCY (de). Description, etc. [3715]. 1817. (D'après GIRAULT de St-Fargeau.)

RAOUL-ROCHETTE (Désiré). Cours d'archéologie (publié d'après ses leçons recueillies par la sténographie) [1291]. *Paris*, 1828-1835.

— Sur une statue, etc. [9427]. — *Ann. de l'Inst. de corr. archéol.*, à Rome, t. I, 1829, p. 147-150.

Statue trouvée à Lillebonne, le 31 mai 1828.

— Not. sur une collection d'objets antiques d'argent récemment trouvée près de Bernay [5775]. — *Journal des Savants*, 1830, p. 417-430. — Autre article, *M. vol.*, p. 459-473. — T. à p. intitulé : Notices sur qqs vases antiques d'argent, faisant partie d'une collection d'objets de ce métal, récemment trouvée près de Bernay, en Normandie, et acquise par le Cabinet des antiques de la Bibliothèque du Roi. *Paris*, 1830, in-4.

— Not. sur une arme de bronze, etc. [7533]. — *Mém. de la Soc. des ant. de Fr.*, 2e s., t. I, 1835, p. 346.

— Lettre à M. Carnot, etc. [5779]. *Paris*, 1850.

RAPIN (René). Autolii pagi ad Lutetiam ...descriptio [9145].

RAPIN (Amédée). Note sur les ruines, etc. [5300]. — *Mém. de la Soc. des ant. du Centre*, t. II, 1868. *Bourges*, 1869, p. 43 ; planches.

— Note sur diverses découvertes, etc. [6494]. — *M. rec.*, t. III, 1869 (1870).

Transporter cet article dans le Catalogue méthodique, à la suite du n° 5300.

RAPINE (Charles). Annales ecclésiastiques du diocèse de Châlons, en Champagne, par la succession des évêques de cette église depuis St Menje jusqu'en 1636 [7311]. *Paris, Sonnius*, 1636,

RAPPENEGGER (Th.-W.). Die röm. Inschriften, etc. zusammgestellt [70395]. *Mannheim*, 1845, gr. in-8 ; 44 p.

RASCHE (Jo. Christoph.). Lexicon universæ rei numariæ veterum et præcipue Græcorum et Romanorum, cum observationibus antiquariis, geographicis, chronologicis, criticis. — Præfatus est Chr. Gottl. HEYNE [1901]. *Lipsiæ*, 1785-1805, 11 vol. — Supplément, 1837, 3 vol.

Le supplément va jusqu'à la fin de la lettre l

RATAUD jeune. Notice, etc. [9211]. — *Mém. de la Soc. des ant. de Fr.*, t. VIII, 1829, p. 247.

RATEAU (P.). Étude, etc. Histoire, géographie, géologie, minéralogie, commerce, industrie, agriculture, etc. (Ouvrage publié sous le patronage de M. Marlière, préfet de la Corrèze) [5315]. *Brives ; Paris*, 1867, in-18 ; III-208 p.

RATHEAU. Notes, etc. [8333]. — *Recueil de la Soc. agric. etc. des Pyrénées-Orientales*, t. XIV, 1866, p. 169-173.

RATOUIS (Paul). Considérations histor. et archéol. etc. [7212]. — *L'Écho Saumurois*, depuis le 12 décembre 1867 ; 7 numéros.

— Lettre à M. Godard-Faultrier sur ses Obs. relatives au retranchement dit *le Bois-de-la-Girard*, commune de la Breille [7216]. — *Soc. d'agr. etc. d'Angers*. — *Répertoire archéol. de l'Anjou*, 1868, p. 374 et 375.

— Camps de la Breille, réponse, etc. [7213]. — *M. vol.*, p. 401-405.

RAU (J.-F.). Monumenta vetustatis germanicæ [10744]. *Trajecti ad Rhenum*, 1738 ; 120 p. ; pl. gravées.

RAUCHENSTEIN (F.). Der Zug Hannibal's über die Alpen, zur Rechtfertigung der Darstellung des Titus Livius [2813]. *Aarau*, 1850, in-4.

— Nochmals Hannibal's Alpenübergung; eine Antikritik [2830]. *Aarau*, 1864, in-4.

RAULHAC. — Not., etc. [nouv. add. 5144 *a*]. 1820.

RAULIN (Hippolyte). Panegyre orthodoxe misterieux et profetique sur l'antiquité, dignité, noblesse et splendeur des fleurs de lys. Ensemble des bénédictions et prérogatives surcelestes et suréminentes des très-chrestiens et très-invincibles roys de la monarchie Françoise sur tous ceux de la terre. Enrichy de plusieurs belles pièces de l'histoire [1262]. *Paris, François Jacquin*, 1626.

L'origine des fleurs de lis rapportée au temps des Gaulois.

RAUSCHNICK. Attila König der Hunnen [142]. (Denkwürdigkeiten, etc.; t. I, p. 194, et t. II, p. 223, — 1822).

RAVAILLE (l'a. R.). Mémoire, etc. [4821]. — *Mém. de la Soc. des lettres* etc. *de l'Aveyron*, t. II, 1840, p. 133-169.

RAVALIÈRE (Levesque de La). Éclaircissement, etc. [477]. — *Mém. de l'Acad. des inscr. et bell.-lett.*, t. XVIII, 1746 (hist.), p. 212-218.

— Sur la langue, etc. [2254]. — *M. rec.*, t. XXIII, 1756 (hist.), p. 224.

RAVENEZ (L.-W.) trad^r^ de l'*Alsatia illustrata* de SCHŒPFLIN. — Voir ce nom.

— Recherches, etc. [4198, 7313]. *Paris, Lecoffre*, 1857; 32 et 180 p.; pl.

— Est-ce bien à Tolbiac que Clovis a remporté la victoire, etc.? Ne serait-ce pas plutôt sous les murs de Strasbourg (Argentorat) qu'elle a eu lieu? [382 *a*]. — *Trav. de l'Acad. de Reims*, t. XXV, 1857, p. 305-327.

RAVENNAS ANONYMUS. Geographia. Pour les éditions de l'Anonyme de Ravenne, voir PORCHERON [916], année 1588; — PORCHERON et GRONOVIUS [917], 1689; — JACOBS (Alfred) [918], 1858; — PINDER ET PARTHEY [919], 1860.

RAVIGNY. — Voir VAUXELLES DE RAVIGNY.

RAVIN (d^r^ F.-P.). Not. sur une pirogue gauloise, trouvée à Etrebœuf, près de St-Valery-sur-Somme [9600]. — *Mém. de la Soc. d'émul. d'Abbeville*, 1834 et 1835, p. 81-87; 1 pl.

— Mém. sur les établissements rom. de l'embouchure de la Somme à Saint-Valery et au Crotoi (*sic*) [9528]. — *M. rec.*, 1844-1848 (1849), p. 161-258; 1 carte; 5 pl.

RAWENET (L.). Essai, etc. Lettre adressée à M. le c^al^ Donnet [6310]. *Bordeaux, Ducot; Paris, Dumoulin*, 1861; 66 p.

RAY (Jules). Classification, etc. [4681]. — *Mém. de la Soc. d'agr.* etc. *de l'Aube*, 1854, p. 487-500. — T. à p.

RAYBAUD (Jean). [*Ms.*] Description de tous les mon^ts^ antiques, des statues, bas-reliefs, tombeaux, inscriptions sépulcrales et autres qui se trouvent à Arles, sous les Romains et les rois de France de la première et de la seconde race [4965].

Mentionnées dans la *Biblioth. histor.*, t. III, n° 38179.

RAYMOND (N.-Jules). Les antiquitez de la v. de Marseille, par N. Jules RAYMOND, où il est traicté de l'ancienne république des Marseillais; et des choses plus remarquables de leur estat, translatées de latin en françois, par Charles-Annibal FABROT [4849], *Cologne, Alexandre Pernet*, 1615, in-12.

RAYMOND. Carte topographique, etc. [3009 *a*]. *Paris*, 1820; gr. in-fol.; 13 feuilles.

RAYMOND (Paul). Dictionnaire topogr. du dép^t^ des Basses-Pyrénées (dans la collection des Dictionnaires topogr. p. p. le ministère de l'instruction publique) [8299]. *Paris, impr. imp.*, 1863, in-4.

— Les Tumulus, etc. [8300]. — *Rev. archéol.*, 2e s., t. XI, 1865, p. 36-41.

— Notice, etc. [8305]. — *Rev. des Soc. sav.*, 4e s., t. IV, 1866, p. 500.

— Dolmen et Cromlechs, situés dans la vallée d'Ossau, arrond^t^ d'Oloron (Basses-Pyrénées) [8309]. — *Rev. archéol.*, 2e s., t. XV, 1867, p. 342-345.

RAYMOND DE JUVENIS. [*Ms.*] Mém. de la v. de Gap [4548]. — Mention dans la *Biblioth. histor.*, t. III, n° 38 008. — Voir aussi JUVENIS (Raymond de).

RAYNAL (Jean). Hist. de la v. de Toulouse [6142], 1759, in-4. (D'après GIRAULT de St-Fargeau.)

RAYNAL (Louis). Hist. du Berry, etc. [3265]. *Bourges*, 1845-47, 4 forts vol.; cartes.

RAYNOUARD.—Voir LICQUET, année 1835.

RE (F.). Saggia storica sopra agricoltura antica dei paesi posti fra l'Adriatica, l'Alpe e l'Appenino sino al Tronto [1708]. *Milano*, 1817 ; 288 p.

READ (Charles). Vase gallo-romain, etc. (Note lue à la Soc. des ant. de France) [9101]. — *Rev. archéol.*, 2e s., t. XVIII, 1868, p. 225-227.

READE (W. Winwood). The veil of Isis, or the mysteries of the druids [653]. *London*, 1861, gr. in-8.

RÉAUX (Émile). Hist. de Meulan [9282]. *Meulan*, 1868, in-18 ; 501 p,

REBATTU (François de). Alias Fr. de REBATU. In tres versus qui Arelati in templo D. Trophimi... sculpti sunt, commentatiuncula [4996]. *Aquis-Sextiis*, 1644, in-4.

— [*Ms.*] Antiq. de la v. d'Arles [4947]. 1655, p. in-4; figures à la plume.

Ms. conservé à la bibliothèque de l'Arsenal à Paris; cité *Congrès archéol. d'Arles*, en 1876, p. 508 et surtout p. 805.

— La Diane et le Jupiter d'Arles, etc. [4957]. *Arles, François Mesnier*, 1656. Pièce.

— Description, etc. [4958], 1659, in-12.

— Miriatus Arelatensis. Poëma [4779]. *Arelate*, (sans date), in-4.

RÉBAULD DE LA CHAPELLE (Jacques). — Voir RIBAULD DE LA CHAPELLE.

REBOUL (Vincent). Hist. de la vie et de la mort de Ste Marie-Madeleine, avec les reliques et curiosités de la Sainte-Baume et de S. Maximin [3895]. *Marseille*, 1661, in-12.

REBOUL (Henri-Paul-Irénée). De l'ancien lac Rubresus, etc. [6388]. — *Bull. de la Soc. archéol. de Béziers*, t. II, 1837, p. 227-234.

REBOULIER. [*Ms.*] Dissertation, etc., lue le 16 février 1747 [6141].

Mentionnée dans la *Biblioth. histor.*, t. III, n° 37771.

RECEVEUR (l'a.). Recherches, etc. [6063]. *Alais, Malignon Martin*, 1860.

RECHENBERG (Adrien). Historiæ rei nummariæ scriptores aliquot insigniores simul collecti cum bibliotheca nummaria [1874 *a*]. *Lipsiæ*, 1692 ; — *Lugduni Batavorum*, 1695, 2 vol. in-4.

RECLUS. Dictionnaire géograph. et histor. de la Gironde, rédigé sous les auspices de la Commission des monts et docts histor. de la Gironde [6255]. — 1er fascicule. — *C. r. des trav. de la m. Com.*, 1862 à 1864. *Paris*, 1865, 36 p. — 2e fasc. publié séparément, 1866.

RECY (l'a.). Lettre, etc. [6680]. — *Sce publ. de la Soc. d'émul. du Jura*, 1838, p. 16-32.

RÉDET. Observations, etc. [9867]. — *Mém. de la Soc. des ant. de l'O.*, 1846.

REFFYE (Auguste Verchère de). Les armes d'Alise, etc. [2574]. — *Rev. archéol.*, 2e s., t. X, 1864, p. 337-349. — T. à p. *Paris, Didier*, 1864.

REGLEY (l'a.). Atlas chorographique, etc. [1042]. *Paris*, 1766, in-4.

REGNART (Jean). — Traducteur d'ÆMILIUS PAULUS. (Voir ce nom, dernier article.)

REGNAULT (Melchior). Abrégé de l'hist. de l'ancienne v. de Soissons, contenant une sommaire déduction généalog. des comtes dudit lieu [4391]. *Paris*, 1633.

REGNAULT (Mgr). Hist. des premiers siècles de l'Eglise [733]. (Vers 1850, in-8?)

REGNAULT (A.). Rapport, etc. [3593]. — *Bull. de la Soc. archéol. et histor. du Limousin*, t. VII, 1857.

— Carte de l'arrt de Segré, indiquant les traces celtiques constatées par M. Godard-Faultrier (voir ce nom) [7182]. — *Soc. d'agr. d'Angers.* — *Comm. archéol. de Maine-et-Loire. Rép. archéol. de l'Anjou*, 1861.

REGNOUL (L.). Lettre, etc. [11003]. — *Mém. de la Soc. des ant. de Fr.*, t. I, 1817, p. 449.

REICHARD (Christ.-Theophilus, ou Gottlob). Orbis terrarum antiquus a D. Campio editus [1067]. *Norimberg*, 1818-31, gr. in-fol.; 19 pl. — Autres éditions, 1824, in-fol. oblong. — 6e éd. « Denuo delineavit et illustr. A. FORBIGER. » *Nuremberg*, 1860, in-fol. ; 20 cartes coloriées.

— Thesaurus topographicus geographiæ antiquæ criticus [1072]. *Norimb.*, 1824, in-fol.; 260 p.

« Würde bei den späteren Ausgaben des orbis terrarum antiqui nicht wiedergedruckt. » (Note du *Catalogue 26 de Otto Harrassowitz*, p. 61.)

— Geographische Nachweisungen der Kriegsvorfälle Cæsars und seiner Truppen in Gallien, nebst Hannibals Zug über die Alpen [423 *a*, 2807]. *Leipzig*, 1832. (Avec carte lithograph. de la Gaule ayant pour titre : Gallia ad illustrandos J. Cæsaris Commentarios de Bello Gallico.)

REID (**Johannes**). Bibliotheca scoto-celtica, etc. [10352]. *Glasgow*, 1832.

REIFFEMBERG (**b**on **de**). Note, etc. [10569]. — *Bull. de Férussac*, t. VII, 1851, p. 175; d'après les *Nouvelles Archives des Pays-Bas*, nov. 1829.

— Des légendes poétiques relatives aux invasions des Huns dans les Gaules et du poème de Waltharius [143 *a*]. — *Bull. de l'Acad. roy. de Belgique*, t. V, 1845, n° 9. — T. à p.

REIN (**d**r **A.**). Haus Bürgel, das röm. Burungum nach Lage, Namen und Alterthümern [11040]. *Crefeld*, 1855.

— Die Römischen Stationsorte, etc., und ihre noch nicht veröffentlichen Alterthümer, etc. [11018]. *Crefeld, Kühler*, 1857; 82 p.; 1 pl.

REINESIUS (**Thomas**). Thomæ Reinesii Syntagma inscriptionum antiquarum, cumprimis Romæ veteris quarum omissa est recensio in vasto Jani Gruteri opere, cujus isthoc dici possit supplementum; opus posthumum; cum commentario [2162]. *Lipsiæ et Francofurti, Fritsch. et Gleditsch*, 1682, in-fol., 1032 p. et index; fig.

REINKING (**L.**). Die Kriege der Römer in Germanien [10691]. *Münster*, 1863; 1 carte.

REINSBERG (**b**on **de**). Les traditions, etc. [10472]. *Bruxelles*, 1870, 2 vol.

REMERVILLE DE St**-QUENTIN** (**de**). Dissertation, etc., pour servir d'éclaircissement à plusieurs endroits de l'histoire de Pline, mal entendus jusqu'à aujourd'hui par ses commentateurs [2996]. *Apt*, 1701, in-12.

REMY (**d**r). Étude sur la caverne contenant des ossements humains et des armes en silex, découverte à Mizy (cne de Leuvrigny), au mois de mai 1861 [7356, 7358]. — *Mém. de la Soc. d'agr.* etc. *de la Marne*, 1861, 1re partie, p. 151-200. — T. à p. *Épernay; Paris, Didier*, 1861; 56 p.; 2 pl.

— La caverne de Mizy; étude sur la caverne contenant des ossements humains et des armes en silex découverts à Mizy, territoire de Leuvrigny, con de Dormans, au mois de mai 1861 [7359]. — *Mémoire lu à la Soc. acad. de la Marne.* — *Paris, Didier; Epernay, Fiévet*, 1863; 56 p.; pl.

RENAN (**Ernest**). La poésie des races celtiques [2392]. *Paris*, 1854.

RENARD (**g**al). De l'identité de race des Gaulois et des Germains [123]. (*Bruxelles*, 1847 ?). — *Bruxelles*, 1856.

RENAUDIN (**H.**). — Voir Henriquet et Renaudin.

RENAULT. Excursion, etc. [5759]. — *Bull. mon.*, t. XXVIII, 1862; 32 p. — T. à p. *Paris; Caen, Hardel*, 1863.

— Excursion archéol. dans l'arrt de Louviers [m. n°]. — *M. rec.*, t. XXXI, 1865. — T. à p. 1864.

RENAULT. Fouilles de 1865 (exécutées dans des mares) [10054]. — *Ann. de la Soc. d'émulation des Vosges*, t. XII, 2e cahier, 1866, p. 351-354.

M. Renault a, en outre, adressé à la m. Société une série de rapports mentionnés dans ses *Annales* de 1861 à 1868 (1866 excepté), sur des fouilles exécutées à Dombrot, Suriauville, Crainvilliers, Sauville, Bulgueville, Martigny et St-Ouin-les-Parey. Ces rapports sont conservés dans les archives de la Société.

RENAUX (**Jules**). Origines des colonnes de l'église d'Ainay (à Lyon) [8599]. — *Rev. du Lyonnais*, t. XIV, 1841, p. 286-297, 1 pl.

RENDU (**Abel**). Menton et Monaco. Histoire et description de ce pays [4585]. *Menton, Amarante; Paris, Lacroix et Cie*, 1867, in-12; 659 p.

RENÉE (**Amédée**). Condition des esclaves, etc. [791]. — *Journal de l'Institut histor.*, t. I, 1834, p. 193-205.

RENIER (**Charles-Alphonse-Léon**). Sur une inscription (latine) de Corseul [5502]. — *Rev. archéol.*, t. VI, 1849-50, p. 316. — Voir Macé (Antonin), année 1849.

— Itinéraire, etc. [1183]. — *Annuaire de la Soc. des ant. de Fr.*, année 1850. — T. à p. *Paris*, impr. *Crapelet*, 1850, in-12; 1 carte oblongue.

— Rapp. sur une mission en Normandie

et en Bretagne [3336, 3768]. — *Bull. des Soc. sav.*, t. I, 1854, p. 185-189.

— Mélanges d'épigraphie [2186]. *Paris, F. Didot*, 1854; planches.

— Mélanges épigraphiques [m. n°]. — *Mém. de la Soc. des ant. de Fr.*, 3e s., t. II, 1855, p. 1-59.

1° Sur une inscription bilingue grecque et latine trouvée à *Vaison* [9815].
2° Sur une inscription de Lyon regardée à tort comme un monument de la bataille de cette ville [8650].
3° Inscription de Constantine, etc.
4° Sur le marbre de Thorigny [7304].

— Note sur une inscr. romaine, etc. [6042]. — *Bull. des Soc. sav.*, t. II, 1855, p. 84-88.

— Sur une inscription romaine découverte dans les environs des bains de St-Gervais, en Savoie, et sur le véritable nom des anciens habitants de la Tarentaise et du Faucigny [8997]. — *Rev. archéol.*, t. XVI, 1859, p. 353-364.

— Note sur une inscr. rom. envoyée par M. Ed. Fleury, corrt à Laon [4239]. — *Bull. du Comité de la langue, de l'hist. et des arts de la Fr.*, t. IV, année 1857 (1860), p. 937-939.

Inscription trouvée à Nizy-le-Comte.

— Rapport sur les inscriptions, etc. [5304]. — *Rev. des Soc. sav.*, 2e s., t. VII, 1862, p. 215 et 258*.

— Inscr. récemment découverte à Mesve (Nièvre) [7933]. — *Rev. archéol.*, 2e s., t. XII, 1865, p. 386 à 388.

— Sur une inscr. récemment découverte à Orléans. Extr. d'un mém. lu à l'Acad. des Inscr. et B.-L. [7000]. *Paris, Didier*, 1865; 16 p.

— Rapp. sur deux inscr. latines, etc., communiquées par M. H. Révoil (T. Crispius Reburrus) [6054]. — *Rev. des Soc. sav.*, 4e s., t. IV, 1866, p. 187.

— Mém. sur une inscr. découverte à Orléans [7001]. — *Mém. de l'Acad. des inscr. et b.-l.*, t. XXVI, 1re partie, 1867, p. 119-136.

— Voir aussi, plus haut, L. (R.).

RENNERIE (J. de La). Les sarcophages [1678]. — *Les Beaux-Arts*, 1863.

RENNEVILLE (Mme de). Coûtumes gauloises, ou origines curieuses et peu connues de la plupart de nos usages [852 *a*]. *Paris, Lavigne*, s. d.; in-12, fig.

RENOUARD. Essais, etc. [3650]. 1811, in-12. (D'après Girault de Saint-Fargeau.)

RENOUL père (J.-C.). La paroisse, etc. [6901]. — *Ann. de la Soc. acad. de Nantes*, t. XXXVII, 1866, p. 3.

RENOUVIER (J.). Monts divers pris, etc. [3566]. 1836-41, in-4. (D'après Girault de Saint-Fargeau.)

— Sur une figurine, etc. [6399]. — *Mém. de la Soc. archéol. de Montpellier*, t. III, 1850-54. — T. à p.; 10 p.

RENUCCI (Fr.-O.). Storia di Corsica [5335]. *Bastia*, 1833-34, 2 vol.

REPLAT (Jacques). Le passage d'Annibal dans les Alpes [2814]. *Annecy*, 1851, in-12.

REQUIEN (E.). Catalogue, etc. [9764]. *Avignon*, 1840.

C. r. dans la *Rev. num.* t. V, 1840, p. 388.

— Voir Ét. Cartier, année 1839.

RETAU-DUFRESNE (Mme). Histoire, etc. qui découvre des faits très importants sur l'histoire de Normandie [7263]. *Paris, Ballard*, 1760, in-12.

REUSS (J.-D.). Repertorium, etc. [171]. *Gottingæ, Dieterich*, 1801-21, 16 vol. in-4.

Tome VIII (1810): Histoire, géographie, archéologie, etc.

REUVENS (C.-J.-C.). * Notice, etc. [2689]. *La Haye*, 1830, in-fol.; 1 feuille avec 1 pl.

REVELLAT (J.-P.). Description d'un collier, d'un bracelet et d'un anneau en or trouvés dans un sépulcre gallo-romain, mis à jour à Toulon-sur-Mer (Var) dans les premiers jours du mois de janvier 1870 [9737]. — *Rev. arch.*, 2e s., t. XXI, 1870, p. 307-312.

REVER (François). Mémoire sur les ruines de Lillebonne, arrt du Havre (Seine-Inférieure), avec un appendice contenant la description de qqs cachets inédits d'anciens oculistes [9418]. 1821.

— Description de la statue fruste en bronze doré, trouvée à Lillebonne, arrt du Havre, suivie de l'analyse du métal avec le dessin de la statue et les tracés de qqs particularités relatives à la confection de cet antique [9424]. *Évreux*, 1823.

— Description de deux anciens cachets, etc. [5132]. — *Mém. de la Soc. des ant. de Normandie*, t. I, 1825, p. 472.

— Extr. d'un mém. sur qqs figurines, etc. [5772]. — *M. vol.*, p. 189.

Médaille au coucours des ant. nat. en 1828.

— Not. sur l'emploi des chaînes de briques, etc. [1718]. — *M. rec.*, t. III, 1826, p. 108.

— Rech. sur le véritable emplacement de la station Uggade, entre Evreux et Rouen, etc. [5805]. *Évreux*, 1826.

Même observation.

— Mém. sur les ruines du Vieil-Évreux, avec la carte de tout le territoire où il existe de ses ruines, et 14 plans et dessins des objets trouvés dans les fouilles [5813]. *Evreux* et *Paris*, 1827.

Même observation.

— (Lettre) à M. l'éditeur du *Lycée armoricain*, etc. [1720]. — *Lycée armoricain*, t. X, 1827, p. 277-302.

— Sur les antiq. riveraines de l'Erdre. Lettre à l'éditeur du *Lycée armoricain* [6880]. — *M. rec.*, t. XI, 1828, p. 87-91.

REVILLAS (l'a. **Diego**). Dissertazione, etc. [1236]. *Saggi di diss. de l'Acad. di Cortona*, t. I, parte 2, *Rome*, 1742, in-4, p. 65-92. — T. à p.

REVILLOUT (**Victor**). Alaise, Alise, ni l'une ni l'autre ne peut être Alesia. Etudes critiques d'histoire et de topographie [2490]. *Besançon; Paris*, 1856.

REVILLOUT (**Charles-Jules**). Mém. sur la politique des Rom. dans le Dauphiné [3464]. — *Bull. de l'Acad. delphinale*, à Grenoble, t. V, 1859-63.

— Mém. sur le quarantième des Gaules à propos d'une inscription du dép^{t} des Pyrénées-Orientales ayant trait à la perception de cet impôt [823, 8334]. — *Publications de la Soc. archéol. de Montpellier*, t. V, 1867, in-4, p. 331-356.

RÉVOIL (**Ant.-Henry**). Inscription sur un cippe, etc. [6044]. — *Mém. de l'Acad. du Gard*, année 1863 (1864); 2 p.

— Fragments antiques trouvés à St-Vincent, près Jonquières (Gard) [6103]. — *M. vol.*; 3 p.

— Note sur deux ponts rom. à Arles [4992]. — *M. rec.*, 1863-64 (1865), p. 156-159.

— Sur un glaive, etc. [6099]. — *M. rec.*, 1864-65 (1866), p. 166-168.

— Note sur deux tombeaux rom., etc. [6085]. — *M. rec.*, 1865-66 (1867); 4 p.

— Des fouilles de l'amphithéâtre rom. de Nimes [5990]. — *M. vol.*, 8 p.

— Fouilles archéol.; amphithéâtre de Nimes, crypte de St-Gilles. — Deux tombeaux romains à Courbessac [6019]. *Nîmes*, 1866, in-12 ; 20 p. — (Extrait des *Mém. de l'Acad. du Gard*, 1865-1866.)

— Suite des fouilles. — Sépultures gallo-romaines. — Mosaïque [m. n°]. — *M. vol.*, 1867 ; 12 p.; 3 pl.

— Rapport, etc. [5990]. — *Mém. lus à la Sorbonne* en 1866 (archéologie), 1867, p. 163-168 ; 3 pl.

— Sépultures gallo-romaines découvertes dans les fouilles de l'église neuve de Saint-Baudile, à Nîmes [6019]. — *Mém. de l'Acad. du Gard*, 1866-67 (1868), p. 265-274. — T. à p.

— Découverte d'une mosaïque antique (à Nîmes) [m. n°]. — *M. vol.*, p. 275-276. — T. à p.

REVON (**Louis**). Deux tombeaux, etc. [8989]. — *Rev. Savoisienne*, IIIe année, 1862, p. 25.

— Les Troglodytes de la Savoie [3989 *a*]. — *M. rec.*, IVe année, 1863, p. 12 ; 2e art., p. 56.

— Habitations lacustres du lac du Bourget [nouv. add. 8914 *a*]. — *M. vol.*, p. 20.

— Fouilles de Gevrier [8982]. — *M. rec.*, V^{e} année, 1864, p. 75.

— Monnaies gauloises, etc. [8975]. — *M. rec.*, VIIe année, 1866, p. 33.

— L'inscription de Ley (c^{ne} de Mieussy) [8984]. — *M. rec.*, VIIIe année, 1867, p. 101.

— Le nouveau trésor, etc. [8973]. — *M. vol.*, p. 109.

— Fouilles dans les fins d'Annecy [8974]. — *M. rec.*, et *Rev. archéol.*, 2e s., t. XVII, 1868, p. 392-395.

— Inscriptions antiques de la Haute-Savoie, épigraphie gauloise, rom. et burgonde [8970]. — *Rev. Savoisienne*,

X^e an., 1869, p. 41, 49, 57, 65, 73, 81, 93. — T. à p. *Annecy*, 1870, in-4; 52 p.

— Voir PICTET (Ad.), avant-dernier article.

REY (**Étienne**). Guide de l'étranger à Vienne (Isère), ou aperçu sur ses mon^ts anciens et modernes, ses établissements publics et manufactures [nouv. add. 6039 *a*]. *Vienne, chez l'auteur*, 1819; 160 p.

— Mon^ts rom. et gothiques de Vienne en France, ancienne et puissante colonie rom., dessinés et publiés par E. REY; suivis d'un texte histor. et analytique, par E. VIETTY [6649]. *Paris, imp. F. Didot; Treuttel et Würtz*, 1821-31, gr. in-fol.; 72 pl. noires et color.

— Diss. sur l'emploi du vinaigre à la guerre comme agent de destruction et comme moyen de défense [2803]. *Paris*, 1829.

— Symbole, etc. [1971]. — *Rev. num.*, t. II, 1837, p. 15-21.

— Mémoire, etc. [3011]. — *Mém. de la Soc. des ant. de Fr.*, 2e s., t. VI, 1842, p. 71.

Voir aussi, du même : Mém. sur la montagne du Grand-Saint-Bernard, sous la domination sarrasine. — *M. rec.*, m. s., t. VIII, 1846, p. 9.

REYNAUD (**Jean-Ernest**). Considérations sur l'esprit de la Gaule [865 *b*]. (Forme l'article DRUIDISME dans l'*Encyclopédie nouvelle*. — Publié à part. *Paris, Martinet*, 1847, in-18; 212 p.

REYNIER (**Antoine**). Économie publique et rurale des Celtes, des Germains, etc. [1708 *a*]. *Paris* (?), 1818.

RHEIMS (**Jean de**). — Voir DERHEIMS.

RHESE (**John-David**). Cambro-brytannicæ... linguæ... rudimenta, a Joanne Dav. Rhaéso, monensi cambro-brytanno conscripta, ad intelligenda Biblia nuper in Cambro-brytannicum versa; cum exacta carmina cymraeca condendi ratione [10337]. *Londini, Th. Owinus*, 1592, in-fol.

RHODIUS (**G.-Chr.**). Dissertatio de Germania nunquam a Romanis subacta [10673]. 1705, in-4.

RHOER (**Jac. de**). Otium daventeriense, sive selecta de templis Romanorum et observationes in loca quædam sacra et profana [1564 *a*]. *Daventriæ* (1762).

RIALLE (**Girard de**). — Voir GIRARD DE RIALLE.

RIBADIEU (**Henry**). Une colonie grecque, etc. [6717]. *Bordeaux; Paris, Dentu*, 1863; 36 p.

RIBAULD DE LA CHAPELLE (**Jacques**), connu d'abord sous les noms de RÉBAULT DE ROCHEFORT, puis de RÉBAULD DE LA CHAPELLE. Dissertation sur l'époque de l'établissement de la religion chrétienne dans le Soissonnais, etc. (en latin). [4037] (Signé RÉBAULT DE LA CHAPELLE). 1737, in-12.

Voir ROCHEFORT (Rébault de), pour les articles publiés sous ce nom.

— * Diss. sur le règne de Clovis [302]. 1741; 83 p.

L'exemplaire conservé à la bibliothèque Sainte-Geneviève de Paris porte, écrit à la main : « par Rébauld de Rochefort. »

— Diss. sur l'origine des Francs et sur l'établissement et les premiers progrès de la monarchie française dans les Gaules, etc., avec une hist. abrégée des rois de France en vers [309]. *Paris, Chaubert*, 1748, gr. in-12; planches.

— Mém. sur le port Itius de César, avec une remarque sur l'"Ἴξιον ἄκρον de Ptolémée [2862].

Cette diss., où l'on soutient que Calais doit être l'ancien port Itius, est imprimée à la fin des Mém. sur qqs v. et prov. de France. *Paris*, 1766, in-12. (*Biblioth. histor.*, t. I, n° 310.)

— Hist. de Vercingétorix, par J. RIBAULT DE LA CHAPELLE, publiée par J.-B. PEIGUE, avec une notice sur l'auteur et ses écrits [457]. *Clermont-Ferrand, Thibaud-Landriot*, 1834.

— [*Ms.*] Diss. sur l'époque de l'établissement du christianisme en Auvergne, etc. [3156].

Elle est conservée dans les registres de la Soc. littéraire de Clermont-Ferrand. L'auteur fixe cette époque à l'an 251 de J.-C. (*Biblioth. histor.*, t. I, n° 4076.)

RIBOUD (**Thomas**). Mém. statistique et historique sur la v. de Bourg [4156]. *Bourg, Bottier*, an X, in-4; 49 p.

— Considérations et rech. sur les mon^ts anciens et modernes du territoire de Brou [4162]. *Bourg, Bottier*, an X. — 2e éd. (1816?); 60 p. — 3e éd., 1823.

— Indication générale des mon^ts, etc. [4136]. *Bourg*, an XI; 51 p.

— Essai, etc. [4128]. *Bourg*, 1802, 1825, 1827, 3 vol.

— Mém. sur l'ancienneté de la ville de Bourg et sur les différents noms qu'elle a portés [4157]. *Bourg, Janinet*, 1811; 58 p.

— Rech. sur l'origine, etc. [4129]. — *Mém. de l'Acad. celt.*, t. V, 1808, p. 1. — T. à p. *Bourg, Bottier*, 1808; 43 p.

— Rapport sur les vestiges, etc. d'antiquités reconnus dans la démolition de la prison de Bourg en 1817 [4159]. *Bourg, Bottier*, 1818; 33 p.

— Rech. sur les mon^ts^, etc. découverts dans la démolition de la prison de Bourg en 1817 [4160]. *Ibid., id.*, 1818; 65 p. (Extr. de l'*Annuaire de l'Ain*.)

— Nouv. rech., etc. [4161]. *Ibid., id.*, 1818; 46 p.

— Questions relatives à la rech. méthodique des mon^ts^ tant antiques que du moyen âge existant dans le dép^t^ de l'Ain et pouvant procurer des éclaircissements sur plusieurs points de l'hist. des pays qui le composent [4146]. — J^al^ *d'agr.* etc. *p. p. la Soc. d'émul. de l'Ain*, t. XI, 1821, p. 116-125. (Signé T. R. D.)

— Archéologie, histoire [4130]. (*Bourg*, 1821 ?); 15 p.

— Diss. sur la muraille de César [nouv. add. 10894]. — *Annuaire de l'Ain pour* 1824, in-12.

— Mém. sur les mon^ts^ d'Izernore [4173]. An XI.

Voir la liste des travaux de Th. Riboud, notamment en archéologie (n°s 41-52) dans le *Journal d'agr. de la Soc. d'émul. de l'Ain*, t. XXV, 1835, p. 299.

RICARD (Adolphe). Notices, etc. [6421]. — *Mém. de la Soc. archéol. de Montpellier*, t. I, 1840, in-4, p. 517-536. — Voir MONTGRAVIER (Az. de) et RICARD (Ad.).

RICARDUS Corinensis. — Voir BERTRAM.

RICARDUS (Johannes). — Voir l'article suivant.

RICHARD (Jean). Jo. Richardi Antiquitatum Divionensium liber [5369]. *Paris*, 1585.

— (Traduction du titre latin :) Antiq. de Dijon, statues nouvellement découv. à Dijon dans le collège de Godrans [5383]. *Paris*, 1625, in-12.

RICHARD (l'a.). [*Ms.*] Discours, etc. [1695].

Lu à l'Acad. de Dijon, le 7 mai 1762, et conservé dans ses registres. (*Biblioth. histor.*, t. I, n° 3842.)

— [*Ms.*] Mém. sur les mœurs des anciens Gaulois [842].

Mentionné dans la *Biblioth. histor.*, t. I, n° 3796.

RICHARD (jeune). Diss. sur une inscr. rom., etc. [6910]. — *Ann. de la Soc. acad. de Nantes*, 1801.

— Diss. sur Voljanus, analysée (avec quelques notes) par L.-A. MILLIN [6911]. — *Magasin encycloped.*, VIIIe année, 1802, t. I, p. 390-398.

Cp. *Congrès scientif.*, XXIIIe session, tenue à La Rochelle en 1856, p. 80.

RICHARD (Nicolas-Louis-Antoine). Lettre à M. Millin... sur une inscr. rom. inédite, par M. Richard, dans le bourg de Bonnat (Creuse) [5565]. — *Journal encyclopéd.*, oct. 1815.

— Essai chronolog. sur les mœurs, coutumes et usages anciens les plus remarquables dans la Lorraine [3628]. *Épinal*, 1835. — 2e éd. intitulée : Traditions populaires, croyances superstitieuses, usages et coutumes de l'ancienne Lorraine. *Remiremont, Mougin*, 1848, in-16.

RICHARD (Ennemond). Recherches, etc. [6810]. *St-Étienne*, imp. *N.-S. Janin*, 1846, 1 pl. — 2e éd. *St-Étienne*, impr. *Théolier*, 1859.

RICHARD (l'a.). Hist. des diocèses de Besançon et de Ste-Claude [5633]. *Besançon*, 1847-51, 2 vol.

Mention hon. à l'Académie des inscriptions.

— Voir RIOUDEY ET RICHARD.

RICHARD du Cantal (Antoine). Antiquités. — Mon^t^ rom. à Lanuéjols [7150]. — *Bull. de la Soc. d'agr. de la Lozère*, 1855, p. 227.

RICHARD (Jules). Des chemins, etc. [9869]. *Saint-Maixent, Ch. Reversé*, 1863, in-18; 47 p.

RICHARD (l'a.). Origines chrétiennes de la Gaule et date de saint Firmin, contre Tillemont, MM. Dufour, Tailliar, Salmon, etc., et réfutation de M. Amédée Thierry sur l'Église naissante, ses martyrs, leurs actes [752, 9562]. 1868.

RICHEBOURG (Charles-Gaspard de Toustain de). — Voir TOUSTAIN.

RICHELET (Ch.-J.). Voyage pittoresque dans le dép^t^ de la Sarthe, dessiné et gravé par St-ELME CHAMP, avec un texte explicatif par Ch.-J. Michelet [8855]. *Au Mans, Monnoyer; Belon, Pesche; Paris, Chaillon-Potrèlle*, 1829-30, in-4; 80 p.; 40 pl.

RICHER (Ed.). Voyage pittoresque dans le dép^t de la Loire-Inf^re [6877]. *Nantes, Mellinet-Malassis*, t. I et II (seuls publiés sur 4 vol. annoncés), 1820 et 1823, in-4.

Sept lettres publiées séparément, avec un précis de l'histoire de Bretagne, servant d'introduction au voyage; morceau qui forme six livraisons y compris la table.

— L'Ile de Saine [auj. Sein], [5915 *a*]. *Lycée armoricain*, t. VI, 1825, p. 293-301.

— Archéologie armoricaine. — Du Dragon, etc. [3098]. — *M. rec.*, t. VII, 1826, p. 303-329.

RIENCOURT (Cellier de). [*Ms.*] Histoire des évêques d'Amiens [9557].

Mentionnée dans la *Biblioth. histor.*, t. I, n° 9692.

RIENZI (Louis Domeny de). Question importante, etc. [2181]. *Paris*, impr. *Cosson*, 1832; 8 p.

RIGOLLOT (Dr J.) fils. Mém. sur l'ancienne v. des Gaules qui a porté le nom de Samarobriva [2928, 9564]. *Amiens*, 1827; 38 p. — Second mém. sur l'anc. v. des G. qui a porté le nom de Sam., suivi d'éclaircissements sur Vermand, capitale des Veromandois. *Amiens*, 1828; 46 p.

— Rapp. fait à l'Acad. des sc. etc. de la Somme sur une notice [ms.] de M. l'abbé Baudard, curé de Conches, sur Samarobriva [2933]. — *Rec. de la Soc. libre* etc. *de l'Eure*, t. III, 1832, p. 364.

— Éclaircissements historiques, etc. [1089, 3822]. — *Mém. de la Soc. des ant. de Picardie*, t. I, 1838, p. 237-244. — T. à p. *Amiens*, 1838; 1 pl.

— Not. sur des monnaies trouvées à Allonville [9585]. — *M. vol.*, p. 256.

— Notice sur qqs monnaies gauloises inédites [1974]. — *Rev. num.*, t. III, 1838, p. 237-242.

— Mém. sur une petite statue de Midas [1479]. — *Mém. de la Soc. des ant. de Picardie*, t. VIII, 1845, p. 303.

— Rech. histor. sur les peuples de la race teutonique, etc. [1656, 10685]. — *M. rec.*, t. X, 1850, p. 121.

— Mém. sur des instruments en silex, trouvés à Saint-Acheul, près d'Amiens, et considérés sous les rapports géolog. et archéol. [9616]. — *M. rec.*, 2° s., t. IV, 1856; t. à p. anticipé, *Amiens*, 1854; 38 p.; 7 pl.

— Not. sur une sépulture rom. etc. [9573]. — *Bull. de la m. Soc.*, année 1855, n° 2.

RIGUET (l'a.). * Système chronologique, etc., avec des mém. pour la v. de St-Dié et une diss. (par le P. Benoist, capucin) pour prouver que la v. de Toul est le siège épiscopal des Leuquois [7595]. *Nancy, Barbier*, 1701 (1707).

Voir *Biblioth. histor.*, t. I, n° 10616.

RING (b^on Maximilien de). Notice sur les tombes celtiques de la Souabe et de l'Allemanie [10745]. *Gand*, 1838, 23 p. — (2° éd., 1840?)

— Établissements celtiques, etc. [10726]. *Fribourg en Brisgau, Emmerling*, 1842, in-18; III-75 p.; 3 pl.; 1 carte.

— Mém. sur la signification, etc. [1517 *a*]. — *Congrès scientif.*, X° session, tenue à Strasbourg en 1842, t. II, 1843, p. 522-528.

— Hist. des Germains depuis les temps les plus reculés jusqu'à Charlemagne, pour servir d'introduction à l'hist. de l'empire germanique [10684]. *Strasbourg, Treuttel et Würtz*, 1850; avec 1 carte intitulée : carte de la Germanie et des migrations germaniques dans l'empire Romain, avant et pendant les premiers siècles de l'ère chrétienne, dressée par M. Max. de Ring pour servir à l'intelligence de son *Histoire des Germains*.

— Mém. sur les établissements romains du Rhin et du Danube, etc. [10729]. — *Ibid.*, *id.*, 1852 et 1853, 2 vol.; avec une carte de la Germanie romaine soumise pendant les 3 1ers siècles de l'ère chrétienne à l'adm^on politique des Gaules.

1re méd. au concours des antiq. nationales, en 1853.

— Les tombes celtiques situées près d'Heidolsheim. Rapport présenté au comité de la Soc. pour la conservation des mon^ts histor. de l'Alsace [8412]. — *Bull. de la m. Soc.*, t. II, année 1857. — T. à p. 1858; cartes et planches.

— Les t. celt. de la forêt communale d'Ensisheim, etc. [8454]. — *M. vol.*, année 1858; 27 p.; pl.

Mention honorable au concours des antiquités nationales.

— Même ouvrage. Nouv. éd. *Strasbourg, Treuttel et Würtz*, 1861, in-fol., 16 pl. chromolithographiées.

— Les t. celt. de la forêt de Brumath. Rapp. présenté au comité, etc. (comme ci-dessus) [8398]. — *M. vol.* — T. à p. *Ibid., id.*, 1858 ; pl.

— Les tombes celtiques situées près de Reguisheim (Ht-Rhin). Rapport à la m. Soc. [8458]. — *M. rec.*, t. III, année 1859. — T. à p. 1860 ; 7 p. ; 1 pl.

— Les t. celtiques des bois de Niedernai [8427]. — *M. vol.*, 4 p.

Voir aussi *Rev. des Soc. sav.*, 2e s., t. Ier, 1859 ; 3 p.

— Les t. celt. de la forêt communale de Hatten (Bas-Rhin) ; rapport présenté au comité de la m. Soc. [8411]. — *M. vol.*, 2e livr. 1860. — T. à p. *Strasbourg*, 1860 ; 7 p. ; 2 pl. lithogr.

— Hist. des peuples opiques, de leur législation, de leur culte, de leurs mœurs, de leur langue [45]. *Strasbourg, Treuttel et Würtz*, 1859 ; 1 tableau.

C. r. par M. P.-A.-F. Malapert dans la *Critique française*, 15 déc. 1861 et 15 janvier 1862.

— T. celt. de l'Alsace, suite de mémoires présentés au comité de la Société pour la conservation des monuments historiques, à Strasbourg [3031]. T. Ier, *Strasbourg*, 1859. — T. II, *Ibid.*, 1861. — T. III, *Ibid.*, 1865. — T. IV, *Ibid.*, 1870.

Les 3 1ers vol. ont été successivement l'objet de mentions honorables au concours des antiquités nationales.
Le 4e vol. contient un mémoire sur les Tombes et les Établissements celtiques dans le sud-ouest de l'Allemagne.

— Mémoire sur les questions suivantes : Quels sont les monts incontestablement celt. qui existent dans l'Alsace et dans le duché de Bade ? — A-t-on reconnu d'une manière précise, en Alsace, les voies romaines indiquées sur la carte de Peutinger et dans l'itinéraire d'Antonin [3030] ? — *Congrès archéol.*, XXVIe session. Séances générales tenues à Strasbourg, etc., en 1859. *Strasbourg*, 1860, p. 7-15.

— Les t. celt. de la forêt de Schirrhein [8438]. — *Bull. de la Soc. p. la conservation*, etc., t. IV, 1861, p. 112-116.

— Fouilles exécutées dans les tombelles celtiques de la forêt de Haguenau, près de Schirrein, et dans les cantons forestiers du Schirrheinerweg et du Fischerhübel, pendant les 28, 29, 30 et 31 octobre 1861 [8410]. — *M. rec.*, 2e s., t. Ier, année 1862 ; 12 p.

— Fouilles exécutées dans les tombelles celtiques de la forêt communale de Dessenheim pendant les 18, 19, 20 et 21 août 1862 [8451]. — *M. vol.*, année 1863.

— Le camp rom. de l'Oberlinger, au-dessus de Guebwiller (Ht-Rhin) [8457]. — *Rev. des Soc. sav.*, 4e s., t. II, 1865, p. 68.

— Not. sur les antiq. celtiques, etc. [8436]. — *Mém. lus à la Sorbonne*, en 1865 (archéologie), p. 69.

— Tombe rom. découv. sur le territoire de la commune de Schiltigheim, près Strasbourg [8437]. — *Rev. des Soc. sav.*, 4e s., t. IV, 1867, p. 497.

— Champ de bataille de Jules-César, etc. [8450]. — *Rev. d'Alsace*, 1868. — T. à p. *Colmar*, 1868, gr. in-8 ; 4 p.

— La VIIIe légion romaine [1811]. — *M. rec.* — T. à p. *Colmar* ; 5 p.

RINGEISEN. Description d'un cimetière rom., découv. dans le ct de l'hiver de 1853 à 1854 près de Brumath [8401]. — *Bull. de la Soc. pour la conserv. des monts histor. d'Alsace*, t. III, année 1860 ; 6 p.

RINGEL. Rapport sur les bains rom. découverts à Mackwiller en 1859 [nouv. add. 8415 *a*]. — *Bull. de la Soc. pour la conserv. des monts histor. d'Alsace*, t. III, année 1860 ; 20 p.

RIOLACCI (D.). Le camp de Châlons, précédé 1° d'un aperçu historiq. sur la Champagne, et spécialement sur l'invasion des Huns [1833 *a*]. *Paris, Dumaine*, 1865, in-12.

RIOUDEY et RICHARD (les abbés). Nomenclature géograph., etc. [5634]. — *Annuaire du Doubs*, pour 1851. — T. à p. in-8°.

RIPOUD (Georges-Nicolas-Auguste). [*Ms.*] Bibliographie du dépt de l'Allier [4476]. In-fol.

Mentionné dans le *c. r. des séances du Congrès archéol. de Moulins*, 1854, p. 210, et dans le *Bull. de la Soc. d'émul. de l'Allier*, t. IX, 1864, p. 124.

RISTELHUBER (Paul). L'Alsace ancienne et moderne, ou Dictionnaire topograph., histor. et satirique du Haut et du Bas-Rhin, par Baquol. 3e éd.

refondue par P. Ristelhuber [3036]. *Strasbourg, Salomon,* 1865; planches et cartes.

La première éd. de Baquol est de 1849; la 2e, de 1851.

RITSCHL (**Frédéric-Guillaume**). Priscæ latinitatis epigraphicæ supplementum V [2208, 5022]. — Programme de l'Université de Bonn pour le 1er sem. 1864-65, in-4.

— De columnis milliariis, etc. [11093]. *Bonn,* 1865.

RITTER (**J.-D.**). Die Geschichte der Gallier bis zu ihrer Besiegung, nach dem Plan von W. Guthrie, J. Gray [324]. *Leipzig,* 1774.

RITTER. Mémoire abrégé, etc. [10813]. *Berne,* 1788, gr. in-4; 9 pl.

RITTER. Die Stelle der ersten Rheinbrücke Cäsars. Das alte und neue römische Lager bei Xanten [11084]. — *Jahrb. des Vereins von Alterthumsfreunden im Rheinlande,* t. XLIV-XLV. *Bonn,* 1868, p. 46-57.

RITTER (**F.**). Les puits et chambres souterraines de la Doie [9497]. — *Bull. de la Soc. de statistique* etc. *du dép*[t] *des Deux-Sèvres,* t. I, n. s., 1870-1871.

— Antiq. lacustres de la Savoie [4002]. — *M. vol.*

RIVAIL (**Aymar du**). Aymari Rivalii delphinatis, de Allobrogibus libri novem; ex autographo codice bibliothecæ regis editi, cura et sumptibus Alfredi de Terrebasse [3000, 3458]. *Lyon,* impr. *Perrin,* 1845. — Description du Dauphiné, de la Savoie, du Comtat Venaissin, au xvie s.; extrait du 1er livre de l'Hist. des Allobroges. Traduit sur le texte publié par M. de Terrebasse, par Antonin Macé. *Grenoble, Allier père,* 1852, in-12.

RIVAREL. Vie de s[t] Remi [7375]. *Barcelone,* 1609, in-12.

RIVAZ (l'a. **Joseph de**). Éclaircissements sur la légion thébéenne et sur l'époque, etc. [724]. *Paris, Berton,* 1779.

— Mémoire, etc. [2782]. — *Moniteur universel,* 30 déc. 1813.

RIVES (**Théodore des**). Rapport, etc. [11062]. — *Mém. de l'Acad. de Metz,* année 1852-53, 1re partie, p. 280.

— La Moselle d'Ausone, traduite en vers [2407, 3696]. — *M. vol.,* p. 323.

RIVET (**dom Ant.**). Des Druides [615]. 1733, in-4.

Hist. litt. de la France, t. I. (Voir l'Index des vol.)

RIVET (**dom Ant.**), **CLÉMENCET** (**dom Charles**), **CLÉMENT** (**dom François**). Histoire littéraire de la France, où l'on traite de l'origine et du progrès, de la décadence et du rétablissement des sciences parmi les Gaulois et les François, du goût et du génie des uns et des autres pour les lettres, en chaque siècle, etc. [2384]. *Paris,* 1733-1885, 29 vol. in-4. (Ouvrage continué par les soins de l'Acad. des inscr. et b.-l., à partir du t. XII.)

Histoire littéraire de la Gaule jusqu'à la fin du ve siècle, t. I, II et III.

— Réimpression des 15 premiers vol. de cet ouvrage, sous la direction de M. Paulin Paris. *Paris,* Vve *Palmé,* 1865 et années suivantes, in-4.

RIVIÈRE (**P. de La**). Œuvres et histoires gauloises, contenant le « Catalogue des anciens rois et princes de Gaule, dite depuis France », avec 2 tables, l'une desdicts princes, l'autre des évesques de l'église gallicane ès premiers siècles du christianisme [258]. *Paris, Claude Percheron,* 1612, in-4.

RIVIÈRE (**b**[on] **Edmond de**). Antiq. gallo-romaines, etc. [9658]. *Caen, Hardel,* 1864; 22 p.

— Promenades archéol. dans l'Aveyron [4794]. — *Bull. mon.,* t. XXXI, 1865; p. 807.

RIVOIRE (**Hector**). Dissertation, etc. [594]. 1843. (D'après Girault de St-Fargeau.)

— Statistique, etc. [5920]. *Nîmes, Ballivet et Fabre,* 1843 et 1843, 2 vol. in-4; pl.

RIZZI-ZANNONI (**J.-A.-B.**). Galliæ veteris Tabula, populos, civitates, pagos, nec non provincias, municipia, colonias, præfecturas, Imperio Romano subjectas complectens, ex antiquis itinerariis, etc. [1040]. *Parisiis, Desnos,* 1764 (carte p. in-fol.).

— Atlas histor. de la France ancienne et moderne, contenant tous les lieux illustrés par les événements les plus mémorables de notre histoire [1041]. *Paris,* 1765, in-4.

C. r., *Mém. de Trévoux,* juillet 1765, p. 213.

ROACH-SMITH (**Ch.**). Collectanea antiqua [nouv. add. 1301 *a*]. *Londres, S. Nichols,* etc., 1848-1881, 7 vol.

— Notes on the antiquities of Treves, etc. [1306]. *Londres*, 1851; planches.

— Notes on some of the antiquities of France made during a fortnigths excursion in the summer of the 1854 [1306 *a*, 6987]. *London*, 1855; 40 p.; pl.

— Catalogue of the Museum of London antiquities [1485]. *London*, 1854.

— (Traduction par un membre de la Société archéol. de l'Orléanais.) Les antiques du musée historique d'Orléans [6987].—*Bull. de la m. Soc.*, t. II, 1855, p. 192.

Extrait de l'ouvrage *Notes on some*, etc.

— Illustrations of roman London [nouv. add. 10381 *a*]. *London*, 1859, in-4; 42 pl. et plus de 150 grav. sur bois.

— Collection de figurines [1508]. —Voir TUDOT (E.), année 1859.

— Mémoire sur les Déesses-Mères (traduit de l'anglais par CAMPION) [542].—*Bull. mon.*, t. XXVIII, 1862, p. 332.

Extr. de ses *Illustrations of roman London*.

Voir, sur les travaux archéologiques de Roach-Smith, une note de Max. de l'Estoille dans le *Bull. de la Soc. d'émul. de l'Allier*, t. VII, 1861.

ROALDES (François). [*Ms.*] Antiq. de Valence, avec plusieurs autres extraits des mêmes antiq. [5703].

Ms. mentionné dans la *Biblioth. histor.*, t. III, n° 38002.

ROBBE (Jacques). [*Ms.*] Dissertation, etc. [4268].

Mentionnée dans la *Biblioth. histor.*, t. I, n° 228.

ROBERT (Claude). Gallia christiana, in qua regni Franciæ, ditionumque vicinarum Diœceses et in iis Præsules describuntur [676]. *Parisiis, Cramoisy*, 1626, in-fol.

ROBERT (Gilles). Description des Gaules, etc. [1021].

Carte publiée en 1738 dans le Recueil des Historiens des Gaules. Voir sur son exécution les obs. de Fréret (*Mém. de l'Acad. des Inscr.*, t. XIV, 1743 (hist.). p. 162.

ROBERT (J.). [*Ms.*] Mémoires touchant les antiq. de Nismes [5963].

Mentionnés *Biblioth. histor.*, t. III, n° 37860.

ROBERT (Pierre-Hercule). Rech. sur l'origine des pierres druidiques et opinion sur les pierres de Carnac et d'Ardeven [1517 *b*]. — *Congrès scientif.*, X° session, tenue à Strasbourg en 1842, t. II, 1843, p. 529-535.

ROBERT (L.-Eugène). Histoire, etc. [9280]. *Paris, Paulin*, 1843.

Voir aussi SERRES ET ROBERT.

ROBERT (Pierre-Charles). Description d'une monnaie gauloise trouvée à Lewarde, près Douai [1986]. — *Bull. de la Comm. histor. du Nord*, t. II, 1844, p. 90-93, 1 pl.; *Mém. de l'Acad. de Metz*, 1846-47. — T. à p. *Metz*, 1846; 7 p.; 1 pl.

— Découvertes numismatiques, etc. [7851]. — *M. vol.*, p. 100.

— Note sur des monnaies de Postume, découvertes en 1848, communiquées à l'Acad. de Metz [2104]. — *M. rec.*, 1849-50, p. 203.

— Sur une fibule, etc. [1482]. — *M. rec.*, 1850-51, p. 189.

— Études numismatiques, etc. [3741]. — *Rev. num.*, t. XVIII, 1853, p. 225. — T. à p. *Metz, Nouvian*, 1852, gr. in-4; 18 pl. gravées.

— Première lettre à M. de Longpérier sur qqs collections du Piémont, etc. [2028].—*M. rec.*, n. s., t. IV, 1859; vign.

— Monnaie gauloise au type du personnage assis, du rameau et du serpent, etc. [2046]. — *M. rec.*, n. s., t. IX, 1864. — T. à p. 15 p.; vign.

— Mélanges numismatiques, I, etc. [2125]. — *M. rec.*, n. s., t. XI, 1866; vign.

— Mélanges de numismatique. Trouvaille de monnaies d'or, etc. [3873].—*M. vol*

— Histoire des légions du Rhin [1804].

— Les Légions du Rhin et les inscr. des carrières [1805, 11109].

— Coup d'œil général sur les légions rom., etc. [1806]. *Paris, Franck*, 1867, in-4.

— Essai de rapprochement, etc. [2061]. — *Cc. rr. de l'Acad. des inscr. et b.-l.*, séance du 11 décembre 1868, p. 424-429; 1 pl. — T. à p.

— Épigraphie gallo-rom. de la Moselle [7812]. 1re partie : Mon^ts élevés aux dieux. Étude. *Paris, Didier*, 1869-73, in-4; 76 p., 5 pl. — 2e partie (avec René CAGNAT). *Paris, H. Champion*, 1883; VI-34 p.; héliogr.

C. r. du 1er fasc. signé C. B. (Camille DE LA

BERGE), *Rev. crit. d'hist. et de litt.*, 2ᵉ sem. 1869, p. 394.

— Inscr. tumulaire d'un *Civis mediomatricus*, etc. [7858]. — *Mém. de la Soc. des ant. de Fr.*, t. XXXII. — T. à p. *Paris*, 1870.

— Les armées rom. en Gaule et leurs emplacements [1807]. 1871.

ROBERT (Félix). Sur des ossements humains, etc. [1361, 6065]. — *Cc. rr. de l'Acad. des sc.*, t. XVIII, 1844, in-4, p. 1059.

— De l'homme fossile de Denise [6849]. — *Ann. de la Soc. d'agr.* etc. *du Puy*, 1842-45, p. 209-225.

Historique sommaire de la question des fossiles humains.

— Observations, etc. [6850]. — *M. rec.*, t. XXI, 1857-58 (1859), p. CXV-CXXIII.

— Rapport, etc. [6859]. — *M. vol.*, p. 44-46.

ROBERT (l'a.). Not. sur Quentovic [2911]. — *Mém. de la Soc. des ant. de la Morinie*, à Saint-Omer, t. VIII, 1849-50, p. 511-534. — T. à p. *Saint-Omer*, 1850.

— Nouveau Mém. sur Q. [2912]. *Amien.*, 1862; 40 p.

L'auteur a de plus adressé au ministre de l'Instr. publ. 2 rapports sur Quentovic, en 1868 et en 1869.

ROBERT (dʳ Eugène). Interprétation naturelle des pierres, etc. [1402]. — *Les Mondes*, t. Iᵉʳ, 1863, p. 527. — T. à p. *Paris, Giraud*, 1863; 24 p.

— Age présumable des monᵗˢ celt. établi d'après des monᵗˢ de même nature dont il est principalement fait mention dans la Bible, faisant suite à l'interprétation naturelle des pierres, etc. [1537]. — *M. rec.*, t. II, 1864, p. 657. — T. à p. *Ibid.*, *id.*

— Destinations principales des monᵗˢ celt., etc., faisant suite à l'âge présumable des monᵗˢ celt. [1536]. — *M. rec.*, t. VI, 1864, p. 261, 306, 350. — T. à p. *Ibid.*, *id.*

— Paléontologie. Obs. critiques sur l'âge de pierre [1417]. — *M. rec.*, t. VII, 1865, p. 624, 681. — T. à p. *Ibid.*, *id.*, 1865.

— Toujours des Silex travaillés, etc. [7354]. — *Les Mondes*, t. XVII, 1868, p. 382, 599. — T. à p. *Ibid.*, *id.*

— Observations, etc. [4352 *a*]. — *M. rec.*, 4 nov. 1869. — T. à p. *Ibid.*, *id.*

ROBERT (J.-B.). Origines de Paris et de toutes les cⁿᵉˢ, hameaux, châteaux, etc., des dépᵗˢ de la Seine et de Seine-et-Oise; étymologies, cultes et cérémonies religieuses, usages, etc. [9008]. *Paris, Dumoulin*, 1864. T. Iᵉʳ, 1ʳᵉ livraison (unique?), XXXVIII-126 p.

ROBERT (Charles-N.). Taurobole de Tain : restitution, etc. [5735]. — *Bull. de la Soc. dépᵗᵃˡᵉ d'arch.* etc. *de la Drôme*, t. Iᵉʳ, 1866, p. 288-300.

Voir aussi ALLMER, Taurobole de Tain.

— Taurobole de Tain, etc. [5737]. — *M. rec.*, t. II, 1867, p. 446 et 447.

— Taurobole de Tain: réponse aux nouv. obs. crit. de M. A. Allmer. [5739]. — *M. rec.*, t. III, p. 89-106.

Cp. *Rev. des Soc. sav.*, 4ᵉ s., t. VII, janvier 1868.

— Tauroboles de Tain et de Valence; courtes réflexions, etc. [5741]. — *M. vol.*, p. 336-342.

ROBERT-ROCHEMURE (l'a. Augustin). Essai historico-poétique du pays de Velay, etc., et des divinités qu'on y adorait dans le temps, dont on remarque encore plusieurs monᵗˢ [6855]. *Paris, impr. Demonville*, 1730; 24 p.

— Abrégé historico-poétique de la v. de Vienne, ancienne métropole des Allobroges, capitale de l'empire rom. dans les Gaules, etc. [nouv. add. 6638 *a*]. *Lyon, impr. Perret*, 1833; 16 p.

ROBERTS (D. Griffith). Dosparth byrr Aryrhann gyntaf i ramadey cymraeg le cair lavero bynciau anhepcor.... (an analysis of welsh grammar, containing many points necessary to be Known by all who wish to speak or write welsh correctly [2353, 10336]. *Aorchfygoyma, a goronir fry*, 1567, pet. in-8.

Grammaire galloise dont la 2ᵉ partie traite des étymologies. (BRUNET, *Manuel*.)

ROBERTS (P.). The Cambrian popular antiquities of Wales, or an account of the traditions, customs and superstitions of Wales [10358]. *London*, 1815, gr. in-8; pl.

ROBILLARD DE BEAUREPAIRE (Eugène de). Note sur des fouilles entreprises à Avranches, etc., dans le courant des années 1855 et 1856 [7259]. — *Mém. de la Soc. des ant. de Normandie*, 3ᵉ s., t. II, 3ᵉ livr., 1857, in-4; 7 p.; 2 pl.

— Sur le camp, etc. [6475]. — *Bull. de la m. Soc.*, 1863; 3 p.

— Les fouilles de la Touratte, etc.

[5298]. — *Mém. de la Soc. des ant. du Centre*, à Bourges, t. II, 1868 ; 23 p.

— Le puits funéraire de Primelles [5306]. — *M. vol.*, p. 27-42 ; pl. ; et *Bull. mon.*, t. XXXIV, 1868, p. 302-316.

ROBIN (l'a. **Claude**). Le camp de Cæsar au village d'Empyré, paroisse de St-Pierre d'Angers, avec une Diss. sur l'antiquité de cette église et des remarques sur d'autres ouvrages des Romains en Anjou et aux environs [7223]. *Saumur, vve Couy*, 1764.

— Le mont Glonne, ou Rech. histor. sur l'origine des Celtes, Angevins, Aquitains, Armoricains, et sur la retraite du premier solitaire des Gaules au mont Glonne, etc. [323, 7230]. *Paris*, 1774, 2 vol. in-12.

Réponse à la diss. de La Sauvagère.

ROBINEAU-DESVOIDY (**J.-B.**). Découverte, etc. [10187]. — *Bull. de la Soc. des sc. histor. et nat. de l'Yonne*, t. III, 1849, p. 393-394 ; 1 pl.

— Rech. sur l'étymologie des noms des cours d'eau, etc. [10101]. — *M. rec.*, t. IV, 1850, p. 461-469 ; carte.

ROBIOU (**Félix**). Campagne, etc. [10656]. — *Rev. archéol.*, 2e s., t. VIII, 1863, p. 313. — T. à p. *Paris, Didier* ; 20 p.

— Hist. des Gaulois d'Orient [10657]. *Paris, Franck*, 1866 ; 309 p. ; carte.

Ouvrage couronné par l'Acad. des inscr. et b.-l. en 1863.

— Le gt des Galates de l'Asie Mineure comparé à celui des Iraniens de l'Inde et à celui des Gaulois et des Bretons [10658]. — *Ann. de philosophie chrétienne*, t. VIII, série 5, 1863, p. 149-158.

Extrait d'un mémoire sur les invasions des Gaulois en Orient et leurs établissements en Asie Mineure, couronné par l'Académie des inscrip. et b.-l. dans sa séance du 31 juillet 1865.

ROBIQUET. Recherches, etc. [5336]. *Rennes*, 1835 ; atlas in-fol.

ROBITAILLE (**le chanoine**). Vie de saint Paul Serge, où l'on prouve qu'il est le fondateur de l'église de Narbonne [4756]. *Arras*, 1857, in-18.

— Études comparées, etc. [2878]. — *Mém. de l'Acad. d'Arras*, t. XXXV, 1867.

ROCHAMBEAU (**Achille-Lacroix mis de**). Etude, etc. [4094]. — *Bull. de la Soc. archéol. du Vendômois*, t. II, 1863 ; 16 p. — T. à p. *Vendôme* et *Paris*, 1864 ; 39 pages ; 2 plans.

— Mémoire, etc. [1680]. *Caen* et *Paris*, 1864 ; 37 p. ; 2 pl.

— Rapport, etc. [6767]. — *Bull. de la Soc. archéol. du Vendômois*, t. V, 1866, p. 101-108 ; et *Bull. mon.*, t. XXXII, 1866, p. 772-780. — T. à p. *Vendôme*, m. d. ; planches.

— Note, etc. [1690]. — *Mém. lus à la Sorbonne* en 1866 (archéologie), 1867, p. 73-78.

— Le dolmen, etc. [6772]. — *Mém. de la Soc. archéol. du Vendômois*, t. VIII, 1869, p. 101-103 ; planches.

ROCHAS (**Joseph-Dominique de**). [*Ms.*] Mémoires sur la v. de Gap [4548 *a*].

Ms. conservé dans la bibl. publique de Grenoble, et dans les biblioth. particulières de M. Chaper, à Grenoble, et de M. Victor de Rochas, à Paris.

ROCHAS (**Adolphe**). Biographie du Dauphiné [3458 *a*]. *Paris, Charavay*, 1856-1860, 2 vol.

ROCHAS D'AIGLUN (**Albert de**). De l'organisation, etc. [1863]. — *Mém. de la Soc. d'émul. du Doubs*, 4e s., t. III, 1867 (1868), p. 274-286.

ROCHE, de Moutiers. Notices histor. sur les anciens Centrons [3427]. *Moutiers*, 1819.

Voir Quérard, *Fr. litt.*, t. II, p. 466. Cp. plus haut Deluc, qui réfuta ces *Notices* dans une lettre insérée *Bibl. univ. de Genève*, en 1819.

ROCHE (**A.**) **et CHASLES** (**Ph.**). Histoire de France, etc. [375]. *Paris*, 1847, 2 vol.

ROCHE-LACARELLE (**bon Ferdinand de**). Histoire du Beaujolais, etc. [3237 *a*]. *Paris, Tross*, 1853, 2 vol. gr. in-8.

Cp. d'Aigueperse, *Rech. sur Lunna* (réimpression, 1853).

ROCHE-FLAVIN (**de la**). Mémoire des antiquités, singularités et choses plus remarquables de la v. de Tholose [6139]. *S. l. n. d.* (vers 1584, selon Meusel).

ROCHEBRUNE (**Octave Trémeau de**). Note, etc. [9886]. — *Bull. de la Soc. des ant. de l'O.*, 1er trim., 1856 ; 6 p.

ROCHEBRUNE (**Alphonse Trémeau de**). Archéo-géologie. Mémoire sur les restes d'industrie appartenant aux temps primordiaux de la race humaine recueillis dans le dépt de la

Charente [5162]. — *Mém. de la m. Soc.*, t. XXX, 1865 (1866), p. 57-182.

— Rech. sur le Puy du Challard (Corrèze) et sur les restes qui y ont été découverts [5323]. — *Bull. de la Soc. archéol. de Nantes*, 1866; 10 p.; 1 pl. — T. à p.

— De la distribution, etc. [5163]. — *Bull. de la Soc. archéol. et histor. de la Charente*, à Angoulême, 4e s., t. V, 1867 (1868), p. 349-360; 1 carte.

— Études préhistor., anthropolog. et archéol. dans le dépt de la Charente, etc. [5164]. — *M. rec.*, m. s., t. VI, 1868-1869 (1870); 24 pl. — T. à p. *Paris*, 1870; 1re partie en 5 livraisons; — 2e partie, liv. 1 et 2.

— Sur le tumulus-dolmen de Cuchet [5182]. — *M. vol.*, p. 723.

— Sur les fouilles pratiquées à Beaulieu pour l'agrandissement du lycée d'Angoulême [5176]. — *M. vol.*, p. 743, année 1868-1869.

ROCHEFORT (Rébauld alias RIBAULD de). Dissertatio de præfinito tempore quo Franci sedem fixerunt in Galliis, etc.; simul de loco ubi celeberrima Suessonia pugna cum Siagrio commissa fuit [4242]. 1736, in-12.

— Dissertatio Suessionicae de fidei christianæ agro Suessonensi primordiis simul et incrementis usque ad labens sæculum quartum [4037, 4245]. 1737, in-12.

— Dissertation sur l'espèce et l'étendue de l'autorité d'Egidius et de Syagrius son fils, dans le Soissonnais [4243]. *Paris*, 1738, in-12.

Voir *Biblioth. histor.*, t. II, n° 15920.

ROCHELLE (Jean Née de La). Mém. p. s. à l'hist. du Nivernois et du Donziois, et quatre diss. : 1° sur les servitudes; 2° sur les maladreries; 3° sur le flottage des bois; 4° sur la forclusion [3721]. *Paris, Moreau*, 1747, in-12. — Mémoires pour servir à l'histoire civile, politique et littéraire, à la géographie et à la statistique du dépt de la Nièvre et des petites contrées qui en dépendent, commencés par Jean Née de La Rochelle, continués par Pierre Gillet..., corrigés, augmentés et mis dans un nouvel ordre par J.-Fr. Née de la Rochelle (fils de Jean) [nouv. add. 7895 *a*]. *Bourges, Souchois; Paris, Merlin*, 1827, 3 vol. in-8.

Nombreuses notes mss. de la main de Gragier de la Marinière, sur un ex. ayant appartenu à ce dernier. (Voir le catalogue des livres composant sa biblioth. *Paris, vo Labitte*, 1883, n° 1793.)

ROCHELLE (J. Roux de). Mémoire, etc. [3668]. — *Bull. de la Soc. de géogr.*, 2e s., t. I, 1835, p. 24; t. II, 239 (not. sur la Gaule); t. IV, 143; t. VI, 167.

ROCHEMACÉ (Maurice de La). Étude sur le culte druidique et l'établissement des Francs et des Bretons dans les Gaules [650 *a*]. *Rennes, Verdier*, 1858.

ROCHEMAURE (Al.-Henri-Pierre mis de). Mémoire, etc. [5942]. — *Rec. des pièces de l'Acad. de Nismes*, 1756, p. 89-108.

— [*Ms.*] Discours, etc. [5940].

Mentionné dans la *Bibl. histor.*, t. III, n° 37856.

ROCHEPOZAY (Henri-Castaneo de La). Litaniæ Pictonicæ, sive sanctorum, qui ortu vel incolatu Pictonum oram nobilitarunt [3836]. *Pictavis, Thoreau*, 1641, in-12.

ROCHES (des). Mémoire, etc. [10476]. (Lu en 1773.) — *Mém. de l'Acad. des sc. et b.-l. de Bruxelles*, t. Ier, 1780, in-4, p. 421.

— Examen de la question : Si la langue des Etrusques a du rapport avec celle des peuples belges? [2335]. — *M. vol.*

L'auteur s'y prononce pour la négative.

— Histoire des Pays-Bas autrichiens, contenant des rech. sur la Belgique avant l'invasion des Rom. et la conquête qu'ils en ont faite avant J.-C. [nouv. add. 10459 *b*]. *Anvers*, 1787, in-4; 1 carte; 1 pl.

ROCHES (E.-Ed. de Generès de). Histoire abrégée, etc. 1re souche de la royauté en France, suivie d'un résumé gal et chronologique de la domination gauloise et française depuis l'an 2068 av. J.-C. jusqu'en l'an 1830 de l'ère chrétienne [789]. *Paris, Leleux*, 1838, in-12; 180 p.

ROCHET. Écoles méniennes [à Autun] [8798, 2389 *a*]. — *Congrès. archéol.*, XIIIe session, tenue à Autun en 1846-1847, p. 415-423.

— Discours d'Eumène [8744]. — Voir Landriot et Rochet.

ROCHETTE (Désiré-Raoul). — Voir Raoul-Rochette.

RŒSSLER (Charles). Tableau archéol., etc. [9327]. — *Publications de la Soc.*

havraise d'études diverses, XXXIIIe an., 1866 (1867), p. 201-311.

— Nouv. découvertes, etc. [9422]. — *Bull. mon.*, t. XXXIII, 1867, p. 606-612.

— Exploration, etc., en mai, juillet et oct. 1867 [9438]. — *Publications de la Soc. havraise*, XXXIVe année, 1867 (1868), p. 143-162. — T. à p. *Paris; Rouen; Caen*, 1868; 22 p.

— Note, etc. [9423]. — *M. rec.*, XXXVe an., 1868 (1869), p. 439-441; 1 pl.

— Mosaïque de Lillebonne [9432]. — *Bull. archéol. p. p. la Soc. archéol. de Tarn-et-Garonne*, t. Ier, 1869, p. 247-248.

— Notes sur qqs points, etc. [9328]. — *Rec. de la Soc. havraise*, etc. XXXVIIe-XXXVIIIe an., 1870-1871 (1872), p. 415-430; grav. dans le texte.

RŒSSLER et A. de LONGPÉRIER. — Sur une mosaïque, etc. [9434]. — — *M. vol.*, p. 17-27; 1 pl. photog.

ROFFIAC (de) et ROUHIER. Histoire nationale, etc., 1re série [373]. *Paris, Bontemps*, 1847.

L'ouvrage devait être publié en 40 séries.

ROGER (le b^{on}). * Essai sur les mesures itinéraires, employées par César dans ses Commentaires sur la guerre des Gaules [1784]. — *Mém. de la Soc. des ant. de Normandie*, t. III, 1828, p. 266.

— Notice, etc. [6951]. — *Mém. de la Soc. des ant. de Fr.*, 2e s., t. Ier, 1835, p. 252.

ROGER (P.). Bibliothèque historique, monumentale, ecclésiastique et littéraire de la Picardie et de l'Artois [3134, 3824]. *Amiens; Paris, Dumoulin*, 1844, gr. in-8; 14 pl.

Avec le comte d'ALLONVILLE, le baron d'HAULOCQUE et H. DUSEVEL.

ROGER-GALMICHE. Rapp. sur des rech., etc. [8697]. — *Rec. de la Comm. d'arch. de la H^{te}-Saône*, t. II, n° 1, 1860. — (Voir *Dey*, Qqs mots, etc.)

ROGET DE BELLOGUET. — Voir BELLOGUET.

ROGUET (le cap^{ne}). Sur le camp romain, etc. [4929]. — *Mém. de la Soc. des ant. de Fr.*, t. IX, 1832, p. 384.

ROHAN (Henry de). * Le parfait capitaine, autrement l'abrégé des guerres des Gaules, des Commentaires de César, avec qqs remarques sur icelles, suivy d'un recueil de l'ordre de guerre chez les anciens : Ensemble d'un traicté de la guerre [416 *b*]. *Paris*, 1636, in-4. — Autres éd. (Voir BARBIER, *Anonymes*).

ROLLAND (l'a.). Dissertation, etc. [757, 4067]. *Tours*, 1869.

— Saint Grégoire, etc. [6509]. *Tours, Bouserex*, 1870; 58 p.

ROLLAND D'ERCEVILLE (le président B.-G.). — Voir ERCEVILLE (Rolland d').

ROLLE (Jules). Précis de l'histoire du droit civil, etc. [790]. *Paris*, impr. *Decourchant*, 1833, in-18.

ROMAIN (le p. Joseph-Romain Joly de Saint-Claude). — Voir JOLY (le p.).

ROMAN (J.). Petits bronzes romains inédits [1499]. — *Annuaire de la Soc. fr. de numismatique et d'arch. à Paris*, t. Ier, 1866, p. 100-109; 1 pl.

— De l'organisation militaire, etc [1808]. — *M. rec.*, t. II, 1867; 19 pl. — T. à p.

— Carte numismatique du Dauphiné [3468]. — *M. rec.*, t. III, 1re partie, 1868, p. 162-184; 1 carte.

ROMANET (le ch^{er} J.-A.-A. Barny de). Histoire de Limoges et du Haut et Bas-Limousin, mise en harmonie avec les points les plus curieux de l'histoire de France, sous le rapport des mœurs et des coutumes [3581]. *Limoges, P. et H. Barbou*, 1821.

ROMEY (Charles). Histoire d'Espagne depuis les premiers temps jusqu'à nos jours [10596]. *Paris, Furne*, 1839-1851, 9 vol.; planches.

ROMIEU (Lanthelme de). [*Ms.*] Hist., etc. [4946]. 1574, in-fol.

Mentionné dans la *Bibl. histor.*, n° 38159.

ROMIEU (le ch^{er} de). Portefeuille, etc. [4951]. *Arles*, 1726, in-4.

RONDET (L.-E.). Problème histor. : comment concilier S. Sulpice Sévère avec lui-même et avec S. Grégoire de Tours, sur diverses époques de la vie de S. Martin? [6506]. — *Mém. de Trévoux*, mai 1765, p. 1238-1260.

RONDIER (R.-F.). Histoire, etc. [5244]. *Bull. de la Soc. histor. et sc. de St-Jean-d'Angély*, t. II, 1864; 26 p.

— Colonne milliaire trouvée à Brioux [sur Boutonne], etc. [9493]. *Melle, Moreau; Niort, Clouzot*, 1865; 16 p.; pl.

ROQUE (de la). Médailles grecques de la v. de Marseille, et critique d'un endroit du voyage littéraire du P. D. Edmond Martenne [4882]. — *Mercure* août 1721, et septembre 1722.

— Trois lettres écrites... à M. de M***, sur la croyance des églises de Provence, au sujet de la prédication de l'Évangile dans cette province par Ste Madeleine et St Lazare [3904]. — *M. rec.*, nov. 1723, p. 854. Déc., 1er vol., p. 1069; 2e vol., p. 1328.

ROQUEFORT (J.-B. Boniface de). Vues pittoresques, etc. [1580]. *Paris*, impr. *Didot*, chez *Lavallée* et *Réville*, 1818-1821, in-fol.

— Dictionnaire histor. et descriptif des monts religieux, civils et militaires de la v. de Paris [9110]. *Paris*, 1826; XXXII-560 p.

ROSCHACH. Notes sur qqs monts archéologiques signalés par M. Lavigne et disséminés dans le territoire de la commune de Plagne [6189]. — *Mém. de l'Acad. des sc.* etc. *de Toulouse*, 6e s., t. V, 1867.

ROSE (l'a.). Le Théâtre, etc. [3249]. *Beauvais*, 1866.

ROSENZWEIG (Louis). Borne de Mériadec [7744]. — *Bull. de la Soc. archéol. du Morbihan*, 1858 (1860).

— Statistique archéol. de l'arrt de Lorient [7672]. — *M. rec.*, an. 1859.

— Stat. archéol, de l'arrt de Napoléonville [7673]. — *M. rec.*, an. 1860 (1861).

— Stat. archéol. de l'arrt de Vannes [7671]. — *M. rec.*, an. 1861; 68 p.

— Stat. archéol. de l'arrt de Ploërmel [7674]. — *M. rec.*, an. 1862; 43 p. — T. à p. *Vannes*, 1864; 48 p.

— Répertoire archéol. du dépt du Morbihan, rédigé sous les auspices de la Soc. polymathique du dépt, etc. [7655]. *Paris, Impr. imp.*, 1863, in-4.

— Carte archéol. du Morbihan [7654]. *Rev. des Soc. sav.*, 3e s., t. II, 1863, p. 390.

Rapp. par H. DE LA VILLEMARQUÉ.

— Not. sur les lec'hs bretons [1530]. — *Mém. lus à la Sorbonne* en 1863 (archéol.), 1864, p. 153.

— Les fontaines du Morbihan [7645]. — *M. rec., mém. lus en* 1866, p. 235.

— Note relative à la sépulture ancienne, etc. [7688]. — *Bull. de la Soc. polymath. du Morbihan*, an. 1867 (1868), p. 43-46.

— Not. sur les monts fun. du Morbihan [7669]. — 1re partie. *Mém. lus à la Sorb.* en 1867; 12 p. — 2e partie. *Mém. lus en* 1868; 6 p.

— Note sur une fouille, etc. [7751]. — *Bull. de la Soc. polymath.*, etc., 2e sem. 1868 (1869), p. 169-170.

— Dictionnaire topogr. du dépt du Morbihan, rédigé sous les auspices de la Soc. polymath. du dépt, etc. [7646]. *Paris, Impr. imp.*, 1860, in-4.

ROSINI (Joannes). Antiquitatum romanarum corpus absolutissimum, cum notis Th. DEMPSTERI: accedunt P. MANUTII, de Legibus et de Senatu libri II, etc. [1271]. *Amstelod.*, 1743, in-4; fig.

Édition donnée par J.-GR. REITZ. 1re éd., *Bâle*, 1538, in-fol.; 2e (?) éd., *Utrecht*, 1701, in-4.

ROSNY (A.-J.-Nicolas de). Hist. de la v. d'Autun, connue autrefois sous le nom de Bibracte, capitale de la rép. des Eduens; divisée en IV livres et ornée de gravures [8751]. *Autun, Dejussieu*, an XI (1802), in-4; cartes.

— Rech. histor. sur les Druides [631]. *Paris*, 1810; 22 p.

ROSNY (Lucien de). Hist. de Lille, depuis son origine jusqu'en 1830 [7980 *a*]. *Valenciennes*, 1830 (aussi 1838); fig.

— Britannia, mélanges de littérature, de philologie, d'histoire, d'archéologie, de législation et d'ethnographie [10232]. *Londres*, 1857.

ROSOI (de). — Voir DUROSOI.

ROSS. Les religions du monde ou démonstrations de toutes les religions et hérésies de l'Asie, Afrique, Amérique et de l'Europe depuis le commencement du monde jusqu'à présent, traduit par Thomas LA GRUE [766]. *Amsterdam*, 1666, in-4; figures.

ROSSAN (F.-S. Schmidt, seigneur de). — Voir SCHMIDT (F.-S.).

ROSSEEUW SAINT-HILAIRE (Eugène). Hist. d'Espagne, depuis les temps histor. jusqu'à la mort de Ferdinand VII

[10595]. *Paris, Furne*, 1836-1841, t. I-V. — 2e éd., 1844-1879, 14 vol.

ROSSEL (Carl). Das römische Wiesbaden [10990]. *Wiesbaden, Limbarth*, 1858, gr. in-8.

ROSSI (J.-B. de). (Trad. du titre :) Un sarcophage découvert à Rome comparé au semblable qui existe à Apt [9768]. — *Bull. di archeologia cristiana*, anno IVo, no 2.

Traduit par CARBONNEL (Marius). — Voir ce nom.

— (Trad. du titre). Sur un fragm. de sarcoph. découv. à St-Gilles, près de Nîmes [6100]. — *M. rec.*, 1866, in-4, p. 64.

Description sommaire, par Ch. BAYET (*Archives des missions sc. et litt.*, 3e série, t. III, 1876, p. 490).

ROSSI (D.). Un cimetière rom. à Solliès-Pont (Var) [9726]. — *Bull. de la Soc. d'études sc. et arch. de Draguignan*, t. VII, 1868-69, p. 401-422.

Placé par erreur, dans le catalogue méthodique, sous le nom de PONS (A.-Th.-Z.), auteur de l'art. no 9727.

— Voir aussi R. (D.).

ROSSIGNOL (Claude). Lettre (sur l'inscr. d'Autun) [8777]. — *Rev. du Lyonnais*, t. XIV, 1841, p. 210.

— St-Seine l'Abbaye, croquis histor. et archéolog., etc. [2489, 5462]. — *Mém. de la Comm. des antiq. de la Côte-d'Or*, t. II, 1842-46, in-4, p. 193-286.

I. Temple payen des sources de la Seine. Mention hon. à l'Acad. des inscr. et b.-l.

— Le Trésor de Gourdon, lettre à M. de Salvandy, ministre de l'instruction publique, 28 déc. 1845 [8819]. — *Mém. de la Soc. d'hist. et d'arch. de Chalon-s.-S.*, t. I, 1846, p. 287-307.

— De l'Ascia, etc. [663 *a*]. — *Mém. de l'Acad. de Dijon*, 1849 (lettres), p. 165.

— Hist. de Beaune, depuis les temps les plus reculés jusqu'à nos jours [5398 *a*]. *Beaune, Batault-Morot; Paris, Dumoulin*, 1854; 21 pl.; 1 carte.

— Alise, études, etc., publiées sous les auspices de l'Acad. imp. des sc., arts et b.-l. de Dijon et de la Comm. des antiq. de la Côte-d'Or [2488]. *Dijon, Lamarche et Drouelle*, 1856; in-4.; 128 p.; 1 carte.

— Examen critique, etc. [2500]. — *Mém. de la Comm. des antiq. du dépt de la Côte-d'Or*, t. V, 1re livr. 1857-58; 65 p. — T. à p. *Dijon*, 1857, in-4.

— L'Alesia de César, etc. [2501]. — *M. vol.* — T. à p. *Dijon*, 1857, in-4.

— De l'oppidum gaulois, etc. [2520]. — *M. vol.*, 2e livr. 1858-59, in-4; 12 p.

— Lettre au ministre de l'instr. publ. sur la valeur historique de Dion Cassius, etc. [428 *a*]. — *Mém. de l'Acad. de Dijon* (lettres), 1858-59, p. 333.

— Diss. critique, etc. [2828]. — *Mém. lus à la Sorbonne*, en 1861 (archéologie), p. 31. — T. à p. *Paris*, 1863; 21 p.

— La Gaule et Plutarque. Lettre à S. Exc. le maréchal Vaillant, min. de la maison de l'Empereur [408]. — *L'Investigateur*, janvier 1870. — T. à p. *Paris, Dentu.*

ROSSIGNOL (Jean-Pierre). Explication et restitution de l'inscr. chrét. d'Autun [8790]. — *Rev. arch.*, t. XIII, 15 mai 1856, p. 65-103. — T. à p. *Paris, Leleux*, m. d.; 1 pl.

— Lettre au R. P. Raphaele Garrucci, de la Cie de Jésus, sur son nouvel examen de l'inscr. gr. d'Autun [8793]. — *M. vol.*, 15 nov. 1856, p. 491-505.

— Les métaux dans l'antiquité, etc. (titre complet dans LORENZ) [1725]. *Paris, Aug. Durand*, 1863.

— Explication et restitution d'une inscr. en vers grecs consacrée au dieu Mithras, et gravée dans le porche de l'église de Labège (Hte-Garonne), renseignements nouveaux et tout à fait inattendus que fournit cette inscription sur Mithras et sur son culte [6183]. — *Rev. archéol. du midi de la France*, t. II, livr. 17, p. 29. — T. à p. *Paris, Aug. Durand et Pedone-Lauriel*, 1868, in-8.

ROSSIGNOL (Élie-A.). Des antiquités, etc. trouvées à Montans, près Gaillac (Tarn) [9654]. — *Bull. mon.*, 1er art., t. XXV, 1859, p. 692; 2e art., t. XXVII, p. 392; 3e art., t. XXVIII, p. 701. — T. à p. *Caen*, 1re partie, 1861; 39 p. 2e partie, 1863; 24 p.

— Aperçu, etc. [9642]. — *Congrès archéol.*, XXXe session, séances tenues à Albi en 1863; 16 p.

— Mém. sur qqs souterrains, etc. [9643]. — *C. r. des séances de la Soc. franç. d'archéologie pour* 1864. — T. à p. *Caen, Hardel*, m. d.; 15 p.

— Monographies communales ou étude,

etc. [9632]. *Toulouse, Delboy; Paris, Dentu; Albi, Chaillot; Montans, chez l'auteur*, 1864-1866, 4 vol.

— Des médailles gauloises, romaines, etc. [9655]. — *Mém. de la Soc. archéol. du Midi*, t. IX, 4e-5e livraison, 1869, in-4, p. 226-230.

ROSTAING (E. de). Coriallo etc., ou étude géograph. et hydrogr. sur les ports celtiques de Coriallo, Corbilo et Iktin, ainsi que sur les rivages de Corivelônos et des Corivallenses [2683 *a*]. — *Congrès scientif. de Fr.*, XXVIIe session, tenue à Cherbourg en 1860, t. II, 1861, p. 5-61.

ROSTAING (Charles de). Rapport, etc., [5704]. — *Bull. de la Soc. dép*tale *d'arch.* etc. *de la Drôme*, t. I, 1866, p. 212-223; pl.

— Voie et inscriptions rom., etc. Rapport [5702]. — *M. rec.*, t. IV, 1869, p. 426-433.

ROSTAN (Casimir). Rapp. sur une inscr., etc., fait à l'Acad. de Marseille [4538]. — *Mag. encyclop.*, 1811, t. III, p. 256-264.

ROSTAN (Louis). Not. archéol. sur Fréjus [9716]. — *Bull. du Comité histor. des arts et mon*ts, t. III, an. 1851-1852 (1852), p. 135-146.

— Mém. sur cette question, etc. (3926]. — *Bull. mon.*, t. XIX, 1853, p. 488.

— Colonne milliaire, etc. [9730]. — *M. rec.*, t. XXIV, 1858, p. 167.

ROSTAN (L.), COTTARD, AUDRIC. Souvenir de la bataille livrée par Marius, etc. [4914]. — *Congr. scientif. de Fr.*, XXXIIIe session, tenue en déc. 1866 à Aix en Provence, t. II, 1868, p. 248-255.

ROSTRENEN (Grégoire de). Dictionnaire françois-celtique ou françois-breton [2247]. *Rennes, J. Vatar*, 1732, in-4. — Nouv. éd., par Benjamin Jolivet-Guingamp. 1834, 2 vol.

Voir Brunet, *Manuel*.

— Grammaire françoise-celtique ou françoise-bretonne [2248]. *Rennes, J. Vatar*, 1738, in-4.

ROTH (F.). (Traduction du titre allemand :) État civil des Gaules, etc. [788]. *Nuremberg*, 1827, 2 vol. in-4.

Extr. de la *Thémis*, t. X, 1826.

ROTH (K.-L.). Die röm. Inschriften des kantons Basel [10849]. *Basel*, 1843, in-4.

ROTH (C.). Découverte, etc. [7998]. — *Mém. de la Soc. d'émulation de Cambrai*, t. XXVIII, 2e partie, 1865; 8 p.

ROTHE. Om druiderne [636]. 1828. Pièce in-4.

ROTROU (le président Eustache de). Dreux, ses antiquités, etc. [5859].

Continué et augm. par l'a. Vilbert (voir ce nom).

ROUALDS (F.). ... Mon*ts* de Carnac [7702]. 1844.

Mentionné dans la *Rev. de bibliogr. analyt.*, sept. 1844, p. 1145.

ROUARD (E.). Not. sur la biblioth. d'Aix, précédée d'un essai sur l'hist. litt. de cette v., sur ses mon*ts*, etc. [4926]. *Paris*, 1831; 1 portrait.

— Inscriptions en vers du musée d'Aix (Provence), suivies d'un appendice sur une statue antique récemment découverte aux environs de cette ville [4934]. *Aix*, 1839, t. V, 44 p.

C. r. avec citations, *Rev. de bibliogr. analyt.*, janvier 1840, p. 79; et par Fouque, *Répertoire de la Soc. de statistique de Marseille*, t. IV, 1840, p. 13.

— Rapport sur les fouilles d'antiq. f. à Aix en 1841 et en 1842 [4927]. *Aix*, 1843, in-4; 5 pl.

Rapport à la Soc. de statist. de Marseille, par Audouard, *Répertoire* de cette Société, t. VII, 1843, p. 227.

— Rapport, etc. (fouilles f. en 1843 et en 1844) [m. n°]. *Aix*, 1844.

Mention hon. de l'Acad. des inscr. — Rapport, par Audouard, *Répert.* de la Soc. de statist. de Marseille, t. VII, 1845, p. 62.

— De l'importance de l'épigraphie, etc. [2183]. *Aix*, 1849.

— Les bas-reliefs gaulois trouvés à Entremont, près d'Aix en Provence, avec notes, pl. et fac-similé d'inscriptions [5007]. — *Mém. de l'Acad. d'Aix*, t. VI, 1845. — T. à p. (précédé du rapp. de Ch. Lenormant à l'Acad. des inscr.). *Aix*, 1851.

2e méd. d'or au concours des antiq. nationales, en 1851. — C. r. par A. de Longpérier, *Rev. archéol.*, t. IX, 1852, p. 127.

— Inscription découverte à Aix [4935]. — *Rev. archéol.*, t. X, 1853, p. 58-60.

— Lettre à M. l'Edr de la *Rev. archéol.*, sur une inscr. rom. trouvée en Provence [3924 *a*]. — *M. rec.*, t. XI, 1854, p. 55-57.

— Not. sur une inscr. trouvée à Aix en 1839 et déposée au musée de cette v. [4935]. — *Bull. mon.*, t. XXIV, 1858, p. 200.

ROUCHIER (l'a. J.). Inscription acrostiche gravée sur un sarcophage antique trouvé à Charmes (Ardèche) [4598]. — *Rev. des Soc. sav.*, 2e s, t. Ier, 1er sem. 1859, p. 802.

— Hist. relig., civ. et polit. du Vivarais [4111]. T. Ier (unique). *Valence, Aurel; Paris, F. Didot*, 1862.

— Inscriptions rom. du pont de la Baume. Lettre à Son Exc. M. le ministre de l'instr. publ. [5719]. — *Rev. des Soc. sav.*, 3e s., t. Ier, 1863, p. 160.

— Notice, etc. [4595]. — *M. vol.*, p. 68.

ROUCHON. Sur la position de la ville d'Aix, etc. [4913]. — *Mém. de l'Acad. d'Aix*, t. IV, 1840, p. 309-322.

— Les Saliens [nouv. add. 3954 *a*]. — *M. rec.*, t. VIII, 1861, p. 249-364. Avec une bibliographie de la question et 2 cartes dessinées par A. Reinaud de Fonvert.

ROUHIER. — Voir ROFFIAC (de) et ROUHIER.

ROUGEBIEF (Eugène). Hist. de la Franche-Comté anc. et mod., précédée d'une description de cette province [3528]. *Paris, Ch. Stévenard*, 1851.

ROUGEMONT (Frédéric de). Le peuple primitif, etc. [1374]. *Paris* et *Genève, Cherbulliez*, 1855-1857, 3 vol.

Extr. du t. III, dans les *Ann. de philos. chrét.*, déc. 1857.

— L'Age du bronze, ou les Sémites en Occident; matériaux p. s. à l'hist. de la haute antiquité [1423]. *Paris, Didier*, 1866; 471 p.

ROUGEOL. Recherches histor., générales et particulières, sur la v. et le comté de Bar-sur-Seine, etc. [4683]. *Dijon*, 1772, in-12. — 2e éd. *Dijon; Paris, Théoph. Barrois jeune*, 1783, in-12.

Rectifier le Catalogue méthod., où l'on a imprimé ROUGET.

ROUGERIE (P.-E.). Rech. sur les limites des peuplades gauloises (dans la Hte-Vienne) [1140, 9987]. — *Bull. de la Soc. archéol.* etc. *du Limousin*, t. X, 1860, p. 12-26.

ROUGET. — Voir ROUGEOL.

ROUGIER DE LA BERGERIE. — Voir BERGERIE (baron Rougier de La).

ROUILLARD (Sébastien). — Lire et voir ROULLIARD.

ROUILLON-PETIT (F.). Essai sur la monarchie française, ou Précis de l'Histoire de France considérée sous le rapport des sciences et arts, des mœurs, usages et institutions des différents peuples qui l'ont habitée depuis l'origine des Gaules jusqu'au règne de Louis XV [851]. *Paris, Pillet*, 1812, in-12.

ROUIT. Texte d'une inscription votive trouvée à Nizy-le-Comte [4372]. — *Bull. de la Soc. acad. de Laon*, t. Ier, 1852, p. 36. — Cp. *m. vol.*, p. 91.

ROUIT et BRETAGNE. Réponse à une opinion de M. de Vuillefroy sur le « Proscenium » de Nizy-le-Comte [4373]. — *M. rec.*, t. II, 1853, p. 297-309. — Voir aussi BRETAGNE et ROUIT.

ROUJOU (Anatole). Recherches, etc. [9150]. *Paris, W. Remquet et Goupy*, 1863; 16 p.

— Notes, etc. — Lettre à M. Alex. Bertrand [9150 *a*]. — *Rev. archéol.*, 2e s., t. VII, 1863, p. 306-311. — T. à p.

ROUJOUX (baron Prudence-Guillaume). Statistique de Saône-et-Loire [8721] 1802.

ROUJOUX (bon de) et **MAINGUET** (A.). Hist. d'Angleterre depuis les temps les plus reculés jusqu'à nos jours (traduit de l'anglais de LINGARD [10268, 10270]. *Paris, Hingray et Furne*, 1847, 2 vol. gr. in-8; 500 grav. s. bois. — Voir LINGARD.

ROULAND, ministre de l'instruction publique. Rapport adressé à l'empereur Napoléon III sur les travaux de la Commission de la topographie des Gaules [1147]. — *Moniteur universel*, 25 nov. 1861.

ROULEZ (Joseph-Emmanuel-Ghislain), éditeur d'un mém. de P.-G. BAERT (voir ce nom).

— Not. sur un buste antique en bronze découvert dans la prov. de Liège [10531]. — *Messager des sc. et arts de Gand*, t. VI, 1836, p. 31-40.

— Obs. sur la nature des relations des peuples de l'ancienne Belgique, dits *clients* dans César, avec d'autres peuples leurs protecteurs [10462]. — *Bull. de l'Acad. des sc. de Bruxelles*, t. III, 1836, p. 226-231.

— Qqs. obs., etc. [10571]. — *M. rec.*, t. IV, 1837, p. 21-27.

— Not. sur un anneau antique en bronze trouvé dans les environs de Spa [10565]. — *M. vol.*, p. 121-124.

— Rech. paléogr., etc. [10572]. — *M. vol.*, p. 162-164 (avec fac-similé).

— Not. sur qqs. instruments en pierre et en bronze appartenant à la période celto-germanique et trouvés dans une tourbière de Destzberg, près de Gand [10557]. — *M. vol.*, p. 330-341; 1 pl.

— Not. sur l'empreinte d'une pâte antique, etc. [10553]. — *M. vol.*, p. 422.

— Rapp. sur qqs. objets antiques, etc. [10564]. — *M. rec.*, t. V, 1838, p. 71-75.

— Rapp. sur des tombeaux antiques, etc. [10983]. — *M. vol.*, p. 334-337.

— Note sur la découverte, etc. [10533]. — *M. vol.*, p. 469-470.

— Not. sur qqs. antiq. gallo-rom. découv. à Waesmunster et dans la plaine de St-Denis, près de Gand [10558]. — *Messager des sc.*, etc., t. VI, 1838, p. 475-480; 1 pl.

— Nouvel examen, etc. [10490]. — *Nouveaux mém. de l'Acad. de Brux.*, t. XI, 1838; 190 p.

— (Fouilles à) Tongres [10573]. — *Bull. de l'Institut de corr^ce^ archéol.*, 1838, p. 51-52.

Texte de l'inscription tracée sur un milliaire trouvé à Tongres.

— Fausseté de l'inscription latine relative à l'époque de la construction des grands chemins rom. de la Belgique [10519]. — *Bull. de l'Acad. de Bruxelles*, t. VII, 2e partie, 1840, p. 222-226.

— Not. sur qqs. antiq. rom. d'Arlon [10978]. — *M. rec.*, t. IX, 1842, p. 350-352.

— Note sur un buste en bronze, etc. [10546]. — *M. rec.*, 1re partie, 1843, p. 65-68; 1 pl.

— Not. sur un établissement rom., etc. [10545]. — *M. rec.*, t. X, 2e partie, 1843, p. 17-21.

— Découverte d'antiq. rom. à Virginal-Samme [10584]. — *M. vol.*, p. 328-330.

— Rapp. sur les fouilles de Majeroux [10561]. — *M. vol.*, p. 416-424.

— Rapp. sur des antiq. trouvées à Fouron-le-Comte [10554]. — *M. vol.*, p. 466-468.

— Mém. sur les magistrats rom. de la Belgique [10482]. — *Nouv. mém. de l'Acad. des sc. de Bruxelles*, t. XVII, in-4. — T. à p. *Bruxelles*, 1843, gr. in-4; 55 p.

— Obs. à propos du prétendu Hercule gaulois, etc. [10548]. — *Bull. de l'Acad. de Brux.*, t. XII, 2e part., 1845, p. 94-96.

— Not. sur un ornement de bronze trouvé à Brunault, et relatif au culte de Cybèle [10547]. — *M. vol.*, p. 405-412.

— Sur des antiq. rom. découv. à Elewut [10549]. — *M. rec.*, t. XIII, 2e partie, 1846, p. 407-413.

— Note sur des objets antiques déterrés, etc. [10543]. — *M. rec.*, t. XIV, 1re part., 1847, p. 697-698.

— Rapp. sur un plan d'anciennes constructions rom., etc. [10566]. — *M. rec.*, t. XV, 1re part., 1848, p. 613-615.

— Rapp. sur une note, etc. [10539]. — *M. rec.*, 1re part., 1849; p. 344-351.

— Rapp. sur le mém. archéol., etc. par Vanderrit [10503]. — *M. vol.*, 2e part., 1849, p. 430-457.

— Cours d'antiquités romaines [10510]. *Bruxelles*, 1849.

— Doutes et conjectures, etc. [10491]. — *Bull. de l'Acad. de Brux.*, t. XVII, 1re part., 1850, p. 165-169.

— De l'origine, de la langue et de la civilisation des peuples, etc. [10466]. — *M. vol.*, 2e part., 1850, p. 151-168.

— Obs. sur un passage de Pline l'Ancien, etc. [10492]. — *M. vol.*, 1850, p. 344-349.

— Réponse aux Rem. de M. Schayes, etc. [10468]. — *M. rec.*, t XIX, 1re partie, 1852, p. 707-738.

— Réponse à la réplique de M. Schayes, etc. [10469]. — *M. vol.*, 3e partie, 1852, p. 237-256.

— Du contingent, etc. [10517]. — *Mém. de l'Acad. des sc. de Belgique*, t. XXVII, gr. in-4. — T. à p. *Bruxelles*, 1852, gr. in-4; 25 p.

— Sur une découverte de mon^ts^ antiq. de l'époque rom. à Arlon [10980]. — *Bull. de l'Acad. de Belg.*, t. XXI, 2e partie, 1854, p. 678-692.

— Examen de la question : Les deux Germanies, etc. [10495]. — *M. rec.*, t. XXIII, 1re partie, 1856, p. 773-792.

— Rapports sur les 4e, 5e et 6e lettres du gal RENARD, relatives à l'identité de race des Gaulois et des Germains [381 *a*, 10688, 10731]. — *M. rec.*, 2e s., t. III, 1857, p. 361 ; t. V, 1858, p. 32 ; t. VI, 1859, p. 204.

— Obs. sur les voies rom. de la Belgique [10504]. *Gand*, 1860, in-4 ; 17 p.

— Rapp. sur la carte de la Gaule sous César, dressée par ordre de l'empereur des Français [10598]. — *Bull. de l'Acad. de Belgique*, 2e s., t. XIII, 1861, p. 379-387.

— Sur l'ordre chronolog. du règne de Carausius en Bretagne [10276]. — *M. rec.*, m. s., t. XXIII, 1867, p. 341-347.

ROULLIARD (**Sébastien**). Parthénie, ou l'histoire de l'église de Chartres, avec ce qui s'est passé de plus mémorable au fait de la seigneurie de ladite église, ville et pays Chartrain [5826]. *Paris, Thierry*, 1609. — 2e éd. — 3e éd. intitulée : Hist. de l'égl. de Ch., dédiée par les anciens druides à une vierge qui devait enfanter. 3e éd., 1697. — Abrégé de cette hist. par SABLON (Vincent). *Orléans*, 1671, in-12. (Au moins 5 éditions jusqu'en 1714.) (Voir *Biblioth. histor.*, t. I, no 4964.)

— Melvn, ov histoire de la v. de Melvn, contenant plusieurs raretez notables et non découvertes en l'histoire générale de France [9179]. *Paris, Guignard*, 1628, in-4.

ROUMEGUÈRE (**Casimir**). Note sur la découverte, à Toulouse, d'un vase de terre renfermant des médailles latines de l'empereur Probus, et description de ces méd. [6163]. — *Mém. de l'Acad. des sc.* etc. *de Toulouse*, 4e s., t. II, 1852 ; 16 p.

— Découverte d'une construction rom. à Vieille-Toulouse [6200]. — *M. rec.*, 5e s., t. II, 1858, p. 444 et 445.

— Découverte de mosaïques antiques, etc. [6160]. — *M. vol.*, p. 481.

— Les Urnes funéraires de Vieille-Toulouse [6201]. — *Rev. de Toulouse*, an. 1858 ; 4 p. — T. à p.

— Essai d'interprétation des contremarques, etc. [6164]. — *M. vol.*; 4 p. — T. à p.

— Description des méd. gr. et lat. du musée de la v. de Toulouse, précédée d'une introduction à l'étude des médailles antiques [6165]. *Toulouse*, 1858, in-12 ; 210 p.

— Répertoire archéol. du dépt de la Haute-Garonne [6116]. — *Mém. de la Soc. arch. du Midi de la Fr.*, t. VII, an. 1859 ; 160 p. — T. à p.

ROUMEJOUX (**A. de**). Notes sur un souterrain-refuge, etc. [5622]. — *Ann. de la Soc. d'agr.* etc. *de la Dordogne*, t. XXX, 1869, p. 315-318 ; 1 pl.

— Fouilles d'un tumulus à Chalagnac, en 1868 [5623]. — *M. vol.*, p. 1136-1141 ; 1 pl.

ROUSSEL (**chanoine**). * Hist. eccl. et civ. de Verdun, avec le pouillé, la carte du dioc. et le plan de la ville, par un chanoine de la même v. [7636]. *Paris, Pierre-Guillaume Simon*, 1745, in-4.

Notes de l'a. Lebeuf (éditeur de l'ouvrage ?).

ROUSSEL (**Théophile**). Des anciennes monnaies gabalitaines, etc. [3540]. — *Bull. de la Soc. d'agr.* etc. *de la Lozère*, t. IX, avril-mai 1858 ; 4 p.

— Topographie des Gaules. Projet d'un travail, etc. [3539]. — *M. vol.*, p. 177.

— Notes, etc. [7153]. — *M. rec.*, t. X, 1859, p. 27.

— Rapp. adressé à M. de Caumont sur les fouilles, etc. [7138 *a*]. — *Congrès archéol.*, XXVe session, tenue à Mende en 1859 (1860), p. 644-657.

ROUSSELLE-DEROCQUIGNY. Nouv. rech. sur la v. de Bibrax [4273]. *Noyon*, 1861.

ROUSSET (**Alphonse**). Not., etc. [6688]. *Besançon, Bintot*, 1854 ; 300 p.

— C. r. des fouilles exécutées, etc. [6674]. — *Sce publ. de la Soc. d'émul. du Jura*, 1855, p. 127.

ROUSSET (**Alph.**) **et MOREAU** (**Frédéric**). Dictionnaire géograph., historiq. et statistique des cnes de la Franche-Comté et des hameaux qui en dépendent, classés par dépt (Jura) [6661]. *Lons-le-Saulnier, Robert*, 1851-1859, 6 vol.

ROUSSILLON (**duc J.-H. de**). Annibal et le Rhône [2820 *a*]. — *Rev. du Lyonnais*, 2e s., t. XX, 1860, p. 327, 384, 457.

— Mémoire sur la direction des voies romaines dans le pays des Sardones [nouv. add. 3979 *dd*]. — Analyse de la 1re partie. — *Cc. rr. de l'Acad. des inscr.*, année 1861, p. 82-83. — Analyse de la 2e partie, *m. vol.*, p. 290-293.

— Étude, etc. [6619]. *Grenoble, Maisonville*, 1865, in-16; 51 p.

ROUTH (le p. Bernard). * Recherches, etc. [1634, 9954]. *Poitiers, J. Faulcon*, 1738, in-12.

C. r. dans les *Mém. de Trévoux*, oct. 1738, p. 2103; — avril 1739, p. 820.

ROUVRE (de). Guerres de César en Berry, etc. [3268 *a*]. Carte. — *Rev. du Berry*, 1864.

ROUX et DUJARDIN-SAILLY. Journal topogr. et bibliogr. commencé par Roux, continué par Dujardin-Sailly [167]. *Paris*, du 1er vendémiaire an VI (22 septembre 1797) au 17 octobre 1810, 13 vol.

ROUX (l'a. Joseph). Forum Segusiavorum. Rech. sur l'origine gallo-rom. de la v. de Feurs [6797]. — *Rev. du Lyonnais*, 2e s., t. II, 1851, p. 261, 372, 490; t. III, p. 40, 115; 10 planches. — T. à p. intitulé : Rech. sur le F. S. et l'orig. gallo-rom. de la v. de Feurs. *Lyon, Boitel*, 1851, gr. in-8; 100 p.

Mention très honorable de l'Acad. des inscriptions et b.-l. en 1852.

— Réponse à M. Valentin-Smith, etc. [4008 *a*]. — *M. rec.*, m. s., t. III, 1851, p. 536.

— Obs. sur l'ouvrage de M. Aug. Bernard, intitulé Description du pays des Ségusiaves, etc. [4011]. *Lyon, Brun*, 1859; 16 p.

— Réplique à M. Auguste Bernard [4012]. — *Rev. du Lyonnais*, mars 1859. — T. à p. *Lyon et Paris;* 32 p.

ROUX (Joseph), professeur. Statistique des Alpes-Maritimes [4559]. *Nice, Ch. Cauvin*, 1862, 2 vol.

ROUYER (J.-B.). Remarques sur des fouilles faites à Izernore dans l'emplacement et les environs des mon[ts] qui subsistent en ce lieu [4169]. — *J[al] d'agr.* etc., *p. p. la Soc. d'émulation de l'Ain*, t. X, 1820, p. 97-116.

— Not. histor., etc. [4181]. An X; 48 p.

ROUYER. Note sur une monnaie gauloise, inédite, du système dénarial rom., découv. à Alonnes [8886]. — *Archives histor. de la Sarthe*, 1846, p. 129-131.

ROY (W.). Military antiquities etc. [10321]. *Londres*, 1793, in-fol.; 51 pl.

ROY (Just-Jean-Étienne). * Hist. d'Angleterre depuis la conquête de la Bretagne par les Romains jusqu'à nos jours, à l'usage de la jeunesse, par l'auteur de l'histoire de la Russie [10259]. *Lille, Lefort*, 1845, in-12. — 2e éd. 1851, in-12.

ROYER. Not. sur les monnaies de Langres [7461]. — *Mém. de la Société histor. et archéol. de Langres*, t. I, 1850, gr. in-4, p. 196-203; 1 pl.

ROZET. Note, etc. [8837]. — *C. r. de l'Acad. des sc.*, t. VIII, 1839, in-4, p. 678.

ROYOU (J.-C.). Hist. des empereurs rom. depuis Auguste jusqu'à Constance Chlore, père de Constantin, suivie d'une notice sur la vie des impératrices rom. [95]. *Paris*, 1808, 14 vol.

ROY-PIERREFITTE (J.-B.-L.). Notice, etc. [5561]. — *Bull. mon.*, t. XXIX, 1863, p. 198.

ROZIÈRE (Eug. de). Recueil général des formules usitées dans l'empire des Francs du ve au xe siècle [812]. *Paris, Aug. Durand*, puis *Ernest Thorin*, 1859-1871, 3 vol. gr. in-8.

ROZOI (de). — Voir Durosoy.

RUBEN (Émile). Catalogue méthodique de la biblioth. communale de Limoges. (Histoire, etc.) [10003]. *Limoges, Chapoulaud*, 1858-1863, 3 vol. in-8.

RUBYS (Claude de). Hist. véritable de la v. de Lyon, contenant ce qui a esté omis par maistre Symphorien Champier, Paradin et autres, qui cy-devant ont escript sur ce suject; ensemble ce en quoy ils se sont forvoyés de la vérité de l'histoire, et plusieurs autres choses notables concernant l'histoire... de France; avec un sommaire recueil de l'administration politique de la dicte ville, ensemble un petit discours de l'ancienne noblesse de la maison illustre de Medici de Florence; le tout recueilly et ramené à l'ordre des temps, et à la vraye chronologie, etc. [8494]. *Lyon, Bonav. Nugo*, 1604, in-fol.

RÜCK (Gabriel). — Voir Le Bret.

RUDHART (G.-Th.). Ueber den Unterschied zwischen Kelten und Germanen, mit besond. Rücksicht auf die baier'sche Urgeschichte [10708]. *Erlangen, Palm,* 1826.

RUE (**l'a. Gervais de La**). Essais historiques sur les bardes, les jongleurs et les trouvères normands et anglo-normands; suivis de pièces de Malherbe, qu'on ne trouve dans aucune édition de ses œuvres [2389]. *Caen, Mancel,* 1834, 3 vol.

Introduction contenant un historique de la poésie chez les Gaulois, et de la langue parlée dans les six premiers siècles.

L'a. de La Rue avait publié antérieurement: Rech. sur les ouvrages des bardes de la Bretagne armoricaine dans le moyen âge. *Caen, Poisson,* 1815, in-8; 74 p. — Nouv. éd., rev. et augm., 1817; 74 p.

— Essais histor., etc. [5035]. *Caen, F. Poisson; Rouen, Renault,* 1820 et 1828, 2 vol.; 8 dessins.

— Nouveaux essais histor. sur la v. de Caen et son arr[t], contenant des mém. d'antiq. locales et ann. milit., polit. et relig. de la v. de Caen et de la basse Normandie [m. n°]. Ouvrage posthume. *Caen, Mancel,* 1842, 2 vol.; 1 plan.

RUELLE (**Claude-Charles**). — Voir Claudius.

RUELLE (**Charles-Émile**). — Voir Bouquet (dom Martin), Historiens des Gaules.

RUES (**François des**) * Les antiquités, fondations, etc. [1553]. 2e édition. *Coutances, J. Le Cartel,* 1608, in-12. — Autre édition. *Rouen, J. Cailloué,* 1624, in-8.

RUFFELET (**l'a. Michel-Christophe**). Annales briochines, ou abrégé chronologique de l'histoire ecclésiastique, civile et littéraire du diocèse de Saint-Brieuc, etc. [5479]. *St-Brieuc, J.-L. Mahé,* 1771, in-12. — 2e éd. (avec une introduction de S. Ropart. *St-Brieuc,* 1851.

Voir sur cet ouvrage le *Journal de Verdun,* octobre 1771, p. 267-272, et les *Mém. de la Soc. des ant. de Fr.,* t. III, 1821, p. 41.

— Correspondance. — Travaux inédits, manuscrits recueillis et annotés par Art. du Bois de la Villerabel [5480]. — *Mém. de la Soc. archéol. et histor. des Côtes-du-Nord,* t. V, 1870.

Lettres de Ruffelet, Rolland de Kerlouri, etc., sur l'histoire et les antiquités de la Bretagne.

RUFFI (**Antoine de**). Hist. de la v. de Marseille, contenant ce qui s'y est passé de plus mémorable depuis sa fondation et sous la domination des Rom., Bourguignons, Wisigoths, vicomtes de Provence [4852]. *Marseille,* 1642, in-fol. — 2e éd. augm. *Marseille, Martel,* 1696, in-fol.

RULMAN (**Ann**). [*Ms.*]. Antiq. rom. de Nismes [5962], in-fol., 3 vol.

Ms. mentionné dans la *Biblioth. histor.*, t. III, n° 37 862.

RURICE (**saint**). Lettres [2430]. (*Biblioth. patrum. Lyon,* 1677, in-fol. t. VIII.)

RUSSEL (**d[r] William**). History of ancient Europe from the earliest times to the subversion of the western empire [41]. *London, Longman,* 1815, 3 vol.

RUSSEL SMITH. Biographical list, etc. [10240]. *London,* 1839.

RUSSINGERUS (**J.**). Vindonissæ veteris vera ac perbrevis descriptio, ex quâ colligere licet loci istius, er Europam satis celebris, cum antiquitatem, tum celebritatem [10917]. 1619, in 4.

Il s'agit d'une ancienne ville de Suisse, dont les ruines se voient à Windisch, près de l'embouchure de la Reuss dans l'Aar, etc. (*Biblioth. histor.*, t. I, n° 370.)

— De antiquitatibus *Fori Tiberii,* vici Helvetiæ vetustissimi et celeberrini, dissertatio; adjecta sunt paucula quædam de Elgkovia oppido elegantissimo agri Tigurini [10879]. *Basileæ,* 1622, in-4.

RUSTOW (**Wilhelm**). Heerwesen und Kriegführung Caesars. [432]. *Gotha,* 1855; 4 pl. — 2e éd. *Nordhausen,* 1862.

— Atlas zu Caesar's Gallischen Krieg [437 *a*]. *Stuttgart,* 1860, in-fol.

— Commentar, etc. [448]. *Stuttgart,* 1867.

RUTILIUS (**Claudius-Numatianus-Gallus**) [912, 2422]. Itinerarium, cum notis variorum, ex musæo Janssonii ab Almeloveen. *Amstelod.,* 1687, in-12; carte. — Itinerarium, sive de reditu, quæ supersunt, recens. J. C. Kapp. *Erlanger,* 1786. — Rutilii Numatiani itinerarium; cum selecta lectionis varietate atque integris notis J.-F. Graevii et Theodori Janssonii ab Almeloveen necnon Guill. Cortii notarum in Rutilium fragmenta, cura J. Sigism. Gruber, qui et suas addidit annotationes: accedunt J.-Ch. Kappii notitia literaria atque index locupletissimus. *Norimb.*, *Bauer*, 1804, pet. in-8.

— Itinerarium. *Paris*, 1825, in-8.

Collection N.-E. Lemaire, série des *Poetæ latini minores*, t. IV. — Pour les détails bibliographiques, voir aux pages 52-66 de cette édition.

— De reditu suo, éd. ZUMPT. *Berol.*, 1840.

— Voyage de Claudius Rutilius Numatien, traduit du latin avec des remarques (par Le Franc de Pompignan).

Publié d'abord (vers 1753) dans le Recueil de l'Académie de Montauban, puis dans le «Mélange de traductions» de Lefranc de Pompignan. *Paris*, 1779, et en 1784, dans les « Œuvres de Pompignan », t. VI. (*Paris*, chez *Nyon*), p. 289-355.

— Itinéraire de Rutilius Claudius Numatianus ou son retour de Rome dans les Gaules, poëme en deux livres, texte donné par Aug.-Wilh. Zumpt, et traduit en français avec commentaires par F.-Z. COLLOMBET. *Lyon*, *Dumoulin*; *Paris*, *Delalain*, 1842; XLV-204 p.

RUTIMEYER (Louis). Les ossements de la caverne de Veyrier [9001]. — *Rev. Savoisienne*, 9e année, 1868, in-4, p. 31-48.

RUVILLE (Brossard de). Hist. de la v. des Andelys, etc. [5771]. T. I (unique?) *Paris*, *Dupray de La Mahérie*, 1863.

RUYR (Jean). Recherches, etc. [4120]. *Espinal*, 1625, in-4. — 2e éd. *Espinal*, *Ambroise*, 1633, in-4.

S

S. (E. SABATIER?). Un torse, etc. [6406]. — *Bull. de la Soc. archéol. de Béziers*, t. II, 1837, p. 245; 1 pl.

— Qqs monts antiques, etc. [6393]. — *M. rec.*, t. IV, 1841, p. 131-145; 4 planches.

S. P. (de). Archéologie; les divers âges; etc. [4144]. — *Jal de la Soc. d'émul. de l'Ain*, 1868, p. 60-64.

SAAS (l'a.). [*Ms.*] Mém. sur les voies rom. en Normandie. [3753]. Lu en l'assemblée de l'Académie de Rouen, le 17 avril 1755.

« Ce mémoire est dans les registres de l'Académie de Rouen. » (*Biblioth. histor.*, t. I, n° 85.)

SABATERY et AUZIAS. [*Ms.*] Dissertation, etc. [5707].

Mentionnée par DROJAT, *Mém. de la Soc. des ant. de Fr.*, t. VII, 1826.

SABATIER (J.). Iconographie d'une collection choisie de cinq mille médailles romaines, etc. [1939]. *St-Pétersbourg*; *Paris*, 1847-1860, 1 fort vol. in-f°; 195 pl.

— Description générale, etc. [2026]. *Paris*, *Didron*, 1860-1861, in-4.

— Médailles romaines inédites [2126]. — *Annuaire de la Soc. franç. de numismatique*, etc., t. I, 1866, p. 61-99; 2 pl.; 1 vig.

— Rectification; poids antiques de bronze [1769]. — *M. rec.*, t. II, 1867; 3 p.

— Monnaies rom. de bronze, etc. [2127]. — *M. vol.*; 10 p.; 19 pl.

— Du prix et de la vente des monnaies antiques [1940]. 4 pl.

SABATIER (E.). Histoire, etc. [6404]. *Paris*, *Dumoulin*; *Béziers*, *Carrière*, 1854; 3 lithogr.; cartes.

— Des premières prédications, etc. [3707 *b*]. — *Bull. de la Soc. archéol. de Béziers*, 2e s., t. IV, 1868, p. 205-274.

SABBATHIER (François). [*Ms.*] Mémoire, etc. [2891], lu à la Société littéraire de Châlons-sur-Marne, le 5 septembre 1764.

Voir le *Mercure* de 1761, avril, p. 163-167.

— Rec. de diss. sur divers sujets de l'histoire de France [321]. *Chalons-sur-Marne*, *Bouchard*; *Paris*, *Delalain*, 1770, in-18.

— Diss. sur les différentes positions de la v. de Besançon, etc. [5642].

Rec. de diss., p. 85-114.

SABOURIN DE NANTON. Note, etc. [8456]. — *Bull. de la Soc. p. la conservation des monts histor. d'Alsace*, 2e s., t. VII, 1870, in-4, p. 36-39.

SABRAN. Lettre, etc. [10897]. — *Mém. de l'Acad. celt.*, t. IV, 1809, p. 314.

SACKEN (dr Ed. Freih. von). Das Grabfeld von Hallstatt in Oberœsterreich und dessen Alterthümer [10392]. *Wien*, 1868, in-4; VI-156 p.; 26 pl.

SAILLY (de). Obs. sur la not. de M. Lorrain à propos d'une inscr. rom. trouvée à Metz en 1722 [7857]. — *Bull. de la Soc. d'archéol.* etc. *de la Moselle*, t. X, 1867, p. 24-26.

— Sur la ferrure du cheval au commencement de l'ère moderne, etc. [2600]. — *M. rec.*, t. XI, 1868, p. 73.

SAINT ET SAINTE

St-ABEL (Sylvestre de). [*Ms.*] Not. du comté et de la v. de Gien [6956].

« Ce ms. est conservé dans les registres de la Soc. litt. d'Auxerre..... L'auteur adopte la fausse opinion que Gien est Genabum, etc. » (*Biblioth. histor.*, t. III, n° 35 621.)

St-ALBIN-BERVILLE. Étude sommaire sur J. César [451]. — *Mém. de l'Acad. des sc.* etc. *de Caen*, 1867, p. 292-295.

St-ALLAIS (de). Martyrologe universel, trad. en français du martyrologe romain, avec un dictionnaire universel des saints, saintes, martyrs, confesseurs, etc., rédigé sur l'ouvrage de l'abbé Chastelain, et considérablement augmenté par de Saint-Allais [711]. *Paris*, 1823, 2 tomes en 1 vol.

St-AMABLE (Bonaventure de). — Voir Bonaventure de St-Amable.

Rectifier ainsi les indications bibliographiques : T. I, *Clermont, Jacquart*, 1676; t. II, *Limoges, Charbonnier, Pache*, 1683; t. III, *Limoges, Valsin*, 1685 (contient une hist. du Limousin).

St-AMAND (Amand-Claude Masson de). Statistique de l'Eure [5742]. *Paris*, 1793, in-fol.

— Essais histor. et anecdot., etc. sur l'ancien comté, les comtes et la v. d'Évreux et qqs endroits remarquables de l'ancien duché de Normandie, enclavés aujourd'hui dans le dépt de l'Eure [5757]. *Paris, Ancelle et Pigoreau*, 1813.

St-AMANS (Jean-Florimond Boudon de). Précis historique, etc. [3276]. *Agen*, an IX (1802).

— Recherches, etc. [7093]... an IX... — Notices sur des monnaies anciennes trouvées aux environs d'Agen. — *Recueil de la Soc. acad. d'Agen*, t. I, 1804, p. 212, et p. 220; t. II, 1813, p. 23.

— Mémoires académiques [7087]. *Agen, R. Noubel*, 1812.

Contient, entre autres notices, un rapport sur le ms. de Beaumesnil, intitulé : *Antiquités d'Agen.*

— Lettre à M. Malte-Brun, etc. [3276, note]. *Agen*, 1812; 15 p.

— Diss. sur l'inscription, etc. [6035]. — *Mém. de la Soc. des ant. de Fr.*, t. I, 1817, p. 296.

— Essai, etc. [7089]. 1re not. Sur la position et les limites du pays occupé par les Nitiobriges. — *M. rec.*, t. III, 1821, p. 242. — Nouv. éd. faite par Henri Boudon de St-Amans, fils de l'auteur. *Agen, Noubel*, 1859, 240 p.; planches.

— Not. sur Cassinogilum, etc. [6362]. — *M. rec.*, t. VII, 1826, p. 131.

Cassinogilum placé à Casseuil (Gironde).

— Histoire, etc. [7088]. *Agen, Bertrand*, 1836, 2 vol.

Voir Not. sur la vie et les ouvrages de Boudon de St-Amans, par Chaudruc de Crazannes. *Agen*, 1832.

St-ANDÉOL (Fernand de). Aperçu géographique, etc. [3550]. — *Bull. de l'Acad. delphinale*, à Grenoble, 2e s., t. I, 1856-1860 (1861); 38 p.

— Un Oppidum gaulois retrouvé [4605, 6579]. — *M. rec.*, m. s., t. II, 1861-62 (1863), p. 662-669. — T. à p. *Grenoble*, 1863; 30 p.; pl.

— Le trophée, etc. [6582]. — *M. rec.*, m. s., t. III, 2e partie, 1864 (1865); 10 p.

— Découverte, etc. [6615]. — *M. rec.*, 3e s., t. I, 1865 (1866); 4 p.

— Aperçu de l'architecture militaire des bords du Rhône et du Vivarais du XIIe au XVIe siècle [6786]. — *Congrès sc.*, XXIXe session, tenue à St-Étienne, en 1862, t. II, 1865, p. 59-71.

Camps romains. — Camps gaulois.

— Ce qu'est l'Alaise de Novalaise [2604]. — *Bull. de l'Acad. delph.*, 3e s., t. V, 1870, p. 31-74.

— Étude archéol. sur St-Donat (Drôme) [5728].

St-ANTOINE (le p. Didace de). * Description histor. chronolog. et géogr. du duché de Brabant [10521]. *Bruxelles, Ermens*, 1791.

St-AUBIN (le r. p. Jean de). * Hist. de la v. de Lyon anc. et mod., avec les fig. de toutes ses vues [8497]. *Lyon*, 1666, in-fol.

Ouvr. posthume, p.p. le p. C.-Fr. Menestrier.

St-CALAIS (V.-Auguste de). * La France avant César, sous César, après César. — Introduction à l'histoire du Ier Empire [nouv. add. 402 *a*]. *Paris*, 1867, in-4.

St-CLAUDE (le p. Romain-Joly de).— Voir Joly (de St-Claude).

St-DIDIER (Jean-François-Calixte de Péna, m^{is} de). * Leçons élémentaires, etc. [2094]. *Paris, Potey*, 1823.

St-DIDIER (Hubert de). Essai, etc. [4174]. *Bourg, Bottier*, 1837, in-4; 3 lith.

St-FARGEAU (Girault de). — Voir Girault (Eus.), de St-Fargeau.

St-FERJEUX (Pistollet de). — Voir Pistollet de St-Ferjeux.

St-FERRÉOL (de). Note sur un chauffoir rom. découvert à Uriage en 1844 [6629]. — *Bull. de la Soc. de statistiq. de l'Isère*, t. III, 1845, p. 331-334; 1 pl.

St-FOND (Faujas de). Rech. sur les volcans éteints du Vivarais et du Velay [4108]. *Grenoble*, 1778, gr. in-4; 20 pl.

St-GENIS (Victor de). Réflexions sur l'Alesia de Savoie et sur le chapitre X, tome II de l'*Histoire de J. César*, [2593]. — *Bull. de la Soc. dép^{tale} d'archéol.* etc. *de la Drôme*, 2e année, 1866, n° 4; 25 p. — T. à p. *Valence*, 1867.

— Un oppidum gaulois, etc. [5710]. — *M. vol.;* 14 p. — T. à p.

— L'Alesia de Savoie [nouv. add. 2593 *a*]. *Monde illustré*, in-4, X^{e} an., 1866, n^{o} du 10 février.

— Histoire de la Savoie d'après les documents originaux et inédits, depuis les origines les plus reculées jusqu'à l'annexion de 1860 [3998]. *Chambéry, Bonne*, etc.; *Paris, Amyot*, 1868-1869, 3 vol.

Ouvrage couronné par l'Acad. française.

St-GENOIS (Joseph). Mon^{ts} anciens, etc. [1567, 10511]. *Paris; Lille; Bruxelles*, 1782-1806, in-fol.

St-GEORGES (David de). Hist. des Druides, et particulièrement de ceux de la Calédonie, d'après M. Smith, suivie de Rech. sur les antiq. celt. et rom. des arr^{ts} de Poligny et de St-Claude et d'un mém. sur les tourbières du Jura [642, 6669, 6670]. *Arbois*, 1845.

« L'impression de ces ouvrages remonte à l'an 1808; la mort de l'auteur a retardé l'achèvement de l'impression et la mise en vente jusqu'en 1845. » (Catal. de la vente du comte d'U. *Paris, Bachelin*, 30 nov. 1868, n° 2385.) — Voir les *Recherches*, etc., p. 14.

St-GERMAIN (Léonard de). Itinéraire descriptif et histor. de la Corse [5338]. *Paris, Hachette*, 1868, in-12.

St-HILLIER. Considérations nouvelles relatives à l'hist. de l'impôt du quarantième dans les Gaules [822]. — *Mém. de l'Acad. des sc.* etc. *de Toulouse*, 6e s., t. V, 1867, p. 450-452.

St-HIPPOLYTE (de). Enceinte gallo-romaine de Bourgogne [5278]. — *Mém. de la Soc. des ant. de l'O.*, année 1841. — T. à p. intitulé: Notice, etc. [5279]. *Bourges*, 1842.

— Rech. sur qqs points histor. relatifs au siège de Bourges (Avarich, Avaricum) exécuté par César pendant l'hiver 53-52 av. notre ère, an de Rome 701 [5279 *a*]. *Bourges*, 1842.

St-IGEST (Latour de). Dissertation, etc. [7958]. — *Mém. de la Soc. d'émulation de Cambrai*, t. IV, 2e partie, 1819, p. 85.

St-JEAN (Léon de), carme. Antiquitez de Montmartre [9155]. Petit in-8; 70 p.

Cet ouvrage, auquel il ne faut pas de titre, se trouve ordinairement à la suite de la Vie de saint Denis, par le même.

St-JULIEN (Pierre de). De l'origine des Bourgongnons et antiquité des Estats de Bourgogne, 2 livres. Plus des antiquitez d'Autun, 1 liv. Des antiq. de Chalon, 2 liv. Des antiq. de Mascon, 3 liv. Des antiq. de l'abbaye et de la ville de Tournus, 1 liv. [3359, 8738]. *Paris, Nic. Chesneau*, 1580-1581, in-fol. 6 parties en 1 vol.

« Ouvrage très peu estimé, ou plutôt nul. » (*Biblioth. histor.*, t. III, n° 35836.) Cependant Oberlin y renvoie (*Orb. ant. p. l.*).

St-MALO (Jacques). Examen des divers systèmes publiés jusqu'à ce jour sur une des voies rom. conduisant de Narbonne en Ibérie [4757 *a*]. — *Le Publicateur*, 29 septembre 1832.

— Études, etc. [4757 *b*]. — *Annuaire des Pyrénées-Or*^tales^ pour 1834, p. 197.

St-MARC (Corneille). Origine de la v. de St-Amour [6710]. — *Mém. de la Soc. d'émul. du Jura*, 1867 (1868); 8 p. — T. à p. *Lons-le-Saulnier*, 1866, in-12.

St-MARCEAUX (de). Instruments en silex taillés, etc. [4384]. — *Bull. de la Soc. acad. de Laon*, t. XII, et *Rev. archéol.*, 2e s., t. III, 1861, p. 290-297. — T. à p. *Paris*, 1861.

— Not. sur qqs. silex taillés trouvés en janvier 1864 dans le dép^t^ de l'Aisne [4220]. — *Bull. de la Soc. géolog. de France*, 2e s., t. XXI, 1861, p. 291.

— Lettre à M. G. Cotteau sur les silex de Quincy-sur-le-Mont [4385]. *Paris*, 1863.

— Note, etc. [4386]. *Paris*, 1864.

St-MARS (de). Essai d'un dictionnaire d'étymologies gauloises, divisé en trois parties [2268], 1785. — 2e éd., 1814. (D'après Girault de St-F.)

St-MÉMIN (de). Description des bronzes antiques dont il est parlé dans le rapport de M. Ch. Maillard de Chambure sur une découverte d'objets antiques faite près de Goncelin, le 14 juin 1827 [6614]. (Rapport joint.) — *Mém. de la Comm. des ant. de la Côte-d'Or*, t. I, 1838-41, in-4, p. 143-154; 1 pl.

St-MESMIN (Fevret de). Not. sur deux cachets d'oculistes romains [2144 *a*]. — *Mém. de la Comm. des ant. de la Côte-d'Or*, t. I, 1833, in-8, p. 122-146. — T. à p. — Addition, t. II, 1834-35, p. 321-330. — Nouv. éd. du tout. *M. rec.*, m. s., t. I, 1838-41, in-4, p. 365-388. — Note additionnelle, t. II, 1842-46, p. 185-192.

Voir Bauhin.

St-MORYS (de Vialart de). — Voir Vialart.

St-NICOLAS (le p. André de). — Voir André (le p.).

St-OLIVE (Paul). Emplacement, etc. [8534]. *Lyon*, 1844; 6 p.

— Emplacement, etc. [8536]. — *Mém. de la Soc. litt. de Lyon*, t. III, 1861-62, p. 81-86.

L'auteur, comme Ozanam [n° 8532], place à Sathonay le lieu de la bataille entre Albin et Sévère.

— Archéologie rom. [1326]. — *M. rec.*, 2e s., t. Ier, 1re partie, 1865 (1866); 8 p.

St-PAUL (Ph.). Substantion [6424]. — *Publications de la Soc. archéol. de Montpellier*, t. Ier, 1835-40, in-4, p. 5-36. — T. à p. 1835, in-8.

St-PAUL (Anthyme). Excursion archéol. dans le pays de Comminges [6133]. — *Bull. mon.*, t. XXXI, 1865, p. 135.

St-QUENTIN (de Remerville de). — Voir Remerville (de).

St-SAULGE (de). — Voir Soultrait (G. de) et de St-Saulge.

St-SIMON (Maximilien-Henri, m^is^ de). Discours, etc. [2767]. *Amsterdam*, 1769.

Préface de l'ouvrage intitulé : *Hist. de la g. des Alpes, ou Campagne de* 1744, etc. *Amst.*, 1769, in-fol., et *ibid.*, 1787, in-4.

Ce discours est consacré presque entièrement à la question du passage des Alpes par Annibal, que l'auteur conduit à travers le « mons Visulus » (mont Viso).

— Hist. de la g. des Bataves, etc., avec les pl. d'Otto Vœnius publiées par A. Tempesta (mort en 1630). Plans et cartes nouvelles [10405]. *Amsterdam, Michel Rey*, 1770, gr. in-fol.

St-SIMON (Ch.-François, Vermandois de Rouvroy Sandricourt de), év. d'Agde. Lettre, etc. [4863].

Guys, *Voyage litt. de la Grèce*, 3e éd., t. I, 1783, p. 417.

St-THOMAS [pseudonyme]. Découverte, etc. [2483]. S. l. n. d.

St-VICTOR (Bompart de). [*Ms.*] Dissertation, etc., lue à l'assemblée publique de l'Acad. de Clermont, en 1749 [8265].

Mentionnée dans la *Biblioth. histor.*, t. I, n° 252.

St-VICTOR (J.-B. BINS de). — Voir Bins de St-Victor.

St-VINCENS (Fauris de). — Voir Fauris de St-Vincens.

St-VINCENT (Patu de). — Voir Patu de St-Vincent.

St-VINCENT (Bory de). Lettre, etc. [1359]. — *Cc. rr. de l'Acad. des sc.*, t. XII, 1841, in-4, p. 1061.

St-YVES (l'a. P.-M.-B.). Vie de s^te^ Geneviève, patronne de Paris et du royaume de France, suivie de l'hist. de l'abbaye, etc. Le tout accompagné de notes histor. et de pièces justificatives [9070]. *Paris, Poussielgue-Rusand*, 1845.

Ste-MARIE (Louis de). Recherches, etc. (D'après GIRAULT DE St-F.). 1811.

Ste-MARTHE (Scévole et Louis de). Gallia Christiana qua series omnium archiepiscoporum et abbatum Franciæ, vicinarumque ditionum ab origine Ecclesiarum ad nostra usque tempora, per quatuor tomos deducitur, et probatur ex antiquæ fidei manuscriptis tabulariis omnium Galliæ cathedralium et abbatiarum [688, 713]. Edition posthume, donnée par Abel et Nicolas DE SAINTE-MARTHE. *Parisiis, Pepingué*, 1656, 4 vol. in-fol. (Voir *Bibl. histor.*, t. I, n° 7827). — Continuée par Abel-Louis de S.-M.

— Nouv. éd. refondue par Denis de S.-M. *Paris*, 1715-1728, continuée par les bénédictins de St-Maur jusqu'au t. XII (1760), puis par l'Académie des inscr. et b.-l., qui a publié les t. XIII à XVI.

Pour le détail de chaque volume, voir Alfred FRANKLIN, *Sources de l'hist. de France.*

— Reproduction du *Gallia christiana*, par les soins de dom P. Piolin. *Paris, V. Palmé* (se continue).

Ste-SUZANNE (b^on Boyer de). — Voir BOYER DE Ste-SUZANNE.

SAINTOURENS (J.-B.). Guide pittoresque du voyageur dans le dép^t des Landes, orné de carte, portrait et vues, établissements d'eaux minérales et les châteaux pittoresques, les édifices, mon^ts, sites remarquables, etc. [6714]. 1835.

SALABERRY D'IBAROLLES. Vocabulaire basque-français [3217]. *Bayonne*, 1856, in-12.

SALAMANCA (Ant. de). Helvetia [10792]. *Rome*, 1555.

C'est une carte rarissime, qui existe à la Biblioth. nationale.

SALESIUS. De inscriptione, etc. [5705].

Diss. mentionnée par OBERLIN (*Orbis antiqui primæ lineæ*).

SALIGNY. — Voir FERRAND DE SALIGNY.

SALINS (Hugues de). Réponse, etc. [992]. — *J^al des savants*, juillet 1697, p. 343-349, et août, p. 349-354.

Voir *Biblioth. histor.*, t. Ier, n° 172.

— Lettre contenant des réflexions, etc. [2643]. *Beaune, Simonnot*, 1708, in-12.

Bibracte placée à Beaune. — Voir *J^al des Savants*. Mars 1709; — PAPILLON, *Biblioth. des auteurs de Bourgogne*, t. II, p. 231; — *Biblioth. histor.*, t. Ier, n° 221.

— Lettre servant à réfuter, etc. [2644]. *Dijon, de Fray*, 1708, in-12.

Même conclusion.

SALIS (c^te de). Date de la naissance de Jules César [450]. — *Rev. archéol.*, 2e s., t. XIV, 1866, p. 17-22.

SALLE (Boisson de La). Essai, etc.; précédé d'un précis histor. des différentes dominations auxquelles la Provence a été soumise dans les temps anciens, antérieurs à l'époque du règne de ses comtes ou souverains particuliers [3918]. *Aix, G. Mouret*, 1821.

SALLE. (Rapp. de la Commission chargée de rédiger le travail). Notions, etc. [7320], 1re partie. — *Bull. de la Soc. d'agric.* etc. *de la Marne*, 1861.

SALLENGRE (Albert-Henri de). * Mém. de littérature par M. de S. [19]. *La Haye, H. du Sauzet*, 1715-1717, 2 vol. petit in-8.

— Thesaurus (novus) antiquitatum romanarum [11]. *Ibid., id.*, 1716-19, 3 vol. in-fol. grav.

Ouvrage faisant partie du Recueil de Grævius.

SALLES (Delisle de). * Lettre de Brutus, etc. [1736]. *Londres*, 1771.

C. r. dans les *Mém. de Trévoux*, nov. 1771, p. 315.

SALLOT (d^r). Médailles et monnaies, etc. [8684]. — *Bull. de la Comm. d'archéol. de la H^te-Saône*, t. II, n° 1, 1860.

— Observations, etc. [8695]. — *M. vol.*, p. 155.

SALLUSTE (le philosophe **Secundus Sallustius Promotus**). Traité des dieux et du monde [2414]. Σαλλουστίου φιλοσόφου περὶ θεῶν καὶ κόσμου. Sallustii philosophi de diis et mundo. Leo ALLATIUS nunc primum e tenebris eruit et latine vertit. *Romæ, Mascardus*, 1638, in-12. (Préface de Gabriel NAUDÉ, adressée à Luc Holstein.) — * Σαλλουστίου κτλ. Traité des dieux et du monde, par Salluste le philosophe, trad. du grec, avec des réflexions philosoph. et crit. (par J.-H. Sam. FORMEY). *Berlin, Chrétien-Louis Kunst*, 1738, petit in-8. — Nouv. éd. *Paris, Gilbert*,

1808, in-18;— par J. Conr. ORELLI. *Zurich*, 1821, in-8.

Voir FABRICIUS, *Bibl. gr.*, t. XIII, p. 643; *id.*, éd. Harles, t. III, p. 525; — HOFFMANN, *Bibliogr. Lex.*; — *Hist. litt. de la Fr.*, t. Ier, passim; — ENGELMANN, *Biblioth. script. gr. et lat.*, 8e éd.

SALMON (André). Recherches, etc. [4061 *a*]. — *Mém. de la Soc. arch. de Touraine*, t. III, 1847, p. 25.

— L'amphithéâtre rom. de Tours, etc. [6539]. — *Biblioth. de l'École des Chartres*, 4e s., t. III, 1857, p. 217-227.

SALMON, de Sablé. Rech. sur les anciens monts, etc. [8904]. — *Bull. de la Soc. d'agr.* etc. *de la Sarthe*, t. VIII, 1849, p. 263-280.

SALMON (Charles). Histoire de St Firmin, etc. [9559]. *Amiens, Caron*, 1861, in-4.

— Rech. sur l'époque de la prédication de l'Évangile dans les Gaules et en Picardie et sur le temps du martyre de saint Firmin, premier évêque d'Amiens et de Pampelune [750, 9561]. — *Mém. de la Soc. des ant. de Picardie*, t. XX, 1866, p. 571-578. — T. à p. *Amiens, Lemer.*

— Origines de l'église de Tours [6506]. — *Revue de l'art chrétien*, sept. et oct. 1869. — T. à p. *Arras, veuve Rousseau-Leroy*, 1869 ; 39 p.

SALMON (Ph.). *Agendicum, Vellaunodunum et Genabum.* Etude historique [2457, 2715, 2990]. — *Bull. de la Soc. des sc. histor. et nat. de l'Yonne*, t. XX, 1866 (1867), p. 99-121.

— Lettre, etc. [10177]. — *M. rec.*, t. XXI, 1867 (1868).

SALVAN (l'a. Adrien). Hist. de St-Saturnin, etc. [6108]. (Signé A. S.). — *Toulouse*, 1840.

Titre complet dans Ul. CHEVALIER, *Répertoire*, etc., col. 2043.

— Histoire, etc. [6107]. *Toulouse, Delboy*, 1857-1861, 4 vol.

SALVETAT (Alphonse). — Voir BRONGNIART (Al.).

SALVIEN. Œuvres diverses [2427]. Dans la pathologie lat. de l'a. Migne, t. LIII.

SAMAZEUILH (Jean-François). Itinéraire de Bordeaux à Tarbes, par Bazas, Casteljaloux, Nérac, Condom, Auch et Mirande [6262]. *Auch*, impr. *Brun*, 1836 ; 96 p.

— Rapport, etc. [7121]. — *Rev. d'Aquitaine*, t. I, 1856-57, p. 315-319.

— Antiquité de la v. de Casteljaloux [7109]. — *M. rec.*, t. II, 1857-58, p. 446-449.

— Note sur une découverte, etc. [7171]. — *Rec. de la Soc. acad. d'Agen*, 2e s., t. II, 1863-65, p. 157-161. — Reproduite dans les *Ann. de la Soc. d'agric.* etc. *de la Loire*, t. XV, 1871 (1872).

— Monographie, etc. [7108]. 1re et 2e livr. (les seules?). *Nérac, Bouchet*, 1864.

— Dictionnaire, etc. [7094]. *Nérac, Bouchet*, 1864, in-16; 209 p.

SAMBLANCATUS (Joannes). Galliæ palladium, etc. [9047]. *Tolosæ*, 1641.

SAMBUCA (l'a. Ant.). Memorie, etc. [3423, 10942]. *Brescia*, 1750, in-fol.; 1 pl.

SAMBUCY-LUZENÇON (cte Félix de). Considérations, etc. [3573]. — *Mém. de la Soc. archéol. du Midi de la Fr.*, t. VIII, 1861-1865 ; 14 p.; 2 pl.

— Les dolmens du Larzac [3574]. — *Bull. mon.*, t. XXXI, 1865, p. 560.

— Essais archéo-anthropolog. [1419]. *Toulouse*, impr. *Chauvin*, 1865 ; 10 p.

— Statuette humaine, etc. [4805]. — *Mém. de la Soc. arch. du Midi de la Fr.*, t. IX, 1866-1871 (1872), p. 54-56.

Statuette trouvée à Saint-Jean-d'Alcas.

— Archéo-géologie, etc. [1433 *a*]. — *M. vol.*, p. 150-152.

— Mémoire, etc. [3575]. — *Congrès archéol. de Fr.*, XXXVe session ; séances tenues à Carcassonne en 1868. *Paris et Caen*, 1869, p. 83-90.

SAMSON (Nicolas). — Voir SANSON.

Tamizey de Larroque (*Emplacement d'Uxellodunum*, p. 6) opine pour la forme « Samson ».

SANDERS (Antoine). Flandria illustrata, sive descriptio comitatus istius [3506]. *Coloniæ Agripppinæ* (*Amstelod.*, *J. Blaeu*), 1641-1644 (édit. originale). 2 vol. gr. in-fol.; fig. — Autres éditions : *La Haye*, 1730, 3 vol. in-fol. *Leyde*, 1735, 3 vol. in-fol. (texte en flamand).

SANDRET (Louis). L'ancienne Église de France, ou état des archevêchés et évêchés de France avant la constitution civile du clergé de 1790, contenant des not. sur les provinces ecclésiastiques, les dioc. et les monastères, etc. Sommaire et complément de la *Gallia Christiana* [748]. 1re et 2e livr. (les seules publiées); prov. ecclés. de Rouen. *Paris, Dumoulin*, 1866-1868.

SANSAS. Notes sur qqs sépultures, etc. [6346]. — *Congrès scient.*, XXVIIIe session, tenue à Bordeaux en 1861, t. IV, 1863, p. 462-474.

— Liste alphabétique des noms révélés par les monts funéraires datant du Ier au IVe siècle, et découverts à Bordeaux [6353]. — *M. vol.*, p. 475-316.

— Notes sur diverses sépultures, etc. [6347]. *Bordeaux, Degrétau*, 1864.

T. à p. des deux art. précédents.

— Premières traces du christianisme à Bordeaux, d'après les monts contemporains : Symbolisme de l'Ascia [668, 6313]. — *Actes de l'Acad. des sc. de Bordeaux*, 3e s., 28e année, 1866, p. 409-478.

— Réponse au sujet de la priorité de MM. Greppo et Lenormant dans l'hypothèse du symbolisme chrétien de l'Ascia [nouv. add. 668 *a*]. — *M. vol.*, p. 485.

— Archéologie bordelaise [6323]. —*Rev. d'Aquitaine et du Languedoc*, 14e année, 1869-70, p. 147, 573, 598, 776, etc.

Voir aussi *Soc. archéolog. de Bordeaux*, année 1874.

SANSON ou SAMSON (Nicolas). Britannia, ou Recherche de l'antiquité d'Abbeville [9579]. *Paris*, 1635, pet. in-8, 111 p. — 1637, p. in-8. — Réimpr. *Paris*, 1835, in-8. — *Abbeville*, 1836, in-8.

L'auteur assimile les Britanni belges de Pline aux habitants du Ponthieu, et la ville de Britannia nommée dans Pythéas (cité par Strabon, *Géog.*, l. IV) à celle d'Abbeville.

— Antiq. et origines de la v. de Marseille [4851].

« Ces antiq. sont imprimées avec ses rech. des antiq. d'Abbeville. *Paris*, 1637, in-8. » [Article précédent.] (*Biblioth. histor.*, t. III, n° 38215.

— In pharum Galliæ, etc. disquisitiones geographicæ, in quibus ad singula omnium locorum nomina, aut furti sive plagii, aut falsi sive erroris arguitur Phil. Labbe [968]. *Lutetiæ Paris.*, 1647-1648, 2 vol. in-12.

Voir, sur cette polémique, une note de Tamizey de Larroque (*Emplacement d'Uxellodunum*, p. 7).

— Remarques sur la carte de l'ancienne Gaule tirée des Commentaires de César [970]. *Paris, chez l'auteur; veuve Camusat; Aug. Courbé; Pierre Le Petit*, 1649, in-4.

216 remarques, destinées à expliquer la carte de l'ancienne Gaule que Perrot d'Ablancourt avait demandée à Sanson pour accompagner sa traduction des commentaires de César, et jointes à cette traduction. — 2e édition revue, corrigée et aug., chez P. Le Petit 1652, in-4. Précédé de : Les Commentaires de César (titre seulement); dédicace de Perrot d'Ablancourt au prince de Condé, advis au lecteur, par Sanson. Les 2 éd. ont été publiées aussi à part.

— Gallia vetus, ex Caii Julii Cæsaris Commentariis ; ex conatibus geographicis Nicolai Sanson [971]. *Parisiis*, 1649 et 1658 (carte in-fol.)

— La France décrite en plusieurs cartes et différents traités de géographie et d'histoire, suivant les plus belles et principales distinctions qui se peuvent remarquer dans les auteurs anciens et nouveaux [973]. *Paris*, 1651, in-fol.

— Description de la Gaule, etc. — La France et les pays circonvoisins, tirés des Itinéraires romains [972].

Cette description de la Gaule se trouve dans un recueil que Sanson a publié sous ce titre : *La France, l'Espagne, l'Allemagne*, etc. Paris, 1651, in-fol. *Bibl. histor.*, t. I, n° 112.

— Germania vetus [10713]. 1644 et 1656 (cartes).

— [*Ms.*] Le Portus Icius, etc., démontré à Mardyck, par J.-J. Chifflet [2845]. In-4.

Mentionné dans la *Bibl. histor.*, t. I, n° 297.

SANSON (Guillaume). In « Geographiam antiquam » Baudrandi Disquisitiones geographicæ [987]. *Parisiis*, 1683, in-12.

— [*Ms.*] Lettres et Disquisitions sur la Notice des Gaules d'Adrien de Valois [985].

« Ces pièces sont dans le cabinet de M. Robert de Vaugondy. » *Biblioth. histor.*, suppl. du t. I, t. IV, p. 224, n° 433 *.)

SANTERRE (l'a.). Dissertation, etc. [1652]. — *Mém. de la Soc. des ant. de Picardie*, t. V, 1842, p. 145.

SARCUS (bon de). Fouilles, etc. [7499]. — *Rev. archéol.*, 2e s., t. XII, 1865, p. 383-385.

— Rapport, etc. [7491]. — *Bull. de la Soc. d'arch.* etc. *de la Mayenne*, 1865, in-4, p. 111-116, et *Bull. mon.*, t. XXXII, 1866, p. 614-622.

SARLANDIE. Rapport, etc. [6846]. — *Ann. de la Soc. d'agr.* etc. *du Puy*, t. XXIII, 1860 (1862), p. 84-107.

SARRAU et LEYDET. Lettre (de SARRAU) sur la ville capitale de Guyenne; s'il faut l'appeler Bordeaux ou Bourdeaux [6294]. — *Mercure*, mars 1733, et *Variétés historiques*, t. I, p. 339. — Réponse de LEYDET à la lettre précédente [6295]. — *Mercure*, avril 1733.

Lettres analysées dans la *Biblioth. histor.*, t. III, n° 37518.

SARRETTE (le c^el **A.**). Quelques pages des commentaires de César. Parisiens, Belges, Arvernes, Mandubiens, Uxellodunien, Défenses héroïques, l'an 57, 54, 53, 52 et 51 av. J.-C. Camulogène et Labiénus. Ambiorix, T. Sabinus et Q. Cicéron, César et Vercingétorix, Caninius, Drapès Luctérius. Études d'archéologie militaire. Caractère des camps de César. Découvertes récentes qui fixent les emplacements des camps passagers de Labiénus sur la Seine, de César sur l'Allier, sur la Sambre, etc. [475]. *Paris, Corréard*, 1863 ; 272 p.; 14 cartes et plans.

— Guerres d'Arioviste contre les Éduens et contre César, 72 et 58 av. J.-C. [468]. — *Mém. de la Soc. d'émul. du Doubs*, t. IX, 1864. — T. à p. *Besançon*, m. d., 75 p.; 3 cartes.

Voir QUIQUEREZ, année 1864, *Observations*, etc.

— Alésia, etc. [2577]. — *M. vol.* — T. à p., 76 p.; 1 carte.

— Champ de bataille où César défit Arioviste [5647]. *Toulouse, Chauvin*, 1864 ; 12 p.

Extr. de l'ouvrage intitulé : *Hommes connus dans le monde savant et à l'étranger*, par G. GOGUEL, 1 vol. in-12 de 710 p.

— Uxellodunum, etc. [2970]. — *Bull. mon.*, t. XXXI, 1865, p. 113.

— La question d'Alesia, etc. [2578]. — *Mém. de la Soc. d'émul. du Doubs*, 4e s., t. I, 1865 (1866) ; 55 p.; 1 pl.

— Démonstration militaire, etc. [2592]. — *M. rec.*, m. s., t. II, 1866 (1867), p. 11-70 ; 1 pl.

— Exposition, etc. [3251]. — *Bull. du Comité archéol. de Noyon*, t. II, 1867, p. 262-263.

SAUGRAIN (**Claude-Marin**). * Dictionnaire universel, etc. [1005]. *Paris, Saugrain père, Vve J. Saugrain, Pierre Prault*, 1726, 3 vol. in-fol.

L'a. DES THUILLERIES est l'auteur de l'Introduction.

SAULCY (Louis-Félicien-Joseph Caignart de). Notes sur qqs antiq. trouvées à Dieulouard [7548]. — *Mém. de l'Acad. de Metz*, 1831-32, p. 186.

— Note sur qqs antiq. déterrées en 1832 à Mainville (Moselle) [7880]. — *Mém. de la Soc. des antiq. de Normandie*, t. VI, 1833, p. 367.

— Obs. numismatiques [nouv. add. 1925 *a*]. *Metz*, puis *Nancy*, 1835-37. 5 cahiers de 8 pages chacun. (N'a pas été continué.)

— Médailles de l'impératrice Anastasie, etc. [2099]. — *Mém. de la Soc. des sc. etc. de Nancy*, 1835 (1836), p. 106-112.

— Recherches sur les monnaies de la cité de Metz [7850]. *Metz, Lamort*, 1836; 124 p.; 3 pl.

— Monnaies des Leuks ou Leuquois. Monnaies de Solimariaca, aujourd'hui Soulosse. — Origine probable du type de la roue, placé fréquemment sur les monnaies celtiques ou gauloises [3607]. — *Rev. num.*, t. I, 1836, p. 162-174.

— Restitution aux Lixoviens, etc. [3611]. — *M. rec.*, t. II, 1837, p. 6-15.

— Sur une diss. de M. de Crazannes, etc. [1976]. — *M. rec.*, t. V, 1840, p. 451-455.

— Écriture et numismatique celtib. [10612]. — *Mém. de l'Acad. de Metz*, 1839-40, 2e partie, p. 135.

— Essai de classification, etc. [10613]. *Metz*, 1840; 12 pl.; 1 carte.

C. r. par A. DE LONGPÉRIER. *Rev. numism.*, 1841, p. 322-332. (Comparaison des suffixes des légendes monétaires avec les suffixes basques.)

— Not. sur qqs monnaies autonomes, etc. [10614]. — *Rev. num.*, t. VI, 1841, p. 5-11.

— Inscr. découv. en 1842 à Marsal [7567]. — *Rev. archéol.*, t. II, 1844, p. 492-496.

— Mém. sur une inscr. phénicienne, etc., déterrée à Marseille en juin 1845 [4895]. — *Mém. de l'Acad. des inscr. et b.-l.*, t. XVI, 1845 (hist.), p. 204; 1 pl.

— Not. sur une inscr. découv. à Marsal [7568]. — *M. vol.*, p. 383; 1 pl. — T. à p. 1846, in-4.

— C. r. des rech. de Digot sur Andesina [2610]. — *Athenæum français*, p. 337

(1853). Reproduit dans le *Journal de la Soc. d'archéol. lorraine*, à Nancy, t. II, 1853-54, p. 24-30.

— Le Briquetage de Marsal [7564]. — *Constitutionnel* du 10 janvier 1855.

— Lettre à M. de Witte, etc. [10663]. — *Rev. num.*, 2e s., t. I, 1856, p. 3-7.

— Semis inédit des Lixovii [3613]. — *M. rec.*, m. s., t. II, 1857, p. 403-406; 1 vign.

— La première bataille de Paris [9077]. (Extr. de la *Revue contemporaine.*) *Paris*, 1857.

— L'opinion de M. Quicherat, etc. [9078]. — *Rev. archéol.*, t. XV, 1858-59, p. 228-241.

— Champlieu (Oise) [8059]. Chronique scientifique du *Courrier de Paris*, 19 nov. 1857. — Article reproduit en feuilleton dans le *Progrès de l'Oise* du 21 novembre 1857. — Obs. non signées dans l'*Écho de l'Oise* du 24 nov. 1857. — Réponse de M. de Saulcy à ces obs. dans le *Courrier de Paris* du 19 déc. 1857.

— Numismatique gauloise, deniers, etc. [3491]. — *Rev. num.*, 2e s., t. III, 1858, p. 281-288.

— Lettres à M. Ad. de Longpérier sur la numismatique gauloise [2029]. — I. Vennecti, Aduatici, Aulus Hirtius, Turones. — *M. vol.*, p. 437-446. — II, III et IV (Divitiac et Galba, roi des Suessions, Volkes Tectosages, Conétodun. — T. IV, 1859, p. 313-321, p. 401-407. — V. Mandubiens. — VI. Gde-Bretagne. — VII. Rectification. — VIII. Nerviens et Andes. — IX. Senons. — X. Meldes. — XI. Ligue éduenne. — T. V, 1860, p. 165-174, 249-265, 345-358, 409-424. — XII. Monnaies des Éduens. — XIII. Monnaies des Lexoviens. — T. VI, 1861, p. 77-90, 165-179. — XIV. Trouvaille de Chantenay. — XV. Monnaies des Lixoviates. — XVI. Votomapatis, roi des Nitiobriges, — t. VII, an. 1862; p. 1-31, 89-103, 177-189, 325-330. — XVII. Gaule narbonnaise. — T. VIII, 1863, p. 153-159. — XVIII. Le chef Auscrocus (vign.). — XIX. Tasgèce, roi des Carnutes. — T. IX, 1864, p. 169-173, 249-253. — XX. Sedullus. — XXI. Andecomborius. — XXII. Conetodumnus (vign.). — T. X, 1865, p. 133-152. — XXIII. Trouvaille de La Villeneuve-au-Roi (Hte-Marne). — XXIV. Monnaies des Petrocorii, d'Apta Julia, de Nemausus, et diverses incertaines (vign.). — T. XI, 1866, p. 229-264; 402-416. — XXV. Monnaies dites à la croix ou à la roue. — XXVI. Rèmes et Carnutes. — XXVII. Monnaies d'Avenio (Avignon), de Cimenelium (Cimiez) et de Mastramela (Miramas) (3 vign.). T. XXII, 1867, p. 1-26, 169-178, 320-334. — XXVIII. Monnaies des Éduens, etc. — XXIX. Revision des dix premières lettres (4 vign.). — T. XIII, ann. 1868, p. 1-8, 405-418; 1869. p. 1-12. — XXX. Revision des lettres XI à XXVIII (2 vign.). — T. XIV, 1869-70, p. 1-13. — Recueil de lettres à M. A. de Longpérier sur la numismatique gauloise. *Paris*, 1859 à 1868; 7 pl.

— Antiquités de Champlieu [8062]. — *L'Opinion nationale*, 20 nov. 1859. — Art. reproduit dans l'*Écho de l'Oise*, nov. 1859.

Réponse de Peigné-Delacourt. — *Écho de l'Oise*, nov. 1859.

— Les expéditions de César en Grande-Bretagne, etc. [10292]. — *Rev. archéol.*, 2e s. t. I, 1860, p. 1-25; 101-110; 133-140.

— Lettre à M. le génal Creuly, etc. [2522]. — *M. vol.*, p. 261-274.

— Guerre des Helvètes, etc. [10786]. — *M. rec.*, t. II, 1860, p. 165-186; 242-259; 313-344. — T. à p.

— Bataille d'Octodure (entre Martigny-Ville et Martigny-Bourg [10903]. — *M. rec.*, t. III, 1861, p. 439-457; t. IV, p. 1-9. — T. à p.

— Lettre à M. Penguilly-Lharidon, etc. [10064]. — *M. rec.*, t. IV, 1861, p. 393-398.

— Note sur la nécropole gauloise de Brully, dépendant de la cne de St-Romain [5406]. — *M. vol.*, p. 409-412.

— Fouilles d'Alise-Ste-Reine. — Fouilles de la plaine des Laumes, au mont Auxois [2537]. — *M. vol.*, p. 495 et 496.

— Lettre à M. Stan. Prioux (sur des médailles gauloises du dépt de l'Aisne) [4238]. — *Bull. de la Soc. archéol. de Soissons*, t. XV, 1861.

— Lettre à M. Éd. Fleury sur le camp de Mauchamp [4347]. — *Journal de l'Aisne*, 7 mai 1862. — T. à p.

— Lettre au directeur de la Revue archéologique en réponse à une lettre de M. Maudheux, président de la Société d'émulation du dép^t des Vosges au sujet des fouilles de Dombrots et de Surianville [10070]. — *Rev. archéol.*, 2e s., t. V, 1862, p. 157.

— Lettre à M. Garnier, etc. (sur le Portus Itius) [2874]. — *Bull. de la Soc. des antiq. de Picardie*, 1864; 4 p.

— Les campagnes de Jules César dans les Gaules. Études d'archéologie militaire [442]. *Paris, Didier*, 1865.

— Lettre sur des constructions gallo-rom. observées dans la forêt de Rambouillet. — Voir HERVILLIERS (Caillette de l'), année 1866 (n° 9290).

— Numismatique gauloise. Trouvaille de la Villeneuve-au-Roy [7465]. 1866, in-4.

— Lettre à M. de Caumont, etc. [9800]. —*Bull. mon.*, t. XXXII, 1866, p. 821-825.

— Aperçu général sur la Numismatique gauloise, rédigé pour le Dictionnaire archéol. publié par la Commission de la topographie des Gaules [2052]. —*Rev. archéol.*, 2e s. t. XIII, 1866, p. 400-417.

— Fouilles opérées dans les bois communaux de Sauville (Vosges), le 24 juillet 1866 [10089]. — *M. rec.*, m. s., t. XIV, 1866, p. 243-246.

— Note sur l'inscr. de l'arc d'Orange [9807]. — *M. vol.*, p. 313-315.

— Étude topographique, etc. [1082]. — *M. rec.*, m. s., t. XV, 1867, p. 54-62; 81-98.

— Fouilles de tumulus dans les Vosges (néant) et dans la Côte-d'Or. Lettre à M. Alex. Bertrand [5362]. — *M. rec.*, m. s., t. XVI, 1867, p. 417-422.

— Numismatique des Éduens et des Séquanes [2054, 3494, 4031]. *Paris*, 1867. Pièce.

— Numismatique des chefs gaulois mentionnés dans les *Commentaires de César* [2055]. — *Annuaire de la Soc. franç. de numismatique*, etc., t. II, 1867; 4 pl. T. p., 1868.

— Monnaie du vergobert éduen Divitiacus [2053]. — *M. vol.*

— Note sur les monnaies gaul. trouvées à Alise-Ste-Reine, dans les fouilles de Grisigny [2594]. — Insérée dans le t. II de l'*Histoire de César*, par NAPOLÉON III (1867).

— Lettre à M. A^{le} de Barthélemy, etc. [3495, 4032]. — *Rev. archéol.*, 2e s., t. XVII, 1868, 1er art., p. 57-71; 2e art. et dernier, p. 122-139.

— Rech. sur les monnaies frappées par les Boïens dans la Transpadane et la Pannonie. Lettre au v^{te} G. de Ponton d'Amécourt [3279]. — *Annuaire de la Soc. franç. de numismatique et d'archéologie*, t. II, 1re partie, 1868, p. 1-25.

— Conférence sur le monument de la Turbie [4589 *a*]. — *M. vol.*, p. 135.

— Mémoire sur le cimetière de l'antique Scarpona (date inconnue) [7586].

Mentionné par Girault de St-Fargeau, mais omis dans la liste des publications de F. de Saulcy, rappelée ci-après.

Voir « Liste chronologique des travaux de M. de Saulcy » à la suite de la notice sur ce savant lue par M. Wallon devant l'Acad. des insc. et b.-l. dans la séance publique du 18 nov. 1881. — Voir aussi *Mém. de la Soc. franç. de numismat.*, t. III, 1868, p. 521-530.

SAULCY (**Ernest Caignart de**). Rapport sur quatre statuettes données par M. Legénissel [7804]. — *Mém. de l'Académie de Metz*, 1857-58, p. 443.

SAULE (**W.-D.**). Notitia Britanniæ, etc. Rech. sur les mœurs, les établissements et la civilisation progressive des aborigènes de la Bretagne [10291]. *London; Paris*, 1845.

SAULNIER (**A.**). Essai histor. sur Caudebec et ses environs [9375]. 1841, in-8.

SAULNIER. Histoire d'Autun (8752]. in-4.

SAUMERY (**de**). — Voir KINTS.

SAUREL (**Alfred**). Statistique de la c^{ne} de Cassis, suivie d'un répertoire des faits les plus saillants [5002]. — *Répert. de la Soc. de statistiq. de Marseille*, 1857. — T. à p. Plans et vign.

— Hist. de Martigues, etc. [5009]. *Marseille*, 1862, in-12.

— Not. sur la c^{ne}, etc., de Propiac (Drôme) [5720]. *Avignon*, 1862, in-12.

— Not. histor. sur St-Jean de Garguier, etc. [5012]. — *Revue de Marseille et de la Provence*, 1863. — T. à p.

— Fossæ Marianæ, ou Rech. sur les

travaux de Marius aux embouchures du Rhône [4831]. — *M. rec.*, 1865. — T. à p., cartes et plans.

— Dictionnaire des v., villages et hameaux du dép[t] des Bouches-du-Rhône [4838].

SAURET (l'a. Adrien). Essai histor., etc. [4554]. *Gap, Delaplace*, 1860.

SAUSSAY (André du). Martyrologium Gallicum, in quo sanctorum, beatorumque ac piorum plusquam octogintæ millium, ortu, vita, factis, doctrinâ, etc., in Gallia illustrium certi natales indicantur et elogia describuntur [680]. *Parisiis, Richer*, 1638, in-fol.

Voir *Biblioth. histor.*, t. I, n° 4227.

— De Mysticis Galliæ scriptoribus... dissertationes; accessit polemicus de apostolatu gallico sancti Dionysii Areopagitæ tractatus [nouv. add. 9046 *a*]. *Paris, Cramoisy*, 1639, in-4.

— De gloria sancti Remigii proprii Francorum Apostoli, libri quatuor [7376]. *Tulli Leucorum*, 1661, in-4.

— Origines ecclesiarum Galliæ [681].

SAUSSAYE (Charles de la). Annales ecclesiæ aurelianensis [3783]. 1615, in-4.

SAUSSAYE (Louis de la). Essai sur l'origine de la ville de Blois et son accroissement jusqu'au xe siècle [6733]. *Mém. de la Soc. des sc. de Blois*, t. I. — T. à p. *Blois*, 1833; 60 p.

Mention honorable au concours des antiquités nationales

— Nouvelle éd. intitulée : Histoire de Blois, 1846, in-12.

— Diss. sur la Pile Cinq-Mars [6551]. — *Mém. de la Soc. des ant. de Fr.*, 2e s., t. I, 1835, p. 40. — T. à p.; 14 p.; 3 pl.

— Premier mém. sur plusieurs enfouissements numismatiques (sous la domination romaine) découverts dans la Sologne Blésoise [4041]. — *Rev. num.*, t. I, 1836, p. 76-89.

Médaille d'or à l'Acad. des sc.

— Deuxième mémoire, etc. Médailles gauloises en argent, trouvées à Cheverny en 1827. — *M. vol.*, p. 301-320. — Troisième mémoire, etc. — Médailles gauloises en cuivre qui se trouvent habituellement à Soings et à Gièvres, t. II, 1837, p. 241-260. — Quatrième mémoire, etc. — Médailles rom. trouvées en 1834, près d'Husiseau-sur-Cosson. — T. III, 1838, p. 15-18.

Les mémoires qui suivent le 4e ne traitent plus de numismatique gauloise ou gallo-romaine. — Voir plus loin, sous la date de 1844, les *Antiquités de la Sologne blésoise.*

— Attribution d'une méd. en bronze, etc. [3418]. — *M. rec.*, t. II, 1837, p. 1-15.

— Mém. sur une nouv. découverte, etc. [6957]. — *M. vol.*, p. 81-90; 1 pl.

— Attribution d'une méd. d'or, etc. [459]. — *M. vol.*, p. 161-164.

— Médailles de Solimariaca (atelier monétaire des Leuci) [nouv. add. 3607 *a*]. — *M. rec.*, t. III, 1838, p. 405-416.

— Médailles des *Senones* et des *Leuci* [4017]. — *M. rec.*, t. V, 1840, p. 178-187.

— Diss. sur l'insigne national des Gaulois [861 *a*].

Titre à remplacer par celui de l'article suivant.

— Le véritable symbole de la nation gauloise démontré par les médailles [861 *a*, 1981]. — *M. vol.*, p. 245-260; 5 pl.

— Méd. inéd. des Lixovii [3612]. — *M. rec.*, t. XI, 1841, p. 345 et 346.

— Types de médailles celtiques. I. Le druide Abaris [641]. — *M. rec.*, t. VII, 2e s., t. I, 1842, p. 165-170. — T. à p.

— Numismatique de la Gaule narbonnaise [3706]. 1re partie. *Blois*, 1842, gr. in-4; 23 pl.

Prix Allier d'Hauteroche en 1843.

— Méd. inédites des *Rigomagenses* (Alpes-Maritimes) [3942]. — *Rev. num.*, t. VIII, 2e s., t. II, 1843, p. 411-412. — (Vignette.)

— Médaille de Consuanetes [1987]. — *M. rec.*, t. IX, 1844; 2 p.; 1 vign.

— Antiq. de la Sologne blésoise. Livraison I (unique) [4042]. *Paris*, 1844, gr. in-4; 11 pl.

Médaille au concours des Antiq. nationales en 1835 et en 1836. — L'ouvrage devait avoir 4 livraisons.

— Monnaies des Éduens [3489]. — *Ann. de l'Instit. de corr[ce] arch.*, t. XVII, 2e s., t. II, 1845, p. 98-110; 2 pl.

— Médailles des *Morini* et des *Remi*

[3688]. — *Rev. num.*, t. XII, 2e s., t. VI, 1847, p. 317-325; 2 pl.

— Médaille de Vercingétorix [1999]. — *M. vol.* 1 p. — T. à p.

— Conjectures, etc. [2005]. — *M. rec.*, t. XVI, 1851, p. 5-18; p. 391-396.

— Monnaies des Éduens [3492]. — *M. rec.*, 2e s., t. V, 1860, p. 97-112; 2 pl.

— Hist. littéraire de Lyon au IVe siècle [8484]. — *Rev. du Lyonnais*, 2e s., t. XXV, 1862, p. 269.

Voir aussi les articles du même intitulés *Histoire littéraire de Lyon*, dans la *Revue du Lyonnais*, 2e s., t. XVIII, 1859 et suivants.

— Diss. sur le lieu, etc. [655]. — *Mém. lus à la Sorbonne*, en 1863 (archéologie), 1864, p. 89-185. — T. à p.

— Rectification numismatique (Tétroboles de Marseille) [4893]. — *Rev. num.*, 2e s., t. XI, 1866; 5 p. — T. à p.

— Monnaies anépigraphes des Volces-Tectosages [4110]. — *M. vol.*, p. 389-401; vign.

— Mémoire sur la voie gallo-rom., etc. [6979]. — *Mém. lus à la Sorbonne*, en 1866 (archéologie), 1867, p. 107-130; 1 pl.

— Étude sur les tables claudiennes, [nouv. add. 2233 *a*]. — *Mém. de la Soc. litt. de Lyon*, 2e s., t. VI, 1870-71, p. 37-60; 1 pl.

SAUSSURE (Horace-Bénédict de). Voyages dans les Alpes, précédés d'un essai sur l'hist. natur. des environs de Genève [3007, 2769]. *Neuchâtel*, 1780-96, 4 vol. in-4. — Autre éd. *Genève*, 1787-96, 8 vol. in-8.

Sur la question du passage des Alpes par Annibal, voir les t. IV et V.

— Lettre sur deux défenses d'éléphant trouvées en 1786 près de Genève [10885]. — *Biblioth. britannique de Genève*, littérature, t. Ier, 1796, p. 661-663.

L'auteur les croit antérieures au Passage des Alpes par Annibal. La rédaction du recueil voit dans cette découverte un argument en faveur du passage d'Annibal à travers le territoire de Genève.

SAUVAGE (G.-Ernest). Hist. de Saint-Pol [8235]. *Arras*, 1834.

— Voir MALBRANCQ, De Morinis.

SAUVAGE (H.). Recherches, etc. [7255]. *Mortain*, 1851.

— Hist. du con de Couptrain (Mayenne) et de ses cnes [7473]. — *Bull. de la Soc. d'arch.* etc. *de la Mayenne*, 1865, in-4, p. 57-80.

SAUVAGE (Émile). Voir HAIGNERÉ et Ém. SAUVAGE.

SAUVAGE. Inscriptions relevées en la cne du Louroux Béconnais [7228]. — *Soc. d'agr.* etc. *d'Angers. Répertoire histor. et archéol. de l'Anjou*, année 1869, p. 232.

SAUVAGEOT (C.). Pierres celtiques près Gaillardon [5864]. — *Mém. de la Soc. archéol. d'Eure-et-Loir*, t. I, 1858, p. 237-238; 1 pl.

SAUVAGÈRE (Fél.-Fr. le Royer d'Artezet de la). Recherches sur la nature et l'étendue d'un ancien ouvrage des Romains appelé le Briquetage de Marsal [7561]. *Paris*, 1740.

C. r. dans les *Mém. de Trévoux*, septembre 1740, p. 1717.
Quérard (*Fr. litt.*) donne cet autre titre : « Rech. sur le briq. de Marsal, avec un abrégé de l'histoire de cette ville, et une description de qqs antiquités qui se trouvent à Tarquinople. » — Ouvrage reproduit dans le *Recueil d'antiquités* (voir plus loin).

— Rech. histor. sur les pierres extraordinaires, etc., qui se remarquent dans la province maritime de Bretagne, aux environs de la côte du sud du Morbihan et à Belle-Isle [3306]. — *Journal de Verdun*, nov. 1755, p. 347-363. — Reprod. dans le *Recueil d'antiquités*.

Cp. *Biblioth. histor.*, t. I, no 100.

— Dissertations militaires; extraits du *Journal historique de France* (jal de Verdun). *Amsterdam*, 1758, in-12; 59 p., 1 carte.

Réunion des 2 articles précédents.

— Rech. sur l'ancienne Blabia des Rom., forteresse de la Gaule, où l'on prouve qu'elle n'était pas située où est le Port-Louis en Bretagne mais à Blaye en Guienne, avec qqs détails histor. sur cette dernière ville et ses environs [6358]. *Paris*, 1758. — 2e éd. dans le *Recueil d'antiquités*, p. 293-326.

— Recueil d'antiquités dans les Gaules, enrichi de diverses planches et figures, plans, vues, cartes topographiques et autres dessins pour servir à l'intelligence des inscriptions de ces antiquités; ouvrage qui peut servir de suite aux antiquités de feu M. le cte de

Caylus [1278, 1466]. *Paris, Hérissant*, 1770, in-4.

Voir BRUNET, *Manuel*, 5e éd., t. III, col. 855.

— Rech. histor. sur la Touraine et histoire de Chinon [4057], 1773, in-4.

Mentionné par Girault de Saint-Fargeau; Quérard (*Fr. litt.*) ne mentionne que le prospectus.

— * Recueil de diss., ou Rech. histor. et crit. sur le temps où vivait le solitaire St-Florent au mont Glonne en Anjou; sur qqs ouvrages des anciens Romains nouvellement découverts dans cette province et en Touraine; sur l'ancien lit de la Loire, de Tours à Angers, et celui de la Vienne; sur le prétendu tombeau de Turnus à Tours, l'assiette de Cæsarodunum, première capitale des Turones, sous J. César, les ponts de Cé, et le camp près d'Angers, attribués à cet empereur, et celui de Chenehutte à 3 lieues au-dessous de Saumur, avec de nouv. assertions sur la végétation spontanée des coquilles fossiles de la Touraine et de l'Anjou; de nouvelles idées sur la Falunière de Touraine et plusieurs lettres de M. de Voltaire, relatives à ces différents objets [1279]. *Paris, Vve Duchesne; Vve Tilliard*, 1776; LVI et 171 p. 2 cartes et 3 pl. d'histoire naturelle.

— Les Ruines rom. de Saintes et de ses environs, avec les particularités les plus remarquables sur cette ville, av. des pl. et des cartes [5219].

Mentionné par QUÉRARD. *Fr. litt.*

SAUVAL (Henri). Hist. et rech. des antiq. de Paris [9088]. *Paris*, ... 1724, 3 vol. in-fol., nouveaux titres ibid., 1733 et 1750 avec les noms de Ch. *Moette* et Jacq. *Chardon*.

Ouvrage posthume, complété et publié par Claude-Bernard Rousseau.

SAUVIGNY (Edme-L. Billardon de). Essais histor. sur les mœurs des Français (contenant vie, ouvrages et histoire de France de saint Grégoire de Tours et autres anciennes histoires traduites en françois) [844]. *Paris*, 1785-1786, 5 vol. gr. in-8, fig. — Qqs ex. in-4.

SAUZÉ (dr C.). Note, etc. [9488]. — *Mém. de la Soc. de statistique des Deux-Sèvres*, t. IV, 1840, p. 153.

— Rapport sur les fouilles faites à la Villedieu-de-Comblé [9518]. — *M. rec.*, t. VIII, 1844, p. 178-186; 2 pl.

— Rapp. sur les f. f. à Bougon [9490]. — *M. rec.*, t. IX, 1846, p. 97-107.

SAUZET (l'a.), curé de Loudes. Mémoire sur les orig. étymolog. du Velay [4082]. *Le Puy, impr. Gaudelet*, 1840; 52 p.

— Découverte, etc. Lettre au président de la Soc. d'agr. etc. du Puy [6861]. — *Ann. de la Soc.*, t. XI, 1841-42, p. 131-133.

— Bibliographie, etc. [6815]. — *M. rec.*, t. XIV, 1849 (1850), p. 423-569.

— Mém. sur le passage de César dans la Vellavie [6817]. — *Congrès sc.*, XXIIe session, tenue au Puy en 1855, t. II, 1856, p. 307-322.

SAVAGE (J.). Historical notices of the British Clan Durotriges, inhabitants of that part of England since called Dorsetshire [10349]. *London*, 1837; planches.

SAVAGNER (Aug.). Éditeur en 1844 de l'histoire de Nantes, par Nic. TRAVERS (voir ce nom).

SAVARON (Jean). Les Orig. de Clairmont, etc. [8263]. *Clairmont*, 1607, in-8. — Les Orig. de la v. de Clairmont, par feu M. le président Savaron, augmentées des rem., notes et rech. curieuses des choses advenues avant et après la 1re édition. Ensemble des généalogies de l'ancienne et illustre maison de Senectère et autres... enrichies de plusieurs portraits, par Pierre DURAND. *Paris, Muguet*, 1662, in-fol.

— Voir SIDOINE APOLLINAIRE.

SAVILIUS (Henri). Rerum Anglicarum scriptores, etc. [10244]. *London*, 1596, in-fol.

— Commentarius, etc., necnon tractatus de militia romana [10251]. *Amstelod.*, ex off. elzeviriana, 1649, pet. in-12.

SAVY (A.). Mém. topographique, etc. [7317]. *Châlons-s.-Marne, Laurent*, 1859; 4 pl.

— * Réponse aux obs. critiques de M. Ch. Loriquet sur un travail de M. Savy, intitulé Mém. topograph., etc. [7319]. — *Mém. de la Soc. d'agr.* etc. *de la Marne*, 1860. — T. à p.

— Vieux fers à cheval romains. Rapport fait à la m. Soc. [1738]. — *M. vol.*; 2 p.

— Note sur la caverne sépulcrale de Mézy, près Port-à-Binson, arr^{t} d'Epernay [3357]. — *Mém. lus à la Sorbonne,* en 1861 (archéologie), 1862, p. 23.

— Mém. sur les faits nouveaux à signaler et les rectifications à indiquer depuis la publication du mém. de l'auteur sur les chemins, camps et tumulus du dép^{t} de la Marne, publié en 1856 [7321]. — *Congrès archéol.*, XXVIIIe session, tenue à Reims en 1861; 1862, p. 59-61.

— Mém. sur cette question : Quelles sont les découv. d'antiq. et de monnaies rom. faites depuis 10 ans dans le dép^{t} de la Marne ? [7322]. — *M. vol.*, p. 61-72.

SAXI (**Pierre**). Pontificium arelatense, etc. [3883]. *Aquis Sextiis, Roize,* 1629, in-4.

Voir *Biblioth. histor.*, t. I, n° 7975.

SCALIGER (**Joseph-Just**). J.-J. Scaligeri, Cæsaris a Burden filii, opuscula varia, antehac non edita. *Parisiis, Drouest,* 1610, in-4. (Publication faite par les soins d'Is. Casaubon.)

P. 73-115 : Notitia Galliæ et super appellationibus... notæ [949].

SCHACHT (**L.**). De Elementis, etc. [2304]. *Berolini,* 1853.

SCHARFIUS (**J.-Fr.**). Meletema historicum, etc., dissertationis academicæ formâ [624]. *Wittebergæ, s. a.*, in-4.

SCHAUB. Réfutation, etc. (titre incertain) [2816]. *Genève,* 1854.

SCHAUENBURG (**b^{on} de**). Mémoire, etc., [8394]. — *Bull. de la Soc. pour la conservation des mon^{ts} hist. d'Alsace,* t. II, 1858 (procès-verbaux), p. 145-148 ; 3 pl.

— Note sur une aigle en bronze [8551]. — *M. rec.*, 2e s., t. III, 1860, p. 65-72.

— Note sur un camp rom., etc. [8413]. — *M. rec.*, 3e s., t. II, 1864, p. 44-46.

— Note sur la sépulture rom. de Bernolsheim [8392]. — *M. rec.*, m. s., t. III, 1865 (procès-verbaux), p. 10 ; 1 pl.

SCHAW (**William**). An analysis, etc. [2361, 10339]. *London,* 1778, in-8 et in-4.

— Gallic and english dictionary, containing all the words in the scotch and irish dialects of the celtic [2362, 10340]. *London,* 1780, 2 vol. in-4.

SCHAYES (**A.-G.-B.**). Dissertation, etc. [348]. — *Bull. des sc. hist. de Férussac,* nov. 1830.

— * Essais histor. sur les usages, les croyances et les pratiques relig. et civ. des Belges anciens et mod. [10481]. (Signé A. G. S.) *Louvain,* 1834, 2 vol.

— Mém. sur le Castellum Morinorum [7996]. — *Mém. de la Soc. des ant. de la Morinie,* t. II, 1834 (1835), p. 107-135, puis (notes), p. 184-197.

— La Belgique et les Pays-Bas, avant et pendant la domination rom. Tableau historique, géograph., physique, statistique et archéol. de la Gaule septentrionale, etc., depuis les premiers temps histor. jusqu'au VIe s. [10463, 10680]. *Bruxelles, Devroye,* 1858, 1859, 1860, 3 vol. avec cartes, plans et grav. — 1re éd. du 1er vol. *Bruxelles,* 1837.

— Examen critique, etc. [10470]. — *Bull. de l'Acad. des sc. de Belgique,* t. XXIII, n° 3-4, 1856.

— Réfutation de l'opinion de M. Rapsaet, etc. [3725]. — *Archives histor. et litt.* de M. de Reiffenberg, t. V, p. 276.

— Recherches, etc. [10578]. — *Archives histor. et litt.*, t. VI.

SCHEDIUS (**Elias**). Eliæ Schedii de diis Germanicis, sive veteri Germanorum, Gallorum, Britannorum religione syntagmata IV [502]. *Amsterdam,* 1648, p. in-8.

Ouvrage posthume, publié par les soins du père de l'auteur.

— 2e édition. Cum notis, etc. Jo. Jarkii, ed. Jo.-Alb. Fabricio. *Halæ,* 1728, in-8.

SCHEFFER (**Jean**). De Re vehiculari veterum libri duo. Accedit Pyrrhi Ligorii; V. C., de vehiculis fragmentum nunquam ante publicatum, ex biblioth. Sereniss. Reg. Christinæ, cum ejusdem I. Schefferi, arg., annotationibus [834]. *Francofurti,* 1671, in-4 ; fig.

SCHELER (**Auguste**).* Bibliotheca Belgica, ou Trente ans de littérature belge (1830-1860) [10447]. *Bruxelles, Schnée,* 1861.

SCHERRER (**Jean**). Ad vocem « Druides » [657 *a*]. — *Festschrift der XXIV^{ten} Versammlung deutschen Philologen, zu Heidelberg. Leipzig,* 1865, p. 79-96.

— Die Gallier, etc. [820]. *Heidelberg, G. Weiss*, 1865; 172 p.

SCHEUCHZERUS. Helveticus, etc. [3006]. *Lugd. Bat.*, 1723, 2 vol. in-4; nombr. pl. gravées.

SCHEURER-KESTNER. — Voir Faudel (d^r^).

SCHEYB (**Fr.-Ch. von**). Peutingeriana Tabula, etc. [1204]. *Vienne, Trattner*, 1753, in-fol.; 12 grandes planches.

SCHILTERUS (**Joannes**). Thesaurus antiquitatum teutonicarum ecclesiasticarum, civilium, literariarum, exhibens monumenta veterum Francorum, Alemannorum vernacula et latina, cum emendationibus et notis Joan.-Geor. Scherzii ac variorum præfationem generalem præmisit J. Frickius [10740]. *Ulmæ*, 1727-28, 3 vol. in-fol.; fig.

Le t. III est rempli par un « Glossarium teutonicum ».

SCHIRLITZ (**Samuel-Christophe**). Handbuch, etc. [1087] (avec 2 tableaux chronologiques de la géographie ancienne et 2 cartes). 2e éd. revue et augm. *Halle, K. Grunert*, 1837; 550 p.

SCHLERENBERG (**A.**). Die Römer im Cheruskerlande [10642]. *Francfort*, 1862.

SCHLICKEYSEN (**F.-G.-A.**). Explication des abréviations, etc. [1943]. *Berlin*, 1855; 2 pl.

SCHMIDT (**F.-S. de**), seigneur de Rossan. Recueil d'antiq. trouvées à Avenches, à Culm et en d'autres lieux de la Suisse [2631]. *Berne*, 1760, in-4; 35 pl. — Autre édition. *Francfort*, 1771, in-4, sous le titre suivant : Recueil d'Antiquités de la Suisse, t. Ier (seul paru). — Antiquités d'Av. et de Culm. in-4, 25 et 9 pl.

C. r. dans les *Mém. de Trévoux*, nov. 1760, p. 2789.

SCHMIDT (**Charles**). Notice, etc. [8367]. *Strasbourg*, 1842, in-12; 1 carte.

SCHMIDT (**F.-W.**). Die Ober-Donau-Strasse, etc. [10427]. *Berlin*, 1844.

— Hinterlassene Forschungen, etc. [11092]. *Bonn*, 1861, in-8; 4 pl.

— Die Römerstrassen im Rheinlande [11094]. — *Jahrb. des Vereins von Alterthumsfreunden im Rheinlande*, t. XXXI, 1862, p. 33.

— Die römische Moselbrücke bei Coblenz. Bericht über die Ausgrabung und Aufnahme der im Flussbette der Mosel bei Coblenz aufgefundenen Pfahl- und Steinreste [11014]. — *M. rec.*, t. XLII, 1867.

SCHMIDT (**Ernst**). Ueber die auf dem Terrain des römischen Kastells bei Kreuznach, die Heidenmauer genannt, vom october 1858 bis november 1866, stattgefundenen Ausgrabungen [11039]. — *M. rec.*, t. XLVII-XLVIII, 1869; 3 pl.

SCHMINCKIUS. De urnis sepulcralibus, etc. [1033, 1841]. *Marburg*, 1714, in-4.

SCHNEEMANN (**G.**). Rerum trevericarum commentatio [11061]. *Trèves* (?), 1851 (?).

C. r. par Théodore des Rives, *Mém. de l'Acad. de Metz*, 1852-53, 1re p., p. 280.

— Das römische Trier und die Umgegend, nach den Ergebnissen der bisherigen Funde [11071]. *Trèves, Lintz*, 1852; VIII-88 p.

SCHNEIDER (**C.-E.-Chr.**). Vier Abhandlungen zu Cæsar [428]. *Breslau*, 1849-51, in-4.

SCHNEIDER (**Jacob**). Die Rheinlandschaft von Nymwegen, etc. [11090]. *Düsseldorf*, 1860; 1 carte.

1re série des Neue Beiträge.

— Neue Beiträge, etc. 1te Folge, 1860; 2. 1868; 3. 1871; 4. 5. 6. 1874; 7. 8. 1876; 9. 10. 1877; 11. 1878; 12. 1879 [11082]. *Düsseldorf, Schaub*, in-8 puis in-4; fig.; cartes.

C. r. par Fiedler, dans les *Jahrb. des Vereins von alterthumsfreunden im Rheinlande*, t. XLVII-XLVIII, 1869, p. 177-184.

SCHOLLER (**F.**). Cæsaris vita, etc. [433]. *Mainz*, 1855.

SCHŒPFLIN (**Jean-Daniel**). Diatriba, etc. [3714]. *Argentorati*, 1720, in-4.

— Remarques, etc. [8369]. — *Mém. de l'Acad. des inscr. et b.-l.*, t. IX, 1736 (hist.), in-4, p. 129-133.

— Diss. sur un mon^t^, etc. [1810] (lue en 1731). — *M. rec.*, t. X, p. 457; 1 pl.

— De Portu Iccio [2854].

Dans *Illustres ex Britannica historia controversiæ. Argentorati*, 1731, in-4, chap. Ier, et dans *Commentationes historicæ et criticæ : Basileæ*, 1741, in-4.
Conclusion pour Wissand.

— Diss. sur un mon^t^ des Tribocs [8396]

(lue en 1738). — *Mém. de l'Acad. des inscr. et b.-l.*, t. XV, 1743, p. 456-467.

Cp. *Alsatia illustrata* (art. suivant), t. Ier, p. 235-241. — Conclusion : Les Tribocs placés à Brumt.

— Alsatia illustrata, etc. [3622]. *Colmariæ*, 1751 et 1761, 2 vol. in-fol.; fig.

C. r. dans les *Mém. de Trévoux*, septembre 1752, p. 1977; janvier 1753, p. 52; juin, p. 1209.

— L'Alsace illustrée, ou Recherches sur l'Alsace pendant la domination des Celtes, des Romains, des Francs, des Allemands et des Français, traduit du latin par Ravenez. *Colmar; Strasbourg, François Perrin*, 1825-1829, 4 vol. *Mulhouse*, 1845-1852, 5 vol. — *Strasbourg, Schmidt; Colmar, Alery; Paris, Lecoffre*, 1852-53; cartes, dessins, etc.

— De Augusta Rauracorum [10863].

Alsatia illustr., t. I, p. 37 et 149.

— Sur la découverte, etc. [1781]. — *Mém. de l'Acad. des inscr. et b.-l.*, t. XXI, 1754 (hist.), p. 65.

— Vindiciæ celticæ [314]. *Argentorati*, 1754, in-4.

C. r. dans les *Mém. de Trévoux*, avril 1755, p. 1010.

— De sepulcro romano, etc. [10401]. *Mannheim*, 1770, in-4; 3 pl.

— Éclaircissements sur l'*Histoire des Celtes* (de Pelloutier) [325]. 1777, in-4.

Publiés dans la traduction allemande de cet ouvrage, faite par Purmann.

SCHOTT (André). Itinerarium Antonini Imperatoris, necnon Itinerarium Burdigalensis cum Hieronimi Suritæ commentariis, edente Andrea Schotto [1187]. *Coloniæ*, 1600.

— Hispania illustrata, seu rerum urbiumque Hispaniæ, Lusitaniæ, Æthiopiæ et Indiæ scriptores varii in unum collecti [10599]. *Francofurti*, 1603-1608, 4 vol. in-fol.

SCHREIBER (J.). Traditions populaires du Rhin, de la Forêt-Noire, de la vallée du Nècre, de la Moselle et du Taunus [11080]. *Heidelberg*, 1830; pl.

— Fortifications antiques (de la Moselle), etc. [7808]. 1844.

Travaux mentionnés dans la *Revue de bibliogr. analyt.*, décembre 1844, p. 1143.

SCHREIBER (Henri). Die ehrnen Streitkeile, zumal in Deutschland [1847]. *Fribourg-en-Brisgau*, 1842, in-4; 92 p.; 2 pl.

C. r. dans la *Revue de bibliogr. analyt.*, fév. 1843, p. 179.

SCHRIECK (Adr. van), en latin Scrieckius. Originum rerumque celticarum et belgicarum libri XXIII [261, 10450]. *Ipris*, 1614-1620, 3 vol. in-fol.

Schrieck voyait du flamand partout. Cp. *Mém. de l'Acad. roy. de Bruxelles*, t. Ier, 1780, p. 499. — *Biblioth. histor.*, t. Ier, n° 3736.

— Adversaria, etc. [262].

Mentionné dans la *Biblioth. histor.*, t. Ier, n° 3738.

— Monitorum secundorum libri quinque, quibus originum vocumque Celticarum et Belgicarum opus suum nuper editum altius et auctius e fontibus Hebraïcis ipsâque rerum origine docuit, probat firmatque Teutones, Belgas, etc., de verâ et falsâ origine monimentum sine Europa rediviva [263]. *Ypris*, 1615, in-fol.

SCHUERMANS (H.). Nouvelle note, etc. [10516]. — *Rev. archéol.*, 2e s., t. XV, 1867, p. 437-442.

— Réponse à la question suivante : « Les forts, etc. Quels documents, « quels textes peuvent faire connaître « le système usité à l'époque inter- « médiaire, c.-à-d. sous les Mérovin- « giens et les Carlovingiens, pour les « demeures des riches propriétaires « dans les campagnes? » [1837]. — *Congrès archéol. de France*, XXIVe session, tenue à Paris en 1867 (1868), p. 506-509.

SCHURTZFLEISCH (Conrad-Samuel). Historia, etc. [3360]. *Wittebergæ, Hinckel*, 1679, in-4. — Autre édition. *Leipzig*, 1708, in-4.

— Dissertatio, etc. [609]. *Witteberga*, 1697, in-4.

Diss. reproduite sous le n° 54, dans *Disputationes historico-civiles* (Leipzig), et sous le n° 56 (avec ce titre : Veterum Instituta Druidum), dans *Opera historica politica antehac separatim sub variis titulis edita, nunc in uno volumine conjuncta* (Berolini, 1699, in-4, p. 822-834).

SCHWARTZ (J.-Conrad). Nova Designatio finium veteris Helvetiæ longius quam vulgo solet protrahendorum [10796]. *Coburgi*, 1710, in-4.

SCHWEGLER (A.). Römische Geschichte, etc. [111]. *Tubingen*, 1853-58, 3 vol.

SCHWEIGHÆUSER (Jean-Geoffroy). Mém. sur les antiq. rom. de la v. de Strasbourg ou sur l'ancien Argentoratum, lu à la Soc. des sc. agr. et arts de Strasbourg. [8372]. — *Mém. de cette Soc.*, t. II, 1823, p. 240-291. — T. à p. *Strasbourg*, 1822; 56 p.

4e partie du mém. sur les monts du Bas-Rhin.
Médaille d'or de l'Institut pour ce travail et d'autres communications restées inédites ou refondues dans les articles suivants.

— Antiq. de l'Alsace, etc. [3027]. — Voir Golbéry (de) et Schweighæuser.

— Mém. sur les monts du dépt du Bas-Rhin et de qqs. cantons adjacents des dépts de la Meurthe et des Vosges [8352, nouv. add. 7512 *a*, 10054 *a*]. — *Mém. de la Soc. des ant. de Fr.*, 2e s., t. II, 1836, p. 1.

— Coup d'œil, etc. [11102]. — *Bull. mon.*, t. I, 1834, p. 1.

— Note, etc. [10438]. — *Bull. mon.*, t. VII, 1842, p. 429.

— Énumération, etc. [8353]. *Strasbourg*, 1842.

— Not. sur les antiq. gallo-rom. de Rheinzabern [10438 *a*]. — *Congrès sc.*, Xe session, tenue à Strasbourg en 1842, t. II, 1843, p. 349-354; 5 pl.

Voir aussi : Antiq. de Rheinzabern. *Strasbourg*, s. d., gr. in-4; 15 pl. Ouvrage posthume p. p. Matter.

— Not. sur qqs. monts, etc. [8354]. — *Mém. de la Soc. des ant. de Fr.*, 2e s., t. VI, p. 90. — T. à p. 1843.

— Supplément à la not. de M. Lemaistre sur la poterie gallo-romaine [1751]. — *M. rec.*, m. s., t. VII, 1844, p. 36.

— Explication du plan topographique de l'enceinte antique appelée le Mur païen, située autour de la montagne de Ste-Odile, dans le dépt du Bas-Rhin [8357]. *Strasbourg*, (1825? et) 1865; 50 p.; 1 plan in-fol.

SCHWENEK (Conrad von). Die Mythologie der Egypter, Griechen, Römer, Germanen und Slaven [496]. *Frankfort am Main*, 1843-1853, 7 vol.

SCOTT (W.-H.). Médaille inédite de la Narbonnaise (ARelates) [4995]. — *Rev. num.*, t. XIX, 1854, p. 293-295.

SCRIECKUS (Adr.). — Voir Schrieck (Adr. van).

SCYLAX. Périple de la mer Méditerranée [899]. Periplus Scylacis Caryandensis nunc primum editus a Davide Hœschelio, dans Geographica Marciani, etc. (*Augustæ Vindelicorum*, 1600, in-8). — Dans les autres collections de petits géographes, p. p. Jac. Gronovius (1697, in-4), Hudson (*Oxonii*, 1698, in-12, avec les diss. de Dodwell), les frères Zozime (1806, gr. in-8), J.-F. Gail (1826-1835, gr. in-8), Emm. Miller, éd. de Marcien (1839, in-4), Ch. Müller (1855, collection Didot). — Éditions spéciales par Is. Vossius, avec sa trad. lat. *Amsterdam*, 1639, in-4, — R.-H. Klausen (*Berlin*, 1831-1880), B. Fabricius (*Dresde*, 1849, in-8); le même, nouv. éd. revue (*Lipsiæ, Teubner*, 1878, in-8).

SECCHI (le p. J.-P.). Epigramma greco, etc. [8778]. — *Giornale arcadico di Roma*, juin 1840, p. 22. — T. à p.

Inscription d'Autun.

SECOUSSE. Hist. de Julius Sabinus et d'Epponina sa femme [288 *a*]. — *Mém. de l'Acad. des inscrip. et b.-l.*, t. VI, 1729, p. 670-679.

— Projet d'une nouvelle Notice des Gaules, etc. (lue en 1728) [1008]. — *M. rec.*, t. VII, 1733 (hist.), p. 302.

SÉCRETAN (Édouard). Le premier royaume de Bourgogne [3382]. — *Mém. et doc. p. p. la Soc. d'hist. de la Suisse Romande*, t. XXIV, 1868, p. 1-175.

SEEK (Otto). Notitia dignitatum; accedunt notitia urbis Constantinopolitanae et laterculi provinciarum, ed. Otto Seeck [762]. *Berlin, Weidmann*, 1876, XXX, 339 p.; vign.

SEGONDO (G.-M.). Storia della vita di C.-G. Cesare, tratta dagli autori originali [469 *a*]. *Napoli*, 1776, 3 vol.

SEGRETAIN (P.-T.). Note sur un vase en lave trouvé à Castelsarrazin, près Rome [9494]. — *Mém. de la Soc. de statistique des Deux-Sèvres*, t. XX, 1858-59, p. 21.

— Note relative, etc. [9511]. — *M. rec.*, 2e s., t. I, 1860-61, p. 33-40. — T. à p. *Niort*, 1864; 1 plan; 1 pl.

SEGUIER (Jean-François). * Diss. sur l'ancienne inscription de la Maison Quarrée de Nismes [5999]. *Paris, Tilliard*, 1759; 53 p. — *Nismes, Gaude père*, 1776; 1 pl.

— Diss. sur l'anc. inscr. du Temple de Caius et de Lucius Cæsar, etc. [6031]. *Paris, Tilliard*.

— [*Ms.*] Inscriptions antiques, etc., dessinées par Seguier [6033], in-fol.

« Ce ms. est entre les mains de l'auteur. » (*Biblioth. histor.*, t. III, n° 37859.)

SÉGUIER et d'ORBESSAN. Lettre (de J.-F. SÉGUIER) sur un mon^t trouvé à Arles (en 1758). — Réponse et diss. (de M. D'ORBESSAN, membre de l'Acad. de Toulouse) [4984, 4985]. Dans les *Mélanges histor.* du président D'ORBESSAN, t. II, p. 180.

SEGUIN (Richard) (Pseudonyme de l'a. LEFRANC?). Histoire archéologique des Bocains, etc. [3271]. *Vire, Adam*, 1822, in-18.

— Hist. du pays d'Auge et des évêques comtes de Lisieux, contenant des notions sur l'archéologie, les droits, coutumes, franchises et libertés du Bocage et de la Normandie (par Noël DESHAYES) [5049]. *Vire, Adam*, 1832, in-18.

Voir QUÉRARD, *Supercheries litt.*, 2e éd., t. III, col. 625 *d*. Voir aussi Éd. FRÈRE, *Manuel du bibliographe normand.*

SEGUIN (Joseph). Les Antiq. d'Arles traitées en manière d'entretiens et d'itinéraires, où sont décrites plusieurs nouv. découv. qui n'ont pas encore vu le jour [4948]. *Arles, Cl. Mesnier*, 1687, in-4.

SEGUIN. [*Ms.*] Mém. sur un ancien château, des pavés à la mosaïque, et une voie rom. découverte à Jalleranges près des bords de l'Ognon, du côté de Balançon (aux environs de Dôle en Franche-Comté) [6085].

« Dans les reg. de l'Acad. de Besançon. » (*Bibl. histor.*, suppl. du t. I, t. IV, p. 224, n° 314 **.)

— [*Ms.*] Description des mon^ts antiques découv. près de Jalleranges, au bailliage de Dôle [5672]. 1768.

« Dans les m. reg. (*Bibl. histor.*, 2e t. IV, n° 3839.)

SÉGUR (Louis-Philippe, c^te de). Hist. de France [345]. *Paris*, 1824 et suiv., 22 vol. in-18. — Plusieurs éditions.

SELLIER. [*Ms.*] Mémoire, etc. [9566].

« Dans les reg. de l'Acad. d'Amiens. » (*Bibl. histor.*, t. I, n° 191.)

SÉMICHON (Ernest). Géographie normande, etc. [9371]. — *Rev. archéol.*, 2e s., t. V, 1862, p. 62-77; 187-206.

— Hist. de la v. d'Aumale (Seine-Inférieure) et de ses institutions, depuis les temps anciens jusqu'à nos jours [9370]. *Paris, Aug. Aubry*, 1862, 2 vol.

SENCKLER (A.). Münzen der alten Trierer [11077 *a*]. — *Jahrb. des Vereins von Alterthumsfreunden im Rheinlande*, t. XI, 1847. — T. à p. *Bonn*, 1847, gr. in-8.

C. r. par L. DE LA SAUSSAYE. *Rev. num.*, t. XIII, 2e s., t. VII, 1848, p. 231.

SEPTCHÊNES (Leclerc de). Éd^r des Œuvres de FRÉRET. — Voir ce nom.

SEPTENVILLE (de). Communication, etc. [9604]. — *Bull. de la Soc. des ant. de Fr.*; année 1865, p. 64-68.

SÉRANON (Jules de). Les villes consulaires et les républiques de Provence au moyen âge [3927]. *Aix*, 1858.

SERIÈRE (Aug. de). Notice, etc. [7467]. 1841, in-4.

SERLIO (Sébastien). Veteres arcus [1557]. *Rome*, 1690, in-fol.

Voir BRUNET, *Manuel.*

SERMENT (P.). Mémoire, etc. [6124]. — *Mém. de l'Acad. des sc. de Toulouse*, 3e s., t. III, 2e partie, 1846, p. 352.

SERRAND (Yves). Histoire d'Anse, etc. [8668]. *Villefranche, impr. Pinet*, 1845, in-12; 248 p.

SERRASET (l'a.). * L'Abeille du Jura, ou Rech. hist., archéol. et topogr., etc. [10774], t. I. *Neuchâtel*, 1840; 330 p.

« Époque celtique et romaine. — Établissement du christianisme. — Mélanges topogr. et histor. »

SERRES (Jean de), en latin SERRANUS. Historia regum gallorum integra a Pharamundo ad Ludovicum XIII; jam pridem gallico idiomate descriptum a Joan. Serrano [271]. *Francofurti, typis Egen. Emmanuel*, 1627, in-fol. — Traduction, par Marc Cassiodore Reinius ou de Reyna, du livre de J. de Serres, intitulé : Inventaire général de l'hist. de Fr. *Paris*, 1597, 2 vol. in-16. (Nombr. éditions avec continuations.) Sur ces éd. et celles de la trad. lat., voir MEUSEL, vol. VII, 1re partie, p. 30.

SERRES (Pierre-Marcel-Toussaint de). Obs. sur les ossements humains découverts dans les crevasses secondaires et en particulier sur ceux que l'on observe dans la caverne de Durfort [6086]. — *Mém. du muséum d'hist. nat.*, t. XI, 1824, gr. in-4.

— De la Contemporanéité de l'homme et des races perdues [1351 *a*]. 1833.

— Essai sur les cavernes à ossements et sur les causes qui les y ont accumulés [1356 *a*]. 3e éd. rev. et augm. *Paris, J.-B. Baillière*, 1838; 436 p.

— Not. sur les cavernes à ossements du dépt de l'Aude [4754, note]. *Paris*, (vers 1838), in-4; 6 pl.

— Lettre sur une cav. à o., etc. (m. n°). — *Cc. rr. de l'Acad. des sc.*, t. XI, 1840, in-4, p. 818.

— Lettre sur les ossements humains, etc. [6066]. — *M. rec.*, t. XIX, 1845, p. 116.

Note sur ces ossements par MM. Joly, Dumas et J. Tessier. *M. vol.*, p. 616.

— Note, etc. [6415]. — *M. rec.*, t. XXX, 1850, p. 652.

— Des pierres de frondes, etc. [1457]. — *Rev. archéol.*, 2e s., t. V, 1862, p. 84.

SERRES. Anthropologie. — Note sur la paléontologie humaine [1370, 8112]. — *Cr. rr. de l'Acad. des sc.*, t. XXXVII, 1858, p. 518-525.

SERRES et ROBERT (Eugène). Anthropologie comparée. — Sur le monument et les ossements celtiques, etc. [9281]. — *M. rec.*, t. XXI, 1845, p. 607-619.

Note contenant l'exposé de la découverte due à M. Eug. R., fait par lui-même.

SERRIGNY (Denis). Droit public administratif romain, ou institutions politiques, administratives, économiques et sociales de l'empire romain du ive au vie siècle, suivi d'un mémoire sur le régime municipal en France, dans les villages, depuis les Romains jusqu'à nos jours [817]. *Paris, Aug. Durand*, 1862, 2 vol.

Le mémoire sur le régime municipal [816] avait été publié séparément en 1861. *Paris, Cotillon.*

SERVIEZ (Emmanuel-G.-Roergas de). Statistique des Basses-Pyrénées [8297]. 1802.

SERVIN. * Hist. de la v. de Rouen depuis la fondation jusqu'en l'année 1774, suivie d'un essai sur la Normandie littéraire, par M. S*** [9343]. *Rouen, Le Boucher*, 1775, 2 vol. in-12.

SESTINI (l'a. Domenico). Descriptio, etc., Tabulas aeneas ccxxvi continens [1908]. *Berolini*, 1808, in-4.

— Descrizione delle medaglie antiche, Ispane appartenenti alla Lusitania, alla Betica, e alla Tarragonese, etc. [1909]. *Firenze*, 1818, 2 vol. in-4; 10 pl.

SÈVE. [*Ms.*] La Fondation, etc., [4938]. In-4.

Mentionné dans la *Biblioth. histor.*, t. III, n° 38162.

SEVERT (Jacques). Chronologia historica antistitum archiepiscopatus Lugdunensis, gallicani primatis et suffraganearum diœceseon [8463]. *Lugduni*, 1607, in-4. — Autre édition, 1628, in-fol.

SEYNES (Alphonse de) ou Deseynes. Dessin du Pont du Gard [6094]. — *Not. des trav. de l'Acad. du Gard*, 1810, p. 490-501.

— Monts rom. de Nîmes, etc. [5974]. *Paris, chez l'auteur*, 1818, 5 livraisons p. in-fol.

— Essai, etc. [6002]. — *Not. des trav. de l'Acad. du Gard*, 1812-1822, 1re partie, p. 334-355. — T. à p. *Nîmes, Pouchon*, 1823, 32 p.; 3 pl. dont 1 coloriée. — 2e éd. *Nîmes, chez l'auteur*, 1824; 36 p.; 4 pl.

SEYSSEL (Claude de). La grande monarchie de France, etc. [763]. *Paris*, 1540 et 1558.

SHAW MASON (W.). * Bibliotheca hibernica collected for sir Rob. Peel. [10362]. *Dublin*, 1823.

SIAUVE (Et.-M.). Mémoires sur les ant. du Poitou, etc. [3843, 9877]. *Paris*, 1804; 12 pl. de monts antiques.

— Précis d'un mémoire, etc. [9965]. *Utrecht*, 1805; 37 p.; 5 pl.

— Mém. sur les temples des Druides, etc. [629, 3843]. *Utrecht*, 1805, 2 vol.

Développement du *Précis*, publié la même année.

— Description, etc. [9966]. — *Mém. de l'Acad. celt.*, t. III, 1809, p. 1.

SICHEL (dr J.). Cinq cachets inédits de médecins oculistes romains [2145]. — *Gazette médicale de Paris*, an. 1845. — T. à p.

— Nouveau recueil, etc. [2156]. *Paris, V. Masson*, 1866; 119 p.

— Résumé, etc. [551]. — *Congrès scientif. de Fr.*, XXXIVe session, tenue à Amiens le 3 juin 1867. *Paris; Amiens*, 1868.

SICOTIÈRE (Léon Duchesne de la). Rapport, etc. [7475]. — *Bull. mon.*, t. IV,

1838. — T. à p. *Caen, Hardel*, 1839; 16 p.

— Excursion dans le Maine [3652]. *Le Mans*, 1841; 120 p.

P. 61 et sv., p. 101 et sv., détails sur les dolmens des Erves, la Chaise aux Diables d'Aron et Hambert (Mayenne).

— Note, etc. [8125]. — *Annuaire de l'Orne* pour 1843. *Alençon*, p. 510 et sv.

— Le dép^t de l'Orne archéol. et pittoresque, par MM. Léon de La Sicotière et Aug. Poulet-Malassis, et par une Soc. d'antiquaires et d'archéologues [8118]. *Laigle, Beuzelin*, 1845 (1851), in-fol.; 304 p.; cartes et 107 planches.

Collaborateurs : Poulet-Malassis ; P. Desalles ; Hurel ; De Douhet ; G. Lecointre-Dupont ; Alfr. Poirier ; Sainte-Marie Mévil ; J.-F. B. (Beuzelin). — Sur la part de collaboration de chaque auteur, voir Barbier, *Anonymes*, 3e éd., t. I, col. 880 c.

— Archéologie [8128]. — *Journal d'Alençon*, avril 1862. — T. à p. *Alençon*, 3 p.

— Voir Odolant-Desnos. Mémoires, etc.

SIDOINE APOLLINAIRE (Caius Sollius Apollinaris Sidonius). Œuvres diverses [2436]. Ed. princeps : *Utrecht*, 1473, in-fol. — Sidonii Apollinaris Opera, Jo. Savaro recensuit et librum commentitium adjecit. *Parisiis*, 1599. — Autre éd., 1609. — Ed. par J. Sirmond. *Paris*, 1614, in-8, et 1652, in-4. — Œuvres de Caius Sollius Sidonius Apollinaris, évêque de Clermont en Auvergne, précédées de deux notices, l'une sur toutes les dignités civiles et militaires établies dans les Gaules, l'autre sur les différents peuples qui les habitaient. *Paris, Maillard*, (vers 1795), 2 vol. in-4 ; fig. et 2 vol. in-8 ; fig. — C. Sollii Apollinaris Sidonii opera. Œuvres de Sidoine Apollinaire (texte latin), publiées pour la première fois dans l'ordre chronologique, d'après les mss. de la Biblioth. Nationale, accompagnées de notes des divers commentateurs, précédées d'une introduction contenant une étude sur Sidoine Apollinaire avec des diss. sur sa langue, la chronologie de ses œuvres, les éditions et les mss. par Eug. Baret. *Paris, E. Thorin*, 1879, gr. in-8 de VII-637 p.

— Traduction par Sauvigny. *Paris*, 1787, 2 vol. (incomplète). — Par Grégoire et Collombet. *Paris; Lyon, M. P. Rusand*, 1836, 3 vol.

SIFFER (l'a. Jérôme-Anselme). Mém. sur un autel païen, etc. [8426]. — *Bull. de la Soc. p. la cons. des mon. histor. d'Alsace*, 1re année, 1856, 4e livr. in-8, p. 296-299.

— Mém. sur la grande voie rom., etc. [8393]. — *M. rec.*, 2e s., t. II, gr. in-8, 1864, p. 14.

— Notes sur les ruines, etc. [8428]. — *M. vol.*, p. 109.

— Notice sur une pierre épigraphique, consacrée à deux divinités, trouvée à Niederbronn, dans le quartier de la Nouvelle-Avenue, en 1842 [8425]. — *M. rec.*, 2e s., t. III, 1865, p. 61-62.

— Description de deux mon^ts rom., etc. (deux divinités : Vénus et Abondance). [8421]. — *M. vol.*, p. 63-64.

— Not. sur deux bas-reliefs, etc., découverts tous deux à Niederbronn, l'un en 1842, l'autre vers 1760 [8423]. — *M. vol.*, 2e s., p. 65-66.

— Not. sur une baignoire rom. à eau chaude et à transpiration, existant à Niederbronn, etc. [8424]. — *M. vol.*, 2e s., t. III, p. 93-94.

— Not. sur un autel épigraph., d'origine païenne, etc. [8422]. — *M. vol.*, 2e s., t. III, 1re livr., p. 95-97.

— Not. sur qqs. mon^ts, etc. [8439]. — *M. vol.*, p. 199-200.

— Not. sur une idole sans nom, scellée dans les murs de l'ancienne église de Gebolsheim, et sur d'autres antiquités de ce lieu, auj. annexe de Wittersheim [ou Vittersheim], c^on d'Haguenau [8405]. — *M. rec.*, 2e s., t. IV, 1866, p. 12.

— Note sur qqs. antiq. de l'ère celtique, de l'époque gallo-romaine et du moyen âge, déposées, etc. [8419]. — *M. rec.*, t. V, 1867, p. 36-39.

— Mém. supplémentaire sur le cimetière gallo-rom. de Reichshoffen, présenté à l'occasion de nouvelles découvertes [8431]. — *M. vol.*, p. 85.

— Not., etc., sur une villa romaine, sur plusieurs statues équestres et sur deux sculptures attestant la viticulture dans cette région sous les Romains [8408]. — *M. rec.*, m. s., t. VI, 1868, p. 41-45.

— Une villa rom. à Nennig, etc. [11045]. — *M. vol.*, p. 51-54.

— Not. sur un ancien cimetière et particulièrement sur un mon^t épigraph. d'orig. rom., découverts l'un et l'autre au pied du Reubberg ou Rebberg, vis-à-vis de l'ancienne commanderie teutonique de Dahn [10435]. — *M. vol.*, p. 91.

— Mém. sur un autel épigraph. d'orig. rom., consacré au soleil et à la lune, etc. [8420]. — *M. vol.*, p. 125-129.

SIGNORELLI (Pietro). Storia critica, etc. [1567 *a*]. — 2ª edizione, 1787-90, 6 vol. — 3ª ed. *Napoli*, 1813, 10 vol.

SIGNOT (Jacques). * La totale et vraye description de tous les passaiges, lieux et destroictz par lesquels on peut passer et entrer des Gaules en Italie, et signamment par ou passerent Hannibal, Julius Cesar et les tres chretiens et tres puissans roys de France : Charlemagne, Charles VIII, Louis XII et le tres illustre roy François, à présent regnant Ier de ce nom. Item etc. (Voir BRUNET, *Manuel*) [2751]. *Paris, Toussains Denis* (avec privilège du parlement en date du 1er décembre 1515), p. in-4 de 40 ff. — *Ibid.*, 1518, p. in-4.

— * La division du monde contenant la déclaration des provinces et régions d'Asie, Europe et Aphricque. Ensemble les passaiges, lieux et détroitz, par lesquelz on peut entrer et passer de Gaulle es parties d'Italie, etc. *Paris, Alain Lotrian*, 1539, p. in-8. — *Ibid*, *id.* 1540-1545. — *Ibid.*, *chez Nicolas Chrestien*, 1547, p. in-8. — *Lyon*, *Ben. Rigaud*, 1572 ; — 1590, in-16 de 190 p.

SIGRAIS (Cl.-Guillaume Bourdon de). Considérations sur l'esprit militaire des Gaulois, pour servir d'éclaircissements préliminaires aux mêmes recherches sur les Français et d'introduction à l'Histoire de France [1797]. *Paris, veuve Desaint*, 1774, in-12.

C. r. *Mém. de Trévoux*, 1er suppl. de 1775, p. 47.

— * Considérations sur l'esprit militaire des Germains [10700]. *Paris*, 1781, in-12.

SILBERMANN. Localgeschichte, etc. [8365]. *Strasbourg*, 1775 ; pl.

SILIUS ITALICUS. Poème des guerres puniques [58, 2750]. Punicorum libri XVII (cum notis variorum). Cur. Arn. Drakenborch. *Utrecht*, 1717, in-4. — Trad. fr. dans la collection Panckouke et dans la collection Nisard.

SILVIUS (Ant.). Historiæ franco-merovingicæ synopsis, seu compendium, etc. [271 *b*]. — Continué par WILLEM, abbé d'Audernai ; édité par Raphaël DE BEAUCHAMPS. *Douai*, 1633, 2 vol. in-4.

SIMÉON (le Ch^er M.-A.). Diss. historique, etc. [6308]. *Paris*, 1851.

SIMEONI (Gabriel). Illustres obs. antiques [3879]. *Lyon, de Tournes*, 1558, in-4. (Trad. de l'italien par Ant. CHAPPUYS.)

— César renouvelé par les obs. militaires de G. Siméon [416 *a*]. *Paris*, 1558.

Trad. par Ant. CHAPPUYS.

— Discours ou description de la Limagne d'Auvergne, avec plusieurs médailles, statues, oracles, épitaphes et autres choses mémorables de l'antiquité, traduite de l'italien par Ant. CHAPPUYS [3140]. *Lyon*, 1561, in-4 ; fig.

Par suite d'une erreur typographique, on a écrit, dans le Catalogue méthodique, PINCONI au lieu de SIMEONI.

SIMIAN (Alfred-Paul). Inscriptions rom. de St-Pons et de St-Barthélemy (près de Nice) [4587]. — *Bull. mon.*, t. XXVIII, 1862, p. 353.

— Les Cités lacustres, etc. [1458]. — *M. rec.*, t. XXIX, 1863, p. 500.

— Les Allobroges, etc. [3001]. — *M. rec.*, t. XXX, 1864, p. 209.

SIMIL (l'a.). Mém. sur la Maison-Carrée [6001]. — *Not. des trav. de l'Acad. du Gard*, 1812-22, 1re part., p. 329-334.

SIMON (l'a.). Hist. de Vendôme, etc. [6773]. *Vendôme*, 1824-1825, 3 vol. — 2e éd., 1834. — 3e éd., 1857, in-4.

SIMON (Victor). Note sur des instruments en fer, etc. [7874]. — *Mém. de l'Acad. de Metz*, 1834-35, p. 425.

— Notes sur qqs. antiquités trouvées à Metz [7829]. — *M. vol.*, p. 427.

— Rapp. sur une not. de M. Gérard, etc. [7626]. — *M. rec.*, 1836-37, 2e partie, p. 174.

— Not. sur une statuette, etc. [7789]. Lue à l'Acad. de Metz le 2 avril 1837. *Metz*, 1838.

— Rapport sur l'aqueduc romain, etc. [7878]. — *Mém. de l'Acad. de Metz*, 1837-38, p. 315.

En collaboration avec SOLEIROL.

— Rapport sur les mon[ts] anciens existant dans le dép[t] de la Moselle, etc. [7798]. — *M. vol.*, p. 322. — T. à p. *Metz*, 1838 ; 23 p.

— Not. sur deux mosaïques [7799]. — *M. vol.*, p. 351.

— Note sur les matériaux, etc. [7849]. — *M. rec.*, 1838-39, p. 265.

— Not. sur qqs. antiq. trouvées à Metz. [7830]. — *M. vol.*, p. 276.

— Not. sur une médaille de Valens, etc. [7873]. — *M. rec.*, 1839-40, 2e partie, p. 329.

— Not. archéol. sur Metz et ses environs [7835]. — *M. rec.*, années 1840-41, p. 145 ; 1841-42, p. 137 ; 1842-43, p. 337 ; 1843-44, p. 285 ; 1851-52, p. 214 ; 1854-55, p. 561.

— Not. sur l'aqueduc, etc. [7871]. — *M. rec.*, 1841-42, p. 131.

— Recherches, etc. [1729]. — *M. rec.*, 1842-43, 1re partie, p. 356.

— Not. sur les sépultures des anciens [1682]. — *M. rec.*, 1843-44, p. 245.

— Not. archéol. sur Metz et ses environs [7835]. *Metz*, 1843, in-8, pl.

Terminée par les Rech. sur l'usage du fer chez les anciens. (T. à p. d'un art. précédent.)

— Obs. sur des sépultures antiques [1683]. *Mém. de l'Acad. de Metz*, 1850-1851, p. 143. — T. à p.

— Note sur un mon[t] de la déesse Isis [580, 7800]. — *M. rec.*, 1851-52, 1re partie, p. 207.

— Mém. sur des antiquités trouvées près de Vandrevange [7894]. — *M. vol.*, p. 231.

— Metz romain [7836]. — *Metz littéraire*, 1854. — T. à p. *Metz*, 1854, gr. in-8 ; 13 p.

— Not. sur qqs. objets d'art antiques [1488]. — *Mém. de l'Acad. de Metz*, 1855-56, p. 266. — T. à p. *Metz, F. Blanc*, 1856.

— Rapp. sur un mém. de M. Klein, etc. [7873]. — *M. rec.*, 1857-58, p. 371.

— Note sur une statuette, etc. [7860]. — *M. vol.*, p. 387.

— Note sur un bas-relief, etc. [7843]. — *M. vol.*, p. 391.

— Not. sur un mon[t] élevé au dieu Proxsumius [591, 7802]. — *M. vol.*, p. 396.

— Rapp. sur des fouilles f. au Sablon [7889, 7890]. — *M. vol.*, p. 401. — T. à p. intitulé *Not. sur des sépultures découv. au Sablon. Metz, F. Blanc*, 1858.

— Not. sur un marbre antique, etc. [7806]. — *M. rec.*, 1858-59, p. 301.

— Not. sur une partie de l'aqueduc, etc. [7872]. — *M. vol.*, p. 303. — T. à p. réuni des 2 art. précédents. *Metz*, 1860 ; 12 p.

— Notice sur les pierres antiques [7803]. — *M. rec.*, 1859-60, p. 383.

— Not. sur deux inscr. antiques découv. à Metz [7854]. — *M. vol.*, p. 397.

— Not. sur des antiq. découv. à Metz, etc. [7837]. — *M. vol.*, p. 403.

— Doc[ts] archéol. sur le dép[t] de la Moselle [7794]. *S. l. n. d.* (1860 ?) ; 19 p.

— Not. sur les antiq. antédiluv. du dép[t] de la Somme [9536]. — *Bull. de la Soc. d'archéol. et d'hist. de la Moselle*, 3e année, 1860 ; 4 p.

— Not. sur une villa rom. etc. [7863]. — *Mém. de la m. Soc.*, an. 1861 ; 4 p.

— Note concernant des antiq. celt., etc. [9583]. — *Mém. de l'Acad. de Metz*, 1860-61, p. 197. — T. à p. *Abbeville*, 1861 ; 5 p.

— Not. sur des poids antiques, etc. [1770]. — *Bull. de la Soc. d'arch.* etc. *de la Moselle*, 1864, 7e ann. ; 3 p.

— Not. sur des vases en terre cuite, etc. [1760]. — *M. vol.* ; 4 p.

SIMONIN. Considérations, etc. [2284]. — *Ann. de la Soc. acad. de Nantes*, année 1822.

SIMPSON (James). Archaic sculptures of cups, etc. [1436]. *Edinburgh*, 1867 (in-8 ?) ; planches.

SINCERUS (Jodocus, alias Justus Zinzerlingius). Itinerarium Galliæ et finitimarum regionum. Cum appendice de Burdigala [1231, nouv. add. 6313]. *Lugduni*, 1612-1616. — *Amstelodami*, 1649, in-12.

SINETY (A.-L. Esprit). Fragment, etc. [4859]. — *Mém. de l'Acad. de Marseille*, t. I, 1803, p. 50.

SINNER (G.-R.-Ludovig von). Bibliographie der Schweizergeschichte, oder systematisches und theilweis beurtheilendes Verzeichniss der seit 1786 bis 1851, über die Geschichte der Schweiz; von ihnen Anfängen an bis 1798 erchienen Bücher [10759]. *Bern, Zurich, Schulkess*, 1851, 1 Versuch, gr. in-8.

SIRAND (Alexandre). Rapport fait à la Soc. d'émulation de l'Ain sur une découverte, etc. [4164]. — *J^al d'agr. p. p. la m. Soc.*, t. XXX, 1840, p. 210-216; 1 lithogr.

— Courses archéol. etc. [4140]. *Bourg*, 1846-1854; 2 vol. gr. in-8. — Publié d'abord dans le *m. rec.* — Voir VINGTRINIER, Observations, etc.

— Bibliographie de l'Ain [4126]. *Bourg*, 1851.

— Antiq. g^les de l'Ain contenant un aperçu sommaire des objets antiques découv. jusqu'à ce jour dans chaque arr^t, avec une diss. sur l'émigration des Helvètes et leur défaite par César; sur le prétendu passage d'Annibal et sur les castramétations de l'Ain; avec une carte anc. et mod., indiquant à chaque localité les antiq. etc. [4142]. *Bourg, Milliet-Bottier*, 1855.

— Une nouvelle excursion, etc. [4143]. — *J^al d'agr. p. p. la Soc. d'émul. de l'Ain*, t. XLVIII, 1858, p. 361. — 2e art. 1859, p. 33.

SIRMOND (le p. Jacques). Concilia antiqua Galliæ, tres in tomos ordine digesta; cum epistolis pontificum, principum constitutionibus, et aliis gallicanae rei ecclesiasticæ monimentis [678]. *Parisiis, Cramoisy*, 1629, 3 vol. in-fol. (Voir *Bibl. histor.*, t. I, n° 6278.) — Reproduit dans la collection dite du Louvre. (Voir *Bibl. histor.* n° 6281.)

« Il faut joindre à cet ouvrage : Supplementa conciliorum antiquorum Galliae, primum emissa opera et studio P. DE LALANDE. *Lutetiae Parisiorum*, 1666, in-fol. » (BRUNET, *Manuel*.)

— Dissertatio in qua Dionysii Parisiensis et Dionysii Areopagita discrimen ostenditur [9050]. *Parisiis, Cramoisy*, 1641.

— Antitristanus I, etc. [1962]. *Parisiis*, 1650.

— Antitristanus II, sive ad J. Tristani S. Amandi antidotum responsio [m. n°]. *Parisiis*, 1650.

— Voir LAUNOY, année 1660.

SIRVEN (Joseph). Note sur une meule de moulin à bras, etc. [8341]. — *Soc. acad. des Pyrénées-Orientales*, t. III, 1837, p. 45-47.

SISMONDI (Jean-Charles-Léonard-Simonde de). Histoire des Français [340]. *Paris, Treuttel et Würtz*, 1821-1844, 31 vol.

— Histoire de la chute de l'empire romain, etc. (250-1000) [77]. *Paris*, 1835, 2 vol. — 3e éd. *Bruxelles*, 1837, gr. in-8.

SISTRIÈRES-MURAT (de). Voir DESISTRIÈRES-MURAT.

SIXTO GARCIA (P.-D.-Cayetano). Revue g^ale, etc. des principales incr. latines, etc. [2206]. *Paris, impr. P. N. Rougeron*, 1819; 32 p.

SJÖBORG. Samlingar för Nordens fornälskare [10644]. *Stockholm*, 1822, 2 vol. gr. in-8, avec planches.

SMET (Martin). Inscriptiones antiquæ, etc. [2163]. *Antuerpiæ*, 1688, in-fol.

SMET (chanoine Joseph-Jean de). Mém. sur l'état de l'enseignement des sc. et des l., etc. sous les empereurs rom. et les rois mérovingiens [2397, 10520].

Présenté en 1849, à l'Acad. roy. de Belgique.

SMETIUS (Jean Smith van der Ketten, dit). Antiquitates neomagenses [10414]. *Noviomagi*, 1578, in-4; planches grav. sur cuivre.

SMITH (Th.). Syntagma, etc. [605]. *Londini*, 1664.

SMITH (Ch.-R.). — Voir ROACH SMITH.

SMITH (G.). The religion of ancient Britain historically considered [498]. *London*, 1846.

SMITH'S (John). Choir Gaur the grant Orrery of the ancient druids, commonly called Stonehenge, on Salisbury plain, astronomically explained, and mathematically proved to be a temple erected in the earliest ages, for observing the motions of the heavenly bodies [10277]. *Salisburry*, 1771, in-4; 74 p.

— Gallic antiquities consisting of an history of the druids, particularly those of Caledonia; a dissertation of the authenticity of Ossian, etc. [10355] *Edinburgh*, 1708, in 4; fig. — 2e éd. *Ibid.*, 1780, gr. in-4.

SMOLLETT (**Tobias**). Histoire d'Angleterre, etc. [2860, 10261]. *Orléans, Rouzeau-Montaut*, 1759, 19 vol. — Voir HUME.

SMYTH (**W. H.**). Descriptive catalogue, etc. [2098]. *Bedford, Cloth*, 1834; 352 p.

SMYTTÈRE (**de**). Topographie histor. statist. et médicale de la v. et des env. de Cassel [7995 *a*]. 1828. — 2e éd., 1833.

— Mém. sur Cassel, etc. [7996 *b*]. — *Congrès archéol.*, XXVIIe session, tenue à Dunkerque en 1860 (1861), p. 180-230.

SOCQUET. Analyse des eaux thermales d'Aix [8931]. 1810.

SOKOLNICKI (**gal**). Recherches, etc. Extr. d'un jal de voyage fait en 1810, par le gal SOKOLNICKI [10720]. *S. l.*, 1812; 40 p.

SOLAND (**Aimé de**). Cromlech, etc. [7208]. *Mém. de la Soc. d'agr. sc. et arts d'Angers*, t. V, 1843, p. 135.

— Antiq. rom., etc. [7190]. — *M. vol.*, p. 137.

— Directeur-fondateur, en 1852, du *Bull. histor. et monumental de l'Anjou*, à Angers [7163].

SOLANET (**l'a.**). Habitations celtiques, etc. [7158]. — *Bull. de la Soc. d'agr.* etc. *de la Lozère*, 2e s., t. XX, 1869, 2e ptie, p. 29-30.

SOLEIROL (**J.-F.**). Un mont de Divodurum [2684]. — *Mém. de l'Acad. de Metz*, t. XL (t. XVI de la 2e s.), 1858-1859. — T. à p. *Metz*, 1859.

— Voir SIMON (Victor), année 1837.

SOLENTE. Note sur un tombeau rom. etc. [9624]. — *Mém. de la Soc. des ant. de Picardie, à Amiens*, t. IV, 1840, p. 431.

SOLERIUS. — Voir l'art. suivant.

SOLIERS (**Jules-Raymond de**), en latin SOLERIUS. [*Ms.*] Rerum antiquarum et nobiliorum Provinciæ commentarii; in quibus præcipue de antiquo statu et republica Massiliensi, necnon aliarum civitatum. Accessit chronicus catalogus Regum, imperatorum, comitum et aliorum, qui rerum provincialium potiti sunt, ab anno ante Christum natum 593; circiter. Adjunximus quoque pro nummorum antiquorum intellectu eorumdem summam ex Budæo et aliis classicis scriptoribus [3911]. (1572.)

Mentionné dans la *Biblioth. histor.*, t. III, no 38026.

— Antiq. de la v. de Marseille, où il est traité de l'ancienne république des Marseillois, et des choses les plus remarquables de leur état, translatées de latin en françois, par Ch. Annibal FABROT, et publiées par Hector de SOLIER fils [4850]. *Marseille, Coligny*, 1615. — *Lyon*, 1632.

SOLIN (**Julius-Solinus Polyhistor**). De situ orbis terrarum et memorabilibus quæ mundi ambitu continentur liber [905]. *Venetiis, Jenson*, 1473, in-4. (1re édition avec date). — Éd. de SAUMAISE. *Paris*, 1629, 2 vol. in-fol.; revue par A. GOETZ. *Leipsig*, 1777, in-8. — Éd. bipontine, 1794, in-8.

SOLONNE (**Jean**). Mém. historique, etc. [4539], 1842, in-12. (D'après GIRAULT de St-F.)

SOMMERARD (**Alexandre du**), qui signait DUSOMMERARD. * Vues de Provins, dessinées et lithographiées en 1822, par plusieurs artistes; avec un texte par M. D*** [9243]. *Paris, Gide; Provins, Lebeau*, 1822, in-4; 32 pl.

— * Notices sur l'hôtel de Cluny et sur le palais des Thermes, avec des notes sur la culture des arts, principalement dans les xve et xvie siècles [9125]. *Paris*, 1834.

Ouvrage revu et terminé par Edmond DU SOMMERARD, fils de l'auteur.

— Les arts au moyen âge en ce qui concerne principalement le palais romain de Paris, l'hôtel de Cluny, issu de ces ruines et les objets d'arts de la collection classée dans cet hôtel [m. n.]. *Paris, Techener*, 1839-46, 5 v. in-8; atlas pet. in-fol.

SOMMERARD (**Edmond du**). Catalogue et description des objets d'art de l'antiquité, du moyen âge et de la renaissance, exposés au musée des Thermes et de l'hôtel de Cluny [1317]. *Paris*, 1862.

— Exposition universelle de 1867, à Paris. Rapports du Jury international. — Commission de l'histoire du travail. Rapport [1328]. *Paris, P. Dupont*, 1867; 112 p.

SOMMEREN (**Jean Van**). Antiquités bataves [10409].

SOMNER (**William**). Julii Cæsaris portus

Iccius illustratus, sive Guilielmi Somneri ad Chiffletii librum de portu Iccio Responsio, nunc primum edita ; Caroli du Fresne Dissertatio de portu Iccio. Tractatum utrumque latine vertit, et nova Dissertatione auxit Edmundus GIBSON [2847]. *Oxonii, e Theatro Sheldoniano*, 1694, in-4.

SORBETS (Dr Léon). Mosaïques gallo-rom. de St-Cricq [6724]. — *Rev. de Gascogne, bull. du comité d'hist. et d'archéol. de la prov. ecclés. d'Auch*, t. IX, 1868, p. 564-566.

— Moulin à blé gallo-romain (trouvé à *Aire*) [6718]. — *M. rec.*, t. XI, 1870, p. 226.

SORIN. Tour des Druides à Angers, etc. [7197]. — *Mém. de la Soc. d'agr.* etc. *d'Angers*, nouv. période, t. VII, 1864 ; 22 p.

SOUCAILLE. Note sur qqs. fragments de poterie et autres objets antiques trouvés dans les fouilles exécutées à l'entrée du village de Jonset, etc. [8337]. — *Soc. acad. des Pyrénées-Orientales*, t. VI, 1843, p. 309-314 ; 2 pl.

SOUCHET (J.-B.). Histoire du diocèse et de la ville de Chartres (posthume) [5825], t. I, II, III. *Chartres ; Paris, Dumoulin.*

SOUËF. Mosaïque de Bergheim [8448]. — *Bull. de la Soc. acad. de Laon*, t. II, 1853, p. 248-254.

SOUIRY (l'a.). Études histor. sur la vie et les écrits de st Paulin, év. de Nole [6280]. *Bordeaux ; Paris, Sagnier et Bray*, 1853-56, 2 vol.

SOULIÉ (Eudore). Rapport, etc., sur des fouilles... faites... en 1838, 41, 42. [6641]. — *Bull. de la Soc. de statistiq. de l'Isère*, t. III, 1845, p. 88-92.

SOULTRAIT (Georges de). Statistique monumentale de la Nièvre, canton de Fours. — Notes p. une bibliothèque Nivernaise [7896]. 2 pièces.

— Camp de Péran [5522], 1850. — Voir CAUMONT (A. de), SOULTRAIT (G. de) et BOUET (G.).

— Abrégé de la statistique montale de l'arrt de Nevers, par le cte G. de Soultrait [7905]. — *Bull. mon.*, t. XVII, 1851, p. 215 et 359.

— Rapp. archéol. sur les cantons de Moulins (Ouest), etc. [4489]. — *M. rec.*, t. XVIII, 1852, p. 209.

— Essai sur la numismatique nivernaise [7903]. *Paris, Didron*, 1854.

— Guide archéol. dans Nevers [7909]. *Nevers*, 1856.

— Essai sur la numismatique bourbonnaise [3287]. *Paris*, 1858 ; 129 p. ; 6 pl.

— Abrégé de la statistique archéolog. de l'arrt de Moulins [4487]. — *Répertoire des trav. de la Soc. de statistique de Marseille*, t. XXI, 1858.

— Dictionnaire topographique du dépt de la Nièvre, rédigé sous les auspices de la Société Nivernaise des lettres, sciences et arts ; (dans la collection des dictionn. topogr.) [7901]. *Paris, Impr. imp.*, 1865, in-4.

SOULTRAIT (G. de) et ALARY. Rapports archéol. sur le canton de Moulins (Est) [4488]. — *Bull. mon.*, t. XVIII, 1852, p. 178, 186.

SOULTRAIT (G.) et DE SAINT-SAULGE. Statistique montale de la Nièvre (canton de St-Benin-d'Azy) [7902]. *Nevers*, 1848, in-12.

SOUQUET (Gustave). Histoire chronologique, etc. [2914]. *Amiens, impr. Lenoël-Hérouart*, 1863 ; 188 p. ; 1 pl.

— Rapport sur des fouilles, etc. [8215]. — *Bull. de la Comm. des ant. départales du Pas-de-Palais*, t. II, 1865, p. 270-273 ; 4 pl.

SOURDEVAL (Charles-Mourain de). Mém. sur les ruines gallo-rom. de St-Gervais-en-Vendée [9857]. — *Bull. de la Soc. des ant. de l'O.*, 3e trim., 1842. — Voir plus loin, année 1863.

— Antiq. de la Vendée [9821]. — *Annuaire de la Soc. d'émul. de la Vendée*, année 1854 (1855) ; 2 p.

— Promenade archéol. Le castellum de Larçay, l'aqueduc d'Athée, etc. [6558]. — *Mém. de la Soc. archéol. de Touraine*, t. XI, 1859, p. 221-231.

— Mém. sur des ruines gallo-rom. découv. à St-Gervais (Vendée) [9857]. — *Mém. lus à la Sorbonne en* 1861 (archéologie), 1863, p. 123. — T. à p. ; 8 p. — Reprod. dans l'*Annuaire de la Soc. d'émul. de la Vendée*, 8e année, 1861-1862.

— Le cheval de race, etc. [1701]. — *Revue contemporaine*, 1863. — T. à p.

— Études physiques et histor. sur le

littoral vendéen entre St-Gilles [sur Vie] (Vendée) et Bourgneuf-en-Retz (Loire-Inf^re) [4091]. — *Mém. de la Soc. des ant. de l'O.*, t. XXIX. — T. à p. *Poitiers*, 1864.

— Fers antiques, etc. [6569] (2e art.). — *Mém. de la Soc. arch. de Touraine*, t. XVII, 1865, p. 133-140.

SOUZY (Le Peletier de). Découverte, etc. [3445, 3447]. — *Mém. de l'Acad. des inscr. et belles-lettres*, t. I, 1717 (hist.), p. 294-298.

La v. des Curiosolites placée à Corseult.

SPACH (Louis). Mém. sur la bataille d'Argentorat, gagnée par Julien l'Apostat sur les Germains [8368]. — *Congrès sc.*, X^e session, tenue à Strasbourg en 1842, t. II, 1843; p. 331-339.

— Découverte, etc.; Extrait d'un mém. de M. Wilmowski [11073]. — *Bull. de la Soc. pour la cons. des mon^ts histor. d'Alsace*, 2e s., t. III, 1865, gr. in-8, p. 1-8.

— Augusta Rauracorum, etc. [10807]. — *M. rec.*, m. s., t. IV, 1866, p. 111-120.

— Les Thermes de Badenweiler [10397 *a*]. — *M. rec.*, m. s., t. VIII, 1870, p. 65-72; 1 grav.

SPAL. Notes histor. sur la c^ne de Coëron (Loire-Inf^re) : Origines, hist. jusqu'à la fin du xve siècle [6922]. — *Bull. de la Soc. archéol. de Nantes*, etc., t. VI, 1866, gr. in-8, p. 245-256.

SPALLART (Robert de). Tableau historique des costumes, des mœurs, etc. [850]. *Metz, Collignon*, 1804-9, 7 vol. in-8 et 7 cahiers in-fol. — Texte allemand, *Vienne*, 1804-11, 8 vol. in-8 et 1 atlas in-fol.

SPANHEIM (Ézéchiel). Dissertationes, etc. [1868]. *Rome*, 1664, in-4. — *Paris*, 1671, in-4. — *Londres; Amsterdam* (éd. posthume), 1706-17, 2 vol. in-fol.

SPASCHUH (N.). Keltische Studien, oder Untersuchungen über das Wesen und die Entstehung der griechischen Sprache, Mythologie, und Philosophie vermittelst der keltischen Dialecte [2301]. *Francfort-sur-le-Mein, Varrentrapp*, 1848; 1 pl.

SPENER (Jacques-Charles). Notitia Germaniæ antiquæ [10717]. *Halle*, 1717, in-4.

SPON (Jacob). Recherches des antiq. et curios. de la v. de Lyon, etc. [8543]. *Lyon*, impr. de *Jacques Facton*, 1673; 234 p.; fig. — *Lyon*, 1676. — Dernière édition intitulée : Rech. des antiq. et cur. de la v. de L., anc. colonie rom. et capit. de la Gaule celt. Nouv. éd. augm. des additions et corrections écrites de la main de Spon sur l'exemplaire de la Biblioth. impér. et d'une étude sur la vie et les ouvrages de cet antiquaire, par J.-B. Monfalcon. *Lyon, Perrin*, 1859.

La partie épigraphique a été revisée par Léon Renier.

— Rech. curieuses d'antiquités contenues en plusieurs diss. sur des médailles, bas-reliefs, statues, mosaïques, inscriptions antiques [1264]. *Lyon, Th. Amaulry*, 1683, in-4; fig.

— * Discovrs svr vne pièce antiqve et cvrieuse du cabinet de Jacob Spon, d^r en médecine, représentée dans la planche suivante [8542]. *Lyon*, impr. de *Jacques Faeton*, 1674, pet. in-8; pl.

— Miscellanea eruditæ antiquitatis in quibus marmora, statuæ, musiva, toreumata, gemmæ, numismata, Grutero, Ursino, Boissardo, Reinesio, aliisque antiquorum monumentorum collectoribus ignota et huiusque inedita referuntur ac illustrantur cura et studio Jac. Sponii, etc. [1265]. *Lugduni, Huguetan et soc.*, 1685, p. in-fol.; 376 p., plus l'index; fig.

— Hist. de Genève, rectifiée et augm. par Gautier et Firm. Abauzit [10880]. *Genève, Barillot*, 1730, 4 vol. in-12; 10 pl., et 2 vol. in-4; 10 pl.

SPRENG (J.-Jac.). Breve Commentarium, etc. [10841]. 1746, in-4.

SPRING. Sur l'âge de fer en Germanie [10743]. Communication faite à l'Acad. roy. de Belgique en 1854. (Voir le *Moniteur* du 18 mars 1854.)

SPRUNER (d^r Karl von). Atlas antiquus [1115]. *Gothæ*, 1837, in-fol.; 27 pl. coloriées. — 2e éd., 1848. — 3e éd. donnée par Th. Menke [1118]. *Gotha, Perthes*, 1862-1864, in-fol. oblong, 31 cartes color. et 64 cartes en noir.

— Historisch-geographische Schul-Atlas von Deutschland [10736]. 12 color. Karten in Kupfertisch. — 2e éd. 1866. *Gotha et Wien*.

I. Deutschland zur Zeit der Römerherrschaft.

SPRUNER (K. von) et BRETSCHNEIDER (C.-A.). Historisch-geographischer

Wand-Atlas [1116]. 1862-64, in-fol., 10 cartes color. au 4,000,000e.

I. Europa um 350 nach. Chr.
II. Im Anfange des VI. Iahrh.

STABENRATH (de). Rapp. fait à la Soc. libre de l'Eure sur les nouv. fouilles qu'elle avait fait entreprendre au Vieil-Évreux, et que l'auteur s'était chargé de diriger [5815]. — *Rec. de la Soc. libre d'agr.* etc. *de l'Eure*, t. I, 1830, p. 131.

— Not. sur les fouilles faites dans une partie de la forêt de Beaumont-le-Roger, etc. [5774]. — *M. vol.*, p. 245.

— Rapp. sur un mém. de M. Mangon de Lande sur Samarobriva [2931]. — *M. vol.*, p. 373.

— Note sur un tombeau, etc. [5767]. — *M. rec.*, t. III, 1832, p. 156.

— Mém. sur des découvertes f. à Trigale, arrt d'Evreux [5810]. — *M. vol.*, p. 165.

— Examen de l'ouvrage de J.-F.-Gabriel Vaugeois sur les antiquités de l'Aigle. — Voir Vaugeois, année 1843.

STARK (K.-B.). Stadteleben, etc., Nebst einem Anhang über Antwerpen [1308]. *Iéna*, 1855.

— Die Mithrassteine von Dormagen. Nebst anderen ineditis des Mithrasdienstes [587, 11033]. — *Jahrb. des Vereins von Alterthumsfreunden im Rheinlande*, t. XLVI, 1869; 4 pl.

STARK (J.-B.). Ladenburg am Neckar und seine römische Funde [nouv. add. 11039 *b*]. — *M. rec.*, t. XLIV-XLV, 1868, p. 1-45; 3 pl.

STARK (Frz). Keltische Forschungen (über keltischen Namen) [2328]. *Wien*, 1868-69, 4 parties.

STEGER. De viis militaribus, etc. [10738]. *Lipsiæ*, 1738, in-4.

STEINER (J.-W.-Ch. von). Codex inscriptionum romanarum Rheni [11110]. *Darmstadt*, 1837, 2 vol. — 2e éd. (Voir l'article suivant.)

— Codex inscriptionum romanarum Danubii et Rheni [2218, 11114]. *Seligenstadt-Darmstadt und Gross-Steinheim*, 1851-64, 5 vol. in-8.

Entre les 2 éditions, B. Borghesi a publié sur cet ouvrage un mémoire intitulé : *Sulle Iscrizioni*, etc. (Voir Borghesi, sous la date de 1839.)

STEININGER (J.). Die Ruinen, etc. gewöhnlich die röm. Bäder genannt. [11068]. *Trèves, Lintz*, 1835.

— Geschichte der Trevirer unter der Herrschaft der Römer. — (T. 2 :) Unter d. H. der Franken [11060]. *Trèves, Lintz*, 1845, 1850, 2 vol.

STEUB (L.). Die Urbewohner Rätiens, etc. [10837]. *München*, 1843.

— Zur Rhätischen Ethnologie [10838]. *Stuttgart*, 1854.

STEYERT (A.). Du prétendu passage de st Paul à Lyon [8522]. — *Revue du Lyonnais*, 2e s., t. XXVI, 1863, p. 314, 461.

— Lettre au sujet du prétendu passage, etc. [8524]. — *M. rec.*, n. s., t. XXVII, 1863, p. 165.

STHÈNE. Notice, etc. [2575]. — *Bull. de la Soc. d'arch. et d'hist. de la Moselle*, 7e année, 1864; 5 p.

STŒBER (Aug.). Der Hünerhubel, etc. *Mulhausen*, 1859, in-16; 50 p.

Il existe un Rapport de M. G. Stoffel sur le même sujet dans les Archives de la Soc. des monts histor. d'Alsace. Les dessins en ont été reproduits dans les *Tombelles celtiques* de Max. de Ring.

— Notes sur la vallée antérieure de l'Ill, le camp rom. de Britzgyberg et le petit château de Küppelé [8449]. — *Bull. de la Soc. pour la cons. des monts hist. d'Alsace*, t. III, 1859; 12 p.

— Origine et signification des noms Belch, Balon [2340]. — *Rev. d'Alsace*. — T. à p. *Colmar*, impr. *Decker*, s. d.; 7 p.

STOFFEL (Georges). Les Herweg [8348]. — *Revue d'Alsace*, 1847. — T. à p. *Colmar*; 5 p.

— Étude, etc. [2546]. *Paris, Impr. imp.*, 1862, gr. in-4; 30 p.; 2 cartes.

— Dictionnaire topogr. du dépt du Haut-Rhin, rédigé sous les auspices de la Soc. industr. de Mulhouse [8443]. (Dans la collection des diction. topogr.) *Paris, Impr. imp.*, 1868, in-4. — 2e édit. avec texte allemand, 1876.

— Larga (ville rom. dont l'emplacement est constaté pour la 1re fois), simple notice avec plan [8455]. — *Jal d'Altkirch*. T. à p. (s. d.?)

STOKES (Whitley). — Voir Endlicher.

STOLBERG (Léopold-Frédéric X., cte de). Reisen in der Germania, Italien und

Sicilien [2773]. *Kœnigsberg*, 1794, 4 vol. — Trad. anglaise : Travels in Germany, etc. *Londres*, 1794, 2 vol. in-4.

STOLBERGK (C.). De Druidibus [604]. *S. l.*, 1650; pièce in-4.

STOPPEL (Jac.). Repertorium in formam alphabeticam redactum, in se continens totius iam cogniti orbis terras, maria, fontes, flumina, montes, gentes, ciuitates atque villas, secundum eorum longitudines ac latitudines tam ab ipso Ptolemæo quam cæteris moderniorihus lustratus [920]. *Impressum Memmingen, per Albertum Kune*, etc. 1519, in-fol.

STRABON. Géographie [900]. Édition de F. Dübner et Ch. Müller, dans la collection gr.-lat. de Didot, 1857-1863, gr. in-8, 2 vol.; 15 cartes. — Traduction française par Amédée Tardieu. *Paris*, *Hachette*, 1866-1875, 3 vol. in-16 (1).

Les parties de Strabon relatives à la Gaule ont été reproduites dans le *Recueil des Historiens* de dom Bouquet et dans les *Extraits des auteurs grecs concernant la géographie et l'histoire des Gaules*, publiés par Cougny pour la Soc. de l'hist. de France.

STRADA DE ROSBERG (Jacques). Imperatorum romanorum omnium orientalium et occidentalium imagines, ex antiquis numismatis delineatæ [2068]. *Zurich*, 1559, in-fol.

STRADA DE ROSBERG (Octavien). De vitis imp. et Cæs. rom. nec non uxorum et liberorum eorum, etc. à Jul. Cæsare usq. ad Cæsar. Matthiam [87]. *Francofurti*, 1615, in-fol., 521 pl. de médailles. — Traduction allemande. *Ibid.*, 1618 et 1629, in-fol.

Ouvrage considéré comme la suite des travaux de Jacques Strada, l'aïeul de l'auteur. (Voir *Biogr. univ.*)

STRAUB (l'a.). Énumération, etc. [8363]. — *Bull. de la Soc. p. la cons. des mon*ts *histor. d'Alsace*, t. II, 1858, p. 162-171.

STRAUCHIUS (Joannes). De Germanorum armis, eorumque ad Rempublicam usu [10748]. *Lipsiæ*, 1651, in-4.

STREBER (le dr Franz). Ueber die Sogenannten Regenbogen - Schusselchen. (Scutellæ iridis) [2031]. *Munich*, 1860-1861, in-4, 2 parties; 11 pl.

Ouvrage couronné en 1863 par l'Acad. des inscr. et b.-l. — C. r. par A. de Longpérier, *Rev. num.*, 1863, p. 141.

— Ueber eine gallische Silbermunze, etc. [656, 2038]. *Ibid.*, 1863, in-4, vign.

C. r. par Ch. Robert, *Rev. num.*, 2e s., t. IX, 1864, p. 464-476.

STRUTT (Joseph). B. ***. traducteur. Angleterre ancienne, ou tableau des mœurs, usages, armes, habillements, etc., des anciens Bretons, des Anglo-Saxons, des Danois et des Normands [10280]. *Paris*, 1789, in-4; 67 pl.

STRUVE (Burcard-Gotthelf). Selecta bibliotheca historica [155]. *Iéna*, 1705. — Voir, ci-dessus, Meusel.

STUKELEY'S (William). Itinerarium curiosum... or an account of the antiquities and curiosities observed in travels through Great Britain, etc. [10296]. *London*, 1724, in-fol.

La 2e édition (1776) est très préférable. (*Bibliogr. univ.*, p. 12.)

— Palæographia britannica, or discourse on antiquities in Britain [m. n°]. *London*, 1742-1752, in-4.

— Stone-henge, a temple restored to the british Druids [10312]. *London*, *Innys*, 1740, in-fol.; fig.

— Abury; a temple of british Druids with some others described; where in is a more particular account of the first and patriarcal religion, and of the peopling of the british islands [10313]. T. II. *London*, 1743, in-fol.

— Medallic history, etc. [10325]. *London*, 1757-1759, 2 vol. in-4; fig.

SUCHAUX (Louis). Galerie biographique du dépt de la Hte-Saône [8677]. *Vesoul*, *Suchaux*, 1864.

— Dictionnaire historiq., topographique et statistique des cnes du dépt de la Hte-Saône [8679]. *Vesoul*, 1866, 2 vol.; plans et dessins.

— Rapport du président de la Commission d'archéol. de la Hte-Saône, sur les antiq. de St-Sulpice, canton de Villersexel [8718]. — *Bull. de la Soc. d'agr.* etc. *de la Hte-Saône*, à Vesoul. — 2e série, 1869, p. 140-157; 47 fig.

— Ruines de St-Sulpice [8719]. — *M. vol.;* 20 p.; 6 pl.; 42 fig. — T. à p.

SUÉTONE. Les douze Césars [59]. — C. Suetonii Tranquilli duodecim Cæsares et minora quæ supersunt opera,

(1) Par suite de circonstances indépendantes de la volonté de l'auteur, la bibliographie des auteurs grecs et latins est, dans la suite de l'ouvrage, généralement réduite à l'indication d'une édition et d'une traduction.

Baumgartenii-Crusii commentario, excursibus Ernestii et annotationibus variorum notisque illustravit Car. Benedict. HASE. *Parisiis, Lemaire*, 1828, 2 vol.

— Les Douze Césars. Traduction nouvelle avec le texte latin, un commentaire histor. et un index, par E. PESSONNEAUX. *Paris, Charpentier*, 1856, in-12.

SULPICE SÉVÈRE. Œuvres diverses [72, 2417, 4052].

Œuvres complètes

— Opera. *Lugd. Batav., ex officina Elzeviriana*, 1635, pet. in-12. — 1643. — 1656. — Opera omnia, cum commentariis Georgii HORNII. *Amstelodami*, 1665, in-8. — Sulpicii Severi opera omnia, cum lectissimis commentariis, accurante Georg. HORNIO. — 1re éd., *Lugd. Batav., Elzevier*, 1647. — 2e éd., *ibid.*, 1654, in-8. — 3e éd., « cum notis variorum ». *Amstelod., Elzevier*, 1665. — Sulp. Severi. Quæ extant opera omnia, in duos tomos distributa, quorum prior continet antehac edita cum notis J. VORSTII ; alter epistolas, ex recens. et cum notis J. CLERICI (curante Ch. SCHOTTEGEN). *Lipsiæ*, 1709, in-8, — Sulp. Severi Opera, ad mss. codd. emendata, notisque observationibus et dissertationibus illustrata studia Hieron. de PRATO. *Veronæ, typ. Seminarii*, 1741-1754. 2 vol. gr. in-4.

Le 3e vol. (Lettres) n'a pas paru.

— Patrologie latine de l'abbé Migne, t. XX (avec d'autres écrivains du ve siècle.)

— Œuvres de S. Sévère, traduction nouvelle, par M. HERBERT : lettres attribuées à Sulpice Sévère, trad. par M. RITON ; poëmes de Paulin de Périgueux et de Fortunat sur la vie de saint Martin, trad. par F. CORPET. *Paris, Panckoucke*, 1848-1849, 2 vol. in-8.

Histoire sacrée

— Severus Sulpicius. Sacræ historiæ a mundi exordio ad sua usque tempora deductæ lib. II, nunc primum in lucem editi, cum præfatione Mathiæ (FRANCOWITZ), Flacii Illyrici. *Basileæ, Oporinus*, 1556, pet. in-8 ; 192 p.

— Histoire sacrée, trad. par l'a. POUSSIN. *Paris, Lecoffre*, 1859, in-12.

Vie de saint Martin

Sulpitius Severus de vita et obitu S. Martini, episcopi Turonensis. Beati Nicolai Myrensis vita, e græca in latinum translata per Leonardum JUSTINIANUM. (*S. d.*), in-4. — Edition de la fin du xve siècle, imprimée probablement à Venise. (*Brunet.*) — Vita Martini Turonensis archiepisc.: cum tribus opusculis dyalogorum prescripta a Severo Sulpitio. (*S. d.*), in-4, goth. — Édition imprimée à la fin du xve siècle, avec des caractères de Pierre Os, de Breda, à Zwoll. — Éd. de Jérôme CHLICHTOVE. *Paris, Jean Marchand et J. Petit*, 1511, pet. in-4. — Éd. donnée à Utrecht en 1514, in-4.

— Vie de st Martin. Éd. de Ch. HALM, pour l'Académie des sc. de Vienne. Corpus scriptorum eccles. latin. vol. I. *Vienne*, 1866, in-8.

Ouvrage inséré dans SURIUS, *Vies des Saints*, 11 novembre.

— Paraphrase en vers de la *Vie de st Martin*, par FORTUNAT [2443], (dans les Œuvres complètes de Fortunat, éd. de Christophe Brouwer, S. J., in-4). *Mayence*, 1607, in-4. — Dans la Patrologie lat. de l'a. Migne, t. LXXXVIII.

— * La Vie sainct Martin, auecques les miracles et oraisons. *On les vend à Paris pour Pierre Sergent, en la rue Neufue Nostre dame a lenseigne sainct Nicolas* (sans date], in-4, goth.

— * Vie (la) et miracles de Monseigneur saint Martin, translatée du latin en françoys. *Tours, Mathieu Lateron*, 1496, in-fol.

— * Vie et miracles de saint Martin, archeuesque de Tours, *Paris, Michel le Noir*, 1499, in-4, goth. — Traduction de Pierre DURYER. *Paris*, 1650, in-12. — Traduction de Richard VIOT, précédée d'une not. histor. sur Sulpice Sévère, par l'a. J.-J. BOURASSÉ. *Tours, Mame*, 1861, in-18.

— Sulpitius Severus, leben der heiligen Martin. Erstmalige deutsche übersetzung besorgt von F.-F. REINLEIN. *Nürnberg, Loke*, 1870, in-16 ; XII-68 p.

SURIUS (Laurent). De Vitis sanctorum ab Aloysio Lipomano olim conscriptis [673]. *Cologne*, 1570-1574, 6 vol. in-fol. *Venetiis*, 1581. — *Cologne*, 1617.

Surius n'a fait que les t. I, II, III. — Il a publié aussi : Concilia omnia, etc. *Cologne*, 1567, 4 vol. in-fol.

SURVILLE. Mémoire sur les vestiges des thermes de Bayeux, découverts en 1760 et recherchés en 1821 [5063]. *Caen, impr. Chalopin fils*, 1822; 4 pl.

SUSMILCH. Réflexions sur la convenance de la langue celtique et en particulier de la teutonique avec celles de l'Orient, par lesquelles on démontre que la langue teutonique est matériellement contenue dans les langues orientales et qu'elle en dépend. Traduit de l'allemand [2251). — *Mém. de l'Acad. de Berlin*, t. I, 1745 (1746), in-4, p. 188-203.

SWERT (J.). Rerum belgicarum annales chronici et historici; de bellis, urbibus, etc. antiqui recentioresque scriptores [10452]. *Francofurti*, 1620, in-fol.

T

TABOUET (Jules), en latin TABOETIUS. De republica et lingua francica et gothica, deque diversis ordinibus Gallorum vetustis et hodiernis, nec non de prima senatuum origine, et magistratibus artis militaris; adjecta francicarum antiquitatum et urbium serie latina gallicis aphorismis explicata [242]. *Lugduni, Theobaldus Paganus*, 1559, in-4; 67 p.

Voir BRUNET, *Manuel*, t. V, col. 628.

TABOUILLOT (dom Nic.) et FRANÇOIS (dom Jean). * Histoire de Metz (avec les preuves) par des religieux bénédictins de la congrégation de St-Vannes [7819]. *Nancy et Metz*, 1769-1790, 6 vol. in-4, fig.

T. Ier, par J. TABOUILLOT. *Nancy, Lamort*, 1769. — II, III, par dom FRANÇOIS. *Metz, J.-B. Collignon*, 1775. — IV, *Nancy, Behmer*, 1781. — V, *Metz, Lamort*, 1787. — VI, *Ibid.*, *id.*, 1790. * Autre édition : *Metz, Marchal*, 1775-1787, 5 vol. in-4. — Voir BARBIER, *Anonymes*, 3e éd., t. II, col. 725. — Voir sur Dom Tabouillot, DOMMANGET, dom Tabouillot (*Mém. de la Soc. d'archéol. de la Moselle*, t. X, 1868, p. 111). Cp. *Bull. de la m. Soc.*, 1862, p. 83.

TABOUROT (Th.). [*Ms.*] Hist. de l'église de Langres [7449].

Ms. perdu. (*Bibl. histor.*, t. I, n° 5043.)

TACITE (10249, 10698].

Œuvres complètes

Cornelii Taciti Annalium et historiarum libri superstites; libellus aureus de situ, moribus et populis Germaniæ, et dialogus de oratoribus claris. *Venetiis, per Vindelinum de Spira*, in-fol. (vers 1470). — Taciti Opera, iterum recensuit, notas integras Justi Lipsii, J.-F. Gronovii, Nic. Heinsii et suas addidit Jo.-Aug. ERNESTI. *Lipsiæ*, 1752 et 1772, 2 vol. in-8. — C. Corn. Tacitus qualem omni parte illustratum postremo publicavit Jer. Jac. Oberlin cui posthumas ejusdem annotationes et selecta variorum additamenta subjunxit Jos. NAUDET. *Paris, Lemaire*, 1819-1820, 6 vol. in-8. — Cornelius Tacitus, a J. Lipsio, J.-F. Gronovio, N. Heinsio, J.-A. Ernestio, F.-A. Wolfio emendatus et illustratus, ab Imm. BEKKÉRO ad codices antiquissimos recognitus; cum indicibus. *Lipsiæ, Weidmann*, 1831, 2 vol. in-8. — Taciti opera quæ supersunt, ad fidem codicum mediceorum ab J.-Georgio Baitero denuo excussorum ceterorumque optimorum librorum recensuit atque interpretatus est Jo.-Gasp. ORELLIUS. *Turici, sumptibus Orellii*, 1846-48, 2 vol. gr. in-8.

— Tacite, traduit par DUREAU DE LAMALLE, avec le texte en regard; 4e édition revue, corrigée et augmentée des suppléments de Brotier, traduits pour la première fois par M. Noël, avec des portraits d'après les monuments, et une carte de l'empire romain. *Paris, Michaud*, 1827, 6 vol. in-8.

1re éd. sans le texte, *Paris*, 1790, 3 vol. in-8.
2e éd., *Paris*, 1808, 5 vol. in-8.
3e éd., *Paris*, 1817, in-8.

— Traduction complète des ouvrages de Tacite, avec des notes historiques et critiques, par DE LA BLETTERIE et J.-H. DOTTEVILLE. *Paris*, 1799, 7 vol. in-8 et in-12. Autres éditions. *Paris*, 1774-79-80 et 1788.

— Tacite, œuvres complètes, traduction nouvelle, avec le texte en regard, des variantes et des notes, par J.-L. BURNOUF. *Paris, L. Hachette*, 1829-33, 6 vol in-8; 4 cartes. — Autre éd. *Ibid.*, *id.*, 1858, 1 vol. gr. in-18.

Histoires

P. Cornelii Taciti libri historiarum quinque noviter inventi, atque cum reliquis ejus operibus editi (cura Phil. BEROALDI). *Romæ impressi per Stephanum Guillereti de Lotharingia*, 1515, in-fol.

— Taciti ab excessu divi Augusti historiarum libri quinque nuper inventi, atque cum reliquis ejus operibus maxima diligentia excusi (cura Ant. FRANCINI). *Florentiæ, per hæredes Phil. Juntæ*, 1527, in-8.

Vie d'Agricola

De vita et moribus C. Julii Agricolæ liber. Ad fidem codd. denuo collatorum recensuit et commentariis enarravit Fr. CAR. WEX. *Brunsvigæ, Vieweg*, 1852, in-8.

— * Vie d'Agricola. Traduction de Tacite (avec des notes), par un officier du corps royal d'état-major (COOLS-DESNOYERS). *Paris, Firmin Didot*, 1819; 126 p.

— Agricola. Urschrift, Uebersetzung, Anmerkungen und eine Abhandlung über die Kunstform der antiken Biographie, durch G.-L. WALCH. *Berolini, Nauck*, 1828, in-8.

Mœurs des Germains

Cai. Cornelii Taciti, Equitis Ro. Germania incipit. (In fine :) Laus Deo clementissima. In-fol. goth. impr. avec les caractères de F. Creusner, à *Nuremberg*, vers 1473. — Germania. Petit in-4 impr. avec les caract. de Jo. Gensberg, à Rome, vers 1474. — Germania, C. Cornelii Taciti; Vocabula regionum; Harminius Ulrici Hutteni; dialogus cui titulus Julius. Recens edita a Philippo. MELANCHTHONE. *Wittebergae, J. Lussi*, 1517, petit in-8. — Éd. de Gronovius. *Francof.*, 1766, in-8. — Germania. Recensuit varietate lectionis instruxit: Annotationemque, G. Gust. Bredovii integram addidit Fr. PASSOW. *Vratislaviæ*, 1817, in-8. — Germania, Nach ein bisher nicht verglichte Codex übers. von SCHWETSCHKE. *Halle*, 1849, in-8. — Germania; edidit et illustravit F. KRITZ. *Berolini*, 1860, in-8.

— Mœurs des Germains, trad. par l'a. LE GENDRE. *Paris, Briasson*, 1753, in-12. (Voir l'a. LE GENDRE.) — La Germanie, traduite de Tacite (par P.-Aug.-Mar. MIGER); avec un nouveau commentaire extrait de Montesquieu et des principaux publicistes; le rapprochement des mœurs germaines avec celles des Romains et de divers autres peuples, particulièrement avec celles de la nation Française, des notes histor. et géograph., une table chronolog. indiquant les progrès des différentes peuplades de la Germanie, leurs envahissements successifs et leurs établissements; la traduction des principales variantes extraites de tous les commentaires de Tacite (par le même). *Paris, C.-L.-F. Panckoucke*, 1824, in-8, avec un atlas in-4 de 16 p. de texte et 12 pl.

Voir Quérard, *Supercheries littéraires*, 2e éd., t. III, col. 21 a.

— Germania, Uebersetzung mit Anmerkungen von G. BREDOW. *Helmstadt*, 1809, in-8; carte. — Germania, Uebersetzet von G. SPRENGEL; mit latein. Text und Erläuterung von K. SPRENGEL. 2e éd. *Halle*, 1819, in-8; 1 carte. — Germania, Uebersetzung mit Anmerkungen von KLEIN. *Munchen*, 1826, in-8. — Germania, lat. u. Deutsch m. Erläutergn, von GERLACH UND WACKERNAGEL. *Bâle*, 1835-37, in-8. — Germania. Latein und deutsch, mit anmerkungen und Einleitung von K. Löw. *Mannhein*, 1862, in-8.

Voir comme complément de la bibliographie de Tacite, la notice de L. A. C. HESSE à la fin du t. VII (1838) des œuvres de Tacite trad. par Panckoucke, — la Bibliotheca scriptor. latin. d'Engelmann, 8e éd., 1882. — Em. Hübner Grundriss zur Vorlesungen über die röm. Litteratur geschichte, 4e éd., 1878, p. 228.

TAILLANDIER (dom L.-Ch.). Voir MORICE ET TAILLANDIER.

TAILLEFER (cte Wilgrin de). Not. histor. sur les antiq. et monuments de Vésonne, cité gauloise, remplacée par la ville actuelle de Périgueux, ou description des monts relig., civ. et milit. de cette antique cité et de son territoire, précédée d'un essai sur les Gaulois [5606]. *Périgueux, F. Dupont*, 1806, in-4. — *Ibid.*, *id.*, 1821-1826, 2 vol. in-8.

TAILLEPIED, TALEPIED ou TALLEPIED (F.-Noël). * Histoire de l'estat et republique des Druides, Eubages, Sarronides, Bardes, Vacies, anciens François, gouverneurs du pays de la Gaule, depuis le déluge universel jusques à la venue de Jésus-Christ en ce monde [254, 6599]. *Paris, J. Parant*, 1585, 2 part. en 1 vol. in-8.

— Recueil des antiquitez et singularitez de la ville de Rouen; avec un progrez des choses memorables y aduenues depuis sa fondation jusques à présent [9348]. *Rouen, Rich. Petit*, ou *Raphael du Petitval*, 1587, pet. in-8. — Autres éditions: *Rouen, Martin le Mégissier*, 1587, aussi 1588 et 1589, 1610, in-12. — *Rouen, Michel l'Allemant*, 1634, pet. in-12; 210 p. — *Rouen, Fr. Vaultier*, 1658, pet. in-12. (Voir Brunet, *Manuel*, et Éd. Frère.)

— Recueil des antiquitez et singularitez de la v. de Pontoise, ville ancienne du pays du Vequecin françois [9287]. *Rouen, imprimerie de Loyselet*, 1587, petit in-8. — Autres éditions: *Rouen*, 1720, pet. in-8. — Les antiq. et singularitez de la v. de Pontoise. Éd. annotée sur les mss. des archives de Pontoise et collationnée sur l'imprimé de 1587 par A. François, précédée d'une notice biographique et bibliographique sur l'auteur, par Henri Le Charpentier. *Paris, Champion*, 1876, in-8; 145 p.; plans et grav.

TAILLIAR (**Eugène-François-Joseph**). Not. sur les institutions gallo-frankes, 420-750 [792]. — *Mém. de la Soc. d'agr.* etc. *de Douai*, 1835. — T. à p.

— Coup d'œil sur les destinées du régime municipal rom. dans le nord de la Gaule [3727 *a*]. — *Mém. de la Soc. des ant. de la Morinie*, t. III, 1836, p. 235-313. — 2e éd., intitulée: Essai sur l'hist. du rég. mun. rom. dans le nord de la Gaule [3734]. *Douai, veuve Adam*, 1861; xx-287 p.; pl.

— Des Lois historiques et de leur application aux cinq premiers siècles de l'ère chrétienne, ou Notice analytique sur l'empire romain, le christianisme et les barbares jusqu'à la fondation des sociétés modernes au ve siècle [121]. — *Mém. de la Soc. d'agr.* etc. *de Douai*, t. VII, 1837-38, p. 179.

Voir aussi, du même: Les lois histor. ou providentielles qui régissent les nations et le genre humain et de leur application à qqs. états de l'Antiquité. *Douai, Wartelle*, 1861.

— Essai sur l'histoire des institutions du Nord de la France (ère celtique) [3730]. *Douai*, 1852; 280 p.

Glossaire celto-belge.

— Rech. et documents, etc. pour l'histoire des cnes du N. de la Fr. [3731]. — *Mém. de la Soc. d'agr.* etc. *de Douai*, 2e s., t. III, 1855; 24 p. — T. à p.

— Origines des cnes, etc. [3732]. — *Bull. mon.*, t. XXIII, 1857, p. 282-372.

— Les voies romaines, etc. [3733]. — *Congrès archéol. de Fr.* XXVIe session, tenue à Dunkerque en 1860. — T. à p. *Caen, Hardel*, 1861, 16 p. — Not. sur les plus anciennes voies rom. du centre et du nord de la Gaule. Ms. lu en février 1870, à la Soc. d'agr. de Douai.

— Essai sur les origines, etc. [753]. — *Bull. mon.*, t. XXXII, 1866; XXXIII, 1867, et XXXIV, 1868. — T. à p. *Caen, Leblanc-Hardel*, 1868; 214 p.

— Apostolat de st Denys dans les Gaules, en 250 [nouv. add. 9065 *a*]. — *Congrès sc. de Fr.*, XXXIVe session, tenue à Amiens en 1867 (1868), p. 422-461. — T. à p.

— Étude sur les institutions, etc. [826]. 1868. Pièce.

— Le centre et le nord de la Gaule, etc. [3426, 3735]. — *Mém. lus à la Sorbonne en* 1868 (hist.), p. 1-58.

— [*Ms.*] Des lieux consacrés, etc. [1545], 96 p. avec pl. — *Ms. présenté à la Sorbonne en* 1869.

— [*Ms.*] Étude sur les Gaulois, etc. [455].

Ms. publié sous le titre suivant: Fragment d'une étude sur les Gaulois au temps de Jules César. — *Mém. de la Soc. d'agr.* etc. *de Douai*, 2e s., t. X, 1867-69 (1871), p. 345-471.

TALEPIED ou TALLEPIED. — Voir Taillepied.

TALON (**H.**). Sur l'histoire, etc. [4944]. — *Congrès archéol.*, XXIIe session, tenue à Arles en 1855, p. 450.

TAMIZEY DE LARROQUE (**Ph.**). — Voir Larroque (Ph. Tamizey de).

TAMOT (**Gabriel**). [*Ms.*] Recherches, etc. [8865].

Mentionné dans la *Biblioth. hist.*, t. III, nos 35501.

TAPIN (**l'a. L.**). Les Traditions, etc. Rép. à M. Jules Lair, « la Science et la Tradition » [5043]. *Caen, Chenel*, 1862.

TARBÉ (**Théodore**). Rech. histor. et anecdot. sur la v. de Sens, sur son antiquité, ses monts et ses environs, recueillies et rédigées par Th. Tarbé [10200]. *Sens, chez Th. Tarbé; Paris* *chez Maison et chez Cassin*, 1838, in-12; 521 p.

Notes publiées la plupart d'après l'*Almanach de Sens*, années 1757 et suivantes.

— Rech. histor. sur le dép^t de l'Yonne, ses antiq. et ses mon^{ts} et notices sur l'hist. des principales villes et c^{nes} du dép^t [10095]. *Paris et Sens*, 1848, in-12.

Même observation.

TARDIEU (**Ambroise**). Atlas de géographie ancienne et moderne, avec un texte par Amédée TARDIEU [1098]. *Paris*, 1842, in-fol. — Le même, revu et corr. par A. VUILLEMIN, pour l'intelligence de la géogr. universelle de Malte-Brun et Lavallée. *Paris, Furne*, 1863, in-4.

TARDIEU (**Amédée**), traducteur de Strabon. — Voir ce nom et l'art. précédent.

TARDIEU (**Ambroise**), de Clermont-F^d. Hist. de la v. de Clermont-Ferrand, etc. (titre complet dans LORENZ) [8266] *Moulins, Desroziers*, 1870 et 1873, 2 vol. in-4; 41 pl.

TARLIER (**H.**). Dictionnaire des c^{nes} du roy. de Belgique. (Titre complet dans LORENZ) [10497]. *Bruxelles, H. Tarlier*, 1860.

Voir aussi son *Dictionnaire géograph. de la Belgique. Ibid., id.*, 1872.

TARLIER (**Jules**) et **WAUTERS** (**Alphonse**). La Belgique, etc. [10471]. *Bruxelles, A. Decq*, 1860, etc., gr. in-8. (Non terminé en 1875.)

TARRAGON (**Raoul de**). Rapport, etc. [6751]. — *Mém. de la Soc. archéol. d'Eure-et-Loir*, t. II, 1860, p. 163-171; 2 pl.

— Not. archéol. sur les c^{nes} de Romilly-sur-Aigre, etc. [5840]. — *Bull. de la Soc. dunoise*, à Châteaudun, t. I, 1864-1869, p. 322-326.

TARTIÈRE (**H.**). Not. histor. sur le Marensin [nouv. add. 3666 *a*]. *Mont-de-Marsan*, 1864; 27 p.

— Essai, etc. [6715]. *Ibid.*, 1864; 27 p.

— Not. histor. sur le Born [6174]. *Ibid.*, 1868, in-12; 22 pp.

TARTIÈRE et **BLADÉ**. A propos de l'Essai, etc. [6716]. — *Rev. de Gascogne*, t. VI, 1864; 16 p.

TARTOIS. Lettre au directeur de l'Annuaire de l'Yonne sur les procédés d'exploitation du fer, etc. [1730]. — *Annuaire de l'Yonne*, t. X, 1846, p. 217-220.

329. **TASLÉ** (**G.**). Hist. de Bretagne [3321]. — *Lycée Armoricain*, t. X, 1827, p. 192, 313, 413.

— Fouille d'un dolmen à Bilgrœis, etc. [7693]. — *Bull. de la Soc. polymath. du Morbihan*, année 1867, p. 21-27.

TASSIN. Les plans et profils de toutes les princip. v. et lieux considérables de France, ensemble les cartes générales de chaque province, et les particulières de chaque g^t d'icelles [959]. *Paris, Cramoisy*, 1634, 3 vol. in-4.

TAURUS ÆMILIANUS (**Palladius-Rutilius-Taurus-Æmilianus**), fils d'un préfet des Gaules (?). De re rustica libri XIV [2423 *a*]. Publié avec Caton, Varron et Columelle. *Paris*, 1529, in-fol. — Dans les rec. de « Scriptores rei rusticæ » (voir *Engelmann*).

— Trad. par SABOURREUX DE LA BONNETERIE, 1775; — 1844 (Coll. Nisard). — Par CABARET-DUPATY, 1843 (Coll. Panckoucke).

TAYA (**Aimé-Marie-Adolphe, baron du**). Monnaies celtiques armoricaines trouvées près d'Amanlis en 1835 [6459]. A. B. D. T., éditeur. *Rennes, Vatar*, nov., 1835; 44 p. — *Ibid., id.*, 1836; 80 p.

Opuscules bretons, 1er fasc. — C. r. par J. DE PÉTIGNY, *Rev. num.*, t. IV, 1839, p. 219.

— Une médaille celt. lémovicienne trouvée à Bussière-Boffy (H^{te}-Vienne) le 1er août 1850 [10029]. — *Bull. de la Soc. archéol. et hist. du Limousin*, t. IX, 1859, p. 139-141.

TAYLOR (**b^{on} Isidore-Justin-Sevrin**), **NODIER** (**Charles**) et **CAILLEUX** (**des**). Voyages pittoresques et romantiques dans l'ancienne France [1288]. *Paris, Gide, Ingelmann*, 1820-1863, 20 vol. gr. in-4; fig. Contient : H^{te}-Normandie, 2 vol., 1820-1825; Franche-Comté, 1 vol., 1825-1829; Auvergne, 2 vol., 1829-1833; Languedoc, 4 vol., 1833-1838; Picardie, 3 vol., 1838; Bretagne, 3 vol.; Dauphiné, Champagne et Basse-Normandie, 4 vol.; Bourgogne, 1 vol.

C. r. Rev. de bibliogr. analyt. sept. 1841, p. 825. — Voir QUÉRARD, *Fr. litt.*, t. IX, p. 360.

TEILLEUX (**d^r**). Essai d'attribution de qqs. médailles gauloises trouvées dans le département des Deux-Sèvres, etc. [9480]. — *Mém. de la Soc. de statist. des Deux-Sèvres*, t. XI, 1848, p. 20-32.

TEISSIER (Guillaume-Ferdinand). * Dissertation, etc. [7814], 1820 (d'après GIRAULT de St-F.).

— Not. sur Ricciacum, etc. [7825]. — *Mém. de l'Acad. de Metz*, 1821-1822, p. 73.

— Recherches, etc. [7815]. — *Mém. de la Soc. des ant. de France*, 1823, t. IV, p. 420.

— Qqs. antiq. de Metz [7832]. — *M. rec.*, t. VII, 1826, p. 239.

— Note sur un pavé en mosaïque, etc. [7859]. — *Mém. de l'Acad. de Metz*, 1828.

— Hist. de Thionville [7893]. *Metz*, 1828; fig.

— Monnaies anciennes trouvées à Bouzonville [7861]. — *Mém. de l'Acad. de Metz*, 1828-1829, p. 345.

TEISSIER (Octave). Étude sur l'histoire de Toulon [9734]. *Marseille*, 1863. Pièce.

— Marseille et ses monts [4881]. *Paris*, 1867, in-12, 204 p.; plan de la ville; 15 gravures.

— Anciennes sépultures... découvertes... le 27 juin 1868 [9736]. *Toulon*, 1868; 12 p.

TEISSONNIER (l'a). Not. histor. sur St-Gilles [6098]. *Nîmes*, 1862, in-12.

TEMPLIER (l'a.). Fragments d'histoire et d'archéologie, etc. [4551]. — *Acad. flosalpine*, à Embrun. Sce du 24 juillet 1860; 26 p.

TERNAUX (Henri). Historia reip. Massiliensium, a primordiis ad Neronis tempora [4865]. *Gottingæ*, 1826, in-4.

TERNINCK (Aug.). Rech. sur les souterrains d'Ervillers [8212]. — *Mém. de la Soc. des ant. de la Morinie*, t. III, 1836, p. 314-326; 1 plan.

Rapp. sur ce mém., par Ed. DENEUVILLE, *m. vol.*, p. 327.

— Qqs notes archéol. [8163]. — *M. rec.*, t. V, 1839-1840 (1841), p. 209-232.

— Promenades archéol. sur la chaussée Brunehaut, ou Hist. des cnes et des monts qui l'avoisinent [1222]. 1re partie (unique). St-*Pol*, 1843, in-8; 232 p. — Suite : Promenades archéol. sur la chaussée rom. d'Arras à Lens et rech. sur les cnes et les monts qui l'avoisinent. 1re livr. *Arras, Topino*, 1860, in-4.

Voir aussi, du même :
Promenades archéol. et histor. sur les chaussées rom. des env. d'Arras (route de Thérouanne). *Arras, Bradier*, 1874; 1 grav.

— Divers articles sur les castra, les sépultures et les autres restes des époques celtique et romaine (dans le Pas-de-Calais) [8167]. — *Bull. de la Comm. des antiq. du Pas-de-Calais*, t. I, 1849, p. 24, 52; t. II, 1862, p. 169, 187, 254, 286, 375.

— Rapport sur les tombeaux de Méricourt [8226]. — *M. rec.*, t. I, 1849, p. 76-80.

— Sépultures antiques de l'Artois [3136]. — *La Picardie*, t. II, 1856, p. 158, 209, 269, 308.

— Rech. sur les sépultures, etc. [3729]. *M. vol.*, p. 158, etc.

Suite non interrompue d'articles sur le même sujet dans les 10 vol. suivants.

— Qqs. mots sur les gouffres, etc. [3137]. — *M. rec.*, t. III, 1857, p. 112-222; — t. IV, 1858, p. 267, 497.

— Étude sur le camp d'Étrun [8217]. — *Bull. de la Comm. des antiq. dép. du Pas-de-Calais*, t. II, 1865, p. 286-290.

— Étude sur l'Atrébatie, etc. [3139]. 1re livr., *Amiens*, 1866; 2e livr., *Arras, Braisy*, 1874.

— Ateliers de céramique gallo-romains [8166]. — *Bull. de la Comm. des antiq. dép. du Pas-de-Calais*, t. III, 1868, p. 41-44.

— Instruments, etc. [8242]. — *M. vol.*, p. 44-50.

— Les Voies gauloises, etc. [8161]. — *M. vol.*, p. 50-55; avec 1 carte « des voies et fondations rom., des voies et localités gauloises, et des cimetières mérovingiens ».

TERNISIEN. Note, etc. [7993]. — *Bull. mon.*, t. X, 1844, p. 136.

TERNISIEN (de). Mémoire, etc. [2683]. — *Mém. de la Soc. acad. de Cherbourg*, 1867, p. 141-150.

TERQUEM (A.). * Étymologies, etc. [7784]. *Metz, Lorette*, 1860, in-16; 192 p. — 2e éd. (signée). *Metz*, 1864, in-8.

TERREBASSE (Alfred de), éditeur et traducteur d'Aymar du RIVAIL (1845). — Voir RIVAIL (Aymar du).

— Le Tombeau de Narcissa [nouv. add. 8611 *a*]. *Lyon, Impr. L. Perrin*, 1850; 66 p.; pl. fac-similé.

— Trois inscriptions viennoises, traduites et annotées [6655]. *Vienne, Imp. Savigné*, 1863; 39 p.

— Voir aussi Allmer sous le même n°, à la note.

— **TERRIN** (**Claude-François**). La Vénus et l'obélisque d'Arles, etc. [4959]. *Arles* (*Gaudion*), 1680, in-12. — 2e éd. augmentée, 1697, in-12.

— Nouv. découv. du théâtre dans la v. d'Arles, sa description et sa figure [4972]. — *Journal des Savants*, 28 *août* 1684.

— [*Ms.*] Mém. envoyé à M. de Louvois, sur le théâtre d'Arles. — [*Ms.*] Explication d'un mont très curieux trouvé à Arles le 2 juin 1693. — Diss. sur une colonne consacrée par les habitants d'Arles, à Constantin-le-Grand (imprimée) [4964]. — [*Ms.*] Explication d'une grande inscription antique, trouvée à Trinquetaille, faux bourg d'Arles, en 1695 [5024].

« Ces quatre ouvrages sont cités p. 334 des Mém. du Père Bougerel, à la fin de la vie de François Terrin, très habile antiquaire, mort à Arles en 1710. » *Bibl. histor.*, t. III, n° 38175.

— Description d'un ancien cimetière des païens nommé Champs-Elysées, que l'on voit à Arles [4989], 1724, in-4.

— Lettre, etc. [4960].

« C'est une réponse à l'ouvrage du R. P. Alb. d'Augières [4961]. » (*Bibl. histor.*, t. III, n° 38170.)

TERSAN (**l'a. de**). Arts et métiers des anciens; etc. — Voir Grivaud de la Vincelle, dernier article.

TESSIER (**Jules**). Novalaise en Savoie. La Nouvelle Alesia découverte par M. Th. Fivel. Conférences [2595]. *Chambéry*, 1866; 64 p.

TESTARODE (**E.**). — Traduction de Mac-Dougall. — Voir ce nom.

TESTE (**Victor**). Découvertes archéol. à Vienne [6644]. — *Bull. mon.*, t. XXI, 1855, p. 417.

— Fouilles archéol. à Vienne [m. n°]. — *M. rec.*, t. XXX, 1864, p. 339.

TESTENOIRE-LAFAYETTE. Notes sur des monnaies rom., etc. [6792]. — *Rev. forézienne*, I, 1867, p. 275.

TEXIER (**L.-Olivier**). Statistique du dépt de la Haute-Vienne [9979]. *Limoges*, 1808, in-4.

TEXIER. Arc de triomphe de Reims [7390). 1832.

Méd. d'or à l'Acad. des inscr. en 1832.

TEXIER (**Charles**). Mémoires sur la v. et le port de Fréjus [9717]. — *Mém. présentés par divers savants à l'Acad. des inscr.*, t. II, 2e série, 1847, 1er mém., p. 169. — 2e mém., 212. — 3e mém., 240. — T. à p. *Paris*, 1847, in-4.

TEXIER (**l'a. Olivier**). Manuel d'épigraphie, etc., suivi des inscr. du Limousin [2214, 3587]. — *Mém. de la Soc. des ant. de l'Ouest*, 1850; 35 p.; 1 pl. — T. à p., 1851, 1 vol. in-8 et un atlas in-fol. de 29 pl. (291 inscriptions).

— Recherches, etc. [9986]. — *Bull. de la Soc. archéol. du Limousin*, t. IX, 3e livr., 1859.

TEXIER (**Victor**). — Lire et voir Tixier.

TEYSSONNIÈRE (**La**). — Voir Lateyssonnière.

THADDAEUS (**J.**). De Germanorum veterum aviditate bibendi [10704]. *Lipsiæ*, 1751.

THAUMASSIÈRE (**Thaumas de la**). Hist. de Berry, etc. [3260]. *Bourges*, 1689, in-fol. — Nouv. éd. précédée d'une vie de l'auteur, par Chevalier de St-Amand, t. Ier (unique?). *Bourges*, 1845, gr. in-8.

THAURIN, dit aussi **THAURIN-LAVOISIER** (**J.-M.**). La Poterie de Rouen sous les Romains, les Normands et pendant le moyen âge [9367]. — *Journal de Rouen*, 16-17 décembre 1876. — T. à p.; 15 p.

— Les Machines agricoles dans l'antiquité. — Moissonneuses des Gaulois et des Gallo-Romains [1714]. — *M. rec.*, 22 avril 1857. — T. à p., 1856; 8 p.

— Archéologie rouennaise. — Le premier vieux Rouen souterrain, son enceinte militaire et ses produits industriels au commencement de la domination romaine [9357]. — *M. rec.*, 19 mars 1859. — T. à p. 11 p.

— Notice histor. et archéol. sur la découv. faite... d'un casque en bronze orné d'émaux cloisonnés et d'or, du IVe siècle [5770]. — *M. rec.*, an. 1861. — T. à p. 4 p.

— Pétrifications, etc. [9455]. *Rouen*, *Impr. Brière*, 1862; 3 p.

— Sur une collection, etc. [9358]. — *Bull. de la Soc. des ant. de Normandie*, 4e année, 1863; 9 p.

— Note histor. et archéol. sur le cippe

funér. du batelier Aprius [1660]. — *Mém. de la m. Soc.*, t. XXIV, 1861, in-4, p. 110. — T. à p. *Caen, Hardel*, in-4; 7 p.

— Le vieux Rouen, etc. [9363]. — *M. vol.*, p. 269.

— Notices archéol. sur des mon^ts^ histor. du IIe au XVIIe siècle, trouvés dans le sol de Rouen [9364]. *Rouen*, 1865; 32 p.

Ces monuments font partie du musée spécial et unique des antiq. de Rotomagus, créé dans l'hôtel des Soc. sav., à Rouen.

— Mémoire sur les antiq. découv. au Neubourg et dans les paroisses voisines [5801]. — *Rec. de la Soc. libre* etc. *de l'Eure*, 3e s., t. IV, 1858, p. 266. — T. à p. 23 p.

THEINER (**Augustin**). St Agnan, ou le siège d'Orléans par Attila, notice historique, suivie de la vie de ce saint, tirée des mss. de la Bibliothèque du Roi [6970]. *Paris, impr. Carpentier*. — *Méricourt*, 1832; 32 p.

THEODORUS METOCHITA. Historiæ romanæ a Jul. Cæsare ad Constantinum, liber singularis (gr. et lat.) J. Meursius primus vulgavit et in lat. transtulit, notasque addidit [81]. *Lugd. Batav.*, 1618, in-4. — Réimpr. dans Meursii Opera, ed. Lami, t. VII.

THÉRIOT. Réponse à cette question : Quel devrait être le mode de restauration de l'arc romain de la porte de Mars existant encore à Reims? [7391]. —*Congrès archéol.*, s^ces^ g^ales^ de la Soc. fr. d'archéologie, tenues à Reims, etc., en 1861; 3 p.

THÉVENARD. Recueil de mémoires relatifs à la marine [5901].

Détails sur les monuments celtiques de la presqu'île de Crozon.

THÉVENOT. Rapport, etc. [8254]. *Clermont*, 1842.

THÉVENOT (**Arsène**). Statistique générale, etc. [4688]. — *Mém. de la Soc. acad. de l'Aube*, 3e s., t. V, 1868, p. 5.

THEVET (**André**). [*Ms.*] Description, etc. [952 *a*]. (Biblioth. nationale, fonds français, n° 9617; catalogue, n° 4941.)

THIARD (**Pontus de**), **comte de Bissy**. * Sur un Mercure trouvé (vers 1749) dans l'enclos de St-Germain-d'Auxerre [10151]. 1774.

THIBAUD (**Émile**). Guide en Auvergne. Itinéraires histor. et descriptifs aux eaux thermales [3177 *b*], *Clermont-F.*, *F. Thibaud*, *s. d.*, in-12; 100 grav, cartes et plans.

— Statue équestre, etc. [8278]. — *Bull. du Comité histor. des arts et mon^ts^*, t. II, 1850, p. 30-32; 1 pl.

THIBAUDEAU (**A.-René-Hyacinthe**). Abrégé de l'histoire de Poitou [3841]. *Poitiers et Paris*, 1782-1788, 6 vol. in-12. — Nouv. éd. intitulée : Hist. de Poitou, précédée d'une introduction et continuée jusqu'en 1789 par H. de Ste-Hermine, avec notes. *Niort, Robin*, 1839-1841, 3 vol.

THIBAUDEAU (**Ant.-Claire**). Mémoire, etc. [2941 *a*]. — *Mém. de l'Acad. de Marseille*, t. III, 1804, p. 108.

Cp. *Journal des Savants*, année 1782, t. I p. 34.

THIBAUT. Extr. d'un rapp. sur les fouilles faites, etc., au territoire de la v. de Joigny [10185]. — *Mém. de la Soc. des ant. de Fr.*, t. VII, 1826, p. 273.

THIÉNON (**C.**). Choix de vues pittoresques, châteaux, monuments et lieux célèbres, recueillies dans le dép^t^ de la Gironde et les dép^ts^ voisins; avec des notes explicatives [6269]. 1re livr. (unique). *Paris, Delpech*, 1820, p. in-fol.; pl.

THIÉRON père. Rapport, etc., lu le 17 mai 1839, sur la question de savoir si l'Agendicum, etc. [2451]. — *Bull. de la Soc. acad. de l'Aube*, 1839; 98 p.

* A propos d'un travail de F.-M. Doé intitulé : Un mot sur les antiq. et origine de la ville haute de Provins en Brie.

THIERRY (**Amédée**). Hist. des Gaulois depuis les temps les plus reculés jusqu'à l'entière soumission de la Gaule à la domination romaine [346]. *Paris, A. Sautelet*, 1828, 3 vol. in-8; — 2e éd., 1835, 3 vol. in-8; — 3e éd., 1844; — 4e éd., *Didier*, 1857; — 5e éd., 1859; — 8e éd., 1866, 2 vol. in-8 et 2 vol. in-12.

C. r. par Daunou, *Journal des Savants*, 1829, p. 67 et 237.

— D'Ausone et de la littérature latine en Gaule au IVe siècle [2409]. 1829, in-4; 27 p.

Thèse pour le doctorat ès lettres, analysée par Mourier et Deltour, *Catalogue des thèses*, etc.

— Hist. de la Gaule sous l'administration rom. jusqu'à la mort de Théodose [365]. *Paris, Juste Teissier*, 1840, 1842; *Perrotin*, 1847, 3 vol. — Autres éditions : *Didier*, 1866, 1867, 2 vol. in-8 et in-12; — *Id.*, 1879, 2 vol. in-12.

— Aétius et Bonifacius [149]. — *Rev. des Deux Mondes*, 6ᵉ s., t. XI, 1851, p. 276-310.

— Hist. d'Attila et de ses successeurs jusqu'à l'établissement des Hongrois en Europe, suivie des légendes et traditions [144]. *Paris, Didier*, 1856. — Nouv. éd. rev. et augm. de doc. nouveaux. *Id.*, 1864, 2 vol. in-8. — 3ᵉ éd. *Id.*, 1865, 2 vol. in-18. — 4ᵉ éd., *id.*, 1874. — Traduction allemande, *Leipzig*, 1862.

— Récits de l'hist. rom. au vᵉ siècle, derniers temps de l'empire d'Occident [113]. *Paris, Didier*, 1860.

— Tableau de l'empire romain, etc. [80]. *Paris, Didier*, 1862, in-8 et in-12.

THIERRY (**Augustin**). Récits des temps mérovingiens [363]. *Paris, Tessier*, 1840, 2 vol. in-8. — Réédités séparément 8 ou 10 fois et dans les Œuvres complètes de l'auteur (1846 et 1856).

THIÉRY (**Ad.**). Hist. de la v. de Toul et de ses évêques, suivie d'une not. sur la cathédrale [7593]. *Toul, Vᵛᵉ Bastien*, 1841, 2 vol.; 14 pl. lithogr.; 2 plans.

THILLOIS. Dissertation [posthume], etc. [4279]. — *Bull. de la Soc. acad. de Laon*, t. XIX, 1869-70 (1872), p. 265-276.

THILLOY (**J.**). Dictionnaire topogr. de l'arrᵗ de Sarreguemines [7813]. — *Mém. de la Soc. d'archéologie et d'hist. de la Moselle*, année 1861. — T. à p. *Metz, impr. Rousseau-Palle;* 130 p.

THIOLLET (**François**). Antiq. et monᵗˢ du haut Poitou [3842]. 1ʳᵉ et 2ᵉ livr. *Paris, Leblanc; Guilleminet*, 1823, 1824, in-fol.

— Murailles antiques de la v. de Bourges [5280, note]. — *Congrès archéol.*, XVIᵉ session, tenue à Bourges en 1849, p. 114-121; 2 pl.

— Note sur des fouilles exécutées par la Société française à Champlieu, à 16 kilomètres de Compiègne (Oise) [8055, 8057]. — *Congrès archéol.*, XVIIᵉ session; sᶜᵉˢ gᵃˡᵉˢ tenues à Auxerre, en 1850. *Paris*, 1851, p. 274-277. — Cp. *Bull. mon.*, t. XVI, 1850, p. 305.

— Notes sur diverses sculptures gallo-romaines, etc. [1483]. — *Bull. mon.*, t. XVIII, 1852, p. 355.

— Notes sur qqs. monuments de la v. de Troyes et sur Landunum, adressées à M. de Caumont [4707]. — *M. rec.*, t. XIX, an. 1853, p. 557.

THIOLY (**F.**). Nouv. fouilles dans la caverne de Bossey [8980]. — *Rev. savoisienne*, t. VII, an. 1865, p. 29.

Voir, pour les premières recherches, les *Mém. de la Soc. d'hist. et d'arch. de Genève*, t. XXV, 1864.

— Une nouv. station de l'âge du renne, etc. [10891]. — *M. rec.*, IXᵉ an., 1868, in-4, p. 4.

— L'époque du renne au pied du mont Salève [8969]. — *M. vol.*, p. 21-23.

THIROUX (**Claude**), éditeur de MUNIER. — Voir ce nom.

THOLIN. Notice, etc. [7092]. — *Rec. de la Soc. acad. d'Agen*, 2ᵉ s., t. III, 1870-1873, p. 38-54.

THOMANN (**K.**). Atlas, etc. [452]. *Zurich*, 1868, in-8.

THOMAS D'AQUILÉE (**J.-B. Pigna**). La guerre d'Attila, etc. [134]. *Ferrara*, 1568, in-4.

Voir : BRUNET, *Manuel, art.* GUERRA et QUÉRARD, *Superch. littér.* 2ᵉ éd., t. III, col. 829 c.

THOMAS (**Edmond**). * De antiquis Bibracte... monumentis, etc. [8767]. *Lyon, Barbier*, 1601, in-4. — *Ibid.*, 1650, in-4.

— * Historia Augustoduni, etc. [8746]. *Lyon, Barbier*, 1660, in-fol. — * Histoire de l'antique cité d'Autun, depuis sa fondation jusqu'à S. Amateur, évêque d'Autun [8747]. *Lyon, Barbier*, 1660, in-fol.; 104 p.

Voir 1ᵉʳ livre et commencement du 2ᵉ. — Cp *Biblioth. histor.*, t. III, nᵒ 35937).

— Nouv. éd. illustrée et annotée par l'a. DEVOUCOUX, *Autun, Dejussieu; Paris, Dumoulin*. 1846, in-4.

THOMAS (**J.-P.**). Mémoires histor. (posthume) sur Montpellier, etc. [6384]. *Montpellier; Paris*, 1827.

THOMAS (**Eugène**). Recherches, etc. [6387]. 1836, in-4.

— Essai historique, etc. [6395 *a*]. *Montpellier*, 1836.

— Sur l'ancienne Mesua [2898 *a*]. — *Publications de la Soc. archéol. de Montpellier*, t. I, 1840, p. 51-75.

— Géogr. ancienne, etc. [6389]. — *M. vol.*, p. 427. — T. à p. *Montpellier*, 1840, in-4; 45 p.

C. r. par le baron de la Pillaye, *Journal de l'Institut histor.*, 2e série, t. II, 1842, p. 142-156. — Travail développé dans l'art. suivant.

— Essais sur la géogr. astronomique de Ptolémée, etc. [6390]. — *M. rec.*, t. II, 1850, p. 553-587.

6e mention hon. au concours des antiq. nat. en 1849.

— Examen critique, etc. [5337 *a*]. — *M. rec.*, t. IV, 1855, p. 115-136.

— Les étymologies, etc. [6391]. — *M. rec.*, t. V, 3e livraison, 1863; 21 p.

— Dictionnaire topogr. du dépt de l'Hérault, rédigé sous les auspices de la Soc. archéol. de Montpellier [6392]. (Dans la collection du Dictionn. topogr. de la France.) *Paris, Impr. imp.*, 1865, in-4.

THOMAS (Jules). Études, etc. [880]. — Progr. d'études du gymnase royal de Stuttgart pour 1867-1868, p. 1-32). *Stuttgart* (1867), in-4.

THOMASSIN. Lettre sur la découverte de la colonne de Cussy et sur d'autres sujets d'antiq. de Bourgogne, du 18 février 1725 [5417]. *Dijon, Augé*, 1725. — 2e éd., corr. et augm. — *Id.*, 1726; 29 pages.

— Critique de la diss. [de Bocquillot] sur les tombeaux de Quarré [nouv. add. 10193 *a*]. *Lyon*, 1726.

THOMASSY (Raimond). Inscriptions, etc. [7120]. — *Journal de l'Institut histor.*, t. II, 1835, p. 85-91.

— Maguelon (en Bas-Languedoc). Origine de la ville [6416]. — *Bull. de la Soc. de géogr.*, 2e s., t. XX, 1843, p. 183.

Cp. Eug. THOMAS, *Publications de la Soc. archéol. de Montpellier*, no 1, 1835, p. 51.

THOMPSON (Jos.-P.). Man in Genesis, etc. [1451]. *New-York*, 1870.

THOMS (William J.). Lays and legends... illustrative of their traditions... manners, customs and superstitions [857]. *London*, 1834, 8 part. in-12.

— Traduction de Danmarks Oldrid, de J.-J.-A. WORSAAE. — Voir ce nom.

THOMSEN (Chr.-J.). Description, etc. [2128]. *Copenhague*, 1866. (6000 nos.)

THONNELIER. Sur les origines sémitiques, etc. [366]. *Paris*, 1840, in-4.

THORY (Laureau de). — Voir LAUREAU DE THORY.

THOUROND (V.-Q.). Forum Vocontium. Sur deux mémoires, etc. [2694]. — *Bull. de la Soc. des sc. du Var*, séant à Toulon, 32e et 33e ann., 1864-1865. — T. à p.

THUILLERIES (l'a. du Moulinet des). — Voir MOULINET DES THUILLERIES (l'a. du).

THUOT. Notes sur les forts vitrifiés, etc. [5559]. — *Rev. des Soc. sav.*, 4e s., t. VIII, 1868, p. 400.

THURIET (Charles). Le menhir de Norvaux, etc. [5680]. — *Mém. de la Soc. d'émul. du Doubs*, 4e s., t. V, 1869 (1870), p. 366-368.

THURY (Héricart de) et **HORY**. * Archéologie de Mons-Seleucus, ville rom. dans le pays des Voconces, auj. Labatie-Mont-Saléon, préfecture des Hautes-Alpes [2938]. *Gap, de l'impr. de G. Allier*, 1806; 70 p.

Voir QUÉRARD, *Fr. litt.*, t. IV, p. 385, col. 1 et *Superch. litt.*, 2e éd., t. II, col. 189-190.

THYARD (Pontus de). — Voir THIARD.

TIEFENTHAL (bon François-Joseph-Alde). Histoire des Helvétiens, auj. connus sous le nom de Suisses, ou traité sur leur origine, leurs guerres, leurs alliances et leur gt [10765]. *Fribourg*, 1749-53, 10 vol.

TILLEMONT (l'a. Louis-Sébastien Le Nain de). * Hist. des empereurs et des autres princes qui ont régné dans les six premiers siècles de l'Église, par le sieur D. T. [91]. *Paris, Cl. Robustel*, 1690-1738 (aussi 1700), 6 vol. in-4. — *Bruxelles, E.-H. Fricx*, 1692; — *id.*, 1707 et suiv., 6 tomes en 16 vol. in-12. — *Id.*, 1732, 6 tomes en 3 vol. in-fol.

— Mém. p. s. à l'hist. ecclés. des six premiers siècles, justifiés par les citations des auteurs originaux [704]. *Paris, Cl. Robustel*, 1693-1712, 16 vol. in-fol. — *Bruxelles, E.-H. Fricx*, 1695, etc. 43 vol. in-12, et 1734-1740,

16 tomes en 10 vol. in-fol. — *Venise*, 1732-1739, 22 vol. in-4.

TILLET (**Jean du**), en latin TILIUS, évêque de Meaux. Faits mémorables, etc. [241]. Publié d'abord en latin sous ce titre : Chronicon de regibus Francorum a Pharamundo usque ad Franciscum primum, auctore J. T. *Paris, Vascosan*, 1543, in-fol. — *Id.*, 1548, in-4 et in-8. — 1551, in-8. — 1553. — Usque ad Henricum II, 1570. *Lyon, B. Rigaud*, 1577, in-12. — *Francofurti*, 1581, in-fol. — *Basileæ*, 1601, in-fol. (avec continuation jusqu'à Henri IV). — Traduction franç. intitulée : Faits mémorables, etc. *Paris*, 1549, in-8. — 1550, in-8. — *Rouen*, 1552, in-8. — Reproduite sous le titre de : Chronique des rois de France depuis Pharamond jusqu'à Henri II, par son frère Jean du Tillet, « greffier au Parlement », dans son *Recueil des roys de Fr.* 1618, in-4.

TIRON (**Melchior**). Étude d'un camp retranché, etc., et nouv. recherches sur les travaux militaires, etc., de C. Marius dans la guerre contre les Teutons [4930]. — *Mém. de la Soc. des antiq. de Fr.*, 2e s., t. V, 1840, p. 1.

TISSERAND (**L.**). Des relations histor., archéol. etc. [3375]. *Sens*, 1853.

TISSERAND (**l'a. Eugène**). Hist. de Vence, cité, évêché, baronnie, de son canton et de l'ancienne viguerie de Saint-Paul [4570]. *Paris, Belin*, 1860; 311 p.

— Géographie dép^{tale} des Alpes-Maritimes [4566]. *Nice, Caisson*, 186 ., in-18.

— Hist. civile et relig. de la cité de Nice et du dép^{t} des Alpes-Maritimes [4560]. *Nice, Visconti et Delbecchi*, 1862, 2 vol.

TISSOT (**Joseph**). Les Fourgs et accessoirement les environs : Pontarlier, Jougne et les Hôpitaux, Neuchâtel, Sainte-Croix, Beaulmes, etc. [5672]. *Besançon, Marion*, 1870; in-12; 439 p. — *Id.*, 1873, in-12.

TITE-LIVE. Histoire romaine [57, 2749]. T. Livii Patavini historiarum romanarum decades III, ex recognitione Joan. ANDREÆ, episc. Aleriensis, *Romae, Conradus Sweynheym et Arnoldus Pamartz*, gr. in-fol.

« 1re édition très rare à laquelle on assigne la date de 1469. » (BRUNET, *Manuel.*)

— T. Livius duobus libris auctus, cum L. Flori epitome, indice copioso et annotat. in libro VII belli maced. (cum praefatione Ulrichi HUSTENI). *Moguntiæ, in ædibus Joan. Schaeffer*, 1518, in-fol.

« 1re édition qui contienne le 33e livre et la dernière partie du 40e, faite d'après un ms. trouvé dans un monastère à Mayence. » (BRUNET, *Manuel.*)

— Édition isolée des 5 livres inédits de la 5e décade sous ce titre : T. Livii Patavini historiarum ab urbe condita Decadis quintæ libri quinque, nunc primum excusi. (In fine :) *Venetiis, in ædibus Lucæ Antonii Juntæ Florentini*, 1531, in-4. — Historiarum libri qui supersunt, mss. codd. collatione recogniti annotationibusque illustrati (opera Th. HEARNE). *Oxonii, e Theatro Sheldoniano*, 1708, 6 vol. in-8. — Historiarum libri qui supersunt XXXV, cum supplementis librorum amissorum, a J. Freinshemio concinnatis : recensuit et notis illustravit J.-B.-L. CREVIER. *Parisiis, Quillau*, 1735-42, 6 vol. in-4. — Autres éditions. — Historiarum libri, prooemio, breviariis librorum, indice rerum locupletissimo, tabulis chronologicis historicisque et commentario perpetuo seorsim edito, illustrati a Georg. Alex. RUPERTI. *Gottingæ*, 1807-9, 6 vol. pet. in-8. — Historiarum ab urbe condita libri qui supersunt omnes, cum notis integris Laur. Vallæ, M. Ant. Sabellici, Beati Rhenani, etc. curante Arn. DRAKENBORCH : accedunt supplementa deperditorum T. Livii librorum a Jo. FREISHEMIO concinnata. *Stuttgartiæ et Lipsiæ, Hartmann*, 1820-27, 15 vol. en 17 parties in-8. — Titus Livius Patavinus ad codices parisinos recensitus cum varietate lectionum et selectis commentariis; item supplementa J. Freinshemii, curante N.-E. LEMAIRE, *Parisiis, typis F. Didot*, 1822-26, 12 vol. in-8. — Historiarum libri qui supersunt omnes, ex recensione Arn. DRAKENBORCHII, cum notis integris CREVERII, et indice rerum locupletissimo ; accessit præter varietatem lect. creverianæ, doeringianæ, et rupertinæ, glossarium livian., ex schedis Aug. Guill. ERNESTI, emendavit, plurimisque accessionibus locupletavit Godof. H. SCHAEFER. *Londini, Priestley*, 1825, 5 vol. in-8. — T. Livii ab urbe condita libri. Erklært von W. WEISSENBORN, *Berlin, Weidmann*, 1861-1870, 10 vol. in-8, puis *Leipzig, Teubner*, 1864-1868, 6 vol. in-8. — Éd. de F.-N. MADWIG et F.-L. USSING. *Hauniæ*, 1861-1866, t. IV, in-8.

— Hist. rom. de Tite-Live, trad. nouv. par DUREAU DE LAMALLE, revue et continuée par M. NOEL. 2e éd. revue, corrigée et augmentée des suppléments de Freishemius. *Paris*, *Michaud*, 1824, 18 vol. in-8. — Histoire romaine de Tite-Live, trad. nouv. par A.-A.-J. LIEZ, V. VERGER, N.-A. DUBOIS et CORPET. *Paris*, *Panckoucke*, 1831 et suiv., 17 vol. in-8. — (Collection Panckoucke). — Reprod. chez Garnier frères, in-12. — Traduction de Tite-Live par Ph. LE BAS, Ch. NISARD, KERMOYSAN, etc. (8 autres collaborateurs). *Paris, Didot*, 2 vol. gr. in-8. (Collection Nisard.)

Pour les traductions italiennes, espagnoles, allemandes et anglaises, voir BRUNET, *Manuel*, et ENGELMANN, Biblioth. scriptor. classicorum, 8e éd. 1882.

TIXIER (Victor). Pierres celtiques (dans l'Allier, etc.) [1543, 4486]. — *Bull. de la Soc. d'émul. de l'Allier*, t. X, 1867, gr. in-8, p. 165-174.

La Pierre folle ; la Pierre du lit ; — Fournols d'Allier ; la Grosse Femme de Saint-Germain-l'Herm (Puy-de-Dôme).

— Vestiges de l'époque rom., langue et peinture [2326]. — *Assises scientifiques du Bourbonnais*, 1re session tenue à Moulins en 1866. *Moulins*, 1867.

— Lexique patois du canton d'Escurolles, comparé aux langues anciennes et modernes de l'Europe occidentale [4490]. — *Bull. de la Soc. d'émul. de l'Allier*, t. XI, 1870, p. 9 et 195.

TOBIESEN-DUBY. Traité des monnaies des barons, prélats, villes et seigneurs de France [1903 *a*]. *Paris*, *Impr. roy.*, 1790, 2 vol. gr. in-4 ; fig.

TOCHON (d'Annecy). Cachets antiques, etc. [2144]. *Paris*, 1816, in-4.

— [*Ms.*] Monnaies gauloises. Dessins originaux [1965 *a*].

Dans la biblioth. de M. P.-Ch. Robert, m. de l'Institut.

TOLAND (John). Lettres critiques sur les Druides (en anglais) [611].

Dans ses Œuvres posthumes. *Londres, Pecle*, 1726, 2 vol. ; t. I, p. 1-183.

— History of the Druids [612]. New edit. with his life, and copious notes by R. HUDLESTON. *Montrose*, 1844 ; 434 p.

— *Histoire des Druides, des bardes et des vacides. (Trad. par A. EIDOUS.)

Voir BARBIER. *Anonymes*, 3e édit., t. II, col. 748 *c*.

TORCY (de). — Voir DETORCY DE TORCY.

TORQUAT (l'a. **Emmanuel de**). Note sur une découverte de fondations de murs etc. [7021]. — *Bull. de la Soc. archéol. de l'Orléanais*, 1er sem. 1856.

— Notes relatives, etc. (Tombes de Tavers ; — Tombeau de St-Ay) [7061]. — *M. rec.*, 2e trim. 1860.

— Rapp. sur les fouilles pratiquées, etc. [6989]. — *M. rec.*, t. III, années 1864, p. 346-349.

— Vallum de Neung-sur-Beuvron [6750]. — *Mém. de la m. Soc.*, t. IX, 1866, p. 504-508.

TORRE (Philipi della). Taurobolium antiquum Lugduni a. 1704 repertum cum explicatione [8620]. 1705, in-12. — Reprod. dans le *Thesaurus novus* de DE SALLENGRE, t. III, p. 853. — Autre titre : De inscriptione taurobolica reperta in viciniis Lugduni a. 1704. — *Biblioth. choisie* de Leclerc, t. XVII, p. 168.

Titre d'après l'index des antiq. gr. et rom. publié à Venise en 1755 : Explicatio inscriptionis Taurobolii Lugdunensis.

TOSELLI (le **ch**er **J.-B.**). Précis histor. de Nice depuis sa fondation jusqu'en 1860 [4573]. *Nice*, 1867-1870, 4 vol.

TOUBIN (Charles). Alesia, etc. [2502]. — *Mém. de la Soc. d'émul. du Doubs*, 3e s., t. II, 1857 ; 47 p.

— Études sur les champs sacrés de la Gaule et de la Grèce, et en particulier sur celui des Séquanes (placé à Molain, Jura) [4028]. *Paris*, *Dumoulin*, 1861 ; 32 p.

C. r. par BOUSSON DE MAIRET. *Bull. de la Soc. d'agr.* etc. *de Poligny*, an. 1861, p. 165, et par GINDRE. *M. vol.*, p. 19.

— Du Culte des arbres, etc. [538]. *Paris*, 1862.

— Rapp. sur des fouilles f. près des Moidons [6696]. — *Mém. de la Soc. d'émul. du Jura*, 1869 (1870), p. 25.

TOUBIN (Ed.). Études archéol. sur le cadastre du Jura [6665]. — *M. rec.*, 1863 ; 10 p.

TOUCHARD. Grand établissement rom., etc. [9501]. — *Bull. de la Soc. des ant. de l'O.*, 4e trim. de 1851 et 1er trim. de 1852 ; 6 p.

— Recherches histor. [9481]. — *Mém. de la m. Soc.*, an. 1852.

— Voir CAUMONT (A. de). Véritable position de Segora. 1852.

TOUCHARD-LAFOSSE (**C.**). La Loire historique, pittoresque et biographique de la source de ce fleuve à son embouchure, d'après les auteurs de l'antiquité et les légendes, chroniques, mon^ts^, etc., recueillis en 1839 et 1840 [3614 *a*]. *Nantes, Suireau*, 1840-45. — *Nantes; Tours, Lecesne*, 1851. 5 vol. gr. in-8; 62 grav. sur acier, 3 cartes.

— Hist. de Blois et de son territoire, depuis les temps les plus reculés jusqu'à nos jours [6737]. *Blois*, 1846; 12 fig.

TOUCHE (**T. Chasle de la**). Recherches, etc. [2290]. — *Journal de l'Institut histor.*, t. V, 1836-1837, p. 158-174.

TOULMON (**E. de**). Substructions romaines, etc. [5117]. — *Bull. de la Soc. des ant. de Normandie*, 4e an., 1863; 2 p.

TOULMOUCHE (**Dr Adolphe**). Hist. archéol. de l'époque gallo-rom. de la v. de Rennes, comprenant l'étude des voies qui partaient de cette cité et celle de leur parcours, précédée de rech. sur les monnaies et les antiq. trouvées dans les fouilles de la Vilaine pendant les années 1841-46 [6453]. *Rennes, Jausions; Paris*, 1847, in-4; 326 p.; 3 cartes; 24 pl. lithogr.

Mention hon. au concours des antiq. nation. en 1847.

TOULOUZAN. * Itinéraire maritime d'Antonin [1191]. *S. d.* (d'après Girault de St-F.).

TOUR D'AUREC (**Hector Du Lac de la**). — Voir Dulac de la Tour d'Aurec.

TOUR D'AUVERGNE (**Théophile Malo Corret de Kerbeauffret de la**). * Nouv. recherches sur la langue... des Bretons, p. s. à l'histoire de ce peuple, par M. L. T. D. G. [3310]. *Bayonne, P. Fauvet*, 1792. — 2e éd., intitulée : Origines gauloises, celles des plus anciens peuples de l'Europe puisées dans leur vraie source, ou Recherches sur la langue, l'origine et les antiq. des Celto-Bretons de l'Armorique, par La Tour d'Auvergne. *Paris, Quillau*, an V (1796). — 3e éd. augm. d'une notice histor. sur l'auteur, par Mangourit (m. titre). *Hambourg, P.-F. Fauche* et *Paris, Tavernier*, an X (1802).

Voir Quérard, *Supercheries litt.*, 2e éd., t. II, col. 985 f. — « Ouvrage qui n'a rien de scientifique. » (Note de la Commission des Gaules.)

— L'Origine de Carhaix [5897].

Travail inséré dans ses *Origines gauloises* et dans le dictionn. histor. de Bretagne d'Ogée et suivi, là, de *Réflexions critiques* par l'a. Ruffelet, reproduites dans ses « Correspondances ». (*Mém. de la Soc. archéol. et histor. des Côtes-du-Nord*, t. V, 1870, p. 180.)

— * Glossaire polyglotte, ou tableau comparatif d'un grand nombre de mots grecs, latins, français, espagnols, italiens, allemands, irlandais, anglais, etc., qui pour la forme et le sens ont encore conservé de nos jours le plus grand rapport avec le celto-breton de l'Armorique et paraissent avoir appartenu primitivement à cette langue [2270]. *S. l. n. d.* (vers 1800).

TOUR-VARAN (**J.-A. de la**). Bibliothèque forézienne [3520]. — *Ann. de la Soc. d'agr. de la Loire*, t. I, 1857 à t. VI, 1862. — T. à p. intitulé : Essai sur la formation d'une bibliothèque forézienne, principal^t^ pour établir le catalogue des ouvrages, mémoires, cartes, dessins et portraits relatifs à l'histoire anc. du Forez comme province, et à son histoire moderne comme dép^t^ de la Loire. *St-Etienne, Chevalier; Paris, Dumoulin*, 1864.

TOURETTE (**Marc-Antoine-Louis-Claret de Fleurieu de la**). Rapport de MM. Delorme, Pernetti et Tourette à l'Académie de Lyon, sur un fragment de bronze représentant une jambe de cheval trouvé dans la Saône (1766) [8585]. — *Archives histor. et statist. du Rhône*, t. IV, 1826, p. 1-23 et p. 465-486. — Reprod. par Comarmond, *Antiq. de Lyon*, etc., 1840.

— Deux notes pour être placées à la suite du rapport des commissaires nommés en 1766 par l'Acad. de Lyon pour examiner une jambe de cheval trouvée dans la Saône au commencement de la même année (juin 1771) [8589]. — *M. rec.*, t. VI, 1827, p. 18-25.

— Examen des conjectures sur l'incendie de l'ancienne ville de Lyon sous Néron, avec des observ. sur cet événement (1763) [8504]. — *M. rec.*, t. VIII, 1828, p. 173-214.

TOURETTE. Fouilles exécutées à Mende à l'occasion du déblaiement de l'ancien évêché [7137]. — *Bull. de la Soc. d'agr.* etc. *de la Lozère*, t. IX, avril-mai 1858; 2 p.

— Rapport fait à M. le préfet sur le

mon^t de Lanuéjols [7152]. — *M. rec.*, t. X, 1859, p. 39.

TOURLET. Tableau de Paris. — Voir BINS DE St-VICTOR et TOURLET (lire : 2e éd.). *Paris, Lesage et Gosselin,* etc.

TOURMAYER. — Voir AVENTINUS (Jo.).

TOURNAI (ou Tournal?). Mon^ts celtiques de la Bretagne [3330 *a*]. *Montpellier*, 1844, gr. in-8, 24 p.

La *Littérature franç. contemporaine*, t. VI, attribue cette pièce à Paul TOURNAL.

TOURNAL (Paul). Mém. sur les cavernes de Bize (Aude) [4752]. — *Ann. des Sc. natur.*, t. XVIII, 1829, p. 242-258. — T. à p.

— Considérations générales, etc. [1351]. — *Ann. de physique et de chimie*, 1833.

Cp. *Journal de géologie*, t. 1er, et *Ann. de la Soc. de statistique de Marseille*, t. II, 1832, p. 30.

— Note sur le musée de Narbonne [4761]. *Narbonne*, 1835, in-18; 112 p.

— Description du musée de Narbonne [4762]. *Ibid., impr. Caillard*, 1847, in-12. — 2e éd. Voir plus loin, *Catalogue*, etc.

— Mon^ts antéhistor. et mon^ts primitifs de la Gaule [1403, 4744]. — *Rev. de Toulouse*, août 1863; 12 p. — T. à p. *Toulouse*, 1863; 15 p.

Extraits de la 2e édition du Catalogue du musée de Narbonne, alors sous presse.

— Notes sur la céramique, etc. [1758]. — *Bull. mon.*, t. XXIX, 1863, p. 376.

— Inscriptions... du musée de Narbonne [4779]. — *Bull. mon.*, t. XXIX, p. 835, t. XXX, 1864, p. 75. — T. à p. *Caen, Hardel*, 1864; 31 p.

— Catalogue du musée de Narbonne et notes histor. sur cette v. [4763]. *Narbonne*, 1864.

— Curieuse inscription rom. du IIe siècle découverte à Auch. Lettre à M. de Caumont. [6224]. — *Bull. mon.*, t. XXXI, 1865, p. 803.

1re éd. de l'épitaphe de la chienne Myia.

— Lettre à M. Alex. Bertrand sur la découverte d'un *sepulcrum commune*, etc. [4772]. — *Rev. archéol.*, 2e série, t. XVII, 1868, p. 387-389.

— Villes gallo-rom. et franques des forêts de Compiègne et d'Eauy. Musée de Narbonne [4764, 8032]. — *Bull. de la Soc. arch. de Tarn-et-Garonne*, t. II, 1869, p. 149-155.

— Nouv. découvertes à Narbonne. [4780 *a*]. — *Bull. mon^tal*, t. XXXVI, 1870, p. 95-96.

— Pierres découvertes, etc. [4780 *b*]. — *M. vol.*, p. 257-260.

— Note sur les murs et le capitole de Narbonne [4773]. — *Congrès archéol. de Fr.*, XXXVIIe session. S^es g^ales tenues à Lisieux, etc., en 1870. Compte rendu, Caen et Paris, 1871.

Voir dans les Annales de la Commission arch. de Narbonne, t. I, 1876, une notice biographique sur P. Tournal, par P. DE ROUVILLE.

TOURNAY (A. de). Note sur l'emplacement de Minariacum [2900]. — *Mém. de la Soc. de la Flandre maritime*, à Bergues, t. II, 1858.

Minariacum placé dans l'arrond. d'Hazebrouck, canton de Merville.

TOURNEUX. * Attila dans les Gaules en 451, par un ancien élève de l'Ecole polytechnique [143]. *Paris, Carilian-Goeury*, 1833. — *Châlons-sur-Marne*, 1834.

TOUSSAINTS DU PLESSIS. — Voir PLESSIS (Toussaints du).

TOUSTAIN DE BILLY (l'a. René). Mémoires sur l'hist. du Cotentin [nouv. add. 3440 *a*].

En 1832 parut le prospectus d'une « *Hist. du Cotentin* ou *Mém. sur le dioc. de Coutances*, par TOUSTAIN DE BILLY, curé de Mesnil-Opac, mort en 1709. 1re éd. publiée avec des notes et add. importantes, par MM. J. Travers et L.-T.-L. Ragonde. *Saint-Lô, Cherbourg; Paris, Lance*, 3 vol. in-8. » — En 1865 : *Mém. sur l'hist. du Cot. et de ses v.*, par messire René TOUSTAIN DE BILLY, prêtre, publiés par la Soc. d'archéol. etc. du dép^t de la Manche. 1re partie, v. de S^t-Lô et Carentan. 1re liv. — En 1875 : Hist. ecclés. du dioc. de Coûtances, p. pour la première fois par François Dolbet, t. I. *Rouen, Métérie.*

TOUSTAIN DE RICHEBOURG (Charles-Gaspard de). * Essai sur l'hist. de Normandie... par un page du roi (alors âgé d'environ dix-neuf ans) [3755]. *Amsterdam (Rouen, Machuel)*, 1766, in-12. — * 2e éd. intitulée : Essai sur l'hist. de Neustrie ou de Normandie, depuis Jules-César jusqu'à Philippe-Auguste, suivi d'une esquisse histor. de la province, de 1204 à 1788. *Paris, Desenne*, 1789, 2 vol. in-12.

TOUSTRY ou Toutry. — Voir PICARD DE TOUTRY.

TRAIGNAUX (Ludovic-J. du). Cimetière

gallo-romain de Frégivau [10556]. — *Ann. de la Soc. d'archéol. de Namur*, t. IV; 10 p.

TRAMBLAIS (de la). Les voies rom. dans les environs du Blanc et d'Argenton (sur Creuse) [6487]. — *C. r. des trav. de la Soc. du Berry* (Indre-et-Cher), à Paris, t. XI, 1863-1864, gr. in-8; 18 p.

— De la signification et de la convenance des noms de lieux en Berry, etc. [6485]. — *M. rec.*, t. XIII, 1866, p. 330-366.

TRAMBLAIS (de la), VILLEGILLE (A. de la). Esquisses pittoresques, etc. [6483]. Dessins par Isidore MAYER. *Châteauroux, Migné*, 1854.

TRANIER (A.). Dictionnaire histor. et géogr. du dép^{t} du Tarn [9633 *a*]. *Albi, P. Tranier* fils, 1862, in-4; LXII-343 p.

TRANOIS. La petite mer appelée Morbihan. — Guerre de César contre les Venètes. — Locmariaker [7644, 7643, 7736, 2889 *a*]. — *Mém. de la Soc. archéol. et histor. des Côtes-du-Nord*, t. I, 1853, p. 337-432. — T. à p. 96 p.; 1 carte.

— La petite mer appelée Morbihan, etc. — Réponse de M. Tranois à qqs. objections sur sa brochure [7644]. *Saint-Brieuc*, 1855.

— Hist. étymolog. des mots *Celtæ, Galli, Galates, Gaulois, Gallois*, et nouvelle étymologie de ces mots [2345]. — *Mém. de la Soc. archéol. et histor. des Côtes-du-Nord*, t. IV, 1864. — T. à p. *Saint-Brieuc*, 1865; 29 p.

— Glossaire explicatif, etc. [2327]. — *M. rec.*, t. V, 1867 et vol. suivants.

TRASSE (Nicolas). Diss. histor. et crit. etc. [135]. — *Mercure*, avril 1753, p. 16-47, mai, p. 14-35.

TRAULLÉ. Lettre, etc. [9582]. 1809.

TRAVERS (l'a. Nicolas).* Explication historique et littérale, etc., par ***** (*sic*), prêtre du diocèse de Nantes [6908]. *Nantes, Nic. Verger*, 1723; 37 p. — Réimpression textuelle dans les *Mém. de Trévoux*, juin 1724 p. 1039-1066, — avec corrections et additions sous le titre suivant : Explication h. et l. de 3 inscr. rom. que l'on voit à Nantes, à Rennes et à St-Meloir en Bretagne, dans les Mém. de DESMOLET et GOUGET, t. V, 1re p., 1728, p. 60-138.

La partie relative à l'inscr. de Nantes contient une digression sur Volianus, divinité des Namnètes.

— * Histoire abrégée des évêques de Nantes, où les faits les plus singuliers de l'histoire de l'église, de la ville et du comté de Nantes sont rapportés par *****, prêtre du diocèse de Nantes [6876]. — *Mém. de litt. et d'hist.* de DESMOLET et GOUGET, t. VII, 1729, p. 314-428.

Abrégé de l'Histoire civile, etc. publiée depuis. (Voir l'article suivant.)

— Histoire civ., polit. et relig. de la v. et du comté de Nantes, imprimée pour la 1re fois sur le ms. original, appartenant à la biblioth. de la v. de Nantes avec des notes et des éclaircissements, sous la direction de M. Aug. SAVAGNER [6887]. *Nantes, Forest*, 1844, 3 vol. in-4.

Titre du ms. original : Hist. des évêques du comté et de la v. de Nantes, etc. Cp. sur cette publication les *Ann. de la Soc. acad. de Nantes*, t. XXVII, p. 322.

Voir la bibliographie des ouvrages de N. Travers, à la suite de sa biographie, par DUGAST-MATIFEUX (*Ann. de la Soc. acad. de Nantes*, t. XXVII, 1856).

TRAVERSAC (l'a. Valette de). Sonnets, etc., avec des remarques histor. [5963 *a*]. *S. l.*, 1750, in-8.

Chaque sonnet est accompagné d'une gravure sur cuivre.— 3e éd. augm. de son histoire de la v. de Nîmes.

— Abrégé de l'histoire de... Nismes, etc. [5943]. *Avignon*, 1760.

TRÉBONIUS RUFINUS (auteur supposé). — Voir MERMET, 1er article.

TRÉBUTIEN. Caen. Précis de son histoire, ses mon^{ts}, son commerce et ses environs [5056]. *Caen, Hardel* (1850), in-12; fig. sur bois dans le texte.

TRÉLIS. Conjectures sur la destination d'un mon^{t} rom. découv. à Nîmes en 1806 [5973]. — *Not. des trav. de l'Acad. du Gard*, 1806, p. 327-331.

TREMBLAY (Victor-François). Dictionnaire topogr., statist., histor., administratif, commercial et industriel des v., bourgs, et c^{nes} du dép^{t}. de l'Oise [8022]. 1re partie (unique?). *Beauvais, Tremblay*, 1846.

— Beauvais et ses mon^{ts} Not. extr. du Dictionnaire... de l'Oise [8043]. *Paris*, *impr. Jouaust; Beauvais, Tremblay,* 1869, in-18; 35 p.

TREMBLAY (l'a.). (Titre rectifié.) Not. sur la découverte d'un mon^t^ gallo-romain, auprès de Landes [6744]. — *Bull. de la Soc. archéol. du Vendômois,* t. I, 1862; 4 p.

TREMEAUD. Découvertes, etc. (note sans titre) [6697]. — S^ce^ *publ. de la Soc. d'émul. du Jura,* 1835, p. 129.

— Not. sur des antiq. trouvées à Villars d'Héria, près Moirans [6713]. — *M. rec.,* 1836, p. 119.

— Not. sur les médailles d'Auguste, etc. [6667]. — *M. rec.,* 1838, p. 33-38.

TRÉMOLIÈRE (P.). Druidisme, etc. [640]. — *Rev. d'Auvergne,* août-septembre, 1841.

— De la civilisation gauloise, etc. (120 ans avant notre ère) [865]. — *Journal de l'Institut histor.,* t. III, 2e s., 1843, p. 241-259.

— Études sur les mon^ts^ celtiques en général et sur ceux de la Marne en particulier [7323]. — *Mém. de la Soc. d'agr.* etc. *de la Marne,* 1859, p. 197-244.

TRICHAUD (l'a.). Itinéraire du visiteur aux principaux mon^ts^ d'Arles [4969]. *Arles,* 1859, in-12.

TRIDON (l'a. E.-N.). Notice, etc. Dessins, par Vauthier [5412]. *Troyes, Bouquot* 1847; 144 p.; 7 lithogr.

TRIGAN. * Hist. ecclés. de la prov. de Normandie, avec des obs. crit. et histor., par un d^r^ en Sorbonne [3754]. *Caen, Poisson et P. Chalopin,* 1759-61, 4 vol. in-4.

TRILLER (Wilhelm-Daniel). De cultu Isidis deæ etiam salutaris et medicis sacræ apud veteres Germanos exercitatio historico-philologica [10694]. Dans ses *Opuscula medica,* t. II, *Francfort* et *Leipzig,* 1766, in-4, p. 339-352.

— Sur l'inscription BORVONI, etc. [4495].

Opuscula medica, t. III, 1772, in-4, p. 30-39. Texte et nouv. explication. — Renvois: Gruter, t. I, p. cx; Reinesius, p. 176, Muratori, t. I, p. cvii, Gudius, pl. 64,8; Strobelberger, *Descriptio Galliæ,* Aubery, *De Thermis Bourbonens.* Jean Bouhier, dans les *Epistolæ epigraphicæ,* de J. Gasp. Hagenbruch.

TRIPAULT. — Voir Trippault.

TRIPON. Histoire monumentale de l'ancienne province du Limousin [3606]. *Limoges, M. Darde,* 1857, 3 parties in-4, publiées en 40 livr.

TRIPPAULT (Léon), en latin Triputius (Lugdus). Antiquité de la v. d'Orléans, et choses plus notables d'icelle, fidèlement recueillies des cosmographes et historiens qui en ont écrit [6958]. *Orléans, E. Gibier,* 1572.

— Sylvula antiquitatum aurelianarum [m. n°]. *Aurelianis, Gibierius,* 1573.

Lud. Lalanne (*Dictionn. histor.*) cite, du même : *Celt-hellénisme.* 1580, in-8.

TRIPPAULT, sieur de Linières (Emmanuel). Discours du siège d'Attila, etc. en l'an quatre cent cinquante-cinq [6960]. *Orléans, René Fremont,* 1635, pet. in-8; 21 p. — Autre éd. *Chartres, impr. de Garnier fils,* 1832, pet. in-8; 16 p.

TRISTAN DE SAINT-AMAND (Jean). Commentaires historiques, cont. en abrégé les vies, éloges et censures des empereurs, impératrices, Césars et Tyrans de l'empire romain jusqu'à Pertinax, illustrés par les médailles [83]. *Paris, P. Billaine,* 1635, in-fol.; 18 pl.; fig. (Voir Brunet, *Manuel.*) — 2e éd. [84]. 1644-1657, 3 vol. in-fol.

— Triplex nummus antiquus Christi Domini, Perperenæ civitatis, Hannibaliani regis [1960]. *Parisiis,* 1650.

— J. Tristani ad Jac. Sirmondum epistola [1961]. *Parisiis,* 1650.

— Traité du lys, symbole divin de l'espérance, contenant la juste défense de sa gloire, dignité et prérogative, ensemble les preuves irréprochables que nos monarques français l'ont toujours pris pour leur devise en leur couronne, sceptre, écu, étendard, etc. [833]. *Paris, Jean Petit,* 1656; in-4; fig.

TRISTAN MARTIN. — Voir Martin (Tristan) et ajouter l'article suivant: Médailles gaul. et rom. rencontrées dans l'arr^t^ de Cholet, et spécialement dans l'ancienne *Statio* (Segora) [7179]. — *Répert. archéol. de l'Anjou,* p. p. la Soc. *d'agr.* etc. *d'Angers,* année 1865; 38 p.

TRITHEMIUS (Joannes). Opera historica; ex biblioth. Marquardi Freheri [6]. *Francofurti, typis Wechelianis,* 1601, 2 t. en 1 vol. in-fol.

Voir aussi Morin (Franciscus) sous la date de 1515.

TROLLOPE (E.). Ruines romaines dans le voisinage de Padstow (Cornouailles) [10382]. — *Institut archéol. de la Grande-Bretagne. Journal archéol.*, n° 68; 1860; 6 p.

TROU (l'a.). Recherches histor. archéol. et biograph. sur la v. de Pontoise [9289]. 1840; 15 pl.

TROUETTE (l'a. V.). Lettre sur un silex découvert au Jaulé, etc. [6231]. — *Rev. de Gascogne*, etc., t. VIII, 1869, p. 285.

TROUILLARD (Charles). Dislocation, etc. Les seigneurs bretons à Mayenne [3477]. — *Bull. de la Soc. d'agr.* etc. *de la Sarthe*, 2e s., t. XI, 1867-68, p. 43-54; — 2° article, p. 405-426.

TROUILLAT. Monuments, etc. [10844]. *Berne*, 1852-67, 5 vol.

TROUVÉ (bon). Description générale et statistique du dépt de l'Aude [4737]. *Paris, Firmin-Didot*, 1818, 2 vol. in-4; fig.

TROYON (Frédéric). Description des tombeaux de Bel-Air, près Cheseaux sur Lausanne [10898]. *Zurich et Lausanne*, 1841, gr. in-4; 20 p.; 8 pl.

— Bracelets et agrafes antiques [10859]. — Voir VISCHER (W.), année 1844.

— Habitations lacustres de Concise, dans le canton de Vaud, en Suisse [10876]. — *Rev. archéol.*, 2e s., t. I, 1860, p. 26-43.

Voir aussi, du même : Fouilles de Concise, sur le lac de Neuchatel. — *Rev. savoisienne*, t. V, 1864, p. 2.

— Habitations lacustres, des temps anciens et modernes [1454]. — *Mém. et doc. p. p. la Soc. d'hist. de la Suisse Romande* à Lausanne, t. XVII, 1860; 17 pl.; figures.

— Disque en bronze, etc. [8988]. Lettre à M. L. Revon. — *Rec. savoisienne*, t. III, 1862, p. 97.

— Tombeaux de Bel-Air, près Lausanne [10898]. — *M. rec.*, t. V, 1864, p. 133.

— Monts de l'antiquité dans l'Europe barbare, etc. [1334, 10820]. — *Mém. et doc. p. p. la Soc. d'hist. de la Suisse Romande*, t. XXV, 1868.

— Roche celtique à Courroux [10877]. — Voir QUIQUEREZ (le véritable auteur), année 1866.

TROYON (Auguste). Histoire de France [390]. *Paris, Hachette*, 1863-65, 5 vol. gr. in-8.

TRUC. Forum Voconii aux Arcs [2693]. 1865. — Examen de ce travail par V.-Q. THOUROND. (Voir ce nom.)

TSCHARNER (V.-B.) et HALLER. Dictionnaire historique, politique et géographique de la Suisse. Nouv. éd. augm. (par P.-H. MALLET) [10758]. 1788, 3 vol. — Voir HALLER (G.-I. von).

TSCHUDI (Gilles), *alias* de TSCHUDY. Descriptio de prisca ac vera Alpina Rhetia cum Alpinarum gentium tractu [10834]. *Basileæ*, 1530; — autre éd., 1560.

— Delineatio veteris Rauricæ [10842].

« 6e et dernière pièce du t. I des Scriptores rerum Basileensium minores, recensente J.-N. BRUCKERO. *Basileæ*, 1752, in-8. » (*Biblioth. histor.*, t. I, n° 335.)

— Hauptschlüssel zu zerschiedenen Alterthümer oder historich-topographische Beschreibung Galliæ comatæ herausg. von J. GALLATI [10793]. *Constanz*, 1758, in-fol.

Même ouvrage en ms., copie antérieure à l'édition et intitulée Veteris Helvetiæ delineatio.

— Epistola ad Beatum Rhenanum, etc. [2680].

« Cette Lettre est dans le t. I du *Recueil des Historiens d'Allemagne*, par SCHARDIUS, et au n° 53 de l'ouvrage de GOLDAST, intitulé *Centuria epistolarum*. » (*Biblioth. histor.*, t. I, n° 268.)

— [*Ms.*] Hist. des guerres des Cimbres, etc., leurs émigrations, leurs victoires et leurs déroutes (en allemand) [10761].

« Ce ms. est dans l'abbaye d'Engelberg, en Suisse. Tout ce qui vient de cet auteur est bon. » (*Biblioth. histor.*, t. I, n° 3928.)

Voir FUCHS, Mém. sur la vie et les écrits de Tschudi (en allemand). *Saint-Gall*, 1802, 2 vol.

TUBINO (Francesco-M.). Estudios prehistoricos cuaderno 1. (unico) [1441]. *Madrid*, 1868; 128 p.

L'industrie et l'art préhistoriques, conférences : 1. Sur l'homme fossile ; 2. Sur les habitations lacustres.
3. Monuments préhistoriques de Castille de Guzman.
4. J. Boucher de Perthes (notice très complète.
5. Exploration géologico-archéologique de Cerro Muriano.
6. L'anthropo-archéologie de l'histoire.
7. J. Lubbock.
(Note rédigée par le comte Arthur de Marsy.)

TUDOT (Edmond). Opinions des principales revues, etc. [4483]. *Moulins*, 1851; vign.

— Rapp. sur les bronzes ant. de la Ferté-Hauterive [4500]. — *Bull. de la Soc. d'Émul. du dép^t de l'Allier*, t. III. 1853; 13 p.; 1 pl.

— Rapp. sur une fouille exécutée à Varennes [4521]. — *M. rec.*, t. IV, 1854, p. 336-343; 1 pl.

— Fouilles de Chantenay [7920]. — *M. vol.*, p. 385.

— Étude céramique sur les fragments de poteries trouvés en fouillant un puits près de Dompierre [4498]. — *M. rec.*, t. V, 1856, p. 192-197.

— Fouilles de Lillebonne (objets intéressant le Bourbonnais, donnés au musée de Moulins par l'a. Cochet) [9419]. — *M. vol.*, p. 360; 1 pl.

— Marques et signatures de céramistes, etc. [3286]. — *M. rec.*, t. VI, 1857, p. 33-47, 1 pl. et plus. vign. — Autre rédaction augmentée, dans le *Bull. monumental*, t. XXIII, 1857, p. 337-371.

— Voies rom. de l'Allier (carte) [4478]. — Voir Estoille (Max. de l').

— Un céramiste arverne [3178]. — *Rev. archéol.*, 2e s., t. IV, 1861, p. 262-264.

— Collection de figurines, etc., recueillies, dessinées et décrites par E. Tudot [1508, 1754]. *Paris, Rollin*, 1859, grand in-4; 54 pl. et fig. dans le texte. — 2e éd. *Paris, Rollin*, 1870, in-4; pl.

C. r. par Ch. Roach-Smith, dans le *Gentlemen Magazine*. — Obs. de Max. de l'Estoille, dans le *Bull. de la Soc. d'émul. de l'Allier*, t. VIII, 1864.

— Études sur Néris, etc. [4510]. — *Bull. de la Soc. d'émul. de l'Allier*, t. VIII, 1861, p. 45-68. — T. à p. *Moulins*, 1861; planches et vign.

— Colonne itinéraire de Pérignat-ès-Allier, etc. [4517]. — *Bull. mon.*, t. XXVII, 1861, p. 354.

TUETEY. — Voir Delisle (Léopold). Recueil des historiens des Gaules (réimpression).

TUILERIE (Péan de la). Description de la v. d'Angers [7186]. *Angers*, 1778, in-12.

TURKHEIM. Mém. sur l'Alsace et la v. de Strasbourg [3025]. 1789, in-4.

TURNER (Sharon). The history of the Anglo-Saxons, comprising the history of England from the earliest periods to the Norman conquest [10264]. *London*, 1807, 2 vol. in-4.

TWYSDEN. Historiæ Angliæ scriptores [10242]. 1652, 2 vol. in-fol.

TYARD (Pontus de). — Voir Thiard.

U

UHRICH (C^ol). Not. sur des monnaies anciennes [1941]. — *Mém. de l'Acad. de Metz*, 1849-50, p. 208.

— Empreinte d'une bague romaine [nouv. add. 1482 *b*]. — *M. rec.*, 1850-51, p. 193.

— Notice, etc. [1657]. — *M. vol.*, p. 194.

— Notes, etc. [7573]. — *J^al de la Soc. d'archéol. lorraine*, t. Ier, 1853, p. 93-94, 1 pl.

UKERT (F.-A.). Geographie des Griechen und Römer von den frühesten Zeiten bis auf Ptolemæus [1103]. *Weimar*, 1816. — 2e éd. *Ibid.*, 1843-1846, 3 t. en 6 vol.; cartes.

II, 2 : Gaules. — III, 1 : Germanie.

— Ueber die Norden von Europa, etc. [10993]. *Weimar*, 1832.

— Germania, etc. [10727]. *Weimar*, 1843.

UPCOTT (William). Bibliographical account, etc. [10237]. *London*, 1818, 3 vol.

URBAN (m^is de Fortia d'). — Voir Fortia d'Urban.

URSIN (P.-F.-M.). Sur les dogmes my

thologiques, etc. [528]. — *Ann. de la Soc. acad. de Nantes*, année 1820.

— Sur l'origine, etc. [3094]. — *M. rec.*, 1824, et *Lycée armoricain*, t. V, 1825, p. 3-15.

URSIN et ATHENAS. Recherches, etc. [6870]. *Nantes*, impr. *Mellinet-Malassis*, 1820; 4 p.

USTERI. Scavi nell' Elvetia [10815]. — *Bull. de l'Instit. de corr^{ce} archéol.*, 1832, p. 166-167.

Trois inscriptions latines.

V

VACHEY. Note, etc. [7041]. — *Congrès archéol.*, XVIIe session, séances g^{ales} tenues à Auxerre, à Cluny, à Clermont-Ferrand, en 1850. *Paris*, 1851, p. 267-274.

VACHEZ (A.). Note sur les Chatelards du Lyonnais et le tumulus de Marchezal (Loire) [6803]. — *Rev. du Lyonnais*, 2e s., t. XXVII, 1864, p. 499-504. — T. à p. *Lyon, Vingtrinier*, 1864.

— Inscription antique, etc. [6807]. — *M. rec.*, 3e s., t. III, 1867, p. 409-413. — T. à p. *Lyon*, 1867.

— Du droit italique à Lyon et de ses destinées dans les temps modernes [8520]. — *Mém. de la Soc. litt. de Lyon*, 2e s., t. VI, 1870-71, p. 1-36.

VACQUIÉ (de). Sur l'administration de la justice criminelle, etc. [801]. — *Mém. de l'Acad. des sc. de Toulouse*, 2e s., t. VI, 2e part., 1843, p. 30.

VÆNIUS (Otto). Batavorum cum Romanis bellum, a Corn. Tacito libris IV et V Historiarum olim descriptum, nunc figuris aeneis expressum [10404]. *Antuerpiæ*, 1612, in-4.

VAIDY. Lettres, etc. [8230]. — *Mém. de l'Acad. celtique*, t. V, 1810, p. 107.

VAILLANT (Jean-Foy). Numismata ærea, etc., ex omni modulo percussa [1876, 2080]. *Parisiis*, 1688 et 1697, 2 tomes en 1 vol. in-fol. — 2e éd. *Parisiis*, 1692-1694, *Amsterdam*, 1696, 3 vol. in-4. — 3e éd. 1re partie, 1697; 2e partie, 1695, in-fol.

— Selectiora numismata, etc., concisis interpretationibus per VAILLANT illustrata [1875]. *Parisiis, Dezallier*, 1694, in-4. — Contrefaçon hollandaise sous le m. titre et aussi avec l'adresse de Dezallier, mais sous la date de 1695. (Voir BRUNET, *Manuel*, t. V, col. 1028.) — Selectiora numismata, etc., delineata et sculpta a Fr. ESLINGER. *Parisiis*, 1696, in-4. (Contrefaçon hollandaise.)

— Numismata impp. Augustarum et Cæsarum a populis romanæ ditionis, græce loquentibus, ex omni modulo percussa [2081]. *Amstelod.*, 1700, in-fol. fig.

— Antiqua imper. roman. numismata, ex ære maximo; olim ab abbate de Camps collecta, et quorum nonnulla J. Foy Vaillant explicationibus illustravit, nunc in cimelio V. M. ducis d'Estrées servata [2082]. 1737, gr. in-4; fig. — 2e éd.: Numismata imperat. roman. præstantiora a J. Cæsare ad Postumum usque (ad Constantinum Magnum perducta studio Jo.-Fr. BALDINI). *Romæ*, 1743, 3 vol. gr. in-4; fig.

VAISSETE (dom Joseph). * Dissertation sur l'origine des François, où l'on examine s'ils dépendent des Tectosages ou anciens Gaulois établis en Germanie [289]. *Paris, Vincent*, 1722, in-12; 76 p.

— Histoire de Languedoc. — Voir VIC (Claude de) et VAISSETE (Joseph de).

VAL (du). — Voir DU VAL.

VALADIER, Catalogue, etc. [4798]. — J^{al} *de l'Aveyron*, 28 nov. 1863.

— Mémoire, etc. [4797]. — *Congrès archéol.*, XXVIe session. Séances tenues à Rodez en 1864. — T. à p. *Caen, Hardel*, 1863; 24 p.

Voir aussi *Mém. de la Soc. des lettres de l'Aveyron*, t. IX, 1867, p. 19.

— Note, etc. [4818]. — *Mém. de la Soc. des lett.* etc. *de l'Aveyron*, t. IX, 1859-1867; 2 p.

VALART (l'a. **Joseph**). * Conquête de la Gaule, faite et écrite par Jules César. (Extrait à l'usage de l'École royale militaire.) [419]. *Paris, Barbou*, 1761, in-12.

VALBONNAIS (**J.-P. Moret de Bourchenu** m[is] **de**). *Mémoires pour servir à l'histoire de Dauphiné, généalogie de la maison de La Tour du Pin, etc. [3470]. S. *l. n. d.*, in-fol.

— Voir LANCELOT ET DE VALBONNAIS.

VALENTIN-SMITH. De la Saône considérée sous le rapport géographique, historique et commercial [3978]. — *Rev. du Lyonnais*, 2e s., t. I, 1850, p. 257; t. II, 1851, p. 441; t. III, 1851, p. 226, 273. — T. à p. *Lyon, L. Boitel*, 1850; 35 p.

— Les Insubres des bords de la Saône [3977 *a*]. — *M. rec.*, 2e s., t. I, 1850, p. 185.

— Des Insubres. Des impôts chez les Segusiavi liberi, sous les Romains. Lettre à M. l'a. Roux [4008]. — *M. rec.*, m. s., t. III, 1851, p. 369. — T. à p. *Lyon*, 1852.

— Notions sur l'origine et le nom des Burgondes et sur leur 1er établissement dans la Germanie [3380 *b*]. — *Mém. de l'Acad. de Lyon* (lettres), n. s., t. VIII, 1859-60, p. 145-200; 2 cartes.

— Note sur l'origine et le nom des Burgondes [3380 *c*]. — *Rev. du Lyonnais*, 2e s., t. XX, 1860, p. 5.

— Notions histor. sur le 2e établissement des Burgondes, etc. [3380 *d*]. — *Mém. de l'Acad. de Lyon* (lettres), n. s., t. IX, 1860-61, p. 65-100.

— Établissement, etc. [8518]. — *Mém. lus à la Sorbonne*, en 1861 (histoire), p. 1. — T. à p. *Paris, Durand*, 1863.

— Examen critique, etc. [4180]. *Lyon*, 1861.

— (Sans titre.) Examen du passage de César, etc. [10788]. — *Travaux archéol. de l'Acad. de Lyon*, année 1861, p. 57-66.

— De la famille chez les Burgondes [3381]. — *Mém. lus à la Sorbonne*, en 1863 (histoire), p. 1.

— Notions sur l'origine des peuples de la Gaule transalpine et sur leurs institutions politiques avant la domination rom. [393]. — *Mém. lus à la Sorbonne*, en 1864 (histoire), p. 487. — T. à p.; 78 p.; 1 carte. — 2e édition intitulée : De l'orig. des p. de la G. transalp. et de leurs institutions polit. avant la domination romaine. *Paris, Impr. imp.*, 1866; carte.

— Divisions territoriales de la Gaule transalpine, etc. [1159]. — *Mém. lus à la Sorbonne*, en 1865 (histoire), p. 123. — T. à p. *Paris*, 1866; 3 cartes.

— Rapport sur un mém. ms. de M. Matton, intitulé : Emplacement des camps de César et de Titurius Sabinus, etc., et sur l'emplacement de Bibrax et de Noviodunum Suessionum [1839]. — *Rev. des Soc. sav.*, 4e s., t. II, 1868, p. 159.

VALÈRE ANDRÉ (surnommé DESSELIUS, du nom de Dessel, sa v. natale). Bibliotheca Belgica [10443]. *Louvain*, 1623, in-8. — Autre édition augmentée en 1643, in-4. — Édition de Foppens, *Bruxelles*, 1734, in-4, 2 vol. — Voir FOPPENS.

VALESIUS (**Hadrianus**). — Voir VALOIS.

VALETTE DE TRAVERSAC (**l'a.**). — Voir TRAVERSAC.

VALLANCEY (**Charles**). An essay on the antiquity of the irish language; being a collation of the irish with the punic language, with a preface proving Ireland to be the Thule of the ancients, etc. [2359, 10373]. *Dublin*, 1772; XII-63 p. — 2e éd. *Londres*, 1822.

— A Grammar of the iberno-celtic of irish language, the 2d ed. with additions to wich is prefixed an Essay on the celtic language shewing the importance of the ib.-celt. or irish dialect, to students in history, antiquity and the greek an roman classics [2360, 10372]. *Dublin, R. Marchbank*, 1782, in-8.

— A Vindication, etc. [10365]. *Dublin*, 1786.

— Essay towards illustrating, etc. [10263]. *Dublin*, 1786.

— Essay on the primitive inhabitants, etc. [10287]. *Dublin*, 1807. — Voir BRUNET, *Manuel*.

Voir aussi, du même : Collectanea de rebus hibernicis. *Dublin*, 1770, 4 vol.

VALLEMBERT (**Simon**). Historia Ciceronis [6800]. *Paris; Lyon, Colines*, 1545.

Mention et texte d'une inscription lat. trouvée à Feurs.

VALLET DE VIRIVILLE. Histoire de l'instruction publique en Europe et principalement en France, depuis le christianisme jusqu'à nos jours, etc. Illustrations archéol. exécutées sous la direction de Ferdinand Séré [2390]. *Paris*, 1849-1852, in-4 ; fig. (Voir O. Lorenz.)

VALLIER (Gustave). Dissertation, etc. [6626]. — *Bull. de l'Acad. delphinale*, à Grenoble, 3e s., t. I, 1865 (1866); 17 p.

— La Légende de la v. d'Ars, sur les bords du lac de Paladru [6610]. 1816; 1 carte.

— Le Trésor des Fins d'Annecy [8976]. — *Rev. savoisienne*, VIIIe an.; 1867, p. 77-84.

— Une médaille des empereurs Tetricus et Probus [faisant partie du trésor des Fins d'Annecy]. [Nouv. add. 2132 *a*]. — *Annuaire de la Soc. franç. de numismat. et d'archéol.*, t. III, 2e partie, 1869, p. 281.

— Découverte de monnaies rom., etc. [6627]. — *Mém. de l'Acad. delphinale*, à Grenoble, 3e s., t. II, 1870.

VALLOIS. Not. sur le menhir de Doingt, près Péronne [9595]. — *Mém. de la Soc. des ant. de Picardie*, t. XX, 1865, p. 341.

— Lettres, etc. — Voir Dutilleux.

VALLOT. Dissertation, etc. [5379]. — *Mém. de la Comm. des antiq. de la Côte-d'Or*, 1834-35, p. 220-294.

— De la formule *sub ascia dedicavit* [661 *a*]. — *M. vol.*, 1834, p. 294-300.

Voir aussi : *C. r. des travaux de l'Acad. de Dijon*, 1841-42, p. 181.

— Sur Apollon Grannus [551 *b*]. — *M. vol.*, p. 300-306.

VALLOT et GARNIER. Rapport sur le cours du Suzon et les différents bras de ce torrent qui ont traversé la ville de Dijon depuis les Romains jusqu'à nos jours [5380]. — *M. rec.*, série in-4, t. I, 1838-41, p. 181-194; 1 plan.

VALOIS (Adrien de), en latin, Hadrianus Valesius. Gesta Francorum, seu Rerum francicarum a primordiis gentis, anno Christi 254 usque ad Childerici destitutionem ann. 752, tomi tres [276]. *Parisiis*, 1646-1658, 3 vol. in-fol.

— Notitia Galliarum ordine litterarum digesta [982]. *Paris*, 1675, in-fol. — Notitiæ Gall. defensio. 1684, in-4.

Secousse, de l'anc. Acad. des inscr., avait dressé, en 1717, le plan d'une nouv. Not. des Gaules (Voir *Mém. de cette Acad.*, t. VII (Hist.), p. 302-309.)

VALSUZENAY (bon Ch.-L. Bruslé de). Mémoire, etc. [4641]. An IX, in-4, et 1801. in-8.

VALZ (Benjamin). Not. sur une branche rétrograde de l'aqueduc du Gard [5931]. — *Mém. de l'Acad. du Gard*, 1840, p. 94-104.

— Découverte d'une portion du canal rom. [5932]. — *M. vol.*, p. 133.

VANDAMNE (P.). * Catalogue, etc. [1902]. *Amsterdam*, ou *Hambourg*, 1787, 2 vol. in-4, fig. — Supplément. *Amsterdam*, 1788, in-4, fig.

VANDERRIT. Chaussées rom. en Belgique [10503]. — Voir Roulez, année 1849.

VANGUAS Y MIRANDA. Diccionario, etc. [3716]. *Pamplona*, 1840-43, 4 vol. in-4.

VANNAIRE (dr). Note, etc. [4502]. — *Bull. de la Soc. d'émul. du dépt de l'Allier*, t. X, 1867, p. 290.

— Souvenirs archéol. [8257]. — *Mém. de l'Acad. de Clermont-Fd*, n. s., t. XI, 1869, p. 386.

VARAIGNE (Charles-F.). Nouveaux doc. archéol. sur Alaise [2503]. — *Mém. de la Soc. d'émul. du dépt du Doubs*, 3e s., t. II, 1857; 8 p.

VARIN. — Voir Ogée, Dict. histor. de Bretagne.

VARIN (P.). Vie de st Eutrope, etc. [9783]. *Paris, Impr. nat.*, 1849.

VARRON (Publius Terentius Varro, Atacinus, de Narbonne?). Fragments de ses poèmes (chorographia, libri navales, Europa, Argonautica, de Bello sequanico, de Licinii tumulo epigramma) [2398 *a*], dans Wernsdorf, *Poetæ latini minores*, et dans l'éd. de même titre de la collection Lemaire, t. IV, 1825.

VASSAL (de). — Voir Pillaye (de la), dernier article.

VASSEBOURG (Richard de). Antiq. du royaume d'Austrasie et de Lorraine jusqu'à François Ier [3616] (imprimées avec celles de la Gaule Belgique, du même auteur, 1549), 2 vol. in-fol.

VASSEUR (**Charles**). Qqs. réflexions, etc. [5100]. — *Bull. mon.*, t. XXVI, 1860, p. 315; 1 plan.

— De Lisieux à Pont-Audemer. Itinéraire pour les archéologues de l'Association normande [5030]. — *Assoc. normande, annuaire de la Normandie*, t. XXXIV, 1868, p. 99-161.

VATIN (**C.**). Notice, etc. [8107]. *Senlis, Payen*, 1870; 15 p.; 2 pl.

VAUCELLE (**Louis**). Notice, etc. [5819]. — *Rec. de la Soc. libre d'agr.* etc. *de l'Eure*, 2e s., t. Ier, 1841, p. 253.

VAUCELLES DE CHAMPFREMONT (**de**). Les médailles, etc. [7495]. — *Bull. mon.*, t. XXXV, 1869, p. 95-96.

— Observations, etc. [5768]. — *M. rec.*, 2e s., t. VIII, 1850, p. 311.

VAUDIER. Rapport, etc. [6902]. — *Bull. de la Soc. archéol. de Nantes*, t. Ier, 1859; 17p.

VAUDONCOURT (**gal Frédéric-François-Guillaume de**). Hist. des campagnes d'Annibal en Italie, etc., suivie d'un abrégé de la tactique des Rom. et des Grecs [2780]. *Milan*, 1812, 3 vol. in-4 et 1 atlas.

VAUDORÉ (**F.-F. Macé de**). — Voir Macé de Vaudoré.

VAUDORÉ (**A.-D. de la Fontenelle de**). — Voir Fontenelle de Vaudoré (de la).

VAUGEOIS (**J.-F. Gabriel**). — Mém. sur la pierre couplée, etc. [5118]. — *Mém. de la Soc. des ant. de Normandie*, t. II, 1826, p. 157.

VAUGEOIS (**J.-F. Gabriel**). — Coup d'œil, etc. [8124]. — *M. rec.*, t. V, 1830, p. 90.

— Hist. des antiq. de la v. de L'Aigle et de ses environs, comprenant des rech. histor. sur les invasions des Rom., des Francs et des Normands dans les Gaules, sur l'origine de Verneuil, sur les antiq. rom. de Condé-sur-Iton, sur les forges à bras, etc. Ouvrage posthume de J.-F. Gabriel Vaugeois, p. p. sa famille. (Avertissement par Hippol. Vaugeois [5795, 8144]. *L'Aigle, Brédif*, 1843, 624 p.

C. r., en ce qui concerne Condé-sur-Iton, par de Stabenrath, dans la *Rev. de la Soc. libre de l'Eure*, 2e s., t. VII, 1847, p. 463.

VAULTIER (**Frédéric**). Recherches, etc. [5057]. — *Mém. de la Soc. des ant. de Norm.*, 1837, t. X, p. 244.

— Hist. de la v. de Caen, etc., contenant la description de ses monts [5055]. *Caen, Mancel*, 1843, in-12; 1 plan (ouvr. posthume).

VAUPRIVAS (**Du Verdier, sieur de**). — Voir Verdier (du).

VAUQUIER (**Simon**). Notice, etc. [6514]. — *Annales de la Soc. d'agr.* etc. *d'Indre*, 1810, p. 40.

VAUSSENAT (**C.-X.**). Qqs. coups de pioche, etc. [8326]. — *Bull. trimestriel de la Soc. Ramond*, à Bagnères-de-Bigorre, 1868, t. I, p. 142-154.

VAUTRIN (**l'a.**). Rech. sur une poterie et des briques antiques trouvées près Saint-Nicolas, à 2 lieues de Nancy. (Analyse) [7590]. — Précis des travaux de la *Soc. des sc. et arts de Nancy, an XII*, p. 31.

VAUX (**W.-S.-W.**). Handbook, etc. [10308]. *London, J. Murray*, 1851, pet. in-8; fig.

VAUX-PLAISANT (**Claude du Pré, sieur de**). Abrégé fidèle de la vraye origine et généalogie des Français, ensemble de leurs ducs et roys jusques à Clovis Ier [256]. *Lyon, Thibaud Ancelin*, 1601.

Histoire fabuleuse.

VAUXELLES DE RAVIGNY. (Titre incertain.) Monnaies gallo-rom., etc. [7494]. (Avant 1853.)

VAYRAC (**l'a. de**). Explication histor. et topogr. d'Orléans [6962]. — *Mercure*, avril 1722.

— Dissertation, etc. [2949]. — *Mercure*, août 1725, p. 1699-1718.

Voir aussi Le Sage de Mostolac, Lettre sur la diss. de l'a. de Vayrac, relative à la situation d'Ux. (*Mercure*, février 1726, p. 307-321.)

VEAU-DELAUNAY. Not. sur la Pile-Saint-Mars, mont antique attribué aux Romains, et situé sur la rive de la Loire, entre Tours et Langeais [6550]. — *Mém. de l'Acad. celt.*, t. IV, 1809, p. 302.

— Not. sur un dolmen, etc. [6756]. — *M. vol.*, p. 305.

VEAUGEOIS. Not. abrégée du jal d'un voyage archéol. et géolog. fait, en 1820, dans les Alpes de la Savoie et dans les dépts méridionaux de la

France [3010]. — *Mém. de la Soc. des ant. de Fr.*, 1821, t. III, p. 370.

VÉGÈCE. Institutions militaires. — Voir CRISSÉ (Lancelot c^te Turpin de).

VEILLAT (Just). Histoire religieuse. Légendes de s^t Ursin, patron du Berry, etc. [Nouv. add. 742 *a*]. — *C. r. des trav. de la Soc. du Berry*, 1860-61, p. 128-168.

Note sur les origines du christianisme en Gaule.

VEILLET (l'a.). Inscription [métrique] à Hasparren [8307]. — *J^al de Trévoux*, oct. 1703.

VELASCO. — Voir l'art. suivant.

VELASQUEZ (dom J. Luiz) de Velasco. Ensayo, etc. [10631]. *Madrid*, 1752, in-4; 20 pl.

— Anales, etc. [10590]. *Malaga*, 1759, in-4°.

VELINGHEN (Scatté de). [*Ms.*] Hist. de Boulogne (sur mer) [8194].

Ms. cité par Ém. Egger, *Rev. archéol.* 2e s., t. VIII, 1863, p. 413, note 2.

VELLY (l'a. Paul-Franç.), VILLARET et GARNIER. Histoire de France, depuis l'établissement de la monarchie, par VELLY (jusqu'au tome IV), VILLARET (depuis la fin du tome IV jusqu'au commencement du IXe) et GARNIER (depuis le tome IX jusqu'au XVe finissant en 1564) [319, 320]. *Paris*, 1765-1785, in-4, in-12, 33 vol. et 1770-1785, in-4, 15 vol.; — continuée jusqu'en janvier 1793 par FANTIN-DESODOARDS. *Paris*, 1808-1812, in-12, 26 vol.

— Réimpression par DUFAU, avec un atlas géogr. par BRUÉE et un atlas mon^tal par Alexandre LENOIR. *Paris, Desray*, 1819-1827, in-12, 43 vol.

VELOPPÉ (Théodore). *Guide à Nantes, description de tout ce que la v. offre de curieux en mon^ts et antiq., musées... [6904]. *Nantes, Mme Veloppé*, 1869, in-18 : 86 p.; pl.

VELSER (Marc). Fragmenta tabulæ antiquæ, in queis aliquot per Romanas provincias itinera, ex Peutingerorum bibliotheca. Edente et explicante Marco VELSERO Matthei F. [1195]. *Venetiis, apud Aldum*, 1591, in-4. — 2e éd. intit. : Tabula itineraria ex illustri Peutingerorum bibliotheca, etc. [m. n°]. *Augustæ Vindelicorum* et *Venetiis*, 1598, in-4. — 3e éd. dans Marci VELSERI *opera histor.* etc. 1682. (Voir plus loin), p. 705.

— Marci VELSERI, Matthæi fil., Ant. nepotis, rerum augustanarum Vindelicarum libri octo, quibus, a prima Rhætorum ac Vindelicorum origine ad annum 552 a nato Christo nobilissimæ gentis historia et antiquitates traduntur [1229].

Édition aldine, d'après le catalogue de Renouard.

— Traduction allemande, *Augsbourg*, 1595, in-fol.

— Rerum Boicarum libri V, historiam a gentis origine ad Carolum Magnum complexi [10420]. *Augsbourg*, 1602, in-4. — *Ibid.* J. Gaspard Lippert, 1777, in-8.

Ouvrage fort estimé (WEISS, *Biogr. univ.*). — Voir aussi plus loin Velseri opera, etc.

— Traduction allemande par Engelb. WIELICH, *Augsbourg*, 1605.

— Marci VELSERI, opera historica et philologica, sacra et profana. Historia Boica, Res augustanae, Conversio et passio SS. martyrum Afrae, Hilariae, Dignae, Eunomiae, etc. Tabulae Peutingerianae integrae (cum [XIV] mappis geogr. aeri incisis); (Epistolae ad viros illustres). Accedit OPTATIANI PORPHYRII panegyricus; cum vita auctoris edid. Chr. ARNOLD [1200]. *Norimbergæ*, 1682, in-fol.; fig.

VELTHEIM (A.-F. Cte de). Aufsätze, etc. [1723]. *Helmstedt*, 1800, 2 vol.

Voir notamment : Das Feuersetzen der Alten und Hannibal's Methode die Alpen zu sprengen.

VENDEUVRE (Pavée de). Dissertation, etc. [4732]. 1812; fig.

VÉNEM. Rapport fait en 1841 sur les fouilles de Cassel [7997]. — *Mém. de la Soc. des ant. de la Morinie*, à St-Omer, t. VI, 1841-43 (1845); 8 p.

VENUTI (l'a. Ph.). [*Ms.*] Dissertation sur un bas-relief, etc. 1744, avec fig.

Mentionnée dans la *Biblioth. histor.* t. III, n° 37 529.

— Dissertations sur les anciens mon^ts de la ville de Bordeaux, sur les Gabrets, les antiquités et les ducs d'Aquitaine, etc. [6331]. *Bordeaux*, J. *Chappuis*, 1754, in-4, fig.

Publiées par le fils de Montesquieu. — C. r. dans les *Mém. de Trévoux*, janvier 1755, p. 187; — fév. p. 566;

VERAN (Jacques-Didier). Lettre à M. A. L. Millin sur une inscription antiq. trouvée dans la Camargue et sur la position de l'ancienne Anatilia [2607, 4843]. — *Mag. encyclopéd.* année 1809, t. II.

— Sur une inscr. romaine (dans le dép. des B.-du-Rhône) [4844]. — *M. rec.* année 1812, t. Ier.

— Mém. sur des tuyaux de plomb, etc. [4986]. — *Mém. de la Soc. des ant. de Fr.*, t. V, 1823.

— Not. sur les anciens monts d'Arles [4966]. 1824. (D'après GIRAULT de St-F.)

— Des cloaques de la ville d'Arles [4987]. — *Mém. de la Soc. des ant. de Fr.*, t. VII, 1826, p. 232.

— Diss. sur la question suivante : L'amphithéâtre d'Arles a-t-il été achevé ? [4976]. — *M. rec.*, t. IX, 1832, p. 231.

VERDIER (Antoine du), sieur de Vauprivas. Bibliothèque d'Antoine du Verdier, contenant le catalogue de tous les auteurs qui ont écrit ou traduit en français [189 *a*]. *Paris*, 1584, in-folio. — Pour la 2e éd., 1772-1773, voir JUVIGNY (Rigolley de).

VERDIÈRE (le p. Charles). Comparantur Augustini et Salviani judicia, etc. [2428]. *Paris*, 1843.

VERGER aîné (F.-J.-L.). Not. sur Jublains, dépt de la Mayenne [7478]. — *Ann. de la Soc. acad. de Nantes*, année 1834. — T. à p. 1835 ; 18 pl. — Notice sur Jublains. Fouilles faites en 1834 ; 2e éd. suivie de la relation de nouv. f. f. en 1835 [7480]. — *Mém. de la m. Soc.* 1836, p. 111. — T. à p. *Nantes*, 1837.

Analyse par ÉTOC-DEMAZY, *Bull. de la Soc. d'agr.* etc. *du Mans*, t. II, 1837, p. 86-92.

— Médailles rom. trouvées à Jublains [7493]. — *Rev. num.*, t. II, 1837, p. 148.

— Note sur qqs. monts de Pornic [6932]. — *Bull. mon.*, t. IV, 1838, p. 404.

— (Titre incertain.) Notice sur la Chaise-au-Diable de Jublains [7483]. 1845.

VERGER (l'a.). Essai sur l'apostolat de st Lazare et les autres saints tutélaires de Provence [3921]. *Paris*, *Leclère*, 1835.

— Études critiques, etc. [7123]. — *Bull. de la Soc. d'agric. de la Lozère*, nov. 1856 ; 40 p.

— Articles sur les origines chrétiennes en Gaule [6507]. — *Jal d'Indre-et-Loire*, année 1868.

VERGERS (Noel des). Sur qqs. inscr. latines, etc. [10959]. *St-Cloud*, 1845.

VERGNAUD-ROMAGNESI (C.-F.). Notices histor. sur l'ancien grand cimetière et les cimetières actuels d'Orléans [6995], 1824. (D'après GIRAULT de St-F.)

— Album du dépt du Loiret par C.-F. VERGNAUD-ROMAGNESI, pour le texte, N. ROMAGNESI et C. PENSÉE pour les dessins [6952]. *Orléans ; Paris, Roret ; Senefelder*, 1826-28, p. in-fo de 260 p. ; 20 pl.

— L'Indicateur orléanais [6968]. *Orléans, chez l'auteur et chez Rouzeau-Montaut*, 1827-29, 2 vol. in-12, pl.

— Hist. de la v. d'Orléans, de ses édifices, monts, etc., 2de éd. de l'*Indicateur Orléanais*, augm. d'un précis sur l'hist. d'Orléans [6969]. *Orléans, Rouzeau-Montaut ; Paris, Roret*, 1830 et ann. suiv., 2 vol. in-12 ; 7 cartes et vues.

— Not. histor. sur la découverte du cimetière primitif de la v. d'Orléans, [6996]. — *Ann. de la Soc. des sc.* etc. *d'Orléans*, t. XI, 1830, p. 267-283. — T. à p. 1831.

Rapport sur ce mém. par COLAS DE LA NOUE, *m. vol.*, p. 284-290.

— Figurine antique trouvée à Tigy (Loiret). Rapport à la Soc. des sc. etc. d'Orléans sur une not. de M. Jollois, relative à cette figurine [7063, 7064]. — *M. rec.*, t. XII, 1833. — T. à p. *Paris, Roret ;* 15 p.

— Mém. sur des médailles rom., etc. [3786 *a*]. 1833.

— Mém. sur des instruments antiques, etc. [7024]. *A Orléans*, 1833.

— Mém. sur des sépultures antiques trouvées à Orléans en 1833 [6998]. *Orléans*, 1834.

— Mém. sur des médailles rom., divers objets antiques et une statuette trouvés près du chemin de Meung à Charsonville et dans les cnes de Bacon, Cravant, Josne et Orléans [6981]. — *Ann. de la Soc. des sc. d'Orléans*, t. XIII, 1833. — T. à p. *Paris, Roret ;* 20 p. ; 1 pl.

— Fouilles exécutées à Orléans [6982].

— *Bull. de l'Instit. de corr^ce archéol.*, 1834, p. 167-170.

— Mém. sur des sculptures antiques trouvées à Orléans lors des fouilles pratiquées sur le quai de la Tour-Neuve, en août, septembre et octobre 1833 [6992]. — *M. vol.* — T. à p. *Paris, Roret; Orléans, Gatineau*, 1834; 26 p.; 1 pl.

— Mémoire sur la mosaïque de Mienne, près de Châteaudun [5870]. — *M. vol.*, p. 192 — Addition (publiée séparément). *Orléans*, 1835; 4 p.

— Mém. sur une mosaïque et des antiq. rom. trouvées près de Châteaudun (Eure-et-Loir) [5858]. — *M. vol.* — T. à p. *Paris, Roret; Orléans, Gatineau*, 1835; 26 p.; 4 pl.

— Archéologie du dép^t du Loiret [6954]. 1836; fig. (D'après Girault de St-F.)

— Extrait d'un mémoire, etc. [m. n°]. — *Bull. mon.*, t. III, 1837, p. 195.

— Mém. sur des médailles gauloises, etc. [7003]. — *Rev. num.*, t. I, 1836, p. 381-388.

— Mém. sur divers objets antiques et sur des constructions gallo-rom. trouvées en 1845, dans le tracé du chemin de fer d'Orléans à Vierzon, près de la porte de Bourgogne, à Orléans [6983]. — *Mém. de la Soc. des ant. de Fr.*, 2e s., t. VIII, 1846, p. 247.

VERGNES. Statistique de la H^te-Saône [8676]. An X.

VERGUET (l'a. **L.**). Dolmen situé entre Villeneuve les Chauvines et Pujol le Bosc. — Pelvan des environs de Malves [1784]. — *Mém. de la Soc. des arts et des sc. de Carcassonne*, t. II, 1856, gr. in-8; 5 p.

— Mém. sur un dolmen, etc. [4785]. — *Congrès archéol. de Fr.*, XXXVe session, tenue à Carcassonne en 1868 (1869); p. 110-114.

VERLY (**C.**). Antiq. de Luynes et d'Amboise [6561]. 1822, in-4.

— Description, etc. [6562]. — *Mém. de la Soc. des sc. de Lille*, t. III, 1823-1824, p. 293-296; 1 pl. — T. à p.

— Recueil d'antiq. trouvées dans le dép^t du Nord depuis le commencement du siècle [7957]. — *M. rec., m. vol.*, p. 296, 300, 302; t. VI (1827-1828), p. 617; t. VII (1829-1830), p. 373; t. IX, 2e partie (1831-1832); 3e partie p. 83; t. X (1833), p. 374; t. XI (1834), p. 592; t. XII (1835), p. 351. — T. à p. *Lille, L. Danel*, 16 p.

— * Catalogue [des médailles] du musée archéol. et numismat. de la v. de Lille [7982]. *Ibid.*, *id.*, 1860; vi-637 p.

VERNEILH (**Félix de**). Notice sur l'oppidum gaulois de Courbefy [10031]. — *Bull. de la Soc. des sciences du Var*, à Toulon, 30e et 31e année, 1862-63. — *Bull. de la Soc. archéol. et histor. du Limousin*, t. XIII, 1863, p. 83-92. — T. à p.

VERNEILH (**Jules de**). Coup d'œil, etc. [1442]. — *Assoc. Normande, Annuaire de la Normandie*, t. XXXIV, 1868, p. 495-508.

VERNEILH (**Jules de**) et **GAUCHEREL** (**Léon**). Le vieux Périgueux, album, etc., avec un texte par M. J. V. [5609]. *Paris, Léon Gaucherel*, 1867, in-fol.

VERNEILH-PUYRAZEAU (**de**). Hist. polit. et statist. de l'Aquitaine, ou des pays compris entre la Loire et les Pyrénées, l'Océan et les Cévennes [3067]. *Paris, M.-P. Guyot*, 1822-1827, 3 vol.

VERNEUR (**Jacques-Th.**). Hist. des Rauraques, etc., par C. D*** [2604 *a*]. 1796, in-12. — Voir A***.

VERNINAC (**dom Jean**). [*Ms.*] Dissertation pour montrer que le *Genabum* de César est Orléans, adressée à M. l'abbé Lebeuf [2704].

Elle est conservée dans la biblioth. du monastère de Bonne-Nouvelle, à Orléans. (*Biblioth. histor.* Suppl. du t. Ier, t. IV, n° 283 *.)

VERNINES (**Dufraisse de**). — Voir Dufraisse.

VERRIÈRES (**Buirette de**). Annales historiques, etc. [7330]. 1788, 2 vol.

VERRONNAIS (**François**). Statistique historique, etc. [7776]. *Metz, Verronnais*, 1844.

VERTOT (l'a. **René-Aubert de**). Dissertation, etc. [835]. — *Mém. de l'Acad. des inscr. et b.-l.*, t. II, 1717, in-4, p. 611-650.

— Hist. crit. de l'établissement des Bretons dans les Gaules et de leur dépendance des rois de France et des ducs de Normandie [3300, 10259]. *Paris, Fr. Barrois*, 1720, 2 vol. in-12.

— Du dieu Irminsul. etc. (lu en 1715)

[577]. — *Mém. de l'Acad. des inscr. et b.-l.*, t. III, 1723 (hist.), p. 188-191.

— Sur un mon^t, etc. (lu en 1711) [9102]. — *M. vol.*, p. 256.

VERTUS (**A. de**). Not. sur le culte d'Orcus, à Courmont (canton de Fère) [4326]. — *Ann. de la Soc. histor. et archéol. de Château-Thierry* (Aisne), 1867, p. 37-43.

VÉRUSMOR (**Alexis Gehin de**). Hist. de la v. de Cherbourg, de Voisin-la-Hougue; continuée depuis 1728 jusqu'à 1835 [7264]. *Cherbourg*, 1835.

VEYREL (**Samuel**). Indice du cabinet de Samuel Veyrel, apoticaire à Xaintes, avec un recueil de quelques antiq. de Xaintes, et obs. sur diverses médailles [5217]. *Bordeaux, de la Court*, 1635, in-4.

VIAL (**le capitaine J.**). Mémoire sur Gergovia [2733]. *Clermont*, 1851; 2 plans.

VIALART (**St-Morys de**). Discours sur la nature des rech. de l'Acad. celt., suivi d'un extrait de Caylus, contenant des obs. sur plusieurs mon^{ts} trouvés en 1751, dans la rue Vivienne, et de la description d'un mon^t trouvé en avril 1806, rue Vivienne, dans la maison de Mme de St-Morys, envoyé à l'Acad. celt. le 30 déc. 1807 [9113]. — *Mém. de l'Acad. celt.*, t. II, 1808, p. 107-117.

Monuments rapportés d'Italie.

VIALLON. Clovis le Grand, 1er roi chrétien, fondateur de la monarchie françoise [409]. *Paris, Méquignon*, in-12.

VIANÇON. Not. sur Neuvron (arr^t de Briey) [7884]. — *Bull. de la Soc. d'arch. et d'hist. de la Moselle*, t. VII, 1864; 4 p.

VIAUD (**J.-T.**) **et FLEURY** (**E.-J.**). Hist. de la v. et du port de Rochefort [5209]. — *Rochefort, chez Mme Hon. Fleury*, 1845, 2 vol.; plans et portraits.

— Hist. de la v. et du port de Cherbourg [7265]. *Ibid.*, *id.*, 1845, 2 vol.; 2 cartes; 3 portraits.

VIBIUS SEQUESTER [913].

Uibii Sequestris, de fluminibus, fontibus, lacubus, nemoribus, paludibus, et montibus libellus incipit. (In ultimo folio verso :) *Impressum Taurini per magistrum Franciscum de Silua*, 1500, in-4, goth. — (Voir Brunet, *Manuel*, t. V, col. 1171.)

Ce même opuscule a été réimprimé chez les Alde, en 1518, à la suite de Pomponius Mela.

— Ed. cum notis variorum, par J.-J. Oberlin. *Strasbourg*, 1778, in-8.

— Traduction française par Louis Baudet, jointe à celle du Pomponius Mela et du Publius Victor (des régions de la ville de Rome) par le même traducteur, publiée chez *Panckoucke*, 1843.

VIBRAYE (**m^{is} de**). Fouilles, etc. [10159]. *Bull. de la Soc. géolog.*, séance du 16 avril 1860. — Même sujet, nouvelles fouilles. — (*Cc. rr. de l'Acad. des sc.*, séance du 29 février 1864.

VIC (**dom Claude de**) **et VAISSETE** (**dom Joseph**). Hist. g^{ale} de Languedoc, avec des notes et les pièces justificatives, composée sur les auteurs et les titres originaux, et enrichie de divers mon^{ts} [3559]. *Paris, Vincent*, 1730-1745, in-fol., 5 vol. — Il y a un abrégé, *Paris*, 1749, 10 vol. in-8.

C. r. *Mém. de Trévoux*, août 1740, p. 1493; — Juillet 1746, p. 1454; — septembre, p. 1764; — novembre, p. 2463; — décembre, p. 2612.

— Histoire, etc., commentée et continuée jusqu'en 1830, et augm. d'un grand nombre de chartes par le chevalier A. du Mège. *Toulouse, Paya*, 1838-1847, 10 vol. in-8; pl.

— 3e éd. sous la direction d'Édouard Dulaurier, puis d'Auguste Molinier. *Toulouse, Privat*, 1873 (se continue). — Voir le Catalogue méthodique.

VICART (**l'a.**). Mém. sur l'emplacement présumé de la basilique dite de St-Lidoire, bâtie par cet évêque sur le terrain de la maison d'un sénateur, vers l'an 350 [6536]. — *Mém. de la Soc. archéol. de Touraine*, t. III, 1847, p. 182-260.

VICO (**Enea**), en latin, Aeneas Vicus. Omnium Cæsarum verissimæ imagines ex antiquis numismatis desumptæ. Addita perbrevi cujusque vitæ descriptione ac diligenti eorum, quæ reperiri potuerunt numismatum aversæ partis delineatione [2065]. 1553, in-4; fig. — 2e éd. du l. 1er, 1554, in-4. — Ed. en italien, 1548, in-4.

— Ex libris XXIII commentariorum in vetera imperatorum romanorum numismata Aeneae Vici, liber primus (de Jul. Caesaris nummis) [2060].

Venetiis, Aldus, 1560 (aussi 1562), in-4; fig.

Voir BRUNET, *Manuel.*

VICTOR (Sextus Aurelius) [66].

— Historiæ romanæ breviarium nunquam antea editum, de viris illustr. de Cæsaribus, de vita et moribus imperatorum epitome, cum castig. El. VINETI : ex biblioth. A. Schotti. *Antuerpiæ, Chr. Plantin,* 1579, in-8. — Édition « cum notis SCHOTTI et var. ». *Lugd. Bat.* 1669-70, 2 tom. en 1 vol. in-8. — Histor., rom. compendium, interpret. et notis illustravit Anna Tanaq. FABRI filia, in usum Delphini. *Parisiis,* 1681, in-4. — Victor Aurelius, cum notis varior. integris, cur. J. ARNTZENIO, qui suas adjecit notas. *Amstelodami, Waesbergius,* 1733, in-4.

Édition la plus estimée. (BRUNET, *Manuel.*)

— S. Aur. VICTORIS quæ vulgo habentur scripta historica : t. I : Incerti auctoris, vulgo Sexti Aurelii VICTORIS, originis gentis rom. liber. Rec. animadv. critico-exegeticis et antiquitatem rom. illustrantibus indicibusque instructum ed. Frid. SCHRŒTER. *Lipsiæ, Wœller,* 1829, in-8. — T. II : S. Aur. VICTORIS qui vulgo habetur virorum illustrium liber. Rec., etc. Fr. SCHRŒTER. *Ib., id.,* 1831.

— Origine du peuple romain ; hommes illustres de la v. de Rome ; hist. des Césars ; vies des empereurs rom., trad. nouv., par A. DUBOIS. *Paris, Panckoucke,* 1846, in-8.

VICTOR (Pierre) (P. V. LEREBOURS). Mayence, etc. [10926]. *Paris,* 1858.

VICTORINUS, ou VICTORIUS d'Aquitaine. Canon ou Cycle pascal (composé en 463) [2435]. Édité par Gilles BOUCHER. *Anvers,* 1634, in-4.

Voir FABRICIUS. *Biblioth. med. et inf. lat.,* Éd. de 1754, t. VI, p. 296.

VIDAILLET (J.-B.). Biographie, etc. [7073]. *Gourdon,* 1828-29.

VIDAL (l'a. Henri). * Essai sur l'origine de Toulon ou mémoires p. s. à l'hist. des 1ers siècles de cette ville (signé H. V.) [9732]. *Toulon, imp. Duplessis-Olivault,* 1827 ; 72 p.

VIDUA (C.). Inscriptiones antiquæ, etc. [2177]. *Lutetiæ Paris,* 1826 ; 51 pl.

VIEILBLANC (de). Lettre, etc. [9477]. — *Mém. de la Soc. de statistique des Deux-Sèvres,* t. VII, 1843, p. 17.

VIEILLARD. Bains gallo-romains, etc. [7632]. — *Bull. mon.,* t. XVIII, 1852, p. 368.

VIEL. La France. — Description géogr., statist. et topogr. de la Seine-Infre). [9303]. — 1834 ; carte.

VIEL-CASTEL (le cte Horace de). Collection de costumes, armes et meubles, pour servir à l'hist. de Fr. depuis le ct de la monarchie jusqu'à nos jours [853]. *Paris, chez l'auteur,* 1828-33 (nouveau titre 1834), 3 vol. gr. in-4.

VIEN et LEBLOND. Rapport sur des vases trouvés dans un tombeau près de Genève, dont le dessin a été adressé à l'Institut par la Société pour l'avancement des sc., l. et arts de Genève [10886]. — *Mém. de l'Institut national des sc. et arts* (cl. de littérature), t. II, an VII, in-4, p. 182-194.

VIENNE (H.). Essai histor. sur la v. de Nuits, extrait de ses archives ; suivi de notes et pièces justific. [5441]. *Dijon, Delamarche et Dailly,* 1845 ; 4 pl.; 2 tableaux.

Mention honorable au concours des antiq nationales.

VIENNE (de). — Voir DEVIENNE.

VIETTY (E.). Monts de Vienne. — Voir REY (Étienne).

VIGENÈRE (Blaise de). Annotations (hist. et géogr.) avec sa traduction des commentaires de César. *Paris,* 1584, etc. in-4. — Voir CÉSAR, principales traductions, col. 975.

Cet auteur était de St-Pourçain, en Bourbonnais, et il mourut à Paris en 1596. Après ses annotations, il a mis deux tables des noms de lieux et de peuples de la Gaule, anciens et modernes. (*Biblioth. hist.,* 2e éd., t. I, no 115.)

VIGIER DE LA PILE (F.). Hist. de l'Angoumois, suivi d'un recueil en forme d'hist. de ce qui se trouve par écrit de la v. et des ctes d'Angoulême, par François DE CORLIEU, annoté par G. DE LA CHARLONYE, J. SANSON et J.-H. MICHON [3045]. *Paris, Borrani,* 1846, in-4.

VIGNET (cte de). Not. sur les voies rom. qui conduisaient de Lemincum [Lémenc] à Augustum [8952]. — *Mém. de la Soc. acad. de Savoie,* t. XI, 1843, p. 353-372.

VIGNIER (Nicolas). Rerum Burgundionum chronicon ; in quo etiam rerum gallicarum tempora accurate demonstrantur ; permulta autem pro utriusque historiæ, necnon etiam Germaniæ notitia dubia confirmantur, obscura illustrantur, ex bibliotheca historica Nic. Vignerii [3358]. *Basileæ, Guarini*, 1575, in-4.

— Traicté de l'estat et origine des anciens François [252]. *Troyes, Claude, Garnier*, 1582, in-4.

La 1re éd. a paru à la suite du *Sommaire de l'histoire des François*, du même auteur. *Paris, Sebast. Nivelle*, 1579, in-fol. — La traduction lat., par l'auteur lui-même, fait partie du 1er vol. des *Scriptores historiæ Francorum* p. p. And. Du Chesne.

— Bibliothèque historique [253]. *Paris, Abel Langelier*, 1588, 3 vol in-fol.

On y a ajouté, en 1650, un 4e vol. contenant des additions et corrections aux trois premiers, et une vie de l'auteur, par Guill. Colletet. (Brunet, *Manuel*.)

— Traité de l'ancien état de la petite Bretagne, et du droit de la couronne de France sur icelle, contre les faussetés et calomnies des deux histoires de Bretagne composées par le sieur d'Argentré [3294]. *Paris, Perrier*, 1619, in-4.

Ouvrage posthume p. p. le fils de l'auteur. (Voir Brunet, *Manuel*.)

VIGNIER (Jacques. [*Ms.*] Recueil d'inscriptions, etc. [7462].

Mentionné dans la *Biblioth. histor.*, t. III, n° 34 339.

VIGNON. Notice, etc. [9208]. — *Bull. de la Soc. archéol. de Sens*, 1846, p. 17-18.

VIGNON (A.). Rapport, etc. [4523]. — *Bull. de la Soc. d'émulation de l'Allier*, t. VII, 1860, n° 2.

VIGUERIE (Pierre). Annales ou histoire, etc. [4739]. T. Ier (unique). *Carcassonne, P. Polère*, an XIII (1805), in-4.

Les deux autres volumes, inédits, sont à la bibliothèque de Carcassonne.

VIGUIER (A.-L.-G.). Not. sur la v. d'Anduze et ses environs, ornée d'une carte topogr. [6068]. *Paris*, 1823.

VILBERT (l'a.). Dreux, ses antiq. — Chapelle St-Louis, abrégé histor. de cette v. et de son comté, par le président Eustache de Rotrou, lt-gal au bailliage de Dreux, continué jusqu'à nos jours et augmenté d'une description de ses monts [5850]. *Dreux, Lacroix*, 1864, in-12 ; 96 p.

VILLARS. * Sur l'endroit où Annibal et Bonaparte ont passé les Alpes. Communication mentionnée par Villars dans sa notice des travaux de la classe de litt. et beaux-arts, le 15 vendém. an X [2777]. — *Mém. des Soc. sav.*, t. II, an X (1802), in-4, p. 66-69.

Villars propose l'un des deux Saint-Bernard.

VILLEGILLE (A. de la). Mém., etc. [6484]. — *Mém. de la Soc. des ant. de Fr.*, 2e s., t. IV, 1838, p. 144. — T. à p.

— Not. sur un verre à boire antique trouvé dans la Vendée (près du Cormier, cne de Chavagnes-en-Paillers) [nouv. add. 9848 *a*]. — *Bull. du Comité de la langue*, etc., t. IV, 1860, p. 916-930. — T. à p. 15 p. ; 2 pl.

— Voir de la Tremblais et de la Villegille.

VILLEMARQUÉ (Th. Hersart de la). Barzas-Breiz. Chants populaires de la Bretagne recueillis et publiés avec une trad. franç., des éclaircissements, des notes et des mélodies originales [3325]. *Paris, Charpentier ; Techener*, 1839, 2 vol. ; 12 p. de musique. — Nouvelle éd. augmentée de 33 ballades. *Paris, Franck*, 1846, 2 vol. in-12.

— La légende celtique en Irlande, en Cambrie et en Bretagne, suivie des textes originaux irland., gallois et bretons, rares ou inéd. [3340, 10368]. *St-Brieuc*, 1859, 333 p.

— Poèmes des bardes bretons du vie siècle (texte en regard) [646]. *Paris*, 1850. — Nouv. éd. *Paris*, 1860, gr. in-8.

— Rech. sur la signification du mot IEURU, etc. [2351]. — *Rev. des Soc. sav.*, 2e s., t. VIII, 1862, p. 465.

Rapp. sur les communications de Protat et Cherbonneau.

— Rapport sur la communication relative au monument celtiq. de la Chapelle Vendomoise, par M. *A. de Martonne* (1863) [6740]. — Voir Martonne (A. de), 2e article.

— Les pierres et les textes celtiques [1443]. — *Mém. de la Soc. d'émul. des Côtes-du-Nord*, Congrès celtiq. international tenu à St-Brieuc en octobre 1867 (1868), p. 225-250.

Voir aussi *Rev. archéol.*, 2e s., t. XVII, p. 147-165.

— Essai sur l'hist. de la langue bretonne, dans le Dictionnaire de Legonidec [3331]. — (Voir ce nom.)

— Rapp. sur la carte archéol. de M. *Rosenzweig* [7654]. — Voir ce nom.

VILLEMEUREUIL (de). Grotte située dans la lande de Grooch, etc. [7707]. — *Bull. de la Soc. polymathique du Morbihan,* année 1860 (1861); 2 p.

VILLENAVE (**Mathieu-Guillaume-Thérèse**). De l'influence des Gaulois, etc. (Extr. du cours d'hist. litt. en France fait à l'Athénée.) [858]. — *Journal de l'Institut historique*, t. Ier, 1834, p. 9-21.

— État des sciences, etc. [1696]. — *M. vol.*, p. 132-147.

VILLENEUVE. Lettres sur la Suisse, accompagnées de vues dessinées d'après nature, par VILLENEUVE, publiées et lithographiées, par G. ENGELMANN [10804]. *Paris, Engelmann,* 1823-27, gr. in-fol. (Voir BRUNET, *Manuel.*)

VILLENEUVE-BARGEMONT (c^te^ **Christophe de**). Rapp. au nom de la commission chargée de diriger les fouilles faites à Fréjus en floréal an XI, par ordre de M. Fauchet, préfet du Var [9714]. — *Mém. de la Soc. d'agriculture*, etc. *d'Agen*, t. II, 1812, p. 35, 334; fig. — T. à p. anticipé (ou autre notice). *Agen*, 1804.

Rapport sur la publication de 1804, par R. NOUBEL (voir ce nom).

— Diss. sur la position du peuple Sotiate dans l'Aquitaine [4043]. — *Mém. de la Soc. d'agr.* etc. *d'Agen*, t. II, 1812, p. 275-299.

Publication séparée (faite en 1808?) sous le simple titre de *Rech. sur les Sotiates.*

— Statistique du dép^t^ des Bouches-du-Rhône [4825]. *Marseille, Ricard,* 1821-1833-1842, 4 vol. in-4.

T. I-IV, 1re partie, 1821-29; — t. IV, 2e part. (p. 569-1100), 1833; — table des matières (328 p.), 1842.

— Les hachettes en silex et les débris antédiluviens de l'industrie humaine [1426]. — *Congrès scientif. de Fr.*, XXXe session, tenue à Aix en Provence, décembre 1866. *Aix*, 1867, t. I, p. 218-220.

VILLENEUVE (**Ducrest de**). — Voir DUCREST DE VILLENEUVE.

VILLENEUVE (**A. de la**). Mon^t^ de Lanleff (Côtes-du-Nord) [5514]. — *Journal de l'Institut histor.*, t. XII, 1840, p. 156-158.

D'après l'auteur ce monument daterait du moyen âge.

VILLERMONT (**de**). Qqs. renseignements etc. Poteries, etc. [10562]. — *Bull. de la Soc. histor. et archéol. de Soissons*, t. III, 1848, p. 186 et t. IV, 1849, p. 86 (avec 1 pl.).

VILLERS (**Georges**). Note sur une sépulture antique, etc. [5119]. — *Rev. des Soc. sav.*, 3e s., t. Ier, 1863, p. 167-169.

VILLEVAUT (**Jean**), Clermontois. *Discours mémorable du siège mis par César devant Gergovie, ancienne et principale ville d'Auvergne et de la mort de Vercingétorix, roi des Auvergnats, et général sur toutes les armées gauloises; fidèlement recueilli de divers auteurs, par J. V. C. [2721]. *Paris, Pierre Ramier*, 1589, p. in-8.

3 pièces : 1. Extraits de J. César. — 2. Lettre de Sidoine Apollinaire, trad. par Pascal RUBIN, sieur du Faur. — 3. Description de qqs. antiq. de Clermont [8262].

VILLOISON (**Gaspard d'Ansse de**). Notes sur l'inscr. de Glaucias, trouvée à Marseille [4932].

A la suite du mém. de FAURIS de St-VINCENS sur cette inscription, *Mag. encyclop.*. V^e^ année, 1799, t. III, p. 375.

VILLOISON et **MILLIN**. Lettres au c^en^ Fauris St-Vincens sur des médailles (que le 1er attribue à Velia dans la Lucanie et que le second croit frappées par les Celtes à l'imitation de l'Élide) [1965 *b*, 4931]. — *Mag. encyclop.*, 5e année, 1799, p. 475 et 483. — T. à p. *Paris, s. d.*; pl. — Reproduit par A.-J.-A. FAURIS DE St-VINCENS à la suite de la notice sur son père.

VILLY (**L.-J.-B. de**). Alias DEVILLY. Antiquités médiomatriciennes, etc. [7831]. *Metz, Lamort*, 1823; 20 p.; 3 pl.

— Mémoire, etc. [7833]. — *Mém. de l'Acad. des sc. de Toulouse*, 2e s., t. II, 2e partie, 1830, p. 39.

VINCELLE (**Grivaud de la**). — Voir GRIVAUD DE LA VINCELLE.

VINCENS St-LAURENT (**Alexandre**). Topographie, etc. [5949]. *Nismes*, 1802, in-4.

— Réflexions sur le temple d'Isarnore [4173 *b*]. — *Not. des trav. de l'Acad. du Gard*, 1807, p. 381-385.

— Rapport, etc. [2779]. — *M. rec.*, 1811, p. 143.

VINCENT de Beauvais. Speculum quadruplex naturale, doctrinale, morale, historiale [1]. *Argentinæ, Jo. Mentelin*, 1473, 1476, 7 vol. in-fol. en 16 parties. — Voir la 4e partie (Speculum historiale) à l'article suivant.

— Speculum historiale [m. n°]. *Mayence*, 1474, 3 vol. in-fol. — Autres éditions : *Bâle*, 1481, in-fol. — *Nuremberg*, 1483, in-fol. — *Venise*, 1494, in-fol. — *Douai*, 1624, in-fol.

— Miroir hystorial, translaté de latin en françois (par Jean de VIGNAY). — *Paris, impr. par Antoine Vérard*, 1495-1496, 5 vol. in-fol. goth. — *Paris, Petit*, vers 1530, in-fol. — *Paris, impr. par Nicolas Cousteau*, 1531, 5 vol. p. in-fol.

Voir en particulier les livres XXI et XXIII.

Sur le *Speculum* de Vincent de Beauvais, consulter BRUNET, *Manuel*, art. VINCENTIUS Bellovacensis. — Voir aussi *Hist. litt.*, t. XVIII, p. 449, sv.

VINCENT (Jacques-Claude). Deux lettres concernant une notice des provinces des Gaules, et des provinces qui composaient l'Empire romain ; tirée d'un ms. d'environ sept cents ans [1043]. — Jal *des Savants, juillet et décembre*, 1768, vol. I.

VINCENT (Alexandre-Joseph-Hidulphe). Considérations, etc. [2991]. — *Mém. de la Soc. des sc. de Lille*, 1840, p. 545. — T. à p. suivi d'une lettre de M. Edward LE GLAY, 1843.

VINCENT (F.-V.). Recherches, etc., précédées d'obs. sur les récits de Tite-Live et des autres historiens des émigrations gauloises [3277]. *Paris*, 1843 ; 89 p.

VINCENT (l'a. A.). Not. histor. sur Donzère... Publiée sous le patronage de M. le préfet et de MM. les membres du conseil général [5717]. *Valence*, 1857, in-18 ; 50 p.

— Not. histor. sur la v. de Tain (Drôme) [5733]. *Valence, impr. Chaléat*, 1863 ; 104 p.

VINCENT (dr F.). Études, etc. [5550]. — *Mém. de la Soc. des sc. natur. et archéol. de la Creuse*, t. IV, 1864, p. 8-65.

VINET (Élie). L'antiquité de Bourdeaus et de Bourg-sur-Mer [6289]. *Poitiers, Eng. de Marnef*, 1565, in-4. — 2e éd. *Bourdeaus, Millanges*, 1574, in-4.

— L'antiquité de Sainctes (et de Barbezieus) [5177 et 5178, ce dernier n° à supprimer]. *Bourdeaus, P. de Ladime*, 1568, in-4. — 2e éd. 1571. — 3e éd. *Bourdeaus, Millanges*, 1584, in-4.

Le p. Niceron (t. XXX, p. 222 et s.) cite une éd. intitulée Sainctes et Barbezieus. *S. l. n. d.*, in-4.

— Narbonensium votum et aræ dedicatio, insignia antiquitatis monumenta Narbonæ reperta anno 1566, commentar. illustrata [4765]. *Bordeaux*, 1572.

— Antiquitez de Bordeaux, Bourg, Saintes, Barbezieus et Angoulesme [4155 (à supprimer), 5174, 5212, 5213, 5214 (ces deux derniers nos à supprimer)]. *Poitiers*, 1567. — *Bordeaux, Simon Millanges*, 1574. — *Ibid., id.*, 1584. — Réimpression partielle : Recherches de l'antiquité d'Engoulesme, avec notes histor. et philolog. par le dr Claude GIGON. *Angoulême, F. Goumard*, 1877, p. in-8.

— Tractatus de Schola aquitanica [3060]. *Bordeaux*, 1583, in-12.

VINGTRINIER (Aimé). Observations, etc. [4141]. — *Réveil de l'Ain*, 1847. — T. à p. *Lyon*, 1847.

— *La grotte d'Hautecourt, dans le Revermont (Ain) [4167]. *Lyon*, 1850.

VINOLS (L. de). Les arènes de Nîmes, fragment d'un voyage dans le Midi de la France, 1er nov. 1848 [5985]. — *Ann. de la Soc. d'agr.* etc. *du Puy*, t. XIII, 1847-48 (1849), p. 419-432.

VIOLLET-LE-DUC (Eugène-Emmanuel). La cité de Carcassonne [4749]. *Paris, Gide*, 1858.

— Ruines de Champlieu (Oise) [8064]. — *Rev. archéol.*, 2e s., t. I, 1860, p. 44-54. — T. à p. *Paris, Didier*, 1860.

— Découvertes, etc. [5283]. — *Rev. des Soc. sav.*, 2e s., t. VI, septembre 1861, p. 178 et 179.

— Casque antique, etc. [1818]. — *Rev. archéol.*, 2e s. t. V, 1862, p. 225-227.

VIRENQUE (Michel). Des monuments dits celtiques, etc. [4806]. — *Mém. de la Soc. des lettres* etc. *de l'Aveyron*, t. X, 1868-73, p. 34-51.

VISCHER (Wilhelm). Beschreibung einiger Grabhügel bei Basel, 3 pl. — KELLER (F.), Althelvetische Waffen and Geräthschaften [10870], 3 pl. —

TROYON (F.), Bracelets et agrafes antiques [10859], 3 pl. *Zurich*, 1844, in-4.

— Celtische Münzen aus Nunningen, etc. [10853]. *S. l. n. d.*, in-4.

C. r. par J. DE PÉTIGNY, *Rev. num.*, t. XVIII, 1853, p. 150-155.

— Kurzer Bericht, etc. [10865]. 1866 (in-8?).

C. r. par J. BECKER, *Jahrb. des Vereins von Alterthumsfreunden im Rheinlande*, t. XLI, 1866.

VISCONTI (Ennius-Quirinus). Iconographie romaine [1286]. Texte par MONGEZ. *Paris*, 1817, 2 vol. in-fol.

Voir, sur les antiq. trouvées en Gaule, les pl. du t. II.

VISCONTI (Pierre-Hercule). Antichi monumenti, etc. [10943]. *Roma*, 1836, in-fol.; pl.

VITAL (Orderic). Hist. de la Normandie, trad. par Fr. GUIZOT [226]. *Paris*, 1826, 4 vol.

VITET (Louis). Rapport à M. le ministre de l'intérieur, sur les mon^{ts}, les biblioth., les archives et les musées des dép^{ts} de l'Oise, etc. [1588, 4230, 7324, 7963, 8029, 8164]. *Paris, Imp. roy.*, 1831.

— Fouilles de Nérac, etc. [7114]. — *Ann. de l'Institut de corr^{ce} archéol.*, t. V, 1833, p. 327-338.

— Hist. de Dieppe [9392]. *Paris*, 1844, in-18.

— Mon^{ts} antiques, etc. [9787]. *Paris, impr. J. Claye, s. d.*, in-4.

VITRY (Urbain). Rapport, etc. [6187]. — *Mém. de la Soc. archéol. du Midi de la Fr.*, t. V, 1847, in-4, p. 113-120; 1 plan.

Sur les premières fouilles (1826), il y a un travail (ms.?) de M. DE ROQUEMAUREL, maire de Martres et un rapport (ms. aussi?) d'Al. DU MÈGE, indiqués dans ce rapport.

VITU (Auguste). Note sur une inscr. chrét., etc. [6654]. — *Bull. de la Soc. de statist. de l'Isère*, 2e s., t. III, 1856, p. 145-148.

VIVIEN DE St-MARTIN (Louis). La France. Deux fragm. de son hist. géogr. lus à la Commission centrale de la Soc. de géographie [1124]. — *Bull. de cette Soc.*, t. XII, 1856, p. 24-64.

VIVIER (du). — Lire et voir DIVIVIER.

VIVILLE (Cl.-Ph. de). Dictionnaire du dép^{t} de la Moselle, contenant une histoire abrégée des anciens rois de Metz, des mon^{ts} civils et religieux du pays, et un dictionnaire des v., des bourgs et villages qui composent le dép^{t} de la Moselle [7778]. *Metz*, 1817, 2 vol.

VOIDEUL. Lettre à M. d'H***, etc. [2856]. *Mercure*, sept. 1739, 1 p. 1902-1905.

VOIGT (F.). De primis hannibalici belli annis [2831]. *Berolini*, 1864, gr. in-4.

VOILLEMIER (d^{r}). — Voir WOILLEMIER.

VOISIN (l'a. Auguste-Él.). Not. sur Matoval, etc. [8908]. *Blois*, 1839.

— Vie de s^{t} Julien et des autres confesseurs pontifes, ses successeurs. Traduction des mss. de l'église du Mans, inédits ou publiés par les Bollandistes, D. Mabillon, Baluze, etc. [8848]. *Le Mans, Julien, Lanier*, etc., 1844; t. XXXI, 446 p.

— Mém. sur les voies rom. qui venaient aboutir au Mans [8871]. — *Bull. mon.*, t. X, 1844, p. 450.

— Rapp. sur les voies antiques (dans la Sarthe) [8854]. — *Bull. de la Soc. d'agr.* etc. *de la Sarthe*, t. VI, 1845, p. 170-173.

— Mém. p. s. à la statistique mon^{tale} du dép^{t} de la Sarthe [8840 (à supprimer), 8859]. — *M. vol.*, p. 343-350.

Tableau synoptique : 1° des mon. réputés celtiques; 2° des voies antiques.

— Hist. de St-Calais [8909]. *Le Mans*, 1847, in-4.

— Carte archéol. de la Sarthe [8857]. *Le Mans*, 1853, in-4.

— Mém. sur les divisions du Maine avant le Xe siècle [3657]. — *Bull. de la Soc. d'agr.* etc. *de la Sarthe*, 1849. — T. à p. *Le Mans*; 42 p.

Voir aussi, sur le même sujet, un mém. de l'a. VOISIN, dans le *Bull. de la Soc. de l'industrie de la Mayenne*, t. II, 1855, p. 77-8.

— Mém. sur les anciennes voies du Mans [8872]. — *M. rec.*, 2e s., t. II, 1855, p. 75-79.

— * Notes histor. sur le Bas-Vendômois, etc. [4093]. *Saint-Calais, Peltier-Voisin*, 1856, in-18.

Voies anciennes.

— Cité des Cénomans, etc. [8877]. — *Bull. de la Soc. d'agr.* etc. *de la Sarthe*, t. XIV, 1859; 33 p.

— Origines armoricaines [3107 *a*]. — *Revue de l'Anjou*, fév. 1859.

— Doc^ts histor. sur les anciens murs du Mans [8881]. — *Bull. mon.*, t. XXV, 1859, p. 597.

— Mon^ts de pierre, etc. [1526]. — *Soc. d'agr.* etc. *d'Angers*, *Comm. archéol. Répertoire de l'Anjou*, année 1861, n° de janvier; 3 p.

— Note en réponse à la 5e question (du Congrès scientif. de Bordeaux) [1141 *a*]. — *Congrès scientif.*, XXVIIIe session, tenue à B^x en 1861, t. IV, 1862, p. 419-429.

Considérations générales sur la géographie de la Gaule.

— Les Cénomans anciens et modernes, histoire du dép^t de la Sarthe depuis les temps les plus reculés [3424, 8843]. Tome Ier. *Paris*, 1852; *Le Mans, Julien, Lanier*, etc. Suite, sous le même titre et avec ce sous-titre : Le Mans à tous ses âges. *Le Mans, Monnoyer*, 1862; 390 p.

— Origines ibériennes, etc. [8868]. — *Bull. de la Soc. d'agr.* etc. *de la Sarthe*, 2e s., t. IX, 1863-1864.

— Le Marin de Tyr. La France avant César. Origines gauloises. Géographie, religion, mœurs, étymologies des anciens noms [397]. 1re et 2e livraisons. *Paris*, *A. Frank*, 1864-1865. 3e livr. *Paris*, *Dumoulin*, 1866.

— Les noms de lieux du Maine [3661]. — *Bull. de la Soc. d'agr.* etc. *de la Sarthe*, 2e s., t. XI, 1869-70, p. 92-98.

— Villa romaine [6488]. — *Mém. de la Soc. des ant. du Centre*, t. III, 1869 (*Bourges*, 1870).

— Découverte au Blanc [6488 *a*]. — *Bull. mon.*, t. XXXVI, 1870, p. 176-179; fig.

Voir aussi SAINT-CALAIS (Aug. de), pseudonyme de l'a. Aug. Voisin.

VOISIN (l'a. **Aug.**) **et DIARD** (**P.**). *[Deux] Mém. sur la voie rom. du Mans à Orléans, à partir de cette première ville jusqu'aux bords de la Braye, près de Sargé, dép^t de Loir-et-Cher [8870]. *Saint-Calais*, *Peltier-Voisin*, 1843; 28 p.

« Le premier de ces deux mémoires est par l'abbé A. VOISIN; le second est de M. DIARD. » (QUÉRARD, *Anonymes*, 3e éd.)

VOISIN-LA-HOUGUE. Hist. de Cherbourg [7264]; p. p. VERUSMOR (A. Gehin de). — Voir ce nom.

VOLLMER (**W.**). Vollständiger Wörterbuch, etc. [494]. *Stuttgart*, 1836; 130 pl.

VORSBURG (**Jo.-Phil. de**). Historia romano-germanica, ab orbe condito ad annum Christi 877 [10670 *a*]. *Francofurti*, 1645-60, 12 vol. in-fol.; fig.

VOSSIUS (**Jean-Gérard**). De Gallis, Gallorumque Diis, Druidis, etc. [600].

Chap. XXXV de son livre intitulé : « De origine ac progressu Idololatriæ. » *Amstelodami*, *Blaeu*, 1631, in-4, 2 vol. Ouvrage reproduit dans le recueil (posthume) de ses œuvres *Amst.*, 1701, in-fol., 6 vol.

VOSSIUS (**Isaac**). Observationes [903]. *Hagae-Comitis*, 1658, in-4.

VREDIUS (**O.**). Historiæ comitum Flandriæ libri prodromi II. I : Flandria ethnica a primo consulatu C. J. Cæsaris usque ad Clodoveum. II : Flandria christiana, a Clodoveo I usque ad a. 767 [10523]. *Brugis*, 1650, in-fol. — Autres éditions.

VUAFFLART (**Louis-Ange**). Mém. sur le Bibrax des *Commentaires* de César, etc. [4272]. — *Bull. de la Soc. archéol.* etc. *de Soissons*, t. XV, 1861; 27 p. — T. à p. *Laon*, 1862.

— Qqs. mots sur Noviodunum [8095]. — *M. rec.*, 2e s., t. III, 1870-71.

VUILLEFROY (**Charles-Amédée de**). Note sur le dolmen de Vauxrezis [4451]. — *M. rec.*, t. V, 1851, p. 66.

Appendice à son mém. publié en 1846 par le Comité archéol. de Soissons.

— Note sur une inscr. rom., etc. [4371]. — *M. rec.*, t. VI, 1852, p. 32; 1 facsimilé.

— Sur les découvertes faites à Nizy-le-Comte par la Soc. acad. de Laon [4362]. — *M. vol.*, p. 98.

— Lettre, etc. [4374]. — *M. rec.*, t. XIX, 1865, p. 269-271.

VUILLEMIN (**L.**). Des habitations lacustres en Suisse [10823]. — *Biblioth. univ. de Genève*, 1861.

VUILLEMIN (**A.**). Atlas de géographie. 1863. — Voir TARDIEU (Ambr.).

VUILLERET (**Just**). Les tumulus d'Alaise, de Cadmène et d'Amancey [5664]. — *Séance publ. de l'Acad. de Besançon*, août 1858, p. 37-50.

W

WAGEMANN (Ch.). Von Druiden-Fuss am Haynenkamm und an der Altmülhl, das ist : Anzeigungen, dass der alten Heidnischen deutschen Priester, Druiden genannt, am Haynenkamm... gewohnt, etc. [610]. *Onolzbach*, 1712.

WAGENER (S.-Chr.). (Traduction du titre :) Manuel des principales antiquités des temps du paganisme découvertes en Allemagne [10741]. *Weimar*, *Voigt*, 1842, gr. in-8.

WAGNER (A.). De L. Domitii Ahenobarbi expeditione, etc. [10677]. *Lipsiæ*, 1748, in-4.

WAGNIEN. Description de la villa romana et de la belle mosaïque découv. à Villars, près Buches-en-Bazois [7947]. *Nevers*, 1841, gr. in-8 ; 22 p.; 2 pl.

WAILLY (Léon de). Trad^r de LINGARD. Histoire d'Angleterre, 1844. — Voir LINGARD.

WAKEMAN (W.). A handbook, etc. [10370]. *Dublin*, 1848.

WALCH (J.-E.-J.). De Deo Taranunco, [594 *a*, 10695]. *Jenæ*, *Meller* 1767, p. in-8.

WALCKENAER (le b^on Charles-Athanase). Recherches, etc. [1065]. S. a. (1814), in-4 ; 4 pl.

— Mém. sur l'étendue et les limites du territoire des Gabali et sur la position de leur capitale Anderitum (lu en 1815 [3531]. — *Mém. de l'Acad. des inscr. et b.-l.*, t. V, 1821, p. 386 ; 2 cartes.

— Mém. sur la situation des Raudii-Campi, où Marius défit les Cimbres, et sur la route suivie par ces peuples pour se rendre en Italie [10954]. — *M. rec.*, t. VI, 1822, p. 361.

— Mém. sur les changements, etc. et sur la position du lieu nommé Murus dans les actes de la vie de saint Florent (lu en 1815) [7166]. — *M. vol.*, p. 373 ; 2 cartes.

— Géographie ancienne, etc., suivie de l'analyse géographique des itinéraires anciens et accomp. d'un atlas de 9 cartes [339, 1090]. *Paris*, *P. Dufart*, 1839, 2 vol. in-8 et 1 atlas de 9 cartes.

Ouvrage couronné par l'Institut en 1811. (Mémoire sur les anciens habitants des Gaules.)

WALDIUS (S.). De veteribus Gallorum Druidibus [622].

Mentionné dans la *Biblioth. hist.* t. I, n° 3829.

WALLACE (R.). Essai sur la différence du nombre des hommes dans les temps anciens et modernes, dans lequel on établit qu'il était plus considérable dans l'antiquité, trad. par DE JONCOURT [775]. *Londres* (*Paris*), 1754, in-12 ; 292 p. — Diss. histor. et politique sur la population des anciens temps, comparée avec celle du nôtre, traduite de l'anglais par M. E. [m. n°]. *Amsterdam*, 1769, in-8 ; 188 p.

Suivie (p. 189-380) d'un examen critique (par R. WALLACE) du discours politique de M. Hume sur la population des temps anciens. — Voir p. 81, sv. et p. 355 sv.

WALLINUS (Georgius). De sancta Genovefa, Parisiorum et totius regni Galliæ patrona, disquisitio historico-critico-theologica, etc. [9068]. *Witebergæ*, 1723, in-4 ; 275 p.; fig.

WALTHER (G.). Grundsätze, etc. [10800]. *Bern*, 1781.

— Celtische Alterthümer, etc. [10812]. *Bern*, 1783.

— Versuch über die älteste Geschichte Helvetiens (bis zü röm. Kaiserzeit) [10766]. *Bern*, 1784.

— Geschichte Helvetiens [10767]. *Bern*, 1792 ; 2 vol.; cartes.

WARDANCHÉ (l'a. Pasquier de). Lettre sur l'ancienne cité de Limmes, située près de Dieppe, en haute Normandie [9441]. — *Mém. de Trévoux*, 1751, août, p. 1906-1909. — Voir *Biblioth. histor.*, t. I, n° 82.

WARNE (Charles). The Celtic Tumuli of Dorset, an account of personal and other researches in the sepulchral mounds of the Durotriges [10350]. *London*, 1866, in-folio ; 13 pl.

WARNEFRIDUS (Paulus-Diaconus aquile-

WARNEFRIDUS (**Paulus-Diaconus aquilejensis** (de Cividale) *alias* Forojuliensis, en français PAUL DIACRE. De gestis Longobardorum libri VI [127, 128, 129]. 1re éd., 1515, in-fol. — 2e éd. par Fréd. LINDENBROG. *Leyde, Plantin*, 1595. — Publié avec Jornandès et Isidore, 1611. — Dans les Scriptores rerum gothicarum et longobardicarum. *Leyde*, 1617. — Autres éditions, notamment dans le t. Ier de MURATORI, Rerum italicarum scriptores, *Milan*, 1723, in-fol.

WARNKŒNIG (**L.-A.**). Flandrische Staats- und Rechtsgeschichte bis zum Jahr 1305 [3510]. *Tubingue*, 1825-42, 3 vol. — Hist. de la Flandre jusqu'à l'année 1305, trad. de l'allemand par A.-E. GHELDOLF [3511]. *Bruxelles*, 1835; fig.

WASSEBOURG (**Richard de**). Premier (puis second) vol. des Antiquités de la Gaule. Belgique, royaulme de France, Austrasie et Lorraine, avec l'origine des duchez et comtez de l'ancienne et moderne Brabant, Tõgre, Ardenne, Haynau, Mozelane, Lotreich, Flãdres, Lorraine, Barrois, Luxẽbourg, etc. [10506]. *Paris, Vincent Sartenas*, 1549, 2 tomes en 1 vol. in-fol.

WASTELAIN (**le p. Charles**). Description de la Gaule Belgique, selon les trois âges de l'histoire : l'ancien, le moyen et le moderne [10488]. *Lille, Cramé*, 1761, in-4. — 2e éd. corr. et augm. *Bruxelles, veuve François*, 1788, 2 vol. in-8; cartes.

WATELET (**Ad.**). Sur une épée en bronze, etc. [4235]. — *Rev. archéol.*, 2e s., t. XIII, 1866, p. 444 et 445.

— Note, etc. [4223]. — *Bull. de la Soc. archéol. de Soissons*, t. XX, 1866, p. 74-75.

— L'âge de pierre, etc. [4224]. (En collaboration avec DE St-MARCEAUX et PAPILLON.) *Vervins, impr. Papillon*, 1866, in-4; 36 p.; 6 pl.

WATELET et LEROUX. Notice, etc. [4413]. *Soissons*, 1860, in-12.

WATS DE PEYSTER (**J.**). The history of Carausius, the Dutch Augustus, with an historical and ethnolog. account of the Menapii, the Dutch Flemings, etc. [10275]. *Poughkeepsie*, 1858; 334 p.

WATT (**Robert**). Bibliotheca britannica, etc. [10238]. *Edinburgh* et *Glascow*, 1819-1823, 4 vol. in-4.

WAUTERS (**Alphonse**). Nouvelles études, etc. [10499]. *Bruxelles*, 1867; 1 carte.

— Voir aussi TARLIER (J.) ET WAUTERS (A).

WEEVER (**John**). Ancient funeral monuments within Great Britain, Ireland and the islands adiacent, with the dissolued monasteries therein contained, etc. [1628, 10317]. *London, Harper*, 1631, in-fol.

WEERTH (**Aus'm**). Das Bad, etc. [11005]. *Bonn*, 1861, in-4; pl.

— Zwei röm. Glasgefässe der Sammlung des Herrn Carl Disch zu Köln [11020]. — *Jahrb. des Vereins von Alterthumsfreunden im Rheinlande*, t. XLI, *Bonn*, 1866, gr. in-8, p. 142-145; 2 pl.

— Die Fälschung der Nenniger Inschriften [11050]. — *M. rec.*, t. XLIX, 1870, p. 1-56.

WEGELINUS (**J.-R.**). Thesaurus rerum suevicarum, seu dissertationes selectæ de natalibus, migrationibus, etc. gentis suevicæ [11123]. — *Lindaujiæ*, 1756-1760, 4 vol. in-fol.

WEIL (**Henri**). Litteratur über Hannibal's Alpen Uebergang [2833]. — *Jahrbücher für class. philol.*, 1865, p. 567-570.

WEISS. Atlas topographique de la Suisse, en 16 cartes sur l'échelle de près de 1/3 de ligne par 100 toises (1/2,200,000e environ), gravé par GUÉRIN et SCHEURMAN [10801]. *Arau, J.-R. Meyer*, 1786-1802, in-fol.

— Nouvelle carte hydrographique et routière de la Suisse [10802]. *Strasbourg*, an VIII (1800), in-fol.

WELSER (**Marc**). — Voir VELSER.

WENDELINUS (**Gothofredus**). Leges salicæ illustratæ, illarum natale solum demonstratum, cum glossario salico vocum atuaticarum [769]. *Antuerpiæ, ex officina Plantin.*, 1649, in-fol.

WERLY (**Léon Maxe-**). — Voir MAXE-WERLY.

WERNSDORFF. De republica Galatarum [10651]. *Norimbergæ*, 1743, in-4.

WESSELING (**Pierre**). Vetera Romanorum Itineraria, sive Antonini Augusti Itinerarium cum notis variorum; Itinerarium Hierosolymitanum, et Hieroclis Grammatici Synecdemus; curante Petro Wesselingio [1181]. *Amstelædami, Wetstein*, 1735, in-4.

WESTPHALEN (J. de). Germanicarum rerum monumenta inedita, præfatus est J. DE WESTPHALEN [10675]. *Lipsiæ*, 1739, 3 vol. in-fol.

WETZEL. Note sur les cachets d'oculistes rom., à l'occasion d'un de ces mon[ts] trouvé à Mandeure en janvier 1800 [5678]. — *C. r. des travaux de la Soc. d'émul. de Montbéliard*, 1859-1860; 13 p.

WEVER (d[r]). Badenweiler und seine Umgebungen [10397 *a*]. 3e éd. 1866.

WEY (Francis). Les grottes de Beaume (les-Messieurs) [6678]. — *Bull. de la Soc. d'agr.* etc. *de Poligny*, t. VI, 1865.

WHELAN. The historical numismatic atlas of the roman empire [2093].

WHITAKER (John). The course of Annibal, etc. [2772]. *Stokdale*, 1794, 2 vol.

C. r. dans la *Biblioth. britannique de Genève* (Littérature), t. Ier, 1796, p. 655-678. — Passage d'Annibal par le Grand St-Bernard.

WICKHAM (H.-L.) et **CRAMER** (J.-A.). Dissertation, etc. [2789]. *Londres*, 1820. — 2e éd. *Ibid.*, 1828; pl.

WICQUET D'ORDRE (Ant.-Marie-Guillain du). Notice, etc. [8210]. 1811, in-12.

WIDRANGES (le c[te] L.-C.-Hippolyte de). Notes sur la découverte de substructions antiques et de monnaies rom., faite en 1841, dans la contrée de Vaux d'Inval, c[ne] de Velaines [7635]. — *Écho de l'Est* de Bar-le-Duc, 24 mars 1842. — T. à p.

— Sépultures antiques découvertes à Remennecourt (à Scrupt, dép[t] de la Marne) et sur la côte de Venise, territoire de Varney (1843) [7628]. — *Mém. de la Soc. philomath. de Verdun*, t. III, 1846, p. 199-237 (y compris l'explication de 9 pl. non insérées dans le vol. consulté, mais existant dans le tirage à part, publié sous le titre suivant) : Not. sur les sépultures antiques découvertes en 1838, 1840, 1842, 1843 et 1844, à Remennecourt (Meuse) et à Scrupt (Marne). 42 p.; 9 pl.

— Notices histor. et statistiques des vingt c[nes] du canton de Triaucourt [7614]. — *Annuaire de la Meuse* pour 1844. — T. à p. *Bar-le-Duc*; 124 p.

— Not. histor. des dix-sept c[nes] du canton de Vaubécourt [7615]. — *M. rec.* pour 1845. — T. à p.

— Not. histor. des dix-sept c[nes] du canton de Revigny [7613]. — *M. rec.* pour 1848. — T. à p. in-12.

— Notices histor. et statist. des vingt-huit c[nes] du c[on] d'Auneau [5841]. — *Annuaire d'Eure-et-Loir*, 1848, 1849 et 1850. — T. à p. *Chartres*, 1850, in-12.

— Not. sur la c[ne] de Rosières-en-Blois (canton de Gondrecourt, Meuse) [7629]. — *Bull. de la Soc. d'archéol. lorraine*, t. III, 1852, p. 287-298. — T. à p. *Nancy*, 1852.

Objets antiques découv. en 1838, 1842 et 1843, sur le territoire de cette commune.

— Not. sur la découverte, etc. [10080]. — *M. rec.*, 1859.

— [*Ms.*] Découvertes antiques opérées à la butte des Épars et à la vallée des Vauxroux, c[ne] de Chartres, lors des travaux exécutés pour l'établissement du chemin de fer et de la gare [5847]. C. r., par DE BOISVILLETTE, de ce travail offert à la Soc. des ant. de Fr. — *Mém. de la Soc. archéol. d'Eure-et-Loir*, t. II, 1860, p. 196-208.

— Un mot sur la découverte de 6 cercueils en pierre, etc. [7634]. — *J[al] de la Soc. d'arch. lorraine*, janvier 1861; 7 p.

— Not. sur des anneaux et des rouelles, antique monnaie des Gaulois [2034]. *Bar-le-Duc*, 1861; 16 p.; 6 pl. gr.

— Note sur la médaille à la légende ΚΑΛΕΤΕΔΟΥ. Compte rendu suivi d'une note sur la médaille à la légende ΚΑΛΕΤΕΔΟΥ, par F. HUCHER [2035]. — *Rev. num.*, 2e s., t. VII, 1862, p. 157-166 (voir aussi t. III, p. 281).

— Notes archéol. sur l'ancienne localité gallo-romaine qui existait sur les territoires des villages d'Autrécourt, Berthaucourt et Lavoye, dép[t] de la Meuse [7618]. — *Mém. de la Soc. d'arch. lorr.*, 2e s., t. IV, XIIe de la collection, 1862; 23 p. — T. à p. *Nancy*.

— Objets antiques, etc. [7627]. — *Bull. de la Soc. du musée de Bar-le-Duc*, t. Ier, 1867, p. 48-51.

— Notice historique et statistique sur la commune de Saulx-en-Barrois [7630]. — *Annuaire du commerce* etc. *de la Meuse*, années 1866, 1867 et 1868. — T. à p. *Bar-le-Duc*, in-12; 40 p.

— Not. histor. et statist. sur l'ancien prieuré de la c^ne de Silmont [7633]. — *M. rec.*, années 1868 et 1869. — T. à p. *Bar-le-Duc*, in-12; 20 p.

WIELANDT (L.). Beyträge, etc. [10840]. *Karlsruhe*, 1811.

WILBERT (Alcibiade). Gouvernement des provinces, etc. [793]. — *Mém. de la Soc. d'émulation de Cambrai*, t. XV, 1835 (1837), p. 97.

— Rapport, etc. [7970]. — *M. rec.*, t. XVII, 2e partie, p. 343.

— Considérations sur l'hist. de l'enseignement, du IVe siècle à la fin du XVIIIe [873]. — *Congrès archéol. de Fr.*, XXIVe session. Séances tenues à Cambrai en 1858.

— Considérations sur le 1er établissement du christianisme dans la Gaule Belgique et sur les pratiques superstitieuses qui lui ont survécu [10478]. — *M. vol.*

— Situation et caractère du Pagus Cameracensis, ou du Cambrésis primitif, au commencement du Ve siècle [3410]. — *Mém. de la Soc. d'émul. de Cambrai*, t. XXVIII, 2e partie, 1865, p. 85.

WILD (Marquard). * Apologie pour la vieille cité d'Avenche ou *Aventicum*, en Suisse, au canton de Berne, et située dans une des quatre contrées ou dép^ts de l'Helvétie, appelée Urbigène, opposée à un Traité mis au jour par l'auteur de la découverte de la ville d'Antre (voir n° 2628), qui, par une hétérodoxie, en fait d'histoire, toute pure et contre la foi histor. tant anc. que mod., déplace et établit *Aventicum* sur les ruines de la v. d'Antre, en Franche-Comté [2629]. *Berne*, 1710.

WILHELM (A.-B.). Germanien und seine Bewohner, nach den Quellen dargestellt [10724]. *Weimar*, 1820; 2 cartes.

L'une des cartes donne le tracé des fossés qui protégeaient l'empire rom. sur la rive droite du Rhin.

— Die Feldzüge des Nero Claudius Drusus in dem nördlichen Deutschland [10722]. *Halle*, 1826; cartes; planches.

WILHELMUS MALMESBORIENSIS. — Voir GUILLAUME DE MALMESBURY.

WILLAUME. Recherches, etc. [1643]. — *Mém. de l'Acad. d'Arras*, t. Ier, 1818, p. 191.

WILLEMIN (N.-X.). Mon^ts français inédits, p. s. à l'hist. des arts, des costumes civils et militaires; armes, armures, instr. de musique, meubles de toute espèce et décorations intérieures des maisons [1469, 1579]. *Paris*, 1806-1835, 2 vol. in-fol.; 302 pl. coloriées.

WILLIAMS (J.). Enwogion Cymric: a biographical dictionary of eminent Welshmen from the earliest times to the present, including every name connected with the ancient history of Wales [2371]. *Llandovery*, 1852; 568 p.

— Gomer, etc., with specimens from the oldest Cymric poets in their original form [2372, 10343]. *London*, 1854, gr. in-8, 2 vol.

— Essays, etc. [116, 10233]. *London*, 1858, grand in-8; fac-similés.

WILLIOT-ADAM. De l'existence d'un sénat à St-Quentin, etc. [4438]. — *Mém. de la Soc. des sc. de St-Q.*, 1834-36 (1840), p. 209.

— Médailles romaines, etc. [4466]. — *Bull. de la Soc. histor. et archéol. de Soissons*, t. II, 1848, p. 166.

WILMOWSKY (von). Die römische Villa zu Nennig und ihr Mosaik [11041]. *Bonn*, 1864-65, 2 parties, gr. in-fol.; 9 pl.

— * Die römische villa zu Nennig, ihre Inschriften erläutert mit 2 Tafeln. Facsimile der Inschriften und erläuterende Sculpturen vom Amphitheater und Forum der Col. Aug. Trev. herausgegeben von der Gesellschaft für nützliche Forschungen zu Trier [11046]. *Trier*, 1868, in-fol.

C. r. par H. NISSEN, dans les *Jahrbüch. d. Ver von Alterthumsfreund. im Rheinlande*, t. XLVI, 1869, p. 166-168.

— In Sachen der Nenniger Inschriften [11047]. — *Jahrb. des Ver. von Alterth. im Rheinlande*, t. XLVII-VIII, 1869, p. 185-198.

Obs. sur les publications d'Em. HÜBNER et H. NISSEN.

WILTHEIM (R.-P.-Alex.). Luciliburgensia, sive Luxemburgum romanum, hoc est Arduennæ veteris situs, populi, loca prisca, ritus, sacra, lingua, viæ consulares, castra, castella, villæ publicæ, jam inde a Cæsarum temporibus; urbis ad hoc luxemburgensis incunabula et incrementum investigata atque a fabula vindicata; monimentorum insuper præprimis vero Eglensis, Secundinorum Cisalpinorum principis, inscriptionum, simulacrorum, sigillorum, etc., tam urbi luxemburgensi importatorum quam per totam provinciam sparsorum; mythologia romana, eruderata et illustrata. Opus posthumum ab A. NEYEN nunc primum in lucem editum [10974]. *Luxemburgi*, 1841, in-4, 2 vol.; 2 cartes; 99 pl.

WIMPFELINGIUS (Jacobus). Germania ad rempublicam Argentinensem [3015]. *S. d.* (1501). Suivi de MURNERUS (Thom.). — Voir ce nom. Réimpression : *Argentorati, C.-F. Schmidt*, 1874, p. in-4.

WINDISCHMANN (D.). Traduction du titre : Sur l'inscription chrétienne d'Autun [8781]. — *Archiv für theologische Literatur. Regemburg*, 1842, 5tes Heft, p. 387-393.

WINT (Paul). Lettre à M. Louis Paris, etc. [7371]. *Paris*, 1846.

WISE (Fr.). Nummorum antiquorum scriniis bodleianis reconditorum catalogus, cum commentario [1886, 10324 (titre à rectifier)]. *Oxonii, e Theatro sheldoniano*, 1750, in-fol.; fig.

WISMES (Jean-Bapt.-Olivier, baron de). Le Maine et l'Anjou historiques, archéologiques et pittoresques. Recueil des sites et monts les plus remarq. sous le rapp. de l'art et de l'hist. des dépts de la Sarthe, de la Mayenne et de Maine-et-Loire, dessinés par le baron de Wismes, lithographiés par les meilleurs artistes de Paris; accompagnés d'un texe descriptif par le bon DE WISMES et par MM. LA BAULUÈRE, BELLEUVRE, BERGER, le comte A. DE BLOIS, Eug. de LA GOURNERIE, dom PIOLIN et par plusieurs autres écrivains des provinces de l'Ouest [3056, 3660]. *Nantes, impr. de Vincent Forest* (sans date), 2 vol. in-fol.; 566 p.; 108 pl. (Terminé en 1862.)

— La Vendée historique, etc. [9819]. *Nantes, Prosper Sebire* (sans date), in-fol.; 40 pl.

WITHOFIUS (J.-H.). De origine, etc. [11035]. *Leyde*, 1749, in-4.

WITTE (Jean-Joseph-Antoine-Marie, baron de). Mosaïques de St-Rustice, près Toulouse [6195]. — *Bull. de l'Institut, de corrce archéol.* à Rome, 1834, p. 157-179.

— Description des antiquités et objets d'art, etc. [1476]. *Paris*, 1836.

— Descr. des vases peints, etc. [1477, 1929]. *Paris*, 1839.

— Descr. de la collection d'antiq. de M. le vte Beugnot [1478]. *Paris*, 1840.

— Not. sur qqs. antiq., etc. (extrait d'une lettre adressée de Marseille à M. Roulez) [3679]. — *Bull. de l'Acad. roy. de Belgique*, t. VIII, 1841.

— Médailles inédites de Postume [2103]. — *Rev. num.*, 1844, in-18. *Paris, Leleux*, 1845; 44 p.; 2 pl.

— Lettres du baron MARCHANT. — Voir ce nom.

— Lettre à M. Chalon, etc. [97]. — *Revue de la num. belge*, 2e s., t. III, 1853, p. 105.

Indication des points de numismatiq. sur lesquels le baron de Witte fait appel aux savants, pour terminer son ouvrage sur les empereurs gallo-romains.

— Note sur les monnaies gauloises de Tournai [10581]. — *M. rec.*, m. s., t. IV, p. 145, et *Bull. de l'Acad. roy. de Belgique*, t. XXI, 1854.

— Descr. des méd. et des antiq. etc. [1945]. *Paris, Franck*, 1856, gr. in-8; 3 pl.

— Médailles de Bonosus [2116]. — *Rev. num.*, 2e s., t. IV, 1859, p. 148-157; vignettes. — T. à p. — Voir aussi *M. rec.*, 1865.

— Médailles de Cologne, etc. [11030]. — *Rev. de la num. belge*, 1862.

— Édition de l'Hist. de la monnaie rom. de Th. Mommsen, trad. par le duc de BLACAS [2124]. 1865-72. — Voir TH. MOMMSEN, sous la date de 1865.

— Catalogue de la coll. d'antiq. de M. Al. Castellani [1498]. *Paris*, 1866.

— Monnaies gauloises, etc. [10582]. — *Rev. de la num. belge*, 4e s., t. IV, 1866. — T. à p. *Bruxelles*, 1867.

— Lettre à M. R. Chalon sur une inscription, etc. [2131]. — *M. rec.*, m. s., t. V, 1867.

— Recherches, etc. [96]. *Lyon, impr. L. Perrin; Paris, Rollin et Feuardent; Franck*, 1868, in-4.

Ouvrage annoncé en 1850 dans la *Rev. num.*, p. 303.

— Monnaies rom. de l'époque imp. (Germanicus, Britannicus, Mœsa, Postume, Vabalathe) [2132]. — *Rev. de la num. belge*, 1869-70.

— Élite des monument céramographiques [1749]. — Voir LENORMANT (Ch.) et DE WITTE (aux Additions de la seconde partie).

WŒRNEWYCK (Van). De historie van Belgis [10455]. *Antuerpen*, 1641, in-fol.; fig. — Autres éditions : *Ibid.*, 1665, in-4. — *Gand*, 1784 et aussi 1829, 3 part. 2 vol. in-8.

WOILLEMIER (Dr). Essais sur les monnaies de Beauvais depuis la période gauloise jusqu'à nos jours [8047]. — *Mém. de la Soc. acad. de l'Oise*, t. III, 1858. — T. à p. *Beauvais*, m.-d.; 10 pl.

C. r. par A. DE BARTHÉLEMY, *Rev. num.* 2e s., t. III, 1858, p. 471-477.

WOILLEZ (Dr Eugène). Archéologie des monts religieux de l'ancien Beauvoisis pendant la métamorphose romane, composée d'un texte précédé d'une introduction historique, d'une carte archéologique et de 129 planches comprenant plus de 1200 sujets [3242]. *Clermont* (Oise), *Ve Dannicourt; Paris, Derache*, 1839-1849, in-4. — Nouveau titre : *Paris, Dumoulin*, 1856.

Voir un Rapport d'A. LANCE sur l'Atlas (ms.) des antiq. celt. et gallo-rom. et des monts du moyen âge inédits ou peu connus du dépt de l'Oise, *Rev. des Soc. sav.*, 4e s., t. VIII, déc. 1868.

WOILLEZ (Emmanuel). Études archéol. sur les monts relig. de la Picardie, etc. [3834]. *Amiens*, 1843; pl.

— Répertoire archéologique du dépt de l'Oise, rédigé sous les auspices de la Soc. acad. etc. de l'Oise [8027]. *Paris, Impr. Imp.* 1862, in-4 (dans la collection des Répert. archéol.).

WOLFARTH (F. Nobile di). Strade militari nel Noricum [10424]. — *Ann. de l'Instit. de corrce archéol. de Rome*, t. XIII, 1841, p. 40-52; 1 pl. topographique.

Inscriptions latines.

WOLFF (Emil). Statua, etc. [8603]. — *M. vol.*, p. 52 et 53; 1 pl.

WOLTERS (Mathias-Joseph). * Notice, etc. (signée M. J. W.) [10559]. *Gand, Hebbellynck*, 1849; 23 p.; fig.

Voir aussi, du même : Œuvres histor. et archéol. *Gand*, 3 vol. avec pl.

WORDSWORTH (Christoph.). Lettre (en anglais?) à dom Pitra, en date du 1er mars 1845 sur l'inscr. chrét. d'Autun [8784]. Publiée en grande partie par dom Pitra, dans son *Spicilegium Solesmense*, t. I, p. 562.

WORMIUS (Olaus). Danicorum monumentorum libri VI [10643]. *Hafniæ*, 1643, in-folio.

WORMS (Justin). Hist. de la v. de Metz [7821]. — *Mém. de l'Acad. de Metz*, 1847-48, p. 206.

WORMSTALL (Dr Joseph). Ueber die Tungern und Bastarnen. Studien zur *Germania* des Tacitus [nouv. add. 10575 *a*]. *Munster, Fr. Regensberg*, 1868, 40 p.

WORSAAE (Jean-Jacques-Asmussen). Danmarks oldrid [10645]. *Copenhague*, 1843. — Traduction anglaise : « The primæval antiquities of Denmark », par W. J. THOMS. *Londres*, 1849.

— Antiquités nationales, etc. [10742]. *Copenhague*, 1846.

— Zur Alterthumskunde des Nordens [10995]. *Leipzig*, 1847; 20 pl. lithogr.

— Aftbildninger fra de kongelige Museum for nordiske oldsager [10646]. *Copenhague*, 1854. — Nouv. éd. remaniée. *Ibid.* 1859.

WRIGHT (Th.). A selection, etc. [10252]. *London*, 1842, pet. in-8.

— The Celt, the Roman and the Saxon. A History of the early inhabitants of Britain down to the conversion of the Anglo-Saxons to Christianity, illustrated by the ancient remains brought to light by recent researche [10293]. (titre de la 3e éd.). *London, Trübner*, 1876, XIV-562 p. p. in-8; fig. — La 2e éd. est de 1861.

C. R. par H. GAIDOZ, *Rev. crit.*, 1er sem. 1876, p. 31-32.

WURM. De Rebus gestis Aëlii [148 *a*]. *Bonn*, 1844.

WÜSTERMANN (Justin-Élias). Dissertatio de Urbibus, etc. [10718]. *Vitebergæ*, 1755, in-4.

WYLIE (W.-M.). Note (en anglais) sur les habitations lacustres de Suisse et d'Irlande (citée par Lyell) [1313]. — *Archæologia*, t. XXXVIII, 1859.

WYTTENBACH (Johann-Hugo, en français Jean-Hugues). Recherches, etc. [7790, 11070]. Nouv. éd. revue par l'auteur. *Trèves, Lintz*, 1840, in-12; 5 grav.; 8 vign. — Publié aussi en allemand. Titre de la 2e éd. : Forschungen über die römischen Alterthümer im Mosellthal von Trier. 2te deutsche vermehrte Auflage. *Trèves, Lintz*, 1844, in-8.

WYTTENBACH (J.-H.) et **MÜLLER (M.-Fr.)**, éditeurs. * Gesta Trevirorum, integra lectionis varietate et animadversionibus illustrata ac indice instructa, nunc primum ediderunt Joan. Hugo WYTTENBACH et Mich.-Fr. MULLER [11059]. *Augustæ Trevivor.*, 1836-40, in-4, 3 vol.

X

X. Lettre à M. de Caumont, etc. [8097]. — *Bull. mon.*, t. XXX, 1864, p. 177.

XIVREY (Jules Berger de). Lettre à M. Hase, etc. [7437]. *Paris*, 1833; 264 p.; 6 pl.

Méd. d'or au concours des antiq. nation. en 1833. — Cp. L. DE LA SAUSSAYE, Monnaies des Éduens, Ann. de l'Institut de corr. archéol., t. XVII, 1845, p. 101, où cette inscr. est reprod. — Critique de cette Lettre dans les *Antiq. troyennes jusqu'ici négligées ou méconnues*, par J. LAPAUME. *Troyes*, 1851, p. 78 et suiv. — Cp. GRUTER, *Inscr. rom. corpus*, etc., 1616, p. 110.

Y

YRIARTE (Charles). L'Alesia de Savoie [nouv. add. 2599 *a*]. — *Monde illustré*, in-4, XIe an., 1867, n° 543, 7 sept.

YUNG (Eugène). — Voir JUNG (Eug.).

YVAN (dr). Ossements humains trouvés à Bize [1348]. — *Ann. de philos. chrét.*, t. III, 1831. — Cp. le n° 1347.

Z

ZAMACOLA (D.-J. de). Historia de las naciones Bascas, de una y otra parte del Pirenea septentrional y costas del mar Cantabrico [3208]. *Auch*, 1818, 3 vol.

ZANCHIUS (Joannes-Chrysostomus). De origine, etc. [3422]. *Venetiis, per Bernardum de Vitalibus*, 1531.

ZANGRONIZ (Zobel de). — Voir ZOBEL DE ZANGRONIZ.

ZANNONI. — Voir RIZZI ZANNONI.

ZANTANUS (A.). Omnium Caesarum imagines, etc. [2067]. *Venetiis*, 1554, in-4; fig.

ZARILLO (Mathias). Lettres au Cen Millin, etc. [4876]. *Paris*, an X.

ZEILLER (Martin). Topographia Galliæ, seu descriptio et delineatio famosissimorum locorum in potentissimo regno Galliæ; partim ex usu et optimis scriptoribus, partim ex relationibus fide dignis in ordinem redacta et in XIII partes divisa [977]. *Francofurti, Mérian*, 1655, in-fol., 3 vol.; cartes gravées par MÉRIAN. — Voir ce nom.

— Topographia Helvetiae, Rhetiae, et Valesiae cum fig. Meriani [10795]. *Ibid., id.*, 1672, in-fol.

ZELL (Charles), édr. Claudii imperatoris oratio, etc. [2231]. *Friburgi Breisgavorum, Groos*, 1833, in-4; 36 p. — 2e éd. 1853. — Reproduit dans MONFALCON, *Monogr. de la Table de Claude* (1851), et dans les *Opuscula acad.* de C. ZELL, *Frib. Brisg.*, 1857.

— Handbuch, etc. 1ter Theil : Auswahl

rom. Inschriften. Sous-titre : Delectus inscriptionum romanorum cum monumentis legalibus fere omnibus [2215]. *Heidelberg, K. Winter*, 1850, gr. in-8.

ZEUSS (**Jean-Gaspard**). Die Deutschen und ihre Nachbarstämme [nouv. add. 10681 *b*]. *Munich, Lentner*, 1837.

— Grammatica celtica e monumentis vetustis, tam hibernicæ linguæ quam britannicarum dialectorum, nec non e gallicæ priscæ reliquiis construxit [2305]. *Leipzig*, 1853, 2 vol. — Gramm. celt. e monum. vet. tam hib. quam britannicæ dialecti, cambricæ, cornicæ, armoricæ, comparatis gallicæ priscæ reliquiis. 2e éd. p. p. H. Ebel. *Berolini, Weidmann*, 1868, 1870, 2 parties.

C. r. de la 2e éd. par C. Nigra, *Rev. celt.*, no 1, mai 1870, p. 148-160.

ZIEGLER. Die Reise, etc. [898]. *Dresde*, 1861.

ZINZERLINGIUS (**Justus**). — Voir Sincerus (Jodocus).

ZOBEL DE ZANGRONIS (**J.**). Essai d'attribution, etc. [11000]. — *Rev. num.*, t. VIII, 1863, p. 369-382, pl. et vign.

— Spanische Münzen, etc. [10626]. *Leipzig*, 1863; 5 pl.

— Ueber einen bei Cartagena gemachten Fund, etc. [10634]. *Berlin*, 1863; 2 pl.

— Attribution d'une monnaie inédite à Serpa (Espagne ultérieure) [10640]. — *Rev. num.*, 2e s., t. IX, 1864, p. 237; vignette.

ZSCHOKKE (**Henri**). Histoire de la nation suisse, trad. de l'allemand par Ch. Monnard [10771]. *Aarau, Sauerlander; Paris, Paschoud*, 1823. — Autre traduction, par J.-L. Manget. *Paris, Barbezat*, 1828, 2 vol.

ZUCCAGNI ORLANDINI (**Attilio**). Corografia fisica, etc. [10939]. *Florence*, 1835-1845. 17 vol. in-8 et 5 vol. in-fol. en 12 tomes.

ZUMPT (**C.-Th.**). Annales veterum regnorum et populorum imprimis Romanorum [38]. *Berolini*, 1819, in-4. — 2e éd. *Ibid.*, 1838, in-4. — 3e éd. *Ibid.*, *Dümmler*, 1862, in-8.

ZUMPT (**Aug.-Wilhelm**). Commentationum epigraphicarum, etc. volumina duo [2216]. *Berolini*, 1850-1854, 2 vol. in-4.

— Studia romana sive de selectis antiquitatum romanorum capitibus commentationes IV [Nouv. add. 112 *a*]. *Berlin*, 1859.

I. De Gallia Romana provincia usque ad Imperatorem Vespasianum, nebst Appendix critica. — II. De dictatoris Cæsaris honoribus. — III. De Malacitanorum et Salpensanorum legibus municipalibus. — IV. De propagatione civitatis romanæ.

ZURLAUBEN, alias **ZUR-LAUBEN** (**Béat-Fidel-Ant.-J.-Dominique de la Tour Châtillon, baron de**). Sur une clef antique, lu en 1763 [1465]. — *Mém. de l'Acad. des inscr. et b.-l.*, 1768, in-4, p. 301.

— Obs. sur plusieurs monts de l'antiquité, surtout du moyen âge [523]. — *M. rec.*, t. XXXVI, 1774, p. 159-175.

§ 2. Sur une inscription dédiée à Mercure Marunus, découverte à Baden en Argovie, p. 163.

— Tableaux topogr. pittor. physiques, histor., moraux, polit. et litt. de la Suisse (publiés par J.-B. de La Borde, avec la table analytique par Quétant [10799]. *Paris*, *Clousier*, 1780-88, 4 vol. gr. in-fol. 278 pl. — Autre éd. 1784-88, 12 vol. in-4. (Voir Brunet, *Manuel*, 5e éd. t. V, col. 1546.

— Le soleil, etc. [10790]. *Zurich*, 1782, in-4.

— (Traduction du titre allemand :) Mémoire sur les Alpes Pennines et sur le dieu Pennin ou Pœninus, avec 21 inscriptions inédites en l'honneur du dieu Pœnin, sur le sommet du mont Pœnin ou du Grand St-Bernard, trouvées dans le temple de ce dieu [3008]. *Zurich* (vers 1782).

ADDITIONS

DE LA SECONDE PARTIE

ADON (saint), archevêque de Vienne. Breviarium chronicarum [218]. 1561, in-fol. — 2e éd. 1568, in-fol. — 3e éd. 1745, in-fol.

ALLONVILLE (d'). [9540]. Titre complété : Diss. sur les camps rom. du dépt de la Somme, avec leur description, suivie d'éclaircissements sur la situation des villes gaul. de Samarobrive et de Bratuspance, et sur l'époque de quatre camps rom. de la Somme.

ANTZEN (Henri-Jean). Panegyrici veteres cum notis et animadversionibus virorum eruditorum maximam partem integris, quibusdam selectis. Suas addidit H.-J. Arntzenius [8743]. *Utrecht, Wild et Altheer*, 1790-1797, in-4, 2 vol. — Voir Eumène.

ARNOBE le jeune. Commentaire sur les Psaumes [2434]. Dans la Patrologie latine de Migne, t. LIII.

AUFRECHT (S.-Th.) et KIRCHHOFF (Ad.). Die Umbrischen Sprachdenkmæler [10958]. *Berlin*, 1849-51, gr. in-4, 2 vol.

B* (P.-G.)**. Recherches, etc. [2924]. 1833, in-4.

BARTHÉLEMY (A. de), après l'art. daté de 1858 : Notes histor. et archéol. etc. [5499]. 1860.

BEAUMEFORT (V. de). Excursion à la Roche-aux-Fées [6473 *a*]. 1869.

BEAUNIER (F.) et RATIER (L.). Recueil des costumes français, ou collection des plus belles statues et figures françaises, des armes, des armures, des instruments, des meubles, etc., dessinés d'après les monts, mss., peintures et vitraux, avec un texte explicatif, suivi d'une not. histor. et chronol. devant servir à l'hist. de l'art du dessin en France, depuis Clovis jusqu'à Napoléon inclusivement [1845]. *Paris*, 1810, in-fol., 2 vol.

« Ouvrage non terminé et qui s'arrête au règne de Louis XII. Il n'en a été publié que 34 livraisons de 6 pl., chacune avec une courte explication des monuments. » (Brunet, *Manuel.*)

BEAUVILLIERS (Max.). C. r. d'une excursion, etc. [9175]. — *Publ. de la Soc. d'agr. de Meaux*, année 1866.

BERGER DE XIVREY. — Voir Xivrey (Berger de).

BONNET (Cl.), Dauphinois. Histoire française de saint Grégoire de Tours, contenue en dix livres... augmentée d'un unzième livre [214]. Le tout traduit en français par C. B. D. *Sébastien Molin*, 1610, petit in-8.

BOURGOIN. Lettres à M. Desplanque, archiviste du dépt de l'Indre, sur le système itinéraire de la Gaule centrale [1250 *a*]. 1863.

BOURQUELOT, LOUANDRE et MAURY. La littérature française contemporaine. — Voir Quérard.

BULLIOT (J.-Gabriel). Essai histor. sur l'abbaye de St-Martin d'Autun, de l'ordre de St-Benoît [8754]. *Autun, Dejussieu*, 1849, 2 vol.

CANÉTO (l'a. F.). Réponses aux lettres de M. Éd. Bischoff. — Lettre à M. A. Dauvergne [6208]. — *Rev. de Gascogne*, t. VI, 1865.

Monuments de la vallée du Gers.

CATELLAN (Jean de). Antiq. de l'église de Valence, avec des réflexions sur ce qu'il y a de plus remarquable dans ces antiquités [5690]. 1724, in-4.

C. r. *Journal de Verdun*, septembre 1726. *Journal des savants*, février 1726. (*Biblioth. histor.*, t. Ier, no 10731.)

CATHALA. [*Ms.*] Diss. sur les Scordisques, etc. [4003]. Reporter ici l'art. placé par erreur col. 1263, sous la forme LATHALA.

CHARVET (J.). [*Ms.*] Poteries gauloises, etc. [1764]. 1866, in-fol.

CHIFFLET (Pierre-François). Hist. de l'abbaye roy. et de la v. de Tournus, avec les preuves [8834 *a*]. *Dijon, Vve Philibert Chavance*, 1664, in-4.

Digression sur la bataille livrée entre Septime Sévère et Albin. Emplacement attribué à Trévoux et non à Tournus.

CLOUET (l'a.). Mém. sur les voies rom. dans le Soissonnais [4248]. 1847.

COTTEAU (G.). — Voir PETIT (Vor), année 1843.

COURTÉPÉE (l'a. Cl.). Hist. abrégée du duché de Bourgogne [3370]. *Dijon*, 1777, in-12.

CRAZANNES (bon Chaudruc de). Numismatique gallo-grecque. Monnaie massaliote [4890]. 1861.

CREULY (gal), DUPRÉ et DE FORMEVILLE. Notes sur des tombeaux découverts à Allemagne, près Caen [5058].

DELAQUÉRIÈRE.—Voir QUÉRIÈRE (de la).

DEMANNE. — Voir MANNE (de).

DEVILLE (Ach.). Mém. sur l'Ascia, etc. [664 *a*]. 1863.

DEZEIMERIS (Reinhold). Note sur le *Querolus* [2411]. *Bordeaux*, 1868.

DIODORE DE SICILE. Bibliothèque historique [56]. — Éd. grecque latine de L. DINDORF et Ch. MÜLLER. *Paris, F. Didot*, 1842-1844, 2 vol. gr. in-8. — Traduction franç. par F. HOEFER. *Paris, Charpentier*, 1846, 4 vol. in-12. — Nouv. éd. *Hachette*, 1865.

DUBOIS-DRUELLE. Douai pittoresque, etc. [7975]. 1845.

DUENTZER. — Placé après DUNOD.

DURET. Note sur l'orthographe de divers noms de personnes et de lieux, etc. [3797]. — *Bull. de la Soc. des ant. de l'O.*, 1er trim. 1856; 7 p.

DURIEUX (Achille). Description, etc. [2134]. — *Procès-verbaux des séances de la Soc. d'émul. de Cambrai*, 1870-71.

DUSOMMERARD père. — Voir SOMMERARD (du).

EUCHER (st). Œuvres diverses [2423]. Dans la Patrologie lat. de l'a. Migne, t. L.

FABROT (Charles-Annibal), tradr de N.-Jules RAYMOND. — Voir ce nom.

FAUSTE, abbé de Lérins. Œuvres diverses [2426]. Dans la Patrologie lat. de l'a. Migne, t. XX.

FILLON (Benjamin). L'art de terre chez les Poitevins [3866]. 1864, in-4.

GALMICHE. — Voir ROGER-GALMICHE.

GAULT. — Voir RABANI-BEAUREGARD.

GENNADIUS, de Marseille. Œuvres diverses [2440]. Patrol. lat. de Migne, t. LVIII.

GILDAS. Autre édition dans le recueil de BERTRAM [10246].

GIRAULT de St-Fargeau. Dictionnaire, etc. — Ille-et-Vilaine [6432]. 1829.

GREENWOOD (Th.). The first book of the history of the Germans. Barbaric Period [nouv. add. 10681 *a*]. *Londres*, 1836, in-4; 872 p.

GRENOT. Relation d'une fouille pratiquée au *Souc'h.* [5916]. Pl.

GRESLAN et HUBELOT, auteurs de l'art. *Nantes*, dans le Dictionnaire d'EXPILLY [6869].

GROTEFEND. Rudimenta linguae umbricae [10957]. 1837-1839, 8 fasc.

HILAIRE (st), évêque d'Arles. Œuvres diverses [2432]. Dans la Patrologie lat. de l'a. Migne, t. LVIII, gr. in-8.

HUEBNER (Em.). * Inscriptiones Britanniæ latinæ [1033]. 1873.

JOHANNEAU (Éloi). Not. sur un grand bassin de pierre, etc. [1747].

JOLIMONT (F.-T. de). Monts de la Normandie [3757]. 1820-23. In-fol., 2 vol.

JULLIOT (G.). Restitution, etc. [10127]. 1867.

LACROIX (Paul). Costumes historiques, etc. (titre complet dans O. LORENZ) [868]. *Paris, 82, rue de Vaugirard*, 1852, 10 vol.; 640 grav.

LACTANCE. Œuvres complètes [2403]. *Rome*, 1654-1659, 14 vol. — Patrologie lat. de l'a. Migne, t. VI, VII, gr. in-8.

LAFONT (l'a.). Diss., etc. [4768]. — Dans les *Mém. de litt.* de DES MOLETS, t. XI, 1731, p. 223-238 ; 1 pl.

LANDE (**Mangon de La**). Sur le nom antique de Gien [7023]. 1828.

LE FRANC (**Jean-Jacques**). De antiquitatibus Cadurcorum ad academiam Cortonensem epistola [3383]. 1746 ; 16 p.

Inséré postérieurement dans les *Saggi di dissertazioni dell' Acad. etrusca di Cortona*, t. V, *Roma*, 1751, in-4.

LEICHTLEN. Trajan als Gründer, etc. [10396]. 1828 ; pl.

LELONG (**le p. J.**). Lettre, etc. [10214]. — *Mercure*, déc. 1735.

— Explication de divers mon^ts^ singuliers [616]. *Paris*, 1739, in-4.

— Première lettre sur le livre de M. Gibert, intitulé *Mémoires*, etc. — 2e lettre [306]. Vers 1745.

LEMOT. Voyage, etc. [6881]. In-4 ; gravure.

LENORMANT (**Ch.**) **et le baron DE WITTE** (**J.**). Élite des mon^ts^ céramographiques. Matériaux pour l'hist. des religions et des mœurs de l'antiquité [1749]. *Paris, Leleux*, 1837-1861, in-4. 145 livraisons formant 4 vol.

LE PELLETIER (**dom L.**). Dictionnaire, etc. [2252]. 1752.

LEPSIUS (**Karl-Reichhardt**). De tabulis eugubinis [10960]. Particula I. *Berlin*, 1833. — Ueber die Eugubinischen Tafeln. — *Rhein, Museum*, t. 1834, p. 191.

LE TORS. Réponse aux Obs. sur la position de Vellaunodunum [nouv. add. 2081 *a*]. — *Mercure*, déc. 1737, t. II, p. 2833-2840.

LEYMARIE (**Achille**). 2e article : Histoire du Limousin [3500]. *Limoges, Ardillier*, 1845, 2 vol.

MAMERTUS (**Claudianus**). Panégyriques [2405]. Dans les recueils de *Panegyrici latini*.

MARTIN (**Tristan**). Médailles gauloises et rom. rencontrées dans l'arr^t^ de Cholet [7179]. — *Répertoire archéol. de l'Anjou*, 1865.

NOUEL (**E.**). Rapport, etc. [4096]. — *Bull. de la Soc. archéol.*, etc., *du Vendômois*, t. VI, 1867 ; 6 p.

NOULET (**d^r^**). Fossiles et cailloux travaillés des dépôts quaternaires de Clermont et de Venerque [6196 *b*]. *Toulouse*, 1865.

PEDRUSI (**P.**). Cesari in oro, etc. [2085 *a*]. 1694-1727, 10 vol. in-fol. ; fig.

PHÉBADE (**s^t^**). Œuvres diverses [2412]. Patrologie lat. de l'a. Migne, t. XX.

POMÈRE (**Julien**). Œuvres diverses [2441]. Patrol. lat. de l'a. Migne, t. LX.

PRICE (**Th. Carnhuanawe**). Literary remains [2393]. 1854-55, 2 vol.

RENNERIE (**Jean de La**). Antiq. celtiques [1493]. 1863.

RIANCEY (**H. et Ch. de**). Hist. du monde, etc. [40]. Nouv. éd. *Paris, V. Palmé*, 1863-71, 10 vol.

CORRECTIONS ET ADDITIONS DIVERSES

DE LA SECONDE PARTIE

Colonne 809, art. A***, *lire :* Rauraques: — *Après* C. D***, *ajouter :* Jacques-T.-VERNEUR.

814, **ALBANIS DE BEAUMONT**, *aj.* [3781, 2775].

815, **ALBENAS**, *lire:* Lyon, Guill. Rouille. 1560, in-fol.; pl. et fig.

— **ALDENBRUCK**, *aj.* [517].

817, 3e art. *aj.* [8474].

821, après la ligne 2 *aj.* **ANDRÉ (Valère).** — Voir VALÈRE ANDRÉ.

822, après le 3e art. *aj.* **ANNIUS de Viterbe.** — Voir NANNI.

831, **ARTAUD**, 6e art. *aj.* 6796].

833, **ATHENAS**, 2e art. *aj.* [2667].

839, **AURELIUS, Victor**, *lire :* Sextus.

848, **BALTARD**, *lire :* Voir DUVAL (Amaury Pineux).

849, **BANDURI**, après *Paris,* ajouter: *Montalant.*

852, **BARJAVEL**, *lire :* Carpentras, Devillarios.

853, **BARRAU**, *aj.* [9239].

856, **BARRY**, Monographie, etc. *aj. la date :* 1859.

857, **BARTHÉLEMY**, Lettre, etc. *aj. la date :* 1735, *puis* [9663]. *Lire dans la note :* sous la même date.

859, **BARTHÉLEMY (A. de)**, avant-dernier article, *aj.* [1951].

863, **BAUDOT (Fr.)**. Lettres, etc. *aj.* [2646].

874, **BÉDOLLIÈRE** (de la), *ajouter :* Paris, Rigaud.

875, **BÉGIN**. Biographie, etc.. *lire :* 1829-1832.

875, article suivant, *aj.* [3738 *a*].

877, **BELLEY**, 3e art. *aj.* [3752].

878, **BELPAIRE**, *aj.* [8157].

882, **BERMUDER**, *lire :* **BERMUDEZ**.

892, ligne 4, *aj.* [2718].

892, **BINS DE St VICTOR**..., 2e éd., *lire :* Lesage et Gosselin.

892, **BIRÉ**, *aj.* [nouv. add. 3087 *a*].

905, **BOPP**, 1er art..., 2e éd., *lire :* 1857-1863 ; — et à la fin de l'art.: 1866-1874, 5 vol.

907, **BOREL (P.)**, 2e art. *aj.* [2240], et à la fin de l'art.: Nouv. éd. suivie des patois de la France. *Niort, Favre,* 1882, 2 vol.

910, **BOTTIN**, dernier art. *aj.* [3324].

913, **BOUGAUD**, à la fin de l'art., *lire:* Autun ; Paris, Diard, 1859 ; pl.

919, **BOURQUELOT**, 7e art. *aj.* [2221].

922, **BOVILLE (Ch. de)**, *aj.* [926].

923, ligne 2, *aj.* [2357].

924, **BOZE** (de), 2e art. *aj.* [506].

925, **BRAMBACH**, 3e art. *aj.* [2223].

927, **BREGHOT**. Lettres, etc. *aj.* [8478].

— Mélanges, etc. *aj.* [8479].

928, **BRETAGNE et ROUIT**, *lire:* [4360].

929, **BREUL**, *lire* : **BREUL (du).**

931, **BRILLAT DE SAVARIN**, *aj.* [4137].

944, **CAILLEBOTTE**. Domfront, etc. 2e éd., *aj.* [8123].

944, **CAILLEMER**, 2e art. *aj.* [6580].

944, **CAJOT**, *aj.* [3667].

946, **CALMET**, 2e art., 2e éd., *lire:* Nancy, A. Leseure, etc. *et en note :* 1re éd. *Nancy*, J.-B. Cusson, etc.

946, **CALVET** (**E.-Cl.-F.**). Diss. *compléter et rectifier ainsi le titre :* Diss. sur un mont singulier des Utriculaires de Cavaillon, où l'on éclaircit, etc. *Paris; Avignon, Seguin*, aîné, 1766, in-12; fig.

949, **CANEL**, 3e art. *aj.* [5745].

952, **CARPENTIN**, 3e art. *aj.* [4537].

953, **CARRO**, 2e art. *aj.* [381,1523].

958, **CASTILLIONEUS**, *aj.* [10945].

959, 2e art. *aj.* [3259].

975, 2e art. *aj.* [415].

980, **CESSAC** (**P. de**), avant-dernier art. *aj.* [8269 *a*].

982, **CHALIEU (de)**, *aj.* (Posthume).

986, **CHAMPREPUS**, *aj.* [470].

988, **CHAPPUIS** (**Ch.**), 2e art. *aj.* [4534].

988, **CHAPPUYS**, 2e art. *Introduire le nom du véritable auteur :* **CHAPPUYS (Antoine).**

988, **CHARBOT**, *aj.* [6588].

990, **CHARPILLON** et l'a. **CARESME**. *Après* [5744] *lire :* Rouen, ... 1868-1879, 2 vol., *etc.*

991, **CHASSENEUX** (**Bmy de**), 1er art. *aj.* [3].

999, **CHRISTIANOPOULOS**, *ajouter le format :* gr. in-fol.

1000, **CLARKE**, *lire :* Son opinion sur le Portus Itius.

1014, **COMARMOND**, 3e art. *lire :* Lyon; Paris, Dumoulin, *etc.*

1016, **CONBROUSE**, 1er art. *aj.* [1832].

1018, **CORLIEU** (**F. de**), *compléter ainsi le titre :* Recueil en f. d'hist. de ce qui se trouve par écrit de la ville, *etc.* — 3e éd. *Ibid., Helie Le Paige*, 1631, 2 tomes en 1 vol. in-4.

1022, **COSSON**, dernier art. *aj.* [7052].

1024, **COURNAULT**, 1er art. *aj.* [2043 *a*].

1024, — dernier art. *aj.*[6467].

1032, supprimer le 7e art. de cette colonne, qui a pour auteur Al. du Mège.

1032, 12e art. de cette col. *aj.* [2192].

1032, 13e art. *aj.* [2017].

1033, Les neuf peuples, *etc. aj.* [3782].

1037-38, *lire au titre courant :* **CZAJEWSKI.**

1049, **DELOYE**, 2e art. *aj.* [4540].

1049, — dernier art. *aj.* [9747].

1053, **DEPPING**, *lire :* (Georges-B.)

1059, **DESOR**, 2e art., *lire :* [10905].

1061, **DETORCY**, 1er art. *aj.* [3818].

1062, **DEVALS**, Les habitations troglodytiques, *aj.* [1407].

1065, **DEWEZ**, à la fin du 1er art. *aj.* abrégé de l'hist. de Belgique. *Brux. Ad. Stapleaux*, 1817.

1067, Note du dernier art. de la col., *lire :* C. r. par F. DE SAULCY.

1070, **DOÉ**, *aj. le n° d'ordre :* [2448].

1071, **DONOP**, *aj.* [10330].

1073, **DROJAT**, Diss. *aj. le n° d'ordre :* [5714].

1085, **DULAURE**, archéographie, etc. *aj.* [4334].

1087, **DUNOD**, 1er art., ligne 10, *lire :* de la même province et des provinces voisines.

1090, **DUPRÉTOT**, *lire :* **DUPRITOT.**

1104, **EUMÈNE**, *aj* [2404]. — Nouv. éd.

1105, **EURIBALD**, *lire :* [338 *a*].

1108, **FALÇONNET**, *aj.* [2347], par ÉMILE BAEHRENS, 1883, in-12.

1111, **FAURIEL**, *aj.* [352].

1115, **FENEL**, 1er art. *aj.* [2348].

1118, **FIEDLER**, 1er art. *aj.* [1104].

1132, **FREMINVILLE (de)**, 2e art. *aj.* [5837].

1133, **FRÉRET**, 2e art. *aj.* [1237].

1134, ligne 5, *aj.* [2339].

1140, **GALAIFFE**, *lire :* (**J.-B.-G.**).

1140, **GALLE**, *lire :* [nouv. add. 486 *a*].

1141, **GALLES** et **MAURICET** *aj.* [7695].

1147, ligne 1, *aj.* [9570].

1147, **GAUGUIÉ**, *lire :* [5168].

1147, **GAULLE** (J. de), *aj.* [9007].

1163, **GIRAULT DE SAINT-FARGEAU**, 1er art. *aj. le n° d'ordre :* [1075].

1168, **GOLBÉRY** (de), 5e art. *aj.* [10909].

1170, **GONGORA-MARTINEZ** (de), *aj.* [10605].

1175, **GRAVES**, 3e art., fin de la note, *aj. le n° d'ordre :* [2662].

1176, **GRÉGOIRE DE TOURS**, 3e art. *compléter ainsi le titre :* GREG. Tur. episcopi, *etc.* ex bibliotheca **Laur.** Bochelli. — JOHANNIS, *etc.*

1182, **GROTIUS**, 1er art. *aj.* [10753].

1184, **GUÉRARD** (B.-E.-C.), 6e art. *aj.* [5844].

1184, — 8e art. *aj.* [7374].

1186, **GUEYMARD**, *lire :* 1844-1851.

1189, **GUILLAUME** (l'a.), *aj.* [3609].

1189, **GUILLEMOT**, 4e art. *aj.* [5424].

1193, **GUYOT** (P.-J.), note, *lire :* Rapport, etc., par COLAS DE LA NOUE.

1194, **HAGENBUCH**, 3^e^ art. *aj.* [3365].

1199, **HAULTIN**, 2^e^ art. *aj.* [1867].

1202, **HENNECCIUS**, *aj.* [2137].

1204, **HENTZNER**, *aj.* [1230 *a*].

1205, **HERMANN** (K. F.), *aj.* [2004].

1214, **HUMBOLDT** (G. de), 2e art. *aj.* [3210].

1218, **IRMINON**, *aj.* [1086].

1222, **JAUFFRED**, *aj.* [4150].

1226, **JOLLOIS**, 5e art. *aj.* [10116].

1231, **JOUGLAR** *aj.* [1135].

1237, **KELLY**, 2e art. *aj. le n° d'ordre :* [2377].

1241, avant-dernière ligne, *lire :* Barbin.

1245, **LACABANE**, *aj.* [3600].

1272, **LEBEUF**, 7e art. de cette colonne, *aj. le n° d'ordre de la Réplique :* [2674].

1272, 12e art., *à compléter et rectifier ainsi :* Réponse à la lettre sur la situation de Bibrax, insérée, *etc.* [4267]. — J^al^ *de Verdun*, sept. 1750, p. 175-180. *Et en note :* Voir aussi *m. rec.*, févr. 1749, p. 181.

1275, ligne 1, *aj.* [4161 *a*].

1281, **LEDAIN**, 2e art. *aj.* [1490].

1283, **EL FLOCQ**, 2e art. *aj.* [526 *a*].

1285, ligne 2, *lire :* [5374]. — *Ajouter en note :*

Voir aussi du même : * Essai sur l'histoire des premiers rois de Bourgogne et sur l'origine des Bourguignons. *Dijon, Frantin,* 1770 in-4 ; 2 cartes.

1289, **LE LONG** (J.), dernière ligne, *lire :* 1739.

1291, **LE MAISTRE** (L.), 2e art., ligne 3 de la note, *aj. le n° d'ordre :* [10204].

1296, **LENORMANT** (Ch.), 9e art. *aj.* [2021].

1306, **LINDENBROCHS**, *aj.* [46].

1307, **LINGARD**, Hist. d'Angleterre, *etc. lire :* baron DE ROUCHOUX.

1310, **LOISELEUR**, 1er art. *aj.* [1816].

1312, **LONGPÉRIER** (A. de), 15e art. *aj.* [2115].

1315, **LONGUEMAR** (de). Explorations, *etc.* — T. à p., *etc. aj.* [1529].

1326, **MAGNUS**, *lire :* (Olaus). De gent. septentrion. [10991], 1555, in-fol.

1333, **MANN**, 2e art. *lire :* [2864].

1341, **MARQUIS** (ou MARQUISIER ?), *aj. la date :* 1836.

1357, **MAUTOUR** (Moreau de). Conjectures, etc. *aj.* [10192].

1357, **MAXE-VERLY**, *lire :* **MAXE-WERLY**.

1361, **MÈGE** (du), 9e art. de cette colonne, *supprimer* [6180] *et lire :* [8306].

1376, **MILLET**. Urnes, *etc.*, *aj.* [4435].

1390, **MORIN** (dom), *aj.* [4015].

1393, **MORTILLET** (de), 5e art. *aj.* [502].

1406, **NOUBEL**, *lire :* [9715].

1408, **ODOLANT-DESNOS**, 2e art. Mémoires, etc., *lire :* publiés par L. DUCHESNE DE LA SICOTIÈRE.

1412, **OPPERMANN**, 2e art. *aj.* [8356].

1413, **OROSE** *aj.* [2431].

1422, **PASCAL** (l'a.), 4e art. *aj.* [9984].

1429, **PEIGNOT, MAILLARD DE CHAMBURE ET BOUDOT**, *aj. le n° d'ordre :* [3373].

1434, **PENHOUET** (c^te^ de), *aj. le n° d'ordre du t. à p. :* [7754].

1439, **PERROT** (J.-F.), 3e art. *aj.* [3677].

1450, **PIGANEAU**, *lire :* [6381 *a*].

1451, **PILLAYE** (b^on de la), 1er art., *lire :* [7502].

1462, **POLYBE**, *aj.* [2748].

1474, **PRÉVOST**, 3e art. *aj.* [2445].

1474, — 5e art. *aj.* [3181].

1477, **PTOLÉMÉE**, ligne 5 de cette col., mentionner la trad. franç. de Cougny, dans les Extraits des histor. grecs concernant les Gaules (publication de la *Soc. de l'hist. de France*).

1501-1502, **REMY**, supprimer le 2e art.

1504, **REVER**, 1er art. *aj. le lieu de publ. :* Evreux, *et :* planches.

1511, **RIGOLLOT**, 3e art. *aj.* [10574].

1523, **ROCHEFORT**, 1er art. *aj. à la fin :* Publié d'abord dans le recueil de pièces d'hist. et de litt. (de l'abbé Granet, *Paris*, 1731, in-12, t. III, p. 1.

1523, — 3e art. *aj. à la fin du titre :* et pays circonvoisins. — Publié dans le même recueil, m. vol., p. 73. — *Et à la note :* Cp Meusel, VII, 1re partie, p. 233.

1605, **TAILLEPIED**, ligne 3 de cette colonne, *lire :* [254, 599].

1621, **TOCHON** (d'Annecy), 1er art., *compléter et rectifier ainsi le titre :* Diss. sur l'inscription grecque ΙΑCΟΝΟC ΛΥΚΙΟΥ et sur les pierres antiques qui servaient de cachet aux médecins oculistes [2144]. *Paris, L.-G. Michaud*, 1816, in-4 ; 73 p. ; 3 pl. color.

1640, ligne 4, *ajouter :* Notitiæ Galliarum defensio, 1684, in-4.

TABLE ALPHABÉTIQUE

DES MATIÈRES

N. B. — Pour les articles qui donnent leurs noms aux divisions de la première partie, voir comme supplément d'information la table de ces divisions, colonnes 801-808.

A

B

C

D

E

F

G

H

I

J

K

L

M

N

O

P

Q

R

S

U

V

W

X

Paris. — Typ. Georges Chamerot, 19, rue des Saints-Pères. — 16353.

www.ingramcontent.com/pod-product-compliance
Lightning Source LLC
Chambersburg PA
CBHW071350290326
41932CB00045B/1279

* 9 7 8 2 0 1 2 5 2 5 9 8 6 *